Karl Hiller/Matthias F. Melzig

Die große Enzyklopädie der Arzneipflanzen und Drogen

IN ZWEI BÄNDEN

Wie jede Wissenschaft sind die Medizin und die Pharmazie ständigen Entwicklungen unterworfen. Forschung und klinische Erfahrung erweitern unsere Erkenntnisse, insbesondere, was die medikamentöse Therapie anbelangt. Soweit in diesem Werk eine Dosierung oder eine Applikation erwähnt wird, dürfen die Leser zwar darauf vertrauen, daß die Autoren und der Verlag große Sorgfalt darauf verwendet haben, daß diese Angabe dem Wissensstand bei Fertigstellung des Werkes entspricht. Für Angaben über Dosierung und Applikationsformen kann vom Verlag jedoch keine Gewähr übernommen werden. Jede Dosierung oder Applikation erfolgt auf eigene Gefahr der Benutzer.

Die große Enzyklopädie der Arzneipflanzen und Drogen
Genehmigte Sonderausgabe für area verlag gmbh, Erftstadt 2007

Redaktion: Ruth Karcher
Umschlaggestaltung: agilmedien, Köln
Einbandabbildung: (links) zefa; (Mitte) zefa; (rechts) Prof. Dr. Karl Hiller, Berlin
Satz und Graphik: Graphik & Text Studio, Wolfgang Zettlmeier, Barbing
Gesamtherstellung: area verlag gmbh, Erftstadt

Printed in Germany 2007

ISBN 978-3-89996-508-7

www.area-verlag.de

Die große
Enzyklopädie der Arzneipflanzen und Drogen

ERSTER BAND

A bis K

Vorwort

Seit dem Altertum sind Arzneipflanzen und Drogen ein untrennbarer Bestandteil der Schulmedizin wie auch der Volksheilkunde. Die Beschreibung ihrer Eigenschaften und Anwendung ist seit dieser Zeit immer wieder Gegenstand von schriftlichen Darstellungen gewesen, wie dem Papyrus Ebers (ca. 1550 v. Chr. in Ägypten), der Arzneimittellehre des Dioskurides (etwa 78 n. Chr. in Griechenland) oder der prächtigen Kräuterbücher von Otto Brunfels, Leonhard Fuchs und Hieronymus Bock aus dem 16. Jh. in Deutschland. Auch heute zählen Arzneipflanzen und Drogen zum unverzichtbaren Arzneischatz, insbesondere nachdem durch wissenschaftliche Untersuchungen in den letzten Jahrzehnten vielfältige Erkenntnisse über ihre Inhaltsstoffe, Wirkungsmechanismen und therapeutischen Prinzipien gewonnen wurden und nicht selten auch Erfahrungen der Volksmedizin ihre Bestätigung fanden.

Trotz der enormen Fortschritte auf dem Gebiet der Synthese von Arzneimitteln hat das Interesse an Naturstoffen, somit an Drogen und daraus hergestellten Arzneimitteln, besonders an den sog. Phytopharmaka, stetig zugenommen. Es war unser Anliegen, mit dem vorliegenden Lexikon dem Interessenten eine umfassende Information sowohl über die pflanzlichen und tierischen Drogen als auch über arzneilich verwendete Produkte aus Mikroorganismen zu ermöglichen. In 2 Bänden wurden auf 900 Seiten etwa 16000 Stichwörter aufgeführt, davon über 13000 reine Verweisstichwörter und ca. 2400 Artikel. Großen Wert haben wir auf die Wiedergabe der literaturmäßig erfaßbaren Synonyme gelegt, um dem Benutzer das Auffinden der jeweils gesuchten Droge zu gewährleisten.

Bei den Angaben zur Anwendung der betreffenden Droge haben wir zusätzlich auch die Nutzung in der Volksheilkunde berücksichtigt. In diesen Fällen beruhen die Angaben lediglich auf empirischen Erfahrungen und sind nach heutiger Kenntnis wissenschaftlich nicht belegt. Bei den üblichen Teedrogen werden Hinweise zur Dosierung gegeben. Soweit erforderlich und möglich werden auch Angaben zur Toxizität und zu Gegenanzeigen gemacht.Um dem gestiegenen Interesse vieler Menschen an der Homöopathie zu entsprechen, haben wir auch die homöopathisch genutzten Drogen aufgeführt. Besonders hierbei findet der Leser manche Pflanze, die ihm ausschließlich als Giftpflanze bekannt sein könnte, jedoch in homöopathischen Dosen ohne Bedenken arzneilich genutzt werden kann. Auch dabei werden – soweit dies vertretbar ist – Anwendungsgebiete angegeben. Eine Vielzahl von Arzneipflanzen und Drogen sind auf etwa 400 Farbphotos abgebildet, weitere liegen als schwarz-weiß Abbildungen vor. Wo es sinnvoll erschien, wurden Stichwörter durch Tabellen ergänzt. Zahlreiche Naturstoffe, die wegen ihrer therapeutischen oder toxikologischen Bedeutung einer besonderen Besprechung bedürfen, z. B. Aconitin, Morphin, Nicotin oder Produkte aus Mikroorganismen, z.B. Bacitracine oder Tetracycline werden als eigene Stichwörter geführt. Wir waren schießlich bemüht, soweit dies möglich war, Hinweise zur Etymologie und Geschichte zu geben, um dem Benutzer historische Zusammenhänge von Namensprägung, Morphologie und Nutzung als Heilpflanzen zu vermitteln, auch wenn diese z.T. mit mystischen Vorstellungen verbunden waren.

Eine Bereicherung hat das Lexikon zweifellos durch zahlreiche Essays, bearbeitet von namhaften Autoren der betreffenden Gebiete, erfahren. Es sind dies

- Aromatherapie,
- Drogen der chinesischen Medizin,
- Drogen und Pfeilgifte der Indianermedizin,
- Halluzinogene biogenen Ursprungs,
- Homöopathische Arzneimittel aus dem Pflanzen- und Tierreich,
- Industriedrogen,
- Marine Drogen,
- Mikroorganismen als Quelle biogener Drogen,
- Sucht und Suchtdrogen biogenen Ursprungs,
- Züchtung und Anbau von Arzneipflanzen.

Das Lexikon ist besonders als Nachschlagewerk für Pharmazeuten in ihrer Beratungsfunktion in der Apotheke gedacht. Es wendet sich aber ebenso an Mediziner, Biologen, Lehrer sowie an alle in Heilberufen, im Drogenhandel und den entsprechenden analytischen Labors sowie in der pharmazeutischen Industrie Tätigen.

Frau Felizitas Theuser danken wir für ihre gewissenhafte technische Mitarbeit. Ebenso danken wir der Verlagsleitung für ihr stetes Interesse an der Erarbeitung des Lexikons. Unser besonderer Dank gilt Frau Dipl.-Chem. Ruth Karcher, die mit hohem Engagement an der Koordination des Gesamtwerkes beteiligt war.

Prof. Dr. Karl Hiller *Prof. Dr. Matthias F. Melzig*

Mitarbeiterverzeichnis

Autoren:
Prof. Dr. Karl Hiller, Berlin
Prof. Dr. Matthias F. Melzig, Berlin

Essay-Autoren:
PD Dr. Gerd Bader, Berlin
Prof. Dr. Rudolf Bauer, Düsseldorf
Prof. Dr. Gerhard Buchbauer, Wien
Prof. Dr. Chlodwig Franz, Wien
Prof. Dr. Götz Harnischfeger, Salzgitter
Prof. Dr. Ulrike Lindequist, Greifswald
Prof. Dr. Matthias F. Melzig, Berlin
Dr. Markus Wiesenauer, Weinstadt
Dr. Bruno Wolters, Braunschweig

Farbabbildungen:
Prof. Dr. Karl Hiller, Berlin (1, 2, 3, 4, 9, 10, 11, 12, 13, 14, 18, 19, 20, 21, 22, 23, 24, 28, 31, 32, 33, 36, 40, 45, 46, 50, 51, 55, 56, 58, 59, 63, 64, 65, 66, 68, 69, 72, 73, 74, 75, 76, 77, 79, 80, 81, 82, 86, 87, 88, 89, 90, 91, 92, 93, 96, 97, 98, 100, 101, 105, 106, 107, 110, 112, 113, 114, 116, 117, 118, 119, 121, 122, 123, 124, 125, 126, 127, 128, 129, 130, 131, 132, 134, 135, 137, 139, 140, 143, 144, 148, 150, 151, 154, 155, 156, 157, 160, 161, 163, 165, 166, 168, 169, 170, 171, 172, 173, 174, 175, 178, 179, 180, 181, 182, 183, 184, 185, 186, 187, 190)
Prof. Dr. Hanns Kreisel, Greifswald (26)
Prof. Dr. Ulrike Lindequist, Greifswald (25, 44, 145, 146)
Dr. Udo Maid, Pohlheim (176)
Prof. Dr. Matthias F. Melzig, Berlin (5, 39, 47, 70, 83, 85, 104, 133, 153, 159, 167)
PD Dr. Thomas Schöpke, Greifswald (7, 15, 16, 17, 30, 37, 38, 41, 42, 49, 52, 53, 62, 67, 71, 94, 102, 109, 120, 162)
Prof. Dr. Eberhard Teuscher, Triebis (6, 8, 27, 29, 34, 35, 43, 48, 54, 57, 60, 61, 78, 84, 95, 99, 103, 108, 111, 115, 136, 138, 141, 142, 147, 149, 152, 158, 164, 177, 188, 189, 191, 192)

Redaktion:
Ruth Karcher

Hinweise für den Benutzer

Die Stichworteinträge sind im Lexikon nach dem Alphabet sortiert. Dabei wurden Lücken und Bindestriche sowie x in botanischen Namen ignoriert. Anacyclus x officinarum ist demnach wie Anacyclusofficinarum eingeordnet, Umlaute (ä, ö und ü) sowie Buchstaben mit Akzenten (é) wurden wie die Grundvokale (a, o, u, e) behandelt.
Präfixe der chemischen Nomenklatur blieben bei der alphabetischen Sortierung unberücksichtigt. So steht beispielsweise D-Apiose unter A und β-Sitosterol unter S. Aus mehreren Wörtern bestehende Begriffe – meist deutsche Pflanzennamen – wurden in ihrer natürlichen Reihenfolge aufgeführt, so heißt es z. B. Wollige Ballote und nicht Ballote, Wollige.

Bei Fachbegriffen wurde die in neueren deutschen Lehrbüchern am häufigsten gefundene Schreibweise verwendet, mit der Tendenz, vor allem chemische Begriffe der internationalen Schreibweise anzupassen, d. h. c anstelle von z oder k zu verwenden. So ist beispielsweise Lacton, Citronensäure und Nucleotid jeweils mit c geschrieben. Begriffe aus der Medizin, bei denen die c-Schreibweise unüblich ist, wurden mit z bzw. k geschrieben, wie Zytostatikum, Expektorans oder Bakterizid. Bei Stichwörtern, die unter C nicht aufgefunden werden, empfielt es sich daher, unter Z oder K zu suchen und umgekehrt.

Das Lexikon enthält zahlreiche Verweisstichwörter, die in den meisten Fällen deutsche und lateinische Synonyme von Pflanzenarten sind. Auch in den Artikeln finden sich Verweise, die es dem Leser ermöglichen, noch weitere in diesem Zusammenhang interessante Informationen aufzufinden. Auf sehr häufig vorkommende Pflanzeninhaltsstoffe, wie z.B. Flavonoide, wurde jedoch der Übersichtlichkeit halber nicht bei jeder Erwähnung verwiesen.

Eine Droge wird in der Regel als giftig bezeichnet, wenn die mittlere letale Dosis weniger als 1500 mg pro kg Körpergewicht beträgt.

Aufbau der Artikel
Die Artikel des Lexikons sind mit einem schwarzen Quadrat vor dem fettgedruckten Stichwort gekennzeichnet und durch eine Leerzeile vom vorangehenden und nachfolgenden Stichwort abgesetzt. Die meisten dieser Artikel beschreiben pharmakologisch bedeutsame Pflanzenarten und sind einheitlich nach einem der folgenden Schemata gegliedert:

■ **Stichwort**	■ **Stichwort**
Familie	• **Familie**
Vorkommen	• **Art 1**
Drogen	**Vorkommen**
Droge 1	**Drogen**
Inh.	*Droge 1*
Anw.	*Inh.*
Droge 2	*Anw.*
Inh.	*Droge 2*
Anw.	*Inh.*
Hom.	*Anw.*
Hom. 1	**Hom.**
Anw.-Geb.	*Hom. 1*
Hom. 2	*Anw.-Geb.*
Anw.-Geb.	*Hom. 2*
Historisches	*Anw.-Geb.*
	• **Art 2**
	Vorkommen
	Drogen
	Droge 1
	Inh.
	Anw.
	Droge 2
	Inh.
	Anw.
	Hom.
	Hom. 1
	Anw.-Geb.
	Hom. 2
	Anw.-Geb.
	• **Historisches**

Abkürzungen

Abb.	Abbildung
Anw.	Anwendung
Anw.-Geb.	Anwendungsgebiete
äther.	ätherisch
Bedeut.	Bedeutung
bes.	besonders
bzw.	beziehungsweise
ca.	circa
dt.	deutsch
Eig.	Eigenschaften
evtl.	eventuell
Fam.	Familie
Geg.	Gegenanzeigen
griech.	griechisch
HAB	Homöopathisches Arzneibuch
Heim.	Heimat
Herk.	Herkunft
Histor.	Historisches
Hom.	Homöopathie
homöop.	homöopathisch
i. d. R.	in der Regel
i. v.	intravenös
Inh.	Inhaltsstoffe
insbes.	insbesondere
Jh.	Jahrhundert
lat.	lateinisch
LD	letale Dosis
min	Minute
M_r	relative Molekülmasse
p. o.	per os
pl.	Plural
s. o.	siehe oben
sog.	sogenannt
s. u.	siehe unten
syn.	Synonym
Tab.	Tabelle
TD	Tagesdosis
Tox.	Toxikologie
trop.	tropisch
u. a.	unter anderem/und andere
v. a.	vor allem
Vork.	Vorkommen
Wirk.	Wirkung
zahlr.	zahlreich
z. B.	zum Beispiel
ZNS	Zentralnervensystem
z. T.	zum Teil

A

Aal ↗ Anguilla vulgaris.
Aalhorn ↗ Sambucus nigra.
Aalöl ↗ Anguilla vulgaris.
Abacateiro ↗ Persea americana.
Abata Kola ↗ Cola-Arten.

■ **Abelmoschus moschatus** Medik. (syn. *Hibiscus abelmoschus*).

Fam.: Malvaceae.

Heim.: Indien, in zahlr. Tropengebieten eingebürgert und kultiviert.

Drogen: *1. **Semen Abelmoschi***; Ambrettekörner (syn. Bisamkörner, Moschuskörner), die reifen Samen. *Inh.*: äther. Öl (0,2–0,6 %, u. a. Farnesol und Ambrettolid, das den Moschusgeruch bedingt, sowie Fettsäuren enthaltend), ferner Schleimstoffe, Harze und fettes Öl. *Anw.*: früher als Aphrodisiakum, als Duftmittel sowie als Stimulans in der Volksheilkunde. *2. **Oleum Abelmoschi seminis***; Moschuskernöl; das äther. Öl der Samen. *Anw.*: in der Parfümerie.

Hom.: ***Abelmoschus moschatus*** HAB34; Abelmoschus (syn. Bisamkörner), die getrockneten Samen. *Anw.-Geb.*: Beklemmungsgefühle im Brustkorb.

Abendländische Platane ↗ Platanus-Arten.
Abendländischer Lebensbaum ↗ Thuja occidentalis.
Abessinischer Tee ↗ Catha edulis.
Abführender Tee ↗ Species laxantes.
Abführgras ↗ Linum catharticum.
Abführkraut ↗ Linum catharticum.
Abies alba ↗ Picea mariana, ↗ Abies-Arten.
Abies americana ↗ Picea mariana.
Abies arctica ↗ Picea mariana.

■ **Abies-Arten**

● **Fam.:** Pinaceae.

● **Abies alba** Mill. (syn. *Abies argentea, A. candicans, A. excelsa, A. nobilis, A. pectinata, A. picea, A. taxifolia, A. vulgare, Picea pectinata, Pinus abies, P. pectinata, P. picea*); Edeltanne (syn. Silbertanne, Weißtanne).

Heim.: Mittel- und Südeuropa.

Drogen: *1. **Abietis albae aetheroleum*** (syn. *Oleum Abietis albae, Oleum Abietis pectinatae, Oleum Pini piceae*); Edeltannenöl (syn. Silbertannenöl, Weißtannenöl), das aus den frischen Nadeln gewonnene äther. Öl. *Inh.*: Monoterpene, insbes. Bornylacetat, Limonen, α- und β-Pinen, β-Phellandren und Camphen. *Wirk.*: hautreizend, v. a. hyperämisierende sowie expektorierende Effekte. *Anw.*: in Form von Fertigarzneimitteln in Einreibungen, als Badezusätze, Erkältungsbalsam, Inhalationsmittel bei Erkrankungen der Atmungsorgane oder als Zusatz zu Franzbranntwein. *Geg.*: Keuchhusten, Bronchialasthma. *2. **Oleum Templini*** (syn. *Abietis fructuum aetheroleum*); Edeltannenzapfenöl (syn. *Abies-alba*-Zapfenöl, Templinöl), das aus den Fruchtzapfen gewonnene äther. Öl. *Inh.*: Limonen als Hauptkomponente, ferner u. a. Borneol. *Anw.*: zu Duftessenzen in der Kosmetik und Seifenproduktion. *3. **Piceae turiones recentes*** (syn. *Turiones Pini*); Tannenzweigspitzen (syn. *Abies-alba*-Sprossen), die frischen, ca. 10 cm langen Triebe. *Inh.*: äther. Öl in ähnlicher Zusammensetzung wie Abietis albae aetheroleum. *Anw.*: innerlich bei Katarrhen der Luftwege; äußerlich bei leichten Muskel- und Nervenschmerzen. *4. **Terebinthina alsatica*** (syn. *Terebinthina argentoratensis*); Straßburger Terpentin (syn. Kontinentales Terpentin), der in kleinen Harzblasen am unverletzten Baum enthaltene Balsam. *Inh.*: äther. Öl, Resene, Bernsteinsäure, Bitterstoffe, Harzsäuren. *Anw.*: innerlich und äußerlich bei Erkrankungen der Bronchien mit starker Sekretion sowie bei rheumatischen und neuralgischen Beschwerden.

Hom.: ***Abies alba spag. Zimpel*** HAB1, die frischen, jungen, noch unverholzten Zweigspitzen mit Blättern und unreifen Zapfen. *Anw.-Geb.*: bei Erkrankungen der Atemwege in der spagyrischen Therapierichtung.

● **Abies balsamea** (L.) Mill. (syn. *Abies aromatica, A. balsamifera, A. minor, Picea balsamea, Pinus balsamea*); Balsamtanne (syn. Hemlocktanne, Schierlingstanne).

Vork.: Kanada, Nordamerika.

Drogen: *1. **Abietis balsameae aetheroleum*** (syn. *Oleum abietis balsameae*); Balsamtannenöl (syn. *Abies-balsameae*-Nadelöl), das aus Nadeln und Zweigspitzen gewonnene äther. Öl. Zur Herstellung der Droge werden auch *Abies fraseri* und ↗ Tsuga canadensis herangezogen. *Inh.*: v. a.

β-Pinen, *α*-Pinen, Camphen, Limonen, *β*-Phellandren, Bornylacetat. Anw.: s. *Abietis albae aetheroleum*. ***2. Balsamum canadense*** (syn. *Terebinthina canadensis*); Kanadabalsam (syn. Kanadisches Terpentin), der durch Aufstechen der Harzanschwellungen in der Rinde gewonnene Balsam. Inh.: äther. Öl (16–27 %), Harz (70–80 % mit Harzsäuren komplexer Zusammensetzung), Bitterstoffe, Bernsteinsäure, Essigsäure, Ameisensäure. Anw.: s. *Terebinthina alsatica*. In der Kosmetik als Fixativ und in der Industrie als Kitt für optische Apparate, zum Kitten von Linsen und zum Einbetten mikroskopischer Präparate.

● **Abies cephalonica** Loudon (syn. *Abies luscombeana, Abies peloponnensiaca, Abies reginae amaliae, Picea cephalonica, Pinus cephalonica*); Griechische Tanne.

Vork.: Griechenland.

Droge: ***Abietis cephalonicae aetheroleum*** (syn. *Oleum abietis cephalonicae*); *Abies-cephalonica*-Nadelöl, das aus den Nadeln und Zweigspitzen gewonnene äther. Öl. Inh.: v. a. *β*-Pinen, *α*-Pinen, Camphen, Limonen. Anw.: s. *Abietis albae aetheroleum*.

● **Abies sibirica** Ledeb. (syn. *Abies heterophylla, A. pichta, A. semenovii, Picea pichta, Pinus pichta, P. sibirica*); Sibirische Tanne (syn. Sibirische Edeltanne).

Vork.: Nordrußland, Zentralasien, Kamtschatka.

Droge: ***Picae aetheroleum*** (syn. *Oleum Abietis sibiricum, Oleum Pini sibiricum*); Sibirisches Edeltannenöl, aus Nadeln und jungen Zweigspitzen gewonnenes äther. Öl; farblose bis schwach gelbl.-grüne Flüssigkeit. Inh.: insbes. Bornylacetat (30–40 %) und Camphen (ca. 10 %), ferner u. a. Santen, *α*- und *β*-Pinen, *α*-Phellandren und Dipenten. Anw.: in Form von Einreibungen, ferner in der Kosmetik sowie für Desinfektionszwecke, techn. für Lacke.

Abies canadensis ↗ Tsuga canadensis.
Abies denticulata ↗ Picea mariana.
Abies excelsa ↗ Picea abies, ↗ Abies-Arten.
Abies larix ↗ Larix decidua.
Abies marylandia ↗ Picea mariana.
Abies menziesii ↗ Pseudotsuga taxifolia.
Abies nigra ↗ Picea mariana.
Abies picea ↗ Picea abies, ↗ Abies-Arten.
Abies rubra ↗ Picea abies.
Abies taxifolia ↗ Pseudotsuga taxifolia.
Abietinsäure ↗ Harze.
Abietis albae aetheroleum ↗ Abies-Arten.
Abietis balsameae aetheroleum ↗ Abies-Arten.
Abietis cephalonicae aetheroleum ↗ Abies-Arten.
Abietis fructuum aetheroleum ↗ Abies-Arten.
Abrahamstrauch ↗ Vitex agnus-castus.
Abrin ↗ Abrus precatorius.

■ **Abroma augusta** (L.) L. f.

Fam.: Sterculiaceae.

Vork.: Indien, Philippinen.

Droge: das fette Öl der Samen. Inh: Triglyceride, als Fettsäuren hauptsächlich Linol-, Palmitin- und Ölsäure. Anw.: als Speiseöl. Auch zur Fasergewinnung wird die Pflanze in Afrika kultiviert.

■ **Abrus precatorius** L.

Paternostererbse, Kletterpflanze der Tropen.

Fam.: Fabaceae.

Vork.: in den Unterarten *A. precatorius L. ssp. precatorius* und *A. precatorius ssp. africanus*.

Die auffallend blutrot gefärbten Samen (*Semen Jequiritii*, s. Farbtafel S. 137, Bild 1) weisen einen schwarzen Nabelfleck auf. Inh.: toxische Lectine, bes. das hochgiftige Abrin. Die einst als *Semen Jequiritii* bekannte Droge wird in den Heimatländern mitunter für Schmuckketten oder auch als Gebetsperlen für Rosenkränze genutzt, worauf auch der Name *abros* (griech.) zart, zierlich und *precatorius* (lat.) beten zurückzuführen ist.

Hom.: ***Abrus precatorius*** HAB; die getrockneten, reifen Samen.

■ **Abscisinsäure**

ein zur Gruppe der Sesquiterpene gehörendes Phytohormon. Im Pflanzenreich insbes. als *cis*-Isomeres weit verbreitet. Wirk.: Es inhibiert die pflanzlichen Wuchsstoffe (Auxine, Gibberelline und Cytokine), die das Zellteilungs- und Streckungs-

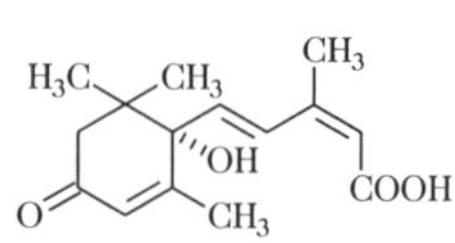

Abscisinsäure

wachstum stimulieren. A. hemmt alle diese Vorgänge, einschl. die der Samenkeimung, des Austreibens der Knospen und aktiviert den Frucht- und Laubfall (Abscission). Die Bildung von A. erfolgt insbes. im Herbst.

Absinth ↗ Artemisia absinthium.
Absinthii herba ↗ Artemisia absinthium.
Absinthin ↗ Artemisia absinthium.
Absinthium majus ↗ Artemisia absinthium.
Absinthium officinale ↗ Artemisia absinthium.
Absinthium vulgare ↗ Artemisia absinthium.

■ **Abutilon graveolens** W. et A.

Fam.: Malvaceae.

Vork.: Rußland, China, tropische und subtropische Gebiete.

Droge: der Samen. *Inh:* fettes Öl (6–17 %). *Anw.*: Speiseöl.

Acacia angustiloba ↗ Anadenanthera peregrina.
Acacia anthelminthica ↗ Albizia anthelmintica.

■ **Acacia-Arten**

Die Gattung Acacia umfaßt etwa 900 Arten, die in die Untergattungen *Acaia, Aculeiferum* und *Heterophyllum* unterteilt werden. Gattungsmerkmale: Bäume, Sträucher, selten Kräuter, teilweise Ausbildung von Dornen, Blätter doppelt gefiedert. *Inh.*: insbes. Polysaccharide und Gerbstoffe.

● **Fam.:** Mimosaceae.

Vork.: tropische und subtropische Gebiete der Erde, bes. Afrika und Australien.

● **Acacia catechu** Willd. (syn. *A. catechuoides* Wall., *A. polyacantha, A. Wallachiana, Mimosa catechuoides, M. sundra*); Gerberakazie.

Vork. und Herk.: Indien, Malaysia und östliches tropisches Afrika.

Droge: ***Catechu*** (syn. Katechu, Pegu-Catechu); der aus dem Kernholz bereitete, getrocknete Extrakt (s. Farbtafel S. 137, Bild 2). Die Droge ist geruchlos, von adstringierendem, bitteren, zuletzt süßlichem Geschmack. Sie bildet großmuschelig brechende, aus der Bruchstelle gleichmäßig dunkelbraune, mitunter poriglöchrige Stücke. Sie löst sich teilweise in kaltem, vollständig in siedendem Wasser sowie in Ethanol. *Inh.*: Flavanoide mit Catechinen (2–12 %), und zwar (+)- und (–)-Catechin sowie (+)- und (–)-Epicatechin, ferner kondensierte Catechingerbstoffe (20–60 %). Weitere Bestandteile sind Quercetin, Quercitrin und Fisetin. *Anw.*: Adstringens und Antiseptikum, u. a. bei chronischen Katarrhen der Schleimhäute, äußerlich in Mund- und Gurgelwässern, meist in Form der Tinktur (20 Tropfen auf ein Glas Wasser oder unverdünnt als Pinselung), technisch zum Gerben in der Lederindustrie.

Hom.: ***Catechu*** HAB34, durch Auskochen des Kernholzes und anschließendes Eindicken gewonnener Extrakt.

Acacia catechu. Blühender Sproß.

● **Acacia farnesiana** (L.) Willd. (syn. *Farnesiana odora, Mimosa farnesiana, Vachellia farnesiana*); Cassiestrauch.

Vork.: Westindien.

Drogen: ***1. Flores Acaciae farnesianae***; Cassieblüten (syn. *Acaciae-farnesiana*-Blüten, Akazienblüten). *Inh.*: äther. Öl. *Anw.*: volkstümlich als krampflösender Teeaufguß und Aphrodisiakum. ***2. Oleum Acaciae farnesianae;*** *Acaciae farnesiana*-Blütenöl. *Inh.*: terpenoide Verbindungen, Salicylsäuremethylester sowie aromatische Aldehyde, u. a. Anisaldehyd und Benzaldehyd. *Anw.*: volkstümlich in Form von Einreibungen als Kopfschmerzmittel, in der Kosmetik (meist in Kombination mit anderen Duftstoffen), in Körperpflegemitteln.

● **Acacia senegal** (L.) Willd. (syn. *A. rupestris, Mimosa senegal, M. senegalensis*); Verek-Akazie.

Herk.: Sudan (Kordofan), Senegal, Gambia.

Droge: *Acaciae gummi* (syn. *Gummi Acaciae, Gummi arabicum*); Arabisches Gummi (syn. Akazien-Gummi, Senegalgummi, Kordofan-Gummi, Mimosen-Gummi), s. Farbtafel S. 137, Bild 3. Die Arzneidroge stellt die an der Luft erhärtete gummiartige Ausscheidung von *A. senegal* oder anderer afrikanischer *Acacia*-Arten dar, die auf natürliche Weise oder nach Einschnitten des Stammes und der Zweige austritt. Sie ist geruch- und geschmacklos und löst sich langsam fast vollständig in der doppelten Menge Wasser. Sprühgetrocknetes Arabisches Gummi, das zugleich frei von Oxidasen und Peroxidasen ist, zeichnet sich durch bessere Wasserlöslichkeit aus. *Inh.*: Gemisch von Polysacchariden (80–90 %) und Proteinen (10–15 %). Den Hauptanteil bilden Arabinogalactane, die stark verzweigte, saure Polysaccharide vom Arabintyp darstellen. Diese liegen meist als Calcium-, z. T. auch als Kalium- oder Magnesiumsalze vor. *Anw.*: Als Hilfsstoff in der pharmazeutischen Technologie, u. a. zur Bereitung von Emulsionen, als Bindemittel bei der Tablettierung, als reizlindernde Mittel für einhüllende Zubereitungen, z. B. Mucilago Gummi arabici, bei Katarrhen, als Bestandteil von Hustenbonbons sowie bei Diarrhöen. Industriell als Verdickungsmittel.

Acaciae-farnesiana-Blüten ↗ Acacia-Arten.
Acaciae gummi ↗ Acacia-Arten.
Acacia microphylla ↗ Anadenanthera peregrina.
Acacia niopa ↗ Anadenanthera peregrina.
Acacia paniculata ↗ Anadenanthera peregrina.
Acacia peregrina ↗ Anadenanthera peregrina.

■ **Acaena pinnatifida** Ruiz. et Pav.

Fam.: Rosaceae.

Vork.: Chile, Andengebiete.

Droge: die ganze Pflanze bzw. die Wurzel. *Anw.*: in der indianischen Volksheilkunde als Adstringens und Diuretikum.

Acajou-Nüsse ↗ Anacardium occidentale.

Acajuba occidentalis ↗ Anacardium occidentale.
Acajubaum ↗ Anacardium occidentale.

■ **Acalypha indica** L.
(syn. *Cupamensis indica, Ricinocarpus indica*).

Fam.: Euphorbiaceae.

Vork.: Indien, Sri Lanka, China.

Droge: ***Herba Acalyphae indicae***; Indisches Brennkraut. *Inh.*: Alkaloide, u. a. Acalyphin, ein cyanogenes Glykoalkaloid, ferner äther. Öl, phenolische Substanzen (Acalyphamid) und Harze. *Anw.*: Expektorans und Diuretikum, heute obsolet.

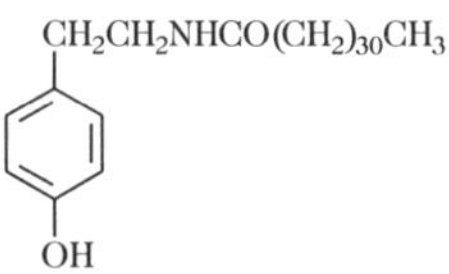

Acalyphamid

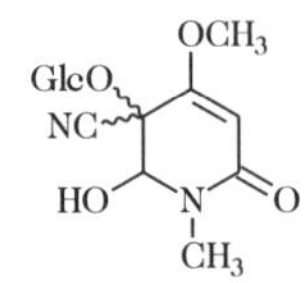

Acalyphin

Hom.: *Acalypha indica* HAB34; Brennkraut, das frische, blühende Kraut. *Anw.-Geb.*: u. a. bei Krampfhusten und Gerinnungsstörungen.

Histor.: *Acalypha* ist der von ↗ Hippokrates für die Nessel gebrauchte Name. Wegen der nesselähnlichen Blätter wurde dieser auch in die deutsche Bezeichnung übernommen.

Acanthopanacis senticosi radix ↗ Eleutherococcus senticosus.
Acanthopanax senticosus ↗ Eleutherococcus senticosus.

■ **Acanthopanax sessiliflora**.

Fam.: Araliaceae.

Vork.: Sibirien.

Droge: die ganze Pflanze. *Inh:* äther. Öl, Saponine, in Spuren Alkaloide. *Anw.*: in der Volksheilkunde als Stimulans und möglicher Ginsengersatz.

■ **Acanthophyllum glandulosum** Bge.

Fam.: Caryophyllaceae.

Vork.: Zentralasien, Steppengebiete.

Droge: ***Radix Acanthophylli***; Turkestanische Seifenwurzel, die getrocknete Wurzel. *Inh:* Saponine. *Anw.*: in der Volksheilkunde als Expektorans, in der Veterinärmedizin bei Erkrankungen der Pferde sowie als Waschmittel.

■ **Acanthosicyos horridus** Welw. ex Hook f.
Fam.: Cucurbitaceae.
Vork.: Südwestafrika.
Droge: Die Samen reifer Früchte. Inh: fettes Öl, in den Früchten auch Cucurbitacine, Eiweiß, Zucker. Anw.: das aus den Samen gewonnene Öl als Speiseöl, das dem Mandelöl vergleichbar ist. Die gekochten Samen werden in der Kapregion Südafrikas als „Butter Pits" wie Nüsse gegessen und zu Backwaren verwendet.

■ **Acanthosicyos naudiniana** (Sonders) C. Jeffrey (syn. Citrullus naudinianus, Cucumis naudinianus, Colocynthis naudinianus).
Fam.: Cucurbitaceae.
Vork.: Süd- und ostafrikanische Steppengebiete.
Droge: die Wurzel. Inh: Cucurbitacine (bis zu 1,4 %), dabei sowohl Vertreter der B- und der E-Serie als Glykoside. Anw.: Die Eingeborenen benutzen einen eingedickten Wurzelextrakt als Pfeilgift.

Acanthum edule ↗ Blepharis edulis.
Acanthum spicatum ↗ Blepharis edulis.

■ **Acanthus mollis** L.
Fam.: Acanthaceae.
Vork.: Südeuropa.
Droge: ***Herba Acanthae*** (syn. *Herba Acanthi, Herba Brancae ursinae*); Acanthusblätter (syn. Bärenklau). Inh.: Schleim. Anw.: Mucilaginosum.
Hom.: ***Acanthus mollis*** HAB34; Bärenklau, die frische, blühende Pflanze. Anw.-Geb.: Überfunktion der Talgdrüsen der Kopfhaut.
Histor.: Der Gattungsname *Acanthus* ist vom griechischen *akanthos* = Stachel, Distel abgeleitet, da die meisten Arten der Gattung dornige Blätter besitzen. Der Artname (lat.: *mollis* = weich) weist dabei auf die Ausnahme hin. Das Acantusblatt spielte im Altertum bes. in der Ornamentik eine bedeutende Rolle, z. B. in stilisierter Form an den korinthischen sowie an den späteren römischen Säulen.

■ **Acarbose**
ein stickstoffhaltiges Pseudotetrasaccharid, das von *Actinomycetes*-Arten (u. a. der Gattung Actinoplanes) produziert wird. Wirk.: Es wird als Antidiabetikum therapeutisch eingesetzt, da A. als Hemmer der α-Glykosidase die Spaltung von ↗ Stärke, Disacchariden (↗ Saccharose) und

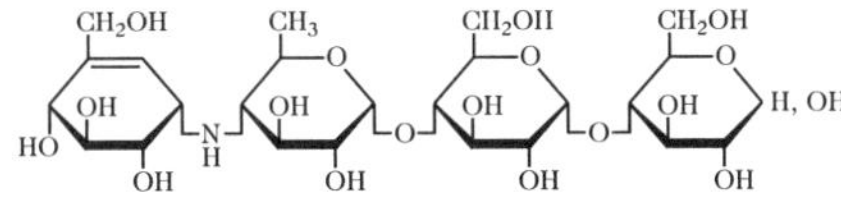

Acarbose

↗ Dextrinen verhindert. Damit kommt es zur verzögerten Resorption von Glucose aus der Nahrung.

Acca sellowiana ↗ Feijoa sellowiana.
Accoromba tricolor ↗ Galega officinalis.

■ **Acer negundo** L.
(syn. *Negundo aceroides, N. fraxinifolium*); Eschenblättriger Ahorn.
Fam.: Aceraceae.
Vork.: Nordamerika, in Europa eingebürgert.
Inh.: Blätter und Rinde enthalten Saponine, die antitumoral wirken, ferner phenolische Verbindungen, u. a. Flavonoide.
Hom.: ***Acer negundo*** HAB34; Eschenblättriger Ahorn, die frische Stamm- und Zweigrinde.

Acerolakirsche ↗ Malpighia punicifolia.
Acer saccharophorum ↗ Acer saccharum.

■ **Acer saccharum** Marsh.
(syn. *A. saccharophorum*); Zuckerahorn.
Fam.: Aceraceae.
Vork.: Bäume Nordamerikas, bes. Kanada.
Droge: ***Ahornsirup***. Inh.: Der Blutungssaft enthält bis zu 8 % Saccharose (Trockengewicht: 98 % Zucker, fast ausschließlich Saccharose, ferner 0,4 % Proteine und 0,3 % organische Säuren). Anw.: volkstümlich für Frühjahrskuren; Wirksamkeit nicht belegt. Verwendung ferner zum Süßen von Speisen und Getränken in der Süßwarenindustrie sowie nach Kristallisation zur Gewinnung von Ahornzucker.

■ **Acetobacter aceti**
Essigsäurebakterium.
Fam.: Bacteroidaceae.
Bedeut.: Gramnegative, aerobe Stäbchenbakterien, die zur Gewinnung von Essig genutzt werden.

■ **Acetobacter suboxidans**
(syn. *Acetomonas suboxydans*).
Fam.: Bacteroidaceae.
Bedeut.: Stäbchenbakterien, die zur Herstellung von ↗ Ascorbinsäure genutzt werden.

■ **Acetogenine**
Stoffklasse von langkettigen Polyketiden mit sehr komplexer Struktur (u. a. Actinorhodin), die in Pflanzen der Familie Annonaceae vorkommen.

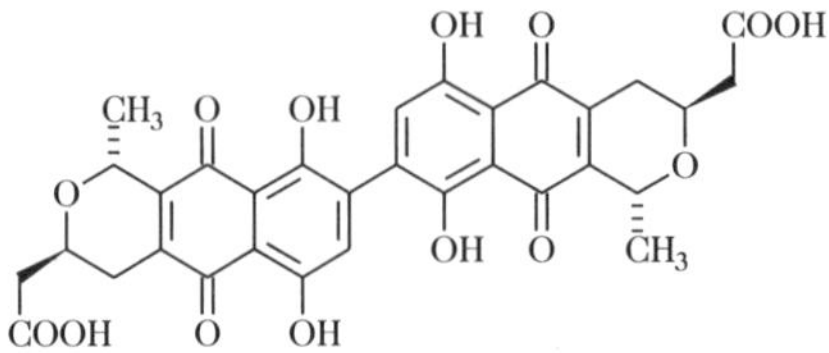

Actinorhodin

Wirk.: Acetogenine zeichnen sich durch antitumorale Eigenschaften aus, indem sie die erhöhte mitochondriale Atemaktivität von Krebszellen hemmen und das Zellwachstum zum Stillstand bringen.

Acetomonas suboxydans ↗ Acetobacter suboxidans.
Acetosella vulgaris ↗ Rumex acetosella.
Acetum Sabadillae ↗ Schoenocaulon officinale.

■ **Acetylandromedol**
(Andromedotoxin, Asebotoxin, Grayanotoxin I, Rhodotoxin). Toxische diterpenoide Verbindung, die in verschiedenen ↗ *Rhododendron-*, *Oxydendron-* und *Andromeda-*Arten sowie im Bienenhonig aus den Blüten dieser Pflanzen vorkommt. Wirk.: A. induziert rauschartige Zustände, die mit Krämpfen und Herzlähmung einher gehen.

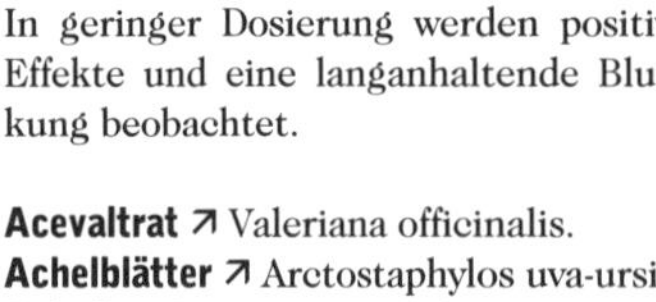

Acetylandromedol

In geringer Dosierung werden positiv inotrope Effekte und eine langanhaltende Blutdrucksenkung beobachtet.

Acevaltrat ↗ Valeriana officinalis.
Achelblätter ↗ Arctostaphylos uva-ursi.
Achelkraut ↗ Arctostaphylos uva-ursi.

■ **Achillea-Arten**
● **Fam.:** Asteraceae (Compositae).

● **Achillea erba-rotta** All. *ssp. moschata* (Wulf) I.B.K. Rich. (syn. *Achillea moschata, A. genipi, A. livia, Ptarmica moschata*); Moschusschafgarbe (syn. Bisamgarbe, Bisamschafgarbe).
Vork.: Europäische Hochgebirge, bes. Silikatalpen.
Drogen: ***1. Herba Ivae moschatae*** (syn. *Herba Achilleae moschatae, Herba Genippi veri, Ivae moschatae herba*); Moschusschafgarbenkraut (syn. Bisamkraut, Genippkraut). Inh.: äther. Öl (0,3–0,6 %, u. a. Cineol und L-Campher enthaltend) sowie Bitterstoffe, u. a. Achillin. Anw.: Amarum aromaticum. Das äther. Öl (*Oleum Ivae moschatae*, Ivaöl) dient ferner in der Likörindustrie zur Herstellung des Ivalikörs. ***2. Flores Achilleae moschatae*** (syn. *Flores Ivae moschatae*); Ivablüten (syn. Moschusblüten). Inhaltsstoffe und Anwendung s. *Herba Ivae moschatae*.
● **Achillea millefolium** *L.* (syn. *Achillea asplenifolia, A. collina, A. distans, A. sudetica, A. pannonica, A. roseo-alba, A. setacea*); Gemeine Schafgarbe (syn. Achilleskraut, Bauchwehkraut, Bertramsgarbe, Blutstillkraut, Gachelkraut, Gänsezungen, Grützblume, Kachel, Katzenschwanz, Schafrippe, Schafzunge, Tausendblatt, Zangeblume, Feldgarbenkraut, Garbenkraut, Katzenkraut, Grundheil), s. Farbtafel S. 137, Bild 4. Sammelart, die morphologische, zytogenetische und chemische Unterschiede aufweist und deren Sippen von den jeweiligen Bearbeitern als Varietäten, Unterarten oder Kleinarten beschrieben werden. Sie sind meist diploid, z. T. aber auch tetraploid, hexaploid oder octaploid.
Drogen: ***1. Millefolii herba*** (syn. *Herba Millefolii*); Schafgarbenkraut, die zur Blütezeit gesammelten und getrockneten Triebspitzen der Pflanze. Inh.: äther. Öl (0,2–1,0 %) mit im allg. 6–19 % Azulen (Ausnahmen bilden die meist tetraploiden, azulenfreien Sippen) sowie monoterpenoiden Bestandteilen, u. a. 1,8-Cineol, Sabinen, Campher, Linalool, mitunter auch Ascaridol. In Abhängigkeit von Herkunft und Taxon variiert die Zusammensetzung erheblich, so daß auch Sesquiterpene vorherrschen können, u. a. Germacren D und β-Caryophyllen. Weitere terpenoide Verbindungen sind Sesquiterpenlactone, v. a. Guaianolide sowie Germacranolide, u. a. Achillifolin, und Eudesmanolide, u. a. Dihydroreynosin. Zu den mehr als 30 identifizierten Verbindungen gehören die Proazulene 7(12),6-Lactone ↗ Achillicin (8α-Angeloyloxy- und 8α-Tigloyloxy-Verbindungen) sowie Rupi-

colin A und B, ferner das 7(12),8-Lacton 4α-Hydroxy-6α-angelicoyloxy-9α-acetoxyguai-1(20),2-dienolid und sein 6α-Tigloyloxy-Analoges. Als nicht azulenogene Guaianolide kommen ↗ Achillin und Leucodin (Desacetoxymatricarin) vor. Weitere Guaianolide besitzen 1,4-Endoperoxidstruktur, u. a. α-Peroxyachifolid (0,25–0,60 % in den Blüten von *A. millefolium*) oder 3-Oxa-achillicin (8-Acetylegeloid) und 8α-Angelicoyl-3-oxa-artabsin, die eine 3-Oxa-Struktur aufweisen. Sesquiterpenoide mit antitumoralen Eigenschaften sind die Achimillsäuremethylester A, B und C. Neben den terpenoiden Verbindungen enthält die Droge ein breites Flavonoidspektrum mit Flavon-7-*O*-Glucosiden und 7-*O*-Malonylglykosiden des Apigenins und des Luteolins. Weitere Flavonoide sind Flavonolglykoside (u. a. Rutin), C-Glykosylflavone (u. a. Vitexin, Schaftosid und Orientin, einschließlich ihrer Isoverbindungen) sowie methylierte und methoxylierte Flavonoidaglyka (u. a. Casticin). Bestandteile der Droge sind ferner Cumarine, Phenolcarbonsäuren, Betaine und die Polyine Ponticaepoxid sowie *cis*- und *trans*-Matricariaester. *Anw.*: Zubereitungen der Droge zeichnen sich insbes. durch entzündungshemmende (antiphlogistische) und krampflösende (spasmolytische) Wirkungen aus. Für die antiphlogistischen Eigenschaften kommt den terpenoiden Stoffen bes. Bedeutung zu, während für die spasmolytischen Effekte v. a. die Flavonoide verantwortlich sind. Die Indikationen entsprechen weitgehend denen der Kamille, d. h. die Hauptanwendungsgebiete sind Magen- und Darmbeschwerden, Appetitlosigkeit sowie Förderung der Gallensekretion. Äußerlich werden Auszüge der Droge in Form von Spülungen, Umschlägen und Bädern bei entzündlichen Haut- und Schleimhauterkrankungen sowie als Wundheilmittel genutzt. Die Droge ist Bestandteil von Teepräparaten (Magen-Darm- und Leber-Gallentee) sowie von zahlreichen Phytopharmaka. Zur ↗ Teezubereitung verwendet man als Einzelgabe etwa 2 g bzw. als Tagesdosis etwa 4,5 g fein geschnittenes Schafgarbenkraut. *Geg.*: allgem. Überempfindlichkeiten gegenüber Korbblütlern. *2.* ***Millefolii flos*** (syn. *Flores Millefolii*); *Inh.* und *Anw.* entsprechen *Millefolii herba*.

Hom.: ***1. Achillea millefolium ferm 33d. 2. Achillea millefolium***, das frische, blühende Kraut. *Anw.-Geb.*: u. a. bei Blutungen und Krampfadern. ***3. Achillea millefolium spag. Zimpel***, das frische blühende Kraut der ganzen Pflanze.

Histor.: Der Gattungsname Achillea geht auf Achilles, den sagenhaften Helden des trojanischen Krieges, zurück, der die Pflanze als Droge entdeckt und zur Wundheilung verwendet haben soll, während der Artname millefolium die vielen fein zerteilten Blätter zum Ausdruck bringt. Seit Dioskurides ist die Anwendung von Achillea, dem „Soldatenkraut mit den vielen Blättern", zur Wundheilung dokumentiert. Die deutsche Bezeichnung Schafgarbe weist darauf hin, daß die Pflanze gern von Schafen gefressen wird.

● **Achillea ptarmica** (syn. *Ptarmica vulgaris*); Wiesenbertram.

Vork.: Europa.

Drogen: ***Herba*** und ***Rhizoma Ptarmicae***. *Inh.*: äther. Öl und phenolische Verbindungen, u. a. Gerbstoffe. *Anw.*: als Tonikum und Adstringens in der Volksheilkunde.

Achilleskraut ↗ Achillea-Arten.

■ **Achillicin**

Sesquiterpen (Proazulen vom Guaianolidtyp) im ätherischen Öl von ↗ *Achillea*-Arten mit antiphlogistischen Eigenschaften.

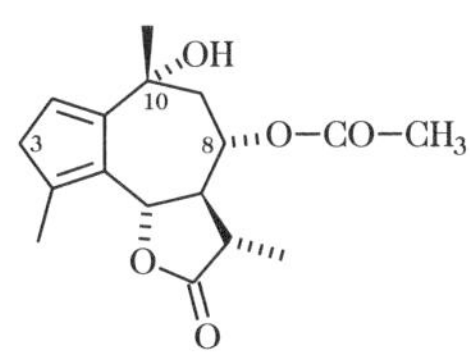

Achillicin

■ **Achillin**

Sesquiterpenbitterstoff (nicht-azulenogenes Guaianolid) im ätherischen Öl von ↗ *Achillea*-Arten.

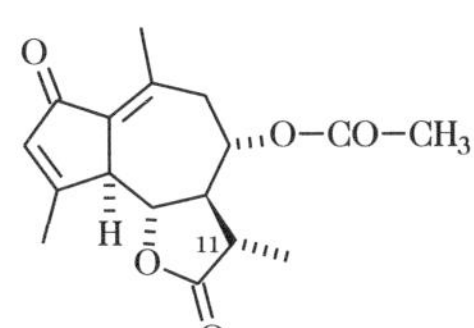

Achillin

Achotesaat ↗ Bixa orellana.

Achras zapota ↗ Manilkara zapota.

■ **Achyranthes aspera** L.
(syn. *Cyathula prostata*).
Fam.: Amaranthaceae.
Vork.: Afrika, Ostindien, Australien.
Droge: die ganze Pflanze. Inh: Oleanolsäure, Glucose, Galactose, Xylose, Rhamnose, in den Samen Hentriacontan und Sapogenine, in der Wurzel Betain. Anw.: in der Volksheilkunde als Diuretikum.

■ **Achyrocline saturoides** DC.
Fam.: Asteraceae (Compositae).
Vork.: Brasilien.
Droge: *Macella*, die Blüte. Inh: äther. Öl, Flavonoide, wie Isognaphaliin. Anw.: in der Volksheilkunde als Tonikum, Amarum und gegen Durchfälle.

■ **Achyropsis leptostachya** Kook. f.
Fam.: Amaranthaceae.
Vork.: Afrika.
Droge: die ganze Pflanze. Anw.: in der Heilkunde der Eingeborenen als Fiebermittel, Brechmittel und als Expektorans.

Acidophilus-Bakterien ↗ Lactobacillus acidophilus.
Ackerbohne ↗ Vicia faba.
Ackerdistel ↗ Cirsium arvense.
Ackerdurchwachs ↗ Bupleurum-Arten.
Ackergauchheil ↗ Anagallis arvensis.
Ackergoldschirm ↗ Bupleurum-Arten.
Ackergras ↗ Agropyron repens.
Ackergraswurzel ↗ Agropyron repens.
Ackergrindkraut ↗ Knautia arvensis.
Ackerhellerkraut ↗ Thlaspi arvense.
Ackerholderbeeren ↗ Sambucus ebulus.
Ackerhonigklee ↗ Melilotus officinalis.
Ackerklee ↗ Trifolium pratense.
Acker-Knautie ↗ Knautia arvensis.
Ackerlattich ↗ Tussilago farfara.
Ackerlein ↗ Linaria vulgaris.
Ackermennig ↗ Agrimonia eupatoria.
Ackerminze ↗ Mentha-Arten.
Ackerraute ↗ Fumaria officinalis.
Ackerrittersporn ↗ Delphinium consolida.
Acker-Scabiose ↗ Knautia arvensis.
Ackerschachtelhalm ↗ Equisetum-Arten.
Ackerschelle ↗ Pulsatilla-Arten.
Ackerveilchen ↗ Viola-Arten.
Ackervergißmeinnicht ↗ Myosotis arvensis .
Ackerwachtelweizen ↗ Melampyrum arvense.
Ackerwinde ↗ Convolvulus-Arten.
Acker-Witwenblume ↗ Knautia arvensis.
Ackerzichorie ↗ Taraxacum officinale.

■ **Aclarubicin**
(Aclacinomycin), Anthracyclinantibiotikum, produziert von *Streptomyces galilaeus*. A. ist ein Glykosid des Aclavoninons, das als Zytostatikum bei akuter myeloischer Leukämie eingesetzt wird (Formel s. unten).

Acmella brasiliensis ↗ Spilanthes oleracea.

■ **Acokanthera-Arten**
● **Fam.:** Apocynaceae.
● **Acokanthera oppositifolia** (Lam.) Codd. (syn. *A. longiflora*).
Vork.: mittleres bis südliches Afrika als Bäume oder Sträucher. In Verbreitungsgebieten auch kultiviert.
Droge: *Lignum Acokantherae* (syn. *Acokantherae lignum*). Inh.: Cardenolidglykoside (↗ Herzwirksame Glykoside), u. a. Acovenosid A bzw. Venenatin (Acovenosigenin-α-1-acovenosid) und Acolongifloridis K (Ouabagenin-6-desoxy-L-talose).

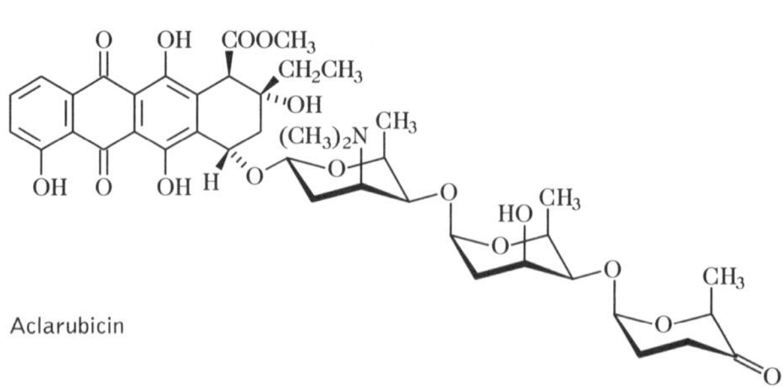

Aclarubicin

● **Acokanthera schimperi** (*A.*DC.) Scheinf.

Droge: ***Semen Akocantherae venenatae*** (syn. *Acokantherae venenatae semen*). Inh.: Gemisch von Cardenolidglykosiden, insbes. Acovenosid A (58 %) und Ouabain (26 %). *Verw.*: Beide Drogen zur Gewinnung der herzwirksamen Glykoside. Infolge geringer therapeutischer Breite kaum medizinische Bedeutung. Nutzung in Heimatgebieten als Pfeilgifte.

Acokantherae lignum ↗ Acokanthera-Arten.
Acokantherae venenatae semen ↗ Acokanthera-Arten.
Aconiti herba ↗ Aconitum-Arten.

■ Aconitin

(Akonitin, Acetylbenzoylaconin), Diterpenesteralkaloid in ↗ *Aconitum*-Arten. *Wirk.*: Aconitin zählt zu den am stärksten wirksamen pflanzlichen Alkaloiden, es wird rasch über die Schleimhäute und die intakte Haut resorbiert, passiert die Blut-Hirn-Schranke und verändert die Erregbarkeit von Nervenzellen (Verzögerung der Repolarisation). Dadurch wirkt es zunächst erregend, dann lähmend auf sensible und motorische Nerven sowie auf das ZNS. Der Tod tritt nach etwa 2–5 mg p. o. durch Atemlähmung oder Herzversagen ein. (Formel ↗ *Aconitum*-Arten).

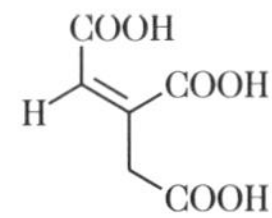

(*Z*)-Aconitsäure

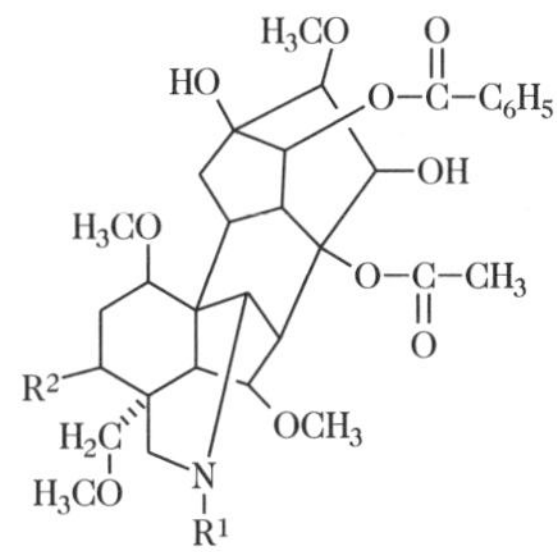

	R^1	R^2
Aconitin	C_2H_5	OH
Mesaconitin	CH_3	OH
Hypaconitin	CH_3	H
Benzaconin = Desacetylaconitin		
Aconin = Desacetyldesbenzoylaconitin		

Aconiti radix lateralis praeparata ↗ Aconitum-Arten.
Aconiti tuber ↗ Aconitum-Arten.

■ Aconitum-Arten

● **Fam.:** Ranunculaceae.

● **Aconitum napellus** L. ssp. *napellus*; Blauer oder Echter Eisenhut (syn. Blaue Mönchskappe, Sturmhut, Teufelskappe), s. Farbtafel S. 137, Bild 5.

Vork.: Bergregionen in Europa, Asien und Amerika.

Drogen: ***1. Tubera Aconiti*** (syn. *Aconiti tuber*); Eisenhutknollen. *Inh.*: Diterpenalkaloide (0,2–1 %, ↗ Aconitin, Mesoaconitin, Hypaconitin) neben geringen Mengen an Aconitsäure und Neopellin. *Anw.*: Extrakte werden innerlich und äußerlich aufgrund ihrer analgetischen Wirkung zur Behandlung von Neuralgien, bes. Trigeminusneuralgie sowie bei Gicht und Rheuma eingesetzt. Da die therapeutische Breite von Aconitum-Zubereitungen relativ gering ist, wird die Anwendung heute abgelehnt. ***2. Aconiti herba*** (syn. *Herba Aconiti*); Eisenhutkraut (syn. Apollonienkraut. *Inh.* und *Anw.*: s. *Aconiti tuber*.

Hom.: ***1. Aconitum napellus*** (syn. *Aconitum*) HAB1 und ***2. A. napellus Rh*** (syn. *Aconitum Rh*) HAB1, die ganzen, frischen Pflanzen. ***3. A. napellus e radice*** HAB34, die frischen Wurzelknollen mit den daran hängenden Wurzeln. *Anw.-Geb.*: zur Behandlung entzündlicher Prozesse des Nervensystems, des Herzens, des arteriellen Gefäßsystems sowie der weiblichen Geschlechtsorgane. *A. napellus Rh* findet Anwendung in der anthroposophischen Therapie.

● **Aconitum anthora** L.; Gelber Sturmhut. (syn. Feinblättriger Sturmhut, Giftheit, Giftheil-Eisenhut).

Droge: die Wurzelknollen. *Inh.*: etwa 2 % Diterpenalkaloide, v. a. Atisin (Anthorin).

Hom.: ***Aconitum anthora*** HAB34, die frische, blühende Pflanze.

● **Aconitum x cammarum** L. emend. Fries (syn. *A. napellus x A. variegatum, A. x intermedium, A. x stoerkianum*); Blauer Sturmhut (syn. Blaue Wolfswurz, Stoerks Eisenhut).

Droge: die Wurzelknollen. Inh.: 0,5 % Gesamtalkaloide, die denen von *A. napellus* ähneln.

Hom.: ***Aconitum cammarum*** HAB34, die frischen, unterirdischen Teile der Pflanze. Anw.-Geb.: bei Neuralgien und Empfindungsstörungen.

● **Aconitum carmichaelii** Debeaux (syn. *A. bodinieri, A. fisheri, A. fisheri var. wilsonii, A. kusnezoffii var. bodinieri, A. wilsonii*); Carmichaels Eisenhut.

Droge: ***Aconiti radix lateralis praeparata*** (vorbehandelte Eisenhutseitenwurzel, Kusauzuknollen) Inh.: Diterpenalkaloide (0,3–1,6 %) vom Aconitin-Typ, Salsolinol, Magnoflorin, Catecholamine und Glycane. Anw.: In der chinesischen Medizin zur Behandlung von Herz-Kreislauf-Erkrankungen sowie in der traditionellen chinesischen Medizin u. a. bei Impotenz, Unfruchtbarkeit und neuralgischen Schmerzen.

● **Aconitum ferox** Wall. ex Seringe; Wilder Sturmhut.

Droge: die Wurzelknollen. Inh.: etwa 1 % Gesamtalkaloide in den Wurzeln, v. a. Pseudoaconitin, Indaconitin, Bikhaconitin und Chasmaconitin.

Hom.: ***Aconitum ferox*** HAB34, die frischen, unterirdischen Teile. Anw.-Geb.: Angina pectoris und Neuralgien.

● **Aconitum vulparia** Rchb. (syn. *A. lycoctonum*); Gelber Eisenhut (syn. Fuchseisenhut, Gelbe Gelstern, Helmchrut, Hundstod, Wolfs-Eisenhut, Wolfswurz), s. Farbtafel S. 137, Bild 6.

Droge: die Wurzelknollen. Inh.: Die Droge enthält Diterpenalkaloide (ca. 1 %), hauptsächlich Lycaconitin und Lycoctonin, weiterhin Magnoflorin (Isochinolinalkaloid).

Hom.: ***Aconitum lycoctonum*** HAB34, das frische, zur Zeit der beginnenden Blüte gesammelte Kraut. Anw.-Geb.: bei Lymphdrüsenentzündungen.

● **Histor.:** Die Giftigkeit des Eisenhuts war bereits in der Antike bekannt und Extrakte daraus wurden zu Giftmorden benutzt.

Aconitum paradalianches ↗ Paris quadrifolia.
Aconitum salutiferum ↗ Paris quadrifolia.
Acoron ↗ Acorus calamus.
Acorus aromaticus ↗ Acorus calamus.
Acorus asiaticus ↗ Acorus calamus.
Acorus benageri ↗ Acorus calamus.

■ **Acorus calamus** L.
(syn. *A. aromaticus, A. asiaticus, A. benageri, A. casia, A. griffithii, A. commersonii, A. commutatus, A. odoratus, A. spurius, A. terrestris, A. triqueter, A. vernus, A. vulgans, A. vulagis, Calamus aromaticus, Oronthium cochinchinensis*); Kalmus (syn. Chalmis, Dt. Ingwer, Dt. Zitwer, Echter Kalmus, Gewürzkalmus, Karmswuttel, Kolmas, Magenwurz, Schwanenbrot, Sigge), s. Farbtafel S. 138, Bild 7.

Fam.: Araceae.

Vork.: gemäßigte Klimazone der nördlichen Hemisphäre.

Drogen: ***1. Calami aetheroleum*** (syn. *Oleum Calami*) Kalmusöl. Inh.: s. *Calami rhizoma*. Anw.: Zur Mundhygiene wird Kalmusöl Mund- und Gurgelwässern zugesetzt. In der Likörindustrie wird die Droge zur Aromatisierung und als Stomachikum verwendet. ***2. Calami rhizoma*** (syn. *Rhizoma Calami, Rhizoma Acori*); Kalmuswurzelstock. Inh.: äther. Öl (bis zu 7 %) komplexer Zusammensetzung mit Phenylpropanderivaten, bes. β-Asaron und Terpenen, u. a. β-Farnesen, Geranylacetat, Isoeugenolmethylether, Acoragermacron und Acoron sowie außerdem Acorin, ein bitteres Glykosid, Cholin, Methylamine, Gerbstoffe, Stärke, Zucker und Schleimstoffe. Anw.: Die Droge wird in Form von Extrakten innerlich als Stomachikum (Amarum aromaticum) bei Appetitlosigkeit, Verdauungsbeschwerden, Flatulenz, aber auch bei rheumatischen Erkrankungen sowie bei Husten eingesetzt. Da die langzeitliche Anwendung von Kalmusöl im Tierversuch Tumore induzieren kann, gilt β-Asaron als carcinogen und chromosomenschädigend. Nur Drogen mit einem β-Asaron-Gehalt von <0,5 % dürfen zum Einsatz kommen. Der Dauergebrauch der Droge ist nicht zu empfehlen, das gilt auch für Magenliköre, die Kalmusextrakte enthalten. Zur ↗ Teezubereitung werden etwa 1,5 g der fein geschnittenen oder grob gepulverten Droge verwendet. Äußerlich angewendet dient Kalmuswurzelstock als Badedroge zur Hautreiztherapie bei Arthritis und Neuralgien sowie zur Verbesserung der Durchblutung. Die Kri-Indianer im Nordwesten Kanadas kauen den Wurzelstock um halluzinogene, LSD-ähnliche Rauschzustände zu erzeugen. Die Wirkung soll auf strukturellen Gemeinsamkeiten von β-Asaron mit ↗ Mescalin beruhen.

Hom.: ***Acorus calamus*** HAB1; Anw.-Geb.: bei Magen-Darm-Erkrankungen.

Histor.: Im Orient wurde Kalmus bereits im Altertum (Erwähnung in der Bibel: 2. Mose 30,23) als Gewürz und Heilmittel geschätzt.

Nach Europa kam er erst im 16. Jh. aus Südindien über Rußland und Siebenbürgen, wohin ihn die Tataren mitgebracht hatten.

Acorus casia ↗ Acorus calamus.
Acorus commersonii ↗ Acorus calamus.
Acorus commutatus ↗ Acorus calamus.
Acorus griffithii ↗ Acorus calamus.
Acorus odoratus ↗ Acorus calamus.
Acorus spurius ↗ Acorus calamus.
Acorus terrestris ↗ Acorus calamus.
Acorus triqueter ↗ Acorus calamus.
Acorus vernus ↗ Acorus calamus.
Acorus vulagis ↗ Acorus calamus.
Acorus vulgans ↗ Acorus calamus.
Acremonium fusioides ↗ Fusidium coccineum.

■ **Acridocarpus alopecurus** Sprague.
Fam.: Malpighiaceae.
Vork.: Afrika. *Anw.*: in der afrikanischen Volksheilkunde bei Herzstörungen.

■ **Acrocephalus capitatus** Bth.
Fam.: Lamiaceae (Labiatae).
Vork.: Indochina.
Droge: die ganze Pflanze. *Inh:* äther. Öl, Saponine, Glykoside. *Anw.*: in der Volksheilkunde bei Gelbsucht, zum Auswaschen von Wunden, als Diuretikum und Anthelmitikum.

■ **Acrocomia sclerocarpa** Mart.
(syn. *Cocos aculeata*).
Fam.: Palmae.
Vork.: Südamerika, besonders Brasilien, Amazonasgebiet.
Droge: *Mocayaöl* (syn. Mocayabutter, Macauba-Öl, Hacuja-Öl), das fette Öl aus der Fruchtpulpe und den Kernen. *Inh:* Fett (ca. 60 %), mit Ölsäure (ca. 74 %) und Linolsäure (ca. 8 %) als Fettsäuren. *Anw.*: Speisefett, Margarinegrundstoff, Ausgangspunkt für die Seifenherstellung. Fruchtfleisch und Kerne werden ebenfalls als Laxans und Wurmmittel eingesetzt.

Acrodiclidium puchury-major ↗ Ocotea puchury-major.

■ **Acronychia baueri** Schott.
(syn. *Bauerella australiana*).
Fam.: Rutaceae.
Vork.: tropisches Asien, Australien.
Drogen: Rinde und Blätter. *Inh:* Triterpene, wie Lupeol, Bauerenol; Alkaloide, wie Melicopin, Acronycin, Acronycidin, Normelicopidin, Kokusaginin. *Anw.*: Acronycin besitzt cancerostatische Wirkungen.

■ **Acronycin**
Acridonalkaloid.
Vork.: in Pflanzen der Familie Rutaceae. *Wirk.*: Onkolytisch. Induziert Apoptose von Krebszellen. Stärkere Wirkung besitzen die Acronycin-Epoxide.

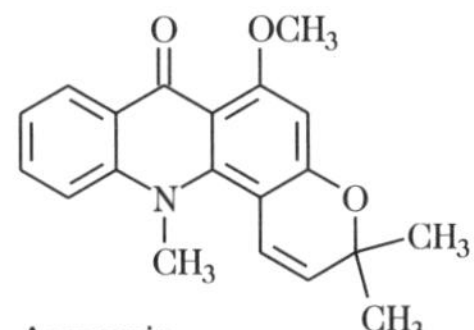

Acronycin

Actaea corymbosa ↗ Actaea spicata.
Actaea gyrostachya ↗ Cimicifuga racemosa.
Actaea monogyna ↗ Cimicifuga racemosa.
Actaea nigra ↗ Actaea spicata.
Actaea orthostachya ↗ Cimicifuga racemosa.
Actaea racemosa ↗ Cimicifuga racemosa.

■ **Actaea spicata** L.
(syn. *Actaea corymbosa, A. nigra, Christophoriana spicata*); Christophskraut, s. Farbtafel S. 138, Bild 8.
Vork.: Mittel- und Nordeuropa.
Inh.: Alkaloide, u. a. Magnoflorin, Saponine, Flavonoide.
Hom.: *Actaea spicata* HAB1; Christophskraut, die frischen, nach dem Austrieb der Sprosse, aber vor der Blüte gesammelten unterirdischen Teile. *Anw.-Geb.*: rheumatische Beschwerden.

Actein ↗ Cimicifuga racemosa.

■ **Actinidia chinensis** Planch.
Kiwi (syn. Chinesischer Strahlengriffel).
Fam.: Actinidiaceae.
Vork.: auf Neuseeland kultiviert.
Inh.: Die Frucht enthält Ascorbinsäure (ca. 0,1 %), Vitamine und eine Protease. *Anw.*: Vitamin-C-Spender, zur Bereitung des Taraweins.

■ **Actinidia kolomikta** (Maxim. et Rupr.) Maxim.
Fam.: Actinidiaceae.

Vork.: Amurgebiete, Sachalin, Ostasien.
Drogen: die Früchte. Inh: Vitamin C, Gerbstoffe. Anw.: Die getrockneten Früchte werden in der Volksheilkunde bei Skorbut und als Anthelmintikum benutzt.

Actinobacterium bifidum ↗ Bifidobacterium-Arten.

■ **Actinomeris helianthoides** Nutt.
Fam.: Asteraceae (Compositae).
Vork.: Nordamerika.
Droge: die Wurzel. Inh.: äther. Öl. Anw.: bei Blasen und Nierenleiden.

Actinomyces antibioticus ↗ Actinomycine.
Actinomyces bifidus ↗ Bifidobacterium-Arten.

■ **Actinomycine**
Peptidlactonantibiotika, die von verschiedenen ↗ *Streptomyces*-Arten sowie von *Actinomyces antibioticus* gebildet werden. Actinomycine wirken

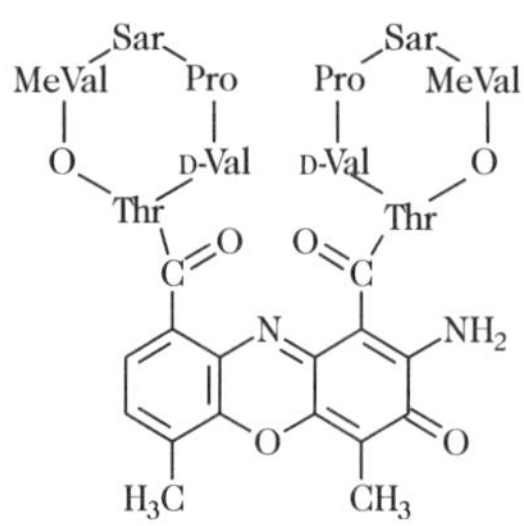

Actinomycin C

antibiotisch gegenüber grampositiven Bakterien, allerdings wird diese Wirksamkeit wegen ihrer hohen Toxizität therapeutisch nicht genutzt. Verwendet werden dagegen ↗ Cactinomycin (Actinomycin C bzw. C_3) und ↗ Dactinomycin (Actinomycin D bzw. C_1) als Zytostatika zur Behandlung von Tumoren bei Kindern sowie bei Leukämien und Keimdrüsentumoren. Ihre Wirkung beruht auf der Interkalation zwischen das Basenpaar Guanin-Cytosin im DNA-Strang.

Actinoplanes teichomyceticus ↗ Teicoplanin.

■ **Actinostemum lanceolatum** Sald.
Fam.: Verbenaceae.
Vork.: Brasilien.
Drogen: die Samen. Inh: fettes Öl (6–11 %), äther. Öl mit Geraniol. Anw.: in der brasilianischen Volksheilkunde als Stimulans und Fiebermittel.

Adamsblätter ↗ Hedera helix.

■ **Adansonia digitata** L.
Affenbrotbaum.
Fam.: Bombacaceae.
Vork.: tropisches Afrika, Westindien.
Droge: ***Baobaböl*** (syn. Affenbrotbaumfett), das Fett der Samen. Inh: nicht trocknendes fettes Öl (25–60 %), mit Ölsäure (ca. 57 %), Palmitinsäure (ca. 10 %) und Stearinsäure (ca. 23 %) als Fettsäuren. Anw.: Speiseöl und als Grundstoff für kosmetische Produkte.

■ **Adaptogene**
Stoffe, die in der Lage sind, die Anpassungsfähigkeit des Organismus bei außergewöhnlichen Belastungen zu verbessern und die Widerstandskraft gegen neuerliche Belastungen, gleichgültig welcher Art, zu erhöhen. Das gilt insbes. gegenüber Streß unterschiedlicher Herkunft. Grundlage für die Wirkung von Adaptogenen ist das biologische Prinzip der Adaptation oder Anpassungsfähigkeit, das sich auf alle Lebewesen und alle Ebenen biologischer Betrachtungen (strukturell, funktionell, biochemisch) erstreckt. Adaptogene sollten weitgehend untoxisch sein, eine unspezifische Wirkung gegenüber den verschiedensten Noxen induzieren und je nach Ausgangslage des Organismus stimulierend oder dämpfend wirken. Folgende Drogen besitzen adaptogene Eigenschaften: ↗ *Panax ginseng*, ↗ *Eleutherococcus senticosus* und *Aralia mandschurica* (↗ *Aralia*-Arten). Wahrscheinlich besitzen auch viele flavonoidhaltige Drogen eine adaptogene Wirkung.

■ **Adenanthera pavonina** L.
Indischer Korallenbaum (syn. Roter Sandelholzbaum).
Fam.: Fabaceae (Leguminosae).
Vork.: tropisches Indien, Madagaskar, Afrika, Südamerika, häufig auch kultiviert.
Drogen: ***1. Korallenbaumöl***, das fette Öl der Samen. Inh: Triglyceride. Anw.: Brennöl. ***2. Folia Adenantherae***, die Blätter. Inh: Physostig-

min-ähnliche Alkaloide. Anw.: in der indischen Volksheilkunde bei Rheuma.

Adenanthera tetraptera ↗ Tetrapleura tetraptera.
Adenes canadensis ↗ Helianthus tuberosus.

■ **Adenia digitata** Engl.
Fam.: Passifloraceae.
Vork.: Afrika, bes. in Trockengebieten.
Droge: die Wurzel (kann bis zu mehreren Metern Länge aufweisen). Die Droge ist stark giftig! Inh: Modeccin (Toxalbumin), cyanogene Glykoside. Anw.: Abkochungen dienen in der Volksheilkunde zur Behandlung der Lepra und von Geschwüren.

■ **Adenia lobata** (Jacq.) Engl.
(syn. *Modecca lobata, M. diversifolia, M. tenuifolia, M. carixcifolia, Adenia mildbraedii*).
Fam.: Passifloraceae.
Vork.: Senegal, Ostafrika, Angola.
Drogen: die Wurzeln. Die Droge ist stark giftig! Inh: cyanogene Glykoside, wie Gynocardin und Deidamin; Saponine, Gerbstoffe. Anw.: in der Volksheilkunde bei Gelbsucht, Geschlechtskrankheiten, Ohnmacht, Fieber, Kopfschmerzen, Magenbeschwerden, Rheuma. Auch als Bestandteil von Jagdgiften wird die Droge verwendet.

Adenia mildbraedii ↗ Adenia lobata.

■ **Adenia volkensii** Harms.
Fam.: Passifloraceae.
Vork.: Afrika, besonders Uganda, Kenia, Tansania.
Droge: die Wurzel. Inh: cyanogene Glykoside, wie Tetraphyllin B und epi-Tetraphyllin B, das toxische Protein Volkensin, Cyanlipide. Anw.: in der Volksheilkunde wird ein Pulver aus der gegrillten Wurzel mit Milch gemischt bei Magenbeschwerden und inneren Geschwülsten eingesetzt. Auch als Bestandteil von Jagdgiften wird die Droge verwendet.

■ **Adenium-Arten**
● **Fam.:** Apocynaceae. Alle Arten der Gattung sind stark giftig!
● **Adenium obesum** (Forssk.) Roem. et Schult. (syn. *Adenium honghel, A. coetanum, A. speciosum, A. arabicum, A. somalense, A. micranthum, A. arboreum, A. socornum, A. tricholepis*).
Vork.: Afrika, u. a. Somalia, Äthiopien, Sudan Uganda, Kenia, Tansania.
Drogen: das Holz, die Rinde, die Wurzeln und Blätter. Inh: herzwirksame Glykoside, wie Hongheloside und Honghelin mit Digitogenin als Aglykon und D-Thevetose als Zuckerkomponente, weiterhin Somalin; Flavonoide. Anw.: in der Volksheilkunde äußerlich zur Behandlung von Geschwüren und Wunden. Größere Bedeutung besitzt die Droge bei den Eingeborenen zur Gewinnung von Pfeilgiften für die Jagd, wobei ein Extrakt aus den frischen Zweigen der Pflanze bereitet wird.
● **Adenium multiflorum** Klotzsch.
Vork.: Afrika, südlich des 14. Breitengrades.
Drogen: Stammrinde, Wurzelstock. Inh: herzwirksame Glykoside, wie 16-Desacetylanhydrohonghelosid A (0,62 %), 16-Anhydrostrospesid (0,085 %) und Strospesid (0,042 %). Anw.: als Pfeilgift und Fischgift sowie zur Behandlung von Durchfällen und Augenkrankheiten bei Geflügel.
● **Adenium boehmianum** Schinz.
Vork.: Namibia, Süd-Angola.
Drogen: der Milchsaft und die Wurzeln. Inh: herzwirksame Glykoside, wie Somalin (0,033 %), Abobiosid, Echujin (0,11 %). Anw.: als Jagdgift, dabei werden die Pfeile mit dem Latex der Pflanze bestrichen. Der Tod tritt nach kurzer Zeit durch Herzlähmung und Krämpfe ein.
● **Adenium oleifolium** Stapf (syn. *Adenium lugardii*).
Vork.: Südafrika, Transvaal, Südost-Namibia, Botswana.
Droge: die ganze Pflanze. Inh: herzwirksame Glykoside ähnlicher Zusammensetzung wie *Adenium boehmianum*. Anw.: früher als Pfeilgift der Buschmänner. In der Volksheilkunde wird eine Salbe aus der Droge zur Behandlung von Schlangen- und Skorpionbissen verwendet, ein Wurzelaufguß wird bei Fieber und Magenverstimmung eingesetzt.

■ **Adenophora liliifolia** (L.) Bess.
Fam.: Campanulaceae.
Vork.: Rußland, Wolgagebiet.
Drogen: die Wurzel. Inh: Invertzucker (35–48 %), Eiweiß, Fett. Anw.: als Gemüse.

■ **Adenosin**
Adenin-[D-ribofuranosid]-9, Purinnucleosid mit weiter Verbreitung in allen Organismen (Baustein der RNA). Wirk.: Adenosin hemmt die Blut-

Plättchenaggregation und wirkt vasodilatorisch durch Wechselwirkung mit purinergen Rezeptoren.

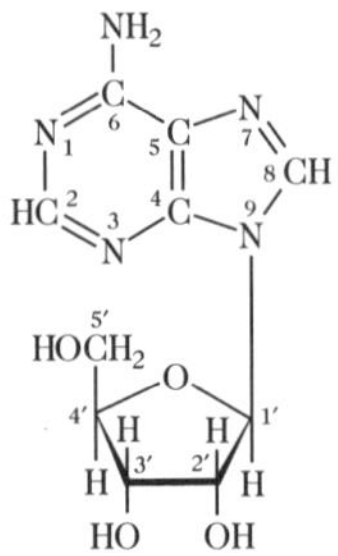

Adenosin

Adeps canis ↗ Canis Familiaris.
Adeps Lanae ↗ Wollwachs.
Adeps Lanae anhydricus ↗ Ovis aries.
Adeps Marmotae ↗ Marmota marmota.
Adeps Nusticae ↗ Myristica fragrans.
Adeps Suillus ↗ Schweineschmalz.
Adhatoda vasica ↗ Justicia adhatoda.
Adhatoda zeylanica ↗ Justicia adhatoda.

■ **Adiantum capillus-veneris** L.
Frauenhaar (syn. Frauenfarn, Lappenfarn, Venushaar).
Fam.: Pteridaceae.
Vork.: tropische und subtropische Gebiete Europas, Nordamerikas und Asiens.
Drogen: ***1. Capilli Veneris herba*** (syn. *Capilli Veneris herba cum radice, Herba Capilli veneris*). *Inh.:* Flavanon- und Flavonolglykoside (Naringin, Astragalin, Isoquercitrin, Rutosid), Proanthocyanidine, Chinasäure, Shikimisäure, Hydroxyzimtsäureester, Triterpene (Adianton, Adiantoxid), Carotinoide. *Anw.:* Früher wurde die Droge in Form von Brusttees bei Erkrankungen der Luftwege und hartem Husten bzw. als Bestandteil von Haarwasser zur Förderung des Haarwachstums (Name!) angewendet. In der Volksmedizin wird ein Fluidextrakt auch bei Diabetes zur Senkung des Blutzuckerspiegels eingesetzt. ***2. Folia Adianti*** (syn. *Folia Capilli*). Inhaltsstoffe und Anwendung s. *Capilli Veneris herba*.
Hom.: ***Adiantum capillus veneris*** HAB34, die frische Pflanze.

■ **Adina cordifolia** Benth. et Hook fil.
Fam.: Rubiaceae.
Vork.: Indien, Burma, Indochina.
Droge: ***Cortex Adinae cordifoliae***, die Rinde. *Inh.:* iridoide Carbolinglucoside, wie Cordifolin, 10-Desoxycordifolin; Farbstoffe, wie Adinin, Flavonoide. *Anw.:* als Antiseptikum, Fiebermittel sowie als Adstringens bei Diarrhoe und Dysenterie.

■ **Adipera jahnii** Britton et Rose
(syn. *Cassia jahnii*).
Fam.: Fabaceae (Leguminosae).
Vork.: Venezuela, Andengebiete.
Drogen: ***Urumaco***, die Blüten. *Inh.:* Anthrachinonderivate. *Anw.:* in der Volksheilkunde als Laxans.

Adlerblume ↗ Aquilegia vulgaris.
Adlerfarn ↗ Pteridium aquilinum.
Adlerholz ↗ Aquilaria agallocha.
Adlumia cirrhosa ↗ Adlumia fungosa.

■ **Adlumia fungosa** (Ait.) Greene
(syn. *Adlumia cirrhosa, Fumaria fungosa*); Erdrauch.
Fam.: Papaveraceae.
Vork.: Nordamerika.
Inh.: Alkaloide, u. a. Adlumin, Adlumidin, Bicucin, Bicucullin und Protopin.

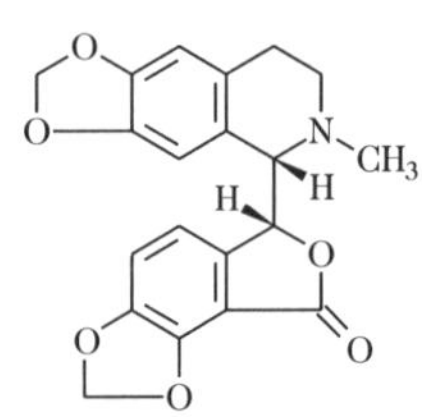

(+)-Bicucullin

Hom.: ***Adlumia fungosa*** HAB1, die frischen, oberirdischen Teile blühender Pflanzen. *Anw.-Geb.:* Erkrankungen der Leber, Galle und Bauchspeicheldrüse sowie des Stütz- und Bewegungsappartes.

Adonanthe vernalis ↗ Adonis-Arten.
Adonastrium vernale ↗ Adonis-Arten.
Adonidis herba ↗ Adonis-Arten .

■ **Adonis-Arten**
● **Fam.:** Ranunculaceae.

● **Adonis vernalis** L. (syn. *Adonanthe vernalis, Adonastrium vernale, Adonis apennina, A. davurica, A. helleborus, A. ircutiana, A. parviflora*); Frühlings-Adonisröschen (syn. Adonisröschen, Blutauge, Frühlings-Teufelsauge, Teufelsauge, falsche oder böhmische Nieswurz), s. Farbtafel S. 138, Bild 9.

Vork.: Ost-, Zentral- und Südeuropa.

Droge: ***Adonidis herba***; Adoniskraut. *Inh.:* herzwirksame Glykoside (0,2–0,8 %) vom Cardenolidtyp, einem komplexen Spektrum aus 28 Vertretern, v. a. Cymarin und Adonitoxin. Alle bisher identifizierten Glykoside leiten sich von 5 Aglyka ab (Strophanthidin, Adonitoxigenin, Strophanthidol, Adonitoxoligenin, Strophadogenin), als Zuckerkomponenten treten neben D-Glucose auch 6-Desoxyzucker (D-Fucose, D-Digitalose, D-Rhamnose) und die Pentose D-Xylose auf. Weiter enthält die Droge etwa 1 % des Flavonol-C-Glykosyls Adonivernith. *Anw.:* Aufgrund der positiv inotropen und venentonisierenden Wirkung wird die Droge (ein auf 0,2 % Cymarin eingestelltes Adonispulver) bei leichter Herzinsuffizienz mit nervöser Begleitsymptomatik angewendet. In der Volksmedizin erweitert sich die Indikation auf Wassersucht, Fieber und Menstruationsbeschwerden.

Hom.: ***1. Adonis vernalis*** HAB1; die frische, zur Blütezeit geerntete Pflanze (ohne Wurzeln). *Anw.-Geb.:* bei Herzschwäche. ***2. Adonis vernalis ferm. 33d*** HAB1 wird mit gleicher Indikation in der anthroposophischen Medizin verwendet.

Histor.: Der Name Adonis geht unter anderem auf den römischen Mythus (Ovids Metamorphosen) zurück. Danach verwandelte Venus ihren Liebling „Adonis", der auf der Jagd durch einen vom eifersüchtigen Mars geschickten Eber getötet wurde, in eine blutrote Blume. Der Artname (lat.: *vernalis*) weist auf die Blütezeit im Frühling hin. Bereits in den Kräuterbüchern des 16. und 17. Jh. wurde die Droge bei Harnbeschwerden, Wassersucht und Steinleiden empfohlen. Im 18. Jh. wurden alljährlich große Mengen an Wurzeln aus Thüringen in Europa versandt, was zur Dezimierung der heimischen Vorkommen führte.

● **Adonis amurensis** Regel et Radde,
● **Adonis sibirica** Patrin,
● **Adonis villosa** Ledeb. und
● **Adonis wolgensis** Stev. sind ausdauernde Pflanzen, die ein ähnliches Inhaltsstoff-Spektrum wie *A. vernalis* aufweisen, jedoch nicht als Drogen eingesetzt werden. Das gilt auch für die folgenden einjährigen Adonis-Arten:

● **Adonis aestivalis** L.

Hom.: ***Adonis aestivalis*** HAB; die zur Blütezeit gesammelten, frischen, oberiridischen Pflanzenteile.,

● **Adonis allepica** Boiss.,
● **Adonis annua** L. (syn. *A. autumnalis* L.),
● **Adonis flammea** Jacq. und
● **Adonis microcarpa** DC.

Adoniskraut ↗ Adonis-Arten.
Adonisröschen ↗ Adonis-Arten .
Adonitoxin ↗ Adonis-Arten.

■ **Adoxa moschatellina** L.
Moschuskraut.

Fam.: Adoxaceae.

Vork.: Europa, Asien, Nordamerika, Chile.

Drogen: ***Gemeines Moschuskraut***, das getrocknete Kraut. *Inh:* Glykoside, Flavonoide. *Anw.:* Volksheilmittel bei Dystonie und Fieber.

Adriamycin ↗ Doxorubicin.
Advokaten-Birne ↗ Persea americana.
Aebern ↗ Solanum-Arten.

■ **Aegle marmelos** (L.) Correa
Belbaum (syn. Bälbaum, Modjobaum).

Fam.: Rutaceae.

Vork.: in Indien, Sri Lanka und Südostasien kultiviert.

Droge: ***Fructus Belae indicae*** (syn. Marmelosfrüchte); Belafrüchte. *Inh.:* Furanocumarine, u. a. Imperatorin, ferner Dictamnin sowie Gerbstoffe (ca. 20 %). *Anw.:* Adstringens bei Diarrhoe. In den Heimatgebieten wird frisches Fruchtmus roh gegessen und dient auch zur Herstellung von Getränken. Auch junge Blätter und Triebe werden gegessen bzw. als Gewürz genutzt. Ein in der Fruchtschale enthaltener Farbstoff dient zum Färben von Seide.

Aegopodii podagrariae herba ↗ Aegopodium podagraria.
Aegopodium angelicaefolium ↗ Aegopodium podagraria.
Aegopodium carum ↗ Carum carvi.
Aegopodium latifolium ↗ Aegopodium podagraria.

■ **Aegopodium podagraria**
(syn. *Aegopodium angelicaefolium, A. latifolium, A. ternatum, Apium biternatum, Apium podagraria, Carum podagraria, Ligusticum podagraria, Pimpinella angelicaefolia, Pimpinella podagraria, Podagraria aegopodium, Podagraria erratica, Selinum podagraria, Seseli aegopodium, Sison podagraria, Sium podagraria, Sinum vulgare, Tragoselinum angelica*); Giersch (syn. Dreiblatt, Dreifuß, Geißfuß, Hinfuß, Podagrariakraut, Zipperleinkraut).

Fam.: Apiaceae (Umbelliferae).

Vork.: Europa.

Droge: ***Aegopodii podagrariae herba*** (syn. *Herba Aegopodii podagrariae, Herba Podagrariae*). Inh.: äther. Öl mit noch nicht definierten Komponenten, Flavonolglykoside (Hyperosid, Isoquercitrin), Phenolcarbonsäuren (Kaffeesäure, Chlorogensäure), Ascorbinsäure, Cumarine. In der Wurzel kommen weiterhin Polyine (Falcarindiol) und ein Lektin vor. Anw.: Ein Tee wird vorzugsweise in der Volksheilkunde bei Rheuma und Gicht (Name: lat. *podagra* = Gicht der großen Zehe) getrunken sowie äußerlich in Form von Umschlägen und als Badedroge bei Hämorrhoiden verwendet.

Hom.: ***Aegopodium podagraria*** HAB34, die frische, blühende Pflanze. Anw.-Geb.: bei Rheuma und Gicht.

Histor.: In alten Kräuterbüchern wird die Droge auch als *Herba Sancti Gerhardi* bezeichnet und als Bestandteil von Frühjahresgerichten (Frühjahreskur) empfohlen. Die jungen Blätter, Blattstiele und Stengel besitzen einen schwachen Möhrengeruch und werden wie Spinat bzw. als Salat zubereitet. Der Gattungsname *Aegopodium* stammt aus dem griechischen *aix, aigos* (Ziege) und *podion* (Füßchen), wegen der eingeschlagenen, einem Ziegenfuß ähnelnden Kronblätter. Aus *pous* (Fuß) und *agra* (Fessel) wurde der Artname *podagrarius (*fußgichtheilend) geprägt.

Aegopodium ternatum ↗ Aegopodium podagraria.
Aesandra butyracea ↗ Diploknema-Arten.
Aeschenwurz ↗ Dictamnus albus.
Aeschrion excelsa ↗ Picrasma excelsa.
Aescin ↗ Aesculus hippocastanum.
Aesculetin ↗ Aesculus hippocastanum.
Aesculin ↗ Aesculus hippocastanum.

■ **Aesculinum HAB1**
enthält Aesculin und wird in der anthroposophischen Therapie eingesetzt.

Aesculus castanea ↗ Aesculus hippocastanum.
Aesculus flava ↗ Aesculus octandra.

■ **Aesculus glabra** Willd.
(syn. *A. pallida, A. watsonia, Pavia glabra, P. ohioensis, P. pallida, P. watsonia*); Kahle Kastanie.

Fam.: Hippocastanaceae.

Vork.: Kontinentales Nordamerika.

Inh.: Estersaponine vom Triterpentyp mit Barringtogenol C und R_1-Barrigenol als Sapogeningrundkörper.

Hom.: ***Aesculus glabra*** HAB34; die frischen geschälten Samen. Anw.-Geb.: u. a. schmerzhafte Hämorrhoiden.

■ **Aesculus hippocastanum** L.
(syn. *Aesculus castanea, A. procera, Castanea equina, Hippocastanum vulgare*); Gemeine Roßkastanie (syn. Weiße Roßkastanie, Judenkest, Pferdekastanie, Roßkastanie, Wilde Kastanie). Sommergrüner Baum, erreicht ein Alter bis zu 200 Jahren.

Fam.: Hippocastanaceae.

Vork.: Europa, von Griechenland bis Skandinavien.

Drogen: ***1. Hippocastani folium*** (syn. *Folium Hippocastani*); Roßkastanienblätter, die getrockneten Blätter. Inh.: Saponine, Cumarine (u. a. Aesculin und Aesculetin), Flavonoide (u. a. Quercetin) und Kaffeesäurederivate. Anw.: In der Volksheikunde bei Varizen, zur Unterstützung des venösen Ulcus, bei Venenentzündung und Beinvenenthrombose sowie bei Hämorrhoiden. ***2. Hippocastani oleum*** (syn. *Oleum Hippocastani*); Roßkastanienöl, das bei der Extraktion der geschälten Samen anfallende Öl (4–6 %). Inh.: Triglyceride mit Ölsäure (ca. 65 %) und Linolsäure (ca. 21 %) als Hauptkomponenten. Anw.: Nutzung als Speiseöl möglich, meist jedoch in der Seifenfabrikation oder als Schmiermittel. ***3. Hippocastani semen*** (syn. *Semen Castanieae equinae, Semen Hippocastani*); Roßkastaniensamen, die getrockneten, reifen Samen, s. Farbtafel S.138, Bild 10. Herk.: meist osteuropäische Länder. Inh.: Triterpensaponinkomplex (3–5 %) mit Esterstruktur. Der handelsübliche Saponinkomplex Aescin besteht überwiegend aus diacylierten Glykosiden

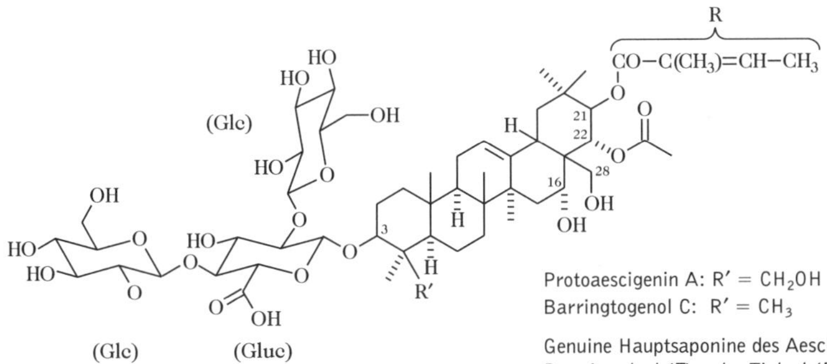

Protoaescigenin A: R' = CH_2OH
Barringtogenol C: R' = CH_3

Genuine Hauptsaponine des Aescins:
R = Angeloyl-(*Z*)- oder Tigloyl-(*E*)-Rest
Glc = β-D-Glucose
Gluc = β-D-Glucuronsäure

mit Barringtogenol C und Protoaescigenin A als Triterpengrundkörpern. Dominierende Komponenten sind die beiden isomeren Formen des Aescins, das hämolytisch aktive β-Aescin und das hämolytisch inaktive Kryptoaescin,. Wirk.: Aescin besitzt antiphlogistische und antiödematöse Effekte bei entzündungsbedingten Ödemen, getestet am Modell des Rattenpfotenödems. Anw.: In zahlreichen Phytopharmaka in Form des Aescins oder des eingestellten Roßkastanienextraktes bei chronischer Veneninsuffizienz, bes. Ödeme sowie Schwere- und Spannungsgefühl im Beinbereich, ferner posttraumatische und postoperative Weichteilschwellungen. Dos.: Mittlere Tagesdosis entsprechend 30–150 mg Aescin bzw. 1 mg Aescin/kg KG. In Kombinationspräparaten kann Aescin die Wirkung von Antikoagulantien verstärken. In der Volksheilkunde, oft auch in Kombinationspräparaten, bei schmerzhaften Verletzungen/Verstauchungen, Blutergüssen und Ödemen. *Gegenanzeigen und toxikologische Daten*: Bei i. v. Applikation sind anaphylaktische Reaktionen möglich, bei Einnahme können in seltenen Fällen Schleimhautreizungen im Magen-Darm-Bereich auftreten. ***4. Hippocastani cortex*** (syn. *Cortex Castaneae equinae*); Roßkastanienrinde. *Inh.:* Aesculin und Aesculetin, Fraxin, Scopolin, Flavonoidglykoside, Aescin, Gerbstoffe, Harz. *Anw.:* als Adstringens, in der Technik als Gerbmittel. ***5. Flores Hippocastani***, Roßkastanienblüten; s. Farbtafel S. 138, Bild 11. *Inh.:* Flavonoide, Aescin, Purine, Gerbstoffe. *Anw.:* als Adstringens und Tonikum, in der Volksheilkunde auch bei Gicht und Rheuma.

Hom.: ***1. Aesculus hippocastanum*** (syn. *Aesculus*) HAB1, die frischen geschälten Samen. *Anw.-Geb.:* bes. venöse Stauungsbeschwerden mit Folgeerkrankungen, u. a. Hämorrhoiden, Lenden- und Kreuzbeinschmerz. ***2. Aesculus hippocastanum e cortice, äthanol. Decoctum*** (syn. *Aesculus Cortex äthanol. Decoctum*) HAB1, die entweder im Frühjahr oder im Herbst von 3- bis 5jährigen Zweigen gesammelte, getrocknete Rinde. ***3. Aesculus hippocastanum e floribus*** HAB34, die weißen, frischen Blüten.

Histor.: Der Name *Aesculus* wurde von Linné nach einer von römischen Schriftstellern als *aesculus* bezeichneten Eichenart geprägt. Die Herkunft des deutschen Namens „Roßkastanie" wird unterschiedlich beurteilt. In einer Version soll die Frucht mit dieser Bezeichnung gegenüber der echten Kastanie (↗ Castanea sativa), der Marone, als minderwertiger unterschieden werden. Nach einer zweiten Version haben bes. türkische Soldaten während ihrer Besetzung in Südosteuropa ihre erkrankten Pferde mit Kastanien, gewissermaßen als Expektorans, gefüttert, wodurch es zur deutschen Namensgebung gekommen sein soll.

■ **Aesculus octandra** Marsh.
(syn. *Aesculus flava, A. flava var. purpurescens*).
Hom.: ***Aesculus hippocastanum e floribus*** (syn. *Flores hippocastani rubri*) HAB34; Roßkastanienblüten, die roten, frischen Blüten.

Aesculus pallida ↗ Aesculus glabra.
Aesculus procera ↗ Aesculus hippocastanum.

Aesculus watsonia ↗ Aesculus glabra.
Aetherolea ↗ ätherische Öle.
Aetheroleum Anisi ↗ Illicium verum.
Aetheroleum Carvi ↗ Carum carvi.
Aetheroleum Caryophylli ↗ Syzygium-Arten.
Aetheroleum Chamomillae ↗ Chamomilla recutita.
Aetheroleum Chamomillae romanae ↗ Chamaemelum nobile.
Aetheroleum Chenopodii ↗ Chenopodium-Arten.
Aetheroleum Cinnamomi ↗ Cinnamomum-Arten.
Aetheroleum Citronellae ↗ Cymbopogon-Arten.
Aetheroleum Copaivae ↗ Copaifera-Arten.
Aetheroleum Cumini ↗ Cuminum cyminum.
Aetheroleum Hyssopi ↗ Hyssopus officinalis.
Aetheroleum Juniperi ↗ Juniperus communis.
Aetheroleum Lavandulae ↗ Lavandula angustifolia.
Aetheroleum Lavandulae hybridae ↗ Lavandula hybrida.
Aetheroleum Majoranae ↗ Origanum majorana.
Aetheroleum Melissae ↗ Melissa officinalis.
Aetheroleum Menthae arvensis ↗ Mentha-Arten.
Aetheroleum Menthae crispae ↗ Mentha-Arten.
Aetheroleum Menthae piperitae ↗ Mentha-Arten.
Aetheroleum Myristicae ↗ Myristica fragrans.
Aetheroleum Origani ↗ Origanum vulgare.
Aetheroleum Pulegii ↗ Mentha-Arten.
Aetheroleum Rosmarini ↗ Rosmarinus officinalis.
Aetheroleum Sabinae ↗ Juniperus sabina.
Aetheroleum Santali ↗ Santalum album.
Aetheroleum Serpylli ↗ Thymus-Arten.
Aetheroleum Spicae ↗ Lavandula latifolia.
Aetheroleum Tanaceti ↗ Chrysanthemum-Arten.
Aetheroleum Thymi ↗ Thymus-Arten.
Aethiops vegetabilis ↗ Fucus-Arten.
Aethusa cicuta ↗ Aethusa cynapium.

■ Aethusa cynapium

(syn. *Aethusa cicuta, A. cynica, A. micrantha, A. petroselini folio, A. tenuifolia, A. toxicaria, Cicuta cynapium, Coriandrum cynapium, Cynapium vulgare, Selinum cynapium*); Gemeine Hundspetersilie (syn. Faule Grete, Gartenschierling, Glanzpeterlein, Glanzpetersilie, Gleiße, Hundsdill, Hundsdolde, Hundspetersilie, Kleiner Schierling, Wilde Petersilie), s. Farbtafel S. 138, Bild 12.

Fam.: Apiaceae (Umbelliferae)

Vork.: Europa, Nordamerika, Nordafrika, Vorderasien.

Droge: ***Herba Aethusae*** (syn. *Aethusa-cynapium*-Frischpflanze, *Aethusa-cynapium*-Kraut). *Inh.:* äther. Öl, Polyine (Aethusin, Aethusanol A

Aethusin; $C_{13}H_{14}$

und B), Flavonoide, u. a. Narcissin und Rutosid sowie ein noch nicht genau charakterisiertes, coniinähnliches Alkaloid (Cynapin). *Anw.:* keine offizinelle Droge, Anwendung in der Volksheilkunde zur Schmerzbehandlung (frischer Pflanzensaft wird als Kataplasma eingesetzt), bei gastrointestinalen Beschwerden, Durchfällen sowie bei Krämpfen.

Hom.: ***Aethusa cynapium*** HAB1, die ganze, frische, blühende Pflanze mit den unreifen Früchten. *Anw.-Geb.:* bei akutem Brechdurchfall und Magenpförtnerkrämpfen, Milchunverträglichkeiten des Kindes sowie bei Konzentrationsschwäche.

Histor.: Aus Funden von Früchten, insbes. bei Pfahlbauten, wurde die Hundspetersilie in Württemberg und in der Schweiz bereits in prähistorischer Zeit nachgewiesen. Wurzel und Kraut von *A. cynapium* wurden im Mittelalter als *Radix et Herba Cynapi* s. *Cicutae minoris* offizinell als beruhigendes und auflösendes Mittel gebraucht. Der Saft diente zur Auflösung von Harngrieß und zu Kataplasmen.

Aethusa cynica ↗ Aethusa cynapium.
Aethusa micrantha ↗ Aethusa cynapium.
Aethusa petroselini folio ↗ Aethusa cynapium.
Aethusa tenuifolia ↗ Aethusa cynapium.
Aethusa toxicaria ↗ Aethusa cynapium.
Affenbrotbaum ↗ Adansonia digitata.
Affenbrotbaumfett ↗ Adansonia digitata.
Affenpenis ↗ Amorphophallus dracontioides.
Affodill ↗ Asphodelus albus.
Affolter ↗ Viscum album.

■ Aflatoxine

hochgiftige und cancerogene (teratogene) Stoffwechselprodukte (Polyketide) von Schimmelpilzen (↗ Mykotoxine) der Gattungen Aspergillus und Penicillium. Vergiftungen sind möglich durch verschimmelte Nahrungsmittel, bes. fetthaltige Nüsse, Pistazien und Erdnüsse, Getreideprodukte oder Milch von Kühen, die aflatoxinhaltiges Futter aufgenommen haben. Auch verschimmelte Arzneidrogen können A. enthalten. *Wirk.:* Die toxische Wirkung der A. reicht von lokalen Reizungen bis hin zu schweren Organschäden, wie Leberkrebs. Sie ist auf die Umwandlung der A. in der Leber zu hochreaktiven Epoxiden zurückzuführen, die mit Makromolekülen der Zellen reagieren. Insbes. mit den Guaninbasen der DNA werden Addukte gebildet, die zu Schäden am Erbmaterial führen. Entsprechend ihrer chemischen Struktur unterteilt man die A. in: B_1, B_2, G_1, G_2, M_1 und M_2. Sie sind hitzestabil bis 250 °C, daher sind die A. aus kontaminierten Lebensmitteln und Drogen nicht vollständig entfernbar.

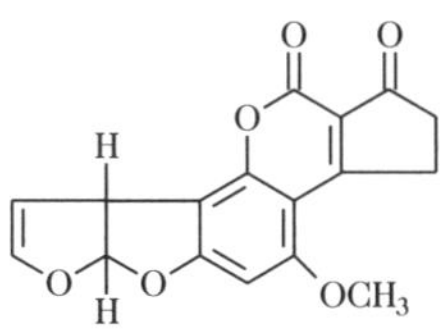

Aflatoxin B_1

■ **Afraegle paniculata** (Schum. et Thonn.) Engl.
Fam.: Rutaceae.
Vork.: Afrika, bes. Liberia, Nigeria, Togo.
Droge: das durch Pressung oder Extraktion gewonnene Öl der Samen. Inh: Triglyceride mit Palmitinsäure als Hauptfettsäure. Anw.: wertvolles Speisefett.

■ **Aframomum-Arten**
Fam.: Zingiberaceae.
Vork.: tropisches Westafrika, Ceylon.
Etwa 50 Aframomum-Arten sind in Afrika beheimatet, von denen hauptsächlich *Aframomum melegueta* K. Schum. genutzt wird.
Droge: *Semen Paradisi* (syn. *Grana paradisi*); Paradieskörner (syn. Meleguetapfeffer). Inh.: äther. Öl (0,3–0,75 %), Scharfstoffe (Paradol). Anw.: als Gewürz zur Herstellung von scharfen Likören, als Stimulans sowie in der Parfümindustrie.

Afrikanische Juckbohne ↗ Mucuna pruriens.
Afrikanische Malve ↗ Hibiscus sabdariffa.
Afrikanische Mutterblätter ↗ Cassia-Arten.
Afrikanische Ölpalme ↗ Elaeis guineensis.
Afrikanischer Copaivabalsam ↗ Paradaniella oliveri.
Afrikanische Ringelblume ↗ Tagetes patula.
Afrikanischer Sonnentau ↗ Drosera-Arten.
Afrikanisches Arrowroot ↗ Canna-Arten.
Afrikanisches Drachenblut ↗ Dracaena draco.
Afrikanisches Mahagoni ↗ Afzelia africana.
Afrikanisches Sandelholzöl ↗ Osyris tenuifolia.
Afrikanische Teufelskrallenwurzel ↗ Harpagophytum procumbens.

■ **Afrolicania elaeosperma** Mildbr.
Niconußbaum.
Fam.: Chrysobalanaceae.
Vork.: tropisches Westafrika, Küste von Liberia bis Süd-Nigeria.
Drogen: *Nicoöl* (syn. Po-Yoaköl), das Öl der Samenkerne. Inh: stark trocknendes Öl mit Lican- und Elaeostearinsäure als Fettsäurekomponenten. Anw.: Grundstoff für die Lack- und Farbenindustrie.

Afrormosia laxiflora ↗ Pericopis laxiflora.
Aftersimse ↗ Luzula pilosa.

■ **Afzelia africana** Smith.
Afrikanisches Mahagoni.
Fam.: Fabaceae (Leguminosae).
Vork.: Afrika, besonders Senegal bis Kongo; tropisches Asien.
Droge: *Afzelin*, das in den Kernrissen des Holzes befindliche Pulver. Inh: Flavonoide mit Kämpferol-3-rhamnosid (Hauptbestandteil). Anw.: in der Volksheilkunde.

Afzelin ↗ Afzelia africana.

■ **Agapanthus africanus** Hoffmgg.
(syn. *Agapanthus umbellatus*).
Fam.: Liliaceae.
Vork.: Südafrika.
Droge: die Zwiebel. Inh: Saponine mit Yuccagenin, Agapanthagenin als Sapogenine. Anw.: in der Volksheilkunde zur Erleichterung der Geburt und bei Unterleibserkrankungen.

Agapanthus umbellatus ↗ Agapanthus africanus.
Agar ↗ Gelidium-Arten, ↗ Rhodophyta.
Agara ↗ Galbulimima belgraveana.
Agar-Agar ↗ Gelidium-Arten.
Agaricum officinale ↗ Fomes officinalis.
Agaricus albus ↗ Fomes officinalis.
Agaricus bulbosus vernus ↗ Amanita verna.
Agaricus emeticus ↗ Russula emetica.
Agaricus muscarius ↗ Amanita muscaria.
Agaricus semilanceolatus ↗ Psilocybe-Arten.
Agartang ↗ Gelidium-Arten.

■ **Agastache rugosa** (Fisch. Et Mey.) O. Ktze. (syn. *Lophantus rugosus, Lysimachia sikokiana*).

Fam.: Lamiaceae (Labiatae).

Vork.: Indien, Ostasien, China, dort auch kultiviert.

Droge: die ganze Pflanze. *Inh:* äther. Öl mit Methylchavicol (80 %), Anisaldehyd (3 %), *p*-Methoxyzimtaldehyd (2 %), Limonen (5 %) und etwa 10 % Sesquiterpenen. *Anw.*: in der chinesischen Heilkunde als Carminativum, Stomachikum und als Aromatisierungsmittel.

■ **Agathis-Arten**

● **Fam.:** Araucariaceae.

● **Agathis australis** Salisb. (syn. *Dammara australis, Podocarpus zamiaefolius*); Kaurifichte.

Vork.: Neuseeland, Australien.

Droge: ***Kauricopal*** (syn. Weißer Dammar, Neuseeländischer Dammar, Agathisharz, Kauricopalöl, Kaurifichtenöl). *Inh.*: Die Blätter enthalten wenig äther. Öl, das u. a. α-Pinen, Limonen, Campher, Citronellol, Borneol, Cineol und Kauren enthält. Genutzt als Droge wird aber Kauricopal, ein fossiles und rezentes Harz, das zwischen den Wurzeln der Bäume oder durch Anzapfen (Harzung) lebender Bäume gewonnen wird. Die 10 Handelssorten enthalten je nach Typ unterschiedliche Mengen an Sandaracopimarsäure, Sandaracopimardienol, Abientiensäure, *trans*-Communsäure, *trans*-Communol, Agathinsäure sowie deren Monomethylester. *Anw.*: Kauricopal wird in der Industrie und Technik zur Herstellung von witterungsbeständigen Lacken mit hoher Elastizität und starkem Glanz verwendet. Kauricopaöl ist das durch Wasserdampfdestillation gewonnene äther. Öl aus gepulvertem Kauricopal. Es enthält v. a. Terpene und wird in der Parfümindustrie eingesetzt. Kaurifichtenöl wird durch Wasserdampfdestillation aus den frischen Blättern und Zweigspitzen gewonnen; es enthält ein breites Spektrum an Terpenen und wird ebenfalls in der Parfümindustrie und Kosmetik eingesetzt.

● **Agathis dammara** (Lamb.) L.C. Rich. (syn. *Agathis alba, A. loranthifolia, A. regia, Dammara orientalis, Dammara alba, Pinus dammara*); Dammarabaum.

Vork.: Indonesien, Molukken, Java, Neuguinea.

Droge: ***Manilacopal*** (syn. *Resina Copal, Gummi Copal*); Asiatischer Copal z. T. mit Herkunftsbezeichnung (z. B. Manilakopal, Molukken-Copal), Manilacopalöl. *Inh.*: rasch polymerisierende Labdatriensäuren (Diterpensäuren): Sandaracopimarsäure, 15-Methylagatat, Agatholsäure, Agathalsäure, äther. Öl, Bitterstoffe. *Anw.*: Manilacopal wird medizinisch in geringem Umfang zu Pflastern und als Bestandteil von Abdruckmaterialien in der Zahnheilkunde genutzt. Technisch setzt man ihn zur Herstellung von hochwertigen Öllacken, Firnissen sowie von Linoleum ein. Manilacopalöl wird durch Destillation aus Manilacopal gewonnen und in der Parfümindustrie eingesetzt.

Agathisharz ↗ Agathis-Arten.

Agathodes chirata ↗ Swertia chirata.

Agathophyllum bonus henricus ↗ Chenopodium-Arten.

■ **Agathosma apiculata** G.F.W. Mey.

Fam.: Rutaceae.

Vork.: Süd- und Ostafrika.

Drogen: die Blätter. *Inh:* äther. Öl mit 1-β-Pinen (ca. 25 %) und Butyl-1-pentenyldisulfid. *Anw.*: in der Volksheilkunde als Stomachikum und Febrifugum.

Agathosma betulina ↗ Barosma-Arten.

■ **Agathotes chereyta** D. Don.
Indian Bitter.

Fam.: Gentianaceae.

Vork.: Birma.

Drogen: die Rinde. *Inh:* Chiratin, Chiratogenin, Harz, Gerbstoffe. *Anw.*: in Südostasien als Fiebermittel, als Tonikum und Aperitivum (als Ersatz für die Chinarinde; vgl. ↗ Cinchona-Arten).

■ **Agauria salicifolia** Hook. f.

Fam.: Ericaceae.

Vork.: Afrika, Madagaskar.

Droge: die ganze Pflanze. *Inh:* Triterpene, wie Agauriol; Agauriolsäure, Gerbstoffe, Alkaloide. *Anw.*: in der Volksheilkunde bei Rheuma, als Insektizid sowie als Antidot bei Pfeilgiftverletzungen.

Agave ↗ Agava americana.

■ **Agave americana** L.
Agave (Hundertjährige Aloe, Jahrhundertpflanze), s. Farbtafel S. 139, Bild 13.

Fam.: Agavaceae.
Heim.: tropisches Mittel- und Südamerika, im Mittelmeergebiet eingebürgert, in Mitteleuropa als Topfpflanze.
Droge: Blätter. Inh.: Steroidsaponine, u. a. Agavoside A, B, C und Agavesaponin D, E und H, ferner geringe Mengen äther. Öl sowie Zucker. Anw.: zuckerhaltiger Saft dient zur Bereitung berauschender Getränke, z. B. Pulque, Mescal, Agavenwein sowie Agavenschnaps (Tequila). Frische Blätter werden zudem als Nahrungsmittel genutzt und liefern die Pitahanffasern.
Hom.: *Agave americana* HAB34; die frischen Blätter. Anw.-Geb.: u. a. Mundfäule und Blutarmut.
Histor.: Die Bezeichnung *Agave* leitet sich vom griechischen *augauo* (bewundern) bzw. *agauos* (bewundernswert) ab.

Agavenblätter ↗ Agave sisalana.

■ **Agave sisalana** Perr.
Sisalagave.
Fam.: Agavaceae.
Heim.: Mittelamerika; in tropischen und subtropischen Gebieten kultiviert.
Droge: *Folia Agavae*; Agavenblätter (syn. Sisalblätter). Inh.: Steroidsapogenine, u. a. Gitogenin, Hecogenin und Tigogenin, außerdem Pektine und Wachs (5–6 %). Anw.: technisch zur Fasergewinnung (Sisalfaser), ferner zur Isolierung der Steroidsapogenine, die zur Partialsynthese, u. a. für Steroidhormone, genutzt werden, sowie zur Gewinnung von Sisalwachs, das ähnlich dem Carnaubawachs angewandt wird. In Mexiko nutzt man den Agavensaft auch für berauschende Getränke (↗ *Agave americana*).

■ **Ageratum conyzoides** L.
Leberbalsam.
Fam.: Asteraceae (Compositae).
Vork.: tropisches Amerika, Asien.
Droge: das Kraut. Inh: äther. Öl mit Ageratochromen (wird zu Ethylvanillin oxidiert); cyanogene Glykoside, Alkaloide. Anw.: in der Volksheilkunde bei Rheuma, als Tonikum sowie äußerlich zur Wundbehandlung.

Agialida abyssinica ↗ Balanites aegyptiaca.
Agialida aegyptica ↗ Balanites aegyptiaca.
Agialida barteri ↗ Balanites aegyptiaca.
Agialida nigra ↗ Balanites aegyptiaca.
Agialida schimperi ↗ Balanites aegyptiaca.
Agialida senegalensis ↗ Balanites aegyptiaca.
Agialida tombouctensis ↗ Balanites aegyptiaca.
Agkistrodon rhodostoma ↗ Ancrod.
Aglykon ↗ Glykoside.
Agni casti fructus ↗ Vitex agnus-castus.
Agnus-castus vulgaris ↗ Vitex agnus-castus.
Agnusid ↗ Vitex agnus-castus.

■ **Agonandra brasiliensis** Benth. et Hook.
Fam.: Opiliaceae.
Vork.: tropisches Amerika, besonders von Mexiko bis Brasilien.
Droge: *Elfenbeinholzsamenöl* (syn. Agonandrasamenöl, Marfimöl), das Fett der Früchte und Samen. Inh: die Früchte und Samen enthalten u. a. fettes Öl (35–65 %), äther. Öl (2–3,8 %). Anw.: das äther. Öl in der brasilianischen Volksheilkunde bei Bronchitis, das fette Öl als Brennöl. Das harte, elfenbeinartige Holz der Pflanze wird zu Drechselarbeiten genutzt.

Agonandrasamenöl ↗ Agonandra brasiliensis.
Agraphis nutans ↗ Hyacinthoides non-scripta.
Agrimonia adherens ↗ Agrimonia eupatoria.
Agrimonia adscendens ↗ Agrimonia eupatoria.
Agrimoniae herba ↗ Agrimonia eupatoria.
Agrimonia elata ↗ Agrimonia eupatoria.

■ **Agrimonia eupatoria** L.
(syn. *Agrimonia adherens, A. adscendens, A. elata, A. lanata, A. nepalensis, A. officinalis, A. officinarum, A. parviflora, A. sororia, A. vulgaris, Amonia agrimonoides, Aremonia agrimonoides*); Kleiner Odermennig (syn. Ackermennig, Heil aller Welt), s. Farbtafel S. 139, Bild 14.
Fam.: Rosaceae.
Vork.: Europa, Nordafrika, Mittel- und Kleinasien.
Droge: *Agrimoniae herba* (syn. *Herba Agrimoniae, Herba Eupatoriae, Herba Lappulae hepaticae*); Odermennigkraut. Inh.: Catechingerbstoffe (4–10 %, ↗ Gerbstoffe), ↗ Flavonoide (Luteolin, Apigenin, Quercetin, Kämpferol), Phenolcarbonsäuren und ↗ Triterpene (Ursolsäure). Anw.: Innerlich bei leichten, unspezifischen, akuten Durchfallerkrankungen als Stopfmittel. Die adstringierende Wirkung der Droge wird auch zur Behandlung von Entzündungen der Mund- und Rachenschleimhaut genutzt. Äußer-

lich wird ein Dekokt zu Umschlägen bei oberflächlichen Entzündungen der Haut eingesetzt. Volkstümlich dient die Droge zur Behandlung von Bettnässen, Nieren- und Blasenentzündungen sowie bei Diabetes zur unterstützenden Senkung des Blutzuckerspiegels. Die Wirksamkeit bei diesen Indikationen ist nicht belegt. Zur ↗ Teezubereitung verwendet man als Einzelgabe etwa 1½ Teelöffel (ca. 1,5 g) fein zerschnittenes Odermennigkraut.

Hom.: ***Agrimonia eupatoria*** HAB; das frische, blühende Kraut. *Anw.-Geb.:* zur Behandlung der Bronchitis.

Histor.: *A. eupatoria* ist eine altberühmte Heilpflanze, die im antiken Griechenland der Pallas Athene geweiht war. Bereits ↗ Plinius, Galen und Avicenna erwähnen ihre Heilkraft. ↗ Dioskurides setzte die Droge (Eupatorion) zur Heilung von Geschwüren, Dysentherien und Schlangenbissen ein. Im Mittelalter diente sie zur Behandlung von Leber- und Milzerkrankungen, Ruhr, Hundebissen, gegen Würmer und Hauterkrankungen. Der Gattungsname *Agrimonia* leitet sich wahrscheinlich vom griechischen *agros* (Feld) und *moné* (Wohnort), bezugnehmend auf den Standort der Pflanze, oder vom lateinischen *argemonia,* dem Namen einer Mohnart bei ↗ Dioskurides und ↗ Plinius ab. Der Artname *eupatoria* wird dem König von Pontus, Mithridates-Eupator, zugeschrieben. Die deutsche Bezeichnung Odermennig ist eine Umbildung aus dem lateinischen *Agrimonia.*

Agrimonia lanata ↗ Agrimonia eupatoria.
Agrimonia nepalensis ↗ Agrimonia eupatoria.
Agrimonia officinalis ↗ Agrimonia eupatoria.
Agrimonia officinarum ↗ Agrimonia eupatoria.
Agrimonia parviflora ↗ Agrimonia eupatoria.
Agrimonia sororia ↗ Agrimonia eupatoria.
Agrimonia vulgaris ↗ Agrimonia eupatoria.
Agrimoniin (Gallotannin), ↗ Gerbstoff aus 4 Hexahydroxydiphensäure-Einheiten.
Agropyri repentis rhizoma ↗ Agropyron repens.
Agropyron caesium ↗ Agropyron repens.

■ Agropyron repens (L.) P. Beauv.

(syn. *Agropyron caesium, Bromus glaber, Elymus dumetorium, Elymus repens, Elytrigia repens, Triticum arundinaceum, Triticum repens, Triticum sepium*); Gemeine Quecke (syn. Ackergras, Knotengras, Kriechweizen, Kriechende Quecke, Laufquecke, Saatgras, Schoßhalm, Schnürgras, Spitzgras, Zweckgras). Ausdauernde Pflanze mit meist unterirdisch weit kriechender Grundachse.

Fam.: Poaceae (Gramineae).

Droge: ***Agropyri repentis rhizoma*** (syn. *Graminis rhizoma, Radix Agropyri, Radix Cynagrostis, Radix Graminis albi, Radix Graminis repentis, Radix Tritici repentis, Rhizoma Agropyri, Rhizoma graminis, Tritici rhizoma, Stolones graminis*); Queckenwurzelstock (syn. Ackergraswurzel, Kriechweizenwurzel, Queckenwurzel), der getrocknete, im Frühling vor der Entwicklung der Halme oder im Herbst gesammelte Wurzelstock. *Inh.:* wasserlösliche Polysaccharide mit dem Polyfructosan Triticin als Hauptkomponente, Schleimstoffe (bis 10 %), Zuckeralkohole, u. a. Mannitol und Inositol, lösliche Kieselsäure und Silicate, äther. Öl in Spuren sowie *p*-Hydroxyzimtsäurealkylester. *Anw.:* zur Durchspülungstherapie bei entzündlichen Erkrankungen der ableitenden Harnwege und als Vorbeugung gegen Nierengrieß. Ferner als reizmilderndes Mittel bei Erkrankungen der Atemwege. Zur ↗ Teezubereitung werden als Tagesdosis etwa 5–10 g (1 Teelföffel = ca. 1,5 g) fein zerschnittene Droge vorzugsweise mit Wasser kalt angesetzt und zum Sieden erhitzt. Etwa 4 Tassen Tee werden, verteilt auf den Tag, getrunken.

Hom.: ***Agropyrum repens*** HAB1, die frischen unterirdischen Teile. *Anw.-Geb.*: insbes. Harnwegsentzündungen und Erkrankungen der Niere.

Histor.: Vermutlich handelte es sich bei der Wurzel eines Grases, die bereits bei Dioskurides als Wundheilmittel, aber auch bei Blasenleiden beschrieben wurde, um die Queckenwurzel. Auch in einigen Kräuterbüchern, u. a. im Kräuterbuch von Pancovius, wird die Queckenwurzel als harntreibendes, unter anderen auch steintreibendes, Mittel genannt.

Agrostemmae semen ↗ Agrostemma githago.

■ Agrostemma githago L.

(syn. *Agrostemma nicaeense, Githago segetum, Lychnis githago*); Kornnelke (syn. Kornrade, Rade), s. Farbtafel S. 139, Bild 15.

Fam.: Caryophyllaceae.

Vork.: früher weitverbreitetes Ackerunkraut auf allen Kontinenten, heute in weiten Teilen ausgestorben.

Droge: ***Agrostemmae semen***; Kornradesamen. *Inh.:* aromatische Aminosäure Orcylalanin (0,4 %),

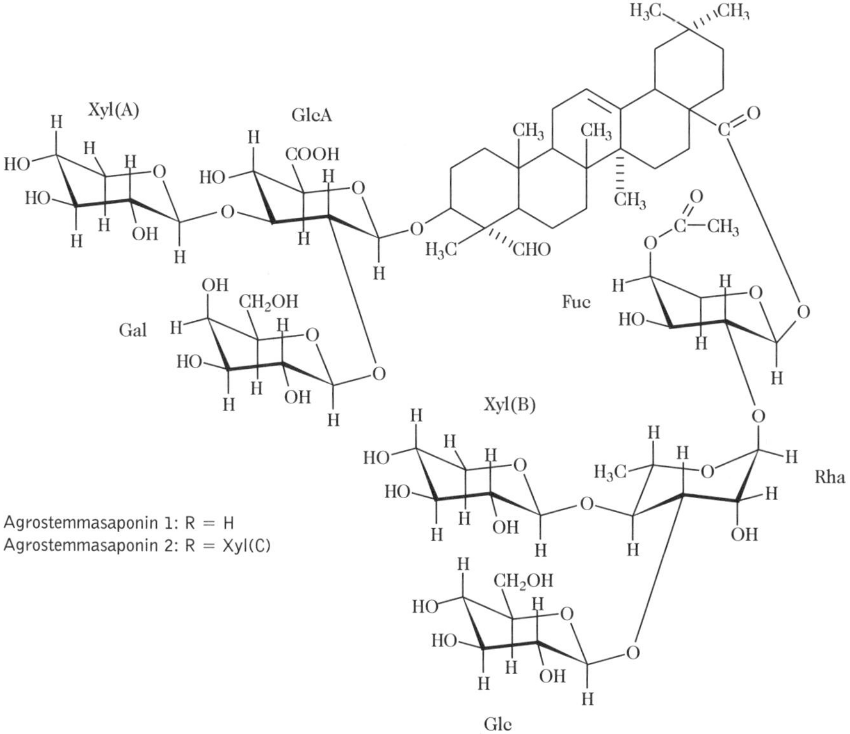

Agrostemmasaponin 1: R = H
Agrostemmasaponin 2: R = Xyl(C)

Triterpensaponine (Githagosid, Agrostemmasaponin 1 und 2), das Ribosomen-inaktivierende Protein Agrostin, fettes Öl. *Anw.:* Früher wurde die Droge in der Volksheilkunde bei Hautunreinheiten, Gastritis, Husten, gegen Würmer und zur Entwässerung eingesetzt. Die Wirksamkeit bei diesen Indikationen ist nicht belegt. Kornradesamen sind stark giftig! Das giftige Prinzip wird gegenwärtig den Saponinen und dem Protein Agrostin zugeschrieben, der Mechanismus ist noch nicht vollständig aufgeklärt.

Hom.: ***Agrostemma githago*** HAB34, die getrockneten, reifen Samen. *Anw.-Geb.:* bei Magenschleimhautentzündungen.

Histor.: Seit dem Mittelalter wurde die Droge zur Behandlung von Geschwüren, Fisteln und Hämorrhagien genutzt. Ob sie mit der bereits im Altertum als Melanthium bekannten Droge identisch ist, wird allerdings bezweifelt. Gegen Ende des 18. Jh. ist die Droge aus dem Arzneischatz weitgehend verschwunden. *A. githago* hat in früheren Zeiten das Brotgetreide verunreinigt und damit bes. im Mittelalter zu Massenvergiftungen beigetragen, wobei erwähnt werden muß, daß auch Mutterkorn (↗ Claviceps purpurea) hieran beteiligt war.

Agrostemma nicaeense ↗ Agrostemma githago.
Ägyptischer Kümmel ↗ Cuminum cyminum.
Ägyptischer Sennesstrauch ↗ Cassia-Arten.
Ägyptisches Bilsenkraut ↗ Hyoscyamus muticus .
Ägyptisches Färbekraut ↗ Lawsonia inermis.
Ahlbeerblätter ↗ Ribes nigrum.
Ahlbeere ↗ Ribes nigrum.
Ahlkirschenrinde ↗ Prunus-Arten.
Ahornblättrige Platane ↗ Platanus-Arten.
Ahornblättriger Amberbaum ↗ Liquidambar-Arten.
Ahornsirup ↗ Acer saccharum.

Ahornzucker ↗ Acer saccharum.
Ährenlilie ↗ Narthecium ossifragum.
Ährenminze ↗ Mentha-Arten.
Ailanthi cortex ↗ Ailanthus altissima.

■ **Ailanthus altissima** (Miller) Swingle
(syn. *Ailanthus glandulosa, A. procera, Pongelion glandulosum, Rhus cacodendrum, Toxicodendron altissimum*); Chinesischer Götterbaum (syn. Chinesischer Sumach).

Fam.: Simaroubaceae.

Vork.: ursprünglich nur in China beheimatet, angepflanzt und verwildert in Ostasien, Europa und Nordamerika.

Droge: ***Ailanthi cortex*** (syn. *Cortex Ailanthi*); Götterbaumrinde. *Inh.:* Bitterstoffe (Quassinoide oder Simaroubolide = Decanortriterpene vom Quassintyp), wie Picrasan-16-on, Ailanthron, Amarolid, in den Blättern sind Indolalkaloide (β-Carboline, Cathin-6-one), ↗ Flavonoide, Phenolcarbonsäuren und Gerbstoffe enthalten. *Anw.:* In der chinesichen Medizin wird die Droge bei Durchfallerkrankungen, Ruhr und abnormalen Uterusblutungen eingesetzt. In Afrika dient die Droge darüber hinaus zur Behandlung von Krämpfen, Asthma, Herzrasen, Gonorrhoe sowie Bandwürmern. Die Wirksamkeit der Droge ist für diese Indikationen nicht belegt. In hohen Dosen wirkt die Droge abführend und kann durch Atemlähmung zum Tod führen.

Hom.: ***Ailanthus altissima*** HAB1; Götterbaum, etwa 2 Teile frische, blühende Triebe und 1 Teil frische Stamm- und Astrinde bilden eine Schnittdroge. *Anw.-Geb.:* bei schweren Infektionskrankheiten (Diphtherie, Scharlach, Typhus, Cholera, Ruhr).

Histor.: Die Pflanze wurde erstmalig 1751 in London eingeführt und dann in Europa verbreitet. Der Name Ailanthus stammt von „Ailanto", d. h. Baum des Himmels, ab, nach seiner Bezeichnung auf den Molukken, (*altissima* (lat.) = sehr hoch, *syn.* glandulosa (lat.) = drüsig). Die deutsche Bezeichnung Götterbaum entspricht der Namensherkunft.

Ailanthus glandulosa ↗ Ailanthus altissima.
Ailanthus procera ↗ Ailanthus altissima.
Ajmalicin ↗ Rauvolfia serpentina.
Ajmalin ↗ Rauvolfia serpentina.
Ajoen ↗ Allium-Arten.
Ajowan ↗ Trachyspermum ammi.
Ajowani fructus ↗ Trachyspermum ammi.
Ajuga repens ↗ Ajuga reptans.

■ **Ajuga reptans** L.
(syn. *Ajuga repens, Bugula desiflora, Teucrium reptans*); Kriechender Günsel (syn. Gurgelkraut), s. Farbtafel S. 139, Bild 16.

Fam.: Lamiaceae (Labiatae).

Vork.: Europa bis Vorderasien.

Droge: ***Ajuga-reptans-Kraut*** (syn. *Herba Ajugae, Herba Bungulae, Herba Consolidae mediae*). *Inh.:* Iridoidglykoside (↗ Iridoide) vom Typ des Harpagids und Ajugol, ↗ Phytoecdysone (Ajugalacton, Cyasteron), Rosmarinsäure. *Anw.:* Die Droge wird volkstümlich innerlich als Adstringens bei Mund- und Kehlkopfentzündungen sowie bei Gallenbeschwerden angewendet, äußerlich dient sie zur Wundbehandlung.

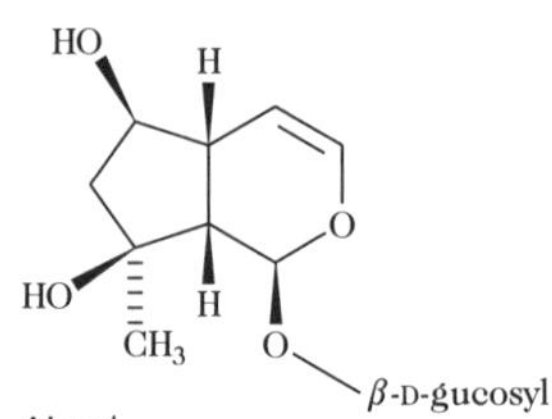

Ajugol

Hom.: ***Ajuga reptans*** HAB34, die zur Zeit der beginnenden Blüte gesammelte, ganze Pflanze. *Anw.-Geb.:* bei Stoffwechselerkrankungen.

Histor.: *A. reptans* wird seit alter Zeit als Heilpflanze zur Wundbehandlung genutzt, das Kraut sollte nach alten Quellen vor Sonnenaufgang bei Neumond Ende Mai bis Juni gepflückt werden.

Akazienblüten ↗ Acacia-Arten.
Akazien-Gummi ↗ Acacia-Arten.
Akeepflaume ↗ Blighia sapida.
Akelei ↗Aquilegia vulgaris.
Akipflaume ↗ Blighia sapida.
Akram ↗ Fagus sylvatica.

■ **Alafia grandis** Stapf.

Fam.: Apocynaceae.

Vork.: Zentralafrika, besonders Nigeria, Kamerun, Zaire, Uganda.

Drogen: die Samen und die Wurzelrinde. *Inh:* Pyrrolizidinalkaloide, wie Alafin. *Anw.:* durch die Ureinwohner Zentralafrikas als Jagdgift benutzt.

■ **Alangium lamarckii** Thw.
(syn. *Alangium salviifolium*).
Fam.: Alangiaceae.
Vork.: Indien, Pakistan, Thailand, Philippinen.
Drogen: Wurzelrinde und Stammrinde. Inh: Alkaloide, wie Alamarckin, Emetin, Cephaelin, Psychotrin, Marckin; Harz, fettes Öl, Gerbstoffe. *Anw.*: in der indischen Volksheilkunde als Purgans und Emetikum, bei Lepra und Hauterkrankungen.

Alangium salviifolium ↗ Alangium lamarckii.
Alant ↗ Inula helenium.
Alantwurzel ↗ Inula helenium.

■ **Alaria esculenta** (L.) Grev.
Fam.: Alariaceae.
Vork.: kältere Küstengebiete des nördlichen Atlantik, Japanische Küsten.
Droge: die frische oder getrocknete Alge. Inh: Alginsäure (30–35 %), Xylose, Mannitol, Methylpentose, Niacin, Vitamine A, E und B_2. *Anw.*: als Nahrungsmittel, Zusatz zu Futtermitteln, Ausgangspunkt für die Gewinnung von Alginsäure und Alginaten.

Alaunwurzel ↗ Geranium maculatum.

■ **Albizia anthelmintica** (A. Rich.) Brongn.
(syn. *Acacia anthelminthica*).
Fam.: Fabaceae (Leguminosae).
Vork.: Ostafrika, Angola, Südafrika, Asien.
Droge: ***Cortex musenae***; Omuama, die Rinde. Inh: Saponine, wie Musennin; Gerbstoffe, Gummi, Kosotoxin, Phloroglucin. *Anw.*: Wurmmittel gegen Bandwürmer, Ascariden und Oxyuren, auch als Insektizid gegen Termiten einsetzbar.

Alchemillae herba ↗ Alchemilla xanthochlora.
Alchemilla pratensis ↗ Alchemilla xanthochlora.
Alchemilla vulgaris ↗ Alchemilla xanthochlora.

■ **Alchemilla xanthochlora** Rothm.
(syn. *Alchemilla vulgaris*, *A. pratensis*); Gemeiner Frauenmantel (syn. Echter Sinau, Taublatt, Tauschüsselchen).
Fam.: Rosaceae.
Vork.: auf der gesamten Nordhalbkugel, auch kultiviert (Polen, Bulgarien, Ungarn).
Droge: ***Alchemillae herba*** (syn. *Herba Alchemillae*); Frauenmantelkraut (syn. Marienmantel). *Inh.*: 6–8 % ↗ Gerbstoffe, hauptsächlich Ellagitannine (↗ Agrimoniin, Laevigatin F, Pendunculagin) und ↗ Flavonoide (Quercetinglykoside, Leukocyanidin). *Anw.*: Die Droge (Tee) wird innerlich bei Durchfallerkrankungen, als Adstringens bei Blutungen sowie zur Wundbehandlung eingesetzt. In der Volksmedizin dient sie zur Behandlung von klimakterischen Beschwerden und Dysmenorrhoe (Name „Frauenmantel"), aber auch zum Gurgeln bei Entzündungen des Mund- und Rachenraumes sowie als Badedroge bei Hauterkrankungen. Zur ↗ Teezubereitung werden als Einzeldosis etwa 2 Teelöffel (ca. 2 g) eingesetzt.
Hom.: ***1. Alchemilla vulgaris*** (syn. *Alchemilla*), die frischen, oberirdischen Teile. *Anw.-Geb.*: bei chronischem Durchfall infolge von Lebererkrankungen sowie bei Weißfluß. ***2. Alchemilla vulgaris ex herba siccata*** HAB1, die getrockneten, oberirdischen Teile der blühenden Pflanze. *Anw.-Geb.*: in der anthroposophischen Therapierichtung verwendet.
Histor.: Schon die alten Germanen schätzten diese Heilpflanze, die der Fruchtbarkeitsgöttin Frigga gewidmet war. Nach der Christianisierung wurde die Pflanze auch als „Marienmantel" bezeichnet. Die Heilige Hildegard empfahl die Droge bei Frauenleiden sowie gegen Kehlkopfgeschwüre. Der Name Alchemilla bezieht sich darauf, daß die in den Laubblättern von der Pflanze gesammelten Tautropfen von den Alchemisten des Mittelalters als „himmlisches" Wasser zur Bereitung des „Steines der Weisen" gebraucht wurde.

■ **Alchornea floribunda** Muell. Arg.
Niandostrauch.
Fam.: Euphorbiaceae.
Vork.: Afrika.
Drogen: die Wurzeln. Inh: Alkaloide (0,6–1,2 %), wie Alchornein, Isoalchornein; Pyrimidin- und Imidazolderivate; Anthranilsäure, Gentisinsäure. *Anw.*: in der afrikanischen Volksheilkunde als Aphrodisiakum und mit Palmwein gemischt für rituelle Tänze und halluzinogene Erlebnisse.

Alchornea vanioti ↗ Croton tiglium.
Alcornoccorinde ↗ Bowdichia virgilioides.

■ **Alepidae amatymbica** E. et Z.
Fam.: Apiaceae (Umbelliferae).

Vork.: Afrika, besonders in Hochgebirgsregionen und in Südafrika.

Drogen: die Wurzeln. *Inh:* Bitterstoffe, Harz. *Anw.:* in der Volksheilkunde bei Erkältungen, Magenschmerzen, in größerer Dosierung auch als Purgans; äußerlich zur Blutstillung.

Aleppoföhre ↗ Pinus-Arten.
Aleppogallen ↗ Quercus-Arten.
Aleppokiefer ↗ Pinus-Arten.
Aleppo-Nüsse ↗ Pistacia vera.
Alethwurzel ↗ Inula helenium.
Aletris alba ↗ Aletris farinosa.

■ **Aletris farinosa** L.
(syn. *Aletris alba*); Mehlige Aletris.

Fam.: Melanthiaceae (früher Liliaceae).

Vork.: östl. Nordamerika.

Droge: *Aletris-farinosa-Rhizom* (syn. Leuchtsternwurzel, Runzelwurzel, Sternwurzel). *Inh.:* Saponine mit Diosgenin als Aglykon, äther. Öl, Bitterstoffe. *Anw.:* In der amerikanischen Volksheilkunde bei Frauenleiden (Dysmenorrhoe, Amenorrhoe), Appetitlosigkeit, dyspeptischen Beschwerden und chronischer Bronchitis.

Hom.: *Aletris farinosa* HAB1; Sternwurzel, die frischen, unterirdischen Teile. *Anw.-Geb.:* bei Gebärmuttersenkung und Erkrankungen des Magen-Darm-Traktes.

Histor.: Bereits von den Indianern als Heilmittel geschätzt, wurde die Droge 1864 in die Homöopathie eingeführt. Der Name *Aletris* stammt aus dem Griechischen (*aletris*= Getreide mahlend) und deutet auf das bestäubte Aussehen der Pflanze hin, ebenso farinosa = mehlig (lat.: farina = Mehl).

Aleuritenöl ↗ Aleurites fordii.

■ **Aleurites fordii** Hemsl.
(syn. *Vernicia fordii*); Tungölbaum (syn. Holzölbaum).

Fam.: Euphorbiaceae.

Vork.: Mittelasien, West- und Mittel-China, kultiviert in USA, Brasilien, Argentinien, Indien, Australien, Neuseeland, Afrika, Südrußland.

Droge: ***Oleum Dryandrae***; Tungöl (syn. Holzöl, Aleuritenöl), das fette Öl der Samen. *Inh:* Triglyceride, die zu 75–80 % α-Elaeosterinsäure als Fettsäure besitzen, daneben Öl-, Palmitin- und Stearinsäure. *Anw.:* in der Volksheilkunde als Laxans, bei Geschwüren und Verbrennungen. Technisch wird die Droge zur Herstellung von Lacken und Firnissen benutzt, da diese Anstriche besonders widerstandsfähig sind. Der bei der unvollständigen Verbrennung des Öls entstehende Ruß ist ein Grundstoff für die Chinesische Tusche und andere Druckfarben.

Alexandriner-Sennesfrüchte ↗ Cassia-Arten.
Alexitoxicum vincetoxicum ↗ Vincetoxicum hirundinaria.
Alfalfa ↗ Medicago sativa.
Alfalfagras ↗ Phleum pratense.
Algarroba ↗ Caesalpinia-Arten.
Algarrobilla ↗ Caesalpinia-Arten.

■ **Alginsäure**
(Acidum alginicum) ist ein Polyuronid mit einer relativen Molekülmasse von 48–186 kD, es besteht ähnlich wie die ↗ Pektine aus einer Kette von 1,4-β-glykosidisch verknüpften Mannuronsäure- und Guluronsäureresten. A. ist bis zu 40 %

Alginsäure

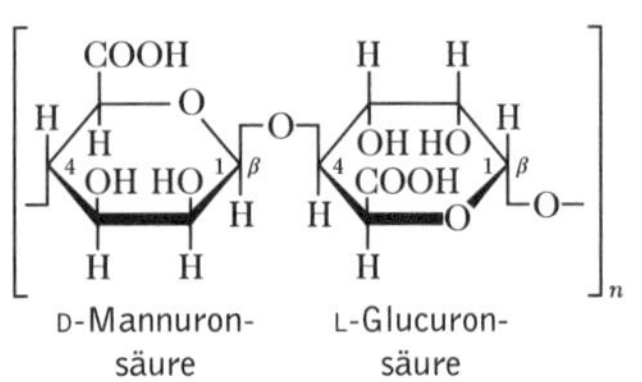

in bestimmten Braunalgen, bes. in ↗ *Fucus*-, *Ascophyllum*- und ↗ *Laminaria*-Arten, enthalten. Selbst unlöslich in Wasser, werden sie und ihre Salze (Alginate) als viskositätserhöhende Stoffe und als Stabilisatoren für Emulsionen und Suspensionen, zur Retardierung der Arzneistoffliberation aus Peroralia sowie zur Granulation und Herstellung fettfreier Salbengrundlagen eingesetzt. Auch in der Lebensmittelindustrie sowie Kosmetik werden Alginsäure und Alginate verwendet.

Alhagi camelorum ↗ Alhagi pseudoalhagi.

■ **Alhagi pseudoalhagi** (M. B.) Desv. Ex B.A. Keller et Schaparenko
(syn. *Alhagi camelorum*); Kameldorn.

Fam.: Fabaceae (Leguminosae).

Vork.: Südrußland, Westsibirien, Vorder- bis Zentralasien (Steppenpflanze).

Droge: die ganze Pflanze. *Inh:* Zucker, Vitamin C, Tannine. *Anw.*: in der Volksheilkunde als Adstringens und Antidysenterikum. An heißen Tagen scheiden die Pflanzen (und verwandte Arten) einen honigartigen Saft ab, der in der Nacht erstarrt und als Persisches Manna von der Bevölkerung gesammelt und gegessen bzw. als Volksheilmittel genutzt wird.

Alhandal ↗ Citrullus colocynthis.
Alippische Senna ↗ Cassia-Arten.
Alisma plantago ↗ Alisma plantago-aquatica.

■ Alisma plantago-aquatica L.

(syn. *Alisma plantago*); Gemeiner Froschlöffel (syn. Wegerich-Froschlöffel, Wasserwegerich), s. Farbtafel S. 139, Bild 17.

Fam.: Alismataceae.

Vork.: Europa, Asien und Nordamerika, bes. im Ufer- und Flachwasserbereich verbreitet.

Droge: ***Radix Alismae*** (syn. *Radix Plantaginis aquaticae*); Froschlöffelwurzel. *Inh.:* scharf schmeckendes Harz, äther. Öl, Gerbstoffe. *Anw.:* in der asiatischen Volksheilkunde wird die Droge wegen ihrer harntreibenden Wirkung als Mittel gegen Diabetes und bei Nierenerkrankungen verwendet. Die Wurzelknollen werden in Asien auch wie Kartoffeln zubereitet und gegessen.

Hom.: ***Alisma plantago*** HAB34; Froschlöffel, die frischen Wurzeln.

Alizarin ↗ Rubia tinctorum.
Alkabir ↗ Datisca cannabina.

■ Alkaloide

stickstoffhaltige, meist basisch reagierende und vorwiegend heterocyclische Naturstoffe (s. Abb.).

Sie sind meist pflanzlichen Ursprungs und besitzen oft charakteristische Wirkungen auf den tierischen und menschlichen Organismus. Ihre biogenetischen Vorstufen sind überwiegend Aminosäuren, wobei cyclische Aminosäuren (Phenylalanin, Tyrosin und Tryptophan) dominieren. Gegenüber den sog. „echten Alkaloiden" werden mitunter Verbindungen, deren N-Atom nicht in einen Heterocyclus integriert ist, z. B. Ephedrin,

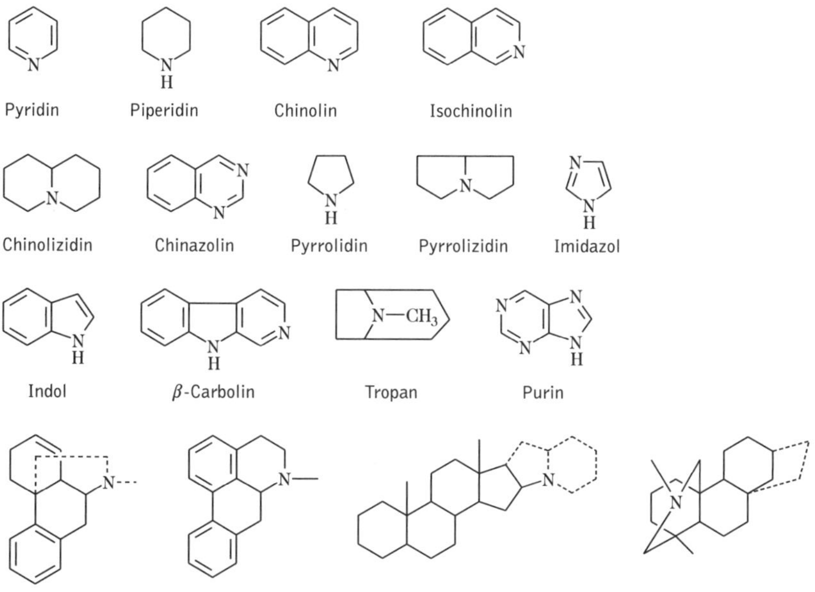

Alkaloide. Heterocyclische Grundkörper der Alkaloide.

als Protoalkaloide, und diejenigen, die nicht aus Aminosäuren hervorgegangen sind, z. B. Terpen- und Steroidalkaloide, als Pseudoalkaloide bezeichnet. Viele A. tragen Trivialnamen. Sie enden stets auf der Endung „in" und wurden oft nach ihrer botanischen Herkunft, z. B. Atropin (*Atropa belladonna*), und Chelidonin (*Chelidonium majus*), z. T. nach ihrer Wirkung, z. B. Emetin (Emetikum) und in Ausnahmefällen auch nach bedeutenden Alkaloidchemikern, z. B. Pelletierin (Apotheker P. J. Pelletier, 1788–1842) benannt. In der Pflanze liegen die A. meist als Gemische vor. Fast immer dominiert eine Verbindung; diese bezeichnet man als Hauptalkaloid, die übrigen als Nebenalkaloide. Letztere sind meist Variationen des Hauptalkaloids, die sich in Art, Stellung oder Zahl der Substituenten, mitunter auch durch die Lage der Doppelbindung unterscheiden. Sie werden oft durch Anhängen eines Suffixes vom Hauptalkaloid unterschieden, z. B. Hydrastin → Hydrastinin, durch Voranstellen eines Präfixes, z. B. Berberin → Protoberberin oder durch vom Hauptalkaloid abweichende Buchstabenmodifikationen, z. B. Narcotin → Cotarnin. Isomere A. bezeichnet man oft mit Präfixen, u. a. Iso-, Pseudo- und Epi- oder durch Symbole, wie α-, β-, γ- usw. Verbindungen, denen die *N*-Methylgruppe fehlt, wird das Präfix „Nor" vorangestellt, z. B. Ephedrin → Nor-Ephedrin. A. sind fast ausnahmslos lipophile Verbindungen. Sie bilden mit Säuren Salze, die meist wasserlöslich sind. Auch in der Pflanze liegen sie gewöhnlich als Salze organischer Pflanzensäuren, u. a. Essig-, Äpfel- oder Weinsäure, vor. Sowohl die Basen als auch die Salze sind meist farblos und fest. Ausnahmen bilden hierbei u. a. das gelbgefärbte Berberin und das Protopin. A. bestehen i. d. R. aus den Elementen C, H, N und O. Nur wenige A. sind sauerstofffrei; diese sind alle flüssig, z. B. Coniin, Nicotin und Spartein. Die Einteilung der A. erfolgt nach ihrem heterocyclischen Ringsystem. Aufgrund ihrer oft starken physiologischen Wirkung, ihrer Wechselwirkungen mit post- und praesynaptischen Rezeptoren, Enzymen und Ionenkanälen, stellen viele A. wichtige biogene Arzneistoffe, z. T. auch gefährliche Giftstoffe, dar. Ihre Besprechung erfolgt an den gesonderten Stellen bei den Einzelverbindungen.

Histor.: Den Namen Alkaloid prägte im Jahre 1819 der Apotheker W. Meissner in Halle im Zusammenhang mit der Entdeckung des Veratrins. Meissner forderte, die bekannten alkalischen Pflanzenstoffe nicht mit den Namen Alkalien zu belegen, da sie von diesen in ihren Eigenschaften abweichen.

Alkanna bracteolata ↗ Alkanna tinctoria.
Alkannae radix ↗ Alkanna tinctoria.
Alkanna matthioli ↗ Alkanna tinctoria.

■ **Alkanna tinctoria** (L.) Tausch
(syn. *Alkanna bracteolata, A. matthioli, A. tuberculata, Lithospermum tinctorium*).

Fam.: Boraginaceae.

Vork.: Mittelmeergebiet, Türkei, Ungarn.

Droge: ***Alkannae radix*** (syn. *Radix Anchusae, Radix Anchusae tinctoriae, Radix Alkannae spuriae*); Alkannawurzel (syn. Schminkwurzel, Alkermeswurzel, Färberkrautwurzel, Rotfärbewurzel, Rote Ochsenzungewurzel), s. Farbtafel S. 139, Bild 18. <u>*Inh.*</u>: Pyrrolizidinalkaloide (Dihydroxytriangularin, 7-Angeloylretronecin, Triangularin), Naphtochinone (Alkannin-Derivate), ↗ Gerbstoffe.

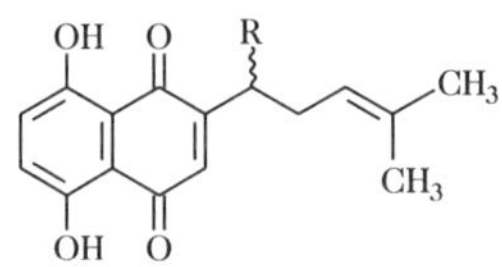

R = ▬ OH: Alkannin
R = ''''' OH: Shikonin

<u>*Anw.*</u>: Volkstümlich wird die Droge als Adstringens zur Behandlung von Hautkrankheiten sowie bei Durchfallerkrankungen eingesetzt. Bedeutsamer ist der Einsatz von Alkannin-Derivaten als roter Farbstoff in der Kosmetik und Lebensmittelindustrie. Aufgrund der carcinogenen, mutagenen, teratogenen und leberschädigenden Eigenschaften der Pyrrolizidinalkaloide ist die Verwendung als Lebensmittelfarbstoff in Deutschland verboten. Auch der Gebrauch der Droge wird wegen der toxischen Pyrrolizidinalkaloide nicht empfohlen.

Hom.: ***Alkanna tuberculata*** HAB, die getrockneten, unterirdischen Teile.

Histor.: Die Droge wurde bereits im Altertum von den Griechen als Wundheilmittel verwendet. Die Römer benutzten die geriebene Alkannawurzel zur Herstellung roter Schminköle und -pasten.

Alkanna tuberculata ↗ Alkanna tinctoria.

Alkannawurzel ↗ Alkanna tinctoria.
Alkannin ↗ Alkanna tinctoria.
Alkermesbeeren ↗ Phytolacca americana.
Alkermeskörner ↗ Dactylopius coccus.
Alkermeswurzel ↗ Alkanna tinctoria.
Allanblackiafett ↗ Allanblackia stuhlmannii.

■ **Allanblackia stuhlmannii** Engl., Talgbaum.
Fam.: Guttiferae.
Vork.: tropisches Ostafrika.
Drogen: ***Talgbaumkernfett*** (syn. Fettbaumkernfett, Allanblackiafett, Mkanifett), das Fett der Samenkerne. *Inh:* Triglyceride, mit Stearinsäure (52 %), Ölsäure (43 %) und Laurinsäure (0,5 %) als Fettsäurekomponenten. *Anw.:* als Speisefett der Eingeborenen; in der Technik zur Kerzen- und Seifenherstellung verwendet sowie für kosmetische Präparate genutzt.

■ **Allantoin**
(Glyoxylsäurediureid), in Tieren (nicht beim Menschen) und Pflanzen vorkommendes Abbauprodukt der Harnsäure bzw. Endprodukt des Purinabbaus. Pflanzen nutzen A. und die daraus abgeleitete Allantoinsäure als Stickstoffreservoir. A. wird als Inhaltstoff verschiedener Drogen (↗ *Pulmonaria officinalis*, ↗ *Symphytum officinale*) zur Wundbehandlung eingesetzt. Es entfernt nekrotisches Gewebe, fördert die Zellproliferation und Epithelisierung. Vielfach wird Allantoin Hautcremes, Sonnenschutzmitteln, Rasier- und Gesichtswässern zugesetzt.

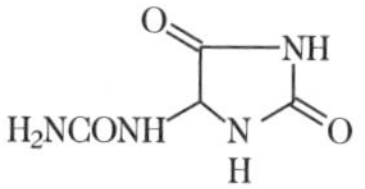

Allantoin

Allermannsharnisch ↗ Gladiolus palustris.
Allheilkraut ↗ Panax ginseng.
Alliaria alliaceae ↗ Alliaria petiolata.
Alliaria alliaria ↗ Alliaria petiolata.
Alliaria officinalis ↗ Alliaria petiolata.

■ **Alliaria petiolata** (M. B.) Cavara et Grande (syn. *Alliaria alliaceae, A. alliaria, A. officinalis, Arabis petiolata, Crucifera alliaria, Erysimum alliaceum, Erysimum alliaria, Hesperis alliaria, Sisymbrium alliaria*); Knoblauchsrauke (syn. Lauchhederich, Lauchkraut, Knoblauchshederich, Knoblauchskraut, Knofelkraut, Knoblichskraut, Wilder Chnobloch, Hasekehl, Bloderkraut, Blatterkraut, Falscher Waldmeister), s. Farbtafel S. 140, Bild 19. Zweijährige oder ausdauernde Art, deren verschiedene Formen sich in der Größe der Pflanze und in der Größe der Blätter unterscheiden.
Fam.: Brassicaceae (Cruciferae).
Droge: ***Alliaria-petiolata-Frischpflanze*** (syn. *Herba Alliariae, Herba Alliariae officinalis*), die frische, blühende Pflanze mit Wurzel. *Inh.:* Vitamine, u. a. Vitamin A (abhängig vom Erntezeitpunkt: 8 600–19 000 i.E./100 g Frischgewicht) und Vitamin C (190–400 mg/100 g Frischgewicht), ferner Glucosinolate (Senfölglykoside), bes. Sinigrin und geringe Mengen Glucotropaeolin. *Anw.:* volkstümlich bei Erkältungskrankheiten sowie bei rheumatischen Beschwerden und Gicht, äußerlich als frisch zerquetschtes Kraut bei schlecht heilenden Wunden und Geschwüren; im Haushalt, meist mit anderen Kräutern, als Küchengewürz.

Allicin ↗ Allium-Arten.
Alligator-Birne ↗ Persea americana.
Allii ascalonici bulbus ↗ Allium-Arten.
Allii cepae bulbus ↗ Allium-Arten.
Allii chinensis bulbus ↗ Allium-Arten.
Allii sativi aetheroleum ↗ Allium-Arten.
Allii sativi bulbus ↗ Allium-Arten.
Allii sativi bulbus siccatus ↗ Allium-Arten.
Allii ursini bulbus ↗ Allium-Arten.
Allii ursini herba ↗ Allium-Arten.

■ **Allium-Arten**
● **Fam.:** Alliaceae (früher Liliaceae).
● **Allium ascalonicum** Strand (syn. *Allium cepa var. aggregatum, A. cepa var. ascalonicum, A. cepa var. multiplicans, A. cepa var. solanina, Porrum ascalonicum*); Schalotte (syn. Aschlauch, Charlotte, Eschlauch, Eßlauch, Levante-Lauch, Schalottlauch, Schlotte, Schlutte, Syrische Zwiebel, Askalonische Zwiebel).
Heim.: Mittelmeergebiet, Vorderasien, Orient, heute in ganz Europa angebaut.
Droge: ***Allii ascalonici bulbus***, verwendet wird die frische Zwiebel. *Inh.:* s. *Allium cepa*. *Anw.:* in der Volksheilkunde bei Verdauungsbeschwerden, als Küchengewürz für Saucen und Salate bzw. als Pickles eingelegt.
● **Allium cepa** L. (syn. *Allium esculentum, Cepa esculenta, Cepa vulgaris, Kepa esculenta, Por-*

rum cepa); Zwiebel (syn. Bolle, Hauszwiebel, Küchenzwiebel, Sommerzwiebel, Speisezwiebel, Zipolle, Zippel).

Vork.: weltweit in zahlreichen Varietäten kultiviert, beheimatet in Mittelasien.

Droge: ***Allii cepae bulbus*** (syn. *Bulbus Allii cepae, Bulbus Cepae*). Inh.: Alkylcysteinsulfoxide (Alliin und seine Derivate, u. a. Cycloalliin, Cepaen), γ-Glutamylpeptide (schwefelhaltige und -freie), Zwiebel-Alliinase (ein Enzym, das aus Vorstufen die tränenreizende Verbindung (*Z*)-Thiopropanal-*S*-oxid bildet), Flavonoide, Phenole, Vitamine, Kohlenhydrate, wasserdampfflüchtige Bestandteile (äther. Zwiebelöl). Anw.: bei Appetitlosigkeit, zur Prophylaxe von altersbedingten Gefäßveränderungen. In der Volksheilkunde wird Zwiebelsaft (Sirupus Cepae) innerlich erfolgreich zur Behandlung von Husten, Keuchhusten, Bronchitis und Asthma sowie zur Anregung der Verdauung eingesetzt. Auch zur Therapie bei Wurmbefall, zur Einleitung der Menstruation, bei Bluthochdruck und Arteriosklerose und unterstützend bei Diabetes kommt die Droge zum Einsatz. Äußerlich verwendet man die Droge bei Insektenstichen, Wunden, Furunkeln und zur Nachbehandlung von Blutergüssen. Außerdem wird die Zwiebel weltweit als Nahrungsmittel, Gewürz oder Gemüse eingesetzt.

Hom.: ***1. Allium cepa*** HAB1, die frische Zwiebelknolle. Anw.-Geb.: aktuter Schnupfen, Entzündungen der Luftwege, Blähungskoliken, Neuralgien, Phantomschmerz. ***2. Allium cepa ferm. 34a*** HAB1, die reifen, frischen Zwiebeln. Anw.-Geb.: anthroposophische Therapierichtung.

● **Allium chinense** G. Don. (syn. *Allium bakeri,. A. exsertum, A. rakk'joo, A. splendens, A. triquetum, Caloscordum exsertum*).

Vork.: China, Japan, Kalifornien.

Droge: ***Allii chinensis bulbus***. Inh.: s. *Allium cepa*, außerdem Phenolcarbonsäuren, Chinenosid (Furostanglykosid). Anw.: in der traditionellen chinesischen Medizin wie Allium sativum, im Haushalt zur Herstellung von Pickles.

● **Allium porrum** L. (syn. *Allium ampeloprasum, A. laetum, A. porrum var. maximum, Porrum commune, Porrum sativum, Porrum sectile*); Porree (syn. Breitlauch, Lauch, Spanischer Lauch, Suppenlauch, Welschlauch, Winterlauch).

Droge: ***Allium-porrum-Ganzpflanze***. Inh.: ähnlich wie bei anderen Allium-Arten. Anw.: in der Volksheilkunde bei Wurmbefall sowie im Haushalt als Gemüse, Suppengewürz und für Salate.

● **Allium sativum** L. (syn. *Porrum sativum*); Knoblauch (syn. Gartenknoblauch, Knobloch, Knopfel).

Vork.: weltweit kultiviert.

Drogen: ***1. Allii sativi aetheroleum*** (syn. *Oleum Allii sativi*); Ätherisches Knoblauchöl (syn. Knoblauchdestillat, Knoblauchöldestillat). Inh.: wasserdampfflüchtige Umsetzungsprodukte des Alliins (homologe Di-, Tri- und Oligosulfide), Limonen und andere nicht definierte Stoffe. Anw.: zur unterstützenden Therapie bei erhöhten Blutfettwerten und Prophylaxe der Arteriosklerose. ***2. Allii sativi bulbus*** (syn. *Bulbus Allii sativi*); Knoblauchzwiebel, s. Farbtafel S. 140, Bild 20. Inh.: γ-Glutamyl-*S*-alkylcysteine (0,5–1 %), *S*-Alkyl-L-cysteinsulfoxide (z. B. Alliin, mind. 0,3 %),

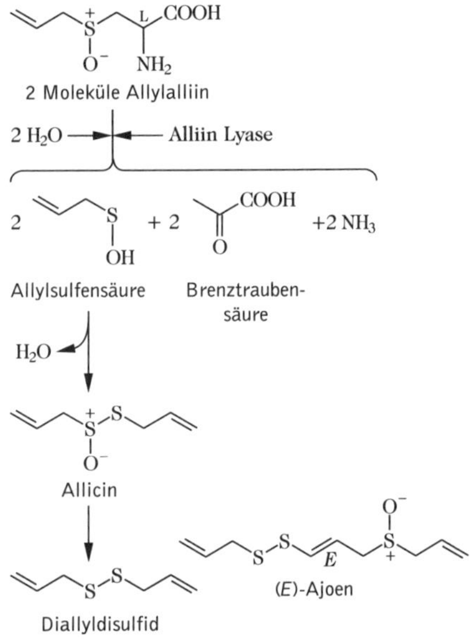

Allium-Arten. Das in der Droge vorliegende Alliin wird nach der Zerstörung von Zellen durch die Alliinase (Alliin Lyase) zunächst hydrolytisch in Brenztraubensäure und Alkylsulfensäure gespalten, letztere wird dann zu Allicin umgewandelt. Daraus können weiterhin Diallylsulfid und Ajoen gebildet werden.

Alliinase (ein Enzym, das verantwortlich ist für die Bildung von Allicin, Di- und Oligosulfide, Ajoene, Vinyldithiine), Allithiamin, Adenosin, Aminosäuren, Fructane, Flavonoide und äther. Öl.

Wirk.: antibakteriell, antimykotisch, lipidsenkend, Hemmung der Plättchenaggregation, Verlängerung der Blutungs- und Gerinnungszeit, Steigerung der Fibrinolyse, antiviral, lokal reizend. *Anw.*: zur Unterstützung diätetischer Maßnahmen bei erhöhten Blutfettwerten und zur Prophylaxe altersbedingter Gefäßveränderungen. In der Volksheilkunde wird die Droge bei Arteriosklerose, Hypertonie, Erkrankungen des Respirationstraktes und Magen-Darm-Kanals (Verdauungsbeschwerden, Koliken), als Wurmmittel (Oxyuren) und klimakterischen Schmerzen eingesetzt. Auch zur Unterstützung bei Diabetes und als Tonikum kommt die Droge zur Anwendung. Äußerlich wird sie bei Hühneraugen, Warzen, Schwielen, Haarflechten, Ohrenentzündung, Muskelschmerzen, Neuralgien und Rheuma verwendet. Außerdem ist die Knoblauchzwiebel weltweit ein beliebtes Küchengewürz. ***3. Allii sativi bulbus siccatus***; Getrocknete Knoblauchzwiebel (als Pulverdroge). *Inh.*: s. Allii sativi bulbus, ohne äther. Öl. Alliingehalt mind. 1 %. *Wirk.* und *Anw.*: s. Allii sativi bulbus.

Hom.: ***Allium sativum*** HAB1, die frische Zwiebel. *Anw.-Geb.*: Entzündungen der unteren Luftwege, Verdauungsstörungen, Muskelrheumatismus im Lendenbereich.

● **Allium schoenoprasum** L. (syn. *Allium tenuifolium, Cepa schoenoprasum, Porrum schoenoprasum, Schoenoprasum vulgare*); Schnittlauch (syn. Binsenlauch, Graslauch, Pankokenkraut, Preseloak, Prieslauch, Schnittling, Schnittzwiebel, Suppenkraut, Suppenlauch).

Heim.: Mittelmeergebiet, in Eurasien und Nordamerika kultiviert.

Droge: ***Allium-schoenoprasum-Blätter***; Schnittlauchblätter. *Inh.*: γ-Glutamylpeptide (nichtflüchtige, schwefelhaltige Verbindungen.), verschiedene Alkylsulfide und weitere noch nicht definierte Stoffe. *Anw.*: in der Volksheilkunde bei Wurmbefall. Die Droge wird als Küchengemüse und -gewürz, bes. im Frühjahr genutzt.

● **Allium tuberosum** Rottler ex Spreng. (syn. Allium angulosum, A. argyi, A. chinense, A. Clarkei, A. odorum, A. roxburghii, A. senescens, A. sinicum, A. tuberosum, A. uliginosum, A. yesoense). *Anw.*: s. A. ursinum.

● **Allium ursinum** L. (syn. *Allium latifolium, A. nemorale, Ophioscorodon ursinum*); Bärlauch (syn. Bärenlauch, Ramsell, Waldknoblauch, Waldlauch, Wilder Knoblauch, Zigeunerlauch), s. Farbtafel S. 140, Bild 21.

Vork.: Nord- und Mitteleuropa.

Drogen: ***1. Allii ursini bulbus*** (syn. *Bulbus Allii ursini*). Bärlauchzwiebel. *Inh.*: abhängig von der Verarbeitungsweise, u. a. Cysteinsulfoxide (z. B. Alliin), Thiosulfinate, Dithiine und Ajoen, wasserdampfflüchtige Bestandteile (ca. 12 % in der frischen Droge) und freie Aminosäuren. *Anw.*: In der Volksheilkunde wird die Droge roh gegessen oder der Preßsaft bei Arteriosklerose sowie Hypertonie angewendet. Außerdem dient die Droge als Gewürz. ***2. Allii ursini herba*** (syn. *Herba Allii ursini*); Bärlauchkraut (syn. Zigeunerlauchkraut). *Inh.*: s. Allii ursini bulbus. *Anw.*: in der Volksheilkunde ähnlich wie *Allium sativum* bei Verdauungsbeschwerden, gegen Arteriosklerose und bei Hypertonie. Äußerlich bei Hautausschlägen.

Hom.: ***Allium ursinum*** HAB1, die ganzen, frischen, zu Beginn der Blütezeit gesammelten Pflanzen. *Anw.-Geb.*: Verdauungsschwäche.

Allosites arvense ↗ Equisetum-Arten.
Alni cortex ↗ Alnus-Arten.

■ Alnus-Arten

● **Fam.:** Betulaceae.

● **Alnus glutinosa** (L.) Gaertn. (syn. *Betula alnus var. glutinosa*); Schwarzerle.

Vork.: nördliche Erdhalbkugel.

Droge: ***Alni cortex*** (syn. *Cortex Alni*); *Alnus-glutinosa*-Rinde (syn. Erlenrinde). *Inh.*: Gerbstoffe (bis zu 20 %), Flavonolglykoside, v. a. Hyperosid, Steroide, u. a. Sitosterol, Triterpene. *Anw.*: in der Volksheilkunde als Dekokt zum Gurgeln bei Angina und Pharyngitis, als Klysma bei Darmblutungen.

● **Alnus incana** (L.) Moench. (syn. *Betula alnus var. incana*); Grauerle (syn. Weißerle).

Vork.: nördliche Erdhalbkugel.

Droge: ***Alnus-incana-Rinde***. *Inh.*: ähnlich wie *Alnus glutinosa*. *Anw.*: s. *Alnus glutinosa*, bes. bei Entzündungen im Mund- und Rachenraum.

● **Alnus japonica** (Thunb.) Steud. (syn. *Betula japonica*).

Vork.: nördliche Erdhalbkugel.

Droge: ***Alnus-incana-Rinde***. *Inh.*: ähnlich wie

Alnus glutinosa. Anw.: s. *Alnus glutinosa*, bes. bei Entzündungen im Mund- und Rachenraum.

● **Alnus serrulata** Willd.; Glatte Erle.

Hom.: ***Alnus serrulata*** HAB34, die frische Rinde. Anw.-Geb.: Hauteiterungen und Ekzeme.

Aloe ↗ Aloe-Arten.

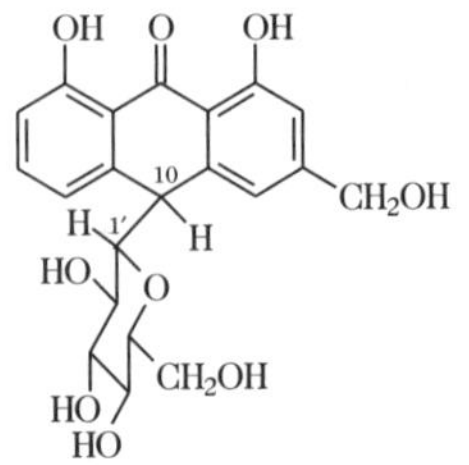

Aloine A und B

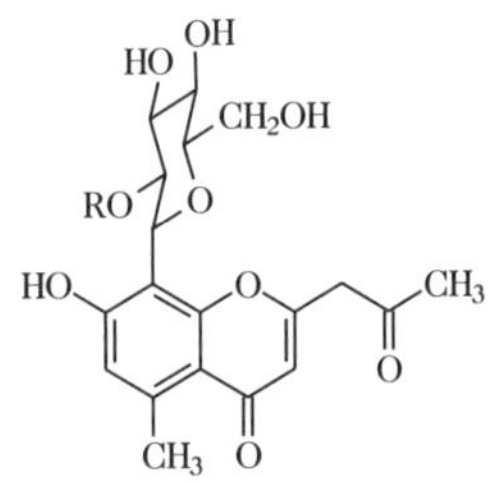

Aloeresin A (R = 4-Cumaroyl) und B (R = H)

■ Aloe-Arten

● **Fam.:** Asphodelaceae (Liliaceae).

Vork.: tropische und subtropische Gebiete, bes. Afrika, Arabische Halbinsel und Mittelamerika.

● **Aloe arborescens** Mill. (syn. *Aloe arborea, A. fructicosa, A. perfoliata var. arborescens, Catevala arborescens*); Baumartige Aloe, s. Farbtafel S. 140, Bild 22. Anbau u. a. in Süd-Japan.

Droge: ***Aloe-arborescens-Blätter***. Inh.: Anthron-10-C-glykosyle, u. a. Aloine A und B (0,4 %, Bestimmung durch HPLC). Anw.: Der aus den frischen Blättern gewonnene und eingetrocknete Saft sowie das Gel aus dem wasserspeichernden Gewebe getrockneter Blätter werden insbes. in Japan verwendet, äußerlich bei Wunden, Verbrennungen, Insektenstichen und Fußpilz sowie zuweilen innerlich bei gastrointestinalen Beschwerden. In der Kosmetik als Bestandteile von Cremes und Lotionen.

● **Aloe barbadensis** Mill. (syn. *Aloe chinensis, A. elongata, A. indica, A. officinalis, A. perfoliata, A. vera, A. vulgaris*).

Vork.: bes. Nordafrika, Mittelmeerraum, Kanaren, Madeira und Indien. Anbaugebiete v. a. Küstenregionen von Venezuela sowie subtropische Gebiete der USA und Mexikos.

Drogen: ***1. Curacao-Aloe*** (syn. *Aloe barbadensis, Aloe hepatica*), der zur Trockene eingedickte Saft der Blätter. Inh.: Anthron-C-glykosyle (35–38 % Aloine A und B, ferner etwa 3 % 7-Hydroxyaloine A und B, 1,8-Dihydroxyanthrachinone (0,05–0,5 %) sowie die bitteren, bicyclischen Polyketide Aloeresine. Anw.: In Form des eingestellten Extraktes als Laxans. Die Droge steigert direkt die Motilität und beschleunigt damit die Darmpassage, steigert die Sekretion von Elektrolyten und Wasser in das Darmvolumen und hemmt die Rückresorption aus dem Dünndarm. Füllungsdruck bedingt zusätzliche Anregung der Darmperistaltik. Die laxierende Wirkung setzt nach 8–12 Stunden ein. Dos.: TD der pulverisierten Droge 0,05–0,2 g, entsprechend 10–40 mg Hydroxyanthracen-Derivate; ED 0,05 g, abends. ***2. Aloe-vera-Gel*** (syn. *Aloe vera, Aloe-Extrakt*). Die Droge besteht aus dem Schleim der Blätter und wird durch Auspressen oder Extraktion, meist mit heißem Wasser, gewonnen. Da das genuine Produkt instabil ist, sind die Handelsgele stabilisierte und konzentrierte, oft lyophilisierte Extrakte. Inh.: insbes. Gemische von Heteropolysacchariden unterschiedlicher Kettenlänge, meist mit Mannose als dominierendem Grundbaustein. Die Zuckereinheiten sind meist linear 1,4-verknüpft und teilweise acetyliert. Der mögliche Gehalt an Anthron-C-glykosylen ist abhängig vom Herstellungsverfahren. Neuere, meist patentierte Verfahren ermöglichen anthranoidfreie Gelprodukte. Wirk.: Zahlreiche Testungen ergaben bes. antiphlogistische und immunstimulierende Eigenschaften sowie die Beeinflussung der dermalen Ischämie mit Zubereitungen der Drogen. Anw.: In der Volksheilkunde legt man die der Länge nach geteilten Blätter mit der Innenseite, gegebenenfalls nach Befestigung auf die erkrankten Hautpartien. Oft werden auch die nach Abschälen der äußeren, grünen Blattpartien erhaltenen Gelfilets angewendet. Die Droge kann ferner zur Stabilisierung von Öl-in-Wasser Emulsionen herangezogen werden. Sie dient in der Kosmetik als „feuchtigkeitsspendender“ sowie „weichmachender“ Bestandteil von Cremes, Körperlotionen, Shampoos, Zahnpasten, Antitranspirantien und Sonnenschutzpräparaten.

● **Aloe ferox** Mill. (syn. *Aloe horrida, A. perfoliata, A. pseudoferox, A. socotorina, A. supralaevis, Pachidendron ferox, P. supralaeve*), Bitterschopf, Gefährliche Aloe.

Vork.: Südafrika, dort auch kultiviert.

Droge: ***Aloe capensis*** (syn. Kap-Aloe). Die Droge wird aus *Aloe ferox* und Hybriden dieser Arten durch Eindampfen des nach Abschneiden der Blätter bei Normaldruck ausgetretenen Saftes (*Aloe lucida*) gewonnen. Sie stellt dunkelbraune Stücke mit grünlichem Schimmer dar, oft mit gelblichem Puder bedeckt, und intensiv bitterem Geschmack. Inh.: Anthron-C-glykosyle ca. 18–22 % (Aloine A und B). Anw.: Analog *Aloe barbadensis* als Laxans, wobei im mitteleuropäischen Raum *Aloe capensis* der *A. barbadensis* traditionell vorgezogen wird.

Hom.: ***Aloe*** HAB1; der zur Trockene eingedickte Saft der Blätter einiger Arten der Gattung *Aloe*, Handelsbezeichnung *Kap-Aloe* HAB1. Stammpflanzen sind einige Arten der Gattung *Aloe*, insbes. *A. ferox* Mill. Nicht verwendet werden darf *Barbados-Aloe* von *A. barbadensis*. Anw.-Geb.: bei Magen-Darm-Störungen, Stuhlinkontinenz und Hämorrhoiden.

● **Aloe saponaria** (Ait.) Haw. (syn. *Aloe disticha, A. latifolia, A. leptophylla, A. perfoliata var. saponaria, A. saponaria var. latifolia, A. umbellata*).

Vork.: Südafrika, Swasiland, Zimbabwe.

Droge: die frischen Blätter. Inh.: bes. Dihydroxyanthrachinone (frei und O-glykosidisch) und Heteropolysaccaride, u. a. teilacetylierte Glucomannane. Anw.: in der traditionellen Medizin der Heimatgebiete als Wundheilmittel.

● **Aloe succotrina** Lam. (syn. *Aloe purpurascens, A. soccotrina, A. vera*); Sokotra-Aloe (syn. Socotra-Aloe, Aloe Sokotrina). Stammpflanzen vermutlich *Aloe perryi* Bak. und *A. rabaiensis* Rendle (Kenia-*Aloe*).

Droge: der eingetrocknete Saft der Blätter.

Hom.: ***Aloe socotrina*** HAB34; der eingetrocknete Saft der Blätter. Anw.-Geb.: Magen-Darm-Störungen, Stuhlinkontinenz, Hämorrhoiden.

● **Histor.:** Der Name Aloe kommt vermutlich von *Alloeh*, dem arabischen Namen der Pflanze, her, während sich der Artname *ferox* vom Lateinischen (*ferox* = wild) ableitet.

Aloeemodin ↗ Anthracenderivate.
Aloeholz ↗ Aquilaria agallocha.
Aloexylon agallochum ↗ Aquilaria agallocha.
Aloin ↗ Aloe-Arten.
Aloysiae folium ↗ Aloysia triphylla.

■ **Aloysia triphylla** (L'Herit) Britt.
(syn. *Lippia citriodora, L. triphylla*), Zitronenstrauch,

Fam.: Verbenaceae.

Vork.: Südamerika (Uruguay, Argentinien, Chile) und Mittelmeergebiet.

Droge: ***Herba(Folia) Verbenae odoratae*** (syn. *Aloysiae folium, Herba Lippiae, Lippiae triphyllae folium, Lippiae citriodorae folium*); Echtes Verbenenkraut (syn. Zitronenkraut). Inh.: äther. Öl (0,2–0,4 %) mit etwa 20–40 % monoterpenoiden Carbonylverbindungen, bes. Geranial und Neral (berechnet als Citral), ferner u. a. Iridoidglykoside, phenolische Verbindungen und Schleimstoffe. Anw.: Bei Verdauungs- und Schlafstörungen sowie zur Gewinnung des äther. Öles.

Alpen-Fetthenne ↗ Sedum alpestre.
Alpen-Mauerpfeffer ↗ Sedum alpestre.
Alpenrosenblätter ↗ Rhododendron-Arten.
Alpensalamander ↗ Salamandra maculosa.
Alpen-Sede ↗ Sedum alpestre.
Alpenveilchen ↗ Cyclamen purpurascens.

■ **Alphita**
Drogenliste der Schule von Salerno aus dem 13. Jh. Die A. stellt eine umfassende Übersicht über die spätmittelalterliche Drogenkunde dar und ist neben der römischen Heilkunde bes. stark geprägt von der Medizin der arabischen, griechischen und jüdischen Kulturkreise. Das Verzeichnis enthält sämtliche damals gebräuchliche pflanzlichen und tierischen Drogen sowie arzneilich genutzte Chemikalien. Außerdem werden Krankheiten sowie medizinische Fachausdrücke beschrieben.

Alpinia cardamomum ↗ Elettaria cardamomum.

■ **Alpinia galanga** (L.) Willd.
(syn. *Maranta galanga*); Großer Galgant. Gelbe

und rote Varietät. Im europäischen Handel ausschließlich rote Varietät.

Fam.: Zingiberaceae.

Herk.: Südostasien.

Droge: ***Galangae majoris rhizoma*** (syn. *Rhizoma Galangae majoris, Galanga major*); Großer Galgant. Inh.: äther. Öl (1,5–5 %, ca. 25 % Eugenol enthaltend), ferner Diarylheptanoide sowie Flavonderivate, u. a. Galangin und dessen Methylether. *Anw.*: in Zubereitungen als Tonikum, Aromatikum, volkstümlich auch bei rheumatischen Beschwerden sowie bei Erkrankungen der Atemwege, in den Heimatländern auch als Aphrodisiakum.

■ **Alpinia officinarum** Hance
Galgant (syn. Echter Galgant).

Fam.: Zingiberaceae (Ingwergewächse).

Herk.: Südostasien.

Droge: ***Galangae rhizoma*** (syn. *Rhizoma Galangae*) Galgantwurzelstock (syn. Fieberwurzel), der getrocknete Wurzelstock von Alpinia officinarum; s. Farbtafel S. 140, Bild 23. *Inh.*: äther. Öl (0,5–1 %, Sesquiterpene, 1,8-Cineol und Eugenol enthaltend), ferner harzartige Scharfstoffe (Diarylheptanoide) sowie Gingerole (Phenylalkanonole) und Flavonderivate, bes. Galangin (3,5,7-Trihydroxyflavon). *Wirk.*: spasmolytisch, antiphlogistisch und antibakteriell. *Anw.*: als Stomachikum (Amarum-acrium) zur Anregung der Magensaftsekretion, bei dyspeptischen Beschwerden, z. B. subacider Gastritis. Bestandteil entsprechender Fertigarzneimittel. Zur ↗ Teezubereitung beträgt die Tagesdosis 2–4 g Droge.

Hom.: ***Alpinia officinarum*** (Galanga) HAB1, der geschnittene, getrocknete Wurzelstock (mind. 0,4 % äther. Öl). *Anw.-Geb.*: Erkrankungen der Atemwege.

Alpranke ↗ Solanum-Arten.
Alraun ↗ Mandragora officinarum.
Alraune ↗ Mandragora officinarum.
Alsem ↗ Artemisia absinthium.

■ **Alsidium helminthochorton** Ktzg.
Korsikanisches Wurmmoos (syn. Wurmtang).

Fam.: Rhodomelaceae.

Vork.: Mittelmeer, Korsika, Sizilien.

Droge: ***Helminthochorton*** (syn. *Muscus corsicanus*). *Inh.*: Floridosid (alkaloide Verbindung), Aminosäuren, Mineralien. *Anw.*: Vermifugum (Wurmmittel), bes. gegen Spulwürmer (heute obsolet).

Hom.: ***Helminthochorton***, die getrocknete Alge.

Alsine media ↗ Stellaria media.

■ **Alstonia-Arten**

● **Fam.:** Apocynaceae.

● **Alstonia constricta** F. v. Muell.; Fieberbaum (syn. Zitronen-Mahagoni).

Vork.: Australien (Queensland, Neusüdwales), tropisches Afrika.

Droge: ***Cortex Alstoniae constrictae***; Fieberbaumrinde (syn. Australische Bitterrinde). *Inh.*: Alkaloide, u. a. Alstonin, Alstonidin, Reserpin und Echitomin. *Anw.*: als Fiebermittel und Stimulans.

Hom.: ***Alstonia constricta*** HAB34, die getrocknete Rinde. *Anw.-Geb.*: Diarrhoe, Malaria.

● **Alstonia scholaris** (L.) R. Br. (syn. *Alstonia cuneata, Echites malabarica, Echites scholaris*).

Vork.: Südostasien, Australien.

Droge: ***Cortex Alstoniae scholaris*** (syn. *Cortex Alstoniae scolaris, Cortex Ditae, Cortex Tabernaemonantanae*); Puele-Rinde (syn. Australische Fieberrinde). *Inh.*: Alkaloide, u. a. Alstonin, Tetrahydroalstonin, Ditain und Echitin. *Anw.*: Fiebermittel und Laxans, technisch als „Korkholz“.

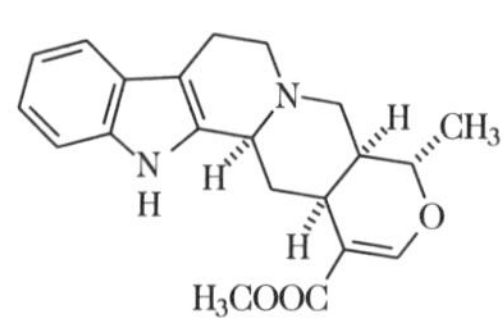

Tetrahydroalstonin

Hom.: ***Alstonia scholaris*** HAB, die getrocknete Rinde. *Anw.-Geb.*: u. a. zur Regeneration nach Infektionen und wie *Alstonia constricta*.

Alstonia costulata ↗ Dyera costulata.
Alternanthera nodiflora ↗ Alternanthera sessilis.

■ **Alternanthera sessilis** (L.) R. Br.
(syn. *Alternanthera nodiflora, Telanthera amoena*).

Fam.: Amaranthaceae.

Vork.: Indien, Nepal, China, Neuguinea, Ostafrika.

Drogen: Kraut und Wurzeln. _Inh:_ cyanogene Glykoside. _Anw._: alte Arzneipflanzen in der Ayurveda- und Unani-Medizin, die noch heute in China und Taiwan volksheilkundlich eingesetzt werden.

Alter-Thee-Wurzel ↗ Althaea officinalis.
Alte Weiber ↗ Anemone nemorosa.
Althaeae flos ↗ Althaea officinalis.
Althaeae folium ↗ Althaea officinalis.
Althaeae radix ↗ Althaea officinalis.

■ **Althaea officinalis** L.
Eibisch (syn. Heilwurz, Sammetpappel, Ibischwurz), s. Farbtafel S. 140, Bild 24. Ausdauernde, 0,6–1,5 m hohe Pflanze, die in allen Teilen Schleimstoffe, meist saure Polysaccharide, enthält.

Fam.: Malvaceae.

Vork.: überwiegend Kulturen südosteuropäischer Länder.

Drogen: *1.* ***Althaeae flos*** (syn. *Flores Althaeae, Flores Hibisci, Flores Bismalvae*); Eibischblüten (syn. Altheeblüten), die zur Blütezeit im Juli bis August gesammelten, fleischfarbenen, getrockneten Blüten. _Inh._: Schleimstoffe (5–9 %), überwiegend aus Galactose, Rhamnose, Galacturonsäure, Arabinose und Glucose bestehend. _Anw._: als Tee bei Erkrankungen der Atmungsorgane sowie zum Gurgeln als reizlinderndes Mittel bei entzündlichen Prozessen im Mund- und Rachenraum. *2.* ***Althaeae folium*** (syn. *Folia Althaeae, Folia Bismalvae, Folia Hibisci, Folium Althaeae, Herba Bismalvae, Herba Malvae Visci*); Eibischblätter (syn. Altheeblätter), die vor oder während der Blüte gesammelten und getrockneten Laubblätter. _Inh._: Schleimstoffe (6–10 %), im wesentlichen aus Galacturonorhamnanen und Arabinogalactanen bestehend. _Anw._: Katarrhe der Atemwege, trockener Reizhusten sowie bei Schleimhautreizungen im Mund- und Rachenraum. TG: 3–5 g Droge. *3.* ***Althaeae radix*** (syn. *Radix Althaeae, Radix Bismalvae, Radix Doronicae, Radix Hibisci*); Eibischwurzel (syn. Bismalvawurzel, Altheewurzel, Heilwurzel, Ibischwurzel, Weißwurzel, Schleimwurzel, Weiße Süßholzwurzel, Alter Thee-Wurzel, Driantenwurzel, Heimischwurzel, Weiße Malvenwurzel). _Inh._: Schleimstoffe (10–20 %, bes. Galacturonorhamnane, hochverzweigte Arabinane, Glucane und Arabinogalactane). _Anw._: Zur Reizlinderung bei leichten Entzündungen der Magenschleimhaut, bei Entzündungen im Mund- und Rachenraum und damit verbundenem Reizhusten. Volkstümlich bei Katarrhen der Atemwege, des Magen-Darm-Traktes und der Harnwege. Ferner bei Geschwüren, Abszessen und Verbrennungen der Haut. Als Tagesdosis gelten etwa 5 g Droge.

Altheeblätter ↗ Althaea officinalis.
Altheeblüten ↗ Althaea officinalis.
Altheewurzel ↗ Althaea officinalis.
Altweibergras ↗ Anemone nemorosa.
Altwurzel ↗ Inula helenium.
Alypi folium ↗ Globularia alypum.
Alypum salicifolium ↗ Globularia alypum.
Alyssum nemorosum ↗ Draba nemorosa.
Alyssum sativum ↗ Camelina sativa.

■ **Amanita citrina** (Schff.) S.F. Gray
(syn. *Amanita mappa*); Gelber Wulstling (syn. Gelber Knollenblätterpilz).

Fam.: Amanitaceae.

Inh.: ↗ Bufotenin (Indolalkaloid). _Wirk._: oral aufgenommen keine psychotropen Effekte, *A. citrina* ist kein tödlicher Giftpilz, kann aber mit anderen hochtoxischen Amanita-Arten leicht verwechselt werden.

Amanita mappa ↗ Amanita citrina.

■ **Amanita muscaria** (L. ex Fr.) Hooker
Fliegenpilz (syn. Roter Fliegenpilz); s. Farbtafel S. 141, Bild 25.

Fam.: Amanitaceae.

Inh.: Ibotensäure (je nach Standort 0,03–0,1 %), Muscimol, Muscazon sowie in Spuren Muscarin. Für die auffällige Farbe der Fliegenpilze sind stickstoffhaltige Betalaine, wie Muscaflavin (gelb), Muscaaurine (orangegelb) und Muscapurpurine (rotviolett) verantwortlich. _Wirk._: In den USA und in Sibirien werden Fliegenpilze als Rauschdroge verwendet, da Muscimol (Decarboxylierungsprodukt der Ibotensäure) Schläfrigkeit, Euphorie, Halluzinationen und Erregungszustände auslöst, gefolgt von vorübergehenden motorischen Lähmungen. Todesfälle wurden selten beobachtet. *A. muscaria* soll mit dem altindischen „Soma" identisch sein und damit zu den ältesten Rauschdrogen zählen. Muscarin hat bei diesem Pilz aufgrund seiner geringen Konzentration keine toxikologische Bedeutung. Muscazon, das nur im frischen Pilz enthalten ist, soll eine fliegenabtötende Wirkung entfalten.

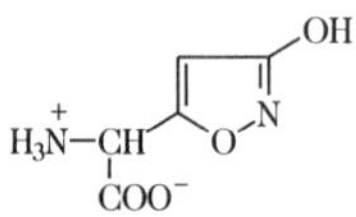

Ibotensäure

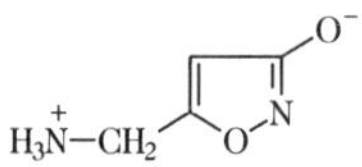

Muscimol

Hom.: ***Amanita muscaria*** (Agaricus) HAB1, der frische Fruchtkörper. Anw.-Geb.: bei choreatischen und eleptiformen Zuständen, Blasenlähmung, Lidkrämpfen, klimakterischen Beschwerden sowie Paraesthesien.

■ Amanita pantherina (DC. Ex Fr.) Secr.

Pantherpilz.

Fam.: Amanitaceae.

Inh.: Ibotensäure, Muscimol, Stizolob- und Stizolobinsäure (Aminosäuren) sowie noch nicht

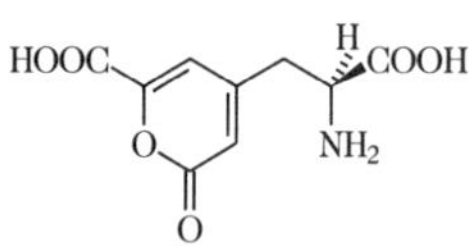

Stizolobsäure

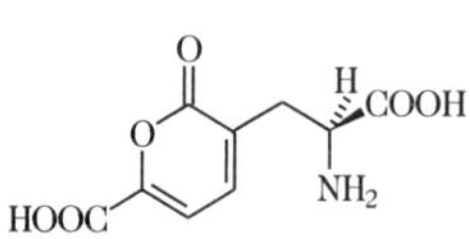

Stizolobinsäure

identifizierte Toxine. *Anw.*: Wird ähnlich wie ↗ *Amanita muscaria* auch als Rauschdroge (Muscimol) genutzt, insbes. werden die getrockneten Huthäute bzw. Pilzkörper geraucht. Große Bedeutung als Giftpilz. Vergiftungserscheinungen treten nach etwa 30 min auf, Bauchschmerzen, Erbrechen, Durchfälle, Herz-Kreislauf-Beschwerden, Benommenheit, Unruhe, Erregung, Rausch und Delirium, Muskelkrämpfe und Lähmungen. In schweren Fällen Übergang ins Koma, Tod durch Atemlähmung und Kreislaufversagen. Die Letalität liegt zwischen 1 und 2 %.

■ Amanita phalloides (Vaill.) Secr.

Grüner Knollenblätterpilz (syn. Grüner Giftwulstling); s. Farbtafel S. 141, Bild 26.

Fam.: Amanitaceae.

Inh.: Amatoxine (α-, β- und γ-Amanitin; bicyclische Octapeptide), Phallotoxine, u. a. Phalloidin, Phallacidin und Phallisacin; bicyclische Heptapeptide mit Indol-Thioether-Brücke sowie

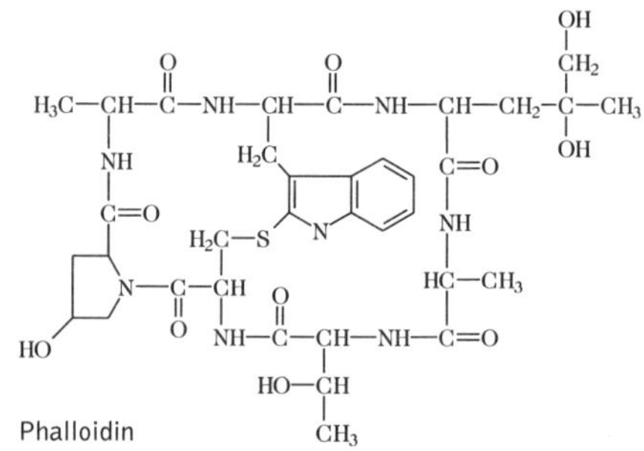

Phalloidin

Phallolysine (thermolabile Proteine), Antamanid (ein antitoxisches Cyclodecapeptid) und Cycloamanide (kleine cyclische Peptide). *Bedeut.*: Die Toxizität der Amatoxine beruht auf der Hemmung der RNA-Polymerase eukaryotischer Zellen, bereits 5–7 mg Amatoxine wirken tödlich. Phallotoxine werden aus dem Gastrointestinaltrakt nicht resorbiert. *A. phalloides* ist der gefährlichste Giftpilz, Mortalität >30 % bei einer Aufnahme von etwa 50 g Frischgewicht. Erste Vergiftungserscheinungen treten nach 6–24 Stunden auf, verbunden mit Brechdurchfall über 1–2 Tage. Bei schweren Vergiftungen tritt etwa 7 Tage nach der Giftaufnahme der Tod durch Leber- und Nierenversagen ein. Zur Leberschutztherapie bei Knollenblätterpilzvergiftungen wird ↗ Silybin angewendet, das die Aufnahme von Amatoxinen durch die Leberzellen verhindert.

Hom.: ***Amanita phalloides*** HAB, der frische Fruchtkörper (syn. *Agaricus phalloides, Agaricus bulbosus*). *Anw.-Geb.*: Durchfallerkrankungen.

■ Amanita verna (Bull. ex Fr.) Pers. ex Vitt.

(syn. *Agaricus bulbosus vernus* Bull.); Frühlings-Knollenblätterpilz (syn. Weißer Knollenblätterpilz).

Fam.: Amanitaceae.

Inh.: Amatoxine und Phallotoxine in ähnlicher Zusammensetzung wie bei ↗ *Amanita phalloides*. Tödlich giftig!

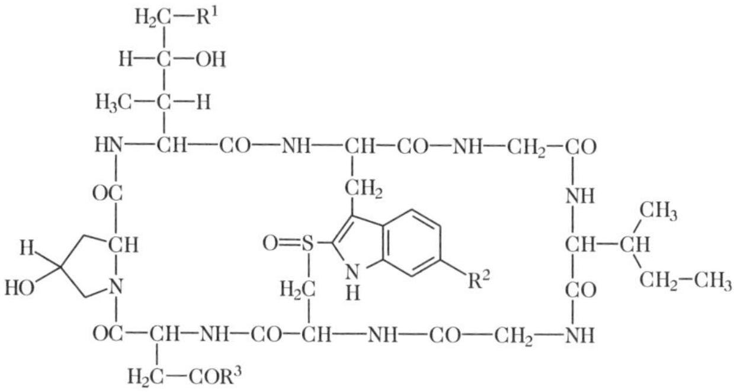

Amatoxin	R^1	R^2	R^3
α-Amanitin	OH	OH	NH_2
β-Amanitin	OH	OH	OH
γ-Amanitin	H	OH	NH_2
Amanin	OH	H	OH

■ **Amanita virosa** Lam. ex Secr.
Kegelhütiger oder Spitzhütiger Knollenblätterpilz (syn. Spitzhütiger Giftwulstling).
Fam.: Amanitaceae.
Inh.: Amatoxine und Phallotoxine (abhängig von der geographischen Herkunft der Pilze) ↗ *Amanita phalloides*, Virotoxine (die Alkylsulfonyltryptophan enthaltende monocyclische Heptapeptide darstellen mit ähnlichen toxischen Effekten wie Phallotoxine infolge Bindung an das Aktingerüst der Zellen). Tödlich giftig!

■ **Amanitine**
toxische, bicyclische Octapeptide aus der Gruppe der Amatoxine, die eine Indol-Sulfoxid-Brücke aufweisen und in *Amanita*-Arten vorkommen. A. hemmen die RNA-Polymerase B aller eukaryotischen Zellen und schädigen damit vorzugsweise die Leber. Sie werden nach oraler Aufnahme resorbiert und zeigen eine relative Stabilität gegenüber den Verdauungsenzymen (Formel s. oben).

Amaracus majorana ↗ Origanum majorana.
Amaracus vulgaris ↗ Origanum majorana.

■ **Amaranthus-Arten**
● **Fam.:** Amaranthaceae.
Heim.: tropisches Amerika.
● **Amaranthus dubius** Mart. ex Thell.; Zweifelhafter Fuchsschwanz.
Droge: *Amaranthus-dubius-Blätter*. Anw.: volkstümlich in Yuccatan bei Gelbfieber und Blutsturz sowie als Tonikum; im Haushalt als Gemüse.
● **Amaranthus spinosus** L.; Dorniger Fuchsschwanz (syn. Malabarspinat).
Droge: *Amaranthus-spinosus-Kraut*. Inh.: u. a. Phytosterole. Anw.: volkstümlich in Mexiko bei Nierenleiden als Emmenagogum sowie bei Dyspepsien.

Amarogentin ↗ Gentianaceenbitterstoffe.
Amaropanin ↗ Gentianaceenbitterstoffe.

■ **Amarum**
(*pl.* Amara), Bittermittel: meist Drogen, die bitter schmeckende Substanzen enthalten, jedoch über die Bitterwirkung und die damit im Zusammenhang stehenden Effekte keine weiteren pharmakologischen Wirkungen aufweisen ↗ Bitterstoffdrogen.

Amaryllis disticha ↗ Boöphone disticha.
Amaryllis vittata ↗ Hippeastrum vittatum.
Ambarum ↗ Ambra.
Amber ↗ Ambra.
Amberbaumharz ↗ Liquidambar-Arten.

■ **Amberboa divaricata** Kuntze
(syn. *Volutarella divaricata*).
Fam.: Asteraceae (Compositae).
Vork.: Indien, Afghanistan. Inh: Alkaloide, Sterole, Flavone, wie Jaceosidin; Cynaropicrin, Triacontane. Anw.: in der Volksheilkunde als Tonikum, Aperitivum und Laxans; Mittel zur Schlangenbekämpfung.

Amberkraut ↗ Teucrium-Arten.
Amboina-Kino ↗ Pterocarpus-Arten.

■ **Ambra**
(syn. Amber, Ambarum, Ambra ambrosiaca, Ambra grisea, Graue Ambra). Fettartige, un-

durchsichtige Masse von wachsartiger Konsistenz, die als pathologische Bildung des Pottwals (↗ *Physeter macrocephalus*) anzusehen ist. Dabei kommt es in Verbindung mit Verdauungsstörungen des Wales zur krankhaften Sekretion der A., die auf dem Meer schwimmend, eingesammelt wird. Inh.: Ambrein (24–85 %), Benzoesäure, Epicoprosterol, Pristan, Coprosterol sowie flüchtige Bestandteile mit spezifischem Geruch. Anw.: als Stimulans bei Hysterie, in der ostasiatischen Volksheilkunde als Aphrodisiakum, in der Parfümerie als Fixateur.

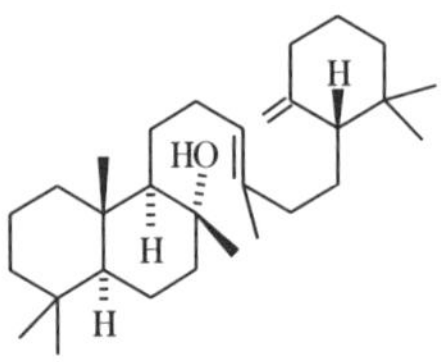

Ambrein

Hom.: *Ambra grisea* HAB34. Anw.-Geb.: Neurasthenie, Nervosität, Schlafstörungen.

Ambraholz ↗ Santalum album.
Ambrettekörner ↗ Abelmoschus moschatus.

■ **Ambrosia artemisiifolia** L.
(syn. *Ambrosia elatior*); Beifussblättriges Traubenkraut (syn. Ragweed, Hohes Traubenkraut).

Fam.: Asteraceae (Compositae).

Vork.: Europa, Mexiko, Brasilien.

Droge: *Ambrosiae herba* (syn. *Herba Ambrosiae*). Ambrosienkraut (syn. Beifußtraubenkraut), das getrocknete Kraut. Inh.: Sesquiterpenlactone, u. a. Dihydroparthenin, Sesquiterpene, u. a. Artemisiifolin, ferner u. a. Cumanin und Dihydrocumanin. Anw.: infolge hoher allergischer Potenz durch die sensibilisierend wirkenden Sesquiterpenlactone als Droge heute obsolet.

Hom.: *Ambrosia artemisiifolia* HAB34, die frischen Blütenköpfe und jungen Schösslinge. Anw.-Geb.: Heuschnupfen, Sommerdurchfälle.

Histor.: Der Name geht auf die griechische Mythologie zurück (*ambrosia* = Götterspeise; Speise, die den Göttern Unsterblichkeit verleiht).

Ambrosiae herba ↗ Ambrosia artemisiifolia.

Ambrosia elatior ↗ Ambrosia artemisiifolia.
Ambrosienkraut ↗ Ambrosia artemisiifolia.
Ameisen ↗ Formica rufa.
Ameisenbaum ↗ Cecropia hololeuca.
Ameiseneier ↗ Formica rufa.
Ameisenpuppen ↗ Formica rufa.
Ameisenspiritus ↗ Formica rufa.

■ **Amentoflavon**
Biflavonoid aus ↗ Gingko biloba mit Radikalfängereigenschaften.

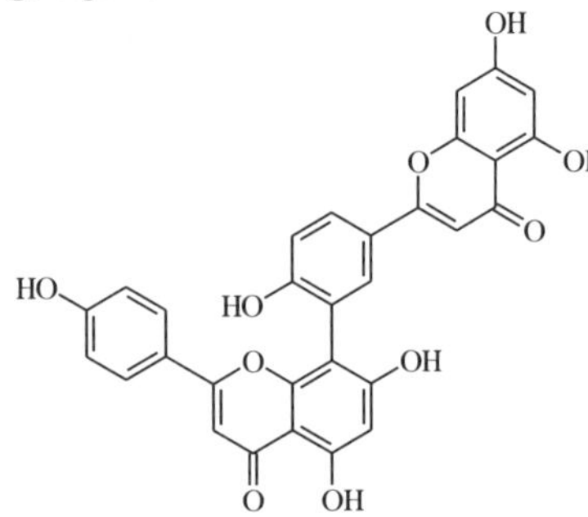

Amentoflavon

Amerikanische Baumwollpflanze ↗ Gossypium-Arten.
Amerikanische Colombowurzel ↗ Frasera carolinensis.
Amerikanische Esche ↗ Fraxinus-Arten.
Amerikanische Faulbaumrinde ↗ Rhamnus purshianus.
Amerikanische Iriswurzel ↗ Iris versicolor.
Amerikanische Mistel ↗ Phoradendron flavescens.
Amerikanische Nachtschattenwurzel ↗ Phytolacca americana.
Amerikanische Narde ↗ Aralia-Arten.
Amerikanische Nieswurz ↗ Veratrum viride.
Amerikanische Platane ↗ Platanus-Arten.
Amerikanische Poley ↗ Hedeoma pulegioides.
Amerikanischer Biber ↗ Castor fiber.
Amerikanischer Copal ↗ Hymenaea courbaril.
Amerikanischer Faulbaum ↗ Rhamnus purshianus.
Amerikanischer Frauenschuh ↗ Cypripedium calceolus var. pubescens.
Amerikanischer Ginseng ↗ Panax quinquefolius.
Amerikanischer Hanf ↗ Apocynum cannabinum.
Amerikanischer Hornstrauch ↗ Cornus-Arten.

Amerikanischer Kartoffelkäfer ↗ Doryphora decemlineata.
Amerikanischer Kreuzdorn ↗ Rhamnus purshianus.
Amerikanischer Lebensbaum ↗ Thuja occidentalis.
Amerikanischer Lorbeer ↗ Kalmia latifolia.
Amerikanischer Moschus ↗ Ondatra zibetica.
Amerikanischer Nachtschatten ↗ Phytolacca americana.
Amerikanischer Pfefferbaum ↗ Schinus-Arten.
Amerikanischer Schneeballbaum ↗ Viburnum-Arten.
Amerikanischer Styrax ↗ Liquidambar-Arten.
Amerikanischer Sumach ↗ Rhus-Arten.
Amerikanische Schwertlilie ↗ Iris versicolor.
Amerikanisches Elemi ↗ Bursera-Arten.
Amerikanisches Immergrün ↗ Gaultheria procumbens.
Amerikanisches Nußöl ↗ Carya ovata.
Amerikanisches Wurmkraut ↗ Chenopodium-Arten.
Amerikanisches Wurmsamenöl ↗ Chenopodium-Arten.

■ **Amianthium muscaetoxicum** (Walt.) Gray (syn. *Zygadenus muscaetoxicus*).

Fam.: Liliaceae.

Vork.: atlantisches Nordamerika.

Inh: Alkaloide (ca. 0,1 %), u. a. Jervin, Amianthin und weitere toxische Esteralkaloide. *Anw.:* altes Indianermittel bei Krätze.

Ammeifrüchte ↗ Ammi visnaga.
Ammeos visnagae fructus ↗ Ammi visnaga.
Ammi dilatum ↗ Ammi visnaga.
Ammi majoris fructus ↗ Ammi majus.

■ **Ammi majus** L.
(syn. *Apium ammi, Sison maior*); Große Knorpelmöhre (syn. Knorpelmöhre).

Fam.: Apiaceae (Umbelliferae).

Vork.: Südeuropa, Nordafrika, bes. Ägypten, sowie westliches Asien.

Droge: ***Ammi majoris fructus*** (syn. *Fructus Ammi majoris*); Große Ammeifrüchte, die getrockneten Früchte. *Inh.:* Furanocumarine, u. a. Methoxsalen (Ammoidin, Xanthotoxin, 8-MOP), Imperatorin und Bergapten sowie Flavonoide. *Anw.:* insbes. bei Pigmentanomalien. Heute zur Gewinnung von Methoxsalen, das zur Photochemotherapie (PUVA-Therapie) genutzt wird.

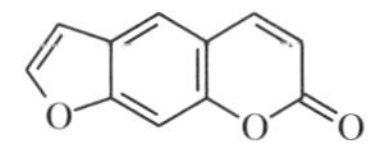

Psoralen

Bergapten: 5-Methoxypsoralen
Methoxsalen (Ammoidin, Xanthotoxin): 8-Methoxypsopralen, 8-MOP
Imperatorin: 8-(3-Methyl-2-butenyloxy)psoralen

■ **Ammi visnaga** (L.) Lam.
(syn. *Daucus visnaga, Apium visnaga, Visnaga daucoides, Sium visnaga, Selinum visnaga, Visnaga vera, Ammi dilatum*); Bischofskraut (syn. Zahnstocherkraut, Khellakraut, Zahnstocherammei); s. Farbtafel S. 141, Bild 27.

Fam.: Apiaceae (Umbelliferae).

Vork.: Mittelmeergebiete, bes. Ägypten (Nildelta).

Droge: ***Ammeos visnagae fructus*** (syn. *Fructus Ammi visnagae*); *Ammi-visnaga*-Früchte (syn. Khellafrüchte, Ammeifrüchte), die getrockneten Früchte. *Inh.:* Furanochromone (1–1,6 %), u. a. Khellin und Khellol; Pyranocumarine (0,2–0,5 %) u. a. Visnadin, Samidin und Dihydrosamidin sowie Flavonoide und geringe Mengen äther. Öl. *Wirk.:* Auszüge der Droge wirken spasmolytisch, insbes. im Bereich der Bronchialmuskulatur, der Koronargefäße und im Urogenitaltrakt. Von den Pyranocumarinen wirkt bes. das Visnadin dilatorisch auf die Koronargefäße ohne das periphere System zu beeinflussen. Es

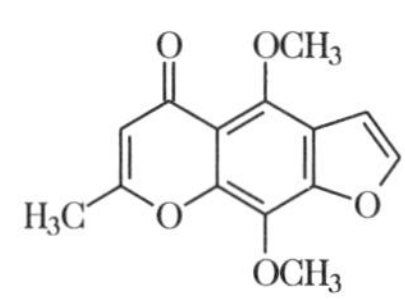

Khellin

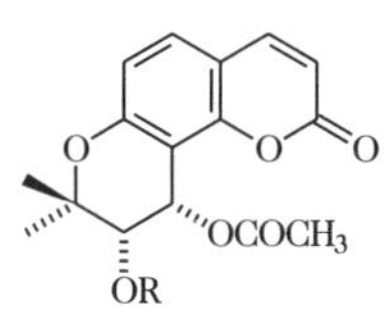

Visnadin: R = $CO{-}CH(CH_3)CH_2{-}CH_3$
Samidin: R = $CO{-}CH{=}C(CH_3)_2$
Dihydrosamidin: R = $CO{-}CH_2{-}CH(CH_3)_2$

zeigt außerdem einen positiv inotropen Effekt. *Anw.:* Auszüge der Droge kommen vereinzelt in Kombinationspräparaten zur Behandlung leichter Stenocardien und von Asthma bronchiale zur Anwendung. Visnadin wird mitunter in Reinsubstanz gegen Angina pectoris bei Koronarinsuffizienz sowie zur Vorbeugung, Behandlung und Nachbehandlung des Herzinfarkts eingesetzt.

Hom.: *Ammi visnaga* HAB1, die reifen, getrockneten Früchte. *Anw.-Geb.:* Koliken und Krämpfe der glatten Muskulatur, Durchblutungsstörungen des Herzmuskels, Netzhautreizung bei grünem Star.

Histor.: Die Droge fand bereits im alten Ägypten als krampflösendes Mittel Anwendung. Das in der Mitte des 20. Jh. als Mittel gegen Angina pectoris eingesetzte Khellin hat inzwischen wegen beobachteter Nebenwirkungen, wie Übelkeit, Appetitlosigkeit und Diarrhoe, keine therapeutische Bedeutung mehr. Der Name Ammi stammt aus dem Griechischen (ammos = Sand) und wurde offenbar von Dioskurides wegen des Standortes der Pflanze gewählt. Von den doppelt spitzen Doldenstrahlen leitet sich die deutsche Bezeichnung Zahnstocherkraut ab.

Ammocallis rosea ↗ Catharanthus roseus.

■ Ammoidin

(Methoxsalen, Xanthotoxin, 8-Methoxypsoralen). Furocumarin, das bevorzugt in verschiedenen Apiaceen-Drogen vorkommt (z. B. ↗ *Ammi majus*, ↗ *Angelica archangelica*, ↗ *Pastinaca sativa*). *Wirk.:* Durch Anlagerung an die DNA kommt es mit nachfolgender UV-Bestrahlung zur Vernetzung der Doppelhelix und damit zur Hemmung der Zellteilung. Auch Sauerstoffradikale werden bei diesem Prozeß gebildet und sind an der Zerstörung von Zellmembranen beteiligt. *Anw.:* zur Photochemotherapie (PUVA) bei Psoriasis, Vitiligo, atopischem Ekzem und anderen Hauterkrankungen.

Ammoniacum ↗ Dorema ammoniacum.

■ Ammoniacum HAB1

(syn. Ammoniakgummi), das Gummiharz aus ↗ *Dorema ammoniacum*. *Anw.-Geb.:* Erkrankungen der unteren Luftwege.

Ammoniakgummi ↗ Dorema ammoniacum.

Amokia ↗ Psilocybe-Arten.
Amomi cardamomi fructus ↗ Amomum-Arten.
Amomi fructus rotundus ↗ Amomum-Arten.
Amomi rotundus fructus ↗ Amomum-Arten.
Amomi semen ↗ Amomum-Arten.
Amomi tsaoko fructus ↗ Amomum-Arten.
Amomi villosi fructus ↗ Amomum-Arten.

■ Amomum-Arten

● **Fam.:** Zingiberaceae.

● **Amomum aromaticum** Roxb. (syn. *Amomum medium, A. tsao-ko*).

Vork.: Ost-Himalaja, Nepal, Assam.

Drogen: ***1. Amomi tsaoko fructus*** (syn. *Fructus Amomi tsaoko, Tsaoko fructus*); *Amomum-aromaticum*-Früchte (syn. *Amomum-tsaokum*-Früchte, Nepal-Kardamomen). *Inh.:* äther. Öl (Monoterpene, u. a. Borneol, Bornylacetat, Campher, 1,8-Cineol, Linalool; Sesquiterpene). *Anw.:* in der traditionellen chinesichen Medizin bei Völlegefühl, Verdauungsstörungen, Malaria mit Fieber und Fröstelanfällen. ***2. Amomi semen*** (syn. *Semen Amomi*); Amomum (syn. Bengal-Kardamomen, Nepal-Kardamomen). *Inh.:* äther. Öl (u. a. 1,8-Cineol, Limonen, Myrcen, Pinen, Terpinen, Terpineol, Sabinen), Polyphenole (Glucoside des Petunidins und Leukocyanidins, Cardamonin). *Anw.:* in der traditionellen indischen Medizin bei Appetitlosigkeit, Verdauungsbeschwerden, zur Linderung bei Augenentzündungen, zur Steigerung des Galleflusses, zum Gurgeln bei Halsentzündungen. Die Verwendung als Antidot gegen Schlangenbisse und Skorpionstiche ist widersprüchlich. Die Droge ist außerdem ein beliebtes Küchengewürz.

● **Amomum compactum** Soland. ex Maton (syn. *Amomum cardamomum, A. kepulaga, Cardamomum minus, Zingiber minus*).

Vork.: Südasien, bes. kultiviert auf Java, Sumatra, malaiisches Archipel.

Droge: ***Amomi cardamomi fructus*** (syn. *Amomum verum, Cardamomum in racemis, Cardamomum racemosum, Cardamomi rotundus fructus, Fructus Amomi cardamomi, Fructus Cardamomi rotundus*); Siam-Kardamomen (syn. Runde Kardamomen, Traubenkardamomen). *Inh.:* äther. Öl (ca. 2,4 %, mit Cineol, Campher und Borneol sowie Sesquiterpenen, u. a. β-Bisabolen, Humulen und Caryophyllen). *Anw.:* in der traditionellen asiatischen Medizin bei Verdauungsbeschwerden, Brechdurchfall, Schwangerschaftserbrechen, Magenschmerzen, Appetitlosigkeit. Die Früchte sind auch ein beliebtes Küchengewürz.

● **Amomum krervanh** Pierre ex Gagnep. (syn. *Amomum Kravanh, A. racemosum, A. spurium, A. verum*).

Vork.: Südostasien, v. a. Thailand, Kambodscha.

Droge: ***Amomi rotundus fructus*** (syn. *Amomi fructus rotundus, Fructus Amomi cardamomi, Fructus Amomi rotundi*); Indochina-Kardamomen. *Inh.:* äther. Öl mit 1,8-Cineol (ca. 60–80 %), daneben Camphen, *p*-Cymen, *α*-Humulen, Limonen, *α*-Pinen, Terpinen und *α*-Terpineol. *Anw.:* bei Appetitlosigkeit und Verdauungsbeschwerden, in der traditionellen chinesischen Medizin bei Beklemmung, Spannungsgefühlen und Schmerzen in der Brust und im Unterleib, Völlegefühl und Erbrechen. Im Haushalt werden die Früchte als Gewürz verwendet, sie sind Bestandteil von Curry.

● **Amomum longiligulare** T.L. Wu.

Vork.: kultiviert in Südchina.

Droge: ***Amomi villosi fructus*** (syn. *Fructus Amomi, Fructus Amomi villosi*); *Amomum-villosum*-Früchte. *Inh.:* äther. Öl, u. a. mit Bornylacetat, Campher, Borneol, Camphen, Limonen, Pinen und Myrcen. *Anw.:* in der traditionellen chinesischen Medizin bei Diarrhoe, Erbrechen, Völlegefühl, Verdauungsstörungen, Brechreiz, z. B. in der Schwangerschaft, bei drohendem Abort bzw. Frühgeburt.

● **Amomum maximum** Roxb. (syn. *Amomum dealbatum, Cardamomum dealbatum*); Java-Kardamomen.

Vork.: kultiviert auf Java.

Droge: ***Java-Kardamomen***; Runde Kardamomen. *Inh.:* äther. Öl. *Anw.:* als Gewürz und gekocht als Gemüse, das Fruchtmus wird von der einheimischen Bevölkerung als Würzmittel geschätzt.

● **Amomum subulatum** Roxb. (syn. *Cardamomum dubulatum*); Nepal-Kardamom.

Vork.: Indien, Osthimalaja.

Droge: *Amomum*, s. *Amomum aromaticum*.

● **Amomum villosum** Blume ex Lour. (syn. Amomum echinosphaera).

Vork.: Molukken, Sundainseln, kultiviert in Südchina.

Droge: ***Amomi villosi fructus***, s. *Amomum longiligulare*.

● **Amomum xanthioides** Wall. (syn. *Amomum villosum var. xanthioides*).

Vork.: Südostasien, Hinterindien, kultiviert in Indien und China.

Droge: ***Amomi semen;*** Amomumsamen (syn. Bastard-Kardamomen, Stachelige Kardamomen, Wilde Kardamomen). *Inh.:* äther. Öl. (1,7–3 %, u. a. D-Campher, Camphen, Bornylacetat, Limonen, Myrcen, Pinene). *Anw.:* in der asiatischen Volksheilkunde bei Darmkoliken, schmerzhaftem Stuhldrang, Durchfall, Dysenterie sowie als Stomachikum und Carminativum. Außerdem wird die Droge in China als Gewürz eingesetzt.

Amomum cardamomum ↗ Elettaria cardamomum.
Amomum curcuma ↗ Curcuma-Arten.
Amomum latifolium ↗ Curcuma-Arten.
Amomum racemosum ↗ Elettaria cardamomum.
Amomum repens ↗ Elettaria cardamomum.
Amomumsamen ↗ Amomum-Arten.
Amomum-villosum-Früchte ↗ Amomum-Arten.
Amomum zedoaria ↗ Curcuma-Arten.
Amomum zerumbeth ↗ Curcuma-Arten.
Amomum zingiber ↗ Zingiber officinale.
Amonia agrimonoides ↗ Agrimonia eupatoria.

■ **Amorpha fruticosa** L.
Bastardindigo.

Fam.: Fabaceae (Leguminosae).

Vork.: Nordamerika, Mexiko, Südrußland, Ukraine, Balkanländer.

Drogen: Wurzel, Blätter und Früchte. *Inh:* Glykoside, Amorphin; Gerbstoffe, äther. Öl. *Anw.:* in der russischen Volksheilkunde als Tonikum, Anthelmintikum und Haemostatikum. Das äther. Öl der Früchte wird als Grundstoff und Fixateur in der Parfümerie genutzt.

Amorphophallus difformis ↗ Anchomanes difformis.

■ **Amorphophallus dracontioides** (Engl.) N.E. Brown
Affenpenis (syn. Hundepenis).

Fam.: Araceae.

Vork.: Afrika, besonders Ghana, Togo, Benin, Nigeria.

Drogen: die Rhizomknollen. *Anw.:* in der nigerianischen Volksheilkunde bei asthmatischen Erkrankungen, akutem Rheuma und Hexenschuß sowie gegen Schlangenbisse. In Nordnigeria wird eine Drogenzubereitung als Zusatz für Pfeilgifte verwendet. Nach 1–2 Tagen eines Kochprozesses werden die Knollen als Gemüse auch gegessen.

Ampelopsis quinquefolia ↗ Parthenocissus quinquefolia.
Ampfergrindwurzel ↗ Rumex crispus.

■ **Amphiachyris dracunculoides** (DC.) Nutt.
Fam.: Asteraceae (Compositae).
Vork.: USA, besonders in den Südstaaten.
Droge: die ganze Pflanze. Inh: äther. Öl mit α-Pinen, 1-β-Pinen, Limonen, Cadinen, Flavone. Anw.: bei Husten und Erkältungskrankheiten.

Amphiraphis leiocarpa ↗ Solidago-Arten.
Amphiraphis pubescens ↗ Solidago-Arten.

■ **Amphotericin B**
Polyenantibiotikum (Octaen) aus der Gruppe der Makrolide, das von *Streptomyces nodosus* gebildet wird. Wirk.: Polyenantibiotika bilden mit Membranbestandteilen von Pilzen Poren, die die Membranpermeabilität erhöhen und damit relativ spezifisch auf diese Organismen toxisch wirken. Anw.: als Antimykotikum mit breitem Einsatzspektrum. Wegen der hohen Toxizität wird es zumeist lokal angewendet (Formel s. unten).

Amselbaum ↗ Rhamnus frangula.
Amselbeeren ↗ Rhamnus catharticus.
Amygdalae amarae ↗ Prunus-Arten.
Amygdalae dulces ↗ Prunus-Arten.
Amygdalae oleum ↗ Prunus-Arten.
Amygdalae virides ↗ Pistacia vera.
Amygdalae viridis ↗ Pistacia vera.
Amygdalin ↗ Prunus-Arten.
Amygdalus communis ↗ Prunus-Arten.
Amygdalus persica ↗ Prunus-Arten.
Amygdalus pumila ↗ Prunus-Arten.

■ **Amylasen**
Gruppe weitverbreiteter Enzyme, die Oligosaccharide mit mehr als drei Monosaccharidbausteinen und Polysaccharide an ihren α-1,4-glykosidischen Bindungen hydrolytisch spalten. Die im Tier- und Pflanzenreich vorkommenden α-Amylasen spalten im Inneren des Moleküls (Endo-Amylasen). Spaltprodukte sind Dextrine, die über die entsprechenden Disaccharide bis zu Monosacchariden gespalten werden. A. werden als Arzneistoffe bei Verdauungsbeschwerden eingesetzt. Als Droge wird ↗ Pankreatin verwendet. Die nur in Pflanzen vorkommende β-Amylase (z. B. keimende Samen) spaltet das Substrat schrittweise vom nichtreduzierenden Ende her in Di- bzw. Monosacharide (Exoamylase).

Amylopektin ↗ Stärke.
Amylum ↗ Stärke.
Amylum Cannae ↗ Canna-Arten.
Amylum Colocasiae ↗ Colocasia esculenta.
Amylum Hordei ↗ Hordeum vulgare.
Amylum Lentis ↗ Lens culinaris.
Amylum Manihot ↗ Manihot esculenta.
Amylum Marantae ↗ Maranta arundinacea.
Amylum Maydis ↗ Zea mays.
Amylum Oryzae ↗ Oryza sativa.
Amylum Secalis ↗ Secale cereale, ↗ Stärke.
Amylum Solani ↗ Solanum-Arten.
Amylum Tritici ↗ Triticum aestivum.

■ **Amyris balsamifera** L.
Balsambaum.
Fam.: Rutaceae.
Vork.: tropisches Amerika, besonders Venezuela, Brasilien, Mexiko, Westindien.
Droge: ***Oleum Santali indicum occidentale***; Sandelholzöl, das äther. Öl des Holzes. Inh: Harz, Amyrol (42 %), Amyrolin, Cadinen, Caryophyl-

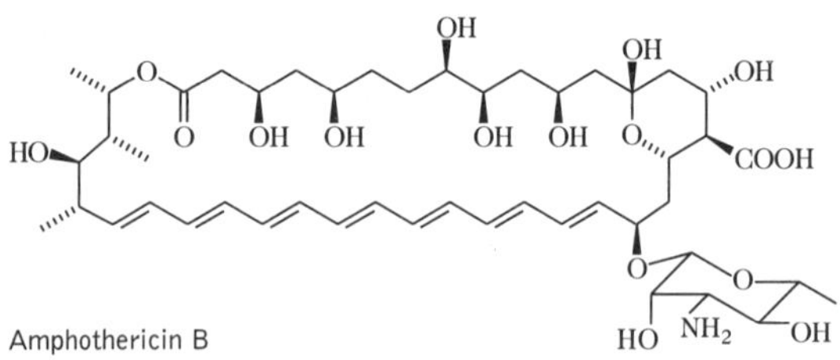

Amphothericin B

len. <u>*Anw.*</u>: in der Parfümerie, Seifenherstellung und Kosmetikindustrie.

Amyris gileadensis ↗ Commiphora-Arten.
Amyris kafal ↗ Commiphora-Arten.
Amyris ventricosa ↗ Bursera-Arten.

■ **Anabasin**
Pyridinalkaloid aus ↗ *Nicotiana tabacum* und *Anabasis aphylla* (Asiatischer Gänsefuß) mit nicotinähnlicher Wirkung (Ganglienblocker). Auch in marinen Schnurwürmern und in den Giftdrüsen amerikanischer Ameisen wurde A. nachgewiesen. <u>*Anw.*</u>: als Insektizid.

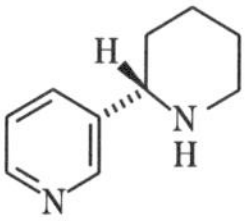

Anabasin

■ **Anabasis aphylla** L.
Asiatischer Gänsefuß.
Fam.: Chenopodiaceae.
Vork.: Rußland, Vorder- und Mittelasien, auch kultiviert.
Droge: die ganze Pflanze. <u>*Inh:*</u> Alkaloide, wie Anabasin, Aphyllin, Lupunin. <u>*Anw.*</u>: früher zur Gewinnung von Nicotinsäure und ihren Derivaten sowie zur Sodaherstellung und als Insektizid.

Anacampseros vulgaris ↗ Sedum telephium.

■ **Anacamptis pyramidalis** (L.) L.C. Rich.
Hundswurz (syn. Spitzorchis).
Fam.: Orchidaceae.
Vork.: Europa, Nordafrika. Eine der Stammpflanzen für *Tubera Salep* (↗ *Orchis*-Arten).

Anacardia orientalia ↗ Semecarpus anacardium.
Anacardii occidentalis cortex ↗ Anacardium occidentale.
Anacardii occidentalis fructus ↗ Anacardium occidentale.
Anacardium ↗ Semecarpus anacardium.

■ **Anacardium occidentale** L.
(syn. *Acajuba occidentalis, Anacardium subcordatum, Cassuvium pomiferum, Cassuvium reniforme, Semenocarpus anacardium*); Acajou-Baum (syn. Acajubaum, Cachunußbaum, Elefantenlaus-Baum, Kaschu-Baum, Nierenbaum).
Fam.: Anacardiaceae.
Heim.: Westindien, im tropischen Amerika verbreitet, kultiviert in allen tropischen Gebieten, bes. Afrika und Indien.
Drogen: ***1. Anacardii occidentalis cortex*** (syn. *Cajueiro Brasil*), die kleingeschnittene Rinde. <u>*Inh.*</u>: Gummi, mit Galactose als dominierendem Monosaccharidbaustein, Flavonoide, bes. 3-Galloylglucosylquercetin, Phytosterole, u. a. β-Sitosterol sowie langkettige Phenole, bes. Anacardsäure und Cardol. <u>*Anw.*</u>: ausschließlich

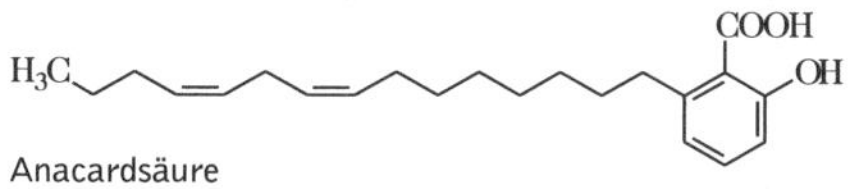

Anacardsäure

traditionell und mit stark abweichenden Indikationen in den verschiedenen Gebieten, u. a. bei Entzündungen des Zahnfleisches, bei Aphthen, Hautausschlägen, als Fieber-, Abführ- und Wurmmittel. ***2. Anacardii occidentalis fructus*** (syn. *Fructus Anacardii occidentalis, Nuces Acajou*); Kaschunuß (syn. Acajou-Nüsse, Tintennüsse, Westindische Elefantenläuse), die getrockneten, vom Fruchtstiel losgelösten Steinfrüchte, s. Farbtafel S. 141, Bild 28. <u>*Inh.*</u>: fettes Öl (Acajouöl), mit Ölsäure als dominierender Fettsäure, ferner phenolische Verbindungen mit Anacardsäure als Hauptkomponente. <u>*Anw.*</u>: In der Volksheilkunde wird die Droge, jedoch vorzugsweise die Fruchtschalen oder das Fruchtschalenöl, als Hautreizmittel und Ätzmittel, u. a. zur Entfernung von Hühneraugen und Warzen, eingesetzt. ***3. Ancardium-occidentale-Blätter***, die frischen Blätter. <u>*Inh.*</u>: Flavonoide, z. T. mit Gallussäure verestert, Phenolcarbonsäuren, u. a. Gallussäure, *p*-Cumarsäure und Ferulasäure sowie Tannine und äther. Öl. <u>*Anw.*</u>: in der Volksheilkunde der Heimatgebiete u. a. bei Durchfall, Hämorrhoiden sowie bei Hauterkrankungen. ***4. Anacardium-occidentale-Schalenöl*** (syn. Kaschuschalenöl), die Flüssigkeit aus den Schalen der Früchte. <u>*Inh.*</u>: Anacardsäure sowie eine Mischung von C_{15}-Alkylsalicylsäuren, deren Seitenketten gesättigt, mono-, di- oder triolefinisch sind, als Hauptkomponente, ferner Cardol und Methylcardol sowie Gallussäure. <u>*Anw.*</u>: volkstümlich, z. B. in Indien, als Hautreizmittel, bei Psoriasis und Ringelflechte sowie zur Behandlung von Warzen und Hühneraugen.

Hom.: ***Anacardium occidentale*** HAB34, die reifen, getrockneten Früchte. *Anw.-Geb.*: mit starkem Jucken verbundener Bläschenausschlag, Gesichtsrose.

Histor.: Der Name Anacardium setzt sich aus lat. *ana* (nach oben) und lat. *kardia* (Herz) zusammen und deutet auf die vertrockneten, einem Herzen ähnlich aussehenden Früchte hin.

Anacardium subcordatum ↗ Anacardium occidentale.

■ Anacardsäure

o-Pentadecadienylsalicylsäure, Inhaltsstoff aus ↗ *Anacardium occidentale*.

Anacyclus depressus ↗ Anacyclus pyrethrum.

■ Anacyclus x officinarum Hayne

(syn. *Anacyclus pulcher*); Bertramwurzel (syn. Deutscher Bertram, Ringblume). Einjähriges, bis 30 cm hohes Kraut mit doppeltfiederteiligen Laubblättern.

Fam.: Asteraceae (Compositae).

Droge: ***Pyrethri germanici radix*** (syn. *Radix Dentariae, Radix Pyrethri germanici, Radix Pyrethri germanici sive communis*); Deutsche Bertramwurzel (syn. Pyrethrumwurzel, Speicherwurzel, Zahnschmerzwurzel, Zahnwurzel). *Inh.*: Harz (mit etwa 0,5 % Pyrethrin, s. Pyrethri radix), ferner Spuren von ätherischem Öl und größere Mengen an Inulin (bis 50 %). *Anw.*: volkstümlich lokal u. a. bei Zahnschmerzen, Munderkrankungen sowie bei rheumatischen Beschwerden.

Hom.: ***Pyrethrum*** HAB34, die getrockneten unterirdischen Teile.

Anacyclus pseudopyrethrum ↗ Anacyclus pyrethrum.

Anacyclus pulcher ↗ Anacyclus x officinarum.

■ Anacyclus pyrethrum (L.) Link

(syn. *Anacyclus depressus, A. pseudopyrethrum, Anthemis pyrethrum, Matricaria pyrethrum*); Römischer Bertram (syn. Spanischer Bertram).

Fam.: Asteraceae (Compositae).

Heim.: Nordafrika, dort auch kultiviert, bes. Algerien.

Droge: ***Pyrethri radix*** (syn. *Pyrethri romani radix, Radix Pyrethri, Radix Pyrethri romani*); Bertramwurzel (syn. Franzosenwurzel, Römische Bertramwurzel, Speichelwurzel, Zahnwurzel), die getrocknete Wurzel. *Inh.*: Alkamide, ursprünglich als „Pyrethrin“, später als „Pellitorin“ bezeichnet und schließlich als Komplex von Isobutylamiden ungesättigter C_{10}-, C_{12}- und C_{14}-Säuren mit Decadienisobutylamid als Hauptbestandteil erkannt. *Anw.*: volkstümlich bei Zahnschmerzen, Erkrankungen des Mundes, bei Trockenheit des Mundes als Kaumittel zur Anregung des Speichelflusses, innerlich als Tonikum, Aphrodisiakum sowie bei rheumatischen Beschwerden.

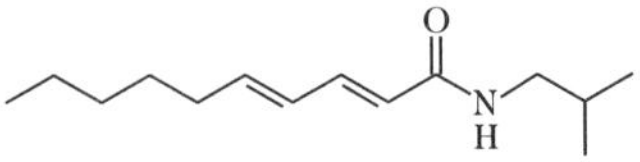

Deca-2*E*,4*E*-diensäure-isobutylamid

■ Anadenanthera peregrina (L.) Spegazz.

(syn. *Acacia angustiloba, A. microphylla, A. niopa, A. niopo, A. paniculata, A. peregrina, Inga niopa, Mimosa acacioides, M. niopo, M. peregrina, Piptadenia falcata, P. niopo, P. peregrina*); Cohoba (syn. Yopo).

Fam.: Fabaceae (Leguminosae).

Vork.: Brasilien, Westindien, Karibikinseln.

Drogen: Samen, Früchte und die Rinde. *Inh.*: β-Carboline, *N,N*-Dimethyltryptamin (Hordein), 5-Methoxy-*N*-methyltryptamin, Bufotenin. *Anw.*: in der Volksheilkunde wird ein Rindendekokt zur Behandlung von Dysenterie und Gonorrhoe verordnet. Größere Bedeutung hat die Droge allerdings für rituelle Zwecke, wobei Früchte und Samen zu einem feinen Pulver zerrieben werden und als Schnupfpulver dienen. Der Gehalt an β-Carbolinen und Trypaminderivaten induziert Visionen und Halluzinationen, die sowohl für

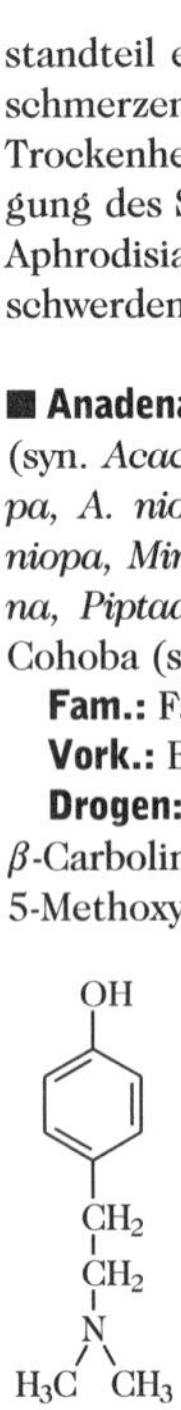

Hordenin

schamanische Zeremonien als auch für Stammesfeste ausgenutzt werden.

Histor.: Der Gebrauch der Droge seit dem präkolumbianischen Altertum ist durch archäologische Ausgrabungen sicher nachweisbar. Die ersten schriftlichen Zeugnisse über die Pflanze und die Nutzung eines Schnupfpulvers für halluzinogene Zwecke stammt aus dem frühen 16. Jh. Zur Applikation nutzten die Indianer ein spezielles Gerät aus Kautschuk, das die Anwendung erleichterte. Die Bezeichnung der Insel Kuba soll auf den Pflanzennamen *Cohoba* zurückgehen.

Anagallidis arvensis herba ↗ Anagallis arvensis.
Anagallidis herba ↗ Anagallis arvensis.

■ **Anagallis arvensis** L.
(syn. *Anagallis parviflora, A. phoenicera, A. platyphylla*); Ackergauchheil (Bluetströpfli, Corallenblümchen, Faule Magd, Faules Liesl, Gänskritche, Gauchheil, Gewitterblume, Grundheil, Heil alle Welt, Hühneraug, Hühnermyrthe, Kopfwehkraut, Nebelpflanze, Neunerle, Rote Miere, Roter Gauchheil, Roter Hühnerdarm, Rotes Grundheil, Sperlingskraut, Vernunft-und-Verstand, Weinbergstern, Wetterblume, Wetterkraut, Wutkraut, Zeisigkraut), s. Farbtafel S. 141, Bild 29.

Fam.: Primulaceae.

Vork.: Kosmopolit.

Droge: ***Anagallidis herba*** (syn. *Anagallidis arvensis herba, Anagallis herba, Herba Anagallidis arvensis, Herba Anagallis arvensis*); Gauchheilkraut; das getrocknete blühende Kraut. *Inh.:* Triterpensaponine, u. a. die Anagalloside A und B als Hauptkomponenten, außerdem die Cucurbitacine E, B, D, I, L und R, die teilweise glykosidiert vorliegen, sowie Flavonoide und Gerbstoffe. *Wirk.:* Saponine der Droge besitzen antimikrobielle Eigenschaften insbes. gegenüber Pilzen sowie antivirale Effekte bei HSV-1, Poliovirus-2 (2,5–10 µg/ml) und in vivo bei Herpes-simplex-Keratitis. *Anw.:* In Form des Tees zur unterstützenden Behandlung von Leber- und Nierenerkrankungen. Volkstümlich innerlich und äußerlich in Form von Umschlägen bei Gelenkschmerzen.

Hom.: ***Anagallis arvensis Hom.*** HAB1, die frischen, oberirdischen Teile blühender Pflanzen mit anhängenden Wurzelteilen. *Anw.-Geb.:* bes. Hautausschläge; Warzen; Harnröhrenentzündungen.

Histor.: Die Herkunft des Namens Anagallis wird unterschiedlich interpretiert. Linné leitete ihn vom griechischen anagelao, d. h. ich lache, ab, da man im Altertum der Pflanze die Kraft zusprach, Melancholie zu vertreiben und Heiterkeit zu erzeugen. Der Name Gauchheil (Gauch = Narr, Tor) wird mit der Anwendung des Krautes gegen Geisteskrankheiten in Zusammenhang gebracht.

Anagallis herba ↗ Anagallis arvensis.
Anagallis parviflora ↗ Anagallis arvensis.
Anagallis phoenicera ↗ Anagallis arvensis.
Anagallis platyphylla ↗ Anagallis arvensis.

■ **Anagyris foetida** L.
Stinkstrauch.

Fam.: Fabaceae.

Vork.: Mittelmeergebiet.

Drogen: ***1. Herba Anagyris***. *Inh.:* Alkaloide, u. a. Anagyrin, Cytisin, Methylcytisin, Retamin und Spartein. *Anw.:* als Brech- und Abführmittel. ***2. Semen Anagyris***. *Inh.:* Alkaloide (u. a. Cytisin und Anagyrin), Anagyrinsäure, Schleimstoffe, fettes Öl, Farbstoffe. *Anw.:* als Brech- und Abführmittel.

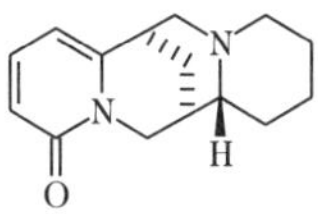

Anagyrin

Anamirta baueriana ↗ Anamirta cocculus.

■ **Anamirta cocculus** (L.) Wight et Arn.
(syn. *Anamirta baueriana, A. jucunda, A. paniculata, A. populifolia, A. toxifera, Cissampelos cocculus, Cocculus lacunosus, C. populifolius, C. suberosus, Menispermum cocculus, M. heteroclitum, M. lacunosum*); Indische Scheinmyrte (syn. Kokkelskörnerstrauch, Kokkelspflanze).

Fam.: Menispermaceae.

Heim.: Südostasien, holzige, ausdauernde Liane.

Droge: ***Anamirta-cocculus-Früchte*** (syn. *Cocculi indici, C. levantici, C. picatorii, Fructus Cocculi, Fructus Cocculi indicae, Crana Cocculi, Nuces Cocculi, Semen Cocculi*); Fischkörner (syn. Kokkelsamen, Kokkelskörner), die reifen, getrockneten Früchte. *Inh.:* Picrotoxin (1–1,5 %), ein Sesquiterpenbitterstoffgemisch, das aus Picrotoxinin und Picrotin im Verhältnis 1:1 besteht und ausschließlich in den Samen lokalisiert ist. Wirk.: Picrotoxinin wirkt in kleinen Do-

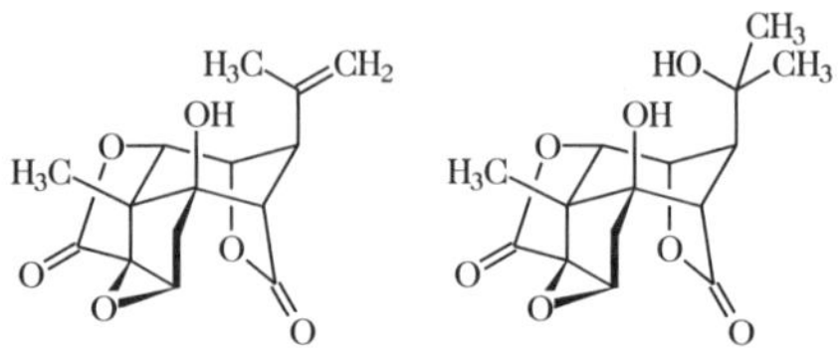

sen analog dem Strychnin analeptisch, indem es präsynaptische Hemmechanismen lähmt. In höheren Dosen ist es ein Krampfgift. Das Hydratationsprodukt Picrotin ist dagegen wirkungslos. Anw.: volkstümlich in den Heimatgebieten in Salbenform oder als Kataplasma gegen Hautparasiten. Als letale Dosis für den Menschen gilt die Einnahme von 2–3 g Kokkelskörnern. Verboten ist die Verwendung der Droge zum Fischfang.

Hom.: ***Anamirta cocculus*** HAB1, die reifen, getrockneten Früchte. Anw-Geb.: u. a. bei Reisekrankheit, Krämpfen und Lähmungen.

Histor.: Der Gattungsname *Anamirtus* soll indischer Herkunft sein und den Namen einiger Menispermaceen entsprechen, während *coccus* = Beere auf die beerenähnliche Frucht hinweist.

Anamirta jucunda ↗ Anamirta cocculus.
Anamirta paniculata ↗ Anamirta cocculus.
Anamirta populifolia ↗ Anamirta cocculus.
Anamirta toxifera ↗ Anamirta cocculus.
Ananas ↗ Ananas comosus.

■ **Ananas comosus** (L.) Merr.
(syn. *Ananas sativus, Ananassa sativa, Bromelia ananas, Bromelia comosa*); Ananas, s. Farbtafel S. 141, Bild 30.

Fam.: Bromeliaceae.

Droge: ***Bromelainum crudum***; Rohbromelain (syn. Ananase, Bromelin), das aus dem Preßsaft der Infloreszenzachsen (Mutterstümpfe) durch Aceton gewonnene Gemisch proteolytischer Enzyme. Anw.: Bromelaine sind Endopeptidasen (M_r 18 000–28 000, pH-Optimum zwischen 4,5 und 5), die Proteine spalten und, oft in Kombination mit anderen Bestandteilen, als Fertigarzneimittel bei Verdauungsschwäche im Rahmen von Pankreaserkrankungen zum Einsatz kommen. Sie werden auch als Antiphlogistika angewendet, um die Wundheilung bei akuten posttraumatischen oder postoperativen Schwellungszuständen, z. B. der Nase und Nasennebenhöhle (TD: 80–240 mg, entsprechend 200–600 FIP-Einheiten, p. o.) zu fördern. Als Wirkungsmechanismus wird u. a. die Hemmung der Kallikrein-induzierten Bildung von Bradikininen diskutiert. Bromelain beeinflußt auch die Blutgerinnung, u. a. durch Verlängerung der Prothrombin- und Blutungszeit sowie Hemmung der Thrombozytenaggregation. Unerwünschte Nebenwirkungen können gelegentlich Magenbeschwerden oder Durchfall sein. Geg.: Blutungsneigung, Schwangerschaft sowie eingeschränkte Leber- und Nierenfunktion.

Ananase ↗ Ananas comosus.
Ananaskümmel ↗ Nigella damascena.
Ananassa sativa ↗ Ananas comosus.
Ananas sativus ↗ Ananas comosus.

■ **Anaphalis margaritacea** (L.) Benth. et Hook. f.
(syn. *Gnaphalium margaritaceum, Antennaria margaritacea*); Silberimmortelle.

Fam.: Asteraceae (Compositae).

Vork.: Nordamerika, Nordasien, in Europa eingebürgert.

Droge: ***Herba Anaphalidis***, das Kraut. Inh: Polyine, Flavonoide. Anw.: in der Volksheilkunde als Expektorans, Adstringens; in Indien auch bei Schnittwunden und Tumoren.

Hom.: ***Antennaria margaritacea*** (syn. *Anaphalis margaritacea*) HAB34, die frische, blühende Pflanze.

Anatherum muricatum ↗ Vetiveria zizanioides.

■ **Anchietea salutaris** St. Hil.
(syn. *Noisettia pirifolia*).

Fam.: Violaceae.

Vork.: Brasilien, Andengebiete.

Drogen: ***Cortex Anchieteae salutaris radicis***; Cipó Suma, die Wurzelrinde. Inh: Alkaloide, wie Anchietin; äther. Öl mit Methylsalicylat. Anw.: in Brasilien in galenischen Präparaten als Purgans.

■ **Anchomanes difformis** Engl.
(syn. *Anchomanes dubius, A. obtusus, Amorphophallus difformis*).

Fam.: Araceae.

Vork.: Afrika, besonders Senegal, Angola, Mosambik.

Drogen: die Wurzelknollen. Inh: Gerbstoffe, Flavonoide, Aminosäuren. Anw.: in der Volksheilkunde als Laxans und Diuretikum, allerdings gilt die Droge bei den Ureinwohnern als stark giftig. Auch über eine Verwendung bei Geschlechtskrankheiten, Leistenbruch, Entzündungen, Nierenleiden und bei Diabetes wird berichtet. Darüber hinaus wird die Droge für die Bereitung von Pfeilgiften und Fischfang-Giften genutzt.

Anchomanes dubius ↗ Anchomanes difformis.
Anchomanes obtusus ↗ Anchomanes difformis.
Anchusa arvalis ↗ Anchusa officinalis.
Anchusae flos ↗ Anchusa officinalis.
Anchusae herba ↗ Anchusa officinalis.
Anchusae radix ↗ Anchusa officinalis.

■ **Anchusa officinalis** L.
(syn. *Anchusa arvalis*); Echte Ochsenzunge (syn. Blutwurz, Gemeine Ochsenzunge, Liebäugel), s. Farbtafel S. 142, Bild 31.

Fam.: Boraginaceae.

Vork.: im gesamten europäischen Raum auf trockenen Flächen, Brachen und Ruderalplätzen.

Drogen: *1. Anchusae flos*; Ochsenzungenblüten, die getrockneten Blüten. Inh.: Flavonoide und Schleimstoffe. Anw.: in der Volksheilkunde bei Erkältungskrankheiten und Bronchitis. *2. Anchusae herba* (syn. *Herba Anchusae, Herba Buglossi*); Ochsenzungenkraut, die getrockneten, zerkleinerten, oberirdischen Pflanzenteile. Inh.: Triterpensaponine (sog. Anchusoside), Flavonoide, Schleimstoffe und Pyrrolizidinalkaloide, u. a. Lycopsamin. Anw.: in der Volksheilkunde u. a. bei Nierenbeschwerden, Bronchitis, Magengeschwüren und rheumatischen Beschwerden. Wegen der toxischen Eigenschaften der vorhandenen Pyrrolizidinalkaloide ist die therapeutische Nutzung der Droge bedenklich. *3. Anchusae radix* (syn. *Radix Anchusae, Radix Buglossi*); Ochsenzungenwurzel, die getrocknete und zerkleinerte Wurzel. Inh.: Schleimstoffe, Allantoin, Gerbstoffe, Pyrrolizidinalkaloide. Anw.: analog *Anchusae herba*. Wegen der enthaltenen Pyrrolizidinalkaloide ist die therapeutische Nutzung bedenklich.

■ **Ancistrodon piscivorus** Lac.
Wassermokassinschlange (syn. Wasserotter).

Fam.: Crotalidae.

Vork.: Nordamerika, an Seen, Sümpfen und Flüssen.

Drogen: das Schlangengift. Inh.: Proteine, wie Hämolysine und Hämorrhagine; Enzyme. Anw.: zur Blutstillung.

■ **Ancrod**
thrombinähnlich wirkende Protease aus dem Gift der in Südostasien vorkommenden Malaiischen Grubenotter (syn. *Callosellasma rhostoma, Agkistrodon rhodostoma*). Wirk.: Dieses Enzym (M_r ca. 35 400), das auch als Fibrin-Koagulase bezeichnet wird, spaltet Fibrinogen das Fibropeptid A ab und ermöglicht dadurch die Bildung fibrinähnlicher Gerinnungsprodukte, die allerdings nicht quervernetzt sind und rasch durch das retikoendotheliale System absorbiert werden. Dadurch kommt es zu einer Verarmung des Blutes an Fibrinogen und therapeutisch gewollt zur Verminderung seiner Gerinnungsfähigkeit. Anw.: Eingesetzt wird Ancrod bei chronischen peripheren arteriellen Durchblutungsstörungen durch subkutane Injektion.

Anderbrume ↗ Ballota nigra.

■ **Andira-Arten**
● **Fam.:** Fabaceae.
Vork.: Brasilien.
● **Andira araroba** Aguiar (syn. *Vouacapoua araroba, Vateireopsis araroba*); Goa-Baum.

Droge: ***Chrysarobin*** (syn. *Araroba depurata*); Goa-Pulver, die durch Umkristallisation aus Benzol gewonnene Ausscheidung aus dem Kernholz des Baumes. Inh.: Gemisch verschiedener Anthronderivate, insbes. Chrysophanolanthron. Anw.: Die Droge ist ein starkes Reduktionsmittel, bedingt durch die autoxidablen Anthrone und Anthranole, und sehr schleimhautreizend, daher auch bes. gefährlich für die Augen. Sie kam zur Behandlung der Psoriasis zum Einsatz. Da Chrysarobin die Glucose-6-phosphat-Dehydrogenase hemmt, die in der psoriatischen Haut erhöhte Werte aufweist, könnte hierauf der Wirkungsmechanismus beruhen. In Salbenform kam die Droge außerdem bei Dermatomykosen und weiteren Hautleiden zum Einsatz. Geg.: Bei topischer Anwendung wurden Brennen und Rötung der Haut beobachtet. Auch führt die leichte Absorption durch die Haut leicht zu Nierenreizungen und Albuminurie. Die früher praktizierte innerliche Anwendung war meist mit heftigen Gastroenteriden verbunden.

Histor.: Die frühere Bezeichnung Goa-Pulver geht auf die irrtümliche Annahme zurück, daß die Droge aus Goa stammt, das damals portugiesische Kolonie war.

Hom.: ***Araroba*** (syn. *Chrysarobinum*).

● **Andira inermis** (W. Wright) H.B.K. ex DC. (syn. *Andira jamaicensis, Geoffraea inermis, Geoffraea jamaicensis, Geoffraea retusa*).

Droge: ***Cortes Andirae inermis*** (syn. *Cortex Geoffroyae*); Jamaika-Wurmrinde (syn. Geoffroyrinde). *Inh.:* Alkaloide (u. a. Berberin), Andirin (*N*-Methyltyrosin), Harze. *Anw.:* volkstümlich als Wurmmittel.

Hom.: ***Andira inermis***, die getrocknete Rinde.

Andirobaöl ↗ Carapa guianensis.
Andornkraut ↗ Marrubium vulgare.

■ **Androctonus australis** L.
(syn. *Androctonus funestus, Buthus australis, Scorpio australis, Priomurus australis*); Dickschwanz-Skorpion.

Fam.: Buthidae.

Drogen: das Gift des Skorpions. *Inh.*: Proteine, Neurotoxine.

Hom.: ***Buthus Australis***, das Skorpiongift.

Androctonus funestus ↗ Androctonus australis.
Andrographiskraut ↗ Andrographis paniculata.

■ **Andrographis paniculata** Nees.
(syn. *Justicia paniculata*); Andrographiskraut.

Fam.: Acanthaceae.

Vork.: Ostindien, Ceylon, Java.

Droge: ***Herba Andrographidis***; Andrographiskraut. *Inh.:* die Bitterstoffe Andrographin und Andrographolid (Diterpenlacton) sowie Paniculin. *Anw.:* als Stomachikum und Tonikum; in der indischen Volksheilkunde auch bei Dysenterie und Fieber, insbes. ein frisch gepreßter Saft aus der Droge.

Andromeda arborea ↗ Oxydendrum arboreum.
Andromeda calyculata ↗ Chamaedaphne calyculata.
Andromeda japonica ↗ Pieris japonica.
Andromedotoxin ↗ Acetylandromedol.
Andropogon-Arten ↗ Vetiveria zizanioides.
Andropogon ceriferus ↗ Cymbopogon-Arten.
Andropogon citratus ↗ Cymbopogon-Arten.
Andropogon citriodorum ↗ Cymbopogon-Arten.
Andropogon martinii ↗ Cymbopogon-Arten.
Andropogon muricatus ↗ Vetiveria zizanioides.
Andropogon nardus ↗ Cymbopogon-Arten.
Andropogon roxburghii ↗ Cymbopogon-Arten.
Andropogon schoenanthus ↗ Cymbopogon-Arten.
Andropogon sorgum ↗ Sorghum bicolor.
Andropogon squarrosus ↗ Vetiveria zizanioides.
Androsace aquatica ↗ Hottonia palustris.
Aneis ↗ Pimpinella-Arten.

■ **Anemarrhena asphodeloides** Bge.

Fam.: Liliaceae.

Vork.: China.

Drogen: ***Rhizoma Anemarrhenae***, die getrockneten Rhizome. *Inh:* Magniferin, Isomagniferin, Saponine (6 %), Gerbstoffe. *Anw.:* in der traditionellen chinesischen Medizin als Fiebermittel.

Anemone acutipetala ↗ Pulsatilla-Arten.
Anemone alba ↗ Anemone nemorosa.
Anemone bogenhardiana ↗ Pulsatilla-Arten.
Anemone collina ↗ Pulsatilla-Arten.
Anemone hepatica ↗ Hepatica nobilis.
Anemone intermedia ↗ Pulsatilla-Arten.
Anemone janczewskii ↗ Pulsatilla-Arten.

■ **Anemone nemorosa** L.
(syn. *Anemone alba, A. pedata, A. quinquefolia, Pulsatilla nemorosa*); Buschwindröschen (syn. Alte Weiber, Altweibergras, Aprilblume, Augenblume, Bettbrunzer, Bettseicher, Blitzblümchen, Buschblume, Buschröschen, Buttermilchblume, Echtes Windröschen, Fettblume, Fleischblume, Geißblume, Gewitterblume, Giftblume, Hasenblume, Herrgottsblümchen, Hexenblume, Kaffeeblume, Käsblume, Krähenblume, Kuckucksblume, Kühhunger, Märzenblume, Osterblümchen, Osterchen, Osterstern, Quarkblume, Schafblümchen, Schlangenblume, Schneegacke, Schneegalle, Speckblume, Waldröschen, Weiße Osterblume, Weißes Hundsveilchen, Wolfsblume).

Fam.: Ranunculaceae, Hahnenfußgewächse.

Droge: ***Anemone-nemorosa-Kraut*** (syn. *Anemonis nemorosae herba, Herba Anemonis nemo-*

rosae, Herba Ranunculae albi, Herba Ranunculi nemorosi). Inh.: vermutlich Protoanemonin. Anw.: ausschließlich in der Volksheilkunde bei Schmerzen im Magenbereich, bei Gicht und rheumatischen Beschwerden.

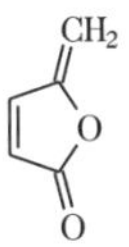

Protoanemonin

Hom.: ***Anemone nemorosa*** HAB34, die frischen, vor Entfaltung der Blüte gesammelten Pflanzen. Anw.-Geb.: u. a. bei Hauterkrankungen, z. B. Ekzemen.

Histor.: Der Name Anemone stammt vom griechischen *anemos* = Wind ab und gilt als Hinweis auf die bald abfallenden Blütenblätter. Die Bezeichnung *nemorosa* = hainbewohnend, die erstmalig von Theophrast gebraucht wurde, weist auf den bevorzugten Standort der Pflanze hin. Der deutsche Name Buschwindröschen wurde in Anlehnung an die bestehenden Bezeichnungen geprägt.

Anemone patens ↗ Pulsatilla-Arten.
Anemone pedata ↗ Anemone nemorosa.
Anemone praecox ↗ Pulsatilla-Arten.
Anemone pratensis ↗ Pulsatilla-Arten.
Anemone pulsatilla ↗ Pulsatilla-Arten.
Anemone punica ↗ Pulsatilla-Arten.
Anemone quinquefolia ↗ Anemone nemorosa.
Anemone wolfgangiana ↗ Pulsatilla-Arten.
Anemonin ↗ Ranunculus-Arten.
Anemonis nemorosae herba ↗ Anemone nemorosa.

■ **Anemopsis californica** (Nutt.) Hook. et Arn.

Fam.: Saururaceae.

Vork.: Südwesten der USA bis Nordmexiko.

Drogen: das äther. Öl der Rhizome und Wurzeln. Inh: u. a. Methyleugenol als Hauptbestandteil, Thymol, Piperiton. Anw.: in der Volksheilkunde als Spasmolytikum. In der Bezeichnung *Yerba mansa* ist die Droge ein altes Indianerheilmittel. (siehe auch ↗ Houttuynia californica)

Änes ↗ Pimpinella-Arten.
Anethi fructus ↗ Anethum graveolens.
Anethi herba ↗ Anethum graveolens.

■ **Anethol**

(Anetholum), *p*-Methoxypropenylbenzol, Phenylpropankörper mit charakteristischem Geruch. A. ist Bestandteil des äther. Öls verschiedener Drogen z. B. von *Pimpinella anisum* (↗ Pimpinella-Arten), ↗ *Illicium verum* und ↗ *Foeniculum vulgare*. Anw.: als Antitussivum und Expektorans.

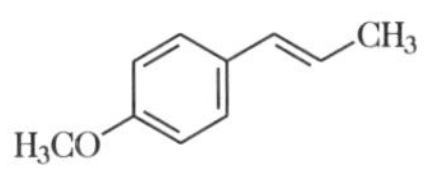

trans-Anethol

Anethum arvense ↗ Anethum graveolens.
Anethum benevolens ↗ Anethum graveolens.
Anethum faeniculum ↗ Foeniculum vulgare.
Anethum foeniculum ↗ Foeniculum vulgare.

■ **Anethum graveolens** L.

(syn. *Pastinaca graveolens, Ferula graveolens, Angelica graveolens, Peucedanum graveolens, Selinum anethum, Pastinaca anethum, Peucedanum anethum, Anethum arvense, Selinum pastinaca, Anethum sowa, Peucedanum sowa, Anethum benevolens*); Gemeiner Dill (syn. Gurkenkraut, Teufelsdill, Dill, Dillfenchel, Bergkümmel).

Fam.: Apiaceae (Umbelliferae).

Heim.: Mittelmeerraum, Kulturen im gemäßigten Klima, u. a. in Mitteleuropa.

Drogen: *1. **Anethi fructus*** (syn. *Fructus Anethi*); Dillfrüchte, die getrockneten Früchte. Inh.: äther. Öl (bis 4 %, mit 30–60 % D-Carvon als Hauptkomponente), Cumarine (u. a. Aesculetin, Umbelliferon und Scopoletin), Furanocumarine (u. a. Bergapten) sowie Kaffeesäurederivate. Wirk.: Anregung der Magensaftsekretion, karminativ, spasmolytisch an der Muskulatur des Magen-Darm-Traktes. Anw.: Carminativum, mildes Stomachikum, Diuretikum sowie Lactagogum, Bestandteil von Teekombinationen. *2. **Anethi herba*** (syn. *Herba Anethi*); Dillkraut. Inh.: äther. Öl (*Oleum Anethi*; 0,5–1,5 %, u. a. D-Carvon und Phellandren enthaltend), ferner Cumarine und Kaffeesäurederivate. Anw.: Carminativum und mildes Stomachikum sowie als Gewürz (frisches und getrocknetes Kraut).

Hom.: ***Anethum graveolens*** HAB1, die ganze frische blühende Pflanze. Anw.-Geb.: Herz- und Kreislauferkrankungen.

Histor.: Der Dill ist eine uralte Arznei- und Küchenpflanze, die bereits im ↗ Papyrus Ebers gegen Kopfschmerzen und zur Erweichung der Blutgefäße erwähnt wird. Nach ↗ Dioskurides regen Abkochungen der Früchte die Milchsekretion an, sie sind harntreibend sowie wirksam bei Leibschmerzen und Blähungen. Auch im ↗ Capitulare Karls des Großen ist Dill aufgeführt.

Anethum rupestre ↗ Foeniculum vulgare.
Anethum sowa ↗ Anethum graveolens.

■ **Angelica archangelica** L.
(syn. *Angelica major, A. officinalis, A. sativa, Selinum archangelica*); Engelwurz (syn. Angelik, Engelbrustwurz, Erzengelwurz, Erzengelwurzel, Gartenangelik, Giftwürze, Heiligenbitter, Heiliggeistwurzel, Heiligengeistwurzel, Theriakwurzel), s. Farbtafel S. 142, Bild 32. Zwei- bis vierjährige, nach einmaligem Blühen und Fruchten absterbende Pflanze.

Fam.: Apiaceae (Umbelliferae).

Vork.: nördliche Gebiete Europas und Asiens, Kulturen in Mitteleuropa und Skandinavien.

Drogen: *1. **Angelicae folium*** (syn. *Folium Angelicae*); Angelikablätter, die getrockneten Blätter. *Inh.:* äther. Öl, ca. 0,1 % mit β-Phellandren (33,8 %), α-Pinen (27 %) und β-Pinen (23,9 %) als Hauptkomponenten; außerdem Furanocumarine, u. a. Angelicin, Bergapten, Imperatorin und Oxypseudanin, jedoch kein Osthol. *Anw.:* volkstümlich bei Verdauungsschwäche sowie Brustfellentzündung in Form von Kompressen mit den Blättern. Zur ↗ Teezubereitung werden als Tagesdosis im allgemeinen etwa 4,5 g Droge empfohlen. *2. **Angelicae fructus*** (syn. *Fructus Angelicae, Semen Angelicae*); Angelikafrüchte (syn. Angelikasamen, Engelwurzsamen), die getrockneten Früchte. *Inh.:* äther. Öl (ca. 1,5 %, s. Angelica-archangelica-Fruchtöl), Cumarine und Furanocumarine, u. a. Angelicin, Apterin, Bergapten und Xanthotoxin. *Anw.:* volkstümlich bei Verdauungsstörungen, Nieren- und rheumatischen Beschwerden. Industrielle Nutzung zur Gewinnung des äther. Öls, das u. a. in der Likörindustrie (z. B. Benediktiner) genutzt wird. *3. **Angelica-archangelica-Fruchtöl*** (syn. *Oleum Angelicae fructus*); Angelicasamenöl, das durch Wasserdampfdestillation aus den frischen Früchten gewonnene ätherische Öl. *Inh.:* terpenoide Verbindungen, u. a. α-Pinen (11,4 %) und β-Phellandren sowie β-Caryophyllen als Hauptkomponenten. Außerdem Cumarinderivate. *Anw.:* früher mißbräuchlich als Abortivum, heutzutage in der Kosmetik als Duftstoff sowie in der Genußmittelindustrie (Benediktiner, Chartreuse und Gin). *4. **Angelicae herba*** (syn. *Herba Angelicae*); Angelikakraut (syn. Engelwurzelkraut), die oberirdischen Teile der Pflanze. *Inh.:* äther. Öl (0,015–0,1 %) mit Myrcen, α-Phellandren und α-Pinen als Hauptkomponenten. Außerdem Cumarine und Furanocumarine, u. a. Osthol, Osthenol, Umbelliferon und Angelicin. *Anw.:* volkstümlich als harntreibendes Mittel. *5. **Angelicae radix*** (syn. *Radix Angelicae, Radix Angelica sativae, Radix Syriaca*); Angelikawurzel (syn. Brustwurz, Engelwurz, Gartenangelika, Heiligenbitter, Theriakwurzel, Waldbrustwurz), die unterirdischen, ganzen, unterhalb 40 °C getrockneten Teile der Pflanze. *Inh.:* äther. Öl (0,35–1 %, überwiegend aus Monoterpenen, kleinen Mengen an Sesquiterpenen sowie den geruchsbestimmenden makrocyclischen Lactonen bestehend, s. *Oleum Angelicae*), ferner umfangreiches Spektrum an Cumarinen, z. B. Osthenol, Furanocumarinen, u. a. Angelicin und Heraclenol und Dihydrofuranocumarinen, u. a. Archangelicin, Archangelin. Weitere Bestandteile sind Pflanzensäuren, u. a. Angelica- und Fumarsäure, die Phenolcarbonsäuren Chlorogen- und Kaffesäure sowie Harze und Flavanone. *Anw.:* bei Appetitlosigkeit, als Carminativum bei Völlege-

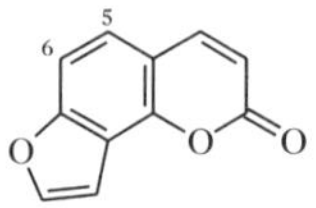

Angelicin

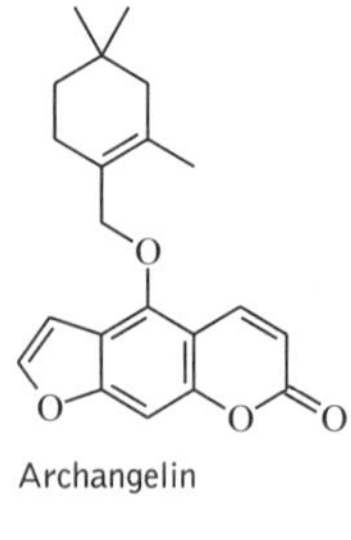

Archangelin

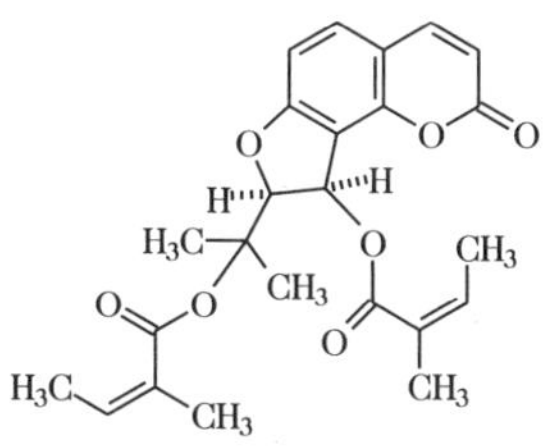

Archangelicin

fühl, Blähungen und leichten krampfartigen Magen-Darm-Beschwerden (z. B. unzureichender Magensaftsekretion). Die Droge und daraus hergestellte Extrakte sind Bestandteil zahlreicher Fertigarzneimittel. ***6. Oleum Angelicae*** (syn. *Angelicae aetheroleum*); Angelikaöl, das aus den Wurzeln durch Wasserdampfdestillation gewonnene ätherische Öl. *Inh.*: Die getrocknete Wurzel enthält 0,35–1 % äther. Öl, bestehend aus ca. 80–90 % Terpenen mit β-Phellandren (13–28 %), α-Phelladren (2–14 %) und α-Pinen (14–31 %) als Hauptkomponenten. Weitere Bestandteile: u. a. Camphen, Δ-Caren, 1,8-Cineol, Limonen sowie kleine Anteile an Sesquiterpenen, z. B. Humulen und β-Caryophyllen, ferner makrocyclische Lactone, die den typischen Geruch des Öles bilden, u. a. 15-Oxopentadecenlacton. *Anw.*: in der Kosmetik als Duftstoff, Zusatz zu Mundwässern sowie zur Likörbereitung.

Hom.: ***1. Angelica archangelica, äthanol. Decoctum.*** HAB1 (syn. *Archangelica äthanol. Decoctum* HAB1), die frische Wurzel. ***2. Angelica archangelica var. archangelica spag. Zimpel*** HAB1 (syn. *Angelica archangelica* spag. Zimpel), die ganze, frische, blühende Pflanze. *Anw.-Geb.*: in der anthroposophischen Therapie.

Histor.: Griechen und Römer kannten die Engelwurz nicht, da sie aus dem Norden (Skandinavien, Island, Grönland) nach Mitteleuropa gelangte. In Nordeuropa wurde die Pflanze seit dem 12. Jh. als Gemüse gegessen. Die Kräuterbücher des 16. Jh. weisen auf ihren Einsatz gegen die Pest hin, indem z. B. das Riechen an einer mit Essig getränkten Wurzel vor dieser Erkrankung schützen sollte. Auch gegen Zauberei und böse Geister wurde die Pflanze (Heiligengeistwurzel) eingesetzt. Der Gattungsname „Angelica" ist lateinischen (angelus = Engel) bzw. griechischen (angelos = Engel) Ursprungs. Nach der Sage soll die heilkräftige Pflanze den Menschen von einem Engel gezeigt worden sein. Auch der Artname „archangelica" ist danach geprägt.

Angelicae aetheroleum ↗ Angelica archangelica.
Angelicae folium ↗ Angelica archangelica.
Angelicae fructus ↗ Angelica archangelica.
Angelicae herba ↗ Angelica archangelica.
Angelicae radix ↗ Angelica archangelica.
Angelica graveolens ↗ Anethum graveolens.
Angelica levisticum ↗ Levisticum officinale.
Angelica major ↗ Angelica archangelica.
Angelica officinalis ↗ Angelica archangelica.
Angelica paludapifolia ↗ Levisticum officinale.
Angelica sativa ↗ Angelica archangelica.

■ Angelicasäure
cis-2,3-Dimethylacrylsäure. Geht in wäßriger Lösung leicht in die stabilere Tiglinsäure über. Kommt zusammen mit Tiglinsäure verestert im äther. Öl von ↗ *Angelica archangelica* und ↗ *Chamaemelum nobile* vor.

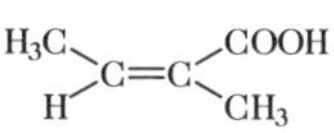

Angelicasäure

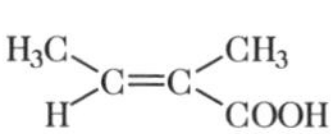

Tiglinsäure

Angelicin ↗ Furanocumarine.
Angelik ↗ Angelica archangelica.
Angelika ↗ Angelica archangelica.
Angelikawurzel ↗ Angelica archangelica.

■ Angophora lanceolata Cav.
Fam.: Myrtaceae.
Vork.: Australien.
Drogen: ***Succus Angophorae***; Flüssiges Kino, der Rindensaft. *Inh:* Gerbstoffe, wie Tannin, Phlobaphene, Catechine. *Anw.*: in der Gerberei.
Hom.: ***Angophora lanceolata*** HAB34, der eingetrocknete Rindensaft.

Angostura-Baum ↗ Galipea officinalis.
Angostura cusparia ↗ Galipea officinalis.
Angosturae cortex ↗ Galipea officinalis.
Angostura trifoliata ↗ Galipea officinalis.
Angostura vera ↗ Galipea officinalis.

■ Angraecum fragrans Thouars
(syn. *Jumella fragrans*).
Fam.: Orchidaceae.

Vork.: indisch-malaysischer Raum, u. a. Mauritius.

Droge: ***Folia Faham***; Fahamtee (syn. Bourbontee). Inh.: bes. Cumarin. Anw.: in der Volksheilkunde der Heimatländer bei Lungenleiden und als Haustee.

Anguilla anguilla ↗ Anguilla vulgaris.
Anguilla fluviatilis ↗ Anguilla vulgaris.

■ **Anguilla vulgaris** Turt.
(syn. *Anguilla anguilla, A. fluviatilis*); Aal (syn. Flußaal).

Fam.: Anguillidae.

Vork.: in den Flüssen Europas, Nordafrikas und Vorderasiens.

Drogen: ***Aalöl***, das fette Öl der Fisches. Inh.: Triglyceride mit mehrfach ungesättigten Fettsäuren. Anw. als Diätetikum, zur Arterioskleroseprophylaxe.

Hom.: ***Serum anguillae***, das frische Serum. *Anw.-Geb.:* Herzschwäche, Nierenentzündungen.

Anguraté ↗ Mentzelia cordifolia.
Angustura-Baum ↗ Galipea officinalis.
Angusturarinde ↗ Galipea officinalis.
Anhalonium lewinii ↗ Lophophora williamsii.
Anhalonium williamsii ↗ Lophophora williamsii.

■ **Aniba coto** (Rushby) Kosterm.
(syn. *Nectandra coto*).

Fam.: Lauraceae.

Vork.: Bolivien, Brasilien.

Droge: ***Cortex Coto verus*** (syn. *Cortex Coto*); Cotorinde (syn. Echte Kotorinde). *Inh.:* Cotoin (1,5 %), Paracotoin Hydrocotoin und Derivate, Parostemin und Parosteminin (Alkaloide), Gerbstoffe, äther. Öl, Harz. *Anw.:* bei Diarrhoe und Nachtschweiß, da Cotoin auf die glatte Muskulatur erschlaffend wirkt und die Drüsensekretion hemmt.

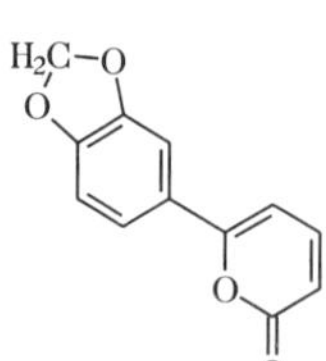

Paracotoin

■ **Aniba pseudocoto** (Rushby) Kosterm.

Fam.: Lauraceae.

Vork.: Bolivien.

Droge: ***Cortex Paracoto***; Parakotorinde. *Inh.:* Paracotoin und Cotoin-Derivate. *Anw.:* s. *Aniba coto*.

Anis ↗ Pimpinella-Arten.

■ **Anisatin**
stark toxisches Sesquiterpenlacton (Krampfgift) aus dem Japanischen Sternanis (↗ Illicium verum).

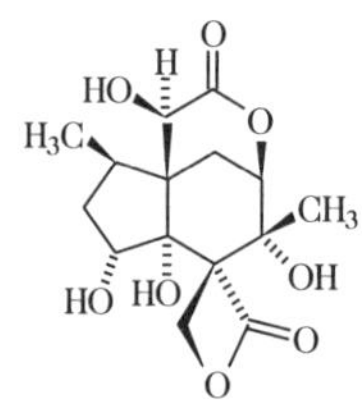

Anisatin

Anisdolde ↗ Myrrhis odorata.
Anisfrüchte ↗ Pimpinella-Arten.

■ **Anisi aetheroleum**
Anisöl, das aus den reifen, zerkleinerten Anisfrüchten (↗ *Pimpinella*-Arten) oder aus Sternanis (↗ *Illicium verum*) durch Destillation mit Wasserdampf gewonnene ätherische Öl. *Inh.:* Phenylpropanderivate mit *trans*-Anethol (80–95 %) als Hauptkomponente. Weitere Bestandteile sind *cis*-Anethol (höchstens 0,5 %), Anisaldehyd (0,1–3,5 %), Estragol sowie Linalool und α-Terpineol (je 0,1–1,5 %). *Eig.:* Anethol besitzt eine Schmelztemperatur von +21,1 °C, wodurch die Kristallisation beim Abkühlen bedingt ist, die zugleich ein Qualitätsmerkmal darstellt. *Wirk.:* expektorierend, spasmolytisch, schwach antibakteriell und antifungal sowie Insekten abwehrend. *Anw.:* Katarrhe der Atemwege und bei dyspeptischen Beschwerden in Form von Arznei-Fertigpräparaten.

Anisi fructus ↗ Pimpinella-Arten.
Anisi oleum ↗ Illicium verum.
Anisi stellati fructus ↗ Illicium verum.
Anisium ↗ Pimpinella-Arten.
Aniskerbel ↗ Myrrhis odorata.

Anisöl ↗ Anisi aetheroleum, ↗ Illicium verum.

■ **Anisomeles indica** Ktz.
(syn. *Anisomeles ovata*).
Fam.: Lamiaceae (Labiatae).
Vork.: Indien, Vietnam, Sri Lanka, Philippinen.
Droge: die ganze Pflanze. *Inh:* Ovatodiolid (Diterpendilacton), Salvin, Emnein; Sterole, Fettsäuren. *Anw.*: Blätter, Rinde und Wurzeln als Stomachikum, Carminativum, Adstringens und Fiebermittel; das Öl bei Uterusbeschwerden.

■ **Anisomeles malabarica** (L.) R. Br.
Fam.: Lamiaceae (Labiatae).
Vork.: Indien.
Drogen: die ganze Pflanze. *Inh:* in den Blättern sind Betulinsäure (0,1 %), β-Sitosterol und äther. Öl (ca. 0,025 %) mit Citral enthalten; die Blüten enthalten ca. 0,07 % äther. Öl. *Anw.*: in der Volksheilkunde wird der Saft der Pflanzen bei Fieber und Ruhr benutzt, das äther. Öl dient als Antirheumatikum.

Anisomeles ovata ↗ Anisomeles indica.

■ **Anisosperma passiflora** Manso.
Fam.: Cucurbitaceae.
Vork.: Brasilien.
Drogen: die Samen. *Inh:* u. a. Anisospermin (0,46 %), fettes Öl (ca. 20 %). *Anw.*: in der Volksheilkunde als Stomachikum und Laxans bei Dyspepsie sowie vorbeugend gegen zahlreiche Erkrankungen.

Anisum ↗ Pimpinella-Arten.
Anisum badium ↗ Illicium verum.
Anisum officinarum ↗ Pimpinella-Arten.
Anisum stellatum ↗ Illicium verum.
Anisum vulgare ↗ Pimpinella-Arten.
Annatostrauch ↗ Bixa orellana.
Annattosaat ↗ Bixa orellana.
Anneslea spinosa ↗ Euryale ferox.

■ **Annickia polycarpa** (DC.) Van Setten et Maas (syn. *Enantia polycarpa, Unona polycarpa, Xylopia polycarpa*).
Fam.: Annonaceae.
Vork.: Westafrika, besonders Kamerun, Gabun, Sierra Leone.
Droge: die Stammrinde. *Inh:* Isochinolin-Alkaloide, wie Palmatin, Columbamin, Jatrorrhizin, Berberin, Oxypalmatin, Polycarpin, Aporphine; Chinolin-Alkaloide, wie Chinidin und Dihydrochinidin. *Anw.*: in der Volksheilkunde zur Behandlung von Wunden, Geschwüren, Lepra, Rheuma, Magen- und Galle-Beschwerden sowie bei Augenleiden und zur Anregung der Uteruskontraktion. Außerdem ist die Droge ein Bestandteil zahlreicher Pfeilgifte Westafrikas.

■ **Annona-Arten**
● **Fam.** Annonaceae.
● **Annona cherimola** Mill. (syn. *Annona tripetale*); Cherimoya.
Vork.: Südamerika, Mittelamerika; in den Mittelmeerländern und Indien auch kultiviert.
Drogen: ***Oleum Annonae***; Cherimoyafett, das fette Öl der Samen. *Inh:* äther. Öl, fettes Öl, insektizid wirkende Stoffe. *Anw.*: in der Volksheilkunde als Einreibemittel.
● **Annona reticulata** L. (syn. *Annona asiatica, A. longifolia*); Ochsenherz (syn. Netzannone).
Vork.: tropisches Amerika, Afrika, Asien, vorwiegend kultiviert.
Drogen: die Früchte. *Inh:* in den Samen fettes Öl (ca. 40 %). *Anw.*: als Tafelobst angebaut.
● **Annone muricata** L.; Sauersack (syn. Stachelannone).
Vork.: tropisches Amerika und Westafrika.
Drogen: Früchte, Blätter, Wurzeln und Samen. *Inh:* die bis zu 2 kg schweren Früchte enthalten Fruchtsäuren, Zucker, Pektin; in den Blättern, Wurzeln und Samen sind Alkaloide, wie Muricin und Muricinin (Apophine); Tannin und Annonain enthalten. *Anw.*: die Früchte als Tafelobst; Blätter, Wurzeln und Samen als Adstringens, Anthelmintikum sowie als Insektizid.
● **Annona senegalensis** Pers. (syn. *Annona arenaria, A. chrysophylla, A. porpetac*); Zimtapfel.
Vork.: tropisches Afrika, Südafrika.
Drogen: die Wurzeln. *Inh:* Aporphin-Alkaloide, Diterpene, Flavonoide, Sesquiterpene, Gerbstoffe, Saponine. *Anw.*: in der afrikanischen Volksheilkunde vielfältig genutzt, z. B. bei Durchfällen, Magen-Darm-Erkrankungen, Gelenkserkrankungen, Sterilität, zur Wundbehandlung, bei Schlangenbissen, Eingeweidewürmern, Geschlechtskrankheiten und Lepra. Auch als Bestandteil von Pfeilgiften und magischen Heilmitteln wird die Droge verwendet.

● **Annona squamosa** L. (syn. *Annona cinerea*); Rahmapfel (syn. Süßsack, Zuckerapfel).

Vork.: Brasilien, Südafrika, Indien.

Drogen: die Früchte. Inh: Zucker, Fruchtsäuren, Aminosäuren. Anw.: als Tafelobst; unreife Früchte und Samen als Anthelmintikum und Insektizid.

Annona odorata ↗ Cananga odorata.
Annona triloba ↗ Asimina triloba.
Anonymos sempervirens ↗ Gelsemium sempervirens.

■ **Anredera leptostachys**

Fam.: Bacellaceae.

Vork.: tropisches Amerika.

Droge: die Knollen. Inh.: Steroide, Phenole, Terpenoide und Saponine. Anw.: in den Heimatgebieten, bes. El Salvador, Haiti und Dominikanische Republik bei Knochenbrüchen und als Wundheilmittel.

■ **Ansamycine**

Macrolidantibiotika (Ansamakrolide), die einen aromatischen Ring oder ein aromatisches Ringsystem in den Makrocyclus integriert haben. Die Biogenese erfolgt vermutlich aus Aminobezoesäurederivaten, Acetat- und Propionatresten. Therapeutische Bedeutung haben die ↗ Rifamycine und das ↗ Rifabutin.

Anserinae herba ↗ Potentilla anserina.

■ **Antelaea azadirachta** (L.) Adelbert (syn. *Antelaea javanica, Azadirachta indica, Melia azadirachta, Melia indica*); Niembaum (syn. Nimbaum, Neembaum).

Fam.: Meliaceae.

Vork.: Indien, Südostasien.

Drogen: *1. **Cortex Azadirachtae*** (syn. *Cortex Margosae*); Indische Fieberrinde (syn. Zedachrinde, Nimrinde). Inh.: Alkaloide, Gerbstoffe, etwas äther. Öl, Nortriterpene, wie Azadirachtin. Anw.: in den Heimatgebieten, insbes. Indien, als Fieber- und Wurmmittel. ***2. Oleum Azadirachtae*** (syn. *Oleum Margosae*); Margosaöl (syn. Nimöl), das fette Öl der Samen. Anw.: volkstümlich gegen Hauterkrankungen und als Wurmmittel, technisch in der Seifenfabrikation. ***3. Antelaea-Blätter***, sie enthalten das Alkaloid Paraisin. Anw.: Insektenvertilgungsmittel.

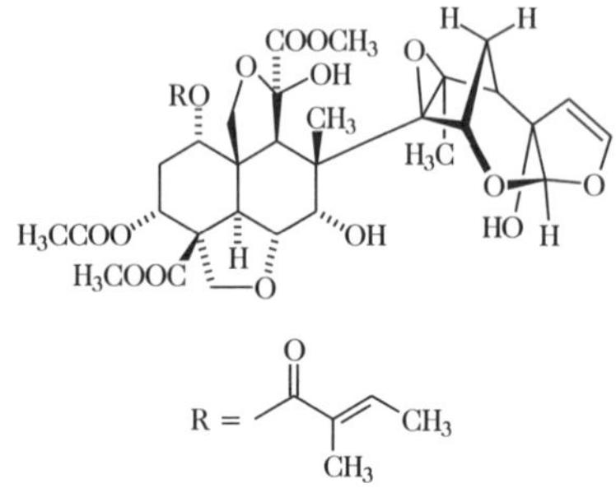

Azadirachtin

Hom.: ***Antelea azadirachta*** (syn. *Azadirachta indica*) HAB; die frische, junge Rinde. Anw.-Geb.: bei Rheumatismus und Fieberzuständen.

Histor: Der Niembaum ist einer der wichtigsten Bäume Indiens und gilt als heiliger Baum der Hindu.

Antelaea javanica ↗ Antelaea azadirachta.

■ **Antennaria dioica** (L.) Gaertn. (syn. *Cyttorium dioicum, Gnaphalium dioicum*); Gemeines Katzenpfötchen (syn. Immortelle, Ruhrkraut, Strohblume, Sandstrohblume). Kleine, zweihäusige, 20–30 cm Höhe erreichende Pflanze.

Fam.: Asteraceae (Compositae).

Vork.: Bevorzugt auf Magerrasen der gemäßigten und kalten Gebiete Europas, Asiens und Nordamerikas.

Droge: ***Antennariae dioicae flos*** (syn. *Flores Antennariae dioicae, Flores Gnaphalii albi (rubri), Flores Pedis Cati, Flores Pilosellae albi, Pedis Cati Flos*); Katzenpfötchenblüten (syn. Ruhrkrautblüten, weiße oder rote Immortellen) , die getrockneten Blütenköpfchen. Inh.: insbes. Flavonoide, u. a. Isosalipurposid, ein Chalcon, das die gelbe Farbe der Hüllkelchblätter bedingt, außerdem Naringin, Helichrysin A und B, Kämpferolglykoside, Apigenin und 7-*O*-*β*-D-Glucosylapigenin, 7-*O*-*β*-D-Glucosylluteolin und 4′-*O*-*β*-D-Glucosylluteolin sowie 3,5-Dihydroxy-6,7,8-trimethoxflavon. Ferner geringe Mengen an ätherischem Öl (0,05 %), an Cumarinen und die gelb gefärbten Pyranonderivate Arenol und Homoarenol. Anw.: bei dyspeptischen Beschwerden sowie in Leber -und Gallentees. Oft nur als Schmuckdroge.

Antennariae dioicae flos ↗ Antennaria dioica.
Antennaria margaritacea ↗ Anaphalis margaritacea.
Anthadenia sesamoides ↗ Sesamum indicum.
Anthemidis flores↗ Chamaemelum nobile.
Anthemidis flos ↗ Chamaemelum nobile.
Anthemis abyssinica ↗ Anthemis cotula.
Anthemis chamomilla-romana ↗ Chamaemelum nobile.
Anthemis colala ↗ Chrysanthemum-Arten.

■ **Anthemis cotula** L.
(syn. *Anthemis foetida, A. ramosa, A. psorosperma, A. heterophylla, A. abyssinica, Chamaemelum cotula, Chamaemelum foetidum, Maruta cotula, Maruta foetida, Maruta vulgaris*); Hundskamille (syn. Stinkende Hundskamille, Stinkkamille, Kuhdille).
Fam.: Asteraceae (Compositae).
Droge: die zur Blütezeit gesammelten und getrockneten oberirdischen Teile. *Inh.:* Sesquiterpenlactone, bes. Anthecotulid, ferner äther. Öl (0,01 %) mit Calaren, Farnesen und Farnesol als Hauptkomponenten. *Anw.:* ausschließlich volkstümlich als Tonikum, Emmenagogum, Antispasmodikum und Emetikum. Allergische Nebenwirkungen. Heute obsolet.

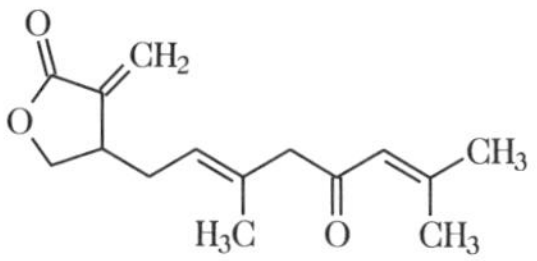

Anthecotulid

Anthemis foetida ↗ Anthemis cotula.
Anthemis heterophylla ↗ Anthemis cotula.
Anthemis nobilis ↗ Chamaemelum nobile.
Anthemis odorata ↗ Chamaemelum nobile.
Anthemis psorosperma ↗ Anthemis cotula.
Anthemis pyrethrum ↗ Anacyclus pyrethrum.
Anthemis ramosa ↗ Anthemis cotula.
Anthericum ossifragum ↗ Narthecium ossifragum.

■ **Anthericum ramosum** L.
(syn. *Phalangium ramosum*); Erdspinnenkraut (syn. Ästige Zaunblume).
Fam.: Liliaceae.
Vork.: Mitteleuropa bis zum Kaukasus.
Drogen: ***Semen Phalangii ramosi***; die Samen. *Inh:* Saponine und Hämolysine. *Anw.:* in der Volksheilkunde als Diuretikum. Die Wurzeln (***Radix Brusci***) galten früher als ein Gegengift beim Biß giftiger Spinnen und Skorpione.

■ **Anthocephalus cadamba** (Roxb.) Miq.
Kaddam.
Fam.: Rubiaceae.
Vork.: Indien, Pakistan.
Droge: das Kraut. *Inh:* äther. Öl. *Anw.:* in der Parfümerie, die Wurzel wird als Antiseptikum in der Volksheilkunde genutzt.

■ **Anthocleista vogelii** Planch.
Fam.: Loganiaceae.
Vork.: tropisches Afrika, Kamerun, Gabun.
Drogen: Blätter und Wurzeln. *Inh:* Secoiridoide, wie Swerosid, Vogelosid; Xanthone. *Anw.:* in der Volksheilkunde bei Verdauungsbeschwerden und Magenleiden.

■ **Anthocyane**
weitverbreitete, zu den Flavonoiden gehörende, rote, blaue und violette Farbstoffe mit Flavyliumkation-Grundstruktur. Chemisch stellen sie Glykoside dar, die mit den gelben Flavon- bzw. Flavonol-Farbstoffen der Blüten verwandt sind. Nach Glykosidspaltung fallen die wasserunlöslichen Aglyka (Anthocyanidine) aus. A. kommen v. a. als lösliche Bestandteile des Zytoplasmas und der Vakuole in Pflanzenzellen vor, deren Far-

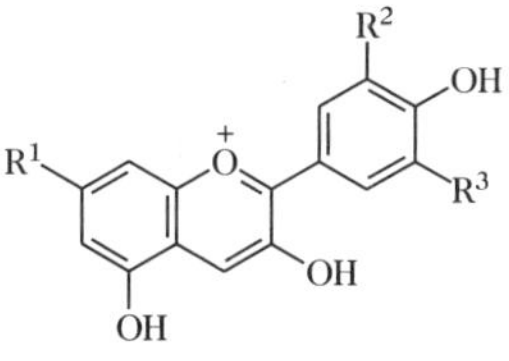

Anthocyanidine	R^1	R^2	R^3
Pelargonidin	OH	H	H
Cyanidin	OH	OH	H
Delphinidin	OH	OH	OH
Päonidin	OH	OCH_3	H
Petunidin	OH	OCH_3	OH
Malvidin	OH	OCH_3	OCH_3
Hirsutidin	OCH_3	OCH_3	OCH_3

be bzw. Intensität von der Gegenwart chelatbildender Kationen und vom pH-Wert beeinflußt werden. Im sauren Bereich überwiegen Rottöne, im alkalischen Bereich schlägt die Farbe in Violett- und Blautöne um.

Anthophylli ↗ Syzygium-Arten.
Anthostyrax tonkinensis ↗ Styrax-Arten.

■ **Anthoxanthum odoratum** L.
Wohlriechendes Ruchgras.
Fam.: Gramineae (Poaceae).
Vork.: Mitteleuropa, Asien.
Drogen: ***1. Radix Anthoxanthi odorati***; Ruchgraswurzel. Inh.: Cumaringlykosid. Anw.: in der Volksheilkunde, zur Schnupftabakbereitung. ***2. Herba Anthoxanthi odorati***; Ruchgras (syn. Wohlriechendes Ruchgras). Inh.: Cumaringlykosid (spaltet beim Welken Cumarin ab), Kieselsäure. Anw.: in der Volksheilkunde zu Kräuterkissen, als Zusatz zum Futterheu der Tiere zur Verbesserung der Verdauung.
Hom.: ***Anthoxanthum odoratum*** HAB; die frische, blühende Pflanze bzw. als Bestandteil der *Flores Graminis* (↗ Heublumen). Anw.-Geb.: Heuschnupfen.

■ **Anthracenderivate**
(Anthranoide) Naturstoffe, die sich vom Anthracen ableiten. Es gehören hierzu die meist glykosidisch gebundenen Anthrone, Anthranole, Anthrachinone und die Dianthrone sowie die nichtglykosidisch vorkommenden Naphthodianthrone. Ihre Biogenese erfolgt über Chorismat (Gattung Rubia) oder über den Polyketidweg (Gattungen *Aloe, Cassia, Rhamnus* und *Rheum*) ausgehend von 8 Molekülen Malonyl-CoA, die als Acetatreste eingebaut werden. Der unterschiedliche Biogeneseweg führt auch zu abweichenden Substitutionsmustern, nämlich dem Chrysophanol- und dem Rubiadin-Typ.

Von pharmazeutischer Bedeutung sind insbes. die in 1,8-Stellung hydroxylierten Chrysophanolderivate, die zudem glykosidiert vorliegen. Die betreffenden Glykoside wirken laxierend, wobei mehrere Monosaccharide am Molekül eine besonders starke Wirkung bedingen. Sie stellen jedoch zunächst Prodrugs dar. Nach unveränderter Absorption im Dünndarm erfolgt durch die Mikroflora des Dickdarms die Glykosidspaltung und anschließend die Reduktion der freien Anthrachinone zu den Anthronen, den eigentlichen Wirkformen. Im Dickdarm wird insbes. die Colonmotilität verstärkt, d. h. die stationären Kontraktionen werden gehemmt und die forttreibenden (propulsiven) werden stimuliert. Zusätzlich erfolgt eine Beeinträchtigung der Absorption und Rückabsorption von Elektrolyten, bes.

Name	R^1	R^2	R^3	R^4	R^6	R^8
Anthracenderivate vom Chrsophanol-Typ						
Emodin	OH	H	CH_3	H	OH	OH
Physcion	OH	H	CH_3	H	OCH_3	OH
Chrysophanol	OH	H	CH_3	H	H	OH
Aloeemodin	OH	H	CH_2OH	H	H	OH
Rhein	OH	H	COOH	H	H	OH
Citreorosein	OH	H	CH_2OH	H	OH	OH
Anthracenderivate vom Rubiadin-Typ						
Alizarin	OH	OH	H	H	H	H
Lucidin	OH	CH_2OH	OH	H	H	H
Purpurin	OH	H	OH	OH	H	H
Pseudopurpurin	OH	COOH	OH	OH	H	H
Rubiadin	OH	CH3	OH	H	H	H

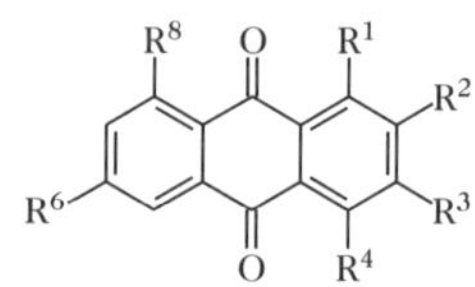

Anthracenderivate. Chrysophanol- und Rubiadin-Typ.

von Chlorid, und nachfolgend von Wasser, so daß verstärkt Flüssigkeit ins Darmlumen gelangt. Es resultiert daraus eine beschleunigte Darmpassage, wobei die Wirkung ca. 6–8 Stunden nach der Einnahme erfolgt. Für die sekretagoge Wirkung wird u. a. eine Stimulierung der PGE_2-Bildung, ein Angriff auf die Enterozyten durch Hemmung ihrer Na^+/K^+-ATPase sowie die Entkopplung ihrer Atmung diskutiert. Als verantwortlich für die Beeinflussung der Motilität wird die Anregung der Freisetzung von Histamin und Serotonin vermutet. Die Dosierungen betragen für Aloe 0,1 g und für die übrigen Drogen 0,5–2 g. Dem entsprechen 20–30 mg Hydroxyanthrachinonderivate pro Tag. Weitere Einzelheiten finden sich in den Artikeln zu den Einzeldrogen der o. g. Gattungen.

Derivate vom Chrysophanoltyp kommen auch in anderen Gattungen, oft jedoch ohne Glykosilierung, vor. Bedeutsam unter diesen ist das Naphthodianthron ↗ Hypericin, das in ↗ *Hypericum perforatum* vorkommt, sowie die Anthronabkömmlinge in der Droge Chrysarobin aus *Andira araroba* (↗ *Andira*-Arten). Das Vorkommen von Verbindungen des Rubiadin-Typs beschränkt sich im wesentlichen auf die Familie Rubiaceae, bes. ↗ *Rubia tinctorum*.

Anthrachinone ↗ Anthracenderivate.
Anthranoide ↗ Anthracenderivate.
Anthranole ↗ Anthracenderivate.

■ Anthrarobin
(Anthrarobinum), 3,4-Dihydroxyanthranol. *Anw.:* äußerlich bei Hauterkrankungen, Ekzemen und Pilzinfektionen.

■ Anthriscus cerefolium (L.) Hoffm.
(syn. *Chaerefolium cerefolium*); Gartenkerbel (syn. Kerbel).

Fam.: Apiaceae (Umbelliferae).

Heim.: Südeuropa, in West- und Mitteleuropa seit dem 16. Jh. kultiviert.

Droge: ***Cerefolii herba*** (syn. *Herba Cerefolii, Herba Cerefolii germanici*); Kerbelkraut, das frische Kraut. *Inh.:* äther. Öl mit Methylchavicol (Estragol), ferner Flavonoide. *Anw.:* in der Volksheilkunde als harntreibendes Mittel, die Droge oder der Preßsaft für sog. Frühjahrskuren, ferner bei Skrofulose und chronischen Ekzemen, die frischen Blätter heutzutage insbes. als Suppen- und Salatgewürz.

Anthrone ↗ Anthracenderivate.
Anthyllidis vulnerariae flos ↗ Anthyllis vulneraria.

■ Anthyllis vulneraria L.
(syn. *Vulneraria heterophylla*); Wundklee (syn. Apothekerklee, Bärenklee, Bartklee, Frauenkäppeln, Gelber Klee, Goldknopf, Hasenklee, Kretzenkraut, Russischer Klee, Schafszähn, Sommerklee, Tannenklee, Watteblume, Wollklee, Wundkraut), s. Farbtafel S. 142, Bild 33.

Fam.: Fabaceae.

Drogen.: *1.* ***Anthyllis-vulneria-Blüten*** (syn. *Anthyllidis vulnerariae flos, Flores Anthyllidis vulnerariae, Flores vulnerariae, Flores vulnerariae cum calice*); Wundkleeblüten, die getrockneten Blüten. *Inh.:* Gerbstoffe (0,6 %), vermutlich vom Catechin-Typ. *Anw.:* lediglich volkstümlich zur Geschwür- und Wundbehandlung. *2.* ***Anthyllis-vulneraria-Kraut***; Wundkleekraut. *Inh.:* Flavonoide, Isoflavonoide und Gerbstoffe. *Anw.:* volkstümlich als Wundheilmittel.

■ Antiaris toxicaria (Pers.) Lesch.
Upasbaum.

Fam.: Moraceae.

Vork.: tropisches Asien, besonders auf Java, Nordborneo, Indo-Malaiische Gebiete.

Droge: ***Upasbaumsaft***, der Milchsaft. *Inh:* herzwirksame Glykoside, wie Convallosid, Cymarin, Cymarol, Strophanthidin, Periplogenin. *Anw.:* in der Volksheilkunde als Herzmittel; die Ureinwohner der malaiischen Gebiete bereiten aus dem Milchsaft das Pfeilgift „Pohon Upas" oder „Ipo", das als starkes Krampfgift wirkt.

■ Antibiotika
Stoffwechselprodukte von Mikroorganismen, die in geringen Konzentrationen das Wachstum von anderen Mikroorganismen hemmen oder sie abtöten. Zu den A. werden heute auch chemisch oder biochemisch modifizierte Derivate von Mikroorganismen bzw. antibiotisch wirksame sekundäre Stoffwechselprodukte aus höheren Pflanzen und Tieren (Phytoalexine) gerechnet. Sie werden i. d. R. von Actinomyceten, Streptomyces-Arten, anderen Bakterien und Pilzen gebildet. Bisher wurden ca. 8000 A. isoliert, davon sind etwa 100 in der Medizin anwendbar.

■ Antidesma bunius (L.) Spreng.
(syn. *Stilago bunius*).

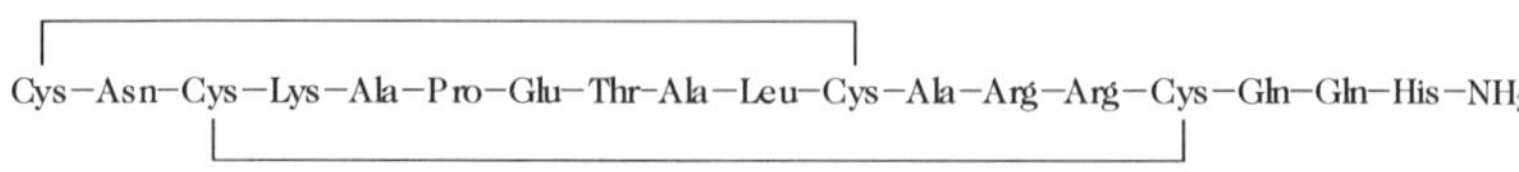

Apamin

Fam.: Euphorbiaceae.

Vork.: Indonesien, China, Ostasien, auch kultiviert.

Drogen: ***Folia Antidesmae***; Daoen hoeni, die Blätter. *Inh:* Triterpene, wie Friedelin. *Anw.:* in der Volksheilkunde als Diaphoretikum. Die Früchte der Pflanze sind eßbar.

■ Antihidrotika

(syn. Antihydrotika). Mittel gegen übermäßige Schweißabsonderung. Als Drogen wurden Salbeiblätter, Lärchenschwamm sowie Belladonnablätter, d. h. Parasympatholytika, mitunter auch Gerbstoffe genutzt.

■ Antipathes subpinnata Ell. et Sol.

Dörnchenkoralle (syn. Schwarze Koralle).

Fam.: Antipatharia.

Vork.: in tropischen und subtropischen Gewässern.

Drogen: ***Corallium nigrum***, die ganzen Tiere. *Inh.:* Calciumcarbonat, Proteine, Iod (ca. 6 %). *Anw.:* in der orientalischen Volksheilkunde bei Augenerkrankungen.

■ Antiphlogistika

Stoffe, die entzündungshemmend wirken. Sie finden Anwendung bei akuten und chronischen Entzündungen (z. B. Rheuma, Artritis, Psoriasis). Der Wirkungsmechanismus vieler A. beruht auf der Hemmung von Enzymen des Prostaglandinstoffwechsels (Cyclooxygenase, Phospholipasen).

Antirrhinum linaria ↗ Linaria vulgaris.
Antonskraut ↗ Epilobium-Arten.
Aouaraöl ↗ Astrocaryum-Arten.

■ Apama siliquosa Lamb.

(syn. *Bragantia wallichii*).

Fam.: Aristolochiaceae.

Vork.: Indien, Sumatra, Java.

Drogen: die Wurzeln. *Inh:* äther. Öl (ca. 0,05 %), Aristolochiasäure (ca. 1,75 %), Chakranin, fettes Öl (ca. 0,5 %). *Anw.:* in der Volksheilkunde gegen Krätze und Schlangenbisse.

■ Apamin

basisches Peptid aus 18 Aminosäuren, das durch zwei Disulfidbrücken stabilisiert wird. A. wirkt als spezifischer Blocker von Ca^{2+}-abhängigen Kaliumkanälen und wird als Modellsubstanz in der experimentellen Pharmakologie eingesetzt. Es ist in geringer Konzentration im Bienengift enthalten (Formel s. oben).

Aperna ↗ Solanum-Arten.
Apfel ↗ Malus domestica.
Apfelbaum ↗ Malus domestica.
Apfelschalen ↗ Malus domestica.
Apfelsine ↗ Citrus-Arten.

■ Aphis chenopodii glauci HAB

die auf *Chenopodium glaucum* L. lebenden Blattläuse. *Anw.-Geb.:* chronische Lebererkrankungen, Rippenfellreizung.

Aphis sinensis ↗ Rhus-Arten.
Apigenin ↗ Flavonoide.
Apii fructus ↗ Apium graveolens.
Apii herba ↗ Apium graveolens.
Apii radix ↗ Apium graveolens.

■ Apiol

(Apiolum), Petersilienkampfer. Dieses Phenylpropanderivat ist Hauptbestandteil des äther. Öls der Petersilienfrüchte (↗ *Petroselinum crispum*). *Anw.:* als Diuretikum (starke Nierenreizung, Vorsicht!), Emmenagogum und Abortivum. In höherer Dosierung toxische Kreislaufschäden, Leberschäden und zentrale Lähmungen. ↗ ätherische Öle.

■ D-Apiose

Tetrahydroxyisovaleraldehyd, ein Zucker (Pentose), der als Baustein von Glykosiden auftritt.

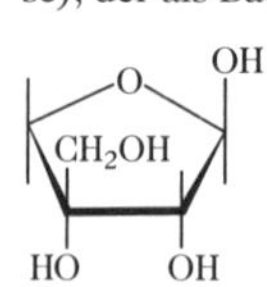

β-D-Apiose

Apisinum ↗ Apis mellifera.

■ **Apis mellifera** L.
(syn. *Apis mellifica*); Honigbiene.

Fam.: Apidae.

Vork.: in der ganzen Welt verbreitete Insekten, die sich in Weibchen (Königin, Weisel), Männchen (Drohnen) und Arbeitsbienen unterteilen.

Drogen: *1. Bienengift* (syn. Apisinum). Inh.: pro Biene etwa 0,3 mg Frischgift, bestehend aus Peptidtoxinen (↗ Melittin, ↗ Apamin und mast cell degranulating peptide/MCD), Histamin, Dopamin, Noradrenalin sowie Enzyme (Hyaluronidase, Phospholipase). Anw.: Bienengift wird percutan, in Kombination mit hyperämisierenden Wirkstoffen, oder intracutan bei rheumatischen Erkrankungen, Neuralgien und Myalgien appliziert. *2. Cera flava* (↗ Wachse). *3.* ↗ *Gelée royale* (syn. Weiselzellfuttersaft). *4.* ↗ *Honig* (syn. Mel). *5. Propolis* (syn. Bienenkittharz). Inh.: Die grüne bis rotbraune, klebrige Masse zeichnet sich durch einen hohen Anteil an Flavonoiden, Benzolcarbonsäuren, Phenylacrylsäuren, Benzylalkoholen, Phenylalkylalkoholen sowie deren Estern aus. Propolis wird von der Honigbiene aus Pflanzenexkreten gebildet, und dient zum Befestigen der Waben, Auskleiden und Abdichten des Bienenstockes sowie zum Mumifizieren von getöteten Eindringlingen des Bienenstockes. Anw.: Propolis wird dermatologisch in Salben zur Behandlung von Geschwüren und Ekzemen sowie in Lutschtabletten bei Mund- und Rachenschleimhautentzündungen verwendet. Auch bei Magengeschwüren und Gastroenteritiden kommt es zum Einsatz.

Hom.: *1. Apis mellifica* HAB1; die lebende Honigbiene. Anw.-Geb.: Entzündungen der Haut und Schleimhaut, Ödeme, Rötung, Juckreiz. *2. Apisinum* HAB1; das Gift der Honigbiene. Anw.-Geb.: Entzündungen und Erkrankungen mit Flüssigkeitsansammlungen in Geweben und Körperhöhlen, Allergien. *3. Propolis* HAB; das Kittharz der Honigbienen. Anw.-Geb.: nichteitrige Schleimhautentzündungen der Atemwege und ableitenden Harnwege, Hauterkrankungen.

Apis mellifica ↗ Apis mellifera.
Apium ammi ↗ Ammi majus.
Apium anisum ↗ Pimpinella-Arten.
Apium biternatum ↗ Aegopodium podagraria.
Apium carvi ↗ Carum carvi.
Apium celleri ↗ Apium graveolens.
Apium decumbens ↗ Apium graveolens.

■ **Apium graveolens** L.
(syn. *Apium celleri, A. decumbens, A. lobatum, A. maritium, A. vulgare, Celeri graveolens, Selinum graveolens, Seseli graveolens, Sison ruta, Sium apium, Sium graveolens, Smyrnium laterale*); Echter Sellerie (syn. Epf, Eppich, Geilwurz, Gemeiner Eppich, Sällerie, Schoppenkrud, Sellerie, Zelderie, Zeller, Zellerich, Zellerie).

Fam.: Apiaceae (Umbelliferae).

Drogen: *1. Apii fructus* (syn. *Fructus Apii graveolentis, Semen Apii*); Selleriefrüchte, die reifen, getrockneten Früchte. Inh.: äther. Öl (1,9–3 %, *Oleum Apii aetheroleum e fructibus* mit Butyl- und Butylidenphthaliden als Hauptträger des Aromas), Flavonoide, bes. Gravaeobiosid A und B (Luteolin-7-apiosylglucosid, ca. 1–2 % bzw. Chrysoeryol-7-apiosylglucosid, 0,1–0,7 %), außerdem u. a. Apiin und Isoquercitrin, ferner Furanocumarine (u. a. Bergapten), Isoimperatorin, das Furanocumaringlykosid Apiumosid so-

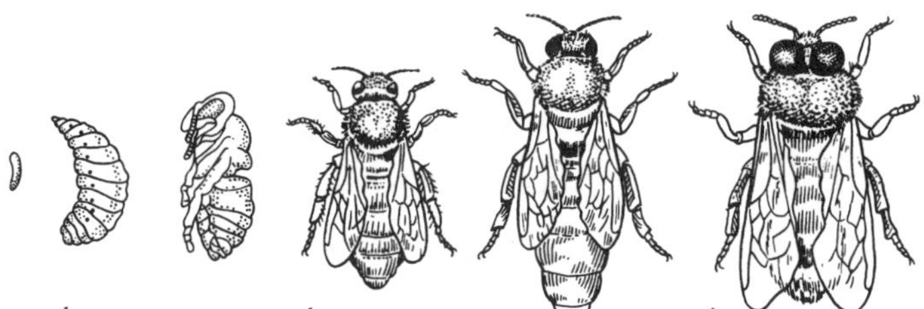

Apis mellifera. *a* Ei, *b* Larve, *c* Puppe, *d* Arbeiterin, *e* Königin, *f* Drohne.

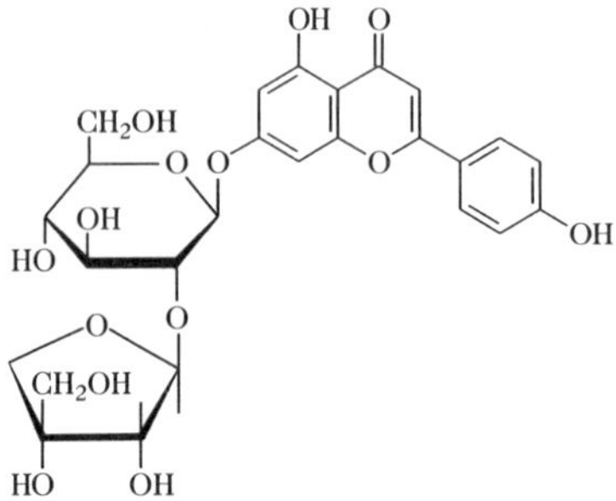

Apiin

wie fettes Öl mit Petroselinsäure als Hauptfettsäure (40–60 %). Anw.: volkstümlich als Diuretikum bei Blasen- und Nierenleiden sowie als Adjuvans bei rheumatischen Beschwerden. ***2. Apii herba*** (syn. *Herba Apii*); Selleriekraut, das getrocknete Kraut von *Apium graveolens*. Inh.: äther. Öl, Flavonoide und Furanocumarine (s. *Apii fructus*), außerdem Phenolcarbonsäurederivate, u. a. Ferula- und Chlorogensäure sowie Steroide, u. a. Stigmasterol und Sitosterol. Anw.: in der Volksheilkunde als Diuretikum zur Steigerung der Harnausscheidung, mitunter bei Magen-Darm-Beschwerden oder als appetitanregendes Mittel. Weitere Verwendung als Küchengewürz. ***3. Apii radix*** (syn. *Radix Apii graveolentis*); Selleriewurzel, die getrockneten Knollen und Wurzeln von Apium graveolens. Inh.: äther. Öl (0,01–0,15 %), Flavonoide und Furanocumarine, ferner Phenolcarbonsäurederivate, Polyine, u. a. Falcarinon, sowie organische Säuren. Anw.: volkstümlich als Carminativum bei Verdauungsstörungen und Blähungen, ferner als Diuretikum sowie mit Zucker eingekochter Wurzelsaft als Hustenmittel. Die Knollen gelten ferner seit altersher als Aphrodisiakum. Ein Preßsaft aus frischen Blättern und Wurzeln dient als Fertigarzneimittel zur Anregung der Nierentätigkeit und zur Linderung rheumatischer Beschwerden. Geg.: Bei Einnahme von Selleriezubereitungen sind Allergien und Photosensibilisierungen nicht auszuschließen. Bei bestehender Nierenentzündung sind Selleriedrogen kontraindiziert.

Hom.: ***Apium graveolens*** HAB34, die reifen Samen. Anw.-Geb.: Eierstockentzündungen und Rheumatismus.

Histor.: Der Sellerie war schon den alten Griechen und Römern bekannt. Bereits ↗ Dioskurides beschreibt ihn als „ein gutes Mittel gegen erhitzten Magen, Verhärtungen in den Brüsten und wirkt roh oder gekocht harntreibend". Auch ↗ Theophrast nennt ihn harntreibend und als Mittel gegen Wassersucht. Da die Pflanze angeblich auch als Mittel gegen Melancholie wirksam sein soll, nannte sie Petrus de Crescentiis auch die „Sellerie des Lachens". Veleslavin (1596) empfiehlt Wöchnerinnen, nicht zuviel davon zu essen, da sie die Milchsekretion einschränkt. Der Name Apium ist nach Horaz und Plinius der einer Doldenpflanze, die zur Herstellung von Kränzen genutzt wurde. Möglicherweise leitet sich Apium auch vom griechischen *apion* oder vom lateinischen *apex* = Haupt ab, da die antiken Triumphatoren mit der Pflanze bekränzt wurden. Das deutsche Wort Sellerie wurde erst im 17. Jh. gebraucht und ist aus dem französischen célerie entstanden.

Apium hortense ↗ Petroselinum crispum.
Apium laetum ↗ Petroselinum crispum.
Apium lobatum ↗ Apium graveolens.
Apium maritium ↗ Apium graveolens.
Apium petroselinum ↗ Petroselinum crispum.
Apium pimpinella ↗ Pimpinella-Arten.
Apium podagraria ↗ Aegopodium podagraria.
Apium romanum ↗ Petroselinum crispum.
Apium tragoselinum ↗ Pimpinella-Arten.
Apium visnaga ↗ Ammi visnaga.
Apium vulgare ↗ Apium graveolens, ↗ Petroselinum crispum.
Aplopappus baylahuen ↗ Haplopappus baylahuen.

■ **Aplysia depilans** L.
Seehase.

Fam.: Aplysiaceae.

Vork.: Mittelmeergebiete.

Droge: die ganze Schnecke. Inh.: ein giftiges Sekret mit dem bromhaltigen Aplysiatoxin. Das Toxin wird nicht von der Schnecke selbst produziert, sondern mit giftigen Algen aufgenommen und nur in den Verdauungsorganen gespeichert. Anw.: im Altertum wurde aus der Schnecke ein Gift und Zaubermittel bereitet sowie ein Enthaarungsmittel hergestellt.

Apocyni cannabini radix ↗ Apocynum cannabinum.
Apocynum alternifolium ↗ Gymnema sylvestre.

■ **Apocynum cannabinum** L.
(syn. *Apocynum hypericifolium, A. platyphyllum, A. pubescens, A. sybericum, A. suksdorfi*); Amerikanischer Hanf (syn. Fliegenfänger, Hanfartiger Hundswürger, Indianischer Hanf, Kanadischer Hanf, Venetianischer Hundstod); s. Farbtafel S. 142, Bild 34.

Fam.: Apocynaceae.

Heim.: östliches Nordamerika. Kultiviert auch in Europa.

Droge: *Apocyni cannabini radix* (syn. *Radix Apocyni);* Amerikanische oder Kanadische Hanfwurzel (syn. Hanfwurzel, Hanfartiger Hundswürger, Hanfhundsgift, Indianerhanf), die im Herbst gesammelten und getrockneten Wurzeln und Wurzelstöcke. Inh.: Cardenolidglykoside (0,2–0,4 %), u. a. Cymarin (Strophanthidin + D-Cymarose), k-Strophanthosid (Strophanthidin + D-Cymarose + β-Glucose + α-Glucose) sowie die Cannogeninglykoside Apocannosid (Cannogenin + D-Cymarose) und Cynocannosid (Cannogenin + L-Oleandrose). Wirk.: In kleineren Dosen Bradykardie und Erhöhung der Kontraktionsleistung des Herzens, ferner Steigerung der Diurese. Anw.: Bestandteil einiger als Kardiaka genutzter Arzneifertigpräparate. Volkstümlich, bes. in den Heimatgebieten, bei Herzmuskelschwäche infolge Pneumonie, beim Altersherz, bei rheumatischen Beschwerden; in Form des frischen Pflanzensaftes bei Kondylomatose und Warzen.

Hom.: *Apocynum cannabinum* HAB1; der frische Wurzelstock. Anw.-Geb.: bei Herzschwäche mit Wassersucht, chronischer Nierenentzündung mit Wassersucht sowie Brechdurchfall.

Histor.: Die Droge wurde ursprünglich von nordamerikanischen Ärzten in Form von Abkochugen als Emetikum und Diuretikum verordnet. Der Name, den bereits Dioskurides gebrauchte, leitet sich aus dem griechischen *apo* = fort und *kyon* =Hund ab, da man annahm, daß die Pflanze für Hunde giftig ist. Mit dem Artnamen *cannabinum* = hanfartig ergibt sich die deutsche Bezeichnung Hanfartiger Hundswürger.

Apocynum hypericifolium ↗ Apocynum cannabinum.
Apocynum lancifolium ↗ Trachomitum lancifolium.
Apocynum platyphyllum ↗ Apocynum cannabinum.
Apocynum pubescens ↗ Apocynum cannabinum.
Apocynum suksdorfi ↗ Apocynum cannabinum.
Apocynum sybericum ↗ Apocynum cannabinum.
Apocynum syriacum ↗ Asclepias-Arten.

■ **Apodanthera smilacifolia** Coqn.

Fam.: Cucurbitaceae.

Vork.: Brasilien.

Drogen: *Radix Apodantherae*, die Wurzeln. Inh: Alkaloide, wie Apodantherin; Glykoside, wie Apodanthin; Säuren, Harz, Wachs, fettes Öl. Anw.: in der brasilianischen Volksheilkunde als Entschlackungsmittel.

Apollonienkraut ↗ Aconitum-Arten.
Apothekerklee ↗ Anthyllis vulneraria.
Apothekerrinde ↗ Cinchona-Arten.
Aprikose ↗ Prunus-Arten.
Aprikosenkernöl ↗ Prunus-Arten.
Aprilblume ↗ Anemone nemorosa.
Aqua Hamamelidis ↗ Hamamelis virginiana.

■ **Aquilaria agallocha** (Lour.) Roxb.
(syn. *Aloexylon agallochum*).

Fam.: Thymelaeaceae.

Vork.: Ostindien, China.

Drogen: *Lignum Aloes*; Aloeholz (syn. Adlerholz), das Kernholz. Inh: wohlriechendes äther. Öl mit Furanverbindungen. Anw.: in Asien für rituelle Zeremonien als Räuchermittel.

Aquilegia cornuta ↗ Aquilegia vulgaris.
Aquilegiae herba ↗ Aquilegia vulgaris.
Aquilegia elegans ↗ Aquilegia vulgaris.
Aquilegia versicolor ↗ Aquilegia vulgaris.

■ **Aquilegia vulgaris** L.
(syn. *Aquilegia cornuta, A. elegans, A. versicolor*); Gemeine Akelei (syn. Adlerblume, Glokkenblume, Handschuh, Harlekinsblume, Narrenkappen, Schlotterhose, Weiberkappen).

Fam.: Ranunculaceae.

Vork.: gemäßigte Zonen der nördlichen Hemisphäre.

Droge: *Aquilegiae herba* (syn. *Herba Aquilegiae*); Akeleikraut, das getrocknete Kraut. Inh.: Isochinolinalkaloide, u. a. Magnoflorin, Flavonoide sowie Spuren von cyanogenen Glykosiden. Anw.: volkstümlich bei Magen- und Darmbeschwerden sowie bei Leber- und Gallenleiden.

Hom.: *Aquilegia vulgaris* HAB1, die frische,

blühende, ganze Pflanze. Anw.-Geb.: nervöse Beschwerden, Menstruationsstörungen.

Histor.: Der Name *Aquilegia* = die Wassersammlerin (lat. *aquam legere*) wurde vermutlich wegen der füllhornartigen Form der Blütenhülle gewählt. In einer anderen Version wird der Name mit *aquila* = Adler, d. h. der gekrümmte Sporn der Blüte mit der Adlerklaue, in Verbindung gebracht. Der deutsche Name Akelei dürfte etymologisch aus *Aquilegia* abgeleitet sein.

Arabica-Kaffee ↗ Coffea-Arten.
Arabidaea chica ↗ Bignonia chica.
Arabinogalactane ↗ Acacia-Arten.
Arabisches Gummi ↗ Acacia-Arten.
Arabis petiolata ↗ Alliaria petiolata.
Arachidis oleum ↗ Arachis hypogaea.
Arachidis oleum hydrogenatum ↗ Arachis hypogaea.

■ Arachidonsäure

Eicosatetraensäure 20:4(5,8,11,14), ungesättigte, essentielle Fettsäure, Ausgangspunkt für die Synthese der Prostaglandine, Thromboxane und Leukotriene (Eicosanoide).

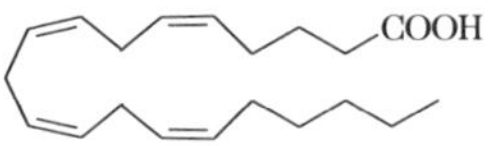

5,8,11,14-Eicosatetraensäure
(Arachidonsäure)

■ Arachis hypogaea L.

(syn. *Arachnida hypogaea*); Erdnuß; s. Farbtafel S. 142, Bild 35.

Fam.: Fabaceae (Leguminosae).

Heim.: tropisches Südamerika, Anbau heute in sämtlichen tropischen und subtropischen Gebieten außerhalb des immerfeuchten Regenwaldes.

Drogen: ***1. Arachidis oleum*** (syn. *Oleum Arachidis*); Erdnußöl (syn. Arachisöl), das aus den geschälten Samen gewonnene, raffinierte Öl. *Inh.:* Die Zusammensetzung des Fettsäureanteils der Triglyceride ist sehr von der Herkunft abhängig. So liegt z. B. im südamerikanischen Öl ein niedrigerer Ölsäuregehalt vor (37 % gegenüber 55 % bei afrikanischer Herkunft), dagegen ein höherer Linolsäuregehalt (41 % gegenüber 25 % bei afrikanischer Herkunft). Charakteristisch sind ferner geringe Mengen von Arachin-, Behen- und Lignocerinsäure. Das Unverseifbare enthält u. a. Tocopherole (0,02–0,06 %) sowie Sterole (0,2–0,3 %). *Anw.:* als Klistier bei Stuhlverhalten, in der Dermatologie gegen trockene Haut (u. a. in der Säuglingspflege), als Badezusatz bei subakuten und chronischem Ekzem, bei atopischem Ekzem und Ichthyosis. Ferner in der pharmazeutischen Technologie als Vehikel für Arzneistoffe zu äußerlichem, enteralem oder parenteralem Gebrauch. In der Kosmetik für Haut-, Sonnenschutz- und Massageöle. Die Hauptmenge des erzeugten Erdnußöles dient als Speiseöl. ***2. Arachidis oleum hydrogenatum***; Gehärtetes Ernußöl, das durch teilweise Hydrierung von Erdnußöl gewonnene Fett. *Anw.:* als Salbengrundlage.

Arachisöl ↗ Arachis hypogaea.
Arachnida hypogaea ↗ Arachis hypogaea.

■ Aralia-Arten

● **Fam.:** Araliaceae.

● **Aralia mandshurica** Rupr. et Maxim. (syn. *Aralia chinensis*); Mandschurische Aralie.

Vork.: Nordchina, Japan, Korea und fernöstliche Gebiete Rußlands.

Droge: die frische oder getrocknete Wurzel. *Inh.:* Triterpensaponine (u. a. Araloside A, B und C), Polyine (u. a. Falcarinon und Falcarinolon) sowie Spuren von äther. Öl. *Anw.:* in der traditionellen chinesischen und russischen Heilkunde als Tonikum und Stimulans, mitunter als Ersatz für Ginseng.

● **Aralia racemosa** L. (syn. *Aralia arizonica, A. bicrenata*); Amerikanische Narde (syn. Wilde Sarsaparilla, Amerikanische Narde).

Vork.: Nordamerika.

Droge: ***Aralia-racemosa-Wurzel***, die im Sommer und Herbst geernteten, in Stücke geschnittenen frischen oder auch getrockneten Rhizome und Wurzeln. *Inh.:* äther. Öl (0,34 %) mit Mono- und Sesquiterpenen, ferner Diterpene, u. a. (–)-Kauren, Polyine und Triterpensaponine mit Sapogeninen der Oleanan- und Dammaran-Reihen. *Anw.:* vorwiegend in der Volksheilkunde bei Erkrankungen der Atmungsorgane, zuweilen auch bei Hautleiden.

Hom.: ***Aralia racemosa*** HAB1, frische unterirdische Teile. *Anw.-Geb.:* u. a. Schnupfen, bes. allergische Erkrankungen der Atmungsorgane.

Aralia canadiensis ↗ Panax quinquefolius.

Aralia ginseng ↗ Panax ginseng.
Aralia papyrifera ↗ Tetrapanax papyriferum.
Aralie ↗ Aralia-Arten.
Aralie quinquefolia ↗ Panax quinquefolius.
Aranea avicularis ↗ Avicularia avicularia.
Aranea diadema ↗ Araneus diadematus.
Aranea gemma ↗ Araneus diadematus.
Aranea ixobola ↗ Araneus ixobolus.
Aranea limaci ↗ Araneus diadematus.

■ **Araneus diadematus** Clerck
(syn. *Aranea diadema, A. gemma, A. limaci, Epeira diatema, Epeira diademata*); Diademspinne (syn. Gartenkreuzspinne, Kreuzanker, Kreuzspinne, Kugelspinne, Papstkreuzspinne).
Fam.: Argiopidae.
Vork.: Europa, Nordafrika, Asien, Amerika.
Inh.: Das Spinnengift enthält u. a. Neurotoxine (Aranin), Proteasen und Hyaluronidase. In der intakten Spinne sind weiterhin Arachnolysin, Epeiralysin und Arachnotoxin vorhanden.
Hom.: ***Aranea diadema*** HAB, ethanolische Tinktur aus der ganzen Spinne. *Anw.-Geb.:* Asthma, Rheuma, Neuralgien, Migräne sowie bei Ulcus- und Carcinomschmerzen.

■ **Araneus ixobolus**
(syn. *Aranea ixobola, Epeira umbratica, Larinoides ixobolus*); Schwarze Nachtspinne.
Fam.: Argiopidae.
Vork.: Osteuropa.
Inh.: Im Spinnengift ist ein Neurotoxin, im Blut ein Arachnolysin nachgewiesen worden.
Hom.: ***Aranin*** HAB, reines, fermentfreies Spinnengift. *Anw.-Geb.:* neuralgische und vasomotorische Kopfschmerzen, essentielle Hypertonie, Arteriosklerose.

Araribarinde ↗ Sickingia rubra.
Arariba-Rinde ↗ Arariba rubra.

■ **Arariba rubra** Mart.
(syn. *Pinkneya rubescens, Sickingia rubra, Simira rubra*).
Fam.: Rubiaceae.
Vork.: Brasilien.
Droge: ***Arariba-Rinde*** (syn. Cantagallo-Chinarinde), die Rinde. *Inh:* u. a. β-Carbolinalkaloide und Harman. *Anw.:* in der Volksheilkunde als Fiebermittel sowie zur Bereitung von ↗ Ayahuasca.

Araroba depurata ↗ Andira-Arten.

■ **Araucaria araucana** (Mol.) K. Koch
(syn. *Araucaria imbricata*); Chilenische Araukarie.
Fam.: Araucariaceae.
Vork.: Chile, Argentinien, in Europa auch kultiviert.
Droge: Harz. *Inh:* äther. Öle mit Limonen, Sesquiterpenen; Diterpene, saure Polysaccharide. *Anw.:* in der Volksheilkunde als Diuretikum, als Pflaster bei Geschwüren und Narben.

Araucaria imbricata ↗ Araucaria araucana.
Arbor albo minor ↗ Melaleuca-Arten.
Arbuse ↗ Citrullus vulgaris.
Arbuti folium ↗ Arbutus unedo.

■ **Arbutin**
(Arbutinum), Hydrochinon-β-D-glucosid, das besonders in den Blättern verschiedener Ericaceae (u. a. ↗ *Arctostaphylos uva-ursi*) und Rosaceae (↗ *Pyrus communis*) vorhanden ist. Durch die Wirkung des Enzyms Emulsin wird es in Glucose und Hydrochinon gespalten, das für die herbstliche Schwarzfärbung von Birnbäumen verantwortlich ist. *Anw.:* A. wird als Diuretikum bei Nierenleiden und Blasenkatarrhen eingesetzt, dabei wirkt das freigesetzte Hydrochinon desinfizierend.

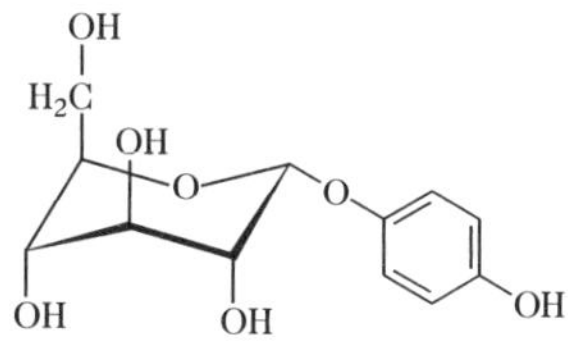

Arbutin

Arbutus crispa ↗ Arbutus unedo.
Arbutus salicifolia ↗ Arbutus unedo.
Arbutus serratifolia ↗ Arbutus unedo.

■ **Arbutus unedo** L.
(syn. *A. crispa, A. salicifolia, A. serratifolia, Unedo edulis*); Erdbeerbaum (syn. Landbeere, Sandbeere). Immergrüner Strauch oder Baum.
Fam.: Ericaceae.
Vork.: tropische Gebiete, Irland.
Droge: ***Arbuti folium*** (syn. *Folia Arbuti, Folia Arbuti unedinis*), die getrockneten Blätter. *Inh.:*

Phenolglykoside (ca. 6 %), u. a. ↗ Arbutin, außerdem Flavonolglykoside und Iridoidglykoside, u. a. Unedosid. *Anw.*: volkstümlich bei Infektionen der ableitenden Harnwege, Miktionsbeschwerden bei Reizblase und benigner Prostatahyperplasie. *Dos.*: 1–2 g als Einzeldosis; s. ↗ Teezubereitung.

Arbutus uva-ursi ↗ Arctostaphylos uva-ursi.

■ **Arcangelisia flava** Merr.
(syn. *Arcangelisia lemniscata*).

Fam.: Menispermaceae.

Vork.: Philippinen, Indonesien.

Drogen: die Blätter. *Inh:* Alkaloide, u. a. Berberin, Columbamin, Jatrorrhizin, Palmatin. *Anw.*: in der Volksheilkunde bei Kopfschmerzen.

Arcangelisia lemniscata ↗ Arcangelisia flava.

■ **Arceuthobium oxycedri** (DC.) Bieb.
(syn. *Viscum cruciatum*); Wacholdermistel.

Fam.: Loranthaceae.

Vork.: Mittelmeergebiete bis zum westlichen Himalaja.

Droge: die ganze Pflanze. *Inh:* Flavonoide, wie Delphinidin, Cyanidin, Myricetin, Quercetin, Kaffeesäure, *p*-Cumarsäure. *Anw.*: in gleicher Weise wie ↗ *Viscum album*.

■ **Arctiin**

Lignanglykosid aus der Wurzel verschiedener ↗ *Arctium-Arten*. Das Aglykon Arctigenin besitzt Anti-HIV-Aktivität u. a. durch Hemmung der Topoisomerase II.

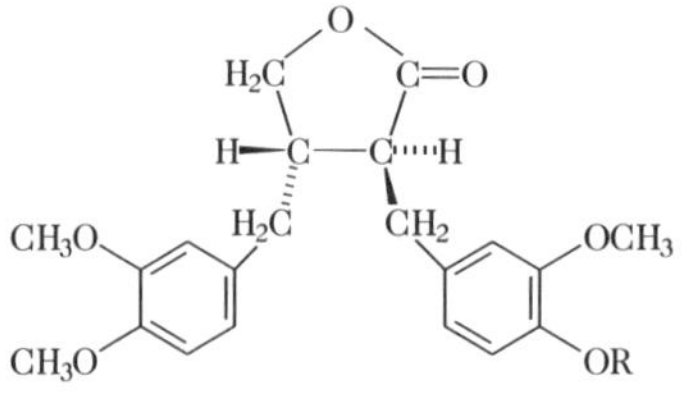

(+)-Arctigenin: R = H
Arctiin: R = Glucose-Rest

■ **Arctium-Arten**

● **Fam.:** Asteraceae (Compositae).

● **Arctium lappa** L. (syn. *Arctium majus, Lappa communis, Lappa major, Lappa officinalis, Lappa vulgaris*); Große Klette (syn. Rossklettenwurz).

● **Arctium tomentosum** Mill. (syn. *Arctium bardana, Lappa arctium, Lappa tomentosa*); Filz-Klette, Filzige Klette.

● **Arctium minus** (Hill) Bernh.; Kleine Klette.

Droge: ***Bardanae radix*** (syn. *Radix Bardanae, Radix Arctii, Radix Lappae*); Klettenwurzel, die im Herbst des ersten oder im Frühjahr des zweiten Jahres gesammelten, getrockneten, ganzen oder zerkleinerten Wurzeln. Droge stammt meist aus Kulturen von *A. lappa*. *Inh.*: Lignane, u. a. ↗ Arctiin, Inulin (*A. lappa* 45–70 %, *A. minus* 20–27 %, *A. tomentosum* bis 19 %), Schleimstoffe, geringe Mengen an ätherischem Öl (0,06–0,18 %), Polyine, Kaffeesäurederivate und Sesquiterpenlactone. *Anw.*: in der Volksheilkunde bei Beschwerden im Magen-Darm-Bereich, bei Rheuma und äußerlich bei schlecht heilenden Wunden, unreiner Haut sowie Psoriasis. Als Klettenwurzelöl äußerlich bei trockener Seborrhoe der Kopfhaut.

Hom.: ***Arctium lappa*** HAB34, die frische, von einjährigen Pflanzen gesammelte Wurzel. *Anw.-Geb.*: Hautausschläge, bes. nässende; Gebärmuttersenkung und rheumatische Beschwerden.

Histor.: Der Gattungsname, der sich bereits bei ↗ Dioskurides findet, leitet sich vermutlich vom griechischen *árcteion*, der Bär, ab; möglicherweise wegen der wolligen Beschaffenheit der Blütenköpfchen. Der Artname *lappa* wird bei ↗ Plinius als weiterer Gattungsname genannt und ist aus dem griechischen *labein* = ergreifen, festhalten abgeleitet, womit auf die an den Kleidern festhaftenden Früchte hingewiesen wird. Der mittelalterliche Name *bardana* wird mit dem italienischen Namen *„bard"* (=Pferdedecke) in Verbindung gebracht, offenbar im Hinblick auf die großen Blätter der Pflanze. Mit dem deutschen Namen Klette wird ebenfalls der Begriff des Klebrigen, Anhaftenden zum Ausdruck gebracht.

Arctium majus ↗ Arctium-Arten.
Arctostaphylos media ↗ Arctostaphylos uva-ursi.
Arctostaphylos officinalis ↗ Arctostaphylos uva-ursi.
Arctostaphylos procumbens ↗ Arctostaphylos uva-ursi.

■ **Arctostaphylos uva-ursi** (L.) Sprengel
(syn. *Arbutus uva-ursi, Arctostaphylos media,*

Arctostaphylos officinalis, Arctostaphylos procumbens, Mairania uva-ursi, Uva-ursi buxifolia, Uva-ursi procumbens); Bärentraube (syn. Mehlbeere, Moosbeere, Sandbeere, Wilder Buchsbaum, Wolfstraube). Niederliegender, bis 1,5 m langer, kriechender Strauch.

Fam.: Ericaceae.

Droge: ***Uvae-ursi folium*** (syn. *Folia Arctostaphyli, Folia Garjubae, Folia Uvae ursi, Folia Vaccinii ursi, Herba Garjubae*); Bärentraubenblätter (syn. Achelblätter, Achelkraut, Bärenkraut, Moosbeerenblätter, Sandblätter, Steinbeerenblätter, Wolfsbeerenblätter), die getrockneten Laubblätter. *Inh.:* Phenolglykoside (5–12 %), insbes. Arbutin und Methylarbutin, ferner Flavonoide (0,8–1,5 %, bes. Flavonolglykoside), Gerbstoffe, die vorwiegend als Gallotannine und Ellagitannine vorliegen, außerdem Phenolcarbonsäuren (u. a. Gallussäure), Triterpene (u. a. Ursolsäure) sowie das Iridoidglykosid Monotropein. *Anw.:* bei entzündlichen Erkrankungen der

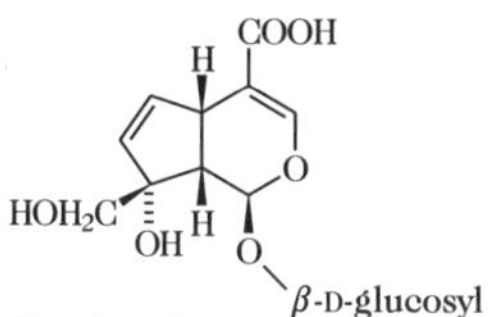

Monotropein

ableitenden Harnwege; zur Unterstützung der Therapie bei Blasen- und Nierenbeckenkatarrhen. Die Nutzung von Bärentraubenblätterzubereitungen soll bei alkalisch reagierendem Harn erfolgen, da das bakterizid reagierenden Hydochinon bevorzugt unter diesen Bedingungen freigesetzt wird. Die Alkalisierung des Harns ist durch Gabe von Natriumhydrogencarbonat (6–8 g/d) oder durch reichlich pflanzliche Kost zu erreichen. Da Abkochungen einen hohen Gerbstoffgehalt aufweisen, der zu Unverträglichkeit infolge Magenreizung führen kann, wird das Kaltmazerat empfohlen. Hierzu werden 1–2 Teelöffel fein geschnitten oder grob gepulverte Droge in einer Tasse Wasser kalt angesetzt, mehrere Stunden unter gelegentlichem Umrühren stehen gelassen, danach kurz erhitzt und abgeseiht. Die mittlere TD beträgt 10 g Droge. Die Anwendung sollte nicht länger als 7 Tage und nicht an Kinder unter 12 Jahren erfolgen.

Hom.: ***Arctostaphylos uva-ursi*** HAB1; Bärentraube, die frischen Blätter oder die frischen Blätter und jungen Zweigspitzen. *Anw.-Geb.:* Erkrankungen der Nieren und ableitenden Harnwege.

■ **Arctotis grandis** Thunb.

Fam.: Asteraceae (Compositae).

Vork.: Südafrika.

Droge: die ganze Pflanze. *Inh:* Sesquiterpenlactone, Guaianolide, wie Arctolid. *Anw.:* in der Volksheilkunde zur Behandlung von Brustschmerzen und Gebärmutterkrebs.

Ardisia humilis ↗ Ardisia solanacea.

■ **Ardisia japonica** (Thunb.) Blume (syn. *Bladhia japonica*).

Fam.: Myrsinaceae.

Vork.: Japan, China, Taiwan, pazifische Inseln.

Drogen: die Blätter. *Inh:* Triterpene, wie Ilexol; Flavonoide, u. a. Quercetin, Myricetin, Bergenin; Ardisinol I und II. *Anw.:* in der traditionellen chinesischen Medizin bei Erkältungskrankheiten und Tuberkulose.

■ **Ardisia solanacea** Roxb. (syn. *Ardisia humilis*).

Fam.: Myrsinaceae.

Vork.: Indien.

Drogen: die Wurzeln. *Inh:* Triterpen-Alkohole, u. a. Bauerenol, α- und β-Amyrin. *Anw.:* in der indischen Volksheilkunde als Fiebermittel, Antidiarrhoikum und Antirheumatikum, in Burma auch bei Menstruationsstörungen.

■ **Areca catechu** L.

Arekapalme (syn. Betelnußpalme). 10–20 m hohe Fächerpalme mit eigroßer, roter Beerenfrucht.

Fam.: Arecaceae (Palmae).

Vork.: tropisches Asien.

Droge: ***Arecae semen*** (syn. *Semen Arecae, Nuces Arecae*); Arekasamen (syn. Betelnuß, Arekanuß); s. Farbtafel S. 142, Bild 36. *Inh.:* Alkaloide, u. a. Arecolin (0,1–0,4 %) sowie Gerbstoffe. *Anw.:* als Anthelmintikum in der Veterinärmedi-

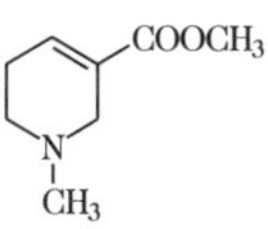

Arecolin

zin. Wirkung beruht auf Auslösung von Muskelkrämpfen in der Muskulatur der Eingeweidewürmer verbunden mit Erregung des Vagus zu peristaltischen Bewegungen, die zu einer beschleunigten Darmentleerung führen. Das muscarinartig wirkende Arecolin ist als direktes Parasympathomimetikum in 1%iger Lösung als Miotikum nutzbar. Die miotische Wirkung hält nur etwa 30 min an und läßt sich im Gegensatz zum Pilocarpin bereits durch ein Spur Atropin aufheben. Arekasamen dienen ferner als Genußmittel zum Betelkauen. Hierzu wird aus Scheiben frischer Arekasamen, Blättern von Piper betle, Kalk und Gambir sowie aromatisierenden Ingredienzien der sog. „Betelbissen" bereitet. *Geg.*: in höheren Dosen, z. B. 8–10 g Arekasamen, sind tödliche Vergiftungen infolge Atemlähmung möglich. Als Gegenmittel dient Atropin.

Arecae semen ↗ Areca catechu.
Arecolin ↗ Areca catechu.
Arekanuß ↗ Areca catechu.
Arekapalme ↗ Areca catechu.
Arekasamen ↗ Areca catechu.
Aremonia agrimonoides ↗ Agrimonia eupatoria.
Arenariae rubrae herba ↗ Spergularia rubra.
Arenaria rubra ↗ Spergularia rubra.
Arganiaöl ↗ Argania sideroxylon.

■ **Argania sideroxylon** Roem. et Schult.
(syn. *Argania spinosa*); Eisenholzbaum.

Fam.: Sapotaceae.

Vork.: Marokko.

Droge: ***Oleum Arganiae***; Eisenholzsamenöl (syn. Arganiaöl), das fette Öl der Samen. *Inh.*: fettes Öl (60 %). *Anw.*: als Speiseöl, Ersatz für Olivenöl. Der Ölkuchen dient als wertvolles Viehfutter.

Argania spinosa ↗ Argania sideroxylon.
Argemone leiocarpa ↗ Argemone mexicana.

■ **Argemone mexicana** L.
(syn. *Argemone leiocarpa, A. mucronata, A. ochroleuca, A. spinosa, A. sulphurea, A. versicolor, Ectrus mexicanus, Papaver spinosum*); Mexikanischer Stachelmohn.

Fam.: Papaveraceae.

Vork.: Zentralamerika, Brasilien, Indien, tropisches Afrika.

Drogen: *1.* ***Oleum Argemonis***; Argemonöl (syn. Stachelmohnöl), das fette Öl der Samen. *Inh:* Trigylceride mit Palmitin-, Myristin- und Linolsäure als Fettsäurekomponenten. *Anw.*: in der brasilianischen Volksheilkunde als Purgans, in Ostindien als Speiseöl, sonst als Brenn- und Schmieröl. *2.* ***Cardo mariano*** (syn. *Cardo santo*), Blätter und Samen. *Inh:* Alkaloide, wie Argemonin, Argonin, Berberin (0,125 %), Norargemonin, Sanguinarin, Protopin; Gerbstoffe. *Anw.*: in der Volksheilkunde als Sedativum und Brechmittel. *3.* ***Stachelmohnsaft***, der aus der Pflanze gewonnene Milchsaft. *Inh:* Berberin, Protopin sowie weitere Isochinolinalkaloide. *Anw.*: in der Volksheilkunde bei Augenleiden, Nierenschmerzen, Galleleiden, Harnverhaltung, Muskelschmerzen sowie zur Entfernmung von Warzen, bei Schlafstörungen und Asthma.

Histor.: Der Stachelmohn war den Azteken als „Nahrung der Toten" bekannt; daran sollten sich die Seelen im Totenreich und regenreichen Paradies laben. Um 1597 wurde die Pflanze bereits in Europa beschrieben. Zu Beginn dieses Jahrhunderts sollen die Chinesen aus dem Stachelmohn eine Art Opium gewonnen und als Ersatz für das aus *Papaver somniferum* gewonnene, genutzt haben. Heute wird die Pflanze als Marihuanaersatz und Aphrodisiakum geraucht, in Indien dient sie zur Erzeugung halluzinogener Zustände.

Argemone mucronata ↗ Argemone mexicana.
Argemone ochroleuca ↗ Argemone mexicana.
Argemone spinosa ↗ Argemone mexicana.
Argemone sulphurea ↗ Argemone mexicana.
Argemone versicolor ↗ Argemone mexicana.
Argemonöl ↗ Argemone mexicana.
Argentina anserina ↗ Potentilla anserina.
Argentina vulgaris ↗ Potentilla anserina.

■ **Argyreia nervosa** (Burm. f.) Bojer
(syn. *Argyreia speciosa, Convolvulus speciosus*); Silberkraut (syn. Hawaiianische Holzrose).

Fam.: Convolvulaceae.

Vork.: Indien, Australien, Afrika, häufig als Zierpflanze angebaut.

Drogen: *1.* ***Semen Argyreiae***, die Samen. *Inh:* Mutterkornalkaloide (ca. 0,3 %), u. a. Agroclavin, Ergin, Isoergin, Chanoclavine, Elymoclavin, Lysergen und Lysergol, Ergimetrin sowie Lysergsäure-α-hydroxyethylamid. *Wirk.*: Der Zustand nach dem Genuß von 4–8 Samen wird von den Konsumenten als stark LSD-ähnlich bezeichnet (↗ Halluzinogene biogenen Ursprungs), d. h. es werden farbige Visionen induziert, die etwa 6–8 Stunden anhalten. Verbunden mit einem euphorischen Zustand wird ein „angenehmes Kribbeln“ über Stunden erzeugt, das die sexuelle Phantasie und Aktivität anregt. Nebenwirkungen sind Übelkeit, Erschöpfung sowie Obstipation. Anw.: als Rauschmittel in den USA und Australien, als Aphrodisiakum für sexualmagische Rituale. ***2. Radix Argyreiae***, die Wurzeln. Inh: s. *Semen Argyreiae*. Anw.: in der ayurvedischen Medizin Indiens als Tonikum für Nerven und Gehirn, als Aphrodisiakum, zur Steigerung der Intelligenz, aber auch bei Husten, Bronchitis, Ejakulationsstörungen, Tuberkulose, Syphilis und Diabetes.

Histor.: Die Pflanze stammt aus Indien, wo sie seit Jahrtausenden medizinisch genutzt wird. Allerdings muß sie bereits sehr früh nach Hawaii eingebürgert worden sein, da die Pazifikinseln heute als ihre Heimat angesehen werden. Über eine traditionelle Anwendung in den Naturreligionen der Herkunftgebiete liegen keine Angaben vor. Die Möglichkeit, daß die Droge mit dem mythischen Rankengewächs ↗ Soma identisch ist, wird diskutiert.

Argyreia speciosa ↗ Argyreia nervosa.
Ari dracunculi folium ↗ Dracunculus vulgaris.
Ari dracunculi rhizoma ↗ Dracunculus vulgaris.
Arillus Myristicae ↗ Myristica fragrans.
Arillus Myristicae Papua ↗ Myristica argentea.
Ari maculati rhizoma ↗ Arum maculatum.

■ Ariocarpus-Arten

● **Fam.:** Cactaceae.
● **Ariocarpus fissuratus** und
● **Ariocarpus retusus**. Inh.: Phenylethylamin-Alkaloide. Anw.: Von den mexikanischen Huichol-Indianern werden diese Kakteen („Falsche Peyote“) frisch gegessen und als Rauschdroge für magische Zeremonien verwendet.

Ariocarpus williamsii ↗ Lophophora williamsii.
Arion ater ↗ Arion empiricorum.

■ Arion empiricorum Ferussac

Nacktschnecke (syn. Waldschnecke, Braune Wegschnecke, Schwarze Wegschnecke).

Fam.: Arionidae.

Vork.: weltweit zwei Varianten: *Arion rufus* (von roter Farbe) in wärmeren Gebieten; *Arion ater* (von brauner bis schwarzer Farbe) in kälteren Gebieten.

Inh.: v. a. Schleim und Enzyme (Proteasen, Amylase, Lichenase, Lipase). Anw.: früher bei Bronchialerkrankungen als Schneckensirup (*Sirupus limax*).

Arion empiricorum. Große Wegschnecke (Arion ater).

Hom.: ***Limax ater***, ethanolische Tinktur aus den zerquetschten, mit Ethanol getöteten Tieren. Anw.-Geb.: Husten und Bronchialverschleimung.

Arion rufus ↗ Arion empiricorum.

■ Arisaema-Arten

● **Fam.:** Araceae.
● **Arisaema amurense** Maxim.

Droge.: ***Arisaema amurense-Rhizom*** (syn. *Rhizoma Arisaematis*), das getrocknete Rhizom. Anw.: volkstümlich u. a. bei Erkrankungen der Atmungsorgane.

● **Arisaema atrorubens** (Ait.) Blume (syn. *Arisaema polymorphum, A. stewardsonii, A. triphyllum, Arum atrorubens, Arum triphyllum*); Dreiblättriger Aron (syn. Schwarzroter Aronstab, Zehrwurzel).

Vork.: China, östliches Nordamerika.

Hom.: ***Arisaema triphyllum*** HAB1, die frischen unterirdischen Teile, die vor der Entwicklung der Blätter geerntet wurden. Anw.-Geb.: entzündliche Erkrankungen im Mund-Rachen-Raum, Heiserkeit.

● **Arisaema dracontium** (L.) Schott; Drachenwurzel (syn. Grüner Drachen).

Vork.: Nordamerika.

Droge: ***Arisaema dracontium-Rhizom***, das getrocknete Rhizom. Anw.: in der Volksheilkunde bestimmter Indianerstämme für rituelle Zwecke und als Gynäkologikum.

Hom.: ***Arum dracontium*** HAB34, die frischen, vor der Blüte oder nach dem Reifen der Früchte geernteten Wurzelstöcke mit Wurzeln. Anw.-Geb.: Erkrankungen der oberen Luftwege.

● **Arisaema heterophyllum** Blume (syn. *Arisaema thunbergii, Arum dracontium*). Die Pflanze wird in China in der traditionellen Medizin verwendet.

■ **Aristolochia-Arten**

● **Fam.:** Aristolochiaceae.

● **Aristolochia clematis** L. (syn. *Aristolochia infesta, A. sarracenia*); Osterluzei (syn. Aristolochia), s. Farbtafel S. 143, Bild 37.

Heim.: Mittelmeergebiet, Südeuropa.

Droge: ***Aristolochiae herba*** (syn. *Herba Clematitis*); Osterluzeikraut, das getrocknete Kraut. Inh.: äther. Öl (0,02–0,2 %, mit α-Pinen und α-Terpineol als Hauptkomponenten), Aristolochiasäuren mit Aristolochiasäure I (0,2 %, einer 3,4-Methylendioxy-8-methoxy-10-nitrophenanthren-carbonsäure und Aristolochiasäure II (0,1 %) im Trockengewicht als Hauptkomponenten, ferner phenolische Stoffe, u. a. Chlorogen-,

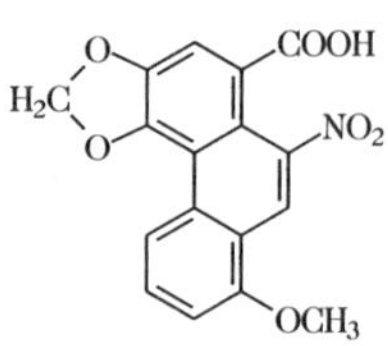

Aristolochiasäure I

p-Cumar- und Sinapinsäure. Wirk.: beruht auf der Aristolochiasäure, die insbes. eine Erhöhung der Phagozytoseaktivität der Leukozyten bewirkt, jedoch in höheren Dosen (bis 10 mg/kg) carcinogene Effekte auslösen kann. Anw.: in der Volksheilkunde seit Jahrhunderten als Wundheilmittel, praktisch Vorläufer der späteren pflanzlichen Immunstimulantien. Inzwischen ist die Anwendung der Droge auf die Homöopathie beschränkt.

Hom.: ***Aristolochia clematidis*** HAB1, die frischen oberirdischen Teile. Anw.-Geb.: u. a. Menstruationsbeschwerden und Erkrankungen des venösen Systems.

● **Aristolochia cymbifera** Mart. et Zucc. (syn. *Aristolochia grandiflora, Howardia brasiliensis*).

Heim.: Süd- und Zentralbrasilien.

Droge: ***Aristolochiae cymbiferae radix***; Wurzel und Stengel. Inh.: u. a. äther. Öl, Allantoin (0,003 %) und Carotinoide. Anw.: volkstümlich als Stimulans bei Ermüdungserscheinungen, ferner bei Menstruationsbeschwerden, Schlangenbissen, Asthma, Diarrhoe und Blasenbeschwerden.

Hom.: ***Aristolochia milhomens e radice*** HAB34, die frischen Wurzeln.

● **Aristolochia rotunda** L., Runde Osterluzei.

Heim.: Mittelmeergebiet.

Droge: ***Radix Aristolochiae rotundae***, das getrocknete Rhizom. Inh.: u. a. Aristolactam, Aristolochiasäuren I, II und C sowie β-Sitosterol. Anw.: ausschließlich volkstümlich, bes. bei Menstruationsbeschwerden, als Wundheilmittel und Bittermittel. Im Hinblick auf die carcinogenen Eigenschaften der Aristolochiasäure ist die therapeutische Nutzung nicht vertretbar.

Hom.: ***Aristolochia rotunda*** HAB34, die getrockneten Wurzelstöcke.

● **Aristolochia serpentaria** L. (syn. *Aristolochia hastata, A. officinalis, A. sagittata*); Virginische Schlangenwurzel.

Vork.: Nordamerika (Florida bis Mississippi).

Droge: ***Aristolochia-serpentaria-Wurzel*** (syn. *Radix colubrina viperina, Radix Contrayverae virginiae, Radix Viperinae virginiae, Rhizoma Serpentariae, Serpentariae radix*); Virginische Schlangenwurz (syn. Virginische Vipernwurz), die getrockneten Wurzelstöcke mit Wurzeln. Inh.: äther. Öl (1–2 %), Aristolochiasäure I und Aristolactam, Aristorot, β-Sitosterol und β-Sitosterol-D-glucosid. Anw.: volkstümlich als Bittermittel bei dyspeptischen und krampfartigen Beschwerden, nervöser Erschöpfung, zur Wundheilung und bei den nordamerikanischen Indianern auch gegen Schlangenbisse. Die nicht belegte Wirkung der Droge und die carcinogenen Eigenschaften der darin enthaltenen Aristolochiasäure stehen der therapeutischen Nutzung der Droge entgegen.

Hom.: ***Serpentaria*** HAB34, die getrocknete Wurzel.

● **Histor.:** Aristolochia gehört zu den uralten Heilpflanzen. Im Altägyptischen bedeutet der Name „schlangenwidrig". Die einzelnen Aristolochia-Arten dienten bei allen berühmtem Ärzten des griechischen und römischen Altertums als Mittel gegen Schlangenbiß. Völlig unabhängig wurde die „Aristolochia" auch von den nordamerikanischen Indianern mit der gleichen Indikation genutzt. Die spätere Indikation war besonders die als Wundheilmittel sowie bei Menstruationsbeschwerden. In katholischen Gegenden ist die Osterluzei Bestandteil des sog. Wurzwisches, eines aus verschiedenen Arzneipflanzen bestehenden Straußes, der an Mariä

Himmelfahrt in der Kirche geweiht wird. Der Ursprung des Gattungsnamens „Aristolochia“ geht auf die griechischen Worte *aristos* (sehr gut, der Beste) und *lóckeia* (Niederkunft, Geburt) zurück und weist damit auf die Geburt förderndeNutzung der Pflanze hin, während der Artname *clematitis* vom griechischen *klema* (Ranke) abgeleitet ist und die Ähnlichlkeit mit der Gattung *Clematis* zum Ausdruck bringen soll. Der deutsche Name Osterluzei wird mit Ostern in Verbindung gebracht.

Aristolochiae cymbiferae radix ↗ Aristolochia-Arten.
Aristolochiae herba ↗ Aristolochia-Arten.
Armeniaca communis ↗ Prunus-Arten.
Armeniaca vulgaris ↗ Prunus-Arten.
Armenisches Gummi ↗ Dorema ammoniacum.

■ **Armeria maritima** (Mill.) Willd.
(syn. *Armeria vulgaris, Statice armeria*); Strandgrasnelke.

Fam.: Plumbaginaceae.

Vork.: Küstengebiete der nördlichen Hemisphäre, Chile.

Droge: ***Herba Armeriae maritimae***; Strandgrasnelkenkraut, das getrocknete Kraut. *Inh:* Naphthochinonderivate, Plumbagin, Mineralien, Halogenide, in der Asche Natriumchlorid (20–25 %). *Anw.:* in der Volksheilkunde gegen Fettsucht sowie als Diuretikum.

Armeria vulgaris ↗ Armeria maritima.
Armillaria edodes ↗ Lentinula edodes.

Armillariella mellea (Vahl. in Fl. Dan. ex Fr.) Karst. s. l.
Hallimasch.

Fam.: Tricholomataceae.

Inh.: u. a. Melleolid (antibiotisch wirksames Sesquiterpen), Armillylorselinat. *Anw.:* Speisepilz, der roh gegessen zu Unverträglichkeitserscheinungen (Völlegefühl, Meteorismus, Brechdurchfälle) führen kann. Falls der Pilz für den Verzehr zubereitet wird, sollte das Kochwasser vor dem Essen abgegossen werden.

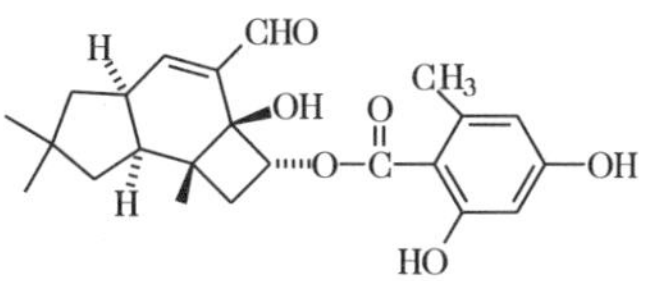

Melleolid

Armillariella mellea. Hallimasch.

Armoraciae radix ↗ Armoracia rusticana.
Armoraciae radix recens ↗ Armoracia rusticana.
Armoraciae rusticanae radix ↗ Armoracia rusticana.

■ **Armoracia rusticana** Ph. Gärtn.
(syn. *Armoracia sativa, Cardamine armoracia, Cochlearia armoracia, Cochlearia rusticana, Cochlearia sisymbrioides, Nasturtium armoracia, Raphanis magna, Roripa armoracia, Roripa rusticana*); Meerrettich (syn. Kren).

Fam.: Brassicaceae (Cruciferae).

Heim.: im Wolga-Don-Gebiet, in Europa vielfach verwildert, Kulturen innerhalb der gemäßigten Zonen.

Droge: ***Armoraciae radix*** (syn. *Armoraciae radix recens, Armoraciae rusticanae radix, Radix Armoraciae, Radix Armoraciae recens*); Meerrettichwurzel (syn. Kren, Krenwurzel, Pfefferwurzel), die frische oder getrocknete, im Frühling oder Herbst geerntete Wurzel. *Inh.:* Frische Wurzel enthält bis zu 0,32 % die Glucosinolate Gluconasturtiin und Sinigrin, aus denen beim Trocknungsprozeß durch enzymatische Spaltung ein äther. Öl (0,6–0,8 %) gebildet wird, das bis zu 90 % aus Allylsenföl und bis zu 15 % aus Phenylethylsenföl bestehen kann. Weitere Bestandteile sind Ascorbinsäure (ca. 0,6 %) und Vitamin

$CH_2{=}CH{-}CH_2{-}N{=}C{=}S$

Allylsenföl

B_1 (500 µg/100 g). Anw.: innerlich als Bestandteil entsprechender Phytopharmaka bei grippalen Infekten, bes. Katarrhen der Atemwege und bei Infekten der ableitenden Harnwege. Äußerlich bei leichten Muskelschmerzen sowie bei Bronchitiden. Kontraindiziert ist die Einnahme bei Magen oder Darmgeschwüren sowie bei Nierenleiden. Zur Einahme werden für die Droge als Tagesdosis etwa 20 g frische Wurzel empfohlen.

Hom.: ***Armoracia-Meerrettich*** HAB34; der frische Wurzelstock. Anw.-Geb.: Augenentzündungen, Entzündungen der oberen Luftwege sowie Oberbauchkoliken.

Histor.: Die wissenschaftliche Bezeichnung ist lateinischen Ursprungs. So geht der Gattungsname *Armoracia* auf armoracius, d. h. am Meere wachsend, zurück, was auch im deutschen Namen Meerrettich beibehalten wird, während der Artname *rusticus* das ländliche, einfache ausdrückt. Die Pflanze gelangte im frühen Mittelalter aus Südosteuropa nach Mitteleuropa, fand auch bei Hildegard von Bingen und in den späteren Kräuterbüchern Erwähnung und diente sowohl als Küchengewürz wie auch als Mittel gegen Skorbut, Gelbsucht und Erkrankungen der Atmungsorgane. Vorsichtig ins Ohr geträufelter Saft der Droge wurde gegen Geschwüre im Ohr empfohlen.

Armoracia sativa ↗ Armoracia rusticana.

■ Arnebia euchroma

Fam.: Boraginaceae.

Vork.: China, Tibet.

Droge: die Wurzel. Inh: Shikoninderivate. Anw.: zur Behandlung von Hepatitis. In Tibet wird der gelbrote Farbstoff der Wurzel zu kultischen Zwecken und zum Färben der Butter benutzt.

■ Arnica-Arten

● **Fam.:** Asteraceae (Compositae).

● **Arnica chamissonis** Less. *ssp. foliosa* (Nutt.); Nordamerikanische Wiesenarnika, s. Farbtafel S. 143, Bild 38.

Heim.: Nordamerika, Kulturen in Mitteleuropa.

Droge: ***Arnicae flos*** (syn. *Arnicae-chamissonis-ssp.-foliosa*-Blüten); Arnikablüten, die getrockneten, ganzen oder teilweise zerfallenen Blütenstände. Inh.: Sesquiterpenlactone (0,2–1,5 %), v. a. Pseudoguaianolide mit Helenalin- und 11α,13-Dihydrohelenalinester („Helenaline") sowie zusätzlich deren 2,3-Dihydro-2α-hydroxyderivate („Arnifoline") und 2,3-Dihydro-2α,4α-dihydroxyderivate („Chamissonolide"). Flavonoide (0,4–0,6 %), bes. 6-methoxylierte Flavone und Flavonole, äther. Öl (0,15–0,28 %), Terpenkohlenwasserstoffe, Thymol, Fettsäuren und n-Alkane enthaltend. Phenolcarbonsäuren mit Chlorogen-, 1,5-Dicaffeoylchina-, und 1,4,5-Tricaffeoylchinasäure. Außerdem Cumarinderivate, Polyine und Spuren von Pyrrolizidinalkaloiden (Tussilagin und Isotussilagin). Anw.: s. *Arnica-montana*-Blüten (Arnicae flos).

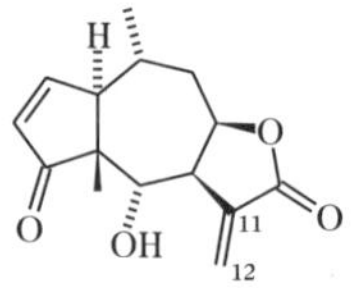

Helenalin

● **Arnica montana** L. (syn. *Doronicum arnica, D. montanum*); Arnika (syn. Bergdotterblume, Bergwohlverleih, Fallkraut, Johannisblume, Kraftrose, Kraftwurz, St.-Luzianskraut, Stichwurzel, Schnupftabaksblume, Tabakblume, Verfangkraut, Wohlverleih, Wundkraut), s. Farbtafel S. 143, Bild 39.

Vork.: auf Gebirgswiesen in ganz Europa.

Drogen: ***1. Arnica-montana-Blüten*** (syn. *Arnicae flos, Flores Arnicae, Flores Calendulae alpinae, Flores Plantagines montanae, Flores Ptarmicae, Flores Alismae, Flos Arnicae*); Arnikablüten (syn. Bergwurzblumen, Bergwurzelblumen, Blutblumen, Engelblumen, Engelkraut, Gamsblumen, Fallkrautblumen, Wohlverleihblüten, Wolfsblüten), die getrockneten, ganzen oder teilweise zerfallenen Blütenstände bzw. Bütenkörbchen. Inh.: wie bei *Arnica chamissonis*, allerdings fehlen bei *A. montana* die Arnifoline und Chamissonolide. Anw.: Zubereitungen der Droge, meist in Salbenform oder als Tinktur, wirken antimikrobiell (bakteriostatisch und fungistatisch), antiphlogistisch und analgetisch. Sie kommen daher äußerlich bei Verletzungen, z. B. Hämatomen, Prellungen, Quetschungen, rheumatischen Muskel- und Gelenkbeschwerden sowie bei Entzündungen, z. B. als Folge von Insektenstichen, zur Anwendung. Hauptwirkstoffe sind die Sesquiterpenlactone, die als Sulfhydrilgruppen-Blocker bestimmte essentielle Enzyme hemmen und membranstabilisierende Effekte ausüben können. Die innerliche Anwendung von

Zubereitungen der Droge führt zu kardiotonischen, atemanaleptischen und vasomotorischen Effekten, geht jedoch auch mit toxischen Wirkungen einher, die zu Schweißausbrüchen, Gastroenteritis, Tachykardie, Dyspnoe bis zum Kollaps, bedingt durch die enthaltenen Sesquiterpene, führen können, und sollte daher nicht genutzt werden. ***2. Arnicae herba*** (syn. *Arnicae folium, Folia Arnicae, Herba Arnicae, Herba Doronicae germanici*); Arnikakraut (syn. Arnikablätter, Engelskraut, Fallkraut, Gamskraut, Wohlverleihkraut), im Mai vor der Blüte gesammelte, getrocknete grundständige Blätter, die fast stengelfrei in den Handel kommen. Inh.: Sesqiterpenlactone vom Pseudoguaianolid-Typ, 11α,13-Dihydrohelenalin sowie dessen Essig-, Isovalerian-, Isobutter-, Methacryl- und Tiglinsäureester, Tetrahydrohelenalin, Arnifolin, das Flavon Pectolinarigenin und äther. Öl (0,2–0,5 %, s. *Arnica-montana*-Blüten). Anw.: in der Volksheilkunde als Wundheilmittel, früher gegen Fieber. ***3. Arnicae radix*** (syn. *Arnicae rhizoma, Radix Arnicae, Radix Doronici germanici, Rhizoma Arnicae*); Arnikawurzel (syn. Bergwohlverleihwurzel, Mutterwurz, Stichwurz, Wohlverleihwurzel), der getrocknete Wurzelstock mit den Wurzeln. Inh.: äther. Öl (Rhizome: 2,70–6,31 %, Wurzeln: 1,75–3,74 %) mit Thymolderivaten als Hauptkomponenten, außerdem Polyine mit Tridec-1-en-penta-3,5,7,9,11-in als Hauptkomponente sowie Phenolcarbonsäurederivate. Anw.: volkstümlich als Anregungsmittel für Herz und Kreislauf, bei Erschöpfungszuständen und rheumatischen Beschwerden, äußerlich bei Verletzungen, Prellungen und Blutergüssen.

Hom.: ***1. Arnica montana*** HAB1, der getrocknete unterirdische Teil. Anw.-Geb.: Blutungen aller Art, Myalgie nach Überlastung, Erkrankungen des arteriellen und venösen Systems. ***2. Arnica montana e floribus H 10 %*** HAB 1, die getrockneten Blütenstände. Anw.-Geb.: anthroposophische Therapierichtung. ***3. Arnica montana e planta tota***, HAB1, die ganze, frische, blühende Pflanze. Anw.-Geb.: s. *Arnica montana*. ***4. Arnica montana e planta tota Rh***, HAB1, die ganze, frische, blühende Pflanze. Anw.-Geb.: anthroposophische Therapierichtung. ***5. Arnica montana ex herba*** HAB; frische, zur Zeit der Blüte geerntete, oberirdische Pflanzenteile. Anw.-Geb.: Muskelschmerzen, stumpfe Verletzungen.

● **Histor.:** Die Arnika hat überraschenderweise bei den antiken Schriftstellern der Drogenkunde keine Erwähnung gefunden. Ihr hohes Ansehen erlangte die Droge erst im späten Mittelalter, bes. im 17. und 18. Jh. als Mittel bei Verletzungen. Im Heilmittelschatz, z. B. des berühmten Berliner Arztes Hufeland (1762–1836), wird die Arnika als wichtige Droge genannt, die er bes. bei Überanstrengungen und Entzündungen als resorptionsförderndes und fäulniswidriges Mittel anwandte. Arnika war das letzte Heilmittel, das man dem sterbenden Goethe reichte.

Arnicae-chamissonis-ssp.-foliosa-Blüten ↗ Arnica-Arten.
Arnicae flos ↗ Arnica-Arten.
Arnicae folium ↗ Arnica-Arten.
Arnicae herba ↗ Arnica-Arten.
Arnicae radix ↗ Arnica-Arten.
Arnicae rhizoma ↗ Arnica-Arten.
Arnika ↗ Arnica-Arten.
Arnikablüten ↗ Arnica-Arten.
Arnoglossum incanum ↗ Plantago-Arten.
Arnoglossum lanceolatum ↗ Plantago-Arten.
Aroeiraharz ↗ Schinus-Arten.
Aroides aethiopicum ↗ Zantedischia aethiopica.

Aromatherapie

Gerhard Buchbauer

Der Begriff Aromatherapie (AT) geht auf die Arbeiten des französischen Kosmetikchemikers *R.M. Gattefossé* [1] um 1930 zurück, der vor allem die guten antiseptischen Eigenschaften der ätherischen Öle und ihr gutes Hautpenetrationsvermögen hervorhob. Nachdem später die Verwendung von ätherischen Ölen zu Heilzwecken eher in Vergessenheit geriet, war es *R.B. Tisse-*

rand [2] in den achtziger Jahren, der der AT zu einer Renaissance verhalf.

Definition

Um den Begriff Aromatherapie zu definieren, seien zunächst die beiden Worte betrachtet, aus denen sich der Begriff zusammensetzt:

Aroma ist:
- der olfaktorische Gesamteindruck flüchtiger Stoffe in einer Probe [3],
- fragrance, sweet smell, a subtle quality [4],
- odeur agréable de certaines essence naturelles, principe odorant [5],
- émanation odorant qui s'exhale de certaines substances naturelles [6].

Da man in England und besonders in Frankreich das Wort Aroma eher schlampig verwendet und auch Aroma*stoff* oder gar *Essenz* damit meint, erschien es im Sinne einer genauen Begriffsabgrenzung nützlich, hier eigens auf die Definition von Aroma in fremdsprachlichen Standardwörterbüchern hinzuweisen. Betrachtet man nun diese Definitionen, so ist eine wesentliche Anforderung an eine allgemeingültige Definition schon gegeben: Eine Substanz hat dann ein Aroma, wenn sie flüchtig ist und den Geruchssinn anspricht, also ein Duftstoff ist. Aroma ist somit eine *Eigenschaft.*

Duftstoffe – wenn man nur die Einzelmoleküle betrachtet (ätherische Öle sind natürlich vorkommende, von Pflanzen produzierte Mischungen von Duftstoffen) – können auf zweifache Weise auf den menschlichen Körper einwirken: Zum einen wird der älteste Sinn angesprochen, nämlich der Geruchssinn, und dies führt zu einer Sinneswahrnehmung mit all den damit verbundenen Nebeneffekten, wie Gefühlseindruck, Erinnerung, reflektorische Beeinflussung verschiedener Körperfunktionen, etc. Zum anderen werden die eingeatmeten Moleküle durch die Nasenschleimhaut und/oder Bronchienschleimhaut resorbiert und gelangen so mit dem Blutstrom zu den Effektororganen. Vor allem wegen der hohen Lipophilie dieser kleinen Moleküle und der damit verbundenen leichteren Blut-Hirn-Schranken-Passage, besteht auch eine hohe Affinität zum ZNS.

Der zweite Wortteil des Begriffes AT ist die „Therapie", was laut *Pschyrembel* (Klinisches Wörterbuch [7]) als Behandlung von Krankheiten, also als ein Heilverfahren zu verstehen ist.

Aromatherapie ist folglich [8–10]:

Die therapeutische Verwendung von Duftstoffen zur Heilung, Linderung oder Verhinderung von Krankheiten, Infektionen, Beschwerden und Unwohlsein, wobei die Duftstoffe lediglich durch Inhalation in den Körper gelangen.

Im Zuge des allgemeinen Trends zum vermehrten Einsatz von Naturstoffen ist in den letzten Jahren eine wahre Flut an pseudowissenschaftlichen, z. T. esoterischen Artikeln zum Thema Aromatherapie erschienen. Teilweise wurden Aussagen auf Grund von Einzelfallstudien gemacht. Vieles ist in diesem Zusammenhang als Aromatherapie bezeichnet worden, was gemäß einer seriösen, naturwissenschaftlichen Betrachtung nicht als solche anzusehen ist. Daher sei hier ausdrücklich darauf hingewiesen, daß folgende Anwendungen, die oft fälschlich zur AT gezählt werden, nach obiger Definition eindeutig ausgeschlossen sind: die Anwendung von Medikamenten via Aerosole, die Applikation von Duftstoffen und ätherischen Ölen auf anderen Wegen als durch Einatmen, Kosmetik oder der kosmetische Gebrauch von Massageölen oder Parfüminhaltsstoffen, die Anwendung von Massagen, Schwitzpackungen, etc., die Anwendung von Heilkräutern, z. B. in Form von Tees, Umschlägen, Homöopathie oder anthroposophische Medizin, die Kombination mit kosmischen, magnetischen oder astrologischen Phänomenen oder auch nur mit philosophischem Gedankengut.

Ursprünge der Aromatherapie

Die therapeutische Anwendung von Duftstoffen und ätherischen Ölen ist seit uralten Zeiten bekannt. So beschreibt das *Gilgamesch*-Epos die „Fumigation" von kranken Menschen. Wenn auch dieses „dem duftenden Rauch-Aussetzen" vornehmlich in religiösen Riten angewandt wurde, so sollte man aus der Sicht des heutigen Wissenstandes nicht vergessen, daß damit auch eine Desinfektion und Reinigung der den Patienten umgebenden Luft verbunden war. Der römische Geschichtsschreiber *Plinius* berichtet, daß man frische Pfefferminzblätter an den Wänden des Krankenzimmers anbringen sollte, um die Raumluft zu verbessern, zu „erfrischen", – eigentlich ein sehr moderner Gedanke. Die als Einschlafhilfen verwendeten ätherischen Öle, bzw. die entsprechenden Pflanzenteile, wie z. B. Lavendelblüten, waren ebenso bekannt (die ägyptische Königin Kleopatra pflegte auf mit Rosenblütenblättern gefüllten Kopfkissen einzuschlafen), wie die desinfizierende Wirkung dieser Naturprodukte. Wir kennen im Mittelalter das Bild vom „Schnabeldoktor", d. h. einen Arzt mit einer Art Schutzanzug mit einem schnabelförmigen Gebilde vor der Nase, in dem sich ein mit Duftstoffen getränkter Schwamm befand, so daß er bei jedem Atemzug desinfizierte und „wohlriechende" Luft einatmen konnte. Oder sein Spazierstock enthielt im Knauf eine ähnliche Vorrichtung, so daß der Arzt nach einem Krankenbesuch durch Reiben der Handinnenflächen an diesem „duftenden Knauf" sich die Hände reinigen konnte. Auch der Pomander, eine Kurzform von *pomme d'ambre* , ein perforiertes, innen mit Duftstoffen gefülltes Bällchen, das wie ein Schmuckstück um den Hals getragen wurde, diente demselben Zweck, nämlich die einzuatmende Luft möglichst keimfrei zu halten (Literaturangaben zu diesem Thema, siehe [9]).

Wirkung und Anwendung

Allein dieser kurze Ausflug in die Geschichte läßt bereits ein wesentliches Anwendungsgebiet der Duftstoffe erkennen. Ihre zum Großteil ausgezeichneten antibakteriellen Eigenschaften ermöglichen eine inhalative Therapie von Infektionen im Bereich des Nasen-Rachen-Raumes. Die antiphlogistische und spasmolytische Wirkung vieler ätherischer Öle (und somit auch vieler Einzelduftstoffe) konnte vor einigen Jahren durch die Arbeiten von *Teuscher* et al. erklärt werden [11]: Duftstoffe reagieren vermöge ihrer Lipophilie mit den Lipiden der Zellmembranen und wirken so auf molekularer Basis als Calciumionen-Kanal-Modulatoren.

Obzwar man über die auf peroralem oder parenteralem Weg erzielten pharmakologischen und toxikologischen Wirkungen von Terpenen – als Hauptbestandteile der meisten ätherischen Öle – schon einigermaßen Bescheid weiß (siehe vor allem die Arbeiten von *Opdyke* et al. [12]), so sind in der wissenschaftlichen Literatur nur spärlich Arbeiten zur wissenschaftlichen AT zu finden – also über die Wirkungen dieser kleinen Moleküle nach deren *inhalativer* Aufnahme. Eine der ersten Studien in dieser Hinsicht befaßte sich mit der einschlaffördernden Wirkung des in der Volksmedizin schon lange bekannten Hopfenkissens. *Hänsel* und Mitarb. konnten durch Headspace-Chromatographie in der diesem Schlafkissen umgebenden Luft einige niedermolekulare, flüchtige Stoffe identifizieren, darunter den tertiären Alkohol Dimethylvinylcarbinol, der sich später in pharmakologischen Testungen als sedativ wirksam erwies [13]. Pionierarbeit leisteten *Kovar* und *Ammon*. Sie untersuchten die Wirksamkeit des ätherischen Rosmarinöles und seines Hauptinhaltsstoffes, des 1,8-Cineols (auch als Eucalyptol bekannt) [14]. In Tierversuchen mit Mäusen konnten sie nach Inhalation dieses Duftstoffes eine deutliche, konzentrationsabhängige Motilitätssteigerung der Tiere im Lichtschrankenkäfig feststellen. Ähnliche Studien stammen aus dem Arbeitskreis des Autors. Insgesamt wurden 44 Duftstoffe und Duftstoffmischungen, darunter 9 ätherische Öle, an Mäusen unter alleiniger inhalatorischer Applikation untersucht [15,16]. Als besonders erniedrigend auf die Motilität der Versuchstiere erwiesen sich: Lavendelöl, Linalool, Linalylacetat, Neroliöl, Citronellal, 2-Phenylethylacetat, α-Terpineol, Benzaldehyd und ostindisches Sandelholzöl. Diese Ergebnisse konnten sowohl durch Kontrolltestungen an durch Coffein übererregten Tieren als auch im Humanversuch (Schlafdauer und Schlafqualität von Altersheimbewohnern nach Exposition von ätherischem Lavendelöl [17]) bestätigt werden. Außerdem gelang es, im Blut der Tiere die jeweils entsprechenden Duftstoffe, bzw. ihre Hauptkomponenten nachzuweisen. Diese Befunde lassen sich gut vergleichen mit Ergebnissen von EEG-Messungen im Humanexperiment, wobei die CNV-Methode (Contingent Negative Variation) zur Anwendung kam, z. B. im Fall des ätherischen Lavendelöls (Herabsetzung der CNV-Amplitude) [18,19].

Ammon bewies im Tierexperiment den Einfluß des bicyclischen Ethers 1,8-Cineol auf die motorischen Zentren in der Gehirnrinde und somit dessen Kausalität für die Steigerung der motorischen Aktivität [20]. Dem Team des Autors gelang der Beweis der Wirksamkeit dieses campherig riechenden Duftstoffes im Inhalationsexperiment mit freiwilligen Probanden durch Messung des cerebralen Blutflusses (CBF) durch Xe-CT. In allen 8 Fällen, darunter eine Anosmikerin, wurde der CBF signifikant erhöht [21], durch Blutspiegelmessungen abgesichert [22], und somit eindeutig bewiesen, daß Duftstoffe sehr wohl eine direkte, physiologische Wirkung im Menschen hervorrufen. Wenn also sogar bei einer anosmischen Person, die nach Einatmen eines Duftstoffes kein Gefühl des „Wohlbefindens" entwickeln kann, dieselbe signifikante Erhöhung des CBF beobachtet wurde, dann ist diese Wirkung sicher nicht auf einen reflektorischen Effekt zurückzuführen. Die Duftstoffmoleküle wurden also wie Pharmaka resorbiert und mit dem Blut zu den entsprechenden Rezeptorstellen transportiert. Weitere Methoden zur Erforschung der Wirkungen von Düften auf den menschlichen bzw. tierischen Organismus werden in Lit. [23] angeführt.

Einschränkend muß allerdings gesagt werden, daß bei vielen dieser mit eindeutig naturwissenschaftlichen Untersuchungsmethoden erarbeiteten Ergebnissen bislang nicht geklärt werden konnte, auf welchem Mechanismus solche beobachtbare Effekte basieren. Nach *Jellinek* [24] kann so eine Wirkung nämlich auf dreierlei Art und Weise zustandekommen: pharmakologisch (der Autor bezeichnet diesen Weg als „quasipharmakologisch", da die aufgenommenen Duftstoffmengen so gering sind), semantisch und hedonisch und schließlich placebomäßig. Bis auf die zuerst genannte Weise sind die anderen Wege fast ausschließlich psychisch beeinflußt. So konnte man z. B. zeigen, daß ein bestimmter Duftstoff, den man drei verschiedenen Gruppen von Testpersonen verabreichte, verschiedene Effekte hervorrief, je nachdem man diesen Geruch als heilsam, als neutral oder als potentiell schädlich bezeichnet hatte, oder daß der beobachtete Effekt von der Kraft der Überzeugung abhing („... if you manage to convince me, then it will work!"). Eine Lösung dieses Problems – echte, physiologische Wirkung der Duftstoffe durch Wechselwirkungen der Duftstoffmoleküle mit entsprechenden Rezeptorsystemen, oder eingebildete, eingeredete, vorgespielte oder schließlich reflektorische Wirkung nach Reizung des Sinnesorgans – kann nur dann erreicht werden, wenn solche Wirkungsstudien mit Anosmikern durchgeführt werden, wie dies mit dem den cerebralen Blutfluß steigernden Riechstoff 1,8-Cineol gezeigt werden konnte [21]. Duftstoffmoleküle werden tatsächlich resorbiert, gelangen ins Blut und können vermöge dieser „materiellen" Aufnahme in den Organismus (und nicht durch bloße Reizung der Geruchsrezeptoren) ihre pharmakologische Wirksamkeit unter Beweis stellen. Verwendet man also Duftstoffe im therapeutischen Sinn, dann könnte man sie auch als *Aromatherapeutika* bezeichnen. Folglich sind ätherische Öle – naturwissenschaftlich betrachtet – sowohl Phytotherapeutika als auch Aromatherapeutika.

Zusammenfassend kann daher gesagt werden: Die AT ist eine ernstzunehmende und auf naturwissenschaftlicher Basis begründbare, ergänzende Heilmethode, die sich von der Manipulation der Gefühle (die Wechselwirkungen von Geruch und Gefühl zu ergründen, ist Thema der sogenannten *Aromachologie* [25]) und von einer auf Placebowirkungen beruhenden Behandlungsmethode deutlich unterscheidet.

Literatur:

[1] Gattefossé, R.M.: *Aromatherapie*. Parf. moderne, 1936; 511–529.

[2] Tisserand, R.B.: *Aromatherapie. Heilung durch Duftstoffe*, Hermann Bauer Verlag, Freiburg im Breisgau, 1980.

[3] Albrecht-Neumüller, O.: *Römpp's Chemie Lexikon*, Band 1, 8. Auflage, Seite 272, Frankh'sche Verlagsbuchhandlung, Stuttgart 1979.

[4] The Oxford Handy Dictionary: *The Concise Oxford Dictionary*.

[5] Le Robert: *Dictionaire d'aujourd'hui*, Paris 1991.

[6] Le Petit Larousse: *Dictionaire Moderne*, Paris 1992.

[7] Pschyrembel, *Klinisches Wörterbuch*, 257. Auflage, W. de Gruyter, Berlin, 1994.

[8] Buchbauer, G.: *Aromatherapy: do essential oils have therapeutic properties?* Proceedings of the IFEAT-Conference on Essential oils, Flavours and Fragrances, Beijing, October 1988, p. 350–355, Mapledon Press, London 1989.

[9] Buchbauer, G.: *Aromatherapie, die Anwendung von Duftstoffen in der Heilkunde*, Österr. Apoth.-Ztg. 1989; **43**: 65–68.

[10] Buchbauer, G.: *Aromatherapy. Do essential oils have therapeutic properties?* Perfumer Flavorist & 1990; **15**: 47–50.

[11] Teuscher, E., Melzig, M., Villmann, E. und Möritz, K.U.: *Untersuchungen zum Wirkungs-*

mechanismus ätherischer Öle, Zeitschr. Phytotherapie 1990; **11**: 87–92.
[12] Opdyke, D.L.J.: Monographs on Fragrance Raw Materials. Serie von Berichten in: *Food and Cosmetics Toxicology*, Pergamon Press, Oxford/London/New York.
[13] Wohlfart, R., Hänsel R. und Schmidt H.: *Nachweis sedativ-hypnotischer Wirkstoffe im Hopfen*, 4. Mitt. Planta Med. 1983. **48**; 120–123.
[14] Kovar. K.A., Gropper, B., Friess, D. und Ammon, H.P.T.: *Blood Levels of 1,8-Cineol and Locomotor Activity of Mice after Inhalation and Oral Administration of Rosemary Oil*, Planta Med. 1987; **53**: 315–318.
[15] Buchbauer, G., Jirovetz, L., Jäger, W., Dietrich, H., Plank, Ch. und Karamat, E.: Aromatherapy: *Evidence of the Sedative Effects of the Essential Oil of Lavender*, Zeitschr. Naturforsch. 1991; **46c**: 1067–1072.
[16] Buchbauer, G., Jirovetz, L., Jäger, W., Plank, Ch. und Dietrich, H.: *Fragrance Compounds and Essential Oils with Sedative Effects upon Inhalation*, J. Pharm. Sci. 1993; **82**: 660–664.
[17] Hardy, M., Kirk-Smith, M. D. und Strech, D. D.: *Replacement of Drug Treatment for Insomnia by Ambient Odour*, Lancet 1995; **346**: 701.
[18] Torii, S., Fukuda, H., Kanemoto, H., Miyanchi, R., Hamauzu, Y. und Kawasaki, M.: *Contingent negative variation (CNV) and the psychological effects of odour*, in: Perfumery. The psychology and biology of fragrance. Herausg.: van Toller, S. und Dodd, G.H., Seiten 107–120, Verlag Chapman & Hall, London/New York, 1988.
[19] Kubota, M., Ikemoto, T., Komaki, R. und Inui, M.: *Odor and Emotion – effects of essential oils on contingent negative variation.* Proceedings of the 12th Intern. Congr. Flav. Fragr. Essent. Oils, 4.–8. Oktober 1992, Wien, Herausg.: Woidich, H. und Buchbauer G., Austrian Assoc. Flav. Fragr. Ind., Vienna, 1992, Seite 456–461.
[20] Ammon, H.P.T.: *Phytotherapeutika in der Kneipp-Therapie*, Therapiewoche 1989; **39**: 117–127.
[21] Našel, Ch., Našel, B., Samec, P., Schindler, E. und Buchbauer, G.: *Functional imaging of effects of fragrances on the human brain after prolonged inhalation*, Chemical Senses 1994; **19**: 359–364.
[22] Stimpfl, T., Našel, B., Našel, Ch., Binder, R., Vycudilik, W. und Buchbauer, G.: *Concentration of 1,8-cineol in Human Blood During Prolonged Inhalation*, Chemical Senses 1995; **20**: 349–350.
[23] Buchbauer, G.: *Aromatherapie – Methoden ihrer Erforschung*, Dtsche. Apoth.-Ztg. 1996; **136**: 2939–2944.
[24] Jellinek, J.S.: *Psychodynamic Odor Effects and Their Mechanisms*, Cosmet. & Toiletr. 1997; **112**: 61–71.
[25] Jellinek, J.S.: *Aromachology – A Status Review*, Cosmet. &. Toiletr. 1994; **109**: 83–101.

Aromatischer Sumach ↗ Rhus-Arten.
Aron ↗ Arum maculatum.
Aronsblume ↗ Arum maculatum.
Aronskelch ↗ Arum maculatum.
Aronskraut ↗ Arum maculatum.
Aronstab ↗ Arum maculatum.

■ Arrak
aus vergorenem Reis, zuweilen auch aus vergorenem Palmensaft (Palmwein), durch Destillation gewonnener Branntwein (Alkoholgehalt ca. 50 %).

Arrostia paniculata ↗ Gypsophila paniculata.

Arrowroot ↗ Canna-Arten.
Arschkratzerl ↗ Rosa canina.

■ Artabin
Sesquiterpenbitterstoff aus der Gruppe der Germacranolide, Inhaltsstoff des Wermuts (↗ *Artemisia absinthium*).

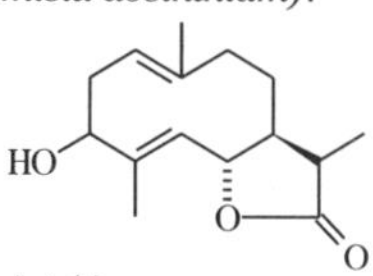

Artabin

■ Artabsin

Sesquiterpenbitterstoff aus der Gruppe der Guaiaolide, Inhaltsstoff des Wermuts (↗ *Artemisia absinthium*).

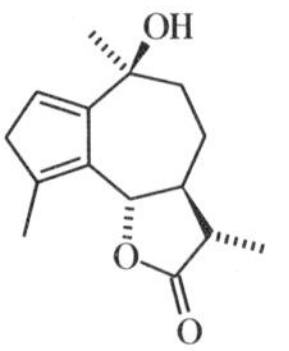

Artabsin

Artanthe elongata ↗ Piper angustifolium.
Arteannuin ↗ Artemisia annua.
Artemisia abrotanifolium ↗ Artemisia abrotanum.

■ Artemisia abrotanum L.

(syn. *Artemisia abrotanifolium, A. angustifolia, A. paniculata, A. procera*); Eberraute. Halbstrauch.

Fam.: Asteraceae (Compositae).

Vork.: Ost- und Südosteuropa.

Droge: *Herba Artemisiae* (syn. *Herba Abrotani*), die getrockneten oberirdischen Pflanzenteile. Inh.: äther. Öl mit 1,8-Cineol als Hauptkomponente, ferner u. a. Fenchen, Sabinen, Caryophyllen und Humulen. Außerdem Flavonoide, Cumarine und Kaffeesäurederivate. Anw.: in der Volksheilkunde als appetitanregendes und die Verdauung förderndes Mittel;. früher auch bei Menstruationsbeschwerden sowie bei parasitischen Würmern im Verdauungstrakt bei Kindern.

Hom.: ***Artemisia abrotanum*** HAB1. Anw.-Geb.: u. a. bei Abmagerung und Entwicklungsstörungen bei Kindern, chronischen Entzündungen, Hauterkrankungen, Rheumatismus und Gicht.

■ Artemisia absinthium L.

(syn. *Absinthium majus, A. officinale, A. vulgare*); Wermut (syn. Absinth, Alsem, Bitterer Beifuß, Wurmkraut), s. Farbtafel S. 143, Bild 40. Halbstrauch, in Mittel- und Nordeuropa bis zum Boden abfrierend.

Fam.: Asteraceae (Compositae).

Droge: ***Absinthii herba***; Wermutkraut (syn. Eltzkraut, Magenkraut), die zur Blütezeit gesammelten und getrockneten Laubblätter und blütentragenden Zweigspitzen. Inh.: äther. Öl (*Oleum Absinthii*; 0,2–1,5 %), je nach Herkunft variiert dessen Zusammensetzung, dominierend sind allg. (+)-Thujon, *cis*-Epoxyocimen, *trans*-Sabinylacetat und Chysanthenylacetat, ferner wurden Sesquiterpene identifiziert, u. a. α-Bisabolol, β-Curcumen sowie Spathulenol. Weitere Bestandteile sind Sesquiterpenlacton-Bitterstoffe, bes. das dimere Guajanolid Absinthin (0,20–0,28 %), ferner Anabsinthin, ↗ Artabsin, ↗ Artabin und Matricin sowie Flavonolglykoside. Anw.: appetitanregendes Bittermittel

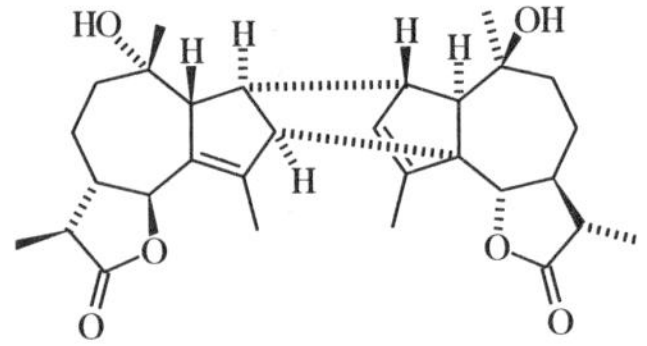

Absinthin

(Amarum aromaticum). Es regt ferner bei dyspeptischen Beschwerden die Magensaftsekretion an und kommt bei Dyskinesien der Gallenwege zum Einsatz. Die Droge ist mitunter Bestandteil von Magen- sowie Leber- und Gallentees, ebenso von Arzneifertigpräparaten der Indikationsgruppen Cholagoga, Stomachika und Roborantia. Zur ↗ Teezubereitung verwendet man ca.1–1,5 g (= 1 Teelöffel) fein zerschnittene Droge. Die mittlere Tagesdosis soll 2–3 g Droge nicht überschreiten. Auch der Anwendungszeitraum sollte nicht länger als eine Woche betragen. Geg.: Bei bestimmungsgemäßem Gebrauch sind keine unerwünschten Wirkungen zu erwarten. Die Anwendung über lange Zeit und in hohen Dosen kann allerdings zu Intoxikationen führen, die mit Erbrechen und Benommenheit verbunden sind. Ursache hierfür ist das enthaltene äther. Öl und dessen Gehalt an Thujon. Aus diesem Grunde darf auch das äther. Öl therapeutisch nicht verwendet werden, da in höheren Dosen Thujon zu klonischen Krämpfen, Parästhesien und Bewußtseinsstörungen führen kann. Auch Destillate der Droge, z. B. zur Herstellung von Absinthschnaps, sind verboten. Der Mißbrauch entsprechender Zubereitungen führt zum sog. „Absinthismus“, einer chronischen Absinth-Vergiftung, die durch das in den Zubereitungen enthaltene ↗ Thujon ausgelöst wird und mit Abbauerscheinungen des Zentralnervensystems (motorische und sensible Ausfälle, Übelkeit, Erbrechen, Stupor) verbunden ist.

Hom.: ***Artemisia absinthium*** HAB1; die frischen, oberen Sproßteile, Blätter und Blüten. *Anw.-Geb.:* Erregungszustände und Krampfleiden sowie Entzündung der Magenschleimhaut.

Histor.: zu *Artemisia* siehe *A. vulgaris*. Die Herkunft des Artnamens *absinthium* ist unklar. Nach ↗ Dioskurides stammt er von *apsinthos* (unerfreulich) oder von *apinthos* (untrinkbar) ab. Ebenso ist die Herkunft des deutschen Namens Wermut nicht gesichert. Möglicherweise sollten mit der Bezeichnung wurmwidrige Eigenschaften der Droge zum Ausdruck gebracht werden. Nach ↗ Dioskurides haben bereits die alten Ägypter den Wermut als *Somi* gekannt, der in der Form *Saam* im Papyrus Ebers vorkommt. Bei den latinischen Festen erhielt der Sieger im Wettrennen mit Stiergespannen auf dem Kapitol einen Wermuttrank. Bedeutung hat der Wermut über die Jahrtausende bis in die Gegenwart sowohl als Arznei- als auch als Genußmittel behalten, wie unter anderen aus dem bergischen Spruch hervorgeht „Wermot ist för alles got".

Artemisia altaica ↗ Artemisia pontica.
Artemisia angustifolia ↗ Artemisia abrotanum.

■ **Artemisia annua** L.
(syn. *Artemisia chamomilla*); Einjähriger Beifuß.

Fam.: Asteraceae (Compositae).

Vork.: gemäßigtes Asien von Japan bis Südosteuropa.

Droge: ***Artemisia-annua-Kraut*** (syn. *Herba Artemisiae Annuae*), die getrockneten, oberirdischen Teile. *Inh.:* äther. Öl mit Artemisiaketon als Hauptkomponente sowie Monoterpenen (u. a. α- und β-Pinen, Camphen und Myrcen) und Sesquiterpenen (u. a. β-Caryophyllen, Germacran D und β-Cadinen); außerdem Bitterstoffe bes. das Sesquiterpenlacton-Peroxid Artemisinin (Qinghaosu), das nur in den grünen Teilen der Pflanze vorkommt. Weitere Sesquiterpenderivate der Droge sind u. a. das Arteannuin B. *Anw.:* in der chinesischen Volksheilkunde wird die Droge bereits um 168 v. Chr. beschrieben und um 340 n. Chr. bereits als Anti-Malaria-Mittel eingesetzt.

Artemisia balsamita ↗ Artemisia pontica.
Artemisia chamomilla ↗ Artemisia annua.

■ **Artemisia cina** O.C. Berg et C.F. Schmidt
(syn. *Artemisia mogoltavica*); Wurmsamen (syn. Zitwerbeifuß, Zitwersamen). Immergrüner, ausdauernder Halbstrauch von 30–60 cm Höhe.

Fam.: Asteraceae (Compositae).

Vork.: Mittelasien, bes. Kasachstan.

Droge: ***Cinae flos*** (syn. *Flores Cinae, Cinae anthodia, Santonici semen*); Zitwerblüten, fälschlich als Zitwersamen oder Wurmsamen bezeichnet; die geschlossenen, noch nicht aufgeblühten Blütenknospen. *Inh.:* Sesquiterpenlactone mit α-Santonin als Hauptkomponente sowie Artemisin

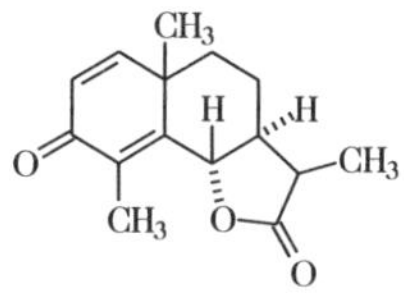

α-Santonin

und β-Santonin. Der Gehalt an Sesquiterpenlactonen schwankt zwischen 1 und 7 %. Weitere Bestandteile sind äther. Öl mit 1,8-Cineol als vorherrschender Komponente. *Anw.:* früher als Anthelmintikum gegen Spulwürmer (Dosierung altersentsprechend 0,5–4 g; 2 Tage nacheinander, danach ein salinisches Abführmittel). Die Nachteile der Anwendung bestanden auch darin, daß bereits in therapeutischen Dosen Intoxikationen nicht auszuschließen waren. Erste Symptome waren hierbei Anomalien der Farbwahrnehmung (Gelbsehen, sog. Xanthopsie). Werden größere Mengen an Santonin absorbiert kommt es zu Muskelzittern und Krämpfen, verbunden mit starker Erniedrigung der Körpertemperatur. Bei fortschreitender Vergiftung ist selbst die Lähmung des Atmungszentrums und somit der Exitus nicht auszuschließen.

Hom.: ***Artemisia cina*** HAB34, die getrockneten, kurz vor dem Aufblühen gesammelten Blütenköpfe. *Anw.-Geb.:* u. a. Fieberanfälle, Wurmbeschwerden, Krampfneigung.

Histor.: Zum Gattungsnamen siehe *Artemisia vulgaris*. Die Herkunft des Namens *cina* wird verschieden interpretiert. Da man die ursprüngliche Heimat der Pflanze für China hielt, könnte hier ein Zusammenhang bestehen. Während die deutsche Bezeichnung Wurmsamen auf die wurmtreibenden Eigenschaften der Samen hinweist, wird Zitwer mit *Zedoaria* wegen der Ähnlichkeit in Geruch und Geschmack mit dieser Pflanze in Verbindung gebracht. ↗ Valerus Cordus nannte die Droge *Semen contra vermes* und kürzte sie mit *Semen contra* ab. Obwohl die griechischen und römischen Ärzte der Antike wurmtreibende Eigenschaften von *Artemisia*-Arten nutzten, handelte es sich dabei nicht um *A. cina*, die erst etwa im 12. Jh. in den europäischen Drogenhandel gelangte.

■ **Artemisia dracunculus** L.
(syn. *Artemisia inodora, A. redowskyi, Oligosporus condimentarius*); Estragon (syn. Dragon, Escadronkraut).
Fam.: Asteraceae (Compositae).
Heim.: östliches Rußland, Mongolei, kultiviert und verbreitet in Europa.
Droge: ***Artemisia-dracunculus-Kraut*** (syn. *Dracunculi herba, Herba Dracunculi*); Estragonkraut (syn. Dragonkraut), das zur Blütezeit gesammelte, vorsichtig getrocknete Kraut. Inh.: äther. Öl (0,25–3,1 %, sehr komplex, enthält meist Monoterpene, Zusammensetzung sehr von der Herkunft abhängig). Ferner Flavonolglykoside, das lipophile Flavon 5,3′-Dihydro-7,4′-dimethoxyflavon sowie Cumarine, u. a. Herniarin und Scopoletin sowie Isocumarine, u. a. Artemidin, Artemidinal und Artemidinol. Anw.: volkstümlich als appetitanregendes Mittel. Im Haushalt als Gewürz, u. a. zur Herstellung von Kräuteressig.

Artemisiae herba ↗ Artemisia vulgaris.
Artemisia inodora ↗ Artemisia dracunculus.
Artemisia lactiflora ↗ Artemisia vulgaris.

■ **Artemisia mexicana** Willd. et Spreng.
Mexikanischer Wermut.
Fam.: Asteraceae (Compositae).
Vork.: Mexiko, Süd-USA.
Droge: das Kraut ohne Wurzeln. Inh: äther. Öl, u. a. mit Borneol, Limonen, Alcafor, α- und β-Phellandren; Santonin, Sesquiterpene, Cumarine, Flavonoide. Anw.: in der mexikanischen Volksheilkunde als Antispasmodikum, bei Magenleiden und Verdauungsschwäche, als Anthelmintikum, bei Epilepsie, Rheuma und Menstruationsbeschwerden. Geraucht induziert die Droge eine milde, angenehme Stimulation, die je nach Dosis bis zur Euphorie führen soll.
Histor.: Die Pflanze wurde bereits zu präkolumbianischer Zeit von den Azteken und anderen Indianervölkern Mittelamerikas rituell und medizinisch genutzt. In Mexiko wird das Kraut auch als Marihuanaersatz geraucht. In Europa wurde die Droge durch den spanischen Franziskaner Diego de Lana im 16. Jh. bekannt.

Artemisia mogoltavica ↗ Artemisia cina.

■ **Artemisia moxa** DC.
Fam.: Asteraceae (Compositae).
Heim.: Ostasien.
Anw.: ausschließlich in den Heimatgebieten zur Moxibustion, einer in Ostasien und Indien üblichen traditionellen Heilmethode. Hierzu stellt man aus den Blättern kegelförmige Gebilde her, die man auf bestimmten Körperstellen entzündet. Diese Standorte entsprechen etwa denen, die bei der Akupunktur genutzt werden.

Artemisia paniculata ↗ Artemisia abrotanum.

■ **Artemisia pontica** L.
(syn. A. balsamita, A. altaica); Pontischer Beifuß (syn. Römischer Wermut, Pontischer Absinth, Pontischer Wermut).
Fam.: Asteraceae (Compositae).
Heim.: Mittel-, Süd- und Osteuropa bis Westsibirien und Nord-Kasachstan. In Südeuropa, USA und Süd-Kanada als Heil- und Gewürzpflanze kultiviert. Inh. und Anw.: s. *Artemisia dracunculus*.

Artemisia procera ↗ Artemisia abrotanum.
Artemisia redowskyi ↗ Artemisia dracunculus.
Artemisia samamisica ↗ Artemisia vulgaris.

■ **Artemisia vulgaris** L.
(syn. *Artemisia lactiflora, A. samamisica*); Gemeiner Beifuß (syn. Gewürzbeifuß). Staude.
Fam.: Asteraceae (Compositae).
Vork.: in ganz Europa.
Droge: ***Artemisiae herba*** (syn. *Herba Artemisiae*); Beifußkraut (syn. Jungfernkraut, Johanniskraut, Weibergürtelkraut, Fliegenkraut, Gänsekraut, Johannishaupt), die vorsichtig getrockneten, während der Blütezeit gesammelten Zweigspitzen. Inh.: äther. Öl (0,03–0,2 %, das u. a. Cineol, Terpinen-4-ol, (+)- und (–)-Borneol, Thujon, β-Pinen und Myrcen enthält), ferner Sesquiterpenlactone vom Eudesmantyp, u. a. Psilostachin, lipophile Flavonolderivate wie 5,3′-Dihydroxy-3,7,4′-trimethoxyflavon sowie 7,8-Methylendioxy-9-methoxycumarin. Anw.: in der

Volksheilkunde bei Erkrankungen der Verdauungsorgane, u. a. Appetitlosigkeit und Magenbeschwerden. Darüber hinaus wird die Droge als Gewürz, z. B. für Gänsebraten, genutzt. Dos.: 0,5–2 g Droge als Aufguß dreimal täglich.

Hom.: ***Artemisia vulgaris*** HAB1, die frischen, zu Beginn des Winters geernteten, unterirdischen Teile. Anw.-Geb.: u. a. bei Krampfleiden und Wurmbeschwerden.

Histor.: Der Name *Artemisia* wird bei ↗ Dioskurides und ↗ Plinius für *Artemisia vulgaris* und verwandete Arten verwendet. Er soll von der Göttin Artemis, die oft gleichgesetzt wird mit Ilithia, der Göttin der Geburt, abgeleitet sein. So sprechen auch die Schriftsteller der alten Griechen und Römer von einer Artemisia als einem gynäkologischen Mittel. Über die deutsche Bezeichnung Beifuß gibt es verschiedene Auslegungen. Nach einem alten Aberglauben soll die Pflanze, um den Fuß gebunden, vor Müdigkeit schützen.

■ Artemisinin
(Quinghaosu), Sesquiterpenlacton-Endoperoxid vom Secocadinantyp, das in ↗ *Artemisia annua* enthalten ist. Anw.: A. besitzt Antimalaria-Aktivität. Es wirkt schnell und direkt auf die Blut-

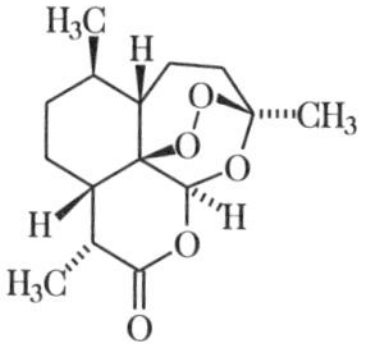

Artemisinin

schizonten der Malariaerreger, auch gegen chloroquinresistente Plasmodien. Therapeutisch eingesetzt werden insbes. partialsynthetisch abgewandelte Produkte wie das Dihydroartemisinin.

Artischocke ↗ Cynara scolymus.
Arum atrorubens ↗ Arisaema-Arten.
Arum dracontium ↗ Arisaema-Arten.
Arum dracunculus ↗ Dracunculus vulgaris.
Arum esculentum ↗ Colocasia esculenta.
Arum guttatum ↗ Dracunculus vulgaris.
Arum immaculatum ↗ Arum maculatum.

■ Arum italicum Mill.
Fam.: Araceae.
Vork.: Südeuropa.
Hom.: ***Arum italicum*** HAB, die frischen, vor der Entwicklung der Blätter gesammelten, unterirdischen Pflanzenteile. Anw.-Geb.: Durchfallerkrankungen, Hautjucken. ↗ Arum maculatum

■ Arum maculatum L.
(syn. *Arum immaculatum, A. italicum, A. malyi, A. orientale, A. pyrenaeum, A. trapezuntium, A. vulgara, A. zelebori*); Aronstab (syn. Aron, Aronsblume, Aronskelch, Aronskraut, Entenschnabel, Eselsohren, Fieberwurz, Freßwurz, Frostwurz, Deutscher wilder Ingwer, Johannishaupt, Kalbsfuß, Kuhwurz, Papenkind, Pfaffenblut, Pfaffenpint, Pfingstblume, Skarnitzelblume, Poperagrothwurz, Veronikenwurz, Zahnkraut, Zahnwurz, Zehrwurz), s. Farbtafel S. 143, Bild 41.

Fam.: Araceae (Aronstabgewächse).

Vork.: feuchte Laubwälder in Mittel- und Südeuropa.

Droge: ***Ari maculati rhizoma*** (syn. *Rhizoma Aronis, Radix Ari, Tubera Ari*); Aronknollen (syn. Aronwurzel, Zehrwurzel), der Wurzelstock mit den Wurzeln. Inh.: Aroin, ein Gemisch von Scharfstoffen, Stärke (ca. 70 %), Bassorin (18 %), Lectinen und Lipiden. Anw.: volkstümlich als Stomachikum und Tonikum; äußerlich bei schlecht heilenden Wunden und Geschwüren.

Hom.: ***Arum maculatum*** HAB1, die frischen, vor der Entwicklung der Blätter gesammelten unterirdischen Teile. Anw.-Geb.: Erkrankungen der Atemwege sowie Kehlkopfkatarrh.

Histor: Die durch Kochen entgifteten stärkereichen Knollen dienten in Notzeiten als Nahrungsmittel. Der Name *Arum* ist vermutlich ägyptischen Ursprungs, abgeleitet von *aron*, wobei auch ein Zusammenhang mit dem Hohepriester Aron des Alten Testaments bestehen könnte. Damit verbindet sich auch die deutsche Sage „Als Josua und Kaleb ins gelobte Land geschickt wurden, nahmen sie einen Stab und trugen an ihm die große Weintraube und die anderen Früchte jenes Landes. Nachdem sie dieselben abgeladen, steckten sie den Stab in die Erde und an dieser Stelle wuchs nachher die Aronswurzel".

Arum malyi ↗ Arum maculatum.
Arum orientale ↗ Arum maculatum.

Arum pyrenaeum ↗ Arum maculatum.
Arum seguine ↗ Dieffenbachia seguine.
Arum seguinum ↗ Dieffenbachia seguine.
Arum trapezuntium ↗ Arum maculatum.
Arum triphyllum ↗ Arisaema-Arten.
Arum vulgara ↗ Arum maculatum.
Arum zelebori ↗ Arum maculatum.

■ **Aruncus dioicus** (Walt.) Fern.
(syn. *Aruncus sylvestris, A. vulgaris, Spiraea aruncus*); Waldgeißbart.
Fam.: Rosaceae.
Vork.: Europa, Asien.
Drogen: ***Herba Barbae caprae***; Waldgeißbartkraut, das getrocknete Kraut. Inh: Saponine, cyanogene Glykoside. Anw.: in der Volksheilkunde als Tonikum, Adstringens und Fiebermittel.

Aruncus sylvestris ↗ Aruncus dioicus.
Aruncus vulgaris ↗ Aruncus dioicus.
Arundo calamagrostis ↗ Calamagrostis lanceolata.

■ **Arundo donax** L.
(syn. *A. scriptoria, Cynodon donax, Donax arundinaceus*); Pfahlrohr (syn. Riesenschilf, Klarinettenrohr, Spanisches Rohr, Wasserrohr).
Fam.: Poaceae (Gramineae).
Heim.: Mittelmeergebiet, in Südeuropa seit dem Altertum kultiviert, eingeführt auch in Südafrika und Südamerika.
Droge: ***Rhizoma Arundonis donacis*** (syn. *Rhizoma Cannae hispanicae*); Rohrwurzel (syn. Donaxwurzel). Inh.: die Indolalkylamine Gramin und Bufotenin. Anw.: als harntreibende Droge sowie als Uterusstimulans. Die Halme der Pflanze finden technisch Anwendung bes. für Flechtwerk, Matten, Angelruten, Rohre für Holzblasinstrumente und neuerdings auch zur Gewinnung von Cellulose und zur Papierherstellung.
Hom.: ***Arundo donax*** HAB; die frischen Rhizomsprosse. Anw.-Geb.: Heuschnupfen, Durchfall.

Arundo scriptoria ↗ Arundo donax.
Arzneibaldrian ↗ Valeriana officinalis.
Arzneibuch ↗ Pharmakopöe.
Arznei-Ehrenpreis ↗ Veronica officinalis.

■ **Arzneiform**
therapeutisch geeignete Applikationsform eines Wirkstoffes. A. sind z. B. Dragees, Tabletten, Tropfen oder Salben.

arzneiliche Öle ↗ Olea medicata.
Arzneilungenkraut ↗ Pulmonaria officinalis.
Arznei-Mohn ↗ Papaver bracteatum.
Arznei-Primel ↗ Primula-Arten.
Asa dulcis ↗ Styrax-Arten.
Asa foetida ↗ Ferula assa-foetida, ↗ Ferula foetida.
Asam ↗ Ferula foetida.
Asant ↗ Ferula foetida.
Asa odorata ↗ Styrax-Arten.
Asari rhizoma ↗ Asarum europaeum.
Asari rhizoma cum herba ↗ Asarum europaeum.

■ **Asaron**
(Asarin, Asarumkampfer), Phenylpropanderivat mit charakteristischem Geruch, das im äther. Öl von ↗ *Asarum europaeum* und ↗ *Acorus calamus* vorkommt. Unterschieden werden die beiden stereoisomeren Formen α-Asaron (*trans*-Asaron) und β-Asaron (*cis*-Asaron), das als carcinogen gilt.

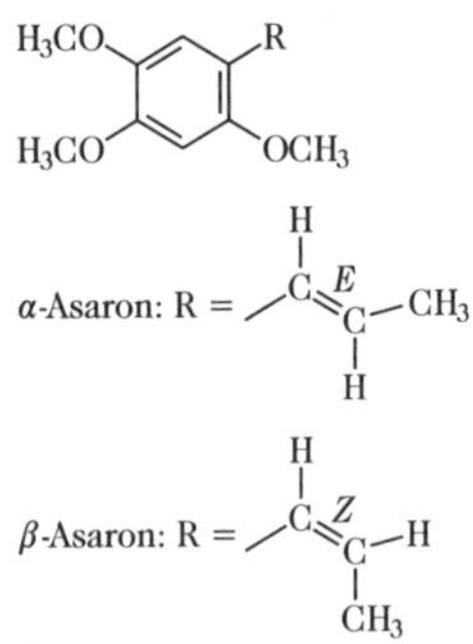

Asarone

■ **Asarum canadense** L.
Kanadische Haselwurz (syn. Kanadische Schlangenwurz, Wilder Ingwer). Niedrige Staude mit 5–6 mm dickem und ca. 10–20 cm langem Rhizom.
Fam.: Aristolochiaceae.
Heim.: atlantisches Nordamerika.
Droge: ***Radix Asari canadensis*** (syn. *Rhizoma Asari canadensis*); Kanadische Haselwurzel (syn. Kanadisches Haselwurz). Inh.: äther. Öl (3,5–4 %, mit Phenylpropanderivaten der Allylbenzolreihe und α-Terpineol als Hauptkomponenten). Anw.: volkstümlich bei Magenbeschwerden, das äther. Öl in der Kosmetik.
Hom.: ***Asarum canadense*** HAB; die frischen, unterirdischen Pflanzenteile.

■ **Asarum europaeum** L.
(syn. *Asarum officinale*); Europäische Haselwurz (syn. Brechwurz, Haselwurz, Hasenöhrlein, Kampferwurz, Schwarzwurz, Teufelsklaue), s. Farbtafel S. 143, Bild 42.

Fam.: Aristolochiaceae.

Vork.: Mitteleuropa und nördliches Südeuropa in 4 chemischen Rassen (*A. europaeum* chemovar. *trans*-Isoasaron, -*trans*-Isomethyleugenol, -*trans*-Isoelemicin, -Eudesmol).

Drogen: *1. Asari rhizoma* (syn. *Radix Asari, Radix Nardi rusticae, Rhizoma Asari*); Haselwurzwurzel (syn. Brechwurz, Haselwurzwurzelstock, Scherbelkrautwurzel, Wilde Nardenwurzel), der getrocknete, im August gesammelte Wurzelstock mit den Wurzeln. *Inh.:* äther. Öl (0,7–4,1 %, je nach Herkunft) mit unterschiedlicher Zusammensetzung je nach chemischer Rasse. Hauptkomponenten können *trans*-Isoasaron (α-Asaron, 0,5–70 %), *trans*-Isomethyleugenol (0,5–45 %) bzw. *trans*-Isoelemicin mit 0,5–45 % sein. Weitere Komponenten sind Mono- und Sesquiterpenderivate sowie Flavonoide und Phenolcarbonsäureverbindungen. *Anw.:* in Form des standardisierten Extraktes als Bestandteil von Fertigarzneimitteln (standardisiert auf *trans*-Isoasaron und *trans*-Isomethyleugenol, 5 mg) bei entzündlichen Erkrankungen der unteren Atemwege, Bronchospasmen verschiedener Genese und Asthma bronchiale. Früher volkstümlich auch als Brechmittel genutzt. *2. Asari rhizoma cum herba* (syn. *Herba Asari cum radicibus, Rhizoma Asari cum herba*); Haselwurz. *Inh. und Anw.:* s. *Asari rhizoma*.

Hom.: ***Asarum europaeum*** HAB1, die frischen unterirdischen Teile. *Anw.-Geb.:* bei geistiger Erschöpfung, Durchfällen und Schleimhautreizung.

Histor.: Der Name *Asarum* ist vom griechischen *asaron* abgeleitet und bedeutet bei ↗ Dioskurides Ekel, Unbehagen, womit die brecherregenden Eigenschaften der Pflanze ausgedrückt werden. Die deutsche Bezeichnung Haselwurz weist auf das oft gemeinsame Vorkommen mit der Haselnuß hin.

Asarum officinale ↗ Asarum europaeum.
Ascaridol ↗ Chenopodium-Arten.
Asch ↗ Fraxinus-Arten.
Aschantipfeffer ↗ Piper guineense.
Aschblättrige Wucherblume ↗ Chrysanthemum-Arten.
Aschenkraut ↗ Senecio-Arten.
Aschlauch ↗ Allium-Arten.
Aschwurz ↗ Dictamnus albus.
Asclepiadis cornuti rhizoma ↗ Asclepias-Arten.
Asclepiadis curassivicae herba ↗ Asclepias-Arten.
Asclepiadis tuberosae rhizoma ↗ Asclepias-Arten.
Asclepias alba ↗ Vincetoxicum hirundinaria.

■ **Asclepias-Arten**

● **Fam.:** Asclepiadaceae (Seidenpflanzengewächse, Schwalbenwurzgewächse).

● **Asclepias curassavica** L.; Seidenpflanze (syn. Indische Seidenpflanze). Halbstrauch.

Heim.: tropisches Amerika, Indien.

Droge: ***Asclepias-curassavica-Kraut*** (syn. *Asclepiadis curassivicae herba, Herba Asclepiadis curassivicae*), die oberirdischen Pflanzenteile. *Inh.:* Glykoside der Cardenolidreihe (0,2–6 %) sowie Bitterstoffe und Flavonoide. *Anw.:* in der Volksheilkunde als Hämostyptikum und bei Erkrankungen der Atmungsorgane.

Hom.: ***Asclepias curassiva*** HAB34, das frische blühende Kraut. *Anw.-Geb.:* Expectorans, Stypticum.

● **Asclepias incarnata** L.; Fleischfarbene Schwalbenwurz.

Hom.: ***Asclepias incarnata*** HAB34, der frische Wurzelstock.

● **Asclepias fruticosa** L. (syn. *Gomphocarpus fruticosus*); Uzarawurzel ↗ Xysmalobium undulatum.

Hom.: ***Gomphocarpus fruticosus*** HAB; die getrockneten, oberirdischen Pflanzenteile. *Anw.-Geb.:* Heuschnupfen.

● **Asclepias syriaca** L. (syn. *Asclepias cornuti, Apocynum syriacum*); Echte Seidenpflanze (syn. Syrische Seidenwurz, Syrische Seidenpflanze).

Heim.: Nordamerika, Südeuropa.

Droge: ***Asclepias-syriaca-Wurzel*** (syn. *Asclepiadis cornuti rhizoma*); Syrische Seidenpflanzenwurzel. *Inh.:* Cardenolide, u. a. Syriosid, Bitterstoffe, Phytosterole und Kautschuk (1–1,5 % im Milchsaft). *Anw.:* volkstümlich bei Lungenentzündung.

Hom.: ***Asclepias syriaca*** HAB34, der frische Wurzelstock. *Anw.-Geb.:* Ödeme, cardialer Hydrops, Dysmenorrhoe.

● **Asclepias tuberosa** L.; Knollige Schwalbenwurz (syn. Knollige Seidenpflanze).

Heim.: Nordamerika.

Droge: ***Asclepiadis tuberosae rhizoma***; Knollige Schwalbenwurzel. *Inh.:* Cadenolide, u. a. Glucofrugosid und Frugosid, Harz und geringe Mengen äther. Öl. *Anw.:* in der Volksheilkunde der Heimatgebiete u. a. als Kardiakum, Diaphoretikum und Emetikum.

Hom.: ***Asclepias tuberosa*** HAB34, der frische Wurzelstock. *Anw.-Geb.:* u. a. bei Rippenfellentzündung und rheumatischen Beschwerden im Brustbereich.

● **Histor.:** Der von ↗ Dioskurides geprägte Gattungsname Asclepias ist vermutlich nach dem Gotte Asclepios (Aesculapius) gewählt worden. Die Wurzel wurde ursprünglich als expektorierendes und schweißtreibendes Mittel empfohlen.

Asclepias daemia ↗ Pergularia daemia.
Asclepias geminata ↗ Gymnema sylvestre.
Asclepias gigantea ↗ Calotropis-Arten.
Asclepias procera ↗ Calotropis-Arten.
Asclepias undulata ↗ Xysmalobium undulatum.
Asclepias vincetoxicum ↗ Vincetoxicum hirundinaria.

■ **Ascophyllum nodosum** Le Jolis
(syn. *Fucus nodosus, Fucus scorphioides*); Knotentang.

Fam.: Fucaceae.

Vork.: Felsenküsten des Nordatlantiks.

Inh.: Mineralstoffe (17–20 %), Spurenelemente, Alginsäure, Fucoidan, Mannitol, Laminarin, Proteine und Aminosäuren; Vitamine, Gerbstoffe, Sterole und antibiotische Substanzen sowie ein Gesamtiodgehalt von 0,03–0,1 % (z. T. proteingebunden). *Anw.:* wirtschaftlich bedeutsamer Rohstoff zur Gewinnung von Algenmehl als Futtermittelzusatz; Bestandteil von Schlankheitsmitteln bzw. Entfettungskurpackungen. Extrakte werden auch bei chronischer Bronchitis, Emphysem, Katarrhen und rheumatischen Erkrankungen eingesetzt.

■ **Ascorbinsäure**
(Acidum ascorbicum, Vitamin C, L-(+)-2-Oxogulonsäure-γ-lacton), Bestandteil vieler Früchte, z. B. der Hagebutte (↗ *Rosa canina*), und Gemüse (Kartoffel, ↗ *Solanum tuberosum*). A. spielt als Cofaktor bei zahlreichen enzymatischen Prozessen (z. B. Hydroxylierungen) eine wichtige Rolle, sie fördert die Resorption von Eisenionen aus dem Magen-Darm-Trakt und aktiviert das Immunsystem (Interferonproduktion, Komplementaktivierung). Der Tagesbedarf liegt bei ca. 1 mg/kg Körpergewicht. *A.* wird heute biotechnologisch mit Hilfe von ↗ *Acetobacter suboxidans* hergestellt.

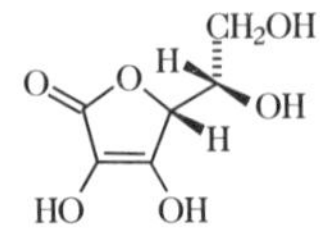

L-Ascorbinsäure

Asiaticosid ↗ Centella asiatica.
Asiatischer Copal ↗ Agathis-Arten.
Asiatischer Gänsefuß ↗ Anabasis aphylla.
Asiatische Ruhrsamen ↗ Brucea amarissima.
Asiatischer Wassernabel ↗ Centella asiatica.
Asiatische Scammoniumwurzel ↗ Convolvulus-Arten.

Ascophyllum nodosum.

■ **Asimina triloba** (L.) Dunal.
(syn. *Annona triloba*); Papau.
Fam.: Annonaceae.
Vork.: Nordamerika.
Drogen: ***Semen Asiminae trilobae***; Pawpaw, die reifen Samen. *Inh:* Annonine (Ditetrahydrofuranfettsäure-γ-lactone), wie Asimin; fettes, halbtrocknendes Öl (ca. 35 %). *Anw.:* als Brechmittel sowie zur Ölgewinnung.
Hom.: ***Asimina triloba*** HAB34, die reifen Samen.

Askalonische Zwiebel ↗ Allium-Arten.

■ **Asklepios**
(griech.), Aesculapius (lat.), meist als Äsculap bezeichnet. Griechischer Gott der Heilkunst, von Kentaur in Heilkunst unterrichtet, später von Zeus wegen seines Versuches, Tote zum Leben zu erwecken, in die Unterwelt verdammt.

Äskulap ↗ Asklepios.
Aspalathi herba ↗ Aspalathus linearis.
Aspalathus cedarbergensis ↗ Aspalathus linearis.
Aspalathus cognata ↗ Aspalathus linearis.
Aspalathus contaminata ↗ Aspalathus linearis.
Aspalathus corymbosa ↗ Aspalathus linearis.

■ **Aspalathus linearis** (Burm. f.) Dahlg.
(syn. *Aspalathus contaminata, A. cognata, A. corymbosa, A. pinifolia, A. tenuifolia, A. cedarbergensis, Borbonia pinifolia, Lebeckia linearis, Psoralea linearis*); Rotbusch.
Fam.: Fabaceae.
Heim.: Südafrika, Kulturen in Gebirgsgebieten Kaplands.
Droge: ***Aspalathi herba*** (syn. *Herba Aspalathi*); Rotbusch-Tee (syn. Massaitee, Red Bush Tea, Rooibos-Tee), die fermentierten Blatt- und Zweigstückchen. *Inh.:* Gerbsoffe, bes. Gallotannine, Flavonoide, Mineralsalze, geringe Mengen Ascorbinsäure und äther. Öl. *Anw.:* ein dem Schwarzen Tee ähnliches, jedoch coffeinfreies Genußmittel.

Aspalathus pinifolia ↗ Aspalathus linearis.
Aspalathus tenuifolia ↗ Aspalathus linearis.

■ **L-Asparaginase**
(Aspase, Colaspase). L-Asparagin-amidohydrolase (EC 3.5.1.1), Enzym, das die Hydrolyse von Asparagin zu Asparaginsäure und Ammoniak katalysiert. *Anw.:* Da bestimmte Tumorzellen kein oder nur minimale Mengen an Asparagin synthetisieren können, wird das Enzym zur Behandlung bösartiger Tumoren und Leukämien eingesetzt. Gewonnen wird L-A. aus *Escherichia coli*.

Asparagi radix ↗ Asparagus officinalis.
Asparagi rhizoma ↗ Asparagus officinalis.
Asparagus altilis ↗ Asparagus officinalis.
Asparagus hortensis ↗ Asparagus officinalis.

■ **Asparagus officinalis** L.
(syn. *Asparagus altilis, A. hortensis*); Spargel, s. Farbtafel S.144, Bild 43.
Fam.: Asparagaceae.
Vork.: Europa, Nordafrika, Nordamerika.
Droge: ***Asparagi rhizoma*** bzw. ***radix*** (syn. *Radix* bzw. *Rhizoma Asparagi*), der Wurzelstock mit den Wurzeln. *Inh.:* insbes. Asparagin, Arginin und Steroidsaponine. *Anw.:* Bestandteil von

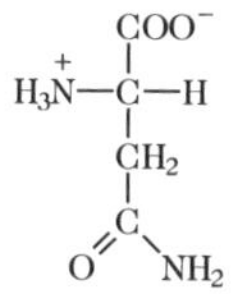

Asparagin

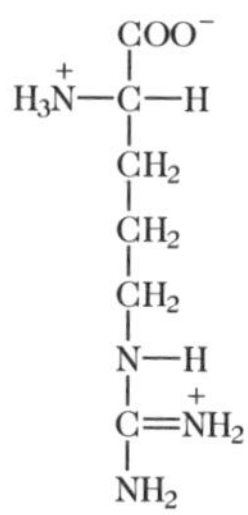

Arginin

Blasen- und Nierentees bei entzündlichen Erkrankungen der ableitenden Harnwege, als Prophylaktikum gegen Nierengrieß, Bestandteil entsprechender Phytopharmaka. TD: 45–80 g Droge. Die jungen Sprosse der Pflanze dienen als Gemüse. *Geg.:* entzündliche Nierenerkrankungen.
Hom.: ***Asparagus officinalis*** HAB1. *Anw.-Geb.:* als Diuretikum und bei Herzerkrankungen.
Histor.: Der Gattungsname *Asparagus* leitet sich vom griechischen *aspáragos* ab, dagegen ist der deutsche Name Spargel auf dessen Eigenschaft, aus der Erde zu sprossen (spargáo = ich sprosse), zurückzuführen.

■ **Aspergillus-Arten** (Micheli ex Fries)
Gießkannenschimmel, Kolbenschimmel.

● **Fam.:** Aspergillaceae (Eurotiaceae).
Weltweit sind etwa 150 Arten verbreitet, die pflanzliche und tierische Produkte zersetzen und dabei ein breites Spektrum an Sekundärstoffen bilden. Sie werden eingesetzt zur Gewinnung von Enzymen, zur Biomasseproduktion aus Stärke, Cellulose und Chitin sowie zur Biotransformation von Carotinoiden und Steroiden. Ihre pathologische Bedeutung liegt in der Produktion von Mykotoxinen, die mutagene, hepatotoxische und carcinogene Wirkungen aufweisen.
● **Aspergillus flavus** (s. Farbtafel S. 144, Bild 44) bildet auf fetthaltigen Früchten (Nüsse, Erdnüsse) stark hepatotoxische und cancerogene Aflatoxine, gleichzeitig wird er zur Gewinnung von Aspergillsäure herangezogen.
● **Aspergillus fumigatus** bildet neben dem antibiotisch wirksamen Fumigacin auch Ergolin-Alkaloide.
● **Aspergillus niger** dient der biotechnologischen Produktion von Glucoamylase, Gluconsäure sowie Zitronensäure.
● **Aspergillus ochraceus** bildet die Pilzprotease Ocrase, die in ähnlicher Weise wie Plasmin fibrinolytisch wirksam ist und bei Thrombosen und Herzinfarkt eingesetzt wird.
● **Aspergillus oryzae** wird zur biotechnologischen Gewinnung von Enzymen, wie Glucoamylase, Pektinasen, Proteinasen (Pilzproteasen, wie die fibrinolytisch wirksame Brinase) eingesetzt und dient seit Jahren in Ostasien der Fermentierung von Kohlenhydraten und Proteinen zu Würzmitteln wie Sojasauce, Miso oder Sake.
● **Aspergillus saito** wird ebenfalls zur Gewinnung von Pilzproteasen herangezogen, die ein Enzymgemisch mit breitem pH-Optimum und unterschiedlichen Angriffsmöglichkeiten in Proteinen darstellen und in der Lebensmittelindustrie eingesetzt werden.
● **Aspergillus wentii** ist wie *A. niger* in erster Linie ein Produktionsstamm zur Herstellung von Citronensäure aus Rohrzucker.

Asperulae odoratae herba ↗ Galium odoratum.
Asperula matrisylva ↗ Galium odoratum.
Asperula odorata ↗ Galium odoratum.
Asphodeli-bulbus-Wurzel ↗ Asphodelus albus.

■ **Asphodelus albus** Mill.
(syn. *Asphodelus macrocarpus, A. ramosus*); Asphodill (syn. Weißer Affodill).
Fam.: Asphodelaceae.
Vork.: Südeuropa.
Droge: ***Asphodeli-bulbus-Wurzel*** (syn. *Bulbus Asphodeli, Radix Asphodeli albi*), die getrocknete, fleischig verdickte Wurzel. Inh.: Hydroxyanthracenderivate (ca. 0,2 %, Herbstdroge bis 1 %), u. a. Aloeemodiin und Asphodelin, ein 1,1′,8,8′-Tetrahydroxy-3,3′-dimethyl-2-7′-bisanthrachinon, als Aglyka. Ferner Phytosterole, Triterpene, Fructane, Lipide und Schleimstoffe. Anw.: in der Volksheilkunde als harntreibendes Mittel sowie bei Hautleiden. Industrielle Nutzung der Wurzeln zur Alkoholgewinnung und zur Herstellung von Klebstoff.

Asphodelus macrocarpus ↗ Asphodelus albus.
Asphodelus ramosus ↗ Asphodelus albus.
Asphodill ↗ Asphodelus albus.
Aspidium filix-mas ↗ Dryopteris filix-mas.
Aspidosperma chakensis ↗ Aspidosperma quebracho-blanco.
Aspidosperma crotalorum ↗ Aspidosperma quebracho-blanco.
Aspidosperma quebracho ↗ Aspidosperma quebracho-blanco.
Aspidosperma quebracho-alba ↗ Aspidosperma quebracho-blanco.

■ **Aspidosperma quebracho-blanco** Schlecht.
(syn. *Aspidosperma chakensis, A. crotalorum, A. quebracho, A. quebracho-alba, Macaglia quebracho, Macaglia quebracho-blanco*); Weißer Quebracho (syn. Quebrachobaum).
Fam.: Apocynaceae.
Vork.: Argentinien, Bolivien, Chile.
Droge: ***Quebracho cortex*** (syn. *Cortex Quebracho, Lignum Quebracho*); Quebrachorinde. Inh.: Indolalkaloide (0,3–1,5 %), u. a. ↗ Aspidospermin und Quebrachin (↗ Yohimbin) sowie Gerbstoffe. Wirk. und Anw.: Alkaloide bewirken Erregung des Atmungszentrums und besitzen expektorierende Eigenschaften. Die Droge ist daher, meist in Kombination mit anderen Drogenauszügen, Bestandteil einiger Asthmapräparate und Expektorantien. Holz und Rinde werden ferner in der Gerberei genutzt.
Hom.: ***Quebracho*** HAB34; die getrocknete Rinde der Stämme und Zweige. Anw.-Geb.: Herzschwäche und chronische Atemwegserkrankungen.

■ **Aspidospermin**
monoterpenoides Indolalkaloid mit analeptischer Wirksamkeit aus ↗ *Aspidosperma quebracho-blanco*.

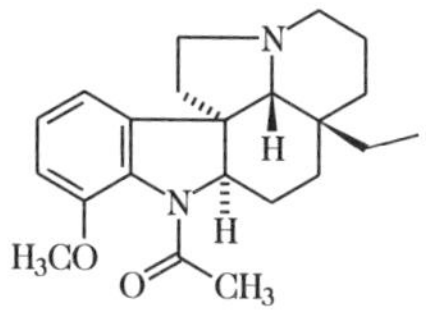

Aspidospermin

Asplenium filix-femina ↗ Athyrium filix-femina.
Assam-Tee ↗ Camellia sinensis.
Asselkaktus ↗ Pelecyphora aselliformis.

■ **Astacus fluviatilis** Fabr.
(syn. *Potamobius astacus, Potamobius fluviatilis, Cancer astacus*); Flußkrebs.
Fam.: Astacidae.
Vork.: in Flüssen und Bächen Europas.
Inh.: Astaxanthin (tierisches Carotinoid), Biopterin.
Hom.: ***Cancer fluviatilis***, ethanolischer Extrakt aus dem Ganztier. *Anw.-Geb.:* gastrisch-nervöse Erkrankungen, akute Infektionskrankheiten, Urticaria, Hautjucken, Lebererkrankungen.

Aster helenium ↗ Inula helenium.
Asterias anthion rubens ↗ Asterias rubens.
Asterias lutea ↗ Gentiana-Arten.

■ **Asterias rubens** L.
(syn. *Asterias anthion rubens, Asterias violacea*); Gemeiner Seestern (syn. Meerstern).
Fam.: Asteriidae.
Vork.: östl. Atlantik bis Nordkap und bis zum weißen Meer, in Tiefen bis zu 2 000 m.
Inh.: Astaxanthin (tierisches Carotinoid), β-Carotin, Xanthophyll, Protoporphyrin, 6–8 % fettes Öl, Sterole, Taurin und Glykokoll. In den Greifzangen wurden toxische Proteine und Enzyme gefunden.

Asterias rubens. Seestern.

Anw.: Seesternmehl wird als Futterzusatz in der Schweinemast und als Bestandteil von Torfdünger verwendet.
Hom.: ***Asterias rubens*** HAB1, ethanolische Tinktur des gesamten Organismus. *Anw.-Geb.:* Erkrankungens des Herzens, des arteriellen Gefäßsystems, der Haut und der weiblichen Geschlechtsorgane.

Asterias violacea ↗ Asterias rubens.
Aster officinalis ↗ Inula helenium.
Asthmakraut ↗ Datura-Arten.
Ästige Zaunblume ↗ Anthericum ramosum.

■ **Astilbe rivularis** Buch.-Ham. ex D.
Fam.: Saxifragaceae.
Vork.: Indien.
Drogen: die Blätter. *Inh:* Leucoanthocyane, Quercetin, Kaempferol, Azaleatin. *Anw.:* in der indischen Volksheilkunde bei Zahnschmerzen und als Blutreinigungsmittel verordnet.

■ **Astragalin**
3-*O*-Glucosylkämpferol. Flavonolglykosid in verschiedenen Drogen, z. B. Lindenblüten (*Tilia cordata, Tilia platyphyllos;* ↗ Tilia-Arten), Holunderblüten (↗ *Sambucus nigra*) oder Goldrutenkraut (*Solidago virgaurea;* ↗ Solidago-Arten).

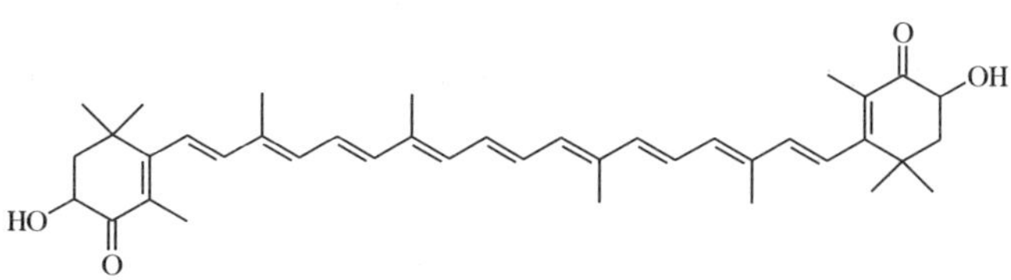

Astaxanthin

■ **Astragalus-Arten**

Fam.: Fabaceae.

Drogenliefernde Arten: *A. brachycentrus*, *A. echidinaeformis*, *A. elymaiticus*, *A. gossypinus*, *A. gummifer*, *A. kurdicus* und *A. microcephalus*.

Vork.: Vorderasien bis Iran (Hauptproduzent) in Höhen von 1 500–2 000 m.

Droge: ***Tragant*** (syn. *Tragacantha*), die an der Luft erhärtete, gummiartige Ausscheidung, die natürlich oder nach Einschneiden aus Stamm und Ästen von *Astragalus*-Arten, bes. von *A. gummifer,* ausfließt; s. Farbtafel S. 144 Bild 45. *Inh.:* Polysaccharide aus einem Gemisch saurer und neutraler Verbindungen, die einen wasserlöslichen und einen wasserunlöslichen Anteil bilden. Der etwa ein Drittel der Droge darstellende wasserlösliche Anteil, Tragacanthin, enthält Tragacanthsäure, ein verzweigtes Galacturonan, als Hauptkomponente sowie ein Arabinogalactan-Protein. Der restliche Anteil besteht aus dem wasserunlöslichen Bassorin, das den stark quellfähigen Komplex der Droge darstellt. *Anw.:* Mucilaginosum; Bassorin dient als Quellmittel in Arzneifertigpräparaten, die als Laxantien zum Einsatz kommen. Die Droge wird ferner als Gleitmittel, z. B. für Katheter, als Haftmittel für Zahnprothesen, als Bindemittel zur Tablettierung, als Dickungsmittel zur Stabilisierung von Suspensionen und Emulsionen verwendet; in ähnlicher Weise wird sie auch in der Lebensmittelindustrie und in der Kosmetik genutzt. In der Technik dient sie als Appretur.

Astragalus gummifer. Blühender Sproß mit Balttdornen.

Astragalus glaucoides ↗ Coronilla-Arten.
Astrantia diapensia ↗ Sanicula europaea.
Astrantiae herba ↗ Astrantia major.

■ **Astrantia major** L.
Sterndolde (syn. Astrenze, Schwarzer Sanikel, Schwarze Stränze, Sternblume, Stränze, Talstern), s. Farbtafel S. 144, Bild 46.

Fam.: Apiaceae (Umbelliferae).

Vork.: Bergwiesen der europäischen Mittelgebirge, in krautreichen Wäldern.

Droge: ***Astrantiae herba*** (syn. *Herba Astrantiae*); Sterndoldenkraut. *Inh.:* Hydroxyzimtsäurederivate, u. a. Rosmarinsäure; Flavonoide, u. a. C-Glykosylflavone bes. 6-C-β-D-Glucosylluteolin (Isoorientin); ferner Flavonolglykoside mit Kämpferol und Quercetin als Aglyka; außerdem Triterpensaponine (0,1–0,2 %) mit Hederasaponin C, das an der acylglykosidisch gebundenen Rhamnose partiell acetyliert vorliegt, als Hauptkomponente. *Anw.:* In der Volksheilkunde bei Erkrankungen der Atmungsorgane, Blutungen im Magen-Darm-Trakt sowie als Wundheilmittel, mitunter äußerlich in Form der Abkochung als Umschläge. Zur ↗ Teezubereitung verwendet man etwa 1,5–2 g fein zerschnittene Droge für ca 150 ml Wasser. Die Tagesdosis sollte bei 2–3 Tassen liegen.

Histor.: Die Krautdroge steht in einigen Regionen Mitteleuropas seit Jahrhunderten in hohem Ansehen bes. bei entzündlichen Prozessen der Verdauungsorgane sowie äußerlich als Wundheilmittel. Allerdings erfolgt dies meist in der falschen Annahme, daß es sich dabei um Sanikel (↗ *Sanicula europaea)* handelt, wozu vermutlich die Bezeichnung Schwarzer Sanikel Anlaß gibt.

Astrenze ↗ Astrantia major.

■ **Astrephia chaerophylloides** (SM.) DC.
(syn. *Valeriana laciniata, Boerhavia chaerophylloides*).

Fam.: Valerianaceae.

Vork.: Indochina, Südamerika.

Drogen: die Wurzeln. *Inh:* Valtrat (0,05–0,1 %), Spuren von Acevaltrat und Didrovaltrat. *Anw.:* in der Volksheilkunde als Diuretikum und Diaphoretikum.

■ **Astrocaryum-Arten**
Sternnußpalmen.

● **Fam.:** Palmae.

● **Astrocaryum jauary** Mart.
Vork.: Brasilien.
Droge: ***Awarrapalmfett***, das Kernfett der Samen. *Inh:* feste Triglyceride, die dem Palmfett ähnlich sind. *Anw.*: als Speisefett sowie zur Seifenherstellung.

● **Astrocaryum murumuru** Mart.
Vork.: tropisches Südamerika.
Droge: ***Murumurufett***, das Kernfett. *Inh:* feste Triglyceride, die nach Moschus riechen. *Anw.*: in der Seifenherstellung.

● **Astrocaryum vulgare** Mart.
Vork.: Äquatorialbrasilien.
Droge: ***Aouaraöl*** (syn. Tucumfett), das Fett der Kerne und des Fruchtfleisches. *Inh:* feste Triglyceride, dem Palmkernfett ähnlich. *Anw.*: als Speisefett, zur Magarine- sowie Seifenherstellung.

■ **Astronia fraxinifolia** Schott.
Fam.: Anacardiaceae.
Vork.: Brasilien, Venezuela.
Droge: ***Cortex Astroniae***; Astroniumrinde, die Rinde der Zweige und Stämme. *Inh:* Tannin (12–13 %), Balsam. *Anw.*: in der brasilianischen Volksheilkunde bei Dysentherie; technisch zur Gerberei. Alle *Astronia*-Arten liefern wertvolle Nutzhölzer.

Astroniumrinde ↗ Astronia fraxinifolia.

■ **Atalantia monophylla**
Fam.: Rutaceae.
Vork.: Ostindien, Korea, Indochina, Malaysia.
Droge: die Wurzelrinde. *Inh:* Oxycumarin, Bitterstoffe, wie Atalantin; Acridone, wie Atalaphyllin und *N*-Methylatalaphyllin. *Anw.*: in der Volksheilkunde bei Erkältungskrankheiten, als Antispasmodikum, Stimulans und Amarum eingesetzt.

Athamanta meum ↗ Meum athamanticum.

■ **ätherische Öle**
(syn. *Aetherolea, Olea aetherea*), heterogenes Gemisch bei Zimmertemperatur flüssiger, leicht flüchtiger, lipophiler Sekundärstoffe aus Pflanzen mit charakteristischem Geruch und zumeist aromatischem, bitterem oder scharfem Geschmack. Bestandteile ä. Ö. sind v. a. Terpene und Derivate von Phenylpropankörpern (Monoterpene, Sesquiterpene und Kohlenwasserstoffe, deren Alkohole, Aldehyde, Phenole, Ketone, Ester und Lactone; Abb. 1–5). Sie sind immer auch Begleitstoffe von Balsamen und Harzen. Ihr

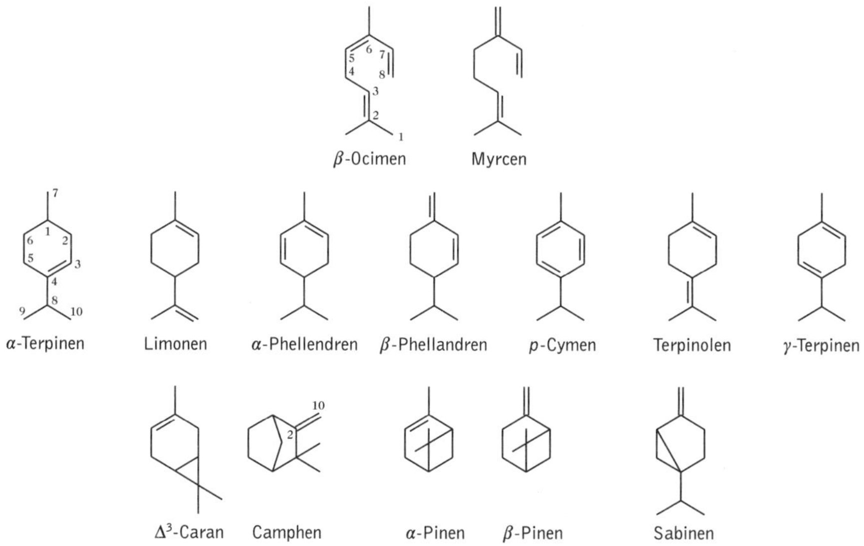

ätherische Öle. Abb. 1: Strukturformeln von Monoterpenkohlenwasserstoffen.

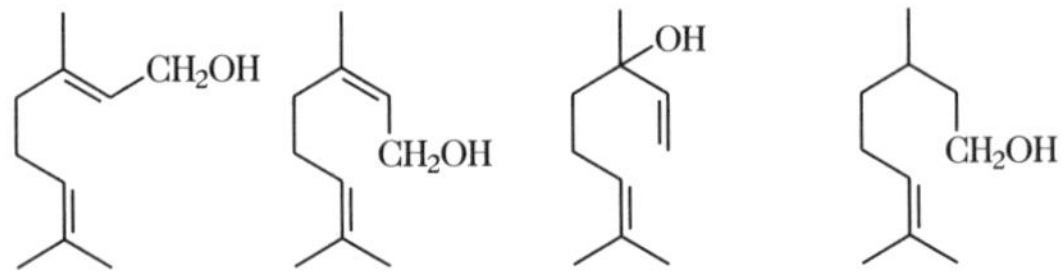

Geraniol Nerol Linalool Citronellol

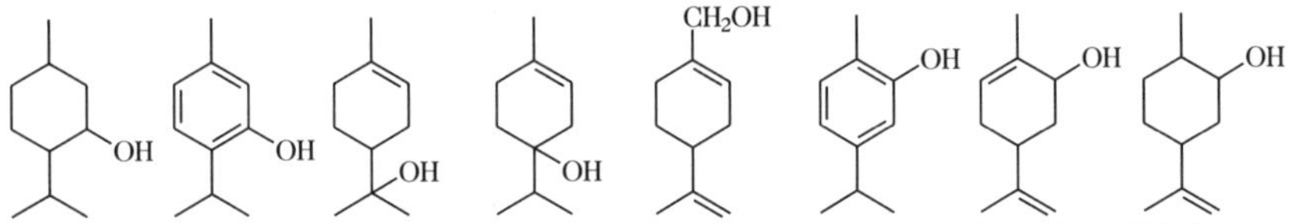

Menthol Thymol α-Terpineol Terpineol-4 Dihydro-cuminol Carvacrol Carveol Dihydro-carveol

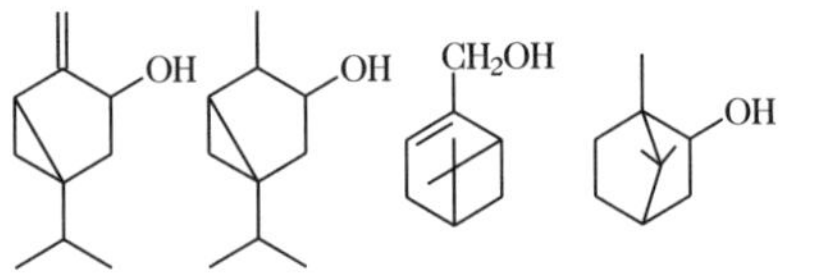

Sabinol Thujol Myrtenol Borneol

ätherische Öle. Abb. 2: Strukturformeln von Monoterpenalkoholen.

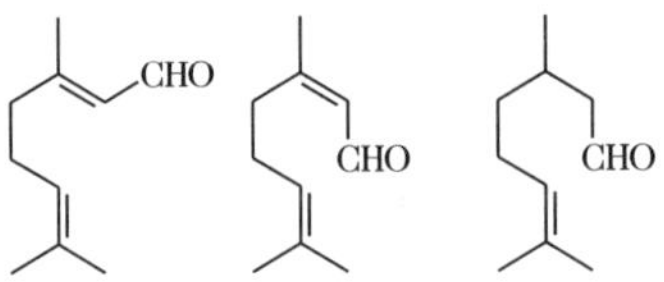

Citral a Geranial (*trans*-Form) Citral b Neral (*cis*-Form) Citronellal

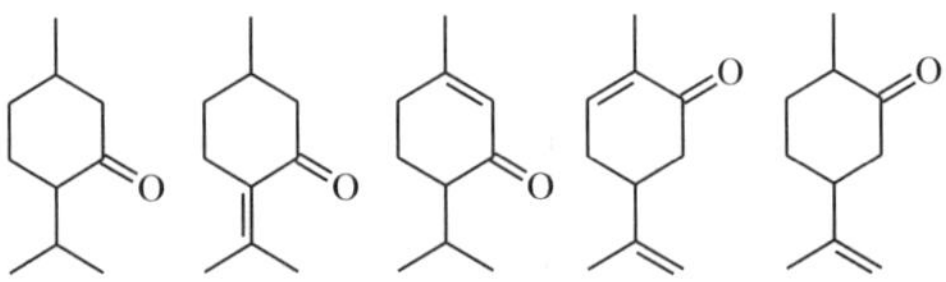

Menthon Pulegon Piperiton Carvon Dihydro-carvon

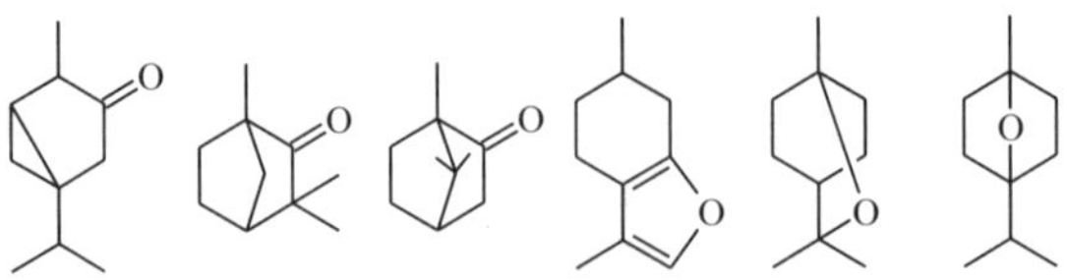

Thujon Fenchon Campher Mentho-furan 1,8-Cineol (Eucalyptol) 1,4-Cineol

ätherische Öle. Abb. 3: Strukturformeln von Monoterpenaldehyden, -ketonen und -epoxiden.

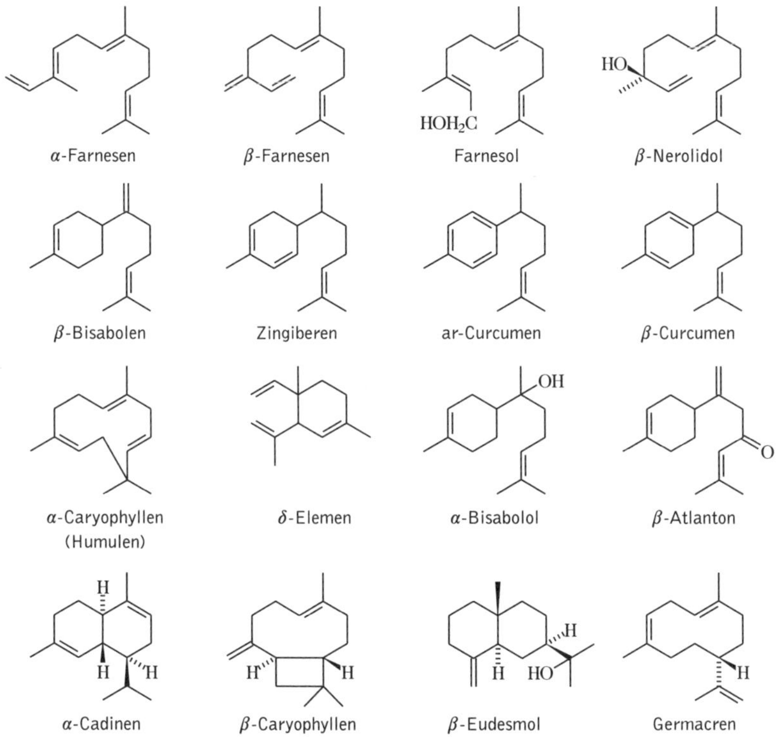

ätherische Öle. Abb. 4: Strukturformeln von Sesquiterpenderivaten.

Vorkommen ist weit verbreitet unter den höheren Pflanzen, v. a. in Apiaceae, Asteraceae, Cupressaceae, Lamiaceae, Lauraceae, Myrtaceae, Pinaceae, Poaceae, Rutaceae und Zingiberaceae.

Gewinnung: Die einfachste Art der Ölgewinnung ist die Destillation der frischen Droge mit Wasser. Empfindlichere ä. Ö. werden durch Wasserdampfdestillation gewonnen. Aber auch Pressverfahren und Extraktionsmethoden werden zu ihrer Isolation herangezogen. *Wirk.:* Je nach Zusammensetzung besitzen die ä. Ö. antimikrobielle Wirksamkeit gegenüber Bakterien und Pilzen; sie reizen die Haut sowie die Schleimhäute des Atem- und Verdauungstraktes und fördern damit Sekretionsprozesse; sie besitzen milde spasmolytische Aktivität sowie Insekten-vertreibende Aktivität (Repellent). *Anw.:* als Sekretolytika bei Atemwegserkrankungen, zur Appetitanregung (Gewürze), als Carminativa, zur Verdauungsförderung, als Repellentien. Besondere Bedeutung besitzen sie als Riechstoffe zum Aromatisieren in der Nahrungsmittelindustrie und Kosmetik.

Ätherisches Bittermandelöl ↗ Prunus-Arten.
Ätherisches Citronellöl ↗ Cymbopogon-Arten.
Ätherisches Fenchelöl ↗ Foeniculum vulgare.
Ätherisches Muskatnußöl ↗ Myristica fragrans.
Ätherisches Pfefferminzöl ↗ Mentha-Arten.
Ätherisches Tieröl ↗ Oleum animale aethereum.
Ätherisches Wacholderöl ↗ Juniperus communis.
Ätherisches Zimtöl ↗ Cinnamomum-Arten.

■ **Atherosperma moschatum** Labill.
Fam.: Monimiaceae.

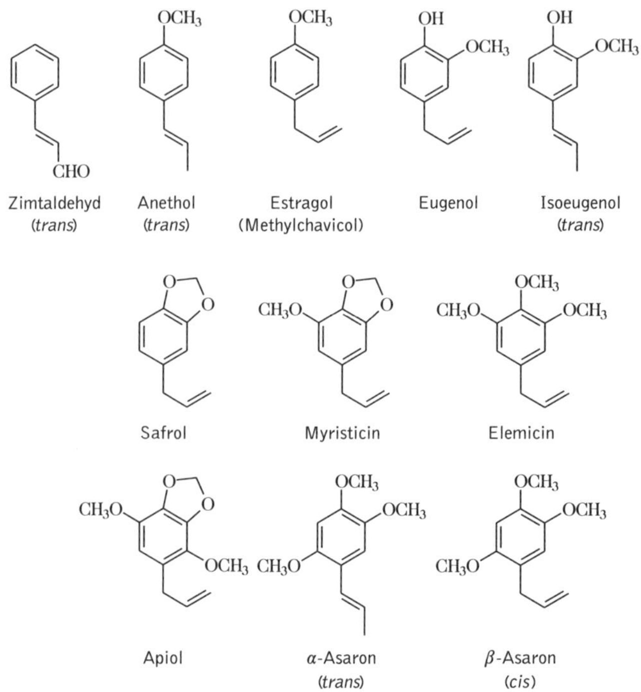

ätherische Öle. Abb. 5: Strukturformeln von Phenylpropanderivaten.

Vork.: Australien, besonders Tasmanien.

Droge: ***Cortex Atherospermae***; Australische Sassafrasrinde (syn. Pflaumen-Muskatnußrinde), die Stammrinde. Inh: Alkaloide, wie Atherospermidin, Berbamin, Isotetrandin, Isocorydin, Spermatherin; äther. Öl. Anw.: in der Volksheilkunde bei Rheuma und Bronchitis, als Aromatikum.

■ Athyrium filix-femina (L.) Roth.

(syn. *Polypodium filix-femina, Asplenium filix-femina*); Waldfrauenfarn.

Fam.: Polypodiaceae.

Vork.: Mitteleuropa, Südamerika.

Droge: das Rhizom. Inh: Filixsäuren, Phloroglucine, Gerbstoffe (ca. 8 %). Anw.: in der Volksheilkunde als Vermifugum.

Atlantischer Lachs ↗ Salmo salar.

Atlaszeder ↗ Cedrus-Arten.

■ Atractylis gummifera L.

(syn. *Carlina gummifera*); Mastixdistel.

Fam.: Asteraceae (Compositae).

Vork.: Mittelmeergebiet.

Droge: ***Radix Carlinae gummiferae***; Mastixdistelwurzel. Inh.: Atractylin, Atractyligenin, Atractylosid (Norditerpenglykosidester) Gummiferin, Harz, Kautschuk, Proteine. Anw.: in der Volksheilkunde bei Hydrops, Harnbeschwerden, Schlangenbissen. Die Pflanze ist stark giftig, Atractylo-

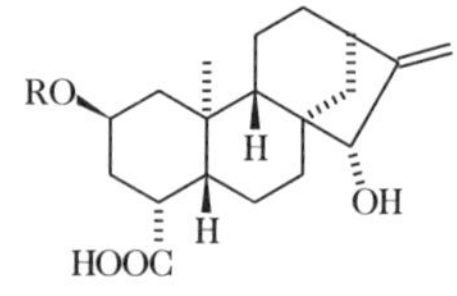

Atractyligenin: R = H
Atractylosid: R = 2-(3-Methylbutyryl)-3,4-di-O-sulfo-β-D-glucopyranosyl

sid hemmt die oxidative Phosphorylierung und kann über den hypoglykämischen Schock zum Tode führen.

Atractylosid ↗ Atractylis gummifera.
Atriplex acuminata ↗ Atriplex hortensis.
Atriplex benghalensis ↗ Atriplex hortensis.
Atriplex heterantha ↗ Atriplex hortensis.

■ **Atriplex hortensis** L.
(syn. *Atriplex acuminata, A. benghalensis, A. heterantha, A. microtheca, A. ruberrima, A. rubra, A. spectabilis, A. virgata*); Gartenmelde (syn. Maimoos, Mehlkraut, Mehlmus, Melde, Mellenkohl, Spanischer Spinat, Wilder Spinat).
Fam.: Chenopodiaceae.
Vork.: Mittelasien, Europa.
Droge: ***Herba Atriplicis*** (syn. *Atriplex-hortensis*-Kraut); Mehlkraut (syn. Meldenkraut). *Inh.:* Saponine (Oleanolsäure als Aglykon), Betalaine (Amaranthin, Betaxanthin), Flavonole (Quercetin, Kämpferol), Proteine, Spurenelemente (Eisen, Kupfer, Mangan, Zink), Oxalsäure (bis 10,3 %). *Anw.:* in der Volksheilunde zur Blutreinigung, bei Blasen- und Nierenleiden, zur Behandlung von Lungenleiden und als Mittel gegen Blutungen. Die Pflanze wird mitunter auch als Gemüse genutzt.

Atriplex microtheca ↗ Atriplex hortensis.
Atriplex ruberrima ↗ Atriplex hortensis.
Atriplex rubra ↗ Atriplex hortensis.
Atriplex spectabilis ↗ Atriplex hortensis.
Atriplex virgata ↗ Atriplex hortensis.

■ **Atropa belladonna** L.
(syn. *Atropa lethalis, A. lutescens, A. pallida, Belladonna baccifera, Belladonna trichotoma*); Tollkirsche (syn. Judenkernlein, Judenkirsche, Rasewurz, Schlafkirsche, Schwarzber, Teufelsauge, Teufelsberi, Teufelskirsche, Tintenbeer, Todeskraut, Tollbere, Tollkraut, Waldnachtschatten, Wolfsbeere, Wolfskirsche), s. Farbtafel S. 144, Bild 47.
Fam.: Solanaceae.
Vork.: Eurasien, kultiviert auf dem Balkan, Indien, Pakistan, USA, Brasilien.
Drogen: ***1. Belladonnae folium*** (syn. *Belladonnae herba, Folia Belladonnae, Herba Belladonnae*); Belladonnablätter (syn. Tollkirschen-

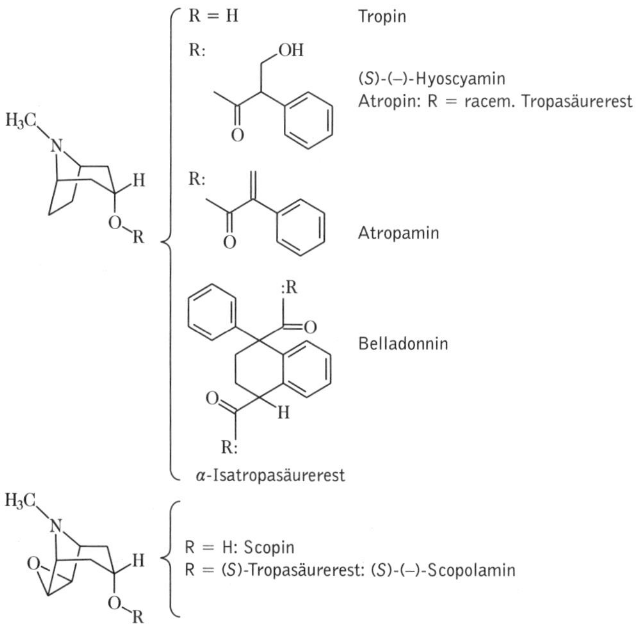

blätter, Tollkrautblätter, Waldnachtschattenblätter, Wolfsbeerenblätter, Wolfskirschenblätter, Tollkirschenkraut, Tollkraut). *Inh.:* Tropanalkaloide: Atropin (Racemat aus *S*-(–)- und *R*-(+)-Tropasäureester des Tropins) und (–)-Hyoscyamin als Hauptalkaloide, daneben geringe Mengen an Apoatropin, Belladonnin und (–)-Scopolamin (Formel s. S. 91); Flavonoide, Cumarine, Gerbstoffe. *Anw.:* Durch die parasympathikolytische Wirkung der Tropanalkaloide werden die Drogen zur Spasmolyse im Gastrointestinaltrakt, der Gallenwege, der Harnblase und der Bronchiolen eingesetzt. Außerdem führt Atropin zur Mydriasis und Akkomodationslähmung, es hemmt die Sekretion exokriner Drüsen (Speichel-, Magensaft-, Pankreassaft- und Schweißsekretion) und führt zur Unterdrückung von Übelkeit und Erbrechen. In Dosen ab 3 mg (–)-Hyoscyamin kommt es zur Stimulation des ZNS, ab 10 mg zu zentralen Lähmungen. ***2. Belladonnae radix*** (syn. *Radix Belladonnae*); Belladonnawurzel. *Inh.:* Tropanalkaloide (0,3–1,2 %), u. a. Hyoscyamin, Apoatropin, Tropin, Cuskhydrin, Scopolamin. *Anw.:* s. *Belladonnae folium*. Darüber hinaus diente die Droge zur sogenannten Bulgarischen Kur, benannt nach dem bulgarischen Wunderheiler Ivan Raeff aus Schipka, die zur Therapie der chronischer Encephalitis genutzt wurde. Diese Anwendung ist heute obsolet.

Hom.: ***1. Atropa belladonna*** (syn. *Belladonna*) HAB1, am Ende der Blütezeit gesammelte, ganze, frische Pflanze ohne verholzte Stengelteile. *Anw.-Geb.:* Entzündungen der Mandeln, der Atemorgane, des Magen-Darm-Kanals, der Harn- und Geschlechtsorgane, der Hirnhäute, der Haut und der Gelenke. ***2. Atropa belladonna Rh*** HAB1, am Ende der Blütezeit gesammelte, ganze, frische Pflanze ohne verholzte Stengelteile.

Histor: Die Gattung ist nach Atropos, der griechischen Parze benannt, die den Lebensfaden durchschnitt. Im 16. Jh. wurde die Tollkirsche als Kosmetikum zur Erzeugung großer Pupillen eingesetzt, daher rührt der Name „belladonna". Die Tollkirsche spielte im Mittelalter als Bestandteil von Hexentränken und -salben eine große Rolle, die mit der ZNS-Wirksamkeit der Tropanalkaloide in Verbindung steht (↗ Halluzinogene biogenen Ursprungs). Die Tollkirsche wurde auch als Mordgift benutzt, so z. B. im Krieg der Schotten gegen die skandinavische Armee unter dem Norwegerkönig Sven Knut (etwa 1035). Damals vergifteten die Schotten die Nahrungsmittel der Skandinavier mit Tollkirsche und vernichteten damit die norwegischen Truppen.

Atropa lethalis ↗ Atropa belladonna.
Atropa lutescens ↗ Atropa belladonna.
Atropa pallida ↗ Atropa belladonna.
Atropa physaloides ↗ Nicandra physaloides.

■ Atropin

(Atropinum, DL-Hyoscyamin), der Tropasäureester des Tropins, ein Tropanalkaloid verschiedener Solanaceen, z. B. ↗ *Atropa belladonna*, *Datura stramonium* (↗ *Datura*-Arten), ↗ *Hyoscyamus niger*). Es stellt das Racemat aus D- und L-Hyoscyamin dar. *Wirk.:* Infolge Bindung an muscarinergen Acetylcholinrezeptoren zeigt A.

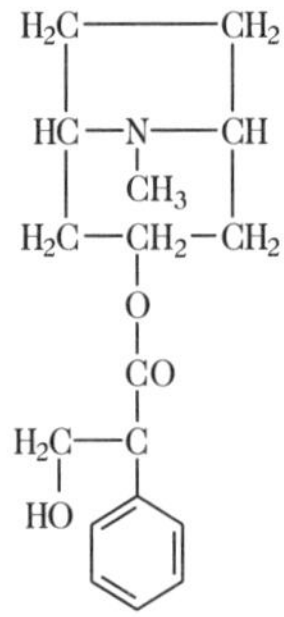

Atropin

parasympathikolytische Effekte ohne selbst intrinsische Aktivität zu besitzen. A. führt zur Spasmolyse der glatten Muskulatur, zu Mydriasis und Akkomodationslähmung am Auge sowie zur Einschränkung der Sekretion exokriner Drüsen. Gleichzeitig kommt es zur Tachykardie sowie zur Unterdrückung von Übelkeit und Erbrechen. In höherer Dosierung (ab 3 mg) kommt es zur zentralnervösen Stimulation, die bei Dosissteigerung zu tödlichen ZNS-Lähmungen führt. *Anw.:* Spasmolytikum u. a. bei Krämpfen des Magen-Darm-Traktes, Asthma, Obstipation, Keuchhusten, Gefäßspasmen, Koliken; bei Epilepsie und Chorea; als Mydriatikum in der Ophthalmologie; als Gegengift bei verschiedenen Vergiftungen, z. B. durch Digitalisglykoside, ↗ Muscarin, Pilocarpin, ↗ Physostigmin, Kampfstoffe mit parasympatikomimetischer Wirkung.

■ **Attalea excelsa** Mart.
(syn. Scheelea martiana); Urikuripalme.
Fam.: Palmae.
Vork.: Brasilien.
Drogen: *1. Urikurinußöl* (syn. Urikurifett), das Kernfett der Samen. Inh.: Triglyceride (ca. 75 %, dem Cocosfett ähnlich). Anw.: gutes Speisefett, wie Cososfett angewendet. *2. Urikuriwachs*. Inh.: raffiniertes Wachs mit Myristin-Cerotin-Ester (ca. 59 %), freie Wachssäuren (ca. 10 %), verseifbares Harz (ca. 11 %), Kohlenwasserstoffe, Mineralien. Anw.: in der Technik zur Herstellung von Bohnerwachs, Schuhputzmittel, Farbbandmassen, Kohlepapier.

Attelea speciosa ↗ Orbignya speciosa.
Attich ↗ Sambucus ebulus.
Attichwurzel ↗ Carlina acaulis.
Aubergine ↗ Solanum-Arten.

■ **Aucuba japonica** Thunbg.
Aukube (syn. Japanische Goldorange).
Fam.: Cornaceae.
Heim.: Ostasien, dort als Heil- und Zierpflanze kultiviert.
Droge: frische oder getrocknete Blätter. Inh.: Iridoidglykoside, bes. Aucubin (1–3 %). Anw.: u. a. Erkrankungen der Atmungsorgane. Das schwarzbraune Holz nutzt man in Japan zu Drechslerarbeiten.

■ **Aucubin**
Iridoidglykosid aus *Plantago lanceolata* (↗ Plantago-Arten), das durch β-Glykosidasen in Glucose und das antibiotisch wirksame Aucubigenin gespalten wird.

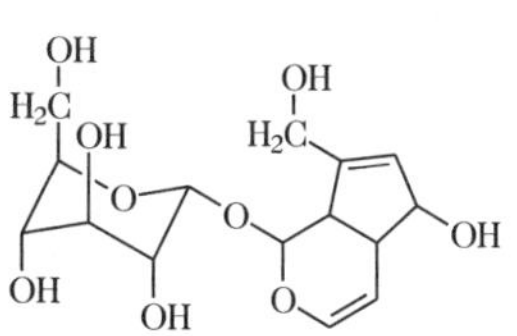

Aucubin

Aucuparia silvestris ↗ Sorbus aucuparia.

■ **Aufbereitungsmonographien**
Monographien, die im Bereich der pharmazeutischen Biologie Drogen sowie auch Arzneimittel der sog. besonderen Therapierichtungen, wie anthroposophische, homöopathische und phytotherapeutische Präparate betreffen. Zielstellung war die Aufbereitung des wissenschaftlichen Erkenntnismaterials über Arzneimittel, die nicht der Verschreibungspflicht unterliegen. Die Erarbeitung der A. erfolgte durch Sachverständigenkommissionen im Auftrage des Bundesinstituts für Arzneimittel und Medizinprodukte (BfArM) auf der Grundlage des zweiten Arzneimittelgesetzes (AMG 76). Für die „Homöopathische Therapierichtung und Stoffgruppe" war die Kommission D, für die „Phytotherapeutische Therapierichtung und Stoffgruppe" die Kommission E tätig. Die Ergebnisse wurden nach und nach im Bundesanzeiger (BAnz.) als Bekanntmachung über die Zulassung und Registrierung von Arzneimitteln (Aufbereitungsmonographien für den humanmedizinischen Bereich) veröffentlicht. Von der Kommission E wurden hierbei insgesamt 378 Drogen und Drogenzubereitungen bearbeitet und damit von einem kompetenten Arbeitskreis eine umfassende Einschätzung der in Deutschland verwendeten Drogen erbracht.

Aufgeblasene Lobelie ↗ Lobelia inflata.
Aufguß (Infus) ↗ Teezubereitung.
Aufrechtes Fingerkraut ↗ Potentilla erecta.
Aufrechte Waldrebe ↗ Clematis-Arten.
Augenblume ↗ Anemone nemorosa.
Augentrostkraut ↗ Euphrasia rostkoviana.
Augenwurzel ↗ Valeriana officinalis.
Aukube ↗ Aucuba japonica.
Aurantii amari flavedo ↗ Citrus-Arten.
Aurantii flos ↗ Citrus-Arten.
Aurantii flos aetheroleum ↗ Citrus-Arten.
Aurantii folium ↗ Citrus-Arten.
Aurantii immaturi fructus ↗ Citrus-Arten.
Aurantii pericarpium ↗ Citrus-Arten.

■ **Aurelia aurita** L
(syn. *Medusa*); Nesseltier (syn. Lappenqualle, Ohrenqualle, Meduse).
Fam.: Ulmariidae.
Vork.: Europäische Meere, besonders in Ost- und Nordsee.
Droge: das ganze Tier. Inh.: Proteine, toxische Polypeptide, wie Thalassin und Congestin. Anw.: im Mittelalter wurde die Droge bei einer Vielzahl von Erkrankungen eingesetzt.

Hom.: ***Medusa*** HAB34, die frischen Quallen. *Anw.-Geb.*: bei Urticaria und allergischen Zuständen.

Aureliana canadiensis ↗ Panax quinquefolius.

■ **Auricularia auricula-judae**
(syn. *Hirneola auricula-judae*); Judasohren.
Fam.: Auriculariaceae.
Vork.: Europa.
Drogen: ***Fungus Sambuci***; Holunderschwamm, der an lebenden Stämmen von ↗ *Sambucus nigra* wachsende Schwamm. *Inh:* Schleimstoffe. *Anw.*: früher in der Volksheilkunde in frischem Zustand bei Augenentzündungen eingesetzt.

Aurikeln ↗ Primula-Arten.
Ausdauerndes Bingelkraut ↗ Mercurialis-Arten.
Auster ↗ Ostrea edulis.
Austernschalenpulver ↗ Ostrea edulis.
Australische Arrowroot ↗ Canna-Arten.
Australische Bitterrinde ↗ Alstonia-Arten.
Australische Fieberrinde ↗ Alstonia-Arten.
Australische Kastanie ↗ Castanospermum australe.
Australische Sassafrasrinde ↗ Atherosperma moschatum.
Australisches Wild-Fenchelöl ↗ Foeniculum vulgare.
Avellanae mexicanae ↗ Theobroma cacao.
Avena cinerea ↗ Avena sativa.
Avena dispermis ↗ Avena sativa.
Avenae fructus ↗ Avena sativa.
Avenae fructus excorticatus ↗ Avena sativa.
Avenae herba ↗ Avena sativa.
Avenae stramentum ↗ Avena sativa.
Avena fatua ↗ Avena sativa.
Avena flava ↗ Avena sativa.
Avena orientalis ↗ Avena sativa.

■ **Avena sativa** L.
(syn. *Avena cinerea, A. dispermis, A. fatua, A. flava, A. orientalis*); Hafer (syn. Biwen, Gemeiner Hafer, Habern, Hauwe, Rispenhafer, Saathafer). Einjährige Pflanze.
Fam.: Poaceae (Gramineae).
Vork.: Ruderalpflanze auf Schuttplätzen und an Wegrändern, Kulturen bes. in Mitteleuropa zwischen dem 45. und 65. Breitengrad.
Drogen: ***1. Avenae fructus***; Haferfrüchte, die reifen, getrockneten von Deck- und Vorspelzen umgebenen Früchte. *Inh.*: Kohlenhydrate, u. a. Stärke (50–60 %), Haferstärke; lösliche Polysaccharide, die aus *β*-Glucanen sowie aus Arabinoxylanen und Lichenin bestehen. Eiweiß (7–23 %), aus Gliadin, Avenin und Avenalin bestehend, ferner Sterole, u. a. *β*-Sitosterol sowie Steroidsaponine, u. a. Avenacosid und Avenosid (Abb.). *Anw.*: dient zur Herstellung von *Farinae Avenae* (Hafermehl); volkstümlich bei Erkrankungen und Beschwerden der Verdauungsorgane, ferner bei nervöser und körperlicher Erschöpfung, als harntreibendes Mittel, bei Gicht und Rheuma, als Nahrungsmittel bei Diabetes mellitus sowie bei erhöhtem Cholesterolspiegel. ***2. Avenae fructus excorticatus*** (syn. *Fructus Avenae decorticatus, Fructus Avenae excorticatus*); Haferfrucht, entspelzt (syn. Entspelzte Haferfrucht, Rollhafer). *Inh.*: s. Avenae fructus. *Anw.*: als diätetisches Mittel zur Senkung von Cholesterolspiegel und zu hohem Blutfettspiegel, ferner bei Beschwerden im Magen-Darm-Bereich, bei Zuckerkrankheit sowie als Nahrungsmittel und in der Kosmetik für Naturkosmetika. ***3. Avenae herba*** (syn. *Herba Avenae, Herba Avenae sativae*); Haferkraut (syn. Saathaferkraut), die grünen, kurz vor der Vollblüte geernteten, schnell getrockneten oberirdischen Teile. *Inh.*: Kohlenhydrate, u. a. *β*-Glucane, Kestose und Neokestose, Steroidsaponine, u. a Avenacoside A und B, Flavonglykoside und Mineralstoffe, u. a. Kieselsäure. *Anw.*: In der Volksheilkunde, u. a. bei nervösen Erschöpfungszuständen, urologischen Beschwerden, als Aufbau- und Kräftigungsmittel, bei erhöhten Cholesterolwerten und rheumatischen Beschwerden. In der Kosmetik als Zusatz zu Naturkosmetika. ***4. Avenae stramentum*** (syn. *Stramentum Avenae*); Haferstroh, die getrockneten, gedroschenen Laubblätter und Stengel von A. sativa. *Inh.*: s. *Avenae herba*. *Anw.*: Bei entzündlichen Hauterkrankungen sowie seborrhoischen Hautleiden,

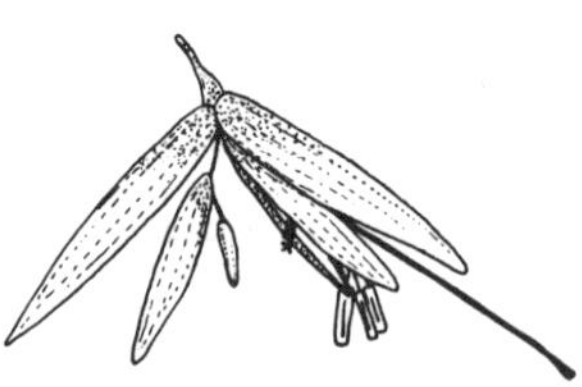

Avena sativa. Teil der Blüte.

speziell mit Juckreiz. Meist als Voll- oder Teilbad. Für ein Vollbad z. B. kocht man 100 g zerkleinerte Droge mit 3 l Wasser ca. 20 min und setzt den Absud dem Bade zu. Volkstümlich dient die Droge auch bei rheumatischen Beschwerden sowie Stoffwechselerkrankungen.

Hom.: ***1. Avenae sativa ferm 33c*** HAB1; die ganze, frische Pflanze zur Zeit der Milchreife der Früchte. *Anw.-Geb.:* in der anthroposophischen Therapie. ***2. Avena sativa*** HAB1; frische, zur Blütezeit geerntete oberirdische Teile. *Anw.-Geb.:* bei Erschöpfungszuständen und Schlaflosigkeit.

Histor.: *Avena* ist der Name des Kulturhafers bei den Römern. Obwohl die Etymologie nicht ganz sicher ist, leitet sich die Bezeichnung vermutlich von sanskritischen *avi* = Schaf ab, somit als Schafgras bezeichnet. Nach Grimm hat sich der Name des Hafers in fast allen europäischen Sprachen mit dem des Bockes berührt und wurde als Futter des Ziegenbockes bezeichnet. In Deutschland war der Hafer früher ein Hauptnahrungsmittel und wurde im 16. Jh. auch zur Bierbrauerei verwendet.

■ Averrhoa-Arten

● **Fam.:** Oxalidaceae.

● **Averrhoa bilimbi** L.; Gurkenbaum.

Vork.: Indien, Malaysia.

Inh.: Die Früchte enthalten Ascorbinsäure, Oxalate und Farbstoffe. *Anw.:* Die Früchte werden zu Erfrischungsgetränken, Marmeladen und Fruchtkonserven verarbeitet. In der traditionellen Medizin werden die Blätter bei Schwellungen angewandt.

● **Averrhoa carambola** L.; Karambolabaum.

Vork.: Indien, China, Brasilien.

Inh.: s. *Averrhoa bilimbi*. *Anw.:* Die Früchte werden zu Erfrischungsgetränken verarbeitet sowie bei Scorbut, Fieber und als Diuretikum eingesetzt. In der Volksheilkunde werden auch die Blätter wegen ihres hohen Anteils an Leukoanthocyanen vielseitig verwendet.

■ Avicenna

lat. Form des arabischen Namens Abu Ali Ibn Sina (980–1037), einer der bedeutendsten Universalgelehrten („Fürst des Wissens") des arabisch-islamischen Mittelalters. Für die Medizin erlangte sein „Kanon der Heilkunst" große Bedeutung. Das in fünf Büchern die gesamte Medizin seiner Zeit umfassende Werk war für Jahrhunderte das grundlegende Lehrbuch der Heilkunst im mittelalterlichen Europa und wurde erst durch Paracelsus verdrängt.

■ Avicularia avicularia L.

(syn. *Aranea avicularia, Avicularia vulpina, Mygale avicularis, Mygale hirsutissima*); Vogelspinne (syn. Buschspinne, Riesenspinne).

Fam.: Aviculariidae.

Vork.: tropisches Mittel- und Südamerika.

Inh.: Neurotoxine, Glutaminsäure, γ-Aminobuttersäure, Polyamine. Insgesamt noch nicht vollständig untersucht.

Hom.: ***Aranea avicularis*** (syn. *Mygale avicularis*), ethanolische Tinktur aus der ganzen Spinne gewonnen. *Anw.-Geb.:* Magen-Darm-Erkrankungen, Fieber, Neuralgien. *Anm.:* Der Biß der Vogelspinne ist sehr schmerzhaft, seine Gefährlichkeit für den Menschen ist umstritten.

Avicularia vulpina ↗ Avicularia avicularia.

■ Avicularin

3-*O*-Arabinoderivat des Quercetins (Flavonoidglykosid). *A.* kommt bes. in ↗ *Polygonum aviculare* (Vogelknöterich) vor.

Avocadobaum ↗ Persea americana.
Avocadobirne ↗ Persea americana.
Avocadoöl ↗ Persea americana.
Avocado oleum ↗ Persea americana.
Avocato-Birne ↗ Persea americana.
Awarrapalmfett ↗ Astrocaryum-Arten.
Axungia porci ↗ Schweineschmalz.

■ Ayahuasca

auch bezeichnet als „Ranke der Seele", „Todes-Strick", Caapi, Yajé, Yagé, Dapa, Mihi, Kahi, Natéma, Pinde, Nape oder Bejuco de oro, spielt in den Riten und Mythen der südamerikanischen Ureinwohner eine bedeutsame Rolle. Aus einer Mischung von mehreren, alkaloidhaltigen „göttlichen Pflanzen" (*Banisteriopsis caapi, B. longialata, Psychotria viridis, P. carthaginensis, Brugmansia suaveolens, Brunfelsia chiricaspi, B. grandiflora, Nicotiana*-Arten, *Datura*-Arten, *Mascagna glandulifera, M. psilophylla, Tabernaemontana*-Arten, *Tetrapteris methystika* sowie *T. mucronata*) wird ein braunes, bitteres Getränk erhalten, das in kleinen Dosen vor allem in der

Stille der Nacht eingenommen wird und Träume induzieren soll. Frauen sind von diesen Ritualen ausgenommen. Je nach Dosis werden 20–30 min nach der Einnahme Halluzinationen ausgelöst, die etwa 2 Stunden anhalten. Dabei werden vielfältige Visionen in der Verknüpfung von Wirklichkeit und Phantasie ausgelöst, die sowohl mit gesteigerter Aggressivität als auch ausgeprägter Gelassenheit verbunden sein können. Der Rauschzustand endet in einem traumerfüllten Tiefschlaf. ↗ Banisteria-Arten

■ Ayurveda

traditionelle Heilkunst Indiens. Beruht auf der Auffassung, daß die belebte wie auch die unbelebte Natur, d. h. auch der Mensch, aus den Elementen Erde (Prithvi), Wasser (Jala), Feuer (Tejac), Luft (Vaju) und Raum (Akasa) besteht und Krankheiten durch Ungleichgewichte dieser Elemente bedingt sind. Die Behandlungsmethoden zielen auf die Wiederherstellung des gestörten Gleichgewichtes hin. Zur Anwendung kommen dabei bes.: Abführen durch Einläufe, Aderlaß, Erbrechen, Schwitzkuren sowie Arzneimittel pflanzlichen oder tierischen Ursprungs.

Azadirachta indica ↗ Antelaea azadirachta.
Azaroldorn ↗ Crataegus-Arten.
Azarolus crataegoides ↗ Crataegus-Arten.

■ Azulene

zumeist blau gefärbte Kohlenwasserstoffe (nichtbenzoide Aromaten) mit einem elektronenarmen 7-Ring und einem elektronenreichen 5-Ring, die über 5 konjugierte Doppelbindungen stabilisiert sind. Sie kommen in äther. Ölen vor, werden aus Proazulenen gebildet und besitzen antiphlogistische Wirkung.

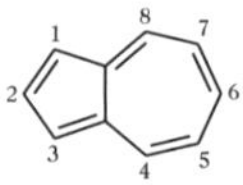

Azulen

B

Babassufett ↗ Orbignya speciosa.
Babenkern ↗ Cucurbita pepo.
Baccae Agni casti ↗ Vitex agnus-castus.
Baccae Alkekengi ↗ Physalis alkekengi.
Baccae Berberidis vulgaris ↗ Berberis vulgaris.
Baccae Juniperi ↗ Juniperus communis.
Baccae Lauri ↗ Laurus nobilis.
Baccae Mezerei ↗ Daphne mezereum.
Baccae Mori ↗ Morus-Arten.
Baccae Myrtilli ↗ Vaccinium-Arten.
Baccae Myrtillorum ↗ Vaccinium-Arten.
Baccae Ribiae nigri ↗ Ribes nigrum.
Baccae Sambuci ↗ Sambucus nigra.
Baccae Solani racemosi ↗ Phytolacca americana.
Baccae Sorbi ↗ Sorbus aucuparia.
Baccae Spinae cervinae ↗ Rhamnus catharticus.
Baccae Vitis ideae ↗ Vaccinium-Arten.

■ Baccharis genistelloides Pers.

(syn. *Baccharis trimera, Molina trimera, M. reticulata, Caccalia decurrens*).

Fam.: Asteraceae (Compositae).

Vork.: Nord- und Südamerika, besonders Brasilien.

Droge: ***Herba Baccharis genistelloides***, die blühende Pflanze. *Inh.:* äther. Öl (Carqueja-Öl), Saponine, Baccharonin. *Anw.:* in der brasilianischen Volksheilkunde als Fiebermittel, bei Dyspepsie, Durchfall und Leberleiden.

Baccharis trimera ↗ Baccharis genistelloides.
Bachblume ↗ Caltha palustris.
Bachbunge ↗ Veronica beccabunga.
Bachbungenehrenpreis ↗ Veronica beccabunga.
Bachkresse ↗ Nasturtium officinale.
Bachnelkenwurz ↗ Geum-Arten.
Bacillus acidophilus ↗ Lactobacillus acidophilus.

■ Bacillus-Arten

● **Fam.:** Bacillaceae. Grampositive Stäbchenbakterien, die Dauersporen bilden und sowohl begeißelte als auch unbegeißelte Formen aufweisen. Sie besitzen pathologische Bedeutung (z. B. *Bacillus anthracis*, Milzbranderreger) und werden zur Gewinnung von Antibiotika und anderer pharmazeutisch nutzbarer Stoffe eingesetzt.

- **Bacillus brevis** produziert Tyrothricin, ein Gemisch linearer und cyclischer Peptidantibiotika, das zu 80 % aus basischen Tyrocidinen und zu 20 % aus den neutralen Gramicidinen besteht, die hauptsächlich für den antibiotischen Effekt verantwortlich sind.
- **Bacillus lichiformis** bildet die Gruppe der Bacitracine (heteromere Peptidantibiotika) mit membrantoxischer Wirkung.
- **Bacillus polymyxa var. colistinus** produziert die Acylpeptidantibiotika Polymyxine und Colistine, basische Decapeptide mit Ringstruktur, die insbes. auf gramnegative Stäbchen bakterizid wirken.
- **Bacillus subtilis** dient zur Gewinnung von Penicillinase (Penicillinamidohydrolase), einem Enzym, das durch Abbau von Penicillin zur sofortigen Unterbrechung der Penicillinwirkung bei Penicillin-Allergien genutzt wird. Darüber hinaus produziert *Bacillus subtilis* auch Bacitracine.

Bacillus bifidus ↗ Bifidobacterium-Arten.
Bacillus brevis ↗ Bacillus-Arten.
Bacillus lichiformis ↗ Bacillus-Arten.
Bacillus polymyxa ↗ Bacillus-Arten.
Bacillus subtilis ↗ Bacillus-Arten.

■ Bacitracine

Polypeptidantibiotika, die von *Bacillus licheniformis* und *Bacillus subtilis* gebildet werden. Man unterscheidet verschiedene B. (A bis E, F_1 bis F_3), am wirksamsten ist B. A (s. Formel), das zu 70 % im Handelsprodukt enthalten ist. Wirk.: Es hemmt die Membranbiosynthese von grampositiven und gramnegativen Kokken (z. B. *Haemophilus*- und *Brucella*-Arten). Die systemisch hochtoxischen B. binden sich auch an Polyprenyldiphosphate eukaryotischer Zellen. Anw.: als Lokalantibiotika zur Therapie von Haut und Augeninfektionen meist in Kombination mit anderen Antibiotika. Bacitracin-Zink wird als Bestandteil von Wundpudern eingesetzt. Darüber hinaus sind B. Inhibitoren für Metalloendopeptidasen (z. B. Prolin-Endopeptidase).

Bäckerhefe ↗ medizinische Hefe.

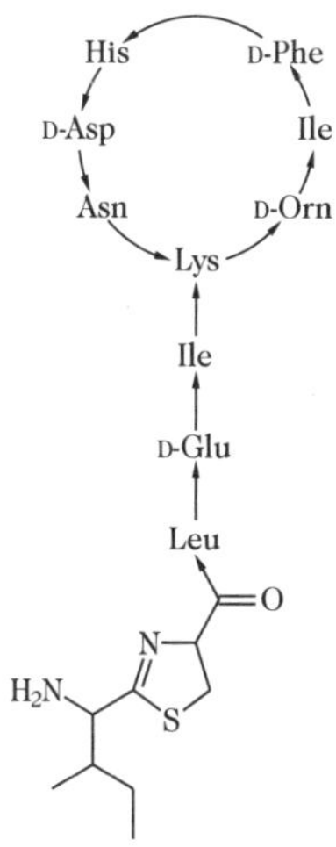

Bacitracin A

Bäckerschabe ↗ Blatta orientalis.
Backhefe ↗ medizinische Hefe.
Backpflaumen ↗ Prunus-Arten.

■ Bacopa monnieri (L.) Wettst.

(syn. *Gratiola monniera, Herpestis monniera, Monniera cuneifolia).*
Fam.: Scrophulariaceae.
Vork.: Feuchtgebiete in Indien.
Droge: das Kraut. Inh.: Alkaloide, wie Bramhin (0,01–0,02 %); Stigmasterin, Bacosid A und B, Monnierin. Anw.: in der indischen Volksheilkunde als Tonikum, Laxans und Diuretikum.

Bacopa monnieria ↗ Herpestis mnnieria.
Bacterium bifidum ↗ Bifidobacterium-Arten.
Bacterium coli commune ↗ Escherichia coli.
Bacteroides bifidus ↗ Bifidobacterium-Arten.
Bactyrilobium fistula ↗ Cassia-Arten.
Badan ↗ Bergenia crassifolia.
Badekraut ↗ Levisticum officinale.
Badeschwamm ↗ Euspongia officinalis.
Badiaga ↗ Ephydatia mülleri.
Badian ↗ Illicium verum.
Baerpudel ↗ Meum athamanticum.
Baeumerta nasturtium ↗ Nasturtium officinale.

■ Baileya multiradiata Harv. et Gray.

Fam.: Asteraceae (Compositae)
Vork.: Mexiko.

Droge: die ganze Pflanze. Inh.: Sesquiterpene und Sesquiterpenlactone mit antibiotischen und tumorhemmenden Eigenschaften. Anw.: in der mexikanischen Volksheilkunde zu schmerzstillenden Umschlägen.

Bakana ↗ Coryphanta compacta, ↗ Scirpus atrovirens.

■ Balaenoptera musculus L.

Blauwal (syn. Bartenwal).

Fam.: Physeteridae.

Vork.: nördliche und südliche Weltmeere.

Droge: ***Walöl***, je nach Herkunft unterscheidet man Specköl, Fleischöl, Knochenöl und Kopföl. Inh.: Triglyceride, deren Zusammensetzung der anderer Speiseöle weitgehend entspricht. Anw.: in der Galenik und Kosmetik als Salbengrundlage, Rohstoff für die Magarine- und Hartfettherstellung; in der Seifen-, Leder- und Linoleumindustrie. Durch die Schutzbestimmungen bezüglich des Walfangs sind die Walölmengen zur Zeit relativ begrenzt.

■ Balanites aegyptiaca Del.

(syn. *Balanites latifolia, B. roxburghii, B. zizyphoides, Agialida aegyptica, A. schimperi, A. senegalensis, A. tombouctensis, A. abyssinica, A. barteri, A. nigra, Ximenia aegyptiaca*); Zahnbaum.

Fam.: Zygophyllaceae.

Vork.: tropisches Afrika, Asien.

Drogen: Blätter, Früchte, Samen und die Rinde. Inh.: in den Früchten sind neben Zucker auch Saponine (ca. 7 %), in den Samenkernen Diosgenin, Yamogenin, fettes Öl (Zahnbaumsamenöl) enthalten. Anw.: in Afrika wird die Pflanze als Brechmittel, Laxans und Anthelmintikum genutzt. Die Früchte und das fette Öl der Samen sind Nahrungsmittel. Die Pflanze dient auch zur Bereitung eines Pfeilgiftes in Kombination mit ↗ Strophanthus-Arten bzw. als Fischgift für den Fischfang.

Balanites latifolia ↗ Balanites aegyptiaca.
Balanites roxburghii ↗ Balanites aegyptiaca.
Balanites zizyphoides ↗ Balanites aegyptiaca.

■ Balanophora elongata Bl.

(syn. *Langsdorffia indica*).

Fam.: Balanophoraceae.

Vork.: tropisches Asien, bes. Java, Australien.

Droge: ***Balanophorenwachs***, das Wachs der Stengel-Parenchymzellen. Inh.: Gemisch aus Glyceriden mit Balanophorin, Harz und Kautschuk. Anw.: zur Kerzenherstellung.

Balanophorenwachs ↗ Balanophora elongata.
Balasa-Kino ↗ Butea monosperma.

■ Balata

der eingetrocknete Milchsaft von *Mimusops globosa* bzw. *Mimusops balata*. B. wird als Ersatz für Guttapercha genutzt und besteht aus Poly-2-methylbutadien, es ist härter und zäher als Kautschuk sowie vulkanisierbar. Anw.: Zahnkitt, Pflastergrundlage.

Bälbaum ↗ Aegle marmelos.
Balderbackenwurzel ↗ Valeriana officinalis.
Balderbracken ↗ Valeriana officinalis.
Balderjan ↗ Valeriana officinalis.
Baldrian ↗ Valeriana officinalis.
Baldrianöl ↗ Valeriana officinalis.

■ Baldrinal

monoterpenoide Verbindung, Abbauprodukt der Valepotriate aus dem Echten Baldrian (↗ *Valeriana officinalis*).

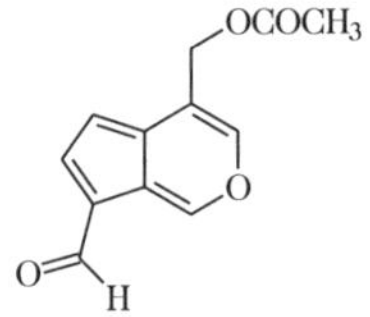

Baldrinal

Baliospermum axillare ↗ Baliospermum montanum.

■ Baliospermum montanum (Wild.) Müll.-Arg.

(syn. *Baliospermum axillare*).

Fam.: Euphorbiaceae.

Vork.: Indien, Nepal, Indonesien.

Droge: die Wurzeln. Inh.: Phorbolester und Derivate. Anw.: in der asiatischen Volksheilkunde bei Krebserkrankungen, bei Bauchschmerzen sowie als Purgans.

Ballonblume ↗ Platycodon grandiflorum.
Ballonpflanze ↗ Cardiospermum halicacabum.

Ballonrebe ↗ Cardiospermum halicacabum.
Ballota alba ↗ Ballota nigra.
Ballota aristata ↗ Ballota nigra.
Ballota borealis ↗ Ballota nigra.
Ballotae herba ↗ Ballota nigra.
Ballotae nigrae herba ↗ Ballota nigra.
Ballota foetida ↗ Ballota nigra.
Ballota lanata ↗ Leonurus lanatus.

■ **Ballota nigra** L.
(syn. *Ballota alba, B. aristata, B. borealis , B. foetida, B. ruderalis, B. sepium, B. silvestris, B. vulgaris, Marrubium nigrum*); Schwarzer Andorn (syn. Anderbrume, Gottvergeß, Schwarznessel, Stinkandorn), s. Farbtafel S. 144, Bild 48.

Fam.: Lamiaceae (Labiatae).

Vork.: weltweit verbreitet.

Droge: ***Ballotae nigrae herba*** (syn. *Herba Ballotae nigrae, Ballotae herba, Marrubii nigri herba*). *Inh.:* Diterpene (Marrubiin, 7-Acetoxymarrubiin), Bitterstoffe (Ballotinon, Ballotenol, Ballonigrin), Flavonoide, v. a. Apigeninderivate, unangenehm riechendes äther. Öl, Phenolcarbonsäuren, Saponine. *Anw.:* in der Volksheilkunde in Form eines Extraktes oder Tees als Sedativum bei Hysterie und zur Behandlung nervöser Beschwerden, als Spasmolytikum bei krampfartigen Magenbeschwerden, bei Keuchhusten sowie zur Steigerung des Gallenflusses. Äußerlich wird die Droge bei Gicht genutzt.

Hom.: ***Ballota foetida***, die frischen oberirdischen Teile der blühenden Pflanze. *Anw.-Geb.:* Husten und nervöse Beschwerden von Erwachsenen und Kindern, bes. Schlafstörungen.

Ballota ruderalis ↗ Ballota nigra.
Ballota sepium ↗ Ballota nigra.
Ballota silvestris ↗ Ballota nigra.
Ballota vulgaris ↗ Ballota nigra.
Balsaholz ↗ Ochroma lagopus.
Balsamapfel ↗ Momordica-Arten.
Balsamaria onophyllum ↗ Calophyllum inophyllum.
Balsambaum ↗ Amyris balsamifera.
Balsambirne ↗ Momordica-Arten.

■ **Balsame**
(syn. Oleoresine), halbflüssige bis sirupöse, häufig wohlriechende, physiologische oder pathologische Sekundärprodukte von Pflanzen, die Lösungen von ↗ Harzen in ↗ ätherischen Ölen darstellen. Sie werden, soweit sie nicht von selbst durch die Pflanze exkretiert werden, durch Verletzung zum Austreten gebracht bzw. durch Auskochen der entsprechenden Pflanzenteile gewonnen. Beim Trocknen an der Luft verdunsten die äther. Öle und eine feste, z. T. glasartige Masse aus nichtflüchtigen, polymerisierten Diterpenen (Harzsäuren) bleibt zurück. Arzneizubereitungen die als B. bezeichnet werden, sind i. d. R. Mischungen aus äther. Ölen mit anderen Arzneistoffen, die eine balsamartige Konsistenz aufweisen.

Balsamgurke ↗ Momordica-Arten.
Balsamitae herba ↗ Chrysanthemum-Arten.
Balsamita major ↗ Chrysanthemum-Arten.
Balsamita suaveolens ↗ Chrysanthemum-Arten.
Balsamita vulgaris ↗ Chrysanthemum-Arten.
Balsamite ↗ Chrysanthemum-Arten.
Balsamkraut ↗ Chrysanthemum-Arten.
Balsamocarpon brevifolium ↗ Caesalpinia-Arten.
Balsamodendron abyssinica ↗ Commiphora-Arten.
Balsamodendron africanum ↗ Commiphora-Arten.
Balsamodendron ehrenbergianum ↗ Commiphora-Arten.
Balsamodendron kafal ↗ Commiphora-Arten.
Balsamodendron meccanensisi ↗ Commiphora-Arten.
Balsamodendron mukul ↗ Commiphora-Arten.
Balsamodendron myrrha ↗ Commiphora-Arten.
Balsamodendron opobalsamum ↗ Commiphora-Arten.
Balsamodendron roxburghii ↗ Commiphora-Arten.
Balsamodendrum gileadense ↗ Commiphora-Arten.
Balsampappel ↗ Populus-Arten.
Balsamstrauch ↗ Commiphora-Arten.
Balsamtanne ↗ Abies-Arten.
Balsamum brasiliense ↗ Copaifera-Arten.
Balsamum canadense ↗ Abies-Arten, ↗ Kanadabalsam.
Balsamum Capivi ↗ Dipterocarpus-Arten.
Balsamum Caraipae ↗ Caraipa psidifolia.
Balsamum Cativo ↗ Prioria copaifera.
Balsamum Copaivae ↗ Copaifera-Arten.
Balsamum Copaivae africanum ↗ Paradaniella oliveri.
Balsamum de Mecca ↗ Commiphora-Arten.
Balsamum Gurjunae ↗ Dipterocarpus-Arten.

Balsamum Hardwickiae ↗ Hardwickia pinnata.
Balsamum Indicum album ↗ Liquidambar-Arten.
Balsamum Indicum nigrum ↗ Myroxylon balsamum.
Balsamum Mariae ↗ Calophyllum inophyllum.
Balsamum Nisticae ↗ Myristica fragrans.
Balsamum Peruvianum ↗ Myroxylon balsamum.
Balsamum Pseudotsugae ↗ Pseudotsuga taxifolia.
Balsamum Styracinum ↗ Liquidambar-Arten, ↗ Styrax-Arten.
Balsamum Styrax liquidum ↗ Liquidambar-Arten.
Balsamum Terebinthina ↗ Terebinthina.
Balsamum Terebinthinae veneta ↗ Larix decidua.
Balsamum Tolutanum ↗ Myroxylon balsamum.
Banane ↗ Musa paradisiaca.
Bananenstärke ↗ Musa paradisiaca.
Banda-Macis ↗ Myristica fragrans.
Bandwisch ↗ Equisetum-Arten.
Bandwurmkraut ↗ Dryopteris filix-mas.
Bangenkraut ↗ Conium maculatum.

■ **Banisteria-Arten**
● **Fam.:** Malpighiaceae.
● **Banisteria caapi** (Spruce ex Griseb.) Morton (syn. *Banisteria quitensis, Banisteriopsis caapi, B. quitensis*).
Vork.: westl. Amazonasgebiet, bes. Brasilien, Bolivien, Kolumbien, Ecuador, Peru.
Droge: ***Banisteriae cortex***, die Stammrinde. *Inh.:* Die Rinde enthält Indolalkaloide vom β-Carbolintyp (Harmanalkaloide), u. a. Harmin, Harmol, Harmin-*N*-oxid, Harmalin und Tetrahydroharmin, 6-Methoxytryptamin und einige Pyrrolidinbasen. *Anw.:* In der traditionellen Medizin der südamerikanischen Ureinwohner wird die Droge zur Herstellung von Ayahuasca (Yagé, Yajé), einem berauschenden Getränk genutzt, das für religiöse Zeremonien zur Auslösung von Halluzinationen (↗ Halluzinogene biogenen Ursprungs) zwecks Kontaktaufnahme mit Göttern und Verstorbenen eingesetzt wird. Die Droge verfügt über eine beträchtliche Toxizität, die durch zentralnervöse Störungen (Übelkeit, Erbrechen, Tremor) und durch eine Beeinträchtigung der Herz-Kreislauf-Funktionen (Bradykardie, Blutdruckabfall) gekennzeichnet ist.
● **Banisteria inebrians** Morton. *Inh.* und *Anw.:* s. *Banisteria caapi*, verwendet wird die Rinde.
● **Banisteria rusbyana** (Niedenzu) Morton. *Inh.* und *Anw.* s. *Banisteria caapi*. Verwendet werden die Blätter.

Banisteriae cortex ↗ Banisteria-Arten
Banisteriopsis-Arten ↗ Banisterea-Arten.
Banisteriopsis caapi ↗ Banisteria-Arten.
Banisteriopsis inebrians ↗ Banisterea-Arten.
Banisteriopsis quitensis äva Banisteria-Arten.
Bankesia abyssinica ↗ Hagenia abyssinica.
Baobaböl ↗ Adansonia digitata.

■ **Baphia nitida** Lodd.
Fam.:. Fabaceae (Leguminosae).
Vork.: Westküste Afrikas, besonders Sierra Leone, Liberia.
Droge: ***Camholz*** (syn. Gabanholz), das Stammholz. *Inh.:* Baphiin, Baphiasäure, Baphiniton, Pterocarpin und weitere rote Farbstoffe. *Anw.:* Grundstoff für die Stoffärberei, wertvolles Nutzholz.

Baptisiae tinctoriae radix ↗ Baptisia tinctoria.
Baptisia gibbesii ↗ Baptisia tinctoria.

■ **Baptisia tinctoria** (L.) Vent.
(syn. *Baptisia gibbesii, Podalyria tinctoria, Sophora tinctoria*); Wilder Indigo (syn. Baptisie, Färberhülse).
Fam.: Fabaceae.
Vork.: Nordamerika und südl. Kanada.
Droge: ***Baptisiae tinctoriae radix*** (syn. *Radix Baptisiae tinctoriae*); Baptisiawurzel (syn. Wilde Indigowurzel). *Inh.:* Isoflavone (Baptigenin, Pseudobaptigenin) und deren Glykoside (Baptisin, Pseudobaptisin, Trifolirhizin), Chinolizidinalkaloide, Cumarine sowie Polysaccharide und Glykoproteine. *Anw.:* heute wird die Droge als Bestandteil von Immunstimulantien zur Verbesserung des Immunstatus häufig genutzt. In der amerikanischen Volksheilkunde dient die Droge zur Behandlung von Fieber, Scharlach, Typhus und Rachenentzündungen sowie in Salben zur Behandlung von Geschwüren und entzündeten Wunden. Auch bei Grippe, Erkältungen, Mandelentzündungen, Schnupfen sowie bei Lymphknotenentzündungen findet die Droge Verwendung.
Hom.: ***Baptisia tinctoria*** HAB34, die frische Wurzel mit Rinde. *Anw.-Geb.:* schwere fiebrige Infektionen, allgemeine Blutvergiftung, Verwirrtheitszustände.

Histor.: Sowohl der Gattungsname *Baptisia*, abgeleitet vom griechischen *bápto* (färben), als auch der Artname *tinctoria* (lat. *tingere*, färben) bringen die Nutzung der Droge als Indigofarbstoff zum Ausdruck. In ihrer Heimat werden die jungen Sprosse der Pflanze auch wie Spargel gegessen.

Baptisiawurzel ↗ Baptisia tinctoria.
Baptisie ↗ Baptisia tinctoria.
Barabangfrüchte ↗ Embelia ribes.
Barbados cherry ↗ Malpighia glabra.
Barbarawurzel ↗ Rheum-Arten.
Barbasco ↗ Lonchocarpus nicou.
Barbasco-Wurzel ↗ Lonchocarpus nicou.
Barbatimaorinde ↗ Stryphnodendron barbatimao.
Bardanae radix ↗ Arctium-Arten.
Barekümmel ↗ Meum athamanticum.
Bärendill ↗ Meum athamanticum.
Bärenfenchel ↗ Meum athamanticum.
Bärenfuß ↗ Helleborus-Arten.
Bärenklau ↗ Acanthus mollis.
Bärenklaufrüchte ↗ Heracleum sphondylium.
Bärenklee ↗ Anthyllis vulneraria.
Bärenkraut ↗ Arctostaphylos uva-ursi.
Bärenlauch ↗ Allium-Arten.
Bärenschweif ↗ Leonurus cardiaca.
Bärentraube ↗ Arctostaphylos uva-ursi.
Bärkümmel ↗ Meum athamanticum.
Bärlappkraut ↗ Lycopodium clavatum.
Bärlappsporen ↗ Lycopodium clavatum.
Bärlauch ↗ Allium-Arten.
Bärmutter ↗ Levisticum officinale.
Bärmutterkrut ↗ Meum athamanticum.
Bärnzotten ↗ Meum athamanticum.

■ Barosma-Arten

● **Fam.:** Rutaceae.

● **Barosma betulina** (Thunb.) Bartl. et Wendl. (syn. *Agathosma betulina, Diosma betulinum, Diosma crenatum, Hartogia betulina, Parapentalifera betulina*); Bucco (syn. Buccostrauch, Bukko).

Vork.: Südafrika, Kapland.

Droge: ***Barosmae folium*** (syn. *Folia Barosmae, Folia Bucco, Folia Bucco rotunda, Folia Buchu, Folia Diosmae, Folia Diosmae lata, Folia Diosmae rotunda, Folium bucco*); Buccoblätter (syn. Breite Buccoblätter, Buchublätter, Bukkoblätter). *Inh.:* 1,5–2,5 % äther. Öl komplexer Zusammensetzung (riecht intensiv nach Cassis) und Flavonoide, u. a. Diosmin und Rutin. *Anw.:* zur Durchspülungstherapie bei Entzündungen der Nieren und Harnwege, bei Reizblase sowie zur Entwässerung. In der Volksheilkunde wird die Droge als Tinktur bei Nieren- und Harnwegsinfektionen sowie äußerlich bei Hautverletzungen und Rheuma genutzt. Zur ↗ Teezubereitung verwendet man als Einzeldosis etwa 1 g (= 1 Teelöffel) Droge.

Hom.: ***Bucco*** HAB34 (syn. Barosma), Buccoblätter, die getrockneten Blätter. *Anw.-Geb.:* Erkrankungen der Harnwege.

● **Barosma crenulata** (L.) Hook. (syn. *Barosma crenatum, B. crenulatum*).

Vork.: Südafrika.

Droge: ***Folia Barosmae*** (syn. *Folia Bucco, Folia Bucco rotunda, Folia Buchu, Folia Diosmae, Folia Diosmae lata, Folia Diosmae rotunda, Folium bucco*); *Barosma-crenulata*-Blätter (syn. Breite Buccoblätter, Buchublätter, Buccoblätter). *Inh.:* s. *Barosma betulina*. Die für das typische Cassis-Aroma verantwortlichen Bestandteile sind in dieser Droge nur in Spuren vorhanden. *Anw.:* s. Barosma betulina.

Hom.: ***Barosma crenata***, die getrockneten Blätter. *Anw.-Geb.:* Erkrankungen der Harnwege.

● **Barosma serratifolia** (Curt.) Willd. (syn. *Barosma serratifolium, Diosma serratifolia*); Gesägtblättriger Bukkostrauch.

Vork.: Südafrika.

Droge: ***Folia Bucco longa***; *Barosma-serratifolia*-Blätter (syn. Lange Buccoblätter, Schmale Buccoblätter). *Inh.* und *Anw.* s. *Barosma betulina*.

Hom.: ***Barosma serratifolia***, die getrockneten Blätter. *Anw.-Geb.:* Erkrankungen der Harnwege.

● **Histor.:** Der Gattungsname *Barosma* leitet sich von griech. *barys* (schwer) und *osme* (Duft) ab, womit auf die stark duftenden Inhaltsstoffe der Pflanze bezug genommen wird. Der Artname *betulina* drückt das birkenähnliche Aussehen des Strauches aus. Die Pflanze wurde ursprünglich bei den Hottentotten Südafrikas als Droge genutzt und wurde um 1821 zunächst in England, später im übrigen Europa eingeführt.

Barosmae folium ↗ Barosma-Arten.
Barras ↗ Fichtenharz.

Barringtogenol ↗ Saponine.

■ **Barringtonia racemosa** Roxb.
Fam.: Lecythidaceae.
Vork.: Afrika, Madagaskar, Indien, Indonesien, Philippinen, Nordamerika.
Drogen: Wurzeln, Rinde und Früchte. *Inh.*: Gerbstoffe, in den Früchten Saponine (ca. 15 %), die nach der Hydrolyse Barringtogenol und Barringtogensäure ergeben; in den Samen neutrale Sapogenine, fettes Öl. *Anw.*: in der Volksheilkunde die Wurzeln und Rinde als Stomachikum sowie bei Hautleiden und als Gerbmaterial; die Samen bei Eingeweidewürmern und zur Gewinnung von Brennöl. Die Ureinwohner in den Herkunftsgebieten nutzen die Pflanze auch zur Bereitung eines Fischgiftes für den Fischfang.

Bartenwal ↗ Balaenoptera musculus.
Bartflechten ↗ Usnea-Arten.
Bartklee ↗ Anthyllis vulneraria.

■ **Bartsia odonites** Huds.
Fam.: Scrophulariaceae.
Vork.: Eurasien, Nordafrika.
Droge: das Kraut. *Inh.*: Iridoidglykoside, Mannit. *Anw.*: in der Volksheilkunde bei Zahnschmerzen sowie bei zu starker Menstruation.

Bärwurz ↗ Meum athamanticum.
Bärwurzel ↗ Meum athamanticum.
Baryosma tongo ↗ Dipteryx odorata.
Basilie ↗ Ocimum basilicum.
Basilienkraut ↗ Ocimum basilicum.
Basilikum ↗ Ocimum basilicum.
Bassia butyracea ↗ Diploknema-Arten.
Bassia latifolia ↗ Diploknema-Arten.
Bassia malabrorum ↗ Diploknema-Arten.
Bassiaöl ↗ Diploknema-Arten.
Bassia parkii ↗ Butyrospermum parkii.
Bassorin ↗ Astragalus-Arten.
Bastardindigo ↗ Amorpha fruticosa.
Bastard-Kardamomen ↗ Amomum-Arten.
Bastardplatane ↗ Platanus-Arten.
Bastard-Teak ↗ Pterocarpus-Arten.
Bästling ↗ Cannabis sativa.
Bathengel ↗ Teucrium-Arten.

■ **Batroxobin**
(syn. Hämokoagulase, Reptilase). Protease aus dem Gift der südamerikanischen Lanzenotter (↗ *Bothrops atrox*). Das auch als Fibrin-Koagulase bezeichnete Enzym spaltet vom Fibrinogen das Fibropeptid A ab und führt dadurch zur Bildung von fibrinähnlichen Gerinnungsprodukten, die nicht quervernetzt sind und durch das retikoendotheliale System resorbiert werden können. Dadurch kommt es zu einer Verringerung der Fibrinogenkonzentration im Blut, die zur Hemmung der Blutungsneigung führt. *Anw.*: B. wird bei peripheren arteriellen Durchblutungsstörungen zur Gerinnungshemmung vor Operationen, bei Hämorrhagien, Geschwüren sowie auch lokal zur Prophylaxe und Therapie von Blutungen eingesetzt.

Bauchwehbusch ↗ Jatropha gossypifolia.
Bauchwehkraut ↗ Achillea-Arten.
Bauchwehwurz ↗ Potentilla erecta.
Bauerella australiana ↗ Acronychia baueri.
Bauernrhabarber ↗ Euphorbia-Arten.
Bauernrosenblüten ↗ Paeonia officinalis.
Bauernsenf ↗ Capsella bursa-pastoris, ↗ Iberis amara.

■ **Bauhinia malabarica** Roxb.
Fam.: Fabaceae (Leguminosae).
Vork.: Indien, Philippinen.
Droge: ***Bauhiniarinde***, die Stammrinde. *Inh.*: Gerbstoffe (ca. 23 %). *Anw.*: als Gerbmaterial.

Bauhiniarinde ↗ Bauhinia malabarica.
Baumartige Aloe ↗ Aloe-Arten.
Baumflechte ↗ Lobaria pulmonaria.
Baummelone ↗ Carica papaya.
Baummoos ↗ Lobaria pulmonaria.
Baumöl ↗ Olea europaea.
Baumtod ↗ Hedera helix.
Baumwacholder ↗ Juniperus oxycedrus.

■ **Baumwachs**
(syn. *Cera arborea*), variable Mischung aus Erdwachs, ↗ Harzen, Kolophonium (↗ Pinus-Arten), ↗ Terpentin, Rüböl und anderen Bestandteilen. *Anw.*: zur Erhöhung der Erfolgsrate beim Okulieren.

Baumwolle ↗ Gossypium-Arten.
Baumwollsaatöl ↗ Gossypium-Arten.
Baumwollsamen ↗ Gossypium-Arten.
Baumwollsamenöl ↗ Gossypium-Arten.
Baumwollstrauch ↗ Gossypium-Arten.

Baumwollwatte ↗ Gossypium-Arten.
Baumwollwurzelrinde ↗ Gossypium-Arten.

■ **Baunscheidtöl**
(syn. *Oleum Baunscheidtii*), ursprünglich eine Mischung aus Olivenöl und Crotonöl, das im Rahmen eines der Paramedizin zugehörigen Verfahrens („Baunscheidtieren") unter Einsatz eines Stichels („Lebenswecker") zur lokalen Hautreizung bei Rheumatismus und anderen Erkrankungen eingesetzt wurde. B. wird heute selten, zusammen mit der Akupunktur, in der Naturheilkunde eingesetzt.

Baylahuenkraut ↗ Haplopappus baylahuen.
Bayogenin ↗ Saponine.
Bayöl ↗ Pimenta-Arten.
Bayrumbaum ↗ Pimenta-Arten.
Bdellium ↗ Commiphora-Arten.
Beauveria nivea ↗ Ciclosporine.
Beccabungae herba ↗ Veronica beccabunga.
Becherblume ↗ Sanguisorba officinalis.
Becherprimel ↗ Primula-Arten.
Becherstrauch-Wurzelrinde ↗ Sarcopoterium spinosum.
Behaarte Birke ↗ Betula-Arten.
Behaarter Knorpelbaum ↗ Chondodendron tementosum.
Behennuß ↗ Moringa-Arten.
Behennußbaum ↗ Moringa-Arten.
Behenöl ↗ Moringa-Arten.
Behenwurzel ↗ Moringa-Arten.
Beifuß ↗ Artemisia annua, ↗ Artemisia absinthium, ↗ Artemisia pontica, ↗ Artemisia vulgaris.
Beifußblättriges Traubenkraut ↗ Ambrosia artemisiifolia.
Beifußtraubenkraut ↗ Ambrosia artemisiifolia.
Beinbrech ↗ Narthecium ossifragum.
Beinheil ↗ Symphytum officinale.
Beinwell ↗ Symphytum officinale.
Beisbeere ↗ Capsicum-Arten.
Belafrüchte ↗ Aegle marmelos.

■ **Belamcanda chinensis** (L.) DC.
(syn. *Belamcanda punctata, Pardanthus chinensis, Gemmingia chinensis*).
Fam.: Iridaceae.
Vork.: China.
Droge: ***Radix Belamcandae chinensis***, die Wurzel. Inh.: Glykoside, wie Shekanin (1,5 %). Anw.: in der chinesischen Volksheilkunde bei Rheuma, Schilddrüsenerkrankungen sowie als Ersatzdroge für Ginseng.

Belamcanda punctata ↗ Belamcanda chinensis.
Belbaum ↗ Aegle marmelos.
Belladonna baccifera ↗ Atropa belladonna.
Belladonnablätter ↗ Atropa belladonna.
Belladonnae folium ↗ Atropa belladonna.
Belladonnae herba ↗ Atropa belladonna.
Belladonnae radix ↗ Atropa belladonna.
Belladonnalilie ↗ Amaryllis belladonna.
Belladonna trichotoma ↗ Atropa belladonna.
Belladonnawurzel ↗ Atropa belladonna.

■ **Belladonnin**
Tropanalkaloid aus ↗ *Atropa belladonna* mit schwacher parasympathikolytischer Aktivität.

Bellenknospen ↗ Populus-Arten.
Bellidis flos ↗ Bellis perennis.
Bellidis herba ↗ Bellis perennis.

■ **Bellis perennis** L.
Mehrjähriges Gänseblümchen (syn. Maßliebchen, Tausendschön, Marlinen, Möppelchen, Himmelblume, Katzenblume, Bleichblume, Märzresel, Peterblümchen), s. Farbtafel S. 145, Bild 49.
Fam.: Asteraceae (Compositae).
Vork.: gesamtes Europa, von der Ebene bis in alpine Regionen.
Drogen: *1.* ***Bellidis flos*** (syn. *Flores Bellidis*); Gänseblümchenblüten, die während der Blütezeit gesammelten Infloreszenzen sowie *2.* ***Bellidis herba*** (syn. *Herba Bellidis*); Gänseblümchenkraut. Inh.: Triterpensaponine bisdesmosidischer Struktur mit Bayogenin und Polygalasäure als Sapogeninen und D-Glucose, D-Fucose, L-Rhamnose und D-Xylose als Monosaccharidbausteinen, ferner Flavonoide, u. a. 7-*O*-*β*-D-Glucopyranosylapigenin und 3-*O*-*β*-D-Glucopyranosylkämpferol sowie Inulin, Bitterstoffe und geringe Mengen äther. Öl. Anw.: volkstümlich innerlich und äußerlich bei Dermatopathien, u. a. Furunkulose, Eiterungen, schwer heilenden Exanthemen, ferner bei Erkrankungen der Atmungsorgene sowie bei Dysmenorrhoe und Amenorrhoe.
Hom.: ***Bellis perennis*** HAB1, die frische, ganze blühende Pflanze. Anw.-Geb.: Blutungen, Blutergüsse, Muskelschmerzen nach Verletzungen und Überanstrengungen, rheumatische Beschwerden, Hauterkrankungen.

Histor.: Der wissenschaftliche Name ist vom lateinischen geprägt, nämlich *bellus* (hübsch, schön) und *perennis* (ausdauernd) und bezieht sich darauf, daß die Pflanze über das ganze Jahr blüht. Der deutsche Name Gänseblümchen weist auf einen bevorzugten Standort der Pflanze hin, nämlich die Weideplätze von Gänsen. In der nordischen Mythologie war das Gänseblümchen der Göttin des Frühlings und der Auferstehung, der Ostara, geweiht und im späteren christlichen Zeitalter der Jungfrau Maria, aus deren Tränen es auf der Flucht nach Ägypten entstanden sein soll. Im Mittelalter war die Droge ein geschätztes Heilmittel. So empfiehlt, z. B. ↗ Fuchs (1543) in seinem Kräuterbuch das „kleine Maßliebchen" als Wundheilmittel, bei Gicht, Hüftweh und Kropf.

Belosepia sepioides ↗ Sepia officinalis.
Benediktenkraut ↗ Cnicus benedictus, ↗ Geum-Arten.
Benediktenwurzel ↗ Cnicus benedictus, ↗ Geum-Arten.
Benediktinerdistel ↗ Cnicus benedictus.
Bengalisches Kino ↗ Butea monosperma.
Bengal-Kardamomen ↗ Amomum-Arten.
Bengalpfeffer ↗ Piper longum.
Benthamidia florida ↗ Cornus-Arten.
Benzoe ↗ Styrax-Arten.
Benzoe siamensis ↗ Styrax-Arten.
Benzoe-Storaxbaum ↗ Styrax-Arten.
Benzoe Sumatra ↗ Styrax-Arten.
Benzoetinktur ↗ Styrax-Arten.
Benzoe tonkinensis ↗ Styrax-Arten.
Benzoin officinale ↗ Styrax-Arten.
Benzoin strychnifolium ↗ Lindera strychnifolia.
Benzoinum ↗ Styrax-Arten.
Benzylsenföl ↗ Glucosinolate.
Berberidis fructus ↗ Berberis vulgaris.
Berberidis radicis cortex ↗ Berberis vulgaris.
Berberidis radix ↗ Berberis vulgaris.

■ Berberin

Isochinolinalkaloid vom Protoberberintyp, u. a. in der Mahoniarinde (↗ *Mahonia aquifolium*) und Berberitzenwurzel (↗ *Berberis vulgaris*) enthalten. Wirk.: hämostyptische, antipyretische, blutdrucksenkende, bakteriostatische und fungizide Effekte, hemmt die Entwicklung von Protozoen (Leishmanien) und Tumorzellen.

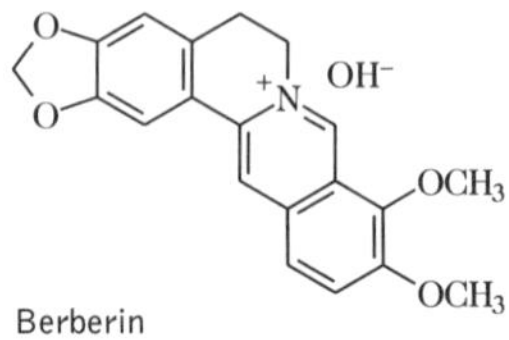

Berberin

Berberis aquifolium ↗ Mahonia aquifolium.
Berberis canadensis dumetorum ↗ Berberis vulgaris.
Berberis chinensis ↗ Berberis vulgaris.
Berberis irritabalis ↗ Berberis vulgaris.
Berberis pisifera ↗ Berberis vulgaris.
Berberis serrulata ↗ Berberis vulgaris.

■ Berberis vulgaris L.

(syn. *Berberis canadensis dumetorum, Berberis chinensis, Berberis irritabalis, Berberis pisifera, Berberis serrulata*); Berberitze (syn. Essigbeere, Gemeine Berberitze, Sauerdorn), s. Farbtafel S. 145, Bild 50.

Fam.: Berberidaceae.

Vork.: Europa, Nordamerika, Mittelasien.

Drogen: ***1. Berberidis fructus*** (syn. *Baccae Berberidis vulgaris*); Berberitzenfrüchte (syn. Sauerdornfrüchte, Berberitzenbeeren, Erbselbeeren, Essigbeeren, Reißbeeren, Sauerdornbeeren, Saurachbeeren). *Inh.:* Anthocyane, Chlorogensäure, organische Säuren (Äpfelsäure), Triterpensäuren (Ursolsäure); unreife Früchte enthalten Spuren von Berberin. *Anw.:* in der Volksheilkunde bei Lungen-, Leber- und Milzleiden, die frischen Beeren als Kompott, Konfitüre, Marmelade oder auch bei Verstopfung und zur Appetitanregung. Aufgrund der gegenwärtigen Informationen kann eine therapeutische Anwendung nicht empfohlen werden. ***2. Berberidis radicis cortex*** (syn. *Cortex Berberidis radicis*); *Berberis-vulgaris*-Rinde (syn. Berberitzenrinde, Berberitzenwurzelrinde, Sauerdornwurzelrinde). *Inh.:* Isochinolinalkaloide (5–6 % Protoberberine, z. B. ↗ Berberin, Columbamin, Palmatin), Bisbenzylisochinolinalkaloide (4,8–5,4 %, u. a. Berbamin, Oxyacanthin, Magniflorin). *Anw.:* in der Volksheilkunde bei Leberfunktionsstörungen, Galleleiden, Gelbsucht, Milzleiden; bei Verdauungsbeschwerden, Diarrhoe; bei Hämorrhoiden, Nierensteinen, Gicht, Rheuma, Arthritis, Malaria, Leishmaniose. ***3. Berberidis radix*** (syn. *Radix Berberidis*); Berberitzenwurzel (syn. Sauerdornwurzel). Inh. und Anw.: s. *Berberidis radicis cortex*. Außerdem ist die Droge Ausgangsmaterial für die industrielle Gewinnung von Berberin und Berbamin. In der Technik wird die Droge weiterhin zum Färben von Wolle, Seide, Baumwolle, Holz und Leder eingesetzt.

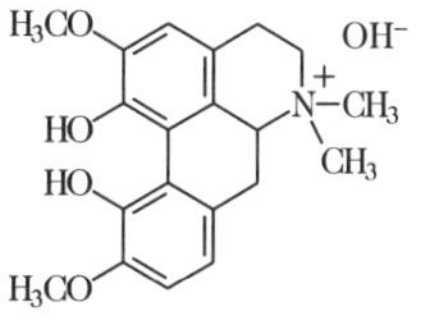
Magnoflorin

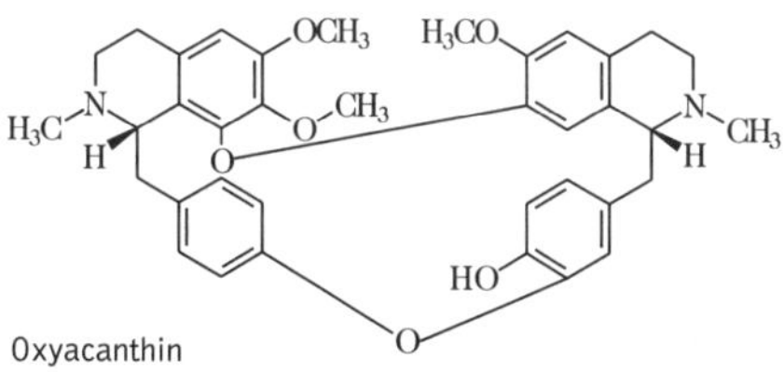
Oxyacanthin

Hom.: ***1. Berberis vulgaris*** HAB1, die getrocknete Rinde der ober- und unterirdischen Teile. Anw.-Geb.: Nieren- und Harnwegserkrankungen, Gicht, Rheumatismus, Erkrankungen der Leber und Galle, trockene Hautkrankheiten, Fisteln. ***2. Berberis*** HAB34 (syn. Berberitze, Sauerdorn), die getrocknete Wurzelrinde. Anw.-Geb.: s. *Berberis vulgaris* HAB1. ***3. Berberis vulgaris e fructibus*** HAB1, die von den Fruchtstielen gerebelten, frischen, vollausgereiften Beeren.

Histor.: Der Name *Berberis* stammt vermutlich aus dem Arabischen und bedeutet Muschel, offenbar wegen der muschelartigen Form der Blätter. Der deutsche Name Sauerdorn bezieht sich auf die dornigen Zweige und den sauren Geschmack sowohl der Blätter als auch der Beeren.

Berberitze ↗ Berberis vulgaris.
Berberitzenrinde ↗ Berberis vulgaris.
Bergamotte ↗ Citrus-Arten.
Bergamottöl ↗ Citrus-Arten.
Bergapten ↗ Furanocumarine.
Bergbärwurz ↗ Meum athamanticum.
Bergdotterblume ↗ Arnica-Arten.
Bergenia bifolia ↗ Bergenia crassifolia.
Bergenia cordifolia ↗ Bergenia crassifolia.

■ **Bergenia crassifolia** (L.) Fritsch
(syn. *Bergenia bifolia, B. cordifolia, Megasea crassifolia, Saxifraga crassifolia, Saxifraga cuneifolia, Saxifraga sibirica*); Wickelwurz (syn. Badan, Bodan, Dickblättrige Bergenie).

Fam.: Saxifragaceae.

Vork.: Zentral- und Nordasien, in West- und Ostsibirien kultiviert.

Drogen: ***1. Bergeniae folium*** (syn. *Folia Bergeniae*); Bergeniablatt (syn. Wickelwurzblatt, Tschagorischer Tee). Inh.: Gerbstoffe (17–18 %), Gallussäure, Catechin-3-gallat, Phenolglykoside (8–12 % Arbutin), Hydrochinon, Bergenin. Anw.: als Adstringens und lokales Hämostyptikum, bei Hautleishmaniose; in der Volksheilkunde bei Diarrhoe und Darmerkrankungen, bei Fieber, Lungenentzündung, Tuberkulose und bei Rheuma. In der Veterinärmedizin bei Verdauungbeschwerden des Hornviehs. ***2. Bergeniae rhizoma*** (syn. *Rhizoma Bergeniae*); Bergeniawurzelstock (syn. Wickelwurzel). Inh.: Gerbstoffe (bis 28 %), Arbutin (1,8–2,3 %), Bergenin (6,7–10 %). Anw.: s. *Bergeniae folium*.

Bergeniae folium ↗ Bergenia crassifolia.
Bergeniae rhizoma ↗ Bergenia crassifolia.
Bergföhre ↗ Pinus-Arten.
Berg-Gamander ↗ Teucrium-Arten.
Bergholunder ↗ Sambucus racemosa.
Berg-Kiefer ↗ Pinus-Arten.
Bergkümmel ↗ Anethum graveolens.
Berglein ↗ Linum catharticum.
Bergliebstöckel ↗ Levisticum officinale.
Berglorbeer ↗ Kalmia latifolia.
Bergmelisse ↗ Calamintha officinalis.
Bergpudel ↗ Meum athamanticum.
Bergsalbei ↗ Teucrium-Arten.
Bergulme ↗ Ulmus-Arten.
Bergwohlverleih ↗ Arnica-Arten.
Bergwurzblumen ↗ Arnica-Arten.
Bergwurzelblumen ↗ Arnica-Arten.
Bernstein ↗ Harze.

■ **Bertholletia excelsa** Humb. et Bonpl.;
Paranußbaum (syn. Brasilkastanie, Brasilnußbaum).

Fam.: Lecythidaceae (Topffruchtbaumgewächse).

Vork.: tropisches Südamerika.

Droge: ***Oleum Bertholletiae;*** Brasilnußöl (syn. Brasilöl, Paranußöl). Inh.: fettes Öl mit 1,8 %

Myristin-, 13,5 % Palmitin-, 2,5 % Stearin-, 55,6 % Öl- und 21,6 % Linolensäure als Fettsäurekomponenten. Anw.: empfindliches Speiseöl, in der Technik zur Seifenherstellung. Die Früchte (Paranüsse) sind ein beliebtes Genußmittel, die neben 70 % fettem Öl etwa 20 % Eiweiß enthalten.

Bertram ↗ Chrysanthemum-Arten.
Bertramsgarbe ↗ Achillea-Arten.
Bertramwurzel ↗ Anacyclus x officinarum, ↗ Anacyclus pyrethrum.
Berufkraut ↗ Sideritis-Arten, Conyza canadensis.
Beruhigungstee ↗ Species sedativae.
Beschreikraut ↗ Sideritis-Arten.
Besenbirke ↗ Betula-Arten.
Besenginster ↗ Cytisus scoparius, ↗ Spartium junceum.
Besenginsterkraut ↗ Cytisus scoparius.
Besenheide ↗ Calluna vulgaris.
Besenheidekraut ↗ Calluna vulgaris.
Besenhirse ↗ Sorghum bicolor.
Besenpfriem ↗ Cytisus scoparius.
Besenstrauch ↗ Cytisus scoparius.
Betalaine ↗ Beta vulgaris.

■ Beta vulgaris L.

Fam.: Chenopodiaceae.

Herk.: Mittelmeergebiet, Vorderasien, Mittel- und Südamerika.

● **Beta vulgaris** *var. altissima* Döll.; Zuckerrübe. Inh.: Saccharose (bis zu 27 %), Coniferin, Galactinol, Vanillin, L-Arabinose, Maltose, Aminosäuren, Saponine, Allantoin, Fett. Anw.: zur Gewinnung von Rübenzucker (↗ Saccharose).

● **Beta vulgaris var. vulgaris**, Rote Rübe (Rote Bete, Salatrübe). Inh.: Betalaine, wie Betanin, Betanidin, Praebetanin, Betacyane, Betaxanthine (Chromoalkaloide), Allantoin, Aminosäuren,

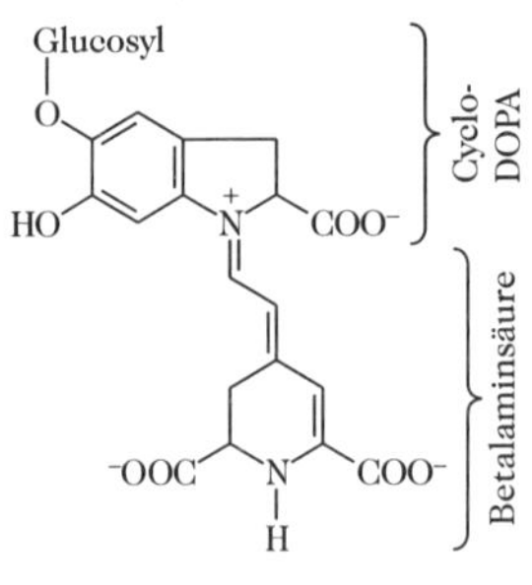

Betanin

Spuren von äther. Öl. Anw.: als Roborans, bei Leber- und Nierenleiden, zur unterstützenden Therapie bei der Tumorbehandlung. Die Rüben werden auch als Gemüse und Salate gegessen.

Betelblätter ↗ Piper betle.
Betelkauen ↗ Areca catechu.
Betelnuß ↗ Areca catechu.
Betelnußpalme ↗ Areca catechu.
Betelpfeffer ↗ Piper betle.
Betonicae herba ↗ Stachys officinalis.
Betonica officinalis ↗ Stachys officinalis.
Betonie ↗ Stachys officinalis.
Betonienkraut ↗ Stachys officinalis.
Bettbrunzer ↗ Anemone nemorosa.
Bettseicher ↗ Anemone nemorosa.
Bettwanze ↗ Cimex lectularius.
Betula alnus var. glutinosa ↗ Alnus-Arten.
Betula alnus var. incana ↗ Alnus-Arten.

■ Betula-Arten

● **Fam.:** Betulaceae.

● **Betula pendula** Roth.(syn. *Betula alba, B. lobulata, B. odorata, B. rhombifolia, B. verrucosa*); Gewöhnliche Birke (syn. Hängebirke, Harzbirke, Rauhbirke, Sandbirke, Weißbirke), s. Farbtafel S. 145, Bild 51.

Vork.: Der bis 30 m hohe Baum mit weißer Rinde und überhängenden Zweigen, ist in ganz Europa und gemäßigtem Asien bis etwa 65° nördlicher Breite zu finden.

Drogen: ***1. Betulae cortex*** (syn. *Cortex Betulae*); Birkenrinde. Inh.: Gerbstoffe (4–15 % Proanthocyanidine), Leucoanthocyanidine, Triterpene (u. a. Betulin, Betulinsäure, Lupeol), Phenolcarbonsäuren, Spuren äther. Öls sowie Betulosid (bis 0,3 %). Anw.: Die Droge wird zur Herstellung von Birkenteer (s. *Betulae pix*) eingesetzt. In der Volksheilkunde werden Dekokte innerlich bei Hautkrankheiten und Wassersucht verwendet; äußerlich wird die Droge zu Bädern gegen Fußschweiß und Hautausschlägen bzw. für Umschläge bei Abszessen genutzt. ***2. Betulae folium*** (syn. *Folia Betulae, Folium Betulae*); Birkenblätter. Inh.: Flavonoide (2–3 %, bes. Hyperosid, Quercitrin), Proanthocyanidine, Triterpene (Dammaranderivate), Monoterpenglucoside, Phenolcarbonsäuren, u. a. Kaffee- und Chlorogensäure, wenig äther. Öl, Ascorbinsäure (bis 0,5 %) und mineralische Bestandteile (Kaliumtartrat, Calciumoxalat). Anw.: Die Droge wird als Tee zur Durchspülungstherapie (aquaratische Wirksamkeit) bei bakteriellen und entzündlichen Infektionen der ableitenden Harnwege und bei Nierengrieß eingesetzt. In der Volksheilkunde dienen Birkenblätter auch zur Frühjahrskur bei Gicht und Rheuma sowie zur Blutreinigung. Als Badedroge werden sie auch bei Arthritis genutzt. Zur ↗ Teezubereitung verwendet man als mittlere Tagesdosis etwa 2–3 g Droge. ***3. Betulae pix*** (syn. *Oleum Betulae empyreumaticum, Oleum Betulae pyrolignеum, Oleum betulinum, Oleum moscoviticum, Oleum Rusci, Pix Betulae, Pix betulina, Pyroleum Betulae*); Birkenteer (syn. Birkenöl, Birkenrindenteer, Birkenrindenteeröl, Juchtenöl, Litauischer Balsam, Russischer Balsam). Inh.: aliphatische und aromatische Kohlenwasserstoffe (u. a. Guajacol, Kresol, Brenzcatechin, Phenol), Behensäure, Pyrogalloldimethylether-Derivate. *Anw.*: Zubereitungen aus Birkenteer werden insbes. in der Volksheilkunde zur Behandlung von Ekzemen, Psoriasis und anderen chronischen Hauterkrankungen genutzt. In Salben verarbeitet dient Birkenteer auch zur Therapie bei Parasitenbefall sowie von trockenen Flechten und Dermatosen. Birkenteerpräparate können auf der Haut auch unerwünschte Reizungen hervorrufen!

Hom.: ***1. Betula pendula e cortice***, äthanol. Decoctum HAB1, die getrocknete Rinde nur der weißen Ast- und Stammteile. ***2. Betula pendula e foliis*** HAB1, die frischen, jungen Blätter. ***3. Betula pendula ferm.*** *34e* HAB1, die frischen, jungen Blätter. *Anw.-Geb.*: anthroposophisch orientierte Therapierichtung. ***4. Carbo vegetabilis*** HAB1, die gut ausgeglühte Kohle von Birkenholz (syn. *Carbo Betulae*). *Anw.-Geb.*: Krampfaderleiden, Entzündungen der Atemwege, Verdauungschwäche sowie Herz-Kreislauf-Schwäche.

● **Betula pubescens** Ehrh. (syn. *Betula alba, B. odorata, B. tomentosa*); Behaarte Birke (syn. Besenbirke, Haarbirke, Moorbirke).

Vork.: Der aufrechte, bis 30 m hohe Baum oder Strauch ist in Mittel- und Nordeuropa bis 71° nördlicher Breite heimisch, wird aber auch in Nordasien gefunden, nicht jedoch in Nordamerika.

Drogen: ***Betulae cortex***, ***Betulae folium***, ***Betulae pix***, ***Carbo vegetabilis***. Inh. und *Anw.*: s. *Betula pendula*.

● **Histor.:** Der Name *Betula* wurde bei den Römern für Birke gebraucht, ist jedoch möglicherweise gallischen Ursprungs, da ↗ Plinius von der Birke als *„gallica arbor"* schreibt. Der Name Birke ist vermutlich aus dem Altindischen abgeleitet (*bhargás*, strahlender Glanz und *bhrag*, glänzen, hell), da der Baum nach seiner weißen leuchtenden Rinde benannt ist. Die Birke ist vermutlich bereits in der Urheimat der Indogermanen vorgekommen, zumal sich der Name sowohl im Sanskrit als auch bei den germanischen und slawischen Völkern findet.

Betulae cortex ↗ Betula-Arten.
Betulae folium ↗ Betula-Arten.
Betulae pix ↗ Betula-Arten.
Betula japonica ↗ Alnus-Arten.

■ **Betulin** (syn. Birkencampher). Triterpenderivat, das u. a. in ↗ Betula-Arten vorkommt.

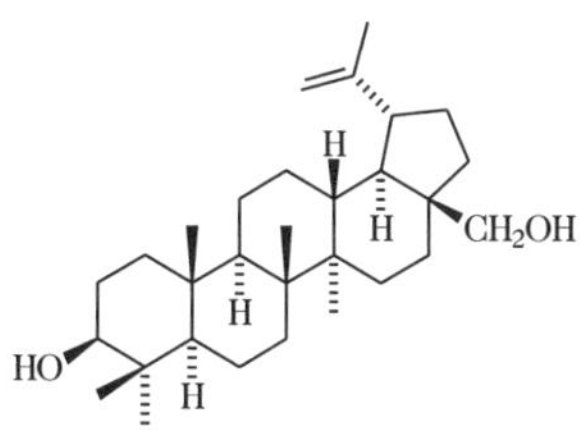

Betulin

Beulenbrand ↗ Ustilago maydis.
Beutelschneiderkraut ↗ Capsella bursa-pastoris.
Biauricula amara ↗ Iberis amara.
Bibergeil ↗ Castor fiber.
Biberklee ↗ Menyanthes trifoliata.
Bibernell ↗ Pimpinella-Arten, ↗ Sanguisorba officinalis.
Bibernelle ↗Pimpinella-Arten.
Bibernellwurzel ↗ Pimpinella-Arten.
Bickbeere ↗ Vaccinium-Arten.
Bicuculla canadense ↗ Dicentra canadensis.
Bidens cannabina ↗ Bidens tripartitus.

■ **Bidens tripartitus** L.
(syn. *Bidens cannabina*); Sumpfzweizahn (syn. Dreiteiliger Wasserdost).

Fam.: Asteraceae (Compositae).

Vork.: Sumpfgebiete Europas, Rußland.

Droge: ***Herba Bidentis tripartitae***, das getrocknete Kraut. Inh.: äther. Öl, Gerbstoffe, Bitterstoffe, Polyine, Carotin, Vitamin C. *Anw.*: in der Volksheilkunde als Diuretikum, gegen Nieren- und Gallensteine, bei Hämorrhoiden sowie zur Wundbehandlung.

Bienengift ↗ Apis mellifera.
Bienenkittharz ↗ Apis mellifera.
Bienenköniginnenfuttersaft ↗ Gelée royale.
Bienensaug ↗ Lamium album.
Bienensaugblüten ↗ Lamium album.
Bierhefe ↗ medizinische Hefe.

■ **Bifidobacterium-Arten**
● **Fam.:** Actinomycetaceae.
Vork.: weltweit im Magen-Darm-Trakt von Vögeln und Säugetieren.
● **Bifidobacterium bifidum** (Tissier) Orla-Jensen (syn. *Actinobacterium bifidum, Actinomyces bifidus, Bacillus bifidus, Bacterium bifidum, Bacteroides bifidus, Cohnistreptothrix bifidus, Corynebacterium bifidum, Lactobacillus bifidus, Lactobacillus parabifidus, Lactobacterium bifidum, Nocardia bifida, Tissieria bifida*); Bifidum-Bakterium (syn. Bifidus-Bakterium).
Droge: ***Bifidobacterium-bifidum-Bakterien*** (syn. *Bifidobacterium-bifidum*-Kultur, *Lactobacillus-bifidus*-Kultur). *Anw.:* Eingesetzt werden angereicherte Bakterienkonzentrate in Kombination mit Lactulose zur Therapie und Prophylaxe der hepatischen Enzephalopathie bei Leberinsuffizienz und Coma hepaticum sowie bei chronischer Verstopfung. Weiterhin erfolgt eine Verwendung bei Leberzirrhose, Darmfloraschädigung nach Strahlen- bzw. Chemotherapie. Dabei kommt es durch die starke Milchsäuregärung zu einer Normalisierung der Darmflora sowie zur Verdrängung pathologischer Keime. In der Lebensmittelindustrie werden B. in Kombination mit anderen Milchsäurebildnern als Starterkulturen für die Joghurtherstellung verwendet.
● **Bifidobacterium infantis** Reuter.
Droge: ***Bifidobacterium-infantis-Bakterien.*** *Anw.:* Das angereicherte Bakterienkonzentrat aus lebenden Keimen wird in der traditionellen Medizin Österreichs bzw. der Schweiz zur Behandlung von akuten, unspezifischen Enterokolitiden sowie bei Verdauungsstörungen bei künstlich ernährten Säuglingen eingesetzt. Auch zur Prophylaxe antibiotikabedingter Veränderungen der Darmflora findet die Droge Anwendung.
● **Bifidobacterium longum** Reuter.
Droge: ***Bifidobacterium-longum-Bakterien.*** *Anw.:* Das angereicherte Bakterienkonzentrat aus lebenden Keimen wird als Nahrungsergänzungsmittel bei unspezifischen Darmerkrankungen, Verdauungsstörungen, Appetitlosigkeit sowie intestinal bedingten Allergien und Dermatitiden eingesetzt.

Bifidum-Bakterium ↗ Bifidobacterium-Arten.
Bigarade ↗ Citrus-Arten.
Bigaradeschalen ↗ Citrus-Arten.
Bignonia caroba ↗ Jacaranda procera.
Bignonia catalpa ↗ Catalpa bignonioides.

■ **Bignonia chica** Humb. Et Bonpl.
(syn. *Bignonia triphylla, Arabidaea chica*).
Fam.: Bignoniaceae.
Vork.: Nördliches Südamerika, besonders Venezuela, Brasilien.
Droge: ***Vermillon americanum***; Chika (syn. Chikarot, Carneru), der aus den Blättern gewonnene Farbstoff. *Inh.:* Farbstoffpigmente, wie Carajurin und Carajuron. *Anw.:* in der indianischen Volksheilkunde als Diuretikum; zum Rot- und Gelbfärben von Baumwollgeweben. Die Indianer bemalten ihren Körper mit Chika, vermutlich zum Schutz gegen Insektenstiche.

Bignonia frutescens ↗ Tecoma stans.
Bignonia heptaphylla ↗ Tabebuia impetiginosa.
Bignonia incisa ↗ Tecoma stans.
Bignonia procera ↗ Jacaranda procera.
Bignonia sempervirens ↗ Gelsemium sempervirens.
Bignonia stans ↗ Tecoma stans.
Bignonia triphylla ↗ Bignonia chica.

■ **Bilobalid,**
trilactonisches Sesquiterpen aus ↗ *Ginkgo biloba* mit neuroprotektiver Wirkung.

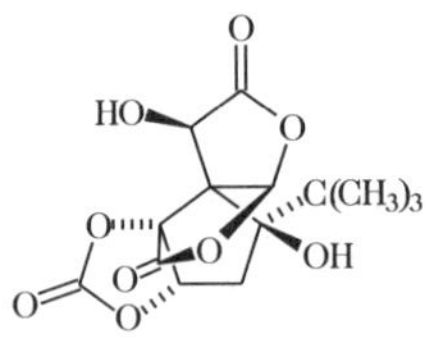

Bilobalid

■ **Bilobetin,**
nicht glykosiliertes Biflavonoid aus ↗ *Ginkgo biloba* mit antiödematöser und gefäßerweiternder Wirkung.

Bilsenkraut ↗ Hyoscyamus niger.
Bilsenkrautblätter ↗ Hyoscyamus niger.
Bilsenkrautöl ↗ Hyoscyamus niger.
Bingelkraut ↗ Mercurialis-Arten.
Binsenlauch ↗ Allium-Arten.

■ biogene Arzneimittel

Arzneimittel pflanzlichen, tierischen oder mikrobiellen Ursprungs. Sie weisen das gleiche Therapieprinzip auf wie die aus synthetisch hergestellten Arzneistoffen. Die pflanzlichen Arzneimittel werden meist als Phytopharmaka bezeichnet. Diese bestehen ausschließlich aus Pflanzen, Pflanzenteilen, Pflanzeninhaltsstoffen oder deren galenischen Zubereitungen.

■ Biota orientalis (L.) Endl.

(syn. *Thuja orientalis*).
Fam.: Cupressaceae.
Vork.: Ostasien, Osttranskaukasien.
Droge: Holz und beblätterte Zweige. *Inh.:* Tropolone, wie Thujasäuren; Thujopsen, Cuparen, Cedrol, Taxifolin, Flavone; Estolidwachs mit Junipersäure. *Anw.:* in der traditionellen chinesischen Medizin als bitteres Stomachikum, als Adstringens, Diuretikum, Tonikum und Fiebermittel.

■ Biotin

(syn. Biotinum, Vitamin H), cyclisches Harnstoffderivat mit Thiophenring. B. wirkt als Coenzym für Carboxylierungsreaktionen, exogene Quellen sind v. a. Lebertran (s. Oleum Jecoris, ↗ Ga-

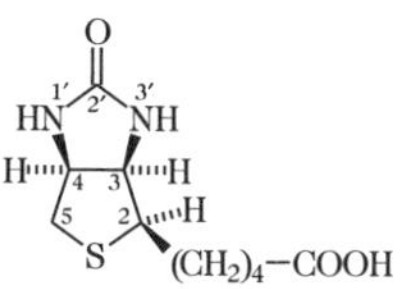

Biotin

dus morrhua), Eigelb, Gemüse, Hefe, Hafer, Molke, Leber, Niere und Gehirn. Der tägl. Bedarf liegt bei ca. 150–300 μg, auch die Darmflora trägt zur Bereitstellung bei. *Anw.:* bei Seborrhoe, brüchigen Fingernägeln, Haarausfall und zusammen mit Vitamin B_{12} bei megaloblastärer Anämie.

Birkencampher ↗ Betulin.
Birkenrinde ↗ Betula-Arten.
Birkenrindenteer ↗ Betula-Arten.
Birkenteer ↗ Betula-Arten.
Birkwurz ↗ Potentilla erecta.
Birnbaum ↗ Pyrus communis.
Birnenblätter ↗ Pyrus communis.
Birnentang ↗ Phaeophyta.

■ Bisaboloide,

Stoffwechselprodukte des ↗ (–)-α-Bisabolols, die als Bisabololoxid A, B und C bezeichnet werden und Bestandteil des äther. Öls bes. der Kamillenblüten (↗ *Chamomilla recutita*) sind.

■ (–)-α-Bisabolol

monocyclisches Sesquiterpen mit antiphlogistischer Wirkung. α-B. wird aus dem äther. Öl der Kamillenblüten (↗ *Chamomilla recutita*) gewonnen.

Bisam ↗ Moschus moschiferus.
Bisamgarbe ↗ Achillea-Arten.
Bisamkörner ↗ Abelmoschus moschatus.
Bisamkraut ↗ Achillea-Arten.
Bisamkürbis ↗ Cucurbita pepo.
Bisamschafgarbe ↗ Achillea-Arten.
Bischofskraut ↗ Ammi visnaga.
Bismalvawurzel ↗ Althaea officinalis.
Bissynuß ↗ Cola-Arten.
Bistortae rhizoma ↗ Polygonum bistorta.
Bistorta major ↗ Polygonum bistorta.
Bitterbaum ↗ Picrasma excelsa.
Bitterblatt ↗ Polygonum hydropiper.
Bitterdistel ↗ Cnicus benedictus.
Bittere Kreuzkrautwurzel ↗ Polygala-Arten.
Bitterer Bauernsenf ↗ Iberis amara.
Bitterer Beifuß ↗ Artemisia absinthium.
Bitterer Enzian ↗ Gentianella amarella.
Bitterer Fenchel ↗ Foeniculum vulgare.
Bitteres Kreuzblumenkraut ↗ Polygala-Arten.
Bitterfenchel ↗ Foeniculum vulgare.
Bitterfenchelöl ↗ Foeniculum vulgare.
Bitterholz ↗ Quassia amara.
Bitterklee ↗ Menyanthes trifoliata.
Bitterkraut ↗ Centaurium chilensis, ↗ Centaurium minus.
Bitterkresse ↗ Cochlearia officinalis.
Bitterkrut ↗ Polygonum hydropiper.
Bittermandel ↗ Prunus-Arten.
Bittermandelbaum ↗ Prunus-Arten.
Bittermandelöl ↗ Prunus-Arten.
Bittermittel ↗ Amarum.

Bitterorange ↗ Citrus-Arten.
Bitterrinde ↗ Alstonia-Arten.
Bitterschopf ↗ Aloe-Arten
Bittersilche ↗ Petroselinum crispum.
Bitterstiele ↗ Solanum-Arten.

■ Bitterstoffdrogen

bitterstoffhaltige Drogen, die ausschließlich aufgrund ihres bitteren Geschmacks therapeutisch genutzt werden. Bitterschmeckende Drogen, bei denen andere pharmakologische Wirkungen im Vordergrund stehen, z. B. Chinarinde oder Aloe, sind keine B. im engeren Sinne, obwohl in geeigneter Verdünnung auch solche Drogen als B. in entsprechenden Zubereitungen genutzt werden. Da bei B. der bittere Geschmack durch Begleitstoffe der jeweiligen Drogen modifiziert werden kann, unterteilt man die B. in: Amara pura (z. B. *Centaurii herba*), Amara mucilaginosa (z. B. *Lichen islandicus*) und Amara aromatica (z. B. *Aurantii pericarpii*). In chemischer Hinsicht sind Bitterstoffe meist stickstofffreie terpenoide Verbindungen, die bes. häufig Lactonstruktur aufweisen, z. B. Absinthin und Marrubiin. Sie kommen z. T. glykosidiert vor, z. B. Gentiopicrosid und Swerosid. Als nichtterpenoide Bitterstoffe haben v. a. die in Citrusarten vorkommenden Flavanonglykoside Naringin und Neohesperidin sowie die Phloroglucinderivate des Hopfens, Humulon und Lupulon, pharmazeutische Bedeutung.

Die durch Bitterstoffe ausgelöste Geschmacksempfindung „bitter“ wird durch die Erregung der sog. Bitterrezeptoren in den Geschmacksknospen des Zungengrundes ausgelöst. Die Geschmacksknospen beim Menschen erneuern sich etwa alle 6–8 Tage. Ihre Zahl ist altersabhängig und nimmt mit steigendem Alter ab. Menschen zwischen 30 und 40 Jahren verfügen über etwa 2 000 Geschmacksknospen. Abgesehen von Alter können Abweichungen in der Geschmacksempfindlichkeit auch genetisch oder durch äußere Einflüsse, z. B. Streß, Nicotin- oder Medikamentenabusus bedingt sein. Für die Geschmackserregung ist offenbar die Bindung des Bitterstoffes an die Bitterrezeptoren entscheidend, wobei der eigentliche Rezeptor ein Glykoproteid darstellt. Weitergeleitet wird die Geschmacksempfindung v. a. über den Nervus glossopharyngeus, verbunden mit einer zusätzlichen Beeinflussung des Nervus vagus. Schließlich wird die unmittelbare Empfindung „bitter“ im Wahrnehmungszentrum der Großhirnrinde ausgelöst.

Tabelle: Ausgewählte Bitterstoffdrogen.

Droge	Pflanze	Bitterwert (ÖAB)	Strukturtyp
			Monoterpene
Gentianae radix	*Gentiana lutea*	10 000	Gentiopikrin u. a.
Centaurii herba	*Centaurium minus*	2 000	Gentapikrin u. a.
Menyanthidis folium	*Menyanthes trifoliata*	4 000	Foliamenthin u. a.
			Sesquiterpene
Cnici benedicti herba	*Cnicus benedictus*	800	Cnicin u. a.
Absinthii herba	*Artemisia absinthium*	10 000	Absinthin u. a.
			Diterpene
Marrubii herba	*Marrubium vulgare*	3 000	Marrubiin
Salviae folium	*Salvia officinalis*	-	Carnosol u. a.
Colombo radix	*Jateorhiza palmata*	-	Columbin u. a.
			Triterpene
Aurantii pericarpium	*Citrus aurantium ssp. aurant.*	600	Limonin u. a.
Quassiae lignum	*Quassia amara*	40 000	Quassin

In pharmakologischer Hinsicht regen die Bitterstoffe reflektorisch über den Nervus vagus die Speichel- und Magensaftsekretion an, die mit Salzsäure- und Pepsinsekretion im Magen verbunden ist und als encephalische Phase bezeichnet wird. Es folgt die sog. humorale Phase, die mit der Ausschüttung von Gastrin verbunden ist und sowohl die Motorik von Magen und Dünndarm als auch die Sekretion im Pankreas steigert. Bitterstoffe ermöglichen somit eine Sekretionssteigerung und letztlich eine verbesserte Nahrungsausnutzung.

Wichtig für die Wirkung der Bitterstoffe ist die Einnahme etwa eine halbe Stunde vor Nahrungsaufnahme. Im allg. ist dabei eine Sekretionszunahme von 25–30 % erreichbar. Die Heterogenität der Strukturen der bekannten Bitterstoffe emöglichen lediglich eine Wertbestimmung auf physiologischem Wege, d. h. durch Geschmacksprüfung (sensorische Analyse). Ermittelt wird der sog. ↗ Bitterwert. Zur Anwendung gelangen bitterstoffhaltige Drogen bei Appetitlosigkeit, u. a. in der Rekonvaleszenz, bei Völlegefühl und Blähungen sowie als Cholagoga. Bitterstoffe kommen inbes. in den Pflanzenfamilien Asclepiadaceae, Asteraceae, Gentianaceae, Lamiaceae, Menyanthaceae und Rutaceae vor. Die Tabelle enthält eine Zusammenstellung ausgewählter Bitterstoffdrogen. Ihre Besprechung erfolgt bei den jeweiligen Einzeldrogen.

Bittersüßer Nachtschatten ↗ Solanum-Arten.
Bittersüßer Rißpilz ↗ Inocybe-Arten.
Bittersüßstengel ↗ Solanum-Arten.
Bittertee ↗ Species americantes.

■ **Bitterwert,**
der Bitterwert ist der reziproke Wert derjenigen Drogenkonzentration, die gerade noch bitter schmeckt. Um die Abhängigkeit vom subjektiven Empfinden zu minimieren, wurde als Bezugsgröße ein Bitterwert von 200 000 festgelegt.

Bitterwurzel ↗ Gentiana-Arten.
Biwen ↗ Avena sativa.
Bixa americana ↗ Bixa orellana.

■ **Bixa orellana** L.
(syn. *Bixa americana, B. platycarpa*), Annatostrauch (syn. Orleansstrauch, Rukustrauch), s. Farbtafel S. 145, Bild 52.

Fam.: Bixaceae.

Vork.: tropischen Amerika und Afrika sowie Asien, häufig kultiviert.

Droge: ***Semen Orleanae*** (syn. *Semen Achiotti, Terra orellana*); Orleansaat (syn. Achotesaat, Annattosaat, Ruku-Samen, Roucon-Samen). Inh.: roter Farbstoff Bixin (bis zu 6 %), Crocetin u. a. Carotinoide, Bitterstoffe. Anw.: v. a. in der Lebensmittelindustrie zum Färben von Butter, Margarine, Käse, Teigwaren, Puddings, Eiscremes, Konserven etc.

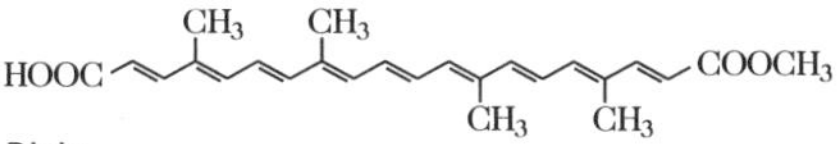

Bixin

Bixa platycarpa ↗ Bixa orellana.
Bixin ↗ Bixa orellana.
Black Bean ↗ Castanospermum australe.
Black cherry ↗ Prunus-Arten.

■ **Blackstonia perfoliata** (L.) Huds.
(syn. *Chlora perfoliata*); Gelber Wiesenenzian.

Fam.: Gentianaceae.

Vork.: Mitteleuropa, Mittelmeergebiete.

Droge: ***Herba Centaurii lutei***, das Kraut. Inh.: Bitterstoffe, wie Gentiopicrin; Gentiogenal, das Pseudoalkaloid Gentianin (0,01 %). Anw.: als Stomachikum und Bittertonikum.

Bladhia japonica ↗ Ardisia japonica.
Blafendel ↗ Lavandula angustifolia.
Blankenheimer Tee ↗ Galeopsis segetum.
Blasenkäfer ↗ Lytta vesicatoria.
Blasenkirsche ↗ Physalis alkekengi.
Blasentang ↗ Fucus-Arten, ↗ Tang.
Blasen- und Nierentee ↗ Species urologicae.
Blasse Kegelblume ↗ Echinacea-Arten.
Blasser Igelkopf ↗ Echinacea-Arten.
Blasser Sonnenhut ↗ Echinacea-Arten.
Blaßfarbene schmalblättrige Kegelblumenwurzel ↗ Echinacea-Arten.

■ **Blatta orientalis** L.
(syn. *Periplaneta orientalis*); Küchenschabe (syn. Bäckerschabe, Brotschabe, Gemeine Küchenschabe, Große Küchenschabe, Kakerlake, Orientalische Schabe).

Fam.: Blattidae.

Vork.: Europa, Nordafrika, bes. in warmer und feuchter Umgebung.

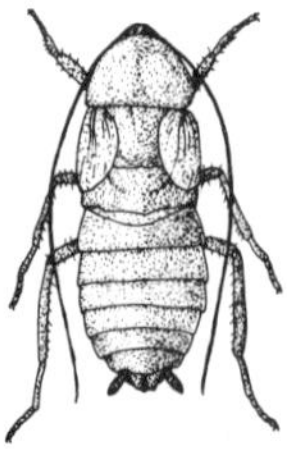

Blatta orientalis. Küchenschabe.

<u>*Inh.*</u>: Blattasäure, Periplanetin, Protocatechusäurederivate. <u>*Anw.*</u>: früher als Diuretikum und Diaphoretikum, in der russischen Volksheilkunde bei Wassersucht.

Hom.: ***Blatta orientalis***, Tinktur aus den ganzen Tieren. <u>*Anw.-Geb.*</u>: Bronchialasthma, Bronchitis, spastische Diathese.

Blätterflechte ↗ Cetraria islandica.
Blatterkraut ↗ Alliaria petiolata.
Blättrige Wolfsmilch ↗ Euphorbia-Arten.
Blaualgen ↗ Cyanophyta.
Blaubeeren ↗ Vaccinium-Arten.
Blaublume ↗ Hepatica nobilis.
Blauchrut ↗ Centaurea cyanus.
Blaue Dünendistel ↗ Eryngium-Arten.
Blaue Herzblume ↗ Hepatica nobilis.
Blaue Kardinalsblume ↗ Lobelia siphilitica.
Blaue Kronblume ↗ Centaurea cyanus.
Blaue Lilie ↗ Iris germanica.
Blaue Mönchskappe ↗ Aconitum-Arten.
Blaue Pappelblumen ↗ Malva-Arten.
Blauer Eisenhut ↗ Aconitum-Arten.
Blauer Hahnenfuß ↗ Caulophyllum thalictroides.
Blauer Sturmhut ↗ Aconitum-Arten.
Blaue Schlüsselblume ↗ Hepatica nobilis, ↗ Pulmonaria officinalis.
Blaues Fettkraut ↗ Pinguicula vulgaris
Blaue Verbene ↗ Verbena hastata.
Blaue Wasserlilie ↗ Nymphaea ampla.
Blaue Windblume ↗ Hepatica nobilis.
Blaue Wolfswurz ↗ Aconitum-Arten.
Blaugrüne Magnolie ↗ Magnolia virginiana.
Blaugummibaum ↗ Eucalyptus-Arten.
Blauhai ↗ Prionoce glauca.
Blauholz ↗ Haematoxylum campechianum.
Blaumützen ↗ Centaurea cyanus.
Blauwal ↗ Balaenoptera musculus.
Blauwetterkühl ↗ Eupatorium-Arten.
Bleichblume ↗ Bellis perennis.
Bleicher Schöterich ↗ Erysimum crepidifolium.
Bleiwurz ↗ Plumbago europaea.
Bleiwurzkraut ↗ Plumbago europaea.

■ Bleomycine

Glykopeptidantibiotika, die von *Streptomyces verticillus* gebildet werden. Grundstruktur dieser Antibiotika ist die Bleomycinsäure (Nonapeptid), die über einen Histidyl-Rest mit einem Disaccharid verknüpft ist. Die verschiedenen B. unterscheiden sich durch das an der Carboxylseite der Bleomycinsäure gebundene Amin.

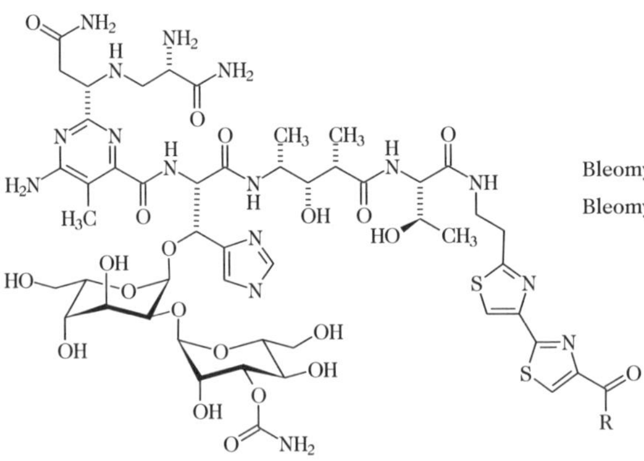

Bleomycin A_2: R = $NH{-}(CH_2)_3{-}\overset{+}{S}(CH_3)_2$

Bleomycin B_2: R = $NH{-}(CH_2)_4{-}NH{-}\underset{\underset{NH}{\|}}{C}{-}\overset{+}{N}H_3$

Bleomycine

Wirk.: biotransformatorisch aktiviert können B. DNA-Stränge durch Eliminierung von Thymin spalten und damit die Translation bzw. Transkription unterbrechen; sie bilden Sauerstoffradikalionen, die DNA-Reparaturenzyme, wie die RNA-Polymerase, hemmen. *Anw.*: antineoplastisches Antibiotikum in der Tumortherapie, z. B. von Plattenepithelcarzinomen, Hodencarzinomen und malignen Lymphomen.

■ **Blepharis edulis** Pers.
(syn. *Acanthum edule, A. spicatum*).
Fam.: Acanthaceae.
Vork.: Indien.
Droge: die Samen. *Inh.*: Isocumarin-Glykoside, wie Blepharin; Allantoin, fettes Öl. *Anw.*: in der Volksheilkunde als Mucilaginosum, Diuretikum, Aphrodisiakum.

■ **Blighia sapida** C. König
Akeepflaume (syn. Akipflaume).
Fam.: Sapindaceae.
Vork.: Westindien
Inh.: In den unreifen Früchten sind neben der Aminosäure Hypoglycin A auch Naphthochinone

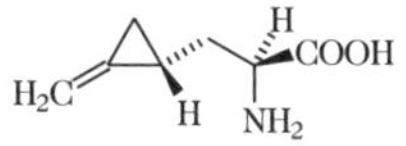

Hypoglycin A

(Blighinon), Stigmasterol, Saponine und Zucker enthalten. *Wirk.*: Hypoglycin A wirkt in geringer Dosierung blutzuckersenkend, aufgrund seiner hohen Toxizität wird es jedoch nicht therapeutisch eingesetzt.

Blitum bonus henricus ↗ Chenopodium-Arten.
Blitzblümchen ↗ Anemone nemorosa.
Blockzitwer ↗ Curcuma-Arten.
Bloderkraut ↗ Alliaria petiolata.
Blondes Psyllium ↗ Plantago-Arten.
Bluetströpfli ↗ Anagallis arvensis.

■ **Blumea balsamifera** (L.) DC.
(syn. *Pluchea balsamifera, Conyza balsamifera*).
Fam.: Asteraceae (Compositae).
Vork.: Indien, Indochina, Philippinen, auch kultiviert.
Droge: ***Folia Blumeae***, die Blätter. *Inh.*: äther. Öl (0,1–0,4 %), u. a. mit Cineol, Phloracetophenondimethylether, Limonen, Borneol, Campher. *Anw.*: in der Volksheilkunde der Verbreitungsgebiete als Expektorans und Diaphoretikum. Der aus der Droge gewonnene Campher (Blumeacampher, Ngaicampher) wird als Riechstoff sowie zur Herstellung von Ruß und Tusche eingesetzt.

Blumeacampher ↗ Blumea balsamifera.
Blumenesche ↗ Fraxinus-Arten.
Blumenhartriegel ↗ Cornus-Arten.
Blumenkresse ↗ Tropaeolum majus.
Blumennessel ↗ Lamium album.
Blumenrohr ↗ Canna-Arten.
Blutauge ↗ Adonis-Arten.
Blutaugenkraut ↗ Comarum palustre.
Blutblumen ↗ Arnica-Arten.
Blutegel ↗ Hirudo medicinalis.
Blutholz ↗ Haematoxylon campechianum.
Blutknopf ↗ Sanguisorba officinalis.
Blutkoralle ↗ Corallium rubrum.
Blutkraut ↗ Capsella bursa-pastoris, ↗ Chelidonium majus, ↗ Geranium robertianum, ↗ Geranium sanguineum, ↗ Hypericum perforatum, ↗ Polygonum aviculare, ↗ Sanguisorba officinalis.
Blutkrautwurzel ↗ Hydrastis canadensis.
Blutroter Hartriegel ↗ Cornus-Arten.
Blutroter Storchschnabel ↗ Geranium sanguineum.
Blutrute ↗ Cornus-Arten.
Blutschierling ↗ Conium maculatum.
Blutschwamm ↗ Fomes fomentarius.
Blutstillkraut ↗ Achillea-Arten.
Blutströpfchen ↗ Geum-Arten.
Blutweiderich ↗ Lythrum salicaria.
Blutwurz ↗ Anchusa officinalis, ↗ Potentilla erecta.
Blutwurzel ↗ Potentilla erecta.
Boas-Oppler'sche Stäbchen ↗ Lactobacillus acidophilus.
Bobaum ↗ Ficus religiosa.
Boccawurzel ↗ Tabernanthe iboga.

■ **Bock, Hieronymus**
*Heidesbach, 1498, †Hornbach, 21.02.1554, Botaniker, Arzt und Theologe. Heilsheim, Hornbach. Sein „Kreüterbuch", 1. Auflage 1539, in deutsch, gehörte zu den besten jener Zeit. Beschrieben wurden hierin bes. die einheimischen Pflanzen mit Angaben über Fundort und therapeutische Anwendung.

Bockkraut ↗ Geranium robertianum.

Bocksbeerblätter ↗ Ribes nigrum.
Bocksfutter ↗ Viscum album.
Bockshödlein ↗ Orchis-Arten.
Bockshorn ↗ Claviceps purpurea.
Bockshornbaum ↗ Ceratonia siliqua.
Bockshörndl ↗ Ceratonia siliqua.
Bockshornklee ↗ Trigonella foenum-graecum.
Bockshornsamen ↗ Trigonella foenum-graecum.
Bockskraut ↗ Galega officinalis, ↗ Geranium robertianum, ↗ Pimpinella-Arten.
Bocksmelde ↗ Chenopodium-Arten.
Bocks-Peterlein ↗ Pimpinella-Arten.
Bockspetersilie ↗ Pimpinella-Arten.
Bockwurz ↗ Pimpinella-Arten.
Bockwurzel ↗ Pimpinella-Arten.
Bodan ↗ Bergenia crassifolia.

■ **Boehmeria nivea** (L.) Gaudich.
(syn. *Boehmeria tenacissima, Urtica nivea, U. tenacissima, U. utilis*).

Fam.: Urticaceae.

Vork.: Ostasien, China, in Europa, Nordamerika, Nordafrika und Brasilien auch kultiviert.

Droge: Kraut und Wurzeln. *Inh.:* Leucoanthocyane, Rhoifolin (0,7 %), Chlorogensäure. *Anw.:* in der traditionellen chinesischen Medizin als Diuretikum, Expektorans und Tonikum. Die Pflanzen (und andere Boehmeria-Arten) sind außerdem eine wichtige Quelle von Pflanzenfasern, die als Ramiefasern bezeichnet werden und in der Technik breiten Einsatz finden.

Boehmeria tenacissima ↗ Boehmeria nivea.
Boerhaavia caribaea ↗ Boerhaavia hirsuta.
Boerhaavia coccinea ↗ Boerhaavia hirsuta.

■ **Boerhaavia hirsuta** Willd.
(syn. *Boerhaavia coccinea, B. caribaea*).

Fam.: Nyctaginaceae.

Vork.: Brasilien.

Droge: ***Erva tostao***, die Wurzel. *Inh.*: Glykoside, wie Boerhavin, Harz, organische Säuren, Stärke. *Anw.*: in galenischen Zubereitungen als Diuretikum.

Boerhavia chaerophylloides ↗ Astrephia chaerophylloides.

■ **Boesenbergia pandurata** (Roxb.) Schlechter
(syn. *Boesenbergia rotunda, Gastrochilus panduratus, Kaempferia pandurata*).

Fam.: Zingiberaceae.

Vork: Asien, China, Philippinen, auch kultiviert.

Droge: die Rhizome. *Inh.:* äther. Öl (0,06–0,32 %) mit Cineol (ca.25 %), Methylcinnamat (ca.4 %), Campher. *Anw.:* in der asiatischen Volksheilkunde als Carminativum, Stomachikum, Tonikum. Die Droge wird in gemahlenem Zustand als Gewürz für Reisgerichte und Würzmischungen verwendet.

Boesenbergia rotunda ↗ Boesenbergia pandurata.
Böhmische Nieswurz ↗ Adonis-Arten.
Böhmischer Tee ↗ Lithospermum officinale.
Bohnenbaum ↗ Castanospermum australe, ↗ Laburnum anagyroides.
Bohnenbaumstärke ↗ Castanospermum australe.
Bohnenhülsen ↗ Phaseolus vulgaris.
Bohnenkraut ↗ Satureja hortensis.
Bohnenschalen ↗ Phaseolus vulgaris.
Bohnenstärke ↗ Phaseolus vulgaris.
Boldo ↗ Peumus boldus.
Boldoblätter ↗ Peumus boldus.
Boldo folium ↗ Peumus boldus.
Boletus ↗ Fomes officinalis.
Boletus cervinus ↗ Elaphomyces cervinus.
Boletus Chirurgorum ↗ Fomes fomentarius.
Boletus Laricis ↗ Fomes officinalis.

■ **Boletus manicus** Heim.
Nonda.

Fam.: Boletaceae (Röhrenpilze).

Vork.: weltweit verbreitet.

Anw.: In Neuguinea wird der Pilz bei den Kuma in Verbindung mit magischen Zeremonien zu Rauschzwecken genutzt („Pilz-Verrücktheit"). Die rauscherzeugenden Inhaltsstoffe sind unbekannt.

Boletus pinicola ↗ Fomitopsis pinicola.

■ **Boletus satanas** Lenz.
Satanspilz (syn. Satans-Röhrling).

Fam.: Boletaceae (Röhrenpilze).

Vork.: Mittel- und Südeuropa.

Inh.: unbekannte Giftstoffe neben gelben Farbstoffen (Xerocomsäure, Variegatsäure), die enzymatisch nach dem Verletzen des Pilzfleisches in ein tiefes Blau übergehen.

Hom.: ***Boletus satanas***, der frische Fruchtkörper. *Anw.-Geb.:* Durchfallerkrankungen.

Bolinus brandaris ↗ Murex brandaris.
Bolle ↗ Allium-Arten.

■ **Bombax aquaticum** (Aubl.) K. Schum.
Fam.: Bombacaceae.
Vork.: Südamerika, besonders Brasilien und Guayana.
Droge: ***Mamuranafett***, das fette Öl der Samenkerne. Inh.: Triglyceride, etwa 60 % in den Samenkernen. Anw.: Rohstoff für die Seifenherstellung in den Verbreitungsgebieten.

Bombax ceiba ↗ Bombax malabaricum.
Bombax gossypium ↗ Cochlospermum gossypium.
Bombax heptaphyllum ↗ Bombax malabaricum.

■ **Bombax malabaricum** DC.
(syn. *Bombax ceiba, B. heptaphyllum*).
Fam.: Bombacaceae.
Vork.: Indien, Australien, Sri Lanka.
Droge: ***Indisches Kapoksamenöl*** (syn. Paineiraöl), das fette Öl der Samen. Inh.: Triglyceride, mit ca. 32 % gesättigten Fettsäuren sowie etwa 48 % Öl- und 20 % Linolsäure. Anw.: als Speiseöl sowie für die Seifenherstellung. Die Pflanze liefert außerdem Kapok, weiche Pflanzenhaare, die als Polstermaterial eingesetzt werden.

Bombax pentandrum ↗ Ceiba pentandra.
Bombax pyramidale ↗ Ochroma lagopus.
Bombax religiosum ↗ Cochlospermum gossypium.
Bombay-Macis ↗ Myristica malabarica.
Bombay-Muskatnuß ↗ Myristica malabarica.

■ **Bombyx mori** L.
Echter Seidenspinner (syn. Maulbeerseidenspinner, Maulbeerspinner, Seidenraupe, Seidenwurm).
Fam.: Lepidopterae.
Vork.: beheimatet in China und Japan.
Anw.: Das Drüsensekret der Raupe wird als Naturseide seit dem Altertum genutzt, früher auch als Nahtmaterial in der Chirurgie (*Filum bombycis trortum sterile*) eingesetzt.
Hom.: ***Bombyx mori*** HAB34, die Flügelschuppen des Seidenspinners. *Anw.-Geb.:* Nesselsucht.

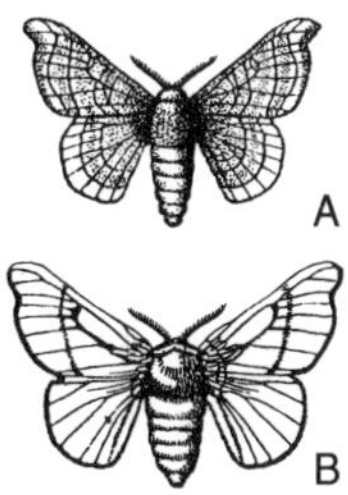

Bombyx mori. Echter Seidenspinner. Männchen (A), Weibchen (B).

■ **Bomelia obtusifolia**
Fam.: Sapotaceae.
Vork.: Küstengebiete Brasiliens.
Droge: ***Sapitiöl*** (syn. Pombehaöl), das fette Öl der Samen. Inh.: Triglyceride, die in Geruch und Geschmack dem Nußöl ähnlich sind. Anw.: im Verbreitungsgebiet ein beliebtes Speiseöl. Die schwarzen, schlehenartigen Früchte der Pflanze werden als Wildobst verwendet. Samen und Rinde sind brasilianische Volksheilmittel.

■ **Bongardia chrysogonum** (L.) Boiss.
(syn. *Bongardia rauwolfii, Leontice chrysogonum*).
Fam.: Berberidaceae.
Vork.: Mittelmeergebiete, Kleinasien.
Droge: die getrockneten Wurzelknollen. *Inh.:* Saponine (12 %), Alkaloide (0,11 %), Leonticin. *Anw.:* In der Volksheilkunde der Mittelmeergebiete wird die Droge bei Tierbissen eingesetzt.

Bongardia rauwolfii ↗ Bongardia chrysogonum.
Bonnania officinalis ↗ Sinapis alba.
Bonplandia angostura ↗ Galipea officinalis.
Bonplandia trifoliata ↗ Galipea officinalis.

■ **Boöphone disticha** (L. f.) Herbert
(syn. *Buphane disticha, B. toxicaria, Brunsvigia toxicaria, Haemanthus toxicarius, H. lemairei, Amaryllis disticha*).
Fam.: Amaryllidaceae.
Vork.: Afrika, bes. Süd- und Mittelafrika.
Droge: die Zwiebeln. *Inh.:* Alkaloide, u. a. Lycorin, Crinin, Nerbowdin, Buphanamin und Buphanidrin; Acetovanillon, Sterole, Chelidonsäure. *Anw.:* in der afrikanischen Volksheilkunde bei Ödemen, zur Wundbehandlung, bei Magen-Darm-Beschwerden, Kreislaufstörungen und als Aphrodisiakum. Auch als Rauschmittel und Halluzinogen wird ein Aufguß der Droge genutzt. Besondere Bedeutung hat die Pflanze zur Bereitung von Pfeilgiften, die von den Buschmännern zum Jagen genutzt werden. Hierbei wird die neurotoxische Wirkung der Alkaloide ausgenutzt.

Bootia nervosa ↗ Saponaria officinalis.
Bootia saponaria ↗ Saponaria officinalis.
Bootia vulgaris ↗ Saponaria officinalis.
Boraginis flos ↗ Borago officinalis.
Boraginis herba ↗ Borago officinalis.

■ **Borago officinalis** L.
Borretsch (syn. Boretsch, Gurkenkraut, Burres, Borgelkraut, Wohlgemutkraut).
Fam.: Boraginaceae.
Vork.: Mittelmeergebiet, Europa, Nordamerika.
Drogen: *1. Boraginis flos* (syn. *Flores Boraginis*); Boretschblüten. *Inh.:* Bornesit, Allantoin, Schleimstoffe, Kaliumsalze (bis zu 17 %). *Anw.:* in der Volksheilkunde bei Harnverhaltung, Fieber, Verschleimung der Atemwege, Durchfall sowie ferner bei Entzündungen, Rheumatismus, klimakterischen Beschwerden und zur Blutreinigung. *2. Boraginis herba* (syn. *Herba Boraginis*); Boretschkraut (syn. Gurkenkraut). *Inh.:* Gerbstoffe (ca.3 %), Kieselsäure (1,5–2,2 %), Schleimstoffe (bis zu 11 %), Pyrrolizidinalkaloide. *Anw.:* in der Volksheilkunde als einhüllendes und schleimgebendes Mittel bei Husten- und Halserkrankungen, bei Entzündungen der Nieren und der Blase, als Adstringens und bei Rheuma. Achtung! Wegen des Pyrrolizingehaltes sollte die Droge nicht angewendet werden, da diese Verbindungen genotoxisch und cancerogen wirken. Auch bei der Verwendung als Küchengewürz ist Vorsicht angebracht. *3. Boraginis oleum* (syn. *Oleum Boraginis*); Borretschsamenöl. *Inh.:* Fettsäureglyceride mit hohem Anteil an ungesättigten Fettsäuren, insbes. γ-Linolensäure. *Anw.:* bei atopischem Ekzem (Neurodermitis).
Hom.: *Borago officinalis* HAB34, die frischen Blätter. *Anw.-Geb.:* Erkrankungen der oberen und unteren Luftwege.

Borbonia pinifolia ↗ Aspalathus linearis.
Boretsch ↗ Borago officinalis.
Borgelkraut ↗ Borago officinalis.
Borkhausenia cava ↗ Corydalis-Arten.
Borkhausenia lutea ↗ Corydalis-Arten.
Borkhausenia solida ↗ Corydalis-Arten.
Borneocampher ↗ Dryobalanops aromatica.
Borneotalg ↗ Isoptera borneensis.
Bornylisovalerianat ↗ Valeriana officinalis.
Borrachero ↗ Brugmansia-Arten.
Borretsch ↗ Borago officinalis.
Borstenkraut ↗ Cicuta virosa.
Boscia powelii ↗ Boscia salicifolia.

■ **Boscia salicifolia** Oliver
(syn. *Boscia powelii, Boscia stylosa*).
Fam.: Capparidaceae.
Vork.: Ost- und Südafrika, Senegal, Kamerun.
Droge: die Blätter, Rinde und Wurzeln. *Inh.:* Flavonoide, Terpenketone, wie Boscialin; Sterole, wie Stigmasterol, Taraxasterol und β-Sitosterol. *Anw.:* in der afrikanischen Volksheilkunde als Galactagogum, bei juckenden Hautausschlägen, gegen Abszesse und Furunkel, als Aphrodisiakum und zur Wundbehandlung.

■ **Boscia senegalensis** (Pers.) Lam.
Fam.: Capparidaceae.
Vork.: Afrika, von Mauretanien bis Äthiopien.
Droge: die Blätter und Wurzeln. *Inh.:* Sterole, Triterpene, Saponine, Flavonoide, Glucosinolate. *Anw.:* in der afrikanischen Volksheilkunde bei Koliken, Gallenerkrankungen, Hepatitis, Bilharziose, gegen Hämorrhoiden und Eingeweidewürmer. Die Droge wird auch zur Zubereitung von Pfeilgiften verwendet.

Boscia stylosa ↗ Boscia salicifolia.

■ **Bos taurus** L.
Hausrind (syn. Rind).
Fam.: Bovidae.
Vork.: weltweit verbreitet.
Drogen: *1. Fel Tauri* (syn. *Fel Bovis*); Rindergalle (syn. Ochsengalle). *Inh.:* Gallensäuren (Glykocholsäure, Taurocholsäure, Cholsäure, Desoxycholsäure, Lithocholsäure), Phosphatide (u. a. Lecithin), Cholesterol, Fettsäuresalze, Fette, Enzyme, Gallenfarbstoffe. *Anw.:* zur Substitutionstherapie bei Galleninsuffizienz, Ikterus, Leberfunktionsstörungen, Beschwerden nach Gallenoperationen, Obstipation. *2. Oleum Pedum Tauri*; Rinderklauenöl (syn. Klauenfett, Klauenöl). *Inh.:* Fettsäuren (Öl-, Myristin-, Palmitin-, Stearin-, Arachin-, Tetradecen-, Hexadecen-, Linol- und Linolensäure sowie weitere ungesättigte Fettsäuren) und Glyceride (Palmitodiolein, Hexadecendiolein, Polyolefin, Diolein u. a.). *Anw.:* in der Pharmazie und Kosmetik als Salbengrundlage, aber auch als hochwertiger Schmierstoff in der Feinwerktechnik. *3. Sebum bovinum* (syn.

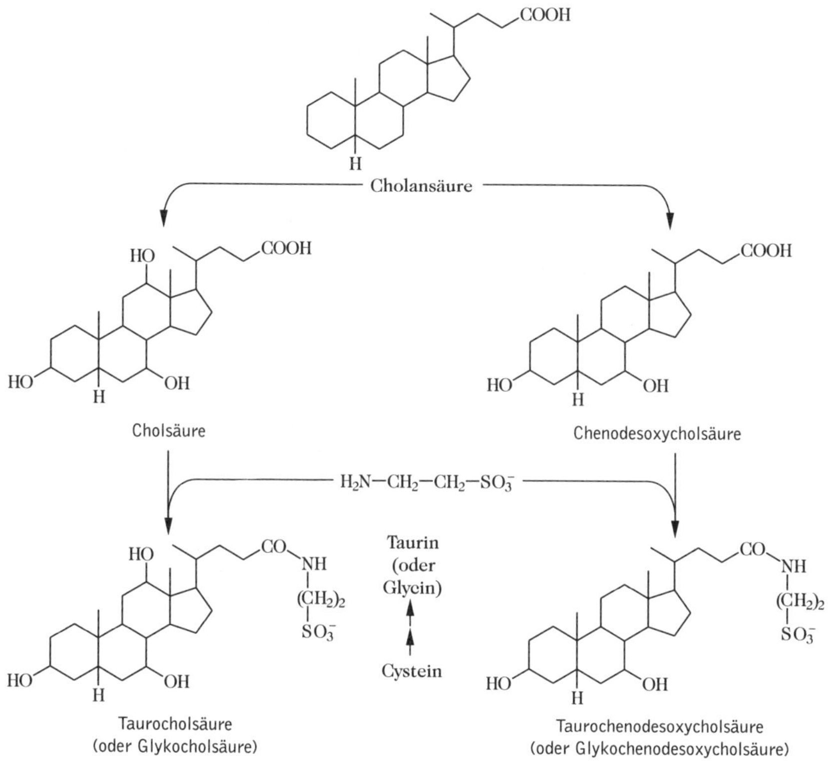

Bos taurus. In der Rindergalle enthaltene Gallensäuren.

Sebum taurinum); Rindertalg. Inh.: Triglyceride (Fette) aus Stearin-, Palmitin- und Ölsäure. Anw.: in der Lebensmittelindustrie zur Herstellung von Margarine eingesetzt sowie zur Seifen- und Kerzenproduktion. ↗ *Oleum animale*, ↗ *Oleum animale aethereum*.

Hom.: ***Fel Tauri*** HAB1, frische Rindergalle. Anw.-Geb.: Leber- und Gallenerkrankungen.

■ Boswellia-Arten

● **Fam.:** Burseraceae.

● **Boswellia sacra** Flueckiger (syn. *Boswellia carteri, B. undulato-crenata*).

Vork.: Südarabien, Nubien, an der Küste des Roten Meeres.

Droge: ***Olibanum*** (syn. *Gummi Olibanum, Gummiresina Olibanum*); Weihrauch, das Gummiharz der Pflanze. Inh.: äther. Öl (5–9 %, u. a. mit Pinen, Dipenten, Phellandren, Terpenalkohole/Olibanol), Harz (60–66 %, bes. ↗ Boswelliasäure, eine Triterpensäure), Gummi (ca. 20 %), Bassorin (6–8 %), Bitterstoffe, Schleimstoffe. Anw.: zu medizinischen Pflastern (selten), als Räuchermittel für kultische Handlungen, die äther. Öle für Parfüms und Kosmetika.

● **Boswellia frereana** Birdw. (syn. *Boswellia freriana*).

Vork.: Somalia.

Droge: ***Olibanum*** und ***Elemi***. Inh. und Anw.: s. *Boswellia sacra*.

● **Boswellia serrata** Roxb. ex Colebr. (syn. *Boswellia glabra, B. thurifera, Libanus thuriferus*).

Vork.: Indien.

Droge: ***Indischer Weihrauch***. Inh.: äther. Öl (8–9 %), Schleim (23 %), Harz mit tetra- und pentacyclischen Triterpensäuren, Serratol (Diterpen). <u>*Anw.*</u>: in der indischen Volksheilkunde bei Arthritis, Rheuma, Bronchialasthma, als Expektorans, bei Diarrhoe und Dyspepsie. In der traditionellen ayurvedischen Medizin (↗ Ayurveda) bei Blut- und Hauterkrankungen, Diabetes, Fieber, Erkrankungen der Geschlechtsorgane und Hämorrhoiden.

■ Boswelliasäure

eine Triterpencarbonsäure, die im Harz von ↗ *Boswellia*-Arten enthalten ist. Der Wirkungsmechanismus beruht vermutlich auf der Hemmung der 5-Lipoxygenase und damit der Bildung von Leukotrienen.

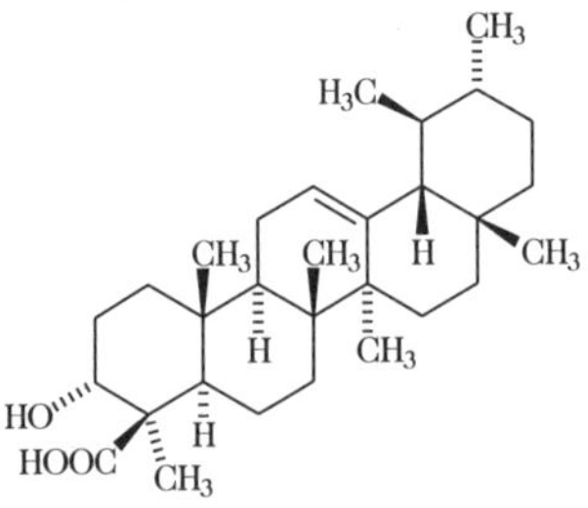

β-Boswelliasäure

■ Bothrops atrox

Lanzenotter.

Fam.: Crotalidae.

Vork.: Gefährliche Giftschlange Mittel- und Südamerikas.

<u>*Inh.*</u>: Das Gift enthält u. a. Neurotoxine, Proteasen und Hämolysine. <u>*Anw.*</u>: Das Gift dieser südamerikanischen Schlange enthält u. a. fibrinähnliche Proteasen (↗ Batroxobin), die isoliert und medizinisch bei Gerinnungsstörungen verwendet werden.

■ Bothrops jararaca Both.

(syn. *Lachesis lanceolata*); Gelbe Buschmeister.

Fam.: Crotalidae.

Vork.: Gefährliche Giftschlange Mittelamerikas.

<u>*Inh.*</u>: Das Gift enthält u. a. Neurotoxine, Proteasen und Hämolysine.

Hom.: ***Bothrops jararaca***, Sekret aus den Giftdrüsen. <u>*Anw.-Geb.*</u>: entzündliche Prozesse, Störungen des Gerinnungssystems sowie des arteriellen Gefäßsystems.

Bothrops sururucu ↗ Lachesis muta.

Botrophis acteaoides ↗ Cimicifuga racemosa.
Botrophis serpentaria ↗ Cimicifuga racemosa.
Botryopis platyphylla ↗ Chondodendron tomentosum

■ Botulinum-Nosode HAB

Zubereitung aus mit *Clostridium botulinum* infiziertem Schweinefleisch. <u>*Anw.-Geb.*</u>: Lähmungen und Lähmigkeit.

Boucerosia decaisneana ↗ Caralluma decaisneana.

■ Bougainvillea spectabilis Willd.

Fam.: Nyctaginaceae.

Vork.: tropisches und subtropisches Südamerika, als Zierpflanze auch kultiviert.

Droge: die ganze Pflanze. <u>*Inh.*</u>: Saponine, Betacyane, Betaxanthine, Polyphenole. <u>*Anw.*</u>: in der mexikanischen Volksheilkunde bei Husten.

Bourbontee ↗ Angraecum fragrans.
Bovista ↗ Calvatia gigantea.
Bovista gigantea ↗ Calvatia gigantea.

■ Bowdichia virgilioides H.B.K.

Fam.: Fabaceae (Leguminosae).

Vork.: Venezuela, Brasilien, Kolumbien.

Droge: ***Cortex Bowdichiae*** (syn. *Cortex Alcornocco*); Alcornoccorinde (syn. Chabarrorinde), die Stammrinde. <u>*Inh.*</u>: Alcornin, Gerbstoffe. <u>*Anw.*</u>: in der Volksheilkunde bei Lungenerkrankungen, bei Fieber und rheumatischen Beschwerden.

■ Bowiea volubilis Harv. ex Hook. f.

(syn. *Schizobasopsis volubilis*).

Fam.: Liliaceae.

Vork.: Südostafrika.

Droge: die Zwiebel. <u>*Inh.*</u>: herzwirksame Glykoside, wie die Bovoside (u. a. Glucobovosid, Bovopurpurosid, Bovogenin). <u>*Anw.*</u>: in der Heilkunde der Ureinwohner gegen Wassersucht.

Boxkraut ↗ Pulmonaria officinalis.
Brachdistel ↗ Eryngium-Arten.

■ Brachycladus stuckerti Spegazzini

(syn. *Trichocline argentea*).

Fam.: Asteraceae (Compositae).

Vork.: Argentinien, Andengebiete.

Droge: ***Herba et Radix Brachycladii stuckerti***, das Kraut mit Wurzeln. Inh.: Harz, Glykoside. Anw.: in der Volksheilkunde bei Asthma.

■ **Brachyglottis repanda** J. R. et G. Forst. Puka-Puka.

Fam.: Asteraceae (Compositae).

Vork.: Neuseeland.

Inh.: u. a. Pyrrolizidinalkaloide (Necine und ihre *N*-Oxide: Senecionin, Senkirkin).

Hom.: ***Brachyglottis repanda*** HAB (syn. *Brachyglottis repens*); die frischen Blätter und Blüten. Anw.-Geb.: Entzündungen der Harnorgane.

Brachystegia-Kino ↗ Brachystegia spicaeformis.

■ **Brachystegia spicaeformis**

Fam.: Fabaceae (Leguminosae).

Vork.: Ostafrika.

Droge: ***Brachystegia-Kino***, der erhärtete, getrocknete Saft der Pflanze. Inh.: Gerbstoffe, Kinorot. Anw.: in der Volksheilkunde als Adstringens; in der Technik als Färbemittel.

Bractium ↗ Papaver bracteatum.
Bragantia wallichii ↗ Apama siliquosa.
Brahea serrulata ↗ Serenoa repens.
Bram ↗ Cytisus scoparius.
Brambeere ↗ Rubus-Arten.
Brämleblätter ↗ Tussilago farfara.
Brancae ursinae herba ↗ Heracleum sphondylium.
Brandkorn ↗ Claviceps purpurea.
Brandkraut ↗ Phlomis pungeus.
Brandlattich ↗ Tussilago farfara.
Brasil-Copal ↗ Hymenaea courbaril.
Brasilholz ↗ Caesalpinia-Arten.
Brasilianisch-Arrowroot-Stärke ↗ Manihot esculenta.
Brasilianische Chinarinde ↗ Discaria febrifuga.
Brasilianische Jalapenknollen ↗ Merremia macrocarpa.
Brasilianische Pfeilwurzel ↗ Manihot esculenta.
Brasilianischer Pfeffer ↗ Capsicum-Arten, ↗ Piper longum, ↗ Schinus-Arten.
Brasilianischer Pfefferbaum ↗ Schinus-Arten.
Brasilianisches Rosenholzöl ↗ Physocalymna scaberrimum.
Brasilianisches Rotholz ↗ Caesalpinia-Arten.
Brasilianische Süßholzpflanze ↗ Periandra dulcis.
Brasilkastanie ↗ Bertholletia excelsa.
Brasilnußbaum ↗ Bertholletia excelsa.
Brasilöl ↗ Bertholletia excelsa.
Brassica alba ↗ Sinapis alba.

■ **Brassica-Arten**

● **Fam.:** Cruciferae (Brassicaceae).

● **Brassica juncea** (L.) Czern. (syn. *Brassica besseriana, B. cernua, B. integrifolia, B. japonica, B. lanceolata, B. napiformis, B. rugosa, B. urbania, B. wildenowii, Caulis junceus, Crucifera juncea, Raphanus junceus, Sinapia integrifolia, Sinapis cernuta, S. cuneifolia, S. japonica, S. juncea, S. lanceolata, S. racemosa, S. rugosa, S. patens*); Indischer Senf (syn. Ruten-Kohl, Ruten-Senf, Sarepta-Senf).

Vork.: weltweit verbreitet.

Droge: ***Sinapis nigrae semen***; Schwarzer Senfsamen. Inh. und Anw.: s. *Brassica nigra*.

● **Brassica napus** L. emend. Metzg. (syn. *Brassica campestris, B. napa, B. sativa, Crucifera napus, Napus campestris, Rapa napus, Raphanus napus, Sinapis napus*); Raps (syn. Kohlsaat, Lewat, Ölraps, Reps), s. Farbtafel S. 145, Bild 53.

Vork.: Europa, West- und Südasien, Nordafrika, Nordamerika.

Droge: ***Rapae oleum***; Rapsöl, s. *Brassica rapa*. Inh.: In den Samen sind Glucosinolate (0,5–6 %, u. a. Gluconapin, Progoitrin), Enzyme (Myrosinase, die die Glykoside in Zucker und Aglykon spaltet, woraus sich Senföle bilden), Erucasäure, fettes Öl (bis ca. 40 %), Steroide, Brassine, Phenylpropanderivate (Sinapin), Proteine. Anw.: s. *Brassica rapa*.

● **Brassica nigra** (L.) W.D.J. Koch (syn. *Brassica bracteoloata, B. lanceolata, B sinapioides, Crucifera sinapis, Erysimum glabrum, Melanosinapis communis, M. nigra, Mutarda nigra, Raphanus sinapis-officinalis, Sinapis incana, S. nigra, S. tetraedra, Sisymbrium nigrum*); Schwarzer Senf (syn. Brauner Senf, Französischer Senf, Grüner Senf, Holländischer Senf, Roter Senf, Senf-Kraut), s. Farbtafel S. 145, Bild 54.

Vork.: weltweit in gemäßigten Klimazonen.

Drogen: ***1. Oleum Sinapis expressum***, das aus dem Samen gepreßte Öl. Inh.: fettes Öl zu 80 % aus ungesättigten Fettsäuren bestehend; bes. Erucasäure, Ölsäure, Linolsäure, Linolensäure. Anw.: in der Volksheilkunde äußerlich zur milden Hautreiztherapie. Das Öl wird in Indien auch im Haushalt als Speiseöl verwendet. ***2. Si-***

napis nigrae semen (syn. *Semen Sinapeos, Semen Sinapis, Semen Sinapis viridis, Sinapis nigra, Sinapis semen*); Schwarzer Senfsamen (syn. Senfsame, Brauner Senf, Französischer Senf, Grüner Senf, Holländischer Senf, Roter Senf, Schwarzer Senf). *Inh.*: Glucosinolate (1–5 %, v. a. Sinigrin), fettes Öl, Phenylpropanderivate, u. a. Sinapin, Flavonoide, Phytin, Proteine, Schleimstoffe.

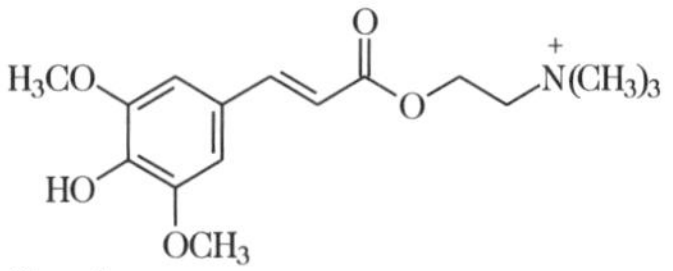

Sinapin
(= Sinapinsäurecholinester)

Anw.: äußerlich als Senfmehl zur Hyperämisierung der Haut durch die Freisetzung des lokal reizenden Allylsenföls in Form von Bädern, Wickeln, Breiumschlägen (Kataplasmen) oder Pflastern. Die interne Aufnahme der Droge bei Obstipation, Bronchitis und Amennorhoe ist wegen der Toxizität und unerwünschten Wirkungen abzulehnen. Große Mengen der Droge werden zu Speisesenf u. a. Gewürzmischungen verarbeitet.

Hom.: ***Brassica nigra*** HAB34, die reifen Samen. *Anw.-Geb.*: Reizung der oberen Atemwege und des Magen-Darm-Traktes.

● **Brassica oleracea** L. (syn. *Crucifera brassica, Napus oleracea, Raphanus brassica officinalis*); Kohl (syn. Gartenkohl, Gemüsekohl, Kraut, Küchenkohl).

Vork.: Europa und angrenzende Gebiete.

Droge: ***Weißkohl*** (syn. Kappes, Kappus, Weißkraut), die frischen, festen Krautköpfe. *Inh.*: Glucosinolate (bis 0,16 %; u. a. Glucobrassicin, Sinigrin, Glucoiberin, Glucoraphanin), Aminosäuren, Proteine, Vitamine. *Anw.*: frischer Weißkohlsaft in der Volksheilkunde bei Magen- und Zwölffingerdarmgeschwüren, äußerlich werden die gequetschten Kohlblätter zur Heilung von Geschwüren, Wunden und bei Furunkulose aufgelegt.

Hom.: *1.* ***Brassica oleracea*** HAB34 (syn. Weißkohlkraut), das frische, blühende Kraut. *Anw.-Geb.*: Schilddrüsenunterfunktion. *2.* ***Brassica oleraceae e planta non florescente*** HAB1 (syn. Frische Kohlköpfe), die frischen Kohlköpfe. *Anw.-Geb.*: Stoffwechselerkrankungen, Wirkung nicht ausreichend belegt.

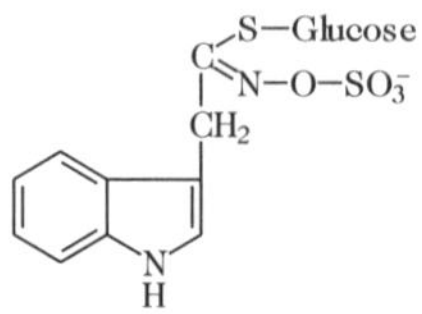

Glucobrassicin

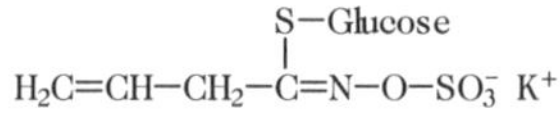

Sinigrin
(Kaliumallylglucosinolat)

● **Brassica rapa** L. emend. Metzg. (syn. *Brassica asperifolia, B. campestris, B. polymorpha, Crucifera rapa, Napus rapa, Sinapis rapa*); Rübsen (syn. Rübenreps, Rübsaat).

Vork.: weltweit.

Droge: ***Rapae oleum*** (syn. *Oleum Rapae*); Rüböl (syn. Colza, Kohlsaatöl, Rapsöl, Repsöl, Rübsaatöl, Rübsamenöl), das aus den Samen kaltgepreßte Öl. *Inh.*: fettes Öl (90 % Triglyceride mit ungesättigten Fettsäuren: Erucasäure, Ölsäure, Linolsäure, Linolensäure), Sterole (Sitosterol, Campesterol, Brassicasterol). *Anw.*: in der pharmazeutischen Technologie als Ersatz für Olivenöl zur Herstellung von Salben und Linimenten, im Haushalt als Speiseöl, in der Technik zur Margarineherstellung, als Brennöl, Schmiermittel sowie zur Gewinnung von Hart- und Lederfett.

Brassica eruca ↗ Eruca sativa.
Brassica hirta ↗ Sinapis alba.
Braunalgen ↗ Laminaria-Arten, ↗ Phaeophyceae.
Braune Königsrinde ↗ Cinchona-Arten.
Braunelle ↗ Brunella vulgaris.
Brauner Dost ↗ Origanum vulgare.
Brauneria angustifolia ↗ Echinacea-Arten.
Brauneria pallida ↗ Echinacea-Arten.
Brauneria purpurea ↗ Echinacea-Arten.
Brauner Senf ↗ Brassica-Arten.
Braunes Knabenkraut ↗ Orchis-Arten.
Braune Wegschnecke ↗ Arion empiricorum.
Braunwurz ↗ Scrophularia nodosa.
Braut-in-Haaren ↗ Nigella damascena.
Brautkranz ↗ Lysimachia nummularia.
Braut-Myrte ↗ Myrtus communis.
Brayera anthelmintica ↗ Hagenia abyssinica.

Brayerae flos ↗ Hagenia abyssinica.
Brazil wax ↗ Copernicia prunifera.
Brechnußbaum ↗ Strychnos-Arten.
Brechnußsamen ↗ Strychnos-Arten.
Brechwegdorn ↗ Rhamnus frangula.
Brechwurz ↗ Asarum europaeum.
Brechwurzel ↗ Cephaelis-Arten.
Breiapfelbaum ↗ Manilkara zapota.
Breitblättriger Berglorbeer ↗ Kalmia latifolia.
Breitblättriger Rohrkolben ↗ Typha latifolia.
Breitblättriges Laserkraut ↗ Laserpitium latifolium.
Breiter Wegerich ↗ Plantago-Arten.
Breitlauch ↗ Allium-Arten.
Breitlippenkraut ↗ Lagochilus inebrians.
Breitwegerich ↗ Plantago-Arten.
Brennesselkraut ↗ Urtica-Arten.
Brennesselwurzel ↗ Urtica-Arten.
Bresk ↗ Dyera costulata.

■ **Brickellia veronicaefolia** A. Gray.
(syn. *Bulhostylis veronicaefolia, Eupatorium verum*).
Fam.: Asteraceae (Compositae).
Vork.: Mexiko.
Droge: die Blätter. Inh.: äther. Öl, gelbe Farbstoffe, Bitterstoffe, Gerbstoffe, Flavonoide, Harz. Anw.: in der traditionellen mexikanischen Medizin als Stimulans, Antirheumatikum, bei Gastritis und Dyspepsie.

Brillenschlange ↗ Naja naja.

■ **Brinase**
Proteinase-Gemisch (Pilzproteasen) mit plasminähnlicher Wirkung zur Auflösung von Thromben. B. wird aus *Aspergillus oryzae* gewonnen. Anw.: zur thrombolytischen Therapie bei Thrombosen, Embolien und beim Herzinfarkt.

Brissagobaum ↗ Catalpa bignonioides.
Brocchia dichotoma ↗ Simmondsia chinensis.
Brombeerblätter ↗ Rubus-Arten.
Brombeere ↗ Rubus-Arten.

■ **Bromelain**
Proteolytisches Enzym aus dem Preßsaft der Stengel und Fruchtabfälle der Ananaspflanze (↗ Ananas comosus). B. ist ein Glykoprotein (M_r 33 000, pH-Optimum 4,5–5,0), das in seiner Struktur und seinen Eigenschaften dem ↗ Papain ähnelt. Anw.: zur Substitutionstherapie bei Verdauungsbeschwerden, zur Hemmung der Thrombozytenaggregation und Verlängerung der Blutungszeit, bei traumatischen und postoperativen Schwellungszuständen der Nase und Nasennebenhöhlen. Der Einsatz zur Prophylaxe und Therapie bei malignen Tumoren im Gastrointestinaltrakt ist umstritten, aber Gegenstand vielfältiger Untersuchungen.

Bromelainum crudum ↗ Ananas comosus.
Bromelia ananas ↗ Ananas comosus.
Bromelia comosa ↗ Ananas comosus.
Bromelin ↗ Ananas comosus.
Bromus glaber ↗ Agropyron repens.

■ **Brosimum galactodendron** G. Don.
(syn. *Galactodendron utile*).
Fam.: Moraceae.
Droge: ***Milchbaumwachs*** (syn. Kuhbaumwachs), das Wachs, das durch Kochen aus dem Milchsaft gewonnen wird. Inh.: Kautschuk, Galactin. Anw.: früher in der Galenik, zur Kerzenherstellung. Auch der Milchsaft wurde in der Volkheilkunde genutzt.

Brotschabe ↗ Blatta orientalis.
Brotwurzel ↗ Dioscorea-Arten.

■ **Brucea amarissima**
(syn. *Brucea sumatrana, Gonus amarissimus*).
Fam.: Simaroubaceae.
Vork.: Indien, Australien.
Droge: ***Fructus Brucea*** (syn. *Semen Brucea*); Bruceafrüchte (syn. Macassarkerne, Asiatische Ruhrsamen). Inh.: Brucamarin, Cosamin (Bitterstoffe), Gerbsäure, fettes Öl (ca. 23 %), Brusatol, Brucenol, Bruceolsäure. Anw.: in der asiatischen Medizin bei Dysenterie.

Brucea sumatrana ↗ Brucea amarissima.
Bruchkraut ↗ Herniaria glabra, ↗ Sanicula europaea.
Bruchweide ↗ Salix-Arten.
Brucin ↗ Strychnos-Arten.
Brugmansia arborea ↗ Datura-Arten.

■ **Brugmansia-Arten**
● **Fam.:** Solanaceae.
Vork.: Südamerika, westl. Amazonasgebiet.
● **Brugmansia aurea** Lagerh.

● **Brugmansia sanguinea** (R. et P.) Don.
● **Brugmansia suaveolens** (H. et B. ex Willd.) ercht. et Presl.
● **Brugmansia versicolor** Langerh.
● **Brugmansia vulcanicola** (A. S. Barclay) R. E. Schult.; Floripondio (syn. Borrachero, Huacacachu, Huanto, Tonga).

Inh.: Tropan-Alkaloide, u. a. Scopolamin, Hyoscyamin und Atropin. *Anw.*: Die pulverisierten Samen, Blätter und Wurzeln werden vergorenen Getränken beigemischt oder als Tee zubereitet von den Indiandern Südamerikas als Halluzinogene zu magisch-kultischen Zeremonien genutzt. Dabei kommt es zu einem intensiven Rausch, der oft von Krämpfen begleitet ist und in einem mehrstündigen, tiefen Schlaf endet.

Brugmansia candida ↗ Datura-Arten.
Bruguiera conjugata ↗ Bruguiera gymnorrhiza.

■ **Bruguiera gymnorrhiza** Lam.
(syn. *Bruguiera conjugata, Rhizophora gymnorrhiza*).

Fam.: Rhizophoraceae.

Droge: ***Rhizophorarinde*** (syn. Mangrovenrinde), die Rinde. *Inh.*: Gerbstoffe (28–80 %), rote Farbstoffe, Leucocyanidin. *Anw.*: in der Volksheilkunde als Adstringens, in der Gerberei und Färberei.

Brumbeer ↗ Solanum-Arten.

■ **Brunella vulgaris** Mill.
(syn. Prunella vulgaris); Braunelle.

Fam.: Lamiaceae (Labiatae).

Vork.: Europa, Asien, Amerika.

Droge: ***Herba Brunellae***; Brunellenkraut. das getrocknete Kraut. *Inh.*: Bitterstoffe, Gerbstoffe (ca. 5 %), Harz, äther. Öl, fettes Öl. *Anw.*: in der Volksheilkunde zum Gurgeln, bei Lungenerkrankungen, Magen- und Darmerkrankungen.

Hom.: ***Prunella vulgaris*** HAB34, die frische, blühende Pflanze. *Anw.-Geb.*: Lungenerkrankungen.

Brunellenkraut ↗ Brunella vulgaris.

■ **Brunfels, Otto**
(1488–1534), Arzt und Botaniker. Mainz, Basel, Bern. Verfaßte in 3 Bänden um 1530–1540 sein Kräuterbuch „Herbarium vivae cicones", das sich durch naturgetreue Illustrationen auszeichnet. Es beeinflußte in hohem Maße die Nutzung der Arzneipflanzen in der Folgezeit.

■ **Brunfelsia grandiflora** D. Don
Chiricaspi.

Fam.: Solanaceae.

Vork.: nördl. Südamerika, westind. Inseln.

Anw.: in der Volksmedizin der Indianerstämme Amazoniens genießt die Pflanze erstrangiges magisch-religiöses Ansehen. Sie enthält Scopoletin, das allerdings keine pschoaktiven Effekte induziert. Oft wird die Droge anderen halluzinogenen Zubereitungen beigefügt, z. B. ↗ *Ayahuasca*, um eine Wirkungsverstärkung zu erreichen. Die Einnahme der Droge bewirkt ein Kältegefühl und Frösteln, was ihr den Namen Chiricaspi („kalter Baum") eingetragen hat.

Brunfelsia hopeana ↗ Brunfelsia uniflora.

■ **Brunfelsia uniflora** (Pohl) D. Don
(syn. *Brunfelsia hopeana, Franciscea hopeana*).

Fam.: Solanaceae.

Vork.: Brasilien.

Droge: ***Radix Manaceae*** (syn. *Radix Brunfelsia, Franciscea uniflora*); Manacawurzel. *Inh.*: Manacin (Alkaloid), Manacein, Aesculetin, Gelsemiasäure. *Anw.*: als Diuretikum und Antirheumatikum, in der traditionellen Heilkunde bei Schlangenbissen.

Hom.: ***Franciscea uniflora*** HAB, die frische Wurzel. *Anw.-Geb.*: Rheumatismus.

Brunnenkresse ↗ Nasturtium officinale.
Brunnenlebermoos ↗ Marchantia polymorpha.
Brunsvigia toxicaria ↗ Boöphone disticha.
Brustalant ↗ Inula helenium.
Brustbeere ↗ Ziziphus jujuba.
Brustlattich ↗ Tussilago farfara.
Brusttee ↗ Species pectorales.
Brustwurz ↗ Angelica archangelica, ↗ Bupleurum-Arten.
Brymbura ↗ Solanum-Arten.

■ **Bryonia-Arten**
● **Fam.:** Cucurbitaceae.
● **Bryonia alba** L. (syn. *Bryonia monoeca, B. nigra, B. vera, Uva angina, Uva serpentina, Vitis alba, Vitis nigra*); Weiße Zaunrübe (syn.

Schwarzbeerige Zaunrübe, Schwarzfrüchtige Zaunrübe), s. Farbtafel S. 146, Bild 55.

Vork.: Südosteuropa, Westasien.

Droge: ***Bryoniae Radix*** (syn. *Radix Bryoniae*); *Bryonia-alba*-Wurzel (syn. Faselrübe, Faulrübe, Gichtrübe, Heckenrübe, Hundskürbiswurzel, Hundsrübe, Sauwurzel, Tollrübe). Die Droge gilt als stark giftig! *Inh.:* Curcurbitacine (u. a. Curcurbitacine B, D, E, I, J, K, L und ihre Glykoside), Trihydroxyoctadecadiensäuren, Bryonolsäure (Triterpenhydroxysäure). *Wirk.:* Die wäßrigen Extrakte der Droge besitzen antitumorale Aktivität in vitro, die aber wegen der starken toxischen Wirkungen therapeutisch nicht genutzt wird

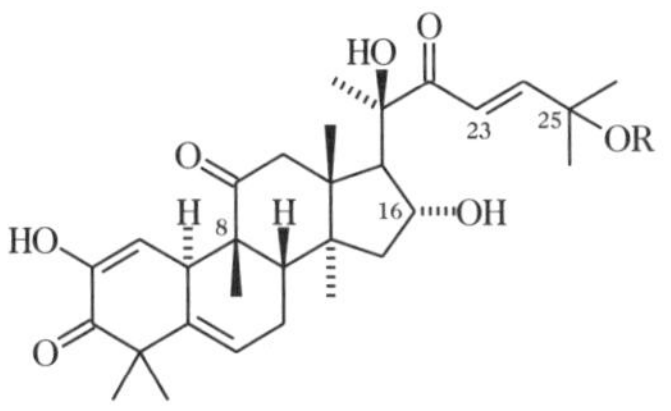

Cucurbitacin I (R = H)
Cucurbitacin E (R = $COCH_3$)

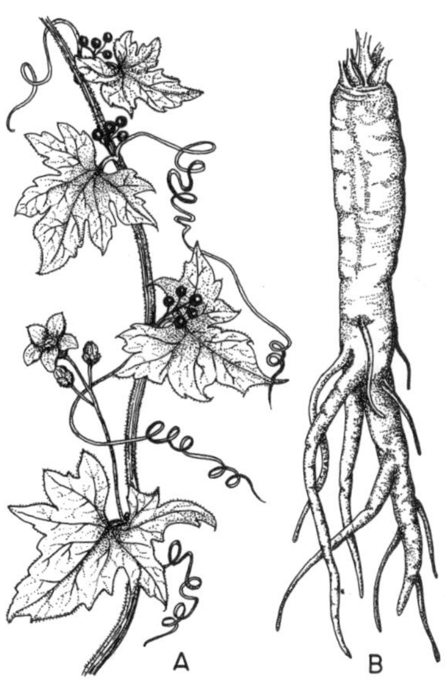

Bryonia alba. blühender Sproß (A), rübenartige Wurzel B).

Anw.: in der Volksheilkunde als Abführmittel, Brechmittel und Diuretikum (obsolet); bei Erkrankungen des Verdauungstraktes, der Atemwege, Rheuma, Stoffwechselstörungen, Lebererkrankungen und Infektionen. Aufgrund der toxischen Risiken ist eine Anwendung der Droge nicht empfehlenswert. Spezielle Extrakte aus der Droge werden wegen ihrer immunstimulierenden Wirkung in einigen Fertigarzneimitteln verwendet, ein toxikologisches Risiko besteht bei diesen Präparaten nicht.

Hom.: ***Bryonia*** (syn. *Bryonia alba*), die frische Wurzel. *Anw.-Geb.:* Katarrhalische und rheumatische Erkrankungen, zur Beseitigung des Schmerzempfindens.

● **Bryonia cretica** L. (syn. *Bryonia acuta, B. digynia, B. dioica, B. sicula*); Rote Zaunrübe (syn. Falsche Alraune, Gichtrübe, Heckenrübe, Hundskürbis, Hundsrübe, Roßrübe, Rotbeerige Zaunrübe, Rotfrüchtige Zaunrübe, Teufelsrübe), s. Farbtafel S. 146, Bild 56.

Vork.: Mittel- und Südeuropa, Nordafrika.

Droge: ***Radix Bryoniae***; *Bryonia-cretica*-Wurzel (syn. Faselrübe, Faulrübe, Gichtrübe, Heckenrübe, Hundskürbiswurzel, Hundsrübe, Sauwurzel, Tollrübe), die getrockneten, rübenförmigen Wurzeln. *Inh.:* Curcurbitacine und ihre Glykoside, Bryoamarid, Bryonosid, Bryosid, Bryonolsäure (Triterpensäure), ferner Chrysophansäure, Bryodin-L und Bryodin-R (ribosomeninaktivierende Proteine) und Lectine. *Anw.:* drastisches Abführmittel, Brechmittel. Andere Anw. und Bewertung s. *Bryonia alba.*

Hom.: ***1. Bryonia cretica*** (syn. *Bryonia*) HAB1, die frische, vor der Blütezeit geerntete Wurzel. *Anw.-Geb.:* akute Entzündungen der Atemwege, des Rippenfells, des Bauchfells, der Leber; akuter und chronischer Rheumatismus. ***2. Bryonia cretica ferm. 33b*** HAB1 (syn. *Bryonia e radice ferm 33b*), die frischen, vor dem Austreiben geernteten Wurzeln. *Anw.-Geb.:* anthroposophische Therapierichtung.

● **Histor.:** Die Zaunrübe war bereits den Ärzten des Altertums bekannt. Ihre oft menschenähnliche rübenförmige Wurzel wurde bei den Südslawen häufig als „Alraune" aufbewahrt und galt als starkes Heilmittel bei einer Vielzahl von Erkrankungen. Der Gattungsname *Bryonia* wurde von Plinius für Kletterpflanzen geprägt und ist vom griechischen *bryo* (wachsen), sprossen abgeleitet, da sich die Stengel schnell und zahlreich aus dem Wurzelstock entwickeln. Der Name Zaunrübe weist auf das bevorzugte Vorkommen, nämlich kletternd an Zäunen, sowie auf die rübenartig verdickte Grundachse hin. Als Droge war die Zaunrübe bereits den Ärzten der Antike bekannt. Die Hippokratiker verwandten sie als gynäkolisches Mittel und nach ↗ Dioskurides dienten die Früchte der Weißen Zaunrübe untern anderen als Mittel gegen Epilepsie, Schlaganfälle, Schwindel sowie als Abortivum.

Bryonia cabocla ↗ Cayaponia cabocla.
Bryoniae radix ↗ Bryonia-Arten.
Bryophyllum daigremontianum ↗ Kalanchoe daigremontiana.
Bryophyllum taigremontiana ↗ Kalanchoe daigremontiana.
Buassufett ↗ Orbignya speciosa.
Buccostrauch ↗ Barosma-Arten.
Buceras foenum-graecum ↗ Trigonella foenumgraecum.

■ **Buchanania latifolia** Roxb.
Fam.: Anacardiaceae.
Vork.: Indien, besonders Malabar.
Droge: ***Chirongiöl***, das Fett der Samen. Inh.: die Samen enthalten ca. 40–50 % Triglyceride. Anw.: wohlschmeckendes Speisefett; die Samen werden in Indien wie Mandeln in der Lebensmittelherstellung und Bäckerei genutzt.

Buche ↗ Fagus sylvatica.
Bucheckern ↗ Fagus sylvatica.
Bucheln ↗ Fagus sylvatica.
Buchenteer ↗ Pix Fagi.

■ **Buchholzia coreacea** Engl.
Fam.: Capparidaceae.
Vork.: Afrika, Guinea bis Kamerun, Gabun.
Droge: Blätter, Rinde und Früchte. *Inh.:* Gerbstoffe, Proanthocyane, Glucosinolate, wie Glucocapparin; Triterpene, wie Lupeol sowie β-Sitosterol. *Anw.:* in der afrikanischen Volksheilkunde bei Rheuma, Nierenschmerzen, Augenentzündungen, gegen Hauterkrankungen, Würmer und bei Entzündungen. Die Pflanze wird auch zur Zubereitung von Pfeilgiften verwendet.

Buchnüsse ↗ Fagus sylvatica.
Buchsbaum ↗ Buxus sempervirens.
Buchsblätter ↗ Buxus sempervirens.
Buchublätter ↗ Barosma-Arten.
Buchweizenkraut ↗ Fagopyrum esculentum.
Bucida cumintana ↗ Terminalia chebula.
Buddleja australis ↗ Buddleja brasiliensis.

■ **Buddleja brasiliensis** Jacq. f.
(syn. *Buddleja connata, B. neemade, B. thapsioides, B. australis*).
Fam.: Buddlejaceae.
Vork.: Mittelamerika, Brasilien.
Droge: ***Folia Buddlejae***, die Blätter. Inh.: Saponine. Anw.: in der Volksheilkunde als Expektorans, in der Veterinärmedizin gegen Oxyuren. Die Droge ist ein Fischgift.

Buddleja connata ↗ Buddleja brasiliensis.
Buddleja neemade ↗ Buddleja brasiliensis.
Buddleja thapsioides ↗ Buddleja brasiliensis.
Bufadienolide ↗ Herzwirksame Glykoside.

■ **Bufo bufo** L.
(syn. *Bufo vulgaris, B. rana, B. terrestris, Rana bufo*); Erdkröte (syn. Gemeine Kröte, Graue Kröte, Landkröte), s. Farbtafel S. 146, Bild 57.
Fam.: Bufonidae.

Bufo bufo. Gemeine Kröte.

Vork.: Europa, nördl. Asien, Japan, Nordwestafrika.
Inh.: Im Sekret der Hautdrüsen (Krötengift) sind herzwirksame Steroide, wie Bufogenine/Bufodienolide, u. a. Bufotoxin, Bufotalin, Bufotalidin, Bufotalinin und Bufalin zu finden sowie Alkaloide, wie ↗ Bufotenin und Bufotenidin bzw. Catecholamine, wie Adrenalin und Noradrenalin. *Anw.:* früher zur Anregung der Corticosteroidbildung bei rheumatischer Arthritis, Infektionskrankheiten und Epilepsie, aber auch als Herzmittel bei Herzinsuffizienz.
Hom.: ***Bufo Bufo***, Sekret der Hautdrüsen. *Anw.-Geb.:* entzündliche Hautreizungen, nervöse Herzbeschwerden, zerebrale Anfallsleiden, Krämpfe, Sexualneurosen.

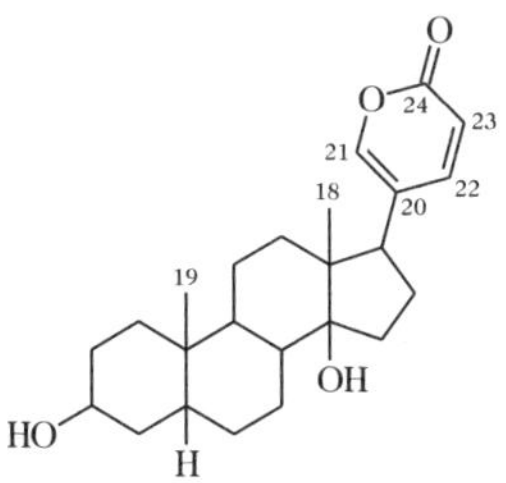

Bufalin

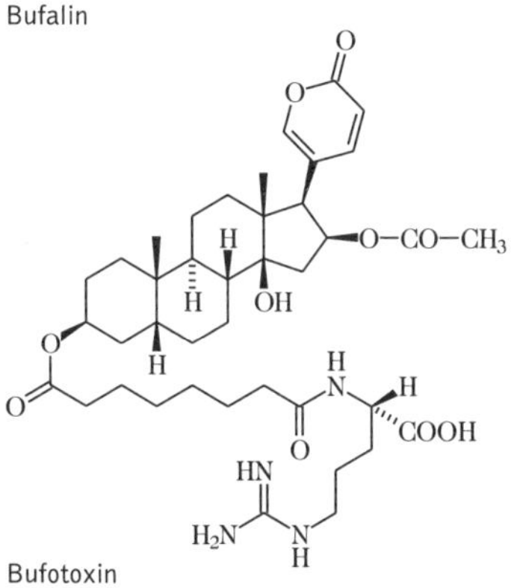

Bufotoxin

Bufo rana ↗ Bufo bufo.

■ Bufotenin

(5-Hydroxy-dimethyltryptamin) vom Serotonin abgeleitetes Indol-Alkaloid, das halluzinogene Effekte auslöst und sowohl in einer Vielzahl pflanzlicher Drogen als auch im Hautsekret der Lurche (Frösche, Kröten, Unken) vorkommt. Anw.: Bestandteil von traditionellen Rauschmitteln (↗ Halluzinogene biogenen Ursprungs) zur Erzeugung psychedelischer Zustände.

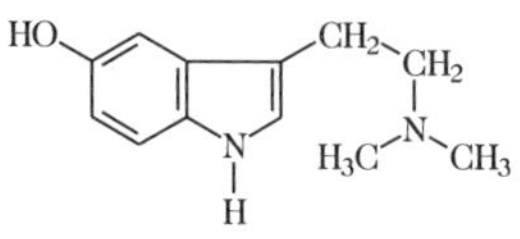

Bufotenin

Bufo terrestris ↗ Bufo bufo.
Bufotoxin ↗ Bufo bufo.
Bufo vulgaris ↗ Bufo bufo.
Bugula desiflora ↗ Ajuga reptans.
Bukkoblätter ↗ Barosma-Arten.
Bulbocapnin ↗ Corydalis-Arten.
Bulbocapnus cavus ↗ Corydalis-Arten.
Bulbuli Trasi ↗ Cyperus esculentus.
Bulbus Allii sativi ↗ Allium-Arten.
Bulbus Allii ursini ↗ Allium-Arten.
Bulbus Asphodeli ↗ Asphodelus albus.
Bulbus Cepae ↗ Allium-Arten.
Bulbus Colchici ↗ Colchicum autumnale.
Bulbus Gladioli ↗ Gladiolus communis, ↗ Gladiolus palustris.
Bulbus Pancratii veri ↗ Urginea maritima.
Bulbus Rusticus ↗ Urginea maritima.
Bulbus Scillae ↗ Urginea maritima.
Bulbus Urgineae ↗ Urginea maritima.
Bulbus Victorialis rotundae ↗ Gladiolus communis, ↗ Gladiolus palustris.
Bulbus Victorialis rotundus ↗ Gladiolus communis.
Bulgarische Kur ↗ Atropa belladonna.
Bulhostylis veronicaefolia ↗ Brickellia veronicaefolia.
Bullerjan ↗ Valeriana officinalis.

■ Bulnesia sarmienti Lorenz.

Fam.: Zygophyllaceae.

Vork.: Südamerika, besonders Brasilien, Paraguay, Argentinien.

Droge: ***Oleum Bulnesiae aethereum*** (syn. *Oleum Ligni Guajaci*); Guajakholzöl, das äther. Öl des Holzes. Inh.: Guajol (42-72 %), Bulnesol, Bulnesen, Guajen, β-Patchoulin. Anw.: in der Parfümerie und Seifenindustrie zur Erzeugung des Teerosenduftes.

Bunium carvi ↗ Carum carvi.
Bunte Kronwicke ↗ Coronilla-Arten.
Bunte Staudenmargerite ↗ Chrysanthemum-Arten.
Buntfarbige Schwertlilie ↗ Iris versicolor.
Buntnessel ↗ Coleus blumei.
Buphane disticha ↗ Boöphone disticha.
Buphane toxicaria ↗ Boöphone disticha.
Buphthalmum oleraceum ↗ Chrysanthemum-Arten.
Bupleuri radix ↗ Bupleurum-Arten.

■ Bupleurum-Arten

- **Fam.:** Apiaceae (Umbelliferae).
- **Bupleurum chinense** DC.; Chinesisches Hasenohr.

Vork.: China.

Droge: ***Bupleuri radix*** (syn. *Radix Bupleuri*);

Chinesische Hasenohrwurzel, die getrockneten Wurzeln. Inh.: neutrale Phytosterole (Stigmasterol, Spinasterol), Fettsäuren, Polyine (Saikodiine A, B, C), Triterpensaponine (Oleanantyp: Saikosaponine = Saikoside). Anw.: in der traditionellen chinesischen Medizin bei fiebrigen Erkältungskrankheiten, Hitzewallungen, Malaria, prämenstruellem Syndrom, Prolapsus uteri und P. ani. Die Droge ist außerdem ein essentieller Bestandteil der traditionellen ostasiatischen Kampo-Medizin.

● **Bupleurum falcatum** L.; Sichelblättriges Hasenohr.

Vork.: Süd- und Mitteleuropa, Ostasien, Japan.

Droge: ***Bupleuri radix.*** Inh. und Anw.: s. *Bupleurum chinense*.

● **Bupleurum rotundifolium** L. (syn. *Bupleurum perfoliatum*); Rundblättriges Hasenohr (syn. Akkerdurchwachs, Ackergoldschirm, Durchwachs-Hasenohr, Löffelkraut, Nabelkraut, Stopsloch, Wundkraut).

Vork.: Vorderasien, Europa, Nordamerika, Australien, Neuseeland.

Droge: ***Bupleurum-rotundifolium-Kraut*** (syn. Brustwurz, Durchwachs), die getrockneten oberirdischen Pflanzenteile. Inh.: Flavonoide (Quercetin, Isorhamnetin, Rutin, Isoquercitrin), Triterpene (Rotundioside, Rotundiogenine). Anw.: in der Volksheilkunde bei Schwellungen, Kropf, Hautentzündungen, Magenschmerzen und als Aphrodisiakum. In der traditionellen chinesischen Medizin wird die Droge bei entzündlichen Erkrankungen genutzt.

● **Bupleurum scorzonerifolium** Willd.

Vork.: Ostasien.

Droge: ***Bupleuri radix***. Inh. und Anw.: s. *Bupleurum chinense*.

Bupleurum perfoliatum ↗ Bupleurum-Arten.
Burgunderharz ↗ Pinus-Arten.
Burres ↗ Borago officinalis.
Bursa pastoris ↗ Capsella bursa-pastoris.
Bursa pastoris herba ↗ Capsella bursa-pastoris.

■ Bursera-Arten

● **Fam.:** Burseraceae.

● **Bursera acuminata** Willd. (syn. *Dacryodes hexandra, Pachylobus hexandrus*).

Vork.: tropisches Amerika, westindische Inseln, Australien.

Droge: ***Bursera-acuminata-Ölharz*** (syn. *Gum carana*); Amerikanisches Elemi (syn. Carana, Kopal-Gummi, Tacamahac, Westindisches Elemi). Die Droge ist das aus den Stämmen gewonnene Ölharz. Inh.: Triterpene (Oleanan-, Ursan- und Elephanderivate), Lignane, äther. Öl. Anw.: in der traditionellen Medizin der Sammelgebiete bei Tumoren und Drüsenepithelkrebs. Die Droge wird dort als Pflaster angewendet.

● **Bursera fagaroides** (H.B.K.) Engl. (syn. *Amyris ventricosa, Elaphrium fagaroides*).

Vork.: Mexiko.

Droge: ***Bursera-fagaroides-Ölharz***. Inh.: Lignane (Peltatin-Derivate), äther. Öl, Triterpene. Anw.: in der Volksheilkunde Mexikos bei Tumoren.

● **Bursera graveolens** (H. B. K.) Triana et Planch (syn. *Elaphrium graveolens*).

Vork.: Kolumbien, Peru.

Droge: ***Bursera-graveolens-Ölharz***. Inh.: u. a. äther. Öl (Menthofuranderivat Piperinsäure), Triterpene. Anw.: Ein Extrakt aus dem Harz wird in Kolumbien und Peru gegen Zahnschmerzen, Muskelschwäche sowie bei Hühneraugen angewendet.

● **Bursera penicillata** (Sesse et Moc. ex DC.) Engl. (syn. *Bursera delpechiana, B. penicillata, B. penigillata, Elaphrium penicillatum*); Linaloebaum (syn. Mexikanisches Linaloeholz, Paradiesholz, Zitronenholz).

Vork.: Mexiko.

Droge: ***Oleum Linaloes***; Linaloeöl (syn. Mexikanisches Linaloeöl), die Droge besteht aus dem aus Harz, Rinde, Zweigen und Blättern sowie dem äußeren Pericarp der Früchte gewonnenen Öl. Inh.: äther. Öl komplexer Zusammensetzung mit Linalool als Hauptbestandteil sowie verschiedenen Sesquiterpenen. Anw.: in der Volksheilkunde zur Behandlung von Krebserkrankungen. Auch in der Kosmetik wird das äther. Öl eingesetzt.

● **Bursera simaruba** (L.) Sarg. (syn. *Bursera gummifera, Elaphrium simarubum, Pistacia simaruba*).

Vork.: Mexiko, Antillen, tropisches Amerika.

Droge: ***Bursera-gummifera-Ölharz*** (syn. Amerikanisches Elemi, Carana, Caranna, Gomart-Elemi, Gomart-Harz, Gommart-Elemi, Tacamahac-Elemi), das aus den Stämmen gewonnene Ölharz. Inh.: u. a. äther. Öl, Amyrin, Elemicin, Picropolygamain. Anw.: in der Volksheilkunde Südamerikas und Mexikos bei Tumoren,

u. a. Magenkrebs, bei Gicht, Ruhr, Nieren- und Lungenerkrankungen.

Bursera-gummifera-Ölharz ↗ Bursera-Arten.
Bürzelkohl ↗ Portulacca oleracea.
Burzelkraut ↗ Portulacca oleracea.
Bürzelkraut ↗ Portulacca oleracea.
Buschblume ↗ Anemone nemorosa.
Büschelbohne ↗ Cyamopsis tetragonoloba.
Buschklee ↗ Lespedeza capitata.
Buschmeister ↗ Lachesis muta.
Buschnelkenwurz ↗ Geum-Arten.
Buschröschen ↗ Anemone nemorosa.
Buschspinne ↗ Avicularia avicularia.
Buschwindröschen ↗ Anemone nemorosa.

■ **Bussea occidentalis** Hutch. et Dalziel.
Fam.: Caesalpiniaceae.
Vork.: Westafrika, Liberia.
Drogen: Blätter, Rinde und Samen. Inh.: in den Blättern Saponine, in der Rinde Gerbstoffe, in den Samen Aminosäuren, wie Acetidin-2-carbonsäure, 3-Hydroxyprolin und γ-Methylglutaminsäure; Saponine. Anw.: in der afrikanischen Volksheilkunde gegen Malaria und Hepatitis. Auch als Jagdgift werden die Blätter (Fischfang) und die Rinde genutzt.

Butea frondosa ↗ Butea monosperma.
Butea-Kino ↗ Butea monosperma.

■ **Butea monosperma** (Lam.) O. Ktze.
(syn. *Butea frondosa, Erythrina monosperma*); Malabarischer Lackbaum (syn. Ostindischer Palasabaum).
Fam.: Leguminosae.
Vork.: Pakistan, Ostindien, Birma.
Droge: ***Kino bengalense***; Bengalisches Kino (syn. Balasa-Kino, Butea-Kino), das getrocknete Sekret der Pflanze. Inh.: Gerbstoffe, Protocatechusäure. Anw.: in der Volksheilkunde als Adstringens; zum Färben von Wein sowie als Gerbmaterial. In Südostasien wird die Droge auch als Aphrodisiakum genutzt.

Buthus australis ↗ Androctonus australis.
Butte ↗ Oenanthe aquatica.
Butterbaum ↗ Butyrospermum parkii, ↗ Caryocar niciferum.
Butterblume ↗ Caltha palustris, ↗ Taraxacum officinale.
Butterbohnenfett ↗ Vateria indica.
Butterkraut ↗ Pinguicula vulgaris.
Buttermilchblume ↗ Anemone nemorosa.
Butternußbaum ↗ Juglans cinerea.
Butter Pits ↗ Acanthosicyos horridus.
Butterwecken ↗ Colchicum autumnale.
Butyrospermum paradoxum ↗ Butyrospermum parkii.

■ **Butyrospermum parkii** (G. Don.) Kotschy (syn. *Bassia parkii, Butyrospermum paradoxum, Illipe parkii, Vitellaria paradoxa*); Butterbaum.
Fam.: Sapotaceae.
Vork.: tropisches Afrika, Brasilien.
Droge: ***Sheabutter*** (syn. Schibutter, Karitébutter, Karitéfett, Galambutter), das Fett der reifen Samen. Inh.: Fettsäuretriglyceride (30–50 %), Wachse, α- und β-Amyrin, Basseol, Parkeol, Lupeol. Anw.: in der Galenik als Salbengrundlage, weiterhin als Ersatz für Butter und zur Margarineherstellung, zur Seifenherstellung, als Leuchtöl. Die Preßrückstände der Samen sind ein wertvolles Viehfutter.

Butyrum Cacao ↗ Theobroma cacao.
Buxblätter ↗ Buxus sempervirens.
Buxblättrige Kreuzblume ↗ Polygala-Arten.
Buxi folium ↗ Buxus sempervirens.
Buxi lignum ↗ Buxus sempervirens.
Buxus chinensis ↗ Simmondsia chinensis.

■ **Buxus sempervirens** L.
Buchsbaum.
Fam.: Buxaceae.
Vork.: Süd- und Mitteleuropa.
Drogen: ***1. Buxi folium*** (syn. *Folia Buxi*); Buchsbaumblätter (syn. Buchsblätter, Buxblätter), die getrockneten Blätter. Inh.: u. a. Alkaloide (ca. 70 Steroidalkaloide, v. a. Buxin, Parabuxin, Buxinidin, Cyclobuxin-B und Buxamin E), äther. Öl, Gerbstoffe. Anw.: in der Volksheilkunde als schweißtreibendes Mittel, bei Verstop-

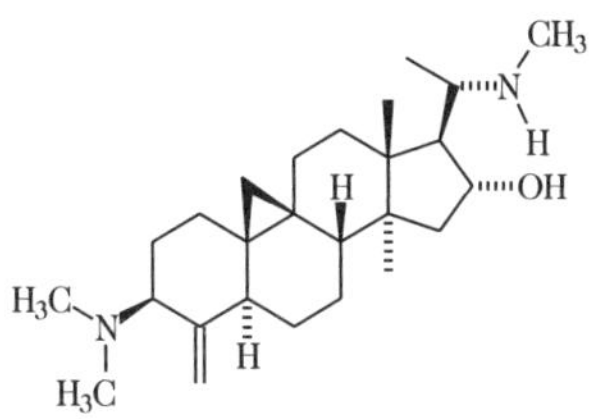

Cyclobuxin B

fung, chronischem Rheumatismus, zur Blutreinigung sowie zur Förderung des Haarwuchses. Die Droge kann allergische Effekte auf der Haut auslösen (Kontaktdermatitis) und besitzt ein teratogenes Potential (Cyclobuxin-D). Die gepulverten Blätter werden in der Veterinärmedizin zur Bekämpfung der Dasselfliegenlarven bei Pferden eingesetzt. ***2. Buxi lignum*** (syn. *Lignum Buxi*); Buchsbaumholz, die verholzten, oberirdischen Teile der Pflanze. *Inh.*: Steroidalkaloide, v. a. Cycloprotobuxin-D. *Anw.*: In der Volksheilkunde wird das Öl der Droge zur Krebsbehandlung, bei Malaria, als Narkotikum, bei Magenbeschwerden, Fieber und bei Eingeweidewürmern eingesetzt. In der Technik wird das Holz zu Schnitzereien, Musikinstrumenten, Druckstöcken sowie für Intarsien verwendet.

Hom.: ***Buxus sempervirens*** HAB34; Buxbaum, die frischen, jungen Sprosse mit den Blättern. *Anw.-Geb.*: fettige, schuppige Kopfhaut mit Haarausfall.

C

Caapi ↗ Ayahuasca.

■ **Cabucala madagascariensis** Pichon

Fam.: Apocynaceae.

Vork.: Madagaskar.

Drogen: Holz und Blätter. *Inh.*: Alkaloide, wie 10-Methoxyajmalicin. *Anw.*: in der Volksheilkunde als Vermifugum, Stomachikum und Antirheumatikum.

■ **Cacalia cordifolia** L. fil.

Matwund

Fam.: Asteraceae (Compositae).

Vork.: Ostasien, Nordamerika, Mexiko.

Anw.: In einigen Gegenden Mexikos wird die Pflanze als Aphrodisiakum und Mittel zur Behandlung der weiblichen Sterilität eingesetzt. Obwohl Alkaloide nachgewiesen wurden, besitzt die Droge kein halluzinogenes Potential.

Cacaobutter ↗ Theobroma cacao.
Cacao cortex ↗ Theobroma cacao.
Cacao guianensis ↗ Theobroma cacao.
Cacao minus ↗ Theobroma cacao.
Cacao oleum ↗ Theobroma cacao.
Cacao sativa ↗ Theobroma cacao.
Cacao semen ↗ Theobroma cacao.
Cacao testae ↗ Theobroma cacao.
Caccalia decurrens ↗ Baccharis genistelloides.

■ **Caccinia glauca** Savi

Fam.: Boraginaceae.

Vork.: Indien, Iran.

Droge: die ganze Pflanze. *Inh.*: Caccinin, Caccinetin, Wachs (1,4 %), Rutin, Saponine (0,2 %). *Anw.*: in der Volksheilkunde als Diuretikum.

■ **Cachrys odontalgica** Pall.

Fam.: Apiaceae (Umbelliferae).

Vork.: Mittelmeergebiete.

Droge: die Wurzeln. *Inh.*: Cumarine, wie Osthol, Isoimperatorin, Imperatorin, Bergapten. *Anw.*: in der Volksheilkunde bei Zahnschmerzen.

Cachunußbaum ↗ Anacardium occidentale.
Cacti flos ↗ Selenicereus grandiflorus.
Cacti grandiflori flos ↗ Selenicereus grandiflorus.
Cacti grandiflori herba ↗ Selenicereus grandiflorus.

■ **Cactinomycin**

(syn. Actinomycin C bzw. C_3). Ein Peptidlactonantibiotikum das von *Streptomyces chrysomallus* gebildet wird. *Wirk.*: C. interkaliert zwischen die DNA-Doppelstränge und wirkt daher hemmend auf die Transkription und Replikation von Zellen. *Anw.*: Seine Verwendung als Zytostatikum bei Tumorerkrankungen, wie z. B. Rhabdomyosarkome, Neuroblastome, lymphatischer Leukämie, Osteosarkome und Hodentumore ist trotz der großen Toxizität gerechtfertigt und noch unentbehrlich (Formel S. 129).

Cactus ambiguus ↗ Nyctocereus serpentinus.

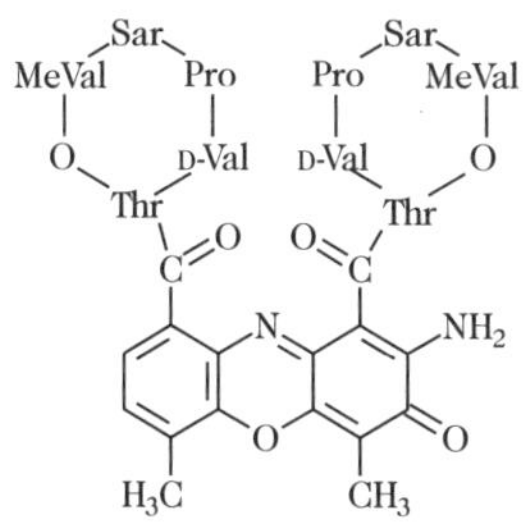

Actinomycin C

Cactus cochenillifera ↗ Opuntia cochenillifera.
Cactus grandiflorus ↗ Selenicereus grandiflorus.
Cactus serpentinus ↗ Nyctocereus serpentinus.
Cactus speciosus ↗ Selenicereus grandiflorus.
Cacumina Sabinae ↗ Juniperus sabina.
Caenotus canadensis ↗ Conyza canadensis.

■ Caesalpinia-Arten

● **Fam.:** Caesalpiniaceae.

● **Caesalpinia bonducella** Fleming (syn. *Caesalpinia crista, Guilandina bonducella*); Kugelstrauch.

Vork.: Brasilien, Afrika, Pakistan, Indien, Borneo, Sumatra, Molukken, Neuguinea.

Droge: ***Semen Bonducellae***; Kugelstrauchsamen (syn. Nickersamen). *Inh.:* Bitterstoffe (Bonducin, α-Caesalpin), Alkaloide, Saponine, fettes Öl (20–25 %). *Anw.:* in Brasilien zu Einreibungen bei Rheumatismus, die Samen als Tonikum.

● **Caesalpinia brevifolia** (Clos.) Baill. (syn. *Balsamocarpon brevifolium*).

Vork.: Chile.

Droge: ***Algarroba*** (syn. Algarrobilla), die reifen Früchte. *Inh.:* Gerbstoffe (50–60 %), Ellagsäure, Gallussäure, Phloroglucin, Brevifolin. *Anw.:* in der Technik zum Gerben.

● **Caesalpinia coriaria** Willd.

Vork.: Kolumbien, Zentralamerika, Indien, Birma, Ceylon.

Droge: ***Divi-Divi*** (syn. Libi-dibi, Samak), die Samenhülsen. *Inh.:* Gerbstoffe (40–50 %, v. a. Chebulagsäure, Corilagin). *Anw.* Gerbmaterial, zur Gewinnung von Gallussäure, zur Tintenherstellung sowie zur Farbstoffsynthese.

● **Caesalpinia echinata** Lam. (syn. *Guilandina echinata*); Brasilholz (syn. Fernambukholz, Rotholz).

Vork.: tropisches Amerika, Indien, Ceylon.

Droge: ***Lignum Fernambuci*** (syn. *Lignum brasiliense rubrum*); Rotholz (syn. Brasilholz, Brasilianisches Rotholz, Fernambukholz). *Inh.:* Gerbstoffe (6 %), Farbstoffe (Brasilin/gelb, Brasilein/rot). *Anw.:* als Adstringens, Tonikum; als Farbstofflieferant; zur Herstellung von Lacken, Schminken und Papierfarben.

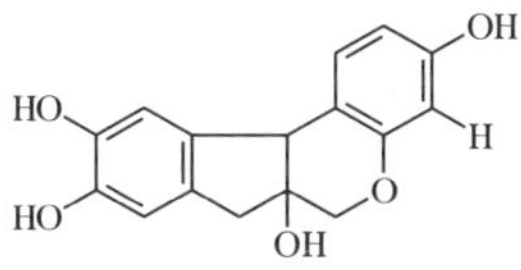

Brasilin

● **Caesalpinia pulcherrima** (L.) Sw. (syn. *Poinciana pulcherrima*).

Vork.: tropisches Südamerika.

Droge: ***Caesalpinia-pulcherrima-Blätter***. *Inh.:* Gummi, Harz, Benzoe- und Gallussäure, Blausäure. *Anw.:* in der Volksheilkunde Südamerikas zur Auflösung von Nierensteinen.

Cainca ↗ Chiococca alba.
Cajeputi aetheroleum ↗ Melaleuca-Arten.
Cajeputöl ↗ Melaleuca-Arten.
Cajueiro Brasil ↗ Anacardium occidentale.
Calabarbohne ↗ Physostigma venenosum.
Calabar semen ↗ Physostigma venenosum.
Caladium esculentum ↗ Colocasia esculenta.
Caladium picta ↗ Dieffenbachia seguine.
Caladium seguinum ↗ Dieffenbachia seguine.

■ Calamagrostis lanceolata Roth.

(syn. *Arundo calamagrostis*).

Fam.: Gramineae.

Vork.: Nord- und Mitteleuropa.

Droge: ***Radix Calamagrostis***; Schilfgraswurzel (syn. Riedgraswurzel), die Wurzeln. *Inh.:* Saponine. *Anw.:* in der Volksheilkunde als Diuretikum.

Calament ↗ Calamintha officinalis.
Calami aetheroleum ↗ Acorus calamus.
Calamintha hederacea ↗ Glechoma hederacea.
Calamintha montana ↗ Calamintha officinalis.

■ Calamintha officinalis Moench.

(syn. *Calamintha montana, Melissa calamintha, Satureja calamintha*).

Fam.: Lamiaceae (Labiatae).

Vork.: Mittel- und Südeuropa, Asien.

Droge: ***Herba calaminthae***; Waldquendel (syn. Bergmelisse, Calament), das blühende Kraut. Inh.: äther. Öl (ca. 0,35 %) mit Pulegon als Hauptbestandteil sowie weitere Ketone und Terpene. Anw.: in der Volksheilkunde als Diuretikum, Stomachikum und als Gewürz.

Calami rhizoma ↗ Aconitum-Arten, ↗ Acorus calamus.
Calamus aromaticus ↗ Acorus calamus.
Calamus draco ↗ Daemonorops draco.

■ **Calandrina discolor** Schrad.

Fam.: Portulacaceae.

Vork.: Südamerika, besonders Chile.

Droge: die ganze Pflanze. Inh.: Betacyanine, Flavonoide, u. a. Quercetin- und Kämpferolglykoside. Anw.: in der Volksheilkunde als Zusatz zu Bade- und Massagemitteln bei Rheuma, Kopfschmerzen und zur Wundbehandlung.

Calappa nucifera ↗ Cocos nucifera.
Calcatrippae flos ↗ Delphinium consolida.
Calcitrapa benedicta ↗ Cnicus benedictus.
Calea lobata ↗ Neurolaena lobata.

■ **Calea zacatechichi** Schlecht.
Zacatechichi.

Fam.: Asteraceae (Compositae).

Vork.: tropische Zonen im nördl. Südamerika, Mexiko.

Anw.: Die Chontal-Indianer verwenden die Pflanze als Laxans und Fiebermittel, aus den zerquetschten und danach getrockneten Blättern wird ein Tee bereitet und als Halluzinogen eingenommen. Bisher konnten jedoch noch keine halluzinogenen Stoffe aus der Pflanze isoliert werden.

Calebassen-Curare ↗ Curare.
Calebassenmuskatnuß ↗ Monodora myristica.
Calendulae flos cum calyce ↗ Calendula officinalis.
Calendulae flos sine calyce ↗ Calendula officinalis.
Calendulae herba ↗ Calendula officinalis.

■ **Calendula officinalis** L.
(syn. *Caltha officinalis*); Ringelblume (syn. Feminell, Goldblume, Goldrose, Marienrose, Regenblume, Ringelrose, Sonnenwendblume, Studentenblume, Totenblume, Weckbröselchen), s. Farbtafel S. 146, Bild 58.

Fam.: Asteraceae (Compositae).

Vork.: Europa, Westasien, USA.

Drogen: ***1. Calendulae flos*** (syn. *Flores Calendulae, Flores Calendulae sine calycibus, Calendulae flos sine calyce, Flores Feminell*); Ringelblumenblüten, die völlig entfalteten, vom Blütenstandsboden abgetrennten, getrockneten Zungenblüten. *Inh.*: Triterpensaponine (Glykoside der Oleanolsäure, A-F), Triterpenalkohole, u. a. ψ-Taraxasterol, Taraxasterol, Faradiol, Arnidiol und Heliantriol B_0, Sterole, Carotinoide, Flavonoide, bes. Glykoside des Quercetins und Isorhamnetins, Cumarine (Scopoletin), äther. Öl. *Wirk.*: antimikrobiell, antiphlogistisch, wundheilungsfördernd, immunstimulierend, sedativ und hypotensiv, östrogenartig. *Anw.*: äußerlich bei schlecht heilenden Wunden, Ulcus cruris, bei vergrößerten und entzündeten Lymphknoten, bei Atheromen sowie akuten und chronischen Hautentzündungen; innerlich zur lokalen Behandlung von Entzündungen der Mund- und Rachenschleimhaut, bei Magen- und Darmulcera, als Emmenagogum sowie bei Dysmenorrhoe. In der Volkheilkunde darüber hinaus bei allen entzündlichen Vorgängen, zur Hautpflege, bei Fieber, Krämpfen und als Wurmmittel. ***2. Calendulae flos cum calyce*** (syn. *Flores Calendulae cum calycibus*); Ringelblumenblüten, die getrockneten, grob zerkleinerten Blütenkörbchen. Inh. und *Anw.*: s. *Calendulae flos*. ***3. Calendulae herba*** (syn. *Herba Calendulae*); Ringelblumenkraut, die zur Blütezeit gesammelten und getrockneten oberirdischen Pflanzenteile. *Inh.*: äther. Öl, Carotinoide, Saponine, Phytosterol, Loliolid (Bitterstoff). *Anw.*: in der Volksheilkunde als Choleretikum, äußerlich zur Wundbehandlung und bei Flechten sowie als Gurgelwasser. Auch bei Angina, hohem Blutdruck, Husten, Krämpfen und unregelmäßiger Menses wird die Droge traditionell eingesetzt.

Hom.: ***1. Calendula officinalis*** HAB1, die frischen, zur Blütezeit gesammelten oberirdischen Teile. *Anw.-Geb.*: Hauteiterungen, schlecht heilende Wunden, Quetsch-, Riß- und Defektwunden, Erfrierungen und Verbrennungen der Haut. ***2. Calendula officinalis spag. Zimpel*** HAB1, die ganze, frische, blühende Pflanze. Anw.-Geb.: in der spagyrischen Therapierichtung bei Hauterkrankungen und Verletzungsfolgen.

Histor.: Die Droge zählt zu den wichtigsten Heilpflanzen, die seit alters her benutzt wurden.

Die Heilige Hildegard von Bingen beschreibt die Pflanze als Ringula oder Ringella in ihren Schriften. Eingesetzt wurde die Droge bei einer Vielzahl von entzündlichen Erkrankungen, aber auch bei Wurmbefall, als Mittel gegen Warzen und Syphilis sowie zur Bereitung von Liebestränken. In der Krebstherapie hat Calendula seit Matthiolus bis zur Mitte des 19. Jh. eine besondere, heute fast vergessene Rolle gespielt. Der Gattungsname *Calendula* ist vom lateinschen *calendae* abgeleitet, dem ersten Tage des Monats, da die Pflanzen in mehreren *calendis* blühen. Nach einer anderen Erklärung soll der Name ausdrücken, daß sich die Blüten mit dem Sonnenaufgang öffnen und mit Sonnenuntergang schließen und somit wie ein Kalender die Bewegung der Sonne angeben. Die deutsche Bezeichnung Ringelblume bezieht sich auf die ringformig gewundenen Früchte der Pflanze.

Calisaya-Chinarinde ↗ Cinchona-Arten.
Calla aethiopica ↗ Zantedischia aethiopica.
Calla aromatica ↗ Homalomena aromatica.

■ **Calla palustris** L.
Sumpfkalla.
Fam.: Araceae.
Vork.: Europa, Asien.
Droge: ***Radix Callae palustris*** (syn. *Radix Dracunculi palustris*); Schlangenwurzel, das Rhizom. Inh.: Scharfstoffe, Flavonoide. Anw.: früher volkstümlich gegen Schlangenbisse eingesetzt, in der Volksheilkunde als Diaphoretikum.

■ **Calliandra houstoni** Benth.
(syn. *Calliandra inermis*); Pambotano.
Fam.: Leguminosae.
Vork.: Mexiko.
Droge: ***Cortex Calliandrae*** (syn. *Cortex Pambotani*); Kalliandrarinde, die Rinde. Inh.: Gerbstoffe, Harz, Alkaloide, Saponine. Anw.: in der Volksheilkunde als Fiebermittel.
Hom.: ***Pambotano*** (syn. *Calliandra houstoni*) HAB34, die getrocknete Rinde.

Calliandra inermis ↗ Calliandra houstoni.
Callicocca ipecacuanha ↗ Cephaelis-Arten.

■ **Calligonum comosum** L. Henry.
Fam.: Polygonaceae.
Vork.: Ägypten.
Droge: das Kraut. Inh.: Flavonoide, wie Kämpferol, Quercetin, Isoquercitrin; Procyanidine, Carotinoide, wie Violaxanthin und Neoxanthin, Gerbstoffe. Anw.: in der ägyptischen Volksheilkunde als Stimulans und Adstringens.

Callitris articulata ↗ Tetraclinis articulata.
Callitris quadrivalvis ↗ Tetraclinis articulata.
Callosellasma rhodostoma ↗ Ancrod.
Callotropis tricolor ↗ Galega officinalis.
Callunae flos ↗ Calluna vulgaris.
Callunae herba ↗ Calluna vulgaris.
Callunae vulgaris herba ↗ Calluna vulgaris.
Calluna sagittaefolia ↗ Calluna vulgaris.

■ **Calluna vulgaris** (L.) Hull.
(syn. *Calluna sagittaefolia, Erica vulgaris*); Besenheide (syn. Brandheide, Heidekraut, Kuhheide), s. Farbtafel S. 146, Bild 59.
Fam.: Ericaceae.
Vork.: Europa (außer Spanien, Süditalien, Griechenland), Nordamerika.
Drogen: *1.* ***Callunae flos*** (syn. *Ericae flos, Flores Callunae, Flores Ericae*); Besenheideblüten (syn. Heideblüten), die von den Zweigen gerebelten Blüten. Inh.: Phenolcarbonsäuren (19–28 %, u. a. Chlorogensäure), Flavonoide (Callunin, Catechin, Epicatechin), Procyanidin B-2 und D-1. Anw.: in der Volksheilkunde bei Nierenerkrankungen und Erkrankungen der ableitenden Harnwege, bei Prostatavergrößerung, Verdauungsbeschwerden, bei Koliken und Schlaflosigkeit, bei Gicht und Rheuma, bei Erkältungskrankheiten sowie äußerlich zur Wundbehandlung. *2.* ***Callunae herba*** (syn. *Callunae vulgaris herba, Herba Callunae, Herba Callunae cum floribus, Herba Ericae, Herba Ericae cum floribus*); Heidekraut (syn. Besenheidekraut, Brandheide), das getrocknete, während der Blütezeit gesammelte Kraut. Inh.: Flavonoide, u. a. Kämpferol, Quercetin, Myricetin, Herbacetin, Taxifolin und Catechine, Gerbstoffe, Phenolcarbonsäuren, Triterpene (Ursolsäure), Steroide (β-Sitosterol). Anw.: s. *Callunae flos*.
Hom.: ***Calluna vulgaris*** HAB1 (syn. *Erica*), die frischen, oberirdischen Teile blühender Pflanzen. Anw.-Geb.: Rheumatismus und Blasenleiden.

Caloncoba dusenii ↗ Caloncoba glauca.

■ **Caloncoba echinata** (Oliver) Gilg.
Fam.: Flacourtiaceae.

Vork.: Afrika, besonders Guinea, Elfenbeinküste, Zentralafrika.

Droge: ***Oleum Caloncobae***; Gorlifett (syn. Gorliöl), das fette Öl der Samen. Inh.: Triglyceride mit großer Ähnlichkeit zum Chaulmoograöl (↗ Hydnocarpus-Arten). Anw.: in der traditionellen afrikanischen Heilkunde bei Hautleiden. Als Ersatz für Chaulmoograöl verwendet.

■ **Caloncoba glauca** (P. Beauvois) Gilg (syn. *Caloncoba dusenii, Oncoba glauca, Ventenatia glauca*).

Fam.: Flacourtiaceae.

Vork.: Südnigeria, Kamerun, Zentralafrika.

Droge: die Samen. *Inh.:* Gynocardin, Gorlisäure (8 %), Palmitinsäure (7 %), Ölsäure (17 %), Triglyceride (ca. 28 %). *Anw.:* in der afrikanischen Volksheilkunde wird das Samenöl bei Syphilis und Lepra eingesetzt.

Calonyction aculeatum ↗ Calonyction album.

■ **Calonyction album** L. (syn. *Calonyction aculeatum, Calonyction speciosum, Convolvulus duartinus; Convolvulus pulcherrimus, Ipomoea bona-nox*).

Fam.: Convolvulaceae.

Vork.: tropisches Amerika.

Anw.: die Samen als Kaffeesurrogat, die Blätter als Kataplasma. Die Droge wird auch zum Koagulieren des Kautschuk-Milchsaftes eingesetzt.

Hom.: ***Calonyction album*** HAB; die frischen Blüten. *Anw.-Geb.:* Rückenschmerzen.

Calonyction speciosum ↗ Calonyction album.

■ **Calophyllum inophyllum** L. (syn. *Balsamaria onophyllum*).

Fam.: Guttiferae.

Vork.: Ostafrika, Indien, Sri Lanka, Indochina, Polynesien, Südamerika, besonders Amazonasgebiete Brasiliens.

Drogen: ***1. Balsamum Mariae***; Tacamahacharz (syn. Echtes Tacamahac, Maricubalsam), der Balsam. Inh.: Harz, äther. Öl, Bitterstoffe, Xanthone, Gerbstoffe. Anw.: als Räuchermittel und zur Pflasterherstellung. ***2. Dombaöl*** (syn. Ndiloöl), das Öl der Samen. Inh.: Triglyceride mit Palmitin-, Stearin-, Linol- und Ölsäure als Fettsäuren, Harz. Anw.: in der indischen Volksheilkunde bei Lepra und Rheuma sowie zur Herstellung von Kerzen, Seife und als Brennöl.

Caloscordum exsertum ↗ Allium-Arten.

■ **Calotropis-Arten**

● **Fam.:** Asclepiadaceae.

● **Calotropis gigantea** (L.) R. Br. (syn. *Asclepias gigantea, Madorius giganteus, Periploca cochinchinensis, Streptocaulon cochinchinensis*).

Vork.: Ostasien, Malaysia.

Droge: ***Calotropis radicis cortex***; Mudarwurzelrinde, Stücke der getrockneten Wurzelrinde. Die Droge ist stark giftig! *Inh.:* Cardenolidglykoside (u. a. Calotropin, Calactin, Uscharidin). *Anw.:* In der Volksheilkunde wird die gepulverte Droge bei Dysenterie verwendet, ähnlich wie Ipecacuanhawurzel (↗ Cephaelis-Arten). In Indien und Afrika dient die Wurzel auch zur Behandlung von Epilepsie, Hysterie, Krämpfen, Warzen, Lepra, Würmern, Fieber, Gicht und Schlangenbissen. In einigen Ländern Afrikas gilt die Rinde als Aphrodisiakum und Tonikum für Männer, wahrscheinlich wegen der Ähnlichkeit des Milchsaftes der Pflanze mit menschlichem Sperma (↗ Signaturenlehre).

Hom.: ***Calotropis gigantea*** (Madar) HAB34, die getrocknete, im April und Mai gesammelte Wurzelrinde. *Anw.-Geb.:* Fettleibigkeit.

● **Calotropis procera** (Ait.) R. Br. (syn. *Asclepias procera, Calotropis hamiltonii, Calotropis heterophylla, Calotropis wallichii, Madorius procerus*); Oscherstrauch.

Vork.: Kleinasien, Indien, Pakistan, Afrika.

Droge: ***Calotropis radicis cortex***, die Wurzelrinde. *Inh.:* Cardenolidglykoside (u. a. Voruscharin, Calotropin, Calactin, Calotoxin, Uscharidin, Uscharin, Calotropagenin). *Anw.:* s. *Calotropis gigantea*.

Calotropis radicis cortex ↗ Calotropis-Arten.
Caltha alpestris ↗ Caltha palustris.
Caltha arctica ↗ Caltha palustris.
Caltha asarifolia ↗ Caltha palustris.
Caltha officinalis ↗ Calendula officinalis.

■ **Caltha palustris** L. (syn. *Caltha arctica, C. asarifolia, C. polypetala, C. alpestris, C. vulgaris, C. silvestris*); Sumpfdotterblume (syn. Sumpfschmirgel, Bachblume, Dotterblume, Eierblume, Schmalzblume, Butterblume, Kuhblume).

Fam.: Ranunculaceae.
Vork.: Europa, Nordasien, Nordamerika.
Droge: ***Caltha-palustris-Kraut*** (syn. *Herba Calthae palustris cum floribus, Folia et Flores Calthae palustris, Herba Populaginis*); Sumpfdotterblumenkraut (syn. Dotterblumenkraut, Schmalzblumenkraut, Butterblumenkraut, Kuhblumenkraut), die getrockneten, oberirdischen Teile der blühenden Pflanze. Die Droge ist giftig! *Inh.:* Triterpensaponine vom Oleanantyp, u. a. Hederageninglykoside, Triterpenlactone (Calthold, Palustrolid), Aporphinalkaloide, u. a. Corytuberin, Magnoflorin und Protopin, Anemonin, Carotinoide, Flavonoide. *Anw.:* in der Volksheilkunde früher bei Gelbsucht, Leber- und Gallebeschwerden. In der traditionellen Heilkunde Rußlands und Nordamerikas wird die Droge auch zur Wundbehandlung und bei Geschwüren eingesetzt. Bei innerlichem Gebrauch wirkt die Droge abführend und diuretisch. Von der Anwendung wird wegen der toxischen Nebenwirkungen abgeraten.
Hom.: ***Caltha palustris*** HAB1, die frischen, zur Blütezeit geernteten, oberirdischen Teile der Pflanze. *Anw.-Geb.:* Hautausschläge.
Histor.: Der Gattungsname *Caltha* galt bei den Römern für eine gelbe Blume ohne nähere Erklärung. Der lateinische Artname (*palustris*, sumpfig) bezieht sich auf den stets feuchten Standort der Pflanze. Die Bezeichnung Dotterblume bezieht sich auf die glänzend gelbgefärbten Blüten der Pflanze.

Caltha-palustris-Kraut ↗ Caltha palustris.
Caltha polypetala ↗ Caltha palustris ↗
Caltha silvestris ↗ Caltha palustris.
Caltha vulgaris ↗ Caltha palustris.
Calumba ↗ Jateorhiza palmata.
Calvatia bovista ↗ Calvatia gigantea.

■ **Calvatia gigantea** (Batsch ex Pers.) Lloyd (syn. *Bovista gigantea, Calvatia bovista, Eriosphaera fenzlii, Globaria bovista, Globaria gigantea, Langermannia gigantea, Lasiosphaera fenzlii, Lasiosphaera gigantea, Lycoperdon bovista, Lycoperdon giganteum, Lycoperdon maximum, Lycoperdon proteus*); Riesenbovist (syn. Riesen-Stäubling).
Fam.: Lycoperdaceae.
Vork.: Mitteleuropa, Nordamerika, Australien.
Droge: ***Lycoperdon Bovista*** (syn. *Bovista*); Riesenbovist (syn. Weißer Bovist, Hasenbovist, Stäubling). *Inh.:* u. a. Tyrosin und weitere Aminosäuren, Lycoperdin, Enzyme, Xanthine, Kohlenhydrate und Sterole. *Anw.:* in der Volksheilkunde als blutstillendes Mittel.
Hom.: ***Calvatia gigantea***; Bovista, die Sporen des reifen Pilzes. *Anw.-Geb.:* Anämie, Hautleiden, chronische Katarrhe, Dysmenorrhoe.

■ **Calycanthus floridus** L.
Gewürzstrauch.
Fam.: Calycanthaceae.
Vork.: südliches Nordamerika.
Droge: ***Cortex Calycanthi***; Gewürzstrauchrinde, die Rinde der Zweige. *Inh.*: strychninähnliche Alkaloide, wie Calycanthin, Calycanthidin, Folicanthin; Calycanthosid, äther. Öl. *Anw.*: in der Volksheilkunde als Tonikum und Stimulans.

Calycomelia americana ↗ Fraxinus-Arten.

■ **Calystegia-Arten**
● **Fam.:** Convolvulaceae.
● **Calystegia sepium** (L.) R. Br. (syn. *Convolvulus sepium*); Zaunwinde.

Calystegia sepium, blühender und fruchtender Sproß.

Vork.: Europa.

Droge: ***Resina Convolvuli sepium***, das Harz der Pflanze. *Inh.:* Harzglykoside (2–7 %), Gerbstoffe (ca. 10 %). *Anw.:* in der Volksmedizin früher als Laxans.

● **Calystegia soldanella** (L.) R. Br. ex Roem. et Schult. (syn. *Convolvulus soldanella, C. maritimus*); Meerkohl (syn. Meerstrandswinde).

Vork.: Mittelmeergebiet.

Droge: ***1. Herba Calystegiae*** (syn. *Herba Soldanellae*), das getrocknete Kraut. *Inh.:* Harz (11–12 %, Glykoside). *Anw.:* früher als Laxans. ***2. Resina Soldanellae***; Soldanellaharz. *Inh.* und *Anw.:* s. *Herba Calystegiae*.

Cambogia ↗ Garcinia hanburyi.
Cambogia gutta ↗ Garcinia cambogia.

■ **Camelina sativa** (L.) Crantz.
(syn. *Alyssum sativum, Myagrum sativum*); Leindotter.

Fam.: Cruciferae.

Vork.: Europa, Rußland, auch kultiviert.

Droge: ***Oleum Camelinae***; Leindotteröl (syn. Deutsches Sesamöl, Dotteröl), das fette Öl der Samen. *Inh.*: Triglyceride mit den Fettsäuren Öl-, Eruca-, Linol- und Palmitinsäure sowie Camelinin, Epoxylinolsäure, Nonacosan, Sitosterine. *Anw.*: Wegen der engen Verwandschaft zum Leinöl wird die Droge ebenfalls als Ausgangsstoff für die Herstellung von Lacken und Firnissen eingesetzt; in geringerem Maße auch als Speiseöl, Brennöl und zur Seifenherstellung.

Camellia asamica ↗ Camellia sinensis.
Camellia bohea ↗ Camellia sinensis.
Camellia chinensis ↗ Camellia sinensis.
Camellia oleosa ↗ Camellia sinensis.

■ **Camellia sinensis** (L.) O. Kuntze
(syn. *Camellia asamica, C. bohea, C. chinensis, C. oleosa, C. thea, C. viridis, Thea bohea, T. cantonensis, T. chinensis, T. cochinchinensis, T. grandiflora, T. macrophylla, T. oleosa, T. parviflora, T. sinensis, T. stricta, T. viridis, Theaphylla assamica, T. cantonensis, T. lanceolata, T. laxa, T. viridis*); Teestrauch.

Fam.: Theaceae.

Vork:. kein natürliches Vorkommen, nur kultiviert in tropischen und subtropischen Gebieten Ostasiens.

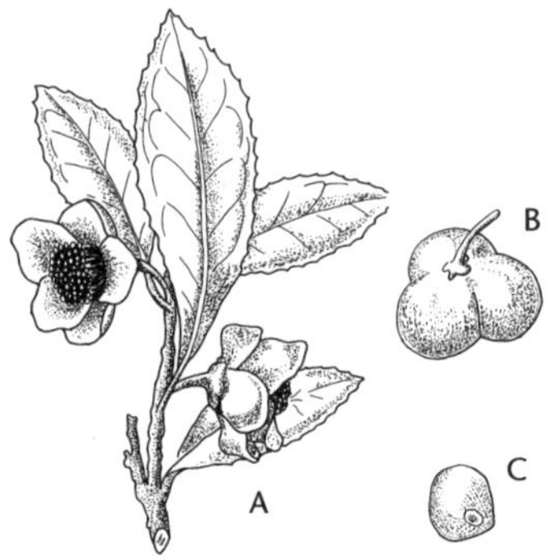

Camellia sinensis, blühender Sproß (A), Frucht (B) und Same (C).

Droge: ***Theae folium*** (syn. *Folia Theae, Folium Theae*); Teeblatt (syn. Tee), die Blätter des Teestrauches, die nach der Ernte einer Spezialbehandlung unterworfen wurden und regional unterschiedliche Produkte liefern. *Sorten:* a) *Grüner Tee* (syn. *Theae viridis folium*). Die frischen Teeblätter werden für einige Minuten erhitzt (Inaktivierung der Enzyme), maschinell gerollt (ca. 30 Minuten), getrocknet, erneut gerollt und an der Sonne getrocknet. Dieser Tee liefert sehr helle, klare, bitter schmeckende Aufgüsse. b) *Schwarzer Tee* (syn. *Theae nigrae folium,* Chinesischer Tee, Orange Pekoe). Die frischen Blätter werden angewelkt und teilweise getrocknet, zur Zerstörung der Zellstrukturen gerollt und einer Autolyse (Fermentation) unterworfen. Dabei bilden sich Farb- und Aromastoffe, der Gehalt an freien Aminosäuren, organischen Säuren und Coffein steigt. Danach wird das Produkt rasch bei hohen Temperaturen getrocknet und der Tee durch Aussieben sortiert. *Von C. sinensis var. assamica*, einem in tropischen Gebieten bevorzugten Strauch, wird der Assam-Tee gewonnen. c) *Oolong-Tee*. Dabei handelt es sich um halbfermentierten Tee, der an der Oberfläche eine schwarze und im Inneren eine grüne Färbung aufweist. Dieses Sorte hat als Droge sowie für den Welthandel kaum Bedeutung. d) *Weißer Tee*, keine gedämpften oder fermentierten, jedoch gerollte und getrocknete Teeblätter. *Inh.:* Purinalkaloide (↗ Coffein, früher auch als Thein/ Tein bezeichnet, Theobromin, Theophyllin), Polyphenole (bis zu 25 % Catechinderivate in unfermentiertem Tee, in Schwarzem Tee v. a. Thearubigenine, Theoflavine), Flavonoide, Phenolcarbonsäuren, Aminosäuren, Carotinoide, Triterpenestersaponine vom Oleanan-Typ, Mineralstoffe, v. a. Fluorid, Aluminium und Mangan sowie äther. Öl. *Wirk.*: anregend (Adenosinrezeptor-Antagonismus durch die Purinalkaloide), positiv inotrop, vasokonstriktorisch, antiinflammatorisch, diuretisch. *Anw.*: Die Droge stellt keine offizinelle Droge dar, sondern gilt als Genußmittel und darf deshalb auch nicht von Apotheken abgegeben werden. Hauptsächlich erfolgt die Anwendung bei Ermüdungserscheinungen, bei Migräne (ausgelöst durch Verlust des Tonus der Hirngefäße) sowie bei Durchfallerkrankungen als Stopfmittel.

Hom.: ***Thea sinensis*** HAB34, die getrockneten Zweigspitzen mit den jüngsten Blättern und Blüten. *Anw.-Geb.*: Magenschwäche, Herz- und Kreislaufstörungen, Kopfschmerzen, Erregungszustände, Verstimmungszustände.

Histor.: In dem altchinesischen Buch „Pentso“ wird der Teestrauch 2700 v. Chr. zur Zeit des Kaisers Shen-Nung erwähnt. In der japanischen Literatur wird die Droge erstmals 729 erwähnt, die Ursprünge gehen auf chinesische Lieferungen zurück. Der arabische Reisende Ibn Wahab berichtet 851 aus China von dem dort bereiteten Aufguß aus den Teeblättern. Nach Europa kam die erste Kunde über Venedig um 1550 und in deutschen Apotheken findet man die Droge etwa 50 Jahre später zu fast unerschwinglichen Preisen. Die Holländer führten den Tee mit ihrer Ostindien-Kompanie in größeren Mengen ab 1610 in ganz Europa ein, der Verbrauch als Genußmittel ist seit dem 19. Jh. in ständigem Steigen begriffen.

Camellia thea ↗ Camellia sinensis.
Camellia viridis ↗ Camellia sinensis.
Camholz ↗ Baphia nitida.
Campanula gentianoides ↗ Platycodon grandiflorum.
Campanula glauca ↗ Platycodon grandiflorum.
Campanula grandiflora ↗ Platycodon grandiflorum.
Campecheholz ↗ Haematoxylon campechianum.
Camphen ↗ ätherische Öle.

■ Campher

(syn. Kampfer, 2-Bornanon). Optisch aktives, bicyclisches Monoterpen mit großer Verbreitung im Pflanzenreich, z. B. in äther. Ölen (↗ Cinnamomum-Arten). *Anw.*: in Dermatika zur Förderung der Durchblutung mit schwacher anästhetischer Wirkung in Salben, Linimenten, Pflastern und Einreibungen, als zentrales Analeptikum (heute obsolet). In der Technik wird C. als Weichmacher für Celluloid, in der Sprengstoffindustrie und zur Mottenbekämpfung eingesetzt.

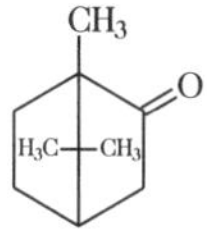

Campher

Hom.: *Camphora* HAB1, getrockneter D-Campher aus *Cinnamomum camphora*. *Anw.-Geb.*: Kollapszustände, Nasenentzündungen, Krampfneigung, initiales Grippestadium.

Histor.: C. ist ein altes chinesisches Heilmittel, die Araber brachten die Substanz im 11. Jh. nach Europa. Die Strukturaufklärung erfolgte 1890 durch Bredt.

Campherbaum ↗ Cinnamomum-Arten.
Campheröl ↗ Cinnamomum-Arten.
Camphora ↗ Campher.
Camphora camphora ↗ Cinnamomum-Arten.
Camphora officinarum ↗ Cinnamomum-Arten.
Camphora sumatrensis ↗ Dryobalanops aromatica.

■ Camphorosma glabrum L.

(syn. *Camphorosma ovatum*); Rauhes Kampferkraut.

Fam.: Chenopodiaceae.

Vork.: Mittelmeergebiete.

Droge: das Kraut. *Inh.*: äther. Öl mit campherartigem Geruch. *Anw.*: früher als Diuretikum und Diaphoretikum häufig genutzte Droge in der Volksheilkunde.

Camphorosma ovatum ↗ Camphorosma glabrum.
Campnumoea pilosula ↗ Codonopsis pilosula.

■ Camptotheca acuminata Decne.

Fam.: Nyssaceae.

Vork.: Osttibet, Westchina, Nordamerika, meist kultiviert.

Inh.: in der Rinde, den Früchten und im Holz von *C. acuminata* ist das Alkaloid Camptothecin (neben Hydrocamptothecin und Methoxy-camptothecin) enthalten. Wirk.: Camptothecin hemmt die eukaryotische DNA-Topoisomerase I und damit die Zellproliferation. Anw.: Wegen der antileukämischen und cancerostatischen Wirksamkeit wird Camptothecin neuerdings in der klinischen Therapie von Tumoren eingesetzt.

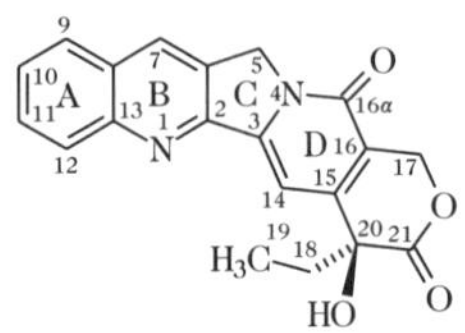

Camptothecin

Canadischer Holunder ↗ Sambucus canadensis.

■ **Cananga odorata** (Lam.) Hook. f. et Thoms. (syn. *Annona odorata*); Ylang-Ylangpflanze (syn. Maccarstrauch).

Fam.: Annonaceae.

Vork.: Malaysia, Philippinen, Madagaskar, Jamaika.

Droge: ***Oleum Annonae*** (syn. *Oleum Canangae*); Ylang-Ylang-Öl (syn. Maccarblütenöl, Ilang-Ilang-Öl, Orchideenöl), das äther. Öl der Blüten (ca. 1,5–2 %). Inh.: u. a. Linalool, Benzoesäuremethylester, *p*-Kresolmethylether, Geranylacetat, Pinen und Caryophyllen. Anw.: bes. in der Parfümerie (Blumendüfte) und zur ↗ Aromatherapie.

Canariensaat ↗ Phalaris canariensis.
Canarisches Drachenblut ↗ Dracaena draco.
Canarium album ↗ Canarium luzonicum.
Canarium carapifolium ↗ Canarium luzonicum.
Canarium commune ↗ Canarium luzonicum.

■ **Canarium luzonicum** (Blume) A. Gray (syn. *Canarium album, C. carapifolium, C. commune, C. obliganthum, C. polyanthum, C. triandrum, Pimela luzonica*).

Fam.: Burseraceae.

Vork.: tropisches Asien, bes. Philippinen, Molukken, Java, Sundainseln, China (auch kultiviert).

Droge: ***Resina Elemi*** (syn. *Gummi Elemi*); Elemi (syn. Manila-Elemi, philippinisches Elemi), das nach Verletzung der Pflanze aus den Wunden austretende, frische, weiche Ölharz (Weich-Elemi) sowie das an den Bäumen angetrocknete Restharz (Hart-Elemi). Inh.: äther. Öl (ca. 20–30 %, u. a. Limonen, α-Phellandren und Elemol enthaltend), Harzalkohole (20–25 %, v. a. α- und β-Amyrin), α-Elemisäure (5–6 %), β-, δ- und γ-Elemisäure (8–10 %), Resene (30–35 %), Bitterstoffe (ca. 1 %) und Triterpenalkohole (Brein, Maniladiol). Anw.: äußerlich zu Pflastern oder für Salben. In der Volksheilkunde Ostasiens wird die Droge auch bei Magenbeschwerden und Husten eingesetzt. In der Technik dient sie zur Herstellung von Lacken, Fackeln und Farben sowie in der Seifenindustrie zum Parfümieren.

Canarium obliganthum ↗ Canarium luzonicum.
Canarium polyanthum ↗ Canarium luzonicum.
Canarium triandrum ↗ Canarium luzonicum.

■ **Canavalia ensiformis** (L.) DC
Schwertbohne (syn. Jackbohne), s. Farbtafel S. 146, Bild 60.

Fam.: Fabaceae.

Vork.: Südasien, Mittelamerika.

Droge: ***Farina Canavalia***; Schwertbohnenmehl (syn. Eselsbohnenmehl), das Mehl des Samens (Bohnenmehl). Die Droge ist giftig! Inh.: Aminosäuren, u. a. Canavanin (bis 4 %), Concanavalin A, ein Glykoprotein mit Lectincharakter, Proteine, Kohlenhydrate und Fett. Anw.: zur Gewinnung von Concanavalin A (ConA), das in der Blutgruppen-Diagnostik und experimentellen Zellforschung eingesetzt wird. In Südasien wird die Droge auch als Nahrungsmittel genutzt.

■ **Canavalia maritima** (Aubl.) Thouars
Frijol de Playa.

Fam.: Leguminosae.

Vork.: tropische Zonen Afrikas und im nördl. Südamerika.

Anw.: Diese Strandpflanze des amerikanischen Kontinents soll nach der Überlieferung in Mexiko als Rauschdroge anstelle von Marihuana geraucht worden sein, obwohl es dafür an eindeutigen Beweisen fehlt. Als Inhaltsstoff ist L-Betonicin isoliert worden, das aber selbst keine halluzinogene Wirkung besitzt.

Cancer astacus ↗ Astacus fluviatilis.
Canchalagua ↗ Centaurium chilensis.

1 Abrus precatorius, *Semen Jequiritii* (vergrößert)

2 Acacia catechu, *Catechu*

3 Acacia senegal, *Acaciae gummi*, Arabisches Gummi

4 Achillea millefolium, Gemeine Schafgarbe

5 Aconitum napellus, Echter Eisenhut

6 Aconitum vulparia, Gelber Eisenhut

7 Acorus calamus, Kalmus

8 Actaea spicata, Christophskraut

9 Adonis vernalis, Frühlings-Adonisröschen

10 Aesculus hippocastanum, *Hippocastani semen,* Roßkastaniensamen

11 Aesculus hippocastanum, *Flores Hippocastani,* Roßkastanienblüten

12 Aethusa cynapium, Gemeine Hundspetersilie

13 Agave americana, Agave

14 Agrimonia eupatoria, Kleiner Odermennig

15 Agrostemma githago, Kornnelke

16 Ajuga reptans, Kriechender Günsel

17 Alisma plantago-aquatica, Gemeiner Froschlöffel

18 Alkanna tinctoria, *Alkannae radix*, Alkannawurzel

19 Alliaria petiolata, Knoblauchsrauke

20 Allium sativum, *Allii sativi bulbus,* Knoblauchzwiebel

21 Allium ursinum, Bärlauch

22 Aloe arborescens, Baumartige Aloe

23 Alpinia officinarum, *Galangae rhizoma,* Galgantwurzelstock

24 Althaea officinalis, Eibisch

25 Amanita muscaria, Fliegenpilz

26 Amanita phalloides, Grüner Knollenblätterpilz

27 Ammi visnaga, Bischofskraut

28 Anacardium occidentale, *Anacardii occidentalis fructus*, Kaschunuß

29 Anagallis arvensis, Ackergauchheil

30 Ananas comosus, Ananas

31 Anchusa officinalis, Echte Ochsenzunge

32 Angelica archangelica, Engelwurz

33 Anthyllis vulneraria, Wundklee

34 Apocynum cannabinum, Amerikanischer Hanf

35 Arachis hypogaea, Erdnuß

36 Areca catechu, *Arecae semen*, Arekasamen

37 Aristolochia clematis, Osterluzei

38 Arnica chamissonis, Nordamerikanische Wiesenarnika

39 Arnica montana, Arnika

40 Artemisia absinthium, Wermut

41 Arum maculatum, Aronstab

42 Asarum europaeum, Europäische Haselwurz

43 Asparagus officinalis, Spargel

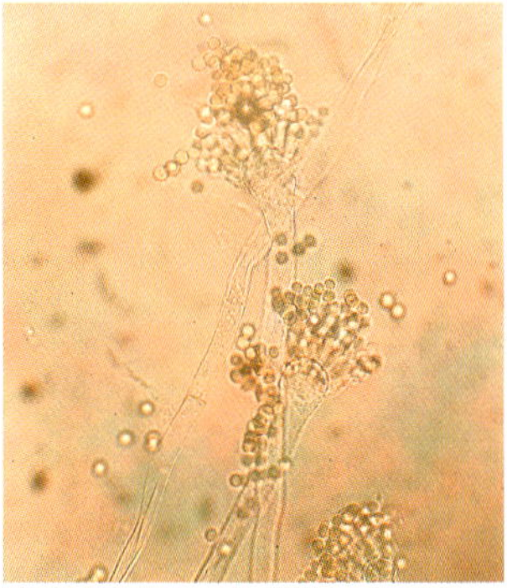

44 Aspergillus flavus

45 Astralagus gummifer, Tragant

46 Astrantia major, Sterndolde

47 Atropa belladonna, Tollkirsche

48 Ballota nigra, Schwarzer Andorn

49 Bellis perennis, Mehrjähriges Gänseblümchen

50 Berberis vulgaris, Berberitze

51 Betula pendula, Gewöhnliche Birke

52 Bixa orellana, Annatostrauch

53 Brassica napus var. napus, Raps

54 Brassica nigra, Schwarzer Senf

55 Bryonia alba, Weiße Zaunrübe

56 Bryonia cretica, Rote Zaunrübe

57 Bufo bufo, Erdkröte

58 Calendula officinalis, Ringelblume

59 Calluna vulgaris, Besenheide

60 Canavalia ensiformis, Schwertbohne

61 Cannabis sativa, Hanf

62 Capparis spinosa, Echter Kapernstrauch

63 Capsella bursa-pastoris, Hirtentäschel

64 Capsicum frutescens, Cayennepfeffer

65 Carica papaya, Melonenbaum

66 Carlina acaulis, Silberdistel

67 Cassia fistula, Purgierkassie

68 Cassia senna, *Sennae folium*, Ägyptische Sennesblätter

69 Cassia senna, *Sennae fructus acutifoliae*, Alexandriner-Sennesfrüchte

70 Catharanthus roseus, Tropisches Immergrün

71 Centaurea cyanus, Kornblume

72 Centaurium minus, Echtes Tausendgüldenkraut

73 Cephaelis ipecacuanha, Brechwurzel

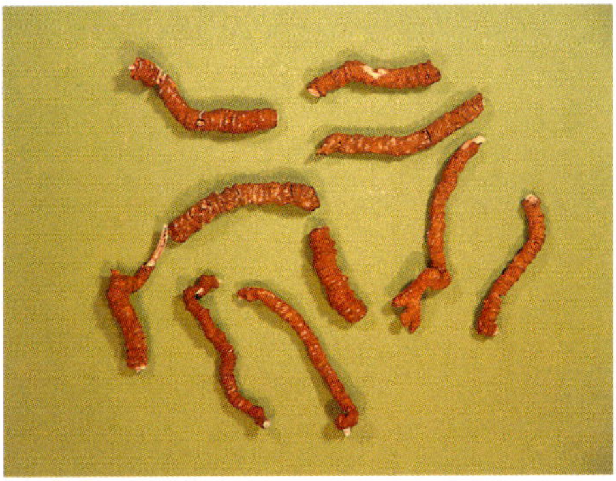

74 Cephaelis ipecacuanha, *Ipecacuanhae radix*, Brechwurzel

75 Ceratonia siliqua, Johannisbrotbaum

76 Ceratonia siliqua, *Ceratoniae fructus*, Johannisbrot

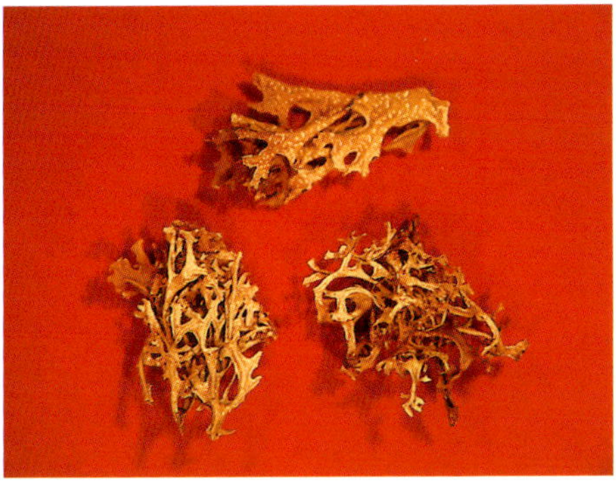

77 Cetraria islandica, Isländisches Moos

78 Chamaemelum nobile, Römische Kamille

79 Chamomilla recutita, Echte Kamille

80 Chelidonium majus, Großes Schöllkraut

81 Chondrus crispus, *Carrageen*

82 Chrysanthemum vulgare, Rainfarn

83 Cichorium intybus, Gewöhnliche Wegwarte

84 Cicuta virosa, Giftiger Wasserschierling

85 Cimicifuga racemosa, Trauben-Silberkerze

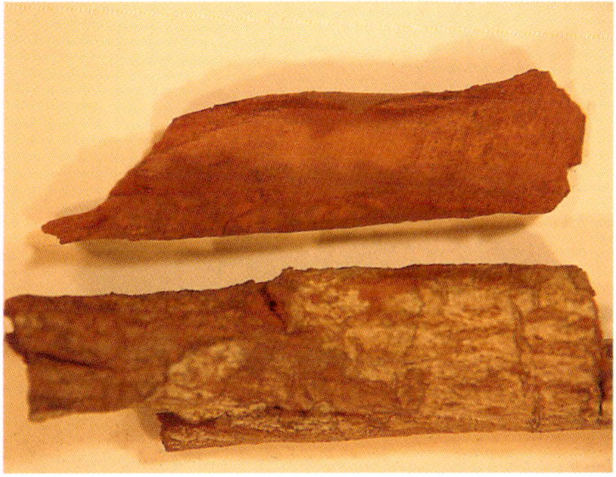

86 Cinchona pubescens, *Cinchonae cortex*, Rote Chinarinde

87 Cinnamomum verum, *Cinnamomi cortex*, Zimtrinde

88 Cistus creticus, Zistrose

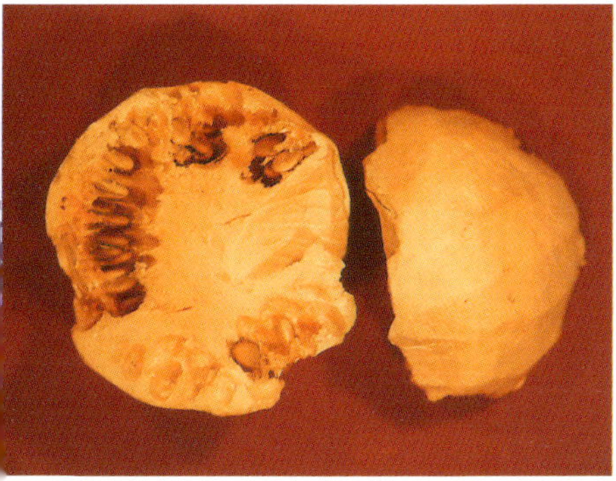

39 Citrullus colocynthis, *Fructus Colocynthidis*, Koloquinthen

90 Citrus aurantium, Pomeranzenbaum

91 Citrus aurantium, *Aurantii immaturi fructus,* Unreife Pomeranzenfrüchte

92 Claviceps purpurea, Mutterkorn

93 Clematis vitalba, Echte Waldrebe

94 Cnicus benedictus, Kardobenediktenkraut

95 Cochlearia officinalis, Löffelkraut

96 Cola nitada, *Colae semen,* Kolasamen

Canchalanguae herba ↗ Centaurium chilensis.
Candelillawachs ↗ Pedilanthus pavonis.

■ **Candida-Arten**
● **Fam.:** Cryptococcaceae.
● **Candida utilis** (Henneberg) Lodder und Krieger van Rij; Hefe-Candida.
Vork.: nicht-sporenbildender Hefepilz, weltweit verbreitet.
Inh.: 46–54 % Rohprotein mit hohem Gehalt an Lysin und Glutaminsäure, 5–7 % RNA, Gesamtlipoide 4–7 %, Kohlenhydrate 25–35 %, Vitamine der B-Gruppe. *Anw.:* *C. utilis* liefert Wuchs- oder Nährhefe und kann wie Hefe von Saccharomyces cerevisiae (↗ medizinische Hefe) verwendet werden. Sie ist ein Eiweiß- und vitaminreiches Nahrungsergänzungsmittel und dient u. a. zur Gewinnung von Ergosterol, Glutathion und Hefe-Adenylsäure. Therapeutisch wird sie als Trockenhefe oder medizinische Hefe bei Appetitlosigkeit und als Adjuvans bei Akne bzw. Furunkulose eingesetzt.
● **Candida kefyr**; Kefirpilz. *Wirk.:* *C. kefyr* ist in der Lage, Stuten-, Schafs-, Ziegen- bzw. Kuhmilch alkoholisch zu vergären und dabei Kefir zu bilden, der als verdauungsförderndes Milchprodukt vielseitig in der gesunden Ernährung einsetzbar ist. Ursprünglich in den Kaukasusländern heimisch, wird das Produkt heute weltweit genutzt. Kefir enthält etwa 0,8–1,5 % Milchsäure, 0,1–1,0 % Ethanol sowie geringe Mengen Kohlendioxid.

Caneel ↗ Canella winterana.
Canella alba ↗ Canella winterana.
Canella laurifolia ↗ Canella winterana.
Canella obtusifolia ↗ Canella winterana.
Canellarinde ↗ Canella winterana.

■ **Canella winterana** (L.) Gaertn.
(syn. *Canella alba, C. laurifolia, C. obtusifolia, Laurus winterana, Winterana canella, W. alba, W. obtusifolia*); Weißer Caneelbaum (syn. Caneel, Weißer Zimtbaum).
Fam.: Canellaceae.
Vork.: südl. Florida, Antillen, Mittelamerika, nördl. Südamerika.
Droge: ***Cortex Canellae winteranae*** (syn. *Cortex Canellae albae, Cortex Winteranus spurius, Costus corticosus, Costus dulcis*); *Canella-winterana*-Rinde (syn. Canellarinde, Falsche Wintersrinde, Kaneelrinde, Kanellrinde, Weißer Kaneel, Weißer Zimt), die getrocknete Rinde. *Inh.:* äther. Öl (ca. 1 %, u. a. mit Caryophyllen, Cineol, Eugenol und α-Pinen), Sesquiterpene, Salicylsäure, Harz (8 %), Mannit (6–8 %), Stärke (ca. 11 %), Bitterstoffe und Pentosane. *Anw.:* In der Volksheilkunde Mittel- und Südamerikas wird die Droge bei Magenverstimmungen, zur Fiebersenkung und bei Erkrankungen des Mund- und Rachenraumes verwendet. Ein alkoholisches Mazerat wird äußerlich zum Einreiben bei Rheumatismus eingesetzt, auch innerlich ist der Gebrauch als Tonikum verbreitet. Darüber hinaus dient die Droge als Gewürz, zum Aromatisieren von Tabak und Likören.
Hom.: ***Costus dulcis*** HAB34, die getrocknete Rinde.

Canella-winterana-Rinde ↗ Canella winterana.

■ **Canis Familiaris** L.
Haushund.
Fam.: Canidae.
Vork.: weltweit.
Drogen: ***1. Adeps canis***; Hundefett, das Fett des Hundes. *Inh.:* Triglyceride, deren Zusammensetzung denen des Schweinefettes ähnelt. *Anw.:* früher in der Volksheilkunde bei Tuberkulose; auch homöopathisch verwendet. ***2.*** ↗ ***Lac caninum***; frische Hundemilch.

■ **Canna-Arten**
● **Fam.:** Cannaceae.
● **Canna edulis** Ker.-Gawl. (syn. *Canna esculenta, C. rubricaulis*); Blumenrohr (syn. Arrowroot, Australische Arrowroot, Afrikanische Arrowroot, Canna).
Vork.: Mittel- und Südamerika, heute kultiviert in tropischen Gebieten Amerikas, Asiens, Australiens und Afrikas.
Drogen: ***1. Canna-edulis-Rhizom***, das fleischige, knollig verdickte und mit schuppenförmigen Niederblättern besetzte Rhizom. *Inh.:* Stärke (15–31 %), Zucker, Proteine. *Anw.:* in der Volksheilkunde zur Diuresesteigerung, bei Cystitis, zu hauterweichenden Kataplasmen. Außerdem dient die Droge zur Stärkegewinnung, als Nahrungsmittel und Viehfutter. ***2. Cannae amylum*** (syn. *Amylum Cannae*); Cannastärke (syn. Tolomanstärke), die aus den Rhizomen von Canna-Arten gewonnene Stärke. *Inh.:* Amylose (17 %), Amylopektin (83 %), Phosphor, Calcium. *Anw.:* in der

Galenik als Grundlage für Streupulver, Puder, in der Pillen- und Tablettenherstellung; im Haushalt zur Herstellung von Backwaren; in der Technik zu Gewinnung von Kunsthonig, Stärkezucker, Sago, Glucose, Fructose sowie Appreturmitteln.

● **Canna glauca** L. (syn. *Canna angustifolia, C. elegans, C. lanceolata, C. liturata, C. mexicana, C. schlechtendaliana, C. stricta*); Südamerikanisches Blumenrohr.

Vork.: Südamerika, Westindien.

Droge: ***Canna-glauca-Rhizom***. *Inh.* und *Anw.*: s. *Cannae amylum*.

Hom.: ***Canna glauca*** HAB34, die frische, blühende Pflanze. *Anw.-Geb.*: Nierenerkrankungen.

● **Canna indica** L. (syn. *Canna coccinea, C. crocea, C. ellipticifolia, C. patens, C. roscoeana, C. spectabilis, C. surinamensis, C. tenuiflora, Cannacorus indicus, C. ovatus*); Indisches Blumenrohr.

Vork.: tropisches Amerika, Afrika, Südostasien, Indien, Philippinen.

Drogen: ***1. Canna-indica-Kraut***, die oberirdischen Teile der Pflanze. *Inh.*: u. a. Flavonoide, Saponine, Phytosterole. *Anw.*: in der Volksheilkunde Mexikos bei Frauenleiden und zur Behandlung von Tumoren sowie als Mittel gegen pathogene Schnecken (Biomophalaria alexandrina). ***2. Radix Cannae***; *Canna-indica*-Rhizom (syn. Indische Blumenrohrwurzel). *Inh.*: Stärke (s. *Cannae amylum*), Schleimstoffe, Proteine, Fett, Alkaloide (in Spuren). *Anw.*: in der asiatischen Volksmedizin bei Menstruationsbeschwerden, Gonorrhoe, Amenorrhoe, Fieber, Wassersucht und Dyspepsie. Weitere Anw. s. *Canna-edulis*-Rhizom.

Cannabinoide ↗ Cannabis sativa.
Cannabis americana ↗ Cannabis sativa.
Cannabis chinensis ↗ Cannabis sativa.
Cannabis erratica ↗ Cannabis sativa.
Cannabis foetens ↗ Cannabis sativa.
Cannabis generalis ↗ Cannabis sativa.
Cannabis gigantea ↗ Cannabis sativa.
Cannabis indica ↗ Cannabis sativa.
Cannabis indicae herba ↗ Cannabis sativa.
Cannabis intersita ↗ Cannabis sativa.
Cannabis lupulus ↗ Cannabis sativa, ↗ Humulus lupulus.
Cannabis macrosperma ↗ Cannabis sativa.

■ **Cannabis sativa** L.

(syn. *Cannabis americana, C. chinensis, C. erratica, C. foetens, C. generalis, C. gigantea, C. indica, C. intersita, C. lupulus, C. macrosperma*); Hanf (syn. Bästling, Indischer Hanf, Femel, Fimel, Henne, Mäsch, Mastel, Samenhanf), s. Farbtafel S. 147, Bild 61.

Fam.: Cannabaceae.

Heim.: wahrscheinlich Vorder- und Mittelasien.

Vork.: weltweit in gemäßigten und trop. Zonen.

Drogen: ***1. Cannabis indicae herba*** (syn. *Herba Cannabis indicae, Summitates Cannabis*); Indischer Hanf (syn. Haschisch, Haschischkraut, Kif, Kief, Kiffi, Ganja, Marihuana, Rauschhanf), die getrockneten blühenden oder mit Früchten versehenen Zweigspitzen der weiblichen Pflanzen. *Inh.*: Cannabinoide (mehr als 60 Verbindungen, u. a. Δ^9-Tetrahydrocannabinol/THC und Derivate), äther. Öl, Phenole (u. a. Spiroindane,

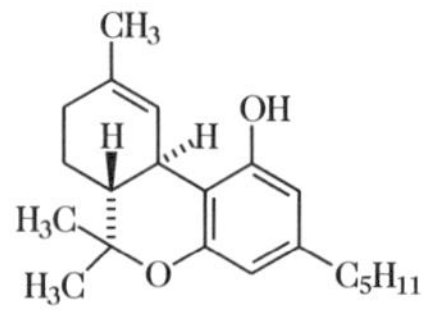

(–)-Δ^9-*trans*-Tetrahydrocannabinol

Dihydrostilbene), Harze und Flavonoide. *Wirk.*: psychotrope Wirkungen (↗ Rauschdrogen) mit psychischer Abhängigkeit, antiemetische, antikonvulsive und analgetische Effekte. Die Droge senkt die Körpertemperatur, sie wirkt antiasthmatisch und appetitanregend und senkt den Augeninnendruck (antiglaukomatös). *Anw.*: Die Droge ist gegenwärtig nicht als offizinelle Arzneidroge zugelassen; der Verkehr, Besitz und ihre Nutzung ist strafbar (Betäubungsmittelgesetz). Lediglich ein industriell hergestelltes Präparat aus Drogenextrakten ist zur ergänzenden Behandlung von HIV- und Tumorpatienten zur Appetitanregung und Analgesie zugelassen. Die Droge wird aber in allen Kulturkreisen als Rauschmittel genutzt. In der Volksheilkunde wurde die Droge umfangreich, v. a. zur Herabsetzung des Schmerzempfindens bei Neuralgien, Migräne sowie bei Anfallsleiden eingesetzt. ***2. Cannabis sativae fructus*** (syn. *Fructus Cannabis, Semen Cannabis*); Hanffrüchte (syn. Hanfkörner, Hanfsamen), die reifen Früchte (Nüßchen). *Inh.*: fettes Öl (20–35 %, u. a. mit Linol-, Linolen- und Ölsäure), Proteine (ca. 25 %), Cholin, Trigonellin, Isoleucin. *Anw.*: in der Volksheilkunde v. a. bei Gicht, Rheuma, als Expektorans bei Bronchitis sowie bei Beschwerden des Urogenitaltraktes, des Magen-Darm-Kanals und der Gallenwege. Die Anwendung der Droge ist heute obsolet, sie unterliegt aber keinen gesetzlichen Beschränkungen. In der Landwirtschaft wird sie als Viehfutter eingesetzt, das aus den Samen gepreßte fette Öl dient technischen Zwecken.

Hom.: ***1. Cannabis*** HAB34; Hanf, die frischen, blühenden Stengelspitzen mit Blättern und Blüten von männlichen und weiblichen Pflanzen. *Anw.-Geb.:* Cystitis, Pyelitis, Nephritis, asthmatische Beschwerden. Die homöop. Drogenzubereitung unterliegt den gesetzlichen Bestimmungen des Betäubungsmittelgesetzes und ist daher nicht verkehrsfähig. ***2. Cannabis indica*** HAB 34; Indischer Hanf, die getrockneten Krautspitzen (Haschisch). *Anw.-Geb.:* s. *Cannabis* HAB34, nicht verkehrsfähig.

Histor.: Die erste schriftliche Erwähnung findet der Hanf in einem Arzneibuch 2700 v. Chr. zur Zeit des chinesischen Kaisers Shen-Nungs. Dort wird die Droge (Cannabisharz) als Heilmittel bei Beriberi, Verstopfung, Frauenkrankheiten, Gicht, Malaria, Rheuma und Geisteskrankheiten empfohlen. Auch die psychotropen Wirkungen wurden erwähnt. In China und Indien gehörte die Droge zum normalen Arzneischatz und wird in der Volksheilkunde bis heute entsprechend den typischen Indikationen, u. a. nervöse Verstimmungen, Schlaflosigkeit, Erbrechen und Husten, verwendet. Herodot erwähnt die Droge ebenfalls, Bedeutung hatte sie aber im Abendland bis zu Paracelsus fast ausschließlich als Faserpflanze bzw. als Lieferant der ölreichen Samen. Die Nutzung als Heilmittel mit euphorisierender Wirkung beginnt in Europa erst im 19. Jh., so z. B. bei Schlaflosigkeit, Neuralgien, Rheumatismus, schmerzhaften Magen- und Darmerkrankungen, Tetanus, Cholera und Asthma. Der Extrakt der Triebspitzen diente als Sedativum und leichtes Schlafmittel. Bedingt durch die Einstufung als nichtverkehrsfähiges Betäubungsmittel besitzt die Droge heute keine praktische Bedeutung (Ausnahme: Hanffrüchte).

Cannabis sativae fructus ↗ Cannabis sativa.
Cannacorus indicus ↗ Canna-Arten.
Cannacorus ovatus ↗ Canna-Arten.
Cannae amylum ↗ Canna-Arten.

Cannastärke ↗ Canna-Arten.

■ **Canscora decussata** Röm. et Sch.

Fam.: Gentianaceae.

Vork.: Indien, Indochina.

Droge: die Blätter. *Inh.:* Xanthone, wie Mangiferin; Bitterstoffe. *Anw.:* in der indischen Volksheilkunde bei Geisteskrankheiten (Depressionen), bei Nierenleiden sowie als Tonikum und Bittermittel.

Cantagallo-Chinarinde ↗ Arariba rubra.
Cantharides ↗ Lytta vesicatoria.
Cantharides chinenses ↗ Mylabris cichorii.
Cantharidin ↗ Lytta vesicatoria.
Cantharis ↗ Lytta vesicatoria.
Cantharis chinensis ↗ Mylabris cichorii.
Cantharis hispanica ↗ Lytta vesicatoria.
Cantharis vesicatoria ↗ Lytta vesicatoria.
Canulilawachs ↗ Pedilanthus pavonis.
Capilli Veneris herba ↗ Adianthum capillus-veneris.
Capilli Veneris herba cum radice ↗ Adianthum capillus-veneris
Capita Papaveris immaturi ↗ Papaver somniferum.

■ **Capitulare de villis**

Landgüterordnung Karls des Großen, erlassen im Jahre 795. Diese verfügte den Anbau von 72 Nutzpflanzen, darunter 24 Heilkräutern, in den königlichen Gärten. Sie enthielt auch Hinweise zum Anbau, Sammeln und Aufbewahren von Kräutern. Das C. d. v. wurde für alle Klöster und Krongüter verbindlich und trug in hohem Maße zur Entwicklung des Arznei- und Gewürzpflanzenanbaus in Mitteleuropa bei.

Capnoides cava ↗ Corydalis-Arten.
Capnoides solida ↗ Corydalis-Arten.
Capnorchis canadense ↗ Dicentra canadensis.
Capparis alexandrae ↗ Capparis tomentosa.
Capparisa puberla ↗ Capparis tomentosa.
Capparis biloba ↗ Capparis tomentosa.
Capparis corymbosa ↗ Capparis tomentosa.
Capparis persicifolia ↗ Capparis tomentosa.
Capparis polymorpha ↗ Capparis tomentosa.

■ **Capparis spinosa** L.

Echter Kapernstrauch, s. Farbtafel S. 147, Bild 62.

Fam.: Capparaceae.

Vork.: Mittelmeergebiet, Südeuropa, Pakistan.

Droge: ***Flores Capparidis*** (syn. *Flores Capparis, Gemmae Capparidis*); Kapern, die Blütenknospen der Pflanze. *Inh.:* Flavonoide (u. a. Rutin), Senföle (Glucosinolate), Saponine. *Anw.:* Die in Essig eingelegte Droge wird hauptsächlich als Gewürz für Saucen und Salate verwendet.

■ **Capparis tomentosa** Lam.
(syn. *Capparis verdickii, C. polymorpha, C. biloba, C. corymbosa, C. persicifolia, C. volkensii, C. alexandrae, Capparisa puberla*).

Vork.: Afrika.

Droge: Blätter und Wurzeln. *Inh.:* Gerbstoffe, Alkaloide, wie Stachydrin; Indolderivate, Saponine. *Anw.:* In der afrikanischen Volksheilkunde werden die Wurzeln zur Behandlung von Tripper und Syphilis sowie äußerlich bei progressiven Geschwüren eingesetzt, weiterhin bei Malaria, Hepatitis, chronischen Erkältungen, Gonorrhoe sowie gegen Schlangenbisse. Die Droge ist auch Bestandteil von Pfeilgiften.

Capparis verdickii ↗ Capparis tomentosa.
Capparis volkensii ↗ Capparis tomentosa.
Capraria integerrima ↗ Sesamum indicum.
Caprificus insectifera ↗ Ficus carica.

■ **Capsaicin**
(Vanillylamid der 8-Methyl-6-nonensäure). Scharfschmeckender Wirkstoff von *Fructus Capsici* (↗ *Capsicum*-Arten). *Wirk.:* C. greift an spezifischen nociceptiven sensorischen Neuronen an und führt dadurch zur Ausschüttung des Neuropeptids Substanz P verbunden mit der Erregung der C-Fasern. Auf der Haut kommt es dadurch zum schmerzhaften Brennen und zur Hyperämisierung. Innerlich induziert C. reflektorisch die Magensaftsekretion und fördert die Verdauung. *Anw.:* äußerlich zur Hautreiztherapie (Capsicum-Pflaster) bei rheumatischen Beschwerden, Neuralgien, Muskelspasmen und lokalen Kälteschäden.

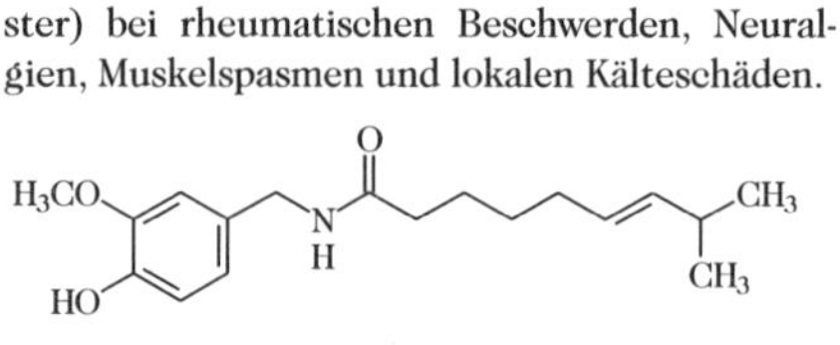

Capsaicin

■ **Capsella bursa-pastoris** (L.) Medik.
(syn. *Bursa pastoris, Capsella polymorpha, Iberis bursa-pastoris, Lepidium bursa-pastoris, Nasturtium bursa-pastoris, Rodschiedia bursa-pastoris, Thlaspi bursa-pastoris, Thlaspi polymorphum*); Hirtentäschel (syn. Bauernsenf, Echtes Hirtentäschelkraut, Gänsekresse, Täschelkraut, Taschenknieper), s. Farbtafel S. 147, Bild 63.

Fam.: Cruciferae (Brassicaceae).

Vork.: weltweit.

Droge: ***Bursae pastoris herba*** (syn. *Herba Bursae pastoris, Herba Sanguinaria*); Hirtentäschelkraut (syn. Beutelschneiderkraut, Blutkraut, Herzelkraut, Säckelkraut, Täschelkraut), die getrockneten, zur Blütezeit gesammelten oberirdischen Pflanzenteile. *Inh.:* Aminosäuren und Proteine (ca. 32 %), Flavonoide (u. a. Kämpferol, Luteolin, Diosmetin, Quercetin, Rutin, Diosmin), Phenolcarbonsäuren, K- und Ca-Salze, Vitamin C, terpenoide Verbindungen. *Anw.:* innerlich zur symptomatischen Behandlung von Menorrhagien und Metorrhagien, zur lokalen Anwendung bei Nasenbluten; äußerlich bei oberflächlichen, blutenden Hautverletzungen. In der Volksheilkunde diente die Droge lange Zeit als Mutterkornersatz bei Gebärmutterblutungen und als sonstiges blutstillendes Mittel. Zur ↗ Teezubereitung verwendet man als Einzeldosis 2–4 g (= 1–2 Teelöffel) Droge.

Hom.: ***1. Capsella bursa-pastoris*** HAB1 (syn. *Thlaspi bursa pastoris*), die frischen oberirdischen Teile blühender Pflanzen. *Anw.-Geb.:* Steinleiden, Gebärmutterblutungen, Schleimhautblutungen. ***2. Capsella bursa-pastoris***, äthanol. Infusum HAB1 (syn. *Capsella*, äthanol. Infusum), die zur Blütezeit gesammelten, getrockneten oberirdischen Teile.

Histor.: Der deutsche Name Hirtentäschel ist die Übersetzung des lateinischen Namens, nämlich capsella von *capsula* (Kapsel) und *pastor* (Hirt), womit auf die Form der Früchte, der Schötchen, hingewiesen wird. Verwendet wurden von den alten griechischen und römischen Ärzten offenbar bevorzugt die Samen. Die Indikation war vielseitig, u. a. bei Ischias, auch als Abortivum. Hippokrates z. B. führt *Bursa pastoris* als Uterusmittel an, im Mittelalter wird die Droge bes. als Hämostyptikum geschätzt.

Capsella polymorpha ↗ Capsella bursa-pastoris.
Capsici annui fructus ↗ Capsicum-Arten.
Capsici fructus ↗ Capsicum-Arten.
Capsici fructus acer ↗ Capsicum-Arten.

Capsici frutescentis fructus ↗ Capsicum-Arten.

■ Capsicum-Arten

● **Fam.:** Solanaceae.

● **Capsicum annuum** L. (syn. *Capsicum longum, C. annuum longum, C. hispidum, C. minimum*); Paprika (syn. Beisbeere, Cayenne-Pfeffer, Gemeine Beisbeere, Gemeiner Paprika, Indischer Pfeffer, Türkischer Pfeffer, Mexikanischer Paprika, Roter Pfeffer, Schoten-Pfeffer, Spanischer Pfeffer).

Heim.: Mexiko und Gebiete in Mittelamerika.

Vork.: weltweit in allen warmen Gebieten kultiviert.

Droge: ***Capsici fructus*** (syn. *Capsici annui fructus, Fructus Capsici, Fructus Capsici annui*); Cayennepfeffer (syn. Brasilianischer Pfeffer, Indischer Pfeffer, Türkischer Pfeffer, Schotenpfeffer, Spanischer Pfeffer, Taschenpfeffer), die reifen, getrockneten Früchte. *Inh.:* Scharfstoffe, v. a. Capsaicinoide, wie ↗ Capsaicin, Dihydrocapsaicin und Homocapsaicin, Saponine, Farbstoffe (u. a. Carotinoide 0,3–0,8 %: α-Carotin, Violaxanthin) und Flavonoide. In den frischen Früchten auch Vitamin C (bis 0,21 %). *Anw.:* verschiedene Zubereitungen (Tinktur, Pflaster, Extrakt, Oleoresin) werden bei schmerzhaftem Muskelhartspann im Schulter-Arm-Bereich sowie im Bereich der Wirbelsäule äußerlich angewendet (Hyperämisierung). In der Volksheilkunde wird die Droge auch innerlich bei Verdauungsstörungen, Magen- und Darmleiden sowie zur Entwässerung und als Herz- Kreislauf-Mittel angewendet. Darüber hinaus ist die Droge ein beliebtes Küchengewürz bzw. Frischgemüse.

Hom.: ***Capsicum annuum*** HAB1 (syn. Capsicum), die reifen, getrockneten Früchte. *Anw.-Geb.:* Blinddarmentzündung, Mittelohrvereiterung, Schleimhautentzündungen des Mund- und Rachen-Raumes, Magen-Darm-Entzündungen, Harnblasen- und Harnwegskatarrhe.

● **Capsicum frutescens** L. (syn. *Capsicum chacoense, C. conicum, C. fastigiatum*); Cayennepfeffer, s. Farbtafel S. 147, Bild 64.

Heim.: tropisches Südamerika.

Vork.: weltweit in Gebieten mit tropischem und subtropischem Klima kultiviert.

Droge: ***Capsici fructus acer*** (syn. *Capsici fructus, Capsici frutescentis fructus, Fructus Capsici, Fructus Capsici acer, Fructus Piperis cayennense*); Cayennepfeffer (syn. Chayenne, Chilies, Chili, Spanischer Pfeffer), die getrockneten, reifen, meist vom Kelch befreiten Früchte. *Inh.:* Capsaicinoide (0,3–1 %, u. a. ↗ Capsaicin, Dihydrocapsaicin, Nordihydrocapsaicin, Homodihydrocapsaicin), fettes Öl, Carotinoide, Ascorbinsäure sowie weitere flüchtige Stoffe in geringer Konzentration. *Anw.:* s. *Capsici fructus* von *Capsicum annuum*. Darüber hinaus wird die Droge in der Volksmedizin auch zur Behandlung des Alkoholismus, bei Fieber aller Art, prophylaktisch gegen Arteriosklerose, Schlaganfall und Herzerkrankungen sowie zur Libido- und Potenzsteigerung (Aphrodisiakum) eingesetzt.

● **Histor.:** Bereits kurz nach der Entdeckung Amerikas durch die Spanier 1514 berichtete Fernandez über die von den Indianern als Gewürz verwendete Droge. Die Spanier brachten die Pflanze auch schnell nach Europa, wo sie allgemein als „Spanischer Pfeffer“ bezeichnet und rasch verbreitet wurde. Der Name *Capsicum* leitet sich vom griechischen *kapto* (aufschnappen, beißen) und dem lateinischen *capsicus* (kapselförmig) ab und bezieht sich damit auf die Form der Frucht und deren scharfen Geschmack. Der Bezeichnung Pfeffer liegen das griechische *peperi und das römische* piper, das aus dem Sanskrit *pippali* hervorgegangen ist, zugrunde.

Capsicum jamaicum ↗ Pimenta-Arten.
Capsulae Papaveris ↗ Papaver somniferum.
Caraipabalsam ↗ Caraipa psidifolia.
Caraipa piscidi formis ↗ Caraipa psidifolia.

■ Caraipa psidifolia

(syn. *Caraipa piscidi formis*).

Fam.: Guttiferae.

Vork.: Brasilien, Venezuela, Kolumbien.

Droge: ***Balsamum Caraipae***; Caraipabalsam, der Balsam. *Inh.:* äther. Öl, Harz. *Anw.:* in der Volksheilkunde bei Hauterkrankungen.

■ Caralluma decaisneana (Lemaire) N.E. Brown

(syn. *Caralluma vevenosa, Stapelia decaisneana, Boucerosia decaisneana*).

Fam.: Asclepiadaceae.

Vork.: Afrika, besonders Mauretanien, Senegal, Mali, Sudan, Äthiopien, Somalia.

Droge: die ganze Pflanze. *Inh.:* Gerbstoffe, Saponine, Alkaloide, Flavonoide, herzwirksame Steroide (Cardenolide). *Anw.:* in der afrikanischen Volksheilkunde zur Behandlung von Epilepsie, Zahnkrankheiten, zur Wundbehandlung und bei Pocken. Auch als Zusatz zu Fischgiften für den Fischfang wird die Droge verwendet.

Caralluma vevenosa ↗ Caralluma decaisneana.
Carana ↗ Bursera-Arten.
Caranna ↗ Bursera-Arten.
Carapafett ↗ Carapa guianensis.

■ **Carapa guianensis** Aubl.
Fam.: Meliaceae.
Vork.: Südamerika, besonders im Amazonasgebiet.
Droge: ***Carapafett*** (syn. Tulucunafett, Andirobaöl), das Fett der Samenkerne. Inh.: Triglyceride mit den Fettsäuren Ölsäure (ca.50 %), Stearinsäure (ca. 40 %) und Palmitinsäure (ca. 10 %); Andirobin. Anw.: in Brasilien bei Geschwüren und rheumatischen Erkrankungen; als Brennöl und zur Seifenherstellung.

Carbenia benedicta ↗ Cnicus benedictus.

■ **Carbo animalis HAB1**
Tierkohle. Hergestellt aus Rindskernleder, das im Kohlenfeuer zum Glühen gebracht und dann rasch erstickt worden ist. Nach dem Erkalten im Mörser fein verrieben. *Anw.-Geb.:* Erkrankungen des lymphatischen Systems, des Herzens, des arteriellen und venösen Gefäßsystems, der oberen und unteren Luftwege, des Magen-Darm-Traktes, der Haut sowie bei entzündlichen und destruktiven Prozessen.

Carbo Betulae ↗ Betula-Arten.
Carbo Coffeae ↗ Coffea-Arten.
Carbo ligni ↗ Picea abies.

■ **Carbo vegetabilis HAB1**
Holzkohle. Hergestellt aus gut ausgeglühter Kohle von Rotbuchen- oder Birkenholz (↗ Betula-Arten). *Anw.-Geb.:* ↗ Carbo animalis.

Carcadeeh ↗ Hibiscus sabdariffa.
Cardamine armoracia ↗ Armoracia rusticana.
Cardamine fontana ↗ Nasturtium officinale.

■ **Cardamine pratensis** L.
Wiesenschaumkraut.
Fam.: Brassicaceae.
Vork.: Europa.
Droge: ***Herba Cardamine pratensis***, Wiesenschaumkraut. *Inh.:* Senfölglykoside, bes. Glykocochlearin, Butylsenföl sowie Vitamin C. *Anw.:* in der Volksheilkunde zur Blutreinigung.
Hom.: ***Cardamine pratensis*** HAB; die frischen, zur Blütezeit geernteten, oberiridischen Pflanzenteile. *Anw.-Geb.:* als Zusatzmittel bei Diabetes.
Histor.: Der Name *Cardamine* stammt aus dem griechischen *kárdamon*, dem Namen der orientalischen Kresse, während *pratensis* (auf Wiesen wachsend) auf den Standort hinweist. Die Bildung des deutschen Namens Wiesenschaumkraut ist darauf zurückzuführen, daß die Pflanze oft die schaumartigen Ausscheidungen der Schaumzikadenlarven trägt.

Cardaminum nasturtium ↗ Nasturtium officinale.
Cardamomenöl ↗ Elettaria cardamomum.
Cardamomi aetheroleum ↗ Elettaria cardamomum.
Cardamomi fructus ↗ Elettaria cardamomum.
Cardamomi rotundus fructus ↗ Amomum-Arten.
Cardamompflanze ↗ Elettaria cardamomum.
Cardamom sativum ↗ Lepidium sativum.
Cardamomum dealbatum ↗ Amomum-Arten.
Cardamomum dubulatum ↗ Amomum-Arten.
Cardamomum in racemis ↗ Amomum-Arten.
Cardamomum minus ↗Amomum-Arten.
Cardamomum racemosum ↗ Amomum-Arten.
Cardenolide ↗ Herzwirksame Glykoside.
Cardiaca trilobata ↗ Leonurus cardiaca.
Cardiaca vulgaris ↗ Leonurus cardiaca.
Cardiospermum corindum ↗ Cardiospermum halicacabum.
Cardiospermum glabrum ↗ Cardiospermum halicacabum.

■ **Cardiospermum halicacabum** L.
(syn. *Cardiospermum corindum, C. glabrum, C. inflatum, C. truncatum, C. villosum*); Ballonpfanze (syn. Ballonrebe, Herzerbse, Herzsame, Wundererbse).
Fam.: Sapindaceae.
Vork.: weltweit in tropischen und subtropischen Gebieten, v. a. Indien.
Inh.: Die Droge ist unzureichend untersucht, nachgewiesen wurden Flavonoide, Gerbstoffe, Saponine, Alkaloide.
Hom.: ***Cardiospermum halicacabum*** HAB1 (syn. *Cardiospermum*), Cardiospermumkraut, die frischen, oberirdischen Teile der blühenden Pflanze. *Anw.-Geb.:* innerlich bei Entzündungen der Atemwege und der Haut sowie bei Rheumatismus.

Cardiospermum inflatum ↗ Cardiospermum halicacabum.
Cardiospermum truncatum ↗ Cardiospermum halicacabum.
Cardiospermum villosum ↗ Cardiospermum halicacabum.

■ **Cardol**
(Pentadecadienylresorcinol), stark hautreizendes Phenolderivat, z. B. enthalten in ↗ *Anacardium occidentale*, ↗ *Semecarpus anacardium* oder *Rhus toxicodendron* (↗ Rhus-Arten).

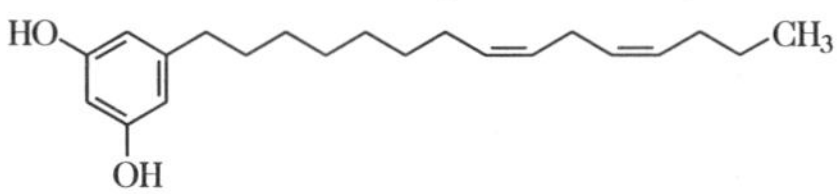

Cardol

Cardo mariano ↗ Argemone mexicana.
Cardo santo ↗ Argemone mexicana.
Cardui benedicti herba ↗ Cnicus benedictus.
Cardui mariae fructus ↗ Silybum marianum.
Cardui mariae herba ↗ Silybum marianum.
Carduus arvensis ↗ Cirsium arvense.
Carduus benedictus ↗ Cnicus benedictus.
Carduus eriophorus ↗ Cirsium eriophorum.
Carduus marianus ↗ Silybum marianum.
Carduus oleraceus ↗ Cirsium oleraceum.

■ **Carex arenaria** L.
(syn. *Vignea arenaria*); Riedgras (syn. Deutsche Sarsaparilla, Rote Quecke, Sandriedgras, Sandsegge, Seegras, Segge).
Fam.: Cyperaceae.
Vork.: Europa, Nordamerika. Häufig zur Befestigung von Dünen und Deichen an Nord- und Osteeküste angebaut.
Droge: ***Caricis rhizoma*** (syn. *Radix Arenariae, Radix Caricis, Radix Caricis arenariae, Radix Graminis majoris, Radix Graminis rubrae, Radix Sarsaparillae germanicae, Rhizoma Caricis, Rhizoma Caricis arenariae*); Sandriedgraswurzelstock (syn. Deutsche Sarsaparilla, Riedgraswurzel, Rote Queckenwurzel, Sandriedgraswurzel, Seegraswurzel, Seggenwurzel), der getrocknete, im Frühjahr gesammelte Wurzelstock. *Inh.:* Saponine (Vorkommen in europäischen Arten ist strittig), äther. Öl, Flavone (Tricin), Gerbstoffe (8–10 %). *Anw.:* in der Volksheilkunde bei Geschlechtskrankheiten und chronischen Hautkrankheiten anstelle von Sarsaparillawurzel (↗ *Smilax-Arten*) sowie zur Blutreinigung. Zubereitungen aus der Droge werden weiterhin zur Vorbeugung gegen Gicht, Rheuma, Arthrosen und Hautleiden verwendet. In der Veterinärmedizin diente die Droge früher als desinfizierendes Waschmittel bei Maul- und Klauenseuche.
Histor.: Der Gattungsname *Carex* leitet sich vermutlich vom lateinischen *carere* (kratzen) oder vom griechischen *cheiro* (schneiden) ab, womit auf die scharfen, kieselsäurehaltigen Blattränder der Pflanze verwiesen wird, während *arenaria* (auf Sand wachsend) den Standort beschreibt. Der Sandriedgraswurzelstock ist seit 1754 in Mitteleuropa als Droge bekannt und wurde in der Folgezeit, oft zusammen mit anderen Drogen, z. B. Hauhechelwurzel, als Ersatz für die teure ausländische Sarsaparillwurzel zur Behandlung der Syphilis genutzt.

■ **Careya arborea** Roxb.
Fam.: Lecythidaceae.
Vork.: Indien, Burma, Indochina.
Droge: die Blätter und Rinde. *Inh.:* Gerbstoffe (ca. 19 %), Triterpene, wie Lupeol, Betulin, Betulinsäure; β-Sitosterol. *Anw.:* in der Volksheilkunde bei Geschwüren, Schlangenbissen sowie als Fiebermittel.

Carica ↗ Ficus carica.
Caricae ↗ Ficus carica.
Caricae fructus ↗ Ficus carica.
Caricae papayae succus ↗ Carica papaya.
Caricae pingues ↗ Ficus carica.
Carica hermaphrodita ↗ Carica papaya.
Carica mammaya ↗ Carica papaya.

■ **Carica papaya** L.
(syn. *Carica hermaphrodita, C. mammaya, C. quinqueloba, Papaya carica, Papaya communis, Papaya cucumerina, Papaya vulgaris*); Melonenbaum (syn. Baummelone, Kressenfeige, Papaya), s. Farbtafel S. 147, Bild 65.
Fam.: Caricaceae.
Vork.: kultiviert in Südamerika, Indien, Afrika, Indonesien.
Drogen: ***1. Folia Caricae papayae;*** Melonenbaumblätter. *Inh.:* proteolytische Enzyme, u. a. Papain; Pyridinalkaloide, u. a. Capain und Saponine. *Anw.:* in den Heimatgebieten als Anthelmintikum und Abführmittel. ***2. Caricae papayae***

succus (syn. *Papainum crudum*); *Carica-papaya*-Saft (syn. Rohpapain), der enzymhaltige Milchsaft der Früchte kurz vor der Reife. *Inh.:* Enzymgemisch aus Esterasen, Proteasen (↗ Papain, Chymopapain) und Glucanasen, Kautschuk. *Wirk.:* antimikrobiell, anthelmintisch, antiödematös. *Anw.:* in der Volksheilkunde als Anthelmintikum, bei Diphtherie, Warzen sowie Verdauungsstörungen. In der Lebensmittelindustrie wird der Kautschuk auch zu Kaugummi verarbeitet.

Hom.: ***Carica papaya*** HAB34, die frischen Blätter. *Anw.-Geb.:* Harnröhrenreizung.

Carica-papaya-Saft ↗ Carica papaya.
Carica quinqueloba ↗ Carica papaya.
Caricis rhizoma ↗ Carex arenaria.

■ **Carissa carandas** L.

Fam.: Apocanaceae.

Vork.: Indien.

Droge: die Wurzeln. *Inh.*: herzwirksame Glykoside, wie Odorosid H, Carisson, Digitalisglykoside. *Anw.*: in der Volksheilkunde als Stomachikum und Anthelmintikum.

■ **Carissa ovata** R. Br. var. *stolinifera* F.M. Bailey.

Fam.: Apocanaceae.

Vork.: Australien.

Droge: die Wurzeln. *Inh.*: herzwirksame Glykoside, wie Odorosid. *Anw.*: früher zur Herstellung von Pfeilgiften.

■ **Carlina acaulis** L.

(syn. *Carlina alpina, C. caulescens, C. chamaeleon, C. grandiflora, C. subacaulis*); Silberdistel (syn. Jägerdistel, Stengellose Eberwurz, Wetterdistel), s. Farbtafel S. 147, Bild 66.

Fam.: Asteraceae (Compositae).

Vork.: Mitteleuropa, von Spanien, Italien, Balkan bis Mittelrußland.

Droge: ***Carlinae radix*** (syn. *Radix Apri, Radix Cardopatiae, Radix Carlinae, Radix Chamaeleontis albae*); Eberwurzel (syn. Attichwurzel, Jägerbrotwurzel, Karlsdistel, Rohrwurzel, Silberdistelwurz, Stengellose Eberwurz, Weiße Roßwurzel, Wetterdistelwurzel, Wurzel der wilden Artischocke, Zwergdistelwurzel), die getrockneten, im Herbst gesammelten Wurzeln. *Inh.:* Inulin (18–20 %), äther. Öl (bis 2 %, u. a. mit ↗ Carlinaoxid und Carlinen), Gerbstoffe, Harz, Enzyme. Das reine äther. Öl gilt wegen des hohen Gehaltes an Carlinaoxid als stark toxisch. *Anw.:* in der Volksheilkunde innerlich bei Gastritis, Erkältungen und fiebrigen Erkrankungen, äußerlich zu Waschungen bei Dermatosen, Wunden, Geschwüren sowie als lindernde Mundspülung bei Zungenkrebs.

Histor.: Die Kräuterbücher des 16. und 17. Jh. beschreiben die Droge als schweiß- und harntreibendes Mittel, ferner als Mittel gegen Steine, Fieber, Eingeweidewürmer und Pest. Möglicherweise beruhte die damalige Wertschätzung auf einer falschen Übersetzung von einer bei ↗ Dioskurides gerühmten Arzneipflanze, bei der es sich um *Carlina gummifera* gehandelt haben könnte.

Carlina alpina ↗ Carlina acaulis.
Carlina caulescens ↗ Carlina acaulis.
Carlina chamaeleon ↗ Carlina acaulis.
Carlinae radix ↗ Carlina acaulis.
Carlina grandiflora ↗ Carlina acaulis.
Carlina gummifera ↗ Atractylis gummifera.

■ **Carlinaoxid**

(Benzyl-2-furylacetylen), die erste 1906 aus Pflanzen isolierte Acetylenverbindung (↗ Polyine), die im äther. Öl von ↗ *Carlina acaulis* enthalten ist. *Wirk.*: antibiotisch, relativ toxisch.

Carlinaoxid

Carlina subacaulis ↗ Carlina acaulis.
Carmichaels Eisenhut ↗ Aconitum-Arten.

■ **Carminativum**

blähungstreibendes Mittel mit z. T. spasmolytischen, antiphlogistischen und die Peristaltik beruhigenden Eigenschaften. Als C. werden häufig Drogen mit äther. Ölen verwendet.

■ Carminsäure

(syn. Karminsäure). Anthrachinonderivat, ursprünglich isoliert aus den getrockneten, weiblichen Kochenilleläusen (↗ *Dactylopius coccus*), das in einer Mischung mit Aluminium, Kalk und

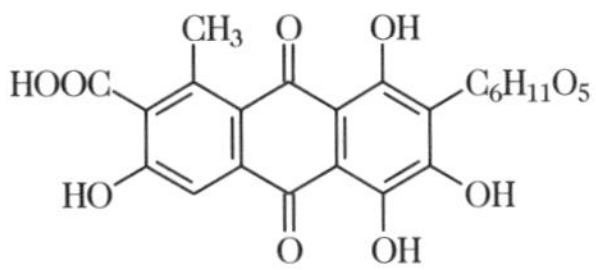

Carminsäure

Eiweiß als feuerroter Farbstoff in der Mikroskopie, Lebensmittelindustrie sowie Kosmetik (Lippenstifte) eingesetzt wird.

Carnaubapalme ↗ Copernicia prunifera.
Carnaubawachs ↗ Copernicia prunifera.
Carnauba-Wachspalme ↗ Copernicia prunifera.

■ Carnegiea gigantea (Engelm.) Britt. et Rose

(syn. *Cereus giganteus*); Riesenkaktus (syn. Saguaro).

Fam.: Cactaceae.

Vork.: südwestl. Nordamerika, Mexiko.

Inh.: Alkaloide, u. a. Carnegin, 5-Hydroxycarnegin, Norcarnegin, 3-Methoxytyramin und Arizonin. Anw.: Die Pflanze gilt bei den Seri-Indianern als wichtiges Heilmittel. Die Früchte werden als Nahrungsmittel oder zur Weinbereitung genutzt bzw. bei Rheumatismus verwendet.

Carneru ↗ Bignonia chica.

■ Carnosol

(syn. Picrosalvin), ein diterpenoider Bitterstoff (Abietan-Typ) aus Salbeiblättern (↗ Salvia-Arten), der bei der Lagerung in Carnosolsäure übergeht. Wirk.: antioxidativ, antibiotisch.

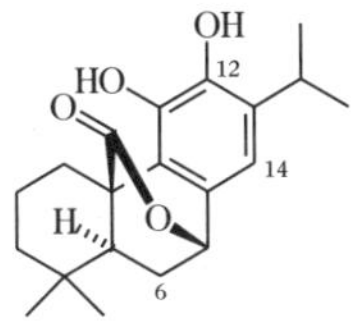

Carnosol

Caroba ↗ Jacaranda procera.
Carobae folium ↗ Jacaranda procera.
Caroben ↗ Ceratonia siliqua.
Caroben-Gummi ↗ Ceratonia siliqua.
Caroben-Kaffee ↗ Ceratonia siliqua.
Carobensamen ↗ Ceratonia siliqua.
Caronyrinde ↗ Galipea officinalis.

■ Carotine

(α-, β- und γ-Carotin, Provitamin A), zu den Carotinoiden gehörende Tetraterpene mit endständigem Ionon-Ring. Anw.: in der Lebensmittelindustrie zur Färbung sowie zur Anreicherung mit Provitamin A (bes. Butter, Margarine, u. ä.).

■ Carotinoide

tetraterpenoide (40 C-Atome), aus 8 Isopreneinheiten aufgebaute Polyene mit zahlreichen konjugierten, trans-konfigurierten Doppelbindungen. Sie stellen lipophile, fast wasserunlösli-

α-Carotin
((6'R)-β,ε-Carotin)
violette Kristalle

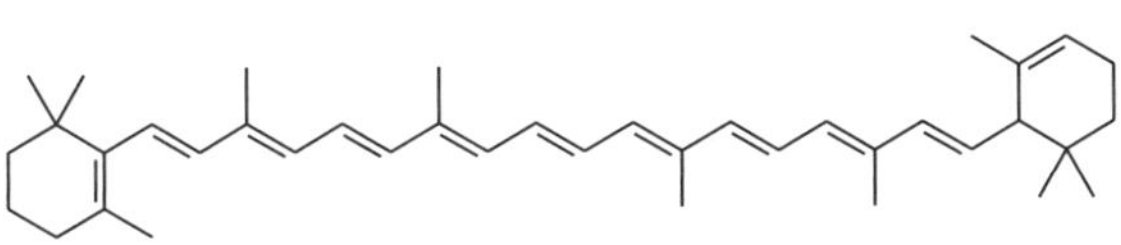

β-Carorin
(β,β-Carotin)
rote Kristalle

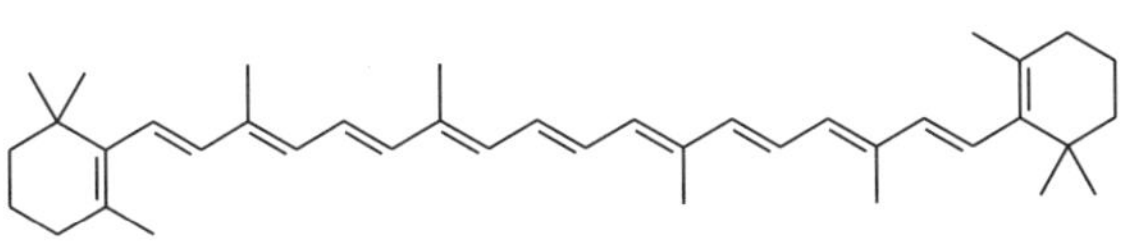

γ-Carotin
(β,ψ-Carotin)
dunkelrote
Kristalle

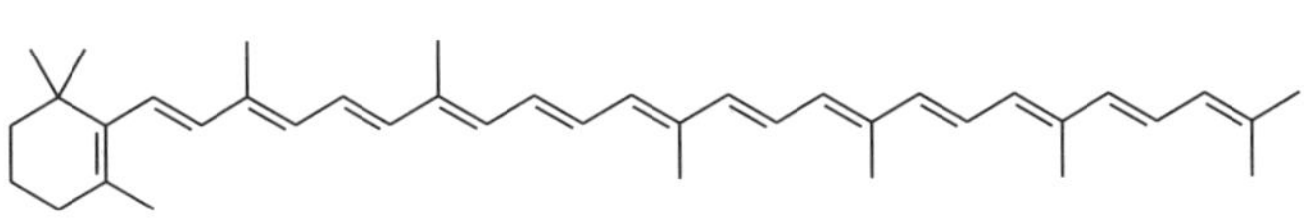

che Verbindungen dar, die zumeist gelbe, braune, rote oder rot-violette Färbungen aufweisen und in Gegenwart von Licht und Sauerstoff rasch abgebaut werden. C. sind Stoffwechselprodukte von Mikroorganismen, Pilzen und Pflanzen (hauptsächlich in den Chloroplasten als akzessorische Pigmente zur Photosynthese). Höhere Tiere, auch der Mensch, speichern die C. im Fettgewebe. Eingeteilt werden die C. in Carotine (reine Kohlenwasserstoffe ohne Sauerstoff) und Xanthophylle (sauerstoffhaltige Verbindungen mit gelber Farbe). *Wirk.:* Radikalfänger, antiatherogene Wirksamkeit, Provitamin für Vitamin A.

■ **Carpesium abrotanoides** L.
(syn. *Carpesium thunbergianum*).
Fam.: Asteraceae (Compositae).
Vork.: Indien, China, Japan, Taiwan, Indochina.
Drogen: Kraut, Früchte und Samen. *Inh.:* äther. Öl, Inulin, Carpesialacton, Bitterstoffe. *Anw.:* in der ostasiatischen Volksheilkunde häufig eingesetzt als Adstringens, Diuretikum, Wurmmittel, Expektorans und Antiphlogistikum; der frische Pflanzensaft dient zur Behandlung von Insektenstichen und -bissen.

Carpesium thunbergianum ↗ Carpesium abrotanoides.

■ **Carpinus betulus** L.
Hainbuche (syn. Weißbuche).
Fam.: Betulaceae.
Vork.: Mitteleuropa bis Vorderasien.
Droge: die Rinde und Fruchtbecher. *Inh.:* Gerbstoffe, Triterpene, wie Betulin (0,04 %); gelbe Farbstoffe. *Anw.:* im Mittelalter wurden die Fruchtbecher als Diuretikum benutzt, die Rinde diente zur Gelbfärbung von Wolle.

■ **Carpotroche brasiliensis** Endl.
Fam.: Flacourtiaceae.
Vork.: Brasilien.
Droge: ***Oleum Carpotroche***; Carpotrochefett, das Fett der Samen. *Inh.*: ein schmalzartiges Gemisch von Triglyceriden mit Carpotrochin, Chaulmoograsäure, Gorlisäure; in der Zusammensetzung dem Chaulmoograöl sehr ähnlich (↗ Hydnocarpus-Arten). *Anw.*: in der Volksheilkunde bei Hauterkrankungen sowie als Ersatz für Chaulmoograöl.

Carpotrochefett ↗ Carpotroche brasiliensis.
Carqueja-Öl ↗ Baccharis genistelloides.

■ **Carrageen**
(syn. *Fucus crispus, Fucus irlandicus*); Irländische Alge (syn. Irländisches Moos, Perlmoos, Felsenmoos), die in der Sonne gebleichten und getrockneten Thalli von ↗ *Gigartina stellata* sowie ↗ *Chondrus crispus* (s. Farbtafel S. 150, Bild 81). *Inh.:* Schleimstoffe (50–70 %) vom Galactantyp (↗ Carrageenan), Proteine, Mineralien (u. a. Iod, Brom), Farbstoffe (Chlorophyll, Fucoerythrin). *Anw.:* als Mucilaginosum (reizmilderndes Schleimmittel) in Hustensäften, bei Durchfallerkrankungen zum Stopfen, zur Herstellung fettfreier Salbengrundlagen, in der Galenik als Emulgator, in der Lebensmittelindustrie als Verdickungsmittel.

■ **Carrageenan**
(syn. Carrageenin), Gemisch aus Polysacchariden (mit Schwefelsäure veresterte Galactane), das durch Heißwasserextraktion aus bestimmten Rotalgen (↗ Carrageen) isoliert wird. C. löst sich bereits teilweise in kaltem Wasser und ist in heißem Wasser vollständig gelöst. Bei Konzentrationen über 3 % bilden die hochviskösen Sole beim Abkühlen Gele, die bereits bei geringer Temperaturerhöhung wieder verflüssigt werden können. C. besitzt ein Rückgrat aus β-(1,3)- und α-(1,4)-verbundenen D-Galactose-Resten, die mit Schwefelsäure verestert sind. Hauptfraktionen sind $\varkappa$-C. (löslich in heißem Wasser) und λ-C. (löslich in kaltem Wasser), der Sulfatgehalt liegt zwischen ca. 25 und 40 %, als Kationen treten Natrium-, Kalium-, Calcium- und Magnesium-Ionen auf. *Anw.:* in der Galenik, Kosmetik und Lebensmittelindustrie als Gelbildner und Verdickungsmittel sowie als Pseudoemulgator.

Cartagena-Ipecacuanha ↗ Cephaelis-Arten.
Carteria lacca ↗ Kerria lacca.
Carthamus maculatus ↗ Silybum marianum.

■ **Carthamus tinctorius** L.
Färberdistel (syn. Saflor, Wilder Safran).
Fam.: Asteraceae (Compositae).
Vork.: Europa, Nordafrika, Kleinasien, Ostasien, Australien, Nord- und Südamerika.
Drogen: *1. **Flores Carthami***; Färberdistelblüten (syn. Wilder Safran, Saflor), die getrockneten

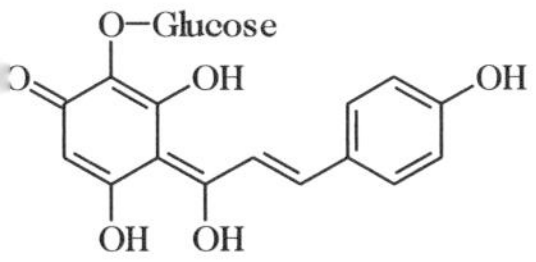

Carthamin

3lüten. *Inh.*: Farbstoffe (Carthamin, 2–6 %; post nortem gebildet aus Saflorrot, einem Flavanon-glykosid sowie Neocarthamin und Carthamon), Kämpferolglykoside, Polyine. *Anw.*: in der Volksheilkunde bei Verdauungsbeschwerden; zum Färben von Lebensmitteln und Kosmetika; früher als Färbemittel für Textilien. Eine gewisse Bedeutung hatte die gemahlene Droge als Surrogat für den wesentlich teureren Safran (↗ Crocus sativus), der seit dem Altertum als Gewürz und Heilmittel verwendet wurde. ***2. Oleum Carthami***; Safloröl (syn. Kardyöl, Distelöl), das fette Öl der Samen. *Inh.*: fettes, trocknendes Öl (bis 50 %, u. a. mit Ölsäure, Linolsäure, Linolensäure als Estersäuren), Carotinoide. *Anw.*: als Speiseöl sowie als Diätetikum zur Senkung des Cholesterolspiegels im Blut; in der Technik als Brennöl, Firnisgrundstoff und Schmiermittel.

Cartholinum pratense ↗ Linum catharticum.

■ Cartilago articularis HAB
hergestellt aus Gelenkknorpeln von Schlachttieren. *Anw.-Geb.*: Begleittherapie bei Gelenkserkrankungen.

Carum ajowan ↗ Trachyspermum ammi.
Carum anisum ↗ Pimpinella-Arten.
Carum aromaticum ↗ Carum carvi.

■ Carum carvi L.
(syn. *Apium carvi, Seseli carvi, Ligisticum carvi, Sium carvi, Bunium carvi, Foeniculum carvi, Pimpinella carvi, Selinum carvi, Karos carvi, Seseli carum, Sium carum, Aegopodium carum, Carum decussatum, Carum aromaticum, Carum officinale, Carvi careum, Lagoecia cuminoides*); Kümmel (syn. Echter Kümmel, Feldkümmel, Garbe, Gemeiner Kümmel, Gewöhnlicher Kümmel, Karbensamen, Karve, Kramkümmel, Wiesenkümmel).

Fam.: Apiaceae (Umbelliferae).

Vork.: in fast ganz Europa als meist zweijährige, bis 1 m hohe Pflanze.

Drogen: ***1. Carvi fructus*** (syn. *Fructus Carvi*); Kümmelfrüchte, die getrockneten, reifen Früchte. *Inh.*: äther. Öl (3–7 %) mit ↗ D-(+)-Carvon (50–65 %) und weiteren Terpenen, bes. D-(+)-Limonen (30–40 %), Cumarine, u. a. Herniarin und Umbelliferon sowie fettes Öl (10–18 %). *Anw.*: dyspeptische Beschwerden im Magen- und Darmbereich, Blähungen, Völlegefühl, nervöse Herz-Magen-Beschwerden, Verdauungsstörungen bei Säuglingen sowie in großen Mengen als Gewürz und in der Likörbereitung. Volkstümlich auch als milchförderndes Mittel (Lactagogum). Zur ↗ Teezubereitung verwendet man als Einzelgabe ca. 1,8 g (= ½ Teelöffel) frisch angestoßene Droge. ***2. Carvi aetheroleum*** (syn. *Oleum Carvi, Aetheroleum carvi, Oleum Carvi aethereum, Oleum Carui, Oleum Cari*); Kümmelöl, das aus den reifen Früchten gewonnene äther. Öl. *Inh.*: s. o. *Anw.*: analog *Carvi fructus* als Spasmolytikum bei leichten krampfartigen Beschwerden im Magen-Darm-Bereich; Bestandteil entsprechender Arzneifertigpräparate.

Hom.: ***1. Carum carvi*** HAB1, die getrockneten, reifen Früchte (mind. 3 % äther. Öl). ***2. Carum carvi, äthanol. Decoctum*** HAB1 (mind.4 % äther. Öl).

Histor.: Der Gattungsname *Carum* ist vom arabischen *karwija* bzw. altdeutsch *karvey* abgeleitet. Er entspricht auch dem italienischen und französischen Namen für Kümmel. Dagegen ist das Wort Kümmel dem lateinischen *cuminum* entlehnt, das wiederum aus dem hebräischen *kammon* stammen soll.

Carum copticum ↗ Trachyspermum ammi.
Carum decussatum ↗ Carum carvi.
Carum magnum ↗ Pimpinella-Arten.
Carum officinale ↗ Carum carvi.
Carum petroselinum ↗ Petroselinum crispum.
Carum podagraria ↗ Aegopodium podagraria.
Carum vulgare ↗ Petroselinum crispum.

■ Carvacrol
2-Hydroxy-4-isopropyltoluol (Monoterpen). Charakteristisch riechende (thymolähnlich) Flüssigkeit, die Bestandteil vieler äther. Öle (z. B. ↗ *Origanum majorana*, ↗ *Origanum vulgare*, *Thymus vulgaris*, ↗ *Thymus*-Arten) ist. (Formel S. 164)

Carvi aetheroleum ↗ Carum carvi.
Carvi careum ↗ Carum carvi.

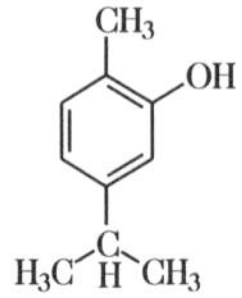

Carvacrol

Carvi fructus ↗ Carum carvi.

■ **Carvon**
p-Mentha-6,8-dien-2-on (Monoterpen). Bestandteil äther. Öle, v. a. im Kümmel (↗ *Carum carvi*). C. kommt in zwei Stereoisomeren, (+)- und (–)-Carvon, vor. Anw.: zum Aromatisieren von Likören, zur Parfümierung von Kosmetika.

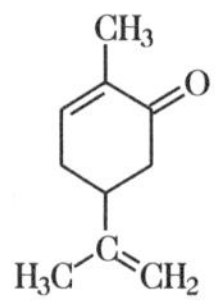

Carvon

Carya alba ↗ Carya ovata.

■ **Carya ovata** (Mill.) K. Koch
(syn. *Carya alba, C. squamosa, Juglans compressa, Juglans alba*); Schuppenrindenhickory.
Fam.: Juglandaceae.
Vork.: Nordamerika.
Droge: ***Oleum Caryae***; Amerikanisches Nußöl, das fette Öl der Nußkerne (syn. Hickory-Nüsse). *Inh.:* Triglyceride (ca. 78 %, u. a. mit Ölsäure, Linolsäure, Palmitinsäure), Phytosterole, Lecithin. *Anw.:* als Speise- und Brennöl sowie in der Homöopathie.

Carya squamosa ↗ Carya ovata.

■ **Caryocar niciferum** L.
Butterbaum.
Fam.: Caryocaraceae.
Vork.: tropisches Amerika, besonders Nordbrasilien und Guayana.
Droge: ***Butterbaumsamenfett*** (Pekeanußfett), das Fett der Samen. Inh.: festes, geruch- und geschmackloses Fett mit Glyceriden der Palmitin- und Ölsäure. Anw.: Speisefett; die Samenkerne werden als Obst gegessen, die Rinde des Baumes dient als Fiebermittel und Diuretikum.

■ **Caryodendron orinocense**
Fam.: Euphorbiaceae.
Vork.: tropisches Amerika.
Droge: das fette Öl der Samen. *Inh.:* Triglyceride, die zu 30 % aus Linolsäure und ca. 10 % aus Linolensäure bestehen, und frei von Hydroxyfettsäuren sowie Bitterstoffen sind. *Anw.:* wertvolles Speiseöl.

Caryophyllata aquatica ↗ Geum-Arten.
Caryophyllatae aquaticae rhizoma ↗ Geum-Arten.
Caryophyllatae herba ↗ Geum-Arten.
Caryophyllatae rhizoma ↗ Geum-Arten.
Caryophyllata officinalis ↗ Geum-Arten.
Caryophyllata rivalis ↗ Geum-Arten.
Caryophyllata urbana ↗ Geum-Arten.
Caryophyllata vulgaris ↗ Geum-Arten.

■ **Caryophyllene**
Sesquiterpene, die in äther. Ölen (z. B. Nelkenöl, ↗ *Syzygium*-Arten) enthalten sind und in mehreren Isomeren (α-, β-, γ-C.) auftreten. *Anw.:* in der Parfümherstellung.

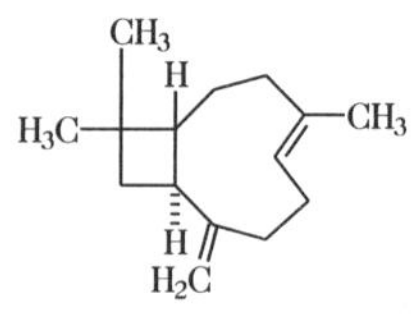

β-Caryophyllen

Caryophylli aetheroleum ↗ Syzygium-Arten.
Caryophylli floris aetheroleum ↗ Syzygium-Arten.
Caryophylli flos ↗ Syzygium-Arten.
Caryophylli fructus ↗ Syzygium-Arten.
Caryophyllus aromaticus ↗ Syzygium-Arten.
Cascararinde ↗ Rhamnus purshianus.
Cascara sagrada ↗ Rhamnus purshianus.
Cascarilla clutia ↗ Croton elutaria.
Cascarillae aetheroleum ↗ Croton elutaria.
Cascarillae cortex ↗ Croton elutaria.
Cascarillarinde ↗ Croton elutaria.
Cascarillöl ↗ Croton elutaria.
Cascarillrinde ↗ Croton elutaria.
Cascaroside ↗ Rhamnus purshianus.

■ **Casearia sylvestris** Sw.
Fam.: Flacourtiaceae.
Vork.: Brasilien.
Droge: ***Folia Caseariae***, die Blätter. Inh.: äther. Öl, Saponine, Alkaloide. Anw.: in der brasilianischen Volksheilkunde bei Hauterkrankungen.

■ **Casimiroa edulis** Llave et Lex. (syn. *Zanthoxylon araliaceum*); Sapote.
Fam.: Rutaceae.
Vork.: Zentralamerika, Mexiko, Süd- und Ostafrika.
Droge: ***Fructus Casimiroae***; Weiße Sapoten, die Früchte. Inh.: Alkaloidglykosid (Casimirin, 0,9 %). Anw.: als Obst, die Früchte sollen eine einschläfernde Wirkung aufweisen.
Cassandra calyculata ↗ Chamaedaphne calyculata.
Cassavastärke ↗ Manihot esculenta.
Cassavawurzel ↗ Manihot esculenta.

■ **Cassia-Arten**
● **Fam.:** Caesalpiniaceae. Bäume, Sträucher oder Kräuter mit stets paarig gefiederten Blättern.
● **Cassia alata** L. (syn. *Cassis bracteata, Herpetica alata, Senna alata*); Flügelkassie.
Vork.: tropisches Amerika und andere tropische Gebiete.
Droge: ***Cassia-alata-Blätter***, die getrockneten Fiederblättchen. Inh.: Anthracenderivate, u. a. Rhein, Aloeemodin und deren Glykoside sowie Flavonoide, u. a. Kämpferol, Kämpferol-3-*O*-sophorosid und geringe Mengen äther. Öl. Anw.: volkstümlich in den Herkunftsgebieten bei Verstopfung, zur Blutreinigung und äußerlich – meist in Form der zerriebenen frischen Blätter oder deren Preßsaftes bei parasitären Hautkrankheiten, bes. bei der in den Tropen verbreiteten, als „Ringwurm" bezeichneten Pilzinfektion.
● **Cassia angustifolia** Vahl. (syn. *Cassia lanceolata, C. ligustrina, C. medica, C. medicinalis, Senna alexandrina, Senna officinalis, Senna angustifolia*); Tinnevelly-Senna (syn. Indische Cassie, Indische Senna).
Herk.: Indien (Tinnevelly).
Drogen: ***1. Sennae folium*** (syn. *Cassiae folium, Folia Sennae, Folium Sennae*); Tinnevelly-Sennesblätter (syn. Indische Sennesblätter), die getrockneten Fiederblätter. Inh.: Hydroxyanthracenderivate (etwa 3 %), die genuin als Anthronglykoside, v. a. Rheinmonoglucosid, vorliegen und beim Trocknungsprozess bes. die Sennoside A, A_1 und B als Hauptglykoside (75–80 %) mit D-Glucose als Monosaccharidbaustein bilden. Die als Sennidine bezeichneten Aglyka unterscheiden sich konfigurativ. In den A-Formen haben die C-Atome 10 und 10′ jeweils gleiche Konfiguration; Sennosid A ist die (+)- und A_1 die (–)-Form. Sennosid B stellt die Mesoform mit entgegengesetzten Konfigurationen der Chiralitätszentren dar; der Drehwert ist null. Die Sennoside C und D bilden ein Diastereomerenpaar des Digllucosids von Aloeemodin-rheindianthron.

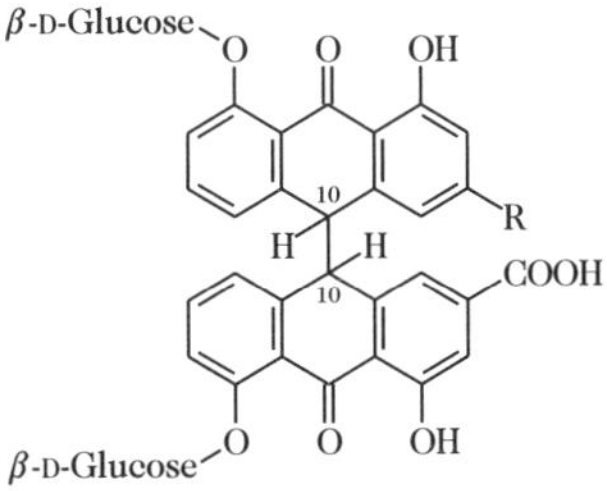

R = COOH:
Sennosid A (10,10′-*trans*)
Sennosid B (10,10′-*meso*)

R = CH_2OH
Sennosid A (10,10′-*trans*)
Sennosid B (10,10′-*meso*)

Weitere Bestandteile sind u. a. verschiedene Heterodianthrone, Rhein, Aloeemodin und deren Anthrone in teilweise glykosidierter Form sowie Flavonoide und Schleimstoffe. Wirk.: Sennoside werden erst im Kolon zu Sennidinen hydrolysiert. Diese werden durch die mikrobielle Flora zu Anthronen reduziert, die letztlich für den hydragogen Effekt und den damit verbundenen Füllungsdruck sowie die Anregung der Darmperistaltik verantwortlich sind. Anw.: bei akuter Obstipation als mittelkräftiges Laxans. *Dos.*: mittl. TG 20–60 mg Hydroxyanthracenderivate bzw. als Tee 1–1,5 g Schnittdroge auf ca. 150 ml Wasser. In den Herkunftsgebieten der Droge kommt diese volkstümlich auch bei Appetitlosigkeit, Leber- und Galleleiden, Gelbsucht sowie bei Bronchitis zur Anwendung. Zur ↗ Teezubereitung verwendet man ½–1 gestrichenen Teelöffel fein zerschnittener Droge, wobei der Tee sowohl als Heißwasseraufguß als auch als Kaltauszug bei längerem Stehen vor der Anwendung hergestellt werden kann. ***2. Sennae fructus angustifoliae*** (syn. *Folliculi Sennae, Fructus Sennae angustifoliae*); Tinnevelly-Sennesfrüchte (syn. Indische Mutterblätter, Indische Sennesbälge, Indische Sennesschoten), die getrockneten Früchte. Inh.: Hydroxyanthracenderivate (mind. 2,2 %). Die Zusammensetzung entspricht der Blattdroge, lediglich Aloeemodinderivate sind in geringerer Menge enthalten als in den Blättern. Anw.: s. *Sennae folium*.

Hom.: ***Senna*** HAB34, die getrockneten Fiederblätter. *Anw.-Geb.*: Erkrankungen des Magen-Darm-Traktes.

Histor.: Sennesblätter kamen im 9. Jh. durch arabische Ärzte nach Europa.

Cassia angustifolia, blühender Sproß und Hülse.

● **Cassia auriculata** L. (syn. *Senna auriculata*).

Vork.: Burma, Indien, Sri Lanka.

Drogen: ***1. Cassia-auriculata-Blätter***, die getrockneten Fiederblättchen. Inh.: Gerbstoffe (ca. 20 %), geringe Mengen Anthracenderivate. Anw.: volkstümlich in den Heimatgebieten als Wurmmittel, bei Obstipation sowie äußerlich bei Hauterkrankungen, vereinzelt auch als Substitut für Schwarzen Tee. ***2. Cassia-auriculata-Rinde***, die getrocknete Rinde. Inh.: Gerbstoffe (7–25 %). Anw.: volkstümlich in den Heimatgebieten bei rheumatischen Beschwerden, Augenerkrankungen sowie als Adstringens zum Gurgeln. In der Technik zum Gerben und Schwarzfärben. ***3. Cassiae-auriculata-Samen***, die getrockneten reifen Samen. Inh.: Galactomannane, β-Sitosterol und Pyrrolizidinalkaloide (0,004 %). Anw.: volkstümlich in Sri Lanka sowie in der indischen Ayurveda-Medizin innerlich bei Diabetes, Durchfall und äußerlich bei Augenerkrankungen. Bei eitrigen Augenerkrankungen oder schmerzhaften Hornhautentzündungen werden die fein gemahlenen Samen in die Augen geblasen oder mit Cocosöl zu einer Paste verarbeitet, die auf die schmerzenden Augen gebracht wird.

● **Cassia fistula** L. (syn. *Bactyrilobium fistula, Cassia bonplandiana, C. excelsa, C. fistuloides, C. rhombifolia, Cathartocarpus excelsus, Cathartocarpus fistula*); Purgierkassie (syn. Röhrenkassie), s. Farbtafel S. 148, Bild 67.

Vork.: Indien.

Droge: ***Cassiae fistulae fructus*** (syn. *Cassiae fructus, Fructus Cassiae fistulae*), die getrockneten reifen Früchte. Inh.: Zucker (ca. 60 %), Pektine, Hydroxyanthracenderivate, u. a. Sennoside A und B. Anw.: Das mit Wasser extrahierte und eingeengte Fruchtmus (*Pulpa Cassiae*) dient als mildes Abführmittel.

● **Cassia italica** (Mill.) Lam ex Steud. (syn. *Cassia aschrek, C. burmanni, C. obovata, C. obtusata, Senna obovata, Senna obtusa*); Alippische Senna (syn. Italienische Sennespflanze, Syrische Senna).

Vork.: u. a. Westafrika, Ägypten bis Pakistan, Anbau Südeuropa.

Droge: ***Cassia-italica-Blätter*** (syn. *Cassia-obovata*-Blätter); Sudan-Sennesblätter, die getrockneten Fiederblättchen. Inh.: Hydroxyanthracenderivate (ca. 2,5–3,5 %) mit gleicher Zusammensetzung wie *Sennae folium*. Anw.: Verstopfung, mitunter als Substitut für Sennesblätter, volkstümlich zur Blutreinigung, industriell zur Gewinnung von Sennosiden.

● **Cassia occidentalis** L. (syn. *Cassia foetida, Senna occidentalis*).

Vork.: südöstliche USA, tropisches Amerika, Anbau heute in verschiedenen tropischen Gebieten.

Drogen: ***1. Cassia-occidentalis-Blätter***, die getrockneten Fiederblättchen. Inh.: Hydroxyanthracenderivate (ca. 2,1 %), u. a. Chrysophanol, Emodin und Physcion sowie dessen Glucoside, ferner Flavonoide. Anw.: volkstümlich in den einzelnen Gebieten sehr unterschiedlich. In Indonesien bei Zahn- und Kieferschmerzen, in Haiti bei Asthma und Kopfschmerzen, an der Elfenbeinküste bei Fieber, Gelbsucht Verstopfung, Nierenerkrankungen und grauem Star. ***2. Cassia-occidentalis-Samen***, die getrockneten Samen. Inh.: Hydroxyanthracenderivate, frei und als Glucoside (ca. 2,5 %). Anw.: volkstümlich, z. B. in Indien bei Fieber, Husten, Verstopfung und äußerlich bei Hauterkrankungen.

● **Cassia senna** L.(syn. *Cassia acutifolia, C. lanceolata, Senna acutifolia, S. alexandrina*); Ägyptische Cassia (syn. Ägyptischer Sennesstrauch, Sennencassie).

Vork.: Ägypten, Sudan, Eritrea.

Drogen: ***1. Sennae folium*** (syn. *Cassiae folium, Folia Sennae, Folium Sennae*); Ägyptische Sennesblätter, (syn. Alexandriner Sennesblätter, Alexandrinische Sennesblätter), die getrockneten Fiederblätter, s. Farbtafel S. 148, Bild 68. Inh. und Anw. entsprechen denen von *C. angustifolium*. ***2. Sennae fructus acutifoliae*** (syn. *Folliculi Sennae, Fructus Sennae acutifoliae*); Alexandriner-Sennesfrüchte (syn. Afrikanische Mutterblätter, Alexandriner-Sennesfrüchte, Sennesbälge, Sennesschoten), die getrockneten Früchte, s. Farbtafel S. 148, Bild 69. Inh. Hydroxyanthracenderivate (mind. 3,4 %, nach Ph. Eur.). Anw.: entspricht der von *C. angustifolia*.

● **Histor.:** Die medizinische Nutzung der Droge war den griechischen und römischen Ärzten der Antike unbekannt geblieben. Sie geht auf arbische Ärzte des 9. und 10 Jh. zurück, wobei zunächst die Früchte genutzt wurden. Die Kräuterbücher des 16. und 17. Jh. beschreiben die Droge als gebräuchlichstes Abführmittel, das auch bei Hauterkrankungen, Melancholie, Epilepsie, Seh- und Hörschwäche empfohlen wurde.

Cassiae fistulae fructus ↗ Cassia-Arten.
Cassiae flos ↗ Cinnamomum-Arten.
Cassiae folium ↗ Cassia-Arten.
Cassiae fructus ↗ Cassia-Arten.
Cassia jahnii ↗ Adipera jahnii.
Cassia lignea ↗ Cinnamomum-Arten.
Cassia-Öl ↗ Cinnamomum-Arten.
Cassiestrauch ↗ Acacia-Arten.
Cassis bracteata ↗ Cassia-Arten.
Cassuvium reniforme ↗ Anacardium occidentale.
Castanea castanea ↗ Castanea sativa.
Castaneae folium ↗ Castanea sativa.
Castanea equina ↗ Aesculus hippocastanum.

■ **Castanea sativa** Mill.
(syn. *Castanea castanea, C. sylvestris, C. vesca, C. vulgaris, Fagus castanea*); Echte Kastanie (syn. Edelkastanie, Eßkastanie, Maronenbaum).

Fam.: Fagaceae.

Vork.: Südeuropa, in Nordamerika, Indien und Japan kultiviert.

Droge: ***Castaneae folium*** (syn. *Folia Castaneae*); Edelkastanienblätter (syn. Eßkastanienblätter, Maronenbaumblätter), die im September bis Oktober gesammelten, getrockneten Laubblätter. *Inh.:* Gerbstoffe (6–8 %, v. a. Ellagitannine), Flavonoide (Quercetin und Myricetin sowie deren Glykoside), Ascorbinsäure, β-Sitosterolglucosid, Gallussäure, Chinasäurederivate. *Anw.:* in der Volksheilkunde bei Erkrankungen der Atemwege, Beinbeschwerden, Durchblutungsstörungen, bei Diarrhoe, als Gurgelmittel bei Halsentzündungen. Die Früchte (Maronen) sind ein geschätztes Nahrungs- und Genußmittel, das einen hohen Stärke- und Zuckergehalt aufweist.

Hom.: ***Castanea vesca*** HAB34; Kastanie, die frischen Blätter. *Anw.-Geb.:* Krampfhusten, Enddarmentzündungen.

Histor.: Der Gattungsname *Castanea* stammt von griechischen *kástanon* ab. Seinen Namen erhielt der Baum nach Kastana, einer Stadt im Pontus, wo er schon sehr früh kultiviert (*sativa*, angepflanzt) wurde. Kastanie ist ein Lehnwort aus dem gleichbedeutenden lateinischen *castanea*.

Castanea sylvestris ↗ Castanea sativa.
Castanea vesca ↗ Castanea sativa.
Castanea vulgaris ↗ Castanea sativa.

■ **Castanospermum australe** A. Cunn. et Fras. ex Hook.
Bohnenbaum (syn. Australische Kastanie).

Fam.: Fabaceae.

Vork.: Ostaustralien, Neukaledonien.

Droge: verwendet werden die Samen (Black Bean). Inh.: Stärke (Bohnenbaumstärke), Triterpensaponine, Polyhydroxyalkaloide, u. a. Castanospermin, ein 1,6,7,8-Tetrahydroxyindolizidin, und Australin, ein Pyrrolizidin-Alkaloid. Wirk.: Castanospermin besitzt insektizide und antivirale Eigenschaften, u. a. gegen HIV. Australin hemmt bestimmte Glykosidasen und gehört in die sog. Gruppe der Alkaloidal Glykosidase Inhibi-

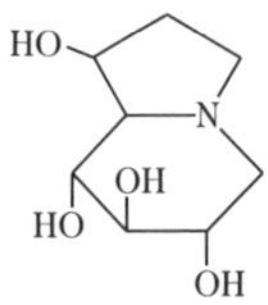

Castanospermin

bitors (AGI). Anw.: Die gerösteten, kastanienartigen Samen werden von den australischen Ureinwohnern gegessen. Eine therapeutische Nutzung ist nicht bekannt.

■ **Castela erecta**
(syn. *Castela nicholsoni*).
Fam.: Simaroubaceae.
Vork.: tropisches Amerika.
Droge: die ganze Pflanze. Inh.: Bitterstoffe, wie Chaparrin; Castelamarin, Castelin, Amarolid. Anw.: in der Volksheilkunde gegen Amöben.

Castela nicholsoni ↗ Castela erecta.
Castiglionia lobata ↗ Jatropha curcas.
Castilla costaricana ↗ Castilla elastica.
Castilla daguensis ↗ Castilla elastica.

■ **Castilla elastica** Cerv.
(syn. *Castilloa elastica, C. daguensis, C. panamensis, C. costaricana*); Castilloa-Kautschukbaum (syn. Hulebaum, Panamakautschukbaum).
Fam.: Moraceae.
Vork.: Mittelamerika, heute auch in Westindien und Südasien angebaut.
Droge: ***Castilla-elastica-Samen***, die getrockneten Samen. Inh.: herzwirksame Glykoside (Cardenolide): u. a. Cymarin, k-Strophanthin, Helveticosid, Cheirotoxin. Anw.: in der Volksmedizin Mittelamerikas bei Ödemen und Herzinsuffizienz. Die Industrie nutzt den Latex von *C. elastica* zur Kautschukgewinnung.

Castilla panamensis ↗ Castilla elastica.
Castilloa elastica ↗ Castilla elastica.
Castilloa-Kautschukbaum ↗ Castilla elastica.
Castor americanus ↗ Castor fiber.
Castor canadensis ↗ Castor fiber.

■ **Castor equi HAB**
der getrocknete, schwärzliche Auswuchs an den inneren Seiten der Vorder- und Hinterfüße des Pferdes. Anw.-Geb.: bei entzündlichen Prozessen und Erkrankungen der Haut sowie des Stütz-und Bewegungsapparates, z. B. Brustdrüsenentzündungen, Steißbeinschmerz, Knochenhautreizung, Knochenhautentzündung.

Castoreum ↗ Castor fiber.
Castoreum americanum ↗ Castor fiber.
Castoreum canadense ↗ Castor fiber.
Castoreum sibiricum ↗ Castor fiber L. var. sibirica.

■ **Castor fiber** Kuhl
(syn. *Castor canadensis, Castor fiber L. var. americanus, C. fiber L. var. canadensis*); Amerikanischer Biber (syn. Kanadischer Biber).
Fam.: Castoridae.
Vork.: Nordamerika.
Droge: ***Castoreum*** (syn. *Castoreum canadense, Castoreum americanum*); Bibergeil (syn. Kanadisches Bibergeil). Inh.: Die sekrethaltigen Drüsen der Biber („Castorbeutel"), die den Tieren zur Wegmarkierung („Duftmarken") dienen, enthalten u. a. äther. Öl mit Benzoesäure, Harz, Fett, Calciumsalze, Phenol, Salicylsäurederivate, Hydroxyzimtsäure und Derivate sowie Castorin, ein Gemisch aus Cholesterol und Dihydrocholesterol. Anw.: früher als Tinktur zur Spasmolyse und als Nervenmittel, bei Erschöpfungszuständen und Lungenerkrankungen. In der Parfümerie als Fixateur.
Hom.: ***Castoreum*** HAB1, das aus den Sammelbeuteln entnommene, getrocknete Bauchdrüsensekret. Anw.-Geb.: nervöse Verstimmungen, Erschöpfungszustände, Krämpfe des Magen-Darm-Kanals, Menstruationsbeschwerden.

■ **Castor fiber** L. **var. sibirica**
Sibirischer Biber.
Fam.: Castoridae.
Vork.: Sibirien, an Lena und Yenessei.
Droge: ***Castoreum sibiricum***; Sibirisches oder Russisches Bibergeil. Inh.: äther. Öl, Castorin und Harz in gleicher Qualität, aber in wesentlich größeren Mengen als Castoreum canadense (↗ Castor fiber). Anw.: wie bei *Castor fiber*.
Hom.: ***Castoreum sibiricum***, Bibergeil, die getrockneten Drüsensäcke des Bibers. Anw.-Geb.: Nervosität, Hysterie.

Castoröl ↗ Ricinus communis.
Castorsamen ↗ Ricinus communis.

Castorwachs ↗ Ricinus communis.

■ **Casuarina equisetifolia** J. R. et G. Forst.
Känguruhbaum (syn. Keulenbaum).

Fam.: Casuarinaceae.

Vork.: Australien, Indien, Westafrika, häufig auch kultiviert.

Droge: ***Casuarinarinde*** (syn. Keulenbaumrinde), die Stammrinde. Inh.: Gerbstoffe. Anw.: in der Volksheilkunde bei Ruhr, technisch als Gerbmaterial.

Casuarinarinde ↗ Casuarina equisetifolia.
Casuvium pomiferum ↗ Anacardium occidentale.
Catalpa arborea ↗ Catalpa bignonioides.

■ **Catalpa bignonioides** Walt.
(syn. *Bignonia catalpa, Catalpa arborea, C. catalpa, C. communis, C. cordifolia, C. ternifolia, C. syringaefolia, Catalpium amena*); Trompetenbaum (syn. Brissagobaum, Gemeiner Trompetenbaum).

Fam.: Bignoniaceae.

Vork.: Nordamerika, in der ganzen Welt als Zierbaum kultiviert.

Droge: ***Siliqua Bignoniae***; *Catalpa-bignonioides*-Früchte, die im Herbst geernteten reifen Früchte. Inh.: Iridoide (0,2–0,8 %, v. a. Catalpol, Catalposid), Polyphenole, Eiweiß, fettes Öl (mit ungesättigten Fettsäuren). Anw.: in der Volksheilkunde bei Lungenleiden, Asthma und Keuchhusten.

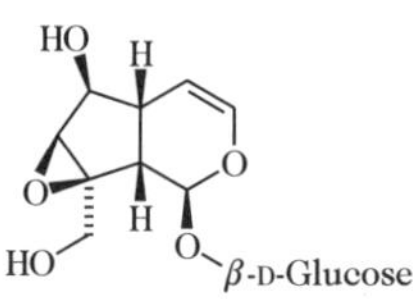

Catalpol

Hom.: ***Bignonia Catalpa*** HAB34, die frische Wurzel. Anw.-Geb.: Augenentzündungen.
Catalpa catalpa ↗ Catalpa bignonioides.
Catalpa communis ↗ Catalpa bignonioides.
Catalpa cordifolia ↗ Catalpa bignonioides.
Catalpa syringaefolia ↗ Catalpa bignonioides.
Catalpa ternifolia ↗ Catalpa bignonioides.
Catalpium amena ↗ Catalpa bignonioides.

■ **Catechine**
(Flavan-3-ol-Derivate). Bausteine der nicht hydrolysierbaren ↗ Gerbstoffe und ↗ Phlobaphene.

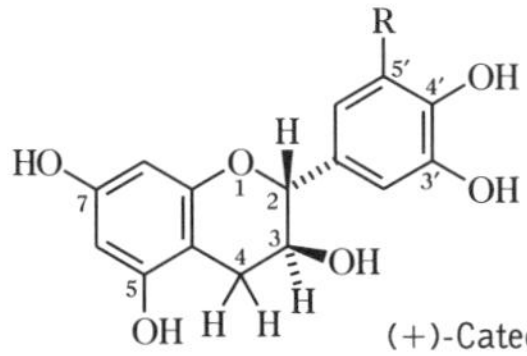

(+)-Catechin (R = H)
(+)-Gallocatechin (R = OH)

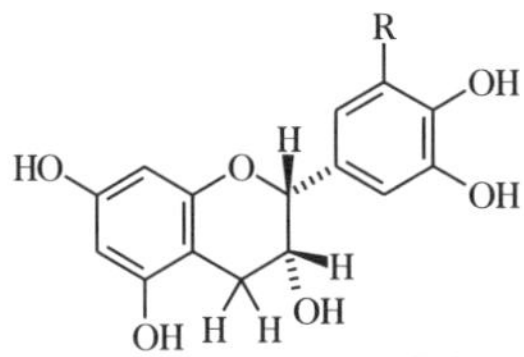

(–)-Epicatechin (R = H)
(–)-Epigallocatechin (R = OH)

Catechingerbstoffe ↗ Gerbstoffe.
Catechu ↗ Acacia-Arten, ↗ Uncaria gambir.
Catechu pallidum ↗ Uncaria gambir.
Catevala arborescens ↗ Aloe-Arten.

■ **Catgut**
chirurgisches Nahtmaterial, das aus den Dünndärmen von Säugetieren (Schafe, Rinder) hergestellt wird und das nach etwa 8–15 Tagen durch körpereigene Enzyme abgebaut wird (resorbierbares Nahtmaterial). Es besteht zum größten Teil aus nativem Kollagen. Verwendet werden Steriles Catgut (*Chorda resorbilis sterilis*), Steriles Catgut im Fadenspender (*Chorda resorbilis sterilis in receptaculo*) sowie sterile, resorbierbare Kollagenfäden (*Fila collagenis resorbilia sterilia*) in der Chirurgie für Operationsnähte.

■ **Catha edulis** Forsk.
(syn. *Catha forskalii, C. inermis, Celastrus edulis, Dillonia abyssinica, Trigonotheca serrata*); Khat (syn. Abessinischer Tee, Kath, Kathstrauch, Khatstrauch).

Fam.: Celastraceae.

Vork.: Äthiopien, Arabische Halbinsel, v. a. Nordjemen, Kenia.

Droge: ***Catha-edulis-Blätter***, die frischen Blätter oder Triebspitzen. Inh.: Alkaloide, u. a. die Phenylpropylamine *S*-(–)-Cathinon, *S*,*S*-(–)-Norpseudoephedrin (Cathin), und *R*,*S*-(–)-Norephedrin. Ferner Sesquiterpenesteralkaloide, Flavonoide, Catechin-Gerbstoffe sowie Triterpene. Wirk.: indirekt sympathomimetisch; Psychostimulans, zur Gruppe der Anorektika gehörend. Anw.: In bestimmten Teilen Ostafrikas und Arabiens, bes. Äthiopiens, in Kenia und im Jemen als Psychostimulans, gegen Depressionen und Melancholie. Khat wird gekaut, als Tee getrunken oder mit Honig vergoren. In der Volksheilkunde ferner bei grippalen Infekten sowie zur Überwindung von Müdigkeit. Geg.: Norpseudoephedrin steht strukturell dem Amphetamin nahe und gehört zu den Substanzen, die zur Sucht führen können, zumal bei längerer Anwendung – ähnlich dem Ephedrin – immer höhere Dosen erforderlich sind. Die Folge können u. a. Unregelmäßigkeiten am Herzen (Tachykardie, Extrasystolen) sein.

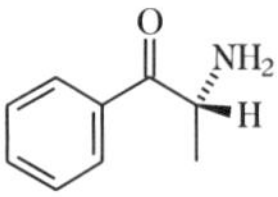

(–)-Cathinon

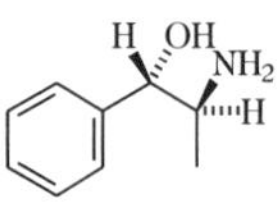

(+)-Norpseudoephedrin (Cathin)

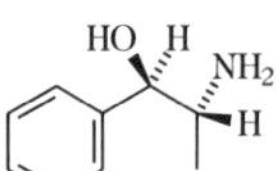

(–)-Norephedrin

Histor.: In islamischen Kulturkreisen ist Khat Teil des religiösen und gesellschaftlichen Lebens. Es wird seit Jahrhunderten traditionell verwendet und vom Koran toleriert.

Catha forskalii ↗ Catha edulis.
Catha inermis ↗ Catha edulis.

■ **Catharanthus roseus** (L.) G. Don (syn. *Ammocallis rosea, Lochnera rosea, Vinca rosea*); Tropisches Immergrün (syn. Madagaskar-Immergrün), s. Farbtafel S. 148, Bild 70.

Fam.: Apocynaceae.

Heim.: Madagaskar, in Tropen und Subtropen, z. T. als Zierpflanze, verbreitet.

Drogen: *1. **Vincae rosae herba*** (syn. *Herba Vincae roseae*); Tropisches Immergrünkraut und *2. **Vincae roseae radix*** (syn. *Radix Vincae roseae*); Tropische Immergrünwurzel. Inh.: Alkaloide (mehr als 90), bes. Vincaleucoblastin (Vinblastin, VLB und Vincristin (Leurocristin, LC), welche dimere Indol-Indolin-Alkaloide darstellen. Anw.: Die Droge ist ausschließlich Industriedroge und dient zur Gewinnung von Vinblastin und Vincristin, die Mitosehemmstoffe sind und als Zy-

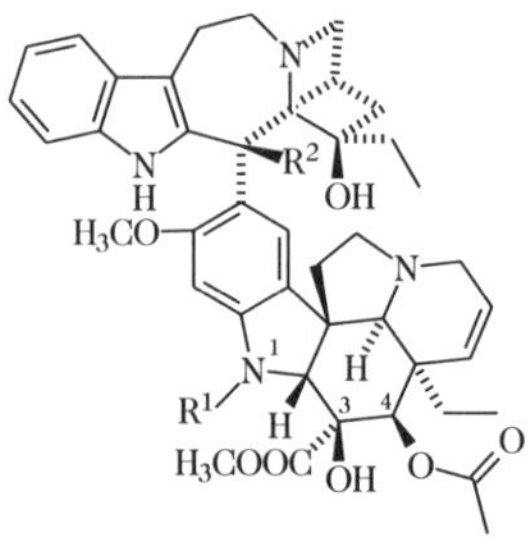

Name	R^1	R^2
Vinblastin	CH_3	$COOCH_3$
Vincristin	CHO	$COOCH_3$

tostatika in der Klinik zur Anwendung gelangen. Vinblastin wird bes. bei Morbus Hodgkin sowie metastasierendem Hoden- und Mammacarcinom eingesetzt, Vincristin bei akuten lymphatischen Leukämien. Infolge erheblicher Nebenwirkungen ist ihre therapeutische Nutzung eingeschränkt. Begrenzender Faktor ist bei VLB neben Übelkeit, Haarausfall, Magen-Darm-Störungen und Beeinträchtigung der Hämatopoese, v. a. die Leukopenie. Die dosislimitierenden Nebenwirkungen beim Vincristin sind bes. Harnsäurenephropathie, Obstipation, Haarausfall und ausgeprägte Neurotoxizität.

Histor.: Die Blattdroge von *C. roseus* wird seit langer Zeit in den Verbreitungsgebieten, u. a. auf Jamaika, als Tee gegen Diabetes genutzt. Die systematische Suche nach dem antidiabetischen Prinzip führte dabei zufällig zur Auffindung der leukopenischen Wirkung einiger Alkaloide und zu deren Entwicklung als Therapeutika. Bei der Vielzahl der untersuchten Alkaloide der Pflanze konnte bei einigen Nebenalkaloiden, u. a. Leurosin, Lochnerin, Vindolin und Vindolinin, eine hypoglykämische Wirkung festgestellt werden, die jedoch keine therapeutische Bedeutung erlangt hat.

Catharticum aureum ↗ Garcinia hanburyi.

Cathartocarpus excelsus ↗ Cassia-Arten.
Cathartocarpus fistula ↗ Cassia-Arten.

■ **Cathinon**
Alkaloid vom Phenylalkylamin-Typ (2-Aminophenylpropan-Derivat) aus ↗ *Catha edulis*. Wirk.: Durch Freisetzung von Neurotransmittern im ZNS (Dopamin, Serotonin, Noradrenalin) wird eine zentral anregende Wirkung ausgelöst.

Cativobalsam ↗ Prioria copaifera.
Catodon macrocephalus ↗ Physeter macrocephalus.

■ **Caucalis anthriscus** Huds.
(syn. *Torilis anthriscus, T. japonica*).
Fam.: Apiaceae (Umbelliferae).
Vork.: Indien, China, Korea, Japan.
Droge: die Früchte. Inh.: äther. Öl mit Benzylalkohol, Benzymacetat, *p*-Methoxybenzylacetat, Pinocarveol, Cadinen, Torilin; fettes Öl. Anw.: in der asiatischen Volksheilkunde als Adstringens, Fiebermittel, Expektorans und bei Dysenterie.

Caucalis sanicula ↗ Sanicula europaea.
Caule dulcamarae ↗ Solanum-Arten.
Caulis junceus ↗ Brassica-Arten.
Caulophylli radix ↗ Caulophyllum thalictroides.

■ **Caulophyllum thalictroides** (L.) Michx.
(syn. *Leontice thalictroides*); Löwenblatt (syn. Blauer Hahnenfuß, Frauenwurz, Stengelblatt).
Fam.: Berberidaceae.
Vork.: Nordamerika.
Droge: ***Caulophylli radix*** (syn. *Radix Caulophylli*); *Caulophyllum-thalictroides*-Rhizom und -Wurzeln (syn. Löwenblattwurzel, Blauer Hahnenfuß), die getrockneten Rhizome und Wurzeln. Inh.: geringe Mengen Chinolizidin-Alkaloide (–)-Anagyrin und (–)-Methylcytisin sowie (–)-Baptifolin, (+)-Magnoflorin; Triterpensaponine (Caulosaponin, Caulophyllosaponin). Anw.: in der traditionellen Heilkunde der nordamerikanischen Indianer bei Frauenleiden genutzt, bis ins 20. Jh. in Amerika und Großbritannien bei Amenorrhoe, Dysmenorrhoe, drohendem Abort und bei rheumatischen Beschwerden eingesetzt.
Hom.: ***Caulophyllum thalictroides*** HAB34, der frische Wurzelstock mit den daran hängenden Wurzeln. Anw.-Geb.: Menstruations-, Gebärmutter- und Geburtsstörungen, Rheumatismus der Finger- und Zehengelenke.
Histor.: Der Gattungsname *Caulophyllum* ist vom griechischen *kaulos* (Stengel) und *phyllon* (Blatt) abgeleitet, da der Stengel das einzige, große Blatt trägt. Der Artname *thalictroides* weist auf die Ähnlichkeit mit der Wiesenraute (*Thalictrum*) hin.

Causalis capitata ↗ Sanicula europaea.
Cautschuc ↗ Hevea brasiliensis.
Cavallium urens ↗ Sterculia-Arten.
Cawe ↗ Pachycereus pecten-aboriginum.

■ **Cayaponia cabocla** (Vell.) Mart.
(syn. *Cayaponia globosa, Bryonia cabocla*).
Fam.: Cucurbitaceae.
Vork.: Brasilien.
Droge: ***Oleum Cayaponiae***; Cayaponiaöl, das Öl der Früchte. Inh.: Triglyceride. Anw.: in der Volksheilkunde als Laxans.

Cayaponia globosa ↗ Cayaponia cabocla.
Cayaponiaöl ↗ Cayaponia cabocla.
Cayennepfeffer ↗ Capsicum-Arten.
Ceanothi folium ↗ Ceanothus americanus.
Ceanothi radicis cortex ↗ Ceanothus americanus.

■ **Ceanothus americanus** L.
(syn. *Ceanothus ellipticus, C. intermedius, C. officinalis, C. perennis, C. tardiflorus, C. trinervus, C. virgatus*); Amerikanische Säckelblume (syn. Säckelblume, Seckelblume, Seckelstrauch, Wilder Schneeball).
Fam.: Rhamnaceae.
Vork.: östliches und zentrales Nordamerika.
Drogen: ***1. Ceanothi folium*** (syn. *Folia Ceanothi*); Seckelblumenblätter, die getrockneten Blätter. Inh.: Flavonoide, Ceanothen- und Ceanothsäure. Anw.: volkstümlich u. a. gegen Aphthen, Dysenterie und bei Angina. ***2. Ceanothi radicis cortex*** (syn. *Cortex Ceanothi radicis*), die getrocknete Wurzelrinde. Inh.: Cyclpeptidalkaloide (ca. 0,16 %), u. a. Ceanothin-B, Ceanothin-C und Frangulanin, Zimtsäurederivate und Gerbstoffe. Anw.: volkstümlich zur Blutstillung, gegen Fieber und bei Gonorrhoe.
Hom.: ***Ceanothus americanus*** HAB1, die getrockneten Blätter. Anw.-Geb.: u. a. Milzvergrößerung.

Histor.: Der Gattungsname stammt vom griechischen *keanóthys* ab, einem von Theophrast für eine dornige Pflanze gebrauchten Namen, der allerdings nicht mit der heutigen Gattung *Ceanothus* übereinstimmt. Seckelblumenblätter wurden während der Kriegsjahre in Nordamerika auch als Teeersatz verwendet, daher der Name „New Jersey tea".

Ceanothus ellipticus ↗ Ceanothus americanus.
Ceanothus intermedius ↗ Ceanothus americanus.
Ceanothus officinalis ↗ Ceanothus americanus.
Ceanothus perennis ↗ Ceanothus americanus.
Ceanothus reclinatus ↗ Colubrina reclinata.
Ceanothus tardiflorus ↗ Ceanothus americanus.
Ceanothus trinervus ↗ Ceanothus americanus.
Ceanothus virgatus ↗ Ceanothus americanus.
Cearawachs ↗ Copernicia prunifera.
Cebolleta ↗ Oncidium cebolleta.

■ **Cecropia hololeuca** Miq.
Ameisenbaum.
Fam.: Moraceae.
Vork.: Brasilien.
Droge: die Stammrinde. Inh.: Gerbstoffe. Anw.: in der brasilianischen Volksheilkunde als Diuretikum und Antidiarrhoikum.

Cedernholzöl ↗ Juniperus virginiana.
Cedri folium ↗ Cedrus-Arten.
Cedri lignum ↗ Cedrus-Arten.
Cedron ↗ Simaba cedron.

■ **Cedrus-Arten**
● **Fam.:** Pinaceae.
● **Cedrus atlantica** (Endl.) Manetti ex Carr.; Atlaszeder.
Vork.: Algerien, Atlasgebirge.
Droge: ***Cedri lignum*** (syn. *Lignum Cedri*); Zedernholz. Inh.: äther. Öl (3–5 %), u. a. α-Cadinen, α- und γ-Atlanton enthaltend. Anw.: Bronchitis, Hautleiden.
● **Cedrus deodara** (D. Don) G. Don; Himalajazeder.
Droge, Inh. und Anw.: s. *C. atlantica*.
● **Cedrus libani** A. Rich. (syn. *C. libanotica, C. brevifolia*); Libanonzeder.
Drogen: ***Cedri folium*** (syn. *Folia Cedri*); Zedernblätter und *Cedri lignum* (syn. *Lignum Cedri*); Zedernholz. Inh.: äther. Öl, *u. a.* Borneol enthaltend. Anw.: Expektorans. Das äther. Öl ist auch Bestandteil von Arzneifertigpräparaten, die bei Erkrankungen der Atmungsorgane zur Anwendung kommen.

■ **Ceiba pentandra** (L.) Gaertn.
(syn. *Bombax pentandrum, Eriodendron anfractuosum*); Kapokbaum (syn. Wollbaum).
Fam.: Bombacaceae.
Vork.: tropisches Afrika, in Südasien und Südamerika auch kultiviert.
Droge: ***Oleum Ceibae***; Kapoksamenöl, das fette Öl der Samenkerne. Inh.: Triglyceride mit Anteilen an Ölsäure (43 %), Linolsäure (31 %), Palmitinsäure (10 %) und Stearinsäure (8 %); β-Sitosterol, Phospholipide. Anw.: als Speiseöl sowie als Brennöl und zur Seifenherstellung.

Celasteröl ↗ Celastrus paniculata.
Celastrus dependens ↗ Celastrus paniculata.
Celastrus edulis ↗ Catha edulis.

■ **Celastrus paniculata** Willd.
(syn. *Celastrus dependens*).
Fam.: Celastraceae.
Vork.: Ostindien, Sri Lanka, Philippinen, Sundainseln.
Droge: ***Duduköl*** (syn. Celasteröl), das fette Öl der Samen. Inh.: Triglyceride. Anw.: als Brennöl für kultische Handlungen; in der traditionellen Heilkunde der Herkunftsgebiete auch als Nervenheilmittel.

Celeri graveolens ↗ Apium graveolens.
Cellulase ↗ Trichoderma viride.

■ **Cellulose**
wasserunlösliches Homopolysaccharid, das aus 500 bis 5 000 unverzweigten 4-β-Glucoseeinheiten aufgebaut und wesentlicher Bestandteil der Gerüstsubstanz von pflanzlichen Zellwänden ist. Fast reine Cellulose stellt die Baumwolle dar, die aus den bis 4 cm langen und bis 40 µm dicken, röhrenförmigen Samenhaaren der Gattung *Gossypium* (↗ Gossypium-Arten) besteht. Anw.: als Watte, Binden, Mull, Nahtmaterial oder Verbandmaterial in der medizinischem Praxis; in der Galenik als Hilfsstoff bei der Tablettierung Dragierung, als Füllmittel bei der Herstellung von Diätetika sowie als Pudergrundlage. Eine Verbandwatte aus Viskose (*Lanugo cellulosi ab*

sorbens) besteht aus frischen, gebleichten Fasern regenerierter Cellulose, die nach dem Viskoseverfahren hergestellt wurde.

Centaurea benedictus ↗ Cnicus benedictus.

■ **Centaurea cyanus** L.
(syn. *Cyanus arvensis, C. segetum, C. vulgaris*); Kornblume (syn. Blauchrut, Blaue Kronblume, Blaumützen, Hunger, Kaiserblume, Kornmutter, Kornbeißer, Kornfresser, Kreuzblume, Schannelke, Trämpsen, Tremisse), s. Farbtafel S. 148, Bild 71.

Fam.: Asteraceae (Compositae).

Heim.: Mittelmeergebiet, inzwischen über die gesamte Erde verbreitet.

Droge: ***Cyani flos*** (syn. *Flores Cyani, Flores Cyani coerulei*), die rasch getrockneten Strahlenblüten. Inh.: Anthocyane, u. a. Centaurocyanin sowie Flavonglykoside, u. a. Apigenin-4′-*O*-(6-*O*-malonyl-β-D-glucosyl)-7-β-D-glucuronid. Anw.: heutzutage als „Schmuckdroge“; früher, u. a. bei Fieber, als schleimlösendes und harntreibendes Mittel sowie zur Anregung des Appetits und der Funktion von Leber und Galle. Meist in Teekombinationen.

Centaureum centaurium ↗ Centaurium minus.
Centaureum erythraea ↗ Centaurium minus.
Centaureum umbellatum ↗ Centaurium minus.
Centaurii herba ↗ Centaurium minus.

■ **Centaurium chilensis** (Pers.)
(syn. *Chironia chilensis, Erythraea chilensis, Gentiana peruviana*); Bitterkraut.

Fam.: Gentianaceae.

Vork.: Küstenregion Chiles.

Droge: ***Herba Canchalaguae*** (syn. *Canchalaguae herba*), das getrocknete Kraut. Inh.: glykosidische Bitterstoffe, Xanthonderivate, Triterpene. Anw.: als Tonikum und Fiebermittel.

Hom.: ***Canchalagua*** HAB34, das getrocknete, während der Blüte gesammelte Kraut. Anw.-Geb.: grippaler Infekt.

Centaurium erythraea ↗ Centaurium minus.

■ **Centaurium minus** Moench
(syn. *Centaurium centaurium, C. erythraea, C. umbellatum, Erythraea centaurium*); Echtes Tausendgüldenkraut, s. Farbtafel S. 148, Bild 72.

Fam.: Gentianaceae.

Vork.: gesamtes Europa.

Droge: ***Centaurii herba*** (syn. *Herba Centaurii, Herba Chironiae, Herba Erythraeae centaurii, Herba Felis terrae, Summitates Centaurii*); Tausendgüldenkraut (syn. Bitterkraut, Erdgallenkraut, Fieberkraut, Roter Aurin, Tausendguldenkraut), die getrockneten, oberirdischen Teile blühender Pflanzen. Inh.: Bitterstoffe, v. a. Secoiridoidglykoside, bes. Swertiamarin, ferner Xanthone, Flavonoide, Triterpene und Phenolcarbonsäurederivate, u. a. Protocatechu-, Syringa-, Kaffee- und Ferulasäure. Anw.: Appetitlosigkeit, dyspeptische Beschwerden, Bestandteil von Magentees zur Anregung der Magensaftproduktion. In der Volksheilkunde auch bei Leber- und Galleleiden sowie früher bei Fieber. Geg.: Magen- und Darmgeschwüre. Zur ↗ Teezubereitung verwendet man 1–2 g (= 1 Teelöffel) fein zerschnittene Droge.

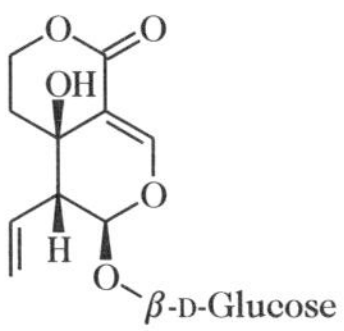

Swertiamarin

Hom.: ***Centaurium erythraea*** HAB; die ganze, frische Pflanze. Anw.-Geb.: Magenbeschwerden.

Histor.: Die antiken Ärzte, u. a. Hippokrates, kannten die Pflanze und unterschieden ein großes und ein kleines *Centaurium* (*kentaurion to mikron*), wobei letzteres unserem Centaurium minus entsprechen sollte. Nach ↗ Plinius hat das Centaurion den Namen von dem Centauren Chiron erhalten, der damit die Wunden, die ihm ein auf den Fuß getroffener Pfeil zugefügt hatte, geheilt haben soll. Die Droge hat ihre Bedeutung, bes. als Magenmittel, nie verloren. Ihre Wertschätzung kommt auch im deutschen Namen Tausendgüldenkraut, der aus „tausend Gulden wert“ abgeleitet ist, zum Ausdruck. ↗ Bock drückt z. B. in seinem Kräuterbuch die Wertschätzung für die Droge wie folgt aus „ist köstlich im Leib und auch eusserlich zu brauchen“. In einigen europäischen Regionen, z. B. in der Ukraine, wird ein Branntweinaufguß aus Tausendgüldenkraut und Johanniskraut hochgeschätzt.

■ **Centella asiatica** (L.) Urb.
(syn. *Centella cordifolia, C. coriacea, C. dusenii, C. floridana, C. hirtella, C. repanda, C. triflora, C. uniflora, Centenella erecta, Hydrocotyle asiatica*); Wassernabel (syn. Asiatischer Wassernabel, Indischer Wassernabel).

Fam.: Apiaceae (Unterfam. Hydrocotyledoneae).

Vork.: Südostasien, Madagaskar, Südosten der USA sowie östliches Südamerika; an Gewässern und sumpfigen Stellen.

Droge: ***Centellae asiaticae herba*** (syn. *Centellae herba, Herba Centellae, Herba Centellae asiaticae, Herba Hydrocotylae asiaticae*); Wassernabel-Kraut (syn. Indisches Wassernabel-Kraut), die getrockneten oberirdischen Teile. Inh.: Triterpensaponine, insbes. Asiaticosid, ferner freie Triterpene, äther. Öl (ca. 0,1 %, u. a. Germacren D,

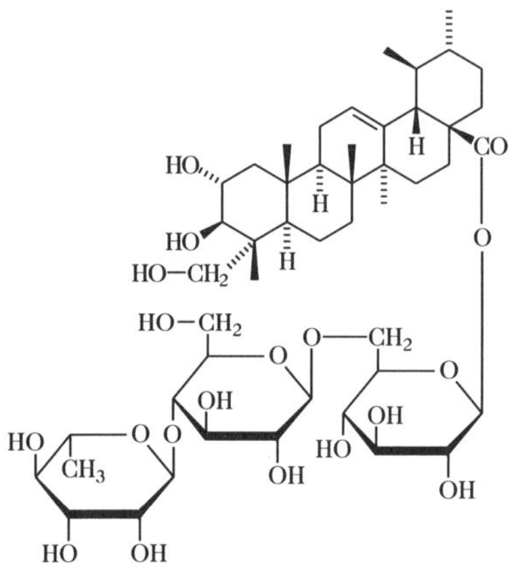

Asiaticosid

β- Caryophyllen, *p*-Cymen und *α*-Pinen enthaltend) sowie Flavonolglykoside. Wirk.: Extrakte der Droge wirken wundheilend, antiphlogistisch und antibakteriell. Anw.: Hauptanwendungsgebiet ist die Leprabehandlung, in der Volksheilkunde Südostasiens ferner bei rheumatischen Beschwerden, zur Entwässerung und in der Ayurvedischen Medizin bei Psychosen und Epilepsie. Das aus der Droge gewonnene Asiaticosid dient ebenfalls als Lepramittel und wird darüber hinaus in der Wundbehandlung eingesetzt.

Hom.: ***Centella asiatica*** HAB1, die getrockneten, oberirdischen Teile. Anw.-Geb.: Gebärmutterentzündung, Hauterkrankungen mit Verdikkungen und Juckreiz.

Centella cordifolia ↗ Centella asiatica.
Centella coriacea ↗ Centella asiatica.
Centella dusenii ↗ Centella asiatica.
Centellae asiaticae herba ↗ Centella asiatica.
Centellae herba ↗ Centella asiatica.
Centella erecta ↗ Centella asiatica.
Centella floridana ↗ Centella asiatica.
Centella hirtella ↗ Centella asiatica.
Centella repanda ↗ Centella asiatica.
Centella triflora ↗ Centella asiatica.
Centella uniflora ↗ Centella asiatica.

■ **Centranthus ruber** (L.) DC.
(syn. *Valeriana rubra, Kentranthus ruber*); Spornblume.

Fam.: Valerianaceae.

Vork.: Südeuropa, besonders Italien und Frankreich, auch kultiviert.

Droge: ***Radix Centranthi***; Roter Baldrian, die Wurzeln. Inh.: Isovaleriansäure (1–3 %), *β*-Sitosterin, Saccharose, Valepotriate, Isovalerylester. Anw.: als Sedativum, gegen Krämpfe sowie in der Homöopathie.

Cepa esculenta ↗ Allium-Arten.
Cepa marina ↗ Urginea maritima.
Cepa schoenoprasum ↗ Allium-Arten.
Cepa vulgaris ↗ Allium-Arten.

■ **Cephaelin**
Monoterpen-Bis-Isochinolinalkaloid vom Emetin-Typ aus ↗ *Cephaelis*-Arten. Wirk.: sekretolytisch (refektorisch) und emetisch wirkende Verbindung durch starke Reizwirkung auf die Magenschleimhaut.

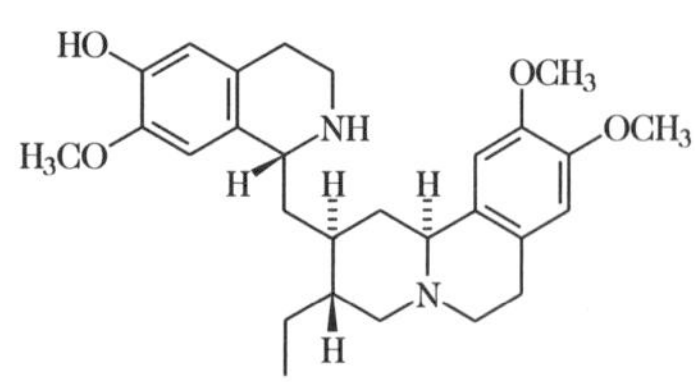

(–)-Cephaelin

■ **Cephaelis-Arten**
● **Fam.:** Rubiaceae.

● **Cephaelis acuminata** (Bent.) Karst. (syn. *Uragoga acuminata, Uragoga granatensis, Psychotria acuminata*); Cartagena-Ipecacuanha.

Vork.: Mexiko, Mittelamerika.

Droge: ***Ipecacuanhae radix***. Inh. und *Anw.*: s. *Cephaelis ipecacuanha*.

● **Cephaelis barcellana** (Muell. Arg.) Standley (syn. *Psychotria barcellana*); Rio-Ipecacuanha.

Vork.: Peru, Kolumbien, Brasilien, Venezuela.

Droge: ***Cephaelis-barcellana-Blatt***. *Inh.*: Alkaloide vom Emetin-Typ. *Anw.*: in der Volksheilkunde werden die gekochten Blätter als Breiumschlag bei Verbrennungen aufgelegt.

● **Cephaelis blepharophora** Stabdley.

Vork.: Kolumbien, Venezuela.

Droge: ***Cephaelis-blepharophora-Blatt***. *Inh.*: Alkaloide vom Emetin-Typ. *Anw.*: s. *Cephaelis barcellana*.

● **Cephaelis elata** Sw. (syn. *Cephaelis chiriquiensis, C. costaricensis, C. punicea, Evea elata, Tapogomea alata, Uragoga punicea*).

Vork.: Panama.

Droge: ***Cephaelis-elata-Sproß***. *Inh.*: Alkaloide vom Emetin-Typ. *Anw.*: in der Volksheilkunde bei verschiedenen Geisteskrankheiten.

● **Cephaelis emetica** (Mutis) Pers. (syn. *Psychotria emetica, Ronabea emetica*); Schwarze Ipecacunhawurzel.

Vork.: Bolivien bis Guatemala.

Droge: ***Ipecacuanhae nigrae radix*** (syn. *Ipecacuanhae radix striata major, Radix Ipecacuanha glycyphloae, Radix Ipecacuanha nigra striata*); Schwarze Ipecacuanhawurzel. *Inh.*: Alkaloide vom Emetin-Typ. *Anw.*: als mildes Expektorans.

● **Cephaelis humboldtiana** Cham. (syn. *Psychotria humboldtiana*).

Vork.: Kolumbien, Brasilien, Venezuela.

Droge: ***Cephaelis-humboldtiana-Blatt***. *Inh.*: Alkaloide vom Emetin-Typ. *Anw.*: In der traditionellen indianischen Medizin werden die gekochten Blätter als Breiumschlag bei geschwollenen Füßen eingesetzt.

● **Cephaelis ipecacuanha** (Brot.) A. Rich. (syn. *Callicocca ipecacuanha, Cephaelis emetica, Evea ipecacuanha, Hipecacuanha brasiliensis, H. dysenteria, Ipecacuanha fusca, I. officinalis, Ouragoga ipecacuanha, Psychotria emetica, P. ipecacuanha, Uragoga emetica, U. ipecacuanha*); Brechwurzel (syn. Kopfbeere, Ruhrwurzel, Speiwurzel), s. Farbtafel S, 149, Bild 73.

Vork.: Brasilien, kultiviert in Südasien.

Droge: ***Ipecacuanhae radix*** (syn. *Radix Ipecacuanhae, Radix Uragogae ipecacuanhae*); Brechwurzel (syn. Ipecacwurzel, Ruhrwurzel, Speiwurzel), s. Farbtafel S. 149, Bild 74. *Inh.*: Alkaloide vom Emetin-Typ (1,8–4 %, v. a. Emetin, ↗ Cephaelin, *O*-Methylpsychotrin, Psychotrin), Stärke

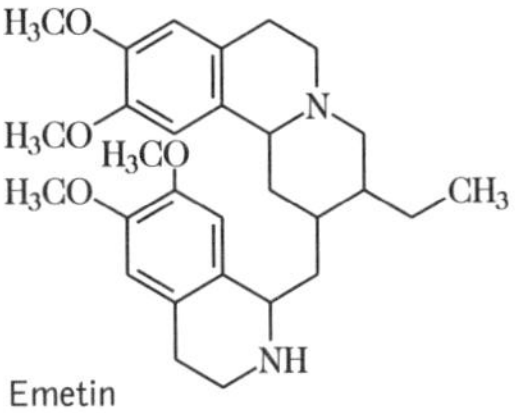

Emetin

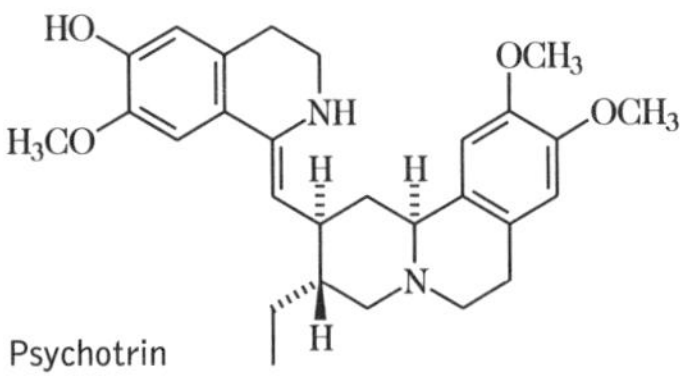

Psychotrin

(30–40 %), saure Saponine (3–4 %). *Wirk.*: expektorierend (reflektorisch über lokale Reizwirkung an der Magenschleimhaut), emetisch, amöbozid. *Anw.*: als Expektorans bei chronischer Bronchitis, trockenem Husten, als Emetikum bei Vergiftungen. In der Volksheilkunde auch bei Amöbenruhr. Wegen der notwendigen exakten Dosierung ist die Droge als Teedroge nicht geeignet, sondern nur in Form standardisierter Präparate einsetzbar. 0,5–2 g Droge wirken bereits brecherregend.

Hom.: ***Cephaelis ipecacuanha*** HAB1 (syn. *Ipecacuanha*), die getrockneten unterirdischen Organe. *Anw.-Geb.*: Bronchitis, Bronchialasthma, Keuchhusten, Magen-Darm-Entzündungen, Schleimhautblutung, Kreislaufstörungen.

Histor.: Die erste Nachricht über diese Droge kam 1590 von dem portugiesischen Mönch Michael Tristam. 1672 wurde die Droge zuerst in einer Pariser Apotheke vertrieben, wobei sie von dem bekannten Arzt Helvetius angewandt und propagiert wurde. In Deutschland befürwortete insbes. Leibniz die Droge, die seit Beginn des 18. Jh. allgemeine Anerkennung und Eingang in die Arzneibücher fand. Der Name *Ipecauanha* stammt aus der Tupisprache und galt ursprünglich für einige brecherrengende, am Wege stehende Menispermaceen (Mondsamengewächse). Wegen der Ähnlichkeit der Wurzel mit der echten Brechwurzel wurde er später von den Brasilianern auf diese übertragen.

● **Cephaelis tomentosa** (Aubl.) Vahl. (syn. *Evea tomentosa, Psychotria poeppigiana, Tapogomea tomentosa*).

Vork.: Panama, Trinidad.

Droge: ***Ipecacuanha-tomentosa-Wurzel***. Inh.: Emetin (0,1 %). *Anw.*: In der Volksheilkunde wird ein Dekokt bei Verwirrtheit und Halluzinationen sowie bei Röteln verabreicht.

Cephaelis emetica ↗ Cephaelis-Arten.
Cephalandra indica ↗ Coccinia grandis.

■ Cephalosporine

Gruppe von β-Lactamantibiotika, die sich von der 7-Amino-ceph-3-em-4-carbonsäure (7-Aminocephalosporansäure) ableiten. Gebildet werden die C. u. a. von *Acremonium-* (*Cephalosporium-*) und *Emericellopsis*-Arten. Ihre antibiotische Wirksamkeit ist mit der des Penicillins vergleichbar, erfaßt aber auch penicillinresistente Erreger. In der klinischen Praxis werden nur partialsynthetische Derivate bei Atem- und Harnwegsinfektionen, Infektionen der Geschlechtsorgane, der Haut, Knochen und Gelenke eingesetzt. Einige C. erfassen als Breitbandantibiotika auch gramnegative Erreger.

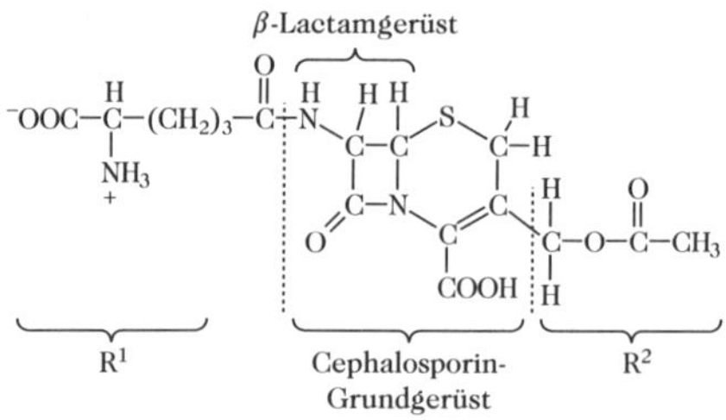

Cephalosporine. Beispiel Cephalosporin C. Die einzelnen Cephalosporinderivate untescheiden sich in den Resten R^1 und R^2.

■ Cephamycine

Gruppe von β-Lactamantibiotika, die sich von der 7-Amino-7-methoxy-ceph-3-em-4-carbonsäure (Cepham) ableiten. Sie sind β-lactamasestabil. Für die Produktion der C. werden *Streptomyces clavuligerus* oder *Streptomyces lipmanii* eingesetzt. Ihr Einsatz erfolgt ähnlich wie bei den ↗ Cephalosporinen.

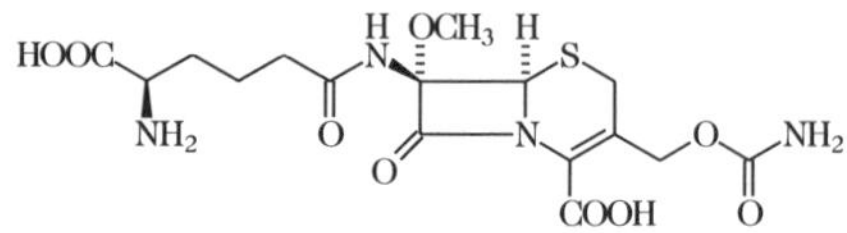

Cephamycin C

Cera alba ↗ Wachse.
Cera arborea ↗ Baumwachs.
Cera Candelilla ↗ Pedilanthus pavonis.
Cera Carnauba ↗ Copernicia prunifera.
Cera chinensis ↗ Wachse.
Cera Coperniciae ↗ Copernicia prunifera, ↗ Wachse.
Cera flava ↗ Apis mellifera, ↗ Wachse.
Cera foliorum ↗ Copernicia prunifera.
Cera japonicae ↗ Wachse.
Cera Lanae ↗ Wachse, ↗ Ovis aries.
Cera Palmarum ↗ Copernicia prunifera, ↗ Wachse.
Cera Simmondsiae liquida ↗ Simmondsia chinensis.
Cerasus avium ↗ Prunus-Arten.
Cerasus laurocerasus ↗ Prunus-Arten.
Cerasus mahaleb ↗ Prunus-Arten.
Cerasus padus ↗ Prunus-Arten.
Cerasus virginiana ↗ Prunus-Arten.
Cerasus vulgaris ↗ Prunus-Arten.
Ceratonia ↗ Ceratonia siliqua.
Ceratonia coriacea ↗ Ceratonia siliqua.
Ceratoniae fructus ↗ Ceratonia siliqua.
Ceratoniae semen ↗ Ceratonia siliqua.
Ceratonia inermis ↗ Ceratonia siliqua.

■ Ceratonia siliqua L.

(syn. *Ceratonia coriacea, C. inermis*); Johannisbrotbaum (syn. Bockshornbaum, Karobenbaum), s. Farbtafel S. 149, Bild 75.

Fam.: Caesalpiniaceae.

Vork.: Mittelmeerküsten.

Drogen: ***1. Ceratonia***; Caroben-Gummi (syn Johannisbrotkernmehl), das aus den Samen der Früchte gewonnene Endosperm. Inh.: Galactomannane (Carubin) mind. 73 %, Proteine (10-14 %), ferner Samenschalenbestandteile, u. a. Cellulose, Pektin und Lignin. *Wirk.*: Caroben-Gummi trägt als unverdauliches, gelbildende

Polysaccharid bei gleichzeitiger Glucosegabe zu einem verzögerten Anstieg sowie zu einem langsameren Abfall des Serum-Glucosespiegels bei. Durch Verdauungsenzyme wird C. nicht angegriffen. *Anw.*: zur Reduktion des postprandialen Glucoseanstiegs bei Diabetes mellitus, bei Hypercholesterolämie, Durchfall und Erbrechen bes. bei Säuglingen, für kalorienarme Schlankheitskost, als Klebemasse für Kolostomie-Beutel, Bindemittel bei der Tablettenherstellung, als Emulsionsstabilisator sowie zur Stabilisierung der Konsistenz von Lebensmitteln. ***2. Ceratoniae fructus*** (syn. *Fructus Carobae, Fructus Ceratoniae, Siliqua dulcis*); Johannisbrot (syn. Karoben, Caroben, Bockshörndl, Sodbrot), die getrockneten, reifen Früchte, s. Farbtafel S. 149, Bild 76. *Inh.*: s. *Ceratonia*, zusätzlich Mono- und Disaccharide bes. Fructose (bis 8 %) und Saccharose (25–40 %) sowie Ballaststoffe, u. a. Lignin. *Anw.*: volkstümlich bei Diarrhoe, Enteritiden bei Kindern (2–5 % Pulver gerösteter Carobenfrüchte in Milch) sowie bei Erkrankungen der Atmungsorgane. ***3. Ceratoniae semen*** (syn. *Semen Carobae, Semen Ceratoniae*); Carobensamen (syn. Johannisbrotkerne, Karobensamen), die Samen der reifen Früchte. *Inh.*: s. *Ceratonia* und *Ceratoniae fructus*. *Anw.*: Geröstete Samen dienen mitunter als Kaffeeersatz (Caroben-Kaffee) sowie zur Brotbereitung.

Cerbera manghas ↗ Cerbera odollam.

■ Cerbera odollam Gaertn.
(syn. *Cerbera manghas*).
Fam.: Apocynaceae.
Vork.: Madagaskar, Ostindien, Australien.
Droge: der Samen. Die Droge ist stark giftig! *Inh.*: herzwirksame Glykoside, wie Thevetin, Cerberin, Theviridosid, fettes Öl (43–57 %). *Anw.*: in therapeutischen Dosen bei Herzinsuffizienz; das fette Öl der Droge wird als Brennöl und Wurmmittel eingesetzt.

Cerbera thevetia ↗ Thevetia peruviana.
Cerbera venenifera ↗ Tanghinia venenifera.

■ Cercis siliquastrum L.
Judasbaum.
Fam.: Leguminosae.
Vork.: Mittelmeergebiete, Krim, Vorderasien, häufig als Zierbaum kultiviert.
Droge: die Blütenknospen. *Inh.*: Flavonoide, wie Myricetin-3-rhamnosid. *Anw.*: als Küchengewürz wie Kapern eingesetzt.

Cerefolii herba ↗ Anthriscus cerefolium.
Cereus ambiguus ↗ Nyctocereus serpentinus.
Cereus balansaei ↗ Eriocereus bonplandii.
Cereus bonplandii ↗ Eriocereus bonplandii.
Cereus geometrizans ↗ Myrtillocactus geometrizans.
Cereus giganteus ↗ Carnegiea gigantea, ↗ Trichocereus pachanoi.
Cereus grandiflorus ↗ Selenicereus grandiflorus.
Cereus peruvianus ↗ Trichocereus pachanoi.
Cereus scandens ↗ Selenicereus grandiflorus.
Cereus serpentinus albispinus ↗ Nyctocereus serpentinus.
Cereus serpentinus stellatus ↗ Nyctocereus serpentinus.
Cereus splendens ↗ Nyctocereus serpentinus.
Cerinthe alpina ↗ Cerinthe glabra.
Cerinthe aspera ↗ Cerinthe glabra.

■ Cerinthe glabra Mill.
(syn. *Cerinthe alpina, C. aspera*); Wachsblume.
Fam.: Boraginaceae.
Vork.: Europa, Kleinasien.
Droge: die Blätter und Wurzeln. *Inh.*: Schleimstoffe, Zucker, Fructane, Kieselsäure. *Anw.*: in der Volksheilkunde als Zusatz zu Wundsalben.

Cervispina cathartica ↗ Rhamnus catharticus.

■ Cervus asiaticus
Maralhirsch (syn. Isjubrhirsch).
Fam.: *Cervidae.*
Vork.: Sibirien, Kasachstan, Altaigebiete, Mandschurei.
Droge: die Bastgeweihe oder Panten (noch nicht verknöcherte Geweihe), Schwanz, Penis, Föten und Sehen. *Inh.*: Hormone. *Anw.*: in der chinesischen traditionellen Medizin als Stimulans bei Altersschwäche, Tonikum sowie zur Stimulation der Wundheilung. Das aus den Panten gewonnene Pantokrin zählt in China zu den stärksten tonisierenden Mitteln. Aus den harten Geweihstangen wird in China ein Mittel gegen Hautleiden und Geschwüre hergestellt.

■ Cervus elaphus
Hirsch.

Fam.: *Cervidae.*

Vork.: Europa.

Droge: ***Cornu Cervi***; Hirschhornspäne, das geraspelte Hirschhorn. Inh.: Leim, Calciumphosphate, Calciumcarbonat. Anw.: zur Herstellung von Gallerten in der Volksheilkunde, als Blumendünger.

■ **Cestrum laevigatum** Schlecht.
Tintenbeerpflanze.

Fam.: Solanaceae.

Vork.: Mittel- und Südamerika, Westindische Inseln.

Droge: ***Herba Cestri*** (syn. *Folia Cestri*). Inh.: äther. Öl. Anw.: in der brasilianischen Volksheilkunde als Antiseptikum, Sedativum, Emolliens und Leberstimulans. Anw.: Die Blätter werden als Ersatz für Marihuana in einigen Gegenden Brasiliens geraucht. Ob eine halluzinogene Wirkung induziert wird, ist nicht ausreichend untersucht. Die Früchte der Pflanze (Beeren) enthalten Saponine, die bei Rindern zu Vergiftungen führen können (Chase-Vally-Krankheit).

Cetaceum ↗ Physeter macrocephalus.

■ **Cetraria islandica** (L.) Acharius
(syn. *Lichen islandicus, Lobaria islandica*); Isländisches Moos (syn. Blätterflechte, Fieberflechte, Fiebermoos, Heideflechte, Hirschhornflechte, Isländische Flechte, Lungenflechte, Lungenmoos, Purgiermoos, Tartschenflechte), s. Farbtafel S. 149, Bild 77.

Fam.: Parmeliaceae (Lichenes).

Vork.: arktische Gebiete der nördlichen Hemisphäre sowie stellenweise in den Mittel- und Hochgebirgen der gemäßigten Zonen.

Droge: ***Lichen islandicus***; Isländisches Moos (syn. Kramperltee), die getrockneten Thalli. Inh.: die wasserlöslichen Polysaccharide Lichenin

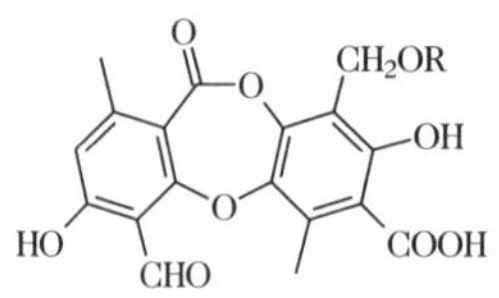

Cetrarsäure: $R = -C_2H_5$)
Fumarprotocetrarsäure:
$R = -CO-CH\underset{E}{=}CH-COOH$

und Isolichenin (50 %), Flechtensäuren von bitterem Geschmack, inbes. Fumarprotocetrarsäure (2–3 %) sowie Protocetrar- und Cetrarsäure Anw.: Reizhusten, Schleimhautreizungen im Mund- und Rachenraum, als sog. Amarum mucilaginosum auch Bestandteil von Magentees sowie von Phytopharmaka. Zur ↗ Teezubereitung verwendet man als Einzeldosis etwa 1 Teelöffel (ca.1,3 g) Droge.

Hom.: ***Cetraria islandica*** HAB1, der getrocknete Thallus. Anw.-Geb.: Bronchitis.

Histor.: Die Droge hat ihren Namen aus alter Zeit, als man unter Moosen alle blattähnlich ausgebildeten Kryptogamen zusammenfaßte. Auch die Bezeichnung „Isländisches“ bezieht sich keineswegs auf das bevorzugte Vorkommen, sondern lediglich darauf, daß die Isländer die Droge zuerst anwandten.

Cetrarsäure ↗ Cetraria islandica.
Ceylonischer Zimtbaum ↗ Cinnamomum-Arten.
Ceylon-Jasmin ↗ Ervatamia coronaria.
Ceylonöl ↗ Cocos nucifera.
Ceylon-Zimt ↗ Cinnamomum-Arten.
Ceylonzimtöl ↗ Cinnamomum-Arten.
Ceylonzimtrinde ↗ Cinnamomum-Arten.
Chabarrorinde ↗ Bowdichia virgilioides.

■ **Chaenomeles sinensis** Koch
(syn. *Cydonia sinensis, Pirus sinensis, Pseudocydonia sinensis*); Chinesische Quitte.

Fam.: Rosaceae.

Vork.: Kleinasien, Indien, China, auch kultiviert.

Droge: die Früchte. Inh.: Vitamin C, Fruchtsäuren, wie Malein-, Wein- und Citronensäure; Procyanidine, Gerbstoffe. Anw.: in der chinesischen Volksheilkunde als Adstringens bei Diarrhoe sowie zur Schmerzstillung.

Chaerefolium cerefolium ↗ Anthriscus cerefolium.
Chaerophyllum cicutaria ↗ Myrrhis odorata.
Chaerophyllum odoratum ↗ Myrrhis odorata.

■ **Chaerophyllum temulentum** L.
(syn. *Bellia temulente, Chaerophyllum geniculatum, C. hirsutum, C. temulum, Myrrhis temula, M. temulenta, Scandix nutans, S. temula, Selinum temulum*); Hecken-Kälberkropf (syn. Tau-

melkerbel, Betäubender Kälberkropf, Eselskerbel).

Fam.: Apiaceae (Umbelliferae).

Vork.: Zentraleuropa.

Die Pflanze gilt als schwach giftig. Inh.: äther. Öl, v. a. Sesquiterpene, wie Germacren D, Flavonoide, u. a. Quercetin, Luteolin, Kaempferol und deren Glykoside, Polyine, v. a. Falcarinol in den Wurzeln. Der verifizierte Nachweis eines flüchtigen, coniinartigen Alkaloids steht noch aus.

Hom.: ***Chaerophyllum*** HAB34, die frische, blühende Pflanze.

Chagualgummi ↗ Puya chilensis.
Chailletia toxicaria ↗ Dichapetalum toxicarium.
Chalmis ↗ Acorus calamus.
Chamaeclema hederacea ↗ Glechoma hederacea.

■ **Chamaedaphne calyculata** (L.) Moench.
(syn. *Andromeda calyculata. Cassandra calyculata, Lyonia calyculata*); Torfgränke.

Fam.: Ericaceae.

Vork.: nördliche Hemisphäre.

Droge: die ganze Pflanze. Die Droge ist giftig! Inh.: u. a. Andromedotoxin. Anw.: in der Volksheilkunde als Diaphoretikum.

Chamaedryos aquaticae herba ↗ Teucrium-Arten.
Chamaedrys officinalis ↗ Teucrium-Arten.
Chamaedrys scordium ↗ Teucrium-Arten.
Chamaelirium carolinianum ↗ Chamaelirium luteum.

■ **Chamaelirium luteum** (L.) A. Gray
(syn. *Chamaelirium carolinianum, Helonias bullata, Helonias dioica, Veratrum luteum*); Falsches Einkorn.

Fam.: Liliaceae.

Vork.: Kanada, atlantisches Nordamerika.

Droge: ***Rhizoma Helonias*** (syn. *Chamaelirium, Chamaelirium-luteum*-Rhizom, *Helonias dioicae rhizoma*); Teufelsbiß (syn. Falsche Einkornwurzel, Heloniaswurzel), die getrockneten Wurzeln und Rhizome. Inh.: v. a. Steroidsaponine (bis 9,5 %, bes. Chamaelirin = Diosgeninglykosid). Anw.: in der Volksheilkunde bei Menstruationsstörungen, Fluor albus und drohender Fehlgeburt sowie bei Fieber, Wurmbefall und zur Aquarese.

Hom.: ***Chamaelirium luteum*** HAB1 (syn. *Helonias dioica*), die frischen unterirdischen Teile. Anw.-Geb.: Nierenentzündungen, Gebärmuttersenkung, Erschöpfungs- und Verstimmungszustände.

Chamaemelum cotula ↗ Anthemis cotula.
Chamaemelum foetidum ↗ Anthemis cotula.

■ **Chamaemelum nobile** (L.) All.
(syn. *Anthemis chamomilla-romana, A. nobilis, A. odorata, Chamaemelum odoratum, Chamomilla nobilis, Leucanthemum odoratum, Lyonnetia abrotanifolia, Matricaria nobilis, Ormenis aurea, O. nobilis*); Römische Kamille (syn. Römische Hundskamille, Edel-Kamille, Gartenkamille, Doppelte Kamille, Große Kamille, Dickköpfe, Welsche Kamille, Dicke Granille, Gaadekamille, Krampf-Kamille) s. Farbtafel S. 149, Bild 78.

Fam.: Asteraceae (Compositae).

Vork.: West- und Südeuropa, Nordafrika.

Drogen: ***1. Chamomillae romanae flos*** (syn. *Anthemidis flores, Anthemidis flos, Flores Chamomillae hortensis, -nobilis, -odorati, Chamomillae romanae flores, Flores Anthemidis, Flores Chamomillae romanae, Flos Anthemidis*); Römische Kamillen, die getrockneten Blütenköpfchen der kultivierten, gefülltblütigen Varietät. Inh.: äther. Öl (0,6–2,4 %) mit Estern der Angelica- und Tiglinsäure als Hauptkomponenten sowie Methacryl- und Isobuttersäure, die jeweils mit C_3–C_6-Alkoholen verestert sind, außerdem in geringer Menge Terpenkohlenwasserstoffe, u. a. α- und β-Pinen, α- und β-Caryophyllen , Bisabolen und ↗ Chamazulen, schließlich Nobilin, ein Sesquiterpenlacton vom Germacranolid-Typ, Hydroperoxide, Flavonoide (0,5 %, bes. Apigenin- und Luteolin-7-glucosid), Ester der Kaffee- und Ferula-

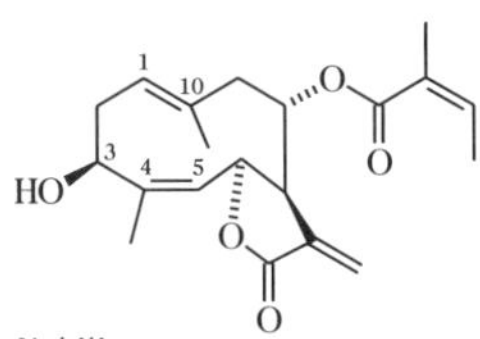

Nobilin

säure sowie Triterpene und Steroide. Anw.: Verdauungsbeschwerden, Blähungen, nervöse Störungen, äußerlich als Aufguß zur Wundbehandlung bei entzündlichen Prozessen sowie für Spülungen bei Schleimhhautentzündungen im Mundbereich, ferner zum Aufhellen nachgedunkelter Haare. Zur ↗ Teezubereitung kommen als Einzelgabe 1 Eßlöffel (etwa 2–3 g) fein zerschnittene Droge zum Einsatz. Geg.: Der Gehalt an Germacranoliden mit exocyclischer Methylengruppe macht die römische Kamille zu einem potentiellen Kontaktallergen. Nobilin wirkt zytostatisch. *2. Chamomillae romanae aetheroleum* (syn. *Aetheroleum Chamomillae romanae, Oleum Anthemidis, Oleum Chamomillae romanae*); Römisches Kamillenöl, das aus den frischen oder getrockneten, gefüllten oder ungefüllten Blütenköpfchen und den getrockneten oberirdischen Pflanzenteilen gewonnene äther. Öl. *Inh.*: s. *Chamomillae romanae flos*. *Anw.*: volkstümlich bei krampfartigen Schmerzen im Magen-Darm-Bereich sowie bei dysmenorrhoischen Beschwerden. Ferner in der Lebensmittelindustrie als Aromastoff sowie in der Kosmetik.

Hom.: ***Chamaemelum nobile*** HAB1, die frischen oberirdischen Teile blühender Pflanzen. *Anw.-Geb.*: Magen-Darm-Beschwerden, nervöse Störungen.

Histor.: Römische Kamille ist seit dem 16. Jh. als Arzneipflanze bekannt. Arzneilich angewendet wurde sie zuerst in England, wo sie, bes. in der Nähe von London, als gemeines Unkraut verbreitet war. Der Name „nobile" (lat., edel) sollte die therapeutische Überlegenheit gegenüber der Gemeinen Kamille andeuten. Chamaemelum ist dagegen der alte Name für Chamomilla, wie er schon von Dioskurides (1. Jh. n. Chr.) gebraucht wurde.

Chamaemelum odoratum ↗ Chamaemelum nobile.
Chamaenerion angustifolium ↗ Epilobium-Arten.
Chamaeplium officinale ↗ Sisymbrium officinale.
Chamaerhododendron ferrugineum ↗ Rhododendron-Arten.
Chamaerops serrulata ↗ Serenoa repens.

■ Chamazulen

vom Cyclopentacyclohepten (Azulen) abgeleitete Verbindung aus dem äther. Öl der Kamille (↗ *Chamomilla recutita*) oder Schafgarbe (↗ *Achillea millefolium*) mit entzündungshemmenden Eigenschaften.

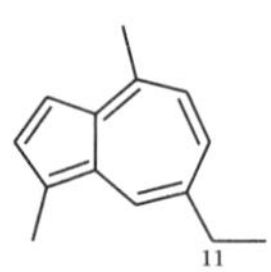

Chamazulen

Chamomilla ↗ Chamomilla recutita.
Chamomillae anthodium ↗ Chamomilla recutita.
Chamomillae flos ↗ Chamomilla recutita.
Chamomillae romanae aetheroleum ↗ Chamaemelum nobile.
Chamomillae romanae flores ↗ Chamaemelum nobile.
Chamomillae romanae flos ↗ Chamaemelum nobile.
Chamomilla meridionalis ↗ Chamomilla recutita.
Chamomilla nobilis ↗ Chamaemelum nobile.

■ Chamomilla recutita (L.) Rauschert

(syn. *Chamomilla meridionalis, C. vulgaris, Chrysanthemum suaveolens, Matricaria chamomilla, M. coronata, M. pusilla, M. recutita, M. suaveolens*); Echte Kamille (syn. Deutsche Kamille, Feldkamille, Hermel, Kamille, Kleine Kamille, Mägdeblume), s. Farbtafel S. 150, Bild 79.

Fam.: Asteraceae (Compositae).

Herk.: überwiegend aus Anbau, Haupterzeugerländer bes. Argentinien, Spanien, Ungarn, Tschechien.

Drogen: *1.* **Matricariae flos** (syn. Chamomilla, Chamomillae anthodium, Chamomillae flos, Flores Chamomillae, Flores Chamomillae bulgari, Flos Chamomillae, Flos Chamomillae vulgaris, Matricaria); Kamillenblüten, getrocknete, ganze bzw. teilweise oder vollständig zerfallene Blütenkörbchen und Teile der Blütenstiele. Inh.: äther. Öl (0,3–1,5 %), bestehend aus dem Sesquiterpenalkohol (–)-α-Bisabolol (↗ Bisabolol, INN: Levomenol) mit den Oxidationsprodukten Bisabololoxid A, B und Bisabolonoxid (ca 33 %), β-Farnesen (bis 45 %), Polyinen, den sog. En-in-dicycloethern (bis. 25 %) sowie das nach Wasserdampfdestillation aus dem genuinen Matricin gebildete ↗ Chamazulen (bis 15 %). Weitere Bestandteile der Droge sind Flavonoide, bes. Apigenin- und Luteolin-7-*O*-glucosid, Cumarine, u. a. Herniarin und Umbelliferon, sowie Schleimstoffe (ca. 10 %). *Wirk.*: insbes. antiphlogistisch und spasmolytisch. *Anw.*: innerlich bei entzündlichen Erkrankungen des Magen-Darm-Traktes mit spastischen Beschwerden, bei Leber-und Galleerkrankungen sowie äußerlich bei Haut- und

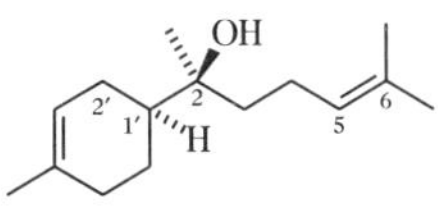

(–)-(1′S,2S)-α-Bisabolol

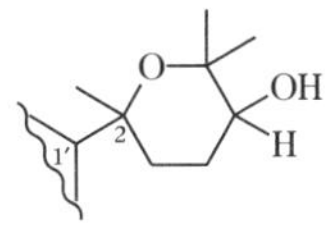

(–)-α-Bisabololoxid A

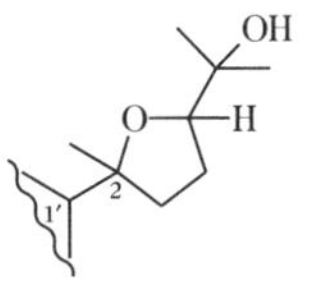

(–)-α-Bisabololoxid B

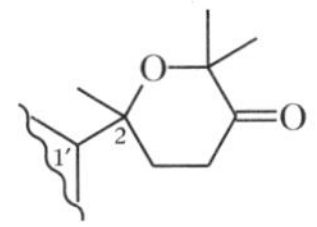

(–)-α-Bisabolonoxid

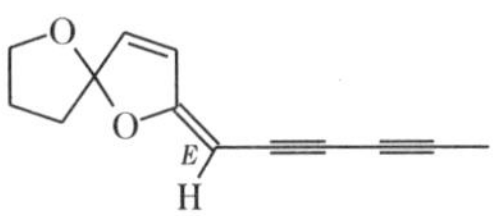

(E)-En-in-dicycloether (C_{13}-(*trans*)-Spiroketalenolether)

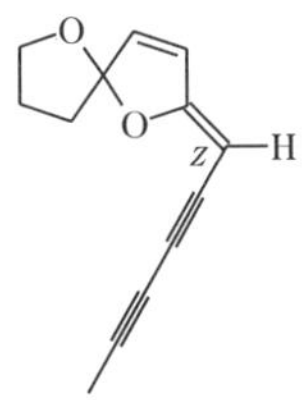

(Z)-En-in-dicycloether (C_{13}-(*cis*)-Spiroketalenolether)

und Schleimhautentzündungen, für Bäder im Anal- und Genitalbereich, für Spülungen sowie Dampfbäder bei Erkältungen. Bestandteil zahlreicher Teekombinationen und Arzneifertigpräparate, bes. auch in der Kinderheilkunde. Zur ↗ Teezubereitung verwendet man einen gehäuften Eßlöffel (ca. 3 g) als Einzeldosis. ***2. Matricariae aetheroleum*** (syn. Aetheroleum Chamomillae,

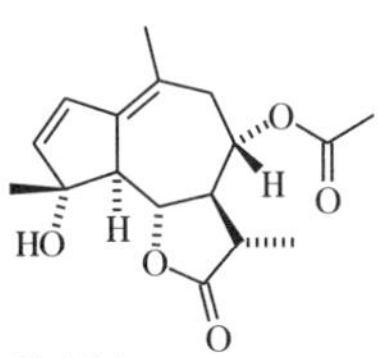

Matricin

Matricariae oleum, Oleum Chamomillae); Kamillenöl (syn. Ätherisches Kamillenöl), das äther. Öl aus den Blütenköpfchen. Inh. und Anw.: analog wie *Matricariae flos* sowie für kosmetische Pflegemittel.

Hom.: ***Chamomilla recutita*** HAB1, die frische, ganze, blühende Pflanze. Anw.-Geb.: Erkrankungen der Atemwege, Entzündungen und krampfartige Beschwerden der Verdauungsorgane, Dysmenorrhoe sowie reizbare Verstimmungszustände.

Histor.: Für die Pflanze existieren zwei unterschiedliche Gattungsnamen. *Chamomilla* ist aus dem griechischen *chamaimelon*, das aus *chamai* (niedrig) und *melon* (Apfel) geprägt wurde, auf Grund des apfelartigen Geruchs der runden Blütenköpfchen hervorgegangen. Der Gattungsname Matricaria ist vom latainischen *mater* (Mutter) abgeleitet und bringt die Anwendung bei Erkrankungen im Wochenbett zum Ausdruck. Als Heilmittel fand die Kamille sowohl bei den Ärzten der Antike als auch im Mittelalter und der Gegenwart hohe Wertschätzung. Die nordischen Völker verglichen die Kamille ihrer gelben Blütenscheibe wegen mit dem Sonnengott Baldur und sahen sie als heilig an.

■ **Chamomilla suaveolens** (Pursh) Rydb. (syn. *Matricaria matricarioides, Matricaria discoidea, Matricaria suaveolens, Santolina suaveolens*); Strahlenlose Kamille.

Fam.: Asteraceae (Compositae).

Heim.: östliches Nordamerika, in Europa eingebürgert.

Droge: ***Flores Matricariae discoideae,*** die getrockneten Blütenköpfchen, Inh.: äther. Öl (ca. 0,5 %), α-Bisabolol und dessen Oxide, Flavonglykoside, aber kein Matricin bzw. Chamazulen enthaltend. Anw.: Carminativum, volkstümlich auch als Anthelmintikum.

Chamomilla vulgaris ↗ Chamomilla recutita.
Champacablütenöl ↗ Michelia champaca.
Chandu ↗ Papaver somniferum.
Charlotte ↗ Allium-Arten.
Chasmanthera columba ↗ Jateorhiza palmata.
Chasmanthera palmata ↗ Jateorhiza palmata.
Chaulmoograe oleum ↗ Hydnocarpus-Arten.
Chaulmoogra odorata ↗ Gynocardia odorata.
Chaulmoogra Oil ↗ Hydnocarpus-Arten.
Chaulmoograöl ↗ Hydnocarpus-Arten.
Chavica auriculata ↗ Piper betle.
Chavica betle ↗ Piper betle.
Chavica chuvya ↗ Piper betle.
Chavica densa ↗ Piper betle.
Chavica Roxbhurgii ↗ Piper longum.
Chavica sarmentosa ↗ Piper longum.
Chavica sibirica ↗ Piper betle.
Chayenne ↗ Capsicum-Arten.

Chay-Wurzel ↗ Oldenlandia umbellata.
Cheiranthi cheiri flos ↗ Cheiranthus cheiri.
Cheiranthi cheiri semen ↗ Cheiranthus cheiri.
Cheiranthus alpinus ↗ Erysimum diffusum.
Cheiranthus annuus ↗ Matthiola incana.

■ Cheiranthus cheiri L.

(syn. *Cheiranthus corinthius, C. fruticosus, C. luteus, C. muralis, C. senoneri, Cheiri vulgare, Erysimum cheiri, E. murale*); Goldlack (syn. Gelbe Violen, Gelbveiglein, Lack, Lackviolen).

Fam.: Cruciferae (Brassicaceae).

Heim.: östliches Mittelmeergebiet.

Vork.: kultiviert in Europa, Nordafrika, Westasien, Japan, Neuseeland.

Drogen: ***1. Cheiranthi cheiri flos*** (syn. *Cheiri arabici flos, Cheiri flos, Flores Cheiranthi, Flores Cheiri, Flores Cheiri arabici, Flores Leicoji lutei, Flores Leucoji, Flores Leucoji lutei et vulgaris*); Goldlackblüten, die getrockneten Blüten. *Inh.:* äther. Öl (0,06 %, u. a. mit Linalool, Geraniol, Nerol, Benzylalkohol, Anthranilsäuremethylester), Flavonoide (Isorhamnetin, Quercetin und deren Glykoside), Cheiranthin (herzwirksames Cardenolidglykosid), Myrosinase. *Anw.:* in der Volksheilkunde bei Krämpfen, zur Blutreinigung, bei Obstipation als Laxans, bei Leber- und Herzleiden sowie zur Beschleunigung der Menstruation. ***2. Cheiranthi cheiri semen*** (syn. *Semen Cheiranthi, Semen Cheiri*); Goldlacksamen, die getrockneten, reifen Samen. Die Droge gilt als stark toxisch! *Inh.:* Cardenolidglykoside (0,5 %, u. a. Cheirotoxin, Erysimosid, Erysinotoxin, Allisid, Cheirosid A), Cheirolin (1,6 %, Isothiocyanatderivat), Glucosinolate (bis zu 1,5 % Glucocheirolin), fettes Öl (ca. 22 %, u. a. mit Linolsäure, Erucasäure, Ölsäure, Linolensäure, Palmitinsäure, Lignocerinsäure). *Anw.:* früher als Laxans, bei Herzinsuffizienz sowie zur Beschleunigung der Menstruation eingesetzt, heute obsolet.

Hom.: ***Cheiranthus cheiri*** HAB1, die frischen, oberirdischen Teile der vor der Blüte stehenden Pflanze. *Anw.-Geb.:* Weisheitszahnschmerzen.

Histor.: Der Name *Cheiranthus* kommt vermutlich aus der arabischen Bezeichnung *kairi* und dem griechischen *anthos* (Blüte). Der deutsche Name bezieht sich auf die goldglänzende Lackfarbe der Blüten. Nach den Schriften des Hippokrates und Dioskurides war der Goldlack bereits im Altertum eine beliebte Heilpflanze und kam besonders bei Gebärmutterentzündungen und zur Förderung der Menstruation zum Einsatz. Daneben wurde die Pflanze auch als Schmuck für die Altäre und zur Umkränzung von Weinfässern bei festlichen Gelegenheiten genutzt.

Cheiranthus corinthius ↗ Cheiranthus cheiri.
Cheiranthus fenestralis ↗ Matthiola incana.
Cheiranthus fruticosus ↗ Cheiranthus cheiri.
Cheiranthus hortensis ↗ Matthiola incana.
Cheiranthus incanus ↗ Matthiola incana.
Cheiranthus luteus ↗ Cheiranthus cheiri.
Cheiranthus muralis ↗ Cheiranthus cheiri.
Cheiranthus senoneri ↗ Cheiranthus cheiri.
Cheiri arabici flos ↗ Cheiranthus cheiri.
Cheiri flos ↗ Cheiranthus cheiri.
Cheiri vulgare ↗ Cheiranthus cheiri.
Chekenblätter ↗ Eugenia chequen.
Chelafrüchte ↗ Randia braudis.
Chelapa ↗ Ipomoea purga.

■ Chelerythrin

quartäres Benzophenanthridinalkaloid aus dem Schöllkraut (↗ Chelidonium majus). *Wirk.:* Durch Reaktion mit nucleophilen bzw. anionischen Gruppen von Proteinen (Enzyme) und Nucleinsäuren kommt es zur Hemmung der Na^+/K^+-ATPase oder zur Interkalation in die DNA, verbunden mit der Hemmung der Zellteilung. Daraus resultieren zytostatische, antibakterielle und entzündungshemmende Wirksamkeiten.

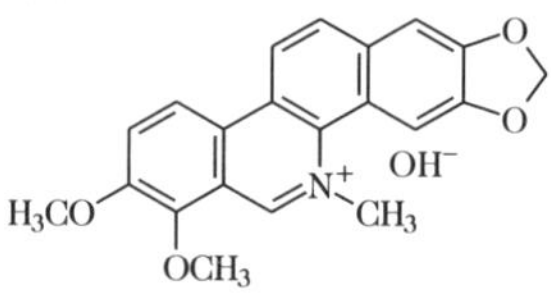

Chelerythrin

Chelidonii herba ↗ Chelidonium majus.
Chelidonii radix ↗ Chelidonium majus.
Chelidonii rhizoma ↗ Chelidonium majus.
Chelidonium corniculatum ↗ Glaucium corniculatum.
Chelidonium glaucium ↗ Glaucium flavum.
Chelidonium grandiflorum ↗ Chelidonium majus.
Chelidonium haematodes ↗ Chelidonium majus.

Chelidonium japonicum ↗ Chelidonium majus.
Chelidonium laciniatum ↗ Chelidonium majus.
Chelidonium luteum ↗ Chelidonium majus.
Chelidonium maius ↗ Chelidonium majus.

■ **Chelidonium majus** L.
(syn. *Chelidonium grandiflorum, C. haematodes, C. japonicum, C. laciniatum, C. luteum, C. maius, C. murale, C. ruderale, C. umbelliferum*); Großes Schöllkraut (syn. Blutkraut, Gelbes Millkraut, Gemeines Schöllkraut, Gewöhnliches Schöllkraut, Goldwurz, Goldkraut, Schällkraut, Schellkraut, Schillkraut, Schindkraut, Schöllkraut, Schwalbenwurz, Schwinnwart, Tüfelsmilch, Warzenkraut, Wulstkraut), s. Farbtafel S. 150, Bild 80.

Fam.: Papaveraceae.

Vork.: gemäßigte und subtropische Zonen Europas und Asiens.

Drogen: ***1. Chelidonii herba*** (syn. *Herba Chelidonii, Herba Chelidonii majoris*), die zur Blütezeit gesammelten, getrockneten oberirdischen Teile. Inh.: Alkaloide (0,5–1,5 %), die bevorzugt dem Benzophenanthridin-, Protoberberin- und Protopin-Typ angehören. Hauptalkaloid ist Coptisin, gefolgt von Chelidonin, ↗ Chelerythrin, Protopin, Sanguinarin, Stylopin und Berberin. Die Alkaloide liegen im gelbgefärbten Milchsaft

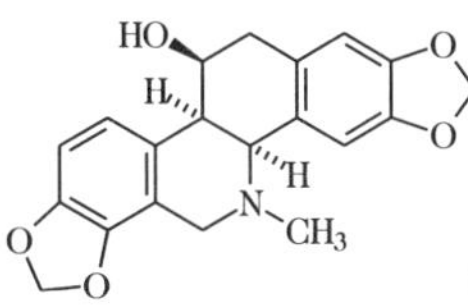
Chelidonin

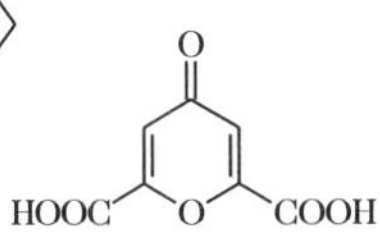
Chelidonsäure

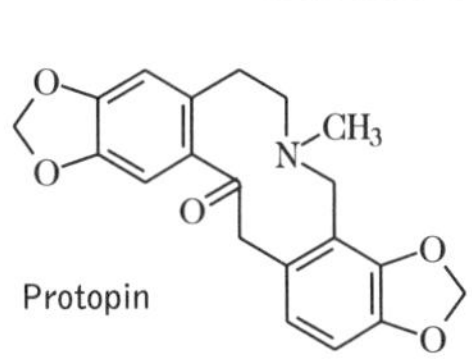
Protopin

der Pflanze als Salze, z. T. der Chelidonsäure, vor. Für die Gelbfärbung sind einige Alkaloidsalze, u. a. die des Sanguinarins, verantwortlich. Wirk.: sehr komplex; u. a. wirken Chelidonin und Protopin spasmolytisch, Berberin cholokinetisch, Chelerythrin zentrallähmend und schleimhautreizend und Sanguinarin als ein Cholinesterasehemmstoff. Anw.: Bestandteil von Leber- und Galletees sowie in Extrakten von diesbezüglichen Phytotherapeutika. Volkstümlich dient der frische Milchsaft zur Behandlung von Warzen, Hornhaut und Hühneraugen. ***2. Chelidonii radix*** (syn. *Chelidonii rhizoma, Radix Chelidonii, Rhizoma Chelidonii*); Schöllkrautwurzel, die getrocknete, im Spätsommer und Herbst gesammelte Wurzel. Inh.: Alkaloide (1–2 %) ähnlicher Zusammensetzung wie die Krautdroge, allerdings mit Chelidonin als Hauptalkaloid und Magnoflorin, einem Aporphinalkaloid, als zusätzlichem Alkaloid. Anw.: volkstümlich wie *Chelidonii herba*.

Hom.: ***1. Chelidonium majus*** HAB1, der frische Wurzelstock mit anhängenden Wurzeln. Anw.-Geb.: Entzündungen, Steinbildungen und chronische Störungen des Leber-Galle-Systems; Entzündungen der Atemorgane und des Rippenfells; Rheumatismus. ***2. Chelidonium majus e floribus, äthanol. Digestio*** HAB1, Vergärung der Wurzel nach Kalt-Warm-Rhythmus.

Histor.: Der Name *Chelidonium* kommt vom griechischen *chelidon* (Schwalbe). Vermutlich soll der Name zum Ausdruck bringen, daß die Pflanze zur Zeit des Eintreffens der Schwalben zu blühen beginnt und bei ihrem Wegzug verblüht. Der deutsche Name Schöllkraut ist vermutlich dem griechisch-lateinischen *chelidonium* entlehnt. Dem Schöllkraut wurden bereits im Altertum bedeutende Heilkräfte zugeschrieben. Dazu schreibt unter anderen ↗ Dioskurides „Die Wurzel mit Anis und Weißwein getrunken heilt die Gelbsucht und mit Wein als Umschlag den Bläschausschlag“. Die berühmte Drogenschule von Salerno schreibt „Schellkraut ist den Augen gesundt, das wird uns von den Schwalben kundt“.

Chelidonium maximum canadense ↗ Sanguinaria canadensis.
Chelidonium murale ↗ Chelidonium majus.
Chelidonium ruderale ↗ Chelidonium majus.
Chelidonium umbelliferum ↗ Chelidonium majus.
Chelone ↗ Chelonia mydas.
Chelone alba ↗ Chelone glabra.

■ **Chelone glabra** L.
(syn. *Chelone alba, Chelone obliqua, Pentstemon auctus*); Kahle Schildblume.

Fam.: Scrophulariaceae.

Vork.: Nordamerika, Kanada bis Texas.

Droge: ***Herba Chelone glabra***; Kahles Schildblumenkraut. Inh.: u. a. ein bitteres Harz. Anw.: in der Volksheilkunde als Tonikum bei Leberleiden, als Laxans und bei Hauterkrankungen.

Hom.: ***Chelone glabra*** HAB; die frischen, oberirdischen Pflanzenteile. Anw.-Geb.: chronische Leberkrankheiten.

Chelone obliqua ↗ Chelone glabra.

■ Chelonia mydas L.

Suppenschildkröte (syn. Chelone).

Fam.: Cheloniidae.

Vork.: Amerika, Kalifornien bis Peru, Galapagosinseln.

Droge: ***Oleum Cheloniae***; Schildkrötenöl, das fette Öl der Schildkröte. Inh.: Triglyceride, die zu 60 % aus ungesättigten Fettsäuren (v. a. Linolsäure) bestehen, Vitamine A und D. Anw.: in der Kosmetik, zur Herstellung von Seife und als Speiseöl. Im Mittelalter diente die Droge zur Behandlung der Lepra. In Indien wird der Schildkröten-Lebertran als Nähr- und Heilmittel bei Skrophulose, Rachitis, Anämie und Lungekrankheiten verwendet.

■ Chemotaxonomie

Wissenschaftszweig der Biologie, der Taxonomie und Phytochemie, einschließlich der Biogenesewege der Naturstoffe nutzt, um systematische Aussagen zu ihrer natürlichen Verwandtschaft und Evolution zu machen.

Chenopodii aetheroleum ↗ Chenopodium-Arten.
Chenopodii ambrosioides herba ↗ Chenopodium-Arten.

■ Chenopodium-Arten

- **Fam.:** Chenopodiaceae.
- **Chenopodium album** L.; Weißer Gänsefuß.

Vork.: Kosmopolit;

Heim.: vermutlich Himalajagebiet, bes. in Indien als Blattgemüse und als Arzneipflanze kultiviert.

- **Chenopodium ambrosioides** L. **var. ambrosioides**; Mexikanisches Traubenkraut (syn. Mexikanisches Teekraut, Wohlriechender Gänsefuß).

Vork.: Mexiko, Brasilien, Chile. Kulturen in Nordamerika, z. T. in Europa.

Droge: ***Chenopodii ambrosioides herba*** (syn. *Herba Chenopodii ambrosioides*); Mexikanisches Traubenkraut (syn. Gänsefußkraut, Wohlriechender Gänsefuß, Jesuitentee, Karthäuser Tee), die getrockneten, während der Blütezeit gesammelten, oberirdischen Teile der Pflanze. Inh.: äther. Öl (0,25–0,3 %) mit Ascaridol (40 %) und

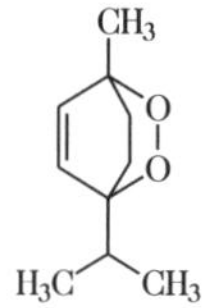

Ascaridol

L-Pinocarvon (60 %) als Hauptkomponenten. Anw.: traditionell, bes. in den Heimatgebieten, als Wurmmittel, mitunter auch bei Magen- und Darmbeschwerden.

Hom.: ***Chenopodium ambrosioides var. ambrosioides*** HAB1, die frischen, oberirdischen Teile blühender Pflanzen.

Histor.: Der Name *Chenopodium* ist aus den griechischen Worten *chen* (Gans) und *pus, podos* (Fuß) entstanden, währen der Artname *ambrosioides* bezug auf den angenehm aromatischen Geruch der Blätter nimmt. Abkochungen der Droge dienten, nach Überlieferung, bereits vor Columbus bei den amerikanischen Indianern als Wurmmittel.

- **Chenopodium ambrosioides var. anthelminticum** (L.) A. Gray (syn. *Chrysanthemum anthelminticum* L.); Wurmkraut (syn. Amerikanisches Wurmkraut, Wurmsamen).

Droge: ***Chenopodii aetheroleum*** (syn. *Aetheroleum Chenopodii, Oleum Chenopodii anthelmintici*); Amerikanisches Wurmsamenöl (syn. Wurmkrautsamenöl), das durch Wasserdampfdestillation gewonnene äther. Öl des Krautes. Inh.: u. a. Ascaridol (60–80 %), 20–40 % *p*-Cymen, *α*-Terpinen, L-Limonen, D-Campher. Anw.: Anthelmintikum. Spezifikum gegen Hakenwurm (Ankylostemum duodenale) und gegen Spulwürmer (Askariden). Wegen Vergiftungsgefahr als Wurmmittel heute weitgehend außer Gebrauch. In der Veterinärmedizin zuweilen gegen Lungenegel. In den Heimatgebieten, u. a. Brasilien, äußerlich in Mischung mit fettem Öl gegen Krätze sowie als Schutzmittel gegen die Dasselfliege.

Hom.: ***Chenopodium anthelminticum*** HAB34 das frische blühende Kraut. Anw.-Geb.: Durch blutungsstörungen des Innenohrs und des Gehirns, Lebererkrankungen.

● **Chenopodium bonus-henricus** L. (syn. *Agathophyllum bonus henricus, Blitum bonus henricus*); Guter Heinrich.

Heim.: östliches Mittelmeergebiet, heute in ganz Europa verbreitet.

Inh.: Flavonoide, Kaffeesäurederivate, Saponine. Anw.: früher volkstümlich bei Entzündungen und Geschwüren sowie als wichtiges Blattgemüse, deren Nutzung sich bis ins Altertum zurückverfolgen läßt und erst durch den Spinat später verdrängt wurde.

● **Chenopodium vulvaria** (syn. *Chenopodium olidum*); Stinkmelde (syn. Bocksmelde).

Vork.: Europa.

Droge: ***Herba Vulvariae***, das getrocknete Kraut. Inh.: Trimethylamin, Betain, Gerbstoffe. Anw.: in der Volksheilkunde als Spasmolytikum und Emmenagogum.

Hom.: ***Chenopodium vulvaria*** HAB; die ganze, frische, zur Blütezeit geerntete Pflanze. Anw.-Geb.: Rückenschmerzen, Bettnässen.

Histor.: Der als Synonym gebrauchte Artname *olidum* (riechend, stinkend) nimmt bezug auf den unangenehmen Geruch der Pflanze. Als „stinkende Hundsmilte" wird die Droge in den Kräuterbüchern, u. a. bei ↗ Bock, Matthiolus und Lonicerus bezeichnet, die in dem Rufe stand, aus faulen Wunden des Viehs die Würmer zu vertreiben.

Cherimoya ↗ Annona-Arten.
Chicle ↗ Manilkara zapota.
Chiclegummi ↗ Manilkara zapota.
Chicorée ↗ Cichorium intybus.
Chika ↗ Bignonia chica.
Chikarot ↗ Bignonia chica.
Chilenische Araukarie ↗ Araucaria araucana.
Chilenische Muskatnuß ↗ Laurelia sempervirens.
Chili ↗ Capsicum-Arten.
Chilies ↗ Capsicum-Arten.
Chilmoria pentandra ↗ Hydnocarpus-Arten.
Chimaphila ↗ Chimaphila umbellata.
Chimaphila corymbosa ↗ Chimaphila umbellata.
Chimaphilae herba ↗ Chimaphila umbellata.

■ **Chimaphila umbellata** (L.) Nutt.
(syn. *Chimaphila corymbosa, Pirola umbellata, Pyrola corymbosa*); Doldiges Wintergrün (syn. Doldiges Winterlieb, Gichtkraut, Harnkraut, Nabelkraut, Walddolde, Waldmangold, Winterlieb).

Fam.: Pyrolaceae.

Vork.: Europa, Zentralasien, Japan, Amerika (Kanada bis Mexiko).

Droge: ***Chimaphilae herba*** (syn. *Chimaphila, Herba Chimaphilae, Herba Pirolae, Herba Pyrolae umbellatae*); Doldenförmiges Wintergrünkraut (syn. Waldmannskraut), die getrockneten, nur zuweilen mit Zweigstücken und Blüten vermischten Blätter. Inh.: Chinone (0,2 %, v. a. Chimaphillin), Phenole (7,3–7,6 %, v. a. Arbutin, daneben Isohomoarbutin, Renifolin), Flavonoide (Kämpferol, Quercetin, Hyperosid, Avicularin), Triterpene (0,25 %, u. a. β-Amyrin, Taraxerol und Urolsäure), β-Sitosterol, Gerbstoffe (4–5 %, bes. Tannine und Epicatecholgallat). Anw.: in der traditionellen Heilkunde der nordamerikanischen Indianer als Drogenabsud bei Nieren- und Blasenleiden, zur Regulation der Menstruation, zur Geburtshilfe sowie bei Rheuma, Magenverstimmungen und Hautkrankheiten. Heute noch in den USA bei Blasenkatarrhen und bei Cystitis verwendet.

Hom.: ***Chimaphila umbellata*** HAB1, die frischen, oberirdischen Teile blühender Pflanzen. Anw.-Geb.: chronische Entzündungen der ableitenden Harnwege, der Vorsteherdrüse und der Brustdrüse.

Chinae cortex ↗ Cinchona-Arten.
China fusca ↗ Cinchona-Arten.
Chinaöl ↗ Myroxylon balsamum.
Chinarinde ↗ Cinchona-Arten.

■ **Chinasäure** (syn. Acidum chinicum, 1,3,4,5-Tetrahydroxy-cylohexan-1-carbonsäure), Inhaltsstoff u. a. der Chinarinde (↗ *Cinchona*-Arten).

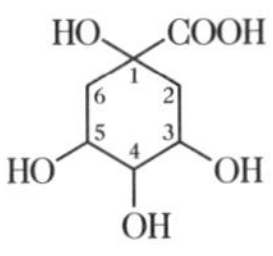

Chinasäure

Chinawurzel ↗ Smilax-Arten.
Chinazimtbaum ↗ Cinnamomum-Arten.
Chinesische Ackerminze ↗ Mentha-Arten.
Chinesische Canthariden ↗ Mylabris cichorii.
Chinesische Gelbbeere ↗ Sophora japonica, ↗ Gardenia jasminoides.

Chinesische Gelbschoten ↗ Gardenia jasminoides.
Chinesische Kantharide ↗ Mylabris cichorii.
Chinesische Limonenblätter ↗ Schisandra chinensis.
Chinesische Nelke ↗ Dianthus chinensis.
Chinesische Quitte ↗ Chaenomeles sinensis.
Chinesischer Canelobaum ↗ Drimys winteri.
Chinesischer Götterbaum ↗ Ailanthus altissima.
Chinesischer Hartriegel ↗ Cornus-Arten.
Chinesischer Rhabarber ↗ Rheum-Arten.
Chinesischer Sternanis ↗ Illicium verum.
Chinesischer Sumach ↗ Ailanthus altissima.
Chinesischer Talg ↗ Sapium sebiferum.
Chinesischer Tee ↗ Camellia sinensis.
Chinesischer Zimt ↗ Cinnamomum-Arten.
Chinesischer Zimtstrauch ↗ Cinnamomum-Arten.
Chinesisches Hasenohr ↗ Bupleurum-Arten.
Chinesische Tusche ↗ Aleurites fordii.

■ Chinidin

(syn. Chinidinum), Chinolin-Alkaloid aus der Chinarinde (↗ *Cinchona*-Arten). Wirk.: Hemmung des Na^+-Einstroms in die Zelle und Verlangsamung der Depolarisierung. C. induziert am Herzen eine antiarrhytmische Wirkung (Antiarrhythmikum Klasse Ia). Die Verbindung weist außerdem parasympatikolytische Eigenschaften auf.

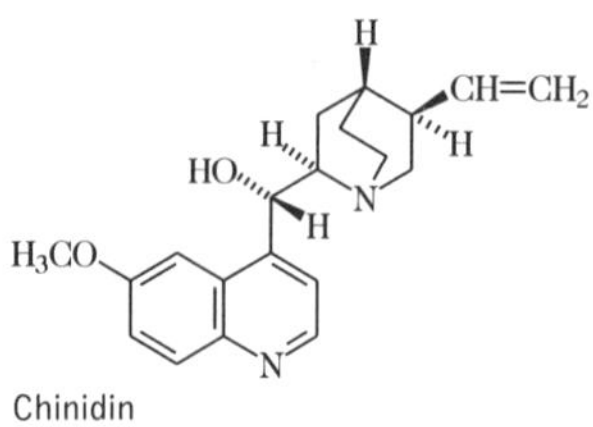

Chinidin

■ Chinin

(syn. Chininum), Chinolin-Alkaloid aus der Chinarinde (↗ *Cinchona*-Arten) mit extrem bitterem Geschmack (Vergleichssubstanz für die Prüfung des ↗ Bitterwertes). Wirk.: Durch Angriff am ZNS geringe analgetische und fiebersenkende Wirkung. In höherer Konzentration wird die glatte Muskulatur dilatiert, die gestreifte Muskulatur relaxiert und die Empfindlichkeit des Ute rus gegenüber Oxytocin bzw. Histamin erhöht. Außerdem kommt es nach Anreicherung in den

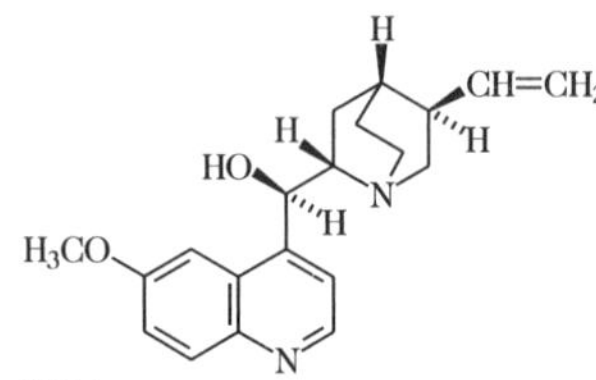

Chinin

Erythrozyten von Malariainfizierten zur Störung des Energie- und Nucleinsäurehaushaltes der Erreger (Plasmodium-Arten) und damit zur Abtötung dieser Protozoen. Anw.: Chinin ist heute trotz synthetischer Antimalariamittel ein wichtiges Arzneimittel zur Prophylaxe und Therapie der Malaria. Außerdem werden chininhaltige Getränke (z. B. Tonic water, ca. 40 mg/l) bzw. Tinkturen, Weine oder Extrakte als Amara bei Appetitlosigkeit oder Dyspepsien eingesetzt.

■ Chinolizidin-Alkaloide

vom Norlupinan-Typ abgeleitete Alkaloide in Pflanzen und Schwämmen. Pharmazeutische Bedeutung besitzen Spartein und Cytisin aus dem Goldregen (↗ *Laburnum anagyroides*) und Besenginster (↗ *Cytisus scoparius*).

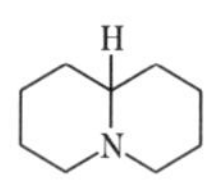

Chinolizidin

■ Chiococca alba (L.) Hitchc.

(syn. *Chiococca racemosa*); Schneebeerenbaum.
Fam.: Rubiaceae.
Vork.: Mittel- und Südamerika.
Droge: ***Radix Caincae*** (syn. *Cainca*); Schneebeerenwurzel. *Inh.:* Caincin (Caincinbitter), Caincinsäure (Saponin), Kaffeegerbsäure, Harz. *Anw.:* in der Volksheilkunde als Diuretikum und Laxans sowie gegen Schlangenbisse.
Hom.: ***Chiococca*** (syn. Cainca), die getrocknete Wurzelrinde. *Anw.-Geb.:* zur Unterstützung bei chronischer Nierenentzündung und Ödemen.

Chiococca racemosa ↗ Chiococca alba.
Chionanthus latifolia ↗ Chionanthus virginicus.
Chionanthus trifidia ↗ Chionanthus virginicus.
Chionanthus triflora ↗ Chionanthus virginicus.
Chionanthus vernalis ↗ Chionanthus virginicus.

■ **Chionanthus virginicus** L.
(syn. *Chionanthus latifolia, C. trifidia, C. triflora, C. vernalis*); Giftesche (syn. Schneeflockenbaum, Schneeflockenstrauch).

Fam.: Oleaceae.

Vork.: Südosten der USA.

Droge: ***Cortex Chionanthi virginici radicis*** (syn. *Cortex Chionanthi virginicae radicis*); *Chionanthus-virginicus*-Wurzelrinde (syn. Chionanthus-Wurzelrinde), die getrocknete Wurzelrinde. *Inh.:* u. a. Saponine (1,1–2 %, v. a. Chionanthin = Phillyrin). *Anw.:* in der Volksheilkunde als Leber- und Gallemittel bei Gelbsucht, Gallensteinen, beginnender Leberzirrhose und -entzündung, bei Fieber sowie zum Entwässern.

Hom.: ***Chionanthus virginicus*** HAB1, die frische Wurzelrinde mit anhängenden Seitenwurzeln. *Anw.-Geb.:* Migräne und andere Formen von Kopfschmerzen, Erkrankungen des Leber-Galle-Systems und der Bauchspeicheldrüse sowie bei allgemeinen depressiven Verstimmungszuständen.

Chios-Harz ↗ Pistacia terebinthinus.
Chios-Mastix ↗ Pistacia lentiscus.
Chios-Terpentin ↗ Pistacia terebinthinus.
Chirata ↗ Swertia chirata.
Chirata indica ↗ Swertia chirata.
Chirayita ↗ Swertia chirata.
Chirayta ↗ Swertia chirata.
Chirettakraut ↗ Swertia chirata.
Chirongiöl ↗ Buchanania latifolia.
Chironia chilensis ↗ Centaurium chilensis.

■ **Chitin**
stickstoffhaltiges lineares Polysaccharid aus β-1,4-glykosidisch verknüpftem *N*-Acetylglucosamin. C. bildet das Außenskelett vieler Insekten und Mollusken und stellt die Gerüstsubstanz in Bakterien, Würmern, Pilzen und Flechten dar.

■ **Chloramphenicol**
(syn. Chloramphenicolum, Laevomycetin). Antibiotikum, das ursprünglich aus *Streptomyces venezuelae* gewonnen wurde; heute wird dieses

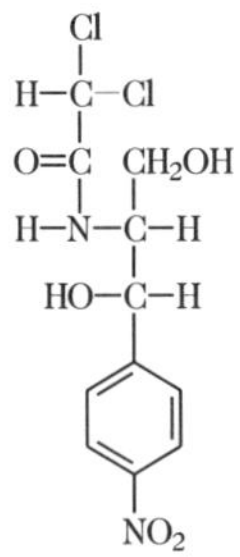

Chloramphenicol

Antibiotikum synthetisch hergestellt. *Wirk.* und *Anw.:* Als Breitbandantibiotikum mit bakteriostatischer Wirkung (Angriff an den 70S-Ribosomen) wird es bei Infektionen mit einigen gramnegativen (Proteus, Salmonellen, Shigellen) und einigen grampositiven (Rickettsien) Keimen sowie einzelnen größeren Viren eingesetzt. Hauptanwendungsgebiete sind heute schwere Salmonelleninfektionen, wie Typhus, Paratyphus; Meningitis, Sepsis, Fleckfieber und Infektionen im Auge. C. besitzt schwere Nebenwirkungen, v. a. Knochenmarksveränderungen und aplastische Anämie bei systemischer Verwendung. Gegen den Einsatz in lokal wirkenden Arzneimitteln (Salben etc.) bestehen keine Bedenken.

Chlora perfoliata ↗ Blackstonia perfoliata.

■ **Chlorogensäure**
Depsid (Phenylacrylsäureester) aus Kaffeesäure und Chinasäure, das in vielen höheren Pflanzen vorkommt und Gerbstoffcharakter aufweist. *Wirk.:* antioxidativ, entzündungshemmend, verdauungsfördernd (Anregung der Magensaftsekretion).

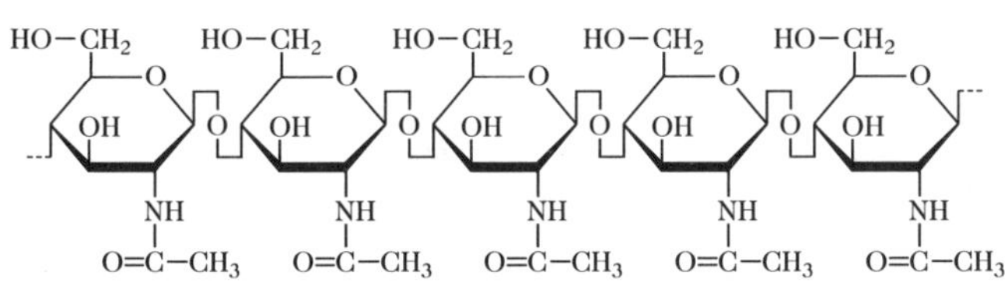

Chitin (Ausschnitt aus der Strukturformel)

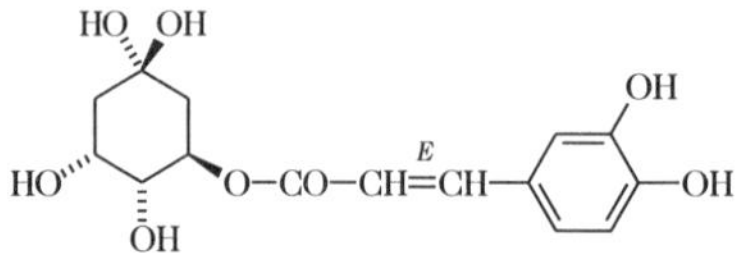

Chlorogensäure

■ **Chlorophora tinctoria** (L.) Gaudich. ex Benth. et Hook f.
(syn. *Maclura tinctoria, Morus tinctoria*); Färbermaulbeerbaum (syn. Tatajuba).

Fam.: Moraceae.

Vork.: Süd- und Mittelamerika, Indien, Kuba.

Droge: ***Lignum citrinum***; Gelbholz (syn. Fustikholz, Gelbes Brasilholz, Zitronenholz). *Inh.:* Morin (Flavonol), Maclurin (Petaoxybenzophenon-Derivat). *Anw.:* als Beizenfarbstoff zum Gelbfärben bzw. zur Herstellung von Mischfarben, in der Kunsttischlerei.

■ **Chlorophyll**
(syn. Blattgrün), Sammelbezeichnung für grüne, photosynthetische Pigmente der Pflanzen, Algen und Bakterien. Als Porphyrinderivate bestehen sie aus 4 miteinander verbrückten Pyrrolsystemen, die in ihrem Zentrum Magnesium komplex gebunden haben. Die verschiedenen Chlorophylle unterscheiden sich besonders durch die langen, lipophilen Phytol-Seitenketten, die für die Verankerung in den Membranen verantwortlich sind.

Chlorostemma odoratum ↗ Galium odoratum.

■ **Cholagoga**
galletreibende Mittel, die in Choleretika (gallebildende Stoffe infolge Leistungssteigerung der Leber) und Cholekinetika (Stoffe, die die Entleerung der Gallenblase fördern) eingeteilt werden können.

■ **Cholesterol**
(syn. Cholesterolum, Cholesterin). Ungesättigter, einwertiger Alkohol mit Steroidgrundkörper. C. ist der Ausgangspunkt für die Synthese der anderen Steroide im Tier (Vitamine der D-Gruppe, Gallensäuren, Sexualhormone, Nebennierenrindenhormone) und in der Pflanze (herzwirksame Steroide). Es wird mit Ausnahme einiger Mikroorganismen, Weichtiere, Krebse und Insekten in allen Organismen gebildet und ist ein essentieller Membranbaustein.

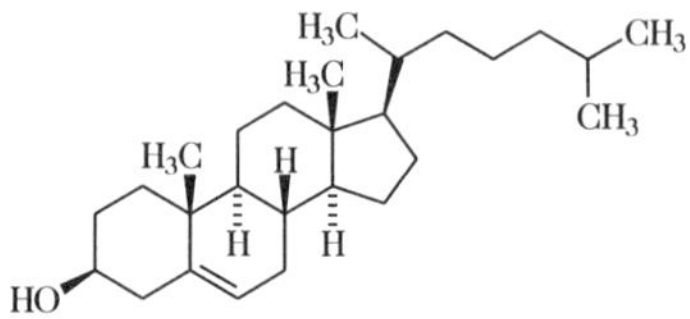

Cholesterol

■ **Cholsäure**
(syn. Acidum cholicum, $3\alpha,7\alpha,12\alpha$-Trihydroxy-5β-cholansäure). Eine Gallensäure, die von der Leber aus Cholesterol gebildet wird und für die Fettverdauung bedeutsam ist. *Anw.:* zur Substitutionstherapie bei Verdauungbeschwerden sowie nach Gallenblasenoperationen.

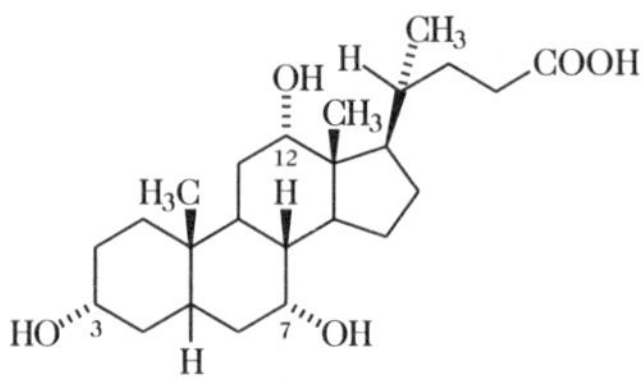

Cholsäure

Chondodendron-Arten ↗ Curare.

■ **Chondodendron tomentosum** Ruiz. et. Pav.
(syn. *Botryopis platyphylla*); Grieswurzel (syn. Behaarter Knorpelbaum).

Fam.: Menispermaceae.

Vork.: Südamerika, v. a. Nordbrasilien und Peru.

Droge: ***Radix Pareirae bravae***; Pareirawurzel (syn. Grieswurzel), die getrockneten Wurzeln. *Inh.:* Alkaloide (0,5–3 %, u. a. Pelosin, Tubocurarin, Curin, Chondocurin, Isobeerin), Gerbstoffe, Pelonin (Bitterstoff), Chondocurin. *Anw.:* in der amerikanischen Volksheilkunde zur Diurese bei Wassersucht und bei Nervenkrankheiten, in Europa früher bei Nierensteinen eingesetzt. Der aus den Zweigen und der Rinde gewonnene, wässrige Extrakt stellt ein ↗ Curare dar, das als „Serpa" bezeichnet wird und als Pfeilgift für die Jagd in Südamerika eingesetzt wurde.

Hom.: ***Pareira brava***; die getrocknete Wurzel. *Anw.-Geb.:* Nierenerkrankungen mit Harndrang.

■ **Chondrilla juncea** L.
Knorpellattich.
Fam.: Asteraceae (Compositae).
Vork.: Europa, Zentralasien.
Droge: die Wurzeln. *Inh.:* Kautschuk, Triterpene. *Anw.:* in der Volksheilkunde bei Durchfall eingesetzt.

■ **Chondrus crispus** (L.) Stackh.
Gewöhnlicher Knorpeltang.
Fam.: Gigartinaceae.
Vork.: Küsten des Nordatlantiks, der Nord- und Ostsee.
Droge: ↗ Carrageen (s. Farbtafel 150, Bild 81).

Chorda resorbilis sterilis ↗ Catgut.
Chorda resorbilis sterilis in receptaculo ↗ Catgut.
Chresta lanceolota ↗ Vanillosmepsis erythropappa.
Christdorn ↗ Ilex aquifolium.
Christophoriana spicata ↗ Actaea spicata.
Christophskraut ↗ Actaea spicata.
Christrose ↗ Helleborus-Arten.
Christusdorn ↗ Euphorbia-Arten.
Christuskrone ↗ Potentilla erecta.
Christuspalme ↗ Ricinus communis.
Chrysanthemi aetheroleum ↗ Chrysanthemum-Arten.
Chrysanthemi cinerariifolii flos ↗ Chrysanthemum-Arten.
Chrysanthemi herba ↗ Chrysanthemum-Arten.
Chrysanthemi parthenii folium ↗ Chrysanthemum-Arten.
Chrysanthemi parthenii herba ↗ Chrysanthemum-Arten.
Chrysanthemi vulgaris flos ↗ Chrysanthemum-Arten.
Chrysanthemum anthelminticum ↗ Chenopodium-Arten.

■ **Chrysanthemum-Arten**
● **Fam.:** Asteraceae (Compositae).
● **Chrysanthemum balsamita** (L.) (syn. *Balsamita major, B. suaveolens, B. vulgaris, Chrysanthemum balsamita, C. majus, C. tanacetum, Pyrethrum balsamita, P. tanacetum, Tanacetum balsamita*); Balsamkraut (syn. Balsamite, Frauenblatt, Frauenminze, Frauensalve, Garten-Rainfarn, Gottesstroh, Marienbalsam, Marien-Bettstroh, Marienblatt, Marienkraut, Marienwurzel, Minzenartiger Rainfarn, Pfannkuchenkraut, Pfefferblatt, Römischer Balsam, Schmeckblatt, Türkische Minze).
Vork.: Südeuropa bis nördlicher Iran.
Droge: ***Balsamitae herba*** (syn. *Herba Balsamitae, Herba Tanaceti balsamitae*); Balsamkraut (syn. Marienblatt, Salvesblätter), das zur Blütezeit gesammelte, gut getrocknete Kraut. *Inh.:* äther. Öl (ca. 1 %) mit Campher (72–83 %) als Hauptkomponente, neben Borneol, Isoborneol, Camphen, Limonen und α-Pinen (Campher-Typ) bzw. (ca. 0,9 %) mit ↗ L-Carvon (ca. 55–60 %) und ↗ Thujon als Hauptkomponenten (Thujon-Typ). Außerdem Sesquiterpenlactone und Kaffeesäurederivate. *Anw.:* volkstümlich bei Blähungen, Leber- und Galle- sowie Menstruationsbeschwerden, als Wurm- und Wundheilmittel. Im Haushalt als Gewürz, zur Insektenbekämpfung, in der Lebensmittelbranche als aromatisierender Zusatz für alkoholische Getränke.
Hom.: ***Tanacetum balsamita*** HAB34, das frische, blühende Kraut.
● **Chrysanthemum cinerariifolium** (Trev.) Vis. (syn. *Chrysanthemum cinerariifolium, C. rigidum, C. turreyanum, Pyrethrum cinerariifolium, P. turreyanum, P. willemotii, Tanacetum cinerarii folium*); Dalmatinische Insektenblume (syn. Aschblättrige Wucherblume, Insektenblume, Zinerarienblättrige Wucherblume).
Vork.: Dalmatien und östliches Mittelmeergebiet, Hauptanbaugebiet Kenia.
Droge: ***Chrysanthemi cinerariifolii flos*** (syn. *Pyrethri flos, Flores Pyrethri, Flores Chrysanthemii cinariifolii*), die getrockneten Blütenkörbchen. *Inh.:* Pyrethrine I und II als Hauptkompo-

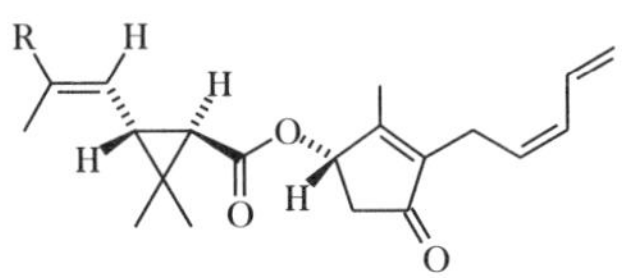

Pyrethrin I: R = CH_3
Pyrethrin II: R = $COOCH_3$

nenten, die ein Gemisch insektizid wirksamer Ester der Chysanthemum- und Pyrethrinsäure mit Ketoalkoholen, u. a. Pyrethrolon und Cinerolon, darstellen. *Wirk.:* Pyrethrine üben neurotoxische Wirkung am Natriumkanal von Insekten aus, so daß diese letztlich bewegungslos zu Boden fallen („knock-down-Effekt"). Für den Säugetierorganismus sind Pyrethrine relativ untoxisch. Anw.: früher als Anthelmintikum gegen Oxyuren, bes. in der Hundepraxis, ferner äußerlich als Antiskabiosum; heutzutage lediglich in Form konfektionierter Zubereitungen als Insektizid.

● **Chrysanthemum coccineum** Willd. (syn. *Chrysanthemum carneum, Chrysanthemum coccineum, Chrysanthemum coronopifolium, Chrysanthemum marschallii, Chrysanthemum roseum, Pyrethrum carneum, P. coronopifolium, P. roseum, Tanacetum carneum, T. coccineum, T. roseum*); Bunte Staudenmargerite (syn. Flohkraut, Kaukasische Insektenblüten, Persische Insektenblüten, Rosenrote Wucherblume).

Vork.: Kaukasus bis Iran.

Droge: ***Flores Chrysanthemi persici***, Persische oder Kaukasische Insektenblüten. Inh. und Anw. s. *C. cinerariifolium*.

Hom.: ***Pyrethrum roseum e floribus*** HAB34, die getrockneten Blüten.

● **Chrysanthemum coronarium** L. (syn. *Buphthalmum oleraceum, Chrysanthemum roxburghii, C. segetum, C. spatiosum, C. oleracea, Matricaria coronaria, Pinardia coronaria*); Goldblume (Kronen-Wucherblume, Kuh-Dillen, Streichblume).

Vork.: Mittelmeergebiet, in Asien kultiviert.

Droge: ***Chrysanthemum-coronarium-Kraut***, die getrockneten oberirdischen Pflanzenteile. Inh.: Flavonoide (u. a. 7-Glykoside von Luteolin, Kämpferol und Quercetin), Alkamide, Thiophenderivate (Chrycorin, Chrycolid), Sesquiterpenlactone (u. a. Cumambrin A). Anw.: in der Volksheilkunde bei Verdauungsbeschwerden, Magenschmerzen, Husten. Die Blüten sollen bei Magen- und Darmbeschwerden wirksam und als Ersatz für die Römische Kamille einsetzbar sein. Nähere Angaben dazu fehlen. Früher wurden die Pflanzen in Italien als Gemüse verzehrt, zu diesem Zweck werden sie in Asien heute noch kultiviert.

● **Chrysanthemum parthenium** (L.) Bernh. (syn. *Anthemis colala, Chrysanthemum parthenium, Leucanthemum odoratum, L. parthenium, Matricaria capensis, M. eximia, M. latifolium, M. odorata, M. parthenium, M. parthenioides, Pyrethrum parthenium, Tanacetum parthenium*); Mutterkraut (syn. Bertram, Falsche Kamille, Feverfew, Fieberkraut, Goldfederich, Jungfernkraut, Knopfkamille, Mägdeblumenkraut, Matram, Matronenkraut, Metra, Metram, Mettram, Mutterkamille, Römische Kamille, Sonnenauge).

Vork.: östliches Mittelmeergebiet.

Drogen: ***1. Chrysanthemi parthenii folium*** (syn. *Folia Chrysanthemi parthenii*); Mutterkrautblätter bzw. ***2. Chrysanthemi parthenii herba*** (syn. *Parthenii herba, Herba Parthenii*); Mutterkraut. Inh.: äther. Öl (0,75 %) mit Campher und Chrysanthenylacetat als Hauptkomponenten, ferner Sesquiterpenlactone, u. a. Germacranolide, mit Parthenolid als Hauptkomponente, ferner Eudesmanoliden und Guajanoliden sowie Flavonoiden, insbes. Apigenin- und Luteolinderivaten. Anw.: früher bei Dysmenorrhoe, Wehenschwäche, drohender Fehlgeburt, rheumatischen Beschwerden sowie als Wurmmittel.

● **Chrysanthemum vulgare** (L.) Bernh. (syn. *Chrysanthemum tanacetum, Pyrethrum tanacetum, P. vulgare, Tanacetum officinarum, T. vulgare, T. audibertii*); Rainfarn (syn. Dannebloom, Knöpfchen, Raingerte, Wurmkraut, Wurmtod), s. Farbtafel S. 150, Bild 82.

Heim.: Europa, weltweit eingebürgert.

Drogen: ***1. Tanaceti flos*** (syn. *Chrysanthemi vulgaris flos, Flores Athanasiae, Flores Tanaceti*), die getrockneten Trugdolden. Inh.: äther. Öl (bis 1,5 %) s. *Chrysanthemi aetheroleum*, ferner Sesquiterpenlactone vom Germacranolid- (bes. Crispolid), Eudesmanolid- und Guajanolidtyp, Sesquiterpenalkohole Tanacetol A und B, Monoterpenglykoside, Flavonoide, Cumarine, Kaffeesäurederivate und Thiophene. Anw.: früher als Wurmmittel, in der Volksheilkunde zudem bei Verdauungsstörungen sowie mißbräuchlich als Abortivum. ***2. Chrysanthemi herba*** (syn. *Herba Athanasiae, Herba Chrysanthemi, Herba Tanaceti, Tanaceti herba*); Rainfarnkraut (syn. Wurmfarnkraut, Wurmkraut), die vorsichtig getrockneten, während der Blütezeit (Juli bis Oktober) gesammelten oberirdischen Teile. Inh. und Anw.: s. *Tanaceti flos*. ***3. Chrysanthemi aetheroleum*** (syn. *Aetheroleum Tanaceti, Oleum Tanaceti*), das äther. Öl des frischen, blühenden Rainfarnkrautes. Inh.: Zusammenstzung vom jeweiligen Chemotyp abhängig, bes. Monoterpenderivate, u. a. Borneol, Campher, α- und β-Thujon, Artemisiaketon und Terpinen-4-ol, ferner Sesquiterpene, u. a. die Ketone (+)-Vulgaron A

(7,6 %) und (+)-Vulgaron B (11,9 %). Anw.: analog *Tanaceti flos*.

Hom.: ***Chrysanthemum vulgare*** HAB1, die frischen, oberirdischen Teile blühender Pflanzen ohne die verholzten Stengel. *Anw.-Geb.:* nervöse Erschöpfung, Spasmen der Muskulatur und der Hohlorgane.

Chrysanthemum suaveolens ↗ Chamomilla recutita.
Chrysarobin ↗ Andira-Arten.
Chryseis californica ↗ Eschscholzia californica.
Chrysin ↗ Flavonoide.

■ **Chrysoplenium alternifolium** L.
Steinkresse.
Fam.: Saxifragaceae.
Vork.: Europa, Asien, Nordamerika.
Droge: das Kraut. *Inh.:* Leucodelphinidin, Leucocyanidin, Arbutin (0,56 %), Sedoheptulose. *Anw.:* früher als Expektorans und Diuretikum.

■ **Cibotium barometz** Link
Vegetabilisches Lamm.
Fam.: Dicksoniaceae.
Vork.: Ostindien, China, Japan.
Droge: ***Paleae haemostypticae*** (syn. *Paleae stypticae*); Farnhaare. *Anw.:* früher als Hämostyptikum eingesetzt, in der Technik als Poltermaterial verwendet.

■ **Cicer arietinum** L.
Kichererbse.
Fam.: Leguminosae.
Vork.: Mittelmeerländer, Indien, auch kultiviert.
Droge: Kraut und Samen. *Inh.:* im Kraut u. a. Flavonoide, wie Kämpferol, Quercetin, Isorhamnetin; Enzyme; in den Samen u. a. Proteine, Fett (4–5 %), Vitamine A, B, C, D und E; Kohlenhydrate (ca. 62 %). *Anw.:* das Kraut in der indischen Volksheilkunde als Adstringens und Diuretikum; die Samen sind ein hochwertiges Nahrungs- und Futtermittel.

Cichorienblätter ↗ Cichorium intybus.
Cichorienkäfer ↗ Mylabris cichorii.
Cichorien-Reizkäfer ↗ Mylabris cichorii.
Cichorii folia et radix ↗ Cichorium intybus.
Cichorii radix ↗ Cichorium intybus.

■ **Cichorium endivia** L.
Winterendivie.
Fam.: Asteraceae (Compositae).
Vork.: Mittelmeergebiet, in Europa als Salat- und Gemüsepflanze kultiviert.
Inh.: Zimtsäurederivate, u. a. D-(+)-Dicaffeoylweinsäure (Cichoriensäure), ferner Flavonoide, bes. Kämpferolglykoside, und Sesquiterpenlactone.

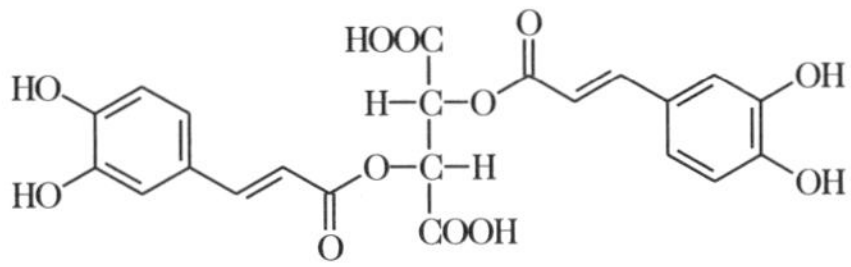

Cichoriensäure
(Cichoriumsäure)

Hom.: ***Cichorium endivia*** HAB1, die ganze, vor der Blüte geerntete Frischpflanze.

■ **Cichorium intybus** L.
Gewöhnliche Wegwarte (syn. Wilde Zichorie, Zichorie), s. Farbtafel S. 150, Bild 83.
Fam.: Asteraceae (Compositae).
Vork.: gemäßigte Zonen in Europa, Asien und Amerika in drei Varietäten *foliosum* (syn. Salatzichorie, Chicoree); *intybus*, Wilde Zichorie und *sativum*, Wurzelzichorie (syn. Kaffeezichorie).
Drogen: ***1. Cichorii folia et radix*** (syn. *Folia et Radix Cichorii, Folia et Radix Intybi*); Cichorienblätter und Wurzeln (syn. Gemeine Wegwartenblätter und Wurzeln, Wegwartenblätter und Wurzeln, Zichorienblätter und Wurzeln). *Inh.:* s. *C. endivia*. *Anw.:* Appetitlosigkeit, dyspeptische Beschwerden. ***2. Cichorii radix*** (syn. *Intybi radix, Radix Cichorii, Radix Intybi*); Wegwartenwurzel (syn. Zichorienwurzel), die im Herbst gesammelte, getrocknete Wurzel von *C. intybus var. sativum*. *Inh.:* Inulin (ca. 50–60 %), Sesquiterpenbitterstoffe, u. a. Lactucopicrin, Kaffeesäurederivate, insbes. Cichoriensäure (s. *Cichorium endivia*), Gerbstoffe und Phytosterole. *Anw.:* Amarum und Cholagogum. Bestandteil entsprechender Teemischungen und Phytopharmaka. Volkstümlich bei Lebererkrankungen, Gelbsucht und als mildes Laxans, ferner als Kaffeesurrogat.
Hom.: ***1. Cichorium intybus***, die frischen, unterirdischen Teile. *Anw.-Geb.:* Erkrankungen der Leber, der Galle und der Bauchspeicheldrüse.

2. Cichorium intybus ethanol. Decoctum HAB1, die ganze, zur Blütezeit gesammelte, getrocknete Pflanze. <u>*Anw.-Geb.*</u>: anthroposophische Therapierichtung. ***3. Cichorium intybus Rh.*** HAB1, die ganzen, zur Blütezeit gesammelten frischen Pflanzen. <u>*Anw.-Geb.*</u>: anthroposophische Therapierichtung.

Histor.: *Cichorium* ist bei Horaz der Name, der sich von *kio* (gehe) und *chorion* (Feld) ableitet, somit in Verbindung mit dem bevorzugten Standort der Pflanze steht. Der Artname *intybus* wird teils auf das griechische *éntomos* (eingeschnitten) im Hinblick auf die Form der Laubblätter, teils vom lateinischen *in* (in) und *tubus* (Röhre) zur Kennzeichnung des hohlen Stengels abgeleitet. Auch der deutsche Name Wegwarte weist auf den bevorzugten Standort der Pflanze, nämlich am Wege stehend, hin. Die Pflanze war bereits im Altertum bekannt und nach ↗ Dioskurides und ↗ Plinius bereits von den Ägyptern als magenstärkendes Gemüse kultiviert.

■ Ciclosporine

(syn. Ciclosporin, Ciclosporinum). Gruppe von Undeca-Peptiden mit immunsuppressiver Wirkung, gebildet von *Tolypocladium inflatum* (syn. *Beauveria nivea, Trichoderma polysporum*) und *Cylindrocarpum lucidum*. Die Gruppe umfaßt die C. A bis H, die chemisch eng verwandt sind. Wichtigster Vertreter ist Ciclosporin A, eingesetzt wird daneben noch Ciclosporin C. Sie wirken wachstumshemmend auf eine Reihe von Pilzen und Protozoen.

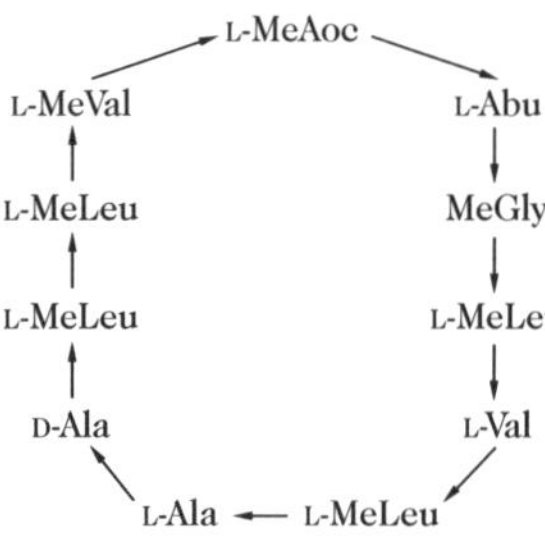

Ciclosporin A

<u>*Wirk.*</u>: Ciclosporin A unterdrückt die zelluläre Immunantwort u. a. durch Hemmung der Bildung von Interleukin I. <u>*Anw.*</u>: zur Verhinderung der Abstoßung von Herz-, Nieren-, Pankreas-, Leber- und Knochenmarkstransplantaten sowie bei schweren Autoimmunerkrankungen, wie z. B. rheumatischer Arthritis, Morbus Crohn oder Colitis ulcerosa. Die Therapie ist mit beträchtlichen Nebenwirkungen verbunden und bedarf einer strengen Indikation sowie ständiger ärztlicher Überwachung.

Cicöl ↗ Licania rigida.
Cicuta angustifolia ↗ Cicuta virosa.
Cicuta aquatica ↗ Cicuta virosa.
Cicuta cellulosa ↗ Cicuta virosa.
Cicuta cynapium ↗ Aethusa cynapium.
Cicutae virosae rhizoma ↗ Cicuta virosa.
Cicuta mackenzieana ↗ Cicuta virosa.
Cicuta maculata ↗ Conium maculatum.
Cicuta major ↗ Conium maculatum.
Cicuta officinalis ↗ Conium maculatum.
Cicuta orientalis ↗ Cicuta virosa.
Cicuta pumila ↗ Cicuta virosa.
Cicutaria aquatica ↗ Cicuta virosa.
Cicutaria virosa ↗ Cicuta virosa.
Cicuta sachalinensis ↗ Cicuta virosa.
Cicuta tenuifolia ↗ Cicuta virosa.

■ Cicuta virosa L.

(syn. *Cicuta angustifolia, C. aquatica, C. cellulosa, C. mackenzieana, C. orientalis, C. pumila, C. sachalinensis, C. tenuifolia, Cicutaria aquatica, C. virosa, Coriandrum cicuta, Selinum virosum, Sium alterum, S. cicuta*); Giftiger Wasserschierling (syn. Borstenkraut, Giftiger Wassermerk, Giftwüterich, Parzenkraut, Tollkraut, Tollrübe, Wüterich), s. Farbtafel S. 150, Bild 84.

Fam.: Apiaceae (Umbelliferae).

Vork.: Europa, Zentral- und Ostasien, Kanada, Alaska.

Droge: ***Cicutae virosae rhizoma*** (syn. *Radix Cicutae virosae, Rhizoma Cicutae virosae*); Wasserschierlingsrhizom (syn. Wasserschierlingswurzel), die frischen unterirdischen Teile. Die Droge ist sehr stark giftig! <u>*Inh.*</u>: Polyine (ca. 0,2 %, v. a.

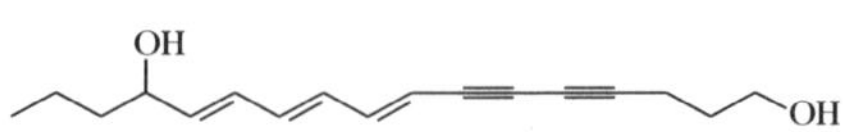

Cicutoxin

Cicutoxin, Cicutol, Falcarindiol), äther. Öl (0,1–0,35 %). <u>*Wirk.*</u>: Cicutoxin ist ein starkes, zentral angreifendes Krampfgift, das nach anfänglicher Erregung zur Lähmung lebenswichtiger Zentren im ZNS führt. Der Tod tritt durch Atemlähmung ein. Anw.: In der Volksheilkunde Sibiriens wird die antibakterielle Wirksamkeit der Droge in Form von Extrakten und Salben bei Infektionen der Haut ausgenutzt.

Hom.: ***Cicuta virosa*** HAB34; Wasserschierling (syn. Wütherich Hahnemann), der frische, zur Zeit der beginnenden Blüte gesammelte Wurzelstock mit den anhängenden Wurzeln. Anw.-Geb.: Eiterflechten der Haut oder Schleimhaut, bei Krampfleiden und zerebralen Anfallserkrankungen (Epilepsie).

Cicutoxin ↗ Cicuta virosa.

■ **Cimex lectularius** L.
Bettwanze.

Fam.: Hemipteroidea.

Vork.: weltweit.

Inh.: Cimicin (Geruchsstoff).

Hom.: ***Cimex lectularius*** HAB; die lebende Bettwanze. Anw.-Geb.: Fieberanfälle, Schnupfen, Muskelsteifigkeit.

Cimicifugae racemosae rhizoma ↗ Cimicifuga racemosa.

■ **Cimicifuga racemosa** (L.) Nutt.
(syn. *Actaea gyrostachya, A. orthostachya, A. monogyna, A. racemosa, Botrophis acteaoides, Botrophis serpentaria, Cimicifuga serpentaria, Macrotis octroides, M. racemosa, M. serpentaria*); Trauben-Silberkerze (syn. Frauenwurzel, Langtraubiges Christophskraut, Nordamerikanische Schlangenwurzel, Schwarze Schlangenwurzel, Wanzenkraut), s. Farbtafel S. 151, Bild 85.

Fam.: Ranunculaceae.

Vork.: USA, Kanada, Europa, gemäßigte und arktische Zonen Asiens.

Droge: ***Cimicifugae racemosae rhizoma*** (syn. *Radix (Rhizoma) Actaeae racemosae, Radix Christophorianae americanae, Radix Cimicifugae racemosae, Radix Serpentariae racemosae, Rhizoma Cimicifugae*); Cimicifuga-Wurzelstock (syn. Frauenwurzel, Nordamerikanische Schlangenwurzel, Traubensilberkerzen-Wurzelstock, Wanzenkrautwurzel), der getrocknete, nach der Fruchtreife gesammelte Wurzelstock mit den Wurzeln. Inh.: Triterpenglykoside vom Cyclartenoltyp (u. a. Actein) und Cimicifugosid, Harzfraktion Cimicifugin, ferner die Alkaloide Cytisin und Methylcytisin, Flavonoide (u. a. das Isoflavon Formononetin). Wirk.: Die Droge besitzt östrogenähnliche Eigenschaften. Als Wirkungsmechanismus wird ein Effekt auf das adrenerge System und die LHRH-Sekretion, so u. a. eine Hemmwirkung auf die Sekretion des Lutropins, vermutet. Anw.: Auszüge der Droge sind Bestandteil von Arzneifertigpräparaten, die als Stimulans bei Funktionsstörungen der weiblichen Geschlechtsorgene bes. bei dysmenorrhoischen sowie klimakterisch bedingten neurovegetativen Beschwerden zur Anwendung kommen.

Hom.: ***Cimicifuga racemosa*** HAB1, der frische Wurzelstock mit den anhängenden Wurzeln. Anw.-Geb.: rheumatischer und wirbelsäulenbedingter Muskelschmerz, Krampfschmerz des Herzens, des Magen-Darm-Traktes, der Gallenblase und im Bereich der weiblichen Geschlechtsorgane, bes. Wechseljahresbeschwerden, nervöse Erregungs- und depressive Verstimmungszustände.

Histor.: Der Gattungsname *Cimicifuga* ist aus dem lateinischen *cimex* (Wanze) und *fuga* (Flucht) zusammengesetzt, während racemosa (lat. *racemosus,* Traube) auf dem traubigen Blütenstand hinweist. Die Pflanze wurde schon seit langer Zeit von den Einheimischen Nordamerikas als Mittel gegen Schlangenbiß und zur Erleichterung der Geburt genutzt.

Cimicifuga serpentaria ↗ Cimicifuga racemosa.
Cimicifuga-Wurzelstock ↗ Cimicifuga racemosa.
Cinae anthodia ↗ Artemisia cina.
Cinae flos ↗ Artemisia cina.

■ **Cinchona-Arten**

- **Fam.:** Rubiaceae.
- **Vork.:** tropisches Amerika, bes. Osthänge der Anden. Kulturen u. a. in Indonesien und Westafrika (Kongogebiet).
- **Cinchona officinalis** L. (syn. *Cinchona calisaya, C. ledgeriana*); Gelber Chinarindenbaum.

Droge: ***Cinchonae calisayae cortex*** (syn. *Cortex Chinae calisayae,*); Gelbe Chinarinde (syn. Calisaya-Chinarinde, Gelbe Königsrinde, Königschinarinde), die getrocknete Stamm- und Wurzelrinde. Inh.: Alkaloide (4–8 %) mit 50 % Chininanteil. Anw.: insbes. als Industriedroge zur Gewinnung von Chinin.

Hom.: ***China fusca***, die getrocknete Rinde.

● **Cinchona pubescens** Vahl (syn. *Cinchona cordifolia, C. succirubra, C. tucuyensis*); Roter Chinarindenbaum.

Droge: ***Cinchonae cortex*** (syn. *Chinae cortex, Cinchona, Cortex Chinae, Cortex Cinchonae*); Rote Chinarinde (syn. Fieberrinde, Apothekerrinde), die getrocknete Rinde, s. Farbtafel S. 151, Bild 86. Inh.: Alkaloide (5–15 %), gebunden an Säuren oder Gerbstoffe mit Chinin (30–60 %, s. Formel) als Hauptalkaloid sowie u. a. Chinidin, Cinchonin und Cinchonidin als Nebenalkaloide. Außerdem Phenylpropanderivate, Flavonoide, Phenylpropansubstituierte Epicatechine, Gerbstoffe und Phlobaphene. Anw.: Die Droge und galenische Zubereitungen kommen bei Appetitlosigkeit als sog. Tonika bei dyspeptischen Beschwerden zum Einsatz sowie volkstümlich bei grippalen Infekten, Malaria und Muskelkrämpfen. Das Reinalkaloid Chinin wirkt als Malariamittel auf die erythrozytären Formen der Erreger, d. h. als Schizontenmittel. Es wirkt antipyretisch, analgetisch und muskelrelaxierend; am Uterus steigert es die Erregbarkeit der Muskulatur gegenüber Oxytocin-artig wirkenden Verbindungen und am Herzen hemmt es die Reizleitung, Erregbarkeit und Kontraktilität. Chinin ist jedoch ein Zell- und Protoplasmagift. Es hemmt verschiedene enzymatische Prozesse und kann durch Komplexbildung mit DNA zur Blockierung der Nucleinsäuresynthese führen. Chinidin, das partialsynthetisch durch Isomerisierung aus Chinin gewonnen werden kann, wird bes. bei Reizleitungsstörungen des Herzens therapeutisch genutzt.

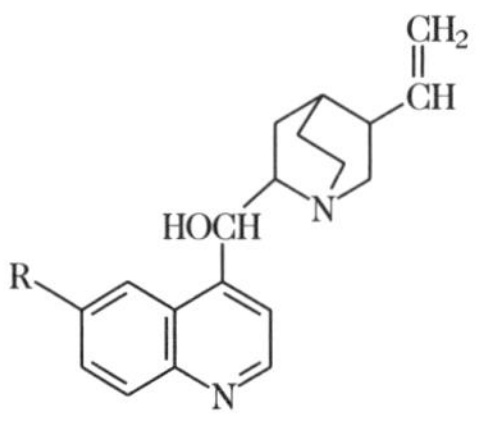

Chinaalkaloide
R = OCH_3: (–)-Chinin, (+)-Chinidin,
R = H: (+)-Cinchonin, (–)-Cinchonidin

Hom.: ***Cinchona succirubra*** HAB1, die getrocknete Rinde jüngerer Stämme und älterer Zweige. Anw.-Geb.: u. a. Fieberanfälle, Entzündungen der Atemwege, akute Durchfälle, Verdauungsschwäche, Gallenkoliken, allgemeine Entkräftung.

● **Histor.:** Der Gattungsname *Cinchona* soll nach der Gräfin von Chinchon, der spanischen Vizekönigin, geprägt worden sein. Aus *quina*, der Bezeichnung der südamerikanischen Indianer für Rinde, ist die Bezeichnung Chinarinde abgeleitet, die mit China in keinem Zusammenhang steht. Die Entdeckung der Wirkung der Chinarinde, die zunächst durch ihren bitteren Geschmack auffiel, erfolgte nach der Eroberung Südamerikas durch die Europäer.

Cinchonae calisayae cortex ↗ Cinchona-Arten.
Cinchonae cortex ↗ Cinchona-Arten.
Cinchona kattu-kambar ↗ Uncaria gambir.

■ Cineol

(syn. 1,8-Cineol, Eucalyptol); campherähnlich riechendes bicyclisches Monoterpen, häufiger Bestandteil von äther. Ölen.

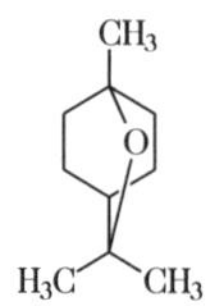

Cineol

Cineraria-Kreuzkraut ↗ Senecio-Arten.
Cineraria maritima ↗ Senecio-Arten.
Cinnamomi aetheroleum ↗ Cinnamomum-Arten.
Cinnamomi burmanii cortex ↗ Cinnamomum-Arten.
Cinnamomi camphorae aetheroleum ↗ Cinnamomum-Arten.
Cinnamomi cassiae aetheroleum ↗ Cinnamomum-Arten.
Cinnamomi cassiae cortex ↗ Cinnamomum-Arten.
Cinnamomi ceylanici cortex ↗ Cinnamomum-Arten.
Cinnamomi chinensis cortex ↗ Cinnamomum-Arten.
Cinnamomi cortex ↗ Cinnamomum-Arten.
Cinnamomi flos ↗ Cinnamomum-Arten.
Cinnamomi loureirii cortex ↗ Cinnamomum-Arten.

■ Cinnamomum-Arten

● **Fam.:** Lauraceae.

● **Vork.:** tropische und subtropische Gebiete, außer Afrika.

● **Cinnamomum aromaticum** Nees (syn. *Cinnamomum cassia, C. obtusifolium, Laurus cassia, L. cinnamomum*); Zimtbaum (syn. Chinazimtbaum, Chinesischer Zimtbaum, Chinesischer Zimtstrauch, Kassie, Zimtkassie).

Drogen: ***1. Cassiae flos*** (syn. *Cinnamomi flos, Clavellis Cassiae, Flores Cassiae, Flores Cassiae deflorati, Flores Cinnamomi*); Zimtblüten (syn. Kanelblüten, Kassiablüten, Zimtfrüchte, Zimtkelche, Zimtnägelein, Zimtnagerl), die nach dem Verblühen gesammelten, getrockneten Blüten, bei denen es sich botanisch eigentlich um ein junges Fruchtstadium handelt. *Inh.:* äther. Öl (ca. 1,9 %, mit Zimtaldehyd als Hauptkomponente). *Anw.:* als Geruchs- und Geschmackskorrigenz. In der Volksheilkunde wird die Droge auch zur Blutreinigung sowie in Kombination mit anderen Drogen bei Entzündungen eingesetzt. ***2. Cinnamomi cassiae aetheroleum*** (syn. *Oleum Cassiae, Oleum Cinnamomi cassiae*); Cassia-Öl (syn. Chinesisches Zimtöl, Kassiaöl, Kassiazimtöl), das aus den Blättern, jungen Zweigen und Rindenabfällen gewonnene äther. Öl. *Inh.:* Zimtaldehyd (ca. 90 %), *o*-Methoxyzimtaldehyd, Cumarin. *Anw.:* bei Appetitlosigkeit, dyspeptischen Beschwerden, Völlegefühl und Blähungen. Außerdem zur symptomatischen Behandlung von Verdauungsbeschwerden, Erschöpfungszuständen und zur Förderung der Gewichtszunahme. ***3. Cinnamomi chinensis cortex*** (syn. *Cinnamomi cassiae cortex, Cinnamomi cortex, Cortex Cassiae, Cortex Cinnamomi, Cortex Cinnamomi cassiae, Cortex Cinnamomi chinensis*); Chinesischer Zimt (syn. Chinesische Zimtrinde, Englischer Zimt, Gemeiner Zimt, Indischer Zimt, Kanel, Mutterzimt, Zimtkassia), die ganz oder teilweise geschälte, getrocknete Rinde dünner Zweige. *Inh.:* äther. Öl (1–4 %, v. a. mit Zimtaldehyd, Zimtsäure, Cinnamylacetat, Zimtalkohol, Cumarin, *o*-Methoxyzimtaldehyd), Diterpene (Cinnzeylanole, Cinncassiole), Gerbstoffe, Phenolcarbonsäuren, Lignane, Schleim. *Anw.:* Appetitlosigkeit, dyspeptische Beschwerden, Blähungen sowie zur symptomatischen Behandlung von Verdauungsstörungen.

Histor.: Zimt wird bereits im ersten chinesischen Kräuterbuch des Kaisers Shen Nung (ca. 2700 v. Chr.) erwähnt und zählt zu den ältesten Gewürzen. Im Mittelmeerraum wurde der Chinesische Zimt als Räuchermittel und Arzneimittel genutzt. Aufgrund der langen Handelswege besaß die Droge bis ins Mittelalter hinein einen sehr hohen Wert und wurde als fürstliches Geschenk immer besonders erwähnt. Um 1500 wurde erstmals in Europa Zimtöl hergestellt.

● **Cinnamomum burmanii** (Nees) Bl. (syn. *Cinnamomum dulce, C. kiamis, C. mindanaense, Laurus burmani, L. dulcis, Persea dulcis*).

Droge: ***Cinnamomi burmanii cortex*** (syn. *Cassia lignea, Cortex Cinnamomi burmanii*); Padang-Zimt (syn. Fagot-Cassie, Holzkassie, Holzzimt, Java-Cassie, Mutterzimt, Padang-Kaneel, Padang-Kassie, Zimt), die getrocknete Stammrinde. *Inh.:* äther. Öl (1,5–3,5 %, v. a. mit Zimtaldehyd und Cumarin). *Anw.:* in der Volksheilkunde bei Diarrhoe und Magenkrämpfen sowie als Gewürz im Haushalt.

● **Cinnamomum camphora** (L.) J. S. Presl. (syn. *Camphora camphora, C. officinarum, Cinnamomum camphoriferum, Laurus camphora, L. camphorifera, Persea camfora*); Kampferbaum (syn. Campherbaum, Kampferlorbeer).

Droge: ***Cinnamomi camphorae aetheroleum*** (syn. *Oleum Camphorae, Oleum Cinnamomi camphorae*); Kampferbaumöl (syn. Campheröl, Kampferöl), das äther. Öl aus dem Holz. *Inh.:* v. a. Cineol, daneben Borneol, Carvacrol, Eugenol, Limonen, Phellandren, α-Pinen und Safrol. *Anw.:* als Bestandteil von externen Rheumamitteln. Die Droge wird häufig in der Kosmetik (Pafüms, Seifen, Deodorants) und in der Technik zur Herstellung von Vanille- und Pfefferminzaromen verwendet.

● **Cinnamomum culilawan** (L.) Bl. (syn. *Cinnamomum caryophylloides rubrum, C. culiban, C. culilaban, C. culitlawan, C. rubrum, Laurus culitlawan*).

Droge: ***Culilabani cortex*** (syn. *Cortex Culilabani, Cortex Caryophylloides ruber*); Lawang-Rinde (syn. Bittere Zimtrinde, Culilawanrinde), die getrocknete Rinde von Stämmen und Ästen. *Inh.:* äther. Öl (5–6 %, u. a. mit Eugenol und Safrol in variablen Mischungen). *Anw.:* früher bei Verdauungsbeschwerden und Darmstörungen. Im Haushalt wird die Droge als Gewürz verwendet.

● **Cinnamomum loureirii** Nees.

Droge: ***Cinnamomi loureirii cortex*** (syn. *Cortex Cinnamomi loureirii*); Saigon-Zimt (syn. Japanzimt), die getrocknete Rinde. *Inh.:* äther. Öl

(2–6 %, v. a. Zimtaldehyd und Eugenol enthaltend). Anw.: in der Volksheilkunde bei Verdauungsbeschwerden.

● **Cinnamomum verum** J.S. Presl. (syn. *Cinnamomum ceylanicum, C. zeylanicum, Laurus cassia, L. cinnamifera, L. cinnamomea*); Zimtbaum (syn. Ceylonischer Zimtbaum, Ceylon-Zimt, Zeylonzimt, Kaneelbaum).

Drogen: ***1. Cinnamomi aetheroleum*** (syn. *Aetheroleum Cinnamomi, Oleum Cinnamomi, Oleum Cinnamomi ceylanici*); Zimtöl (syn. Ätherisches Zimtöl, Ceylonzimtöl), das äther. Öl aus der Rinde. *Inh.:* v. a. Zimtaldehyd (65–76 %) und Eugenol (4–10 %) sowie in geringen Mengen Zimtalkohol, Zimtsäure, Cinnamylacetat und *o*-Methoxyzimtaldehyd. *Anw.:* bei Appetitlosigkeit, dyspeptischen Beschwerden, Völlegefühl, Blähungen sowie als Geruchs- und Geschmackskorrigenz. In der Volksheilkunde dient die Droge zur Behandlung der Dysmenorrhoe und zur Blutstillung. ***2. Cinnamomi cortex*** (syn. *Cinnamomi ceylanici cortex, Cortex Cinnamomi, Cortex Cinnamomi ceylanici, Cortex Cinnamomi zeylanici*); Zimtrinde (syn. Ceylonzimtrinde, Echter Kanel, Echter Zimt, Java-Zimt, Malabar-Zimt), die getrockneten, vom äußeren Kork und darunter liegendem Parenchym befreite Rinde junger Schößlinge, s. Farbtafel S. 151, Bild 87. *Inh.:* äther. Öl (0,5–4 %, v. a. mit Zimtaldehyd und Eugenol), Procyanidine, Diterpene (Cinnzeylanol, Cinnzeylanin), Phenolcarbonsäuren, Zucker (Mannit, Arabinose, Xylose), Schleim. *Anw.:* bei Appetitlosigkeit (Zimttinktur) und dyspeptischen Beschwerden, in der Volksheilkunde auch bei Diarrhoe, Erkältungen, Grippe und Wurmbefall. Zimtrinde ist ein häufig verwendetes Gewürz in fast allen Kulturkreisen.

Hom.: ***Cinnamomum zeylanicum*** (syn. *Cinnamomum*) HAB1, die von den äußeren Teilen befreite Rinde junger Schößlinge. *Anw.-Geb.:* nervöse Störungen, Gebärmutterblutungen.

Histor.: Ceylonzimt wurde im 14. Jh. in Europa erstmals erwähnt, seine Verwendung nahm insbes. nach 1498 (Entdeckung des Seeweges nach Indien durch Vasco da Gama) und der Besitznahme der Insel Ceylon durch die Portugiesen zu. Anfangs wurden in Ceylon nur wilde Bäume zur Drogengewinnung genutzt, und eine besondere Kaste, die Chalias, war mit dem Sammeln und Schälen des Zimtes beauftragt. Seit Ende des 18. Jh. wird die Droge aus Kulturen gewonnen, bis 1840 war Zimt der Hauptausfuhrartikel von Ceylon, dem heutigen Sri Lanka.

Cinnamomum magelannicum ↗ Drimys winteri.

■ **Cinnamosa fragrans** Baillon.

Fam.: Canellaceae.

Vork.: Madagaskar.

Droge: die Rinde. *Inh.:* äther. Öl mit α- und β-Pinen, 1,4-Cineol, Linalool, Pulegon, β-Caryophyllen; Sesquiterpene, wie Cinnamolid; Anthocyanidine, β-Sitosterol. *Anw.:* in der Volksheilkunde als schleimlösendes Mittel bei Erkrankungen der Atemwege, gegen Entzündungen des Darmes sowie als Bandwurmmittel.

Cipó Suma ↗ Anchietea salutaris.

■ **Cirsium arvense** (L.) Scop.
(syn. *Carduus arvensis, Cnicus arvensis*); Akkerdistel.

Fam.: Asteraceae (Compositae)

Vork.: Europa, Asien, Nordamerika, Südafrika.

Droge: das Kraut. *Inh.:* Glykoside, wie Tiliacin; äther. Öl, Alkaloide, Harz, Inulin, Gerbstoffe, Flavonoide, Cumarine, Carotinoide, Allantoin. *Anw.:* in der Volksheilkunde als Tonikum, Diuretikum und Wundheilmittel.

■ **Cirsium eriophorum** (L.) Scop.
(syn. *Carduus eriophorus, Cnicus eriophorus*); Wollkratzdistel.

Fam.: Asteraceae (Compositae)

Vork.: Mitteleuropa, Südeuropa.

Droge: die ganze Pflanze. *Inh.:* äther. Öl mit Polyinen, Flavonoide. *Anw.:* in der Volksheilkunde als Diaphoretikum, Diuretikum und bei Hautkrankheiten.

Cirsium maculatum ↗ Silybum marianum.

■ **Cirsium oleraceum** (L.) Scop.
(syn. *Carduus oleraceus, Cnicus oleraceus*); Kohldistel.

Fam.: Asteraceae (Compositae)

Vork.: Mitteleuropa bis Sibirien.

Droge: ***Herba Cirsii***; Wiesenkohl, das Kraut. *Inh.:* Gerbstoffe, Alkaloide, äther. Öl, Harz, Fett, Flavonoide, Polyine. *Anw.:* in der Volksheilkunde als Tonikum; Wiesenkohl wird auch als Salat gegessen.

Cissampelos cocculus ↗ Anamirta cocculus.

■ **Cissampelos pareira** L.
Fam.: Menispermaceae.
Vork.: tropische und subtropische Gebiete, bes. Brasilien, Indien, Sri Lanka.
Droge: ***Radix Pareirae***; Falsche Paraeirawurzel. *Inh.*: Alkaloide, wie Menismin, Cissamin, Pareirin, Curine; äther. Öl, Quercit, Harz. *Anw.*: in der Volksheilkunde bei Fieber, Durchfällen, Dyspepsie sowie äußerlich bei Geschwüren.

■ **Cistus-Arten**
● **Fam.:** Cistaceae.
● **Cistus creticus** L. (syn. *Cistus incanus, C. villosus, C. polymorphus*); Zistrose, s. Farbtafel S. 151, Bild 88.
Vork.: Mittelmeer- und Schwarzmeergebiet.
● **Cistus ladanifer** L.
Vork.: westliches Mittelmeergebiet, Iberische Halbinsel, Marokko, Algerien.
● **Cistus laurifolius** L. (syn. *Cistus cyprius*).
Vork.: Cypern, Mittelmeergebiete.
Droge: ***Ladanum*** (syn. *Labdanum, Gummi Ladanum, Resina Ladanum*), das von den Zistrosen ausgeschiedene Harz. *Inh.*: (alle drei Arten) Harz, äther. Öl, Ester- und Sesquiterpene. *Anw.*: kosmetische Industrie, Ausgangsmaterial für Essenzen und zu Räucherzwecken.

Cistus canadensis ↗ Helianthemum canadense.
Citrinholz ↗ Santalum album.
Citri pericarpium ↗ Citrus-Arten.
Citronellae aetheroleum ↗ Cymbopogon-Arten.
Citronelle ↗ Melissa officinalis.
Citronellgras ↗ Cymbopogon-Arten.
Citronenöl ↗ Citrus-Arten.

■ **Citronensäure**
dreibasige Hydroxycarbonsäure (Tricarbonsäure). Als freie Säure und in Form ihrer Salze (Citrate) gehört sie zu den verbreitetsten Pflanzensäuren.

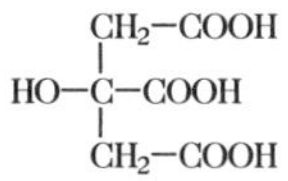

Citronensäure

■ **Citrullus colocynthis** (L.) Schrad.
(syn. *Citrullus officinalis, Colocynthis vulgaris, Cucumis colocynthis*); Koloquinthe (syn. Pomaquinte, Alhandal, Koloquintenkürbis, Puriergurke, Teufelsapfel).
Fam.: Cucurbitaceae.
Vork.: Wüsten und Steppen des tropischen Nordafrika, Vorderasien, Arabien, Indien, Pakistan.
Droge: ***Fructus Colocynthidis*** (syn. *Colocynthidis fructus, Colocynthis*); Koloquinthen (syn. Koloquinthenäpfel), die von der äußeren harten Fruchtschale befreiten reifen Früchte, s. Farbtafel S. 151, Bild 89. Die Droge ist giftig! *Inh.:* Cucurbitacine (0,6–2 %, tetracyclische Triterpene und ihre Glykoside, u. a. Citrullol, Cucurbitacin E, I und B), Phytosterole, Fette, Fruchtsäuren. *Anw.:* früher als drastisches Laxans, u. a. auch bei Ödemen und Hydrops, seltener bei Gicht, Rheuma und Neuralgien. Die Droge führt bei Überdosierung zu Entzündungen des Magen-Darm-Traktes, der Niere und Blase. Extrakte der Droge wurden zur Wanzen- und Mottenbekämpfung eingesetzt.
Hom.: ***Citrullus colocynthis*** (syn. *Colocynthis*), die geschälten, entkernten Früchte. *Anw.-Geb.:* Magen-, Darm- und Gallen-Koliken, Dysmenorrhoe, Neuralgien.
Histor.: Die Frucht der im Mittelmeerraum wild wachsenden Pflanze war den antiken Ärzten bekannt, ↗ Plinius und ↗ Dioskurides erwähnen sie in ihren Schriften. Bei den Arabern war die Droge sehr gebräuchlich, und sie haben sie im Mittelmeergebiet auch verbreitet. Der Gattungsname *Citrullus* wurde wegen der den Orangen ähnlichen Früchte geprägt. *Colocynthidis* war der bereits im klassischen Altertum gebäuchliche Name für die Pflanze. Die getrockneten Früchte gehören zu den uralten Abführmitteln, ihre Nennung erfolgte bereits im Alten Testament.

Citrullus lunatus ↗ Citrullus vulgaris.
Citrullus naudinianus ↗ Acanthosicyos naudiniana.
Citrullus officinalis ↗ Citrullus colocynthis.

■ **Citrullus vulgaris** Schrad.
(syn. *Citrullus lunatus*); Wassermelone (syn. Arbuse, Melone).
Fam.: Cucurbitaceae.
Heim.: tropisches Afrika.
Vork.: kultiviert im südlichen Europa, Rußland, Nordamerika.

Inh.: im Fruchtfleisch: Zucker (7 %), Citrullin, Carotine. In den Samen: fettes Öl (20–40 %), Cucurbitol, Cucurbitocitrin. *Anw.*: hauptsächlich als Nahrungsmittel und Viehfutter.

■ Citrus-Arten

● **Fam.:** Rutaceae.

● **Citrus aurantiifolia** (Christm. et Panz.) Swingle (syn. *Citrus lima, C. medica*); Saure Limette (syn. Limonelle).

Vork.: Südostasien, Kulturen in Mexiko, Florida, Westindische Inseln.

Droge: ***Oleum Limettae***; Limettöl, gewonnen aus den Fruchtschalen, enthält u. a. Citral (6–9 %), 1-α-Terpineol, Bisabolen und Anthanilsäuremethylester. *Anw.*: Kosmetik, Getränkeindustrie. Auch die saure, saftreiche Frucht dient zur Herstellung von Erfrischungsgetränken, für Marmeladen und zur Gewinnung von Citronensäure sowie als Gewürz.

● **Citrus aurantium** L. *ssp. aurantium* (syn. *Citrus vulgaris, C. bigaradia*); Pomeranzenbaum (syn. Bitterorange, Bigarade), s. Farbtafel S. 151, Bild 90.

Heim.: Ostasien, Kulturen in Mittelmeerländern, Florida.

Drogen: ***1. Aurantii flos*** (syn. *Flores Aurantii., Flores Naphae*); Pomeranzenblüten (syn. Orangenblüten, Neroliblüten, Bigaradeblüten), die getrockneten Blüten. Im Handel werden „offene Blüten" und „geschlossene Blüten" unterschieden. *Inh.*: äther. Öl (ca. 1 %), Bitterstoffe, Hesperidin. *Anw.*: Bestandteil von Teegemischen, insbes. von Beruhigungs- und Hustentees. Ferner als Geruchs- und Geschmackskorrigens sowie zur Gewinnung des äther. Öles. ***2. Aurantii flos aetheroleum*** (syn. *Oleum Aurantii floris, Oleum Neroli*); Pomeranzenblütenöl (syn. Orangenblütenöl, Neroliöl), das aus den frischen Blüten gewonnene äther. Öl. *Inh.*: u. a. Anthranilsäuremethylester (0,6 %), Linalool (ca 30 %), Linalylacetat (ca. 7 %), Nerol, Nerolidol, Nerylacetat, Geraniol und Jasmon. *Anw.*: Kosmetik. ***3. Aurantii pericarpium*** (syn. *Pericarpium Aurantii amari, Flavedo Aurantii amari, Aurantii amari flavedo*); Pomeranzenschale (syn. Bittere Orangenschale, Bigaradeschale, Orangenschale), die getrocknete, in Längsvierteln abgezogene, vom Albedo zum größten Teil befreite, äußere Schicht. *Inh.*: äther. Öl (ca. 1–3 %), Bitterstoffe, u. a. Neohesperidin, Naringin und Limonin. *Anw.*: Geschmackskorrigens, in appetitanregenden und verdauungsfördernden Zubereitungen. ***4. Oleum Aurantii fructus amari*** (syn. *Oleum Aurantii Pericarpii*); Pomeranzenschalenöl, das aus den Schalen gepreßte äther. Öl. *Anw.*: Aromatikum, in der Likör- und Getränkeindustrie. ***5. Aurantii folium*** (syn. *Folia Aurantii*); Bitterorangenblätter (syn. Orangenblätter), *Inh.*: äther. Öl (ca. 0,3 %), Hesperidin, Bitterstoffe. *Anw.*: Amarum, zur Anregung der Magensaftsekretion, Aromatikum. ***6. Aurantii immaturi fructus*** (syn. *Fructus Aurantii immaturi*); Unreife Pomeranzenfrüchte, die getrockneten, unreifen Früchte, s. Farbtafel 152, Bild 91. *Inh.*: Hesperidin, Neohesperidin als Bitterstoff, äther. Öl (1–2,5 %), organische Säuren, u. a. Citronen- und Äpfelsäure. *Anw.*: zur Herstellung von appetitanregenden und verdauungsfördernden Zubereitungen. ***7. Oleum Petitgrain***; Petitgrainöl, das äther. Öl der Blätter, Zweige und unreifen Früchte. *Inh.*: Linalylacetat (30–60 %), ferner Citral, Camphen, Nerol, Furfural, Pyrrol, Geraniol, Geranylacetat, Sesquiterpene u. a. *Anw.*: Aromatikum, bes. in Likörindustrie und Kosmetik.

Hom.: ***Citrus aurantium*** HAB; die frische Schale der reifen Früchte. *Anw.-Geb.*: Zahnfleischbluten, auszehrende Krankheiten.

● **Citrus bergamia ssp. bergamia** Risso et Poit. (syn. *Citrus aurantium ssp. bergamia*); Bergamotte.

Droge: ***Oleum Bergamottae***; Bergamottöl, das aus den frischen Fruchtschalen durch Auspressen gewonnene äther. Öl. *Inh.*: Linalylacetat (30–45 %), L-Linalool, Limonen (ca. 50 %), Dihydrocuminalkohol, Dipenten, Camphen, Nerol, Terpineol, Bergapten (ca 5 %) u. a. *Anw.*: Aromatikum in der Nahrungs- und Genußmittelindustrie, in der Kosmetik. *Geg.*: Bergapten, z. B. in kosmetischen Präparaten, kann phototoxische Hautreaktionen hervorrufen.

● **Citrus deliciosa** Ten. (syn. *Citrus reticulata, C. nobilis var. deliciosa*); Mandarine.

Droge: ***Oleum Mandarinae***; Mandarinenöl, das durch Auspressen der Füchte bzw. der Fruchtschalen gewonnene äther. Öl. *Inh.*: u. a. D-Limonen, Terpineol, Dipenten und Methylanthranilsäuremethylester (Geruchsträger). *Anw.*: Aromatikum.

● **Citrus limon** (L.) Burm. f. (syn. *Citrus limonum, C. medica var. limon, C. medica var. limonum*); Zitrone (syn. Sauerzitrone, Limone).

Vork.: bes. Mittelmeergebiete, Indien, Florida.

Drogen: ***1. Pericarpium Citri*** (syn. *Citri pericarpium, Cortex Citri fructus, Cortex Limonis, Flavedo Citri*); Zitronenschale (syn. Limonenschale), die getrockneten Schalen voll entwikkelter jedoch noch nicht ausgereifter Früchte. Inh.: äther. Öl (0,2–0,6 %) mit (+)-Limonen als Hauptkomponente sowie Citral und weiteren Monoterpenen als typische Geruchsträger. Außerdem Flavonoide, v. a. Neohesperidoside und Rutinoside des Hesperetins und Naringenins, Carotinoide, organische Säuren (u. a. Citronensäure), Cumarinderivate und größere Mengen Pektine. Anw.: Aromatikum und Stomachikum; mitunter Bestandteil von Früchteteemischungen. ***2. Limonis aetheroleum*** (syn. *Oleum Citri, Oleum Limonis*); Citronenöl (syn. Limonenöl, Zitronenöl), das aus der frischen Zitronenschale durch geeignete Verfahren ohne Anwendung von Wärme gewonnene äther. Öl. Inh.: D-Limonen (ca. 90 %), monoterpenoide Carbonylverbindunge (2,2–4,5 %, ber. als Citral), ferner u. a. Geranylacetat, α-Terpineol, Phellandren und Anthanilsäuremethylester sowie Cumarinderivate. Anw.: Geruchs- und Geschmackskorrigens.

Hom.: ***Citrus limon*** HAB; die frischen, reifen Früchte. Anw.-Geb.: Zahnfleischbluten, auszehrende Krankheiten.

● **Citrus maxima** (Burm.) Merr. (syn. *Citrus aurantium var. grandis, C. decumana, C. grandis*); Riesenorange (syn. Pampelmuse). Anw.: Obst und Diätetikum.

● **Citrus medica** L. (syn. *Citrus medica var. vulgaris*); Zitronatzitrone, liefert als kandierte Fruchtschalen das Zitronat (syn. Succade). Anw.: Backwarenherstellung.

● **Citrus x paradisi** Macfad. (syn. *Citrus decuma, C. decuma var. racemosa, C. racemosa*); Grapefruit.). Anw.: Obst und Diätetikum.

● **Citrus reticulata** Blanco (syn. *Citrus nobilis, C. madurensis*); Santaro-Orange, als Frucht gegessen.

● **Citrus sinensis** (L.) Osbeck (syn. *Citrus aurantium var. sinensis, C. aurantium ssp. sinensis*); Apfelsine (syn. Orange).

Drogen: ***1. Pericarpium Aurantii dulcis*** (syn. *Cortex Aurantii fructus dulcis*); Apfelsinenschale. Inh.: u. a. äther. Öl, wenige Bitterstoffe, Hesperidin. ***2. Oleum Aurantii dulcis***; Apfelsinenschalenöl. Inh.: u. a. D-Limonen, D-Linalool, D-Terpineol und Anthranilsäuremethylester. Anw.: Aromatika in Lebens- und Genußmittelindustrie sowie in der Kosmetik.

● **Histor.:** Die Herkunft des Gattungsnamens *Citrus* ist unsicher. Nach ↗ Tschirch ist ein Zusammenhang mit dem indischen *chitra* (buntgefleckt, wundervoll), das aus dem chinesischen *kü-kiuh* abzuleiten ist, denkbar. Die am Südhang des Himalaja heimischen, heute im Mittelmeerraum und anderen Gebieten kultivierten *Citrus*-Arten wurden erstmals von ↗ Avicenna in Form des Saftes als Arznei angewandt. Im 11. und 12. Jh. kam der Strauch nach Europa. Destillate der Blüten, wie das bittere Orangenblüten- und Neroliöl, benannt nach der Fürstin Neroli, standen in den folgenden Jahrhunderten in hohem Ansehen, bes. als Aromatika.

Citrus japonica ↗ Fortunella japonica.
Cladium germanicum ↗ Cladium mariscus.

■ **Cladium mariscus** (L.) R. Br.
(syn. *Cladium germanicum*); Schneide.

Fam.: Cyperaceae.

Vork.: Europa, Amerika, Australien, vorwiegend in kalkreichen Mooren und Sümpfen.

Droge: die ganze Pflanze. Inh.: Gerbstoffe, in den Samen fettes Öl. Anw.: in der Volksheilkunde als Antidiarrhoikum.

Clavaria clavus ↗ Claviceps purpurea.
Clavellis Cassiae ↗ Cinnamomum-Arten.

■ **Claviceps purpurea** (Fries) Tulasne
(syn. *Clavaria clavus, Clavis secalinus, Cordyceps purpurea, Fusarium heterosporum*); Mutterkorn (syn. Bockshorn, Brandkorn, Giftkorn, Hahnensporn, Hungerkorn, Kornmuhme, Kornmutter, Kornzapfen, Krähenkopf, Mehlmutter, Mutterkornpilz, Mutterzapfen, Rockenmutter, Roggenbrand, Roter Keulenkopf, Schwarzkopf, Tollkorn, Wolfszahn, Zapfenkorn), s. Farbtafel S. 152, Bild 92.

Fam.: Clavicipitaceae (Pilz aus der Klasse der Ascomycetes/Schlauchpilze).

Vork.: *C. purpurea* ist ein ständiger Begleiter des Roggens in all seinen Anbaugebieten. Außerdem kommt er auch auf Wildgräsern kosmopolitisch vor.

Droge: ***Secale cornutum***; Mutterkorn, das auf der Roggenpflanze gewachsene, bei leichter Wärme getrocknete Sklerotium des Pilzes. Die

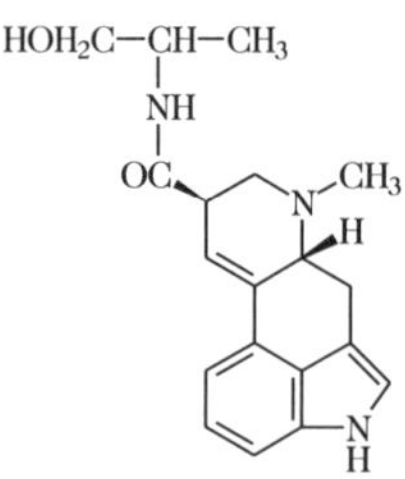

Ergometrin

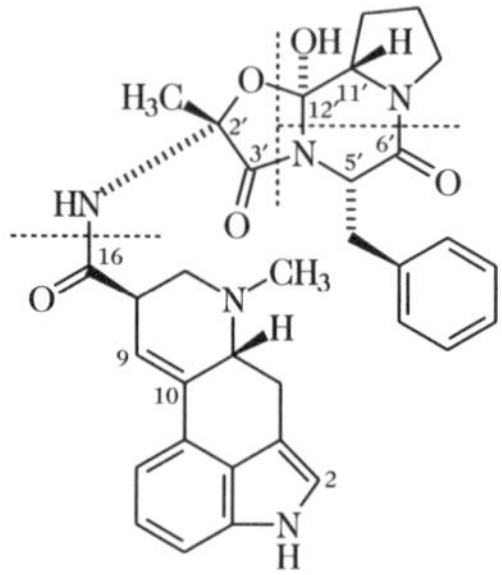

Ergotamin

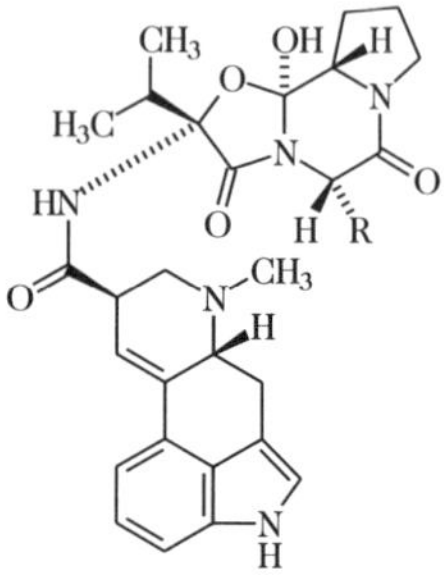

Ergotoxin-Alkaloide

Ergocristin:	R = CH_2— 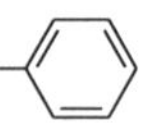
α-Ergocryptin:	R = CH_2—$CH(CH_3)_2$
β-Ergocryptin:	R = $CH(CH_3)$—CH_2—CH_3
Ergocornin:	R = $CH(CH_3)_2$

Droge gilt als hochgiftig! *Inh.:* Ergolin-Alkaloide (Indolalkaloide der Clavin-Serie/↗ Clavinalkaloide: Agroclavin, Elymoclavin, Festuclavin; Indolalkaloide der Ergolen-Serie/Lysergsäurederivate: Ergometrine, Ergotamine, Ergotoxine), Ergochrome (Xanthonderivate), Anthrachinone (Clavorubin, Endocrocin), Amine, fettes Öl. *Wirk.:* Nur die Indolalkaloide der Ergolen-Serie, insbes. Ergometrin und seine halbsynthetischen Derivate, sind von therapeutischem Interesse. Aufgrund der gemeinsamen Strukturmerkmale mit Neurotransmittern (Noradrenalin, Dopamin, Serotonin) treten die Mutterkornalkaloide mit adrenergen, serotonergen und dopaminergen Rezeptoren in Wechselwirkung und beeinflussen das ZNS (Sedierung) bzw. wirken gefäßkonstriktorisch. Ergometrin führt zu rhythmischen Kontraktionen des graviden Uterus, in höherer Dosierung zur Dauerkontraktion. *Anw.:* als Droge oder Zubereitung aus der Droge heute obsolet, da keine exakte Standardisierung der Inhaltsstoffe möglich ist. Große Bedeutung hat die Droge dagegen als Rohstoff für die industrielle Gewinnung der Mutterkornalkaloide. Volksheilkundlich früher in der Geburtshilfe zur Einleitung der Geburt eingesetzt (Name: Mutterkorn!) bzw. bei Migräne und neurovegetativen Störungen verwendet.

Hom.: ***Secale cornutum*** HAB1, das auf Roggen gewachsene, bei nicht mehr als 40 °C getrocknete Sklerotium. *Anw.-Geb.:* Gebärmutterkrämpfe, Muskelkrämpfe, Lähmungen, Krampfleiden, Durchblutungsstörungen, Blutungsneigung.

Histor.: Das früher oft im Brotgetreide enthaltene und aus Unkenntnis nicht ausgelesene Mutterkorn hat im Mittelalter wiederholt schreckliche Epidemien unter der armen Bevölkerung Europas ausgelöst, während die antiken Völker, die sich hauptsächlich von Weizen ernährten, verschont blieben. Die erste Beschreibung einer Mutterkornepidemie (Ergotismus) finden sich in den Annalen des Klosters Xanten aus dem Jahre 857. Bis ins 20. Jh. hinein traten in Europa immer wieder durch Mutterkorn ausgelöste Massenerkrankungen (dt. Kribbelkrankheit) auf. Diese Massenvergiftungen waren durch das Abfallen der Gliedmaßen (Gangräne) infolge der Gefäßkonstriktion in der Peripherie gekennzeichnet und als „Antoniusfeuer" gefürchtet. Die mittelalterlichen Städte waren durch zahlreiche Krüppel bevölkert, die ihre Gliedmaßen durch Mutterkornvergiftungen verloren hatten. Für medizinische Zwecke scheinen die Chinesen die Droge bereits im Altertum verwendet zu haben, 1582 gab Lonicerus in seinem Kräuterbuch eine derartige Verwendung an. Im 17. Jh. wurde die Droge in Deutschland in die gynäkologische Praxis eingeführt, v. a. zur Blutstillung nach der Geburt. Die Natur des Mutterkorns als Sklerotium eines schmarotzenden Pilzes wurde erst 1853 durch Tulasne aufgeklärt. Bis dahin glaubte man, daß Mutterkorn eine mißgebildete Frucht des Roggens wäre.

■ **Clavinalkaloide,**
therapeutisch wenig genutzte Ergolin-Derivate aus ↗ *Claviceps purpurea*, obwohl antibiotische und zytostatische Effekte nachgewiesen wurden.

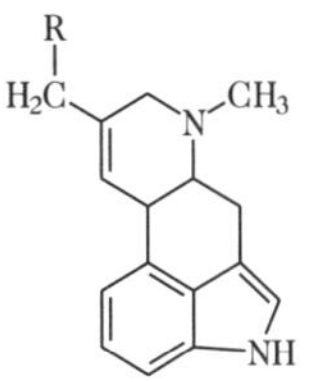

Agroclavin: R = H
Elymoclavin: R = OH

Clavine ↗ Claviceps purpurea.
Clavis secalinus ↗ Claviceps purpurea.

■ **Clavulansäure**
β-Lactamase-Hemmer, der von *Streptomyces clavuligerus* gebildet wird. Wirk.: Ohne selbst nennenswerte antibakterielle Eigenschaften aufzuweisen, kommt es durch Hemmung der β-Lactamase und bei ursprünglich resistenten Keimen zur Verstärkung der Wirkung von Penicillinen und Cephalosporinen. Anw.: in Kombination mit β-Lactam-Antibiotika zur Therapie von Harnwegsinfektionen.

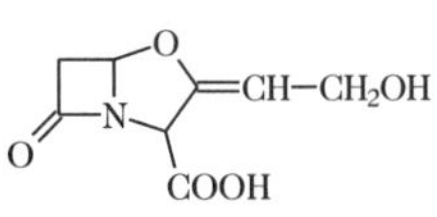

Clavulansäure

■ **Cleistopholis glauca** Pierre ex Engl. et Diels (syn. *Cleistopholis grandiflora*).
Fam.: Annonaceae.
Vork.: Afrika, besonders Kamerun und Zaire.
Droge: Rinde und Wurzeln. Inh.: Sesquiterpene, β-Sitosterol, Rhamnoside, Alkaloide. Anw.: in der afrikanischen Volksheilkunde wird ein Rindensaft bei Tuberkulose und Bronchitis getrunken, auch zur äußeren Wundbehandlung und als Mittel gegen Krätze bzw. Würmer findet die Droge Anwendung.

Cleistopholis grandiflora ↗ Cleistopholis glauca.

■ **Clematis-Arten**
● **Fam.:** Ranunculaceae.
● **Clematis recta** L. (syn. *Clematis erecta*); Aufrechte Waldrebe (syn. Steife Waldrebe).
Vork.: Mittel- und Südeuropa.
Droge: ***Herba Clematidis***; Waldrebenkraut. Inh.: Anemonin, Protoanemonin, Triterpensaponine, Stigmasterolglykoside. Anw.: volkstümlich bei Hauterkrankungen, u. a. Ekzemen, rheumatischen Beschwerden und Gicht.
Hom.: ***Clematis recta*** HAB1, das frische, blühende Kraut. Anw.-Geb.: Hautausschläge, Lymphdrüsenschwellung, Lid- und Bindehautentzündung, Entzündung der Harnblase, der Harnröhre, der Hoden, der Brustdrüse.
● **Clematis vitalba** L.; Echte Waldrebe (syn. Gemeine Waldrebe, Waldrebe), s. Farbtafel S. 152, Bild 93. Vork., Inh. und Anw.: s. *Clematis recta*.
Hom.: ***Clematis vitalba*** HAB; die frischen Blätter. Anw.-Geb.: oberflächliche Krampfadergeschwüre.

Clerodendron infortunatum ↗ Clerodendrum infortunatum.

■ **Clerodendrum capitatum** (Wild.) Schum. et Thonn.
Fam.: Verbenaceae.
Vork.: Afrika, Senegal bis Simbabwe.
Droge: die Blätter und Wurzeln. Inh.: Alkaloide, Saponine, Bitterstoffe, wie Clerodin (Diterpen). Anw.: in der afrikanischen Volksheilkunde zur Wundbehandlung, Magenbeschwerden, Rheuma und gegen Bandwürmer. Die Droge ist auch Bestandteil von Pfeilgiften und wird zum Fischfang genutzt.

■ **Clerodendrum infortunatum** Gaertn. (syn. *Clerodendron infortunatum*).
Fam.: Verbenaceae.
Vork.: Pakistan, Sri Lanka, Molukken.
Droge: die ganze Pflanze. Inh.: Steroidglykoside, Lupeol, Clerodolon, Clerodon, Clerosterol, Bitterstoffe. Anw.: in der Volksheilkunde bei Ruhr, Koliken und Eingeweidewürmern sowie als Fiebermittel.

■ **Clindamycin**
(7′-Desoxy-7-chloro-lincomycin). Antibiotikum aus der Gruppe der Lincomycine (Derivate des

1-Methyl-4-propyl-L-prolins). Es besitzt den gleichen Wirkungsmechanismus wie ↗ Chloramphenicol. *Anw.*: Einsatz bei Infektionen mit anaeroben Bakterien und therapieresistenten Staphylokokken, z. B. bei Osteomyelitiden.

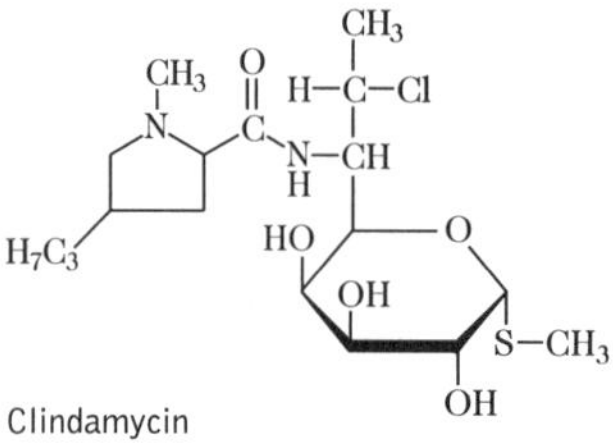

Clindamycin

Clinopodium hortense ↗ Satureja hortensis.

■ **Clitoria ternatea** L.
(syn. *Clitoria vulgaris*).
Fam.: Leguminosae.
Vork.: Pakistan, Bengalen.
Droge: die Blätter und Wurzeln. *Inh.*: Lactone, wie Aparajitin; Taraxerin, Taraxeron, Gerbstoffe, Glucoside, Proteine. *Anw.*: in der Volksheilkunde als Laxans, Diuretikum sowie bei Hauterkrankungen.

Clitoria vulgaris ↗ Clitoria ternatea.
Cluytia eluteria ↗ Croton elutaria.
Cnici benedicti herba ↗ Cnicus benedictus.
Cnicin ↗ Cnicus benedictus.
Cnicus arvensis ↗ Cirsium arvense.

■ **Cnicus benedictus** L.
(syn. *Calcitrapa benedicta, Carbenia benedicta, Carduus benedictus, Centaurea benedictus*); Kardobenediktenkraut (syn. Benediktenkraut, Benediktenwurzel, Benediktinerdistel, Bitterdistel, Kardobenedikte), s. Farbtafel S. 152, Bild 94.
Fam.: Asteraceae (Compositae).
Vork.: europäisches Mittelmeergebiet, heute auch in Südafrika und Mittelamerika eingeschleppt.
Droge: ***Cnici benedicti herba*** (syn. *Cardui benedicti herba, Herba Cardui benedicti, Herba Cnici benedicti*); Benediktenkraut (syn. Benediktinerkraut, Bitterdistelkraut, Distelkraut, Kardobenediktenkraut, Spinnendistelkraut), die getrockneten Blätter und krautigen Zweigspitzen mit den Blüten. *Inh.*: äther. Öl (0,03 %), Bitterstoffe (0,2–0,7 %, bes. Cnicin, ein ungesättigtes Sesquiterpenlacton, sowie Artemisiifolin, Salonitenolid und Arctigenin), Triterpene (α-Amyrin und

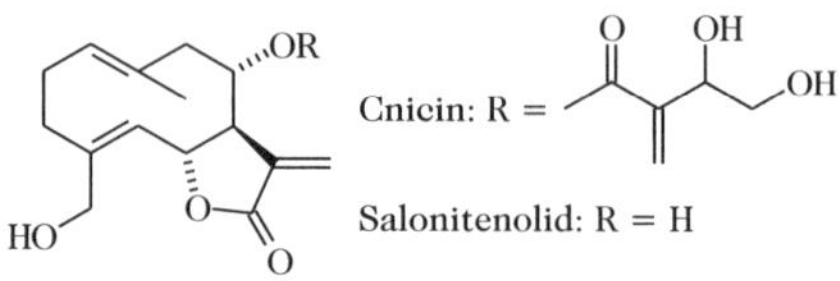

Derivate), Flavonoide, Mineralien. *Anw.*: innerlich bei Appetitlosigkeit und dyspeptischen Beschwerden. In der Volksheilkunde als Amarum bei Leber- und Gallenleiden sowie bei Herzfunktionsstörungen und Fieber; äußerlich als lokales Wundheilmittel bei Geschwüren und Frostbeulen.
Hom.: ***1. Cnicus benedictus*** HAB1, die frischen, oberirdischen Teile blühender Pflanzen. ***2. Cnicus benedictus***, äthanol. Decoctum HAB1, die frischen, oberirdischen Teile blühender Pflanzen. ***3. Cnicus benedictus spag. Zimbel*** HAB1, die ganze, frische blühende Pflanze. *Anw.-Geb.*: chronische Lebererkrankungen.
Histor.: Der Gattungsname *Cnicus* geht – Bezug nehmend auf die stacheligen Hüllkelchblätter – auf das griechische *knizein* (quälen) zurück, während *benedictus* unterschiedlich gedeutet wird. Da *benedictus (lat*, gesegnet) einerseits auf die der Pflanze nachgesagte Heilkraft hinweist, könnte andererseits auch ein Zusammenhang mit dem heiligen Benediktus bzw. den die Pflanze anbauenden Benediktinermönchen bestehen. Bei den Schriftstellern der Antike findet die Pflanze keine Erwähnung, wohl aber in nahezu überschwenglicher Weise in den Kräuterbüchern des späten Mittelalters.

Cnicus eriophorus ↗ Cirsium eriophorum.
Cnicus oleraceus ↗ Cirsium oleraceum.

■ **Cnidium dubium** (Schkuhr.) Thell.
Fam.: Apiaceae (Umbelliferae).
Vork.: Eurasien, Mittel- und Nordeuropa.
Droge: die Früchte. *Inh.*: Cumarine, wie Cnidin Cnicidin, Cnidilin. *Anw.*: als Spasmolytikum.

■ **Cnidium officinale** Mak.
Fam.: Apiaceae (Umbelliferae).
Vork.: China, Japan, auch kultiviert.
Droge: die Rhizome. *Inh.*: äther. Öl (ca. 1,5 % mit Cnidiumlacton; Phthalide, wie Ligustilid

Sedanonsäureanhydrid. Anw.: in der ostasiatischen traditionellen Heilkunde bei Nervenleiden und Frauenkrankheiten.

Cnidosculus urens ↗ Jatropha curcas.
Cobra ↗ Naja naja.
Cocablätter ↗ Erythroxylum coca.
Cocae folium ↗ Erythroxylum coca.
Coca folium ↗ Erythroxylum coca.

■ Cocain

Benzoesäureester des Methylecgonins aus ↗ *Erythroxylum coca*. Wirk.: Hemmung der Rückspeicherung von Noradrenalin, Dopamin und Serotonin in synaptische Vesikel. Dadurch kommt es zur starken zentralnervösen Stimulation. In der Peripherie führt die Rückspeicherungshemmung zur Konstriktion der Gefäße, Tachykardie, Hyperthermie, Mydriasis, Hyperglykämie und verstärkter Krampfneigung. An der Schleimhaut bewirkt C. eine Hemmung des Na^+-Einstromes und damit der Erregungsleitung. Anw.: in der medizinischen Praxis als sicher wirkendes Schleimhaut-(Oberflächen)-anästhetikum. C. wird als Rauschmittel mißbraucht und unterliegt dem Suchtmittelgesetz.

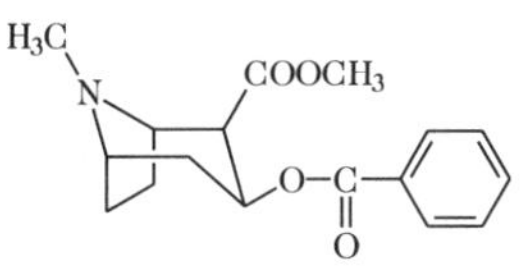

Cocain

■ Cocainismus

Cocain-Mißbrauch (↗ Sucht und Suchtdrogen biogenen Ursprungs, ↗ *Erythroxylum coca*), der zur Abhängigkeit (Drogensucht) führt und schwerste gesundheitliche Schäden induziert. Cocain zählt dabei zu den stärksten und gefährlichsten Suchtdrogen.

■ Cocaismus

die Gewohnheit, frische Kokablätter (↗ *Erythroxylum coca*) zu kauen. Besonders verbreitet unter den Bewohnern der Andenregion zur Leistungsstimulation und Hungerunterdrückung. Es liegt aber keine Abhängigkeit (Drogensucht) vor.

Coca peruvianae folium ↗ Erythroxylum coca.

Cocastrauch ↗ Erythroxylum coca.
Cocca Gnidii ↗ Daphne mezereum.

■ Coccinella septempunctata L.

Siebenpunktiger Marienkäfer (syn. Sonnenkäfer).

Fam.: Coccinellidae
Vork.: Europa.
Inh.: im Abwehrsekret ist Coccinellin (Alkaloid) enthalten.
Hom.: *Coccinella septempunctata* HAB; die lebenden, im Frühsommer gesammelten Siebenpunktigen Marienkäfer. Anw.-Geb.: Zahnschmerzen, Gesichtsschmerzen, Kopfschmerzen.

Coccinia cordifolia ↗ Coccinia grandis.

■ Coccinia grandis (L.) Voigt.

(syn. *Coccinia cordifolia*, *C. indica*, *Cephalandra indica*).

Fam.: Cucurbitaceae.
Vork.: Indien, Pakistan.
Droge: die Wurzeln, das Kraut (syn. *Herba Cephalandrae*) und Früchte. Inh.: im Kraut und Wurzeln Alkaloide, wie Cephalandrine; Cephalandrol, Tritriacontan, β-Sitosterin, Kaffeesäurederivate; in den Früchten Bitterstoffglykoside. Anw.: in der indischen Volksheilkunde das Kraut als Laxans und Antidiabetikum; die Wurzeln als Antidiabetikum, die Früchte bei Gallenbeschwerden, Fieber und äußerlich bei Geschwüren sowie Hauterkrankungen.

Coccinia indica ↗ Coccinia grandis.
Coccionella ↗ Dactylopius coccus.
Coccolobarinde ↗ Coccoloba uvifera.

■ Coccoloba uvifera (L.) L.

Seetraube.

Fam.: Polygonaceae.
Vork.: Südafrika, Antillen, Südamerika.
Droge: *Coccolobarinde* (syn. Seetraubenbaumrinde), die Rinde. Inh.: Gerbstoffe. Anw.: zur Gerberei.

Cocculi indici ↗ Anamirta cocculus.
Cocculi levantici ↗ Anamirta cocculus.
Cocculi picatorii ↗ Anamirta cocculus.
Cocculus fibraurea ↗ Fibraurea tinctoria.
Cocculus glaber ↗ Cocculus leaeba.
Cocculus lacunosus ↗ Anamirta cocculus.

■ **Cocculus laurifolius** (Roxb.) DC.
Fam.: Menispermaceae.
Vork.: Indien, Südchina, Japan.
Droge: die Blätter. Inh.: Alkaloide, wie Coclaurin, Laurifolin, Magniflorin; Quercit, Flavonoide, wie Diosmin. Anw.: in der chinesischen und japanischen Volksheilkunde bei Tuberkulose, Lepra, Keuchhusten und Rheuma.

■ **Cocculus leaeba** (Del.) DC.
(syn. *Cocculus pendulus, C. glaber*).
Fam.: Menispermaceae.
Vork.: Steppengebiete in Nordafrika, Arabien, Vorderindien.
Droge: die Wurzeln. Inh.: Alkaloide, wie Oxyacanthin, Palmatin, Colombin (0,13 %), Sangolin (ca. 3 %), Pelosin (ca. 2 %); Schleimstoffe, Sterole. Anw.: in der Volksheilkunde als Diuretikum, Fiebermittel sowie in Indien als Tonikum.

Cocculus palmatus ↗ Jateorhiza palmata.
Cocculus pendulus ↗ Cocculus leaeba.
Cocculus populifolius ↗ Anamirta cocculus.
Cocculus suberosus ↗ Anamirta cocculus.
Coccus cacti ↗ Dactylopius coccus.
Coccus lacca ↗ Kerria lacca.
Cochenille ↗ Dactylopius coccus.
Cochenille-Laus ↗ Dactylopius coccus.
Cochenille-Schildlaus ↗ Dactylopius coccus.
Cochin-Kino ↗ Pterocarpus-Arten
Cochinöl ↗ Cocos nucifera.
Cochlearia armoracia ↗ Armoracia rusticana.
Cochleariae herba ↗ Cochlearia officinalis.
Cochlearia linnaei ↗ Cochlearia officinalis.

■ **Cochlearia officinalis** L.
(syn. *Cochlearia linnaei, Crucifera cochlearia*); Löffelkraut (syn. Bitterkresse, Echtes Löffelkraut, Löffelkresse, Lungenkresse, Quellenkraut, Scharbocksheilkraut, Scharbockskraut, Skorbutkraut), s. Farbtafel S. 152, Bild 95.
Fam.: Brassicaceae (Cruciferae).
Vork.: Mittel- und Nordeuropa, Asien und Nordamerika.
Droge: ***Cochleariae herba*** (syn. *Herba Cochleariae*), die getrockneten, im ersten Jahr geernteten grundständigen Blätter oder die im zweiten Jahr kurz vor oder während der Blüte geernteten oberirdischen Teile der Pflanze. Inh.: Glucosinolate (Senfölglucoside), u. a. mit Glucocochlearin, einem sekundären Butylsenfölglucosid, als Hauptkomponente und geringen Mengen an Glucotropaeolin (Benzylsenfölglucosid) und Allylglucosinolat, ferner äther. Öl mit sekundärem Butylsenföl (87–98 %) als Hauptkomponente, geringen Mengen an Benzylsenföl, anderen Isothiocyanaten und (+)-Limonen sowie Flavonoiden und reichlich Vitamin C. Anw.: volkstümlich innerlich als natürlicher Vitamin C-Träger bei Skorbut sowie als harntreibendes Mittel, bei Gicht, Rheuma und Magenbeschwerden. Äußerlich in Form von Umschlägen mit dem zerquetschten Kraut bei Geschwüren und in Form von *Spiritus Cochleariae* als Hautreizmittel, für Mundspülungen bei Erkrankungen des Zahnfleisches.
Hom.: ***1. Cochlearia officinalis*** HAB1 und ***2. Cochlearia officinalis spag. Krauss*** HAB1, frische, zu Beginn der Blütezeit gesammelte, oberirdische Teile. Anw.-Geb.: Magenverstimmungen, Augenentzündungen.
Histor.: Der Gattungsname *Cochlearia* leitet sich von lat. *cochlear* (Löffel) unter Hinweis auf die Form der Grundblätter ab. Als antiskorbutisches Mittel war das Löffelkraut seit Jahrhunderten bekannt, unter anderem auch den Seefahrern, die die Droge über die ganze Welt verbreiteten.

Cochlearia rusticana ↗ Armoracia rusticana.
Cochlearia sisymbrioides ↗ Armoracia rusticana.

■ **Cochlospermum angolense** Welw.
Fam.: Cochlospermaceae.
Vork.: südwestliches Afrika.
Droge: Wurzel. Inh.: s. ↗ *Cochlospermum tinctorium*. Anw.: in der afrikanischen Volksheilkunde, bes. in Angola unter der Bezeichnung „Buruthutu" zur Behandlung von Ikterus und Hepatitis sowie in Kombinationen auch zur Malariaprophylaxe.

■ **Cochlospermum gossypium** (L.) DC.
(syn. *Bombax gossypium, B. religiosum, Cochlospermum religiosum, Maximiliana gossypium, Wittelsbachia gossypium*).
Fam.: Cochlospermaceae.
Vork.: Indien, Südostasien.
Droge: ***Cochlospermum-Gummi*** (syn. Kutira Gummi), die unregelmäßig geformten Klümpchen aus dem Exsudat der Rinde. Inh.: Schleimstoffe (ca. 75 %), bestehend aus partiell acetylier

ten Polysacchariden mit D-Galacturonsäure (ca. 40 %), D-Galactose (ca. 15 %) und L-Rhamnose (ca. 15 %) als dominierenden Grundbausteinen. Anw.: volkstümlich als Abführ- und Verdickungsmittel, Ersatz für Karaya-Gummi und Tragant.

Cochlospermum-Gummi ↗ Cochlospermum gossypium.
Cochlospermum niloticum ↗ Cochlospermum tinctorium.
Cochlospermum religiosum ↗ Cochlospermum gossypium.

■ **Cochlospermum tinctorium** A. Rich.
(syn. *Cochlospermum niloticum*).
Fam.: Cochlospermaceae.
Vork.: südwestliches tropischen Afrika, besonders Guinea, Senegal und Nigeria.
Droge: der getrocknete Wurzelstock. Inh.: Polyphenole, Carotinoide, Triterpene, u. a. Arjunolsäure. Anw.: in der afrikanischen Volksheilkunde bei Lebererkrankungen sowie bei gastrointestinalen Beschwerden.

Cocillianarinde ↗ Guarea rusbyi.
Coco de mono ↗ Lecythis ollaria.
Cocos aculeata ↗ Acrocomia sclerocarpa.
Cocos mamillaris ↗ Cocos nucifera.
Cocos nana ↗ Cocos nucifera.

■ **Cocos nucifera** L.
(syn. *Calappa nucifera, Cocos mamillaris, C. nana*); Kokospalme (syn. Cocospalme).
Fam.: Arecaceae.
Vork.: pantropisch.
Droge: ***Oleum Cocos***; Ceylonöl (syn. Cochinöl, Kalappaöl, Kalappusöl, Kokosbutter, Kokosfett, Kokosöl, Manilaöl), das durch Auspressen aus dem getrockneten festen Teil des Endosperms der Kokosnuß, der sog. Kopra, gewonnene Fett (60–70 %). Inh.: insbes. Triglyceride mittelkettiger Fettsäuren, u. a. Laurin- (ca. 45–50 %), Myristin- (ca. 20 %), Capryl- (ca. 9,5 %) und Caprinsäure (ca. 10 %). Außerdem hoher Gehalt an freien Fettsäuren (ca. 3–5 %). Ferner δ-Lactone von 5-Hydroxyfettsäuren, bes. δ-Octalacton, die das charakteristische Kokosaroma bedingen. Anw.: Salbengrundlage, Ausgangsmaterial zur Gewinnung der sog. Mittelkettigen Partialglyceride, ferner als Speisefett, in der Süßwarenindustrie (Kühleffekt) sowie in der Kosmetik.

Cocospalme ↗ Cocos nucifera.

■ **Codein**
(syn. Codeinum, Morphin-3-methylether). Morphinalkaloid aus ↗ *Papaver somniferum* mit stark antitussiver Wirksamkeit und geringem Suchtpotential. Anw.: als Antitussivum mit schwach atemdepressiver Wirkung.

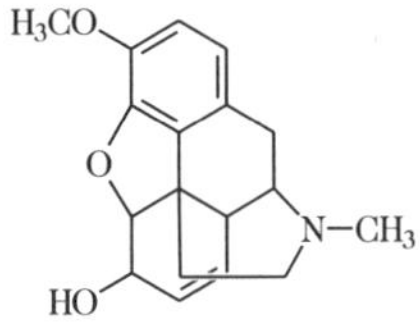

Codein

Codia ↗ Papaver somniferum.

■ **Codonopsis clematidea** Clarke
(syn. *Codonopsis ovata*).
Fam.: Campanulaceae.
Vork.: China.
Droge: die Wurzel. Inh.: Pyrrolidin-Alkaloide, wie Codonopsin, das hypotensive Eigenschaften besitzt. Anw.: in der traditionellen chinesischen Medizin als Tonikum.

Codonopsis ovata ↗ Codonopsis clematidea.

■ **Codonopsis pilosula** (Franch.) Nannf.
(syn. *Codonopsis tangshen, C. silvestris, Campnumoea pilosula*); Tang Seng.
Fam.: Campanulaceae.
Vork.: China.
Droge: die Wurzel. Inh.: Saponine, Taraxerylacetat, Friedelin, Taraxerol, δ-Spinasterol, Stigmasterol. Anw.: in der traditionellen chinesischen Medizin als Tonikum und Stärkungsmittel bei Anämie, Gastritis, Diabetes mellitus und Nephritis. Auch zur Verbesserung des Immunsystems wird die Droge eingesetzt, sie gilt als Ginseng-Ersatzdroge.

Codonopsis silvestris ↗ Codonopsis pilosula.
Codonopsis tangshen ↗ Codonopsis pilosula.
Coelanthe asclepiadea ↗ Gentiana-Arten.

■ **Coffea-Arten**
● **Fam.:** Rubiaceae.

● **Coffea arabica** L. (syn. *Coffea laurifolia, C. mauritiana, C. vulgaris, Jasminum arabicum laurifolia*); Kaffee (syn. Arabica-Kaffee, Kaffeebaum, Kaffeepflanze, Kaffeestrauch).

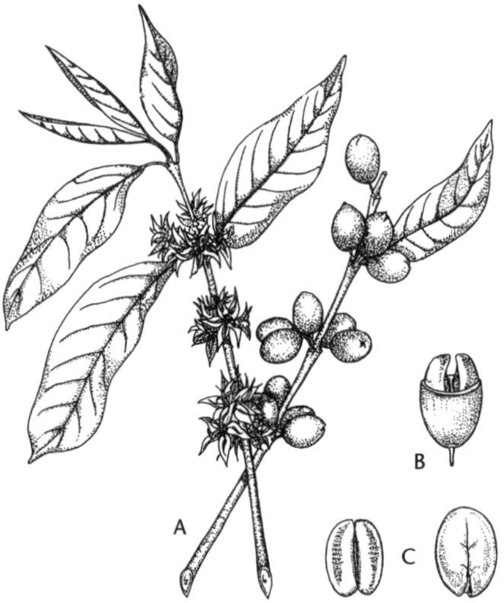

Coffea arabica, blühender bzw. fruchtender Sproß (A), Steinfrucht (B) und Same (C).

Heim.: in den südwestlichen Bergen Äthiopiens.

Vork.: in allen tropischen und subtropischen Gebieten innerhalb der beiden Wendekreise.

Drogen: *1. Coffeae carbo* (syn. *Carbo Coffeae, Coffeae tostae carbo*); Kaffeekohle, die gemahlenen, bis zur Schwarzbräunung und Verkohlung der äußeren Samenpartien gerösteten, grünen, getrockneten Samen. Inh.: ↗ Coffein (0,8–1 %), stark reduzierend wirkende Karamelisierungsprodukte. Anw.: bei unspezifischen, akuten Durchfallerkrankungen und zur lokalen Therapie bei leichten Entzündungen der Mund- und Rachenschleimhaut. In der Volksheilkunde wird die Droge auch bei Entzündungen und zur Wundbehandlung verwendet. *2. Coffeae semen* (syn. *Semen Coffeae, Semina Coffeae*); Kaffeebohnen (syn. Grüner Kaffee, Kaffee), die getrockneten, von der Samenhaut befreiten Samen. Inh.: Purinalkaloide (v. a. 0,6–1,7 % Coffein, in geringen Mengen Theophyllin, Theobromin), Chlorogensäure (5,5–7,6 %), Atractyligenin (Diterpen) und seine Glykoside, Diterpenalkohole, fettes Öl (ca. 15 %). Anw.: als Extrakt bei geistiger und körperlicher Ermüdung, Schwächezuständen. Kaffee zählt zu den verbreitetsten Genußmitteln weltweit und wird u. a. wegen seines anregenden Charakters getrunken.

Hom.: *1. Coffea arabica* HAB1, die von der Samenschale befreiten, reifen, getrockneten, ungerösteten Samen. Anw.-Geb.: Schlafstörungen, Neuralgien. *2. Coffea arabica tosta* HAB1, die getrockneten, stark gerösteten Samen. Anw.-Geb.: Schlafstörungen und Neuralgien.

● **Coffea canephora** Pierre ex Froehn. (syn. *Coffea bukobensis, C. kouilouensis, C. laurentii, C. maclaudii, C. robusta, C. ugandae, C. welwitschii*); Robustakaffee (syn. Kongokaffee, Robusta).

Vork.: ursprünglich in den feuchten Tiefland-Regenwäldern Afrikas von Guinea bis Uganda und Angola, vereinzelt in Brasilien.

Drogen: *1. Coffeae carbo* (syn. Kaffeekohle). *2. Coffeae semen* (syn. Kaffeebohnen). Inh. und Anw.: s. *Coffea arabica*.

● **Histor.:** Der Gebrauch des Kaffees ist in Nordostafrika seit dem Altertum belegt, seine Verbreitung war allerdings beschränkt. Die Kreuzfahrer kannten die Droge noch nicht. Die Araber brachten den Kaffee nach Arabien, seit dem 16. Jh. wurde er als Genußmittel beliebt und im Jemen erstmals kultiviert. Die Bezeichnung „Mokka" geht auf den gleichnamigen Hafenplatz am Roten Meer zurück, der damals die Kaffee-Ernte Jemens ausführte. Der Gebrauch des Kaffees verbreitete sich von Arabien nach Westen, 1554 finden sich erste Kaffeehäuser in Konstantinopel, 1671 in Marseille. Die Holländer kultivierten 1683 erste Kaffeepflanzen auf Java und markieren damit den Beginn der Kaffeekultur in den Tropen. Über den Botanischen Garten in Amsterdam ist dann die erste Kaffepflanze nach Amerika gebracht worden.

Coffeae carbo ↗ Coffea-Arten.
Coffeae semen ↗ Coffea-Arten.
Coffeae tostae carbo ↗ Coffea-Arten.

■ Coffein

(syn. Coffeinum, Thein). Purinalkaloid (1,3,7-Trimethylxanthin). Wirk.: Antagonist der purinergen Rezeptoren. C. wirkt erregend auf das ZNS, atemanaleptisch und fördert die Kontrak tionskraft des Herzens sowie die Durchblutung der Nierengefäße. Anw.: als Analeptikum, zentrales Stimulans sowie als Kombinationspartner von Analgetika zu deren Wirkungsverstärkung.

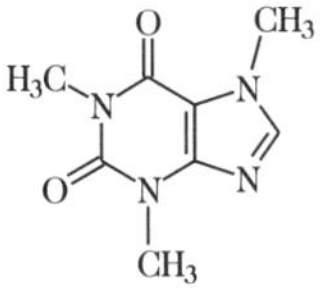

Coffein

Cohnistreptothrix bifidus ↗ Bifidobacterium-Arten.
Cohoba ↗ Anadenanthera peregrina.

■ Coix lacryma-jobi L.

Tränengras.

Fam.: Gramineae.

Vork.: tropische Gebiete in Asien, China, Afrika; Brasilien, Mittelmeergebiete.

Droge: ***Semen Coix-Lacrymae*** *(syn. Fructus Coix-Lacrymae)*; Hiobstränen (syn. Tränengrassamen), die Samen. Inh.: Stärke (50–60 %), Proteine (ca. 18 %), fettes Öl (5–10 %). Anw.: in der Volksheilkunde bei katarrhalischen Erkrankungen, Entzündungen der Harnwege, bei Rheuma und Eingeweidewürmern. Das Mehl aus den Samen ist ein wertvolles Nahrungsmittel und wird zum Brotbacken verwendet. Die Droge wird zu Halsketten aufgefädelt bzw. zur Herstellung von Rosenkränzen genutzt.

■ Cola-Arten

● **Fam.:** Sterculiaceae.

● **Cola acuminata** (P. Beauv.) Schott et Endl. (syn. *Sterculia acuminata, Cola pseudoacuminata*); Kola (syn. Abata Kola, Kolabaum).

Vork.: pantropisch verbreitet, bes. in Nigeria, Togo, Westindien kultiviert.

Droge: ***Colae Semen***. Inh. und Anw.: s. *Cola nitida*.

● **Cola nitida** (Vent.) Schott et Endl. (syn. *Cola vera, Sterculia nitida*); Kola (syn. Gbanja-Kola, Kolabaum).

Heim.: im Regenwald des tropischen Afrikas.

Vork.: in Nigeria, Ghana, Kamerun, Elfenbeinküste und Jamaica kultiviert.

Droge: ***Colae Semen*** (syn. *Cotyledones colae, Embryo colae, Nuces Sterculiae, Nux Colae, Semen colae*); Kolasamen (syn. Bissynuß, Colasamen, Gurunuß, Kolanuß, Ombenennuß), der von der Samenschale befreite getrocknete Samenkern, s. Farbtafel S. 152, Bild 96. Inh.: Purinalkaloide (v. a. 0,6–3,7 % ↗ Coffein, 0,1 % ↗ Theobromin), Polyphenole (Catechin, Epicatechin, Procyanidine, Gerbstoffe), Stärke (34–45 %), Zucker (3 %), Eiweiß (7 %), Fette und Mineralstoffe. Anw.: geistige und körperliche Erschöpfung. In den Ursprungsländern wird die Droge volksheilkundlich bei Müdigkeit, zur Dämpfung des Hungers, aber auch zur Anregung der Verdauung vor den Mahlzeiten eingenommen.

Hom.: ***Cola*** (syn. Kola) HAB; reife, von der Samenschale befreite, getrocknete Samen verschiedener coffeinhaltiger Cola-Arten.

● **Histor.:** In ganz Afrika besitzt die Droge eine große kultische und soziale Bedeutung: Cola gilt als Symbol der Freundschaft, Gäste erhalten zur Begrüßung eine Kolanuß, Verlobungs-, Hochzeits-, Geburts- und Einweihungsrituale werden mit dem gemeinsamen Essen von Kolanüssen beschlossen. In Europa wurde die Droge mit den Entdeckungsfahrten der Portugiesen nach Westafrika bekannt. Die erste gezeichnete Abbildung der Kolanuß stammt von Clusius 1591, erst im 19. Jh. wurde die Droge bekannter und ab 1885 allgemein genutzt. Besonders Reiseschilderungen lenkten die Aufmerksamkeit auf die Kolanuß, deren Genuß die Strapazen von Expeditionen und Erkundungen erleichterte.

Colae Semen ↗ Cola-Arten.
Cola quinqueloba ↗ Sterculia-Arten.
Colasamen ↗ Cola-Arten.

■ Colchicin

(syn. Colchicinum). Tropolonalkaloid aus der Herbstzeitlose (↗ *Colchicum autumnale*). Wirk.: Bindung an die Tubulindimere und damit Hemmung aller Prozesse, an denen Mikrotubuli beteiligt sind, wie z. B. Zellteilung, Sekretionsprozesse, Motilität. Anw.: früher als Zytostatikum bei

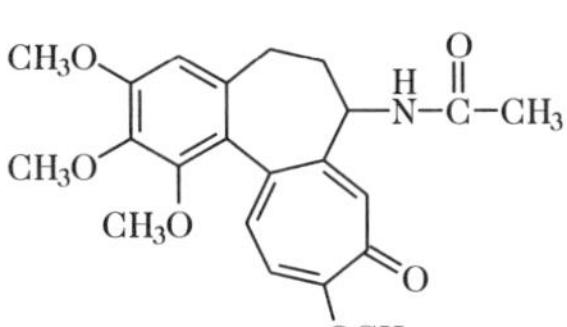

Colchicin

Leukämie. Heute in der Diagnostik zur Arretierung von teilenden Zellen in der Metaphase zur Chromosomenanalyse. Seltener als Gichtmittel sowie als Antiphlogistikum. Starke Nebenwirkungen!

Colchici semen ↗ Colchicum autumnale.

■ **Colchicum autumnale** L.
(syn. *Colchicum commune, C. crociflorum, C. multiflorum*); Herbstzeitlose (syn. Butterwecken, Henne, Hennegift, Giftblume, Herbstblume, Herbstlilie, Hundsblume, Hundshode, Hundsknofel, Kuckucksweck, Kühe, Kuheuter, Läuseblume, Leichenblume, Michelwurz, Mönchskappen, Nackte Hure, Nackte Jungfer, Ochsen, Ochsenpinsel, Spindelblume, Spinnblume, Teufelsbrot, Teufelswurz, Wiesenlilie, Wiesensafran, Wildsafran, Winterhaube, Winterhauch), s. Farbtafel S. 297, Bild 97.

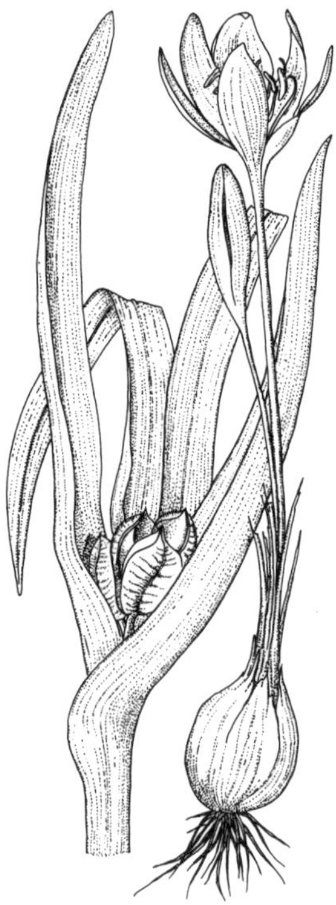

Colchicum autumnale.

Fam.: Colchicaceae.
Vork.: Mittel- und Südeuropa bis Mittelasien.
Drogen: ***1. Colchici semen*** (syn. *Semen Colchici*); Herbstzeitlosensamen (syn. Zeitlosensamen), die reifen, getrockneten Samen. Inh.: Alkaloide (0,5–1,2 %) mit Tropolonringstruktur und ↗ Colchicin, einem nichtbasischen Alkaloid als Hauptkomponente, begleitet vom basischen

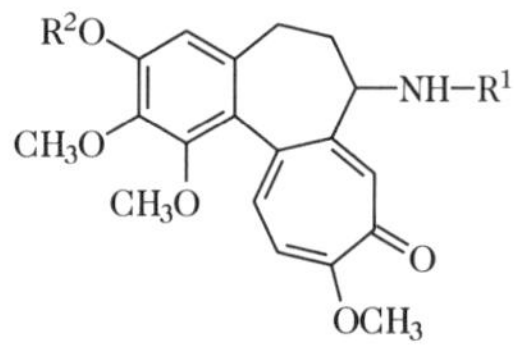

Colchicumalkaloide
Demecolcin: $R^1 = CH_3$, $R^2 = CH_3$
Colchicin: $R^1 = COCH_3$, $R^2 = CH_3$
Colchicosid: $R^1 = COCH_3$, $R^2 =$ Glucose

Demecolcin. Wirk.: Colchicin hemmt in der Metaphase die Ausbildung des Spindelapparates durch Bindung an die Strukturelemente der Mikrotubuli und wirkt daher als Mitosehemmstoff. Es ist ferner ein Antichemotaxikum. Es hemmt die Phagozytoseaktivität der Granulozyten und Monozyten und stoppt die zur Auslösung des akuten Gichtanfalls ablaufende Reaktionskette, während es weder den Harnsäurestoffwechsel beeinflußt noch analgetische Wirkungen besitzt. Anw.: Die Droge und deren Zubereitungen dienten seit altersher als Gichtmittel und wurden bereits im Altertum unter der Bezeichnung „Colchicon" als Mittel gegen Gelenkschmerzen verwendet. Colchicin wirkt zuverlässig beim akuten Gichtanfall. Hierbei kommen Dosierungen von 1 mg (Initialdosis) und nachfolgend in mehrstündlichen Abständen 0,5 mg zum Einsatz. Eine Wiederholung der Behandlung darf erst nach mehrtägiger Unterbrechung erfolgen. Die Droge kommt ferner bei Dermatosen, die durch Ansammlung neutrophiler Granulozyten gekennzeichnet sind, zur Anwendung. Es dient ferner in der Pflanzenzucht zur Erzeugung polyploider Rassen und stellt außerdem eine wichtige Modellsubstanz zur weiteren Erforschung der Mitose auf molekularbiologischer Grundlage dar. Geg.: bei Überdosierung ist die Droge ein Kapillargift. Toxische Dosen wirken zentrallähmend. Der Tod erfolgt durch Atemlähmung ode

Kreislaufversagen. ***2.*** ***Bulbus Cochici*** (syn. *Tubera Cochici, Cornus* Colchici); Herbstzeitlosen-Knollen, die getrockneten Knollen. Inh.: Alkaloide, u. a. Colchicin. Anw.: früher bei Gicht und rheumatischen Beschwerden.

Hom.: ***1. Colchicum autumnale*** HAB1, die frischen, im Frühjahr gesammelten Knollen. Anw.-Geb.: u. a. akute und chronische Gelenkerkrankungen, Sehnenscheidenentzündung und Entzündung des Magen-Darm-Traktes. ***2. Colchicum autumnale e seminibus*** HAB; die reifen, getrockneten Samen. Anw.-Geb.: akute und chronische Gicht, akuter Gelenkrheumatismus, Sehnenscheidenentzündungen, Ergüsse in Körperhöhlen.

Histor.: Der Gattungsname *Colchicum* geht auf Colchis, eine Landschaft an der Ostküste des Schwarzen Meeres, zurück, die in der griechischen Mythologie die Heimat der Giftmischerin Medea, Tochter des Königs Aietes, darstellt. Der Artname wie auch die deutsche Bezeichnung weisen auf die Blütezeit im Herbst hin. Als „Colchicon" (s. o.) war die Droge bereits den Ärzten in der Antike bekannt, ebenso auch ihre hohe Toxizität. Dennoch wurde sie bereits damals als hochgeschätztes Mittel bei Gicht und Gelenkschmerzen in der notwendigen Dosierung – wie aus überlieferten Rezepturen bekannt ist – eingesetzt.

Colchicum commune ↗ Colchicum autumnale.
Colchicum crociflorum ↗ Colchicum autumnale.
Colchicum multiflorum ↗ Colchicum autumnale.

■ **Coleus blumei** Benth.
Buntnessel (syn. El Nene, „Das Kind").
Fam.: Lamiaceae (Labiatae).
Vork.: tropische Gebiete in Afrika und Asien.
Anw.: Die zu Pulver zerriebenen Samen werden mit Wein gemischt als Aphrodisiakum sowie zur Berauschung bei religiösen Zeremonien in Ostindien genutzt. Die Wirkung erscheint zweifelhaft, da bisher noch keine halluzinogene Substanz aus Coleus-Arten isoliert worden ist.

■ **Coleus forskohlii** (Poir.) Briq.
Fam.: Lamiaceae (Labiatae).
Vork.: Afrika, Indien.
Inh.: u. a. Forskolin (Diterpen). *Wirk.:* Forskolin ist ein starker Aktivator der Adenylatcyclase, besitzt spasmolytische, cardiotone und hypotensive Wirksamkeit sowie antiaggregatorische Effekte. *Anw.:* zur Isolation von Forskolin, das als Modellsubstanz in der experimentellen Pharmakologie eingesetzt wird. In der indischen Volksheilkunde wird die Droge bei Herz-Kreislauf-Erkrankungen und Bluthochdruck verwendet.

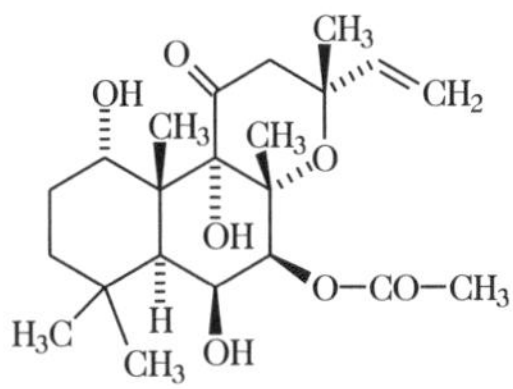

Forskolin

Coli-Bakterien ↗ Escherichia coli.
Colistine ↗ Polymyxine.
Colla piscium ↗ Ichthyocolla.

■ **Collinsonia canadensis** L.
(syn. *Collinsonia cuneata, C. decussata, C. punctata, C. serotina, C. urticifolia*); Steinwurz (syn. Kanadische Collinsonie).
Fam.: Lamiaceae (Labiatae).
Heim.: atlantisches Nordamerika und Kanada.
Vork.: in Süddeutschland kultiviert.
Droge: ***Radix Collinsoniae*** (syn. *Rhizoma Collinsoniae canadensis*); *Collinsonia-canadensis*-Wurzel (syn. Collinsoniawurzel, Grieswurzel, Kanadische Grieswurzel, Steinwurzel), die im Herbst gesammelten, getrockneten Wurzeln und Wurzelstöcke. *Inh.:* äther. Öl (u. a. mit Caryophyllen, Germacren D, Limonen und Pinenen), Rosmarinsäure (ca. 1,3 %) sowie nicht näher charakterisierte Alkaloide, Saponine, Harz, Tannine, organische Säuren. *Anw.:* in der Volksheilkunde bei Steinleiden, Nierensteinen, Harngrieß, Blasenentzündungen, Wassersucht und gastrointestinalen Beschwerden.
Hom.: ***Collinsonia canadensis*** HAB1, die frischen unterirdischen Teile. *Anw.-Geb.:* Hämorrhoiden, Stuhlverstopfung.
Histor.: Die Gattung wurde nach dem englischen Naturforscher Peter Collinson benannt, der sie um 1735 nach England brachte. Der deutsche Name Grieswurzel weist auf die pharmazeutische Nutzung, nämlich bei Harn- und Nierengrieß hin.

Collinsonia cuneata ↗ Collinsonia canadensis.

Collinsonia decussata ↗ Collinsonia canadensis.
Collinsonia punctata ↗ Collinsonia canadensis.
Collinsonia serotina ↗ Collinsonia canadensis.
Collinsonia urticifolia ↗ Collinsonia canadensis.
Collinsoniawurzel ↗ Collinsonia canadensis.
Collybia shiitake ↗ Lentinula edodes.
Colocasia aethiopica ↗ Zantedischia aethiopica.
Colocasia antiquorum ↗ Colocasia esculenta.

■ **Colocasia esculenta** (L.) Schott.
(syn. *Arum esculentum, Caladium esculentum, Colocasia antiquorum*).
Fam.: Araceae.
Vork.: Indien, Sri Lanka, China, Japan, Afrika, Madagaskar, Westindien, Brasilien, in zahlreichen Varietäten auch kultiviert.
Droge: *1.* ***Amylum Colocasiae***; Colocasiastärke (syn. Portland-Arrowroot), die Stärke der Knollen. Inh.: Amylose (28 %), Amylopektin (72 %). Die Stärke ähnelt stark der Kartoffelstärke (↗ Solanum-Arten). Anw.: wichtiges Nahrungsmittel; *2.* die Knollen. Inh.: neben der Stärke auch Saponine, Schleime, Calciumoxalat, Alkaloide, Sterole und Proteine. Anw.: in der Volksheilkunde bei Phlegmonen und als Anthelmintikum sowie als Breiumschlag bei Rheuma und Schlangenbissen. Darüber hinaus dient die Droge zur Bereitung von Pfeilgiften.

Colocasiastärke ↗ Colocasia esculenta.
Colocynthidis fructus ↗ Citrullus colocynthis.
Colocynthis ↗ Citrullus colocynthis.
Colocynthis naudinianus ↗ Acanthosicyos naudiniana.
Colocynthis vulgaris ↗ Citrullus colocynthis.
Colombo radix ↗ Jateorhiza palmata.
Colombowurzel ↗ Jateorhiza palmata.
Colophonium ↗ Pinus-Arten.
Coloquinthen ↗ Citrullus colocynthis.
Coloradokäfer ↗ Doryphora decemlineata.
Colorines ↗ Erythrina americana, ↗ Sophora secundiflora.

■ **Colubrina reclinata** (l'Herit.) Brongn.
(syn. *Ceanothus reclinatus, Rhamnus venenosus*).
Fam.: Rhamnaceae.
Vork.: südliches Nordamerika, Mittelamerika, Venezuela.
Droge: die Rinde. Inh.: Alkaloide, wie Colubrinin. Anw.: in der Volksheilkunde als Stomachikum, gegen Fieber und bei Dysenterie.

Columbianischer Pfeilfrosch ↗ Phyllobates bicolor.
Columbianischer Pfeilgiftfrosch ↗ Phyllobates aurotaenia.
Colza ↗ Brassica-Arten.

■ **Comarum palustre** L.
(syn. *Comarum potentilla, Potentilla palustris*).
Fam.: Rosaceae.
Vork.: Europa, Asien.
Droge: ***Blutaugenkraut***, das Kraut. Inh.: Gerbstoffe, äther. Öl, Isobuttersäure und Isovaleriansäure. Anw.: in der russischen Volksheilkunde bei rheumatischen Erkrankungen, als blutstillendes und wundheilungsförderndes Mittel.

Comarum potentilla ↗ Comarum palustre.
Combretum altum ↗ Combretum micranthum.
Combretumblätter ↗ Combretum micranthum.
Combretum etessei ↗ Combretum glutinosum.

■ **Combretum glutinosum** Perrotet ex DC
(syn. *Combretum leonense, C. passargei, C. etessei*).
Fam.: Combretaceae.
Vork.: Afrika, Senegal bis Sudan.
Droge: Blätter. Inh.: Alkaloide, Saponine, Triterpene, Chinone. Anw.: in der afrikanischen Volksheilkunde als Diuretikum und Cholagogum, bei Bronchitis, Husten, Schupfen, Hepatitis und zur Wundbehandlung. Die Droge ist auch Bestandteil von Pfeilgiften.

Combretum leonense ↗ Combretum glutinosum.

■ **Combretum micranthum** G. Don.
(syn. *Combretum raimbaultii, Combretum altum*).
Fam.: Combretaceae.
Vork.: Afrika, besonders Kamerun, Sudan, Senegal.
Droge: ***Folia Combreti***; Combretumblätter. Inh.: Gerbstoffe (15–23 %), organische Säuren, Alkaloide, wie Combretin, Bentonicin, Cholin. Anw.: in der Volksheilkunde gegen Schwarzwasserfieber und zu Morphinentziehungskuren sowie bei Koliken, Leber- und Gallenerkrankungen.

Combretum passargei ↗ Combretum glutinosum.
Combretum raimbaultii ↗ Combretum micranthum.
Comfrey ↗ Symphytum officinale.

■ **Commiphora-Arten**

● **Fam.:** Burseracea.

● **Commiphora abyssinica** Engl. (syn. *Amyris kafal, Balsamodendron abyssinica, B. kafal, Commiphora madagascariensis*).

Vork.: Äthiopien, Eritrea, arabische Westküste.

Droge: ***Myrrha***, s. *C. molmol.*

● **Commiphora africanum** (A. Rich.) Engl. (syn. *Balsamodendron africanum, Commiphora pillosa, Heudelotia africana*).

Droge: ***Bdellium*** (syn. Falsche Myrrhe). Anw.: Ersatz für Myrrhe.

● **Commiphora molmol** Engl. (syn. *Balsamodendron myrrha, Commiphora myrrha*); Myrrhenbaum.

Vork.:. Somalia.

Droge: ***Myrrha*** (syn. *Gummi Myrrha, Gummiresina Myrrha*); Myrrhe (syn. Echte Myrrhe, Somali-Myrrhe), das aus der Rinde ausgetretene, an der Luft getrocknete Gummiharz; s. Farbtafel 297, Bild 98. Es kann auch von anderen *C.*-Arten abstammen, wenn es in der chemischen Zusammensetztung vergleichbar ist. Inh.: äther. Öl (2–10 %) mit Sesquiterpenen (u. a. Sesquiterpenkohlenwasserstoffen, bes. δ-Elemen, 28,8 %) und Furanosesquiterpenen (Germacren-, Eudesmen- Elemen- und Guajen-Typ, wie Commiferin und 5-Aceto-2-methoxy-4,5-dihydrofuranodien-6-on als Geruchsträger) als Hauptkomponenten. Nebenbestandteile sind einige Monoterpene, z. B. Limonen, α- und β-Pinen und Phenylpropanderivate, u. a. Zimt- und Cuminaldehyd. Darüber hinaus ist eine Harzfraktion enthalten. Sie besteht aus einem etherlöslichen, einem etherunlöslichen, einem chloroformlöslichen und einem aus Schleimstoffen und Proteinen zusammengesetzten polaren Teil, der etwa 60 % des Harzes umfaßt. Anw.: lokale Behandlung leichter Entzündungen der Mundschleimhaut sowie des Zahnfleisches, meist in Form der Myrrhentinktur. Auch in Salbenform, z. B. zur Verhinderung von Prothesedruckstellen.

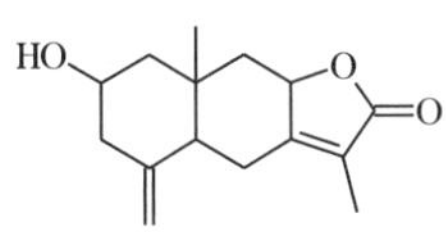

Commiferin

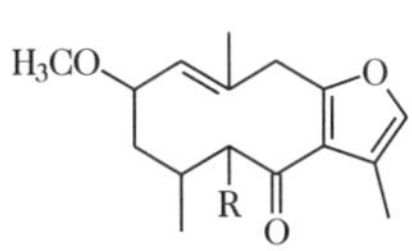

R = OCO−CH_3
5-Acetoxy-2-methoxy-4,5-dihydrofuranodien-6-on

● **Commiphora mukul** (Hook. ex Stocks) Engl. (syn. *Balsamodendron mukul, B. roxburghii, Commiphora roxburghii*).

Vork.: Indien.

Droge: ***Bdellium*** (syn. Falsche Myrrhe), s. *C. africana.*

● **Commiphora opobalsamum** (Le Moine) Engl. (syn. *Amyris gileadensis, Balsamodendron ehrenbergianum, B. gileadense, B. meccanensisi, B. opobalsamum*); Balsamstrauch (syn. Mekka-Balsambaum, Opo-Balsambaum).

Droge: ***Balsamum de Mecca***; Mekkabalsam.

Hom.: ***Amyris gileadensis*** HAB34.

● **Commiphora schimperi** Engl.

Vork.: bes. südliches Arabien.

Droge: ähnlich *Bdellium* s. o.

Hom.: ***Myrrha*** HAB1, das Gummiharz von *C. molmol* und anderen chemisch vergleichbaren *C.*-Arten.

● **Histor.:** Myrrhe gehört neben Weihrauch zu den ältesten Drogen und Kostbarkeiten. Die Droge begegnet uns sowohl bereits im Alten Testament wie auch in den Kulturkreisen des Nahen und Mittleren Ostens, so bei den Assyrern, Persern, Hebräern und Phönikiern, v. a. für Räucherungen in Tempeln. Der Name Myrrhe geht auf den bitteren Geschmack zurück (bitter: arabisch „murr", assyrisch-babylonisch „murru" und somalisch „molmol" bedeutet sehr bitter).

Comoclade ↗ Comocladia dentata.

■ **Comocladia dentata** Jacq.
Comoclade.

Fam.: Anacardiaceae.

Vork.: Westindien, Südamerika.

Droge: ***Cortex Comocladiae*** (syn. *Guao*); Comocladiarinde. *Inh.:* nicht charakterisiert. *Anw.:* in der traditionellen Heilkunde Indiens als Hypnotikum und Niesmittel.

Hom.: ***Comocladia dentata*** HAB, die frische Rinde. *Anw.-Geb.:* bei nässenden Hauterkrankungen, Reizzuständen des Auges, Kreuzschmerzen und Muskelrheumatismus.

Comocladiarinde ↗ Comocladia dentata.

■ **Comptonia peregrina** (L.) J.M. Coult. **var. aspleniifolia**
(syn. *Myrica aspleniifolia, Liquidambar peregrina*).
Fam.: Myricaceae.
Vork.: Nordamerika.
Droge: die Blätter. Inh.: Gerbstoffe (ca. 9 %), äther. Öl (ca. 1 %) mit Mono- und Sesquiterpenen, wie 1,8-Cineol, γ-Terpinen, β-Myrcen, β-Caryophyllen, Linalool, α-Pinen. Anw.: in der Volksheilkunde als Adstringens und blutstillendes Mittel.

Concanavalin A ↗ Canavalia ensiformis.
Conchae praeparatae ↗ Ostrea edulis.
Condurangi cortex ↗ Marsdenia condurango.
Condurangin ↗ Marsdenia condurango.
Condurangobast↗ Marsdenia condurango.
Condurango cortex ↗ Marsdenia condurango.
Condurangorinde ↗ Marsdenia condurango.
Conessirinde ↗ Holarrhena pubescens.

■ **Coniferylalkohol**
(4-Hydroxy-3-methoxyzimtalkohol), eine der monomeren Vorstufen für die Biosynthese des Lignins. U. a. auch im *Benzoe* (↗ *Styrax*-Arten) enthalten. C. kann zu Vanillin oxidiert und durch Mineralsäuren in ↗ Harze überführt werden.

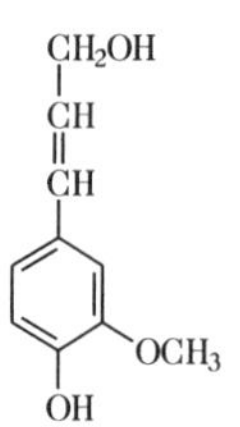

Coniferylalkohol

Conii herba ↗ Conium maculatum.

■ **Coniin**
(2-Propylpiperidin), stark giftiges Alkaloid aus dem Gefleckten Schierling (↗ *Conium maculatum*). Wirk.: Nicotin- und Curare-ähnliche Wirkung mit aufsteigender Lähmung der motorischen Rückenmarkszentren bis zur Medulla oblongata. Tod durch Atemlähmung bei vollem Bewußtsein. Anw.: als Reinstoff heute obsolet, früher zu schmerzstillenden Einreibungen verwendet.

Histor.: Coniin wurde als erstes Pflanzenalkaloid 1886 synthetisch hergestellt.

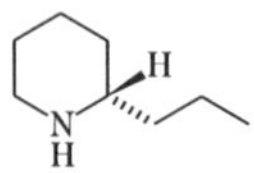

(+)-Coniin

Conium cicuta ↗ Conium maculatum.

■ **Conium maculatum** L.
(syn. *Cicuta maculata, C. major, C. officinalis, Conium cicuta, C. maculosum, Coriandrum cicuta officinalis, C. maculatum, Selinum conium, Sium conium*); Gefleckter Schierling (syn. Bangenkraut, Blutschierling, Erdschierling, Fleckenschierling, Giftpetersilie, Krottenpetersilie, Mäuseschierling, Stinkender Schierling, Tollkerbel, Tollkraut, Vogeltod, Wütrich, Ziegendill), s. Farbtafel S. 297, Bild 99.
Fam.: Apiaceae (Umbelliferae).
Vork.: Europa, Nordafrika, Asien, Nordamerika.
Drogen: *1. Conii herba* (syn. *Herba Conii, Herba Conii maculati, Herba Cicutae maioris, Herba Cicutae terrestris*); Schierlingskraut (syn. Bangenkraut, Blutschierlingskraut, Fleckenschierlingskraut, Mäuseschierlingskraut, Tollkraut, Ziegenkraut), die getrockneten, im zweiten Jahr von Juni bis September gesammelten Blätter und blühenden Zweigspitzen. Die Droge ist sehr stark giftig! Inh.: Polyketid-Alkaloide (↗ (*S*)-Coniin, *N*-Methylconiin, γ-Conicein und Nebenalkaloide in Spuren), Polyine (u. a. Falcarinon, Falcarinolon), Furanocumarine (Bergapten, Xanthotoxin), Flavonoide (u. a. Diosmin, Luteo-

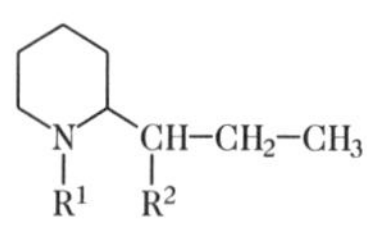

Coniumalkaloide

Coniin:	$R^1 = R^2 = H$
Methylconiin:	$R^1 = CH_3$, $R^2 = H$
Conhydrin:	$R^1 = H$, $R^2 = OH$

lin). Anw.: in der Volksheilkunde früher zur Beruhigung, bei Neuralgien, Genickstarre, Krämpfen, Spasmen sowie bei Asthma, Keuchhusten und Pylorusspasmus. Dabei wurde die Droge sowohl innerlich als auch äußerlich angewendet. Auch als Antaphrodisiakum wurde die Droge genutzt. Wegen der möglichen Vergiftungsgefahren ist der Gebrauch der Droge heute abzulehnen. *2. Fructus Conii*; Schierlingsfrüchte. Inh.: Alkaloide, ähnlich *Herba Conii*, unreife Früchte ca. 2 %, reife Früchte ca. 0,43 %. Anw.: s. *Herba Conii*.

Hom.: *Conium* HAB1; Schierling, das frische, blühende Kraut. Anw.-Geb.: Verkalkung der Hirngefäße, Lähmungen, Drüsenschwellungen, Tumore, Verstimmungszustände.

Histor.: Konion kommt als Bezeichnung eines giftigen Doldenblütengewächses in den Schriften von Theophrast, Dioskurides und Alexander Trallianus vor. Ob diese Pflanze mit der von Plinius genannten Cicuta übereinstimmt, ist nicht sicher. Die deutsche Benennung Schierling findet sich bereits bei Hildegard von Bingen. Die Droge wurde seit 1760 als Heilmittel in verschiedenen Arzneibüchern geführt. Im Altertum wurde frischer Schierlingssaft, oft gemischt mit Opium, zur Vollstreckung von Todesurteilen (Schierlingsbecher des Sokrates, 399 v. Chr.) oder als Mord- und Selbstmordgift genutzt.

Conium maculosum ↗ Conium maculatum.

■ Conocybe siligineoides Heim;
Teonanacatl.

Fam.: Agaricaceae.

Vork.: weltweit verbreitet.

Anw.: *C. siligineoides* gilt als einer der heiligen Rauschpilze Mexikos, die seit Urzeiten zu religiösen Zeremonien und zur Erzeugung halluzinogener Rauschzustände (↗ Halluzinogene biogenen Ursprungs) verwendet werden. Hauptinhaltsstoff dieser Art ist Baeocystin, ein Monomethyl-Analogon des ↗ Psilocybins.

Conopharyngia crassa ↗ Tabernaemontana crassa.
Conopharyngia durissima ↗ Tabernaemontana crassa.
Conopharyngia jollyana ↗ Tabernaemontana crassa.
Consolidae radix ↗ Symphytum officinale.
Consolida regalis ↗ Delphinium consolida.
Convallaria ↗ Convallaria majalis.
Convallariae flos ↗ Convallaria majalis.
Convallariae herba ↗ Convallaria majalis.
Convallariae radix ↗ Convallaria majalis.
Convallariae rhizoma ↗ Convallaria majalis.
Convallaria fragrans ↗ Convallaria majalis.
Convallaria latifolia ↗ Convallaria majalis.

■ Convallaria majalis L.
(syn. *Convallaria fragrans, C. latifolia, C. mappii, C. scaposa, Polygonatum majale*); Maiglöckchen (syn. Faltrianblume, Maiblume, Maililie, Marienglöckchen, Niesekraut, Springauf, Talblume), s. Farbtafel S. 297, Bild 100.

Fam.: Convallariaceae.

Vork.: Europa.

Drogen: *1. Convallariae flos* (syn. *Flores Liliorum convallium, Flores Sternutatorii, Flores Convallariae, Flos Convallariae*); Maiglöckchenblüten (syn. Maiblumen, Maililienblumen), die getrockneten Blüten. Inh.: herzwirksame Glykoside (0,4–1 % Cardenolide, v. a. Convallatoxin neben Convallosid und Lokundjosid), Flavonoide (Quercetin- und Isorhamnetinglykoside), äther. Öl (0,058 %, mit Farnesol). Anw.: s. *Convallariae herba*. *2. Convallariae herba* (syn. *Herba Convallariae, Herba Liliorum convallium*); Maiglöckchenkraut (syn. Maiblumenkraut, Maiglöckchenblätter), die getrockneten, während der Blütezeit gesammelten, oberirdischen Teile. Die Droge ist sehr stark giftig! Inh.: herzwirksame Glykoside (0,1–0,5 %, ca. 40 identifizierte Cardenolide, die sich von 7 Geninen ableiten. U. a. Convallatoxin, Convallosid, Convallatoxol, Desglucocheirotoxol, Lokundjosid, Desglucochei-

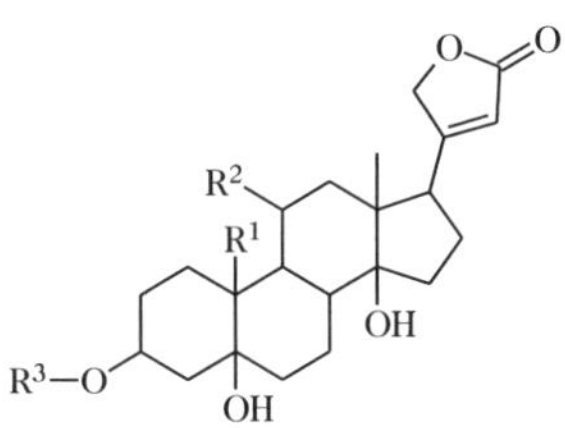

Grundgerüst der Convallariaglycoside

Name	R^1	R^2	R^3
Convallatoxin	CHO	H	Rhamnose
Convallosid	CHO	H	Rhamnose-glucose
Convallatoxol	CH_2OH	H	Rhamnose
Convallatoxolosid	CH_2OH	H	Rhamnose-glucose
Lokundjosid	CH_3	OH	Rhamnose

rotoxin), Flavonoide (u. a. Apigenin, Chrysoeriol, Isorhamnetin, Kämpferol, Luteolin, Quercetin und ihre Glykoside), Chelidonsäure, Cholin, Azetidin-2-carbonsäure (toxische Aminosäure). Anw.: leichte Belastungsinsuffizienz, Altersherz und chronisches Cor pulmonale. Für eine rationale Therapie der chronischen Herzinsuffizienz sind *Convallaria*-Extrakte nach heutiger Auffassung ungeeignet. In der Volksheilkunde wurde die Droge bei Wehenschwäche, Epilepsie, Wassersucht, Schlaganfällen und Lähmungen eingesetzt. Hauptindikationsgebiet war jedoch die Verwendung als Kardiakum und Kardiotonikum bei Herzschwäche. Wegen seiner Giftigkeit wird die Droge heute nicht mehr in der Volksheilkunde eingesetzt. ***3. Convallariae radix/rhizoma*** (syn. *Convallaria, Radix Convallariae, Rhizoma Convallariae*); Maiglöckchenwurzel (syn. Maiblumenwurzel), der getrocknete Wurzelstock mit den Wurzeln. Inh.: herzwirksame Glykoside (0,1–0,4 % Cardenolide, in ähnlicher Zusammensetzung wie bei *Convallariae herba*), Steroidsaponine, Azetidin-2-carbonsäure. Anw.: s. *Convallariae herba*.

Hom.: ***Convallaria majalis*** HAB1, die blühenden oberirdischen Teile. Anw.-Geb.: Herzrhythmusstörungen, Herzschwäche.

Histor.: In Kräuterbüchern des 16. Jh., u. a. bei ↗ Bock wird das Maiglöckchen als *lilium convallum* („Lilie der Täler“) bezeichnet. Der Artname wie auch der deutsche Name weisen auf die Blütezeit im Mai hin. In den Schriften der Antike findet die Pflanze noch keine Erwähnung, was mit dem seltenen Vorkommen im griechischen Raum erklärbar ist. Die Droge wurde v. a. von der russischen Landbevölkerung seit dem Mittelalter bei verschiedenen Erkrankungen des Herzens, Wassersucht u. a. angewandt. Die Digitalis-ähnliche Wirkung der Glykoside wurde in der 2. Hälfte des 19. Jh. erkannt und führte zur Aufnahme von Drogenzubereitungen in die europäischen Arzneibücher.

Convallaria mappii ↗ Convallaria majalis.
Convallaria multiflora ↗ Polygonatum multiflorum.
Convallaria polygonatum ↗ Polygonatum odoratum.
Convallaria scaposa ↗ Convallaria majalis.

■ Convallosid
Strophanthidin-3-(D-gluco)-α-L-rhamnosid, herzwirksames Glykosid (Cardenolid) aus ↗ *Convallaria majalis*.

■ Convallotoxin
Strophanthidin-3-α-L-rhamnosid, herzwirksames Steroid (Cardenolid) aus ↗ *Convallaria majalis*.

Convolvuli herba ↗ Convolvulus-Arten.

■ Convolvulus-Arten
● Fam.: Convolvulaceae.
● Convolvulus arvensis L. (syn. *Convolvulus minor*); Ackerwinde (syn. Feldwinde).

Vork.: Europa.

Droge: ***Convolvuli herba*** (syn. *Herba Convolvuli*); Ackerwindenkraut. Inh.: Harze, u. a. sog. Glykoretine enthaltend, ferner Gerbstoffe und Flavonoide. Anw.: drastisch wirkendes Laxans, heute obsolet.

Hom.: ***Convolvulus arvensis***, das frische blühende Kraut. Anw.-Geb.: Rückenschmerzen.

● Convolvulus scammonia L.; Purgierwinde.

Vork.: Südosteuropa, östliches Mittelmeergebiet, Kleinasien.

Drogen: ***1. Scammoniae radix*** (syn. *Radix Scammoniae, Radix Scammoniae asiaticae*); Asiatische Scammoniumwurzel (syn. Purgierwindenwurzel). Inh.: Harz (3–13 %), Gummi, Gerbstoffe u. a. Anw.: früher als Laxans. ***2. Resina Scammoniae*** (syn. *Gummiresina Scammoniae*); Skammoniumharz, das aus der Wurzel gewonnene Harz. Inh.: insbes. Esterglykosidgemische (Glykoretine), die nach alkalischer Hydrolyse sog. Glykosidsäuren und kurzkettige flüchtige Säuren ergeben und bei saurer Hydrolyse langkettige Mono- und Dihydroxyfettsäuren, Zucker und flüchtige Säuren, u. a. Valerian-, Tiglin- und Buttersäure, liefern. Anw.: früher als Laxans. ***3. Scammonium***, der eingetrocknete, von lebenden Wurzeln gewonnene Milchsaft. Inh.: Harze, s. o. Anw.: früher als Laxans wie *Resina Scammoniae*.
● Histor.: Der Gattungsname *Convolvulus*, der sich bereits bei ↗ Plinius findet, leitet sich vom lateinischen *convolvere* (zusammenwickeln) ab, wegen der sich zusammenfaltenden Blüten. Die deutsche Namensgebung bezieht sich auf den windenden Stengel.

Convolvulus corymbosa ↗ Turbina corymbosa.
Convolvulus duartinus ↗ Calonyction album
Convolvulus jalapa ↗ Ipomoea purga.
Convolvulus macrocarpus ↗ Merremia macrocarpa.
Convolvulus maritimus ↗ Calystegia-Arten.

Convolvulus operculatus ↗ Merremia macrocarpa.
Convolvulus orizabensis ↗ Ipomoea orizabensis.
Convolvulus pulcherrimus ↗ Calonyction album.
Convolvulus purga ↗ Ipomoea purga.
Convolvulus sepium ↗ Calystegia-Arten.
Convolvulus sidaefolia ↗ Turbina corymbosa.
Convolvulus soldanella ↗ Calystegia-Arten.
Convolvulus speciosus ↗ Argyreia nervosa.
Convolvulus triqueter ↗ Operculina turpethum.
Convolvulus turpethum ↗ Operculina turpethum.
Convulvulus anceps ↗ Operculina turpethum.
Conyza balsamifera ↗ Blumea balsamifera.

■ **Conyza canadensis** (L.) Cronq.
(syn. *Caenotus canadensisi, Erigeron canadensis, E. paniculatus, E. pusillus, E. strictum, Leptilon canadensis, Senecio ciliatus*); Berufkraut (syn. Franzosenkraut, Franzosenstengel, Greisenblume, Hexenkraut, Kanadisches Berufkraut, Kanadische Dürrwurz, Kanadischer Katzenschweif, Wilder Hanf), s. Farbtafel S. 297, Bild 101.

Fam.: Asteraceae (Compositae).

Vork.: ursprünglich Nordamerika, inzwischen auch in Europa und Asien weit verbreitet.

Droge: ***Conyza canadensis-Kraut*** (syn. *Herba Erigeronis, Herba Erigeronis canadensis*); Berufkraut (syn. Kanadisches Berufkraut), die getrockneten, oberirdischen Teile (meist blühender) Pflanzen. Inh.: äther. Öl (0,3–0,6 %) mit Limonen als Hauptkomponente und Sesquiterpenen, u. a. β-Cubeben und β-trans-Farnesen sowie C_{10}-Acetylenen vom Matricariaester-Typ als weiteren Bestandteilen. Außerdem Gerbstoffe, Flavonoide und Cholin. Anw.: volkstümlich bei Durchfallerkrankungen, bei Blasen- und Bronchialkatarrh und als Wurmmittel.

Hom.: ***Conyza canadensis*** (syn. *Erigeron canadensis*) HAB1, die frischen, oberirdischen Teile blühender Pflanzen. Anw.-Geb.: Gebärmutterblutungen, Blutungen bei Hämorrhoiden sowie der Harnblase, Entzündungen des Magens, der Leber und der Gallenblase.

Conyza lobata ↗ Neurolaena lobata.
Conyza pyrifolia ↗ Microglossa pyrifolia.

■ **Copaifera-Arten**

● **Fam.:** Caesalpiniaceae.

● **Copaifera reticulata** Ducke.

Vork.: tropisches Südamerika, bes. Brasilien.

Drogen: *1.* ***Balsamum Copaivae*** (syn. *Copaivae balsamum, Balsamum brasiliense, Terebinthina Copaiferae*); Copaivabalsam (syn. Jesuiterbalsam, Kopaivabalsam), der durch das Anbohren der Bäume gewonnene Balsam. Inh.: äther. Öl (40–90 %, u. a. β-Bisabolen, β-Caryophyllen, α-Copaen und γ-Humulen enthaltend) und Harz (20–60 %, insbes. Diterpensäuren mit (–)-Kauran- und (–)-Labdangrundgerüsten aufweisend). Anw.: volkstümlich als Carminativum bei Blähungen und als Antiseptikum bei Blasenentzündung. Äußerlich bei Hauterkrankungen, u. a. Ekzemen. ***2. Copaivae aetheroleum*** (syn. *Aetheroleum Copaivae, Oleum Copaivae*); Copaivabalsamöl (syn. Copaivaöl), das aus dem Copaivabalsam destillierte äther. Öl. Inh.: s. *Balsamum Copaivae*. Anw.: analog Copaivabalsam innerlich als Carminativum bei Verdauungsbeschwerden sowie chronischer Blasenentzündung. Technisch in der Porzellanmalerei, zu Gemäldefirnissen und Künstlerfarben. Weitere drogenliefernde Arten, die bes. in Brasilien und den benachbarten Gebieten vorkommen, sind:

● **Copaifera coriacea** Mart.;

● **Copaifera guayanensis** (Desf.) Benth.;

● **Copaifera langsdorfii** Desf. und

● **Copaifera officinalis** (Jacq.) L. (syn. *C. jacquini*).

Hom.: ***Balsamum copaivae*** HAB34, der aus den Stämmen gewonnene Balsam. Anw.-Geb.: Entzündungen der Atmungsorgane, der Harn- und Geschlechtsorgane sowie bei Verdauungsschwäche.

● **Histor.:** Die Bezeichnung *Copaiva* wird von *copa* abgeleitet, das in der Tupisprache Harzsaft bedeutet.

Copaivabalsam ↗ Copaifera-Arten.
Copaivabalsamöl ↗ Copaifera-Arten.
Copaivae aetheroleum ↗ Copaifera-Arten.
Copaivae balsamum ↗ Copaifera-Arten.
Copaivaöl ↗ Copaifera-Arten.

■ **Copal**
(syn. *Resina Copal*); Gummi Copal, Kopalharz, das Harz von Bäumen aus verschiedenen Familien, z. B. Trachylobium- (↗ *Trachylobium verrucosum*), *Dammara*- und ↗ *Agathis*-Arten. Inh.: Resinolsäuren, Resen, äther. Öl, Bitterstoffe. Anw.: nur noch technisch zur Herstellung von Lacken und Firnissen.

Copalchibaum ↗ Croton niveus.
Copalchi cortex ↗ Croton niveus.
Copalchirinde ↗ Coutarea hexandra.
Copeifera coriacea ↗ Copaifera-Arten.
Copeifera jacquinii ↗ Copaifera-Arten.

■ **Copelandia cyanescens** (Berk. et Br.) Singer Copelandia.

Fam.: Coprinaceae.

Vork.: warme Klimazonen beider Hemisphären.

Anw.: Der glockenförmige Pilz wird in Bali auf Kuh- und Büffelmist kultiviert und bei Festlichkeiten zur Stimmungsverbesserung gegessen. Auch als Rauschpilz findet er Verwendung. Als Inhaltsstoffe konnte man bis zu 1,2 % Psilocin und 0,6 % Psilocybin (Tryptamin-Derivate) nachweisen.

Copernicia cerifera ↗ Copernicia prunifera.

■ **Copernicia prunifera** (Mill.) H. E. Moore (syn. *Copernicia cerifera, Corypha cerifera*); Carnaubapalme (syn. Carnauba-Wachspalme, Wachspalme).

Fam.: Palmae.

Vork.: Brasilien.

Droge: ***Cera Carnauba*** (syn. *Cera Coperniciae, Cera foliorum, Cera Palmarum*); Carnaubawachs (syn. Cearawachs, Brasil wax, Karnaubawachs), das aus dem Wachsüberzug der Blattoberfläche gewonnene und gereinigte Wachs. Inh.: Ester aliphatischer unverzweigter C_{20}- bis C_{30}-Säuren mit C_{30}- bis C_{34}-Alkoholen (unverzweigt, aliphatisch). Ester von Hydroxycarbonsäuren und Zimtsäure, freie Wachsalkohole, Kohlenwasserstoffe. Anw.: in der Galenik als Poliermittel für Dragees, in der Zahnmedizin als Bestandteil von Abdruckmassen, in kosmetischen Produkten (Lippenstifte, Schminkstifte). Technisch wird die Droge in Polituren, Bohnermitteln, Lederpflegemitteln, Schuhcremes, Wachstuch, Kerzen und Firnis eingesetzt.

Histor.: Diese südamerikanische Droge kam erst in der Mitte des 19. Jh. nach Europa.

Coprin ↗ Coprinus atramentarius.

■ **Coprinus atramentarius** (Bull. ex Fr.) Fr. Falten-Tintling.

Fam.: Coprinaceae.

Vork.: Europa und weitere gemäßigte Klimazonen.

Wirk.: Der Falten-Tintling enthält als toxische Substanz Coprin (N^5-(1-Hydroxycyclopropyl)-L-glutamin), das im Organismus zu 1-Aminocyclopropanol umgewandelt wird und das Enzym Acetaldehyddehydrogenase hemmt. Da dieses Enzym in den Alkoholmetabolismus eingeschlossen ist, kommt es bei gleichzeitigem Genuß von Alkohol mit diesen Pilzen zu Unverträglichkeitserscheinungen (u. a. Übelkeit, Erbrechen, Atemnot, Krämpfe, Schock). Neben einer Blutdrucksenkung und Somnolenz wurden in Tierversuchen auch Schäden an den Keimzellen festgestellt. Von einer Verwendung als Speisepilz wird daher abgeraten.

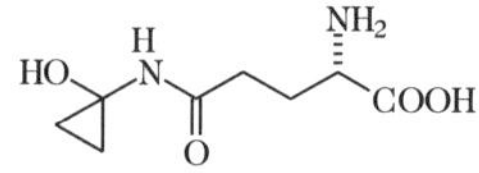

Coprin

■ **Coptisin**

Isochinolinalkaloid vom Protopin-Typ, das zu den Hauptalkaloiden des Schöllkrautes (↗ *Chelidonium majus*) zählt. Es besitzt zytostatische, antimikrobielle und antiphlogistische Effekte.

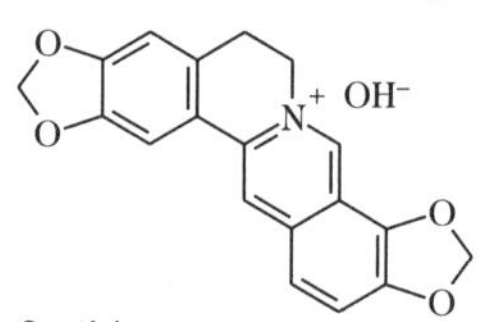

Coptisin

■ **Coptis trifolia** (L.) Salisb. (syn. *Helleborus trifolius*); Goldfaden.

Fam.: Ranunculaceae.

Vork.: Nordamerika, Asien, Nordeuropa.

Droge: ***Radix Coptidis trifoliae***. Inh.: u. a. Alkaloide (Berberin, Coptin), Harz. Anw.: als Bittermittel und Tonikum, v. a. in den USA. In Europa nicht gebräuchlich.

Corallenblümchen ↗ Anagallis arvensis.
Corallium nigrum ↗ Antipathes subpinnata.

■ **Corallium rubrum** Lam. (syn. *Isis nobilis, Madrepora rubra*); Blutkoralle (syn. Edelkoralle, Rote Koralle).

Fam.: Coralliidae.
Vork.: Mittelmeer, bei den kanarischen Inseln, Rotes Meer, Indischer Ozean, japan. Küstengewässer.

Corallium rubrum. Blutkoralle.

Inh.: Calciumcarbonat, Magnesiumcarbonat, Calciumsulfat, Natriumchlorid sowie Spuren von Iod-, Brom- und Eisenverbindungen. Der rote Farbstoff wird als Lipochrom bezeichnet. Anw.: Bestandteil von Zahnpulvern.
Hom.: ***Corallium rubrum***, die pulverisierte Koralle. Anw.-Geb.: Erkrankungen der Luftwege, Hauterkrankungen, z. B. Psoriasis der Handflächen.

Corandrum cicuta officinalis ↗ Conium maculatum.
Corchori capsularis folium ↗ Corchorus-Arten.
Corchori capsularis semen ↗ Corchorus-Arten.
Corchori olitorius herba ↗ Corchorus-Arten.
Corchori olitorius semen ↗ Corchorus-Arten.

■ Corchorus-Arten

● **Fam.:** Tiliaceae.
● **Corchorus capsularis** L. (syn. *Corchorus cordifolius*, *C. marua, Rhizanota cannabina*); Indischer Flachs (syn. Jute, Rundkapseljute).
Vork.: Indien, China.
Drogen: ***1. Corchori capsularis folium***; Corchorus, die getrockneten Laubblätter. Inh.: herzwirksame Glykoside (Cardenolide: Corchorosid A, B und Olitorisid), Saponine, Sterole. Anw.: in der indischen Volksheilkunde bei Fieber, Leberstörungen, Obstipation, Spasmen des Verdauungstraktes sowie zur Behandlung von Wurmerkrankungen. ***2. Corchori capsularis semen***; Jutesamen, die keilförmigen, braunen glatten Samen. Inh.: Cardenolide, Diterpensäuren. Anw.: in der Volksheilkunde bei Lebererkrankungen und Ödemen sowie bei Appetitlosigkeit, Verstopfungen und Blähungen. Das fette Öl der Samen (Jutesamenöl) dient als Speise- und Brennöl.
● **Corchorus olitorius** L. (syn. *Corchorus catharicus, C. decemangularis, C. lobatus, C. quinquelocularis*); Gemüsejute (syn. Kolmarkraut, Nußkraut, Naltajute, Langkapseljute).
Vork.: Südasien, Südamerika, Afrika.
Drogen: ***1. Corchori olitorius herba***; *Corchorius-olitorius*-Kraut, das getrocknete Kraut. Inh.: Cardenolidglykoside (ca. 0,1 %), Flavonole, Triterpene, Sterole. Anw.: in der Volksheilkunde als Kräftigungsmittel und Lactagogum sowie bei Brust- und Leibschmerzen. Die frischen Blätter werden in großen Mengen als Salat verwendet und zur Vorbeugung von Folsäuremangelerscheinungen empfohlen. ***2. Corchori olitorius semen***; *Corchorus-olitorius*-Samen, die getrockneten Samen. Inh.: u. a. Cardenolide komplexer Zusammensetzung (ca. 0,4 %). Anw.: in der Volksheilkunde dienen die Samen als Abführmittel bei Obstipation. Die gerösteten Samen werden gemischt mit Butter oder Palmöl bei Kopfläusen verwendet.

■ Cordus, Valerius

(1515–1544), Botaniker, Arzt, Apothekentätigkeit in Leipzig, Studium in Wittenberg (1531). Das Manuskript seines Dispensatoriums war Grundlage des sog. Nürnberger Dispensatoriums (1546–1666), das 417 Vorschriften galenischer Arzneimischungen in 45 verschiedenen Zubereitungen enthielt und das erste offiziell in Deutschland eingeführte Arzneibuch darstellte. Es beeinflußte wesentlich die weitere Entwicklung der Pharmazie in Deutschland und Mitteleuropa.

Cordyceps purpurea ↗ Claviceps purpurea.
Coriandri aetheroleum ↗ Coriandrum sativum.
Coriandri fructus ↗ Coriandrum sativum.
Coriandrum cicuta ↗ Cicuta virosa.
Coriandrum cynapium ↗ Aethusa cynapium.
Coriandrum diversifolium ↗ Coriandrum sativum.
Coriandrum globosum ↗ Coriandrum sativum.
Coriandrum maculatum ↗ Conium maculatum.
Coriandrum maius ↗ Coriandrum sativum.

■ **Coriandrum sativum** L.
(syn. *Coriandrum maius, C. diversifolium, C. globosum, Cuminum cyminum, Selenium coriandrum*); Gartenkoriander (syn. Klanner, Koriander, Schwindelkraut, Stinkdill, Wanzendill), s. Farbtafel S. 297, Bild 102.

Fam.: Apiaceae (Umbelliferae).

Vork.: weltweit, bes. Mittelmeergebiete.

Drogen: *1. **Coriandri fructus*** (syn. *Fructus Coriandri*); Korianderfrüchte (syn. Koriandersamen, Schwindelkörner, Schwindelkrautsamen, Stinkdillsamen, Wanzendillsamen), die getrockneten reifen Früchte. Inh.: äther. Öl (0,4–1 %) mit Linalool (60–75 %) als Haupkomponente sowie u. a. Borneol, *p*-Cymen, Campher, Limonen und *α*-Pinen. Die Zusammensetzung ist stark von der Herkunft abhängig. Weitere Bestandteile sind die Cumarine Scopoletin und Umbelliferon, Kaffeesäurederivate, u. a. Chlorogensäure, sowie in geringer Menge der Triterpenalkohol Coriandrinondiol. Wirk.: schwach spasmolytisch, blähungstreibend und verdauungsfördernd. Anw.: zur unterstützenden Behandlung von Oberbauchbeschwerden, u. a. Völlegefühl, Blähungen und leichten krampfartigen Magen-Darm-Störungen. Ferner als Gewürz. ***2. Coriandri aetheroleum*** (syn. *Oleum Coriandri*); Korianderöl, das durch Wasserdampfdestillation aus den reifen Früchten erhaltene Öl. Inh.: s. *Coriandri fructus*. Anw.: analog *Coriandri fructus*, Bestandteil einiger diesbezüglicher Arzneifertigpräparate; volkstümlich in Verdünnungen äußerlich bei Neuralgien und Gelenkschmerzen.

■ **Coriaria myrtifolia** L.
Myrtensumach (syn. Französischer Sumach; Provencialischer Sumach).

Fam.: Coriariaceae.

Vork.: Südwesteuropa, Westafrika.

Droge: ***Folia Coriariae***; Gerbstrauchblätter, die getrockneten Blätter. Inh.: Gerbstoffe (10–20 %), Ellagsäure, Gallussäure, Coriarin (Alkaloid), Coriamyrtin (Glykosid), äther. Öl. Anw.: in der Gerberei und zum Schwarzfärben von Leder.

Hom.: ***Coriaria myrtifolia*** HAB; die frischen Blätter. Anw.-Geb.: Krampfleiden.

■ **Coriaria thymifolia** HBK. ex Willd.
Shanshi.

Fam.: Coriariaceae.

Vork.: Südeuropa, Nordafrika, Asien, Neuseeland, Mexiko bis Chile.

Inh.: in den Samen Tutin, Ellagsäure, Gallussäure, Quercetin, fettes Öl. Anw.: Der rote Saft, der an der Luft schwarz wird, liefert eine unauslöschliche Tinte (Chami). Die Früchte werden von ecuadorianischen Bauern als Rauschdroge gegessen, um ein Gefühl des Fliegens zu erzielen. Die für diese Anwendung relevanten Inhaltsstoffe der Droge sind noch nicht genau bekannt.

Corni fructus ↗ Cornus-Arten.
Cornu Cervi ↗ Cervus elaphus.

■ **Cornus-Arten**

● **Fam.:** Cornaceae.

Vork.: Bäume und Sträucher der nördlichen, extratropischen Gebiete Asiens, Europas und Amerikas.

● **Cornus amomum** Mill. (syn. *Cornus coerulea, C. cyanocarpus, C. ignorata, C. lanuginosa, C. obliqua, C. sericea*); Sumpf-Kornel.

Hom.: ***Cornus sericea*** HAB 34, die frische Rinde.

● **Cornus florida** L. (syn. *Benthamidia florida, Cornus nuttallii*); Amerikanischer Hornstrauch (syn. Blumenhartriegel, Großblütiger Kornel, Großblütiger Hartriegel, Virginische Kornelkirsche).

Droge: ***Cornus-florida-Rinde*** (syn. *Cortex Corni floridae*); Hartriegelrinde (syn. Hornstrauchrinde), die getrocknete Rinde. Inh.: Steroidsaponine, Iridoidglykoside, Triterpene, u. a. Betulinsäure, phenolische Verbindungen. Anw.: volkstümlich in den Heimatgebieten Nordamerikas bei Fieber, Durchfall und äußerlich zur Wundbehandlung.

Hom.: ***Cornus florida*** HAB34, die frische Rinde. Anw.-Geb.: chronische Fieberanfälle, Kopf- und Nervenschmerzen, Verdauungsschwäche.

● **Cornus mas** L. (syn. *Cornus mascula*); Kornelkirsche (syn. Dirlitze, Gelber Hartriegel, Gelber Hornstrauch, Hartriegel), (Bild S. 219).

Droge: ***Cornus mas-Früchte***; Kornelle, die reifen Früchte. Inh.: u. a. Anthocyanglykoside, Invertzucker, Vitamin C. Anw.: volkstümlich früher bei chronischem Darmkatarrh und bei Fieber. Im Haushalt zur Herstellung von Fruchtsäften und Marmeladen.

● **Cornus officinalis** Sieb. et Zucc. (syn. *Macrocarpium officinale*); Chinesischer Hartriegel.

Vork.: Japan, Korea, China.

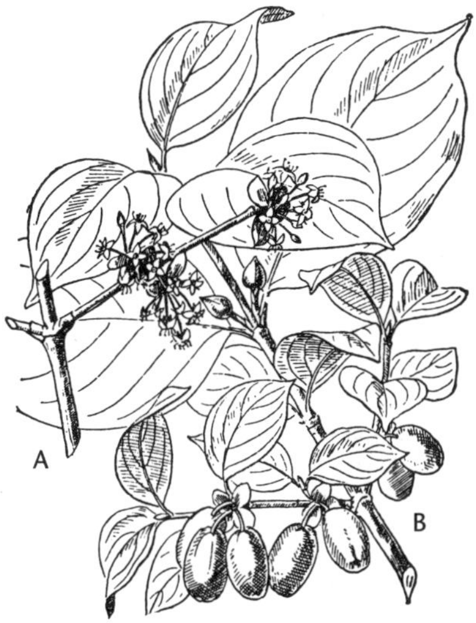

Cornus mas, blühender (A) und fruchtender Sproß.

Droge: ***Cornus officinalis-Früchte*** (syn. *Corni fructus, Fructus Corni*), das getrocknete Fruchtfleisch. Inh.: Iridoidglykoside, u. a. Loganin, Secoiridoide, u. a. Cornusid, ein Secologanolgalloylester, Anthocyane, Gerbstoffe und Triterpene. Anw.: traditionell in der ostasiatischen Medizin u. a. als Tonikum bei Schwächezuständen, bei Lebererkrankungen, Bettnässen und Harndrang infolge neurovegetativer Störungen sowie bei gynäkologischen Beschwerden.

● **Cornus rugosa** Lam. (syn. *Cornus circinata, C. tomentulosa*); Kanadischer Kornel (syn. Rundblättriger Hartriegel, Rundblättriger Hornstrauch, Rundblättriger Kornel).

Vork.: Atlantisches Nordamerika.

Hom.: ***Cornus circinata*** HAB34, die frische Rinde. Anw.-Geb.: Durchfallerkrankungen bei Leberstörungen.

● **Cornus sanguinea** L. (syn. *Thelycrania sanguinea, Swida sanguinea*); Roter Hartriegel (syn. Blutrute, Blutroter Hartriegel, Hundsbeerstrauch, Roter Hornstrauch).

Vork.: Europa, Mittelmeerraum.

Drogen: ***1. Cornus sanguinea-Blätter***. Inh.: phenolische Verbindungen, u. a. Flavonole, Phenolglucoside, z. B. Cornosid, Phenolcarbonsäuren und Gerbstoffe. Anw.: volkstümlich bei Verdauungsbeschwerden. ***2. Cornus sanguinea-Früchte***; Schietbeere (syn. Totentraube), die reifen Früchte. Inh.: u. a. Vitamin C, Calciummalonat, Anthocyane. Anw.: früher gegen Fieber sowie als Marmelade, hergestellt aus dem Fruchtmark, bei Diarrhoe von Kindern. Im Haushalt aufgrund des Vitamin-C-Gehaltes zur Herstellung von Fruchtsäften und Marmeladen. Geg.: Rohe Früchte sind ungenießbar und führen, bes. bei Kindern, zu gastrointestinalen Beschwerden, die sich mit Bauchschmerzen, Erbrechen und Durchfall äußern können.

■ Coronilla-Arten

● **Fam.:** Leguminosae.

● **Coronilla scorpioides** (L.) W.D.J. Koch; Skorpionskraut (syn. Skorpionswicke).

Vork.:. Mittelmeergebiete bis Iran.

Droge: ***Herba Coronillae scorpioides***; Scorpionwickenkraut. Inh.: Cardenolide, u. a. mit Uzarigenin als Genin, Cumarine, u. a. Scopoletin und Umbelliferon, Furanocumarine, u. a. Psoralen. Anw.: früher als Laxans, Emetikum und Diuretikum.

● **Coronilla varia** L. (syn. *Astragalus glaucoides*); Bunte Kronwicke (syn. Giftwicke).

Vork.: Mittel- und Südeuropa, Kaukasusgebiet.

Droge: das Kraut. Inh.: Cardenolide, Cumarine, Flavonoide, Gerbstoffe, Nitropropionsäurederivate. Anw.: früher volkstümlich als Diuretikum. Infolge Vergiftungsgefahr als Droge nicht mehr genutzt.

■ Cortex

lat. Rinde; definiert als der Teil von Sproßachse und Wurzel zweikeimblättriger Pflanzen mit sekundärem Dickenwachstum, der außerhalb des Kambiums liegt.

Cortex Adinae cordifoliae ↗ Adina cordifolia.
Cortex Adstringens brasiliensis ↗ Stryphnodendron barbatimao.
Cortex Ailanthi ↗ Ailanthus altissima.
Cortex Alcornocco ↗ Bowdichia virgilioides.
Cortex Alni ↗ Alnus-Arten.
Cortex Alstoniae constrictae ↗ Alstonia-Arten.
Cortex Alstoniae scholaris ↗ Alstonia-Arten.
Cortex Alstoniae scolaris ↗ Alstonia-Arten.
Cortex Anchieteae salutaris radicis ↗ Anchietea salutaris.

Cortex Andirae inermis ↗ Andira-Arten.
Cortex Angosturae ↗ Galipea officinalis.
Cortex Angosturae brasiliensis ↗ Esenbeckia febrifuga.
Cortex Angosturae verus ↗ Galipea officinalis.
Cortex Araribae rubrae ↗ Sickingia rubra.
Cortex Astroniae ↗ Astronia fraxinifolia.
Cortex Atherospermae ↗ Atherosperma moschatum.
Cortex Aurantii Fructus ↗ Citrus-Arten.
Cortex Aurantii fructus dulcis ↗ Citrus-Arten.
Cortex Azadirachtae ↗ Antelaea azadirachta.
Cortex Barbatimao verus ↗ Stryphnodendron barbatimao.
Cortex Berberidis radicis ↗ Berberis vulgaris.
Cortex Betulae ↗ Betula-Arten.
Cortex Bowdichiae ↗ Bowdichia virgilioides.
Cortex Cacao ↗ Theobroma cacao.
Cortex Cacao tostus ↗ Theobroma cacao.
Cortex Calisayae ↗ Cinchona-Arten.
Cortex Calliandrae ↗ Calliandra houstoni.
Cortex Calycanthi ↗ Calycanthus floridus.
Cortex Canellae albae ↗ Canella winterana.
Cortex Canellae winteranae ↗ Canella winterana.
Cortex Caryophylloides ruber ↗ Cinnamomum-Arten.
Cortex Cascarae amargae ↗ Picramnia antidesma.
Cortex Cascarae sagradae ↗ Rhamnus purshianus.
Cortex Cascarillae ↗ Croton elutaria.
Cortex Cassiae ↗ Cinnamomum-Arten.
Cortex Cassiae caryophyllatae ↗ Dicypellium caryophyllatum.
Cortex Castaneae equina ↗ Aesculus hippocastanum.
Cortex Ceanothi radicis ↗ Ceanothus americanus.
Cortex Chinae ↗ Cinchona-Arten.
Cortex Chinae calisayae ↗ Cinchona-Arten.
Cortex Chionanthi virginici ↗ Chionanthus virginicus.
Cortex Chionanthi virginici radicis ↗ Chionanthus virginicus.
Cortex Cinchonae ↗ Cinchona-Arten.
Cortex Cinnamomi ↗ Cinnamomum-Arten.
Cortex Cinnamomi burmanii ↗ Cinnamomum-Arten.
Cortex Cinnamomi cassiae ↗ Cinnamomum-Arten.
Cortex Cinnamomi ceylanici ↗ Cinnamomum-Arten.
Cortex Cinnamomi chinensis ↗ Cinnamomum-Arten.
Cortex Cinnamomi loureirii ↗ Cinnamomum-Arten.
Cortex Cinnamomi zeylanici ↗ Cinnamomum-Arten.
Cortex Citri fructus ↗ Citrus-Arten.
Cortex Coccognidii ↗ Daphne mezereum.
Cortex Cocillianae ↗ Guarea rusbyi.
Cortex Comocladiae ↗ Comocladia dentata.
Cortex Condurango ↗ Marsdenia condurango.
Cortex Copalchi ↗ Croton niveus, ↗ Coutarea hexandra.
Cortex Corni floridae ↗ Cornus-Arten.
Cortex Coryli avellanae ↗ Corylus avellana.
Cortex Coto ↗ Aniba coto.
Cortex Coto verus ↗ Aniba coto.
Cortex Crotonis ↗ Croton elutaria.
Cortex Culilabani ↗ Cinnamomum-Arten.
Cortex Dircae ↗ Dirca palustris
Cortex Ditae ↗ Alstonia-Arten.
Cortex Eluteriae ↗ Croton elutaria.
Cortex Erythrophloei ↗ Erythrophleum suaveolens.
Cortex Esenbeckiae ↗ Esenbeckia febrifuga.
Cortex Evonymi atropurpureae radicis ↗ Euonymus atropurpurea.
Cortex Fagi ↗ Fagus sylvatica.
Cortex Frangulae ↗ Rhamnus frangula.
Cortex Galipeae ↗ Galipea officinalis.
Cortex Geissospermi ↗ Geissospermum laeve.
Cortex Geoffroyae ↗ Andira-Arten, ↗ Geoffraea surinamensis.
Cortex Granati ↗ Punica granatum.
Cortex Guajaci ↗ Guaiacum sanctum.
Cortex Hamamelidis ↗ Hamamelis virginiana.
Cortex Holarrhenae antidysentericae ↗ Holarrhena pubescens.
Cortex Juglandis cinereae ↗ Juglans cinerea.
Cortex Juglandis fructus ↗ Juglans regia.
Cortex Juglandis nucum ↗ Juglans regia.
Cortex Lapacho ↗ Tecoma lapacho.
Cortex Limonis ↗ Citrus-Arten.
Cortex Magellanicus ↗ Drimys winteri.
Cortex Mahoniae ↗ Mahonia aquifolium.
Cortex Margosae ↗ Antelaea azadirachta.
Cortex Mezerei ↗ Daphne mezereum.
Cortex Molle ↗ Schinus-Arten.
Cortex Mollis ↗ Schinus-Arten.
Cortex musenae ↗ Albizia anthelmintica.
Cortex Pacarae ↗ Enterolobium timbouva.
Cortex Pambotani ↗ Calliandra houstoni.

Cortex Paracoto ↗ Aniba pseudocoto.
Cortex Periplocae graecae ↗ Periploca graeca.
Cortex peruvianus spurius ↗ Croton elutaria.
Cortex Phaseoli ↗ Phaseolus vulgaris.
Cortex Piscidiae erythrinae ↗ Piscidia piscipula.
Cortex Piscidiae radicis ↗ Piscidia piscipula.
Cortex Platani ↗ Platanus-Arten.
Cortex Plumeriae acutifoliae ↗ Plumeria acutifolia.
Cortex Populi ↗ Populus-Arten.
Cortex Pruni padi ↗ Prunus-Arten.
Cortex Pruni virginianae ↗ Prunus-Arten.
Cortex Pseudocinchonae ↗ Pseudocinchona africana.
Cortex Pseudotsugae taxifoliae ↗ Pseudotsuga taxifolia.
Cortex Punicae granati ↗ Punica granatum.
Cortex Pygei africani ↗ Pygeum africanum.
Cortex Quebracho ↗ Aspidosperma quebracho-blanco.
Cortex Quercus ↗ Quercus-Arten.
Cortex Quercus ad usum veterinarium ↗ Quercus-Arten.
Cortex Quercus suber ↗ Quercus-Arten.
Cortex Quillajae ↗ Quillaia saponaria.
Cortex radicis Dictamni ↗ Dictamnus albus.
Cortex radicis Gossypii ↗ Gossypium-Arten.
Cortex radicis Poterii ↗ Sarcopoterium spinosum.
Cortex radicis Poterii spinosi ↗ Sarcopoterium spinosum.
Cortex Rhamni americanae ↗ Rhamnus purshianus.
Cortex Rhamni frangulae ↗ Rhamnus frangula.
Cortex Rhamni purshianae ↗ Rhamnus purshianus.
Cortex Rhamni purshiani ↗ Rhamnus purshianus.
Cortex Rhizophorae ↗ Rhizophora mangle.
Cortex Rhois aromaticae radicis ↗ Rhus-Arten.
Cortex Robiniae pseudacaciae ↗ Robinia pseudoacacia.
Cortex Salicis ↗ Salix-Arten.
Cortex Sambuci ↗ Sambucus nigra.
Cortex Sambuci interior ↗ Sambucus nigra.
Cortex Sambuci nigrae ↗ Sambucus nigra.
Cortex Sassafras ↗ Sassafras albidum.
Cortex Sassafras radicis ↗ Sassafras albidum.
Cortex Sassy ↗ Erythrophleum suaveolens.
Cortex Schini terebinthifolii ↗ Schinus-Arten.
Cortex Simaroubae ↗ Simarouba amara.
Cortex Simaroubae radicis ↗ Simarouba amara.
Cortex Suberis ↗ Quercus-Arten.
Cortex Syzygii cumini ↗ Syzygium-Arten.
Cortex Syzygii jambolani ↗ Syzygium-Arten.
Cortex Tabebuiae ↗ Tabebuia impetiginosa.
Cortex Tabernaemonantanae, ↗ Alstonia-Arten.
Cortex Thymeliaceae ↗ Daphne mezereum.
Cortex Thymeliaceae monspeliaceae ↗ Daphne mezereum.
Cortex Tsugae ↗ Tsuga canadensis.
Cortex Ulmi ↗ Ulmus-Arten.
Cortex Viburni opuli ↗ Viburnum-Arten.
Cortex Viburni prunifolii ↗ Viburnum-Arten.
Cortex Voacangae ↗ Voacanga-Arten.
Cortex Winteranus aromaticus ↗ Drimys winteri.
Cortex Winteranus spurius ↗ Canella winterana.
Cortex Winteranus verus ↗ Drimys winteri.
Cortex Winteri ↗ Drimys winteri.
Cortex Winterianae ↗ Drimys winteri.
Cortex Xanthoxyli ↗ Zanthoxylum-Arten.
Cortex Yohimbe ↗ Pausinystalia johimbe.
Cortex Yohimbehe ↗ Pausinystalia johimbe.
Cortinellus berkeleyanus ↗ Lentinula edodes.
Cortinellus edodes ↗ Lentinula edodes.
Cortinellus shiitake ↗ Lentinula edodes.
Corvisartia helenium ↗ Inula helenium.
Corydalidis rhizoma ↗ Corydalis-Arten.
Corydalis ↗ Dicentra canadensis.

■ **Corydalis-Arten**

● **Fam.:** Papaveraceae.

● **Corydalis cava** (L.) Schweigg. et Koerte (syn. *Borkhausenia cava, Bulbocapnus cavus, Capnoides cava, Corydalis bulbosa, C. tuberosa, Fumaria bulbosa, Pseudofumaria maior*); Hohler Lerchensporn (syn. Gemeine Hohlwurz, Hohlwurz, Taubenkopf), s. Farbtafel S. 298, Bild 103 und

● **Corydalis solida** (L.) Sw. (syn. *Borkhausenia solida, Capnoides solida, Corydalis bulbosa, Corydalis digitana, C. halleri, C. remota, Fumaria halleri, F. solida*); Gefingerter Lerchensporn.

Vork.: Europa, Nordamerika.

Droge: *Corydalis tuber* (syn. *Tuber Corydalis, Corydalidis rhizoma, Rhizoma Corydalidis, Radix Aristolochiae cavae*); Lerchenspornknollen, das knollenartige Rhizom mit Stengelresten. Inh.: Benzylisochinolinalkaloide (bis 6 %), bes. vom Aporphin-Typ, v. a. Bulbocapnin, sowie vom Berberin-Typ, u. a. Corydalin und Tetrahydropalmatin. Wirk.: Extrakte der Droge besitzen eine leicht sedierende, tranquillierende Wirkung, die über das Zentralnervensystem erfolgt. Bulbo-

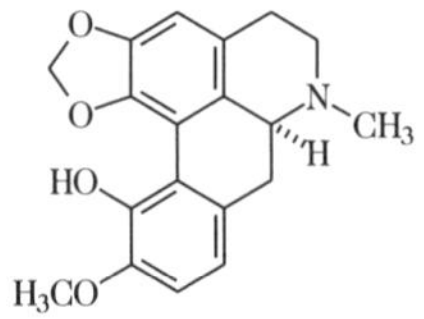

(+)-Bulbocapnin

capnin zeichnet sich zudem durch katatonigene Eigenschschaften aus. Anw.: früher zur Behandlung hyperkinetischer Zustände, heute z. T. noch in Kombinationspräparaten bei leichten Depressionen und Organneurosen. Volkstümlich als Narkotikum, früher auch als wurmtreibendes und menstruationsförderndes Mittel.

Hom.: ***Corydalis cava*** HAB; Hohler Lerchensporn, die vor Beginn der Blütezeit gesammelten frischen, unterirdischen Teile. *Anw.-Geb.:* Erkrankungen des Nervensystems, der Augen, des Herzens, des Magen-Darm-Traktes sowie des Stütz- und Bewegungsapparates.

● **Corydalis lutea** (L.) DC. (syn. *Borkhausenia lutea, Corydalis capnoides, Fumaria capnoides, F. lutea*); Gelber Lerchensporn.

Vork.: Südfrankreich.

Droge: ***Herba Fumariae luteae***, die getrockneten oberirdischen Organe. *Inh.:* Isochinolin-Alkaloide. *Anw.:* in der Volksheilkunde bei Gicht.

● **Histor.:** Der Gattungsname *Corydalis* ist griechischer Herkunft (*korydalis*, Schopflerche), womit Bezug auf den Sporn der Blüte genommen wird, während sich *cava* (lat., hohl) auf die zur Blütezeit hohle Knolle bezieht.

Corydalis canadensis ↗ Dicentra canadensis.
Corydalis cucullaria ↗ Dicentra cucullaria.
Corydalis tuber ↗ Corydalis-Arten.

■ **Corylus avellana** L.
(syn. *Corylus silvestris*); Haselnuß.

Fam.: Betulaceae.

Vork.: Mittel-, Ost- und Südeuropa, Türkei, häufig kultiviert.

Droge: *1.* ***Folia Coryli avellanae***; Haselnußblätter, die Laubblätter. Inh.: äther. Öl (0,04 %), Palmitinsäure, Paraffin, Myricitrosid, Saccharose, Taraxerol, *β*-Sitosterin. Anw.: in Teegemischen; als Ersatz für *Folia Hamamelidis* (↗ *Hamamelis virginiana*) bei Krampfadern, Venenentzündungen, Geschwüren und bei Hämorrhagien. *2.* ***Cortex Coryli avellanae***; Haselnußrinde, die Rinde der Zweige. Inh.: äther. Öl, Gerbstoffe, Phlobaphene, Fett, Harzsäuren, Lignocerylalkohol, Sitosterin, Betulin. Anw.: als Ersatz für *Cortex Hamamelidis* (↗ *Hamamelis virginiana*) bei Krampfadern und Venenentzündungen. *3.* ***Oleum Coryli avellanae***; Haselnußöl, das Öl der Nüsse. Inh.: fettes Öl mit Triglyceriden, die aus Ölsäure- (85 %), Palmitin- (4 %), Palmitolein- (0,2 %), Stearin- (2,5 %) und Linolsäure (6,5 %)-glycerolestern bestehen; Phytosterine. Anw.: als wertvolles Speiseöl in der Diätetik; in der Kosmetik, zur Seifenherstellung, als Brenn- und Maschinenöl. Die Haselnüsse sind wichtige Trockenfrüchte für die Lebensmittelindustrie bzw. Diätetik.

Corylus silvestris ↗ Corylus avellana.

■ **Corynanthe pachyceras** K. Schum.
(syn. *Pausinystalia pachyceras, Pseudocinchona africana, Pseudocinchona pachyceras*).

Fam.: Rubiaceae.

Vork.: Afrika, Sierra Leone bis Zaire.

Droge: die Rinde. *Inh.:* Indolalkaloide, wie Corynanthein, *α*- und *β*-Yohimbin, Corynoxin; Saponine. *Anw.:* in der afrikanischen Volksheilkunde bei Husten, Magenbeschwerden und Lepra; auch als Aphrodisiakum, gemischt mit Palmwein, wird die Droge verwendet. Exktrakte der Droge werden auch als Bestandteil von Pfeilgiften für die Affenjagd genutzt.

Corynanthe yohimbe ↗ Pausinystalia johimbe.
Corynebacterium bifidum ↗ Bifidobacterium-Arten.

■ **Corynebacterium simplex**

Fam.: Corynebacteriaceae. Grampositive, nicht sporenbildende Stäbchen. *Anw.: C. simplex* wird zur biotechnologischen Herstellung von Prednisolon und Prednison aus Cortison bzw. Cortisol (mikrobielle Dehydrierung) eingesetzt.

Corypha cerifera ↗ Copernicia prunifera.

■ **Coryphanta compacta** (Engelm.) Britt. et Rose
Bakana (syn. Hikuli, Wichuri).

Fam.: Cactaceae.

Vork.: südwestl. Nordamerika, Mexiko, Kuba.
Anw.: Dieser kleine, stachlige Kugelkaktus wird von den mexikanischen Tarahumara-Indianern

zu kultischen Zeremonien als Rauschdroge eingesetzt. Die Wirkung dürfte auf die enthaltenen Phenylethylaminderivate Normacromerin und Macromerin zurückzuführen sein.

Corypha repens ↗ Serenoa repens.
Costus corticosus ↗ Canella winterana.
Costus dulcis ↗ Canella winterana.
Costus-Wurzelöl ↗ Saussurea costus.

■ **Cotinus coggygria** Scop.
(syn. *Rhus cotinus*); Perückenstrauch.
Fam.: Anacardiaceae.
Vork.: China, Südosteuropa, Mittelmeergebiete.
Droge: *1. **Folia Cotini coggygriae***; Perückenstrauchblätter (syn. Schmack, Färbersumach, Gerberbaumblätter, Triestiner Sumach, Venezianischer Sumach, Ungarischer Sumach, Tiroler Sumach), die Laubblätter. Inh.: Gerbstoffe (15–29 %), äther. Öl (0,1–0,2 %) mit Myrcen, Pinen, Camphen, Linalool, Terpineol; Flavonoide, wie Myricetin, Quercetin; Galactoside, Glucoside. Anw.: als Adstringens; in der russischen Volksheilkunde bei Verbrennungen und Vergiftungen; in der Technik zum Gerben und Schwarzfärben. *2. **Lignum Rhois cotini***; Ungarisches Gelbholz (syn. Fisetholz, Junger Fustik, Fustikholz), das Holz der Pflanze. Inh.: Gerbstoffe, Gerbstoffglykoside, wie Fustin; Flavonoide, wie Fisetin. Anw.: früher als Färbemittel für Seide und Wolle; zur Herstellung von Fisetin.

Cotorinde ↗ Aniba coto.
Cottonöl ↗ Gossypium-Arten.

■ **Cotula coronopifolia** L.
Krähenfuß (syn. Laugenblume).
Fam.: Asteraceae (Compositae).
Vork.: Südafrika, in Europa, Nord- und Südamerika, Australien und Neuseeland eingebürgert.
Droge: die Blüten. Inh.: äther. Öl; Polyine, Flavonoide. Anw.: in den Ursprungsländern häufig als Ersatz für Kamillen-Blüten (↗ *Chamomilla recutita*).

Cotyledones colae ↗ Cola-Arten.
Cotyledones Quercus empyreumaticae ↗ Quercus-Arten.
Cotyledon pendulina ↗ Umbilicus rupestris.
Cotyledon rupestris ↗ Umbilicus rupestris.
Cotyledon tuberosa ↗ Umbilicus rupestris.
Cotyledon umbilicus ↗ Umbilicus rupestris.
Cotyledon umbilicus-veneris ↗ Umbilicus rupestris.
Coumarouna odorata ↗ Dipteryx odorata.
Cousso flos ↗ Hagenia abyssinica.

■ **Coutarea hexandra** (Jacq.) K. Schum.
Fam.: Rubiaceae.
Vork.: tropisches Amerika, besonders Mexiko und Brasilien.
Droge: ***Cortex Copalchi***; Copalchirinde, die Stammrinde. Inh.: Gerbstoffe, Saponine, Glykoside, Bitterstoffe. Anw.: in der Volksheilkunde als Stimulans und Diuretikum.

Covillea glutinosa ↗ Larrea tridentata.
Covillea tridentata ↗ Larrea tridentata.
Cracca vogelii ↗ Tephrosia vogelii
Crana Cocculi ↗ Anamirta cocculus.
Crana Mezerei ↗ Daphne mezereum.
Crataegi flos ↗ Crataegus-Arten.
Crataegi folium cum flore ↗ Crataegus-Arten.
Crataegi fructus ↗ Crataegus-Arten.

■ **Crataegus-Arten**
● **Fam.:** Rosaceae.
● **Crataegus azarolus** L. (syn. *Azarolus crataegoides, Crataegus marokkana, C. maura, C. pontica, Mespilus azarolus*); Azaroldorn (syn. Italienische Mispel, Welsche Mispel).
Vork.:. bes. östliches Mittelmeergebiet.
Drogen: *1. **Crataegi flos*** (syn. *Flores Crataegi, Crataegus-azarolus*-Blüten), die getrockneten Blüten und *2. **Crataegi folium cum flore***; Weißdornblätter mit Blüten. Inh. und Anw.: s. *Crataegus laevigata*.
● **Crataegus laevigata** (Poir.) DC. (syn. *Crataegus oxyacantha, Mespilus oxyacantha*); Weißdorn (syn. Hag(e)dorn, Mehlbeerbaum, Mehldorn, Weißheckdorn, Zweigriffeliger Weißdorn). Mittelgroßer Strauch oder hoher Baum.
Drogen s. *Crataegus monogyna;* s. auch Farbtafel S. 298, Bild 104 und 105.
Vork.: in ganz Europa, zusammen mit
● **Crataegus monogyna**, Jacq. emend. Lindm. (syn. *Crataegus apilfolia, Mespilus elegans, M. monogyna, M. moogyna*); Eingriffeliger Weißdorn (syn. Einkern-Weißdorn, Weißdorn). Beide Arten bastardisieren stark und sind nicht immer eindeutig zu unterscheiden.

Drogen: *1. **Crataegi flos*** (syn. *Flores Crataegi*); Weißdornblüten, die getrockneten Blüten. Inh.: Flavonoide (ca. 2,5 %), darunter Flavonole, u. a. Hyperosid (0,7 %) und Flavone u. a. Vitexin-2″-*O*-α-L-rhamnosid (0,2 %), außerdem Procyanidine (ca. 3,7 %), die oligomere (ca. 2,5 %) und

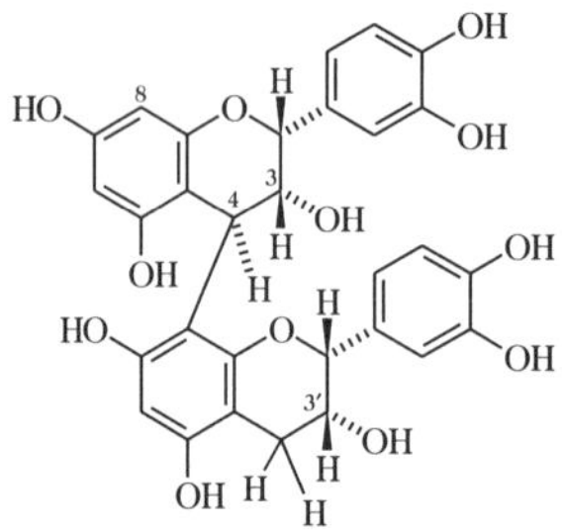

Procyanidin B-2

polymere (ca. 1,1 %) Procyanidine aufweisen. Weitere Bestandteile sind Kaffeesäurederivate, u. a. Chlorogensäure, sowie Triterpensäuren. *2. **Crataegi folium cum flore*** (syn. *Folia Crataegi, Herba Crataegi cum floribus*); Weißdornblätter mit Blüten, die getrockneten bis etwa 7 cm langen, blühenden Zweigspitzen. Inh.: Flavonoide (ca. 1,8 %), Flavonol- und Flavonglykoside (s. o.), oligomere Procyanidine (ca. 2,4 %), u. a. das dimere B-2, ferner Phenolcarbonsäurederivate und Triterpensäuren, u. a. Crataegolsäure (2-α-Hydroxyoleanolsäure) und Ursolsäure. Anw.: nachlassende Leistungsfähigkeit des Herzens, leichte Formen von bradikarden Rhythmusstörungen, mangelnde koronare Durchblutung. Bestandteil zahlreicher Arzneifertigpräparate, oft in Kombination mit anderen Drogen oder Substanzen, u. a. auch mit Cardenoliddrogen. Zur ↗ Teezubereitung verwendet man als Einzeldosis ca. 1,8 g (1 Teelöffel) fein zerschnittene Krautdroge. *3. **Crataegi fructus*** (syn. *Fructus Crataegi, Fructus Oxyacanthae, Fructus Spinae albae*); Weißdornfrüchte, die getrockneten Scheinfrüchte. Inh.: Triterpensäuren (ca. 0,45 %) u. a. Crataegol- und Ursolsäure, Procyanidine (ca. 3 %) sowie Flavonglykoside und C-Glykosylflavone. Anw.: s. Anwendung von Blatt- und Blütendrogen.

Hom.: ***Crataegus*** HAB1., die frischen, reifen Früchte. Anw.-Geb.: Herz- und Kreislaufstörungen, Altersherz.

● **Crataegus nigra** Waldst. et Kit. (syn. *Crataegus melanocarpa, Mespilus nigra*); Schwarzdorn (syn. Schwarzfrucht-Weißdorn).

Vork.: Südosteuropa.

Drogen: *1. **Crataegi flos***; Weißdornblüten und *2. **Crataegi folium cum flore***; Weißdornblätter mit Blüten. Inh. und Anw.: s. *C. laevigata*.

Hom.: ***Crataegus*** HAB1., die frischen, reifen Früchte. Anw.: Herz- und Kreislaufstörungen, Altersherz.

● **Histor.:** Der Gattungsname *Crataegus* kommt bereits bei ↗ Dioskurides vor und stammt vermutlich vom griechischen *krataiós* (fest, stark) ab, wohl als Hinweis auf das feste Holz des Strauches. Der deutsche Name Weißdorn ist ein Hinweis auf die weißen Blüten.

Crataeva valanga ↗ Feronia limonia.

■ **Crinum-Arten** Donn.

Fam.: Amaryllidaceae.

Etwa 130 Arten umfassende Gattung, von der ca. 30 in Kultur angebaut werden. Anw.: Die Zwiebeln mehrerer asiatischer *Crinum*-Arten werden in ihren Heimatgebieten in gleicher Weise wie die Meerzwiebel (↗ *Urginea maritima*) zur Herstellung bitterstoffhaltiger Extrakte verwendet. Inh.: Schleime, Amaryllidaceen-Alkaloide (Phenanthridine). Anw.: in der Volksheilkunde als Emetica, Diaphoretica, Tonica, Laxantia, Expectorantia und tumorhemmende Mittel.

■ **Crocin**

(Crocetin-di-β-gentiobiosid), tetraterpenoider, gelber Farbstoff des Safrans (↗ *Crocus sativus*).

Croci stigma ↗ Crocus sativus.
Crocus autumnalis ↗ Crocus sativus.
Crocus hispanicus ↗ Crocus sativus.
Crocus officinalis ↗ Crocus sativus.
Crocus orientalis ↗ Crocus sativus.

■ **Crocus sativus** L.

(syn. *Crocus autumnalis, C. officinalis*); Echter Safran (syn. Safran), s. Farbtafel S. 298, Bild 106.

Fam.: Iridaceae.

Heim.: Südeuropa (Griechenland, Kreta), Südwestasien.

Vork.: seit dem Altertum kultiviert im mediteranen Bereich und Vorderasien. Hauptanbaugebiet ist heute Südspanien.

Droge: ***Croci stigma*** (syn. *Crocus, Crocus hispanicus, Crocus orientalis, Flores Croci, Flos Croci, Stigma Croci, Stigmata Croci*); Echter Safran (syn. Gewürzsafran, Krokus, Safran), die meistens durch ein kurzes Griffelstück zusammengehaltenen Narben bzw. Narbenschenkel. *Inh.:* äther. Öl (0,4–1,3 %, u. a. mit α- und β-Pinen, 1,8-Cineol, Safranal), Terpene (Picrocrocin, Isophorone), Carotinoide (ca. 2 % Crocine, wie Crocetin und Crocin, Carotine, Lycopin, Zeaxanthin), Vitamin B_2, fettes Öl (bis zu 7 %), Hetero-

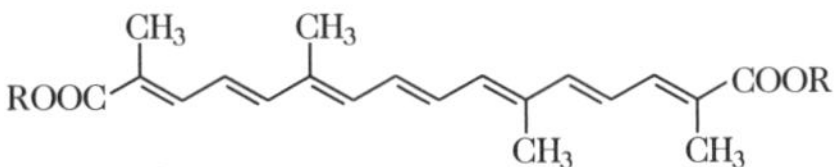

Crocetin: R = H
Crocin: R = β-Gentiobiosid

polysaccharide, Stärke. *Anw.:* in der Volksheilkunde wird die Droge als Sedativum, bei Krämpfen und Asthma verwendet. Auch über den Einsatz zur Regulation des Menstruationscyclus, zur Beruhigung und Tonisierung des Magen-Darm-Traktes bei Dyspepsie sowie bei Hustenanfällen und Bronchospasmen wird berichtet. Verschiedene patentierte Zubereitungen, die die Droge enthalten, sollen eine vorzeitige Ejakulation verhindern bzw. das Haarwachstum stimulieren. Die Wirksamkeit bei diesen Anwendungsgebieten ist nicht belegt. Hauptsächlich wird die Droge als Gewürz und zum Färben von Lebensmitteln eingesetzt. Unter toxikologischen Gesichtspunkten muß vor der Verwendung der Droge als Abortivum gewarnt werden (Anregung der Uterusmuskulatur), eine Einnahme von Safran und safranhaltigen Zubereitungen während der Schwangerschaft ist daher nicht zu empfehlen.

Hom.: ***Crocus sativus*** HAB1. Crocus, die getrockneten Narbenschenkel. *Anw.-Geb.:* Blutungen, Neigung zu schmerzhaften Krämpfen, rasch wechselnde Verstimmungszustände.

Histor.: Der Gattungsname *Crocus* ist vermutlich vom hebräischen carcóm, einer bereits von Salomon bezeichneten Pflanze, abgeleitet, während sich *sativus* auf den Anbau bezieht. Der Name Safran kommt vom arabischen *safra* (gelb). Safran wird bereits im ↗ Papyrus Ebers erwähnt, und auch die alten Griechen und Römer (Hippokrates, Theophrast, Dioskurides und Plinius) kannten ihn, wobei sich die medizinische Anwendung meist auf Gebärmutterbeschwerden bezog. Safran ist im Altertum auch als Gewürz und Farbstoff außerordentlich viel benutzt und hoch geschätzt worden. Auch in der Bibel (Hoheslied 4,14) wird die Droge erwähnt. Seinen Höhepunkt bei der Verwendung als Heilmittel erreichte die Droge im Mittelalter durch die Araber. Besonders die deutschen Gebiete waren damals ein Hauptverbraucher für Safran, der Handel über die Alpen wurde sogar durch gesetzliche Bestimmungen geregelt. Ein Anbau im Gebiet um Freiburg i. Br. ist bis zum 15. Jh. nachweisbar, dann verlagerten sich die Anbaugebiete nach Südfrankreich und Spanien. Auch als Farbstoff wurde die Droge im Mittelalter genutzt. So wurde z. B. durch Verfügung der Obrigkeit das Gelb des Safrans zur Farbe des Volkes der Juden, die safrangelbe Hüte tragen mußten, um sich von den Christen zu unterscheiden. Safran ist Bestandteil des indischen Curry. Er war und ist eine sehr teure Droge, die auch als rotes Gold bezeichnet wurde.

■ Crotalus-Arten

● **Fam.:** Crotalidae. Gefährliche Giftschlangen!

● **Crotalus horridus** L. (syn. *Crotalus atrox*); Klapperschlange (syn. Nordamerikanische Klapperschlange, Waldklapperschlange).

Vork.: südwestl. Nordamerika, Mexiko.

Droge: das getrocknete Gift aus den Drüsensäcken (Giftdrüsen) des Oberkiefers. *Inh.:* wichtigstes Toxin ist das Crotoxin, ein Gemisch aus Crotactin, Crotamin, Phospholipase A, gerinnungshemmenden Enzymen sowie verschiedenen Aminosäuren. *Anw.:* Das Schlangengift wird bei Durchblutungsstörungen zur Hemmung der Blutgerinnung sowie äußerlich bei Rheuma, Ischias und Gelenksentzündungen eingesetzt.

Hom.: ***Crotalus***, das getrocknete Gift. *Anw.-Geb.:* Krankheiten, die mit Vergiftungen einhergehen, z. B. Gelbfieber, Scharlach, Diphtherie, Typhus, Ruhr sowie bei Angina pectoris, bei Thrombosen und Gangrän.

● **Crotalus durissus terrificus** Laurenti.; Schauerklapperschlange (syn. Südamerikanische Schreckensklapperschlange).

Vork.: Südamerika, Brasilien, Mexiko.

Droge: das getrocknete Schlangengift. *Inh.:* Crotoxin, Proteine, Peptide mit Crotoxin-potenzierenden Eigenschaften, Crotalin, Crotapotin. *Anw.:* siehe *C. horridus*.

Hom.: ***Crotalus Cascavella***, das getrocknete Schlangengift. *Anw.-Geb.:* Epilepsie, Fieber, Geschwüre, Gelbsucht, hämorrhagische Diathesen, rechtsseitige Migräne.

Crotalus atrox ↗ Crotalus-Arten.
Crotalus mutus ↗ Lachesis muta.
Croton acutus ↗ Croton tiglium.
Croton camaza ↗ Croton tiglium.
Croton cascarilla ↗ Croton niveus.
Croton coccineus ↗ Mallotus philippinensis.

■ **Croton elutaria** Benn.
(syn. *Cascarilla clutia, Cluytia eluteria*); Kaskarillabaum.

Fam.: Euphorbiaceae.

Vork.: Kuba, Bahamas, Haiti, Peru, Paraguay.

Drogen: ***1. Cascarillae cortex*** (syn. *Cortex Cascarillae, Cortex Crotonis, Cortex Elutariae, Cortex peruvianus spurius*); Kaskarillae (syn. Kaskarille, Cascarillarinde, Graue Fieberrinde, Ruhrrinde), die getrocknete Ast- und Stammrinde. *Inh.*: äther. Öl (1,5–3 %), ferner Cascarillsäure, der Bitterstoff Cascarillin sowie Harz und Gerbstoffe. *Anw.*: volkstümlich bei dyspeptischen Beschwerden sowie bei grippalen Infekten.; äußerlich zur Mund- und Zahnpflege. Industriell zum Parfümieren von Tabak. ***2. Cascarillae aetheroleum*** (syn. *Oleum Cascarillae*); Cascarillöl, das äther. Öl aus der Rinde. *Inh.*: u. a. β-Caryophyllen, *p*-Cymen, Dipenten, Eugenol, Limonen und α-Terpineol. *Anw.*: in der Kosmetik als Duftstoff sowie als Würzkomponente in Lebensmitteln.

Hom.: ***Cascarilla*** HAB 34, die getrocknete Rinde. *Anw.-Geb.*: Verdauungsstörungen.

Croton glandulosum ↗ Croton tiglium.
Crotonis oleum ↗ Croton tiglium.
Crotonis semen ↗ Croton tiglium.
Croton jamalgota ↗ Croton tiglium.
Croton montanus ↗ Mallotus philippinensis.
Croton muricatus ↗ Croton tiglium.

■ **Croton niveus** Jacq.
(syn. *Croton pseudochina, C. cascarilla, C. suberosus*); Copalchibaum.

Vork.: Mittel- und Südamerika, bes. Mexiko.

Drogen: ***1. Copalchi cortex*** (syn. *Cortex Copalchi*); Copalchirinde (syn. Mexikanische Fieberrinde, Pseudo-Chinarinde). *Inh.*: äther. Öl (0,15 %), Bitterstoff Copalchin, Quercetinglykoside, ein aromatischer Balsam. *Anw.*: traditionell als Bittermittel bei Verdauungsstörungen, bei Diarrhoe und Dysenterie; in den Ursprungsländern bei Malaria; äußerlich bei Hämorrhoiden und rheumatischen Beschwerden ***2. Croton-niveus-Blätter***, die Laubblätter. *Inh.*: u. a. Nivenolid, ein Diterpenlacton, ferner Milchsaft. *Anw.*: volkstümlich bei chronischer Dysenterie, zur Verstärkung der Menstruation; mißbräuchlich als Abortivum. In den Heimatgebieten ferner zum Baden von Wunden, bei Dermatitis, die durch ↗ *Hippomane mancinella* ausgelöst wurde.

Crotonöl ↗ Croton tiglium.
Croton pavana ↗ Croton tiglium.
Croton philippinensis ↗ Mallotus philippinensis.
Croton pseudochina ↗ Croton niveus.
Croton purgans ↗ Jatropha curcas.
Crotonsamen ↗ Croton tiglium.
Croton spinosus ↗ Ricinus communis.
Croton suberosus ↗ Croton niveus.

■ **Croton tiglium** L.
(syn. *Alchornea vanioti, Croton acutus, C. camaza, C. glandulosum, C. jamalgota, C. muricatus, C. pavana, Tiglium officinale*); Krotonölbaum (syn. Purgierbaum, Tiglibaum).

Vork.: tropisches Asien, bes. Malabarküste.

Drogen: ***1. Crotonis oleum*** (syn. *Oleum Crotonis, Oleum Tiglii, Oleum Tilli*); Krotonöl (syn. Crotonöl), das aus den geschälten Samen gepreßte fette Öl. *Inh.*: Fettsäureglyceride mit meist ungesättigten Fettsäuren, wobei Ölsäure die Hauptkomponente unter den Neutralfetten bildet, außerdem Harz (ca. 5 %), das Di- und Triester des Diterpenalkohols Phorbol enthält.

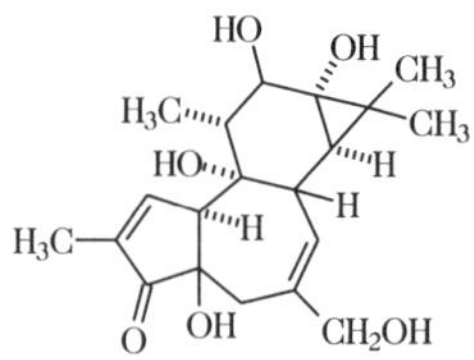

Phorbol

Wirk.: innerlich drastisch abführend, äußerlich bewirken bereits kleine Dosen (1–2 Tropfen) auf der Haut Rötungen, Ödeme und Blasenbildung. *Anw.*: früher bei sehr hartnäckiger Obstipation in Mischung mit Ricinusöl. Gegenwärtig noch als Bestandteil des sog. Baunscheidtschen Öles als hautreizendes, entzündungserregendes Mittel. Geg.: 10 Tropfen des Öles bewirken bereits heftige Enteritiden, choleraähnliche Durchfälle, Nierenreizungen sowie Kollapserscheinungen. Die letale Dosis liegt bei etwa 20 Tropfen. Die Phorbolester sind zudem Cocarcinogene. ***2. Crotonis semen*** (syn. *Semen Cataputiae minoris, Semen Tiglii, Semen Crotonis*); Crotonsamen (syn. Purgierkörner), die getrockneten reifen Samen, s. Farbtafel S. 298, Bild 107. *Inh.*: fettes Öl s. *C. oleum*, Enzyme, Proteine. *Anw.*: ausschließlich als Drastikum in der Veterinärmedizin.

Hom.: ***Croton tiglium*** HAB1, die reifen, getrockneten Samen. *Anw.-Geb.*: juckende Hauterkrankungen, Gastroenteritis mit wässrigen Durchfällen.

Histor.: Der Gattungsname *Croton* ist griechischer Herkunft (*cróton*, Hundelaus, Holzbock, bezogen auf die Ähnlichkeit der Samen mit diesem Insekt, während der Artname *tiglium von* Tilho, einer damals portugiesischen Molukkeninsel abstammen soll.

Crotoxin ↗ Crotalus-Arten.
Crucifera alliaria ↗ Alliaria petiolata.
Crucifera brassica ↗ Brassica-Arten.
Crucifera cochlearia ↗ Cochlearia officinalis.
Crucifera juncea ↗ Brassica-Arten.
Crucifera lampsana ↗ Sinapis alba.
Crucifera napus ↗ Brassica-Arten.
Crucifera nasturtium ↗ Lepidium sativum.
Crucifera sinapis ↗ Brassica-Arten.

■ **Cryptostegia grandiflora** (Roxb.) R. Brown.
Fam.: Periplocaceae.
Vork.: Madagaskar, Afrika.
Droge: die Blätter. Die Droge ist stark giftig! *Inh.:* herzwirksame Glykoside, wie Cryptograndosid A, B und C mit Oleandrigenin als Aglykon; *Anw.:* in Nigeria zur Herstellung eines Pfeilgiftes, in Madagaskar als Mordgift.

Cuba-Spinne ↗ Eurypelma spinicrus.
Cubebae ↗ Piper cubeba.
Cubebae fructus ↗ Piper cubeba.
Cubeba officinalis ↗ Piper cubeba.
Cubebenpfeffer ↗ Piper cubeba.

■ **Cucumis-Arten**
● **Fam.:** Cucurbitaceae.
● **Cucumis melo** L. (syn. *Cucumis acidus, C. callosus, C. campechianus, C. cicatricosus, C. cubensis, C. deliciosus, C. eriocarpus, C. eu-melo, C. maculatus, C. maderaspatanus, C. melo agrestis, C. moschatus, C. orientalis, C. pedatifidus, C. pubescens, C. reginae, C. sativus, C. umbilicatus, C. vilosus, Cucurbita aspera, Melo agrestis, M. figari, M. orientalis, M. sativus*); Echte Melone (syn. Gartenmelone, Melone, Zuckermelone).

Vork.: tropisches Asien und Afrika, heute auch kultiviert in Südeuropa.

Drogen: ***1. Pediculus Cucumis***; *Cucumis-melo*-Fruchtstiele, die getrockneten Fruchtstiele. *Inh.:* Cucurbitacine B, E, D, Isocucurbitacin B und ein Cucurbitacin-B-Glykosid. *Anw.:* in der chinesischen Volksheilkunde zur Behandlung der chronischen Rhinitis. ***2. Semen cucumeris melonis*** (syn. *Semen melonis*); *Cucumis-melo*-Samen (syn. Zuckermelonensamen), der ganze Same. *Inh.:* Δ^7-Stigmastenol und Derivate, fettes Öl (30–40 %, Gurkensamenöl), Tryptophan, Histidin, β-Pyrazolylalanin, Proteine. *Anw.:* in der Volksheilkunde als Diuretikum und Anthelmintikum. ***3. Oleum Melonis***; Melonensamenöl, das fette Öl der Samen. *Anw.:* Es dient als Speiseöl sowie für kosmetische Präparationen.

● **Cucumis sativus** L. (syn. *Cucumis esculentus, C. hardwickii, C. muricatus, C. sphaerocarpus*); Gurke.

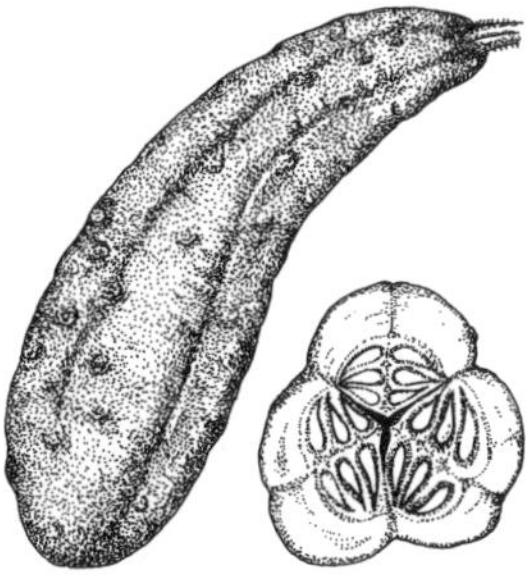

Cucumis sativus, Frucht.

Droge: ***Cucumis-sativus-Früchte***; Gurke (syn. Salatgurke), die unreifen Früchte. *Inh.:* Δ^7-Stigmastenol und Derivate, Aromastoffe, Eiweiß, Fett, Kohlenhydrate, Mineralien, Lectine. *Anw.:* in der Volksheilkunde bei Infektionen der Harnwege sowie zur Behandlung von Pigmentierungsstörungen (*Tinctura Cucumis*). In der Kosmetik und als Nahrungsmittel werden Gurken vielfältig genutzt.

Cucumis colocynthis ↗ Citrullus colocynthis.
Cucumis melo ↗ Cucumis-Arten.
Cucumis naudinianus ↗ Acanthosicyos naudiniana.
Cucumis sativus ↗ Cucumis-Arten.
Cucurbita aspera ↗ Cucumis-Arten.
Cucurbita courgero ↗ Cucurbita pepo.
Cucurbita esculenta ↗ Cucurbita pepo.
Cucurbitae semen ↗ Cucurbita pepo.
Cucurbita fastnosa ↗ Cucurbita pepo.
Cucurbita melopepo ↗ Cucurbita pepo.
Cucurbita ovifera ↗ Cucurbita pepo.

■ **Cucurbita pepo** L.
(syn. *Cucurbita courgero, C. esculenta, C. fastnosa, C. melopepo, C. verrucosa, C. ovifera, C. subverrucosa, Pepo melopepo, P. verrucosus, P. vulgaris*); Gartenkürbis (syn. Feldkürbis, Gemeiner Kürbis, Ölkürbis), s. Farbtafel S. 298, Bild 108.

Fam.: Cucurbitaceae.

Heim.: Mittelamerika, heute weltweit kultiviert und verwildert.

Cucumis sativus, Frucht.

Droge: ***Cucurbitae semen*** (syn. *Semen Cucurbitae*); Kürbissamen (syn. Kürbiskerne, Herkulessamen, Babenkern, Peponensamen), die reifen, getrockneten Samen insbes. von *C. pepo* L. *conv. citrullinina var. styriaca*. Inh.: v. a. Sterole (ca. 1 %, z. B. (24*S*)-Ethyl-5α-cholesta-7,25(27)-dien-3β-ol) und Sterolglykoside, β- und γ-Tocopherol, Phosphatide, Carotinoide, trypsininhibierende Proteine, Cucurbitol, Squalen, Lecithin, Mineralstoffe (4–5 %), u. a. Spurenelemente wie Mangan, Zink, Kupfer und bes. Selen (0,03 %) sowie als Reservestoffe fettes Öl, Kohlenhydrate und Proteine. Anw.: Reizblase und Miktionsbeschwerden bei Prostataadenom Stadium I und II. Bestandteil entsprechender Phytopharmaka. Kürbissamen dienen auch zur Gewinnung des sog. Kürbiskernöles, das ein gutes Speiseöl von angenehm nußartigem Geschmack ist. Neben den Samen von *Cucurbita pepo* kommen mitunter auch die Samen von *Cucurbita maxima* Duch., dem Melonen- oder Riesenkürbis, und *Cucurbita moschata* Duch. ex Poir., dem Bisam- oder Moschuskürbis, mit der gleichen therapeutischen Indikation zum Einsatz. Die unmittelbare Anwendung der Droge erfolgt, indem im allgemeinen morgens und abends 1 bis 2 gehäufte Eßlöffel (10–15 g) Kürbissamen, gemahlen oder zerkaut, mit Flüssigkeit eingenommen werden.

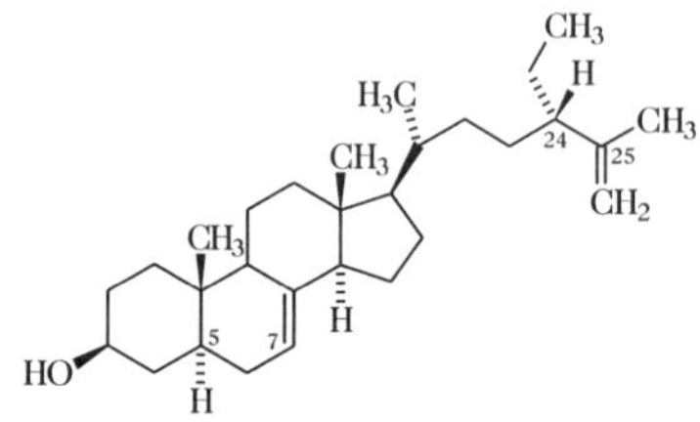

(24*S*)-Ethyl-5α-cholesta-7,25(27)-dien-3β-ol

Hom.: ***Cucurbita pepo*** HAB34, die frischen Samen. Anw.- Geb.: u. a. Erbrechen.

Histor.: Kürbissamen dienten früher als Mittel gegen Band- und Spulwürmer und zuweilen auch als Diuretikum sowie zur Wundbehandlung. Der Gattungsname *Cucurbita* ist vom lateinischen *Cucumis* (Gurke) und *orbis* (Erdkreis) abgeleitet, wohl in bezug auf die Gestalt der Frucht. Die Bezeichnung Kürbis (althochdeutsch Kurbiz) ist ein Lehnwort aus dem lateinischen *cucurbita*. Als *Cucurbita pepo* wurde bereits bei Plinius eine Gurken- und Melonenart bezeichnet. In Europa wurden die echten Kürbisse wahrscheinlich erst im 16. Jh. eingeführt, so daß es nicht sicher ist, ob es sich bei den antiken Angaben um den echten Kürbis handelt.

Cucurbita subverrucosa ↗ Cucurbita pepo.
Cucurbita verrucosa ↗ Cucurbita pepo.

■ **Cudrania tricuspidata** (Carr.) Bur.
(syn. *Cudrania triloba, Machura tricuspidata*).

Fam.: Moraceae.

Vork.: China, Japan, Korea.

Droge: die Wurzelrinde. *Inh.:* Flavonoide, wie Quercetin, Kaempferol, Myricetin; Cudranin, Cudraflavone A und B; Cudraxanthone A–D

<u>*Anw.*</u>: in der chinesischen Volksheilkunde als Galactagogum, bei Amenorrhoe, Malaria und Augenschmerzen.

Cudrania triloba ↗ Cudrania tricuspidata.
Culebra ↗ Methysticodendron amesianum.
Culilabani cortex ↗ Cinnamomum-Arten.
Culilawanrinde ↗ Cinnamomum-Arten.

■ Cumarine
Derivate (Hydroxy- oder Methoxy-Verbindungen) des Cumarins (1,2-Benzopyron), oft in glykosidischer Form vorliegend, die postmortem oder nach Verletzung des Pflanzengewebes enzymatisch freigesetzt werden und sich durch einen charakteristischen Geruch auszeichnen. <u>*Wirk.*</u>: gefäßerweiternd, spasmolytisch, gerinnungshemmend, sedierend, bakterizid.

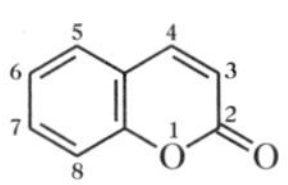

Cumarin

Cumini aetheroleum ↗ Cuminum cyminum.
Cumini fructus ↗ Cuminum cyminum.
Cuminöl ↗ Cuminum cyminum.
Cuminum cyminum ↗ Coriandrum sativum.

■ Cuminum cyminum L.
(syn. *Luerssenia cyminum, Ligusticum cuminum, Selinum cuminum, Kuminum odoratum, Cyminon longeivolucellatum*); Kreuzkümmel (syn. Ägyptischer Kümmel, Italienischer Kümmel, Mutterkümmel, Polnischer Kümmel, Römischer Kümmel, Spanischer Kümmel, Türkischer Kümmel, Welscher Kümmel).
Fam.: Apiaceae (Umbelliferae).
Vork.: Mittelmeergebiete bis Südostasien.
Drogen: ***1. Cumini fructus*** (syn. *Fructus Cumini, Semen Cumini, Semen Cymini, Semen Carvi romani*); Kreuzkümmel (syn. Mutterkümmel, Römischer Kümmel, Italinischer Kümmel, Spanischer Kümmel, Türkischer Kümmel), die getrockneten reifen Früchte. <u>*Inh.*</u>: äther. Öl (2–5 %) mit einem Gehalt an Aldehyden von 35–52 %, darunter Cuminaldehyd (Hauptkomponente, 25–35 %), 1,3-*p*-Menthadien-7-al und 1,4-*p*-Menthadien-7-al als typische Geruchsträger. Weitere Bestandteile sind bes. γ-Terpinen (15–25 %), β-Pinen (10–20 %) und *p*-Cymen (8–12 %), ferner Fla-

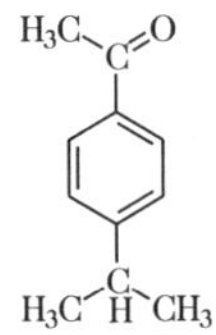

Cuminaldehyd (Cuminal)

vonglykoside des Apigenins und des Luteolins sowie u. a. Salicylate, Cholin und Acetylcholin. <u>*Anw.*</u>: als Carminativum bei Magen-Darm-beschwerden. In den Heimatgebieten mitunter als Abortivum und Emmenagogum. Im Haushalt als Gewürz, ferner Bestandteil zahlreicher Lebensmittel, z. B. Currypulver oder holländischer Käse sowie von Genußmitteln, u. a. Likören. ***2. Cumini aetheroleum*** (*Oleum Cumini, Aetheroleum Cumini*); Kreuzkümmelöl (syn. Cuminöl), das aus reifen Früchten gewonnene äther. Öl. <u>*Inh.*</u> und <u>*Anw.*</u>: s. *Cumini fructus*.

Cupamensis indica ↗ Acalypha indica.

■ Cuphea viscosissima Jacq.
Fam.: Lythraceae.
Vork.: Mittel- und Südamerika.
Hom.: ***Cuphea viscosissima*** HAB; die frischen, oberirdischen Teile der blühenden Pflanze. <u>*Anw.-Geb.*</u>: Durchfallerkrankungen.

■ Cupressus sempervirens L.
Echte Zypresse.
Fam.: Cupressaceae.
Vork.: östl. Mittelmeergebiet, Vorderasien.
Droge: ***Oleum Cupressi***; Zypressenöl, das äther. Öl der Blätter und jungen Zweige. <u>*Inh.*</u>: Furfural, Cymen, α-Pinen, Camphen, Ester der Essig- und Baldriansäure, Cedrol, Harz. <u>*Anw.*</u>: als Expektorans bei Husten und Keuchhusten, in der Parfümerie und Kosmetik (Badeöle).
Hom.: ***Cupressus sempervirens*** HAB; die frischen Früchte und Blätter. <u>*Anw.-Geb.*</u>: Kopf- und Gelenkschmerzen.

Curacao-Aloe ↗ Aloe-Arten.

■ Curanga amara Juss.
(syn. *Gratiola amara*).
Fam.: Scrophulariaceae.
Vork.: Indien, China, Java.

Droge: das Kraut. Inh.: Curangin, ein Glykosid mit digitalisähnlicher Wirkung. Anw.: in der asiatischen Volksheilkunde gegen Fieber und als Tonikum.

■ Curare

Pfeilgift der Indianer Südamerikas, gewonnen durch Heißwasserextraktion von hauptsächlich *Chondodendron*- und *Strychnos*-Arten und nachfolgendes Eindicken des Extraktes. Je nach Gewinnung, Herstellung und Aufbewahrung in Tontöpfen, Bambusröhren oder ausgehöhlten Flaschenkürbissen unterscheidet man Tubo- oder Bambus-C., Topf-C. und Calebassen-C. Inh.: Tubo- und Topf-C. enthalten toxische Alkaloide aus Chondodendron-Arten mit Bis-benzylisochinolin-Struktur, v. a. Tubocurarin und Curarin. Die Al-

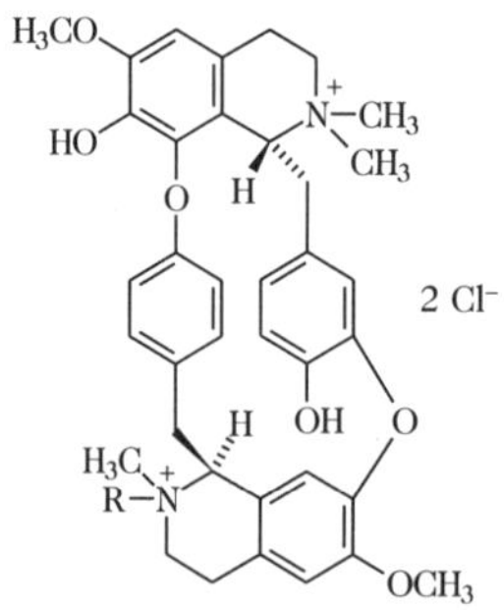

Tubocurarinchlorid: R = H
Chondrocurarinchlorid: R = CH_3

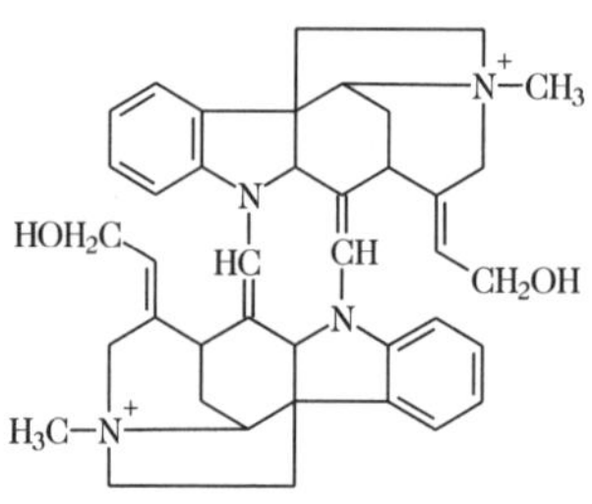

C-Toxiferin

kaloide der Calebassen-C. (gewonnen aus *Strychnos*-Arten) gehören zum Strychnin-Typ (seltener Yohimbin-Typ), dazu zählen u. a. Macurin, C-Toxiferin, das toxischste Alkaloid aus C. (dosis letalis i. v. 23 µg/kg Maus), C-Dihydroxytoxiferin, C-Curarin und C-Calebassin. Wirk.: alle Vertreter mit zwei quartären Stickstoffatomen im Molekül wirken als kompetitive Antagonisten des Acetylcholins und blockieren damit den Acetylcholinrezeptor an der postsynaptischen Membran. Durch Verhinderung der Depolarisierung ist die quergestreifte Muskulatur blockiert. Es kommt zur Lähmung der Muskeln an den Extremitäten, des Kopfes, Rumpf und Brustkorbes, der Tod tritt durch Atemlähmung ein. Bewußtsein und Schmerzempfinden bleiben bis zum Tode voll erhalten. Anw.: partialsynthetische Derivate des C. werden als Muskelrelaxans zur Operationsvorbereitung genutzt.

Hom.: *Curare* HAB; der aus der Rinde verschiedener *Strychnos*-Arten (v. a. *Strychnos toxifera*) gewonnene Extrakt. Anw.-Geb.: Lähmungen, Lähmigkeit, Krämpfe.

Histor.: Die Bezeichnung Curare stammt aus der Tupisprache der Eingeborenen Mittel- und Südamerikas und kommt von *ur* (kommen) und *ar* (fallen) und bezieht sich auf seine Wirkung als Pfeilgift.

Curcas indica ↗ Jatropha curcas.
Curcasnuß ↗ Jatropha curcas.
Curcasöl ↗ Jatropha curcas.
Curcas purgans ↗ Jatropha curcas.
Curcuma-aromatica-Wurzelstock ↗ Curcuma-Arten.

■ Curcuma-Arten

- **Fam.:** Zingiberaceae.
- **Vork.:** Südostasien.
- **Curcuma aromatica** Salisb.; Blockzitwer.

Droge: *Curcuma-aromatica-Wurzelstock*; Blockzitwerwurzel (syn. Wilde Gelbwurz), die gebrühten und getrockneten Haupt- und Nebenrhizome oder die in Scheiben oder Längsviertel geschnittenen Teile davon. Inh.: Curcuminoidgemisch (0,03–0,3 %) s. *C. domestica*, äther. Öl (ca. 6 %) mit Sesquiterpenen (65 %), die meist Curcumene darstellen, Sesquiterpenalkoholen (22 %) sowie u. a. Camphen, Campher und *p*-Methoxyzimtsäure. Anw.: volkstümlich in den Herkunftsgebieten v. a. äußerlich bei Hautausschlägen und Krätze sowie zur Wundbehandlung. In der Ayurveda-Medizin bei Appetitlosigkeit. In Europa als Ersatz, zuweilen als Verfälschung von *Curcumae longae rhizoma* oder *Ze-*

doariae rhizoma. Ferner zur Gewinnung von Stärke.

• **Curcuma domestica** Val. (syn. *Amomum curcuma, Curcuma longa*); Gelbwurzel (syn. Kurkuma).

Droge: ***Curcumae longae rhizoma*** (syn. *Rhizoma Curcumae, Rhizoma Curcumae longae*); Kurkumawurzelstock (syn. Gelbwurzelstock, Gilbwurzel, Gurkumei), gebrühte und getrocknete Wurzelstöcke. Inh.: äther. Öl (3–5 %) überwiegend Sesquiterpene (60 %), u. a. ar-Turmeron, α-, β-Turmeron, Atlanton und Curlon enthaltend, ferner Zingiberen (25 %), Curcumol und geringe Mengen α-Phellandren, Sabinen, Cineol und Borneol. Weitere Bestandteile sind Curcuminoide (3–5 %), u. a. Curcumin, Mono- und Didesmethoxycurcumin. Anw.: dyspeptische

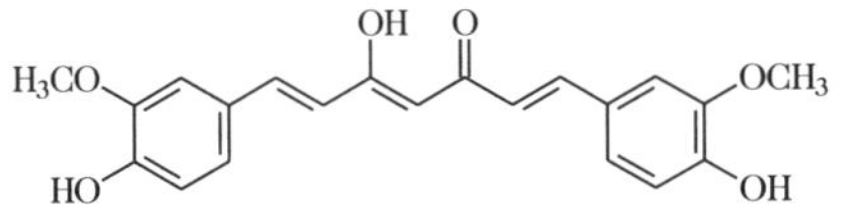

Curcumin

Beschwerden. In den Herkunftsgebieten bei entzündlichen und septischen Haut- sowie Augenerkrankungen. Die Droge dient ferner als Gewürz und ist farbgebender Bestandteil des Currypulvers.

• **Curcuma xanthorrhiza** Roxb. (syn. *Curcuma zanthorrhiza*); Javanische Gelbwurzel (syn. Javanische Kurkuma).

Droge: ***Curcumae xanthorrhizae rhizoma*** (syn. *Curcumae amarae rhizoma, Rhizoma Curcumae javanicae, Rhizoma Curcumae xanthorrhizae*); Javanische Gelbwurz (syn. Temoe Lawak, Javanische Kurkumawurzel), die in Scheiben geschnittenen, getrockneten, knolligen Wurzelstöcke. Inh.: äther. Öl (3–12 %), das vorwiegend aus Sesquiterpenen, v. a. α- und β-Curcumen, Xanthorrhizol, Germacron und Furanodienon, besteht. Weitere Bestandteile sind Curcuminoide (0,8–2 %, hauptsächlich Curcumin und *p*-Cumaroylferuloylmethan) sowie Stärke. Wirk.: Neben den choleretischen Eigenschaften, für die offenbar bes. das äther. Öl verantwortlich ist, und den cholokinetischen Effekten, die den Curcuminoiden zugeschrieben werden, wurden bei letzteren zudem antioxidative, mit Radikalfängereigenschaften korrelierende Wirkungen erkannt, die mit hepatoprotektiven, antihepatoxischen, antiphlogistischen, antimutagenen und tumorhemmenden Eigenschaften in Zusammenhang gebracht werden. Anw.: dyspeptische Beschwerden. Bestandteil von Leber- und Gallentees sowie in Fertigarzneimitteln, die als Cholagoga eingesetzt werden. Zur ↗ Teezubereitung, die als Einzeldroge wenig üblich ist, kommen ca. 0,5–1 g grob gepulverte Droge zum Einsatz.

Hom.: ***Curcuma xanthorrhiza*** HAB; Javanische Gelbwurzel, die getrockneten, unterirdischen Teile.

Histor.: Der Name *Curcuma* leitet sich vom indischen *kurkum*, dem Namen der Pflanze und *xanthorrhiza* (*xanthos*, goldgelb und *rhiza*, Wurzel) bezugnehmend auf den Querschnitt des gelben Wurzelstockes ab. *Temoe lawak* ist die malaiische Bezeichnung für die Droge.

• **Curcuma zedoaria** (Christm.) Rosc. (syn. *Amomum latifolium, Amomum zedoaria, A. zerumbeth, Curcuma speciosa, C. zerumbeth);* Zitwer (syn. Zedoarie, Zitwerwurzel).

Droge: ***Zedoariae rhizoma*** (syn. *Rhizoma Zedoariae*); Zitwerwurzel, die in Querscheiben oder Längsviertel geschnittenen, getrockneten, knolligen Teile des Wurzelstockes. Inh.: äther. Öl (1–1,5 %) mit Sesquiterpenalkoholen als Hauptkomponenten, daneben Monoterpene, u. a. α-Pinen, Camphen und Cineol sowie darüber hinaus Curcumenol, Curcumol und *p*-Methoxyzimtsäureethylester. Außerdem Curcuminoide, u. a. Curcumin, sowie Stärke. Anw.: Verdauungsschwäche, mitunter auch als Cholagogum. Im Haushalt in kleinen Mengen als Küchengewürz, ferner als Aromadroge in der Likörindustrie.

Curcumae amarae rhizoma ↗ Curcuma-Arten.
Curcumae longae rhizoma ↗ Curcuma-Arten.
Curcumae xanthorrhizae rhizoma ↗ Curcuma-Arten.
Curcumin ↗ Curcuma-Arten.

■ Curcuminoide

(Dicinnamoylmethanderivate), Polyketide aus Zingiberaceen (↗ *Zingiber officinale*, ↗ *Curcuma*-Arten).

■ Curry

scharf-pikante Gewürzmischung, die ursprünglich aus Indien kommt. Wichtige Bestandteile sind u. a. Ingwer, Pfeffer, Paprika, Koriander, Cardamom, Gewürznelken, Gelbwurzelstock und Zimt. Anw.: als Gewürz mit carminativer Wirksamkeit.

■ **Curvularia lunata**

Fam.: Porosporae.

Anw.: Mikroorganismus zur fermentativen (biotechnologischen) Hydroxylierung von Steroiden, z. B. Cortisol.

■ **Cuscuta europaea** L.

(syn. *Cuscuta major, C. vulgaris*); Kleeseide (syn. Hopfenseide, Nesselseide, Teufelszwirn).

Fam.: Convolvulaceae.

Vork.: Europa, Asien, Nordafrika. Die Pflanze lebt als Schmarotzer.

Inh.: Cuscutin, vermutlich Ergolinalkaloide, Gerbstoffe. Anw.: früher volkstümlich als Laxans.

Hom.: ***Cuscuta europaea***, die frische, blühende Pflanze.

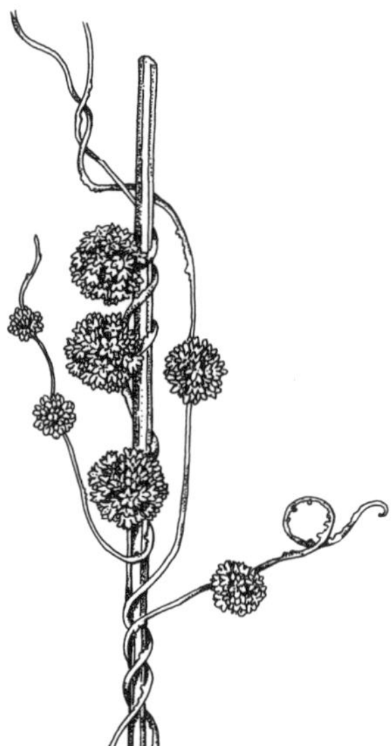

Cuscuta europea, blattloser Sproß mit Haustorien und Blütenknäueln.

Cuscuta major ↗ Cuscuta europaea.
Cuscuta vulgaris ↗ Cuscuta europaea.
Cusparia angustura ↗ Galipea officinalis.
Cusparia febrifuga ↗ Galipea officinalis.
Cusparia officinalis ↗ Galipea officinalis.
Cusparia trifoliata ↗ Galipea officinalis.
Cusso ↗ Hagenia abyssinica.
Cyamopsis psoraloides ↗ Cyamopsis tetragonoloba.

■ **Cyamopsis tetragonoloba** (L.) Taub.

(syn. *Cyanopsis psoraloides, Dolichos fabaeformis, D. psoraloides, Psoralea tetragonoloba, Lupinus trifoliatus*); Büschelbohne (syn. Guar, Indische Büschelbohne).

Fam.: Fabaceae (Leguminosae).

Heim.: Indien, kultiviert v. a. in Kalifornien und Brasilien.

Droge: ***Guar*** (syn Guarmehl, Guargummi), das Endosperm des Samens. Inh.: Guaran, ein Galactomannan (80 %), aufgebaut aus β-1,4-glykosidisch gebundenen Mannoseeinheiten, wobei an jedem zweiten Mannosebaustein Galactose α-1,6-glykosidisch verbunden ist; Protein (ca. 5 %). Wirk.: Guaran besitzt starkes Quellungsvermögen unter Ausbildung eines viskösen Hydrokolloids, das schwer verdaubar ist. Anw.: Füllstoff in Diätarzneimitteln zur Gewichtsreduzierung. Ebenfalls zur unterstützenden Diabetestherapie, indem die Absorption der Nahrungsstoffe verzögert und damit der postprandiale Anstieg der Blutglucosewerte gehemmt wird. Guargabe bedingt zudem eine geringe Senkung des Cholesterolspiegels im Serum und eine Verminderung der Lipoproteine mit geringerer Dichte (LDL). In der Lebensmittelindustrie und Technik ferner als Verdickungsmittel.

Cyanchum cordifolium ↗ Pergularia daemia.
Cyanchum extensum ↗ Pergularia daemia.
Cyani flos ↗ Centaurea cyanus.
Cyanobakterien ↗ Cyanophyta.
Cyanocobalamin ↗ Vitamine.

■ **cyanogene Glycoside**

Verbindungen, die aus einem α-Hydroxynitril (Cyanhydrin) und einem glykosidisch, in der Regel an dessen α-Hydroxygruppe gebundenem Glucoserest aufgebaut sind. Am Glucoserest können weitere Monosaccharide angeknüpft sein. Die cyanogenen Glykoside sind nichtflüchtig, gut wasserlöslich, ungiftig und werden durch verdünnte Säuren zunächst in freie Hydroxynitrile und Zucker gespalten. Die Hydroxynitrile ihrerseits zerfallen leicht in Aldehyde bzw. Ketone und Blausäure (HCN). In der Pflanze sind die cyanogenen Glykoside meist von Enzymgemischen aus β-Glucosidasen und einer Oxynitrilase begleitet, die den Zerfall in Zucker und HCN bzw. Cyanidionen beim Zerstören von Pflanzengewebe

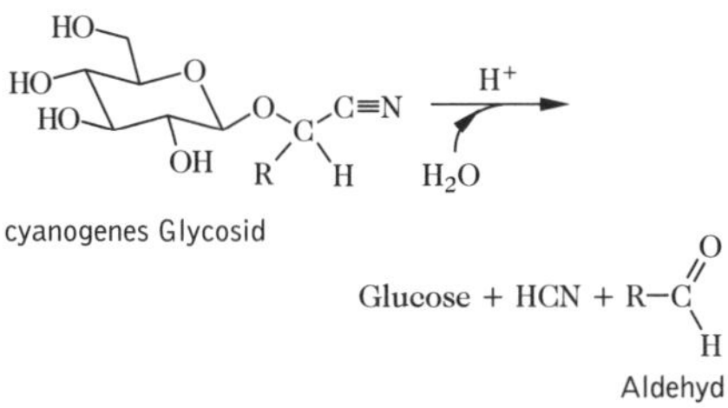

katalysieren. Die freigesetzte Blausäure kann nach Komplexbildung mit Eisen(III)-Ionen Enzyme der Atmungskette blockieren und dadurch zum Tode durch Atemlähmung führen. Allerdings ist die Entgiftungskapazität des menschlichen Körpers durch Umwandlung in ungiftiges Rhodanid in der Regel so stark, daß es beim Genuß von Drogen mit cyanogenen Glykosiden zu keinen Schäden kommt. Lediglich die Samen von Quitten, Vogelbeeren, Pfirsichen, Pflaumen, Aprikosen, Kirschen sowie bittere Mandeln enthalten soviel Amygdalin (Mandelsäurenitril-β-D-gentiobiosid), daß der Verzehr größerer Mengen davon zu Vergiftungen führen kann. So sollen 60 Stück bittere Mandeln zum Tode führen, Pfirsichkerne wurden im alten Ägypten als Hinrichtungsgift benutzt und auch Aprikosenkerne führen zu toxischen Effekten.

■ Cyanophyta

(syn. Cyanobakterien, Blaualgen). Blaugrüne Mikroorganismen, die wie die Bakterien keinen echten Zellkern besitzen (Procaryoten), aber zur oxygenen Photosynthese befähigt sind, d. h. Sauerstoff freisetzen. Sie sind nahe mit den Eubakterien verwandt. Bisher sind ca. 2 000 Arten bekannt, die ubiquitär vorkommen. Sie bilden oft gallertartige Massen, fädige Überzüge, schleimige Krusten und sind als gefärbte Wasserblüten erkennbar. Zunehmend werden C. als Quelle potentieller Arzneistoffe untersucht. Viele C. induzieren bei Hautkontakt Allergien und toxische Reaktionen.

Cyanus arvensis ↗ Centaurea cyanus.
Cyanus segetum ↗ Centaurea cyanus.
Cyanus vulgaris ↗ Centaurea cyanus.
Cyathula prostata ↗ Achyranthes aspera.
Cyclamen europaeum ↗ Cyclamen purpurascens.

■ Cyclamen purpurascens Mill.

(syn. *Cyclamen europaeum*); Alpenveilchen (syn. Europäisches Alpenveilchen).

Fam.: Primulaceae.

Vork.: südliches Mitteleuropa.

Droge: ***Rhizoma Cyclaminis***; Alpenveilchenknollen (syn. Erdbrot, Saubrot). *Inh.*: Triterpensaponinkomplex von hoher hämolytischer Aktivität mit der Hauptkomponente Cyclamin (Formel s. u.), einem Monodesmosid mit Cyclamiretin A als Sapogenin und D-Glucose, D-Xylose und L-Arabinose als Monosaccharidbausteinen. *Anw.*: früher als Drastikum und Emmenagogum sowie bei Gicht und Rheuma. *Geg.*: Die Droge ist toxisch und kann bereits ab 0,3 g zu Erbrechen und Krämpfen führen.

Hom.: *Cyclamen europaeum* HAB1, die frischen, unterirdischen Teile. *Anw.-Geb.*: Kopfschmerzen, Migräne, verschiedene Regelstörungen, Verdauungsschwäche, Schnupfen. Rheumatismus, Verstimmungszustände.

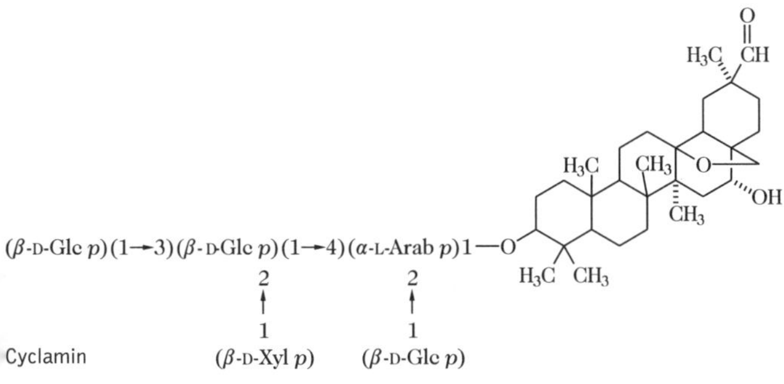

Cyclamin

Histor.: Der Gattungsname *Cyclamen* ist vom griechischen *kylos* (Scheibe) abgeleitet, wohl in Bezug auf die scheibenförmigen Wurzelknollen. Letztere waren bereits bei den alten Griechen und Römern als Heilmittel bekannt. So nennt sie z. B. ↗ Dioskurides als Emmenagogum und Abortivum, gegen Schlangenbiß, Augenkrankheiten, Podagra, Milzleiden und Mastdarmvorfall. Auch in den Kräuterbüchern des Mittelalters wird die Heilwirkung der Droge hervorgehoben und auf die Anwendung der „Alten" verwiesen.

■ Cyclopia-Arten

● **Fam.:** Fabaceae (Leguminosae).

● **Vork.:** Südafrika.

● **Cyclopia galioides** DC.

Droge: ***Herba Cyclopiae***; Honigtee, das Kraut. Inh.: äther. Öl, Cyclopin, Oxycyclopin, Flavonoide, Gerbstoffe. Anw.: in der traditionellen südafrikanischen Heilkunde bei Brustleiden sowie als Ersatz für Schwarzen Tee (↗ Camellia sinensis).

● **Cyclopia subternata** Vogel (syn. *Cyclopia vogelii*).

Droge, Inhaltsstoffe und Anwendung s. *Cyclopia galioides*.

● **Cyclopia genistoides** (Thunb.) R. Br.

Droge s. *Cyclopia galioides*. *Inh.*: äther. Öl (0,1 %), Gerbstoffe, Cyclopin, Oxycyclopin. *Anw.*: Ersatz für Schwarzen Tee (↗ Camellia sinensis).

Cydonia communis ↗ Cydonia oblonga.
Cydonia cydonis ↗ Cydonia oblonga.
Cydoniae fructus ↗ Cydonia oblonga.
Cydoniae semen ↗ Cydonia oblonga.
Cydonia lusitanica ↗ Cydonia oblonga.
Cydonia maliformis ↗ Cydonia oblonga.

■ Cydonia oblonga Mill.

(syn. *Cydonia communis, C. cydonis, C. lusitanica, C. maliformis, C. sumboshia, C. vulgaris, Pyrus cydonia, Sorbus cydonia);* Quitte (syn. Quittenbaum).

Fam.: Rosaceae.

Heim.: Südwestasien, Südostarabien, heute kultiviert in Süd- und Mitteleuropa.

Drogen: *1. **Cydoniae fructus*** (syn. *Fructus Cydoniae*); Quittenfrüchte, die frische oder in Scheiben geschnittene getrocknete Frucht. *Inh.:* Kohlenhydrate (10 % Zucker komplexer Zusammensetzung, Pektine, Protopektin, Sorbit), org. Säuren, Vitamine (B_1, B_2, Niacin, C), äther. Öl (u. a. Terpenlactone wie (+)-trans-Marmelolacton und Derivate). *Anw.:* in der Volksheilkunde bei Hals-, Magen- und Lungenleiden, gegen Durchfälle und Blutspeien sowie mangelnde Menstruation. Die Wirksamkeit bei diesen Indikationen ist nicht ausreichend belegt. In der Galenik wird ein Quittenaroma aus den Fruchtschalen zur Aromatisierung von Arzneimitteln verwendet. Im Haushalt wird die Quitte zur Herstellung von Gelee und Kompott eingesetzt.
*2. **Cydoniae semen*** (syn. *Semen Cydoniae*); Quittenkerne (syn. Küttenkerne, Quittensamen, Schleimkörner), die reifen getrockneten Samen. *Inh.:* Schleimstoffe (ca. 20 %, u. a. aus Cellulose und Glucuronoxylan mit hohem Anteil an Uronsäuregruppen), Amygdalin (0,4–1,5 %), Gerbstoffe, Proteine, fettes Öl, Vitamin C. *Anw.:* in der Volksheilkunde zur Herstellung eines Schleimes, der bei Husten, zu Umschlägen bei Verbrennungen, bei aufgesprungener und rissiger Haut und wunden Brustwarzen verwendet wird. Früher in der Galenik zur Herstellung von Suspensionen und Cremes. In der Technik seltener als Appreturmittel und in der Zeugdruckerei.

Histor.: Die Quitte war bei den Griechen und Römern sehr geschätzt und spielte wegen ihrer wohlschmeckenden Früchte bei den Schriftstellern der Antike eine Rolle. Durch das Capitulare Karls des Großen nördlich der Alpen verbreitet, war die Pflanze auch der Hildegard v. Bingen bekannt. Die medizinische Verwendung der schleimhaltigen Samen wurde erst durch die Araber in Europa bekannt.

Cydonia sinensis ↗ Chaenomeles sinensis.
Cydonia sumboshia ↗ Cydonia oblonga.
Cydonia vulgaris ↗ Cydonia oblonga.
Cylindrocarpum lucidum ↗ Ciclosporine.
Cymarin ↗ Herzwirksame Glykoside.

■ Cymbopogon-Arten

● **Fam.:** Graminaceae.

● **Cymbopogon citratus** (DC.) Stapf (syn. *Andropogon ceriferus, A. citratus, A. citriodorum, A. roxburghii, A. schoenanthus*); Lemongras, s. Farbtafel S. 299, Bild 109.

Vork.: in den Tropen weltweit kultiviert, v. a. Südasien.

Drogen: *1. Cymbopogon-citratus-Blätter*; Zi-
ronengras (syn. Sereh-Gras), die getrockneten oberirdischen Teile. Inh.: äther. Öl (0,2–0,4 %), Triterpene (Cymbopogon, Cymbopogonol), Flavonoide (u. a. Luteolin und seine Glykoside). Anw.: in der indischen Volksheilkunde bei Appetitlosigkeit, Magen-Darm-Beschwerden und Flatulenz. In Brasilien auch bei nervöser Unruhe und Fieber. Im Hauhalt wird die Droge in Ostasien als Gewürz für Fleischgerichte genutzt. *2. Cymbopogonis citrati aetheroleum* (syn. *Oleum Andropogonis citrati*); Lemongrasöl, das äther. Öl aus dem frischen oder teilweise angetrock-

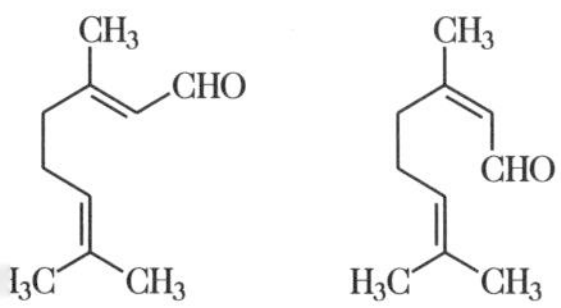

Citral a   Citral b

neten Kraut. Inh.: Citral (65–86 %), Myrcen (12–20 %), Alkohole, Ketone. Anw.: in der Volksheilkunde bei krampfartigen Schmerzen im Magen-Darm-Bereich, in Indien auch bei Brechdurchfällen und Cholera. Äußerlich als hyperämisierendes Mittel bei Rheuma, Lumbago, Neuralgien und Verstauchungen.

Cymbopogon densiflorus Stapf; Zitronengras.
Vork.: tropische Zonen Afrikas und Asiens.
Anw.: Die Medizinmänner in Tanganjika rauchen einen Extrakt aus den Blüten zusammen mit Tabak zur Induktion prophetischer Träume. In der traditionellen Medizin werden Blätter und Wurzelstock als Stärkungsmittel und zur Blutstillung eingesetzt. Das äther. Öl besitzt antibakterielle Eigenschaften, bes. gegen *Staphylococcus aureus*.

Cymbopogon martinii (Roxb.) J. F. Wats. (syn. *Andropogon martinii*); Gingergras.

Cymbopogon nardus (L.) Rendle (syn. *Andropogon nardus*).

Cymbopogon winterianus Jowitt.; Citronellgras (syn. Zitronellgras).
Vork.: Sri Lanka, heute überall in den Tropen kultiviert.
Droge: *Citronellae aetheroleum* (syn. *Aetheroleum Citronellae, Cymbopogonis winteriani aetheroleum, Oleum Citronellae, Oleum Citronellae javanicum, Oleum Melissae indicum*); Citronellöl (syn. Ätherisches Citronellöl, *Cymbopogon-winterianus*-Krautöl, Ostindisches Melissenöl), das äther. Öl aus den oberirdischen Pflanzenteilen. Inh.: abhängig vom Anbaugebiet u. a. Citronellal (32–45 %), Geraniol (12–18 %), Citronellol (11–15 %), Geranylacetat, Citronellylacetat. Anw.: bei innerer Unruhe und nervösen Befindlichkeitsstörungen ohne organische Ursache (Aromatherapie). In der Kosmetik ist die Droge ein beliebter Zusatz zu Seifen und wird auch als Insektenabwehrmittel eingesetzt.

Cymbopogonis citrati aetheroleum ↗ Cymbopogon-Arten.
Cymbopogonis winteriani aetheroleum ↗ Cymbopogon-Arten.
Cymbopogon jwarancusa ↗ Vetiveria zizanioides.
Cyminon longeivolucellatum ↗ Cuminum cyminum.
Cynanchum vincetoxicum ↗ Vincetoxicum hirundinaria.
Cynapium vulgare ↗ Aethusa cynapium.
Cynara cardunculus ↗ Cynara scolymus.
Cynarae folium ↗ Cynara scolymus.

■ Cynara scolymus L.

(syn. *Cynara cardunculus*); Artischocke (syn. Französische Artischocke, Grüne Artischocke, Kugelartischocke), s. Farbtafel S. 299, Bild 110.
Fam.: Asteraceae (Compositae).
Vork.: heim. vermutlich in Äthiopien, Gemüsekulturen in Mittelmeergebieten, Blattkulturen in Mitteleuropa.
Droge: *Cynarae folium* (syn. *Folia Cynarae*); Artischockenblätter, die frischen oder getrockneten Laubblätter. Inh.: drei Gruppen. a) Sesquiterpen-Bitterstoffe (0,5–5 %), v. a. das Guajanolid ↗ Cynaropikrin. b) Caffeoylchinasäuren, bes. ↗ Chlorogensäure und Cynarin, eine 1,5-Di-*O*-caf-

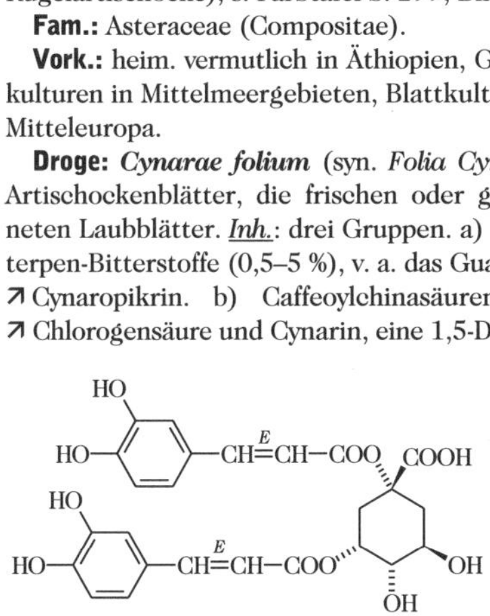

Cynarin

feoyl-D-chinasäure, gebildet als Artefakt bei der Bereitung des wässrigen Extraktes in der Wärme durch Umesterung aus 1,3-Di-*O*-caffeoylchinasäure.

c) Flavonoide vom Luteolin-Typ. Wirk.: Auszüge der Droge wirken cholagog, hepatoprotektiv und lipidsenkend. Anw.: Mono- und Kombinationspräparate der Droge kommen insbes. bei dyspeptischen Beschwerden, bedingt durch verminderte Gallesekretion, zum Einsatz. Geg.: Verschluß der Gallenwege. Von Gemüsekulturen nutzt man die fleischigen Blätter und den Blütenboden als delikates Gemüse.

Hom.: ***Cynara scolymus*** HAB; Artischocke, die frischen, zur Blütezeit geernteten, oberirdischen Pflanzenteile. Anw.-Geb.: chronische Leber-Galle-Störungen.

■ Cynaropikrin
Sesquiterpenlacton (Guajanolidtyp), Bitterstoff aus der Artischocke (↗ *Cynara scolymus*).

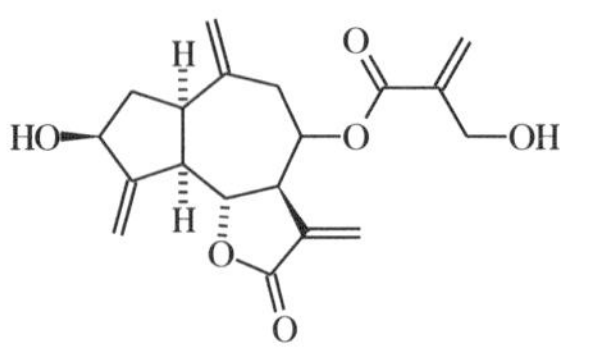

Cynaropikrin

Cynodon donax ↗ Arundo donax.
Cynoglossi radix ↗ Cynoglossum officinale.
Cynoglossum clandestinum ↗ Cynoglossum officinale.

■ Cynoglossum officinale L.
(syn. *Cynoglossum clandestinum*). Hundszunge, s. Farbtafel S. 299, Bild 111.

Fam.: Boraginaceae.

Vork.: gemäßigte Zonen Europas, Asiens und Amerikas.

Droge: ***Cynoglossi radix*** (syn. *Radix Cynoglossi*); Hundszungenwurzel. Inh.: Pyrrolizidinalkaloide (0,7–1,5 %), ferner Cynoglossin, Consolidin und Allantoin, Gerbstoffe sowie Schleimstoffe und Fructane. Anw.: volkstümlich innerlich und äußerlich als Antineuralgikum sowie äußerlich als Wundheilmittel. Geg.: Wegen der Toxizität der enthaltenen Pyrrolizidinalkaloide sollte die Droge therapeutisch nicht genutzt werden.

■ Cynomorium coccineum L.
Fam.: Cynomoriaceae.

Vork.: Mittelmeergebiete, Vorder- und Zentralasien, China, Innere Mongolei.

Droge: die ganze Pflanze. Inh.: Gerbstoffe, Naphthochinone, die Samen fettes Öl und Proteine. Anw.: in der Volksheilkunde bei Koliken, als Tonikum, Purgans, bei Nierenleiden. Früher wurde der rote Saft der Stengel als *Fungus Melitensis* oder „Malteserschwamm" als Adstringens und Blustillungsmittel eingesetzt. In China gilt die Wurzel als Aphrodisiakum für Frauen.

Cynosbati fructus ↗ Rosa canina.
Cynosbati fructus cum semine ↗ Rosa canina.
Cynosbati fructus sine semine ↗ Rosa canina.
Cynosbati semen ↗ Rosa canina.
Cyperus aureus ↗ Cyperus esculentus.
Cyperus comosus ↗ Cyperus rotundus.

■ Cyperus esculentus L.
(syn. *Cyperus aureus*); Erdmandel.

Fam.: Cyperaceae.

Vork.: Mittelmeergebiete, Nordafrika, besonders Ägypten; Asien, Amerika, besonders Mexiko und Brasilien, häufig auch kultiviert.

Droge: ***1. Bulbuli Trasi*** (syn. *Radix Cyperi esculenti*); Erdmandeln (syn. Tigernüsse, Zulunüsse, Grasmandeln), die Knollen. Inh.: Stärke (25–30 %), Saccharose (12–23 %), fettes Öl (20–29 %), Vitamine A, E und F; Enzyme. Anw.: als Diätetikum, als Mandelersatz in der Nahrungsmittelindustrie, zur Gewinnung des fetten Öls und der Erdmandelmilch. ***2. Oleum Cyperi esculenti***; Erdmandelöl, das fette Öl der Knollen. Inh.: nichttrocknendes Öl, Glyceride der Palmitinsäure (12 %), Stearinsäure (67 %), Linolsäure (15 %), Arachinsäure (0,5 %) und Lignocerinsäure (0,3 %). Anw.: hochwertiges Speiseöl, zur Herstellung von Seifen; Schmiermittel in der Feinmechanik.

Cyperus pertenuis ↗ Cyperus scariosus.

■ Cyperus rotundus L.
(syn. *Cyperus comosus*); Knolliges Zyperngra (syn. Nußgras).

Fam.: Cyperaceae.

Vork.: Mittelmeergebiete, Sudan, Südafrika Asien.

Droge: die Knollen. Inh.: äther. Öl, Alkaloid herzwirksame Glykoside, Flavonoide, Polyphenc le, Zucker, Stärke, Harz. Anw.: in der Volkshei kunde als Diuretikum, Diaphoretikum und Carminativum.

■ **Cyperus scariosus** R. Br.
(syn. *Cyperus pertenuis*).
Fam.: Cyperaceae.
Vork.: Vorderindien.
Droge: die Rhizome. Inh.: äther. Öl mit Sesquiterpenen; Scariodion, Rotunden, Rotundenol. Anw.: als Aromatikum und Stomachikum. Das äther. Öl dient auch als Ersatz für echtes Patchouliöl (↗ *Pogostemon cablin*).

Cypripedii rhizoma ↗ Cypripedium calceolus var. pubescens.
Cypripedium calceolus ↗ Cypripedium calceolus var. pubescens.

■ **Cypripedium calceolus var. pubescens** L.
(syn. *Cypripedium calceolus, C. luteum*); Amerikanischer Frauenschuh (syn. Frauenschuh).
Fam.: Orchidaceae.
Vork.: Nordamerika. Die Pflanze unterliegt dem Artenschutzabkommen, der Handel ist verboten.
Droge: ***Cypripedii rhizoma*** (syn. *Radix Cypripedii, Rhizoma Cypripedii*); Frauenschuhwurzelstock (syn. Amerikanische Frauenschuhwurzel, Frauenschuhwurzel, Gelbfrauenschuhwurzel, Nervenwurzel), die getrockneten Rhizome und Wurzeln. Inh.: bisher nicht untersucht. Anw.: in der Volksheilkunde bei Schlaflosigkeit, Erregungszuständen und emotionalen Spannungen.
Hom.: ***Cypripedium calceolus var. pubescens*** HAB1, die frischen, im Herbst geernteten unterirdischen Teile. Anw.-Geb.: Schlaflosigkeit.

Cypripedium luteum ↗ Cypripedium calceolus var. pubescens.

■ **Cystein**
(syn. Cysteinum). β-Mercaptoalanin, schwefelhaltige, proteinogene Aminosäure mit zentraler Bedeutung im Stoffwechsel (Formel s. rechts oben). C. wird leicht zu Cystin (Cysteindisulfid) oxidiert.

■ **Cytinus hypocystis** L.
Zistrosenwürger.
Fam.: Rafflesiaceae.
Vork.: Mittelmeergebiete, Asien.
Droge: die ganze Pflanze. Inh.: Gerbstoffe, Gallussäure, Isoterchebin (gelber Farbstoff). Anw.: in der Volksheilkunde als Adstringens und Tonikum. Der adstringierende Saft war im Mittelalter als *Succus Hypocystidis* ein bekanntes Arzneimittel gegen Ruhr und Durchfallerkrankungen.

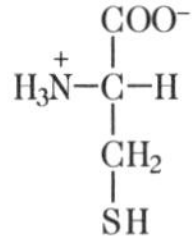

Cystein
(zwitterionische Form)

■ **Cytisin**
giftiges Chinolizidinalkaloid aus verschiedenen Fabaceen. Wirk.: C. wirkt ähnlich wie Nicotin als Ganglienblocker. Dabei kommt es zunächst zu einer Erregung, die von einer Lähmung des ZNS gefolgt wird. Vergiftungserscheinungen sind u. a. Erbrechen, Halluzinationen, Krämpfe und Bewußtlosigkeit. Der Tod tritt durch Atemlähmung ein.

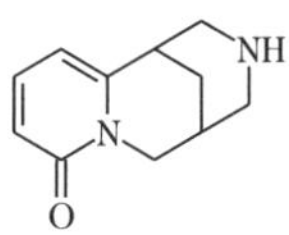

Cytisin

Cytisi scoparii flos ↗ Cytisus scoparius.
Cytisi scoparii herba ↗ Cytisus scoparius.
Cytisi scoparii radix ↗ Cytisus scoparius.
Cytisus attleyanus ↗ Cytisus canariensis.

■ **Cytisus canariensis** (L.) O. Kuntze
(syn. *Cytisus ramosissimus, C. attleyanus*); Kanarischer Ginster (syn. Genista).
Fam.: Fabaceae.
Heim.: Kanarische Inseln.
Vork.: Südeuropa, Nordafrika, Atlantische Inseln, Mexiko.
Inh.: u. a. ↗ Cytisin. Anw.: Die Samen der Pflanze sind ein beliebtes Heilmittel der Yaqui-Medizinmänner in Nordmexiko. In magischen Zeremonien wird die Droge als Halluzinogen genutzt. Die beobachteten Bewußtseinstrübungen sind als Ausdruck der toxischen Effekte des Cytisins zu werten, da die Droge sonst keine halluzinogenen Bestandteile enthält.

Cytisus germanicus ↗ Genista germanica.
Cytisus laburnum ↗ Laburnum anagyroides.
Cytisus ramosissimus ↗ Cytisus canariensis.

■ Cytisus scoparius (L.) Link.

(syn. *Genista angulata, G. glabra, G. hirsuta, G. scoparia, G. scoparius, G. vulgaris, Sarothamnus ericetorum, S. obtusatus, S. scoparius, S. vulgaris, Spartium angulosum, S. glabrum, S. scoparium*); Besenginster (syn. Bram, Besenpfriem, Besenstrauch, Pfriemenstrauch), s. Farbtafel 299, Bild 112.

Fam.: Fabaceae.

Vork.: Europa, Nordafrika, Kanaren, eingebürgert in Amerika, Japan, Südafrika.

Drogen: ***1. Cytisi scoparii flos*** (syn. Flores Genistae, Flores Genistae scoparii, Flores Spartii scoparii, Flos Genistae scopariae, Sarothamni scoparii flos); Besenginsterblüten (syn. Ginsterblüten, Pfriemenblüten), die getrockneten, abgestreiften Blüten. Inh.: Chinolizidinalkaloide (1–2 %, v. a. (–)-Spartein, 17-Oxospartein, (+)-Lupanin), Tyramin, Scoparin (8-C-Glykosylchryseriol). Anw.: in der Volksheilkunde bei Wasseransammlungen, Rheuma, Gicht, Nierensteinen,

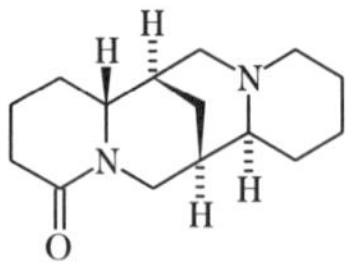
(+)-Lupanin

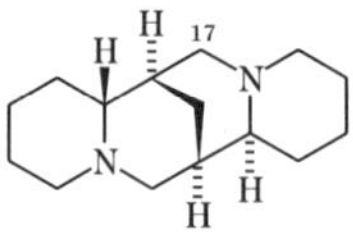
(–)-Spartein

Gelbsucht, Leberleiden und zur Blutreinigung. Da kein gesichertes medizinisches Wissen über die Verwendung der Droge existiert, wird deren alleiniger Gebrauch nicht empfohlen. Als Bestandteil von Kombinationspräparaten ist die Droge in Zubereitung für die Indikationsgebiete Herz-Kreislauf-System und Nierenerkrankungen enthalten. ***2. Cytisi scoparii herba*** (syn. *Herba Genistae scopariae, Herba Sarothamni scoparii, Herba Spartii scoparii, Sarothamni scoparii herba, Scoparii cacumina, Scoparium, Summitates Scoparii, Summitates Scoparii Genistae*); Besenginsterkraut (syn. Besenstrauch, Ginsterkraut), die getrockneten, besonders im Frühjahr und Spätherbst gesammelten oberirdischen Teile. Die Droge ist apothekenpflichtig. *Inh.:* Chinolizidinalkaloide (0,5–1,6 %, v. a. (–)-Spartein, 11,12-Dehydrospartein, 17-Oxospartein, Lupanin), Phenylalaninderivate (u. a. Tyrosin, Tyramin, Epinin, Dopamin, Methyloxytyramin), Flavonoide (0,2–0,6 %, u. a. Spiraeosid, Isoquercitrin, Quercetin- und Kämpferolglykoside, C-Glykosyle des Apigenins und Luteolins, Scoparin), Isoflavone (Sarothamnosid, ↗ Genistein). *Anw.:* bei funktionellen Herz- und Kreislaufbeschwerden, zur Unterstützung der Therapie bei Hypotonie und Kreislaufregulationsstörungen. In der Volksheilkunde wird ein Dekokt eingesetzt bei Ödemen, zur Diurese, bei Herzbeschwerden und niedrigem Blutdruck, bei zu starker Menstruation und Blutungen nach der Geburt sowie bei Gicht, Rheuma, Ischias, Gallen- und Harnsteinen, Gelbsucht, Bronchialerkrankungen. ***3. Cytisi scoparii radix*** (syn. *Radix Genistae scopariae, Radix Genistae scoparii, Radix Sarothamni scoparii, Radix Spartii scoparii, Sarothamni scoparii radix*); Besenginsterwurzel (syn. Ginsterwurzel), die getrocknete Pfahlwurzel mit Nebenwurzeln. *Inh.:* Chinolozidinalkaloide (0,002 %, u. a. (–)-Spartein, Lupanin, 13-Hydroxylupanin und Nebenalkaloide). *Anw.:* in der Volksheilkunde bei vergrößerter Milz, Gelbsucht, Rheuma und anderen Leiden.

Hom.: ***Cytisus scoparius*** (syn. *Spartium scoparium*) HAB1, die frischen, abgestreiften Blüten zusammen mit den bei der Blütenernte anfallenden Blättern, jedoch ohne Zweigspitzen. *Anw.-Geb.:* Herzinsuffizienz, Herzmuskelschwäche.

Cytisus tinctorius ↗ Genista tinctoria.

■ Cytokine

Klasse von Polypeptiden, die Einfluß auf die Funktionen von Immunzellen nehmen. Sie regulieren Dauer und Intensität der Immunantwort, indem sie die Proliferation, Reifung, Motilität, Phagozytoseaktivität und den Differenzierungszustand von Blutzellen sowie deren Vorläuferzellen beeinflussen bzw. die Produktion und Freisetzung biologisch wichtiger Mediatorstoffe steuern. Nach Bindung an spezifische Rezeptoren kommt es zur Hemmung oder Aktivierung der Genexpression bestimmter Proteine in der Zielzellen. Jedes C. besitzt pleiotrope regulatorische Aktivität. Die Mehrzahl der C. interagiert untereinander oder reguliert die Freisetzung anderer C. Zu den C. rechnet man die von Lymphozyten produzierten Lymphokine, die von Monozyten gebildeten Monokine, die Interleukine die Interferone und die Kolonie-stimulierenden Faktoren. Sie weisen eine relative Molekülmasse von < 80 000 auf, sind oft glykosyliert (Glykoproteine) und zeigen parakrine bzw. autokrine Wirkungen im Bereich von picomolaren Konzentration.

Cyttorium dioicum ↗ Antennaria dioica.

D

DAB ↗ Deutsches Arzneibuch.
DAC ↗ Deutscher Arzneimittel-Codex.
Dach-Hauswurz ↗ Sempervivum tectorum.
Dacryodes hexandra ↗ Bursera-Arten.

■ Dactinomycin

(syn. Actinomycin D oder C_1, Meractinomycin). Heteromeres Peptid aus der Gruppe der Peptidlactonantibiotika. Es wird u. a. von *Actinomyces*

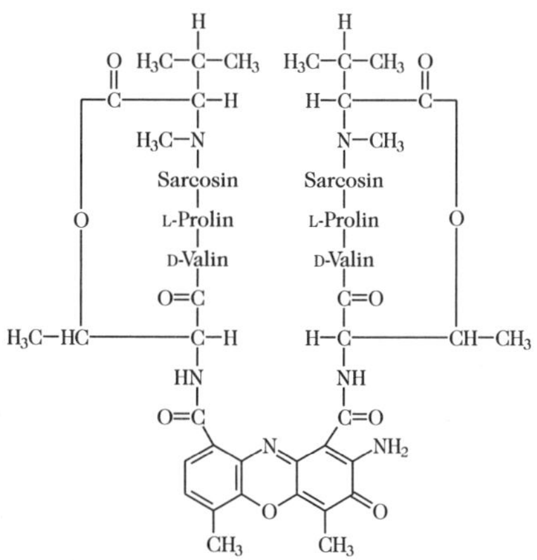

Dactinomycin

antibioticus gebildet und ist in der Lage, im DNA-Doppelstrang zwischen die Basenpaare Guanin-Cytosin zu interkalieren. Anw.: D. wird hauptsächlich als Zytostatikum bei Wilms-Tumoren, Rhabdomyosarkom, Tumore des Hodens und des Uterus eingesetzt. Der Einsatz ist trotz der schweren Nebenwirkungen (u. a. Blutbildveränderungen, Erbrechen, Ekzeme) gerechtfertigt.

Dactyli ↗ Phoenix dactylifera.

■ Dactylis glomerata L.

Knaulgras.
Fam.: Gramineae.
Vork.: Mitteleuropa.
Droge: ***Fructus Dactyli***; Knaulgrasfrüchte, die reifen Früchte. *Inh.:* Stärke, Proteine, fettes Öl. *Anw.:* Nähr- und Futtermittel.

Dactylophyllum anserina ↗ Potentilla anserina.

■ Dactylopius coccus Costa

(syn. *Coccus cacti, Dactylopius tomentosus, Pseudococcus cacti*); Kaktus-Schildlaus (syn. Cochenille-Laus, Cochenille-Schildlaus).
Fam.: Coccidae.
Vork.: heimisch in Zentralamerika, heute auch in Algerien und Spanien gezüchtet.
Droge: das getrocknete weibliche Insekt wird als ***Cochenille*** (syn. Alkermeskörner, Coccionella) bezeichnet. *Inh.:* ↗ Carminsäure bzw. Carminrot (ca. 10 %) Neocarminsäure, Fett, Fettsäuren, Wachs (Coccerin) und Myristicin. *Anw.:* in der Nahrungsindustrie als Lebensmittelfarbstoff, in der Kosmetik zur Herstellung von Lippenstiften, Schminken und Mundwässern, in der Textilindustrie zum Färben von Seide und Wolle, in der Farbenindustrie zur Herstellung von Tinten, Lacken und Farben.
Hom.: ***Coccus cacti***; Cochenillelaus, die ganzen weiblichen Tiere. *Anw.-Geb.:* bei Blasen- und Nierenleiden, bei Reizhusten, Entzündungen des Nasen-Rachen-Raumes und der Atemwege, Gebärmutterblutungen.

Dactylopius tomentosus ↗ Dactylopius coccus.
Dactylorhiza maculata ↗ Orchis-Arten.
Daemia aethiopica ↗ Pergularia daemia.
Daemia angolensis ↗ Pergularia daemia.

Daemia cordifolia ↗ Pergularia daemia.
Daemia extensa ↗ Pergularia daemia.

■ **Daemonorops draco** Bl.
(syn. *Calamus draco*); Drachenblutpalme.
Fam.: Palmae.
Vork.: Ostindien, Sumatra, Borneo, Molukken, Sundainseln.
Droge: ***Sanguis draconis*** (syn. *Gummi Sangius draconis, Resina Draconis*); Drachenblut (syn. Rotangharz, Indisches Drachenblut, Palmendrachenblut, Dragons Blood), das Farbharz der Frucht. Die Droge wird in Form von Stangen, Körnern oder zwiebelförmigen Gebilden gehandelt. *Inh.:* rotes Harz mit Benzoesäureester des Dracoresinotannols (Dracoresen 12–15 %, Dracoalban 2–3 %). *Anw.:* zur Herstellung von Pflastern, zum Färben von Kosmetika, in der Technik zur Herstellung von roten Beizen und Lakken (u. a. Geigenlacke, Firnisse, Möbelpolituren).

Dahlia coccinea ↗ Dahlia pinnata.

■ **Dahlia pinnata** Cav.
(syn. *Dahlia variabilis, D. rosea, D. coccinea, Georgina coccinea*); Dahlie.
Fam.: Asteraceae (Compositae).
Vork.: Mittelamerika, fast weltweit als Zierpflanze kultiviert.
Droge: die Wurzelknollen. *Inh.:* Inulin, Trigonellin, Polyine. *Anw.:* zur Gewinnung von ↗ Inulin bzw. in Mexiko als Nahrungsmittel. In der Volkheilkunde wird die ganze Pflanze als Tonikum, Diuretikum und Diaphoretikum eingesetzt.

Dahlia rosea ↗ Dahlia pinnata.
Dahlia variabilis ↗ Dahlia pinnata.
Dahlie ↗ Dahlia pinnata.

■ **Dalbergia arborea**.
Fam.: Fabaceae (Leguminosae).
Vork.: Ostindien, Sri Lanka, Malakka.
Droge: ***Pongamöl*** (syn. Hongayöl), das fette Öl der Samen. *Inh.:* Triglyceride mit Ölsäure (ca. 61 %), Linolsäure (ca. 10 %), Palmitinsäure (ca. 10 %), ferner Myristin-, Stearin- und Arachinsäure als Fettsäurekomponenten. *Anw.:* in Indien als Brennöl bzw. in der Volksheilkunde bei Hauterkrankungen; zur Herstellung von Seifen und Kerzen.

Dalmatiner-Salbei ↗ Salvia-Arten.
Dalmatinische Insektenblume ↗ Chrysanthemum-Arten.
Damaszener Rose ↗ Rosa x damascena.
Damaszener Schwarzkümmel ↗ Nigella damascena.
Damiana ↗Turnera diffusa.
Damianablätter ↗ Turnera diffusa.
Damianiblätter ↗ Turnera diffusa.
Damiani folium ↗ Turnera diffusa.
Dammar ↗ Agathis-Arten.
Dammara ↗ Shorea wiesneri.
Dammara alba ↗ Agathis-Arten.
Dammara australis ↗ Agathis-Arten.
Dammarabaum ↗ Agathis-Arten, ↗ Shorea wiesneri.
Dammara orientalis ↗ Agathis-Arten.
Dammarharz ↗ Shorea wiesneri.

■ **Damnacanthus indicus** Gaertn.
sowie die var. *microphyllus*.
Fam.: Rubiaceae.
Vork.: China.
Droge: die Wurzeln. *Inh.:* Anthrachinone, wie Damnacanthol, Damnacanthal, Juzunol, Juzunal. *Anw.:* in der chinesischen Volksheilkunde zur Behandlung von Rheuma, Hämorrhoiden und Kopfschmerzen.

Daniella oliveri ↗ Paradaniella oliveri.
Daniella thurifera ↗ Paradaniella oliveri.
Dänischer Agar ↗ Furcellaria fastigiata.
Dannebloom ↗ Chrysanthemum-Arten.
Daoen hoeni ↗ Antidesma bunius.
Daphne albiflora ↗ Daphne mezereum.

■ **Daphne cannabina** Lour.
(syn. *Capura purpurata, Daphne indica, D. foetida, Diplomorpha viridiflora, Wikstroemia fosterii, W. indica, W. candolleana, W. ovata, W. purpurata, W. viridiflora*).
Fam.: Thymelaeaceae.
Vork.: China, Philippinen.
Droge: die ganze Pflanze. *Inh.:* Die Rinde enthält Daphnoretin, β-Sitosterol, die Blätter Tarexeron, Flavonoide, Polysaccharide.
Hom.: ***Daphne cannabina*** HAB34; die frische Rinde. *Anw.-Geb.:* Rheumatismus, Magenschmerzen, juckende Hautausschläge.

Daphne florida ↗ Daphne mezereum.

Daphne foetida ↗ Daphne cannabina.
Daphne houtteana ↗ Daphne mezereum.
Daphne indica ↗ Daphne cannabina.
Daphne lateriflora ↗ Daphne mezereum.
Daphne liettardi ↗ Daphne mezereum.

■ **Daphne mezereum** L.
(syn. *Daphne albiflora, D. florida, D. houtteana, D. lateriflora, D. liettardi, Thymelaea praecox, Thymelaea mezereum*); Seidelbast (syn. Kellerhals, Zilander).

Fam.: Thymelaeaceae.

Vork.: *Europa*, Westasien, Kanada.

Drogen: ***1. Mezerei cortex*** (syn. *Cortex Coccognidii, Cortex Mezerei, Cortex Thymeliaceae, Cortex Thymeliaceae monspeliaceae*); Seidelbastrinde (syn. Kellerhalsrinde, Pfefferbaumrinde, Wolfsbast, Zeilandrinde, Zeidelbast), die getrocknete Rinde der Stämme und dickeren Zweige. Inh.: Cumarine und Cumaringlykoside (0,65–0,85 %), u. a. Daphnetin, Umbelliferon und Daphnin, ferner Phenolglucoside, u. a. Daphnosid sowie Diterpenester, bes. Daphnetoxin. *Anw.*: früher volkstümlich innerlich bei Verstopfung, Gicht, Keuchhusten und Magenbeschwerden, äußerlich bei rheumatischen Beschwerden, Gicht, Hautleiden sowie als blasenziehendes Mittel. Infolge Vergiftungsgefahr ist die Anwendung

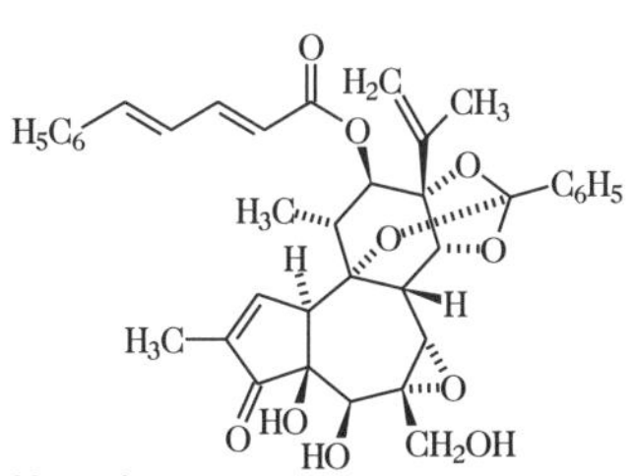

Mezerein

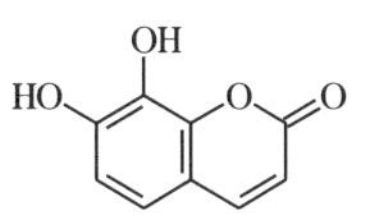

Daphnetin

heute auf die Homöopathie beschränkt. ***2. Mezerei fructus*** (syn. *Baccae* bzw. *Semen Mezerei, Crana Mezerei, Cocca Gnidii, Fructus* bzw. *Semen Coccognidii, Fructus Mezerei, Grans Gnidii, Piper germanicum*); Seidelbastfrüchte (syn. Deutscher Pfeffer, Kellerhalsbeeren), die meist getrockneten Früchte. Inh.: Cumarine, u. a. Daphnoretin und dessen Glucosid Daphnorin sowie Diterpenester, bes. Mezerein (0,04 %, getrocknete Früchte). Wirk.: im Test an Mäusen antileukämisch gegen P-388-Leukämie. *Anw.*: früher als Brechmittel, bei Verstopfung sowie äußerlich in Pflastern und Salben bei Gicht, Rheuma und Hautleiden. Im Haushalt ferner als Gewürz, u. a. auch zum Scharfmachen des Essigs. Geg.: Vergiftungsgefahr.

Hom.: ***Daphne mezereum*** HAB1, die frische, vor Beginn der Blütezeit gesammelte Zweigrinde. *Anw.-Geb.*: Verdauungsstörungen, juckende Hautbeschwerden, u. a. Gürtelrose und Hauteiterungen, rheumatische Schmerzzustände.

Histor.: Den Gattungsnamen *Daphne* gebrauchten die alten Griechen für den Lorbeerbaum, *Laurus nobilis*. Auch in der griechischen Mythologie findet sich der Name als Bezeichnung der Tochter des Flußgottes Peneus, die in einen Lorbeerkranz verwandelt wurde. Wegen der glänzenden Blätter und der Ähnlichkeit mit *Laurus nobilis* übertrug später Linnè den Namen auf den Seidelbast. Seidel ist eine Umbildung aus dem altdeutschen Wort *zidal* für Biene, weil angeblich von Bienen bevorzugt; bast, da die Rinde blasenverursachende Wirkung besitzt. Die Bezeichnung Kälberhals soll damit zusammenhängen, daß man früher in einigen Gebieten die Ruten Kälbern um den Hals gebunden hat, um Läuse zu vertreiben. Der Name *mezereum* ist aus dem Persischen abgeleitet und wird mit „tödlich" in Beziehung gebracht. Die Nutzung als Heilpflanze bereits im Altertum ist auf ihre scharfschmeckenden und hautreizenden Eigenschaften zurückzuführen.

Darmglöckel ↗ Linum catharticum.
Darmwurz ↗ Inula helenium.

■ **Darwinia fascicularis**.

Fam.: Myrtaceae.

Vork.: Asien.

Droge: ***Oleum Darwiniae aethereum***, das äther. Öl der Pflanze. Inh.: komplexe Mischung mit Geranylacetat (57–65 %) als Hauptkomponente. *Anw.*: Ausgangsstoff für die Parfümherstellung und Seifenfabrikation.

Dasystephana asclepiadea ↗ Gentiana-Arten.

■ **Datisca cannabina** L.
Scheinhanf (syn. Streichkraut).

Fam.: Datiscaceae.

Vork.: Südfrankreich, Kreta, Kleinasien, Kaschmir, Nepal.

Droge: ***Alkabir***; Gelbe Hanfwurzel, die getrocknete Wurzel. *Inh.:* u. a. Datiscin (gelber Farbstoff) und Abbauprodukt Datiscetin (Tetrahydroxyflavon). *Anw.:* in der Volksheilkunde bei Diabetes und Infektionen. Die Wirksamkeit ist nicht belegt. In der Technik zum Färben von Seide (Indien)

Hom.: ***Datisca cannabina*** HAB1, das frische Kraut. *Anw.-Geb.:* Stoffwechselstörungen.

Dattelkernöl ↗ Phoenix dactylifera.
Datteln ↗ Phoenix dactylifera.
Dattelpalme ↗ Phoenix dactylifera.
Dattelpflaume ↗ Diospyros-Arten.
Datura arborea ↗ Datura-Arten.

■ **Datura-Arten**

● **Fam.:** Solanaceae.

● **Datura arborea** L. (syn. *Brugmansia arborea. Brugmansia candida*); Großer Stechapfel.

Vork.: Südamerika, Indien, USA.

Inh.: Alkaloide (0,2–0,4 %, v. a. Hyoscyamin, Scopolamin, Atropin, Tropin, Pseudotropin), Scopoletin. *Anw.:* in der Volksheilkunde Brasiliens wird das Kraut zu Kataplasmen verwendet, die Eingeborenen in Südamerika bereiten aus der Droge den berauschenden „Tonga"-Trank.

Hom.: ***Datura arborea*** HAB34, die frischen Blüten. *Anw.-Geb.:* Kopfschmerzen.

● **Datura innoxia** Mill (syn. *Datura guayaquilensis, D. meteloides*).

Vork.: Mexiko, Westindien, Südamerika.

Droge: ***Daturae innoxiae herba***, die getrockneten, Blätter und Blüten tragenden Zweigspitzen. *Inh.:* Alkaloide (0,05–0,5 %, v. a. Scopolamin, Hyoscyamin, Tyramin, Meteloidin). *Anw.:* in der asiatischen, südamerikanischen und nordafrikanischen Volksheilkunde bei medizinischen Eingriffen (Narkose) verwendet, bei Husten, Asthma, Schmerzen, Rheuma und psychischen Erkrankungen sowie als Bestandteil von Rauschmitteln für kultische Handlungen.

● **Datura metel** L. (syn. *Datura alba, D. hummatu, D. nilhummatu, Stramonium fastuosa*); Dutra.

Vork.: weltweit in tropischen und subtropischen Gebieten, v. a. in Afrika und Asien. Kultiviert u. a. in Indien, Südamerika und China.

Inh.: Alkaloide (ca. 0,5 %, u. a. Scopolamin, Hyoscyamin, Atropin, Datumetin, Meteloidin), Withanolide (u. a. Daturilin, Withametelin). *Anw.:* zur Isolierung von Scopolamin, in der Volksheilkunde als Narkotikum und Insektizid.

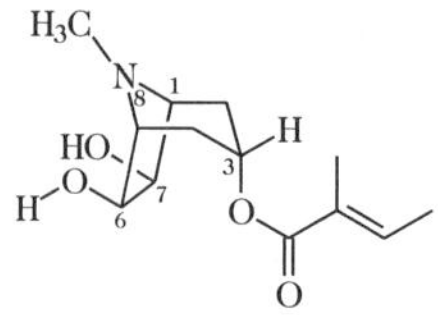

Meteloidin

Hom.: ***Datura metel*** HAB34, die reifen Samen.

● **Datura stramonium** L. (syn. *Datura bernhardii, D. bertolonii, D. lurida, D. parviflora, D. spinosa, Stramonium foetidum, S. spinosum, S. vulgatum*); Gemeiner Stechapfel (syn. Asthmakraut, Kratzkraut, Schwarzkümmel, Stachelnuß, Teufelsapfel, Weißer Stechapfel), s. Farbtafel S. 299, Bild 113.

Vork.: weltweit verbreitet in gemäßigten und subtropischen Gebieten, kultiviert auf dem Balkan und in den USA.

Drogen: ***1. Stramonii folium*** *(syn. Folia Daturae, Folium Daturae stramonii, Folia Stramonii, Folium Stramonii, Herba Stramonii, Stramonii folia, Stramonii herba)*; Stramoniumblätter (syn. Stechapfelblätter, Stechapfelkraut, Stramonium), die getrockneten Blätter oder die getrockneten Blätter mit blühenden Zweigspitzen und gelegentlich Früchten. Die Droge ist stark giftig! *Inh.:* Alkaloide (0,1–0,65 %, v. a. Scopolamin, Hyoscyamin, daneben Apoatropin, Belladonnin, Nicotin, Cuskhygrin), Withanolide (u. a. Withastramonolid), Flavonoide (v. a. Bioside des Quer-

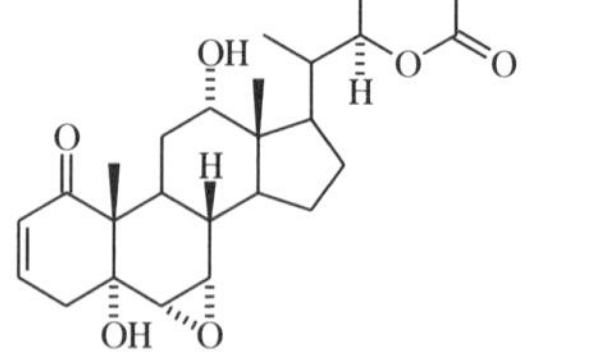

Withastramonolid

cetins und Kämpferols), Cumarine (u. a. Umbelliferon, Scopolin, Scopoletin). Anw.: Aufgrund nicht ausreichend belegter Wirksamkeit und dem schwankenden Alkaloidgehalt wird die Anwendung der Droge heute abgelehnt. In der Veterinärmedizin werden Drogenzubereitungen bei Brechreiz verabreicht. In der traditionellen Heilkunde dient die Droge zur Behandlung von Asthma, Krampfhusten, Pertussis und bei inneren Erkrankungen mit vegetativer Verstimmung. Auch auf die Nutzung in rauscherzeugenden Zubereitungen sei hingewiesen. ***2. Stramonii semen*** (syn. *Semen Daturae, Semen Stramonii, Stramonium e seminibus*); Stramoniumsamen (syn. Stechapfelsamen), die reifen Samen. Die Droge ist stark giftig! Inh.: Tropanalkaloide (0,4–0,6 %, v. a. Hyoscyamin, Scopolamin), β-Carbolinalkaloide (u. a. Fluorodaturatin), 4-Methylsterole, Lectine, fettes Öl (15–45 %), Proteine (12–25 %). Anw.: Aufgrund nicht ausreichend belegter Wirksamkeit und dem schwankenden Alkaloidgehalt wird die Anwendung der Droge heute abgelehnt. In der Volksheilkunde erfolgt die Anwendung in Analogie zu *Stramonii folium*.

Hom.: ***Datura stramonium*** HAB1, die frischen, oberirdischen Teile blühender Pflanzen. Anw.-Geb.: hochfieberhafte Infektionen, Krampfzustände, Entzündungen der Augen, psychische Erkrankungen, Schlafstörungen bei Kleinkindern.

● **Histor.:** Die Pflanze kam erst im 16. Jh. nach Europa und Deutschland, verbreitete sich dann aber rasch. In den mittelalterlichen Kräuterbüchern wird nur *Datura metel* abgebildet. Die medizinische Verwendung wurde erst seit ca. 1762 empfohlen, obwohl bereits früher *Datura* in sogenannten Hexentränken und Initiationsritualen verwendet wurde. In Mexiko spielt die Pflanze dagegen seit dem Altertum eine bedeutsame Rolle als Medizin. Die starken betäubenden Eigenschaften waren Ursache für die Nutzung in Drogenzubereitungen für kultische Handlungen und medizinische Eingriffe. Der Gattungsname Datura ist arabischen Ursprungs, während sich *stramonium* aus dem griechischen *strychnon* und *manikon* (Wahnsinn) zusammensetzt. Den deutschen Namen erhielt die Pflanze wegen ihrer stachligen Frucht. Besonders die Samen dienten früher nicht selten für Mord- und Selbstmordversuche. Mitunter benutzten Kriminelle Aufgüsse der Samen zur Betäubung ihrer Opfer.

Daturae innoxiae herba ↗ Datura-Arten.
Datura innoxia ↗ Datura-Arten
Datura metel ↗ Datura-Arten
Datura stramonium ↗ Datura-Arten.
Dauci fructus ↗ Daucus carota.
Dauci radix ↗ Daucus carota.

■ Daucus carota L.

Möhre (syn. Gelbe Rübe, Karotte, Mohrrübe), s. Farbtafel S. 299, Bild 114.

Fam.: Apiaceae (Umbelliferae).

Vork.: Mittel- und Südeuropa, Kulturen in zahlreichen gemäßigten Zonen.

Drogen: ***1. Dauci radix*** (syn. *Radix Dauci*); Mohrrübe (syn. Karotte), die rübenartige Wurzel. Inh.: α-, β- und γ-Carotin (Provitamine A; ↗ Carotine), Pektine, äther. Öl mit Terpenen, Phytosterole, Vitamine B_1, B_2 und C sowie in geringer Menge das Polyin Falcarinol. Anw.: früher als Wurmmittel, heute als schwaches Diuretikum, als natürlicher Vitaminträger, aufgrund des Pektingehaltes, z. T. in Fertigzubereitungen, bei Ernährungsstörungen von Säuglingen, ferner als β-carotinhaltige Phytopharmaka für dermatologische Indikationen, u. a. Lichtdermatosen, Pigmentanomalien sowie in kosmetischen Präparaten zur „künstlichen Bräunung". ***2. Dauci fructus*** (syn. *Fructus Dauci, Semen Dauci*); Karottenfrüchte, die getrockneten Früchte. Inh.: äther. Öl mit Asaron. Anw.: Diuretikum, früher als Wurmmittel.

Daucus visnaga ↗ Ammi visnaga.
Daulbaum ↗ Rhamnus frangula.
Daunnessel ↗ Galeopsis segetum.

■ Daunorubicin

Polyketid aus der Gruppe der Anthracyclinantibiotika. D. wird von *Streptomyces peuceticus* und *Streptomyces coeruleo-rubidus* gebildet und inter-

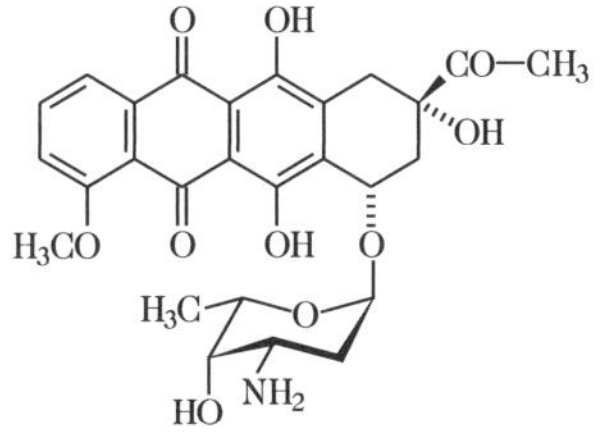

Daunorubicin

kaliert zwischen die Basenpaare in der DNA. _Anw._: als Zytostatikum zur Therapie von akuten. Leukämien.

Davilla brasiliana ↗ Davilla rugosa.

■ **Davilla rugosa** Poir.
(syn. *Davilla brasiliana*).
Fam.: Dilleniaceae.
Vork.: Brasilien.
Droge: ***Folia Davillae***, die Laubblätter der Pflanze. _Inh._: äther. Öl, Gerbstoffe, Coffein. _Anw._: in der Volksheilkunde für medizinische Bäder; die Wurzeln dienen als Purgans.

Dectis decurrens ↗ Solidago-Arten.

■ **Deguela uliginosa**.
Fam.: Fabaceae (Leguminosae).
Vork.: Ostasien.
Droge: die Wurzeln. _Inh._: ↗ Rotenon. _Anw._: als Insektenvernichtungsmittel.

Deiwelspflanz ↗ Dictamnus albus.
Delphin ↗ Delphinus delphis.

■ **Delphinium ajacis** L.
Gartenrittersporn (syn. Larkspur).
Fam.: Ranunculaceae.
Vork.: Europa, auch als Zierpflanze kultiviert.
Droge: die Samen. _Inh._: Alkaloide (1,4–1,8 %), u. a. Ajacin, Ajaconin. _Anw._: zur Insektenbekämpfung.

■ **Delphinium consolida** L.
(syn. *Consolida regalis*); Ackerrittersporn (syn. Feldrittersporn, Rittersporn).
Fam.: Ranunculaceae.
Vork.: Europa, Vorderasien.
Droge: ***Calcatrippae flos*** (syn. *Flores Calcatrippae, Flores Delphinii consolidae*); Rittersspornblüten, die getrockneten Blüten. _Inh._: Anthocyanglykoside, bes. Delphin, sowie Flavonoide (u. a. Kämpferol). _Anw._: früher als Diuretikum, oft als sog. „Schönungsdroge" in Teemischungen.

■ **Delphinium elatum** L.
(syn. *Delphinium intermedium*); Hoher Rittersporn.
Fam.: Ranunculaceae.
Vork.: Alpengebiete, Nordasien, auch kultiviert.
Droge: die ganze Pflanze. _Inh._: Alkaloide (1–1,7 %), u. a. Methylaconitin, Delphelin, Delatin, Elatin, Eldelin, Delsin. _Anw._: in der russischen Volksheilkunde bei Hirnschäden, als Insektizid, Diuretikum und Anthelmintikum. Elatin besitzt eine curareähnliche (↗ Curare) Wirkung.

Delphinium intermedium ↗ Delphinium elatum.
Delphinium officinale ↗ Delphinium staphisagria.

■ **Delphinium staphisagria** L.
(syn. *Delphinium officinale, Staphisagria macrocarpa*); Läusesamen (syn. Scharfer Rittersporn, Stefanskraut, Stephanskraut).
Fam.: Ranunculaceae.
Vork.: Mittelmeergebiete.
Droge: ***Staphisagriae semen*** (syn. *Semen Staphisagriae, Semen Pedicularíae*); Läusekörner (syn. Stephanskörner), die getrockneten Samen. _Inh._: Esteralkaloide (ca. 1,3 %, u. a. Delphinin, Staphisagrin und Delphisin) sowie äther. Öl (ca. 0,02 %). _Anw._: früher als schmerzstillendes und krampflösendes Mittel.
Hom.: ***Delphinium staphisagriae*** HAB1, die vorsichtig getrockneten, reifen Samen. _Anw.-Geb._: u. a. Hautausschläge, Augenentzündungen, Verdauungsschwäche, Reizzustände an den ableitenden Harnorganen, Verhaltensstörungen und Verstimmungszustände.

Delphintran ↗ Delphinus delphis.

■ **Delphinus delphis** L.
Delphin.
Fam.: Delphininae.
Vork.: in warmen und gemäßigt warmen Meeren. Das Tier steht unter Artenschutz.
Droge: ***Delphintran***, das aus dem Speck der Delphine gewonnene Öl. _Inh._: Valeriansäure, Valeriansäuretriglyceride, Triglyceride höherer Fettsäuren. _Anw._: die Droge ist dem Waltrat (↗ *Physeter macrocephalus*) sehr ähnlich und wird wie diese zur Herstellung feinster Schmieröle verwendet. Beim Abkühlen setzt sich aus Delphintran ebenfalls Walrat ab und kann wie dieses verarbeitet werden.

Demerara ↗ Hymenaea courbaril.

■ **Dendrobium nobile** Lindl.
Fam.: Orchidaceae.
Vork.: China, Himalajagebiete.
Droge: die ganze Pflanze. Inh.: Alkaloide (0,3 %), Nobilin. Anw.: in der chinesischen Heilkunde als Magenmittel und zur Appetitanregung.

Dentidia nankinensis ↗ Perilla frutescens.

■ **Depside**
Kondensationsprodukte aromatischer Hydroxycarbonsäuren, die durch Veresterung von Carboxylgruppen mit phenolischen Hydroxylgruppen entstehen. D. kommen u. a. in Flechten vor.

Derridis radix ↗ Derris-Arten.

■ **Derris-Arten**
● **Fam.:** Fabaceae (Leguminosae).
● **Derris elliptica** (Sweet) Benth. (syn. *Geguclia elliptica, Pongamia elliptica*); Derriswurzel (syn. Tubawurzel).
Vork.: Südostasien.
Droge: ***Derridis radix*** (syn. *Radix Derridis*); Derriswurzel (syn. Tubawurzel), die getrockneten Wurzeln. Inh.: Rotenoide, u. a. Rotenon (bis 13 %), die ein Gemisch von lipophilen Isoflavono-

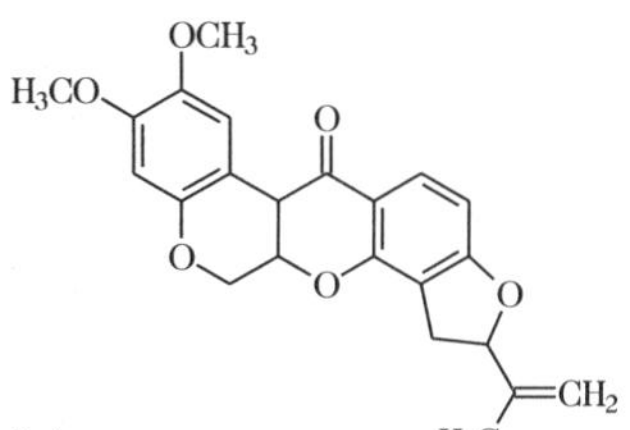

Rotenon

iden als Grundbausteine enthalten. Wirk.: insektizide Eigenschaften, deren Wirkungsmechanismus auf der Blockierung der Atmungskette beruht. Außerdem Fischgift. Anw.: als Mittel gegen Fraßschädlinge und saugende Insekten, bes. Dasselfliegenlarven und Blattläuse, mitunter im Gemisch mit Pyrethroiden.
● **Derris malaccensis** Prain. s. *Derris elliptica*.
● **Histor.:** Der Gattungsname *derris* (Fell) ist griechischer Herkunft und wurde wegen der starken Behaarung der Pflanze geprägt. In den Heimatgebieten Südostasiens werden Auszüge der Pflanze in großem Maße wegen der insektentötenden Eigenschaften bes. zum Besprühen von Tabakpflanzungen sowie aus dem gleichen Grunde auch als Tierwaschmittel genutzt.

Derris urucu ↗ Lonchocarpus urucu.
Derris utilis ↗ Lonchocarpus nicou.
Derriswurzel ↗ Derris-Arten.

■ **Desfontainia spinosa** Ruiz et Pav.
Fam.: Desfontainiaceae.
Vork.: Zentral- und südamerikanisches Hochland.
Bedeut.: Nach Berichten wird die Pflanze als Halluzinogen in Chile (als Taique) und Südkolumbien (als Borrachero) benutzt. Medizinmänner des Kamsá-Stammes trinken einen aus den Blättern der Pflanze bereiteten Tee, um Krankheiten zu erkennen oder Träume hervorzurufen. Über die Inhaltsstoffe ist nichts Genaues bekannt.

Desmodium penduliflorum ↗ Lespedeza thunbergii.

■ **Desoxycholsäure**
3,12-Dihydroxycholansäure, eine Gallensäure (Steroid), die von der Leber gebildet wird und in der Gallenflüssigkeit enthalten ist. Bedeut.: D. hat Bedeutung für die Fettverdauung und wird zur Substitutionstherapie eingesetzt.

Deutsche Kamille ↗ Chamomilla recutita.
Deutsche Kichererbse ↗ Lathyrus sativus.

■ **Deutscher Arzneimittel-Codex**
(DAC) Von der Bundesvereinigung Deutscher Apothekerverbände (ABDA) herausgegebenes Ergänzungswerk zu den Vorschriften des amtlichen Deutschen Arzneibuches. Es entspricht der Weiterführung des vorangegangenen Ergänzungsbandes (EB6) des Deutschen Arzneibuchs 6. Ausgabe. In den enthaltenen Monographien werden die für pharmazeutische Belange notwendigen Arzneistoffe, Arzneizubereitungen, Drogen und Hilfsstoffe beschrieben, die im Deutschen oder im Europäischen Arzneibuch (DAB bzw. Ph. Eur.) nicht enthalten sind. Es enthält ferner eigene Prüfmethoden, die dazu erforderlichen Reagenzien sowie Hilfen für die pharmazeutische Praxis. Obwohl der DAC keine Rechtsgrundlage besitzt, ist die Prüfung der dar-

in aufgeführten Drogen für die pharmazeutische Praxis verbindlich. Angeschlossen ist dem DAC das sog. NRF (Neues Rezeptur-Formularium), das eine Sammlung aktueller Rezepturvorschriften darstellt, deren Bearbeitung durch das Zentrallaboratorium Deutscher Apotheker erfolgt.

Deutscher Bertram ↗ Anacyclus x officinarum.
Deutscher Fenchel ↗ Foeniculum vulgare.
Deutscher Flieder ↗ Sambucus nigra.
Deutscher Ginster ↗ Genista germanica.
Deutscher Ingwer ↗ Acorus calamus.
Deutscher Pfeffer ↗ Daphne mezereum, ↗ Ocimum basilicum.
Deutscher wilder Ingwer ↗ Arum maculatum.
Deutscher Zitwer ↗ Acorus calamus.
Deutsche Sarsaparilla ↗ Carex arenaria.

■ Deutsches Arzneibuch
Sammlung anerkannter pharmazeutischer Regeln über die Qualität, Prüfung, Lagerung, Abgabe und Bezeichnung von Arzneimitteln und den bei ihrer Herstellung verwendeten Stoffen. Die Bekanntmachung erfolgt durch das Bundesministerium nach § 55 Abs.1 des Arzneimittelgesetzes. Die anerkannten pharmazeutischen Regeln berücksichtigen den jeweils gesicherten Stand der wissenschaftlichen Erkenntnisse, die in Monographien und anderen Texten beschrieben werden. Die Regeln des Deutschen Arzneibuchs werden nach § 55 Abs.2 des Arzneimittelgesetzes von der Deutschen Arzneibuchkommission beschlossen und nach § 55 Abs. 7 des Arzneimittelgesetzes im Bundesanzeiger bekanntgegeben. Eine Drogenmonographie des DAB weist folgende Gliederung auf: 1. Haupttitel und Untertitel 2. Kopftext mit Definition 3. Eigenschaften, in Ausnahmefällen Beschreibung 4. Prüfung auf Identität, d. h. deskriptive Angaben zur Droge wie makroskopische und mikroskopische Beschreibung sowie Kennzeichnung des Drogenpulvers. Chemische, meist dünnschichtchromatographische Untersuchung der Droge. 5. Prüfung auf Reinheit 6. Gehaltsbestimmung (Bestimmung des Wirkwertes) 7. Lagerung.

Deutsche Schwertlilie ↗ Iris germanica.
Deutsches Lactucarium ↗ Lactuca virosa.
Deutsches Sesamöl ↗ Camelina sativa.
Deutsches Süßholz ↗ Glycyrrhiza glabra.
Deutsche Tamariske ↗ Myricaria germanica.

■ Dextranase
Enzym (EC 3.2.1.11) aus der Gruppe der Hydrolasen, das die Endohydrolyse von 1,6-α-D-glykosidischen Bindungen in Dextranen katalysiert.

■ Dextrane
verzweigte Polysaccharide, die aus bis zu mehreren tausend Glucose-Einheiten durch 1,6- und 1,4- oder 1,3-glykosidische Verknüpfungen aufgebaut sind. D. sind Reservepolysaccharide von Hefen und Bakterien und werden biotechnisch mit Hilfe von Mikroorganismen, i. d. R. *Leuconostoc*-Arten, unter Nutzung von Saccharose als Glucosyldonator gewonnen. Sie bilden in wässriger Lösung hochviskose Sole. *Anw.:* als Plasmaersatzmittel und Hilfsstoff in der Galenik, in der Technik als Ausgangsstoff für die Gewinnung von Molekularsieben (Dextrangele = Sephadexe®).

■ Dextrine
Abbauprodukte der Stärke durch D-Amylasen oder durch saure Hydrolyse. Dabei entstehen Moleküle unterschiedlicher Größe, die auf Zugabe von Iodlösung verschiedene Farben liefern: Amylodextrine → blau, Erythrodextrine → rot und Achroodextrine → keine Färbung. *Anw.:* in der Galenik zur Herstellung von Lutschtabletten und zum Einstellen des Wirkstoffgehaltes von Trockenextrakten.

Diademspinne ↗ Araneus diadematus.
Diallylsulfid ↗ Allium sativum.
Dianthrone ↗ Anthracenderivate.

■ Dianthus caryophyllus L.
Gartennelke.

Fam.: Caryophyllaceae.

Vork.: in Italien wildwachsend, in Mittel- und Südeuropa in zahlreichen Formen als Zierpflanze kultiviert.

Droge: ***Flores Tunicae hortensis*** (syn. *Flores Caryophyllorum*); Nelkenblüten (syn. Gartennelkenblüten), die Blüten. *Inh.:* Saponine, äther. Öl als Träger des Nelkenduftes mit Benzylbenzoat (ca. 40 %) und Eugenol (ca. 30 %); Pelargonidin- und Cyanidinglucoside. *Anw.:* in Teegemischen als Geruchskorrigens.

■ Dianthus chinensis L.
(syn. *Dianthus fischeri*); Chinesische Nelke.

Fam.: Caryophyllaceae.
Vork.: Indien, Ostasien.
Droge: die ganze Pflanze. Inh.: Saponine, Flavonoide. Anw.: in der asiatischen Volksheilkunde als Diuretikum und Anthelmintikum.

■ **Dianthus deltoides** L.
(syn. *Dianthus supinus*); Pfingstnelke (syn. Heidenelke).
Fam.: Caryophyllaceae.
Vork.: Europa, Asien, Afrika, Nordamerika.
Droge: die ganze Pflanze bzw. die Wurzeln. Inh.: Triterpensaponine, Dianthoside. Anw.: in der Volksheilkunde wird die Wurzel als Brechmittel eingesetzt.

Dianthus fischeri ↗ Dianthus chinensis.
Dianthus supinus ↗ Dianthus deltoides.
Diatomeae ↗ Diatomeen.

■ **Diatomeen**
(syn. Diatomeae, Kieselalgen). Abteilung von mehr als 100 000 beschriebenen Arten, formenreichste Algengruppe überhaupt. D. sind einzellig, können aber durch Gallertausscheidungen band- oder fadenförmige Zellverbände bilden.
Vork.: in allen Gewässern weltweit verbreitet.
Droge: ***Terra silicea***, Diatomeenerde bzw. Kieselgur (kieselsäurehaltige Zellwände abgestorbener Diatomeen). Inh.: u. a. Kieselsäure, Carotinoide (Fuco-, Diadino- und Diatoxanthine), β-Carotin, Chrysolaminarin (Leukosin), Volutin und fette Öle. Anw.: in der Analytik zur Chromatografie, als Hilfsstoff in der Galenik, als Filtrierhilfsmittel.

Diatomeenerde ↗ Diatomeen.

■ **Dicentra canadensis** (Goldie) Walp.
(syn. *Bicuculla canadense, Capnorchis canadense, Corydalis canadensis, Diclytra canadensis, Dielytra canadensis, D. eximia*).
Fam.: Papaveraceae.
Vork.: Ostasien, Nordamerika, Kalifornien.
Droge: ***Corydalis***; *Dicentra-canadensis*-Knolle (syn. Marienherzwurzel), die getrocknete Wurzelknolle. Inh.: Alkaloide (u. a. Protopin, Bulbocapnin, Corydin, Isocorydin, Cancentrin, Dehydrocancentrin A und B). Anw.: in der Volksheilkunde bei krampfartigen Menstruationsbeschwerden, bei Hautausschlägen, Nierenfunktionsstörungen, früher auch bei syphilitischen Beschwerden.
Hom.: ***Dicentra canadensis*** (syn. *Corydalis formosa*) HAB34, der frische Wurzelstock. Anw.-Geb.: Krustige Gesichtsausschläge, Magenschleimhautentzündung.

■ **Dicentra cucullaria** (L.) Bernh.
(syn. *Corydalis cucullaria, Diclytra cucullaria, Fumaria cucullaria*); Herzblume.
Fam.: Papaveraceae.
Vork.: Nordamerika, Kanada.
Droge: ***Tubera Corydalis***, die Wurzelknollen. Inh.: Alkaloide, wie Cularin, Cularidin, Protopin, Cryptopin, Bicucullin, Corlumin, Ochotensin, Fumarsäure, Harz. Anw.: in der Volksheilkunde früher bei Hautleiden, als Tonikum und Antispasmodikum.

■ **Dichapetalum mombuttense** Thou.
Fam.: Dichapetalaceae.
Vork.: Afrika, Asien. Inh.: Fluoressigsäure.
Hom.: ***Dichapetalum mombuttense*** HAB; die frischen Blätter und Rinde. Anw.-Geb.: Erkrankungen des Stütz- und Bewegungsapparates, v. a. Rheuma, Wirbelsäulenschäden.

Dichapetalum suboblongum ↗ Dichapetalum toxicarium

■ **Dichapetalum toxicarium** (G. Don) Baill.
(syn. *Chailletia toxicaria, C. erecta, Dichapetalum suboblongum*).
Fam.: Dichapetalaceae.
Vork.: tropisches Westafrika, v. a. Guinea, Sierra Leone, Liberia, Elfenbeinküste, Ghana, typische Regenwaldpflanze.
Droge: die reifen Samen. Inh.: ω-Fluorölsäure (18-Fluoro-*cis*-9-octadecensäure, ca. 3,2 %), ω-Fluorpalmitinsäure, ω-Fluorcaprinsäure, ω-Fluormyristinsäure, in Spuren auch Monofluoressigsäure. Wirk.: Die organischen Fluorverbindungen blockieren nach Metabolisierung im Organismus den Citronensäurecyclus und damit die Energieproduktion im Körper. Als Folge kommt es zu Lähmungserscheinungen und Tod durch Atemlähmung. Anw.: in Afrika als Rattengift bzw. zur Bekämpfung von Kopfläusen; die gekochten Blätter der Pflanze dienen in der Volksheilkunde Westafrikas zur Wundbehandlung, auch bei Entzündungen der Harnröhre sowie zur Therapie bei

Malaria und Ruhr. Die Droge ist neben ↗ *Mansonia altissima* Bestandteil eines berüchtigten Pfeilgifts im Südwesten der Elfenbeinküste, das aber auch zum Vergiften von Kleintieren und des Wassers von Feinden eingesetzt wurde.

Histor.: *Dichapetalum toxicarum* ist eine der wirksamsten Giftpflanzen Afrikas, deren Gift seit vielen Jahrhunderten benutzt wurde, deren Identität aber erst 1904 und das toxische Prinzip 1950 erkannt wurde. Daran war Dr. Renner aus Freetown (Sierra Leone) maßgeblich beteiligt, der Vergiftungsfälle mit Lähmungen der Extremitäten untersuchte und herausfand, daß die Samen von *D. toxicarum* dafür verantwortlich waren. Vorher glaubte man, das Hexen-Doktoren für die Vergiftungen verantwortlich seien. Durch Experimente mit der Droge an Hunden und Katzen konnte Dr. Renner das Geheimnis der Lähmungserscheinungen lüften.

■ **Dichroa febrifuga** Lour.

Fam.: Saxifragaceae.

Vork.: tropisches und subtropisches Asien, u. a. China, Indien, Vietnam; Kulturen auch in Rußland.

Drogen: Wurzeln und Blätter. Inh.: Chinazolinalkaloide (ca. 0,1 %), u. a. Febrifugin. Anw.: in den Heimatgebieten, bes. in China, seit etwa 2000 Jahren als Fieber- und Malariamittel.

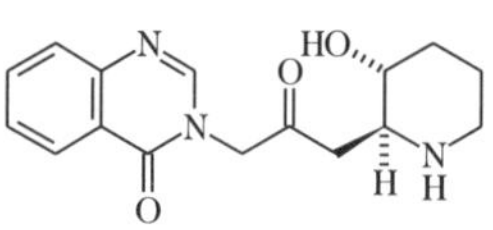

Febrifugin

Dickblättrige Bergenie ↗ Bergenia crassifolia.
Dicke Bohne ↗ Vicia faba.
Dicke Granille ↗ Chamaemelum nobile.
Dickköpfe ↗ Chamaemelum nobile.
Dickschwanz-Skorpion ↗ Androctonus australis
Diclytra canadensis ↗ Dicentra canadensis.
Diclytra cucullaria ↗ Dicentra cucullaria.
Dictamni albi radicis cortex ↗ Dictamnus albus.
Dictamni albi radix ↗ Dictamnus albus.
Dictamni folium ↗ Dictamnus albus.

■ **Dictamnus albus** L. (syn. *Dictamnus fraxinella, Fraxinella dictamnus*); Diptam (syn. Aeschenwurz, Aschwurz, Deiwelspflanz, Eschenwurz, Feuerpflanze, Flammender Busch, Gichtwurz, Hexenkraut, Hirzwurz, Spechtwurz, Springwurz, Spritzessigkraut, Weiße Aschwurz, Weißer Dictam, Weißer Diptam), s. Farbtafel S. 300, Bild 115.

Fam.: Rutaceae.

Vork.: südliches und mittleres Europa bis nach Asien hinein, in Deutschland bes. in Rheinland-Pfalz, Baden-Württemberg und im nördlichen Bayern.

Drogen: ***1. Dictamni folium*** (syn. *Folia Dictamni, Herba Dictamni, Herba Dictamni albi*); Diptamblätter, die getrockneten, z. T. auch frischen Blätter. Inh.: Flavonoide, u. a. Rutin, Isoquercitrin und Diosmin, Furochinolin-Alkaloide, u. a. Dictamnin, Furanocumarine, u. a. Psoralen, Bergapten und Xanthotoxin, einfache Cumarine,

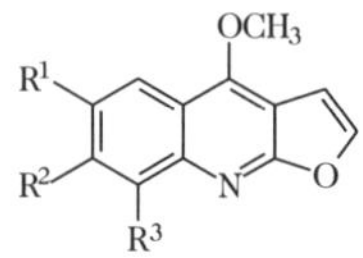

Dictamnin: $R^1 = R^2 = R^3 = H$

u. a. Aesculetin und Umbelliferon, Limonoide, u. a. Limonin und Obacunon, sowie äther. Öl, das bes. aus Monoterpenkohlenwasserstoffen, u. a. *cis-* und *trans*-Ocimen, sowie Sesquiterpenkohlenwasserstoffen mit Germacren D als Hauptkomponente besteht. Anw.: volkstümlich im Mittelalter als Wundheilmittel, zur Förderung der Menstruation, als harntreibendes Mittel und in Kombination mit Mistel und Paeonie bei Epilepsie. Gegen Ende des 19. Jh. auch bei Magenleiden sowie als Einreibung gegen Rheuma. ***2. Dictamni albi radix*** (syn. *Radix Dictamni albi, Radix Fraxinellae*); Weiße Diptamwurzel (syn. Diptamwurzel, Escherwurzel), die getrocknete Wurzel. Inh. u. Anw.: s. *Dictamni folium*. ***3. Dictamni albi radicis cortex*** (syn. *Cortex radicis Dictamni, Cortex Dictamni radicis*); *Dictamnus-albus*-Wurzel, die getrocknete Wurzelrinde. Inh. u. Anw. s. *Dictamni folium*.

Hom.: ***Dictamnus albus*** HAB34, die frischen Blätter. Anw.-Geb.: bes. Gebärmutter- und Menstruationsbeschwerden.

Histor.: Der Gattungsname *Dictamnus* ist vom griechischen *dictamnos*, wie er von Virgil und Aristoteles gebraucht wurde, abgeleitet und setzt sich aus *dicte*, einem Berg auf Kreta, und *thamnos* (Strauch) zusammen. Er wurde später von ↗ Bock auf die Aschwurz übertragen. Auch der Name Diptam ist aus dem lateinisch-griechischen *dictamnos* entlehnt. Die ersten sicheren Nachrichten über die Verwendung des Diptam als Heilpflanze stammen allerdings erst aus dem 12. Jh. von Hildegard von Bingen.

Dictamnus fraxinella ↗ Dictamnus albus.

■ Dicumarol
(syn. Melitoxin) 3,3′-Methylen-bis(4-hydroxycumarin); ein dimeres Cumarin, das durch mikrobielle Gärung aus verschiedenen Kleearten (z. B. ↗ *Melilotus officinalis*) entsteht. Wirk.: kompetitiver Hemmer des Vitamin K, verhindert die Bildung von aktivem Prothrombin und hemmt dadurch die Blutgerinnung. Anw.: als Antikoagulans bei Thrombosen, auch zur Prophylaxe.

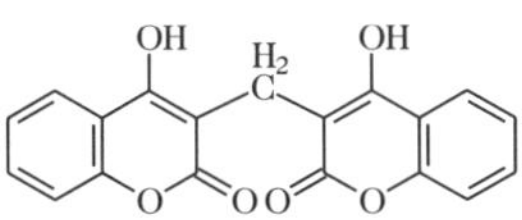

Dicumarol

■ Dicypellium caryophyllatum (Mart.) Nees (syn. *Persea caryophyllatum*).
Fam.: Lauraceae.
Vork.: Südamerika, besonders Brasilien und Guayana.
Droge: ***Cortex Cassiae caryophyllatae*** (syn. *Cortex Caryophyllatae, Cortex Dicypellii*); Nelkenzimt, die getrocknete Rinde. Inh.: äther. Öl (ca. 4 %), u. a. mit Eugenol; hartes Harz (ca. 9 %), weiches Harz (ca. 8 %), Gerbstoffe (ca. 8 %), Gummi (ca. 10 %), Stärke. Anw.: in der Volksheilkunde als Stomachikum, als Gewürz sowie zum Aromatisieren von Likören.

Dieffenbachia picta ↗ Dieffenbachia seguine.
Dieffenbachia plumieri ↗ Dieffenbachia seguine.

■ Dieffenbachia seguine (Jacq.) Schott (syn. *Arum seguine, A. seguinum, Caladium picta, C. seguinum, Dieffenbachia picta, D. plumieri*); Dieffenbachie (syn. Giftaron, Schierlings-Caladium, Schweigrohr).
Fam.: Araceae.
Vork.: tropisches Amerika und Westindien, einige Arten dienen als Zimmer-Zierpflanzen.
Droge: ***Dieffenbachia-seguine-Frischpflanze***; Dieffenbachie, die oberirdischen Teile der frischen Pflanze. Inh.: Oxalsäure und ihre Salze (bis zu 0,21 %), Aminosäuren und Proteine (Asparagin; proteolytische Enzyme: Dumbcaine; Proteine mit M_r um 150 bis 4 000), cyanogene Glykoside (Triglochinin) in jungen Blättern. Anw.: in der Volksheilkunde als Kontrazeptivum und weibliches Aphrodisiakum gegen Frigidität und Impotenz. Die Droge wird auch bei Angina, Krebs, Coma, Dysmenorrhoe, Ödeme, Geschwüre, Warzen, Wassersucht, Schwindel eingesetzt. In der Landwirtschaft wird die Droge mitunter als Insektizid verwendet. Geg.: Da die Droge bei Kontakt mit dem Mund starke Schwellungen der Schleimhaut und der Zunge induziert, Schluckbeschwerden und in schweren Fällen zum Verlust der Sprache führt, ist die Anwendung der Droge nicht vertretbar. Das toxische Prinzip ist noch nicht eindeutig charakterisiert.
Hom.: ***Caladium seguinum*** HAB34; Schweigrohr, der frische Wurzelstock, die Blätter und Stengel. Anw.-Geb.: Juckreiz der Genitalorgane.

Dieffenbachie ↗ Dieffenbachia seguine.
Dielytra canadensis ↗ Dicentra canadensis.
Dielytra eximia ↗ Dicentra canadensis.

■ Digenea simplex (Wulf.) C. Agardh.
Fam.: Rhodomelaceae.
Vork.: Mittelmeer, warme Gebiete des Atlantiks und Indischen Ozeans, an den Küsten Japans, der Philippinen und Australiens sowie Florida und im Golf von Mexiko.
Droge: die frische oder getrocknete Alge. Inh.: Alginate (10–15 %), α-Kainsäure, α-Allokainsäure, äther. Öl, Iod. Anw.: in Ostasien als Anthelmintikum gegen Ascariden und Oxyuren, da die α-Kainsäure etwa 10fach wirksamer ist als Santonin (↗ *Artemisia cina*); als Nahrungsmittel in Asien.

■ Digitalis-Arten
● **Fam.:** Scrophulariaceae.
● **Digitalis lanata** Ehrh. (syn. *Digitalis epiglottidea, D. eriostachya, D. ferruginea, D. nova, D. orientalis, D. winterli*); Wolliger Fingerhut; s. Farbtafel S. 300, Bild 116.
Heim.: Südeuropa.
Vork.: in Mittel-Westeuropa, Indien, Mittelamerika und Afrika kultiviert.
Droge: ***Digitalis lanatae folium*** (syn. *Folia Digitalis lanatae*); *Digitalis-lanata*-Blätter, die getrockneten Laubblätter. Die Droge ist giftig!

Inh.: Cardenolidglykoside (0,5–1,5 %, ca. 80 Vertreter, v. a. Lanatoside A, B, C und Digoxin mit den Aglyka Digitoxigenin, Gitoxigenin und Digoxigenin, als Zuckerkomponenten treten Glucose, Digitoxose und 3-Acetyl-Digitoxose auf), Digitanolglykoside (u. a. Digifolein, Diginin, Digipronin), Steroidsaponine (u. a. Desglucolanatigonin, Gitonin, Lanagitosid I und II, Tigonin.

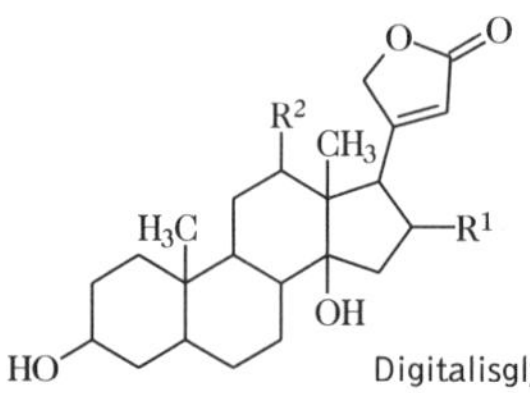

Digitalisglykoside

Aglyka	R^1	R^2
Digitoxigenin	H	H
Gitoxigenin	OH	H
Digoxigenin	H	OH
Gitaloxigenin	OCHO	H

Zuckerkomponenten:

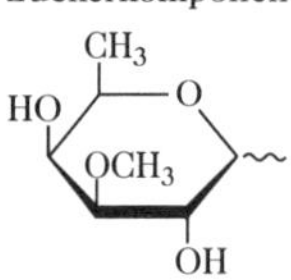

D-Digitalose

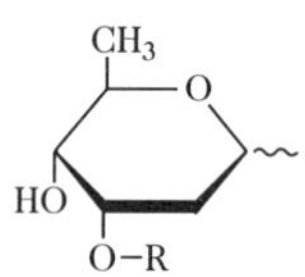

Digitoxose (Dox): R = H
3-Acetyl-Digitoxose (Dox-Ac): R = Acetyl

Anw.: nur selten in Form des eingestellten *Digitalis-lanata*-Pulvers (*Digitalis lanatae pulvis normatus*) bei Herzinsuffizienz. Der therapeutische Einsatz der Droge ist wegen der Beeinflussung der Wirkung der Cardenolidglykoside durch Begleitsubstanzen und wegen der ungenügenden Reproduzierbarkeit bei der Herstellung der Zubereitungen heute weitgehend obsolet. Es werden die isolierten bzw. partialsynthetisch abgewandelten Cardenolidglykoside bevorzugt eingesetzt. Die Droge dient daher fast ausschließlich der industriellen Gewinnung der Cardenolidglykoside.

● **Digitalis lutea** L.; Kleinblütiger Fingerhut.

Vork.: West- und Mitteleuropa.

Inh.: Cardenolidglykoside (bis 0,1 %, v. a. Lanatoside A, B, C, D, E, Acetyldigitoxin, Digitoxin, Strospesid, Verodoxin, Acetylgitaloxin), Steroidsaponine, Anthrachinonderivate (Digitolutein).

Hom.: ***Digitalis lutea*** HAB34, die frischen Blätter.

● **Digitalis purpurea** L. (syn. *Digitalis speciosa, D. thapsi*); Roter Fingerhut (syn. Fingerhut, Fingerkraut, Fuchskraut, Schwulstkraut, Unsererliebenfrauenhandschuh, Waldglöckchen, Waldschelle), s. Farbtafel S. 300, Bild 117.

Vork.: Europa, angebaut u. a. in den USA, Rußland, auf dem Balkan, in Österreich und der Schweiz.

Droge: ***Digitalis purpureae folium*** (syn. *Folia Digitalis purpureae*); *Digitalis-purpurea*-Blätter (syn. Digitalisblätter, Fingerhutblätter), die getrockneten Blätter. Die Droge ist giftig! *Inh.:* Cardenolidglykoside (bis ca. 0,6 %, ca. 30 Vertreter, v. a. Purpureaglykoside A und B, Digitoxin, Gitoxin, Gitaloxin, Verodoxin mit den Aglyka Digitoxigenin, Gitoxigenin und Gitaloxigenin; als Zuckerkomponenten treten Glucose, Digitalose und Digitoxose auf), Digitanolglykoside, u. a. Digipurpurin, Steroidsaponine (ca. 1 %, v. a. Desgalactotigonin, Digatonin, Digitonin, Purpureagitosid und Tigonin). *Anw.:* nur selten in Form des eingestellten *Digitalis-purpurea*-Pulvers (*Digitalis purpureae pulvis normatus*) bei Herzinsuffizienz. Der therapeutische Einsatz der Droge ist wegen der Beeinflussung der Wirkung der Cardenolidglykoside durch Begleitsubstanzen und wegen der ungenügenden Reproduzierbarkeit bei der Herstellung der Zubereitungen heute weitgehend obsolet. Es kommen die entsprechenden Reinglykoside zum Einsatz.

Hom.: ***Digitalis purpurea*** (syn. Digitalis) HAB1, die frischen Blätter einjähriger Pflanzen oder die zu Beginn der Blütezeit gesammelten Blätter zweijähriger Pflanzen. *Anw.-Geb.:* Herzschwäche, Migräne.

● **Histor.:** Die früheste Nachricht über die medizinische Verwendung des Roten Fingerhutes stammt aus irischen Quellen. Irische Mönche haben die Kenntnisse dann über Schottland und England in ganz Mitteleuropa verbreitet. Die Anwendung der Droge geht auf eine Rezeptsammlung zurück, die im Jahre 500 beginnt und bis 1200 weitergeführt wurde. Dabei wurde *Digitalis purpurea* bei Geschwülsten des Unterleibs, bei Geschwüren, Kopfschmerzen, Abszessen und

Lähmungen empfohlen. Die moderne Digitalistherapie bei Herzinsuffizienz geht auf den englischen Arzt ↗ William Withering zurück, der 1786 einen Bericht über die erfolgreiche Behandlung von Wassersucht mit *Digitalis purpurea* publizierte. Der Name *Digitalis* wurde 1542 durch Leonhard Fuchs in die Literatur eingeführt. Die Droge wurde danach volksheilkundlich bei schlecht heilenden Wunden und Geschwüren eingesetzt.

Digitalis glutinosa ↗ Rehmannia glutinosa.
Digitalis lanatae folium ↗ Digitalis-Arten.
Digitalis lanatae pulvis normatus ↗ Digitalis-Arten.
Digitalis purpureae folium ↗ Digitalis-Arten.
Digitalis purpureae pulvis normatus ↗ Digitalis-Arten.

■ **Digitaloide**
(syn. Herzglykoside); Glykoside mit digitalisähnlicher Wirkung, die jedoch nicht von der Gattung Digitalis stammen, wie z. B. Strophanthin, Adonidin, Neriin. ↗ Herzwirksame Glykoside.

Digitoxin ↗ Digitalis-Arten.
Digoxin ↗ Digitalis-Arten.
Dihuang ↗ Rehmannia glutinosa.
Dikabutter ↗ Irvingia gabonensis.
Dikafett ↗ Irvingia gabonensis.
Dill ↗ Anethum graveolens.
Dillblattwurz ↗ Meum athamanticum.
Dillfenchel ↗ Anethum graveolens.
Dillonia abyssinica ↗ Catha edulis.

■ **Dilution**
(lat.)Verdünnung, bereitet mit flüssigen Stoffen, z. B. Wasser oder Alkohol. In der Homöopathie stellt jede aus einer Urtinktur oder einer anderen Zubereitung hergestellte Arznei eine Dilution i. d. R. in Zehnerpotenzen dar, deren Verdünnungsgrad die entsprechende Kurzbezeichnung, z. B. D 4, aufweist ↗ Homöopathie.

Dinkel ↗ Triticum spelta.
Dinkelweizen ↗ Triticum spelta.

■ **Dioclea macrocarpa**.
Fam.: Fabaceae (Leguminosae).
Vork.: Brasilien, bes. im Amazonasgebiet.
Droge: ***Semen Diocleae*** (syn. *Fabae Diocleae*), die reifen Samen. Die Droge ist stark giftig! Inh.: Alkaloide, hauptsächlich Physostigmin (bis zu 2,95 %). Anw.: zur Gewinnung von ↗ Physostigmin.

Dionaea corymbosa ↗ Dionaea muscipula.

■ **Dionaea muscipula** Ellis
(syn. *Dionaea corymbosa*); Venusfliegenfalle.
Fam.: Droseraceae.
Vork.: eng begrenzt in den küstennahen Regionen (Moore, anmoorige Heide) von Nord- und Südcarolina.
Droge: ***Herba Dionaeae recens; Dionaea-muscipula***-Frischpflanze, Frisches Venusfliegenfallenkraut, die ganze frische Pflanze. Die Pflanze unterliegt in den USA dem Artenschutz! Inh.: Naphthochinonderivate (Plumbagin und seine Glykoside, 3-Chlorplumbagin, Droseron), Polyphenole und gerbstoffartige Verbindungen (u. a. Flavonoide, Gallussäurederivate), Enzyme (Proteasen, Phosphatasen, Nucleasen), Fettsäuren u. a. Anw.: In der Naturheilkunde wurde bis 1988 für eine Preßsaftzubereitung die Zulassung zur Therapie von bestimmten Tumoren (Morbus Hodgkin, Non-Hodgkin-Lymphom, solide Tumore ohne Ansprechbarkeit auf Chemotherapie, Melanome, Tumore im fortgeschrittenen generalisierten Stadium) erteilt. Da die Wirksamkeit nicht hinreichend belegt werden konnte, wird die Anwendung der Droge bei den genannten Indikationen heute nicht mehr empfohlen.

■ **Dioncophyllum thollonii** Bail.
Fam.: Dioncophyllaceae.
Vork.: Afrika, besonders im Kongogebiet.
Droge: die Wurzeln, Blätter und Rinde. Inh.: Alkaloide, β-Sitosterol, Plumbagin, Gerbstoffe, Saponine. Anw.: die Blätter gelten in der traditionellen afrikanischen Heilkunde als Aphrodisiakum, die Pulpe der frischen Wurzeln wird bei Lepra benutzt.

■ **Dioscorea-Arten**
● **Fam.:** Dioscoreaceae.
● **Dioscorea bulbifera** L. (syn. *Dioscorea crispata, D. pulchella, D. sativa*); Yamswurzel (syn. Brotwurzel, Kartoffelyam, Wasser-Yam).
Vork.: tropisches und subtropisches Asien, tropisches Afrika. Dort wie auch in Zentral- und Südamerika kultiviert.

Droge: ***Rhizoma Dioscoreae***; Yamwurzel, die getrockneten Knollen. Inh.: Stärke (ca. 80 %), Tannine, Sapogenine, u. a. Diosgenin. Anw.: auf Grund des Stärkegehaltes als Nahrungsmittel. In Südostasien wegen des Tanningehaltes auch zum Gerben von Fischnetzen.

● **Dioscorea villosa** L. (syn. *Dioscorea paniculata, D. quinata*); Zottige Yamswurzel.

Vork.: atlantisches Nordamerika.

Droge: ***Rhizoma Dioscoreae villosae***; Yamswurzel (syn. Brotwurzel), der getrocknete Wurzelstock ohne Wurzeln. Inh.: Stärke (ca. 80 %), Saponine, u. a. Dioscin sowie harzartiges Dioscorein. Anw.: Expektorans und Rheumamittel; in den Heimat- bzw. Anbaugebieten wegen des Stärkegehaltes nach dem Abkochen als Nahrungsmittel. Zahlreiche *Dioscorea*-Arten enthalten bis zu 10 % Diosgenin (bezogen auf das Trockengewicht), das zur Partialsynthese von Steroidhormonen genutzt wird.

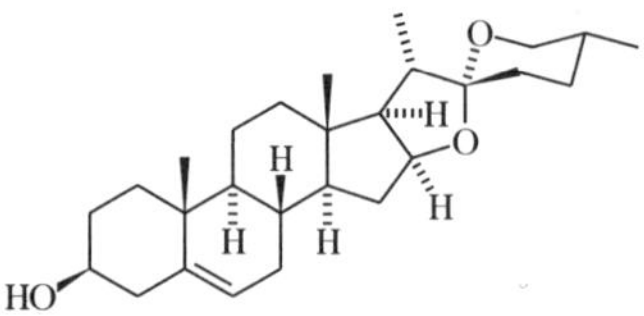

Diosgenin

Hom.: ***Dioscorea villosa*** HAB1, der frische, nach der Blütezeit gesammelte Wurzelstock. Anw.-Geb.: Koliken des Magen-Darm-Traktes.

● **Histor.:** Die Gattungsbezeichnung *Dioscorea* erfolgte zu Ehren des griechischen Arztes Dioskurides (40–90 n. Chr.).

■ **Dioscoreophyllum cumminsii** (Stapf.) Diels.

Fam.: Menispermaceae.

Vork.: West- und Zentralafrika.

Inh.: Die Früchte (Serendipity-Beeren) enthalten Monellin, ein Protein M_r um 11 000, das ca. 3 000mal stärker süß schmeckt als Saccharose. *Anw.:* die Früchte als Süßungsmittel, die Knollen, Zweige und Rinde werden in der traditionellen Heilkunde verwendet.

Diosgenin ↗ Dioscorea-Arten.

■ **Dioskurides, Pedanios**

(40–90 n. Chr.), griechischer Arzt, verfaßte in fünf Bänden die „Materia medica", in der etwa 600 der damals verwendeten Arzneipflanzen beschrieben wurden. Eine berühmte Ausgabe dazu erfolgte um 530 als Codex Constantinopolitanus (Windobonensis); Nachdrucke und Kommentare erschienen bes. im 16. Jh. und beinflußten in hohem Maße die bekannten Kräuterbücher des Mittelalters.

Diosma betulinum ↗ Barosma-Arten.
Diosma crenatum ↗ Barosma-Arten.
Diosma serratifolia ↗ Barosma-Arten.
Diosmin ↗ Flavonoide.

■ **Diospyros-Arten**

● **Fam.:** Ebenaceae.

● **Diospyros kaki** L.; Kakipflaume.

Vork.: Mittelmeergebiet, Asien, Kalifornien.

Inh.: Die Früchte enthalten u. a. Zucker, Proteine, Fett, Flavonoide, Glykoside, Vitamin C und Iod, in unreifem Zustand auch Gerbstoffe. Das Holz enthält ein Betulin-Derivat. *Anw.:* Die Früchte werden als Obst gegessen bzw. bei leichten Schilddrüsenerkrankungen infolge Iodmangels eingesetzt.

● **Diospyros lotus** L.; Lotospflaume (syn. Dattelpflaume).

Vork.: Mittelmeergebiet, Asien.

Droge: ***Lignum Guajaci patavini***; Wildes Franzosenholz (syn. Ebenholz), das getrocknete Holz. *Inh.:* Die Früchte enthalten Zucker, Proteine, Fett, Flavonoide, Glykoside und Vitamin C. In den Wurzeln kommen Naphthochinone (u. a. Juglon, Isodiospyrin, Mamegakinon) vor. *Anw.:* Das Holz wird als Ersatz für *Lignum Guaiaci* (↗ *Guaiacum sanctum*) verwendet. Die Früchte werden als Obst gegessen.

● **Diospyros virginiana** L.; Persimone.

Vork.: Nordamerika.

Droge: ***Persimonöl*** (syn. Dattelpflaumenöl), das fette Öl der Samen. *Inh.:* Triglyceride mit den Fettsäuren Öl-, Linol-, Stearin-, Palmitin-, Myristin- und Arachinsäure. Die Droge ist dem Erdnußöl ähnlich. *Anw.:* als Speiseöl. Die Früchte werden als Obst gegessen. Das Holz der Pflanze (syn. Persimonholz, Dogholz) wird in der Volksheilkunde zur Behandlung von Warzen eingesetzt.

Diotis maritimus ↗ Otanthus maritimus.

■ **Diphtherinum-Nosode HAB**

von an Diphtherie erkrankten Personen gewonnene, häutig-fibröse Beläge der Rachenschleim haut. Anw.-Geb.: Mandelentzündung, Lähmungen nach Diphtherie.

■ **Diploknema-Arten**
● **Fam.:** Sapotaceae.
● **Diploknema butyraceae** (Roxb.) Lam (syn. *Aesandra butyracea, Bassia butyracea, Illipe butyracea, Madhuca butyracea*); Indischer Butterbaum.
Vork.: Indien (Himalajagebiet), Nepal, Tibet.
Droge: ***Kernfett*** (syn. Fulwafett, Gheebutter, Indische Pflanzenbutter), das Fett der Samen. Inh.: Die Samen enthalten ca. 55 % Fett, das hohe Stabilität gegenüber Ranzigwerden besitzt. Anw.: Das durch Auspressen erhaltene Fett wird volkstümlich für Einreibungen genutzt, außerdem zur Herstellung von Kerzen und Seifen. Das Fruchtfleisch sowie der bei der Fettgewinnung anfallende Preßkuchen dienen der Ernährung.
● **Diploknema latifolia** (syn. *Illipe latifolia, Bassia latifolia*).
Vork.: Indien.
Droge: ***Mahwafett*** (syn. Illipefett). Inh.: Kerne enthalten 50–55 % Fett mit den Fettsäuren Myristin-, Palmitin-, Öl- und Linolsäure. Anw.: in den Heimatgebieten zur Behandlung von Hautleiden sowie für Speisezwecke. In raffinierter Form kommt es ferner als Kakaobutterersatz sowie in der Margarineherstellung zur Anwendung.
● **Diploknema malabrorum** (syn. *Illipe malabrorum, Bassia malabrorum*).
Vork.: Indien (Malabar), Sri Lanka, Madagaskar, Westindien.
Droge: ***Mowrahfett*** (syn. Bassiaöl, Illipetalg, Me'öl). Inh.: Die Kerne enthalten 30–50 % Fett. Anw.: in Indien als Me'öl bei Hautleiden, ferner als Speiseöl sowie in der Kerzen- und Seifenfabrikation.

Diplomorpha viridiflora ↗ Daphne cannabina.
Dippels Tieröl ↗ Oleum animale aethereum.
Dipsacus fullonum ↗ Dipsacus silvestris.

■ **Dipsacus sativus** (L.) Scholler
Weberkarde.
Fam.: Dipsaceae.
Vork.:. Südeuropa.
Drogen: ***1. Flores Dipsaci sativi***, die getrockneten Blüten. Inh. und Anw.: s. ↗ *Dipsacus silvestris*. ***2. Radix Dipsaci sativi***, die Wurzeln. Anw. s. ↗ *Dipsacus silvestris*.

■ **Dipsacus silvestris** Huds.
(syn. *Dipsacus fullonum* L. var. *silvester*); Kardendistel (syn. Wilde Distel).
Fam.: Dipsaceae.
Vork.: Europa, Nordafrika.
Droge: die ganze Pflanze. Inh.: Scabiosid (Glykosid), organische Säuren, Glucoside, Saponine. Anw.: in der Volksheilkunde bei Rhagaden und Fissuren.
Hom.: ***Dipsacus silvestris*** HAB34, die frische, blühende Pflanze. Anw.-Geb.: Hauterkrankungen.

Diptam ↗ Dictamnus albus.
Diptamdost ↗ Origanum dictamnus.

■ **Dipterocarpus-Arten**
● **Fam.:** Dipterocarpaceae.
● **Dipterocarpus turbinatus** Gaertn.; Yang.
Vork.: indischer Subkontinent.
Droge: ***Balsamum Gurjunae*** (syn. *Balsamum Capivi, Balsamum Dipterocarpae, Balsamum Garnae*); Gurjunbalsam. Inh.: 50–80 % äther. Öl (Gurjunbalsamöl) komplexer Zusammensetzung, Harz, Bitterstoffe, Guajazulen. Anw.: in der traditionellen Medizin zur Therapie von Leprosen, ähnlich wie Copaivabalsam. In der Technik dient die Droge zur Herstellung von Lacken.
Weitere 21 Arten sind bekannt, deren talgartiges Fett aus den Samen zu Speisezwecken sowie zur Kerzenherstellung verwendet wird.

■ **Dipteryx odorata** (Aubl.) Willd.
(syn. *Coumarouna odorata, Baryosma tongo*); Tonkabohnenbaum (syn. Elbo).
Fam.: Fabaceae.
Vork.: Guayana, Nordbrasilien, Venezuela, Trinidad, Surinam).
Droge: ***Semen Tonca*** (syn. *Fabae Tonca, Fabae de Tonca*); Tonkabohnen, die bearbeiteten, reifen und getrockneten Samen; s. Farbtafel S. 300, Bild 118. Inh.: Cumarin (1–3 %), ferner Phytosterole, geringe Mengen äther. Öl sowie Reservestoffe. Anw.: Geruchskorrigenz, Aromatikum, z. B. für Tabak und Spirituosen.

■ **Dirca palustris** L.
Virginischer Kellerhals.
Fam.: Thymelaeaceae.
Vork.: atlantisches Nordamerika.
Droge: ***Cortex Dircae***; Lederholzrinde, die getrocknete Rinde der Zweige.

Hom.: ***Dirca palustris*** HAB; die frische, innere Rinde der Zweige. *Anw.-Geb.:* Magen-Darm-Störungen.

Dirlitze ↗ Cornus-Arten.

■ **Discaria febrifuga** Martius
(syn. *Discaria longispina*).

Fam.: Rhamnaceae.

Vork.: Brasilien, Uruguay, Patagonien.

Droge: ***Brasilianische Chinarinde***, die Rinde der Wurzeln. *Inh.:* Bitterstoffe, Flavonoide, Alkaloide, Schleimstoffe, Saponine, Gerbstoffe. *Anw.:* in der Volksheilkunde als Fiebermittel.

Discaria longispina ↗ Discaria febrifuga.

■ **Discus intervertebralis cervicalis HAB**
Präparation aus den Hals-Zwischenwirbelscheiben von Säugetieren. *Anw.-Geb.:* Begleittherapie bei Bandscheibenschäden.

■ **Discus intervertebralis lumbalis HAB**
Präparation aus den Lenden-Zwischenwirbelscheiben von Schlachttieren. *Anw.-Geb.:* Begleittherapie bei Bandscheibenschäden.

■ **Discus intervertebralis thoracalis HAB**
Präparation aus den Brust-Zwischenwirbelscheiben von Schlachttieren. *Anw.-Geb.:* Begleittherapie bei Bandscheibenschäden.

Disserneston gummiferum ↗ Dorema ammoniacum.

■ **Distel**
deutscher Name für Arten der Gattung *Carduus*, jedoch allgem. für stachelige, krautige Pflanzen, bes. für Gattungen der Asteraceae, z. B. *Cirsium, Onopordum* und *Silybum* sowie *Eryngium* aus der Familie der Apiaceae.

Distelkraut ↗ Cnicus benedictus.
Distelöl ↗ Carthamus tinctorius.

■ **Distylium racemosum** S. et. Z.

Fam.: Hamamelidaceae.

Vork.: Südchina, Japan.

Droge: Blätter und Kernholz. *Inh.:* in den Blättern Flavonoide, wie Myricetin, Quercetin, Kaempferol, Leukodelphinidin, Leukocyanidin; im Kernholz u. a. Gerbstoffe und Taxifolin. *Anw.:* typische Gerbstoffdroge, d. h. in der Volksheilkunde bei Durchfällen sowie in der Gerberei.

Divi-Divi ↗ Caesalpinia-Arten.
Djamboeblätter ↗ Psidium guajava.
Djambublätter ↗ Psidium guajava.
Döderleinsche Stäbchen ↗ Lactobacillus acidophilus.
Dogholz ↗ Diospyros-Arten.
Doldenförmiges Wintergrünkraut ↗ Chimaphila umbellata.
Doldiges Wintergrün ↗ Chimaphila umbellata.
Doldiges Winterlieb ↗ Chimaphila umbellata.
Dolichos biflorus ↗ Vigna unguiculata.
Dolichos fabaeformis ↗ Cyamopsis tetragonoloba.
Dolichos pruriens ↗ Mucuna pruriens.
Dolichos psoraloides ↗ Cyamopsis tetragonoloba.
Dolichos soja ↗ Glycine max.
Dombaöl ↗ Calophyllum inophyllum.
Donardistel ↗ Eryngium-Arten.
Donavarwurz ↗ Inula helenium.
Donax arundinaceus ↗ Arundo donax.
Donaxwurzel ↗ Arundo donax.

■ **Dopamin**
4-(2-Aminoethyl)brenzcatechin, Ausgangspunkt für die Synthese von Adrenalin und Noradrenalin. D. wirkt selbst als Neurotransmitter im dopaminergen System.

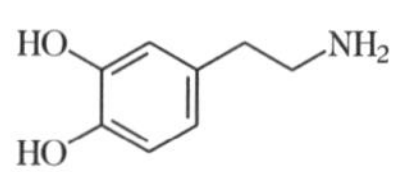

L-Dopamin

Doppelte Kamille ↗ Chamaemelum nobile.
Dorema aitchisonii ↗ Dorema ammoniacum.

■ **Dorema ammoniacum** D. Don
(syn. *Disserneston gummiferum, Dorema aitchisonii, D. aucheri, D. aureum, D. hirsutum, D. paniculatum, Peucedanum ammoniacum*).

Fam.: Apiaceae (Umbelliferae).

Vork.: Iran, Afghanistan, Anliegergebiete des Aralsees.

Droge: ***Gummi Ammoniacum*** (syn. *Ammoniacum, Gummiresina Ammoniacum, Gutta ammoniaca, Resina Ammoniacum*); Ammoniakgummi (syn. Armenisches Gummi), der zum Gummiharz erstarrte, freiwillig ausgetretene Latex; s. Farbtafel S. 300, Bild 119. Gehandelt wird die Droge als *Ammoniacum in lacrimus* (*granis*, *amygdalis*) in Körnerform oder als *Ammoniacum in massis* (*placentis*, *panibus*) in Klumpenform. Inh.: äther. Öl (bis max. 6 %, u. a. (+)-Linalool und Citronellylacetat enthaltend) sowie Sesquiterpene, u. a. Doremon und Doremol, Harz mit Ammoresinol (60–70 %), ein komplexes Cumarinderivat, stickstofffreies Gummi, Salicylsäure und Derivate, Polysaccharide. Anw.: Die Droge wurde früher bei chronischer Bronchitis und Asthma innerlich appliziert, auch bei Glieder- und Ischiasschmerzen sowie bei Leber- und Milzerkrankungen. Ein äußerer Gebrauch erfolgte bei Abszessen und Drüsenschwellungen sowie in der Wundbehandlung. Die Veterinärmedizin nutzte die Droge bei Erkrankungen der Atemwege und verminderter Harnausscheidung. Die Wirksamkeit der Droge bei diesen Indikationen ist nicht belegt. Während der Schwangerschaft sollte die Droge nicht angewendet werden, da eine abortive Wirkung beschrieben wurde. In der Galenik wird Ammoniakgummi zur Herstellung von Pflastern eingesetzt, das extrahierte äther. Öl dient als Antioxidans.

Hom.: *Ammoniacum* HAB34, das erstarrte Gummiharz. Anw.-Geb.: Bronchitis.

Histor.: Die Droge diente im Altertum u. a. als Abortivum, der Name *Ammoniacum* findet sich bereits bei Dioskurides und Plinius für ein Harz aus der libyschen Wüste. Scribonius Largus und Alexander Trallianus verordneten die Droge vielfach. Im 10. Jh. wird *Ammoniacum* in deutschen Quellen erwähnt und im Dispensatorium des Valerius Cordus 1546 aufgeführt.

Dorema aucheri ↗ Dorema ammoniacum.
Dorema aureum ↗ Dorema ammoniacum.
Dorema hirsutum ↗ Dorema ammoniacum.
Dorema paniculatum ↗ Dorema ammoniacum.
Doria virgaurea ↗ Solidago-Arten.
Dornapfel ↗ Rosa canina.
Dornapfelschalen ↗ Rosa canina.

■ Dornase

(syn. Desoxyribonuclease, DNAse). Enzym, das die DNA durch Hydrolyse der Phosphodiesterbindung in Oligonucleotide aufspaltet. Therapeutisch eingesetzte D. wird entweder aus Rinderpankreas (Pankreasdornase), aus Kulturfiltraten von *Streptococcus haemolyticus* (Streptodornase) oder gentechnisch aus CHO-Zellen (Dornase alpha) gewonnen. Anw.: Lokal angewendet dient sie zur Beseitigung von Eiteransammlungen bzw. zur Wundreinigung. Bei Mucoviscidose und cystischer Fibrose soll ein Aerosol aus Dornase alpha das Abhusten eitriger Sekrete erleichtern.

Dörnchenkoralle ↗ Antipathes subpinnata.
Dorngleditschie ↗ Gleditsia-Arten.
Dornhaitran ↗ Squalus acanthias.
Dorniger Becherstrauch ↗ Sarcopoterium spinosum.
Dorniger Fuchsschwanz ↗ Amaranthus-Arten.
Dorniger Hauhechel ↗ Ononis spinosa.
Dornige Spitzklette ↗ Xanthium spinosum.
Dorniges Spitzklettenkraut ↗ Xanthium spinosum.
Doronicum arnica ↗ Arnica-Arten.
Doronicum cordatum ↗ Doronicum pardalianches.
Doronicum macrophyllum ↗ Doronicum pardalianches.
Doronicum montanum ↗ Arnica-Arten.

■ Doronicum pardalianches L.

(syn. *Doronicum romanum*, *D. cordatum*, *D. procurrens*, *D. macrophyllum*); Kriechender Gamswurz.

Fam.: Asteraceae (Compositae).

Vork.: in Gebirgswäldern Mittel- und Westeuropas.

Droge: ***Echter Gamswurz***, die Wurzeln und das Kraut. Inh.: Xanthophyll, Terpene. Anw.: in der Volksheilkunde ähnlich wie Arnika ↗ *Arnica-Arten*.

Doronicum procurrens ↗ Doronicum pardalianches.
Doronicum romanum ↗ Doronicum pardalianches.
Dorsch ↗ Gadus morrhua.
Dortmannia inflata ↗ Lobelia inflata.

■ Doryphora decemlineata

(syn. *Leptinotarsa decemlineata*); Amerikanischer Kartoffelkäfer (syn. Coloradokäfer).

Fam.: Chrysomeliadae.

Vork.: Nordamerika, Europa.

Inh.: vermutlich Cantharidin.

Hom.: ***Doryphora decemlineata*** HAB, das gesamte mit Ethanol getötete und extrahierte Tier. Anw.-Geb.: Nierenleiden, Dysurie, Dysenterie.

■ **Doryphora sassafras** Endl.
Fam.: Monimiaceae.
Vork.: Neukaledonien, Ostaustralien.
Droge: Blätter, Rinde und das Holz (syn. Neukaledonisches Sassafrasholz). Inh.: äther. Öl mit Safrol, Piperonal, Pinen, Campher, Eugenol, Methyleugenol; Alkaloide, wie Doryphorin. Anw.: in der Volksheilkunde ähnlich wie ↗ *Sassafras albidium*, bei Hautausschlägen, Katarrhen, rheumatischen Beschwerden und Syphilis.

Dost ↗ Origanum vulgare.
Dostenkraut ↗ Origanum vulgare.
Dostenöl ↗ Origanum vulgare.
Dotterblume ↗ Caltha palustris.
Dotteröl ↗ Camelina sativa.
Douglasienrinde ↗ Pseudotsuga taxifolia.

■ **Doxorubicin**
(syn. Adriamycin, Hydroxydaunorubicin). Anthracyclinantibiotikum (Glykosid des 14-Hydroxydaunomycinons), das von *Streptomyces peuceticus* var. *caesius* gebildet wird. Anw.: Als Anthracyclinantibiotikum interkaliert Doxorubicin zwischen die Basenpaare des DNA-Doppelstranges und hemmt somit die Replikation und Transkription. Auch die Bildung von Radikalen führt zu DNA-Strangbrüchen und damit zur Hemmung der Zellteilung. Anw.: D. dient als Antineoplastikum zur Therapie von Lymphomen, Leukämien und soliden Tumoren. Wegen der starken Nebenwirkungen (Cardiotoxizität und Myelosuppression) ist eine strenge Überwachung der Therapie notwendig.

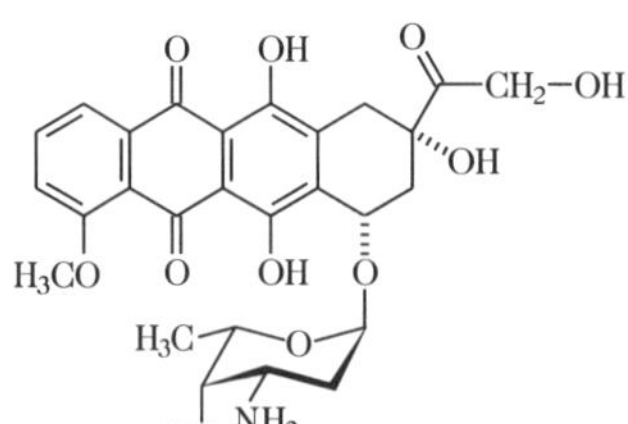

Doxorubicin

Draba nemoralis ↗ Draba nemorosa.

■ **Draba nemorosa** L.
(syn. *Draba nemoralis, Alyssum nemorosum*); Felsenblümchen.
Fam.: Brassicaceae (Cruciferae).
Vork.: Europa, Nordamerika, China, Nordafrika.
Droge: der Samen. Inh.: Senfölglykoside, wie Sinapin, Ammoniumiodid. Anw.: in der Volksheilkunde bei Pleuritis sowie in der traditionellen chinesischen Medizin.

■ **Dracaena draco** (L.) L.
Fam.: Dracaenaceae.
Vork.: Kanarische Inseln, Kapverdische Inseln, Ostindien.

Dracaena draco.

Droge: ***Sanguis draconis***; Canarisches Drachenblut (syn. Afrikanisches Drachenblut), das Harz der Rinde. Inh.: rot gefärbte Gummiharze. Anw.: früher in der Volksheilkunde, heute mitunter als Färbemittel in der Kosmetik, zur Herstellung von roten Lacken und Beizen.

Drachenblut ↗ Daemonorops draco.
Drachenblutbaum ↗ Harungana madagascariensis.
Drachenblutpalme ↗ Daemonorops draco.
Drachenblut von Cartagena ↗ Pterocarpus-Arten.
Drachenkraut ↗ Symplocarpus foetidus.
Drachenwurz ↗ Dracunculus vulgaris ↗ Polygonum bistorta.
Drachenwurzel ↗ Arisaema-Arten.
Drachkopf ↗ Dracocephalum moldavica.
Dracocephali herba ↗ Dracocephalum moldavica.

■ **Dracocephalum moldavica** L.
(syn. *Moldavica punctata, M. suaveolens*); Türkische Melisse (syn. Drachkopf, Türkischer Drachenkopf).
Fam.: Lamiaceae (Labiatae).
Vork.: heimisch in Südsibirien und Mittelasien, eingebürgert in Südosteuropa und der Türkei, Kulturen auch in Mitteleuropa.
Droge: ***Dracocephali herba*** (syn. *Herba Dracocephali*), das zur Blütezeit geerntete und getrocknete Kraut. Inh.: äther. Öl (0,1 %) mit Citral, Geraniol und Geranylacetat als Hauptkomponenten. Wirk.: Auszüge der Droge wirken leicht krampflösend und beruhigend. Anw.: Bestandteil von Beruhigungs-, Leber- und Gallensowie Magentees. Die Droge dient ferner als Gewürz.
Histor.: Die Droge gelangte in der Mitte des 16. Jh. aus dem Orient über Constantinopel nach Europa.

Dracontium foetidum ↗ Symplocarpus foetidus.
Dracunculi herba ↗ Artemisia dracunculus.
Dracunculus dracunculus ↗ Dracunculus vulgaris.
Dracunculus major ↗ Dracunculus vulgaris.
Dracunculus polyphyllus ↗ Dracunculus vulgaris.

■ **Dracunculus vulgaris** Schott.
(syn. *Arum dracunculus, A. guttatum, Dracunculus dracunculus, D. major, D. polyphyllus*); Drachenwurz (syn. Schlangenwurz).
Fam.: Araceae.
Vork.: Südeuropa, bes. östliche Mittelmeergebiete.
Drogen: ***1. Ari dracunculi folium***; *Arum-dracunculus*-Blätter, die frischen Blätter. Inh.: Flavonoide, Scharfstoffe, Calciumoxalate. Anw.: volkstümlich in den Heimatgebieten bei Abszessen oder entzündeten Wunden. ***2. Ari dracunculi rhizoma*** (syn. *Radix Serpentariae majoris*); *Arum-dracunculus*-Wurzelstock, das getrocknete Rhizom mit Wurzeln. Inh.: s. *Ari dracunculi folium*. Anw.: volkstümlich bei Neuralgien und rheumatischen Beschwerden; äußerlich bei Geschwüren und Verletzungen.
Hom.: ***Arum dracunculus*** HAB34, der frische, vor der Entwicklung der Blätter ausgegrabene Wurzelstock. Anw.-Geb.: u. a. Entzündungen der Atemwege.

■ **Dragee**
mit Schutzschicht überzogene Tabletten, die einerseits dem Schutz des Wirkstoffes, u. a. vor Licht, Luft und Magensäure, andererseits der Verbesserung des Aussehens, des Geschmacks und der Schluckbarkeit dient.

Dragon ↗ Artemisia dracunculus.
Dragonkraut ↗ Artemisia dracunculus.
Dragons Blood ↗ Daemonorops draco.

■ **Dregea rubicunda** K. Schum.
(syn. *Marsdenia rubicunda*).
Fam.: Asclepiadaceae.
Vork.: Ost- und Zentralafrika.
Droge: die Samen und Wurzeln. Inh.: herzwirksame Steroide mit Pregnangrundgerüst, wie Dregein; Digitaloide. Anw.: die Samen in der Volksheilkunde bei Herzinsuffizienz, die Wurzeln als Expektorans und Purgans.

■ **Dregea volubilis** (L. f.) Benth. et Hook.
(syn. *Asclepias volubilis, Marsdenia volubilis*).
Fam.: Asclepiadaceae.
Vork.: Indien, Sri Lanka, Java.
Droge: die Samen. Inh.: Pregnanderivate, wie Drevosid A, B und D, Drevogenin B und C. Anw.: in der asiatischen Volksheilkunde als Expektorans und Antiasthmatikum.

Dreiblatt ↗ Aegopodium podagraria, ↗ Menyanthes trifoliata, ↗ Trillium erectum.
Dreiblättriger Aron ↗ Arisaema-Arten.
Dreiblättriger Fieberklee ↗ Menyanthes trifoliata.
Dreifaltigkeitsblume ↗ Viola-Arten.
Dreifarbige Koralle ↗ Ramaria formosa.
Dreifarbiges Veilchen ↗ Viola-Arten.
Dreifuß ↗ Aegopodium podagraria.
Dreilappiger Salbei ↗ Salvia-Arten.
Dreiteiliger Wasserdost ↗ Bidens tripartitus.
Driantenwurzel ↗ Althaea officinalis.
Drimia maritima ↗ Urginea maritima.
Drimys aromatica ↗ Drimys winteri.
Drimys punctata ↗ Drimys winteri.
Drimys winterana ↗ Drimys winteri.

■ **Drimys winteri** J. R. et G. Forst.
(syn. *Drimys aromatica, D. punctata, D. Winterana, Winterana aromatica*); Winters Gewürzrindenbaum (syn. Chilenischer Canelobaum), s. Farbtafel S. 300, Bild 120.

Fam.: Winteraceae.

Vork.: Südamerika, von Zentralchile bis Kap Horn, Argentinien.

Droge: ***Winterianae cortex*** (syn. *Cortex Winteranus verus, Cortex Winteranus aromaticus, Cortex Winterianae, Cortex Winteri, Cortex Magellanicus, Cinnamomum magelannicum*); Echte Wintersrinde (syn. Magalhaesischer Zimt, Magellanischer Zimt), die vom Stamm oder stärkeren

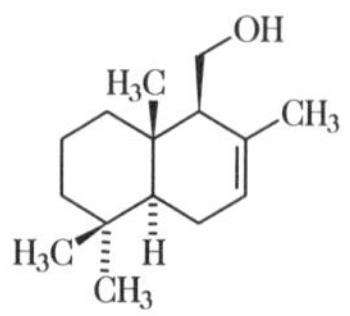

Drimenol

Ästen gewonnene, getrocknete Rinde. *Inh.:* äther. Öl (ca. 1 %), u. a. Eugenol, α-Pinen, Caryophyllen und Cineol enthaltend, Harz, Sesquiterpene (Drimenol, Drimenin), Sesquiterpenlacton (Confertifolin), Polygodial und Flavonoide (Quercetin, Kämpferol), ferner Stärke und Mannitol. *Anw.:* in der südamerikanischen Volksheilkunde bei Zahnschmerzen, Magenbeschwerden und Dermatiden. Im Hauhalt dient die Droge als Gewürz und zum Aromatisieren von Likören.

■ Droge

für die Verwendung als Arzneimittel bzw. zur Behandlung von Befindlichkeitsstörungen vorbereitete Pflanzen oder Tiere bzw. Teile von ihnen sowie von Pflanzen und Tieren gewonnene Stoffgemische, wie äther. Öle, Fette oder Harze.

Drogen der chinesischen Medizin

Rudolf Bauer

Einführung

Die traditionelle chinesische Medizin (TCM) kann auf eine mehrere tausend Jahre lange Entwicklung zurückblicken. Viele ihrer Theorien gehen auf Vorstellungen des Taoismus und Konfuzianismus zurück. Seit mehr als 2000 Jahren wird sie in China wissenschaftlich betrieben und an Universitäten gelehrt. Sie ist somit keine Volksmedizin, die von Laien angewandt wird, sondern hat ein Theoriegebäude, kennt diagnostische Verfahren und verfügt über ein kontinuierlich gewachsenes, schriftlich niedergelegtes Erkenntnismaterial. Sie ist heute in der Verfassung der VR China verankert und nimmt neben der westlichen Medizin einen wichtigen Stellenwert im Gesundheitssystem Chinas ein. In den letzten Jahren wird sie zunehmend auch in den westlichen Industrieländern angewendet.

Neben der Akupunktur ist die Anwendung von Arzneidrogen das wichtigste therapeutische Prinzip der TCM. Es werden überwiegend pflanzliche, aber auch tierische und mineralische Drogen verwendet. Die älteste Materia Medica, das legendäre *Shen-nong pen-ts'ao ching*, welche schon in der vorchristlichen Zeit verfaßt wurde, enthält bereits Aufzeichnungen über die Anwendung von 365 Arzneidrogen. In späteren „Arzneibüchern" wurden weitere Drogen hinzugefügt. Die wichtigsten klassischen Werke sind das in der frühen Tang-Epoche (618–906 n. Chr.) von Su-Ching verfaßte *Hsin-hsiu pen-ts'ao* mit 850 Arzneidrogen und das während der Ming-Dynastie (1368–1636 n. Chr.) entstandene *Pen-ts'ao kang mu* von Li Shih-chen, das 1893 verschiedene Drogen beschreibt. Auch im heute gültigen chinesischen Arzneibuch sind noch über 500 Arzneidrogen enthalten.

Berücksichtigt man darüber hinaus alle volksmedizinisch verwendeten Pflanzen, so beläuft sich die Zahl der in China insgesamt arzneilich verwendeten Arten auf ca. 7000. Dies entspricht etwa 20 % der chinesischen Flora. Eine Analyse zeigt eine ungleichmäßige Verteilung auf die einzelnen Taxa. Die nacktsamigen Pflanzen (*Gymnospermae*) besitzen mit 30 % einen überdurchschnittlich hohen Anteil an Arzneipflanzen, was vermutlich auf die enthaltenen Harze und ätherischen Öle zurückzuführen ist. Bei den zweikeimblättrigen Pflanzen (*Magnolia-*

tae) findet man eine Häufung bei den *Magnoliidae*, also den sehr ursprünglichen Pflanzen, die durch Benzylisochinolin-Alkaloide sowie Phenole und Zimtsäurederivate gekennzeichnet sind. Überdurchschnittlich berücksichtigt sind auch die *Caryophyllidae*, die sich ebenfalls durch ätherische Öle und Phenylpropanderivate auszeichnen. Interessanterweise tritt bei den *Asteridae*, den morphologisch mit am höchsten entwickelten Pflanzen, keine Häufung von arzneilich verwendeten Taxa auf.

In einer TCM-Apotheke werden üblicherweise ca. 600 bis 800 Arzneidrogen vorrätig gehalten. Sie werden in der Regel nach klassischem Muster in Mischungen von 4 bis 10 Bestandteilen als Dekokt angewendet. Jede Droge hat dabei ihre besondere Funktion: Ein „Chef" (*jun*) ist für die Hauptwirkung verantwortlich, ein „Adjutant" (*chen*) unterstützt den „Chef" oder deckt einen zweiten Indikationsbereich ab, „Assistenten" (*zuo*) unterstützen ebenfalls den „Chef" oder mildern die sekundären Symptome und die Nebenwirkungen des Hauptwirkstoffes und „Boten" (*shi*) kanalisieren und harmonisieren die Wirkung.

Die Anwendung der Drogen erfolgt nach einer Medizintheorie, die sich grundsätzlich von unserem westlichen medizinischen und pharmakologischen Verständnis unterscheidet. Eine wesentliche Rolle spielen dabei die beiden gegensätzlich ausgerichteten, aber sich ergänzenden Kräftegruppen *„yin"* und *„yang"*, sowie das sog. *„qi"*, welches als Lebensenergie im weiteren Sinne verstanden werden kann. Daneben besitzt der Einfluß auf die *„Fünf Wandlungsphasen"* eine große Bedeutung. Hierbei werden den fünf symbolischen *Elementen Holz, Feuer, Erde, Metall* und *Wasser*, die sich ineinander umwandeln können, die fünf Funktionsbereiche *„Leber"*, *„Herz"*, *„Milz"* und *„Magen"*, *„Lunge"* bzw. *„Niere"* zugeordnet. Es sind darunter jedoch nicht die Organe zu verstehen, sondern eine Funktionalität, die nicht immer mit unseren physiologischen Erkenntnissen übereinstimmen muß. Es wurde daher vorgeschlagen, bei Übersetzungen aus der TCM statt „Organ" den Begriff *„Orbis"* zu gebrauchen, was als „Komplex delokalisierter Funktionen" definiert wird.

Anwendung

Basierend auf diesem traditionellen medizinischen Verständnis und einer entsprechenden Anwendung der Drogen haben sich im Zuge der Koexistenz von westlicher und traditionell chinesischer Medizin mittlerweile aber auch für zahlreiche Arzneidrogen Indikationen nach westlichem Muster herauskristallisiert, die auch in der neueren chinesischen Medizinliteratur ihren Niederschlag gefunden haben. Dies ist sicher auch eine der Ursachen für die zunehmende Anwendung chinesischer Arzneidrogen in westlichen Ländern.

Soweit die Drogen arzneilich verwendet werden, muß gewährleistet sein, daß sie wie alle anderen Arzneidrogen den westlichen Qualitätsanforderungen entsprechen. Neben dem Nachweis von Identität, Reinheit und Gehalt, die nach den Vorschriften des chinesischen Arzneibuches überprüft werden können, muß auch auf ungewöhnliche Verunreinigungen (fremde Bestandteile), wie Schwermetalle, Pflanzenschutzmittel-Rückstände, Aflatoxine und mikrobielle Kontaminationen geachtet werden.

Die Verwendung von Drogen, die dem Washingtoner Artenschutzabkommen unterliegen, wie Orchideen (Bletillae tuber, *Baiji*; Gastrodiae rhizoma, *Tianma*; Dendrobii herba, *Shihu*) und tropische Farne (Cibotii rhizoma, *Gouji*), setzt zwingend voraus, daß die Pflanzen aus Kulturen stammen.

Bei der Identitätsprüfung ist grundsätzlich zu beachten, daß für bestimmte Drogen in verschiedenen Regionen Ostasiens unterschiedliche Stammpflanzen verwendet werden. So wird z. B. die Droge *Pien hsu* in der Volksrepublik China von ↗ *Polygonum aviculare* (*Polygonaceae*) gewonnen, während in Taiwan als Stammpflanze *Euphorbia thymifolia* (*Euphorbiaceae*) und in Hong Kong *Belamcanda chinensis* (*Iridaceae*) verwendet wird. Teilweise werden auch in verschiedenen Landesteilen Chinas unterschiedliche Arten einer Pflanzengattung verwendet, oder es werden unterschiedliche Pflanzenteile eingesetzt. Manchmal gibt es auch Probleme mit sehr ähnlich klingenden Namen. So werden beispielsweise *Fangji* (Radix Stephaniae tetrandrae) und *Guang Fangji* („südliche Fangji" = *Aristolochia fangchi*) gerne verwechselt, ebenso *Chuan mutong* (*Clematis armandii*) und *Guan mutong* (*Aristolochia manshuriensis*), was toxikologische und arzneimittelrechtliche Relevanz besitzt, da aristolochiasäurehaltige Arzneidrogen leber- und nierentoxisch und in Deutschland als Arzneimittel nicht zugelassen sind.

In der TCM existieren von einzelnen Arzneidrogen häufig auch unterschiedliche Zubereitungsformen. Die Drogen werden z. B. gedämpft, gekocht oder geröstet bzw. mit Alkohol, Wein, Salzlösungen oder Honig behandelt. Wichtig ist dies insbesondere bei giftigen Arzneidrogen, wie *Aconiti radix* (↗ *Aconitum*-Arten; *fuzi*). In China kennt man neben den wegen der enthaltenen Diterpenesteralkaloide hochtoxischen, rohen bzw. wenig vorbehandelten Wurzeln *nifuzi* (*ni* = Schlamm, Lehm) und *yanfuzi* (mehrere Tage in Salz eingelegt; *yan* = Salz), zahlreiche vorbehandelte Drogenformen: *heishunpian* (= „schwarzgefärbte Längsscheiben"; in Salzwasser gekocht und gedämpft), *baifupian* (gekocht, gedämpft und mit Schwefeldämpfen geräuchert; weiße Scheiben), *fupian* (*heishunpian* oder *baifupain* direkt verwendet), *danfupian* (*yanfuzi* mit Wasser gewaschen und mit Süßholzwurzel und Sojabohnen so lange gekocht, bis die aufgeschnittene Probe auf der Zunge nicht mehr anaesthesierend wirkt), *panfupian* (*fupian* nach der Tang-Methode geröstet bis sich die Droge aufwölbt und eine leichte Farbvertiefung eintritt). Toxikologische Untersuchungen haben gezeigt, daß durch die Vorbehandlung der Droge die toxischen Esteralkaloide zu Aconin hydrolysiert werden und eine Entgiftung der Droge eintritt. Nur die so vorbehandelte Droge darf gemäß der TCM verwendet werden. Das chinesische Arzneibuch läßt mit Dünnschichtchromatographie auf den Gehalt von ↗ Aconitin prüfen.

Als nützlich für die Identitäts- und Qualitätsbestimmung von chinesischen Drogen können die deutsche Übersetzung des chinesischen Arzneibuches (*Arzneibuch der chinesischen Medizin*), welche Angaben zu ca. 300 Drogen enthält, die Monographien aus der Serie *Chinese Drug Monographs and Analysis* sowie die offizielle englische Ausgabe der *Pharmacopoeia of the People´s Republic of China* empfohlen werden.

Das Potential der chinesischen Heilkräuter

Die Wissenschaft ist dabei, das Potential der chinesischen Arzneidrogen zu evaluieren. Es werden dabei zwei verschiedene Ansätze verfolgt: Zum einen wird versucht, die Wirkungen und die Wirksamkeit von chinesischen Arzneidrogen bzw. von daraus hergestellten Extrakten nachzuweisen, um damit eine rationale Begründung für die traditionelle Anwendung zu liefern. Zum anderen werden chinesische Arzneidrogen als Ausgangsmaterial für die Isolierung von pharmakologisch potenten Reinstoffen verwendet, welche als Leitstrukturen für die Entwicklung neuer Arzneistoffe dienen sollen.

Die Wirksamkeit von chinesischen Arzneidrogen wurde im Mutterland schon in zahlreichen klinischen Studien belegt. Meist erfüllen diese Studien allerdings nicht die heute üblichen Ansprüche. Für die Etablierung entsprechender Drogen und Zubereitungen im westlichen Arzneimittelmarkt sind daher in den meisten Fällen zusätzliche Studien erforderlich. Es haben allerdings in der Vergangenheit schon einige chinesische Drogen Eingang in unseren westlichen Arzneischatz gefunden. Bei uns bereits etablierte, ursprünglich chinesische Arzneipflanzen sind *Ephedra sinica* ↗ *Ephedra*-Arten, ↗ *Panax ginseng*, ↗ *Ginkgo biloba*, *Allium sativum* (↗ *Allium*-Arten) oder *Rheum officinale* (↗ *Rheum*-Arten).

Die Mehrzahl der anderen, bei uns bisher nur wenig bekannten Drogen, bedarf noch einer entsprechenden klinischen und pharmakologischen Evaluierung. Dabei gibt es eine Reihe chinesischer Arzneipflanzen, für die sehr vielversprechende Daten vorliegen und für die bereits interessante Wirkungen nachgewiesen wurden. Beispiele hierfür sind *Tripterygium wilfordii*, *Trichosanthes kirilowii*, *Salvia miltiorhizza*, *Codonopsis pilosula*, *Dichroa febrifuga*, *Pinellia ternata*, *Rehmannia glutinosa* und *Schisandra chinensis*.

Für eine Teemischung (Zemaphyte®), bestehend aus *Ledebouriella seseloides*, *Potentilla chinensis*, *Clematis armandii*, *Rehmannia glutinosa*, *Paeonia lactiflora*, *Lophatherum gracile*, *Dictamnus dasycarpus*, *Tribulus terrestris*, *Glycyrrhiza glabra* und *Schizonepeta tenuifolia*, wurde in England bereits in Doppelblindversuchen die Wirksamkeit in der Behandlung des atopischen Ekzems nachgewiesen.

Ein anderer Ansatz, das Potential der chinesischen Arzneidrogen zu nutzen, ist die Suche nach neuen Wirkstoffen bzw. nach neuen Leitstrukturen. In einigen Fällen sind bereits entsprechende Präparate auf dem Markt.

Artemisinin aus ↗ *Artemisia annua* (*Asteraceae*) bzw. das semisynthetische Artemether (Paluther®, Artenam®) werden zur Behandlung von schweren, Chinin- und Chloroquin-resistenten Malaria-Erkrankungen eingesetzt. Paluther®

wurde hierzu bereits in die entsprechende Arzneimittelliste der WHO aufgenommen.

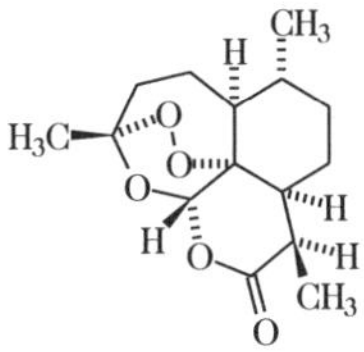

Artemisinin

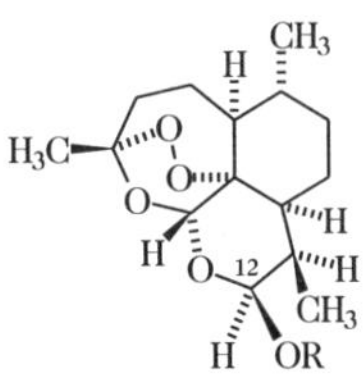

Dihydroartemisinin: R = H
Artemether: R = CH_3
Natriumartesunat: R = $OCOCH_2CH_2COONa$

Camptothecin (CPT), welches aus ↗ *Camptotheca acuminata* (*Nyssaceae*) isoliert wurde, besitzt eine antileukämische Wirkung und hat großes Interesse geweckt, weil es die für die Tumorzellteilung wichtige Topoisomerase I hemmt. Später synthetisierte wasserlösliche Derivate des 10-Hydroxy-camptothecins besitzen eine noch etwas stärkere Wirkung. Hydroxy-CPT ist in China klinisch im Einsatz. Das 9-Methylaminoderivat Topotecan ist mittlerweile in Europa als Hycamtin® zur Behandlung des fortgeschrittenen Ovarialcarcinoms nach Versagen einer Primär- oder Folgetherapie zugelassen. Klinische Studien zum Einsatz beim kleinzelligen Lungencarcinom, beim Brustkrebs und beim Zervixcarcinom sind im Gange. Irinotecan (Campto®) bzw. dessen Metabolit SN-38 (freie 9-OH-Gruppe) ist in Europa zugelassen zur Behandlung des nicht-kleinzelligen Lungentumors, in den USA zur Behandlung von Colorectal-Tumoren und in Japan zur Behandlung bei rezidivierenden ovariellen Tumoren. 9-Aminocamptothecin ist in der klinischen Prüfung bei Ovar-, Colon-, Lungen- und Magentumoren sowie bei Leukämie.

Die Hemmung eines Topoisomerasetyps stimuliert jeweils die Expression des anderen. Daher ist eine alternierende Applikation von Topoisomerase-I- und Topoisomerase-II-Hemmstoffen (Doxorubicin, Etoposid) besonders effektiv. Auch eine Kombination mit Platinverbindungen (Cisplatin) wirkt synergistisch.

Eine weitere vielversprechende Verbindung ist der Cholinesterasehemmstoff Huperzin A aus *Huperzia serrata* (Lycopodiaceae). Er wird mittlerweile auch synthetisch gewonnen. Es handelt sich um einen reversiblen Inhibitor der AChE (KI = 14 nM), wobei der entstehende Komplex sehr langsam dissoziiert. Hinsichtlich der Wirksamkeit in vivo wurden Versuche an Ratten durchgeführt, die zeigten, daß die Lernfähigkeit nach Gabe von Huperzin A deutlich gesteigert war. In USA sind Extrakte von *Huperzia serrata* als „Dietary Supplements" auf dem Markt. In China ist Huperzin als Reinstoff im Handel.

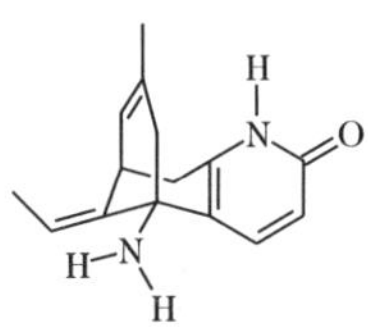

(–)-Huperzin A

Tripterygium wilfordii aus der Familie der *Celastraceae* (Leigongteng) ist eine sehr toxische

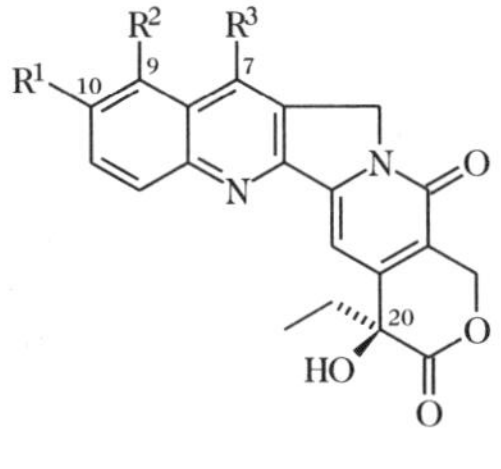

	R^1	R^2	R^3
Camptothecin	H	H	H
Hydroxy-camptothecin	OH	H	H
Topotecan (Hycamtin®)	OH	$CH_2N(CH_3)_2$	H
Irinotecan (Campto®)	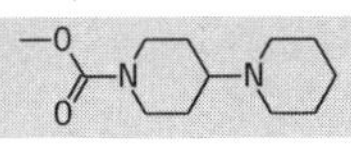	H	C_2H_5
9-Aminocamptothecin	H	NH_2	H

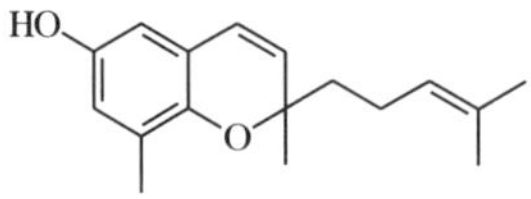

Atractylochromen

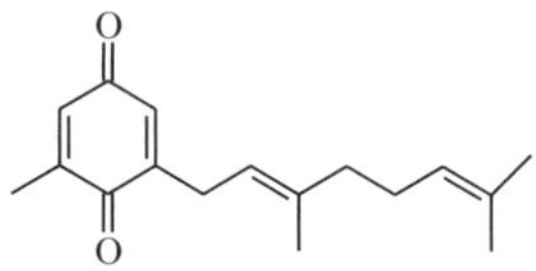

Atractylochinon

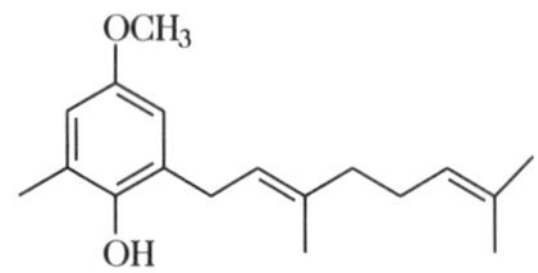

Atractylohydrochinon

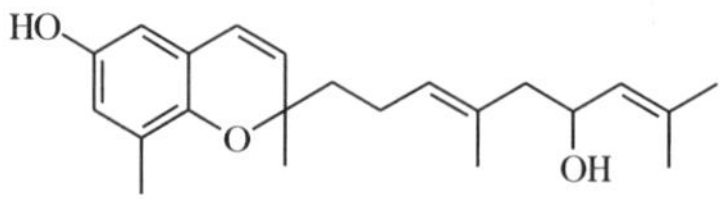

Angelicachromen

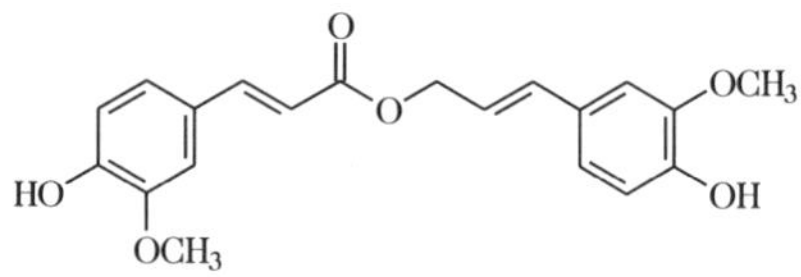

Coniferylferulat

Pflanze. Daher wurde sie in China auch nur wenig verwendet. Die Wurzeln wurden u. a. als Antidot, zur Behandlung von *Herpes zoster* und von rheumatoiden Erkrankungen eingesetzt. Da die toxischen Inhaltsstoffe vor allem in der Wurzelrinde anzutreffen sind, wurden nur geschälte Wurzeln verwendet. Insgesamt wurden bereits mehr als 70 Inhaltsstoffe identifiziert. Hauptsächlich handelt es sich um Diterpene vom Abietan-Typ, pentacyclische Triterpene mit Oleanangrundgerüst und Alkaloide. Für die Wirkung und Toxizität sind im wesentlichen die für Celastraceen typischen Alkaloide (Wilfordin) sowie die Diterpenlactone verantwortlich. Es wurden überwiegend niedrig dosierte Extraktzubereitungen untersucht. In einer randomisierten Doppelblindstudie an Patienten mit rheumatoider Polyarthritis trat nach 12-wöchiger Behandlungsdauer eine Besserung der Symptome auf. Man vermutet, daß Triptolid die verantwortliche Wirksubstanz ist. Triptolid hemmte die LPS-induzierte Prostaglandinsynthese.

In eigenen Untersuchungen mit chinesischen Arzneidrogen konnten Inhaltsstoffe gefunden werden, die selektiv die durch die 5-Lipoxygenase (5-LOX) vermittelte Leukotrienbildung und die durch Prostaglandinsynthase (PGHS-1) kontrollierte Prostaglandinsynthese hemmen und sich daher als Entzündungshemmstoffe eignen könnten. Aus den Rhizomen von *Atractylodes lancea* (*Asteraceae*) wurde ein neues Chromen (Atractylochromen) mit einem sehr starken dualen Hemmeffekt auf den 5-LOX- und PGHS-1-Metabolismus sowie ein Hydrochinonderivat und ein Chinon mit einer noch stärkeren, selektiven Hemmwirkung auf die 5-LOX isoliert, aus *Angelica sinensis* (*Apiaceae*) ebenfalls ein Chromenol (Angelicachromen) mit einem sehr starken Hemmeffekt auf die Leukotrien- und Prostaglandinbiosynthese sowie Phenetylferulat mit einer selektiven Wirkung auf die Leukotrienbildung.

Chinesische Heilkräuter und deren Inhaltsstoffe besitzen somit ein sehr interessantes pharmakologisches Potential, und es wird weiterhin eine interessante Aufgabe sein, ihre Wirksamkeit zu evaluieren sowie die Wirksubstanzen und die Wirkmechanismen aufzuklären. Es be-

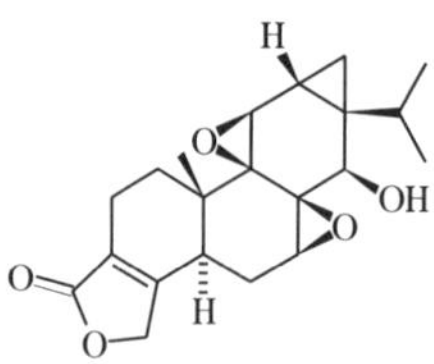

Triptolid

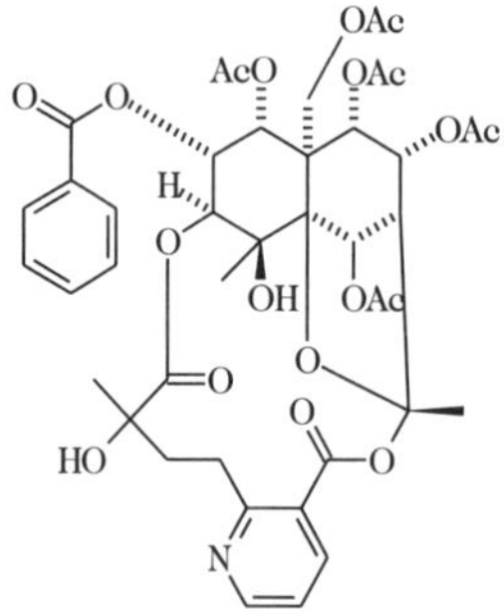

Wilfordin

steht kein Zweifel, daß sie auf diese Weise eine wichtige Ergänzung für die westliche Medizin darstellen können.

Literatur:

Akarele, O. in: Wagner, H. und Farnsworth N.R. (Hrsg.): *Economic and Medicinal Plant Research*, Vol. 4, Academic Press, London 1990.
Zhou, H.-J., Lu, Y.-R.: *Phytotherapy in China and its prospects*, J. Chin. Pharm. Sci. 1 (1992) 3–12.
Xiao P.G.: *Traditional experience of Chinese herb medicine – Its application in drug research and new drug searching*. In: Beal, J.L., Reinhard, E. (Eds.): Natural Products as Medicinal Agents. Hippokrates-Verlag, Stuttgart 1981, 351–394.
But, P.P.-H., Hu, S.-Y., Kong, Y.C.: *Vascular plants used in Chinese medicine*, Fitoterapia 3 (1980) 245–264.
Porkert, M.: *Lehrbuch der chinesischen Diagnostik*, Verlag für Medizin, Heidelberg 1976.
Bensky, D., Gamble, A.: *Chinese Herbal Medicine – Materia Medica*, Eastland Press Inc., Seattle 1993.
Stöger, E., Friedl, F.: *Arzneibuch der chinesischen Medizin*, Deutscher Apotheker Verlag, Stuttgart 1998.
Wagner, H., Bauer, R. (Hrsg.): *Chinese Drug Monographs and Analysis*, Verlag für Ganzheitliche Medizin Dr. Erich Wühr GmbH, Kötzting 1998.
Pharmacopoeia of the People´s Republic of China (English Edition), Guangdong Science and Technology Press, Ghuangzhou, 1992.
Bauer, R.: *Chinesische Arzneidrogen als Quelle neuer Arzneistoffe für die westliche Medizin*, Pharmazie in unserer Zeit 23 (1994) 291–300.
Tang, W., Eisenbrand, G.: *Chinese Drugs of Plant Origin*, Springer-Verlag, Berlin – Heidelberg 1992.

■ Drogen in Teemischungen

Drogen kommen oft in Form von Gemischen (↗ Species) zur Anwendung. Diese enthalten meist 4 bis 5 Einzeldrogen, die sich entsprechend der angestrebten Wirkung durch die Zusammensetzung ihrer Inhaltsstoffe sinnvoll ergänzen. Die nachfolgende Tabelle weist die für die jeweiligen Indikationen gebräuchlichen Teedrogen aus.

Drogenkunde ↗ Pharmakognosie.

Tabelle: Drogen in Teemischungen.

1. Drogen, die oft Bestandteile von Abführtees (↗ Species laxantes) sind:		
Faulbaumrinde	*Frangulae cortex*	↗ *Rhamnus frangula*
Fenchelfrüchte	*Foeniculi fructus*	↗ *Foeniculum vulgare*
Flohsamen	*Psyllii semen*	↗ *Plantago-Arten*
Holunderblüten	*Sambuci flos*	↗ *Sambucus nigra*
Kamillenblüten	*Chamomillae flos*	↗ *Chamomilla recutita*
Leinsamen	*Lini semen*	↗ *Linum usitatissimum*
Pfefferminzblätter	*Menthae piperitae folium*	↗ *Mentha-Arten*
Rhabarberwurzel	*Rhei radix*	↗ *Rheum-Arten*
Sennesblätter	*Sennae folium*	↗ *Cassia-Arten*
Sennesfrüchte	*Sennae fructus*	↗ *Cassia-Arten*
Süßholzwurzel	*Liquiritiae radix*	↗ *Glycyrrhiza glabra*

Tabelle: Drogen in Teemischungen (Fortsetzung).

2. Drogen, die Bestandteile von Beruhigungstees (↗ Species nervinae, ↗ Species sedativae) sind:		
Baldrianwurzel	*Valerianae radix*	↗ *Valeriana-Arten*
Johanniskraut	*Hyperici herba*	↗ *Hypericum perforatum*
Hopfenzapfen	*Strobuli Lupuli*	↗ *Humulus lupulus*
Melissenblätter	*Melissae folium*	↗ *Melissa officinalis*
Lavendelblüten	*Lavandulae flos*	↗ *Lavandula officinalis*
Orangenblüten	*Aurantii flos*	↗ *Citrus -Arten*
Pomeranzenschale	*Pericarpium Auranttii amari*	↗ *Citrus-Arten*
Haferfrüchte	*Avenae fructus*	↗ *Avena sativa*
Passionsblumenkraut	*Passiflorae herba*	↗ *Passiflora incarnata*
Weißdornblüten	*Crataegi flos*	↗ *Crataegus-Arten*

3. Drogen, die in Blasen- und Nierentees (↗ Species urologicae) zur Anwendung kommen:		
Birkenblätter	*Betulae folium*	↗ *Betula-Arten*
Brennesselblätter	*Urticae folium*	↗ *Urtica-Arten*
Bärentraubenblätter	*Uvae ursi folium*	↗ *Arctostaphylos uva-ursi*
Bruchkraut	*Herniariae herba*	↗ *Herniaria-Arten*
Bohnenhülsen	*Phaseoli pericarpium*	↗ *Phaseolus vulgaris*
Goldrutenkraut	*Virgaureae herba*	↗ *Solidago-Arten*
Hagebuttenschalen	*Rosae pseudofructus*	↗ *Rosa canina*
Hauhechelwurzel	*Ononidis radix*	↗ *Ononis spinosa*
Mateblätter	*Mate folium*	↗ *Ilex paraguariensis*
Queckenwurzelstock	*Graminis rhizoma*	↗ *Agropyron repens*
Ringelblumenblüten	*Calendulae flos*	↗ *Calendula officinalis*
Schachtelhalmkraut	*Equiseti herba*	↗ *Equisetum arvense*
Süßholzwurzel	*Liquiritiae radix*	↗ *Glycyrrhiza glabra*
Wacholderbeeren	*Juniperi fructus*	↗ *Juniperus communis*

4. Drogen, die in Brust- und Hustentees (↗ Species pectorales) genutzt werden:		
Anisfrüchte	*Anisi fructus*	↗ *Pimpinella anisum*
Eibischwurzel	*Althaeae radix*	↗ *Althaea officinalis*
Fenchelfrüchte	*Foeniculi fructus*	↗ *Foeniculum vulgare*
Huflattichblätter	*Tussilaginis folium*	↗ *Tussilago farfara*
Lindenblüten	*Tiliae flos*	↗ *Tilia-Arten*
Malvenblätter	*Malvae folium*	↗ *Malva-Arten*

Tabelle: Drogen in Teemischungen (Fortsetzung).

4. Drogen, die in Brust- und Hustentees (↗ Species pectorales) genutzt werden:		
Malvenblüten	*Malvae flos*	↗ *Malva-Arten*
Isländisches Moos	*Lichen islandicus*	↗ *Cetraria islandica*
Schlüsselblumenblüten	*Primulae flos*	↗ *Primula-Arten*
Spitzwegerichkraut	*Plantaginis lanceolatae herba*	↗ *Plantago-Arten*
Süßholzwurzel	*Liquiritiae radix*	↗ *Glycyrrhiza glabra*
Quendelkraut	*Serpylli herba*	↗ *Thymus-Arten*
Thymiankraut	*Thymi herba*	↗ *Thymus-Arten*
Wollblumen	*Verbasci flos*	↗ *Verbascum-Arten*

5. Drogen, die in ↗ Erkältungstees verwendet werden:		
Holunderblüten	*Sambuci flos*	↗ *Sambucus nigra*
Lindenblüten	*Tiliae flos*	↗ *Tilia-Arten*
Mädesüßblüten	*Spriraeae flos*	↗ *Filipendula ulmaria*
Weidenrinde	*Salicis cortex*	↗ *Salix-Arten*

6. Drogen, die als Bestandteil von Leber-und Gallentees (↗ Species cholagogae) genutzt werden:		
Javanische Gelbwurz	*Curcumae rhizoma*	↗ *Curcuma-Arten*
Kamillenblüten	*Chamomillae flos*	↗ *Chamomilla recutita*
Kümmelfrüchte	*Carvi fructus*	↗ *Carum carvi*
Löwenzahnkraut	*Taraxacum officinale*	↗ *Taraxacum officinale*
Mariendistelfrüchte	*Cardui mariae fructus*	↗ *Silybum marianum*
Pfefferminzblätter	*Menthae piperitae folium*	↗ *Mentha-Arten*
Schafgarbenkraut	*Millefolii herba*	↗ *Achillea-Arten*

7. Drogen, die als Bestandteil von Magentees (↗ Species stomachicae) verwendet werden:		
Andornkraut	*Marrubii herba*	↗ *Marrubium vulgare*
Angelikawurzel	*Angelicae radix*	↗ *Angelica archangelica*
Anguaraté	*Mentzeliae herba*	↗ *Mentzelia cordifolia*
Anisfrüchte	*Anisi fructus*	↗ *Pimpinella anisum*
Baldrianwurzel	*Valerianae radix*	↗ *Valeriana-Arten*
Bitterkleeblätter	*Menyanthidis folium*	↗ *Menyanthes trifoliata*
Condurangorinde	*Condurango cortex*	↗ *Marsdenia condurango*
Enzianwurzel	*Gentianae radix*	↗ *Gentiana-Arten*
Hopfenzapfen	*Strobuli Lupuli*	↗ *Humulus lupulus*

Tabelle: Drogen in Teemischungen (Fortsetzung).

7. Drogen, die als Bestandteil von Magentees (↗ Species stomachicae) verwendet werden:		
Isländisches Moos	*Lichen islandicus*	↗ *Cetraria islandica*
Kamillenblüten	*Chamomillae flos*	↗ *Chamomilla recutita*
Kardobenediktenkraut	*Cnici benedicti herba*	↗ *Cnicus benedictus*
Korianderfrüchte	*Coriandri fructus*	↗ *Coriandrum sativum*
Kümmelfrüchte	*Carvi fructus*	↗ *Carum carvi*
Löwenzahnkraut	*Taraxaci radix cum herba*	↗ *Taraxacum officinale*
Pfefferminzblätter	*Menthae piperitae folium*	↗ *Mentha-Arten*
Sanikelkraut	*Saniculae herba*	↗ *Sanicula europaea*
Salbeiblätter	*Salviae folium*	↗ *Salvia-Arten*
Schafgarbenkraut	*Millefolii herba*	↗ *Achillea-Arten*
Tausendgüldenkraut	*Centaurii herba*	↗ *Centaurium minus*
Teufelskrallenwurzel	*Harpagophyti radix*	↗ *Harpagophytum procumbens*
Wermutkraut	*Absinthii herba*	↗ *Artemisia absinthium*
Zimtrinde	*Cinnamomi cortex*	↗ *Cinnamomum-Arten*

Drogen und Pfeilgifte in der Indianermedizin

Bruno Wolters

Einführung

In den Jahren 1976 bis 1985 fand ein vom Anthropologen Tom Dillehay geleitetes Ausgrabungsteam am 12 500 Jahre alten späteiszeitlichen Fundplatz Monte Verde im südlichen Mittelchile Reste von 72 verschiedenen Pflanzenarten bzw. -gattungen, darunter 34 Heilpflanzen. Von 23 konnte die Artzugehörigkeit sicher bestimmt werden, und deren medizinische Hauptindikationen (Schmerzlinderung, Wundheilung und Fieber sowie Tonika und Stimulantien) zählen heute noch zu den Schwerpunkten der Medizin der Mapuche (Araukaner) in Chile. Besonders bemerkenswert war die Auffindung von zerkauten Boldoblättern (↗ *Peumus boldus*), die bis heute auch bei uns als Leber-Galle-Mittel dienen. Auch der Canelo oder Wintersrindenbaum (↗ *Drimys winteri*), das heutige „Allheilmittel“ der Mapuche und frühere Antiskorbutikum (*Cortex Winteranus*) auf Segelschiffen, Massen von Bärlappsporen (Lycopodium), die in Chile bei Hautreizungen und Geschwüren als Reizlinderungs- bzw. Austrocknungsmittel verwendet werden, sowie einige Myrtaceen, Drogen mit Gerbstoffen und ätherischem Öl, sind unter diesen ältesten Zeugnissen der indianischen Medizin bereits vertreten.

Indianische Heilpflanzen und ihre Anwendung

Indianische Medizin ist – abgesehen von der Verwendung von Hausmitteln – eine Kombination von Erfahrungsheilkunde und religiösen Ritualen. Für schwere und unerklärliche Krankheitsfälle ist ein Schamane als „Medizinmann“ zuständig. Dieser erkennt die magischen Ursachen (Tabuverletzung, Verlust der Seele bei einem Traum, Verhexung u. ä.) gegebenenfalls per Visionssuche mit einer halluzinogenen Droge und behandelt sie rituell. Häufig wird das Leiden durch Heraussaugen der Krankheit oder des hineingehexten Gegenstandes aus dem Körper behandelt, zugleich oder anschließend mit Heilpflanzen.

Besonders in den Hochkulturen Mexikos und Perus war die Medizin hochentwickelt. Die Menschen kannten und verwendeten: Bäder, Schwitzbäder, Inhalationen, Einreibungen, Klistiere, Schienung von Knochenbrüchen, Pasteurisierung von Wundreinigungsmitteln, Operationsinstrumente (Obsidianmesser), Haare für Wundnähte. Narkotisierung mittels Rauschdrogen (Stechapfel; ↗ *Datura*-Arten) vor schmerzhaften Operationen war bei Puebloindianern in den USA und bei Mapuche in Chile noch im 20. Jh. üblich.

Ethnobotaniker haben in Nordamerika über 2 000 indianische Arzneipflanzen registriert, in Mexiko über 3 000, unter 18 000 bzw. 23 000 Pflanzenarten insgesamt in diesen Regionen. Die älteste indianische Heilpflanze aus Nordamerika, die schon im 16. Jh. nach Europa verpflanzt wurde, war der Amerikanische Lebensbaum (↗ *Thuja occidentalis*). Die Huronen am Sankt-Lorenz-Strom in Kanada retteten mit Abkochungen aus grünen Lebensbaumzweigen einem Teil der Schiffsmannschaft des bretonischen Entdeckers Jacques Cartier, die an schwerem Skorbut und Fieber erkrankt war, das Leben. Indianer verwenden die Zweige auch bei Erkältungen, Husten und anderen Infektionen wie auch bei Hautleiden. Diese Anwendungen sind durch die in den Zweigen enthaltenen immunstimulierenden Polysaccharide plausibel, deren Wirkung auch wir bei entsprechenden Infektionen nutzen. Überhaupt sind bei nordamerikanischen Indianern seit altersher immunstimulierend wirkende Pflanzen in Gebrauch bei Atemwegserkrankungen, Mandelentzündung und Fieber: die Sonnenhut-Arten (↗ *Echinacea*-Arten), der Falsche Indigo (↗ *Baptisia tinctoria*), der Durchwachsenblättrige Wasserhanf (*Eupatorium perfoliatum*; ↗ *Eupatorium*-Arten) und die Amerikanische Kermesbeere (↗ Phytolacca americana).

Ein wichtiges Gebiet der Indianermedizin ist die Frauenheilkunde mit insgesamt 462 Pflanzenarten allein bei den Völkern Nordamerikas. Wir haben einige davon übernommen, so die Trauben-Silberkerze (↗ *Cimicifuga racemosa*), die von Indianern bei Menstruationsstörungen und in der Geburtshilfe genutzt wird, die Frauenwurz (↗ *Caulophyllum thalictroides*) und die Schneeball-Art *Viburnum prunifolium* (↗ *Viburnum*-Arten).

An weiteren Pflanzen, deren Heilwirkung von nordamerikanischen Indianern zuerst entdeckt wurde, seien genannt: der Kalifornische Goldmohn oder Schlafmützchen (↗ *Eschscholzia californica*) als Einschlafhilfe, die Blätter des Amerikanischen Berglorbeers (↗ *Kalmia latifolia*) als Rheumamittel, die Senegawurzel von *Polygala senega* (↗ *Polygala*-Arten) als Sekretolytikum bei Bronchitis und Husten, die Virginische Zaubernuß (↗ *Hamamelis virginiana*) bei Venenerkrankungen, Haut- und Schleimhautentzündungen, zur Wundbehandlung und Blutstillung sowie bei Hämorrhoiden.

Die Maya nutzten bereits die Herzwirksamkeit der Königin der Nacht (↗ *Selenicereus grandiflorus*) und die sedative Wirkung der in Yucatan wachsenden Passionsblumen-Arten (wir verwenden die nordamerikanische ↗ *Passiflora incarnata* zum gleichen Zweck). Von peruanischen Indianern wurden die Wirkungen der Ratanhiawurzel (von ↗ *Krameria triandra*) bei Mundschleimhautentzündungen entdeckt, die bei ihnen auch zur Zahnpflege dient, ebenso die antibiotische Aktivität der Kapuzinerkresse (↗ *Tropaeolum majus*), die bei Hautkrankheiten, Bronchitis und anderen Infektionen genutzt wurde, und die Wirksamkeit von Anguraté (↗ *Mentzelia cordifolia*) bei verschiedenen Magenleiden, die bei funktionellen Oberbauchbeschwerden der des synthetischen Metoclopramid® gleichkommt.

Brasilianische Indianer kannten bei der Ipecacuanha-Wurzel (*Cephaelis ipecacuanha*; ↗ *Cephaelis*-Arten) nicht nur deren Brechwirkung – der indianische Name „Ipecaáguéme" bedeutet „kleines Kraut am Wege, das Erbrechen erregt" –, sondern auch ihre antibiotische Aktivität bei Amöbenruhr und ihre Brauchbarkeit in geringer Dosierung als Sekretolytikum bei Bronchitis. Indianer Kolumbiens benutzen Luffaschwämmchen (↗ Luffa-Arten; das faserige Gerüst der kleinen Früchte dieses Kürbisgewächses) zur Erzeugung eines „Heilschnupfens", bei der durch kurzfristige Einführung des Schwämmchens in die Nasenlöcher eine Reinigung der Nasenhöhlen von verhärtetem Sekret, Eiter etc. erzielt wird. Diese Therapie ist auch bei uns eingeführt.

Ein besonderes Kapitel sind die indianischen Schmerz- und Rauschmittel. Medizinmänner und Curanderos verwenden außer relativ harmlosen Schmerzmitteln auch stark wirksame Drogen wie Tabak, Peyote, Stechapfel und Cocablätter. Die bei uns übliche begriffliche Trennung von Arznei- und Rauschmitteln existiert bei Indianern nicht; der Begriff „Medizin" umfaßt bei ihnen weit mehr (vgl. oben).

Ein sehr verbreitetes Schmerzmittel ist der Tabak (↗ *Nicotiana tabacum* und *N. rustica*), bei dem die schmerzlindernde Wirkung des Nicotins vorsichtigerweise nur äußerlich eingesetzt wird; Nicotin dringt allerdings durch die Haut. In Peru werden Tabakblätter bei Ohrenschmerzen in den Gehörgang eingebracht, bei Kopf- und Zahnschmerzen als Umschlag aufgelegt, bei den Maya desgleichen bei Rücken-, Herz- und Unterleibsschmerzen. Kallawaya-Wanderheiler in Bolivien und Peru empfehlen Schnupftabak gegen Migräne. Bei anderen Erkrankungen gibt man Tabak aber auch innerlich, als Tee oder Klistier.

Das Mescalin im Peyote-Kaktus (↗ *Lophophora williamsii*) wirkt halluzinogen, weshalb die oberen Teile dieses Kaktus seit 8 000 Jahren in Mexiko als Visionsdroge dienen. Peyote ist bei mexikanischen und nordamerikanischen Indianern zugleich Heilpflanze und Schmerzmittel bei Rheuma-, Muskel- und Zahnschmerzen. Die Schmerzlinderung ist belegt.

Der Stechapfel (*Datura stramonium* und andere als "Toloache" bezeichnete ↗ *Datura*-Arten) gebrauchen mexikanische Indianer äußerlich bei Kopf-, Ohren-, Muskel- und Rückenschmerzen wie rheumatischen Schmerzen und Neuralgien, innerlich bei Geburtsschmerzen. Die Verwendung als Narkosemittel wurde schon genannt.

Das berühmteste Schmerzmittel südamerikanischer Indianer sind die Cocablätter von ↗ *Erythroxylum coca* und ↗ *Erythroxylum novogranatense*. Bei Indianern der Kordillerenländer sind die cocainhaltigen Blätter nicht nur ein mehrmals täglich genossenes Dopingmittel, sondern als Schmerzmittel so populär wie bei uns das Aspirin, und auch sonst ist diese Droge bei ihnen ein vielfältig genutztes Arzneimittel. Kallawaya-Heiler verordnen Cocablätter heutzutage vorsichtigerweise meist nur äußerlich: Bei Erkältungen, Schüttelfrost, Muskelsteife (Inhalation bzw. Einreibung); bei Verbrennungen Cocablätter als Umschlag; bei geschwollenen und müden Füßen Waschung mit einer Coca-Abkochung; bei Magen-Darm-Störungen einen Coca-Umschlag mit Salz auf dem Unterleib: bei Kopfschmerz Auflegen von leicht zerkauten Cocablättern. Nur bei Koliken, Gastritis sowie anderen Verdauungsproblemen erfolgt eine innerliche Anwendung.

Rauschpilze (vor allem ↗ Psilocybe-Arten) dienten nach dem Bericht von Bernardino de Sahagún (1569) bei den Azteken nicht nur als Visionsdroge. Auch bei Fieber und Gicht wurden sie benutzt. *Psilocybe barrerae* ist bei mexikanischen Indianern Schmerzmittel für Zahn- und Magenschmerzen.

Die als Zierpflanzen bekannten Engelstrompeten (↗ Brugmansia-Arten, früher bei Datura eingeordnet) werden in Tälern der Anden-Ostseite und im kolumbianischen Teil Amazoniens wie der Stechapfel aufgrund der gleichen Tropanalkaloide als Halluzinogene benutzt. Zugleich sind ihre Blattdekokte dort Fieber-, Rheuma- und Schmerzmittel sowie Sedativa.

Entsprechendes gilt auch für die Yakée oder Paricá (↗ Virola-Arten). Der rote getrocknete Saft der inneren Rindenschicht dieser Bäume wird als Visionsdroge geschnupft oder verschluckt. Er wird aber äußerlich bei Hautentzündungen, Erysipel, Krätze, zur Blutstillung und Wundheilung verwendet. Der Saft von *Virola calophylla* und *V. theiodora* wird bei Hautpilzinfektionen während zwei Wochen mit Erfolg auf die infizierte Region aufgetragen.

Pfeilgifte

Die Zahl der indianischen Pfeilgifte ist vor allem im tropischen Südamerika recht groß, wo sie unter den Namen „curare", „urari" oder „wurali" bekannt sind. An einschlägigen Giftpflanzen werden Arten von 27 Pflanzengattungen aus 12 Pflanzenfamilien genannt. Die allermeisten enthalten Alkaloide als Wirkstoffe. Die Tikuna im amazonischen Teil Kolumbiens gebrauchen 25 verschiedene Pflanzenarten für ihre Pfeilgifte. Auch die Kofán an den Quellflüssen des Rio Putumayo im Grenzgebiet von Kolumbien und Ekuador sind Meister der Curare-Herstellung. Sie verwenden außer den im Amazonasgebiet meistbenutzten Lianen-Gattungen *Strychnos* (↗ *Strychnos*-Arten, Fam. Loganiaceae) und Chondodendron (Fam. Menispermaceae) auch Arten der Gattungen *Abuta*, *Curarea* und *Orthomene* (ebenfalls Menispermaceae), *Ocotea venenosa* (Fam. Lauraceae) und *Unonopsis veneficiorum* (Fam. Annonaceae). Bei Indianern Brasiliens sind außerdem der Ritterstern (*Hippeastrum puniceum*, eine der „Amaryllis"-Arten unter unseren Zierpflanzen) und Hülsenfrüchtler (Leguminosen) in Gebrauch; letztere mit Rotenoiden als Wirkstoffen, die zugleich Fischgifte sind. In Nordamerika ist der Gebrauch von Giftpfeilen sehr selten. Die Thompson in Westkanada verwenden giftige Hahnenfußarten (↗ *Ranunculus sceleratus* und andere) mit dem giftigen Protoanemonin, einem Lacton.

Bei der Präparation der Gifte kochen Schamanen wäßrige Auszüge aus zerkleinerten Pflanzenorganen (bei *Strychnos*-Arten der Rinde, bei *Chondodendron* Holz mit Rinde) in 25 Liter fassenden Tongefäßen. Rituelle Gebräuche und begleitende Gesänge gelten als wichtig, wenn die Zubereitung gelingen soll. Das sirupartig konzentrierte Gift wird in Südamerika in kleine Gefäße umgefüllt, für Strychnos-Gifte vorwiegend in Kalebassen („Kalebassen-Curare"), für Chondodendron-Gift oft in Bambusrohre („Tubo-Curare") oder in kleine Tontöpfe („Topf-Curare"). Viele ↗ Curare-Sorten enthalten zusätzlich Gifte von weiteren Pflanzen oder nur andere, was die Curare-Forschung erschwert hat. Der giftige Sirup wird auf Pfeil- oder Speerspitzen gestrichen und getrocknet. Mit dem Blasrohr verschossene Giftpfeile dienen dazu, Vögel und kleinere Baumtiere zu erlegen. Durch Curare gelähmt, fallen die Tiere auf den Boden und können so leicht erbeutet werden.

Das lähmend wirkende Tubocurarin aus *Chondodendron tomentosum* wird bei uns als Muskelrelaxans in der Narkosetechnik genutzt; C-Toxiferin 1 aus *Strychnos toxifera* fand zeitweilig gleichartige Verwendung. Zur Zeit wird ein tierisches Pfeilgift aus dem südamerikanischen Frosch *Epipedobates tricolor*, das Alkaloid Epibatidin, als chemische Leitstruktur zur Synthese neuartiger Schmerzmittel erprobt.

Curare-Gifte sind nur in der Blutbahn hochtoxisch; peroral sind sie wenig giftig. Infolgedessen kann das Fleisch der erbeuteten Tiere unbedenklich verzehrt werden. Und deshalb können manche Pfeilgiftpflanzen von Indianern auch als Arzneipflanzen genutzt werden.

Der Knorpelbaum (↗ *Chondodendron tomentosum*) ist im peruanischen Teil Amazoniens nicht nur Quelle für Curare. Seine Wurzel gilt als harntreibendes Mittel bei Nierensteinen, Ödemen und Hodenentzündung, auch als Fiebermittel. Indianer im kolumbianischen Amazonien verwenden sie bei Wassersucht, Geisteskrankheit und äußerlich bei Quetschungen. Unter der Bezeichnung „Radix Pareirae bravae" wurde die Wurzel in Europa 250 Jahre lang bei Nierensteinen verwendet. Erst 1935 erkannte man, daß man die Wurzel einer Pfeilgiftpflanze benutzt hatte.

Die Blätter von *Unonopsis veneficiorum* sind bei den Puinave in Kolumbien, die die Pfeilgiftwirkung dieser Pflanze nicht kennen, ein Geriatrikum bei Altersdemenz. Sie geben die Blätter in das Essen für alte Menschen, die „vergessen, wie man spricht". Leider sind bei allen Curare-Pflanzen – wie übrigens auch bei einigen Halluzinogenen – nur die Alkaloide erforscht, so daß wir über die indianischen Verwendungen als Heilpflanzen bislang kein Urteil abgeben können.

Obwohl wir eine Anzahl indianischer Arzneipflanzen in unseren Arzneischatz übernommen haben und mancher Wirkstoff als Leitstruktur für die Herstellung halb- und vollsynthetischer Arzneistoffe gedient hat, steckt in der Medizin der Indianer auch heute noch ein Potential für neue Heilpflanzen und Wirkstoffe. Leider ist dieses Potential durch die wachsende Waldzerstörung gefährdet.

Literatur:

Argueta Villamar, A., et al.: *Atlas de las plantas de la medicine tradicional mexicana*, Tom. I–III. Mexico 1994.

Dillehay, T. (Ed.): *Monte Verde. A late Pleistocene settlement in Chile*, 2 Bde., Washington u. London, 1989 und 1997.

Girault, L.: *Guérisseurs itinérants des Andes*, Paris 1984.

Moerman, D. E.: *Medicinal plants of native America*, 2 Bde. Ann Arbor (USA) 1986.

Morton, J.F.: *Atlas of medicinal plants of Middle America*. Bahamas to Yucatan, Springfield/Ill. (USA) 1981.

Schultes, R.E., Raffauf, R.F.: *The healing forest. Medicinal and toxic plants of the Northwest Amazonia*, Portland/Or. (USA) 1990.

Vogel, V.J.: *American Indian Medicine*, Norman (USA) 1990.

Wolters, B.: *Drogen, Pfeilgift und Indianermedizin – Arzneipflanzen aus Südamerika*, Greifenberg 1994.

Wolters, B.: *Agave bis Zaubernuß – Heilpflanzen der Indianer Nord- und Mittelamerikas*, Greifenberg 1996.

■ Drosera-Arten

● **Fam.:** Droseraceae.

● **Drosera angelica** Huds. (syn. *Drosera longifolia*); Langblättriger Sonnentau.

Vork.: Nord- und Mitteleuropa, von Sibirien bis Japan, Kanada. Die Pflanze steht unter Artenschutz!

Droge: ***Droserae herba***. Inh. und *Anw.*: s. *Drosera rotundifolia*.

● **Drosera intermedia** Hayne; Mittlerer Sonnentau.

Vork.: in den Hochmooren Mittel- und Nordeuropas. Die Pflanze steht unter Artenschutz!

Droge: ***Droserae herba***. Inhaltsstoffe und Anwendung s. *Drosera rotundifolia*.

● **Drosera ramentacea** Burch. ex Harv. et Sond. (syn. *Drosera madagascariensis*); Afrikanischer Sonnentau (syn. Kap-Sonnentau, Madagaskar-Sonnentau).

Vork.: Süd- und Ostafrika, Madagaskar.

Droge: ***Droserae ramentaceae herba*** (syn. *Droserae longifoliae herba*); Afrikanisches Sonnentaukraut (syn. Sonnentaukraut), die getrockneten oberirdischen und unterirdischen Teile. *Inh.:* 1,4-Naphthochinonderivate (0,12–0,22 %, v. a. Ramentaceon, Ramenton, Flavonoide. *Anw.:* s. *Drosera rotundifolia*.

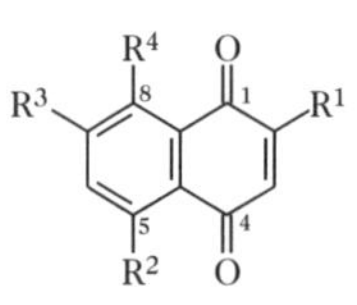

	R^1	R^2	R^3	R^4
7-Methyljuglon (Ramentaceon)	H	OH	CH_3	H
Ramenton	CH_3	OH	H	OH

● **Drosera rotundifolia** L. (syn. *Drosera septentrionales, Rorella rotundifolia, Rossolis septentrionalis*); Rundblättriger Sonnentau (syn. Sonnentau, Himmelstau).

Vork.: von Nord- bis Südeuropa, Asien, Nordamerika, kultiviert in Belgien, Niederlande, Tschechien, Slowakei. Wildvorkommen dieser Pflanze stehen unter Artenschutz!

Droge: ***Droserae herba*** (syn. *Herba Droserae, Herba Rorellae, Herba Roris solis*); Sonnentaukraut (syn. Herrgottslöffel, Sonnenkraut), die getrocknete, während der Blütezeit gesammelte ganze Pflanze. *Inh.:* Naphthochinonderivate (0,5 %, v. a. Ramentaceon, daneben Plumbagin und Plumbagin-5-*O*-glucosid), Anthocyane, Flavonoide (Quercetin, Myricetin, Kämpferol), proteolytische Enzyme, organische Säuren. *Anw.:* bei Krampf- und Reizhusten. In der Volksheilkunde wird die Droge darüber hinaus äußerlich zur Entfernung von Warzen, Hühneraugen und Sommersprossen eingesetzt. Auch über die interne Applikation bei Krämpfen, Leberleiden und Arteriosklerose sowie als Aphrodisiakum wird berichtet. *Drosera*-Tinktur soll aufgrund ihres Enzymgehaltes als Verdauungsmittel und bei Völlegefühl wirken.

Hom.: ***Drosera*** HAB1, die ganzen, frischen, bei Beginn der Blüte gesammelten Pflanzen. *Anw.-Geb.:* Entzündungen der Atemwege, Keuchhusten.

Droserae herba ↗ Drosera-Arten.
Droserae longifoliae herba ↗ Drosera-Arten.
Droserae ramentaceae herba ↗ Drosera-Arten.
Drosselbeeren ↗ Sorbus aucuparia.
Drudenfuß ↗ Lycopodium clavatum, ↗ Viscum album.
Drupae Juniperi ↗ Juniperus communis.

■ Dryobalanops aromatica Gaertn.

(syn. *Dryobalanops camphora, Shorea camphorifera*); Kapor.

Fam.: Dipterocarpaceae.

Vork.: Südostasien.

Droge: ***Camphora sumatrensis***; Borneocampher (syn. Sumatracampher), der aus dem äther. Öl gewonnene Campher. *Anw.:* analog Campher, meist äußerlich in Einreibungen und Salben bei Gelenkschmerzen. In Ostasien mitunter für Kultzwecke.

Dryobalanops camphora ↗ Dryobalanops aromatica.

■ **Dryopteris filix-mas** (L.) Schott.
(syn. *Aspidium filix-mas, Lastrea filix-mas, Nephrodium filix-mas, Polypodium filix-mas, Polystichum filix-mas*); Wurmfarn (syn. Bandwurmkraut, Farnkraut, Farnmännlein, Federfarn, Flohkraut, Gemeiner Wurmfarn, Johanniswurz, Männliches Farnkraut, Waldfarn, Wanzenkraut), s. Farbtafel S. 301, Bild 121.

Fam.: Aspidiaceae.

Vork.: gemäßigte Zonen Europas, Asiens und Amerikas.

Droge: ***Filicis rhizoma*** (syn. *Rhizoma Filicis, Radix Filicis maris*); Wurmfarn-Rhizom (syn. Teufelsklaue), der im Herbst gesammelte, von den Wurzeln befreite, ungeschälte und unzerschnittene Wurzelstock mit daransitzenden Blattbasen; s. Farbtafel S. 301, Bild 122. Inh.: ein als „Rohfilicin" bezeichneter, meist aus Butanonphloroglucıden bestehender Wirkstoffkomplex (Filmaron). Ferner geringe Mengen äther. Öl sowie Gerbstoffe. Wirk.: die Phloroglucinderivate bewirken bei verschiedenen Eingeweidewürmern Lähmung der Muskulatur und des Nervensystems. Anw.: früher, meist in Form des Etherextraktes (Farnextrakt), als zuverlässiges, infolge Toxizität jedoch nicht unproblematisches Bandwurmmittel. Heute obsolet.

Hom.: ***Dryopteris filix-mas*** (syn. *Aspidium filix-mas, Filix*) HAB1, der frische, im Herbst gesammelte, von Wurzeln befreite Wurzelstock mit den daransitzenden Blattbasen. Anw.-Geb.: Sehschwäche infolge Schädigung der Sehnerven.

Histor.: Der Gattungsname ist griechischen Ursprungs und leitet sich von *drys, dryos* (Eiche) und *pteris* (Farn) ab, d. h. ein Farn, der oft auf alten Eichen wächst. Die Bezeichnung Wurmfarn drückt die Verwendung des Rhizoms aus. Der Gebrauch der Farnkrautwurzel als Wurmmittel geht bis ins Altertum zurück. Eine sorgfältige Beschreibung der Pflanze findet man bereits bei ↗ Theophrast, ↗ Dioskurides und ↗ Plinius. Im 18. Jh. war die Droge oft Bestandteil von Geheimmitteln, die Kombinationen mit kräftigen Abführmitteln darstellten und sehr teuer gehandelt wurden. Eine entsprechende Rezeptur stellte auch der Apotheker Daniel Matthieu her, die ihm Friedrich der Große für eine Jahresrente von 200 Talern abkaufte und ihm dazu noch den Titel eines Hofrates verlieh.

■ **Duboisia-Arten**

● **Fam.:** Solanaceae.

● **Duboisia myoporoides** R. Br.

Vork.: Ostküste Australiens, Neukaledonien, Neuguinea, kultiviert in den USA.

Droge: ***Folia Duboisiae*** (syn. *Duboisia*); Duboisiablätter, die getrockneten Laubblätter. *Inh.:* v. a. Alkaloide (ca. 2 %, bes. Scopolamin, daneben u. a. Hyoscyamin, Tigloidin, Valeroidin, Poroidin, Piturin, Isoporoidin und Nicotin). *Anw.:* als Industriedroge zur Gewinnung von Scopolamin. In der Volksheilkunde als Narkotikum.

Hom.: ***Duboisia*** HAB, die frischen Blätter. *Anw.-Geb.:* Entzündungen des Auges und der Atemwege.

● **Duboisia leichhardtii** F. v. Muell.

Vork.: Australien, auch kultiviert.

Droge: ***Folia Duboisiae*** (syn. *Duboisia*); Duboisiablätter, die getrockneten Laubblätter. *Inh.:* v. a. Alkaloide, bes. Hyoscyamin (1,8–3 %), daneben u. a. Norhyoscyamin, Valtropin, Butropin, Tigloidin und Piturin). *Anw.:* zur Gewinnung von Hyoscyamin, in der Volksheilkunde als Spasmolytikum.

● **Duboisia hopwoodii** F. v. Muell.

Vork.: Australien.

Inh.: v. a. Alkaloide, u. a. Hyoscyamin, Scopolamin und Nicotin. *Anw.:* Die australischen Ureinwohner nutzen die Pflanze zur Bereitung von „Pituri" oder „Picherie", einem narkotischen Rauschmittel für magische Rituale, oder kauen die Blätter zur Erzeugung eines leichten narkotischen Zustandes.

Duboisiablätter ↗ Duboisia-Arten.

■ **Ducrosia anethifolia** (D. C.) Boiss.

Fam.: Apiaceae (Umbelliferae).

Vork.: Iran, Irak, Pakistan.

Droge: die Blätter und das Kraut. *Inh.:* äther. Öl, u. a. mit α-Pinen (13 %), Myrcen, Limonen, *n*-Decanal, *n*-Dodecanal. *Anw.:* in der iranischen Volksheilkunde zur Behandlung von Katarrhen, Kopf- und Rückenschmerzen sowie die Samen in der Kinderheilkunde bei Koliken.

Duduköl ↗ Celastrus paniculata.

Duftender Oleander ↗ Nerium odorum.
Duftender Sumach ↗ Rhus-Arten.
Duftlabkraut ↗ Galium odoratum.
Duftveilchen ↗ Viola-Arten.

■ **Dulacia inopiflora** (Miers) O. Kuntze (syn. *Dulacia ovata, Liriosma inopiflora, L. micrantha, L. ovata*); Potenzholz.
Fam.: Olacaceae.
Vork.: Südamerika, bes. Brasilien.
Droge: ***Lignum Muira-Puama*** (syn. *Radix Muira-Puama, Muira-Puama*); Potenzholz. Auch ↗ *Ptychopetalum*-Arten sollen nach neuerer Auffassung Stammpflanzen der Droge sein. *Inh.:* Estergemisch (0,4–0,5 %) aus Behensäure mit einem α-Sterol und β-Sitosterol, daneben Alkohole, Fettsäuren und Lupeol. *Anw.:* in der Volksheilkunde als Tonikum und Aphrodisiakum.

Dulacia ovata ↗ Dulacia inopiflora.
Dulcamara ↗ Solanum-Arten.
Dulcamarae stipites ↗ Solanum-Arten.
Dulcamara flexuosa ↗ Solanum-Arten.
Dullkraut ↗ Hyoscyamus niger.
Dunkler Fenchel ↗ Foeniculum vulgare.
Durchwachs-Hasenohr ↗ Bupleurum-Arten.
Durrhaöl ↗ Sorghum bicolor.

■ **Durvillea antarctica** (Chamisso) Hariot (syn. *Durvillea utilis*).
Fam.: Durvilleaceae.
Vork.: Küsten vor Australien, Neuseeland, subantarktische Gebiete, Chile.
Droge: die frischen oder getrockneten Algen. *Inh.:* Alginsäure (ca. 30 %), Alginate. *Anw.:* zur Gewinnung von Alginaten; in der Volksheilkunde auf Neuseeland als Wurmmittel sowie gegen Scabies eingesetzt.

Durvillea utilis ↗ Durvillea antarctica.
Dutra ↗ Datura-Arten.

■ **Dyera costulata** (Miq.) Hook. f. (syn. *Alstonia costulata*).
Fam.: Apocynaceae.
Vork.: Südostasien, Borneo.
Droge: ***Wilder Gummi*** (syn. Bresk, Jelutong, Pontianak), der Latex. *Inh.:* α- und β-Amyrin, Lupeol, Dambonit, Bornesit, Inositol, Harz (ca. 80 %), Gummi (ca. 20 %). *Anw.:* als Grundstoff für die Herstellung von Kaugummi; in der Technik für Isoliermaterialien und wasserfeste Firnisse.

Dysosmon amoenum ↗ Sesamum indicum.

E

Ebenauskraut ↗ Hepatica nobilis.
Ebenholz ↗ Diospyros-Arten
Eberesche ↗ Sorbus aucuparia.
Ebereschenfrüchte ↗ Sorbus aucuparia.
Eberraute ↗ Artemisia abrotanum.
Ebuli folium ↗ Sambucus ebulus.
Ebuli fructus ↗ Sambucus ebulus.
Ebuli radix ↗ Sambucus ebulus.
Ebulum humile ↗ Sambucus ebulus.

■ **Ecballium elaterium** (L.) A. Rich. (syn. *Ecballium officinale, Momordica elaterium*); Spritzgurke (syn. Springgurke, Eselsgurke), s. Farbtafel S. 300, Bild 123.
Fam.: Cucurbitaceae.
Vork.: Mittelmeergebiet, Kleinasien, Schwarzmeerküste, Krim, Kaukasusregion.
Drogen: ***1. Fructus Ecballi*** (syn. *Fructus Elaterii*); Springgurke (syn. Spritzgurke), die reifen Früchte. *Inh.:* Bitterstoffglykoside, Elaterine, Cucurbitacine, Säuren, Elastase, Harz, Phytosterol. *Anw.:* früher als drastisch wirkendes Laxans. ***2. Radix Ecballii elaterii***, die getrockneten Wurzeln. *Inh.:* u. a. Cucurbitacin-Glykoside, Elasterole, Fettsäuren, Allantoin. *Anw.:* in der griechischen Volksheilkunde als Analgetikum, auch bei Schmerzen von Tumorkranken. Die enthaltenen Cucurbitacine hemmen *in vitro* das Wachstum von Tumorzellen.
Hom.: ***Elaterium***, die noch nicht ganz reifen Früchte. *Anw.-Geb.:* bei wässrigen Durchfällen, Koliken, Nesselsucht.

Histor.: Der Gattungsname *Ecballium* leitet sich vom griechischen *ekballein* ab und bezieht sich auf das heftige Ausschleudern der Samen aus der reifen Frucht. Die gleiche Bedeutung hat auch der lateinische Artname *elatereus* (schnellend) sowie die deutschen Bezeichnungen Spritz- bzw. Springgurke. Die medizinische Anwendung der Spritzgurke geht in die Anfänge der Medizin zurück und war bereits bei den Knidiern ein viel gebrauchtes Mittel. ↗ Hippokrates z. B. verschrieb sie als Abführmittel, mahnte aber auch zu Vorsicht bei der Anwendung wegen der drastischen Wirkung.

Ecballium officinale ↗ Ecballium elaterium.
Ecbolium adhatoda ↗ Justicia adhatoda.

■ Echinacea-Arten

● **Fam.:** Asteraceae (Compositae).

● **Echinacea angustifolia** DC. (syn. *Brauneria angustifolia*); Schmalblättriger Sonnenhut (syn. Schmalblättrige Kegelblume, Schmalblättriger Igelkopf).

Vork.: Nordamerika, angebaut auch in der Schweiz und Deutschland.

Droge: ***Echinaceae angustifoliae radix*** (syn. *Radix Echinaceae angustifoliae*); *Echinaceae-angustifolia*-Wurzel (syn. Echinaceawurzel, Schmalblättrige Sonnenhutwurzel), die getrockneten Wurzeln. Inh.: äther. Öl (weniger als 0,1 %), Polyine (ca. 0,2 %, v. a. Trideca-1-en-3,5,7,9,11-pentain, Ponticaepoxid), Alkamide (0,01 %), Kaffeesäurederivate (0,3–1,3 %), u. a. Echinacosid und Cynarin, Betainhydrochlorid, Pyrrolizidinalkaloide (in Spuren Tussilagin und Isotussilagin), Polysaccharide. Anw.: Extrakte aus der Droge werden zur Prophylaxe und Therapie von Erkältungskrankheiten und grippalen Infekten sowie septischen Prozessen verwendet. Auch für den Einsatz bei entzündlichen und eitrigen Verletzungen, Abszessen, Furunkeln, Ulcus cruris, Herpes simplex, Phlegmonen, Kopfschmerzen und Stoffwechselstörungen sind Präparate auf dem Markt. Die Wirksamkeit bei diesen Anwendungen ist wissenschaftlich noch nicht ausreichend belegt. Allerdings muß bei einem Teil der vorgelegten Untersuchungsergebnisse davon ausgegangen werden, daß es sich bei den geprüften Präparationen um Zubereitungen aus *Echinacea pallida* handelte. In der überlieferten traditionellen Heilkunde der nordamerikanischen Indianerstämme reichen die Indikationen von der äußeren Behandlung von Wunden, Verbrennungen, Mumps, Insektenstichen über das Kauen der Wurzeln bei Zahn- und Halsschmerzen bis zur innerlichen Verwendung bei Schmerzen, Magenkrämpfen, Husten, Erkältungen, Masern und Gonorrhoe. Auch als Antidot bei Schlangenbissen und anderen Vergiftungen soll die Droge eingesetzt worden sein.

Hom.: ***Echinacea angustifolia*** HAB1 (syn. *Echinacea*), die frische, blühende Pflanze mit Wurzel. *Anw.-Geb.*: unterstützende Behandlung schwerer und fieberhafter Infektionen.

● **Echinacea pallida** (Nutt.) Nutt. (syn. *Brauneria pallida, Rudbeckia pallida*); Blasser Sonnenhut (syn. Blasse Kegelblume, Blasser Igelkopf).

Vork.: Nordamerika (Gebiet um die Großen Seen), Kanada. Heute kultiviert in Deutschland, Italien, Schweiz, Jugoslawien, Niederlande, Spanien, USA.

Droge: ***Echinaceae pallidae radix*** (syn. *Radix Echinaceae pallidae*); Sonnenhutwurzel (syn. Blaßfarbene schmalblättrige Kegelblumenwurzel, *Echinaceae-pallida*-Wurzel, Echinaceawurzel), die frischen oder getrockneten, im Herbst gesammelten Wurzeln. Inh.: äther. Öl (0,2–2 %), v. a. Pentadeca-9*Z*-en-2-on und Pentadeca-1,8*Z*-dien sowie Pentadecan, Polyine, Alkamide (0,001 %), Kaffeesäurederivate (u. a. ca. 1 % ↗ Echinacosid), Polysaccharide. Anw.: zur unterstützenden Therapie bei grippalen Infekten. Weitere Indikationen wie bei *Echinaceae angustifoliae radix*. Geg.: nicht indiziert bei progredienten Systemerkrankungen wie Tuberkulose, Leukosen, Kollagenosen, multipler Sklerose, AIDS, HIV-Infektionen und anderen Autoimmunerkrankungen.

● **Echinacea purpurea** (L.) Moench (syn. *Brauneria purpurea, Echinacea intermedia, E. speciosa, Rudbeckia hispida, R. purpurea, R. serotina*); Purpurfarbener Sonnenhut (syn. Purpurfarbene Kegelblume, Purpurfarbener Igelkopf, Rote Sonnenblume), s. Farbtafel S. 301, Bild 124.

Vork.: Nordamerika, in Europa als Zierpflanze. Angebaut wird die Pflanze heute in den USA, Spanien, Südosteuropa, Schweiz, Niederlande und Deutschland.

Drogen: ***1. Echinaceae purpureae herba*** (syn. *Herba Echinaceae purpureae*); Purpursonnenhutkraut (syn. *Echinacea-purpurea*-Kraut), die frischen, zur Blütezeit geernteten oberirdischen Pflanzenteile. Inh.: Kaffeesäurederivate (1,2–3,1 %),

v. a. Cichoriensäure und Dicaffeoylweinsäure, Flavonoide, bes. Rutin, Kämpferol- und Quercetinderivate, äther. Öl (0,08–0,32 %), Polyine, Alkamide, Polysaccharide (PS I = 4-*O*-Methylglucuronarabinoxylan (M_r um 35 000), PS II = ein saures Arabinorhamnogalactan (M_r um 450 000) sowie ein Xyloglucan (M_r um 79 500) und ein pektinartiges Polysaccharid, ferner Glycin-Betain, Vitamin C, Cyanidin-glykoside. Anw.: innerlich: zur unterstützenden Behandlung von rezidivierenden Infekten im Bereich der Atemwege und ableitenden Harnwege, äußerlich bei schlecht heilenden, oberflächlichen Wunden. Geg.: s. *Echinaceae angustifoliae radix*. ***2. Echinaceae purpureae radix*** (syn. *Radix Echinaceae purpureae*); Purpursonnenhutwurzel (syn. Echinaceawurzel, Sonnenhutwurzel), die im Herbst gesammelten, frischen oder getrockneten Wurzeln. Inh.: äther. Öl (maximal 0,2 %), Polyine (s. *Echinacea angustifolia*), Alkamide (0,01–0,04 %), Kaffeesäurederivate (0,6–2,1 %, v. a. Cichoriensäure, Caftarsäure), Polysaccharide, Glykoproteine (M_r um 40 000), Spuren an Tussilagin und Isotussilagin. Anw.: s. *Echinaceae angustifoliae radix*.

Hom.: ***Echinacea purpurea*** HAB1, die frischen, oberirdischen Teile blühender Pflanzen. Anw.-Geb.: unterstützende Behandlung schwerer und fieberhafter Infektionen.

● **Histor.:** Der Gattungsname stammt vom griechischen *echinos* (Igel), ab, und bezieht sich auf die stachligen Fruchtböden. Die Pflanze wurde bereits von den indianischen Ureinwohnern Nordamerikas als Antiseptikum gegen Entzündungen, Eiterungen und Furunkel genutzt. Die Sioux-Indianer gebrauchten die Pflanze als Gegenmittel bei Schlangenbissen.

Echinaceae angustifoliae radix ↗ Echinacea-Arten.
Echinaceae pallidae radix ↗ Echinacea-Arten.
Echinaceae purpureae herba ↗ Echinacea-Arten.
Echinaceae purpureae radix ↗ Echinacea-Arten.

■ **Echinacosid**
3,4-Dihydroxy-phenylethyl-glucosid mit weiteren Glucosyl-, Rhamnosyl- und Coffeoyl-Resten (Formel s. rechts). Wichtiger Inhaltsstoff von ↗ *Echinacea*-Arten.

Echinocactus lewinii ↗ Lophophora williamsii.
Echinocactus williamsii ↗ Lophophora williamsii.

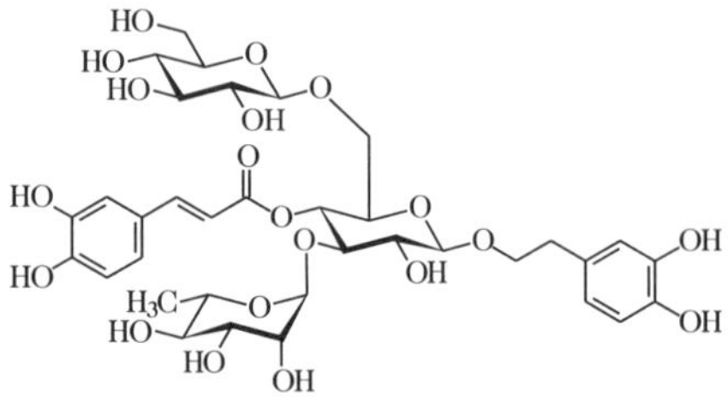

Echinacosid

Echinocereus coccineus ↗ Echinocereus triglochidiatus.
Echinocereus serpentinus ↗ Nyctocereus serpentinus.

■ **Echinocereus triglochidiatus** Engelm.
(syn. *Echinocereus coccineus*); Hikuri (syn. Falsche Peyote).
Fam.: Cactaceae.
Vork.: südwestl. Nordamerika, Mexiko.
Anw.: Dieser Kaktus wird bei einigen Indianerstämmen als Droge, ähnlich wie Peyote (↗ Lophophora williamsii) benutzt. Nachgewiesen wurde bisher ein Tryptamin-Derivat, was für die psychotrope Wirkung verantwortlich sein könnte.

■ **Echinochloa crus-galli** (L.) P. Beauv.
(syn. *Panicum crus-galli*).
Fam.: Poaceae (Gramineae).
Vork.: Asien, Nordamerika, Europa.
Droge: die ganze Pflanze. Inh.: im Samenöl Sawamilletin (Methylether des Taraxerols). Anw.: in der chinesischen Heilkunde als Tonikum und zur Wundbehandlung.

■ **Echinodontium tinctorium** Ellis et Ev.
Fam.: Polyporaceae.
Vork.: Nordamerika.
Droge: der ganze Pilz. Inh.: Triterpene, wie Echinodol. Anw.: in der traditionellen Indianer-Heilkunde bei bakteriellen Infektionen eingesetzt.

■ **Echinopanax elatum** Nakai.
Fam.: Araliaceae.
Vork.: fernöstliche Küstengebiete.
Droge: die ganze Pflanze. Inh.: äther. Öl, Saponine, Glykoside, Spuren von Alkaloiden. Anw.: in der Volksheilkunde als Tonikum bei Nerven-

leiden sowie zur Unterstützungstherapie bei Diabetes mellitus.

Echinopsis pachanoi ↗ Trichocereus pachanoi.

■ **Echinops ritro** L.
Kugeldistel.
Fam.: Asteraceae (Compositae).
Vork.: Südeuropa, Rußland, Mittelasien.
Droge: die Früchte. Inh.: Chinolinalkaloide, wie Echinorin; Echinopsin und Echinopsidin. Anw.: in der Volksheilkunde als Tonikum, Diuretikum und Diaphoretikum.

Echinus philippinensis ↗ Mallotus philippinensis.
Echites malabarica ↗ Alstonia-Arten.
Echites scholaris ↗ Alstonia-Arten.

■ **Echium vulgare** L.
Natternkopf (syn. Blaue Ochsenzunge), s. Farbtafel S. 301, Bild 125.
Fam.: Boraginaceae.
Vork.: Europa bis Vorderasien.
Droge: *Radix Echii* (syn. *Radix Buglossi agrestis*); Natternkopfwurzel. Die Droge ist schwach giftig! Inh.: Alkaloide (u. a. Cynoglossin, Consolidin), Cholin, Allantoin (ca. 1,2 %), Bornesit. Anw.: in der Volksheilkunde zur Wundheilung und bei Epilepsie.

Echte Aloe ↗ Aloe-Arten.
Echte Goldrute ↗ Solidago-Arten.
Echte Hauswurz ↗ Sempervivum tectorum.
Echte Jalape ↗ Ipomoea purga.
Echte Kamille ↗ Chamomilla recutita.
Echte Kastanie ↗ Castanea sativa.
Echte Kotorinde ↗ Aniba coto.
Echte Melone ↗ Cucumis-Arten.
Echte Myrrhe ↗ Commiphora-Arten.
Echte Myrte ↗ Myrtus communis.
Echte Nelkenwurz ↗ Geum-Arten.
Echte Ochsenzunge ↗ Anchusa officinalis.
Echte Pfingstrose ↗ Paeonia officinalis.
Echte Pistazie ↗ Pistacia vera.
Echter Alant ↗ Inula helenium.
Echter Augentrost ↗ Euphrasia rostkoviana.
Echter Behennussbaum ↗ Moringa-Arten.
Echter Buchweizen ↗ Fagopyrum esculentum.
Echter Dost ↗ Origanum vulgare.
Echter Ehrenpreis ↗ Veronica officinalis.
Echter Eisenhut ↗ Aconitum-Arten.
Echter Erdrauch ↗ Fumaria officinalis.
Echter Feigenbaum ↗ Ficus carica.
Echter Galgant ↗ Alpinia officinarum.
Echter Gamander ↗ Teucrium-Arten.
Echter Gamswurz ↗ Doronicum pardalianches.
Echter Kalmus ↗ Acorus calamus.
Echter Kanel ↗ Cinnamomum-Arten.
Echter Kapernstrauch ↗ Capparis spinosa.
Echter Kümmel ↗ Carum carvi.
Echter Lavendel ↗ Lavandula angustifolia.
Echter Malabar-Kardamom ↗ Elettaria cardamomum.
Echter Rettich ↗ Raphanus sativus.
Echter Safran ↗ Crocus sativus.
Echter Salbei ↗ Salvia-Arten.
Echter Seidenspinner ↗ Bombyx mori.
Echter Sellerie ↗ Apium graveolens.
Echter Senf ↗ Sinapis alba.
Echter Sinau ↗ Alchemilla xanthochlora.
Echter Skunk ↗ Mephitis putorius.
Echter Speik ↗ Valeriana celtica.
Echter Steinsame ↗ Lithospermum officinale.
Echter Sternanis(baum) ↗ Illicium verum.
Echter Thymian ↗ Thymus-Arten.
Echter Waldmeister ↗ Galium odoratum.
Echter Ziest ↗ Stachys officinalis.
Echter Zimt ↗ Cinnamomum-Arten.
Echter Zunderschwamm ↗ Fomes fomentarius.
Echtes Bayöl ↗ Pimenta-Arten.
Echte Seidenpflanze ↗Asclepias-Arten.
Echtes Eisenkraut ↗ Verbena officinalis.
Echtes Herzgespann ↗ Leonurus cardiaca.
Echtes Johanniskraut ↗ Hypericum perforatum.
Echtes Katzenkraut ↗ Nepeta cataria.
Echtes Labkraut ↗ Galium verum.
Echtes Löffelkraut ↗ Cochlearia officinalis.
Echtes Lungenkraut ↗ Pulmonaria officinalis.
Echtes Opopanax ↗ Opopanax chironium.
Echtes Purgierkraut ↗ Gratiola officinalis.
Echtes Seifenkraut ↗ Saponaria officinalis.
Echtes Springkraut ↗ Impatiens noli-tangere.
Echtes Tacamahac ↗ Calophyllum inophyllum.
Echtes Tausendgüldenkraut ↗ Centaurium minus.
Echtes Verbenenkraut ↗ Aloysia triphylla.
Echtes Windröschen ↗ Anemone nemorosa.
Echte Vanille ↗ Vanilla planifolia.
Echte Waldrebe ↗ Clematis-Arten.
Echte Winterrinde ↗ Drymis winteri.
Echte Wintersrinde ↗ Drimys winteri.
Echte Zypresse ↗ Cupressus sempervirens.

■ **Eclipta alba** (L.) Hassk.
(syn. *Eclipta erecta, E. marginata, E. prostrata, E. thermalis*).

Fam.: Asteraceae (Compositae).

Vork.: tropisches Afrika, Pakistan, Indien, Nepal, China, Indochina, Japan.

Droge: das Kraut. Inh.: Nicotin (0,08 %), Wedelolacton, β-Amyrin, Stigmasterol, Lactone. Anw.: in der Volksheilkunde als Adstringens und Hämostyptikum, zur Wundbehandlung, bei Verbrennungen sowie als Antidot. Die Droge gehört auch zur ↗ Ayurveda- bzw. Unani-Medizin, und wird dort als Haarwuchsmittel und zur Erhaltung der schwarzen Haarfarbe eingesetzt.

Eclipta erecta ↗ Eclipta alba.
Eclipta marginata ↗ Eclipta alba.
Eclipta prostrata ↗ Eclipta alba.
Eclipta thermalis ↗ Eclipta alba.
Ectrus mexicanus ↗ Argemone mexicana.
Edelgamander ↗ Teucrium-Arten.
Edelherzwurzel ↗ Inula helenium.
Edel-Kamille ↗ Chamaemelum nobile.
Edelkastanie ↗ Castanea sativa.
Edelkoralle ↗ Corallium rubrum.
Edel-Leberkraut ↗ Hepatica nobilis.
Edelraute ↗ Ruta graveolens.
Edeltanne ↗ Abies-Arten.
Edelweiß ↗ Leontopodium alpinum.
Edelwundkraut ↗ Solidago-Arten.
Edelwurz ↗ Inula helenium.

■ **Edgeworthia papyrifera** Sieb. et Zucc.
(syn. *Edgeworthia tomentosa*).

Fam.: Thymelaeaceae.

Vork.: Südwestchina, Japan, wildwachsend und kultiviert.

Droge: Rinde, Wurzeln und Stammholz. Inh.: Steroide, wie Daphnin, Paraffine, Wachsalkohole, Ethylester ungesättigter Fettsäuren. Anw.: in der chinesischen Heilkunde bei Geschwüren und Augenleiden; in Japan wird aus dem Bast der Pflanze das Mitsumata-Papier hergestellt.

Edgeworthia tomentosa ↗ Edgeworthia papyrifera.
Edler Salbei ↗ Salvia-Arten.
Efeublätter ↗ Hedera helix.
Egelkraut ↗ Lysimachia nummularia.
Ehrenpreiskraut ↗ Veronica officinalis.
Eibe ↗ Taxus baccata.
Eibenblätter ↗ Taxus baccata.
Eibisch ↗ Althaea officinalis.
Eichelkaffee ↗ Quercus-Arten.
Eichenfarnwurzel ↗ Polypodium vulgare.
Eichengallen ↗ Gallen, ↗ Quercus-Arten.
Eichenmistel ↗ Loranthus europaeus.
Eichenmoos ↗ Evernia prunastri.
Eichenrinde ↗ Quercus-Arten.

■ **Eichhornia crassipes** (Mart.) Solms
(syn. *Piaropus crassipes*); Wasserhyazinthe (syn. Tropische Wasserpest).

Fam.: Pontederiaceae.

Vork.: ursprünglich in tropischen Gewässern Südamerikas heimisch, heute in tropischen Gebieten Asiens, Afrikas, Australiens und Nordamerikas verbreitet.

Droge: *Herba Eichhorniae*. Inh.: Lignin, Mineralien, Proteine (12,9 %), Vitamine, Oxalsäure (8,4 %), Sterole, Anthocyane. Anw.: Im Orinokogebiet Brasiliens wird die Pflanze traditionell zusammen mit der Nahrung bei Blähungen, Appetitlosigkeit und Verdauungsstörungen eingesetzt.

Hom.: *Eichhornia crassipes* HAB1; Wasserhyazinthe, die ganze frische Pflanze. Anw.-Geb.: Verdauungsschwäche.

Eidetika ↗ Halluzinogene biogenen Ursprungs.
Eierblume ↗ Caltha palustris, ↗ Oenothera biennis.
Eierfrucht ↗ Solanum-Arten.
Eife ↗ Taxus baccata.
Einbeere ↗ Paris quadrifolia.
Einblütiges Wintergrün ↗ Pyrola uniflora.
Einjähriger Beifuß ↗ Artemisia annua.
Einjähriges Bingelkraut ↗ Mercurialis-Arten.
Einkern-Weißdorn ↗ Crataegus-Arten.
Eisenbart ↗ Verbena officinalis.
Eisenholzbaum ↗ Argania sideroxylon.
Eisenhut ↗ Aconitum napellus.
Eisenhutknolle ↗ Aconitum-Arten.
Eisenkraut ↗ Lithospermum officinale, ↗ Sideritis-Arten, ↗ Verbena officinalis.
Eiternessel ↗ Urtica-Arten.

■ **Elaeagnus angustifolia** L.
(syn. *Elaeagnus hortensis, E. spinosa*); Ölweide.

Fam.: Elaeagnaceae.

Vork.: Mittelmeergebiete, Osteuropa, Pakistan, Asien.

Droge: die Blätter, Früchte, Samen und Stammrinde. Inh.: in den Blättern sind Ellagsäure, Quercetin, Kämpferol, *p*-Cumarsäure enthalten; in den Samen fettes Öl (ca.26 %; *Oleum sanctum*, Zachäusöl), Proteine (ca. 42 %); in der Rinde Gerbstoffe, Farbstoffe, Tetrahydroharmol und Derivate; in den Früchten Zucker, Proteine, Gerbstoffe, Schleimstoffe. Anw.: in der Volksheilkunde als Antiphlogistikum, die Schleimstoffe werden als Emulgatoren verwendet; die Veterinärmedizin nutzt die Samen bei Diarrhoe.

Hom.: ***Elaeagnus*** HAB34, die reifen Samen.

Elaeagnus hortensis ↗ Elaeagnus angustifolia.
Elaeagnus spinosa ↗ Elaeagnus angustifolia.

■ **Elaeis guineensis** Jacq.
(syn. *Elaeis nigrescens, E. virescens, Palma spinosa*); Afrikanische Ölpalme (syn. Ölpalme).

Fam.: Arecaceae.

Vork.: Afrika, Indien, Indonesien, Sumatra, Java, Brasilien, Ecuador, Costa Rica.

Drogen: ***1. Oleum Palmae***; Palmöl (syn. Palmfett, Palmbutter), das fette Öl des Fruchtfleisches. Inh.: Triglyceride der Öl-, Linol-, Myristin-, Stearin- und Lignocerinsäure, freie Fettsäuren (frisch um 12 %, alt bis zu 90 %), Carotin, Tocopherole, Sterole, Triterpenalkohole, Phospholipide. Anw.: in der afrikanischen Volksheilkunde als Antidot bei Vergiftungen und äußerlich zusammen mit Kräutern bei Hautkrankheiten. Die Droge wird auch in der Galenik, als Speisefett, zur Margarineherstellung, zur Gewinnung von Seifen und Kerzen, als Brennöl sowie Ausgangspunkt für die Gewinnung von Carotin eingesetzt. Ein fraktioniertes Produkt dient auch als Suppositoriengrundlage. ***2. Palmkernfett*** (syn. Palmkernöl), fettes Öl aus den Palmkernen. Inh.: Triglyceride der Laurin-, Myristin-, Palmitin-, Stearin-, Capryl-, Caprin-, Capron- und Ölsäure. Anw.: in der afrikanischen Volksheilkunde als Antidot bei Vergiftungen und zur Regulation der Körpertemperatur bei krampfenden Kindern, zusammen mit Kräutern auch als Lotion bei Hautkrankheiten. In der Technik wird die Droge zur Kernseifenproduktion, in gereinigter Form zur Herstellung von Margarine und Speisefetten verwendet.

Hom.: ***Elaeis guineensis*** HAB34, die reifen Früchte. Anw.-Geb.: Verdickungen der Unterhaut.

Elaeis nigrescens ↗ Elaeis guineensis.
Elaeis virescens ↗ Elaeis guineensis.

■ **Elaeophorbia drupifera** (Thonn.) Stapf.

Fam.: Euphorbiaceae.

Vork.: Westafrika, besonders Kamerún, Gambia, Ghana.

Droge: der Latex, die Blätter und Wurzeln. Inh.: Alkaloide in den Blättern; im Latex Diterpenester, wie Ingenol (0,3–0,4 %); Lectine, Triterpene, wie Euphol, Tirucallol, Euphorbol. Anw.: in der afrikanischen Volksheilkunde als Abführmittel sowie zur Behandlung von Warzen, Eingeweidewürmern und Insektenstichen. Die Droge ist auch Bestandteil von afrikanischen Pfeil- und Fischgiften.

Histor.: Der Latex wurde früher als Gottesurteilgift verwendet, wobei dem Delinquenten einige Tropfen in die Augen appliziert wurden. Wenn nach einigen Stunden das Auge unverletzt vorgezeigt werden konnte, galt der Angeschuldigte als unschuldig. Da die Inhaltsstoffe des Latex so stark toxisch bzw. reizend sind, kommt es in jedem Fall zu einer starken Augenschädigung. Auch über eine Nutzung des Latex als Sedativum für die Verschiffung von Sklaven wird berichtet.

■ **Elaeoselinum asclepium** Bertol.
(syn. *Thapsia asclepium*).

Fam.: Apiaceae (Umbelliferae).

Vork.: Südeuropa.

Droge: Früchte und Blätter. Inh.: äther. Öl mit α- und β-Pinen, Limonen und *p*-Cymen. Anw.: früher in der Volksheilkunde als Wurmmittel eingesetzt.

■ **Elaphomyces cervinus** (Pers.) Schroeter
(syn. *Elaphomyces granulatus, E. officinalis, Lycoperdon cervinum*); Hirschtrüffel.

Fam.: Elaphomycetaceae.

Vork.: Europa.

Droge: ***Fungus cervinus*** (syn. *Boletus cervinus*); Hirschbrunst (syn. Hirschtrüffel), der Fruchtkörper des Pilzes; s. Farbtafel S. 301, Bild 126. Inh.: u. a. Mannitol, Kohlenhydrate, Pektine, Farbstoffe. Der eigentliche Wirkstoff ist unbekannt. Anw.: Brunstmittel in der Veterinärmedizin bei Rindern und Schweinen.

Elaphomyces granulatus ↗ Elaphomyces cervinus.
Elaphomyces officinalis ↗ Elaphomyces cervinus.

Elaphrium fagaroides ↗ Bursera-Arten.
Elaphrium graveolens ↗ Bursera-Arten.
Elaphrium penicillatum ↗ Bursera-Arten.
Elaphrium simarubum ↗ Bursera-Arten.
Elaps corallinus ↗ Micrurus corallinus.
Elbo ↗ Dipteryx odorata.
Elb-Spitzklette ↗ Xanthium riparium.
Electuarium Mithridaticum ↗ Theriak.
Electuarium Theriaca ↗ Theriak.
Electuarium theriacale ↗ Theriak.
Elefantenlaus-Baum ↗ Anacardium occidentale.
Elefantenohrbaum ↗ Ginkgo biloba.
Elemi ↗ Boswellia-Arten, ↗ Canarium luzonicum.
Elemicin ↗ Myristica fragrans.

■ **Elephantopus scaber** L.
Fam.: Asteraceae (Compositae).
Vork.: Indonesien, Java, Indien, Südamerika.
Droge: ***Folia Elephantopi***, die Blätter. *Inh.:* Terpene, wie Epifriedelinol, Lupeol, Stigmasterol; Triacontan-Derivate. *Anw.:* in der Volksheilkunde als Diuretikum, Tonikum und Anthelmintikum. In ähnlicher Weise wird auch die Wurzel (*Radix Elephantopi*) eingesetzt.

■ **Elettaria cardamomum** (L.) Maton
(syn. *Alpinia cardamomum, Amomum cardamomum, A. racemosum, A. repens*); Kardamompflanze (syn. Cardamompflanze, Malabarkardamome).
Fam.: Zingiberaceae.
Vork.: feuchte Bergwälder im südlichen Teil Westindiens; in Sri Lanka und Guatemala auch kultiviert.
Drogen: ***1. Cardamomi aetheroleum*** (syn. *Oleum Cardamomi*); Kardamomenöl (syn. Cardamomenöl), das aus den Samen destillierte äther. Öl. *Inh.:* u. a. Monoterpene, v. a. 1,8-Cineol und α-Terpinylacetat. *Anw.:* in der Volksheilkunde bei Appetitlosigkeit, im Hauhalt zum Aromatisieren von Likören und Getränken. ***2. Cardamomi fructus*** (syn. *Fructus Cardamomi, Fructus Cardamomi minores*); Kardamomen (syn. Echter Malabar-Kardamom, Kardamomensamen, Kleiner Kardamom, Malabarsamen), die kurz vor der Reife gesammelten Früchte; s. Farbtafel S. 302, Bild 127. *Inh.:* äther. Öl (3–7 %), v. a. 1,8-Cineol und α-Terpinylacetat, weiterhin Linalool, Linalylacetat, Sabinen, α-Pinen, fettes Öl (1–2 %), Farbstoffe, Stärke, Zucker, Gummi, Eiweiße, Mangan und Eisen. *Anw.:* Tinktur (*Tinctura Cardamomi*) bei dyspeptischen Beschwerden. In der Volksheilkunde dient die Droge zur Behandlung der Appeptitlosigkeit, dazu liegen aber keine kontrollierten klinischen Studien vor. Im Hauhalt wird die Droge als Gewürz, v. a. in Arabien zur Aromatisierung des Kaffees, in Europa zur Aromatisierung von Süßspeisen, Gebäck und Kompotten eingesetzt.
Histor.: Schriftliche Hinweise auf die Verwendung der Droge finden sich bei Alexander Trallianus bereits im Altertum, im Mittelalter wird *Cardamomum* zwar verwendet, spielt aber keine große Rolle. Valerius ↗ Cordus beschreibt im 16. Jh. die Herkunft der Droge und stellt fest, daß die beste Sorte von der Malabar-Küste stammt und aus Ceylon eine weniger aromatische Droge geliefert wird.

■ **Eleusine coracana** (L.) Gaertn
Fingerhirse.
Fam.: Zingiberaceae.
Vork.: Zentral- und Ostafrika, Indien, Südostasien, Japan, auch kultiviert.
Droge: die ganze Pflanze und die Samen. *Anw.:* die Samen sind ein wichtiges Getreide zur Brot- und Bierherstellung in Asien; sie dienen auch als Ausgangspunkt für die Arrak-Bereitung sowie als Zusatz zu Diabetiker-Nahrungsmitteln. In der Volksheilkunde wird die Pflanze bei Dysenterie, Brustschmerzen, Magenbeschwerden, als Diuretikum und Wurmmittel eingesetzt.

Eleutherococci radix ↗ Eleutherococcus senticosus.

■ **Eleutherococcus senticosus** (Rupr. et Maxim. ex Maxim) Maxim.
(syn. *Acanthopanax senticosus, Hedera senticosa*); Taigawurzel (syn. Eleutherokokk, Stachelpanax, Teufelsbusch).
Fam.: Araliaceae.
Vork.: Rußland (Ostsibirien, Sachalin, hier auch kultiviert), Japan, Korea, Nordchina.
Droge: ***Eleutherococci radix*** (syn. *Acanthopanacis senticosi radix, Radix Eleutherococci, Rhizoma et Radix Eleutherococci*); Eleutherococcuswurzel (syn. Taigawurzel, Stachelpanaxwurzel, Sibirischer Ginseng), die ganzen oder geschnittenen, getrockneten, unterirdischen Organe. *Inh.:* Lignanverbindungen (Eleutherosid B4 = (–)-Sesamin, Eleutheroside D und E), Phenyl-

propanderivate (Syringin = Eleutherosid B, Coniferin, Chlorogensäure, Kaffeesäure und ihre Ester), Cumarine (Isofraxidin, Isofraxidin-7-*O*-β-D-glucosid = Eleutherosid B1), Sterole (Daucosterol = Eleutherosid A, Sitosterol), Triterpensaponine (0,125 %), u. a. Protoprimulagenin-A-glykoside, Zucker, u. a. Methyl-α-D-galactosid = Eleutherosid C, Polysaccharide (2,3–5,7 %, u. a. Glucane und Heteroxylane), β-Carotin, Vanillin, Vitamin E. Anw.: als Tonikum zur Stärkung und Kräftigung bei Müdigkeits- und Schwächegefühl, nachlassender Leistungs- und Konzentrationsfähigkeit sowie in der Rekonvaleszenz. In der chinesischen Volksheilkunde gelten Niere und Leber als traditionelle Wirkungsgebiete der Droge, obwohl eine Vielzahl von Untersuchungen durchgeführt wurde, gelten diese Indikationsgebiete noch nicht als wissenschaftlich belegt.

Eleutherococcuswurzel ↗ Eleutherococcus senticosus.
Eleutherokokk ↗ Eleutherococcus senticosus
Elfenbeinholzsamenöl ↗ Agonandra brasiliensis.
Elfenbeinpalme ↗ Phytelephas-Arten.
Elfklatte ↗ Viscum album.
Ellagitannine ↗ Gerbstoffe.
Ellend ↗ Eryngium-Arten.
Elmenrinde ↗ Ulmus-Arten.
El Nene („Das Kind") ↗ Coleus blumei.
Eltzkraut ↗ Artemisia absinthium.
Elymus dumetorium ↗ Agropyron repens.
Elymus repens ↗ Agropyron repens.
Elytrigia repens ↗ Agropyron repens.
Embeliafrüchte ↗ Embelia ribes.

■ **Embelia ribes** Burm.
Fam.: Myrsinaceae.
Vork.: Ostindien, Südchina, Madagaskar.
Droge: ***Fructus Embeliae ribis***; Embeliafrüchte (syn. Barabangfrüchte), die reifen Früchte. Die Droge ist giftig! Inh.: Embelin (2–3 %), äther. Öl, fettes Öl, Harz, Farbstoffe, Vilangin, Quercit, Embetannin. Anw.: in der Volksheilkunde gegen Bandwürmer und als Magenmittel.

Embryo colae ↗ Cola-Arten.
Embryogonia arborea ↗ Terminalia chebula.

■ **Emetin**
Isochinolinalkaloid, u. a. aus *Cephaelis ipecacuanha* (↗ *Cephaelis*-Arten). Wirk.: Hemmung der Proteinbiosynthese durch Verhinderung der Bindung von Aminoacyl-tRNA-Molekülen an die 60S-Untereinheiten eukaryotischer Ribosomen sowie starke Reizung des Nervus vagus in der Magenschleimhaut mit Auslösung des Brechreizes. Anw.: Brechmittel, Expektorans, Chemotherapeutikum bei Amöbenruhr.

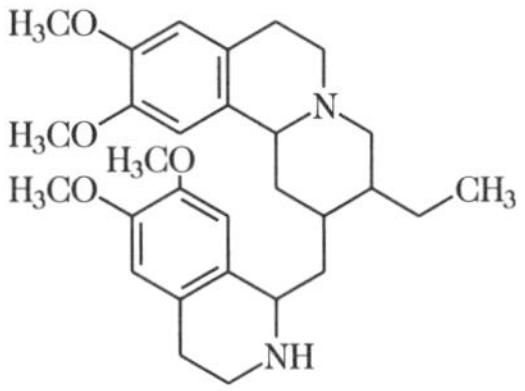

Emetin

■ **Emodine**
1,8-Dihydroxyderivate der Anthrachinone (↗ Anthracenderivate) mit laxierender Wirkung.

■ **Empetrum nigrum** L.
Rauschbeere (syn. Krähenbeere).
Fam.: Empetraceae.
Vork.: Nordeuropa.
Droge: ***Rauschbeeren***, die reifen Früchte. Inh.: Andromedotoxin, Wachs, Ursolsäure, Benzoesäure, Gerbstoffe, Rutin, Quercetin, Isoquercetin, Kämpferol, Anthocyane, Zucker. Anw.: früher in der nordischen Volksheilkunde als Diuretikum, wegen möglicher toxischer Erscheinungen, wird vom Genuß der Beeren abgeraten. Der Bienenhonig von *E. nigrum* soll Gastroenteritis und Herzbeschwerden hervorrufen können.

Enantia polycarpa ↗ Annickia polycarpa.
Endymion cernuus ↗ Hyacinthoides non-scripta.
Endymion nutans ↗ Hyacinthoides non-scripta.
Engelblumen ↗ Arnica-Arten.
Engelbrustwurz ↗ Angelica archangelica.
Engelkraut ↗ Arnica-Arten.
Engelskraut ↗ Arnica-Arten.
Engelsüß ↗ Polypodium vulgare.
Engelsüßwurzelstock ↗ Polypodium vulgare.
Engelwurz ↗ Angelica archangelica.
Englischer Senf ↗ Sinapis alba.
Englischer Zimt ↗ Cinnamomum-Arten.
Englisches Gewürz ↗ Pimenta-Arten.

■ **Enhydra fluctuans** Lour.
Fam.: Asteraceae (Compositae).

Vork.: Malayische Halbinsel, Indien.
Droge: die ganze Pflanze. Inh.: Enhydrin, Stigmasterol, Bitterstoffe, äther. Öl. Anw.: in der asiatischen Volksheilkunde als Bittermittel, Laxans sowie gegen Herpes.

■ **Enicostema hyssopifolia** (Willd.) I.C. Verdoorn.
Fam.: Gentianaceae.
Vork.: Ostafrika, Indien, Indochina.
Droge: die Wurzeln. Inh.: Alkaloide, Bitterstoffglykoside, Opheliasäure. Anw.: in der ostafrikanischen Volksheilkunde bei Malaria, in Indochina als Stomachikum und Laxans.

■ **Enicostema littorale** Blume
(syn. *Enicostema verticillatum, Gentiana verticillata*).
Fam.: Gentianaceae.
Vork.: Südafrika, Sri Lanka, Indien, Westindien.
Droge: das Kraut. Inh.: Alkaloide, äther. Öl, Sterole, Gentianin (0,3–0,6 %), Wachse, Fettsäuren. Anw.: in der Volksheilkunde als Tonikum, Anthelmintikum und bei Malaria.

Enicostema verticillatum ↗ Enicostema littorale.

■ **Entada africana** Guill. et Perr.
(syn. *Entada sudanica*).
Fam.: Leguminosae.
Vork.: in den Savannen Westafrikas.
Droge: Blätter und Rinde. Inh.: Gerbstoffe (Tannine), Gummi, in den männlichen Pflanzen auch ↗ Rotenon. Anw.: in der Volksheilkunde als Tonikum, Stomachikum, Laxans, Wundheilmittel sowie gegen Augenentzündungen. Die Droge wird auch als Fischgift verwendet.

Entada sudanica ↗ Entada africana.
Entenfußbaum ↗ Ginkgo biloba.
Entengrün ↗ Lemna minor.
Entengrütze ↗ Lemna minor.
Entenschnabel ↗ Arum maculatum.
Enterolobium contortisiliquum ↗ Enterolobium timbouva.

■ **Enterolobium timbouva** Mart.
(syn. *Enterolobium contortisiliquum*).
Fam.: Leguminosae.
Vork.: Brasilien, Westindien.
Droge: ***Cortex Pacarae***, die Rinde. Inh.: Gerbstoffe, wie Tannine (ca. 14–22 %). Anw.: in der Gerberei; die Früchte dienen als Anthelmintikum.

■ **Enteromorpha linza**.
Fam.: Ulvaceae.
Vork.: weltweit in allen Meeren, in Asien auch kultiviert.
Droge: die frischen und getrockneten Algen. Inh.: Provitamin A, Nicotinsäure, Biotin, Cobalamin, Cholin, Polysaccharide, Proteine. Anw.: in Ostasien als Salat gegessen bzw. als diätetisches Nahrungsmittel.

Entspelzte Haferfrucht ↗ Avena sativa.
Enzianwurzel ↗ Gentiana-Arten.

■ **Enzyme**
(syn. Fermente), katalytisch wirksame Proteine, die die Aktivierungsenergie einer biochemischen Reaktion herabsetzen und damit unter den in lebenden Zellen herrschenden Bedingungen (geringe Temperaturen, wäßriges Milieu, Normaldruck) chemische Reaktionen ermöglichen, die sonst nur unter nicht-physiologischen Umständen mit merklicher Geschwindigkeit ablaufen würden. Nach der Art der zu katalysierenden chemischen Reaktion werden die Enzyme in 6 Hauptklassen eingeteilt: 1. Oxidoreduktasen, 2. Transferasen, 3. Hydrolasen, 4. Lyasen, 5. Isomerasen und 6. Ligasen. Tierische, einschließlich menschliche, bakterielle und pflanzliche Enzyme sind Bestandteile von Drogen oder in reiner Form Drogen. Sie werden in der Therapie einer Vielzahl von Erkrankungen bzw. in der Arzneimittelherstellung eingesetzt.

Epeira diadema ↗ Araneus diadematus.
Epeira diademata ↗ Araneus diadematus.
Epeira umbratica ↗ Araneus ixobolus.
Epena ↗ Virola-Arten.
Epf ↗ Apium graveolens.

■ **Ephedra-Arten**
● **Fam.:** Ephedraceae.
● **Ephedra distachya** L. (syn. *Ephedra gerardiana, E. maxima, E. vulgaris*); Meerträubchen; s. Farbtafel S. 302, Bild 128.
Vork.: Mittelmeergebiet, Westküste Frankreichs, Südrußland, Schwarzmeergebiet bis Sibirien.
Droge: ***Ephedrae herba***; Ephedrakraut, das im

Herbst gesammelte Kraut. Inh. und Anw.: s. *Ephedra sinica*.

Hom.: *1.* ***Ephedra distachya*** HAB1 (syn. *Ephedra vulgaris*), die frischen, oberirdischen Teile. Anw.-Geb.: Basedowsche Krankheit. *2.* ***Ephedra distachya*** spag. Zimpel HAB1 (syn. *Ephedra* spag. Zimpel), die frischen, oberirdischen Teile. Anw.-Geb.: anthroposophisch orientierte Medizin.

● **Ephedra sinica** Stapf; Meerträubel.

Vork.: Mongolei und angrenzende chinesische Provinzen.

Drogen: *1.* ***Ephedrae herba*** (syn. *Herba Ephedrae*); Meerträubelkraut, die im Herbst gesammelten und getrockneten jungen Rutenzweige. Inh.: Alkaloide (1–2 %, v. a. ↗ (–)-Ephedrin, begleitet von Methylephedrin, Pseudoephedrin und Norephedrin), Flavonoide, Catechine, Lignanderivate, Phenolcarbonsäuren und Derivate, etwas äther. Öl. Anw.: Atemwegserkrankungen mit leichtem Bronchospasmus bei Erwachsenen und Schulkindern. In der chinesichen Medizin wird die Droge bes. bei Erkältungskrankheiten verwendet. Alle Ephedra-Zubereitungen sind verschreibungspflichtig und stehen auf der Doping-Liste des Deutschen Sportbundes. Geg.: bei Schlaflosigkeit, nervöser Unruhe und Kreislaufbeschwerden. Wegen der Gefahr der Gewöhnung sind Drogenzubereitungen nur kurzfristig anzuwenden! *2.* ***Ephedrae radix*** (syn. *Radix Ephedrae*); Ephedrawurzel, die getrockneten Wurzeln und das getrocknete Rhizom. Inh.: Tyrosinbetain (Maokinin), Feruloylhistamin, Ephedradine A, B, C und D, Ephedrannin A (oligomeres Procyanidin), Mahuannine A, B, C und D (Bisflavonoide). Anw.: in der chinesischen Volksheilkunde äußerlich bei Schweißausbrüchen und Nachtschweiß.

● **Histor.:** Der Gattungsname leitet sich vom griechischen *ephedros* (daraufsitzend) ab und galt in der Antike als Bezeichnung einer blattlosen binsenähnlichen Pflanze, die auf Bäumen wächst. Die arzneiliche Nutzung von *Ephedra*-Arten, die insbes. Rutensträucher der asiatischen und amerikanischen Trockengebiete darstellen, beschränkte sich über lange Zeiträume im wesentlichen auf die alten chinesischen Kulturkreise. Als Tsaopen-Ma Huang , meist von *Ephedra sinica* bzw. *E. shennungiana* stammend, gehörte Ephedrakraut zu den geschätztesten Drogen der alten chinesischen Arzneibücher. In Europa wurde die Droge erst gegen Ende des 19. Jh. bekannt, nachdem der Japaner W. Nagai im Jahre 1887, damals Assistent bei August Wilhelm von Hofmann in Berlin, aus Ephedrakraut (–)-Ephedrin isoliert hatte.

Ephedrae herba ↗ Ephedra-Arten.
Ephedrae radix ↗ Ephedra-Arten.
Ephedrakraut ↗ Ephedra-Arten.
Ephedrawurzel ↗ Ephedra-Arten.

■ Ephedrin

(L-(–)-Ephedrin), Alkaloid vom Phenylethylamin-Typ aus ↗ Ephedra-Arten. Wirk.: Durch die chemische Verwandtschaft mit Adrenalin wirkt E. sympathikomimetisch, d. h. blutdrucksteigernd, gefäßverengend, kreislaufanregend, appetithemmend und broncholytisch. Anw.: gegen Hypotonie, chronische Bronchitis, bei Asthmaanfällen, zur Abschwellung der Schleimhäute bei Schupfen, als Bestandteil von Appetitzüglern.

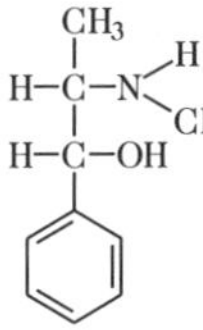

Ephedrin
(*erythro*-Form)

Ephemerum nummularia ↗ Lysimachia nummularia.
Ephydatia amphizona ↗ Ephydatia mülleri.
Ephydatia lacustris ↗ Spongilla lacustris.

■ Ephydatia mülleri Liebk.

(syn. *Ephydatia amphizona, E. mülleri var. astrosperma, Spongilla mülleri, S. amphizona*); Krusten-Schwamm (Süßwasserschwamm).

Fam.: Spongillidae.

Vork.: in flachen Gewässern Europas, Nord- und Ostasiens sowie Nordamerikas.

Droge: die getrockneten Schwämme. Inh.: Brom (ca. 0,1 %), Kieselsäure (40–40 %), Eisen, Mangan. Zoosterole, hämolytisch wirkende Stoffe. Anw.: in der Volksheilkunde bei Drüsenschwellungen und Skrophulose.

Hom.: ***Badiaga***, die getrockneten Schwämme. Anw.-Geb.: Rhinitis, Heufieber, Krampfhusten, Augenentzündungen, Rheuma.

■ **Epigaea repens** L.
Fam.: Ericaceae.
Vork.: atlantisches Nordamerika.
Droge: ***Folia Epigaeae***; Maiblumenblätter, die getrockneten Blätter. Inh.: Arbutin, Urson, Ericolin, Gerbsäure, Gallussäure. Anw.: in der Volksheilkunde als Diuretikum.
Hom.: ***Epigaea repens*** HAB34, die frischen Blätter. Anw.-Geb.: Nierensteinleiden, Harnwegsinfektionen.

■ **Epilobium-Arten**
● **Fam.:** Oenotheraceae.
● **Epilobium angustifolium** L. (syn. *Chamaenerion angustifolium, Epilobium gesneri, E. persicofolium, E. salicifolium, E. spicatum, Lysimachia chamaenerion*); Schmalblättriges Weidenröschen (syn. Antonskraut, Feuerkraut, Waldröschen, Weidenröschen).
Vork.: Europa, Asien, Nordamerika, Grönland, Kanaren.
Drogen: *1. **Herba Epilobii**; Epilobium-angustifolium*-Kraut (syn. Weidenröschenkraut, Feuerkraut, Koptischer Tee, Weidenröschentee), die knapp vor oder während der Blütezeit gesammelten und getrockneten oberirdischen Teile. Inh.: Flavonoide (ca. 1,5 %), v. a. Flavonolglykoside des Kämpferols, Myricetins und Quercetins, Leukoanthocyane, Gerbstoffe (ca. 12 %), Gemische von Polygalloylglucosen und Ellagitanninen, Lectine, Sterole (β-Sitosterol und seine Ester), Triterpensäuren (1,5 %, u. a. Oleanolsäure und Ursolsäure sowie deren Derivate). Anw.: innerlich bei Miktionsbeschwerden infolge einer benignen Prostatahyperplasie. Dazu wurden in den vergangenen Jahren eine Vielzahl von Untersuchungen durchgeführt, die die klinische Wirksamkeit wahrscheinlich machen. In der Volksheilkunde wird die Droge auch bei Magen- und Darmentzündungen sowie Schleimhautläsionen eingesetzt. Auch zur Wundheilung werden Drogenzubereitungen verwendet. ***2. Epilobium-angustifolium-Wurzel***; Waldröschenwurzel (syn. Feuerkrautwurzel, Wurzel des schmalblättrigen Weidenröschens), die zur Zeit der Blüte geerntete, getrocknete Wurzel. Inh.: wie *Epilobium-angustifolium*-Kraut, daneben Pektine und Schleime. Anw.: s. *Epilobium-angustifolium*-Kraut. Für diese Droge liegen keine hinreichenden Studienergebnisse vor, so daß die Anwendungsgebiete nicht ausreichend belegt sind.

● **Epilobium palustre** L. (syn. *Epilobium scaturiginum, E. schmidtianum*); Sumpf-Weidenröschen (syn. Sumpf-Eberich).
Vork.: Europa, Asien, von der Ebene bis in alpine Regionen.
Inh.: u. a. Flavonoide (Glykoside und freie Flavonole).
Hom.: ***Epilobium palustre*** HAB34, der frische Wurzelstock. Anw.-Geb.: Durchfallerkrankungen.
● **Epilobium parviflorum** Schreb.; Kleinblütiges Weidenröschen; s. Farbtafel S. 302, Bild 129.
Vork.: Europa.
Inh.: u. a. Flavonoide, Gerbstoffe. Anw.: in der Volksheilkunde bei Prostataerkrankungen. Zur ↗ Teezubereitung verwendet man 1,5–2 g fein geschnittenes Weidenröschenkraut.

Epimedium grandiflorum ↗ Epimedium macranthum.

■ **Epimedium macranthum** Morr. et Decne. (syn. *Epimedium grandiflorum*).
Fam.: Berberidaceae.
Vork.: Korea, China, Nordjapan.
Droge: die ganze Pflanze. Inh.: Kämpferolderivate, wie Icariin (0,2 %) und Des-*O*-methylicariin (ca. 1 %); *n*-Hexacosylalkohol. Anw.: in der asiatischen Volkheilkunde bei Gebärmutterkrebs.
Epiphegus americanus ↗ Epiphegus virginicus.
Epiphegus virgianus ↗ Epiphegus virginicus.

■ **Epiphegus virginicus** Bart. (syn. *Epiphegus americanus, Epiphegus virgianus*).
Fam.: Orobranchaceae.
Vork.: Nordamerika.
Droge: ***Orobranche virginiana***, das Kraut. Inh.: u. a. Alkaloide und Glykoside, wenig untersucht.
Hom.: ***Epiphegus virginicus*** HAB; die frischen, oberirdischen Teile blühender Pflanzen. Anw.-Geb.: Kopfschmerzen.

■ **Epiphyse HAB**
Präparation aus frischen Epiphysen von Säugetieren. Anw.-Geb.: Wachstums- und Entwicklungsstörungen.

■ **Epiphyten**
Pflanzen, die auf anderen Pflanzen wachsen, ohne in Verbindung mit dem Erdboden zu stehen.

Die Wirtspflanzen, zumeist Bäume, dienen lediglich als günstiger Standort zum Licht und werden i. d. R. nicht parasitisch ausgenutzt. Beispiele sind Flechten und Moose.

■ **Epithelantha micromeris** (Engelm.) F. A. C. Weber ex Britt. et Rose (syn. *Mammillaria micromeris*); Hikuli (syn. Falsche Peyote).

Fam.: Cactaceae.

Vork.: südwestl. Nordamerika, Mexiko.

Bedeut.: Die sauren Früchte dieses Kaktus werden von einigen Indianerstämmen als Stimulans bzw. zur Erzielung besserer Erkenntnisse genutzt. Die Pflanze enthält Alkaloide und Triterpene, die für die Wirkung verantwortlich sein könnten. Genauere Untersuchungen fehlen.

Eppich ↗ Apium graveolens, ↗ Sambucus ebulus, ↗ Selinum palustre.
Eppichkraut ↗ Selinum palustre.
Eppig ↗ Hedera helix.
Equiseti herba ↗ Equisetum-Arten.

■ **Equisetum-Arten**

● **Fam.:** Equisetaceae.

● **Equisetum arvense** L. (syn. *Allosites arvense, Equisetum boreale*); Ackerschachtelhalm (syn. Bandwisch, Katzenschwanz, Katzenwedel, Pferdeschwanz, Schachtelhalm, Schafheu, Schafstroh, Scheuergras, Zinngras, Zinnkraut), s. Farbtafel S. 302, Bild 130.

Vork.: Die 4 bis 40 cm hohe Pflanze mit tiefem Wurzelgeflecht ist über ganz Europa, Asien, Nordamerika bis in arktische Gebiete hinein verbreitet.

Droge: ***Equiseti herba*** (syn. *Herba Equiseti*); Schachtelhalmkraut (syn. Kannenkraut, Pferdeschwanzkraut, Scheuerkraut, Tannenkraut), die getrockneten, grünen, sterilen Sprosse. Inh.: Kieselsäure (5–7,7 %) neben Aluminium- und Kaliumchlorid, Flavonoide (Kämpferol- und Quercetinglykoside neben Luteolin- und Apigeninglykosiden). Saponine sind in der Droge entgegen älteren Angaben nicht vorhanden. Anw.: Schachtelhalmkraut-Tee wird zur Durchspülungstherapie bei bakteriellen und entzündlichen Erkrankungen der ableitenden Harnwege und bei Nierengrieß innerlich angewendet. Äußerlich dient die Droge zur unterstützenden Behandlung von schlecht heilenden Wunden. In der Volksheilkunde wird ebenfalls die harntreibende Wirkung ausgenutzt. Auch zur Blutstillung bei zu starken Monatsblutungen der Frau, bei Nasen-, Lungen- und Magenblutungen, bei rissigen Fingernägeln und Haarausfall, bei Gicht und rheumatischen Beschwerden, bei Schwellungen, Knochenbrüchen und Frostschäden sowie als Adjuvans bei tuberkulösen Erkrankungen wird die Droge eingesetzt. Zur ↗ Teezubereitung verwendet man 2–4 g (1 Teelöffel: ca.1 g) Droge. Die mittlere Tagesdosis liegt bei etwa 6 g.

Hom.: ***Equisetum arvense*** HAB34, die frischen, im Spätsommer gesammelten Pflanzen mit sterilen Stengeln. Anw.-Geb.: bei Nieren- und Harnwegserkrankungen.

● **Equisetum fluviatile** L. (syn. *Equisetum fluviatilis, E. heleocharis, E. lacustre, E. limosum*); Teichschachtelhalm (syn. Hohlkrökeln, Hollrippe, Hollrusch, Hollrusk, Kornpiepen, Nadeldeisken, Schlammschachtelhalm, Teichzinnkraut).

Vork.: Die ausdauernde, 20–150 cm hohe Pflanze mit orangem oder rotem, kahlem Rhizom ist zirkumpolar verbreitet, insbes. in Eurasien und Nordamerika.

Inh.: u. a. Kieselsäure, Alkaloide, u. a. Nicotin und Palustrin, Flavonoide, bes. Kämpferol und Quercetinglykoside.

Hom.: ***Equisetum limosum*** HAB34, die frische Pflanze.

● **Equisetum hyemale** L. (syn. *Equisetum hiemale, E. zonatum, Hippochaete hyemalis*); Winterschachtelhalm (syn. Polir-Schachtelhalm, Scharpruss).

Vork.: Die ausdauernde, 30–150 cm hohe Pflanze mit federkieldickem Wurzelstock und astlosem Stengel ist zirkumpolar verbreitet, bes. an den Westseiten der Kontinente, in Europa von Island und Nordskandinavien bis in das nördliche Mittelmeergebiet.

Inh.: u. a. Kieselsäure, Alkaloide, u. a. Nicotin und Palustrin, Flavonoide, v. a. Kämpferol und Herbacetinglykoside.

Hom.: ***Equisetum hiemale*** HAB34, die frische Pflanze. Anw.-Geb.: bei Nieren- und Harnwegserkrankungen.

● **Equisetum palustre** L.; Sumpfschachtelhalm (syn. Duwock)

Inh.: neben Flavonoiden bes. Alkaloide mit Palustrin als Hauptkomponente. Anw.: infolge Toxizität durch die Alkaloide als Droge nicht nutzbar.

● **Histor.:** Bereits im Altertum wurde *Equisetum*

als harntreibendes Mittel und zur Wundbehandlung genutzt. ↗ Dioskurides beschreibt die *Hippuris* als harntreibend, dagegen nennt ↗ Plinius die Pflanze erstmalig *Equisetum* und hebt die blutstillenden Eigenschaften der Droge hervor. Auch Albertus Magnus rühmt die blutstillende Kraft der Droge. Der Gattungsname *Equisetum* ist lateinischer Herkunft und setzt sich aus *equus* (Pferd) und *seta* (Schwanz) zusammen. Bereits bei den Griechen (s. o.) hieß die Pflanze *hippuris* (Pferdeschwanz), offenbar wegen der feinen Zweige einiger Arten. Der Artname *arvense* weist auf den bevorzugten Standort der Pflanze hin. Wegen des hohen Gehaltes an Kieselsäure wurde die Droge früher zum Reinigen von Gefäßen („Zinnkraut"), Möbeln und Parkettfußböden verwendet.

■ Equus caballus

Pferd.

Fam.: Perissodactyla.

Vork.: weltweit gezüchtet.

Droge: ***Pferdefett***, das Fett der Tiere. Inh.: Triglyceride mit Ölsäure (65 %), Stearin- und Palmitinsäure (ca. 35 %) sowie Linolensäure als Fettsäurekomponenten. Anw.: zur Herstellung von Seifen.

Hom.: ↗ *Castor equi.*

Erbelblätter ↗ Fragaria vesca.
Erbelwurzel ↗ Fragaria vesca.
Erbselbeeren ↗ Berberis vulgaris.
Erdapfel ↗ Helianthus tuberosus, ↗ Solanum-Arten.
Erdbeerbaum ↗ Arbutus unedo.
Erdbeerblätter ↗ Fragaria vesca.
Erdbeerkümmel ↗ Nigella damascena.
Erdbeerwurzel ↗ Fragaria vesca.
Erdbirne ↗ Helianthus tuberosus, ↗ Solanum-Arten.
Erdblättriger Rißpilz ↗ Inocybe-Arten.
Erdbrot ↗ Cyclamen purpurascens.
Erdefeu ↗ Glechoma hederacea.
Erdgalle ↗ Fumaria officinalis.
Erdgallenkraut ↗ Centaurium minus.
Erdhollerblätter ↗ Sambucus ebulus.
Erdhollerwurzel ↗ Sambucus ebulus.
Erdkeste ↗ Solanum-Arten.
Erdkröte ↗ Bufo bufo.
Erdmandeln ↗ Cyperus esculentus.
Erdmännlein ↗ Mandragora officinarum.
Erdmoos ↗ Lycopodium clavatum.
Erdnuß ↗ Arachis hypogaea.

■ Erdöl

aus der organischen Substanz der im Tertiär untergegangenen Tiere und Pflanzen durch starken Druck und unter Luftabschluß aus Schichtengesteinen hervorgegangene, organische Flüssigkeit, die ein komplexes Gemisch zahlreicher Kohlenwasserstoffe darstellt.

Vork.: USA, Rußland, Mittlerer und Naher Osten, Afrika, Mittelamerika, Nordsee, Arabien.

Drogen: ***1. Oleum Petrae*** (syn. Naphtha, Petroleum, Steinöl), das aus dem rohen amerikanischen Steinöl durch Destillatioon gewonnene Öl. ***2. Oleum Petrae italicum*** (syn. Steinöl), Destillat aus dem italienischen Erdöl. *Anw.:* in der Volksheilkunde zu Einreibungen bei verschiedenen Hauterkrankungen.

Hom.: ***Petroleum***. *Anw.-Geb.:* chronische Ekzeme, Frostschäden, Reisekrankheit, Magenkatarrhe, chronische Lidrandentzündung, Ohrensausen.

Erdrauch ↗ Fumaria officinalis, ↗ Adlumia fungosa.
Erdraute ↗ Fumaria officinalis.
Erdsalamander ↗ Salamandra maculosa.
Erdschierling ↗ Conium maculatum.
Erdschocken ↗ Solanum-Arten.
Erdspinnenkraut ↗ Anthericum ramosum.

■ Erechthites hieracifolia (L.) Raf.

(syn. *Erechthites praealta; Senecio hieracifolia*).

Fam.: Asteraceae (Compositae).

Vork.: Nordamerika.

Droge: ***Herba Erechthites***; das ganze Kraut. *Inh.:* äther. Öl, Pyrrolizidinalkaloide mit Necin-Grundgerüst.

Hom.: ***Erechthites hieracifolia*** HAB34; die frischen, oberirdischen Teile blühender Pflanzen. *Anw.-Geb.:* Schleimhautblutungen.

Erechtites praealta ↗ Erechthites hieracifolia.
Eremanthus arboreus ↗ Vanillosmopsis arborea.

■ Eremanthus eleagnus Sch.-Bip.

Fam.: Asteraceae (Compositae).

Vork.: Südamerika.

Droge: die ganze Pflanze. *Inh.:* Sesquiterpenlactone, wie Eremanthin, Costulonid, α-Cyclocostunolid; Bisabolol, Eremantholid. Anw.: in der Volksheilkunde als Antiparasitikum.

Eremanthus erythropappus ↗ Vanillosmopsis erythropappa.
Ereriba ↗ Homalomena lauterbachii.
Ergocornin ↗ Claviceps purpurea.
Ergocristin ↗ Claviceps purpurea.
Ergocryptin ↗ Claviceps purpurea.
Ergometrin ↗ Claviceps purpurea.

■ **Ergosterol**
(syn. Ergosterin), Hauptsteroid aus der Hefe. Wirk.: Provitamin D_2, beruht auf der durch UV-Licht induzierten Ringöffnung von E. zu Präcalciferol mit anschließender Umlagerung zu Vitamin D_2. E. ist auch in zahlreichen anderen Pilzen, Flechten sowie im Mutterkorn zu finden.

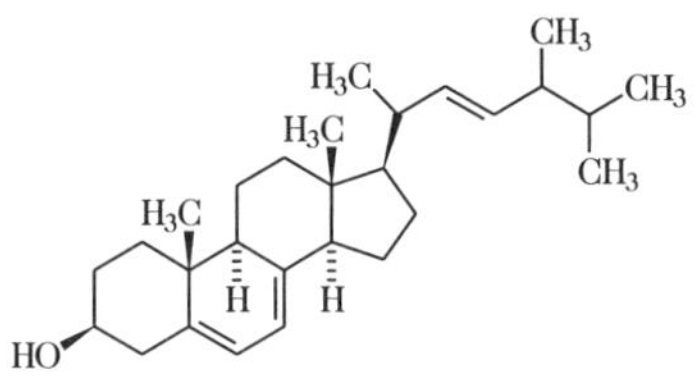

Ergosterol

■ **Ergotamin**
Peptidalkaloid (Ergopeptin-Typ) aus *Secale cornutum* (↗ *Claviceps purpurea*). Wirk.: breites Wirkungsspektrum, u. a. partieller Agonist am α-adrenergen Rezeptor, serotoninerger Antagonist, dopaminerger Agonist am D_2-Rezeptor. Anw.: als Migränemittel, bei orthostatischer Hypotension zur Blutdrucksteigerung. ↗ Claviceps purpurea.

Ergotismus ↗ Claviceps purpurea.
Erica botuliformis ↗ Erica tetralix.
Ericae flos ↗ Calluna vulgaris.

■ **Erica tetralix** L.
Glockenheide. (syn. *Erica botuliformis, Tetralix septentrionalis*).
Fam.: Ericaceae.
Vork.: Norddeutschland.
Droge: ***Flores Ericae tetraclinis***; Glockenheideblüten, die getrockneten Blüten. Inh.: Catechingerbstoffe, Flavonoide, Saponine, Ursolsäure. Anw.: in der Volksheilkunde als Expektorans und bei fiebrigen Erkrankungen.

Erica vulgaris ↗ Calluna vulgaris.
Erigeron canadensis ↗ Conyza canadensis.
Erigeron paniculatus ↗ Conyza canadensis.
Erigeron pusillus ↗ Conyza canadensis.
Erigeron strictum ↗ Conyza canadensis.

■ **Eriobothrya japonica** (Thunb.) Lindl.
(syn. *Mespilus japonica*); Japanische Mispel (syn. Loquate).
Fam.: Rosaceae.
Vork.: Japan, China, dort auch kultiviert.
Inh.: in den Früchten: Carotinoide, organische Säuren. In den Blättern: Triterpensäuren, Vitamin C und B_1, Saponine. Verw.: Die Früchte sind als wertvolles Obst geschätzt, die Blätter werden in Ostasien bei Husten empfohlen.

■ **Eriocereus bonplandii** (Parm.) Ricc.
(syn. *Cereus balansaei, Cereus bonplandii, Harrisia bonplandii, Selenicereus bonplandii*).
Fam.: Cactaceae.
Vork.: Südamerika.
Inh.: Es liegen keine systematischen Untersuchungen dazu vor.
Hom.: ***Cereus bonplandii*** HAB34, die frischen Stengel und Blüten. Anw.-Geb.: Augenschmerzen, Angina pectoris.

Eriocitrin ↗ Flavonoide.
Eriodendron anfractuosum ↗ Ceiba pentandra.

■ **Eriodictyon californicum** (Hook. et Arn.) Torr.
(syn. *Eriodictyon glutinosum, Wigandia californica*).
Fam.: Hydrophyllaceae.
Vork.: westliche USA bis Mexico.
Droge: ***Eriodictyonis folium*** (syn. *Folia Eriodictyonis, Eriodyction, Herba Santa*); Eriodyctionblätter (syn. *Eriodictyon-californicum*-Blätter, Santakraut), die getrockneten Laubblätter. Inh.: Homoeriodictyol (3–6 %, Flavanonderivat), daneben Eriodictyol und Chrysoeriol. Anw.: in der Volksheilkunde innerlich bei Erkrankungen der Atemwege, wie Asthma oder Bronchitis. Die Indianer Nordamerikas verwendeten die Droge auch bei Magen- und Darmstörungen sowie bei Erkrankungen des Urogenitaltraktes. Auch über eine äußerliche Anwendung bei stumpfen Verletzungen, Verrenkungen und In-

sektenstichen wird berichtet. Die Wirksamkeit für die genannten Indikationen ist wissenschaftlich nicht belegt. Trotzdem existieren in den USA eine Reihe von Patenten, die die Anwendung von *Eriodictyon*-Extrakt bei trockener Haut und Schleimhaut beschreiben. Auch ist eine Verwendung als Geschmackskorrigens bekannt.

Hom.: ***Eriodictyon californicum*** HAB1 (syn. *Yerba santa*), die frischen, oberirdischen Teile der blühenden Pflanze. *Anw.-Geb.:* Erkrankungen der Atemwege und des Rippenfelles.

Histor.: Der Gattungsname ist griechischen Ursprungs und von *erion* (Wolle) und *diktyon* (Fangnetz) abgeleitet und bezieht sich auf die verfilzten Haare an der Blattunterseite. Mit *glutinosus* (klebrig) wird auf die klebrige Blattoberseite infolge harzartiger Ausscheidungen hingewiesen. Die Bezeichnung *Herba Santa* bzw. *Yerba santa* (heiliges Kraut), macht die hohe Wertschätzung für die Droge deutlich. In den Heimatgebieten, bes. Mexiko und Kalifornien, war die Droge seit langer Zeit ein beliebtes Hustenmittel und wurde bei Bronchialkatarrh und Asthma meist wie Tabak geraucht.

Eriodictyon glutinosum ↗ Eriodictyon californicum.
Eriodictyonis folium ↗ Eriodictyon californicum.
Eriodyctiol ↗ Flavonoide.
Eriodyction ↗ Eriodictyon californicum.
Eriodyctionblätter ↗ Eriodictyon californicum.
Eriosphaera fenzlii ↗ Calvatia gigantea.

■ **Erkältungstee**
Teemischung , die bei fieberhaften Erkältungen, bei denen meist eine Schwitzkur gewünscht ist, genutzt wird. Die dominierenden Bestandteile der gebräuchlichen Drogengemische enthalten Holunder- und Lindenblüten sowie Drogen mit Salicylderivaten; z. B. enthält der Erkältungstee I (Standardzulassung 1979.99.99) Holunderblüten und Lindenblüten je 30 Teile, Mädesüßblüten 20 Teile und als sonstige Bestandteile Hagebuttenschalen (20 Teile). Die Teezubereitung erfolgt, indem man 1 Eßlöffel der Drogenmischung mit siedendem Wasser (ca 150 ml) übergießt, etwa 10 min bedeckt stehen läßt und danach durch ein Teesieb gibt. Anwendung nach Bedarf.

Erlenrinde ↗ Alnus-Arten.

■ **Erodium cicutarium** (L.) L'Hérit.
(syn. *Geranium cicutarium*); Reiherschnabel.

Fam.: Geraniaceae.

Vork.: Nord- und Mitteleuropa, Rußland bis Sibirien.

Droge: ***Herba Erodii cicutarii***; Reiherschnabelkraut, das getrocknete Kraut. *Inh.:* Gerbstoffe, Gallussäure, Flavonoide, Zucker, äther. Öl, Fruchtsäuren, wenig Coffein. *Anw.:* in der Volksheilkunde als Diuretikum und Hämostyptikum.

Hom.: ***Erodium cicutarium*** HAB34, die ganze frische Pflanze.

■ **Erodium moschatum** (L.) L'Hérit. ex Ait.
(syn. *Geranium moschatum*).

Fam.: Geraniaceae.

Vork.: Europa, Mittelmeergebiete.

Droge: das Kraut. *Inh.:* äther. Öl, Gerbstoffe. *Anw.:* früher als Gewürzpflanze sowie bei Darmerkrankungen genutzt.

Eruca alba ↗ Sinapis alba.
Erucae semen ↗ Sinapis alba.

■ **Eruca sativa** Mill.
(syn. *Brassica eruca, Raphanus eruca, Sinapis eruca*); Senfrauke (syn. Ölrauke, Ruke).

Fam.: Brassicaceae (Cruciferae).

Vork.: Mittelmeerländer, auch kultiviert.

Droge: die Samen und das frische Kraut (syn. Raukenkraut). *Inh.:* in den Samen fettes Öl (26–33 %) mit hohem Anteil an Öl- und Erucasäure als Fettsäurekomponenten sowie weiterhin Linol-, Behen-, Linolen-, Stearin- und Lignocerinsäure; Alkaloide, Phytosterole; in den Blättern wurde Isorhamnetin, seine Glykoside und Glucoerucin nachgewiesen. *Anw.:* die Samen zur Senfherstellung; die Blätter werden als Diuretikum eingesetzt sowie als Gemüse bzw. Salat gegessen.

Erucasäure ↗ Brassica-Arten.

■ **Ervatamia coronaria** (Jacq.) Stapf.
(syn. *Ervatamia divaricata, Tabernaemontana coronaria, T. coriaria, Nerium coronarium*); Ceylon-Jasmin.

Fam.: Apocynaceae.

Vork.: Indien, Oceanien, Australien, in Ägypten auch kultiviert.

Droge: die Stamm- und Wurzelrinde. *Inh.:* Indolalkaoide, wie Coronaridin, Coronarin, Dregamin, Tabernaemontanin; Vobasin, Corin, Cortine, α-Amyrin, Lupeol, Gerbstoffe. *Anw.:* innerlich als Vermifugum, Antidiarrhoikum und Antidysenterikum, äußerlich bei Entzündungen.

Ervatamia dichotoma ↗ Tabernaemontana dichotoma.
Ervatamia divaricata ↗ Ervatamia coronaria.
Erva tostao ↗ Boerhaavia hirsuta.
Ervum lens ↗ Lens culinaris.
Eryngii herba ↗ Eryngium-Arten.
Eryngii maritimi radix ↗ Eryngium-Arten.
Eryngii plani herba ↗ Eryngium-Arten.
Eryngii plani radix ↗ Eryngium-Arten.
Eryngii radix ↗ Eryngium-Arten.

■ Eryngium-Arten

● **Fam.:** Apiaceae (Umbelliferae).

● **Eryngium campestre** L. (syn. *Eryngium amethystinum, E. billardieri, E. officinale, E. trifidum, E. vulgare*); Mannstreu (syn. Brachdistel, Donardistel, Ellend, Feldmannstreu, Krausdistel, Laufdistel, Radendistel, Rolandsdistel).

Vork.: Mitteleuropa, Mittelmeergebiet, südliches Sibirien, Nordafrika.

Drogen: ***1. Eryngii herba*** (syn. *Herba Eryngii, Herba Eryngii campestris*); Mannstreukraut (syn. Brachdistelkraut, Feldmannstreukraut), die getrockneten Blätter und Blüten. *Inh.:* u. a. Saponine, Chlorogensäure, Rosmarinsäure. *Anw.:* in der Volksheilkunde bei Harn- und Blasenleiden, als Adjuvans bei Entzündungen der ableitenden Harnwege, bei Prostatitis und Bronchialkatarrhen. ***2. Eryngii radix*** (syn. *Radix Eryngii*); Mannstreuwurzel (syn. Brachdistelwurzel, Feldmannstreuwurzel), die im Frühjahr und Herbst gesammelten und getrockneten Wurzeln bzw. Rhizome. *Inh.:* u. a. Saponine, Chlorogensäure, Rosmarinsäure, Dihydropyranocumarinderivate (Aegelinol, Agasyllin, Grandivittin), Monoterpenglykoside. *Anw.:* in der Volksheilkunde bei Blasen- und Nierensteinen, Nierenkoliken, Nierenentzündungen, Entzündungen der Harnwege sowie bei Husten und Bronchitis. Auch wird eine Anwendung bei Hautkrankheiten und zum Abstillen beschrieben.

● **Eryngium maritimum** L. (syn. *Eryngium marinum, E. maritimum tauricum*); Stranddistel (syn. Blaue Dünendistel, Seemannstreu, Seestrand-Mannstreu), s. Farbtafel S. 302, Bild 131.

Vork.: an den europäischen Küsten (Strand, Dünen), Atlantikküste von Portugal bis England, Nordsee und Ostsee, Mittelmeerküste, Schwarzmeerküste. Die Pflanze unterliegt dem Artenschutz!

Droge: ***Eryngii maritimi radix*** (syn. *Radix Eryngii maritimi*); *Eryngium-maritimum*-Wurzel, die im Herbst gesammelten, in Stücke geschnittenenen und getrockneten Wurzeln. *Inh.:* Zukker, Schleimstoffe, Saponine. *Anw.:* in der Volksheilkunde bei Cystitis, Harnröhrenentzündung, Polyurie, Nierensteinen, Nierenkoliken, Prostatitis und Prostatavergrößerung. Im Hauhalt werden die jungen Wurzelsprosse wie Spargel genutzt, die Blätter können als Salat gegessen werden.

Hom.: ***Eryngium maritimum*** HAB34, Meerstrandsdistel, die frische blühende Pflanze.

● **Eryngium planum** L. (syn. *Eryngium intermedium, Eryngium planifolium, Eryngium pusillum*); Flachblättrige Donardistel oder Mannstreu; s. Farbtafel S. 302, Bild 132.

Vork.: östliches Deutschland, Polen, Österreich, Südosteuropa bis Transkaukasien, Ural, Altai, Kaschmir.

Drogen: ***1. Eryngii plani herba*** (syn. *Herba Eryngii plani*); *Eryngium-planum*-Kraut, die im Frühjahr gesammelten Grundblätter zweijähriger Pflanzen. *Inh.:* Flavonoide, u. a. Kämpferol und seine Glykoside, Triterpensaponine (v. a. Di- und Monoester des Barringtogenol C). *Anw.:* in der Volksheilkunde bei Keuchhusten von Kindern. ***2. Eryngii plani radix*** (syn. *Radix Eryngii plani*); *Eryngium-planum*-Wurzel, die im Herbst gesammelten Wurzeln zweijähriger Pflanzen. *Inh.:* Triterpensaponine, v. a. Mono- und Diester des A_1- und R_1-Barrigenols, Zucker (u. a. ca. 14 % 1-Kestose). *Anw.:* bei Keuchhusten.

● **Eryngium yuccifolium** Michx. (syn. *Eryngium aquaticum, E. petiolatum, E. virginianum, E. yuccaefolium*); Wasser-Mannstreu.

Vork.: an den Ufern von Flüssen und Sümpfen in Nord- und Mittelamerika.

Inh.: nicht untersucht.

Hom.: ***Eryngium aquaticum*** HAB34, der frische Wurzelstock. *Anw.-Geb.:* Schleimhautreizung der Atem- und Harnwege.

Erysibe maydis ↗ Ustilago maydis.
Erysimi canescentis herba ↗ Erysimum diffusum.
Erysimi diffusa herba ↗ Erysimum diffusum.
Erysimi herba ↗ Sisymbrium officinale.

■ **Erysimin**
(syn. Helveticosid, Strophanthidin-3-β-D-digitoxosid), Cardenolidglykosid aus Erysimum-Arten.

Erysimum alliaceum ↗ Alliaria petiolata.
Erysimum alliaria ↗ Alliaria petiolata.
Erysimum andrzeiowscianum ↗ Erysimum diffusum.
Erysimum canescens ↗ Erysimum diffusum.
Erysimum cheiranthus ↗ Erysimum crepidifolium.
Erysimum cheiri ↗ Cheiranthus cheiri.

■ **Erysimum crepidifolium** Rchb.
(syn. *Erysimum cheiranthus, E. pallens*); Bleicher Schöterich (syn. Gänsesterbekraut, Sterbekraut).
Fam.: Brassicaceae (Cruciferae).
Vork.: Mittel- und Osteuropa, auch kultiviert.
Droge: ***Herba Erysimi***; Schöterichkraut (syn. Gänsesterbekraut). *Inh.:* herzwirksame Glykoside (ca. 1 %, u. a. Erysimosid, Erysimin), Glucosinolate. *Anw.:* früher zur Behandlung der Herzinsuffizienz, heute nicht mehr gebräuchlich und durch Reinstoffe (↗ Digitalisglykoside) abgelöst. Die Droge dient aber noch der Gewinnung von Erysimin, da sie die Cardenolid-reichste einheimische Droge darstellt.

■ **Erysimum diffusum** Ehrh.
(syn. *Cheiranthus alpinus, Erysimum andrzeiowscianum, E. canescens*); Graublättriger Hederich (syn. Grauer Schotendotter, Grauer Schöterich).
Fam.: Brassicaceae (Cruciferae).
Vork.: in den Trockengebieten Südost- und Osteuropas, Sibiriens, Mittelasiens und der Mongolei. Kultiviert im europäischen Teil Rußlands, Westsibiriens und in Ungarn.
Droge: ***Erysimi diffusa herba*** (syn. *Erysimi canescentis herba, Herba Erysimi canescentis, Herba Erysimi diffusi*), das zur Blütezeit gesammelte Kraut kultivierter zweijähriger Pflanzen.

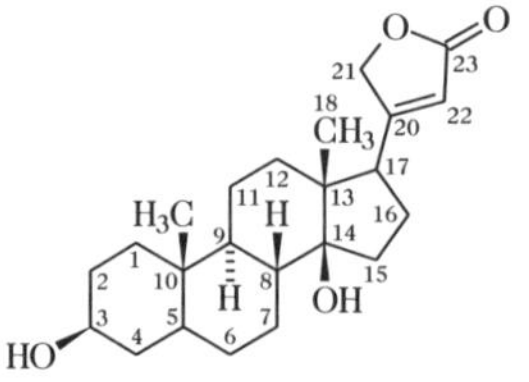

Aglykon der herzwirksamen Steroide vom Cardenolidtyp aus *E. diffusum*

Inh.: v. a. herzwirksame Glykoside vom Cardenolidtyp (1–3 %, mit k-Strophanthidin als Aglykon), u. a. Erysimosid, Erysimin, daneben Canescein und Cheirotoxin. *Anw.:* früher als Extraktpräparat zur Behandlung der Herzinsuffizienz. Diese Anwendung ist heute nicht mehr vertretbar.

Erysimum glabrum ↗ Brassica-Arten.
Erysimum murale ↗ Cheiranthus cheiri.
Erysimum officinale ↗ Sisymbrium officinale.
Erysimum officinarum ↗ Sisymbrium officinale.
Erysimum pallens ↗ Erysimum crepidifolium.
Erysimum runcinatum ↗ Sisymbrium officinale.
Erythraea centaurium ↗ Centaurium minus.
Erythraea chilensis ↗ Centaurium chilensis.

■ **Erythrina americana** Mill.
Colorines.
Fam.: Leguminosae.
Vork.: tropische Gebiete.
Anw.: mexikanische Indianer benutzten die Bohnen dieser Pflanze als Heilmittel und Halluzinogen zur Wahrsagerei. Die eigentlichen Inhaltsstoffe sind nicht näher untersucht, von Alkaloiden mit curareähnlicher Wirkung wird berichtet. In Mexiko werden die Bohnen oft zusammen mit denen von ↗ Sophora secundiflora (Mescalbohne) verkauft. Ähnlich werden auch *Erythrina coralloides* Moc. et Sesse ex DC. und *Erythrina flabelliformis* Kearney verwendet.

Erythrina monosperma ↗ Butea monosperma.
Erythrina piscipula ↗ Piscidia piscipula.

■ **Erythromycine**
Polyketide aus der Gruppe der kleinen Makrolidantibiotika. Gebildet von Streptomyces erythreus, reagieren die E. mit der 50S-Untereinheit bakterieller Ribosomen und hemmen damit die Proteinbiosynthese bes. von grampositiven Bakterien und Kokken sowie gramnegativen Kokken. Das im Handel befindliche Erythromycin enthält v. a. Erythromycin A (98 %) neben Erythromycin B und C. *Anw.:* Infektionen der Atemwege (Keuchhusten, Legionellen, Pneumokokken), Scharlach, Erysipel, Hautinfektionen (Furunkel, Akne vulgaris) sowie bei Syphilis und Gonorrhoe (Formeln S. 289).

■ **Erythronium americanum** Ker-Gawl.
(syn. *Erythronium lanceolatum*); Schlangenzunge.

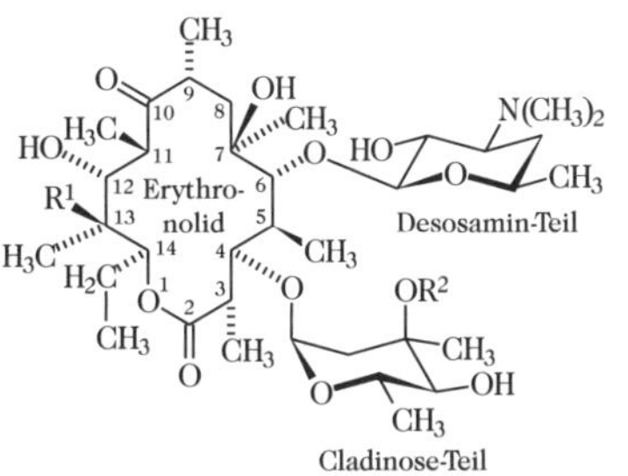

	R^1	R^2
Erythromycin A	OH	CH_3
Erythromycin B	H	CH_3
Erythromycin C	OH	H

Fam.: Liliaceae.

Vork.: Nordamerika.

Droge: die ganze Pflanze. *Inh.:* α-Methylenbutyrolacton. *Anw.:* in der Volksheilkunde als Emetikum und Expektorans.

Hom.: ***Erythronium americanum*** HAB34, die frische Pflanze.

■ **Erythronium dens-canis** L.
Hundszahnlilie.

Fam.: Liliaceae.

Vork.: China, Japan, Korea.

Droge: die frischen Zwiebeln. *Inh.:* Saponine, Stärke (*Amylum Erythronii*). *Anw.:* in der chinesischen und japanischen Volksheilkunde als Antiepileptikum sowie als Aphrodisiakum. Die Stärke wird in Japan als Nahrungsmittel verwendet.

Erythronium lanceolatum ↗ Erythronium americanum.
Erythrophleum guineense ↗ Erythrophleum suaveolens.

■ **Erythrophleum suaveolens** (Guill. et Perrott.) Brenan
(syn. *Erythrophleum guineense*); Rotwasserbaum.

Fam.: Caesalpiniaceae.

Vork.: tropisches Afrika, bes. Äquatorialafrika, Westafrika, Sierra Leone.

Droge: ***Cortex Erythrophlei*** (syn. *Cortex Sassy*); Rotwasserbaumrinde (syn. Gottesurteilrinde, Sassyrinde), die getrocknete Rinde. Die Droge ist stark giftig! *Inh.:* Diterpenalkaloide mit herzwirksamer Aktivität, u. a. Erythrophlein, Cassamin, Erythrophlamin, Cassain, Cassaidin, Coumin-

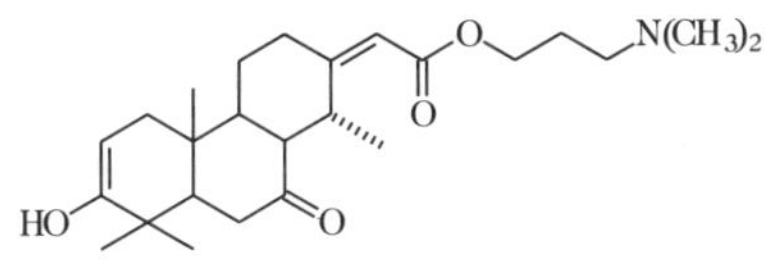

Cassain

gin, Coumingidin, Erythrophleguin, Ivorin und Sedachain sowie Cassaminsäure, Norcassamin, Luteolin, Gerbstoffe und Harz. *Anw.:* in der traditionellen Medizin Afrikas als Herzmittel. Größere Bedeutung hatte die Droge in früheren Jahren als Mittel zur Herbeiführung von „Gottesurteilen“ sowie als Pfeilgift.

Erythroxylon coca ↗ Erythroxylum coca.
Erythroxylon peruvianum ↗ Erythroxylum coca.
Erythroxylum bolivianum ↗ Erythroxylum coca.

■ **Erythroxylum coca** Lam.
(syn. *Erythroxylon coca, Erythroxylon peruvianum, Erythroxylum bolivianum, E. peruvianum*); Cocastrauch (syn. Kokastrauch).

Fam.: Erythroxylaceae.

Vork.: tropisches Zentral- und Mittelamerika, angebaut v. a. östlich der Anden von Ecuador bis Bolivien, seltener in Indonesien, Indien und Ceylon.

Droge: ***Cocae folium*** (syn. *Coca, Coca peruvianae folium, Coca folium, Folia Cocae, Folia erythroxyli cicae, Folium cocae*); Kokablätter (syn. Cocablätter), die getrockneten Laubblätter. *Inh.:* Tropan-Alkaloide (0,1–0,7 %, v. a. Cinnamoylcocain, ↗ Cocain, daneben α- und β-Truxillin, Benzoylecgonin, Hygrin, Cuskhygrin und Spuren von Nicotin), wenig äther. Öl, Gerbstoffe, Flavonoide, Chlorogensäure, Wachs. *Anw.:* in der traditionellen Heilkunde der südamerikanischen Ureinwohner dient die Droge als Stimulans zur Anregung, Leistungssteigerung und zum Schutz vor Hunger, Kälte und Schlafbedürfnis. Aufgrund der pharmakologischen Wirkungen des ↗ Cocains ist diese Anwendung plausibel. Die stark suchtinduzierenden Effekte des Cocains verhindern den Einsatz der Droge durch gesetzliche Regelungen in den meisten Staaten. Lediglich die Bewohner der Bergregionen Südamerikas nutzen die Droge auch weiterhin ohne gesetzliche Einschränkungen. Dabei werden die Cocablätter unter Zusatz von Asche aus *Chenopodium-quinoa*-Stengeln, Muschelkalk und Wasser zu Kügelchen geformt, die gekaut werden, wobei das an Gerbstoffe und Pflanzensäuren gebundene Cocain langsam frei wird. Die Droge ist weiterhin Ausgangspunkt für die illegale Herstellung von Cocapaste, die zur Isolation von Cocain dient bzw. als Suchtmittel geraucht wird.

Histor.: Der Cocastrauch wurde bereits lange vor der Ankunft der Spanier im 15. Jh. in Südamerika kultiviert und galt den Indios als göttliche Pflanze. Wahrscheinlich wird die Droge seit mehr als 5 000 Jahren von den Ureinwohnern Südamerikas als Genußmittel gekaut. In Europa diente die im 18. Jh. eingeführte Droge zur Herstellung von Cocawein (Vin Mariani) sowie bis 1903 von Coca Cola. Beide Zubereitungen wurden als Stärkungsmittel bzw. Erfrischungsgetränk mit anregender Wirkung vertrieben.

Erythroxylum peruvianum ↗ Erythroxylum coca.
Erzengelwurz ↗ Angelica archangelica.
Erzengelwurzel ↗ Angelica archangelica.
Escadronkraut ↗ Artemisia dracunculus.
Esche ↗ Fraxinus-Arten.
Eschenblätter ↗ Fraxinus-Arten.
Eschenblättriger Ahorn ↗ Acer negundo.
Eschendornblüten ↗ Prunus-Arten.
Eschenmanna ↗ Fraxinus-Arten.
Eschenrinde ↗ Fraxinus-Arten.
Eschenwurz ↗ Dictamnus albus.

■ **Escherichia coli** (Migula 1895) Castellani et Chalmers 1919
(syn. *Bacterium coli commune*); Coli-Bakterien, Koli-Bakterien.

Fam.: Enterobacteriaceae.

Vork.: im Dickdarm und Kot von Säugetieren.

Droge: ***Escherichia-coli-Bakterien***. *Inh.:* lebende Bakterienkulturen mit spezifischen Membranproteinen und metabolisch aktiven Enzymen. *Anw.:* Nach oraler Aufnahme dienen die Bakterienkulturen zur Normalisierung der Darmflora nach schweren Infektionen, nach Antibiotikakuren oder bei Entwicklungsstörungen. Auch eine Stärkung des Immunsystems und die günstige Beeinflussung von Entwicklungsstörungen wird nach Applikation von *E. coli* beobachtet. *Geg.:* akuter Darmverschluß. *Bedeut.:* Neben seiner Bedeutung als Bestandteil der normalen Darmflora, dient *E. coli* auch zur Gewinnung von L-Asparaginase. Dieses Enzym, das zur Therapie von Leukämien eingesetzt wird, katalysiert die Hydrolyse von Asparagin zu Asparaginsäure und Ammoniak, was zur Hemmung der Zellteilung führt. *E. coli* ist u. a. auch an der Biotransformation von Anthracenderivaten zu den eigentlich abführend wirkenden Anthronen beteiligt.

Escherwurzel ↗ Dictamnus albus.
Eschhuflattich ↗ Tussilago farfara.
Eschlauch ↗ Allium-Arten.
Eschscholtzia californica ↗ Eschscholzia californica.
Eschscholtzia douglasii ↗ Eschscholzia californica.

■ **Eschscholzia californica** Cham.
(syn. *Chryseis californica, Eschscholtzia californica, E. douglasii*); Goldmohn (syn. Kalifornischer Mohn, Schlafmützchen), s. Farbtafel S. 303, Bild 133.

Fam.: Papaveraceae.

Vork.: Amerika, Kalifornien bis Neu-Mexiko, in Europa als Zierpflanze kultiviert.

Droge: ***Eschscholziae herba*** (syn. *Herba Eschscholtziae, Herba Eschscholziae*); Eschscholzienkraut (syn. Kalifornisches Mohnkraut), die zur Blütezeit gesammelten und getrockneten oberirdischen Teile. *Inh.:* v. a. Alkaloide (0,3–0,4 %), u. a. Californidin, Allocryptopin, Protopin, Escholzin sowie in geringen Mengen Aporphin-Alkaloide, Xanthophylle, Flavonoide (Rutin). *Anw.:* in der Volksheilkunde zur Behandlung von Schlafstörungen, Schmerzen, nervöser Übererregbarkeit, Neuropathien und Enuresis nocturna bei Kindern. Die Droge ist zumeist Bestandteil von Fertigarzneimitteln in Kombination mit Sedativa. Da entsprechende Untersuchungen zur Wirksamkeit und Sicherheit der Droge fehlen, wird eine therapeutische Anwendung gegenwärtig nicht befürwortet. Gelegentlich wird die Droge als Ersatz für Marihuana (↗ *Cannabis sativa*) verwendet. Diese Anwendung ist zweifelhaft.

Hom.: ***Eschscholtzia californica*** HAB, die frische, blühende Pflanze. *Anw.-Geb.:* Schlafstörungen.

Eschscholziae herba ↗ Eschscholzia californica.
Eschscholzienkraut ↗ Eschscholzia californica.
Eselsbohnenmehl ↗ Canavalia ensiformis.
Eselsdistel ↗ Onopordum acanthium.

Eselsgurke ↗ Ecballium elaterium.
Eselskraut ↗ Ononis spinosa.
Eselsmilch ↗ Euphorbia-Arten.
Eselsohren ↗ Arum maculatum.
Eselswolfsmilch ↗ Euphorbia-Arten.

■ **Esenbeckia febrifuga** A. Juss.

Fam.: Rutaceae.

Vork.: Brasilien.

Droge: ***Cortex Esenbeckiae*** (syn. *Cortex Angosturae brasiliensis*); Esenbeckiarinde, die Stammrinde. Inh.: Chinovinbitterstoffe, wie Esenbeckin; Skimmianin, Flindersiamin, Maculin, Rutaevin. Anw.: in der brasilianischen Volksheilkunde bei Malaria; die Blätter dienen als Diaphoretikum, das Öl der Früchte als Wurmmittel.

Esenbeckiarinde ↗ Esenbeckia febrifuga.
Eserébohne ↗ Physostigma venenosum.
Eserésamen ↗ Physostigma venenosum.
Espe ↗ Populus-Arten.

■ **Espeletia grandiflora**
(syn. Espeletia schultzii).

Fam.: Asteraceae (Compositae).

Vork.: südamerikanische Anden.

Inh.: In den Blättern und Blüten wurden Wache, Harze, u. a. Kauran und Kauradienverbindungen sowie Grandiflorensäure nachgewiesen.

Hom.: *Espeletia* (syn. *Espeletia schultzii*), die frischen Blätter unf Blüten. Anw.-Geb.: Angina pectoris, Durchblutungsstörungen.

Espeletia schultzii ↗ Espeletia grandiflora.
Eßfeige ↗ Ficus carica.
Essigbeere ↗ Berberis vulgaris.
Essigrose ↗ Rosa x centifolia.
Eßkastanie ↗ Castanea sativa
Eßkastanienblätter ↗ Castanea sativa.
Eßlauch ↗ Allium-Arten.
Estragol ↗ Foeniculum vulgare.
Estragon ↗ Artemisia dracunculus.
Etoposid ↗ Podophyllum-Arten.
Eucalypti aetheroleum ↗ Eucalyptus-Arten.
Eucalypti folium ↗ Eucalyptus-Arten.
Eucalyptol ↗ Eucalyptus-Arten.

■ **Eucalyptus-Arten**

● **Fam.:** Myrtaceae.

● **Eucalyptus globulus** Labill. (syn. *Eucalyptus cordata, E. diversifolia, E. gigantea, E. glauca, E. pulverulenta*); Eucalyptus (syn. Blaugummibaum, Fieberbaum, Fieberheilbaum), s. Farbtafel S. 303, Bild 134.

Heim.: subtropischer Regenwald Südostaustraliens und Tasmaniens.

Vork.: angebaut in Spanien, Portugal, Südfrankreich, Italien, Kaukasus, Algerien, Florida, Mittelamerika.

Drogen: ***1. Eucalypti aetheroleum*** (syn. *Oleum Eucalypti*); Eucalyptusöl, das aus den frischen Blättern und Zweigspitzen erhaltene äther. Öl. Inh.: v. a. 1,8-Cineol (ca. 87 %, Eucalyptol), *p*-Cymen (2,7 %), *α*-Pinen (2,6 %), Limonen (0,5 %), Phellandren, Piperiton, Geraniol und

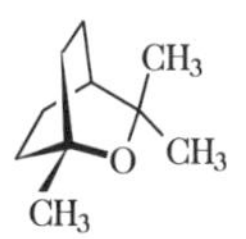

Cineol

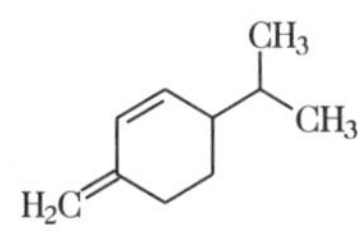

Phellandren

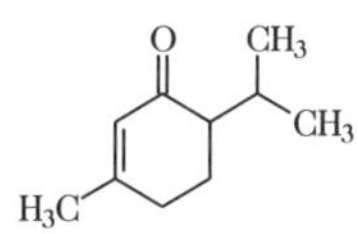

Piperiton

Camphen. Anw.: innerlich und äußerlich bei Erkältungskrankheiten sowie äußerlich bei rheumatischen Beschwerden. In der Volksheilkunde wird die Droge generell zur Behandlung von Erkältungsbeschwerden, grippalem Infekt und Katarrhen eingesetzt. Aufgrund seiner antiseptischen Eigenschaften und seines frischen Geschmacks ist die Droge häufiger Bestandteil von Zahncremes, Mundspülungen sowie Eucalyptusbonbons. Geg.: nicht bei Säuglingen und Kleinkindern, da es reflektorisch zum Glottiskrampf oder über Bronchospasmen zu asthmaähnlichen Zuständen bis zum Atemstillstand kommen kann.
2. Eucalypti folium (syn. *Folia Eucalypti*); Eucalyptusblätter (syn. Blaugummibaumblätter, Fieberbaumblätter), die getrockneten Laubblätter (Folgeblätter) von älteren Bäumen. Inh.: äther. Öl (ca. 1–3 %, Zusammensetzung s. *Eucalypti aetheroleum*), Euglobale (0,1 %, Acylphloroglucinol-Monoterpene und -sesquiterpene), Flavonoide (Quercetin und seine Glykoside, Eucalyptin), Wachse (0,5 %). Anw.: in Form der Tinktur, des Extraktes oder Sirupes zur Einnahme und inha-

lativen Anwendung bei Erkrankungen der oberen Luftwege. In der Volksheilkunde wird die Droge darüber hinaus auch verwendet bei Asthma, Fieber, Grippe und Keuchhusten, bei Appetitlosigkeit, Verdauungsbeschwerden und Rheuma. Äußerlich erfolgt ein Einsatz bei Wunden, Akne, schlecht heilenden Geschwüren, Zahnschmerzen, Stomatitis und Zahnfleischbluten. Viele dieser Anwendungen beruhen lediglich auf ethnomedizinischen Erfahrungen. Geg.: nicht bei Kindern unter 2 Jahren anwenden.

Hom.: ***Eucalyptus globulus*** HAB1, die getrockneten Blätter. *Anw.-Geb.*: Erkrankungen der oberen und unteren Luftwege sowie der Niere und der ableitenden Harnwege.

● **Eucalyptus polybractea** R. T. Baker (syn. *Eucalyptus fruticetorum*).

Vork.: im trockenen Landesinneren Australiens.

Droge: ***Eucalypti aetheroleum***. Inh. und Anw.: s. *Eucalyptus globulus*.

● **Eucalyptus smithii** R. T. Baker.

Vork.: heimisch in Südostaustralien, kultiviert in Brasilien, Guatemala, Hawaii, an der französischen Atlantikküste und kaukasischen Schwarzmeerküste.

Droge: ***Eucalypti aetheroleum***. Inh. und Anw.: s. *Eucalyptus globulus*.

● **Histor.:** Der Gattungsname *Eucalyptus* ist aus dem griechischen *eu* (gut) und *klyptos* (bedeckt) geprägt, da die zu einem Mützchen verwachsenen Kronblätter deckelartig abfallen. Die Bezeichnung Fieberbaum bezieht sich auf die Nutzung des schnellwachsenden Baumes zur Trokkenlegung von Sumpfgebieten, die oft Malariaregionen darstellen. Zudem sollte infolge Ausdünstung von äther. Öl durch den Baum auch eine gewisse Desinfektion der Luft erreicht werden.

Eucalyptusblätter ↗ Eucalyptus-Arten.
Eucalyptus cochinchinensis ↗ Melaleuca-Arten.
Eucalyptusöl ↗ Eucalyptus-Arten
Eucheuma denticulatum ↗ Eucheuma muricatum.

■ **Eucheuma muricatum** (Gmel.) Weber van Bosse (syn. *Eucheuma spinosum, E. denticulatum, Fucus muricatus*).

Fam.: Solieriaceae.

Vork.: Küstengebiete Malaysias, Indonesiens, Chinas, Japans.

Droge: die frische oder getrocknete Alge. *Inh.*: Polysaccharide, wie Agarose, Agaropektin. *Anw.*: früher zur Gewinnung von Agar (↗ *Gelidium*-Arten); als Gemüse bzw. in der asiatischen Volksheilkunde als Bestandteil von Hustenmitteln.

Eucheuma spinosum ↗ Eucheuma muricatum.
Eugenia acris ↗ Pimenta-Arten.
Eugenia aromatica ↗ Syzygium-Arten.
Eugenia caryophyllata ↗ Syzygium-Arten.
Eugenia caryophyllus ↗ Syzygium-Arten.
Eugenia cheken ↗ Eugenia chequen.

■ **Eugenia chequen** Mol.
(syn. *Eugenia cheken, Myrtus cheken*).

Fam.: Myrtaceae.

Vork.: Südamerika, Chile.

Droge: ***Folia Eugeniae*** (syn. *Herba Eugeniae*); Chekenblätter, die getrockneten Laubblätter. *Inh.*: äther. Öl (ca. 1 %), Bitterstoffe, Chekenon, Chekenin, Chekenetin, Chekeninsäure, Gerbstoffe, Harz, Cholin. *Anw.*: in der Volksheilkunde als Tonikum, Adstringens sowie bei Bronchitis.

Eugenia cumini ↗ Syzygium-Arten.
Eugenia jambolana ↗ Syzygium-Arten.
Eugenia jambos ↗ Syzygium-Arten.
Eugenia jambosa ↗ Syzygium-Arten.
Eugenia michelii ↗ Eugenia uniflora.

■ **Eugenia occlusa** (Miq.) Kurz.

Fam.: Myrtaceae.

Vork.: Java.

Droge: die Blätter. *Inh.*: äther. Öl (0,05 %) mit Citral (Salamöl). *Anw.*: Gewürz.

■ **Eugenia uniflora** L.
(syn. *Eugenia michelii*).

Fam.: Myrtaceae.

Vork.: Brasilien.

Droge: die Blätter. *Inh.*: äther. Öl (ca. 0,14 %) mit pfefferartigem Geruch und Geschmack. *Anw.*: in der Volksheilkunde bei Rheuma und Magenbeschwerden.

Eugenia vulgaris ↗ Syzygium-Arten.

■ **Eugenol**
(Eugenolum, 4-Ally-2-methoxyphenol), Hauptbestandteil des Nelkenöls (Oleum Caryophylli, ↗ Syzygium-Arten) und anderer ätherischer Öle. *Anw.*: aufgrund seiner anästhesierenden und desinfizierenden Wirkung in der Zahnheilkunde. E.

ist außerdem Ausgangspunkt für die technische Gewinnung von Vanillin und findet in der Parfümerie breite Anwendung.

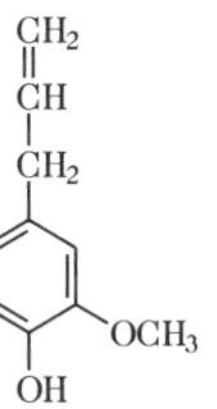

Eugenol

■ Euonymus atropurpurea Jacq.

(syn. Euonymus atropurpureus); Pfaffenhütchen (syn. Spindelbaum, Spillbaum).

Fam.: Celastraceae.

Vork.: Nordamerika.

Droge: ***Cortex Evonymi atropurpureae radicis***; Pfaffenhütchenwurzelrinde, die getrocknete Wurzelrinde. Inh.: herzwirksame Glykoside der Cardenolid-Reihe (Digitoxigeninderivate), Tannin, Furan-β-carbonsäure, Bitterstoffe (Evonimin), Dulcit, Wachs, Asparagin, Atropurpurin, org. Säuren. Anw.: als Cholagogum, Laxans und Diuretikum.

Hom.: ***Evonymus atropurpureus*** HAB (syn. *Euonymus atropurpureus*); die frische Rinde der Zweige und Wurzeln. Anw.-Geb.: Erkrankungen des Zentralnervensystems, der Leber, Galle und Bauchspeicheldrüse.

Histor.: Der Name Euonymus geht auf die griechischen Bezeichnungen *eu* (gut) und *onoma* (Namen) zurück. Sie soll im ironischen Sinne auf diese Gattung wegen ihrer schädlichen Eigenschaften übertragen worden sein. Der Artname *atropurpurea* bezieht sich auf die dunkelpurpurfarbenen Blüten.

■ Euonymus europaea L.

(syn. *Euonymus vulgaris*); Europäisches Pfaffenhütchen (syn. Pfaffenhütlein, Pfaffenkäppchen, Spindelstrauch), s. Farbtafel S. 303, Bild 135.

Fam.: Celastraceae.

Vork.: Europa bis Japan, beliebter Zierstrauch.

Droge: ***Fructus Evonymi*** (syn. *Fructus Tetragoniae*); Pfaffenhütleinfrüchte (syn. Pfaffenkäppchenfrüchte, Spindelstrauchfrüchte), die reifen Früchte. Inh.: Alkaloide (u. a. Evonin), Evonosid (schwach herzwirksames Glykosid), Bitterstoff, fettes Öl (ca. 28 %, mit Triacetin), Farbstoffe, Gerbstoffe, Lectine mit spezifischer Affinität zu Galactose. Anw.: in der Volksheilkunde dienen Abkochungen der Droge als Mittel gegen Ungeziefer und Krätzemilben. Auch über eine Verwendung bei Herzbeschwerden gibt es Berichte. Das Öl der Samen diente früher als Brennöl bzw. zur Ungezieferbekämpfung. Die Droge wird aufgrund ihrer Toxizität heute nicht mehr eingesetzt.

Hom.: ***Evonymus europaea*** (syn. *Euonymus europaea*) HAB1; Pfaffenhütchen, die frischen, reifen Früchte. Anw.-Geb.: Erkrankungen der Leber, Galle und Bauchspeicheldrüse sowie Kopfschmerzen.

Euonymus vulgaris ↗ Euonymus europaea.
Eupatorii perfoliati herba ↗ Eupatorium-Arten.

■ Eupatorium-Arten

● **Fam.:** Asteraceae (Compositae).

● **Eupatorium cannabinum** L.; Wasserdost (syn. Blauwetterkühl, Grundheil, Kunigundenkraut, Lämmerschwanz, Wasserhanf), s. Farbtafel S. 303, Bild 136.

Vork.: Europa, Asien, Nordafrika.

Drogen: *1.* ***Radix Eupatorii cannabini*** (syn. *Rhizoma Eupatorii cannabini*); Wasserdostwurzel, die ganzen Wurzeln bzw. Rhizome. Inh.: u. a. äther. Öl, Euparin (Benzofuranderivat). Anw.: früher bei Leber- und Galleleiden. ***2. Herba Eupatorii cannabini*** (syn. *Herba Cannabinae aquaticae, Herba Cannabis aquaticae*); Wasserdostkraut (syn. Kunigundenkraut, Wasserhanfkraut), das ganze Kraut. Inh.: Eupatoriopicrin (bitteres Glykosid), Euparin, Flavonoide (Eupatorin), Pyrrolizidinalkaloide, Triterpene, Gerbstoffe, äther. Öl, Inulin, Polysaccharide, Harz. Anw.: in der Volksheilkunde als schwaches Laxans und Cholagogum bei Leber- und Galleleiden. Äußerlich wird die Droge bei Geschwülsten, Quetschungen und Exanthemen eingesetzt. In verschiedenen Phytopharmaka werden Extrakte aus der Droge als unspezifisches Immunstimulans genutzt.

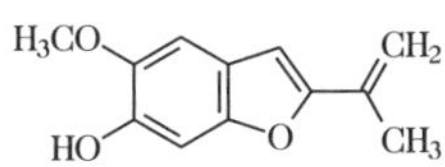

Euparin

Hom.: ***Eupatorium cannabinum*** HAB, das frische, blühende Kraut. Anw.-Geb.: Leber- und Galleleiden, grippeähnliche fieberhafte Zustände.

Histor.: Der Wasserdost war schon den alten griechischen Ärzten ein bekanntes Heilmittel. Die Samen und Blätter, mit Wein eingenommen, dienten gegen Ruhr und Erkrankungen der Leber, ebenso gegen den Biß giftiger Schlangen. Als Salbe wurden die Blätter zur Heilung hartnäckiger Geschwüre benutzt. Die mittelalterlichen Kräuterbücher empfahlen die Droge mit ähnlichen Verwendungsarten. Hieronymus Bock hielt das Kunigundenkraut für ein die Manneskraft stärkendes Mittel. Der Gattungsname war im Altertum die Bezeichnung für den Odermennig, *Agrimonia eupatoria,* benannt nach dem König Mithridates Eupator von Pontus. Dieser soll ihn gegen Leberleiden genutzt haben. Der Artname *cannabinum* ist aus dem griechisch-lateinischen *cannabis* abgeleitet und drückt die Ähnlichkeit der Laubblätter mit denen des Hanfes aus. Auch die deutschen Bezeichnungen Wasserdost und Wasserhanf entsprechen dem.

● **Eupatorium perfoliatum** L. (syn. *Eupatorium connatum, E. glandulosum, E. virginicum*); Durchwachsener Wasserdost (syn. Durchwachsen(blättrig)er Wasserhanf).

Vork.: Nordamerika (von Neu-Schottland bis Florida).

Droge: ***Eupatorii perfoliati herba*** (syn. *Herba Eupatorii perfoliati*); Wasserdostenkraut, das ganze Kraut blühender Pflanzen. *Inh.:* bitter schmeckende Sesquiterpenlactone, u. a. Euperfolid, Euperfolin und Eufoliatorin, Flavonoide, bes. Eupatorin, Polysaccharide, Gerbstoffe und äther. Öl. *Anw.:* in Phytotherapeutika als Grippemittel, Amarum, Diaphoretikum sowie als unspezifisches Immunstimulans.

Hom.: ***Eupatorium perfoliatum*** HAB1, das frische, zu Beginn der Blütezeit gesammelte Kraut. *Anw.-Geb.:* bei grippalem Infekt, Reizblase, akuter Gastritis, Migräne.

Histor.: Die Droge ist in Amerika ein altes Volksheilmittel, das schon von den Indianern gegen Fieber gebraucht wurde.

● **Eupatorium purpureum** L. (syn. *Eupatorium maculatum, E. ternifolium*); Roter Wasserhanf.

Vork.: Nordamerika.

Droge: ***Herba et Radix Eupatorii purpurei***, die gesamte Pflanze mit Wurzeln. *Inh.:* Flavonoide (Eupatorin), Sesquiterpenlactone (Euperfolid), Euparin, Saponine.

Hom.: ***Eupatorium purpureum*** HAB34, der frische, im Herbst gesammelte Wurzelstock. *Anw.-Geb.:* Blasen- und Nierenleiden, rheumatische und grippale Gliederschmerzen.

Eupatorium cordatum ↗ Mikania cordata.
Eupatorium rebaudianum ↗ Stevia rebaudiana.
Eupatorium verum ↗ Brickellia veronicaefolia.

■ Euphorbia-Arten

● **Fam.:** Euphorbiaceae.

● **Euphorbia amygdaloides** (syn. *Euphorbia silvatica, Tithymalus amygdaloides*); Waldwolfsmilch (syn. Mandelblättrige Wolfsmilch).

Vork.: Europa, Nordafrika, Kleinasien, Nordamerika.

Inh.: Flavonoide (Quercetinglykoside), Triterpene (Lanosterol), Tetralinlignane, Inositol, fettes Öl (ca. 30 % im Samen).

Hom.: ***Euphorbia amygdaloides*** HAB34, die frischen, oberirdischen Teile blühender Pflanzen. *Anw.-Geb.:* Durchfallerkrankungen.

● **Euphorbia corollata** L.; Kronenwolfsmilch.

Vork.: Nordamerika (Kanada bis Virginia).

Droge: ***Euphorbia-corollata-Wurzel***, die ganze Wurzel. *Inh.:* Die Wurzel führt reichlich dicken, weißen Milchsaft. Die Inhaltsstoffe sind bisher noch nicht näher beschrieben worden. *Anw.:* in der indianischen Volksheilkunde als Brechmittel, als Laxans, schleimlösendes Hustenmittel, Diaphoretikum sowie bei rheumatischen Schmerzen.

Hom.: ***Euphorbia corollata*** HAB34, die frische Wurzel. *Anw.-Geb.:* Brechdurchfall.

● **Euphorbia cyparissias** L. (syn. *Galarhoeus cyparissias, Tithymalus cyparissias*); Zypressenwolfsmilch (syn. Bauernrhabarber), s. Farbtafel S. 303, Bild 137.

Vork.: heimisch in Europa, Nordafrika, Nordasien, nach Nordamerika und Neuseeland eingeschleppt. Die Pflanze ist stark giftig!

Drogen: ***1. Euphorbia-cyparissias-Kraut***; Bauernrhabarber, die ganze frische, blühende Planze mit Wurzeln. *Inh.:* Flavonole (Quercetin- und Kämpferolglykoside), Diterpenester (v. a. Derivate des Ingenan-Typs, die sogenannten Cyparissiasfaktoren Cy 1 bis Cy 14), Triterpene (u. a. Euphol, 24-Methylencycloartenol, Cycloartenol, Lanosterol), Fettalkohole, Harz (ca. 17 %), Gummi, Kautschuk, wenig äther. Öl. *Anw.:* In der Volksheilkunde werden die Wurzeln, in Essig mazeriert, bei Verstopfung, zur Förderung der Harnabsonderung sowie bei Zahnschmerzen eingenommen. Äußerlich angewendet dienen Extrakte der Droge gegen Warzen und Hühneraugen. Aufgrund der hautreizenden und tumorpromovierenden Diterpenester ist von einer Anwendung der Droge abzuraten. ***2. Euphorbia-cyparissias-Latex***; Teufelsmilch (syn. Eselsmilch), der frisch austretende Milchsaft. *Inh.:* Diterpenester (Cyparissiasfaktoren Cy11 und Cy14, jeweils ca. 0,16 %), Harz (ca. 15 %), Kautschuk (ca. 3 %), Gummi, Äpfel-, Gallus- und Weinsäure. *Anw.:* in der Volksheilkunde äußerlich zur Beseitigung von Warzen, Muttermalen und Sommersprossen, bei traumatischen Rissen und Abhebungen am Nagelwall (Niednagel). Innerlich wird die Droge als Ersatz für Scammonium (↗ Convolvulus-Arten) als Brechmittel und Laxans eingesetzt. Diese Wirksamkeiten gelten als wenig gesichert. Bei chronischer Anwendung kann das Risiko einer Tumorentstehung nicht ausgeschlossen werden. Daher ist der Gebrauch der Droge abzulehnen.

Hom.: ***Euphorbia cyparissias*** HAB1; Wolfsmilch, die ganze, frische, blühende Pflanze. *Anw.-Geb.:* Hautrötung, Katarrhe der Atemwege, Magenkolik, Diarrhoe, Ekzeme, Psoriasis.

Histor.: Der Gattungsname wurde nach ↗ Plinius von Juba II., König von Mauretanien, zu Ehren seines Leibarztes Euphorbos benannt, während *cyparissius* auf die der Zypresse ähnlichen Blätter zurückgeführt wird. Der Name Wolfsmilch bezieht sich auf den scharfen, weißen, z. T. toxischen Milchsaft der Pflanzen. Wolfsmilcharten waren bereits im frühesten Altertum bekannt. So wurden bereits im vorchristlichen Corpus Hippocraticum mehrere Wolfsmilcharten, u. a. *E. cyparissias*, als diätetische Mittel genannt.

● **Euphorbia esula** L. (syn. *Euphorbia dalechampii, E. discolor, E. intermedia, E. racemosa, E. tristis, E. triumfetti, Tithymalus escula*); Gemeine Wolfsmilch (syn. Eselswolfsmilch, Scharfe Wolfsmilch, Teufelswolfsmilch).

Vork.: Nord- und Mitteleuropa, nach Sibirien, China und Nordamerika eingeschleppt.

Droge: ***Euphorbia-escula-Kraut***, die ganze frische Pflanze. *Inh.:* Alkaloide (nicht näher beschrieben), Diterpene (v. a. Monoester des Ingenols mit Benzoesäure oder aliphatischen Fettsäuren, z. B. Esulafaktoren E1, E2, E3), Triterpene, u. a. 24-Methylcycloartenol, Cycloartenol, Lupeol, α- und β-Amyrin, Flavone, Kohlenwasserstoffe, fettes Öl (in den Samen ca. 30 %). *Anw.:* In der Volksheilkunde wird die Droge, v. a. das Samenöl und die Wurzeln, bei starker Verstopfung und Wassersucht eingesetzt, in China auch gegen Tuberkulose. Äußerlich werden Drogenextrakte bei Flechten und Krätze sowie Pruritus und zum Abätzen von Warzen benutzt. Bei chronischer Anwendung kann das Risiko einer Tumorentstehung nicht ausgeschlossen werden. Daher ist der Gebrauch der Droge abzulehnen.

Hom.: ***Euphorbia esula*** HAB34, die frische, blühende Pflanze.

● **Euphorbia heliscopia** L. (syn. *Euphorbia dulcis, Galarhoeus helioscopius, Tithymalus helioscopius*); Sonnenwolfsmilch (syn. Hundsmilch, Milchkraut).

Vork.: Europa, Westasien, Nordafrika, nach Japan, Nordamerika, Australien und Neuseeland eingeschleppt.

Droge: ***Herba Euphorbiae helioscopiae***; *Euphorbia-helioscopia*-Kraut, der Sproß der Pflanze. *Inh.:* Polyphenole (Ellagitannine), Flavonole, Diterpene (Ingenan- und Jatrophan-Typ), Triterpene (Cycloartenol, 24-Methylencycloartenol), Kohlenwasserstoffe, Wachse, Elemol (Sesquiterpenalkohol), fettes Öl (in den Samen ca. 9 %), nichtproteinogene Aminosäuren (Glycinderivate). *Anw.:* in der traditionellen chinesischen Medizin zur Behandlung von funktionellen Störungen und chronischen Krankheiten, u. a. Wassersucht. In Europa wird die Droge mitunter volkstümlich bei rheumatischen Beschwerden, Rippenfellentzündung sowie als Mittel zur Entfernung von Warzen verwendet.

Hom.: ***Euphorbia helioscopia*** HAB34, die frische, blühende Pflanze.

● **Euphorbia hirta** L. (syn. *Euphorbia capitata, E. pilulifera*); Pillenwolfsmilch.

Vork.: Australien, Mittelamerika, heute auch eingeschleppt in China, Indien, Afrika, Karibik.

Droge: ***Herba Euphorbiae piluliferae***; *Euphorbia-pililifera*-Kraut (syn. Pillenwolfsmilchkraut, Schlangenkraut), die ganze, getrocknete Pflanze mit oder ohne Wurzeln. *Inh.:* Polyphenole (ca. 2,2 %, v. a. Ellagitannine, Gallotannine, Gallussäure, Ellagsäure), Phenolcarbonsäuren (Chlorogensäure, Kaffeesäure), Flavonoide, Leukoanthocyane, Anthocyanoside, Diterpenoide (Diterpenester vom Tiglian- und Ingenan-Typ), Triterpene (α- und β-Amyrin, Fridelin, Taraxerol), Sterole, Kohlenwasserstoffe, Fettsäuren,

Inositol (0,5 %), äther. Öl, Gummi, Harz, Schleimstoffe. <u>*Anw.*</u>: selten in der europäischen Volksheilkunde bei Asthma bronchiale, Katarrhen der oberen Luftwege, Heufieber und Spasmen der Stimmbänder; in Afrika, Asien und in der Karibik häufig bei Husten, Bronchitis und Asthma sowie Herzkrankheiten, Dysenterie, Wurmerkrankungen, Gonorrhoe und Sterilität des Mannes. Auch gibt es Berichte über die äußerliche Anwendung bei Verletzungen, Wunden und anderen Hauterkrankungen. Die Wirksamkeit der Droge bei Dysenterie scheint aufgrund der antimikrobiellen Eigenschaften sowie der bezüglich Amöbendysenterie durchgeführten klinischen Studien denkbar. Für alle anderen Anwendungen ist die Wirkung nicht belegt.

Hom.: ***Euphorbia pilulifera*** HAB34, die frischen, oberirdischen Teile blühender Pflanzen. <u>*Anw.-Geb.*</u>: Harnröhrenentzündung, Ausfluß.

● **Euphorbia hypericifolia** L. (syn. *Euphorbia indica*); Blättrige Wolfsmilch.

Vork.: heimisch in Nordamerika, heute weltweit verbreitet.

<u>*Inh.*</u>: Flavonoide (Quercetin und Quercitrin, Kämpferol, Rhamnetin), Triterpene und Sterole (24-Methylencycloartenol, Taraxerol, β-Sitosterol), Ellagsäure.

Hom.: ***Euphorbia hypericifolia*** HAB34, die frische, blühende Pflanze.

● **Euphorbia lathyris** L. (syn. *Euphorbia spongiosa, Tithymalus lathyris*); Kreuzblättrige Wolfsmilch (syn. Maulwurfskraut, Springwolfsmilch, Springwurz).

Vork.: Mitteleuropa, Nord- und Südamerika, Australien. Zur Ölgewinnung auch kultiviert.

Droge: ***Semen Cataputiae minoris*** (syn. *Semen Euphorbiae, Semen Lathyridis majoris, Semen Tithymali latifolii*); *Euphorbia-lathyris*-Samen (syn. Purgierkörner, Springkörner), die reifen Samen. <u>*Inh.*</u>: fettes Öl (ca. 40–50 %), Diterpene (0,4 % Diterpenester des Ingenan-Typs mit Ingenol als Grundalkohol: Lathyrisfaktoren, Lathyrissubstanzen), Cumarine (bis 0,3 %, u. a. Aesculetin und Euphorbetin, Proteine (14–18 %), Kohlenhydrate (18–20 %). <u>*Anw.*</u>: früher zum Auslösen von Brechreiz und bei starker Verstopfung verwendet. Die Droge ist Bestandteil der traditionellen chinesischen Medizin und wird dort u. a. bei Sonnenstich, Mumps und akuten Rachenentzündungen eingesetzt. Äußerlich dient sie zur Behandlung von Warzen, Melanomen, Rheuma und Hautkrankheiten. Die Wirksamkeit bei diesen Anwendungen (Ausnahme Verstopfung) ist nicht belegt. Bei chronischer Anwendung kann das Risiko einer Tumorentstehung nicht ausgeschlossen werden. Daher ist der Gebrauch der Droge abzulehnen.

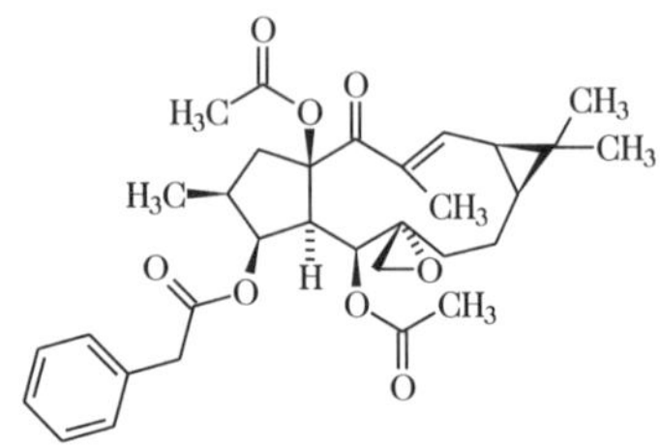

Lathyrissubstanz SL1

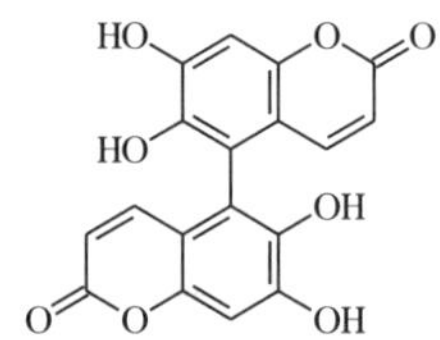

Euphorbetin

Hom.: ***Euphorbia lathyris*** HAB34, die getrockneten, reifen Samen. <u>*Anw.-Geb.*</u>: akute Hautentzündungen, Krampfhusten.

● **Euphorbia milii** Desmoul. ex Boiss. (syn. *Euphorbia splendens*); Christusdorn; s. Farbtafel S. 303, Bild 138.

Vork.: Die Pflanze stammt ursprünglich aus Madagaskar und ist heute als Zimmerpflanze auch in Europa und Nordamerika verbreitet. Die Pflanze ist giftig!

Droge: ***Euphorbia-milii-Kraut***; die frischen oberirdischen Teile mit Latex. <u>*Inh.*</u>: Diterpene (Diterpenester ungewöhnlicher Struktur: Milliamine A bis N, bis ca. 0,14 %, sowie weitere Derivate vom Ingenan-, Tiglian- und Daphnantyp), Triterpene und Sterole (u. a. β-Amyrinacetat, Cycloartenol, Euphol, Lupeol, β-Sitosterol), Gerbstoffe, Spuren von Lasiodiplodin (Makrolid). <u>*Anw.*</u>: in der Volksheilkunde innerlich bei Hepatitis und Abdominalödemen sowie äußerlich zur Warzenentfernung. Die Droge zeigt nach bisherigen Untersuchungen keine tumorpromovierenden Eigenschaften.

Hom.: ***Euphorbia splendens*** HAB34, die frische, blühende Pflanze.

97 Colchicum autumnale, Herbstzeitlose

98 Commiphora molmol, *Myrrha,* Myrrhe

99 Conium maculatum, Gefleckter Schierling

100 Convallaria majalis, Maiglöckchen

101 Conyza canadensis, Berufkraut

102 Coriandrum sativum, Gartenkoriander

103 Corydalis cava, Hohler Lerchensporn

104 Crataegus laevigata, *Crataegi flos,* Weißdornblüte

105 Crataegus laevigata, *Crataegi fructus,* Weißdornfrüchte

106 Crocus sativus, Echter Safran

107 Croton tiglium, *Crotonis semen,* Crotonsamen

108 Cucurbita pepo, Gartenkürbis

109 Cymbopogon citratus, Lemongras

110 Cynara scolymus, Artischocke

111 Cynoglossum officinale, Hundszunge

112 Cytisus scoparius, Besenginster

113 Datura stramonium, Gemeiner Stechapfel

114 Daucus carota, Möhre

115 Dictamnus albus, Diptam

116 Digitalis lanata, Wolliger Fingerhut

117 Digitalis purpurea, Roter Fingerhut

118 Dipteryx odorata, *Semen Tonca,* Tonkabohnen

119 Dorema ammoniacum, *Gummi Ammoniacum,* Ammoniakgumml

120 Drimys winteri, Winters Gewürzrindenbaum

121 Dryopteris filix-mas, Wurmfarn

122 Dryopteris filix-mas, *Filicis rhizoma,* Wurmfarn-Rhizom

123 Ecballium elaterium, Spritzgurke

124 Echinacea purpurea, Purpurfarbener Sonnenhut

125 Echium vulgare, Natternkopf

126 Elaphomyces cervinus, *Fungus cervinus,* Hirschbrunst

127 Elettaria cardamomum, *Cardamomi fructus,* Kardamomen

128 Ephedra distachya, Meerträubchen

129 Epilobium parviflorum, Kleinblütiges Weidenröschen

130 Equisetum arvense, Ackerschachtelhalm

131 Eryngium maritimum, Stranddistel

132 Eryngium planum, Flachblättrige Donardistel

133 Eschscholzia californica, Goldmohn

134 Eucalyptus globulus, Eucalyptus

135 Euonymus europaea, Europäisches Pfaffenhütchen

136 Eupatorium cannabinum, Wasserdost

137 Euphorbia cyparissias, Zypressenwolfsmilch

138 Euphorbia milii, Christusdorn

139 Euphorbia resinifera, *Euphorbium*, Euphorbiengummi

140 Euphrasia rostkoviana, Echter Augentrost

141 Fagopyrum esculentum, Echter Buchweizen

142 Fagus sylvatica, Buche

143 Ficus carica, Echter Feigenbaum

144 Foeniculum vulgare, Gemeiner Fenchel

145 Fomes fomentarius, Echter Zunderschwamm

146 Fomitopsis pinicola, Rotrandiger Baumschwamm

147 Fumaria officinalis, Erdrauch

148 Galanthus nivalis, Gemeines Schneeglöckchen

149 Galega officinalis, Geißraute

150 Galeopsis segetum, Hohlzahn

151 Galium aparine, Klebkraut

152 Galium odoratum, Echter Waldmeister

153 Galium verum, Echtes Labkraut

154 Gallen, Aleppogallen

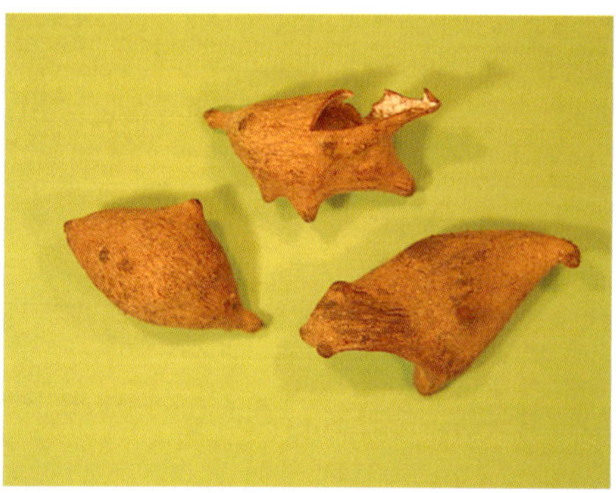

155 Gallen, Chinesische Gallen

156 Garcinia hanburyi, *Gutti*

157 Gelidium amansii, *Agar*

158 Genista tinctoria, Färberginster

159 Gentiana asclepiadea, Schwalbenwurz-Enzian

160 Gentiana lutea, Gelber Enzian

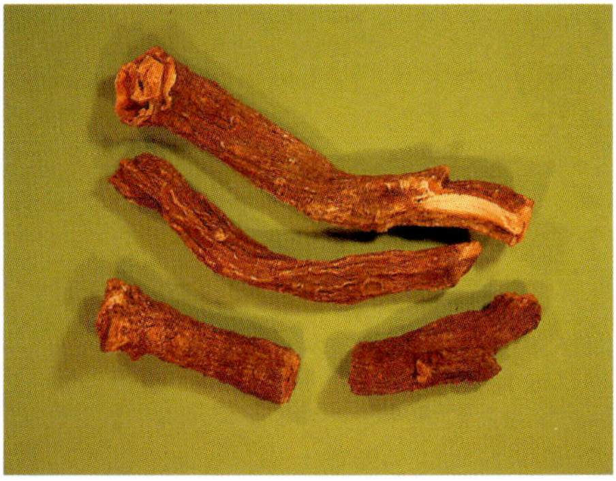

161 Gentiana lutea, *Gentianae radix,* Enzianwurzel

162 Geum urbanum, Echte Nelkenwurz

163 Ginkgo biloba, Ginkgobaum

164 Gloriosa superba, Hakenlilie

165 Glycyrrhiza glabra, Süßholz

166 Glycyrrhiza glabra, *Liquiritiae radix*, Süßholzwurzel

167 Grindelia robusta, Grindelle

168 Guaiacum sanctum, *Guaiaci lignum*, Guajakholz

169 Gypsophila paniculata, Schleierkraut

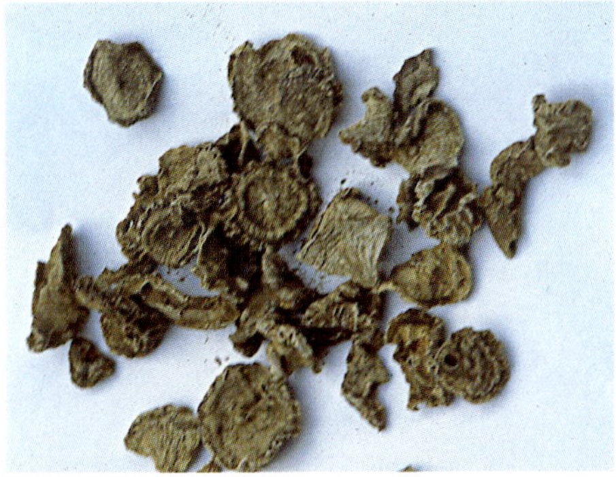

170 Harpagophytum procumbens, *Harpagophyti radix*, Teufelskrallenwurzel

171 Hedera helix, Efeu

172 Helianthus annuus, Gewöhnliche Sonnenblume

173 Helianthus tuberosus, Topinambur

174 Helichrysum arenarium, Sand-Strohblume

175 Helleborus niger, Christrose

176 Hepatica nobilis, Leberblümchen

177 Heracleum sphondylium, Gemeiner Bärenklau

178 Herniaria glabra, Bruchkraut

179 Hibiscus sabdariffa, Afrikanische Malve

180 Hippophae rhamnoides, Sanddorn

181 Humulus lupulus, Hopfen

182 Hyoscyamus niger, Bilsenkraut

183 Hypericum perforatum, Echtes Johanniskraut

184 Ilex aquifolium, Stechpalme

185 Illicium verum, *Anisi stellati fructus,* Sternanisfrüchte

186 Inula helenium, Echter Alant

187 Ipomoea purga, *Jalapae tuber*, Jalapenknolle

188 Ipomoea violacea, Piule

189 Iris pseudoacorus, Sumpf-Schwertlilie

190 Jateorhiza palmata, *Colombo radix*, Colombowurzel

191 Kalanchoe daigremontiana

192 Kalmia latifolia, Lorbeerrose

● **Euphorbia resinifera** O. C. Berg.

Vork.: Nordafrika und Kanaren, in Marokko und Iran auch kultiviert. Die Pflanze ist giftig!

Droge: ***Euphorbium*** (syn. *Gummiresina Euphorbium*); Euphorbiumgummi, der an der Luft eingetrocknete Milchsaft; s. Farbtafel S. 304, Bild 139. *Inh.:* Diterpene (Ester des Tiglian-Typs: Resiniferafaktoren RR1, RR2, RR3; Ester der Ingenan-Typs: Resiniferafaktor RR4 sowie Ingenolester, Ingenol), Triterpene (Euphorbon, β-Amyrin, α-Euphol, Resiniferol, Taraxerol), organische Säuren (ca. 6 %), Harz (ca. 40 %), Inositole, Bitterstoffe, Kautschuk. *Anw.:* in der Volksheilkunde als Laxans und bei Regelstörungen sowie äußerlich als Hautreizmittel, zur Warzenbehandlung und zur Therapie bösartiger Geschwüre. Auch als Abortivum wird die Droge verwendet. Bei chronischer Anwendung kann das Risiko einer Tumorentstehung nicht ausgeschlossen werden. Daher ist der Gebrauch der Droge abzulehnen.

Hom.: ***Euphorbium*** HAB1, der erhärtete Milchsaft der Pflanze. *Anw.-Geb.:* akute Entzündungen der Haut, Entzündungen der Atemwege.

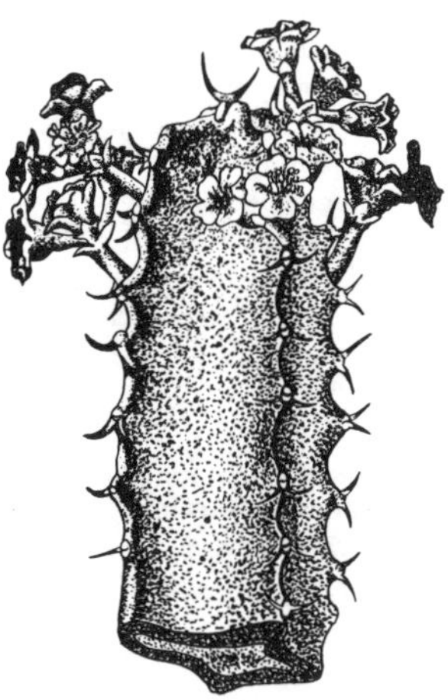

Euphorbia resinfera, blühender sukkulenter Sproß.

● **Euphorbia villosa** Waldst. et Kit. ex Willd. (syn. *Euphorbia austriaca, E. carpatica, E. procera, E. semivillosa, E. tauricola*); Zottige Wolfsmilch.

Vork.: südliches Mitteleuropa, Westsibirien, Transkaukasien.

Inh.: Es liegen keine phytochemischen Daten vor; lediglich (–)-Inositol soll vorhanden sein.

Hom.: ***Euphorbia villosa*** HAB34, der frische Wurzelstock.

Euphorbia triumfetti ↗ Euphorbia-Arten.
Euphorbium ↗ Euphorbia-Arten.
Euphorbiumgummi ↗ Euphorbia-Arten.
Euphoria longan ↗ Euphoria longana.

■ **Euphoria longana** Lam.
(syn. *Euphoria longan, Nephelium longana*).

Fam.: Sapindaceae.

Vork.: Ostasien, auch kultiviert.

Droge: die Blätter und Samen. *Inh.:* Friedelin, Epifriedelinol, Phytosterole, Hentriakontanol. *Anw.:* in der chinesischen Volksheilkunde häufig angewendet, z. B. als Roborans, Antidotum, Anthelmintikum und Nervinum. In Indonesien wird das Samenöl bei Schlangenbissen eingesetzt.

Euphrasiae herba ↗ Euphrasia rostkoviana.
Euphrasia latifolia ↗ Euphrasia rostkoviana.
Euphrasia minima ↗ Euphrasia rostkoviana.
Euphrasia nemorosa ↗ Euphrasia rostkoviana.
Euphrasia officinalis ↗ Euphrasia rostkoviana.
Euphrasia pratensis ↗ Euphrasia rostkoviana.

■ **Euphrasia rostkoviana** Hayne
(syn. *Euphrasia officinalis, E. minima, E. nemorosa, E. stricta, E. latifolia, E. pratensis*); Echter Augentrost (syn. Wiesen-Augentrost), s. Farbtafel S. 304, Bild 140.

Fam.: Scrophulariaceae.

Vork.: Europa.

Droge: ***Euphrasiae herba*** (*Herba Euphrasiae*); Augentrostkraut (syn. Gemeiner Augentrost, Wiesenaugentrost), die getrockneten, während der Blütezeit gesammelten oberirdischen Teile. *Inh.:* Iridoide Glykoside (0,9 %), bes. Aucubin sowie Euphrosid, Eurostosid = 10-*p*-Cumaroylaucubin, Geniposid, Adoxosid, Ixorosid und Mussaenosid, Phenolcarbonsäuren (Kaffeesäure, Ferulasäure, Chlorogensäure), Leukosceptrosid A, Lignane, Sterole, Flavonoide. *Anw.:* in der Volksheilkunde äußerlich bei Augenkrankheiten (Name!), die mit Entzündungen und Gefäßerkrankungen verbunden sind (Bindehaut-, Lidentzündungen, Augenkatarrh), aber auch bei Husten, Schnupfen, Hauterkrankungen und Magenerkrankungen wird die Droge verwendet. Aus hygienischen

Gründen kann eine Anwendung am Auge nicht empfohlen werden.

Hom.: *1. Euphrasia officinalis* HAB1, die ganze, frische, blühende Pflanze. Anw.-Geb.: katarrhalische Entzündungen am Auge, die mit vermehrter Tränenabsonderung einhergehen; Lidödeme; Entzündungen der oberen Luftwege. *2. Euprasia officinalis ferm 33c* HAB1 (syn. *Euphrasia e planta tota ferm 33c*), die ganze, frische, blühende Pflanze. Anw.-Geb.: katarrhalische Entzündungen am Auge, die mit vermehrter Tränenabsonderung einhergehen sowie Lidödeme allergischer Grundlage.

Histor.: Der Gattungsname entspricht dem griechischen *euphrasia* (Frohsinn, Wohlbefinden). Die deutsche Bezeichnung Augentrost wird auch mit der ↗ Signaturlehre in Verbindung gebracht und beruht angeblich darauf, daß man in der Zeichnung der Blüte die „Signatur" des Auges erkannte. Der echte Augentrost wird in der Antike nicht erwähnt, sondern erst in den Kräuterbüchern des 16. Jh.

Euphrasia stricta ↗ Euphrasia rostkoviana.

■ Eupionum HAB
die bei der Gewinnung von Kreosot durch Destillation von Holzteer erhaltene, niedriger siedende, spezifisch leichtere Fraktion. Anw.-Geb.: Entzündungen der weiblichen Geschlechtsorgane, Wadenkrämpfe.

Europäische Eichenmistel ↗ Loranthus europaeus.
Europäische Fieberrinde ↗ Salix-Arten.
Europäische Haselwurz ↗ Asarum europaeum.
Europäische Lärche ↗ Larix decidua.
Europäische Riesenmistel ↗ Loranthus europaeus.
Europäischer Nerz ↗ Mustela lutreola.
Europäisches Alpenveilchen ↗ Cyclamen purpurascens.
Europäisches Pfaffenhütchen ↗ Euonymus europaea.

■ Euryale ferox Salisb.
(syn. *Anneslea spinosa, Nymphaea stellata*).

Fam.: Nymphaeaceae.

Vork.: Indien, China, Japan, z. T. auch kultiviert.

Droge: die ganze Pflanze. Inh.: Gerbstoffe, Flavonoide, wie Quercetin; in den Samen Stärke und Proteine. Anw.: in der traditionellen chinesischen Medizin als Tonikum, Adstringens, bei chronischer Diarrhoe, als Analgetikum sowie generell als Regenerations- und Vorbeugungsmittel.

Euryangium sumbul ↗ Ferula moschata.

■ Eurypelma spinicrus Latr.
(syn. *Mygale cubana*); Cuba-Spinne.

Fam.: Aviculariidae.

Vork.: Mittelamerika, Karibik.

Hom.: ***Tarantula cubensis*** HAB, die lebende kubanische Vogelspinne. Anw.-Geb.: Hauteiterungen, allgemeine Blutvergiftung.

■ Euspongia officinalis L.
(syn. *Spongia officinalis*); Badeschwamm (syn. Meerschwamm).

Fam.: Spongideae.

Vork.: Mittelmeer, Westindien, Philippinen.

Droge: ***Spongia marina***; Badeschwamm. Inh.: Mineralstoffe (Kieselsäure, Calcium), das Gerüsteiweiß Spongin mit Diiodtyrosin, Dibromtyrosin sowie Monoiodtyrosin, Terpene (Nitenin, Dihydronitenin) und weitere Aminosäuren. Anw.: in der Volksheilkunde zur Wundbehandlung sowie zur Herstellung steriler Schwämme für die Chirurgie. In der Technik bzw. im Haushalt werden Schwämme unter anderem zur Reinigung, als Polstermaterial und Schalldämpfer eingesetzt.

Hom.: ***Euspongia officinalis*** HAB1; Spongia, der geröstete Meerschwamm. Anw.-Geb.: Kropf und damit verbundene Herzbeschwerden, Asthma, Morbus Basedow, Katarrhe der oberen Luftwege mit trockenem Husten.

Evea elata ↗ Cephaelis-Arten.
Evea ipecacuanha ↗ Cephaelis-Arten.
Evea tomentosa ↗ Cephaelis-Arten.

■ Evernia prunastri (L.) Ach.
Pflaumenflechte.

Fam.: Usneaceae.

Vork.: Balkan, Osteuropa, Frankreich, Marokko.

Droge: ***Lichen Quercinus viridis*** (syn. *Muscus arboreus*), Eichenmoos, die auf Laubbäumen, Sträuchern und Holz wachsende Flechte. Inh.: Evernsäure (2–3 %), Atranorin, Chloratranorin, Everninsäure, Usninsäure, Divaricatsäure, Lecanor- und andere Flechtensäuren, Wachse, Harz, äther. Öl, Polysaccharide. Anw.: durch den starken

Eigengeruch als Hilfsmittel zur Seifenparfümierung, Parfümgewinnung (Grundstoff für „Chypre").
Histor.: Die Droge wurde im Altertum zum Einbalsamieren von Leichen verwendet.

Evodia ravensara ↗ Ravensara aromatica.

■ **Evodia rutaecarpa** (Juss.) Hook. f. et Thoms.
Fam.: Rutaceae.
Vork.: China, Japan.
Droge: ***Fructus Evodiae***, die reifen Früchte. *Inh.:* fettes Öl, Limonin, Rutaevin. In den Blättern sind auch Indolalkaloide und Flavonoide enthalten. *Anw.:* in der chinesischen Volksheilkunde als Antidiarrhoikum.

Evonymus atropurpureus ↗ Euonymus atropurpurea.
Evonymus europaea ↗ Euonymus europaea.
Excoecaria africana ↗ Spirostachys africana.
Exogonium purga ↗ Ipomoea purga.
Extractum fluidum ↗ Extrakte.
Extractum Malti ↗ Hordeum vulgare.
Extractum Vitis pampinorum ↗ Vitis vinifera.

■ **Extrakte**
von lat. *extrahere* (herausziehen) abgeleitet, konzentrierte Pflanzen- bzw. Drogenauszüge, die gegebenenfalls auf einen bestimmten Wirkstoffgehalt eingestellt werden. Die Herstellung der E. erfolgt durch Mazeration oder Perkolation. Nach Art der Herstellung und Konsistenz unterscheidet man verschiedene Formen: 1. Fluidextrakt (Extractum fluidum), durch Perkolation hergestellter, gießbarer Drogenauszug, bei dem in einem bis maximal zwei Teilen Extrakt die Extraktivstoffe aus einem Teil Droge enthalten sind. 2. Dünnextrakt (Extractum tenuum), teilweise eingeengter, noch fließfähiger Extrakt mit dikkerer Konsistenz; mikrobiologisch instabil; heute nicht mehr offizinell. 3. Dickextrakt (Extractum spissum), stark eingeengter Extrakt, zähflüssig oder plastische Masse; mikrobiologisch instabil; Wirkstoffgehalt kann durch indifferente Hilfsstoffe eingestellt werden. 4. Trockenextrakt (Extractum siccum), hygroskopischer, durch Einengen und Trocknen gewonnener Extrakt, der häufig mit indifferenten Hilfsstoffen auf einen bestimmten Wirkstoffgehalt eingestellt wird. Die Zusammensetzung der Extrakte ist von der Art der Extraktionsmittel (z. B. Wasser-Alkohol-Mischungen) abhängig. E. werden meist zur Herstellung von Fertigarzneimitteln, z. B. von Hustensäften, Badezusätzen, Salben oder löslichen Teeaufgußpulvern (Instanttees) verwendet.

F

Faba Bona ↗ Vicia faba.
Faba Cacao ↗ Theobroma cacao.
Faba Calabaricae ↗ Physostigma venenosum.
Fabae Albae ↗ Phaseolus vulgaris.
Fabae Calabaricae ↗ Physostigma venenosum.
Fabae Calabariensis ↗ Physostigma venenosum.
Fabae de Tonca ↗ Dipteryx odorata.
Fabae Diocleae ↗ Dioclea macrocarpa.
Fabae Mexicanae ↗ Theobroma cacao.
Fabae Physostigmatis ↗ Physostigma venenosum.
Fabae Pichurim ↗ Ocotea puchury-major.
Fabae St. Ignatii ↗ Strychnos-Arten.
Fabae Tonca ↗ Dipteryx odorata.
Faba Febrifuga ↗ Strychnos-Arten.
Faba Indica ↗ Strychnos-Arten.
Faba Sancti Ignatii ↗ Strychnos-Arten.
Faba Vulgaris ↗ Vicia faba.
Fabiana-Holz ↗ Fabiana imbricata.

■ **Fabiana imbricata** Ruiz et Pav.; Pichi-Pichi.
Fam.: Solanaceae.
Vork.: Südamerika (Chile, Peru, Bolivien, Argentinien, Brasilien).
Drogen: ***1. Herba Fabianae*** (syn. *Herba Fabianae imbricatae, Herba Pichi-Pichi, Summitates Fabianae*); Fabiana-Kraut (syn. Pichi-Pichi-Kraut), die Blätter und dünnen Zweige. *Inh.:* äther. Öl (u. a. mit Fabianol), Fabianin (Alkaloid), Fabiatrin, Scopoletin, Harz, β-Methylaesculetin, Gerbstoffe, Wachs, Triterpensäuren, Physcion. *Anw.:* früher in der Volksheilkunde bei Blasen- und Nie-

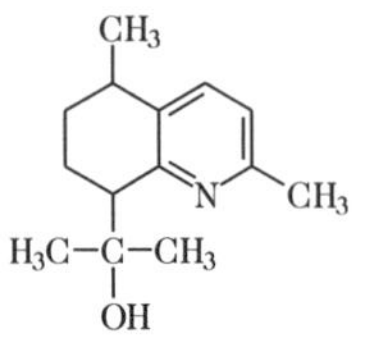

Fabianin

renleiden. In Südamerika wird die Droge auch zur Behandlung gegen Leberegel und in der Veterinärmedizin eingesetzt. *2. **Lignum Fabianae*** (syn. *Lignum Pichi-Pichi*); Fabiana-Holz (syn. Pichi-Pichi-Holz), das getrocknete Holz. Inh.: Fabianin (Alkaloid), Fabiatrin (Glykosid) und weitere Stoffe wie bei *Herba Fabianae*. Anw.: früher in der Volksheilkunde bei Blasen- und Nierenleiden.

Hom.: ***Pichi-Pichi*** (syn. *Fabiana imbricata*); die getrockneten Zweigspitzen. Anw.-Geb.: bei chronischer Blasen- und Prostataentzündung sowie bei Bandscheibenschäden.

Fabiana-Kraut ↗ Fabiana imbricata.
Fächerblattbaum ↗ Ginkgo biloba.
Faden-Palm-Lilie ↗ Yucca filamentosa.
Fadentragende Palmlilie ↗ Yucca filamentosa.
Fadenwurzel ↗ Inula helenium.
Faex medicinalis ↗ medizinische Hefe.
Faex medicinalis siccum ↗ medizinische Hefe.
Faex siccata ↗ medizinische Hefe.
Fagara caroliniana ↗ Zanthoxylum-Arten.
Fagi cortex ↗ Fagus sylvatica.
Fagi folia ↗ Fagus sylvatica.
Fagi fructus ↗ Fagus sylvatica.
Fagi lignum ↗ Fagus sylvatica.
Fagopyri herba ↗ Fagopyrum esculentum.
Fagopyrum cereale ↗ Fagopyrum esculentum.

■ Fagopyrum esculentum Moench

(syn. *Fagopyrum cereale, F. sagittatum, F. sarracenicum, F. vulgare, Phegopyrum esculentum, Polygonum cereale, P. fagopyrum*); Echter Buchweizen (syn. Heidenkorn); s. Farbtafel S 304, Bild 141.

Fam.: Polygonaceae.

Heim.: Zentralasien.

Vork.: kultiviert in Europa (v. a. Balkan, Österreich, Südtirol), Japan, China, Kanada, Brasilien, Südafrika, Australien.

Droge: ***Fagopyri herba*** (syn. *Herba Fagopyri*); Buchweizenkraut (syn. *Fagopyrum-esculentum-*Kraut), die zur Blütezeit geernteten und getrockneten Blätter und Blüten der Pflanze. Inh.: in den Blättern ca. 8 %, in den Blüten bis zu 4 % und in den Stengeln ca. 0,4 % Rutin, das Naphthodianthron Fagopyrin (0,01 %), Chlorogen-

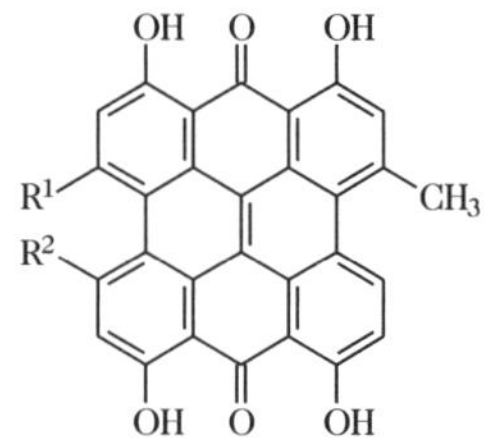

Fagopyrin: R^1, R^2 = $C_{12}H_{20}O_4N_2$

säure, Hyperosid. Anw.: in der Volksheilkunde als Venen- und Gefäßtonikum sowie zur Vorbeugung gegen Arterienverkalkung. Auch bei venösen Stauungen und Krampfadern soll die Droge die Beschwerden lindern.

Hom.: ***Fagopyrum esculentum*** HAB1, die frischen, nach der Blüte und vor der Fruchtreife geernteten oberirdischen Teile. Anw.-Geb.: Kopfschmerzen, Haut- und Lebererkrankungen mit Juckreiz.

Histor.: Der Gattungsname setzt sich aus dem lateinischen *fágus* (Buche) sowie *pyrós* (Weizen) zusammen und bedeutet, daß die Früchte der Buche ähneln und nahrhaft (*esculentus* = eßbar) wie Weizen sind. Bes. in Notzeiten dienten die Früchte in Form von Buchweizengrütze als Nahrungsmittel.

Fagopyrum sagittatum ↗ Fagopyrum esculentum.
Fagopyrum sarracenicum ↗ Fagopyrum esculentum.

■ Fagopyrum tataricum (L.) Gaertn.

(syn. *Polygonum tataricum*); Falscher Buchweizen.

Fam.: Polygonaceae.

Heim.: Mittelasien, Sibirien, Himalajagebiet.

Vork.: v. a. in den USA kultiviert.

Inh.: s. ↗ *Fagopyrum esculentum*. Anw.: v. a. zur Rutingewinnung. Weitere Nutzung s. ↗ *Fagopyrum esculentum*.

Fagopyrum vulgare ↗ Fagopyrum esculentum.
Fagot-Cassie ↗ Cinnamomum-Arten.
Fagus castanea ↗ Castanea sativa.

■ **Fagus sylvatica** L.
Buche (syn. Gemeine Buche, Rotbuche); s. Farbtafel S. 304, Bild 142.

Fam.: Fagaceae.

Vork.: Mittel- und Westeuropa sowie von Südnorwegen bis zum Kaukasus.

Drogen: *1. Fagi cortex* (syn. *Cortex Fagi*); Buchenrinde, die getrocknete Rinde. *Inh.:* Gerbstoffe (3–4 %), Suberin, Glucovanillin. *Anw.:* in der Volksheilkunde bei Bronchialerkrankungen und intestinalem Parasitenbefall, bei Durchfallerkrankungen und Sumpffieber als Ersatz für Chinarinde sowie bei Rheumatismus und Dermatosen. In der Gerberei wurde die Droge früher zur Lederbereitung verwendet. *2. Fagi folia* (syn. *Folia Fagi*); Buchenblätter, die getrockneten Blätter. *Inh.:* Vitamin C (ca. 0,26 % in der frischen Blattdroge), Flavonolglykoside (u. a. des Quercetins, Kämpferols, Isoquercetins), Kaffeesäure, Leukocyanidin, Triterpensaponine, Aminosäuren, kleine Peptide, Wachse, Mineralien (Calcium, Siliciumdioxid). *Anw.:* in der Kosmetik in Form spezieller Zubereitungen als „anti-aging-Präparationen“ um den Stoffwechsel zu aktivieren. Buchenblätter können nach Fermentation ähnlich wie Tabak geraucht werden und wurden während der Weltkriege als Surrogat verwendet. *3. Fagi fructus* (syn. *Fructus Fagi, Nuces Fagi*); Bucheckern (syn. Akram, Bucheln, Buchenfrüchte, Buchnüsse, Rotbuchenfrüchte), die aus Schale, Samenhäutchen und Samen bestehende Frucht. *Inh.:* Reserveproteine (ca. 26 %, v. a. Globuline), fettes Öl (45–50 %, davon 90 % ungesättigte und 10 % gesättigte Fettsäuren in entsprechenden Triglyceriden), Sterole, Phospholipide, organische Säuren, v. a. *p*-Cumarsäure, Ferulasäure und Oxalsäure, Aminosäuren, u. a. auch ungewöhnliche Aminosäuren, Peptide mit teilweise Alkaloidstruktur, Wachse. *Anw.:* Bucheckern dienen zur Gewinnung von Bucheckernöl (*Oleum Fagi silvaticae*), das in der Lebensmittelindustrie mitunter Verwendung findet. Ebenso werden die Buchensamen in der Bäckerei und Zuckerwarenherstellung (Chalwa) verwendet. Größere Mengen Buchensamen sollten nicht verzehrt werden, da es Hinweise auf individuelle Unverträglichkeiten gibt, die mit Übelkeit, Erbrechen und Leibschmerzen einhergehen sollen. Auch beim Einsatz als Futtermittel in der Tiermast sind Schädigungen der Darmschleimhaut beobachtet worden. *4. Fagi lignum*; Buchenholz, das getrocknete Holz verschiedener Fagusarten. *Inh.:* Fettsäuren, Sterole, Zucker, phenolische Verbindungen (Catechin, Taxifolin), polymere Catechine, Polysaccharide. *Anw.:* zur Gewinnung von Buchenholzteer (↗ *Pix Fagi*). In der Technik wird Buchenholz weitverbreitet als Nutz- und Brennholz eingesetzt, z. B. zur Gewinnung von Holzkohle und Holzessig früher auch zur Pottascheherstellung. *Tox.:* Buchenholzstäube gelten als carcinogen, da sie nach chronischer Exposition Adenocarcinome der inneren Nase auslösen können.

Fahamtee ↗ Angraecum fragrans.
Falber ↗ Salix-Arten.
Falcarinol ↗ Polyine.
Fallaxrinde ↗ Rhamnus alpinus.
Fallkraut ↗ Arnica-Arten.
Falsche Akazienblätter ↗ Robinia pseudoacacia.
Falsche Akazienblüten ↗ Robinia pseudoacacia.
Falsche Akazienrinde ↗ Robinia pseudoacacia.
Falsche Alraune ↗ Bryonia-Arten.
Falsche Arnika ↗ Heterotheca inuloides.
Falsche Einkornwurzel ↗ Chamaelirium luteum.
Falsche italienische Bibernellwurzel ↗ Sanguisorba officinalis.
Falsche Jalape ↗ Ipomoea orizabensis.
Falsche Kamille ↗ Chrysanthemum-Arten.
Falsche Myrrhe ↗ Commiphora-Arten.
Falsche Narzisse ↗ Narcissus pseudonarcissus.
Falsche Nieswurz ↗ Adonis-Arten.
Falsche Paraeirawurzel ↗ Cissampelos pareira.
Falsche Peyote ↗ Echinocereus triglochidiatus, ↗ Epithelantha micromeris.
Falscher Buchweizen ↗ Fagopyrum tataricum.
Falscher Jasmin ↗ Gelsemium sempervirens, ↗ Philadelphus coronarius.
Falscher Kalmus ↗ Iris pseudoacorus.
Falscher Pfefferbaum ↗ Schinus-Arten.
Falscher Rhabarber ↗ Rheum-Arten.
Falscher Safran ↗ Flemingia macrophylla.
Falscher Waldmeister ↗ Alliaria petiolata.
Falsches Chaulmoograöl ↗ Gynocardia odorata.
Falsches Drachenblut ↗ Copaifera-Arten.
Falsches Einkorn ↗ Chamaelirium luteum.
Falsche Wintersrinde ↗ Canella winterana.
Falten-Tintling ↗ Coprinus atramentarius.
Faltrianblume ↗ Convallaria majalis.
Färbebaum ↗ Rhamnus catharticus.
Färberdistel ↗ Carthamus tinctorius.
Färberginster ↗ Genista tinctoria.

Färberhülse ↗ Baptisia tinctoria.
Färberkrautwurzel ↗ Alkanna tinctoria.
Färbermaulbeerbaum ↗ Chlorophora tinctoria.
Färberreseda ↗ Reseda luteola.
Färberröte ↗ Rubia tinctorum.
Färbersumach ↗ Cotinus coggygria.
Färberwaid ↗ Isatis tinctoria.
Färber-Wau ↗ Reseda luteola.
Färberwurzel ↗ Rubia tinctorum.
Farbkraut ↗ Genista tinctoria.
Farfarae flos ↗ Tussilago farfara.
Farfarae folium ↗ Tussilago farfara.
Farina lat. Mehl.
Farina Amygdalarum ↗ Prunus-Arten.
Farina Canavalia ↗ Canavalia ensiformis.
Farinae Avenae ↗ Avena sativa.
Farina Lycopodii ↗ Lycopodium clavatum.
Farnesen ↗ Sesquiterpenderivate.
Farnesiana odora ↗ Acacia-Arten.
Farnesol ↗ Sesquiterpenderivate.
Farnextrakt ↗ Dryopteris filix-mas.
Farnhaare ↗ Cibotium barometz.
Farnkraut ↗ Dryopteris filix-mas.
Farnmännlein ↗ Dryopteris filix-mas.
Fasanbeeren ↗ Hippophae rhamnoides.
Faselrübe ↗ Bryonia-Arten.
Fastenblume ↗ Hepatica nobilis.
Faule Grete ↗ Aethusa cynapium.
Faule Magd ↗ Anagallis arvensis.
Faules Liesl ↗ Anagallis arvensis.
Faulrübe ↗ Bryonia-Arten.
Federfarn ↗ Dryopteris filix-mas.
Feige ↗ Ficus carica.
Feigenbaum ↗ Ficus carica.
Feigenkaktus ↗ Opuntia ficus-indica.
Feigenopuntie ↗ Opuntia ficus-indica.
Feigerl ↗ Hepatica nobilis.
Feigwurz ↗ Ranunculus-Arten.

■ **Feijoa sellowiana** Berg.
(syn. *Acca sellowiana, Orthostemon sellowianus*).

Fam.: Myrtaceae.

Vork.: Südamerika, Südrußland.

Droge: die reifen Früchte. Inh.: Iod (ca. 72 mg pro 100 g Frischgewicht), Vitamin C, Glykoside, Flavonoide, Gerbstoffe, Zucker, Pektin, äther. Öl, Fett, Harz. Anw.: als Diätetikum sowie zur Bereitung von Marmeladen. In der Volksheilkunde wird die Droge bei Arteriosklerose eingesetzt.

Feinblättriger Sturmhut ↗ Aconitum-Arten.

Fel Bovis ↗ Bos taurus.
Feldbeerbaum ↗ Rhamnus catharticus.
Feldgarbenkraut ↗ Achillea-Arten.
Feldhopfenkraut ↗ Hypericum perforatum.
Feldkamille ↗ Chamomilla recutita.
Feldkümmel ↗ Carum carvi.
Feldkürbis ↗ Cucurbita pepo.
Feldlattich ↗ Tussilago farfara.
Feldmannstreu ↗ Eryngium-Arten.
Feldminze ↗ Mentha-Arten.
Feldmohn ↗ Papaver rhoeas.
Feldpoley ↗ Thymus-Arten.
Feldrittersporn ↗ Delphinium consolida.
Feldrose ↗ Papaver rhoeas.
Feldrüster ↗ Ulmus-Arten.
Feldstiefmütterchen ↗ Viola-Arten.
Feldthymian ↗ Thymus-Arten.
Feldulme ↗ Ulmus-Arten.
Feldwinde ↗ Convolvulus-Arten.
Felsenblümchen ↗ Draba nemorosa.
Felsendammar ↗ Shorea wiesneri.
Felsenkirsche ↗ Prunus-Arten.
Fel Tauri ↗ Bos taurus.
Femel ↗ Cannabis sativa.
Feminell ↗ Calendula officinalis.
Fenchel ↗ Foeniculum vulgare.
Fenchelfrüchte ↗ Foeniculum vulgare.
Fenchelholz ↗ Sassafras albidum.
Fenchelholzbaum ↗ Sassafras albidum.
Fenchelholzöl ↗ Sassafras albidum.
Fenchelholzrinde ↗ Sassafras albidum.

■ **Fenchelhonig**
Zubereitung aus Honig und Fenchelöl (↗ Foeniculum vulgare) mit einem Anteil von 0,05 % äther. Öl. Anw.: 10–20 g pro Tag (entspricht etwa 5–10 mg Fenchelöl pro Tag) bei Katarrhen der oberen Luftwege, besonders bei Kindern anzuwenden.

Fenchelöl ↗ Foeniculum vulgare.

■ **Fenchon**
campherartig riechendes, bitter schmeckendes bicyclisches Monoterpen, das u. a. im Fenchelöl (↗ Foeniculum vulgare) enthalten ist.

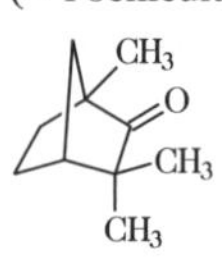

Fenchon

Feng-Feng ↗ Siler divaricatum.
Feniculum commune ↗ Foeniculum vulgare.
Fennekel ↗ Foeniculum vulgare.
Fennichl ↗ Foeniculum vulgare.
Fennkol ↗ Foeniculum vulgare.

■ **Feretia apodanthera** Del.
Fam.: Rubiaceae.
Vork.: Savannen und Steppen im tropischen Afrika.
Droge: die Stamm- und Wurzelrinde. Inh.: Iridoide, wie Feretosid, Gardenosid, Apodanthosid. Anw.: in der traditionellen Heilkunde der Eingeborenen als Antineuralgikum und Febrifugum.

Fermente ↗ Enzyme.
Fernambukholz ↗ Caesalpinia-Arten.
Feronia elephantum ↗ Feronia limonia.
Feroniagummi ↗ Feronia limonia.

■ **Feronia limonia** (L.) Swingle
(syn. *Feronia elephantum, Crataeva valanga*).
Fam.: Rutaceae.
Vork.: Indien, Sri Lanka, Java.
Droge: ***Feroniagummi*** (syn. Ostindisches Gummi), das Gummi. Inh.: Polysaccharide, Schleimstoffe; in den Blättern außerdem äther. Öl, Stigmasterol, Bergapten, Marmesin. Anw.: in gleicher Weise wie *Gummi arabicum* (↗ *Acacia*-Arten), sowie zur Herstellung von Wasserfarben. Die Blätter werden in der Volksheilkunde der Heimatländer als Tonikum und Stimulans verwendet.

Ferula asa-foetida ↗ Ferula assa-foetida.

■ **Ferula assa-foetida** L.
(syn. *Ferula asa-foetida, F. foetida*); Stinkasant (syn. Teufelsdreck).
Fam.: Apiaceae (Umbelliferae).
Vork.: Iran, Afghanistan.
Droge: ***Asa foetida***. Inh. und Anw.: s. ↗ *Ferula foetida*.

■ **Ferula communis** L.
(syn. *F. nodiflora, F. lobeliana, Peucedanum ferula*); Riesenfenchel (syn. Gemeines Steckenkraut, Rutenkraut).
Fam.: Apiaceae (Umbelliferae).
Vork.: Mittelmeergebiet, auch als Gartenpflanze kultiviert.

Inh.: im Milchsaft das Cumarinderivat Ferulenol, Sesquiterpenkohlenwasserstoffe, u. a. α-Ferulen; in Früchten und Wurzeln sind äther. Öl, Catechingerbstoffe, Zucker und Umbelliferon enthalten.

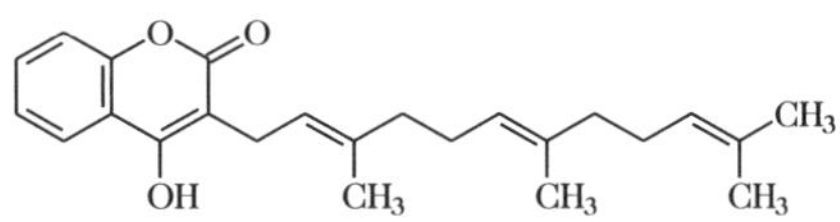

Ferulenol

Hom.: ***Bounafa*** HAB34, die getrockneten Wurzeln. Anw.-Geb.: Verdauungsstörungen.

Ferula erubescens ↗ Ferula gummosa.

■ **Ferula foetida** 1) ↗ Ferula assa-foetida
2) **Ferula foetida** (Bunge) Regel
(syn. *Ferula scorodosma, Scorodosma assafoetida, S. foetida*).
Fam.: Apiaceae (Umbelliferae).
Vork.: Iran, Afghanistan, Pakistan, Turkmenistan, die Wüsten Kara Kum und Kizyl Kum.
Droge: ***Asa foetida*** (syn. *Gummiresina Asa foetida, Lacryma syriaca, Laser foetidum, Stercus diaboli, Succus cyrenaicus antiquorum*); Stinkasant (syn. Asam, Asant, Teufelsdreck), das durch Einschneiden der lebenden Rhizome und Wurzeln gewonnene Gummiharz. Inh.: Harz (Asaresin, zwischen 10 und 65 %, v. a. Ferulasäureester des Asaresinotannols), Asaresinotannol, Ferulasäure, Sesquiterpene, Umbelliferone, Gummi (20–30 %), äther. Öl (1–20 %, v. a. schwefelhaltige Verbindungen, die den knoblauchartigen Geruch bedingen sowie α-Pinen). Anw.: Die Droge

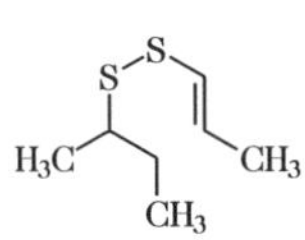

Disulfid mit starkem Knoblauchgeruch-Geruch aus *Ferula foetida*.

wurde früher bei einer Vielzahl von Erkrankungen angewendet, z. B. bei Verhärtungen von Leber und Milz, Nabelgeschwüren, Amenorrhoe, Asthma, Bronchitis, Koliken, Krämpfen, Epilepsie, Husten, Spasmen, klimakterischen Beschwerden, Keuchhusten, Hysterie, Abdominaltumoren und bei nervösen Beschwerden. Die Wirksamkeit bei diesen Indikationen ist gegenwärtig nicht belegt. In der Parfümerie wird die Droge als Fixativ und Geruchskomponente eingesetzt. Auch als Gewürz kommt Asa foetida im Orient zur Anwendung ebenso wie als Repellent, um Wildtiere fernzuhalten.

Hom.: ***Asa foetida*** HAB1, das getrocknete Gummiharz. Anw.-Geb.: chronische Entzündungen der Atemwege, nervöse Störungen der Verdauungswege, Knochenerkrankungen, Krampfaderleiden, Hautgeschwüre und Fistelbildung, Störungen der Milchabsonderung, Kopfschmerzen, verschiedenen nervöse Störungen.

Histor.: *Asa foetida* wurde seit dem Altertum aus dem fernen Osten kommend im Mittelmeerraum und bes. in Persien als wichtige Droge verwendet. Oft verwechselt mit *Silphium* (Gummiharz von wahrscheinlich *Thapsia garganica*), diente sie zur Behandlung einer Vielzahl von Verdauungsbeschwerden und nervösen Leiden sowie als Gewürz. Von den arabischen Ärzten wurde Asant ebenso häufig verwendet und kam durch sie im Mittelalter nach Europa und Deutschland. Die volkstümliche Bezeichnung „Teufelsdreck" geht auf den unangenehmen Geruch der Droge zurück.

Ferula galbaniflua ↗ Ferula gummosa.
Ferula graveolens ↗ Anethum graveolens.

■ **Ferula gummosa** Boiss.
(syn. *Ferula galbaniflua, F. erubescens, Peucedanum galbanifluum*).

Fam.: Apiaceae (Umbelliferae).

Vork.: Iran und Afghanistan.

Droge: ***Galbanum*** (syn. *Gummiresina Galbanum*); Mutterharz, das eingetrocknete Gummiharz. Inh.: Harz (ca. 60 %, nicht näher charakterisiert), Polysaccharide (ca. 20 %), Gummi, äther. Öl (5–10 %), ein Gemisch aus Mono- und Sesquiterpenen, u. a. Pinenen sowie weitere als Geruchsträger). Anw.: früher in Pflastern zur unspezifischen Hautreiztherapie, bei Erkältungskrankheiten und zur Behandlung des Sonnenbrands. In der Kosmetik wird die Droge als Fixativ und Geruchskomponente in Herrenparfüms eingesetzt. Auch als Gewürz und Geschmacksverstärker findet die Droge heute Anwendung.

Histor.: *Galbanum* war ↗ Dioskurides und ↗ Plinius bekannt. Medizinisch wurde es bereits

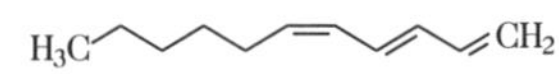

(3*E*,5*Z*)-1,3,5-Undecatrien

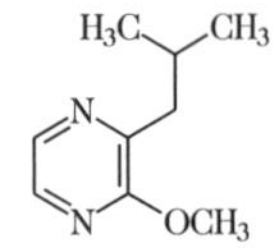

2-Isobutyl-3-methoxypyrazin

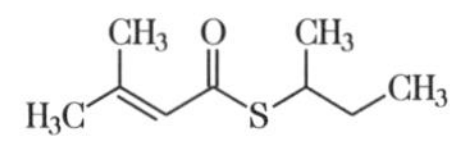

S-*sec*-Butyl-3-methyl-2-butenthioat

Ferula gummosa. Geruchstragende Inhaltsstoffe im Galbanum.

von Scribonius Largus und Alexander Trallianus verordnet. Im Mittelalter hatte die Droge eine große Bedeutung, Valerius Cordus bescheibt sie in seinem Dispensatorium zu Beginn des 16. Jh.

Ferula lobeliana ↗ Ferula communis.

■ **Ferula moschata** (Reinsch) Kozo-Polj.
(syn. *Euryangium sumbul, Ferula sumbul, Peucedanum sumbul, Sumbul moschatus*).

Fam.: Apiaceae (Umbelliferae).

Vork.: Turkestan, Afghanistan.

Droge: ***Radix Sumgul***; Sumgulwurzel (syn. Persische Moschuswurzel. Inh.: äther. Öl (ca. 1%), Harz, Bitterstoffe, Cumarine. Anw.: als Tonikum und Stimulans sowie als Fixateur in der Parfümindustrie.

Hom.: ***Ferula moschata*** HAB (syn. *Sumbulus moschatus*), die getrockneten, unterirdischen Teile. Anw.-Geb.: nervöse Herzbeschwerden.

Ferula nodiflora ↗ Ferula communis.
Ferula sambul ↗ Ferula moschata.

■ **Ferulasäure**
(4-Hydroxy-3-methoxy-zimtsäure), Bestandteil von Harzen (z. B. Asant, ↗ Ferula foetida) und Zwischenprodukt bei der Ligninsynthese (Formel S. 321).

Ferula scorodosma ↗ Ferula foetida.
Fettbaumkernfett ↗ Allanblackia stuhlmannii.
Fettblume ↗ Anemone nemorosa.
Fettbohne ↗ Glycine max.
Fetthenne ↗ Sedum acre.
Fetthennenkraut ↗ Sedum telephium.

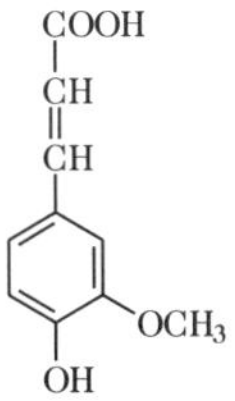

Ferulasäure

Feuerblumen ↗ Papaver rhoeas.
Feuerkraut ↗ Epilobium-Arten.
Feuerkrautwurzel ↗ Epilobium-Arten.
Feuermohn ↗ Papaver rhoeas.
Feuerpflanze ↗ Dictamnus albus.
Feuersalamander ↗ Salamandra maculosa.
Feuerschwamm ↗ Fomes fomentarius.
Feuerwurzel ↗ Nymphaea alba, ↗ Tamus communis.
Feverfew ↗ Chrysanthemum-Arten.
Fibraurea chloroleuca ↗ Fibraurea tinctoria.

■ **Fibraurea tinctoria** Lour.
(syn. *Fibraurea chloroleuca, Cocculus fibraurea*).
Fam.: Menispermaceae.
Vork.: tropisches Asien, bes. Vietnam.
Droge: Rinde und Rhizome. Inh.: in der Rinde v. a. Fibraurin, Chasmantin und weitere Bitterstoffe; in den Rhizomen Alkaloide, wie Palmatin, Jatrorrhizin, Columbamin, Fibranin, Fibraminin. Anw.: in der Volksheilkunde als Diuretikum sowie bei Vergiftungen.

Ficaria verna ↗ Ranunculus-Arten.

■ **Fichtenharz**
(syn. *Resina Pini*, Galipot, Barras), das nach dem Verdunsten des Terpentinöls (↗ Pinus-Arten) an den Bäumen (*Picea abies*) zurückbleibende Harz. Anw.: früher nach Aufbereitung (Schmelzen und Klären) wie Terpentin zur Herstellung von Pflastern eingesetzt.

Fichtennadelöl ↗ Picea abies, ↗ Picea mariana.
Fichtenspargel ↗ Monotropa uniflora.

■ **Ficin**
Protease (Glykoprotein), die aus dem Milchsaft von Feigen-Arten , z. B. ↗ Ficus carica, gewonnen wird. F. besitzt ähnliche Eigenschaften wie ↗ Papain und ↗ Bromelain. Anw.: siehe ↗ Papain, außerdem zur Herstellung kälteresistenten Bieres, in der Lederindustrie sowie in der klinischen Analytik bei der Bestimmung des Rh-Faktors.

■ **Ficus carica** L.
(syn. *Caprificus insectifera, Ficus communis, F. latifolia, F. leucocarpa, F. macrocarpa, F. pachycarpa, F. praecox*); Echter Feigenbaum (syn. Feige, Eßfeige); s. Farbtafel S. 304, Bild 143.
Fam.: Moraceae.
Vork.: Arabien, Mittelmeergebiet, heute ausgedehnt bis China, Indien, Kanada, Mexiko, Chile.
Drogen: ***1. Caricae fructus*** (syn. *Carica, Caricae, Caricae pingues, Ficus passae, Fructus Caricae, Fructus Ficus, Pseudofructus Caricae*); Feigen, der getrocknete, ganze Fruchtstand. Inh.: Carotinoide, Chlorophylle, Lipide, Vitamine (B_1, B_2, C, Nicotinamid), Flavonoide, Eiweiß, Kohlenhydrate (50–70 %, v. a. Saccharose, Pektine), Ballaststoffe, Spuren von Furocumarinen (Psoralen, Bergapten). Anw.: Die Droge und ihre Zubereitungen werden in der Volksheilkunde v. a. als Abführmittel bei Obstipation eingesetzt. Darüber hinaus existiert eine Vielzahl weiterer Anwendungsgebiete, die allerdings nicht ausreichend belegt sind, z. B. bei Hämorrhoiden, zur Auflösung von Nieren- und Blasensteinen/-grieß sowie bei Gicht. Eine Zubereitung aus gleichen Teilen Feigen, Mandeln, Pistazien, Kardamomen, Zucker und Safran in Milch aufgeschlämmt, gilt als Aphrodisiakum wie auch Feigen selbst bei den Arabern für diese Zwecke gegessen werden. Im Haushalt dienen Feigen als Obst, sie werden zur Dessert- und Branntweinherstellung verwendet sowie in gerösteter Form als Kaffeeersatz eingesetzt. Im Mittelmeerraum werden Feigen auch als Viehfutter verwendet. ***2. Ficus-carica-Blätter***; Feigenblätter, die frischen Blätter. Inh.: Cumarine und Furanocumarine (max. 0,8 %), u. a. Psoralen, Bergapten, Umbelliferon, Marmesin und Scopoletin, äther. Öl, Polysaccharide (ca. 4,8 %, pektinähnliche Stoffe), Vitamin C (ca. 0,33 %), Triterpene und Gerbstoffe. Im Milchsaft (Latex) der Blätter ist die Protease Ficin enthalten. Anw.: In der südamerikanischen Volksheilkunde wird ein Teeaufguß der Droge als Antidiabetikum verwendet, Feigenblätterdekokte werden bei Husten und Erkältungen eingesetzt. Auch zur Wundheilung, bei Verdauungsbeschwerden, zur Diurese und als Anthelminti-

kum findet die Droge ihren Einsatz. Die Protease Ficin wird u. a. zum Weichmachen von Fleisch eingesetzt. _Tox._: Der Milchsaft der frischen Blätter kann bei gleichzeitiger Einwirkung von Sonnenlicht eine Hautirritation auslösen. Ursache dafür sind die Furanocumarine.

Histor.: Der Feigenbaum gilt als eine der ältesten Kulturpflanzen der Welt und wird bereits im Alten Testament der Bibel erwähnt (1. Mose 2). Kulturen sind aus Kleinasien und den angrenzenden Gebieten vor ca. 5 000 Jahren bei den Assyrern, in Ägypten zur Zeit der Pharaonen, in Syrien, dem antiken Griechenland und um 1600 v. Chr. aus Kreta bekannt. Von hier aus erfolgte die Verbreitung der Feigenkultur in die anderen Mittelmeerländer, nach Asien, Afrika und Australien.

Ficus communis ↗ Ficus carica.

■ **Ficus elastica** Roxb.
Gummibaum (syn. Kautschuk-Feigenbaum).

Fam.: Moraceae.

Vork.: tropisches Asien, bes. in malaysischen Gebieten, kultiviert auf Java, Sumatra, Assam, Burma.

Inh.: Der Latex der Pflanze enthält ↗ Kautschuk (ca. 90 %; ↗ Hevea brasiliensis), Harz (ca. 4 %, mit α-Amyrin und α-Amyrinacetat), Wachse (Ester der Cerotinsäure). _Anw._: zur Kautschukgewinnung.

Ficus latifolia ↗ Ficus carica.
Ficus leucocarpa ↗ Ficus carica.
Ficus macrocarpa ↗ Ficus carica.
Ficus pachycarpa ↗ Ficus carica.
Ficus passae ↗ Ficus carica.
Ficus praecox ↗ Ficus carica.

■ **Ficus religiosa** L.
Bobaum (syn. Peepal, Pepulbaum).

Fam.: Moraceae.

Vork.: Indien, Ceylon.

Inh.: in den Blättern Stärke (ca. 22 %), Proteine, Gerbstoffe, n-Alkane, aliphatische Alkohole, Triterpenalkohole, Sterole, Calciumsalze, Ballaststoffe (Fasern). In der Rinde: Gerbstoffe (4 %), β-Sitosterolglucosid, Sitosterol, Oleanolsäure, Saponine, Kautschuk (0,7–5 %). _Anw._: in der asiatischen Volksheilkunde wird die Rinde als Adstringens genutzt, die Blätter und Samen als Laxans. In Indien wird die Pflanze auch als Heilmittel bei Diabetes eingesetzt.

Hom.: ***Ficus religiosa*** HAB34, die frischen Zweige und Blätter. _Anw.-Geb._: Schleimhautblutungen.

Histor.: Der ursprünglich in Ostindien beheimatete Baum ist noch heute in buddhistischen Tempelanlagen verbreitet und wird besonders verehrt. Nach der Überlieferung hatte Buddha 528 v. Chr. unter einem Bobaum eine Vision zur Vervollkommnung der Existenz und des Mysteriums des Universums.

Fieberbaum ↗ Alstonia-Arten, ↗ Eucalyptus-Arten.
Fieberflechte ↗ Cetraria islandica.
Fieberheilbaum ↗ Eucalyptus-Arten.
Fieberklee ↗ Menyanthes trifoliata.
Fieberkraut ↗ Centaurium minus, ↗ Chrysanthemum-Arten.
Fiebermoos ↗ Cetraria islandica.
Fieberrinde ↗ Cinchona-Arten.
Fieberwurz ↗ Arum maculatum.
Fieberwurzel ↗ Alpinia officinarum, ↗ Gentiana-Arten, ↗ Triosteum perfoliatum, ↗ Veratrum album.
Fila collagenis resorbilia sterilia ↗ Catgut.
Filicis rhizoma ↗ Dryopteris filix-mas.

■ **Filipendula ulmaria** (L.) Maxim.
(syn. *Spiraea ulmaria, Ulmaria palustris, U. pentapetala*); Mädesüß (syn. Johanniswedel, Krampfkraut, Rüsterstaude, Sumpf-Spirä, Wiesengeißbart, Wiesenkönigin, Wiesenspierstaude, Wurmkraut, Ziegenbart).

Fam.: Rosaceae.

Vork.: feuchte Streuwiesen und Auwälder, Sumpfgebiete in Europa, von Sibirien bis Kleinasien, Nordamerika, Mongolei; in Polen, Jugoslawien und Bulgarien auch kultiviert.

Drogen: *1. Spiraeae flos* (syn. *Flores Reginae prati, Flores Spiraeae ulmariae, Flos Spiraeae, Flos Ulmariae, Ulmariae flos*); Mädesüßblüten (syn. Spierblumen, Spierstaudenblüten, Sumpfspierblüten), die getrockneten Blüten. _Inh._: äther. Öl, v. a. Salicylaldehyd und Salicylsäuremethylester, Flavonole, u. a. Spiraeosid, Kämpferolglykoside, Hyperosid, Rutin, Quercetin und seine Glykoside, Phenolglykoside (Primveroside des Salicylaldehyds) und Gerbstoffe (ca. 10 %). _Anw._: zur unterstützenden Behandlung von Erkältungskrankheiten, bei fiebrigen Erkältungskrankheiten zur Schwitzkur, zur Erhöhung der Harnmenge. In der Volksheilkunde wird die Droge weiterhin bei Blasen- und Nierenleiden und zur Wundheilung benutzt. ***2. Spiraeae herba*** (syn. *Herba Barbae caprae, Herba Reginae prati, Herba Spiraeae ulmariae*); Mädesüßkraut (syn. Spierkraut, Spierstaude, Sumpfspierkraut), die getrockneten oberirdischen Teile blühender Pflanzen. *Inh.*: ähnlich wie bei *Spiraeae flos*, jedoch mit unterschiedlichen Anteilen und verändertem Flavonoidspektrum, z. B. ohne Spiraeosid und Kämpferolglykosiden. *Anw.*: zur unterstützenden Behandlung von Erkältungskrankheiten. In der Volksheilkunde wird die Droge auch zur Behandlung von Magenerkrankungen genutzt.

Hom.: ***1. Filipendula ulmaria*** HAB1 (syn. *Spiraea ulmaria*), die frischen, unterirdischen Teile blühender Pflanzen. *Anw.-Geb.*: Rheumatismus, Schleimhautentzündungen. ***2. Filipendula ulmaria ferm 34c*** HAB1 (syn. *Spiraea ulmaria ex herba ferm 34c*), die frischen, oberirdischen Teile blühender Pflanzen. *Anw.-Geb.*: in der anthroposophischen Therapierichtung.

Histor.: Der Gattungsname setzt sich aus den lateinischen Worten *filum* (Faden) und *pendulus* (hängend) zusammen, während die Artbezeichnung *ulmaria* von *ulmarius* (ulmenartig) einst als Übersetzung der deutschen Rüsterstaude eingeführt wurde. Im 16. und 17. Jh. nannte man die Pflanze hauptsächlich Bocks- oder Geißbart.

Filix ↗ Dryopteris filix-mas.
Filmaron ↗ Dryopteris filix-mas.
Filum bombycis tortum sterile ↗ Bombyx mori.
Filum lini sterile ↗ Linum usitatissimum.
Filzige Klette ↗ Arctium-Arten.
Filz-Königskerze ↗ Verbascum-Arten.
Fimel ↗ Cannabis sativa.
Fingerhirse ↗ Eleusine coracana.
Fingerhut ↗ Digitalis-Arten.
Fingerkraut ↗ Digitalis-Arten, ↗ Potentilla anserina, ↗ Potentilla erecta.

Tabelle. Flavonoidglykoside

Grundkörper	Name	Struktur
Flavon	Diosmin	Diosmetin-7-(6-O-rhamnosyl)glucosid
	Apiin	Apigenin-7-(6-O-apiosyl)glucosid
	Vitexin	8-C-Glucosyl-apigenin
	Isovitexin	6-C-Glucosyl-apigenin
	Orientin	8-C-Glucosyl-luteolin
	Isoorientin	6-C-Glucosyl-luteolin
Flavonol	Isoquercitrin	Quercetin-3-O-glucosid
	Hyperosid	Quercetin-3-O-galactosid
	Quercitrin	Quercetin-3-O-rhamnosid
	Avicularin	Quercetin-3-O-arabinosid
	Rutin	Quercetin-3-O-(6-O-rhamnosyl)glucosid
	Astragalin	Kämpferol-3-O-glucosid
Flavanon	Hesperidin	Hesperitin-7-O-(6-O-rhamnosyl)glucosid
	Neohesperidin	Hesperitin-7-O-(2-O-rhamnosyl)glucosid
	Naringin	Naringenin-7-O-(2-O-rhamnosyl)glucosid
	Salipurposid	Naringenin-5-O-glucosid
	Eriocitrin	Eriodyctiol-7-O-(6-O-rhamnosyl)glucosid

Finger-Küchenschelle ↗ Pulsatilla-Arten.
Fingertang ↗ Laminaria-Arten.
Fischkörner ↗ Anamirta cocculus.
Fischkörnerkerze ↗ Verbascum-Arten.
Fischleim ↗ Ichthyocolla.
Fischrinde ↗ Piscidia piscipula.
Fischsalbei ↗ Salvia-Arten.
Fisetholz ↗ Cotinus coggygria.
Fisole ↗ Phaseolus vulgaris.
Flachblättrige Donardistel ↗ Eryngium-Arten.
Flachs ↗ Linum usitatissimum.
Flachslinsen ↗ Linum usitatissimum.
Flachssamen ↗ Linum usitatissimum.
Flammender Busch ↗ Dictamnus albus.
Flaschenkork ↗ Quercus-Arten.
Flaumeiche ↗ Quercus-Arten.
Flavedo Aurantii ↗ Citrus-Arten.
Flavedo Aurantii amari ↗ Citrus-Arten.
Flavedo Citri ↗ Citrus-Arten.

■ Flavonoide

weitverbreitete Gruppe von Naturstoffen mit einem Flavon-Grundgerüst (4-Oxo-flavanderivat) und den davon abgeleiteten Hauptgruppen: Flavonole, Flavonone und Flavanole. Sie treten häufig in glykosidisch gebundener Form auf (s. Ta-

Flavone

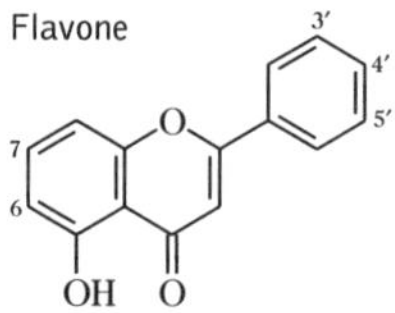

	Substitution am			
	C-6	C-7	C-3'	C-4'
Acacetin	H	OH	H	OCH_3
Apigenin	H	OH	H	OH
Chrysin	H	OH	H	H
Chrysoeriol	H	OH	OCH_3	OH
Genkwanin	H	OCH_3	H	OH
Luteolin	H	OH	OH	OH
Scutellarein	OH	OH	H	OH
Tectochrysin	H	OCH_3	H	H

Flavonole

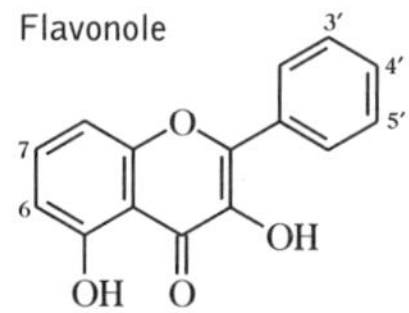

	Substitution am				
	C-6	C-7	C-3'	C-4'	C-5'
Galangin	H	OH	H	H	H
Isorhamnetin	H	OH	OCH_3	OH	H
Kaempferol	H	OH	H	OH	H
Myricetin	H	OH	OH	OH	OH
Patuletin	OCH_3	OH	OH	OH	H
Quercetin	H	OH	OH	OH	H
Rhamnetin	H	OCH_3	OH	OH	H

Flavanone

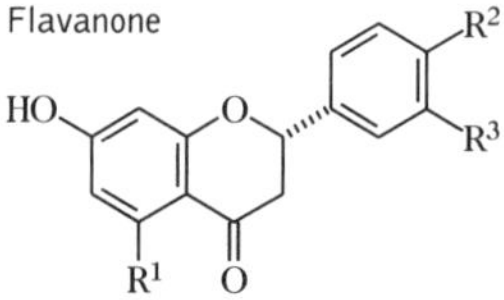

	R1	R2	R3
Liquiritigenin	H	OH	H
Naringenin	OH	OH	H
Eriodyctiol	OH	OH	OH
Hesperetin	OH	OCH_3	OH

Flavanonole
(Dihydroflavonole)

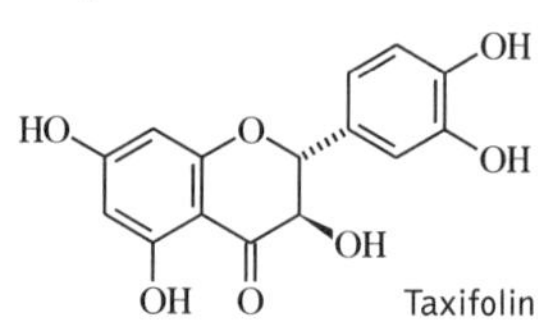

Taxifolin

Flavanoide. Flavonoidaglyka und ihre Grundkörper

belle S. 323) und sind für die Färbung von Blüten, Blättern, Früchten und anderen Pflanzenteilen verantwortlich. Wirk.: Wegen ihrer strukturellen Vielfalt haben F. sehr unterschiedliche pharmakologische Wirkungen, die sowohl Enzyme und Zellen als auch Mikroorganismen und Viren betreffen. Einige Vertreter (z. B. Rutin und Hesperidin) hemmen z. B. die ↗ Hyaluronidase und wirken dadurch kapillarabdichtend. Einer Veneninsuffizienz kann durch F. vorgebeugt werden. Sie wirken als Radikalfänger (Antioxidantien), Antiexudativa, Antiphlogistika und Radioprotektiva und üben dadurch eine erhebliche Schutzfunktion auf den Organismus aus. F. nehmen Einfluß auf die Funktion der Lymphozyten und hemmen die Freisetzung von Histamin aus den Mastzellen. Dadurch wird u. a. auch das Immunsystem günstig beeinflußt und allergische Reaktionen gehemmt. Außerdem bedingen F. eine milde Relaxation der glatten Muskulatur, wodurch es zur Erweiterung von Blutgefäßen mit verbesserter Durchblutung und gesteigerter Diurese kommt sowie zu einer erhöhten Gallensaftausschüttung und Spasmolyse im Verdauungstrakt.

■ **Flechtensäuren**
Cyclische Tetraketide (biogenetisch aus 4 Acetatresten aufgebaute Depside und Depsidone), die durch die Pilzanteile (Mykobionten) des Flechtenthallus produziert werden und antibiotische Wirksamkeit gegenüber einem breiten Spektrum von Erregern aufweisen. Dazu gehören u. a. Usninsäure, Atranorin, Norstictinsäure und Parietin. Ihre therapeutische Breite ist allerdings gering. Produzenten von F. sind *Usnea barbata*, ↗ *Cetraria islandica* und *Cetraria tenuifolia*. Ihre medizinische Anwendung ist durch ihre geringe Löslichkeit und den Mangel an Flechten-Ausgangsmaterial sehr begrenzt. Als einzige Flechtendroge ist Isländisches Moos (↗ Cetraria islandica) in den Arzneibüchern zu finden.

Fleckenkraut ↗ Galega officinalis, ↗ Pulmonaria officinalis.
Fleckenschierling ↗ Conium maculatum.
Fleischblume ↗ Anemone nemorosa.
Fleischfarbene Passionsblume ↗ Passiflora incarnata.
Fleischfarbene Schwalbenwurz ↗ Asclepias-Arten.
Flemingia congesta ↗ Flemingia macrophylla.

■ **Flemingia macrophylla** (Willd.) O. Ktze. ex Prain (syn. *Flemingia congesta, Moghania macrophylla*).
Fam.: Fabaceae (Leguminosae).
Vork.: tropisches Indien, Afrika.
Droge: *Neue Kamala* (syn. Falscher Safran, Waras), das harzige Pulver aus den Samenhülsen. Inh.: Farbstoffe, wie Flemingin (orange-rot), Homoflemingin (gelb); Harz. Anw.: in der arabischen Volksheilkunde gegen Erkältungskrankheiten, in der Kosmetik sowie zum Färben von Seide (goldgelbe Farbtöne werden erzielt).

Flieder ↗ Syringa vulgaris.
Fliederbeeren ↗ Sambucus nigra.
Fliedertee ↗ Sambucus nigra.

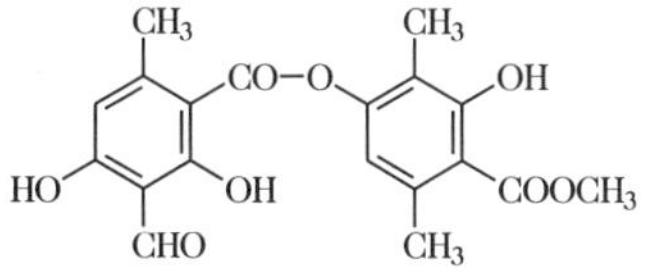
Depside (Atranorin)

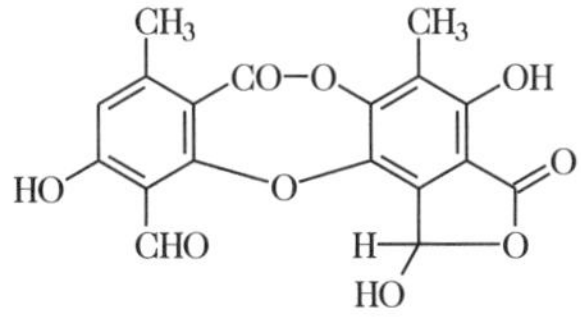
Depsidone (Norstictinsäure)

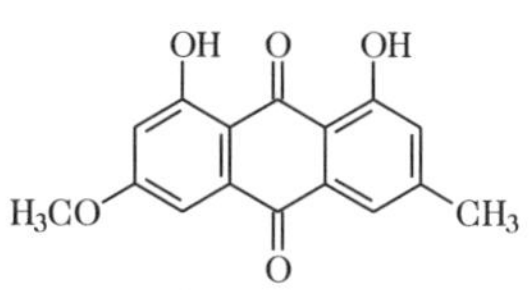
Anthrachinone (Parietin)

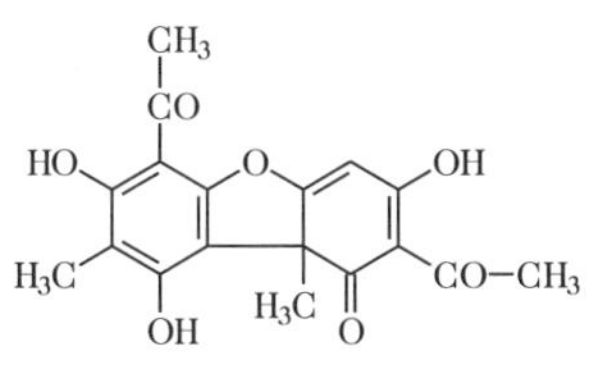
Usninsäure

Fliegenfänger ↗ Apocynum cannabinum.
Fliegenholz ↗ Quassia amara.
Fliegenkraut ↗ Artemisia vulgaris.
Fliegenpfeffer ↗ Piper longum.
Fliegenpilz ↗ Amanita muscaria.
Flohblume ↗ Stachys officinalis.
Flohkraut ↗ Chrysanthemum-Arten, ↗ Dryopteris filix-mas, ↗ Hedeoma pulegioides, ↗ Mentha-Arten, ↗ Plantago-Arten.
Flohsamen ↗ Plantago-Arten.
Flohwegerich ↗ Plantago-Arten.
Flores Abrotani montanii ↗ Santolina chamaecyparissus.
Flores Acaciae ↗ Prunus-Arten.
Flores Acaciae farnesianae ↗ Acacia-Arten.
Flores Acaciae germanicae ↗ Prunus-Arten.
Flores Acaciae nostratis ↗ Prunus-Arten.
Flores Achilleae moschatae ↗ Achillea-Arten.
Flores Africani ↗ Tagetes patula.
Flores Alismae ↗ Arnica-Arten.
Flores Althaeae ↗ Althaea officinalis.
Flores Antennariae dioicae ↗ Antennaria dioica.
Flores Anthemidis ↗ Chamaemelum nobile.
Flores Anthos ↗ Rosmarinus officinalis.
Flores Anthyllidis vulnerariae ↗ Anthyllis vulneraria.
Flores Arnicae ↗ Arnica-Arten.
Flores Athanasiae ↗ Chrysanthemum-Arten.
Flores Aurantii ↗ Citrus-Arten.
Flores Balaustii ↗ Punica granatum.
Flores Bellidis ↗ Bellis perennis.
Flores Bismalvae ↗ Althaea officinalis.
Flores Boraginis ↗ Borago officinalis.
Flores Brayerae ↗ Hagenia abyssinica.
Flores Cacti grandiflori ↗ Selenicereus grandiflorus.
Flores Calcatrippae ↗ Delphinium consolida.
Flores Calendulae ↗ Calendula officinalis.
Flores Calendulae alpinae ↗ Arnica-Arten.
Flores Calendulae cum calycibus ↗ Calendula officinalis.
Flores Calendulae sine calycibus ↗ Calendula officinalis.
Flores Callunae ↗ Calluna vulgaris.
Flores Capparidis ↗ Capparis spinosa.
Flores Capparis ↗ Capparis spinosa.
Flores Carthami ↗ Carthamus tinctorius.
Flores Caryophylli ↗ Syzygium-Arten.
Flores Caryophyllorum ↗ Dianthus caryophyllus.
Flores Cassiae ↗ Cinnamomum-Arten.
Flores Cassiae deflorati ↗ Cinnamomum-Arten.
Flores Chamomillae ↗ Chamomilla recutita.
Flores Chamomillae hortensis ↗ Chamaemelum nobile.
Flores Chamomillae nobilis ↗ Chamaemelum nobile.
Flores Chamomillae odorati ↗ Chamaemelum nobile.
Flores Chamomillae romanae ↗ Chamaemelum nobile.
Flores Cheiranthi ↗ Cheiranthus cheiri.
Flores Cheiri ↗ Cheiranthus cheiri.
Flores Cheiri arabici ↗ Cheiranthus cheiri.
Flores Chrysanthemi cinariifolii ↗ Chrysanthemum-Arten.
Flores Chrysanthemi cinerariifolii ↗ Chrysanthemum-Arten.
Flores Chrysanthemi persici ↗ Chrysanthemum-Arten.
Flores Cinae ↗ Artemisia cina.
Flores Cinnamomi ↗ Cinnamomum-Arten.
Flores Convallariae ↗ Convallaria majalis.
Flores Crataegi ↗ Crataegus-Arten.
Flores Croci ↗ Crocus sativus.
Flores Cyani ↗ Centaurea cyanus.
Flores Cyani coerulei ↗ Centaurea cyanus.
Flores Delphinii consolidae ↗ Delphinium consolida.
Flores Dipsaci sativi ↗ Dipsacus sativus.
Flores Ericae ↗ Calluna vulgaris.
Flores Ericae tetraclinis ↗ Erica tetralix.
Flores Farfarae ↗ Tussilago farfara.
Flores Feminell ↗ Calendula officinalis.
Flores Genistae ↗ Cytisus scoparius.
Flores Genistae scoparii ↗ Cytisus scoparius.
Flores Gnaphalii ↗ Antennaria dioica.
Flores Gnaphalii albi ↗ Antennaria dioica.
Flores Gnaphalii arenarii ↗ Helichrysum arenarium.
Flores Gnaphalii rubri ↗ Antennaria dioica.
Flores Graminis ↗ Heublumen.
Flores Granati ↗ Punica granatum.
Flores Grindeliae ↗ Grindelia camporum.
Flores Hageniae ↗ Hagenia abyssinica.
Flores Helianthi ↗ Helianthus annuus.
Flores Helianthi annui ↗ Helianthus annuus.
Flores Hibisci ↗ Althaea officinalis.
Flores Hibisci sabdariffae ↗ Hibiscus sabdariffa.
Flores Hippocastani ↗ Aesculus hippocastanum.
Flores Humuli lupuli ↗ Humulus lupulus.
Flores Hyperici recentes ↗ Hypericum perforatum.

Foeniculi dulcis fructus ↗ Foeniculum vulgare.
Foeniculi fructus ↗ Foeniculum vulgare.
Foeniculum ↗ Foeniculum vulgare.
Foeniculum azoricum ↗ Foeniculum vulgare.
Foeniculum capillaceum ↗ Foeniculum vulgare.
Foeniculum carvi ↗ Carum carvi.
Foeniculum dulce ↗ Foeniculum vulgare.
Foeniculum foeniculum ↗ Foeniculum vulgare
Foeniculum officinale ↗ Foeniculum vulgare.
Foeniculum panmorium ↗ Foeniculum vulgare.
Foeniculum sativum ↗ Foeniculum vulgare.

■ **Foeniculum vulgare** Mill.
(syn. *Anethum faeniculum, Anethum foeniculum, Anethum rupestre, Feniculum commune, Foeniculum azoricum, F. capillaceum, F. dulce, F. foeniculum, F. officinale, F. panmorium, F. sativum, Ligusticum divaricatum, L. foeniculum, Meum foeniculum, Ozodia foeniculacea, Selinum foeniculum*); Gemeiner Fenchel (syn. Fennekel, Fennichl, Fennkol); s. Farbtafel S. 304, Bild 144.

Fam.: Apiaceae (Umbelliferae).

Heim.: Mittelmeerraum.

Vork.: in ganz Europa und allen gemäßigten Klimazonen angebaut. Obwohl die Gattung Foeniculum aus zwei oder drei Arten bestehen soll, gilt sie heute als monospezifisch mit *Foeniculum vulgare* als einziger namentlich genannter Art. Eine Aufteilung der Art unter pharmazeutischen Aspekten ist in zwei Varietäten möglich: *Foeniculum vulgare* ssp. *vulgare* var. *dulce* (Mill.)Batt. et Trab.; Süßer Fenchel (syn. Römischer Fenchel, Gewürzfenchel) und *Foeniculum vulgare* ssp. *vulgare* var. *vulgare*; Gewöhnlicher Fenchel (syn. Wilder Fenchel, Bitterfenchel). Eine dritte Varietät (*Foeniculum vulgare* ssp. *vulgare* var. *azoricum*; Gemüse- oder Zwiebelfenchel) besitzt lediglich als Gemüse Bedeutung.

Drogen: ***1. Foeniculi aetheroleum*** (syn. *Oleum Foeniculi*); Fenchelöl (syn. Ätherisches Fenchelöl), das äther. Öl aus den Fenchelfrüchten. _Inh._: je nach verwendeter Subspecies und Varietät der Stammpflanze werden 4 Fenchelöle mit unterschiedlicher Zusammensetzung beschrieben: a) Bitterfenchelöl von ssp. *vulgare* var. *vulgare* mit 50–75 % *trans*-Anethol, 12–33 % Fenchon, 2–5 % Estragol, α-Pinen, Limonen; b) Süßfenchelöl von ssp. *vulgare* var. *dulce* mit 80–90 % *trans*-Anethol, 1–10 % Fenchon, 3–10 % Estragol, Limonen > α-Pinen; c) Anetholfreies Öl von ssp. *vulgare* var. *vulgare* mit 10–30 % Fenchon und 50–80 % Estragol; d) Australisches Wild-Fenchelöl mit 10–20 % *trans*-Anethol, 10–20 % Fenchon und 55–65 % Estragol. Weitere Bestandteile unabhängig von der Varietät sind u. a. Camphen, *p*-Cymen, Myrcen, α- und β-Phellandren, β-Pinen, Sabinen, γ-Terpinen und Terpinolen sowie Kohlenwasserstoffe. _Anw._: in Zubereitungen bei dyspeptischen Beschwerden wie leichten, krampfartigen Magen- und Darm-Beschwerden, Völlegefühl, Blähungen, Katarrhen der oberen Luftwege. Als ↗ Fenchelhonig bei Katarrhen der oberen Atemwege von Kindern. In der Volksheilkunde wird die Droge neben den genannten Indikationen auch äußerlich bei Augenekzemen, Konjunktivitis und Blepharitis eingesetzt. Auch in der Industrie wird Fenchelöl bzw. daraus gewonnenes *trans*-Anethol vielfältig genutzt, z. B. in Bonbons, Zahncremes, Seifen, Backwaren, Wurst, Süßwaren und in Likören. _Geg._: Mit Ausnahme des Fenchelhonigs nicht bei Säuglingen, Kleinkindern und Schwangeren. ***2. Foeniculi fructus*** (syn. *Fructus Foeniculi, Foeniculum*), Fenchelfrüchte, die getrockneten reifen Früchte. Je nach verwendeter Varietät wird auch die Droge spezifiziert: a) Bitterfenchel; *Foeniculi amari fructus* (syn. *Fructus Foeniculi amari*); Fenchel (syn. Bitterer Fenchel, Deutscher Fenchel, Dunkler Fenchel, Wilder Fenchel). _Inh._: äther. Öl (3–8,5 %, Zusammensetzung s. *Foeniculi aetheroleum*), Phenolcarbonsäuren (v. a. als Chinasäurederivate oder Glykoside), Spuren von Cumarinen und Flavonoiden, fettes Öl (9–21 %, v. a. Triglyceride). b) Süßfenchel; *Foeniculi dulcis fructus* (syn. *Fructus Foeniculi dulcis, Fructus Foeniculi kretici, Foeniculum dulce*); Süßer Fenchel (syn. Gewürzfenchel, Französischer Fenchel, Kretischer Fenchel, Römischer Fenchel, Mazedonischer Anis). _Inh._: äther. Öl (0,8–3 %, Zusammensetzung s. *Foeniculi aetheroleum*), Phenolcarbonsäuren (v. a. als Chinasäurederivate oder Glykoside), Spuren an Cumarinen und Flavonoiden, fettes Öl (9–21 %, v. a. Triglyceride). _Anw._ (beide Varietäten): dyspeptische Beschwerden wie leichte, krampfartige Magen-Darm-Beschwerden, Völlegefühl, Blähungen, Katarrhe der oberen Luftwege, v. a. als Fenchelsirup oder Fenchelhonig, besonders bei Kleinkindern und Säuglingen sowie zur Schleimlösung in den Atemwegen. In der Volksheilkunde wird die Droge weltweit als Carminativum, Stomachikum und Aromatikum verwendet sowie zur Stimulation der Milchsekretion (Lactagogum), als Expektorans bei Husten und Bronchitis und bei krampfartigen Durchfällen. Im Haushalt dient Fenchel als Gewürz bei der Brot- und Käseherstellung, beim Einmachen von Früchten und Gemüse sowie zur Aromatisierung der Butter. Die Industrie nutzt den Bitterfenchel in erster Linie zur Gewinnung von Anethol. Zur ↗ Teezubereitung verwendet man 1 Teelöffel frisch gequetschten Fenchel. Als Tagesdosis werden etwa 7,5 g Droge empfohlen.

Hom.: *1. Foeniculum vulgare* HAB1 (Foeniculum), die getrockneten, reifen Früchte. Anw.-Geb.: unbekannt. *2. Foeniculum vulgare, äthanol. Decoctum* HAB1, die getrockneten, reifen Früchte. Anw.-Geb.: in der anthroposophischen Therapierichtung.

Histor.: Der Fenchel ist dank seines angenehmen Geschmacks und Geruchs schon im Altertum als Heil- und Gewürzpflanze überall bekannt gewesen. Ihm entspricht das *marathron* des ↗ Theophrast und des ↗ Dioskurides sowie das *foeniculum* des ↗ Plinius. Kraut und Früchte sollten die Milchabsonderung befördern, die Wurzeln fein zerstoßen und mit Milch getrunken sollten den Biß eines tollwütigen Hundes heilen, die Abkochung der Stengel sei für Blasen- und Nierenleiden zuträglich. Auch bei den alten Ägyptern, Arabern und Chinesen war die Pflanze bekannt. Im Mittelalter wurde der Fenchel in allen Kräuterbüchern genannt, ebenso im ↗ Capitulare de villis; Hildegard von Bingen behandelt ihn ebenfalls eingehend in ihren Schriften. Der Haupteinsatz bezieht sich auf die Schleimlösung, die Behandlung von Verdauungsbeschwerden und Katarrhen sowie auf die Nutzung als Diuretikum und als Lactagogum. Der Gattungsname Foeniculum ist vom lateinischen *foenum* (Heu) abgeleitet und deutet auf die beim Welken und Trocknen schmalen, heuartig aussehenden Blattzipfel hin.

Foenugraeci semen ↗ Trigonella foenum-graecum.
Foenum-graecum officinale ↗ Trigonella foenum-graecum.
Foenum-graecum sativum ↗ Trigonella foenum-graecum.
Föhre ↗ Pinus-Arten.
Föhrensprossen ↗ Pinus-Arten.
Folia Adenantherae ↗ Adenanthera pavonina.
Folia Adhatodae ↗ Justicia adhatoda.
Folia Adianti ↗ Adiantum capillus-veneris.
Folia Agavae ↗ Agave sisalana.
Folia Agrifolii ↗ Ilex aquifolium.
Folia Althaeae ↗ Althaea officinalis.
Folia Alypi ↗ Globularia alypum.
Folia Anthos ↗ Rosmarinus officinalis.
Folia Antidesmae ↗ Antidesma bunius.
Folia Aquifoliae ↗ Ilex aquifolium.
Folia Arbuti ↗ Arbutus unedo.
Folia Arbuti unedinis ↗ Arbutus unedo.
Folia Arctostaphyli ↗ Arctostaphylos uva-ursi.
Folia Arnicae ↗ Arnica-Arten.
Folia Aurantii ↗ Citrus-Arten.
Folia Barosmae ↗ Barosma-Arten.
Folia Belladonnae ↗ Atropa belladonna.
Folia Bergeniae ↗ Bergenia crassifolia.
Folia Betulae ↗ Betula-Arten.
Folia Bismalvae ↗ Althaea officinalis.
Folia Blumeae ↗ Blumea balsamifera.
Folia Boldo ↗ Peumus boldus.
Folia Bucco ↗ Barosma-Arten.
Folia Bucco longa ↗ Barosma-Arten.
Folia Bucco rotunda ↗ Barosma-Arten.
Folia Buchu ↗ Barosma-Arten.
Folia Buddlejae ↗ Buddleja brasiliensis.
Folia Buxi ↗ Buxus sempervirens.
Folia Capilli ↗ Adianthum capillus-veneris.
Folia Caraibae ↗ Jacaranda procera.
Folia Caricae papayae ↗ Carica papaya.
Folia Carobae ↗ Jacaranda procera.
Folia Caseariae ↗ Casaeria sylvestris.
Folia Castaneae ↗ Castanea sativa.
Folia Ceanothi ↗ Ceanothus americanus.
Folia Cedri ↗ Cedrus-Arten.
Folia Cestri ↗ Cestrum laevigatum.
Folia Chrysanthemi parthenii ↗ Chrysanthemum-Arten.
Folia Chrysanthi ↗ Rhododendron-Arten.
Folia Cocae ↗ Erythroxylum coca.
Folia Combreti ↗ Combretum micranthum.
Folia Coriariae ↗ Coriaria myrtifolia.
Folia Coryli avellanae ↗ Corylus avellana.
Folia Cotini coggygriae ↗ Cotinus coggygria.
Folia Crataegi ↗ Crataegus-Arten.
Folia Cynarae ↗ Cynara scolymus.
Folia Damianae ↗ Turnera diffusa.
Folia Daturae ↗ Datura-Arten.
Folia Davillae ↗ Davilla rugosa.
Folia Dictamni ↗ Dictamnus albus.
Folia Digitalis lanatae ↗ Digitalis-Arten.

Folia Digitalis purpureae ↗ Digitalis-Arten.
Folia Diosmae ↗ Barosma-Arten.
Folia Diosmae lata ↗ Barosma-Arten.
Folia Diosmae rotunda ↗ Barosma-Arten.
Folia Djamboe ↗ Psidium guajava.
Folia Duboisiae ↗ Duboisia-Arten.
Folia Ebuli ↗ Sambucus ebulus.
Folia Elephantopi ↗ Elephantopus scaber.
Folia Epigaeae ↗ Epigaea repens
Folia Eriodictyonis ↗ Eriodictyon californicum.
Folia Erythroxyli cicae ↗ Erythroxylum coca.
Folia et Flores Calthae palustris ↗ Caltha palustris.
Folia et Radix Cichorii ↗ Cichorium intybus.
Folia et Radix Intybi ↗ Cichorium intybus.
Folia Eucalypti ↗ Eucalyptus-Arten.
Folia Eugeniae ↗ Eugenia chequen.
Folia Fagi ↗ Fagus sylvatica.
Folia Faham ↗ Angraecum fragrans.
Folia Farfarae ↗ Tussilago farfara.
Folia Fragariae ↗ Fragaria vesca.
Folia Fraxini ↗ Fraxinus-Arten.
Folia Garjubae ↗ Arctostaphylos uva-ursi.
Folia Gaultheriae ↗ Gaultheria procumbens.
Folia Gaultheriae procumbens ↗ Gaultheria procumbens.
Folia Ginkgo ↗ Ginkgo biloba.
Folia Globulariae ↗ Globularia alypum.
Folia Guaco ↗ Mikania guaco.
Folia Gymnemae sylvestris ↗ Gymnema sylvestre.
Folia Hamamelidis ↗ Hamamelis virginiana.
Folia Hederae ↗ Hedera helix.
Folia Helianthi ↗ Helianthus annuus.
Folia Helicis ↗ Hedera helix.
Folia Hennae ↗ Lawsonia inermis.
Folia Hepaticae nobilis ↗ Hepatica nobilis.
Folia Hibisci ↗ Althaea officinalis.
Folia Hyoscyami ↗ Hyoscyamus niger.
Folia Hyoscyami mutici ↗ Hyoscyamus muticus.
Folia Ilicis ↗ Ilex aquifolium.
Folia Jaborandi ↗ Pilocarpus-Arten.
Folia Jacarandae ↗ Jacaranda procera.
Folia Juglandis ↗ Juglans regia.
Folia Laburni ↗ Laburnum anagyroides.
Folia Lauri ↗ Laurus nobilis.
Folia Lauri nobilis ↗ Laurus nobilis.
Folia Lauro-Cerasi ↗ Prunus-Arten.
Folia Laurocerasi ↗ Prunus-Arten.
Folia Leucaenae ↗ Leucaena leucocephala.
Folia Liatris ↗ Liatris odoratissima.
Folia Liatris odoratissimae ↗ Liatris odoratissima.
Folia Ligustri ↗ Ligustrum vulgare.
Folia Malvae ↗ Malva-Arten.
Folia Mate ↗ Ilex paraguariensis.
Folia Matico ↗ Piper angustifolium.
Folia Melissae ↗ Melissa officinalis.
Folia Melissae citratae ↗ Melissa officinalis.
Folia Menthae crispae ↗ Mentha-Arten.
Folia Menthae japonicae ↗ Mentha-Arten.
Folia Menthae piperitae ↗ Mentha-Arten.

■ **Foliamenthin** Bitterstoff (Monoterpenester eines Seco-Iridoiden) aus ↗ Menyanthes trifoliata.

Folia Menyanthidis ↗ Menyanthes trifoliata.
Folia Menyanthis ↗ Menyanthes trifoliata.
Folia Molle seu Mollis ↗ Schinus-Arten.
Folia Mori nigrae ↗ Morus-Arten.
Folia Myrti ↗ Myrtus communis.
Folia Myrti brabantici ↗ Myrica gale.
Folia Myrtilli ↗ Vaccinium-Arten.
Folia Nasturtii ↗ Lepidium sativum.
Folia Nerii ↗ Nerium oleander.
Folia Nerii oleandri ↗ Nerium oleander.
Folia Oleae ↗ Olea europaea.
Folia Oleandri ↗ Nerium oleander.
Folia Olivae ↗ Olea europaea.
Folia Orthosiphonis ↗ Orthosiphon aristatus.
Folia Orthosiphonis staminei ↗ Orthosiphon aristatus.
Folia Oxydendri ↗ Oxydendrum arboreum.
Folia Patchouli ↗ Pogostemon cablin.
Folia Perseae ↗ Persea americana.
Folia Petasites ↗ Petasites hybridus.
Folia Petasitidis ↗ Petasites hybridus.
Folia Petroselini ↗ Petroselinum crispum.
Folia Pilocarpini ↗ Pilocarpus-Arten.
Folia Piperis betle ↗ Piper betle.
Folia Pistaciae lentisci ↗ Pistacia lentiscus.
Folia Psidii ↗ Psidium guajava.
Folia Psidii pyriferi ↗ Psidium guajava.
Folia Quercus ↗ Quercus-Arten.
Folia Rhododendri ↗ Rhododendron-Arten.
Folia Rhois toxicodendri ↗ Rhus-Arten.
Folia Ribis nigri ↗ Ribes nigrum.
Folia Robiniae pseudacaciae ↗ Robinia pseudoacacia.
Folia Roris marini ↗ Rosmarinus officinalis.
Folia Rosmarini ↗ Rosmarinus officinalis.
Folia Rubi fruticosi ↗ Rubus-Arten.
Folia Rubi idaei ↗ Rubus-Arten.
Folia Rutae ↗ Ruta graveolens.
Folia Sabinae ↗ Juniperus sabina.

Folia Salviae ↗ Salvia-Arten.
Folia Salviae divinorum ↗ Salvia-Arten.
Folia Salviae trilobae ↗ Salvia-Arten.
Folia Sambuci ↗ Sambucus nigra.
Folia Saniculae ↗ Sanicula europaea.
Folia Schisandrae ↗ Schisandra chinensis.
Folia Scopoliae carniolicae ↗ Scopolia carniolica.
Folia Sedi magni ↗ Sempervivum tectorum.
Folia Sempervivi majoris ↗ Sempervivum tectorum.
Folia Sennae ↗ Cassia-Arten.
Folia Spinaceae ↗ Spinacia oleracea.
Folia Steviae rebaudianae ↗ Stevia rebaudiana.
Folia Stramonii ↗ Datura-Arten.
Folia Symploci ↗ Symplocos odoratissima.
Folia Tabaci ↗ Nicotiana tabacum.
Folia Theae ↗ Camellia sinensis.
Folia Thymi ↗ Thymus-Arten.
Folia Trifolii amari ↗ Menyanthes trifoliata.
Folia Trifolii antiscorbutici ↗ Menyanthes trifoliata.
Folia Trifolii aquatici ↗ Menyanthes trifoliata.
Folia Trifolii aurei ↗ Hepatica nobilis.
Folia Trifolii fibrini ↗ Menyanthes trifoliata.
Folia Trifolii palustris ↗ Menyanthes trifoliata.
Folia Urechites ↗ Urechites uberecta.
Folia Uvae ursi ↗ Arctostaphylos uva-ursi.
Folia Vaccinii ursi ↗ Arctostaphylos uva-ursi.
Folia Verbasci ↗ Verbascum-Arten.
Folia Verbena odorata ↗ Aloysia triphylla.
Folia Vincae ↗ Vinca minor.
Folia Vincae pervincae ↗ Vinca minor.
Folia Violae odoratae ↗ Viola-Arten.
Folia Vitis-idaeae ↗ Vaccinium-Arten.
Folia Vitis viniferae ↗ Vitis vinifera.
Folia Zygophylli ↗ Zygophyllum fabago.
Folium Althaeae ↗ Althaea officinalis.
Folium Angelicae ↗ Angelica archangelica.
Folium Betulae ↗ Betula-Arten.
Folium Bucco ↗ Barosma-Arten.
Folium Citronellae ↗ Melissa officinalis.
Folium Cocae ↗ Erythroxylum coca.
Folium Daturae stramonii ↗ Datura-Arten.
Folium Ebuli ↗ Sambucus ebulus.
Folium Hippocastani ↗ Aesculus hippocastanum.
Folium Iaborandi ↗ Pilocarpus-Arten.
Folium Kalmiae ↗ Kalmia latifolia.
Folium Malvae ↗ Malva-Arten.
Folium Melissae ↗ Melissa officinalis.
Folium Menyanthis ↗ Menyanthes trifoliata.
Folium Perillae ↗ Perilla frutescens.
Folium Plantaginis ↗ Plantago-Arten.
Folium Salicis ↗ Salix-Arten.
Folium Salviae ↗ Salvia-Arten.
Folium Salviae trilobae ↗ Salvia-Arten.
Folium Sambuci ↗ Sambucus nigra.
Folium Sambuci ebuli ↗ Sambucus ebulus.
Folium Sennae ↗ Cassia-Arten.
Folium Stramonii ↗ Datura-Arten.
Folium Taraxaci ↗ Taraxacum officinale.
Folium Theae ↗ Camellia sinensis.
Folium Thymi ↗ Thymus-Arten.
Folium Trifolii fibrini ↗ Menyanthes trifoliata.
Folium Tussilaginis ↗ Tussilago farfara.
Folliculigera graveolens ↗ Trigonella foenum-graecum.
Folliculi Sennae ↗ Cassia-Arten.

■ Folsäure

(syn. Acidum folicum, Folacin, Pteroylglutaminsäure), ein weitverbreitetes Vitamin, dessen Mangel Wachstumsstörungen und verschiedene Anämieformen auslöst. Die Wirkformen sind 5,6,7,8-Tetrahydrofolsäure (THF, FH_4) und 5,6-Dihydrofolsäure (DHF, FH_2) und spielen als Coenzyme bei der Übertragung von Formyl-, Methyl- und Hydroxymethylgruppen eine Rolle. Außerdem ist FH_4 an Monooxygenasereaktionen beteiligt. Vork.: in allen Zellen, bes. in der Leber, Niere, Muskel, Milch, ferner im Käse und dunklen Blattgemüsen, auch die Gastrointestinalflora produziert F. im Dickdarm. Anw.: zur Behandlung von Mangelerscheinungen (Malabsorptionssyndrom), bes. bei perniziöser Anämie und makrozytären Anämien, bei Sprue, Pellagra und in der Schwangerschaft.

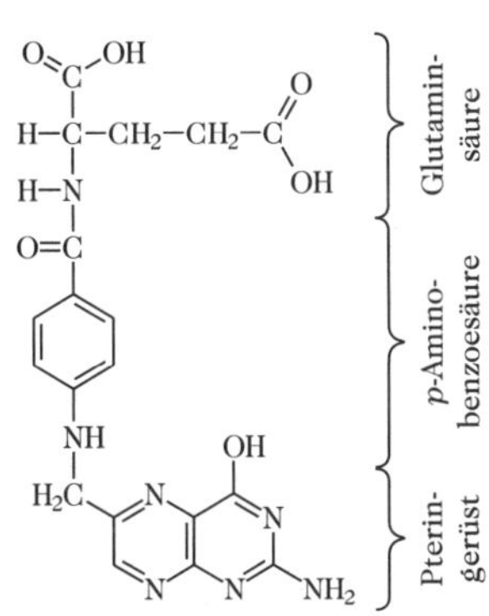

Folsäure

■ **Fomes fomentarius** (L.) Fr.
(syn. *Polyporus fomentarius*); Echter Zunderschwamm (syn. Feuerschwamm, Wundschwamm); s. Farbtafel S. 305, Bild 145.

Fam.: Polyporaceae.

Vork.: wächst in Europa auf Laubbäumen (z. B. Birken, Buchen).

Droge: ***Fungus Chirurgorum*** (syn. *Boletus Chirurgorum, Fungus Quercinus*); Wundschwamm (syn. Blutschwamm), der getrocknete Fruchtkörper. Inh.: Fomentarsäure, Fomentariol,

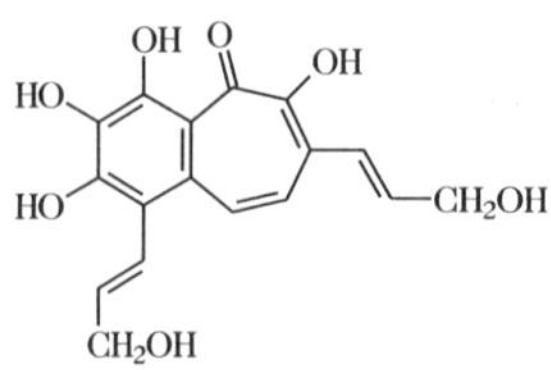

Fomentariol

Mannofucogalactane, Glucuronoglucane. Anw.: früher als Blutstillmittel zum äußerlichem Gebrauch, in der Volksheilkunde auch bei Erkrankungen der Harnblase. Mit Salpeterlösung getränkt und danach getrocknet, diente *F. fomentarius* als Zunder oder Feuerschwamm zum Erzeugen eines Feuers.

Fomes laricis ↗ Fomes officinalis.
Fomes marginatus ↗ Fomitopsis pinicola.

■ **Fomes officinalis** (Vill.:Fr.) Ames
(syn. *Agaricum officinale, Boletus laricis, Fomes laricis, Fomitopsis officinalis, Laricifomes officinalis, Polyporus laricis, Polyporus officinalis,*); Lärchenschwamm.

Fam.: Polyporaceae.

Vork.: wächst parasitisch auf der Lärche (*Larix decidua*), z. B. Schweiz, Tirol, Norditalien, Südfrankreich, Ungarn, und auf der Sibirischen Lärche (*Larix sibirica*) in Nordrußland und Sibirien.

Droge: ***Fungus laricis*** (syn. *Agaricus albus, Boletus laricis, Boletus, Polyporus Laricis*); Löcherschwamm (syn. Purgierschwamm). Inh.: Agaricinsäure, Harze, Triterpene, Fett, Ricinolsäure, Eiweiß, Mannitol, Wachs, Bitterstoffe. Anw.: in der Volksheilkunde als Amarum (Bittermittel) und als Laxans sowie bei Bronchialasthma und Nachtschweiß. Auch in der Likörindustrie wird die Droge als Bittermittel eingesetzt.

Hom.: ***Boletus laricis*** HAB1 (syn. *Laricifomes officinalis*), der getrocknete Pilz. Anw.-Geb.: bei starkem Nachtschweiß.

Fomes pinicola ↗ Fomitopsis pinicola.
Fomes ungulatus ↗ Fomitopsis pinicola.
Fomitopsis officinalis ↗ Fomes officinalis.

■ **Fomitopsis pinicola** (Sw.: Fr.) Karst.
(syn. *Boletus pinicola, Fomes marginatus, Fomes pinicola, Fomes ungulatus, Placodes ungulatus, Polyporus pinicola, Ungulina marginata*); Rotrandiger Baumschwamm (syn. Rotrandiger Schichtporling); s. Farbtafel S. 305, Bild 146.

Fam.: Polyporaceae.

Vork.: wächst auf Laub- und Nadelbäumen in Mitteleuropa bis Skandinavien.

Hom.: ***Fomes pinicola*** HAB, die frischen, oberirdischen Teile des Pilzes. Anw.-Geb.: Fieberanfälle, Leber und Milzerkrankungen.

Formicae ↗ Formica rufa.

■ **Formica rufa** L.
Rote Waldameise (syn. Waldameise).

Fam.: Formicariae.

Vork.: Europa, Nordasien, Nordamerika.

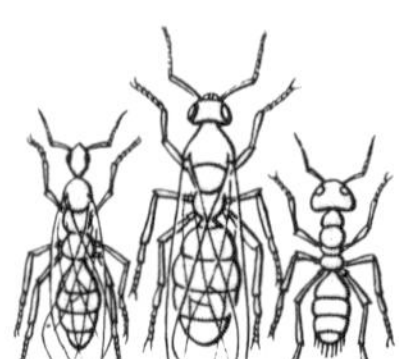

Formica rufa. Rote Waldameise.

Drogen: *1.* ***Ova Formicarum***; Ameisenpuppen (früher fälschlicherweise als Ameiseneier bezeichnet). Anw.: zur Herstellung von Ameisenspiritus sowie als Fisch- und Vogelfutter. ***2. Formicae***; Ameisen. Inh.: Das Sekret enthält u. a. 13–19 % Ameisensäure (Formel: HCOOH), Iridomyrmecin und Actinidin (Iridoide mit antibakterieller und insektizider Wirksamkeit), Undecan, freie Aminosäuren. Anw.: Ausgangsstoff zur Herstellung von *Spiritus Formicarum*, Ameisenspiritus. Einreibung zur Durchblutungsförderung.

HCOOH

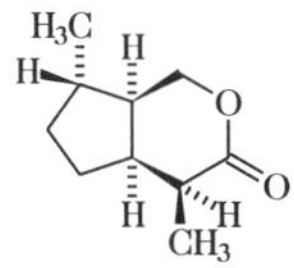

Ameisensäure Iridomyrmecin

Hom.: ***Formica*** HAB1; Rote Waldameise, die mit Ethanol getöteten und extrahierten, ganzen Tiere. *Anw.-Geb.:* Gicht, Rheuma, Entzündungen der Luftwege, Allergien.

■ Formononetin
Isoflavanderivat aus der Hauhechel (↗ Ononis spinosa).

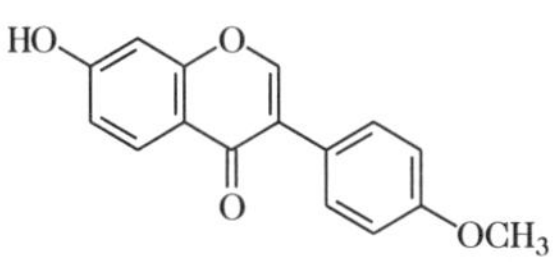

Formononetin

■ Forskolin
Diterpen aus ↗ Coleus forskohlii, das über einen direkten Angriff an der katalytischen Untereinheit die Adenylatcyclase aktiviert.

■ Forsythia suspensa (Thumb.) Vahl.
(syn. *Lilac perpensa*); Forsythie (syn. Goldweide).

Fam.: Oleaceae.

Vork.: Ostasien, in Europa als Zierstrauch kultiviert.

Droge: Blüten und Früchte. *Inh.:* in den Blüten Flavonoide, wie Rutin (ca. 1 %), Quercetin; in den Samen Saponine. Die Blätter und Rinde enthalten Lignanglykoside, wie Forsithin und Arcitin. *Anw.:* zur Gewinnung von Rutin, in der chinesischen und japanischen Volksheilkunde werden die Früchte als Laxans und Diuretikum eingesetzt.

Forsythie ↗ Forsythia suspensa.

■ Fortunella japonica (Thunb.) Swingle
(syn. *Citrus japonica*); Kumquat (syn. Japanische Orange, Marumi-Kumquat).

Fam.: Rutaceae.

Vork.: Südostasien.

Inh.: Die Früchte enthalten u. a. Fortunellin, ein Flavonglykosid, und weitere Stoffe entsprechend Orangen (↗ Citrus-Arten). *Anw.:* die Früchte werden in erster Linie als Obst gegessen, wobei die Schale nicht entfernt werden muß.

■ Fosfomycin
(–)-(1*R*,2*S*)-(1,2-Epoxypropyl)-phosphonsäure, aus der Kulturflüssigkeit von *Streptomyces fradiae* oder synthetisch gewonnenes Breitband-Antibiotikum. *Wirk.:* hemmt den ersten Schritt der Mureinbiosynthese der Bakterienwand, besonders von grampositiven Keimen. *Anw.:* alternatives Antibiotikum, wenn Penicilline oder Cephalosporine nicht angewendet werden können, z. B. Knocheninfektionen.

Fosfomycin

Fragaria anserina ↗ Potentilla anserina.
Fragaria botryformis ↗ Fragaria vesca.
Fragariae folium ↗ Fragaria vesca.
Fragariae radix ↗ Fragaria vesca.
Fragaria hortensis ↗ Fragaria vesca.
Fragaria minor ↗ Fragaria vesca.
Fragaria nemoralis ↗ Fragaria vesca.
Fragaria pentaphyllum ↗ Potentilla reptans.
Fragaria portentosa ↗ Fragaria vesca.
Fragaria reptans ↗ Potentilla reptans.
Fragaria silvestris ↗ Fragaria vesca.
Fragaria tormentilla ↗ Potentilla erecta.

■ Fragaria vesca L.
(syn. *Fragaria botryformis, F. hortensis, F. minor, F. nemoralis, F. portentosa, F. silvestris*); Walderdbeere.

Fam.: Rosaceae.

Vork.: im gemäßigten Eurasien.

Drogen: ***1. Fragariae folium*** (syn. *Folia Fragariae*); Erdbeerblätter (syn. Erbelblätter, Rotbeerblätter, Walderdbeerblätter), die getrockneten, während der Blütezeit im Mai und Juni gesammelten Blätter. *Inh.:* Gerbstoffe (5–11 %, Ellagitannine und oligomere Proanthocyanidine), Salicylsäure, Zimtsäure, Kaffeesäure, Chlorogensäure, Flavonoide, u. a. Quercetin, Quercitrin, Rutin und Catechin. *Anw.:* in der Volksheilkunde bei leichten Durchfällen, zum Gurgeln bei Halsentzündungen, bei Darmblutungen, Harnwegserkrankungen, Rheuma, Gicht und Lebererkrankungen. *2. Fragariae radix* (syn. *Radix Fragariae, Rhizoma Fragariae*); Erdbeerwurzel (syn. Erbelwurzel, Rotbeerwurzel, Walderdbeerwurzel), das getrocknete Rhizom. Inh.: Gerbstoffe (oligomere Proanthocyanidine), Salicylsäure, Zimtsäure, Kaffeesäure, Chlorogensäure, Rutin (0,9 %). Anw.: in der Volksheilkunde zur Behandlung von Durchfällen, als Gurgelmittel, zur Mundhygiene sowie bei Asthma und Erkrankungen der Harnwege.

Hom.: ***Fragaria vesca*** HAB34, die reifen Früchte. Anw.-Geb.: Nesselsucht.

■ Framycetin

Aminoglykosidantibiotikum, das von *Streptomyces decaris* oder *Streptomyces fradiae* gebildet wird. Das verwendete Framycetinsulfat enthält vor allem Neomycin-B-Sulfat (↗ Neomycin). Anw.: wegen der hohen Oto- und Nephrotoxizität nur noch lokale Anwendung in Form von Pudern oder Salben bei Haut- und Wundinfektionen.

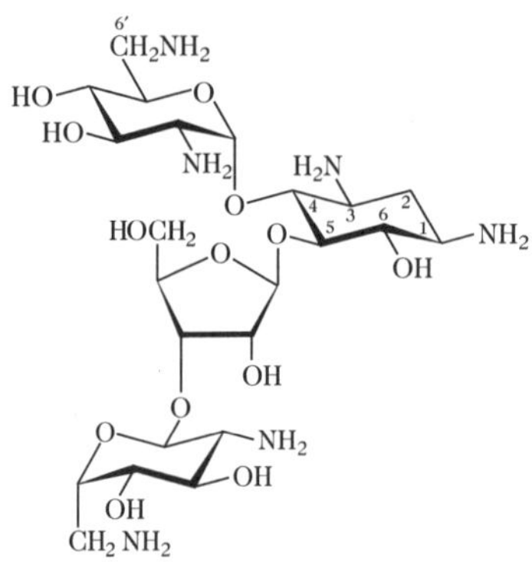

Framycetin

Franciscea hopeana ↗ Brunfelsia uniflora.
Franciscea uniflora ↗ Brunfelsia uniflora.
Frangula alnus ↗ Rhamnus frangula.
Frangulae cortex ↗ Rhamnus frangula.
Frangula frangula ↗ Rhamnus frangula.
Frangula purshiana ↗ Rhamnus purshianus.
Frangula vulgaris ↗ Rhamnus frangula.
Franguline ↗ Rhamnus frangula.

■ Frankenia grandifolia Cham. et Schlecht

(syn. *Velezia latifolia*).

Fam.: Frankeniaceae.

Vork.: Mexiko, Kalifornien.

Droge: ***Herba Frankeniae grandifoliae***, das getrocknete Kraut. Inh.: Gerbstoffe (3–6 %), Kochsalz (bis zu 28 %). Anw.: in der Volksheilkunde bei chronischen Katarrhen, als Adstringens.

Hom.: ***Frankenia grandifolia*** HAB34, die getrockneten Blätter.

■ Franzbranntwein

(syn. *Spiritus vini gallici*), ethanolisch-aromatisches Einreibe- und Körperpflegemittel. Zusammengesetzt aus unterschiedlichen Anteilen von Ethanol, Wasser, Farb- und Aromastoffen (z. B. auf der Basis von Wein-Trester) wird die Zubereitung äußerlich zur Dekubitusprophylaxe, bei Lockerungsmassagen und bei Muskelkater verwendet. Für diese Verwendung kann auch vergälltes Ethanol eingesetzt werden.

Franzosenholz ↗ Guaiacum officinale.
Franzosenholzrinde ↗ Guaiacum sanctum.
Franzosenkraut ↗ Conyza canadensis.
Franzosenstengel ↗ Conyza canadensis.
Franzosenwurzel ↗ Anacyclus pyrethrum.
Französische Artischocke ↗ Cynara scolymus.
Französischer Fenchel ↗ Foeniculum vulgare.
Französischer Senf ↗ Brassica-Arten.
Französischer Sumach ↗ Coriaria myrtifolia.
Französisches Mandelöl ↗ Prunus-Arten.

■ Frasera carolinensis Walt.

(syn. *Frasera waltheri, F. verticillata, Swertia difformis, Sabbatia corymbosa*).

Fam.: Gentianaceae.

Vork.: Nordamerika (Virginia).

Droge: ***Radix Fraserae*** (syn. *Radix Colombo spuria, Radix Colombo falsa, Radix Colombo americana*); Amerikanische Colombowurzel, die getrocknete Wurzel. Inh.: Bitterstoffe (u. a. Gentiopicrin), Gerbsäure, Zucker, Farbstoffe, Logansäure, Methoxyxanthone. Anw.: in der Volksheilkunde als Emetikum und Cathartikum.

Hom.: ***Frasera carolinensis*** HAB34, frische, im Oktober und November gesammelte zweijährige oder im März und April gesammelte dreijährige Wurzeln. Anw.-Geb.: Obstipation, Erbrechen.

Frasera verticillata ↗ Frasera carolinensis.
Frasera waltheri ↗ Frasera carolinensis.
Frauenbiß ↗ Teucrium-Arten.
Frauenblatt ↗ Chrysanthemum-Arten.

Frauendistel ↗ Silybum marianum.
Frauendistelfrüchte ↗ Silybum marianum.
Frauendost ↗ Origanum vulgare.
Frauenfarn ↗ Adianthum capillus-veneris.
Frauenflachs ↗ Linaria vulgaris.
Frauenhaar ↗ Adianthum capillus-veneris.
Frauenkäppeln ↗ Anthyllis vulneraria.
Frauenkraut ↗ Melissa officinalis.
Frauenmantelkraut ↗ Alchemilla xanthochlora.
Frauenmilchkraut ↗ Pulmonaria officinalis.
Frauenminze ↗ Chrysanthemum-Arten, ↗ Hedeoma pulegioides.
Frauensalve ↗ Chrysanthemum-Arten.
Frauenschuh ↗ Cypripedium calceolus var. pubescens.
Frauenwurz ↗ Caulophyllum thalictroides.
Frauenwurzel ↗ Cimicifuga racemosa.
Fraxinella dictamnus ↗ Dictamnus albus.
Fraxini folium ↗ Fraxinus-Arten.

■ Fraxinus-Arten

● **Fam.:** Oleaceae.

● **Fraxinus americana** L. (syn. *Fraxinus alba, F. acuminata, F. canadensis, Calycomelia americana*); Amerikanische Esche (syn. Weißesche).

Vork.: Nordamerika, seit 1723 auch in Europa kultiviert.

Inh.: in den Blättern: u. a. Flavonoide, Sterole und Triterpene (u. a. Campestrol, Stigmasterol, Betulin). In der Rinde: Fraxin, Fraxinol, Fraxetin, Tannin, äther. Öl.

Hom.: ***Fraxinus americana*** HAB34, die frische Rinde. *Anw.-Geb.:* Gebärmuttererkrankungen.

● **Fraxinus excelsior** L. (syn. *Fraxinus apetala, F. biloba, F. excelsa*); Steinesche (syn. Asch, Esche).

Vork.: in ganz Europa.

Drogen: ***1. Fraxini folium*** (syn. *Folia Fraxini*); Eschenblätter, die im Mai bis Juni gesammelten und getrockneten Laubblätter. *Inh.:* Flavonoide (0,6–2,2 %, v. a. Rutin, Rhamnoglucoside von Kämpferol und Quercetin), Gerbstoffe (0,6–4 %), Ferulasäure, Kaffeesäure, *p*-Cumarsäure, *p*-Hydroxybenzoesäure, Protocatechusäure, Sinapinsäure, Syringasäure und Vanillinsäure, ferner Pflanzenschleime (9–22 %), Mannitol (16–29 %), Triterpene, u. a. Betulin und Betulinsäure, Sterole, Alkane und Iridoide. *Anw.:* in der Volksheilkunde bei rheumatischen Erkrankungen, Gelenkgicht, bei Steinleiden zur Diurese, bei Wassersucht und Fieber sowie weiterhin bei Maden- und Spulwürmern, als Abführmittel und äußerlich zur Wundbehandlung. ***2. Cortex Fraxini***; *Fraxinus-excelsior*-Rinde (syn. Eschenrinde), die Rinde jüngerer Zweige. *Inh.:* Cumaringlykoside und -derivate, u. a. Isofraxidin, Aesculetin, Aesculin, Scopoletin, Fraxinol, Fraxin, Fraxidin und Fraxetin, Secoiridoide (10-Hydroxyligstrosid), Gerbstoffe, Sterole, Mannitol, Glucose, äther. Öl. *Anw.:* in der Volksheilkunde früher bei Malaria und Wurmbefall.

Hom.: ***Fraxinus excelsior*** HAB34, die frische Rinde. *Anw.-Geb.:* Weichteilrheumatismus.

● **Fraxinus ornus** L. (syn. *Fraxinus mannifera, F. rotundifolia, Ornus europaea*); Weißesche (syn. Blumenesche, Mannaesche).

Vork.: Südeuropa, von Spanien bis zu den Balearen, nördlich bis zur Provence und zum Südrand der Alpen, Südungarn, Rumänien, Türkei, Kleinasien. Die Pflanze wurde bis in unsere Zeit hinein in Sizilien und Italien kultiviert.

Droge: ***Manna***; Manna (syn. Eschenmanna, Himmelsbrot, Himmelstau, Judenbrot, Stengelmanna, Röhrenmanna), der durch Einschnitte in die Rinde gewonnene, an der Luft getrocknete Saft. *Inh.:* D-Mannitol (70–90 %), D-Glucose (2,2 %),

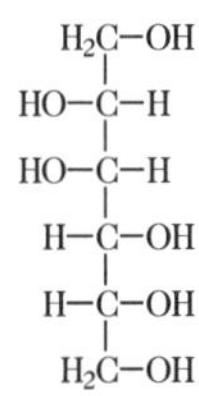

D-Mannitol

Fructose (2,5 %), Harz, Spuren von Schleim, Fraxin und bitteren Stoffen (in geringwertigen Sorten). *Anw.:* bei Verstopfungen und Erkrankungen, bei denen eine erleichterte Darmentleerung mit weichem Stuhl erwünscht ist, z. B. Analfissuren, Hämorrhoiden, nach rektal-analen operativen Eingriffen. Die Droge wird auch als Hilfsstoff in der Galenik und für die Bereitung von Bakteriennährböden eingesetzt.

● **Histor.:** Ob die Araber, denen Sizilien 827–1070 zufiel, die Verwertung der Manna-Esche ausfindig gemacht haben, ist nicht erwiesen, aber es wird berichtet, daß Venedig im 9. Jh. u. a. *Manna* aus Sizilien bezog. Mitte des 15. Jh. wird Eschen-Manna erstmals in Dispensatorien genannt und die Gewinnungsmethode durch Einschneiden der Rinde beschrieben. Das in der Bibel beschriebene Manna stammt wahrscheinlich von *Tamarix gallica* var. *mannifera*, dem zuckerhaltigen Sekret, das nach dem Stich einer Schildlaus austritt. Andererseits könnte es sich bei dem biblischen Manna auch um Bruchstücke der Mannaflechte *Lecanora esculenta* gehandelt haben.

Der Gattungsname *Fraxinus* entspricht dem lateinischen Namen für Esche, der wiederum vom griechischen *phrasso* (umzäunen) abgeleitet ist, weil der Baum angeblich gutes Holz für Umzäunungen lieferte. Der deutsche Name Esche leitet sich aus dem Althochdeutschen ab und bedeutete bes. im Altnordischen und Angelsächsischen Speer, der aus Eschenholz gefertigt wurde. In der Arzneikunde des griechischen und römischen Altertums spielten veschiedene Eschenarten eine wichtige Rolle. So empfahlen ↗ Hippokrates und ↗ Theophrast Eschenlaub als Laxans und Diuretikum sowie bei Gicht und Rheuma.

Freisamkraut ↗ Viola-Arten.
Freisamtee ↗ Viola-Arten.
Freßwurz ↗ Arum maculatum.
Frijol de Playa ↗ Canavalia maritima.
Frische Fichtenspitzen ↗ Picea abies.
Frische Johanniskrautblüten ↗ Hypericum perforatum.

■ Frischpflanzen

Arzneipflanzen oder Teile von ihnen, die in frischer Form zur Gewinnung von Arzneimitteln genutzt werden. F. dienen bes. in der Homöopathie zur Herstellung homöopathischer Zubereitungen. In der Volksheilkunde werden mitunter F., z. B. zerkleinerte Spitzwegerichblätter oder Johanniskraut, auf Wunden gebracht, um den Heilungsverlauf zu beschleunigen und Sekundärinfektionen zu vermeiden. Die industrielle Nutzung von Frischpflanzen erfolgt unmittelbar nach der Ernte, gegebenenfalls auch nach Einfrieren oder Aufbewahrung in Ethanol.

■ Fritillaria imperialis L.

(syn. *Petilium imperiale*); Kaiserkrone.

Fam.: Liliaceae.

Vork.: im Iran, in Afghanistan und im westlichen Himalajagebiet beheimatet, in Europa als Zierpflanze kultiviert.

Droge: ***Amylum bulbi coronae imperialis*** (syn. *Amylum Fritellariae*); Kaiserkronenstärke, die ausgeschlämmte Stärke aus den Zwiebeln. *Inh.:* Stärke, Alkaloide, wie Imperialin. *Anw.:* früher in der Galenik sowie als Nahrungsmittel; die Zwiebeln werden in der Volksheilkunde als Diuretikum und Emolliens genutzt.

■ Fritillaria roylii Hook.

Asiatische Kaiserkrone.

Fam.: Liliaceae.

Vork.: China, Japan.

Droge: ***Pei-Mu***, die Zwiebeln. *Inh.:* Alkaloide, wie Peimin, Peiminin, Peiminosid; Sterole. *Anw.:* in der ostasiatischen Volksheilkunde als Antipyretikum, Sedativum und Expektorans.

Frondes Sabinae ↗ Juniperus sabina.
Frondes Thujae ↗ Thuja occidentalis.
Fronsamkraut ↗ Viola-Arten.
Froschbiß ↗ Hydrocharis morsus-ranae.
Froschlöffel ↗ Alisma plantago-aquatica.
Frostwurz ↗ Arum maculatum.

■ Fruchtsäuren

v. a. in Früchten vorkommende organische Säuren, wie z. B. Äpfelsäure, ↗ Citronensäure, Weinsäure, Fumarsäure, Bernsteinsäure, Hibiscussäure, Maleinsäure. *Wirk.:* Die Salze der Fruchtsäuren werden im Darm nur sehr langsam resorbiert. In größeren Mengen aufgenommen, wirken sie als osmotische Abführmittel. Weinsäure wirkt darüber hinaus diuretisch. Die Salze der Äpfel-

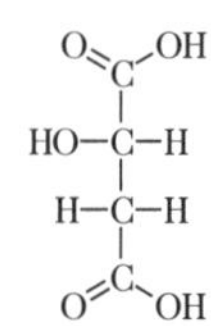

L-Äpfelsäure

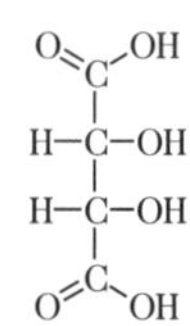

Weinsäure (*meso*-Form)

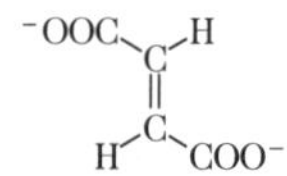

Fumarsäure (ionische Form, Fumarat)

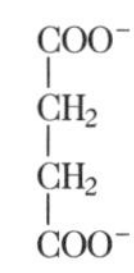

Bernsteinsäure (ionische Form, Succinat)

und Citronensäure können bei Acidosen und zur Harnalkalisierung eingesetzt werden.

Fruchtzucker ↗ Fructose.

■ Fructane

(syn. Fructosane, Polyfructosane), hochmolekulare Polysaccharide, die aus 1,2- oder 1,6-glykosidisch miteinander verknüpften D-Fructose-Einheiten aufgebaut sind und in bestimmten Pflanzenfamilien anstelle oder zusätzlich zu Stärke als Reservepolysaccharid gespeichert werden. Zu den F. gehören ↗ Inulin (bei Asteraceae) und Phlein (bei Poaceae).

■ Fructose

(syn. Fructosum, Laevulosum; Fruchtzucker, Lävulose), Monosaccharid von starker Süßkraft, das von Hefe vergoren wird. F. stellt chemisch eine Ketohexose dar, die in gebundener Form Bestandteil vieler als Fructoside bezeichneter Oligosaccharide (z. B. Saccharose, Raffinose) und Polysaccharide (Fructane) ist. Anw.: Aufgrund ihrer Süßkraft und der Tatsache, daß sie ohne Insulin verstoffwechselt wird, ist F. in Nahrungsmitteln für Diabetiker als Süßungsmittel enthalten.

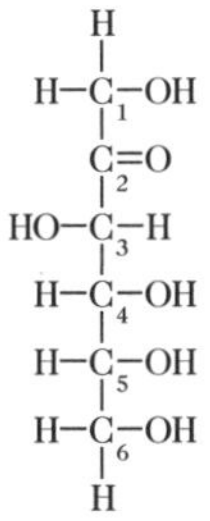

D-Fructose
(offene Form)

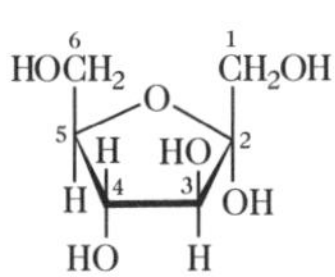

D-Fructose
(Ringform)

Fructus Agni casti ↗ Vitex agnus-castus.
Fructus Ajowan ↗ Trachyspermum ammi.
Fructus Alkekengi ↗ Physalis alkekengi.
Fructus Ammi majoris ↗ Ammi majus.
Fructus Ammi visnagae ↗ Ammi visnaga.
Fructus Amomi ↗ Amomum-Arten, ↗ Pimenta-Arten.
Fructus Amomi cardamomi ↗ Amomum-Arten.
Fructus Amomi rotundi ↗ Amomum-Arten.
Fructus Amomi tsaoko ↗ Amomum-Arten.
Fructus Amomi villosi ↗ Amomum-Arten.
Fructus Anacardii occidentalis ↗ Anacardium occidentale.
Fructus Anacardii orientalis ↗ Semecarpus anacardium.
Fructus Anardii orientalis ↗ Semecarpus anacardium.
Fructus Anethi ↗ Anethum graveolens.
Fructus Angelicae ↗ Angelica archangelica.
Fructus Anisi ↗ Pimpinella-Arten.
Fructus Anisi stellati ↗ Illicium verum.
Fructus Anisi vulgaris ↗ Pimpinella-Arten.
Fructus Apii graveolentis ↗ Apium graveolens.
Fructus Aurantii immaturi ↗ Citrus-Arten.
Fructus Avenae decorticatus ↗ Avena sativa.
Fructus Avenae excorticatus ↗ Avena sativa.
Fructus Belae indicae ↗ Aegle marmelos.
Fructus Brucea ↗ Brucea amarissima.
Fructus Cannabis ↗ Cannabis sativa.
Fructus Capsici ↗ Capsicum-Arten.
Fructus Capsici acer ↗ Capsicum-Arten.
Fructus Capsici annui ↗ Capsicum-Arten.
Fructus Cardamomi ↗ Elettaria cardamomum.
Fructus Cardamomi minores ↗ Elettaria cardamomum.
Fructus Cardamomi rotundus ↗ Amomum-Arten.
Fructus Cardui Mariae ↗ Silybum marianum.
Fructus Caricae ↗ Ficus carica.
Fructus Carobae ↗ Ceratonia siliqua.
Fructus Carvi ↗ Carum carvi.
Fructus Caryophylli ↗ Syzygium-Arten.
Fructus Casimiroae ↗ Casimiroa edulis.
Fructus Cassiae fistulae ↗ Cassia-Arten.
Fructus Ceratoniae ↗ Ceratonia siliqua.
Fructus Chebulae ↗ Terminalia chebula.
Fructus Coccognidii ↗ Daphne mezereum.
Fructus Cocculi ↗ Anamirta cocculus.
Fructus Cocculi indicae ↗ Anamirta cocculus.
Fructus Coix-Lacrymae ↗ Coix lacryma-jobi.
Fructus Colocynthidis ↗ Citrullus colocynthis.
Fructus Conii ↗ Conium maculatum.
Fructus Coriandri ↗ Coriandrum sativum.
Fructus Corni ↗ Cornus-Arten.
Fructus Crataegi ↗ Crataegus-Arten.
Fructus Cubebae ↗ Piper cubeba.
Fructus Cumini ↗ Cuminum cyminum.
Fructus Cydoniae ↗ Cydonia oblonga.
Fructus Cynorrhodi ↗ Rosa canina.
Fructus Cynosbati ↗ Rosa canina.
Fructus Dactyli ↗ Dactylis glomerata, ↗ Phoenix dactylifera.

Fructus Dauci ↗ Daucus carota.
Fructus Ebuli ↗ Sambucus ebulus.
Fructus Ecballi ↗ Ecballium elaterium.
Fructus Elaterii ↗ Ecballium elaterium.
Fructus Embeliae ribis ↗ Embelia ribes.
Fructus Evodiae ↗ Evodia rutaecarpa.
Fructus Evonymi ↗ Euonymus europaea.
Fructus Fagi ↗ Fagus sylvatica.
Fructus Ficus ↗ Ficus carica.
Fructus Foeniculi ↗ Foeniculum vulgare.
Fructus Foeniculi amari ↗ Foeniculum vulgare.
Fructus Foeniculi aquatici ↗ Oenanthe aquatica.
Fructus Foeniculi dulcis ↗ Foeniculum vulgare.
Fructus Foeniculi kretici ↗ Foeniculum vulgare.
Fructus Gardeniae ↗ Gardenia jasminoides.
Fructus Helianthi ↗ Helianthus annuus.
Fructus Hippophae rhamnoides ↗ Hippophae rhamnoides.
Fructus Hordei decorticatus ↗ Hordeum vulgare.
Fructus Hyaenanchae ↗ Hyaenanche globosa.
Fructus joannesiae ↗ Joannesia princeps.
Fructus Jujubae ↗ Zizyphus jujuba.
Fructus Juniperi ↗ Juniperus communis.
Fructus Lauri ↗ Laurus nobilis.
Fructus Levistici ↗ Levisticum officinale.
Fructus Ligustri ↗ Ligustrum vulgare.
Fructus Lithospermi ↗ Lithospermum officinale.
Fructus Lolii ↗ Lolium temulentum.
Fructus Luffae ↗ Luffa-Arten.
Fructus Lycii ↗ Lycium barbarum.
Fructus Mali ↗ Malus domestica.
Fructus Mezerei ↗ Daphne mezereum.
Fructus Milii solis ↗ Lithospermum officinale.
Fructus Momordicae ↗ Momordica-Arten.
Fructus Mori ↗ Morus-Arten.
Fructus Myrobalani ↗ Phyllanthus emblica, ↗ Terminalia chebula.
Fructus Myrtilli ↗ Vaccinium-Arten.
Fructus Oleae ↗ Olea europaea.
Fructus Oxyacanthae ↗ Crataegus-Arten.
Fructus Papaveris immaturi ↗ Papaver somniferum.
Fructus Pastinacae ↗ Pastinaca sativa.
Fructus Petroselini ↗ Petroselinum crispum.
Fructus Phaseoli sine semine ↗ Phaseolus vulgaris.
Fructus Phellandrii ↗ Oenanthe aquatica.
Fructus Phytolaccae ↗ Phytolacca americana.
Fructus Pimentae ↗ Pimenta-Arten.
Fructus Piperis albi ↗ Piper nigrum.
Fructus Piperis cayennense ↗ Capsicum-Arten.
Fructus Piperis longi ↗ Piper longum.
Fructus Piperis nigri ↗ Piper nigrum.
Fructus Piri mali ↗ Malus domestica.
Fructus Pruni domesticae ↗ Prunus-Arten.
Fructus Pruni spinosae ↗ Prunus-Arten.
Fructus Prunorum ↗ Prunus-Arten.
Fructus Randiae ↗ Randia braudis.
Fructus Rhamni catharticae ↗ Rhamnus catharticus.
Fructus Rhamni catharticae recentes ↗ Rhamnus catharticus.
Fructus Ribis nigri ↗ Ribes nigrum.
Fructus Rosae ↗ Rosa canina.
Fructus Rubi idaei ↗ Rubus-Arten.
Fructus Sabalis ↗ Serenoa repens.
Fructus Sabalis serrulatae ↗ Serenoa repens.
Fructus Sabalis serrulati ↗ Serenoa repens.
Fructus Sambuci ↗ Sambucus nigra.
Fructus Sambuci ebuli ↗ Sambucus ebulus.
Fructus Sambuci siccati ↗ Sambucus nigra.
Fructus Saponariae ↗ Sapindus saponaria.
Fructus Sennae acutifoliae ↗ Cassia-Arten.
Fructus Sennae angustifoliae ↗ Cassia-Arten.
Fructus Serenaeae ↗ Serenoa repens.
Fructus Shikimi ↗ Illicium anisatum.
Fructus Solani racemosi ↗ Phytolacca americana.
Fructus Sorbi aucupariae ↗ Sorbus aucuparia.
Fructus Sorborum ↗ Sorbus aucuparia.
Fructus Spinae albae ↗ Crataegus-Arten.
Fructus Stizolobii ↗ Mucuna pruriens.
Fructus Syzygii jambolani ↗ Syzygium-Arten.
Fructus Tamarindi ↗ Tamarindus indica.
Fructus Terminaliae ↗ Terminalia chebula.
Fructus Tetragoniae ↗ Euonymus europaea.
Fructus Vanillae ↗ Vanilla planifolia.
Fructus Vitis ↗ Vitis vinifera.
Fructus Vitis idaeae ↗ Vaccinium-Arten.
Fructus Xylopiae ↗ Xylopia aethiopica.
Frühjahrslorchel ↗ Gyromitra esculenta.
Frühlinde ↗ Tilia-Arten.
Frühlings-Adonisröschen ↗ Adonis-Arten.
Frühlings-Knollenblätterpilz ↗ Amanita verna.
Frühlings-Knotenblume ↗ Leucojum vernum.
Frühlingsschlüsselblume ↗ Primula-Arten.
Frühlings-Teufelsauge ↗ Adonis-Arten.
Frumentum secale ↗ Secale cereale.
Fuchsbeere ↗ Paris quadrifolia.
Fuchseisenhut ↗ Aconitum-Arten.
Fuchsenkraut ↗ Lysimachia nummularia.
Fuchshödlein ↗ Orchis-Arten.
Fuchskraut ↗ Digitalis-Arten.

Fuchskreuzkraut ↗ Senecio-Arten.
Fuchslungenkraut ↗ Pulmonaria officinalis.
Fuchsschwanz ↗ Solidago-Arten.
Fucus ↗ Tang.
Fucus amansii ↗ Gelidium-Arten.

■ Fucus-Arten

- **Fam.:** Fucaceae.
- **Fucus serratus** L.; Sägetang.
  Vork.: Küsten des nördlichen Atlantic.

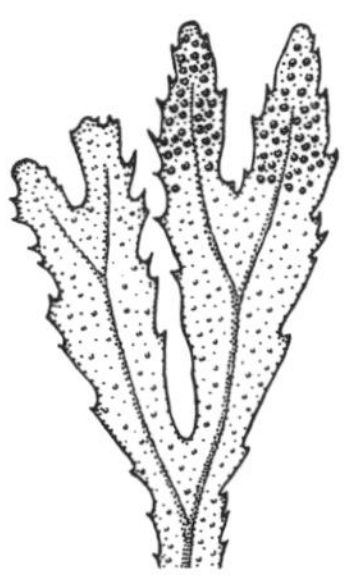

Fucus serratus, Thallusspitze.

Droge: *Fucus* (syn. Tang). Inh.: Alginsäure, Laminarin, Mannitol, Fucose, Diiodtyrosin, Ascorbinsäure. Anw.: Ausgangsstoff für die Gewinnung von Alginsäure, Alginaten, Laminarin, Therapie der Arteriosklerose (umstritten), Mittel zur Stoffwechselsteigerung bei Fettsucht. Für diese Indikation sollte die Droge wegen der Gefahr der Überdosierung und Strumainduktion nicht mehr eingesetzt werden.

Alginsäure

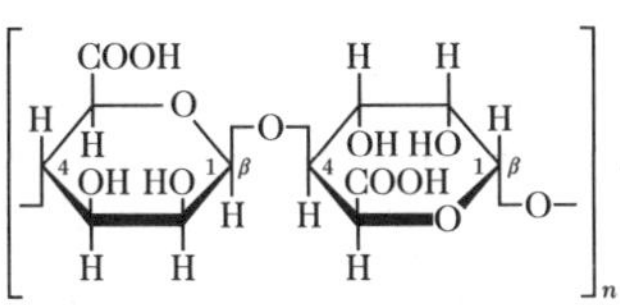

D-Mannuronsäure   L-Guluronsäure

- **Fucus vesiculosus** L. (syn. *Fucus quercus marina*); Blasentang (syn. Höckertang, Meereiche, Meertang, Schweinetang, See-Eiche).
  Vork.: Küsten des nördlichen Atlantik und Pazifik, z. T. Ostsee.
  Drogen: *1. Fucus*; Tang. Inh.: u. a. Alginsäure, Mannitol, Fucoidan, Fucosterol, Laminarin, Trehalose, Glucose, Fructose, proteingebundenes Iod und Brom (z. B. Diiodtyrosin), Carotinoide, Fucoxanthin. Anw.: siehe Fucus serratus. *2. **Fucus vesiculosus tostus*** (syn. *Aethiops vegetabilis*); Gerösteter Blasentang (syn. Vegetabilischer Mohr). Anw.: früher wie *Fucus vesiculosus*, v. a. bei Kropf.

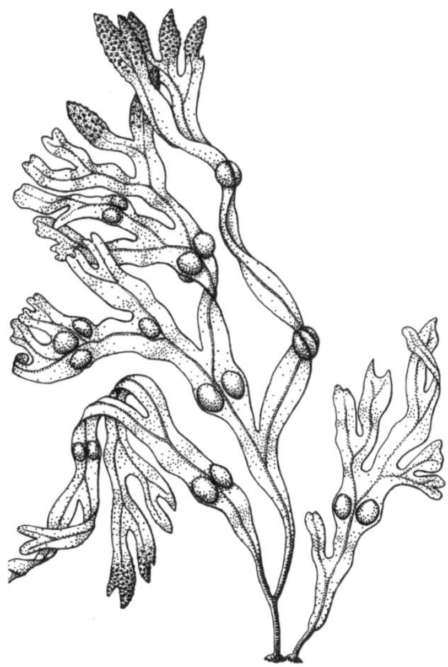

Fucus vesiculosus.

Hom.: ***Fucus vesiculosus*** HAB; der getrocknete und gereinigte Tang. Anw.-Geb.: Adipositas, Struma, Hyperthyreose.

- **Histor.:** Der Gattungsname *Fucus* wurde bereits bei den Römern als Bezeichnung für Meeresbraunalgen gebraucht, er leitet sich vom griechischen *phýkos* (Tang) ab. Die Artnamen weisen auf morphologische Besonderheiten des Thallus hin, so *vesiculosus* (Bläschen) mit Bezug auf vorhandene Schwimmblasen bzw. *serratus* (gesägt) im Hinblick auf den gesägten Thallusrand.

Fucus fastigiatus ↗ Furcellaria fastigiata.
Fucus muricatus ↗ Eucheuma muricatum.
Fucus nodosus ↗ Ascophyllum nodosum.

Fucus pyriferus ↗ Phaeophyta.
Fucus quercus marina ↗ Fucus-Arten.
Fucus scorphioides ↗ Ascophyllum nodosum.
Fucus vesiculosus tostus ↗ Fucus-Arten.
Fugu ↗ Tetraodon rubripes rubripes.
Fulwafett ↗ Diploknema-Arten.
Fumaria bulbosa ↗ Corydalis-Arten.
Fumaria capnoides ↗ Corydalis-Arten.
Fumaria cucullaria ↗ Dicentra cucullaria.
Fumariae herba ↗ Fumaria officinalis.
Fumaria fungosa ↗ Adlumia fungosa
Fumaria halleri ↗ Corydalis-Arten.
Fumaria lutea ↗ Corydalis-Arten.
Fumaria media ↗ Fumaria officinalis.

■ Fumaria officinalis L.

(syn. *Fumaria media, F. sturmii, F. vulgaris*); Erdrauch (syn. Ackerraute, Echter Erdrauch, Erdgalle, Erdraute, Gemeiner Erdrauch, Kratzheil, Krätzheil, Traubenkerbel); s. Farbtafel S. 305, Bild 147.

Fam.: Papaveraceae.

Vork.: gesamtes Mittelmeergebiet bis Äthiopien, Kanaren, Madeira; Europa, Westsibirien, eingeschleppt in Amerika.

Droge: ***Fumariae herba*** (syn. *Herba Fumariae*); Erdrauchkraut (syn. Ackerrautenkraut, Grindkraut, Rauchkraut), das getrocknete Kraut. Inh.: Alkaloide (bis zu 1,25 %, u. a. Protoberberine, wie (–)-Scoulerin; Protopin; Spirobenzylisochinoline, z. B. Fumaricin, (+)-Fumarilin; In-

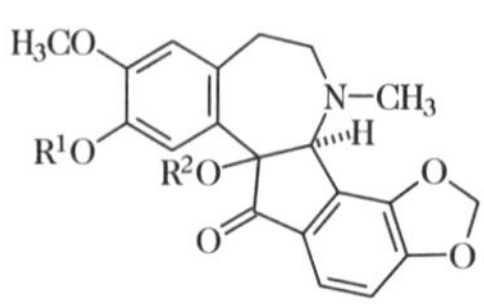

Fumarilin: $R^1 = R^2 = CH_3$
Fumarofin: $R^1 = R^2 = H$

denbenzazepine, z. B. Fumaritin, Fumarofin), Carbonsäuren (Chlorogensäure, Fumarsäure, Kaffeesäure), Flavonolglykoside (v. a. Quercetinglykoside), wenig Vitamin C. Anw.: gegen krampfartige Beschwerden im Bereich der Gallenblase und der Gallenwege sowie des Magen-Darm-Traktes. In der Volksheilkunde wird die Droge bei Verstopfung, Lebererkrankungen, Blasenleiden, Hautkrankheiten und als Diuretikum eingesetzt. Auch über die Verwendung bei Rheumatismus, Arteriosklerose, Arthritis, hohem Blutdruck, Hypoglykämie, Infektionen sowie als Tonikum existieren Berichte. Zur ↗ Teezubereitung verwendet man 2–3 g (1 Teelöffel = ca. 1,6 g) Droge. Als mittlere Tagesdosis werden etwa 6 g Droge empfohlen.

Hom.: *1.* ***Fumaria officinalis*** HAB1, die frischen, oberirdischen Teile blühender Pflanzen. *Anw.-Geb.:* chronisches juckendes Ekzem bei Leberstörungen. *2.* ***Fumaria officinalis spag. Krauß*** HAB1, die ganzen frischen, blühenden Pflanzen. *Anw.-Geb.:* in der spagyrischen Therapierichtung.

Histor.: Der Gattungsname ist vom lateinischen *fumus* (Rauch) abgeleitet, da einige Arten wie angeräuchert erscheinende, grau-grüne Blätter aufweisen. Sowohl die alten griechischen und römischen wie auch die arabischen Ärzte gebrauchten den Erdrauch als Blutreinigungsmittel um eine „reine Hautfarbe zu bekommen" sowie u. a. bei Melancholie, Leber-und Milzerkrankungen, Geschwüren und Hautausschlägen.

Fumaria solida ↗ Corydalis-Arten.
Fumaria sturmii ↗ Fumaria officinalis.
Fumaria vulgaris ↗ Fumaria officinalis.
Fumarsäure ↗ Fruchtsäuren.
Fünffingerkraut ↗ Potentilla reptans.
Fünflappiges Herzgespannkraut ↗ Leonurus quinquelobatus.
Fünflappiges Mutterkraut ↗ Leonurus quinquelobatus.
Fünfstaubblättrige Weide ↗ Salix-Arten.
Fünfwundenblume ↗ Primula-Arten.

■ Fungi imperfecti

Pilze, die sich nur ungeschlechtlich vermehren oder deren geschlechtliche Fortpflanzung unbekannt ist (v. a. Ascomyceten). *F. imperfecti* besitzen z. T. wirtschaftliche Bedeutung als Antibiotikaproduzenten bzw. medizinische Relevanz als Auslöser von Mykosen und anderen Erkrankungen.

Fungus Cervinus ↗ Elaphomyces cervinus.
Fungus Chirurgorum ↗ Fomes fomentarius.
Fungus Cynosbati ↗ Rosa canina.
Fungus Laricis ↗ Fomes officinalis.
Fungus Melitensis ↗ Cynomorium coccineum.
Fungus Quercinus ↗ Fomes fomentarius.
Fungus Sambuci ↗ Auricularia auricula-judae.

■ **Funtumia africana** (Benth.) Stapf
Fam.: Apocynaceae.
Vork.: Afrika, Guinea bis Angola.
Droge: die Stammrinde. Inh.: Alkaloide, wie Holonamin und Derivate. Anw.: in der afrikanischen Volksheilkunde bei übermäßigem Harnfluß, gegen Hämorrhoiden sowie als Bestandteil von Pfeilgiften.

■ **Funtumia elastica** (Preuss) Stapf
Fam.: Apocynaceae.
Vork.: Guinea bis Zaire.
Droge: Blätter und Samen. Inh.: Steroid-Alkaloide (ca. 0,65 %), wie Irehdiamin, Irehamin, Irehin, Concurchin; Triterpene; in den Samen u. a. Cycloartenol, Desmosterol, Conamin, Conessin. Der Latex der Pflanze enthält ca. 85 % Kautschuk. Anw.: in der afrikanischen Volksheilkunde bei Amöbenruhr. Die Pflanze gilt als der eigentliche Gummibaum der westafrikanischen Länder und wird auch in Pfeilgiften verarbeitet.

■ **Funtumia latifolia** (Stapf) Schlecht.
Fam.: Apocynaceae.
Vork.: Guinea bis Uganda.
Droge: Blätter, Rinde und Samen. Inh.: in den Blättern Alkaloide, wie Funtumin und Funtumidin; Funtuphyllamin A, B, C sowie Funtumafrin B; in der Rinde u. a. Holafebrin, Latifolin, Funtulin; im Samen Triterpene und Irehdiamin. Anw.: Ausgangspunkt zur Gewinnung von Steroiden, die partialsynthetisch in Steroidhormone umgewandelt werden; in der Volksheilkunde gegen Amöbenruhr.

■ **Furanocumarine**
(syn. Furocumarine), Cumarinderivate mit am Benzolring anneliertem Furanring. Entsprechend der Art der Verknüpfung des Furanringes am Cumarinringsystem unterscheidet man die natürlich vorkommenden Vertreter des Psoralen-, Angelicin- und Allopsoralen-Typs. F. liegen in der Regel frei in der Pflanze vor, nur selten als Glykoside. Sie treten besonders gehäuft bei Apiaceen auf. Wirk.: F. binden sich an die DNA tierischer Zellen und können nach Einwirkung von UV-Licht diese verändern, was zur Auslösung von Mutationen und Cancerogenese führen kann. Außerdem wirken sie photosensibilisierend und lösen damit eine Photodermatitis aus, die zu Hautschäden führen kann. Anw.: Ein therapeutischer Einsatz erfolgt im Rahmen der Photochemotherapie bei Psoriasis, Vitiligo, atopischem Ekzem und Lichen planus.

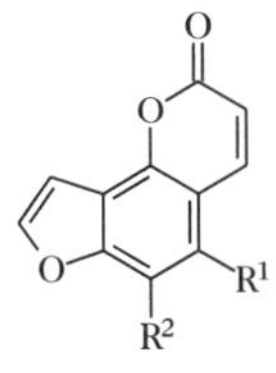

Angelicin: $R^1 = R^2 = H$
Pimpinellin: $R^1 = R^2 = OCH_3$

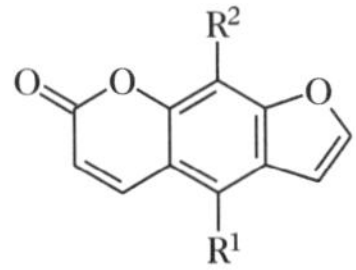

Psoralen: $R^1 = R^2 = H$
Bergapten: $R^1 = OCH_3$, $R^2 = H$
Xanthotoxin: $R^1 = H$, $R^2 = OCH_3$

Furanocumarine. Strukturformeln einiger wichtiger Vertreter.

Furcellaran ↗ Furcellaria fastigiata.

■ **Furcellaria fastigiata** (Huds.) Lamouroux (syn. *Fucus fastigiatus*).
Fam.: Furcellariaceae.
Vork.: Ostseeküste, Küsten Norwegens, Irlands, Kanadas.
Droge: die frische oder getrocknete Alge. Inh.: Polysaccharide (Furcellaran; Dänischer Agar). Anw.: in der Lebensmittelindustrie zur Herstellung von Puddingpulvern, Speiseeis, als Diätetikum und Hilfsmittel in der Galenik sowie in der Kosmetik und Zahnpastenherstellung.

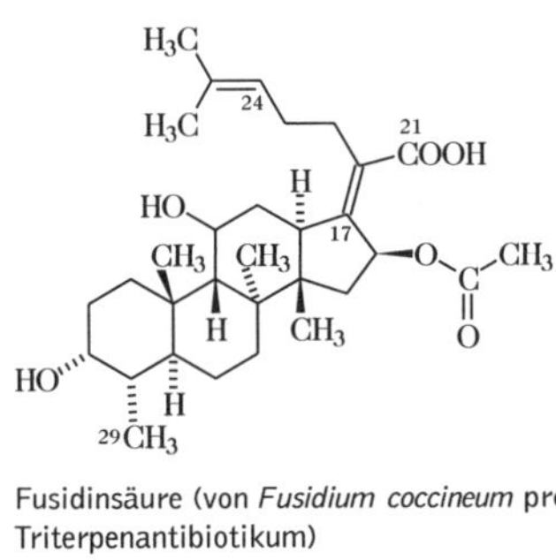

Fusidinsäure (von *Fusidium coccineum* produziertes Triterpenantibiotikum)

Furfur tritici ↗ Triticum aestivum.
Furocumarine ↗ Furanocumarine.
Fusarium heterosporum ↗ Claviceps purpurea.
Fusidinsäure ↗ Fusidium coccineum.

■ Fusidium coccineum

(syn. *Acremonium fusioides*).
Gruppe.: Blastosporae.
Vork.: weltweit als Saprophyt und Schwächeparasit an höheren Pflanzen.
Bedeut.: Dieser zu den ↗ Fungi imperfecti gehörende, niedere Pilz produziert das Triterpenantibiotikum Fusidinsäure (Formel S. 341).
Fußblatt ↗ Podophyllum-Arten.
Fustikholz ↗ Chlorophora tinctoria, ↗ Cotinus coggygria.

G

Gaadekamille ↗ Chamaemelum nobile.
Gabanholz ↗ Baphia nitida.
Gabunia dorotheae ↗ Tabernaemontana crassa.
Gabunia gentilii ↗ Tabernaemontana crassa.
Gabunia odoratissima ↗ Tabernaemontana crassa.
Gachelkraut ↗ Achillea-Arten.
Gadus callaris ↗ Gadus morrhua.

■ Gadus morrhua L.

(syn. *Gadus callaris*); Dorsch (syn. Kabeljau).
Fam.: Gadidae.
Vork.: nördl. Atlantik, Ost- und Nordsee.

Gadus morrhua, Dorsch (syn. Kabeljau).

Droge: ***Oleum Jecoris*** (syn. *Iecoris aselli oleum, Jecoris oleum, Morrhuae oleum, Oleum Morrhuae*); Lebertran (syn. Leberöl), das aus der frischen Leber der Species *Gadus morrhua* und anderer Species der Familie *Gadidae* gewonnene und raffinierte fette Öl. Inh.: Triglyceride aus gesättigten (15%) und ungesättigten (85%) Fettsäuren, freie Fettsäuren, Sterole, Vitamine (A, D, E), Mineralstoffe. Anw.: innerlich als Stärkungsmittel (Lebertranemulsion) bei Blutarmut und Rachitis (Vitamin D) sowie bei Lungentuberkulose; äußerlich in Salbenform oder als Lebertranemulsion zur Wundheilung, bei Verbrennungen und Geschwüren. In der Technik wird die Droge zur Margarineproduktion, zu Lederfetten, Schmiermitteln oder zur Seifenherstellung eingesetzt.
Hom.: ***1. Jecoris aselli oleum*** HAB (syn. *Oleum jecoris aselli*), das aus frischen oder durch Kälte konservierten Lebern gewonnene fette Öl. Anw.-Geb.: chronisch fiebrige Erkrankungen. ***2. Gadus morrhua*** HAB; der erste Halswirbel vom Dorsch. Anw.-Geb.: Entzündungen der Atemorgane, Verstimmungszustände.

■ Gagea lutea (L.) Ker.-Gawl.

(syn. *Gagea silvatica*); Gelbstern.
Fam.: Liliaceae.
Vork.: Mittelmeergebiete bis Kleinasien.
Droge: die Zwiebeln. Inh.: Flavonoide, wie Saponarin, Tulipalin. Anw.: in der Volksheilkunde in Form von Pflastern bei Geschwüren.

Gagea silvatica ↗ Gagea lutea.
Gagelstrauch ↗ Myrica gale.

■ Galactagoga

(Lactagoga), die Absonderung der Milch befördernde Mittel. Dazu gehören Drogen, die seit Jahrtausenden in der Volksheilkunde verwendet werden und fest im Bewußtsein aller Kulturen verankert sind. Neben Pflanzen, die einen Placebo-Effekt auslösen, existieren aber auch pflanzliche Zubereitungen, die die Milchproduktion nachweislich günstig beeinflussen. Dazu zählen u. a. ↗ Cetraria islandica, ↗ Juniperus communis, ↗ Foeniculum vulgare, Pimpinella anisum

(↗ Pimpinella-Arten), ↗ Carum carvi, ↗ Cuminum cyminum, ↗ Borago officinalis, ↗ Sambucus nigra, ↗ Galega officinalis, ↗ Trigonella foenum-graecum, ↗ Ocimum basilicum, ↗ Malva-Arten, ↗ Polygala-Arten, ↗ Nigella damascena, ↗ Urtica-Arten, ↗ Verbena officinalis, ↗ Vitex agnus-castus oder ↗ Hordeum vulgare. Galactagoga müssen über einen längeren Zeitraum kontinuierlich eingenommen werden und entfalten ihre Wirkung nicht sofort, sondern erst nach einer gewissen Anlaufzeit.

Galactodendron utile ↗ Brosimum galactodendron.
Galactomannane ↗ Cyamopsis tetragonoloba.
Galambutter ↗ Butyrospermum parkii.
Galanga ↗ Kaempferia galanga.
Galangae majoris rhizoma ↗ Alpinia galanga.
Galangae rhizoma ↗ Alpinia officinarum.
Galanga major ↗ Alpinia galanga.
Galangin ↗ Alpinia officinarum.

■ Galanthamin

Alkaloid aus der Zwiebel von ↗ Galanthus-Arten. Wirk.: reversibler Inhibitor der Acetylcholinesterase sowie analgetische und analeptische Effekte. Anw.: bei postoperativer Darm-, Magen- und Blasenatonie, Myasthenie, Myopathien sowie neuerdings bei Morbus Alzheimer.

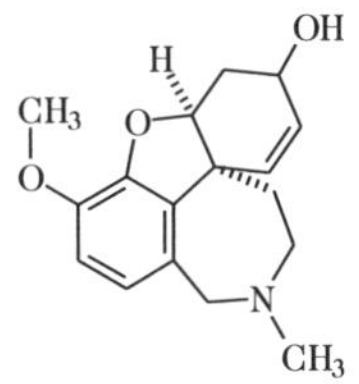

Galanthamin

Galanthi bulbus ↗ Galanthus-Arten.

■ Galanthus-Arten

● **Fam.:** Amaryllidaceae.

● **Galanthus nivalis** L.; Gemeines Schneeglöckchen (syn. Kleines Schneeglöckchen, Lausblume, Lausbüschel, Schneeguckerchen, Schneekater), s. Farbtafel S. 305, Bild 148.

Vork.: Südeuropa, Verbreitung nordwärts bis Nordfrankreich (in England verwildert) und ostwärts bis westliche Schwarzmeerküste.

Droge: *Galanthi bulbus*; Schneeglöckchenzwiebel. Inh.: Amaryllidaceen-Alkaloide (0,2–1,6%), u. a. Haemanthamin, Galanthamin (0,05–0,15%), Narwedin, Masonin, Nivalin, Hippeastrin, Lycorin und Nartazin, Lectine (D-Mannose bindend). Anw.: Die Droge wird heute wegen des schwankenden Inhaltsstoffspektrums nicht mehr verwendet. Lediglich isoliertes ↗ Galanthamin wird therapeutisch eingesetzt.

● **Galanthus woronowii** A. Los.; Kaukasisches Schneeglöckchen (syn. Woronows Schneeglöckchen).

Vork.: in den Wäldern des westlichen Kaukasusvorlandes, im Süden Rußlands auch kultiviert.

Droge: *Galanthi bulbus*; Schneeglöckchenzwiebel. Inh.: Amaryllidaceen-Alkaloide (v. a. 0,05–0,8 % Galanthamin, Galanthin, Lycorin, Glanthamidin, Tazettin). Anw.: zur Isolation von Galanthamin, als Droge selbst nicht verwendet.

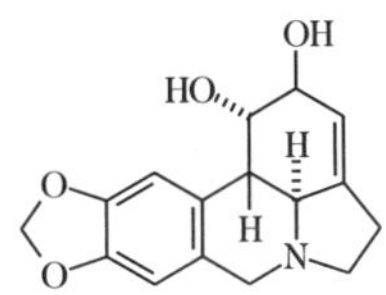

Lycorin

Galarhoeus cyparissias ↗ Euphorbia-Arten.
Galarhoeus helioscopius ↗ Euphorbia-Arten.

■ Galax aphylla L.

(syn. *Galax rotundifolia*).

Fam.: Diapensiaceae.

Vork.: atlantisches Nordamerika.

Droge: die ganze Pflanze. Inh.: Ellagsäure, Quercetin, Kaffeesäure, *p*-Cumarsäure. Anw.: in der indianischen Volksheilkunde als Wundmittel und Nerventee, die Wurzel bei Nierenbeschwerden.

Galax rotundifolia ↗ Galax aphylla.
Galbanum ↗ Ferula gummosa.
Galbuli Juniperi ↗ Juniperus communis.

■ Galbulimima belgraveana (F. Muell.) Sprague Agara.

Fam.: Himantandraceae.

Vork.: Australien, Malaysia.

Wirk.: Die Eingeborenen auf Papua-Neuguinea bereiten aus den Blättern und der Rinde dieser

Pflanze einen Tee, der einen tiefen, von Visionen begleiteten Schlaf auslöst. Obwohl bisher eine Vielzahl von Alkaloiden aus der Pflanze isoliert wurde, zeigten diese jedoch keine psychotropen Wirkungen. Die auslösende Ursache des berauschenden Schlafes ist damit noch nicht bekannt.

Galega coronilloides ↗ Galega officinalis.
Galegae herba ↗ Galega officinalis.

■ **Galega officinalis** L.
(syn. *Accoromba tricolor, Callotropis tricolor, Galega patula, G. persica, G. vulgaris, G. coronilloides*); Geißraute (syn. Bockskraut, Fleckenkraut, Geißklee, Pockenraute, Suchtkraut, Ziegenraute), s. Farbtafel S. 305, Bild 149.

Fam.: Fabaceae.

Vork.: südliches Mitteleuropa, Süd- und Osteuropa bis Vorderasien. In West- und Süditalien auch als Futterpflanze kultiviert.

Droge: ***Galegae herba*** (syn. *Herba Galegae, Herba Rutae capriariae*); Geißrautenkraut (syn. Geißklee), die getrockneten, während der Blütezeit gesammelten oberirdischen Teile der Pflanze. Inh.: Guanidin-Derivate (0,4–0,8 %), v. a. Galegin = (3-Methyl-2-butenyl)guanidin und 4-Hydroxygalegin, Alkaloide (maximal 0,2 %), v. a. (+)-Peganin bzw. Vasicin, Steroide (Phytosterole),

$$\mathrm{HN{=}\underset{\displaystyle NH_2}{\underset{|}{C}}{-}NH{-}CH_2{-}CH{=}C(CH_3)_2}$$

Galegin [(3-Methyl-2-butenyl)-guanidin]

Flavonoide (Luteolin, Galuteolin), wenig Allantoin. Anw.: in der Volksheilkunde zur unterstützenden Behandlung von Diabetes mellitus (hypoglykämische Wirkung der Guanidinderivate), bei Harnwegsinfektionen und ungenügender Milchbildung in der Stillperiode. In der Landwirtschaft wird die Geißraute als Futterpflanze angebaut, allerdings wurde über Vergiftungen bei Weidetieren durch das Fressen größerer Mengen an Frischpflanzen oder Silage berichtet. Zur ↗ Teezubereitung verwendet man als Einzeldosis 2 g (1 Teelöffel ca. 1,3 g) feingeschnittene Droge.

Hom.: ***1. Galega officinalis*** HAB; das frische, blühende Kraut. Anw.-Geb.: Milchmangel bei Stillenden (Wöchnerinnen). ***2. Galega officinalis e seminibus sicc.*** HAB1; die getrockneten, reifen Samen. Anw.-Geb.: anthroposophische Therapierichtung.

Histor.: Der Gattungsname soll sich vom griechischen *gála* (Milch) und *ágein* (treiben) ableiten und zwar im Hinblick auf die Milchsekretion erhöhende Wirkung, die man der Droge zuschreibt. Der Name Geißklee bezog sich ursprünglich auf *Medicago arborea* und wurde später auf diese Art übertragen. Trotz ihres Vorkommens im Mittelmeerraum existieren keine Berichte über die Nutzung als Droge im Altertum. Erste Berichte stammen von dem Italiener Petrus de Crescentiis um 1300. Im 16. Jh. wurde die Pflanze bereits in Mitteleuropa in Gärten sowohl als Arzneipflanze als auch als Zier- und Bienenfutterpflanze gezogen. Arzneilich wurde sie damals bes. gegen Pest, Fleckfieber und Pokken eingesetzt.

Galega patula ↗ Galega officinalis.
Galega persica ↗ Galega officinalis.
Galega vulgaris ↗ Galega officinalis.

■ **Galen**
(Galenus, Galen von Pergamon), griechischer Arzt, geboren 131 n. Chr. in Pergamon, gestorben 201 in Rom. Leibarzt von Kaiser Marcus Aurelius. Verfasser zahlr. medizinischer Schriften, die bis ins 17. Jh. zu den Leitlinien in der Medizin gehörten. Seine Krankheitslehre basierte auf derjenigen von Hippokrates. Das Verdienst von G. besteht v. a. in der Schaffung eines alle Teilgebiete der Medizin umfassenden Systems, wobei er die gesamte antike Medizin zu einem Ganzen zusammenfaßte. Die von ihm beschriebenen Zubereitungen, z. B. Extrakte, Tinkturen, Salben oder Pflaster erlangten im 19. Jh. die Bezeichnung Galenika.

■ **Galenik**
Arzneiformenlehre, deren Benennung nach ↗ Galen erfolgte. Sie beruht auf der Entwicklung eines Wirkstoffes zu einem Arzneimittel. Ihre Weiterentwicklung führte zur Pharmazeutischen Technologie.

Galeopsis dubia ↗ Galeopsis segetum.
Galeopsis dulcia ↗ Galeopsis segetum.
Galeopsis grandiflora ↗ Galeopsis segetum.
Galeopsis ochroleuca ↗ Galeopsis segetum.

■ **Galeopsis segetum** Neck.
(syn. *Galeopsis ochroleuca, G. dulcia, G. gran-*

diflora, G. villosa, G. dubia, Ladanum luteum); Hohlzahn (syn. Daunnessel, Saathohlzahn), s. Farbtafel S. 305, Bild 150.

Fam.: Lamiaceae (Labiatae).

Vork.: Ost- und Südosteuropa, besonders Balkan, Rußland, Polen.

Droge: ***Herba Galeopsidis*** (syn. *Galeopsis, Herba Galeopsidis grandiflorae*); Hohlzahnkraut (syn. Blankenheimer Tee, Daunnessel, Liebersches Kraut, Spanischer Tee), das getrocknete Kraut. *Inh.:* Kieselsäure (0,7–0,9 %, davon 0,1–0,2 % lösliche Kieselsäure), ein glykosidischer Bitterstoff, äther. Öl, Gerbstoffe (5–10 %), neutrale und saure Saponine, Fette, Wachs, Harz, pektinähnliche Stoffe. *Anw.:* in der Volksheilkunde bei Lungenleiden, als Adstringens, Expektorans, Diuretikum und bei Blutarmut.

Hom.: ***Galeopsis segetum*** (syn. *Galeopsis*) HAB; die frischen, oberirdischen Teile blühender Pflanzen. *Anw.-Geb.:* gegen Milzschwellungen, aber nicht ausreichend belegt.

Histor.: Die Pflanze wurde bereits von ↗ Dioskurides, allerdings unter der Bezeichnung *Sideritis hirsuta*, beschrieben und als Mittel gegen Lungenkrankheiten empfohlen. Seit dem Mittelalter wurde Hohlzahnkraut als Volksmittel bei beginnender Schwindsucht gebraucht, aber erst 1792 wurde man auf die Droge aufmerksam, die wenige Jahre später unter dem Namen „Liebersche Auszehrungskräuter" als Geheimmittel gegen Schwindsucht vertrieben wurde. Der Gattungsname ist vom griechischen *gala, gale* (Iltis, Marder) und *opsis* (Aussehen) wegen der Iltisköpfen ähnelnden Blüten abgeleitet.

Galeopsis villosa ↗ Galeopsis segetum.
Gale palustris ↗ Myrica gale.
Galgant ↗ Alpinia officinarum.
Galii aparinis herba ↗ Galium aparine.
Galii lutei herba ↗ Galium verum.
Galii odorati herba ↗ Galium odoratum.
Galii veri herba ↗ Galium verum.

■ Galinsoga parviflora Cav.

Fam.: Asteraceae (Compositae).

Vork.: weltweit.

Inh.: in den Wurzeln Dehydro-Falcarinon. *Anw.:* in Chile und Peru als Wundmittel, in Ostafrika bei Erkältungen, in Indonesien werden die Blätter bei Nesselverbrennungen angewandt.

Hom.: ***Galinsoga parviflora*** HAB; die frischen, oberirdischen Teile blühender Pflanzen. *Anw.-Geb.:* grippaler Infekt.

Galipea cusparia ↗ Galipea officinalis.
Galipeae cortex ↗ Galipea officinalis.
Galipea febrifuga ↗ Galipea officinalis.

■ Galipea officinalis Hancock

(syn. *Angostura cusparia, A. trifoliata, A. vera, Bonplandia angostura, Bonplandia trifoliata, Cusparia angustura, C. febrifuga, C. officinalis, C. trifoliata, Galipea cusparia, G. febrifuga*); Angostura-Baum (syn. Angustura-Baum).

Fam.: Rutaceae.

Vork.: Venezuela, Guayana, Orinoko-Gebiet.

Droge: ***Angosturae cortex*** (syn. *Cortex Angosturae, Cortex Angosturae verus, Cortex Cuspariae, Cortex Galipeae, Galipeae cortex*); Angosturarinde (syn. Echte Angusturarinde, Caronyrinde), die getrocknete Rinde der Zweige, seltener junger Stämme. *Inh.:* Chinolin-Alkaloide (ca. 1 %), u. a. Chinaldin, Chinolin, Cusparein, Cusparin, Galipin, Galipolin und Chinolin-Derivate, äther. Öl, u. a. mit Galipol, Cadinen und Galipen, Bitterstoffe (Angosturin). *Anw.:* in der Volksheilkunde bei Dyspepsien, Sub- und Anacidität des Magens aufgrund des Bitterstoffgehaltes (Ersatz für Chinarinde, ↗ Cinchona-Arten). Auch über die Verwendung bei Dysenterie, Fieber und Protozoenbefall (Leishmanien, Trypanosomen) wird berichtet. In der Likörindustrie findet die Droge als Bittermittel (Angosturabitter) ihren Einsatz, allerdings enthalten nicht alle Produkte, die den Namen Angostura tragen, tatsächlich Extrakte aus *G. officinalis,* sondern z. B. Extrakte aus Enzianwurzel oder anderen Bitterstoffdrogen.

Hom.: ***Galipea officinalis*** HAB (syn. *Angostura, Angustura*) HAB, die getrocknete Zweigrinde. *Anw.-Geb.:* Muskelrheumatismus, Muskelkrämpfe, schmerzhafte Knochenerkrankungen.

Galipot ↗ Fichtenharz.

■ Galium album Mill.

(syn. *Galium erectum*); Gemeines Labkraut (syn. Weißes Labkraut, Wilder Krapp).

Fam.: Rubiaceae.

Vork.: in ganz Europa.

Droge: ***Galium-album-Kraut***; Gemeines Labkraut (syn. Weißes Labkraut), das blühende Kraut. Inh.: Iridoidglykoside, Gerbsäure, Chinasäure, äther. Öl, Citronensäure, Hesperidin, *n*-Alkane (v. a. C-29-Verbindungen). Anw.: in der Volksheilkunde bei chronischen Hautausschlägen, Magen- und Darmkatarrhen und Ödemen.

Hom.: ***Galium album*** HAB34; Labkraut, das frische blühende Kraut. Anw.-Geb.: nicht ausreichend belegt.

■ **Galium aparine** L.

Klebkraut (syn. Kletten-Labkraut, Kletterndes Labkraut), s. Farbtafel S. 306, Bild 151.

Fam.: Rubiaceae.

Vork.: in Eurasien, Zentralasien, eingeschleppt nach Nord- und Südamerika.

Droge: ***Galii aparinis herba*** (syn. *Herba Galii aparinis, Herba Aparinis*); Klebendes Labkraut (syn. Klebkraut, Klebrich, Klettenlabkraut, Kletterlabkraut, Kleb-Labkraut, Kletterndes Labkraut, Klimmkraut, Zaunkleber, Zaunkraut), die zur Blütezeit gesammelten und getrockneten oberirdischen Teile der Pflanze. Inh.: Deacetylasperulosid, Monotropein, roter Farbstoff vom Alizarin-Typ, wenig *n*-Alkane. Anw.: in der Volksheilkunde innerlich und äußerlich bei Geschwüren, vereiterten Drüsen, Brustbeschwerden und Hautausschlägen, außerdem als harntreibendes Mittel bei Steinleiden und Blasenerkrankungen. Früher wurden die Früchte als Kaffee-Surrogat verwendet und der rote Farbstoff in der Technik zum Rotfärben von Aluminium benutzt.

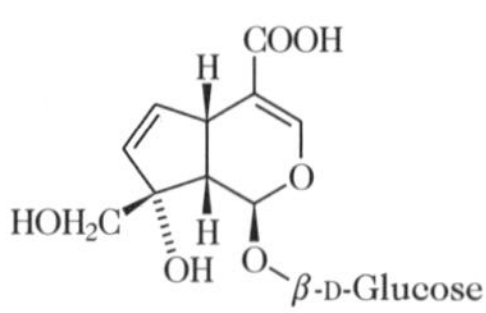

Monotropein

Hom.: ***Galium aparine*** HAB1, das frische, blühende Kraut. Anw.-Geb.: Nierensteine, Geschwüre besonders der Zunge.

Histor.: Der Gattungsname *Galium* ist abgeleitet vom griechischen *gala* (Milch), unter Hinweis auf die Eigenschaft des Krautes, ähnlich dem Labferment, die Milch zum Gerinnen zu bringen. Der Artname *aparine*, vom griechischen *apeirein* (ergreifen) abgeleitet, nimmt Bezug auf die hakenartigen Haare, die die leichte Anheftung der Pflanze, bes. an der Kleidung bedingen. Früchte von *Galium aparine* wurden in den neolithischen Pfahlbauten in großen Mengen nachgewiesen, was vermuten läßt, daß die Pflanze von den prähistorischen Menschen zur Käsebereitung als Labferment genutzt wurde, wie dies auch später üblich war.

Galium erectum ↗ Galium album.
Galium luteum ↗ Galium verum.
Galium matrisylva ↗ Galium odoratum.

■ **Galium mollugo** L.

(syn. *Galium elatum, Galium insubricum, Galium tyrolense*).

Fam.: Rubiaceae.

Vorkommen, Drogen, Inhaltsstoffe und homöopatische Verwendung wie ↗ Galium album.

■ **Galium odoratum** (L.) Scop.

(syn. *Asperula matrisylva, A. odorata, Chlorostemma odoratum, Galium matrisylva*); Echter Waldmeister (syn. Duftlabkraut), s. Farbtafel S. 306, Bild 152.

Fam.: Rubiaceae.

Vork.: Nord- und Mitteleuropa, Sibirien, Nordafrika.

Droge: ***Galii odorati herba*** (syn. *Asperulae odoratae herba, Herba Asperulae, Herba Cordialis, Herba Hepaticae stellatae, Herba Matrisilvae, Herba Matrisylviae vel Matrisilvae*); Waldmeisterkraut (syn. Maikraut, Waldmeister, Wohlriechendes Meierkraut), die getrockneten oder frischen, während oder kurz vor der Blütezeit im April bis Mai gesammelten oberirdischen Pflanzenteile. Inh.: Cumarin (ca. 1 %, in glykosidischer Bindung, v. a. Melilotosid, aus welchem beim Welken Cumarin freigesetzt wird und den typischen Geruch entwickelt), Iridoide, v. a. Asperulosid und Monotropein, Gallussäure, Kaffeesäure, *p*-Cumarsäure, *p*-Hydroxybenzoesäure und Vanillin. Anw.: in der Volksheilkunde bei Unruhezuständen, Kopf- und Leibschmerzen, Schlaflosigkeit, Herzbeschwerden, Nervenschmerzen und Nervosität sowie bei Lebererkrankungen, Durchblu-

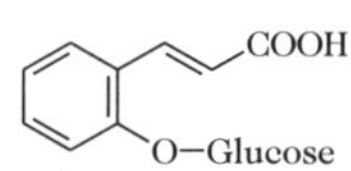

Melilotosid

tungsstörungen, Hämorrhoiden und Venenerkrankungen. Im Haushalt wird die frische Droge gern zur Bereitung einer Waldmeisterbowle oder von Maiwein genutzt. Tox.: Cumarin ruft u. a. Kopfschmerzen und bei chronischer Verwendung eventuell Tumore hervor. Daher ist die Verwendung von Cumarin und Waldmeisterkraut zur gewerblichen Herstellung von Essenzen für Genußzwecke seit 1981 verboten. Für die Bereitung der Maibowle sollte pro Liter Wein nicht mehr als 3 g Frischdroge eingesetzt werden.

Hom.: *1. **Galium odoratum*** HAB1, die frischen, kurz vor der Blüte gesammelten oberirdischen Teile. ***2. Galium odoratum spag. Zimpel*** (syn. *Asperula odorata spag. Zimpel*) HAB1, die frischen, oberirdischen Teile blühender Pflanzen. Anw.-Geb.: in der spagyrischen Therapierichtung bei Erkrankungen der Haut und des Stoffwechsels.

■ Galium verum L.

(syn. *Galium luteum*); Echtes Labkraut (syn. Gelbes Labkraut), s. Farbtafel S. 306, Bild 153.

Fam.: Rubiaceae.

Vork.: in ganz Europa (außer arktische Gebiete), Kleinasien, Persien, Syrien.

Droge: ***Galii lutei herba*** (syn. *Galii veri herba, Herba Galii lutei*); Gelbes Labkraut (syn. Gelbes Käselabkraut, Gelbes Sternkraut, Gliederkraut, Liebfrauenstroh), das zur Blütezeit gesammelte und getrocknete Kraut. Inh.: Iridoidglykoside (u. a. Asperulosid, Monotropein, Scandosid, Gini-

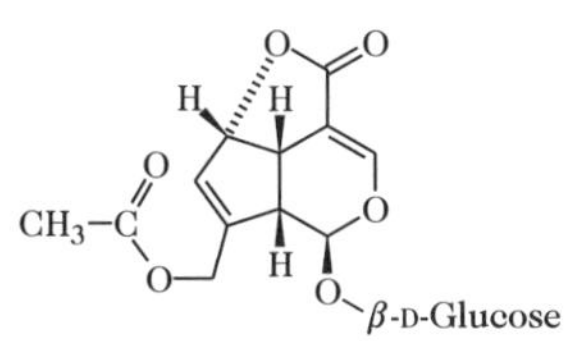

Asperulosid

posidsäure, Aucubin), ein dem Labenzym ähnliches Protein (10 mg pro kg, bringt Tiermilch zum Gerinnen), äther. Öl, *n*-Alkane, Flavonoide, Anthrachinonglykoside, u. a. Galiosin und Rubiadinglykosid. Anw.: in der Volksheilkunde bei geschwollenen Knöcheln sowie bei Blasen- und Nierenkatarrhen zur Diurese; äußerlich bei schlecht heilenden Wunden. Früher wurde die Droge auch zur Käseherstellung (Ausfällung des Caseins) verwendet.

Hom.: ***Galium verum*** HAB34, die frische, blühende Pflanze.

Galla ↗ Gallen, ↗ Quercus-Arten.
Gallae ↗ Gallen, ↗ Quercus-Arten.
Gallae asiaticae ↗ Quercus-Arten.
Gallae halepensis ↗ Quercus-Arten.
Gallae levanticae ↗ Quercus-Arten.
Gallae turcicae ↗ Quercus-Arten.
Galläpfel ↗ Gallen, ↗ Quercus-Arten.
Galleiche ↗ Quercus-Arten.

■ Gallen

(syn. *Galla, Gallae*); Galläpfel (syn. Eichengallen) sind kugelförmige, im Durchmesser ca. 2,5 cm dicke, braungelbe bis schwarzgrüne, harte, mit Höckern und meistens mit einem etwa 3 mm weiten Flugloch versehene Gebilde. Die früher offizinellen türkischen oder Aleppo-Gallen verdanken ihre Entstehung dem Stich bzw. der Eiablage der Gallwespe *Cynips tinctoria* (syn. *Andricus gallaetinctoriae*) in die jungen Blattknospen der Galleiche (*Quercus infectoria*, ↗ *Quercus*-Arten). Auf diesen Reiz hin bilden sich anstelle der normalen Triebe kugelige gerbstoffreiche Wucherungen, in denen die Larven der Gallwespe heranwachsen. Die Larven verbleiben ca. 5–6 Monate in der Galle und bohren sich dann ein Flugloch. Im Handel unterscheidet

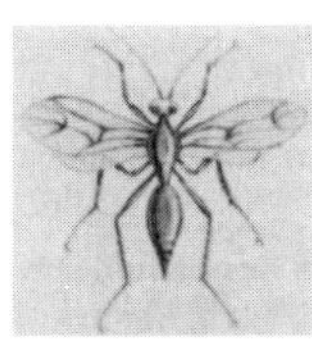

Gallen. Gallwespe *Cynips tinctoria*.

man neben den Aleppo-Gallen (syn. Allepische, Türkische oder Levantinische Gallen; s. Farbtafel S. 306, Bild 154) die Mossulischen Gallen, die Smyrna-Gallen und Chinesische bzw. Japanische Gallen (syn. Zackengallen, Chinesische Zackengallen; s. Farbtafel S. 306, Bild 155), gebildet durch den Stich der Blattlaus *Schlechtendalia sinensis* in Knospen von Sumach-Arten, wie *Rhus semiolata*; Gallensumach. Die in Deutschland zu findenden Gallen stammen von anderen Quercus-Arten und werden auch durch andere Wespenarten induziert. Inh.: Tannin (60–70 %, Gallusgerbsäure, Gallotannin, ↗ Gerbstoffe), Gallussäure (ca.3 %), Ellagsäure (ca. 2 %), Zucker, Stärke, Harz, äther. Öl. Anw.: früher als Adstringens, zu Pinselungen bei Frostbeulen und Zahnfleischerkrankungen. Die Droge dient vorrangig zur Gewinnung von Tannin und wird seltener in der Gerberei und Färberei eingesetzt. Früher wurde aus Galläpfeln die Eisengallustinte hergestellt.

Hom.: ***Gallae turcicae*** HAB1; Gallen, die durch den Stich der Färbergallwespe *Andricus gallae tinctoriae* Oliv. auf den jungen Trieben von *Quercus infectoria* hervorgerufene Galle.

Histor.: Die Ärzte des Altertums wie Hippokrates und Theophrast haben die Gallen medizinisch genutzt. Den Ägyptern war die Bereitung von Tinte mit Hilfe dieser Droge bekannt. In römischer Zeit setzte Alexander Trallianus Gallen zur Blutstillung und als Magenpflaster ein. Seit der Zeit der Kreuzzüge kamen Gallen aus Kleinasien regelmäßig nach Europa.

Gallensumach ↗ Gallen.
Gallkraut ↗ Menyanthes trifoliata.
Gallnüsse ↗ Quercus-Arten.
Gallotannine ↗ Gerbstoffe.
Gallussäure ↗ Gerbstoffe.
Galphimia glauca ↗ Thryallis glauca.
Gamander ↗ Teucrium-Arten
Gamanderlein ↗ Teucrium-Arten.
Gambir ↗ Uncaria gambir.
Gambir-Catechu ↗ Uncaria gambir.
Gamsblumen ↗ Arnica-Arten.
Gamskraut ↗ Arnica-Arten.
Ganja ↗ Cannabis sativa.
Ganoderma flabelliforme ↗ Ganoderma lucidum.
Ganoderma laccatum ↗ Ganoderma lucidum.

■ **Ganoderma lucidum (**Curt. ex Fr.) Karst. (syn.: *Boletus lucidus, Ganoderma flabelliforme, G. laccatum, G. pseudoboletus, G. sessile, Placodes lucidus, Polyporus lucidus*); Glänzender Lackporling.

Fam.: Ganodermataceae.

Vork.: Europa, Asien, Nordamerika, Kanaren.

Droge: ***Ganoderma-lucidum-Fruchtkörper***, der ganze Fruchtkörper. Inh.: Triterpene, z. B. verschiedene Ganoderensäuren, Ganodersäuren, Ganodermsäure, Ganolucidinsäuren und Lucidinsäuren, Polysaccharide (Glucane, Ganoderane), Sterole, u. a. Ergosterolderivate, Peptide, Adeno-

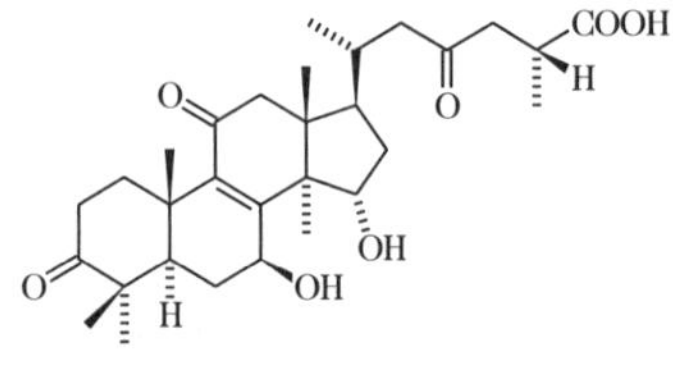

Ganodersäure A (Fruchtkörper)

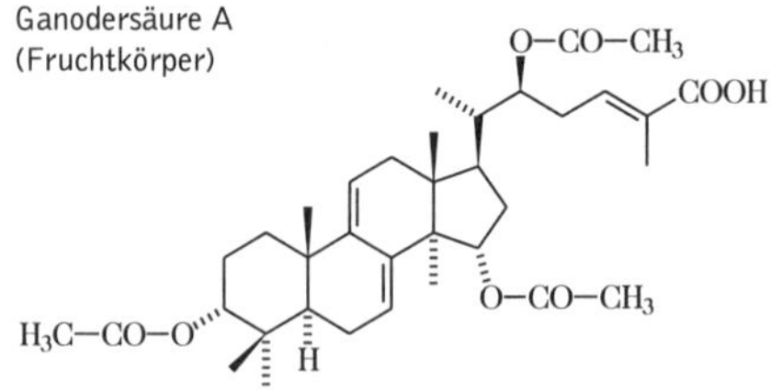

Ganodersäure T (Mycel)

sin, Lectin. Anw.: in der asiatischen Volksheilkunde seit mehr als 2000 Jahren eingesetzt, v. a. als Diätetikum, bei Neurasthenie, Nervosität, Schlaflosigkeit, Haarausfall, Leber-, Nieren- und Magenerkrankungen, Bluthochdruck und Herzkrankheiten, Arthritis, Asthma sowie zur Verlängerung des Lebens, Verbesserung der Gedächtnisfunktionen bzw. Seh- und Hörleistung. Kontrollierte klinische Studien liegen zu diesen Indikationsgebieten nicht vor. In Asien sind Zubereitungen von *Ganoderma lucidum* in Form von Getränken, z. T. in Kombination mit Vitaminen, Teeaufgußbeuteln, Sirupen, Kapseln mit pulverisiertem Pilzmaterial, Haarwässern, Badezusätzen etc. im Handel.

Ganoderma pseudoboletus ↗ Ganoderma lucidum.
Ganoderma sessile ↗ Ganoderma lucidum.
Gänseblümchen ↗ Bellis perennis.
Gänsefingerkraut ↗ Potentilla anserina.
Gänsefußkraut ↗ Chenopodium ambrosioides.
Gänsekraut ↗ Artemisia vulgaris.
Gänsekresse ↗ Capsella bursa-pastoris.
Gänse-Malve ↗ Malva-Arten.
Gänserich ↗ Potentilla anserina.
Gänsesterbekraut ↗ Erysimum crepidifolium.
Gänsezungen ↗ Achillea-Arten.
Ganskraut ↗ Potentilla anserina.
Gänskritche ↗ Anagallis arvensis.
Garapaöl ↗ Tecoma stans.
Garbe ↗ Carum carvi.
Garbenkraut ↗ Achillea-Arten.

■ **Garcinia cambogia** Desr.
(syn. *Cambogia gutta*).
Fam.: Guttiferae.
Vork.: Ostindien.
Droge: die ganze Pflanze. Inh.: Gummi, Harz, Hydroxycitronensäure. Wirk.: Hydroxycitronensäure wirkt als kompetitiver Hemmer der ATP-Citrat-Lyase und hemmt damit die Energiebereitstellung im Körper. Anw.: als Schlankheitsmittel, allerdings ist wegen der Nebenwirkungen ein Gebrauch nicht zu empfehlen.

■ **Garcinia hanburyi** Hook. f.
(syn. *Garcinia morella*); Gummi-Guttibaum.
Fam.: Hypericaceae (Guttiferae).
Vork.: Kambodscha, Thailand, Südvietnam, Singapur.
Droge: ***Gutti*** (syn. *Cambogia, Catharticum aureum, Gummi Gambae, Gummi guttae, Gummi Gutti, Gummiresina Gutti, Gummi victoria, Hebradendron gambogioides*); Gummigutt (syn. Siamesisches Gamboga, Siuam-Gummi), der erstarrte, schleimreiche Milchsaft aus Rinde, Mark, Blättern und Früchten; s. Farbtafel S. 306, Bild 156. Inh.: Harze (ca. 70–75 %, u. a. mit α-Gambogasäure, Cambodjasäure, Neo-Gambogasäure) mit roten und gelben phenolischen Pigmenten, Schleim (25–30 %, enthält u. a. Uronsäuren, Arabinosen, Galactose, Rhamnose). Anw.: früher als drastisch wirkendes Laxans (heute obsolet). In der Volksheilkunde wird die Droge gelegentlich zur Bekämpfung von Eingeweidewürmern, zur Diuresesteigerung und bei Ödemen, auch in der Veterinärheilkunde eingesetzt. In der Technik wird Gummigutt als Farbpigment für das Kunsthandwerk und die chinesische Aquarellmalerei seit dem 13. Jh. genutzt. Geg.: Die Droge sollte nicht in der Schwangerschaft angewandt werden, da sie einen Abort auslösen kann.
Hom.: ***Garcinia*** HAB1, das nach dem Einschneiden von Stämmen und Zweigen ausgetretene getrocknete Gummiharz. Anw.-Geb.: Magenschmerzen, Durchfälle, Schleimhautreizungen an Augen und Atemwegen.

■ **Garcinia mangostana** L.
Fam.: Guttiferae.
Vork.:tropische Gebiete.
Droge: ***Mangostinen***, die Früchte. Inh.: in den Fruchtschalen Gerbstoffe, Mangostin. Anw.: die reifen Früchte als Obst; die Fruchtschalen gegen Diarrhoe, zum Gerben und Färben. Die Blätter der Pflanze sollen in Indien auch als Kontrazeptivum für Männer eingesetzt werden.

Garcinia morella ↗ Garcinia hanburyi.
Gardenia florida ↗ Gardenia jasminoides.

■ **Gardenia jasminoides** Ellis.
(syn. *Gardenia florida, G. radicans*); Gardenie.
Fam.: Rubiaceae.
Droge: ***Fructus Gardeniae***; Chinesische Gelbschoten (syn. Chinesische Gelbbeeren), die Früchte. Inh.: Glykoside, wie Gardenosid, Geniposid, Genipin-1-β-gentiobiosid; Crocin, Dextrose, Mannitol. Anw.: in der japanischen Heilkunde als Antiphlogistikum; in der chinesischen Volksmedizin als Stimulans, Diuretikum und als Brechmittel. In ganz Asien dient die Droge zum Gelbfärben von Seide. Die Gardenie wird ebenfalls als duftende Zimmerpflanze weltweit kultiviert.

Gardenia radicans ↗ Gardenia jasminoides.
Gardenie ↗ Gardenia jasminoides.
Gartenangelik ↗ Angelica archangelica.
Gartenangelika ↗ Angelica archangelica.
Gartenbibernelle ↗ Sanguisorba officinalis.
Gartenbingelkraut ↗ Mercurialis-Arten.
Gartenbohne ↗ Phaseolus vulgaris.
Gartengeißblatt ↗ Lonicera caprifolium.
Gartenhyazinthe ↗ Hyacinthus orientalis.
Gartenkamille ↗ Chamaemelum nobile.
Gartenkerbel ↗ Anthriscus cerefolium.
Gartenknoblauch ↗ Allium-Arten.
Gartenkohl ↗ Brassica-Arten.
Gartenkoriander ↗ Coriandrum sativum.
Gartenkresse ↗ Lepidium sativum.
Gartenkreuzspinne ↗ Araneus diadematus.
Gartenkürbis ↗ Cucurbita pepo
Gartenmajoran ↗ Origanum majorana.
Gartenmelde ↗ Atriplex hortensis.
Gartenmelone ↗ Cucumis-Arten.
Gartenmohn ↗ Papaver somniferum.
Gartennelke ↗ Dianthus caryophyllus.
Gartennelkenblüten ↗ Dianthus caryophyllus.
Gartenpetersilie ↗ Petroselinum crispum.
Garten-Pfingstrose ↗ Paeonia officinalis.
Gartenportulak ↗ Portulacca oleracea.
Gartenquendel ↗ Satureja hortensis.
Garten-Rainfarn ↗ Chrysanthemum-Arten.
Gartenraute ↗ Ruta graveolens.
Gartenreseda ↗ Reseda odorata.

Garten-Rettich ↗ Raphanus sativus.
Garten-Rhabarber ↗ Rheum-Arten.
Gartenrittersporn ↗ Delphinium ajacis.
Gartensalat ↗ Lactuca sativa.
Garten-Salbei ↗ Salvia-Arten.
Gartensauerampfer ↗ Rumex acetosa.
Gartenschierling ↗ Aethusa cynapium.
Gartenthymian ↗ Thymus-Arten.
Gastrochilus panduratus ↗ Boesenbergia pandurata.
Gauchheil ↗ Anagallis arvensis.
Gaultheriablätter ↗ Gaultheria procumbens.
Gaultheria fragrantissima ↗ Gaultheria punctata.
Gaultheria humilis ↗ Gaultheria procumbens.

■ **Gaultheria leucocarpa** Bl.
Fam.: Ericaceae.
Vork.: Java, Sumatra.
Droge: ***Goendopoeriöl***, das äther. Öl aus den Blättern. *Inh.:* Methylsalicylat. *Anw.:* in der Parfümerie; die Blätter werden als Kaumittel, ähnlich wie Betel (↗ *Areca catechu*) benutzt.

Gaultheriaöl ↗ Gaultheria procumbens.

■ **Gaultheria procumbens** L.
(syn. *Gaultheria humilis*); Amerikanisches Immergrün (syn. Wintergrün).
Fam.: Ericaceae.
Vork.: Nordamerika, Atlantikküste von Kanada bis Georgia, Carolina, Alabama.
Drogen: ***1. Folia Gaultheriae procumbens*** (syn. *Folia Gaultheriae*); Wintergrünblätter (syn. Kanadischer Tee, Gaultheriablätter), die getrockneten Blätter. *Inh.:* äther. Öl (0,55–0,8 %, v. a. Salicylsäuremethylester), Arbutin, Gaultherin (Monotropitosid = Methylsalicylat-Primverosid), Ericolin, Gerbstoffe, Gummi, Harz, Schleim,

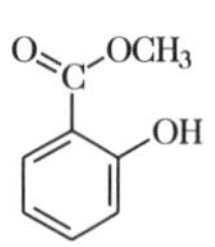

Salicylsäuremethylester

Wachs. *Anw.:* als Antiseptikum, Carminativum und Tonikum. Auch als Genußmittel wird die Droge verwendet, und zwar wie Schwarztee. ***2. Oleum Gaultheriae***; Wintergrünöl (syn. Gaultheriaöl), das äther. Öl der Blätter. *Inh.:* Methylsalicylat (96–99 %), Triacontan, weitere Ester, Alkohole, Ketone in Spuren. *Anw.:* als Antirheumatikum innerlich und äußerlich sowie als Antiseptikum. Auch in der Getränkeindustrie und Parfümerie wird die Droge eingesetzt.
Hom.: ***1. Gaultheria procumbens*** HAB1, die frische Pflanze. *Anw.-Geb.:* bei Erkrankungen des peripheren Nervensystems, des Stütz- und Bewegungsapparates. ***2. Gaultheriae aetheroleum*** HAB1, das äther. Öl.
Histor.: Der Gattungsname geht auf den kanadischen Arzt Gautier, der die Pflanze in die Heilkunde eingeführt haben soll, zurück. Die Umwandlung des Namens durch Linné führte zur Prägung des Namens *Gaultheria*. Der Artname *procumbens* (niederliegend) weist auf die Morphologie des niedrigen Halbstrauches hin, während sich der Name Wintergrün auf die immergrünen Blätter bezieht. In den Heimatgebieten Nordamerikas verwendete man die Droge schon seit altersher als aromatisches Stimulans und Tonikum.

■ **Gaultheria punctata** Bl.
(syn. *Gaultheria fragrantissima*).
Fam.:. Ericaceae.
Vork.: Indien, Java, Sumatra.
Droge: ***Indisches Wintergrünöl***, das äther. Öl aus den Blättern. *Inh.:* fast reines Methylsalicylat. *Anw.:* in der Parfümerie, als Antiseptikum und Antirheumatikum.

Gbanja-Kola ↗ Cola-Arten.
Gebärmutterkraut ↗ Levisticum officinale.
Gebärmutterwurzel ↗ Levisticum officinale.
Gebräuchlicher Baldrian ↗ Valeriana officinalis.
Gefährliche Aloe ↗ Aloe-Arten.
Gefingerter Lerchensporn ↗ Corydalis-Arten.
Gefleckter Schierling ↗ Conium maculatum.
Gefleckter Storchschnabel ↗ Geranium maculatum.
Geguclia elliptica ↗ Derris-Arten.
Geierpflanze ↗ Marsdenia condurango.
Geilwurz ↗ Apium graveolens.
Geißbart ↗ Filipendula ulmaria.
Geißblatt ↗ Lonicera caprifolium.
Geißblattblüten ↗ Lonicera caprifolium.
Geißblume ↗ Anemone nemorosa.
Geißfuß ↗ Aegopodium podagraria.
Geißklee ↗ Galega officinalis, ↗ Laburnum anagyroides.
Geißkrut ↗ Viscum album.

■ **Geissospermum laeve** (Vell.) Miers (syn. *Geissospermum vellosi, Tabernaemontana laevis*).
Fam.: Apocynaceae.
Vork.: Brasilien.
Droge: ***Cortex Geissospermi***, die Stammrinde. *Inh.:* Alkaloide, wie Vellosin, Flavopereirin, Geissospermin; Indole, wie Geissoschizin, Apogeissoschizin, Geissoschizolin. *Anw.:* in der brasilianischen Volksheilkunde als Fiebermittel eingesetzt.

Geissospermum vellosi ↗ Geissospermum laeve.
Geißraute ↗ Galega officinalis.
Gei urbani herba ↗ Geum-Arten.
Gei urbani radix ↗ Geum-Arten.
Gelatina japonica ↗ Gelidium-Arten.
Gelbbeeren ↗ Rhamnus catharticus.
Gelbbeeriger Nachtschatten ↗ Solanum-Arten.
Gelbe Chinarinde ↗ Cinchona-Arten.
Gelbe Gelstern ↗ Aconitum-Arten.
Gelbe Hanfwurzel ↗ Datisca cannabina.
Gelbe Königsrinde ↗ Cinchona-Arten.
Gelbe Lupine ↗ Lupinus luteus.
Gelbe Mottenkrautblume ↗ Helichrysum arenarium.
Gelbe Narzisse ↗ Narcissus pseudonarcissus.
Gelbe Oleandersamen ↗ Thevetia peruviana.
Gelbe Pastinake ↗ Thaspium aureum.
Gelbe Rapunzel ↗ Oenothera biennis.
Gelber Chinarindenbaum ↗ Cinchona-Arten.
Gelber Eisenhut ↗ Aconitum-Arten.
Gelber Enzian ↗ Gentiana-Arten.
Gelber Gelstern ↗ Aconitum-Arten.
Gelber Hartriegel ↗ Cornus-Arten.
Gelber Hornmohn ↗ Glaucium flavum.
Gelber Hornstrauch ↗ Cornus-Arten.
Gelber Jasmin ↗ Gelsemium sempervirens.
Gelber Klee ↗ Anthyllis vulneraria.
Gelber Knollenblätterpilz ↗ Amanita citrina.
Gelber Lerchensporn ↗ Corydalis-Arten.
Gelber Lupinensamen ↗ Lupinus luteus.
Gelber Nachtschatten ↗ Oenothera biennis.
Gelber Oleander ↗ Thevetia peruviana.
Gelber Sturmhut ↗ Aconitum-Arten.
Gelbe Rübe ↗ Daucus carota.
Gelber Wiesenenzian ↗ Blackstonia perfoliata.
Gelber Wulstling ↗ Amanita citrina.
Gelbes Akaroidharz ↗ Xanthorrhoea hastilis.
Gelbes Brasilholz ↗ Chlorophora tinctoria.
Gelbe Schneerose ↗ Rhododendron-Arten.
Gelbe Schwertlilie ↗ Iris pseudoacorus.
Gelbes Eisenkraut ↗ Sisymbrium officinale.
Gelbes Grasbaumharz ↗ Xanthorrhoea hastilis.
Gelbes Käselabkraut ↗ Galium verum.
Gelbes Katechu ↗ Uncaria gambir.
Gelbes Katzenpfötchen ↗ Helichrysum arenarium.
Gelbes Labkraut ↗ Galium verum.
Gelbes Löwenmaul ↗ Linaria vulgaris.
Gelbes Millkraut ↗ Chelidonium majus.
Gelbes Parillakraut ↗ Menispermum canadense.
Gelbes Sandelholz ↗ Santalum album.
Gelbes Sternkraut ↗ Galium verum.
Gelbe Striten ↗ Lysimachia nummularia.
Gelbes Vögerl ↗ Tropaeolum majus.
Gelbes Wachs ↗ Wachse.
Gelbe Teichrose ↗ Nuphar lutea.
Gelbe Violen ↗ Cheiranthus cheiri.
Gelbfrauenschuhwurzel ↗ Cypripedium calceolus.
Gelbholz ↗ Chlorophora tinctoria, ↗ Xanthoxylum fraxineum.
Gelbholzrinde ↗ Rhamnus frangula, ↗ Zanthoxylum-Arten.
Gelbkiefer ↗ Pinus-Arten.
Gelbkiefernnadelöl ↗ Pinus-Arten.
Gelbkraut ↗ Reseda luteola.
Gelbsenf ↗ Sinapis alba.
Gelbstern ↗ Gagea lutea.
Gelbveiglein ↗ Cheiranthus cheiri.
Gelbwurzel ↗ Curcuma-Arten.
Gelbwurzelstock ↗ Curcuma-Arten.

■ **Gelée royale**
Weiselzellfuttersaft (syn. Bienenköniginnenfuttersaft). Futtersaft, der den Honigbienen (↗ Apis mellifera) zur Ernährung der Larven und der Bienenkönigin (Weisel) dient. Das Sekret wird von den Arbeitsbienen in den Schlund- und Oberkieferdrüsen gebildet und besteht u. a. aus Eiweiß, Fett, Zucker, Mineralien, Vitaminen, u. a. B, C, E, Folsäure und Biotin sowie Stoffen mit hormonähnlichen Funktionen (Fettsäurederivate, Testosteronanaloga). *Anw.:* als Roborans (Stärkungsmittel) nach schweren Erkrankungen, bei Stoffwechselstörungen, als Geriatrikum. Äußerlich angewendet wird *G. royale* in der Kosmetik aufbauenden Cremes zugesetzt.

■ **Gelidium-Arten**
● **Fam.:** Gelidiaceae.

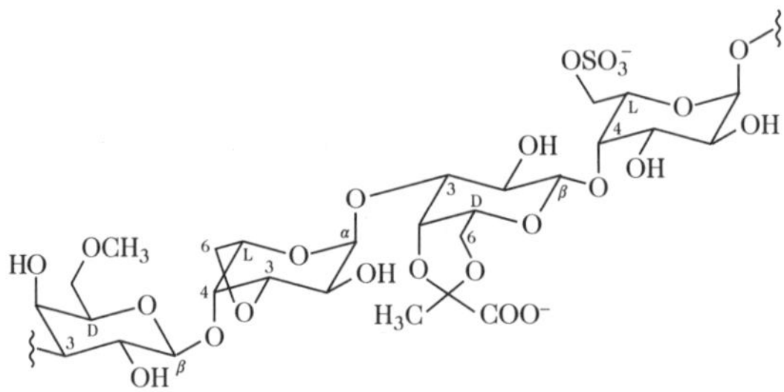

6-*O*-Methyl-β-D-galactosyl 3,6-Anhydro-α-L-galactosyl 4,6-(Carboxy-ethyliden)-β-D-galactosyl α-L-Galactosyl-6-sulfat

Teilsequenzen aus einem Agaroidmolekül

● **Gelidium amansii** Lamour.(syn. *Fucus amansii, Gelidium elegans*).

Vork.: asiatischer Teil des Pazifiks.

Droge: ***Agar*** (syn. *Agar-Agar, Gelatina japonica*); Agar (syn. Agartang, Japan-Agar, Japanische Gelatine, Japanische Hausenblase, Japanischer Fischleim, Vegetabilischer Fischleim), die durch Extraktion mit siedendem Wasser gewonnenen, heiß filtrierten, konzentrierten und getrockneten Polysaccharide; s. Farbtafel S. 307, Bild 157. *Inh.:* wasserlösliche Polysaccharide (Agaroide = Galactane mit Schwefelsäure verestert, s. o.; 70 % Agarose; 30 % Agaropektin). *Anw.:* als mildes Abführmittel (hohes Quell- und Wasserbindungsvermögen), zur Beseitigung des Hungergefühls (Quellmittel). Der Haupteinsatz der Droge liegt in der Galenik (Binde- und Sprengmittel für Tabletten), Kulturmedium für die Mikrobiologie, Gelbildner und Bindemittel für die Lebensmittelindustrie.

● **Gelidium latifolium** (Grev.) Born. et Thur. (syn. *Fucus corneus, Gelidium corneum*).

Vork.: europäische Felsenküsten, v. a. Portugal, Spanien; Marokko; Südafrika.

Droge: ***Agar***. Inhaltsstoffe und Verwendung s. *Gelidium amansii.*

● **Gelidium sesquipedale** (Clem.) Thuret (syn. *Fucus corneus var. sesquipedale, Gelidium cartilagineum, Gelidium versicolor*).

Vork.: Mittelmeerküsten, Küste der britischen Inseln, französische Ärmelkanalküste.

Droge: ***Agar***. Inhaltsstoffe und Verwendung s. *Gelidium amansii.* ↗ Rhodophyceen-Arten.

Gelidium elegans ↗ Gelidium-Arten.

Gelsemii rhizoma ↗ Gelsemium sempervirens.
Gelsemium avellanedae ↗ Tabebuia impetiginosa.
Gelsemium lucidum ↗ Gelsemium sempervirens.
Gelsemium nitidum ↗ Gelsemium sempervirens.

■ **Gelsemium sempervirens** (L.) Jaume St.-Hil. (syn. *Anonymos sempervirens, Bignonia sempervirens, Gelsemium lucidum, G. nitidum, Lisianthus sempervirens*); Falscher Jasmin (syn. Gelber Jasmin, Giftjasmin, Wilder Jasmin).

Fam.: Loganiaceae.

Vork.: südliche Staaten der USA, Golfküste Mexikos und Guatemalas.

Droge: ***Gelsemii rhizoma*** (syn. *Radix Anonymos, Radix Gelsemii sempervirentis, Rhizoma Gelsemii*); Gelsemiumwurzelstock, der getrocknete Wurzelstock mit den Wurzeln. Die Droge ist sehr stark giftig! *Inh.:* monoterpenoide Indolalkaloide (Gelsemin, Gelsevirin, 21-Oxogelsemin,

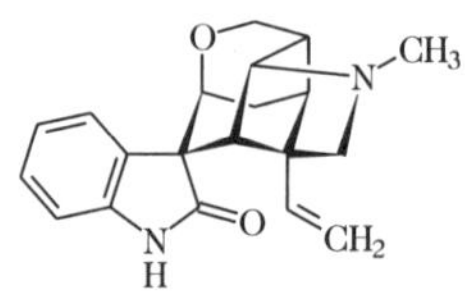

Gelsemin

Gelsemicin, Gelsedin, 14-Hydroxygelsemicin, 14-Hydroxygelsedin, Sempervirdin), Phenole (Hydrochinon, Emodinmonomethylether, β-Naphthol, Pyrogallol), äther. Öl (bis ca. 0,5 %). *Anw.:* in der Volksheilkunde bei Hämorrhoidal- und Uterusblutungen, bei Unruhezuständen, Krämpfen, Fieber, Neuralgien, Zahnschmerzen, Rheuma, akuten Entzündungen der Lunge, Keuchhusten. Tox.: Ausgelöst durch die Alkaloide Gelsemin und Gelsemicin kommt es nach Schwindel, Schluckbeschwerden, Zittern, Muskelstarre bei hohen Dosen zum Tode durch Atemlähmung.

Hom.: *1. Gelsemium sempervirens* (Gelsemium) HAB1; die frischen unterirdischen Teile. Anw.-Geb.: Kopfschmerzen, nervöse Störungen, Infektionskrankheiten, Lähmungen, Krampfleiden. *2. Gelsemium sempervirens, äthanol. Decoctum* HAB1, die frischen unterirdischen Teile. Anw.-Geb.: anthroposophische Therapierichtung.

Histor.: Bei den Othomi-Indianern wird die Droge seit langer Zeit zur Bereitung eines Gifttranks („Bebo-sito"= gläserner Sarg) für Gottesurteile oder Racheakte eingesetzt. Durch die davon hervorgerufenen curareähnlichen Lähmungen ist das Opfer bewegungsunfähig, aber bei vollem Bewußtsein. Der Gattungsname *Gelsemium* ist die ältere Bezeichnung für Jasmin. Die Pflanze erhielt den Namen nach den jasminähnlichen, duftenden Blättern; *sempervirens* = immergrün.

Gelsemium stans ↗ Tecoma stans.
Gelsemiumwurzelstock ↗ Gelsemium sempervirens.
Gemeine Akelei ↗ Aquilegia vulgaris.
Gemeine Beisbeere ↗ Capsicum-Arten.
Gemeine Berberitze ↗ Berberis vulgaris.
Gemeine Betonie ↗ Stachys officinalis.
Gemeine Buche ↗ Fagus sylvatica.
Gemeine Fichte ↗ Picea abies.
Gemeine Goldrute ↗ Solidago-Arten.
Gemeine Heckenrose ↗ Rosa canina.
Gemeine Hohlwurz ↗ Corydalis-Arten.
Gemeine Hundspetersilie ↗ Aethusa cynapium.
Gemeine Kiefer ↗ Pinus-Arten.
Gemeine Kröte ↗ Bufo bufo.
Gemeine Küchenschabe ↗ Blatta orientalis.
Gemeine Küchenschelle ↗ Pulsatilla-Arten.
Gemeine Lärche ↗ Larix decidua.
Gemeine Lobelie ↗ Lobelia siphilitica.
Gemeine Malve ↗ Malva-Arten.
Gemeine Nachtkerze ↗ Oenothera biennis.
Gemeine Ochsenzunge ↗ Anchusa officinalis.
Gemeine Pestwurz ↗ Petasites hybridus.
Gemeine Platterbse ↗ Lathyrus sativus.
Gemeiner Andorn ↗ Marrubium vulgare.
Gemeiner Baldrian ↗ Valeriana officinalis.
Gemeiner Bärenklau ↗ Heracleum sphondylium.
Gemeiner Beifuß ↗ Artemisia vulgaris.
Gemeiner Bocksdorn ↗ Lycium barbarum.
Gemeiner Brotschimmel ↗ Rhizopus-Arten.
Gemeiner Dill ↗ Anethum graveolens.
Gemeiner Dost ↗ Origanum vulgare.
Gemeiner Eppich ↗ Apium graveolens.
Gemeiner Erdrauch ↗ Fumaria officinalis.
Gemeiner Fenchel ↗ Foeniculum vulgare.
Gemeiner Frauenmantel ↗ Alchemilla xanthochlora.
Gemeiner Froschlöffel ↗ Alisma plantago-aquatica.
Gemeiner Goldregen ↗ Laburnum anagyroides.
Gemeiner Hafer ↗ Avena sativa.
Gemeiner Kümmel ↗ Carum carvi.
Gemeiner Kürbis ↗ Cucurbita pepo.
Gemeiner Löwenzahn ↗ Taraxacum officinale.
Gemeine Roßkastanie ↗ Aesculus hippocastanum.
Gemeiner Pastinak ↗ Pastinaca sativa.
Gemeiner Schneeball ↗ Viburnum-Arten.
Gemeiner Seestern ↗ Asterias rubens.
Gemeiner Stechapfel ↗ Datura-Arten.
Gemeiner Thymian ↗ Thymus-Arten.
Gemeiner Tintenfisch ↗ Sepia officinalis.
Gemeiner Wasserandorn ↗ Lycopus-Arten.
Gemeiner Wassernabel ↗ Hydrocotyle vulgaris.
Gemeiner Weizen ↗ Triticum aestivum.
Gemeiner Wurmfarn ↗ Dryopteris filix-mas.
Gemeiner Zimt ↗ Cinnamomum-Arten.
Gemeine Schafgarbe ↗ Achillea-Arten.
Gemeine Siegwurz ↗ Gladiolus communis.
Gemeines Immergrün ↗ Vinca minor.
Gemeines Katzenpfötchen ↗ Antennaria dioica.
Gemeines Kreuzkraut ↗ Senecio-Arten.
Gemeines Labkraut ↗ Galium album.
Gemeines Moschuskraut ↗ Adoxa moschatellina.
Gemeines Schneeglöckchen ↗ Galanthus-Arten.
Gemeines Schöllkraut ↗ Chelidonium majus.
Gemeines Seifenkraut ↗ Saponaria officinalis.
Gemeines Spitzklettenkraut ↗ Xanthium strumarium.
Gemeines Steckenkraut ↗ Ferula communis.
Gemeines Süßholz ↗ Glycyrrhiza glabra.
Gemeine Waldrebe ↗ Clematis-Arten.
Gemeine Weißwurz ↗ Polygonatum odoratum.
Gemeine Wolfsmilch ↗ Euphorbia-Arten.
Gemmae, lat. Knospen.
Gemmae Capparidis ↗ Capparis spinosa.
Gemmae Populi ↗ Populus-Arten.
Gemmae Sophorae ↗ Sophora japonica.
Gemmae Sophorae japonicae ↗ Sophora japonica.

Gemmingia chinensis ↗ Belamcanda chinensis.
Gemüsefenchel ↗ Foeniculum vulgare.
Gemüsejute ↗ Corchorus-Arten.
Gemüsekohl ↗ Brassica-Arten.
Gemüse-Rhabarber ↗ Rheum-Arten.
Genin ↗ Glykoside.
Genippkraut ↗ Achillea-Arten
Genista angulata ↗ Cytisus scoparius.
Genista depressa ↗ Genista tinctoria.
Genistae tinctoriae herba ↗ Genista tinctoria.

■ **Genista germanica** L.
(syn. *Genista villosa, Cytisus germanicus*); Deutscher Ginster.

Fam.: Fabaceae (Leguminosae).

Vork.: Europa.

Droge: Blätter und Samen. *Inh.:* Spartein (0,2–0,3 %), Bitterstoffe, Scoparin, äther. Öl, Gerbstoffe, Wachs: in den Samen auch ↗ Cytisin. *Anw.:* in der Volksheilkunde früher bei Diarrhoe und Blutungen.

Genista glabra ↗ Cytisus scoparius.
Genista hirsuta ↗ Cytisus scoparius.
Genista hungarica ↗ Genista tinctoria.
Genista laburnum ↗ Laburnum anagyroides.
Genista marginata ↗ Genista tinctoria.
Genista mayeri ↗ Genista tinctoria.
Genista ovata ↗ Genista tinctoria.
Genista patula ↗ Genista tinctoria.
Genista scoparia ↗ Cytisus scoparius.
Genista scoparius ↗ Cytisus scoparius.
Genista tanaitica ↗ Genista tinctoria.
Genista tetragona ↗ Genista tinctoria.

■ **Genista tinctoria** L.
(syn. *Cytisus tinctorius, Genista depressa, G. hungarica, G. marginata, G. mayeri, G. ovata, G. patula, G. tanaitica, G. tetragona, Genistoides tinctoria, Spartium tinctorium*); Färberginster (syn. Farbkraut, Gilbkraut, Grünholz, Rohrheide), s. Farbtafel S. 307, Bild 158.

Fam.: Leguminosae.

Vork.: Mittel- und Osteuropa, von Schottland und Estland bis ins Mittelmeergebiet.

Droge: ***Genistae tinctoriae herba*** (syn. *Herba Genistae tinctoriae, Herba Genistae tinctoriae cum floribus*); Färberginsterkraut (syn. Ginsterkraut), die getrockneten, oberirdischen grünen Teile und die Blütenstände (inklusive grüne Früchte). *Inh.:* phenolische Verbindungen (2,1–2,8 %, v. a. Luteolin und Derivate, ↗ Genistein, Genistin, Gerbstoffe), Alkaloide (0,3–0,8 %, v. a. Anagyrin, Cytisin, *N*-Methylcytisin, wenig Lupanin, Spartein, Tinctorin und Ammodendrin als Nebenalkaloide), Spuren von äther. Öl. *Anw.:* zur Erhöhung der Harnmenge sowie zur unterstützenden Behandlung von Erkrankungen, bei denen eine erhöhte Harnbildung erwünscht ist (z. B. Harngrieß, Vorbeugung von Harnsteinen). In der Volksheilkunde wird die Droge zur Entwässerung und als Verdauungsstimulator sowie bei Leber-, Gallen-, Lungenleiden, Nierensteinen, Frakturen, Gicht, Rheuma, Ekzemen und Geschwüren eingesetzt. Die Blüten wurden früher zum Gelbfärben und zur Herstellung des Schüttgelbs verwendet.

Hom.: ***Genista tinctoria*** HAB1, die frischen, oberirdischen Teile blühender Pflanzen. *Anw.-Geb.:* bei Erkrankungen des zentralen Nervensystems, bei Magen-, Darm- und Hautleiden.

Genista villosa ↗ Genista germanica.
Genista vulgaris ↗ Cytisus scoparius.

■ **Genistein**
(5,7,4′-Trihydroxyisoflavon), Isoflavon. *Wirk.:* zytotoxischer Hemmer von Tyrosin-Kinasen und der Topoisomerase-II-Kinase. *Anw.:* in der experimentellen Pharmakologie.

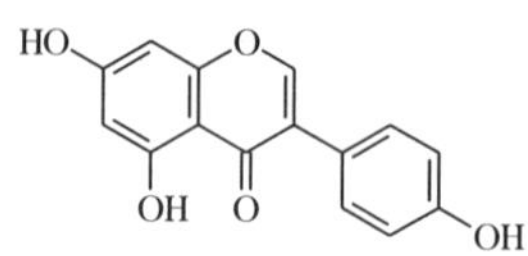

Genistein

Genistoides tinctoria ↗ Genista tinctoria.

■ **Gentamicine**
Trimerengemisch aus der Gruppe der Aminoglykosidantibiotika, das von Micromonospora-Arten (z. B. Micromonospora purpurea, M. echinospora, M. carbonacea, M. halophytia) gebildet wird. Das handelsübliche Gentamicin enthält 16 eng verwandte Verbindungen. Als Arzneimittel wird Gentamicinsulfat genutzt, das zu 25–50 % aus Gentamicin C1, zu 10–35 % aus Gentamicin C1a (Gentamicin D) und zu 25–55 % aus Gentamicin C2 besteht. *Anw.:* Behandlung von schweren systemischen Erkrankungen mit gramnegati-

ven Bakterien, z. B. bei Endokarditis, Septikämie und Pyelonephritis. Auch lokal kommen G. zur Anwendung bei Augeninfektionen, infizierten Wunden, Weichteil- und Knocheninfektionen.

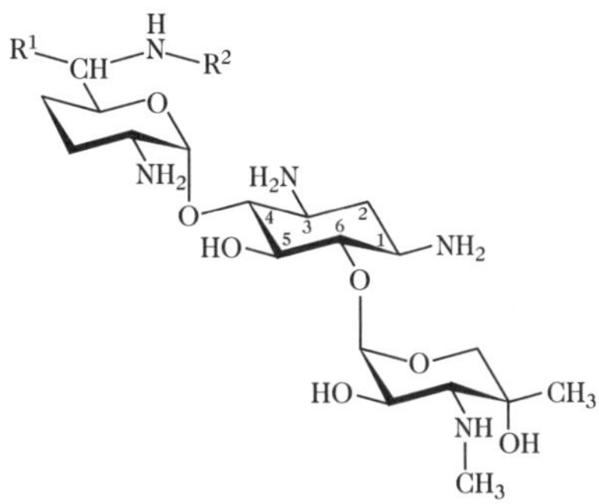

	R^1	R^2
Gentamicin C_1	CH_3	CH_3
Gentamicin C_{1a}	H	H
Gentamicin C_2/C_{2a}	CH_3	H
Gentamicin C_{2b}	H	CH_3

Gentialutin

Alkaloid aus ↗ Gentiana-Arten, entsteht vermutlich während der Trocknung und Bearbeitung der Drogen als Artefakt.

Gentiana amarella ↗ Gentianella amarella.

Gentiana-Arten

- **Fam.:** Gentianaceae.
- **Gentiana asclepiadea** L. (syn. *Coelanthe asclepiadea, Dasystephana asclepiadea, Pneumonanthe asclepiadea*); Schwalbenwurz-Enzian (syn. Würger-Enzian), s. Farbtafel S. 307, Bild 159.

Vork.: Mittel- und südeuropäische Gebirge, v. a. Alpenregion, Riesengebirge, Apennin, Balkan, Karpaten. Die Pflanze steht unter Artenschutz.

Droge: ***Gentianae radix***; *Gentiana-asclepiadea*-Wurzel, die getrockneten Wurzeln. *Inh.*: Gentiopicrosid und 6′-*O*-*β*-D-Glucosylgentiopicrosid. *Anw.*: als Bitterstoffdroge früher eingesetzt, heute eher als Verfälschung von Gentiana lutea zu betrachten.

- **Gentiana cruciata** L. (syn. *Hippion cruciatum, Tretorrhiza cruciata*); Kreuz-Enzian. Die Pflanze steht unter Artenschutz.

Vork.: Europa, Westasien.

Inh.: in den Wurzeln Gentiopicrosid; in Blättern und Stengeln Spuren an Gentiopicrosid sowie Magniferin, Isovitexin, Isoorientin und deren Glykoside.

Hom.: ***Gentiana cruciata*** HAB34, die frisch geernteten unterirdischen Organe. *Anw.-Geb.*: früher bei Tollwut empfohlen, aber keine Wirksamkeit dafür nachgewiesen.

- **Gentiana lutea** L. (syn. *Asterias lutea, Swertia lutea*); Gelber Enzian; s. Farbtafel S. 307, Bild 160.

Vork.: Mittel- und südeuropäische Gebirge, z. B. Pyrenäen, Alpen, Jura, Vogesen, Schwarzwald, Apennin, Sardinien, Korsika, Balkan, Karpaten. Die Pflanze steht unter Artenschutz. Für arzneiliche Zwecke angebaut in Frankreich, Deutschland, Spanien, Italien, Rumänien und Rußland.

Droge: ***Gentianae radix*** (syn. *Radix Gentianae*); Enzianwurzel (syn. Bitterwurzel, Fieberwurzel, Hochwurzel), die getrockneten, unterirdischen Organe der Pflanze; s. Farbtafel S. 307, Bild 161. *Inh.*: Bitterstoffe (↗ Gentianaceenbitterstoffe), Kohlenhydrate (30–55 %, v. a. Glucose, Fructose, Saccharose, Gentiobiose, Gentianose, 3–11 % Pektine), Xanthone (u. a. Gentisin,

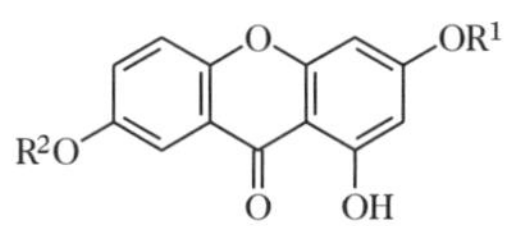

Gentisin: $R^1 = CH_3$, $R^2 = H$
Isogentisin: $R^1 = H$; $R^2 = CH_3$
Gentiosid: R^1 = Primverosyl, $R^2 = CH_3$
(Primverose: 6-*O*-*β*-D-Xylopyranosyl)-D-glucopyranose)

Isogentisin, Methylgentisin, Gentisein, Gentiosid), wenig äther. Öl. *Anw.*: bei Magenbeschwerden infolge geringer Magensaftproduktion, zur Appetitanregung, Verdauungsbeschwerden, Völlegefühl, Blähungen. In der Volksheilkunde wird die Droge v. a. bei Magen-Darm-Beschwerden verwendet, aber auch als Bestandteil von Tonika (z. B. im Schwedenbitter) und Magentees. Die Wirksamkeit gegen Fieber konnte nicht nachgewiesen werden. Besonders in den Alpen und im Jura wird die Droge zur Herstellung von Enzian-Branntwein (Enzler) verwendet. Dabei werden die

Zucker der frisch geernteten Wurzel vergoren, der Branntwein wird als Destillat gewonnen. Die Bitterstoffe spielen dabei keine Rolle, da sie nicht ins Destillat übergehen. Aperitif-Getränke (Alpenbitter) enthalten Drogen-Extrakte, meist im Gemisch mit anderen Bitterstoffdrogen.

Hom.: *Gentiana lutea* HAB1, die frischen, unterirdischen Teile. Anw.-Geb.: Verdauungsstörungen.

● **Histor.:** Die medizinische Verwendung der Enzianwurzel als Bittermittel geht bis in die römische Kaiserzeit zurück. Im 15. Jh. wurde die Wurzel als Quellstift zur Erweiterung von Wundkanälen gebraucht und erst im 19. Jh. durch die stärker quellenden Laminariastifte verdrängt. Wie andere bitteren Drogen galt Enzian früher als Fiebermittel. Nach ↗ Dioskurides soll der Gattungsname nach dem illyrischen König Gentis benannt worden sein, der sie als Mittel gegen Pest empfohlen haben soll. Die verschiedenen Artnamen der Gattung weisen meist auf äußere Besonderheiten hin, z. B. *asclepiadea* (*Asclepias*-ähnlich) oder *lutea* (gelbblühend). Ausführlich beschrieben und empfohlen, bes. bei Magen- und Leberleiden, wird der Enzian von ↗ Dioskurides und ↗ Plinius, wobei Plinius berichtet, daß der beste Enzian in Illyrien wächst. Es kann als sicher angenommen werden, daß es sich um den gelben Enzian gehandelt hat. ↗ Galen empfahl ihn besonders als Mittel gegen Gicht. Auch die Kräuterbücher des Mittelalters widmen dem Enzian breiten Raum und empfehlen ihn geradezu als Universalmittel, wobei allerdings die Meinung, daß bittere Arznei prinzipiell besonders wirksam sei, einst weit verbreitet war.

Gentiana axillaris ↗ Gentianella amarella.

■ **Gentianaceenbitterstoffe**
Bitterstoffe aus ↗ Gentiana-Arten, die zur Gruppe der Secoiridoidglykoside gehören. Dazu zählen Gentiopicrosid (Gentiopikrin), Amarogentin (bitterste Verbindung aus Gentiana-Arten), Amaropanin und Amaroswerin (Formeln s. rechts).

Gentiana chirayta ↗ Swertia chirata.
Gentianae radix ↗ Gentiana-Arten.
Gentiana peruviana ↗ Centaurium chilensis.
Gentiana quinqueflora ↗ Gentianella quinquefolia.
Gentiana quinquefolia ↗ Gentianella quinquefolia.
Gentiana verticillata ↗ Enicostema littorale.

■ **Gentianella amarella** (L.) Börner
(syn. *Gentiana amarella, Gentiana axillaris*); Bitterer Enzian.

Fam.: Gentianaceae.

Vork.: montane und subalpine Pflanze Europas, Sibiriens, Nordamerikas. Inh.: Bitterstoffe (Gentiopicrosid.

Hom.: *Gentiana amarella* HAB34, die frischen Wurzeln.

■ **Gentianella quinquefolia** (L.) Small
(syn. *Gentiana quinqueflora, Gentiana quinquefolia*).

Fam.: Gentianaceae.

Vork.: Nordamerika. Inh.: nicht bekannt.

Hom.: *Gentiana quinqueflora* HAB34, die frische, blühende Pflanze.

Gentiobiose ↗ Gentiana-Arten.
Gentiopikrin ↗ Gentianaceenbitterstoffe.
Geoffraea inermis ↗ Andira-Arten.
Geoffraea jamaicensis ↗ Andira-Arten.
Geoffraearinde ↗ Geoffraea surinamensis.

■ **Geoffraea surinamensis** .

Fam.: Papillonaceae (Leguminosae).

Vork.: tropisches Südamerika.

Droge: *Cortex Geoffraeae*; Geoffraearinde, die Rinde der Stämme und Äste. Inh.: Gerbstoffe, *N*-Methylthyrosin. Anw.: in der Volksheilkunde als Vermifugum.

Geoffreae retusa ↗ Andira-Arten.

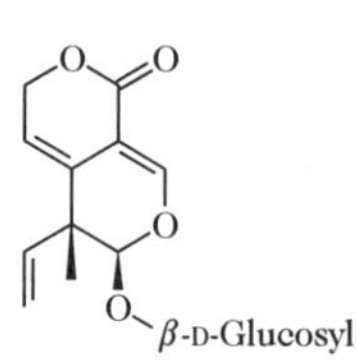

Gentiopicrosid

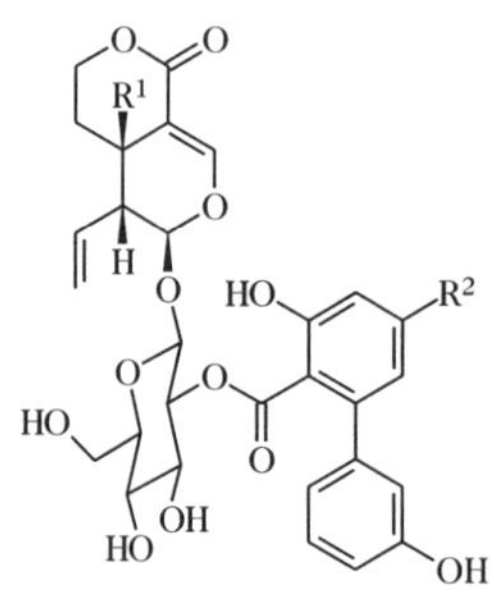

Amaropanin:
$R^1 = H, R^2 = H$
Amarogentin:
$R^1 = H, R^2 = OH$
Amaroswerin:
$R^1 = OH, R^2 = OH$

Geoffroyrinde ↗ Andira-Arten.
Geophila semilanceata ↗ Psilocybe-Arten.
Georgina coccinea ↗ Dahlia pinnata.
Gerader Ziest ↗ Sideritis-Arten.
Geranial ↗ ätherische Öle.
Geranii Robertiani herba ↗ Geranium robertianum.
Geraniol ↗ ätherische Öle.
Geranium cicutarium ↗ Erodium cicutarium.
Geranium foetidum ↗ Geranium robertianum.
Geranium grandiflorum ↗ Geranium sanguineum.
Geraniumgras ↗ Cymbopogon-Arten
Geranium graveolens ↗ Geranium robertianum.

■ **Geranium maculatum** L.
Gefleckter Storchschnabel (syn. Storchschnabel).

Fam.: Geraniaceae.

Vork.: USA, von Neufundland bis Manitoba und südlich bis Georgia und Missouri.

Drogen: ***1. Geranium-maculatum-Kraut***, die getrockneten, oberirdischen, zur Blütezeit gesammelten Teile. Inh.: Gerbstoffe (27,5 % Galloylester, 10,5 % Hexahydroxydiphenylglucose), Spuren von Procyanidinen. Anw.: äußerlich als Adstringens zur Blutstillung und Förderung der Wundheilung. Innerlich bei Durchfall, Hämorrhoiden, Duodenumgeschwüre, verstärkter Monatsblutung. Die Wirksamkeit bei innerlicher Anwendung ist nicht belegt. ***2. Radix Geranii maculati***; *Geranium-maculatum*-Wurzel (syn. Alaunwurzel, Storchschnabelwurzel), der getrocknete Wurzelstock. Inh.: Gerbstoffe (10–28 %, u. a. Gallussäurederivate), Gallussäure. Anw.: s. *Geranium-maculatum*-Kraut.

Hom.: ***Geranium maculatum*** HAB34, der frische Wurzelstock. Anw.-Geb.: Schleimhautblutungen, Magengeschwüre, Gerinnungsschwäche.

Geranium moschatum ↗ Erodium moschatum.
Geranium odoratissimum ↗ Pelargonium-Arten.
Geraniumöl ↗ Pelargonium-Arten.

■ **Geranium robertianum** L.
(syn. *Geranium foetidum, G. graveolens, G. robertiella robertianum, G. robertium vulgare, G. rubellum, G. rupertianum*); Ruprechtskraut (syn. Bockskraut, Gottesgnadenkraut, Robertskraut, Rotlaufskraut, Stinkender Storchschnabel).

Fam.: Geraniaceae.

Vork.: von Europa bis China, Japan, Nord- und Mittelamerika, Nordafrika.

Droge: ***Geranii Robertiani herba*** (syn. *Herba cum pastoris, Herba divi Ruperti, Herba Geranii chelidonii s. gruinalis s. hirundinarii v. vulnerarii, Herba Geranii robertiani, Herba Gratiae Dei, Herba Robertiani, Herba rostrum ciconiae, Herba Ruperti*); Ruprechtskraut (syn. Blutkraut, Bockkraut, Gottesgnadenkraut, Rotlaufkraut, Storchschnabelkraut), die getrockneten, während der Blütezeit gesammelten oberirdischen Teile. Inh.: Flavonoide (v. a. Rutosid, Hyperosid, Isoquercitrin und andere Quercetin bzw. Kämpferolglykoside, u. a. Astragalin und Spiraeosid), Gerbstoffe (ca. 5–14 %, Galloylglucose-Derivate, Ellagitannine), Citronensäure, Äpfelsäure, Maltol, Vitamin C, Geraniin (Bitterstoff) und äther. Öl. Anw.: in der Volksheilkunde innerlich gegen Durchfall, Nieren- und Blasenentzündungen, bei Steinleiden. Äußerlich wird die Droge bei Hautausschlägen, schlecht heilenden Wunden sowie Entzündungen in der Mundhöhle eingesetzt. Die Wirksamkeit bei innerlicher Anwendung ist mit Ausnahme der Verwendung bei Durchfall nicht belegt bzw. plausibel.

Hom.: ***Geranium robertianum*** HAB1, die frischen, zur Blütezeit gesammelten, oberirdischen Teile. Anw.-Geb.: als Adstringens, bei chronischen Entzündungen.

Histor.: Die heute nur selten genutzte Droge wurde im Mittelalter sehr häufig verwendet und ist in allen klassischen Kräuterbüchern beschrieben. Eingesetzt wurde sie v. a. gegen Hämaturie, Lithiasis und bei chronischem Bronchialkatarrh sowie zur Behandlung von Wunden und Geschwüren. Der Gattungsname *Geranium* wurde bereits bei ↗ Dioskurides genutzt und leitet sich wegen der Form der Frucht vom griechischen *geranion* (Diminutiv von *geranos* = Kranich) ab. Die auch in den Kräuterbüchern des 16. Jh. geführte Droge mit dem Artnamen *robertianum* weist auf den heiligen Robert oder Ruprecht hin, der ihren medizinischen Gebrauch gelehrt haben soll.

Geranium robertiella robertianum ↗ Geranium robertianum.
Geranium robertium vulgare ↗ Geranium robertianum.
Geranium rubellum ↗ Geranium robertianum.
Geranium rupertianum ↗ Geranium robertianum.

■ **Geranium sanguineum** L.
(syn. *Geranium grandiflorum*); Blutroter Storchschnabel (syn. Blutkraut).

Fam.: Geraniaceae.
Vork.: Europa.
Droge: ***1. Herba Sanguinariae***, das Kraut. Inh.: Gerbstoffe (ca. 12 %), organische Säuren. Anw.: s. *Radix Sanguinariae*. ***2. Radix Sanguinariae***, die Wurzeln. Inh.: Gerbstoffe (bis zu 29 %), organische Säuren, Bitterstoffe, wie Geraniin (ca. 3 %), Harz. Anw.: in der Volksheilkunde als Antidiarrhoikum, zur Wundbehandlung und bei Geschwüren.

Gerberakazie ↗ Acacia-Arten.
Gerberbaumblätter ↗ Cotinus coggygria.
Gerbermyrte ↗ Myrica gale.
Gerblerz suffruticosa ↗ Securinega suffruticosa.
Gerbsäure ↗ Gerbstoffe.

■ Gerbstoffe

allgemein Substanzen, die die Fähigkeit besitzen, mit Proteinen unlösliche Komplexe zu bilden. Sie sind daher in der Lage, mit den Eiweißen tierischer Häute unlösliche Verbindungen zu bilden, d. h. diese in Leder umzuwandeln. Die pflanzlichen G. besitzen stets adstringierende Eigenschaften, die ebenfalls durch die Reaktion mit den Eiweißen zustande kommen. Die Stärke der Affinität der Proteine zu den Gerbstoffen ist abhängig von der Höhe der Molekulargewichte, der Konformation und der Zusammensetzung des Eiweißes, bes. von der Höhe des Gehaltes an Prolin oder anderen hydrophoben Aminosäuren. G. sind in Samenpflanzen weit verbreitet. Pharmazeutisch genutzte Gerbstoffdrogen liefern bes.

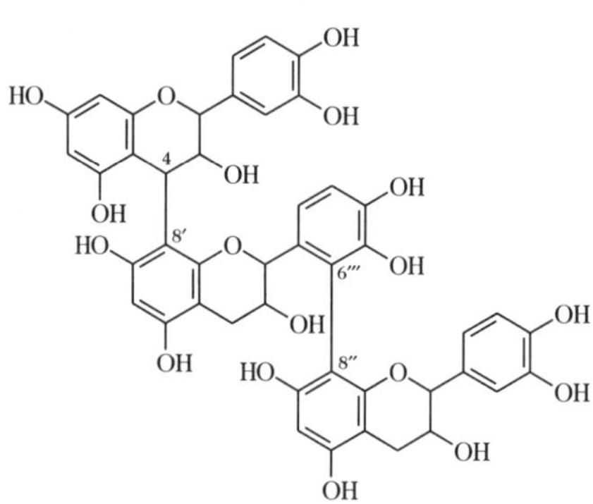

Durch Reaktionen vom Typ der Kondensation (C-4 → C-8′) und Oxidation (C-6‴ → C-8″) aufgebautes Gerbstoffmolekül in der Eichenrinde

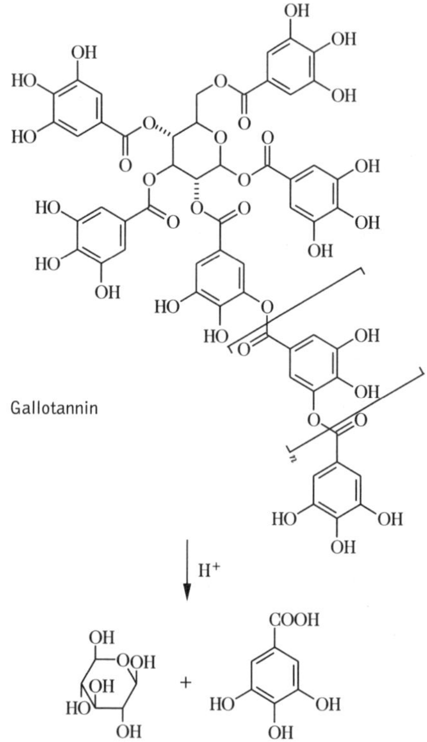

Gallotannin

Glucose Gallussäure

die Gattungen *Agrimonia*, *Alchemilla*, *Hamamelis*, *Juglans*, *Krameria*, *Polygonum*, *Potentilla*, *Prunus*, *Quercus*, *Rubus*, *Syzygium* und *Vaccinium*. Im chemischen Aufbau sind G. Polyphenole. Entsprechend der Struktur der G. unterteilt man diese in die Catechingerbstoffe in die hydrolysierbaren Gerbstoffe, die sog. Gallotannine (Gerbsäure, Tannin), Ellagitannine sowie in die Lamia-

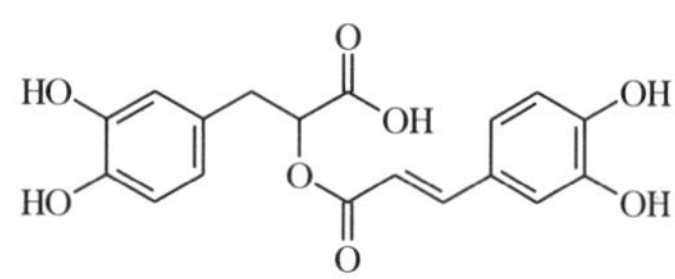

Rosmarinsäure

ceen-Gerbstoffe, u. a. Rosmarinsäure. Wirk.: G. sind Zellgifte. Sie inaktivieren Enzyme und sind Resistenzfaktoren gegen Fäulniserreger. Auf Schleimhäuten verfestigen G. auf Grund ihrer adstringierenden Eigenschaften das kolloidale Gefüge der obersten Gewebsschichten. Kleine Blutkapillaren werden u. a. abgedichtet und eine gegen bakterielle Einwirkung sowie chemische oder mechanische Reize schützende Membran wird gebildet. Sie wirken dadurch entzündungswidrig, reizmildernd und lokalanästhetisch. Sie schränken ferner die Drüsensekretion der Haut und Schleimhaut ein. *Anw.:* äußerlich bei Entzündungen des Mund- und Rachenraumes, u. a. Stomatitis und Gingivitis, lokalen Blutungen, zur Wundbehandlung, bei Dermatiden, Hautjucken, Hämorrhoiden und Hyperhidrosis. Innerlich zur Einschränkung der Magensaftsekretion bei hyperacider Gastritis sowie als Antidiarrhoika.

Gerbstrauchblätter ↗ Coriaria myrtifolia.
Gereinigte Baumwolle ↗ Gossypium-Arten.
Gereinigter Parakautschuk ↗ Hevea brasiliensis.
Gereinigtes Terpentinöl ↗ Pinus-Arten.

■ Geriatrika

Arzneimittel, die der Behandlung von Altersbeschwerden dienen bzw. zur Prophylaxe und Therapie des frühzeitigen Alterns zum Einsatz kommen. Ihre Wirksamkeit ist oft zweifelhaft und wird mit einem ↗ Placebo-Effekt in Zusammenhang gebracht.

Geröstete Eicheln ↗ Quercus-Arten.
Gerösteter Blasentang ↗ Fucus-Arten.
Gerste ↗ Hordeum vulgare.
Gerstenmalz ↗ Hordeum vulgare.
Gerstenmehl ↗ Hordeum vulgare.
Gerstenstärke ↗ Hordeum vulgare.
Gesägtblättriger Bukkostrauch ↗ Barosma-Arten.
Geschälte Gerste ↗ Hordeum vulgare.

■ Getreidekeimöl

das aus Getreidekeimen kalt gepreßte fette Öl. So enthalten Weizenkeime ca. 6–9 %, Roggenkeime 10–12 %, Reiskeime ca. 24 % und Maiskeime 30–50 % fettes Öl. Besonders wertvoll ist Weizenkeimöl, da es reich an Vitaminen ist (v. a. Vitamin E, A, B_1, B_2, B_6, Panthothensäure) und essentielle Fettsäuren enthält. *Anw.:* in der Diätetik als Vitaminspender, als Bestandteil von Wundsalben, Hautölen und kosmetischen Produkten.

■ Geum-Arten

● **Fam.:** Rosaceae.

● **Geum rivale** L. (syn. *Caryophyllata aquatica, C. rivalis, Geum nutans*); Bachnelkenwurz (syn. Blutströpfchen).

Vork.: Europa, gemäßigtes Asien und Nordamerika.

Droge: ***Caryophyllatae aquaticae rhizoma*** (syn. *Radix Caryophyllatae aquaticae, Rhizoma Caryophyllatae aquaticae*); Bachnelkenwurz (syn. Sumpfnelkenwurz, Ufernelkenwurz, Wasserbenediktenwurzel, Wassernelkenwurz), die getrockneten unterirdischen Teile. *Inh.:* äther. Öl, v. a. Eugenol, Gerbstoffe (ca. 15–27 %), Gein, Phloroglucin. *Anw.:* in der Volksheilkunde innerlich bei Durchfallerkrankungen, Verdauungsstörungen und Appetitlosigkeit sowie bei Husten. Auch als Gurgelmittel bei Entzündungen des Mund-und Rachenraumes soll die Droge wirksam sein.

Hom.: ***Geum rivale*** HAB34; Nelkenwurz, die frischen blühenden Pflanzen.

● **Geum urbanum** L. (syn. *Caryophyllata officinalis, C. urbana, C. vulgaris, Geum caryophyllata*); Echte Nelkenwurz (syn. Buschnelkenwurz, Heil-aller-Welt, Märzwurz, Mauernelkenwurz, Nelkenwurz), s. Farbtafel S. 307, Bild 162.

Vork.: Mittel- und Südeuropa, Mittelasien, Nordamerika.

Drogen: ***1. Caryophyllatae herba*** (syn. *Gei urbani herba, Herba Gei urbani*); Nelkenwurzkraut (syn. Benediktenkraut, Wahres Benediktenkraut), das getrocknete blühende Kraut. *Inh.:* Gerbstoffe (ca.20 % in den Blättern und ca. 4 % in den Stengeln), Citronen- und Äpfelsäure, Sesquiterpene (noch nicht sicher nachgewiesen). *Anw.:* in der Volksheilkunde innerlich bei Durchfallerkrankungen, Verdauungsbeschwerden, Fieber sowie Nerven- und Muskelschmerzen. Äußerlich kommt die Droge als Badezusatz bei Hämorrhoiden zum Einsatz. Diese Wirksamkeiten sind nicht hinreichend belegt. ***2. Caryophyllatae rhizoma*** (syn. *Gei urbani radix, Radix Caryophyllati, Radix Gei urbani, Radix Sanamundae*); Nelkenwurzel (syn. Benediktenwurzel, Igelkrautwurzel, Märzwurzel, Nardenwurzel, Weinwurzel), die getrockneten unterirdischen Teile. *Inh.:* äther. Öl (bis ca. 0,15 %, v. a. Eugenol, daneben *cis*-Myrtanal, *trans*-Myrtenal, *trans*-Myrtanol), Gerbstoffe (ca. 18 %, daneben die Vorstufen Catechin, Gallussäure, Ellagsäure, 6-Galloylglucose), Kohlenhydrate, Gein, organische Säuren. *Anw.:* in der Volksheilkunde innerlich bei

Durchfallerkrankungen, Verdauungsstörungen und Appetitlosigkeit. Äußerlich wird die Droge bei Schleimhaut- und Zahnfleischentzündungen, als Gurgelmittel für Hals und Rachen sowie bei Frostbeulen und als Badezusatz bei Hämorrhoiden und Hautausschlägen verwendet. Früher wurde die Droge auch als Ersatz für Gewürznelken in der Likörindustrie und in der Kosmetik in Zahnpasten und Mundwässern eingesetzt.

Hom.: ***1. Geum urbanum*** HAB1, die getrockneten unterirdischen Teile. *Anw.-Geb.:* Entzündungen der Harnblase und Harnröhre, Erkrankungen des Magen-Darm-Traktes und der Niere. ***2. Geum urbanum, äthanol. Decoctum*** HAB1, die frischen unterirdischen Teile. *Anw.-Geb.:* anthroposophische Therapierichtung.

● **Histor.:** Die Gattungsbezeichnng wird etymologisch auf das griechische *geuein* (schmecken) zurückgeführt und weist auf den aromatischen Geruch der Wurzel hin. Die Artnamen beziehen sich auf die bevorzugten Standorte, nämlich *urbanus* (städtisch, an Mauern wachsend) und *rivalis* (am Bach vorkommend).

Geum caryophyllata ↗ Geum-Arten.
Geum nutans ↗ Geum-Arten.

■ Gewebekulturen

Ausgangspunkt für pflanzliche *in-vitro*-Zellsysteme sind in der Regel Kalluskulturen, d. h. Zellwucherungen aus explantierten Organstücken, wie z. B. Stengelscheiben, Markstückchen. Daraus kann man mechanisch durch Schütteln oder enzymatisch durch Abbau der Zellwände Einzelzellen erhalten. Pflanzliche Zell- und Gewebekulturen sind meist heterotroph, sie brauchen neben bestimmten Mineralien Vitamine und eine organische Kohlenstoffquelle, meist Saccharose. Die Kulturen werden als Kalluskulturen auf Agar oder in Form von Suspensionen als kleine Gewebefragmente angezogen. Im Laufe der Entwicklung können sich daraus wieder vollständige Pflanzen regenerieren. Die pflanzlichen Gewebekulturen dienen der Forschung und der Züchtung neuer Sorten von Kultur-, Nutz- und Heilpflanzen. Auch Versuche zur biotechnischen Gewinnung von pflanzlichen Sekundärprodukten erfolgen hierbei in großem Umfang.

Gewitterblume ↗ Anagallis arvensis, ↗ Anemone nemorosa.
Gewöhnliche Birke ↗ Betula-Arten.
Gewöhnliche Goldrute ↗ Solidago-Arten.
Gewöhnlicher Dost ↗ Origanum vulgare.
Gewöhnlicher Flieder ↗ Syringa vulgaris.
Gewöhnlicher Gamander ↗ Teucrium-Arten.
Gewöhnlicher Kümmel ↗ Carum carvi.
Gewöhnlicher Schneeball ↗ Viburnum-Arten.
Gewöhnliche Sonnenblume ↗ Helianthus annuus.
Gewöhnliches Schöllkraut ↗ Chelidonium majus.
Gewöhnliche Ulme ↗ Ulmus-Arten.
Gewöhnliche Wegwarte ↗ Cichorium intybus.
Gewürzbeifuß ↗ Artemisia vulgaris.

■ Gewürze

überwiegend pflanzliche Drogen, die meist äther. Öl enthalten, wie Kümmel, Thymian oder Gewürznelken, mitunter auch Scharfstoffe, z. B. Paprika. Sie dienen dazu, die geschmackliche Eigenart von Speisen und Getränken zu verändern, einen erhöhten Genuß zu vermitteln bzw. die Verdauung zu fördern.

Gewürzfenchel ↗ Foeniculum vulgare.
Gewürzkalmus ↗ Acorus calamus.
Gewürzkörner ↗ Pimenta-Arten.
Gewürzlilie ↗ Kaempferia galanga.
Gewürznelken ↗ Syzygium-Arten.
Gewürznelkenbaum ↗ Syzygium-Arten.
Gewürzsafran ↗ Crocus sativus.
Gewürzstrauch ↗ Calycanthus floridus.
Gewürzsumach ↗ Rhus-Arten.
Gheebutter ↗ Diploknema-Arten.
Gichtbeeren ↗ Ribes nigrum.
Gichtkraut ↗ Gratiola officinalis, ↗ Chimaphila umbellata.
Gichtkrautsamen ↗ Hyoscyamus niger.
Gichtrose ↗ Paeonia officinalis.
Gichtrosensamen ↗ Paeonia officinalis.
Gichtrosenwurzel ↗ Paeonia officinalis.
Gichtrübe ↗ Bryonia-Arten.
Gichtstockwurzel ↗ Levisticum officinale.
Gichtwurz ↗ Dictamnus albus, ↗ Levisticum officinale.
Giersch ↗ Aegopodium podagraria.
Gießkannenschimmel ↗ Aspergillus-Arten.
Giftaron ↗ Dieffenbachia seguine.
Giftbaum ↗ Rhus-Arten.
Giftbaumblätter ↗ Rhus-Arten.
Giftbeere ↗ Solanum-Arten, ↗ Nicandra physaloides.
Giftbeerenkraut ↗ Nicandra physaloides.

Giftblume ↗ Anemone nemorosa, ↗ Colchicum autumnale.
Giftechse ↗ Heloderma horridum.
Gift-Efeu ↗ Rhus-Arten.
Giftesche ↗ Chionanthus virginicus, ↗ Rhus-Arten.
Gifthahnenfuß ↗ Ranunculus-Arten.
Giftheil-Eisenhut ↗ Aconitum-Arten.
Giftheit ↗ Aconitum-Arten.
Gifthonig ↗ Rhododendron-Arten.
Giftige Rebendolde ↗ Oenanthe crocata.
Giftiger Efeu ↗ Rhus-Arten.
Giftiger Täubling ↗ Russula emetica.
Giftiger Wassermerk ↗ Cicuta virosa.
Giftiger Wasserschierling ↗ Cicuta virosa.
Giftjasmin ↗ Gelsemium sempervirens.
Giftkorn ↗ Claviceps purpurea.
Giftlattich ↗ Lactuca virosa.
Giftmorchel ↗ Phallus impudicus.
Giftpetersilie ↗ Conium maculatum.

■ Giftpflanzen

Viele Pflanzen haben im Laufe ihrer Evolution Stoffe entwickelt, die auch ihrem Schutz gegen äußere Einflüsse, z. B. Schädlingsbefall, dienen. Diese können bei unsachgemäßem Gebrauch teilweise sehr toxisch sein. Der Verzehr der entsprechenden Pflanzenteile durch den Menschen kann mitunter zu lebensgefährlichen Vergiftungen führen. Auch gibt es zahlreiche Pflanzen, die bereits bei Berührung zu Hauterkrankungen

Tabelle 1: Giftpflanzen

Deutsche Bezeichnung	lateinische Bezeichnung	Giftstoff(e)
Toxische Gartenpflanzen		
Adonisröschen	*Adonis vernalis*	Cardenolide
Aralie	*Aralia spinosa*	unbekannt
Aronstab	*Arum* L.spec.	unbekannt
Berberitze	*Berberis vulgaris*	u. a. Berberin
Blasenstrauch	*Colutea* L.spec.	unbekannt
Seidelbast	*Daphne mezereum*	u. a. Mezerein
Rittersporn	*Delphinum* L. spec.	Alkaloide
Fingerhut, Roter	*Digitalis purpurea*	Cardenolide
Paffenhütchen	*Euonymus europaeus*	Cardenolide
Goldregen	*Laburnum anagyroides*	Alkaloide
Bocksdorn	*Lycium halimifolium*	Alkaloide
Rizinus	*Ricinus communis*	toxische Lectine (Ricin)
Robinie	*Robinia pseudacacia*	toxische Lectine
Eibe	*Taxus baccata*	Alkaloide
Toxische Zimmerpflanzen		
Flamingoblume	*Anthurium* Schott	u. a. Calciumoxalate
Klivie	*Clivia* Lindl.spec.	Alkaloide
Alpenveilchen	*Cyclamen* L. spec.	u. a. Saponine
Schweigrohr	*Dieffenbachia* Schott.sp.	u. a. Calciumoxalate
Oleander	*Nerium oleander*	Cardenolide
Giftprimel	*Primula obconica*	Primin

Tabelle 2: Giftpflanzen

Giftstoff	Pflanze	tödliche Dosis	Wirkung
Abrin	*Abrus precatorius*	LD_{50}(M i. p.)0,02 mg/kg	hemmt die Proteinbiosynthese, Gastroenteritis
Aconitin	*Aconitum*-Arten	LD_{50}(M i. v.) 0,16 mg/kg	erregend, danach lähmend auf ZNS
Adonitoxin	*Adonis vernalis*	LD_{50}(M)191 µg/kg	Herzglykosid
Allylsenföl	*Brassica nigra*	LD_{50} (M p. o.)108 mg/kg	schleimhautreizend
Atropin	*Atropa belladonna*	LD (H) 60–100 mg	Parasympatholytikum
Brucin	*Strychnos nux-vomica*	LDLo(H) 30 mg	Krampfgift
Cicutoxin	*Cicuta virosa*	LDLo (K p. o.) 7 mg/kg	Krampfgift
Colchicin	*Colchicum autumnale*	LD (H) 20 mg	Mitosehemmstoff, Kapillargift
Coniin	*Conium maculatum*	LD (H) 500 mg	Paralyse der motorischenn Nervenendigungen
Digitoxin	*Digitalis purpurea*	LD_{50} (K p. o.) 0,18 mg/kg	Herzglykosid
L-Hyoscyamin	u. a. *Hyoscyamus niger*	LD (H) 60–100 mg	Parasympatholytikum
Mescalin	*Lophora Williamsii*	LD_{50}(M i. p.) 212 mg/kg	halluzinogen, teratogen
Morphin	*Papaver somniferum*	LD_{50} (H) 300–500 mg	zentral analgetisch, Atemdepression
Nicotin	*Nicotiana tabacum*	LDLo (H) 40 mg	Ganglienblocker
Physostigmin	*Physostigma venenosum*	LD_{50} (M p. o.) 3 mg/kg	indirektes Parasympathomimetikum
Picrotoxin	*Anamirta cocculus*	LD_{50} (M i. p.) 4 mg/kg	zentrales Krampfgift
Ricin	*Ricinus communis*	LD_{50} (M i. v.) 12µg/kg	hemmt die Proteinbiosynthese
Spartein	*Cytisus scoparius*	LDLo (KA i. v.) 30 mg/kg	Herzlähmung
g-Strophanthin	*Strophanthus*-Arten	LD (K i. v.) 0,15 mg/kg	Herzlähmung
Strychnin	*Strychnos nux-vomica*	LDLo (H) 30 mg	Krampfgift
Tubocurarin	*Chondodendron*-Arten	LD (H) 50–120 mg	Paralyse der motorischen Nervenendigungen

Abkürzungen: K: Katze, M: Maus, H: Mensch, i. p.: intraperitoneal, LDLo: minimale letale Dosis

führen können. Man kennt über 1000 Pflanzen, die weit über 750 toxische Inhaltsstoffe produzieren und im engeren Sinne als Giftpflanzen bezeichnet werden können. Dabei gilt auch für diese Pflanzen, daß die Dosis die Toxizität bestimmt. Die Giftigkeit vieler Pflanzen war bereits im Altertum bekannt und wurde für Giftmorde (z. B. Eibe), Todesurteile (z. B. Gefleckter Schierling) oder auch zur Bereitung von Pfeilgiften (z. B. Strophanthussamen oder Curare) genutzt. Viele der Giftpflanzen werden in entsprechender Dosierung als Arzneipflanzen genutzt oder dienen heute zur Gewinnung wichtiger Arzneimittel, u. a. die Blätter des Roten Fingerhuts oder der Tollkirsche. Tabelle 1 enthält eine Auswahl der in Haus und Garten oft vorhandenen sog. Giftpflanzen. Im Vergleich zu Vergiftungen, die durch chemische Stoffe, insbes. Medikamente, Haushaltsprodukte und technische Stoffe hervorgerufen werden, ist die Zahl der Vergiftungen durch Pflanzen vergleichsweise gering. Sie liegt, auch hinsichtlich der registrierten Beratungsfälle durch die zuständigen Stellen, deutlich unter 10 % im Vergleich zu anderen Fällen. Dennoch registrierte allein die Berliner Beratungsstelle für Vergiftungen in den vergangenen 25 Jahren z. B. für die Eibe 2722 und für Goldregen 2131 Beratungen. Ergänzend zu den obigen Angaben enthält Tabelle 2 eine Auswahl wichtiger pflanzlicher Gifte.

Giftprimel ↗ Primula-Arten.

Giftsalat ↗ Lactuca virosa.

Giftsumach ↗ Rhus-Arten
Giftwicke ↗ Coronilla-Arten.
Giftwürze ↗ Angelica archangelica.
Giftwurzel ↗ Vincetoxicum hirundinaria.
Giftwüterich ↗ Cicuta virosa.
Gigartina mamillosa ↗ Gigartina stellata

■ **Gigartina stellata** (Stackh.) Batters
(syn. *Gigartina mamillosa*); Stern-Gigartina.
Fam.: Gigartinaceae.
Vork.: Küsten des Nordatlantiks von Marokko bis Norwegen, Nordamerika, Japan.
Droge: *Carrageen*; Irländische Alge. Inhaltsstoffe und Anwendung s. ↗ Carrageen.

Gila-Monster ↗ Heloderma horridum.
Gilatier ↗ Heloderma horridum.
Gilbkraut ↗ Genista tinctoria.
Gilbwurzel ↗ Curcuma-Arten.
Ginfer Ale ↗ Zingiber officinale.
Ginferwurzel ↗ Zingiber officinale.
Ginger Ale ↗ Zingiber officinale.
Gingergras ↗ Cymbopogon-Arten.
Gingerole ↗ Zingiber officinale.
Ginkgetin ↗ Ginkgo biloba.
Ginkgobaum ↗ Ginkgo biloba.

■ **Ginkgo biloba** L.
(syn. *Pterophyllus salisburiensis, Salisburia adiantifolia, S. macrophylla*); Ginkgobaum (syn. Elefantenohrbaum, Entenfußbaum, Fächerblattbaum, Mädchenhaarbaum, Tempelbaum), s. Farbtafel S. 308, Bild 163.
Fam.: Ginkgoaceae.
Vork.: Dieser zweihäusige, 30 bis 40 m hohe Baum kommt endemisch in Südostasien vor und ist Anfang des 18. Jh. in Europa eingeführt worden.
Drogen: *1. Ginkgo folium* (syn. *Folia Ginkgo, Ginkgo bilobae folium*); *Ginkgo-biloba*-Blätter (syn. Ginkgoblätter), die getrockneten Laubblätter. *Inh.:* Die Droge enthält 0,5–2 % Flavonolglykoside, v. a. Kämpferol-, Quercetin- und Isorhamnetinderivate, 0,4–2 % Biflavone, u. a. Amentoflavon, Bilobetin und Ginkgetin, 4–12 % Proanthocyanidine, komplexe Diterpenlactone (Ginkgolide), Bilobalid (Sesquiterpen), Ginkgolsäure sowie Polyprenole. *Anw.:* Extrakte aus der Droge werden zur Behandlung von Hirnleistungs- und Hirndurchblutungsstörungen in der

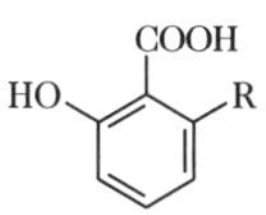

Ginkgolsäure: R = $(CH_2)_7$–CH=CH–$(CH_2)_5$–CH_3
Hydroginkgolsäure : R = $(CH_2)_{14}$–CH_3

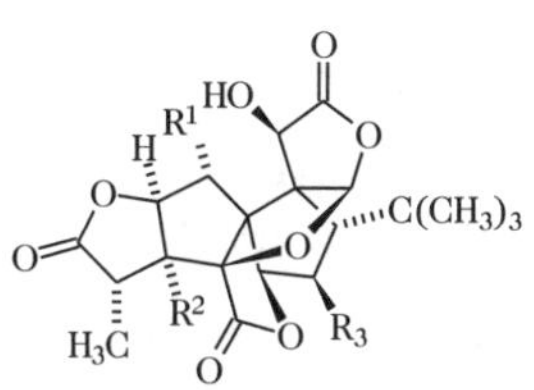

Ginkgolide	R^1	R^2	R^3
A	H	OH	H
B	OH	OH	H
C	OH	OH	OH
J	H	OH	OH
M	OH	H	OH

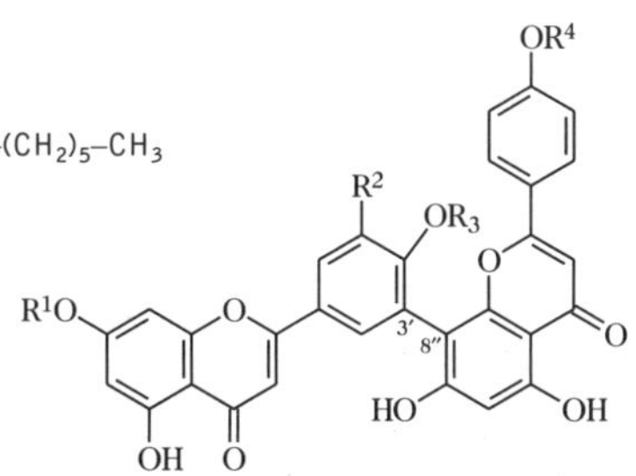

Bioflavone in *Ginkgo-biloba*-Blättern

	R^1	R^2	R^3	R^4
Amentoflavon	H	H	H	H
Bilobetin	H	H	CH_3	H
5'-Methoxybilobetin	H	OCH_3	CH_3	H
Ginkgetin	CH_3	H	CH_3	H
Isoginkgetin	H	H	CH_3	CH_3
Sciadopitysin	CH_3	H	CH_3	CH_3

Geriatrie eingesetzt. Dabei wird die durchblutungsfördernde und gefäßerweiternde Wirkung des komplexen Inhaltsstoffgemisches genutzt. Therapiert werden insbes. Patienten mit Demenzformen, depressiven Verstimmungen, Schwindel, Kopfschmerzen, Tinnitus sowie Durchblutungsstörungen in den Beinen („Schaufensterkrankheit"). *2. **Semen Ginkgo***; *Ginkgo-biloba*-Samen (syn. Ginkgonüsse, Ginkgosamen, fälschlicherweise auch Ginkgofrüchte). *Inh.:* Die harzig-fleischige Außenhaut enthält u. a. Ginkgolsäure, Ginkgol, Ginnol, Bilobol und 4-Methoxypyridoxin; die Samenanlage etwa 68 % Stärke, 13 % Proteine, Lipide und Pentosane. *Anw.:* In der traditionellen chinesischen Medizin werden Ginkgosamen bei Asthma, Tuberkulose sowie Nierenerkrankungen eingesetzt. Die Droge riecht wegen der enthaltenen Buttersäure stark ranzig. Darüber hinaus werden die gerösteten Samenanlagen in Ostasien als Delikatesse geschätzt.

Hom.: ***Gingko biloba*** HAB1; die frischen Blätter. *Anw.-Geb.:* bei Mandelentzündung, Kopfschmerz, Schreibkrämpfen.

Histor.: Der Ginkgobaum ist ein „lebendes Fossil", einzige Art einer rezenten Pflanzenfamilie, der in China und Japan als Tempelbaum seit Urzeiten kultiviert und für Heilzwecke eingesetzt wurde.

Ginkgo bilobae folium ↗ Ginkgo biloba.
Ginkgoblätter ↗ Ginkgo biloba.
Ginkgo folium ↗ Ginkgo biloba.
Ginkgolide ↗ Ginkgo biloba.
Ginseng ↗ Panax ginseng.
Ginseng quinquefolium ↗ Panax quinquefolius.
Ginseng radix ↗ Panax ginseng.
Ginsengwurzel ↗ Panax ginseng.
Ginsenoside ↗ Panax ginseng.
Ginster ↗ Cytisus scoparius, ↗ Ulex europaeus.
Ginsterkraut ↗ Genista tinctoria.
Gipskraut ↗ Gypsophila paniculata.
Githago segetum ↗ Agrostemma githago.
Gitoxin ↗ Digitalis-Arten
Gladiolus boucheamus ↗ Gladiolus palustris.

■ **Gladiolus communis** L.
Gemeine Siegwurz.

Fam.: Iridaceae.

Vork.: Mittel- und Südeuropa.

Droge: ***Bulbus Victorialis rotundae*** (syn. *Bulbus Gladioli, Radix Victorialis rotundae*); Runde Siegwurz (syn. Runder Allermannsharnisch, Weiblicher Allermannsharnisch). *Inh.:* äther. Öl, Ascorbinsäure, Saponine. *Anw.:* zur Behandlung einer Scrofulose als Vitamin-C-Spender, da die Blätter bis zu 1 % Ascorbinsäure enthalten.

Gladiolus foetidus ↗ Iris foetidissima.
Gladiolus paluster ↗ Gladiolus palustris.

■ **Gladiolus palustris** Gaud.
(syn. *Gladiolus boucheamus, G. paluster, G. pratensis*); Sumpfsiegwurz.

Fam.: Iridaceae.

Vork.: Mittel- und Südeuropa.

Droge: ***Bulbus Victorialis rotundae*** (syn. *Bulbus Gladioli*); Runde Siegwurz (syn. Runder Allermannsharnisch, Weiblicher Allermannsharnisch). *Inh.:* äther. Öl, Saponine *Anw.:* als Wundmittel in der Veterinärmedizin.

Histor.: Die Knolle galt im Mittelalter als Talisman gegen Verwundungen und sollte hieb- und stichfest machen.

Gladiolus pratensis ↗ Gladiolus palustris.
Glandes Quercus ↗ Quercus-Arten.
Glandes Quercus excorticatae ↗ Quercus-Arten.
Glandes Quercus tostae ↗ Quercus-Arten.
Glandulae Kamala ↗ Mallotus philippinensis.
Glandulae Lupuli ↗ Humulus lupulus.

■ **Glandulae parathyreoidea**
(syn. *Parathyreoidea*) HAB; die Nebenschilddrüsen von Schlachttieren. *Anw.-Geb.:* Calciumstoffwechselstörungen.

Glandulae Rottlerae ↗ Mallotus philippinensis.

■ **Glandulae suprarenalis HAB**
die Nebennieren von Schlachttieren.

■ **Glandulae thymi HAB**
die Thymusdrüsen von Schlachttieren.

Glänzender Lackporling ↗ Ganoderma lucidum.
Glanzpeterlein ↗ Aethusa cynapium.
Glanzpetersilie ↗ Aethusa cynapium.
Glaskraut ↗ Parietaria officinalis.
Glasschmalz ↗ Salicornia europaea.
Glatte Erle ↗ Alnus-Arten.
Glatter Sumach ↗ Rhus-Arten.
Glatter Wegdorn ↗ Rhamnus frangula.

■ **Glaucium corniculatum** (L.) Curt.
(syn. *Glaucium phoeniceum, Chelidonium corniculatum*); Roter Hornmohn.

Fam.: Papaveraceae.

Vork.: Mittelmeergebiete.

Droge: ***Herba Glaucii***; Hornmohnkraut. *Inh.:* Alkaloide (ca. 0,5 %), wie Corydin, Coptisin, Berberin, Isocorydin, Protopin, Sanguinarin, Chelidonin. *Anw.:* in der Volksheilkunde als Sedativum, bei Diabetes, Neurasthenie und als Diuretikum.

■ **Glaucium flavum** Crantz.
(syn. *Glaucium luteum, Chelidonium glaucium*); Gelber Hornmohn.

Fam.: Papaveraceae.

Vork.: Frankreich, Belgien, Holland.

Droge: *1.* die reifen Samen. *Inh.:* fettes, trocknendes Öl (30–35 %). *Anw.:* mitunter als Speiseöl, häufiger als Brennöl sowie zur Seifenherstellung. *2.* das Kraut. *Inh.:* Alkaloide, wie Glaucin, Dimethylglaucin, Magnoflorin, Gauflavin; Fumar- und Dioxymaleinsäure. *Anw.:* in der Volksheilkunde als Diuretikum, bes. bei Steinleiden.

Glaucium luteum ↗ Glaucium flavum.
Glaucium phoeniceum ↗ Glaucium corniculatum.
Glechomae hederaceae herba ↗ Glechoma hederacea.

■ **Glechoma hederacea** L.
(syn. *Calamintha hederacea, Chamaeclema hederacea, Nepeta glechoma, N. hederacea*); Gundermann (syn. Erdefeu, Gundelrebe).

Fam.: Lamiaceae (Labiatae).

Vork.: ganz Europa. Die Pflanze gilt als schwach giftig!

Droge: ***Glechomae hederaceae herba*** (syn. *Herba Glechomae*, *Herba Hederae terrestris*); Gundelrebenkraut (syn. Erdefeukraut, Gundermannkraut), die während der Blüte gesammelten und getrockneten oberirdischen Teile. *Inh.:* äther. Öl (maximal 0,03–0,06 %, v. a. Monoterpen-Ketone, daneben Sesquiterpene), Glechomafuran, Glechomanolid, Rosmarinsäure (ca. 1,5 %), Kaffeesäure, Ferulasäure, Sinapinsäure, Flavonoide (Cymarosid, Cosmosysrin, Hyperosid, Isoquercitrin, Luteolin-7-diglucosid), Triterpencarbonsäuren, u. a. α- und β-Ursolsäure und Oleanolsäure, Hydroxyfettsäuren. *Anw.:* in der Volksheilkunde bei Magen-Darm-Katarrhen, Durchfall, Husten und Bronchialleiden. Auch als Diuretikum und zur Wundheilung sowie bei Menstruationsbeschwerden wird die Droge verwendet. In Italien kommt die Gundelrebe bei Arthritis und Rheuma zum Einsatz.

Hom.: ***Glechoma hederaceae*** HAB34, die frischen, zur Blütezeit geernteten, oberirdischen Teile. *Anw.-Geb.:* Hämorrhoiden, Durchfall.

Histor.: Die Gundelrebe ist ein beliebtes Volksheilmittel und war bereits bei den Germanen eine geschätzte Heilpflanze, die bei Erkrankungen der Atemwege, der Verdauungswege, bei Blasen- und Steinleiden sowie bei Wechselfieber eingesetzt wurde. Der Gattungsname ist vom griechischen *glechon* abgeleitet, das dem antiken Namen für Poleiminze entspricht. Der Artname *hederacea* ist wegen der Efeu-ähnlichen Blätter vom lateinischen *hedera* (Efeu) übernommen.

Gleditschia triacanthos ↗ Gleditsia-Arten.

■ **Gleditsia-Arten**

● **Fam.:** Caesalpiniaceae.

● **Gleditsia japonica** Miq. (syn. *Gleditsia horrida*); Lederhülsenbaum.

Vork.: Japan, China.

Inh.: phenolische Verbindungen, bes. Flavonoide, u. a. Fisetin. *Anw.:* Der Fruchtsaft dient in den Heimatgebieten als Waschmittel sowie zum Reinigen von Wolle.

● **Gleditsia triacanthos** L. (syn. Gleditsia spinosa, G *macracantha, Gleditschia triacanthos*); Dorngleditschie.

Vork.: östliches Nordamerika, Kulturen in Mittelmeergebieten sowie Zentralasien.

Drogen: Blätter, Blüten, Früchte und Samen. *Inh.:* Alkaloid Triacanthin (0,5 %), ferner Gerbstoffe und Schleim. *Anw.:* volkstümlich als Spasmolytikum bei Bronchialasthma. Der Schleim der Samen ist als Emulgator für Salbengrundlagen und Emulsionen nutzbar, auch werden die Samen mitunter als Kaffeeersatz verwendet.

Gleditsia horrida ↗ Gleditsia-Arten.
Gleiße ↗ Aethusa cynapium.

■ **Gliadin**
zu den Prolaminen gehörendes Protein aus Weizen und Roggen, das Bestandteil des Kleberproteins (↗ Gluten) ist. Gliadin enthält kein Lysin

und ist alkohollöslich. Es ist u. a. verantwortlich für Verdauungsbeschwerden, Abmagerung und Durchfälle bei Zöliakie-Patienten, die eine Gliadin-Überempfindlichkeit aufweisen. Reis, Soja, Hirse, Mais und Buchweizen enthalten kein Gliadin.

Gliederkraut ↗ Galium verum.
Gliederzypresse ↗ Tetraclinis articulata.
Gliedkraut ↗ Sideritis-Arten.
Globaria bovista ↗ Calvatia gigantea.
Globularia alypa ↗ Globularia alypum.

■ Globularia alypum L.

(syn. *Alypum salicifolium, Globularia alypa, G. murbeckii, G. turbith, G. virgata*); Kugelblume (syn. Kugelblumenstrauch).

Fam.: Globulariaceae.

Vork.: Mittelmeergebiet, Südfrankreich, Italien, Spanien, Madeira.

Droge: ***Alypi folium*** (syn. *Folia Alypi, Folia Globulariae, Herba terribilis*); Kugelblumenblätter (syn. Kugelblumenstrauchblätter), die getrockneten Laubblätter einschließlich der dünnen Sproßachsen. Inh.: Iridoidglykoside (ca. 2 %), u. a. Aucubin, Globularin, Catalpol und Globularimin, Phenolcarbonsäuren (u. a. Zimtsäure, Protocatechusäure, Kaffeesäure, Ferulasäure, Chlorogensäure), Flavonoide (ca. 0,3 %), Gerbstoffe (ca. 9 %), Mannitol, β-Amyrin, Phytosterole und Pikroglobularin (Bitterstoff). Anw.: in der Volksheilkunde bei Verstopfung. Die Droge dient auch zur Bindung von Magensäure und zur Behandlung von Gicht, Rheuma, Arthritis, Harnwegsinfektionen.

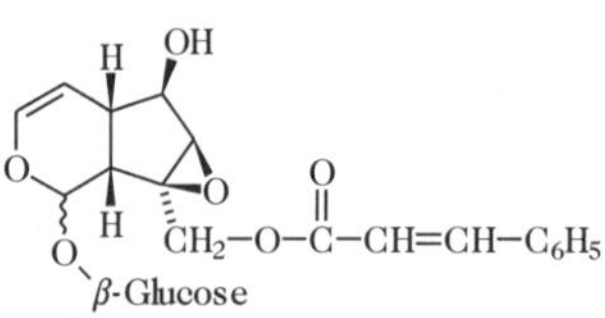

Globularin

Globularia murbeckii ↗ Globularia alypum.
Globularia turbith ↗ Globularia alypum.
Globularia virgata ↗ Globularia alypum.
Glockenbilsenkraut ↗ Scopolia carniolica.
Glockenblume ↗ Aquilegia vulgaris.
Glockenheide ↗ Erica tetralix.
Glockenheideblüten ↗ Erica tetralix.
Glockenwurz ↗ Inula helenium.
Glockenwurzel ↗ Inula helenium.
Glockrose ↗ Pulsatilla-Arten.
Gloriosa carsonii ↗ Gloriosa superba.
Gloriosaknollen ↗ Gloriosa superba.
Gloriosa plantii ↗ Gloriosa superba.
Gloriosa rothschildiana ↗ Gloriosa superba.
Gloriosa simplex ↗ Gloriosa superba.

■ Gloriosa superba L.

(syn. *Gloriosa simplex, G. virescens, G. plantii, G. carsonii, G. rothschildiana, Methonica superba*); Hakenlilie (syn. Ruhmeskrone), s. Farbtafel S. 308, Bild 164.

Fam.: Liliaceae.

Vork.: tropisches Afrika, Indien, Ceylon, Birma, Malakka, China.

Droge: ***Tubera Gloriosae***; Gloriosaknollen, die getrockneten Wurzelknollen. Inh.: Colchicin (ca. 0,3 %), Harze, Cholin, Phytosterole (Stigmasterol), Chelidonsäure. Anw.: zur Gewinnung von Colchicin. In der Volksheilkunde als Tonikum, Stomachikum und Cholagogum.

Gloriosa virescens ↗ Gloriosa superba.

■ Glucoamylase

(syn. γ-Amylase), Enzym aus der Klasse der Hydrolasen (EC 3.2.1.3), das als Exoglykosidase vom nicht-reduzierenden Ende her beginnend, aus α-Glucanen (z. B. Stärke) D-Glucose abspaltet.

■ Glucosinolate

(Senfölglucoside, Thioglucoside), β-Glucoside von Thiohydroxamsäuren bzw. deren Sulfaten, v. a. in *Brassicaceae* vorkommend. Sie sind wasserlöslich, nichtflüchtig und optisch aktiv. Bei Verletzung des Gewebes werden durch das kolokalisierte Enzym Myrosinase aus den Glucosinolaten

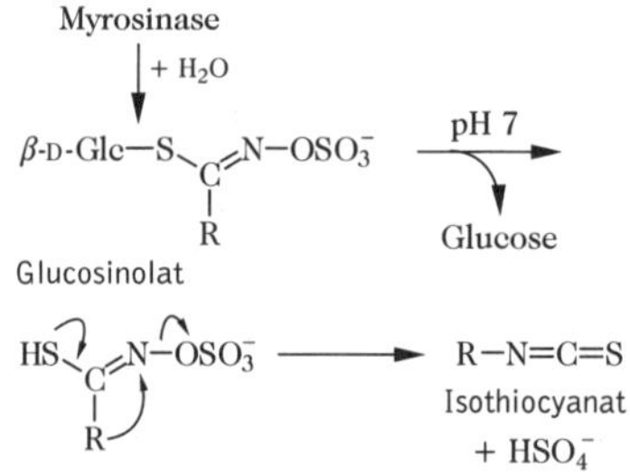

Senföle (Alkylisothiocyanate) freigesetzt, die entweder flüchtig sind und sich durch einen stechenden Geruch bzw. nichtflüchtig sind und sich durch einen scharfen Geschmack auszeichnen. Wirk.: Die Senföle wirken antibakteriell, fungistatisch sowie lokal stark reizend. Anw.: zur Hautreiztherapie (z. B. Senfpflaster) sowie als Stomachikum und Gewürz (Speisesenf, Meerrettich).

■ γ-Glutamyl-alliin
Inhaltsstoff aus ↗ Allium-Arten mit hemmender Wirkung auf das Angiotensin-converting Enzym. Ausgangspunkt für die Bildung der Alliine.

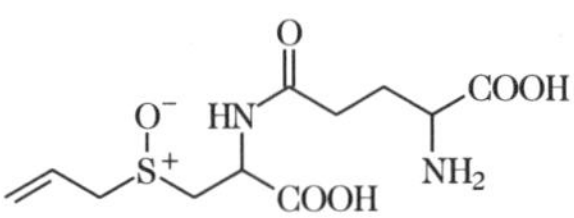

γ-Glutamyl-alliin

■ Gluten
Klebereiweiß (Kleberprotein), aus Glutelinen und Prolaminen zusammengesetzte Proteinfraktion von Getreide (bes. Weizen und Roggen), die die Backfähigkeit des Brotgetreides bedingen. G. wird bestimmten diätetischen Nahrungsmitteln entzogen, um sie für Zöliakie-Patienten (↗ Gliadin) nutzbar zu machen.

Glycine hispida ↗ Glycine max.

■ Glycine max (L.) Merr.
(syn. *Dolichos soja, Glycine hispida, Phaseolus max, P. ordidus, Soja angustifolia, S. hispida, S. japonica, S. max, S. soja*); Sojapflanze.

Fam.: Fabaceae. (Leguminosae).

Heim.: Ostasien, Anbau in subtropischen Gebieten Ostasiens, Nord- und Südamerikas sowie in Osteuropa.

Drogen: *1. Lecithinum ex soja* (syn. *Lecithinum ad emulsionem, Lecithinum vegetabile*); Sojalecithin (syn. Pflanzenlecithin), komplexe Mischung von Phosphatiden (Phospholipide), bes. von Phosphadidylcholin, Phophatidylethanolamin, Phosphatidylserin und Phophatidylinositol mit Triglyceriden, Fettsäuren und Kohlenhydraten. Inh.: Phopholipide (45–60 %), Sojaöl (30–35 %), freie Kohlenhydrate und Glykolipide(2–10 %), Phytosterole und Tocopherole (2–5 %). Anw.: leichtere Fettstoffwechselstörungen, inbes. Hypercholesterolämien, zur Unterstützung diätetischer Maßnahmen. Ferner volkstümlich bei Schwächezuständen, Konzentrationsmangel, Altersbeschwerden, Nerven-, Leber- und Galleleiden. ***2. Sojae oleum*** (syn. *Oleum Sojae*); Sojaöl (syn. Sojabohnenöl), das gereinigte, deodorierte und durch Filtration bei ca. 0 °C geklärte fette Öl aus den Sojabohnen. Inh.: Trigyceride mit den vorherrschenden Fettsäuren Linolsäure (44–62 %), Ölsäure (19–30 %), Linolensäure (4–11 %) sowie Palmitinsäure (7–14 %), außerdem Sterole, bes. β-Sitosterol (0,4 %), sowie Tocopherole (0,115 %). Anw.: Emulsionen mit 10 oder 20 % gereinigtem Sojaöl, z. T. mit Zusatz von Aminsäuren und Kohlenhydraten, dienen als intravenöse Infusion zur parenteralen Ernährung. ***3. Sojae semen*** (syn. *Semen Sojae*); Sojabohne (syn. Fettbohne, Japanische Bohne, Ölbohne, Sojasamen), die getrockneten reifen Samen. Inh.: Proteine (35–40 %), insbes. als Globulin Glycinin vorliegend, ferner Phasin, ein toxisches Agglutinin, das erst durch Erhitzen seine Giftigkeit verliert, Kohlenhydrate, bes. Galactose, Xylogalactomannan und Arabinogalactan enthaltend, sowie Lipide (12–18 %). Außerdem Sterole, Tocopherole, Saponine (Sojasaponine I, II, III, A_1 und A_2) und Flavonoide. Anw.: volkstümlich in Ostasien u. a. bei Blähungen, Fieber und als Kräftigungsmittel. Ferner im Haushalt als Gemüse, Bestandteil von Diätetika, u. a. bei Kuhmilchallergie in der Säuglingspflege, als Sojamilch und Sojaquark (Tofu). Industriell zur Gewinnung von Sojaöl, Sojalecithin und Sojaprotein. Die eiweißreichen Rückstände der Öl- und Lecithingewinnung dienen als Viehfutter.

Glycoside ↗ Glykoside.
Glycyrrhetinsäure ↗ Glycyrrhiza glabra.
Glycyrrhizae radix ↗ Glycyrrhiza glabra.

■ Glycyrrhiza glabra L.
(syn. *Glycyrrhiza glandulifera, G. hirsuta, G. officinalis, G. pallida, G. violacea, Liquiritia officinalis, L. officinarum*); Süßholz (syn. Deutsches Süßholz, Gemeines Süßholz, Lakritze, Lakritzen, Spanisches Süßholz), s. Farbtafel S. 308, Bild 165.

Fam.: Fabaceae.

Vork.: in den Varietäten *G. glabra var. glandulifera* (Südosteuropa bis Westsibirien) und *G. glabra var. typica* (Südeuropa, Italien, Spanien).

Droge: ***Liquiritiae radix*** (syn. *Glycyrrhizae radix, Radix Glycyrrhizae, Radix Liquiritiae*); Süßholzwurzel (syn. Lakritzenwurzel, Russisches Süßholz, Spanisches Süßholz, Süßholz), die geschälten oder ungeschälten, getrockneten Wurzeln und Ausläufer; s. Farbtafel S. 308, Bild 166. Inh.: Saponine mit Glycyrrhizin, dem Ammonium- bzw. Calciumsalz der Glycyrrhizinsäure (2–18 %). Außerdem Flavonoide und Isoflavonoide, u. a. Liquiritigenin und Liquiritin, Chalkone, bes. Isoliquiritigenin und Isoliquiritin, sowie Cumarine,

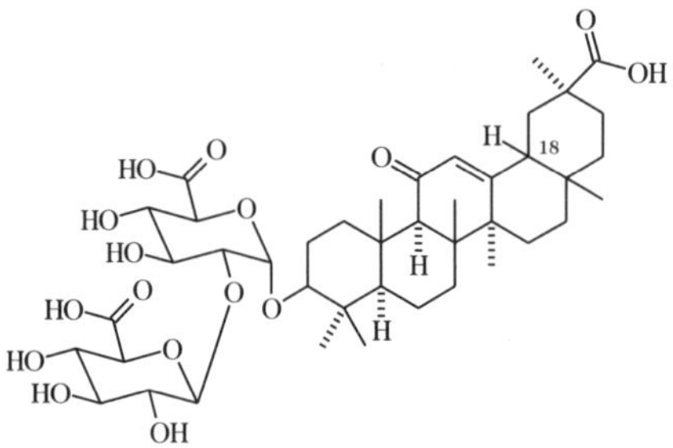

Glycyrrhizinsäure (18β-Form)

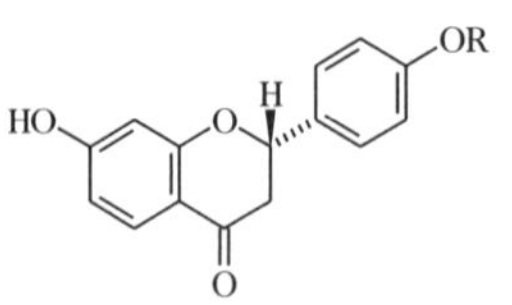

Liquiritigenin: R = H
Liquiritin: R = Glucose

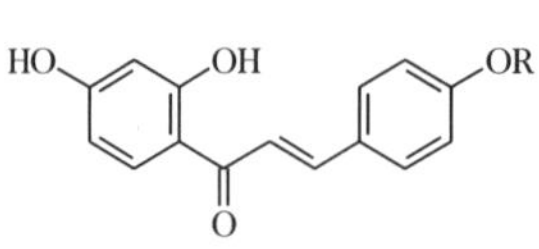

Isoliquiritigenin: R = H
Isoliquiritin: R = Glucose

u. a. Herniarin und Umbelliferon sowie Phytosterole. Wirk.: Zubereitungen der Droge, oft in Form des wäßrigen Extraktes (*Succus Liquiritiae*) eingesetzt, besitzen expektorierende und antiphlogistische Effekte, sie wirken prophylaktisch gegen Ulkus, jedoch sind bei hoher Dosierung bzw. langer Anwendung mineralcorticoide Effekte zu erwarten, da Glycyrrhizin bzw. das Aglykon Glycyrrhetinsäure in den Corticosteroidmetabolismus eingreifen. Vermutlich erfolgt dabei eine Wechselwirkung mit den Steroidmetabolisierenden Enzymen δ-5-β-Reductase und 11-Hydroxy-Steroidhydrogenase. Als Folge kann ein Pseudo-Hyperaldosteronismus eintreten. *Anw.*: Katarrhe der oberen Luftwege, bei Gastritis, Magengeschwüren. Bestandteil entsprechender Teemischungen sowie Fertigarzneimittel. Zur ↗ Teezubereitung beträgt die mittlere Tagesdosis 5–15 g Droge. *Geg.*: Cholestatische Lebererkrankungen, Hypertonie, Hypokaliämie, schwere Niereninsuffizienz, Schwangerschaft.

Hom.: ***Glycyrrhiza glabra*** HAB34, die getrocknete Wurzel.

Histor.: Der Gattungsname *Glycyrrhiza*, der bereits im Altertum gebräuchlich war, leitet sich vom griechischen *glykys* (süß) und *rhiza* (Wurzel) ab. Auch später geprägte Namen wie *Liquiritia*, Lakrize oder Likrizen sind Umwandlungen von *Glycyrrhiza*. Der lateinische Artname *glabra* (kahl, klebrig) weist auf die unterseits drüsigklebrigen Blätter hin. Das Süßholz wurde bei den alten Griechen und Römern außerordentlich geschätzt. So rühmten bereits ↗ Dioskurides und ↗ Theophrast den Saft der Wurzel als gutes Mittel bei Husten und Rachenkatarrh. Die Anwendung der Droge fand im Mittelalter große Beachtung, so auch in den bekannten Kräuterbüchern. In Bamberg wurde beispielswiese im 15. Jh. die „Süßholzkultur" eingeführt, die im 16. Jh. noch sehr ausgedehnt wurde. Noch heute ist das Süßholz ein Wahrzeichen der Stadt. Im Mittelalter erfolgte auch eine Umwandlung des griechischen Namens *Glykyrrhiza* in das barbaro-lateinische *Liquiritia*, wie er auch noch heute existiert.

Glycyrrhiza glandulifera ↗ Glycyrrhiza glabra.
Glycyrrhiza hirsuta ↗ Glycyrrhiza glabra.
Glycyrrhiza officinalis ↗ Glycyrrhiza glabra.
Glycyrrhiza pallida ↗ Glycyrrhiza glabra.
Glycyrrhiza violacea ↗ Glycyrrhiza glabra.
Glycyrrhizin ↗ Glycyrrhiza glabra.

■ Glykoside

(Glycoside) organische Verbindungen, bei denen die halbacetalische Hydroxygruppe der cyclo-Form von Monosacchariden mit der alkoholischen oder phenolischen OH-Gruppe, bzw. NH-, SH- oder CH-Gruppe einer weiteren Komponente verknüpft ist. Werden ausschließlich Kohlenhydrate miteinander verknüpft, so werden die gebildeten Stoffe als Holoside bezeichnet. Ist der andere Reaktionspartner kein Zucker, so liegt ein Heterosid vor. Der Nichtzuckeranteil wird als Aglykon oder Genin bezeichnet. Von α-Anomeren abgeleitete Verbindungen werden als α-Glykoside und von β-Anomeren abgeleitete als β-Glykoside bezeichnet. Sowohl Holoside (u. a. Zucker, Oligo- und Polysaccharide) als auch Heteroside (u. a. Herzwirksame Glykoside, Glucosinolate und Saponine) sind als Naturstoffe weit verbreitet und bilden einen hohen Anteil der biogenen Arzneistoffe.

Gnadenkraut ↗ Gratiola officinalis.
Gnaphalium aquaticum ↗ Gnaphalium uliginosum.
Gnaphalium arenarium ↗ Helichrysum arenarium.
Gnaphalium dioicum ↗ Antennaria dioica.
Gnaphalium margaritaceum ↗ Anaphalis margaritacea.
Gnaphalium obtusifolium ↗ Pseudognaphalium obtusifolium.
Gnaphalium polycephalum ↗ Pseudognaphalium obtusifolium.
Gnaphalium ramosum ↗ Gnaphalium uliginosum.
Gnaphalium tomentosum ↗ Gnaphalium uliginosum.

■ **Gnaphalium uliginosum** L.
(syn. *Gnaphalium aquaticum, G. ramosum, G. tomentosum*); Sumpfruhrkraut.
Fam.: Asteraceae (Compositae).
Vork.: Europa, Asien, Nordamerika.
Droge: ***Herba Gnaphalii uliginosi***; Sumpfruhrkraut. *Inh.:* Gerbstoffe, äther. Öl, Harz, Phytosterole. *Anw.:* in der Volksheilkunde als Antidiarrhoikum.
Hom.: ***Gnaphalium uliginosum***, die ganze Pflanze.

Goa-Baum ↗ Andira-Arten.
Goa-Pulver ↗ Andira-Arten.
Goebelia pachycarpa ↗ Sophora pachycarpa.
Goendopoeriöl ↗ Gaultheria leucocarpa.
Goldball ↗ Rudbeckia laciniata.
Goldblume ↗ Calendula officinalis, ↗ Chrysanthemum-Arten.
Goldchrut ↗ Lysimachia nummularia.
Goldener Widerton ↗ Polytrichum commune.
Goldenes Kreuzkraut ↗ Senecio-Arten.
Goldfaden ↗ Coptis trifolia.
Goldfederich ↗ Chrysanthemum-Arten.
Goldfelberich ↗ Lysimachia nummularia.
Goldfingerkraut ↗ Potentilla aurea.
Goldgelbe Alpenrose ↗ Rhododendron-Arten.
Goldgelbes Fingerkraut ↗ Potentilla aurea.
Goldkelch ↗ Solandra brevicalyx.
Goldknopf ↗ Anthyllis vulneraria.
Goldkraut ↗ Chelidonium majus.
Goldkreuzkraut ↗ Senecio-Arten.
Goldlack ↗ Cheiranthus cheiri.
Goldmelisse ↗ Monarda didyma.
Goldmohn ↗ Eschscholzia californica.
Goldrautenkraut ↗ Solidago-Arten.
Goldregen ↗ Laburnum anagyroides.
Goldrose ↗ Calendula officinalis.
Goldrutenkraut ↗ Solidago-Arten.
Goldsiegelwurz ↗ Hydrastis canadensis.
Goldstrahl ↗ Rudbeckia laciniata.
Goldstrite ↗ Lysimachia nummularia.
Goldweide ↗ Forsythia suspensa.
Goldwundkraut ↗ Solidago-Arten.
Goldwurz ↗ Chelidonium majus.
Gomart-Elemi ↗ Bursera-Arten.
Gomart-Harz ↗ Bursera-Arten.
Gommart-Elemi ↗ Bursera-Arten.

■ **Gomortega keule** (Mol.) I. M. Johnston
Keule.
Fam.: Gomortegaceae.
Vork.: südliche Andenregion. *Bedeut.:* Die Mapuche-Indianer Chiles verwendeten die Frucht dieser Pflanze früher als Betäubungsmittel. Sie enthält viel äther. Öl, das evtl. für die berauschende Wirkung verantwortlich sein könnte. Eine wissenschaftliche Bearbeitung der Droge steht aber noch aus.

Gomphocarpus fruticosus ↗ Asclepias fruticosus.
Gonolobus condurango ↗ Marsdenia condurango.
Gonus amarissimus ↗ Brucea amarissima.
Gorlifett ↗ Caloncoba echinata.
Gorliöl ↗ Caloncoba echinata, ↗ Oncoba echinata.
Gossypii cortex ↗ Gossypium-Arten.
Gossypii oleum ↗ Gossypium-Arten.
Gossypii radicis cortex ↗ Gossypium-Arten.
Gossypii semen ↗ Gossypium-Arten.

■ **Gossypium-Arten**
● **Fam.:** Malvaceae.
● **Gossypium arboreum** L. (syn. *Gossypium an-*

omalum, G. cerneum, G. nanking, G. intermedium, G. neglectunm, G. obtusifolium, G. rubrum, G. sanguineum).

Heim.: Westafrika, Asien, Anbau bes. Äthiopien, Arabische Halbinsel, Indien, Sri Lanka. Immergrüner, bis 4 m hoher Strauch.

Drogen: ***Gossypii oleum***, *Gossypii radicis cortex, Gossypii semen, Lanugo gossypii absorbens*. Inhaltsstoffe und Anwendung s. *Gossypium hirsutum*.

● **Gossypium barbadense** L. (syn. *Gossypium microcarpum, G. multiglandulosum, G. peruvianum, G. vitifolium*). Immergrüner, bis 3 m hoher Strauch.

Heim.: Nordperu und Antillen, Anbau Nord- und Mittelamerika, Ägypten, Queensland.

Drogen: ***Gossypii oleum***, *Gossypii radicis cortex, Gossypii semen, Lanugo gossypii absorbens*. Inhaltsstoffe und Anwendung s. *Gossypium hirsutum*.

● **Gossypium herbaceum** L. (syn. *Gossypium eglandulosum*); Baumwollstrauch. Immergrüner, bis 2 m hoher Strauch.

Heim.: Südafrika als Varietät *africanum* und tropisches Asien als Varietät *acerifolium*. Hauptanbaugebiete Ägypten, China, Indien.

Drogen: ***Gossypii oleum***, *Gossypii radicis cortex, Gossypii semen, Lanugo gossypii absorbens*. Inhaltsstoffe und Anwendung s. *Gossypium hirsutum*.

Hom.: ***Gossypium herbaceum*** HAB34; Baumwollstaude, die frische, innere Wurzelrinde. *Anw.-Geb.*: Erkrankungen der weiblichen Geschlechtsorgane, Menstruationsbeschwerden, Gebärmutterblutung, Schwangerschaftserbrechen.

● **Gossypium hirsutum** L. (syn. *Gossypium hopi, G. latifolium, G. mexicanum, G. paniculatum, G. religiosum, G. schottii*); Amerikanische Baumwollpflanze. Immergrüner, bis 2 m hoher Strauch.

Heim.: Zentralamerika, Anbau Südstaaten der USA und Zentralamerika.

Drogen: ***1. Gossypii oleum*** (syn. *Oleum gossypii, Oleum gossypii seminis*); Baumwollsamenöl (syn. Baumwollsaatöl, Cottonöl), das raffinierte, fette Öl aus den Samen. *Inh.*: Triglyceride mit Linol- und Ölsäure als Hauptkomponenten, ferner Phospholipide, Tocopherole (38 mg/100 g Öl), in Spuren Gossypol. *Anw.*: sterilisiertes Öl zur parenteralen Ernährung sowie bei Hypercholesterolämie. Ferner zur Herstellung von Injektionslösungen, Salben und Linimenten. Im Haushalt als raffiniertes, gebleichtes Öl als Speiseöl, in der Kosmetik zur Seifenfabrikation. ***2. Gossypii radicis cortex*** (syn. *Cortex gossypii radicis, Cortex radicis gossypii, Gossypii cortex*); Baumwollwurzelrinde (syn. Baumwollrinde), die getrocknete Wurzelrinde. *Inh.*: toxische Polyphenole, bes. Gossypol, Gerbstoffe. *Anw.*: volkstümlich früher als Hämostypticum und Emmenagogum. ***3. Gossypii semen*** (syn. *Semen Bombacis, Semen Gossypii*); Baumwollsamen, die reifen

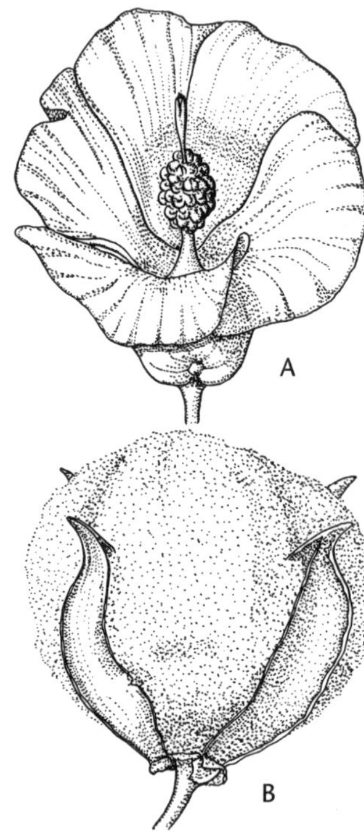

Gossypium herbaceum, Blüte (A) und aufgesprungene Kapsel mit den Samenhaaren (B).

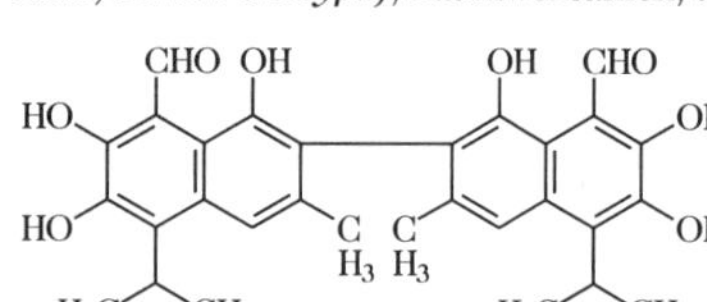

Gossypol

Samen. Inh.: fettes Öl (vgl. *Gossypii oleum*, 20–30 %), Proteine (20–25 %), Gossypol, Flavonolglykoside. Anw.: volkstümlich in den Heimatgebieten bei Fieber, verminderter Milchsekretion, Störungen der Sexualfunktion, bei Epilepsie, mißbräuchlich als Abortivum. ***4. Lanugo gossypii absorbens*** (syn. *Gossypium depuratum*); Verbandwatte aus Baumwolle (syn. Baumwollwatte, Gereinigte Baumwolle, Verbandwatte), die gereinigten, entfetteten, gebleichten und sorgfältig kardierten Haare der Samenschale; sie ist aus frischer Baumwolle oder frischen Kämmerlingen guter Qualität hergestellt und darf keine Schönungsmittel enthalten. *Lanugo gossypii absorbens sterile*, sterile Verbandwatte aus Baumwolle. *Tela gossypii absorbens*, Verbandmull aus Baumwolle. Inh.: besonders reine Cellulose. Anw.: als saugfähiger Verbandsstoff zur Wundversorgung, u. a. zum Aufsaugen von Sekreten sowie zum Aufbringen von Flüssigkeiten auf Hautareale.

Histor.: Wegen des wolligen Haarbausches der Samen in den Fruchtkapseln wurde der Gattungsname *Gossypium* aus lat. *gossum* (Wulst, Kropf) gebildet, das wiederum auf das arabische *goz* zurückgeführt wird. Die einzelnen lateinischen Artnamen kennzeichnen die morphologischen Besonderheiten der Baumwolle, z. B. *arboreum:* baumartig und *herbaceum:* krautig. Die technische Nutzung der Baumwolle ist sehr alt. So wurde in China bereits etwa 2300 v. Chr. Baumwollgewebe hergestellt. Auch die ältesten Sanskritschriften erwähnen Baumwollgewebe und zur Zeit des Herodot (484–408 v. Chr.) wurden allgemein Baumwollkleider getragen.

Gossypium depuratum ↗ Gossypium-Arten.
Gossypol ↗ Gossypium-Arten.
Gottesgerichtsbohne ↗ Physostigma venenosum.
Gottesgnadenkraut ↗ Geranium robertianum, ↗ Gratiola officinalis.
Gottesstroh ↗ Chrysanthemum-Arten.
Gottesurteilrinde ↗ Erythrophleum suaveolens.
Gottesurteilsbohne ↗ Physostigma venenosum.
Gottvergess ↗ Ballota nigra.
Grabenkresse ↗ Nasturtium officinale.
Gracilaria lichenoides ↗ Rhodophyta.
Gradkiefer ↗ Pinus-Arten.

■ Gramicidine

zu den homöomeren Peptidantibiotika gehörende Gruppe von sechs ähnlichen Verbindungen, die neben den Tyrocidinen (↗ Tyrothricin) von *Bacillus brevis* gebildet werden. G. sind neutrale, stark lipophile Stoffe, die die Bakterienmembran für einwertige Kationen permeabilisieren und damit bakteriozid wirken. Anw.: Wegen der hohen Toxizität werden die G. nur lokal z. B. bei Augeninfektionen in Form von Salben oder Tropfen eingesetzt.

HCO–X(1)–Gly–Ala–D-Leu–Ala–D-Val–Val–D-Val–Trp–
D-Leu(11)–Y–D-Leu–Trp–D-Leu–Trp(15)–NH–CH_2–CH_2–OH

Struktur der Gramicidine A, B und C

	X	Y
Valin-Gramicidin A	Val	Trp
Valin-Gramicidin B	Val	Phe
Valin-Gramicidin C	Val	Tyr
Isoleucin-Gramicidin A	Ile	Trp
Isoleucin-Gramicidin B	Ile	Phe
Isoleucin-Gramicidin C	Ile	Tyr

Gramin ↗ Arundo donax.
Graminis rhizoma ↗ Agropyron repens.
Granadilla ↗ Passiflora edulis.
Granadilla incarnata ↗ Passiflora incarnata.
Grana Lauri ↗ Laurus nobilis.
Grana paradisi ↗ Aframomum-Arten
Grana Sambuci ↗ Sambucus nigra.
Granatapfelbaum ↗ Punica granatum.
Granatapfelbaumrinde ↗ Punica granatum.
Granatbaum ↗ Punica granatum.
Granati cortex ↗ Punica granatum.
Granati radicis cortex ↗ Punica granatum.
Granatum ↗ Punica granatum.
Granatum punicum ↗ Punica granatum.
Grans Gnidii ↗ Daphne mezereum.
Granulat-Tees ↗ Teepräparate.
Grapefruit ↗ Citrus-Arten.
Grasbaum ↗ Xanthorrhoea hastilis
Graslauch ↗ Allium-Arten.
Graslinde ↗ Tilia-Arten.
Grasmandeln ↗ Cyperus esculentus.
Gratiola amara ↗ Curanga amara.
Gratiolae herba ↗ Gratiola officinalis.
Gratiola monniera ↗ Bacopa monnieri.

■ Gratiola officinalis L.

Gnadenkraut (syn. Echtes Purgierkraut, Gichtkraut, Gottesgnadenkraut, Wilder Aurin).

Fam.: Scrophulariaceae.

Vork.: Europa (ohne Skandinavien, Großbritannien), West- und Zentralasien. Die Pflanze steht unter Artenschutz!

Droge: ***Gratiolae herba*** (syn. *Herba Gratiolae, Herba Gratiae Dei*); Gnadenkraut (syn. Gottesgnadenkraut, Purgierkraut), die getrockneten, zur Blütezeit gesammelten oberirdischen Teile. Die Droge ist stark giftig! *Inh.:* Triterpene, u. a. Gratiosid, Gratiogenin, Gratiolignin, Elaterinid, Glykoside der Cucurbitacine I und L sowie die entsprechenden Aglyka und Betulinsäure, Elate-

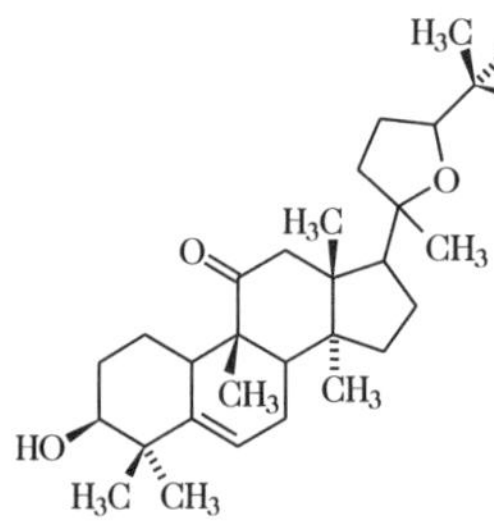

Gratiogenin

rase (Glucosidase), Flavonoide (Flavon-*C*- und -*O*-Glykoside, abgeleitet von Apigenin, Luteolin), Phenolcarbonsäurederivate, u. a. Arenariosid und Verbascosid, wenig äther. Öl, Saponine sowie Mannitol. *Anw.:* in der Volksheilkunde früher bei Verstopfung, Gicht und Leberleiden sowie als harntreibendes Mittel und bei Hauterkrankungen. *Tox.:* als toxisches Prinzip werden die Cucurbitacine betrachtet, die zytotoxisch sind, lokal reizend und laxierend wirken.

Hom.: ***1. Gratiola officinalis*** (syn. Gratiola) HAB1; die frischen, zur Blütezeit gesammelten oberirdischen Teile. *Anw.-Geb.:* Entzündungen des Magen-Darm-Traktes. ***2. Gratiola officinalis e radice, äthanol. Decoctum*** (syn. *Gratiola Radix äthanol. Decoctum*) HAB1; Gottesgnadenwurzel, die frischen unterirdischen Teile. *Anw.-Geb.:* in der anthroposophischen Therapierichtung.

Histor.: Der Gattungsname *Gratiola* wird vom lateinischen *gratia* (Gnade) abgeleitet, da die Pflanze als sehr heilkräftig angesehen wurde. Die Ärzte des griechischen und römischen Altertums haben die Pflanze offenbar nicht gekannt. Im 15. Jh. wurde sie von italienischen Botanikern beschrieben und in den Kräuterbüchern im 16. und 17. Jh. als Mittel gegen Wassersucht, zur Wundheilung, als kräftiges Abführmittel und Diuretikum empfohlen, wobei allerdings auch zu vorsichtiger Dosierung geraten wird. Besonders im Mittelalter stand *Herba Gratiolae* als drastisches Abführmittel, Diuretikum und Anthelmintikum in hohem Ansehen. Wegen der vielfältigen Nebenwirkungen, v. a. blutige Darmentleerung, Abort, Krämpfe, Erbrechen und Herzbeschwerden, wird die Droge heute nicht mehr empfohlen. Lediglich als Abtreibungsmittel wird *Herba Gratiolae* noch mißbräuchlich angewendet.

Graublättriger Hederich ↗ Erysimum diffusum.
Graue Ambra ↗ Ambra
Graue Fieberrinde ↗ Croton elutaria.
Graue Kröte ↗ Bufo bufo.
Grauerle ↗ Alnus-Arten.
Grauer Schotendotter ↗ Erysimum diffusum.
Grauer Schöterich ↗ Erysimum diffusum.
Graue Walnuß ↗ Juglans cinerea.
Graugrüne Magnolie ↗ Magnolia virginiana.
Graupappel ↗ Populus-Arten.

■ Grayanotoxine

giftige Andromedan-Derivate (Diterpene) der *Ericaceae*, z. B. aus Arten der Gattungen *Rhododendron*, *Kalmia*, *Pieris*, *Lyonia* oder *Leucothoe*. Die wichtigsten G. sind Grayanotoxin I, II und III, die mit den Verbindungen Acetylandromedol

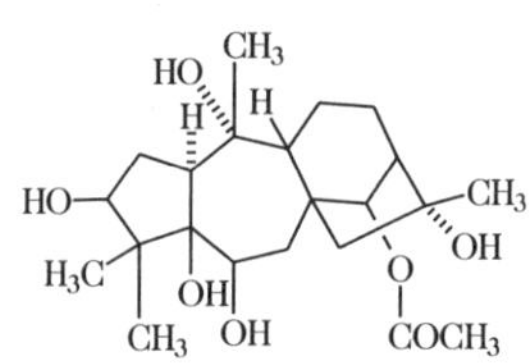

Andromedotoxin

(Andromedotoxin), Anhydroandromedol und Andromedol identisch sind. Die G. induzieren u. a. rauschähnliche Zustände, Krämpfe sowie in hoher Dosierung Herzlähmung. Sie senken den Blutdruck und wirken positiv inotrop.

Greisenbart ↗ Tillandsia usneoides.
Greisenblume ↗ Conyza canadensis.
Greiskraut ↗ Senecio-Arten.
Griechische Heusamen ↗ Trigonella foenumgraecum.
Griechischer Bergtee ↗ Sideritis-Arten.

Griechischer Salbei ↗ Salvia-Arten.
Griechische Schlinge ↗ Periploca graeca.
Griechisch-Heu ↗ Trigonella foenum-graecum.
Grieswurzel ↗ Collinsonia canadensis, ↗ Chondodendron tomentosum.

■ **Grindelia camporum** Greene
Grindelie.

Fam.: Asteraceae (Compositae).

Vork.: Kalifornien, Nevada, Pennsylvania, dort auch kultiviert.

Droge: ***Grindeliae herba*** (syn. *Flores Grindeliae, Herba Grindeliae, Stipites Grindeliae, Summitates Grindeliae*); Grindeliakraut, die getrockneten, während der Blütezeit gesammelten, blühenden Stengelspitzen und Blätter. *Inh.:* Diterpene (10–20 % Harzanteil, v. a. Grindeliasäure und weitere 14 Grindelan-Diterpene), Flavonoide (Kämpferolether, Luteolin, Quercetin und Quercetinether, Acacetin, Kumatakenin), Polyine, u. a. Matricarianol und Matricariaester, äther. Öl (0,3 %, komplexer Zusammensetzung), Triterpensaponine (mit Bayogenin, Echinocystsäure, Oleanolsäure, Grindeliasapogenin D und Polygalasäure als Aglyka), Gerbstoffe, Phenolcarbonsäuren, u. a. Chlorogensäure, *p*-Cumar-, Ferula-, Kaffee- und Vanillinsäure, Hentriacontan sowie Phytosterole. *Anw.:* bei Katarrhen der oberen Luftwege. In der Volksheilkunde darüber hinaus auch bei Blasenentzündungen, Tuberkulose, Arteriosklerose, gastrointestinalen Krämpfen, Nierenentzündung und Erkrankungen der Milz.

Grindeliae herba ↗ Grindelia robusta, ↗ Grindelia camporum.
Grindeliakraut ↗ Grindelia camporum.

■ **Grindelia robusta** Nutt.
Grindelie; s. Farbtafel S. 308, Bild 167.

Fam.: Asteraceae (Compositae).

Vork.: westliches Nordamerika.

Droge: ***Grindeliae herba***. Inhaltsstoffe und Anwendung s. ↗ Grindelia camporum.

Hom.: ***Grindelia robusta*** HAB1, die getrockneten oberirdischen Teile blühender Pflanzen. *Anw.-Geb.:* asthmatische Erkrankungen mit schwerlöslichem Schleim.

Histor.: In der 2. Hälfte des 18. Jh. war die Droge in Kalifornien als Wundheilmittel allgemein in Gebrauch. 1875 wurde darüber berichtet, daß die Droge bei Vergiftung mit *Rhus toxicodendron* (↗ *Rhus*-Arten) eine spezifische Antidot-Wirksamkeit haben und günstig bei Milztumoren wirken sollte. In der amerikanischen Volksheilkunde wird die Droge neben der erwiesenen Wirksamkeit bei Katarrhen der oberen Luftwege auch heute noch vielfältig genutzt.

Histor.: Der Gattungsname *Grindelia* wurde nach dem deutschen Botaniker David Grindel (1766–1836) geprägt; *robusta* = stark, kräftig.

Grindelie ↗ Grindelia camporum, ↗ Grindelia robusta.
Grindholz ↗ Rhamnus frangula.
Grindkraut ↗ Fumaria officinalis, ↗ Knautia arvensis, ↗ Senecio-Arten.

■ **Griseofulvin**
zur Gruppe der Polyketidantibiotika gehörende Verbindung, die von verschiedenen *Penicillium*-Arten (*Penicillium patulum, P. griseofulvum* und *P. nigricans*) gebildet wird. Durch die Behinderung der Ausbildung des Spindelfaserapparates von Dermatophyten hemmt es die Zellteilung dieser Pilze. *Anw.:* zur peroralen Therapie von Mykosen der Finger- und Zehennägel, Onychomykose. *Geg.:* Schwangerschaft.

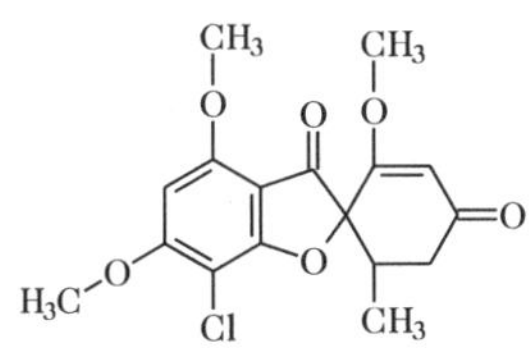

Griseofulvin

Großblumige Königskerze ↗ Verbascum-Arten.
Großblumige Pfingstrose ↗ Paeonia officinalis.
Großblütige Magnolie ↗ Magnolia grandifloria.
Großblütiger Hartriegel ↗ Cornus-Arten.
Großblütiger Kornel ↗ Cornus-Arten.
Große Ammeifrüchte ↗ Ammi majus.
Große Bibernelle ↗ Pimpinella-Arten.
Große Brennessel ↗ Urtica-Arten.
Große Kamille ↗ Chamaemelum nobile.
Große Kapuzinerkresse ↗ Tropaeolum majus.
Große Käsepappel ↗ Malva-Arten.
Große Klette ↗ Arctium-Arten.
Große Knorpelmöhre ↗ Ammi majus.
Große Königskerze ↗ Verbascum-Arten.
Große Küchenschabe ↗ Blatta orientalis.

Großer Galgant ↗ Alpinia galanga.
Großer Heinrich ↗ Inula helenium.
Großer Speik ↗ Lavandula latifolia.
Großer Stechapfel ↗ Datura-Arten.
Großer Wegerich ↗ Plantago-Arten.
Großer Wiesenknopf ↗ Sanguisorba officinalis.
Großes Kreuzkraut ↗ Senecio-Arten.
Großes Schneeglöckchen ↗ Leucojum vernum.
Großes Wintergrün ↗ Pyrola rotundifolia.
Große Türkenbundlilie ↗ Lilium lancifolium.
Grumbirn ↗ Solanum-Arten.
Grumper ↗ Solanum-Arten.
Grundbirne ↗ Helianthus tuberosus, ↗ Solanum-Arten.
Grundheil ↗ Achillea-Arten, ↗ Anagallis arvensis, ↗ Eupatorium-Arten.
Grundheilkraut ↗ Veronica officinalis.
Grundkresse ↗ Nasturtium officinale.
Grüne Artischocke ↗ Cynara scolymus.
Grüne Kanthariden ↗ Lytta vesicatoria.
Grüne Mandeln ↗ Pistacia vera.
Grüne Minze ↗ Mentha-Arten.
Grüne Nieswurz ↗ Helleborus-Arten ↗ Veratrum viride.
Grüner Drachen ↗ Arisaema-Arten.
Grüner Germer ↗ Veratrum viride.
Grüner Giftwulstling ↗ Amanita phalloides.
Grüner Kaffee ↗ Coffea-Arten.
Grüner Knollenblätterpilz ↗ Amanita phalloides.
Grüne Roßminze ↗ Mentha-Arten.
Grüner Senf ↗ Brassica-Arten.
Grüner Tee ↗ Camellia sinensis.
Grüne Schlange ↗ Turbina corymbosa.
Grünes Wachs ↗ Myrica pensylvanica.
Grünholz ↗ Genista tinctoria.
Grützblume ↗ Achillea-Arten, ↗ Iberis amara.
Guaco ↗ Mikania guaco
Guacoblätter ↗ Mikania guaco.
Guaiaci aetheroleum ↗ Guaiacum officinale, ↗ Guaiacum sanctum.
Guaiaci cortex ↗ Guaiacum officinale, ↗ Guaiacum sanctum.
Guaiaci lignum ↗ Guaiacum officinale, ↗ Guaiacum sanctum.
Guaiaci resina ↗ Guaiacum officinale, ↗ Guaiacum sanctum.

■ **Guaiacum officinale** L.
(syn. *Guajacum officinale*); Guajakholzbaum (syn. Franzosenholz, Heiligenholz, Pockholz, Schlangenholz).

Fam.: Zygophyllaceae.

Drogen: ***Guaiaci aetheroleum***, *Guaiaci cortex*, *Guaiaci lignum*, *Guaiaci resina*. Inhaltsstoffe und Anwendung s. ↗ Guaiacum sanctum.

Hom.: ***Guaiacum*** (syn. *Guajacum*) HAB1; Guajakharz, das durch Ausschmelzen des Kernholzes gewonnene Harz. *Anw.-Geb.*: entzündliche Prozesse, Erkrankungen der oberen und unteren Luftwege sowie des Stütz- und Bewegungsapparates.

Histor.: *Guaiacum* (syn. *Guajacum)* ist der hispanisierte indianische Name des Baumes. Guajakholz soll den Indianern lange vor der Entdekkung Amerikas durch die Europäer als Arzneidroge gedient haben. Das Holz, das bereits um 1508 nach Spanien eingeführt wurde, erlangte sehr bald unter den Bezeichnungen *Lignum sanctum, Lignum vitae* oder *Lignum benedictum* hohes Ansehen als antisyphilitisches Mittel. Auch in Deutschland wurde die Droge, bes. durch eine Abhandlung „De Guajaci medicina et morbo gallico liber unus" Ulrich von Huttens (1519), der sich selbst einer Guajakkur unterzogen hatte, bekannt und geschätzt. Die genaue Anweisung für die Anwendung der Droge bei Syphilis erfolgte durch den spanischen Arzt Monardes.

■ **Guaiacum sanctum** L.
(syn. *Guajacum sanctum, Guajacum verticale*), gleiche Synonyma wie bei ↗ Guaiacum officinale.

Fam.: Zygophyllaceae.

Vork.: Florida, Bahama-Inseln, Antillen, Guatemala, Südmexiko.

Drogen: ***1. Guaiaci aetheroleum*** (syn. *Oleum guajaci, Oleum Ligni Guajaci*); Guajakholzöl (syn. Guajakharzöl), das durch Wasserdampfdestillation aus dem Guajakholz gewonnene Öl. *Inh.*: Sesquiterpenalkohole, bes. Guajol. ***2. Guaiaci cortex*** (syn. *Cortex Guajaci*); Heiligenholzrinde (syn. Franzosenholzrinde, Pockholzrinde, Schlangenholzrinde), die Rinde der Stämme und Zweige. *Inh.*: Triterpensaponine, Phytosterole. *Anw.*: volkstümlich in den Heimatgebieten, bes. Mexiko, u. a. bei rheumatischen Beschwerden sowie als diuretisches und stoffwechselanregendes Mittel. ***3. Guaiaci lignum*** (syn. *Lignum guajaci*); Guajakholz (syn. Franzosenholz, Heiligenholz, Pockholz, Schlangenholz), das Kern- und Splintholz; s. Farbtafel S. 308, Bild 168. *Inh.*: Harze (15–25 %), ferner äther. Öl und Triterpensaponine. *Anw.*: volkstümlich bei rheumatischen Beschwerden, in diuretisch wirksamen Teemischungen, bei Erkrankungen der Atemwege sowie bei Hautleiden. *4.* ***Guaiaci resina*** (syn. *Resina Guajaci*); Guajakharz (syn. *Guajacum, Gummi Guajaci*), das Harz des Kernholzes. Inh.: Petrolätherfraktion (ca 15 %), aus Guajaret- und Dihydroguajaretsäure bestehend sowie etherlösli-

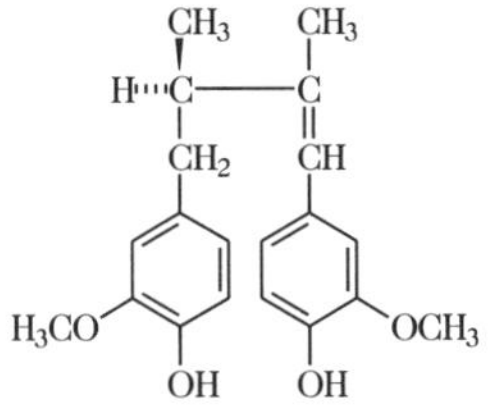

(*R*)-(–)-Guaiaretsäure
(Dehydroguaialignan)

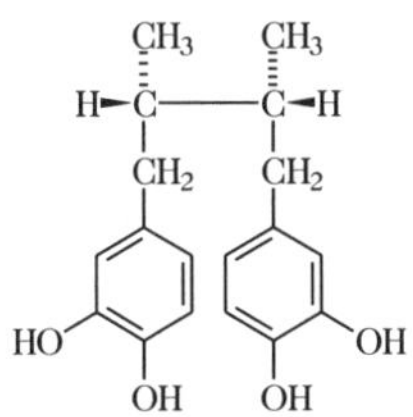

(±)-meso-Nordihydroguaiaretsäure
(Norguaialignan)

che Fraktion (ca.70 %), u. a. Guajacin, Isoguajacin und Furoguajacin enthaltend. Anw.: in Zentralamerika und den Antillen, u. a. bei rheumatischen Beschwerden und Hautleiden.

Hom.: ***Guaiacum*** (syn. Guajacum) HAB1; Guajakharz, das durch Ausschmelzen des Kernholzes gewonnene Harz. *Anw.-Geb.:* Entzündungen des Rachens, der Bronchien und der Lunge sowie rheumatische Beschwerden und Gicht.

Guajacum ↗ Guaiacum sanctum.
Guajacum officinale ↗ Guaiacum officinale.
Guajacum sanctum ↗ Guaiacum sanctum.
Guajacum verticale ↗ Guaiacum sanctum.
Guajakharz ↗ Guaiacum sanctum.
Guajakharzöl ↗ Guaiacum sanctum.
Guajakholz ↗ Guaiacum sanctum.
Guajakholzbaum ↗ Guaiacum officinale.
Guajakholzöl ↗ Guaiacum sanctum, ↗ Bulnesia sarmienti.

■ **Guajazulen**
(7-Isopropyl-1,4-dimethylazulen), ein nichtbenzoider Aromat. ist eine intensiv blaue Verbindung mit entzündungshemmender Wirkung. G. ist auch synthetisch aus dem Guajol des Guajakholzöls (↗ *Guaiacum sanctum*) herstellbar.

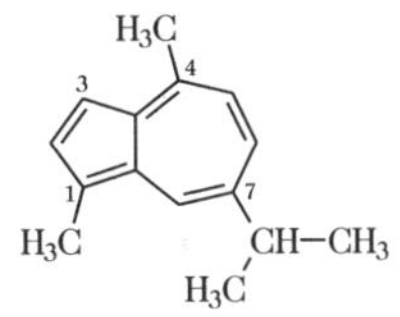

Guajazulen

Guao ↗ Comocladia dentata.
Guar ↗ Cyamopsis tetragonoloba.
Guarana ↗ Paullinia cupana.
Guaranapaste ↗ Paullinia cupana
Guarana-Strauch ↗ Paullinia cupana.
Guareae trichilioides cortex ↗ Guarea trichilioides.
Guarea guara ↗ Guarea trichilioides.
Guarea guidona ↗ Guarea trichilioides.
Guarea langsdorffiana ↗ Guarea trichilioides.
Guarea puberula ↗ Guarea trichilioides.
Guarea rubra ↗ Guarea trichilioides.

■ **Guarea rusbyi** (Britt.) Rusby
(syn. *Sycocarpus rusbyi*).

Fam.: Meliaceae.

Vork.: Brasilien, Bolivien, Andengebiete.

Droge: ***Cortex Cocillianae***; Cocillianarinde, die Stammrinde. *Inh.:* Rusbyin (ca. 2,5 %), Harz, Fett, Gerbstoffe, *β*-Sitosterol, äther. Öl. *Anw.:* in der lateinamerikanischen Volksheilkunde als Expektorans.

Guarea subspicata ↗ Guarea trichilioides.

■ **Guarea trichilioides** Allam. ex L.
(syn. *Guarea guara, G. guidona, G. langsdorffiana, G. puberula, G. rubra, G. subspicata, Melia guara, Samyda guidonia, Trichilia guara*); Gubinga.

Fam.: Meliaceae.

Vork.: in tropischen Gebieten Mittel- und Südamerikas, westindische Inseln, auf Haiti zusammen mit Bananen und Kaffee auch kultiviert.

Droge: ***Guareae trichilioides cortex***; die von den Stämmen und dickeren Ästen gewonnene, bis zu 1,5 cm dicke Rinde. Inh.: Gerbstoffe (bis zu 12,5 %), β-Sitosterol. Anw.: in der südamerikanischen Volksheilkunde nutzen Frauen eine Rindenabkochung zur Steigerung der Fruchtbarkeit, in Spanien nimmt man die Droge bei Verstopfung ein. Auch über eine Verwendung bei Wassersucht, Syphilis, Gicht und Wurminfektionen wird berichtet. In den Sammelgebieten wird die Rinde auch als „Jayamodoe" zum Gerben eingesetzt.

Hom.: ***Guareae trichilioides*** HAB34 (syn. *Guareae guidonia*), die getrocknete Rinde. Anw.-Geb.: Bindehautenzündungen.

■ Guargalactomannan
partiell hydrolysiertes Produkt des Guar-Gummis (syn. *Guar*, *Guar*-Mehl), gewonnen aus der Büschelbohne ↗ *Cyamopsis tetragonoloba*. Inh.: Hauptkomponenten sind D-Galactose und D-Mannose in den Molverhältnissen 1:1,4 bis 1:2. Die lineare Hauptkette besteht aus β-(1-4)-glykosidisch gebundenen Mannosen, an die einzelne Galactosen α-(1-6)-glykosidisch gebunden sind. Anw.: u. a. als Stabilisator für Suspensionen und Emulsionen.

Guargummi ↗ Cyamopsis tetragonoloba.
Guarmehl ↗ Cyamopsis tetragonoloba.
Guave ↗ Psidium guajava.
Guayavablätter ↗ Psidium guajava.
Guayulekautschuk ↗ Parthenium argentatum.

■ Guazuma ulmifolia Lam.
Fam.: Sterculiaceae.
Vork.: tropisches Amerika.
Droge: ***Herba Guazumae***, das getrocknete Kraut. Inh.: Gerbstoffe. Anw.: als Adstringens. Die Rinde der Varietät *G. ulmifolia* var. *tomentosa* wird in Südamerika und Indien bei Lepra, Herpes, als Diaphoretikum und Tonikum eingesetzt. Die Früchte dienen zu Behandlung von Bronchitis.

Gubinga ↗ Guarea trichilioides.
Guilandina bonducella ↗ Caesalpinia-Arten.
Guilandina dioica ↗ Gymnocladus dioicus.
Guilandina echinata ↗ Caesalpinia-Arten.
Guilandina moringa ↗ Moringa-Arten.
Guineapfeffer ↗ Xylopia aethiopica.

■ Guizotia abyssinica (L. f.) Cass. (syn. *Guizotia oleifera*).
Fam.: Asteraceae (Compositae).
Vork.: tropisches Afrika, bes. Äthiopien, Ostafrika; Indien, Westindien, auch kultiviert.
Droge: ***Oleum Guizotiae***; Negersaatöl (syn. Niggersaatöl, Nigeröl, Ramtillaöl), das fette Öl der Früchte (ca. 35–40 %). Inh.: Triglyceride der Öl-, Linol-, Palmitin- und Myristinsäure. Anw.: Brennöl, zur Seifenherstellung, nach Raffination auch als Speiseöl. Die Preßrückstände nach der Ölgewinnung werden als Futtermittel eingesetzt.

Guizotia oleifera ↗ Guizotia abyssinica.
Gulden Leberkraut ↗ Hepatica nobilis.
Gum carana ↗ Bursera-Arten.

■ Gummen
(syn. Gummi), viskose Lösung von Polysaccharid-Gemischen (Heteropolysaccharide, Schleimstoffe), die meist bei der Verletzung von Pflanzen gebildet werden, aus diesen austreten und an der Luft erstarren. Sie besitzen offenbar eine Schutzfunktion für die verletzte Pflanze. In der Pharmazie verwendet man Gummen wegen ihrer Fähigkeit, hochvisköse Lösungen mit Pufferkapazität zu bilden. Auch ihre abdeckende und reizmildernde Wirkung sowie ihre resorptionshemmenden Effekte werden therapeutisch genutzt.

Gummi Acaciae ↗ Acacia-Arten.
Gummi Acaroidis ↗ Xanthorrhoea hastilis.
Gummi Ammoniacum ↗ Dorema ammoniacum.
Gummi arabicum ↗ Acacia-Arten.
Gummi Asa dulcis ↗ Styrax-Arten.
Gummibaum ↗ Ficus elastica.
Gummi Cerasorum ↗ Prunus-Arten.
Gummi Copal ↗ Agathis-Arten.
Gummi Dammar ↗ Shorea wiesneri.
Gummi elasticum ↗ Hevea brasiliensis, ↗ Kautschuk.
Gummi Elemi ↗ Canarium luzonicum.
Gummi Gambae ↗ Garcinia hanburyi.
Gummi Guajaci ↗ Guaiacum sanctum.
Gummigutt ↗ Garcinia hanburyi.
Gummi Guttae ↗ Garcinia hanburyi.
Gummi Gutti ↗ Garcinia hanburyi.
Gummi-Guttibaum ↗ Garcinia hanburyi.

■ Gummiharze
(syn. Gummiresina) Gemische von Harzen, Gum-

men und geringen Mengen äther. Öl. Die Harzanteile sind von sehr komplexer Struktur, wobei Terpene, bes. Di- und Triterpene, und aromatische Verbindungen allgemein vorherrschen. Die Gummen sind Heteropolysaccharide. Begleitstoffe der Gummiharze sind Proteine und Mineralien. Maßgebend für die Qualität eines Gummiharzes ist der Gehalt an ethanollöslichen Anteilen. Bekannte Gummiharzdrogen sind Myrrhe ↗ Commiphora-Arten und Weihrauch ↗ *Boswellia*-Arten.

Gummi Kino ↗ Pterocarpus-Arten.
Gummi Lacca ↗ Kerria lacca.
Gummilack ↗ Kerria lacca.
Gummilackschildlaus ↗ Kerria lacca.
Gummi Ladanum ↗ Cistus-Arten.
Gummi Lentisci ↗ Pistacia lentiscus.
Gummi Mastix ↗ Pistacia lentiscus.
Gummi Moringae ↗ Moringa-Arten.
Gummi Myrrha ↗ Commiphora-Arten.
Gummi Olibanum ↗ Boswellia-Arten.
Gummi Opopanax ↗ Opopanax chironium.
Gummi Puyae ↗ Puya chilensis.
Gummiresina ↗ Harze.
Gummiresina Ammoniacum ↗ Dorema ammoniacum.
Gummiresina Asa foetida ↗ Ferula foetida.
Gummiresina Euphorbium ↗ Euphorbia-Arten.
Gummiresina Galbanum ↗ Ferula gummosa.
Gummiresina Gutti ↗ Garcinia hanburyi.
Gummiresina Myrrha ↗ Commiphora-Arten.
Gummiresina Olibanum ↗ Boswellia-Arten.
Gummiresina Scammoniae ↗ Convolvulus-Arten.
Gummi Sandaracae ↗ Tetraclinis articulata.
Gummi Sangius draconis ↗ Daemonorops draco.
Gummi Sapotae ↗ Manilkara zapota.
Gummi Sterculiae ↗ Sterculia-Arten.
Gummi Tragacanthae indicae ↗ Sterculia-Arten.
Gummi Tragacantha indica ↗ Sterculia-Arten.
Gummi victoria ↗ Garcinia hanburyi.
Gummiwurz ↗ Opopanax chironium.
Gundelrebe ↗ Glechoma hederacea.
Gundermann ↗ Glechoma hederacea.
Gurgelkraut ↗ Ajuga reptans.
Gurjunbalsam ↗ Dipterocarpus-Arten.
Gurke ↗ Cucumis-Arten.
Gurkenbaum ↗ Averrhoa-Arten.
Gurkenkraut ↗ Borago officinalis, ↗ Anethum graveolens.
Gurkensamenöl ↗ Cucumis-Arten.
Gurkumei ↗ Curcuma-Arten.
Gürtelkraut ↗ Lycopodium clavatum.
Gurunuß ↗ Cola-Arten.
Guter Heinrich ↗ Chenopodium-Arten.
Gutta Ammoniaca ↗ Dorema ammoniacum.
Gutta Gambir ↗ Uncaria gambir.
Guttapercha ↗ Palaquium gutta.
Guttaperchabaum ↗ Palaquium gutta.
Gutti ↗ Garcinia hanburyi.
Gymnadenia bifolia ↗ Platanthera bifolia.
Gymnemablätter ↗ Gymnema sylvestre.
Gymnema parviflorum ↗ Gymnema sylvestre.

■ **Gymnema sylvestre** (Willd.) R. Br. (syn. *Gymnema parviflorum, Asclepias geminata, Apocynum alternifolium*).
Fam.: Asclepiadaceae.
Vork.: Westafrika, Südasien, Australien.
Droge: ***Folia Gymnemae sylvestris***; Gymnemablätter (syn. Merasingiblätter), die getrockneten Laubblätter. Inh.: Gymnemasäure (ca. 6 %, Säureglykosidgemisch), Gymnamin (Alkaloid),

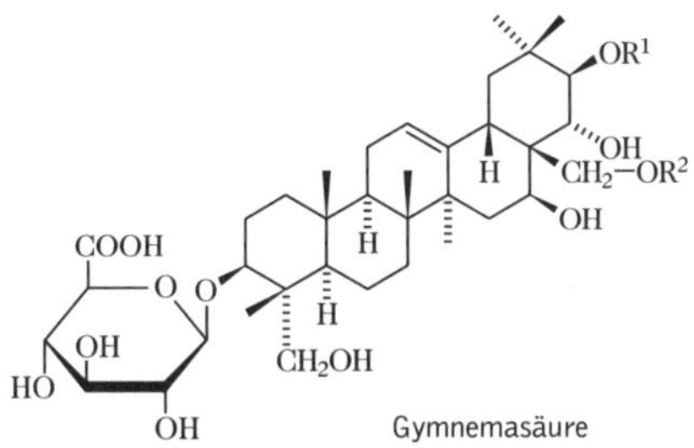

Gymnemasäure

	R1	R2
G. I	CO–C(CH$_3$)=CH–CH$_3$ (E)	CO–CH$_3$
G. II	CO–CH(CH$_3$)–CH$_2$–CH$_3$ (S)	CO–CH$_3$
G. III	CO–CH(CH$_3$)–CH$_2$–CH$_3$ (S)	H
G. IV	CO–C(CH$_3$)=CH–CH$_3$ (E)	H

Cholin, Betain, Adenin, Aminosäuren, Fettsäuren, Gerbstoffe, und weitere Saponine. *Anw.:* in der indischen Volksmedizin als Antidiabetikum (hypoglykämischer Effekt). Die Droge hebt die Geschmacksempfindung für süß und bitter vorübergehend auf und wirkt darüber hinaus auch als Emetikum.

Gymnocladus canadensis ↗ Gymnocladus dioicus.

■ **Gymnocladus dioicus** (L.) K. Koch (syn. *Guilandina dioica, Gymnocladus canadensis*).

Fam.: Leguminosae.

Vork.: östliches Nordamerika, in Europa auch kultiviert.

Droge: ***Gymnocladus canadensis***; Schusserfruchtmark, das frische Fruchtmark. *Inh.:* Glykoaraban (gummiartiges Polysaccharid), Saccharose, Dextrose, fettes Öl (ca. 8 %), die Samen und die Rinde enthalten auch Saponine. *Anw.:* die Samen werden als Kaffee-Ersatz genutzt.

Hom.: ***Gymnocladus dioicus*** (syn. *Gymnocladus canadensis*); das frische Fruchtfleisch. *Anw.-Geb.:* Gesichtsrose, Mandelentzündung.

Gymnosporia baumii ↗ Maytenus-Arten.
Gymnosporia intermedia ↗ Maytenus-Arten.
Gymnosporia montana ↗ Maytenus-Arten.

■ **Gynocardia odorata** (Roxb.) R. Br. (syn. *Chaulmoogra odorata*).

Fam.: Flacourtiaceae.

Vork.: u. a. Indien, Malaysia, China.

Droge: ***1. Semen Gynocardiae***; Gynocardiasamen, die reifen Samen. *Inh.:* fettes Öl (60–65 %, u. a. mit Linol-, Linolen-, Öl-, Laurin-, Palmitin- und Stearinsäureestern), Gynocardin, cyanogene Glucoside. *Anw.:* als Insektizid. ***2. Oleum Gynocardiae***; Falsches Chaulmoograöl, das fette Öl der Samen. *Inh.:* Zusammensetzung s. *Semen Gynocardiae*. *Anw.:* in der asiatischen Volksheilkunde als Wurmmittel und bei Hauterkrankungen.

Gynocardiaöl ↗ Hydnocarpus-Arten.
Gynocardia prainii ↗ Hydnocarpus-Arten.
Gynocardiasamen ↗ Gynocardia odorata.
Gypsogenin ↗ Saponine.
Gypsophilae radix ↗ Gypsophila paniculata.

■ **Gypsophila paniculata** L. (syn. *Arrostia paniculata, Gypsophila parviflora, Saponaria paniculata*); Schleierkraut (syn. Rispen-Gipskraut, Rispiges Gipskraut), s. Farbtafel S. 309, Bild 169.

Fam.: Caryophyllaceae.

Vork.: Südosteuropa, Türkei, Kaukasusgebiet, Iran.

Droge: ***Saponariae alba radix*** (syn. *Gypsophilae radix, Radix Lanariae, Radix Saponariae alba*); Weiße Seifenwurzel (syn. Levantinische Seifenwurzel, Russische Seifenwurzel, Ungarische Seifenwurzel, Türkische Seifenwurzel, Sizilianische Seifenwurzel, Italienische Gipskrautwurzel), die geschälten getrockneten Wurzeln mit kurzen Wurzelstöcken. *Inh.:* Triterpensaponinkomplex (bis 20 %), u. a. Gypsosid A, ein bisdesmosidisches Triterpensaponin mit Gypsogenin als Aglykon und D-Glucose, D-Galactose, L-Rhamnose, D-Xylose, D-Fucose, L-Arabinose und D-Glucuronsäure als Kohlenhydratkomponenten. Außerdem Phytosterole. *Anw.:* Katarrhe der oberen Luftwege. Bestandteil entsprechender Kombinationspräparate. Tagesdosis 30–150 mg Droge, Zubereitungen entsprechend. Volkstümlich bei chronischen Hauterkrankungen, bes. Ekzemen. In der Technik als Schaumbildner, u. a. in Waschmitteln und Feuerlöschern. *Geg.:* in hohen Dosen ist die Droge zelltoxisch.

Histor.: DerGattungsname *Gypsophila* leitet sich vom griechischen *gypsos* (Gips) und *philos* (Freund) ab, während der Artname *paniculatus* (lat., rispig) den Blütenstand charakterisiert. Entsprechend wurde der Name in die deutsche Bezeichnung als Rispiges Gipskraut übernommen. Neben der arzneilichen Nutzung ist die Pflanze eine beliebte Zierpflanze und oft Bestandteil von Blumensträußen.

Gypsophila parviflora ↗ Gypsophila paniculata.

■ **Gyromitra esculenta** (Pers. ex Fr.) Fr. Frühjahrslorchel (syn. Giftlorchel, Speiselorchel, Stockmorchel).

Fam.: Helvellaceae.

Vork.: Kiefernwälder in Mitteleuropa und Nordamerika.

Bedeut.: früher als exzellenter Speisepilz bei Feinschmeckern geschätzt, ist der Handel mit diesem Pilz heute verboten, da es immer wieder zu Vergiftungen mit hoher Mortalität gekommen ist. Das

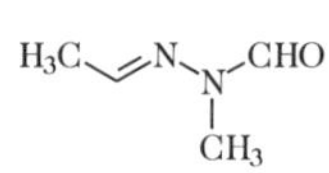

Gyromitrin
[Acetaldehyd-(formyl-methyl-hydrazon)]

verantwortliche Pilzgift ist Gyromitrin, das in ähnlicher Weise wie die Giftstoffe des Grünen Knollenblätterpilzes hepatotoxisch wirkt und die Zellteilung verhindert.

H

Haarbirke ↗ Betula-Arten.
Haar-Hainsimse ↗ Luzula pilosa.
Haarlinsen ↗ Linum usitatissimum.
Haarnessel ↗ Urtica-Arten.
Habern ↗ Avena sativa.
Hacuja-Öl ↗ Acrocomia sclerocarpa.
Haemanthus abyssinicus ↗ Scadoxus multiflorus.
Haemanthus kalkbreyeri ↗ Scadoxus multiflorus.
Haemanthus lemairei ↗ Boöphone disticha.
Haemanthus longitubus ↗ Scadoxus multiflorus.
Haemanthus manni ↗ Scadoxus multiflorus.
Haemanthus multiflorus ↗ Scadoxus multiflorus.
Haemanthus rupestris ↗ Scadoxus multiflorus.
Haemanthus toxicarius ↗ Boöphone disticha.
Haematoxyli lignum ↗ Haematoxylum campechianum.
Haematoxylon campechianum ↗ Haematoxylum campechianum.

■ **Haematoxylum campechianum** L.
(syn. *Haematoxylon campechianum*); Blauholz (syn. Blutholz, Campecheholz).

Fam.: Caesalpiniaceae.

Vork.: Mittelamerika, nördliches Südamerika, auf den westindischen Inseln auch kultiviert.

Droge: ***Haematoxyli lignum*** (syn. *Lignum campechianum, Lignum Haematoxyli*); Blauholz (syn. Blutholz, Campecheholz), das von der Rinde und dem hellen Splint befreite Kernholz. *Inh.:* Isoflavane (9–12 % Hämatoxylin, glykosidisch ge-

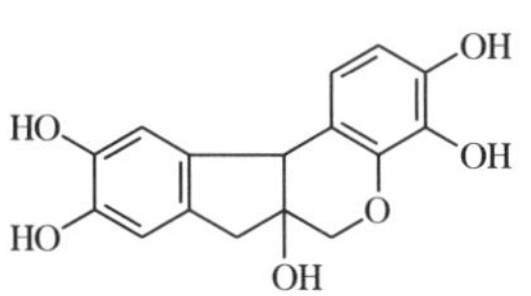

Hämatoxylin

bunden; daraus entwickelt sich unter Lichteinfluß das rote Haematein; Haematoxylol A; Tetra-*O*-methylhaematoxylol B), Gerbstoffe (ca. 10 %), Spuren von äther. Öl. *Anw.:* in der Volksheilkunde als Adstringens bei Diarrhoe und zur Verbesserung des Trinkwassers. Die klinische Wirksamkeit ist nicht belegt. In der Mikroskopie dient Haematoxylin als Bestandteil vieler Färbelösungen zum Anfärben der Zellkerne. Seltener wird die Droge zur Seidenfärberei eingesetzt.

Hom.: ***Haematoxylon campechianum*** HAB34, das getrocknete Kernholz des Stammes und der Äste. *Anw.-Geb.:* Angina pectoris.

Hafer ↗ Avena sativa.
Haferfrüchte ↗ Avena sativa.
Haferstärke ↗ Avena sativa.
Haferstroh ↗ Avena sativa.
Haffdornbeeren ↗ Hippophae rhamnoides.
Hagdorn ↗ Rosa canina, ↗ Crataegus-Arten.
Hagebutten ↗ Rosa canina.
Hagebuttenschalen ↗ Rosa canina.
Hagedorn ↗ Crataegus-Arten.

■ **Hagenia abyssinica** (Bruce) J. F. Gmel.
(syn. *Bankesia abyssinica, Brayera anthelmintica*); Kosobaum (syn. Kussobaum).

Fam.: Rosaceae.

Vork.: Äthiopien, dort auch kultiviert.

Droge: ***Koso flos*** (syn. *Brayerae flos, Coussi flos, Cousso flos, Cusso, Flores Brayerae, Flores Hageniae, Flos Koso*); *Hagenia-abyssinica*-Blüten (syn. Kosoblüten, Kussoblüten, Wurmblüten), die nach dem Verblühen gesammelten und getrockneten, rötlichen, weiblichen Blüten. Die Droge ist giftig! *Inh.:* Phloroglucinole (komplexes Gemisch monomerer bis trimerer, durch Methylbrücken verknüpfter Acylphloroglucinole, Kosotoxin, Protokosin, Kosine), Gerbstoffe, Harz,

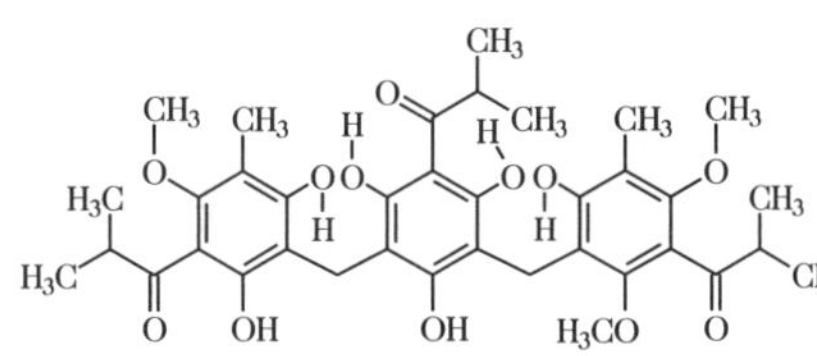
Protokosin

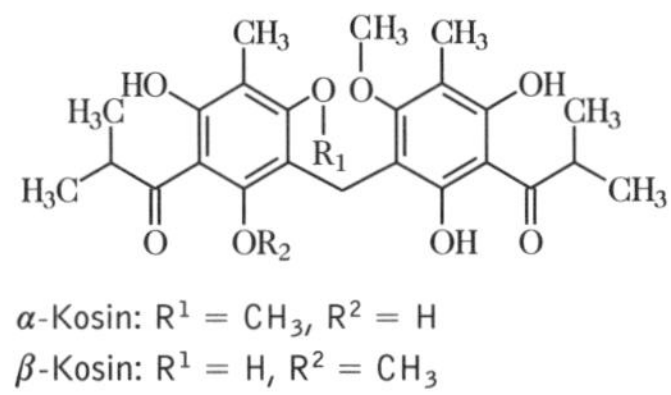

α-Kosin: $R^1 = CH_3$, $R^2 = H$
β-Kosin: $R^1 = H$, $R^2 = CH_3$

äther. Öl, Gummi. Anw.: früher in Europa als Bandwurmmittel genutzt, das heute obsolet ist. In der Volksheilkunde Afrikas bis heute zu diesem Zweck angewendet. Die Wirksamkeit ist unzureichend belegt. In Äthiopien wird die Droge auch als Insektizid benutzt.

Hom.: *Koso* HAB34, die getrockneten, rötlichen weiblichen Blüten.

Histor.: Die Namensgebung erfolgte durch Willdenow (1799), wobei der Gattungsname *Hagenia* zu Ehren des Königsberger Professors K. G. Hagen gewählt wurde, während die Artbezeichnung auf das Herkunftgebiet, nämlich Abessinien, hinweist. Die Bezeichnungen *Koso* oder *Kusso* sind einheimische, in den Herkunftsgebieten übliche Bezeichnungen.

Hagrose ↗ Rosa canina.
Hahnensporn ↗ Claviceps purpurea.
Haifischleberöl ↗ Prionoce glauca.
Haifischtran ↗ Prionoce glauca.
Hainbuche ↗ Carpinus betulus.
Hainbutten ↗ Rosa canina.
Hainbuttenschalen ↗ Rosa canina.
Haitran ↗ Prionoce glauca.
Hakenlilie ↗ Gloriosa superba.
Halichondria lacustris ↗ Spongilla lacustris.
Hallimasch ↗ Armillariella mellea.

Halluzinogene biogenen Ursprungs

Matthias F. Melzig

Einführung

Halluzinogene umfassen eine große Gruppe von Pflanzen, Pilzen sowie daraus hergestellten Reinstoffen und Zubereitungen, die eine tiefgreifende Verzerrung der Wahrnehmung verursachen. Sie sind seit Jahrtausenden Teil des menschlichen Lebens, ihre Bedeutung für die Kulturgeschichte und Naturheilkunde wurde aber erst in unserem Jahrhundert näher untersucht. Diese Gruppe von Drogen wird unter verschiedenen Synonyma zusammengefaßt, wie Phantastika (Louis Lewin, 1924), Psychedelika (Robert Osmond 1957), Illusionogene, Halluzinogene, Eidetika, Psychotika, Psychodysleptika, Psychotogene oder Psychotomimemtika. Suchtdrogen (↗ Sucht und Suchtdrogen biogenen Ursprungs) und Rauschgifte können ebenfalls halluzinogene Effekte aufweisen. Ihnen allen gemeinsam ist die Eigenschaft, Halluzinationen des Gesichts- und des Gehörsinnes zu erzeugen und den Konsumenten von der Wirklichkeit zu entfernen. Der Begriff Halluzinogene für diese Drogen ist daher wohl der gebräuchlichste. Diese Wirkstoffe können die Wahrnehmung und das Erkennungsvermögen beeinträchtigen und induzieren teilweise Verhaltensänderungen, wie man sie auch bei psychotischen Patienten beobachtet. Diese Drogen werden seit Jahrtausenden wegen ihrer Effekte auf die sensorische Wahrnehmung benutzt, sie sollen magische oder mystische Eigenschaften besitzen und waren zumeist Teil religiöser Rituale. In diesem Zusammenhang bezeichnet man diese Drogen auch als „bewußtseinserweiternde" Halluzinogene. Einheitliche chemische Strukturen existieren für diese Drogenwirkstoffe nicht, da sie aber große Ähnlichkeiten zu bestimmten Neurotransmittern haben, kann man sie anhand dieser Verwandtschaften einteilen.

Halluzinogene mit anticholinergen Wirkstoffen

Anticholinerge Wirkstoffe (↗ Atropin, ↗ Scopolamin, ↗ Hyoscyamin) lösen Rauschzustände, Gedächtnisverlust und Delirium aus, indem sie postsynaptische Acetylcholinrezeptoren blockieren. Scopolamin, Hyoscyamin und Atropin kommen insbesondere in Nachtschattengewächsen, wie ↗ *Atropa belladonna*, *Datura stramonium* (↗ *Datura*-Arten), ↗ *Mandragora officinarum*, ↗ *Hyoscyamus niger* und in ↗ *Brugmansia*-Arten, wie *Brugmansia aurea* vor. All diese Pflanzen werden seit Jahrhunderten genutzt und mißbraucht. Sie induzieren nach Applikation von 5 bis 50 mg ein Delirium, das die Vorstellung unterstützt, fliegen zu können. Daher auch die Anwendung in Hexensalben und -getränken im Mittelalter.

Stechapfelkraut (*Datura stramonium*, ↗ *Datura*-Arten) diente im Mittelalter fast ausschließlich zur Bereitung von Hexen- und Liebestränken. Mit Hilfe der Solanaceenalkaloide genossen die „Hexen" damals „unerlaubte" sexuelle Freuden, die sie häufig nach Marter und Folter mit dem Tod auf dem Scheiterhaufen bezahlen mußten. Dabei waren die nach dem Genuß der Drogen induzierten Vorstellungen des Fliegens und sexueller Handlungen durchaus real, wie heutige wissenschaftliche Untersuchungen gezeigt haben. Altindische Priester nahmen vor jeder zeremoniellen Handlung einen Stechapfeltrank zu sich und auch in Mexiko wurden Zubereitungen aus Datura-Arten genutzt, um Krankheiten zu diagnostizieren bzw. die Zukunft vorauszusagen. Zur Verstärkung der Wirkung von Opium- und Cannabis-Zubereitungen wurden Extrakte von *Datura stramonium* zugesetzt, die insbesondere die Rauschphase intensivierten.

Die berühmteste Zauberpflanze des Altertums und des Mittelalters war die Alraune (↗ *Mandragora officinarum*). Heute ist diese Pflanze in Mitteleuropa kaum noch zu finden, ihre Heimat ist der Vordere Orient. Bevor der Alraunekult im Mittelalter seinen Höhepunkt erreichte, wurden die narkotischen und halluzinogenen Eigenschaften der Droge bereits im Altertum genutzt. So soll der Lethe-Trank der Griechen Alraune enthalten haben, der Kummer und Sorgen vergessen ließ. Scopolamin als Hauptwirkstoff der Droge verursacht in geringer Dosierung Benommenheit und Ermüdung, milde Euphorie, weitreichende Amnesie, Delirium, Verwirrtheitszustände, traumlosen Schlaf und Konzentrationsstörungen. Die Sinneswahrnehmung wird nicht gesteigert. Bei höherer Dosierung wird dem Konsumenten ein Gefühl von Erregung und Kontrollverlust vermittelt. Die einhergehende Bewußtseinstrübung und das Fehlen jeglicher Erinnerung an das Rauscherlebnis machen Scopolamin nicht zu einer attraktiven Rauschdroge.

Bilsenkraut ist seit langer Zeit als Halluzinogen und Rauschdroge bekannt, im griechischen Altertum wurde die Droge zur Wahrsagerei genutzt, auch die phytischen Jungfrauen des Orakels von Apollo versetzten sich mit Bilsenkrautdämpfen in einen Trancezustand. Selbst zur „Verstärkung" der Wirkung von Bier wurde Bilsenkraut verwendet, was allerdings bereits im 16. Jh. in Deutschland unter Strafe gestellt wurde.

Als Halluzinogene spielen die Nachtschattengewächse heute nur noch bei einigen Ureinwohnern Südamerikas, Afrikas und Australiens eine größere Rolle. In den Industrieländern werden diese Drogen bzw. die daraus isolierten Alkaloide als wertvolle Arzneimittel zur Therapie von Erkrankungen eingesetzt.

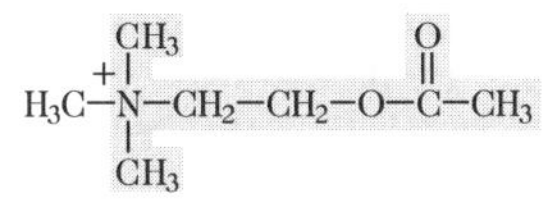

Acetylcholin

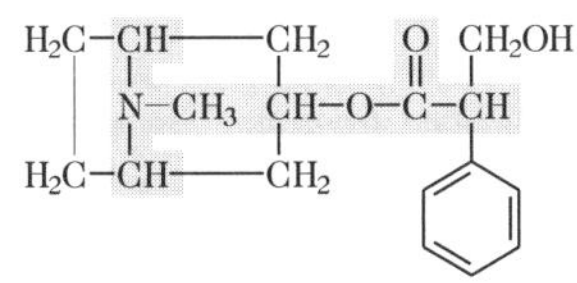

Atropin

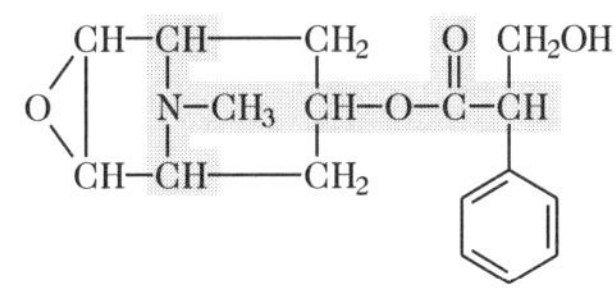

Scopolamin

Strukturformeln des Neurotransmitters Acetylcholin und der anticholinergen halluzinogenen Wirkstoffe Atropin und Scopolamin. Beide Stoffe blockieren den Acetylcholinrezeptor und erzielen dadurch ihre Wirkung.

Halluzinogene mit catecholaminverwandten Wirkstoffen

Catecholaminverwandte Wirkstoffe wie ↗ Mescalin, ↗ Myristicin und Elemicin (↗ Myristica fragans) wirken durch Wechselwirkung sowohl mit catecholaminergen als auch serotonergen Rezeptoren psychodyleptisch.

Zu den Mescalin-haltigen Drogen zählen „Mescal-Buttons", getrocknete Scheiben des mexikanischen Kaktus ↗ *Lophophora williamsii*. Diese auch Peyotl genannte Droge nutzten die Azteken und andere indianische Kulturen Mittel- und Südamerikas bereits lange Zeit vor der Ankunft der Europäer im 15. Jahrhundert. Der markanteste Effekt des Mescalins scheint die Veränderung des Gesichtssinnes zu sein. Nach oraler Gabe (100 bis 200 mg) wird Mescalin schnell resorbiert und induziert ungewöhnliche psychische Effekte und Halluzinationen mit leuchtenden Farben, geometrischen Mustern sowie scheinbare Erlebnisse mit Menschen und Tieren. Bei höherer Dosierung (300 bis 600 mg) verändert sich die Bewußtseinslage so stark, daß alle Erlebnisse und Visionen getrennt vom eigenen Ich empfunden werden. Der Berauschte fühlt sich zeit-, wunsch- und erinnerungslos. Der Rausch hält in üblicher Dosierung etwa 10 Stunden an. Mit dem gleichen Wirkstoffspektrum wird auch ↗ *Trichocereus pachanoi* (San Pedro) als Rauschdroge, insbesondere in Peru verwendet. In ähnlicher Weise wirken auch die künstlichen Amphetaminderivate („Designerdrogen").

Myristicin und Elemicin sind die pharmakologisch aktiven Wirkstoffe der Muskatnuß und der Muskatblüte (↗ *Myristica fragrans*). Diese Drogen werden nur gelegentlich als „Notlösung" mißbraucht, wenn keine anderen psychedelischen Substanzen verfügbar sind. Die Aufnahme größerer Mengen (1 bis 2 Teelöffel der gemahlenen Droge) führt nach wenigen Stunden zu Euphorie und visuellen Halluzinationen, die mit psychotischen Reaktionen und Depersonalisation einhergehen. Unangenehme Begleiterscheinungen sind Muskelzittern, Übelkeit und starkes Erbrechen, die die Nutzung von Muskat als Rauschdroge eher unwahrscheinlich machen.

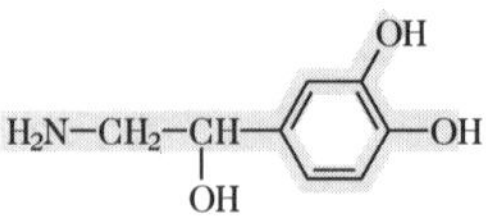

Noradrenalin

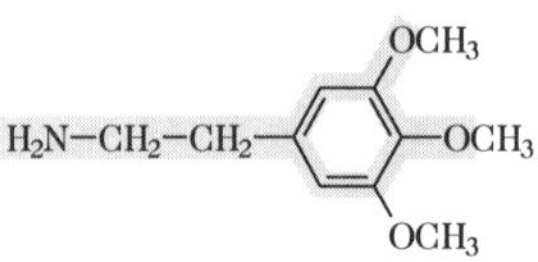

Mescalin

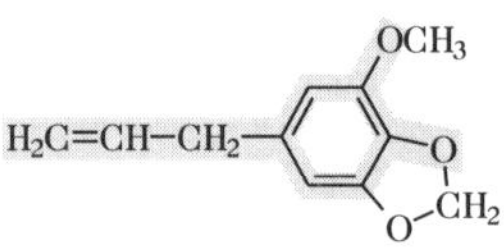

Myristicin

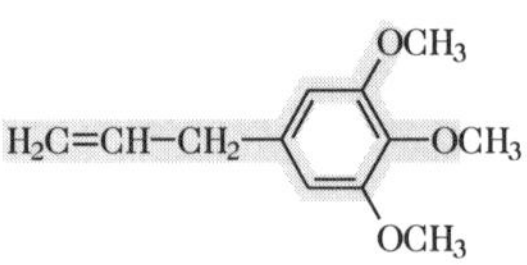

Elemicin

Strukturformeln des Neurotransmitters Noradrenalin und drei catecholaminverwandter psychedelischer Substanzen, deren Wirkung wahrscheinlich darauf beruht, daß sie die Übertragung von Nervenimpulsen an den catecholaminergen Synapsen im Gehirn verändern, bei denen Noradrenalin und Serotonin als Transmitter fungieren.

Halluzinogene mit serotoninverwandten Wirkstoffen

Serotoninverwandte Wirkstoffe wie LSD (↗ Lysergsäurediethylamid), ↗ Psilocybin, Psilocin ↗ Bufotenin, ↗ Ololiuqui, Harmin (↗ Peganum harmala) und Dimethyltryptamin greifen direkt am postsynaptischen Serotoninrezeptoren an und induzieren ein psychedelisches Syndrom. Außer LSD, das ein partialsynthetischer Wirkstoff ist und ebenfalls als Suchtdroge mißbraucht wird, sind die anderen Wirkstoffe Sekundärstoffe aus Pflanzen oder Pilzen, die weltweit als Rauschdrogen genutzt wurden und werden.

Dimethyltryptamin (DMT) und Tryptaminderivate ähneln in ihrer Struktur dem Indolabkömmling Serotonin und treten in Wechselwirkung mit den serotonergen Rezeptoren. Diese Stoffe sind in einigen in Südamerika gebräuchlichen Schnupfpulvern enthalten, die aus den Samen von ↗ *Anadenanthera peregrina* (Cohoba) oder der Rinde von ↗ *Virola*-Arten (Epena) gewonnen werden. Die Aufnahme dieser Schnupfpulver führt zu Halluzinationen und Verwirrtheitszuständen, wobei neben DMT auch Bufotenin (5-Hydroxy-DMT) zur Wirkung beiträgt. Charakteristisch für den Verlauf des Rausches ist die Induktion eines tiefen, aber unruhigen Schlafes. In ihm gebärdet sich der Berauschte wie im Fieberdelirium, stößt Schreie aus oder murmelt Unartikuliertes vor sich hin. Da die Drogen zur Wahrsagerei und zu magischen Zeremonien genutzt werden, muß ein zusätzlicher Gehilfe die vermeintlichen prophetischen Offenbarungen des Berauschten registrieren und deuten. Die orale Aufnahme dieser Stoffe führt nicht zum Rausch.

Psilocybin und Psilocin sind zwei Substanzen, die in mindestens 15 Pilzarten der Gattungen *Psilocybe*, *Panaeolus* und *Conocybe* gefunden wurden. Diese Pilze sind weltweit verbreitet, wurden aber besonders in Mittelamerika und im Nordwesten der heutigen USA als Drogenquelle genutzt. Chemisch unterscheidet Psilocybin vom Psilocin nur durch eine Phosphatgruppe, die nach der Aufnahme im Magen-Darm-Trakt abgespalten wird, so daß der eigentliche Wirkstoff Psilocin entsteht, der dann resorbiert wird. Reines Psilocybin wirkt etwa 50 mal stärker als Mescalin (s. o.). Die längste nachweisbare Tradition in Mittelamerika hat dabei *Psilocybe mexicana* (Teonanacatl oder Fleisch der Götter; ↗ *Psilocybe*-Arten), der heilige Rauschpilz der Azteken. Um den Rauschzustand zu erreichen, werden die Pilze roh gegessen, die Wirkung hält etwa 6 bis 10 Stunden an. Die traditionellen Pilzzeremonien dauern eine Nacht und beinhalten oft auch Heilungsrituale, die durch Gesänge begleitet werden. Kurze Zeit nach der Aufnahme der Pilze kommt es zu einer subjektiv als angenehm empfundenen geistigen und körperlichen Entspannung, gefolgt vom Gefühl einer körperlichen Leichtigkeit und der Empfindung, von der Umgebung losgelöst zu sein. Der Rauschzustand ist durch Farbvisionen und akustische Halluzinationen gekennzeichnet, der Berauschte erreicht in Ekstase eine vermeintlich andere, überirdische Geisteswelt. Hinzu kommt eine eigenartige Überempfindlichkeit, bei der das bloße Berühren

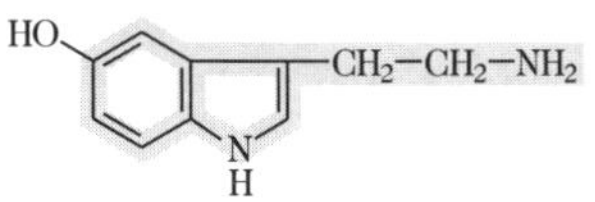

Serotonin
(5-Hydroxytryptamin)

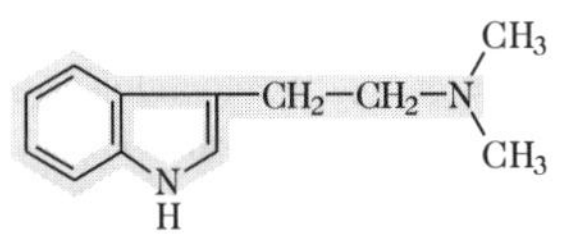

DMT
(Dimethyltryptamin)

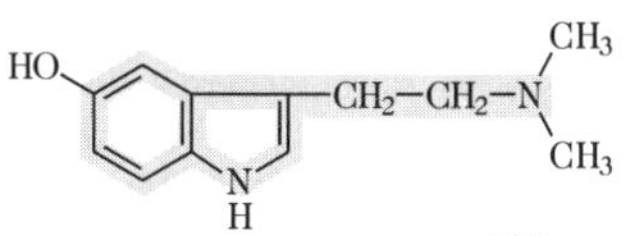

Bufotenin
(5-Hydroxy-DMT)

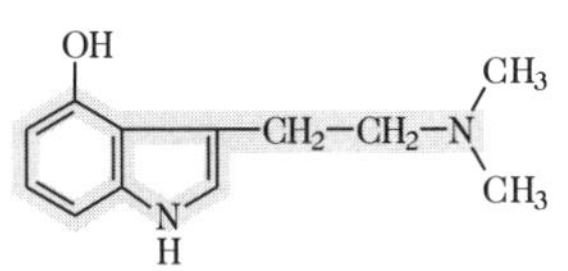

Psilocin
(4-Hydroxy-DMT)

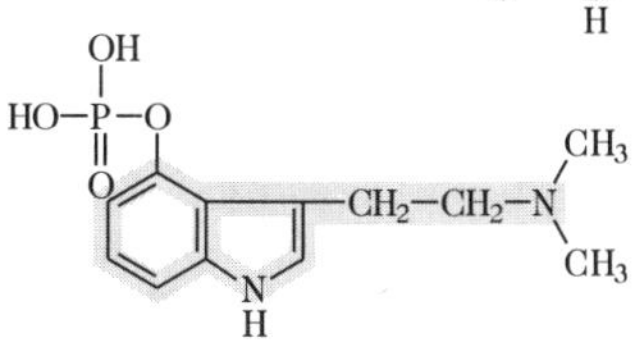

Psilocybin
(4-Phosphoryl-DMT)

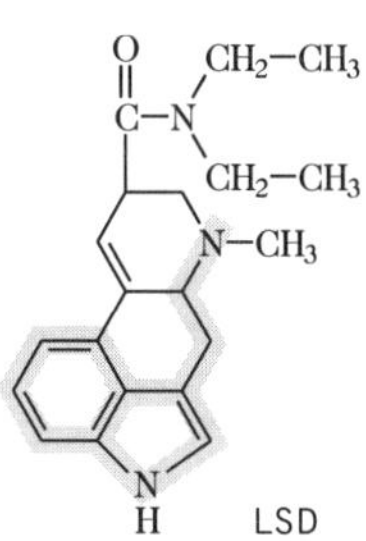

LSD

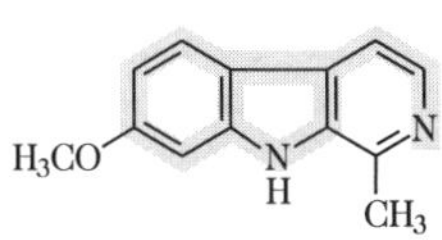

Harmin

Strukturformeln des Neurotransmitters Serotonin und von 6 serotoninverwandten halluzinogenen Substanzen, deren Wirkung mit großer Wahrscheinlichkeit durch Veränderungen an den serotonergen Synapsen im Gehirn vermittelt wird.

des Berauschten als absolut störend und unangenehm empfunden wird. Am nächsten Tag kommt es häufig zu einer ausgeprägten Katerstimmung.

Ololiuqui sind die Samen der Windengewächse ↗ *Ipomoea violacea* und ↗ *Turbina corymbosa*, die von den Indianern Mittel- und Südamerikas als halluzinogene Rauschdroge genutzt werden. Dabei werden die Samen zu einem feinen Pulver zerrieben und mit Agavenmost oder Tepache (Getränk aus Ananassaft und Pulque) angerührt. Nach dem Abseihen ist das Getränk fertig. Wie die anderen, bereits erwähnten Rauschdrogen, diente auch Ololiuqui oder coatlxoxouhqui („grüne Schlange") als Kultdroge zur Kontaktaufnahme mit übernatürlichen Kräften. Inhaltsstoff dieser Droge ist unter anderem Lysergsäureamid, das etwa ein Zehntel der Wirksamkeit von LSD aufweist. Ololiuqui führt zu Schläfrigkeit, verzerrter Wahrnehmung, Halluzinationen und Verwirrtheit, allerdings mit recht heftigen Nebenwirkungen wie Übelkeit, Erbrechen, Kopfschmerz und erhöhtem Blutdruck. Als übliche Dosis werden etwa 13 Samen beider Pflanzen aufgenommen, der Rausch setzt schnell ein und hält etwa 3 Stunden an. Ololiuqui wird auch heute noch in Mittelamerika in der traditionellen Medizin zu Heilungsritualen verwendet. Eine Verbreitung über Mittelamerika hinaus hat die Droge nicht gefunden.

Harmin und seine Derivate Harmalin sowie Tetrahydroharmin sind ebenfalls Indolalkaloide, die die rauscherzeugenden Wirkstoffe der Drogen ↗ *Peganum harmala* (Steppenraute) und ↗ *Banisteria*-Arten (Ayahuasca) darstellen. Die Blätter, Samen, Wurzeln und Rinde dieser Pflanzen wurden seit Jahrhunderten für kultische Zwecke sowohl im Orient als auch in Mittelamerika verwendet. Kurze Zeit nach der oralen Aufnahme kommt es zu Veränderungen der visuellen Wahrnehmung, die mit seltsamen telepathischen Fähigkeiten verbunden sein soll und zu optischen Halluzinationen, begleitet von Schwindelgefühl, Schweißausbrüchen und mitunter Übelkeit führt. Nach dem Rausch folgt ein tiefer Schlaf, der mit Träumen und Fieberwellen einhergeht. Harmin-ähnliche Indolalkaloide wie Harman und Norharman werden auch im menschlichen Körper nach akuter Alkoholaufnahme gebildet und sind wahrscheinlich an der Ausbildung des Alkohol-Rausches beteiligt.

Aus Berichten von Forschungsreisenden des vergangenen Jahrhunderts sind als halluzinogene Droge auch ↗ *Tabernanthe iboga* und *Mithragyna speciosa* bekannt, deren Inhaltsstoffe auch zu den Indolalkaloiden gezählt werden (Ibogain und Mitragyna-Alkaloide). Sie induzieren einen intensiven Trance-Zustand, gekoppelt mit psychotischen und halluzinären Erlebnissen.

Synthetische Halluzinogene

Neben den besprochenen Drogen mit halluzinogenen Eigenschaften existiert eine Reihe von chemischen Substanzen, die ebenfalls in die Rubrik Halluzinogene einzuordnen sind und häufig nach dem Vorbild ihrer biogenen Vertreter synthesisiert wurden. Dazu zählen. die synthetischen Amphetamin-Derivate (z. B. Dimethoxymethylamphetamin, DOM oder STP; Methylendioxyamphetamin, MDA; Dimethoxyamphetamin, DMA), die in höherer Dosierung wesentlich potenter aber auch toxischer als Mescalin wirken und ähnliche Effekte wie LSD indizieren. Diese Stoffe werden auch als „Designer-Drogen" bezeichnet und häufig illegal unter dem Etikett „Mescalin" gehandelt. Zumeist führt die Einnahme von synthetischen Halluzinogenen zu Toleranz und Abhängigkeit, verbunden mit Gesundheitsschäden, Veränderungen der Persönlichkeit und sozialem Abstieg. Beschränkte sich der Gebrauch biogener Halluzinogene früher hauptsächlich auf religiöse Rituale und war demzufolge nur wenigen Menschen bekannt, so werden seit den späten sechziger Jahren natürliche wie synthetische Halluzinogene in den Industriegesellschaften zunehmend propagiert und mißbraucht. Dabei steht der Wunsch nach Intensivierung der Wahrnehmung, nach Überhöhung der Wirklichkeit und das Sammeln von spirituellen bzw. übernatürlichen Erfahrungen im Vordergrund.

Literatur:

Julien, Robert M.: *Drogen und Psychopharmaka*, aus dem Engl. übers. von Therese Apweiler und Stefan Hartung. Heidelberg; Berlin; Oxford: Spektrum, Akad. Verl., 1997.

Cohen, S.: *The Chemical Brain: The Neurochemistry of Addictive Disorders*. Irvine (Ca.), Care Institute, 1988.

Goldstein, A.: *Addiction: From Biology to Drug Policy*. W.H. Freeman and Company, New York, 1994.
Balick, M.J. und Cox, P.A.: *Drogen, Kräuter und Kulturen: Pflanzen und die Geschichte des Menschen*, aus dem Engl. übers. von Sebastian Vogel. Heidelberg; Berlin; Oxford: Spektrum, Akad. Verl., 1997.
Schultes, R.E. und Hofmann, A.: *Pflanzen der Götter: Die magischen Kräfte der Rausch- und Giftgewächse*. AT-Verlag Aarau (Schweiz), 2. Auflage; 1996.

Hamaebuxus alpestris ↗ Polygala-Arten.
Hamamelidis aqua ↗ Hamamelis virginiana.
Hamamelidis cortex ↗ Hamamelis virginiana.
Hamamelidis folium ↗ Hamamelis virginiana
Hamamelis ↗ Hamamelis virginiana.
Hamamelis abdrogyna ↗ Hamamelis virginiana.
Hamamelisblätter ↗ Hamamelis virginiana.
Hamamelis caroliniana ↗ Hamamelis virginiana.
Hamamelis corylifolia ↗ Hamamelis virginiana.
Hamamelis dentata ↗ Hamamelis virginiana.
Hamamelis dioica ↗ Hamamelis virginiana.
Hamamelis estivalis ↗ Hamamelis virginiana.
Hamamelis macrophylla ↗ Hamamelis virginiana.
Hamamelis nigra ↗ Hamamelis virginiana.
Hamamelis parvifolia ↗ Hamamelis virginiana.
Hamamelisrinde ↗ Hamamelis virginiana.
Hamamelis rotundifolia ↗ Hamamelis virginiana.
Hamamelis virginiae ↗ Hamamelis virginiana.

■ **Hamamelis virginiana** L.
(syn. *Hamamelis abdrogyna, H. caroliniana, H. corylifolia, H. dentata, H. dioica, H. estivalis, H. macrophylla, H. nigra, H. parvifolia, H. rotundifolia, H. virginata, H. virginica, H. virginiae, Trilopus dentata, T. estivalis, T. nigra, T. parvifolia, T. rotundifolia, T. virginica*); Hamamelis (syn. Hexenhasel, Virginischer Zauberstrauch, Virginische Zaubernuß, Zauberhasel, Zaubernuß).

Fam.: Hamamelidaceae.

Vork.: atlantisches Nordamerika. Als winterharte Pflanze auch in Mitteleuropa kultiviert.

Drogen: *1.* ***Hamamelidis aqua*** (syn. *Aqua Hamamelidis, Aqua Hamamelidis corticis, Liquor Hamamelidis*); Hamameliswasser, die nach Mazeration der frisch geschnittenen und teilweise getrockneten Zweige mit Wasser und anschließender Destillation des Mazerats und Versetzen mit Ethanol erhaltene Flüssigkeit. *Inh.*: äther. Öl. *Anw.*: zur Wundbehandlung, in der Kosmetik. ***2. Hamamelidis cortex*** (syn. *Cortex Hamamelidis*); Hamamelisrinde (syn. Virginische Zaubernußrinde, Wünschelrutenrinde, Zauberhaselrinde, Zauberstrauchrinde), die getrocknete, zerkleinerte Rinde der Stämme und Zweige. *Inh.*: Gerbstoffe vom Tannin-Typ (bis 9 %), u. a. Hamamelitannin und Monogalloylhamamelosen Außerdem äther. Öl (0,1 %) und Flavonoide. *Anw.*:

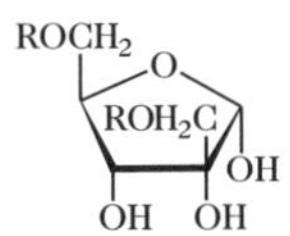

R = H: D-Hamamelose (2-C-Hydroxymethyl-D-ribose)
R = Galloyl: Hamamelitannin

Dekokte aus 5–10 g Droge auf ca. 250 ml Wasser zu Umschlägen und Spülungen, u. a. bei Zahnfleisch- und Mundschleimhautentzündungen sowie leichten Hautverletzungen, Hämorrhoiden und Krampfaderbeschwerden. Bestandteil entsprechender Arzneifertigpräparate. Volkstümlich u. a. zur Unterstützung der Therapie akuter, unspezifischer Durchfallerkrankungen. ***3. Hamamelidis folium*** (syn. *Folia Hamamelidis*); Hamamelisblätter (syn. Wünschelrutenblätter, Zauberhaselblätter, Zauberstrauchblätter), die getrockneten Blätter. *Inh.*: Gerbstoffe (bis 8 %), bes. Hamamelitannin sowie einfache und oligomere Proanthocyanidine. *Anw.*: s. Hamamelisrinde.

Hom.: 1. ***Hamamelis virginiana*** HAB1; Virginischer Zauberstrauch, die frische Rinde der Wurzeln und Zweige. *Anw.-Geb.*: Erkrankungen des venösen Gefäßsystems, der Haut und bei Gerinnungsstörungen. ***2. Hamamelis virginiana äthanol. Decoctum*** HAB1; die getrocknete Rinde der Stämme und Zweige. *Anw.-Geb.*: anthroposophische Therapierichtung. ***3. Hamamelis virginiana e cortice et ex summitatibus*** HAB1; Gemisch aus einem Teil frischer Zweigrinde und zwei Teilen frischen Zweigspitzen. ***4. Hamamelis***

virginiana e folis HAB1; die frischen Blätter. Anw.-Geb.: anthroposophische Therapierichtung.

Histor.: Der Name *Hamamelis* setzt sich aus dem griechischen *hama* (gleichzeitig) und *melon* (Apfel, Frucht) zusammen, da der Baum im gleichen Jahre vor dem Blühen Früchte trägt. Aus dem gleichen Grunde wurde auch die Bezeichnung „Zaubernuß" geprägt. Die Droge wurde von den Indianern Nordamerikas sehr geschätzt und vielfältig angewendet, bes. als Wundheilmittel. Nach Europa gelangte der Strauch erst im 18. Jh. und zwar als Ziergewächs.

Hamamelis virginica ↗ Hamamelis virginiana.
Hamameliswasser ↗ Hamamelis virginiana.
Hamamelitannin ↗ Hamamelis virginiana.

■ **Hamelia patens** Jacq.
Fam.: Rubiaceae.
Vork.: Mittel- und Südamerika.
Droge: die getrockneten Blätter. Inh.: Oxindol-Alkaloide, wie Isopteropodin; Stigma-4-en-3,6-dion. Anw.: in der südamerikanischen Volksheilkunde bei Hautleiden und als Desinfektionsmittel.

Hammelmöhre ↗ Pastinaca sativa.
Hämokoagulase ↗ Batroxobin.
Hancornia speciosa ↗ Kautschuk.
Handlappiger Rhabarber ↗ Rheum-Arten.
Handschuh ↗ Aquilegia vulgaris.
Handwurzel ↗ Inula helenium.
Hanf ↗ Cannabis sativa.
Hanfartiger Hundswürger ↗ Apocynum cannabinum.
Hanfhundsgift ↗ Apocynum cannabinum.
Hanfnessel ↗ Urtica-Arten.
Hängebirke ↗ Betula-Arten.

■ **Haplopappus baylahuen** Remy
(syn. *Aplopappus baylahuen, Hysterionica baylahuen*); Baylahuenkraut.
Fam.: Asteraceae (Compositae).
Vork.: Chile, Hochsteppe der Kordilleren.
Droge: ***Herba Baylahuen*** (syn. *Herba Haplopappi*); *Haplopappus-Baylahuen*-Blätter (syn. Baylahuenkraut), die frischen Blätter blühender Pflanzen. Inh.: Anthrachinone (Rhein), Cumarine (Prenyletin), Flavanone (Eriodyctiol, Eriodyctionon), Flavonole, u. a. Isorhamnetin, Kämpferol und Quercetin. Anw.: in der indianischen Volksheilkunde wird ein Heiltee zubereitet, der bei Magen- und Darmbeschwerden, Funktionsstörungen der Gallenblase, Leberschmerzen und bei verzögerter Menstruation angewendet wird. Auch als Aphrodisiakum, bei Rheuma, Nierenschmerzen und Blasenkatarrhen wird die Droge eingesetzt.

Hom.: ***Haplopappus baylahuen*** (syn. Haplopappus) HAB1, die getrockneten Blätter. Anw.-Geb.: Erschöpfungszustände mit niedrigem Blutdruck.

■ **Haplophyllum perforatum** (M. B.) Kar. et Kir.
Fam.: Rutaceae.
Vork.: Usbekistan, Mittelasien.
Droge: das Kraut. Inh.: Alkaloide, wie Haplopherin, Haplophyllidin, Perfolin; äther. Öl. Anw.: in der Volksheilkunde bei Magenbeschwerden.

■ **Haplophyton cimicidum** .
Fam.: Apocynaceae.
Vork.: Mexiko.
Droge: die ganze Pflanze. Inh.: Alkaloide, wie Haplophytin, Cimicidin. Anw.: zur Insektenvertilgung, da die Alkaloide als Kontakt- und Fraßgift gegen Küchenschaben wirken.

Haraclei sphondylii herba ↗ Heracleum sphondylium.
Hardwickiabalsam ↗ Hardwickia pinnata.

■ **Hardwickia pinnata**
(syn. *Kingiodendron pinnatum*).
Fam.: Leguminosae.
Vork.: Indien.
Droge: ***Balsamum Hardwickiae***; Hardwickiabalsam, der Balsam. Inh.: äther. Öl (25–50 %), Harz (50–75 %), Resen (ca. 3 %). Anw.: als Ersatz für Balsamum Copaivae (↗ Copaifera-Arten) in der Lackindustrie und Porzellanmalerei. Auch in der traditionellen indischen Heilkunde wird die Droge eingesetzt.

Härekraut ↗ Oenothera biennis.
Harlekinsblume ↗ Aquilegia vulgaris.
Harmalkraut ↗ Peganum harmala.

■ **Harman**
Indolalkaloid vom β-Carbolintyp. Wirk.: hemmt die Monoaminoxidase A und wirkt dadurch in

höheren Konzentrationen psychotomimetisch (↗ Halluzinogene biogenen Ursprungs).

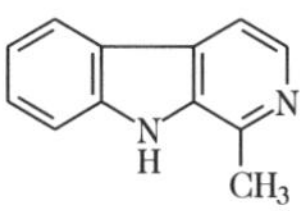

Harman

Harman-Alkaloide ↗ Peganum harmala.
Harmelraute ↗ Peganum harmala.
Harmin ↗ Peganum harmala.
Harnblume ↗ Helichrysum arenarium.
Harnkraut ↗ Chimaphila umbellata, ↗ Herniaria glabra, ↗ Ononis spinosa.
Harnkrautwurzel ↗ Ononis spinosa.
Haronga madagascariensis ↗ Harungana madagascariensis.
Harpagophyti radix ↗ Harpagophytum procumbens.
Harpagophytum burcherllii ↗ Harpagophytum procumbens.

■ Harpagophytum procumbens (Burch.) DC.

(syn. *Harpagophytum burcherllii*); Teufelkralle (syn. Afrikanische Teufelskralle, Trampelklette).

Fam.: Pedaliaceae.

Vork.: Namibia, Südafrika.

Droge: ***Harpagophyti radix*** (syn. *Radix Harpagophyti, Tubera Harpagophyti*); Teufelskrallenwurzel (syn. Afrikanische Teufelskrallenwurzel), die in Scheiben oder Stücke geschnittenen oder gepulverten, getrockneten, knolligen Sekundärwurzeln; s. Farbtafel S. 309, Bild 170. *Inh.*: Iridoidglykoside, bes. ↗ Harpagosid (0,5–1,6 %), Flavonoide, u. a. Fisetin, Kämpferid, Kämpferol und Luteolin, Phenylethylderivate, u. a. Acteosid und Isoacteosid sowie Gummiharz und geringe Mengen äther. Öl. *Anw.*: Appetitlosigkeit, dyspeptische Beschwerden sowie zur unterstützenden Therapie degenerativer Erkrankungen des Bewegungsapparates. Zur ↗ Teezubereitung beträgt die mittlere Tagesdosis 1 Eßlöffel (4,5 g) feingeschnittene Droge, die man mit 2 Tassen (ca 300 ml) kochendem Wasser übergießt und etwa 8 Stunden bei Raumtemperatur stehen läßt. Der trinkfertige Tee wird in 3 Portionen kurz vor den Mahlzeiten warm eingenommen.

Hom.: ***Harpagophytum procumbens*** HAB1; Teufelskralle, die vor dem Trocknen zerkleinerten, dicken, seitlichen Speicherwurzeln. *Anw.-Geb.*: Erkrankungen des Stütz- und Bewegungsapparates (Rheuma) sowie der Leber, Galle und Bauchspeicheldrüse.

Histor.: Der Gattungsname ist vom griechischen *harpagos* (Enterhaken) wegen der Widerhaken an der holzig werdenden Frucht, abgeleitet, während der Artname *procumbens* auf den niederliegenden Strauch hinweist. Die Eingeborenen im südlichen Afrika kannten die Droge schon seit langer Zeit und nutzten sie in ähnlicher Weise wie heute in Europa bei Magen- und Darmleiden sowie bei rheumatischen Zuständen.

■ Harpagosid

Iridoidglykosid aus ↗ *Harpagophytum procumbens* und ↗ *Scrophularia nodosa* mit stark bitterem Geschmack.

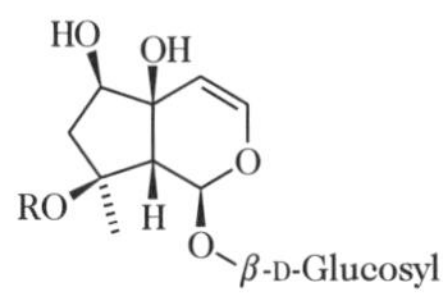

Harpagosid
R = (*E*)-Cinnamoyl

Harrisia bonplandii ↗ Eriocereus bonplandii.

■ Harrisonia abyssinica Oliv.

Fam.: Simaroubaceae.

Vork.: Ostafrika.

Droge: Blätter und Wurzelrinde. *Inh.*: Catechingerbstoffe; Galloylgerbstoffe, Leucoanthocyane. *Anw.*: in der afrikanischen Volksheilkunde bei Hautleiden, Hämorrhoiden, gegen Fieber, Schlangenbisse und als Stomachikum eingesetzt.

Harsinghar ↗ Nyctanthes arbor tristis
Hartäpfel ↗ Solanum-Arten.
Hartheu ↗ Hypericum perforatum.
Hartogia betulina ↗ Barosma-Arten.
Hartriegel ↗ Cornus-Arten.
Harunganae madagascariensis cortex et folium ↗ Harungana madagascariensis.

■ Harungana madagascariensis Lam. ex Poir.

(syn. *Haronga madagascariensis*); Drachenblutbaum.

Fam.: Hypericaceae.

Vork.: tropisches Afrika.

Droge: ***Harunganae madagascariensis cortex et folium***; Harongarinde und -blätter, die getrockneten Zweige mit Blättern. Inh.: in den Blättern wurden Anthranoide, u. a. Madagascarin, Hypericin und Pseudohypericin nachgewiesen, ferner Flavonoide und äther. Öl komplexer Zusammensetzung (ca. 0,04 %). In der Rinde sind v. a. Anthranoide (Harunganin, Euxanthon, Anthrone, Anthrachinone), Polyphenole (dimere Proanthocyanidine, Catechingerbstoffe), Triterpene (Friedelin, Betulinsäure) und äther. Öl (ca. 0,07 %) enthalten. *Anw.*: bei dyspeptischen Beschwerden und leichter exokriner Pankreasinsuffizienz zur Verdauungsförderung. In der Volksheilkunde auch bei Bandwurmerkrankungen, Hämorrhoiden, Gonorrhoe, Dermatitiden, Ekzemen, Menstruationsbeschwerden und Kindbettfieber. Die Wirksamkeit bei diesen volksheilkundlichen Anwendungen ist nicht belegt.

Hom.: ***Harungana madagascariensis*** HAB1, eine Mischung, die aus einem Teil getrockneter Blätter und aus zwei Teilen getrockneter Zweigrinde besteht. *Anw.-Geb.*: Verdauungsschwäche bei Funktionsstörungen der Bauchspeicheldrüse.

Harzbirke ↗ Betula-Arten.

■ Harze

(lat. Resinae), Gemische nichtflüchtiger, amorpher, meist harter bis spröder, durchscheinender Naturprodukte, die beim Erwärmen erweichen und schließlich schmelzen. Sie stellen Stoffwechselendprodukte dar, die in Exkreträume der Pflanzen, meist Holzgewächse, abgeschieden werden. Gereinigte Harze sind nahezu unlöslich in Wasser, dagegen löslich in äther. und fetten Ölen sowie apolaren Lösungsmitteln. Ihre Resistenz gegen Fäulnis führte oft zum Überdauern erdgeschichtlicher Zeiträume wie z. B. Bernstein, ein fossiles Harz aus dem Tertiär. H., die in äther. Ölen gelöst vorkommen, werden als ↗ Balsame bezeichnet, dagegen enthalten ↗ Gummiharze zusätzlich Polysaccharide und wenig äther. Öl. Als sog. Terpenharze werden Produkte bezeichnet, die vorwiegend aus Diterpensäuren, z. B. Abietinsäure, und Triterpenalkoholen, u. a. α- und β-Amyrin, bestehen, z. B. die Drogen Colophonium (↗ *Pinus*-Arten), Dammar (↗ *Shorea wiesneri*), Olibanum (↗ *Boswellia*-Arten) und Mastix (↗ *Pistacia lentiscus*). Ein harzähnliches Produkt tierischer Herkunft ist Schellack (↗ Kerria lacca).

Haschisch ↗ Cannabis sativa.
Haschischkraut ↗ Cannabis sativa.
Hasekehl ↗ Alliaria petiolata.
Haselmünichkraut ↗ Hepatica nobilis.
Haselnuß ↗ Corylus avellana.
Haselwurz ↗ Asarum europaeum.
Hasenblume ↗ Anemone nemorosa.
Hasenbovist ↗ Calvatia gigantea.
Hasenfuß ↗ Trifolium arvense.
Hasenglöckchen ↗ Hyacinthoides non-scripta.
Hasenklee ↗ Anthyllis vulneraria, ↗ Lupinus luteus, ↗ Trifolium arvense.
Hasenlattich ↗ Prenanthes alba, ↗ Prenanthes serpentaria.
Hasenohr ↗ Bupleurum-Arten, ↗ Sagittaria sagittifolia.
Hasenöhrlein ↗ Asarum europaeum.
Hasenpappel ↗ Malva-Arten.
Hasenpfötlein ↗ Trifolium arvense.
Hasenwurz ↗ Hepatica nobilis.
Haudornwurzel ↗ Ononis spinosa.
Hauhechel ↗ Ononis spinosa.
Hausenblase ↗ Ichthyocolla.
Haushund ↗ Canis familiaris.
Hauslauch ↗ Sempervivum tectorum.
Hausrind ↗ Bos taurus.
Hausschaf ↗ Ovis aries.

■ Haustee

Drogenmischungen, die nicht arzneilich genutzt werden, i. d. R. coffeinfrei sind und als sog. Hausgetränk dienen. Als Drogen verwendet man hierzu meist einheimische Kräuter, die Gerbstoffe, Aromastoffe und Fruchtsäuren enthalten, u. a. Brombeer-, Erdbeer- und Himbeerblätter, Hibiscusblüten, Hagebutten und Apfelschalen, s. ↗ Teezubereitung.

Hauswurz ↗ Sempervivum tectorum.
Hauszwiebel ↗ Allium-Arten.
Hauwe ↗ Avena sativa.
Hawaiianische Holzrose ↗ Argyreia nervosa.
Hebradendron gambogioides ↗ Garcinia hanburyi.
Hechelkrautwurzel ↗ Ononis spinosa.
Heckendornblüten ↗ Prunus-Arten.
Heckenrübe ↗ Bryonia-Arten.
Heckenveilchen ↗ Viola-Arten.

■ Hedeoma pulegioides (L.) Pers.

Frauenminze (syn. Flohkraut, Amerikanische Poley).

Fam.: Lamiacea (Labiatae).

Vork.: Nordamerika, bes. Kanada, Florida, Nordcarolina, Ohio, Tennessee.

Drogen: ***1. Herba Hedeomae*** (syn. *Herba Pulegii americanae*); Frauenminze (syn. Flohkraut, Amerikanische Poley), das getrocknete Kraut. *Inh.:* äther. Öl (1–3 %), Flavonoide, u. a. Diosmin, Gerbstoffe, organische Säuren. *Anw.:* in der Volksheilkunde als Diaphoretikum und Antirheumatikum. ***2. Oleum Hedeomae*** (syn. *Oleum Pulegii americanum*), das äther. Öl der Pflanze. *Inh.:* Menthon und Isomenthon (ca. 50 %), Pulegon (ca. 24 %), 1-Methyl-3-cyclohexanon (ca. 8 %), Limonen, Dipenten. *Anw.:* in der Volksheilkunde als Diaphoretikum und Antirheumatikum sowie als Insektenbekämpfungsmittel (z. B. gegen Mücken).

Hom.: ***Hedeoma pulegioides*** HAB, die frischen oberirdischen Teile. *Anw.-Geb.:* Entzündungen der Gebärmutter und der Eierstöcke, Nierenkoliken, Magenschleimhautentzündungen.

Histor.: Der Gattungsname *Hedeoma* ist griechischen Ursprungs und setzt sich aus *hedys* (süß) und *aroma* (Gewürz) zusammen, während der Artname vom lateinischen *pulex* (Floh) abstammt und vermutlich im Zusammenhang mit dem insektenvertreibenden Geruch der Pflanze geprägt wurde. So nutzt man auch in moskitoreichen Gebieten Sprays mit *Hedeoma*-Spiritus.

Hedera caucasigena ↗ Hedera helix.
Hedera chrysocarpa ↗ Hedera helix.
Hederae helicis folium ↗ Hedera helix.
Hederagenin ↗ Saponine.

■ Hedera helix L.

(syn. *Hedera caucasigena, H. chrysocarpa, H. taurica*); Efeu (syn. Baumtod, Eppig, Immergrün, Mauerewig, Mauerranke, Rankenefeu, Totenranke, Wintergrün), s. Farbtafel S. 309, Bild 171.

Fam.: Araliaceae. Kriechendes oder mit Haftwurzeln kletterndes Holzgewächs.

Vork.: in ganz Europa.

Droge: ***Hederae helicis folium*** (syn. *Folia Hederae, Folia Hederae arboreae, Folia Hederae communis, Folia Hederae helicis, Folia Hederae maioris, Folia Hederae nigrae, Folia Helicis, Herba hederae helicis*); Efeublätter (syn. Adamsblätter, Ivenblätter, Rampelblätter), die getrockneten Laubblätter. *Inh.:* Triterpensaponine mit Hederasaponin C bzw. Hederacosid C als Hauptkomponente. Weitere Bestandteile sind Flavonolglykoside, u. a. Rutin und Kämpferol-3-rutinosid, Polyine, u. a. Falcarinon und Falcarinol, Sterole, u. a. Sitosterol; Scopolin, Kaffeesäurederivate und geringe Mengen an äther. Öl. *Anw.:* in Form von Arzneifertigpräparaten bei Erkrankungen der Atmungsorgane, bes. als Sekretolytikum und Antispasmodikum, bei spastischer Bronchitis und chronischen Katarrhen. Efeuextrakte finden auch in einigen Kosmetika, z. B. Shampoos, Anwendung.

Hom.: ***Hedera helix*** HAB1; Efeu, die frischen, unverholzten Triebe. *Anw.-Geb.:* Erkrankungen der Schilddrüse, akute Entzündungen der oberen und unteren Atemwege, des Magen-Darm-Traktes, der Leber, Galle und Bauchspeicheldrüse sowie des Stütz- und Bewegungsapparates.

Histor.: *Hedera*, der lateinische Name des Efeu, wurde bereits von Virgil und ↗ Plinius gebraucht und leitet sich vom griechischen *hédra* (das Sitzen) ab, bezugnehmend auf das Haften der Pflanze an der Unterlage, und *helix* kommt vom griechischen *helissein* (winden, herumdrehen). Der Efeu hatte bereits im klassischen Altertum Bedeutung als Arzneipflanze sowie für kultische Zwecke, u. a. auch für ornamentale Darstellungen. Im alten Ägypten galt der Efeu der Osiris und bei den Griechen dem Dionysos und Bacchus heilig. Als Symbol der Geselligkeit,

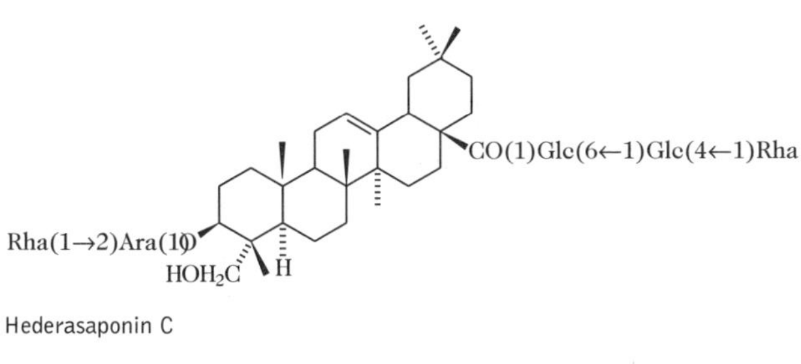

Hederasaponin C

Heiterkeit und Freundschaft gilt der Efeu bis in die Neuzeit.

Hedera senticosa ↗ Eleutherococcus senticosus.
Hedera taurica ↗ Hedera helix.
α-Hederin ↗ Saponine.

■ **Hedranthera barteri** (Hook. f.) Pichon .
Fam.: Apocynaceae.
Vork.: Afrika, bes. Nigeria.
Droge: Wurzeln, Rinde und Blätter. Inh.: Indolalkaloide, wie Beninin, Vobtusin, Callichilin. Anw.: in der Volksheilkunde als Laxans für Kinder; die Wurzeln als Herzmittel.

Hefe ↗ medizinische Hefe.
Hefe-Candida ↗ Candida-Arten.
Heideflechte ↗ Cetraria islandica.
Heide-Johanniskraut ↗ Hypericum pulchrum.
Heidekorn ↗ Fagopyrum esculentum.
Heidekraut ↗ Calluna vulgaris.
Heide-Küchenschelle ↗ Pulsatilla-Arten.
Heidelbeeren ↗ Vaccinium-Arten.
Heidemyrte ↗ Myrica gale.
Heidenelke ↗ Dianthus deltoides.
Heidnisch-Wundkraut ↗ Solidago-Arten.
Heil aller Schäden ↗ Sanicula europaea.
Heil aller Welt ↗ Agrimonia eupatoria, ↗ Geum-Arten.
Heil alle Welt ↗ Anagallis arvensis.
Heilblätter ↗ Tussilago farfara.
Heildolde ↗ Sanicula europaea.
Heiligenbitter ↗ Angelica archangelica.
Heiligengeistwurzel ↗ Angelica archangelica.
Heiligenholz ↗ Guaiacum officinale.
Heiligenholzrinde ↗ Guaiacum sanctum.
Heiligenkrautblüten ↗ Santolina chamaecyparissus.
Heiliggeistwurzel ↗ Angelica archangelica.
Heiligkraut ↗ Verbena officinalis.
Heilwegerich ↗ Plantago-Arten.
Heilwurz ↗ Althaea officinalis, ↗ Orchis-Arten.
Heilwurzel ↗ Althaea officinalis
Heilziest ↗ Stachys officinalis.

■ **Heimia salicifolia** (HBK) Link et Otto; Sinicuichi.
Fam.: Lythraceae.
Vork.: südliches Nordamerika bis Argentinien, Westindische Inseln.
Inh.: Chinolizidin-Alkaloide.
Anw.: Aus den angewelkten, mit Wasser versetzten Blättern wird im mexikanischen Hochland mittels Fermentation ein berauschendes Getränk bereitet, das zu rituellen Zeremonien getrunken wird und zurückliegende Ereignisse in Erinnerung rufen soll. Die halluzinogenen Effekte werden den Chinolizidin-Alkaloiden, u. a. Cryogenin/Vertin und Heimidin, zugeschrieben.

■ **Heimiella angrieformis** Heim.
Nonda Mbolbe.
Fam.: Boletaceae.
Vork.: Asien. Bedeut.: Psychische Auffälligkeiten („Pilzverrücktheit), die ganze Gruppen von Angehörigen der Kuma auf Neuguinea befallen, werden mit dem Genuß dieses Pilzes in Verbindung gebracht. Über die Inhaltsstoffe und ihre Wirkung ist bisher noch nichts bekannt.

Heimischwurzel ↗ Althaea officinalis.

■ **Helenaline**
bicyclische Sesquiterpenlactone vom Pseudoguaiantyp aus ↗ *Arnica*-Arten. Wirk.: Sie führen zur Steigerung der Kontraktionskraft des Herzens, bei höherer Dosierung auch zu Arrhythmien und zum Stillstand der Vorhöfe. Auch eine atemanaleptische Wirkung ist vorhanden. Wie alle anderen Sesquiterpenlactone besitzen sie ein Sensibilisierungspotential und können bei entsprechender Disposition zu Allergien führen.

Helenenkraut ↗ Inula helenium.
Helenii radix ↗ Inula helenium.
Helenii rhizoma ↗ Inula helenium.

■ **Helianthemum canadense** Michx.
Sonnenröschen.
Fam.: Cistaceae.
Vork.: Nordamerika.
Droge: ***Cistus cannadensis***, Sonnenröschen, das Kraut. Inh.: Gerbstoffe (ca.10 %), Glykoside, u. a. Helianthemin.
Hom.: ***Helianthemum canadense*** HAB; Felsrose, die frische, blühende Pflanze. Anw.-Geb.: Erkrankungen des lymphatischen Systems (Entzündung der Lymphdrüsen), der unteren Atemwege, juckende Hautflechten, Entzündung der Brustdrüse sowie im Bereich des Mund- und Rachenraumes.

Helianthi flos ↗ Helianthus annuus.
Helianthi folium ↗ Helianthus annuus.

Helianthi fructus ↗ Helianthus annuus.
Helianthi oleum ↗ Helianthus annuus.

■ **Helianthus annuus** L.
(syn. *Helianthus cultus, H. erythrocarpus, H. indicus, H. platycephalus, H. pumilus*); Gewöhnliche Sonnenblume (syn. Sonnenrose), s. Farbtafel S. 309, Bild 172.

Fam.: Asteraceae (Compositae).

Heim.: Mexiko, Kulturen, u. a. in Mittel- und Südeuropa.

Drogen: ***1. Helianthi flos*** (syn. *Flores Helianthi, Flores Helianthi annui*); Sonnenblumenblütchen (syn. Sonnenblumenblütenblätter), die zu Beginn der Blütezeit gesammelten zungenförmigen Randblüten. Inh.: Diterpenderivate vom Kauran-, Trachyloban- und Atisantyp, bisdesmosidische Triterpensaponine mit meist Echinocystsäure als Sapogenin, u. a. Helianthussaponin 2, ferner Carotinoide, die mit Fettsäuren verestert sind, Flavonolglykoside, bes. Quercetin-3- glucosid und Quercetin-7-glucosid sowie Pektine. Anw.: volkstümlich bei fieberhaften Erkrankungen, bes. bei Malaria, v. a. wenn Chininresistenz vorliegt, in Indien ferner als Allheilmittel, u. a. bei Galle-und Leberleiden, Hämorrhoiden, Augenentzündungen und Ascites. ***2. Helianthi folium*** (syn. *Folia Helianthi*); Sonnenblumenblätter, die zu Beginn der Blütezeit gesammelten Blätter. Inh.: Sesquiterpenlactone vom Heliangolid-Typ, Diterpensäuren vom Kauran-Typ, Flavonoide, u. a. Luteolin und Hispidulin, Pektine. Anw.: s. *Helianthi flos*. ***3. Helianthi fructus*** (syn. *Fructus Helianthi, Semen Helianthi*); Sonnenblumenfrüchte (syn. Sonnenblumenkerne), die reifen Früchte (Achänen). Inh.: fettes Öl (ca. 27–37 %), Chlorogensäure, Proteine (bes. histidinreiche Globuline), Phospholipide, Betain, Gerbstoff. Anw.: in der Volksheilkunde zur Schleimlösung, als Diätetikum. ***4. Helianthi oleum*** (syn. *Oleum Helianthi, Oleum Helianthi seminis*); Sonnenblumenöl, das aus den reifen Früchten durch kaltes Auspressen oder Extraktion gewonnene, gegebenenfalls raffinierte Öl. Inh.: Acylglyceride mit hohen Anteilen an ungesättigten Fettsäuren, bes Linolsäure (37–62 %) sowie Ölsäure (25–41 %). Phytosterole, u. a. Sitosterol und Stigmasterol. Anw.: innerlich als Gleitmittel bei Verstopfung, äußerlich als Massageöl sowie zur Behandlung von Hautläsionen und bei Psoriasis. Außerdem als indifferentes Füllmaterial für Weichgelatinekapseln, zur Bereitung von Salben und Cremes, zur Substitution von Oliven- und Erdnußöl sowie im Haushalt als wertvolles Speiseöl. Industriell u. a. zur Margarineherstellung.

Hom.: ***Helianthus annuus*** HAB1; Sonnenblume, die reifen Früchte. *Anw.-Geb.*: bei fieberhaften Prozessen und Erkrankungen des Magen-Darm-Traktes.

Histor.: Der Gattungsname *Helianthus* wurde von Linné aus dem griechischen *helios* (Sonne) und *anthos* (Blume) geprägt und bezieht sich auf die großen gelben Blüten, die in einem, der Sonne ähnlichen Blütenstand angeordnet sind und sich ihr auch zudrehen. Der Artname *annuus* (einjährig) weist auf die stets einjährige Pflanze hin. Die Pflanze wurde im 16. Jh. in Europa eingeführt, jedoch erst seit dem Beginn des 18. Jh. als Ölpflanze genutzt.

Helianthus cultus ↗ Helianthus annuus.
Helianthus erythrocarpus ↗ Helianthus annuus.
Helianthus indicus ↗ Helianthus annuus.
Helianthus mollissimus ↗ Helianthus tuberosus.
Helianthus platycephalus ↗ Helianthus annuus.
Helianthus pumilus ↗ Helianthus annuus.

■ **Helianthus tuberosus** L.
(syn. *Helianthus mollissimus*); Topinambur (syn. Erdapfel, Erdbirne, Grundbirne, Jerusalem-Artischocke, Knollige Sonnenblume), s. Farbtafel S. 309, Bild 173.

Fam.: Asteraceae (Compositae).

Heim.: zentrales und östliches Nordamerika, kultiviert in Mitteleuropa in verschiedenen Sorten als Futter-, Gemüse- oder Zierpflanze.

Droge: ***Radix Helianthi tuberosi*** (syn. *Adenes canadensis, Helianthus-tuberosus*-Knolle); Topinambur (syn. Knollige Sonnenblumenknolle, Erdbirne), die unterirdischen Knollen. Inh.: Kohlenhydrate (15–22 %), insbes. Inulin, Eiweiß (3 %), reichlich Kalium-Ionen, Vitamine A, B_1, B_2, C, H und D sowie Gerbstoffe. Anw.: volkstümlich zur Diäternährung sowie bei Verstopfung. Industriell zur Gewinnung von Inulin bzw. von Fructose.

Hom.: ***Helianthus tuberosus*** HAB1, Topinambur, die frischen, im Spätherbst geernteten Knollen.

■ **Helichrysum arenarium** (L.) Moench
(syn. *Gnaphalium arenarium*); Sand-Strohblume

(syn. Gelbes Katzenpfötchen, Ruhrkraut, Immortelle, Sandimmortellen, Rainblumen, Gelbe Mottenkrautblume, Harnblume, Sandgoldblume), s. Farbtafel S. 309, Bild 174.

Fam.: Asteraceae (Compositae).

Vork.: Europa, Mittelasien, kultiviert auf dem Balkan und in Rußland.

Droge: ***Flores Stoechados citrinae*** (syn. *Flores Gnaphalii arenarii*); Ruhrkrautblüten (syn. Gelbe Katzenpfötchen, Immortellen), die getrockneten Blüten. *Inh.:* Bitterstoffe, Gerbstoffe, wenig äther. Öl, Harz, Phytosterole, Helichrysine, Carotinoide, Chalkone, Flavonoide. *Anw.:* in der Volksheilkunde als Diuretikum, Adstringens und bei Gallenleiden, insbes. bei chronischer Cholecystitis. In Teemischungen wird die Droge auch als Schönungsmittel eingesetzt.

Hom.: ***Helichrysum arenarium*** HAB (syn. *Gnaphalium arenarium*), die frischen oberirdischen Teile blühender Pflanzen. *Anw.-Geb.:* Ischias.

■ Helichrysum foetidum

(L.) Moench.; Strohblume.

Fam.: Asteraceae (Compositae).

Vork.: Europa, Afrika, Asien, Australien. *Anw.:* Die Medizinmänner der Zulu in Südafrika verwenden diese Pflanze, um durch Inhalation entsprechender Zubereitungen in Trance zu fallen. Obwohl Diterpene und Cumarin als Inhaltsstoffe nachgewiesen wurden, hat man bisher noch keine halluzinogenen Verbindungen in der Droge gefunden.

Helicogena pomatia ↗ Helix pomatia.

■ Helicostylis pedunculata Benoist

Takini.

Fam.: Moraceae.

Vork.: Zentralamerika, tropisches Südamerika. *Anw.:* Aus dem roten Saft der Rinde wird ein leicht giftiges Rauschmittel hergestellt, das die Urwaldbewohner Guayanas benutzen. Phytochemische und pharmakologische Untersuchungen ergaben aber bisher noch keine Hinweise auf halluzinogene Substanzen in der Droge. In den mit *H. pedunculata* verwandten Gattungen *Brosimum* und *Piratinera* hat man jedoch Stoffe mit zentral dämpfenden Eigenschaften gefunden. Diese beiden Gattungen werden auch zur Bereitung des „Takini“ genutzt, so daß auch sie die Träger der Wirkung sein könnten.

■ Heliotropium arborescens L.

(syn. *Heliotropium corymbosum, H. peruvianum*); Heliotrop.

Fam.: Boraginaceae.

Vork.: Südamerika, Peru. *Inh.:* u. a. Pyrrolizidinalkaloide mit 1,2-ungesättigtem Necingerüst.

Hom.: ***Heliotropium arborascens*** (syn. Heliotropium) HAB; die frischen, oberirdischen Teile blühender Pflanzen. *Anw.-Geb.:* Kehlkopfenzündungen, Gebärmutterverlagerungen.

Heliotropium corymbosum ↗ Heliotropium arborescens.

Heliotropium peruvianum ↗ Heliotropium arborescens.

Helium grandiflorum ↗ Inula helenium.

■ Helix pomatia L.

(syn. *Helicogena pomatia, Pomatia pomatia*); Weinbergschnecke.

Fam.: Helicidae.

Vork.: Mittel- und Südeuropa bis Vorderasien, Algerien, vor allem in Weinbergen.

Droge: die ganze Schnecke. *Inh.:* Enzyme, Carotin, Xanthophyll, Calciumphosphat, Mucine (Schleimstoffe aus Glykoproteinen). *Anw.:* in der französischen Volksheilkunde bei Silikose, Keuchhusten und Verdauungsstörungen. Der muskuläre Fuß der Schnecke wird als Delikatesse geschätzt.

Hom.: ***Helix pomatia*** HAB34, das mit 90%igem Weingeist getötete und zerriebene Tier.

Helleboraster foetidus ↗ Helleborus-Arten.
Hellebori foetidi rhizoma ↗ Helleborus-Arten.
Hellebori nigri rhizoma ↗ Helleborus-Arten.
Hellebori viridis rhizoma ↗ Helleborus-Arten.
Helleborus albus ↗ Veratrum album.

■ Helleborus-Arten

● **Fam.:** Ranunculaceae.

● **Helleborus foetidus** L. (syn. *Helleboraster foetidus*); Stinkende Nieswurz.

Vork.: westliches und südliches Europa.

Droge: ***Hellebori foetidi rhizoma*** (syn. *Rhizoma Helleborasti, Rhizoma Hellebori foetidi*); Stinkende Nieswurzel, der getrocknete Wurzelstock mit Wurzeln. *Inh.:* Steroidsaponinkomplex Helleborin, Ranuncosid (ca. 4–9 %). Anw.: volkstümlich u. a. bei Verstopfung, als Wurmmittel sowie bei Menstruationsbeschwerden.

Hom.: ***Helleborus foetidus*** HAB34, die getrocknete Wurzel.

● **Helleborus niger** L.; Christrose (syn. Schneerose, Schwarze Nieswurz), s. Farbtafel S. 310, Bild 175.

Vork.: Mittel-und Südeuropa, bes. Alpengebiet.

Droge: ***Hellebori nigri rhizoma*** (syn. *Radix Hellebori nigri, Radix Hippocratis, Radix Melampodii, Rhizoma Hellebori, Rhizoma Hellebori nigri*); Nieswurzwurzelstock (syn. Christrosenwurzel, Schneerosenwurzel, Schwarze Christwurzel, Schwarzer Nieswurzwurzelstock), der getrocknete Wurzelstock. Inh.: Alkaloide, u. a. Celliamin und Sprintillin, Saponinkomplex Helleborin. Anw.: s. *Hellebori foetidi rhizoma*.

Hom.: ***Helleborus niger*** *(Helleborus)* HAB34; Nieswurz, der getrocknete Wurzelstock mit den daranhängenden Wurzeln. Anw.-Geb.: Hirnhautentzündung, Verwirrtheitszustände, Gemütsleiden, Nierenentzündung, akute Durchfallerkrankungen, Erkrankungen des Herzens, des arteriellen Gefäßsystems, des Magen-Darm-Traktes, der ableitenden Harnwege sowie destruktive Prozesse.

Histor.: *Helleboros* war der griechische Name für die Nieswurz, *niger* (lat., schwarz). Die deutsche Bezeichnung Christ- oder Schneerose bezieht sich auf die Blütezeit im Winter. Die bereits im Altertum angewandte und gegen geistige Verwirrtheit genutzte und geschätzte Pflanze hat ihre Berühmtheit dem Umstand zu verdanken, daß angeblich ein Ziegenhirt damit die Töchter des Königs Proitos von Argos vom Wahnsinn geheilt haben soll.

● **Helleborus orientalis** Lam. (syn. *Helleborus abchasius, H. caucasicus, H. guttatus, H. kochii, H. officinalis, H. olympicus, H. ponticus*).

Vork.: Türkei, Kaukasusgebiet und angrenzende Regionen. Inh.: Bufadienolide in Spuren, Saponinkomplex Helleborin.

Hom.: ***Helleboris orientalis*** HAB34.

● **Helleborus viridis** L. (syn. *Helleboraster viridis, Helleborus officinalis*); Bärenfuß (syn. Grüne Nieswurz).

Vork.: Europa, Nordamerika.

Droge: ***Hellebori viridis rhizoma*** (syn. *Radix Hellebori viridis, Rhizoma Hellebori viridis*); Grüner Nieswurzwurzelstock, der getrocknete Wurzelstock mit Wurzeln. Inh.: Bufadienolide, u. a. Hellebrin (0,5–1 %), Saponinkomplex Helleborin (ca. 0,1 %), Alkaloide (ca. 0,1–0,2 %), u. a. Celliamin und Sprintillamin. Anw.: s. *Hellebori foetidi rhizoma*.

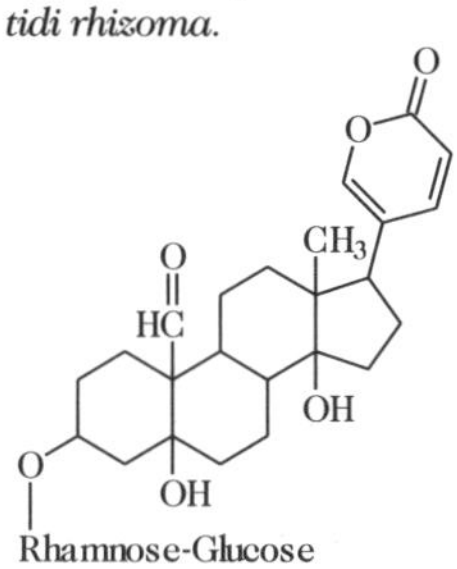

Hellebrin

Hom.: ***Helleborus viridis*** HAB34, der getrocknete Wurzelstock. Anw.-Geb.: Durchfall.

Helleborus trifolius ↗ Coptis trifolia.
Hellerkraut ↗ Lysimachia nummularia.
Helmbohne ↗ Vigna unguiculata.
Helmchrut ↗ Aconitum-Arten.
Helminthochorton ↗ Alsidium helminthochorton.
Helm-Knabenkraut ↗ Orchis-Arten.
Helmkraut ↗ Scutellaria laterifolia.
Helmlocktanne ↗ Tsuga canadensis.
Helm-Orchis ↗ Orchis-Arten.
Heloderma hernandesii ↗ Heloderma horridum.

■ **Heloderma horridum** Wiegm.
(syn. *Heloderma hernandesii, Trachyderma horridum*); Skorpions-Krustenechse (syn. Gilatier, Giftechse, Gila-Monster).

Fam.: Helodermatidae.

Vork.: pazifische West- und Südstaaten Mexikos, Arizona.

Heloderma horridum. Gila Monster.

Droge: das Gift aus den Giftdrüsen. Inh.: die Zusammensetzung ist kaum untersucht, es enthält ein Hämolysin und verschiedene Neurotoxine. Anw.: zur Rheumatherapie und bei Stumpfneuralgien von Amputierten.

Hom.: ***Heloderma horridum***; das getrocknete Gift der Skorpions-Krustenechse. Anw.-Geb.: Kreislaufschwäche, Lähmigkeit, Nervenschmerzen.

Helonias bullata ↗ Chamaelirium luteum.
Helonias dioica ↗ Chamaelirium luteum.
Helonias dioicae rhizoma ↗ Chamaelirium luteum.
Heloniaswurzel ↗ Chamaelirium luteum.
Helosciadium oppositofolium ↗ Petroselinum crispum.
Hemlocktanne ↗ Abies-Arten.
Henna ↗ Lawsonia inermis.
Hennastrauch ↗ Lawsonia inermis.
Henne ↗ Cannabis sativa, ↗ Colchicum autumnale.
Hennegift ↗ Colchicum autumnale.

■ Hepar HAB

die Leber von Schlachttieren. Anw.-Geb.: nicht ausreichend belegt.

■ Heparin

Glucosaminoglykan (saures Mucopolysaccharid, M_r 17 000–20 000), das aus α-1,4-glykosidisch verknüpften D-Glucosamin- und Uronsäureresten (L-Iduronsäure, D-Glucuronsäure) aufgebaut ist sowie zusätzlich *O*- und *N*-gebundene Sulfatreste aufweist. Im tierischen Organismus liegt H. an Pro-

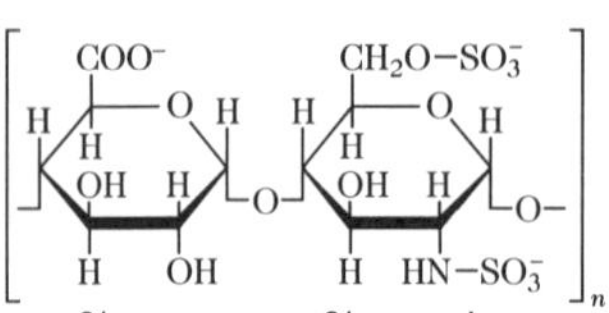

Die hauptsächliche Disaccharideinheit des Heparins

teine gebunden vor (Proteoglykanbaustein) und wird durch β-Glucuronidase teilweise freigesetzt, partiell hydrolysiert und dann in Mastzellen und Granulozyten gespeichert. Es hemmt die Blutgerinnung durch Bindung an Antithrombin III und Verhinderung der Thrombinaktivierung. Außerdem wirkt es hemmend auf die Blutplättchenaggregation und aktiviert die Lipoproteinlipase. H. wird aus der Darmschleimhaut von Schlachttieren (v. a. Schweine) sowie aus Rinderlunge durch Extraktionsverfahren gewonnen. Analytisch unterliegt es einer biologischen Wertbestimmung, die seine Aktivität in Internationalen Einheiten (I.E.) festlegt (120 bis 180 I.E. pro mg Substanz).

Hepatica acuta ↗ Hepatica nobilis.
Hepaticae herba ↗ Hepatica nobilis.
Hepaticae nobilis herba ↗ Hepatica nobilis.

■ Hepatica nobilis Gars.

(syn. *Anemone hepatica, Hepatica acuta, H. triloba*); Leberblümchen (syn. Blaublume, Blaue Herzblume, Blaue Schlüsselblume, Blaue Windblume, Ebenauskraut, Edel-Leberkraut, Fastenblume, Feigerl, Gulden Leberkraut, Haselmünichkraut, Hasenwurz, Herzfreude, Herzkraut, Herzleberkraut, Hirschklee, Leberkraut, Leberwindblume, Märzblümchen, Schwarzblätterkraut, Sohn-vorm-Vater, Sternleberkraut, Vorwitzerchen, Vorwitzkraut, Windrosenkraut), s. Farbtafel S. 310, Bild 176.

Fam.: Ranunculaceae.

Vork.: Europa, Korea, Japan, Nordamerika. Die Pflanze steht unter Artenschutz!

Droge: ***Hepaticae herba*** (syn. *Hepatica-nobilis*-Kraut, *Hepaticae nobilis herba, Herba Hepaticae, Herba Hepaticae nobilis, Folia Hepaticae nobilis, Folia Trifolii aurei*); Leberblümchenkraut (syn. Edel-Leberkraut, Leberblümchen, Leberkraut), das getrocknete Kraut ohne die Wurzeln. Inh.: eine Protoanemonin-liefernde Verbindung, Flavonolglykoside des Quercetins und Kämpferols, Anthocyane, Saponine, ein quartäres Alkaloid ohne nähere Angabe. Anw.: in der Volksheilkunde bei Leber- und Gallenbeschwerden, als mildes Diuretikum bei Nieren- und Blasenleiden, bei chronischen Kehlkopf- und Lungenbeschwerden. Äußerlich wird die Droge auch zur Wundbehandlung, zur Schmerzlinderung, bei Rheuma und als blasenziehendes Mittel eingesetzt. Die Wirksamkeit bei den genannten Indikationen ist nicht belegt, lediglich die Anwenndung des frischen Krautes als blasenziehendes Mittel ist wegen des Gehaltes an Protoanemonin plausibel.

Hom.: ***Hepatica triloba*** (syn. *Hepatica nobilis*) HAB34; Leberblümchen, die frischen Blätter. Anw.-Geb.: Rachenkatarrh.

Histor.: Der Name der Pflanze kommt von *hepar* (griechisch Leber) wegen der früheren Verwendung gegen Leberleiden und der an eine

Leber erinnernden Blattform, die auf die Signaturenlehre des Mittelalters zurückzuführen ist. Die mittelalterlichen Kräuterbücher enthielten *Herba et Flores Hepaticae nobilis* als wichtige Droge um die verstopfte Leber zu öffnen und zu heilen.

Hepatica triloba ↗ Hepatica nobilis.

■ **Heptacyclum zenkeri** Engl.
(syn. *Penianthus zenkeri*).
Fam.: Menispermaceae.
Vork.: Westafrika, bes. Ghana.
Droge: Wurzeln und Zweige. Inh.: Alkaloide, wie Palmatin, Jatrorrhizin, Magnoflorin. Anw.: in der afrikanischen Volksheilkunde zur Behandlung von Infektionskrankheiten und als Aphrodisiakum.

Heraclei radix ↗ Heracleum sphondylium.
Heraclei rhizoma ↗ Heracleum sphondylium.
Heracleum branca ↗ Heracleum sphondylium.
Heracleum branca ursina ↗ Heracleum sphondylium.
Heracleum protheiforme ↗ Heracleum sphondylium.
Heracleum sibiricum ↗ Heracleum sphondylium.

■ **Heracleum sphondylium** L.
(syn. *Heracleum branca, H. branca ursina, H. protheiforme, H. sibiricum, Sphondylium branca, S. branca-ursi, S. branca-ursina*); Gemeiner Bärenklau (syn. Wiesen-Bärenklau), s. Farbtafel S. 310, Bild 177.
Fam.: Apiaceae (Umbelliferae).
Vork.: gesamtes Europa.
Drogen: ***1. Heraclei radix*** (syn. *Heraclei rhizoma, Radix Heraclei, Radix Heraclei sphondylii, Radix Pimpinellae albae, Radix Pimpinellae franconiae, Radix Pimpinellae spuriae*); Bärenklauwurzel, die getrockneten Wurzeln. Inh.: Furanocumarine (ca. 1 %), u. a. Pimpinellin, Isopimpinellin, Bergapten und Sphondin, ferner Hydroxycumarine, u. a. Scopoletin, Umbelliferon und Umbelliprenin, Polyine sowie äther. Öl, das überwiegend aus Terpenkohlenwasserstoffen besteht. Anw.: volkstümlich bei Verdauungsbeschwerden, nervösen Leiden, Epilepsie und Ruhr. ***2. Heraclei sphondylii herba*** (syn. *Brancae ursinae herba, Brancae ursinae germanicae herba, Herba Brancae ursinae, Herba Heraclei sphondylii*); Bärenklaukraut (syn. Wiesenbärenklaukraut), das von Juni bis August gesammelte und getrocknete Kraut. Inhaltsstoffe und Anwendung s. *Heraclei radix*. Geg.: infolge des Gehaltes an Furanocumarinen sind phototoxische Effekte möglich. Nach Einnahme der Droge sollten daher Sonnenbäder und intensive UV-Strahlung vermieden werden. Auch die Berührung der Pflanze kann zu Photodermatosen führen. ***3. Heracleum-sphondylium-Früchte***; Bärenklaufrüchte, die reifen Früchte. Inh.: äther. Öl, Furanocumarine, u. a. Bergapten und Pimpinellin. Anw.: früher in der Volksheilkunde bei Verdauungsbeschwerden und Hauterkrankungen.

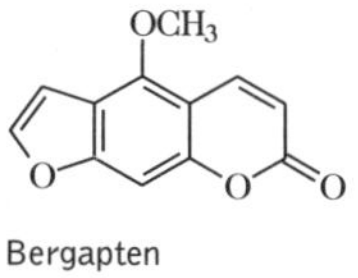

Bergapten

Hom.: ***Heracleum sphondylium*** HAB34, das frische Kraut. Anw.-Geb.: u. a. Überfunktion der Talgdrüsen.
Histor.: Der Gattungsname *Heracleum* wurde nach dem Heros Herakles bzw. Herkules benannt, da dieser die Heilwirkung der Pflanze entdeckt haben soll. Der Artname *sphondylium* entspricht einem antiken Pflanzennamen ungeklärter Herkunft. Die deutsche Bezeichnung Bärenklau wird auf die Gestalt der rauhhaarigen Blätter zurückgeführt.

■ **Herba**
Kraut; im pharmakognostischen Sinne Drogen, die aus getrockneten Sprossen krautartiger Pflanzen bestehen. Die Ernte erfolgt meist während der Blüte. Eine Krautdroge besteht daher allgemein aus Blättern, Stengelteilen, Blüten und zuweilen auch Früchten. Mitunter, bes. bei dicker Sprossachse, werden nur die Triebspitzen verwendet, z. B. *Millefolii herba*. Bei sehr kleinen Pflanzen enthalten Krautdrogen mitunter auch die Wurzeln, z. B. *Polygalae amarae cum radicibus herba*. In der Homöopathie wird das Kraut, oft auch die ganze Pflanze oder Teile davon, meist frisch verwendet.

Herba Abrotani ↗ Artemisia abrotanum.
Herba Absinthii ↗ Artemisa absinthium.
Herba Acalyphae indicae ↗ Acalypha indica.
Herba Acanthae ↗ Acanthus mollis.

Herba Acanthi ↗ Acanthus mollis.
Herba Achilleae moschata ↗ Achillea-Arten.
Herba Aconiti ↗ Aconitum napellus.
Herba Adianti aurei ↗ Polytrichum commune.
Herba Aegopodii podagrariae ↗ Aegopodium podagraria.
Herba Aethusae ↗ Aethusa cynapium.
Herba Agrimoniae ↗ Agrimonia eupatoria.
Herba Ajugae ↗ Ajuga reptans.
Herba Albi visci ↗ Viscum album.
Herba Alchemillae ↗ Alchemilla xanthochlora.
Herba Alliariae ↗ Alliaria petiolata
Herba Alliariae officinalis ↗ Alliaria petiolata.
Herba Allii ursini ↗ Allium-Arten.
Herba Alsines ↗ Stellaria media.
Herba Amaraci ↗ Origanum majorana.
Herba Ambrosiae ↗ Ambrosia artemisiifolia.
Herba Anagallidis arvensis ↗ Anagallis arvensis.
Herba Anagallis arvensis ↗ Anagallis arvensis.
Herba Anagyris ↗ Anagyris foetida.
Herba Anaphalidis ↗ Anaphalis margaritacea.
Herba Anchusae ↗ Anchusa officinalis.
Herba Andrographidis ↗ Andrographis paniculata.
Herba Anemonis nemorosae ↗ Anemone nemorosa.
Herba Anethi ↗ Anethum graveolens.
Herba Angelicae ↗ Angelica archangelica.
Herba Anserinae ↗ Potentilla anserina.
Herba Anthos silvestris ↗ Ledum palustre.
Herba Anthoxanthi odorati ↗ Anthoxanthum odoratum.
Herba Antirrhini ↗ Linaria vulgaris.
Herba Aparinis ↗ Galium aparine.
Herba Apii ↗ Apium graveolens.
Herba Aquilegiae ↗ Aquilegia vulgaris.
Herba arbores vitae ↗ Thuja occidentalis.
Herba Arenariae rubrae ↗ Spergularia rubra.
Herba Aristolochiae ↗ Aristolochia clematitis.
Herba Armeriae maritimae ↗ Armeria maritima.
Herba Arnicae ↗ Arnica-Arten.
Herba Arnoglossi ↗ Plantago-Arten.
Herba Artemisiae ↗ Artemisia abrotanum, ↗ Artemisia vulgaris.
Herba Artemisiae annuae ↗ Artemisia annua.
Herba Asari cum radicibus ↗ Asarum europaeum.
Herba Asclepiadis curassivicae ↗ Asclepias-Arten.
Herba Aspalathi ↗ Aspalathus linearis.
Herba Asperulae ↗ Galium odoratum.
Herba Astrantiae ↗ Astrantia major.
Herba Athanasiae ↗ Chrysanthemum-Arten.
Herba Atriplicis ↗ Atriplex hortensis.
Herba Avenae ↗ Avena sativa.
Herba Avenae sativae ↗ Avena sativa.
Herba Baccharis genistelloides ↗ Baccharis genistelloides.
Herba Ballotae lanatae ↗ Leonurus lanatus.
Herba Ballotae nigrae ↗ Ballota nigra.
Herba Balsamitae ↗ Chrysanthemum-Arten.
Herba Barbae caprae ↗ Aruncus dioicus, ↗ Filipendula ulmaria.
Herba Basilici ↗ Ocimum basilicum.
Herba Baylahuen ↗ Haplopappus baylahuen.
Herba Beccabungae ↗ Veronica beccabunga.
Herba Belladonnae ↗ Atropa bella-donna.
Herba Bellidis ↗ Bellis perennis.
Herba Betoniae ↗ Stachys officinalis.
Herba Betonicae ↗ Stachys officinalis.
Herba Betonicae albae ↗ Veronica officinalis.
Herba Bidentis ↗ Bidens tripartitus.
Herba Bismalvae ↗ Althaea officinalis.
Herba Boraginis ↗ Borago officinalis.
Herba Brancae ursinae ↗ Heracleum sphondylium.
Herba Brancchae ursinae ↗ Acanthus mollis.
Herba Brunellae ↗ Brunella vulgaris.
Herba Buglossi ↗ Anchusa officinalis.
Herba Bungulae ↗ Ajuga reptans
Herba Bursae pastoris ↗ Capsella bursa-pastoris.
Herba Cacti grandiflori ↗ Selenicereus grandiflorus.
Herba Calaminthae ↗ Calamintha officinalis.
Herba Calendulae ↗ Calendula officinalis.
Herba Callunae ↗ Calluna vulgaris.
Herba Callunae cum floribus ↗ Calluna vulgaris.
Herba Calthae palustris cum floribus ↗ Caltha palustris.
Herba Calystegiae ↗ Calystegia-Arten.
Herba Camarae ↗ Lantana camara.
Herba Canchalaguae ↗ Centaurium chilensis.
Herba Cannabinae aquaticae ↗ Eupatorium-Arten.
Herba Cannabis aquaticae ↗ Eupatorium-Arten.
Herba Cannabis indicae ↗ Cannabis sativa.
Herba Capilli veneris ↗ Adianthum capillus-veneris.
Herba Cardami ↗ Nasturtium officinale.
Herba Cardamine pratensis ↗ Cardamine pratensis.
Herba Cardamines ↗ Nasturtium officinale.
Herba Cardiacae ↗ Leonurus quinquelobatus.
Herba Cardui benedicti ↗ Cnicus benedictus.
Herba Cardui mariae ↗ Silybum marianum.
Herba Centaurii ↗ Centaurium minus.
Herba Centaurii lutei ↗ Blackstonia perfoliata.

Herba Centellae asiaticae ↗ Centella asiatica.
Herba Centumnodii ↗ Polygonum aviculare.
Herba Cephalandrae ↗ Coccinia grandis.
Herba Cerefolii ↗ Anthriscus cerefolium.
Herba Cerefolii germanici ↗ Anthriscus cerefolium.
Herba Cerefolii hispanica ↗ Myrrhis odorata.
Herba Cestri ↗ Cestrum laevigatum.
Herba Chamaebuxi ↗ Polygala-Arten.
Herba Chamaedryos ↗ Teucrium-Arten.
Herba Chamaedryos aquaticae ↗ Teucrium-Arten.
Herba Chelidonii majoris ↗ Chelidonium majus.
Herba Chelone glabra ↗ Chelone glabra.
Herba Chenopodii ambrosioides ↗ Chenopodium-Arten.
Herba Chimaphilae ↗ Chimaphila umbellata.
Herba Chiratae indicae ↗ Swertia chirata.
Herba Chiraytae ↗ Swertia chirata.
Herba Chirettae ↗ Swertia chirata.
Herba Chirettae indicae ↗ Swertia chirata.
Herba Chironiae ↗ Centaurium minus.
Herba Chrysanthemi ↗ Chrysanthemum-Arten.
Herba Chrysanthi ↗ Rhododendron-Arten.
Herba Cicutae maioris ↗ Conium maculatum.
Herba Cicutae terrestris ↗ Conium maculatum.
Herba Cirsii ↗ Cirsium oleraceum.
Herba Clematidis ↗ Clematis-Arten.
Herba Clematitis ↗ Aristolochia-Arten.
Herba Cnici benedicti ↗ Cnicus benedictus.
Herba Cochleariae ↗ Cochlearia officinalis.
Herba Columbariae ↗ Verbena officinalis.
Herba Conii ↗ Conium maculatum.
Herba Conii maculati ↗ Conium maculatum.
Herba Consolidae ↗ Symphytum officinale.
Herba Consolidae aureae ↗ Solidago-Arten.
Herba Consolidae mediae ↗ Ajuga reptans
Herba Consolidae sarracenicae ↗ Solidago-Arten.
Herba Convallariae ↗ Convallaria majalis.
Herba Convolvuli ↗ Convolvulus-Arten.
Herba Cordialis ↗ Galium odoratum.
Herba Coronillae scorpioides ↗ Coronilla-Arten.
Herba Cotyledonis aquaticae ↗ Hydrocotyle vulgaris.
Herba Crataegi cum floribus ↗ Crataegus-Arten.
Herba cum pastoris ↗ Geranium robertianum.
Herba Cyclopiae ↗ Cyclopia-Arten.
Herba Dentariae ↗ Plumbago europaea.
Herba Dictamni ↗ Dictamnus albus.
Herba Dictamni albi ↗ Dictamnus albus.
Herba Dioneae recens ↗ Dionaea muscipula.
Herba Divi Ruperti ↗ Geranium robertianum.
Herba Doria ↗ Solidago-Arten.
Herba Doronicae germanici ↗ Arnica-Arten.
Herba Dracocephali ↗ Dracocephalum moldavica.
Herba Dracunculi ↗ Artemisia dracunculus.
Herba Droserae ↗ Drosera-Arten.
Herba Ebuli ↗ Sambucus ebulus.
Herba Echinaceae purpureae ↗ Echinacea-Arten.
Herba Eichhorniae ↗ Eichhornia crassipes.
Herba Ephedrae ↗ Ephedra-Arten.
Herba Epilobii ↗ Epilobium-Arten.
Herba Equiseti ↗ Equisetum-Arten.
Herba Erechthites ↗ Erechthites hieracifolia.
Herba Ericae ↗ Calluna vulgaris.
Herba Ericae cum floribus ↗ Calluna vulgaris.
Herba Erigeronis canadensis ↗ Conyza canadensis.
Herba Erodii cicutarii ↗ Erodium cicutarium.
Herba Eryngii ↗ Eryngium-Arten.
Herba Eryngii campestris ↗ Eryngium-Arten.
Herba Eryngii plani ↗ Eryngium-Arten.
Herba Erysimi ↗ Erysimum crepidifolium, ↗ Sisymbrium officinale.
Herba Erysimi canescentis ↗ Erysimum diffusum.
Herba Erysimi diffusi ↗ Erysimum diffusum.
Herba Erythraeae centaurii ↗ Centaurium minus.
Herba Eschscholtziae ↗ Eschscholzia californica.
Herba Eschscholziae ↗ Eschscholzia californica.
Herba et Radix Brachycladii stuckerti ↗ Brachycladus stuckerti.
Herba et Radix Eupatorii purpurei ↗ Eupatorium-Arten.
Herba Eugeniae ↗ Eugenia chequen.
Herba Eupatoriae ↗ Agrimonia eupatoria.
Herba Eupatorii cannabini ↗ Eupatorium-Arten.
Herba Eupatorii perfoliati ↗ Eupatorium-Arten.
Herba Euphorbiae helioscopiae ↗ Euphorbia-Arten.
Herba Euphorbiae piluliferae ↗ Euphorbia-Arten.
Herba Euphrasiae ↗ Euphrasia rostkoviana.
Herba Fabianae ↗ Fabiana imbricata.
Herba Fabianae imbricatae ↗ Fabiana imbricata.
Herba Fagopyri ↗ Fagopyrum esculentum.
Herba Felis terrae ↗ Centaurium minus.
Herba Florens ↗ Selenicereus grandiflorus.
Herba Fortis ↗ Solidago-Arten.
Herba Frankeniae grandifoliae ↗ Frankenia grandifolia.
Herba Fumariae ↗ Fumaria officinalis.
Herba Fumariae luteae ↗ Corydalis-Arten.
Herba Galegae ↗ Galega officinalis.
Herba Galeopsidis ↗ Galeopsis segetum.
Herba Galeopsidis grandiflorae ↗ Galeopsis segetum.

Herba Galii aparinis ↗ Galium aparine.
Herba Galii lutei ↗ Galium verum.
Herba Garjubae ↗ Arctostaphylos uva-ursi.
Herba Gei urbani ↗ Geum-Arten.
Herba Genippi veri ↗ Achillea-Arten.
Herba Genistae scopariae ↗ Cytisus scoparius.
Herba Genistae tinctoriae ↗ Genista tinctoria.
Herba Genistae tinctoriae cum floribus ↗ Genista tinctoria.
Herba Geranii chelidonii s. gruinalis s. hirundinarii s. vulnerarii ↗ Geranium robertianum.
Herba Geranii robertiani ↗ Geranium robertianum.
Herba Glaucii ↗ Glaucium corniculatum.
Herba Glechomae ↗ Glechoma hederacea.
Herba Gnaphalii uliginosi ↗ Gnaphalium uliginosum.
Herba Gratiae Dei ↗ Geranium robertianum, ↗ Gratiola officinalis.
Herba Gratiolae ↗ Gratiola officinalis.
Herba Grindeliae ↗ Grindelia camporum.
Herba Guazumae ↗ Guazuma ulmifolia.
Herba Haplopappi ↗ Haplopappus baylahuen.
Herba Hedeomae ↗ Hedeoma pulegoides.
Herba Hederae helicis ↗ Hedera helix.
Herba Hederae terrestris ↗ Glechoma hederacea.
Herba Hepaticae ↗ Hepatica nobilis.
Herba Hepaticae stellatae ↗ Galium odoratum.
Herba Heraclei sphondylii ↗ Heracleum sphondylium.
Herba Herniariae ↗ Herniaria hirsuta, ↗ Herniaria glabra.
Herba Hierochloe borealis ↗ Hierochloe borealis.
Herba Hierochloe odoratae ↗ Hierochloe borealis.
Herba Hottoniae ↗ Hottonia palustris.
Herba Houttuyniae ↗ Houttuynia cordata.
Herba Hydrocotylae asiaticae ↗ Centella asiatica.
Herba Hydropiperis ↗ Polygonum hydropiper.
Herba Hyoscyami ↗ Hyoscyamus niger.
Herba Hyoscyami mutici ↗ Hyoscyamus muticus.
Herba Hyperici ↗ Hypericum perforatum.
Herba Hyssopi ↗ Hyssopus officinalis.
Herba Iberidis ↗ Iberis amara.
Herba Intybi angusti ↗ Lactuca virosa.
Herba Ivae moschatae ↗ Achillea-Arten.
Herba Jaceae ↗ Viola-Arten.
Herba Jacobaeae ↗ Senecio-Arten.
Herba Knautiae arvensis ↗ Knautia arvensis.
Herba Lactucae virosae ↗ Lactuca virosa.
Herba Lagochili ↗ Lagochilus inebrians.
Herba Lamii albi ↗ Lamium album.
Herba Lappae minoris ↗ Xanthium strumarium.
Herba Lappulae hepaticae ↗ Agrimonia eupatoria.
Herba Larreae mexicanae ↗ Larrea tridentata.
Herba Ledi palustris ↗ Ledum palustre.
Herba Leontopodii ↗ Alchemilla xanthochlora, ↗ Leontopodium alpinum.
Herba Leonuri cardiacae ↗ Leonurus cardiaca.
Herba Leonuri cardiaceae ↗ Leonurus quinquelobatus.
Herba Leonuri lanati ↗ Leonurus lanatus.
Herba Lepidii sativi recens ↗ Lepidium sativum
Herba Lespedezae ↗ Lespedeza capitata.
Herba Levistici ↗ Levisticum officinale.
Herba Ligustici ↗ Levisticum officinale.
Herba Liliorum convallium ↗ Convallaria majalis.
Herba Linariae ↗ Linaria vulgaris.
Herba Lini cathartici ↗ Linum catharticum.
Herba Lippiae ↗ Aloysia triphylla.
Herba Lobeliae ↗ Lobelia inflata.
Herba Lobeliae inflatae ↗ Lobelia inflata.
Herba Lycopi europaei ↗ Lycopus-Arten.
Herba Lycopi virginici ↗ Lycopus-Arten.
Herba Lycopodii ↗ Lycopodium clavatum.
Herba Lysimachiae ↗ Lysimachia nummularia.
Herba Majoranae ↗ Origanum majorana.
Herba Malvae visci ↗ Althaea officinalis.
Herba Mari veri ↗ Teucrium-Arten.
Herba Marrubii ↗ Marrubium vulgare.
Herba Marrubii aquatici ↗ Lycopus-Arten.
Herba Matico ↗ Piper angustifolium.
Herba Matricariae ↗ Chrysanthemum-Arten.
Herba Matrisilvae ↗ Galium odoratum.
Herba Matrisylviae vel Matrisilvae ↗ Galium odoratum.
Herba Medicago sativae ↗ Medicago sativa.
Herba Meliloti ↗ Melilotus officinalis.
Herba Meliloti citrini ↗ Melilotus officinalis.
Herba Menispermi ↗ Menispermum canadense.
Herba Menthae ↗ Mentha-Arten.
Herba Mercurialis ↗ Mercurialis-Arten.
Herba Millefolii ↗ Achillea-Arten.
Herba Mitchellae ↗ Mitchella repens.
Herba Monardae ↗ Monarda didyma.
Herba Musci clavati ↗ Lycopodium clavatum.
Herba Musci erecta ↗ Huperzia selago.
Herba Musci terrestris ↗ Lycopodium clavatum.
Herba Myosotis arvensis ↗ Myosotis arvensis
Herba Myrti brabantini ↗ Myrica gale.
Herba Nasturtii ↗ Nasturtium officinale.
Herba Nasturtii aquatici ↗ Nasturtium officinale.

Herba Nasturtii cardamines ↗ Nasturtium officinale.
Herba Nasturtii hortensis ↗ Lepidium sativum.
Herba Nepetae catariae ↗ Nepeta cataria.
Herba Nicandrae ↗ Nicandra physaloides.
Herba Nicotianae virginianae ↗ Nicotiana tabacum.
Herba Nummulariae ↗ Lysimachia nummularia.
Herba Ocimi ↗ Ocimum basilicum.
Herba Oenanthae biennis ↗ Oenothera biennis.
Herba Oenanthae crocatae ↗ Oenanthe crocata.
Herba Onopordonis acanthii ↗ Onopordum acanthium.
Herba Origani ↗ Origanum vulgare.
Herba Origani cretici ↗ Origanum onites, ↗ Origanum compactum.
Herba Origani vulgaris ↗ Origanum vulgare.
Herba Oxalidis acetosellae ↗ Oxalis acetosella.
Herba Paliuri spinae-christi ↗ Paliurus aculeatus.
Herba Palo ondo ↗ Larrea tridentata.
Herba Paridis ↗ Paris quadrifolia.
Herba Parietariae ↗ Parietaria officinalis.
Herba Parnassiae palustris ↗ Parnassia palustris.
Herba Parthenii ↗ Chrysanthemum-Arten.
Herba Passiflorae ↗ Passiflora incarnata.
Herba Pastinacae ↗ Pastinaca sativa.
Herba Perillae ↗ Perilla frutescens.
Herba Periplocae graecae ↗ Periploca graeca.
Herba Persicariae urentis ↗ Polygonum hydropiper.
Herba Petroselini ↗ Petroselinum crispum.
Herba Petum ↗ Nicotiana tabacum.
Herba Phoradendri ↗ Phoradendron flavescens.
Herba Phragmites communis ↗ Phragmites communis.
Herba Pichi-Pichi ↗ Fabiana imbricata.
Herba Pinguiculae ↗ Pinguicula vulgaris.
Herba Pirolae ↗ Chimaphila umbellata.
Herba Plantaginis angustifoliae ↗ Plantago-Arten.
Herba Plantaginis lanceolatae ↗ Plantago-Arten.
Herba Plantaginis latifoliae ↗ Plantago-Arten.
Herba Plantaginis majoris ↗ Plantago-Arten.
Herba Plectranthi ↗ Plectranthus fruticosus.
Herba Plumbaginis ↗ Plumbago europaea.
Herba Podagrariae ↗ Aegopodium podagraria.
Herba Polygalae amarae ↗ Polygala-Arten.
Herba Polygalae cum floribus et radice ↗ Polygala-Arten.
Herba Polygoni avicularis ↗ Polygonum aviculare.
Herba Populaginis ↗ Caltha palustris.
Herba Potentillae argentinae ↗ Potentilla anserina.
Herba Prasii ↗ Marrubium vulgare.
Herba Prenanthes serpentariae ↗ Prenanthes serpentaria.
Herba Ptarmicae ↗ Achillea-Arten.
Herba Pulegii ↗ Mentha-Arten.
Herba Pulegii americanae ↗ Hedeoma pulegioides.
Herba Pulegii hortensis ↗ Mentha-Arten.
Herba Pulmonariae ↗ Pulmonaria officinalis.
Herba Pulmonariae arboreae ↗ Lobaria pulmonaria.
Herba Pulsatillae ↗ Pulsatilla-Arten.
Herba Pyrolae umbellatae ↗ Chimaphila umbellata.
Herba Pyrolae uniflorae ↗ Pyrola uniflora.
Herba Ramonae ↗ Ramona stachioides.
Herba Ranunculae albi ↗ Anemone nemorosa.
Herba Ranunculi nemorosi ↗ Anemone nemorosa.
Herba Reginae prati ↗ Filipendula ulmaria.
Herba Resedae luteolae ↗ Reseda luteola.
Herba Rhododendri ↗ Rhododendron-Arten.
Herba Rhois toxicodendri ↗ Rhus-Arten.

■ Herbarium

Sammlung gepreßter und getrockneter Pflanzen („Herbarium vivae"), angelegt meist für wissenschaftliche oder Lehrzwecke.

Herba Robertiani ↗ Geranium robertianum.
Herba Rorellae ↗ Drosera-Arten.
Herba Roris solis ↗ Drosera-Arten.
Herba Rosmarini silvestris ↗ Ledum palustre.
Herba Rostrum ciconiae ↗ Geranium robertianum.
Herba Rumicis acetosae ↗ Rumex acetosa.
Herba Ruperti ↗ Geranium robertianum.
Herba Rutae capriariae ↗ Galega officinalis.
Herba Rutae graveolentis ↗ Ruta graveolens.
Herba Rutae vulgaris ↗ Ruta graveolens.
Herba Sabinae ↗ Juniperus sabina.
Herba Salicariae ↗ Lythrum salicaria.
Herba Salviae ↗ Salvia-Arten.
Herba Sampsuchi ↗ Origanum majorana.
Herba Sanguinalis ↗ Polygonum aviculare, ↗ Verbena officinalis.
Herba Sanguinaria ↗ Capsella bursa-pastoris.
Herba Sanguinariae ↗ Geranium sanguineum.
Herba Sanguisorbae ↗ Sanguisorba officinalis.
Herba Saniculae ↗ Sanicula europaea.
Herba Santa ↗ Eriodictyon californicum.
Herba Saponariae ↗ Saponaria officinalis.

Herba Sarothamni scoparii ↗ Cytisus scoparius.
Herba Saturejae ↗ Satureja hortensis.
Herba Saxifragae ↗ Saxifraga granulata.
Herba Scabiosae ↗ Knautia arvensis.
Herba Scabiosae arvensis ↗ Knautia arvensis.
Herba Scabiosae vulgaris ↗ Knautia arvensis.
Herba Scordii vulgaris ↗ Teucrium-Arten.
Herba Scorodoniae ↗ Teucrium-Arten.
Herba Scrophulariae ↗ Scrophularia nodosa.
Herba Sedi acri ↗ Sedum acre.
Herba Sedi acris ↗ Sedum acre.
Herba Sedi telephii ↗ Sedum telephium.
Herba Selaginis ↗ Huperzia selago.
Herba Selenicerei grandiflori ↗ Selenicereus grandiflorus.
Herba Selini ↗ Selinum palustre.
Herba Sempervivi tectori ↗ Sempervivum tectorum.
Herba Senecionis ↗ Senecio-Arten.
Herba Senecionis jacobaeae ↗ Senecio-Arten.
Herba Senecionis vulgaris ↗ Senecio-Arten.
Herba Serotinae ↗ Solidago-Arten.
Herba Serpylli ↗ Thymus-Arten.
Herba Sideritidis scardicae ↗ Sideritis-Arten.
Herba Sideritis ↗ Sideritis-Arten.
Herba Sigesbeckiae ↗ Sigesbeckia orientalis.
Herba Silphii ↗ Silphium laciniatum.
Herba Sisymbrii ↗ Sisymbrium officinale.
Herba Siteritidis ↗ Sideritis-Arten.
Herba Solani nigri ↗ Solanum-Arten.
Herba Soldado ↗ Piper angustifolium.
Herba Soldanellae ↗ Calystegia-Arten.
Herba Solidaginis ↗ Solidago-Arten.
Herba Solidaginis giganteae ↗ Solidago-Arten.
Herba Solidaginis virgaureae ↗ Solidago-Arten.
Herba Solis ↗ Hypericum perforatum.
Herba Spartii scoparii ↗ Cytisus scoparius.
Herba Spergulae rubrae ↗ Spergularia rubra.
Herba Spigeliae ↗ Spigelia-Arten.
Herba Spilanthes oleraceae ↗ Spilanthes oleracea.
Herba Spiraeae tomentosae ↗ Spiraea tomentosa.
Herba Spiraeae ulmariae ↗ Filipendula ulmaria.
Herba Stellariae ↗ Stellaria media.
Herba Stramonii ↗ Datura-Arten.
Herba Symphyti ↗ Symphytum officinale.
Herba Tabaci ↗ Nicotiana tabacum.
Herba Tanaceti ↗ Chrysanthemum-Arten.
Herba Tanaceti balsamitae ↗ Chrysanthemum-Arten.
Herba Taraxaci ↗ Taraxacum officinale.
Herba Taraxaci cum radice ↗ Taraxacum officinale.
Herba Taxi baccatae ↗ Taxus baccata.
Herba Terribilis ↗ Globularia alypum.
Herba Teucrii ↗ Teucrium-Arten.
Herba Teucrii mari ↗ Teucrium-Arten.
Herba Teucrii scordii ↗ Teucrium-Arten.
Herba Teucrii scorodoniae ↗ Teucrium-Arten.
Herba Thermopsidis lanceolatae ↗ Thermopsis lanceolata.
Herba Thujae occidentalis ↗ Thuja occidentalis.
Herba Thymi ↗ Thymus-Arten.
Herba Tradescantiae ↗ Tradescantia diuretica.
Herba Trinitatis ↗ Viola-Arten.
Herba Tropeoli ↗ Tropaeolum majus.
Herba Urticae ↗ Urtica-Arten.
Herba Verbasci ↗ Verbascum-Arten.
Herba Verbenae ↗ Verbena officinalis.
Herba Verbenae odoratae ↗ Aloysia triphylla.
Herba Veronicae ↗ Veronica officinalis.
Herba Vicae roseae ↗ Catharanthus roseus.
Herba Vincae pervincae ↗ Vinca minor.
Herba Violae ↗ Viola-Arten.
Herba Violae odoratae ↗ Viola-Arten.
Herba Violae tricoloris ↗ Viola-Arten.
Herba Virgaureae ↗ Solidago-Arten.
Herba Visci albi ↗ Viscum album.
Herba Visci albi recens ↗ Viscum album.
Herba Vulvariae ↗ Chenopodium-Arten.
Herba Xanthii spinosi ↗ Xanthium spinosum.
Herba Xanthii strumarii ↗ Xanthium strumarium.
Herba Ziziae ↗ Thaspium aureum.

■ Herbizide

chemische Pflanzenbekämpfungsmittel (Unkrautvernichtungsmittel, Unkrautvertilgungsmittel), die entweder als Totalherbizide jeglichen Pflanzenwuchs vernichten, als Semitotalherbizide nur krautige und noch nicht verholzte Pflanzen erfassen oder als selektive Herbizide das Wachtum nur einer bestimmte Gruppe von Pflanzen verhindern. Auch beim Anbau von Arzneipflanzen werden Herbizide eingesetzt, allerdings schreiben die Arzneibücher und weitere gesetzliche Regelungen eine Maximalkonzentration (Grenzwerte) von Herbizidrückständen in Drogen vor (Pflanzenschutzmittelhöchstmengenverordnung), die bei bestimmungsgemäßem Gebrauch der Drogen zu keinen Gesundheitsschäden führen.

Herbstblume ↗ Colchicum autumnale.
Herbstlilie ↗ Colchicum autumnale.
Herbstzeitlose ↗ Colchicum autumnale.

Herbstzeitlosensamen ↗ Colchicum autumnale.
Herdöpfel ↗ Solanum-Arten.
Herkulessamen ↗ Cucurbita pepo.
Hermel ↗ Chamomilla recutita.
Herniariae herba ↗ Herniaria glabra.

■ Herniaria glabra L.

Bruchkraut (syn. Harnkraut, Kahles Bruchkraut, Tausenkorn), s. Farbtafel S. 310, Bild 178.

Fam.: Caryophyllaceae.

Vork.: gemäßigte Zonen Europas und Asiens.

Droge: ***Herba Herniariae*** (syn. *Herniariae herba*); Harnkraut (syn. Bruchkraut), die zur Blütezeit gesammelten und getrocknetem, ganzen oder geschnittenem oberirdischen Teile. Inh.: Triterpensaponine (3–9 %), die bisdesmosidische Verbindungen mit verzweigter Zuckerkette darstellen und Medicagen-, Gypsogen- oder 16-Hydroxymedicagensäure als Sapogenin enthalten. Weitere Bestandteile sind Flavonoide (0,2–1,2 %, mit Isorhamnetin- und Quercetinderivaten) sowie Cumarine (0,1–0,4 %), u. a. Herniarin und Umbelliferon enthaltend. *Anw.*: Diuretikum, bei chronischer Zystitis, Urethritis sowie bei Blasentenesmen. Bestandteil entsprechender Teemischungen. Volkstümlich auch als Blutreinigungsmittel.

Hom.: ***Herniaria glabra*** HAB1; Harnkraut, die frischen, oberirdischen Teile blühender Pflanzen. *Anw.-Geb.*: Erkrankungen der Niere und ableitenden Harnwege.

Histor.: Der Gattungsname *Herniaria* ist lateinischer Herkunft (*hernia* = Bruch) und bezieht sich auf die frühere Verwendung der Pflanze gegen Bruchleiden. Der Artname *glabra* (kahl) kennzeichnet den Unterschied zum behaarten Bruchkraut (*hirsutum* = rauhhaarig). Erste Hinweise über die arzneiliche Nutzung der Pflanze stammen aus dem 16. Jh. und zwar zunächst als Mittel gegen Leistenbrüche, später auch als harntreibende Droge.

■ Herniaria hirsuta L.

Behaartes Bruchkraut (syn. Rauhes Bruchkraut).

Fam.: Caryophyllaceae.

Droge: ***Herba Herniariae***. Inhaltsstoffe und Anwendung s. ↗ Hernaria glabra.

Herpestis monniera ↗ Bacopa monnieri.
Herrgottsblümchen ↗ Anemone nemorosa.
Herrgottsblut ↗ Hypericum perforatum.
Herrgottslöffel ↗ Drosera-Arten.
Herzblume ↗ Dicentra cucullaria.
Herzelkraut ↗ Capsella bursa-pastoris.
Herzerbse ↗ Cardiospermum halicacabum.
Herzfreude ↗ Hepatica nobilis.
Herzgespann ↗ Leonurus cardiaca.
Herzgespannkraut ↗ Leonurus cardiaca, ↗ Leonurus quinquelobatus.
Herzglykoside ↗ Herzwirksame Glykoside.
Herzkraut ↗ Hepatica nobilis, ↗ Melissa officinalis.
Herzleberkraut ↗ Hepatica nobilis.
Herzsame ↗ Cardiospermum halicacabum.

■ herzwirksame Glykoside

(umgangssprachlich auch Herzglykoside), Gruppe von Steroidglykosiden mit charakteristischer Wirksamkeit am Herzen. Sie besitzen das Pregnangrundgerüst mit 21 C-Atomen und am C-17 entweder einen fünfgliedrigen Lactonring (Cardenolide) oder einen sechsgliedrigen Lactonring (Bufadienolide). Die Zuckerreste sind am C-3 glykosidisch verknüpft. Zu den Cardenoliden gehören u. a. die Wirkstoffe aus ↗ *Digitalis*-Arten, ↗ *Adonis*-Arten, *Convallaria majalis*, ↗ *Strophanthus*-Arten und ↗ *Nerium oleander*. Bufadienolide kommen sowohl in Pflanzen (↗ *Urginea maritima*, ↗-*Helleborus*-Arten) als auch in Tieren (↗ *Bufo bufo*) vor. *Wirk.*: positiv inotrope und negativ chronotrope Wirkung am Herzen, die bei Herzinsuffizienz therapeutisch genutzt wird. Vermittelt wird diese Aktivität vorrangig durch Hemmung der an der Zellmembran der Herzzellen lokalisierten Na^+/K^+-ATPase, dabei kommt es zur Erhöhung der intrazellulären Calciumionenkonzentration. Dieser Effekt bewirkt eine verstärkte Kontraktionskraft des Herzens, verbunden mit einer Zunahme des Herzzeitvolumens und verbesserter Nierendurchblutung. Die therapeutische Breite der herzwirksamen Glykoside ist gering, d. h. alle Verbindungen sind stark toxisch und führen bei Überdosierung zu Arrhythmien bzw. Nebenwirkungen im Zentralnervensystem (Erbrechen, Übelkeit, Farbensehen, Halluzinationen). Drogen mit herzwirksamen Glykosiden werden heute nur noch selten verordnet, da sie schwer zu standardisieren sind. In der Regel kommen isolierte Reinstoffe bzw. partialsynthetische Derivate zum Einsatz.

Hesperidin ↗ Flavonoide.

Hesperis alliaria ↗ Alliaria petiolata.

■ **Hesperis matronalis** L.
Nachtviole.

Fam.: Brassicaceae (Cruciferae).

Vork.: Europa bis Zentralasien.

Droge: ***Oleum Hesperidis***; Nachtviolenöl, das Öl der Samen. Inh.: Triglyceride; in den Samen außerdem Glykoside, wie Glucomatronalin, Glucohespematrin; Hesperalin (Cholinester). Anw.: als Diätikum und als Brennöl.

Hesperis violaria ↗ Matthiola incana.

■ **Heterotheca inuloides** Cass.
Falsche Arnika (syn. Mexikanische Arnika).

Fam.: Asteraceae (Compositae).

Vork.: Mittelamerika, Mexiko.

Drogen: ***1. Heterotheca-inuloides-Blüten***; Mexikanische Arnikablüten, die zur Blütezeit gesammelten und getrockneten Blütenkörbchen. Inh.: äther. Öl (0,25–0,44 %), das Sesquiterpene als Hauptkomponenten, u. a. Cadalin, Calacoren und Caryophyllenoxid sowie auch Monoterpene, u. a. Borneol und Linalool, sowie in Spuren Phenylpropanderivate, u. a. Anethol und Eugenol enthält. Weitere Bestandteile sind Flavonoide (0,7–0,8 %), Phenolcarbonsäuren mit Chlorogen-, Kaffee- und Protocatechusäure sowie Cumarine, u. a. Umbelliferon. Anw.: volkstümlich in den Heimatgebieten äußerlich bei Prellungen, Verstauchungen sowie als Wundheilmittel. Innerlich zuweilen auch bei Fieber, Bronchitis, als Tonikum und Diuretikum. In Europa hat die Droge lediglich als Verfälschung für die offizinellen Arnikablüten Bedeutung. *2.* das Kraut. Inh.: Flavonoide (ca. 0,7 %), v. a. Rutin; äther. Öl (0,25–0,44 %) mit Cadalin, Caryophyllenoxid, Anethol, Eugenol, Benzylalkohol; Fettsäuren; Sesquiterpene. Anw.: in der mexikanischen Volksheilkunde äußerlich bei Verletzungen, Prellungen, Verstauchungen; innerlich bei Fieber und Bronchitis, als Diuretikum, Diaphoretikum und Tonikum.

Hetscherl ↗ Rosa canina.
Heubeln ↗ Lamium album.

■ **Heublumen**
(syn. *Flores Graminis*) Gemisch von Blütenteilen, Samen und kleineren Blattstückchen sowie Stengelteilen der verschiedenen Wiesenkräuter. Diese werden aus dem Heu durch Absieben von größeren Blatt- und Stengelteilen befreit. Man nutzt sie in Form von Heublumenbädern oder Heublumensäcken als Auflage, z. B. bei rheumatischen Beschwerden, zur Entkrampfung verspannter Muskulatur oder zur Verbesserung der Elastizität des Bindegewebes. Als uraltes Hausmittel bei beginnender Erkältung dient auch das Heublumenhemd.

■ **Heuchera americana** L.

Fam.: Saxifragaceae.

Vork.: Nordamerika.

Droge: das Rhizom. Inh.: Gerbstoffe (9,3–19,7 %). Anw.: altes Indianermittel und Volksheilmittel zur Behandlung von Geschwüren und Dysenterie bzw. zur Blutstillung eingesetzt.

Heudelotia africana ↗ Commiphora-Arten.
Heusamen ↗ Plantago-Arten.

■ **Hevea brasiliensis** (Willd. ex A. Juss) Muell. Arg.
(syn. *Siphonia brasiliensis*); Parakautschukbaum.

Fam.: Euphorbiaceae.

Heim.: Amazonasgebiet.

Vork.: kultiviert in vielen tropischen Ländern, v. a. Malaysia, Thailand, Indonesien, Sri Lanka.

Droge: ***Cautschuc*** (syn. *Gummi elasticum, Resina elastica*); ↗ Kautschuk (syn. Naturkautschuk, gereinigter Parakautschuk), der zum Gerinnen gebrachte und gereinigte Milchsaft. Inh.: Polyterpene (ca. 90 % polymerisiertes Dimethylocta-

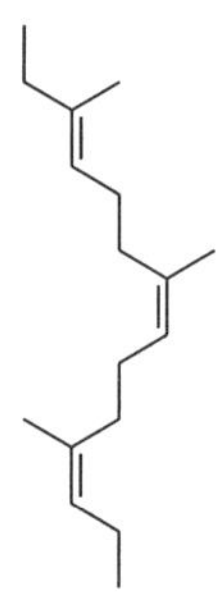

Hevea-Kautschuk 98 %
(Ausschnitt aus dem Gesamtmolekül)

dien, das auch als Kautschukgutta bezeichnet wird und aus 500 bis 5 000 Isopreneinheiten besteht), Eiweiß (2,8 %), Harz (2,8 %), Wasser (0,2–0,6 %), mineralische Bestandteile (ca. 0,4 %), Arachidylalkohol, D-Bornesitol, Dambonitol. Anw.: reiner, nicht vulkanisierter Kautschuk wird zur Herstellung stark klebender Pflaster und kalt vulkanisierter Kautschuk zur Herstellung von Hygieneartikeln (Handschuhe, Kondome) benutzt. Heiß vulkanisierter Kautschuk dient zur Herstellung chirurgischer Geräte, Katheter und Gebißplatten für die Zahnheilkunde. In der Technik wird fast ausschließlich vulkanisierter Kautschuk verwendet (Reifen, Transportbänder, Schuhe, Spielzeug, Schläuche, etc.), wobei der Naturkautschuk zunehmend durch Synthesekautschuk abgelöst wird.

Hexenbaum ↗ Latua venenosa.
Hexenbesen ↗ Viscum album.
Hexenblume ↗ Anemone nemorosa.
Hexendorn ↗ Rhamnus catharticus.
Hexenhasel ↗ Hamamelis virginiana.
Hexenkörner ↗ Paeonia officinalis.
Hexenkraut ↗ Conyza canadensis, ↗ Dictamnus albus, ↗ Hypericum perforatum, ↗ Lycopodium clavatum.
Hexenkrut ↗ Viscum album.
Hexennest ↗ Viscum album.
Hibisci flos ↗ Hibiscus sabdariffa.
Hibiscus abelmoschus ↗ Abelmoschus moschatus.
Hibiscusblüten ↗ Hibiscus sabdariffa.

■ Hibiscus sabdariffa L.

(syn. *Sabdariffa rubra*); Afrikanische Malve (syn. Rama, Sabdariffeibisch), s. Farbtafel 310, Bild 179.

Fam.: Malvaceae.

Droge: ***Hibisci flos*** (syn. *Flores Hibisci sabdariffae*); Hibiscusblüten (syn. Carcadeeh, Karkade, Afrikanische Malve, Nubiablüten, Sudantee, Rosella), die getrockneten, fleischigen Innen- und Außenkelche der Blüten.

Hom.: *Sabdariffa*; Afrikanische Malve, die getrockneten Blüten. Inh.: Schleimstoffe (15–30 %), organische Säuren, bes. Citronensäure (12–20 %), Hibiscussäure (ca.15 %), Äpfelsäure (2–9 %) sowie Wein- und Ascorbinsäure (ca.8 %). Ferner Anthocyane (1–2 %) und Flavonoide, u. a. Gossypin und Hibiscetin. Anw.: Aromatikum, coffeinfreies Erfrischungsgetränk, in höheren Dosen mild laxierend. Ferner zur Gewinnung von Lebensmittelfarbstoffen. Anw.-Geb.: Erkrankungen des venösen Gefäßsystems.

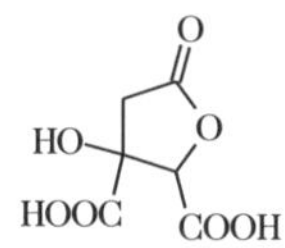

Hibiscussäure
(+)-Allo-hydroxy-citronensäurelacton

Hibiscussäure ↗ Hibiscus sabdariffa.
Hiefen ↗ Rosa canina.
Hierba de la Pastora ↗ Salvia-Arten.
Hierba Loca ↗ Pernettya furens.

■ Hierochloe borealis

Wohlriechendes Mariengras (syn. Vanillegras).

Fam.: Gramineae.

Vork.: Nord- und Osteuropa, Asien.

Droge: ***Herba Hierochloe borealis*** (syn. *Herba Hierochloe odoratae*); Vanillegras, das Kraut. Inh.: Cumarin. Anw.: in Ostasien als Gewürz und Räuchermittel; als Aromadroge für die Likörbereitung.

Hiffen ↗ Rosa canina.
Hikuli ↗ Coryphanta compacta, ↗ Epithelantha micromeris.
Hikuri ↗ Echinocereus triglochidiatus, ↗ Mammillaria heyderi.

■ Hillia illustris (Vell.) K. Schum.

Fam.: Rubiaceae.

Vork.: Brasilien.

Droge: die Rinde. Inh.: Alkaloide, wie Emetin (ca.1 %). Anw.: als Ersatz für *Radix Ipecacuanhae* (↗ *Cephaelis*-Arten).

Himalajazeder ↗ Cedrus-Arten.
Himbeere ↗ Rubus-Arten.
Himmelblume ↗ Bellis perennis.
Himmelbrandkraut ↗ Verbascum-Arten.
Himmelbrandtee ↗ Verbascum-Arten.
Himmelsbrot ↗ Fraxinus-Arten.
Himmelsleiter ↗ Polemonium caeruleum.
Himmelsschlüsselblumen ↗ Primula-Arten.
Himmelstau ↗ Drosera-Arten, ↗ Fraxinus-Arten.
Himmelstütze ↗ Lithospermum officinale.
Hinfuß ↗ Aegopodium podagraria.

Hinschkraut ↗ Solanum-Arten.
Hiobstränen ↗ Coix lacryma-jobi.
Hipecacuanha brasiliensis ↗ Cephaelis-Arten.
Hipecacuanha dysenteria ↗ Cephaelis-Arten.

■ **Hippeastrum vittatum** (L'Herit.) Herb. (syn. *Amaryllis vittata*).

Fam.: Amaryllidaceae.

Vork.: beliebte Zimmerpflanze, ursprünglich in den Anden Perus beheimatet. Inh.: in den Zwiebeln sind Amaryllidaceen-Alkaloide, wie Lycorin, Tazzettin, Haemanthamin, Hippeastrin, Galanthamin, Montanin, Hippacin und Pancracin enthalten. Die Pflanze ist stark giftig!

Hippion cruciatum ↗ Gentiana-Arten.
Hippocastani cortex ↗ Aesculus hippocastanum.
Hippocastani folium ↗ Aesculus hippocastanum.
Hippocastani oleum ↗ Aesculus hippocastanum.
Hippocastani semen ↗ Aesculus hippocastanum.
Hippocastanum vulgare ↗ Aesculus hippocastanum.
Hippochaete hyemalis ↗ Equisetum-Arten.

■ **Hippokrates**
(syn. Hippokrates von Kos), griechischer Arzt, 460–370 v. Chr., gilt als Begründer der wissenschaftlichen Medizin. H. verkörpert die klassische Zeit der antiken Medizin mit einem hohen ärztlich- menschlichen Ethos. Der „Eid des Hippokrates" gilt noch heute für jeden Arzt.

Hippomane dioica ↗ Hippomane mancinella.

■ **Hippomane mancinella** L.
(syn. *Hippomane dioica, Mancinella venenata*); Manchinellbaum (syn. Manzanillbaum, Manzinella, Wahrer Manzinellenbaum).

Fam.: Euphorbiaceae.

Vork.: Südflorida, Mexiko, westindische Inseln, Zentralamerika, Kolumbien, Venezuela, auch in Westafrika und Indien.

Drogen: *1. Hippomane-mancinella-Blätter*; die frischen oder getrockneten Blätter. Die Droge ist giftig! *Inh.:* Polyphenole (v. a. Ellagsäure und deren Mono-, Di- und Trimethylether, Corilagin, Hippomanin A und B), Brevifolin (Xanthoxylin), α-Carotin, Kohlenwasserstoffe mit 27 bis 35 C-Atomen. *Anw.:* in der Volksheilkunde äußerlich bei Lähmungen, Ausschlägen, Krätze, Geschwüren und Elephantiasis. *2. Hippomane-macinella-Früchte*; die reifen Früchte. Die Droge ist sehr stark giftig! *Inh.:* wenig untersucht, die Früchte enthalten 0,02 % einer Substanz, die dem ↗ Physostigmin sehr ähnlich sein soll und ein Öl, das abführend wirkt. *Anw.:* in der Volksheilkunde zur Behandlung von Warzen und Hühneraugen sowie als wassertreibendes und wurmtreibendes Mittel. Die Wirksamkeiten sind nicht belegt, aufgrund der beschriebenen Toxizität ist von dem Gebrauch der Droge abzuraten. Im Haushalt sollen die Früchte Schaben fernhalten können. *3. Hippomane-mancinella-Latex*; der in allen Pflanzenteilen vorkommende, frische oder eingetrocknete Milchsaft. Die Droge ist sehr stark giftig! *Inh.:* Diterpenester (Hippomane-Faktoren), Harz, äther. Öl, Stärke. *Anw.:* in der Volksheilkunde äußerlich zur Behandlung krebsartiger Geschwüre und syphilitischer Wucherungen. Innerlich soll die Droge bei Wassersucht, Geschlechtskrankheiten, Malaria, Tetanus und Eingeweidewürmern angewendet werden. Die Wirksamkeit der Droge ist nicht belegt, aufgrund der beschriebenen Toxizität ist von dem Gebrauch der Droge abzuraten.

Hom.: *Mancinella* HAB34, gleiche Teile der frischen Blätter, Rinde und Früchte. *Anw.-Geb.:* Hautausschläge, Entzündungen des Mundes und des Rachens, Verstimmungszustände.

Histor.: Der giftige Milchsaft wurde früher als Pfeilgift verwendet.

Hippophae angustifolia ↗ Hippophae rhamnoides.
Hippophae fasciculata ↗ Hippophae rhamnoides.
Hippophae littoralis ↗ Hippophae rhamnoides.

■ **Hippophae rhamnoides** L.
ssp. *rhamnoides* und ssp. *fluviatilis* (syn. *Hippophae angustifolia, H. fasciculata, H. littoralis, H. salicifolia, H. taurica, Rhamnoides hippophae*); Sanddorn (syn. Haffdorn, Meerdorn, Seedorn, Weidendorn), s. Farbtafel S. 310, Bild 180.

Fam.: Elaeagnaceae.

Vork.: Europa, Vorderasien, Himalayagebiete, Ostasien, in Mecklenburg-Vorpommern und Kasachstan auch kultiviert.

Droge: *Hippophae rhamnoides fructus* (syn. *Fructus Hippophae, Fructus Hippophae rhamnoides*); Sanddornbeeren (syn. Fasanbeeren, Haffdornbeeren, Seedornbeeren), die im Zustand der Vollreife geernteten, ganzen, frischen, tiefgefrorenen oder getrockneten Früchte. *Inh.:* Vitamine (0,1–1,4 % Vitamin C, 0,1–0,2 % Vitamin E), Äpfelsäure, Chinasäure, Essigsäure, Carotinoide, Zucker, Flavonoide (u. a. als Aglyka Quercetin, Kämpferol, Isorhamnetin), fettes Öl (ca. 7 %), Aromastoffe. *Anw.:* das aus den Früchten gewonnene fette Öl (Oleum Hippophae) wird in Rußland äußerlich zur Prophylaxe und Therapie von Strahlenschäden und zur Wundheilung eingesetzt. In Indien dient die Droge zur Behandlung von Lungenfunktionsstörungen. Die Wirksamkeit bei diesen Anwendungsgebieten ist nicht belegt. Der Vitamin-C-reiche Fruchtsaft wird zur Vitaminisierung und Aromatisierung von Obst- und Gemüsekonserven verwendet, Säfte und Muse werden zu Reformerzeugnissen verarbeitet.

Hippophae rhamnoides fructus ↗ Hippophae rhamnoides.
Hippophae salicifolia ↗ Hippophae rhamnoides.
Hippophae taurica ↗ Hippophae rhamnoides.
Hipposelinum levisticum ↗ Levisticum officinale.
Hirneola auricula-judae ↗ Auricularia auricula-judae.
Hirsch ↗ Cervus elaphus.
Hirschbrunst ↗ Elaphomyces cervinus.
Hirschdorn ↗ Rhamnus catharticus.
Hirschhorn ↗ Cervus elaphus.
Hirschhornflechte ↗ Cetraria islandica.
Hirschklee ↗ Hepatica nobilis.
Hirschkohl ↗ Pulmonaria officinalis.
Hirschkolbensumach ↗ Rhus-Arten.
Hirschmangold ↗ Pulmonaria officinalis.
Hirschminze ↗ Mentha-Arten.
Hirschmöhre ↗ Pastinaca sativa.
Hirschtrüffel ↗ Elaphomyces cervinus.
Hirschzunge ↗ Liatris odoratissima
Hirschzungenblätter ↗ Liatris odoratissima.
Hirse des Propheten ↗ Lactobacillus bulgaricus.
Hirtentäschelkraut ↗ Capsella bursa-pastoris.

■ Hirudin

Proteingemisch aus den Speicheldrüsen des Blutegels (↗ *Hirudo medicinalis*), das als direkter Thrombin-Hemmer die Blutgerinnung inhibiert. H. wird heute gentechnisch mit Hilfe der Hefe *Saccharomyces cerevisiae* hergestellt. *Anw.:* Bei Thrombosen und Venenentzündungen, v. a. in Form von Salben und Gelen auch bei Thrombophlebitis, Hämatomen und Ulcus cruris.

Hirudo ↗ Hirudo medicinalis.

■ Hirudo medicinalis L.

(syn. *Hirudo officinalis, Sanguisuga medicinalis, S. officinalis*), Blutegel.

Fam.: Hirudinidae.

Vork.: Europa, Nordafrika, Kleinasien.

Droge: ***Hirudo*** (*Hirudo medicinalis*); Blutegel, verwendet wird das lebende Tier zur direkten Anwendung am Menschen oder das getrocknete Tier für Salben. *Inh.:* ↗ Hirudin, Aminosäuren. *Anw.:* Der zwittrige, bis 20 cm lang werdende Ringelwurm besitzt Saugnäpfe an beiden Körperenden und kann sich damit an die Haut von Warmblütern festsaugen. Dabei wird dem Wirt Blut entzogen (bis zu 15 ml), das der Blutegel für seine Ernährung nutzt. Während des Saugaktes gibt das Tier Hirudin in die Wunde des Wirtes ab, um eine Blutgerinnung zu verhindern. Diese Art der Therapie von Blutergüssen, Schwellungen, Venenentzündungen und Krampfadern findet heute v. a. in der Naturheilpraxis Anwendung.

Hom.: ***Hirudo medicinalis***; der lebende Blutegel. *Anw.-Geb.:* Hauteiterungen, Blutungen.

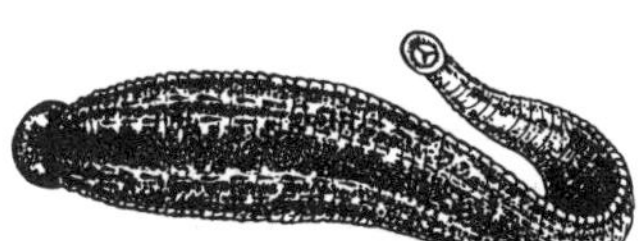

Hirudo medicinalis. Blutegel.

Hirudo officinalis ↗ Hirudo medicinalis.
Hirzwurz ↗ Dictamnus albus.
Hispidussamen ↗ Strophanthus-Arten.

■ Histamin

biogenes Amin, das durch Decarboxylierung aus Histidin entsteht und als Gewebshormon eine wichtige Rolle im Immungeschehen, bei der Schmerzauslösung und der Regulation der Gefäßpermeabilität spielt. Seine biologischen Effekte vermittelt es über die Erregung spezifischer Histaminrezeptoren (H_1 und H_2). Histamin kommt im tierischen Organismus besonders in der Haut, Lunge, Leber, Milz, Schleimhaut des Magens und des Darmes vor, auch in Tiergiften (Bienengift, Schlangengifte) und Pflanzen

(Brennessel, Mutterkorn) wurde Histamin nachgewiesen.

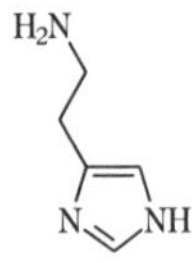

Histamin

Hitzeblätter ↗ Tussilago farfara.
Hochwurzel ↗ Gentiana-Arten.
Höckertang ↗ Fucus-Arten.

■ **Hodgsonia kadam** (Miq.) Lewkowitsch .
Fam.: Cucurbitaceae.
Vork.: Ostasien, bes. Sumatra, Yunnan.
Droge: ***Kadamfett***, das Fett der Samen. *Inh.:* butterartiges Fett (ca. 70 %), mit Triolein (ca. 80 %) und Tripalmitin (ca. 20 %). *Anw.:* als Nahrungsfett, zu Beleuchtungszwecken; die bitteren Samen werden nach dem Rösten auch gegessen.

Hohe Goldrute ↗ Solidago-Arten.
Hoher Rittersporn ↗ Delphinium elatum.
Hohe Schlüsselblume ↗ Primula-Arten.
Hohes Traubenkraut ↗ Ambrosia artemisiifolia.
Hohler Lerchensporn ↗ Corydalis-Arten.
Hohlrökeln ↗ Equisetum-Arten.
Hohlwurz ↗ Corydalis-Arten.
Hohlzahn ↗ Galeopsis segetum.
Hohlzahnkraut ↗ Galeopsis segetum.
Hoitzia coccinea ↗ Loeselia coccinea
Holarrhena africana ↗ Holarrhena floribunda.
Holarrhena antidysenterica ↗ Holarrhena pubescens.
Holarrhenae antidysentericae cortex ↗ Holarrhena pubescens.
Holarrhena febrifuga ↗ Holarrhena pubescens.

■ **Holarrhena floribunda** (G. Don.) Dur. et Schinz. (syn. Holarrhena africana).
Fam.: Apocynaceae.
Vork.: Afrika, v. a. Senegal bis Kongo.
Droge: die Rinde. *Inh.:* u. a. Alkaloide (2–3 %, v. a. Conessin, Togholamin und die Steroidalkaloide Holaphyllin, Holamin sowie Holaphyllamin), Progesteron. *Wirk.:* sedativ und spasmolytisch. *Anw.:* in der Volksheilkunde bei Amöbenruhr, lokal als Anästhetikum sowie als Industriedroge zur partialsynthetischen Gewinnung von Steroidhormonen.

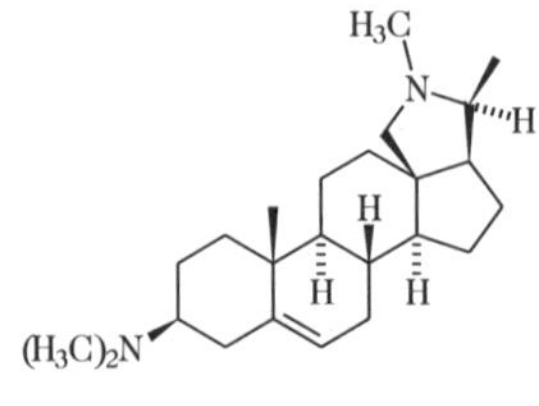

Conessin

■ **Holarrhena pubescens** (Buch.-Ham.) Wall. ex G. Don
(syn. *Holarrhena antidysenterica, H. febrifuga, Wrightia antidysenterica*); Kurchibaum.
Fam.: Apocynaceae.
Vork.: Tropengebiete Pakistans, Indiens und Westafrikas.
Droge: ***Holarrhenae antidysentericae cortex*** (syn. *Cortex Holarrhenae antidysentericae*); Kurchirinde (syn. Conessirinde), die getrocknete Rinde. *Inh.:* Alkaloide (2–4 %), u. a. Conessin, Conkurchin, Conessidin, Kurchicin und Holarrhenin. *Anw.:* Amöbenruhr bzw. bei Dysenterie und Lebererkrankungen, die auf Amöbeninfektion beruhen.

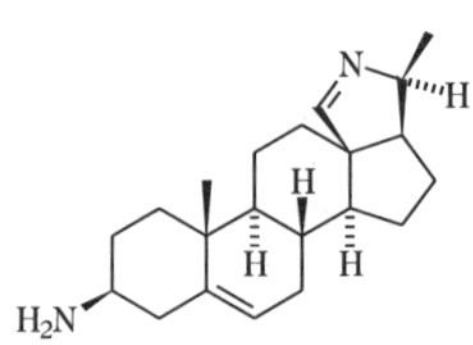

Conkurchin

Holder ↗ Sambucus nigra.
Holderbeeren ↗ Sambucus nigra.
Holländischer Klee ↗ Trifolium repens.
Holländischer Senf ↗ Brassica-Arten.
Holler ↗ Sambucus nigra.
Hollerbeeren ↗ Sambucus nigra.
Hollerwurzel ↗ Sambucus nigra.
Hollrippe ↗ Equisetum-Arten.
Hollrusch ↗ Equisetum-Arten.
Hollrusk ↗ Equisetum-Arten.
Holunder ↗ Sambucus nigra.
Holunderbeeren ↗ Sambucus nigra.
Holunderblüten ↗ Sambucus nigra.

Holunderschwamm ↗ Auricularia auricula-judae.
Holunderwurzel ↗ Sambucus nigra.
Holzkassie ↗ Cinnamomum-Arten.
Holzöl ↗ Aleurites fordii.
Holztee ↗ Species lignorum.
Holzteer ↗ Pinus-Arten.
Holzzimt ↗ Cinnamomum-Arten.

■ **Homalomena aromatica** Schott.
(syn. *Zantedeschia aromatica, Calla aromatica*).
Fam.: Araceae.
Vork.: Indien, Südostasien, Neuguinea.
Droge: das Rhizom. Inh.: äther. Öl (ca. 1,2 %) mit (–)-Linalool, Cadinen, Camphen, α-Pinen und Limonen. Anw.: in der Volksheilkunde bei Hautleiden, als Stimulans sowie gegen Durchfälle. In indischen Parfüms nutzt man das äther. Öl der Droge als Geruchtsträger. Auch als Aphrodisiakum wurde die Droge eingesetzt, die Berichte über halluzinogene Effekte sind eher als spekulativ zu werten.

■ **Homalomena lauterbachii** Engl.
Ereriba.
Fam.: Araceae.
Vork.: Südamerika, tropische Gebiete Asiens. Anw.: Gemischt mit der Rinde von ↗ Galbulimima belgraveana nutzen die Eingeborenen von Papua-Neuguinea die Blätter dieser Pflanze zur Bereitung eines starken Halluzinogens, das nach Erzeugung von Erregungszuständen einen tiefen, von Visionen begleiteten Schlaf vermittelt. Die Rhizome werden in der Volksheilkunde dieser Regionen bei Hautkrankheiten eingesetzt. Über die Inhaltsstoffe dieser Droge fehlen verläßliche Angaben.

Homeriana-Tee ↗ Polygonum aviculare.

■ **Homöopathie**
eigenständiges Therapieprinzip, das auf der sog. Ähnlichkeitsregel, dem *Simile*-Prinzip, beruht: *„similia similibus curantur* – Ähnliches kann durch Ähnliches geheilt werden". Begründer der H. ist der Leipziger Hochschullehrer Dr. med. habil. Samuel Hahnemann (1755–1843). Die H. ist im Arzneimittelgesetz von 1976/78 zusammen mit der Anthroposophie und Phytotherapie als „Besondere Therapierichtung" festgeschrieben. Wesentliches Kriterium bei der Anwendung homöopathischer Arzneimittel ist die möglichst genaue Übereinstimmung zwischen dem Krankheits- und dem Arzneimittelbild. In der H. wird mit dem Begriff „Arzneimittelbild" die Wirkungsrichtung und der Wirkungsumfang eines Arzneimittels beschrieben, d. h. es kommt damit das Wirkungsprofil der Substanz zum Ausdruck. Die Darreichungsformen der Homöopathika erfolgen in abgestuften Verdünnugen, ausgehend von der sog. Urtinktur, meist in Dezimalpotenzen, z. B. D1, D2, D3 usw. Vgl. auch Essay ↗ Homöopathische Arzneimittel aus dem Pflanzen- und Tierreich.

Homöopathische Arzneimittel aus dem Pflanzen- und Tierreich

Markus Wiesenauer

1. Geschichte der Homöopathie

Begründer der Homöopathie ist Dr. med. Samuel Hahnemann (1755–1843). Er galt als einer der führenden Wissenschaftler jener Zeit. In seiner Eigenschaft als Arzt, Apotheker und Chemiker veröffentlichte er zahlreiche und wertvolle Arbeiten auf diesen Gebieten. Als Basis auch der Homöopathie unserer Zeit gelten seine Bücher, die er zu den verschiedensten Schaffensphasen verfaßte; diese werden in eine sogenannte homöopathische Frühphase und in eine Spätphase eingeteilt.

Hahnemann stand den Behandlungsmethoden seiner Zeit – Schröpfen, Aderlässen, Klistieren – ausgesprochen kritisch gegenüber und arbeitete längere Zeit als wissenschaftlicher Autor und Übersetzer. Bei der Übersetzung eines medizinischen Werkes des schottischen Pharmakologen William Cullen, der berühmten Materia Medica, stieß Hahnemann auf einen Hinweis, demnach

Chinarinde zur Behandlung von Wechselfieber diene. Daraufhin nahm Hahnemann – ohne Fieber zu haben – größere Mengen Chinarinde ein, worauf er an sich selbst eine Symptomatik feststellen konnte, wie sie für Malaria (Wechselfieber) charakteristisch ist. Dieser Selbstversuch veranlaßte ihn zu der Vermutung, daß ein Zusammenhang zwischen der Verabreichung von Chinarinde als Therapeutikum bei Malaria und den beim Gesunden erzeugten ähnlichen Symptomen bestehe. Hahnemann meinte schon vorher beobachtet zu haben, daß eine chronische Krankheit oft günstig durch das Hinzutreten einer akuten beeinflußt würde – aber nur, wenn sie jener ähnlich und noch dazu die stärkere sei. Demnach heile die Chinarinde die Malaria, weil sie eine künstliche Krankheit erzeuge, welche der Malaria ähnlich und stärker als sie sei (Ritter). Der Selbstversuch Hahnemanns im Jahre 1790 kann als erste Arzneimittelprüfung im Sinne eines wissenschaftlichen Experiments bezeichnet werden. Seiner Beobachtung schlossen sich weitere Versuche mit über 50 pflanzlichen und 3 anorganischen Substanzen an. Deshalb trat Hahnemann erst 6 Jahre später mit seinen inzwischen gewonnenen Erfahrungen vor die ärztliche Welt. Im Hufelands-Journal, einer zu jener Zeit weitbekannten Ärzteschrift, erschien seine Arbeit unter dem Titel „Versuch über ein neues Prinzip zur Auffindung der Heilkräfte der Arzneisubstanz". Darin wird beschrieben, daß mit Hilfe der sogenannten Ähnlichkeitsregel das jeweilige Arzneimittel gefunden werden kann. Damit wird von den Medizinhistorikern 1796 als offizielles Gründungsjahr der Homöopathie angegeben. In den darauffolgenden Jahren widmete sich Hahnemann intensiv der praktischen Arbeit mit diesem Behandlungsprinzip und systematisierte die Anwendung. Mit dem „Organon der rationellen Heilkunde" legte er 1810 eine ausführliche Zusammenfassung der homöopathischen Therapie vor. Zudem verfaßte er ein vierbändiges Apothekerlexikon, dessen Angaben als Grundlage für das homöopathische Arzneibuch (HAB1) dienten, und führte zahlreiche weitere Arzneimittelprüfungen durch, deren Ergebnisse er in den Jahren 1811–1821 in den sechs Bänden der „Reinen Arzneimittellehre" (RAL) veröffentlichte.

Bereits 1801 hatte Hahnemann begonnen, die eingesetzten Substanzen zu verdünnen, da er zuvor verschiedentlich Überreaktionen bei der Verabreichung der Ursubstanzen beobachtet hatte. Die verdünnten Substanzen zeigten eine bessere Verträglichkeit sowie eine höhere Wirksamkeit. Hahnemann systematisierte daraufhin das Verfahren der Dynamisation bzw. Potenzierung, er selbst wandte überwiegend Homöopathika bis zu C30 an. Diese Erkenntnisse führten zur Schaffung einer speziellen Dosierungslehre.

In den folgenden Jahren – auch als Beginn der Spätphase bezeichnet – widmete sich Hahnemann der Erforschung der „Chronischen Krankheiten", ein ebenso bezeichnetes fünfbändiges Werk erschien 1828. Basierend auf der Beobachtung, daß die homöopathische Behandlung bei chronischen Krankheiten trotz Einhaltung strenger Vorschriften bezüglich Diätetik und Lebensführung oft nicht den erwarteten Erfolg zeigt, entwickelte Hahnemann zum weiteren theoretischen Verständnis die Miasmen-Lehre. Gemäß dieses Theorems sind drei grundlegende Verläufe chronischer Erkrankungen (Psora, Syphilis und Sykosis) als Krankheitstendenzen zu berücksichtigen: Dies bedeutet, daß Symptome und patho-physiologische Reaktionsformen des Patienten dem jeweiligen Miasma und einem entsprechenden „chronischen" Arzneimittel zugeordnet werden können, wobei jedoch die Ähnlichkeitsregel dem miasmatischen Verständnis des Krankheitsprozesses übergeordnet ist.

Die letzten Lebensjahre – geprägt durch eine intensive Praxistätigkeit in Paris – widmete sich Hahnemann der Entwicklung der Q-Potenzen (früher als LM-Potenzen bezeichnet), außerdem bearbeitete er die 6. Auflage des Organon der Heilkunst, die jedoch erst Jahre nach seinem Tod erschien.

2. Grundprinzipien der Homöopathie

Als unbestrittenes Grundprinzip der Homöopathie ist die *Ähnlichkeitsregel* („Similia similibus curentur – Ähnliches werde durch Ähnliches geheilt") zu nennen, welche auch die Therapiebezeichnung „Homöopathie" (griech. *homoion* – ähnlich, *pathos* – Leiden) begründet. Dazu Hahnemann im Organon: „Wähle, um sanft, schnell, gewiss und dauerhaft zu heilen, in jedem Krankheitsfalle eine Arznei, welche ein ähnliches Leiden (homoion pathos) für sich erregen kann, als sie heilen soll" [1]. Die Ähnlichkeitsregel ist nicht als Gesetz im naturwissenschaftlichen

Sinne, sondern vielmehr als Arbeitshypothese und Handlungsanweisung zu verstehen: Symptome des Kranken werden mit Symptomen der Arzneiwirkung am Gesunden in ihrer phänomenologischen Ähnlichkeit verglichen.

Als weiteres Grundprinzipis ist die sich aus der Ähnlichkeitsregel ergebende *Arzneimittelprüfung* (AMP) am Gesunden zu nennen: Die während der Applikation des Prüfstoffes ausgelösten Befindlichkeitsänderungen, werden systematisch beobachtet und aufgezeichnet, sie stellen die Grundstruktur des Arzneimittelbildes dar, in welchem die Pharmakodynamik und damit das Wirkungsprofil eines Arzneistoffes zum Ausdruck kommt. Neben der Arzneimittelprüfung stützt sich die Anwendung homöopathischer Mittel zudem auf andere Erkenntnisquellen (Kenntnisse aus Pharmakologie und Toxikologie, Erfahrungen am kranken Menschen und am kranken Tier, Hinweise aus der Volksheilkunde), durch die Erfahrungen in der Praxis werden die Arzneimittelbilder kontinuierlich erweitert.

In der neueren Literatur wird zunehmend gefordert, *das individuelle Krankheitsbild* ebenfalls als Grundprinzip der Homöopathie zu erheben. Zweifelsohne stellt das individuelle Krankheitsbild ein zentrales Element der Homöopathie dar, eine logische Voraussetzung, um die Erkenntnisse aus dem Arzneimittelbild mittels der Ähnlichkeitsregel beim Kranken therapeutisch umsetzen zu können. Diesem Umstand trägt eine besonders strukturierte Anamnese Rechnung, wobei sich das Vorgehen am Kranheitsheitsverlauf orientiert. Aus der Akuität, bzw. Chronizität des Geschehens resultiert die pragmatische Einteilung in kurze oder lange Wege der Arzneimittelfindung (Beispiele: kurz: akute Sinusitis, lang: chronische Atemwegsinfekte), welche wiederum mit drei Wirkungsgruppen homöopathischer Arzneimittel korrelieren: Organotrop, bzw. histiotrop wirkende Homöopathika können entsprechend ihrer Wirkungsrichtung einem Organsystem, bzw. einem Körpergewebe zugeordnet werden. Die Auswahl eines organotropen Homöopathikums ist oftmals auf Grund weniger Kriterien zu treffen (kurzer Weg der Arzneimittelfindung). Organotrope Homöopathika werden überwiegend als Urtinktur (∅) und in tiefen Potenzen eingesetzt (z. B. D2, D3, D4, D6). Diese Arzneimittelgruppe kommt dementsprechend eine ungleich größere Bedeutung in der Offizin zu als den Personotropika (= Konstitutionsmitteln). Personotrope Homöopathika beziehen das gesamte Persönlichkeitsbild eines Patienten mit ein und haben somit einen umfassenderen Anspruch an das Heilgeschehen als Organotropika. Der Einsatz von Personotropika erfordert eine ausführliche Anamnese (daher langer Weg der Arzneimittelfindung) und sollte dem behandelnden Arzt vorbehalten bleiben. Personotropika werden in hohen Potenzen eingesetzt, z. B. C30, C200 und höher. Funktiotrope Homöopathika nehmen eine Zwischenstellung ein, ihre Wirkung erfaßt mehrere Organsystem. Solche Homöopathika werden zumeist in mittleren Potenzen angewendet, z. B. D12, D13. Erwähnt seien zudem Arzneimittel mit „bewährter Indikation“, welche sich bei einer sogenannten „festständigen Krankheit“ (Hahnemann) bewährt haben. Für die Verabreichung des jeweiligen Arzneimittels ist nur ein Minimum an Charakteristika erforderlich, so daß gerade Arzneimittel mit bewährter Indikation in Doppelblindversuchen ihre Heilwirkung unter Beweis stellen konnten.

Diskutiert wird zudem, inwieweit die *Dosierungslehre* zu den Grundprinzipien zu rechnen ist. Wie die historische Entwicklung zeigt, arbeitete Hahnemann in der homöopathischen Frühphase mit unpotenzierten Arzneimitteln; erst im weiteren Verlauf entwickelte er das Verfahren der Potenzierung, da die therapeutische Breite der eingesetzten Stoffe oftmals gering war und toxikologische Effekte überwogen. Hahnemann entwickelte daher das Verfahren der sukzessiven Verarbeitung der Arzneigrundstoffe im Verhältnis 1:100 (Centesimalpotenzen), in den späteren Berufsjahren setzte Hahnemann bevorzugt die LM- (Q-)Potenzen ein, die im Verhältnis 1:50 000 hergestellt werden. Dazu schreibt Hahnemann im Organon der Heilkunst: „Diese merkwürdige Veränderung in den Eigenschaften der Naturkörper durch mechanische Einwirkung auf ihre kleinsten Teile – durch Reiben und Schütteln – während sie durch Dazwischentreten einer indifferenten Substanz trockener oder flüssiger Art voneinander getrennt sind, entwickelt die latenten, vorher unmerklich wie schlafend in ihnen verborgen gewesenen dynamischen Kräfte“ [2]. Vor mehr als hundert Jahren wurden von den homöopathischen Ärzten Hering und Vehsemeyer die Dezimalpotenzen (1:10) in die Therapie eingeführt.

Grundsätzlich stellt ein als Urtinktur vorliegender Stoff ein homöopathisches Arzneimittel dar; seine Anwendung am Kranken bedeutet gemäß der Ähnlichkeitsregel eine homöopathische Behandlung. Gleichwohl herrscht hinsichtlich der Dosierungslehre eine kontroverse Diskussion zwischen strengen Vertretern der Homöopathie, die strikt nur Hochpotenzen einsetzen (C30 und höher) und homöopathischen Anwendern, welche die Dosierung nach pragmatischen Gesichtspunkten handhaben. Aus heutiger Sicht kann zusammenfassend festgestellt werden, daß die Dezimalpotenzen überwiegend im deutschsprachigen Raum bei akuten und subakuten Erkrankungen eingesetzt werden. Die Centesimalpotenzen sind in den anderen europäischen sowie in außereuropäischen Ländern bei akuten (z. B. C30), aber insbesondere bei chronischen Erkrankungen (z. B. C200 und höher) üblich. Die Q-Potenzen, welche früher die Bezeichnung LM-Potenzen trugen (L = 50, M = 1000), werden überwiegend bei chronischen Erkrankungen eingesetzt. Sie besitzen in aller Regel den Vorteil, daß dadurch Erstverschlimmerungen eher selten auftreten; wohingegen bei hohen D- und C-Potenzen Erstverschlimmerungen häufiger zu beobachten sind. Potenzhöhe und Anwendungshäufigkeit sind in Abhängigkeit der Reagibilität zu wählen und zu wiederholen.

Zusamenfassend läßt sich feststellen, daß die Ähnlichkeitsregel und die Arzneimittelprüfung am Gesunden, zu deren therapeutischen Umsetzung das individuelle Krankheitsbild gehört, zu den Grundprinzipien der Homöopathie gehören. Darüberhinaus bedarf es einer eigenen Dosierungslehre, um der individuellen Arzneireaktion des Patienten entsprechen zu können.

In neuerer Zeit wird den *co-therapeutischen Regeln* unter einer homöopathischen Behandlung wieder vermehrt Beachtung geschenkt. Bereits Hahnemann forderte eine „vernünftige Lebensweise“ – analog der Ordnungstherapie nach Sebastian Kneipp – und wies auf mögliche Interaktionen mit Genuß- und Arzneimitteln hin. Dies führte u. a. dazu, daß in den Aufbereitungsmonographien unter „Hinweis“ vermerkt ist: In der Homöopathie ist bekannt, „daß die Wirkung eines homöopathischen Arzneimittels durch allgemein schädigende Faktoren in der Lebensweise und durch Reiz- und Genußmittel ungünstig beeinflußt werden kann. Falls sonstige Medikamente eingenommen werden, sollte ein Arzt befragt werden“. Welche Begleitmaßnahmen während einer Behandlung chronischer Erkrankungen sinnvoll sind, wird aufgrund mangelnder systematischer Untersuchungen kontrovers diskutiert. Ebenso ungeklärt bleibt weitestgehend die Frage von Interaktionen homöopathischer Einzelmittel (sog. freundliche und feindliche Mittel; Antidote), sowie die Beeinflussung ihrer Wirksamkeit durch physikalische Strahlung (z. B. Flughafen-Kontrolle, Röntgen).

Die Grundprinzipien der Homööopathie sowie ihre co-therapeutischen Regeln hat bislang Elies [3] am ausführlichsten zusammengefaßt und sie zugleich als Definition der Homöopathie mit herangezogen.

3. Definition

Demnach ist Homöopathie

- individualisierte Pharmakologie nach Reiz-Regulationsprinzipien im Sinne einer ereignisgesteuerten Anwendung möglichst kleiner Gaben jeweils eines Arzneistoffes, deren Wirkdauer sich u. a. nach dem spezifischen Verdünnungsgrad (Potenz) bemißt.
- wirksam nach dem Ähnlichkeitsprinzip.
- ausgezeichnet durch eine systematische Fallaufnahme einschließlich biographischer Anamnese, Berücksichtigung der vergetativen Reaktionsmuster und Wichtung aller erhaltenen Untersuchungsbefunde.
- geeignet als Prognoseinstrument, sie hat klare Kriterien der Verlaufsbeurteilung und kann zur Therapiekoordination herangezogen werden.
- notwendig, zweckmäßig und wirtschaftlich (Elies).

4. Zum Stand der Forschung

Seit dem Beginn ihrer Geschichte wird die Homöopathie öffentlich kontrovers diskutiert. Ursache hierfür ist der Umstand, daß es bis heute keinen naturwissenschaftlichen Erklärungsansatz für die Wirkweise der Homöopathie gibt. Während sich in den homöopathisch verabreichten Ursubstanzen oder Tiefpotenzen der gelöste Stoff pharmakologisch nachweisen läßt, ist – unter Berücksichtigung der Avogadroschen Konstante – ab einer Potenz D23 oder C12 die Ausgangssubstanz statistisch nicht mehr im Lösungsmittel enthalten. Demzufolge sind biochemische Versuche in der Tiefpotenzforschung sinnvoll. Im Bereich der Hochpotenz-Grundlagenforschung dagegen stehen physikalisch-experimentelle Methoden im Vordergrund, die – ausgehend von dem Erklärungsansatz, daß es durch die homöopathische Verarbeitung zu Strukturveränderungen im Lösungsmittel kommt – meßbare Unterschiede zwischen Arznei und Kontrolle nachzuweisen versuchen (z. B. in spektroskopischen Meßverfahren, Verfahren zur Messung der Dielektrizitätskonstante und Leitwertmessung). Die Arbeiten von C. Witt [4] konnten den Einfluß von Verweildauer, Containermaterialien und Lösungsmittel auf die Meßergebnisse nachweisen und ein exemplarisches Versuchsdesign für experimentell-physikalische Hochpotenzforschung entwickeln, in dem die Verwendung von potenziertem Lösungsmittel als Kontrolle, eine standardisierte Verweildauer für alle Proben in den Gefäßen und der Herstellung mehrerer Arznei- und Kontrollproben als fixe Randgrößen angeraten werden. Neben der homöopathischen Grundlagenforschung gibt es mittlerweile eine Vielzahl tierexperimenteller oder klinischer Studien, die die Wirksamkeit homöopathischer Präparate signifikant nachweisen. Aus naheliegenden Gründen werden dabei vorrangig Homöopathika zur „bewährten Indikation", bzw. organotrope Mittel eingesetzt.

5. Homöopathische Arzneimittel

Homöopathische Arzneimittel stellen Arzneimittel der besonderen Therapierichtungen (Anthroposophie, Homöopathie, Phytotherapie) dar. Über die Zulassung der entsprechenden Präparate entscheidet jeweils eine Arzneimittelkommission beim Bundesinstitut für Arzneimittel und Medizinprodukte (BFArM, früher BGA; Anthroposophie – Kommission C, Homöopathie – Kommission D, Phytotherapie – Kommission E). Die Aufgabe der jeweiligen Arzneimittelkommission ist die Nach- und Neuzulassung von Arzneimitteln der entsprechenden Therapierichtung, wobei die Qualität, Wirksamkeit und Unbedenklichkeit der homöopathischen Arzneimittel ebenso dokumentiert werden müssen wie die chemisch-synthetischer Arzneimittel. Die Nachzulassung betrifft zum Zeitpunkt des Inkrafttretens des Gesetzes bereits im Handel befindliche Produkte.

Die analytische und technologische Qualität des Produktes wird durch die Anforderungen des deutschen Arzneibuches bzw. des homöopathischen Arzneibuches geregelt. Letzteres enthält neben den Vorschriften zur Herstellung von Arzneimitteln der homöopathischen Therapierichtung auch solche der anthroposophischen Therapierichtung und der Spagyrik. Arzneimittelrechtlich nicht definiert sind Begriffe wie „Biologisches Arzneimittel" oder „Naturheilmittel".

Eine Verordnung von Arzneimitteln der besonderen Therapierichtungen ist prinzipiell zu Lasten der gesetzlichen Krankenversicherung möglich, d. h. das Führen einer Zusatzbezeichnung durch den verordnenden Arzt (z. B. „Homöopathie" oder „Naturheilverfahren") ist keine zwingende Voraussetzung für die Verordnungsfähigkeit.

Die Arzneimittel der besonderen Therapierichtungen haben gewisse Gemeinsamkeiten: Die anthroposophisch erweiterte Medizin verwendet auch in der Homöopathie eingesetzte Substanzen, insbesondere in potenzierter Form. Die Herstellung homöopathischer und anthroposophischer Arzneimittel ist im HAB geregelt, die der Phytotherapie im DAB. Im Bereich der homöopathischen Urtinkturen entspricht ihre Anwendung zumindest teilweise derjenigen pflanzlicher Arzneimittel; homöopathische Tiefpotenzen bis D4 oder D6 werden auch als Niedrigdosis-Phytotherapie bezeichnet [5].

5.1. *Pflanzliche Homöopathika*

Die Ausgangssubstanzen in der Homöopathie sind zu 80% pflanzlicher Herkunft, zu 15% mineralischen Ursprungs und zu 5% tierischen Ursprungs (Tiere, Teile von Tieren, Nosoden). Damit wird deutlich, daß die pflanzlichen Homöopathika einen ausgesprochen großen Raum im Mittelspektrum einnehmen. Sie werden aus den frischen oder getrockneten Pflanzen gewonnen, aus Blüte, Kraut, Stengeln oder Wurzeln. Werden im Bereich der organotropen Homöopathie pflanzliche Homöopathika in tiefen Potenzen eingesetzt (Urtinktur, 1. bis 3. Dezimalverdünnung), wie dies häufig der Fall ist, kommt es deutlich zu einer Überlappung der an sich unterschiedlichen Therapieprinzipien Phytotherapie und Homöotherapie: Da die Inhaltsstoffe noch nachweisbar sind, handelt es sich um eine phytotherapeutische Maßnahme, aufgrund der Potenzierung um einen homöotherapeutischen Ansatz. Hierbei ist zu unterscheiden, ob die Anwendungsbereiche, bzw. die Mittelwahl dekkungsgleich sind, ob trotz gleicher Indikationsstellung eine unterschiedliche Akzentsetzung vorliegt oder aber ein abweichender Einsatz des Theurapeutikums erfolgt. Dazu einige Beispiele:

In Homöopathie und Phytotherapie werden *Arnica montana* (Bergwohlverleih, ↗ *Arnica*-Arten) und ↗ *Calendula officinalis* (Ringelblume) als Wundheilungspflanzen verwendet, dient ↗ *Silybum marianum* (Mariendistel) zur Behandlung von Lebererkrankungen, werden *Crataegus oxyacantha* (Weißdorn, ↗ *Crataegus*-Arten) und *Adonis vernalis* (Adonisröschen, ↗ *Adonis*-Arten) bei Erkrankungen des Herzens und der Coronargefäße, *Euphrasia officinalis* (Augentrost, ↗ *Euphrasia rostkoviana*) bei Augenerkrankungen, ↗ *Aesculus hippocastanum* (Roßkastanie) und *Hamamelis virginica* (Virginische Zaubernuß, ↗ *Hamamelis virginiana*) bei Venopathien eingesetzt.

In anderen Fällen kommt es zu einer sich überschneidenden Indikationsstellung, die jedoch auf unterschiedlichen Wirkprinzipien begründet ist: So wird *Allium cepa* (Küchenzwiebel, ↗ *Allium*-Arten) phytotherapeutisch aufgrund der wirksamen Schwefelverbindungen und ätherischen Öle eingesetzt (beispielsweise zur Behandlung von Erkältungskrankheiten und Otitis media), wohingegen die Homöopathie Allium cepa gemäß dem Ähnlichkeitsprinzip anwendet – bei Fließschnupfen mit scharfem, wäßrigem Sekret und Tränenfluß, bei Heuschnupfen, Konjunktivitis, Erkältungskrankheiten, Infekten der oberen Atemwege.

Demgegenüber ist jedoch auch eine genau entgegengesetzte Indikationsstellung möglich: Wird *Rheum palmatum* (Rhabarber, ↗ *Rheum*-Arten) phytotherapeutisch bei habitueller Obstipation verwendet, so nennt die Homöopathie Diarrhoe und Zahnungsdiarrhoe als Anwendungsgebiete. Stellt *Cephaelis ipecacuanha* (Brechwurz, ↗ *Cephaelis*-Arten) auch heute noch einen Bestandteil von Emetika bei Vergiftungen dar, wird die Pflanze homöopathisch bei Erkrankungen, die mit starker Brechneigung einhergehen, verwendet.

Eindrücklick wird das homöopathische Prinzip in der Indikationsstellung von Mitteln, die aus Genußdrogen gewonnen werden, verdeutlicht: Homöopathisch aufbereiteter *Coffea arabica* (Kaffee, ↗ *Coffea*-Arten) stellt ein Arzneimittel zur Behandlung von Schlafstörungen dar, die infolge zu großen Gedankenflusses auftreten und mit Reizbarkeit, Herzklopfen und Schweißen einhergehen. ↗ *Nicotiana tabacum* (Tabak) ist das Mittel der Wahl bei Schwindelzuständen mit Elendsgefühl, Übelkeit, kalten Schweißen, Tachykardie und nervösem Herzklopfen. Noch prägnanter präsentiert sich die homöopathische Anwendung von Präparaten, welche in der Ursubstanz toxische Wirkung zeigen und phytopharmakologisch aufgrund des zumeist hohen Alkaloid-Gehaltes als Standardpräparate bei schweren Erkrankungen eingesetzt werden, wie dies u. a. bei *Aconitum napellus* (Eisenhut, ↗ *Aconitum*-Arten), *Agaricus muscarius* (Fliegenpilz, ↗ *Amanita muscaria*), *Solanum dulcamara* (Bittersüßer Nachtschatten, ↗ *Solanum*-Arten), ↗ *Daphne mezereum* (Seidelbast), *Bryonia cretica* (Rote Zaunrübe, ↗ *Bryonia*-Arten), *Digitalis purpurea* (Roter Fingerhut, ↗ *Digitalis*-Arten), ↗ *Convallaria majalis* (Maiglöckchen), *Euphorbia* (Wolfsmilch, ↗ *Euphorbia*-Arten), ↗ *Hyoscyamus niger* (Schwarzes Bilsenkraut) und ↗ *Conium maculatum* (Gefleckter Schierling) der Fall ist. So unterschiedlich die verschiedenen Mittelbilder auch sind, weisen sie charakteristische Merkmale einer entsprechenden Intoxikation auf. ↗ *Atropa belladonna* beispielsweise wird phytopharmakologisch als standardisierter Extrakt in Kombinationspräparaten bei Spasmen und kolikartigen Schmerzen im Bereich des Magen-Darm-Traktes und der Gallenwege eingesetzt. In der Homöopathie stellt Atropa belladonna neben der Behandlung von krampfartigen Gallenblasen- und Harnwegsbeschwerden ein wichtiges Therapeutikum bei beginnenden fieberhaften Infekten mit Hyperämie, trockenen, geröteten Mundschleimhäuten und Tonsillen, trockenem Krampfhusten, Koliken, klopfenden Kopfschmerzen dar – dem charakteristischen Bild der Belladonna-Intoxikation.

Hinweisend auf die Indikation der einzelnen Mittel können dabei phänomenologische Besonderheiten sein, die nicht in unmittelbarem Zusammenhang mit der pharmakologischen Wirkung der Inhaltsstoffe stehen: So gilt *Solanum dulcamara* (welches phytotherapeutisch wie auch homöopathisch Verwendung zur unterstützenden Therapie bei chronischem Ekzem findet) in der Homöopathie als klassisches Mittel für akute Erkrankungen, die durch Unterkühlung und Durchnässung verursacht wurden (akute Harnwegsinfekte, aber auch akute Durchfälle).

Bei vielen Homöopathika, insbesondere, wenn sie personotrop eingesetzt werden, findet sich im Arzneimittelbild eine Vielzahl von Angaben über Konstitutions- und Persönlichkeitsmerkmale, Körper- und Gemütssymptome, Modalitäten (Verschlechterung/Verbesserung) und auslösende, bzw. verursachende Faktoren (causa), die über phytopharmakologische Bezüge weit hinausgehen und vielmehr auf der jahrhundertalten empirischen Beobachtung in Arzneimittelprüfung und Anwendung beruhen. Ein Erklärungsansatz für den phänomenologischen Reichtum an Symptomen stellt die charakteristische homöopathische Verarbeitung der Ursubstanzen im Rahmen der Potenzierung dar. So dient beispielsweise *Strychnos nux-vomica* (Brechnuß, ↗ *Strychnos*-Arten) nicht nur der symptomatischen Behandlung von Erbrechen, Übelkeit und anderen Magen-Darm-Erkrankungen, sondern korreliert mit Lebensstil und Persönlichkeit des Erkrankten: Der typische Nux-vomica-Patient kann als typischer Vertreter des „modernen Großstadtmenschen" betrachtet werden, der in einem hektischen Alltag mit vorrangig sitzender Tätigkeit Reizmittel wie Kaffee, Tabak und Alkohol übermäßig konsumiert, obwohl diese Nahrungsmittel die bestehenden Beschwerden noch weiter verschlimmern. Die Auflistung der Symptome (krampfartige Bauchschmerzen, morgendliches Erbrechen, Sodbrennen und Magenschmerzen nach dem Essen, Blähungen, Verstopfung und Hämorrhoiden, häufig Kopfschmerzen, vormittägliche Verschlechterung) macht deutlich, daß sich Nux vomica je nach Einzelfall als organspezifisches Arzneimittel, als personotropes, tiefgreifendes Konstitutionsmittel, aber auch als ein „Katermittel" bei den Folgen von zu üppigem Essen und Trinken eignet.

Als Beispiele homöopathischer Arzneimittel, die gemäß verschiedener Vorschriften nach HAB1 verarbeitet wurden, seien die folgenden pflanzlichen Homöopathika beschrieben (s. Tabelle 1).

↗ *Asparagus officinalis* wird aus den frischen, jungen, unterirdischen Sprossen des Spargels gewonnen. Die Pflanze, die eine wohlbekannte unmittelbare Wirkung auf die Harnabsonderung hat, wird in der homöopathischen Aufbereitung bei ähnlichen Symptomen eingesetzt, beispielsweise bei häufigem Urinieren und Urin von eigentümlichen Geruch. ↗ *Cicuta virosa* wird aus den frischen unterirdischen Teilen des Wasserschierlings, den Hahnemann auch als „Wütherich" bezeichnete, gewonnen. Das homöopathische Mittel aus dieser Giftpflanze zeichnet sich durch eine starke Wirkung auf das Nervensystem aus. Auch die Essenz von *Aralia racemosa* (*Aralia*-Arten)wird aus dem frischen Wurzelstock der Pflanze, der in Nordamerika heimischen amerikanischen Narde, gewonnen. Aralia racemosa stellt ein Mittel für asthmatische Zustände mit Verschlimmerung des Hustens beim Hinlegen dar. Während die Essenzen der drei zuvor genannten Mittel (nach unterschiedlichen Vorschriften) aus frischen Teilen der Pflanze hergestellt werden, wird ↗ *Veratrum album* aus dem getrockneten Wurzelstock der Weißen Nieswurz gewonnen. Homöopathisch wird *Veratrum album* bei Kollapszuständen mit großer Kälte, kaltem Schweiß, profusen Diarrhoen und großem Durst eingesetzt.

Es sei zudem darauf hingewiesen, daß neben vielen heimischen Pflanzen auch Pflanzen aus Nordamerika als homöopathische Ausgangsstoffe dienen. Durch die vielen Pflanzenexkursionen des Apothekers Dr. Willmar Schwabe (1839–1917), dem Verfasser des Homöopathischen Arzneimittelbuches, wurden inzwischen sehr bedeu-

Tabelle 1: Pflanzliche Homöopathika

Beispiel	Ausgangssubstanz	Vorschrift nach HAB1
Asparagus officinalis	Frische, junge, unterirdische Sprossen	1
Cicuta virosa	Frische unterirdische Teile	2a
Aralia racemosa	Frische unterirdische Teile	3a
Veratrum album	Getrockneter Wurzelstock	4a

tende Pflanzen aus Mittel- und Südamerika sowie aus Afrika in die Homöopathie aufgenommen (z. B. ↗ *Cardiospermum halicacabum*, ↗ *Eichhornia crassipes*, ↗ *Espeletia grandiflora*, ↗ *Haplopappus baylahuen*). So wurde die in den Anden wachsende Arzneipflanze *Haplopappus baylahuen* von Willmar Schwabe in die Therapie eingeführt. Inzwischen liegt auch eine Arzneimittelprüfung am Gesunden vor, die die bisherigen therapeutischen Erfahrungen bestätigt. Das Arzneimittel ist besonders bei Kreislaufschwäche in Verbindung mit depressiver Stimmungslage angezeigt. In einer vom Verfasser durchgeführten Doppelblindstudie bei orthostatischer Dysregulation wurden Haplopappus und ein chemisch-synthetisches Arzneimittel miteinander verglichen [6]. Beide Präparate waren gleich gut wirksam, wobei das homöopathische Arzneimittel den Vorteil einer risikoarmen Behandlung hat, da keine Gegenanzeigen oder Gewöhnungseffekte bestehen. *Espeletia grandiflora* ist ein Präparat der pflanzlichen Stoffklasse der Homöopathika, dessen Therapieeinführung ebenfalls W. Schwabe initiiert hat. *Espeletia grandiflora* ist vorwiegend in Kolumbien auf den almartigen Bergwiesen der Anden heimisch, wo sie auf einer Höhe von 2500 bis 4000 Meter zusammen mit anderen *Espeletia*-Arten oft große Bestände bildet; sie wächst als Staude. Die Urtinktur wird aus Blüten und Blättern hergestellt. *Espeletia grandiflora* wird überwiegend als Dilution in D2 oder D3 (Ampullen als D6) eingesetzt. Da von *Espeletia grandiflora* bislang nur eine fragmentarische Arzneimittelprüfung am Gesunden vorliegt, stützten sich die Erkenntnisse überwiegend auf therapeutische Erfahrungen, hier insbesondere bei pectanginösen Beschwerden sowie bei peripheren arteriellen Durchblutungsstörungen. Dabei ist immer wieder festzustellen, daß unter einer zur konventionellen Therapie adjuvanten Espeletia-Behandlung die Angina-pectoris-Anfälle wesentlich seltener werden und bei Durchblutungsstörungen die Laufstrecke deutlich zunimmt. Günstige Eigenschaften von Espeletia werden auch berichtet bei arteriellen Durchblutungsstörungen kombiniert mit Diabetes mellitus und starkem Rauchen. Das Modalitätenmuster des Arzneimittels ist bislang nicht eindeutig geklärt, so daß *Espeletia* nach organotropen Gesichtspunkten als bewährte Indikation eingesetzt werden kann.

5. 2. Mineralische Homöopathika

Als Ausgangssubstanzen homöopathischer Therapeutika nehmen die Mineralien in der Homöopathie einen wichtigen Raum ein. Dabei ist zu berücksichtigen, daß die Anwendung mineralischer Homöopathika keinesfalls einer Substitutionstherapie vergleichbar ist, sondern nach dem Ähnlichkeitsprinzip erfolgt. Zudem werden gerade homöopathisch potenzierte Mineralien schwerpunktmäßig in der personotropen Therapie in Hochpotenzen eingesetzt (Calcium carbonicum, Silicea, Sulfur, Natrium chloratum u. a.). Das wohl eindringlichste Beispiel in diesem Kontext stellt Natrium chloratum (Kochsalz) dar, welches täglich über die Nahrung in Mengen eingenommen wird, die quantitativ ungleich viel größer sind als das selbst in Tiefpotenzen enthaltene Natriumchlorid. Über Natrium chloratum, das organotrop bei den verschiedensten Krankheitsbildern und personotrop als hochpotentes Konsitutionsmittel verabreicht wird, schreibt Hahnemann: „Und gleichwohl liegen die grössten Heilkräfte in demselben *(dem Kochsalz)* verborgen. Gibt es demnach irgendeinen, auch dem Schwachsichtigsten einleuchtenden Beweis, daß die der Homöopathik eigene Zubereitung der Arzneisubstanzen gleichsam eine neue Welt von Kräften, die in den rohen Substanzen, von der Natur bisher verschlossen, lagen, an den Tag bringt, so ist es gewiß die Umschaffung des in rohem Zustande indifferenten Kochsalzes zu einer heroischen und gewaltigen Arznei, die man nach dieser Zubereitung Kranken nur mit großer Behutsamkeit reichen darf. Welche unglaubliche und doch thatsächliche Umwandlung! – eine anscheinend neue Schöpfung!" [7]

5.3. Tierische Homöopathika

Neben Pflanzen und Mineralien werden schließlich Tiere und tierische Ausscheidungsprodukte zur Herstellung von Arzneimittelgrundstoffen verwendet. So stellt *Sepia* (Tintenfisch, ↗ *Sepia officinalis*) ein wichtiges Konstitutionsmittel gerade in der Frauenheilkunde dar, wird ↗ *Formica rufa* (Ameise) als Basisbehandlung bei Erkrankungen des atopischen Formenkreises eingesetzt. Weitere Beispiele für die Verwendung von Tieren sind die Arzneimittel *Apis mellifica* (Honigbiene, ↗ *Apis mellifera*), ↗ *Astacus fluviatilis* (Flußkrebs), ↗ *Asterias rubens* (Roter Seestern), *Cantharis* (Spanische Fliege, ↗ *Lytta vesicatoria*), *Coccus cacti* (Cochenille-Laus, ↗ *Dactylopius coccus*), ↗ *Doryphora decemlineata* (Amerikanischer Kartoffelkäfer), *Murex purpureus* (Purpurschnecke, ↗ *Murex cornutus*), *Mygale lasiodora* (Vogelspinne, ↗ *Avicularia avicularia*), *Pulex irritans* (Menschenfloh), *Sepia* (Tintenfisch). Neben den ganzen Tieren werden auch Tierteile und Tiersekrete verarbeitet, z. B. ↗ *Castor equi* (Schuppen des rudimentären Großzehennagels des Pferdes), *Hippomanes* (Ablagerung des Mekoniums, aus dem Fruchtwasser des Pferdes), *Homarus* (Verdauungssakft des Hummers), *Castoreum* (Sekret aus den Bauchdrüsen des Bibers, ↗ *Castor fiber*), ↗ *Lac caninum* (Hundemilch), *Moschus* (Sekret des Moschusbocks, ↗ *Moschus moschiferus*), *Oleum Jecoris aselli* (Dorschlebertran, ↗ *Gadus morrhua*), *Ambra grisea* (Sekret des Pottwals, ↗ *Ambra*), *Fel tauri* (Rindergalle, ↗ *Bos taurus*); *Bufo rana* (Gift aus Hautdrüsen der Kröte, ↗ *Bufo bufo*), zudem eine Vielzahl von Schlangen- und Spinnengiften (↗ *Lachesis muta* (Buschmeisterschlange), *Crotalus horridus* (Gift der nordamerikanischen Klapperschlange, ↗ *Crotalus*-Arten), *Tarantula cubensis* (Kubanische Tarantel, ↗ *Eurypelma spinicrus*), *Tarantula hispanica* (Spanische Tarantel, ↗ *Lycosa fasciiventris*) *Aranea ixobola* (Schwarze Witwe, ↗ *Araneus ixobolus*), u. a.)

In Gegenüberstellung zu den pflanzlichen Präparaten seien vier tierische Homöopathika vorgestellt (s. Tabelle 2), welche beispielhaft für die verschiedenen Vorschriften nach HAB1 stehen.

Apis mellifica aus der lebenden Honigbiene gewonnen, wird bei Ödemen, Schwellung der Haut und Schleimhäute, Gelenkschwellung, stechenden Schmerzen, seröser Exsudation, Rötung und starker Berührungsempfindlichkeit eingesetzt, so daß es sich hierbei um ein herausragendes Entzündungsmittel handelt, welches Verwendung bei Entzündung von Haut und Schleimhäuten, entzündlichen Affektionen der Mund- und Schleimhäute wie auch entzündlichem Rheumatismus findet.

Lachesis mutus, dessen Ausgangssubstanz das schonend getrocknete Gift der Buschmeisterschlange darstellt, weist entsprechend der hämorrhagischen Wirkung des Schlangengiftes als Indikationsbereiche septische Prozesse, Entzündungen von Herz und Gefäßen mit zersetzender Tendenz auf und zeigt damit einen engen Wirkungsbezug zum Nervensystem, zu Herz und Gefäßen, Blut, Haut und Respirationsorganen.

Murex purpureus wird aus dem frischen Saft der Drüsen der Purpurschnecke gewonnen. Das Mittel hat eine deutliche Wirkungsrichtung auf die weiblichen Sexualorgane.

Ambra grisea schließlich, welches als Ausganzssubstanz ein Ausscheidungsprodukt aus dem Dorn von *Physeter macrocephalus* (Pottwal) verwendet und nach einer Sondervorschrift homöopathisch verarbeitet wird, ist bei nervöser Überempfindlichkeit, Erschöpfung, reizbarer Schwäche und vegetativer Dystonie angezeigt. Ambra wird insbesondere in der pädiatrischen und geriatrischen Praxis verwandt.

Abschließend sei darauf hingewiesen, daß neben den tierischen Homöopathika auch Präparate aus krankhaften Körperabsonderungen von Tieren, aber auch von Menschen, in dem Mittelspektrum der Homöopathie enthalten sind (↗ *Nosoden*: *Carcinosinum*, *Pertussinum*, *Syphilinum*, *Tuberculinum*, *Vaccininum* u. a.).

Literatur:

[1] Hahnemann, S.: *Organon der Heilkunst*. Heidelberg, Haug, 6. Aufl. 1987, S. 50.

Tabelle 2: Tierische Homöopathika

Beispiel	Ausgangssubstanz	Vorschrift nach HAB1
Apis mellifica	Lebende Honigbiene	4b
Lachesis mutus	Schonend getrocknetes Gift	5a und 6
Murex purpureus	Frischer Saft der Drüse	6 und 8
Ambra grisea	Ausscheidungsprodukt aus dem Darm von *Physeter macrocephalus*	Sondervorschrift

[2] Hahnemann, S.: *Organon der Heilkunst*. S. 243.
[3] Elies, M.: *Homöopathie – Grundlagen und Praxis*. Hippokrates Verlag, Stuttgart, 1994.
[4] Witt, C.: *Versuch der Messung einer nichtstofflichen Information*; in: Albrecht, H., Frühwald, M. (Hrsg.): Jahrbuch der Karl und Veronica Carstens Stiftung. Band 2, Hippokrates Verlag, Stuttgart 1996.
[5] Wagner, H., Wiesenauer, M.: *Phytotherapie und pflanzliche Homöopathika*. G. Fischer Verlag, Stuttgart, Jena, New York, 1995.
[6] Wiesenuer, M., Gaus, W.: *Orthostatische Dysregulation – kontrollierter Wirkungsvergleich*. Zschr. Allg. Med. 63 (1987) 18–23.
[7] Tyler, M.L.: *Homöopathische Arzneimittelbilder*, Göttingen, 1993, S. 835.

Honduras-Balsam ↗ Liquidambar-Arten.
Hondurasrinde ↗ Picramnia antidesma.
Honduras-Sarsaparille ↗ Smilax-Arten.
Hongayöl ↗ Dalbergia arborea.
Hongo de San Isidro ↗ Panaeolus sphinctrinus.

■ Honig

(lat. Mel). der von der Honigbiene (↗ *Apis mellifera*) aus Nektar (Blüten- oder Nektarhonig) oder aus süßen Sekreten der Blätter bzw. Blattlausausscheidungen (Blatt- oder Honigtauhonig) produzierte und in Waben abgelegte süße Stoff. Die von der Biene gesammelte Saccharose wird in ihrem Honigmagen zu Invertzucker gespalten, nach der Vermischung mit Pollen wird dem Sekret Wasser entzogen und eingedickt. Je nach den von den Bienen besuchten Blüten unterscheidet man verschiedene Honigarten (z. B. Lindenhonig, Heidehonig, Rapshonig, etc.). *Inh.:* 50–85 % Invertzucker, 1–8 % Saccharose, Gluconsäure, Proteine, Enzyme (Glucoseoxidase, Phosphatase, Invertase, Diastase, Katalase), Vitamine (B_1, B_2, B_6, C, H), Flavonoide, Aminosäuren, Mineralien, Pollen sowie antibiotisch wirksame Verbindungen (z. B. Pinocembrin). *Anw.:* als Nahrungs- und Süßungsmittel, Geschmackskorrigens, als Sekretolytikum bei Bronchialkatarrhen sowie zur Wundbehandlung. In der Volksheilkunde dient H. als Stärkungsmittel, äußerlich wird er auch als Kosmetikum eingesetzt.

Honigbiene ↗ Apis mellifera.
Honigblume ↗ Knautia arvensis, ↗ Trifolium pratense.
Honigklee ↗ Melilotus officinalis.
Honigkleeblüten ↗ Trifolium pratense.
Honigkraut ↗ Stevia rebaudiana.
Honigtee ↗ Cyclopia-Arten.
Hopea-Arten ↗ Shorea wiesneri.
Hopfen ↗ Humulus lupulus.
Hopfenbittersäuren ↗ Humulus lupulus.
Hopfendrüsen ↗ Humulus lupulus.
Hopfen-Hainbuche ↗ Ostrya virginiana
Hopfenmehl ↗ Humulus lupulus.
Hopfenseide ↗ Cuscuta europaea.
Hopfenstaub ↗ Humulus lupulus.
Hopfenzapfen ↗ Humulus lupulus.
Hordeum sativum ↗ Hordeum vulgare.

■ Hordeum vulgare L.

(syn. *Hordeum sativum*); Gerste (syn. Saatgerste).

Fam.: Poaceae.

Vork.: kultiviert in Europa, Nordafrika, Vorderasien.

Drogen: *1.* ***Fructus Hordei decorticatus*** (syn. *Semen Hordei decorticatus*); Geschälte Gerste, das von der Samenschale befreite Gerstenkorn. *Inh.:* Stärke, Hordenin (Dimethyltryptamin), Cholin, Betain, Vitamine. *Anw.:* zur Bereitung von Gerstenschleim bei katarrhalischen Leiden, als Nahrungsmittel sowie in gerösteter Form als Kaffee-Surrogat. *2.* ***Amylum Hordei***; Gerstenstärke (syn. Gerstenmehl), das Mehl. *Inh.:* Stärke (55–65 %), Enzyme, Zucker, Fett. *Anw.:* Pudergrundlage, Nahrungsmittel sowie zur Bereitung von Gerstenschleim bei Magen- und Darmentzündungen bzw. Durchfällen. *3.* ***Maltum Hordei*** (syn. *Maltum*); Gerstenmalz (syn. Malz), die getrockneten, gekeimten Gerstenkörner. *Inh.:* Stärke (ca. 40 %), Proteine (10 %), Dextrin (10 %), Cellulose (30 %), Zucker, Fett, Diastase, proteolytische Enzyme, Mineralien. *Anw.:* zur

Gewinnung des Malzextraktes (*Extractum Malti*), der bei Bronchitis, Katarrhen und in der Kinderernährung eingesetzt wird. Außerdem ist Gerstenmalz der Hauptrohstoff der Bierbrauerei und bei der Herstellung schottischen Whiskys.

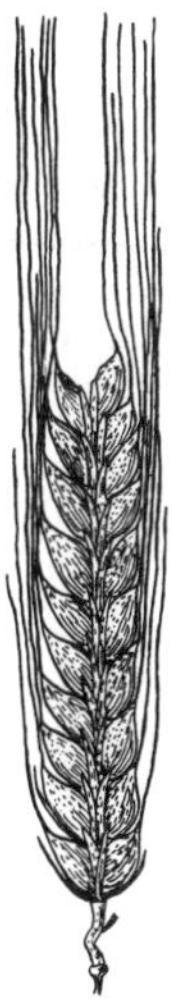

Hordeum vulgare.

Hornisse ↗ Vespa carbro.
Hornkleesamen ↗ Trigonella foenum-graecum.
Hornkoralle ↗ Plexaura homomalla.
Hornmohnkraut ↗ Glaucium corniculatum.
Hornsamen ↗ Linum usitatissimum.
Hornstrauch ↗ Cornus-Arten.

■ **Hortulus**
Lehrgedicht des Abtes Walahfrid Strabo aus Reichenau im 9. Jh., den Anbau von Arznei- und Nutzpflanzen in einem Klostergarten betreffend.

■ **Hottonia palustris** L.
(syn. *Androsace aquatica*).
Fam.: Primulaceae.
Vork.: Europa bis zum Ural, Kleinasien.
Droge: ***Herba Hottoniae***, das getrocknete Kraut. *Inh.*: Ellagsäure, Flavonoide, wie Quercetin, Kämpferol, Leucocyanidin, Kaffeesäure; Saponine. *Anw.*: die früher offizinelle Droge wurde zum Kühlen bei Verletzungen und Verbrennungen eingesetzt.

■ **Houttuynia californica** Benth. et Hook.
(syn.: *Anemopsis californica*).
Fam.: Saururaceae.
Vork.: USA, bes. Californien; Mexiko.
Droge: die ganze Pflanze mit Rhizom. *Inh.*: Flavonoide, wie Quercetin und Kämpferolglykoside, äther. Öl (ca. 8 %) mit Methyleugenol, Thymol und Piperiton. *Anw.*: in der Volksheilkunde als Stomachikum, bei Dysenterie, Malaria und gegen Krämpfe.

■ **Houttuynia cordata** Thunb.
(syn. *Polypara cochinchinensis*).
Fam.: Saururaceae.
Vork.: China, Himalayagebiete, Japan, Indien.
Droge: ***Herba Houttuyniae***, das getrocknete Kraut. *Inh.*: äther. Öl (0,05 %) mit Thymol, Carvacrol; Flavonoide, u. a. Quercitrin. *Anw.*: in der Volksheilkunde der Herkunftsgebiete als Emmenagogum, Resolvens, Emolliens; äußerlich bei Abszessen, Schwellungen, Wunden, bei Dysenterie und Augenleiden. In Indien werden die frischen Blätter zur Blutreinigungskur gegessen und in Japan als Diuretikum genutzt.

Howardia brasiliensis ↗ Aristolochia-Arten.
Huacacachu ↗ Brugmansia-Arten.
Huanto ↗ Brugmansia-Arten.
Huflattich ↗ Tussilago farfara.
Huflattichblätter ↗ Tussilago farfara.
Hühneraug ↗ Anagallis arvensis.
Hühnermyrthe ↗ Anagallis arvensis.
Hühnertod ↗ Hyoscyamus niger.
Hühnerträubchen ↗ Sedum acre.
Hulebaum ↗ Castilla elastica.
Hulertrauben ↗ Sambucus nigra.
Hülsdorn ↗ Ilex aquifolium.
Hülse ↗ Ilex aquifolium.
Hülsenblätter ↗ Ilex aquifolium.
Humulon ↗ Humulus lupulus
Humulus americanus ↗ Humulus lupulus.
Humulus cordifolius ↗ Humulus lupulus.

■ **Humulus lupulus** L.
(syn. *Cannabis lupulus, Humulus cordifolius, H. americanus, H. volubilis, H. vulgaris, Lupulus communis, L. humulus, L. scadens*); Hopfen; s. Farbtafel S. 311, Bild 181.
Fam.: Cannabaceae.
Vork.: gemäßigte Regionen Europas, Asiens und Nordamerikas.

Drogen: *1. Lupuli glandula* (syn. *Glandulae Lupuli, Lupulinum*); Hopfendrüsen (Hopfenmehl, Hopfenstaub, Lupulin), die von den Fruchtständen abgesiebten Drüsenhaare. Inh.: Harzsubstanzen (50–80 %) mit Bitterstoffen (Acylphloroglucide, Hopfenbittersäuren), u. a. Humulone, Lupulone und weitere Acylphloroglucide sowie deren Oxidationsprodukte, z. B. 2-Methyl-3-buten-2-ol,

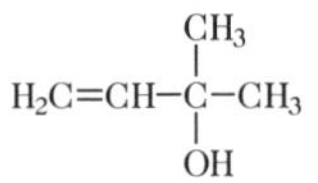

2-Methyl-3-buten-2-ol

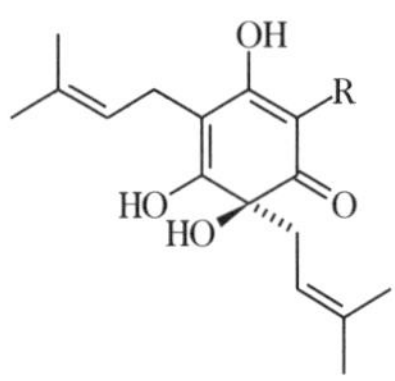

Humulone (α-Säuren)
Humulon: R = Isovaleroyl
Cohumulon: R = Isobutyryl
Adhumulon: R = 2-Methylbutyryl

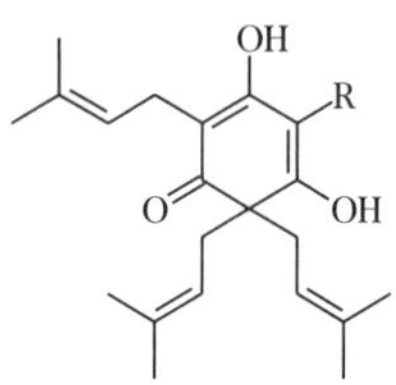

Lupulone (β-Säuren)
Lupulon: R = Isovaleroyl
Colupulon: R = Isobutyryl
Adlupulon: R = 2-Methylbutyryl

enthaltend. Ferner äther. Öl (1–3 %) mit Mono- und Sesquiterpenen, u. a. Myrcen, Humulen und Caryophyllen, sowie Gerbstoffe und Flavonoide. Anw.: s *Lupuli strobulus*. *2. Lupuli strobulus* (syn. *Flores Humuli lupuli, Strobili Humili, Strobili Lupuli, Strobuli Lupuli*); Hopfenzapfen (syn. Hopfenblüten, Hopfendolden, Hopfenkätzchen, *Humulus-lupulus*-Fruchtstände), die ganzen, getrockneten, weiblichen Blütenstände. Inh.: Harzsubstanzen (15–30 %, s. *Lupuli glandula*), äther. Öl (0,3–1 %, s. *Lupuli glandula*), Gerbstoffe vom Typ der oligomeren Proanthocyanidine (2–4 %), Flavonoide, v. a. Kämpferol- und Quercetinmono- und -diglykoside sowie das drogenspezifische Chalkon Xanthohumol. *Anw.:* als mildes Beruhigungsmittel, meist in Form des Extraktes und in Kombination mit anderen sedativ wirkenden Drogen Bestandteil zahlreicher Fertigarzneimittel. Hopfenzapfen kommen zudem auch als Tee zur Anregung der Magensaftsekretion zur Anwendung. In der Volksheilkunde werden die antibakteriellen Eigenschaften äußerlich zur Behandlung von Geschwüren und Hautverletzungen sowie innerlich bei Blasenkatarrh genutzt. In großen Mengen dient die Droge in der Bierbrauerei als konservierender und aromatisierender Zusatz. Zur ↗ Teezubereitung verwendet man als Einzeldosis 1–2 Teelöffel Droge.

Hom.: ***Humulus lupulus*** HAB1; Hopfen, die frischen, kurz vor dem Zeitpunkt der Samenreife gesammelten, möglichst samenarmen Fruchtzapfen. *Anw.-Geb.:* Erkrankungen des Zentralnervensystems, z. B. Nervosität, Schlafstörungen.

Histor.: Der Gattungsname *Humulus* ist aus dem im frühmittelalterlichen Latein gebräuchlichen *humlo* hervorgegangen, das wiederum vom slawischen *chmel* abstammt. Der Artname *lupulus* stellt die Verkleinerungsform vom lateinischen *lupus* (Wolf) dar, womit die pflanzenwürgende Eigenschaft des Hopfens hervorgehoben werden sollte. Die Bezeichnung Hopfen wurde im 11. oder 12. Jh. geprägt. Der Anbau erfolgte jedoch in Deutschland und Frankreich bereits im 8. Jh.

Humulus volubilis ↗ Humulus lupulus.
Humulus vulgaris ↗ Humulus lupulus.
Hundefett ↗ Canis *Fam*iliaris.
Hundemilch ↗ Lac caninum.
Hundepenis ↗ Amorphophallus dracontioides.
Hundertblättrige Rose ↗ Rosa x centifolia.
Hundertjährige Aloe ↗ Agave americana.
Hundsbaum ↗ Ricinus communis.
Hundsbeere ↗ Solanum-Arten.
Hundsbeerstrauch ↗ Cornus-Arten.
Hundsblume ↗ Colchicum autumnale.
Hundsdill ↗ Aethusa cynapium.
Hundsdolde ↗ Aethusa cynapium.
Hundshode ↗ Colchicum autumnale.
Hundskamille ↗ Anthemis cotula.
Hundsknofel ↗ Colchicum autumnale.

Hundskürbis ↗ Bryonia-Arten.
Hundsmilch ↗ Euphorbia-Arten, ↗ Lac caninum.
Hundspetersilie ↗ Aethusa cynapium.
Hundsrose ↗ Rosa canina.
Hundsrübe ↗ Bryonia-Arten.
Hundstod ↗ Aconitum-Arten.
Hundswurz ↗ Anacamptis pyramidalis.
Hundszahnlilie ↗ Erythronium dens-canis.
Hundszunge ↗ Cynoglossum officinale.
Hunger ↗ Centaurea cyanus.
Hungerkorn ↗ Claviceps purpurea.

■ **Hunteria eburnea** Pichon.
Fam.: Apocynaceae.
Vork.: tropisches Ostafrika.
Droge: ***Hunteriarinde***. *Inh.:* In den Wurzeln und in der Rinde sind Alkaloide enthalten (u. a. Akuammin, Akuamminin, Eburnamin, Eburnamonin, Burnamicin, Hunteriamin). *Anw.:* in der afrikanischen Volksheilkunde zur Blutdrucksenkung und bei Kreislaufbeschwerden.

Hunteriarinde ↗ Hunteria eburnea.

■ **Huperzia selago** (L.) Bernh. ex Schrank et Mart. (syn. *Lycopodium selago, Mirmau selago, Plananthus fastigiatus, P. recurvus, P. selago, Urostachys selago*); Purgiermoos (syn. Tannenbärlapp, Purgierbärlapp, Samenbärlapp, Teufelsklaue).
Fam.: Lycopodiaceae.
Vork.: Kosmopolit, fehlt in trockenen Gebieten. Die Pflanze steht unter Artenschutz und ist giftig!
Droge: ***Herba Selaginis*** (syn. *Selaginis herba, Herba Musci erecta, Muscus catharticus*); Lauskraut (syn. Tangelkraut, Zypressenbärlappkraut), die oberirdischen Teile. *Inh.:* Alkaloide (0,1–0,9 %, Lycopodin, Acrifolin, Pseudoselagin,

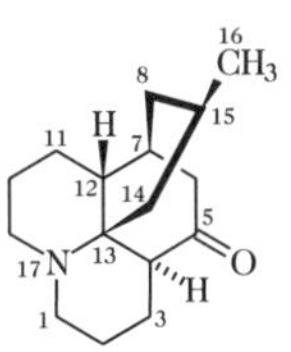

Lycopodin

Lycodolin, Huperzin A), Flavonoide, Phenolcarbonsäuren, Bitterstoff. *Anw.:* in Polen wird das Alkaloidgemisch zur Glaukombehandlung genutzt, früher in der Volksheilkunde als drastisches Laxans und Emetikum sowie als Anthelmintikum verwendet. In der Veterinärmedizin dienen Abkochungen der Pflanze als Mittel gegen Ungeziefer. In der Wollweberei wurde die Pflanze früher zum Gelbfärben eingesetzt.

Hura brasiliensis ↗ Hura crepitans.

■ **Hura crepitans** L.
(syn. *Hura brasiliensis, H. senegalensis, H. strepens*); Sandbüchsenbaum.
Fam.: Euphorbiaceae.
Vork.: westindische Inseln, Karibik, Mittelamerika und nördliches Südamerika.
Drogen: ***1. Hura-crepitans-Latex***; der frische oder eingetrocknete Milchsaft. Die Droge ist stark giftig! *Inh.:* Diterpenester (Huratoxin, Hura-

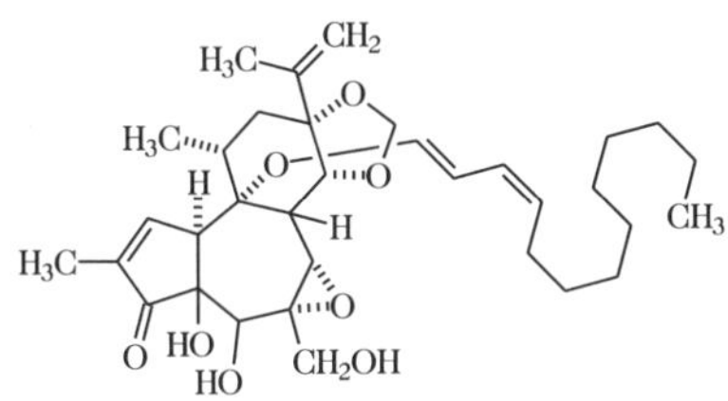

Huratoxin

faktoren), Triterpene (Butyrospermol, Cycloartenol, 24-Methylencycloartenol), Hurin (Proteinase), Crepitin (Lectin). *Anw.:* in der Volksheilkunde bei Hautkrankheiten, Rheumatismus, zur Wundbehandlung bei Lupus oder trockenen Flechten. Innerlich wird die Droge zur Behandlung von Eingeweidewürmern, Lepra, Psoriasis und Lupus eingesetzt. Die Wirksamkeit ist nicht belegt, wegen der Toxizität ist eine Anwendung nicht zu empfehlen. Die Diterpenester wirken tumorpromovierend. Die Droge wird als Fisch- oder Pfeilgift verwendet. ***2. Hura-crepitans-Samen***, die frischen oder gerösteten Samen. Die Droge ist stark giftig! *Inh.:* Hurin (Protease), Lectine, fettes Öl (ca. 50 %). *Anw.:* in der Volksheilkunde als Laxans sowie zur Auslösung einer Aversion gegenüber Alkohol. Wegen der Toxizität ist eine Anwendung nicht zu empfehlen.
Hom.: ***Hura brasiliensis*** HAB34; der frische Milchsaft. *Anw.-Geb.:* Bläschenausschlag, Durchfall, Verstimmungszustände.

Hura senegalensis ↗ Hura crepitans.

Hura strepens ↗ Hura crepitans.
Husarenknopf ↗ Spilanthes oleracea.
Hustentee ↗ Species pectorales.
Hütschenblumen ↗ Sambucus nigra.

Hyacinthoides non-scripta (L.) Chouard ex Rothm. (syn. *Agraphis nutans, Endymion cernuus, E. nutans, Scilla non-scripta*); Hasenglöckchen.
Fam.: Liliaceae.
Vork.: Westeuropa, u. a. Westdeutschland, Friesland. Inh.: Saponine.
Hom.: ***Agraphis nutans*** HAB; die ganze Pflanze. Anw.-Geb.: Entzündungen der Nasenschleimhaut, Wucherungen der Rachen- und Gaumenmandeln und der Rachenschleimhaut.

■ Hyacinthus orientalis L.
Gartenhyazinthe.
Fam.: Liliaceae.
Vork.: Mitteleuropa, hauptsächlich als Zierpflanze kultiviert.
Droge: ***Oleum Hyacinthi***; Hyazinthenöl, das äther. Öl der Blüten. Inh.: u. a. Benzylbenzoat, Benzylalkohol, Zimtalkohol. Anw.: in der Parfümerie.

■ Hyaenanche globosa
(syn. *Toxicodendron globosum*).
Fam.: Euphorbiaceae.
Vork.: Südafrika.
Droge: ***Fructus Hyaenanchae***, die reifen Früchte. Inh.: Hyananchin, Isohyaenanchin; in den Samen toxische Bitterstoffe, wie Tutin und Capenicin. Anw.: in Afrika zum Vergiften von Hyänen eingesetzt.

■ Hyaluronidase
(Hyaluronidasum), Hyaluronat-4-glycanohydrolase (EC 3.2.1.35), zur Gruppe der Hydrolasen gehörendes Enzym, das ↗ Hyaluronsäure zu Tetrasaccharideinheiten hydrolysiert. Für therapeutische Zwecke wird es aus Stierhoden gewonnen, ist aber darüber hinaus Bestandteil vieler tierischer Gewebe (z. B. Haut, Milz, Leber, Niere, Lunge, etc.) und tierischer Gifte, z. B. Schlangengifte, Insektengifte. Auch Bakterien bilden H., die allerdings Hyaluronsäure nichthydrolytisch spalten und zu den Lyasen gezählt werden. Anw.: Durch seine gewebeauflockernde Wirkung dient H. zur Resorptionsbeschleunigung subkutaner und intramuskulärer Injektionen bzw. Infusionen. Aber auch zur Förderung der Resorption von Exsudaten, Pleuraergüssen sowie bei Punktionen und Bindegewebserkrankungen wird sie eingesetzt.

■ Hyaluronsäure
ein aus β-(1,4)-verknüpften Glucuronsäureresten und β-(1,3)-verknüpften *N*-Acetylglucosamin-Resten aufgebautes lineares Polysaccharid mit M_r von ca. 500 bis 2 000 kDa und hohem Wasserbindungsvermögen. H. ist ein wesentlicher Bestandteil des Bindegewebes (interzelluläre Kittsubstanz) und kommt gebunden an Proteine

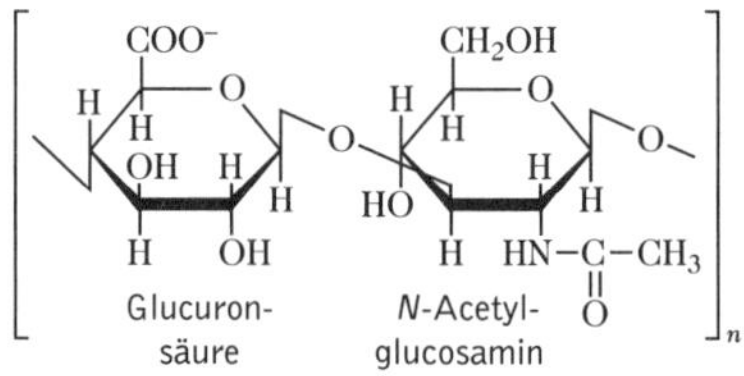

Hyaluronsäure

u. a. in den Gelenken, Glaskörper des Auges oder der Nabelschnur vor. Für therapeutische Zwecke wird es u. a. aus Hahnenkämmen gewonnen. Anw.: zur Wiederherstellung der Gelenkfunktion bei Arthrosen und Sportunfällen, intraokular zur Volumensubstitution bei Augenoperationen und Verbesserung der Wundheilung.

Hyazinthenöl ↗ Hyacinthus orientalis.
Hydnocarpi oleum ↗ Hydnocarpus-Arten.

■ Hydnocarpus-Arten
● **Fam.:** Flacourtiaceae.
● **Hydnocarpus kurzii** (King) Warb. (syn. *Gynocardia prainii, Hydnocarpus heterophylla, Taraktogenos kurzii*); Schwammbeere.
Vork.: Indien, Südostasien, tropisches Amerika und Afrika, dort auch kultiviert.

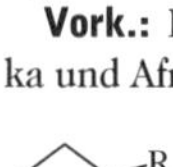

Caulmoograsäure (*S*): R = $(CH_2)_{12}$–COOH
(13-(2-Cyclopentadienyl)tridecansäure)
Hydnocarpussäure: R = $(CH_2)_{10}$–COOH
Gorlisäure (*S*): R = $(CH_2)_6$–CH=CH–$(CH_2)_4$–COOH

Droge: ***Chaulmoograe oleum*** (syn., *Oleum Chaulmoograe*); Chaulmoograöl (syn. Gynocardiaöl, Chaulmoogra Oil), das durch Kaltpressung aus den frischen, reifen Samen gewonnene Öl. Die Droge ist giftig! Inh.: Triglyceride (zu 70–80 % Glyceride von Cyclopentenylfettsäuren: Hydnocarpussäure, Chaulmoograsäure, Gorlisäure sowie Palmitin-, Stearin- und Ölsäure). Anw.: in der Volksheilkunde innerlich bei Lepra und äußerlich bei chronischen Hauterkrankungen.

● **Hydnocarpus wightiana** Blume (syn. *Chilmoria pentandra, Hydnocarpus inebrians, H. laurifolia, H. pentandra, Marottia oleosa, Munnicksia laurifolia*).

Vork.: Südwestindien, Sri Lanka, Brasilien, Afrika.

Droge: ***Hydnocarpi Oleum*** (syn. *Hydnocarpus Oil, Oleum Hydnocarpi*); Hydnocarpusöl, das durch Kaltpressung aus den frischen, reifen Samen gewonnene fette Öl. Die Droge ist giftig! Inh.: Triglyceride (zu 80–90 % Glyceride mit Cyclopentenylfettsäuren: Hydnocarpussäure, Chaulmoograsäure, Gorlinsäure sowie geringen Mengen Palmitinsäure, Ölsäure und Stearinsäure). Anw.: in der Volksheilkunde lange Zeit als Standardtherapie bei Lepra, außerdem zur Behandlung von chronischen Hauterkrankungen, Bindehautentzündung, Wunden und Geschwüren sowie bei Rheuma, Ischias, Quetschungen und Verstauchungen.

Hydnocarpus heterophylla ↗ Hydnocarpus-Arten.
Hydnocarpus Oil ↗ Hydnocarpus-Arten.
Hydnocarpusöl ↗ Hydnocarpus-Arten.

■ **Hydrangea arborescens** L.

Fam.: Saxifragaceae.

Vork.: östliches Nordamerika.

Droge: ***Rhizoma Hydrangeae***, das ganze Rhizom. Inh.: Hydrangin (Glucosid), Saponine, Rutin, Harz, äther. Öl, fettes Öl. Anw.: in der Volksheilkunde als Diuretikum.

Hom.: ***Hydrangea arborescens*** HAB; die frischen, unterirdischen Pflanzenteile. Anw.-Geb.: Entzündungen der Harnblase, Nierensteinleiden.

Histor.: Der Gattungsname ist aus dem griechischen *hýdor* (Wasser) und *aggeion* (Gefäß) gebildet, vermutlich in bezug auf den großen Wasserbedarf der Pflanze. Der Artname *arborescens* bedeutet baumartig, obwohl die strauchartige Pflanze nur etwa 1–1,5 m Höhe erreicht.

Hydrastin ↗ Hydrastis canadensis
Hydrastis ↗ Hydrastis canadensis.

■ **Hydrastis canadensis** L.

Kanadische Gelbwurz (syn. Goldsiegelwurz, Orangenwurzel).

Fam.: Ranunculaceae.

Vork.: atlantisches Nordamerika, bes. Ohio, Indiana, New York, Ontario, Minnesota, Kentucky, Georgia, teilweise in Mitteleuropa auch kultiviert.

Droge: ***Rhizoma Hydrastis*** (syn. *Hydrastis*); Hydrastisrhizom (syn. Blutkrautwurzel, Kanadische Gelbwurz, Goldsiegelwurzel), die getrocknete Wurzel. Inh.: Isochinolin-Alkaloide (1,5–4 % Hydrastin, 0,5–6 % Berberin sowie Tetrahydroberberin, Meconin und Berberastin), Phytosterole, Zucker, Harz, Fett, Stärke, wenig äther. Öl, Chlorogensäure. Anw.: zur Blutstillung bei uterinen Blutungen als Ersatz für Mutterkorn bzw. in Kombination mit Mutterkornpräparaten und zur Gewinnung von Hydrastin. In der Volksheilkunde wird die Droge bei Geschwüren, Entzündungen und Gonorrhoe verwendet.

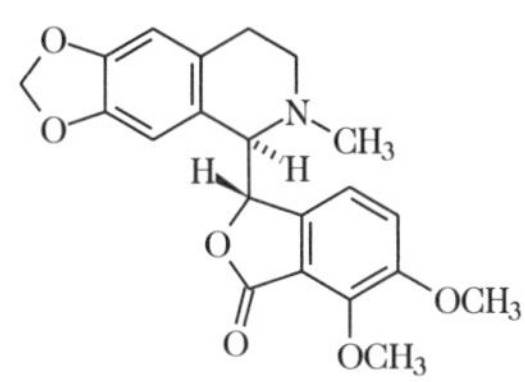

(–)-β-Hydrastin

Hom.: ***Hydrastis canadensis*** HAB1; Goldsiegelwurzel, die getrockneten unterirdischen Teile die mindestens 3 % Alkaloide enthalten. Anw.-Geb.: bei Entzündungen des Mund- und Rachenraumes, der oberen und unteren Atemwege, des Magen-Darm-Traktes, der Leber und Galle, der Bauchspeicheldrüse sowie der weiblichen Geschlechtsorgane.

Histor.: Die Pflanze ist ein altes Indianerheilmittel, das teils medizinisch verwendet wurde, teils als färbende Droge zum Bemalen der Haut diente. Mitte des 19. Jh. wurde die Schulmedizin auf die Pflanze aufmerksam, die seit 1883 in Deutschland offizinell war.

■ **Hydrocharis morsus-ranae** L.

Froschbiß.

Fam.: Hydrocharitaceae.

Vork.: Europa bis Westasien. Droge: die ganze Pflanze. Inh.: Flavonoidglykoside, u. a. Rutin; Cyanidinderivate, Anthocyanidine. Anw.: in der

Volksheilkunde als kühlendes und erweichendes Mittel.

Hydrocotyle asiatica ↗ Centella asiatica.

■ **Hydrocotyle vulgaris** L.
Gemeiner Wassernabel (syn. Nabelkraut, Pfennigkraut).

Fam.: Apiaceae (Umbelliferae).

Vork.: Europa.

Droge: ***Herba Cotyledonis aquaticae***; Wassernabelkraut, das frische oder getrocknete Kraut. Inh.: Triterpensaponine mit Esterstruktur und R_1-Barrigenol als Triterpengrundkörper, α-Methyl-α-acetylhydroxybuttersäure als dominierende Estersäure sowie L-Arabinose und D-Glucose sowie D-Glucuronsäure als Kohlenhydratbausteinen. Außerdem Flavonolglykoside des Kämpferols und des Quercetins mit L-Arabinose, D-Galactose und L-Rhamnose als Zuckerbausteinen. Anw.: volkstümlich als Diuretikum und Wundheilmittel.

Histor.: Der Gattungsname *Hydrocotyle* setzt sich aus dem griechischen *hýdor* (Wasser) und *kotýle* (Becher, Nabel) zusammen und weist damit auf den feuchten Standort der Pflanze und die runde Form der Blätter hin. Der Name der Pflanze wurde erstmals bei Tournefort um 1700 erwähnt. Nach heutiger Kenntnis enthält allerdings die Pflanze nicht das für den asiatischen Wassernabel, ↗ Centella asiatica typische Saponin Asiaticosid.

Hydrophace minor ↗ Lemna minor

■ **Hydrophobinum-Nosode**
(syn. *Lyssinum-Nosode*) HAB; Präparation aus inaktiviertem Speichel von mit Tollwut infizierten Hunden. Anw.-Geb.: Überempfindlichkeit der Sinnesorgane, nervöse Störungen; Krämpfe und Lähmungen der Atem- und Verdauungsorgane, der Harn- und Geschlechtsorgane sowie Muskelkrämpfe und Krampfanfälle.

Hydrophyllum patens ↗ Hydrophyllum virginicum.
Hydrophyllum spiraeaefolium ↗ Hydrophyllum virginicum.
Hydrophyllum virginianum ↗ Hydrophyllum virginicum.

■ **Hydrophyllum virginicum** L.
(syn. *Hydrophyllum patens, H. spiraeaefolium, H. virginianum*); Virginisches Wasserblatt.

Fam.: Hydrophyllaceae.

Hom.: ***Hydrophyllum virginicum***, die ganze Pflanze.

Hydropiper ↗ Polygonum hydropiper.
Hydroxydaunorubicin ↗ Doxorubicin.

■ **Hymenaea courbaril** L.

Fam.: Fabaceae (Leguminosae).

Vork.: Brasilien, Kolumbien, Guayana.

Droge: ***Amerikanischer Copal*** (syn. Brasil-Copal, Demerara), das Harz der Pflanze. Inh.: äther. Öl, Harzsäuren. Anw.: technische Verwendung zur Lack- und Farbenherstellung.

Hyoscarpus niger ↗ Hyoscyamus niger.
Hyoscin ↗ Hyoscyamus niger.
Hyoscyami folium ↗ Hyoscyamus niger.
Hyoscyami herba ↗ Hyoscyamus niger.
Hyoscyami mutici herba ↗ Hyoscyamus muticus.

■ **Hyoscyamin**
(L-Hyoscyamin) Tropanalkaloid aus ↗ Hyoscyamus muticus und ↗ Hyoscyamus niger. Wirk.: parasympatikolytisch (Spasmolyse der glatten Muskulatur) und halluzinogen. Anw.: wie ↗ Atropin.

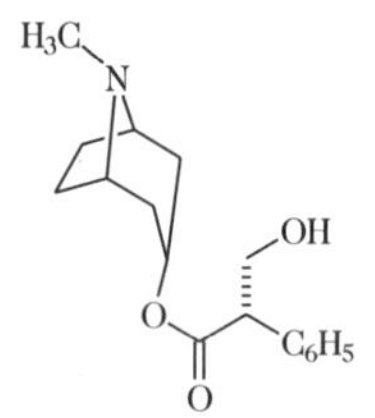

Hyoscyamin

Hyoscyami semen ↗ Hyoscyamus niger.
Hyoscyamus agrestis ↗ Hyoscyamus niger.
Hyoscyamus auriculatus ↗ Hyoscyamus niger.
Hyoscyamus bohemicus ↗ Hyoscyamus niger.
Hyoscyamus lethalis ↗ Hyoscyamus niger.

■ **Hyoscyamus muticus** L.
(syn. *Scopolia datora, S. mutica*); Ägyptisches Bilsenkraut.

Fam.: Solanaceae.

Vork.: Ägypten, Jugoslawien, Griechenland, Pakistan, Indien.

Droge: ***Hyoscyami mutici herba*** (syn. *Folia Hyoscyami mutici, Herba Hyoscyami mutici*);

Ägyptisches Bilsenkraut, die getrockneten Blätter und blühenden Zweigspitzen. Inh.: Tropanalkaloide (0,7–2,2 %, v. a. *S*-(–)-Hyoscyamin, *S*-(–)-Scopolamin, Atropin). Anw.: wie bei ↗ Hyoscyamus niger sowie zur industriellen Gewinnung von Hyoscyamin und Atropin.

■ **Hyoscyamus niger** L.
(syn. *Hyoscarpus niger, Hyoscyamus agrestis, H. auriculatus, H. bohemicus, H. lethalis, H. officinalis, H. pallidus, H. persicus, H. pictus, H. syspirensis, H. verviensis, H. vulgaris*); Bilsenkraut (syn. Dullkraut, Gemeines Bilsenkraut, Rasenwurz, Saukraut, Schlafkraut, Schwarzes Bilsenkraut, Teufelswurz, Tollkraut, Zigeunerkraut), s. Farbtafel S. 311, Bild 182.

Fam.: Solanaceae.

Vork.: Europa, West- und Nordasien, Nordafrika; in Ostasien, Nordamerika und Australien eingebürgert. Die Pflanze gilt als gefährdete Art!

Drogen: ***1. Hyoscyami folium*** (syn. *Folia Hyoscyami, Herba Hyoscyami, Hyoscyami herba, Hyoscyamus*); Hyoscyamusblätter (syn. Bilsenkraut, Bilsenkrautblätter, Hühnertod, Säukraut, Schlafkraut, Tollkraut, Totenblumenkraut, Zigeunerkraut), die getrockneten Blätter mit blühenden Zweigspitzen und gelegentlich Früchten. Die Droge ist sehr stark giftig! Inh.: Tropanalkaloide (0,03–0,28 %, v. a. *S*-(–)-Hyoscyamin bzw. Atropin und *S*-(–)-Scopolamin (Hyoscin) im Verhältnis von 2:1 bis 1:1; in Spuren Apoatropin, Belladonnin, Cuskhygrin sowie die *N*-Oxide der Alkaloide), Flavonoide, u. a. Rutin, Spuren von Cumarinderivaten. Anw.: bei Spasmen im Bereich des Gastrointestinaltraktes zur Krampflösung, in der Volksheilkunde auch zur Schmerzbekämpfung, bei Keuchhusten, Geschwüren und bei Unterleibsentzündungen. Die topische Anwendung von Zubereitungen mit Bilsenkrautöl (*Oleum Hyoscyami*) zur Behandlung von Narben wird bis in die jüngste Zeit hinein empfohlen. ***2. Hyoscyami semen*** (syn. *Semen Hyoscyami*); Hyoscyamussamen (syn. Bilsenkrautsamen, Gichtkrautsamen, Saubohnensamen, Schlafkrautsamen, Tollkrautsamen, Zigeunerkrautsamen), die getrockneten Samen. Die Droge ist stark giftig! Inh.: Tropanalkaloide (0,05–0,3 %, v. a. *S*-(–)-Hyoscyamin, Atropin, *S*-(–)-Scopolamin, Atroscin), fettes Öl (15–30 %), Bitterstoff (Hyoscypicrin). Anw.: früher als Räuchermittel bei Asthma und Zahnschmerzen, auch innerlich in Form einer Emulsion oder eines Pulvers, heute obsolet. ***3. Radix Hyoscyami.*** Inh.: Alkaloide. Anw.: Gewinnung der Alkaloide.

Hom.: ***Hyoscyamus niger*** (syn. *Hyoscyamus*) HAB1, die ganzen, frischen, blühenden Pflanzen. Anw.-Geb.: Unruhe und Erregungszustände, Schlafstörungen, spastische Zustände der Atemwege und des Verdauungstraktes.

Histor.: Das Bilsenkraut gehört zu den ältesten Giftpflanzen, die die indogermanischen Völker benutzten. Dioskurides und Plinius beschrieben die Droge und nutzten sie vielfältig zur Schmerzbehandlung. Bilsenkraut heißt bei ↗ Dioskurides *Hyoskyamos* und kommt vom griechischen *hys, hyos* (Schwein) und *kyamos* (Bohne), angeblich, weil Schweine das Kraut ohne Schaden fressen können. Der Name Bilsenkraut ist sehr alt und findet sich bei allen nordeuropäischen Indogermanen. Die Pflanze galt als Phanthasie- oder Tollkraut. Sie hieß im Altertum auch Apollinaris nach Apollo, dem Gott der Wahrsagerei. Im Mittelalter war die Droge das am häufgsten benutzte Anästhetikum für operative Eingriffe. Aber auch zur Jagd auf Vögel und zur Schädlingsbekämpfung (Ratten, Mäuse) wurden Bilsenkraut eingesetzt. Die Droge spielte als Mordgift eine gewisse Rolle, wie Shakespeare in seinem „Hamlet" über den Mord am Dänenkönig berichtet. Daß das Bilsenkraut auch einen Bestandteil der Hexensalben bildete, mit denen sich nach mittelalterlichem Glauben die Hexen vor ihrem angeblichen Flug durch die Luft einrieben, hängt sicher damit zusammen, daß die Tropanalkaloide halluzinogen Effekte des Fliegens und Visionen hervorrufen, wie man sie den Hexen als wirklich erlebt vorwarf (↗ Halluzinogene biogenen Ursprungs). Sogar die Bierbrauer bedienten sich früher der Droge um ihre Getränke berauschender zu machen.

Hyoscyamus officinalis ↗ Hyoscyamus niger.
Hyoscyamus pallidus ↗ Hyoscyamus niger.
Hyoscyamus persicus ↗ Hyoscyamus niger.
Hyoscyamus physaloides ↗ Physochlaina physaloides.
Hyoscyamus pictus ↗ Hyoscyamus niger.
Hyoscyamussamen ↗ Hyoscyamus niger.
Hyoscyamus scopolia ↗ Scopolia carniolica.
Hyoscyamus syspirensis ↗ Hyoscyamus niger.
Hyoscyamus verviensis ↗ Hyoscyamus niger.
Hyoscyamus vulgaris ↗ Hyoscyamus niger.
Hypanthium rosae ↗ Rosa canina.

■ **Hypecoum procumbens** L.

Fam.: Papaveraceae.

Vork.: Südeuropa, Indien.

Droge: Kraut und Samen. Inh.: Alkaloide (ca. 0,25 %), u. a. Protopin (Hauptalkaloid), Allocryptopin, Sanguinarin, Chelirubin, Chelerythrin, Coptisin. Anw.: früher war die Droge offizinell, Kraut und Samen sollen narkotisch wirken.

Hyperanthera moringa ↗ Moringa-Arten.
Hyperanthera peregrina ↗ Moringa-Arten.
Hyperforin ↗ Hypericum perforatum.
Hyperici flos recens ↗ Hypericum perforatum.
Hyperici herba ↗ Hypericum perforatum.

■ **Hypericin**

(Johannisblut, Herrgottsblut), rotgefärbtes Naphthodianthronderivat aus ↗ Hypericum perforatum, das u. a. eine photodynamische Wirkung (Überempfindlichkeit gegenüber Sonnenlicht mit Ausbildung Allergie-ähnlicher Zustände) besitzt. H. verfügt darüber hinaus auch über Wirksamkeiten im Zentralnervensystem (antidepressive Aktivität), wobei der exakte Wirkungsmechanismus noch nicht geklärt ist.

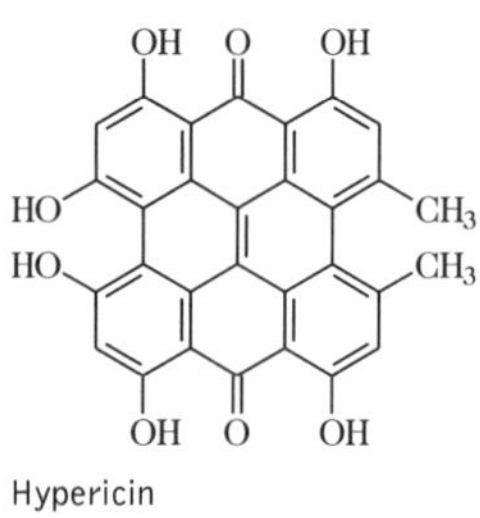

Hypericin

Hypericum amplexicaule ↗ Hypericum pulchrum.
Hypericum cum flore ↗ Hypericum perforatum.
Hypericum officinale ↗ Hypericum perforatum.
Hypericum officinarum ↗ Hypericum perforatum.

■ **Hypericum perforatum** L.

(syn. *Hypericum officinarum, H. officinale, H. vulgare*); Echtes Johanniskraut (syn. Herrgottsblut, Hexenkraut, Jageteufel, Johannisblut, Konradskraut, Mannskraft, Tüpfel-Hartheu), s. Farbtafel S. 311, Bild 183.

Fam.: Hypericaceae (Guttiferae). Ausdauernde Pflanze.

Heim.: ganz Europa, Westasien und Nordafrika.

Drogen: *1. **Hyperici flos recens*** (syn. *Flores Hyperici recentes*); Frische Johanniskrautblüten, die frischen, im Juli oder August gesammelten und von den Blütenstandsachsen getrennten Blütenknospen und Blüten. Inh.: Flavonoide mit Hyperosid (1,1 %) als Hauptkomponente, ferner Biflavone, u. a. Amentoflavon, Xanthone, Naphthodianthrone, bes. ↗ Hypericin (ca. 0,1 %), Phloroglucinderivate, bes. Hyperforin (ca. 0,2 %) sowie

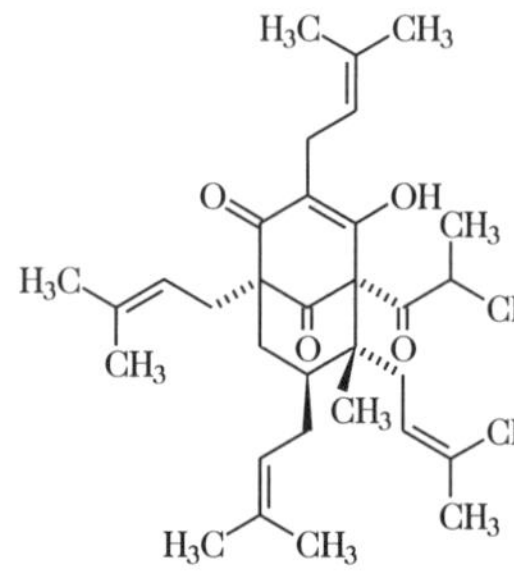

Hyperforin

äther. Öl (ca. 0,25 %) mit aliphatischen Kohlenwasserstoffen als Hauptkomponenten. Anw.: meist als *Oleum Hyperici* (Johanniskrautöl, Rotöl), einem mit Öl bereiteten Mazerat aus zerquetschten Johanniskrautblüten, das i. d. R. äußerlich als Wundheilmittel zur Behandlung und Nachbehandlung von Verletzungen, Myalgien und Verbrennungen ersten Grades genutzt wird. In der Volksheilkunde kommt es auch bei rheumatischen Beschwerden und Hexenschuß zum Einsatz. ***2. Hyperici herba*** (syn. *Herba Hyperici, Herba Solis, Hypericum cum flore, Sumitates Hyperici*); Johanniskraut (syn. Blutkraut, Feldhopfenkraut, Tüpfelhartheu), die kurz vor oder während der Blütezeit gesammelten und getrockneten ganzen oder zerkleinerten oberirdischen Teile. Inh.: s. o., zusätzlich Gerbstoffe vom Catechin-Typ (ca.10 %). Anw.: in zahlreichen Arzneifertigpräparaten, aber auch als Teedroge bei depressiven Verstimmungen, psychovegetativen Störungen und nervöser Unruhe. Zur ↗ Teezubereitung beträgt die Eindosis 1 Teelöffel feingeschnittene Droge, die mittlere Tagesdosis 2–4 g.

Hom.: *1. **Hypericum perforatum*** HAB1; Johanniskraut, die ganze, frische, blühende Pflanze. Anw.-Geb.: Erkrankungen des zentralen und peripheren Nervensystems, des Herzens, des Kreislaufs, der unteren Atemwege sowie bei Verletzungen. *2. **Hypericum perforatum Rh*** HAB1, die frischen, oberirdischen Teile blühender Pflanzen. *Anw.-Geb.*: anthroposophische Therapierichtung.

Histor.: *Hypericum* ist der Pflanzenname bei Plinius und *hypericón* bei Dioskurides. Der Artname *perforatum* (lat., durchlöchert) nimmt Bezug auf die durchscheinend punktierten Blätter. Der deutsche Name Johanniskraut wurde gewählt, weil die Pflanze um Johanni in voller Blüte steht. Mit dem Namen Hartheu wird auf die harten Stengel verwiesen, die kein gutes Heu geben. Als Heilpflanze ist Johanniskraut seit dem frühen Altertum bekannt und fehlt auch in den Kräuterbüchern des Mittelalters nicht, wobei die Indikationen wechselten; allerdings steht die Anwendung in der Wundheilung meist im Vordergrund. Im Volksglauben galt Johanniskraut lange Zeit auch als Mittel gegen Zauberei und Anfechtungen des Teufels.

■ **Hypericum pulchrum** L.
(syn. *Hypericum amplexicaule*); Heide-Johanniskraut (syn. Schönes Hartheu, Schönes Johanniskraut).

Fam.: Hypericaceae.

Vork.: Westeuropa bis Süditalien.

Hom.: ***Hypericum pulchrum*** HAB34, die frische blühende Pflanze.

Hypericum vulgare ↗ Hypericum perforatum.
Hyperosid ↗ Flavonoide.
Hyphear europaeum ↗ Loranthus europaeus.
Hypholoma caerulescens ↗ Psilocybe-Arten.

■ **Hypophysis cerebri HAB**
die frischen, ganzen Hypophysen von Schlachttieren. *Anw.-Geb.*: Schwindel- und Verwirrtheitszustände.

■ **Hypophysis cerebri siccata HAB**
die getrockneten, ganzen Hypophysen von Schlachttieren. *Anw.-Geb.*: Schwindel- und Verwirrtheitszustände.

Hypoxidis radix ↗ Hypoxis rooperi.
Hypoxidis rhizoma ↗ Hypoxis rooperi.
Hypoxis elata ↗ Hypoxis rooperi.
Hypoxis hemerocallidae ↗ Hypoxis rooperi.

■ **Hypoxis rooperi** Moore
(syn. *Hypoxis elata, H. hemerocallidea*).

Fam.: Hypoxidaceae.

Vork.: bes. Steppengebiete im südlichen Teil Afrikas.

Droge: ***Hypoxidis radix*** (syn. *Hypoxidis rhizoma, Radix Hypoxidis, Tubera Hypoxidis*); *Hypoxis-rooperi*-Rhizom (syn. *Hypoxis-rooperi*-Knolle, *Hypoxis-rooperi*-Rhizomknolle), die frische oder getrocknete Rhizomknolle. *Inh.*: Phytosterole (bis 0,2 %) bes. β-Sitosterol, z. T. in glykosidischer Bindung, ferner Norlignane, u. a. Hypoxid (3,5–4,5 % der getrockneten Droge) sowie Kohlenhydrate, u. a. Saccharose und Stärke. *Wirk.*: vermutlich Hemmung der lokalen Prostaglandinsynthese. *Anw.*: in Fertigarzneimitteln bei rheumatischen Erkrankungen sowie als Prophylaktikum gegen benigne Prostatahyperplasie in den Stadien I und II.

Hyssopi aetheroleum ↗ Hyssopus officinalis.
Hyssopi herba ↗ Hyssopus officinalis.
Hyssopus arisatus ↗ Hyssopus officinalis.
Hyssopus canascens ↗ Hyssopus officinalis.
Hyssopus cinerascens ↗ Hyssopus officinalis.
Hyssopus cinereus ↗ Hyssopus officinalis.
Hyssopus cretaceus ↗ Hyssopus officinalis.
Hyssopus montanus ↗ Hyssopus officinalis.

■ **Hyssopus officinalis** L.
(syn. *Hyssopus arisatus, H. canascens, H. cinerascens, H. cinereus, H. cretaceus, H. montanus*); Ysop (syn. Isop, Kirchenysop, Klosterysop).

Fam.: Lamiaceae (Labiatae).

Vork.: Mittelmeergebiet, Kleinasien, Iran, Schwarzmeergebiet; in Spanien, Frankreich, Italien und auf dem Balkan auch kultiviert.

Drogen: *1. **Hyssopi aetheroleum*** (syn. *Aetheroleum Hyssopi*); Ysopöl, das durch Wasserdampfdestillation gewonnene äther. Öl. *Inh.*: komplexes Gemisch, u. a. mit 1-Pinocamphon (7–25 %), Isopinocamphon (16–22 %), Pinocarvon (10–23 %), und β-Pinen (7–11 %). *Anw.*: als Zusatz zu Badeölen bzw. in der Kosmetik und Parfümerie. Die Droge dient auch zur Herstellung von Gewürzessenzen und Likören (Benediktiner, Chartreuse). *2. **Hyssopi herba*** (syn. *Herba Hyssopi*); Ysopkraut (syn. Ispenkraut, Josefskraut, Weinespenkraut), die getrockneten, während der Blütezeit gesammelten oberirdischen Teile. *Inh.*: äther. Öl (0,1–0,3 %), Gerbstoffe (5–8 %, v. a. Rosmarinsäure), Flavonoide (Diosmin, Hesperidin, Vicenin-2), Marubiin (Bitterstoff), Oleanolsäure, Ursolsäure, β-Sitosterol, Gummi, Harz, Zucker. Anw.: in der Volksheilkunde bei Halsentzündungen, Heiserkeit und zur Bereitung von Gurgelwasser. Innerlich appliziert wird die Droge bei Bronchitis, Husten, Asthma und Nasenkatarrhen eingesetzt. Auch zur Behandlung von Kreislaufschwäche, Darmerkrankungen, Menstruationsbeschwerden, Herzbeschwerden und Augenschmerzen soll die Droge dienen. Im Hauhalt wird Ysop als Gewürz zu Salaten, Suppen, Fleischspeisen und für Liköre bzw. als Geschmackskorrigens verwendet. Der Gattungsname *Hyssop* ist orientalischen Ursprungs und wird mit dem hebräischen *ezob* bzw. dem arabischen *azzol* (heiliges Kraut) in Verbindung gebracht. Über die Verwendung des wahren Ysop im Altertum bestehen Unklarheiten. Dies gilt auch für den *Ysop* der Israeliten wie er in der Bibel (Psalm 51) erwähnt wird und zur symbolischen Reinigung von Aussätzigen diente. In den Kräuterbüchern des Mittelalters wird Ysop vor allem bei Erkrankungen der Atemwege empfohlen.

Hysterionica baylahuen ↗ Haplopappus baylahuen.

I

Ibenbaum ↗ Taxus baccata.
Iberidis semen ↗ Iberis amara.

■ Iberis amara L.

(syn. *Biauricula amara, Thlaspi amarum*); Bauernsenf (syn. Bitterer Bauernsenf, Grützblume, Schleifenblume).

Fam.: Brassicaceae (Cruciferae).

Vork.: Mittel- und Südeuropa.

Drogen: *1. **Iberidis semen*** (syn. Semen Iberidis); Schleifenblumensamen, die reifen Samen. *2. **Iberidis herba*** (*Herba Iberidis*); Schleifenblumenkraut, die frische, ganze blühende Pflanze. Inh.: Glucosinolate, Cucurbitacine mit Cucurbitacin E und I als Hauptkomponenten (0,2–04 %, bezogen auf Frischgewicht). Anw.: zur Anregung der Magensaftsekretion, als Amarum mit choleretischem Effekt; Bestandteil von Fertigarzneimitteln in Kombination mit weiteren Drogenextrakten.

Hom.: ***Iberis amara*** HAB1; Schleifenblume, die getrockneten, reifen Samen. Anw.-Geb.: bei Erkrankungen des Herzens und des arteriellen Gefäßsystems, z. B. Herzrhythmusstörungen, Herzschwäche.

Histor.: Die Anwendung der Pflanze und auch der Gattungsname waren bereits im Altertum bekannt. Der Name *Iberis* wurde von einem Arzt geprägt, der mit der Pflanze seinen Freund in Iberien geheilt haben soll (lat *amara* = bitter).

Iberis bursa-pastoris ↗ Capsella bursa-pastoris.
Ibischwurz ↗ Althaea officinalis.
Ibischwurzel ↗ Althaea officinalis.
Iboga ↗ Tabernanthe iboga.
Ibogain ↗ Tabernanthe iboga.

■ Ibotensäure

(Pantherin), 5-Glycyl-3-hydroxy-isoxazol. α-Aminosäure aus dem Fliegenpilz (↗ *Amanita muscaria*) oder Pantherpilz (↗ Amanita pantherina) mit psychotroper Wirksamkeit, die zusammen mit ihrem Decarboxylierungsprodukt Muscimol zu den Fliegenpilzgiften zählt. I. ist ein potenter NMDA/metabotropischer Glutamat-Rezeptoragonist mit stark ZNS-erregender Wirksamkeit (Schwindel, Ataxie, Delirium, sexuelle Erregung, Halluzinationen), der rauschartige Zustände auslöst. Muscimol dagegen ist ein GABA-Rezeptoragonist, der dadurch die Wirkung von I. noch verstärkt. Das Auslösen von Rauschzuständen ist ein Grund dafür, daß Ibotensäure-haltige Pilze früher bei kultischen Handlungen eingesetzt wurden. Beide Verbindungen sind insektizid wirksam.

■ Icacina senegalensis A. Jussieux .

Fam.: Icacinaceae.

Vork.: Afrika, Senegal bis Nigeria, Sudan.

Droge: die Wurzelknollen und Früchte. Inh.: Stärke, Diterpene, wie Icacinol I und II, Hardwickiolester; Glucoside des β-Sitosterols und

Stigmasterols. Anw.: in der afrikanischen Volksheilkunde vielseitig verwendet, bes. bei Schnupfen, Karies, Bauchschmerzen, Koliken, Schlangenbissen, Milchmagel, Müdigkeit sowie gegen Impotenz. Auch als Zusatz zu Pfeilgiften aus *Strophanthus*-Samen (↗ *Strophanthus*-Arten) wird die Droge eingesetzt.

■ Ichthyocolla
(syn. *Colla piscium*), Hausenblase (syn. Fischleim). Die Droge ist die innere Schwimmblasenhaut verschiedener *Acipenser*-Arten (*Acipenser huso*, Hausen oder Belsusa; *Acipenser sturio*, Stör; *Acipenser ruthenus*, Sterlet; *Acipenser stellatus*, Sternhausen) und von *Silurus glanis* (Brasilianischer Hausen). Inh.: 79–85 % Kollagen bzw. Glutin, ca. 4 % Mineralstoffe. Anw.: Die in kaltem Wasser stark quellbare und in heißem Wasser bzw. Ethanol lösliche Droge wird als Klebemittel (Englisch-Pflaster) bzw. als Hilfsmittel zum Klären von Wein und Bier sowie als Kitt- und Appreturmittel verwendet.

Ichthyometica piscipula ↗ Piscidia piscipula.
Iecoris aselli oleum ↗ Gadus morrhua.
Igelkiefer ↗ Pinus-Arten.
Igelkopf ↗ Echinacea-Arten.
Igelkrautwurzel ↗ Geum-Arten.
Ignatia ↗ Strychnos-Arten.
Ignatia amara ↗ Strychnos-Arten.
Ignatia philippinensis ↗ Strychnos-Arten.
Ignatiana philippinica ↗ Strychnos-Arten.
Ignatii semen ↗ Strychnos-Arten.
Ignatiusbohne ↗ Strychnos-Arten.
Ignazbohne ↗ Strychnos-Arten.
Ilang-Ilang-Öl ↗ Cananga odorata.

■ Ilex aquifolium L.
Stechpalme (syn. Christdorn, Hülsdorn, Hülse), s. Farbtafel S. 311, Bild 184.

Fam.: Aquifoliaceae.

Vork.: Mitteleuropa, Nordamerika, Ostasien.

Droge: ***Folia Aquifolii*** (syn. *Folia Agrifolii*, *Folia Ilicis*, *Folia Ilicis aquifolii*); *Ilex-aquifolia*-Blätter (syn. Christdornblätter, Hülsenblätter, Stecheichenblätter, Stechpalmenblätter), die getrockneten Laubblätter. Inh.: Triterpene, u. a. α-Amyrin, β-Amyrin, Oleanol- und Ursolsäure, Phytosterole, v. a. β-Sitosterol (80 %), Stigmasterol (10 %) und Campesterol (4 %), ferner Flavonoide, bes. Kämpferol- und Quercetinglykoside sowie Depside, u. a. Chlorogensäure. Anw.: volkstümlich bei Fieber, rheumatischen Beschwerden und chronischer Bronchitis.

Hom.: ***1. Ilex aquifolium e foliis siccatis*** HAB1, die getrockneten Blätter. Anw.-Geb.: bei grippalem Infekt, entzündlichen Prozessen des Auges. ***2. Ilex aquifolium*** HAB34, im Juni gesammelte, frische Blätter. Anw.-Geb.: u. a. Bindehautentzündung.

Histor.: Der Gattungsname *Ilex* wurde ursprünglich bei den Römern für die Steineiche gebraucht. Aufgrund der ähnlichen Blätter wurde er auf die Stechpalme übertragen. Der aus dem lateinischen *acus* (Nadel) und *folium* (Blatt) zusammengesetzte Name ist ein Hinweis auf die stachelspitzigen Blätter. Auch der deutsche Name Stechpalme charakterisiert die spitzen, immergrünen Blätter. Obwohl die Stechpalme und ihre medizinische Verwendung bereits im hohen Altertum beschrieben wurde, so bei ↗ Theophrast als *„ilex aquifolia“*, ist nicht sicher, ob es sich um die heutige *Ilex aquifolium* gehandelt hat.

Ilex bonplandiana ↗ Ilex paraguariensis.
Ilex domestica ↗ Ilex paraguariensis.
Ilex mate ↗ Ilex paraguariensis.
Ilex paraguaiensis ↗ Ilex paraguariensis.
Ilex paraguajensis ↗ Ilex paraguariensis.
Ilex paraguarensis ↗ Ilex paraguariensis.

■ Ilex paraguariensis St.-Hil. (syn. *Ilex bonplandiana, I. domestica, I. mate, I. paraguaiensis, I. paraguajensis, I. paraguarensis, I. paraguayensis, I. paraguayiensis, I. paraguayriensis, I. paraguensis, I. sorbilis, I. theezans, I. vestita*); Mate (syn. Mate-Teestrauch, Yerbabaum).

Fam.: Aquifoliaceae.

Vork.: Südamerika, u. a. Südbrasilien, Paraguay, Uruguay, Bolivien und Nordargentinien.

Droge: ***Mate folium*** (syn. *Folia Mate*, *Mate*); Mateblätter (syn. Jesuitentee, Matetee, Missionstee, Paraguaytee, Paranatee), die einer Vorröstung (Zapekierung) unterzogenen, getrockneten Blätter. Inh.: Purine, bes. Coffein (0,4–1,6 %) und Theobromin (0,3–0,45 %); ferner Coffeoylchinasäuren, u. a. Chlorogensäuren (10–12 %), Flavonoide, u. a. Isoquercitrin, Kämpferolglykoside und Rutin sowie Triterpensaponine, Ascorbinsäure und Spuren von äther. Öl. Wirk.: zentral anregend, diuretisch mit glykogenolytischen und lipolytischen Effekten. Anw.: Stimulans bei körperlicher und geistiger Erschöpfung, Bestandteil von Blasen- und Nierentees, Genußmittel, Ersatz für chinesischen Tee.

Hom.: ***Mate*** HAB34, die getrockneten Blätter. Anw.-Geb.: Verdauungsschwäche.

Ilex paraguayensis ↗ Ilex paraguariensis.
Ilex paraguayiensis ↗ Ilex paraguariensis.
Ilex paraguayriensis ↗ Ilex paraguariensis.
Ilex paraguensis ↗ Ilex paraguariensis.
Ilex sorbilis ↗ Ilex paraguariensis.
Ilex theezans ↗ Ilex paraguariensis.
Ilex vestita ↗ Ilex paraguariensis.

■ Illicium anisatum L.

(syn. *Illicium japonicum, I. religiosum*); Japanischer Sternanis (syn. Shikimibaum).

Fam.: Illiciaceae.

Vork.: Japan, Südkorea.

Droge: ***Shikimi fructus*** (syn. *Fructus Shikimi*); Shikimifrüchte (syn. Shimifrüchte), die reifen Früchte mit Samen. Inh.: Sesquiterpenlactone (u. a. Anisatin, Neoanisatin, Pseudoanisatin, 6-Desoxymajucin), äther. Öl (0,5–1 %, u. a. mit 1,8-Cineol, Linalool, Methyleugenol, α-Terpenylacetat, Safrol und Myristicin), Shikimisäure (bis zu 18 %). Anw.: in der asiatischen Volksheilkunde bei Magenbeschwerden, Blähungen, Koliken, Zahnschmerzen, Dermatitiden sowie als Stimulans bei religiösen Zeremonien. Aufgrund von Vergiftungsfällen sollte die Droge nicht genutzt werden.

Illicium japonicum ↗ Illicium anisatum.
Illicium religiosum ↗ Illicium anisatum.
Illicium stellatum ↗ Illicium verum.

■ Illicium verum Hook. fil.

(syn. *Illicium stellatum*); Sternanis (syn. Badian, Echter Sternanisbaum).

Fam.: Illiciaceae.

Vork.: nur in Kultur bekannt, angebaut in China und Vietnam.

Drogen: ***1. Anisi aetheroleum*** (syn. *Aetheroleum anisi, Anisi oleum, Oleum Anisi, Oleum Anisi stellati*); Anisöl (syn. Sternanisöl), das aus den reifen Früchten gewonnene äther. Öl. Inh.: *trans*-Anethol (80–90 %), daneben Methylchavicol, Foeniculin, *cis*-Anethol, Anisaldehyd, Limonen, Linalool, α-Pinen. Anw.: bei Katarrhen der Luftwege und dyspeptischen Beschwerden. In der Volksheilkunde wird die Droge auch zur Stimulation der Lactation, bei Regelstörungen, zur Potenz- und Libidostimulation innerlich und zur Hautreiztherapie äußerlich eingesetzt. Auch gegen Insekten und Ungeziefer bei Mensch und Tier soll die Droge nutzbar sein. ***2. Anisi stellati fructus*** (syn. *Anisum badium, A. stellatum, Fructus Anisi stellati*); Sternanisfrüchte (syn. Chinesischer Sternanis), die ganzen, getrockneten Sammelfrüchte; s. Farbtafel S. 311, Bild 185. Inh.: äther. Öl (5–9 %, Zusammensetzung s. *Anisi aetheroleum*), fettes Öl (ca. 20 %), Lipide (Phospholipide, Glykolipide, Sterole), Flavonoide (v. a. Rutin), Phenolcarbonsäuren und Depside (Kaffeesäureester) sowie Gerbstoffe. Anw.: bei Katarrhen der Luftwege und dyspeptischen Beschwerden. Der größte Teil der Droge dient zur Gewinnung des äther. Öls und des daraus isolierten Anethols.

Hom.: ***Illicium verum*** (syn. *Anisum stellatum*); Sternanisfrüchte, die getrockneten, reifen Früchte. Anw.-Geb.: Bronchitis, Blähsucht.

Histor.: Die Sternanisfrüchte wurden bereits im 10. Jh. in China als Gewürz genutzt und kamen im 16. Jh. nach Europa.

Illipe butyracea ↗ Diploknema-Arten.
Illipefett ↗ Diploknema-Arten.
Illipe latifolia ↗ Diploknema-Arten.
Illipe malabrorum ↗ Diploknema-Arten.
Illipe parkii ↗ Butyrospermum parkii.
Illipetalg ↗ Diploknema-Arten.
Illurinbalsam ↗ Paradaniella oliveri.
Illusionogene ↗ Halluzinogene biogenen Ursprungs.
Immenblatt ↗ Mellitis melissophyllum.
Immergrün ↗ Hedera helix, ↗ Vinca minor
Immergrüne ↗ Viscum album.
Immergrüne Magnolie ↗ Magnolia grandifloria.
Immortelle ↗ Antennaria dioica, ↗ Helichrysum arenarium.

■ Immunmodulatoren

Stoffe und Zubereitungen, die das Immunsystem beeinflussen. Zu den I. gehören die Immunstimulantien und im weiteren Sinne auch die Immunsuppressiva. Immunstimulantien heben die Aktivität v. a. des geschwächten Immunsystems an, z. B. Seren, Thymusfaktoren, Interferone, Interleukine, Extrakte aus Mikroorganismen, pflanzliche Produkte (v. a. Polysaccharide, Schleimstoffe, Glykoproteine) sowie chemisch definierte Stoffe. Immunsuppressiva sind Arzneimittel, die eine künstliche Unterdrückung von Immunreaktionen auslösen. Sie werden z. B. nach Transplantationen oder bei Autoimmunerkrankungen eingesetzt.

■ **Impatiens noli-tangere** L.
Wilde Balsamine (syn. Echtes Springkraut, Rühr mich nicht an, Waldspringkraut).

Fam.: Balsaminaceae.

Vork.: Mittel- und Westeuropa, Rußland bis zum Fernen Osten.

Droge: das Kraut. Inh.: Bitterstoffe, Cerylalkohol, Steroide, Palmitin, Stearin, Phlobaphene, Gerbstoffe, Invertzucker. Anw.: in der Volksheilkunde als Laxans und Diuretikum bei Nierensteinen; äußerlich zur Wundbehandlung.

Histor.: Der Name (Rühr mich nicht an) der Droge geht auf die Art der Samenverbreitung zurück, wobei die längliche Kapsel bei leichter Berührung einen bemerkenswerten Schleudermechanismus auslöst, der den Samen bis über 1 m weit fortschleudert.

■ **Impatiens parviflora** DC.
Kleinblütiges Springkraut.

Fam.: Balsaminaceae.

Vork.: Europa, Asien.

Droge: das Kraut. Inh.: Flavonoide, Alkaloide, Harz, Vitamine, organische Säuren. Anw.: in der Volksheilkunde zur Blutstillung eingesetzt; die Droge soll dämpfende Effeke auf das ZNS ausüben.

Imperatoria ostruthium ↗ Peucedanum ostruthium.
Indian Bitter ↗ Agathotes chereyta.
Indianerhanf ↗ Apocynum cannabinum.
Indianer-Tabak ↗ Lobelia inflata.
Indianischer Hanf ↗ Apocynum cannabinum.
Indianischer Tabak ↗ Lobelia inflata.
Indianischer Wundbalsam ↗ Myroxylon balsamum.
Indianisches Wurmkraut ↗ Spigelia-Arten.
Indicum ↗ Indigofera tinctoria.
Indigo ↗ Indigofera tinctoria, ↗ Isatis tinctoria.
Indigoblau ↗ Indigofera tinctoria.

■ **Indigofera tinctoria** L.
Indigo (syn. Indigostrauch).

Fam.: Fabaceae.

Vork.: tropisches Afrika, bes. Ägypten und Senegal, Indien, China, Südamerika, oft auch kultiviert.

Droge: ***Indicum***; Indigo (syn. Indigoblau), der Farbstoff des Blattes. *Gewinnung:* Indigo entsteht nach Spaltung des Glykosids Indican (zu ca. 3 % in den Blättern enthalten) durch eine Glykosidase. Das zunächst entstehende Indoxyl wird durch den Luftsauerstoff zu Indigo oxidiert, daneben entstehen auch weitere rote und braune Farbstoffe. Inh.: Indigotin (20–80 %, Indigoblau), Indigorot (2–10 %) und Indigobraun (1–6 %) sowie Leim (2–5 %). Anw.: als Farbstoff in der Stoffdruckerei, zu Aquarell- und Ölfarben, als Reagenz.

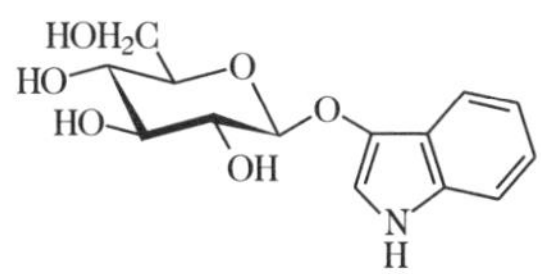

Indican (3-Indolyl-β-D-glucopyranosid)

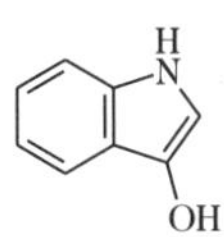

Indoxyl

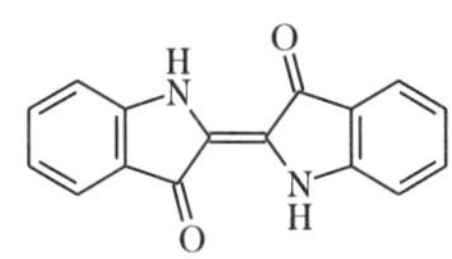

Indigo

Hom.: ***Indigo***, der aus *Indigofera tinctoria* gewonnene blaue Farbstoff. Anw.-Geb.: Schleimhautentzündungen des Magen-Darm-Kanals, Krämpfe, Kopfschmerzen, Nervenschmerzen.

Indigostrauch ↗ Indigofera tinctoria.
Indische Büschelbohne ↗ Cyamopsis tetragonoloba.
Indische Cassie ↗ Cassia-Arten.
Indische Costuswurzel ↗ Saussurea costus.
Indische Fieberrinde ↗ Antelaea azadirachta.
Indische Flohsamen ↗ Plantago-Arten.
Indische Jalape ↗ Operculina turpethum.
Indische Kapuzinerkresse ↗ Tropaeolum majus.
Indische Lotosblume ↗ Nelumbo nucifera.
Indische Mutterblätter ↗ Cassia-Arten.
Indische Narde ↗ Nardostachys jatamansii.
Indische Oleanderwurzel ↗ Nerium odorum.
Indische Pflanzenbutter ↗ Diploknema-Arten.
Indischer Butterbaum ↗ Diploknema-Arten.
Indischer Flachs ↗ Corchorus-Arten.
Indischer Hanf ↗ Cannabis sativa.

Industriedrogen

Götz Harnischfeger

Pharmazeutisch bedeutsame Pflanzenteile (Drogen) sind die industriellen Ausgangsstoffe für die Herstellung von Phytopharmaka bzw. zur Isolierung therapeutisch wichtiger Inhaltsstoffe. Dabei müssen sie als Rohstoffe definierten Ansprüchen an Qualität, die sich im einzelnen aus dem therapeutischen Zweck des Endprodukts ableiten lassen, und an technische Verarbeitbarkeit, die sich aus dem individuellen Herstellungsprozeß ergibt, genügen.

Ansprüche an die Qualität

Generell stellen die Kriterien der Arzneibuchmonographien lediglich Mindestanforderungen dar. Deren Einhaltung ist nur für Arzneitees bzw. Teemischungen lt. Gesetz zwingend erforderlich. In allen anderen Fällen ist ein Anlehnen an Arzneibuchkriterien zwar anzuraten, ihre Notwendigkeit wird jedoch durch die Fertigungsprozesse u. U. stark relativiert, da die Schwerpunkte anders verteilt sind.

Es liegt in der Natur der als industrielle Ausgangsstoffe verwendeten Pflanzen oder Pflanzenteilen begründet, daß der Gehalt an indikationsspezifisch relevanten Wirkkomponenten schwankt und diese selbst in einem meist komplexen Gemisch mit anderen Substanzen, zum Teil sehr ähnlicher Struktur, vorliegen. Daher ist die Erstellung eines auf den individuellen Anwendungszweck des zu fertigenden Phytopharmakons zugeschnittenen, individuellen Anforderungsprofils zwingend notwendig.

Ausgangspunkt für einen solchen spezifischen Anforderungskatalog an das Ausgangsmaterial Droge ist immer das zu fertigende Endprodukt „Arzneimittel" mit seinen therapeutisch/medizinischen Zielsetzungen. Er wird zweckmäßigerweise anhand der in Schema 1 dargestellten Fragen erarbeitet. Ohne befriedigende Antwort der in Block 1 zusammengefaßten Fragen ist eine sinnvolle Erarbeitung der sich aus Block 2 ergebenden Prozeßanforderungen nicht möglich, aus denen dann im 3. Block die Kriterien für das zu verwendende Drogenmaterial sich ableiten lassen.

Der in den Arzneibüchern festgelegte Standard für eine dort beschriebene Droge stellt in vielen Fällen lediglich eine Mindestanforderung dar (s. o.). Für eine über viele Ansatzchargen gleichmäßige Qualität des Endproduktes ist jedoch für den Gehalt an wirksamkeitsbestimmenden bzw. -mitbestimmenden Komponenten nicht nur der im Arzneibuch festgelegte Mindestgehalt sondern auch eine vom Hersteller festzulegende Obergrenze notwendig. Die für den Prozess erforderliche Gehaltsbreite ergibt sich aus den Anforderungen in Schema 1. Ähnliches gilt für Angaben zum Extraktivstoffgehalt

Schema 1: Vorgaben.

Indikationsanspruch des Fertigarzneimittels
Liegt die Indikation durchdefiniert vor?
Worauf begründet sich die Anwendung der Droge?
Gibt es pharmakologische Daten?
Existieren pharmazeutische Daten?
Liegt die detailierte Stellungnahme der medizinisch-wisenschaftlichen Abteilungen zur therapeutischen Profilierung des Arzneimittels vor?
Technologische Gegebenheiten
Welche Inhaltsstoffe (Gruppen) werden bei der Verarbeitung der Droge freigesetzt?
Welche Inhaltsstoffe (Gruppen) erfahren eine Umwandlung im Prozeß?
Sind davon und, wenn ja, in welcher Größenordnung für die Indikation bekannte Wirksubstanzen betroffen?
Ist das vorgesehene oder bereits praktizierte Herstellungsverfahren adäquat?
Können relevante Wirksubstanzen (Gruppen), die auch im Fertigarzneimittel nachweisbar sind, bereits festgelegt werden?
Gegebenheiten des Ausgangsmaterials
Welche Qualität besitzt die Handelsdroge im langjährigen Mittel?
(Verfälschungen, Verunreinigungen, Mikrofauna und -flora, Verarbeitung, Lagerungseinflüsse)
Ist die geforderte Qualität vom Drogenmarkt in der notwendigen Menge zu beschaffen?

Schema 2

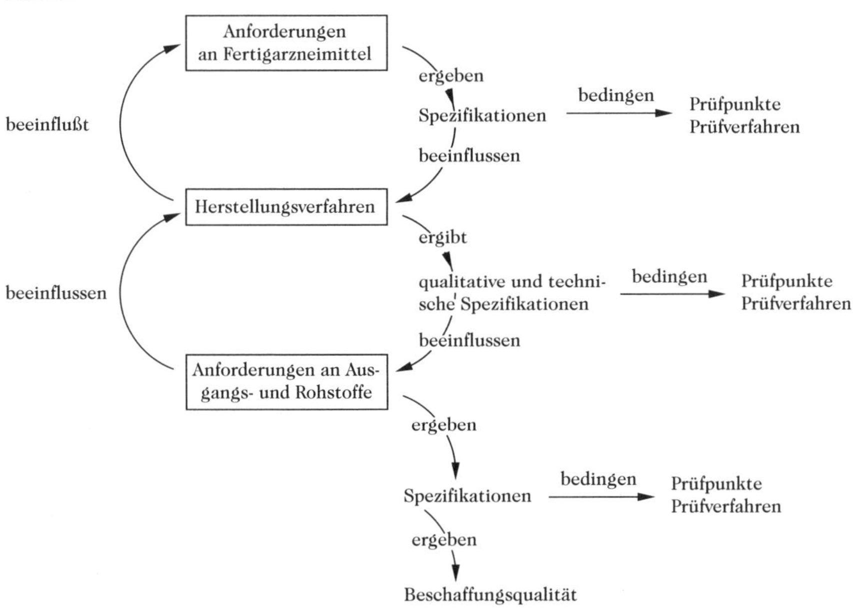

und, hier nur als oberes Limit, für alle Verunreinigungen.

Technische Anforderungen

Der Herstellungsprozeß von Phytopharmaka ist in der Regel eine genau festgelegte Folge von Fertigungsschritten, die in ihrer Führung durch Einflußgrößen wie Temperatur, Mengenfluß etc. eng definiert sind, um so ein konstantes Produkt auch über längere Zeiträume zu gewährleisten. Innerhalb der Fertigung ist eine Anpassung oder ein Variieren der Steuerungsbedingungen nur in einem sehr begrenzten Rahmen möglich, so daß der Konstanz des Ausgangsmaterials Droge andererseits sehr große Bedeutung zukommt. Die individuelle, schrittweise Erarbeitung der Anforderungen an die Droge und die zu berücksichtigenden Wechselbeziehungen sind aus Schema 2 ableitbar.

Kritischer Schritt in der Fertigungskette ist meist die Extraktherstellung, da der in engen Grenzen zu definierende Extrakt in seiner Gesamtheit als Wirkstoff anzusehen ist. Bei seiner Herstellung sind neben rein technisch zu sehenden Größen wie dem Verfahrenstyp, der Anlage selbst mit ihren Besonderheiten und der Kennzahlen des verwendeten Lösungsmittels (Typ, Konzentration, Menge) die folgenden Größen der bearbeiteten Droge von Bedeutung: Homogenität, Schnittgröße, Pulveranteil, Extraktivstoffgehalt und Wassergehalt. Bis auf den Extraktivstoffgehalt, der über einen Anbau nur in Grenzen steuerbar ist, sind alle übrigen technischen Parameter der zur Extraktion vorgesehenen Droge als Verarbeitungsgrößen relativ einfach einzustellen. Sie sind sogar teilweise aus dem Schema 1 vorhersehbar und müssen dann lediglich in Versuchen bestätigt werden.

Der technische Verarbeitungsprozeß wird in seinen Stellgrößen wesentlich vereinfacht, wenn ein durch obiges Anforderungsprofil festgelegtes, möglichst homogenes Drogenmaterial eingesetzt wird. Homogenes Ausgangsmaterial ist daher von vitalem Interesse für industrielle Hersteller, seine Erhältlichkeit in den notwendigen Quantitäten stellt jedoch vielfach ein Problem dar.
Wild gesammelte Drogen stehen bei einem Stamm qualifizierter Sammler zwar kurzfristig zur Verfügung, sind jedoch in ihrer Qualität, d. h. der Zusammensetzung und Quantität ihrer Inhaltsstoffe, außerordentlich heterogen. Dies ist sowohl genetisch als auch durch den Standort bedingt. Wo es aus wirtschaftlichen Gründen nur einigermaßen vertretbar ist, wird daher die Inkulturnahme und der Anbau vorgezogen. Es ist heute möglich, über züchterische Verbesserungen, Auswahl optimalen Saatguts, Wahl günstiger Standorte und entsprechende landbauliche Maßnahmen Drogen mit einheitlichem Spektrum der spezifischen sekundären Inhaltsstoffe und gleichzeitig hohem Gehalt zu erzeugen. Die Tabelle 1 faßt schlaglichtartig die verschiedenen Einflüsse auf die Erzeugung hochwertiger Drogen zusammen. Beispiele für eine solche, rationelle Gewinnung von Industrierohstoffen sind Kamille, Pfefferminze, Enzian und Melisse. Kulturen sind allerdings nur bei in gro ßen Mengen oder zu hohen Preisen gehandelten, nach ein- bis zweijähriger Wachstumsphase zu erntenden Drogen ökonomisch vertretbar. Die meisten in Deutschland verarbeiteten Drogen werden jedoch in Mengen unter 100 Tonnen pro Jahr benötigt, so daß sich ein Anbau, selbst wenn er unter den herrschenden Klimabedingungen möglich wäre, nicht lohnt und auf Sammler zurückgegriffen werden muß. Die meisten der in Deutschland mit über 500 Tonnen pro Jahr verarbeiteten Drogen werden eingeführt bzw. können wegen ungünstiger klimatischer Verhältnisse hier nicht angebaut werden.

Tabelle 1: Orientierungspunkte für eine systematische Drogengewinnung einheitlicher Qualität

Ausgangsparameter		Konsequenz
genetische Variation und Vererbung der Sekundärstoffe	→	Selektion und Züchtung
morpho- und ontogenetische Variabilität	→	Wahl des Erntetermins, Trennung der Pflanzenteile
Umweltmodifikation anthropogene Einflüsse	→	Wahl des Anbaustandorts, pflanzenbaul. Verfahren und Maßnahmen einschl. Düngung, Pflanzenschutz, Ernte und Aufbereitung

Tabelle 2: Beeinflussung der Qualität von Drogen über die Verarbeitung

Aufbereitungsschritte	Beeinflußt werden	Beispiele
Ernte	Wirkstoffgehalt	*Hyperici herba*
Reinigungsverfahren	Reinheit, Wassergehalt	Schälen von *Liquiritiae radix*
Fermentation	Wirkstoffe, Inhaltsstoffe	*Camellia sinensis*
Trocknung	Wassergehalt, Verderbnis	
Zerkleinerung	Wassergehalt, Trockenzeit, Extraktionsfähigkeit	*Menthae pip. folium*
Lagerung	Wirkstoffgehalt, Qualität	*Foeniculi fructus*

Einen für die Gewinnung homogenen Drogenmaterials wichtigen Schritt stellt auch die Wahl des Erntezeitpunkts dar, da das Spektrum und die Qualität der Inhaltsstoffe eng an den Entwicklungszyklus der Pflanze gekoppelt sind.

Die Verarbeitung der geernteten Droge selbst, d. h. Schneiden, Sieben etc., richtet sich dabei nach dem Drogentyp, z.B. Blattdroge, Wurzeldroge etc mit seinen unterschiedlichen Anforderungen. Hier bietet sich auch eine gute Möglichkeit, gezielt in Richtung auf eine Standardisierung einzugreifen, beispielsweise durch Mischung unterschiedlicher Herkünfte der geschnittenen Droge, da Ganzdrogen meist nicht zu notwendiger Homogenität vermischt werden können Im Einzelfall schließt sie auch Schritte zu Keimzahlverminderung etc. ein. Die Art und Weise, in der einzelne Aufbereitungsschritte Einfluß auf die Qualität der Droge nehmen können, ist in Tabelle 2 dargestellt.

Neben den traditionellen, heute teilweise obsoleten, Zubereitungen von Drogen wie Teemischung (Species), Abkochung (Decoctum), Aufguß (Infusum), Saft (Succus), Sirup (Sirupus), Tinctur (Tinctura) und Extrakt (Extractum) kommen typische, handelsübliche Phytopharmaka in Form von Lösungen, Kapseln, Tabletten, Dragees, Zäpfchen, Salben, Gelen und Cremes zur therapeutischen Anwendung. Bei den modernen Arzneiformen werden vorwiegend Extrakte als Wirkstoffträger eingesetzt.

■ **Influencinum-Nosode HAB**
inaktiviertes, virushaltiges Expektorat von Grippekranken. *Anw.-Geb.:* grippaler Infekt.

Inga niopa ↗ Anadenanthera peregrina.

Ingber ↗ Zingiber officinale.

Ingberimber ↗ Zingiber officinale.

Ingberwurzel ↗ Zingiber officinale.

Ingwer ↗ Zingiber officinale.

Ingwerklauen ↗ Zingiber officinale.

Ingweröl ↗ Zingiber officinale.

Ingwerwurzel ↗ Zingiber officinale.

Ingwerwurzelstock ↗ Zingiber officinale.

Ingwerzehen ↗ Zingiber officinale.

Inkatee ↗ Tecoma lapacho.

■ **Inocybe-Arten**

● **Fam.:** Cortinariaceae.

● **Inocybe dulcamara** (A. et S. ex Pers.) Kummer, Bittersüßer Rißpilz (syn. Olivgelber Rißpilz).

Vork.: Nadelwälder, Lichtungen und Wegränder in Mitteleuropa. *Inh.:* u. a. ↗ Muscarin. *Bedeut.:* Giftpilz.

● **Inocybe fastigiata** (Schff. ex Fr.) Quel.; Kegeliger Rißpilz.

Vork.: Wälder und Wegränder Europas. *Inh.:* u. a. Muscarin. *Bedeut.:* Giftpilz.

● **Inocybe fibrosa** (Sow.) Gill.; Erdblättriger Rißpilz.

Vork.: Laub- und Nadelwälder Mitteleuropas. *Inh.:* u. a. Muscarin. *Bedeut.:* Giftpilz.

● **Inocybe napipes** Lge.; Rübenstieliger Rißpilz.

Vork.: Moorige Laub- und Nadelwälder Europas. *Inh.:* u. a. Muscarin. *Bedeut.:* Giftpilz.

● **Inocybe patouillardi** Bres.; Ziegelroter Rißpilz.

Vork.: Mischwälder Mitteleuropas. Inh.: bis 0,037 % Muscarin. Bedeut.: giftigster aller Rißpilze.

Insektenblume ↗ Chrysanthemum-Arten.
Insektenblüten ↗ Chrysanthemum-Arten.
Instant-Tees ↗ Teepräparate.

■ Insulinum HAB

Insulinlösung nach Ph. Eur. bzw. DAB. Anw.-Geb.: Schwächezustände und Schweißausbrüche einige Stunden nach Nahrungsaufnahme. Das Präparat ist nicht zur Behandlung des Diabetes geeignet!

Intybi radix ↗ Cichorium intybus.

■ Inula helenium L.

(syn. *Aster helenium, A. officinalis, Corvisartia helenium, Helenium grandiflorum*). Echter Alant (syn. Brustalant, Darmwurz, Edelwurz, Glockenwurz, Großer Heinrich, Helenenkraut, Odinskopf, Schlangenwurz), s. Farbtafel S. 311, Bild 186.

Fam.: Asteraceae (Compositae).

Vork.: 80 bis 180 cm hohe, ausdauernde Pflanze, die in Zentralasien heimisch ist, heute in ganz Europa und Nordamerika verbreitet ist.

Drogen: ***1. Helenii rhizoma*** (syn. *Helenii radix, Radix Enulae, Radix Helenii, Radix Inulae, Rhizoma Helenii*); Alantwurzel (syn. Alethwurzel, Altwurzel, Brustalant, Darmwurz, Donavarwurz, Edelherzwurzel, Fadenwurzel, Glockenwurzel, Großer Heinrich, Handwurzel, Helenenkrautwurzel, Odinskopfwurzel, Oldwurzel, Schlangenwurz, Unlenkwurzel). Inh.: Die Droge enthält 1 bis 3 % äther. Öl, bes. Sesquiterpenlactone, u. a. Alantolacton, Isoalantolacton und Dihydroalantolacton,

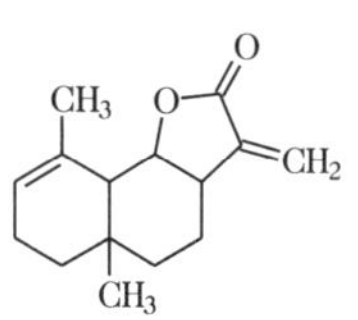

Alantolacton

bis zu 44 % Inulin, daneben Harze, Wachse und Pektine. Anw.: In der Volksheilkunde wird die Droge als Tee bzw. ein Extrakt als Expektorans, Tonikum, Stomachikum sowie gegen Wurmbefall eingesetzt. Darüber hinaus findet die Droge Anwendung bei Menstruationsbeschwerden, Infektionen der ableitenden Harnwege, Herzbeschwerden, Erkältungen und bei Kopfschmerz. Aufgrund des Gehaltes an Sesquiterpenlactonen besitzt die Alantwurzel ein hohes Allergisierungspotential, das zu Kontaktallergien führen kann. Ihre Verwendung wird daher nicht empfohlen. ***2. Oleum Helenii;*** Alantöl, das äther. Öl. Inh.: *S. Helenii rhizoma*. Anw.: früher als Antiseptikum bei Infektionen der Blase und Harnröhre, bei chronischen Diarrhoen und Bronchitiden, mitunter auch als Wurmmittel. Infolge hohem Allergisierungspotential heute obsolet.

Hom.: ***Inula helenium*** HAB34, die frische Wurzel. Anw.-Geb.: Chronischer Husten, Magengeschwüre, Ausfluß.

Histor.: 1804 isolierte der Apotheker Rose in Berlin aus *Inula helenium* das Inulin, dessen Name sich von der Pflanze ableitet.

■ Inulin

wasserlösliches, zu den Fructanen gehördendes, aus 20–40 β-glykosidisch verknüpften D-Fructofuranoseresten aufgebautes, durch einen α-D-Glucose-Rest terminiertes Homopolysaccharid. Es kommt v. a. in den unterirdischen Organen von Asteraceae und Campanulaceae als Reservepolysaccharid vor. Anw.: zur Gewinnung von Fructose sowie nach i. v. Applikation zur Nierenfunktionsprüfung (Inulin-Clearance).

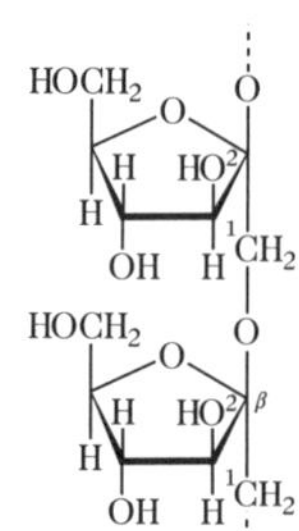

Inulin
(Molekülausschnitt)

■ Iochroma fuchsioides (Humb. et Bonpl.) Miers

Borrachero.

Fam.: Solanaceae.

Vork.: tropische Gebiete Südamerikas. Anw.: Bei den Kamsá-Indianern im kolumbianischen Andengebiet werden Rinde und Blätter zu einem Sud gekocht, der nach dem Erkalten ohne weitere Zusätze getrunken wird und einen Rausch erzeugt, der von den Medizinmännern als Hilfsmittel bei schwierigen Diagnosen genutzt wird. Der Rausch ist unangenehm und von Nebenwirkungen begleitet, die mehrere Tage anhalten können. Diese Gattung ist phytochemisch noch nicht ausreichend untersucht worden, daher existieren auch noch keine Angaben über die halluzinogenen Inhaltsstoffe der Droge.

Ipecacuanhae nigrae radix ↗ Cephaelis-Arten.
Ipecacuanhae radix ↗ Cephaelis-Arten.
Ipecacuanha fusca ↗ Cephaelis-Arten.
Ipecacuanha officinalis ↗ Cephaelis-Arten.
Ipecacuanhawurzel ↗ Cephaelis-Arten.
Ipecacwurzel ↗ Cephaelis-Arten.
Ipo ↗ Antiaris toxicaria.
Ipomoea anceps ↗ Operculina turpethum.
Ipomoea bona-nox ↗ Calonyction album.
Ipomoea corymbosa ↗ Turbina corymbosa.
Ipomoea mestillanica ↗ Ipomoea orizabensis.
Ipomoea operculata ↗ Merremia macrocarpa.

■ **Ipomoea orizabensis** (Pellet.) Led. ex Steud. (syn. *Convolvulus orizabensis, Ipomoea mestillanica*); Falsche Jalape (syn. Mexikanische Winde, Orizabawinde).

Fam.: Convolvulaceae.

Vork.: Ostmexiko.

Drogen: *1. **Radix Scammoniae mexicana*** (syn. *Radix Orizabae, Radix Jalapae levis, Stipites Jalapae*); Mexikanische Scammoniumwurzel (syn. Orizabawurzel). *Inh.*: 12–18 % Harz. *Anw.*: als Laxans sowie zur Gewinnung des Harzes. *2. **Resina Scammoniae*** (syn. *Resina Ipomoeae, Resina Orizabensis*); Scammoniumharz (syn. Orizabaharz). *Inh.*: u. a. Scammonin (Glykosid der Jalapinolsäure). *Anw.*: als Laxans, die Droge ist aber relativ giftig.

■ **Ipomoea purga** (Wender.) Hayne
(syn. *Convolvulus jalapa, Convolvulus purga, Exogonium purga, Ipomoea schiedeana*); Echte Jalape (syn. Mexikanische Jalape, Veracruz Jalape).

Fam.: Convolvulaceae.

Vork.: Mittelamerika, v. a. Mexiko, Guatemala, Honduras, Costa Rica, Panama und El Salvador, angebaut in Indien und Südamerika.

Drogen: *1. **Jalapae resina*** (syn. *Resina Jalapae* Vera Cruz); Jalapa (syn. Jalapenharz, Mexikanisches Jalapenharz, Veracruz Japala), das durch ethanolische Extraktion aus den Wurzelknollen gewonnene Harz. *Inh.*: u. a. Convolvulin (ca. 55 %) und Jalapin (ca. 7 %). *Anw.*: als drastisches Laxans bei Obstipation. In der Volksheilkunde auch bei Kolitis, Koliken, Dysenterien, Schmerzen im Darmbereich sowie gegen Rheumatismus eingesetzt. Da die Wirkung der Droge oft von krampfartigen Schmerzen begleitet ist, wird ihre Anwendung heute nicht mehr empfohlen. *Geg.*: Schwangerschaft. *2. **Jalapae tuber*** (syn. *Chelapa, Ipomoea, Ipomoea radix, Jalapae, Jalapae Radix, Mexico-Jalapoe, Radix Jalapae, Radix Rhabarbi nigri, Tubera Jalapae, Vera-Cruz Jalapoe*); Jalapenknollen (syn. Jalapenwurzel, Purgierwurzel, Schwarzer Rhabarber), die knollig verdickten, bei starker Wärme getrockneten Nebenwurzeln; s. Farbtafel S. 312, Bild 187. Die Droge ist giftig! *Inh.*: Harz (5–20 %), Glykoretine, Phytosterole, Fettsäuren, höhere Alkohole, Scopoletin, Ipuranol (Sitosterolglykosid). *Anw.*: früher als drastisches Laxans und Purgativum. Die Droge gilt heute als obsolet.

Hom.: ***Jalapa*** HAB34, die getrocknete Wurzelknolle. *Anw.-Geb.*: Durchfälle und nächtliche Unruhezustände bei Kindern.

Histor.: *Tubera Jalapae* kamen um 1609 nach Europa, nachdem schon vorher ähnliche Drogen aus Mexiko eingeführt waren, wo die Spanier ihren Gebrauch von den Indianern übernahmen. In Deutschland ist die Jalape um 1650 bekannt gewesen und wurde besonders durch die Leipziger Universität verbreitet. Der Gattungsname *Ipomoea* wurde aus dem griechischen *ips, ipos* (Name eines Wurmes) und *homoios* (ähnlich) wegen des sich wurmartig windenden Stammes gebildet. Der Name *Jalape* (Xalapa) ist nach dem mexikanischen Herkunftsort Jalapa benannt.

Ipomoea radix ↗ Ipomoea purga.
Ipomoea schiedeana ↗ Ipomoea purga.
Ipomoea sidaefolia ↗ Turbina corymbosa.
Ipomoea tricolor ↗ Ipomoea violacea.
Ipomoea triquetra ↗ Operculina turpethum.
Ipomoea turpethum ↗ Operculina turpethum.

■ **Ipomoea violacea** L.
(syn. *Ipomoea tricolor*); Piule (syn. Tlililtzin), s. Farbtafel S. 312, Bild 188.

Fam.: Convolvulaceae.

Vork.: tropische Gebiete Amerikas.

Droge: ***Ipomoea-violacea-Samen*** (syn. Ololiuqui, Piule), die getrockneten Samen. *Inh.*: Indolalkaloide (0,02–0,05 %, v. a. Lysergsäureamid, Isolysergsäureamid, Ergin, Isoergin, Chanoclavin, Elymoclavin, Ergometrin) und Indolizidinalkaloide (v. a. Ipalbidin und Ipalbin). Anw.: In Südmexiko werden die Samen dieser Pflanze als

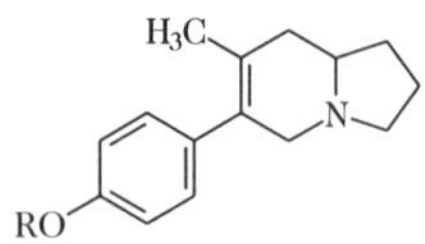

Ipalbidin: R = H
Ipalbin: R = Glc

wichtiges Halluzinogen für die Wahrsagerei und rituelle Handlungen seit Urzeiten genutzt. Dabei wird aus der gepulverten Droge ein Getränk zubereitet, das v. a. die psychoaktiven Indolalkaloide enthält und einen langanhaltenden Rausch erzeugt, verbunden mit Müdigkeit, Apathie, Gefühl der Leere und Unwirklichkeit sowie der völligen Bedeutungslosigkeit der Außenwelt bis hin zu psychotischen Reaktionen. Auch in den USA werden die Samen als Rauschmittel (morning glory seeds) benutzt, dabei bewirken ca. 100–150 g Samen die gleiche Wirkung wie etwa 100 μg LSD.

Iridis rhizoma ↗ Iris florentina, ↗ Iris germanica, ↗ Iris pallida.
Iridis versicoloris rhizoma ↗ Iris versicolor

■ Iridoide

Monoterpene mit einem partiell hydrierten Cyclopenta[c]-pyran-Grundkörper, vollständig hydriert auch als Iridan-Grundkörper bezeichnet. Sie kommen meist als 1-*O*-Monoglucoside oder 1-*O*-Acylderivate vor und sind im Pflanzenreich wie

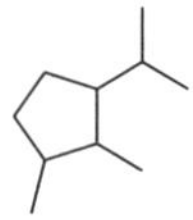

Iridan

auch bei Tieren weit verbreitet. Wirk.: entzündungshemmend, antibiotisch. Die I. besitzen teilweise einen sehr bitteren Geschmack (Secoiridoidglykoside der Gentianaceae).

Irisbutter ↗ Iris germanica.
Iris deflexa ↗ Iris germanica.

■ Iris florentina L.

Schwertlilie.

Fam.: Iridaceae.

Vork.: Mazedonien, Kleinasen; verwildert in Deutschland, Norditalien und Frankreich.

Droge: ***Iridis rhizoma***. Inhaltsstoffe und Anwendung s. ↗ Iris germanica.

Hom.: ***Iris florentina*** HAB34, die frischen unterirdischen Teile der Pflanze. Anw.-Geb.: Migräne, Nervenschmerzen des Gesichts, Ischias, zu Nachbehandlung einer Gürtelrose, Entzündungen der Magenschleimhaut und der Bauchspeicheldrüse.

■ Iris foetidissima L.

(syn. *Gladiolus foetidus*).

Fam.: Iridaceae.

Vork.: westliches Mittelmeergebiet, Westeuropa, Nordafrika. Inh.: Polyphenole (Methoxyzimtsäuren).

Hom.: ***Iris foetidissima*** HAB34, der frische Wurzelstock.

■ Iris germanica L.

(syn. *Iris deflexa, I. violacea, I. vulgaris*); Deutsche Schwertlilie (syn. Blaue Lilie).

Fam.: Iridaceae.

Heim.: Nordindien, Vorderasien, Mittelmeerländer.

Vork.: verwildert in Mitteleuropa, kultiviert im östlichen Mittelmeerraum, Italien, Indien und Marokko.

Drogen: A, ***Iridis rhizoma*** (syn. *Radix Iridis, Rhizoma Iridis*); Veilchenwurzel (syn. Iris-Rhizom, Iris-Wurzel, Kinderwurzel, Schwertelwurz, Zahnwurzel), der geschälte Wurzelstock. Inh.: äther. Öl („Irisbutter", 0,1–0,2 %, u. a. mit Acetophenon, Acetovanillon, Acetoveratron, Irone als Duftträger), Triterpene (ca. 1 %, v. a. Iridoger-

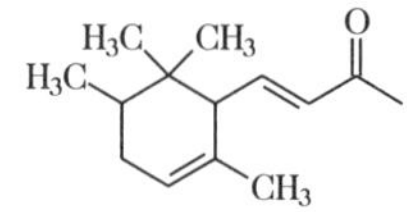

Irone

mal, α-Irigermanal, δ-Iridogermal), Irisxanthon, Magniferin, Piceol, Protocatechusäure, Sinapinsäure, Isoflavonoide (Irilon, Irisolon, Irigenin, Irisolidon, Tectorigenin, Iridin und Derivate), Stärke (Irisin, ca. 20–50 %), Schleim, Harz, Wachs.

<u>*Anw.*</u>: in der Volksheilkunde bei Erkrankungen der Atemwege wie Asthma, Bronchitis, Husten sowie bei Brechreiz und Ekelgefühl, außerdem bei Blähungen und Kreislaufschwäche. Früher wurde die entrindete und getrocknete Wurzel für zahnende Kinder zum Beißen verwendet. In der Kosmetik und Parfümerie wird das äther. Öl der Droge wegen seines veilchenartigen Geruchs vielfältig eingesetzt. Auch als Zusatz zu Likören (Benediktiner, Danziger Goldwasser, Cordial Medoc) und zum Aromatisieren von Weinen (Chianti) und Tabaken wird Veilchenwurzel verwendet. ***2. Oleum Iridis;*** Veilchenwurzelöl, (syn. Irisöl, Irisbutter), das durch Destillation der Veilchenwurzeln gewonnene Öl. <u>*Inh.*</u>: Myristinsäure (85 %) und deren Methylester, ca. 12 % Iron, ein Gemisch aus α-, β- und γ-Iron als Hauptduftträger sowie u. a. Iridinsäure, Ölsäure, aromatische und höhere aliphatische Aldehyde und Terpene. <u>*Anw.*</u>: in der Kosmetikindustrie.

Hom.: ***Iris germanica*** HAB34, die frischen unterirdischen Teile der Pflanze. <u>*Anw.-Geb.*</u>: Migräne, Magenbeschwerden, Erkrankungen der Bauchspeicheldrüse.

Histor.: Die Droge wurde wegen ihres Wohlgeruchs bereits in der Antike geschätzt. In besonderem Ansehen stand die illyrische Iris, die von Theophrast und Plinius gerühmt wurde. Die Verbreitung in Europa geht wohl auf ↗ Capitulare de villis zurück, welches sie als Gladiolus aufführt. Die Iris-Arten wurden ursprünglich als Zierpflanze eingeführt, sind jedoch schnell in Burg- und Klostergärten verwildert. Die schöne Irisblüte spielt auf Gemälden und Skulpturen des Altertums und Mittelalters eine wichtige Rolle.

Iris longifolia ↗ Iris pseudoacorus.
Iris lutea ↗ Iris pseudoacorus.
Iris minor ↗ Iris tenax.

■ **Iris pallida** Lam.
(syn. *Iris glauca, Iris odoratissima, Iris pallidocaerulea*); Blasse Schwertlilie.

Fam.: Iridaceae.

Vork.: Istrien, Dalmatien, Italien.

Droge: ***Iridis rhizoma***. Inhaltsstoffe und Anwendung s. ↗ Iris germanica.

Iris pallustris ↗ Iris pseudoacorus.

■ **Iris pseudoacorus** L.
(syn. *Iris longifolia, I. lutea, I. pallustris, Xiphium pseudoacorus*); Sumpf-Schwertlilie (syn. Falscher Kalmus, Gelbe Schwertlilie, Wasserschwertlilie), s. Farbtafel S. 312, Bild 189.

Fam.: Iridaceae.

Vork.: Europa, Kaukasus, Vorderasien, Nordafrika. <u>*Inh.*</u>: in den Blüten Violaxanthin; in den Blättern Magniferin und Scharfstoffe; in den Samen Irischinon und fettes Öl. Die Droge ist giftig!

Hom.: ***Iris pseudoacorus***, die frischen unterirdischen Teile.

■ **Iris tenax** Dougl.
(syn. *Iris minor*).

Fam.: Iridaceae.

Vork.: Nordamerika.

Hom.: ***Iris tenax*** HAB1, die frischen unterirdischen Teile. <u>*Anw.-Geb.*</u>: Verwachsungsbeschwerden nach Blinddarmentzündungen.

■ **Iris versicolor** L.
(syn. *Iris virginica*); Amerikanische Schwertlilie (syn. Buntfarbige Schwertlilie, Verschiedenfarbige Schwertlilie).

Fam.:. Iridaceae.

Vork.: Nordamerika, Kanada, in Europa teilweise kultiviert.

Droge: ***Iridis versicoloris rhizoma***; das von Wurzeln und Blättern befreite, getrocknete Rhizom. <u>*Inh.*</u>: Iriversical (C-31-Triterpen, 0,2 %), Fructane (7 %), Saccharose (ca. 2 %), wenig äther. Öl, Harz, Gerbstoffe, α-Phytosterol, Spuren von Salicylsäure. <u>*Anw.*</u>: in der Volksheilkunde bei entzündlichen Gallenerkrankungen mit Verstopfung und Leberfunktionsstörungen, bei Schwangerschaftserbrechen.

Hom.: ***Iris versicolor*** HAB1; Buntfarbige Schwertlilie, die frischen unterirdischen Teile. <u>*Anw.-Geb.*</u>: Migräne, Neuralgien des Gesichts, Ischiasneuralgie, nach Gürtelrosenerkrankungen, Entzündungen der Magenschleimhaut und der Bauchspeicheldrüse.

Histor.: Der Gattungsname ist griechischer Herkunft (*iris* = Regenbogen) und existierte als solcher bereits im hippokratischen Zeitalter. Er weist auf die Farbenpracht hin, die dieBlüten der Schwertlilien aufweisen. Der Artname *versicolor* (lat.) bedeutet buntfarbig, schillernd. Die Droge war in Nordamerika, vor allem bei den Indianern, ein altbekanntes Mittel, bes. bei Wassersucht.

Iris violacea ↗ Iris germanica.
Iris virginica ↗ Iris versicolor.
Iris vulgaris ↗ Iris germanica.
Iris-Wurzel ↗ Iris germanica.
Irländische Alge ↗ Gigartina stellata, ↗ Carrageen.

■ **Irvingia gabonensis** Baill.
Fam.: Simaroubaceae.
Vork.: tropisches Westafrika, bes. Gabun, Sierra Leone.
Droge: ***Dikafett*** (syn. Dikabutter), das Fett der reifen Samen. *Inh.:* Triglyceride der Laurin-, Myristin- und Ölsäure. *Anw.:* Speisefett, zur Herstellung von Kerzen und Seife. Die nahrhaften Samen enthalten viele Proteine und werden häufig gegessen.

■ **Isatis tinctoria** L.
Färberwaid (syn. Waid).
Fam.: Brassicaceae. (Cruciferae).
Vork.: Mittel- und Südeuropa, Vorderasien). *Inh.:* Pflanze enthält u. a. Indican, ein Indoxylglykosid, aus dessen Aglykon Indigo gewonnen werden kann. *Anw.:* früher als Farbstoffpflanze kultiviert.

Isis nobilis ↗ Corallium rubrum.
Isjubrhirsch ↗ Cervus asiaticus.
Isländische Flechte ↗ Cetraria islandica.
Isländisches Moos ↗ Cetraria islandica.
Islanditoxin ↗ Mykotoxine.
Isolichenin ↗ Cetraria islandica.
Isonandra gutta ↗ Palaquium gutta.
Isop ↗ Hyssopus officinalis.
Isopelletierin ↗ Punica granatum.

■ **Isoptera borneensis.**
Fam.: Dipterocarpaceae.
Vork.: Indonesien.
Droge: ***Borneotalg*** (syn. Teglamfett), das Fett der reifen Samen. *Inh.:* Triglyceride der Öl- und anderer, gesättigter Fettsäuren mit variabler Zusammensetzung. *Anw.:* wertvolles Speisefett; zur Herstellung von Seife und Kerzen sowie als Brennöl.

Isovaleriansäure ↗ Valeriana-Arten.
Ispaghulasamen ↗ Plantago-Arten.
Ispaghula-Samenschalen ↗ Plantago-Arten.
Ispenkraut ↗ Hyssopus officinalis.
Italienische Mispel ↗ Crataegus-Arten.
Italienischer Kümmel ↗ Cuminum cyminum.
Italienische Sennespflanze ↗ Cassia-Arten.
Ithyphallus impudicus ↗ Phallus impudicus.
Iuniperi fructus ↗ Juniperus communis.
Ivablüten ↗ Achillea-Arten
Ivae moschatae herba ↗ Achillea-Arten.
Ivarancusawurzel ↗ Vetiveria zizanioides.
Ivenblätter ↗ Hedera helix.

■ **Ixora chinensis** Lamk.
(syn. *Ixora stricta*).
Fam.: Rubiaceae.
Vork.: Indien bis Südchina, Brasilien, auch kultiviert.
Droge: die Blätter, Blüten und Wurzeln. *Inh.:* β-Sitosterol, Stigmasterol, Lupeol, Betulin. *Anw.:* in der chinesischen Volksheilkunde dienen die Blätter als schmerzstillendes, auflösendes Mittel bei Abszessen, Quetschungen, Wunden sowie zur Behandlung von Rheuma. In Indochina werden Blätter und Blüten bei Kopfschmerzen und als Stomachikum, die Wurzeln in der Geburtentherapie eingesetzt.

■ **Ixora coccinea** L.
(syn. *Ixora grandiflora, Pavetta coccinea*).
Fam.: Rubiaceae.
Vork.: Indien, Sri Lanka, Brasilien, Indochina, auch kultiviert.
Droge: die Wurzeln. *Inh.:*Mannitol, Myristicinsäure, Gerbstoffe, äther. Öl. *Anw.:* in der asiatischen Volksheilkunde als Adstringens, bei Harnleiden sowie als Sedativum.

Ixora grandiflora ↗ Ixora coccinea.
Ixora paniculata ↗ Pavetta indica.
Ixora pavetta ↗ Pavetta indica.
Ixora stricta ↗ Ixora chinensis.

J

Jaborandiblätter ↗ Pilocarpus-Arten.
Jaborandi folium ↗ Pilocarpus-Arten.
Jacarandabaum ↗ Jacaranda procera.
Jacaranda caroba ↗ Jacaranda procera.

■ **Jacaranda procera** Spreng.
(syn. *Bignonia caroba, Bignonia procera, Jacaranda caroba*); Jacarandabaum (syn. Caroba).

Fam.: Bignoniaceae.

Vork.: Brasilien.

Droge: ***Carobae folium*** (syn. *Folia Caraibae, Folia Carobae, Folia Jacarandae*); Jacarandablätter (syn. Karaibablätter, Karobablätter, Karobenblätter), die getrockneten Laubblätter. Inh.: Alkaloide, u. a. Carobin, Harz, Bitterstoffe. Anw.: volkstümlich u. a. als Diuretikum.

Hom.: ***Jacaranda caroba*** HAB34, die getrockneten Blätter. Anw.-Geb.: Harnröhren- und Vorhautentzündung, rheumatische Beschwerden.

Jackbohne ↗ Canavalia ensiformis.
Jacobaea vulgaris ↗ Senecio-Arten.
Jägerbrotwurzel ↗ Carlina acaulis.
Jägerdistel ↗ Carlina acaulis.
Jageteufel ↗ Hypericum perforatum.
Jaguarandiblätter ↗ Pilocarpus-Arten.
Jahrhundertpflanze ↗ Agava americana.
Jakobskraut ↗ Senecio-Arten.
Jakobskreuzkraut ↗ Senecio-Arten.
Jakobsleiter ↗ Polemonium caeruleum.
Jalapae radix ↗ Ipomoea purga.
Jalapae resina ↗ Ipomoea purga.
Jalapae tuber ↗ Ipomoea purga.
Jalapenharz ↗ Ipomoea purga.
Jalapenknollen ↗ Ipomoea purga.
Jalapenwurzel ↗ Ipomoea purga.
Jamaica-Pfeffer ↗ Pimenta-Arten.
Jamaica-Wurmrinde ↗ Andira-Arten.
Jamaika-Arrowroot ↗ Maranta arundinacea.
Jamaika-Bitterholz ↗ Quassia amara.
Jamaika-Bitterholzbaum ↗ Picrasma excelsa.
Jamaika-Quassiabaum ↗ Picrasma excelsa.
Jamaika-Wurmrinde ↗ Andira-Arten.
Jambolanapflaume ↗ Syzygium-Arten.
Jambosa caryophyllus ↗ Syzygium-Arten.
Jambosa vulgaris ↗ Syzygium-Arten.
Jambul ↗ Syzygium-Arten.
Jambulbaum ↗ Syzygium-Arten.
Jambulsamen ↗ Syzygium-Arten.
Janipha manihot ↗ Manihot esculenta.
Japan-Agar ↗ Gelidium-Arten.
Japanische Bohne ↗ Glycine max.
Japanische Gallen ↗ Gallen.
Japanische Gelatine ↗ Gelidium-Arten.
Japanische Goldorange ↗ Aucuba japonica.
Japanische Hausenblase ↗ Gelidium-Arten.
Japanische Minze ↗ Mentha-Arten.
Japanische Mispel ↗ Eriobothrya japonica.
Japanische Orange ↗ Fortunella japonica.
Japanische Pfefferminze ↗ Mentha-Arten.
Japanischer Fischleim ↗ Gelidium-Arten.
Japanischer Lackbaum ↗ Rhus-Arten.
Japanischer Pagodenbaum ↗ Sophora japonica.
Japanischer Pfeffer ↗ Zanthoxylum-Arten.
Japanischer Schnurbaum ↗ Sophora japonica.
Japanischer Sternanis ↗ Illicium anisatum.
Japanisches Pfefferminzöl ↗ Mentha-Arten.
Japanzimt ↗ Cinnamomum-Arten.
Jasminoides flaccida ↗ Lycium barbarum.
Jasminöl ↗ Jasminum grandiflorum.
Jasminum arabicum laurifolia ↗ Coffea-Arten.

■ **Jasminum grandiflorum** L.
(syn. *Jasminum officinale*); Jasmin.

Fam.: Oleaceae.

Heim.: Indien, in Mittelmeergebieten kultiviert, bes. Südfrankreich.

Droge: ***Oleum Jasmini***; Jasminöl, das äther. Öl der Knospen. Inh.: u. a. Benzylacetat (ca. 65 %), Linalool (ca. 15 %), Linalylacetat (ca. 7,5 %), Benzylalkohol (ca. 6 %), Indol (ca. 3 %) und Anthranilsäuremethylester (ca. 0,5 %). Anw.: industriell als Duftstoff in der Parfümerie.

Jasminum officinale ↗ Jasminum grandiflorum.
Jasmon ↗ Mentha-Arten.
Jateorhiza columba ↗ Jateorhiza palmata.
Jateorhiza miersii ↗ Jateorhiza palmata.

■ **Jateorhiza palmata** (Lam.) Miers
(syn. *Chasmanthera columba, C. palmata, Cocculus palmatus, Jateorhiza columba, J. miersii, Jateorrhiza calumba, Jatrorrhiza palmata, Menispermum columba, M. palmatum*); Calumba.

Fam.: Menispermaceae.

Vork.: Madagaskar und ostafrikanische Küstenländer.

Droge: ***Colombo radix*** (syn. *Radix Calumbae, Radix Colombo*); Colombowurzel (syn. Kalumbaewurzel, Kolombowurzel), die in frischem Zustand in Querscheiben zerschnittenen und getrockneten, verdickten Teile der Wurzel; s. Farbtafel S. 312, Bild 190. *Inh.*: Alkaloide vom Protoberberin-Typ (0,95–1,2 %), mit Palmatin als Hauptalkaloid sowie u. a. Jatrorrhizin und Columbamin; außerdem Diterpenbitterstoffe, u. a. Columbin, ein Diterpenlacton, sowie die Hydronaphthalin-Derivate Palmarin und Chasmanthin, ferner Schleimstoffe und Spuren von äther. Öl. *Anw.*: früher bei Verdauungsstörungen mit Durchfall sowie dyspeptischen Beschwerden.

Hom.: ***Jateorhiza palmata*** HAB1; Kolombo, die getrockneten Wurzeln.

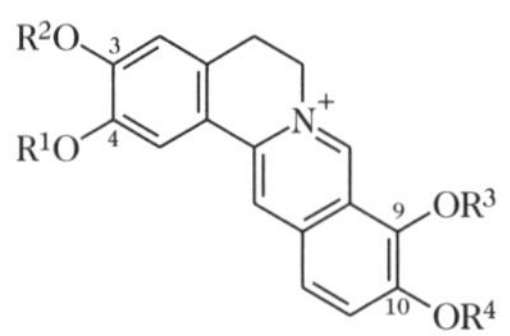

	R^1	R^2	R^3	R^4
Columbamin	H	CH_3	CH_3	CH_3
Jatrorrhizin	CH_3	H	CH_3	CH_3
Palmatin	CH_3	CH_3	CH_3	CH_3

Jateorrhiza calumba ↗ Jateorhiza palmata.
Jatropha acerifolia ↗ Jatropha curcas.

■ Jatropha curcas L.

(syn. *Castiglionia lobata, Cnidosculus urens, Curcas indica, C. purgans, Jatropha acerifolia, J. urens*); Purgierstrauch (syn. Schwarze Brechnuß).

Fam.: Euphorbiaceae.

Vork.: Mexiko, Mittel- und Südamerika, Karibik, Indien, auch kultiviert in Afrika, Australien und den Philippinen.

Drogen: ***1. Jatropha-curcas-Samen*** (syn. *Nux cathartica americana, Semen Jatrophae, Semen Jatrophae curcadis, Semen Ricini majoris*); Curcasnuß (syn. Curcassamen, Purgiernuß, Purgierstrauchsamen, Schwarze Brechnuß), die ganzen, reifen Samen. *Inh.*: fettes Öl (25–53 %, enthält u. a. Linolsäure, Ölsäure, Palmitinsäure, Stearinsäure, Linolensäure, Arachidonsäure), Proteine (18–20 %, u. a. Lectine wie Curcin I und II sowie ein Hämagglutinin), Kohlenhydrate, Diterpenester, β-Sitosterol-β-D-glucosid, Dulcitol. *Anw.*: in der Volksheilkunde früher weitverbreitet als drastisches Abführmittel genutzt. Auch bei Hauterkrankungen und Wurmbefall sowie zur Auslösung eines Aborts wurde die Droge verwendet. Wegen der toxikologischen Risiken ist von einem Gebrauch abzuraten. Die gerösteten Samen werden in Mexiko als Bestandteil von Gewürzmischungen verwendet. ***2. Oleum Jatrophae*** (syn. *Oleum infernale, Oleum Ricini majoris, Oleum Vicini majoris*); *Jatropha-curcas*-Samenöl (syn. Curcasöl, Jatrophaöl, Purgiernußöl), das fette Öl der Samen. Die Droge ist toxisch! *Inh.*: Triglyceride mit Fettsäureanteilen an: Linol-, Öl-, Palmitin-, Stearin-, Linolen- und Arachidonsäure sowie Phytosterole, v. a. β-Sitosterol, Diterpenester (Phorbolderivate) und Curcin (Proteine). *Anw.*: in der Volksheilkunde als drastisches Abführmittel, zur Behandlung von Hauterkrankungen (Krätze, Ekzeme, Herpes), als Einreibemittel bei Rheuma. Aufgrund der tumorpromovierenden Aktivität der Diterpene ist vom Gebrauch der Droge abzuraten.

Hom.: ***Jatropha curcas*** HAB34, die reifen Samen. *Anw.-Geb.*: akuter Durchfall.

■ Jatropha gossypifolia L.

(syn. *Jatropha staphysagrifolia*); Bauchwehbusch.

Fam.: Euphorbiaceae.

Vork.: in Südmexiko beheimatet, heute in allen tropischen und subtropischen Regionen anzutreffen.

Droge: ***Jatropha-gossypifolia-Samen***; der ganze, reife Samen. *Inh.*: fettes Öl, Diterpenester (Phorbolderivate), freie Fettsäuren, β-Sitosterol, ein Lectin. *Anw.*: in der Volksheilkunde als Laxans und Brechmittel. Aufgrund der tumorpromovierenden Aktivität der Diterpene ist vom Gebrauch der Droge abzuraten.

Hom.: ***Jatropha gossypifolia*** HAB34, die reifen Samen.

Jatropha janipha ↗ Manihot esculenta.
Jatropha manihot ↗ Manihot esculenta.
Jatrophaöl ↗ Jatropha curcas.
Jatropha staphysagrifolia ↗ Jatropha gossypifolia.
Jatropha urens ↗ Jatropha curcas.

Jatrorrhiza palmata ↗ Jateorhiza palmata.
Java-Cassie ↗ Cinnamomum-Arten.
Java-Kardamomen ↗ Amomum-Arten.
Javanische Gelbwurz ↗ Curcuma-Arten.
Javanische Kurkumawurzel ↗ Curcuma-Arten.
Javanischer Nierentee ↗ Orthosiphon aristatus.
Javatee ↗ Orthosiphon aristatus.
Java-Zimt ↗ Cinnamomum-Arten.
Jecoris Oleum ↗ Gadus morrhua.
Jelafrüchte ↗ Randia braudis.
Jelängerjelieber ↗ Lonicera caprifolium, ↗ Tropaeolum majus.
Jelutong ↗ Dyera costulata.
Jerusalem-Artischocke ↗ Helianthus tuberosus.
Jesuhändchen ↗ Orchis-Arten.
Jesuitenbalsam ↗ Copaifera-Arten.
Jesuitentee ↗ Chenopodium ambrosioides, ↗ Ilex paraguariensis.
Jesus-Blümchen ↗ Viola-Arten.
Joannesiafrüchte ↗ Joannesia princeps.
Joannesiaöl ↗ Joannesia princeps.

■ **Joannesia princeps** Vell.
Fam.: Euphorbiaceae.
Vork.: Brasilien.
Droge: *1. Fructus joannesiae*; Joannesiafrüchte, die reifen Früchte. *Inh.:* Zucker. *Anw.:* in der brasilianischen Volksheilkunde als Diuretikum, bei Leberleiden und Gelbsucht. Die Samen dienen als Laxans. *2. Oleum Joannesiae*; Joannesiaöl, das fette Öl der reifen Samen. *Inh.:* Triglyceride aus ungesättigten Fettsäuren. *Anw.:* in der Veterinärmedizin als Laxans, technisch zur Herstellung von Seifen und Firnissen.

Joghurt ↗ Lactobacillus bulgaricus.
Johannisblume ↗ Arnica-Arten.
Johannisblut ↗ Hypericum perforatum.
Johannisbrotbaum ↗ Ceratonia siliqua.
Johannisbrotkernmehl ↗ Ceratonia siliqua.
Johannishände ↗ Orchis-Arten.
Johannishaupt ↗ Arum maculatum, ↗ Artemisia vulgaris.
Johanniskraut ↗ Artemisia vulgaris, ↗ Hypericum perforatum.
Johanniskrautöl ↗ Hypericum perforatum.
Johanniswedel ↗ Filipendula ulmaria.
Johanniswurz ↗ Dryopteris filix-mas.
Jojobaöl ↗ Simmondsia chinensis.
Jojobawachs ↗ Simmondsia chinensis.
Jonesia asoca ↗ Saraca indica.

■ **Josamycin**
(syn. Leukomycin A_3) zur Gruppe der Makrolidantibiotika (kleines Makrolid) gehörendes Glykosid, das das gleiche Aglykon wie ↗ Spiramycin enthält und oral wirksam ist. Gebildet wird es von *Streptomyces narbonensis* var. *jasomyceticus* und var. *nova*. *Anw.:* Breitbandantibiotikum bei Infektionen mit Staphylokokken, Chlamydien oder Mykoplasmen, Verwendung in gleicher Weise wie ↗ Erythromycin (Formel s. unten).

Josefskraut ↗ Hyssopus officinalis.
Jowitt ↗ Cymbopogon-Arten.
Juchtenöl ↗ Betula-Arten.
Juckbohne ↗ Mucuna pruriens.
Juckfasel ↗ Mucuna pruriens.
Judasbaum ↗ Cercis siliquastrum.
Judasohren ↗ Auricularia auricula-judae.
Judenbrot ↗ Fraxinus-Arten.
Judenkernlein ↗ Atropa bella-donna.
Judenkest ↗ Aesculus hippocastanum.
Judenkirsche ↗ Atropa bella-donna, ↗ Physalis alkekengi.
Juglandis folium ↗ Juglans regia.
Juglans alba ↗ Carya ovata.

■ **Juglans cinerea** L.
Butternußbaum (syn. Graue Walnuß).

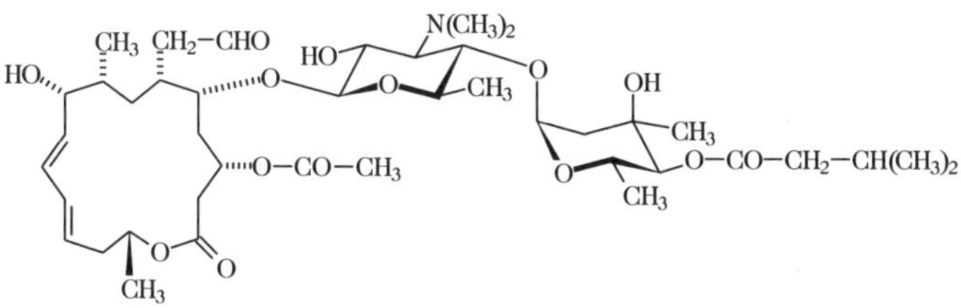

Josamycin

Fam.: Juglandaceae.
Vork.: Nordamerika.
Droge: ***Cortex Juglandis cinereae***; Butternußrinde, die innere Wurzelrinde. *Inh.*: Naphthochinonderivate, u. a. Juglon, Tannine, äther. Öl. *Anw.*: volkstümlich bei Galle- und Leberleiden sowie als Laxans.
Hom.: ***Juglans cinerea*** HAB34, Graue Walnuß, die im Mai und Juni gesammelte frische, innere Rinde der Äste, des Stammes oder der Wurzeln. *Anw.-Geb.*: Hauterkrankungen mit Leberleiden, Kopfschmerzen.

Juglans compressa ↗ Carya ovata.

■ **Juglans regia** L.
Walnußbaum.
Fam.: Juglandaceae.
Heim.: Kleinasien, kultiviert in Mitteleuropa, Nordafrika, Nordamerika.
Drogen: ***1. Juglandis folium*** (syn. *Folia Juglandis*); Walnußblätter (syn. Nußblätter, Nußbaumblätter), die getrockneten Laubblätter. *Inh.*: Gerbstoffe (ca. 10 %, Typ: Ellagitannine), Naphthochinonderivate, u. a. Juglon und Hydrojuglonglucosid, Flavonoide (ca.3,4 %), u. a. Hy-

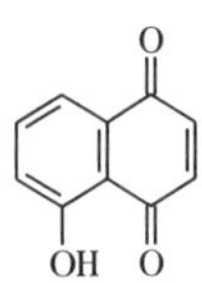

Juglon

perosid und Quercitrin sowie Kämpferolglykoside, Kaffeesäurederivate, äther. Öl (ca. 0,01–0,03 %) mit Germacren D als Hauptkomponente sowie Ascorbinsäure (0,85–1 %). *Anw.*: äußerlich als Adstringens für Bäder, Spülungen und als Umschläge bei Hautleiden, u. a. Akne, Ekzeme, Scrophulose sowie bei übermäßiger Schweißabsonderung. Volkstümlich zudem als Magentee sowie bei Darmkatarrhen. ***2. Cortex Juglandis nucum*** (syn. *Cortex Juglandis fructus*); Grüne Walnußschalen, die frischen Fruchtschalen. *Inh.*: α- und β-Hydrojuglon (Glykoside), Gerbstoffe, Vitamin C. *Anw.*: Adstringens, als schweißhemmendes Mittel, zu Bädern und Umschlägen. Auch in der Veterinärmedizin, zur Likörherstellung und als Haarfärbemittel wird die Droge verwendet. ***3. Nuces Juglandis***; Walnüsse (syn. Welschnüsse), die reifen Samenkerne. *Inh.*: fettes Öl (ca. 40–60 %), Lipide. *Anw.*: Nahrungs- und Genußmittel, in der Süßwarenindustrie oft als Mandelersatz. ***4. Oleum Juglandis***; Nußöl, das aus den Kernen kaltgepreßte, fette Öl. *Inh.*: Triglyceride der Linol-, Linolen-, Myristin- und Laurinsäure. *Anw.*: als Speiseöl und in der Kosmetik, technisch zur Gewinnung von Farben und Firnissen. ***5. Oleum Juglandis nucum infusum***; Walnußschalenöl, ein mit Oleum Arachidis (↗ Arachis hypogaea) in der Wärme hergestellter Auszug aus Walnußschalen. *Anw.*: in der Kosmetik.
Hom.: ***Juglans regia*** HAB1, die frischen Blätter und die frischen grünen Fruchtschalen zu gleichen Teilen. *Anw.-Geb.*: eitrige Hautausschläge, Lymphknotenentzündungen, Leberstörungen, Kopfschmerzen, Erkrankungen des Zentralnervensystems.
Histor.: Der Gattungsname *Juglans* setzt sich zusammen aus jóvis, dem Genitiv von Jupiter, und *glans* (Eichel) und bedeutet somit Jupiters Eichel, „Jupiternuß". Der Name entspricht der lateinischen Übersetzung aus dem griechischen *Diós bálanos*. Die Bezeichnung erklärt sich daraus, daß die alten Römer die Nüsse, die frisch einer Eichel ähneln, für eine Götterspeise hielten. Dabei ist das Wort Nuß nicht dem lateinischen *nux* entlehnt, sondern echt germanisch. Der Name Walnuß, entstanden aus Walchnuß, bedeutet „welsche Nuß". Als Arzneidroge wurden die Walnüsse bereits von ↗ Dioskurides beschrieben und u. a. auch in einer Kombination gegen Pfeilgifte genutzt. Die grünen Nußschalen kamen auch als Haarfärbemittel zum Einsatz.

Juglon ↗ Juglans regia.
Jujube ↗ Ziziphus jujuba.
Jumella fragrans ↗ Angraecum fragrans.

■ **Juncus effusus** L.
(syn. *Juncus communis*); Flatterbinse.
Fam.: Juncaceae.
Vork.: Kosmopolit.
Droge: ***Radix junci***; die Wurzel. *Inh.*: Kieselsäure, Gerbstoffe. *Anw.*: früher als mildes Diuretikum eingesetzt.
Hom.: ***Juncus effusus*** HAB, der frische Wurzelstock mit anhängenden Wurzeln. *Anw.-Geb.*: Nierensteinleiden.

Juncus nemorosus ↗ Luzula pilosa.

Juncus pilosus ↗ Luzula pilosa.
Juncus vernalis ↗ Luzula pilosa.
Junger Fustik ↗ Cotinus coggygria.
Jungfer-im-Grünen ↗ Nigella damascena.
Jungfernkraut ↗ Artemisia vulgaris, ↗ Chrysanthemum-Arten.
Juniperi aetheroleum ↗ Juniperus communis.
Juniperi fructus ↗ Juniperus communis.
Juniperi lignum ↗ Juniperus communis.
Juniperi pix ↗ Juniperus oxycedrus.

■ Juniperus communis L.

Wacholder (syn. Machandel, Kranewitt).

Fam.: Cupressaceae.

Vork.: Europa, in drei Unterarten: *ssp. alpina, ssp. communis* und *ssp. hemisphaerica.*

Drogen: *1. **Juniperi aetheroleum*** (syn. *Aetheroleum Juniperi, Oleum Iuniperi, Oleum Juniperi, Oleum Juniperi baccarum*); Wacholderbeeröl (syn. Ätherisches Wacholderöl, Wacholderöl), das aus den reifen Beerenzapfen durch Wasserdampfdestillation gewonnene äther. Öl. Inh.: Hauptkomponenten sind Monoterpenkohlenwasserstoffe, bes. α-Pinen, β-Myrcen, Limonen und Sabinen. Geringere Anteile bestehen aus Sesquiterpenkohlenwasserstoffen und oxidierten Monoterpenen, insbes. Terpinen-4-ol. Anw.: Bestandteil einiger Fertigarzneimittel, meist in Kapselform, die bei dyspeptischen Beschwerden und als mildes Diuretikum genutzt werden. Äußerlich als Badezusatz oder in Einreibungen zur Hyperämisierung bei Erkrankungen des rheumatischen Formenkreises. *2. **Juniperi fructus*** (syn. *Baccae Juniperi, Drupae Juniperi, Fructus Juniperi, Galbuli Juniperi, Iuniperi fructus, Pseudofructus iuniperi*); Wacholderbeeren (syn. Kaddigbeeren), die reifen, getrockneten Beerenzapfen. Inh.: äther. Öl (0,8 bis 2 %, s. *Juniperi aetheroleum*), Gerbstoffe vom Catechintyp, Invertzukker (ca.30 %) und geringe Mengen an Flavonoiden. Anw.: in Teemischungen, die bei dyspeptischen Beschwerden genutzt werden. Infolge Reizung des Nierenepithels ist die frühere Anwendung als Diuretikum nicht mehr vertretbar, da eine Nierenschädigung bei längerem Gebrauch nicht ausgeschlossen werden kann. Geg.: bei Nierenentzündungen sowie in der Schwangerschaft sind Wacholderzubereitungen zu vermeiden. *3. **Juniperi lignum*** (syn. *Lignum Juniperi*); Wacholderholz, das getrocknete Ast-, Stamm- und Wurzelholz. Inh.: äther. Öl (ca 0,1 %) mit Thujopsen als Hauptkomponente sowie Diterpene, u. a. Sugiol und Xanthoperol. Anw.: in der Volksheilkunde bei unzureichender Harnausscheidung, ferner als schweißtreibendes Mittel.

Hom.: *1. **Juniperus communis*** HAB1; Wacholder, die frischen, reifen Samenzapfen. Anw.-Geb.: Erkrankungen des Magen-Darm-Traktes sowie der Nieren und ableitenden Harnwege. *2. **Juniperus communis fructibus siccatis***; die reifen, getrockneten Beerenzapfen. Anw.-Geb.: anthroposophische Therapierichtung.

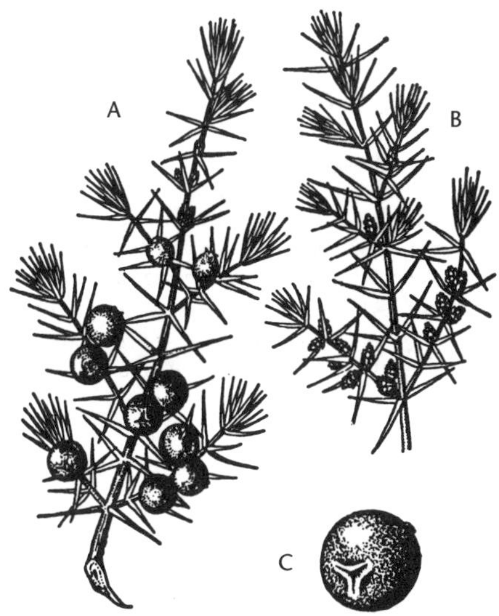

Juniperus communis, Sproß einer Pflanze ♀ (A), Sproß einer Pflanze ♂ (B), 1- bis 2jähriger Beerenzapfen (C).

Histor.: Der Gattungsname soll sich aus dem lateinischen *junior* (der Jüngere) und *pario* (erscheine) ableiten, bezugnehmend darauf, daß die jüngeren Früchte bereits erscheinen, während die alten schwarzen noch am Strauch hängen; *communis* = gewöhnlich. Der Name Wacholder geht auf das althochdeutsche „wechelder, wechalter" zurück und ist mit „lebensfrischer", d. h. immergrüner Strauch oder Baum übersetzbar. Während bei den antiken Schriftstellern der Gemeine Wacholder im Gegensatz zu anderen *Juniperus*-Arten keine Erwähnung fand, stand dieser bereits bei den Germanen in hohem Ansehen. Im Mittelalter galt er als Vorbeugungsmittel gegen

Pest, zudem empfahlen ihn die Kräuterbücher des 16. und 17. Jh. als harntreibendes, verdauungsförderndes und magenstärkendes Mittel.

Juniperus macrocarpa ↗ Juniperus oxycedrus.

■ **Juniperus oxycedrus** L.
(syn. *Juniperus rurescens, J. macrocarpa, J. umbilicata*); Baumwacholder (syn. Spanische Zeder).

Fam.: Cupressaceae. Strauch oder bis 14 m hoher Baum.

Heim.: Mittelmeerländer.

Droge: ***Juniperi pix*** (syn. *Oleum cadi, Oleum cadinum, Oleum Juniperi empyreumaticum, Oleum Cedri oxycedri, Pix Cadi, Pix Juniperi, Pix Juniperi liquida, Pix Oxycedri, Pyroleum Juniperi, Pyroleum Oxycedri*); Kadeöl (syn. *Juniperus-oxycedrus*-Holzteer, Kaddigöl, Kranewittöl, Spanisch-Cedernöl, Takusöl, Wacholderholzteer, Wacholderteer), der durch trockene Destillation aus dem Holz und den Zweigen gewonnene Teer. Inh.: Mischung von äther. Ölen mit pyrogen veränderten genuinen Bestandteilen des äther. Öles. *Anw*: volkstümlich bei chronischen Hautleiden, Seborrhoe, Bestandteil entsprechender Badezusätze.

Juniperus rurescens ↗ Juniperus oxycedrus.

■ **Juniperus sabina** L.
(syn. *Sabina officinalis*); Sadebaum (syn. Sebenbaum, Sevibaum, Stinkwacholder).

Fam.: Cupressaceae.

Heim.: Gebirgsregionen Südeuropas.

Drogen: ***1. Sabinae aetheroleum*** (syn. *Aetheroleum Sabinae, Oleum Sabinae*); Sadebaumöl, das äther. Öl aus den beblätterten Zweigen. Inh.: Hauptkomponenten sind Sabinylacetat und Sabinen, außerdem liegen u. a. β-Myrcen, Terpinen-

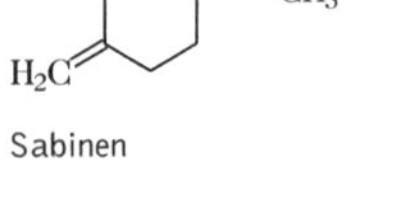

Sabinen

4-ol, α-Pinen, Limonen und β-Thujon vor. Anw.: früher in der Volksheilkunde bei Menstruationsstörungen, mißbräuchlich als Abortivum sowie gelegentlich äußerlich als intensives Hautreizmittel. Geg.: Wegen der hohen Toxizität ist vor einer innerlichen Anwendung zu warnen. ***2. Sabinae summitates*** (syn. *Cacumina Sabinae, Folia Sabinae, Frondes Sabinae, Herba Sabinae, Ramuli Sabinae, Sabinae cacumina, Sabinae herba, Sabinae ramuli, Summitates Sabinae, Turiones Sabinae*); Sadebaumkraut (syn. Sabinakraut, Sabinerkraut, Sadebaumspitzen, Sebenstrauchkraut, Sevenkraut, Sevikraut), die getrockneten, jüngsten Zweigspitzen. Inh.: äther. Öl (2–3 %, s. *Sabinae aetheroleum*), ferner Lignanderivate, u. a. Savinin und Podophyllotoxin. Anw.: Früher bei Menstruationsstörungen, in Salbenform zur Behandlung von Feigwarzen sowie mißbräuchlich als Abortivum.

Hom.: ***Juniperus sabina*** HAB1; Sadebaum, die frischen, noch unverholzten Zweigspitzen mit den Blättern. Anw.-Geb.: Erkrankungen der weiblichen Geschlechtsorgane, der Nieren und ableitenden Harnwege sowie des Stütz- und Bewegungsapparates, z. B. Gebärmutterblutung, Entzündung der Harn-und Geschlechtsorgane, Rheumatismus und Warzen.

Juniperus umbilicata ↗ Juniperus oxycedrus.

■ **Juniperus virginiana** L.
Virginischer Wacholder (syn. Rote Zeder, Virginische Zeder).

Fam.: Cupressaceae.

Vork.: atlantisches Nordamerika.

Drogen: ***1. Lignum Cedri***; Zedernholz, das getrocknete Holz. Inh.: äther. Öl (s. *Oleum Ligni Cedri*). Anw.: volkstümlich zu Räucherzwecken. ***2. Oleum Ligni Cedri*** (syn. *Juniperus-virginiana*-Holzöl); Cedernholzöl (syn. Zedernholzöl), das äther. Öl aus dem Holz. Inh.: Hauptkomponenten sind Sesquiterpene mit α- und β-Cedren, Cedrol, Cuparen, Thujopsen und Widdrol. Außer-

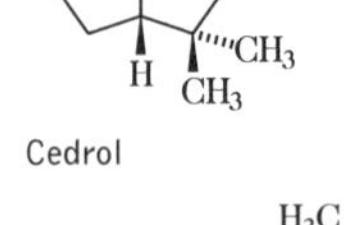

Cedrol

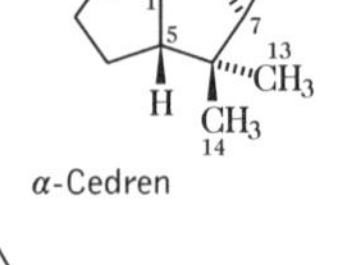

α-Cedren

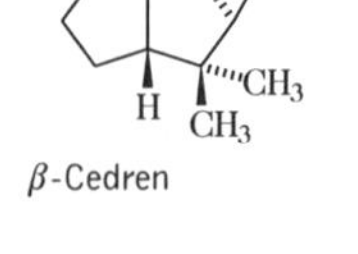

β-Cedren

dem liegen Monoterpene, u. a. α-Pinen, α-Terpineol, β-Thujon, Limonen sowie Anisaldehyd und Eugenol vor. Anw.: Früher bei Menstruationsstörungen und Gonorrhoe. Heute noch Grundlage für Insektenvertreibungsmittel sowie zum Parfümieren von kosmetischen Erzeugnissen.

Hom.: ***Juniperus virginiana*** HAB34, die frischen Zweigspitzen. *Anw.-Geb.:* u. a. Entzündungen der ableitenden Harnwege.

Jurema ↗ Mimosa hostilis.

■ **Justicia adhatoda** L.
(syn. *Adhatoda vasica, Adhatoda zeylanica, Ecbolium adhatoda*).

Fam.: Acanthaceae.

Vork.: Nordindien, bes. Pandschab, Nepal, Assam, heute auch kultiviert.

Droge: *Folia Adhatodae* (syn. *Justicia-adhatoda*-Blätter); *Adhatoda-vasika*-Blätter (syn. Vasaka-Blätter), die getrockneten Laubblätter. *Inh.:* Chinazolin-Alkaloide (0,5–2 %, v. a. Vasicin, Vasicinon, Hydroxyvasicin und Vasicolin), äther. Öl

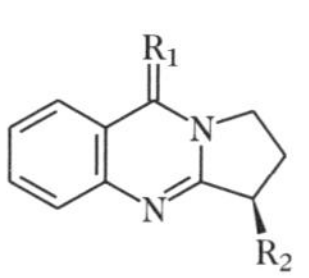

	R^1	R^2
Peganin = Vasicin	H_2	OH
Vasicinon	O	OH
Desoxyvasicinon	O	H

(ca. 0,2 %, unbekannter Zusammensetzung) mit unangenehmem Geruch. *Anw.:* in der Volksheilkunde bei Katarrhen der oberen Luftwege, akuter und chronischer Bronchitis, aber auch bei Lungentuberkulose als hustenreizstillendes und auswurfförderndes Mittel. In der Ayurvedamedizin werden als weitere Anwendungsgebiete Gonorrhoe, Unreinheiten des Körpers, Durchfall und Schlangenbisse angegeben. Diese Wirksamkeiten sind klinisch nicht belegt, wenngleich Vasicin experimentell eine langanhaltende Bronchodilatation auslöst.

Hom.: ***Adhatoda vasica*** (syn. *Justicia adhatoda*), die frischen Blätter. *Anw.-Geb.:* akute Entzündungen der Luftwege, Heuschnupfen.

Histor.: Vasicin diente in der experimentellen Pharmakologie als Modellsubstanz für chemische Synthesereihen von Expektorantien, aus denen die Arzneimittel Bromhexin und Ambroxol hervorgegangen sind.

Justicia paniculata ↗ Andrographis paniculata.

■ **Justicia pectoralis** Jacq. var. *stenophylla* Leonard

Fam.: Acanthaceae.

Vork.: tropische Gebiete Amerikas.

Anw.: Die gepulverten Blätter werden von den Indianern am Oberlauf des Orinoco mit Schnupfpulver aus *Virola theiodora* (↗ *Virola*-Arten) gemischt und als Halluzinogen verwendet. Als psychoaktive Inhaltsstoffe von *J. pectoralis* werden Tryptamine vermutet, der experimentelle Beweis steht noch aus.

Jute ↗ Corchorus-Arten.
Jutesamenöl ↗ Corchorus-Arten.

K

Kabeljau ↗ Gadus morrhua.
Kachel ↗ Achillea-Arten.
Kadamfett ↗ Hodgsonia kadam.
Kadaygummi ↗ Sterculia-Arten.
Kaddam ↗ Anthocephalus cadamba.
Kaddigbeeren ↗ Juniperus communis.
Kaddigöl ↗ Juniperus oxycedrus.
Kadeöl ↗ Juniperus oxycedrus.

■ **Kaempferia galanga** L.
Galanga (syn. Gewürzlilie, Maraba.)

Fam.: Zingiberaceae.

Vork.: Ostindien.

Droge: ***Rhizoma Kaempferiae***. *Inh.:* äther. Öl. *Anw.:* In Indien wird die Droge als Gewürz für Reisgerichte sowie in der Volksheilkunde bei Blähungen und zur Schleimlösung genutzt. Die Ureinwohner Neuguineas dagegen sollen die Droge als Halluzinogen benutzen. Da der Wurzelstock dieser Pflanze reich an äther. Ölen ist, könnten Bestandteile davon für eine psychotrope Wirkung verantwortlich sein. Genauere Untersuchungsergebnisse stehen derzeit nicht zur Verfügung.

Kaempferia pandurata ↗ Boesenbergia pandurata.
Kaempferol ↗ Flavonoide.
Kaffee ↗ Coffea-Arten.
Kaffeebaum ↗ Coffea-Arten.
Kaffeeblume ↗ Anemone nemorosa.
Kaffeebohnen ↗ Coffea-Arten.
Kaffeekohle ↗ Coffea-Arten.

■ **Kaffeesäure**
3,4-Dihydroxyzimtsäure. Häufig vorkommende Pflanzensäure, die für die analytische Charakterisierung von Drogen (blaue Fluoreszenz) genutzt werden kann.

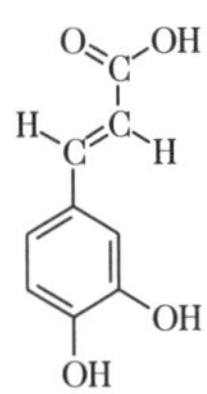

Kaffeesäure

Kaffeestrauch ↗ Coffea-Arten.
Kaffernhirse ↗ Sorghum bicolor.
Kahle Kastanie ↗ Aesculus glabra.
Kahler Krempling ↗ Paxillus involutus.
Kahler Sumach ↗ Rhus-Arten.
Kahles Bruchkraut ↗ Herniaria glabra.
Kahle Schildblume ↗ Chelone glabra.
Kailkenblumen ↗ Sambucus nigra.
Kaiserblume ↗ Centaurea cyanus.
Kaiserkrone ↗ Fritillaria roylii.
Kaiserkronenstärke ↗ Fritillaria imperialis.
Kaiserwurz ↗ Peucedanum ostruthium.
Kajeputbaum ↗ Melaleuca-Arten.
Kajeputöl ↗ Melaleuca-Arten.
Kakao ↗ Theobroma cacao.
Kakaobaum ↗ Theobroma cacao.
Kakaobutter ↗ Theobroma cacao.
Kakaorot ↗ Theobroma cacao
Kakerlak ↗ Blatta orientalis.
Kakipflaume ↗ Diospyros-Arten.
Kaktusblüten ↗ Selenicereus grandiflorus.
Kaktuskraut ↗ Selenicereus grandiflorus.
Kaktus-Schildlaus ↗ Dactylopius coccus.
Kalabarbohnen ↗ Physostigma venenosum.
Kalabarsamen ↗ Physostigma venenosum.
Kaladanasamen ↗ Pharbitis nil.

■ **Kalanchoe daigremontiana** Hamet et Perr. de la Bâthie
(syn. *Bryophyllum daigremontianum*, *B. taigremontiana*), s. Farbtafel S. 312, Bild 191.
Fam.: Crassulaceae.
Vork.: Madagaskar, Asien. Inh.: nicht näher charakterisierte toxische Stoffe.
Hom.: *1. Kalanchoe* HAB1, die frischen, im ersten Vegetationsjahr geernteten Blätter. Anw.-Geb.: Negativmonografie. *2. Kalanchoe Rh* HAB1, die frischen, im ersten Vegetationsjahr geernteten Blätter. Anw.-Geb.: anthroposophische Therapierichtung.

Kalappaöl ↗ Cocos nucifera.
Kalappusöl ↗ Cocos nucifera.
Kalbsfuß ↗ Arum maculatum.
Kaliaturholz ↗ Pterocarpus-Arten.
Kalifornischer Mohn ↗ Eschscholzia californica.
Kalifornisches Mohnkraut ↗ Eschscholzia californica.
Kali-Salzkraut ↗ Salsola kali.
Kalliandrarinde ↗ Calliandra houstoni.
Kalmiae folium ↗ Kalmia latifolia.

■ **Kalmia latifolia** L.
(syn. *Kalmia lucida, K. nitida*); Lorbeerrose (syn. Amerikanischer Lorbeer, Berglorbeer, Breitblättriger Berglorbeer, Kalmie), s. Farbtafel S. 312, Bild 192.
Fam.: Ericaceae.
Vork.: östliches Nordamerika.
Droge: *Kalmiae folium* (syn. *Folium Kalmiae*); *Kalmia-latifolia*-Blatt, die frischen oder getrockneten Blätter. Inh.: tetracyclische Diterpene vom Grayanotoxintyp, u. a. Grayanotoxin I und II sowie Kalmiatoxin. Außerdem Phlorizin (2,7 %) sowie Flavonoide. Anw.: früher bei rheumatischen Erkrankungen, Pilzerkrankungen der Haut, Herpes und sekundärer Syphilis sowie bei Angina pectoris. Infolge Toxizität der Grayanotoxine (Andromedotoxine), die besonders den Na^+-Kanal blockieren und damit schließlich eine Depolarisation der Herz- und Nervenzellen bedingen, ist die Anwendung der Droge heute auf die Homöopathie beschränkt.

Hom.: *Kalmia latifolia* HAB1; Breitblättriger Berglorbeer, die frischen Blätter. Anw.-Geb.: Erkrankungen des Herzens, des arteriellen Gefäßsystems sowie des Stütz- und Bewegungsapparates, wie rheumatische und andere Herzerkrankungen, Rheumatismus, Gürtelrose und Nervenschmerzen.

Histor.: Die Gattung erhielt ihren Namen nach dem schwedischen Botaniker Pehr Kalm (1715–1779); *latifolia* (lat.) = breitblättrig. Die Blätter wurden früher in Nordamerika als narkotisches und adstringierendes Mittel, u. a. bei Diarrhoe, Exanthemen, Syphilis und Psoriasis angewendet. Die Indianer sollen die Droge auch für Selbstmordzwecke genutzt haben.

Kalmia lucida ↗ Kalmia latifolia.
Kalmia nitida ↗ Kalmia latifolia.
Kalmie ↗ Kalmia latifolia.
Kalmus ↗ Acorus calamus.
Kalumbaewurzel ↗ Jateorhiza palmata.
Kamala ↗ Mallotus philippinensis.
Kamalabaum ↗ Mallotus philippinensis.
Kameldorn ↗ Alhagi pseudoalhagi.
Kamillenblüten ↗ Chamomilla recutita.
Kamillenöl ↗ Chamomilla recutita.
Kammtang ↗ Plocamium coccineum.
Kampfer ↗ Campher.
Kampferbaum ↗ Cinnamomum-Arten.
Kampferbaumöl ↗ Cinnamomum-Arten.
Kampferlorbeer ↗ Cinnamomum-Arten.
Kampferwurz ↗ Asarum europaeum.
Kanadabalsam ↗ Abies-Arten.
Kanadische Blutwurzel ↗ Sanguinaria canadensis.
Kanadische Collinsonie ↗ Collinsonia canadensis.
Kanadische Dürrwurz ↗ Conyza canadensis.
Kanadische Gelbwurz ↗ Hydrastis canadensis.
Kanadische Goldrute ↗ Solidago-Arten.
Kanadische Grieswurzel ↗ Collinsonia canadensis.
Kanadische Haselwurzel ↗ Asarum canadense.
Kanadischer Biber ↗ Castor fiber.
Kanadischer Hanf ↗ Apocynum cannabinum.
Kanadischer Katzenschweif ↗ Conyza canadensis.
Kanadischer Kornel ↗ Cornus-Arten.
Kanadischer Tee ↗ Gaultheria procumbens.
Kanadisches Berufkraut ↗ Conyza canadensis.
Kanadisches Bibergeil ↗ Castor fiber.
Kanadische Schlangenwurz ↗ Asarum canadense.

■ Kanamycin A

trimeres Aminoglykosidantibiotikum, das aus 2-Desoxystreptamin, 6-d-Glucosamin und Kanosamin aufgebaut ist. Gebildet wird das Antibiotikum von *Streptomyces kanamyceticus* und *Streptomyces takakuarensis*. Anw.: Eingesetzt werden Kanamycinmonosulfat oder Kanamycinhydrogensulfat vor allem bei lokalen Infektionen am Auge und seltener bei Darminfektionen. Früher als Tuberkulostatikum verwendet, wird es heute wegen zu starker Nebenwirkungen (Ototoxizität) nicht mehr systemisch appliziert.

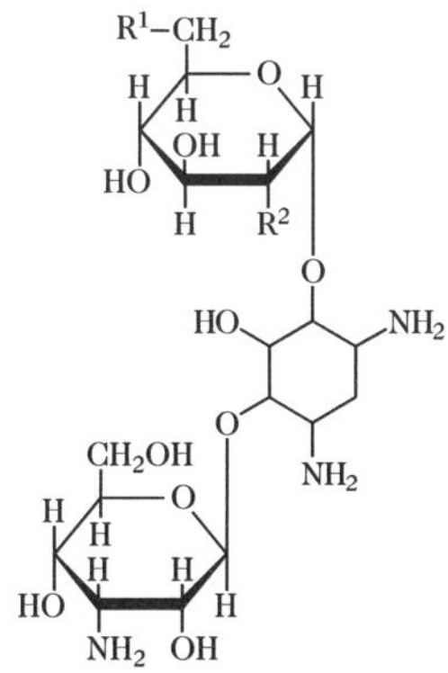

	R^1	R^2
Kanamycin A	NH_2	OH
Kanamycin B	NH_2	NH_2
Kanamycin C	OH	NH_2

Kanariengrassamen ↗ Phalaris canariensis.
Kanarienholz ↗ Liriodendron tulipifera.
Kanarischer Ginster ↗ Cytisus canariensis.

■ Kandelia candel

(syn. *Kandelia rheedii*).

Fam.: Rhizophoraceae.

Vork.: Ostindien, Java, Borneo, Südchina, Südjapan.

Droge: *Kandeliarinde*. Inh.: Catechin-Gerbstoffe. Anw.: zum Gerben von Leder.

Kandelia rheedii ↗ Kandelia candel.
Kandeliarinde ↗ Kandelia candel.
Kaneelbaum ↗ Cinnamomum-Arten.
Kaneelrinde ↗ Canella winterana.
Kanel ↗ Cinnamomum-Arten.

Kanelblüten ↗ Cinnamomum-Arten.
Kanellrinde ↗ Canella winterana.
Känguruhbaum ↗ Casuarina equisetifolia.
Kanipfeffer ↗ Xylopia aethiopica.
Kannenkraut ↗ Equisetum-Arten.
Kantelbaum ↗ Taxus baccata.
Kanthariden ↗ Lytta vesicatoria.
Kanton-Rhabarber ↗ Rheum-Arten.
Kap-Aloe ↗ Aloe-Arten.
Kapern ↗ Capparis spinosa.
Kapok ↗ Bombax malabaricum.
Kapokbaum ↗ Ceiba pentandra.
Kapoksamenöl ↗ Ceiba pentandra.
Kapor ↗ Dryobalanops aromatica.
Kappes ↗ Brassica-Arten.
Kappus ↗ Brassica-Arten.
Kap-Sonnentau ↗ Drosera-Arten.
Kapuzinerkresse ↗ Tropaeolum majus.
Kapuzinerli ↗ Tropaeolum majus.
Karaibablätter ↗ Jacaranda procera.
Karambolabaum ↗ Averrhoa-Arten.
Karayagummi ↗ Sterculia-Arten.
Karbensamen ↗ Carum carvi.
Kardamomen ↗ Elettaria cardamomum.
Kardamomenöl ↗ Elettaria cardamomum.
Kardamompflanze ↗ Elettaria cardamomum.
Kardendistel ↗ Dipsacus silvestris.
Kardobenediktenkraut ↗ Cnicus benedictus.
Kardyöl ↗ Carthamus tinctorius.
Karitébutter ↗ Butyrospermum parkii.
Karitéfett ↗ Butyrospermum parkii.
Karkade ↗ Hibiscus sabdariffa.
Karlsdistel ↗ Carlina acaulis.

■ **Karmelitergeist**
(syn. *Spiritus Melissae compositus*); zusammengesetzter Melissenspiritus, aus Citronellöl, Äther. Muskatöl, Zimtöl und Nelkenöl in wäßrig-ethanolischer Lösung bereitet. Anw.: bei dyspeptischen Beschwerden, Erkältungskrankheiten, äußerlich zu Einreibungen sowie in der Parfümerie.

Karmswuttel ↗ Acorus calamus.
Karnaubawachs ↗ Copernicia prunifera.
Karobablätter ↗ Jacaranda procera.
Karoben ↗ Ceratonia siliqua.
Karobenbaum ↗ Ceratonia siliqua.
Karobenblätter ↗ Jacaranda procera.
Karolinische Sternblume ↗ Spigelia-Arten.
Karos carvi ↗ Carum carvi.
Karotte ↗ Daucus carota.
Karthäuser Tee ↗ Chenopodium-Arten.
Kartoffel ↗ Solanum-Arten.
Kartoffelstärke ↗ Solanum-Arten.
Kartoffelyam ↗ Dioscorea-Arten.
Karve ↗ Carum carvi.

■ **Karwinskia humboldtiana** (Roem. et Schult.) Zucc.
Fam.: Rhamnaceae.
Vork.: Kalifornien, Mexiko.
Droge: Früchte und Blätter. Inh.: in den Früchten toxische Polyphenole; Chrysophanol, β-Amyrin. Anw.: in der mexikanischen Volksheilkunde gegen Krämpfe, der Tee aus den Blättern wird bei Fieber getrunken.
Hom.: *Tullidora*

Käsblume ↗ Anemone nemorosa.
Kaschkar ↗ Rhododendron-Arten.
Kaschu-Baum ↗ Anacardium occidentale.
Kaschunuß ↗ Anacardium occidentale.
Kaschuschalenöl ↗ Anacardium occidentale.
Käsekraut ↗ Malva-Arten.
Käselabkraut ↗ Galium verum.
Käsepappel ↗ Malva-Arten.
Käsepappelblätter ↗ Malva-Arten.
Käsepappelblüten ↗ Malva-Arten.
Kaskararinde ↗ Rhamnus purshianus.
Kaskarillabaum ↗ Croton elutaria.
Kaskarillae ↗ Croton elutaria.
Kaskarille ↗ Croton elutaria.
Kassiablüten ↗ Cinnamomum-Arten.
Kassiaöl ↗ Cinnamomum-Arten.
Kassiazimtöl ↗ Cinnamomum-Arten.
Kassie ↗ Cassia-Arten, ↗ Cinnamomum-Arten.
Kastoröl ↗ Ricinus communis.
Katechu ↗ Acacia-Arten.
Kathstrauch ↗ Catha edulis.
Katzenaugenharz ↗ Shorea wiesneri.
Katzenbaldrian ↗ Valeriana officinalis.
Katzenbart ↗ Orthosiphon aristatus.
Katzenblume ↗ Bellis perennis.
Katzenblutkraut ↗ Verbena officinalis.
Katzengamander ↗ Teucrium-Arten.
Katzenklee ↗ Trifolium arvense.
Katzenkraut ↗ Teucrium-Arten, ↗ Valeriana officinalis, ↗ Achillea-Arten.
Katzenminze ↗ Nepeta cataria.
Katzenpfötchen ↗ Helichrysum arenarium.
Katzenschwanz ↗ Achillea-Arten, ↗ Equisetum-Arten.

Katzentraube ↗ Sedum acre.
Katzenwedel ↗ Equisetum-Arten.
Katzenwurzel ↗ Valeriana officinalis.
Katzenwürzel ↗ Valeriana officinalis.
Kaukasische Insektenblüten ↗ Chrysanthemum-Arten.
Kaukasisches Schneeglöckchen ↗ Galanthus-Arten.
Kauricopal ↗ Agathis-Arten
Kauricopalöl ↗ Agathis-Arten.
Kaurifichte ↗ Agathis-Arten.
Kaurifichtenöl ↗ Agathis-Arten.
Kaurikopal ↗ Agathis-Arten.

■ Kautschuk

(syn. *Cautschuc*, *Gummi elasticum*); Gummi, der zum Gerinnen gebrachte und gereinigte Latex (Milchsaft). Dieser stellt ein hochmolekulares Polymerisationsprodukt des Isoprens dar mit 10^4–$3 \cdot 10^4$ unverzweigten, in *cis*-Konfiguration angeordneten Isopreneinheiten. Wichtigste Kautschuk liefernde Pflanze ist ↗ *Hevea brasiliensis*. Weitere wirtschaftlich genutzte Arten sind ↗ *Castilla elastica*, ↗ *Ficus elastica*, *Hancornia speciosa*, *Landolphia*-Arten, *Raphionacme utilis*, ↗ *Parthenium argentatum* und ↗ *Taraxacum kok-saghyz*.

Kautschuk-Feigenbaum ↗ Ficus elastica.
Kavain ↗ Piper methysticum.
Kava-Kava rhizoma ↗ Piper methysticum.
Kavakavawurzelstock ↗ Piper methysticum.

■ Kawalactone

(Kawapyrone), lactonische Derivate der 7-Phenyl-5-hydroxy-heptan-1-säure (Formeln s. rechts oben). Sie sind vor allem Bestandteile des Kavakavawurzelstocks (↗ Piper methysticum). Wirk.: in geringen Dosen zentral stimulierend, in höherer Dosierung rufen sie Wohlbefinden hervor. Auslösung der Wirkung über GABA-Rezeptoren-Wechselwirkung.

Kawapfeffer ↗ Piper methysticum.
Kefirkörner ↗ Lactobacillus bulgaricus.
Kefirpilz ↗ Candida-Arten.
Kegelhütiger Knollenblätterpilz ↗ Amania virosa.
Kegeliger Rißpilz ↗ Inocybe-Arten.
Kellerhals ↗ Daphne mezereum.
Kenia-Aloe ↗ Aloe-Arten.
Kentranthus ruber ↗ Centranthus ruber.
Kepa esculenta ↗ Allium-Arten.
Kerbel ↗ Anthriscus cerefolium.

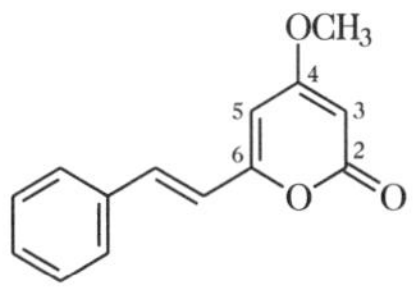

12-Demethoxy-Yangonin
(5,6-Didehydro-Kavain)

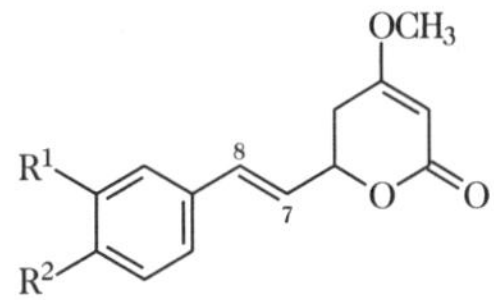

Kavain: $R^1 = H$, $R^2 = H$
Methysticin: R^1, $R^2 = –O–CH_2–O–$

Kermesbeere ↗ Phytolacca americana.
Kermeswurzel ↗ Phytolacca americana.
Kernfett ↗ Diploknema-Arten.
Kernlestee ↗ Rosa canina.

■ Kerria lacca (Kerr) Lindinger

(syn. *Carteria lacca*, *Coccus lacca*, *Laccifera lacca*, *Lakshadia indica*, *Tachardia lacca*); Kochenille (syn. Gummilackschildlaus, Lackschildlaus).

Fam.: Lacciferidae.

Vork.: indischer Subkontinent.

Droge: ***Lacca in tabulis*** (syn. *Lacca*, *Resina Lacca*, *Gummi Lacca*); Schellack (syn. Gummilack, Lackharz). Inh.: 10 % Wachs, 90 % veresterte aliphatische und alicyclische Hydroxycarbonsäuren (u. a. Aleuritinsäure, Shellolsäure, Jalarinsäure), Anthrachinonderivate (Erythrolaccin).

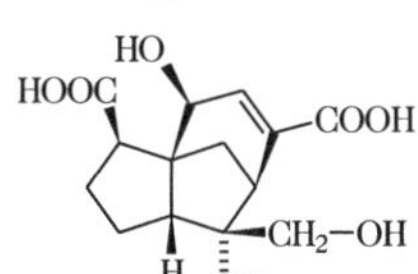

Shellolsäure

Anw.: in der Galenik zur Herstellung magensaftresistenter, dünndarmlöslicher Überzüge für Dragees sowie in der Technik zur Herstellung von hochwertigen Lacken für viele Bereiche (Möbelindustrie, Papierindustrie, Nahrungsmittelindustrie u. a.).

Kettenblume ↗ Taraxacum officinale.
Keule ↗ Gomortega keule.

Keulenbärlapp ↗ Lycopodium clavatum.
Keulenbaum ↗ Casuarina equisetifolia.
Keuschlamm ↗ Vitex agnus-castus.
Keuschlammfrüchte ↗ Vitex agnus-castus.
Khanna ↗ Mesembryanthemum-Arten.
Khat ↗ Caths edulis.
Khatstrauch ↗ Catha edulis.

■ **Khaya senegalensis** (Desr.) A. de Jussieu (syn. *Swietenia senegalensis*).
Fam.: Meliaceae.
Vork.: tropisches Westafrika.
Droge: die Rinde. *Inh.:* Catechingerbstoffe, Saponine, Sterole, Scopoletin, Aesculetin, Cailcedrin. *Anw.:* in der afrikanischen Volksheilkunde als Ersatz für Chinarinde (↗ *Cinchona*-Arten) eingesetzt, insbesondere bei Malaria, Fieber und Intestinalbeschwerden; äußerlich bei Hauterkrankungen, Windpocken, Dermatosen, Geschwüren, Wunden, Geschlechtskrankheiten und Lepra verwendet. In der Veterinärheilkunde dient die Droge als Anthelmintikum, Emenagogum und als Brechmittel. Mitunter wird die Pflanze auch zur Bereitung von Pfeilgiften verwendet (zusammen mit *Strophanthus hispidus*-Samen, getrockneten Kröten, den Köpfen giftiger Schlangen, den Stacheln von Skorpionen und Schwarzen Wespen).

Khellafrüchte ↗ Ammi visnaga.
Khellakraut ↗ Ammi visnaga.
Khellin ↗ Ammi visnaga.
Kichererbse ↗ Cicer arietinum.
Kief ↗ Cannabis sativa.
Kiefernnadelöl ↗ Pinus-Arten.
Kiefernsprosse ↗ Pinus-Arten.
Kieselalgen ↗ Diatomeen.
Kieselgur ↗ Diatomeen.
Kif ↗ Cannabis sativa.
Kiffi ↗ Cannabis sativa.
Kimiz ↗ Kumys.
Kinderwurzel ↗ Iris germanica.
Kingiodendron pinnatum ↗ Hardwickia pinnata.
Kino ↗ Pterocarpus-Arten
Kino bengalense ↗ Butea monosperma.
Kino indicum ↗ Pterocarpus-Arten
Kino malabaricum ↗ Pterocarpus-Arten
Kino optimum ↗ Pterocarpus-Arten
Kirayakraut ↗ Swertia chirata.
Kirchenschlüssel ↗ Primula-Arten.
Kirchenysop ↗ Hyssopus officinalis.
Kirschgummi ↗ Prunus-Arten.
Kirschkernöl ↗ Prunus-Arten.
Kirschlorbeer ↗ Prunus-Arten.
Kirschlorbeerblätter ↗ Prunus-Arten.
Kirschlorbeeröl ↗ Prunus-Arten.
Kirschroter Täubling ↗ Russula emetica.
Kirschstiele ↗ Prunus-Arten.
Kiwi ↗ Actinidia chinensis.
Klanner ↗ Coriandrum sativum.
Klapperschlange ↗ Crotalus-Arten
Klapperschlangenbohne ↗ Simaba cedron.
Klapperschlangenwurzel ↗ Polygala-Arten.
Klapprosen ↗ Papaver rhoeas.
Klatschmohnblüten ↗ Papaver rhoeas.
Klatschrosenblüten ↗ Papaver rhoeas.
Klauenfett ↗ Bos taurus.
Klauenöl ↗ Bos taurus.
Klebendes Labkraut ↗ Galium aparine.
Klebkraut ↗ Galium aparine.
Kleb-Labkraut ↗ Galium aparine.
Klebrich ↗ Galium aparine.
Klebriger Gänsefuß ↗ Chenopodium-Arten.
Kleebaum ↗ Laburnum anagyroides.
Kleeseide ↗ Cuscuta europaea.
Kleeulme ↗ Ptelea trifoliata.
Kleinblumige Königskerze ↗ Verbascum-Arten.
Kleinblütiger Fingerhut ↗ Digitalis-Arten.
Kleinblütiges Springkraut ↗ Impatiens parviflora.
Kleinblütiges Weidenröschen ↗ Epilobium-Arten.
Kleine Bibernelle ↗ Pimpinella-Arten.
Kleine Brennessel ↗ Urtica-Arten.
Kleine Kamille ↗ Chamomilla recutita.
Kleine Käsepappel ↗ Malva-Arten.
Kleine Königskerze ↗ Verbascum-Arten.
Kleine Kuhschelle ↗ Pulsatilla-Arten.
Kleiner Kardamom ↗ Elettaria cardamomum.
Kleiner Odermennig ↗ Agrimonia eupatoria.
Kleiner Sauerampfer ↗ Rumex acetosella.
Kleiner Schierling ↗ Aethusa cynapium.
Kleiner Speik ↗ Lavandula angustifolia.
Kleines Immergrün ↗ Vinca minor.
Kleines Knabenkraut ↗ Orchis-Arten.
Kleines Schneeglöckchen ↗ Galanthus-Arten.
Kleines Sinngrün ↗ Vinca minor.
Kleine Wasserlinse ↗ Lemna minor.
Kleine Wiesenraute ↗ Thalictrum minus.
Klette ↗ Arctium-Arten.
Kletten-Labkraut ↗ Galium aparine.
Klettenwurzel ↗ Arctium-Arten.
Kletterlabkraut ↗ Galium aparine.
Kletternder Sumach ↗ Rhus-Arten.

Kletterndes Labkraut ↗ Galium aparine.
Klimmkraut ↗ Galium aparine.
Klosterysop ↗ Hyssopus officinalis.
Kluster ↗ Viscum album.
Knabenkraut ↗ Orchis-Arten, ↗ Dactylorhiza-Arten.
Knackbeere ↗ Symphoricarpus albus.
Knackweide ↗ Salix-Arten.
Knallerbse ↗ Symphoricarpus albus.
Knaulgras ↗ Dactylis glomerata.
Knaulgrasfrüchte ↗ Dactylis glomerata.

■ **Knautia arvensis** (L.) Coult.
(syn. *Scabiosa arvensis, Trichera arvensis*); Akker-Witwenblume (syn. Ackergrindkraut, Acker-Knautie, Acker-Scabiose, Grindkraut, Honigblume, Krätzkraut, Witwenblume).

Fam.: Dipsacaceae.

Vork.: Europa.

Droge: *Knautiae arvensis herba* (syn. *Herba Knautiae arvensis, Herba Scabiosae, Herba Scabiosae arvensis, Herba Scabiosae vulgaris*); Akkerscabiosenkraut (syn. Ackergrindkraut, Ackerknautienkraut, Ackerwitwenblumenkraut, Grindkraut, Kratzkraut, Scabiosenkraut), der beblätterte Stengel samt den Blütenköpfchen. Inh.: Iridoide (Pseudoindikane), u. a. Dipsacan. Ferner Triterpene, u. a. Ursolsäure, Triterpensaponine, u. a. Knautiosid (1,1–1,7 %), Phytosterole, Flavonoide und Kaffeesäurederivate. *Anw.*: volkstümlich innerlich und äußerlich bei chronischen Hautleiden, Urticaria, Kopfgrind sowie bei Kondylomen. Mitunter auch innerlich bei Husten und Halsentzündungen.

Hom.: *Knautia arvensis* HAB1; Acker-Witwenblume, die frischen, oberirdischen Teile blühender Pflanzen. *Anw.-Geb.*: Erkrankungen der unteren Atemwege sowie des Magen-Darm-Traktes.

Histor.: Der heutige Gattungsname *Knautia* wurde nach dem Arzt Chr. Knaut (1654–1716) aus Halle benannt. Dagegen ist die ursprüngliche Bezeichnung *Scabiosa* auf das lateinische *scabies* (Krätze) wegen der früheren Verwendung der Pflanze gegen Krätze gebildet worden. Der Artname *arvensis* bezieht sich auf den bevorzugten Standort der Pflanze, nämlich Äcker und Weiden. Die klassischen Kräuterbücher des 16. Jh. erwähnen die Droge.

Knautiae arvensis herba ↗ Knautia arvensis.

■ **Kneipp, Sebastian**
(1821–1897), Pfarrer in Wörishofen, entwickelte Wasserheilkuren, die die ganzheitliche Beeinflussung des Organismus zum Ziel haben und allgemein auf fünf Grundlagen beruhen, nämlich Wasser, Bewegung, Ernährung, Phyto- und Ordnungstherapie. Sie finden in der Rekonvaleszenz, bei Herz-Kreislauf- und Atemwegserkrankungen sowie bei Stoffwechselstörungen Anwendung.

Knieholz ↗ Pinus-Arten.
Knoblauch ↗ Allium-Arten.
Knoblauchgamander ↗ Teucrium-Arten.
Knoblauchrauke ↗ Alliaria petiolata.
Knoblauchshederich ↗ Alliaria petiolata.
Knoblauchskraut ↗ Alliaria petiolata.
Knoblauchsrauke ↗ Alliaria petiolata.
Knoblichskraut ↗ Alliaria petiolata.
Knobloch ↗ Allium-Arten.
Knofelkraut ↗ Alliaria petiolata.
Knollenhahnenfuß ↗ Ranunculus-Arten.
Knolliger Hahnenfuß ↗ Ranunculus-Arten.
Knollige Schwalbenwurz ↗ Asclepias-Arten.
Knollige Schwalbenwurzel ↗ Asclepias-Arten.
Knollige Seidenpflanze ↗ Asclepias-Arten.
Knollige Sonnenblume ↗ Helianthus tuberosus.
Knolliges Steinkraut ↗ Sedum acre.
Knolliges Zyperngras ↗ Cyperus rotundus.
Knöpfchen ↗ Chrysanthemum-Arten.
Knopfel ↗ Allium-Arten.
Knopfkamille ↗ Chrysanthemum-Arten.
Knorpellattich ↗ Chondrilla juncea.
Knorpelmöhre ↗ Ammi majus.
Knotengras ↗ Agropyron repens.
Knotentang ↗ Ascophyllum nodosum.
Knotenwurz ↗ Scrophularia nodosa.
Knöterichwurzel ↗ Polygonum bistorta.
Kochenille ↗ Kerria lacca.
Kohl ↗ Brassica-Arten.
Kohldistel ↗ Cirsium oleraceum.

■ **Kohlenhydrate**
(Saccharide), umfangreiche Klasse von Naturstoffen, die chemisch zu den aliphatischen Polyhydroxymonooxoverbindungen zu zählen sind und der allgemeinen Formel $C_n(H_2O)_n$ entsprechen. Ihnen können folgende Gruppen von Verbindungen zugeordnet werden: 1. Monosaccharide (einfache Zucker); 2. Alditole (Zuckeralkohole); 3. Cyclitole (alicyclische Polyhydroxyverbindungen); 4. Aldonsäuren (besitzen eine end-

ständige Carboxylgruppe); 5. Uronsäuren (besitzen endständige Carboxyl- und Carbonylgruppen); 6. Ketoaldonsäuren (besitzen endständige Carboxylgruppe sowie Ketogruppen); 7. Aldarsäuren (besitzen zwei endständige Carboxylgruppen); 8. Aminozucker (Aminopolyhydroxyverbindungen), 9. Oligosaccharide (zusammengesetzte Zucker aus 2 bis 10 Monosaccharideinheiten) und 10. Polysaccharide (polymere Zucker aus mehr als 10 Monosaccharideinheiten). K. sind in jeder tierischen und pflanzlichen Zelle enthalten und gehören neben den Fetten und Proteinen zu den wichtigsten Bausteinen des Lebens. Sie stellen den mengenmäßig größten Anteil der auf der Erde vorkommenden organischen Substanz dar. Ausgangverbindung für die verschiedenen K. ist in der Regel Glucose, die im Prozeß der Photosynthese gebildet wird. K. sind wichtige Inhaltsstoffe von Arzneidrogen und werden vielfältig in der Therapie von Erkrankungen, aber auch als Nahrungsmittel eingesetzt.

Kohlportulak ↗ Portulacca oleracea.
Kohlrose ↗ Rosa x centifolia.
Kohlsaat ↗ Brassica-Arten.
Kohlsaatöl ↗ Brassica-Arten.
Kokablätter ↗ Erythroxylum coca.
Kokastrauch ↗ Erythroxylum coca.
Kokkelsamen ↗ Anamirta cocculus.
Kokkelskörner ↗ Anamirta cocculus.
Kokkelskörnerstrauch ↗ Anamirta cocculus.
Kokosbutter ↗ Cocos nucifera.
Kokosfett ↗ Cocos nucifera.
Kokosnuß ↗ Cocos nucifera.
Kokospalme ↗ Cocos nucifera.
Kola ↗ Cola-Arten.
Kolabaum ↗ Cola-Arten.
Kolanuß ↗ Cola-Arten.
Kolasamen ↗ Cola-Arten.
Kolbenbärlapp ↗ Lycopodium clavatum.
Kolbenschimmel ↗ Aspergillus-Arten.
Koli-Bakterien ↗ Escherichia coli.
Kölle ↗ Satureja hortensis.
Kolmarkraut ↗ Corchorus-Arten.
Kolmas ↗ Acorus calamus.
Kolombowurzel ↗ Jateorhiza palmata.
Kolophonium ↗ Pinus-Arten.
Koloquintenkürbis ↗ Citrullus colocynthis.
Koloquinthe ↗ Citrullus colocynthis.
Koloquinthenfrüchte ↗ Citrullus colocynthis.
Kombésamen ↗ Strophanthus-Arten.
Kombe-Strophanthin ↗ Strophanthus-Arten.
Kompaßpflanze ↗ Silphium laciniatum.
Kondorliane ↗ Marsdenia condurango.
Kondurangorinde ↗ Marsdenia condurango.
Kondurangowein ↗ Vinum medicata.
Kongokaffee ↗ Coffea-Arten.
Kongo-Kubeben ↗ Piper guineense.
Königin der Nacht ↗ Selenicereus grandiflorus.
Königschinarinde ↗ Cinchona-Arten.
Königskerze ↗ Verbascum-Arten.
Königskerzenblüten ↗ Verbascum-Arten.
Königskraut ↗ Ocimum basilicum.
Königsnelken ↗ Syzygium-Arten.
Königsrosenwurzel ↗ Paeonia officinalis.
Königs-Salbei ↗ Salvia-Arten.
Konradskraut ↗ Hypericum perforatum.
Kopaivabalsam ↗ Copaifera-Arten.
Kopal-Gummi ↗ Bursera-Arten.
Kopfbeere ↗ Cephaelis-Arten.
Köpfchenschimmel ↗ Mucor pusillus.
Kopfwehkraut ↗ Anagallis arvensis.
Köppernickel ↗ Meum athamanticum.
Kopra ↗ Cocos nucifera.
Koptischer Tee ↗ Epilobium-Arten.
Korallenbäumchen ↗ Solanum-Arten.
Korallenbaumöl ↗ Adenanthera pavonina.
Korallenbohne ↗ Sophora secundiflora.
Korallenkirsche ↗ Solanum-Arten.
Korallenmoos ↗ Alsidium helminthocorton.
Korallensamen ↗ Paeonia officinalis.
Korallenstrauch ↗ Solanum-Arten.
Korallenwurzel ↗ Polypodium vulgare.
Kordofan-Gummi ↗ Acacia-Arten.
Koreanischer Ginseng ↗ Panax ginseng.
Koriander ↗ Coriandrum sativum.
Korianderfrüchte ↗ Coriandrum sativum.
Koribo ↗ Tanaecium nocturnum.
Korinthen ↗ Vitis vinifera.
Korkbaum ↗ Phellodendron amurense.
Korkbaumfruchtöl ↗ Phellodendron amurense.
Korkeiche ↗ Quercus-Arten.
Korkholz ↗ Alstonia-Arten.
Kornbeißer ↗ Centaurea cyanus.
Kornblume ↗ Centaurea cyanus.
Kornel ↗ Cornus-Arten.
Kornelkirsche ↗ Cornus-Arten.
Kornelle ↗ Cornus-Arten.
Körnerhirse ↗ Sorghum bicolor.
Kornfresser ↗ Centaurea cyanus.
Körniger Steinbrech ↗ Saxifraga granulata.

Kornminze ↗ Mentha-Arten.
Kornmuhme ↗ Claviceps purpurea.
Kornmutter ↗ Centaurea cyanus, ↗ Claviceps purpurea.
Kornnelke ↗ Agrostemma githago.
Kornpiepen ↗ Equisetum-Arten.
Kornrade ↗ Agrostemma githago.
Kornrosen ↗ Papaver rhoeas.
Kornzapfen ↗ Claviceps purpurea.
Korsikanisches Wurmmoos ↗ Alsidium helminthochorton.
Koschenillekaktus ↗ Opuntia cochenillifera.
Kosobaum ↗ Hagenia abyssinica.
Kosoblüten ↗ Hagenia abyssinica.
Koso flos ↗ Hagenia abyssinica.
Kostuspflanze ↗ Saussurea costus.
Krackbeere ↗ Vaccinium-Arten.
Kraftrose ↗ Arnica-Arten.
Kraftwurz ↗ Petasites hybridus, ↗ Arnica-Arten.
Kraftwurzel ↗ Panax ginseng.
Krähenauge ↗ Paris quadrifolia, ↗ Strychnos-Arten.
Krähenaugenbaum ↗ Strychnos-Arten.
Krähenbeere ↗ Empetrum nigrum.
Krähenblume ↗ Anemone nemorosa.
Krähenfuß ↗ Cotula coronopifolia.
Krähenkopf ↗ Claviceps purpurea.
Krainer Tollkraut ↗ Scopolia carniolica.
Krallendorn ↗ Uncaria tomentosa.
Krallendornwurzel ↗ Uncaria tomentosa.
Krameria canescens ↗ Krameria triandra.
Krameria iluca ↗ Krameria triandra.
Krameria lappacea ↗ Krameria triandra.
Krameria linearis ↗ Krameria triandra.
Krameria pentapetala ↗ Krameria triandra.

■ **Krameria triandra** Ruiz et Pav.
(syn. *Krameria canescens, K. iluca, K. lappacea, K. linearis, K. pentapetala, Landia lappacea*); Peru-Ratanhia (syn. Ratanhia, Payta-Ratanhia).

Fam.: Krameriaceae.

Vork.: Der 30 bis 100 cm hohe Strauch ist vorzugsweise in den Andenregionen (in 600–3600 m Höhe) Südamerikas, v. a. Perus, zu finden.

Droge: ***Ratanhiae radix*** (syn. *Radix Ratanhiae, Radix Krameriae*); Ratanhiawurzel. *Inh.:* Die rotbraune Wurzel enthält neben Flavonolen (Catechin) vor allem ca. 10 % kondensierte Gerbstoffe (Proanthocyanidine aus 5 bis 10 Flavonoleinheiten aufgebaut), die besonders in der Wurzelrinde lokalisiert und für die adstringierende Wirkung verantwortlich sind. Weiterhin werden Phlobaphene (Ratanhiarot), Neolignane und Norneolignane in geringer Konzentration (< 0,3 %) gefunden. *Anw.:* Die alkoholische Ratanhiatinktur (*Tinctura Ratanhiae*) wird zur lokalen Behandlung von Entzündungen der Mund- und Rachenschleimhaut verwendet. Innerlich wird die Droge in der Volksheilkunde zur Behandlung von Durchfällen, Erkrankungen der weiblichen Genitalorgane und der Harnwege eingesetzt. Auch bei Hämorrhoiden, blutenden Wunden, Verbrennungen und Hautgeschwüren finden Ratanhiawurzel-Zubereitungen Anwendung.

Hom.: ***Krameria triandra*** HAB1, die getrocknete Wurzel. *Anw.-Geb.:* schmerzhafte Erkrankungen des Enddarms, Schleimhautblutungen.

Histor.: Den Namen *Krameria* erhielt die Gattung nach dem österreichischen Militärarzt J.H. Kramer, der Artname *triandra* wurde wegen der drei Staubgefäße gewählt. Der Name Ratanhia soll auf die alte peruanische Quechuasprache zurückgehen. Die Peruanerinnen benutzten die Wurzel seit alters her zur Pflege ihrer Zähne. Nach Europa kam die Droge durch den spanischen Botaniker Ruis (1796). Über England und Frankreich gelangte sie schließlich nach Deutschland, wo sie seit etwa 1818 pharmazeutisch genutzt wird.

Kramkümmel ↗ Carum carvi.
Kramperltee ↗ Cetraria islandica.
Krampf-Kamille ↗ Chamaemelum nobile.
Krampfkraut ↗ Filipendula ulmaria, ↗ Potentilla anserina.
Kranewitt ↗ Juniperus communis.
Kranewittöl ↗ Juniperus oxycedrus.
Krankrautblätter ↗ Rosmarinus officinalis.
Kränzelkraut ↗ Lysimachia nummularia.
Kranzenkraut ↗ Rosmarinus officinalis.
Kranzenkrautblätter ↗ Rosmarinus officinalis.
Kranzkraut ↗ Lysimachia nummularia.
Kranzlan ↗ Lysimachia nummularia.
Krapp ↗ Rubia tinctorum.
Krappwurzel ↗ Rubia tinctorum.
Kratzbeere ↗ Rubus-Arten.
Krätzewurzel ↗ Veratrum album.
Kratzheil ↗ Fumaria officinalis.
Kratzkraut ↗ Datura-Arten, ↗ Knautia arvensis.
Krätzkraut ↗ Knautia arvensis.
Krausblättriger Ampfer ↗ Rumex crispus.
Krausdistel ↗ Eryngium-Arten.
Krauseminze ↗ Mentha-Arten.
Krauseminzöl ↗ Mentha-Arten.

Krauser Rhabarber ↗ Rheum-Arten.
Kraut ↗ Brassica-Arten, ↗ Herba.

■ Kräuterbücher

vorwiegend im 15. und 16. Jh. entstandene Werke, die die pflanzlichen und tierischen Drogen beschreiben und oft auch Abbildungen von diesen enthalten. Zu den ältesten K. gehören „De viribus herbarum" aus dem 10. Jh. mit unbekanntem Verfasser, das Züricher und Innsbrucker Arzneibuch aus dem Kloster Stams (12. Jh.) oder auch „Kleiner Hortus Sanitatis" (Mainz 1485), auch „Garten der Gesundheit" genannt. Die bekanntesten Kräuterbücher sind jedoch die von Otto ↗ Brunfels (1532), Hieronymus ↗ Bock (1539) und das „New Kreutterbuch" von Leonhard Fuchs (1543), deren Verfasser man auch als die drei Väter der Botanik bezeichnet.

■ Kräuterkissen

(syn. Kräutersäckchen), in Kissen verpackte Kräutergemische, die meist äther. Öle enthalten, die beim Erwärmen verdampfen und auf diese Weise zum Einsatz gelangen.

Kräutersäckchen ↗ Kräuterkissen.
Krebswurz ↗ Polygonum bistorta.
Kren ↗ Armoracia rusticana.
Kreosotstrauch ↗ Larrea tridentata.
Kressenfeige ↗ Carica papaya.
Kretischer Dost ↗ Origanum onites.
Kretischer Fenchel ↗ Foeniculum vulgare.
Kretzenkraut ↗ Anthyllis vulneraria.
Kreupelboomrinde ↗ Leucospermum cococarpum.
Kreuzanker ↗ Araneus diadematus.
Kreuzbeeren ↗ Rhamnus catharticus.
Kreuzblättrige Wolfsmilch ↗ Euphorbia-Arten.
Kreuzblume ↗ Centaurea cyanus, ↗ Polygala-Arten.
Kreuzdorn ↗ Rhamnus catharticus.
Kreuzdornbeeren ↗ Rhamnus catharticus.
Kreuz-Enzian ↗ Gentiana-Arten.
Kreuzerlan ↗ Lysimachia nummularia.
Kreuzkraut ↗ Polygala-Arten, ↗ Senecio-Arten, ↗ Sisymbrium officinale.
Kreuzkümmel ↗ Cuminum cyminum.
Kreuzkümmelöl ↗ Cuminum cyminum.
Kreuzotter ↗ Vipera berus.
Kreuzraute ↗ Ruta graveolens.
Kreuz-Salbei ↗ Salvia-Arten.
Kreuzspinne ↗ Araneus diadematus.
Kriechender Gamswurz ↗ Doronicum pardalianches.
Kriechender Günsel ↗ Ajuga reptans.
Kriechendes Fingerkraut ↗ Potentilla reptans.
Kriechklee ↗ Trifolium repens.
Kriechweizen ↗ Agropyron repens.
Kriechweizenwurzel ↗ Agropyron repens.
Kroatischer Tee ↗ Lithospermum officinale.
Krokus ↗ Crocus sativus.
Kronenwolfsmilch ↗ Euphorbia-Arten.
Kronen-Wucherblume ↗ Chrysanthemum-Arten.
Kronrhabarberstaude ↗ Rheum-Arten.
Kronsbeere ↗ Vaccinium-Arten.
Krötengifte ↗ Bufo bufo.
Krotonöl ↗ Croton tiglium.
Krottenpetersilie ↗ Conium maculatum.
Krukenbaum ↗ Lecythis urnigera.
Krummbeere ↗ Solanum-Arten.
Krummholzkiefer ↗ Pinus-Arten.
Krustenflechten ↗ Rocella-Arten.
Krustenschwamm ↗ Ephydatia mülleri.
Kubeben ↗ Piper cubeba.
Kubebenpfeffer ↗ Piper cubeba.
Küchenkohl ↗ Brassica-Arten.
Küchenzwiebel ↗ Allium-Arten.
Kuckucksblume ↗ Anemone nemorosa, ↗ Orchis-Arten.
Kuckucks-Knabenkraut ↗ Orchis-Arten.
Kuckucksnessel ↗ Lamium album.
Kuckucks-Orchis ↗ Orchis-Arten.
Kuckucksweck ↗ Colchicum autumnale.
Kugelartischocke ↗ Cynara scolymus.
Kugelblume ↗ Globularia alypum.
Kugelblumenstrauch ↗ Globularia alypum.
Kugeldistel ↗ Echinops ritro.
Kugelfisch ↗ Tetraodon rubripes rubripes.
Kugelkolbenkraut ↗ Symplocarpus foetidus.
Kugelspinne ↗ Araneus diadematus, ↗ Latrodectus curacaviensis.
Kugelstrauch ↗ Caesalpinia-Arten.
Kuhbaumwachs ↗ Brosimum galactodendron.
Kuhblume ↗ Caltha palustris, ↗ Taraxacum officinale
Kuhbohnen ↗ Trigonella foenum-graecum.
Kuhdille ↗ Anthemis cotula.
Kuh-Dillen ↗ Chrysanthemum-Arten.
Kühe ↗ Colchicum autumnale.
Kuheuter ↗ Colchicum autumnale.
Kuhheide ↗ Calluna vulgaris.
Kuhhornklee ↗ Trigonella foenum-graecum.
Kühhunger ↗ Anemone nemorosa.

Kuhkraut ↗ Vaccaria segetalis.
Kuhschelle ↗ Pulsatilla-Arten.
Kuhwurz ↗ Arum maculatum.
Kukurutz ↗ Zea mays.
Kukuruz ↗ Zea mays.
Kuminum odoratum ↗ Cuminum cyminum.
Kumiss ↗ Kumys.
Kümmel ↗ Carum carvi.
Kümmelfrüchte ↗ Carum carvi.
Kümmelöl ↗ Carum carvi.
Kumquat ↗ Fortunella japonica.

■ Kumys

(syn. *Lac fermentatum*, Kimiz, Kumiss, Kumyss), mit Bierhefe (*Saccharomyces cerevisiae*, ↗ medizinische Hefe) und Milchsäurekulturen (Lactobacillus) vergorene Stutenmilch (ursprünglich) oder magerer Kuhmilch. Das leicht schäumende Produkt, das etwa 0,5–2,5 % Alkohol und 0,7–1,8 % Milchsäure enthält, wird besonders in den Steppen Zentralasiens als Naturheilmittel (Diätkur) zur Prophylaxe und Therapie von Magen-Darm-Erkrankungen getrunken.

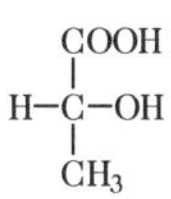

(*R*)-Milchsäure

Kumyss ↗ Kumys.
Kunigundenkraut ↗ Eupatorium-Arten.
Kürbissamen ↗ Cucurbita pepo.
Kurchibaum ↗ Holarrhena pubescens.
Kurchirinde ↗ Holarrhena pubescens.
Kurkuma ↗ Curcuma-Arten.
Kurkumawurzelstock ↗ Curcuma-Arten.
Kurtuffel ↗ Solanum-Arten.
Kusauzuknollen ↗ Aconitum fisheri.
Kussobaum ↗ Hagenia abyssinica.
Kussoblüten ↗ Hagenia abyssinica.
Kutira-Gummi ↗ Cochlospermum gossypium, ↗ Sterculia-Arten.
Küttenkerne ↗ Cydonia oblonga.
Kwashi ↗ Pancratium trianthum.

■ Kwaß

russisches Volksgetränk aus Mehl oder zerkleinertem Brot, mit heißem Wasser verührt, dem Malz oder auch Zucker, Pfefferminzblätter oder Rosinen zugesetzt werden. Diese Mischung wird 1–3 Tage vergoren (*Saccharomyces cerevisiae*, ↗ medizinische Hefe) und enthält dann etwa 0,5 % Alkohol. Auch in anderen slawischen Ländern wird ein ähnliches Erfrischungsgetränk mit geringem Alkoholgehalt hergestellt, das als Geiselitz, Braga (aus Hirsemehl) oder Kwascha bezeichnet wird.

Karl Hiller/Matthias F. Melzig

Die große Enzyklopädie der Arzneipflanzen und Drogen

IN ZWEI BÄNDEN

Die große Enzyklopädie der Arzneipflanzen und Drogen

ZWEITER BAND

L bis Z

Mitarbeiterverzeichnis

Autoren:
Prof. Dr. Karl Hiller, Berlin
Prof. Dr. Matthias F. Melzig, Berlin

Essay-Autoren:
PD Dr. Gerd Bader, Berlin
Prof. Dr. Rudolf Bauer, Düsseldorf
Prof. Dr. Gerhard Buchbauer, Wien
Prof. Dr. Beate Diettrich, Halle
Prof. Dr. Chlodwig Franz, Wien
Prof. Dr. Götz Harnischfeger, Salzgitter
Prof. Dr. Ulrike Lindequist, Greifswald
Prof. Dr. Matthias F. Melzig, Berlin
Dr. Markus Wiesenauer, Weinstadt
Dr. Bruno Wolters, Braunschweig

Farbabbildungen in Band 2:
Prof. Dr. Karl Hiller, Berlin (1, 3, 4, 5, 6, 7, 8, 9, 10, 11, 12, 13, 14, 15, 17, 18, 19, 20, 21, 22, 23, 24, 25, 26, 27, 28, 29, 30, 31, 32, 33, 34, 35, 36, 37, 38, 39, 40, 41, 42, 43, 44, 45, 46, 47, 48, 49, 50, 51, 52, 53, 54, 59, 60, 61, 63, 64, 65, 66, 67, 69, 70, 71, 72, 73, 74, 75, 76, 77, 78, 79, 80, 81, 83, 85, 87, 88, 89, 90, 91, 92, 93, 94, 95, 96, 97, 98, 99, 100, 101, 102, 103, 104, 105, 106, 107, 108, 109, 110, 111, 112, 113, 115, 116, 117, 118, 119, 121, 122, 123, 124, 127, 128, 129, 130, 132, 133, 134, 135, 136, 137, 138, 139, 140, 141, 142, 143, 144, 145, 146, 147, 148, 149, 150, 151, 152, 153, 154, 155, 156, 157, 158, 159, 160, 161, 162, 163, 165, 166, 169, 170, 171, 172, 173, 174, 175, 176, 177, 178, 179, 180, 181, 182, 183, 184, 187, 188, 189, 190, 191, 192)
Prof. Dr. Ulrike Lindequist, Greifswald (125)
Prof. Dr. Dieter Mai, Berlin (2, 58, 68, 82, 84, 86, 114, 131, 164, 185, 186)
Prof. Dr. Matthias F. Melzig, Berlin (16, 55, 56, 120, 126, 167)
Prof. Dr. Eberhard Teuscher, Triebis (57, 62, 168)

Redaktion:
Ruth Karcher

Hinweise für den Benutzer

Die Stichworteinträge sind im Lexikon nach dem Alphabet sortiert. Dabei wurden Lücken und Bindestriche sowie x in botanischen Namen ignoriert. Anacyclus x officinarum ist demnach wie Anacyclusofficinarum eingeordnet, Umlaute (ä, ö und ü) sowie Buchstaben mit Akzenten (é) wurden wie die Grundvokale (a, o, u, e) behandelt.
Präfixe der chemischen Nomenklatur blieben bei deralphabetischen Sortierung unberücksichtigt. So steht beispielsweise D-Apiose unter A und β-Sitosterol unter S. Aus mehreren Wörtern bestehende Begriffe – meist deutsche Pflanzennamen – wurden in ihrer natürlichen Reihenfolge aufgeführt, so heißt es z. B. Wollige Ballote und nicht Ballote, Wollige.

Bei Fachbegriffen wurde die in neueren deutschen Lehrbüchern am häufigsten gefundene Schreibweise verwendet, mit der Tendenz, vor allem chemische Begriffe der internationalen Schreibweise anzupassen, d. h. c anstelle von z oder k zu verwenden. So ist beispielsweise Lacton, Citronensäure und Nucleotid jeweils mit c geschrieben. Begriffe aus der Medizin, bei denen die c-Schreibweise unüblich ist, wurden mit z bzw. k geschrieben, wie Zytostatikum, Expektorans oder Bakterizid. Bei Stichwörtern, die unter C nicht aufgefunden werden, empfielt es sich daher, unter Z oder K zu suchen und umgekehrt.

Das Lexikon enthält zahlreiche Verweisstichwörter, die in den meisten Fällen deutsche und lateinische Synonyme von Pflanzenarten sind. Auch in den Artikeln finden sich Verweise, die es dem Leser ermöglichen, noch weitere in diesem Zusammenhang interessante Informationen aufzufinden. Auf sehr häufig vorkommende Pflanzeninhaltsstoffe, wie z.B. Flavonoide, wurde jedoch der Übersichtlichkeit halber nicht bei jeder Erwähnung verwiesen.

Eine Droge wird in der Regel als giftig bezeichnet, wenn die mittlere letale Dosis weniger als 1500 mg pro kg Körpergewicht beträgt.

Aufbau der Artikel
Die Artikel des Lexikons sind mit einem schwarzen Quadrat vor dem fettgedruckten Stichwort gekennzeichnet und durch eine Leerzeile vom vorangehenden und nachfolgenden Stichwort abgesetzt. Die meisten dieser Artikel beschreiben pharmakologisch bedeutsame Pflanzenarten und sind einheitlich nach einem der folgenden Schemata gegliedert:

■ **Stichwort**
Familie
Vorkommen
Drogen
Droge 1
Inh.
Anw.
Droge 2
Inh.
Anw.
Hom.
Hom. 1
Anw.-Geb.
Hom. 2
Anw.-Geb.
Historisches

■ **Stichwort**
● **Familie**
● **Art 1**
Vorkommen
Drogen
Droge 1
Inh.
Anw.
Droge 2
Inh.
Anw.
Hom.
Hom. 1
Anw.-Geb.
Hom. 2
Anw.-Geb.
● **Art 2**
Vorkommen
Drogen
Droge 1
Inh.
Anw.
Droge 2
Inh.
Anw.
Hom.
Hom. 1
Anw.-Geb.
Hom. 2
Anw.-Geb.
● **Historisches**

Abkürzungen

Abb.	Abbildung
Anw.	Anwendung
Anw.-Geb.	Anwendungsgebiete
äther.	ätherisch
Bedeut.	Bedeutung
bes.	besonders
bzw.	beziehungsweise
ca.	circa
Dos.	Dosierung
dt.	deutsch
Eig.	Eigenschaften
evtl.	eventuell
Fam.	Familie
Geg.	Gegenanzeigen
griech.	griechisch
HAB	Homöopathisches Arzneibuch
Heim.	Heimat
Herk.	Herkunft
Histor.	Historisches
Hom.	Homöopathie
homöop.	homöopathisch
i. d. R.	in der Regel
Inh.	Inhaltsstoffe
insbes.	insbesondere
i. v.	intravenös
Jh.	Jahrhundert
lat.	lateinisch
LD	letale Dosis
min	Minute
M_r	relative Molekülmasse
p. o.	per os
pl.	Plural
s. o.	siehe oben
sog.	sogenannt
s. u.	siehe unten
syn.	Synonym
Tab.	Tabelle
TD	Tagesdosis
Tox.	Toxikologie
u. a.	unter anderem/und andere
v. a.	vor allem
Vork.	Vorkommen
Wirk.	Wirkung
zahlr.	zahlreich
z. B.	zum Beispiel
ZNS	Zentralnervensystem
z. T.	zum Teil

L

Labdanum ↗ Cistus-Arten.
Labstockwurzel ↗ Levisticum officinale.
Laburni folium ↗ Laburnum anagyroides.
Laburno cytisus ↗ Laburnum anagyroides.

■ **Laburnum anagyroides** Medik.
(syn. *Cytisus laburnum, Genista laburnum, Laburno cytisus, Laburnum laburnum, Laburnum vulgare*); Gemeiner Goldregen (syn. Bohnenbaum, Geißklee, Kleebaum), s. Farbtafel S. 137, Bild 1.

Fam.: Fabaceae (Papilionaceae).

Vork.: südliches Mittel- und Osteuropa.

Drogen: *1. **Folia Laburni*** (syn. *Laburni folium); Laburnum-anagyroides*-Blätter (syn. Goldregenblätter), die getrockneten Blätter. *Inh.:* Chinolizidinalkaloide, deren Gehalt während der Vegetationsperiode auf nahezu null sinkt. *Anw.:* früher als schleimlösendes und abführendes Mittel; in Notzeiten mitunter als Tabakersatz. *2. **Semen Cytisi laburnum***; *Laburnum-anagyroides*-Samen (syn. Goldregen-Samen), die aus den Hülsen entfernten Samen. *Inh.:* Chinolizidinalkaloide (1–3 %) mit ↗ Cytisin als Hauptalkaloid. *Anw.:* früher als Atmungsanaleptikum (TD: 3 mg) sowie als Raucherentwöhnungsmittel (TD: 9 mg, auf 6 Gaben verteilt) sowie volkstümlich bei Verstopfung, zur Entwässerung, als Asthma- und Brechmittel. *Geg.:* In höheren Dosen ist die Droge toxisch. Die Toxizität ist vor allem durch das Cytisin bedingt, das an den nicotinergenen Acetylcholin-Rezeptoren des ZNS, der Ganglien und der neuromuskulären Endplatte angreift.

Hom.: ***Laburnum anagyroides*** HAB1; Goldregen, gleiche Teile der frischen Blätter und Blüten. *Anw.-Geb.:* Erkrankungen des Zentralnervensystems.

Histor.: Der heutige Gattungsname *Laburnum* soll vom lateinischen *alburnum* abstammen, womit ↗ Plinius das Splintholz bezeichnete, während die Bezeichnung *Cytisus* von der Insel Kythisos herrühren soll. Der Artname wird mit der Ähnlichkeit mit *Anagyros foetida*, dem Stinkstrauch, in Verbindung gebracht. Die deutschen Namen Goldregen und Bohnenbaum weisen auf die goldgelben Blütentrauben bzw. auf die bohnenähnlichen Früchte hin. Das harte Holz des Baumes wird auch für Drechsler- und Schreinerarbeiten genutzt.

Laburnum laburnum ↗ Laburnum anagyroides.
Laburnum vulgare ↗ Laburnum anagyroides.

■ **Lac bovinum defloratum HAB**
Kuhmilch.

Hom.: ***Lac defloratum***, die abgerahmte Milch vom Hausrind, Bos taurus L. *Anw.-Geb.:* Kopfschmerzen.

Lacca ↗ Kerria lacca.
Lacca in tabulis ↗ Kerria lacca.

■ **Lac caninum HAB**
Hundsmilch (syn. Hundemilch).

Hom.: ***Lac caninum***, HAB1, die frisch gewonnene Milch der Hündin. *Anw.-Geb.:* Erkrankungen des zentralen Nervensystems, des Mund- und Rachenraumes, des Magen-Darm-Traktes, der weiblichen Geschlechtsorgane sowie des Stütz- und Bewegungsapparates.

Laccifera lacca ↗ Kerria lacca.

■ **Lac felinum HAB**
Katzenmilch.

Hom.: ***Lac felinum***, die frische Milch der Hauskatze, Felis domestica Briss. *Anw.-Geb.:* schmerzhafte Augenerkrankungen.

Lac fermentatum ↗ Kumys.
Lachenknoblauch ↗ Teucrium-Arten.

■ **Lachesis muta** L.
(syn. *Lachesis rhombeata, Bothrops sururucu, Crotalus mutus*); Buschmeister.

Fam.: Crotalidae.

Vork.: Gefährliche Giftschlange Mittel- und Südamerikas. *Inh.:* Das Gift enthält u. a. Proteasen, Hämagglutinine und Hämolysine.

Hom.: ***Lachesis*** HAB1; Lanzenfieber (syn. Buschmeister), frisches Schlangengift. *Anw.-Geb.:* Konstitutionsmittel nach Infektionen, septischen Prozessen, Abszessen, Venenentzündungen, Gelenkrheumatismus und Dysmenorrhoe.

Lachesis rhombeata ↗ Lachesis muta.

■ **Lachnanthes tinctoria** Ell.
Wollnarzisse (syn. Rotwurzel).

Fam.: Haemodoraceae.

Vork.: Nordamerika.

Inh.: unbekannt. *Anw.:* in der Volksheilkunde als Febrifugum sowie technisch als Färbemittel.

Hom.: ***Lachnanthes tinctoria*** HAB1, die frische blühende Pflanze. *Anw.-Geb.:* Erkrankungen des zentralen Nervensystems, des Stütz- und Bewegungsapparates, z. B. Migräne und Schiefhals.

Lachs ↗ Salmo salar.
Lachsleberöl ↗ Salmo salar.
Lack ↗ Cheiranthus cheiri.
Lackharz ↗ Kerria lacca.

■ **Lackmus**
blauer Farbstoff, der aus verschiedenen Flechtenarten, z. B. *Variolaria, Rocella* und *Lecanora* gewonnen wird. L. ist ein Polymeres aus 7-Hydroxy-3-phenoxazinon-Chromophoren, das mit ↗ Orseille verwandt ist. *Anw.:* als Indikator in der Säure-Basen-Titration, zum Färben von Nahrungsmitteln, Kosmetika, früher auch zum Bläuen von Wäsche.

Histor.: L. wurde um 1300 von dem Arzt und Alchemisten Arnaldus de Villanova entdeckt. Der Name leitet sich vom niederländischen Lakmoes ab, dessen Deutung aber unsicher ist.

Lackschildlaus ↗ Kerria lacca.
Lackviolen ↗ Cheiranthus cheiri.
Lacryma syriaca ↗ Ferula foetida.

■ **β-Lactam-Antibiotika**
Sammelbezeichnung für Antibiotika mit einem viergliedrigen β-Lactam-Ring im Grundgerüst. Die natürlichen Vertreter lassen sich nach ihrer Grundstruktur in 5 Klassen einteilen: Pename (↗ Penicilline), Ceph-3-eme (↗ Cephalosporine), Clavame (↗ Clavulansäure), Carbapeneme (↗ Thienamycine) und Monolactame (↗ Nocardicine, ↗ Monobactame). Mit Ausnahme der ↗ Cephamycine werden sie alle von Pilzen gebildet. *Wirk.:* Hemmung der bakteriellen Zellwandsynthese. *Anw.:* Die β-L. zählen heute noch zu den wirkungsvollsten Antibiotika und werden sehr häufig bei der Bekämpfung von mikrobiellen Infektionen eingesetzt. Durch intensive Forschung konnte ihre Stabilität gegenüber ↗ β-Lactamasen erhöht und damit die Wirksamkeit verstärkt werden. Vielfältige halbsynthetische Derivate von β-L. besitzen verbesserte pharmakokinetische Eigenschaften als ihre natürlichen Vertreter und werden daher bevorzugt verwendet.

Histor.: Das erste, als klassisches β-L. bezeichnete Penicillin wurde 1929 von Alexander Fleming entdeckt und 1943 von Florey, Chain, Heatley und Abraham zum Arzneimittel entwikkelt. Damit begann eine Phase revolutionärer Veränderungen in der Therapie von Infektionen, wofür Fleming, Florey und Chain 1945 mit dem Nobelpreis für Medizin und Physiologie ausgezeichnet wurden.

■ **β-Lactamasen**
Enzyme, die den β-Lactamring hydrolytisch spalten und damit die Wirkung von β-Lactamantibiotika (↗ Penicilline, ↗ Cephalosporine) aufheben. Zu diesen Enzymen gehören die Penicillinase und Cephalosporinase von Bakterien, die dadurch eine Resistenz gegenüber Penicillinen und Cephalosporinen ausbilden.

■ **Lactobacillus acidophilus** (Moro 1900) Hansen et Mocquot 1970
(syn. *Bacillus acidophilus*, *Lactobacterium acidophilum*, *L. odontolyticum*); Acidophilus-Bakterien (syn. Boas-Opplersche Stäbchen, Döderleinsche Stäbchen).

Fam.: Lactobacillaceae.

Droge: ***Lactobacillus-acidophilus-Bakterien*** (*Lactobacillus-acidophilus*-Kulturen). *Inh.:* u. a. Bakteriozine (Lactacin B und F), Enzyme (Lactatdehydrogenasen), Phospholipide, Nucleinsäuren, Peptidoglykane, Muropeptide. *Anw.:* zur symptomatischen Behandlung von Durchfallerkrankungen (ohne organische Primärerkrankung), Infektionen der weiblichen Urogenitalschleimhaut. In der Volksheilkunde werden diese Milchsäurebakterien auch bei Ernährungsstörungen sowie Störungen der Vaginalflora eingesetzt. In der Milchwirtschaft dienen sie als Starterkulturen zur Joghurtproduktion.

Lactobacillus bifidus ↗ Bifidobacterium-Arten.

■ **Lactobacillus brevis**

Fam.: Lactobacillaceae.

Anw.: Die stäbchenförmigen, grampositiven Bakterien, die zur heterofermentativen Gärung befähigt sind, werden zur Herstellung von Sauerkraut, Sauergurken oder Silage eingesetzt. Neben Milchsäure entstehen noch Ethanol, Acetaldehyd, Essigsäure und Brenztraubensäure.

■ **Lactobacillus bulgaricus**
Fam.: Lactobacillaceae.
Anw.: In der Naturheilkunde werden diese stäbchenförmigen, grampositiven Bakterien zur Normalisierung der Darmflora nach Antibiotikakuren oder Bestrahlungen eingesetzt. Außerdem werden sie zur Herstellung von Milchsäure, Joghurt und Kefir verwendet. Sie sind in den Kefirkörnern („Hirse des Propheten") enthalten, die aus ausgeflocktem Eiweiß und zahlreichen säuernden, vergärenden und geschmacksbildenden Mikroben bestehen und können die Milch in schäumende Gärung bringen.

■ **Lactobacillus coryniformis**
Fam.: Lactobacillaceae.
Anw.: Die stäbchenförmigen, grampositiven Bakterien werden zur Herstellung von Sauerteig bei der Brotherstellung eingesetzt.

■ **Lactobacillus delbrueckii**
Fam.: Lactobacillaceae.
Anw.: Die stäbchenförmigen, grampositiven Bakterien, die zur homofermentativen Gärung befähigt sind, werden zur Milchsäuregewinnung aus Glucose oder Maltose eingesetzt.

Lactobacillus parabifidus ↗ Bifidobacterium-Arten.
Lactobacterium acidophilum ↗ Lactobacillus acidophilus.
Lactobacterium bifidum ↗ Bifidobacterium-Arten.
Lactobacterium odontolyticum ↗ Lactobacillus acidophilus.

■ **Lactose**
(Lactosum, Saccharum lactis, Lactobiose). Milchzucker. 4-*O*-β-D-Galactopyranosyl-α-D-glucopyranose. Dieses reduzierende Disaccharid, bei dem Galactose β-1,4-glykosidisch mit Glucose verknüpft ist, stellt ein süßschmeckendes, kristallines Pulver dar, das in der Kuhmilch zu etwa 4,5 % enthalten ist und aus der süßen Molke gewonnen wird. *Anw.*: Zusatz zu Säuglingsnahrungs-

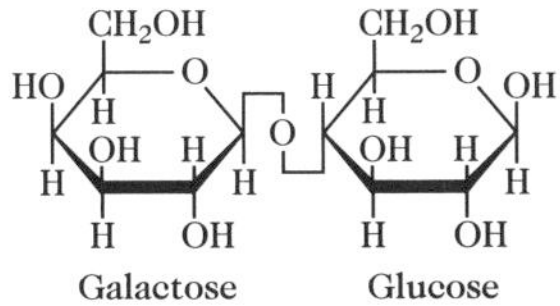

β-Lactose

mitteln, mildes Laxans. In der Galenik als Hilfsmittel bei der Tablettierung, als Kapselfüllstoff sowie zur Herstellung von Verreibungen.

Lactuca ↗ Lactuca virosa.
Lactuca altissima ↗ Lactuca virosa.
Lactuca capitata ↗ Lactuca sativa.
Lactuca crispa ↗ Lactuca sativa.
Lactucae folium ↗ Lactuca virosa.
Lactuca lactucarii ↗ Lactuca virosa.
Lactucarium germanicum ↗ Lactuca virosa.
Lactucarium parisiense ↗ Lactuca sativa.

■ **Lactuca sativa** L.
(syn. *Lactuca capitata, L. crispa*); Gartensalat (syn. Salat, Lattich).
Fam.: Asteraceae (Compositae).
Vork.: Mittel- und Südeuropa, Nordafrika, Nordamerika, häufig kultiviert.
Droge: *Thridax* (syn. *Thridiacum, Lactucarium parisiense*); durch Eindampfen des ausgepreßten Saftes hergestellte Masse. *Inh.*: Sesquiterpenlactone (wenig Lactucopicrin, α- und β-Lactucerol, Lactucin, Lettucenin), äther. Öl, Spuren

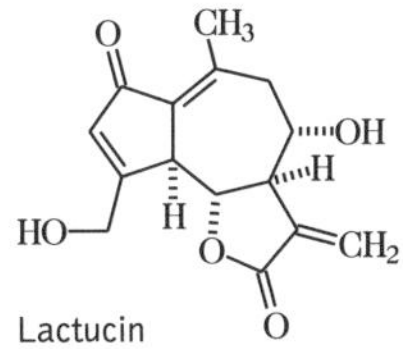

Lactucin

eines Atropin-artigen Alkaloids, Glucokinin, Carotinoide, Flavonoide, Fettsäuren, Polyine, Sterole, Mineralstoffe, Vitamine. *Anw.*: Nach Berichten aus dem Altertum soll die Einnahme der Droge bei Schmerzen und Einschlafstörungen wirksam sein und die sexuelle Erregung reduzieren. Auch bei Keuchhusten, Vagotonie, Dysmenorrhoe und nervöser Erregung soll die Droge wirken. Belege für die Wirksamkeit liegen derzeit nicht vor.

Hom.: ***Lactuca sativa*** HAB 34; die frischen, oberirdischen Teile blühender Pflanzen. Anw.-Geb.: Impotenz (nicht ausreichend belegt).

Lactuca sylvestris ↗ Lactuca virosa.

■ **Lactuca virosa** L.
(syn. *Lactuca altissima, L. lactucarii, L. sylvestris*); Giftlattich (syn. Giftsalat, Stinksalat).

Fam.: Asteraceae (Compositae).

Vork.: Mittel- und Südeuropa, Nordafrika, Nordamerika, häufig kultiviert.

Drogen: ***1. Lactucae folium*** (syn. *Lactuca*); *Lactuca-virosa*-Blätter (syn. Giftlattichblätter), die getrockneten Blätter. Die Droge ist stark giftig! Inh.: vor allem Sesquiterpenlactone, u. a. Lactucin, Lactucopicrin und Lactusid A; Triterpene (Taraxasterol, Lactucerol, β-Amyrin). Anw.: in der Volksheilkunde bei Keuchhusten, Reizhusten, Dysmenorrhoe und Nymphomanie, bei Schlaflosigkeit, Unruhe und Erregbarkeit von Kindern. ***2. Lactucarium germanicum*** (syn. *Opium frigidum*); Deutsches Lactucarium (syn. Giftlattichsaft), der zur Blütezeit gesammelte, eingetrocknete Milchsaft. Inh.: Lactucin und Lactucopicrin (3–10 %, Bitterstoffe), Peroxydase,

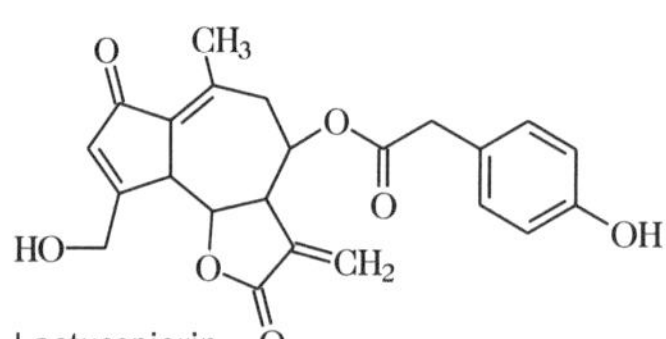

Lactucopicrin

Lactucerin (bis 27 %), α- und β-Lacticerol (bis 50 %), Kautschuk, Mannitol, Asparagin, äther. Öl und Spuren eines Atropin-artigen Alkaloids (unsicher). Anw.: in der Volksheilkunde zur Schmerzstillung und Beruhigung, bei chronischen Schleimhautkatarrhen mit Neigung zu Spasmen, als Diuretikum, bei Hydrops und Gicht. Die Droge ist obsolet. ***3. Herba Lactucae virosae*** (syn. *Herba Intybi angusti*); Giftlattichkraut, das getrocknete Kraut. Inh.: s. *Lactucarium*. Anw.: in der Volksheilkunde bei Asthma, Gicht und als Schlafmittel.

Hom.: ***Lactuca virosa*** (syn. *Lactuca*); Giftlattich, die frischen, ganzen, zur Blütezeit gesammelten Pflanzen. Anw.-Geb.: Verdauungsschwäche mit Blähsucht, Krampfhusten, nervöse Störungen.

Histor.: Lactucarium geht auf das lateinische Wort „lac", die Milch, zurück und bedeutet soviel wie „das milchig Ausgeschiedene". Die Droge wurde bereits im Altertum medizinisch verwendet und war bis Ende des 19. Jh. in Deutschland auch offizinell. Die narkotischen und dämpfenden Eigenschaften der Lactuca waren seit Pythagoras bekannt und daher wurde der Lattich auch als „Pflanze der Eunuchen" bezeichnet. Als Ersatz für Opium fand die Droge vielfältigen Einsatz, hauptsächlich wurde sie aber als Diuretikum gebraucht.

Ladanum ↗ Cistus-Arten.
Ladanum luteum ↗ Galeopsis segetum.

■ **Lagochilus inebrians** Bunge
Turkestan-Minze.

Fam.: Lamiaceae (Labiatae).

Vork.: Zentralasien.

Droge: ***Herba Lagochili***; Breitlippenkraut, die blühende Pflanze. Inh.: Lagochilin (Diterpen vom Grindelantyp), Gerbstoffe, äther. Öl, Harze, Vitamine, Mineralien. Anw.: in der asiatischen Volksheilkunde bei Blutungen, Hautleiden, zur Blutdrucksenkung und als Sedativum. In Zentralasien wird ein Teeaufguß der Droge auch zur Berauschung mit halluzinogenen Effekten getrunken. Die dafür verantwortlichen Inhaltsstoffe sind nicht bekannt.

Lagoecia cuminoides ↗ Carum carvi.
Laichkraut ↗ Potamogeton natans.
Lakritze ↗ Glycyrrhiza glabra.
Lakshadia indica ↗ Kerria lacca.

■ **Lallemantia iberica** (M.B.) Fisch. et Mey.

Fam.: Lamiaceae (Labiatae).

Vork.: Südrußland, östliches Mittelmeergebiet, Iran, Armenien, dort auch kultiviert.

Droge: ***Oleum Lallemantiae***; Lallemantiaöl, das fette Öl der Samen. Inh.: Triglyceride ungesättigter Fettsäuren (ca. 24–38 % Öl in den Samen). Anw.: Diätetikum, Speiseöl, Brennöl, in der Technik zur Firnisherstellung.

Lallemantiaöl ↗ Lallemantia iberica.
Lamiaceengerbstoffe ↗ Gerbstoffe.
Lamii albi flos ↗ Lamium album.
Lamii albi herba ↗ Lamium album.
Laminaria ↗ Laminaria-Arten.

■ **Laminaria-Arten**

● **Fam.:** Laminariaceae. Braunalgen.

● **Laminaria hyperborea** (Gunn.) Foslie (syn. *Laminaria cloustoni*); Palmentang.

● **Laminaria digitata** (Huds.) Lamour.; Fingertang; s. Farbtafel S. 137, Bild 2.

● **Laminaria saccharina** (L.) Lamour.

Vork.: An den Küsten der Nordsee und des Atlantischen Ozeans von Spitzbergen bis Spanien vorkommende Braunalgen.

Droge: *Laminaria* (syn. *Stipites Laminariae*); Laminariastiele. *Inh.:* Die mittleren stengelartigen Algenthalli enthalten 15–47 % Alginsäure neben Laminarin, Mannitol, Proteinen, Carotinoiden, Gerbstoffen sowie Iod und Brom. *Anw.:* Früher wurden die zylindrisch geschnittenen Algenstiele aufgrund ihres starken Quellvermögens zur Erweiterung von Wundkanälen und Körperhöhlen genutzt, heute dient die Droge in erster Linie zur Gewinnung von Alginsäure und Laminarin, die als pharmazeutisch-technologische Hilfsstoffe verwendet werden. Außerdem werden *Laminaria*-Arten zur Herstellung von Kombu (eßbare Algenprodukte, besonders in Ostasien) eingesetzt.

Laminaria-Arten. Macrocystis pyrifera (A), Nereocystis luetkeana (B).

Laminariastiele ↗ Laminaria-Arten.
Laminarin ↗ Phaeophyta.

■ **Lamium album** L.

(syn. *Lamium capitatum, L. vulgatum*); Weiße Taubnessel (syn. Bienensaug, Blumennessel, Kuckucksnessel, Tote Nessel), s. Farbtafel S. 137, Bild 3.

Fam.: Lamiaceae (Labiatae).

Vork.: Europa, Asien.

Drogen: ***1. Lamii albi flos*** (syn. *Flores Lamii albi, Flores Urticae mortuae*); Taubnesselblüten (syn. Bienensaugblüten, Heubeln, Weiße Nesselblumen, Weiße Taubnesselblüten), die getrockneten Blumenkronen mit den ansitzenden Staubblättern. *Inh.:* Iridoidglykoside, besonders Lamalbid, Phenylpropanderivate, z. T. glykosidiert, u. a. Lamalbosid, Flavonoide, Gerbstoffe und

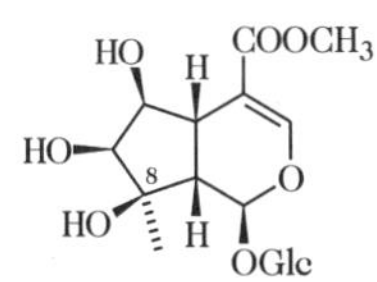

Lamalbid

Schleimstoffe. *Anw.:* Katarrhe der Atemwege sowie äußerlich als Spülung bei leichten Entzündungen im Mund- und Rachenbereich und unspezifischem Fluor albus sowie in Form von Umschlägen bei leichten Oberflächenentzündungen der Haut. ***2. Lamii albi herba*** (syn. *Herba Lamii albi*); Weißes Taubnesselkraut, die rasch getrockneten, während der Blütezeit gesammelten, oberirdischen Teile. *Inh.:* s. *Lamii albi flos*. *Anw.:* volkstümlich bei Beschwerden im Magen-Darm-Bereich, z. B. Magenreizungen, Völlegefühl und Blähungen. Früher Bestandteil von Frauentees. Zur Teezubereitung verwendet man als Einzeldosis 2 Teelöffel (1 Teelöffel = 0,5 g) feingeschnittene Droge. Die Tagesdosis liegt bei 3 g Droge.

Hom.: ***1. Lamium album*** HAB1; Taubnessel, die frischen, blühenden Triebe ohne Stengel. *Anw.-Geb.:* Erkrankungen der weiblichen Geschlechtsorgane sowie der Nieren und ableitenden Harnwege. ***2. Lamium album äthanol. Infusum*** HAB1; die getrockneten Blütenkronen mit anhängenden Staubblättern. *Anw.-Geb.:* anthroposophische Therapierichtung.

Histor.: Der Gattungsname *Lamium* ist vom griechischen *lámos* (Schlund, Rachen) abgeleitet und bezieht sich auf die Gestalt der Blüte; *album* (lat., weiß). Der Name Taubnessel weist auf die taube, nichtbrennende Nessel hin.

Lamium capitatum ↗ Lamium album.
Lamium vulgatum ↗ Lamium album.
Lämmerschwanz ↗ Eupatorium-Arten.
Lampionblume ↗ Physalis alkekengi.
Lanae alcoholes ↗ Wollwachs.
Lanatoside ↗ Digitalis-Arten.
Landbeere ↗ Arbutus unedo.
Landia lappacea ↗ Krameria triandra.
Landkröte ↗ Bufo bufo.
Langblättrige Minze ↗ Mentha-Arten.
Langblättriger Sonnentau ↗ Drosera-Arten.
Lange Macisnuß ↗ Myristica argentea.
Lange Muskatnuß ↗ Myristica argentea.
Langermannia gigantea ↗ Calvatia gigantea.
Langer Pfeffer ↗ Piper longum.
Langkapseljute ↗ Corchorus-Arten.
Langsdorffia indica ↗ Balanophora elongata.
Langtraubiges Christophskraut ↗ Cimicifuga racemosa.
Lanolin ↗ Ovis aries.

■ **Lanosterol**
(syn. Lanosterol, Kryptosterol), tetracyclischer Triterpenalkohol, der aus dem Wollfett (↗ *Ovis aries*) isoliert werden kann. Die Verbindung kommt auch in Hefen und anderen Pilzen sowie in einigen Euphorbiaceae und in allen tierischen Organismen vor. L ist das erste isolierbare Zwischenprodukt bei der Steroidbiosynthese in tierischen und pilzlichen Organismen.

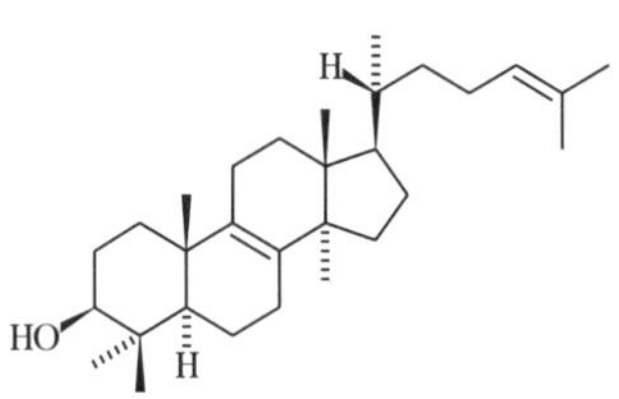

Lanosterol (Lanosterin, Kryptosterin, Lanosta-8,24-dien-3β-ol)

Lansi-Baum ↗ Lansium domesticum.

■ **Lansium domesticum** Correa
Lansi-Baum.
Fam.: Meliaceae.
Vork.: Indien, Malaysien.
Droge: Früchte, Blätter und die Stammrinde. *Inh.:* Gerbstoffe, Triterpene; in den Fruchtschalen herzwirksame Lansinsäure; in den Samen Bitterstoffe und Spuren von Alkaloiden. *Anw.:* Der Lansibaum ist eine uralte Kulturpflanze Indiens und liefert ein geschätztes Obst; in der Volksheilkunde werden Blätter und Rinde als Adstringens bei Dysenterien sowie bei Skorpionstichen verwendet. Die Früchte wirken diuretisch, die Samen antipyretisch und anthelmintisch. Das Harz der Rinde wird als Antidiarrhoikum eingesetzt.

■ **Lantana camara** L.
Wandelröschen; s. Farbtafel S. 137, Bild 4.
Fam.: Verbenaceae.
Vork.: Brasilien, Ägypten, Vorderasien.
Droge: ***Herba Camarae***; Wandelblütenkraut, das getrocknete Kraut der Pflanze. *Inh.:* Lantanin, äther. Öl. *Anw.:* in der Volksheilkunde als Aromatikum und Expektorans.
Histor.: Das Wandelröschen ist seit der Renaissance eine beliebte Zierpflanze in Europa, die sich dadurch auszeichnet, daß ihre Blüten im Laufe der Entwicklung einen dreimaligen Farbwechsel durchmachen (dt. Name !).

Lanugo cellulosi absorbens ↗ Cellulose.
Lanugo gossypii absorbens ↗ Gossypium-Arten.
Lanzenotter ↗ Bothrops atrox.
Lapachobaum ↗ Tabebuia impetiginosa.
Lapachorinde ↗ Tecoma lapacho.
Lapacho-Tee ↗ Tabebuia impetiginosa.
Lappa arctium ↗ Arctium-Arten.
Lappa communis ↗ Arctium-Arten.
Lappa major ↗ Arctium-Arten.
Lappa officinalis ↗ Arctium-Arten.
Lappa tomentosa ↗ Arctium-Arten.
Lappa vulgaris ↗ Arctium-Arten.
Lappenfarn ↗ Adianthum capillus-veneris.
Lappenqualle ↗ Aurelia aurita.
Lärchenschwamm ↗ Fomes officinalis.
Lärchenterpentin ↗ Larix decidua.

■ **Laretia acaulis** Gill. et Hook.
Fam.: Apiaceae (Umbelliferae).
Vork.: Chile, Hochandengebiete.
Droge: ***Resina Laretiae***; Laretiaharz. *Inh.:* Terpene, Umbelliferon. *Anw.:* als Ersatz für *Galbanum* (↗ *Ferula gummosa*).

Laretiaharz ↗ Laretia acaulis.
Laricifomes officinalis ↗ Fomes officinalis.

Larinoides ixobolus ↗ Araneus ixobolus.

■ **Larix decidua** Mill.
(syn. *Abies larix, Larix europaea, L. larix, Pinus larix*); Europäische Lärche (syn. Gemeine Lärche).

Fam.: Pinaceae.

Vork.: Gebirge, u. a. Alpen, Sudeten und Karpaten sowie subarktische Gebiete der nördlichen Hemisphäre.

Larix decidua, Langtrieb mit benadelten Kurztrieben (A) und Langtrieb mit männlichen Blüten, weiblichen Blütenständen und austreibenden Kurztrieben (B).

Droge: ***Terebinthina Laricina*** (syn. *Balsamum Terebinthinae veneta, Terebinthina laricis, Terebinthina Veneta*); Lärchenterpentin (syn. Venezianisches Terpentin), der aus den Stämmen gewonnene Harzbalsam. *Inh.:* äther. Öl (ca. 15 %) mit α-Pinen (ca. 70 %) als Hauptkomponente sowie u. a. Car-3-en, Borneol, Bornylacetat, Dipenten und Guajacol, ferner Harzsäuren (50–65 %), v. a. Laricinolsäure, Laricorosen (ca. 15 % als unverseifbares Harz) sowie als Hauptbestandteil der neutralen Fraktion Larixylacetat, außerdem u. a. Abietinsäure. *Anw.:* äußerlich bei rheumatischen Beschwerden sowie Katarrhen der Atemwege. Volkstümlich zur Behandlung von Furunkeln.

Hom.: ***Terebinthina laricina*** HAB1; Lärchenharz, das durch Anbohren der Stämme gewonnene Harz.

Larix europaea ↗ Larix decidua.
Larix larix ↗ Larix decidua.
Larkspur ↗ Delphinium ajacis.
Larrea divaricata ↗ Larrea tridentata.
Larrea glutinosa ↗ Larrea tridentata.
Larrea mexicana ↗ Larrea tridentata.

■ **Larrea tridentata**
(Sesse et Moc. ex DC.) Vail. (syn. *Covillea glutinosa, C. tridentata, Larrea divaricata, L. glutinosa, L. mexicana, Zygophyllum tridentatum*); Kreosotstrauch.

Fam.: Zygophyllaceae.

Vork.: Mexiko, Südstaaten der USA.

Droge: ***Herba Larreae mexicanae*** (syn. *Herba Palo ondo*); *Larrea-divaricata*-Zweigspitzen, die beblätterten Zweige, an denen häufig Früchte hängen. *Inh.:* Lignane (16–21 %, v. a. Nordihydroguajaretsäure und Derivate, Furolignane), Flavonoide, Triterpenderivate, u. a. β-Sitosterol und Wachs. *Anw.:* in der mexikanischen Volksheilkunde bei Rheumatismus, Magengeschwüren, Hämorrhoiden, Nierenerkrankungen, Bluthochdruck, Bronchitis und Kopfschmerz. Über die Anwendung als Abortivum und Mittel zur Kräftigung des Uterus wird berichtet. Eine angebliche Antitumorwirksamkeit konnte in klinischen Versuchen nicht bestätigt werden. Vor der Verwendung der Droge wird gewarnt! Isolierte Nordihydroguajaretsäure (NGDA) wird als sehr wirksames Antioxydans in der Pharmazie und Industrie vielfältig eingesetzt.

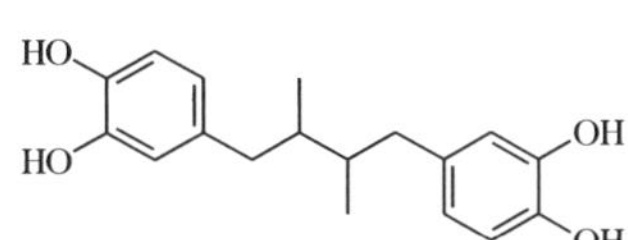

Nordihydroguajaretsäure

Hom.: ***Paloondo*** HAB; die Blätter und grünen Zweige. *Anw.-Geb.:* Erkrankungen des Stütz- und Bewegungsapparates.

Laser foetidum ↗ Ferula foetida.
Laserkrautwurzel ↗ Laserpitium latifolium.

■ **Laserpitium latifolium**
Breitblättriges Laserkraut.
Fam.: Apiaceae (Umbelliferae).
Vork.: Gebirgsregionen in Mittel- und Südeuropa.
Droge: ***Radix Gentianae albae***; Weiße Enzianwurzel (syn. Laserkrautwurzel), die getrockneten Wurzeln. *Inh.:* äther. Öl, Bitterstoffe, wie Laserpitin; Cumarine. *Anw.:* in der Volksheilkunde als Diuretikum und Carminativum.

Lasiosphaera fenzlii ↗ Calvatia gigantea.
Lastrea filix-mas ↗ Dryopteris filix-mas.

■ **Lathyrus sativus** L.
Platterbse (syn. Deutsche Kichererbse, Gemeine Platterbse, Saatplatterbse).
Fam.: Fabaceae.
Vork.: Mittelmeergebiete, Indien.
Droge: ***Semen Lathyri***; Deutsche Kichererbse, die reifen Samen. *Inh.:* Alle Teile der Pflanze, besonders die Samen enthalten neurotoxisch wirksame Aminosäuren, sog. Lathyrogene, u. a. N^4-Oxalyl-L-2,4-diaminobuttersäure. Der Verzehr der Samen führt zu Erkrankungen, die als Neuro- bzw. Osteo-Lathyrismus bekannt sind. Die Anwendung der Droge ist daher auf die Homöopathie beschränkt, obwohl die toxischen Stoffe beim Kochprozeß zerstört werden und die Pflanzen dann als Futtermittel genutzt werden.

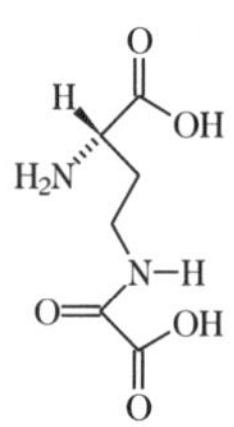

N^4-Oxalyl-L-2,4-diaminobuttersäure

Hom.: ***Lathyrus sativus*** HAB1; Platterbse, die getrockneten, reifen Samen. *Anw.-Geb.:* Erkrankungen des Zentralnervensystems, u. a. Rückenmarksleiden mit spastischen Lähmungen.
Histor.: Der Gattungsname leitet sich vom griechischen *láthyros* ab und wurde von ↗ Theophrast für den Namen einer Hülsenfrucht gebraucht. Er sezt sich zusammen aus *la* (sehr) und *thuros* (heftig, reizend) und nimmt offenbar Bezug auf die Wirkungen der Pflanze. Der deutsche Name Kicher geht auf das lateinische *cicer* zurück. Die Kräuterbücher des 16. Jh. empfahlen das Platterbsenmehl als Mittel gegen Schwindsucht, Hunde- und Schlangenbiß. Andererseits existieren auch Berichte über Vergiftungen durch den Genuß von stark pigmentierten Platterbsensamen.

■ **Latrodectus curacaviensis** Müller
(syn. *Theridion curassavicum*); Kugelspinne.
Fam.: Theridiidae.
Vork.: Amerika, Europa.
Hom.: ***Theridion curassavicum*** HAB; die lebende Kugelspinne. *Anw.-Geb.:* Schwindel, Reisekrankheit, Entzündungen der Atemwege, Angina pectoris.

■ **Latrodectus mactans** Fabr.
Schwarze Witwe.
Fam.: Theridiidae.
Vork.: Amerika.
Inh.: u. a. toxische Proteine, wie Latrotoxin (42 Aminosäuren). *Wirk.:* bewirkt eine massive Freisetzung von Transmittern aus den motorischen Synapsen und führt damit zu einer Lähmung.
Hom.: ***Latrodectus mactans*** HAB34, das ganze Tier. *Anw.-Geb.:* Erkrankungen des Herzens und des arteriellen Gefäßsystems.

Latsche ↗ Pinus-Arten.
Latschenkiefernöl ↗ Pinus-Arten.
Lattich ↗ Lactuca sativa.

■ **Latua pubiflora** 1) ↗ Latua venenosa.
2) **Latua pubiflora** (Griseb.) Baill.
Latué.
Fam.: Solanaceae.
Vork.: Chile.
Anw.: früher von den Schamanen der Mapuche-Indianern als starkes Halluzinogen genutzt. Die stark giftige Droge diente zur Erzeugung von Delirien, die teilweise bleibende Geistesstörungen hervorriefen. Die Dosierung der frischen Frucht wurde geheimgehalten. Für die Wirkung sind Hyoscyamin und Scopolamin, die in Blättern und Früchten vorliegen, verantwortlich.

Latua venenata ↗ Latua venenosa.

■ **Latua venenosa** Phil.
(syn. *Latua pubiflora, L. venenata, Lycioplesium pubiflorum*); Hexenbaum (syn. Zaubererbaum).

Fam.: Solanaceae.

Vork.: Chile, Küsten-Kordilleren.

Droge: Blätter bzw. die ganze Pflanze. *Inh.:* v. a. Tropanalkaloide, u. a. Atropin (ca. 0,18 %) und Scopolamin (ca. 0,08 %). *Anw.:* in der indianischen traditionellen Heilkunde als Aphrodisiakum, als Schmerzmittel sowie zur Behandlung von Quetschungen, Blutergüssen, Rheuma, Arthritis und Husten. Bedeutsamer ist allerdings der rituelle Gebrauch der Droge durch die Schamanen der Mapuche-Indianer. Es ist das wichtigste Räucherwerk zur Vertreibung böser Geister, Sorgen, Trauer und schlechter Stimmung sowie für Liebes- und Todeszauber. Die Wirkung der Drogenzubereitungen kann bis zu drei Tage anhalten und ist vergleichbar mit Effekten von ↗ *Brugmansia*-Arten.

Histor.: Die Pflanze wurde bereits in vorspanischen Zeiten schamanisch angewendet. Die Gattung und Art beschrieb der deutsche Botaniker Rudolph A. Philippi 1858 zum ersten Mal. Der volkstümliche Name Latúe bedeutet „das, was den Tod bewirkt", und deutet auf die Giftigkeit der Droge hin. Die Pflanze wurde früher von chilenischen Fischern zum Fischfang genutzt, aber auch als Mordgift kam die Droge zum Einsatz, insbes. für Personen, die nicht liebesbereit waren.

Latué ↗ Latua pubiflora.
Laubholz-Mistel ↗ Viscum album.
Lauch ↗ Allium-Arten.
Lauchgamander ↗ Teucrium-Arten.
Lauchgewächse ↗ Allium-Arten.
Lauchhederich ↗ Alliaria petiolata.
Lauchkraut ↗ Alliaria petiolata.

■ **Lauchöle**
aus ↗ *Allium*-Arten durch Wasserdampfdestillation gewonnene flüchtige, schwefelhaltige Gemische mit charakteristischem Geruch und scharfem Geschmack. Sie besitzen antibiotische, fungizide, vermizide und insektizide Wirkungen. In der Pflanze liegen die L. nicht genuin vor, sie entstehen erst bei der Verletzung des Gewebes durch enzymatische Reaktionen aus geruchlosen Vorstufen (z. B. Allicin aus Alliin durch die Alliinase).

Laudanum ↗ Papaver somniferum.

Laufdistel ↗ Eryngium-Arten.
Laufquecke ↗ Agropyron repens.
Laufrasen ↗ Polygonum aviculare.
Laugenblume ↗ Cotula coronopifolia.
Laurelia aromatica ↗ Laurelia sempervirens.

■ **Laurelia sempervirens** L.
(syn. *Laurelia aromatica*).

Fam.: Monimiaceae.

Vork.: Südamerika, bes. Chile.

Droge: ***Chilenische Muskatnuß***, die Nuß. *Inh.:* äther. Öl komplexer Zusammensetzung. *Anw.:* als Ersatz für die echte Muskatnuß (↗ *Myristica fragrans*).

Laurenti ↗ Crotalus-Arten.
Lauri aetheroleum ↗ Laurus nobilis.
Lauri folia ↗ Laurus nobilis.
Lauri fructus ↗ Laurus nobilis.
Lauri oleum ↗ Laurus nobilis.
Laurocerasus officinalis ↗ Prunus-Arten.

■ **Laurus azorica** (Seub.) J. Franco
(syn. *Laurus canariensis*).

Fam.: Lauraceae.

Vork.: Kanarische Inseln, Madeira.

Drogen: *1. **Laurus-azorica-Blätter***, die frischen oder getrockneten Blätter. *Inh.:* äther. Öl (ca. 0,36 %). *Anw.:* in der Volksheilkunde bei Erkältungen; der Rauch, der beim Verbrennen der Blätter entsteht, soll Schlaganfallfolgen lindern. *2. **Laurus-azorica-Öl***, das durch Wasserdampfdestillation aus den Blättern gewonnene äther. Öl. *Inh.:* v. a. α-Pinen, 1,8-Cineol, β-Pinen und Cinnamylacetat. *Anw.:* in der Volksheilkunde bei Hauterkrankungen. *3. **fettes Laurus-azorica-Öl***, das aus den Früchten durch Auspressung oder Extraktion gewonnene fette Öl. *Inh.:* Triglyceride komplexer Zusammensetzung. *Anw.:* in der Volksheilkunde äußerlich bei Rheuma und zur Wundheilungsförderung.

Laurus burmani ↗ Cinnamomum-Arten.
Laurus camphora ↗ Cinnamomum-Arten.
Laurus camphorifera ↗ Cinnamomum-Arten.
Laurus canariensis ↗ Laurus azorica.
Laurus cassia ↗ Cinnamomum-Arten.
Laurus cinnamifera ↗ Cinnamomum-Arten.
Laurus cinnamomea ↗ Cinnamomum-Arten.
Laurus cinnamomum ↗ Cinnamomum-Arten.
Laurus culitlawan ↗ Cinnamomum-Arten.

Laurus dulcis ↗ Cinnamomum-Arten.

■ **Laurus nobilis** L.
(syn. *Laurus officinale*); Lorbeer (syn. Lorbeerbaum).

Fam.: Lauraceae.

Vork.: subtropische Regionen, u. a. Mittelmeergebiete.

Drogen: ***1. Lauri folia*** (syn. *Folia Lauri, Folia Lauri nobilis*); Lorbeerblätter, die vorsichtig getrockneten Laubblätter. *Inh.:* äther. Öl (ca. 3 %), u. a. Cineol enthaltend, ferner Sesquiterpenlactone, u. a. Costunolid, Eremanthin und Dehydrocostuslacton, Aporphinbasen, u. a. Boldin, Kaffeesäurederivate, Flavonoide, Catechine und Procyanidine. *Anw.:* Stomachikum und Gewürz. ***2. Lauri fructus*** (syn. *Baccae Lauri, Grana Lauri, Fructus Lauri*); Lorbeeren (syn. Lorbeerfrüchte, Mutterlorbeeren), die getrockneten, reifen, beerenartigen Steinfrüchte; s. Farbtafel S. 137, Bild 5. *Inh.:* äther. Öl (0,8–4 %) mit Cineol und α-Pinen, ferner Sesquiterpenlactone, u. a. die Guajanolide Dehydrocostuslacton, Eremanthin und Zaluzanin D sowie fettes Öl (ca. 26 %). *Anw.:* volkstümlich bei Verdauungsstörungen sowie zur Diuresesteigerung. ***3. Lauri aetheroleum*** (syn. *Oleum Lauri aetheroleum ex foliis, Oleum Lauri foliorum*); *Laurus-nobilis*-Blattöl (syn. Lorbeerblattöl), das durch Wasserdampfdestillation gewonnene äther. Öl der Blätter. *Inh.:* 1,8-Cineol (25–55 %) als Hauptkomponente sowie u. a. α-Pinen, β-Pinen, Sabinen, Terpinen-4-ol, Eugenol und β-Bisabolol. *Anw.:* äußerlich als Hautreizmittel, außerdem als Aromatikum in der Lebensmittel- und Genußmittelindustrie sowie in der Kosmetik. ***4. Lauri oleum*** (syn. *Oleum Lauri, Oleum Lauri expressum*); Lorbeerbutter (syn. Lorbeerfett, Lorbeeröl), das aus den Früchten unter Anwendung von Wärme gepreßte oder durch Auskochen gewonnene, grüne, salbenartige Gemenge von Fett und äther. Öl. *Inh.:* Gemisch von äther. Öl (s. *Lauri fructus*), Chlorophyll und fettem Öl, das Glyceride mit Laurinsäure, gefolgt von Linol- und Ölsäure, als Hauptkomponenten enthält. *Anw.:* in der Veterinärmedizin, u. a. als Eutersalbe, volkstümlich mitunter äußerlich bei rheumatischen Beschwerden sowie zur Behandlung von Furunkeln und Abszessen, ferner in der Kosmetik zur Aromatisierung, u. a. von Seifen.

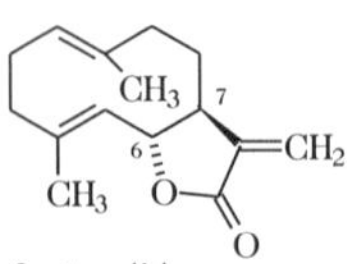

Costunolid

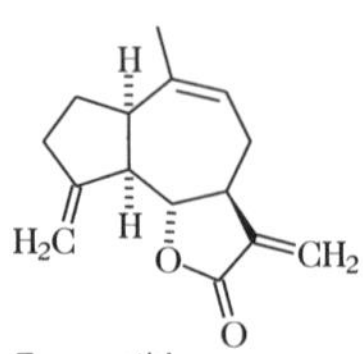

Eremanthin

Hom.: ***Laurus nobilis*** HAB34, die frischen Blätter.

Histor.: Die Kräuterbücher des 16. und 17. Jh. nennen Lorbeer als schweiß-, harn- und menstruationsförderndes Mittel sowie gegen Bienen- und Wespenstiche. Für Kultzwecke hat die Pflanze seit dem Altertum Bedeutung.

Laurus officinale ↗ Laurus nobilis.
Laurus persea ↗ Persea americana.
Laurus sassafras ↗ Sassafras albidum.
Laurus winterana ↗ Canella winterana.
Lausblume ↗ Galanthus-Arten.
Lausbüschel ↗ Galanthus-Arten.
Läusebaum ↗ Ricinus communis.
Läuseblume ↗ Colchicum autumnale.
Läusekörner ↗ Delphinium staphisagria.
Läusesamen ↗ Delphinium staphisagria, ↗ Schoenocaulon officinale.
Läusewurzel ↗ Veratrum album.
Lauskraut ↗ Huperzia selago.
Lavander ↗ Lavandula angustifolia.
Lavandin ↗ Lavandula hybrida.
Lavandinöl ↗ Lavandula hybrida.

■ **Lavandula angustifolia** Mill.
(syn. *Lavandula officinalis, L. spica, L. vera, L. vulgaris*); Echter Lavendel (syn. Kleiner Speik, Lavander, Lavendel), s. Farbtafel S. 137, Bild 6.

Fam.: Lamiaceae (Labiatae).

Vork.: westliches Mittelmeergebiet, Anbau besonders Südfrankreich.

Drogen: ***1. Lavandulae aetheroleum*** (syn. *Aetheroleum Lavandulae, Lavandulae oleum, Oleum Lavandulae*); Lavendelöl (syn. Spiköl), das durch Wasserdampfdestillation aus den frischen Blüten oder Blütenständen gewonnene äther. Öl. *Inh.:* (–)-Linalool (20–50 %) und (–)-Linalylacetat (30–40 %) als Hauptkomponenten, wobei der Ester die wertbestimmende Komponente darstellt. Weitere Bestandteile sind u. a. *cis*-Ocimen (3–7 %), Terpinen-4-ol (3–5 %), β-Caryophyllen

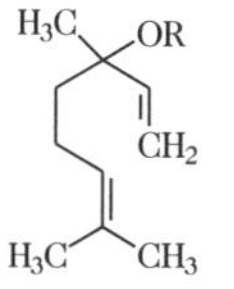

Linalool: R = H
Linalylacetat: R = $COCH_3$

1,8-Cineol (1–2 %), Limonen, Geraniol, Geranylacetat, α-Pinen und Camphen (0,1–0,5 %). Anw.: in Präparaten bei Einschlafstörungen, funktionellen Oberbauchbeschwerden und äußerlich in der Balneotherapie, u. a. als Hautreizmittel, bei funktionellen Kreislaufbeschwerden sowie in Einreibungen bei rheumatischen Leiden. *2. **Lavandulae flos*** (syn. *Flores Lavandulae, Flos Lavandulae, Flores Spicae*); Lavendelblüten (syn. Blafendel, Lavander), die kurz vor der völligen Entfaltung gesammelten und getrockneten Blüten. Inh.: äther. Öl (1–3 %, s. *Lavandulae aetheroleum*). Anw.: Unruhezustände, u. a. nervöser Reizmagen, nervöse Darmbeschwerden, Einschlafstörungen, in der Balneotherapie besonders zur Behandlung funktioneller Kreislaufstörungen.

Hom.: *1. **Lavandula angustifolia*** HAB1; Lavendel, die frischen Blüten. Anw.-Geb.: Erkrankungen des Zentralnervensystems; Negativmonographie, da kaum gebräuchlich. *2. **Lavandula angustifolia e floribus siccatis*** HAB1; die getrockneten Blüten. Anw.-Geb.: anthroposophische Therapierichtung.

Histor.: Der Gattungsname *Lavandula* leitet sich vom lateinischen *lavare* (waschen) ab, da man das Kraut gern dem Waschwasser oder dem Bade zusetzte. Lavendel ist das entsprechende Lehnwort dazu. Das klassische Altertum kennt offenbar den Echten Lavendel nicht, wohl aber eine verwandte Art. Im 12. Jh. wird er von Hildegard von Bingen erwähnt und als heilkräftig bezeichnet.

Lavandula argentina ↗ Lavandula latifolia.
Lavandula x cadevallii ↗ Lavandula stoechas.
Lavandula cariensis ↗ Lavandula stoechas.

■ **Lavandula dentata** L.

Fam.: Lamiaceae (Labiatae).

Vork.: Süd- und Ostspanien, Balearen.

Droge: ***Lavandula-dentata-Blütenstände***, die getrockneten Blütenstände zur Zeit der Blüte. Inh.: äther. Öl mit 1,8-Cineol, β-Pinen; Cumarine, Triterpene, Flavonoide. Anw.: in der Volksheilkunde bei Erkältungen sowie gegen Diabetes.

Lavandulae aetheroleum ↗ Lavandula angustifolia.
Lavandulae flos ↗ Lavandula angustifolia.
Lavandulae hybridae aetheroleum ↗ Lavandula hybrida.
Lavandula x elongata ↗ Lavandula stoechas.
Lavandulae oleum ↗ Lavandula angustifolia.

■ **Lavandula hybrida** Reverch.
(Hybride aus *Lavandula angustifolia* und *Lavandula latifolia*); Lavandin.

Fam.: Lamiaceae (Labiatae).

Vork.: bes. Mittelmeergebiete, Anbau Südfrankreich, Spanien, Großbritannien.

Droge: ***Lavandulae hybridae aetheroleum*** (syn. *Aetheroleum lavandulae hybridae, Oleum lavandulae hybridae*); Lavandinöl, das durch Wasserdampfdestillation der frisch geschnittenen Blütenstände gewonnene äther. Öl. Inh.: Linalylacetat (30–50 %) und Linalool (25–40 %) als Hauptkomponenten, außerdem u. a. Campher (5–10 %), Cineol (3–8 %), Lavandulylacetat (1–3 %), *cis*- und *trans*-β-Ocimen (1–2 %), Lavandulol und Borneol (je 1–5 %), Terpinen-4-ol sowie α- und β-Pinen. Anw.: s. *Lavandulae aetheroleum*, ferner industriell zur Aromatisierung kosmetischer Produkte.

Lavandula incana ↗ Lavandula stoechas.

■ **Lavandula latifolia** Medik.
(syn. *Lavandula argentina, L. spica* var. *latifolia*); Narde (syn. Großer Speik, Spikenarde, Spiklavendel, Spikpflanze).

Fam.: Lamiaceae (Labiatae).

Vork.: Mittelmeerküsten, besonders Frankreich, Italien und Spanien.

Droge: ***Spicae aetheroleum*** (syn. *Aetheroleum spicae, Oleum Spicae*); Spiköl, das durch Wasserdampfdestillation der frischen Blüten (*Flores Spicae*) gewonnene Öl. Inh.: Linalool (30–50 %), 1,8-Cineol (20–35 %), Campher (1–20 %), ferner in geringeren Mengen u. a. α-Terpineol, Geraniol, Linalylacetat, Limonen α- und β-Pinen sowie β-Caryophyllen. Anw.: in Präparaten besonders bei akuten und chronischen Bronchitiden sowie bei Erkrankungen des rheumatischen Formenkreises.

Lavandula officinalis ↗ Lavandula angustifolia.
Lavandula x pannosa ↗ Lavandula stoechas.
Lavandula spica ↗ Lavandula angustifolia, ↗ Lavandula latifolia.
Lavandula spica var. latifolia ↗ Lavandula latifolia.
Lavandula stoechadensis ↗ Lavandula stoechas.

■ **Lavandula stoechas** L.
(syn. *Lavandula x cadevallii, L. cariensis, L. x elongata, L. incana, L. x pannosa, L. stoechadensis, Stoechas arabica, S. officinarum, S. pedunculata*); Schopflavendel (syn. Welscher Lavendel).

Fam.: Lamiaceae (Labiatae).

Vork.: Mittelmeergebiete, Anbau westliches Indien.

Droge: ***Stoechados arabicae flos*** (syn. *Flores Lavandulae romanae, Flores Stoechados arabicae, Flores Stoechados purpureae*); Stoechasblumen, die getrockneten Blüten. *Inh.:* äther. Öl (1–1,5 %) mit Fenchon und Campher als Hauptkomponenten, ferner Triterpenoide und Flavonoide. *Anw.:* volkstümlich bei Lungen- und Magenleiden, Asthma und Katarrh der Atemwege.

Lavandula vera ↗ Lavandula angustifolia.
Lavandula vulgaris ↗ Lavandula angustifolia.
Lavendel ↗ Lavandula angustifolia.
Lavendelblüten ↗ Lavandula angustifolia.
Lavendelöl ↗ Lavandula angustifolia.
Lävulose ↗ Fructose.
Lawang-Rinde ↗ Cinnamomum-Arten.
Lawsonia alba ↗ Lawsonia inermis.

■ **Lawsonia inermis** L.
(syn. *Lawsonia alba*); Henna (syn. Hennastrauch).

Fam.: Lythraceae.

Vork.: Nordafrika, Ostindien, im Orient und Westindien auch kultiviert.

Droge: ***Folia Hennae***; Hennablätter, die getrockneten Blätter. *Inh.:* Lawson (Naphthochinonderivat, roter Farbstoff), Gerbstoffe (5–10 %). *Anw.:* in der Volksheilkunde äußerlich als Adstringens und Antiseptikum, innerlich bei Amöbenruhr, Magengeschwüren und zur Fiebersenkung. Die pulverisierten Blätter werden als Henna zum Färben der Haare und Fingernägel im gesamten Orient genutzt. Früher wurde Henna auch in der Lyoner Seidenfärberei zur Erzeugung blauer und schwarzer Farbtöne genutzt. In Indien dient die Droge zum Färben von Leder.

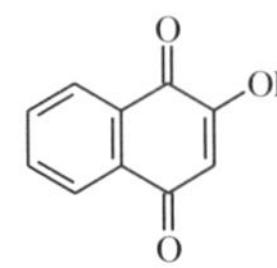

Lawson

Laxiergras ↗ Linum catharticum.
Lebeckia linearis ↗ Aspalathus linearis.
Lebensbaum ↗ Thuja occidentalis.
Lebensbaumblätter ↗ Thuja occidentalis.
Lebensbaumspitzen ↗ Thuja occidentalis.
Lebensverlängerungswurzel ↗ Panax ginseng.
Leberbalsam ↗ Ageratum conyzoides.
Leberblümchen ↗ Hepatica nobilis.
Leberkraut ↗ Hepatica nobilis.
Leberöl ↗ Gadus morrhua.
Leberstockwurzel ↗ Levisticum officinale.
Lebertran ↗ Gadus morrhua.
Leber- und Gallentee ↗ Species cholagogae.
Leberwindblume ↗ Hepatica nobilis.
Lecanora-Arten ↗ Orseille.

■ **Lecithin**
(syn. Phosphatidylcholin), Phospholipid aus der Gruppe der Phosphatide, das sich vom Glycerol-3-phosphat durch Veresterung des Phosphatrestes mit Cholin und des Glycerolrestes in Position 1 und 2 mit jeweils einer gesättigten und einer ungesättigten Fettsäure ableitet. L. ist im Tier- und Pflanzenreich weit verbreitet, besonders in ölhaltigen Pflanzensamen (z. B. Rapssamen), Sojabohnen (*Lecithinum ex soja*), Getreide (*Lecithinum vegetabile*) und Erdnüssen, aber auch im Herzmuskelgewebe, Blutplasma, Nervengewebe, in Hefen und im Eigelb (*Lecithinum ex ovo*). *Anw.:* *Lecithinum ex soja* wird bei leichten Fettstoffwechselstörungen (Hypercholesterolämie) sowie als Aufbaumittel (Roborans), bei toxischen Leberschäden und bei chronischer Hepatitis eingesetzt. Auch in der parenteralen Ernährung wird L. als Lieferant für essentielle Fettsäuren (insbesondere Linolsäure) verwendet. Aufgrund seiner guten emulgatorischen Eigen-

schaften dient L. in der Galenik zur Stabilisierung von Lipid-haltigen Emulsionen und zur Herstellung von Liposomen.

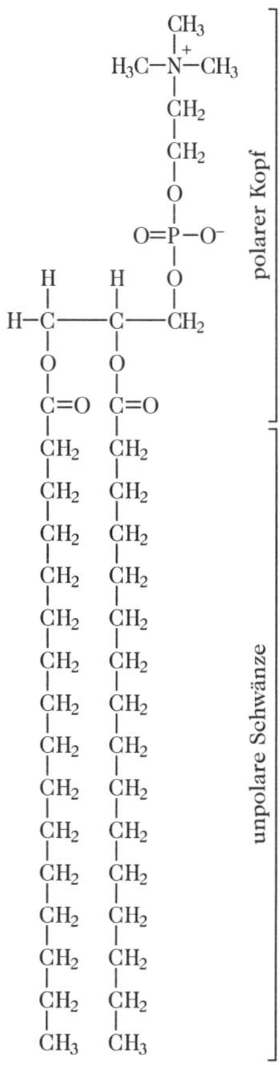

Phosphatidylcholine
1-Palmityl-2-oleinyl-phosphatidyl-cholin
(Lecitin)

Lecithinum ad emulsionem ↗ Glycine max.
Lecithinum ex soja ↗ Glycine max.

■ Lecithinum HAB

↗ Lecithin aus dem Hühnerei. Anw.-Geb.: Konzentrations- und Gedächtnisschwäche.

Lecithinum vegetabile ↗ Glycine max.

■ Lectine

(syn. Lektine, Phythämagglutinine), Gruppe von löslichen Glykoproteinen zumeist pflanzlichen Ursprungs, besonders in den Samen von Fabaceae und Euphorbiaceae, die bestimmte Zuckerreste spezifisch binden können. Aufgrund ihrer Struktur sind sie in der Lage, Glykoproteine und Glykolipide bzw. Zellen, die diese an ihrer Oberfläche enthalten, vernetzend zu binden und dadurch auszufällen (agglutinieren). Durch ihre Eigenschaft, rote Blutkörperchen (Erythrozyten) agglutinieren zu können, wurden die L. entdeckt und zunächst als Phythämagglutinine bezeichnet. Ihre biologische Funktion liegt wahrscheinlich in der Zell-Zell-Erkennung und in der Steuerung der Fortpflanzung. Einige L. sind für tierische Organismen stark toxisch, insbesondere Ricin (↗ *Ricinus communis*) und Abrin (↗ *Abrus precatorius*). Anw.: in der Blutgruppendiagnostik, zur Zelldiagnostik sowie in der Biochemie zur Isolierung und Abtrennung von Glykoproteinen und Glykolipiden.

■ Lecythis ollaria Loefl.

„Coco de mono“(syn. Affennuß).

Fam.: Lecythidaceae.

Vork.: Südamerika, v. a. Brasilien und Venezuela.

Inh.: vermutlich eine toxische Selen-Verbindung (Selen-Cystathionin), die zu Fieber, Diarrhoe und Haarausfall führen soll.

■ Lecythis urnigera Mart.

Krukenbaum (syn. Paradiesnußbaum).

Fam.: Lecythidaceae.

Vork.: Brasilien und Guayana.

Droge: ***Oleum Lecythidis***; Paradiesnußöl (syn. Sapucajaöl), das fette Öl der Samen. Inh.: Triglyceride, die in ihrer Zusammensetzung denen aus dem Mandelöl ähnlich sind. Anw.: als Speiseöl. Die Samen (Paradiesnüsse) werden auch als Genußmittel nach Europa exportiert, sie enthalten ca. 50 % fettes Öl.

Ledeburia pimpinelloides ↗ Pimpinella-Arten.
Lederholzrinde ↗ Dirca palustris.
Lederhülsenbaum ↗ Gleditsia-Arten.
Lederstrauch ↗ Ptelea trifoliata.
Ledi palustris herba ↗ Ledum palustre.
Ledol ↗ Ledum palustre.
Ledum ↗ Ledum palustre.

■ **Ledum palustre** L.
Sumpfporst (syn. Porschkraut, Wilder Rosmarin, Mottenkraut, Porst), s. Farbtafel S. 138, Bild 7.

Fam.: Ericaceae.

Vork.: Mittel- und Nordeuropa, Nordasien sowie Nordamerika, auf Hochmooren bestandbildend.

Droge: ***Ledi palustris herba*** (syn. *Herba Anthos silvestris, Herba Rosmarini silvestris, Herba Ledi palustris, Ledum*); Porstkraut (syn. Sumpfporstkraut, Wilder Rosmarin, Mottenkraut), das getrocknete Kraut. Inh.: äther. Öl (1–2,5 %) mit Ledol (Porstkampfer) und Palustrol, einem tricyclischen Sesquiterpenalkohol.

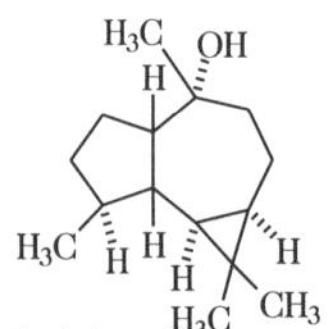

Ledol

Wirk.: Sesquiterpenalkohole besitzen berauschende und narkotisierende Eigenschaften. Anw.: früher als Narkotikum und Expektorans bei Keuchhusten sowie bei rheumatischen Beschwerden, mißbräuchlich auch als Abortivum, die meist mit Vergiftungen verbunden waren.

Hom.: ***Ledum palustre*** HAB1; Sumpfporst, die getrockneten Zweige. Anw.-Geb.: Gicht und Gelenkrheumatismus, Verstauchungen, Stich- und Bißverletzungen, Keuchhusten und andere Entzündungen der Atemwege, Haut- und Schleimhautblutungen.

Histor.: Der Gattungsname stammt vom griechischen *lédon, lédos* (Wollstoff) ab und bezieht sich auf die wollig-filzigen Blätter. Der Artname *palustre* vom lateinischen *palus* (Sumpf) weist auf den bevorzugten Standort der Pflanze, die sumpfigen, nordischen Moorgebiete, hin. Als nordische Pflanze war der Sumpfporst im Altertum unbekannt. Erste Erwähnung findet er in den Kräuterbüchern des 16. Jh. Seine Aufnahme in die Heilkunde geht auf Erfahrungen schwedischer Ärzte zurück. Die Blüten und Jungtriebe verwendete man u. a. gegen Fieber, Gicht, Bronchialkatarrh und Hautleiden.

Leeche ↗ Litchi chinensis.
Legföhre ↗ Pinus-Arten.
Legumina Phaseoli ↗ Phaseolus vulgaris.

Lehmblätter ↗ Tussilago farfara.
Leichenblume ↗ Colchicum autumnale.
Leimmistel ↗ Viscum album.
Leindotter ↗ Camelina sativa.
Leindotteröl ↗ Camelina sativa.
Leinenfaden ↗ Linum usitatissimum.
Leinkraut ↗ Linaria vulgaris.
Leinöl ↗ Linum usitatissimum.
Leinsamen ↗ Linum usitatissimum.
Leinwanzen ↗ Linum usitatissimum.
Leiocarposid ↗ Solidago-Arten.
Lektine ↗ Lectine.

■ **Lemna minor** L.
(syn. *Hydrophace minor, Lemna vulgaris, Lenticularia monorhiza, L. minor, L. vulgaris*); Kleine Wasserlinse (syn. Entengrün, Entengrütze).

Fam.: Lemnaceae.

Vork.: weltweit in Gebieten mit kühleren, ozeanischen Klimaten.

Droge: ***Lemna-minor-Ganzpflanze***; die frischen ganzen Pflanzen. Inh.: Flavonoide, u. a. Orientin, Vitexin, Isoorientin, Isovitexin, Lutonarin, Saponarin, Luteolin und Apigenin, Fettsäuren und Fettsäurederivate. Anw.: in der Volksheilkunde innerlich bei Entzündungen und Infektionen der Schleimhäute, chronischem Schnupfen, äußerlich bei Rheuma und Gicht.

Hom.: ***Lemna minor*** HAB1, die ganzen frischen Pflanzen. Anw.-Geb.: chronischer Schnupfen.

Histor.: Die Wasserlinse ist bereits im Altertum bekannt gewesen und wurde von ↗ Dioskurides unter dem Namen Tümpelphäkos als Umschlag bei allen Entzündungen, Rose und Podagra (Gicht im Großzehengelenk) empfohlen. Auch die arabischen Ärzte des frühen Mittelalters kannten die Droge, die von Hildegard von Bingen im 12. Jh. als Merlinsen erwähnt wird.

Lemna vulgaris ↗ Lemna minor.
Lemongras ↗ Cymbopogon-Arten.
Lemongrasöl ↗ Cymbopogon-Arten.

■ **Lens critallina embryonalis HAB**
embryonale Augenlinsen von Schlachttieren. Anw.-Geb.: Augenerkrankungen.

■ **Lens culinaris** Medik.
(syn. *Lens esculenta, Ervum lens*); Linse.

Fam.: Leguminosae.

Vork.: Mittel- und Südeuropa, Vorderasien, v. a. kultiviert.

Droge: ***Amylum Lentis***; Linsenstärke. *Inh.*: Kohlenhydrate (Stärke). Die Samen enthalten neben ca. 60 % Stärke noch Proteine (20–45 %, darunter ein Lectin/Lens-Lectin) und Fett (ca. 1 %). *Anw.*: vor allem als Nahrungs- und Futtermittel.

Lens culinaris, blühende und fruchtende Pflanze (A), Hülse (B), Samen (C).

Lens esculenta ↗ Lens culinaris.
Lenticularia minor ↗ Lemna minor.
Lenticularia monorhiza ↗ Lemna minor.
Lenticularia vulgaris ↗ Lemna minor.

■ **Lentinula edodes** (Berk.) Pegler
(syn. *Armillaria edodes, Collybia shiitake, Cortinellus berkeleyanus, C. edodes, C. shiitake, Lentinus edodes, Tricholomopsis edodes*); Pasaniapilz (syn. Shiitakepilz).

Fam.: Tricholomataceae.

Vork.: Hellbrauner bis dunkelbrauner, schuppiger Pilz mit breitem Hut, der insbesondere in Ostasien (Japan, China, Vietnam) an abgestorbenen Stämmen von Laubbäumen wächst.

Droge: ***Lentinula-edodes-Fruchtkörper*** (japanisch: Shiitake). *Inh.*: Polysaccharide (Lentinan, Peptidomannan), Nucleoside und Derivate, cyclische schwefelhaltige Verbindungen, wie Lenthionin, Polyine, Oligopeptide, wie Lentinsäure und Lectine. *Anw.*: Das nach Heißwasserextraktion gewonnene Lentinan wird in Asien als Immunstimulans bei viralen und bakteriellen Infekten sowie als Adjuvans bei Tumorerkrankungen eingesetzt. In Japan wird Lentinan in Kombination mit Zytostatika zur Tumornachsorge und Hemmung der Metastasierung verwendet. In der asiatischen Volksheilkunde wird der Pilz auch bei Pilzvergiftungen, Kopfschmerzen, Masern, Windpocken und Magenbeschwerden eingesetzt. Die Weltjahresproduktion der Droge aus China und Japan liegt bei etwa 500 000 t.

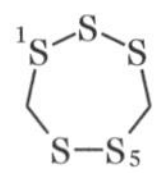

Lenthionin

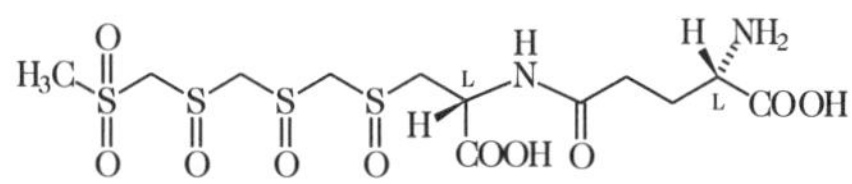

Lentinsäure

Histor.: In Asien wird die Droge seit mehr als 2000 Jahren kultiviert und als „Lebenselexier" sowohl als Speise- oder Gewürzpilz verzehrt als auch in Form ihrer Zubereitungen arzneilich verwendet.

Lentinus edodes ↗ Lentinula edodes.
Lentiske ↗ Pistacia lentiscus.
Leocardin ↗ Leonurus cardiaca.
Leodonton officinale ↗ Taraxacum officinale.
Leodonton taraxacum ↗ Taraxacum officinale.
Leontice chrysogonum ↗ Bongardia chrysogonum.

■ **Leontice eversmannii** Bge.

Fam.: Berberidaceae.

Vork.: Usbekistan, Turkmenien, Südeuropa, Nordamerika.

Droge: die Wurzeln. *Inh.*: Alkaloide, wie Leontin, Matrin; Saponine. *Anw.*: in der Volksheilkunde zur Behandlung der Gastritis.

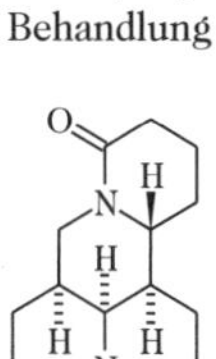

Matrin

■ **Leontice leontopetalum** L.
Fam.: Berberidaceae.
Vork.: Libanon, Vorderasien.
Droge: die frischen Wurzelknollen. *Inh.:* Alkaloide, wie Petalin. *Anw.:* in der Volksheilkunde zur Krampflösung, u. a. bei Epilepsie.

■ **Leontice smirnovii** Trautw.
Fam.: Berberidaceae.
Vork.: Georgien.
Droge: die Wurzelknollen. *Inh.:* Alkaloide, u. a. Leontamin. *Anw.:* in der Volksheilkunde innerlich bei Magenbeschwerden und äußerlich zur Wundbehandlung.

Leontice thatictroides ↗ Caulophyllum thalictroides.

■ **Leontopodium alpinum** Cass.
Edelweiß.
Fam.: Asteraceae (Compositae).
Vork.: Europa, Asien, bes. in Hochgebirgsregionen. Die Pflanze steht unter Artenschutz!
Droge: ***Herba Leontopodii***; Edelweißkraut. *Inh.:* Gerbstoffe, Glykoside, Flavonoide. *Anw.:* in der Volksheilkunde bei Durchfällen und Ruhr.

Leonuri cardiacae herba ↗ Leonurus cardiaca, ↗ Leonurus quinquelobatus.
Leonuri fructus ↗ Leonurus japonicus.
Leonuri herba ↗ Leonurus cardiaca, ↗ Leonurus quinquelobatus, ↗ Leonurus japonicus.
Leonuri heterophylli fructus ↗ Leonurus japonicus.
Leonuri heterophylli herba ↗ Leonurus japonicus.
Leonurin ↗ Leonurus cardiaca.
Leonurus artemisia ↗ Leonurus japonicus.
Leonurus campestris ↗ Leonurus cardiaca.
Leonurus canescens ↗ Leonurus cardiaca.

■ **Leonurus cardiaca** L.
(syn. *Cardiaca trilobata, C. vulgaris, Leonurus campestris, L. canescens, L. trilobatus*); Echtes Herzgespann (syn. Bärenschweif, Herzgespann, Mutterwurz, Wolfstrapp).
Fam.: Lamiaceae (Labiatae).
Vork.: Mitteleuropa und Skandinavien bis Zentralasien, in Nordamerika eingeschleppt und verwildert.
Droge: ***Leonuri cardiacae herba*** (syn. *Leonuri herba, Herba Leonuri cardiacae*); Herzgespannkraut, das getrocknete Kraut. *Inh.:* Iridoide, u. a. Ajugol (Leonurid), Diterpenbitterstoffe vom Labdantyp, u. a. Leocardin, ferner Stachydrin (*N*-Di-

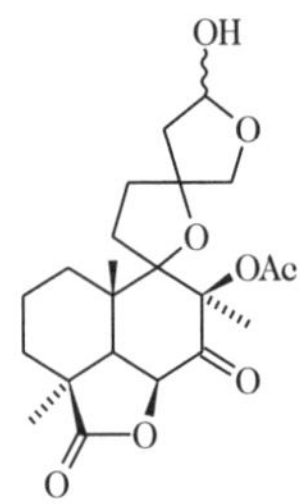

Leocardin

methyl-L-prolin), Leonurin (Syringasäureester des 4-Guanidino-butan-1-ols), phenylpropanoide Esterglykoside, u. a. Kaffeesäurerutinosid, Flavonoide, u. a. Rutosid, Quercitrin und Hyperosid sowie geringe Mengen äther. Öl. *Anw.:* bei nervösen *Herzbeschwerden*, als Adjuvans bei Schilddrüsenüberfunktion, bei klimakterischen Beschwerden. Bestandteil einiger Phytopharmaka.
Hom.: ***Leonurus cardiaca*** HAB1, die frischen, zur Blütezeit gesammelten oberirdischen Teile. *Anw.-Geb.:* Herzbeschwerden bei Blähsucht und bei Schildrüsenerkrankung.
Histor.: Wegen des Aussehens der Scheinähren wurde der Gattungsname vom griechischen *léon* (Löwe) und *urá* (Schwanz) gebildet. Der Name *cardiaca* wurde bereits bei ↗ Theophrast gebraucht, wohl unter Bezug auf die Anwendung der Pflanze bei Erkrankungen des Herzens (*kardia* = Herz) und des Magens; denn Herzgespann bezeichnete früher den Magenkrampf. Bereits das erste in deutscher Sprache erschienene Kräuterbuch, der „Hortus Sanitatis" (Mainz 1485) empfiehlt die Pflanze gegen Herzkrämpfe, Magendrücken und Engbrüstigkeit. Diese Anwendungen setzen die späteren Kräuterbücher fort.

Leonurus cardiaca ssp. villosus ↗ Leonurus quinquelobatus.
Leonurus heterophyllus ↗ Leonurus japonicus.

■ **Leonurus japonicus** Houtt.
(syn. *Leonurus artemisia, L. heterophyllus, L. sibiricus*); Chinesisches Mutterkraut.
Fam.: Lamiaceae (Labiatae).
Vork.: China, Korea, Japan, Amerika.

Drogen: ***1. Leonuri fructus*** (syn. *Leonuri heterophylli fructus, Leonurus-japonicus*-Früchte); Chinesische Mutterkrautfrüchte, die getrockneten Früchte. *Inh.*: Alkaloide, wie Leonurin; fettes Öl mit Öl- und Linolensäure. *Anw.*: in der traditionellen chinesischen Medizin bei Regelanomalien, in der Geburtshilfe, bei Nierenentzündungen, Halsentzündungen; äußerlich bei Gewebeschwellungen nach Verletzungen. *Geg.*: Schwangerschaft. ***2. Leonuri herba*** (syn. *Leonuri heterophylli herba, Leonurus-japonicus*-Kraut); Chinesisches Mutterkraut; die getrockneten oberirdischen Pflanzenteile. *Inh.*: Alkaloide (0,1–2,1 %), wie Leonurin und Stachydrin; Diterpene. *Anw.*: in der traditionellen chinesischen Medizin bei Regelanomalien, Dysmenorrhoe, gynäkologischen Erkrankungen sowie bei übermäßigem Wochenfluß nach der Geburt. *Geg.*: Schwangerschaft.

■ **Leonurus lanatus** (L.) Pers.
(syn. *Ballota lanata, Panzeria lanata*); Wolliger Löwenschwanz (syn. Wolliges Wolfstrappkraut, Wollige Ballote).

Fam.: Lamiaceae (Labiatae).

Vork.: Mittelasien.

Droge: ***Ballotae lanatae herba*** (syn. *Herba Ballotae lanatae, Herba Leonuri lanati*); Wolliges Wolfstrappkraut (syn. Wolliges Löwenschwanzkraut, Wollige Ballote), das getrocknete Kraut. *Inh.*: Bitterstoffe, Gerbstoffe, geringe Mengen äther. Öl. *Anw.*: bei rheumatischen Erkrankungen.

Hom.: ***Ballota lanata*** HAB. *Anw.-Geb.*: nervöse Herzbeschwerden.

■ **Leonurus quinquelobatus** Gilib.
(syn. *Leonurus cardiaca ssp. villosus*); Fünflappiges Herzgespannkraut (syn. Fünflappiges Mutterkraut).

Fam.: Lamiaceae (Labiatae).

Vork.: Europa, v. a. Rußland und Westsibirien.

Droge: ***Leonuri herba*** (syn. *Herba Cardiacae, Herba Leonuri cardiacae, Leonuri cardiaceae herba*); Herzgespannkraut (syn. *Leonurus-cardiaca*-Kraut, Löwenschwanzkraut, Wolfstrappkraut), die getrockneten, während der Blütezeit gesammelten oberirdischen Teile. *Inh.* und *Anw.*: ↗ *Leonurus cardiaca.*

Leonurus sibiricus ↗ Leonurus japonicus.
Leonurus trilobatus ↗ Leonurus cardiaca.

Lepidii latifolii folium ↗ Lepidium latifolium.
Lepidii sativi herba (recens) ↗ Lepidium sativum.

■ **Lepidium bonariense** L.
(syn. *Lepidium calycium, L. mendocinum, L. pubescens, L. racemosum, L. ruderale, Nasturtium bonariense, Thlaspi bonariense, T. multifidum*).

Fam.: Brassicaceae (Cruciferae).

Vork.: gemäßigte Zonen und Subtropen, v. a. Argentinien, Brasilien, Paraguay und Uruguay.

Hom.: ***Lepidium bonariense*** HAB34, die frischen Blätter.

Lepidium bursa-pastoris ↗ Capsella bursa-pastoris.
Lepidium calycium ↗ Lepidium bonariense.
Lepidium hortense ↗ Lepidium sativum.

■ **Lepidium latifolium** L.
(syn. *Cardaria latifolia, Nasturtiastrum latifolium, Nasturtium latifolium*); Breitblättrige Kresse (syn. Pfefferkraut).

Fam.: Brassicaceae (Cruciferae).

Vork.: Mittelmeergebiet bis Westasien, Atlantikküste, Ostseeküste.

Droge: ***Lepidii latifolii folium*** (syn. *Folia Lepidii; Folia Lepidii latifolii*); Breitblättrige Kresse, das frische Kraut. *Inh.*: schwefelhaltiges äther. Öl; Flavonoide, u. a. Rutin und Kämpferolglykoside. *Anw.*: früher bei Skorbut und zur Steigerung der Harnabsonderung.

Lepidium mendocinum ↗ Lepidium bonariense.
Lepidium pubescens ↗ Lepidium bonariense.
Lepidium racemosum ↗ Lepidium bonariense.
Lepidium ruderale ↗ Lepidium bonariense.

■ **Lepidium sativum** L.
(syn. *Cardamom sativum, Crucifera nasturtium, Lepidium hortense, Nasturtium sativum, Thlaspi nasturtium, T. sativum, Thlaspidium sativum*); Gartenkresse.

Fam.: Brassicaceae (Cruciferae).

Vork.: weltweit kultiviert in gemäßigten bis warmen Gebieten.

Droge: ***Lepidii sativi herba (recens)*** (syn. *Folia Nasturtii, Herba Lepidii sativi recens, Herba Nasturtii hortensis*); Gartenkressekraut, das frische oder getrocknete, zur Blütezeit oder kurz danach geerntete Kraut. *Inh.*: äther. Öl (ca. 0,1 %) mit Benzylcyanid (Phenylacetonitril) als Hauptkomponente, ferner Glucosinolate mit

Glucotropaeolin (Benzylglucosinolat) als Hauptglucosinolat sowie deren Abbauprodukte. Insbesondere die Frischdroge enthält Vitamine, u. a. Carotin, B_1, B_2, B_6, C, E, und Nicotinamid. An Mineralstoffen ist besonders der Gehalt an Kalium mit 346,5 mg gegenüber Natrium mit 3,15 mg je 100 g Frischdroge hervorzuheben. Anw.: in der europäischen Volksheilkunde bei Verstopfung, bei zu geringer Harnausscheidung, bei Husten und Vitamin-C-Mangel. In der Küche dient die Droge als Gewürz und Salat. Tox.: Das Senföl der Gartenkresse kann bei hoher Konzentration auf der Haut zu Irritationen führen, innerlich verabreicht diente es in früheren Zeiten als Abortivum.

Lepidotis clavata ↗ Lycopodium clavatum.

■ **Leptadenia reticulata** W. et A.
Fam.: Asclepiadaceae.
Vork.: Indien, Sri Lanka.
Droge: Blätter und Zweige sowie die Wurzeln. Inh.: Terpene, wie Hentriacontanol, α-Amyrin, β-Amyrin, Stigmasterol und γ-Sitosterol; ferner Flavonoide, u. a. Diosmetin und Luteolin; in den Knollen außerdem Rutin, Quercetin, Isoquercetin, Hyperosid sowie Inositol; Wachse. Anw.: in der indischen Volksheilkunde als Stimulans, bei Hautleiden sowie zur Wundbehandlung.

Leptandrae virginicae rhizoma ↗ Veronica virginica.
Leptandra virginica ↗ Veronica virginica.
Leptandrawurzel ↗ Veronica virginica.
Leptilon canadensis ↗ Conyza canadensis.
Leptinotarsa decemlineata ↗ Doryphora decemlineata.

■ **Leptospermum flavescens** Sm.
(syn. *Leptospermum roseum*).
Fam.: Myrtaceae.
Vork.: Neuseeland, Australien, Molukken.
Inh.: äther. Öle. Anw.: Aus den Blättern gewonnenes äther. Öl nutzt man zur Inhalation bei Infekten sowie zu Einreibungen bei rheumatischen Beschwerden. Die Ureinwohner Australiens haben ihre Speere aus dem sehr harten Holz dieser Gattung angefertigt.

Leptospermum roseum ↗ Leptospermum flavescens.

■ **Leptospermum scoparium** J. R. et G. Forst.
Fam.: Myrtaceae.
Vork.: Kleiner Strauch bis etwa 10 m hoher Baum Australiens, der in den Achseln der Laubblätter zahlreiche prächtige, weiße Blüten hervorbringt.
Inh.: äther. Öl (Manuka-Öl). Anw.: Die Laubblätter dienen zur Bereitung eines aromatischen Tees, der seit Jahrhunderten geschätzt wird.

Lerchensporn ↗ Corydalis-Arten.

■ **Lespedeza capitata** Michx.
Buschklee.
Fam.: Fabaceae (Papilionaceae).
Vork.: Nordamerika, Ost- und Nordost-Asien, Indomalaysische Gebiete, Australien.
Droge: ***Lespedezae herba*** (syn. *Herba Lespedezae*); Buschkleekraut, das getrocknete Kraut. Inh.: Lespedin und weitere Flavonoide (ca. 1 %), meist als Glykosyle vorliegend, u. a. Orientin und Isoorientin sowie Proanthocyanidine. Anw.: als Diuretikum und bei Nierenleiden.

Lespedezae herba ↗ Lespedeza capitata.
Lespedeza formosa ↗ Lespedeza thunbergii.
Lespedeza sieboldii ↗ Lespedeza thunbergii.

■ **Lespedeza thunbergii** (DC.) Nakai
(syn. *Lespedeza formosa, L. sieboldii, Desmodium penduliflorum*).
Fam.: Fabaceae (Papilionaceae).
Vork.: Fernost, Nordostasien.
Inh.: Lespedin (Flavonderivat).
Hom.: ***Lespedeza thunbergii*** HAB1; die frischen, oberirdischen Teile blühender Pflanzen. Anw.-Geb.: bei Erkrankungen der Nieren und ableitenden Harnwege.

■ **Leucadendron argenteum** (L.) R. Br.
Fam.: Proteaceae.
Vork.: Südafrika.
Droge: ***Silberbaumrinde***, die getrocknete Stammrinde. Inh.: Gerbstoffe. Anw.: früher in der Gerberei.

Leucaena glauca ↗ Leucaena leucocephala.

■ **Leucaena leucocephala** (Lam.) De Witt.
(syn. *Leucaena glauca*).
Fam.: Fabaceae (Leguminosae).

Vork.: tropisches Südamerika bis Texas und Florida nordwärts.

Droge: ***Folia Leucaenae***; Wilde Tamarindenblätter, die Laubblätter. *Inh.:* bes. die nichtproteinogene Aminosäure Mimosin (2–5 %). *Wirk.:* Mimosin verursacht Haarausfall bei Schaf, Pferd und Schwein; es stört den Estrogenzyklus und die DNA-Synthese von wachsenden Haaren. *Anw.:* als Enthaarungsmittel bei Schafen.

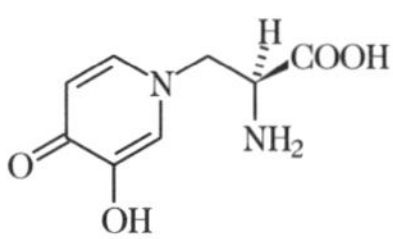

Mimosin

Leucanthemum odoratum ↗ Chamaemelum nobile, ↗ Chrysanthemum-Arten.
Leucanthemum parthenium ↗ Chrysanthemum-Arten.
Leucanthemum praecox ↗ Leucanthemum vulgare.

■ **Leucanthemum vulgare** Lam. s. str.
(syn. *Chrysanthemum leucanthemum; Leucanthemum praecox, Matricaria leucanthemum, Tanacetum leucanthemum*); Gänseblume (syn. Große Margerite, Großes Maßliebchen, Wiesenwucherblume).

Fam.: Asteraceae (Compositae).

Vork.: in ganz Europa, Sibirien; häufig in verschiedenen Zuchtformen als Garten- oder Schnittblume kultiviert.

Droge: ***Bellidis majoris herba*** (syn. *Herba bellidis pratensis majoris*), Margeritenkraut, die zur Blütezeit geernteten, getrockneten oberirdischen Pflanzenteile. *Inh.:* Polyine; Flavonoide; Cylite. *Anw.:* in der Volksheilkunde innerlich bei Keuchhusten und Asthma, bei Katarrhen und Spasmen; äußerlich zur Behandlung von Ulcera und Wunden; das Wasserdampfdestillat der Droge speziell gegen Nasenbluten. Die Droge kann zu allergischen Effekten führen, die durch Polyine ausgelöst werden.

Leuchtsternwurzel ↗ Aletris farinosa.

■ **Leucojum vernum** L.
Märzenbecher (syn. Großes Schneeglöckchen, Märzglöckchen, Frühlings-Knotenblume).

Fam.: Amaryllidaceae.

Vork.: Europa, bes. auf Bergwiesen bzw. in Gärten kultiviert.

Droge: die Zwiebel. Die Droge ist giftig! *Inh.:* Alkaloide, u. a. Lycorin, Tazettin, Galanthamin und Homolycorin. *Anw.:* früher als herzwirksame Droge bei Herzinsuffizienz.

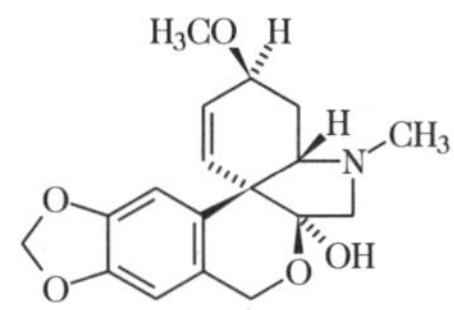

Tazettin

■ **Leucophyllum texanum** Benth.

Fam.: Scrophulariaceae.

Vork.: Mexiko.

Droge: Wurzeln und Zweige. *Inh.:* u. a. Dotriacontan, Triacontan und β-Sitosterol. *Anw.:* in der Volksheilkunde als Stomachikum.

Leucopiper ↗ Piper nigrum.
Leucosinapis alba ↗ Sinapis alba.

■ **Leucospermum conocarpum**

Fam.: Proteaceae.

Vork.: Südafrika.

Droge: ***Kreupelboomrinde***, die Stammrinde. *Inh.:* Gerbstoffe (ca. 15 %). *Anw.:* in der Ledergerberei.

Leukopiper ↗ Piper nigrum.
Leuzea carthamoides ↗ Rhaponticum carthamoides.
Levante-Lauch ↗ Allium-Arten.
Levantinische Seifenwurzel ↗ Gypsophila paniculata.
Levistici fructus ↗ Levisticum officinale.
Levistici herba ↗ Levisticum officinale.
Levistici radix ↗ Levisticum officinale.
Levisticum levisticum ↗ Levisticum officinale.

■ **Levisticum officinale** W.D.J. Koch
(syn. *Angelica levisticum, A. paludapifolia, Hipposelinum levisticum, Levisticum levisticum, L. paludapifolium, L. vulgare, Ligusticum levisticum, L. officinale*); Liebstöckel (syn. Badekraut, Bärmutter, Bergliebstöckel, Gebärmutterkraut, Gichtwurz, Labstockwurzel, Leberstockwurzel,

Lieberöhre, Liebstengel, Maggikraut, Nervenkraut, Sauerkrautwurz, Suppenlob, Wasserkräutel).

Fam.: Apiaceae (Umbelliferae).

Vork.: Europa, Nordamerika).

Drogen: ***1. Levistici fructus*** (syn. *Fructus Levistici, Semen Levistici*); Liebstöckelfrüchte, die getrockneten Früchte. *Inh.:* äther. Öl (0,9 %, bezogen auf Frischdroge) mit β-Phellandren als Hauptkomponente und Alkylphthaliden sowie Furanocumarine, u. a. Imperatorin, Bergapten und Psoralen. *Anw.:* volkstümlich bei Verdauungsbeschwerden und Blähungen, im Haushalt als Gewürz. ***2. Levistici herba*** (syn. *Herba Levistici, Herba Ligustici*); Liebstöckelkraut (syn. Liebstockkraut), das Ende Mai, Anfang Juli oder Ende August bis Anfang September etwa handhoch abgesichelte, getrocknete Kraut. *Inh.:* äther. Öl (0,25–0,4 %, bezogen auf Frischdroge) mit β-Phellandren und α-Terpenylacetat als Hauptkomponenten sowie Alkylphthaliden, ferner Cumarine, u. a. Umbelliferon. *Anw.:* im Haushalt als Gewürz. ***3. Levistici radix*** (syn. *Radix Laserpitii germanici, Radix Levistici, Radix Ligustici*); Liebstöckelwurzel (syn. Gebärmutterwurzel, Gichtstockwurzel, Labstockwurzel, Liebstengelwurzel, Lippstockwurzel, Maggiwurzel, Sauerkrautwurzel), der ganze oder geschnittene, getrocknete Wurzelstock und die Wurzeln. *Inh.:* äther. Öl (0,4–1,7 %) mit bis zu 70 % Alkylphthaliden, besonders *Z*-Ligustilid als Hauptkomponente, ferner u. a. 3-Butylphthalid sowie *E*- und *Z*-Butylidenphthalid. Weitere Bestandteile sind Cumarine (ca. 0,1 %), u. a. Umbelliferon, Furanocumarine, u. a. Bergapten und Psoralen, Polyine, u. a. (+)-Falcarindiol, Zucker, u. a. Invertzucker und Saccharose (bis 22 %), sowie Äpfel- und Angelicasäure. *Anw.:* zur Durchspülungstherapie bei unspezifischen entzündlichen Erkrankungen der ableitenden Harnorgane und zur Vorbeugung von Nierengrieß. In der Volksheilkunde auch bei Verdauungs- und Menstruationsbeschwerden sowie als schleimlösendes Mittel bei Katarrhen der Atemwege, ferner in der Likörindustrie sowie im Haushalt als Küchengewürz. Zur ↗ Teezubereitung verwendet man als Einzeldosis 1,5–3 g (1 Teelöffel = ca. 3 g) feingeschnittene Droge. Als Tagesdosis werden 4–8 g Droge empfohlen. *Geg.:* bei Entzündungen der Niere oder eingeschränkter Nierentätigkeit ist die Droge kontraindiziert. Außerdem sind Photodermatosen bei starker Sonneneinwirkung während der Therapie, bedingt durch die vorhandenen Furanocumarine, möglich.

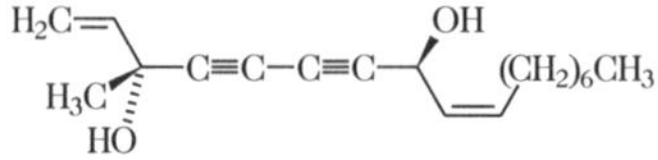

(+)-Falcarindiol

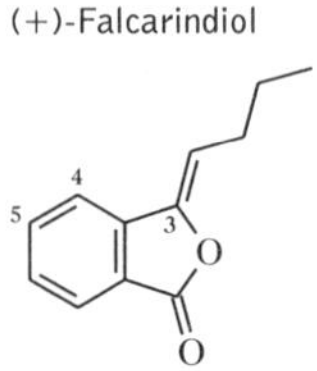

Ligusticumlacton
((*Z*)-Butylidenphthalid)

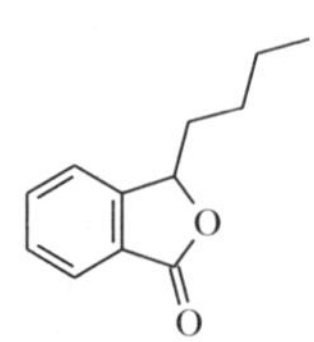

Butylphthalid

Hom.: ***1. Levisticum officinale, äthanol. Decoctum*** HAB1; Liebstöckel, die getrockneten, unterirdischen Teile. *Anw.-Geb.:* anthroposophische Therapierichtung. ***2. Levisticum officinale*** HAB34, der frische, im Herbst gesammelte Wurzelstock mit daranhängenden Wurzeln.

Histor.: Der Gattungsname *Levisticum* ist die lateinische Übertragung des griechischen *ligystigikón.* Der Name Liebstöckel gilt als Muster einer „Volksetymologie" und ist nach dem mittellateinischen *levisticum* gebildet worden. Die Pflanze galt bereits im Mittelalter als geschätzte Arzneipflanze, bes. als Diuretikum, und wird diesbezüglich sowohl im ↗ Capitulare de villis Karls des Großen als auch bei Hildegard von Bingen erwähnt.

Levisticum paludapifolium ↗ Levisticum officinale.
Levisticum vulgare ↗ Levisticum officinale.
Levkoje ↗ Matthiola incana.
Lewat ↗ Brassica-Arten.
Liatrisblätter ↗ Liatris odoratissima.

■ Liatris odoratissima Willd.

Hirschzunge.

Fam.: Asteraceae (Compositae).

Vork.: Nordamerika, von Virginia bis Florida und Louisiana.

Droge: ***Folia Liatris*** (syn. *Folia Liatris odoratissimae*); Hirschzungenblätter (syn. Liatrisblätter), die Laubblätter. *Inh.:* äther. Öl, Cumarin, Wachs, Harz. *Anw.:* in der Volksheilkunde als Tonikum und Stimulans; in der Tabakindustrie zum Aromatisieren von Tabaken; in der Parfümherstellung.

Hom.: ***Liatris odoratissima*** HAB34, die frischen Wurzeln.

■ **Liatris spicata** (L.) Willd.
Ährige Prachtscharte; s. Farbtafel S. 138, Bild 8.
Fam.: Asteraceae (Compositae).
Vork.: Nordamerika.
Droge: die Wurzeln. *Inh.:* äther. Öl. *Anw.:* in der Volksheilkunde als Diuretikum.
Hom.: ***Liatris spicata*** HAB34, die frischen Wurzeln. *Anw.-Geb.:* Wassersucht.

Libanonzeder ↗ Cedrus-Arten.
Libi-dibi ↗ Caesalpinia-Arten.

■ **Licania rigida** Benth.
Fam.: Chrysobalanaceae.
Vork.: Nordbrasilien, auch kultiviert.
Droge: ***Oleum Licaniae***; Oiticicaöl (syn. Cicöl), das fette Öl der Früchte und Samen. *Inh.:* Triglyceride aus α-Licansäure (ca. 73 %), Linolsäure, Ölsäure und weiteren, gesättigten Fettsäuren. *Anw.:* Das stark trocknende Öl wird lediglich technisch zur Herstellung von Farben, Lacken und Firnissen eingesetzt.

Licaria puchury-major ↗ Ocotea puchury-major.
Lichenin ↗ Cetraria islandica.
Lichen islandicus ↗ Cetraria islandica.
Lichen pulmonarius ↗ Lobaria pulmonaria.
Lichen Quercinus viridis ↗ Evernia prunastri.
Liebäugel ↗ Anchusa officinalis.
Lieberöhre ↗ Levisticum officinale.
Liebersche Auszehrungskräuter ↗ Galeopsis segetum.
Liebersches Kraut ↗ Galeopsis segetum.
Liebesapfel ↗ Lycopersicon esculentum.
Liebfrauenstroh ↗ Galium verum.
Liebstengel ↗ Levisticum officinale.
Liebstengelwurzel ↗ Levisticum officinale.
Liebstöckel ↗ Levisticum officinale.
Liebstöckelfrüchte ↗ Levisticum officinale.
Liebstöckelkraut ↗ Levisticum officinale.
Liebstöckelwurzel ↗ Levisticum officinale.
Liebstockkraut ↗ Levisticum officinale.
Ligisticum carvi ↗ Carum carvi.

■ **Lignane**
Dimere von Phenylpropanderivaten, die durch Verknüpfung der zentralen C-Atome der Seitenkette (2,2′-Verknüpfung) entstanden sind. Sie liegen in der Pflanze frei oder in glykosidischer Bindung vor und sind weitverbreitete Inhaltsstoffe von Farnen, Nacktsamern und Bedecktsamern. Von pharmazeutischer Bedeutung sind u. a. Podophyllotoxin (↗ *Podophyllum peltatum*), *meso*-Nordihydroguajaretsäure (↗ *Larrea tridentata*), Sesamin (↗ *Sesamum indicum*) und Arctiin (↗ *Arctium*-Arten).

■ **Lignin**
(syn. Holzstoff), einer der Hauptbestandteile des Holzes und neben Cellulose die mengenmäßig bedeutsamste organische Substanz, die Pflanzen

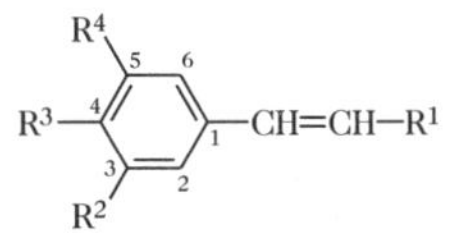

Lignin-Monomere

als Gerüststoff dient. L. bildet ein aus Phenylpropankörpern durch Polymerisation hervorgegangenes, hochmolekulares Netzwerk. Es wirkt als Stützbaustoff der verholzten Pflanzenteile, besitzt eine hohe chemische Stabilität (Halbwertzeit im Boden ca. 10–20 Jahre) und ist Hauptquelle für die Humusbildung.

■ **Lignum**
(lat.) das Holz; besteht aus dem durch die Kambiumtätigkeit nach innen gebildeten Dauergewebe. Abkürzung als Drogenbezeichnung: Lign.

Lignum Acokantherae ↗ Acokanthera-Arten.
Lignum Aloes ↗ Aquilaria agallocha.
Lignum Brasiliense rubrum ↗ Caesalpinia-Arten.
Lignum Buxi ↗ Buxus sempervirens.
Lignum Campechianum ↗ Haematoxylon campechianum.
Lignum Cedri ↗ Cedrus-Arten, ↗ Juniperus virginiana.
Lignum Citrinum ↗ Chlorophora tinctoria.
Lignum Colubrinum ↗ Strychnos-Arten.
Lignum Fabianae ↗ Fabiana imbricata.
Lignum Fernambuci ↗ Caesalpinia-Arten.
Lignum Floridum ↗ Sassafras albidum.
Lignum Guajaci ↗ Guaiacum sanctum.
Lignum Guajaci patavini ↗ Diospyros-Arten.
Lignum Haematoxyli ↗ Haematoxylum campechianum.

Lignum Juniperi ↗ Juniperus communis.
Lignum Muira-Puama ↗ Dulacia inopiflora, ↗ Ptychopetalum-Arten.
Lignum Nyssae ↗ Nyssa sylvatica.
Lignum Ostryae ↗ Ostrya virginiana.
Lignum Pavanum ↗ Sassafras albidum.
Lignum Pichi-Pichi ↗ Fabiana imbricata.
Lignum Picraenae ↗ Picrasma excelsa.
Lignum Picrasmae ↗ Picrasma excelsa.
Lignum Pterocarpi ↗ Pterocarpus-Arten.
Lignum Quassiae ↗ Picrasma excelsa, ↗ Quassia amara.
Lignum Quebracho ↗ Aspidosperma quebracho-blanco.
Lignum Quebracho colorado ↗ Schinopsis quebracho-colorado.
Lignum Rhois cotini ↗ Cotinus coggygria.
Lignum Sanctum ↗ Guaiacum officinale.
Lignum Santali album ↗ Santalum album.
Lignum Santali citrini ↗ Santalum album.
Lignum Santali citrinum ↗ Santalum album.
Lignum Santalinum rubrum ↗ Pterocarpus-Arten.
Lignum Santali rubrum ↗ Pterocarpus-Arten.
Lignum Sassafras ↗ Sassafras albidum.
Lignum Suberinum ↗ Quercus-Arten.
Lignum Tupelo ↗ Nyssa sylvatica.
Lignum Visci quercini ↗ Loranthus europaeus.
Liguster ↗ Ligustrum vulgare.

■ **Ligusticum chuanxiong**
Fam.: Apiaceae (Umbelliferae).
Vork.: China.
Droge: die ganze Pflanze. Inh.: Ligustrazin (Tetramethylpyrazin). Wirk.: antithrombotisch durch Hemmung der Plättchenaggregation. Anw.: in der chinesischen Volksheilkunde bei Gefäßleiden.

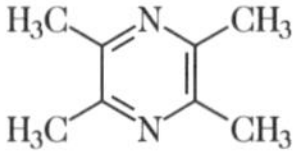

Ligustrazin (Tetramethylpyrazin)

Ligusticum cuminum ↗ Cuminum cyminum.
Ligusticum divaricatum ↗ Foeniculum vulgare.
Ligusticum foeniculum ↗ Foeniculum vulgare.
Ligusticum levisticum ↗ Levisticum officinale, ↗ Petroselinum crispum.
Ligusticum officinale ↗ Levisticum officinale.
Ligusticum phellandrium ↗ Oenanthe aquatica.
Ligusticum podagraria ↗ Aegopodium podagraria.

■ **Ligustrum vulgare** L.
Liguster (syn. Rainweide), s. Farbtafel S. 138, Bild 9.
Fam.: Oleaceae.
Heim.: Südeuropa, in Mitteleuropa als Ziergewächs.
Drogen: *1. Folia Ligustri*; Ligusterblätter (syn. Rainweidenblätter), die getrockneten Blätter. Inh.: Seco-Iridoid-Bitterstoffe, u. a. Ligustrosid und Oleuropein sowie dimere Pyridinalkaloide.

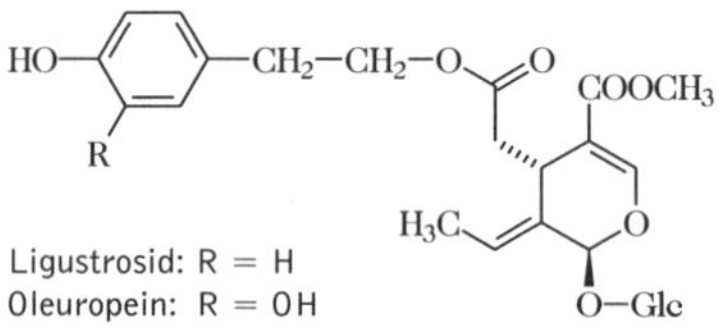

Ligustrosid: R = H
Oleuropein: R = OH

Anw.: früher in der Volksheilkunde als blutdruckwirksame Droge. Infolge nicht auszuschließender Toxizität heute nicht mehr im Gebrauch. *2. Fructus Ligustri*; Ligusterfrüchte, die frischen oder getrockneten Früchte. Inh.: u. a. der Farbstoff Ligulin. Anw.: zum Färben von Wein, mitunter als Verfälschung von Fructus Frangulae zu finden.

Lilac perpensa ↗ Forsythia suspensa.
Lilienbaum ↗ Liriodendron tulipifera.
Lilienöl ↗ Lilium candidum.
Lilium album ↗ Lilium candidum.

■ **Lilium candidum** L.
Madonnenlilie, s. Farbtafel S. 138, Bild 10.
Fam.: Liliaceae.
Vork.: Syrien, in Europa kultiviert.
Drogen: *1. Flores Liliorum*; Weiße Lilien, die getrockneten Blüten. Inh.: Saponine und Steroidalkaloide, *cis*-Antheraxanthin (ein Pigment),. Anw.: früher in der Volksheilkunde bei Epilepsie. *2. Oleum Liliorum*; Lilienöl, der Auszug der Blüten mit Olivenöl. Inh.: s. *Flores Liliorum*. Anw.: in der Volksheilkunde bei Verbrennungen, Geschwüren, Ekzemen, Quetschungen und Rheuma.
Hom.: *Lilium album*, die frische, blühende Pflanze. Anw.-Geb.: Erkrankungen der weiblichen Geschlechtsorgane.

■ **Lilium lancifolium** Thunb.
(syn. *Lilium tigrinum*); Tigerlilie (syn. Große Türkenbundlilie).

Fam.: Liliaceae.
Vork.: China, Japan, heute in Europa als Zierpflanze auch kultiviert.
Inh.: Steroidalkaloide, Saponine. *Anw.:* in der asiatischen Volksheilkunde wird die Zwiebel als Hustenmittel verwendet.
Hom.: ***Lilium lancifolium*** HAB1; die frische, blühende Pflanze ohne die Zwiebel. *Anw.-Geb.:* Bei Erkrankungen des zentralen Nervensystems, des Herz-Kreislauf-Systems sowie der weiblichen Geschlechtsorgane.
Histor.: Die Droge ist ein altes chinesisches Heilmittel, das unter dem Namen Po-he bereits um 2737 v. Chr. in der besondrs von Kaiser Shen-Nung zusammengestellten Pharmakopöe erwähnt und v. a. bei Husten und Lungenerkrankungen eingesetzt wurde.

Lilium tigrinum ↗ Lilium lancifolium.
Limax ater ↗ Arion empiricorum.
Limette ↗ Citrus-Arten.
Limettöl ↗ Citrus-Arten.

■ **Limnanthes alba** Hartw. ex Benth.
„Meadowfoam"; Sumpfblume.
Fam.: Limnanthaceae.
Heim.: südwestliche USA, u. a. Californien, Anbau in Südeuropa.
Inh.: Samen enthalten ein flüssiges Wachs, das als Ersatz für Jojoba-Öl (↗ *Simmondsia chinensis*) dienen kann.

Limone ↗ Citrus-Arten.
Limonelle ↗ Citrus-Arten.
Limonen ↗ Ätherische Öle.
Limonenschale ↗ Citrus-Arten.
Limonin ↗ Citrus-Arten.
Limonis aetheroleum ↗ Citrus-Arten.
Linaloeöl ↗ Bursera-Arten.
Linalool ↗ Ätherische Öle.
Linaria ↗ Linaria vulgaris.

■ **Linaria vulgaris** Mill.
(syn. *Antirrhinum linaria*); Leinkraut (syn. Akkerlein, Gelbes Löwenmaul, Frauenflachs), s. Farbtafel S. 138, Bild 11.
Fam.: Scrophulariaceae.
Vork.: Mittel- und Osteuropa.
Droge: ***Herba Linariae*** (syn. *Herba Antirrhini, Linaria*); Leinkraut (syn. Wildes Leinkraut, Frauenflachs, Ackerleinkraut, Gelbes Löwenmaulkraut), das getrocknete, blühende Kraut. *Inh.:* Flavonglykoside, u. a. Linarin und Pectolinarin, sowie in Spuren Alkaloide, u. a. Peganin. *Anw.:* volkstümlich als Diuretikum, mildes Laxans sowie – meist in Salbenform – bei Hämorrhoiden.
Hom.: ***Linaria vulgaris*** (syn. *Linaria*) HAB; die frischen, oberirdischen Teile blühender Pflanzen. *Anw.-Geb.:* Leberschwäche, Blasenentzündung.
Histor.: Sowohl der Gattungsname *Linaria* als auch die deutsche Bezeichnung Leinkraut wurden auf Grund der dem Lein ähnlichen Blätter geprägt. Die Kräuterbücher des 15. und 16. Jh. beschreiben das Leinkraut und nennen als Hauptanwendungsgebiete Leber- und Milzleiden sowie Harn- und Stuhlverhalten. Im Volksglauben galt die Pflanze längere Zeit als Schutz gegen Hexenzauber und Verwünschungen für kleine Kinder.

■ **Lincomycin**
Derivat des 1-Methyl-4-propyl-L-prolins, das amidartig mit einer Thiooctapyranose (Methyl-α-thiolincosamin) verknüpft ist und vor allem gegen grampositive Erreger und Anaerobier bakteriostatisch wirkt. Es hemmt die Proteinbiosynthese in ähnlicher Weise wie Chloramphenicol. Dieses Antibiotikum wird von *Streptomyces lincolnensis* gebildet. *Anw.:* therapieresistente Infektionen durch Staphylokokken, besonders akute und chronische Osteomyelitiden. Die auftretenden Nebenwirkungen (Allergien, Leber- und Nierenfunktionsstörungen) schränken den Gebrauch stark ein.

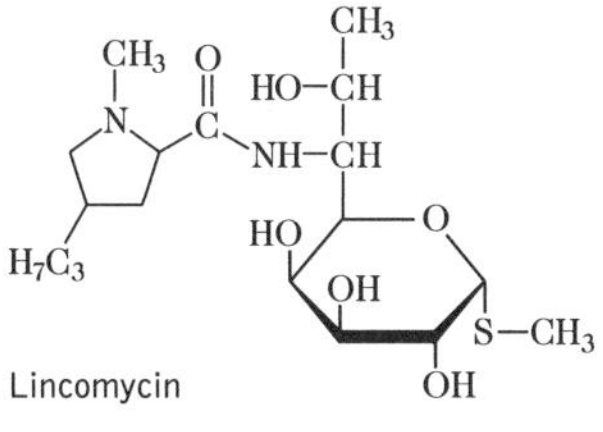

Lincomycin

Lindenblüten ↗ Tilia-Arten.
Lindera odorata ↗ Myrrhis odorata.

■ **Lindera strychnifolia** Vill.
(syn. *Benzoin strychnifolium*).
Fam.: Lauraceae.
Vork.: China.

Droge: ***Radix Linderae***; Speicherwurzel, die Wurzeln. *Inh.:* Lindestren, Linderenacetat; äther. Öl mit Borneol, Linderan, Linderen; die Blätter enthalten im äther. Öl u. a. α-Pinen, Camphen, β-Pinen, Limonen, Ocimen, Myrcen. *Anw.:* in der chinesischen Volksheilkunde als Stomachikum, Adstringens, Carminativum und Tonikum; die Wurzel wird außerdem bes. bei Harnleiden eingesetzt.

Lingoum indicum ↗ Pterocarpus-Arten.
Lingoum marsupium ↗ Pterocarpus-Arten.
Lingoum officinale ↗ Pterocarpus-Arten.
Lingoum santalinum ↗ Pterocarpus-Arten.
Lini cathartici herba ↗ Linum catharticum.
Lini oleum ↗ Linum usitatissimum.
Lini semen ↗ Linum usitatissimum.
Linolensäure ↗ Linum usitatissimum.
Linse ↗ Lens culinaris.
Linsenstärke ↗ Lens culinaris.

■ **Linum catharticum** L.
(syn. *Cartholinum pratense, Linum diversifolium*); Wiesenlein (syn. Abführgras, Abführkraut, Berglein, Darmglöckel, Laxiergras, Purgierflachs, Purgierlein, Schnellengras, Wilder Lein).

Fam.: Linaceae.

Vork.: weltweit in gemäßigten und subtropischen Gebieten, besonders im Mittelmeerraum.

Droge: ***Lini cathartici herba*** (syn. *Herba Lini cathartici*); *Linum-catharticum*-Kraut, das Kraut. *Inh.:* Linin (ca. 0,5 %, lignanartiger Bitterstoff), Gerbstoff, Harz, äther. Öl. *Anw.:* in der Volksheilkunde bei Obstipation und Harnverhaltung, als Brechmittel, bei Wassersucht und Würmern sowie bei rheumatischen Beschwerden.

Hom.: ***1. Linum catharticum*** HAB34, die frische, blühende Pflanze. *Anw.-Geb.:* Durchfälle, Hämorrhoiden, Bronchialkatarrh, Amenorrhoe. ***2. Linum catharticum e planta tota*** HAB; die ganze, frische Pflanze. *Anw.-Geb.:* Durchfallerkrankungen.

Histor.: Die Droge wurde erst Ende des 16. Jh. in den Arzneischatz aufgenommen und diente vor allem als Purgans und Diuretikum sowie als Brechmittel. Insbesondere Linné bemühte sich um die Einführung dieser Pflanze in die Heilkunde. Sie wurde in Pulverform oder im Aufguß mit Wein verordnet.

Linum diversifolium ↗ Linum catharticum.

■ **Linum usitatissimum** L.
Flachs, Lein.

Fam.: Linaceae.

Vork.: Das 30–150 cm hohe, einjährige Kraut mit himmelblauen radiären Blüten ist im Mittelmeerraum, Vorderasien und Nordafrika beheimatet. Heute wird es angebaut in Gebieten mit gemäßigtem Klima.

Drogen: ***1. Lini semen*** (syn. *Semen Lini*); Leinsamen (syn. Flachssamen, Flachslinsen, Haarlinsen, Leinwanzen, Hornsamen), s. Farbtafel S. 138, Bild 12. *Inh.:* Schleime (3–10 %, besonders in der Samenschale), Ballaststoffe (25 %), fettes Öl (30–40 %), Proteine (ca. 25 %), Aminosäuren, wie Linatin; daneben Sterole und Triter-

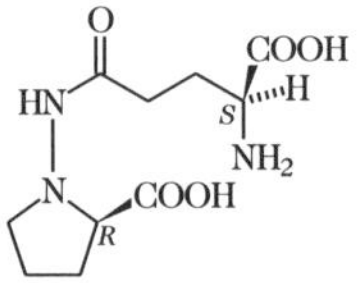

Linatin (1-L-γ-Glutamylamino-D-prolin)

pene sowie bis zu 1,5 % cyanogene Glykoside (↗ Linustatin, Neolinustatin). *Anw.:* Leinsamen sind ganz, leicht gequetscht oder geschrotet ein

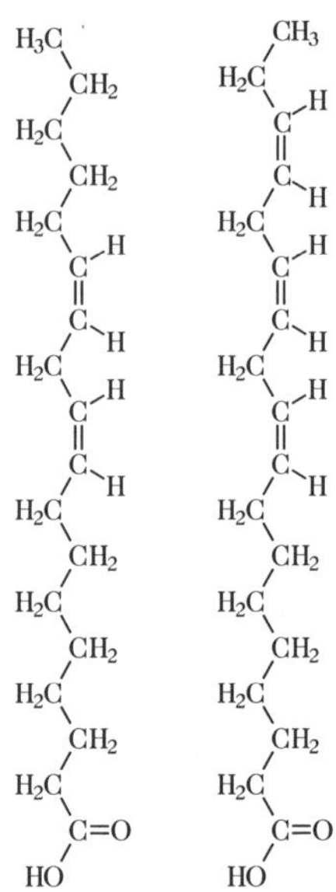

Linolsäure Linolensäure

mild wirkendes Laxans, induziert durch die Quellung der Samenschalen im Darm (Volumenreiz). Aufgrund der Schleimstoffe dient die Droge auch als einhüllendes Mittel (Mucilaginosum). *2. **Oleum Lini*** (syn. *Lini oleum*); Leinöl. Inh.: Das aus den Samen kaltgepreßte, fette, trocknende Öl ist eine goldgelbe Flüssigkeit mit einem hohen Anteil an ungesättigten (essentiellen) Fettsäuren (Linol-, Linolen- und Ölsäure) sowie Palmitin- und Stearinsäure. Anw.: Leinöl hat schwach laxierende Eigenschaften. Die bei der Ölgewinnung anfallenden Preßrückstände (*Placenta Seminis Lini*) werden äußerlich zu Kataplasmen verwendet, da sie ein großes Wärmespeichervermögen aufweisen. Offizinell war früher in der Dermatologie ein Brandliniment (Linimentum Calcariae)), das aus Leinöl und Kalkwasser bereitet wurde. Leinöl besitzt auch Bedeutung als Diätetikum sowie als Ausgangsstoff für die Herstellung von Lacken, Firnissen und Seifen. *3. **Filum lini sterile***; Steriler Leinenfaden, aus des Fasern des Pericycels gesponnener Faden. Anw.: in der Chirurgie als Nahtmaterial.

Hom.: ***Linum usitatissimum*** HAB; die frischen, oberirdischen Teile blühender Pflanzen. Anw.-Geb.: Heuschnupfen, Harnblasenreizung.

Histor.: Lein zählt zu den ältesten Kulturpflanzen und ist bereits im alten Ägypten verwendet worden. Die Hippokratiker benutzten die Pflanze zu medizinischen Zwecken, ↗ Theophrast beschreibt die Verwendung des Schleims im 4. Jh. v. Chr. und Hildegard von Bingen empfahl Lein zu Umschlägen.

■ Linustatin

cyanogenes Glykosid, u. a. in den Samen von ↗ Linum usitatissimum und in der Wurzelknolle von Manihot esculenta enthalten. Linustatin ist ein α-Hydroxyisobuttersäurenitril-β-D-gentiobiosid, das zu 0,2–0,4 % im Leinsamen enthalten ist. Während der Passage im Magen-Darm-Trakt wird Linustatin gespalten und es entwickelt sich Cyanid, das vom Organismus aber sofort zu Thiocyanat entgiftet und ausgeschieden wird.

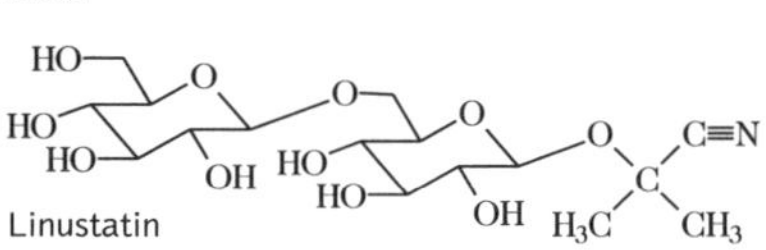

Linustatin

■ Liponsäure

(syn. Thioctansäure), in der Natur weitverbreitetes Coenzym und Wachstumsfaktor für Mikroorganismen. Anw.: zur Therapie von Schwermetallvergiftungen, bei Lebernekrosen nach dem Verzehr von Grünem Knollenblätterpilz (↗ *Amanita phalloides*).

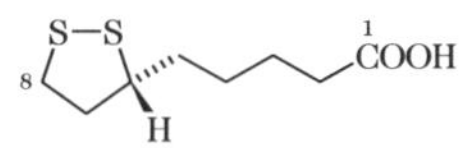

Liponsäure (Thioctansäure)

Lippia citriodora ↗ Aloysia triphylla.

■ Lippia dulcis Trev.

(syn. *Phyla scaberrima, Zapania scaberrima*); Mexikanisches Lippienkraut.

Fam.: Verbenaceae.

Vork.: Mittelamerika, von Mexiko bis Panama.

Droge: ***Herba Lippiae dulcis*** (syn. *Herba Lippiae mexicanae; Lippia-dulcis*-Blätter); Lippia mexicana (syn. Mexikanisches Lippienkraut), die frischen oder getrockneten Blätter. Inh.: äther. Öl (0,1–0,8 %) mit Campher, Camphen, Limonen; Sesquiterpenen, wie das süß schmeckende Hernandulcin. Anw.: in der Volksheilkunde bei Katarrhen der Atemwege, chronischer Bronchitis und als Emmenagogum.

Lippiae citriodorae folium ↗ Aloysia triphylla.
Lippiae triphyllae folium ↗ Aloysia triphylla.
Lippia mexicana ↗ Lippia dulcis.
Lippia triphylla ↗ Aloysia triphylla.
Lippstockwurzel ↗ Levisticum officinale.

■ Liquidambar-Arten

- **Fam.:** Hamamelidaceae.
- **Liquidambar formosana** Hance.

Vork.: Südchina, Taiwan.

Droge: *1. **Liquidambaris fructus***; Amberbaumfrüchte, die getrockneten, reifen Fruchtstände. Inh.: u. a. (–)-Bornylcinnamat, Styracinepoxid, Betulinsäure. Anw.: in der traditionellen chinesischen Medizin bei rheumatischen Gelenkschmerzen, Muskelkrämpfen, Spannungs- und Völlegefühl, bei stockender Laktation und Amenorrhoe. *2. **Liquidambaris resina***; Amberbaumharz, das getrocknete Baumharz. Inh.: Harze, äther. Öl. Anw.: in der traditionellen chinesischen Medizin bei Sturz- und Schlagverletzungen, Furunkeln, blutigem Erbrechen, Nasenbluten, Blutungen infolge von Verletzungen.

● **Liquidambar orientalis** Mill.; Orientalischer Amberbaum (syn. Storaxbaum).

Vork.: südliches Kleinasien, Syrien.

Drogen: *1.* ***Styrax crudus*** (syn. *Balsamum Styracinum, Balsamum Styrax liquidum, Styrax liquidus*); Styrax (syn. Storax, Storax-Balsam), der Balsam aus dem Stamm. Inh.: äther. Öl, Zimtsäure und ihre Ester, Vanillin, Styrol, Phenylpropankörper-Alkohole. Anw.: s. Amerikanischer Styrax. *2.* ***Styrax depuratus***; Gereinigter Styrax, der gereinigte Balsam. Inhaltsstoffe und Anwendung s. Amerikanischer Styrax.

● **Liquidambar styraciflua** L.; Ahornblättriger Amberbaum.

Vork.: USA, Mittelamerika, Mexiko, Honduras.

Droge: ***Balsamum Indicum album***; Amerikanischer Styrax, (syn. Honduras-Balsam), der aus dem Stamm erhaltene Balsam. Inh.: Harz (33–50 %, v. a. Zimtsäureester, β-Storesin und Styracin), etwas äther. Öl, freie Zimtsäure (5–15 %), Spuren von Vanillin. Anw.: in der Volksheilkunde zur Behandlung von Husten und Erkältungen (oft in Kombination mit anderen Drogen) sowie zur Krätzetherapie. In der Kosmetik dient die Droge als Bestandteil von Parfüms mit orientalischer Note sowie in der Süßwarenindustrie als Aromatikum für Getränke, Kaugummi bzw. zur Tabakparfümierung.

Liquidambaris fructus ↗ Liquidambar-Arten.
Liquidambaris resina ↗ Liquidambar-Arten.
Liquidambar peregrina ↗ Comptonia peregrina.
Liquiritiae radix ↗ Glycyrrhiza glabra.
Liquiritia officinalis ↗ Glycyrrhiza glabra.
Liquiritia officinarum ↗ Glycyrrhiza glabra.
Liquiritin ↗ Glycyrrhiza glabra.
Liquor Hamamelidis ↗ Hamamelis virginiana.
Liquor Uzara ↗ Xysmalobium undulatum.
Liriodendron heterophylla ↗ Liriodendron tulipifera.
Liriodendron integrifolia ↗ Liriodendron tulipifera.
Liriodendron obtusiloba ↗ Liriodendron tulipifera.
Liriodendron procera ↗ Liriodendron tulipifera.
Liriodendron truncatifolia ↗ Liriodendron tulipifera.

■ **Liriodendron tulipifera** L.
(syn. *Liriodendron heterophylla, L. integrifolia, L. obtusiloba, L. procera, L. truncatifolia*); Tulpenbaum (syn. Lilienbaum).

Fam.: Magnoliaceae.

Heim.: Nordamerika, in Mitteleuropa in Parkanlagen kultiviert.

Drogen: *1.* ***Liriodendron-tulipifera-Holz***; Kanarienholz (syn. Tulpenbaumholz, Tulpenholz), das getrocknete Stammholz. Inh.: Alkaloide vom Aporphintyp, u. a. (+)-Glaucin als Hauptalkaloid, ferner Lignane und Phenylpropanderivate, u. a. Syringaaldehyd und Vanillin. Anw.: s. Tulpenholzrinde. *2.* ***Liriodendron-tulipifera-Rinde***; die getrocknete und geschälte, d. h. von der Borke befreite, Zweigrinde. Inh.: Alkaloide vom Aporphintyp, u. a. Liriodenin und Lysicamin, Lignane, u. a. Lirionol und (+)-Pinoresinol, äther.

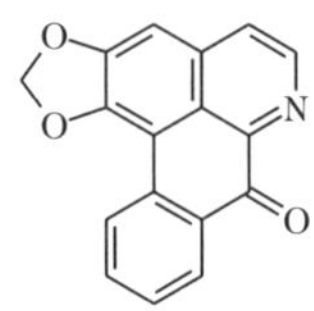

Liriodenin

Öl (0,125 %), u. a. *cis*-β-Ocimen, β-Pinen und Bornylacetat enthaltend, sowie Phenylpropanderivate, u. a. Syringasäuremethylester. Anw.: früher bei Fieber, Menstruationsschmerzen und Hysterie sowie als Tonikum und zur Appetitanregung. *3.* ***Blattdroge***, die getrockneten Laubblätter. Inh.: Alkaloide vom Aporphintyp, u. a. Remerin, Lirinidin und Lirinin sowie Flavonolglykoside. Anw.: s. Tulpenbaumrinde.

Hom.: ***Liriodendron tulipifera*** HAB34, die frische Rinde der jungen Zweige.

Liriosma inopiflora ↗ Dulacia inopiflora.
Liriosma micrantha ↗ Dulacia inopiflora.
Liriosma ovata ↗ Dulacia inopiflora.
Lisianthus sempervirens ↗ Gelsemium sempervirens.
Litauischer Balsam ↗ Betula-Arten.
Litchibaum ↗ Litchi chinensis.

■ **Litchi chinensis** Sonn.
Litchibaum (syn. Leeche, Lychee, Litschibaum, Litchipflaume, Zwillingspflaume).

Fam.: Sapindaceae.

Vork.: China.

Inh.: in den Samen u. a. toxische Aminosäuren, Proteine und fettes Öl. Anw.: in der chinesischen Medizin bei Geschwülsten. Der Baum wird wegen des wohlschmeckenden Fruchtfleisches auch kultiviert, die Früchte (Zwillingspflaumen) sind heute weltweit als Obst geschätzt.

Litchipflaume ↗ Litchi chinensis.
Lithocarpus benzoin ↗ Styrax-Arten.
Lithospermi radix ↗ Lithospermum erythrorhizon.
Lithospermsäure ↗ Lithospermum officinale.
Lithospermum albiflorum ↗ Lithospermum erythrorhizon.
Lithospermum decumbens ↗ Lithospermum ruderale.

■ **Lithospermum erythrorhizon** Sieb. et Zucc. (syn. *Lithospermum albiflorum, L. murasaki, L. officinale ssp. erythrorhizon, L. officinale* var. *japonicum*).

Fam.: Boraginaceae.

Vork.: Nordchina, Korea, Japan, dort auch kultiviert.

Droge: ***Lithospermi radix*** (syn. *Radix Lithospermi*), die getrockneten Wurzeln. Inh.: Pyrrolizidin-Alkaloide (ca. 0,02 %), wie Intermedin und Myoscorpin; Furfurylhydrochinone und Furfurylchinone, u. a. Shikonofurane; Kaffeesäurederivate, Naphthochinone vom Shikonintyp, Polysaccharide. *Anw.:* in der chinesischen Volksheilkunde bei Pocken und anderen Infektionskrankheiten, zur Fiebersenkung, bei Halsentzündungen, Verstopfung, Hepatitis und bei Hauterkrankungen. In Japan dient die Droge zur Bereitung rot gefärbter Salben und Lippenstifte sowie zum Färben von Seide. Die Färbung von Lebensmitteln mit Extrakten aus *Lithospermi radix* ist in Deutschland nicht erlaubt.

Lithospermum lanceolatum ↗ Lithospermum ruderale.
Lithospermum laxum ↗ Lithospermum ruderale.
Lithospermum murasaki ↗ Lithospermum erythrorhizon.
Lithospermum ochroleucum ↗ Lithospermum officinale.

■ **Lithospermum officinale** L.
(syn. *Lithospermum ochroleucum, Margarospermum officinale*); Echter Steinsame (syn. Eisenkraut, Himmelstütze, Meergries, Meerhirse, Steinhirse, Steinsame, Steinsaat, Teebusk).

Fam.: Boraginaceae.

Vork.: Europa bis Asien.

Drogen: *1.* ***Lithospermum-officinale-Blätter*** (syn. Böhmischer Tee, Kroatischer Tee), die getrockneten Blätter. *Inh.:* Phenylpropanderivate, insbesondere Lithospermsäure. *Anw.:* s. *Fructus Lithospermi.* ***2. Fructus Lithospermi*** (syn. *Fructus Milii solis, Semen Lithospermi, Semen Milii solis*); *Lithospermum-officinale*-Samen (syn. Steinsamen), der reife Samen. *Inh.:* Octadecatetraensäure, Lithospermsäure, Pyrrolizidinalkaloide, Scyllit, Kieselsäure u. a. *Anw.:* früher volkstümlich bei Blasen- und Nierenleiden. Extrakten wird eine antigonadotrope und antithyreotrope Wirkung zugeschrieben.

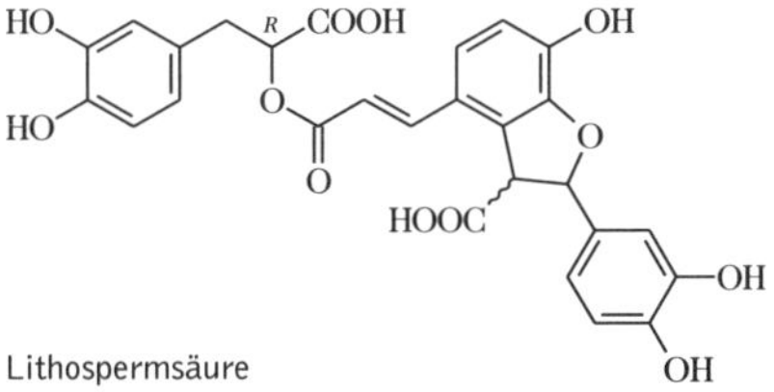

Lithospermsäure

Lithospermum pilosum ↗ Lithospermum ruderale.

■ **Lithospermum ruderale** Douglas ex Lehm.
(syn. *Batschia pilosa, B. torreyi, Lithospermum decumbens, L. lanceolatum, L. laxum, L. pilosum, L. ruderale* var. *lanceolatum, L. ruderale* var. *macrospermum, L. ruderale* var. *torreyi, L. torreyi*).

Fam.: Boraginaceae.

Vork.: Nordamerika, Kanada.

Droge: ***Lithospermum-ruderale-Wurzel***, die getrockneten Wurzeln. *Inh.:* Kaffeesäurederivate, wie Lithospermsäure, Chlorogensäure und Rosmarinsäure; Allantoin, Bernsteinsäure, Rutin. *Anw.:* in der indianischen Volksheilkunde bei Durchfällen und zur Empfängnisverhütung.

Lithospermum tinctorium ↗ Alkanna tinctoria.
Lithospermum torreyi ↗ Lithospermum ruderale.

■ **Lithothamnion calcareum** (Pallas) Areschoug

Fam.: Corallinaceae.

Vork.: Küstengebiete vor Frankreich, England, Irland sowie Mittelmeerküsten.

Droge: die ganzen Kalkalgen. *Inh.:* Calciumcarbonat (ca. 80 %); Magnesiumcarbonat (10–12 %), Spurenelemente. *Anw.:* als Hilfsmittel in der Galenik und kosmetischen Industrie; als Filtriermaterial; Zusatz zu Tierfuttermitteln; in der Landwirtschaft zur Bodenverbesserung („maerl").

■ **Lithothamnion corallioides** Crouan.
Fam.: Corallinaceae.
Vork.: Küstengebiete vor Frankreich, England, Irland sowie Mittelmeerküsten.
Droge: ↗ *Lithothamnion calcareum*.

Litschibaum ↗ Litchi chinensis.

■ **Litsea calophylla**
(Miq.) Marsh. (syn. *Litsea sebifera*).
Fam.: Lauraceae.
Vork.: Indien, Java.
Droge: ***Tangkallagfett***, das Fett der Früchte und Samen. Inh.: Fettsäureester, die hauptsächlich aus Trilaurin (85–96 %) und Triolen (2–15 %) bestehen. Anw.: zur Herstellung von Kerzen und Seife; die Früchte sind eßbar.

Litsea sebifera ↗ Litsea calophylla.
Lobadium aromaticum ↗ Rhus-Arten.
Lobaria islandica ↗ Cetraria islandica.

■ **Lobaria pulmonaria** (L.) Hoffm.
Lungenmoos (syn. Lungenflechte, Baumflechte).
Fam.: Stictaceae.
Vork.: Europa, Afrika, Asien, Amerika.
Droge: ***Lichen Pulmonarius*** (syn. *Herba Pulmonariae arboreae*, Sticta); Lungenmoos (syn. Baummoos), der Thallus der Flechte. Inh.: Flechtensäuren (u. a. 3 % Stictinsäure, Norstictinsäure, Gyrophorsäure), Schleimstoffe, Bitterstoff, Gerbstoffe. Anw.: in der Volksheilkunde bei Lungenkrankheiten und als Adstringens. In der Parfümerie werden ebenfalls Extrakte der Droge genutzt.

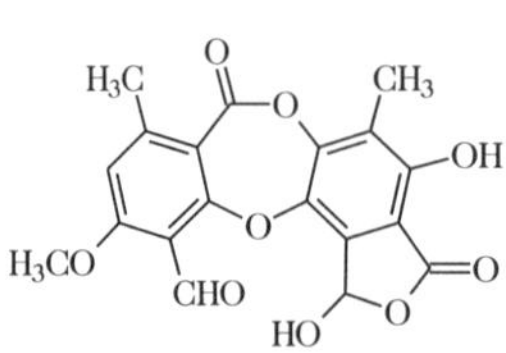

Stictinsäure

Hom.: ***Lobaria pulmonaria*** HAB1; Lungenkraut, die ganzen, getrockneten Thalli. Anw.-Geb.: Erkrankungen der oberen und unteren Atemwege, z. B. Bronchitis, Reizhusten, Rhinitis.

Lobelia antisiphilitica ↗ Lobelia siphilitica.

■ **Lobelia cardinalis** L.
(syn. *Lobelia coccinea*); Scharlachrote Lobelie.
Fam.: Campanulaceae.
Vork.: östliches Nordamerika, Virginia, Kanada.
Inh.: die oberirdischen Pfanzenteile enthalten Alkaloide, v. a. Lobinalin, sowie Chelidonsäure.
Hom.: ***Lobelia cardinalis*** HAB34; die frischen Blätter. Anw.-Geb.: bei Schwächezuständen infolge von Erkrankungen der Atmungsorgane.

■ **Lobelia chinensis** Lour.
(syn. *Lobelia radicans*).
Fam.: Campanulaceae.
Vork.: Indien, China, Vietnam, Laos.
Droge: ***Lobelia-chinensis-Kraut***, das getrocknete Kraut. Inh.: Alkaloide (ca. 0,028 %), wie Lobelin, Lobelanin und Lobelanidin. Anw.: in der traditionellen chinesischen Medizin gegen Schlangenbisse, tiefliegende Geschwüre, Ödeme, Ikterus, zur Atemanregung und bei Asthma.

Lobelia cliffordiana ↗ Lobelia inflata.
Lobelia coccinea ↗ Lobelia cardinalis.
Lobeliae herba ↗ Lobelia inflata.
Lobelia glandulosa ↗ Lobelia siphilitica.

■ **Lobelia inflata** L.
(syn. *Dortmannia inflata, L. cliffordiana, L. michauxie, Rapuntium inflatum*); Lobelie (syn. Aufgeblasene Lobelie, Indianer-Tabak), s. Farbtafel S. 139, Bild 13.
Fam.: Campanulaceae.
Vork.: Nordamerika, von Kanada bis südlich nach Georgia und Alabama, Rußland, Indien, dort auch kultiviert.
Droge: ***Lobeliae herba*** (syn. *Herba Lobeliae, Herba Lobeliae inflatae*); Lobelienkraut (syn. Indianischer Tabak, Indischer Tabak), die getrockneten oberirdischen Teile. Inh.: Alkaloide, besonders α-Lobelin, daneben u. a. Lobelidin, Lobelanidin und Lobelanin und Norlobelanin sowie Chelidonsäure, Lobeliasäure und Phenyloxypropionsäure. Anw.: als Analeptikum, Brechmittel und Expektorans bei Asthma bronchiale und Bronchitis. Die Anwendung bei diesen Indikationen ist wegen unzuverlässiger Wirkung heute obsolet.
Hom.: ***Lobelia inflata*** HAB1, die ganze, frische, blühende Pflanze. Anw.-Geb.: Störungen

des vegetativen Nervensystems und des Atemzentrums mit Blutdruckabfall, Heuschnupfen, Asthma bronchiale und Schwangerschaftserbrechen.

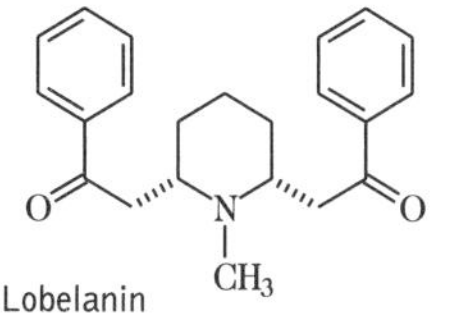
Lobelanin

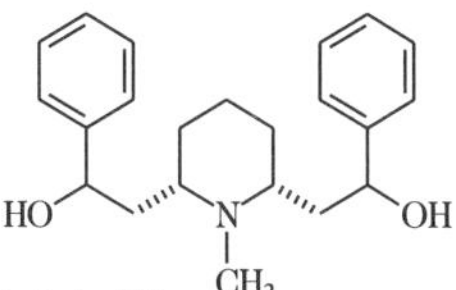
Lobelanidin

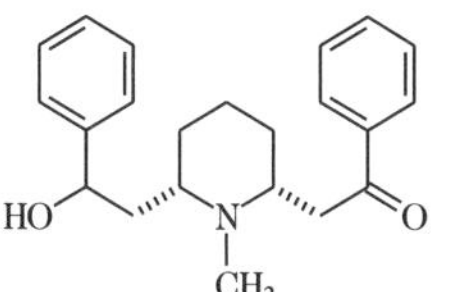
α-Lobelin

Histor.: Bereits die Ureinwohner Nordamerikas nutzten die Pflanze als Heilmittel für verschiedene Erkrankungen. Ende des 17. Jh. kam sie nach Europa, Linné kultivierte und beschrieb sie 1741 in Uppsala. Seit 1812 wurde Lobelienkraut bei Asthma bronchiale in den USA verwendet und fand über England auch Eingang in die deutschen Arzneibücher. Der Gattungsname *Lobelia* wurde nach dem flandrischen Botaniker Mathias de l' Obel (1538–1616) geprägt; während *inflata* (lat., aufgeblasen, aufgeschwollen) auf die bauchigen Früchte der Pflanze hinweist.

■ **Lobelia laxiflora** H.B.K.
Fam.: Campanulaceae.
Vork.: Mexiko bis Kolumbien.
Droge: ***Lobelia-laxiflora-Wurzel***, die Wurzeln. *Inh.:* Alkaloide, v. a. Lobelin. *Anw.:* in der Volksheilkunde gegen Asthma.

Lobelia michauxie ↗ Lobelia inflata.

■ **Lobelia nicotianaefolia** Hayne.
Fam.: Campanulaceae.
Vork.: Indien.
Droge: ***Lobelia-nicotianaefolia-Kraut***, das getrocknete Kraut. *Inh.:* Alkaloide, wie (–)-Lelobanidin III. *Anw.:* in der indischen ayurvedischen Medizin bei Verdauungsbeschwerden, Blutkrankheiten, Harndrang, Gallenbeschwerden und Erysipel.

Lobelia radicans ↗ Lobelia chinensis.

■ **Lobelia siphilitica** L.
(syn. *Lobelia antisiphilitica, L. glandulosa, Rapuntium siphiliticum*); Blaue Kardinalsblume (syn. Gemeine Lobelie, Virginische Lobelie).
Fam.: Campanulaceae.
Vork.: Nordamerika.
Inh.: Alkaloide (v. a. Lobelidiol-, Lobelionol- und Lobelidion-Verbindungen), Chelidonsäure. *Anw.:* in der Volksheilkunde zur Schleimhautreizung und als Diaphoretikum.
Hom.: ***Lobelia syphilitica*** HAB34; die ganze frische Pflanze. *Anw.-Geb.:* Entzündungen der Atmungsorgane und bei erhöhter Erregbarkeit des vegetativen Nervensystems.

■ **Lobelia tupa** L.
Teufelstabak.
Fam.: Campanulaceae.
Vork.: tropisches Südamerika.
Inh.: Die Blätter enthalten die Alkaloide Lobelin, Lobelanidin und Norlobelanidin. *Anw.:* Die Mapuche-Indianer rauchen die Blätter zur halluzinogenen Berauschung. Da die nachgewiesenen Alkaloide zwar atemanaleptisch wirken, aber keine psychotrope Wirksamkeit aufweisen, ist die Ursache der halluzinogenen Wirkung noch ungeklärt. In der traditionellen Medizin der Andenvölker wird die Droge als Brech- und Abführmittel eingesetzt.

Lobelie ↗ Lobelia inflata.
Lobelienkraut ↗ Lobelia inflata.

■ **Lobelin**
Piperidinalkaloid, Hauptalkaloid von ↗ *Lobelia inflata*. *Anw.:* früher als Raucherentwöhnungsmittel (ähnliche Wirkung wie Nicotin) sowie als Atemanaleptikum. Heute nicht mehr verwendet.

Löcherschwamm ↗ Fomes officinalis.
Lochnera rosea ↗ Catharanthus roseus.
Lodder und Krieger van Rij ↗ Candida-Arten.

■ **Loeselia coccinea** G. Don.
Fam.: Polemoniaceae.
Vork.: Amerika, Arizona bis Kolumbien und Venezuela.
Hom.: ***Loeselia coccinea*** (syn. *Hoitzia coccinea*) HAB; die getrockneten, unterirdischen Pflanzenteile. Anw.-Geb.: scharlachartiger Ausschlag.

Löffelkraut ↗ Bupleurum-Arten, ↗ Cochlearia officinalis.
Löffelkresse ↗ Cochlearia officinalis.

■ **Loganin**
(syn. Menyanthin), ein bitter schmeckendes Iridoid-Glucosid aus den Blättern des Bitterklees (↗ *Menyanthes trifoliata*) und den Samen der Ignatiusbohne (↗ *Strychnos*-Arten). L. ist eine wichtige Zwischenverbindung für die Biosynthese von Iridoiden und Indolalkaloiden.

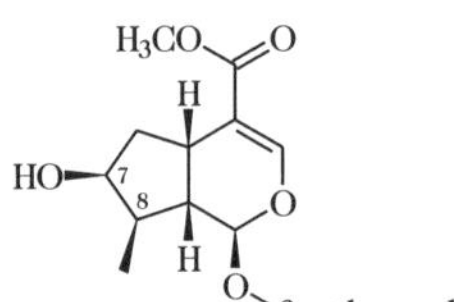
Loganin

■ **Lolium temulentum** L.
Taumellolch (syn. Schlafweizen, Schwindelhafer), s. Farbtafel S. 139, Bild 14.
Fam.: Gramineae.
Vork.: Europa, Asien, Nordafrika.
Droge: ***Semen Lolii temulenti*** (syn. *Fructus Lolii*); Taumellolchsamen (syn. Taumellolchfrüchte), der reife Samen. Die Droge ist giftig! Inh.: Temulin (ca. 0,06 %), Perlolin, Norlolin und Lolin (Pyrrolizidin-Alkaloide), fettes Öl, freie Fettsäuren, Fructosane, Gerbstoffe. Anw.: früher in der Volksheilkunde bei Rheuma und Gicht, bei verzögerter Menstruation, Blutvergiftung, Flechten und Geschwüren.

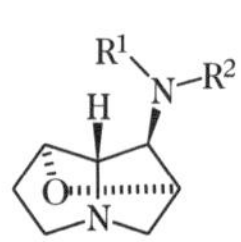

Name	R^1	R^2
Norlolin	H	H
Lolin (Festucin)	H	CH_3

Hom.: ***Lolium temulentum*** HAB34, die reifen, getrockneten Früchte. Anw.-Geb.: Durchblutungsstörungen des Gehirns, Gangstörungen, Magenbeschwerden, Neuralgien, Schlaflosigkeit. Die Anwendung ist umstritten.
Histor.: Die Samen des Taumellolches wurden bereits im Altertum für narkotisch-giftig gehalten und als Heilmittel eingesetzt. ↗ Dioskurides benutzte das Mehl der Droge zur Behandlung von Geschwüren, Flechten, Aussatz sowie von Unfruchtbarkeit. Vergiftungsfälle mit Taumellolchsamen sind häufig durch verunreinigtes Getreidemehl entstanden. Sie gingen mit Erbrechen, Magenbeschwerden und Atemnot einher und endeten in einem tiefen Schlaf. Die Droge wurde in der Vergangenheit auch dem Bier zugesetzt, um dessen berauschende Wirkung zu verstärken. Der Gattungsname *Lolium* war bei den Römern die Bezeichnung für ein schädliches Ackerunkraut und wurde später auf den Taumellolch übertragen. Der Artname *temulentum* (lat., betäubend) bringt die narkotisierenden Eigenschaften des Krautes zum Ausdruck.

■ **Lonchocarpus nicou** (Aubl.) DC.
(syn. *Lonchocarpus utilis, Derris utilis*); Barbasco.
Fam.: Fabaceae.
Vork.: Brasilien, Bolivien, Ecuador, Mexiko, auch kultiviert.
Droge: ***Radix Barbasco***; Barbasco-Wurzel, die getrocknete Wurzel. Inh.: u. a. Rotenon (Isoflavonderivat), Lonchocarpsäure, Nicoulin. Anw.: in der südamerikanischen Volksheilkunde als Insektenbekämpfungsmittel sowie als Bestandteil von Pfeilgiften (z. B. ↗ Curare).

■ **Lonchocarpus urucu** Kill. et A. C. Sm.
(syn. *Derris urucu*).
Fam.: Fabaceae.
Vork.: Amazonasgebiet.
Inh.: Die Wurzeln besitzen einen hohen Rotenongehalt. Anw.: in der indianischen Medizin als Insektizid. Ein Wurzelextrakt ist außerdem Bestandteil von Pfeilgiften (↗ Curare).

Lonchocarpus utilis ↗ Lonchocarpus nicou.
London-Platane ↗ Platanus-Arten.

■ **Lonicera caprifolium** L.
Geißblatt (syn. Jelängerjelieber, Gartengeißblatt), s. Farbtafel S. 139, Bild 15.
Fam.: Caprifoliaceae.
Vork.: Europa.
Droge: ***Flores Lonicerae***; Geißblattblüten (syn. Jelängerjelieberblüten), die getrockneten Blüten. *Inh.:* phenolische Verbindungen, Flavonoide. *Anw.:* volkstümlich als Diuretikum und Diaphoretikum.

Lonicera marilandica ↗ Spigelia-Arten.
Lonicera racemosa ↗ Symphoricarpus albus.

■ **Lonicera xylosteum** L.
Rote Heckenkirsche.
Fam.: Caprifoliaceae.
Vork.: Europa, Nordasien.
Droge: die Früchte. Die Droge ist giftig! *Inh.:* cyanogene Glykoside, Xylostosidin; Saponine, Gerbstoffe, Pektine.
Hom.: ***Xylosteum*** (syn. *Lonicera xylosteum*) HAB34; die frischen, reifen Beeren. *Anw.-Geb.:* Blutandrang, Schlaflosigkeit, Krämpfe.

Lopez-Wurzel ↗ Toddalia asiatica.
Lophantus rugosus ↗ Agastache rugosa.
Lophira alata ↗ Lophira lanceolata.

■ **Lophira lanceolata** van Tiegh ex Keay.
(syn. *Lophira alata*).
Fam.: Ochnaceae.
Vork.: Afrika, bes. Senegal, Sierra Leone, Zentralafrika.
Drogen: *1.* ***Oleum Lophirae***; Meniöl (syn. Niamfett), das fette Öl der Früchte. *Inh.:* Triglyceride variabler Zusammensetzung. *Anw.:* als Speiseöl. *2.* ***Lophira-lanceolata-Wurzeln***. *Inh.:* Benzamid, Alkaloide, Sterole, Gerbstoffe, Flavonoide. *Anw.:* in der Volksheilkunde bei Malaria und Menstruationsbeschwerden.

Lophopetalum javanicum ↗ Lophopetalum toxicum.

■ **Lophopetalum toxicum** Loher
(syn. *Lophopetalum javanicum, Solenospermum toxicum*).
Fam.: Celastraceae.
Vork.: Philippinen.
Droge: die Rinde. *Inh.:* ca. 10 verschiedene herzwirksame Glykoside, Lupeol (1,7–2 %), Betulin (0,7–0,8 %), Lophopetalin. *Anw.:* Bestandteil von philippinischen Pfeilgiften.

Lophophora echinata ↗ Lophophora williamsii.
Lophophora lewinii ↗ Lophophora williamsii.
Lophophora lutea ↗ Lophophora williamsii.

■ **Lophophora williamsii** (Lem. ex Salm-Dyck) Coult.
(syn. *Anhalonium lewinii, A. williamsii, Ariocarpus williamsii, Echinocactus lewinii, E. williamsii, Lophophora echinata, L. lewinii, L. lutea, Mamillaria lewinii, M. williamsii*), Peyote-Kaktus (syn. Peyotl-Kaktus), s. Farbtafel S. 139, Bild 16.
Fam.: Cactaceae.
Vork.: Mexiko, Texas.
Droge: ***Lophophora-williamsii-Sproß***; der nadelkissenartige, oberirdische, quer abgeschnittene und getrocknete, zähkorkige Sproß. *Inh.:* etwa 30 Alkaloide vom Tetrahydroisochinolin-Typ, besonders Mescalin (5–7 %) sowie Anhalonidin, Hordenin, Pellotin und Lophophorin u. a.

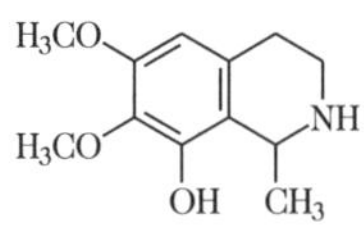

Anhalonidin

Anw.: *L. williamsii* ist die Grundlage für die Herstellung der Mescal-Buttons (Meskalkopf, Peyotl, Pellote, Schnapsknöpfe), d. h. die in Scheiben geschnittenen und getrockneten Teile der Pflanze. Diese werden seit Urzeiten von den mittelamerikanischen Indianervölkern zur Erzeugung von Halluzination im Rahmen mystischer und religiöser Zeremonien eingesetzt (↗ Halluzinogene biogenen Ursprungs). Dabei werden intensive Visionen erzeugt, die mehrere Stunden anhalten und dem Konsumenten das Gefühl vermitteln, direkt mit Gott und Geistern verkehren zu können. Die Benutzung dieser Rauschdroge ist in den USA und Kanada den Angehörigen der „Native American Church" im Rahmen ihrer Veranstaltungen offiziell gestattet.
Hom.: ***Anhalonium lewinii*** HAB34; Peyotl, die frische Pflanze mit Wurzeln. *Anw.-Geb.:* psychische Befindlichkeitsstörungen, Sinnestäuschung, Nervenschmerzen, Erkrankungen mit Zerfall der Persönlichkeit, übersteigerte Sinnenwahrnehmungen.

■ **Lophophytum leandri** Eichl.
Steinblüte.

Fam.: Balanophoraceae.

Vork.: Argentinien, Brasilien, Paraguay. Der chlorophyllfreie Schmarotzer lebt auf den Wurzeln verschiedener Baumarten.

Droge: die Wurzelknollen. *Inh.:* Flavone, Catechingerbstoffe, Bitterstoffe, Leukoanthocyanidine. *Anw.:* in der Volksheilkunde der Indios bei Verdauungsbeschwerden und Lebererkrankungen.

Hom.: ***Lophophytum leandri*** (syn. *Flor de piedra*) HAB1; die ganze getrocknete Pflanze. *Anw.-Geb.:* bei Erkrankungen des Herzens, der Schilddrüse, der Leber, Galle und Bauchspeicheldrüse.

Loquate ↗ Eriobothrya japonica.
Loranthus dioicus ↗ Loranthus europaeus.

■ **Loranthus europaeus** Jacq.
(syn. *Hyphear europaeum, Loranthus dioicus*); Europäische Eichenmistel (syn. Europäische Riemenmistel, Riemenblume).

Fam.: Loranthaceae.

Vork.: Süd- und Südosteuropa, Südrußland auf verschiedenen Eichen-Arten und auf *Castanea sativa* bzw. *Aesculus hippocastanum*.

Droge: ***Lignum Visci quercini*** (syn. *Viscum quercinum, Viscum quercinum cum foliis, Viscum quercus*); *Loranthus-europaeus*-Blätter und -Zweige, die getrockneten Blätter und Zweige. *Inh.:* Flavonoide (Rhamnocitrin-3-O-rhamnosid, Rhamnetinglykoside), Fettsäuren, Cerylalkohol, Phlobaphene, Gerbstoffe, Polysaccharide. *Anw.:* wie auch ↗ *Viscum album* in der Volksheilkunde gegen Tumore und Krämpfe. Früher wurden die Beeren zur Herstellung von Vogelleim genutzt.

Hom.: ***Loranthus europaeus*** HAB34, gleiche Teile frische Beeren und Blätter. *Anw.-Geb.:* früher bei Epilepsie und Krämpfen.

Histor.: Die Ärzte verlangten früher mit Vorliebe auf Eichen gewachsene Misteln, was in Mitteleuropa eher selten der Fall ist. Die Kräuterbücher des Mittelalters empfahlen die Droge bei Epilepsie, und noch in der ersten Auflage der Pharmacopoea Germanica (1872) werden Mistelzweige (*Stipites Visci*) aufgeführt.

Lorbeer ↗ Laurus nobilis.
Lorbeerbaum ↗ Laurus nobilis.
Lorbeerblätter ↗ Laurus nobilis.
Lorbeerbutter ↗ Laurus nobilis.
Lorbeerfett ↗ Laurus nobilis.
Lorbeerkirsche ↗ Prunus-Arten.
Lorbeeröl ↗ Laurus nobilis.
Lorbeerrose ↗ Kalmia latifolia.
Lorbeertalg ↗ Tetranthera laurifolia.
Lorbeerweide ↗ Salix-Arten.
Lotospflaume ↗ Diospyros-Arten.
Louisiana-Moos ↗ Tillandsia usneoides.
Lovastatin ↗ Mevinolin.
Löwenblatt ↗ Caulophyllum thalictroides.
Löwenblattwurzel ↗ Caulophyllum thalictroides.
Löwenschwanzkraut ↗ Leonurus quinquelobatus.
Löwenzahn ↗ Taraxacum officinale.
LSD ↗ Lysergsäurediethylamid.
Luchslungenkraut ↗ Pulmonaria officinalis.
Luerssenia cyminum ↗ Cuminum cyminum.
Luesinum-Nosode ↗ Syphilinum-Nosode.
Luffa ↗ Luffa-Arten.

■ **Luffa-Arten**

● **Fam.:** Cucurbitaceae.

● **Luffa cylindrica** (L.) Roem. (syn. *Luffa aegyptica, Momordica cylindrica, M. luffa*); Schwammgurke (syn. Schwammkürbis).

Vork.: Afrika, Asien, bes. tropische Gebiete.

Droge: ***Luffaschwamm*** (syn. Luffa, Vegetabilischer Schwamm), das getrocknete Gefäßbündelnetz der reifen gurkenartigen Früchte. *Anw.:* Zubereitungen der Droge dienen als vorbeugende Maßnahme zum Infektions- bzw. Erkältungsschutz, z. B. bei Schnupfen oder Nebenhöhlenentzündungen, im Haushalt als Badeschwamm. In der Technik wird die Droge u. a. für Schuhsohlen, Bilderrahmen, zur Schalldämpfung sowie als Einlagen für Schuhe und Tropenhelme genutzt.

● **Luffa operculata** (L.) Cogn. (syn. *Luffa purgans, Momordica operculata, Poppya operculata*); Schwammgurke.

Vork.: Südamerika, Mexiko.

Droge: ***Luffa-operculata-Früchte***; Luffafrüchte, die getrockneten Früchte. *Inh.:* Cucurbitacine (1,8–1,9 %), u. a. Cucurbitacin B und D sowie Triterpensaponine (ca. 2 %) mit Gypsogenin als Sapogenin. *Anw.:* volkstümlich in den Heimatgebieten als Universal-Heilmittel, u. a. bei Verstopfung sowie Blasen- und Nierenbeschwerden.

Hom.: ***Luffa operculata*** HAB1; Esponjilla, die getrockneten Früchte. *Anw.-Geb.:* Erkrankungen des Mund- und Rachenraumes, der oberen Luftwege (Schnupfen, Heuschnupfen, Katarrhe der Stirn- und Kiefernhöhlen) sowie des Magen-Darm-Traktes.

Luffafrüchte ↗ Luffa-Arten.
Luffa purgans ↗ Luffa-Arten.
Luffaschwamm ↗ Luffa-Arten.
Lungenflechte ↗ Cetraria islandica, ↗ Lobaria pulmonaria.
Lungenkraut ↗ Pulmonaria officinalis.
Lungenkresse ↗ Cochlearia officinalis.
Lungenmoos ↗ Cetraria islandica, ↗ Lobaria pulmonaria.
Lupinensamen ↗ Lupinus albus, ↗ Lupinus angustifolius, ↗ Lupinus luteus, ↗ Lupinus polyphyllus.

■ **Lupinus albus** L.
(syn. *Lupinus bivonae, L. graecus, L. prolifer, L. termis*); Weiße Lupine.
Fam.: Fabaceae (Leguminosae).
Vork.: Südeuropa, v. a. Balkan, Mittelmeergebiete und Nordafrika.
Droge: ***Lupinus-albus-Samen*** (syn. Lupinensamen), die reifen Samen. *Inh.:* Oligosaccharide, wie Saccharose, Raffinose, Stachyose und Verbascose; Proteine, Lipide mit Sterolen und Triglyceriden; Alkaloide, u. a. Lupanin, Albin und Multiflorin. *Anw.:* früher in der Volksheilkunde bei Ektoparasitosen, bei Diabetes, zur Abtreibung und Regulation der Menstruation. Im Haushalt wurde die Droge früher als Kaffee-Ersatz sowie gemahlen zur Ernährung verwendet. Alkaloidfreie Sorten dienen in Asien heute zur Bereitung von Tufu und Tempe. Auch zur Tierernährung wird die Droge verwendet.
Histor.: Lupinensamen werden seit dem Altertum als Nahrung für Mensch und Tier genutzt. Nachweise dafür stammen aus dem alten Ägypten, in Deutschland wird die Pflanze seit dem 16. Jh. angebaut. Seit dem 20. Jh. werden zunehmend alkaloidfreie Sorten gezüchtet, die als Viehfutter dienen.

■ **Lupinus angustifolius** L.
(syn. *Lupinus linifolius, L. reticulans*); Blaue Lupine (syn. Bauernkaffee, Figbohne, Murrbohne, Schmalblättrige Lupine, Schwäbischer Kaffee, Tripviole), s. Farbtafel S. 139, Bild 17.
Fam.: Fabaceae (Leguminosae).
Vork.: Mittelmeergebiete bis Syrien, in Deutschland auch kultiviert.
Droge: ***Lupinus-angustifolius-Samen*** (syn. Lupinensamen), die reifen Samen. *Inh.:* Oligosaccharide, wie Raffinose, Stachyose und Verbascose; Proteine (28–38 %), Lipide (5–7 %) mit Glykolipiden, Phospholipiden und Triglyceriden; Saponine, Alkaloide, u. a. Lupanin, Angustifolin und 13-Hydroxylupanin. *Anw.:* ↗ *Lupinus albus*.

Lupinus bivonae ↗ Lupinus albus.
Lupinus graecus ↗ Lupinus albus.
Lupinus linifolius ↗ Lupinus angustifolius.

■ **Lupinus luteus** L.
(syn. *Lupinus odoratus*); Gelbe Lupine (syn. Hasenklee), s. Farbtafel S. 139, Bild 18.
Fam.: Fabaceae (Leguminosae).
Vork.: Mittel- und Südeuropa.
Droge: ***Semen Lupinii***; *Lupinus-luteus*-Samen (syn. Gelber Lupinensamen), die reifen Samen. *Inh.:* Proteine (44–50 %), Kohlenhydrate und Alkaloide (1–1,5 %), u. a. Cytisin, Lupinin und Spartein. *Anw.:* als Eiweißquelle. Für Ernährungs- und Futterzwecke sind nur Sorten mit niedrigem Alkaloidgehalt verwendbar. Gegebenenfalls erfolgt Entbitterung.

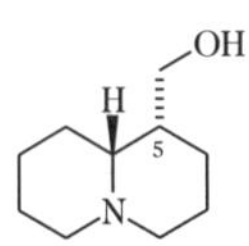

(–)-Lupinin

Lupinus odoratus ↗ Lupinus luteus.

■ **Lupinus polyphyllus** Lindley
Ausdauernde Lupine (syn. Vielblättrige Lupine).
Fam.: Fabaceae (Leguminosae).
Vork.: heimisch im pazifischen Nordamerika, seit ca. 300 Jahren auch in Europa kultiviert.
Droge: ***Lupinus-polyphyllus-Samen*** (syn. Lupinensamen), die reifen Samen. *Inh.:* Oligosaccharide, wie Raffinose, Stachyose und Verbascose; Proteine (ca. 38 %), Lipide (ca. 11 %), Alkaloide (3–4 %), u. a. Lupanin, Angustifolin, 13-Hydroxylupanin und Tetrahydrorhombifolin. *Anw.:* ↗ *Lupinus albus*.

Lupinus prolifer ↗ Lupinus albus.

Lupinus reticulans ↗ Lupinus angustifolius.
Lupinus termis ↗ Lupinus albus.
Lupinus trifoliatus ↗ Cyamopsis tetragonoloba.
Lupuli glandula ↗ Humulus lupulus.
Lupulin ↗ Humulus lupulus.
Lupulinum ↗ Humulus lupulus.

■ **Lupulinum HAB**
von den Fruchtständen abgeschlagene und gesiebte Drüsenhaare von ↗ *Humulus lupulus*. *Anw.-Geb.:* Nervosität, Schlafstörungen.

Lupuli strobulus ↗ Humulus lupulus.
Lupulon ↗ Humulus lupulus.
Lupulus communis ↗ Humulus lupulus.
Lupulus humulus ↗ Humulus lupulus.
Lupulus scadens ↗ Humulus lupulus.
Luteolin ↗ Flavonoide.
Luzerne ↗ Medicago sativa.

■ **Luzula pilosa** (L.) Willd.
(syn. *Juncus nemorosus, J. pilosus, J. vernalis, Luzula vernalis*); Aftersimse (syn. Haar-Hainsimse, Maarmarbel).
Fam.: Juncaceae.
Vork.: weltweit in den kalten und gemäßigten Klimazonen.
Hom.: ***Juncus pilosus*** HAB34, die frischen, im Frühjahr gesammelten Wurzeln.

Luzula vernalis ↗ Luzula pilosa.
Lychee ↗ Litchi chinensis.
Lychnis githago ↗ Agrostemma githago.
Lychnis officinalis ↗ Saponaria officinalis.
Lychnis saponaria ↗ Saponaria officinalis.
Lycii fructus ↗ Lycium barbarum.
Lycii radicis cortex ↗ Lycium chinense.
Lycioplesium pubiflorum ↗ Latua venenosa.

■ **Lycium barbarum** L.
(syn. *Lycium flaccidum, L. halimifolium, L. subglobosum, L. vulgare, Jasminoides flaccida*); Gemeiner Bocksdorn (syn. Teufelszwirn), s. Farbtafel S. 140, Bild 19.
Fam.: Solanaceae.
Vork.: weltweit in warmen Gebieten, bes. in Mittel- und Südamerika, Südeuropa, Mittelmeergebiet, Vorderasien, China, Japan, Korea.
Droge: ***Lycii fructus*** (syn. *Fructus Lycii*); Bocksdornbeeren (syn. Bocksdornfrüchte, Bocksdornkrautfrüchte), die getrockneten, reifen Früchte. *Inh.:* Withanolide, stickstoffhaltige Glykoside, Mineralien, Vitamine, Betain, Carotinoide. *Anw.:* In der traditionellen chinesischen Medizin wird die Droge bei Erschöpfungszuständen, Impotenz, Unfruchtbarkeit, Schwindel, Ohrensausen, Schwerhörigkeit, Sehschwäche, Blutarmut und Diabetes empfohlen.
Hom.: ***Lycium berberis*** HAB34; Bocksdorn, die frische, blühende Pflanze.

■ **Lycium chinense** Miller
(syn. *Jasminoides rhombifolium, Lycium rhombifolium*); Chinesischer Bocksdorn.
Fam.: Solanaceae.
Vork.: Ostasien, besonders China, Japan; in Europa als Zierpflanze kultiviert.
Drogen: ***1. Lycii radicis cortex*** (syn. *Cortex Lycii, Cortex Lycii radicis*); Bocksdornrinde, die getrocknete Wurzelrinde. *Inh.:* Kukoamin A, Lyciumamid, Lyciumin A und B, β-Sitosterol. *Anw.:* in der traditionellen chinesischen Medizin bei Fieberschüben, Nachtschweiß, Husten, Nasenbluten, Bluthochdruck, Pulpitis und Diabetes, aber auch bei Rheuma, Nephritis, Lungenentzündung und Tuberkulose. ***2. Folia Lycii*** (syn. *Lycium-chinense*-Blätter), die getrockneten Blätter. *Inh.:* Steroide, wie Withanolid A und B; Betain, Nicotianamin; Scopoletin. *Anw.:* in der traditionellen chinesischen Medizin und in Indien bei Schmerzen, entzündlichen Prozessen, bei Rheuma, Keuch- und Krampfhusten. Die frischen Blätter finden auch als Kochgemüse Verwendung und werden als Beilage zu Schweinefleisch gegessen.

Lycium flaccidum ↗ Lycium barbarum.
Lycium halimifolium ↗ Lycium barbarum.
Lycium rhombifolium ↗ Lycium chinense.
Lycium subglobosum ↗ Lycium barbarum.
Lycium vulgare ↗ Lycium barbarum.
Lycoperdon bovista ↗ Calvatia gigantea.
Lycoperdon cervinum ↗ Elaphomyces cervinus.
Lycoperdon giganteum ↗ Calvatia gigantea.

■ **Lycoperdon marginatum** Vitt.
Fam.: Lycoperdaceae.
Vork.: Mexiko.
Anw.: Die Tarahumara-Indianer benutzen diesen Pilz für magische Zwecke, um sich vermeintlich ungesehen anderen Menschen nähern zu können oder diese mit Krankheiten zu strafen.

Dabei sollen akustische Halluzinationen induziert werden. Bisher sind noch keine psychotropen Wirkstoffe aus der Droge isoliert worden.

Lycoperdon maximum ↗ Calvatia gigantea.
Lycoperdon proteus ↗ Calvatia gigantea.

■ **Lycopersicon esculentum** Mill.
(syn. *Lycopersicon lycopersicum, Solanum lycopersicum*); Tomate (syn. Liebesapfel, Paradiesapfel).

Fam.: Solanaceae.

Heim.: Mittelamerika, weltweit kultiviert.

Droge: ***Lycopersicon-esculentum-Blätter***; die frischen Blätter. *Inh.:* u. a. Alkaloide, z. B. Tomatin (26–104 mg pro 100 g Droge). Tomatin ist das Tetraglykosid von Tomatidin, einem Steroidalkaloid der Spirosolan-Gruppe. *Anw.:* in der afrikanischen Volksheilkunde bei Augenerkrankungen, in Indien bei Grippe.

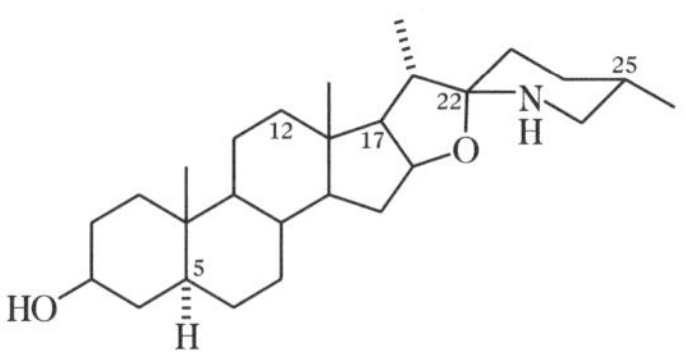

Tomatidin (22*S*,25*S*)

Hom.: ***Solanum lycopersicum*** HAB34, das frische Kraut zur Zeit der Blüte. *Anw.-Geb.:* Entzündungen der oberen Luftwege, Muskel- und Nervenschmerzen.

Lycopersicon lycopersicum ↗ Lycopersicon esculentum.
Lycopi europaei herba ↗ Lycopus-Arten.
Lycopi herba ↗ Lycopus-Arten.

■ **Lycopin**
(syn. Dicaroten), zu den Carotinoiden (Tetraterpene) gehörender, weitverbreiteter Pflanzenfarbstoff, der z. B. für die rote Farbe der Tomaten, Hagebutten, aber auch von Tieren (Marienkäfer) verantwortlich ist. L. kommt in geringen Mengen auch in der Butter, Leber, Serum und anderen tierischen Geweben vor. *Anw.:* als Lebensmittelfarbstoff und Kosmetikfarbstoff.

Lycopi virginici herba ↗ Lycopus-Arten.
Lycopodii herba ↗ Lycopodium clavatum.
Lycopodium ↗ Lycopodium clavatum.

■ **Lycopodium clavatum** L.
(syn. *Lepidotis clavata, Lycopodium officinale, L. vulgare*); Keulenbärlapp (syn. Drudenfuß, Erdmoos, Kolbenbärlapp).

Fam.: Lycopodiaceae.

Vork.: zirkumpolar in gemäßigten bis kalten Gebieten, Europa, Westasien.

Drogen: ***1. Lycopodii herba*** (syn. *Herba Lycopodii, Herba Musci clavati, Herba Musci terrestris*); Bärlappkraut (syn. Erdmoos, Gürtelkraut, Hexenkraut, Moosfarn, Schlangenkraut, Schlangenmoos), das getrocknete, im Mai und Juni gesammelte Kraut. Die Droge ist giftig! *Inh.:* Alkaloide (0,1–0,4 %, v. a. Lycopodin, Fawcettin und

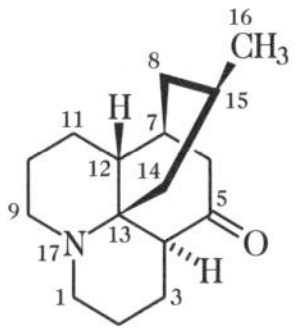

Lycopodin

ihre Derivate), Triterpene (α-Onocerin, Lycoclavatol und weitere Bisnoronoceran-Derivate), Fett, Sterole, Phenolcarbonsäuren, Azelainsäure, Flavonoide. *Anw.:* in der Volksheilkunde innerlich zur Diuresesteigerung bei Nieren- und Blasenleiden, Koliken, Erkrankungen der Harn- und Geschlechtsorgane, Menstruationsbeschwerden und Rheuma. In Indien auch gegen Impotenz. Äußerlich wurde die Droge bei Hautleiden und Ekzemen eingesetzt. Die Wirksamkeit ist nicht belegt. Wegen der toxischen Begleiterscheinungen

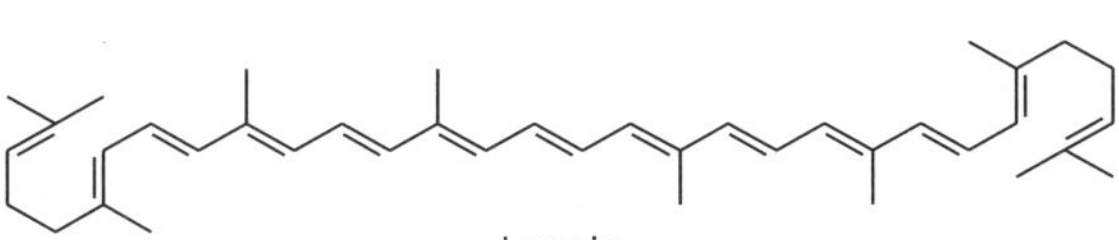

Lycopin

wird vom Gebrauch der Droge abgeraten. *2. Lycopodium* (syn. *Farina Lycopodii, Pulvis Lycopodii, Semen Lycopodii, Sporae Lycopodii, Sulfur vegetabile*), die reifen Sporen der Gattung Lycopodium. Inh.: nur Spuren von Alkaloiden, fettes Öl (40–50 %, v. a. Triglyceride ungesättigter Fettsäuren), Dihydrokaffeesäureester (ca. 3 %), Polyterpene (23–48 % Sporonin), Mineralien (v. a. Aluminiumsalze). Anw.: in der Volksheilkunde innerlich bei Nieren- und Blasenleiden, Koliken, Durchfällen und Rheumatismus sowie äußerlich als Wundstreupuder bei juckender Haut und nässenden Ekzemen. In der Galenik spielte die Droge eine große Rolle bei der Herstellung von Pillen, heute wird sie noch eingesetzt als Conspergens für Präservative und OP-Handschuhe sowie als Zusatz für Emulsionen. In der Kosmetik wird die Droge für Trockenshampoos und Gesichtspuder verwendet. In der Technik dient sie als Zusatz zu Feuerwerkskörpern bzw. in der Kriminalistik zusammen mit Carmin zum Sichtbarmachen von Fingerabdrücken.

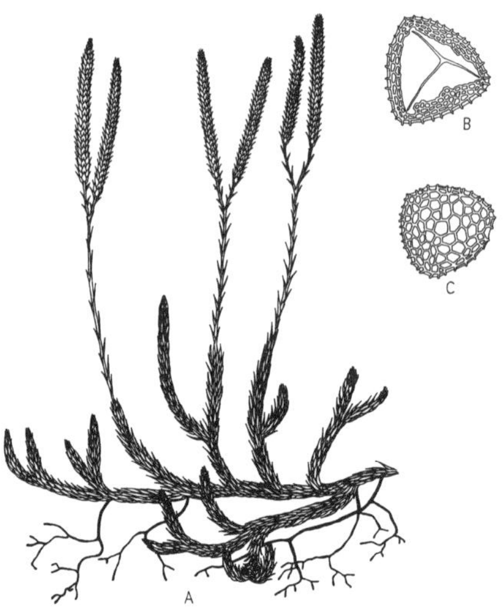

Lycopodium clavatum, Pflanze mit Sporophyllständen (A), Sporen in zwei Ansichten (B, C).

Hom.: ***Lycopodium clavatum*** HAB1 (syn. *Lycopodium*), die getrockneten, reifen Sporen. Anw.-Geb.: Entzündungen der Atemorgane, allgemeine Blutvergiftung, Folgen von Infektionskrankheiten, Entzündungen und Störungen des Leber-Galle-Systems, Verdauungsstörungen, Stoffwechselkrankheiten, Entzündungen der Harnorgane, Nierensteine, Krampfaderleiden, chronische und akute Hauterkrankungen, Regelstörungen und Entzündungen der weiblichen Geschlechtsorgane, Alterskrankheiten, Verhaltensstörungen und Verstimmungszustände.

Histor.: Unter dem Namen „Beerlap“ wird die Pflanze 1539 im Kräuterbuch des Hieronymus Bock abgebildet. Als Hausmittel war die Droge seit langer Zeit geschätzt. Mitte des 16. Jh. wurde sie dann in die deutschen Apotheken eingeführt und insbesondere zur Wundbehandlung, aber auch zur Pillenfertigung verwendet. Bärlapp spielte im Aberglauben der osteuropäischen Völker eine recht große Rolle. So sollte er die Konzeption verhindern, den Ausgang von Gerichtsprozessen günstig beeinflussen und in die Strümpfe oder ins Bett gelegt, Gliederkrämpfe vermeiden. Der Gattungsname *Lycopodium* setzt sich auf Grund der dicht beblätterten Zweige aus dem griechischen *lykos* (Wolf) und *podion* (Füßchen) zusammen und drückt damit das wolfstatzenähnliche Aussehen der Pflanze aus. Auch die deutsche Bezeichnung Bärlapp nimmt darauf Bezug; *clavatum* (lat., keulenförmig) weist auf die keulenartigen Sporangienstände hin. Das Verpuffen der Bärlappsporen an der Flamme hat der Droge auch die Bezeichnungen Blitz- oder Hexenpulver eingebracht.

Lycopodium officinale ↗ Lycopodium clavatum.
Lycopodium selago ↗ Huperzia selago.
Lycopodium vulgare ↗ Lycopodium clavatum.

■ Lycopus-Arten

● **Fam.:** Lamiaceae (Labiatae).

● **Lycopus europaeus** L. (syn. *Lycopus aquaticus, L. palustris, L. vulgaris*); Wolfstrapp (syn. Gemeiner Wasserandorn, Gemeiner Wolfsfuß, Uferwolfstrapp, Wolfsfuß, Zigeunerkraut), s. Farbtafel S. 140, Bild 20.

Vork.: Eurasien, in Nordamerika eingebürgert.

Droge: ***Lycopi herba*** (syn. *Herba Lycopi, Herba Lycopi europaei, Herba Marrubii aquatici, Lycopi herba, Lycopi europaei herba*); *Lycopus-europaeus*-Kraut (syn. Wasserandornkraut, Wolfsfußkraut, Wolfstrappkraut, Zigeunerkraut), die zur Blütezeit gesammelten und getrockneten oberirdischen Teile. Inh.: Hydroxyzimtsäurederivate, u. a. *p*-Cumar-, Kaffee- und Rosmarinsäure, Flavonoide (ca. 2,3 %), u. a. Luteolin-7-glucosid und Luteolin-7-glucuronid sowie Flavonolglykoside, Cumarine, Gerbstoffe, Triterpene, u. a. Ursolsäure, sowie äther. Öl (ca. 0,2 %), u. a. mit Bornylacetat, Camphen, Campher, Geraniol, Limonen und Linalool. *Anw.:* leichte Schilddrüsenüberfunktion mit vegetativ-nervösen Störungen sowie prämenstruelle Spannungen und Schmerzen in den Brustdrüsen (Mastodynie). Volkstümlich auch bei Fieber.

Hom.: ***Lycopus europaeus*** HAB1; die frischen, oberirdischen Teile. *Anw.-Geb.:* bei Erkrankungen der Schilddrüse und des Herzens, u. a. Herzklopfen, besonders bei Schilddrüsenüberfunktion.

● **Lycopus virginicus** L. (syn. *Lycopus macrophyllus, L. uniflorus*); Virginischer Wolfsfuß (syn. Virginischer Wolfstrapp).

Vork.: Nordamerika, Kanada.

Droge: ***Herba Lycopi virginici*** (syn. *Lycopi virginici herba*); *Lycopus-virginicus*-Kraut (syn. Virginisches Wolfstrappkraut, Wolfstrappkraut), die zur Blütezeit gesammelten und getrockneten, oberirdischen Teile. *Inh.:* wenig äther. Öl, Lycopin (Glykosid), Harz, Gallussäure (ca. 10 %). *Anw.:* in der Volksheilkunde als Tonikum, Adstringens sowie bei leichter Hyperthyreose.

Hom.: ***Lycopus virginicus*** HAB1; Wolfstrappkraut, die zur Blütezeit geernteten frischen, oberirdischen Teile. *Anw.-Geb.:* bei Erkrankungen der Schilddrüse und des Herzens.

● **Lyopus lucidus** Turcz.

Vork.: gemäßigte Zonen Ostasiens und Nordamerikas.

Droge: ***Herba Lycopi*** (syn. *Lycopi Herba*); *Lycopus-lucidus*-Kraut, die zwischen Sommer und Herbst geernteten, getrockneten oberirdischen Pflanzenteile. *Inh.:* äther. Öl, u. a. mit Carvacrol, Caryophyllen, *trans*-Caryophyllen; Flavonoide, wie Linarin; Sterole, Triterpensäure, u. a. Betulinsäure, Euscapinsäure, Oleanolsäure und Tormentinsäure. *Anw.:* in der traditionellen chinesischen Heilkunde bei Regelstörungen, Amenorrhoe, schmerzhafter Regel, postparenteralen Stauungen und Unterleibsschmerzen sowie äußerlich als Wundheilmittel. In Japan werden die Wurzelstöcke der Pflanze gekocht und als Gemüse gegessen.

● **Histor.:** Mit der Gattungsbezeichnung *Lycopus*, die sich vom griechischen *lýkos* (Wolf) und *pous* (Fuß) ableitet, sollte die Ähnlichkeit der Zweigspitzen mit einem Tierfuß zum Ausdruck kommen.

■ **Lycosa fasciiventris** Duf.
(syn. *Tarantula fasciiventris, T. hispanica*); Tarantel.

Fam.: Lycosidae.

Vork.: Südeuropa, Nordafrika.

Inh.: das Toxin der Tarantel enthält Arachnolysin und Neurotoxine.

Hom.: ***Lycosa*** HAB; das ganze Tier. *Anw.-Geb.:* Erkrankungen des zentralen Nervensystems, des arteriellen Gefäßsystems sowie der weiblichen und männlichen Geschlechtsorgane (z. B. sexuelle Übererregbarkeit).

Lyonia calyculata ↗ Chamaedaphne calyculata.
Lyonnetia abrotanifolia ↗ Chamaemelum nobile.

■ **Lysergsäure**
tetracyclisches Indolderivat, das u. a. den Grundkörper für die Mutterkornalkaloide bildet und unter anderen auch in ↗ *Ipomoea violacea* vorkommt.

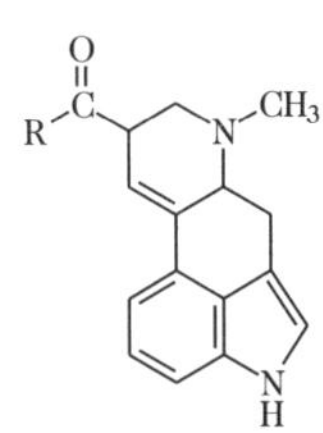

Lysergsäure: R = OH
LSD: R = $N(C_2H_5)_2$

■ **Lysergsäurediethylamid**
(LSD, Lysergid, Lysergamid), partialsynthetisches Lysergsäure-Derivat, das sehr starke Halluzinationen und Rauschzustände in geringsten Konzentrationen (25–100 µg) auslöst. LSD wird als Suchtmittel (↗ Sucht und Suchtdrogen biogenen Ursprungs) mißbraucht, der Verkehr ist daher unter Strafe gestellt.

Lysias bifolia ↗ Platanthera bifolia.
Lysimachia chamaenerion ↗ Epilobium-Arten.
Lysimachiae herba ↗ Lysimachia nummularia.
Lysimachiae nummulariae herba ↗ Lysimachia nummularia.

Lysimachia guestphalica ↗ Lysimachia vulgaris.
Lysimachia lutea ↗ Lysimachia vulgaris.
Lysimachia nemorum ↗ Lysimachia nummularia.

■ **Lysimachia nummularia** L.
(syn. *Ephemerum nummularia, Lysimachia nemorum, L. repens, L. rotundifolia, L. suaveolens, L. zavadskii, Nummularia centimorbia, N. officinalis, N. prostrata, N. repens*); Pfennigkraut (syn. Brautkranz, Egelkraut, Fuchsenkraut, Gelbe Striten, Goldchrut, Goldfelberich, Goldstrite, Hellerkraut, Kränzelkraut, Kranzkraut, Kranzlan, Kreuzerlan, Münzkraut, Natterchrut, Schlangen-Otter-Chrut, Schlangenwurzel, Tausenkrankheitskraut, Wischengold, Wundkraut), s. Farbtafel S. 140, Bild 21.

Fam.: Primulaceae.

Vork.: Kosmopolit.

Droge: ***Lysimachiae herba*** (syn. *Herba Lysimachiae, Herba Nummulariae, Lysimachiae nummulariae herba*); Pfennigkraut (syn. Goldfelberich, Münzkraut), die ganzen, zur Blütezeit gesammelten, getrockneten Pflanzen. *Inh.:* Flavonolglykoside, u. a. Rutosid und Hyperosid, freie Flavonole, u. a. Quercetin, Kämpferol und Myricetin sowie Triterpensaponine. *Anw.:* volkstümlich bei Husten und Diarrhoe, äußerlich zur Ekzem- und Wundbehandlung.

Hom.: ***Lysimachia nummularia*** HAB34, die frische, blühende Pflanze.

Histor.: Der Gattungsname wird Lysimachos, dem griechischen Feldherrn und Leibwächter Alexander des Großen, zugeschrieben, der nach dessen Tod König von Thrakien und Mazedonien wurde. Er soll die Pflanze entdeckt haben. Eingeführt in die Heilkunde wurde die Pflanze jedoch von den botanisch-medizinischen Klassikern des Mittelalters. Die damalige Bedeutung geht auch aus den verschiedenen Bezeichnungen der Pflanze wie *centimorbia* (hundert Krankheiten) hervor.

Lysimachia paludosa ↗ Lysimachia vulgaris.
Lysimachia repens ↗ Lysimachia nummularia.
Lysimachia rotundifolia ↗ Lysimachia nummularia.
Lysimachia sikokiana ↗ Agastache rugosa.
Lysimachia suaveolens ↗ Lysimachia nummularia.
Lysimachia thyrsiflora ↗ Lysimachia vulgaris.
Lysimachia tomentosa ↗ Lysimachia vulgaris.

■ **Lysimachia vulgaris** L.
(syn. *Lysimachia guestphalica; L. lutea, L. paludosa, L. thyrsiflora, L. tomentosa*); Gemeiner Gilbweiderich (syn. Gold-Gilbweiderich), s. Farbtafel S. 140, Bild 22.

Fam.: Primulaceae.

Vork.: Eurasien.

Droge: ***Lysimachia-vulgaris-Kraut***, das getrocknete Kraut. *Inh.:* β-Sitosterol, Stigmasterol, Rutin, Quercetin, Kämpferol, Myricetin. *Anw.:* in der Volksheilkunde bei Skorbut sowie gegen Durchfallerkrankungen. In der Kosmetik werden Extrakte aus der Droge für Haut- und Haarpflegemittel eingesetzt.

Lysimachia zavadskii ↗ Lysimachia nummularia.

■ **Lythrum salicaria** L.
Blutweiderich (syn. Roter Weiderich), s. Farbtafel S. 140, Bild 23.

Fam.: Lythraceae.

Vork.: Europa, Nordamerika.

Droge: ***Salicariae herba*** (syn. *Herba Salicariae*); Blutweiderichkraut, das getrocknete Kraut. *Inh.:* Gerbstoffe (ca. 5 %), Flavonoide, wenig äther. Öl. *Anw.:* volkstümlich als Antidiarrhoikum, Adstringens und Wundheilmittel.

Histor.: Der Gattungsname *Lythrum* leitet sich vom griechischen *lýthron* (schmutziges Blut, Mordblut) ab und ist wohl auf die dunkle Blütenfarbe und *salicaria* (*salix* = Weide) auf die an Weiden erinnernde Gestalt der Blätter zurückzuführen. Als Heilpflanze war *Lythrum salicaria* bereits im Altertum bekannt. So hat nach ↗ Plinius bereits Erasistrates die Pflanze als Mittel gegen Ekzeme benutzt.

■ **Lytta vesicatoria** L.
(syn. *Cantharis vesicatoria, Meloe vesicatoria*); Spanische Fliege (syn. Blasenkäfer, Pflasterkäfer), s. Farbtafel S. 140, Bild 24.

Fam.: Meloideae.

Vork.: Süd-, Mittel- und Osteuropa.

Droge: ***Cantharides*** (syn. Cantharis, Cantharis hispanica, Muscae hispanicae); Spanische Flie-

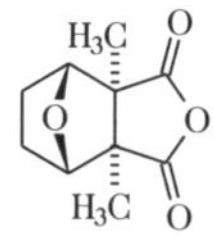

Cantharidin

gen (syn. Blasenkäfer, Grüne Kanthariden, Kanthariden, Pflasterkäfer), die getrockneten Käfer. Die Droge ist stark toxisch! Inh.: Cantharidin (0,6–0,9 %), ein Monoterpen, Fette, flüchtiges Öl, Farbstoffe, Harz. Anw.: zur Hautreiztherapie (Vesicans) in Form von Salben und Pflastern bei rheumatischen und neuralgischen Beschwerden. Die früher praktizierte Anwendung als Aphrodisiakum ist wegen der Gefahr tödlicher Vergiftungen und unsicherer Wirksamkeit abzulehnen.

Hom.: *Lytta vesicatoria* (syn. *Cantharis*) HAB1, die ganzen, getrockneten Käfer. Anw.-Geb.: Nierenerkrankungen, Reizblase, Verbrennungen, Angina, Rippenfellentzündungen, Schleimhautentzündungen.

M

Maarmarbel ↗ Luzula pilosa.
Macadamiaöl ↗ Macadamia ternifolia.

■ **Macadamia ternifolia** F. v. Muell.
Fam.: Proteaceae.
Vork.: Australien, in anderen tropischen Gebieten auch kultiviert.
Droge: *Oleum Macadamiae*; Macadamiaöl (syn. Makadamiaöl), das durch Pressen gewonnene, evtl. raffinierte fette Öl aus den Samen, den sog. Macadamia-Nüssen. Es entspricht in der Qualität bestem Olivenöl. Anw.: zur Herstellung von Haut- und Körperpflegemitteln. Die Nüsse (Queensland Nuts, Queensland-Nüsse), dienen zudem als Genußmittel und werden auch in der Konditorei genutzt.

Macaglia quebracho ↗ Aspidosperma quebracho-blanco.
Macaglia quebracho-blanco ↗ Aspidosperma quebracho-blanco.
Macassarkerne ↗ Brucea amarissima.
Macauba-Öl ↗ Acrocomia sclerocarpa.
Maccarstrauch ↗ Cananga odorata.
Macella ↗ Achyrocline saturoides.
Machandel ↗ Juniperus communis.
Macidis aetheroleum ↗ Myristica fragrans.
Macis ↗ Myristica fragrans.
Macisbohne ↗ Monodora myristica.
Macisöl ↗ Myristica fragrans.
Maclura tinctoria ↗ Chlorophora tinctoria.
Maclura tricuspidata ↗ Cudrania tricuspidata.
Maconha Brava ↗ Zornia latifolia.
Macrocarpium officinale ↗ Cornus-Arten.
Macrocystis pyrifera ↗ Phaeophyta.
Macropiper latifolium ↗ Piper methysticum.
Macropiper methysticum ↗ Piper methysticum.
Macrotis octroides ↗ Cimicifuga racemosa.
Macrotis racemosa ↗ Cimicifuga racemosa.
Macrotis serpentaria ↗ Cimicifuga racemosa.

■ **Macrotomia cephalotes**
Fam.: Boraginaceae.
Vork.: Griechenland bis Transkaukasien.
Droge: *Radix Alkannae syriacae*; Syrische Alkanna (syn. Türkische Alkanna), die Wurzeln. Inh.: Alkannin (ca. 9 %). Anw.: zur Gewinnung von Alkannin und als Färbemittel.

Madagaskar-Immergrün ↗ Catharanthus roseus.
Madagaskar-Sonnentau ↗ Drosera-Arten.
Madagassische Muskatnüsse ↗ Ravensara aromatica.
Mädchenhaarbaum ↗ Ginkgo biloba.
Mädesüß ↗ Filipendula ulmaria.
Mädesüßblüten ↗ Filipendula ulmaria.
Mädesüßkraut ↗ Filipendula ulmaria.
Madhuca butyracea ↗ Diploknema-Arten.
Madiaöl ↗ Madia sativa.

■ **Madia sativa** Mol.
Fam.: Asteraceae (Compositae).
Vork.: Chile, Nordamerika, Südeuropa, auch kultiviert.
Droge: *Oleum Madiae*; Madiaöl, das fette Öl der Samen. Inh.: Triglyceride mit wenig ungesättigten Fettsäuren. Anw.: Speiseöl, Diätetikum; zur Seifenherstellung sowie als Schmier- und Brennöl.

Madonnenlilie ↗ Lilium candidum.
Madorius giganteus ↗ Calotropis-Arten.
Madorius procerus ↗ Calotropis-Arten.
Madrepora rubra ↗ Corallium rubrum.
Mafuratalg ↗ Trichilia emetica.
Mafureira oleifera ↗ Trichilia emetica.
Mägdeblume ↗ Chamomilla recutita.
Mägdeblumenkraut ↗ Chrysanthemum-Arten.
Magelhaenscher Zimt ↗ Drimys winteri.
Magellanischer Zimt ↗ Drimys winteri.
Magendistelsamen ↗ Silybum marianum.
Magenklee ↗ Menyanthes trifoliata.
Magenkraut ↗ Artemisia absinthium.
Magen- und Darmtee ↗ Species stomachicae.
Magenwein ↗ Vinum medicatum.
Magenwurz ↗ Acorus calamus.
Maggikraut ↗ Levisticum officinale.
Maggiwurzel ↗ Levisticum officinale.

■ **Magnolia acuminata** (L.) L.
Spitzblättrige Magnolie.
Fam.: Magnoliaceae.
Vork.: Nordamerika.
Droge: ***Magnolia-acuminata-Rinde***, die getrocknete Rinde von jungen Stämmen. *Inh.:* äther. Öl. *Anw.:* in der Volksheilkunde gegen Rheuma und Malaria sowie als Tonikum und Diaphoretikum.

■ **Magnolia biondii** Pamp.
(syn. *Magnolia fargesii*).
Fam.: Magnoliaceae.
Vork.: China.
Droge: ***Magnoliae flos***; *Magnolia-biondii*-Blüten, die getrockneten Blütenknospen. *Inh.:* Alkaloide, wie (+)-Coclaurin; Magnoflorin, Salicifolin, Yuzirin; Lignane, wie Demethoxyaschantin, Fargesin, Lirioresinol-B-dimethylether, Magnolin; äther. Öl. *Anw.:* in der chinesischen Volksheilkunde bei Kopfschmerzen, Sinusitis, allergischem Schnupfen und verstopfter Nase.

Magnolia conspicua ↗ Magnolia denudata.

■ **Magnolia denudata** Desr.
(syn. *Magnolia conspicua; M. heptapeta; M. yulan*).
Fam.: Magnoliaceae.
Vork.: China, in Japan kultiviert.
Droge: ***Magnoliae flos***; *Magnolia-denudata*-Blüten, die getrockneten Blütenknospen. *Inh.:* äther Öl (3,5–6,5 %), mit Citral, Cineol und Eugenol; Lignane, wie Aschantin, Demethoxyaschantin, Fargesin, Magnolion, Pinoresinoldimethylether. *Anw.:* in der traditionellen chinesischen Heilkunde lokal bei akuter oder chronischer Rhinitis, Sinusitis, bei Ekzemen und Hautjucken; bei Influenza, Hyposmien, Zahnschmerzen und Kopfschmerzen.

Magnoliae acuminatae cortex ↗ Magnolia glauca.
Magnoliae flos ↗ Magnolia biondii, ↗ Magnolia denudata.
Magnoliae grandiflorae cortex ↗ Magnolia grandifloria.
Magnolia fargesii ↗ Magnolia biondii.
Magnolia fragrans ↗ Magnolia glauca.

■ **Magnolia glauca** L.
(syn. *Magnolia fragrans, M. longifolia, M. virginiana*); Magnolie (syn. Blaugrüne Magnolie, Graugrüne Magnolie, Virginische Magnolie), s. Farbtafel S. 141, Bild 25.
Fam.: Magnoliaceae.
Vork.: Nordamerika, in Mittel- und Südeuropa auch kultiviert.
Drogen: ***1. Flores Magnoliae***; Magnolienblüten. *Inh.:* äther. Öl (0,04 %), herzwirksame Substanzen. ***2. Magnoliae acuminatae cortex***; *Magnolia-acuminata*-Rinde, die getrocknete Rinde. *Inh.:* äther. Öl mit Mono- und Sesquiterpenen, ferner Sesquiterpenlactone vom Germacranolidtyp, u. a. Costunolid und Parthenolid, Isochinolinalkaloide, Lignane und Neolignane.
Hom.: ***Magnolia glauca*** HAB34, die frischen Blüten. *Anw.-Geb.:* Rheumatismus, Herzschmerzen.

Magnolia gracilic ↗ Magnolia kobus.

■ **Magnolia grandifloria** L.
Großblütige Magnolie (syn. Immergrüne Magnolie).
Fam.: Magnoliaceae.
Vork.: USA, von Nord-Carolina bis Florida und Texas, in Europa als Ziergewächs kultiviert.
Droge: ***Magnoliae grandiflorae cortex***; *Magnolia-grandiflora*-Rinde, die getrocknete Rinde. *Inh.:* Alkaloide und Protoalkaloide, u. a. Magnoflorin und Menispermin, Lignane und Neolignane. *Anw.:* früher volkstümlich gegen Malaria, Bluthochdruck und Rheuma.

Magnolia heptapeta ↗ Magnolia denudata.
Magnolia hypoleuca ↗ Magnolia obovata.

■ **Magnolia kobus** DC.
(syn. *Magnolia gracilic, M. praecocissima, M. tomentosa*).
Fam.: Magnoliaceae.
Vork.: Japan, Korea.
Droge: ***Magnolia-kubus-Rinde***, die getrocknete Rinde. Inh.: Lignane, äther. Öl, Gerbstoffe. Anw.: in der Volksheilkunde bei Fieber, Kopfschmerzen, Erkältungen sowie zur Vorbeugung gegen Ansteckung bei Epidemien.

Magnolia longifolia ↗ Magnolia glauca.

■ **Magnolia obovata** Thunb.
(syn. *Magnolia hypoleuca*); Weißrückige Magnolie.
Fam.: Magnoliaceae.
Vork.: Japan.
Droge: ***Magnolia-obovata-Rinde***, die getrocknete Rinde. Inh.: äther. Öl (0,3 %), u. a. mit Bornylacetat, Camphen, Caryophyllenepoxid, Eudesmol, Limonen; Alkaloide, wie Annonain, Asimilobin, Glaucin, Liriodenin, Magnoflorin, Obovanin; Lignane, wie Honokiol, Magnolol, Magnolianin und weitere Sesquiterpen-Neolignane. Anw.: in der traditionellen japanischen und chinesischen Heilkunde bei Neurosen, gastrointestinalen Beschwerden, Kopfschmerzen, verstopften Nasen, als Antiemetikum, Magenmittel, Diuretikum, bei Fieber, Angst, Diarrhoe und Schlaganfall.

■ **Magnolia officinalis** Rehd. et Wils.
Fam.: Magnoliaceae.
Vork.: China.
Droge: ***Magnolia-officinalis-Rinde***, die in den Monaten Mai und Juni von 20 Jahre alten Bäumen geerntete Rinde. Danach wird die Rinde in einem Behälter erhitzt und zum Abkühlen mit Wasser bespritzt. Diese Prozedur wiederholt man dreimal und trocknet anschließend die Rinde in der Sonne. Inh.: Monoterpenyl-Lignane, wie Bornylmagnolol, Dipiperitylmagnolol, Piperitylhonokiol; Lignane, wie Magnaldedyd B und C, Magnolognan A, B, C, D und E; Norlignane, Dilignane, Hydroxybiphenyle, Sesquiterpen-Neolognane, äther. Öl, Alkaloide, wie Magnocurarin, Magnosprengerin, Salicifolin. Anw.: in der traditionellen japanischen und chinesischen Heilkunde bei Schlaganfall, Kopfschmerzen, gastrointestinalen Beschwerden, bei Kurzatmigkeit, als Beruhigungsmittel, Anthelmintikum, Aphrodisiakum, Tonikum, Diuretikum, Expektorans, bei Erkältungskrankheiten, Neurosen, Fieber und Lungenemphysem.

Magnolia praecocissima ↗ Magnolia kobus.
Magnolia tomentosa ↗ Magnolia kobus.
Magnolia virginiana ↗ Magnolia glauca.
Magnolia yulan ↗ Magnolia denudata.
Magnolie ↗ Magnolia glauca.
Magnolienblüten ↗ Magnolia glauca.
Magueygummi ↗ Puya chilensis.

■ **Mahonia aquifolium** (Pursh) Nutt.
(syn. *Berberis aquifolium, Odostemon aquifolium*); Mahonie, s. Farbtafel S. 141, Bild 26.
Fam.: Berberidaceae.
Heim.: Pazifisches Amerika, in Europa als Zierstrauch eingeführt.
Drogen: ***1. Mahoniae cortex*** (syn. *Cortex Mahoniae*), Mahoniarinde, die Ast- und Zweigrinde sowie die Zweigspitzen. Inh.: Isochinolinalkaloide (Wurzelrinde: 7 bis 16 %, Zweigrinde: 2 bis 4,5 %), besonders vom Protoberberintyp, u. a. Berberin, vom Aporphintyp, u. a. Magnoflorin sowie vom Bisbenzylisochinolintyp, u. a. Berbamin und Oxycanthin. In der Zweigrinde dominieren Berberin und Magnoflorin. Anw.: in der

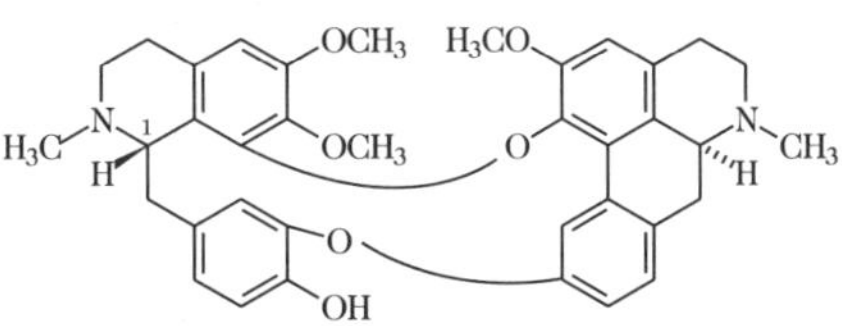

1αH: Berbamin

traditionellen Medizin der nordamerikanischen Indianer innerlich als Bittermittel bei Verdauungsstörungen und Hautausschlägen. Wegen des damit verbundenen mutagenen Risikos sollte die Droge auf diese Weise nicht genutzt werden. Auf Grund ihrer antiproliferativen Eigenschaften wird sie in Salbenform, hergestellt mit einer homöop. Urtinktur, topisch zur Behandlung der Psoriasis eingesetzt. ***2. Mahoniae radix*** (syn. *Radix Berberis aquifolii, Radix Mahoniae aquifolii*); Mahoniawurzel (syn. Gemeine Mahonienwurzel), die getrockneten Rhizome und Wurzeln. Inh.: Alkaloide (u. a. Berberin, Oxyacanthin, Berbamin), Proteine. Anw.: in der amerikanischen Volksheilkunde bei Fiebererkrankungen, Durchfällen, Dyspepsien, bei Gallenwegs-

und Harnwegsentzündungen sowie bei Hauterkrankungen.

Hom.: *Mahonia aquifolium* HAB1, die getrocknete Ast- und Zweigrinde und die getrockneten Zweigspitzen. *Anw.-Geb.:* trockene Hautausschläge, z. B. Schuppenflechte, zwischen den akuten Schüben sowie Leber- und Galleleiden.

Histor.: Der Gattungsname *Mahonia* ist nach dem amerikanischen Gärtner und Botaniker B.M.M. Mahon (1775–1816) benannt. Der Artname *aquifolium* setzt sich aus *acus* (Spitze) und *folium* (Blatt) zusammen und weist damit auf die stachelspitzigen Blattzähne hin.

Mahoniae cortex ↗ Mahonia aquifolium.
Mahoniae radix ↗ Mahonia aquifolium.
Mahoniarinde ↗ Mahonia aquifolium.
Mahoniawurzel ↗ Mahonia aquifolium.
Mahonie ↗ Mahonia aquifolium.
Ma Huang ↗ Ephedra-Arten.
Mahwafett ↗ Diploknema-Arten.

■ **Maianthemum bifolium** (L.) F.W. Schmidt Schattenblume (syn. Zweiblättrige Maiblume).

Fam.: Liliaceae.

Vork.: Europa, Nordasien.

Droge: die ganze Pflanze. Die Droge ist giftig! *Inh.:* herzwirksame Glykoside vom Digitalistyp, Cumarine. *Anw.:* in der Volksheilkunde als Diuretikum.

Maiapfel ↗ Podophyllum-Arten.
Maiblume ↗ Convallaria majalis, ↗ Taraxacum officinalis.
Maiblümel ↗ Primula-Arten.
Maiblumenblätter ↗ Epigaea repens.
Maiblumenkraut ↗ Convallaria majalis.
Maiglöckchen ↗ Convallaria majalis.
Maikäfer ↗ Melolontha vulgaris.
Maikraut ↗ Galium odoratum.
Maililie ↗ Convallaria majalis.
Maimoos ↗ Atriplex hortensis.
Mairania uva-ursi ↗ Arctostaphylos uva-ursi.
Mairose ↗ Rosa x centifolia.
Mais ↗ Zea mays.
Maisbrand ↗ Ustilago maydis.
Maisgriffel ↗ Zea mays.
Maiskeimöl ↗ Zea mays.
Maisöl ↗ Zea mays.
Maisstärke ↗ Zea mays.
Maiwurm ↗ Meloe proscarabaeus.
Majoran ↗ Origanum majorana.
Majorana crassa ↗ Origanum syriacum.
Majorana crassifolia ↗ Origanum syriacum.
Majorana cretica ↗ Origanum majorana, ↗ Origanum onites.
Majoranae aetheroleum ↗ Origanum majorana.
Majoranae herba ↗ Origanum majorana.
Majorana fragrans ↗ Origanum majorana.
Majorana hortensis ↗ Origanum majorana.
Majorana majorana ↗ Origanum majorana.
Majorana maru ↗ Origanum syriacum.
Majorana mexicana ↗ Origanum majorana.
Majorana nervosa ↗ Origanum syriacum.
Majorana onites ↗ Origanum onites.
Majorana orega ↗ Origanum onites.
Majorana oreja ↗ Origanum onites.
Majorana ovalifolia ↗ Origanum majorana.
Majorana scutellifolia ↗ Origanum syriacum.
Majorana smyrnaea ↗ Origanum onites.
Majorana suffruticosa ↗ Origanum majorana.
Majorana syriaca ↗ Origanum syriacum.
Majorana tenuifilia ↗ Origanum majorana.
Majorana vulgaris ↗ Origanum majorana.
Majorankraut ↗ Origanum majorana.
Majuschel ↗ Origanum vulgare.
Makadamiaöl ↗ Macadamia ternifolia.
Makassar-Macis ↗ Myristica argentea.
Makassar-Muskatnuß ↗ Myristica argentea.
Makassarnuß ↗ Myristica argentea.
Makassaröl ↗ Schleicheria trijuga.
Malabarischer Lackbaum ↗ Butea monosperma.
Malabarkardamome ↗ Elettaria cardamomum.
Malabarkino ↗ Pterocarpus-Arten.
Malabarsamen ↗ Elettaria cardamomum.
Malabarspinat ↗ Amaranthus-Arten.
Malabartalg ↗ Vateria indica.
Malabar-Zimt ↗ Cinnamomum-Arten.
Malaguetapfeffer ↗ Xylopia aethiopica.
Malaiische Grubenotter ↗ Ancrod.
Mali fructus ↗ Malus domestica.
Mali silvestris pericarpium ↗ Malus domestica.
Malloti glandulae ↗ Mallotus philippinensis.

■ **Mallotus japonicus** (Thunb.) Muell. Arg. (syn. *Croton japonicum, Rottlera japonica*).

Fam.: Euphorbiaceae.

Vork.: Japan, China, Korea, Südostasien.

Drogen.: *1. **Mallotus-japonicus-Blätter***, die frischen oder getrockneten Blätter. *Inh.:* Gerbstoffe, wie Gallussäureester, Ellagitannine; Phenolcarbonsäurederivate, Phloroglucinderivate,

Polyprenole, wie Malloprenole; Rutin, Scopoletin. _Anw._: in der japanischen Volksheilkunde innerlich bei Magengeschwüren, äußerlich bei Verbrennungen, Tumoren und Schwellungen. ***2. Mallotus-japanicus-Pericarp***, die getrockneten Fruchtwände der Kapseln. _Inh._: Phloroglucinderivate, wie Mallophenon, Mallotochromanol. _Anw._: in der Volksheilkunde innerlich bei parasitären Wurmerkrankungen von Kindern und Haustieren. ***3. Mallotus-japonicus-Rinde***, die frische oder getrocknete, zerkleinerte Rinde. _Inh._: Gerbstoffe und ihre Vorstufen, wie Ellagitannine, Phenolcarbonsäurederivate, u. a. Furosin und Mallonin. _Anw._: in der japanischen Volksheilkunde innerlich bei Magenschmerzen, Magen- und Duodenumgeschwüren sowie Tumoren.

■ **Mallotus philippinensis** (Lam.) Muell. Arg. (syn. *Croton coccineus, C. montanus, C. philippinensis, Echinus philippinensis, Rottlera affinis, R. aurantioca, R. manilensis, R. philippinensis, R. tinctoria*); Kamalabaum (syn. Kamalapflanze).

Fam.: Euphorbiaceae.

Vork.: Äthiopien, Südarabien, Indien, Sri Lanka, Südchina, Südostasien, Australien.

Drogen: *1. Glandulae Kamala* (syn. *Glandulae Rottlerae, Malloti glandulae, Rottlerae glandulae*); Kamala, die von der Frucht abgeriebenen Haarorgane (Drüsen und Haare). _Inh._: Phloroglucinderivate (47–80 % Harze mit Rottlerin und

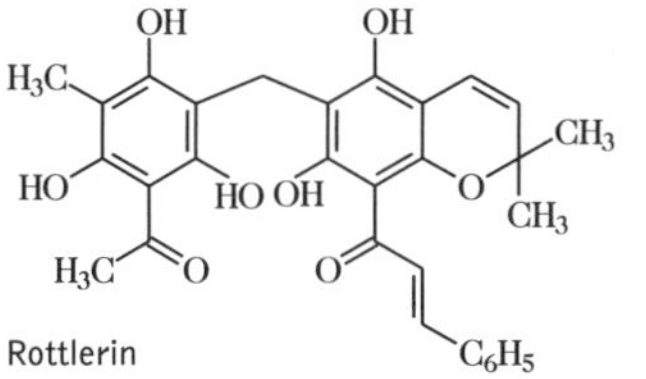

Rottlerin

Isorottlerin sowie ihren Derivaten), Glykoside, Gerbsäure, organische Säuren, Gummi, Zucker, Stärke, Wachs, Cellulose. _Anw._: in der indischen und arabischen traditionellen Heilkunde bei Wurmbefall, Tumoren, Lepraläsionen, Miktionsstörungen und zur Empfängnisverhütung. Da die Wirkung unsicher ist, wird die Droge heute als obsolet betrachtet. In der Veterinärmedizin wurde die Droge bei Wurmerkrankungen von Haustieren eingesetzt, allerdings ist die Wirkung auch hier unsicher. ***2. Mallotus-philippinensis-Samen***; die reifen Samen. _Inh._: Cardenolide (0,08 %, v. a. Corotoxigeninrhamnosid), fettes, trocknendes Öl (20–30 % mit ungesättigten Fettsäuren), Phloroglucinderivate, v. a. Rottlerin, 4-Hydroxyrottlerin und Rubranin. _Anw._: in der indischen Volksheilkunde zur Wundbehandlung bzw. bei Pilzinfektionen. In der Kosmetik wird das Öl zur Herstellung von Salben bzw. im Haushalt als Gewürz verwendet (Camulöl). Auch als Bestandteil von Firnissen oder als Brennöl kommt es zum Einsatz.

Hom.: ***Kamala*** HAB34, die braunroten, auf den Früchten sitzenden Drüsen und Büschelhaare. _Anw.-Geb._: Hautausschläge.

Histor.: Der Kamalabaum diente in Indien seit altersher kultischen Zwecken und wird bereits 500 v. Chr. erwähnt. Die Verwendung der *Glandulae Kamala* für die Färberei wird häufig in alten Schriften genannt. Für arzneiliche Zwecke ist die Droge erst 1841 als wurmtreibendes Mittel empfohlen worden und dann 1864 in die englische bzw. 1882 in die deutsche Pharmakopöe aufgenommen worden. Der Gattungsname *Mallotus* leitet sich vom griechischen *mallotos* (langwollig) ab und nimmt Bezug auf die Früchte, die meist mit langen, weichen Stacheln besetzt sind. Die Drogenbezeichnung *Kamala* ist indischen Ursprungs.

■ **Mallotus repandus** (Willd.) Muell. Arg. (syn. *Croton repandus, C. volubilis*).

Fam.: Euphorbiaceae.

Vork.: Indien, Sri Lanka, Südchina, Taiwan, Malaysia, Australien.

Drogen.: ***1. Mallotus-repandus-Blätter***, die frisch gepflückten oder getrockneten Blätter. _Inh._: Diterpene, wie Mallotucin A; Gerbstoffe, Triterpene. _Anw._: in der Volksheilkunde bei Entzündungen. ***2. Mallotus-repandus-Zweige***, die frisch geschnittenen oder getrockneten Zweige. _Inh._: Gerbstoffe, wie Bergenin; Triterpene, u. a. α-Amyrin, Friedelin, Ursolsäure sowie Sitosterol. _Anw._: in der Volksheilkunde bei Entzündungen.

Malotenkraut ↗ Melilotus altissima.
Malottenkraut ↗ Melilotus officinalis.

■ **Malpighia glabra** L.
Barbados cherry.

Fam.: Malpighiaceae.

Vork.: Texas bis nördliches Südamerika, Westindien.

Inh.: Vitamin-C-reichste Frucht, im Fruchtfleisch bis zu 2 %, im Fruchtsaft bis zu 25 % Ascorbinsäure. *Anw.:* als natürliche Vitamin-C-Quelle in verschiedenen Zubereitungen, auch in Tablettenform, u. a. zur Vorbeugung von Erkältungskrankheiten.

■ **Malpighia punicifolia** L.
Acerolakirsche (syn. Barbados cherry).
Fam.: Malpighiaceae.
Vork.: Mexiko, Westindien, Venezuela, Peru, Guayana.
Droge: ***Manquittarinde*** (syn. Nancitterinde); die Rinde der Stämme und Äste. *Inh.:* Tannine (ca. 21 %); halluzinogene Stoffe unbekannter Struktur. *Anw.:* zum Gerben. Die Früchte besitzen etwa die gleichen Inhaltsstoffe wie ↗ *Malpighia glabra* und werden analog verwendet.

Malteserschwamm ↗ Cynomorium coccineum.

■ **Maltol**
Verbindung mit Karamelgeruch, die als Geruchsträger im Malz isoliert wurde und Bestandteil vieler Aromen ist, wie z. B. im Brot, Kaffee, Kakao oder Fleisch. M. wird aus Birkenteeröl oder Melasse isoliert oder synthetisch hergestellt. *Anw.:* als Aromaträger und Geschmacksverstärker in der Lebensmittelindustrie sowie als Zuckerersatzstoff.

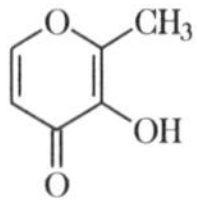

Maltol

■ **Maltose**
(Malzzucker, Maltobiose), Disaccharid aus zwei Molekülen Glucose zusammengesetzt. M. ist Grundbaustein der Stärke und des Glykogens, tritt

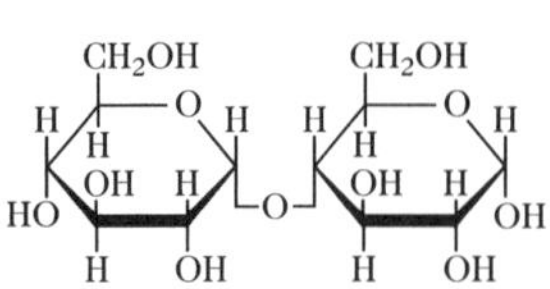

Maltose

in freier Form in höheren Pflanzen auf und ist ein Zwischenprodukt beim Stärkeabbau durch Amylasen. *Anw.:* als Diätetikum, Zusatz zu mikrobiellen Nährböden, Substrat für die Bierbrauerei, als Nähr- und Süßstoff.

Maltum ↗ Hordeum vulgare.
Maltum Hordei ↗ Hordeum vulgare.
Malus communis ↗ Malus domestica.

■ **Malus domestica** Borkh.
(syn. *Malus communis, M. pumila, M. sylvestris, Pyrus malus*); Apfelbaum.
Fam.: Rosaceae.
Vork.: Europa, Asien, Nordamerika, hauptsächlich kultiviert.
Drogen: ***1. Mali fructus*** (syn. *Fructus mali, Fructus Piri mali*); Apfel, die frischen Scheinfrüchte. *Inh.:* Amine (u. a. Spermin, Methylamin, Ethylamin), Phloretamid, Aminosäuren, Kohlenhydrate (Zucker, Polysaccharide, Pektine) organische Säuren, u. a. Äpfelsäure, Vitamine, Phenolcarbonsäuren, äther. Öl, Aromastoffe. *Anw.:* in der Volksheilkunde fein zerkleinert oder gerieben bei Diarrhoe, Dyspepsie oder Ernährungsstörungen von Kleinkindern. Im Haushalt wird die Droge als Obst gegessen bzw. zur Herstellung von Most, Wein und Marmeladen sowie zur Pektingewinnung eingesetzt. ***2. Malus-domestica-Fruchtschalen*** (syn. *Mali silvestris pericarpium, Pericarpium Piri mali*); Apfelschalen, die getrockneten Fruchtschalen. *Inh.:* Ester von Violaxanthin, Neoxanthin (Pigmente), Sitosterol. *Anw.:* als Bestandteil von Haustees und weiteren Teezubereitungen.

Malus pumila ↗ Malus domestica.
Malus sylvestris ↗ Malus domestica.

■ **Malva-Arten**
● **Fam.:** Malvaceae.
● **Malva neglecta** Wallr. (syn. *Malva rotundifolia, M. vulgaris*); Weg-Malve (syn. Gänse-Malve, Gemeine Malve, Hasenpappel, Kleine Käsepappel, Übersehene Malve).
Vork.: gemäßigte und subtropische Zonen beider Hemisphären.
Droge: ***Malvae folium***. Inhaltsstoffe und Anwendung s. *Malva sylvestris*.
● **Malva sylvestris** L. (syn. *Malva ambigua, M. elata, M. erecta, M. glabra, M. mauritiana, M. obtusa, M. ruderalis, M. vulgaris*); Große Käsepappel (syn. Roßpappel, Wilde Malve), s. Farbtafel S. 141, Bild 27.

Vork.: subtropische und gemäßigte Zonen beider Hemisphären.

Drogen: *1. Malvae flos* (syn. *Flores Malvae, Flos Malvae, Malvae flores*); Malvenblüten (syn. Blaue Pappelblumen, Käsepappelblüten, Roßpappelblüten, Waldmalvenblüten, Wilde Malvenblüten), die getrockneten Blüten. *Inh.:* Schleimstoffe (bis 10 %), Flavanoide, u. a. das Anthocyan Malvin, Gerbstoffe. *Anw.:* Schleimhautreizungen im Mund und Rachenraum, Reizhusten; Bestandteil von Brust- und Hustentees; früher auf Grund des Anthocyangehaltes industriell als Färbemittel, besonders in der Lebensmittelindustrie. *2. Malvae folium* (syn. *Folia Malvae, Folium Malvae, Malvae folia*); Malvenblätter (syn. Hasenpappelblätter, Käsekraut, Käsepappelblätter), die getrockneten Laubblätter. *Inh.:* Schleimstoffe (ca. 10 %), aufgebaut aus Galactose, Glucose, Arabinose Xylose und Rhamnose im Verhältnis 37:17:20:3:23 als Neutralzucker sowie ca 24 % Galacturonsäure. Außerdem Flavonoide, meist als Flavonolsulfate vorliegend, u. a. Gossypetin-3-*O*-β-D-glucuronid-3-sulfat, sowie Gerbstoffe. *Anw.:* Katarrhe der oberen Luftwege, Schleimhautreizungen im Mund- und Rachenraum sowie im Magen-Darm-Bereich. Zur ↗ Teezubereitung verwendet man als Einzelgabe 2 Teelöffel (3–5 g) Malvenblätter.

Hom.: *Malva äthanol. Infusum* HAB1; Malve, die getrockneten Blüten. *Anw.-Geb.:* anthroposophische Therapierichtung.

● **Histor.:** Der Gattungsname *Malva* entspricht dem griechischen *maláche*. Das deutsche Wort Malve ist der lateinischen Bezeichnung entlehnt. Der hohe Schleimgehalt der Droge hat bereits im Altertum das Interesse der Ärzte auf die Droge gelenkt, die sie als einhüllendes Mittel innerlich und äußerlich einsetzten. So ließ man auch bei Verstopfung Malvenblätter als Gemüse essen.

Malvae flores ↗ Malva-Arten.
Malvae flos ↗ Malva-Arten.
Malvae folia ↗ Malva-Arten.
Malvae folium ↗ Malva-Arten.
Malve ↗ Malva-Arten.
Malvenblätter ↗ Malva-Arten.
Malvenblüten ↗ Malva-Arten.
Malz ↗ Hordeum vulgare.
Mamillaria lewinii ↗ Lophophora williamsii.
Mamillaria williamsii ↗ Lophophora williamsii.

■ **Mamma HAB**
die getrockneten Milchdrüsen von Schlachttieren. *Anw.-Geb.:* nicht ausreichend belegt.

Mammilaria hemisphaerica ↗ Mammillaria heyderi.

■ **Mammillaria heyderi** Mühlpf.
(syn. *Mammilaria hemisphaerica*); Hikuri.

Fam.: Cactaceae.

Vork.: Mexiko, Mittelamerika.

Inh.: *N*-Methyl-3,4-dimethoxyphenylethylamin. *Anw.:* als „falsche Peyote" von den Ureinwohnern Mexikos zur Erzeugung visueller Halluzinationen bei besonderen Zeremonien eingesetzt.

Mammillaria micromeris ↗ Epithelantha micromeris.
Mamuranafett ↗ Bombax aquaticum.
Manacawurzel ↗ Brunfelsia uniflora.
Manakawurzel ↗ Brunfelsia uniflora.
Manchinellbaum ↗ Hippomane mancinella.
Mancinella ↗ Hippomane mancinella.
Mancinella venenata ↗ Hippomane mancinella.
Mandarine ↗ Citrus-Arten.
Mandelbaum ↗ Prunus-Arten.
Mandelkleie ↗ Prunus-Arten.
Mandelöl ↗ Prunus-Arten.
Mandioca dulcis ↗ Manihot esculenta.
Mandioca utilissima ↗ Manihot esculenta.
Mandioka ↗ Manihot esculenta.
Mandiokawurzel ↗ Manihot esculenta.
Mandragora ↗ Mandragora officinarum.

■ **Mandragora acaulis** ↗ Mandragora officinarum.

■ **Mandragora autumnalis** Bertol.
(syn. *Mandragora foemina, M. Haussknechtii, M. micricarpa*); Herbstalraune.

Fam.: Solanaceae.

Vork.: Mittelmeergebiete.

Droge: *Mandragora-autumnalis-Blätter*, die Blätter. Achtung, die Droge ist stark giftig! *Inh.:* Tropan-Alkaloide, wie Hyoscyamin. *Anw.:* früher in der Volksheilkunde als Betäubungsmittel und Hilsmittel für Zauber- und Liebestränke.

Hom.: *1. Mandragora, äthanol. Decoctum* HAB1, die getrockneten Wurzeln. *Anw.-Geb.:* Kopfschmerzen, Herz-Kreislauf-Erkrankungen, Verdauungsschwäche, Ischiasschmerzen. *2. Man-*

dragora e radice siccato HAB1, die getrockneten Wurzeln. Anw.-Geb.: s. *Mandragora*.

Histor.: *M. autumnalis* galt im Mittelalter als das „weibliche" Gegenstück zur „männlichen" ↗ *Mandragora officinarum*. Bereits ↗ Plinius berichtete im 1. Jh. n. Chr. über ihre psychoaktiven und medizinischen Eigenschaften, die bei Schlangenbissen, Verwundungen und zur Operationsvorbereitung ausgenutzt wurden.

■ **Mandragora caulescens** C.B. Clarke.

Fam.: Solanaceae.

Vork.: Nepal, Tibet, Birma, Westchina, Himalajagebiete.

Droge: ***Mandragora-caulescens-Wurzel***, die getrockneten Wurzeln. Inh.: Tropan-Alkaloide, wie Hyoscyamin (0,13 %), kaum Scopolamin und Cuscohygrin. Anw.: in der traditionellen chinesischen und tibetanischen Medizin bei Magenbeschwerden.

■ **Mandragora chinghaiensis** Kuang et A.M. Lu.

Fam.: Solanaceae.

Vork.: China und Tibet.

Droge: ***Mandragora-chinghaiensis-Kraut*** mit Wurzeln, die ganze Pflanze oder die Wurzeln. Inh.: Tropan-Alkaloide, u. a. Hyoscyamin und Scopolamin. Anw.: in der traditionellen chinesischen und tibetanischen Medizin gegen Schmerzen.

Mandragorae radix ↗ Mandragora officinarum.
Mandragora foemina ↗ Mandragora autumnalis.
Mandragora Haussknechtii ↗ Mandragora autumnalis.
Mandragora mas ↗ Mandragora officinarum.
Mandragora micricarpa ↗ Mandragora autumnalis.
Mandragora officinalis ↗ Mandragora officinarum.

■ **Mandragora officinarum** L.
(syn. *Atropa mandragora, Mandragora acaulis, M. mas, M. officinalis, M. praecox, M. vernalis*); Alraune.

Fam.: Solanaceae.

Vork.: Mittelmeerraum und angrenzende, frostfreie Gebiete.

Droge: ***Mandragorae radix*** (syn. *Radix Mandragorae*); Alraune (syn. Erdmännlein, Mandragora, Zauberwurzel), die getrockneten unterirdischen Teile der Pflanze. Die Droge ist stark giftig! Inh.: Alkaloide (0,2–0,6 %, v. a. Atropin, Hyoscyamin, Scopolamin, Cuscohygrin, Apoatropin, die *N*-Oxide von Hyoscyamin und Scopolamin). Anw.: In der Volksheilkunde wird die Droge bei Magengeschwüren, Koliken, Dysmenorrhoe, Asthma, Heufieber und Keuchhusten verwendet. Heute sind Mandragora-Zubereitungen obsolet.

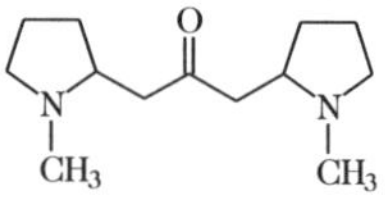

Cuscohygrin

Hom.: *1.* ***Mandragora*** HAB34; Alraun, das frische Kraut. Anw.-Geb.: Verdauungsbeschwerden, Kopfschmerzen. *2.* ***Mandragora äthanol. Decoctum*** HAB1, die getrockneten Wurzeln. Anw.-Geb.: anthroposophische Therapierichtung. *3.* ***Mandragora e radice siccato*** HAB1, die getrockneten Wurzeln. Anw.-Geb.: Kopfschmerz, Herz-Kreislauf-Beschwerden, Verdauungsschwäche bei Leber-Galle-Störungen, Ischiasschmerz.

Histor.: Mandragora gehört zu den ältesten Arzneipflanzen überhaupt, sie wird bereits im ↗ Papyrus Ebers als „dja-dja" geführt und Pythagoras nennt sie die „menschenähnliche". Darüber hinaus war sie eine der wichtigsten Zaubermittel im Kult der verschiedenen Völker. Nach dem jüdischen Geschichtsschreiber Josephus Flavius soll das in der Bibel erwähnte „Dudaim" die Alraune gewesen sein, die als Aphrodisiakum genutzt wurde. Er berichtet auch darüber, daß man die Mandragora nicht selbst aus dem Boden ziehen dürfe, sondern mit Hilfe eines schwarzen Hundes müsse die Wurzel geerntet werden, der daran sterben würde. Mandragora wurde vor allem als Analgetikum und Schlafmittel medizinisch verwendet. Außerdem schnitzte man aus der Alraunwurzel Figuren, die als glückbringende Zaubermittel sorgsam gepflegt wurden (z. B. wöchentlich in Wein gebadet, mit teuren Stoffen bekleidet waren, etc.). Der Gattungsname *Mandragora* wurde bereits bei ↗ Hippokrates benutzt und setzt sich aus dem griechischen *mandra* (Hürde; vermutlich Schäferhütte im Gebirge) und *agora* (Versammlung) zusammen, offenbar deshalb, da die Pflanze oft in der Nähe der Hütten gefunden wurde.

Mandragora praecox ↗ Mandragora officinarum.
Mandragora vernalis ↗ Mandragora officinarum.
Mandschurische Aralie ↗ Aralia-Arten.

■ **Mangifera indica** L.
Mangobaum.

Fam.: Anacardiaceae.

Vork.: tropisches Asien, Afrika, Brasilien.

Droge: Blätter und Rinde. Inh.: Flavonoide, v. a. Kämpferol, Quercetin und Mangiferin; Aminosäuren, Chinasäure, Gallussäure, Protocatechusäure, Gallotannine. Anw.: zum Färben und in der Gerberei. Der Mangobaum zählt zu den wichtigen Obstgehölzen der Tropen.

Histor.: In Indien gewinnt man seit langer Zeit den gelben Farbstoff Piuri (Indischgelb) aus dem Harn von Kühen, die ausschließlich mit Mangobaumblättern gefüttert werden. Dieser giftige Farbstoff ist das Magnesium- und Calciumsalz der Euxanthinsäure oder des Euxanthons. Er wurde in der Kunstmalerei bis etwa 1920 verwendet. Die Tiere gehen allerdings nach längerer Mangofütterung zugrunde.

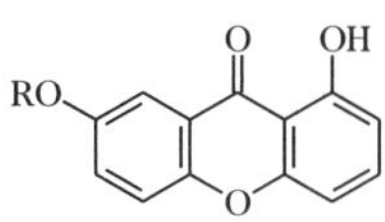

Euxanthon: R = H
Euxanthinsäure: R = Glucuronyl

Manglerinde ↗ Rhizophora mangle.
Mangobaum ↗ Mangifera indica.
Mangostinen ↗ Garcinia mangostana.
Mangroven ↗ Rhizophora mangle.
Mangrovenrinde ↗ Bruguiera gymnorrhiza, ↗ Rhizophora mangle.
Manihot amylum ↗ Manihot esculenta.
Manihot edule ↗ Manihot esculenta.

■ **Manihot esculenta** Crantz
(syn. *Janipha manihot, Jatropha janipha, J. manihot, Mandioca dulcis, M. utilissima, Manihot edule, M. utilissima*); Maniok (syn. Cassava, Mandioka, Tapioka).

Fam.: Euphorbiaceae.

Heim.: Amazonasgebiet und Zentralamerika, kultiviert weltweit in Tropen und Subtropen.

Drogen: *1. **Manihot amylum*** (syn. *Amylum Manihot*); Manihotstärke (syn. Cassavastärke, Maniokstärke, Para-Arrowroot-Stärke, Brasilianisch-Arrowroot-Stärke, Tapiokastärke), die aus den Knollen gewonnene Stärke. Anw.: als Diätetikum, u. a. bei Störungen im Magen-Darm-Bereich. Ferner in der Kosmetik als Pudergrundlage sowie im Haushalt, z. B. als Sago. In der Technik u. a. zur Herstellung von Dextrinen und Klebstoffen. *2. **Manihot-Knollen*** (syn. Brasilianische Pfeilwurzel, Cassavawurzel, Mandiokawurzel, Maniokwurzel), die zerkleinerten Knollen. Inh.: Kohlenhydrate (ca. 32 %), geringe Mengen Proteine und Lipide, Vitamine, u. a. B_1 und C, sowie cyanogene Glykoside. Anw.: in den Heimatgebieten sehr universell, u. a. bei Diarrhöen, Abszessen und Ekzemen, Erkrankungen der Leber sowie in abgekochter Form als Kräftigungs- und Nahrungsmittel.

Hom.: ***Manihot*** HAB34, der Milchsaft der frischen Wurzel.

Manihot-Knollen ↗ Manihot esculenta.
Manihotstärke ↗ Manihot esculenta.
Manihot utilissima ↗ Manihot esculenta.
Manilacopal ↗ Agathis-Arten.
Manilacopalöl ↗ Agathis-Arten.
Manila-Elemi ↗ Canarium luzonicum.
Manilakopal ↗ Agathis-Arten.
Manilaöl ↗ Cocos nucifera.

■ **Manilkara zapota** (L.) van Royen
(syn. *Achras zapota, Manilkara zapotilla, Sapota achras*); Sapotillbaum (syn. Breiapfelbaum).

Fam.: Sapotaceae.

Vork.: tropisches Amerika, bes. Mexiko.

Droge: ***Gummi Sapotae***; Chicle (syn. Chiclegummi, Sapotillgummi), der eingedickte Latex (Milchsaft) der Stammrinde. Inh.: Harz (ca. 38 %), Kautschuk (ca. 15 %, ein Gemisch verhältnismäßig niedermolekularer *cis-* und *trans-*Polyisoprene) sowie Gummisubstanzen (ca. 10 %) und Stärke. Anw.: zur Herstellung von Kaugummi und von chirurgischem Material. Die Früchte dienen auch als Obst (Breiäpfel).

Manilkara zapotilla ↗ Manilkara zapota.
Maniok ↗ Manihot esculenta.
Maniokstärke ↗ Manihot esculenta.
Maniokwurzel ↗ Manihot esculenta.
Manna ↗ Fraxinus-Arten, ↗ Tamarix-Arten.
Mannaesche ↗ Fraxinus-Arten.
Mannitol ↗ Fraxinus-Arten.
Männliches Farnkraut ↗ Dryopteris filix-mas.
Manns-Knabenkraut ↗ Orchis-Arten.
Mannskraft ↗ Hypericum perforatum.
Mannstreu ↗ Eryngium-Arten.
Mannstreukraut ↗ Eryngium-Arten.

Manquittarinde ↗ Malpighia punicifolia.

■ **Mansonia altissima** A. Chevalier.
Fam.: Sterculiaceae.
Vork.: Afrika, besonders Liberia bis Zentralafrika.
Droge: Stammrinde und Samen. *Inh.:* Strophanthidin-Glykoside, wie die Mansonine; Sesquiterpen-Chinone, wie die Mansonone; Gerbstoffe, Strophallosid. *Anw.:* Bestandteil afrikanischer Pfeilgifte mit beträchtlicher Toxizität.

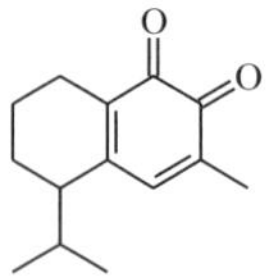
Mansonon A

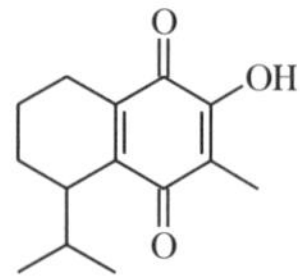
Mansonon B

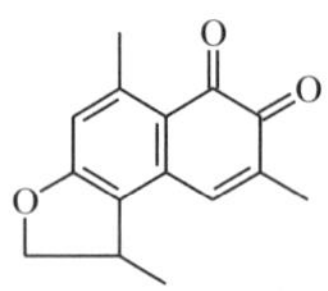
Mansonon D

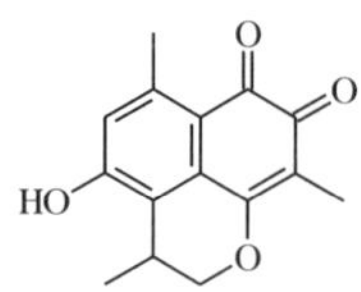
Mansonon H

Histor.: Die Zubereitung des Pfeilgiftes geschah früher unter mancherlei geheimnisvollen rituellen Begleitumständen (sexuelle Enthaltsamkeit, besondere Reinigungsriten, Nahrungskarenz, etc). Heute stellen die Buschmänner und Jäger das Gift einfacher in ihren Lagern her, wobei Mansonia-Bäume als Drogenquelle genutzt werden, in deren Nähe tote Schmetterlinge liegen. Der zunächst bereitete Rindensaft soll, auf die Nasenspitze aufgebracht, ein stechendes Gefühl verursachen, wenn die Herstellung erfolgreich war. Die Giftbereitung kann mit heißem oder kaltem Wasser erfolgen, in jedem Fall wird *Mansonia altissima* aber mit anderen Drogen gemischt.

Manuka-Öl ↗ Leptospermum scoparium.
Manzanillbaum ↗ Hippomane mancinella.
Manzinella ↗ Hippomane mancinella.

■ **Mappia foetida** Miers.
Fam.: Nyssaceae.
Vork.: Indien, China.
Droge: die ganze Pflanze. *Inh.:* Camptothecin (0,1 %), 9-Methoxycamptothecin, Mappicin. *Wirk.:* Camptothecin hemmt die eukaryotische DNA-Topoisomerase I und damit die Zellproliferation. *Anw.:* Wegen der antileukämischen und cancerostatischen Wirksamkeit wird Camptothecin neuerdings in der klinischen Therapie von Tumoren eingesetzt. Formel ↗ *Camptotheca acuminata*.

■ **Maprounea africana** Muell. Arg.
(syn. *Maprounea obtusa, M. vaccinioides*).
Fam.: Euphorbiaceae.
Vork.: Zentral- und Ostafrika.
Droge: ***Maprounea-africana-Wurzel***, die frischen oder getrockneten Wurzeln. *Inh.:* Diterpene, wie Bershacolon, Koumbalon A und B; Triterpene, wie Maprounsäure und Derivate. *Anw.:* in der afrikanischen Volksheilkunde äußerlich bei Augenerkrankungen, innerlich bei Syphilis und zur verstärkten Darmentleerung.

Maprounea obtusa ↗ Maprounea africana.
Maprounea vaccinioides ↗ Maprounea africana.

■ **Maquira sclerophylla** (Ducke) C. C. Berg
(syn. *Olmedioperebea sclerophylla*).
Fam.: Moraceae.
Vork.: tropisches Südamerika.
Anw.: Die Indianer im brasilianischen Amazonasgebiet bereiteten früher aus den Früchten dieses Urwaldbaumes ein stark halluzinogenes Schnupfpulver, das bei Stammeszeremonien eingesetzt wurde.

Maraba ↗ Kaempferia galanga.
Maracuja ↗ Passiflora edulis.
Maralhirsch ↗ Cervus asiaticus.

■ **Maranta arundinacea** L.
(syn. *Maranta indica, M. protracta, M. ramosissima, M. silvatica*); Jamaika-Arrowroot (syn. Pfeilwurz, Pfeilwurzel, Westindischer Salep, Westindisches Arrowroot).
Fam.: Marantaceae.
Vork.: tropisches Amerika, heute in allen tropischen Gebieten kultiviert.
Droge: ***Marantae amylum*** (syn. *Amylum Marantae*); Marantastärke (syn. Sankt-Vincent-Arrowroot; Westindisches Arrowroot, Westindisches Pfeilwurzelmehl), die Stärke aus den Wurzelknollen. *Inh.:* Stärke (ca. 85 %), Wasser (ca. 14 %), Eiweiß (ca. 0,7 %), Fett (ca. 0,2 %). *Anw.:*

als Diätetikum bei Magen- und Darmerkrankungen, bei Diarrhoe von Kleinkindern. In der Galenik wird die Droge auch als Tablettierhilfsstoff sowie als Zusatz zu Kontrastmitteln eingesetzt. In der Lebensmittelindustrie wird die Marantastärke als Bindemittel für feine Backwaren sowie in der Schokoladenherstellung verwendet.

Hom.: ***Maranta arundinaceae*** HAB34, der getrocknete Wurzelstock.

Marantae amylum ↗ Maranta arundinacea.
Maranta galanga ↗ Alpinia galanga.
Maranta indica ↗ Maranta arundinacea.
Maranta protracta ↗ Maranta arundinacea.
Maranta ramosissima ↗ Maranta arundinacea.
Maranta silvatica ↗ Maranta arundinacea.
Marantastärke ↗ Maranta arundinacea.

■ **Marchantia polymorpha** L.
Brunnenlebermoos (syn. Sternlebermoos).

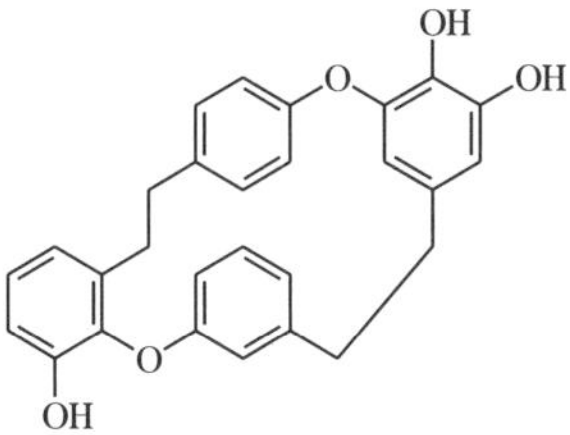

Marchantin A

Fam.: Marchantiaceae.
Vork.: weltweit verbreitet.
Inh.: Terpenoide, besonders Sesquiterpene, Flavonoide, Bibenzyle, Bisbibenzyle (Marchantin A), phenolische Verbindungen, Fettsäuren.
Hom.: ***Marchantia polymorpha*** HAB34; die frische Pflanze.

Marenklatte ↗ Viscum album.
Marentaken ↗ Viscum album.
Marfimöl ↗ Agonandra brasiliensis.
Margarospermum officinale ↗ Lithospermum officinale.
Margosaöl ↗ Antelaea azadirachta.
Mariana mariana ↗ Silybum marianum.
Maricubalsam ↗ Calophyllum inophyllum.
Marienbalsam ↗ Chrysanthemum-Arten.
Marien-Bettstroh ↗ Chrysanthemum-Arten.
Marienblatt ↗ Chrysanthemum-Arten.
Mariendistel ↗ Silybum marianum.
Mariendistelkraut ↗ Silybum marianum.
Marienglöckchen ↗ Convallaria majalis.
Marienherzwurzel ↗ Dicentra canadensis.
Marienkörner ↗ Silybum marianum.
Marienkraut ↗ Chrysanthemum-Arten, ↗ Teucrium-Arten.
Marienmantel ↗ Alchemilla xanthochlora.
Marienrose ↗ Calendula officinalis.
Marienwurzel ↗ Chrysanthemum-Arten.
Marihuana ↗ Cannabis sativa.
Marille ↗ Prunus-Arten.

Marine Wirkstoffe

Ulrike Lindequist

Einführung

Marine Wirkstoffe sind chemische Verbindungen, die von Organismen des marinen Lebensraumes gebildet werden können und die im lebenden Organismus biologische Wirkungen hervorrufen. In Abhängigkeit von der Dosis sind sie als Arzneistoffe oder als Gifte für den Menschen von Bedeutung.

Bis jetzt ist nur ein Bruchteil der im Meer existierenden Organismenarten bekannt. Die Zahl der in dieser Umgebung lebenden Bakterienarten wird auf 400 000 bis 3 Millionen und die der Algenarten auf 200 000 bis 10 Millionen geschätzt. Auch die Vielfalt der Meerestiere ist sehr groß. Von den 34 bekannten Phyla der Tiere sind 33 in diesem Lebensraum vertreten, 15 kommen ausschließlich im Meer vor. Die Zahl der noch unbekannten marinen Tierarten, die größer als 0,3 mm sind, wird auf ca. 500 000 geschätzt.

Die Organismen zeichnen sich durch hohe biologische und chemische Diversität aus. Bis jetzt sind mehr als 6000 chemische Verbindungen aus marinen Organismen identifiziert worden. Über ihre Biogenesewege gibt es nur wenige Untersuchungen.

Pharmazeutisch bedeutsame Meeresprodukte werden bis heute vorwiegend wegen ihrer physiko-chemischen Eigenschaften (z. B. Agar und ↗ Carrageenan aus Rotalgen, ↗ Alginsäure aus Braun-algen) oder ihres Gehaltes an basischen Polypeptiden (Protamine aus Fischen) genutzt. Weitere haben ernährungsphysiologischen Wert und werden aufgrund ihres Gehaltes an Vitaminen (z. B. Vitamine A und D in Fischlebertranen), mehrfach ungesättigten Fettsäuren (z. B. Eicosapentaensäure und Docosahexaensäure in Fischölen, Kaltwasserfischen, biotechnologisch herstellbar z. B. in Kulturen von Dinoflagellaten) oder Carotinoiden (Farbstoffe des Hummer, biotechnologisch gewinnbar z. B. mit Hilfe von Algenkulturen) verwendet. Gerüstsubstanzen aus Korallenskeletten werden als bioabsorbierbare Materialien in der Knochenchirurgie eingesetzt. Die Nucleosidderivate Spongouridin und Spongothymidin aus dem Schwamm *Cryptothetia crypta* dienten als Vorbild für die Synthese des Virostatikums Arabinosid A, das vor mehr als 20 Jahren in die Therapie von Viruserkrankungen eingeführt wurde. Erwähnenswert ist auch der hohe Gehalt an Prostaglandinen in der karibischen Hornkoralle ↗ *Plexaura homomalla*.

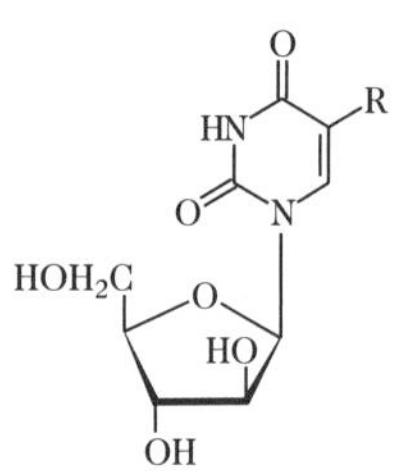

Spongouridin: R = H
Spongothymidin: R = CH_3

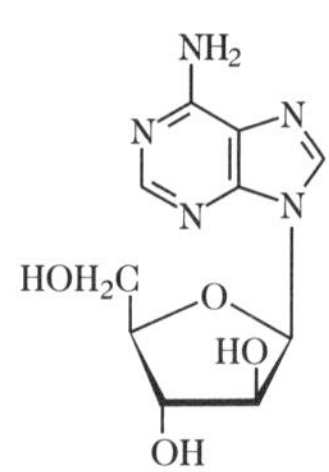

Arabinosid A

Die intensive Suche nach marinen Wirkstoffen von möglicher therapeutischer Relevanz begann erst in den 70er Jahren. Seitdem ist die Zahl neu aufgefundener Substanzen in starker Zunahme begriffen. Folgende Organismengruppen aus dem Tierreich scheinen besonders reich an biologisch aktiven Verbindungen zu sein: *Porifera* (Schwämme; aus ihnen oder mit ihnen vergesellschafteten Organismen stammen ca. 40 % aller bisher bekannt gewordenen Verbindungen mariner Herkunft), *Tunicata* (Manteltiere, darunter *Ascidiaceae*, Seescheiden), *Bryozoa* (Moostierchen), *Cnidaria* (Nesseltiere, darunter die Korallentiere), *Echinodermata* (Stachelhäuter). Unter den wirkstoffbildenden marinen Mikroorganismen sind Bakterien, Cyanobakterien und Pilze zu nennen. Im Pflanzenreich zeichnen sich einige *Rhodophyta* (Rotalgen) und *Phaeophyta* (Braunalgen) durch ihre Fähigkeit zur Bildung halogenhaltiger und weiterer Verbindungen aus. Die an Wirkstoffen reichen Panzergeißler (*Dinophyceae, Pyrrhophyceae*) werden entweder den Algen (*Phycophyta*) oder als *Dinoflagellata* dem Tierreich zugeordnet. In vielen Fällen herrscht noch Unklarheit darüber, welche Organismen von Lebensgemeinschaften die eigentlichen Stoffproduzenten sind.

Hinsichtlich der geographischen Verbreitung stammen die Organismen, aus denen bisher marktfähige Naturstoffe gewonnen werden konnten, vornehmlich aus dem Pazifik (ca. 50 %), dem nordwestlichen Atlantik (ca. 30 %) sowie aus dem Indischen Ozean, dem Roten Meer und dem Mittelmeer (zusammen ca. 20 %). Die Lebewesen der übrigen Meere wurden bisher kaum untersucht.

Die Strukturvielfalt der marinen Wirkstoffe ist außerordentlich hoch. Oftmals handelt es sich um strukturell neuartige Verbindungen, die aus terrestrischen Lebewesen noch nicht isoliert worden sind. Häufig auftretende Stoffklassen sind Alkaloide, Peptide und Proteine, Aminosäuren, Nucleoside, Polyketide, Steroide, Terpene und Polysaccharide.

Auch die bisher gefundenen biologischen Aktivitäten weisen auf ein insgesamt breites Wirkungsspektrum hin. Marine Wirkstoffe verfügen z. B. über zytostatische/zytotoxische, antibakterielle, antifungale, antivirale, enzymhemmende, antiinflammatorische und immunmodulierende Eigenschaften. Diese biologisch aktiven Metabolite dürften für den Produzenten, der oft ortsunbeweglich ist oder in Konkurrenz mit anderen Lebewesen und Angreifern lebt, entscheidende Selektionsvorteile bringen.

Beispiele

Zu den Substanzen mit vorwiegend zytostatischer Wirkung gehören die Bryostatine, die Didemnine, die Ecteinascidine sowie Halichondrin

B, Eleutherosid, Discodermide und Halomon. Die Verbindungen sind als potentielle Mittel zur Krebsbehandlung von Interesse.

Bei den Bryostatinen handelt es sich um Makrolide (biogenetisch vermutlich Polyketide), die zuerst aus dem Moostierchen *Bugula neritina* isoliert wurden, möglicherweise jedoch von Dinoflagellaten produziert werden. Besonders gut untersucht ist Bryostatin-1. Es aktiviert die Proteinkinase C ohne tumorpromovierend zu sein und hemmt konzentrationsabhängig die Proliferation von Tumorzellen (IC 50 P 388-Zellen 0,89 µg/ml). Außerdem wird die Differenzierung von Immunzellen gefördert. Die Verbindung kann mit Hilfe von Kulturen von *Bugula neritina* biotechnologisch gewonnen werden und befindet sich in der klinischen Prüfung.

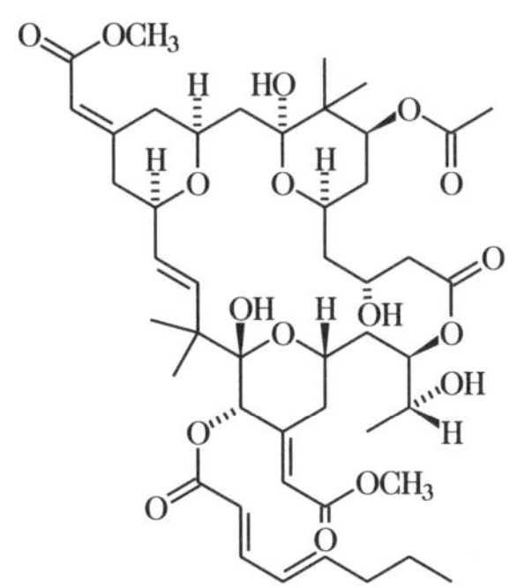

Bryostatin-1

Die Didemnine stellen eine Gruppe von Cyclodepsipeptiden mit einem 23gliedrigen cyclischen Grundkörper dar, die aus der Seescheide *Trididemnum solidum* isoliert worden sind. Das am stärksten wirksame Didemnin B zeichnet sich durch zytostatische (IC 50 0,0022 µg/ml bei L 1210-Leukämiezellen), antivirale (besonders bei *Herpes*-, *Parainfluenza*- und *Coxsackie*-Viren) und immunsuppressive Wirkungen aus und hemmt auch in vivo das Wachstum von Mamma-, Ovarial- und Nierentumoren. Einer therapeutischen Nutzung scheint die hohe Toxizität entgegenzustehen.

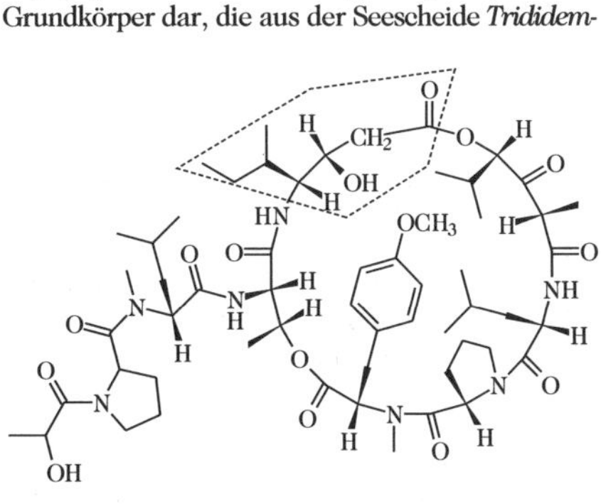

Didemnin B

Von Seescheiden, in diesem Fall *Ecteinascidia turbinata*, werden auch die Ecteinascidine produziert. Es sind Tetrahydroisochinolinalkaloide, die durch kovalente Bindung an die DNA die Zellteilung hemmen. Ecteinascidin-743 befindet sich in der klinischen Prüfung.

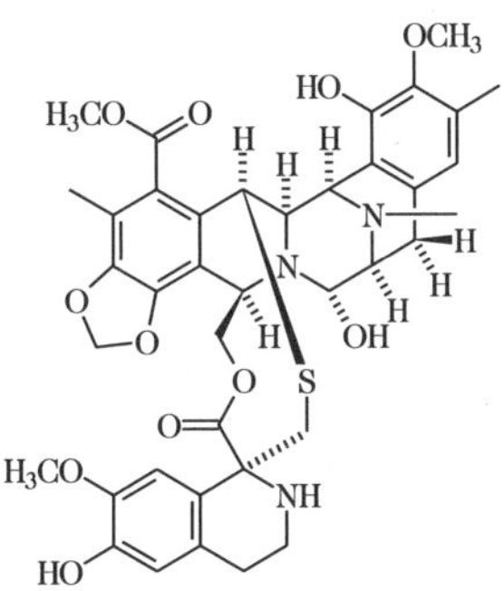

Ecteinascidin 743

Halichondrin B (Formel S. 52) ist ein aus *Halichondria okadai* und anderen Schwämmen isoliertes makrocyclisches Lacton mit starker zytotoxischer Wirkung (IC 50 B16-Melanom-Zellen 0,093 ng/ml), dessen Aktivität durch die Wechselwirkung mit Tubulin zustande kommt. Bei Mäusen mit P-388-Tumoren verlängern 10 µg/kg Halichondrin B, i. p., die Überlebenszeit um ca. das Dreifache. Hauptproblem für eine mögliche therapeutische Nutzung ist die äußerst geringe Substanzausbeute. Zur Gewinnung von 12,5 mg Substanz sind ca. 600 kg Schwammaterial notwendig.

Eleutherobin gehört strukturell zu den Terpenen und wurde aus einer an der australischen Westküste vorkommenden Weichkoralle der Gattung *Eleutherobia* gewonnen. Der Wirkungsmechanismus entspricht dem des aus der Pazifischen Eibe (↗ *Taxus brevifolia*) stammenden

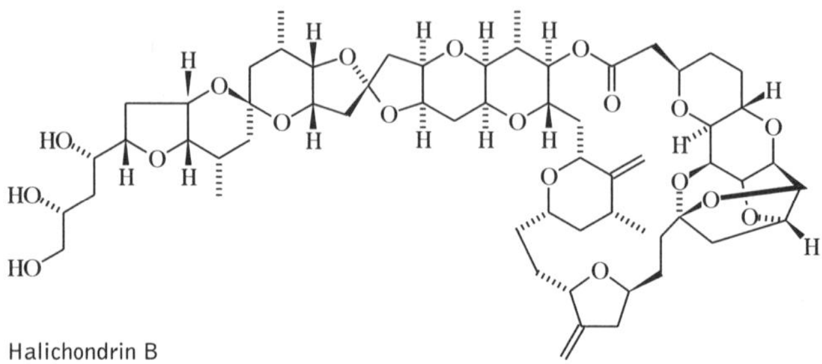

Halichondrin B

Taxols, das als Zytostatikum in der Therapie bereits eine große Rolle spielt. Er besteht in der Stabilisierung der an der Zellteilung beteiligten Mikrotubuli und damit der Verhinderung der Aus-

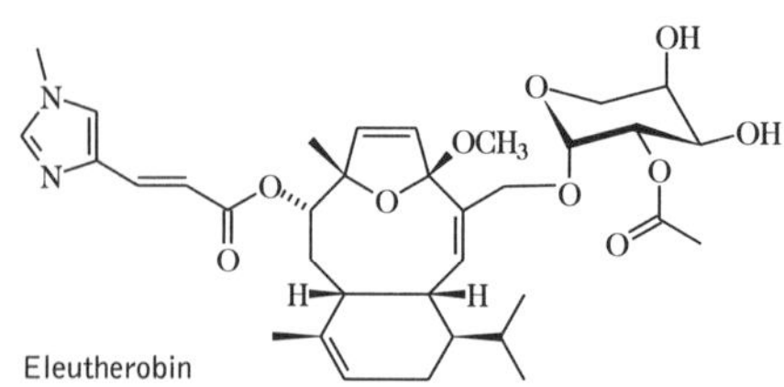

Eleutherobin

bildung des Spindelapparats. Einen vergleichbaren Wirkungsmechanismus besitzt das aus Schwämmen (*Discodermia dissoluta*) stammende Discodermolide.

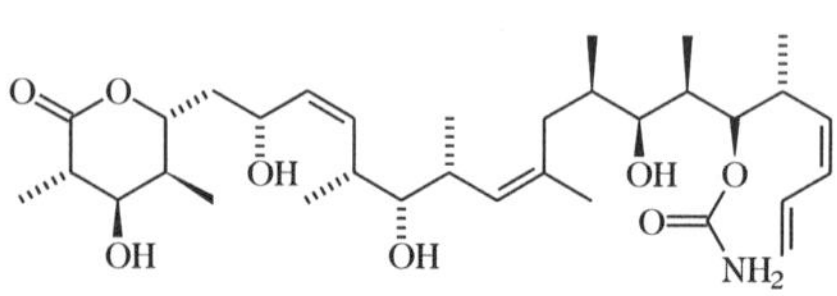

Discodermolide

Das relativ einfach gebaute Halomon ist ein hochhalogeniertes Monoterpen, das von der Rotalge *Portieria hornemanii* gebildet wird. Es zeichnet sich durch eine relativ selektive Wirkung gegen schwer angreifbare Tumorzellen, z. B. chemoresistente Koloncarcinomzellen, aus und befindet sich in der präklinischen Prüfung.

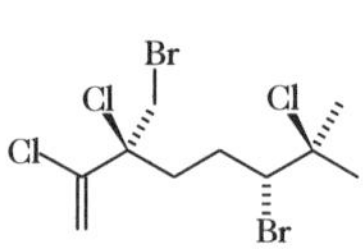

Halomon

Die Pseudopterosine A-L sind ebenso wie das Sesterterpen Manoalid vorwiegend entzündungshemmend wirksam. Bei den Pseudopterosinen han-

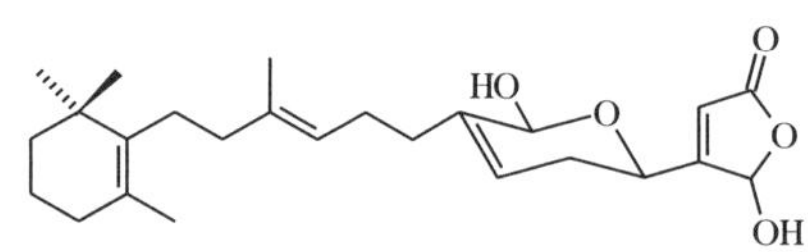

Manoalid

delt es sich um Glykoside mit einem Hexahydrophenalen-Ring als Aglykon und L-Fucose oder D-Arabinose als Zuckerkomponente, die aus der im tropischen Teil des Atlantik lebenden Lederkoralle *Pseudopterogorgia elisabethae* isoliert werden können. Pseudopterosin E greift durch Hem-

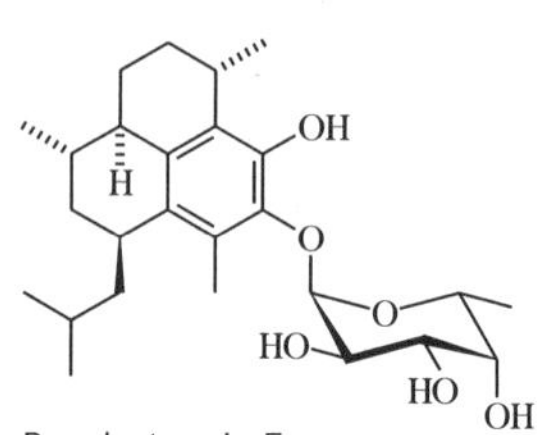

Pseudopterosin E

mung der Phospholipase A2 und der 5-Lipoxygenase in die Biosynthese von Entzündungsmediatoren ein und wird äußerlich in Hautpflegeprodukten bereits angewendet. Manoalid wird aus dem Schwamm *Luffariella variabilis* erhalten und als experimentelle Standardsubstanz zur Hemmung der Phospholipase A2 eingesetzt.

Einige marine Wirkstoffe gehören zu den am stärksten wirksamen biogenen Giften. Im Verlaufe der Nahrungskette bzw. bei äußerlichem Kontakt mit aktiv giftigen Meerestieren können sie auch in den menschlichen Organismus gelangen.

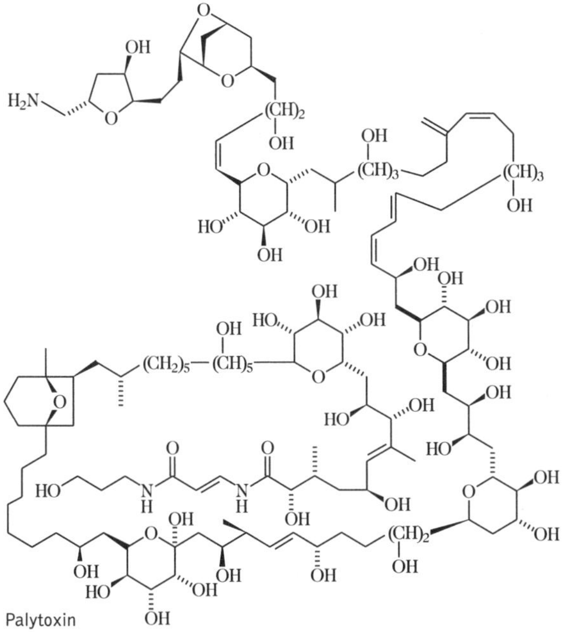

Palytoxin

Das Polyketid Palytoxin wird u. a. im schleimigen Sekret von *Palythoa*-Arten (Krustenanemonen), die in der Gezeitenzone der tropischen Teile des Atlantik und des Pazifik in Kolonien leben, gefunden. Giftproduzenten sind wahrscheinlich symbiontisch lebende Bakterien. Es greift an Na^+/K^+-ATPasen an und induziert in Zellmembranen die Bildung unspezifischer Kationenkanäle. Auf diese Weise wirkt es irreversibel depolarisierend, daneben auch tumorpromovierend und stark hautreizend. Die letale Dosis beträgt 0,15 µg/kg, i. v., Maus.

Tetrodotoxin ist ein Polyhydroxy-perhydro-2-imino-chinazolinderivat, das ebenso wie seine Analoga von in Meerestieren lebenden Bakterien (*Vibrio*-, *Alteromonas*- und anderen Arten) produziert wird und dessen Vorkommen in den Eingeweiden von Fischen (Pufferfische u. a.), deren Fleisch in Asien als Delikatesse gilt, von toxikologischer Relevanz ist. Tetrodotoxin bindet an Na^+-Kanäle und verhindert somit die Reizübertragung. Die LD 50 beträgt bei Mäusen 332 µg/kg, p. o. Der Tod erfolgt durch Atemlähmung.

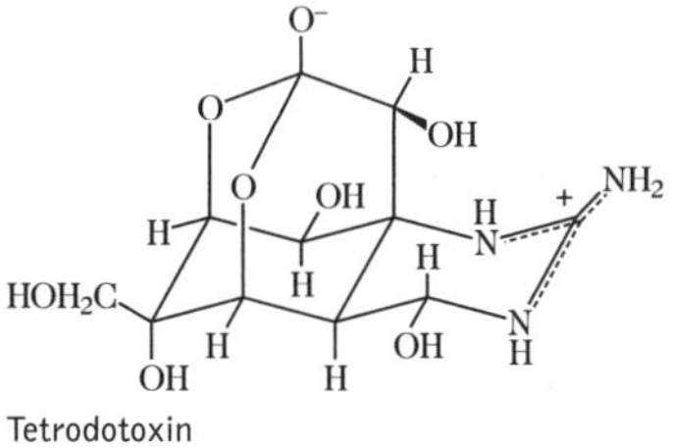

Tetrodotoxin

Die Gonyautoxine (Formeln S. 54), zu denen z. B. das Saxitoxin gehört, sind Purinderivate und werden in zahlreichen Dinoflagellaten (*Protogonyaulax*-Arten, *Pyrodinium*-Arten), aber auch in Cyanobakterien, Rotalgen, Muscheln, Krabben, Schnecken und Fischen gefunden. Das deutet auf mikrobielle Produzenten, eventuell im Inneren der Dinoflagellaten lebende Bakterien, hin. Die Verbindungen blockieren durch Bindung an die Na^+-Kanäle selektiv und reversibel den Na^+-Einstrom in reizbare Zellen und hemmen dadurch die Impulsübertragung. Sie sind Verursacher des "Paralytic Shellfish Poisoning", einer durch Taubheitsgefühle und Koordinationsstörungen charakterisierten Lebens-

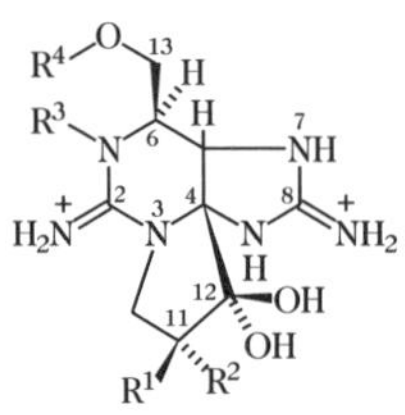

Gonyautoxine

Name	R^1	R^2	R^3	R^4
Saxitoxin	H	H	H	$CONH_2$
Neosaxitoxin	H	H	OH	$CONH_2$
Gonyautoxin 1	H	OSO_3^-	OH	$CONH_2$
Gonyautoxin 4	OSO_3^-	H	OH	$CONH_2$
Toxin B 1	H	H	H	$CONHSO_3^-$
Toxin C 1	H	OSO_3^-	H	$CONHSO_3^-$
Descarbamoylsaxitoxin	H	H	H	H

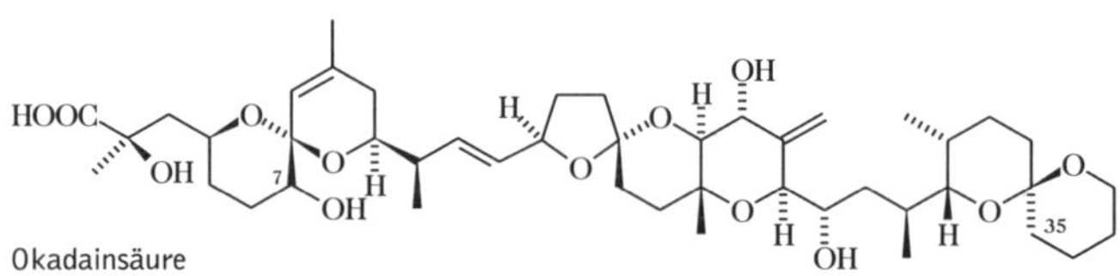

Okadainsäure

mittelvergiftung des Menschen, die nach Verzehr toxinhaltiger Muscheln beobachtet wird und eine Letalität von ca. 15 % besitzt.

Auch die Okadainsäure kann über die Nahrungskette in den menschlichen Organismus gelangen. Die Verbindung ist eine Polyethercarboxylsäure, die von *Dinophysis*-Arten gebildet wird und an Schwämme, Muscheln weitergegeben wird. Sie verursacht gemeinsam mit den Dinophysistoxinen eine als "Dinophysis Shellfish Poisoning" (DSP) bekannte und durch cholera-ähnliche Symptome gekennzeichnete Lebensmittelvergiftung. Der Wirkungsmechanismus besteht in der Hemmung der Proteinphosphatasen 1 und 2 A und damit der Modulation von Signaltransduktions- und Stoffwechselprozessen.

Neben zahlreichen in limnischen Gewässern vorkommenden Cyanobakterien (Blaualgen) werden einige auch im marinen Lebensraum gefunden. Cyanobakterien sind vor allem als Wasserblüten-Bildner bekannt. Aus verschiedenen Stämmen des marinen Cyanobakteriums *Lyngbya majuscula* wurden nicht nur therapeutisch interessante Lipopeptide (Microcolin A mit immunsuppressiver Aktivität, Majusculamide mit zytostatischer Wirkung) und das zytostatisch wirksame Curacin A gewonnen, sondern es wurden auch die stark hautreizenden und tumorpromovierenden Aplysiatoxine (zu den Polyketiden gehörend) sowie das Indolalkaloid Lyngbyatoxin A isoliert. Schwimmer können bei Kontakt mit den Organismen an einer als "seaweed dermatitis" oder "swimmers itch" bekannten Kontaktdermatitis erkranken.

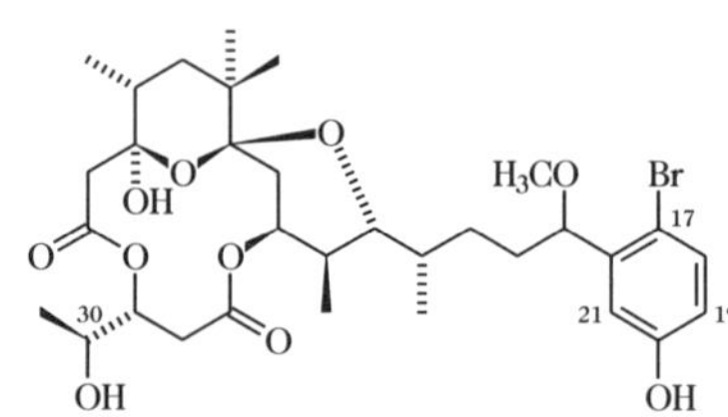

Aplysiatoxin

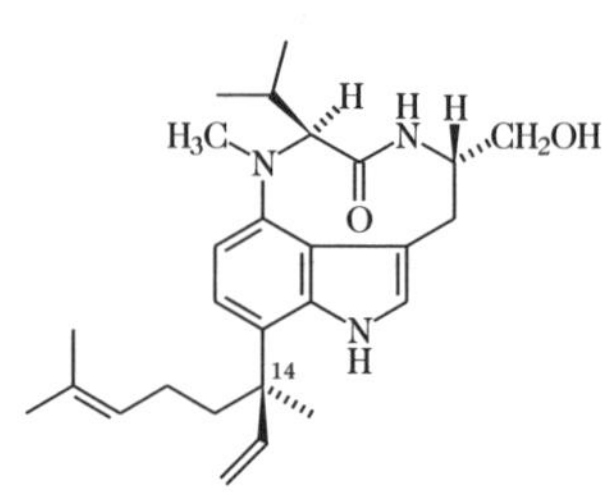

Lyngbyatoxin A

Toxikologisch bedeutsame Nesseltiere sind z. B. *Physalia physalis*, die Portugiesische Galeere, und *Chironex fleckeri*, die Seewespe. Die Toxine werden in Nesselzellen gebildet, die vor allem auf den Tentakeln lokalisiert sind, und bei

Berührung des auf der Außenseite der Nesselzellen befindlichen Cnidocils freigesetzt. Neben Hilfsfermenten und kleinmolekularen Bestandteilen sind im Toxingemisch Polypeptide mit 46 bis 51 Aminosäuren, die auf Natriumkanäle und somit neurotoxisch wirken und Proteine mit relativen Molekülmassen von 15 000 bis 21 000, die zytolytische Wirkung besitzen, enthalten.

Kegelschnecken, *Conus*-Arten, sind in subtropischen und tropischen Meeren vorkommende Toxinproduzenten, die wegen ihres schönen Gehäuses von Touristen gesammelt werden und durch Stich mit ihrem Giftpfeil nicht selten zu Vergiftungen führen. Die Giftgemische von z. B. *C. geographus*, *C. textile* oder *C. magus* bestehen vorwiegend aus linearen Peptiden, den sogenannten Conotoxinen. Sie setzen sich aus 13 bis 34 Aminosäuren zusammen, sind reich an L-Cystein und greifen durch spezifische Beeinflussung von Ionenkanälen in die neuromuskuläre Erregungsübertragung ein. Einige Conotoxine befinden sich in der klinischen Prüfung als potentielle Schmerzmittel.

Ausblick

Die Beispiele zeigen, daß marine Wirkstoffe für den Menschen von vielfältigem Nutzen sein, aber auch eine Gefährdung darstellen können. Sie sind beispielsweise als Arzneimittel, als Diätetika, als Kosmetika oder, besonders im Falle der Gifte, als experimentelle Hilfsmittel in Forschung und Diagnostik interessant. Die Einführung mariner Wirkstoffe auf den Markt ist nicht nur vom Ausgang der pharmakologischen und toxikologischen Prüfungen, sondern entscheidend auch von ihrer Zugänglichkeit abhängig. Gewinnungsmöglichkeiten sind die Isolierung aus den natürlichen Quellen, die allerdings durch den notwendigen Schutz der Biosphäre stark begrenzt ist, die chemische Synthese/Derivatisierung und die biotechnologische Gewinnung mit Hilfe des Originalproduzenten bzw. von gentechnologisch veränderten Wirtszellen.

Literatur:

Bongiorni, L., Pietra, F.: *Marine natural products for industrial applications*. Chemistry & Industry 1996: 54-58.
Bracher, F.: *Seescheiden (Ascidien) – eine neue Quelle pharmakologisch aktiver Substanzen*. Pharm. uns. Zeit 23 (1994) 147.
König, G., Wright, A.: *Marine natural products research: Current directions and future potential*. Planta med. 62 (1996) 193.
König, G., Wright, A.: *Wirkstoffe aus marinen Organismen*. Pharm. Ztg. 143 (1998) 4153.
Liberra, K., Lindequist, U.: *Marine fungi – a prolific resource of biologically active natural products?* Pharmazie 50 (1995) 583.
Lindequist, U., Teuscher, E.: *Marine Wirkstoffe*. Pharmazie 42 (1987) 1.
Pietra, F.: *Secondary metabolites from marine microorganisms: Bacteria, protozoa, algae and fungi. Achievements and prospects*. Nat. Prod. Rep. 14 (1997) 453.
Proksch, P.: *Biologisch aktive Naturstoffe aus marinen Schwämmen*. Dtsch. Apoth. Ztg. 134 (1994) 5069.
Teuscher, E., Lindequist, U.: *Biogene Gifte*. Gustav Fischer Verlag Stuttgart, Jena, New York, 2. Aufl. 1994.
Yasumoto, T., Satake, M.: *Bioactive compounds from marine microalgae*. Chimia 52 (1998) 63.

Mari veri herba ↗ Teucrium-Arten.
Marlinen ↗ Bellis perennis.
Marmelosfrüchte ↗ Aegle marmelos.

■ Marmota marmota

Murmeltier.

Fam.: Sciuridae.

Vork.: alpine Gebiete in Mitteleuropa, Rußland.

Droge: *Adeps Marmotae* (syn. *Oleum Marmotae*); Murmeltierfett (syn. Murmeltierschmalz), das unmittelbar vor dem Winterschlaf der Tiere gewonnene Fett. Inh.: Triglyceride, die bei etwa 3–5 °C erstarren, Fettsäuren (Linol-, Linolen- und Hexadecadiensäure), Corticosteroide. Anw.: in der Volksheilkunde zur äußerlichen Behandlung von Gelenkentzündungen, Schwellungen, rheumatischen Schmerzen und Erkältungen sowie in Dermatika zur Therapie von Hautkrankheiten, z. B. endogenem Ekzem.

Maronenbaum ↗ Castanea sativa.

Maroquins ↗ Rhus-Arten.
Marottia oleosa ↗ Hydnocarpus-Arten.
Marrubii herba ↗ Marrubium vulgare.

■ Marrubiin

Diterpenbitterstoff vom Labdan-Typ, der insbesondere im Andorn (↗ *Marrubium vulgare*) zu finden ist.

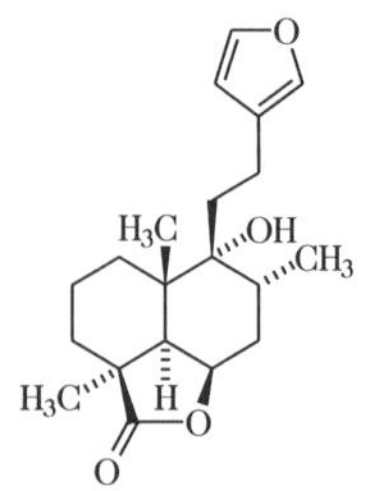

Marrubiin

Marrubii nigri herba ↗ Ballota nigra.
Marrubium album ↗ Marrubium vulgare.
Marrubium germanicum ↗ Marrubium vulgare.
Marrubium lanatum ↗ Marrubium vulgare.
Marrubium nigrum ↗ Ballota nigra.

■ Marrubium vulgare L.

(syn. *Marrubium album, M. germanicum, M. lanatum, Prasium marrubium*); Gemeiner Andorn (syn. Mauer-Andorn, Weißer Andorn, Weißer Dorant), s. Farbtafel S. 141, Bild 28.

Fam.: Lamiaceae (Labiatae).

Vork.: besonders Mittelmeergebiet bis Zentralasien.

Droge: ***Marrubii herba*** (syn. *Herba Marrubii, Herba Marrubii albi, Herba Marrubii vulgaris, Herba Prasii*); Andornkraut (syn. Weißes Andornkraut), die Blätter und blühenden Spitzen. Inh.: äther. Öl (0,05–0,06 %), u. a. Camphen, *p*-Cymol und *α*-Pinen enthaltend, ferner Diterpen-Bitterstoffe der Labdanreihe mit ↗ Marrubiin (0,1–1 %, Hauptkomponente) sowie Prämarrubiin, Gerbstoffe (bis zu 7 %, u. a. Hydroxyzimtsäurederivate), Flavonoide mit Flavon- und Flavonolglykosiden. Anw.: Appetitlosigkeit, dyspeptische Beschwerden mit leichten Magen-Darm-Krämpfen, Völlegefühl und Blähungen, Katarrhe der Luftwege. Zur ↗ Teezubereitung verwendet man als Einzelgabe ca. 1,5 g feingeschnittene Droge. Als mittlere Tagesdosis werden etwa 4,5 g empfohlen.

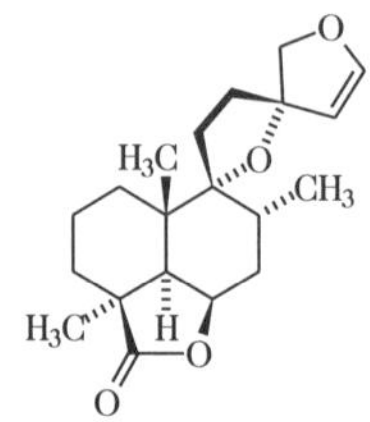

Prämarrubiin

Hom.: ***Marrubium vulgare*** HAB1; Andorn, die frischen, oberirdischen Teile blühender Pflanzen. Anw.-Geb.: Erkrankungen der Atemwege.

Histor.: Der Name *Marrubium* wird vom hebräischen *mar* (bitter) und *rob* (viel) abgeleitet und ist in gleicher Weise ins lateinische *marrubius* überführt worden. Die Bezeichnung Andorn wird auch mit „ohne Dornen" in Zusammenhang gebracht. Der Andorn zählt zu den ältesten Arzneipflanzen, die uns durch Überlieferung bekannt wurden.

■ Marsdenia condurango Rchb. F.

(syn. *Gonolobus condurango, Marsdenia reichenbachii, Pseudomarsdenia cundurango*); Geierpflanze (syn. Kondorliane).

Fam.: Asclepiadaceae.

Vork.: weltweit in tropischen Gebieten.

Droge: ***Condurango cortex*** (syn. *Condorango cortex, Condurangi cortex, Cortex Condurango*); Condurangorinde (syn. Condurangobast, Kondurangorinde), die getrocknete Rinde der Zweige und Stämme; s. Farbtafel S. 141, Bild 29. Inh.: vor allem bittere Condurangoglykoside (ca. 2 % Condurangin, das sind mit Zimtsäure und Essigsäure veresterte Pregnanderivate), Phenolcarbonsäuren und Derivate (Kaffeesäure, *p*-Cumarsäure, Cumarine, Chlorogensäure), Cyclitole, Spuren an Kondurangamin A, B und Gagaminin. Anw.: als Amarum bei Appetitlosigkeit (z. B. als Vinum Condurango, Kondurangowein). In der Volksheilkunde wird die Droge weiterhin bei schmerzhaften Ernährungsstörungen und Magenatonie verwendet. Auch bei Magenkrebserkrankungen soll die Droge einen günstigen Effekt ausüben und das Allgemeinbefinden bessern. Hierzu liegen allerdings keine klinischen Daten vor.

Hom.: ***Marsdenia cundurango*** (syn. Condurango) HAB1; die getrocknete Rinde der Zweige und Stämme. Anw.-Geb.: Risse und Geschwüre

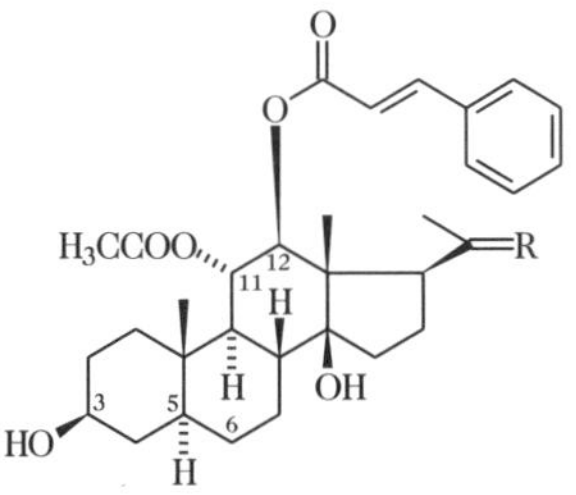

Condurangogenin A: R = O
Condurangogenin C: R = H, OH
Condurangogenin E: R = O, 5,6-Dehydro

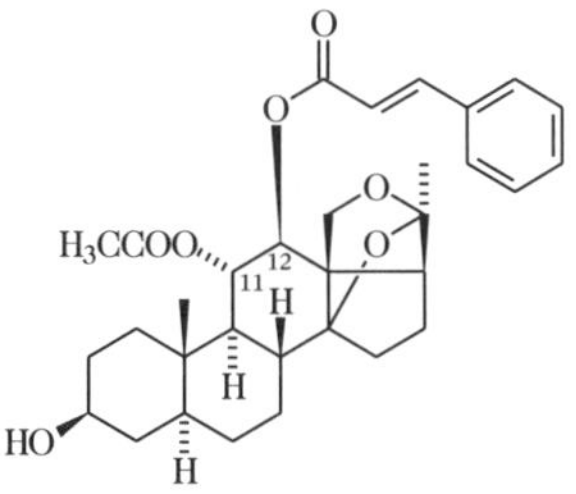

Condurangogenin B

an den Lippen und am After, Entzündung und Verengung der Speiseröhre.

Histor.: Kondurangorinde wurde von den Bewohnern des tropischen Südamerika übernommen, die die Droge gegen Schlangenbisse und die verschiedensten Krankheiten verwendeten. Um 1871 wurde insbesondere durch den damaligen Präsidenten Ecuadors die Droge propagiert und weltweit verbreitet. Der Gattungsname *Marsdenia* wurde zu Ehren des Historikers William Marsden (1754–1836) geprägt. Die Bezeichnung *Condurango* oder *Cundurango* ist ein Sammelbegriff, der aus dem Wort *Quichua angu* (Schlingpflanze) abgeleitet ist.

Marsdenia reichenbachii ↗ Marsdenia condurango.
Marsdenia rubicunda ↗ Dregea rubicunda.
Marsdenia stauntonii ↗ Metaplexis japonica.
Marsdenia volubilis ↗ Dregea volubilis.
Martinscher Tee ↗ Species gynaecologicae „Martin".
Marum-Gamander ↗ Teucrium-Arten.
Marumi-Kumquat ↗ Fortunella japonica.
Marum verum ↗ Teucrium-Arten.
Maruta cotula ↗ Anthemis cotula.
Maruta foetida ↗ Anthemis cotula.
Maruta vulgaris ↗ Anthemis cotula.
Marylandische Spigelienwurzel ↗ Spigelia-Arten.
Märzblümchen ↗ Hepatica nobilis.
Märzblume ↗ Tussilago farfara.
Märzenbecher ↗ Leucojum vernum.
Märzenblume ↗ Anemone nemorosa.
Märzglöckchen ↗ Leucojum vernum.
Märzresel ↗ Bellis perennis.
Märzveilchen ↗ Viola-Arten.
Märzwurz ↗ Geum-Arten.
Märzwurzel ↗ Geum-Arten.
Mäsch ↗ Cannabis sativa.
Massa guaranae ↗ Paullinia cupana.
Massaitee ↗ Aspalathus linearis.
Maßliebchen ↗ Bellis perennis.
Mastel ↗ Cannabis sativa.
Mastichkraut ↗ Teucrium-Arten.
Mastix ↗ Pistacia lentiscus.
Mastixdistel ↗ Atractylis gummifera.
Mastixdistelwurzel ↗ Atractylis gummifera.
Mastixharz ↗ Pistacia lentiscus.
Mastix levantica ↗ Pistacia lentiscus.
Mastix-Pistazie ↗ Pistacia lentiscus.
Mastix-Strauch ↗ Pistacia lentiscus.
Mastix-Thymian ↗ Thymus-Arten.
Mate ↗ Ilex paraguariensis.
Mateblätter ↗ Ilex paraguariensis.
Mate folium ↗ Ilex paraguariensis.

■ Mater perlarum

(syn. *Conchiolinum*); homöopathische Zubereitung aus Perlmutter. *Anw.-Geb.:* Knochenerkrankungen im Bereich der Wachstumszonen.

Matetee ↗ Ilex paraguariensis.
Mate-Teestrauch ↗ Ilex paraguariensis.
Maticoblätter ↗ Piper angustifolium.
Matico folium ↗ Piper angustifolium.
Matiko ↗ Piper angustifolium.
Matikoblätter ↗ Piper angustifolium.
Matram ↗ Chrysanthemum-Arten.
Matricaria ↗ Chamomilla recutita.
Matricaria capensis ↗ Chrysanthemum-Arten.
Matricaria chamomilla ↗ Chamomilla recutita.
Matricaria coronaria ↗ Chrysanthemum-Arten.
Matricaria coronata ↗ Chamomilla recutita.
Matricariae aetheroleum ↗ Chamomilla recutita.
Matricariae flos ↗ Chamomilla recutita.
Matricariae oleum ↗ Chamomilla recutita.

Matricaria eximia ↗ Chrysanthemum-Arten.
Matricaria latifolium ↗ Chrysanthemum-Arten.
Matricaria leucanthemum ↗ Leucanthemum vulgare.
Matricaria matricarioides ↗ Chamomilla suaveolens.
Matricaria nobilis ↗ Chamaemelum nobile.
Matricaria odorata ↗ Chrysanthemum-Arten.
Matricaria parthenioides ↗ Chrysanthemum-Arten.
Matricaria parthenium ↗ Chrysanthemum-Arten.
Matricaria pusilla ↗ Chamomilla recutita.
Matricaria pyrethrum ↗ Anacyclus pyrethrum.
Matricaria recutita ↗ Chamomilla recutita.
Matricaria suaveolens ↗ Chamomilla recutita.

■ Matricin

farbloses, nichtflüchtiges Sesquiterpenlacton (Proazulen), aus dem tiefblaues Chamazulen gebildet wird. M. kommt unter anderem in der Kamille und der Schafgarbe vor.

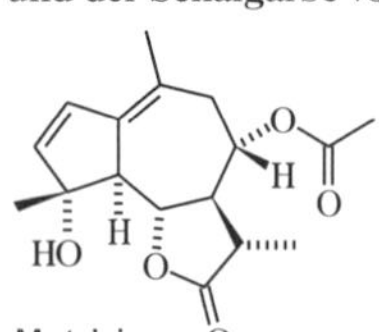

Matricin

Matronenkraut ↗ Chrysanthemum-Arten.
Mattenklee ↗ Trifolium pratense.
Matthiola annua ↗ Matthiola incana.
Matthiola fenestralis ↗ Matthiola incana.

■ Matthiola incana (L.) R. Br.

Levkoje (syn. *Matthiola annua, M. fenestralis, Cheiranthus incanus, Ch. annuus, Ch. fenestralis, Ch. hortensis, Hesperis violaria*).

Fam.: Brassicaceae (Cruciferae).

Vork.: Mittelmeergebiete, vielfach als Zierpflanze kultiviert.

Droge: die ganze Pflanze. Inh.: äther. Öl, Schleimstoffe, Isorhamnetin-3,4-diglucosid (0,4 %), Anthrachinone, wie Matthiolin A und B; Matthiolanin, Kaffeesäure, *p*-Cumarsäure. Anw.: früher, bes. im Mittelalter, als Stomachikum, Purgans, Emmenagogum sowie bei Leberzirrhose.

Matwund ↗ Cacalia cordifolia.
Mauer-Andorn ↗ Marrubium vulgare.
Mauerassel ↗ Oniscus asellus.
Mauerewig ↗ Hedera helix.
Mauernelkenwurz ↗ Geum-Arten.
Mauerpfeffer ↗ Sedum acre.
Mauerranke ↗ Hedera helix.
Mauerträubchen ↗ Sedum acre.
Maulbeerblätter ↗ Morus-Arten.
Maulbeeren ↗ Morus-Arten.
Maulbeerseidenspinner ↗ Bombyx mori.
Maulbeerspinner ↗ Bombyx mori.
Maulwurf ↗ Talpa europaea.
Maulwurfskraut ↗ Euphorbia-Arten.
Mäusedornwurzelstock ↗ Ruscus aculeatus.
Mäusefänger ↗ Thermopsis lanceolata.
Mäusefängerkraut ↗ Thermompsis lanceolata.
Mäuseklee ↗ Trifolium arvense.
Mäuseschierling ↗ Conium maculatum.
Mäuseschwänzchen ↗ Myosurus minimus.
Mäusezahl ↗ Oenanthe aquatica.
Mäusezwiebel ↗ Urginea maritima.
Mausholz ↗ Solanum-Arten.
Maximiliana gossypium ↗ Cochlospermum gossypium.
Maximowiczia amurensis ↗ Schisandra chinensis.
Maximowiczia chinensis ↗ Schisandra chinensis.
Maximowiczia sinensis ↗ Schisandra chinensis.
Maximowitschia japonica ↗ Schisandra chinensis.
Maydis amylum ↗ Zea mays.

■ Maytenus-Arten

● **Fam.:** Celastraceae. Insgesamt umfaßt die Gattung Maytenus etwa 200 Arten.

● **Maytenus ilicifolia** Mart. ex Reiss. (syn. *Nemopanthes andersonii*).

Vork.: Südamerika, v. a. Bolivien, Brasilien, Uruguay, Argentinien.

Droge: ***Maytenus-ilicifolia-Blätter***; die getrockneten Blätter. Inh.: Xanthinalkaloide (1,7–1,8 % Coffein, unsichere Angaben), Maytansinoide. Anw.: in der Volksheilkunde Südamerikas und Afrikas zur Behandlung von Tumoren. Diese Wirksamkeit konnte durch wissenschaftliche Untersuchungen nicht bestätigt werden. Darüber hinaus wird die Droge volkstümlich bei Magenbeschwerden, Dyspepsie, Blutarmut sowie bei Asthma und zur Wundheilung eingesetzt.

● **Maytenus senegalensis** (Lam.) Exell (syn. *Catha europaea, C. montana, C. senegalensis, Celastrus coriaceus, C. decolor, C. europaeus, C. glaucus, C. sahare, C. senegalensis, Gymnosporia baumii, G. intermedia, G. montana*).

Vork.: tropische und subtropische Gebiete Afrikas, Indiens, Pakistans, Südspanien.

Droge: ***Maytenus-senegalensis-Wurzel***; die getrocknete Wurzel. Inh.: Triterpene, Sterole, u. a. β-Amyrin, Lupenon, β-Sitosterol und Maytenonsäure, Dulcitol, Wilforin (Alkaloid) sowie (–)-Epi-

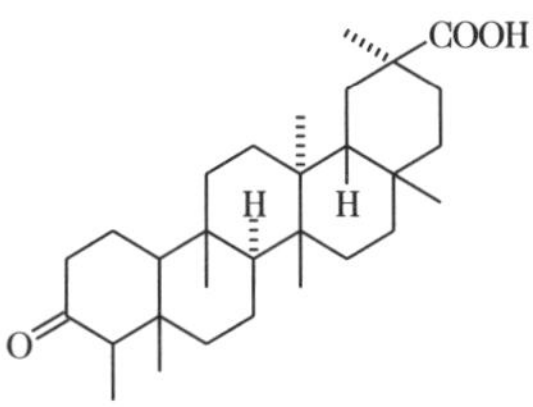

Maytenonsäure

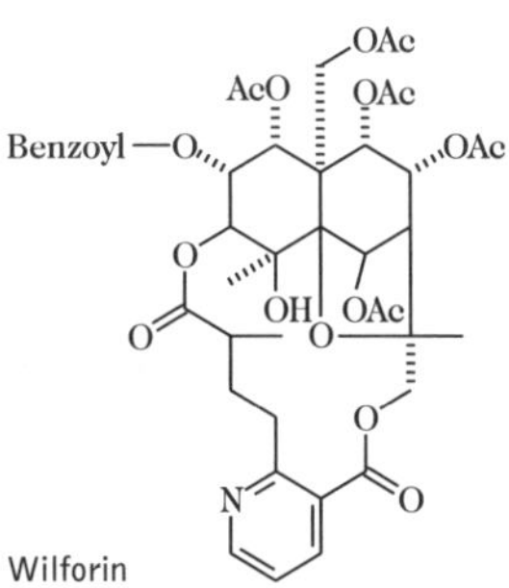

Wilforin

gallocatechin. Anw.: in der Volksheilkunde Ostafrikas bei Schlangenbissen, Rheumatismus, Diarrhoe, Fieber, aber auch gegen Syphilis und Läuse. Extrakte der Pflanze dienen weiterhin als Bestandteil von Pfeilgiften und haben eine gute Wirkung als fraßhemmendes Mittel gegen Heuschrecken und Raupen; wichtige indische Arzneipflanze bei Dysenterie, die Blätter werden als Vermifugum und bei Zahnschmerzen eingesetzt.

● **Maytenus boaria** Molina (syn. *Boaria chilensis, B. molinae, Celastrus maytenus, C. uncinatus, Maytenus chilensis, M. crenulatus, Senacia maytenus*).

Vork.: Südamerika, besonders Peru und Chile sowie Brasilien und Argentinien.

Droge: ***Maytenus-boaria-Blätter***, die getrockneten Blätter. Inh.: Triterpene, u. a. Daucosterol, Lupenon, β-Amyrin und Oleanolsäure, β-Sitosterol; *n*-Nonacosan, Flavonoide, Dulcitol. Anw.: in der Volksheilkunde als Fiebermittel und gegen Entzündungen.

● **Maytenus heterophylla** (Eckl. Et Zeyh.) Robson (syn. *Cassine szyszylowizii, Catha buxifolia, C. cymosa, C. heterophylla, Celastrus andogensis, C. angularis, C. buxifolia, C. cymosus, C. ellipticus, empleurifolius, C. goniecaulis, C. heterophyllus, C. multiflorus, C. parvifolius, C. patens, C. polyacanthus, C. polyanthemus, C. rhombifolius, C. spatephyllus, C. venenatus, Elaeodendron glaucum, Gymnosporia acanthophora, G. angularis, G. beniensis, G. brevipetala, G. condensata, G. crataegiflora, G. elliptica, G. glauca, G. heterophylla, G. maranguensis, G. rhombifolia, G. trigyna, G. uniflora, G. woodii, Maytenus andongensis, M. angolensis, M. brevipetala, M. cymosa*).

Vork.: Afrika, bes. Äthiopien, Somalia, Sudan sowie in Zentralafrika.

Droge: ***Maytenus-heterophylla-Rinde***, die getrocknete Rinde. Inh.: Spermidinalkaloide, wie Celacinnin. Anw.: in der Volksheilkunde des südlichen Afrikas häufig genutzt bei Dysenterie und gegen Diarrhoe. Auch die Blätter und Wurzeln dienen volksheilkundlich gegen Dysmenorrhoe, Husten, Abszesse sowie zur Behandlung von Krämpfen.

● **Maytenus laevis** Reiss.

Vork.: Regenwald des Amazonasbeckens, bes. in Peru, Ecuador, Kolumbien, Venezuela.

Droge: ***Maytenus-laevis-Rinde***, die getrocknete Wurzel- oder Stammrinde. Inh.: chinoide Triterpene, wie Tingenon und 22-Hydroxytingenon; Catechine und Ouratea-Proanthocyanidine A und B; Alkaloide, wie Dicinnamoylspermidin (Maytenin). Anw.: in der Volksheilkunde als Tonikum, bei Rheumatismus und Arthritis, zur Therapie von Hautkrebs sowie zur sexuellen Anregung.

● **Maytenus mossambicensis** (Klotzsch) Blakelock **var. mossambicensis**.

Vork.: Afrika, besonders Simbabwe, Kenia, Tansania, Südafrika.

Droge: ***Maytenus-mossambicensis-Blätter***, die getrockneten Blätter und Zweige. Inh.: Spermidinalkaloide, wie Celabenzin, Cyclocelabenzin und Isocyclocelabenzin; Maytansinoide. Anw.: in der Volksheilkunde gegen Malaria.

● **Maytenus phyllanthoides** Benth. (syn. *Maytenus texana, Tricerma crassifolium*).

Vork.: Mexiko, Kalifornien, Florida, texanische Golfküste.

Droge: ***Maytenus-phyllanthoides-Rinde***, die getrocknete Rinde. Inh.: u. a. Maytansin. Anw.: in der Volsheilkunde zur Verbesserung der Blutzirkulation, bei Magenschmerzen, Magengeschwüren sowie als Wundheilmittel.

● **Maytenus serrata** (Hochst. Ex A. Rich.) R. Wilczek (syn. *Celastrus schimperi, C. serratus, Gymnosporia serrata, Maytenus ovata*).

Vork.: Afrika, endemisch im nördlichen Äthiopien sowie in Angola, Kamerun, Kenia und im Kongo; China.

Droge: ***Maytenus-serrata-Früchte***, die getrockneten Früchte. *Inh.:* Maytansinoide, wie Maytansin, Maytanprin, Maytanbutin; Alkaloide, wie Maytolin, Maytin, Maytolidin. *Anw.:* in der traditionellen afrikanischen Medizin zur Therapie von Tumoren.

Mazedonischer Anis ↗ Foeniculum vulgare.
Mazeration.
Me'öl ↗ Diploknema-Arten.
Meadowfoam ↗ Limnanthes alba.
Meconium ↗ Papaver somniferum.

■ **Medicago sativa** L.
Luzerne (Alfalfa, Schneckenklee).

Fam.: Fabaceae.

Vork.: Europa, Asien, Nordamerika, Westafrika.

Droge: ***Herba Medicago sativae***; Luzernenkraut (syn. Alfalfakraut, Schneckenkleekraut), das getrocknete Kraut. *Inh.:* Triterpensaponine, Stachydrin, Cumarine, Flavone, Vitamine, u. a. A, B-Gruppe, C und K_1. *Anw.:* gelegentlich volkstümlich als Aromatikum und Roborans, ferner als Futtermittel.

Medicago sativa, blühende Pflanze mit Samen.

Hom.: ***Medicago sativa*** HAB; das frische, blühende Kraut. *Anw.-Geb.:* verzögerte Rekonvaleszenz.

Histor.: Die antike Bezeichnung der Pflanze war *medica*, da angeblich Medien ihre Heimat sein sollte. Der Name *Medicago* wurde Ende des 16. Jh. von Dalechamp geprägt. Die Bezeichnung Luzerne stammt aus dem französischen *luisant* (glänzend), bezogen auf die glänzenden Samen, und Schneckenklee wegen der Form der Früchte, die wie ein Schneckenhaus gewunden sind. Nach ↗ Plinius soll die Luzerne z. Z. der Perserkriege (um 470 v. Chr.) aus Persien nach Griechenland gekommen sein. Später gelangte sie durch die Araber nach Nordafrika und Spanien.

Medizinalrhabarber ↗ Rheum-Arten.
Medizinalterpentinöl ↗ Pinus-Arten.

■ **medizinische Hefe**
Saccharomyces cerevisiae Meyen ex Hansen (127 Synonyme beschrieben); Bäckerhefe (syn. Backhefe, Bierhefe).

Fam.: Saccharomycetaceae.

Vork.: weltweit.

Drogen: ***1. Faex medicinalis*** (syn. *Saccharomyces medicinalis, Saccharomyces siccatum*); Gereinigte Bierhefe. *Inh.:* ca. 46 % Proteine, 30 % Kohlenhydrate, Vitamine (B-Gruppe), Enzyme, Nucleotide, Nucleoside, Aminosäuren, Lipide u. a. *Anw.:* zur Behandlung von Vitamin-B-Mangelerscheinungen, bei verschiedenen Hauterkrankungen (Akne, Furunkulose), als schwaches Laxans, bei Stoffwechselerkrankungen. In der Technik wird die Hefe in der Nahrungsmittelindustrie und im Gärungsgewerbe eingesetzt. ***2. Faex siccata*** (syn. *Faex medicinalis siccum*), getrocknete Hefe. *Anw.:* Enzymfreie Trockenhefe wurde bzw. wird als Bindemittel zur Pillenherstellung sowie zum Würzen verwendet. ***3. Faex compressa***. Preßhefe (syn. Backhefe, Gest). *Anw.:* wie *Faex medicinalis*, außerdem zur Herstellung von Hefeextrakten sowie zum Backen.

Medizinischer Wein ↗ Vinum medicatum.
Medorrhinum ↗ Medorrhinum-Nosode.

■ **Medorrhinum-Nosode**
(syn. *Medorrhinum*), homöopathische Zubereitung aus gonorrhoischem Eiter. *Anw.-Geb.:* Schleimhautentzündungen der Harn- und Ge-

schlechtsorgane, der Atemwege, des Magen-Darm-Kanals; bei Rheumatismus.

Medusa ↗ Aurelia aurita.
Meduse ↗ Aurelia aurita.
Meerdorn ↗ Hippophae rhamnoides.
Meereiche ↗ Fucus-Arten.
Meerettichbaum ↗ Moringa-Arten.
Meergries ↗ Lithospermum officinale.
Meerhirse ↗ Lithospermum officinale.
Meerkiefer ↗ Pinus-Arten.
Meerkohl ↗ Calystegia-Arten.
Meerrettich ↗ Armoracia rusticana.
Meerrettichwurzel ↗ Armoracia rusticana.
Meersalat ↗ Ulva lactuca.
Meerschwamm ↗ Euspongia officinalis.
Meerstern ↗ Asterias rubens.
Meerstrandswinde ↗ Calystegia-Arten.
Meertang ↗ Fucus-Arten.
Meerträubchen ↗ Ephedra-Arten.
Meerträubel ↗ Ephedra-Arten.
Meerzwiebel ↗ Urginea maritima.
Megabaria trillesii ↗ Spondianthus preussii.
Megabaria ugandensis ↗ Spondianthus preussii.
Megasea crassifolia ↗ Bergenia crassifolia.
Mehlbeerbaum ↗ Crataegus-Arten.
Mehlbeere ↗ Arctostaphylos uva-ursi.
Mehldorn ↗ Crataegus-Arten.
Mehlige Aletris ↗ Aletris farinosa.
Mehlkraut ↗ Atriplex hortensis.
Mehlmus ↗ Atriplex hortensis.
Mehlmutter ↗ Claviceps purpurea.
Mehlprimel ↗ Primula-Arten.
Mehl-Schlüsselblume ↗ Primula-Arten.
Mehrjähriges Gänseblümchen ↗ Bellis perennis.
Mei athamantici radix ↗ Meum athamanticum.
Meisterwurz ↗ Peucedanum ostruthium.
Mekkabalsam ↗ Commiphora-Arten.
Mekka-Balsambaum ↗ Commiphora-Arten.
Mel ↗ Honig.

■ Melaleuca-Arten

● **Fam.:** Myrtaceae.

● **Melaleuca alternifolia** Cheel. (syn. *Melaleuca linariifolia* var. *alternifolia*); Teebaum.

Vork.: Australien.

Droge: ***Melaleucae aetheroleum*** (syn. *Oleum Melaleucae*); Teebaumöl, das aus den Blättern und Zweigspitzen gewonnene äther. Öl. *Inh.:* Terpene mit den Hauptkomponenten Terpinen-4-ol, γ-Terpinen, α-Terpinen, 1,8-Cineol, Terpinolen, *p*-Cymen, α-Pinen, α-Terpineol, δ-Cadinen, Limonen und Viridifloren. *Anw.:* bei Erkältungskrankheiten, bei akuter Pharyngitis, Tonsillitis, Colitis und Sinusitis, lokal bei Geschwüren der Mundschleimhaut, Gingivitis und Wurzelkanalbehandlung. Äußerlich wird die Droge bei Akne verwendet. Die Wirksamkeit ist noch nicht ausreichend belegt. In der Technik dient die Droge als Desinfektionsmittel für Luftschächte in Klimaanlagen. *Tox.:* Die Droge kann zu lokalen, allergischen Hautreaktionen führen.

● **Melaleuca cajeputi** Powell (syn. *Arbor alba minor, Eucalyptus cochinchinensis, Melaleuca angustifolia, M. commutata, M. cumingiana, M. eriorhachis, M. lancifolia, M. saligna, M. trinervis, Myrtus saligna*); Kajeputbaum.

Vork.: Australien, in Südostasien auch kultiviert.

Drogen: *1.* ***Melaleuca-cajeputi-Öl***; Kajeputöl, das aus frischen Blättern und Zweigspitzen gewonnene äther. Öl. *Inh.:* v. a. 1,8-Cineol (ca. 60 %),

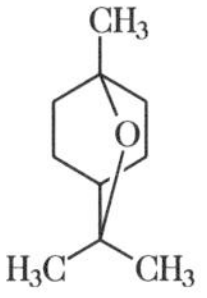

Cineol

α-Terpineol und sein Essigsäureester, α-Pinen und Limonen. *Anw.:* in der indischen und indonesischen Volksheilkunde ist die Droge eine Art Allheilmittel bei einer großen Anzahl von Beschwerden, u. a. bei Rheuma, Arthrosen, Hautentzündungen und Verbrennungen. Innerlich wird sie bei Husten, Bronchitis, oft in Kombination mit Campher gegen Durchfall, Eingeweidewürmer, Neuralgien, Zahnschmerzen und Tumore eingesetzt. Kajeputöl ist Bestandteil der in der traditionellen asiatischen Medizin verwendeten „Tiger drops" und ähnlicher Zubereitungen, die bei Migräne, Erkältung, Grippe und Magenbeschwerden genutzt werden. Alle Anwendungen sind bisher nicht durch klinische Belege abgesichert. *2.* ***Oleum cajeputi rectificatum*** (syn. *Cajeputi aetheroleum, Oleum Cajeputi*); Rektifiziertes Kajeputöl, das durch Auswaschen des Kupfers rektifizierte äther. Öl der frischen Blätter und Zweigspitzen. *Inh.:* s. *Melaleuca-cajuputi*-Öl. *Anw.:* als Kombinationspartner einer Reihe von

Rezepturen, die bei Migräne, Erkältung, Grippe und Magenbeschwerden genutzt werden.

Hom.: ***Cajeputum*** HAB34, das äther. Öl aus den frischen Blättern. Anw.-Geb.: Krämpfe im Bereich des Magen-Darm-Kanals.

● **Melaleuca hypericifolia** SM. (syn. *Myrtoleucodendron hypericifolium*).

Vork.: Australien (Neusüdwales). Inh.: äther. Öl (0,13–0,16 %).

Hom.: ***Melaleuca hypericifolia*** HAB34; die frischen, blühenden Zweige.

● **Melaleuca linerariifolia** Smith (syn. *Melaleuca hyssopifolia, M. lierariifolia* var. *typica, M. stricta, Metrosideros hyssopifolia, Myrtoleucodendron linerariifolium*).

Vork.: Australien, besonders New South Wales.

Droge: ***Melaleucae aetheroleum***, Teebaumöl, das äther. Öl. Inhaltsstoffe und Anwendung s. *Melaleuca alternifolia*.

● **Melaleuca quinquenervia** (Cav.) S.T. Blake (syn. *Melaleuca cunninghammii* var. *glabra, M. maidenii, M. rubiflora, M. smithii, Metrosideros albida, M. corriacea, M. quinquevervia*).

Vork.: Ostaustralien.

Droge: ***Cajeputi aetheroleum***; *Melaleuca-quinquenervina*-Öl, das durch Wasserdampfdestillation aus den frischen Blättern gewonnene äther. Öl. Inh.: je nach Chemotyp in unterschiedlichen Anteilen 1,8-Cineol, Viridiflorol, α-Terpineol, Viridifloren u. a. Anw.: s. *Niauli aetheroleum bei M. viridiflora*.

● **Melaleuca viridiflora** Sol. ex Gaertn. var. *viridiflora* (syn. *Melaleuca cunninghamii, M. leucadendron, M. sanguinea, Myrtoleucodendron viridifolium*); Niaulibaum.

Vork.: Australien, kultiviert vor allem in Indochina und Neuguinea.

Droge: ***Niauli aetheroleum***; Niauliöl, das äther. Öl der Blätter und Zweigspitzen. Inh.: je nach chemischen Rassen in der Nerolidol-Form bis zu 95 % Nerolidol und bis zu 30 % Linalool, daneben Spuren von Benzaldehyd bzw. in der Viridiflorol-1,8-Cineol-Form bis zu 27 % Viridiflorol und bis zu 28 % 1,8-Cineol, daneben wenig α-Pinen, Limonen, α-Terpineol und Benzaldehyd. Anw.: bei Katarrhen der oberen Luftwege. In der Volksheilkunde innerlich und äußerlich bei rheumatischen Beschwerden, Neuralgien und Blasenentzündungen, hierzu fehlen bislang klinische Untersuchungen. Geg.: nicht bei Säuglingen und Kleinkindern verwenden, nicht im Gesichtsbereich sowie bei entzündlichen Erkrankungen des Magen-Darm-Bereiches bzw. der Leber und der Gallen-Wege.

Melaleucae aetheroleum ↗ Melaleuca-Arten.
Melaleuca linariifolia var. alternifolia ↗ Melaleuca-Arten.

■ Melampyrum arvense

Ackerwachtelweizen.

Fam.: Scrophulariaceae.

Vork.: östliches und südöstliches Europa.

Droge: die ganze Pflanze. Inh.: u. a. Aucubin (1,5–1,7 %), Catalpol, wenig Pyrrolizidinalkaloide 0,00017 %). Anw.: früher in der Volksheilkunde zur Wundbehandlung.

Histor.: Eine Verunreinigung des Brotgetreides mit den Samen des Ackerwachtelweizens verursacht wegen des hohen Aucubingehaltes eine Blaufärbung des Brotes, was im Mittelalter zu manchen Spekulationen über die Auslösung dieses Effektes geführt hatte.

Melanosinapis communis ↗ Brassica-Arten.
Melanosinapis nigra ↗ Brassica-Arten.
Melanthium album ↗ Veratrum album.
Melanthium nigrum ↗ Veratrum nigrum.
Melanthium virens ↗ Veratrum viride.

■ Melastoma ackermanni Mure.

Fam.: Melastomataceae.

Vork.: tropische Gebiete.

Droge: die Blätter.

Hom.: ***Melastoma ackermanni*** HAB34, die frischen Blätter.

■ Melatonin

Gewebshormon, das in der Epiphyse (Zirbeldrüse) von Wirbeltieren aus Serotonin synthetisiert wird. Wirk.: beeinflußt die circadianen Rhythmen („innere Uhr") und hemmt das Wachstum der Keimdrüsen durch Wechselwirkung mit der Hormonsekretion des Hypothalamus und der Hypophyse. Anw.: volkstümlich in den 90er Jahren zur Ausgleichung des „Jet Lag" nach Flugreisen.

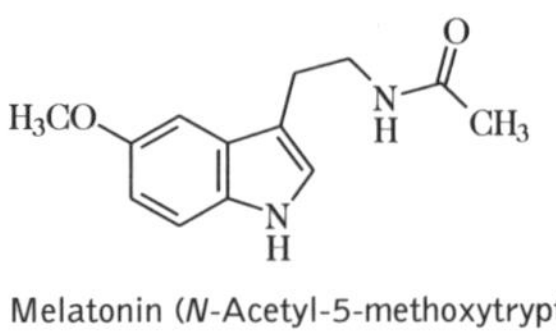

Melatonin (*N*-Acetyl-5-methoxytryptamin)

Melde ↗ Atriplex hortensis.
Meldenkraut ↗ Atriplex hortensis.
Meleguetapfeffer ↗ Aframomum-Arten.
Melia azadirachta ↗ Antelaea azadirachta.
Melia guara ↗ Guarea trichilioides.
Melia indica ↗ Antelaea azadirachta.
Meliloti herba ↗ Melilotus altissima, ↗ Melilotus officinalis.
Melilotosid ↗ Cumarine.

■ **Melilotus alba** Medik.
(syn. *Melilotus leucantha, M. melanosperma, M. rugulosa, M. vulgaris, Trifolium album, T. vulgare*); Weißer Steinklee (syn. Honigklee Süßklee, Weißer Honigklee,), s. Farbtafel S. 141, Bild 30.
Fam.: Fabaceae (Leguminosae).
Vork.: Europa, Westasien, Nordamerika, Australien, Tibet, Vorderindien.
Droge: ***Herba Meliloti albae***; *Melilotus-alba*-Kraut (syn. Honigkleekraut, Süßkleekraut), das getrocknete Kraut. *Inh.:* Zimtsäurederivate, wie Cumarin, Cumarinsäure-β-D-glucosid, *o*-Cumarsäure, Melilotsäure; Flavonoide, Saponine. *Anw.:* venöse Insuffizienz in den Beinen, schwere Beine, Wadenkrämpfe, Juckreiz und Schwellungen; ähnliche Verwendung wie ↗ *Melilotus officinalis*.

■ **Melilotus altissima** Thuill.
(syn. *Melilotus gigantea, M. macrorrhiza, Trifolium macrorrhizum, T. officinale*); Hoher Steinklee (syn. Sumpf-Steinklee).
Fam.: Fabaceae (Leguminosae).
Vork.: Europa, Asien, auf dem Balkan und in der Türkei kultiviert.
Droge: ***Meliloti herba*** (syn. *Herba Meliloti citrini, Summitates Meliloti*); *Melilotus-altissima*-Kraut (syn. Melotenkraut, Malotenkraut, Steinklee), die getrockneten Blätter und Blütenstände. Inhaltsstoffe und Anwendung s. *Meliloti herba* unter *Melilotus officinalis*.

Melilotus arvensis ↗ Melilotus officinalis.
Melilotus gigantea ↗ Melilotus altissima.
Melilotus leucantha ↗ Melilotus alba.
Melilotus macrorrhiza ↗ Melilotus altissima.
Melilotus melanosperma ↗ Melilotus alba.
Melilotus melilotus-officinalis ↗ Melilotus officinalis.

■ **Melilotus officinalis** (L.) Pall.
(syn. *Melilotus arvensis, M. melilotus-officinalis, Trifolium melilotus officinalis*); Echter Steinklee (syn. Ackerhonigklee, Honigklee, Kleiner gelber Steinklee), s. Farbtafel S. 142, Bild 31.
Fam.: Fabaceae.
Vork.: (Europa, Asien).
Droge: ***Meliloti herba*** (syn. *Herba Meliloti, Herba Meliloti citrini, Summitates Meliloti*); *Melilotus-officinalis*-Kraut (syn. Melotenkraut, Malottenkraut, Steinklee), die getrockneten oder frischen Blätter und blühenden Zweige. *Inh.:* Hydroxyzimtsäurederivate, bes. *o*-Cumarinsäureglykosid (Melilotosid, ca. 6 % der Trockenmasse), Cu-

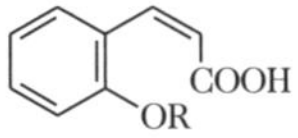

Cumarinsäure: R = H
C.-glucosid: R = β-D-Glucopyranosyl

marin (ca. 0,9 %), Triterpensaponine und Flavonoide. *Wirk.:* Drogenzubereitungen besitzen antiödematöse Eigenschaften bei entzündlichem und Stauungsödem. Es ist eine Verbesserung der Blut- und Lymphströmung, eine Steigerung der Kapillarresistenz und eine Senkung der Gefäßpermeabilität möglich. *Anw.:* in Extrakten Bestandteil von Phytopharmaka, die als Venenmittel, zur unterstützenden Behandlung der Thrombophlebitis, des postthrombotischen Syndroms, von Hämorrhoiden und Lymphstauungen eingesetzt werden. Auch *M. alba* Medik. und *M. altissima* Thuill. besitzen das gleiche Spektrum an Wirkstoffen wie *M. officinalis* und dienen als Ausgangsmaterial für die Droge.
Hom.: ***1. Melilotus officinalis*** HAB1; Steinklee, die frischen, zur Blütezeit gesammelten oberirdischen Teile ohne verholzte Stengel. *Anw.-Geb.:* Erkrankungen des Zentralnervensystems (Kopfschmerzen), des venösen Gefäßsystems (Krampfadern) sowie bei Gerinnungsstörungen. ***2. Melilotus officinalis spag. Zimpel*** HAB1; die frischen, zur Blütezeit gesammelten oberirdischen Teile ohne verholzte Stengel. *Anw.-Geb.:* in der spagyrischen Therapierichtung bei Herz-Kreislauf-Erkrankungen.
Histor.: Der Gattungsname ist griechischer Herkunft und leitet sich von *meli* (Honig) und *lotos* (Klee) ab und bezieht sich auf die honigreichen Blüten und die kleeähnlichen Blätter der Pflanze. Die Pflanze wurde bereits von ↗ Theophrast und den Hippokratern erwähnt und gerühmt.

Melilotus rugulosa ↗ Melilotus alba.
Melilotus vulgaris ↗ Melilotus alba.
Melissa altissima ↗ Melissa officinalis.
Melissa calamintha ↗ Calamintha officinalis.
Melissae aetheroleum ↗ Melissa officinalis.
Melissae folium ↗ Melissa officinalis.
Melissae oleum ↗ Melissa officinalis.
Melissa graveolens ↗ Melissa officinalis.
Melissa maxima ↗ Perilla frutescens.

■ **Melissa officinalis** L.
(syn. *Melissa altissima, M. graveolens, Thymus melissa*); Melisse (syn. Citronelle, Herzkraut, Zitronenmelisse), s. Farbtafel S. 142, Bild 32.

Fam.: Lamiaceae (Labiatae).

Vork.: östliches Mittelmeergebiet, Westasien, in Mitteleuropa kultiviert.

Drogen: ***1. Melissae aetheroleum*** (syn. *Aetheroleum Melissae, Melissae oleum, Oleum Melissae*); Melissenöl, das äther. Öl der Pflanze. *Inh.:* Monoterpenaldehyde als Geruchsträger (ca. 40–75 %, v. a. Geranial, Neral und Citronellal, ferner Linalool, Geraniol und Geranylacetat), Sesquiterpene, u. a. β-Caryophyllen und Germacren D sowie Spuren von einer Vielzahl weiterer Verbindungen. *Anw.:* in der Volksheilkunde eingesetzt gegen Blähungen, in der Aromatherapie zur Beruhigung sowie als Diaphoretikum. Auch eine gewisse virostatische Wirkung kommt der Droge zu, besonders gegen Herpes-Viren. Klinische Daten liegen dazu allerdings noch nicht vor. In der Kosmetik und als Bestandteil von Badeölen wird die Droge vielfach verwendet. ***2. Melissae folium*** (syn. *Folia Melissae citratae, Folium Citronellae, Folium Melissae*); Melissenblätter (syn. Frauenkraut, Herzkraut, Zitronenkraut, Zitronenmelisse), die getrockneten Laubblätter. *Inh.:* äther. Öl (0,02–0,8 %, Zusammensetzung s. *Melissae aetheroleum*), Gerbstoffe (3–5 %, v. a. Rosmarinsäure, Kaffeesäurederivate), Phenolcarbonsäuren und Derivate, Flavonoide, Triterpensäuren (Ursolsäure), Bitterstoff, Bernsteinsäure, Aesculetin. *Anw.:* bei nervös bedingten Einschlafstörungen sowie funktionellen Magen-Darm-Beschwerden oft als Bestandteil von Phytopharmaka. In der Volksheilkunde wird die Droge weiterhin gegen Hysterie, Melancholie, bei chronischen Bronchialkatarrhen, nervösem Herzklopfen, Migräne sowie zur Steigerung der Gallensekretion eingesetzt. Im Haushalt werden frische Melissenblätter als Gewürz für Salate und Soßen verwendet. Zur ↗ Teezubereitung verwendet man als Einzeldosis 2 Teelöffel (ca. 3 g) geschnittene Melissenblätter. Als Tagesdosis werden 8–10 g Droge empfohlen.

Hom.: ***Melissa*** HAB34, die frischen Blätter. *Anw.-Geb.:* Regelstörungen.

Histor.: Im Altertum wurde die Melisse v. a. als Bienenfutterpflanze kultiviert (*melissa* bezeichnet im griechischen die Honigbiene). Die antiken Ärzte nutzten sie aber auch als Heilpflanze bei Frauenleiden. Später wurde die Pflanze von den Arabern kultiviert. In Deutschland ist ein Anbau der Melisse erst zu Beginn des 16. Jh. festzustellen. Als Bestandteil des Karmelitergeistes bzw. des späteren *Spiritus Melissae compositum* spielte die Droge als Hausmittel mit breiter Anwendung eine wichtige Rolle.

Melisse ↗ Melissa officinalis.

■ **Melittin**
Zu etwa 45 % im Gift der Honigbiene (↗ Apis mellifera) enthaltenes, aus 26 Aminosäuren aufgebautes basisches, lyobipolares Peptid, das mit Membranen tierischer Zellen in Wechselwirkung tritt und dabei kanalförmige Poren bildet. Dadurch kommt es zur Ausschüttung von Serotonin und Histamin, was mit der Auslösung eines Schmerzreizes verbunden ist. M. ist eine Ursache für die Auslösung von Bienengiftallergien.

H_2N–Gly–Ile–Gly–Ala–Val–Leu–Lys–Val–Leu–Thr–Thr–Gly–Leu–Pro–Ala–Leu–Ile–Ser–Trp–Ile–Lys–Arg–Lys–Arg–Gln–Gln–$CONH_2$

Melittin

Mellenkohl ↗ Atriplex hortensis.

■ **Mellitis melissophyllum** L.; Immenblatt.

Fam.: Lamiaceae (Labiatae).

Vork.: Mittel- und Südeuropa.

Droge: die ganze Pflanze. *Inh.:* Bitterstoffe, Harpagosidacetat. *Anw.:* in der Volksheilkunde als Wundheilmittel.

Melo agrestis ↗ Cucumis-Arten.
Melo cichorii ↗ Mylabris cichorii.
Meloe majalis ↗ Meloe proscarabaeus.

■ **Meloe proscarabaeus** L.; Maiwurm.

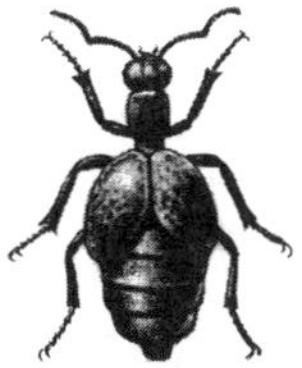

Maiwurm, weibliches Tier mit wurmförmig verlängertem Hinterleib.

Hom.: *Meloe proscarabaeus* (syn. *Meloe majalis*) HAB, der lebende Maiwurm.

Meloe vesicatoria ↗ Lytta vesicatoria.
Melo figari ↗ Cucumis-Arten.

■ **Melolontha vulgaris** L.
Maikäfer.
Fam.: Coleoptera.
Hom.: *Melolontha vulgaris* HAB34, das mit 90%igem Alkohol getötete und zerriebene, ganze Tier.
Histor.: In der Volksheilkunde wurden früher die Köpfe des Tieres gegen Fieber und ähnliche Krankheiten eingesetzt. Bis 1829 (Schweiz) bzw. 1833 (Frankreich) wurde alljährlich der kirchliche Bann wegen der durch die Engerlinge entstehenden Schäden über die Maikäfer verhängt. Die Tiere können als gutes Futter für Geflügel eingesetzt werden.

Melone ↗ Citrullus vulgaris, ↗ Cucumis-Arten.
Melonenbaum ↗ Carica papaya.
Melonensamenöl ↗ Cucumis-Arten.
Melo orientalis ↗ Cucumis-Arten.
Melo sativus ↗ Cucumis-Arten.
Melotenkraut ↗ Melilotus altissima, ↗ Melilotus officinalis.
Mel rosatum ↗ Rosa x centifolia.

■ **Membranum ovi**
(syn. *Ovi Gallinae pellicula*); homöopathische Zubereitung aus der frischen Eihaut von Hühnereiern. Anw.-Geb.: Gebärmuttersenkung, Eierstockschmerzen.

Meniöl ↗ Lophira lanceolata.

■ **Menispermum canadense** L.
Fam.: Menispermaceae.
Vork.: atlantisches Nordamerika, Mexiko.
Droge: ***Herba Menispermi***; Gelbes Parillakraut, das getrocknete Kraut. Inh.: Dauricin, Menispin, Magnolin, Herbamin, Liensimin (Alkaloide), Thalicarpin und Thalidasin.
Hom.: ***Menispermum canadense*** HAB, die frischen, oberirdischen Teile. Anw.-Geb.: Kopfschmerzen.

Menispermum cocculus ↗ Anamirta cocculus.
Menispermum columba ↗ Jateorhiza palmata.
Menispermum heteroclitum ↗ Anamirta cocculus.
Menispermum lacunosum ↗ Anamirta cocculus.
Menispermum palmatum ↗ Jateorhiza palmata.
Menschenhai ↗ Prionoce glauca.

■ **Mentha-Arten**
● **Fam.:** Lamiaceae (Labiatae).
● **Mentha aquatica** (syn. Bachminze, Wasserminze).
Vork.: Europa, Nordafrika.
Droge: ***Folia Menthae aquaticae*** (syn. *Folia Balsami palustris, Menthae aquaticae folium*); Wasserminzenblätter, die getrockneten Laubblätter. Inh.: äther. Öl (0,3–0,85 %) mit Menthofuran (40–50 %), α- und β-Pinen, β-Caryophyllen, 1,8-Cineol, Germacren D, Limonen, Menthol; Gerbstoffe (ca. 7 %). Anw.: in der Volksheilkunde bei Magenbeschwerden, als Cholagogum, Aromatikum und Karminativum, bei Diarrhoe sowie Menstruationsbeschwerden.
● **Mentha arvensis** L. **var. piperascens** Holmes ex Christy (syn. *Mentha agrestis, M. austriaca, M. crispa, M. hirsuta, M. lapponica, M. pulegium*); Ackerminze (syn. Chinesische Ackerminze, Feldminze, Japanische Minze, Kornminze).
Vork.: substropische und gemäßigte Klimazonen.
Drogen: ***1. Menthae arvensis aetheroleum*** (syn. *Aetheroleum Menthae arvensis, Oleum Menthae arvensis*); Minzöl (syn. Minzenöl, Japanisches Pfefferminzöl), das nach Wasserdampfdestillation und anschließender teilweiser Abtrennung des Menthols und Rektifizierung erhaltene äther. Öl. Inh.: Terpene, u. a. Menthol (25–40 %), Menthon (15–30 %), Menthylacetat (1–5 %), Isomenthon (1–7 %), Limonen (3–10 %), Neomenthol (2,5–4 %), Piperiton (0,5–4 %), Pulegon (0,2–3,5 %), β-Caryophyllen (2–5 %) und Caryophyllenepoxid (0,2–2 %) sowie Jasmon als wichtige geruchsbildende Komponente. Anw.: inner-

lich in Zubereitungen bei Meteorismus, funktionellen Magen-, Galle- und Darmbeschwerden, Katarrhen der oberen Luftwege; äußerlich bei Myalgien und neuralgiformen Beschwerden sowie als Aromatikum. ***2. Menthae herba*** (syn. *Herba Menthae, Menthae japonicae folium, Folia Menthae japonicae*); Minzblätter (syn. Chinesische Ackerminze, Japanische Pfefferminze, *Mentha-arvensis*-Blätter, *Mentha-arvensis*-Kraut), die getrockneten, oberirdischen Teile. *Inh.:* äther. Öl s. *Menthae arvensis aetheroleum*, Rosmarinsäure, Lipide (ca. 6 %). *Anw.:* in Ostasien bei Erkältungskrankheiten, Pharyngolaryngitis, Kopfschmerzen, dyspeptischen Beschwerden und Flatulenz.

● **Mentha citrata** Ehrh. (syn. *Mentha adspersa, M. odorata*); Bergamottminze (syn. Zitronenminze).

Vork.: Europa, Nordamerika, kultiviert in Italien und den USA.

Droge: ***Mentha-citrata-Öl***; Zitronenminzöl, das durch Wasserdampfdestillation gewonnene äther. Öl aus jungen, frischen, nicht blühenden Pflanzen. *Inh.:* u. a. Linalool (40–55 %), Linalylacetat (30–40 %), *cis-* und *trans*-Linalooloxid (1–2 %), Geranylacetat, Citronellol und Terpene. *Anw.:* in der Kosmetikindustrie zur Parfümierung von Seifen und Kosmetika.

● **Mentha longifolia** (L.) Huds. (syn. *Mentha asiatica, M. calliantha, M. candidans, M. capensis, M. concolor, M. hamadensis, M. incana, M. spicata* var. *longifolia, M. sylvestris, M. viridis* var. *canescens.*); Roßminze (syn. Langblättrige Minze), s. Farbtafel S. 142, Bild 33.

Vork.: Europa bis Südschweden.

Droge: ***Menthae longifoliae herba*** (syn. *Herba Menthae longifoliae*); Roßminzenkraut, das getrocknete Kraut. *Inh.:* äther. Öl (ca. 1 %) mit meist Piperitonoxid (60–80 %) als Hauptkomponente. Infolge hoher Bastardisierungstendenz existieren zuweilen auch Chemotypen mit Carvon oder Linalool als dominierenden Komponenten. Weitere Verbindungen sind bes. β-Caryophyllen (5–15 %), Germacren D (5–15 %), 1,8-Cineol (2–7 %), Limonen (1–8 %), Myrcen (ca. 1 %), Sabinen (0,5–1,5 %), α- und β- Pinen (je 1 %) sowie Flavonoide, u. a. Acacetin-7-rutinosid, Apigenin-7-glucuronid, Diosmin, Hesperidin und Quercitrin. *Anw.:* volkstümlich bes. bei Kopfschmerzen sowie Beschwerden im Magen-Darmbereich.

● **Mentha x piperita** L. (syn. *Mentha piperita*); Pfefferminze, s. Farbtafel S. 142, Bild 34.

Vork.: Europa, Nordamerika.

Drogen: ***1. Menthae piperitae aetheroleum*** (syn. *Aetheroleum Menthae piperitae, Oleum Menthae piperitae*); Pfefferminzöl (syn. Ätherisches Pfefferminzöl), das aus den blühenden oberirdischen Teilen durch Wasserdampfdestillation gewonnene äther. Öl. *Inh.:* Terpene, besonders Menthol, Menthon und Menthylacetat (zus. 50–70 %) sowie u. a. Neomenthol, Isomenthon, Menthofuran, Limonen, Pulegon, α- und β-Pinen, β-Caryophyllen und Germacren D. *Anw.:* innerlich in Zubereitungen bei krampfartigen Beschwerden im oberen Gastrointestinaltrakt und der Gallenwege, Katarrhe der Atemwege, Schleimhautentzündungen im Mund-Rachenbereich, zuweilen auch als Inhalat. Äußerlich in Zubereitungen bei Muskel- und Nervenschmerzen. Ferner als Aromatikum. *Geg.:* Verschluß der Gallenwege, Gallenblasenentzündung, schwere Leberschäden. ***2. Menthae piperitae folium*** (syn. *Folia Menthae piperitae*); Pfefferminzblätter (syn. Pfefferminze), die getrockneten Blätter. *Inh.:* äther. Öl (0,5–4 %) mit den Hauptkomponenten Menthol (35–45 %), Menthon (15–20 %), Menthylacetat (3–5 %), 1,8-Cineol (6–8 %), Menthofuran (2–7 %), Isomenthon (2–3 %), Neomenthol (2,5–3,5 %), β-Caryophyllen (0,5–1,5 %) und *trans*-Sabinen (1 %). Gerbstoffe (3,5–4,5 %) besonders sog. Lamiaceengerbstoffe, Phenolcarbonsäurederivate, u. a. Kaffeesäure und *p*-Cumarsäure sowie Triterpene. *Anw.:* krampfartige Beschwerden im Magen-Darm-Bereich sowie der Gallenwege. Bestandteil diesbezüglicher Teemischungen. Volkstümlich auch bei Übelkeit und leichtem Brechreiz. Zur ↗ Teezubereitung verwendet man 1 Eßlöffel (= 1,5 g) geschnittene Droge. Als Tagesdosis werden 3–6 g Droge empfohlen.

Hom.: ***Mentha piperita*** HAB34, die frische, blühende Pflanze. *Anw.-Geb.:* u. a. Erkältungskrankheiten.

Histor.: Der Gattungsname *Mentha* ist eine Entlehnung vom griechischen *minthe*. Nach einer von Ovid übermittelten Sage ist die Nymphe Minthe, die Tochter des Kokytes, von Proserpina, der Unterweltsgöttin, in diese Pflanze verwandelt worden. Pfefferminze und andere volkstümliche Namen beziehen sich auf den intensiven Geruch der Pflanze. Obwohl im Mittelalter oft statt der Pfefferminze auch die Krauseminze kultiviert und genutzt wurde, konnte aus Funden in altägyptischen Gräbern gesichert werden, daß unsere Pfefferminze bereits um 1200–600 v. Chr. bekannt war.

● **Mentha pulegium** L. (syn. *Mentha gibraltarica, M. hirtiflora, M. pulegioides, M. tomentella, M. tomentosa, Pulegium erectum, P. vulgare*); Poleiminze (syn. Flohkraut, Hirschminze, Polei).

Vork.: Südeuropa, Anbau besonders Spanien und Marokko.

Drogen: *1. **Pulegii aetheroleum*** (syn. *Aetheroleum Pulegii, Oleum Pulegii*); Poleiminzöl (syn. Poleiöl), das äther. Öl des frischen Krautes. *Inh.:* (*R*)-(+)-Pulegon (60–90 %), außerdem u. a. Menthon (10–20 %), Isomenthon (2–10 %), Piperitenon (0,5–2,5 %) und Neoisomenthylacetat (0,3–1,5 %). *Anw.:* volkstümlich bei Menstruationsstörungen; mißbräuchlich als Abortivum. *2. **Pulegii herba*** (syn. *Herba Pulegii, Herba Pulegii hortensis*); Poleikraut (syn. Flohkraut, Hirschminze), die getrockneten, oberirdischen Teile. *Inh.:* äther. Öl (1–2 %), Gerbstoffe (ca. 4 %), Flavonglykoside, u. a. Diosmin und Hesperidin. *Anw.:* analog *Menthae piperitae folium* bei Verdauungsbeschwerden, besonders bei Galle- und Leberleiden, Flatulenz und Leibschmerzen.

Hom.: ***Mentha pulegium*** HAB34, die ganze, frische, blühende Pflanze.

● **Mentha spicata** L. **var. crispa** (syn. *Mentha cordifolia, M. crispa, M. crispata*); Krauseminze (syn. Ährenminze, Grüne Minze, Grüne Roßminze).

Vork.: China, Indien, Nordamerika.

Drogen: *1. **Menthae crispae aetheroleum*** (syn. *Aetheroleum Menthae crispae, Oleum Menthae crispae, Oleum Menthae viridis*); Krauseminzöl, das Wasserdampfdestillat der frischen (blühenden), oberirdischen Teile. *Inh.:* (–)-L-Carvon (40–80 %, Geruchsträger) und (–)-Limonen (5–15 %) als Hauptkomponenten, ferner u. a. β-Bourbonen, *cis*-Carvylacetat,, Caryophyllen, 1,8-Cineol, Dihydrocarveol, Myrcen und α-Terpineol. *Anw.:* Aromatikum. In Zubereitungen ähnlich Pfefferminzöl bei Verdauungsstörungen. *2. **Menthae crispae folium*** (syn. *Folia Menthae crispae*); Krauseminzblätter (syn. Spearmintblätter), die während der Blütezeit gesammelten und getrockneten Laubblätter. *Inh.:* äther. Öl (0,8–2,5 %, s. *Menthae crispae aetheroleum*), methoxylierte Flavone, u. a. Thymonin, sowie Rosmarinsäure. *Anw.:* Aromatikum, Bestandteil von Zahnpasten, Kaugummi und Kosmetika.

Menthae aquaticae folium ↗ Mentha-Arten.
Menthae arvensis aetheroleum ↗ Mentha-Arten.
Menthae crispae aetheroleum ↗ Mentha-Arten.
Menthae crispae folium ↗ Mentha-Arten.
Menthae herba ↗ Mentha-Arten.
Menthae japonicae folium ↗ Mentha-Arten.
Menthae longifoliae herba ↗ Mentha-Arten.
Menthae piperitae aetheroleum ↗ Mentha-Arten.
Menthae piperitae folium ↗ Mentha-Arten.
Mentha perilloides ↗ Perilla frutescens.
Mentha reticulosa ↗ Perilla frutescens.
Menthofuran ↗ Mentha-Arten.

■ **Menthol**
(Mentholum, Levomentholum, Pfefferminzkampfer), Monoterpen aus ↗ *Mentha*-Arten. *Wirk.:* M.

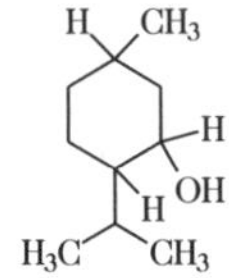

Menthol

bewirkt durch Wechselwirkung mit den temperaturempfindlichen Nervenendigungen auf der Haut ein Kältegefühl. Es wirkt außerdem als Cholagogum, Choleretikum und als Hustenmittel. *Anw.:* Äußerlich wird es als Analgetikum (Migränestift) und Juckreiz-stillendes Mittel eingesetzt. *Geg.:* nicht bei Säuglingen und Kleinkindern anwenden, da sonst Kehlkopfkrämpfe und Atemnot ausgelöst werden können.

■ **Mentzelia cordifolia** Dombey
Anguaraté.

Fam.: Loasaceae.

Vork.: Peru, Südamerika.

Droge: ***Mentzelia-cordifolia-Kraut***, das getrocknete Kraut. *Inh.:* Flavonoide (Quercetin, Kämpferol), Cumarine (Scopoletin), Bitterstoffe, Schleimstoffe, β-Sitosterol. *Anw.:* zur Entzündungshemmung und Spasmolyse bei Magen- und Darmerkrankungen.

Menyanthes palustris ↗ Menyanthes trifoliata.

■ **Menyanthes trifoliata** L.
(syn. *Menyanthes palustris, Trifolium castoris, T. fibrinum, T. palustre, T. amarum, T. aquaticum*); Fieberklee (syn. Biberklee, Bitterklee, Dreiblatt, Dreiblättriger Fieberklee, Gallkraut, Magenklee, Monatsblume, Sumpf-Bitterklee, Sumpfklee, Wasserklee, Zottelblume, Zottenblume).

Fam.: Menyanthaceae.

Vork.: Sumpfpflanze der gemäßigten Zonen der nördlichen Halbkugel.

Drogen: ***1. Menyanthidis folium*** (syn. *Folia Menyanthidis, Folia Menyanthis, Folia Trifolii amari, Folia Trifolii antiscorbutici, Folia Trifolii aquatici, Folia Trifolii fibrini, Folia Trifolii palustris, Folium Menyanthis, Folium Trifolii fibrini, Menyanthis folium*); Fieberkleeblätter (syn. Bitterkleeblätter), die während der Blütezeit gesammelten und getrockneten Laubblätter. *Inh.:* Bitterstoffe (ca. 1 %) mit den Secoiridoidglykosiden Dihydrofoliamenthin (Hauptkomponente),

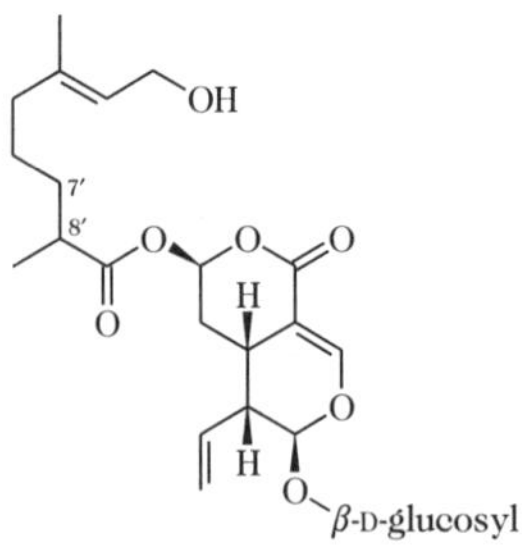

7′,8′-Dihydrofoliamenthin

Menthiafolin und Foliamenthin, die Monoterpenester von Secoiridoiden darstellen, sowie Swerosid. Weitere Bestandteile sind Cumarine, u. a. Scopoletin, Flavonoide, u. a. Hyperosid (0,4–1,1 %), Hydroxykaffeesäurederivate und in geringer Menge Pyridinalkaloide. *Anw.:* Appetitlosigkeit, dyspeptische Beschwerden. Zur ↗ Teezubereitung verwendet man als Einzeldosis 0,5–1 g (1 Teelöffel = ca. 0,9 g) Droge. Als Tagesdosis werden 1–3 g Droge empfohlen. ***2. Menyanthidis rhizoma*** (syn. Radix *Menyanthidis, Radix Trifolii fibrini, Rhizoma Menyanthidis*); Fieberkleewurzel (syn. Bitterkleerhizom, Bitterkleewurzel, Bitterkleewurzelstock), der getrocknete Wurzelstock. *Inh.:* Iridoidglykoside mit ↗ Loganin als Hauptkomponente, ferner Triterpene und Triterpensaponine. *Anw.:* volkstümlich bei Magenverstimmungen, Blähungen, rheumatischen Beschwerden sowie Hautleiden.

Hom.: ***Menyanthes trifoliata*** HAB34; Bitterklee, die frische, zu Beginn der Blütezeit gesammelte ganze Pflanze. *Anw.-Geb.:* Erkrankungen des Zentralnervensystems, Fieberanfälle, Kopfschmerzen, Muskelschmerzen und bei grippalem Infekt.

Histor.: Der Gattungsname *Menyanthes* wird vom griechischen *menyein* und *anthos* (Blüte) abgeleitet und nimmt offenbar Bezug auf die auffallende Blüte. Der Artname *trifoliata* weist auf das dreizählige, an „Klee" erinnernde Blatt hin, während die deutschen Namen Bitterklee, des bitteren Geschmacks wegen bzw. Fieberklee wegen der früheren Anwendung bei Fieber geprägt wurden.

Menyanthidis folium ↗ Menyanthes trifoliata.
Menyanthidis rhizoma ↗ Menyanthes trifoliata.
Menyanthis folium ↗ Menyanthes trifoliata.
Mephitis mephitis ↗ Mephitis putorius.

■ **Mephitis putorius** Schreb.
(syn. *Mephitis mephitis*); Echter Skunk (syn. Stinktier).

Fam.: Mustelidae.

Vork.: Nordamerika.

Inh.: Das Sekret des Stinktieres (Stinkdrüsen) enthält u. a. *trans*-2-Buten-1-thiol, 3-Methyl-1-butanthiol und Methyl-1-(*trans*-2-butenyl)-disulfid.

Hom.: ***Mephitis mephitis*** (syn. *Mephitis putorius*) HAB; das frische Sekret aus den Stinkdrüsen. *Anw.-Geb.:* als starkes Reizmittel bei Husten mit Kehlkopfkrampf und Keuchhusten sowie bei Schlaflosigkeit und Nervenschwäche.

Merasingiblätter ↗ Gymnema sylvestre.

■ **Mercurialis-Arten**

● **Fam.:** Euphorbiaceae.

● **Mercurialis annua** L.; Einjähriges Bingelkraut (syn. Gartenbingelkraut, Schuttbingelkraut).

Vork.: Europa, besonders im Mittelmeergebiet.

Droge: ***Herba Mercurialis***; Bingelkraut, das getrocknete Kraut. *Inh.:* Saponine (ca. 1 %), äther. Öl, Bitterstoff, Cyanglykoside, Flavonoide, u. a. Kämpferolglykoside und Rutin. *Anw.:* in der Volksheilkunde als Diuretikum und Laxans.

● **Mercurialis perennis** L.; Ausdauerndes Bingelkraut (syn. Waldbingelkraut).

Vork.: Europa.

Droge: ***Herba Mercurialis***; Bingelkraut, das getrocknete Kraut. Inhaltsstoffe und Anwendung s. *Mercurialis annua*.

Hom.: ***1. Mercurialis perennis*** HAB; die frische, ganze, zur Blütezeit geerntete Pflanze.

Anw.-Geb.: seltene oder ausbleibende Regelblutung. *2. **Mercurialis perennis ferm. 34c*** HAB1; die frischen, oberirdischen Teile blühender Pflanzen. *Anw.-Geb.*: in der anthroposophischen Therapierichtung bei Erkrankungen der weiblichen Geschlechtsorgane.

● **Histor.:** *Herba Mercurialis* war bereits den Ärzten des 4. und 5. Jh. v. Chr. als abführende und harntreibende Droge bekannt. Auch in der Volksheilkunde wurde sie vielfältig eingesetzt und stand in dem Ruf, die Erzeugung männlicher Nachkommenschaft zu begünstigen, daher der Name „Bengelkraut" in alten Quellen. Der Gattungsname wurde nach dem Gott Merkur benannt, da dieser der Sage nach die Heilkräfte der Pflanze entdeckt haben soll. Die deutsche Bezeichnung Bingelkraut kann auch vom althochdeutschen *bungo* (Knoten) abgeleitet werden.

■ **Merremia macrocarpa** (L.) Roberty
(syn. *Operculina macrocarpa, O. convolvulus, O. operculata, Convolvulus operculatus, C. macrocarpus, C. operculata, Piptostegia gomesia*).

Fam.: Convolvulaceae.

Vork.: Brasilien.

Droge: ***Radix Jalapae brasiliensis***; Brasilianische Jalapenknollen, die unterirdischen Knollen. *Inh.*: Harz (12–15 %), das aus Convolvulin und Jalapen besteht. *Anw.*: drastisches Abführmittel.

Merremia turpethum ↗ Operculina turpethum.
Mescal Buttons ↗ Lophophora williamsii.

■ **Mescalin**
3,4,5-Trimethoxyphenylethylamin.
Halluzinogener Wirkstoff (200–500 mg) verschiedener ↗ Rauschdrogen biogenen Ursprungs (u. a. ↗ *Lophophora williamsii*). Der Rausch ist durch optische und akustische Halluzinationen gekennzeichnet, im Tierversuch wurden teratogene Wirkungen nachgewiesen.

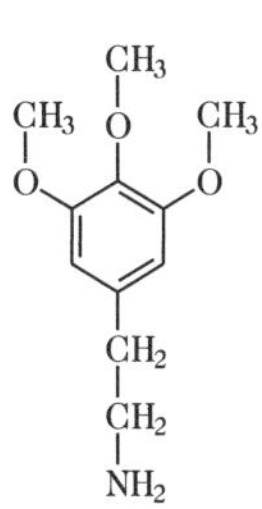

Mescalin

■ **Mesembryanthemum-Arten**

● **Fam.:** Aizoaceae.

Vork.: Südafrika.

● **Mesembryanthemum expansum** L. und **Mesembryanthemum tortuosum** L.

Droge: *Khanna*. *Inh.*: Alkaloide Mesembrin und Mesembrenin, die eine allgemeine Benommenheit erzeugen können. *Anw.*: Diese Pflanzen wurden früher als Rauschdrogen zu halluzinogenen Zwecken ähnlich wie Cocain genutzt. Der Gattungsname *Mesembrianthemum* ist aus den griechischen *mesembria* (Mittag) und *ánthemon* (Blume) gebildet, da die meisten Arten nur mittags bei voller Sonne ihre Blüten entfalten.

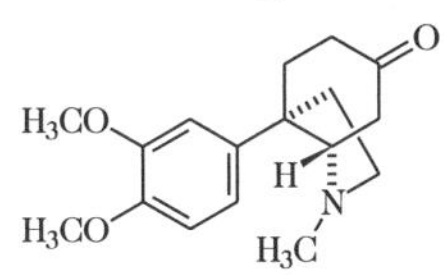

Mesembrin

Meskalbohne ↗ Sophora secundiflora.
Meskalkopf ↗ Lophophora williamsii.
Mespilus aucuparia ↗ Sorbus aucuparia.
Mespilus azarolus ↗ Crataegus-Arten.
Mespilus elegans ↗ Crataegus-Arten.

■ **Mespilus germanica** L.
Mispel.

Fam.: Rosaceae.

Vork.: Süd- und Südosteuropa, Vorderasien.

Inh.: Die Blätter enthalten Melavosid (Glucosid des Mevalonsäurelactons). *Anw.*: früher (besonders im Mittelalter) in Nordfrankreich und Südwestdeutschland als Obstbäume angepflanzt. Früchte sind erst nach langem Liegen oder Einwirkung von Frost genießbar.

Mespilus monogyna ↗ Crataegus-Arten.
Mespilus moogyna ↗ Crataegus-Arten.
Mespilus nigra ↗ Crataegus-Arten.
Mespilus oxyacantha ↗ Crataegus-Arten.
Mesquitegummi ↗ Prosopis juliflora.

■ **Metanarthecium luteo-viride** Maxim.

Fam.: Liliaceae.

Vork.: Japan, China, Indochina.
Droge: die Wurzeln. Inh.: Sapogenine, wie Nogiragenin, Metagenin, Luvigenin, Meogenin. Anw.: in der chinesischen Heilkunde als Diuretikum, mildes Herztonikum sowie bei Wassersucht.

■ **Metaplexis japonica** Makino
(syn. *Marsdenia stauntonii*).
Fam.: Asclepiadaceae.
Vork.: China, Japan.
Droge: die ganze Pflanze. Inh.: herzwirksame Glykoside, Bitterstoffe, wie Sarcostin und Metaplexigenin; Benzoylramanon. Anw.: in der chinesischen Heilkunde zur Behandlung von Wunden, Geschwüren, Insektenstichen, Schwellungen und Abszessen.

■ **Methionin**
2-Amino-4-methyl-mercaptobuttersäure. Eine essentielle Aminosäure, die für den Zwischenstoffwechsel bedeutsam ist. Anw.: bei Lebererkrankungen, nach Vergiftungen (Leberschutztherapie) mit Arsen, Wismut, Barbitalen, Paracetamol sowie in der parenteralen Ernährung.

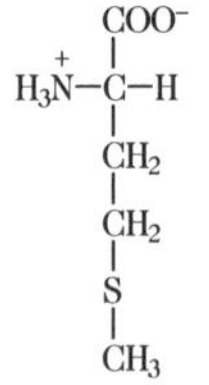

Methionin (zwitterionische Form)

Methonica superba ↗ Gloriosa superba.
Methoxsalen ↗ Ammi majus.
Methylpsychotrin ↗ Cephaelis ipecacuanha.

■ **Methylxanthine**
N-Methylderivate des Xanthins, die als Purinalkaloide therapeutische Bedeutung haben. Dazu zählen Theophyllin, Theobromin und Coffein. Wirk.: Wegen der Wechselwirkung mit purinergen Rezeptoren (Antagonisten), ihrer Hemmwirkung auf die Phosphodiesterase (in hoher Konzentration) sowie der Wirkung auf den transmembranären Ca-Einstrom besitzen sie zentral anregende Effekte, positiv ino-, chrono- und dromotrope Wirkungen am Herzen, relaxierende Effekte an der glatten Muskulatur der Bronchien und Gefäße sowie eine sekretionsanregende Wirkung. Anw.: Bestandteil von Analgetika-Kombinationen und zur Anregung des Kreislaufs (Coffein), zur Diurese und Bronchospasmolyse (Theophyllin).

Methysticine ↗ Piper methysticum.

■ **Methysticodendron amesianum** R. E. Schult.
Culebra.
Fam.: Solanaceae.
Vork.: kolumbianische Anden (Südamerika). Inh.: Alkaloide, u. a. Scopolamin.
Anw.: Die Medizinmänner der Kamsá- und Ingano-Indianer benutzen einen Aufguß der Blätter dieser Pflanze zur Erzeugung von halluzinogenen Zuständen, die zur Wahrsagerei und zum Heilen von Krankheiten ausgenutzt werden. Als verantwortlicher Wirkstoff ist vor allem Scopolamin nachgewiesen worden, das zu 80 % in der Alkaloidfraktion enthalten ist. Die Droge ruft eine heftige Reaktion bereits in geringer Dosierung hervor.

Metra ↗ Chrysanthemum-Arten.
Metrosideros albida ↗ Melaleuca-Arten.
Metrosideros corriacea ↗ Melaleuca-Arten.
Metrosideros hyssopifolia ↗ Melaleuca-Arten.
Metrosideros quinquevervia ↗ Melaleuca-Arten.
Mettram ↗ Chrysanthemum-Arten.

■ **Meum athamanticum** Jacq.
(syn. *Athamanta meum, Meum meum, M. nevadense*); Bärwurz (syn. Baerpudel, Barekümmel, Bärendill, Bärenfenchel, Bärkümmel, Bärmutterkrut, Bärnzotten, Bärwurzel, Bergbärwurz, Bergpudel, Dillblattwurz, Köppernickel), s. Farbtafel S. 142, Bild 35.
Fam.: Apiaceae (Umbelliferae).
Vork.: Gebirgswiesen in West- und Mitteleuropa.
Droge: ***Mei athamantici radix*** (syn. *Radix Foeniculi ursini, Radix Mei, Radix Mei athamantici*); Bärenwurzel (syn. Bärenfenchelwurzel), die getrocknete Wurzel. Inh.: äther. Öl (ca. 0,7 %), u. a. Ligustilid sowie Monoterpene enthaltend, ferner Kaffeesäurederivate und Phthalide, z. T. hydroxyliert. Anw.: als magenstärkendes und carminativ wirkendes Mittel bei Verdauungsstö-

rungen. Ferner in der Likörindustrie zur Herstellung von Kräuterschnäpsen.

Hom.: ***Meum athamanticum*** HAB34, die frische Wurzel.

Meum foeniculum ↗ Foeniculum vulgare.
Meum meum ↗ Meum athamanticum.
Meum nevadense ↗ Meum athamanticum.

■ Mevinolin

(syn. Lovastatin), Polyketid, das von *Aspergillus terreus* und verschiedenen *Monascus*-Arten produziert wird. Wirk.: starke Hemmung der Cholesterol-Biosynthese durch Inhibierung der Hydroxymethylglutaryl-CoA-Reduktase. Anw.: zur Arterioskleroseprophylaxe, als Lipidsenker.

Mexico-Jalapoe ↗ Ipomoea purga.
Mexikanische Arnika ↗ Heterotheca inuloides.
Mexikanische Arnikablüten ↗ Heterotheca inuloides.
Mexikanische Baldrianwurzel ↗ Valeriana edulis.
Mexikanische Fieberrinde ↗ Croton niveus.
Mexikanische Jalape ↗ Ipomoea purga.

■ Mexikanische Rauschpilze

Gruppe von berauschend wirkenden Pilzen der Gattung *Psilocybe* (↗ *Psilocybe*-Arten), die sich durch einen mehr oder weniger hohen Gehalt an ↗ Psilocybin auszeichnen. Im traditionellen mexikanischen Ritus gelten die M.R. als „Fleisch der Götter" und besitzen eine große Bedeutung als Heilmittel sowie als Hilfsmittel zur Kontaktaufnahme mit Göttern und Ahnen. Ihr Gebrauch wurde früher von der katholischen Kirche streng verboten und von der Inquisition verfolgt, erst in den fünfziger Jahren unseres Jahrhunderts wurde die sakrale Nutzung der M.R. wiederentdeckt, die botanische Identität des *teonanacatl* konnte bereits gegen Ende der dreißiger Jahre aufgeklärt werden.

Mexikanischer Baldrian ↗ Valeriana edulis.
Mexikanische Roßkastanie ↗ Ungnadia speciosa.
Mexikanischer Stachelmohn ↗ Argemone mexicana.
Mexikanischer Wermut ↗ Artemisia mexicana.
Mexikanische Scammoniawurzel ↗ Ipomoea-Arten.
Mexikanische Scammoniumwurzel ↗ Ipomoea orizabensis.
Mexikanisches Jalapenharz ↗ Ipomoea purga.
Mexikanisches Linaloeöl ↗ Bursera-Arten.
Mexikanisches Lippienkraut ↗ Lippia dulcis.
Mexikanisches Teekraut ↗ Chenopodium-Arten.
Mexikanisches Traubenkraut ↗ Chenopodium-Arten.
Mexikanische Trichterwinde ↗ Turbina corymbosa.
Mexikanische Winde ↗ Ipomoea orizabensis.
Mezerei cortex ↗ Daphne mezereum.
Mezerei fructus ↗ Daphne mezereum.
Mezquitebaum ↗ Prosopis juliflora.

■ Michelia champaca L.

Fam.: Magnoliaceae.

Vork.: tropisches Asien, Java, Philippinen.

Droge: ***Oleum Champacae***; Champacablütenöl, das äther. Öl der Blüten. Inh.: Phenole (ca. 3 %), u. a. Eugenol, Cineol; Benzaldehyd, Phenylethylalkohol. Anw.: zur Herstellung von Blumendüften in der Parfümerie. Außerdem werden die Samen zur Fettgewinnung für die Seifenherstellung genutzt.

■ Michelia fuscata Blume.

Fam.: Magnoliaceae.

Vork.: Südchina, Georgien, Schwarzmeerküste.

Droge: die Blätter. Inh.: Alkaloide, u. a. Magnolin, Magnolamin, Magnocurarin, Magnoflorin. Anw.: in der Volksheilkunde als Fiebermittel sowie zur Blutdrucksenkung.

Michelwurz ↗ Colchicum autumnale.

■ Microglossa pyrifolia (Lamarck) O. Kuntze

(syn. *Microglossa volubilis, Conyza pyrifolia*).

Fam.: Asteraceae (Compositae).

Vork.: tropisches Afrika.

Droge: Blätter und Wurzeln. Inh.: Diterpene, wie Germacren D, Furoclerodane; Saponine. Anw.: in der afrikanischen Volksheilkunde bei vielfältigen Erkrankungen, z. B. Amöben-Dysenterie, Eingeweidewürmern, Lepra, Gonorrhoe, aber auch als Aphrodisiakum. Die Droge ist Bestandteil von Pfeilgiften im Südwesten der Elfenbeinküste.

Microglossa volubilis ↗ Microglossa pyrifolia.
Micromeria montana ↗ Satureja montana.

■ Micromonospora-Arten

Fam.: Actinomycetaceae.

Gruppe von aeroben Mikroorganismen, die verschiedene Antibiotika produzieren. *Micromonospora purpurea*, *M. echinospora*, *M. carbonacea* und *M. halophyta* bilden ↗ Gentamicin, *M. inyoensis* produziert ↗ Sisomicin (4,5-Dehydro-Gentamycin). ↗ Rifabutin (Ansamycin) wird von *M. lacustris* gebildet.

Micromonospora inyoensis ↗ Micromonospora-Arten.
Micromonospora lacustris ↗ Micromonospora-Arten.
Micromonospora purpurea ↗ Micromonospora-Arten.

■ **Micrurus corallinus** Wied.
(syn. *Elaps corallinus*); Korallenotter.
Fam.: Elapidae.
Vork.: Südamerika.
Inh.: u. a. Neurotoxine, Hämolysine.
Hom.: ***Micrurus corallinus*** HAB; das frische Schlangengift. *Anw.-Geb.:* bei entzündlichen Prozessen, Erkrankungen des lymphatischen Systems und der weiblichen Geschlechtsorgane.

Mikania capensis ↗ Mikania cordata.

■ **Mikania cordata** (Burm. f.) B. L. Robins.
(syn. *Mikania scandens, M. capensis, Eupatorium cordatum*).
Fam.: Asteraceae (Compositae).
Vork.: Afrika, Senegal bis Ostafrika; Südostasien.
Droge: Blätter und Wurzeln. *Inh.:* Flavonoide, wie Mikanin; Sesquiterpenlactone, v. a. Mikanolid und Dihydromikanolid; Triterpene, wie Friedelin und Epifriedelin; Diterpensäuren, u. a. Kaurensäure. *Anw.:* in der afrikanischen Volksheilkunde hauptsächlich als Analgetikum und Antiseptikum, u. a. bei Geschlechtskrankheiten, Geschwüren und Hautkrankheiten. Die Droge ist außerdem Bestandteil von Pfeil- und Speergiften für die Jagd auf Großtiere in Zentralafrika.

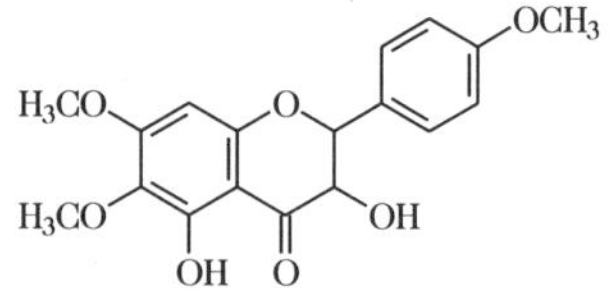

Mikanin

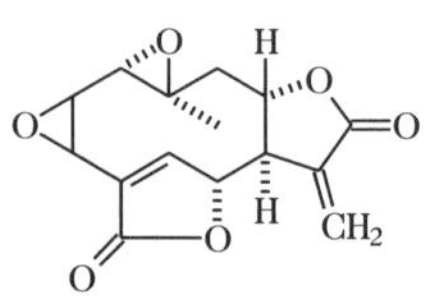

Mikanolid

■ **Mikania guaco** H.B.K.
Guaco.
Fam.: Asteraceae (Compositae).
Vork.: Südamerika, v. a. Kolumbien.
Droge: ***Folia Guaco***; Guacoblätter, die getrockneten Laubblätter. *Inh.:* u. a. Guacin (Bitterstoff).
Hom.: ***Mikania guaco*** HAB; die getrockneten Blätter. *Anw.-Geb.:* Lähmungen, die vom Rükkenmark ausgehen.

Mikania scandens ↗ Mikania cordata.

Mikroorganismen als Quelle biogener Drogen

Gerd Bader

Mikroorganismen stellen heute neben landwirtschaftlich angebauten oder in den natürlichen Biotopen gesammelten Arzneipflanzen eine der wichtigsten Quellen zur Gewinnung von biogenen Drogen dar. Der ökonomische Vorteil mikrobieller Kulturen zur Gewinnung von Arzneistoffen oder pharmazeutisch relevanten Hilfsstoffen basiert auf

- den sehr vielfältigen Möglichkeiten zur Biosynthese von Primär- und Sekundärstoffwech-

selprodukten in zumeist sehr hohen Ausbeuten,
- der hohen Zellteilungsrate der Mikroorganismen und der damit verbundenen hohen Effektivität im Vergleich zu vegetativen Pflanzen sowie pflanzlichen Zellsuspensions- und Kalluskulturen,
- der Verwendung billiger Biomasse als Ausgangsmaterial,
- der Nutzung von Wasser als Reaktionsmedium sowie
- der Ausnutzung niedriger Reaktionstemperaturen.

Relativ komplizierte organische Stoffe können im Vergleich zur chemischen Vollsynthese mittels Mikroorganismen zumeist stereospezifisch und mit weniger Aufwand produziert werden.

Nachteile einer mikrobiologischen Arzneistoffproduktion erwachsen aus der Notwendigkeit der Gewährleistung relativ steriler Produktionsbedingungen. Durch Kontaminationen eingeschleppte Bakterien oder Pilze können während der biotechnologischen Produktion in Konkurrenz zu den Produktionsorganismen gehen oder diese gegebenenfalls sogar fast völlig verdrängen. Hochleistungs-Produktionsstämme, die in Mutations-Selektionsprogrammen gezüchtet oder durch Rekombination ihres genetischen Materials entstanden sind, neigen weiterhin zu Degenerationen und Mutationen. Diese genannten Nachteile relativieren sich jedoch durch das schnelle Mikroorganismenwachstum im Vergleich mit anderen Zellkultursystemen.

Produktion von Arzneistoffen mittels Mikroorganismen

Die meisten Arzneistoffe werden heute unter Nutzung diskontinuierlicher Submerskulturen (Suspensionskulturen) hergestellt. Kontinuierliche Submerskulturen, die offene Systeme darstellen und in denen ständig die notwendigen Nährstoffe erneuert werden, sind hinsichtlich der Sterilhaltung problematischer. Die früher gebräuchlichen Emerskulturen (Oberflächenkulturen) scheinen nur noch eine untergeordnete Bedeutung zu besitzen. Bestimmte Arzneistoffe werden in Sonderkulturen produziert, wie z. B. Mutterkornalkaloide in parasitischen Kulturen von ↗ *Claviceps purpurea*.

Die Produktgewinnung kann zumeist aus dem Kulturfiltrat erfolgen, andere Stoffe müssen durch aufwendige Verfahren aus den Produktionsorganismen isoliert werden.

Hochleistungsstämme verschiedener Bakterien und Pilze werden für die direkte biotechnologische Produktion von antibakteriellen, antifungalen und cancerostatischen Antibiotika, Immunsuppressiva, Steroiden, Oligo- und Polysacchariden, Vitaminen, Nucleotiden, organischen Säuren und Aminosäuren, Enzymen und Alkaloiden verwendet. Tabelle 1 (S. 74) zeigt eine Auswahl entsprechender Arznei- oder Hilfsstoffe und die dazugehörigen Mikroorganismengattungen, wobei den Antibiotika die größte Bedeutung bei der mikrobiellen Arzneistoffproduktion zukommt.

70 % aller bisher bekannten bioaktiven mikrobiellen Stoffwechselprodukte werden innerhalb der Bakterienordnung Actinomycetales und hier insbesondere in der Gattung *Streptomyces* gebildet. Die Gattung *Bacillus* der Bakterienordnung Eubacteriales produziert ca. 10 % aller Antibiotika mikrobieller Herkunft. Pilzgattungen, haupsächlich *Penicillium* und *Cephalosporium*, erbringen einen Anteil von 20 % an der Gesamtzahl der mikrobiellen Antibiotika, jedoch ist deren strukturelle Vielfalt geringer als bei den Streptomyceten.

Biogenetisch entstammen die therapeutisch gebräuchlichen Antibiotika dem Acetat- und Propionat-Stoffwechsel oder werden aus Monosaccharid- oder Aminosäurebausteinen aufgebaut. Im erstgenannten Biosyntheseweg werden Polyketide wie Anthracycline, ↗ Ansamycine, ↗ Tetracycline, Makrolide und ↗ Griseofulvin sowie das 4-Nortriterpen Fusidinsäure gebildet. Aminoglykosidantibiotika stellen Oligosaccharide dar, die aus Monosaccharidbausteinen – zumeist Aminozucker – aufgebaut sind. Andererseits enthalten Antibiotika wie die ↗ Lincomycine und Polyen-Makrolide glykosidisch gebundene Aminozucker. ↗ β-Lactam-Antibiotika (↗ Penicilline, ↗ Cephalosporine) sowie Purin-Analoga stellen von Aminosäuren abgeleitete Verbindungen dar. ↗ Bacitracin, ↗ Vancomycin, ↗ Bleomycine, ↗ Actinomycine, ↗ Tyrothricin und ↗ Polymyxine werden zu den Polypeptidantibiotika gerechnet. Charakteristisch ist bei diesen von Aminosäuren abgeleiteten Stoffen insbesondere das Vorkommen von D- und L-Aminosäuren.

Von den bisher ca. 8000 aus Mikroorganismen isolierten Antibiotika werden nur relativ wenige Substanzen zur Therapie von Infektionen mit Bak-

Tabelle 1: Arznei- und Hilfsstoffe mikrobieller Herkunft

	Arzneistoff oder Hilfsstoff	Mikroorganismengattung
antibakterielle Antibiotika	Bacitracin, Tyrothricin, Polymyxine Vancomycin, Ansamycine, Tetracycline, Aminoglykoside, Lincomycine, Makrolide Gentamicin Penicilline Cephalosporine Cephamycine Fusidinsäure	*Bacillus* *Streptomyces* *Micromonospora* *Penicillium* *Cephalosporium* *Streptomyces* *Fusidium*
antifungale Antibiotika	Polyen-Makrolide Griseofulvin	*Streptomyces* *Penicillium*
cancerostatische Antibiotika	Bleomycine, Actinomycine, Anthracycline, Mitomycine, Purin-Analoga	*Streptomyces*
Immunsuppressiva	Tacrolimus Ciclosporin A Mycophenolsäure	*Streptomyces* *Tolyplocladium* *Penicillium*
Steroide	Ergosterol	*Saccharomyces*
Oligo- und Polysaccharide	Arcabose Dextrane	*Actinoplanes* *Leuconostoc*
Vitamine	Vitamin B12	*Propionibacterium*
Nucleoside, Nucleotide und Nucleinsäuren	Bausteine für die Gentechnologie	*Saccharomyces, Bacillus* *Escherichia*
organische Säuren, Aminosäuren	Citronensäure Glutaminsäure	*Aspergillus* *Corynebacterium*
Enzyme	Amylasen, Cellulasen Lipasen Proteasen L-Asparaginase Hyaluronidase, (Streptokinase)	*Aspergillus* *Rhizopus, Aspergillus* *Aspergillus* *Escherichia* *Streptococcus*
Alkaloide	Lysergsäurederivate	*Claviceps*

terien und Pilzen sowie zur Behandlung von Tumorerkrankungen eingesetzt.

Wirkungsmechanismen und Anwendungsbereiche

Tabelle 2 (S. 75) zeigt Wirkungsmechanismen wichtiger, therapeutisch verwendeter Antibiotika natürlicher Herkunft, wobei partialsynthetische Produkte nicht erwähnt werden, obwohl diese einen erheblichen therapeutischen Stellenwert besitzen. Da sich die Resistenzsituation der natürlich gewonnenen, antibakteriellen Antibiotika zunehmend verstärkt, sind bereits heute viele der aufgeführten Verbindungen durch partialsynthetische oder andere Wirkstoffe substituiert worden. Jedoch sind auch weiterhin die natürlichen Verbindungen als Ausgangsmaterialien für Partialsynthesen sowie als Leitstrukturen für die Wirkstoffentwicklung und -optimierung von Interesse. Gegenwärtig werden partialsynthetische Penicilline, Cephalosporine, ↗ Cephamycine, ↗ Tetracycline, ↗ Lincomycine und ↗ Ansamycine therapeutisch verwendet, deren strukturelle Vorstufen aber biotechnologisch produziert werden. Lediglich ↗ Chloramphenicol, das ursprünglich in *Streptomyces venezuelae* entdeckt wurde, wird heute vollsynthetisch hergestellt. In der Therapie von Infektionen mit Bakterien und Pilzen werden weiterhin viele vollsynthetische Substanzen eingesetzt, die dem oftmals widersprüchlich ausgelegten Begriff Antibiotika zugeordnet werden.

Tabelle 2: Wirkungsmechanismen therapeutisch verwendeter Antibiotika

Wirkungsmechanismus	Antibiotika
Hemmung der Biosynthese der Bakterienzellwand	antibakterielle Antibiotika: **Penicilline:** Benzylpenicillin, Phenoxymethylpenicillin **Cephalosporine:** Cephalosporin C [1] **Cephamycine:** Cephamycin C [1] **Bacitracin** **Vancomycin**
Hemmung der Transkription und Replikation von Nucleinsäuren	antibakterielle Antibiotika: **Ansamycine** (syn. Rifamycine): Rifamycin B cancerostatische Antibiotika: **Anthracycline:** Daunorubicin, Doxorubicin, Aclarubicin **Actinomycine:** Dactinomycin **Mitomycine:** Mitomycin C **Bleomycine:** Bleomycin A2 und B2 **Purin-Analoga:** Pentostatin
Hemmung der ribosomalen Translation	antibakterielle Antibiotika: **Tetracycline:** Chlortetracyclin, Oxytetracyclin, Demeclocyclin **Aminoglykoside:** Streptomycin, Kanamycin, Tobramycin, Gentamicin, Neomycin, Framycetin, Spectinomycin, Paromomycin **Lincomycine:** Lincomycin **Makrolide:** Erythromycin, Spiramycin, Josamycin **Fusidinsäure**
Beeinflußung der Permeabilität der Zytoplasmamembran	antifungale Antibiotika: **Polyen-Makrolide:** Nystatin, Amphotericin B antibakterielle Antibiotika: **Tyrothricin:** Tyrocidine, Gramicidine **Polymyxine:** Polymyxin B, Polymyxin E (syn. Colistin)

[1] Therapeutisch werden ausschließlich partialsynthetische Derivate verwendet.

Das Wirkungsspektrum eines antibakteriellen oder antifungalen Antibiotikums richtet sich zumeist nur gegen eine begrenzte Anzahl von Krankheitserregern. Je breiter das Wirkungsspektrum ist, desto breiter ist zumeist auch die Toxizität gegenüber dem Wirtsorganismus. Das Ausmaß der Nebenwirkungen der in Tabelle 2 aufgeführten Antibiotikagruppen mikrobiellen Ursprungs ist in Abhängigkeit vom Wirkungsmechanismus sehr unterschiedlich. Antibiotika, die die Zellwandsynthese von Bakterien beeinflussen, zeigen bei Mensch und Tier zumeist nur sehr geringe Nebenwirkungen, wohingegen bei der Hemmung der Transkription und Replikation von Nucleinsäuren mit den schwerwiegendsten Nebenwirkungen gerechnet werden muß. Aus diesem Grunde werden derartige Verbindungen auch nur noch vereinzelt in der Therapie bakterieller Infektionen eingesetzt. Hauptanwendungsgebiet ist heute die zytotoxische Chemotherapie von bestimmten Tumorerkrankungen. Hemmstoffe der ribosomalen Translation, die vorwiegend die bakterielle Proteinsynthese beeinflussen, nehmen hinsichtlich des Ausmaßes ihrer Nebenwirkungen eine Zwischenstellung zwischen den ersten beiden Gruppen ein. Antibiotika, die die Permeabilität von Zytoplasmamembranen erhöhen, sind ebenfalls relativ toxische Substanzen und können aus diesem Grunde zumeist nur lokal appliziert werden.

Die in Tabelle 1 genannten Immunsuppressiva werden therapeutisch zur Prophylaxe oder Behandlung von Transplantat-Abstoßungen sowie bei autoimmun bedingten entzündlichen Prozessen eingesetzt. Der Wirkungsmechanismus von Ciclosporin A (↗ Ciclosporine) und ↗ Tacrolimus besteht in der Hemmung der Expression von Cytokinen und Cytokin-Rezeptor-Proteinen. Daraus resultiert die selektive, dosisabhängige und reversible Hemmung der Aktivierung und Proliferation zytotoxischer T-Lymphozyten sowie von B-Lymphozyten bzw. Plasmazellen. Mycophenolatmofetil, das aus Mycophenolsäure hergestellt wird, führt zur nichtkompetitiven, reversiblen Hemmung der Inosinmonophosphat-Dehydrogenase und damit ebenfalls zur Proliferationshemmung von T- und B-Zellen.

Das Pseudotetrasaccharid Arcabose wird aufgrund seiner antihyperglykämischen Wirkung, die durch die Hemmung intestinaler alpha-Glucosidasen und der damit verbundenen Unterdrückung des Abbaus von Nahrungskohlenhydraten bedingt wird, für die Zusatztherapie bei Diabetes mellitus Typ II eingesetzt.

Da mikrobielle Zellen zu 80 bis 90 % aus Enzymen bestehen können, eignen sich diese besonders auch zur biotechnologischen Produktion dieser Stoffe. Von den bisher 2000 bis 3000 Enzymen mikrobieller Herkunft haben heute ca. 50 industrielle Bedeutung erlangt. Das Hauptanwendungsgebiet dieser Produkte liegt zwar in der Waschmittel-, Lebens- und Futtermittel-, Textil- und Lederindustrie, jedoch haben auch einige Enzyme pharmazeutische Verwendung gefunden. Mikrobielle Amylasen, Lipasen und Proteasen werden neben pankreatischen Enzymen tierischer Herkunft ebenfalls als Verdauungshilfsmittel bzw. in der Substitutionstherapie verwendet. Mikrobielle Hyaluronidase ist eine Glykosidase, die Hyaluronsäure-Polymere in Dimere mit 4,5-ungesättigten Glucuronsäureresten spalten kann, wohingegen bei der Einwirkung tierischer Hyaluronidase entprechende Tetrasaccharide entstehen. Therapeutisch eingesetzt wird dieses Enzym zur Beseitigung von Ödemen und Exsudaten und zur Förderung der Resorption von Exsudaten. L-Asparaginase katalysiert die Hydrolyse von Asparagin zu Asparaginsäure und Ammoniak. Einige wenige Tumorzellarten weisen einen Mangel an Asparaginsynthetase auf und sind auf die Zufuhr von Asparagin angewiesen. Mittels der Applikation von L-Asparaginase bei Formen von lymphatischer Leukämie wird die Asparaginkonzentration im Blut niedrig gehalten und die Tumorzellen damit ausgehungert. Streptokinase ist zwar selbst kein Enzym, wirkt jedoch als Plasminogen-Aktivator, wodurch Plasminogen in Plasmin überführt wird. Plasmin ist ein proteolytisches Enzym, das Fibringerinnsel (Thromben) zu löslichen Proteinen depolymerisiert. Streptokinase wird parenteral als Fibrinolytikum zur Auflösung frischer Venenthromben bei Lungenembolie und akutem Myokardinfarkt sowie äußerlich zur Reinigung fibrinös eiternder Wunden eingesetzt.

Weitere Anwendungsgebiete von Mikroorganismen

Neben der direkten Produktion von Arznei- oder Hilfsstoffen mit pharmazeutischer Bedeutung finden Mikroorganismen auch Anwendung als Lieferanten von Ausgangsstoffen für die Synthese von Steroidhormonen (Ergosterol) sowie bei strukturellen Transformationen von Naturstoffen. In Betracht kommen bei Partialsynthesen insbesondere regio- und stereospezifische Oxidationen sowie stereoselektive hydrolytische Spaltungen unter Ausnutzung mikrobieller Enzyme.

Weiterhin werden Mikroorganismen heute in zunehmendem Maße als Bestandteile von Wirt-Vektor-Systemen zur gentechnologischen Produktion von zahlreichen Pharmaka mit Proteinstruktur verwendet. Rekombinante DNA-Techniken sind insbesondere effizient zur Produktion körpereigener Wirkstoffe mit Proteincharakter, wenn die Isolierung aus Körperflüssigkeiten oder Organen aufgrund sehr geringer Konzentrationen unbefriedigend ist oder die Totalsynthese aufgrund der Molekülgröße und aus wirtschaftlichen Gesichtspunkten nicht realisierbar ist. Produktionsorganismen sind vielfach das Bakterium ↗ *Escherichia coli* und der Sproßpilz *Saccharomyces cerevisiae*. Rekombinante Peptid-Hormone, Cytokine und Impfstoffe können alternativ entweder mittels Mikroorganismen oder Säugetierzellinien produziert werden. Der Vorteil der Mikroorganismen liegt in ihrer hohen Zellteilungsrate, in der einfachen Massenproduktion in etablierten Fermentern und in der hohen Produktionsleistung, wobei das rekombinante Protein bis zu 50 % eines bakteriellen Gesamtproteins ausmachen kann. Posttranslationale Glykosidierungen und damit die Synthese von Glykoproteinen sind jedoch mittels Bakterien nicht möglich. Hefepilze sind zwar prinzipiell dazu in der Lage, jedoch entstehen zumeist andere Glykosidierungsmuster. Tabelle 3 gibt einen Überblick zu gegenwärtig in Deutschland für ausgewählte Indikationen zugelassenen, mittels mikrobieller Wirte produzierter Protein-Pharmaka. Die Anzahl dieser Stoffe und die dazugehörigen Indikationen wird sich wahrscheinlich in den nächsten Jahren erheblich erhöhen. Das Potential an therapeutisch relevanten Proteinen, die nur gentechnisch hergestellt wer-

Tabelle 3: In mikrobiellen Wirten hergestellte rekombinante Protein-Pharmaka

	Arzneistoff (Wirt)	therapeutische Anwendung
Peptid-Hormone	**Somatotropes Hormon:** r-STH, Somatropin, (*Escherichia coli*)	Wachstumshormon-Defizienz bei Kindern
	Human-Insulin: (*E. coli, Saccharomyces cerivisiae*)	Diabetes mellitus
Zytokine	**Interleukin-2:** r-IL-2, Aldesleukin, (*Escherichia coli*)	metastasierendes Nierencarcinom
	Interferon alpha: r-IFN-α-2a, (*E. coli*) r-IFN-α-2b, (*E. coli*)	Haarzellenleukämie, chronische Hepatitis B und C, chronisch-myeloische Leukämie, Non-Hodgkin-Lymphome, kutanes T-Zell-Lymphom, Karposi-Sarkom, Nierenzell-Carcinom, follikuläre Lymphome, malignes Melanom, multiples Myelom, Carcinoid
	Interferon beta: r-IFN-β-1b, (*E. coli*)	multiple Sklerose
	Interferon gamma: r-IFN-γ-1b, (*E. coli*)	schwerwiegende Infektionen bei chronischer Granulomatose
	Granulozyten-Kolonie-stimulierender Faktor: r-met-G-CSF, Filgrastim, (*E. coli*)	Neutropenien während der zytotoxischen Chemotherapie bei verschiedenen malignen Erkrankungen
	Granulozyten-Makrophagen-Kolonie-stimulierender Faktor: r-GM-CSF, Molgramostim, (*E. coli*)	dto.
Fibrinolytika	**Gewebe-Plasmin-Aktivator:** r-t-PA, Reteplase, (*E. coli*)	fibrinolytische Therapie bei akutem Herzinfarkt
Gerinnungshemmer	**Hirudin:** Lepirudin, (*E. coli, S. cerevisiae*)	Thrombozytopenie
	Desirudin (*S. cerevisiae*)	Prophylaxe tiefer Venenthrombosen bei Hüft- und Kniegelenksoperationen
Impfstoffe	**Hepatitis-B-Oberflächenantigen:** r-HbsAg (*S. cerevisiae*)	Aktive Immunisierung gegen Infektionen mit Hepatitis-B-Virus

den können, wird heute bereits auf ca. 1000 geschätzt. Denkbar wäre auch die mikrobiell-gentechnische Produktion von Blutgerinnungsfaktoren, Wachstumsfaktoren und Enzymen sowie weiteren Impfstoffen, Cytokinen und Peptidhormonen.

Literatur:

Schneider, G., Hiller, K.: *Arzneidrogen*. Spektrum Akademischer Verlag, Heidelberg, Berlin 1999.

Teuscher, E.: *Biogene Arzneimittel*. Wissenschaftliche Verlagsgesellschaft Stuttgart 1997.

Gräfe, U.: *Biochemie der Antibiotika: Struktur-Biosynthese-Wirkmechanismus*. Spektrum Akademischer Verlag, Heidelberg, Berlin, New York 1992.

Reichling, J., Baron, D., Saller, R.: *Produktion und Anwendung von gentechnisch hergestellten Arzneimitteln*. Zeitschrift für Phytotherapie 19 (1998) 263-268.

Bader, G.: *Therapeutischer Einsatz von gentechnologisch hergestellten Zytokin-Pharmaka*. BIOforum 20 (1997) 216-219.

Milchbaumwachs ↗ Brosimum galactodendron.
Milchkraut ↗ Euphorbia-Arten.

■ Milchsaft

(Latex), pflanzliche Exkrete in Form wäßriger Emulsionen bzw. Suspensionen, die u. a. Kautschuk, Guttapercha, Alkaloide und unlösliche Fette suspendiert enthalten und an der Luft gerinnen. M. befindet sich in einzelnen Milchsaftzellen oder Milchröhren.

■ Milchsäure

(syn. Acidum lacticum, 2-Hydroxypropionsäure). M. findet sich in sauer gewordenen zucker- und stärkehaltigen Flüssigkeiten, z. B. saurer Milch, Sauerkraut, Sauergurken, etc. Sie ist auch Bestandteil vieler biochemischer Reaktionen des Stoffwechsels im Tier, in der Pflanze sowie in Mikroorganismen. Anw.: zur Herstellung von Sauermilch für die Säuglingsernährung; äußerlich als Ätzmittel in der Dermatologie; in Spüllösungen; zur Lebensmittelkonservierung; technisch in der Färberei und Gerberei.

Histor.: M. wurde 1780 von dem Apotheker C.W. Scheele aus saurer Milch isoliert.

Milchstern ↗ Ornithogalum umbellatum.
Millefolii flos ↗ Achillea-Arten.
Millefolii herba ↗ Achillea-Arten.
Millers Tannin ↗ Tsuga canadensis.
Millipedes ↗ Oniscus asellus.
Milokorn ↗ Sorghum bicolor.
Mimosa acacioides ↗ Anadenanthera peregrina.
Mimosa catechuoides ↗ Acacia-Arten.
Mimosa farnesiana ↗ Acacia-Arten.

■ Mimosa hostilis (Mart.) Benth.

Jurema

Fam.: Leguminosae.

Vork.: tropische Gebiete Südamerikas.

Inh.: Hauptinhaltsstoff der halluzinogenen Droge ist das Indolalkaloid *N,N*-Dimethyltryptamin. Anw.: Die Wurzeln der Pflanze wurden zu einem „Wundertrank" (Ajuca, Vinho de Jurema) verarbeitet, der in Ostbrasilien bei religiösen Stammeszeremonien sowie zur Kriegsvorbereitung diente.

Mimosa niopo ↗ Anadenanthera peregrina.
Mimosa peregrina ↗ Anadenanthera peregrina.

■ Mimosa pudica L.

Fam.: Fabaceae.

Vork.: Brasilien und andere Tropengebiete.

Inh.: u. a. Mimosin und Pipecolinsäure.

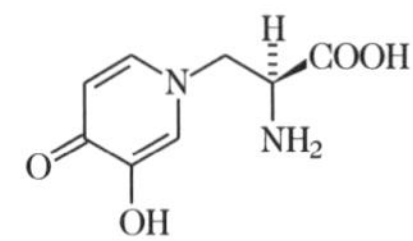

Mimosin

Hom.: ***Mimosa pudica*** HAB; die frischen Laubblätter. Anw.-Geb.: Rheumatismus.

Mimosa pudica.

Mimosa senegal ↗ Acacia-Arten.
Mimosa senegalensis ↗ Acacia-Arten.
Mimosa sundra ↗ Acacia-Arten.
Mimosen-Gummi ↗ Acacia-Arten.
Mimusops balata ↗ Balata.
Mimusops globosa ↗ Balata.
Minyranthes heterophylla ↗ Sigesbeckia orientalis.
Minzblätter ↗ Mentha-Arten.
Minzenartiger Rainfarn ↗ Chrysanthemum-Arten.
Minzenöl ↗ Mentha-Arten.
Minzöl ↗ Mentha-Arten.
Miracle Fruit ↗ Synsepalum dulciferum.
Miraculinbeeren ↗ Synsepalum dulciferum.
Mirmau selago ↗ Huperzia selago.
Mischgelt ↗ Viscum album.
Mischgle ↗ Viscum album.
Mispel ↗ Mespilus germanica.

Misple ↗ Viscum album.
Missionstee ↗ Ilex paraguariensis.
Mistel ↗ Viscum album.
Mistelsenker ↗ Viscum album.

■ **Mitchella repens** L.
Rebhuhnbeere.
Fam.: Rubiaceae.
Vork.: Nordamerika, Kanada bis Mexiko, Japan.
Droge: ***Herba Mitchellae***; das Kraut. *Inh.*: glykosidische Verbindungen, Gerbstoffe. *Anw.*: in der Volksheilkunde Amerikas als Tonikum, Diuretikum und Adstringens.
Hom.: ***Mitchella repens*** HAB; die frischen, oberirdischen Pflanzenteile. *Anw.-Geb.*: Gebärmutterblutungen.
Histor.: Der Gattungsname wurde zu Ehren von John Mitchell (gest. 1768), einem Botaniker aus Virginia, geprägt.

■ **Mitomycine**
Gruppe strukturell ähnlicher, antineoplastisch wirkender Indolderivate, die von *Streptomyces caespitosus*, *Streptomyces ardus* und *Streptomyces verticillatus* gebildet werden. *Wirk.*: M. wirken als Alkylanzien (Semichinone), indem sie die DNA-Doppelstränge miteinander vernetzen. *Anw.*: Neben M. A und B wird vor allem M. C als Zytostatikum bei bösartigen Tumoren (Mammacarcinom, Zervixcarcinom, Bronchialcarcinom) eingesetzt.

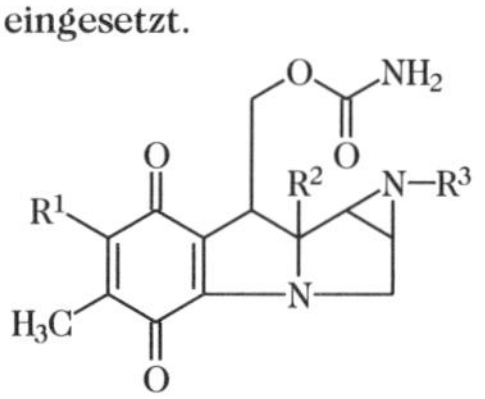

	R^1	R^2	R^3
Mitomycin A	OCH_3	OCH_3	H
Mitomycin B	OCH_3	OH	CH_3
Mitomycin C	NH_2	OCH_3	H

■ **Mitragyna-Arten**
● **Fam.:** Rubiaceae.
● **Mitragyna parvifolia** (Roxb.) Korth.
● **Mitragyna rotundifolia** (Roxb.) O. Kuntze.
● **Mitragyna speciosa** Korth.
Vork.: Asien.
Inh.: Rinde und Blätter enthalten ein breites Spektrum an Indol- und Oxyindol-Alkaloiden. *Anw.*: *Mitragyna*-Drogen sind psychoaktiv und werden als Rauschdrogen eingesetzt. In der Volksheilkunde Asiens dienen die Drogen zur Behandlung verschiedener Krankheiten.

Mitsommerpflanze ↗ Pinellia ternata.
Mitsommerpflanzenknollen ↗ Pinellia ternata.
Mitsumata-Papier ↗ Edgeworthia papyrifera.
Mittlerer Sonnentau ↗ Drosera-Arten.
Mittlerer Wegerich ↗ Plantago-Arten.
Mkanifett ↗ Allanblackia stuhlmannii.
Mocayabutter ↗ Acrocomia sclerocarpa.
Mocayaöl ↗ Acrocomia sclerocarpa.
Modavica punctata ↗ Dracocephalum moldavica.
Modavica suaveolens ↗ Dracocephalum moldavica.
Modecca carixcifolia ↗ Adenia lobata.
Modecca diversifolia ↗ Adenia lobata.
Modecca lobata ↗ Adenia lobata.
Modecca tenuifolia ↗ Adenia lobata.
Modjobaum ↗ Aegle marmelos.
Moghania macrophylla ↗ Flemingia macrophylla.
Mohn ↗ Papaver somniferum.
Mohnblumen ↗ Papaver rhoeas.
Mohnkannen ↗ Papaver somniferum.
Mohnkapseln ↗ Papaver somniferum.
Mohnkolben ↗ Papaver somniferum.
Mohnköpfe ↗ Papaver somniferum.
Mohnöl ↗ Papaver somniferum.
Mohnsamen ↗ Papaver somniferum.
Mohnstroh ↗ Papaver somniferum.
Möhre ↗ Daucus carota.
Mohrenhirse ↗ Sorghum bicolor.
Mohrenpfeffer ↗ Xylopia aethiopica.
Mohrrübe ↗ Daucus carota.
Molina reticulata ↗ Baccharis genistelloides.
Molina trimera ↗ Baccharis genistelloides.
Mollebaum ↗ Schinus-Arten.
Molleblätter ↗ Schinus-Arten.
Molliharz ↗ Schinus-Arten.
Mollisrinde ↗ Schinus-Arten.
Molukken-Copal ↗ Agathis-Arten.

■ **Momordica-Arten**
● **Fam.:** Cucurbitaceae.
● **Momordica balsamina** L.; Balsamapfel (syn. Balsamgurke, Springkürbis).
Vork.: tropisches Afrika, Indien, China, Kulturen in Westindien.

Droge: ***Fructus Momordicae*** (syn. *Pomo balsamica*); Balsamapfel, die unreifen Früchte. Inh.: Cucurbitacine, carotinoide Farbstoffe. Anw.: volkstümlich als drastisches Abführmittel, ferner als Brechmittel sowie in niedriger Dosierung auch als Magenmittel.

Hom.: ***Momordica balsamina*** HAB1; Balsamapfel, die frischen, kurz vor der Reife geernteten Früchte. Anw.-Geb.: Erkrankungen des Magen-Darm-Traktes, der Leber, Galle und Bauchspeicheldrüse, besonders Durchfälle und Blähungskoliken.

Histor.: Der Gattungsname ist vom lateinischen *momordicus* (beißend, bissig, scharf); auf Grund der scharfen Früchte abgeleitet, während *balsamina* (balsamisch) auf den Geruch hinweist. In den Heimatgebieten wurden die Früchte früher mit Öl übergossen und bei Brandwunden eingesetzt. Die gesalzenen unreifen Früchte dienten auch als Gemüse.

● **Momordica charantia** L. (syn. *Momordica muricata*); Balsambirne.

Vork.: Tropen und Subtropen.

Droge: Blätter und unreife Früchte. Inh.: Steroidglykoside, u. a. Momordin und Charantin. Wirk.: Steroidglykoside regen Freisetzung von Insulin an. Anw.: volkstümlich als Antidiabetikum, mitunter auch als Wurmmittel und ähnlich *M. balsamina*.

Momordica cylindrica ↗ Luffa-Arten.
Momordica elaterium ↗ Ecballium elaterium.
Momordica luffa ↗ Luffa-Arten.
Momordica operculata ↗ Luffa-Arten.

■ Monarda didyma L.

Goldmelisse (syn. Monarde, Pferdeminze).

Fam.: Lamiaceae (Labiatae).

Vork.: östliches Nordamerika.

Droge: ***Herba Monardae***; Monardenkraut, das getrocknete Kraut. Inh.: äther. Öl mit phenolischen Monoterpenen, u. a. Carvacrol und Thymol sowie Cymen; ferner Gerbstoffe, Bitterstoffe und in den Blüten Anthocyane. Anw.: Aromatikum und Stomachikum.

Monarde ↗ Monarda didyma.
Monardenkraut ↗ Monarda didyma.
Monatsblume ↗ Menyanthes trifoliata.
Monatsrose ↗ Rosa x damascena.
Mönchskappe ↗ Aconitum napellus.
Mönchskappen ↗ Colchicum autumnale.
Mönchspfeffer ↗ Vitex agnus-castus.
Mondscheinkraut ↗ Solanum-Arten.
Monesiarinde ↗ Pradosia lactescens.
Monniera cuneifolia ↗ Bacopa monnieri.

■ Monobactame

Gruppe monocyclischer ↗ β-Lactam-Antibiotika, deren Grundstruktur sich durch einen viergliedrigen β-Lactamring ohne ankondensiertes zweites Ringsystem auszeichnet. M., wie Sulfazecin besitzen derzeit nur untergeordnete therapeutische Bedeutung.

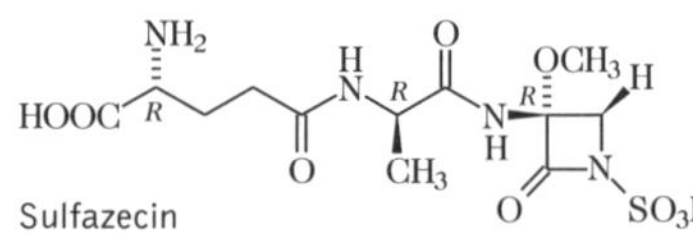

Sulfazecin

Monochilon cordifolius ↗ Teucrium-Arten.

■ Monodora myristica (Gaertn.) Dun.

Kalebassenmuskat.

Fam.: Annonaceae.

Vork.: tropisches Westafrika, auf den Antillen kultiviert.

Droge: ***Semen Monodorae***; Calebassenmuskatnuß (syn. Macisbohne), der Samen. Inh.: äther. Öl (ca. 25 %), fettes Öl (ca. 6 %). Anw.: als Gewürz und Karminativum, besonders als Ersatz für echte Muskatnüsse (↗ *Myristica fragrans*).

Histor.: Die Pflanze wurde von den afrikanischen Sklaven in die Karibik eingeführt. In Afrika selbst diente sie in speziellen Zeremonien zur Beschwörung von Wassergeistern und soll als Halluzinogen eingesetzt worden sein.

■ Monostroma latissimum (Kuetz.) Wittr.

Fam.: Monostromaceae.

Vork.: Küsten der japanischen Inseln, Pazifik- und Atlantikküste von Nordamerika, Küsten von Europa, Afrika, Neuseeland, in Japan auch kultiviert.

Droge: die ganzen, frischen oder getrockneten Algen. Inh.: Proteine (ca. 16 %), Aminosäuren, wie Methionin, Glutaminsäure; Fett (0,2 %), Zucker (ca. 66 %), Chlorophyll, Caritin, Xanthophyll, Vitamin C (ca. 38 mg %). Anw.: als Diätetika und Nahrungsmittel (Aonori-Produkte) bes. in Japan geschätzt.

■ **Monotropa uniflora**
Fichtenspargel.
Fam.: Monotropaceae.
Vork.: Nordamerika, Ostasien.
Droge: die ganze Pflanze. *Inh.:* u. a. Monotropein, Gaultherin, Monotropidosid.

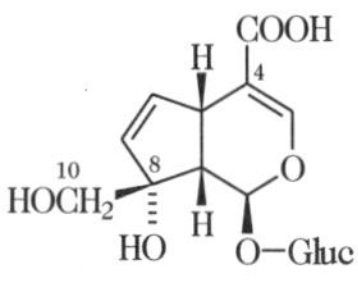

Monotropein

Hom.: ***Monotropa uniflora*** HAB34, die frische Pflanze.

■ **Montanoa tomentosa**
Zoapatl.
Fam.: Asteraceae (Compositae).
Vork.: Südamerika, Andenregion, Mexiko.
Droge: das Kraut. *Inh.:* Diterpene, wie Zoapatanol und Montanol.

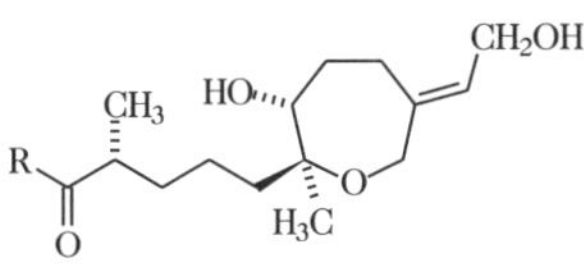

Zoapatanol: R = 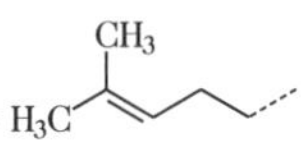

Montanol: R = 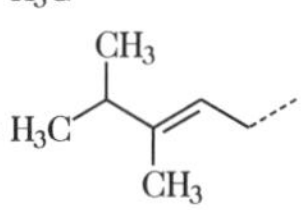

Anw.: in der mexikanischen Volksheilkunde zum Schwangerschaftsabbruch durch Auslösung der Menstruation.

Moorbeere ↗ Vaccinium-Arten.
Moorbirke ↗ Betula-Arten.
Mooreckel ↗ Potentilla erecta.
Moorheidelbeere ↗ Vaccinium-Arten.
Moorwurzel ↗ Pastinaca sativa.
Moosbeere ↗ Arctostaphylos uva-ursi, ↗ Paris quadrifolia, ↗ Vaccinium-Arten.
Moosfarn ↗ Lycopodium clavatum.
Möppelchen ↗ Bellis perennis.

■ **Morinda citrifolia** L.
Indische Maulbeere (syn. Noni).
Fam.: Rubiaceae.
Vork.: Australien, Polynesien, Südostasien, Mittelamerika, Westindien.
Droge: ***Morindawurzel***. *Inh.:* glykosidierte Anthrachinone, wie Nordamnacanthal (ca. 1,7 %), Morindon (ca. 0,5 %); Flavonoide, Iridoide; in den

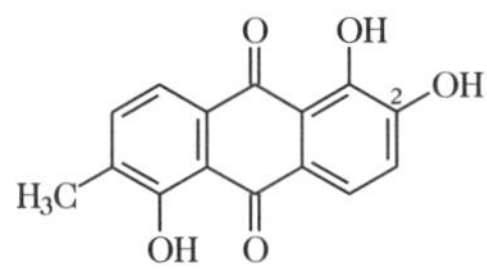

Morindon

Früchten auch Vitamine und Carotinoide. *Anw.:* in der Volksheilkunde als Laxans und gegen hohen Blutdruck sowie gegen Eingeweidewürmer; die Früchte werden darüber hinaus bei Diabetes, Leber- und Milzerkrankungen sowie bei Nierenleiden eingesetzt; der Fruchtsaft dient zur Behandlung von Halsschmerzen; die Blätter kommen bei Fieber, zur Wundbehandlung, als Adstringens und bei gynäkologischen Leiden zum Einsaz. Der rote Farbstoff der Wurzelrinde wird technisch in der Färberei verwendet.

Morindawurzel ↗ Morinda citrifolia.

■ **Moringa-Arten**
● **Fam.:** Moringaceae.
● **Moringa oleifera** Lam. (syn. *Guilandina moringa, Hyperanthera moringa, Moringa nux ben, M. pterygosperma*); Behennußbaum (syn. Meerrettichbaum, Ölmoringie, Pferderettichbaum).
Vork.: Indien, Saudi-Arabien, Ägypten, Sudan, Westafrika, Florida, Mittelamerika, Peru, Indonesien.
Drogen: ***1. Moringae gummi*** (syn. *Gummi Moringae*); Moringa-Gummi, das in der Rinde nach Verwundung gebildete Gummi. *Inh.:* Schleimstoffe (aufgebaut aus Arabinose, Galactose und Gucuronsäure im molaren Verhältnis von 10:7:2), Monosaccharide, wenig Proteine, Spuren von Myrosinase. *Anw.:* in der Volksheilkunde bei Magenbeschwerden, Zahn- und Ohrenschmerzen. In der Technik dient das Gummi als Hilfsmittel in der Kattundruckerei. ***2. Moringae oleum*** (syn. *Oleum Moringae*), Behenöl (syn. Moringaöl), das fette Öl der Samen. *Inh.:* Triglyceride der Ölsäure, Palmitinsäure, Stearinsäure sowie Behensäure, Arachinsäure und Lignoce-

rinsäure. *Anw.:* in der Volksheilkunde äußerlich bei Rheuma und Hauterkrankungen als Einreibung genutzt. In der Kosmetik dient die Droge als Grundlage für Salben und Cremes, die Technik nutzt es als Feinmechaniköl und auch im Haushalt dient es als Speiseöl, besonders in Indien und Afrika. ***3. Moringae radix*** (syn. *Radix Moringae*); Behenwurzel (syn. Moringawurzel), die frische oder getrocknete Wurzel. *Inh.:* Senfölglykoside (ca. 0,05 %, v. a. Glucotropaeolin und 4-(α-L-Rhamnosyloxy)benzylglucosinolat und die daraus durch die Myrosinase freigesetzten Verbindungen Benzylisothiocyanat und 4-(α-L-Rhamnosyloxy)benzylisothiocyanat). *Anw.:* in der Volksheilkunde bei Zahnfleischentzündungen, äußerlich bei Wunden und Entzündungen, bei Tierbissen und Befall mit dem Guineawurm. Bei Rheuma als Badezusatz bzw. in Form von Einreibungen (vergleichbar mit dem Senfpflaster). Ausreichende klinische Daten zu diesen Anwendungen liegen nicht vor. ***4. Moringae semen*** (syn. *Semen Moringae*); Behennuß, die reifen, ungeschälten Samen. *Inh.:* Senfölglucoside (bis zu 9 %, v. a. 4-(α-L-Rhamnosyloxy)benzylglucosinolat), Ascorbinsäure, Moringyne. *Anw.:* in der indischen Volksheilkunde bei Fieber, als Aphrodisiakum, zur Wundbehandlung, gegen Warzen, Würmer, bei Durchfall, gegen Schuppen, bei Ödemen, Tumoren und Entzündungen.

● **Moringa peregrina** (Forssk.) Fiori (syn. *Moringa aptera, M. arabica, Hyperanthera peregrina*); Echter Behennußbaum (syn. Bennußbaum).

Vork.: arabisch-afrikanische Wüstengebiete, Vorderindien, Sri Lanka, Westindien, Südamerika, hier auch kultiviert.

Drogen: ***1. Moringae gummi.*** Inhaltsstoffe und Anwendung s. *Moringae oleifera. **2. Moringae oleum.*** Inhaltsstoffe und Anwendung s. *Moringae oleifera.*

Moringae gummi ↗ Moringa-Arten.
Moringae oleum ↗ Moringa-Arten.
Moringae radix ↗ Moringa-Arten.
Moringae semen ↗ Moringa-Arten.
Moringa-Gummi ↗ Moringa-Arten.
Moringaöl ↗ Moringa-Arten.
Moringawurzel ↗ Moringa-Arten.

■ Morphin

(syn. Morphium), Isochinolinalkaloid vom Morphinan-Typ, wichtigstes Opiumalkaloid (vgl. Opium, ↗ *Papaver somniferum*). *Wirk.:* stark analgetisch durch Hemmung der Erregungsübertragung nociceptiver Systeme im Zentralnervensystem. Dabei kommt es zur Bindung an die μ-Opiat-Rezeptoren mit nachfolgender Blokkade der Neurotransmission. Außerdem dämpft es das Atem- und Hustenzentrum. *Anw.:* als starkes Analgetikum bei Schmerzzuständen, die durch andere Analgetika nicht mehr zu beherrschen sind (z. B. Tumorschmerzen), zur Operationsvorbereitung zusammen mit Atropin bei akuten Spasmen. *Tox.:* Dauergebrauch von M. führt zur M.-Abhängigkeit (Morphinismus), die völligen körperlichen und geistigen Verfall bewirkt. M. unterliegt der Suchtmittelgesetzgebung (Betäubungsmittelgesetz) und darf nur eingeschränkt verordnet werden. Höhere Dosen führen zum Tod durch Atemlähmung.

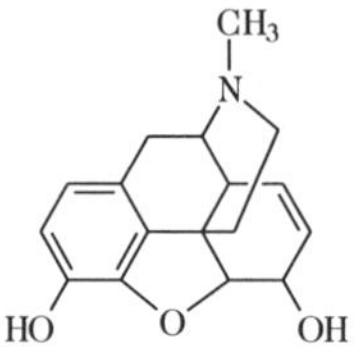

Morphin

Histor.: Entdeckt wurde M. durch den Paderborner Apotheker Friedrich Wilhelm Sertürner im Jahre 1805. Damit wurde die Grundlage gelegt für die Erforschung der Alkaloide als damals neue Verbindungsklasse. Für diese Entdeckung erhielt Sertürner 1831 den Preis der Pariser Akademie.

Morphium ↗ Morphin.
Morrhuae oleum ↗ Gadus morrhua.
Morsus diaboli ↗ Succisa pratensis.
Morsus diaboli radix ↗ Succisa pratensis.

■ Morus-Arten

● **Fam.:** Moraceae.

● **Morus alba** L.; Weißer Maulbeerbaum.

Vork.: Iran, Kulturen im Mittelmeerraum.

Droge: ***Fructus Mori***; Maulbeeren, die frischen Früchte. Inhaltsstoffe und Anwendung. s. *Morus nigra.*

● **Morus nigra** L.; Schwarzer Maulbeerbaum.

Vork.: China, kultiviert im Mittelmeergebiet.

Drogen: ***1. Fructus Mori*** (syn. *Baccae Mori*); Schwarze Maulbeeren, die frischen Früchte. *Inh.:*

Invertzucker (ca. 9 %), Pectine, Fruchtsäuren, u. a. Äpfel- und Citronensäure sowie Vitamin C und Farbstoffe. Anw.: besonders die frischen Früchte als Sirup (*Sirupus Mori, Mel Mororum*), ferner Geschmackskorrigenz und als Schminke (natürliches Lippenrot). ***2. Folia Mori nigrae***; Maulbeerblätter. Inh.: Adenin, Asparaginsäure, Glucose, Pepton, Vitamin C. Anw.: Nahrungsmittel der Seidenraupe.

Histor.: Der Gattungsname stammt vom griechischen *móros* (fade, unschmackhaft) ab, *nigra* (schwarz) weist auf die schwarzen Beeren hin. Der Schwarze Maulbeerbaum findet bereits in der Bibel Erwähnung. Auch die Schriftsteller der Antike erwähnen den Strauch, der als Symbol der Klugheit galt, da seine Blätter erst nach den Nachtfrösten erscheinen. Die Griechen nutzten die dunklen Früchte auch zum Färben von Wein.

● **Morus rubra** L.; Roter Maulbeerbaum.

Vork.: Nordamerika.

Droge: ***Fructus Mori***; Maulbeeren. Inhaltsstoffe und Anwendung s. *Morus nigra*.

● **Morus tinctoria** ↗ *Chlorophora tinctoria*.

Morus tinctoria ↗ Chlorophora tinctoria.
Moschus ↗ Moschus moschiferus.
Moschusblüten ↗ Achillea-Arten.
Moschuskernöl ↗ Abelmoschus moschatus.
Moschuskörner ↗ Abelmoschus moschatus.
Moschuskraut ↗ Adoxa moschatellina.
Moschuskürbis ↗ Cucurbita pepo.

■ Moschus moschiferus L.

Moschustier (syn. Bisam).

Fam.: Cervidae.

Vork.: Zentral- und Ostasien, bis in 4000 m Höhe.

Droge: ***Moschus tibetanus*** (syn. *Moschus tonquinensis*, *Moschus orientalis*); Moschus, das eingetrocknete Sekret des Moschusbockes. Inh.: 1–2 % äther. Öl mit Muscon und Zibeton (Ketone), Alkaloide (Muscopyridin), Steroide (Androstanderivate, Cholesterol), aliphatische Sulfate (Musclide), Fett, Harze, Proteine, Mineralien. Anw.: früher als Stimulans und Analeptikum bei Kollapszuständen, Herzschwäche und Ohnmachten (*Tinctura Moschi*). In der Kosmetik und Parfümerie als Fixateur.

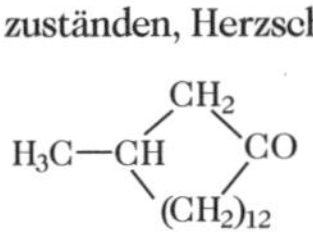

Muscon

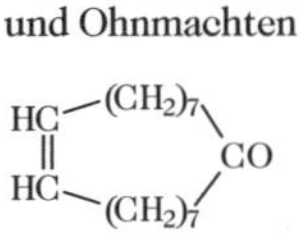

Zibeton

Hom.: ***Moschus moschiferus*** (syn. Moschus) HAB1, das im „Moschusbeutel" enthaltene Sekret des männlichen Moschustieres. Anw.-Geb.: Bronchitis, Hysterie und nervöse Beschwerden.

Moschus orientalis ↗ Moschus moschiferus.
Moschusrose ↗ Rosa moschata.
Moschusschafgarbe ↗ Achillea-Arten.
Moschus tibetanus ↗ Moschus moschiferus.
Moschustier ↗ Moschus moschiferus.
Moschus tonquinensis ↗ Moschus moschiferus.
Mostbeere ↗ Vaccinium-Arten.
Mottenkönig ↗ Plectranthus fruticosus.
Mottenkraut ↗ Ledum palustre, ↗ Plectranthus fruticosus.
Mottenwurzel ↗ Vetiveria zizanioides.
Moutan cortex ↗ Paeonia suffruticosa.
Mowrahfett ↗ Diploknema-Arten.
Moxibustion ↗ Artemisia moxa.

■ Mucilaginosum

schleimhaltiges Arzneimittel. Wirk.: einhüllend, reizmildernd, resorptionshemmend, schwach laxierend. Anw.: u. a. bei Gastroenteritis.

■ Mucopolysaccharide

(Glykosaminoglykane), lineare Polymere aus sich wiederholenden Disaccharideinheiten mit einem Aminozucker, meist *N*-Acetylglucosamin, sowie einer Uronsäure (Glucuronsäure, Iduronsäure), nur in Ausnahme auch Hexosen. M. sind häufig mit Schwefelsäure verestert und bilden zusammen mit Faserproteinen (Proteoglykanen) die extrazelluläre Matrix. Sie stellen gallertartige Stoffe dar, die besonders in Haut-, Binde- und Knorpelgeweben sowie in der Leber und Darmschleimhaut vorkommen. Wichtige Vertreter sind Chondroitin sowie ↗ Hyaluronsäure und ↗ Heparin, die therapeutisch genutzt werden.

■ Mucor pusillus

Köpfchenschimmel.

Fam.: Mucoraceae.

Dieser Schimmelpilz aus der Klasse der Zygomycetes (Jochpilze) produziert unter anderem ↗ Pilzproteasen, die zur oralen Substitutionstherapie bei Verdauungsbeschwerden eingesetzt werden.

■ **Mucosa nasalis suis HAB**
Nasenschleimhäute von Schweinen.

■ **Mucosa ventriculi HAB**
Magenschleimhäute von Schlachttieren.

■ **Mucuna pruriens** (L.) DC.
(syn. *Dolichos pruriens, Stizolobium pruriens*). Juckbohne (syn. Juckfasel).
Fam.: Leguminosae.
Vork.: Indien.
Drogen: ***Setae Stizolobii*** (syn. *Pubes Stizolobii*), die Brennhaare der Fruchthülsen. Inh.: Indol-3-alkylamine, β-Carbolin, Cholin. Anw.: äußerlich zur Hautreizung (Durchblutungsförderung), innerlich bei Eingeweidewürmern. *Fructus Stizolobii* (syn. *Siliquae hirsutae*), Juckbohnen. Inh.: Prurienin, Mucunin, Dihydroxyphenylalanin, Indol-3-Alkylamine. Anw.: Die zu Pulver zerriebenen Samen dienen in der indischen Volksheilkunde zur Behandlung von Eingeweidewürmern. Auch zur Erzeugung halluzinogener Zustände wird die Droge verwendet, die eng mit der Wirksamkeit als Aphrodisiakum verbunden zu sein scheint.
Hom.: ***Dolichos pruriens*** HAB1; Juckbohne, die Brennhaare der Fruchthülse. Anw.-Geb.: bei Hautjucken (Pruritus) und Gallenkoliken.

Mudarwurzelrinde ↗ Calotropis-Arten.
Muira puama ↗ Ptychopetalum-Arten.
Muira-Puama ↗ Dulacia inopiflora.
Muira-Puamabaum ↗ Ptychopetalum-Arten.
Muira puama lignum ↗ Ptychopetalum-Arten.
Muldera multinervis ↗ Piper nigrum.
Muldera wightiana ↗ Piper nigrum.
Müllen ↗ Vitex agnus-castus.

■ **Mumia vera aegyptica**
Echte ägyptische Mumie. Die zerstoßenen Teile echter, alter, ägyptischer Mumien wurden früher in der Volksheilkunde bei einer Vielzahl von Krankheiten wegen ihrer angeblichen wundertätigen Wirkung angewendet, heute obsolet.

Mummel ↗ Nuphar lutea.
Muninga-Baum ↗ Pterocarpus-Arten.
Muninga-Holz ↗ Pterocarpus-Arten.
Munnicksia laurifolia ↗ Hydnocarpus-Arten.
Münzkraut ↗ Lysimachia nummularia.

■ **Murex brandaris** L.
(syn. *Bolinus brandaris*); Purpurschnecke.
Fam.: Muricidae (Gastropoda).
Vork.: Mittelmeer.
Hom.: ***Murex***; der frische Saft der Drüsen. ↗ *Murex cornutus*.

■ **Murex cornutus** L.
Purpurschnecke.
Fam.: Muricidae.
Vork.: Mittelmeerküste, Westküste Afrikas.
Inh.: Das Sekret der Schnecke enthält Murexin (Urocanylcholin), das muskelrelaxierend, zentral erregend und in hohen Dosen lähmend wirkt. Außerdem Farbstoffe und Schleim. Anw.: Der Schneckenschleim wurde früher bei chronischer Gastritis und Magengeschwüren verwendet.
Hom.: ***Murex purpureus***; Molluske, Nackendrüse der Purpurschnecke, der frische Drüsensaft. Anw.-Geb.: in der Gynäkologie, bei Zirkulationsstörungen.
Histor.: Purpurschnecken hatten im Altertum große Bedeutung als Rohstoff zur Gewinnung der Purpurfarben. Der Schneckenpurpur, 6,6′-Dibromindigo, entsteht unter Einwirkung von Sonnenlicht aus dem Schleim der Nackendrüse, die Färbung geht von Gelb, Grün und Blau in Purpur über.

■ **Murex trunculus** L.
(syn. *Truncularia trunculus*); Purpurschnecke.
Fam.: Miricidae (Gastropodae).
Vork.: Mittelmeer.
Hom.: ***Murex***; der frische Saft der Drüsen. ↗ *Murex cornutus*.

Murmeltier ↗ Marmota marmota.
Murmeltierfett ↗ Marmota marmota.
Murmeltierschmalz ↗ Marmota marmota.
Murrbohne ↗ Lupinus angustifolius.
Murumurufett ↗ Astrocaryum-Arten.
Musa acuminata x Musa balbisiana ↗ Musa x paradisiaca.

■ **Musa x paradisiaca** L.
(syn. *Musa acuminata x Musa balbisiana, M. x sapientum*); Banane (syn. Pisang, Planten), s. Farbtafel S. 142, Bild 36.
Fam.: Musaceae.
Heim.: Südostasien, kultiviert in allen Tropen und zahlreichen subtropischen Gebieten.

Drogen: *1. Amylum Musae*; Bananenstärke, gewonnen durch Ausschlämmen aus Bananenfruchtfleisch. *Anw.*: als Hilfsstoff zur Tablettenherstellung. *2. Bananenpulver*, hergestellt nach Trocknung und Vermahlen der in Scheiben geschnittenen grünen, geschälten Bananen. *Anw.*: volkstümlich bei Magen- und Darmbeschwerden, Dyspepsie und Diarrhoe.

Hom.: *Musa sapientum* HAB34, die getrockneten Blüten.

Musa x sapientum ↗ Musa x paradisiaca.
Muscae hispanicae ↗ Lytta vesicatoria.

■ Muscarin

toxisches Amin (Derivat des Tetrahydrofurans) aus Pilzen (z. B. ↗ *Amanita muscaria*, ↗ *Inocybe*-Arten) mit Affinität zu postganglionären Rezeptoren des parasympatischen Nervensystems (muscarinerge Azetylcholinrezeptoren). M. führt

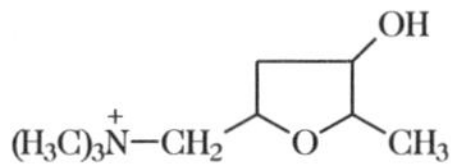

Muscarin

zu Erregungszuständen, verbunden mit Magen-Darm-Krämpfen, Erbrechen, Speichelfluß, Pupillenverengung und Muskelzittern. Bei letalen Dosen tritt der Tod durch Herzlähmung ein.

Muscimol ↗ Ibotensäure.
Muscus arboreus ↗ Evernia prunastri.
Muscus catharticus ↗ Huperzia selago.
Muscus corsicanus ↗ Alsidium helminthochorton.
Muskatbalsam ↗ Myristica fragrans.
Muskatblüte ↗ Myristica fragrans.
Muskatbutter ↗ Myristica fragrans.
Muskatellerkraut ↗ Salvia-Arten.
Muskateller Salbei ↗ Salvia-Arten.
Muskateller Salbeiöl ↗ Salvia-Arten.
Muskatnuß ↗ Myristica fragrans.
Muskatnußbaum ↗ Myristica fragrans.
Muskatnußbutter ↗ Myristica fragrans.
Muskatnußöl ↗ Myristica fragrans.
Muskatöl ↗ Myristica fragrans.
Muskat-Salbei ↗ Salvia-Arten.
Muskatsamen ↗ Myristica fragrans.

■ Mustela lutreola L.

Europäischer Nerz (syn. Nörz, Sumpfotter)

Fam.: Mustelidae.

Vork.: Europa.

Droge: *Nerzöl*, fettes Öl aus dem Unterhautfettgewebe des Tieres. *Inh.*: gemischte Triglyceride mit ungesättigten Fettsäuren. *Anw.*: früher in Dermatika sowie Kosmetika zur Haar- und Hautpflege.

Mutarda nigra ↗ Brassica-Arten.

■ Mutisia viciaefolia Car.

Fam.: Asteraceae (Compositae).

Vork.: Südamerika.

Droge: die Blüten.

Hom.: *Mutisia viciaefolia* HAB34, die frischen Blüten.

Mutterblätter ↗ Cassia-Arten.
Mutterharz ↗ Ferula gummosa.
Mutterkamille ↗ Chrysanthemum-Arten.
Mutterkorn ↗ Claviceps purpurea.
Mutterkornpilz ↗ Claviceps purpurea.
Mutterkraut ↗ Chrysanthemum-Arten.
Mutterkümmel ↗ Cuminum cyminum.
Mutterlorbeeren ↗ Laurus nobilis.
Mutternelken ↗ Syzygium-Arten.
Mutterwurz ↗ Arnica-Arten, ↗ Leonurus cardiaca.
Mutterzapfen ↗ Claviceps purpurea.
Mutterzimt ↗ Cinnamomum-Arten.
Myagrum sativum ↗ Camelina sativa.

■ Mycophenolsäure

Stoffwechselprodukt von *Penicillium brevicompactum*. *Wirk.*: Die Verbindung hemmt die Biosynthese von Guanosinnucleotiden und wirkt dadurch antibakteriell, antiviral, antifungal, immunsuppressiv und zytotoxisch. *Anw.*: zur Therapie der Schuppenflechte; das Mycophenolat Mofetil dient als Immunsuppressivum gegen Abstoßungsreaktionen nach Nierentransplantationen.

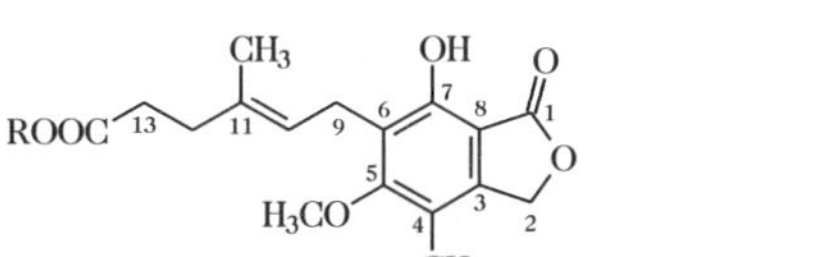

Mycophenolsäure: R = H
Mycophenolat Mofetil: R = CH_2-CH_2-N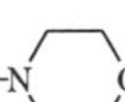O · HCl

■ **Mycotoxine**
Stoffwechselprodukte von Schimmelpilzen einschließlich Hefen, die für Menschen und Tiere giftig sind. Hauptproduzenten dieser chemisch uneinheitlichen Stoffklasse sind *Penicillium-*, *Aspergillus-* und *Fusarium*-Arten. Da M. hauptsächlich in pflanzlichen Nahrungsmitteln gebildet werden, sind sie häufig die Ursache für Lebensmittelvergiftungen. Zu den Hauptvertretern gehören u. a. ↗ Aflatoxine, Sterigmatocystin, Ochratoxin, Luteoskyrin, Patulin, Zearalenon, Trichothecene, Ergolinderivate und Islanditoxin. M. induzieren Toxicosen (Mycotoxicosen), die Nieren und Nervensystem schädigen können und häufig cancerogene Eigenschaften aufweisen.

Mygale avicularis ↗ Avicularia avicularia.
Mygale cubana ↗ Eurypelma spinicrus.
Mygale hirsutissima ↗ Avicularia avicularia.

■ **Mylabris cichorii** Fabr.
(syn. *Meloe cichorii*); Cichorienkäfer.
Fam.: Meloidae.
Vork.: China, Ostindien.
Droge: ***Cantharis chinensis*** (syn. *Cantharides chinenses*); Chinesische Kantharide (syn. Mylabriskäfer, Cichorien-Reizkäfer, Chinesische Canthariden), die getrockneten Käfer. *Inh.:* Cantharidin (ca. 1,3 %), Fett, Harze, Wachse, äther. Öl, Säuren, Farbstoffe. *Anw.:* in gleicher Weise wie ↗ *Lytta vesicatoria* zur Reiztherapie (Vesicans) bei Rheuma und Neuralgien. Die Droge dient weiterhin zur Reindarstellung des Cantharidins. Die Wirkung ist umstritten. In der Veterinärheilkunde wird die Droge bei Sehnenscheidenentzündungen, Gelenkentzündungen, Lahmen und Knochenerkrankungen verwendet.
Histor.: In China wurde die Droge bereits vor 2000 Jahren zur Behandlung fieberhafter Infektionen, Ödeme, Furunkel, Geschwüre und Fisteln sowie bei tuberkulöser Lymphadenitis und Blasensteinen eingesetzt. Bis heute erfolgt ihre Verwendung in der chinesischen Volksheilkunde bei Tumoren.

Mylabriskäfer ↗ Mylabris cichorii.

■ **Myocardium bovis HAB**
Herzmuskel von Rindern. *Anw.-Geb.:* nicht ausreichend belegt.

■ **Myocardium HAB**
Herzmuskel von embryonalen oder erwachsenen Schlachttieren. *Anw.-Geb.:* nicht ausreichend belegt.

■ **Myosotis arvensis** (L.) Hill.
Ackervergißmeinnicht.
Fam.: Boraginaceae.
Vork.: in allen Zonen mit gemäßigtem Klima, bes. auf sandigen Böden.
Droge: ***Herba Myosotis arvensis***, Ackervergißmeinnichtkraut. *Inh.:* Flavonoide, Gerbstoffe, Mineralien, Pyrrolizidinalkaloide (0,05–0,12 %). *Anw.:* früher in der Volksheilkunde bei Lungentuberkulose, chronischem Bronchialkatarrh, Darmtuberkulose.
Hom.: *Myosotis arvensis* HAB34, das frische, blühende Kraut. *Anw.-Geb.:* chronische Bronchitis.
Histor.: Der Gattungsname *Myosotis* ist vom griechischen *myós* (Maus) und *otis* (Ohr), somit Mäuseohr, gebildet, offenbar wegen der Blattform einiger Arten. Die Bezeichnung Vergißmeinnicht wurde im 15. Jh. geprägt.

Myospermum balsamiferum ↗ Myroxylon balsamum.

■ **Myosurus minimus** L.
Mäuseschwänzchen.
Fam.: Ranunculaceae.
Vork.: in allen Zonen mit gemäßigtem Klima sowie in Südost-Australien.
Droge: die ganze Pflanze. Die Droge ist giftig! *Inh.:* u. a. Ranunculin, Protoanemonin, Anemonin.
Hom.: *Myosurus minimus* HAB34, die frische, blühende Pflanze.

Myrcen ↗ Ätherische Öle.
Myrica aspleniifolia ↗ Comptonia peregrina.
Myrica carolinensis ↗ Myrica pensylvanica.
Myrica cerifera ↗ Myrica pensylvanica.

■ **Myrica gale** L.
(syn. *Gale palustris*); Gagelstrauch (syn. Gerbermyrte, Heidemyrte, Sumpfmyrte), s. Farbtafel S. 143, Bild 37.
Fam.: Myricaceae.
Vork.: Nordwesteuropa bis Kamtschatka.
Droge: ***Folia Myrti brabantici*** (syn. *Herba*

Myrti brabantini); Gerbermyrte, die getrockneten Blätter. Die Droge ist giftig! Inh.: äther. Öl (0,4 %) mit Cineol und Dipenten. Ester hochmolekularer Fettsäuren, Flavonoide, u. a. Myricetrin. Anw.: früher bei Dysenterie, als Antiparasitikum, bei Hautleiden sowie gegen Motten und einst auch als Zusatz zum Bier, um dessen berauschende Wirkung zu erhöhen.

■ **Myrica pensylvanica** Loisel.
(syn. *Myrica carolinensis, M. cerifera*); Wachsmyrte.

Fam.: Myricaceae.

Vork.: atlantisches Amerika.

Drogen: ***1. Myricawachs*** (syn. Myrthenwachs, Grünes Wachs), das an der Oberfläche der Früchte abgeschiedene bzw. durch Extraktion gewonnene Fett. Die Bezeichnung Wachs ist irreführend! Inh.: Triglyceride der Myristin- und Palmitinsäure. Anw.: in den USA als Ersatz für Bienenwachs. ***2. Myrica***, die getrocknete Wurzelrinde. Inh.: Gerbstoffe, Myristicinsäure, etwas äther. Öl. Anw.: früher als Adstringens und Emetikum.

Hom.: ***Myrica cerifera*** HAB1; Gagel, die frische Wurzelrinde. Anw.-Geb.: Erkrankungen der Leber, Galle und Bauchspeicheldrüse.

Histor.: Der Gattungsname ist vom griechischen *myrike* abgeleitet. Die Artbezeichnungen *carolinensis oder cerifera* (wachstragend) weisen auf Vorkommen bzw. Bestandteile der Pflanze hin.

■ **Myricaria germanica** (L.) Desv.
Deutsche Tamariske (syn. Rispelstrauch).

Fam.: Tamaricaceae.

Vork.: Europa, Asien.

Droge: ***Tamarix***, die Rinde. Inh.: Gerbstoffe.

Hom.: ***Myricaria germanica*** (syn. *Tamarix*) HAB34, die frische Rinde.

Myricawachs ↗ Myrica pensylvanica.
Myricetin ↗ Flavonoide.
Myristica amboinensis ↗ Myristica fragrans.
Myristica americana ↗ Myristica fragrans.

■ **Myristica argentea** Warb.
(syn. *Myristica finschii*).

Fam.: Myristicaceae.

Vork.: Indonesien, Anbau Neuguinea.

Drogen: ***1. Arillus Myristicae Papua*** (syn. *Myristica-argentea*-Arillus); Makassar-Macis (syn. Papua-Macis), der getrocknete Samenmantel (Arillus). Inh.: äther. Öl (ca. 7 %), ferner Lignane. Anw.: volkstümlich besonders bei Verdauungsbeschwerden sowie als Gewürz. ***2. Semen Myristicae Papua***; *Myristica-argentea*-Samen (syn. Lange Macisnuß, Lange Muskatnuß, Makassar-Muskatnuß, Makassarnuß, Papua-Muskatnuß, Papuanuß, Pferdemuskat, Wilde Muskatnuß), die getrockneten, vom Arillus und der Samenschale befreiten und außen gekalkten Samenkerne. Inh.: äther. Öl (ca. 3–5 %) sowie Lignane. Anw.: bei Diarrhoe, auch zur angeblichen Steigerung der Libido. Das äther. Öl wird auch in der Parfümerie eingesetzt.

Myristica aromatica ↗ Myristica fragrans.
Myristica beddomei ↗ Myristica dactyloides.
Myristica contorta ↗ Myristica dactyloides.

■ **Myristica dactyloides** 1) ↗ Myristica malabarica.
2) **Myristica dactyloides** Gaertn.
(syn. *Knema attenuata, Myristica beddomei, M. contorta, M. diospyrifolia, M. heyneana, M. laurifolia, M. tomentosa*).

Fam.: Myristicaceae.

Vork.: Sri Lanka, Indien.

Drogen: ***1. Myristica-dactyloides-Rinde***, die getrocknete Rinde. Inh.: Myoinositol, Arylalkanone. Anw.: in der Volksheilkunde zum Gurgeln bei Halsentzündungen. ***2. Myristica-dactyloides-Samen***, die getrockneten, vom Arillus und der Samenschale befreiten Samenkerne. Inh.: Polyketide, wie Acylresorcinole; Fett. Anw.: in der Volksheilkunde sowie zur Fettgewinnung.

Myristica diospyrifolia ↗ Myristica dactyloides.
Myristicae aetheroleum ↗ Myristica fragrans.
Myristicae arillus ↗ Myristica fragrans.
Myristicae essentia ↗ Myristica fragrans.
Myristicae nux ↗ Myristica fragrans.
Myristicae oleum expressum ↗ Myristica fragrans.
Myristicae semen ↗ Myristica fragrans.
Myristica fatua ↗ Myristica malabarica.
Myristica finschii ↗ Myristica argentea.

■ **Myristica fragrans** Houtt.
(syn. *Myristica amboinensis, M. americana, M. aromatica, M. moschata, M. officinalis, M. philippinensis*); Muskatnußbaum.

Fam.: Myristicaceae.

Heim.: Molukkeninseln, Anbau besonders östliches Indonesien und Antilleninsel Grenada.

Drogen: ***1. Myristicae aetheroleum*** (syn. *Aetheroleum Myristicae, Macidis aetheroleum, Myristicae essentia, Oleum Macidis, Oleum Myristicae, Oleum Myristicae aethereum, Oleum Nucis moschati, Oleum Nucis moschati aethereum*); Muskatöl (syn. Ätherisches Muskatnußöl, Ätherisches Muskatöl, Macisöl), das äther. Öl des Samens oder des Samenmantels. *Inh.:* Monoterpene (ca. 87,5 %) mit Sabinen (39 %) als Hauptkomponente, sowie α-Pinen, β-Pinen, α-Phellandren, Limonen 1,8-Cineol und Terpinen-4-ol. *Anw.:* volkstümlich innerlich bei Verdauungsstörungen, Blähungen und als Stimulans; äußerlich bei Katarrhen der Atemwege sowie bei rheumatischen Beschwerden. Industriell zur Herstellung von Mund- und Zahnpflegemitteln sowie in der Parfümerie. ***2. Myristicae arillus*** (syn. *Arillus Myristicae, Flores Macidis*); Macis (syn. Banda-Macis, Muskatblüte), der zusammengedrückte, getrocknete Samenmantel. *Inh.:* äther. Öl (4–15 %) mit 7–18 % aromatischen Ethern, darunter Myristicin als dominierende Komponente, ferner u. a. Diphenylpropanoide. *Anw.:* volkstümlich bei Verdauungsstörungen sowie im Haushalt

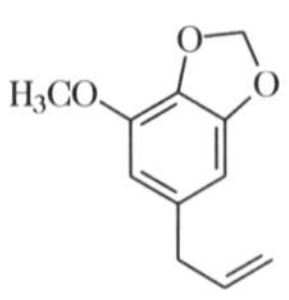

Myristicin

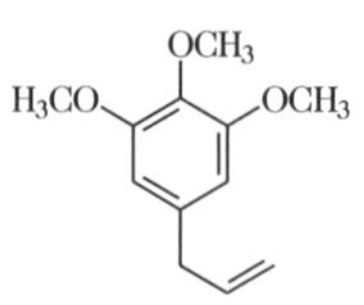

Elemicin

als Gewürz. ***3. Myristicae oleum expressum*** (syn. *Adeps Nusticae, Balsamum Nusticae, Oleum Myristicae, Oleum Myristicae expressum, Oleum Nucis moschatae, Oleum Nucistae, Oleum Nusticae*); Muskatbutter (syn. Muskatbalsam, Muskatnußbutter, Muskatnußöl), das aus den Samen durch Auspressen gewonnene rotbraune, stellenweise hellere Gemenge von Fett, äther. Öl und Farbstoffen. *Inh.:* Fett (30–40 %) mit Laurin-, Tridecan-, Myristin-, Pentadecan-, Palmitin-, Heptadecan-, Stearin- und Ölsäure, äther. Öl (4–12 %), Farbstoffe. *Anw.:* volkstümlich innerlich bei Verdauungsbeschwerden, äußerlich bei Hautleiden und als Einreibung bei rheumatischen Erkrankungen. ***4. Myristicae semen*** (syn. *Myristicae nux, Nuces Aromaticae, Nuces Nucistae, Nuclei Myristicae, Nucleus Mucistae, Nux Moschata, Nux Myristicae, Semen Myristicae, Semen Nucistae*); Muskatnuß (syn. Muskatsamen), die getrockneten, vom Samenmantel und der Samenschale befreiten Samenkerne; s. Farbtafel S. 143, Bild 38. *Inh.:* äther. Öl (7–16 %) mit ca. 80 % Monoterpenkohlenwasserstoffen, v. a. (+)-α-Pinen und (+) β-Pinen, Terpenalkoholen, u. a. Geraniol, Borneol, Linalool und Terpineol sowie Phenylpropanderivaten (ca. 10 %) mit Myristicin als Hauptkomponente und geringen Mengen Safrol, Elemicin und Eugenol. Außerdem sind weitere Phenylpropanderivate, Sterole und Saponine enthalten. *Anw.:* volkstümlich bei Beschwerden im Bereich des Magen-Darm-Traktes, einschließlich flatulenter nervöser Dyspepsie, mißbräuchlich als Abortivum; äußerlich bei rheumatischen Beschwerden. Im Haushalt als Gewürz. *Geg.:* in höheren Dosen bewirkt die Droge psychische Störungen, verbunden mit halluzinogenen Effekten (↗ Halluzinogene biogenen Ursprungs).

Hom.: ***Myristica fragrans*** HAB1; Muskatnuß, die getrockneten, von Arillus und Samenschale befreiten, meist gekalkten Samenkerne. *Anw.-Geb.:* Erkrankungen des Zentralnervensystems, des Magen-Darm-Traktes (Blähsucht, Verdauungsschwäche), der weiblichen Geschlechtsorgane sowie des Stütz- und Bewegungsapparates.

Histor.: Der Gattungsname *Myristica* leitet sich vom griechischen *myristikos* (wohlriechend, balsamisch) ab, wohl wegen der ölig-aromatischen Früchte; ähnlich auch der Artname *fragrans* (duftend). Auch das Synonym *Nux moschata*, ebenso wie Muskat, kommen von Moschus wegen des angeblich moschusartigen Geruchs der Früchte. In Europa sind Muskatnüsse und *Macis* durch arabische Ärzte bekannt geworden. Sie dienten zunächst für Räucherzwecke in Kirchen und bei Festen. Ihre Verwendung für pharmazeutische und kosmetische Zwecke beginnt im 12. Jh. Nach der Besitznahme der Gewürzinseln durch die Portugiesen war der Handel mit Muskatsamen längere Zeit deren Monopol.

Myristica heyneana ↗ Myristica dactyloides.
Myristica laurifolia ↗ Myristica dactyloides.

■ **Myristica malabarica** Lam.
(syn. *Myristica dactyloides, M. fatua, M. notha, M. tomentosa*); Bombay-Macis (syn. Bombay-Muskatnuß).

Fam.: Myristicaceae.
Vork.: indische Westküste (Malabarküste).
Drogen: *1. Myristica-malabarica-Arillus*; Bombay-Macis, der getrocknete Samenmantel. Inh.: äther. Öl (0,7 %), Lignane u. a. Anw.: Ersatz, z. T. Verfälschung für *Myristicae arillus*. *2. Myristica-malabarica-Samen*; Bombay-Muskatnuß, die getrockneten, vom Samenmantel und der Samenschale befreiten Samenkerne. Inh.: Fett (ca. 40 %), kaum äther. Öl. Anw.: volkstümlich bei Ohrenschmerzen. *3. Myristica-malabarica-Samenfett*, das aus den Samen und dem Arillus durch Auspressen erhaltene Fett. Anw.: volkstümlich in Zubereitungen bei schlecht heilenden Geschwüren sowie als Einreibung gegen Rheumatismus.

Myristica moschata ↗ Myristica fragrans.
Myristica notha ↗ Myristica malabarica.
Myristica officinalis ↗ Myristica fragrans.
Myristica philippinensis ↗ Myristica fragrans.
Myristica radja ↗ Myristica succedanea.
Myristica resinosa ↗ Myristica succedanea.
Myristica schefferi ↗ Myristica succedanea.
Myristica sebifera ↗ Virola-Arten.
Myristica speciosa ↗ Myristica succedanea.

■ **Myristica succedanea** Reinw. ex Bl.
(syn. *Myristica radja, M. resinosa, M. schefferi, M. speciosa*); Batjang.
Fam.: Myristicaceae.
Vork.: Molukken, Ternate, Tidore, Batjan, teilweise auch kultiviert.
Droge: *Myristica-succedanea-Samen* (syn. Batjang-Muskat, Halmahera-Muskat), die getrockneten, vom Arillus und der Samenschale befreiten Samenkerne. Inh.: äther. Öl (ca. 4,5 %) mit ähnlicher Zusammensetzung wie bei ↗ *Myristica fragrans*; fettes Öl (ca. 34 %). Anw.: als Gewürz in gleicher Weise wie ↗ *Myristica fragrans*.

Myristica tomentosa ↗ Myristica dactyloides, ↗ Myristica malabarica.

■ **Myristicin**
Phenylpropanderivat (↗ ätherische Öle) aus ↗ *Myristica fragrans*, das in hoher Dosierung halluzinogen und toxisch wirkt.

Myrobalanen ↗ Phyllanthus emblica, ↗ Terminalia chebula.

Myrobalani chebulae ↗ Terminalia chebula.
Myrobalani fructus ↗ Terminalia chebula.
Myrobalanus bellirica ↗ Terminalia bellirica.
Myrobalanus chebula ↗ Terminalia chebula.
Myrobalanus gangetica ↗ Terminalia chebula.
Myrospermum balsamiferum ↗ Myroxylon balsamum.
Myrospermum pereirae ↗ Myroxylon balsamum.
Myrospermum toluiferum ↗ Myroxylon balsamum.

■ **Myroxylon balsamum** (L.) Harms.
Fam.: Fabaceae (Leguminosae).
Myroxylon balsamum var. balsamum (syn. *Myrospermum toluiferum, M. balsamiferum, Myroxylon toluifera, Toluifera balsamum*); Tolubalsambaum.
Vork.: Guatemala, Venezuela, Ecuador, Kolumbien.
Droge: *Balsamum tolutanum*; Tolubalsam, der erhärtete, durch Schmelzen und Kolieren gereinigte Harzbalsam verletzter Stämme; s. Farbtafel S. 143, Bild 39. Inh.: Harz (bis zu 80 %), äther. Öl (1,5–3 %), Benzoesäure, Zimtsäure, Benzylbenzoat, Benzylcinnamat, Triterpene. Anw.: bei Katarrhen der Luftwege. In der Volksheilkunde weiterhin zur Wundbehandlung.
Histor.: Der Tolubalsam ist seit Jahrhunderten bekannt und von den Spaniern in Europa eingeführt worden. Seit 1691 war die Droge in der Frankfurter Apothekenliste aufgeführt und wurde v. a. als Expektorans genutzt. Die Bedeutung der Droge hat aber stark abgenommen.
Myroxylon balsamum var. pereirae (syn. *Myrospermum pereirae, Myroxylon pereirae, Toluifera pereirae, T. balsamum*); Perubalsambaum.
Vork.: Guatemala, El Salvador.
Droge: *Balsamum peruvianum* (syn. *Balsamum indicum nigrum, Opobalsamum liquidum*); Perubalsam (syn. Chinaöl, Indianischer Wundbalsam, Peruanischer Balsam, Salvadorbalsam), der aus geschwelten Stämmen erhaltene Balsam. Inh.: Estergemisch (50–70 %, aus ca. 66 % Benzylbenzoat und ca. 33 % Benzylcinnamat bestehend), Harz (20–30 %), diverse Benzoe- und Zimtsäurederivate. Anw.: lokal bei schlecht heilenden Wunden, Verbrennungen, Decubitus, Frostbeulen, Prothesendruckstellen und Hämorrhoiden sowie bei Ulcus cruris. In der Volksheilkunde wird die Droge weiterhin u. a. bei ver-

schiedenen Hauterkrankungen, Ekzemen, Kopfschmerzen, als Expektorans, gegen Blutungen und Rheuma eingesetzt. Die Wirksamkeit bei den letztgenannten Indikationen ist nicht belegt. _Tox._: Die Droge besitzt ein hohes Allergisierungspotential, das häufig zu allergischen Hautreaktionen führt. _Geg._: allergische Disposition.

Hom.: ***Balsamum peruvianum*** HAB34, der durch Einschneiden der Rinde und vorsichtiges Anschwelen gewonnene Balsam. _Anw.-Geb._: chronische Schleimhautentzündungen der Atemwege und der Harnorgane.

Histor.: Der Persubalsam ist als Wundheilmittel seit langer Zeit in Gebrauch. In den Indianerdörfern Mexikos wurde bereits zur Zeit der Azteken der Balsam gewonnen und in Tontöpfen aufbewahrt. Nach der Eroberung Mittelamerikas durch die Spanier wurde die Droge aus San Salvador über peruanische Häfen ausgeführt und gelangte über die Landenge von Panama als Perubalsam in den europäischen Handel. Die Stammpflanze wurde in Europa erst viel später bekannt. In Deutschland wurde der Balsam zu Beginn des 17. Jh. als Chinaöl eingeführt und fand in den Arzneitaxen unter der Bezeichnung *Balsamum indicum* Eingang. Die Droge besaß eine große Bedeutung für die medizinische Therapie und darüber hinaus, erkennbar z. B. an einer speziellen Bulle von Papst Pius V., der diese Droge als Ersatz für den als Salböl benutzten Mekka-Balsam empfahl.

Myroxylon balsamum var. balsamum: Myrospermum toluiferum ↗ Myroxylon balsamum.
Myroxylon balsamum var. pereirae: Myrospermum pereirae ↗ Myroxylon balsamum.
Myroxylon pereirae ↗ Myroxylon balsamum.
Myroxylon toluifera ↗ Myroxylon balsamum.
Myrrha ↗ Commiphora-Arten.
Myrrhe ↗ Commiphora-Arten.
Myrrhenbaum ↗ Commiphora-Arten.
Myrrhenkerbel ↗ Myrrhis odorata.

■ **Myrrhis odorata** (L.) Scop.
(syn. *Chaerophyllum cicutaria, C. odoratum, Lindera odorata, Scandix odorata, Selinum myrrhis*); Aniskerbel (syn. Myrrhenkerbel, Süßdolde, Welscher Kerbel, Wilder Anis).

Fam.: Apiaceae (Umbelliferae).

Vork.: Mittelmeergebiet.

Droge: ***Herba Cerefolii hispanica***; Spanisches Kerbelkraut (syn. Anisdolde), das getrocknete Kraut. _Inh._: äther. Öl, v. a. *trans*-Anethol, Germacren, β-Caryophyllen, Limonen, Myrcen und Estragol, Flavonoide. _Anw._: in der Volksheilkunde als Blutreinigungsmittel.

Hom.: ***Myrrhis odorata*** (syn. Myrrhis) HAB1; Anisdolde (syn. Myrrhenkerbel), die frischen oberirdischen Teile blühender Pflanzen. _Anw.-Geb._: Krampfaderbeschwerden, Hämorrhoiden.

Myrte ↗ Myrtus communis.
Myrtendorn ↗ Ruscus aculeatus.
Myrtensumach ↗ Coriaria myrtifolia.
Myrthenwachs ↗ Myrica pensylvanica.
Myrti aetheroleum ↗ Myrtus communis.
Myrti folium ↗ Myrtus communis.
Myrtilli folium ↗ Vaccinium-Arten.
Myrtilli fructus ↗ Vaccinium-Arten.

■ **Myrtillocactus geometrizans** (Mart.) Console (syn. *Cereus geometrizans*).

Fam.: Cactaceae.

Vork.: Mexiko, Südkalifornien.

Inh.: Triterpene (u. a. Oleanolsäure, Cochalsäure), Saponine.

Hom.: ***Myrtillocactus geometrizans*** HAB1, die frischen Sprosse. _Anw.-Geb._: bei koronaren Durchblutungsstörungen, Wetterfühligkeit, bei Stenokardie.

Myrtillus exigua ↗ Vaccinium-Arten.
Myrtillus niger ↗ Vaccinium-Arten.
Myrtillus sylvatica ↗ Vaccinium-Arten.
Myrtoleucodendron hypericifolium ↗ Melaleuca-Arten.
Myrtoleucodendron linerariifolium ↗ Melaleuca-Arten.
Myrtoleucodendron viridifolium ↗ Melaleuca-Arten.
Myrtus caryophyllus ↗ Syzygium-Arten.
Myrtus cheken ↗ Eugenia chequen.

■ **Myrtus communis** L.
Echte Myrte (Braut-Myrte), s. Farbtafel S. 143, Bild 40.

Fam.: Myrtaceae.

Vork.: Mittelmeergebiet bis Nordwest-Himalaya.

Drogen: *1.* ***Myrti aetheroleum*** (syn. *Oleum Myrti*); *Myrtus-communis*-Blätteröl, das aus den Blättern und Zweigspitzen gewonnene äther. Öl. _Inh._:

bes. 1,8-Cineol (12–45 %), α-Pinen (15–38 %), Myrtenol (bis 5 %), Myrtenylacetat (4–20 %) sowie Limonen (2–19 %). Anw.: volkstümlich bei Erkrankungen der Atmungsorgane sowie bei Blasenleiden. *2.* ***Myrti folium*** (syn. *Folia Myrti*); Myrtenblätter, die getrockneten Blätter. Inh.: äther. Öl (0,1–0,5 %, s. *Myrti aetheroleum*), phenolische Verbindungen, u. a. Gerbstoffe (bis 20 %), Flavonoide und Phloroglucinderivate (Myrtucommulon A und B). Anw.: volkstümlich bei Erkrankungen der Atmungsorgane, Hämorrhoiden und Prostataerkrankungen.

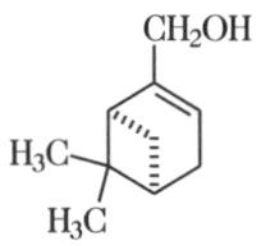

(+)-Myrtenol

Hom.: ***Myrtus communis*** HAB34; Myrte, die frischen, blühenden Zweige. Anw.-Geb.: Erkrankungen der unteren Atemwege (Bronchitis), der Nieren und ableitenden Harnwege.

Histor.: Der Gattungsname *Myrtus* geht auf das griechische *mýron* (wohlriechender Saft, Balsam) zurück und bezieht sich auf den Duft der Droge. Myrte hatte im Kult- und Sagenkreis verschiedener Völker von jeher Bedeutung. Nach einer altarabischen Überlieferung hat bereits Adam einen Myrtensproß aus dem Garten Eden als Erinnerung an das paradiesische Glück mitgenommen. Myrtenzweige und -blüten galten über alle Zeiten als Symbol der Jugend und Schönheit sowie der Jungfräulichkeit, so auch der Myrtenkranz am Hochzeitstage. Auch die medizinische Verwendung der Droge ist bereits in den hippokratischen Schriften dokumentiert.

Myrtus cumini ↗ Syzygium-Arten.
Myrtus jambos ↗ Syzygium-Arten.
Myrtus pimenta ↗ Pimenta-Arten.
Myrtus saligna ↗ Melaleuca-Arten.

N

■ **Nabelkraut** ↗ Bupleurum-Arten, ↗ Hydrocotyle vulgaris, ↗ Chimaphila umbellata, ↗ Umbilicus rupestris.

Nabulus albus ↗ Prenanthes alba.
Nabulus serpentaria ↗ Prenanthes serpentaria.
Nachtkerze ↗ Oenothera biennis.
Nachtschlüsselblume ↗ Oenothera biennis.
Nachtviole ↗ Hesperis matronalis.
Nachtviolenöl ↗ Hesperis matronalis.
Nackte Hure ↗ Colchicum autumnale.
Nackte Jungfer ↗ Colchicum autumnale.
Nacktschnecke ↗ Arion empiricorum.
Nadeldeisken ↗ Equisetum-Arten.
Nadelholzteer ↗ Pinus-Arten.
Naematoloma caerulescens ↗ Psilocybe-Arten.
Nageia putranjiva ↗ Putranjiva roxburghii.
Nägelein ↗ Syzygium-Arten.

■ **Naja naja** L.
(syn. *Naja tripudians*). Brillenschlange, Cobra, Ostindische Kobra.

Fam.: Elapidae.

Vork.: Süd- und Südostasien. Gefährliche Giftschlange.

Droge: das Gift aus den Giftdrüsen. Inh.: basische, neurotoxische und kardiotoxische Polypeptide mit Curare-ähnlicher Wirkung, Phospholipasen, Hämolysine, Antikoagulans (Arvin). Anw.: äußerlich zur Hautreiztherapie bei Rheuma sowie als Analgetikum.

Hom.: ***Naja tripudians*** HAB1; Kobra, das Sekret der Giftdrüse. Anw.-Geb.: zur Schmerzbekämpfung bei inoperablen Tumoren, Analgetikum bei Neuralgien (Trigeminusneuralgie), bei Infektionskrankheiten.

Naja tripudians ↗ Naja naja.
Naltajute ↗ Corchorus-Arten.
Nancitterinde ↗ Malpighia punicifolia.
Napus campestris ↗ Brassica-Arten.
Napus leucosinapis ↗ Sinapis alba.
Napus oleracea ↗ Brassica-Arten.
Napus rapa ↗ Brassica-Arten.

■ **Narcissus pseudonarcissus** L.
Gelbe Narzisse (syn. Falsche Narzisse), s. Farbtafel S. 143, Bild 41.

Fam.: Amaryllidaceae.

Vork.: West- und Südeuropa.

Droge: die Zwiebel. *Inh.:* Alkaloide, u. a. Narcissin, Lycorin und Narcissamin; Bitterstoffe, Helenien. *Anw.:* früher in der Volksheilkunde als Brechmittel.

Hom.: ***Narcissus pseudonarcissus*** HAB34; die frischen, zur Blütezeit geernteten oberirdischen Pflanzenteile. *Anw.-Geb.:* Brechdurchfall, Entzündungen der Atemwege.

Histor.: Der Gattungsname *Narcissus* leitet sich vom griechischen *narkáein* (gelähmt werden, betäuben) ab unter Bezugnahme auf den betäubenden Geruch der Pflanze. Nach der Sage wurde jedoch Narcissus, ein schöner Jüngling, der sich in sein im Wasser erblicktes Bild verliebte, in eine Blume verwandelt. Der Artname *pseudonarcissus* (unechte Narzisse) besagt, daß früher nur *Narcissus poeticus* als echte Narzisse galt.

■ **Narcotin**
(syn. Noscapin); Isochinolinalkaloid aus dem Opium ↗ *Papaver somniferum*. *Wirk.:* antitussiv wirksam durch Angriff am Hustenzentrum, verstärkt die narkotischen Eigenschaften des Morphins; wirkt zytotoxisch als Spindelgift. *Anw.:* Antitussivum.

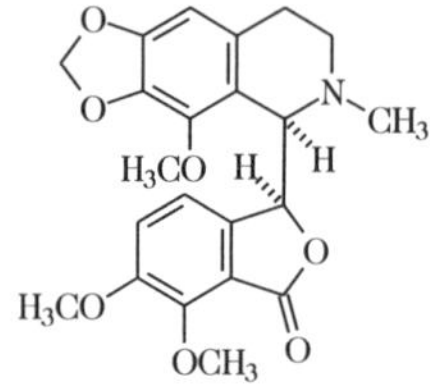

Narcotin

Narde ↗ Lavandula latifolia.
Nardenwurzel ↗ Nardostachys jatamansii, ↗ Geum-Arten.
Nardostachys chinensis ↗ Nardostachys jatamansii.
Nardostachys gracilis ↗ Nardostachys jatamansii.
Nardostachys grandiflora ↗ Nardostachys jatamansii.

■ **Nardostachys jatamansii** (D. Don) DC.
(syn. *Nardostachys chinensis, N. gracilis, N. grandiflora, Patrinia jatamansi, Valeriana jatamansi*); Indische Narde.

Fam.: Valerianaceae.

Vork.: Nordindien, China, Japan, Nepal.

Droge: ***Nardostachys jatamansi radix*** (syn. *Nardostachys jatamansi rhizoma, Radix Nardostachyos, Rhizoma Nardostachyos*); *Nardostachys-jatamansi*-Rhizom (syn. Nardenwurzel), die getrockneten Rhizome und Wurzeln. *Inh.:* Valeranon (0,1–1,2 %), Isovalerian- und Jatamansisäure, äther. Öl (0,3–0,4 %), Sesquiterpenketone, u. a. β-Ionon, sowie Triterpene, u. a. Ursolsäure. *Anw.:* volkstümlich ähnlich dem Baldrian bei Schlaflosigkeit, nervösen Herzbeschwerden, krampfartigen Schmerzen im Magen-Darm-Bereich und Kopfschmerzen. Außerdem zur Herstellung von chinesischen und indischen Spikenardenöl, das in der Kosmetik genutzt wird.

Nardostachys jatamansi radix ↗ Nardostachys jatamansii.
Nardostachys jatamansi rhizoma ↗ Nardostachys jatamansii.
Nardus celtica ↗ Valeriana celtica.
Naringin ↗ Flavonoide.
Narrenkappen ↗ Aquilegia vulgaris.
Narrhaholz ↗ Pterocarpus-Arten.

■ **Narthecium ossifragum** (L.) Huds.
(syn. *Anthericum ossifragum*); Beinbrech (syn. Ährenlilie).

Fam.: Liliaceae.

Vork.: Nordeuropa.

Droge: die ganze Pflanze. *Inh.:* Saponine, 22-Hydroxycholesterol, Narthesid, Stigmasterol, Carotinoide. *Anw.:* in der nordischen Volksheilkunde früher als Wundheilmittel und Diuretikum sowie bei Diarrhoe. Die gelben Blüten werden in Schottland als Haarfärbemittel eingesetzt.

Nasturtiastrum latifolium ↗ Lepidium latifolium.
Nasturtii herba ↗ Nasturtium officinale.
Nasturtium aquaticum ↗ Nasturtium officinale.
Nasturtium armoracia ↗ Armoracia rusticana.
Nasturtium bursa-pastoris ↗ Capsella bursa-pastoris.
Nasturtium fontanum ↗ Nasturtium officinale.
Nasturtium latifolium ↗ Lepidium latifolium.

■ **Nasturtium officinale** R. Br.
(syn. *Baeumerta nasturtium, Cardamine fontana, Cardaminum nasturtium, Nasturtium aquaticum, N. fontanum, Radicula nasturtium, Rorippa nasturtium, R. nasturtium-aquaticum, Sisymbrium nasturtium, S. nasturtium-aquaticum*); Brunnenkresse (syn. Bachkresse, Echte Brunnenkresse, Gemeine Brunnenkresse, Grabenkresse, Grundkresse, Wasserkresse).

Fam.: Brassicaceae (Cruciferae).

Vork.: weltweit, besonders in fließendem Wasser und an sonnigen Standorten.

Droge: ***Nasturtii herba*** (syn. *Herba Cardami, Herba Cardamines, Herba Nasturtii, Herba Nasturtii aquatici, Herba Nasturtii cardamines*); Brunnenkressenkraut (syn. Brunnenkresse, Frische Brunnenkresse, Wasserkraut, Wasserkresse), die getrockneten oder frischen, während der Blütezeit gesammelten oberirdischen Teile. *Inh.:* Abbauprodukte der Glucosinolate, besonders Phenylethylisothiocyanat (ca. 90 %) und weitere Senföle. Außerdem Vitamin C (ermittelte Menge: 83,1 mg/100 g Frischgewicht). *Anw.:* aufgrund des bitteren Geschmacks bei Appetitlosigkeit und Verdauungsbeschwerden sowie als natürliche Vitamin-C-Quelle, z. B. für sog. Frühjahrskuren.

Hom.: ***Nasturtium officinale*** HAB1; Brunnenkresse, die frischen, zur Blütezeit gesammelten, oberirdischen Teile. *Anw.-Geb.:* Erkrankungen der Nieren und ableitenden Harnwege.

Histor.: Der Gattungsname *Nasturtium* wird vom lateinischen *nasus* (Nase) und *tortium* (Qual) abgeleitet und bezieht sich auf die Eigenschaft der Pflanze, starkes Niesen hervorzurufen. Die Bezeichnung Kresse wird mit dem althochdeutschen *Kras, gras* (Speise) in Zusammenhang gebracht, wohl wegen der Verwendung als Gemüse und Salat. Mit der Bezeichnung Brunnenkresse wird auch der bevorzugte Standort ausgedrückt. Bereits ↗ Dioskurides beschreibt die Brunnenkresse als Heil- und Genußpflanze, und die Kräuterbücher des Mittelalters rühmen sie als wurmtötendes, blutreinigendes, harntreibendes und erweichendes Mittel. Auch die Behandlung bei Skorbut und Bronchitis wird empfohlen.

Nasturtium sativum ↗ Lepidium sativum.
Natalkörner ↗ Sophora japonica.
Natalorange ↗ Strychnos-Arten.

■ **Natamycin**
Polyenantibiotikum (Pentaen) aus der Gruppe der Makrolide, das von *Streptomyces natalensis* und *Streptomyces chattanoogensis* gebildet wird. *Anw.:* lokal angewendetes Antimykotikum bei Haut- und Schleimhautmykosen, die vor allem durch *Trichophyton-*, *Candida-* und *Microsporum*-Arten ausgelöst werden.

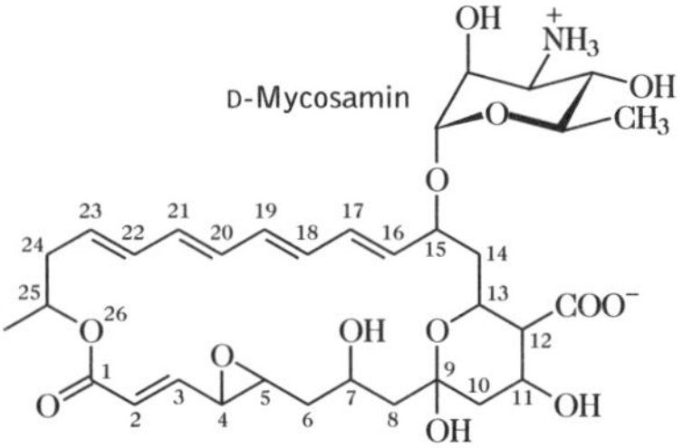

Natamycin

Natterchrut ↗ Lysimachia nummularia.
Natterholz ↗ Solanum-Arten.
Natterknöterich ↗ Polygonum bistorta.
Natterkopf ↗ Echium vulgare.
Natternwurzel ↗ Polygonum bistorta.
Natterwurz ↗ Polygonum bistorta.

■ **Naturheilkunde**
Krankheitslehre, deren Grundlage die Steigerung der dem Menschen innewohnenden Heilkräfte ist, d. h. sie beruhte lange Zeit weitgehend auf physiotherapeutischen und diätetischen Maßnahmen. In neuerer Zeit hat die Naturheilkunde vielfach Eingang in die sog. Schulmedizin gefunden, wobei eine scharfe Abgrenzung zur zusätzlichen medikamentösen Therapie oft nicht mehr besteht.

■ **Naturheilmittel**
Allgemein volkstümliche Bezeichnung für Arzneimittel natürlichen Ursprungs, wobei die pflanzlichen Drogen und deren Zubereitungen dominieren, aber auch tierische Produkte, Mineralien oder Heilschlamm werden unter diesem Begriff verstanden.

Naturkautschuk ↗ Hevea brasiliensis.
Nauclea acida ↗ Uncaria acida.
Nauclea aculeata ↗ Uncaria guianensis, ↗ Uncaria tomentosa.

Nauclea cinchoneae ↗ Uncaria tomentosa.
Nauclea esculenta ↗ Sarcocephalus latifolius.
Nauclea ferrea ↗ Uncaria lanosa.
Nauclea gambir ↗ Uncaria gambir.
Nauclea glabrata ↗ Uncaria lanosa.
Nauclea guianensis ↗ Uncaria guianensis.
Nauclea latifolia ↗ Sarcocephalus latifolius.
Nauclea ovalifolia ↗ Uncaria acida.
Nauclea polycephala ↗ Uncaria tomentosa.
Nauclea rhynchophylla ↗ Uncaria rhynchophylla.
Nauclea setigera ↗ Uncaria lanosa.
Nauclea sinensis ↗ Uncaria sinensis.
Nauclea tomentosa ↗ Uncaria tomentosa.
Nauclea wallichiana ↗ Uncaria lanosa.
Ndiloöl ↗ Calophyllum inophyllum.
Nebelpflanze ↗ Anagallis arvensis.
Nectandra coto ↗ Aniba coto.

■ **Nectandra megapotamica** Mez
(syn. *Nectandra saligna*).
Fam.: Lauraceae.
Vork.: Südamerika, besonders Paraguay, Brasilien, Argentinien.
Droge: *Nectandra-megapotamica-Rinde*, die getrocknete Stammrinde. Inh.: Indolalkaloide, wie *N*-Methyltryptamin und 6-Methoxy-*N*-methyl-1,2,3,4-tetrahydro-β-carbolin; Aporphinalkaloide, wie Ocotein, Dehydroocotein. Anw.: in der Volksheilkunde als Schmerzmittel.

Nectandra puchury-major ↗ Ocotea puchury-major.
Nectandra saligna ↗ Nectandra megapotamica.
Neembaum ↗ Antelaea azadirachta.
Negerkorn ↗ Sorghum bicolor.
Negersaatöl ↗ Guizotia abyssinica.
Negundo aceroides ↗ Acer negundo.
Negundo fraxinifolium ↗ Acer negundo.
Nelkenbaum ↗ Syzygium-Arten.
Nelkenblüten ↗ Dianthus caryophyllus.
Nelkennüsse ↗ Ravensara aromatica.
Nelkenöl ↗ Syzygium-Arten.
Nelkenpfeffer ↗ Pimenta-Arten.
Nelkenwurz ↗ Geum-Arten.
Nelkenwurzel ↗ Geum-Arten.
Nelkenzimt ↗ Dicypellium caryophyllatum.

■ **Nelumbo nucifera** Gaertn.
Indische Lotosblume.
Fam.: Nymphaeaceae.
Vork.: Ostasien, Indien.
Droge: die ganze Pflanze. Inh.: Alkaloide, wie Nuciferin, Armepavin, Nornuciferin, Roemerin, Pronuciferin. Anw.: in der chinesischen Heilkunde bei Blutungen.

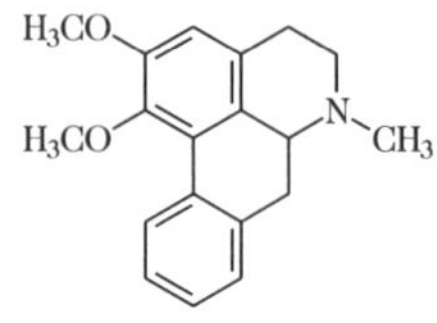

Nuciferin (*R*)

Nelumbo nucifera, Blüte.

Neohesperidin ↗ Flavonoide.

■ **Neomycine**
tetramere Aminoglykosidantibiotika, die von *Streptomyces fradiae* und *Streptomyces albogriseus* gebildet werden. Das Handelsprodukt Neomycinsulfat besteht aus den Sulfaten von Neomycin B (80 %), C und A. Anw.: zur lokalen Therapie von Infektionen des Auges, der Haut und der Ohren durch *Staphylokokken*. Auch bei Darminfektionen sowie zur Vorbereitung von Darmoperationen werden N. eingesetzt. Aufgrund der hohen Toxizität erfolgt heute keine parenterale Anwendung mehr (Formel s. S. 95).

Nepal-Kardamomen ↗ Amomum-Arten.

■ **Nepeta cataria** L.
Echtes Katzenkraut (syn. Katzenminze, Steinmelisse).
Fam.: Lamiaceae (Labiatae).

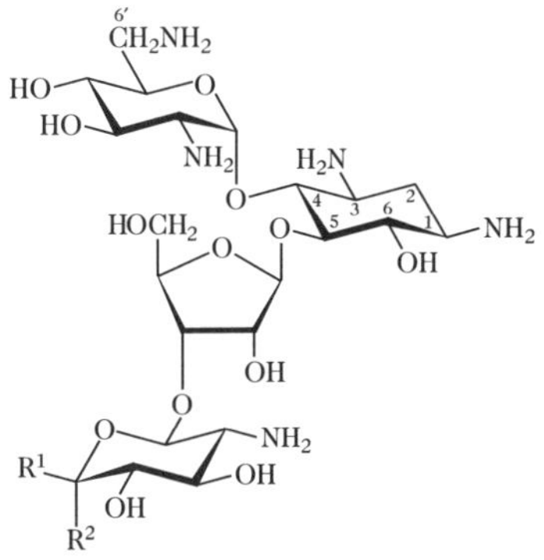

Neomycin B (Framycetin): $R^1 = H$, $R^2 = CH_2NH_2$
Neomycin C: $R^1 = CH_2NH_2$, $R^2 = H$

Vork.: Europa, Nordasien, Nordamerika.

Droge: ***Herba Nepetae catariae***; Echtes Katzenkraut (syn. Steinmelissenkraut), das getrocknete Kraut. Inh.: äther. Öl (0,2–0,7 %) mit Citral, Citronellol, Geraniol und Limonen als Hauptkomponenten. Außerdem Nepetalacton und Bitterstoffe. Anw.: volkstümlich bei chronischer Bronchitis, Neurasthenie und als Antidiarrhoikum. Ähnlich ↗ *Melissa officinalis*, mitunter auch als deren Verfälschung, kommt *Nepeta cataria* L. var. *citriodora* zum Einsatz. Die Droge enthält etwa 0,38 % äther. Öl mit Citral (10 %), Citronellol (ca. 50 %) und Geraniol (ca. 12 %) als qualitätsbestimmenden Komponenten.

Nepeta glechoma ↗ Glechoma hederacea.
Nepeta hederacea ↗ Glechoma hederacea.
Nephelium longana ↗ Euphoria longana.

■ **Nephelium topengii** (Merr.) H.S. Lo.
Fam.: Sapindaceae.
Vork.: Südostasien.
Anw.: In alten chinesischen Schriften wird über die halluzinogene Wirkung dieser Pflanze berichtet. Die Früchte von *N. topengii* sind eßbar. Sie enthalten jedoch giftige Samen, u. a. mit cyanogenen Glykosiden. Halluzinogene Wirkstoffe wurden bisher noch nicht nachgewiesen.

Nephrodium filix-mas ↗ Dryopteris filix-mas.
Nerium coronarium ↗ Ervatamia coronaria.
Nerium indicum ↗ Nerium odorum.
Nerium laurifolium ↗ Nerium oleander.

■ **Nerium odorum** Soland ex Ait.
(syn. *Nerium indicum*); Duftender Oleander (syn. Wohlriechender Oleander).
Fam.: Apocynaceae.
Droge: ***Radix Nerii odori***; Indische Oleanderwurzel, die ganzen Wurzeln. Inh.: Cardenolide (1–2 %), hauptsächlich abgeleitet vom Uzarigenin, v. a. Odorosid B, 16-*O*-Acetylneogistostin und Biosid K, daneben Odoroside A, H und K; Pregnane und Pregnanglykoside sowie in Spuren Plumericin und Acetophenone. Anw.: in der indischen Volksheilkunde zur Behandlung von Hautkrankheiten, zur Insektenabwehr, als Gegenmittel bei Schlangenbissen sowie zur Abtreibung. Die Cardenolidglykoside sind herzwirksam und besitzen ein ähnliches Wirkungsspektrum wie *Oleandri folium* von ↗ *Nerium oleander*.

■ **Nerium oleander** L.
(syn. *Nerium laurifolium*); Oleander (syn. Rosenlorbeer), s. Farbtafel S. 143, Bild 42.
Fam.: Apocynaceae.
Vork.: Aufrechter, kahler, kleiner Baum oder Strauch des Mittelmeerraumes, häufig als Kübelpflanze in Mitteleuropa kultiviert.
Droge: ***Oleandri folium*** (syn. *Folia Nerii, Folia Nerii Oleandri, Folia Oleandri*); Oleanderblätter (syn. Rosenlorbeerblätter), die getrockneten Laubblätter. Inh.: herzwirksame Glykoside vom Cardenolidtyp (1–2 %, v. a. Gentiobiosyl-Nerigosid, Oleandrin, Odorosid und Oleasid), Flavonol-

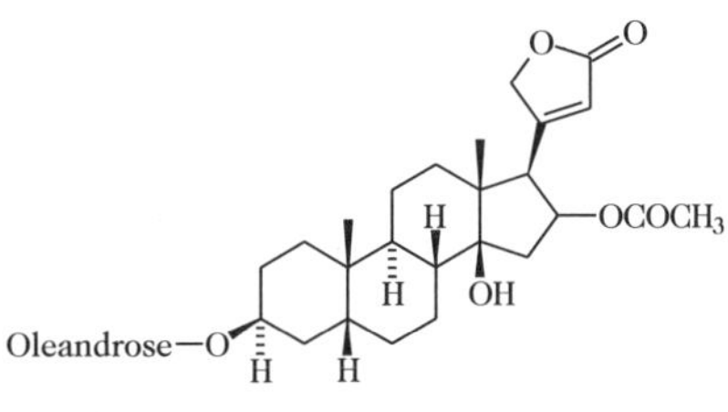

Oleandrin

glykoside, besonders Rutosid, Triterpene (Betulin, Oleandrol) und ein saures Polysaccharid. Anw.: eingestelltes Oleanderpulver (*Oleandri pulvis normatus*) kann bei Herzmuskelschwäche, Altersherz und dekompensierter Herzinsuffizienz eingesetzt werden, in seiner Wirksamkeit ist es etwa zwischen *Digitalis-purpurea*-Zubereitungen (↗ *Digitalis*-Arten) und ↗ Strophanthin einzuordnen. Da klinisch-pharmakologische Daten zur Wirkung der Droge weitgehend fehlen, wird ihre Anwendung nicht mehr empfohlen. Oleanderblätter sind wegen ihres Gehaltes an herzwirksamen Glykosiden als stark giftig anzusehen!

Hom.: ***Nerium oleander*** HAB1, die frischen, vor Beginn der Blüte gesammelten Blätter. *Anw.-Geb.:* bei Herzerkrankungen, Verdauungsstörungen, nässenden Ekzemen, Lähmigkeit und Rheumatismus.

Histor.: Der Gattungsname *Nerium* vom griechischen *nerion* ist bei ↗ Dioskurides der Name von *Nerium odorum*. Die Bezeichnung Oleander wird vom lateinischen *olea* (Ölbaum) Bezug nehmend auf dessen ähnliche Blätter, abgeleitet. Oleanderblätter wurden bereits in der frühen arabischen Medizin als Heilmittel eingesetzt. In den Schriften des ↗ Dioskurides und ↗ Plinius ist die Droge ebenso enthalten wie auch in den Kräuterbüchern des 17. Jh., die eine Anwendung als Gegengift bei Schlangenbissen empfahlen und gleichzeitig auf die Giftigkeit der Pflanze hinwiesen. Der Gattungsname *Nerium* wird vom griechischen *nerion* (naß) abgeleitet, Bezug nehmend auf die feuchtigkeitsbedürftige Pflanze. Der Bezeichnung Oleander liegt das lateinische *olea* (Ölbaum) zugrunde, vermutlich wegen der Ähnlichkeit der Blätter mit diesem.

Nerol ↗ Ätherische Öle.
Neroliblüten ↗ Citrus-Arten.
Neroliöl ↗ Citrus-Arten.
Nervenkraut ↗ Levisticum officinale.
Nerventee ↗ Species nervinae.
Nervenwurzel ↗ Cypripedium calceolus var. pubescens.
Nerzöl ↗ Mustela lutreola.
Nesselblättrige Verbene ↗ Verbena urticifolia.
Nesselkraut ↗ Urtica-Arten.
Nesselqualle ↗ Physalia pelargica.
Nesselseide ↗ Cuscuta europaea.
Nesseltier ↗ Aurelia aurita.
Nesselwurzel ↗ Urtica-Arten.
Netzannone ↗ Annona-Arten.
Neue Kamala ↗ Flemingia macrophylla.
Neugewürz ↗ Pimenta-Arten.
Neukaledonisches Sassafrasholz ↗ Doryphora sassafras.
Neunerle ↗ Anagallis arvensis.

■ **Neurolaena lobata** K. Br.
(syn. *Calea lobata, Conyza lobata*).

Fam.: Asteraceae (Compositae).

Vork.: Mittelamerika.

Droge: die Blätter. *Inh.:* Bitterstoffe, Sesquiterpenlactone, Thymol-Derivate. *Anw.:* in der mittelamerikanischen Volksheilkunde als Amarum, Stomachikum und Fiebermittel.

Neuseeländischer Dammar ↗ Agathis-Arten.

■ **Newbouldia laevis** Seemann
(syn. *Spathodea laevis*).

Fam.: Bignoniaceae.

Vork.: Westafrika, Kamerun, Gabun.

Droge: die Wurzeln und die Rinde. *Inh.:* β-Carboline, wie Harman; Stachyose. *Anw.:* in der afrikanischen Volksheilkunde vielseitig verwendete Droge bei Nervenleiden, die Rinde auch als Styptikum, bei Durchfällen und Lungentumoren.

New Jersey tea ↗ Ceanothus americanus.
Ngaicampher ↗ Blumea balsamifera.
Niamfett ↗ Lophira lanceolata.
Niandostrauch ↗ Alchornea floribunda.
Niauli aetheroleum ↗ Melaleuca-Arten.
Niaulibaum ↗ Melaleuca-Arten.

■ **Nicandra physaloides** (L.) Gaertn.
(syn. *Atropa physaloides*); Giftbeere; s. Farbtafel S. 144, Bild 43.

Fam.: Solanaceae.

Vork.: Südamerika, Peru, Nordamerika, teilweise auch kultiviert.

Droge: ***Herba Nicandrae***; Giftbeerenkraut. *Inh.:* Nicandrenon (Withanolid); Alkaloide, wie Hygrin, Tropinon. *Anw.:* in der Volksheilkunde bes.

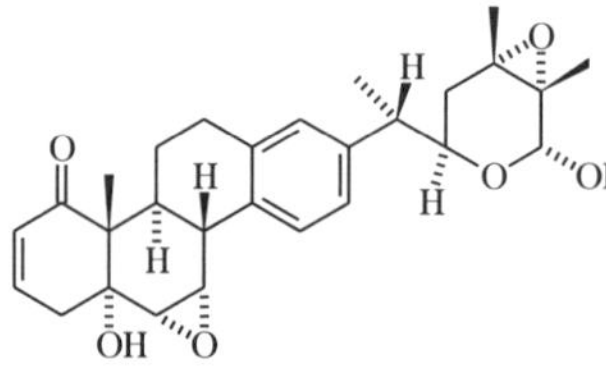

Nicandrenon

im Heimatland Peru als Diuretikum, bei Nieren- und Blasenleiden, v. a. bei Harngrieß. Eine Anwendung, vor der wegen der Vergiftungsgefahr zu warnen ist. Auch über psychotrope Effekte wird berichtet (Wirkung ähnlich Hyoscyamin).

Histor.: Der Gattungsname *Nicandra* wurde nach dem griechischen Arzt Nicandros (2. Jh. v. Chr.) gewählt. Der Artname *physaloides* bringt zum Ausdruck, daß die Pflanze der Blasenkirsche (*physa* = Blase) ähnlich ist. Die Bezeichnung Giftbeere weist auf die Giftigkeit der Früchte hin.

Nickende Kuhschelle ↗ Pulsatilla-Arten.
Nickersamen ↗ Caesalpinia-Arten.
Niconußbaum ↗ Afrolicania elaeosperma.
Nicoöl ↗ Afrolicania elaeosperma.
Nicotianae folium ↗ Nicotiana tabacum.
Nicotiana latissima ↗ Nicotiana tabacum.
Nicotiana macrophylla ↗ Nicotiana tabacum.

■ **Nicotiana tabacum** L.
(syn. *Nicotiana latissima, N. macrophylla*); Tabak (syn. Virginischer Tabak), s. Farbtafel S. 144, Bild 44.

Fam.: Solanaceae.

Vork.: heimisch in Südamerika, Anbau in warmen und gemäßigten Zonen weltweit.

Droge: ***Nicotianae folium*** (syn. *Folia Tabaci, Herba Nicotianae virginianae, Herba Petum, Herba Tabaci*); Tabakblätter (syn. Virginischer Tabak), die an der Luft getrockneten unfermentierten Blätter. *Inh.:* ↗ Nicotin (0,08–9 %), Nornicotin und weitere Pyridinalkaloide, ferner Betain, Asparagin, Allantoin, Kaffeegerbsäure, verschiedene Enzyme sowie Nitrate (bis 10 %). *Anw.:* früher bei Verstopfung, Koliken sowie als Klistier bei Wurmerkrankungen, arzneiliche Nutzung der Droge heute obsolet. Toxizität sowie weitere Verwendung ↗ Nicotin.

Hom.: ***1. Nicotiana tabacum*** HAB1; Virginischer Tabak, die getrockneten, unfermentierten Blätter des echten Havannatabaks. *Anw.-Geb.:* Erkrankungen des Auges, des arteriellen Gefäßsystems sowie des Magen-Darm-Traktes, Beschwerden bei Blutdruckabfall; Brechdurchfall; Angina pectoris. ***2. Nicotiana tabacum Rh*** HAB1; die frischen Blätter. *Anw.-Geb.:* in der anthroposophischen Therapierichtung. ***3. Tabacum e seminibus***, die reifen Früchte. *Anw.-Geb.:* Herz- und Kreislauferkrankungen, Schwindel.

■ **Nicotin**
(Nikotin), Pyridinalkaloid aus den Blättern von ↗ *Nicotiana tabacum*. *Wirk.:* in niedrigen Dosen ähnlich wie Acetylcholin durch Depolarisation der postsynaptischen Membranen ganglienerregend, in höheren Dosen durch Dauerdepolarisierung ganglienblockierend. Diese Eigenschaften bedingen in geringer Dosierung eine Blutdrucksteigerung, verstärkte Magensaftsekretion sowie eine Tonuserhöhung im Magen-Darm-Trakt (Wirkungen beim Rauchen). Bei hoher Dosierung im toxischen Bereich kommt es dagegen zum langanhaltenden Blutdruckabfall und Darmatonie. Im Zentralnervensystem ruft N. in mittlerer Dosierung Tremor sowie Atemstimulation hervor, in toxischen Dosen werden Krämpfe und Atemlähmung ausgelöst. Die Toxizität der Verbindung ist als sehr hoch einzuschätzen, die letale Dosis liegt bei etwa 1 mg/kg Körpergewicht.

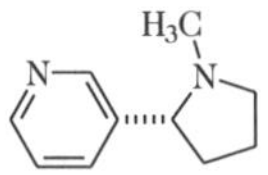

Nicotin

Diese Menge wird bei oraler Aufnahme von etwa 4–6 Zigaretten oder einer Zigarre erreicht. Beim Rauchen wird nur ein geringer Teil des N. aufgenommen. N. besitzt ein geringes, aber nachweisbares Suchtpotential. *Anw.:* in Form von Kaugummis und Pflastern wird N. unterstützend zur Raucherentwöhnung eingesetzt, auch in der Schädlingsbekämpfung wird die Verbindung genutzt.

Histor.: N. wurde nach dem französischen Diplomaten J. Nicot (1530–1600) benannt.

Niembaum ↗ Antelaea azadirachta.
Nierenbaum ↗ Anacardium occidentale.
Niesekraut ↗ Convallaria majalis.
Nieswurzwurzelstock ↗ Helleborus-Arten.

■ **Nigella damascena** L.
Jungfer-im-Grünen (syn. Braut-in-Haaren, Damaszener Schwarzkümmel, Türkischer Schwarzkümmel).

Fam.: Ranunculaceae.

Vork.: Mittelmeergebiete.

Droge: ***Nigellae damascenae semen*** (syn. *Semen Nigellae damascenae*); Damaszener Schwarzkümmel (syn. Ananaskümmel, Erdbeerkümmel, Türkischer Schwarzkümmel), die getrockneten, reifen Samen. *Inh.:* äther. Öl (0,4–0,5 %), Alkaloide, u. a. Damascenin und Damascinin, Saponine und fettes Öl. *Anw.:* ↗ *Nigella sativa*.

Nigellae damascenae semen ↗ Nigella damascena.

■ **Nigella sativa** L.
Schwarzkümmel.

Fam.: Ranunculaceae.

Vork.: Südeuropa, Nordafrika, u. a. Ägypten.

Droge: ***Semen Nigellae sativae*** (syn. *Semen Melanthii*); Schwarzkümmelsamen, der reife Samen. Inh.: äther. Öl (0,4–2,5 %) mit *p*-Cymen (37,5 %), Thymochinon (31 %) und *α*-Pinen (5,2 %) als dominierenden Komponenten, Alkaloide, wie Nigellidin, sowie fettes Öl (ca. 33 %) mit mehr als 50 % Glyceriden der Linolsäure.

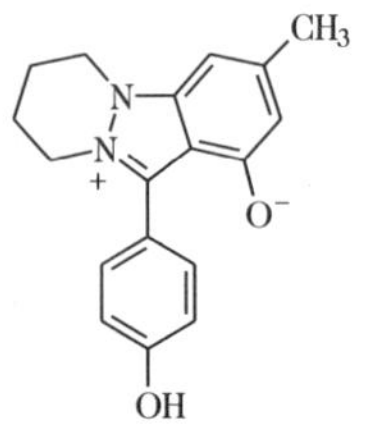

Nigellidin

Anw.: volkstümlich bei Verdauungsbeschwerden, als Galactagogum und Diuretikum, vor allem aber wegen seines aromatischen, scharfwürzigen Geschmacks als Gewürz. Das fette Öl, gewonnen durch Kaltpressung, ist würzig und ernährungsphysiologisch hochwertig. Es ist zur Herstellung von Nahrungsergänzungsmitteln geeignet.

Hom.: ***Nigella sativa***, die reifen Samen. Anw.-Geb.: Magenerkrankungen, Gelbsucht, Leberleiden.

Histor.: In Ägypten und einigen nahöstlichen Ländern wird Schwarzkümmel seit dem Altertum, besonders als Gewürz, z. B. im Brot oder anderen Speisen, genutzt. Der Gattungsname *Nigella* wurde aus dem lateinischen *nigellus* (schwärzlich) gebildet und bezieht sich auf die dunklen Samen. Als Kulturpflanze gehört *Nigella sativa* zum ↗ Capitulare de villis Karls des Großen. Die Kräuterbücher des 16. Jh. nennen die Pflanze „Schwartzer Coriander".

Nigeröl ↗ Guizotia abyssinica.
Niggersaatöl ↗ Guizotia abyssinica.
Nimbaum ↗ Antelaea azadirachta.
Nimöl ↗ Antelaea azadirachta.
Nimrinde ↗ Antelaea azadirachta.
Ninfa ↗ Nymphaea ampla.
Nistle ↗ Viscum album.
Nobilin ↗ Chamaemelum nobile.
Nocardia bifida ↗ Bifidobacterium-Arten.

■ **Nocardia lurida**.

Fam.: Actinomycetaceae.

Grampositive Bakterien, die das Antibiotikum ↗ Ristocetin bilden.

■ **Nocardia uniformis**

Fam.: Protoactinomycetaceae.

Aerobe, grampositive Bakterien, die die stereoisomeren ↗ Nocardicine A und B, monocyclische *β*-Lactamantibiotika mit einer Oximfunktion, bilden.

■ **Nocardicine**

monocyclische *β*-Lactamantibiotika, die von *Nocardia*-Arten gebildet werden und ohne therapeutische Bedeutung sind.

Noisetterose ↗ Rosa multiflora.
Noisettia pirifolia ↗ Anchietea salutaris.
Nonda ↗ Boletus manicus.
Nonda Mbolbe ↗ Heimiella angrieformis.
Nonda-Mos ↗ Russula agglutinata.
Noni ↗ Morinda citrifolia.
Nopalea cochenillifera ↗ Opuntia cochenillifera.
Nordamerikanische Klapperschlange ↗ Crotalus-Arten.
Nordamerikanische Schlangenwurzel ↗ Cimicifuga racemosa.
Nordamerikanische Spigelie ↗ Spigelia-Arten.
Nordamerikanische Wiesenarnika ↗ Arnica-Arten.

■ **Nordihydroguajaretsäure**

Lignan mit starker antioxidativer Wirksamkeit aus dem Kreosotstrauch (↗ *Larrea tridentata*). Anw.: zur Stabilisierung von Fetten sowie als Adjuvans bei der Rheumatherapie.

Nörz ↗ Mustela lutreola.
Noscapin ↗ Narcotin.

■ **Nosoden**

nach homöopathischer Verfahrensweise hergestellte Zubereitungen aus Zersetzungsprodukten, Krankheits- oder Stoffwechselprodukten von Mensch, Tier, Mikroorganismen und Viren. Diese Zubereitungen sind nicht mehr infektiös bzw. virulent und werden entsprechend dem homöopathischen Therapieprinzip „*similia similibus curentur*" eingesetzt.

■ **Nothosmyrnium japonicum** Miq.
Fam.: Apiaceae (Umbelliferae).
Vork.: Südchina, Japan, auch kultiviert.
Droge: ***Gaoben***, die Wurzeln. *Inh.:* äther. Öl (ca. 1,3 %) mit Nothosmyrnol und Dimethoxyallylbenzol. *Anw.:* in der chinesischen Heilkunde als zentrales Sedativum, Analgetikum, Antispasmodikum; die Samen werden bei Rheuma verwendet.

■ **Novobiocin**
(syn. Griseoflavin), Glykosid-Antibiotikum, das von *Streptomyces niveus*, *Streptomyces spheroides* und *Streptomyces griseus* gebildet wird und die DNA-Topomerase (DNA-Gyrase) hemmt. *Anw.:* schwere Staphylokokkeninfektionen. Da N. ernste Nebenwirkungen (Gastrointestinaltrakt, Blutbildschäden) hervorruft, sollte es nur in Ausnahmefällen angewendet werden.

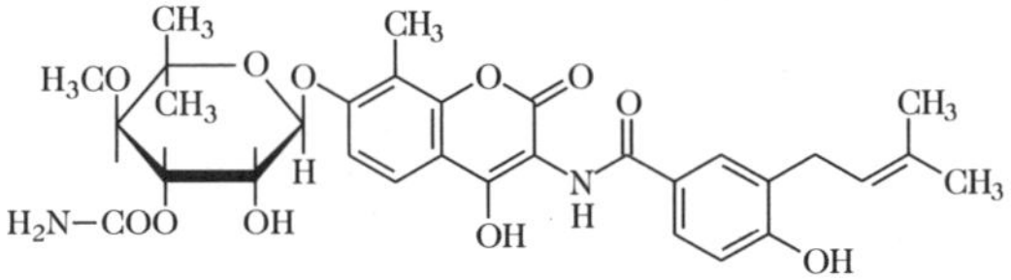
Novobiocin

■ **Nuphar lutea** (L.) Sm.
Gelbe Teichrose (syn. Seekandel, Mummel).
Fam.: Nymphaeaceae.
Vork.: Europa, Asien.
Drogen: ***1. Flores nuphari***; Teichrosenblüten, die Blüten. *Inh.:* Alkaloide, u. a. Desoxynupharidin (Hauptalkaloid), α- und β-Nupharidin, Steroide,

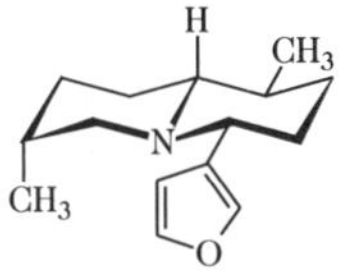
Desoxynupharidin

herzwirksame Glykoside. *Anw.:* in der Volksheilkunde früher bei Durchfällen. ***2. Radix Nuphari lutei***; Gelbe Teichrosenwurzel, die ganzen Wurzeln. *Inh.:* Alkaloide, u. a. Nupharin, α- und β-Nupharidin, welche sowohl Sesquiterpenstruktur als auch ein Chinolizidin- bzw. Piperidinringsystem aufweisen. Zahlreiche Nupharalkaloide weisen zudem Verbindungen vom Thiospiran-Typ auf, deren Bildung infolge Dimerisierung durch C-C-Verknüpfung und Einbau eines Schwefelatoms erfolgt ist, z. B. Thiobinupharidin. Weitere Bestandteile sind Gerbstoffe. *Anw.:* Die Droge diente lediglich volkstümlich als Adstringens sowie bei Hautleiden.
Hom.: ***Nuphar lutea*** HAB; Gelbe Teichrose, die frischen unterirdischen Teile der Pflanze. *Anw.-Geb.:* Erkrankungen des Magen-Darm-Traktes (Morgendurchfälle) sowie der männlichen und weiblichen Geschlechtsorgane (Aphrodisiakum).

Nubiablüten ↗ Hibiscus sabdariffa.
Nuces Acajou ↗ Anacardium occidentale.
Nuces Arecae ↗ Areca catechu.
Nuces Aromaticae ↗ Myristica fragrans.
Nuces Caryophyllatae ↗ Ravensara aromatica.
Nuces Cocculi ↗ Anamirta cocculus.
Nuces Fagi ↗ Fagus sylvatica.
Nuces Juglandis ↗ Juglans regia.
Nuces Nucistae ↗ Myristica fragrans.
Nuces Pistaciae ↗ Pistacia vera.
Nuces Sterculiae ↗ Cola-Arten.
Nuclei Cacao ↗ Theobroma cacao.
Nuclei Myristicae ↗ Myristica fragrans.
Nuclei Pistaciae ↗ Pistacia vera.
Nucleus Mucistae ↗ Myristica fragrans.
Nummularia centimorbia ↗ Lysimachia nummularia.
Nummularia officinalis ↗ Lysimachia nummularia.
Nummularia prostrata ↗ Lysimachia nummularia.
Nummularia repens ↗ Lysimachia nummularia.

Nußbaumblätter ↗ Juglans regia.
Nußblätter ↗ Juglans regia.
Nußgras ↗ Cyperus rotundus.
Nußkraut ↗ Corchorus-Arten.
Nußöl ↗ Juglans regia.
Nux Cathartica americana ↗ Jatropha curcas.
Nux Colae ↗ Cola-Arten.

Nux Metella ↗ Strychnos-Arten.
Nux Moschata ↗ Myristica fragrans.
Nux Myristicae ↗ Myristica fragrans.
Nux vomica ↗ Strychnos-Arten.

■ **Nyctanthes arbor tristis** L.
Harsinghar.
Fam.: Verbenaceae.
Vork.: Pakistan, Indien, Ceylon, Java.
Droge: Blätter und Blüten. Inh.: äther. Öl, ein roter Farbstoff (Nyctanthin). Anw.: in der asiatischen Volksheilkunde als Antiseptikum. Das äther. Öl wird in der Parfümerie und der rote Farbstoff in der Seidenfärberei verwendet.
Hom.: ***Nyctanthes arbor tristis*** HAB; die frischen Blätter. Anw.-Geb.: Verstopfung bei Kindern, Gallenleiden.

■ **Nyctocereus serpentinus** (Lag. et Rodr.) Britton et Rose
(syn. *Cactus ambiguus, C. serpentinus, Cereus ambiguus, C. serpentinus, C. serpentinus albispinus, C. serpentinus stellatus, C. splendens, Echinocereus serpentinus*).
Fam.: Cactaceae.
Vork.: Mexiko bis Nicaragua.
Hom.: ***Nyctocereus serpentinus*** (syn. *Cereus serpentarius*) HAB; die frischen Stengel. Anw.-Geb.: Angina pectoris.

■ **Nymphaea alba** L.
(syn. *Nymphaea officinalis*); Weiße Seerose (syn. Weiße Teichrose), s. Farbtafel S. 144, Bild 45.
Fam.: Nymphaeaceae.
Vork.: Europa bis Sibirien.
Drogen: ***1. Nymphaeae albae flos*** (syn. *Flores Nymphaeae albae*); Seerosenblüten (syn. *Nymphaea-alba*-Blüten), die getrockneten vollständigen Blüten. Inh.: Flavonolglykoside. Anw.: volkstümlich innerlich gegen Durchfallerkrankungen, äußerlich früher bei Fluor albus und Gonorrhoe. ***2. Nymphaeae albae rhizoma*** (syn. *Radix Nymphaeae albae*); Weiße Seerosenwurzel (syn. Feuerwurzel, *Nymphaea-alba*-Wurzel), das getrocknete Rhizom mit Wurzeln. Inh.: Tannine (8–10 %, hauptsächlich Gallo- und Ellagitannine). Anw.: volkstümlich bei sexueller Übererregbarkeit, Schlaflosigkeit und Angstzuständen.
Histor.: Der Gattungsname, der zuerst bei ↗ Theophrast erscheint, ist auf das griechische *nýmphe* (Braut) zurückzuführen. Nach einer Sage ist die Pflanze aus einer aus Eifersucht auf Herkules gestorbenen Nymphe entstanden. In der Antike wurde die Pflanze vor allem als Antaphrodisiakum genutzt. ↗ Plinius empfahl sie gegen erotische Schlaflosigkeit. Auch wurde sie von den Betroffenen genutzt, um die Härte des Zölibates leichter zu ertragen.

■ **Nymphaea ampla** (Salisb) DC.
Blaue Wasserlilie (syn. Ninfa).
Fam.: Nymphaeaceae.
Vork.: weltweit.
Anw.: Seit dem Altertum wird der Pflanze in vielen Kulturen eine halluzinogene und narkotische Wirkung zugeschrieben. In Mexiko soll *N. ampla* als entspannende und aufmunternde Droge mit halluzinogenen Eigenschaften in Gebrauch sein. Aus den Wurzelstöcken konnten bisher die Alkaloide Apomorphin, Nuciferin und Nornuciferin isoliert werden. Ob diese Stoffe für die behauptete psychotrope Wirkung verantwortlich sind, ist noch ungeklärt.

Nymphaeae albae flos ↗ Nymphaea alba.
Nymphaeae albae rhizoma ↗ Nymphaea alba.
Nymphaeae odoratae rhizoma ↗ Nymphaea odorata.

■ **Nymphaea odorata** Ait.
(syn. *Castalia pudica*).
Fam.: Nymphaeaceae.
Vork.: Nordamerika.
Droge: ***Nymphaeae odoratae rhizoma*** (syn. *Radix Nymphaeae odoratae, Radix Castaliae*); Wohlriechende Seerosenwurzel, der geschnittene und getrocknete Wurzelstock.
Hom.: ***Nymphaea odorata*** HAB; der frische Wurzelstock mit anhängenden Wurzeln. Anw.-Geb.: Morgendurchfälle.

Nymphaea officinalis ↗ Nymphaea alba.
Nymphaea stellata ↗ Euryale ferox.
Nyssa multiflora ↗ Nyssa sylvatica.

■ **Nyssa sylvatica** Marsh.
(syn. *Nyssa multiflora*); Tupelo.
Fam.: Nyssaceae.
Vork.: südliches Nordamerika.
Droge: ***Lignum Tupelo*** (syn. *Lignum Nyssae*); Tupeloholz (syn. Tupelo-Quellholz, Tupelowur-

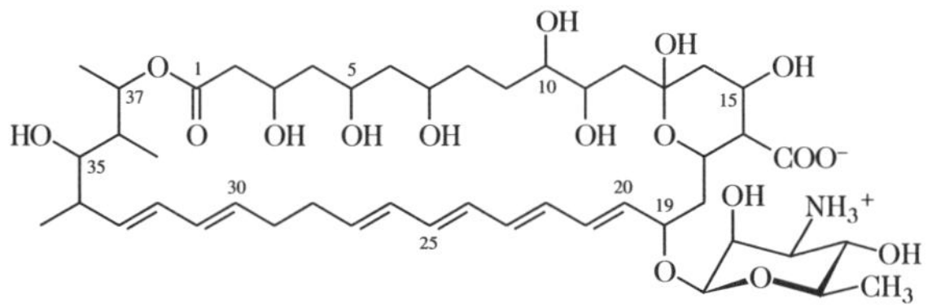

Nystatin A

zelholz), das Holz der Wurzeln. Inh.: Polyphenole, Quellstoffe, in den Blättern Flavonoide. Anw.: da das Holz in Wasser stark aufquillt, wurde es früher zu Quellstiften für die Chirurgie und Gynäkologie eingesetzt.

■ Nystatin

Polyenantibiotikum aus der Gruppe der Makrolide, das von *Streptomyces noursei* gebildet wird und als Hauptkomponente *Nystatin* A_1 (Hexaen) enthält. Wirk.: N. bildet in den Zellmembranen von Pilzen Membranporen und wirkt dadurch permeabilitätserhöhend. Dieser fungistatische Effekt erstreckt sich auf fast alle humanpathogene Pilze. Anw.: aufgrund seiner hohen Toxizität und sehr schlechten Resorbierbarkeit wird N. vor allem zur lokalen Behandlung von *Candida*-Mykosen der Haut, Vagina und der Mundhöhle (Soor) sowie selten peroral bei Hefeinfektionen des Gastrointestinaltraktes eingesetzt.

O

■ Ochratoxin ↗ Mycotoxine.

■ Ochroma lagopus Sw.

(syn. *Ochroma pyramidale, Bombax pyramidale*).

Fam.: Bombacaceae.

Vork.: Mittelamerika, tropisches Südamerika.

Droge: ***Balsaholz***, das sehr leichte Korkholz des Baumes; die Blätter und Blüten. Inh.: Blätter und Blüten enthalten Flavonoide, bes. Quercetin, Kaempferol, Cyanidin. Anw.: die Blätter in der Volksheilkunde als Mucilaginosum, die Blüten gegen Fieber. Das Balsaholz wird für Prothesen, Korken, Isoliermaterial und für den Flugzeugbau verwendet.

Ochroma pyramidale ↗ Ochroma lagopus.
Ochsen ↗ Colchicum autumnale.
Ochsenbrechwurzel ↗ Ononis spinosa.
Ochsenbrot ↗ Solidago-Arten.
Ochsenbruch ↗ Ononis spinosa.
Ochsengalle ↗ Bos taurus.
Ochsenherz ↗ Annona-Arten.
Ochsenpinsel ↗ Colchicum autumnale.
Ochsenzunge ↗ Anchusa officinalis.
Ocimum acutum ↗ Perilla frutescens.

■ Ocimum americanum L.

(syn. *Ocimum canum*); Campherbasilikum.

Fam.: Lamiaceae (Labiatae).

Vork.: Amerika, Rußland, Afrika, Australien, häufig kultiviert.

Inh.: die Blätter enthalten äther. Öl, Gerbstoffe und glykosidische Verbindungen. Anw.: zur Gewinnung von ↗ Campher und als Grundstoff in der Parfümerie.

Hom.: ***Ocimum americanum*** HAB1; die frischen Blätter. Anw.-Geb.: bei Erkrankungen der Nieren und ableitenden Harnwege.

■ Ocimum basilicum L.

Basilikum (syn. Basilie, Basilienkraut, Deutscher Pfeffer, Königskraut), s. Farbtafel S. 144, Bild 46.

Fam.: Lamiaceae (Labiatae).

Vork.: heimisch in Indien, inzwischen weltweit eingebürgert, Kulturen besonders in Südfrankreich und Spanien, mitunter auch in Deutschland.

Drogen: ***1. Basilici herba*** (syn. *Herba Basilici, Herba Ocimi*); Basilienkraut (syn. Basilikumkraut). *Inh.:* äther. Öl (bis 1,5 %), im frischen Kraut (0,02–0,5 %) mit Methylchavicol (bis 55 %) als Hauptkomponente sowie u. a. Cineol, Linalool, Ocimen und Pinen, ferner Gerbstoff. *Anw.:* volkstümlich bei Verdauungsbeschwerden und als Diuretikum. Die Hauptmenge der Frischdroge wird als Gewürz, Geruchs- und Geschmackskorrigenz verwendet. ***2. Oleum Basilici***; Basilikumöl, das äther. Öl der oberirdischen Pflanzenteile. *Inh.:* Methylchavicol, Cineol, Campher, Linalool, Ocimen, Pinene. *Anw.:* in der Volksheilkunde früher als Beruhigungsmittel, heute sollte das äther. Öl keine unmittelbare Anwendung mehr finden, da das enthaltene Methylchavicol nach metabolischer Aktivierung mutagen wirksam ist. Die Droge findet aber weiterhin Verwendung in der Parfümerie.

Hom.: ***Ocimum basilicum ex herba*** HAB1; Basilikum, die frischen, vor der Blüte gesammelten oberirdischen Teile. *Anw.-Geb.:* Erkrankungen des Magen-Darm-Traktes.

Histor.: Der Gattungsname *Ocimum* entspricht dem griechischen *Okimon*, abgeleitet von *ozein* (riechen, duften). Basilikum leitet sich vom griechischen *basilikós* (königlich) ab. Die Kultur des Basilienkrautes ist sehr alt. In Indien wird es unter dem Sanskritnamen „Arjaka" schon in der „Sutna-sthana" genannt und als heilige Pflanze bei religiösen Zeremonien verwendet. In Ägypten belegen Kranzfunde aus den Pyramiden die Verwendung. Auch in den hippokratischen Schriften wird es erwähnt. In der römischen Kaiserzeit galt es als beliebte Heil- und Gewürzpflanze.

Ocimum canum ↗ Ocimum americanum.
Ocimum crispum ↗ Perilla frutescens.
Ocimum frutescens ↗ Perilla frutescens.
Ocimum grandiflorum ↗ Orthosiphon aristatus.

■ **Ocotea puchury-major** Mart.
(syn. *Acrodiclidium puchury-major, Licaria puchury-major, Nectandra puchury-major*); Pichurimbaum.

Fam.: Lauraceae.

Vork.: tropisches Amerika.

Droge: ***Fabae Pichurim***; Picuribohne (syn. Pichurimbohnen), die Keimblätter des Samens. *Inh.:* äther. Öl (2–2,5 %), u. a. Eugenol (ca. 5 %), Cineol und Safrol enthaltend, fettes Öl (ca. 30 %) und Gerbstoffe. *Anw.:* Aromatikum und Antidiarrhoikum, mitunter als Vanilleersatz.

Hom.: ***Ocotea puchury-major*** (syn. *Pichurim*) HAB, die getrockneten Keimblätter.

Oculi Populi ↗ Populus-Arten.
Odinskopf ↗ Inula helenium.
Odinskopfwurzel ↗ Inula helenium.
Odostemon aquifolium ↗ Mahonia aquifolium.
Oenanthe apiifolia ↗ Oenanthe crocata.

■ **Oenanthe aquatica** (L.) Poir.
(syn. *Ligusticum phellandrium, Oenanthe gigantea, O. phellandrium, Phellandrium aquaticum, P. divaricatum, Selinum phellandrium*); Wasserfenchel (syn. Butte, Mäusezahl, Pferdekümmel, Pferdesaat, Roßfenchel, Roßkerbel, Roßkümmel, Wasserkümmel, Wasserrebendolde, Wasserschierling).

Fam.: Apiaceae (Umbelliferae).

Vork.: Europa und westliches Asien, außer hohem Norden.

Drogen: ***1. Phellandri aetheroleum*** (syn. *Oleum Phellandri, Oleum Phellandri aquatici*); Wasserfenchelöl (syn. Roßfenchelöl), das aus den Früchten gewonnene äther. Öl. *Inh.:* (+)-β-Phellandren (ca. 80 %), ferner u. a. ↗ Apiol, Camphen, Myristicin, *n*-Nonen-1-ol, Phellandral und *n*-Undecen-4-ol. *Anw.:* volkstümlich bei Erkrankungen der Atmungsorgane, Verdauungsbeschwerden und als Diuretikum. ***2. Phellandri fructus*** (syn. *Fructus Foeniculi aquatici, Fructus Phellandri, Phellandrium, Semen Phellandri aquatici*); Wasserfenchelfrüchte (syn. *Oenanthe-aquatica*-Früchte), die getrockneten, reifen Früchte. *Inh.:* äther. Öl (1–2,5 %) s. *Phellandri aetheroleum*, ferner Harz, Polyine und Lignane. *Anw.:* volkstümlich als schleimlösendes Mittel bei chronischem Katarrh der Atemwege sowie bei Verdauungsbeschwerden.

Hom.: ***Oenanthe aquatica*** HAB1; Wasserfenchel, die getrockneten, reifen Früchte. *Anw.-Geb.:* Erkrankungen der Atemwege und weiblichen Geschlechtsorgane, Entzündungen der Atemwege, Brustschmerzen stillender Mütter.

■ **Oenanthe crocata** L.
(syn. *Oenanthe apiifolia*); Giftige Rebendolde (syn. Safranrebendolde).

Fam.: Apiaceae (Umbelliferae).

Vork.: Westeuropa und westliche mediterrane Gebiete.

Drogen: ***1. Herba Oenanthe crocatae,*** Rebendoldenkraut, das getrocknete Kraut. *Inh.:* giftige C_{17}-Polyine, u. a. Oenanthetol, Oenantheton und Oenanthotoxin. ***2. Radix Oenanthe***, Rebendoldenwurzeln, die getrockneten Wurzeln. *Inh.:* s. *Herba Oenanthe crocatae.*

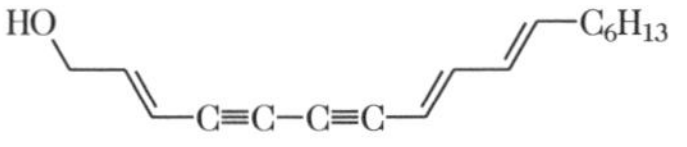

Oenanthetol

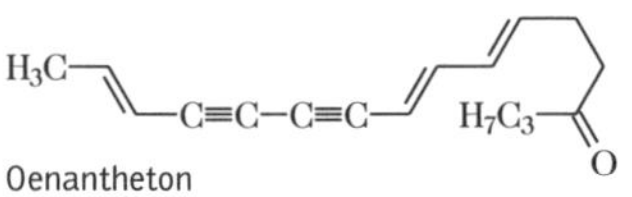

Oenantheton

Hom.: ***Oenanthe crocata*** HAB; Giftige Rebendolde, der zur Blütezeit gesammelte, ganze, frische Wurzelstock. *Anw.-Geb.:* Erkrankungen des Zentralnervensystems, wie Krampfleiden, cerebrale Anfallsleiden.

Histor.: Der Gattungsname *Oenanthe* leitet sich vom griechischen *oinos* (Wein) und *anthos* (Blüte) ab und bezieht sich auf die weinduftähnlichen Blüten; während sich *crocata* (lat., safrangelb) auf den an der Luft sich gelbfärbenden Saft bezieht.

Oenanthe giganthea ↗ Oenanthe aquatica.
Oenanthe phellandrium ↗ Oenanthe aquatica.

■ **Oenothera biennis** L.
(syn. *Oenothera communis, O. graveolens, Onagra biennis, O. vulgaris*); Gemeine Nachtkerze (syn. Eierblume, Gelbe Rapunzel, Gelber Nachtschatten, Härekraut, Nachtschlüsselblume, Rübenwurzel, Schinkenkraut, Stolzer Heinrich, Weinblume), s. Farbtafel S. 144, Bild 47.

Fam.: Onagraceae.

Heim.: Nordamerika, in Europa kultiviert und verwildert.

Drogen: ***1. Oenothera biennis herba*** (syn. *Herba Oenotherae biennis*), das getrocknete Kraut. *Inh.:* Gerbstoffe, Phytosterole, Harze und Zucker. *Anw.:* in der Volksheilkunde als Antidiarrhoikum und „Blutreinigungsmittel". ***2. Oenotherae oleum*** (syn. *Oenothera biennis oleum, Oleum Oenotherae, Oleum Oenotherae biennis*), Nachtkerzenöl (syn. Rhapontikaöl), das aus den Samen gewonnene fette Öl, dessen Triglycerole 65 bis 80 % Linolsäure und als Besonderheit 8 bis 14 % γ-Linolensäure aufweisen. *Anw.:* in Kapselform als Fertigarzneimittel zur Arterioskleroseprophylaxe (0,1–6 g/d) sowie beim atopischen Ekzem (Neurodermitis).

Hom.: ***Oenothera biennis*** HAB 34, die zu Beginn der Blütezeit gesammelte, frische Pflanze. *Anw.-Geb.:* u. a. Durchfall.

Histor.: Der Gattungsname *Oenothera* leitet sich vom griechischen *oinotheris* (Blume mit Weingeruch der Wurzel) ab; während *biennis* (zweijährig) auf die Zweijährigkeit der Pflanze hinweist. Die Bezeichnung Nachtkerze bezieht sich auf die beginnende Öffnung der Blüten am Abend und deren Bestäubung durch Nachtfalter.

Oenothera biennis oleum ↗ Oenothera biennis.
Oenothera communis ↗ Oenothera biennis.
Oenotherae oleum ↗ Oenothera biennis.
Oenothera graveolens ↗ Oenothera biennis.
Oeschen ↗ Viola-Arten.
Ohmblätter ↗ Tussilago farfara.
Ohrenqualle ↗ Aurelia aurita.
Ohr-Schlüsselblume ↗ Primula-Arten.
Oiticicaöl ↗ Licania rigida.

■ **Okoubaka aubrevillei** Phelleg. et Normand.

Fam.: Octoknemataceae.

Vork.: Westafrika.

Droge: die Rinde der Äste und Stämme. *Inh.:* Catechine, Gerbstoffe, Gallussäure, Protocatechusäure. *Anw.:* in der westafrikanischen traditionellen Heilkunde wird die gepulverte Rinde oral zur Vorbeugung von Vergiftungen jeglicher Art eingesetzt. Äußerlich wird die Droge gegen bakterielle Hauterkrankungen, wie Lepra und Syphillis, angewendet.

Hom.: ***Okoubaka*** HAB; die Astrinde der oberirdischen Teile. *Anw.-Geb.:* Erkrankungen des Magen-Darm-Traktes, der Leber, Galle, Bauchspeicheldrüse sowie in der Rekonvaleszenz.

Ölbaum ↗ Olea europaea.
Ölbaumblätter ↗ Olea europaea.
Ölbohne ↗ Glycine max.

■ **Oldenlandia umbellata** L.
Indischer Krapp.

Fam.: Rubiaceae.

Vork.: Indien, Birma, Java, Sri Lanka.

Droge: ***Chay-Wurzel***, die getrockneten Wurzeln. Inh.: Alizarin, Chlorogenin, Alizarin-α-methylether, Anthragallol-Derivate. Anw.: in der Färberei zur Erzielung von Türkischrot.

Oldwurzel ↗ Inula helenium.
Olea aetherea ↗ ätherische Öle.
Oleae folia ↗ Olea europaea.
Oleae folium ↗ Olea europaea.

■ Olea europaea L.

(syn. *Olea officinarum, O. pallida*); Ölbaum (syn. Olivenbaum).

Fam.: Oleaceae.

Vork.: subtropische Areale, insbes. Mittelmeergebiete.

Drogen: ***1. Oleae folium*** (syn. *Folia Oleae, Folia Olivae, Oleae Folia*); Olivenblätter (syn. Ölbaumblätter), die getrockneten Blätter. Inh.: Terpenoide, besonders Oleuropein (6–9 %) und Tri-

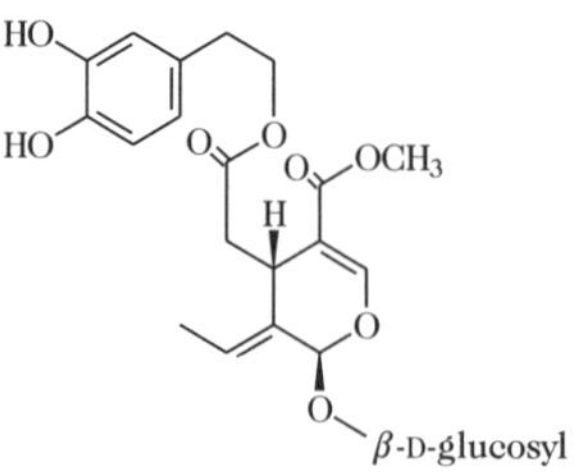

Oleuropein

terpensäuren, u. a. Oleanol- und Maslinsäure (0,15 bzw. 0,2 %), ferner Flavonoide, u. a. Luteolin und Luteolin-7-*O*-glucosid sowie in Spuren Alkaloide vom Chinolin-Typ, u. a. Cinchonin. Anw.: früher in Arzneifertigpräparaten bei erhöhtem Blutdruck. Volkstümlich außerdem bei Gicht, Arteriosklerose und Rheumatismus sowie bei Diabetes. ***2. Olivae oleum*** (syn. *Oleum Olivae, Oleum Olivarum*); Olivenöl (syn. Baumöl), das durch Kaltpressung aus den reifen Steinfrüchten (*Fructus Oleae*) gewonnene fette Öl. Mitunter wird das Öl der 1. Pressung, das das feinste Öl darstellt, als Jungfernöl und das der 2., stärkeren Pressung als Provenceöl bezeichnet. Inh.: Acylglycerole (95–99 %) mit Ölsäure (56–83 %), Palmitinsäure (7,5–20 %), Linolsäure (3,5–20 %), Stearinsäure (0,5–3,5 %), Palmitoleinsäure (0,3–3,5 %) und Linolensäure (0,6–1 %) als vorherrschenden Fettsäurekomponenten sowie eine unverseifbare Fraktion (0,5–1,5 %). Diese enthält phenolische Verbindungen, u. a. Protocatechusäure, Sterole, Tocopherole, sowie als Hauptbestandteil der Kohlenwasserstofffraktion das Triterpen Squalen (0,12–0,7 %). Anw.: als Arzneiträger für lipophile Arzneistoffe sowohl zur peroralen und percutanen, z. B. Salben oder Linimente, als auch zur parenteralen Applikation. Volkstümlich nutzt man Olivenöl auch als Darmgleitmittel, bei Obstipation und Gallensteinerkankungen sowie äußerlich bei Hautleiden, u. a. bei Psoriasis. Wegen des Risikos einer Gallenkolik ist die Anwendung bei Gallensteinleiden abzulehnen. Die Hauptmenge der Weltproduktion an Olivenöl dient als wertvolles Speiseöl. ***3. Oleum Olivarum album***; Weißes Olivenöl (syn. Weißes Baumöl, Lilienöl), durch Tierkohle oder Sonnenlicht gebleichtes Olivenöl. Anw.: früher in der Volksheilkunde bei Brustleiden.

Histor.: Der Ölbaum ist eine uralte Kulturpflanze des Mittelmeergebietes und findet bereits in der Bibel Erwähnung. Bei den antiken Völkern spielte er eine große Rolle, u. a. als Zeichen des Friedens. Aus Griechenland kam der Baum im 7. Jh. v. Chr. nach Italien. Der Gattungsname leitet sich vom griechischen *nerion* bzw. dem lateinischen *ólea* (Ölbaum) ab. Die Früchte wurden auch von Hildegard von Bingen als Nahrungs- und Arzneimittel gerühmt, ebenso auch von den Kräuterbüchern des 16. und 17. Jh., die unter anderen die unreif konservierten Oliven als appetitanregendes und magenstärkendes Mittel hervorheben.

■ Olea medicata

(syn. *Olea medicinalia*); arzneiliche Öle. Diese stellen Zubereitungen dar, in welchen lipophile Arzneistoffe in fetten Ölen gelöst (z. B. Kampferöl) oder andere Arzneistoffe suspendiert (z. B. Zinköl) vorliegen.

Olea medicinalia ↗ Olea medicata.
Oleander ↗ Nerium oleander.

■ Oleandomycin

Macrolidantibiotikum, das von *Streptomyces antibioticus* gebildet wird. Wirk.: hemmt die bakterielle Proteinsynthese. Anw.: gegen grampositive Erreger, bes. bei Atemwegserkrankungen; das Einsatzspektrum entspricht etwa dem von ↗ Erythromycin. O. wird mitunter auch als Futtermittelzusatz in der Landwirtschaft eingesetzt.

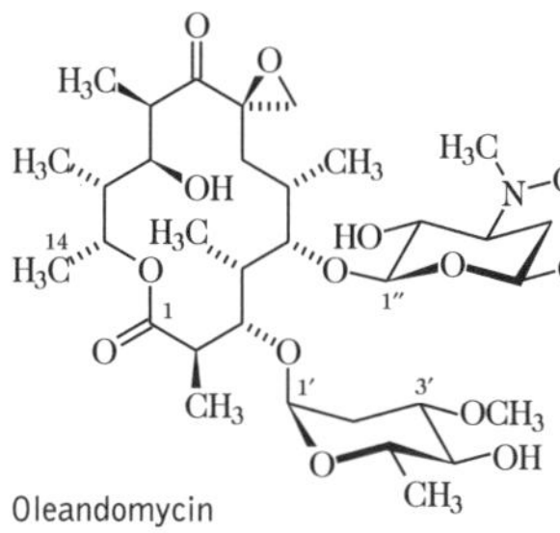

Oleandomycin

Oleandri folium ↗ Nerium oleander.
Oleandrin ↗ Nerium oleander.
Oleandri pulvis normatus ↗ Nerium oleander.
Oleanolsäure ↗ Saponine.
Olea officinarum ↗ Olea europaea.
Olea pallida ↗ Olea europaea.
Oleum Abelmoschi seminis ↗ Abelmoschus moschatus.
Oleum Abietis albae ↗ Abies-Arten.
Oleum Abietis balsameae ↗ Abies-Arten.
Oleum Abietis cephalonicae ↗ Abies-Arten.
Oleum Abietis pectinatae ↗ Abies-Arten.
Oleum Abietis sibiricum ↗ Abies-Arten.
Oleum Absinthii ↗ Artemisia absinthium.
Oleum Acaciae farnesianae ↗ Acacia-Arten.
Oleum Ajowan ↗ Trachyspermum ammi.
Oleum Allii sativi ↗ Allium-Arten.
Oleum Amomi ↗ Pimenta-Arten.
Oleum Amygdalae amarae ↗ Prunus-Arten.
Oleum Amygdalarum ↗ Prunus-Arten.
Oleum Amygdalarum amarum aethereum ↗ Prunus-Arten.
Oleum Amygdalarum expressum ↗ Prunus-Arten.
Oleum Amygdalarum gallicum ↗ Prunus-Arten.
Oleum Amygdalarum verum ↗ Prunus-Arten.
Oleum Andropogonis citrati ↗ Cymbopogon-Arten.
Oleum Andropogonis muricati ↗ Vetiveria zizanioides.
Oleum Anethi ↗ Anethum graveolens.
Oleum Angelicae ↗ Angelica archangelica.
Oleum Angelicae fructus ↗ Angelica archangelica.

■ Oleum animale

(syn. *Oleum animale foetidum crudum*); Rohes Tieröl (syn. Stinkendes Tieröl).

Tieröl wird aus den Knochenklauen und Knorpeln von Rindern und anderen Säugetieren (Schweine, Schafe) gewonnen. Es dient zur Bereitung des äther. Tieröls (↗ *Oleum animale aethereum*). *Anw.:* in der Veterinärmedizin als Wurmmittel und bei der Wundbehandlung. Auch zur Vertreibung von Nagetieren und als technischer Schmierstoff wird das Produkt eingesetzt.

■ Oleum animale aethereum

(syn. *Oleum animale Dippelii, Oleum animale foetidum, Oleum Cornu Cervi retificatum*); Ätherisches Tieröl (syn. Dippels Tieröl).

Ätherisches Tieröl wird durch Destillation aus dem rohen Tieröl (↗ *Oleum animale*) gewonnen. *Inh.:* schwer wasserlösliche und flüchtige Bestandteile, bes. Pyrrol, Methylpyrrol, Dimethylpyrrol, Cholin u. a. *Anw.:* früher als Wurmmittel und äußerlich gegen Parasiten und bei Hautkrankheiten.

Hom.: ***Oleum animale aethereum*** HAB; das durch trockene Destillation aus tierischen Stoffen, wie u. a. Haut, Knochen, Knorpel und Horn gewonnene Tieröl, das durch Rektifikation und Wasserdampfdestillation gereinigt wird. *Anw.-Geb.:* bei nervösen Schwäche- und Krampfzuständen, Nervenschmerzen, Verdauungsschwäche.

Oleum animale Dippelii ↗ Oleum animale aethereum.
Oleum animale foetidum crudum ↗ Oleum animale.
Oleum Anisi ↗ Illicium verum, ↗ Pimpinella-Arten.
Oleum Anisi stellati ↗ Illicium verum.
Oleum Annonae ↗ Annona-Arten, ↗ Cananga odorata.
Oleum Anthemidis ↗ Chamaemelum nobile.
Oleum Arachidis ↗ Arachis hypogaea.
Oleum Arganiae ↗ Argania sideroxylon.
Oleum Argemonis ↗ Argemone mexicana.
Oleum Aurantii dulcis ↗ Citrus-Arten.
Oleum Aurantii Floris ↗ Citrus-Arten.
Oleum Aurantii fructus amari ↗ Citrus-Arten.
Oleum Aurantii pericarpii ↗ Citrus-Arten.
Oleum Avocado ↗ Persea americana.
Oleum Azadirachtae ↗ Antelaea azadirachta.
Oleum Basilici ↗ Ocimum basilicum.
Oleum Baunscheidtii ↗ Baunscheidtöl.
Oleum Bay ↗ Pimenta-Arten.
Oleum Bergamottae ↗ Citrus-Arten.
Oleum Bertholletiae ↗ Bertholletia excelsa.
Oleum Betulae empyreumaticum ↗ Betula-Arten.

Oleum Betulae pyroligneum ↗ Betula-Arten.
Oleum Betulinum ↗ Betula-Arten.
Oleum Boraginis ↗ Borago officinalis.
Oleum Bulnesiae aethereum ↗ Bulnesia sarmienti.
Oleum Cacao ↗ Theobroma cacao.
Oleum Cadi ↗ Juniperus oxycedrus.
Oleum Cadinum ↗ Juniperus oxycedrus.
Oleum Cajeputi ↗ Melaleuca-Arten.
Oleum Cajeputi rectificatum ↗ Melaleuca-Arten.
Oleum Calami ↗ Acorus calamus.
Oleum Caloncobae ↗ Caloncoba echinata.
Oleum Camelinae ↗ Camelina sativa.
Oleum Camphorae ↗ Cinnamomum-Arten.
Oleum Canangae ↗ Cananga odorata.
Oleum Cardamomi ↗ Elettaria cardamomum.
Oleum Cari ↗ Carum carvi.
Oleum Carpotroche ↗ Carpotroche brasiliensis.
Oleum Carthami ↗ Carthamus tinctorius.
Oleum Carui ↗ Carum carvi.
Oleum Carvi ↗ Carum carvi.
Oleum Carvi aethereum ↗ Carum carvi.
Oleum Caryae ↗ Carya ovata.
Oleum Caryophylli ↗ Syzygium-Arten.
Oleum Cascarillae ↗ Croton elutaria.
Oleum Cassiae ↗ Cinnamomum-Arten.
Oleum Castoris ↗ Ricinus communis.
Oleum Cayaponiae ↗ Cayaponia cabocla.
Oleum Cedri oxycedri ↗ Juniperus oxycedrus.
Oleum Ceibae ↗ Ceiba pentandra.
Oleum Cetacei ↗ Physeter macrocephalus.
Oleum Chamomillae ↗ Chamomilla recutita.
Oleum Chamomillae romanae ↗ Chamaemelum nobile.
Oleum Champacae ↗ Michelia champaca.
Oleum Chaulmoograe ↗ Hydnocarpus-Arten.
Oleum Cheloniae ↗ Chelonia mydas.
Oleum Chenopodii anthelmintici ↗ Chenopodium-Arten.
Oleum Cinnamomi ↗ Cinnamomum-Arten.
Oleum Cinnamomi camphorae ↗ Cinnamomum-Arten.
Oleum Cinnamomi cassiae ↗ Cinnamomum-Arten.
Oleum Cinnamomi ceylanici ↗ Cinnamomum-Arten.
Oleum Citri ↗ Citrus-Arten.
Oleum Citronellae ↗ Cymbopogon-Arten.
Oleum Citronellae javanicum ↗ Cymbopogon-Arten.
Oleum Cocos ↗ Cocos nucifera.
Oleum Copaivae ↗ Copaifera-Arten.
Oleum Coriandri ↗ Coriandrum sativum.
Oleum Cornu Cervi rectificatum ↗ Oleum animale aethereum.
Oleum Coryli avellanae ↗ Corylus avellana.
Oleum Crotonis ↗ Croton tiglium.
Oleum Cubebae ↗ Piper cubeba.
Oleum Cumini ↗ Cuminum cyminum.
Oleum Cupressi ↗ Cupressus sempervirens.
Oleum Cyperi esculenti ↗ Cyperus esculentus.
Oleum Dactyli ↗ Phoenix dactylifera.
Oleum Darwiniae aethereum ↗ Darwinia fascicularis.
Oleum Dryandrae ↗ Aleurites fordii.
Oleum Eucalypti ↗ Eucalyptus-Arten.
Oleum Fagi empyreumaticum ↗ Pix Fagi.
Oleum Fagi silvaticae ↗ Fagus sylvatica.
Oleum Foeniculi ↗ Foeniculum vulgare.
Oleum Foliorum Patchouli ↗ Pogostemon cablin.
Oleum Gaultheriae ↗ Gaultheria procumbens.
Oleum Geranii ↗ Pelargonium-Arten.
Oleum Gossypii ↗ Gossypium-Arten.
Oleum Gossypii seminis ↗ Gossypium-Arten.
Oleum Guajaci ↗ Guaiacum sanctum.
Oleum Guizotiae ↗ Guizotia abyssinica.
Oleum Gynocardiae ↗ Gynocardia odorata.
Oleum Hedeomae ↗ Hedeoma pulegioides.
Oleum Helenii ↗ Inula helenium.
Oleum Helianthi ↗ Helianthus annuus.
Oleum Helianthi seminis ↗ Helianthus annuus.
Oleum Hesperidis ↗ Hesperis matronalis.
Oleum Hippocastani ↗ Aesculus hippocastanum.
Oleum Hyacinthi ↗ Hyacinthus orientalis.
Oleum Hydnocarpi ↗ Hydnocarpus-Arten.
Oleum Hyoscyami ↗ Hyoscyamus niger.
Oleum Hyperici ↗ Hypericum perforatum.
Oleum Infernale ↗ Jatropha curcas.
Oleum Iridis ↗ Iris germanica.
Oleum Iuniperi ↗ Juniperus communis.
Oleum Ivae moschatae ↗ Achillea-Arten.
Oleum Jasmini ↗ Jasminum grandiflorum.
Oleum Jatrophae ↗ Jatropha curcas.
Oleum Jawarancusae ↗ Vetiveria zizanioides.
Oleum Jecoris ↗ Gadus morrhua.
Oleum Jecoris aselli ↗ Gadus morrhua.
Oleum Joannesiae ↗ Joannesia princeps.
Oleum Juglandis ↗ Juglans regia.
Oleum Juglandis nucum infusum ↗ Juglans regia.
Oleum Juniperi ↗ Juniperus communis.
Oleum Juniperi baccarum ↗ Juniperus communis.
Oleum Juniperi empyreumaticum ↗ Juniperus oxycedrus.
Oleum Lallemantiae ↗ Lallemantia iberica.
Oleum Lauri ↗ Laurus nobilis.
Oleum Lauri aetheroleum ex foliis ↗ Laurus nobilis.

Oleum Lauri expressum ↗ Laurus nobilis.
Oleum Lauri foliorum ↗ Laurus nobilis.
Oleum Laurocerasi aethereum ↗ Prunus-Arten.
Oleum Lavandulae ↗ Lavandula angustifolia.
Oleum Lavandulae hybridae ↗ Lavandula hybrida.
Oleum Lecythidis ↗ Lecythis urnigera.
Oleum Licaniae ↗ Licania rigida.
Oleum Ligni Cedri ↗ Juniperus virginiana.
Oleum Ligni Guajaci ↗ Bulnesia sarmienti, ↗ Guaiacum sanctum.
Oleum Liliorum ↗ Lilium candidum.
Oleum Limettae ↗ Citrus-Arten.
Oleum Limonis ↗ Citrus-Arten.
Oleum Linaloes ↗ Bursera-Arten.
Oleum Lini ↗ Linum usitatissimum.
Oleum Lithanthracis ↗ Steinkohlenteer.
Oleum Lophirae ↗ Lophira lanceolata.
Oleum Lumbricorum ↗ Oleum Philosophorum.
Oleum Macadamiae ↗ Macadamia ternifolia.
Oleum Macidis ↗ Myristica fragrans.
Oleum Madiae ↗ Madia sativa.
Oleum Majoranae ↗ Origanum majorana.
Oleum Mandarinae ↗ Citrus-Arten.
Oleum Margosae ↗ Antelaea azadirachta.
Oleum Marmotae ↗ Marmota marmota.
Oleum Maydis embryonis ↗ Zea mays.
Oleum Melaleucae ↗ Melaleuca-Arten.
Oleum Melissae ↗ Melissa officinalis.
Oleum Melissae indicum ↗ Cymbopogon-Arten.
Oleum Menthae arvensis ↗ Mentha-Arten.
Oleum Menthae crispae ↗ Mentha-Arten.
Oleum Menthae piperitae ↗ Mentha-Arten.
Oleum Menthae viridis ↗ Mentha-Arten.
Oleum Moringae ↗ Moringa-Arten.
Oleum Morrhuae ↗ Gadus morrhua.
Oleum Moscoviticum ↗ Betula-Arten.
Oleum Myrciae ↗ Pimenta-Arten.
Oleum Myristicae ↗ Myristica fragrans.
Oleum Myristicae aethereum ↗ Myristica fragrans.
Oleum Myristicae expressum ↗ Myristica fragrans.
Oleum Myrti ↗ Myrtus communis.
Oleum Neroli ↗ Citrus-Arten.
Oleum Nucis moschatae ↗ Myristica fragrans.
Oleum Nucis moschati ↗ Myristica fragrans.
Oleum Nucis moschati aethereum ↗ Myristica fragrans.
Oleum Nucistae ↗ Myristica fragrans.
Oleum Nucum persicarum ↗ Prunus-Arten.
Oleum Nusticae ↗ Myristica fragrans.
Oleum Oenotherae biennis ↗ Oenothera biennis.
Oleum Olivae ↗ Olea europaea.
Oleum Olivarum ↗ Olea europaea.
Oleum Olivarum album ↗ Olea europaea.
Oleum Oncobae ↗ Oncoba echinata.
Oleum Origani ↗ Origanum vulgare.
Oleum Oryzae ↗ Oryza sativa.
Oleum Osyris aethereum ↗ Osyris tenuifolia.
Oleum Palmae ↗ Elaeis guineensis.
Oleum Palmae Christi ↗ Ricinus communis.
Oleum Papaveris ↗ Papaver somniferum.
Oleum Patchouli ↗ Pogostemon cablin.
Oleum Pedum Tauri ↗ Bos taurus.
Oleum Perseae ↗ Persea americana.
Oleum Persicarum ↗ Prunus-Arten.
Oleum Petitgrain ↗ Citrus-Arten.
Oleum Petrae ↗ Erdöl.
Oleum Petrae italicum ↗ Erdöl.
Oleum Petroselini ↗ Petroselinum crispum.
Oleum Phellandri ↗ Oenanthe aquatica.
Oleum Phellandri aquatici ↗ Oenanthe aquatica.
Oleum Phellodendri ↗ Phellodendron amurense.

■ **Oleum Philosophorum**
(syn. *Oleum Lumbricorum*); Philosophenöl, eine Mischung von Oleum Rapae mit etwa 1 % *Oleum animale crudum* und ca. 2 % *Oleum Petrae*. *Anw.:* äußerlich gegen Parasiten und Hautkrankheiten, auch bei gangränösen Wunden, heute obsolet.

Oleum Piceae abietis ↗ Picea abies.
Oleum Pimentae ↗ Pimenta-Arten.
Oleum Pimentae acris ↗ Pimenta-Arten.
Oleum Pimentae aetheroleum ↗ Pimenta-Arten.
Oleum Pini ↗ Pinus-Arten.
Oleum Pini piceae ↗ Abies-Arten.
Oleum Pini pumilionis ↗ Pinus-Arten.
Oleum Pini sibiricum ↗ Abies-Arten.
Oleum Pini sylvestris ↗ Pinus-Arten.
Oleum Pseudotsugae taxifoliae ↗ Pseudotsuga taxifolia.
Oleum Pulegii ↗ Mentha-Arten.
Oleum Pulegii americanum ↗ Hedeoma pulegioides.
Oleum Rapae ↗ Brassica-Arten.
Oleum Ricini ↗ Ricinus communis.
Oleum Ricini majoris ↗ Jatropha curcas.
Oleum Roris marini ↗ Rosmarinus officinalis.
Oleum Rosae ↗ Rosa x centifolia.
Oleum Rosarum ↗ Rosa x centifolia.
Oleum Rosmarini ↗ Rosmarinus officinalis.
Oleum Rusci ↗ Betula-Arten.
Oleum Rutae ↗ Ruta graveolens.

Oleum Sabinae ↗ Juniperus sabina.
Oleum Salviae ↗ Salvia-Arten.
Oleum Salviae lavandulifoliae ↗ Salvia-Arten.
Oleum Salviae officinalis ↗ Salvia-Arten.
Oleum Salviae sclareae ↗ Salvia-Arten.
Oleum sanctum ↗ Elaeagnus angustifolia.
Oleum Santali ↗ Santalum album.
Oleum Santali indici ↗ Santalum album.
Oleum Santali indicum occidentale ↗ Amyris balsamifera.
Oleum Santali orientalis ↗ Santalum album.
Oleum Sapii sebiferum ↗ Sapium sebiferum.
Oleum Sassafras ↗ Sassafras albidum.
Oleum Saturejae ↗ Satureja hortensis.
Oleum Saturejae montanae ↗ Satureja montana.
Oleum Schleicherae ↗ Schleicheria trijuga.
Oleum Serpylli ↗ Thymus-Arten.
Oleum Sesami ↗ Sesamum indicum.
Oleum Sinapis expressum ↗ Brassica-Arten.
Oleum Sojae ↗ Glycine max..
Oleum Sorghi ↗ Sorghum bicolor.
Oleum Spicae ↗ Lavandula latifolia.
Oleum Tanaceti ↗ Chrysanthemum-Arten.
Oleum Templini ↗ Abies-Arten.
Oleum Terebinthinae ↗ Pinus-Arten.
Oleum Terebinthinae medicinale ↗ Pinus-Arten.
Oleum Terebinthinae rectificatum ↗ Pinus-Arten.
Oleum Theobromis ↗ Theobroma cacao.
Oleum Thujae ↗ Thuja occidentalis.
Oleum Thymi ↗ Thymus-Arten.
Oleum Tiglii ↗ Croton tiglium.
Oleum Tilli ↗ Croton tiglium.
Oleum Tritici embryonis ↗ Triticum aestivum.
Oleum Tsugae americanae ↗ Tsuga canadensis.
Oleum Tuberosae ↗ Polianthes tuberosa.
Oleum Valerianae aethereum ↗ Valeriana officinalis.
Oleum Vetiveriae ↗ Vetiveria zizanioides.
Oleum Vicini majoris ↗ Jatropha curcas.

■ Oleum Vini

Weinhefenöl, aus flüssiger oder gepreßter Weinhefe hergestellte Zubereitung. *Inh.:* Ethyl- und Amylalkohol, freie Fettsäuren, Laurinsäure und deren Ester. *Anw.:* zur Aromatisierung von Weinbränden bzw. von Franzbranntwein.

Oleum Violae ↗ Viola-Arten.
Oleum Violae odoratae aethereum ↗ Viola-Arten.
Oleum Vitis viniferae e seminibus ↗ Vitis vinifera.
Oleum Xanthii ↗ Xanthium riparium.
Oleum Zeae ↗ Zea mays.
Oleum Zingiberis ↗ Zingiber officinale.
Oleuropein ↗ Olea europaea.
Olibanum ↗ Boswellia-Arten.
Oligosporus condimentarius ↗ Artemisia dracunculus.
Olivae oleum ↗ Olea europaea.
Olivenbaum ↗ Olea europaea.
Olivenblätter ↗ Olea europaea.
Olivenöl ↗ Olea europaea.
Olivgelber Rißpilz ↗ Inocybe-Arten.
Ölkürbis ↗ Cucurbita pepo.
Olmedioperebea sclerophylla ↗ Maquira sclerophylla.
Ölmoringie ↗ Moringa-Arten.

■ Ololiuqui

der wäßrige Extrakt aus den Samen von ↗ *Turbina corymbosa* und ↗ *Ipomoea violacea*. Oral aufgenommen induziert diese Zubereitung nach wenigen Minuten einen etwa 3 Stunden anhaltenden Rauschzustand mit intensiven Halluzinationen. O. wird von den Indianern Mittel- und Südamerikas als Kultmittel zur Kommunikation mit übernatürlichen Mächten genutzt. Der psychedelische Effekt der überwiegend serotoninverwandten Inhaltsstoffe ist verbunden mit Übelkeit, Erbrechen, Kopfschmerzen, erhöhtem Blutdruck, erweiterten Pupillen und Schlafneigung. Diese Nebenwirkungen sind in der Regel ziemlich intensiv, was die Attraktivität von O. als Freizeitdroge in der westlichen Zivilisation stark einschränkt.

Ololiuquiranke ↗ Turbina corymbosa.
Ölpalme ↗ Elaeis guineensis.
Öl-Perilla ↗ Perilla frutescens.
Ölraps ↗ Brassica-Arten.
Ölrauke ↗ Eruca sativa.
Ölweide ↗ Elaeagnus angustifolia.
Ombenennuß ↗ Cola-Arten.
Omphallogonus callophyllus ↗ Parquetina nigrescens.
Omphallogonus nigritanus ↗ Parquetina nigrescens.
Omuama ↗ Albizia anthelmintica.
Onagra biennis ↗ Oenothera biennis.
Onagra vulgaris ↗ Oenothera biennis.

■ Oncidium cebolleta (Jacq.) Sw.

Cebolleta.

Fam.: Orchidaceae.
Vork.: Zentral- und Südamerika.
Anw.: Die mexikanischen Tarahumara-Indianer sollen die knolligen Verdickungen der Pflanze als Rauschmittel bzw. Ersatz für ↗ Peyotl nutzen. Bisher konnte ein nicht näher charakterisiertes Alkaloid in der Droge nachgewiesen werden, detailierte phytochemische und pharmakologische Untersuchungen stehen noch aus.

■ **Oncoba echinata.**
Fam.: Flacourtiaceae.
Vork.: tropisches Afrika, bes. Kongo.
Droge: ***Oleum Oncobae***; Oncobaöl (syn. Gorliöl), das fette Öl der Samen. *Inh.:* Triglyceride mit Ölsäure (ca. 15 %), Linolsäure (ca. 75 %) und Isansäure (ca. 10 %) sowie 14 % feste Fettsäuren. *Anw.:* Diätetikum, als Ersatz für Leinöl und zur Bereitung von Firnissen.

Oncoba glauca ↗ Caloncoba glauca.
Oncobaöl ↗ Oncoba echinata.

■ **Ondatra zibetica**
Bisamratte.
Fam.: Microtinae.
Vork.: Amerika, an Flüssen und Sümpfen.
Droge: ***Amerikanischer Moschus*** (syn. Rattenmoschus), das eingetrocknete Sekret der männlichen Sexualdrüsen. *Inh.:* Moschusalkohole, Moschusketone. *Anw.:* in der Parfümerie als moschusartiger Duftstoff, in der Volksheilkunde wird die Droge auch Tonika und Aphrodisiaka zugesetzt.

■ **Oniscus asellus** L.
(syn. *Oniscus murarius*); Mauerassel.
Fam.: Oniscidae.
Vork.: in feuchten, dunklen Räumen, weltweit verbreitet.
Hom.: ***Oniscus asellus*** (syn. *Millipedes*) HAB; die lebende Mauerassel. *Anw.-Geb.:* Harnblasen- und Enddarmkrämpfe.

Oniscus murarius ↗ Oniscus asellus.
Onites tomentosa ↗ Origanum onites.
Ononidis radix ↗ Ononis spinosa.
Ononidis spinosae radix ↗ Ononis spinosa.
Ononin ↗ Ononis spinosa.
Ononis arvensis ↗ Ononis spinosa.
Ononis campestris ↗ Ononis spinosa.

■ **Ononis spinosa** L.
(syn. *Ononis arvensis, O. campestris, O. vulgaris*); Dorniger Hauhechel (syn. Eselskraut, Harnkraut, Hauhechel, Ochsenbruch, Stachelkraut, Steinwurzel, Weiberkrieg).
Fam.: Fabaceae.
Vork.: Europa, Asien.
Droge: ***Ononidis spinosae radix*** (syn. *Ononidis radix, Radix Arestae, Radix Ononidis, Radix Ononidis spinosae*); Hauhechelwurzel (syn. Harnkrautwurzel, Haudornwurzel, Hechelkrautwurzel, Ochsenbrechwurzel, Stachelkrautwurzel), die getrockneten Wurzeln und Wurzelstöcke; s. Farbtafel S. 144, Bild 48. *Inh.:* Flavonoide, besonders Isoflavonoidglykoside, u. a. Ononin und Trifolirhizin, äther. Öl (ca. 0,1 %) mit *trans*-Anethol, ferner Onocol (syn. α-Onocerin), ein ungewöhnliches di-

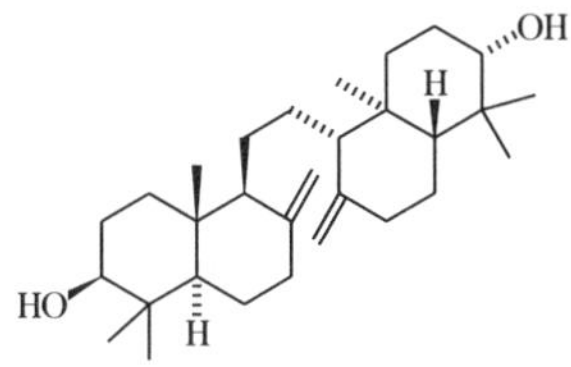

α-Onocerin

meres Sesquiterpen mit zwei exocyclischen Methylengruppen, sowie Gerbstoffe. *Anw.:* zur Durchspülung bei entzündlichen Erkrankungen der ableitenden Harnwege und zur Vorbeugung gegen Nierengrieß. Bestandteil von Blasen- und Nierentees sowie als Urologika genutzter Phytopharmaka. Zur ↗ Teezubereitung verwendet man als Einzeldosis 2 Teelöffel (3–4 g) zerkleinerte Droge. Als Tagesdosis werden ca. 12 g Droge empfohlen.
Hom.: ***1. Ononis spinosa*** HAB1; Hauhechel, die zur Blütezeit geernteten, frischen oberirdischen Teile (*Herba Ononidis*). *Anw.-Geb.:* Erkrankunges des Herzens (Wassersucht) sowie der Niere und ableitenden Harnwege. ***2. Ononis spinosa, äthanol. Decoctum*** HAB1; die getrockneten unterirdischen Pflanzenteile. *Anw.-Geb.:* anthroposophische Therapierichtung.
Histor.: Die Droge wurde bereits von ↗ Dioskurides als harntreibend erwähnt und in Essig gekocht gegen Zahnschmerzen und als Mundspülwasser empfohlen. Auch die Kräuterbücher des 16. und 17. Jh. berichten über Auszüge der Droge bei Steinleiden, Harnverhalten, Gelbsucht und Feigwarzen.

Ononis vulgaris ↗ Ononis spinosa.

■ **Onopordum acanthium** L.
Eselsdistel; s. Farbtafel S. 145, Bild 49.
Fam.: Asteraceae (Compositae).
Vork.: Europa, Mittelmeergebiete, Zentralasien.
Droge: ***Onopordi acanthi herba*** (syn. *Herba Onopordi acanthi*); Eselsdistelkraut, das getrocknete Kraut. *Inh.:* Alkaloide (ca. 0,05 %), Sesquiterpenlactone, Flavonglykoside und Gerbstoffe. *Anw.:* früher als Herzmittel.
Hom.: ***Onopordum acanthium*** (syn. *Onopordon acanthium*) HAB34, die frischen, oberirdischen Pflanzenteile. *Anw.-Geb.:* Herzkrankheiten.
Histor.: Der Gattungsname *Onopordon* ist aus dem griechischen *ónos* (Esel) und *pordé* (Blähung, Wind) gebildet, da nach ↗ Plinius die Pflanze Blähungen bewirken soll. Der Artname *acanthium* wird vom griechischen *ákantha* (Stachel) abgeleitet.

■ **Onosmodium virginicum** D.C.
Fam.: Boraginaceae.
Vork.: Nordamerika.
Hom.: ***Onosmodium virginicum*** HAB; die frischen, oberirdischen Pflanzenteile. *Anw.-Geb.:* Augen- und Kopfschmerzen, Schmerzen der Eierstöcke, Muskelschmerzen und Lähmigkeit.

Ontario-Pappel ↗ Populus-Arten.
Oolong-Tee ↗ Camellia sinensis.

■ **Oophorinum HAB**
der Extrakt aus frischen Ovarien von Schweinen und Kühen.

Operculina convolvulus ↗ Merremia macrocarpa.
Operculina macrocarpa ↗ Merremia macrocarpa.
Operculina operculata ↗ Merremia macrocarpa.

■ **Operculina turpethum** (L.) Silva Manso
(syn. *Convolvulus anceps, C. triqueter, C. turpethum, Ipomoea anceps, I. triquetra, I. turpethum, Merremia turpethum*).
Fam.: Convolvulaceae.
Heim.: Indien, inzwischen weltweit verbreitet.
Droge: ***Turpethi radix*** (syn. *Radix Turpethi, Tripolium, Turbith, Turpethum);* Indische Jalape (syn. Turpethwurzel, Turpitwurzel), die getrockneten Wurzeln. *Inh.:* Harz (4–10 %), das strukturell zu den sog. Glykoretinen (Harzgykosiden) gehört und etwa 8 % etherlösliches α-Turpethin und 0,6 % etherlösliches β-Turpethin aufweist. *Anw.:* früher als drastisches Laxans. In der traditionellen Heilkunde Indiens findet die Droge vielfältige Anwendung, u. a. bei Fieber, Gelbsucht, Krätze, vergrößerter Milz und Vergiftungen.

Ophelia chirata ↗ Swertia chirata.
Ophelia japonica ↗ Swertia japonica.
Ophioscorodon ursinum ↗ Allium-Arten.
Ophiotoxine ↗ Schlangengifte.
Ophioxylon obversum ↗ Rauvolfia serpentina.
Ophioxylon salutiferum ↗ Rauvolfia serpentina.
Ophioxylon serpentinum ↗ Rauvolfia serpentina.

■ **Opiate**
Morphin und andere Alkaloide des Opiums (↗ *Papaver somniferum*) mit morphinartiger Wirkung. *Wirk.:* Durch Wechselwirkung mit den Opiatrezeptoren wird eine zentrale Analgesie vermittelt, die mit steigender Dosierung das Atemzentrum lähmt. O. sind alle stark suchtinduzierend. *Anw.:* starke Analegtika bei schweren Schmerzzuständen, z. B. Tumorschmerzen. Alle O. unterliegen der Betäubungsmittel-Gesetzgebung und -Verschreibungsverordnung.

Opium ↗ Papaver somniferum.
Opium crudum ↗ Papaver somniferum.
Opium frigidum ↗ Lactuca virosa.
Opium nativum ↗ Papaver somniferum.
Opium thebaicum ↗ Papaver somniferum.
Opo-Balsambaum ↗ Commiphora-Arten.
Opobalsamum liquidum ↗ Myroxylon balsamum.
Opopanax ↗ Opopanax chironium.

■ **Opopanax chironium** (L.). W.D.J. Koch
Gummiwurz.
Fam.: Apiaceae (Umbelliferae).
Vork.: westliche Mittelmeergebiete, Südeuropa, Kleinasien, Iran.
Droge: ***Opopanax*** (syn. *Gummi Opopanax*); Echtes Opopanax (syn. Opopanax-Harz), das Gummiharz der Pflanze. *Inh.:* Harz (ca. 19 %) mit α- und β-Panax-Resin, äther. Öl (ca. 6,5 %), Gummi, Bitterstoffe. *Anw.:* in der Parfümerie. Das handelsübliche Opopanax wird heutzutage von ↗ *Commiphora*-Arten, und zwar von *Commiphora kataf* gewonnen. Dieses enthält Ferulasäure des Oporesinotannols (bis ca. 50 %) als

Hauptkomponente sowie Gummi (ca. 34 %) und äther. Öl (ca. 10 %) mit Bisabolol. Auch das als Opopanax-Öl bezeichnete, Bisobol-Myrrhenöl (syn. Burseraceen-Opopanax) stammt von *Commiphora erythracea* var. *glabrescens* ↗ *Commiphora*-Arten.

Hom.: *Opopanax* HAB34, das Gummiharz.

Opopanax-Harz ↗ Opopanax chironium.
Opulus glandulosus ↗ Viburnum-Arten.
Opulus vulgaris ↗ Viburnum-Arten.

■ **Opuntia cochenillifera** (L.) Mill.
(syn. *Cactus cochenillifera, Nopalea cochenillifera*); Koschenillekaktus.

Fam.: Cactaceae.

Auf diesem Kaktus lebt die Kaktusschildlaus (↗ *Dactylopius coccus*), wobei die weiblichen Tiere (Coccionella, Cochenille oder Koschenille) als wertvolle Farbstoff-Droge (↗ Carminsäure) genutzt werden.

■ **Opuntia ficus-indica** (L.) Mill.
Feigenkaktus (syn. Feigenopuntie), s. Farbtafel S. 145, Bild 50.

Fam.: Cactaceae.

Vork.: heimisch in Nordamerika, verbreitet in tropischen und subtropischen Gebieten.

Inh.: u. a. Farbstoffe, wie Indicaxanthin, ein Kondensationsprodukt aus Betalaminsäure und L-Prolin. Anw.: Die aus den kurzlebigen gelben Blüten entstehenden kolbenförmigen Früchte (Roßfeigen) werden als Obst gegessen oder in der Volksheilkunde bei Verdauungsstörungen eingesetzt.

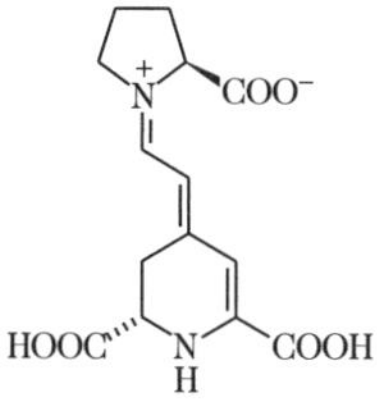

Indicaxanthin

Hom.: *Opuntia vulgaris*, die frischen Stengel und Blüten. Anw.-Geb.: Darmkoliken, Blähungen, mit Durchfälllen verbundene Darmstörungen.

Orange ↗ Citrus-Arten.

Orangenblütenöl ↗ Citrus-Arten.
Orangenwurzel ↗ Hydrastis canadensis.
Orange Pekoe ↗ Camellia sinensis.
Orbignya martiana ↗ Orbignya speciosa.
Orbignya oleifera ↗ Orbignya speciosa.

■ **Orbignya speciosa** (Mart.) Barb. Rodr.
(syn. *Orbignya martiana, O. oleifera, Attelea speciosa*).

Fam.: Palmae.

Vork.: Brasilien, Peru, Bolivien, Venezuela.

Droge: *Babassufett* (syn. Buassufett), das fette Öl der Nüsse. Inh.: die Nüsse enthalten ein komplexes Fettgemisch (ca. 60–70 %), Proteine (7–10 %), Stärke (ca. 5 %) und Zucker (ca. 5 %). Anw.: gutes Speisefett, bes. in der Schokoladen- und Margarineherstellung; auch verwendet zur Produktion von Seife und kosmetischen Erzeugnissen. Die Preßrückstände sind ein wertvolles Viehfutter, das getrocknete Fruchtfleisch dient als Nahrungsmittel und liefert hochwertiges Stärkemehl.

Orchideenöl ↗ Cananga odorata.
Orchilla ↗ Orseille.

■ **Orchis-Arten**

● **Fam.:** Orchidaceae.

● **Orchis coriophora** L. (syn. *Orchis cimicina, O. fragrans*); Wanzen-Knabenkraut.

Vork.: Europa.

Droge: *Salep tuber* (syn. *Radix Salep, Salep, Tubera Salep*); Salepknollen (syn. Bockshödlein, Fuchshödlein, Heilwurz, Jesuhändchen, Johannishände, Orchisknollen, Salepwurzel, Teufelshand), die zur Blütezeit gesammelten, in siedendem Wasser gebrühten, getrockneten Tochterknollen. Inh.: Schleimstoffe (ca. 50 %), insbes. Glucomannane. Anw.: früher als sog. Salepschleim bei Husten, bei Mund- und Rachenentzündung, als Kräftigungsmittel sowie bei Durchfällen in der Kinderpraxis, mitunter auch als Klistier.

● **Orchis maculata** (L.) Soó (syn. *Dactylorhiza maculata*); Geflecktes Knabenkraut (syn. Kukkucksblume).

Vork.: Mitteleuropa.

Droge: *Salep tuber*. Inhaltsstoffe und Anwendung s. *Orchis coriophora*.

● **Orchis mascula** L. (syn. *Orchis ovalis*); Kukkucks-Knabenkraut (syn. Kuckucksblume, Manns-Knabenkraut).

Vork.: Mitteleuropa, Rußland, Balkan, Kleinasien, Ägypten, Iran.
Droge: ***Salep tuber***. Inhaltsstoffe und Anwendung s. *Orchis coriophora*.

● **Orchis militaris** L. (syn. *Orchis galeata, O. rivini, O. mimusops, O. signifer*); Helm-Knabenkraut (syn. Soldaten-Knabenkraut, Helm-Orchis).
Vork.: Mittel- und Südeuropa, Kleinasien.
Droge: ***Salep tuber***. Inhaltsstoffe und Anwendung s. *Orchis coriophora*.

● **Orchis morio** L. (syn. *Orchis crenulata*); Kleines Knabenkraut (syn. Kuckucks-Orchis, Salep-Knabenkraut).
Vork.: Mittel- und Südeuropa.
Droge: ***Salep tuber***. Inhaltsstoffe und Anwendung s. *Orchis coriophora*.

● **Orchis purpurea** Huds. (syn. *Orchis brachiata, O. fusca, O. maxima*); Braunes Knabenkraut (syn. Purpur-Knabenkraut).
Vork.: Mittel- und Osteuropa, Kleinasien, Kaukasus).
Droge: ***Salep tuber***. Inhaltsstoffe und Anwendung s. *Orchis coriophora*.

● **Histor.:** Die aus dem Orient stammende Droge fand bereits im Altertum medizinische Anwendung und wurde auch als Nahrungsmittel genutzt. In Deutschland wurde Salep Ende des 15. Jh. eingeführt.

Orchis bifolia ↗ Platanthera bifolia.
Orchisknollen ↗ Orchis-Arten.

■ **Ordealgifte**
(syn. Gottesgericht), Bezeichnung für die Verwendung von Giften zur Urteilsfindung, wenn kein direkter Schuldnachweis oder keine zweifelsfreie Unschuld nachgewiesen werden kann. Die Verwendung von O. war als kulturelles Phänomen in allen Naturvölkern verbreitet und begründete sich auf dem Glauben, daß letztlich nur eine göttliche Instanz den Tod durch das applizierte Gift verhindern kann, falls der Angeschuldigte tatsächlich unschuldig war. Als O. wurden u. a. ↗ *Physostigma venenosa* oder ↗ *Securidaca longepedunculata* verwendet.

Oregano ↗ Origanum vulgare, ↗ Origano heracleoticum.
Oregonbalsam ↗ Pseudotsuga taxifolia.
Oregonbalsamöl ↗ Pseudotsuga taxifolia.
Oregonrinde ↗ Pseudotsuga taxifolia.
Oreodaphne californica ↗ Umbellaria californica.
Oreoselini herba ↗ Peucedanum oreoselinum.
Oreoselini radix ↗ Peucedanum oreoselinum.
Oricello ↗ Orseille.
Orientalischer Amberbaum ↗ Liquidambar-Arten.
Orientalische Schabe ↗ Blatta orientalis.
Orientin ↗ Flavonoide.
Origani aetheroleum ↗ Origanum vulgare.
Origani Cretici herba ↗ Origanum onites.
Origani herba ↗ Origanum vulgare.
Origanum album ↗ Origanum onites.
Origanum anglicum ↗ Origanum vulgare.
Origanum barcense ↗ Origanum vulgare.
Origanum capitatum ↗ Origanum vulgare.

■ **Origanum compactum** Benth.
(syn. *Origanum creticum, O. glandulosum*).
Fam.: Lamiaceae (Labiatae).
Vork.: Marokko, Spanien.
Droge: ***Herba Origani cretici*** (syn. *Origanum-compactum*-Blätter mit Blüten); die getrockneten Blätter und Blüten. Inh.: äther. Öl (3,3 %) mit den Terpenphenolen Carvacrol (57–71 %, meist Hauptkomponente, jedoch abhängig vom Chemotyp) und Thymol, ferner *p*-Cymen (10–25 %) sowie u. a. γ-Terpinen, α-Terpineol, α-Thujen, α-Pinen und 1,8-Cineol. Anw.: Katarrhe der oberen Luftwege und volkstümlich bei Krämpfen.

Origanum confertum ↗ Origanum majorana.
Origanum crassa ↗ Origanum syriacum.
Origanum creticum ↗ Origanum compactum, ↗ Origanum vulgare.
Origanum decipiens ↗ Origanum vulgare.

■ **Origanum dictamnus** L.
(syn. *Amaracus dictamnus*); Diptamdost(en).
Fam.: Lamiaceae (Labiatae).
Vork.: Griechenland.
Droge: ***Herba Dictami cretici***; Kretischer Diptam, das getrocknete Kraut. Inh.: äther. Öl mit Pulegon (85 %) als Hauptkomponente. Anw.: in der Volksheilkunde bei Verdauungsbeschwerden, Magen- und Lungenleiden sowie Uteruserkrankungen.

Origanum dubium ↗ Origanum majorana.
Origanum elegans ↗ Origanum vulgare.
Origanum floridum ↗ Origanum vulgare.
Origanum glandulosum ↗ Origanum compactum.

■ **Origanum heracleoticum** L.
(syn. *Origanum hirtum*); Falscher Staudenmajoran (syn. Kretischer Dost).

Fam.: Lamiaceae (Labiatae).

Vork.: Südosteuropa von Sardinien bis in die Ägäis.

Droge: ***Origani-heracleoticum-Kraut*** (syn. Oregano), das getrocknete Kraut. Inh.: äther. Öl mit Carvacrol (58–82 %), Thymol, *p*-Cymen, *γ*-Terpinen, *trans*-Sabinenhydrat, Myrcen, Campher. Anw.: v. a. als Gewürz und Stomachikum.

Origanum hirtum ↗ Origanum heracleoticum.
Origanum latifolium ↗ Origanum vulgare.

■ **Origanum majorana** L.
(syn. *Amaracus majorana, A. vulgaris, Majorana cretica, M. fragrans, M. hortensis, M. majorana, M. mexicana, M. ovalifolia, M. suffruticosa, M. tenuifilia, M. vulgaris, Origanum confertum, O. dubium, O. majoranoides, O. odorum, O. suffruticosum*); Majoran (syn. Gartenmajoran, Wurstkraut), s. Farbtafel S. 145, Bild 51.

Fam.: Lamiaceae (Labiatae).

Vork.: Mittelmeergebiete, Kulturen auch in Mitteleuropa.

Drogen: ***1. Majoranae aetheroleum*** (syn. *Aetheroleum Majoranae, Oleum Majoranae*); Majoranöl, das durch Wasserdampfdestillation des blühenden, frischen oder getrockneten Krautes gewonnene Öl. Inh.: Zusammensetzung schwankend, jedoch besonders Terpinen-4-ol (15–40 %), *cis*-Sabinenhydrat (5–25 %), *γ*-Terpinen (2–12 %), *α*-Terpinen (1–7 %), Sabinen- und *trans*-Sabinenhydrat (je 2–6 %) enthaltend. Anw.: volkstümlich bei Krämpfen im Magen-Darm-Bereich, bei Gallenbeschwerden und Husten. ***2. Majoranae herba*** (syn. *Herba Amaraci, Herba Majoranae, Herba Sampsuchi*); Majorankraut, die getrockneten, zur Blütezeit gesammelten und von den Stengeln abgestreiften Blätter und Blüten. Inh.: äther. Öl (s. *Majoranae aetheroleum*), ferner Flavonoide, u. a. Diosmetin, Orientin, Vitexin, Luteolin-7-*O*-glucosid; Phenolglykoside, u. a. ↗ Arbutin (ca. 0,4 %); Lamiaceengerbstoff (etwa 2,3 %), u. a. Rosmarinsäure, sowie Triterpensäuren, u. a. Oleanol- und Ursolsäure. Anw.: früher in Form einer Schnupfensalbe in der Säuglings- und Kleinkinderpraxis. Infolge nicht ausreichend geklärter Risiken nicht mehr genutzt. Volkstümlich auch bei Verdauungsbeschwerden, Depressionszuständen, Krampfhusten und Migräne. Große Mengen der Droge werden als Gewürz, besonders für Wurstwaren, genutzt.

Hom.: ***Origanum majorana*** (syn. *Majorana*) HAB1, die frischen, oberirdischen Teile blühender Pflanzen. Anw.-Geb.: Erkrankungen der männlichen Geschlechtsorgane, gesteigerte sexuelle Erregbarkeit.

Origanum majoranoides ↗ Origanum majorana.
Origanum majus ↗ Origanum vulgare.
Origanum maru ↗ Origanum syriacum.
Origanum nutans ↗ Origanum vulgare.
Origanum odorum ↗ Origanum majorana.
Origanumöl ↗ Origanum vulgare.

■ **Origanum onites** L.
(syn. *Majorana cretica, M. onites, M. orega, M. oreja, M. smyrnaea, Onites tomentosa, Origanum album, O. orega, O. pallidum, O. smyrnaeum, O. tragoriganum*); Kretischer Dost (syn. Spanischer Hopfen).

Fam.: Lamiaceae (Labiatae).

Vork.: östliche Mittelmeergebiete, u. a. griechische Inseln.

Droge: ***Origani Cretici herba*** (syn. *Herba Origani cretici*); Kretischer Dost (syn. Kretisches Dostkraut, Spanischer Hopfen), die getrockneten Zweigenden und Blütenstände. Inh.: äther. Öl (2–4 %) mit Carvacrol (50–85 %), *γ*-Terpinen (3–13 %), *p*-Cymen (5–12 %), Borneol (1–7 %), *β*-Bisabolen (1–5 %) sowie *α*-Pinen, Myrcen und *α*-Terpinen (je 1–3 %) als Hauptkomponenten. Anw.: volkstümlich bei Magen- und Darmbeschwerden sowie Erkrankungen der Atmungsorgane, ferner das Öl in Einreibungen bei rheumatischen Beschwerden. Im Haushalt dient die Droge als Gewürz. Sie ist zudem Ausgangsdroge für das Smyrnaer Origanumöl.

Origanum orega ↗ Origanum onites.
Origanum orientale ↗ Origanum vulgare.
Origanum pallidum ↗ Origanum onites.
Origanum pseudo-onites ↗ Origanum syriacum.
Origanum purpurascens ↗ Origanum vulgare.
Origanum smyrnaeum ↗ Origanum onites.
Origanum stoloniferum ↗ Origanum vulgare.
Origanum suffruticosum ↗ Origanum majorana.

■ **Origanum syriacum** L.
(syn. *Amaracus syriacus, Majorana crassa, M.*

crassifolia, M. maru, M. nervosa, M. scutellifolia, M. syriaca, Origanum crassa, O. maru, O. pseudo-onites); Echter Staudenmajoran.

Fam.: Lamiaceae (Labiatae).

Vork.: Israel, Libanon, Ostägypten, Syrien, Türkei, Zypern.

Drogen: ***1. Origanum-syriacum-Kraut***, das getrocknete Kraut. Inh.: äther. Öl, u. a. mit Carvacrol (60–80 %), γ-Terpinen, *p*-Cymen, α-Thujen, α-Pinen. Anw.: in der Volksheilkunde bei Zahnschmerzen, Herzbeschwerden, Erkältungen, Husten und als Stärkungsmittel. ***2. Origanum-syriacum-Öl*** (syn. Syrisches Origanumöl), das Wasserdampfdestillat des Krautes. Inh.: äther. Öl mit Carvacrol (43,7 %), Thymol (30,9 %), *p*-Cymen (11,3 %) und anderen Bestandteilen wie bei *Origanum-syriacum*-Kraut. Anw.: als Insektizid gegen Vorratsschädlinge.

Origanum thymiflorum ↗ Origanum vulgare.
Origanum tragoriganum ↗ Origanum onites.
Origanum venosum ↗ Origanum vulgare.

■ **Origanum vulgare** L.
(syn. *Origanum anglicum, O. barcense, O. capitatum, O. creticum, O. decipiens, O. elegans, O., floridum, O. latifolium, O. majus, O. nutans, O. orientale, O. purpurascens, O. stoloniferum, O. thymiflorum, O. venosum, O. watsoni, Thymus origanum*); Gemeiner Dost (syn. Brauner Dost, Echter Dost, Gewöhnlicher Dost, Frauendost, Wilder Majoran), s. Farbtafel S. 145, Bild 52.

Fam.: Lamiaceae (Labiatae).

Vork.: Europa, Kleinasien bis Himalaja und Sibirien.

Drogen: ***1. Origani aetheroleum*** (syn. *Aetheroleum Origani, Oleum Origani*); Dostenöl (syn. Origanumöl), das Wasserdampfdestillat aus dem frischen oder getrockneten Kraut. Inh.: Terpene mit Carvacrol (40–70 %), γ-Terpinen (8–10 %), *p*-Cymen (5–10 %), α-Pinen (1–3 %), Myrcen (1–3 %), α-Terpinen (1–2 %) und Thymol (1–4 %) als dominierende Bestandteile. Anw.: volkstümlich innerlich bei Verdauungsstörungen und Erkrankungen der Atmungsorgane (5–6 Tropfen auf Zucker 2–3 mal täglich), äußerlich zu Gurgelwässern und Bädern. ***2. Origani herba*** (syn. *Herba Origani, Herba Origani vulgaris*); Dostenkraut (syn. Majuschel, Oregano, Wilder Majoran), das getrocknete, während der Blütezeit gesammelte und von den dickeren Stengeln befreite Kraut. Inh.: äther. Öl (0,15–1 %) mit dem Monoterpenphenol Carvacrol als Hauptkomponente, s. *Origani aetheroleum*, ferner Flavonoide, u. a. Naringin, Apigenin und Luteolin, sowie Phenolcarbonsäurederivate (7,1 %, davon 5 % Rosmarinsäure). Anw.: volkstümlich bei Erkrankungen der Atemwege, Beschwerden im Bereich des Magen-Darm-Traktes, zur Förderung der Gallenproduktion, als harntreibendes Mittel sowie bei rheumatischen Erkrankungen. Im Haushalt als Gewürz verwendet.

Hom.: ***Origanum vulgare*** HAB34, das frische, blühende Kraut. Anw.-Geb.: Erkrankungen der männlichen Geschlechtsorgane, gesteigerte sexuelle Erregbarkeit.

Histor.: Der Gattungsname ist die griechische Übersetzung des *origanon*, das von *óros* (Berg) und *gános* (Schmuck) abgeleitet ist. Der deutsche Name Dost stammt aus dem althochdeutschen *dosto* und bedeutete ursprünglich lediglich buschartige Pflanze.

Origanum watsoni ↗ Origanum vulgare.
Orizabaharz ↗ Ipomoea orizabensis.
Orizabawinde ↗ Ipomoea orizabensis.
Orizabawurzel ↗ Ipomoea orizabensis.
Orleansaat ↗ Bixa orellana.
Orleanstrauch ↗ Bixa orellana.
Ormenis aurea ↗ Chamaemelum nobile.
Ormenis nobilis ↗ Chamaemelum nobile.
Ormosia laxiflora ↗ Pericopsis laxiflora.
Ornithogalum maritimum ↗ Urginea maritima.

■ **Ornithogalum umbellatum** L.
Milchstern.

Fam.: Liliaceae.

Vork.: Europa, Amerika, Afrika.

Inh.: herzwirksame Glykoside (Cardenolide).

Hom.: ***1. Ornithogalum umbellatum*** HAB; die frischen, unterirdischen Teile. Anw.-Geb.: Erkrankungen des Magens und des Darmes sowie bei destruktiven Prozessen. ***2. Ornithogalum umbellatum e foliis*** (syn. *Ornithogalum e foliis*) HAB; die frischen Blätter. Anw.-Geb.: Magen- und Duodenumgeschwüre (Abb. S. 115).

Ornus europaea ↗ Fraxinus-Arten.
Orobranche virginiana ↗ Epiphegus virginicus.
Oronthium cochinchinensis ↗ Acorus calamus.

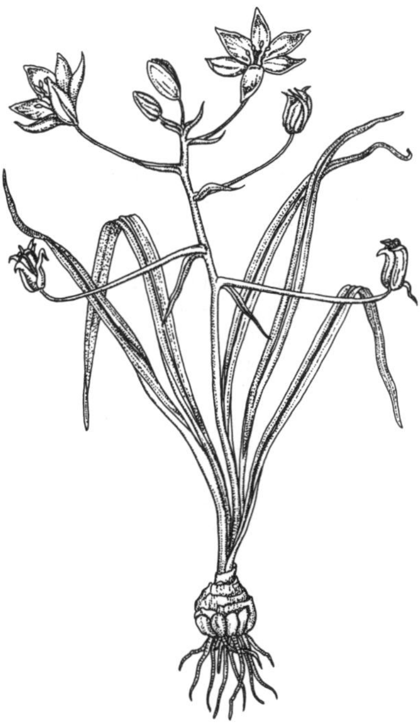

Ornithogalum umbellatum.

■ Orseille

(syn. Orchilla, Oricello), ein aus verschiedenen Flechten, insbes. *Rocella fuciformes, R. tinctoria* und *Lecanora*-Arten gewonnener, roter bis blauvioletter Farbstoffkomplex aus Orcein-Derivaten, der in Gegenwart von Ammoniak an der Luft in

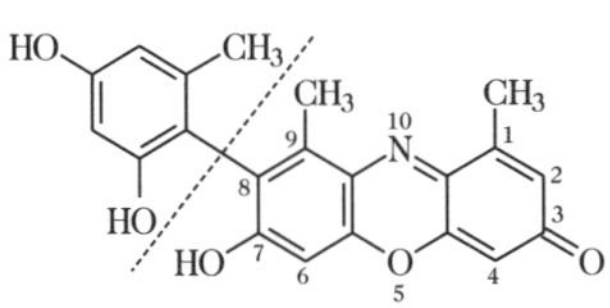

Orcein-Komponente

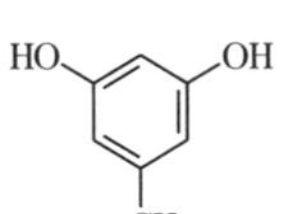

Orcinol

die eigentlichen Farbstoffe Orcein und Orcinol übergeht. Anw.: Färbemittel für Mundwässer und ähnliche Zubereitungen, früher in der Technik zur Färbung von Wolle und Seide.

Histor.: Der Name Orseille soll sich über Orcela vom Namen der Florentiner Kaufmannsfamilie Rocela ableiten, die im 14. Jh. ein Monopol über die Farbstoffe aus Flechten besaß. Dabei wurde der Farbstoff Orcein durch Behandlung der Flechten mit menschlichem Harn gewonnen und galt neben Alizarin und Indigo als wichtiges Färbemittel für Seide und Wolle.

■ Orsellinsäure

2,4-Dihydroxy-6-methylbenzoesäure. O. kommt natürlich in konjugierter Form oder als Depsid in Flechten als ↗ Flechtensäure vor, kann leicht zu Orcin (syn. Orcinol) (↗ Orseille) decarboxyliert werden.

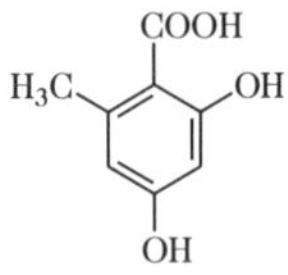

Orsellinsäure

■ Orthosiphon aristatus (Bl.) Miq.

(syn. *Ocimum grandiflorum, Orthosiphon spicatus, O. stamineum*); Katzenbart.

Fam.: Lamiaceae (Labiatae).

Vork.: Indien, Südostasien, tropisches Amerika.

Droge: ***Orthosiphonis folium*** (syn. *Folia Orthosiphonis, Folia Orthosiphonis staminei*); Orthosiphonblätter (syn. Indischer Nierentee, Javanischer Nierentee, Javatee, Koemis Koetjing), die kurz vor der Blütezeit gesammelten Laubblätter und Stengelspitzen. Inh.: lipophile, hochmethoxylierte Flavone vom Typ des Sinensetin und

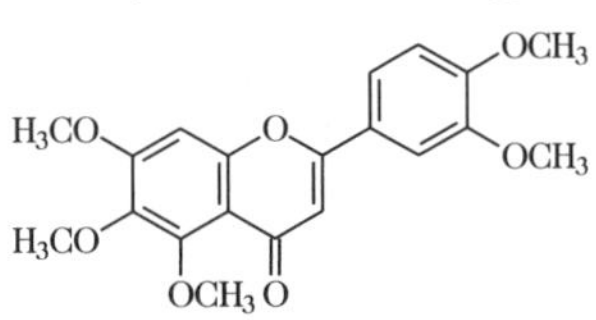

Sinensetin

des Scutellarein-tetramethylethers neben geringen Mengen an Flavonolglykosiden, ferner Hydroxyzimtsäurederivate mit deutlicher Dominanz von ↗ Rosmarinsäure, geringe Mengen ähnlicher

Derivate, u. a. Kaffeoyl- und Dikaffeoyl-Tartrat sowie wenig äther. Öl (0,02 %), jedoch einem verhältnismäßig hohen Gehalt an Kaliumsalzen. Wirk.: stark harntreibend, verbunden mit erhöhter Ionenausscheidung, schwache spasmolytische Eigenschaften. Anw.: zur Durchspülung bei Blasen- und Nierenkatarrh, bei Reizblase, Zystitis sowie zur Vorbeugung gegen Nierengrieß. Genutzt werden Orthosiphonblätter sowohl als Monodroge als auch als Bestandteil entsprechender Teemischungen und von Phytopharmaka. Zur ↗ Teezubereitung verwendet man als Einzeldosis 2 Teelöffel (2 g) feingeschnittene Orthosiphonblätter. Als Tagesdosis werden 6–12 g Droge empfohlen. *O. aristatus* ist ferner in hervorragender Weise zur Gewinnung von Rosmarinsäure mit Hilfe von Zellsuspensionskulturen geeignet. Geg.: kontraindiziert ist die Droge bei Ödemen infolge eingeschränkter Herz- und Nierentätigkeit.

Hom.: ***Orthosiphon aristatus*** HAB; Indischer Nierentee, die getrockneten Laubblätter. Anw.-Geb.: Erkrankungen der Nieren und ableitenden Harnwege.

Histor.: Die in Indien seit altersher genutzte Droge fand in Europa erst gegen Ende des 19. Jh. Eingang in die Therapie. Der Gattungsname *Orthosiphon* setzt sich aus dem griechischen *orthós* (gerade) und *siphon* (Röhre) zusammen, Bezug nehmend auf die gerade Kronröhre; *aristatus* bedeutet begrannt und *stamineus* staubblattartig.

Orthosiphonblätter ↗ Orthosiphon aristatus.
Orthosiphonis folium ↗ Orthosiphon aristatus.
Orthosiphon spicatus ↗ Orthosiphon aristatus.
Orthosiphon stamineum ↗ Orthosiphon aristatus.
Orthostemon sellowianus ↗ Feijoa sellowiana.
Oryzae amylum ↗ Oryza sativa.

■ **Oryza sativa** L.
Reis.

Fam.: Poaceae (Gramineae).

Vork.: Heimat vermutlich Südostasien, Anbau in sämtlichen tropischen und subtropischen Gebieten, bes. China, Indien, südostasiatische Gebiete, u. a. Vietnam, sowie Mittel- und Südamerika.

Drogen: *1.* ***Oryzae amylum*** (syn. *Amylum Oryzae*); Reisstärke, die Stärke der reifen Samen (syn. Reiskörner). Inh.: zusammengesetzte Stärkekörner, die bei der Aufarbeitung in sehr kleine, 4–6 µm große, Teilkörner zerfallen. Anw.: als reizlinderndes Mittel, z. B. in Streupudern, als Hilfsstoff, u. a. in der Tablettierung, zur Herstellung von Nährpräparaten und technisch in der Farben- und Seifenindustrie sowie als Appreturmittel. *2.* ***Oleum Oryzae***; Reisöl, das fette Öl der Reiskleie. Inh.: Lipasen, Triglyceride, β-Sitosterol, Ferulasäure, Coprostan. Anw.: zur Herstellung von Seifen und Stearinsäure sowie als Rostschutzmittel verwendet. Für Speisezwecke muß die Droge erst raffiniert und gebleicht werden. Reisöl zeichnet sich dadurch aus, daß es Geschmacksstoffe nicht aufnimmt.

Histor.: Der Gattungsname *Oryza* entspricht dem altindischen *oryza* (Reis).

Oryza sativa.

Oscherstrauch ↗ Calotropis-Arten.

■ **Osmorhiza aristata** (Thunb.) Makino et Yabe (syn. *Osmorhiza japonica*).

Fam.: Apiaceae (Umbelliferae).

Vork.: Japan, Ost- und Südostasien.

Droge: die ganze Pflanze. Inh.: äther. Öl mit Nothosmyrnol (ca. 80 %), Osmorhizol, ↗ Anethol, Methylchavicol, Anisaldehyd, 2,4-Dimethoxybenzaldehyd. Anw.: Die Droge wird in Japan unter der Bezeichnung *Gaoben* als Stomachikum und

Antiemetikum verwendet. Die Wurzelasche dient in Form von Salben zur Scabies-Therapie.

Osmorhiza japonica ↗ Osmorhiza aristata.
Ossa Sepiae ↗ Sepia officinalis.
Osterblümchen ↗ Anemone nemorosa.
Osterblume ↗ Pulsatilla-Arten.
Osterblumenkraut ↗ Pulsatilla-Arten.
Osterchen ↗ Anemone nemorosa, ↗ Viola-Arten.
Osterluzei ↗ Aristolochia-Arten.
Osterluzeiblättrige Stechwinde ↗ Smilax-Arten.
Österreichischer Rhabarber ↗ Rheum-Arten.
Osterstern ↗ Anemone nemorosa.
Ostindische Elefantenläuse ↗ Semecarpus anacardium.
Ostindische Kobra ↗ Naja naja.
Ostindischer Palasabaum ↗ Butea monosperma.
Ostindischer Rhabarber ↗ Rheum-Arten.
Ostindischer Tintenbaum ↗ Semecarpus anacardium.
Ostindisches Dammar ↗ Shorea wiesneri.
Ostindisches Gummi ↗ Feronia limonia.
Ostindisches Kino ↗ Pterocarpus-Arten.
Ostindisches Melissenöl ↗ Cymbopogon-Arten.
Ostindisches Sandelholzöl ↗ Santalum album.
Ostindische Tamarinde ↗ Tamarindus indica.
Ostindische Tintenbaumfrüchte ↗ Semecarpus anacardium.

■ **Ostrea edulis** L.
Auster.
Fam.: Ostreidae.
Vork.: Küsten von Nord- und Ostsee, Ostasiatische Gewässer.
Droge: ***Conchae praeparatae***; Austernschalenpulver. *Inh.:* Calciumcarbonat (95–98 %), Calciumphosphat (1,2–1,8 %), Aluminiumoxid, Kieselsäure, Spuren von Mangan, Eisen u. a. Spurenelementen. *Anw.:* in Zahnpulvern, als Poliermittel.
Hom.: ***Calcium carbonicum Hahnemanni***. Austernschalenkalk HAB1, innere weiße Teile zerbrochener Austernschalen. *Anw.-Geb.:* Therapie von Ermüdungserscheinungen infolge Überanstrengung, Rachitis, saure Durchfälle, Störungen des Calciumstoffwechsels.

Ostruz ↗ Peucedanum ostruthium.

■ **Ostrya virginiana** (Mill.) K. Koch.
Hopfen-Hainbuche.
Fam.: Betulaceae.
Vork.: atlantisches Nordamerika, Ostasien, v. a. Japan.
Droge: ***Lignum Ostryae***; Hopfen-Hainbuchenholz, das Holz der Stämme und Zweige.
Hom.: ***Ostrya virginiana*** (syn. *Ostrya virginica*) HAB; das Holz der Stämme und Zweige. *Anw.-Geb.:* Leberentzündungen.

Osyrisöl ↗ Osyris tenuifolia.

■ **Osyris tenuifolia** Engl.
Fam.: Santalaceae.
Vork.: Afrika, bes. Ostafrika, Madagaskar.
Droge: ***Oleum Osyris aethereum***; Osyrisöl (syn. Afrikanisches Sandelholzöl), das äther. Öl des Holzes (ca. 3 %). *Inh.:* Sesquiterpenalkohole, wie Santalole. *Anw.:* in der Volksheilkunde bei entzündlichen Erkrankungen der Harnwege als desinfizierendes und sekretionshemmendes Mittel; in der Parfümerie, häufig als Ersatz für echtes Sandelholzöl (↗ *Santalum album*).

■ **Otanthus maritimus** (L.) Hoffm. et Link (syn. *Diotis maritimus*).
Fam.: Asteraceae (Compositae).
Vork.: maritime Mittelmeerregionen, bes. Ägypten.
Droge: die ganze Pflanze. *Inh.:* Lignane, wie Sesamin; α-Amyrin, β-Sitosterol, Flavonoide, Sesquiterpenlactone, Alkamide. *Anw.:* in der Volksheilkunde der Beduinen als Antasthmatikum, bei Dysenterie, Nieren- und Blasenleiden.

Otosma aethiopica ↗ Zantedischia aethiopica.
Otterwurz ↗ Polygonum bistorta.
Ouabain ↗ Strophanthus-Arten.
Ouragoga ipecacuanha ↗ Cephaelis-Arten.
Ourouparia guianensis ↗ Uncaria guianensis.
Ourouparia polycephala ↗ Uncaria tomentosa.
Ourouparia rhynchophylla ↗ Uncaria rhynchophylla.
Ouruparia gambir ↗ Uncaria gambir.
Ova Formicarum ↗ Formica rufa.

■ **Ovarum Bovina siccatum HAB**
die getrockneten Eierstöcke von Rindern.

■ **Ovis aries** L.
Hausschaf (syn. Schaf).
Fam.: Bovidae.
Vork.: weltweit domestiziert.

Drogen: ***1. Sebum ovile***; Hammeltalg, der Talg aus dem Bauchfettgewebe des Schafes. *Inh.:* meist gemischte Triglyceride mit Ölsäure (36–40 %), Stearinsäure (25–30 %), Palmitinsäure (24–27 %), Linolsäure (3–4 %) und Myristinsäure (2–4 %) als Fettsäureanteile; Stearodipalmitin (4–5 %), α-Palmitodistearin (4–5 %), Oleodipalmitin, Stearopalmitoolein. *Anw.:* in der Galenik zur Herstellung von Salicyltalg, seltener als Salbengrundlage; in vielen Ländern als Speisefett sowie zur Seifenherstellung und als Schmiermittel für Leder. ***2. Adeps Lanae anhydricus*** (syn. *Cera Lanae)*; Wollwachs (syn. Wollfett, Lanolin), die von den Wollhaaren der Schafe abgesonderte wachsartige, wasserfreie Masse, die nach der Schur in der Wollwäscherei entfernt und aufbereitet wird. *Inh.:* komplexe Mischung aus Estern höherer Fettsäuren mit Wollwachsalkoholen; cyclische Alkohole bzw. Sterole, wie Cholesterol, Cholestanol, Lanosterol; Kohlenwasserstoffe. *Anw.:* hautfreundliche, wasseraufnehmende Salbengrundlage in der Galenik und Kosmetik. Wollwachsalkohole (*Alcoholes adipis lanae*) sind Grundlage für Salben, Cremes, Lotiones, Lippenstifte, Haar- und Hautpflegemittel, sie dienen auch in der Technik als Weichmacher und Ausgangspunkt für die Herstellung von Reinigungsmitteln und Emulgatoren. Flüssige Lanolinester verwendet man zur Herstellung von Kinderölen, Lichtschutzprodukten sowie für Salben und erweichende Emulsionen.

■ **Oxalis acetosella** L.
Sauerklee (Waldsauerklee).
Fam.: Oxalidaceae.
Vork.: Europa, Nordamerika.
Droge: ***Herba Oxalidis acetosellae***; Sauerkleekraut, die ganze Pflanze. *Inh.:* Salze der Oxalsäure. *Anw.:* früher in der Volksheilkunde als Ätzmittel und zur Behandlung von Hauterkrankungen sowie als Mittel gegen Skorbut, als Emmenagogum und Antidot bei Vergiftungen mit Arsenik und Quecksilber.
Hom.: ***1. Oxalis acetosella*** HAB1; Hain-Sauerklee, die frischen, oberirdischen Teile blühender Pflanzen. *Anw.-Geb.:* Magen-Darm-Leiden. ***2. Oxalis acetosella e foliis*** HAB1; die frischen Blätter. *Anw.-Geb.:* besonders Leber und Verdauungsstörungen.
Histor.: Der Gattungsname *Oxalis* wird vom griechischen *oxýs* (sauer) und *hals, hális* (Salz) abgeleitet. *Acetosella* kommt vom lateinischen *acetum* (Essig, saurer Wein) und bezieht sich wie der deutsche Name Sauerklee auf den sauren Geschmack der Pflanze. Diese wird bei ↗ Plinius als *Oxys foliis ternatis* erwähnt und in den alten Kräuterbüchern als *Trifolium acetum*.

Oxalis acetosella.

Oxycocci fructus ↗ Vaccinium-Arten.
Oxycoccus palustris ↗ Vaccinium-Arten.
Oxycoccus quadripetalus ↗ Vaccinium-Arten.

■ **Oxydendrum arboreum** (L.) DC.
(syn. *Andromeda arborea*). Sauerbaum.
Fam.: Ericaceae.
Vork.: Nordamerika.
Droge: ***Folia Oxydendri***; die getrockneten Blätter. *Anw.:* volkstümlich als Diuretikum.
Hom.: ***Oxydendron arboreum*** HAB34, die frischen Blätter.

Oxytetracyclin ↗ Tetracycline.

■ **Oxytropis lamberti** Pursh.
Fam.: Fabaceae.
Vork.: Mexiko.
Droge: das Kraut. *Anw.:* in der Volksheilkunde bei Karies als Adstringens. Bei Pferden verursacht die Droge Vergiftungen.
Hom.: ***Oxytropis lambert*** HAB; die frischen, oberirdischen Pflanzenteile. *Anw.-Geb.:* Bewegungsstörungen.

Ozodia foeniculacea ↗ Foeniculum vulgare.

P

Pachidendron ferox ↗ Aloe-Arten.
Pachidendron supralaeve ↗ Aloe-Arten.

■ **Pachycereus pecten-aboriginum** (Engelm.) Britt. et Rose
Cawe (syn. Wichowaka).
Fam.: Cactaceae.
Vork.: Mexiko.
Anw.: Die Tarahumara-Indianer bereiten aus dem Saft der jungen Triebe ein narkotisches Getränk, das Schwindelanfälle und Halluzinationen des Gesichtssinnes hervorruft. Verantwortlich für diese Effekte sind 4-Hydroxy-3-methoxyphenylethylamin- und Tetrahydroisochinolin-Alkaloide. Auch für traditionelle Heilungszeremonien wird die Droge eingesetzt.

Pachylobus hexandrus ↗ Bursera-Arten.

■ **Pachypodanthium confine** Engl. et Diels.
Fam.: Annonaceae.
Vork.: tropisches Afrika.
Droge: die Rinde. Inh.: Isochinolin-Alkaloide (0,5–0,6 %), wie Tetrahydroprotoberberin, 7-Hydroxyaporphin; Tetrahydropalmatin. Anw.: in der afrikanischen Volksheilkunde als Antitussivum und Analgetikum.

■ **Pachypodanthium staudtii** Engl. et Diels.
Fam.: Annonaceae.
Vork.: Afrika, bes. Sierra Leone bis Zaire.
Droge: die Rinde. Inh.: Isochinolinalkaloide (0,34–0,6 %), u. a. Protoberberin, Aporphine und Liriodenin; Norlignane, Flavone. Anw.: in der afrikanischen Volksheilkunde gegen Eingeweidewürmer, bei Magen-Darm-Beschwerden, gegen Bronchitis, als Analgetikum und als Mittel gegen Läuse. Die Droge ist auch zusammen mit *Masonia altissima* Bestandteil von Pfeilgiften.

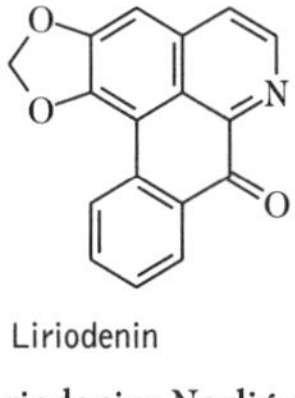
Liriodenin

■ **Paclitaxel**
zur Gruppe der Taxane gehörendes Diterpen aus ↗ *Taxus brevifolia*. Die Gewinnung erfolgt heute durch Partialsynthese aus Baccatin III bzw. 10-Desacetylbaccatin III (aus den Blättern von ↗ *Taxus baccata*) bzw. biotechnisch aus Pflanzenzell- und Pilzkulturen. Wirk.: P. tritt in Wechselwirkung mit den Mikrotubuli tierischer Zellen und inaktiviert diese. Damit wird die Zellteilung in der späten G2-Phase blockiert. Anw.: unter dem Warennamen Taxol® bei metastasierenden Ovarial- und Mammacarcinomen beim Versagen anderer Primärtherapien.

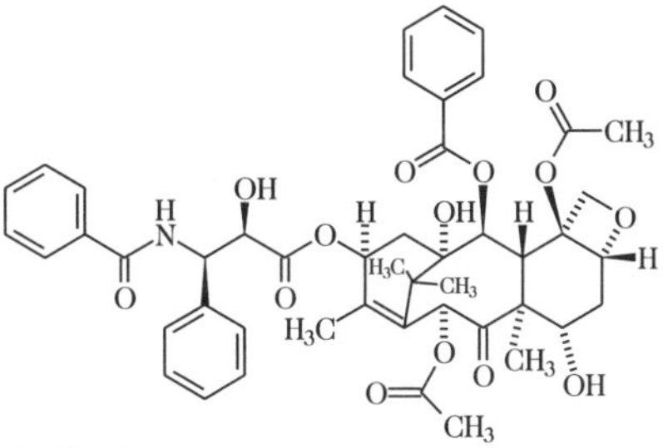
Paclitaxel

Padang-Kaneel ↗ Cinnamomum-Arten.
Padang-Kassie ↗ Cinnamomum-Arten.
Padang-Zimt ↗ Cinnamomum-Arten.
Padaukholz ↗ Pterocarpus-Arten.
Padokholz ↗ Pterocarpus-Arten.
Padus avium ↗ Prunus-Arten.
Padus mahaleb ↗ Prunus-Arten.
Padus racemosa ↗ Prunus-Arten.
Padus serotina ↗ Prunus-Arten.
Padus virginiana ↗ Prunus-Arten.
Paeonia albiflora ↗ Paeonia lactiflora.
Paeonia arborea ↗ Paeonia suffruticosa.
Paeonia chinensis ↗ Paeonia lactiflora.
Paeonia corallina ↗ Paeonia mascula.
Paeonia edulis ↗ Paeonia lactiflora.
Paeoniae flos ↗ Paeonia mascula, ↗ Paeonia officinalis.
Paeoniae radix ↗ Paeonia mascula, ↗ Paeonia officinalis.
Paeoniae radix alba ↗ Paeonia lactiflora.
Paeoniae radix rubra ↗ Paeonia lactiflora.

Paeoniae semen ↗ Paeonia officinalis.
Paeonia feminea ↗ Paeonia officinalis.
Paeonia foemina ↗ Paeonia officinalis.

■ **Paeonia lactiflora** Pall.
(syn. *Paeonia albiflora, P. chinensis, P. edulis, P. sinensis*); Chinesische Päonie.

Fam.: Paeoniaceae.

Vork.: Sibirien, China, Korea, Tibet, in Europa als Zierpflanze kultiviert.

Drogen: ***1. Paeoniae radix alba*** (syn. *Radix Paeoniae lactiflorae alba*); Weiße Pfingstrosenwurzel, die im Sommer und Herbst gegrabenen, von Endabschnitten und Seitenwurzeln befreiten, getrockneten Wurzeln. *Inh.:* Monoterpene, wie Paeoniflorin (1,5–4,8 %), Albiflorin, Oxypaeoniflorin; Gallotannin, β-Sitosterol, Daucosterol, äther. Öl mit Benzoesäure. *Anw.:* in der Volksheilkunde bei Kopfschmerzen, Schwindel mit Sehstörungen, Schmerzen, Schweißausbrüchen und Nachtschweiß. ***2. Paeoniae radix rubra***; Rote Pfingstrosenwurzel, die im Frühjahr oder Herbst gegrabenen, vom Rhizom, feinen Nebenwurzeln und anhaftendem Erdreich befreiten Wurzeln. *Inh.:* s. *Paeoniae radix alba*. *Anw.:* in der Volksheilkunde bei infektiösen Erkrankungen mit Exanthemen, bei Blutungen, Frauenleiden, Sturz- und Schlagverletzungen, Furunkeln und Hautgeschwüren. ***3. Radix Paeoniae lactiflorae***; *Paeonia-lactiflora*-Wurzel, die Wurzeln. *Inh.:* s. *Paeoniae radix alba*. *Anw.:* in der chinesischen und japanischen Heilkunde bei Magen-Darm-Erkrankungen, bei Blut- und Lebererkrankungen, bei Herz- und Nervenleiden sowie bei gynäkologischen Erkrankungen.

■ **Paeonia mascula** (L.) Mill.
(syn. *Paeonia corallina*); Großblättrige Pfingstrose.

Fam.: Paeoniaceae.

Vork.: Südeuropa, Kreta, Vorderasien.

Drogen: ***Paeoniae flos*** und ***Paeoniae radix***. Inhaltsstoffe und Anwendung ↗ *Paeonia officinalis*.

Paeonia moutan ↗ Paeonia suffruticosa.

■ **Paeonia officinalis** (L.) emend. Willd.
(syn. *Paeonia feminea, P. foemina*). Echte Pfingstrose (syn. Garten-Pfingstrose, Gichtrose, Großblumige Pfingstrose).

Fam.: Paeoniaceae.

Vork.: Gebirgsgegenden im südlichen Europa.

Drogen: ***1. Paeoniae flos*** (syn. *Flores Paeoniae, Flores Rosae benedictae, Paeonia petalum*); Pfingstrosenblüten (syn. Bauernrosenblüten, Gichtrosenblüten, Päonienblüten, Paeonienblüten), die schnell getrockneten Kronblätter. *Inh.:* Anthocyanglykoside und Gerbstoffe. *Anw.:* volkstümlich u. a. bei Haut- und Schleimhauterkrankungen, Rhagaden bei Hämorrhoiden, rheumatischen Beschwerden und Erkrankungen im Bereich der Atemwege. ***2. Paeoniae radix*** (syn. *Radix Paeoniae, Radix Rosae benedictae*); Pfingstrosenwurzel (syn. Bauernrosenwurzel, Gichtrosenwurzel, Königsrosenwurzel, Päonienwurzel, Paeonienwurzel), die im Frühjahr gegrabenen und getrockneten knolligen Nebenwurzeln, die an der Basis des Wurzelstocks entspringen. *Inh.:* Paeoniflorin (1,5–3,5 %), reichlich Saccharose und geringe Mengen Gerbstoff. *Anw.:* lediglich volkstümlich u. a. bei Krämpfen unterschiedlicher Art und Genese, Rheuma, Beschwerden im Magen-Darm-Bereich sowie des Herzens, Neurasthenie und allergischen Erkrankungen. ***3. Paeoniae semen*** (syn. *Semen paeoniae*); Pfingstrosensamen (syn. Bauernrosensamen, Gichtrosensamen, Hexenkörner, Korallensamen, Päoniensamen, Paeoniensamen, Zahnkörner, Zahnperlen), die getrockneten, reifen Samen, fast ausschließlich der gefüllten, kultivierten Gartenform. *Inh.:* Harzsäuren. *Anw.:* volkstümlich bei Epilepsie.

Hom.: ***Paeonia officinalis*** HAB1; Pfingstrose, die frischen, im Frühjahr geernteten unterirdischen Pflanzenteile. *Anw.-Geb.:* Erkrankungen des Magen-Darm-Traktes sowie des venösen Gefäßsystems, Hämorrhoiden und andere Erkrankungen des Afters.

Histor.: Die Pflanze wird seit der Antike medizinisch genutzt und spielt auch in der alten Sagenwelt eine Rolle. Der Heilgott Apollo besaß die Pflanze, in Hekates Zaubergarten wuchs sie und der Göttin Pallas Athene wurde sie oft geweiht. Der Gattungsname soll nach einer Sage nach Paeon, dem griechischen Gott der Heilkunst, benannt worden sein, da dieser mit der bei ↗ Theophrast *paionia* genannten Pflanze Pluto heilte. Sowohl bei ↗ Hippokrates als auch bei Hildegard von Bingen diente die Droge bei Verdauungsstörungen. ↗ Paracelsus bezeichnete sie als Spezifikum gegen Epilepsie. Ihr deutscher Name erinnert an die Blütezeit und die rosenförmige Blütenform. Viele Künstler der Gotik malten sie auf ihren Tafelbildern als „Rose ohne Dornen" und damit als Attribut der Gottesmutter.

Paeonia petalum ↗ Paeonia officinalis.
Paeonia sinensis ↗ Paeonia lactiflora.

■ **Paeonia suffruticosa** Andr.
(syn. *Paeonia arborea, P. moutan*); Strauchige Pfingsrose (syn. Strauchpäonie).
Fam.: Paeoniaceae.
Vork.: China, Tibet, Japan, häufig auch kultiviert.
Droge: ***Moutan cortex*** (syn. *Cortex Moutan, Cortex Moutan radicis*); *Paeonia-suffruticosa*-Wurzelrinde, die im Frühjahr und Herbst gesammelten Wurzelrinden. Inh.: Monoterpene, wie Paeonol (1,3–2,5 %), Glucopaeonol, Paeonosid, Paeonolid, Paeoniflorin, Gerbstoffe, äther. Öl, Phytosterole. Anw.: in der chinesischen und japanischen Volksheilkunde als Schmerzmittel, zur Beruhigung, bei Entzündungen, Menstruationsbeschwerden, Herzerkrankungen und Blinddarmentzündung.

Paeonienblüten ↗ Paeonia officinalis.
Paeoniensamen ↗ Paeonia officinalis.
Paeonienwurzel ↗ Paeonia officinalis.
Paineiraöl ↗ Bombax malabaricum.

■ **Palaquium gutta** (Hook. f.) Baill.
(syn. *Isonandra gutta*); Guttaperchabaum.
Fam.: Sapotaceae.
Vork.: Südostasien.
Droge: ***Guttapercha*** (syn. Gummi von Sumatra), der koagulierte Milchsaft, früher ausschließlich von *Palaquium gutta*, heutzutage von verschiedenen *Palaquium*-Arten, mitunter auch von *Payena*-Arten. Inh.: Polyterpenkohlenwasserstoffe, insbesondere Gutta (bis 85 %) ein all-*trans*-Polyisopren, ferner Harze, Gerbstoffe und Farbstoffe. Anw.: in der Zahnmedizin als Wurzelfüllung, für provisorische Füll- und Abdruckmassen, früher auch für Pflaster, als Guttaperchapapier besonders für wasserdichte Verbände.

Paleae haemostypticae ↗ Cibotium barometz.
Paleae stypticae ↗ Cibotium barometz.
Pale-Katechu ↗ Uncaria gambir.

■ **Paliurus aculeatus** Lamk.
(syn. *P. australis, P. orientalis, P. spina-cristi, Rhamnus paliurus,*).
Fam.: Rhamnaceae.
Vork.: Südeuropa, Vorderasien.
Droge: ***Herba Paliuri spinae-christi***, das getrocknete Kraut. Inh.: Methylsalicylat, Rutin; die Samen enthalten fettes Öl (ca. 21 %). Anw.: in der Volksheilkunde bei Katarrhen und Diarrhoe, bei Harnbeschwerden; die Früchte wirken adstringierend. Die Droge wird seit dem Altertum genutzt.

Paliurus australis ↗ Paliurus aculeatus.
Paliurus orientalis ↗ Paliurus aculeatus.
Paliurus spina-cristi ↗ Paliurus aculeatus.
Palma christi ↗ Ricinus communis.
Palma spinosa ↗ Elaeis guineensis.
Palmbutter ↗ Elaeis guineensis.
Palmendrachenblut ↗ Daemonorops draco.
Palmenlilie ↗ Yucca filamentosa.
Palmentang ↗ Laminaria-Arten.
Palmfett ↗ Elaeis guineensis.
Palmkernfett ↗ Elaeis guineensis.
Palmkernöl ↗ Elaeis guineensis.
Palmöl ↗ Elaeis guineensis.
Palmweide ↗ Salix-Arten.
Palmwein ↗ Arrak, ↗ Phoenix dactylifera.
Paloondo ↗ Larrea tridentata.
Pambotano ↗ Calliandra houstoni.
Pamhisa ↗ Pinellia ternata.
Pampelmuse ↗ Citrus-Arten.
Pampini Vitis ↗ Vitis vinifera.

■ **Panacee**
(syn. Panazee); Allheilmittel, benannt nach Panakeia, der Allheilenden, Tochter des ↗ Asklepios, dem griechischen Gott der Heilkunde.

Panaeolus semilanceatus ↗ Psilocybe-Arten.

■ **Panaeolus sphinctrinus** (Fr.) Quélet.
Hongo de San Isidro.
Fam.: Agaricaceae.
Vork.: weltweit verbreitet.
Anw.: Dieser Pilz gehört zu den heiligen, halluzinogenen Pilzen, die bei den mazatekischen und chinantekischen Indianern Mexikos für magisch-rituelle Zeremonien und die Wahrsagekunst verwendet werden. Verantwortlich für die halluzinogene Wirkung sind die Indolalkaloide ↗ Psilocybin und Psilocin (↗ *Psilocybe*-Arten).

Panamaholz ↗ Quillaia saponaria.
Panamakautschukbaum ↗ Castilla elastica.
Panamarinde ↗ Quillaia saponaria.
Panax americanum ↗ Panax quinquefolius.

■ **Panax ginseng** C. A. Mey.
(syn. *Aralia ginseng, Panax pseudoginseng, P. schinseng*); Ginseng (syn. Allheilkraut, Koreanischer Ginseng).

Fam.: Araliaceae.

Vork.: wildwachsend in Gebirgsgegenden Ostasiens, kultiviert besonders in Nordchina, Japan und Korea.

Droge: ***Ginseng radix*** (syn. *Radix Ginseng*); Ginsengwurzel (syn. Chinesische Ginsengwurzel, Kraftwurzel, Lebensverlängerungswurzel, Panaxwurzel, Samwurzel, Schinsengwurzel, Weißer Ginseng), die getrockneten Wurzeln; s. Farbtafel S. 145, Bild 53. Diese kommen als „Weißer Ginseng", wenn die Wurzeln gebleicht und geschält wurden, oder als „Roter Ginseng", wenn die frisch geernteten Wurzeln vor der Trocknung mit gespanntem Wasserdampf behandelt wurden, in den Verkehr. *Inh.:* Triterpensaponine, sog. Ginsenoside, deren Konzentration vom Alter der Pflanzen und den Anbaugebieten stark abhängig ist, so daß Schwankungen von etwa 0,8–8,6 % (Durchschnittsgehalt 2–3 %) beobachtet werden. Unter den Aglyka überwiegt der Dammaran-Typ mit 20(*S*)-Protopanaxadiol und 20(*S*)-Protopanaxatriol, während der pentacyclische Oleanolsäuretyp, als sog. Ginsenosid Ro, nur in geringer Menge (0,05–0,2 %) vorliegt. Weitere Bestandteile sind äther. Öl (0,05 %) mit Eremophilen und *β*-Elemen sowie Polyine, u. a. Falcarinol und Panaxydiol. *Wirk.:* Ginsengextrakte sind in der Lage, die Protein- und RNA-Synthese in der Leber zu steigern. Sie ermöglichen Streßsituationen besser zu bewältigen und sollen die physische und psychische Leistungs- und Merkfähigkeit sowie das Reaktionsvermögen erhöhen. *Anw.:* Zubereitungen der Droge sind Bestandteil vieler Fertigpräparate, die, oft in Kombination mit weiteren Bestandteilen, z. B. Lecithin oder Vitaminen, als Immunstimulantien, Geriatrika, Tonika und Anabolika genutzt werden. Tagesdosis 1–2 g Droge bzw. Zubereitungen, die mindestens 15 mg Ginsenosiden entsprechen.

Hom.: ***Panax pseudoginseng*** HAB1; Ginseng, die getrockneten, unterirdischen Pflanzenteile. *Anw.-Geb.:* Erkrankungen des Zentralnervensystems, der männlichen Geschlechtsorgane, des Stütz- und Bewegungsapparates sowie in der Rekonvaleszenz.

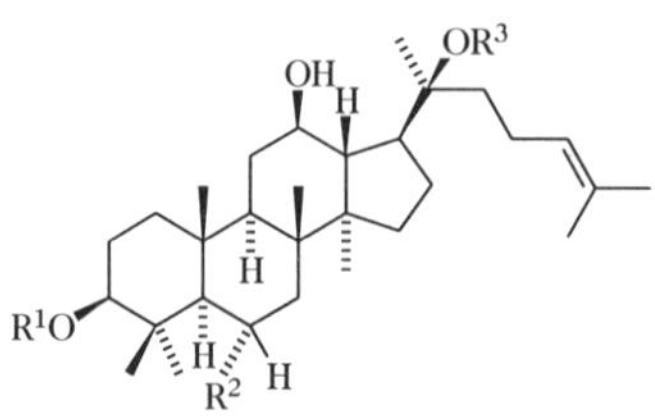

Die Hauptaglyka und Hauptglykoside des Ginsengwurzel

	R^1	R^2	R^3
20(*S*)-Protopanaxadiol	H	H	H
Ginsenosid R_{b1}	*β*-D-Glc(1→2)-*β*-D-Glc	H	*β*-D-Glc(1→6)-*β*-D-Glc
Ginsenosid R_c		H	*α*-L-Araf(1→6)-*β*- DGlc
20(*S*)-Protopanaxatriol	H	OH	H
Ginsenosid R_e	H	*O*-*α*-L-Rha(1→2)-*β*-D-Glc	*β*-D-Glc
Ginsenosid R_{g1}	H	*O*-*β*-D-Glc	*β*-D-Glc

Araf = Arabinofuranose, Glc = Glucopyranose, Rha = Rhamnopyranose

Histor.: Die Droge entstammt der ostasiatischen Medizin, wo sie bereits seit Jahrtausenden u. a. bei Schwäche- und Angstzuständen, drohendem Kollaps, vermindertem Appetit, Schlaflosigkeit, Impotenz und Unfruchtbarkeit der Frau sowie Herzschwäche angewendet wird und nach wie vor in hohem Ansehen steht. Der Gattungsname *Panax*, benannt nach Panakeia, der Tochter des Asklepios, der Allesheilerin, setzt sich aus dem griechischen *pás* (alles) und *ákos* (Heilmittel) zusammen. Er bringt die Vielseitigkeit der Heilwirkung, die man der Droge zuspricht, zum Ausdruck.

Panax pseudoginseng ↗ Panax ginseng.

■ **Panax quinquefolius** L.
(syn. *Aralia canadiensis, A. quinquefolia, Aureliana canadiensis, Ginseng quinquefolium, Panax americanum*); Amerikanischer Ginseng.
Fam.: Araliaceae.
Vork.: nördlicher und mittlerer Teil Nordamerikas sowie Kanadas.
Droge: ***Panax-quinquefolius-Wurzel***; Amerikanische Ginsengwurzel, die getrockneten Wurzeln. Inh.: Triterpensaponine, sog. Ginsenoside (↗ *Panax ginseng*). Anw.: ↗ *Panax ginseng*.
Hom.: ***Panax quinquefolius*** HAB1; Ginseng, die unterirdischen Pflanzenteile. Anw.-Geb.: Rheumatismus, Schwächezustände.

Panax schinseng ↗ Panax ginseng.
Panaxwurzel ↗ Panax ginseng.

■ **Pancratium trianthum** Herbert
Kwashi.
Fam.: Amaryllidaceae.
Vork.: tropische Gebiete in Afrika, Asien sowie Südeuropa.
Droge: die frische Zwiebel. Inh.: Alkaloide, u. a. Lycorin. Anw.: von den Buschmännern in Botswana (Afrika) als Halluzinogen genutzt, indem die in Scheiben geschnittene Zwiebel über die mit einem spitzen Gegenstand geritzte Kopfhaut gerieben wird. In Westafrika dient die Droge kultischen Zwecken, ihr Gebrauch soll nicht ungefährlich sein und mitunter durch Lähmung des Zentralnervensystems auch zum Tode führen.

■ **Pandanus dubius** Spreng.
(syn. *Pandanus pacificus*). Schraubenbaum (syn. Schraubenpalme).
Fam.: Pandanaceae.
Vork.: Neuguinea.
Anw.: Aus den Früchten des Schraubenbaumes wird ein halluzinogener Trank bereitet, der von den Ureinwohnern Neuguineas für magische Zeremonien verwendet wird. Für die psychotropen Wirkungen werden Alkaloide vom Dimethyltryptamin-Typ verantwortlich gemacht.

Pandanus pacificus ↗ Pandanus dubius.
Panicum crus-galli ↗ Echinochloa crus-galli.
Pankokenkraut ↗ Allium-Arten.

■ **Pankreas HAB**
die Bauchspeicheldrüsen von Schlachttieren.

■ **Pankreatin**
(syn. Pancreatinum), ist ein Gemisch der Pankreasenzyme von Schlachttieren, v. a. von Schweinen, das auch als Pankreas-Pulver bezeichnet wird. Es enthält ↗ Amylasen, Lipasen und ↗ Proteasen, v. a. Trypsin und Chymotrypsin, und wird auf bestimmte, im Arzneibuch festgelegte enzymatische Aktivitäten mit Lactose oder Dextrin eingestellt. Anw.: zur Substitutionstherapie bei eingeschränkter Funktion des exkretorischen Pankreas, bei Verdauungsschwäche.

Panteptera mollis ↗ Terminalia bellirica.
Pantherpilz ↗ Amanita pantherina.

■ **Panthothensäure**
Vitamin des Vitamin-B-Komplexes (↗ Vitamine), besitzt besondere Bedeutung zur Bildung des Pantheins und Coenzyms A. P. kommt vor allem in Getreideprodukten, Fleisch, Gemüse, Eigelb und

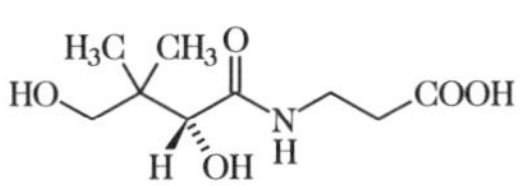

Pantothensäure

in der Milch vor. Anw.: zur Vitaminsupplementation, bei chronischen Entzündungen und postoperativer Darmatonie. Häufig wird anstelle von P. Panthenol verwendet, u. a. zur Wundbehandlung, bei Sonnenbrand, Decubitus, Strahlenschäden, pahologischem Haarausfall und Verbrennungen.

Pantokrin ↗ Cervus asiaticus.

Pantottern ↗ Solanum-Arten.
Panzeria lanata ↗ Leonurus lanatus.
Päonienblüten ↗ Paeonia officinalis.
Päoniensamen ↗ Paeonia officinalis.
Päonienwurzel ↗ Paeonia officinalis.

■ Papain

eine ↗ Protease aus dem Milchsaft und den unreifen Früchten von ↗ *Carica papaya*. P. besteht aus 212 Aminosäuren und spaltet relativ unspezifisch eine Vielzahl von Proteinen im pH-Bereich von 4,6–7,2. Da sich im aktiven Zentrum des Enzyms eine SH-Gruppe befindet, wirken Reduktionsmittel aktivierend und Schwermetalle hemmend auf seine Aktivität. *Anw.:* zur Substitutionstherapie bei Verdauungsschwäche als Ersatz für Pepsin, früher auch als Anthelmintikum (Wirkung zweifelhaft) sowie als Zusatz zu Zahnpasten. In der Lebensmittelindustrie wird P. zum Weichmachen von Fleisch benutzt.

Papainum crudum ↗ Carica papaya.
Papau ↗ Asimina triloba.
Papaver amplexicaule ↗ Papaver somniferum.

■ Papaver bracteatum Lindl.

Arznei-Mohn.

Fam.: Papaveraceae.

Heim.: Kaukasus, Armenien, Kulturen in Mitteleuropa.

Inh.: Alkaloide mit Thebain als Hauptalkaloid, das in bestimmten Kultursorten, besonders in der Wurzel, bis zu 98 % des Gesamtalkaloidanteils betragen kann. Es dient zur Partialsynthese von ↗ Codein. Der eingetrocknete Milchsaft der Pflanze wird in Analogie zum Opium, obwohl frei von Morphin, als *Bractium* bezeichnet.

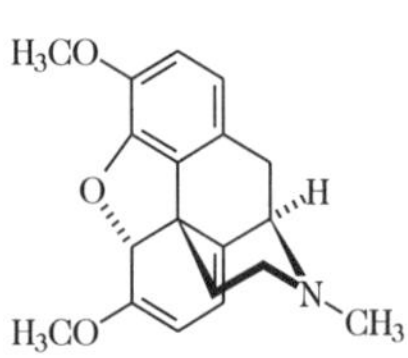

(–)-Thebain

■ Papaver dubium L.

(syn. *Papaver obtusifolium, P. parviflorum*); Saatmohn.

Fam.: Papaveraceae.

Vork.: Mitteleuropa, Kleinasien, Mittelmeergebiete.

Inh.: Alkaloide (0,004–0,025 % des Milchsaftes).

Hom.: ***Papaver dubium*** HAB34, die frischen oberirdischen Teile der Pflanze.

■ Papaverin

(syn. Papaverinum), Isochinolinalkaloid aus dem Schlafmohn (↗ *Papaver somniferum*). *Wirk.:* entspannt die glatte Muskulatur (Magen, Darm, Gallenwege), besitzt aber keine zentralen analgetischen und suchtinduzierenden Wirkungen. *Anw.:* als Spasmolytikum, Asthmamittel.

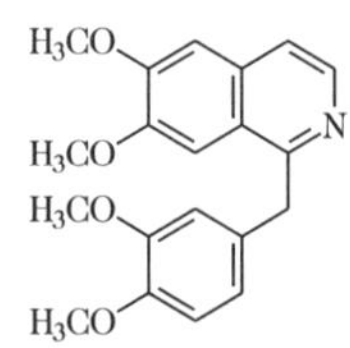

Papaverin

Papaveris semen ↗ Papaver somniferum.
Papaveris seminis oleum ↗ Papaver somniferum.
Papaver nigrum ↗ Papaver somniferum.
Papaver obtusifolium ↗ Papaver dubium.
Papaver officinale ↗ Papaver somniferum.
Papaver opiiferum ↗ Papaver somniferum.
Papaver parviflorum ↗ Papaver dubium.
Papaver rhoeados flos ↗ Papaver rhoeas.

■ Papaver rhoeas L.

Klatschmohn (syn. Feldmohn, Feldrose, Feuerblumen, Feuermohn, Klapprosen, Klatschrose, Kornrosen, Mohnblumen), s. Farbtafel S. 145, Bild 54.

Fam.: Papaveraceae.

Vork.: Europa, gemäßigte Regionen Asiens und Nordamerikas.

Droge: ***Rhoeados flos*** (syn. *Flores Papaveris, Flores Papaveris rhoeados, Flores Papaveris erratici, Flores Papaveris rubri, Flores Papaveris silvestris, Flores rhoeados, Flos rhoeados, Papaver rhoeados flos, Petala rhoeados, Rhoeados petalum*); Klatschmohnblüten (syn. Klatschrosenblüten), die zur vollen Blüte gesammelten, getrockneten Kronblätter. *Inh.:* Alkaloide (0,11–0,12 %) mit Rhoeadin als Hauptalkaloid, ferner Schleimstoffe. *Anw.:* volkstümlich bei Schmerzen, Unruhe, Schlafstörungen und Beschwerden im Bereich der Atemwege.

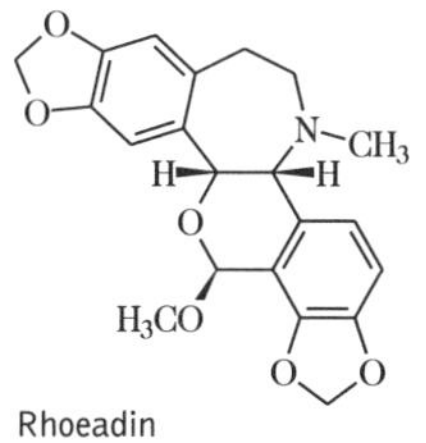

Rhoeadin

Hom.: ***Papaver rhoeas*** HAB1; Klatschmohn, die frischen Blüten. Weißblühende Varietäten sollen nicht verwendet werden. Anw.-Geb.: anthroposophische Therapierichtung.

■ **Papaver somniferum** L.

(syn. *Papaver amplexicaule, P. nigrum, P. officinale, P. opiiferum*); Schlafmohn (syn. Gartenmohn, Mohn), s. Farbtafel S. 146, Bild 55 und Bild 56.

Fam.: Papaveraceae.

Vork.: Zentralasien, Kleinasien, Mittelmeergebiete, Kulturen in zahlreichen Varietäten, u. a. in Mitteleuropa.

Drogen: ***1. Fructus Papaveris immaturi*** (syn. *Capita Papaveris immaturi, Capsulae Papaveris, Codia*); Unreife Mohnfrüchte (syn. Mohnkannen, Mohnkapseln, Unreife Mohnkapseln, Mohnköpfe, Mohnkolben, Schlaftee), die nach dem Abfallen der Blütenblätter gesammelten, vor dem Trocknen der Länge nach halbierten und von den Samen befreiten unreifen Früchte. *Inh.:* Alkaloide, die dem Alkaloidspektrum des Opiums entsprechen, allerdings mengenmäßig wesentlich geringer sind, z. B. Morphin (ca. 0,1 %), ferner Pektine und Hydroxyzimtsäurederivate. *Anw.:* volkstümlich bei Spasmen des Magen-Darm-Traktes, der Gallenwege und des Urogenitalapparates. Eine früher übliche Anwendung von Abkochungen in der Kinderpraxis, u. a. als Kinderberuhigungstee, ist wegen der Dosierungsungenauigkeiten, die mit lebensgefährlichen Auswirkungen verbunden sein können, strikt abzulehnen. ***2. Stramentum Papaveris***; Mohnstroh, die reifen, entsamten Kapseln. *Inh.:* Alkaloide (0,015–0,018 %). *Anw.:* industriell zur Gewinnung der Alkaloide, besonders von Morphin. ***3. Opium*** (syn. *Laudanum, Meconium, Opium crudum, Opium nativum, Thebaicum, Opium thebaicum, Succus thebaicus*); Opium (Rohopium), der aus eingeschnittenen, unreifen Früchten gewonnene, an der Luft eingetrocknete Milchsaft. *Inh.:* Alkaloide (20–25 % des Opiumgewichtes), von denen etwa 40 verschiedene Verbindungen bekannt sind, die sich jedoch sämtlich auf die Isochinolinstruktur zurückführen lassen und als Salze, meist an Mekonsäure gebunden, vorliegen. Hauptalkaloid ist das ↗ Morphin (14–17 %). Weitere Alkaloide sind u. a. ↗ Codein (ca. 1 %) und Thebain (ca. 0,5 %), die der Morphinanreihe zuzuordnen sind, sowie Noscapin (syn. Narcotin, ca. 5 %), Papaverin (ca. 1 %) und Narcein (ca. 0,5 %), die dem Tetrahydroisochinolintyp zugeordnet werden. Der mengenmäßige Anteil der einzelnen Alkaloide ist erheblich vom Herkunftsgebiet abhängig. Weitere Bestandteile der Droge sind organische Säuren, u. a. Äpfel-, Bernstein-, Citronen- und Milchsäure, Kautschuk (ca. 5–10 %) und Schleimstoffe. *Anw.:* in Zubereitungen, z. B. als Opiumtinktur, zur Ruhigstellung des Darmes bei starkem Durchfall sowie als Schmerzmittel. Opium besitzt ein hohes physisches und psychisches Abhängigkeitspotential und stellt eine gefährliche Rauschdroge dar (Rauchopium), daher unterliegt es zusammen mit seinen Zubereitungen dem Betäubungsmittelgesetz. ↗ Sucht und Suchtdrogen biogenen Ursprungs ***4. Papaveris semen*** (syn. *Semen Papaveris*); Mohnsamen (syn. Schlafmohnsamen), die reifen, weißen Samen. Die Farbe der Samen kann variieren von schwarz, grau, graublau, braun bis weiß mit vielen Übergängen. *Inh.:* fettes Öl (50–55 % in weißen Samen bzw. 40–45 % in blaugrausamigen Sorten) mit einem Fettsäureanteil von Linolsäure (62,2 %), Ölsäure (30,1 %), Palmitinsäure (4,8 %) und Stearinsäure (2,9 %). Außerdem sind neben Aminosäuren, Proteinen und Enzymen Alkaloide (0,009 %) sowie Lecithin (0,25–1 %) enthalten. *Anw.:* zum Bestreuen von Backwaren und zur Gewinnung des Öles. ***5. Papaveris seminis oleum*** (syn. *Oleum Papaveris*); Mohnöl, das aus den Mohnsamen gepreßte fette Öl. *Inh.:* s. Papaveris semen. *Anw.:* als Speiseöl, aber auch industriell, u. a. zur Herstellung von Seifen und Farben genutzt. Der Preßrückstand bei der Ölgewinnung dient in der Landwirtschaft als Viehfutter.

Hom.: ***Opium*** HAB34, der in Kleinasien durch Einschnitte in die unreifen Fruchtkapseln erhaltene und an der Luft getrocknete Milchsaft. *Anw.-Geb.:* Krampfzustände an den Atemorganen, des Magen-Darm-Traktes, an den Harn-

und Geschlechtsorganen sowie der Skelettmuskulatur, Schlafstörungen und Verstimmungszustände.

Histor.: Opium oder die „Mohnträne", wie man im Altertum sagte, ist seit etwa dem 3. oder 4. Jh. v. Chr. im Mittelmeergebiet in Gebrauch. Schon vorher kannte man einen Extrakt aus den Blättern der Mohnpflanze, der meist als Mekonium bezeichnet und später durch das stärker wirksame Opium verdrängt wurde. ↗ Dioskurides und ↗ Plinius beschreiben beide Zubereitungen und deren Wirkungen genau. Im Mittelalter wurde Opium zur Herstellung des ↗ Theriak genutzt, die Verwendung der Droge nahm aber stark ab, da sie als gefährlich galt. Die Schulmedizin nahm Opium erst wieder um 1664 verstärkt in Gebrauch, nachdem Sydenham seine Verwendung wissenschaftlich untersuchte und das bis heute als *Tinctura Opii crocata* bekannte Präparat beschrieb. Als Genußmittel wurde Opium seit dem 17. Jh. verstärkt im Orient genutzt und insbes. als Rauchopium (Chandu, Tschandu) mißbraucht. Besonders in China nahm der Opiummißbrauch und Schmuggel derart überhand, daß es 1840–1842 zum Opiumkrieg kam und die Chinesen 1858 auf Druck der Engländer den Opiumhandel zulassen mußten. Der Apotheker Sertürner isolierte 1806 mit dem Morphin das erste Alkaloid aus dem Opium und wurde dafür 1831 mit dem Preis der Pariser Akademie ausgezeichnet.

Papaver spinosum ↗ Argemone mexicana.
Papaya ↗ Carica papaya.
Papaya carica ↗ Carica papaya.
Papaya communis ↗ Carica papaya.
Papaya cucumerina ↗ Carica papaya.
Papaya vulgaris ↗ Carica papaya.
Papenkind ↗ Arum maculatum.
Papierblume ↗ Zantedischia aethiopica.
Pappelknospen ↗ Populus-Arten.
Pappelrinde ↗ Populus-Arten.
Paprika ↗ Capsicum-Arten.
Papstkreuzspinne ↗ Araneus diadematus.
Papua-Macis ↗ Myristica argentea.
Papua-Muskatnuß ↗ Myristica argentea.
Papuanuß ↗ Myristica argentea.

■ Papyrus Ebers
Schriftrolle aus dem alten Ägypten (1550 v. Chr.), dessen Vorlagen in weit frühere Zeiten zurückreichen und die 700 Arzneistoffe und etwa 800 Rezeptformeln umfaßt. Die auf der Papyrusrolle niedergelegten Rezepte enthalten in übersichtlicher Darstellung die Art der Krankheit, die Gewichtsmenge der benötigten Drogen, die Art und Weise der Zubereitung und des Einnehmens. Unter den pflanzlichen Drogen findet man zahlreiche heute noch gebräuchliche wie Anis, Koriander, Knoblauch, Kümmel oder Senna. Die ägyptische Heilkunde beeinflußte neben anderen Quellen wesentlich die spätere griechische Medizin.

Para-Arrowroot-Stärke ↗ Manihot esculenta.

■ Paracelsus
Arzt und Naturforscher mit dem eigentlichen Namen Philippus Aureolus Theophrastus Bombastus von Hohenheim, geboren 1493 in Einsiedeln (Schweiz), gestorben 1541 in Salzburg. Er gilt als Reformator der Heilkunde, wobei er die Chemie enger in die Heilkunde einbezog, aber auch zahlreiche, besonders einheimische Pflanzen in die Medizin einführte. In Experiment und Naturbetrachtung sah er die Grundlagen der Heilkunde. Bemerkenswert war unter anderem seine Formulierung, daß allein die Dosis eines Stoffes bestimmt, ob dieser ein Gift darstellt oder therapeutische Wirkung besitzt. Trotz seiner Verdienste war er nicht frei von mystischen Vorstellungen des Altertums, die in der Erneuerung der ↗ Signaturlehre zum Ausdruck kamen.

■ Paradaniella oliveri Rolfe
(syn. *Daniella thurifera, Daniella oliveri*).

Fam.: Fabaceae.

Vork.: Afrika.

Droge: ***Balsamum Copaivae africanum***; Afrikanischer Copaivabalsam (syn. Illurinbalsam), der Balsam. *Inh.:* äther. Öl (40–80 %) mit Sesquiterpenen, Harz, u. a. mit Illurinsäure und Kopaivasäure, Bitterstoffe. *Anw.:* früher innerlich bei Entzündungen der Harnwege, Gonorrhoe, Lepra, Psoriasis und Bronchitis sowie äußerlich bei Geschwüren.

Histor.: Die Droge wurde von den Eingeborenen seit langer Zeit zum Einsalben und Behandeln von Wunden benutzt. 1625 fand der Balsam bei den Portugiesen Erwähnung und wurde 1636 in die Amsterdamer Pharmakopöe aufgenommen, gefolgt von London 1677. Bis 1940 war die Droge Bestandteil des amerikanischen Arzneibuches.

Paradiesapfel ↗ Lycopersicon esculentum.
Paradieskörner ↗ Aframomum-Arten.
Paradiesnußbaum ↗ Lecythis urnigera.
Paraguay jaborandi ↗ Pilocarpus-Arten.
Paraguaytee ↗ Ilex paraguariensis.

■ Paraimmunität
(Paramunität), gesteigerte unspezifische Immunität des Körpers, die durch äußere Faktoren, wie Reiztherapie oder Immunstimulanzien (Paramunitätsstimulatoren) induziert wird. Die P. entwickelt sich relativ schnell und hält höchstens bis zu einigen Wochen an, charakteristisch ist dabei eine gesteigerte Aktivität der Makrophagen, verbunden mit einer Aktivierung der anderen zellulären und humoralen Abwehrsysteme des Körpers. Als Paramunitätsstimulatoren werden u. a. Bakterienpräparate, Hefen, Polysaccharidfraktionen von Hefen und höheren Pilzen sowie Glykoproteinfraktionen aus höheren Pflanzen, z. B. ↗ *Althaea officinalis*, ↗ *Baptisia tinctoria*, ↗ *Calendula officinalis*, ↗ *Echinacea*-Arten, ↗ *Eleutherococcus senticosus*, ↗ *Thuja occidentalis*, *Urtica dioica* (↗ *Urtica*-Arten) oder Lectine aus ↗ *Viscum album* bei rezidivierenden Erkrankungen der Atemorgane (Erkältungen), der ableitenden Harnwege und bei Furunkulose eingesetzt. Auch zur Überwindung temporärer Immunschwächen nach starken Streßphasen, in der Initialphase von viralen oder bakteriellen Erkrankungen sowie bei schlecht heilenden Wunden kommen Paramunitätsinduktoren zur Anwendung.

Parakautschukbaum ↗ Hevea brasiliensis.
Parakotorinde ↗ Aniba pseudocoto.
Parakresse ↗ Spilanthes oleracea.
Paranatee ↗ Ilex paraguariensis.
Paranußbaum ↗ Bertholletia excelsa.
Paranußöl ↗ Bertholletia excelsa.
Parapentalifera betulina ↗ Barosma-Arten.
Pardanthus chinensis ↗ Belamcanda chinensis.
Pareirawurzel ↗ Chondodendron tomentosum.
Parica ↗ Virola-Arten.
Paridis herba ↗ Paris quadrifolia.
Parietaria erecta ↗ Parietaria officinalis.

■ Parietaria officinalis L.
(syn. *Parietaria erecta*); Glaskraut.
Fam.: Urticaceae.
Vork.: Südeuropa, Nordafrika, in Mitteleuropa teilweise eingebürgert.
Droge: ***Herba Parietariae***; Glaskraut, das getrocknete Kraut. Inh.: Bitterstoffe, Gerbstoffe. Anw.: harntreibend; Bestandteil diuretisch wirksamer Präparate.
Histor.: Der Gattungsname *Parietaria* ist vom lateinischen *paries, parietis* (Wand) abgeleitet, Bezug nehmend auf das bevorzugte Vorkommen in Spalten von Mauern. Der Name Glaskraut wurde früher geprägt, als man das Kraut zum Reinigen von Gläsern verwendete.

■ Paris polyphylla Sm.
(syn. *Paris verticillata*).
Fam.: Liliaceae.
Vork.: Indien, Nepal, Himalajagebiete, China.
Droge: ***Paris-polyphylla-Rhizom***, der Wurzelstock. Inh.: Saponine und Steroide. Anw.: in der traditionellen asiatischen Volksheilkunde bei Husten und Herzrhythmusstörungen, ferner bei unspezifischen Vergiftungen, Mastitis, Parotitis, bei Tumoren und Eingeweidewürmern.

■ Paris quadrifolia L.
(syn. *Aconitum pardalianches, Aconitum salutiferum, Solanum quadrifolium bacciferum, Uva lupulina*); Einbeere (syn. Fuchsbeere, Krähenauge, Moosbeere, Sternkraut, Vierblättrige Einbeere, Wolfsbeere), s. Farbtafel S. 146, Bild 57.
Fam.: Trilliaceae.
Vork.: gemäßigte Zonen Europas und Asiens.
Droge: ***Herba paridis*** (syn. *Paridis herba*); *Paris-quadrifolia*-Kraut (syn. Einbeerenkraut), das getrocknete Kraut. Die Droge ist giftig! Inh.: Steroidsaponine, Flavonolglykoside, Asparagin, Pektine. Anw.: früher volkstümlich u. a. zur Wundbehandlung, bei Geschwüren, katarrhalischen Entzündungen der Augen sowie bei rheumatischen Beschwerden.
Hom.: ***1. Paris quadrifolia*** HAB1; Einbeere, die ganze, frische, zur Zeit der Fruchtreife gesammelte Pflanze. Anw.-Geb.: Erkrankungen des Zentralnervensystems, des Auges, des arteriellen Gefäßsystems sowie der Atemwege, wie Kopfschmerzen, Entzündungen der Atemwege sowie Täuschungen des Geruchs- und Tastsinns. ***2. Paris quadrifolia ex herba*** HAB1, die frischen, zur Zeit der Fruchtreife gesammelten, oberirdischen

Pflanzenteile. <u>*Anw.-Geb.*</u>: Kopfschmerzen, Entzündungen der Atemwege, Täuschung des Geruchs- und Tastsinns.

Histor.: Der Gattungsname *Paris* soll nach dem trojanischen Königssohn Paris benannt worden sein. Die Beere wiederum soll den Erisapfel darstellen, und die vier gleichen Laubblätter versinnbildlichen die drei streitenden Göttinnen Aphrodite, Hera, Pallas Athene und den Prinzen Paris. Allerdings läßt sich der Name auch mit den lateinischen *par* (gleich) und *quadrifolia* (vierblättrig) als Hinweis auf die Regelmäßigkeit der Blätter und Blütenteile erklären. Die deutsche Bezeichnung Einbeere bezieht sich auf die einzige Beere der Pflanze.

Paris verticillata ↗ Paris polyphylla.

■ **Parnassia palustris** L.
Sumpfherzblatt.

Fam.: Saxifragaceae.

Vork.: Nordeuropa, Nordasien.

Droge: ***Herba Parnassiae palustris***; Sumpfherzblattkraut. <u>*Inh.*</u>: Gerbstoffe. <u>*Anw.*</u>: in der Volksheilkunde als Adstringens sowie bei Nervosität und epileptischen Anfällen.

Parquetina gabonica ↗ Parquetina nigrescens.

■ **Parquetina nigrescens** (Afzel.) Bullock
(syn. *Parquetina gabonica, Periploca nigrescens, P. afzelii, P. preussii, P. nigricans, P. wildemanii, P. gabonica, P. calophylla, Omphallogonus callophyllus, O. nigritanus*).

Fam.: Periplocaceae.

Vork.: tropisches Afrika.

Droge: Blätter, Rinde, Wurzeln. <u>*Inh.*</u>: herzwirksame Glykoside (Cardenolide) mit den Aglyka Strophanthidin, Strophanthidol, Periplogenin, Nigrescigenin (Formeln siehe rechts oben); Ursolsäure, Flavonoide. <u>*Anw.*</u>: in der afrikanischen Volksheilkunde als Abortivum, zur Wundbehandlung, bei Magenbeschwerden, als Diuretikum und Anthelmintikum. Der ausgepreßte Saft der Rinde und Wurzeln wird als sehr wirksames Jagdgift von den afrikanischen Pygmäen benutzt. Insbes. als Pfeilgift für die Jagd auf größere Tiere kommt diese Zubereitung zur Anwendung.

Parthenii herba ↗ Chrysanthemum-Arten.

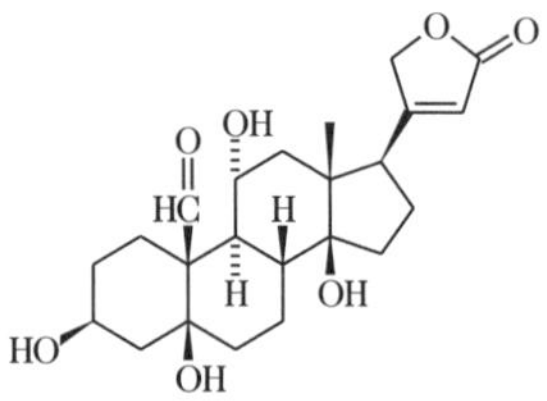

Nigrescigenin

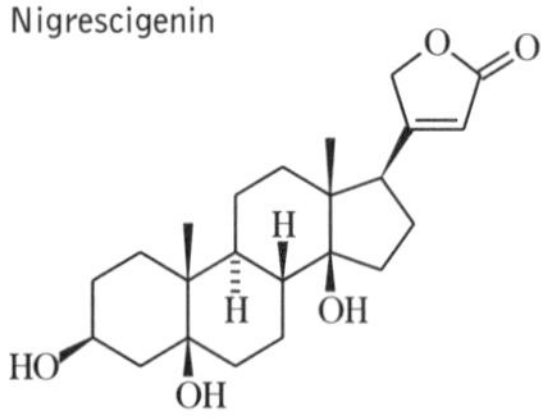

Periplogenin

■ **Parthenium argentatum** A. Gray.

Fam.: Asteraceae (Compositae).

Vork.: Mexiko, Texas, in Spanien und Südrußland auch kultiviert.

Droge: ***Guayulekautschuk***; der Milchsaft der Rinde, der Markstrahlen und des Holzparenchyms. <u>*Inh.*</u>: ↗ Kautschuk, daneben Guayeleharz mit α-Linol-, Palmitin- und Stearinsäure. <u>*Anw.*</u>: Hilfsmittel zur Pflasterherstellung, früher auch als Rohstoff für die Gummiherstellung genutzt.

■ **Parthenocissus quinquefolia** (L.) Planch. Emend. Rehd.

Fam.: Vitaceae.

Vork.: Europa, Nordamerika.

<u>*Inh.*</u>: Anthocyanidine, Leukoanthocyanidine, Anthocyanine (Farbstoffe der roten Blätter). <u>*Anw.*</u>: in der Volksheilkunde als Diuretikum.

Hom.: ***Parthenocissus quinquefolia*** HAB; das Gemisch aus gleichen Teilen frischer Rinde und jungen Sproßteilen. <u>*Anw.-Geb.*</u>: Gallenblasenschmerzen, Wassersucht (Abb. S. 129).

Parzenkraut ↗ Cicuta virosa.
Pasaniapilz ↗ Lentinula edodes.
Passerina chamaedaphne ↗ Wikstroemia chamaedaphne.
Passerina racemosa ↗ Stellera chamaejasme.
Passerina stelleri ↗ Stellera chamaejasme.

■ **Passiflora edulis** Sims.
Purpurgranadilla.

Parthenocissus quinquefolia.

Fam.: Passifloraceae.

Vork.: Mittel- und Südamerika.

Inh.: in den Blättern sind Maracugin, Harz, Harzsäuren, Fette und Passiflortannoid enthalten, in den Früchten Pektin. Anw.: die Blätter in der lokalen Volksheilkunde. Die wohlschmeckenden Früchte (Passionsfrüchte) dienen auch zur Fruchtsaftgewinnung. Als Maracuja werden die roten, als Granadilla die gelben Früchte bezeichnet.

Passiflorae herba ↗ Passiflora incarnata.

■ **Passiflora incarnata** L.
(syn. *Granadilla incarnata, Grenadilla incarnata, Passiflora kerii*). Passionsblume (syn. Fleischfarbene Passionsblume), s. Farbtafel S. 146, Bild 58.

Fam.: Passifloraceae.

Vork.: Mittel- und Südamerika, Anbau auch in Indien, in geringem Umfang in Italien und Spanien.

Droge: ***Passiflorae herba*** (syn. *Herba Passiflorae*); Passionsblumenkraut (syn. Passionskraut), das ganze oder geschnittene, getrocknete Kraut. Inh.: Flavonoide, bes. Apigenin- und Luteolinglucosyle, Cumarine und Maltol, ein γ-Pyron. Anw.: nervöse Unruhe, nervös bedingte Beschwerden im Magen- und Darmbereich. Bestandteil zahlreicher Arzneifertigpräparate und Teemischungen. Tagesdosis 4–8 g zerkleinerte Droge für Teeaufgüsse.

Hom.: ***Passiflora incarnata*** HAB1; Passionsblume, die frischen, oberirdischen Pflanzenteile. *Anw.-Geb.:* Erkrankungen des Zentralnervensystems, Schlafstörungen, Unruhezustände, Krampfleiden.

Histor.: In den Heimatgebieten dürfte die Passionsblume ausschließlich als Obstpflanze geschätzt worden sein. Der Gattungsname *Passiflora* wird vom lateinischen *passio* (Leiden) und *flos* (Blume) abgeleitet. Der symbolhafte Bau der Blüte, die auch in der Kunstgeschichte Aufmerksamkeit erlangte, führte schließlich zur heutigen Namensgebung durch europäische Missionare in Südamerika. Er wurde in Verbindung mit den Ähnlichkeiten der Blüte mit den Marterwerkzeugen an Christus geprägt. Danach stellen die drei Narben die Nägel dar, der Fadenkranz die Dornenkrone, der gestielte Fruchtknoten den Kelch, die fünf Staubblätter die Wundmale, die Laubblätter die Lanze, die Ranken die Geißeln und die weiße Farbe die Unschuld des Erlösers.

Passiflora kerii ↗ Passiflora incarnata.
Passionsblumenkraut ↗ Passiflora incarnata.
Passionsfrüchte ↗ Passiflora edulis.
Passionskraut ↗ Passiflora incarnata.
Passulae majores ↗ Vitis vinifera.
Passulae minores ↗ Vitis vinifera.
Pasta cacao ↗ Theobroma cacao.
Pasta Guarana ↗ Paullinia cupana.
Pasta Seminum Paulliniae ↗ Paullinia cupana.
Pastinaca anethum ↗ Anethum graveolens.
Pastinacae fructus ↗ Pastinaca sativa.
Pastinacae herba ↗ Pastinaca sativa.
Pastinacae radix ↗ Pastinaca sativa.
Pastinaca graveolens ↗ Anethum graveolens.

■ **Pastinaca sativa** L.
(syn. *Pastinacia opaca, P. pratensis, Peucedanum sativum, Selinum pastinacae*); Gemeiner Pastinak (syn. Hammelmöhre, Hirschmöhre, Moorwurzel, Pastinak, Welscher Petersil).

Fam.: Apiaceae (Umbelliferae).

Vork.: Europa, Kleinasien, in Nordamerika eingebürgert.

Drogen: *1.* ***Pastinacae fructus*** (syn. *Fructus Pastinacae, Semen Pastinacae*); Pastinakfrüchte, die getrockneten Früchte. Inh.: äther. Öl mit wenig Myristicin sowie aliphatischen Estern, u. a. Butylbutyrat, Hexylbutyrat, Octylbutyrat (29–85 %) und Octenylbutyrat, ferner Cumarine und Furanocumarine, u. a. Imperatorin, Xanthotoxin (25–30 %) Isopimpinellin sowie Umbelliferon. Anw.: volkstümlich bei Magen- und Blasenleiden. Im Haushalt als Gewürz. ***2. Pastinacae herba*** (syn. *Herba Pastinacae*); Pastinakkraut, das getrocknete Kraut. Inh.: äther. Öl mit *cis*-β-Ocimen, *trans*-β-Ocimen, *trans*-β-Farnesen, Terpinolen und Palmitolacton als Hauptkomponenten.

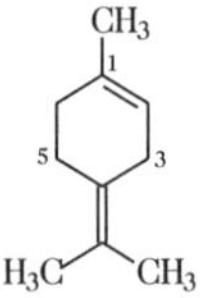

Terpinolen

Anw.: volkstümlich bei Nierenleiden und Verdauungsbeschwerden. Im Haushalt als Gemüse. ***3. Pastinacae radix*** (*Radix Pastinacae*); Pastinakwurzel, die getrocknete Wurzel. Inh.: äther. Öl mit Myristicin und Terpinolen (zusammen 80–88 %) als Hauptkomponenten, neben β-Pinen und *cis*-β-Ocimen sowie Furanocumarinen (0,085–0,087 %), u. a. Angelicin, Psoralen, Xanthotoxin und Bergapten. Anw.: volkstümlich bei Fieber, Lungen- und Magenleiden sowie Nierenerkrankungen. Im Haushalt als Gemüse.

Hom.: ***Pastinaca sativa*** HAB34; die frischen, unterirdischen Teile zweijähriger Pflanzen. Anw.-Geb.: u. a. Delirium.

Histor.: Der Gattungsname wird vom lateinischen *pastus* (Nahrung) abgeleitet, wohl wegen des Anbaus als Wurzelgemüse. Der deutsche Name ist dem lateinischen entlehnt. Die Pflanze wird sowohl im ↗ Capitulare de villis Karls des Großen (795) als auch im Entwurf des Klostergartens von St. Gallen (820) und den mittelalterlichen Kräuterbüchern geführt. Erst im 18. Jh. wurde sie als Nahrungspflanze durch Möhre und Kartoffel verdrängt.

Pastinacia opaca ↗ Pastinaca sativa.
Pastinacia pratensis ↗ Pastinaca sativa.
Pastinak ↗ Pastinaca sativa.
Pastinakfrüchte ↗ Pastinaca sativa.
Pastinakkraut ↗ Pastinaca sativa.
Pastinakwurzel ↗ Pastinaca sativa.
Patätschen ↗ Solanum-Arten.
Patchouliblätter ↗ Pogostemon cablin.
Patchouliöl ↗ Pogostemon cablin.
Patchouly ↗ Pogostemon cablin.
Paternostererbse ↗ Abrus precatorius.
Patrinia jatamansi ↗ Nardostachys jatamansii.
Patrisia pyrifera ↗ Ryania pyrifera.
Patschuliblätter ↗ Pogostemon cablin.
Patuletin ↗ Flavonoide.
Paullinia angusta ↗ Paullinia pinnata.

■ **Paullinia cupana** Kunth. ex H. B. K.
(syn. *Paullinia sorbilis*); Guarana-Strauch.

Fam.: Sapindaceae.

Vork.: Amazonasgebiete Brasiliens und Venezuelas, in Mittelamerika und Sri Lanka eingeschleppt.

Droge: ***Guarana*** (syn. *Massa Guaranae, Pasta Guarana, Pasta Seminum Paulliniae, Semen Guaranae*); Guaranapaste, die aus den geschälten, getrockneten, gerösteten und gepulverten Samen (s. Farbtafel S. 146, Bild 59) durch Zusatz von Wasser bereitete Masse. Inh.: Purinderivate, u. a. Coffein (3,6–5,8 %), Theobromin (0,03–0,17 %) und Theophyllin (0,02–0,06 %), ferner Gerbstoffe (bis 12 %), davon 10 % Proanthocyanidine, 6 % (+)-Catechin und 3 % Epicatechin. Anw.: als coffeinreichste Droge bei Ermüdungserscheinungen, als Stimulans, Bestandteil zahlreicher Fertigpräparate als sog. „schnelle Muntermacher", z. T. in Kombination mit Vitamin C und Traubenzucker. In den Heimatgebieten als Anregungsmittel, bei Kopfschmerzen sowie Herz- und Verdauungsbeschwerden, auch zur Entwässerung und bei Fieber.

Hom.: ***Guarana*** HAB34, die aus den geschälten, gerösteten und gepulverten Samen durch Zusatz von Wasser bereitete Paste. Anw.-Geb.: u. a. Kopfschmerzen.

Histor.: 1669 wurde die Paullinia vom Jesuitenmissionar J.F. Bettendorf erstmalig beschrieben. Die Pflanze wird bis heute besonders von den Maues-Indianern an einem Nebenflluß des Amazonas kultiviert und als „Geschenk Gottes" verehrt. 1822 erwähnte auch Alexander von Humboldt die therapeutischen Eigenschaften von Guarana. Die Droge wurde schließlich seit dem 19. Jh. auch in Deutschland über lange Zeit rezepturmäßig für Migränepulver verarbeitet.

Paullinia nitida ↗ Paullinia pinnata.

■ **Paullinia pinnata** L.
(syn. *Paullinia angusta, P. nitida*)

Fam.: Sapindaceae.

Vork.: tropisches Afrika und Südamerika, v. a. Brasilien.

Droge: Stengel und Wurzeln. Inh.: ↗ Rotenon, Gerbstoffe, Saponine. Anw.: in der Volksheilkunde als Rheumamittel, gegen Fieber und Infektionskrankheiten; die Droge dient auch zur Bereitung von Fischgiften und soll narkotische Eigenschaften aufweisen, in Zentralafrika wird die Pflanze auch als Aphrodisiakum geschätzt.

Paullinia sorbilis ↗ Paullinia cupana.

■ **Pausinystalia johimbe** (K. Schum.) Pierre ex Beille
(syn. *Corynanthe yohimbe*).

Fam.: Rubiaceae.

Vork.: westliches Afrika, insbes. Kamerun, Gabun und südwestliches Nigeria.

Droge: ***Yohimbe cortex*** (syn. *Cortex Yohimbe, Cortex Yohimbehe*); Yohimberinde (syn. Potenzrinde, Yohimbeherinde), die getrocknete Stamm- und Zweigrinde. Inh.: Alkaloide, besonders ↗ Yohimbin (0,8 %), ferner u. a. β-Yohimbin, Pseudo-

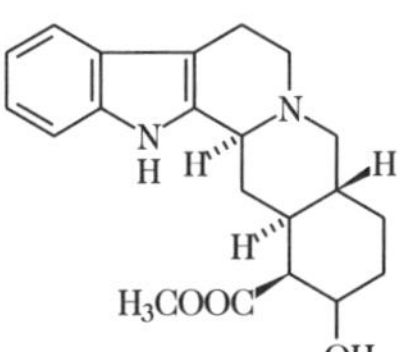

β-Yohimbin

yohimbin und Raubasin. Anw.: als Sexualtonikum, Bestandteil von entsprechenden Kombinationspäparaten bzw. das Reinalkaloid als Yohimbin-Spiegel, mitunter auch bei Harninkontinenz.

Pausinystalia pachyceras ↗ Corynanthe pachyceras.
Pavetta coccinea ↗ Ixora coccinea.

■ **Pavetta indica** L.
(syn. *Ixora paniculata, I. pavetta*).

Fam.: Rubiaceae.

Vork.: Indien, China, Burma, Südostasien, Philippinen.

Droge: die ganze Pflanze. Inh.: Alkaloide, fettes Öl, Harz, Gerbstoffe, Bitterstoffe. Anw.: in der asiatischen Volksheilkunde als Diuretikum, Stomachikum, bei Dysenterie sowie zur Behandlung von Hauterkrankungen.

Pavia glabra ↗ Aesculus glabra.
Pavia ohioensis ↗ Aesculus glabra.
Pavia pallida ↗ Aesculus glabra.
Pavia watsonia ↗ Aesculus glabra.
Pawpaw ↗ Asimina triloba.

■ **Paxillus involutus** (Batsch) Fr.
Kahler Krempling.

Fam.: Paxillaceae.

Vork.: in Laub- und Nadelwäldern in ganz Europa.

Inh.: u. a. Involutin, unbekannte toxische Verbindungen. Anw.: in Osteuropa beliebter Speisepilz. Der Genuß des rohen oder ungenügend gekochten Pilzes führt zum sogenannten Paxillus-Syndrom, einer immunhämolytischen Anämie, die mit Kollaps, Koliken, Erbrechen beginnt und über Hämoglobinurie bis zu einer schweren Niereninsuffizienz führen kann. Vom Genuß dieses Pilzes ist dringend abzuraten.

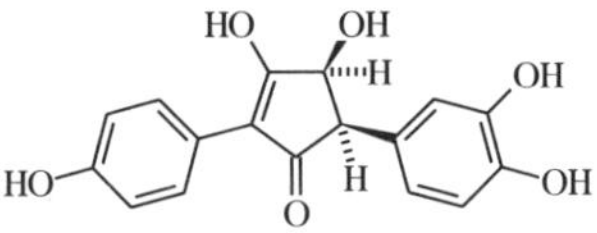

Involutin

Payta-Ratanhia ↗ Krameria triandra.
Pazifische Eibe ↗ Taxus brevifolia.

■ **Pedalium murex** L.

Fam.: Pedaliaceae.

Vork.: Ostafrika, Madagaskar, Indien.

Droge: Blätter, Früchte und Wurzeln. Inh.: Schleimstoffe, Monohydroxyharpagid; Phenylacrylsäuren, wie Kaffee-, Protokatechu, *p*-Cumar- und Ferulasäure. Anw.: die Wurzeln in der afrikanischen Volksheilkunde bei Gonorrhoe; das Kraut und die Samen in Indien als Mucilaginosum.

Pediculus Cucumis ↗ Cucumis-Arten.

■ **Pedilanthus pavonis** (Klotzsch et Garcke) Boiss.

Fam.: Euphorbiaceae.

Vork.: tropisches Amerika, bes. Mexiko und Südtexas.

Droge: ***Cera Candelilla***; Candelillawachs (syn. Canulilawachs), das Wachs der Blätter. Inh.: Harz (18–20 %), Oxylacton (5–6 %), Astriacontan (ca.

75 %). Anw.: als Ersatz für Carnaubawachs (↗ *Copernicia prunifera*) in Schuhputzmitteln, für Bohnerwachs, Kerzen, in der Gummi- und Papierindustrie.

Pedis Cati Flos ↗ Antennaria dioica.
Pedunculi Cerasorum ↗ Prunus-Arten.

■ Peganum harmala L.

Steppenraute (syn. Harmelraute, Harmalkraut, Syrische Steppenraute), s. Farbtafel S. 146, Bild 60.

Fam.: Zygophyllaceae.

Vork.: Mittelmeergebiete, Vorder- und Mittelasien, Pakistan, Mongolei.

Droge: ***Semen Harmalae*** (syn. *Semen Rutae silvestris*); Steppenrautensamen (syn. Harmelrautensamen). Inh.: Harman-Alkaloide, wie Harmin, ↗ Harman, Harmalin, Harmol und Vasicin. Anw.: in der Volksheilkunde bei Magenleiden und zur Wundbehandlung. Seit Urzeiten wird die Droge bei religiösen und magischen Ritualen wegen ihrer halluzinogenen Wirkung verwendet, die durch die β-Carboline Harmin und seine Derivate induziert wird. Auch wird ihr eine gewisse Wirksamkeit als Aphrodisiakum zugesprochen, was besonders in Indien in der traditionellen Heilkunde genutzt wird. Als Zusatz zum Opium ↗ *Papaver somniferum* dient die Droge zur Verstärkung der psychotropen Wirkung.

Pegu-Catechu ↗ Acacia-Arten.
Pei-Mu ↗ Fritillaria roylii.
Pekeanußfett ↗ Caryocar niciferum.

■ Pektinase

(Pektinglykosidase), ein Enzymkomplex, der die Spaltung der natürlichen ↗ Pektine in Galacturonsäure und Galacturonsäuremethylester katalysiert. P. findet sich in *Aspergillus*- und *Penicillium*-Arten. Anw.: zum Klären von Fruchtsäften und Wein durch Spaltung des Pektins.

■ Pektine

polymere Kohlenhydrate aus Pflanzen, die vorwiegend aus Galacturonsäure und deren Methylester aufgebaut sind und sich durch unterschiedliche Polymerisations- bzw. Veresterungsgrade unterscheiden. Durch Spaltung der Methylesterbindung entstehen die polymeren Pektin-

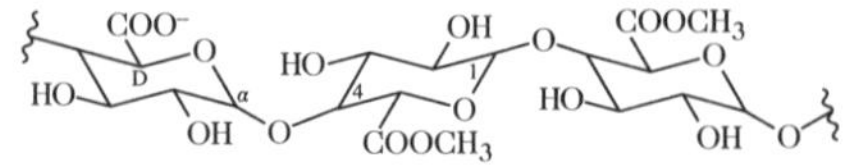

α-D-Galacturonyl α-D-Galacturonylmethylester (2 Einheiten)

Teilsequenz der Galacturonylkette in einem Pektin-Molekül

säuren. P. besitzen ein hohes Wasserbindungsvermögen und sind daher zur Gelbildung befähigt. Sie bilden die Grundsubstanz der primären Zellwände höherer Pflanzen, sind Bestandteil der Mittellamelle und finden sich gelöst im Zellsaft. Anw.: bei Diarrhoe und Gastroenteritis durch Ausbildung eines gelartigen Schutzfilmes im Magen-Darm-Trakt; als Ballaststoff sowie zur Unterstützung bei der Gewichtsreduktion; in steriler Lösung zur lokalen Blutstillung. In der pharmazeutischen Technologie werden P. als Tablettenzerfallsmittel sowie zur Herstellung von Retardformen eingesetzt. Als Geliermittel finden P. in der Lebensmittelindustrie und in der Kosmetik breite Anwendung.

■ Pelargonium-Arten

- **Fam.:** Geraniaceae.
- **Pelargonium graveolens** L'Herit. ex Ait.; Rosenpelargonie.

Vork.: Afrika, u. a. Angola, Madagaskar, Algerien; Brasilien.

Droge: ***Oleum Geranii***; Geraniumöl (syn. Pelargoniumöl), das äther. Öl der Blätter und Blüten. Inh.: u. a. Geraniol (ca. 40 %) , Citronellol

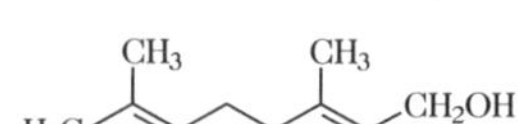

Geraniol

(ca. 40 %), Geranyltiglianat (ca. 20 %), daneben Linalool, Phenylethylalkohol, Pelargonsäure. Anw.: in der Parfümerie, zum Teil als Ersatz für Rosenöl.

- **Pelargonium odoratissimum** (L.) L'Herit. ex Ait.; Zitronenpelargonie (syn. Citronengeranium, Zitronengeranium).

Vork.: Südafrika, in Frankreich, Spanien, Korsika und Sizilien kultiviert.

Droge: äther. Öl aus den Blüten und Blättern. Inh.: s. *Pelargonium graveolens*, daneben β-Geraniolglucosid. Anw.: Parfümerie.

Hom.: *Geranium odoratissimum* HAB34, die frische, blühende Pflanze.

● **Pelargonium reniforme** (Curt).

Vork.: tropische und subtropische Gebiete.

Hom.: die getrockneten Wurzeln.

Pelargoniumöl ↗ Pelargonium-Arten.

■ **Pelecyphora aselliformis** Ehrenb.
Asselkaktus (syn. Peyotillo).

Fam.: Cactaceae.

Vork.: Mexiko.

Inh.: Alkaloide. Anw.: soll in ähnlicher Weise wie ↗ Peyotl von den zentralamerikanischen Indianern zu religiösen Zeremonien verwendet worden sein.

Pelias berus ↗ Vipera berus.
Pel talpae ↗ Talpa europaea.
Peltatine ↗ Podophyllum peltatum.
Penianthus zenkeri ↗ Heptacyclum zenkeri.

■ **Penicillinase**
(Penicillinamidohydrolase) Enzym aus der Gruppe der Hydrolasen, das aus *Bacillus subtilis* gewonnen wird und durch Spaltung des β-Lactamringes der Penicilline deren Wirkung inaktiviert. Anw.: zur schnellen Unterbrechung der Penicillinwirkung bei Penicillin-Allergien.

■ **Penicilline**
Gruppe von β-Lactam-Antibiotika, die von ↗ *Penicillium*-Arten gebildet werden bzw. partialsynthetisch aus 6-Aminopenicillansäure hergestellt werden. Wirk.: Ihr bakterizider Effekt beruht auf einer Blockade der Bakterienwandsynthese. Durch Inaktivierung des Enzyms Transpeptidase wird die Quervernetzung der Polysaccharidketten in der Zellwand zum Mureingerüst verhindert. P. wirken nur auf wachsende Bakterien und verhindern deren Vermehrung. Anw.: zur Therapie schwerer Infektionen durch Erreger mit guter Empfindlichkeit gegenüber P., v. a. Staphylokokken, Streptokokken, Pneumokokken und Meningokokken; z. B. bei Wundinfektionen, Pneumonien, Meningitis, Peritonitis, Diphtherie, Milzbrand, Gasbrand und Tetanus. Die individuelle Verträglichkeit muß besonders beachtet werden, da mitunter Unverträglichkeitserscheinungen (Penicillinallergie) auftreten.

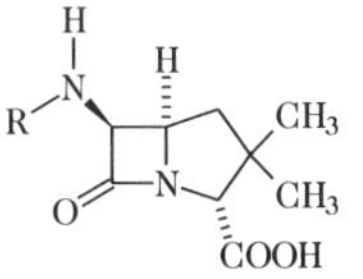

Durch Fermentation gewonnen:

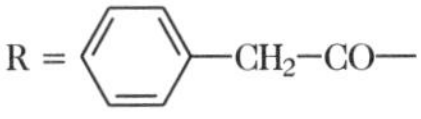

Benzylpenicillin
(Penicillin G)

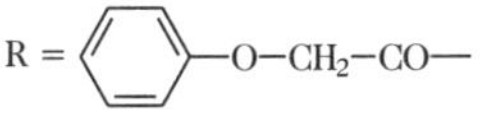

Phenoxymethylpenicillin
(Penicillin V)

■ **Penicillium-Arten**

● **Fam.:** Moniliaceae.

● **Vork.:** im Erdboden, Blütennektar oder natürlichen Lebensmitteln.

● **Penicillium chrysogenum** Thom (syn. *Penicillium aromaticum, P. baculatum, P. brunneorubrum, P. camerunense, P. citreo-roseum, P. chlorophaeum, P. cyaneo-fulvum, P. griseo-roseum, P. meleagrinum, P. notatum, P. roseo-citreum, P. rubens*).

Droge: Pilzkulturen. Inh.: Penicilline, u. a. 6-Aminopenicillansäure, Benzylpeniclin; die Mykotoxine Citrinin, Cyclopiazonsäure, Roquefortin; Erythrobinsäure, Weinsäure, Glucoseoxidase. Anw.: als wichtigster Produktionsstamm zur biotechnischen Herstellung von Penicillin G sowie 6-Aminopenicillansäure.

● **Penicillium citrinum**. Bedeut.: Gewinnung von Ribonucleasen zur Geschmacksverbesserung von Lebensmitteln.

● **Penicillium funiculosum**. Bedeut.: Gewinnung von ↗ Dextranase als Zusatz zu Zahnpasten zur Kariesprophylaxe.

● **Penicillium griseovulvum**. Bedeut.: Herstellung von ↗ Griseofulvin. Dieses Antibiotikum bilden auch *P. nigricans* und *P. patulum*.

● **Penicillium roqueforti** Thom.

Droge: Pilzkulturen. Inh.: Mykotoxine, u. a. Citrinin, Roquefortin C, Festuclavin, PR-Toxin, Enzyme. Anw.: zur Käseherstellung (Formeln S. 134).

Hom.: ***Penicillium roqueforti*** HAB, die Pilzkultur.

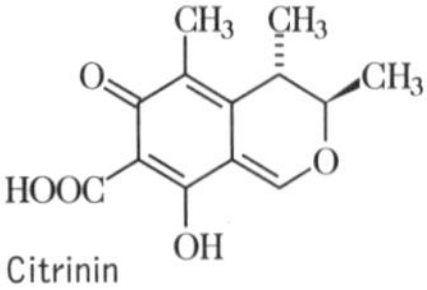

Citrinin

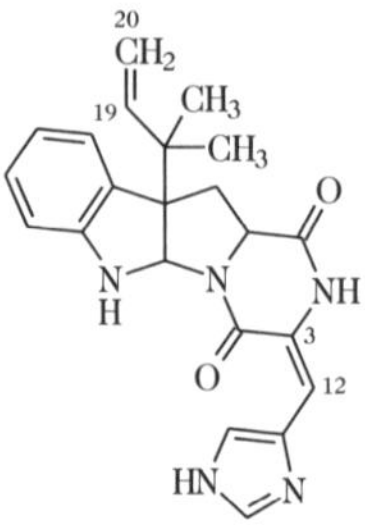

Roquefortin C

Penicillium chrysogenum ↗ Penicillium-Arten.
Penicillium citrinum ↗ Penicillium-Arten.
Penicillium funiculosum ↗ Penicillium-Arten.
Penicillium griseofulvum ↗ Penicillium-Arten.
Penicillium roqueforti ↗ Penicillium-Arten.

■ Pentaclethra macrophylla Benth.

Fam.: Mimosaceae.
Vork.: Afrika, Senegal bis Zaire.
Droge: Rinde und Samen. Inh.: Peptid-Alkaloide, wie Paucin; Dichrostachinsäure, Gerbstoffe, Triterpene. Anw.: in der afrikanischen Volksheilkunde als Laxans, Anthelmintikum, in der Frauenheilkunde, bei Geschwüren sowie als Aphrodisiakum. Die Rinde ist auch Bestandteil von Pfeilgiften, insbes. zusammen mit ↗ *Mansonia altissima*. Das fette Öl der Samen (Oleum Pentaclethrae, „Owala-Öl") wird als Speiseöl bzw. für die Seifenherstellung genutzt.

Pentaptera coriacea ↗ Terminalia tomentosa.
Pentaptera crenulata ↗ Terminalia tomentosa.
Pentaptera macrocarpa ↗ Terminalia tomentosa.
Pentaptera maradu ↗ Terminalia tomentosa.
Pentaptera tomentosa ↗ Terminalia tomentosa.

■ Penthorum sedoides L.

Fam.: Saxifragaceae.
Vork.: atlantisches Nordamerika, Ostasien.
Hom.: ***Penthorum sedoides*** HAB; die frischen, oberirdischen Pflanzenteile. Anw.-Geb.: Schnupfen.

■ Pentostatin

Antibiotikum aus Kulturen von *Streptomyces antibioticus und Aspergillus nidulans*. Wirk.: Hemmer der Adenosindeaminase. Anw.: zur Therapie der Haarzell-Leukämie, chronischer lymphatischer Leukämie und Mycosis fungoides. Der Einsatz ist wegen schwerer neurologischer und mutagener Nebenwirkungen eingeschränkt.

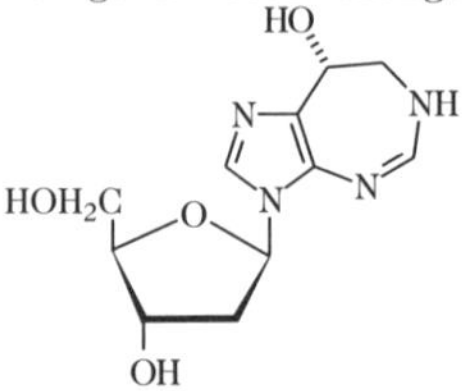

Pentostatin

Pentstemon auctus ↗ Chelone glabra.
Pepo melopepo ↗ Cucurbita pepo.
Peponensamen ↗ Cucurbita pepo.
Pepo verrucosus ↗ Cucurbita pepo.
Pepo vulgaris ↗ Cucurbita pepo.

■ Pepsin

(syn. Pepsinum), wichtigstes Verdauungsenzym des Magens (EC 3.4.23.1, M_r 42 6000, 362 Aminosäuren), wird aus Pepsinogen durch die Salzsäure des Magens katalytisch aktiviert. P. baut Proteine zu Peptonen ab, das pH-Optimum liegt dabei zwischen pH 1 und pH 2. Anw.: zur Substitutionstherapie bei gestörter Vedauung im Magen.

Pepsinwein ↗ Vinum medicatum.
Pepulbaum ↗ Ficus religiosa.

■ Perezia oxylepis.

Fam.: Asteraceae (Compositae).
Vork.: Mexiko.
Droge: ***Radix Pereziae***; Pipitzahoawurzel. Inh.: Sesquiterpene, wie Perezon (ca. 3,6 %). Anw.: in der Volksheilkunde als Laxans.

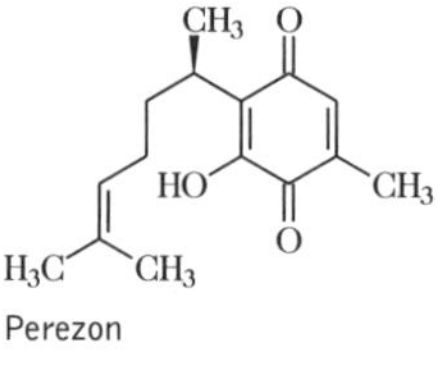

Perezon

Perfonon laurifolium ↗ Rhamnus purshianus.

■ **Pergularia daemia** (Forsk.) Chiovenda
(syn. *Pergularia extensa, Daemia extensa, D. angolensis, D. aethiopica, D. cordifolia, Asclepias daemia, Cyanchum cordifolium, C. extensum*).
Fam.: Asclepiadaceae.
Vork.: tropisches Afrika, Ostindien.
Droge: Blätter und Wurzeln. *Inh.:* herzwirksame Glykoside (Cardenolide), wie Uzarigenin, Calactin; Lupeol, β-Sitosterol, α-Amyrin, Oleanolsäure,

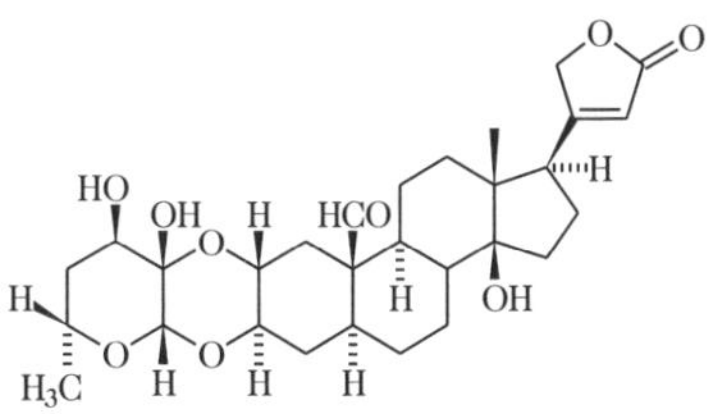

Calactin

Bitterstoffe. *Anw.:* in der Volksheilkunde bei Dysenterie, als Antitussivum, zur Regulation der Menstruation, bei Geschwüren und Abszessen, bei Gonorrhoe sowie als Abortivum. In Afrika wird die Droge auch zur Bereitung von Jagdgiften (Fischfang) eingesetzt.

Pergularia extensa ↗ Pergularia daemia.

■ **Periandra dulcis** Mart.
(syn. *Periandra mediterranea*); Brasilianische Süßholzpflanze.
Fam.: Fabaceae (Leguminosae).
Droge: die ganze Pflanze.
Inh.: Triterpensaponine, wie Glycyrrhizin. *Anw.:* in der Volksheilkunde als Expektorans.

Periandra mediterranea ↗ Periandra dulcis.
Pericarpium Aurantii amari ↗ Citrus-Arten.
Pericarpium Aurantii dulcis ↗ Citrus-Arten.
Pericarpium Citri ↗ Citrus-Arten.
Pericarpium Phaseoli ↗ Phaseolus vulgaris.
Pericarpium Piri mali ↗ Malus domestica.
Pericarpium Zanthoxyli ↗ Zanthoxylum-Arten.

■ **Pericopsis laxiflora** (Benth. ex Baker) van Meeuwen
(syn. *Afrormosia laxiflora, Ormosia laxiflora*).
Fam.: Fabaceae.
Vork.: Afrika, Senegal bis Sudan.
Droge: Rinde und Wurzeln. *Inh.:* Alkaloide, wie *N*-Methylcytisin; Gerbstoffe, Isoflavone, u. a. Genistein, Formononetin; Syrinaldehyd, Vanillin. *Anw.:* in der Volksheilkunde zur Schmerzbekämpfung und bei fiebrigen Infektionen. Auch wird über gewisse halluzinogene Effekte der Droge berichtet. Die Wurzeln sind zusammen mit Pflanzenteilen von ↗ *Strophanthus*-Arten Bestandteil von Pfeilgiften in Nigeria.

Perilla acuta ↗ Perilla frutescens.
Perilla avium ↗ Perilla frutescens.
Perilla cavaleriei ↗ Perilla frutescens.
Perilla citriodora ↗ Perilla frutescens.
Perilla crispa ↗ Perilla frutescens.
Perillae caulis ↗ Perilla frutescens.
Perillae folium ↗ Perilla frutescens.
Perillae fructus ↗ Perilla frutescens.
Perillae herba ↗ Perilla frutescens.

■ **Perilla frutescens** (L.) Britt.
(syn. *Dentidia nankinensis, Melissa maxima, Mentha perilloides, Mentha reticulosa, Perilla acuta, P. avium, P. cavaleriei, P. citriodora, P. crispa, P. macrostachya, P. nankinensis, P. ocymoides, P. shimadai, P. urticaefolia, Plectranthus nankinensis, Ocimum acutum, O. crispum, O. frutescens*); Öl-Perilla (syn. Schwarznessel).
Fam.: Lamiaceae (Labiatae).
Vork.: China, Indien.
Drogen: ***1. Perillae caulis***; Schwarznesselstengel, der getrocknete Stengel. *Inh.:* besonders 1-Perillaaldehyd, Dihydrocuminaldehyd und Adenin.

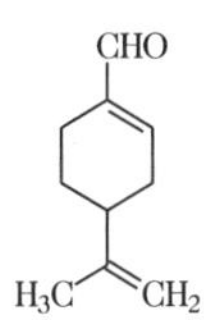

Perillaaldehyd

Anw.: in der traditionellen chinesischen Heilkunde bei Gefühl von Dumpfheit, zur Schmerzlinderung sowie unter anderem bei Funktionsstörungen des Magens und bei drohender Fehlgeburt. ***2. Perillae folium*** (syn. *Folium Perillae*); Schwarznesselblätter (syn. Perilla-Blätter), die getrockneten Blätter oder die blättertragenden, jungen Zweige. *Inh.:* äther. Öl, u. a. Perilla-Aldehyd enthaltend, ferner Flavonoide, darunter mehrere Anthocyane, Phenolcarbonsäuren, darunter Rosmarinsäure, sowie Sterole, u. a. β-Sitosterolglucosid. *Anw.*: in der traditionellen chinesischen Heilkunde bei Erkältungen mit Fieber, Schüttelfrost, Kopfschmerzen, Entzündung der Nasenschleimhäute und Husten. ***3. Perillae fructus***; Schwarznesselfrüchte (syn. Perilla-Früchte, Perilla-Samen), die trockenen, reifen Früchte. *Inh.*: äther. Öl mit β-Dehydroperillaketon (70 %), ferner u. a. Egomaketon ($C_{10}H_{16}O$) und Matsutakealkohol ($C_8H_{16}O$) sowie fettes, trocknendes Öl (35–45 %) mit Linolensäure (55 %), Ölsäure (21 %) und Linolsäure (11 %), außerdem Flavone, u. a. Apigenin und Luteolin. *Anw.*: in der traditionellen chinesischen Heilkunde bei Erkrankung der Atemorgane. Das schnell trocknende Öl dient in der Technik u. a. zur Herstellung von Lackfarben. ***4. Perillae herba*** (syn. *Herba Perillae*); Schwarznesselkraut (syn. Perilla-Kraut), die Blätter und Zweige. *Inh.*: äther. Öl (0,02–0,03 %) mit Rosenfuran (58 %), einem Monoterpen, als Haupt- und geruchsbestimmende Komponente. *Anw.*: s. *Perillae folium*.

Hom.: ***Perilla frutescens*** HAB1; Schwarznessel, die frischen, oberirdischen Pflanzenteile. *Anw.-Geb.*: Störungen des Harnsäurestoffwechsels (Gicht).

Perilla macrostachya ↗ Perilla frutescens.
Perilla nankinensis ↗ Perilla frutescens.
Perilla ocymoides ↗ Perilla frutescens.
Perilla shimadai ↗ Perilla frutescens.
Perilla urticaefolia ↗ Perilla frutescens.
Periplaneta orientalis ↗ Blatta orientalis.
Periploca afzelii ↗ Parquetina nigrescens.
Periploca calophylla ↗ Parquetina nigrescens.
Periploca cochinchinensis ↗ Calotropis-Arten.
Periploca gabonica ↗ Parquetina nigrescens.

■ **Periploca graeca** L.

Fam.: Asclepiadaceae.

Vork.: Südeuropa, Kleinasien, Kaukasusgebiete, Zentralasien. Die Pflanze ist stark giftig!

Drogen: ***1. Cortex Periplocae graecae***; Periplokarinde. *Inh.*: herzwirksame Glykoside, wie Periplocin und Digitalisglykosid-ähnliche Verbindungen. *Anw.*: in der Volksheilkunde als herzwirksame Droge bei Herzinsuffizienz. ***2. Semen Periplocae graecae***; Periplokasamen. *Inh.* und *Anw.*: s. *Cortex Periplocae graecae*. ***3. Herba Periplocae graecae***; Griechische Schlinge. *Inh.* und *Anw.*: s. *Cortex Periplocae graecae*.

Periploca nigrescens ↗ Parquetina nigrescens.
Periploca nigricans ↗ Parquetina nigrescens.
Periploca preussii ↗ Parquetina nigrescens.
Periploca wildemanii ↗ Parquetina nigrescens.
Periplokarinde ↗ Periploca graeca.
Periplokasamen ↗ Periploca graeca.
Perlmoos ↗ Carrageen.

■ **Pernettya furens** (Hook. et Arn.) Klotzsch
Hierba loca.

Fam.: Ericaceae.

Vork.: Mexiko, Andengebiete, Galapagos- und Falklandinseln, Neuseeland.

Inh.: Andromedotoxine, Sesquiterpene. *Anw.*: Die Früchte sollen nach dem Genuß geistige Verwirrung hervorrufen und halluzinogene Effekte auslösen. Der Rauschzustand soll Ähnlichkeiten mit dem durch Stechapfel (↗ *Datura*-Arten) induzierten haben. Über die verantwortlichen Wirkstoffe existiert noch keine Gewißheit.

■ **Perowskia abrotanoides** Karel.

Fam.: Lamiaceae (Labiatae).

Vork.: Zentralasien, bes. Turkmenien, Usbekistan.

Droge: die ganze Pflanze. *Inh.*: äther. Öl (0,2–0,5 %), u. a. mit α-Pinen, Camphen, Cineol und Borneol. *Anw.*: In der Volksheilkunde wird das äther. Öl in Salbenform gegen Krätze verwendet, zur Förderung der Wundheilung sowie bei bakteriellen Hautinfektionen.

■ **Persea americana** Mill.
(syn. *Laurus persea, Persea drymifolia, P. gratissima, P. rubigena, P. persea*); Avocadobirne (syn. Advokaten-Birne, Alligator-Birne, Avocadobaum, Avocato-Birne), s. Farbtafel S. 147, Bild 61.

Fam.: Lauraceae.

Vork.: Mittelamerika, nördliches Südamerika.

Drogen: ***1. Avocado oleum*** (syn. *Oleum Avocado, Oleum Perseae*); Avocadoöl, das aus dem Fruchtfleisch durch Auspressen gewonnene, gegebenenfalls raffinierte Öl. *Inh.*: Triglyceride (85 %) mit hohem Anteil an ungesättigten Fettsäuren, bes. *cis*-9-Hexadecensäure (ca. 6 %, auch als Palmitolein- oder Zoomarinsäure bezeichnet) als charakteristische Komponente, ferner Partial-

1 Laburnum anagyroides, Gemeiner Goldregen

2 Laminaria digitata, Fingertang

3 Lamium album, Weiße Taubnessel

4 Lantana camara, Wandelröschen

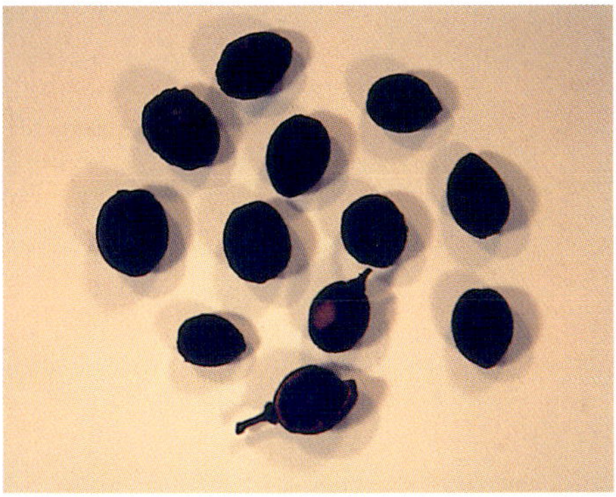

5 Laurus nobilis, *Lauri fructus,* Lorbeeren

6 Lavandula angustifolia, Echter Lavendel

7 Ledum palustre, Sumpfporst

8 Liatris spicata, Ährige Prachtscharte

9 Ligustrum vulgare, Liguster

10 Lilium candidum, Madonnenlilie

11 Linaria vulgaris, Leinkraut

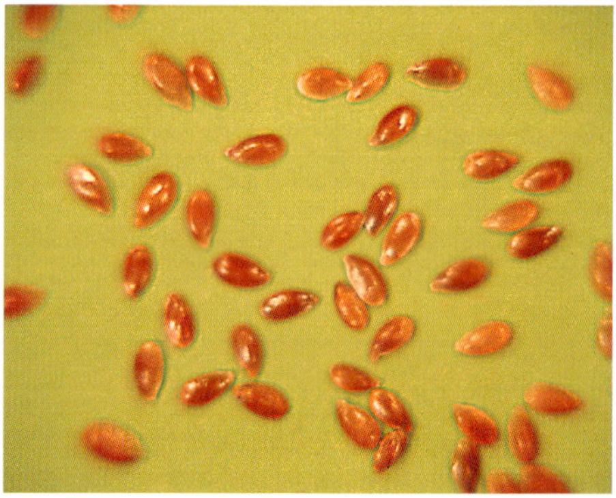

12 Linum usitatissimum, *Lini semen,* Leinsamen

13 Lobelia inflata, Lobelie

14 Lolium temulentum, Taumellolch

15 Lonicera caprifolium, Geißblatt

16 Lophophora williamsii, Peyote-Kaktus

17 Lupinus angustifolius, Blaue Lupine

18 Lupinus luteus, Gelbe Lupine

19 Lycium barbarum, Gemeiner Bocksdorn

20 Lycopus europaeus, Wolfstrapp

21 Lysimachia nummularia, Pfennigkraut

22 Lysimachia vulgaris, Gemeiner Gilbweiderich

23 Lythrum salicaria, Blutweiderich

24 Lytta vesicatoria, Spanische Fliege

25 Magnolia glauca, Magnolie

26 Mahonia aquifolium, Mahonie

27 Malva sylvestris, Große Käsepappel

28 Marrubium vulgare, Gemeiner Andorn

29 Marsdenia condurango, *Condurango cortex*, Condurangorinde

30 Melilotus alba, Weißer Steinklee

31 Melilotus officinalis, Echter Steinklee

32 Melissa officinalis, Melisse

33 Mentha longifolia, Roßminze

34 Mentha x piperita, Pfefferminze

35 Meum athamanticum, Bärwurz

36 Musa x paradisiaca, Banane

37 Myrica gale, Gagelstrauch

38 Myristica fragrans, *Myristicae semen*, Muskatnuß

39 Myroxylon balsamum, *Balsamum tolutanum*, Tolubalsam

40 Myrtus communis, Echte Myrte

41 Narcissus pseudonarcissus, Gelbe Narzisse

42 Nerium oleander, Oleander

43 Nicandra physaloides, Giftbeere

44 Nicotiana tabacum, Tabak

45 Nymphaea alba, Weiße Seerose

46 Ocimum basilicum, Basilikum

47 Oenothera biennis, Gemeine Nachtkerze

48 Ononis spinosa, *Ononidis spinosae radix*, Hauhechelwurzel

49 Onopordum acanthium, Eselsdistel

50 Opuntia ficus-indica, Feigenkaktus

51 Origanum majorana, Majoran

52 Origanum vulgare, Gemeiner Dost

53 Panax ginseng, *Ginseng radix,* Ginsengwurzel

54 Papaver rhoeas, Klatschmohn

55 Papaver somniferum, Schlafmohn

56 Papaver somniferum, Mohnkapsel mit Milchsaft

57 Paris quadrifolia, Einbeere

58 Passiflora incarnata, Passionsblume

59 Paullinia cupana, *Semen Guaranae*

60 Peganum harmala, Steppenraute

61 Persea americana, Avocadobirne

62 Petasites hybridus, Gemeine Pestwurz

63 Petroselinum crispum, Petersilie

64 Petroselinum crispum, *Petroselini radix*, Petersilienwurzel

65 Peucedanum officinale, Echter Haarstrang

66 Peucedanum ostruthium, Meisterwurz

67 Phaseolus vulgaris, Gartenbohne

68 Philadelphus coronarius, Falscher Jasmin

69 Physalis alkekengi, Lampionblume

70 Physostigma venenosum, *Calabar semen,* Calabarbohne

71 Phytolacca americana, Kermesbeere

72 Picea abies, Gemeine Fichte

73 Pieris japonica, Japanische Lavendelheide

74 Pimenta dioica, *Fructus Pimentae,* Piment

75 Pimpinella saxifraga, Kleine Bibernelle

76 Pimpinella saxifraga, *Pimpinellae radix,* Bibernellwurzel

77 Pinus mugo, Bergkiefer

78 Pinus-Arten, *Colophonium*

79 Pinus sylvestris, Terpentingewinnung

80 Pinus sylvestris, *Resina Pini burgundica,* Burgunderharz

81 Piper methysticum, *Kava-Kava rhizoma,* Kavakavawurzelstock

82 Pistacia lentiscus, Mastix-Strauch

83 Pistacia lentiscus, *Mastix,* Mastixharz

84 Pistacia terebinthus, Terebinthe

85 Plantago lanceolata, Spitzwegerich

86 Platycodon grandiflorum, Ballonblume

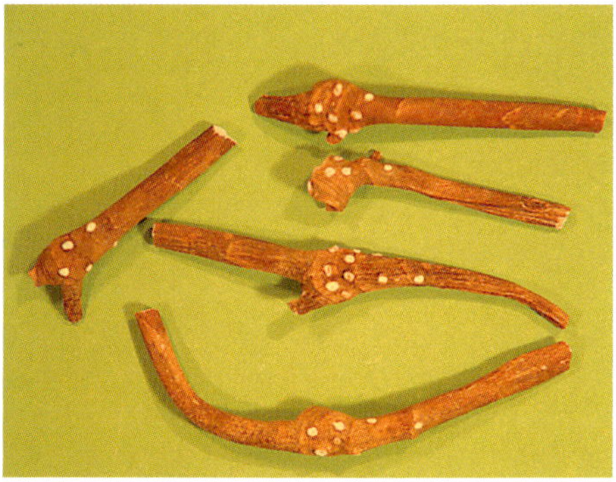

87 Podophyllum peltatum, *Radix Podophylli peltati,* Podophyllwurzel

88 Polemonium caeruleum, Himmelsleiter

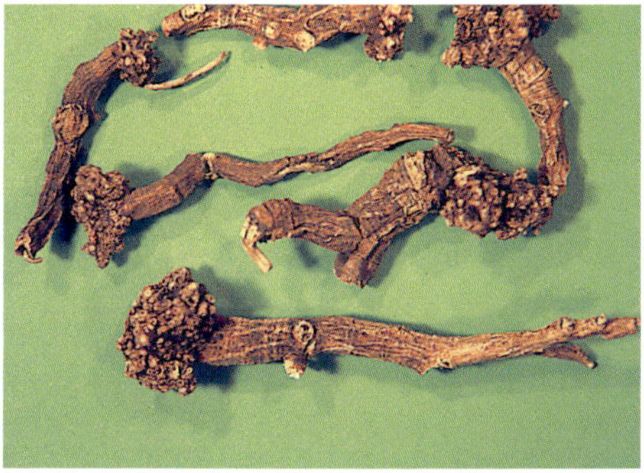

89 Polygala senega, *Polygalae radix,* Senegawurzel

90 Polygonum aviculare, Vogelknöterich

91 Polypodium vulgare, Engelsüß

92 Populus nigra, *Gemmae Populi,* Pappelknospen

93 Potentilla anserina, Gänsefingerkraut

94 Potentilla erecta, Blutwurz

95 Primula auricula, Aurikel

96 Primula elatior, Hohe Schlüsselblume

glyceride, freie Fettsäuren, Phospholipide sowie Triterpenalkohole, Sterole, u. a. β-Sitosterol und Campesterol, Vitamine, u. a. Vitamin A, D, und E. Anw.: als Salbengrundlage, in der Kosmetik zur Herstellung von Haut- und Körperpflegemitteln, im Haushalt als Speiseöl. ***2. Perseae folium*** (syn. *Folia Perseae*); Abacateiro, die getrockneten Blätter. Inh.: äther. Öl (0,5 %) mit Estragol und Caryophyllen als Hauptkomponenten, ferner Eugenol, ↗ Anethol sowie als Monoterpene u. a. α- und β-Pinen, Cymol, Linalool, Farnesen, Humulen und ε-Cadinen. Anw.: volkstümlich in den Heimatgebieten bei Menstruationsbeschwerden und zur Empfängnisverhütung.

Hom.: ***Persea americana*** HAB1; die frischen Blätter.

Histor.: Der griechische Gattungsname *Persea* erfolgte nach dem Halbgott Perseus.

Persea camfora ↗ Cinnamomum-Arten.
Persea caryophyllatum ↗ Dicypellium caryophyllatum.
Persea drymifolia ↗ Persea americana.
Persea dulcis ↗ Cinnamomum-Arten.
Perseae folium ↗ Persea americana.
Persea gratissima ↗ Persea americana.
Persea nubigena ↗ Persea americana.
Persea persea ↗ Persea americana.
Persea sassafra ↗ Sassafras albidum.
Persicaria acris ↗ Polygonum hydropiper.
Persicaria amoenum ↗ Polygonum bistorta.
Persicaria amphibia ↗ Polygonum amphibium.
Persicaria bistorta ↗ Polygonum bistorta.
Persicariae hydropiperis herba ↗ Polygonum hydropiper.
Persicaria ellipticum ↗ Polygonum bistorta.
Persicaria fluitans ↗ Polygonum amphibium.
Persicaria hydropiper ↗ Polygonum hydropiper.
Persicaria urens ↗ Polygonum hydropiper.
Persica vulgaris ↗ Prunus-Arten.
Persimone ↗ Diospyros-Arten.
Persimonholz ↗ Diospyros-Arten.
Persimonöl ↗ Diospyros-Arten.
Persische Insektenblüten ↗ Chrysanthemum-Arten.
Persische Moschuswurzel ↗ Ferula moschata.
Persisches Manna ↗ Alhagi pseudoalhagi.
Peruanischer Balsam ↗ Myroxylon balsamum.
Peruanischer Pfeffer ↗ Schinus-Arten.
Peruanischer Pfefferbaum ↗ Schinus-Arten.
Perubalsam ↗ Myroxylon balsamum.
Perückenstrauch ↗ Cotinus coggygria.
Peru-Ratanhia ↗ Krameria triandra.
Peruvosid ↗ Thevetia peruviana.
Pervinca major ↗ Vinca major.
Pervinca minor ↗ Vinca minor.
Pervinca procumbens ↗ Vinca minor.
Pestilenwurz ↗ Petasites hybridus.
Pestwurz ↗ Petasites hybridus.
Petala rhoeados ↗ Papaver rhoeas.

■ **Petasites hybridus** (L.) Gaertn., Mey. et Scherb. (syn. *Petasites officinale, P. ovatus, P. petasites, P. vulgaris, Tussilago petasites, T. hybrida*); Gemeine Pestwurz (syn. Pestilenwurz, Wasserklette), s. Farbtafel S. 147, Bild 62.

Fam.: Asteraceae (Compositae).

Vork.: gesamtes Europa.

Drogen: ***1. Petasitidis folium*** (syn. *Folia Petasites, Folia Petasitidis*); Pestwurzblätter, die getrockneten oder frischen Blätter. Inh.: Flavonoide, u. a. ↗ Astragalin und Isoquercitrin, Sesquiterpene sowie in Spuren Pyrrolizidinalkaloide. Anw.: ausschließlich volkstümlich besonders bei Krampfzuständen im Magen-Darm-Bereich, Erkrankungen der Atmungsorgane, Galle- und Leberbeschwerden sowie äußerlich als Wundheilmittel. ***2. Petasitidis rhizoma*** (syn. *Radix Petasites, Radix Petasitidis, Rhizoma Petasitidis*); Pestwurzwurzelstock (syn. Kraftwurz), die getrockneten, im Herbst geernteten unterirdischen Teile. Inh.: äther. Öl (0,1–0,4 %) u. a. 1-Nonen, Eremophilen und Furanoeremophilen, ferner Sesquiterpenester, die Derivate des Petasols, Iso- und Neopetasols darstellen, u. a. Peta-

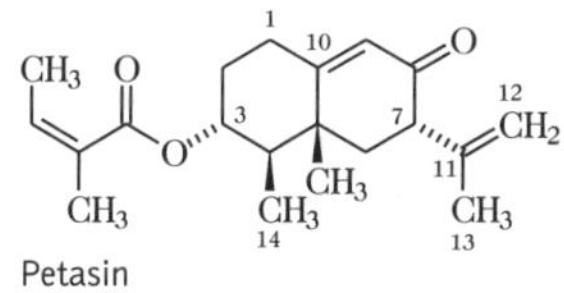

Petasin

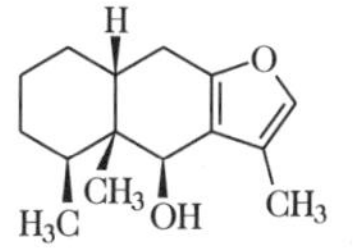

Petasalbin

sin, Petasalbin, Iso- und Neopetasin sowie ↗ Pyrrolizidinalkaloide, besonders Senecionin und Integerrimin als Retronecinester. Anw.: in Zubereitungen in Form von lipophilen oder ethanolischen Extrakten (Tagesdosis 4,5–7 g Droge) zur unterstützenden Behandlung akuter krampfartiger Schmerzen besonders im Bereich der ableitenden Harnorgane sowie bei Spannungskopfschmerzen und Migräne. Volkstümlich auch bei psychovegetativen Funktionsstörungen im Magen-Darm-Bereich sowie bei Erkrankungen der Atmungsorgane, besonders Keuchhusten. Geg.: Aufgrund hepatoxischer, mutagener, teratogener und cancerogener Eigenschaften von Pyrrolizidinalkaloiden mit 1,2-ungesättigtem Necin-Gerüst bestehen Anwendungsbeschränkungen.

Hom.: ***Petasites hybridus*** HAB1; Pestwurz, die gegen Ende der Blütezeit geernteten, oberirdischen Pflanzenteile. *Anw.-Geb.:* Erkrankungen der oberen und unteren Atemwege, der Leber, Galle und Bauchspeicheldrüse.

Histor.: Der Name Petasites wurde von ↗ Dioskurides geprägt, der die Blätter mit einem breitkrempigen Hut (griech. pefasos) verglich. Die Droge ist seit dem Altertum bekannt und wurde häufig angewendet, insbesondere die Blätter wurden bei Entzündungen, Geschwüren und Wunden aufgelegt. Im Mittelalter diente sie vor allem wegen ihrer diaphoretischen (schweißtreibenden) Wirkung als bestes Mittel gegen die Pest, die häufig mit Schwitzkuren therapiert wurde. Daher stammt auch die Bezeichnung Pestwurz, die auf Paracelsus und Leonhard Fuchs zurückgeht. Der Gattungsname *Petasites* wurde bereits bei ↗ Dioskurides benutzt. Er wird vom griechischen *petasos* (Regen- oder Sonnenschirm) abgeleitet, Bezug nehmend auf die riesigen Blätter der Pflanze.

Petasites officinale ↗ Petasites hybridus.
Petasites ovatus ↗ Petasites hybridus.
Petasites petasites ↗ Petasites hybridus.
Petasites vulgaris ↗ Petasites hybridus.
Petasitidis folium ↗ Petasites hybridus.
Petasitidis rhizoma ↗ Petasites hybridus.
Peterblümchen ↗ Bellis perennis.
Peterchen ↗ Petroselinum crispum.
Peterleinsamen ↗ Petroselinum crispum.
Peterling ↗ Petroselinum crispum.
Peterschlüssel ↗ Primula-Arten.
Petersilie ↗ Petroselinum crispum.
Petersilienfruchtöl ↗ Petroselinum crispum.
Petersilienkampfer ↗ Apiol.
Petersilienöl ↗ Petroselinum crispum.
Petersilienwurzel ↗ Petroselinum crispum.
Petersilling ↗ Petroselinum crispum.
Petilium imperiale ↗ Fritillaria imperialis.
Petitgrainöl ↗ Citrus-Arten.

■ **Petiveria alliacea** L.

Fam.: Phytolaccaceae.

Vork.: Brasilien, Florida, Mexiko, Antillen, Argentinien.

Droge: die Blätter. *Inh.:* äther. Öl mit lauchartigem Geruch, Benzyl-2-hydroxy-ethyltrisulfid, Cumarine, Isoarboriol, Trithiolan. *Anw.:* in der Volksheilkunde zur Bereitung von Umschlägen und für schweißtreibende Bäder; einige Indianerstämme Mittelamerikas benutzen die Droge für halluzinogene Zwecke bzw. zur Herstellung von Pfeilgiften.

■ **Petiveria tetrandra** Gomez.

Fam.: Phytolaccaceae.

Vork.: Brasilien, Mexiko.

Droge: ***Radix Petiverae***, die Wurzeln.

Hom.: ***Petiveria tetrandra*** HAB34, die getrockneten Wurzeln.

Petroselini aetheroleum e fructibus ↗ Petroselinum crispum.
Petroselini fructus ↗ Petroselinum crispum.
Petroselini herba ↗ Petroselinum crispum.
Petroselini radix ↗ Petroselinum crispum.

■ **Petroselinum crispum** (Mill.) Nym. ex A. W. Hill
(syn. *Apium hortense, A. laetum, A. petroselinum, A. romanum, A. vulgare, Carum petroselinum, C. vulgare, Helosciadium oppositofolium, Ligusticum levisticum, Petersilling, Petroselinum hortense, P. macedonicum, P. petroselinum, P. romanum, P. sativum, P. vulgare, Selinum petroselinum, Sium oppositifolium, Wydleria portoricensis*); Petersilie (syn. Bittersilche, Gartenpetersilie, Peterchen, Peterling, Petersilling), s. Farbtafel S. 147, Bild 63.

Fam.: Apiaceae (Umbelliferae).

Vork.: ursprünglich vermutlich Mitteleuropa, heute weltweit.

Drogen: ***1. Petroselini aetheroleum e fructibus*** (syn. *Oleum Petroselini*); Petersilienfruchtöl (syn. Petersilienöl), das äther. Öl aus den Früchten. *Inh.:* Phenylpropane, besonders Apiol (58–80 %, je nach chemischer Rasse), Myristicin und

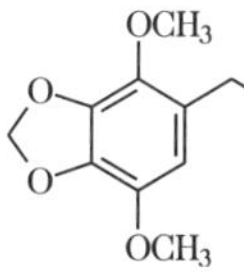
Apiol

geringe Mengen Elemicin sowie Terpene, u. a. α- und β-Pinen, β-Phellandren, Terpinolen, Myrcen und Limonen. Anw.: volkstümlich früher zur Entwässerung bei Ödemen und mißbräuchlich als Abortivum. ***2. Petroselini fructus*** (syn. *Fructus Petroselini, Semen Petroselini*); Petersilienfrüchte (syn. Peterleinsamen, Petersiliensamen, *Petroselinum-crispum*-Früchte), die meist in ihre Teilfrüchte zerfallenen, trockenen, reifen Spaltfrüchte. *Inh.*: äther. Öl (2–6 %), s. Petersilienfruchtöl, ferner Furanocumarine, u. a. Bergapten, Isopimpinellin und Psoralen sowie fettes Öl (ca. 20 %) mit Petroselinsäure (60–80 %) als dominierender Fettsäurekomponente. *Anw.*: volkstümlich bei Verdauungs- und Nierenbeschwerden *Geg.*: Allergie gegen Petersilie oder Apiol sowie bei bestehenden Nierenentzündungen. ***3. Petroselini herba*** (syn. *Folia Petroselini, Herba Petroselini*); Petersilienkraut, die frischen oder getrockneten oberirdischen Teile. *Inh.*: äther. Öl (0,016–0,3 %, Frischdroge), s. Petersilienfruchtöl, ferner Furanocumarine, Vitamine, z. B. Vitamin C (165 mg/100 g Frischdroge) sowie Carotinoide und reichlich Chlorophyll (ca. 1 %, getrocknete Droge). *Anw.*: in der Volksheilkunde bei Verdauungsbeschwerden, als harntreibendes Mittel bei Wassersucht sowie bei Blasen und Nierenleiden. ***4. Petroselini radix*** (syn. *Radix Petroselini*); Petersilienwurzel (syn. Wurzelpetersilie), die getrockneten unterirdischen Teile, s. Farbtafel S. 147, Bild 64. *Inh.*: äther. Öl (0,05–0,12 %), v. a. mit Apiol, Myristicin und Terpineolen; Phthalide, Flavonoide, Cumarine, Polyine, v. a. Falcarinol, Falcarinon und Falcarinolon. *Anw.*: s. *Petroselini herba*. In der Volksheilkunde wird die Droge bei Wassersucht, Nieren- und Blasenleiden zur Diurese, aber auch bei Blähungen und Menstruationsbeschwerden eingesetzt. Im Haushalt dient sie als Suppengewürz und Trockengemüse. Zur ↗ Teezubereitung verwendet man als Einzeldosis 1 Teelöffel (= 2 g) feingeschnittene Petersilienwurzel. Als Tagesdosis werden ca. 6 g Droge empfohlen.

Hom.: ***Petroselinum crispum*** HAB1; Petersilie, die frische, zu Beginn der Blüte gesammelte, ganze Pflanze. *Anw.-Geb.*: Erkrankungen der Niere und der ableitenden Harnwege, Harnwegsentzündungen, Reizblase.

Histor.: Der Gattungsname *Petroselinum* leitet sich vom griechischen *petros* (Fels, Stein) und *sélinon* (Silge) ab, Bezug nehmend auf den ursprünglichen Standort. Der deutsche Name ist vom griechisch-lateinischen abgeleitet. Die Petersilie war bereits im Altertum als Heilpflanze hochgeschätzt und wurde von den Ärzten der Antike vor allem als Diuretikum, menstruationsförderndes und steintreibendes Mittel empfohlen.

Petroselinum hortense ↗ Petroselinum crispum.
Petroselinum macedonicum ↗ Petroselinum crispum.
Petroselinum petroselinum ↗ Petroselinum crispum.
Petroselinum romanum ↗ Petroselinum crispum.
Petroselinum sativum ↗ Petroselinum crispum.
Petroselinum vulgare ↗ Petroselinum crispum.
Petrusstab ↗ Solidago-Arten.

■ **Petunia violacea** Lindl.
Shanin.

Fam.: Solanaceae.

Vork.: warme Zonen Nord- und Südamerikas.

Inh.: Steroide, Diterpene. *Anw.*: Ecuadorianische Indianer benutzten die Droge als Halluzinogen, um ein Gefühl des Fliegens zu induzieren. Die dafür verantwortlichen Inhaltsstoffe sind noch nicht bekannt.

Peucedanum ammoniacum ↗ Dorema ammoniacum.
Peucedanum anethum ↗ Anethum graveolens.
Peucedanum ferula ↗ Ferula communis.
Peucedanum galbanifluum ↗ Ferula gummosa.
Peucedanum graveolens ↗ Anethum graveolens.

■ **Peucedanum japonicum** Thunb.

Fam.: Apiaceae (syn. Umbelliferae).

Vork.: Asien, Afrika, Europa.

Droge: ***Radix Peucedani***. *Inh.*: Cumarine, Alkaloide. *Anw.*: in der traditionellen chinesischen Medizin zur Behandlung von Lungen- und Milzleiden. Die Droge soll auch tonisierende Wirkungen besitzen.

■ **Peucedanum officinale** L.
Echter Haarstrang; s. Farbtafel S. 147, Bild 65.

Fam.: Apiaceae (Umbelliferae).

Vork.: Mittel- und Südeuropa.

Droge: ***Radix Peucedani officinale*** (syn. *Radix Foeniculi porcini*); Echte Haarstrangwurzel (syn. Roßfenchelwurzel), die getrocknete Wurzel. Inh.: äther. Öl (0,2 %); Cumarinderivate, bes. Peucedanin (2–2,5 %) und Oxypeucedanin (0,3–0,5 %). Anw.: in der Volksheilkunde bei Katarrhen und Wechselfieber, als Emmenagogum, Diuretikum und gegen Gonorrhoe, heute ohne Bedeutung.

Hom.: ***Peucedanum*** HAB34; die frische Wurzel.

■ **Peucedanum oreoselinum** (L.) Moench.
(syn. *Athamantha oreoselinum*), Bergpetersilie (syn. Bergsellerie, Hirschwurz).

Fam.: Apiaceae (Umbelliferae).

Vork.: Mittel- und Südeuropa.

Drogen: ***1. Oreoselini herba*** (syn. *Herba Oreoselini*); Bergpetersilienkraut, das getrocknete Kraut. Inh.: äther. Öl mit Terpenen; Athamantin, Peucedanin (Bitterstoff), Valeriansäure, Flavonoide. Anw.: in der Volksheilkunde als Diuretikum. ***2. Radix Oreoselini*** (syn. *Oreoselini radix*); Bergpetersilienwurzel, die getrocknete Wurzel. Inh.: äther. Öl, Athamantin (Cumarinderivat). Anw.: in der Volksheilkunde bei Katarrhen und Wassersucht.

Hom.: ***Athamantha oreoselinum*** HAB34, die frische Pflanze.

■ **Peucedanum ostruthium** (L.) W.D.J. Koch
(syn. *Imperatoria ostruthium*); Meisterwurz (syn. Kaiserwurz, Ostruz), s. Farbtafel S. 147, Bild 66.

Fam.: Apiaceae (Umbelliferae).

Vork.: Mittel- und Südeuropa.

Droge: ***Rhizoma Imperatoriae*** (syn. *Radix Imperatoriae, Radix Astrantiae, Radix Ostruthii, Imperatoria Ostruthium*); Meisterwurz, das gesamte Rhizom. Inh.: äther. Öl (0,2–1,4 %), Bitterstoffe, u. a. Osthin, Peucenin; Ostruthin, Furanocumarine, wie Imperatorin, Peucedanin, Isoimperatorin, Oxypeucedanin, Gerbstoffe, Harz und Flavonoide. Anw.: in der Volksheilkunde als Ersatz für *Radix Angelicae* (↗ *Angelica archangelica*) in Stomachika, weiterhin als Diuretikum, Sedativum, Diaphoretikum, auch bei Gicht, Rheuma und Fieber. Die Droge wird einigen Bitterschnäpsen als Bittermittel zugesetzt.

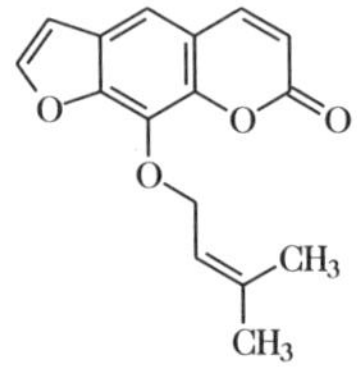

Imperatorin

Hom.: ***Peucedanum*** HAB, die frische Wurzel. Anw.-Geb.: Magen- und Hauterkrankungen.

Peucedanum sativum ↗ Pastinaca sativa.
Peucedanum sowa ↗ Anethum graveolens.
Peucedanum sumbul ↗ Ferula moschata.

■ **Peumus boldus** Mol.
(syn. *Peumus fragrans*); Boldo.

Fam.: Monimiaceae.

Vork.: Chile, Peru.

Droge: ***Boldo folium*** (syn. *Folia Boldo, Boldo*); Boldoblätter, die getrockneten Laubblätter. Inh.: Alkaloide (ca. 0,2 %), u. a. Boldin, Laurotetanin,

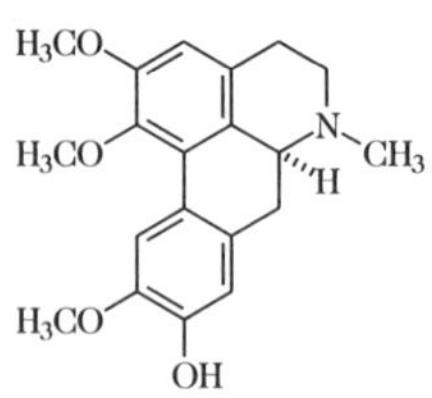

Boldin

Laurilotsin; Flavonoide, u. a. Peumosid; Boldoglucin, äther. Öl mit Ascaridol, Cymol und 1,8-Cineol, Gerbstoffe und Gummi. Anw.: in der Volksheilkunde als Cholagogum, Diuretikum, Stomachikum und Antirheumatikum. In Chile auch als Anthelmintikum eingesetzt. In größeren Mengen eingenommen wirkt die Droge brechergend. Zur ↗ Teezubereitung verwendet man als Einzeldosis 1 Teelöffel (ca. 1,5 g) feingeschnittene Droge. Als Tagesdosis werden etwa 4,5 g Droge empfohlen.

Hom.: ***Peumus boldus*** HAB1; Boldoblätter, die getrockneten Blätter. Anw.-Geb.: Erkrankungen des Magen-Darm-Traktes, der Leber, Galle und Bauchspeicheldrüse.

Histor.: Der Gattungsname *Peumus* ist der chilenische Pflanzenname. Der Artname *boldus* wurde nach dem spanischen Botaniker Boldo geprägt.

Peumus fragrans ↗ Peumus boldus.
Peyote ↗ Ariocarpus retusus, ↗ Lophophora williamsii.
Peyote-Kaktus ↗ Lophophora williamsii.
Peyotillo ↗ Pelecyphora aselliformis.
Peyotl-Kaktus ↗ Lophophora williamsii.
Pfaffenblut ↗ Arum maculatum.
Pfaffendistel ↗ Taraxacum officinale.
Pfaffenhütchen ↗ Euonymus atropurpurea.
Pfaffenhütlein ↗ Euonymus europaea.
Pfaffenkäppchen ↗ Euonymus europaea.
Pfaffenöhrlein ↗ Taraxacum officinale.
Pfaffenpint ↗ Arum maculatum, ↗ Typha latifolia.
Pfahlrohr ↗ Arundo donax.
Pfannkuchenkraut ↗ Chrysanthemum-Arten.
Pfeffer ↗ Piper nigrum.
Pfefferbaumrinde ↗ Daphne mezereum.
Pfefferblatt ↗ Chrysanthemum-Arten.
Pfeffer-Knöterich ↗ Polygonum hydropiper.
Pfefferkraut ↗ Polygonum hydropiper, ↗ Satureja hortensis, ↗ Lepidium latifolium.
Pfefferminze ↗ Mentha-Arten.
Pfefferminzöl ↗ Mentha-Arten.
Pfefferstrauch ↗ Schinus-Arten.
Pfefferwurz ↗ Pimpinella-Arten.
Pfefferwurzel ↗ Armoracia rusticana, ↗ Pimpinella-Arten.

■ Pfeilgifte

in tropischen und subtropischen Ländern von Eingeborenen verwendete Gifte zur Jagd. Dabei werden in den unterschiedlichen Regionen auch unterschiedliche Pflanzen zur Herstellung der P. verwendet. In Südamerika wird ↗ Curare benutzt, in Afrika Samen von ↗ *Strophanthus*-Arten, Extrakte aus *Adonium*-Arten, ↗ *Acocanthera*-Arten sowie aus *Calotropis procera* (↗ *Calotropis*-Arten) und *Euphorbia dinteri*. In Indonesien kommen Zubereitungen aus *Antiaris toxicaria* und ↗ Strychnin zum Einsatz. Allen P. ist gemein, daß sie die Muskulatur der Beutetiere kurzfristig lähmen, so daß diese nicht mehr flüchten können. Die Pfeile werden sowohl mit dem Bogen als auch mit Blasrohren verschossen. Durch die Zubereitung der getöteten Tiere wird die Wirkung der P. inaktiviert und stellt damit keine Gefahr beim Verzehr dar.

Pfeilkraut ↗ Sagittaria sagittifolia.
Pfeilwurz ↗ Maranta arundinacea.
Pfeilwurzel ↗ Maranta arundinacea.
Pfennigkraut ↗ Hydrocotyle vulgaris, ↗ Lysimachia nummularia.
Pferdeblume ↗ Taraxacum officinale.
Pferdebohne ↗ Vicia faba.
Pferdefett ↗ Equus caballus.
Pferdefuß ↗ Tussilago farfara.
Pferdekastanie ↗ Aesculus hippocastanum.
Pferdekraut ↗ Solidago-Arten.
Pferdekümmel ↗ Oenanthe aquatica.
Pferdeminze ↗ Monarda didyma.
Pferdemuskat ↗ Myristica argentea.
Pferdesaat ↗ Oenanthe aquatica.
Pferdeschwanz ↗ Equisetum-Arten.
Pfingstblume ↗ Arum maculatum.
Pfingstnelke ↗ Dianthus deltoides.
Pfingstrosenblüten ↗ Paeonia officinalis.
Pfirsich ↗ Prunus-Arten.
Pfirsichkernöl ↗ Prunus-Arten.
Pflanzenlecithin ↗ Glycine max.
Pflasterkäfer ↗ Lytta vesicatoria.
Pflaume ↗ Prunus-Arten.
Pflaumenflechte ↗ Evernia prunastri.
Pflaumenkernöl ↗ Prunus-Arten.
Pflaumen-Muskatnußrinde ↗ Atherosperma moschatum.
Pfriemenblüten ↗ Cytisus scoparius.
Pfriemenginster ↗ Spartium junceum.
Pfriemenstrauch ↗ Cytisus scoparius.
Ph. Eur. ↗ Pharmacopoea Europaea.
Phaeophyceae ↗ Phaeophyta.

■ Phaeophyta

(syn. Phaeophyceae); Braunalgen, etwa 1500 Arten umfassende Abteilung mehrzelliger Meeresalgen (Tange), bei denen Chlorophyll teilweise durch das braungefärbte Fucoxanthin als lichtabsorbierendes Photosynthesepigment ersetzt ist. Sie sind als Quelle von ↗ Alginsäure, Laminarin und ihren Derivaten von pharmazeutischer Bedeutung.

- **Fam.:** Lessoniaceae.
- **Vork.:** in allen Weltmeeren.
- **Macrocystis integrifolia** Bory; Birnentang. Inhaltsstoffe und Anwendung s. *Macrocystis pyrifera*.
- **Macrocystis pyrifera** (L.) C. A. Agardh (syn. *Fucus pyriferus*); Birnentang. *Inh.:* ↗ Alginsäure (14–21 %) mit einem Glucuronsäureanteil von

20–40 %, Fucose, Mineralien, B-Vitamine. *Anw.:* zur Gewinnung von ↗ Alginsäure sowie als Futtermittel. In ähnlicher Weise werden auch ↗ *Laminaria*-Arten verwendet.

Macrocystis pyrifera.

Phalangium ramosum ↗ Anthericum ramosum.

■ **Phalaris arundinacea** L.
Rohrglanzgras.
Fam.: Poaceae (Gramineae).
Vork.: Eurasien, Nordafrika, Nordamerika.
Droge: die Blätter. *Inh.:* Indolalkaloide, u. a. Dimethyltryptamin, 5-Methoxydimethyltryptamin und Gramin. *Anw.:* früher in der Volksheilkunde bei Blasenleiden. Die Droge besitzt halluzinogene Eigenschaften und wird mitunter als Ersatz für ↗ Ayahuasca geraucht.

■ **Phalaris canariensis** L.
Canariensaat.
Fam.: Poaceae (Gramineae).
Vork.: Südeuropa, Kanarische Inseln, Argentinien, in Marokko und Südeuropa auch kultiviert.
Droge: *Semen Canariense*; Kanariengrassamen. *Inh.:* Stärke (ca. 55 %), fettes Öl (ca. 5 %), Kieselsäure, geringe Mengen Alkaloide. *Anw.:* in der Volksheilkunde als Diuretikum, als Diätetikum in Mehlspeisen und als Brotzusatz. Die Droge wird auch als beliebtes Vogelfutter eingesetzt.

■ **Phallus impudicus**
(syn. *Ithyphallus impudicus*); Stinkmorchel (syn. Giftmorchel, Stinkschwamm).
Fam.: Phallaceae.
Vork.: Vegetationszonen der nördlichen Erdhalbkugel.
Droge: der ganze Pilz. Die Droge ist giftig! *Inh.:* Phenylacetaldehyd als Träger des unangenehmen Geruchs, Phenylcrotonaldehyd, Formaldehyd, Acetaldehyd, Methylmercaptan, Schwefelwasserstoff; Schleimstoffe, u. a. das Polyglucuronid Phallin. *Anw.:* in der Volksheilkunde früher gegen Gicht und Rheuma.

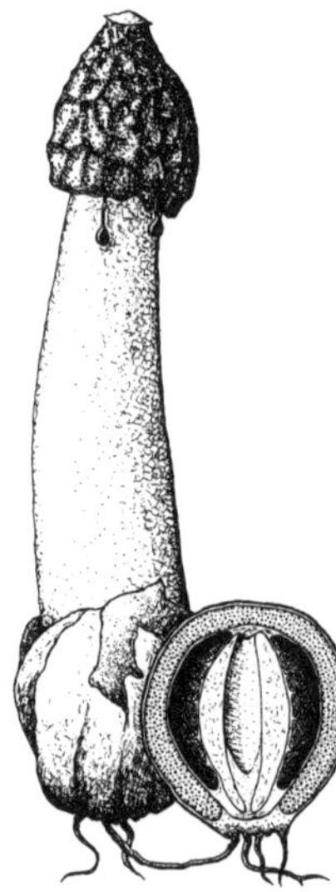

Phallus impudicus.

Phantastika ↗ Halluzinogene biogenen Ursprungs.

■ **Pharbitis nil** (L.) Choisy
(syn. Ipomoea nil).
Fam.: Convolvulaceae.
Vork.: Iran, Turkmenien, Indien.
Droge: *Semen Pharbites*; Kaladanasamen, die reifen Samen. *Inh.:* Mutterkornalkaloide (0,5 %, ↗ *Claviceps purpurea*), wie Lysergol, Chanoclavin,

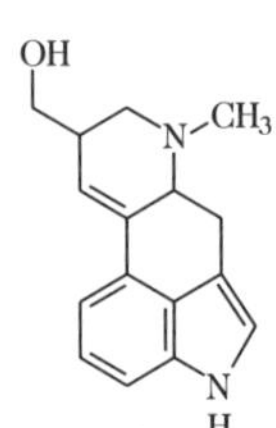

Lysergol

Elymoclavin, Penniclavin; Gibberellin, Harz, fettes Öl (ca. 14 %), Gerbstoffe. Anw.: in der Volksheilkunde als Laxans und Anthelmintikum.

■ **Pharmacopoea Europaea**
(Abk. Ph.Eur., Pharm.Eur.); Vorschriftensammlung von Arzneibuchmonographien, die im Rahmen eines Übereinkommens vom 22. Juli 1964, die Ausarbeitung eines Europäischen Arzneibuches betreffend, begonnen wurde und der inzwischen 25 Vertragsstaaten, u. a. auch die Bundesrepublik Deutschland, angehören. Mit dem Beginn der Geltung des Europäischen Arzneibuches 1997 erfolgte eine Trennung des Arzneibuchs, z. B. das der Bundesrepublik Deutschland in das jeweils geltende Europäische Arzneibuch, amtliche deutsche Ausgabe und das jeweils geltende Deutsche Arzneibuch mit den zusätzlich für die Bundesrepublik geltenden Arzneibuchvorschriften. Mit der Aufnahme von Monographien in das Europäische Arzneibuch werden nach und nach die bisherigen in der noch bestehenden nationalen Pharmakopöe gelöscht.

■ **Pharmakognosie**
Wissenschaft von den biogenen Arzneistoffen, nämlich Drogen und biogenen Wirkstoffen und deren mikrobiellen, pflanzlichen und tierischen Produzenten. Der Begriff leitet sich aus den griechischen Bezeichnungen pharmakon (Gift, Heilmittel) und gnosis (Kenntnis) ab und wurde erstmals in der Dissertation von Seydler (1815) verwendet. Er wurde schließlich von Martius, u. a. in seinem Buch „Grundriß der Pharmakognosie des Pflanzenreichs" (1832), aufgegriffen und als allgemeine pharmazeutische Warenkunde (Drogenkunde) definiert. Entsprechend der Wissenschaftsentwicklung und der Bedeutung als Lehr- und Forschungsgebiet wurde der Begriff von ↗ Tschirch in seinem „Handbuch der Pharmakognosie" (1909) etwa im heutigen Sinne interpretiert. Aufgabe der P. ist die Untersuchung von ↗ Drogen, ihre makroskopische, mikroskopische und chemische Charakterisierung sowie deren Gehaltsbestimmung, die Gewinnung biogener Arzneistoffe aus biologischem Material und ihre Strukturaufklärung.

■ **Pharmakologie**
Wissenschaft von den biologischen Wirkungen der Pharmaka. Zielsetzung ist die Steuerung von Lebensvorgängen durch Pharmaka, insbesondere bei krankhaften Störungen. Teilgebiete der P. sind u. a. die experimentelle P., klinische P., Toxikologie und Pharmakogenetik.

■ **Pharmakopöe**
Arzneibuch; amtliches Verzeichnis von Monographien von standardisierten, sog. officinellen, Arzneimitteln eines Landes oder einer Staatengruppe. Die einzelnen Monographien enthalten Angaben zur erforderlichen Beschaffenheit des betreffenden Arzneimittels, insbesondere zu seinen Eigenschaften, zur Prüfung auf Identität und Reinheit, gegebenenfalls Vorschriften zur Gehaltsbestimmung sowie zur Lagerung.

■ **Pharmazeutische Biologie**
Wissenschaft von den biologischen Grundlagen der Pharmazie und deren Nutzung zur Entwicklung, Gewinnung, Kontrolle, Standardisierung, Verarbeitung und Anwendung von Arzneistoffen. Die P.B. vermittelt die pharmazeutisch wesentlichen Teilgebiete der Zytologie, Genetik, Mikrobiologie, Botanik, Zoologie, Biochemie und Molekularbiologie sowie die Objekte der ↗ Pharmakognosie.

■ **Pharmazie**
Wissenschaft von den Arzneimitteln, die auf wissenschaftlicher und gesetzlicher Grundlage beruht. Sie umfaßt im wesentlichen die naturwissenschaftliche Forschung und Lehre, die Herstellung und Prüfung von Arzneimitteln in Industrie und Apotheke, den kaufmännischen Sektor, d. h. den Handel zwischen Herstellern und Apotheken sowie die fachgerechte Abgabe und Beratung (Pharmaceutical Care) in der Apotheke.

Phaseoli pericarpium ↗ Phaseolus vulgaris.
Phaseolus max ↗ Glycine max.
Phaseolus ordidus ↗ Glycine max.

■ **Phaseolus vulgaris** L.
Gartenbohne (syn. Fisole, Zwergbohne), s. Farbtafel S. 148, Bild 67.

Fam.: Fabaceae.

Vork.: Südamerika, heute weltweit kultiviert.

Drogen: *1. Semen Phaseoli* (syn. *Fabae albae, Semen Fabarum*); Weiße Bohnen (syn. Schminkbohnen), die ganzen, reifen Samen. Inh.: Proteine (ca. 25 %), u. a. das in ungekochtem Zustand toxisch wirksame Toxalbumin (Phasin), Stärke (ca. 50 %, Bohnenstärke), Gummi (ca. 10 %), Fett (ca. 2 %), Dextrin, Stigmasterol. Anw.: in gepulverter Form zu Kataplasmen, bei nässenden und juckenden Ekzemen, früher zur Gewinnung von Bohnenstärke, *Amylum Phaseoli*, zur Herstellung von Pillen und Pudern sowie als Nahrungsmittel. ***2. Fructus Phaseoli sine semine*** (syn. *Cortex Phaseoli, Legumina Phaseoli, Pericarpium Phaseoli, Phaseoli pericarpium*); Bohnenschalen (syn. Bohnenhülsen), die von den Samen befreiten Früchte (Hülsen). Inh.: Trigonellin, Arginin, Tyrosin und weitere Aminosäuren, Monoaminofettsäuren, Cholin, Vitamin C, Hemicellulose. Anw.: in der Volksheilkunde als Diabetikertee zur Senkung des Blutzuckerspiegels, diese Wirksamkeit ist aber nicht gesichert. Weiterhin wird die Droge volksheilkundlich zur Diuresesteigerung bei Nieren- und Herzkrankheiten, bei Gicht und Akne eingesetzt. Zur ↗ Teezubereitung verwendet man als Einzeldosis 1 Eßlöffel (ca. 5 g) feingeschnittene Bohnenschalen. Als Tagesdosis werden 5–15 g Droge empfohlen.

Hom.: ***1. Phaseolus vulgaris var. nanus e planta tota*** HAB34; Buschbohne, die ganzen, frischen Pflanzen. Anw.-Geb.: Herzschwäche. ***2. Phaseolus vulgaris var. nanus e seminibus*** HAB34; Buschbohne, die Samen. Anw.-Geb.: Herzschwäche.

Histor.: Der Gattungsname *Phaseolus* wird vom griechischen *phaséolos* (Kahn), Bezug nehmend auf die kahnförmigen Hülsenfrüchte, abgeleitet.

Phegopyrum esculentum ↗ Fagopyrum esculentum.
Phellandrene ↗ Ätherische Öle.
Phellandri aetheroleum ↗ Oenanthe aquatica.
Phellandri fructus ↗ Oenanthe aquatica.
Phellandrium ↗ Oenanthe aquatica.
Phellandrium aquaticum ↗ Oenanthe aquatica.
Phellandrium divaricatum ↗ Oenanthe aquatica.

■ **Phellodendron amurense** Rupr.
Korkbaum.
Fam.: Rutaceae.
Vork.: Ostasien, Japan, Rußland, bes. im Amurgebiet.
Drogen: ***1. Oleum Phellodendri***; Korkbaumfruchtöl, das Öl der Früchte. Inh.: äther. Öl, fettes Öl. Anw.: mit Aceton gemischt als Insektizid. ***2. Cortex Phellodendri***, die Rinde. Inh.: Alkaloide, wie Berberin (ca. 1 %). Anw.: in der japanischen Volksheilkunde als Diuretikum und Fiebermittel eingesetzt.

■ **Phellodendron lavallei** Dode.
Fam.: Rutaceae.
Vork.: Kaukasus, Zentralasien, auch kultiviert.
Droge: die Rinde. Inh.: äther. Öl, Gerbstoffe, Alkaloide, wie Berberin. Anw.: in der chinesischen Volksheilkunde als Diuretikum und Febrifugum, in der russischen bei Leber- und Magenleiden.

■ **Philadelphus coronarius** L.
Falscher Jasmin (syn. Wohlriechender Pfeifenstrauch), s. Farbtafel S. 148, Bild 68.
Fam.: Hydrangeaceae.
Vork.: Nordamerika, Europa.
Droge: die Blüten.
Hom.: ***Philadelphus coronarius*** HAB34, die frischen Blüten.

Philippinisches Elemi ↗ Canarium luzonicum.
Philosophenöl ↗ Oleum Philosophorum.

■ **Phleum pratense** L.
Alfalfagras (syn. Wiesen-Lieschgras, Timotheegras).
Fam.: Poaceae (Gramineae).
Vork.: Europa, Nordamerika, Westsibirien.
Droge: das Gras. Inh.: Chlorophyll, Proteine, Fett, Kohlenhydrate, Carotine, Vitamin A. In den Rhizomen wurden die Kohlenwasserstoffe Graminin und Phlein nachgewiesen. Anw.: zur Chlorophyllgewinnung, wertvolle Futterpflanze.
Hom.: ***Phleum pratense*** HAB; die frischen, oberirdischen Pflanzenteile. Anw.-Geb.: Heuschnupfen.

■ **Phlobaphene**
(Gerbstoffrote) wasserunlösliche Kondensations- und Oxidationsprodukte von Catechingerbstoffen mit rotbrauner Farbe. Sie entstehen unter anderem bei der Trocknung von Rindendrogen und sind für die dunkle Färbung des Kernholzes und Korks sowie von fermentiertem Kaffee, Tee, Kakao und Tabak verantwortlich.

■ **Phlomis pungeus** Willd.
Brandkraut.
Fam.: Lamiaceae (Labiatae).
Vork.: Sibirien, China.

Droge: das Kraut. <u>*Inh.*</u>: Alkaloide, Iridoid-Glykoside, Gerbstoffe, Vitamine. <u>*Anw.*</u>: in der Volksheilkunde bei Bronchitis und Erkältungskrankheiten, äußerlich bei eiternden Wunden.

■ Phlorizin

(syn. Phloridizin, Phlorrhizin), Glucosid aus der Rinde von Apfel-, Kirsch- und anderen Obstbäumen mit dem Aglykon Phloretin. <u>*Wirk.*</u>: hemmt

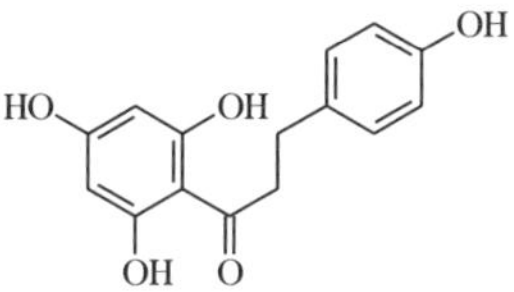

Phloretin

kompetitiv den Transport von Glucose in Erythrozyten und führt damit zur Ausscheidung von Zucker im Harn. <u>*Anw.*</u>: früher bei Wechselfieber als Chininersatz, heute obsolet.

■ Phoenix dactylifera L.

Dattelpalme.

Fam.: Palmae.

Vork.: Oasen der Sahara, Nordafrika, Südwestasien, kultiviert in Kalifornien, Mexiko, Brasilien, Argentinien, Australien. Man kennt etwa 80 verschiedene Kulturformen.

Droge: ***1. Fructus Dactyli*** (syn. *Dactyli*); Datteln, die Früchte. <u>*Inh.*</u>: Kohlenhydrate (60–80 %), v. a. Zucker, u. a. Invertzucker; Proteine (ca. 2 %), Cumarin. <u>*Anw.*</u>: mildes Abführmittel. Die Frucht ist ein beliebtes tropisches Obst, das als Nahrungsmittel (Dattelmus, Dattelhonig) und zur Weinbereitung genutzt wird. ***2. Oleum Dactyli***; Dattelkernöl, das fette Öl (ca. 10 %) der Kerne. <u>*Inh.*</u>: Triglyceride komplexer Zusammensetzung mit angenehmem Geschmack. <u>*Anw.*</u>: als Speiseöl und Diätetikum.

Histor.: Auf den Reliefbildern aus Babylonien und dem alten Ägypten ist keine Pflanze so häufig abgebildet worden wie die Dattelpalme; ein Ausdruck der hohen Wertschätzung. Beweise für ihren Anbau liegen seit 6000 v. Chr. vor, die Nutzung der Pflanze läßt sich aus Samenfunden in Ägypten auf mehr als 14 000 Jahre datieren. Angebaut wurden und werden vorwiegend weibliche Pflanzen, für 100 Dattelpalmen reicht eine männliche Pflanze zur Bestäubung aus. Die alten Ägypter nutzten die Dattelpalme auch zur Weinbereitung, indem sie vom Stamm älterer Bäume einen Saft abzapften, der sofort in Gärung übergeht. Dieser Palmwein (*Vino Palmeo*) wurde besonders wegen seiner aphrodisierenden Wirkung geschätzt und diente auch als ritueller Zaubertrank, wobei seine Wirkung durch Zusatz von ↗ *Hyoscyamus niger*, ↗ *Mandragora officinarum* oder ↗ *Cannabis sativa* verstärkt wurde.

■ Phoradendron flavescens

(syn. *Viscum flavescens*); Amerikanische Mistel.

Fam.: Loranthaceae.

Vork.: Nordamerika, Parasit auf Laubbäumen.

Droge: ***Herba Phoradendri***, die Zweige. <u>*Inh.*</u>: *p*-Oxyphenylethylamin, Lectine, Polysaccharide, Proteine. <u>*Anw.*</u>: in der Volksheilkunde als Mittel gegen Krämpfe sowie als Sedativum; weiterhin ähnlicher Einsatz wie ↗ *Viscum album*.

Phragmites australis ↗ Phragmites communis.

■ Phragmites communis Trin.

(syn. *Arundo isaica, A. phragmites; Phragmites australis*); Schilfrohr (syn. Ried, Schilf).

Fam.: Poaceae (Gramineae).

Vork.: Europa, subtropische und tropische Gebiete, Wolgadelta, Sibirien.

Droge: ***Herba Phragmites communis***; Schilfrohr, das Kraut. <u>*Inh.*</u>: Kieselsäure, Mineralien; der Wurzelstock enthält Indolalkaloide, u. a. *N,N*-Dimethylthyramin, Bufotenin und Gramin.

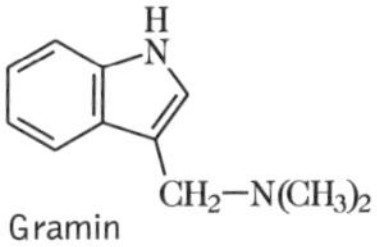

Gramin

<u>*Anw.*</u>: in der Volksheilkunde als Diuretikum, bei Verschleimung, Husten und Lungenbeschwerden; in Ostasien auch bei Diabetes. Der Wurzelstock wird auch in Kombination mit Samen von ↗ *Peganum harmala* zur Bereitung eines halluzinogenen Getränkes verwendet, das ähnliche Wirkungen wie ↗ Ayahuasca induzieren soll.

Phyla scaberrima ↗ Lippia dulcis.
Phyllanthus acidissimus ↗ Phyllanthus acidus.

■ Phyllanthus acidus (L.) Skeels

(syn. *Averrhoa acida, Cicca acida, C. acidissi-*

ma, Phyllanthus disticha, P. racemosa, P. acidissimus, P. cicca, P. distichus); Sternstachelbaum.

Fam.: Euphorbiaceae.

Vork.: Indien, Kambodscha, Madagaskar, Malaysia, Philippinen, Sansibar, Karibische Inseln.

Droge: ***Phyllanthus-acidus-Blätter***, die frischen, getrockneten oder gepulverten Blätter. *Inh.:* Phenolcarbonsäuren, Triterpene. *Anw.:* in der Volksheilkunde als Diaphoretikum, zur Behandlung der Arthritis, bei Hexenschuß und Ischiasschmerzen, gegen Schlangenbisse.

■ **Phyllanthus acuminatus** Vahl
(syn. *Phyllanthus conami*).

Fam.: Euphorbiaceae.

Vork.: Südamerika, Mittelamerika.

Droge: ***Phyllanthus-acuminatus-Ganzpflanze***, die frische oder getrocknete Ganzpflanze. *Inh.:* Lignane, wie Phyllanthostatin A, Justicidin B; Sesquiterpene, wie Phyllanthosid und Phyllanthostatine 1 bis 6. *Anw.:* in der Volksheilkunde äußerlich bei Entzündungen. Bananen und andere Früchte werden in die Blätter von *P. acuminatus* eingewickelt, um den Reifungsprozeß der Früchte zu beschleunigen.

Phyllanthus alatus ↗ Phyllanthus urinaria.

■ **Phyllanthus amarus** Schumach. et Thonn.
Bittere Kreuzblume.

Fam.: Euphorbiaceae.

Vork.: Asien, Afrika, Amerika.

Droge: ***Phyllanthus-amarus-Kraut***, die oberirdischen Pflanzenteile. *Inh.:* Gerbstoffe, wie Amariin, Phyllanthusiin D; Flavonoide, u. a. Rutin; Lignane. *Anw.:* in der Volksheilkunde bei Fieber, Malaria, Tachykardie, Durchfall, Sterilität der Frau, bei Spasmen, Koliken sowie bei Diabetes.

Phyllanthus carolinianus ↗ Phyllanthus niruri.
Phyllanthus cicca ↗ Phyllanthus acidus.
Phyllanthus conami ↗ Phyllanthus acuminatus.
Phyllanthus debilis ↗ Phyllanthus niruri.
Phyllanthus disticha ↗ Phyllanthus acidus.
Phyllanthus distichus ↗ Phyllanthus acidus.

■ **Phyllanthus emblica** L.

Fam.: Euphorbiaceae.

Vork.: tropisches Asien, bes. Pakistan, Indien, malayische Inseln.

Droge: ***Fructus Myrobalani***; Myrobalanen, die Früchte. *Inh.:* Gerbstoffe (ca. 45 %), Ellagsäure, Gallussäure, Vitamin C. *Anw.:* als Adstringens, zur Verdauungsförderung und als Antiskorbutmittel. In der Technik nutzt man die Droge in der Gerberei und Färberei.

Phyllanthus echinatus ↗ Phyllanthus urinaria.
Phyllanthus hookeri ↗ Phyllanthus urinaria.
Phyllanthus kirganelia ↗ Phyllanthus niruri.
Phyllanthus lathyroides ↗ Phyllanthus niruri.
Phyllanthus lepidocarpus ↗ Phyllanthus urinaria.
Phyllanthus leprocarpus ↗ Phyllanthus urinaria.

■ **Phyllanthus niruri** L.
(syn. *Phyllanthus carolinianus, P. debilis, P. kirganelia, P. lathyroides*); Traumkraut.

Fam.: Euphorbiaceae.

Vork.: tropisches Amerika, u. a. Venezuela, Brasilien, Peru, Mexiko.

Droge: ***Herba Phyllanthi niruri***; *Phyllanthus-niruri*-Kraut, die oberirdischen Pflanzenteile. *Inh.:* Phenolcarbonsäuren, Gerbstoffe, Lignane, Triterpene, Alkaloide, wie Securinol A und B. *Anw.:* in der Volksheilkunde bei Harnwegserkrankungen, bei Diabetes, Gallensteinen, bei Herpes und Gonorrhoe.

Phyllanthus racemosa ↗ Phyllanthus acidus.
Phyllanthus rubens ↗ Phyllanthus urinaria.

■ **Phyllanthus urinaria** L.
(syn. *Phyllanthus alatus, P. echinatus, P. hookeri, P. lepidocarpus, P. leprocarpus, P. rubens, P. verrucosus*).

Fam.: Euphorbiaceae.

Vork.: tropische und subtropische Gebiete, u. a. Nigeria, Peru, Argentinien, Indien, Sri Lanka, China, Korea, Vietnam, Philippinen, Australien.

Droge: ***Herba Phyllanthi urinariae***; *Phyllanthus-urinaria*-Kraut, die frischen oder getrockneten oberirdischen Pflanzenteile. *Inh.:* Gerbstoffe, Lactone, Flavonoide, Phthalsäure-bis-ester, Triterpene. *Anw.:* in der Volksheilkunde als Diuretikum, bei Harnwegserkrankungen, Fieber, Gonorrhoe, Diabetes, Lebererkrankungen und Schwächezuständen.

Phyllanthus verrucosus ↗ Phyllanthus urinaria.

■ **Phyllobates aurotaenia**
Columbianischer Pfeilgiftfrosch.
Fam.: Dendrobatidae.
Vork.: Mittelamerika, Kolumbien.
Droge: das Hautsekret. Inh.: Steroidalkaloide, wie Batrachotoxin , Pseudobatrachotoxin, Batrachotoxinin A und Homobatrachotoxin. Wirk.: Blockade des Natrium-Kanals erregbarer Membranen, gefolgt von Dauererregung, Lähmung und Herzstillstand. Die LD_{50} von Batrachotoxin liegt bei ca. 2 μg pro kg Maus (s. c.), dieser Naturstoff zählt daher zu den toxischsten Substanzen überhaupt. Anw.: von den südamerikanischen Indianern als Pfeilgift verwendet.

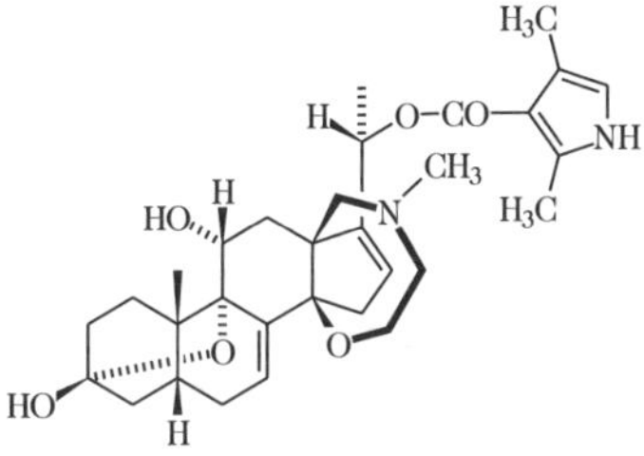

Batrachotoxin

■ **Phyllobates bicolor**
Columbianischer Pfeilfrosch.
Fam.: Dendrobatidae.
Vork.: Kolumbien.
Droge: das Hautsekret. Inhaltsstoffe, Wirkung und Anwendung s. *Phyllobates aurotaenia*.

■ **Phyllostachys bambusoides** S. et Z.
Madake.
Fam.: Poaceae (Gramineae).
Vork.: China, Japan.
Droge: Wurzeln, Blätter und junge Triebe. Inh.: v. a. Polyphenole sowie *p*-Cumarsäure und Benzoesäure. Anw.: die Wurzeln in der chinesischen Medizin als Adstringens, Styptikum und Antipyretikum; die Blätter als Antipyretikum und Diuretikum; die Epidermis junger Stengel wirkt sedativ und antiemetisch; der Saft aus den Trieben wird bei Katarrhen, Bronchitis und Cerebralinfektionen eingesetzt.

■ **Physalia pelargica**
Nesselqualle.
Klasse: Hydrozoa.
Vork.: südliche Meere.
Droge: das ganze Tier. Die Droge ist giftig! Inh.: toxische Peptide, wie Physaliatoxin, Thalassin, Congestin.
Hom.: ***Physalia pelargica***. Anw.-Geb.: Urticaria, Allergien.

■ **Physalis alkekengi** L.
Lampionblume (syn. Blasenkirsche, Judenkirsche, Teufelskirsche), s. Farbtafel S. 148, Bild 69.
Fam.: Solanaceae.
Vork.: Mittel- und Südeuropa, Asien, Amerika.
Droge: ***Fructus Alkekengi*** (syn. *Baccae Alkekengi*); Judenkirsche (syn. Blasenkirsche), die reifen Früchte. Inh.: Bitterstoffgemisch Physalin (Steroide), Carotinoide, wie Zeaxanthin, Gerbstoffe, Schleimstoffe. Anw.: in der Volksheilkunde bei Nieren- und Blasenleiden sowie Gicht und Rheuma.
Hom.: ***Physalis alkekengi*** HAB1; Judenkirsche, die frischen, reifen Beeren. Anw.-Geb.: Erkrankungen der Niere und ableitenden Harnwege.
Histor.: Der Gattungsname *Physalis* ist vom griechischen *physalis* (Blase) übernommen und bezieht sich auf den aufgeblasenen Kelch. Auch die Namen Lampionblume sowie Judenkirsche wurden wegen der aufgeblasenen roten Fruchtkelche geprägt, da sie der Kopfbedeckung, die Juden im Mittelalter trugen, ähneln. ↗ Paracelsus verordnete die Pflanze als nierenstärkendes und diuretisches Mittel. Auch die Kräuterbücher des Mittelalters heben die harn-, stein- und nierengrießtreibenden Eigenschaften der Droge hervor.

Physeter catodon ↗ Physeter macrocephalus.

■ **Physeter macrocephalus** L.
(syn. *Physeter catodon, Catodon macrocephalus*); Pottwal (syn. Spermwal).
Vork.: in den Ozeanen und Küstengewässern Amerikas, Australiens und Japans.
Fam.: Physeteridae.
Drogen: ***1. Cetaceum*** (syn. *Spermaceti*); Walrat,

Physeter macrocephalus, Pottwal.

der gereinigte, feste Anteil des Kopfhöhleninhaltes. *2. Oleum Cetacei*; Spermöl (syn. Walratöl), das abgepreßte Öl. *3. Ambra* (syn. *Ambra grisea*); Amber (syn. Graue Ambra), ein pathologisches Produkt des Pottwals, das durch krankhafte Sekretion der Galle und des Darmes ausgeschieden wird (↗ *Ambra*).

Physocalymna floribundum ↗ Physocalymna scaberrimum.

■ **Physocalymna scaberrimum**
(syn. *Physocalymna floribundum*).

Fam.: Lythraceae.

Vork.: tropisches Südamerika, bes. Brasilien, Amazonasgebiete, Peru.

Droge: ***Brasilianisches Rosenholzöl***, das ätherische Öl des Holzes. Inh.: vor allem Geraniol. Anw.: in der Parfümerie. Das Holz (Rosenholz) ist ein wertvoller Rohstoff für die Kunsttischlerei.

Physochlaina orientalis ↗ Physochlaina physaloides.

■ **Physochlaina physaloides** (L.) G. Don.
(syn. *Physochlaina orientalis; Hyoscyamus physaloides*).

Fam.: Solanaceae.

Vork.: Sibirien, Ferner Osten, Tibet.

Droge: die Wurzeln. Inh.: Tropanalkaloide, wie Scopolamin. Anw.: in der tibetanischen Heilkunde als Spasmolytikum, Narkotikum. In Sibirien wird die Droge auch dem Bier als berauschender Zusatz beigefügt.

■ **Physostigma venenosum** Balfour
Calabarbohne (syn. Gottesgerichtsbohne, Gottesurteilsbohne, Kalabarbohne).

Fam.: Fabaceae.

Vork.: tropisches Westafrika, besonders Nigeria, kleinere Vorkommen in Indien und Brasilien (eingeschleppt).

Droge: ***Calabar semen*** (syn. *Semen Calabar, Faba Calabaricae, Fabae Calabaricae, Fabae Calabariensis, Fabae Physostigmatis, Semen Calabaricae, Semen Physostigmatis*); Calabarbohne (syn. Eserébohne, Eserésamen, Gottesgerichtsbohnen, Gottesurteilsbohnen, Kalabarbohnen, Kalabarsamen), die reifen Samen; s. Farbtafel S. 148, Bild 70. Inh.: Indolalkaloide (0,3–0,5 %), v. a. ↗ Physostigmin, Geneserin , Physovenin,

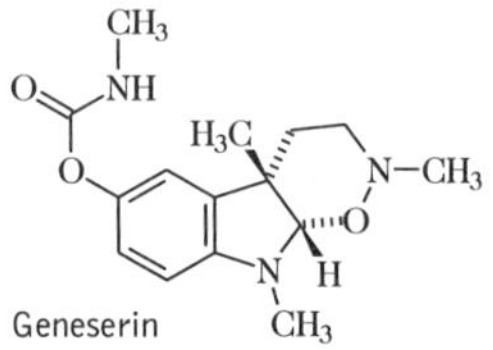

Geneserin

Eseramin; fettes Öl, Stärke, Proteine, Harz und Farbstoffe. Anw.: zur Isolation des Physostigmins. In der Volksheilkunde wird die Droge bei Herzkrankheiten, Wundrose, Arthritis, Rheuma, Spasmen, Koliken, Glaukom und Entzündungen eingesesetzt.

Hom.: ***Calabar*** HAB34; die getrockneten Samen von *Physostigma venenosum*. Anw.-Geb.: Krämpfe, Lähmigkeit, Lähmungen.

Histor.: Calabarbohnen wurden von den Eingeborenen Westafrikas zur Vollstreckung von Gottesurteilen verwendet, der Tod tritt dabei durch Atemlähmung ein. Überlebte der Delinquent die orale Applikation einer größeren Anzahl von Calabarbohnen, was in der Regel durch Erbrechen und somit schneller Ausscheidung der toxischen Samen vor sich ging, so stand seine Unschuld fest; starb er, so galt er als schuldig. Die schnelle Aufnahme großer Mengen von Calabarbohnen führt oft zur Magenreizung mit nachfolgendem heftigen Erbrechen, während letale Plasmaspiegel eher durch kleine Samenmengen und langsamer Aufnahme erzielt werden, da hierbei kein Erbrechen ausgelöst wird. Auch als Mittel zum gezielten Töten wurde die Droge bis zur Mitte des letzten Jahrhunderts in Westafrika verwendet. Insbesondere wenn eine hochgestellte Persönlichkeit verstorben war, wurden ganze Volksstämme mit Calabarbohnen vergiftet, um zu gewährleisten, daß der Verstorbene im Totenreich genug Sklaven, Frauen und Männer zur Verfügung hatte. Die englische Kolonialmacht verbot 1878 dieses Treiben und den Besitz von Calabarbohnen generell. Auch heute ist der Besitz der Droge in Nigeria unter Androhung von Strafe verboten. Der Gattungsname *Physostigma* geht aus dem griechischen *phýsa* (Blase) und *stigma* (Narbe) hervor und bezieht sich auf die großen angeschwollenen Narben; *venosum* bedeutet giftig. Der Name Calabar steht im Zusammenhang mit dem ursprünglichen Herkunftsgebiet der Droge, der westafrikanischen Provinz bzw. Hafenstadt Calabar.

■ **Physostigmin**
(syn. Eserin) Indolalkaloid aus ↗ *Physostigma venenosum*. Wirk.: hemmt reversibel die Acetylcholinesterase. P. kann die Blut-Hirn-Schranke passieren und führt in hoher Dosierung zur Lähmung des Zentralnervensystems mit Atemlähmung als Todesursache. Anw.: indirektes Parasympathomimetikum in der Augenheilkunde als Miotikum bei Akkomodationslähmung und als Antiglaukomatosum sowie bei postoperativer Darm- und Blasenatonie. Auch als Antidot bei Vergiftungen mit ↗ Atropin oder ↗ Curare wird die Verbindung, zumeist als Salicylat oder Sulfat, eingesetzt.

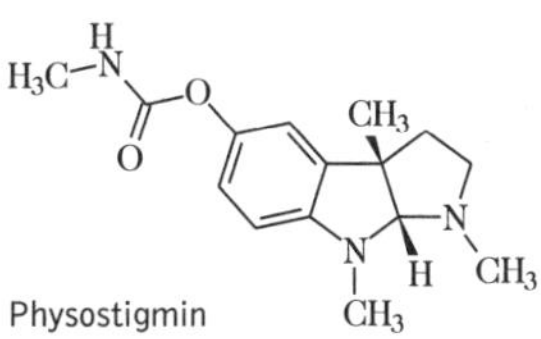
Physostigmin

■ **Phytelephas-Arten.**
● **Fam.:** Palmae.
● **Vork.:** Südamerika, bes. Brasilien und Kolumbien.
● **Phytelephas macrocarpa** Ruiz. et Pavon.; Elfenbeinpalme.
Droge: ***Steinnüsse*** (syn. Corusconüsse, Elfenbeinnüsse, Taguanüsse, Vegetabilisches Elfenbein), die getrockneten Nüsse. Anw.: zur Herstellung von Knöpfen und zur Imitation von Halbedelsteinen für die Schmuckherstellung.
● **Phytelephas microcarpa.**
Droge: s. *Phytelephas macrocarpa*. Der Blutungssaft dieser Palmen wird auch zur Bereitung von Palmwein eingesetzt.

■ **Phytoecdysone**
Gruppe von Steroidhormonen, die von Pflanzen gebildet werden, z. B. von ↗ *Polypodium vulgare* oder ↗ *Helleborus*-Arten, und die bei Insekten sowie Krebsen als Häutungshormone wirken.

Phytolacca abyssinica ↗ Phytolacca dodecandra.

■ **Phytolacca acinosa** Roxb.
(syn. *Phytolacca decandra* var. *acinosa*).
Fam.: Phytolaccaceae.
Vork.: China, Japan, Indien, in Europa stellenweise eingebürgert.
Droge: ***Phytolacca-acinosa-Wurzel***; die getrockneten Wurzeln. Inh.: Saponine, u. a. die Phytolaccoside B, D, E und G, Sterole, wie α-Spinasterol. Anw.: in der asiatischen Volksheilkunde als harntreibendes Mittel, zur Behandlung von Rheuma und Ödemen, aber auch zur Abtreibung genutzt.

■ **Phytolacca americana** L.
(syn. *Phytolacca decandra, P. vulgaris*); Kermesbeere (syn. Amerikanischer Nachtschatten, Scharlachbeere, Schminkbeere), s. Farbtafel S. 148, Bild 71.
Fam.: Phytolaccaceae.
Heim.: Nordamerika, heute fast weltweit verbreitet. In Europa wird die Pflanze auch als Zierpflanze kultiviert.
Drogen: ***1. Fructus Phytolaccae*** (syn. *Baccae Solani racemosi, Fructus Solani racemosi, Phytolacca e baccis*); *Phytolacca-americana*-Früchte (syn. Alkermesbeeren, Kermesbeeren, Scharlachbeeren), die reifen Früchte. Die Droge ist giftig! Inh.: Phytolaccanin, der rote Farbstoff mit dem Aglykon Phytolaccagenin; Triterpensaponine,

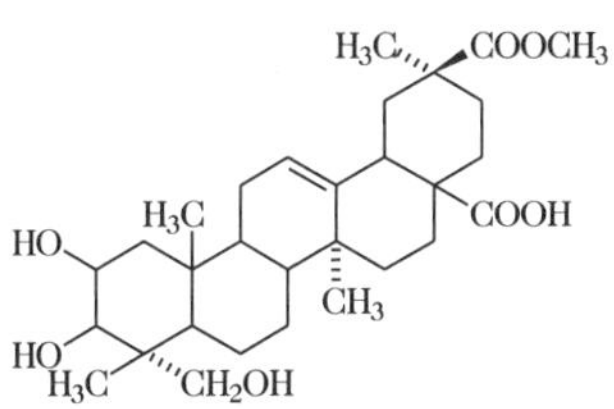
Phytolaccagenin

Lignane, Lectine (Pokeweed-Mitogene). Anw.: in der amerikanischen Volksheilkunde zur Behandlung von Hautentzündungen, Wunden und bei Rheuma. Früher wurde aus der Droge eine roter Farbstoff gewonnen und zum Färben von Wein eingesetzt. ***2. Radix Phytolaccae*** (syn. *Radix Phytolaccae decandrae, Radix Solani racemosi, Phytolacca, Radix Mechoacannae*); *Phytolacca-americana*-Wurzel (syn. Amerikanische Nachtschattenwurzel, Kermeswurzel, Kermesbeerenwurzel), die getrockneten Wurzeln. Inh.: Triterpensaponine, insbesondere die Phytolaccoside A, B, D, E, F, G und Phytolaccosaponin B; Lectine (cysteinreiche Glykoproteine = Pokeweed-Mitogene), α-Spinasterol, Histamin, γ-Aminobuttersäure. Anw.: in der Volksheilkunde bei Rheuma,

Katarrhen, Dysmenorrhoe, Dyspepsie, Entzündungen des Mund- und Rachenraumes, Syphilis, Krätze und Geschwüren angewendet. Außerdem dient die Droge als Brechmittel und Laxans, die amerikanischen Indianer verwendeten einen Extrakt auch gegen Tumore. In der experimentellen Medizin werden die Lectine (Pokeweed-Mitogene) zur immunologischen Diagnostik (Stimulation der Antikörperproduktion von B-Zellen) eingesetzt.

Hom.: *1. Phytolacca americana* HAB1; Kermesbeere, die frischen, im Herbst gesammelten Wurzeln. Anw.-Geb.: bei grippalem Infekt, Erkrankungen des Mund- und Rachenraumes, des lymphatischen Systems, der oberen Luftwege, der weiblichen Geschlechtsorgane sowie des Stütz- und Bewegungsapparates. *2. Phytolacca americana e baccis* HAB34; die frischen Früchte.

Histor.: Der Gattungsname *Phytolacca* ist aus dem griechischen *phyton* (Pflanze) und *lacca* (ital., Lack) zusammengefügt und bezieht sich auf den purpurroten Saft der Früchte; *decandra* weist auf die zehn Staubfäden in der Blüte hin.

Phytolacca decandra ↗ Phytolacca americana.
Phytolacca decandra var. acinosa ↗ Phytolacca acinosa.

■ Phytolacca dodecandra L'Herit.

(syn. *Phytolacca abyssinica*).

Fam.: Phytolaccaceae.

Vork.: tropisches Afrika, Südafrika, Madagaskar.

Droge: *Phytolacca-decandra-Früchte*, die unreifen und reifen Früchte. Inh.: Triterpensaponine, Glykoproteine (Lectine). Anw.: in der Volksheilkunde zur Bekämpfung der Bilharziose. Dabei sollen die Saponine die Wasserschnecken, die als Überträger von *Schistosoma mansoni* gelten, abtöten.

Phytolacca e baccis ↗ Phytolacca americana.
Phytolacca vulgaris ↗ Phytolacca americana.

■ Phytopharmaka

Fertigarzneimittel, die ausschließlich aus pflanzlichen Drogen oder Drogenzubereitungen bestehen bzw. diese enthalten. P. müssen wie alle anderen Arzneimittel behördlich zum Verkehr zugelassen werden.

■ Phytotherapie

Behandlungsverfahren von Erkrankungen sowohl beim Menschen als auch bei Tieren mittels ↗ Phytopharmaka. Diese kommen sowohl in der Allopathie als auch in der Homöopathie zum Einsatz. Sie werden jedoch oft auch im Sinne einer „alternativen" Behandlungsweise verstanden.

Piaropus crassipes ↗ Eichhornia crassipes.
Picae aetheroleum ↗ Abies-Arten.

■ Picea abies (L.) Karsten

(syn. *Abies excelsa, Abies picea, Abies rubra, Picea excelsa, P. vulgaris, Pinus abies*); Gemeine Fichte (syn. Fichte, Rottanne), s. Farbtafel S. 148, Bild 72.

Fam.: Pinaceae.

Vork.: Nord- und Mitteleuropa.

Drogen: *1. Piceae aetheroleum* (syn. *Oleum Piceae abietis, Piceae abietis aetheroleum*); Fichtennadelöl (syn. *Picea-abies*-Nadelöl), das äther. Öl aus den Nadeln, Zweigspitzen und Ästen. Inh.: Bornylacetat (5–25 %), Limonen (10–30 %), Camphen und α-Pinen (jeweils etwa 10–25 %), weitere Mono- und Sesquiterpene. Anw.: äußerlich bei rheumatischen und neuralgischen Beschwerden, als Bad zur unterstützenden Therapie

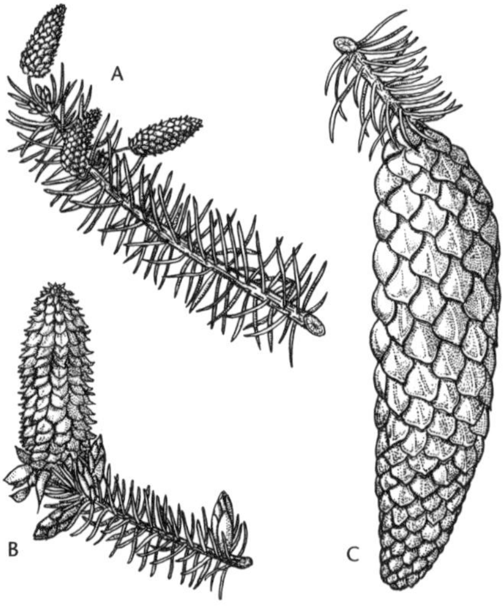

Picea abies, Sprosse mit männlichen Blüten (A), weiblichen Blütenständen (B) und Zapfen (C).

von akuten und chronischen Erkrankungen der Luftwege, bei Katarrhen der Atmenwege. Geg.: Asthma, Keuchhusten, Herzinsuffizienz. In der Kosmetik wird die Droge häufig Schaumbädern und Badesalzen zugesetzt. ***2. Piceae turiones recentes***; Frische Fichtenspitzen, die jungen Triebe mit Knospen. Inh.: äther. Öl, Flavonoide, Chinasäure, Wachs. Anw.: als Infus bei leichten Katarrhen der Atemwege, äußerlich bei Muskel- und Nervenschmerzen. In der Volksheilkunde früher gegen Skorbut und bei Tuberkulose. Ein Extrakt der Droge wird in den USA verwendet für Spruce beer, ein Getränk aus Zuckersirup, Wasser und Hefe. ***3. Carbo ligni***; Holzkohle, die aus dem Holz hergestellte Holzkohle. Anw.: innerlich bei Durchfällen und zum Binden toxischer Stoffe.

Hom.: ***Pinus abies*** HAB34, die frischen Sprossen.

Picea brevifolia ↗ Picea mariana.
Picea canadensis ↗ Tsuga canadensis.
Piceae abietis aetheroleum ↗ Picea abies.
Piceae aetheroleum ↗ Picea abies, ↗ Picea mariana.
Piceae marianae aetheroleum ↗ Picea mariana.
Piceae nigrae aetheroleum ↗ Picea mariana.
Piceae turiones recentes ↗ Abies-Arten, ↗ Picea abies.
Picea excelsa ↗ Picea abies.

■ **Picea mariana** (Miller) B. S. P.
(syn. *Abies alba, A. americana, A. arctica, A. denticulata, A. marylandia, A. nigra, Picea brevifolia, P. nigra, Pinus mariana, P. nigra*); Schwarzfichte.

Fam.: Pinaceae.

Vork.: Nordamerika, Kanada (Labrador bis Alaska).

Droge: ***Piceae aetheroleum*** (syn. *Piceae marianae aetheroleum, Piceae nigrae aetheroleum*); Fichtennadelöl (syn. Schwarzfichtennadelöl), das äther. Öl der Nadeln. Inh.: Bornylacetat (37–49 %), Camphen (10–17 %), α- und β-Pinen, Limonen, in geringen Mengen auch 3-Caren, Myrcen, Santen, Terpinolen sowie δ-Cadinen. Anw.: s. *Picea abies*.

Hom.: ***Resina Piceae*** HAB1; Schwarzfichtenharz, das eingetrocknete Harz. Anw.-Geb.: Erkrankungen des Magen-Darm-Traktes.

Picea nigra ↗ Picea mariana.

Picea vulgaris ↗ Picea abies.
Picherie ↗ Duboisia-Arten.
Pichi-Pichi ↗ Fabiana imbricata.
Pichurimbaum ↗ Ocotea puchury-major.
Pichurimbohnen ↗ Ocotea puchury-major.
Picraena excelsa ↗ Picrasma excelsa.
Picralima klaineana ↗ Piralima nitida.
Picralima macrocarpa ↗ Piralima nitida.

■ **Picramnia antidesma** Sw.

Fam.: Simaroubaceae.

Vork.: Mexiko, Honduras, Westindien.

Droge: ***Cortex Cascarae amargae***; Hondurasrinde (syn. Westindische Cascara), die getrocknete Rinde. Inh.: Triterpenbitterstoffe, Alkaloide, wie Picramnin und Picrasmin. Anw.: früher als Diuretikum und Tonikum sowie bei syphilitischen Hautleiden.

Hom.: ***Cascara amarga*** HAB34, die getrocknete Rinde. Anw.-Geb.: Hauterkrankungen.

■ **Picrasma excelsa** (Sw.) Planch.
(syn. *Aeschrion excelsa, Picraena excelsa, Quassia excelsa, Q. polygama, Simaruba excelsa*); Bitterbaum (syn. Jamaika-Bitterholzbaum, Jamaika-Quassiabaum).

Fam.: Simaroubaceae.

Vork.: Karibik, besonders Jamaika, Haiti, Antigua, Puerto Rico, Venezuela.

Droge: ***Quassiae lignum*** (syn. *Lignum Picraenae, Lignum Picrasmae, Lignum Quassiae, Lignum Quassiae jamaicense*); Jamaika Bitterholz (syn. Jamaika Quassiaholz), das getrocknete Stammholz. Unter der gleichen Bezeichnung wird auch die Droge von ↗ *Quassia amara* geführt. Die Droge ist schwach giftig! Inh.: Bitterstoffe (Quassinoide), u. a. Quassin und Neoquassin

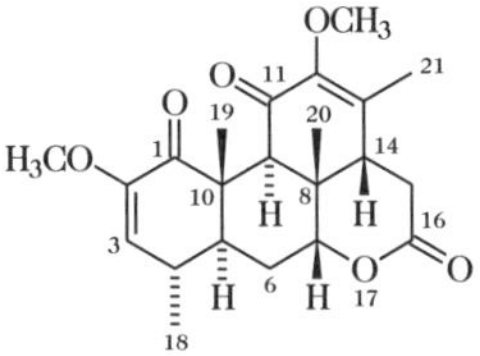

Quassin

mit einem ↗ Bitterwert von 17 bzw. 16 Millionen; β-Carbolinalkaloide, Cathinonderivate, Scopoletin. Anw.: früher als Bittermittel bei Unterfunktion der Magensaft- und Speichelsekretion, chronischer Dyspepsie, Appetitlosigkeit. In der Volksheilkunde auch gegen Läuse und Eingeweidewürmer, bei Malaria, Ruhr und Hautkrebs eingesetzt. Aufgrund der extremen Bitterkeit der Droge werden die Finger mit einer Tinktur zum Abgewöhnen des Nägelkauens behandelt. Auch zur Herstellung von Likören (Bittermittel) und in der Landwirtschaft zur Schädlingsbekämpfung wird die Droge verwendet.

Hom.: ***Picrasma excelsa*** HAB1; Bitterholz, das getrocknete Holz der Stämme und Äste. *Anw.-Geb.:* Erkrankungen der Leber, Galle und Bauchspeicheldrüse.

Histor.: Das Bitterholz wurde erstmals 1756 von dem in Jamaika lebenden Arzt Patrick Brown erwähnt und 1809 in das Londoner Arzneibuch eingeführt.

■ Picrocrocin

(syn. Picrocin), Safranbitter. Bitterstoff aus dem Safran ↗ *Crocus sativus*, der bei der Lagerung in das flüchtige Safranal, den typischen Geruchsträger der Droge, übergeht.

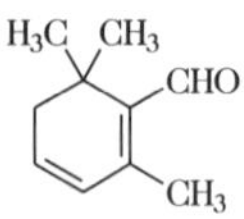

Safranal

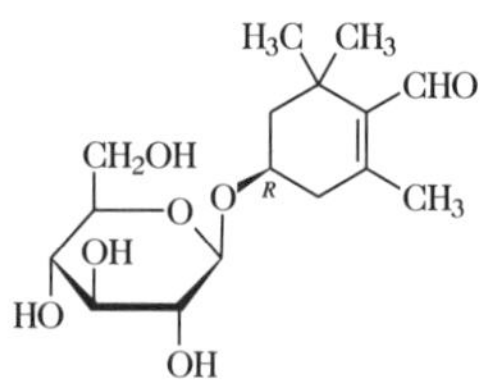

Picrocrocin

■ Picrorhiza kurroa Royle ex Benth.

(syn. *Picrorhiza lindeleyana*); Kurukraut.

Fam.: Scrophulariaceae.

Vork.: Gebiet des West-Himalaja, von Pakistan bis Uttar Pradesh, in Höhen von 3300 bis 4300 m.

Droge: ***Rhizoma Picrorhizae***; *Picrorhiza-kurroa*-Rhizom, die geschnittenen, getrockneten Rhizome, die von anhängenden Würzelchen befreit werden. *Inh.:* bittere Iridoidglykoside, wie Picrosid I und II, Acetophenonderivate, u. a. Androsin, Apocynin und Picein ; Cucurbitacine, polymere Glykoproteine. *Anw.:* in der indischen

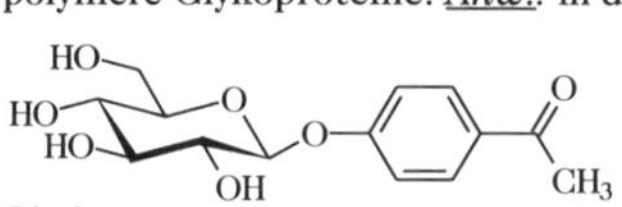

Picein

Volksheilkunde zur Appetitanregung, bei Menstruations- und Gallenbeschwerden, als Brechmittel, bei Fieber, leichter Obstipation, bei Dyspepsien und Drüsenfehlfunktionen mit darauf beruhendem Übergewicht. Auch bei Husten, Asthma und Infektionen wird die Droge volksheilkundlich verwendet.

Hom.: ***Picrorhiza*** HAB; der getrocknete Wurzelstock. *Anw.-Geb.:* Erkrankungen der Leber, Galle und Bauchspeicheldrüse.

Picrorhiza lindeleyana ↗ Picrorhiza kurroa.
Picuribohne ↗ Ocotea puchury-major.
Piel ↗ Sagittaria sagittifolia.

■ Pieris japonica Don.

(syn. *Andromeda japonica*); Japanische Lavendelheide; s. Farbtafel S. 149, Bild 73.

Fam.: Ericaceae.

Vork.: Japan.

Droge: die Blätter. Die Droge ist giftig! *Inh.:* Andromedotoxin (Asebotoxin); Asbotin, Quercetin, Quercitrin; toxische Diterpene, wie Pieristoxine A, B und C; Taraxerol, β-Amyrin, Ursol- und Oleanolsäure, Phloretin. *Anw.:* in der japanischen Volksheilkunde als Insektizid gegen Hautparasiten bei Mensch und Tier, gegen Krätze sowie bei Schlangenbissen.

Pikrotoxin ↗ Anamirta cocculus.
Pillenwolfsmilch ↗ Euphorbia-Arten.
Pillenwolfsmilchkraut ↗ Euphorbia-Arten.
Pilocarpi foliola ↗ Pilocarpus-Arten.
Pilocarpin ↗ Pilocarpus-Arten.

■ Pilocarpus-Arten

● **Fam.:** Rutaceae.

● **Pilocarpus jaborandi** Holmes (syn. *Pilocarpus cearensis, P. officinalis*).

Vork.: Brasilien.

Droge: ***Jaborandi folium*** (syn. *Folia Jaborandi, Folia Pilocarpini, Folium Iaborandi, Pilocarpi foliola*); *Pilocarpus-jaborandi*-Blätter (syn. Jabarandiblätter, Jaborandiblätter, Jaguarandiblätter, Yaborandiblätter), die getrockneten Fieder-

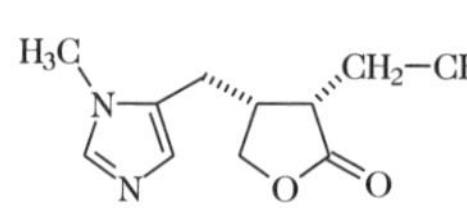

Pilocarpin

blätter. _Inh._: Imidazolalkaloide (0,6–1 %), u. a. Pilocarpin, Pilocarpidin, Isopilocarpin, Pilosin und Epiisopilosin, ferner äther. Öl (0,5 %) mit Limonen (47 %) und Undecanon (23 %). _Anw._: In der Medizin der brasilianischen Indianer, u. a. bei Epilepsie, Krämpfen, Katarrhen, Harnverhaltung und Wassersucht. In Europa früher als schweißtreibendes Mittel bei Erkältungskrankheiten. In der Kosmetik werden Extrakte der Droge in Kombinationspräparaten, z. B. mit Panthothensäure und Capsicumextrakt, zur Förderung des Haarwuchses genutzt. Die Droge dient schließlich industriell zur Isolierung von Pilocarpin, das ein direktes Parasympathomimetikum darstellt. Es führt zu vermehrter Speichel-, Bronchial- und vor allem Schweißsekretion. Der therapeutische Einsatz beschränkt sich heute auf die Ophthalmologie zur Glaukombehandlung. Für diese Indikation ist es Bestandteil zahlreicher Arzneifertigpräparate.

Hom.: ***Pilocarpus*** HAB1, die getrockneten Fiederblätter. _Anw.-Geb._: Augenbeschwerden, vermehrte Schweißbildung.

• **Pilocarpus microphyllus** Stapf ex Wardleworth.

Vork.: Nordostbrasilien.

Droge: ***Jaborandi folium***; *Pilocarpus-microphyllus*-Blätter, die getrockneten Fiederblätter. _Inh._: Imidazolalkaloide mit Pilocarpin (1 %) als Hauptalkaloid, ferner äther. Öl (0,25–0,3 %) mit Caryophyllen (20 %) und 2-Tridecanon (22 %) als dominierenden Komponenten. _Anw._: s. *Jaborandi folium*.

• **Pilocarpus pennatifolius** Lem. (syn. *Pilocarpus pinnatifolius, P. pinnatus, P. selloanus, P. simplex, P. trijugatus*).

Vork.: Brasilien, Nordargentinien.

Droge: ***Jaborandi folium*** (syn. *Paraguay jaborandi*); *Pilocarpus-pennatifolius*-Blätter, die getrockneten Fiederblätter. _Inh._: Imidazolalkaloide (0,2–0,4 % Pilocarpin und Isopilocarpin). _Anw._: s. *Jaborandi folium*.

Hom.: ***Pilocarpus jaborandi*** HAB1; Jaborandistrauch, die getrockneten Fiederblättchen. _Anw.-Geb._: Erkrankungen des Zentralnervensystems, Augenbeschwerden, vermehrte Schweißbildung.

Pilocarpus-jaborandi-Blätter ↗ Pilocarpus-Arten.
Pilocarpus-microphyllus-Blätter ↗ Pilocarpus-Arten.
Pilocarpus-pennatifolius-Blätter ↗ Pilocarpus-Arten.

■ Pilzproteasen

Gemisch proteolytisch wirksamer Proteasen mit breitem pH-Optimum und unterschiedlichen Angriffspunkten im Proteinmolekül, die vorwiegend aus Schimmelpilzen, z. B. *Aspergillus oryzae, A. niger, A. saitoi* und *Mucor pusillus* isoliert werden können. _Anw._: zur Substitutionstherapie bei Verdauungsschwäche.

Pimela luzonica ↗ Canarium luzonicum.
Piment ↗ Pimenta-Arten.

■ Pimenta-Arten

• **Fam.:** Myrtaceae.

• **Pimenta dioica** (L.) Merr. (syn. *Pimenta officinalis*); Pimentbaum (syn. Nelkenpfeffer).

Vork.: Mittel- und Südamerika, Antillen, Indien, kultiviert auf Jamaika und Reunion.

Drogen: ***1. Fructus Pimentae*** (syn. *Fructus Amomi, Semen Amomi*); Piment (syn. Englisches Gewürz, Gewürzkörner, Jamaica Pfeffer, Nelkenpfeffer, Neugewürz), die getrockneten, reifen Früchte; s. Farbtafel S. 149, Bild 74. _Inh._: äther. Öl (3–5 %), u. a. mit Eugenol, Eugenolmethylether und Caryophyllen; Harz, Gerbstoffen. _Anw._: als Stomachikum bei Verdauungsstörungen, vor allem als Gewürz zur Wurstherstellung und für Backwaren. ***2. Oleum Pimentae aetheroleum*** (syn. *Oleum Amomi, Oleum Pimentae*); Pimentöl (syn. Nelkenpfefferöl), das äther. Öl aus den unreifen, getrockneten Beeren. _Inh._: Zusammensetzung s. *Fructus Pimentae*. _Anw._: in der Parfümerie sowie zur Herstellung von Likören.

Hom.: ***Capsicum jamaicum*** (syn. *Myrtus Pimenta*) HAB34, die nicht ganz reifen, getrockneten Beeren.

Histor.: Die Verwendung von Piment als Gewürz war bereits den Azteken Mittelamerikas bekannt, sie nutzten die Droge unter der Bezeichnung Xocoxochitl zum Würzen von Kakao-Zubereitungen. Diese Rezepturen wurden von den Spaniern übernommen und damit kam die Droge zu Beginn des 16. Jh. nach Europa.

• **Pimenta racemosa** (Mill.) J.W. Moore (syn. *Pimenta acris, Eugenia acris*); Bayrumbaum.

Vork.: Antillen, besonders Jamaika, Puerto Rico, Dominikanische Republik, Bermudas, Venezuela, aber auch in Afrika, z. B. Kamerun.

Droge: ***Oleum Pimentae acris*** (syn. *Oleum Bay, Oleum Myrciae*); Bayöl (syn. Echtes Bayöl), das äther. Öl aus den Blättern und Zweigspitzen.

Inh.: Eugenol, Chavicol (zusammen etwa 50–70 %), Eugenolmethylether, Methylchavicol, Furfurol, Myrcen, Phellandren. *Anw.:* für Einreibemittel bei Erkrankungen des Respirationstraktes, in der Kosmetik zur Herstellung von Haarwässern (z. B. Bayrum).

Pimentbaum ↗ Pimenta-Arten.
Pimentöl ↗ Pimenta-Arten.
Pimpernell ↗ Pimpinella-Arten.
Pimpernelle ↗ Sanguisorba minor.
Pimpernellwurzel ↗ Pimpinella-Arten.
Pimpernuß ↗ Pistacia vera.
Pimpinel ↗ Pimpinella-Arten.
Pimpinella angelicaefolia ↗ Aegopodium podagraria.
Pimpinella anisum cultum ↗ Pimpinella-Arten.

■ Pimpinella-Arten

● **Fam.:** Apiaceae (Umbelliferae).

● **Pimpinella anisum** L. (syn. *Anisum vulgare, A. officinarum, Apium anisum, Carum anisum, Pimpinella anisum cultum, Selinum anisum, Sison anisum, Tragium anisum*); Anis (syn. Änes, Aneis).

Vork.: Mittelmeergebiete, Anbau auch in anderen subtropischen Gebieten, vor allem in Südostasien, Argentinien, Chile und Mexiko.

Drogen: *1. **Anisi aetheroleum*** (syn. *Oleum Anisi*); Anisöl, das äther. Öl aus den reifen Früchten. *Inh.:* *trans*-Anethol (90–95 %, ↗ ätherische Öle) sowie *cis*-Anethol (0,3–0,4 %), Methylchavicol (Estragol, Isoanethol, 1–4 %), Sesquiterpene (1–2 %), besonders γ-Himachalen (0,7–1 %). *Anw.:* in Zubereitungen bei dyspeptischen Beschwerden, äußerlich zur Inhalation und als Einreibung bei Katarrhen der Luftwege. Volkstümlich bei mangelnder Stilleistung, bei Regelanomalien, bei Libido- und Potenzmangel sowie äußerlich in Form von hautreizenden Einreibungen bei rheumatischen Beschwerden sowie als Mittel gegen Insekten und Läuse. *Geg.:* Allergie gegen Anis oder ↗ Anethol. *2. **Anisi fructus*** (syn. *Anisium, Anisum, Fructus Anisi, Fructus Anisi vulgaris, Semen Absinthii dulce, Semen Anisi*); Anis (syn. Anisfrüchte, Süßer Kümmel), die getrockneten Früchte. *Inh.:* äther. Öl (2–6 %, s. *Anisi aetheroleum*), Flavonoide, Phenolcarbonsäuren, Reservestoffe. *Anw.:* dyspeptische Beschwerden, zur Inhalation und äußeren Anwendung bei Katarrhen der Atemwege. Volkstümlich zur Unterstützung der Milchsekretion. Im Haushalt als Gewürz, ferner in der Likörindustrie.

Hom.: *1. **Pimpinella anisum*** (syn. *Anisum*) HAB34, die getrockneten, reifen Früchte. *Anw.-Geb.:* Nackenschmerzen, Hexenschuß. *2. **Pimpinella anisum, äthanol. Decoctum*** HAB1; Anis, die getrockneten, reifen Früchte. *Anw.-Geb.:* anthroposophische Therapierichtung.

● **Pimpinella major** (L.) Huds. (syn. *Apium pimpinella, A. tragoselinum, Carum magnum, Pimpinella angustifilia, P. dumetorum, P. glabra, P. magna, P. media, P. saxifraga major, Selinum pimpinelloides, Tragium maius, Tragoselinum magnum*); Große Bibernelle (syn. Bibernell, Bockskraut, Pimpernell, Weiße Bibernell, Weiße Pimpinell).

Vork.: Europa, außer Skandinavien und südliche Gebiete.

Droge: ***Pimpinellae radix*** (syn. *Radix Pimpinellae, Radix Pimpinellae albae, Rhizoma Pimpinellae*); Bibernellwurzel (syn. Bockwurzel, Bockwurz, Pfefferwurzel, Pimpernellwurzel, Pimpinellwurzel, Weiße deutsche Theriakwurzel), die getrockneten Wurzelstöcke und Wurzeln. *Inh.:* äther. Öl (ca. 0,12 %) mit *trans*-Epoxypseudoisoeugenyltigliat als Hauptkomponente, ferner Sesquiterpenkohlenwasserstoffe, u. a. β-Bisabolen und die Germacrene A, B, C und D. Außerdem Cumarine (ca. 0,5 %, u. a. Isobergapten, Isopimpinellin, Pimpinellin und Sphondin) sowie aliphatische Säuren, u. a. Äpfel- und Citronensäure sowie Kaffeesäurederivate. *Anw.:* Katarrhe der oberen Luftwege. Volkstümlich bei Erkrankungen der ableitenden Harnorgane, Nierenbeckenentzündung, äußerlich zum Gurgeln und Spülen bei Entzündungen der Mund- und Rachenschleimhaut sowie als Bademittel bei schlecht heilenden Wunden.

Hom.: ***Pimpinella alba*** HAB34, die frischen, im Mai gesammelten Wurzeln. *Anw.-Geb.:* Wirbelsäulenbeschwerden, Fieberzustände.

● **Pimpinella peregrina** L. (syn. *Apium peregrinum, Caucalis tuberculata, Ledeburia pimpinelloides, Pimpinella glabella, P. hirtella, P. hispida, P. taurica, P. tragium, Toris tuberculata, Tragium hirtellum, T. peregrinum, T. tauricum*); Fremde Bibernelle.

Vork.: Südeuropa, von Südfrankreich bis Griechenland, Türkei, Kaukasus, Kreta, Syrien, Ägypten, Kleinasien.

Droge: ***Pimpinella-peregrina-Wurzel***, die getrockneten Wurzeln mit Wurzelstöcken. *Inh.:*

äther. Öl mit Epoxypseudoisoeugenyl-2-methylbutyrat (30 %), Epoxypseudoisoeugenylpropionat (12 %) und Pseudoisoeugenyl-2-methylbutyrat, β-Bisabolen, *trans-β*-Farnesen. Anw.: in ähnlicher Weise wie *P. major* und *P. saxifraga*; die Droge dient häufig als Ersatz oder Verfälschung der beiden vorstehenden Arten.

● **Pimpinella saxifraga** L. (syn. *Pimpinella alpestris, P. dissecta, P. laconica, P. nigra*); Kleine Bibernelle (syn. Bibernell, Bocks-Peterlein, Bockspetersilie, Pfefferwurz, Pimpinel, Pimpinelle, Stein-Bibernelle, Steinbrech-Bibernelle, Weiße deutsche Theriakwurz), s. Farbtafel S. 149, Bild 75.

Vork.: fast ganz Europa, außer südliche Teile (Portugal, Südspanien, Griechenland).

Droge: ***Pimpinellae radix***, s. Farbtafel S. 149, Bild 76. Inhaltsstoffe und Anwendung s. *Pimpinella major*.

Hom.: ***Pimpinella alba*** (syn. *Pimpinella*) HAB34; die frischen, unterirdischen Pflanzenteile von *Pimpinella saxifraga* oder *Pimpinella major*. Anw.-Geb.: Wirbelsäulenbeschwerden, Fieberzustände.

Pimpinella carvi ↗ Carum carvi.
Pimpinellae italicae minoris herba ↗ Sanguisorba minor.
Pimpinellae italicae minoris radix ↗ Sanguisorba minor.
Pimpinellae radix ↗ Pimpinella-Arten.
Pimpinella minor ↗ Sanguisorba minor.
Pimpinella officinalis ↗ Sanguisorba officinalis.
Pimpinella podagraria ↗ Aegopodium podagraria.
Pimpinella spinosa ↗ Sarcopoterium spinosum.
Pimpinelle ↗ Pimpinella-Arten.
Pimpinellin ↗ Furanocumarine.
Pimpinellwurzel ↗ Pimpinella-Arten.
Pinaceae pix ↗ Pinus-Arten.
Pinardia coronaria ↗ Chrysanthemum-Arten.
Pinella tubiferarum triphyllum ↗ Pinellia ternata.

■ **Pinellia ternata** (Tunb.) Breitenbach
(syn. *Pinella tubiferarum triphyllum*); Mitsommerpflanze.

Fam.: Araceae.

Vork.: Ostasien, Nordchina, Japan.

Droge: ***Tubera Pinelliae***; Mitsommerpflanzenknollen (syn. Pamhisa), die Wurzelknollen. Inh.: Stärke, Zucker, fettes Öl, Phytosterole, äther. Öl, vermutlich Saponine. Anw.: in der Volksheilkunde als Diuretikum, Diaphoretikum, Expektorans sowie gegen Erbrechen.

Pinellia tuberifera ↗ Pinellia ternate.
Pinene ↗ Ätherische Öle.
Pineytalg ↗ Vateria indica.

■ **Pinguicula vulgaris** L.
Blaues Fettkraut (syn. Butterkraut).

Fam.: Lentibulariaceae.

Vork.: Nord- und Mitteleuropa.

Droge: ***Herba Pinguiculae***; Butterkraut, das Kraut. Inh.: proteolytische Enzyme, die ähnlich wie das Labferment frische Milch zum Gerinnen bringen; Zimtsäure. Anw.: in der Volksheilkunde bei Krampf- und Reizhusten.

Pini aetheroleum ↗ Pinus-Arten.
Pini halepensis aetheroleum ↗ Pinus-Arten.
Pini pumilionis aetheroleum ↗ Pinus-Arten.
Pini turiones ↗ Pinus-Arten.
Pinkneya rubescens ↗ Arariba rubra.
Pinkwurzel ↗ Spigelia-Arten.
Pinocembrin ↗ Flavonoide.
Pinus abies ↗ Picea abies.

■ **Pinus-Arten**

● **Fam.:** Pinaceae.

● **Pinus elliottii** Engelmann (syn. *Pinus heterophylla, P. taeda*).

Vork.: Südosten der USA.

Drogen: ***1. Colophonium***, s. *P. palustris*. ***2. Terebinthinae aetheroleum rectificatum*** s. *P. palustris*.

● **Pinus halepensis** Miller (syn. *Pinus abasica, P. abchasica, P. alepensis, P. arabica, P. australis, P. colchica, P. genuensis, P. hierosoloymitiana, P. hispanica, P. maritima, P. minor, P. parolinii, P. persica, P. sylvestris, P. tatarica*); Strandkiefer (syn. Aleppoföhre, Aleppokiefer, Seekiefer).

Vork.: mediterranes Südeuropa, besonders Spanien; ferner Marokko, Algerien, Kleinasien.

Drogen: ***1. Colophonium***, s. *P. palustris*. ***2. Pini aetheroleum*** (syn. *Pini halepensis aetheroleum*), Kiefernnadelöl aus *Pinus halepensis*, das äther. Öl aus den frischen Nadeln, Zweigspitzen oder frischen Ästen mit Nadeln und Zweigspitzen. Inh.: vor allem α-Pinen. Anw.: s. *P. sylvestris*. ***3. Terebinthinae aetheroleum rectificatum***; Gereinigtes Terpentinöl aus *Pinus halepensis*, das gereinigte äther. Öl aus dem Harzbalsam. Inhaltstoffe und Anwendung s. *P. palustris*.

● **Pinus lambertiana** Douglas (syn. *Strobus lambertiana*); Riesenkiefer (syn. Zuckerkiefer).

Vork.: westliches Nordamerika.

Droge: ***Pini aetheroleum***; Kiefernnadelöl aus *Pinus lambertiana* (syn. *Pinus-lambertiana*-Nadelöl), das aus den frischen Nadeln, Zweigspitzen oder frischen Ästen mit Nadeln und Zweigspitzen durch Wasserdampfdestillation gewonnene äther. Öl. *Inh.:* besonders β-Pinen (ca. 51 %), α-Pinen (ca. 20 %), Limonen (12 %) und Borneol (8 %).

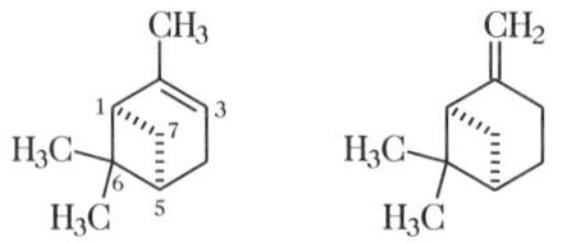

(+)-α-Pinen (+)-β-Pinen

Hom.: ***Pinus lambertiana*** HAB34, die frischen Sprosse.

● **Pinus mugo** Turra (syn. *Pinus echinata, P. montana, P. mughus, P. pumilo*); Bergkiefer (syn. Bergföhre, Knieholz, Krummholzkiefer, Latsche, Legföhre, Spirke), s. Farbtafel S. 149, Bild 77.

Vork.: Gebirge Mittel- und Südosteuropas.

Droge: ***Pini pumilionis aetheroleum*** (syn. *Oleum Pini pumilionis*); Latschenkiefernöl (syn. Latschenöl), das aus den frischen Nadeln, Zweigspitzen und Ästen durch Wasserdampfdestillation gewonnene äther. Öl. *Inh.:* besonders 3-Caren (bis 35 %), α- und β-Pinen (ca. 20 %) und β-Phellandren (ca. 15 %) sowie Camphen, Limonen, Myrcen, Terpinolen und Bornylacetat. *Anw.:* zur Inhalation bei Bronchitis, Bestandteil entsprechender Fertigpräparate, z. B. von Bronchialbalsamen sowie innerlich anzuwendender Bronchotherapeutika.

● **Pinus nigra** Arnold (syn. *Pinus austriaca, P. laricio, P. nigricans*); Schwarzkiefer (syn. Schwarzföhre).

Vork.: Gebirge Südeuropas.

Drogen: ***1. Pini aetheroleum***; Kiefernnadelöl aus *Pinus nigra* (syn. *Pinus-nigra*-Nadelöl, Schwarzkiefernöl), das aus frischen Nadeln, Zweigspitzen oder frischen Ästen mit Nadeln und Zweigspitzen durch Wasserdampfdestillation gewonnene äther. Öl. *Inh.:* α-Pinen (28–65 %), β-Pinen (bis 32 %) und Germacren D (bis zu 19 %) als Hauptkomponenten, ferner u. a. Cadinene, β-Caryophyllen und Limonen. ***2. Terebinthinae aetheroleum rectificatum***; Gereinigtes Terpentinöl aus *Pinus nigra*, das gereinigte äther. Öl aus dem Harzbalsam. *Inh.:* (–)α-Pinen (96 %), ferner u. a. β-Pinen, (+)-Limonen und Sesquiterpene (1 %). *Anw.:* s. *P. sylvestris*.

● **Pinus palustris** Miller (syn. *Pinus australis, P. georgica, P. longifolia, P. palmeri, P. serotina*); Sumpfkiefer.

Vork.: warme bis subtropische Gebiete Nordamerikas.

Drogen: ***1. Colophonium*** (syn. *Resina Colophonium*); Kolophonium (syn. Geigenharz), der gereinigte Rückstand der Wasserdampfdestillation des Harzbalsams (syn. Terpentin), s. Farbtafel S. 149, Bild 78. *Inh.:* ca. 90 % Harzsäuren (Diterpensäuren), besonders Abietin-, Isopimar-, Laevoabietin- und Pimarsäure. *Anw.:* früher in Form von Pflastern als Hautreizmittel. Industriell als Hilfsmittel für Klebemassen, u. a. auch für Pflaster und Parodontalverbände, in der Kosmetik, z. B. für Lidschatten und als Fixateur, sowie in der Technik u. a. für Druckfarben, Lacke und Klebstoffe. Die Droge dient auch zum Aufrauhen der Bögen für Streichinstrumente. ***2. Pinaceae pix***. Inhaltsstoffe und Anwendung s. *P. sylvestris*. ***3. Pini aetheroleum*** (syn. *Oleum Pini*); Kienöl, (syn. Kiefernnadelöl) aus *Pinus palustris*, das äther. Öl aus den frischen Nadeln, Zweigspitzen oder frischen Ästen mit Nadeln und Zweigspitzen. *Inh.:* β-Pinen (32–50 %), Germacren-D (bis 17 %), Camphen (bis zu 14 %), α-Pinen (2–9 %), daneben α-Terpineol, δ-Cadinen und andere Mono- und Sesquiterpene. *Anw.:* s. *P. sylvestris*. ***4. Terebinthinae aetheroleum rectificatum*** (syn. *Oleum Terebinthinae medicinale, Oleum Terebinthinae rectificatum*); Gereinigtes Terpentinöl (syn. Medizinalterpentinöl, Pinus-Arten-Terpentinöl), das äther. Öl aus dem Terpentin, das durch Wasserdampfdestillation aus dem Harzbalsam gewonnen und rektifiziert wird. *Inh.:* α- und β-Pinen (95 %, im Verhältnis 2:1) sowie monocyclische Terpenkohlenwasserstoffe, besonders 3-Caren. *Anw.:* Erkrankungen der Bronchien, äußerlich auch bei rheumatischen und neuralgischen Beschwerden. Volkstümlich zudem bei Blasenkatarrh sowie gegen Krätze und Moskitos.

Hom.: ***Oleum Terebinthinae*** HAB34, das gereinigte äther. Öl. *Anw.-Geb.:* Darmentzündungen, Entzündungen der Harnorgane, Hauterkrankungen.

● **Pinus pinaster** Soland (syn. *Pinus maritima*); Seestrandkiefer (syn. Igelkiefer, Meerkiefer, Sternkiefer, Strandkiefer).

Vork.: westliche Mittelmeerküste, Atlantikküste, Südafrika, Australien, Neuseeland.

Drogen: ***1. Colophonium***. Inhaltsstoffe und Anwendung s. *Pinus palustris*. ***2. Pinaceae pix***. Inhaltsstoffe und Anwendung s. *Pinus sylvestris*. ***3. Terebinthinae aetheroleum rectificatum***; Gereinigtes Terpentinöl aus *Pinus pinaster*, das gereinigte äther. Öl aus dem Harzbalsam (syn. Terpentin). Inhaltsstoffe und Anwendung s. unter *P. palustris*.

● **Pinus ponderosa** Douglas ex P. et C. laws. (syn. *Pinus beardsleyi, P. benthamiana, P. brachyptera, P. craigiana, P. nookatensis, P. parryana, P. peninsularis, P. resinosa, P. sinclairiana, P. sinclairii*); Gelbkiefer (syn. Gradkiefer).

Vork.: westliches Nordamaerika, u. a. Kalifornien.

Drogen: ***1. Colophonium***; Kolophonium aus *Pinus ponderosa* (syn. Kolophonium, *Pinus-ponderosa*-Kolophonium), der gereinigte Rückstand der Wasserdampfdestillation des Harzbalsams; s. *Colophonium* unter *P. palustris*. ***2. Pini aetheroleum***; Kiefernnadelöl aus *Pinus ponderosa* (syn. Gelbkiefernnadelöl, *Pinus-ponderosa*-Nadelöl), das aus frischen Nadeln, Zweigspitzen oder frischen Ästen mit Nadeln und Zweigspitzen durch Wasserdampfdestillation gewonnene äther. Öl. *Inh.:* besonders (–)-*β*-Pinen (38–75 %, Hauptkomponente), ferner u. a. (+)-*α*-Pinen (9–17 %), 3-Caren (7–20 %), Myrcen (1–5 %), *α*-Terpineol (ca. 6 %) und Terpinolen (ca. 3 %). *Anw.:* s. *P. sylvestris*. ***3. Terebinthinae aetheroleum rectificatum***; Gereinigtes Terpentinöl aus *Pinus ponderosa*, das gereinigte äther. Öl aus dem Harzbalsam (syn. Terpentin). *Inh.:* u. a. (–)-*β*-Pinen (60–70 %), (–)-Limonen (25–30 %) und (–)-*α*-Pinen (ca. 5 %). *Anw.:* s. *P. palustris*.

● **Pinus roxburghii** Sargent (syn. *Pinus longifolia, P. serenageusis*); Chir-Kiefer.

Vork.: Himalajagebiete, Afghanistan bis Bhutan.

Drogen: ***1. Colophonium***, s. *P. palustris*. ***2. Terebinthinae aetheroleum rectificatum***, das gereinigte äther. Öl aus dem Harzbalsam. *Inh.:* (+)-3-Caren (37,6 %), (+)-Longifolen (20,3 %), (–)-*α*-Pinen (24,8 %), *β*-Pinen (9,7 %). *Anw.:* s. *P. palustris*.

● **Pinus strobus** L. (syn. *Pinus tenuifolia, Strobus strobus, S. weymouthiana*); Weymouthkiefer.

Vork.: östliches Nordamerika.

Drogen: ***1. Pini aetheroleum***; Kiefernnadelöl aus *Pinus strobus* (syn. *Pinus-strobus*-Nadelöl, Weymouthkiefernnadelöl), das aus frischen Nadeln, Zweigspitzen oder frischen Ästen mit Nadeln und Zweigspitzen durch Wasserdampfdestillation gewonnene äther. Öl. *Inh.:* u. a. (–)-*α*-Pinen (21–58 %), *β*-Pinen (16–36 %), Myrcen (2–16 %), Camphen und *β*-Phellandren (je 2–5 %), 3-Caren (bis zu 3 %), *β*-Caryophyllen (1–6 %) und Germacren-D (2–20 %). *Anw.:* s. *P. sylvestris*. ***2. Pinus-strobus-Zweige***, die Zweige. *Anw.:* volkstümlich bei den Indianern der Küstengebiete Kanadas bei Erkältungen.

● **Pinus sylvestris** L. (syn. *Pinus nigra*); Gemeine Kiefer (syn. Föhre, Rotföhre, Rotkiefer, Samalkiefer, Waldföhre, Waldkiefer, Wißföhre).

Vork.: Europa, Sibirien, Iran.

Drogen: ***1. Pinaceae pix*** (syn. *Pix Abietarum,* ↗ *Pix liquida, Pyroleum Pini*); Holzteer (syn. Nadelholzteer), der durch trockene Destillation der Stämme, Zweige und Wurzeln gewonnene Teer. *Inh.:* Kohlenwasserstoffe, besonders Benzol, Styrol, Toluol, Xylol, polycyclische Kohlenwasserstoffe, u. a. Naphthalin und Benzpyren, phenolische Substanzen, wie Brenzcatechin und Kresole, Harze, Terpene und Polyterpene. *Anw.:* zur unterstützenden Behandlung von chronischen oder eitrigen Hauterkrankungen, meist in Bäderform. Volkstümlich auch bei Atemwegserkrankungen. In der Veterinärmedizin zur Huf- und Klauenbehandlung. ***2. Pini aetheroleum*** (syn. *Oleum Pini sylvestris*); Kiefernnadelöl, das aus den frischen Nadeln, Zweigspitzen oder frischen Ästen mit Nadeln und Zweigspitzen durch Wasserdampfdestillation gewonnene äther. Öl. *Inh.:* besonders (+)-*α*-Pinen (10–50 %), 3-Caren (bis zu 20 %), Camphen (bis zu 12 %) (–)-*β*-Pinen (10–25 %), Limonen (bis zu 10 %), Myrcen und Terpinolen (bis zu 5 %). *Anw.:* katarrhalische Erkrankungen der Atemwege, äußerlich bei rheumatischen und neuralgischen Beschwerden, mitunter in Bäderform. In der Kosmetik für Schaumbäder und in Badesalzen. ***3. Pini turiones*** (syn. *Strobuli Pini, Turiones Pini*); Kiefernsprosse (syn. Föhrensprossen), die frischen oder getrockneten, 3–5 cm langen, im Frühjahr gesammelten Triebe. *Inh.:* äther. Öl (0,2–0,5 %), u. a. mit Bornylacetat, Cadinen, (+)-3-Caren, Limonen, Phellandren und (–)-*α*-Pinen, außerdem Harz, Bitterstoffe, Vitamin C und verschiedene Zucker, u. a. Melibiose, Raffinose und Saccharose. Anw.: früher bei katarrhalischen Erkrankungen der Atemwege, äußerlich in Zubereitungen bei leichten Muskel- und Nervenschmerzen. ***4. Terebinthinae aetheroleum rectificatum***; Gereinigtes Terpentinöl aus *Pinus sylvestris*, das gereinigte äther. Öl aus dem Harzbalsam (syn. Terpentin); s. Farbtafel S. 150, Bild 79. Inh.: besonders α-Pinen (39–87 %), (–)-β-Pinen (bis zu 27 %), (+)-3-Caren (14–33 %), Limonen (ca. 6 %) und Camphen (ca. 5 %). Anw.: s. *P. palustris*. ***5. Pix Alba*** (syn. *Galipot, Resina Pini*), das beim Verdunsten des Terpentinöls an den Bäumen als Krusten zurückbleibende Harz. Anw.: Das gereinigte Harz dient wie Terpentin zur Herstellung von Pflastermassen. ***6. Resina Pini burgundica*** (syn. *Resina alba*); Burgunderharz, der Rückstand bei der Terpentinöldestillation; s. Farbtafel S. 150, Bild 80. Inh.: wasserhaltiges *Colophonium*. Anw.: s. *Colophonium*.

Hom.: ***1. Pinus sylvestris*** HAB1; Kiefer, die frischen, während des Austriebes gesammelten, bis 5 cm langen Sprossen. Anw.-Geb.: Erkrankungen der Atemwege, der Haut sowie des Stütz- und Bewegungsapparates, wie Schwäche des Bandapparates an den Knöcheln, chronischer Rheumatismus, Entzündungen der Atemwege, Ekzeme und Nesselsucht. ***2. Terebinthinae aetheroleum*** HAB; Terpentinöl von *Pinus*-Arten. Anw.-Geb.: Erkrankungen der oberen und unteren Atemwege, der Nieren, ableitenden Harnwege sowie der Haut. ***3. Pix liquida*** HAB34, der durch trockene Destillation des Holzes gewonnene Teer. Anw.-Geb.: Rißekzem der Finger und Hände, Bronchitis.

Pinus-Arten-Terpentinöl ↗ Pinus-Arten.
Pinus dammara ↗ Agathis-Arten.
Pinus larix ↗ Larix decidua.
Pinus mariana ↗ Picea mariana.
Pinus nigra ↗ Picea mariana, ↗ Pinus-Arten.
Pinus-nigra-Nadelöl ↗ Pinus-Arten.
Pinus picea ↗ Abies-Arten.
Pinus-ponderosa-Nadelöl ↗ Pinus-Arten.
Pinus-strobus-Nadelöl ↗ Pinus-Arten.
Piper album ↗ Piper nigrum.

■ **Piper angustifolium** Ruiz et Pavon
(syn. *Artanthe elongata, Piper elongatum, P. purpurascens, Steffensia elongata*); Matiko.

Fam.: Piperaceae.

Vork.: Andengebiete des nördlichen Südamerikas, v. a. Peru, Bolivien sowie Kolumbien, Venezuela.

Droge: ***Matico folium*** (syn. *Folia Matico, Herba Matico, Herba Soldado*); Matikoblätter (syn. Maticoblätter, Soldatenkraut), die getrockneten Laubblätter. Inh.: äther. Öl (0,3–6 %), u. a. mit Borneol, Phenolethern, Maticocampher, Maticin, Gerbstoffe, Harz. Anw.: in der Volksheilkunde bei bakteriellen Infektionen der ableitenden Harnwege, als Diuretikum sowie als Hämostyptikum bei Lungen- und Darmblutungen.

Hom.: ***Matico*** HAB34, die getrockneten Blätter.

Histor.: In Mexiko gehört die Droge zu den traditionellen Gewürzen für Kakao, in Panama dient sie als Aphrodisiakum und Stimulans, in den Blättern werden psychoaktive Stoffe vermutet.

Piper aromaticum ↗ Piper nigrum.

■ **Piper betle** L.
(syn. *Chavica auriculata, C. betle. C. chuvya, C. densa, C. sibirica, Piper malamiris, P. pinguispicus, P. siriboa*); Betelpfeffer.

Fam.: Piperaceae.

Heim.: Zentral- und Ost-Malaysia, heute im gesamten tropischen Asien kultiviert, ebenso in Afrika und Ozeanien.

Droge: ***Folia Piperis betle*** (syn. *Piperis betle folium*); *Piper-betle*-Blätter (syn. Betelblätter), die frischen oder getrockneten Blätter. Inh.: äther. Öl (0,8–1,8 %), v. a. phenolische Phenylpropanderivate, wie Chavibetol, Eugenol, Allylprotocatechol; Neolignane, u. a. Crotepoxid, Piperol, Piperbetol und Methylpiperbetol. Anw.: in der Volksheilkunde bei Husten, Schleimhautentzündungen, Diphtherie, Mittelohrentzündung sowie bei Magenbeschwerden. Eine größere Bedeutung besitzt die Droge als Bestandteil des „Betelbissens", ein im gesamten asiatischen Raum täglich von Millionen bereitetes Genußmittel. Zusammengesetzt aus Bruchstücken der Arecanuß (↗ *Areca catechu*), Löschkalk und verschiedenen Gewürzen werden diese in die frischen Betelblätter eingewickelt, im Mund kurz durchgekaut und dann in die Wangentaschen geschoben, um dort ausgesogen zu werden. Aus der Arecanuß wird das zentral sedierende Arecolin freigesetzt und bewirkt eine zufriedene Gelassenheit beim Anwender.

Histor.: Die Anwendung des Betelbissens wird bereits in frühen Sanskrittexten in Indien erwähnt und gehört damit zu den ältesten Genußmitteln. Darüber hinaus zählt der Betelpfeffer zu den heiligen Pflanzen Indiens und wird als Opfergabe für den Hindu-Gott Shiva in den Tempeln genutzt.

Piper caudatum ↗ Piper cubeba, ↗ Piper nigrum.

■ **Piper cubeba** L. f.
(syn. *Cubeba officinalis*); Kubebenpfeffer (syn. Schwanzpfeffer, Stielpfeffer).

Fam.: Piperaceae.

Vork.: Indonesien, auch in Indien, Malaysia kultivert.

Droge: ***Cubebae fructus*** (syn. *Cubebae, Fructus Cubebae, Piper caudatum, Semen Cubebae*); Kubeben (syn. Cubebenpfeffer, Schwanzpfeffer, Schwindelkörner), die getrockneten, meist noch nicht völlig reifen Früchte. *Inh.:* äther. Öl (10–20 %, *Oleum Cubebae*), v. a. mit Sesquiterpenen, u. a. β-Cubeben, Copaen, Cubebol, δ-Cadinen, α-Cubeben und Humulen; ferner ↗ Apiol, 1,8-Cineol, α-Pinen, Sabinen, Safrol und Asarone; Lignane (ca. 2,5 %), u. a. (–)-Cubebin, (–)-Cube-

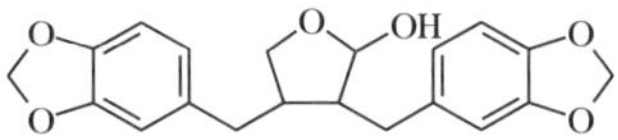

Cubebin

ninin, Dihydroclusin; Cubebensäure (1 %), Harz, fettes Öl. *Anw.:* in der Volksheilkunde bei entzündlichen und bakteriellen Erkrankungen der Harnwege, als Expektorans bei chronischer Bronchitis, auch bei Kopfschmerzen, Gedächtnisschwäche sowie zur Steigerung des Geschlechtstriebes (Aphrodisiakum). Im Haushalt dient die Droge auch als Gewürz.

Hom.: ***Piper cubeba*** (syn. *Cubeba*) HAB34; die getrockneten, unreifen Beeren. *Anw.-Geb.:* Schleimhautentzündungen der Harn- und Geschlechtsorgane.

Histor.: Die Droge zählt in Indien zu den bekannten Aphrodisiaka, das die Araber kennenlernten, als sie ihren Handel nach den Sundainseln ausdehnten. Die arabischen Ärzte des 9. und 10. Jh. kannten sowohl die Herkunft als auch die harntreibende Wirkung der Kubeben. Die Droge und ihre Wirkung war auch im mittelalterlichen Europa bekannt, so beschreibt bereits die Heilige Hildegard von Bingen in ihrer Physica ihre psychoaktiven Effekte. Obwohl Kubeben als Küchengewürz zu dieser Zeit eingesetzt wurden, geriet ihr Gebrauch in Vergessenheit, und erst bei der Besetzung Javas durch die Engländer Ende des 18. Jh. wurde die medizinische Bedeutung der Droge wiederentdeckt und um 1818 in die englische Pharmakopöe eingeführt.

Piper elongatum ↗ Piper angustifolium.
Piper germanicum ↗ Daphne mezereum.

■ **Piper guineense** Schumach. et Thonn.
Aschantipfeffer.

Fam.: Piperaceae.

Vork.: Westafrika, Kongo.

Droge: ***Kongo-Kubeben*** (syn. Aschanti-Pfeffer), die reifen Früchte. *Inh.:* Sesamin, Aschantin (Lignan), äther. Öl (ca. 10 %), u. a. mit Phellandren, Harz, Piperin und Piperidin. *Anw.:* als Gewürz. Die Droge kommt mitunter als Verfälschung von *Piper cubeba* in den Handel.

■ **Piperin**
Hauptalkaloid des Pfeffers (↗ *Piper nigrum*). *Wirk.:* Das scharf schmeckende P. führt zur Freisetzung des Neuropeptids Substanz P aus sensorischen Neuronen und induziert damit eine Hyperämisierung, die die Wirkung des Pfeffers als Stomachikum und lokales Reizmittel erklärt.

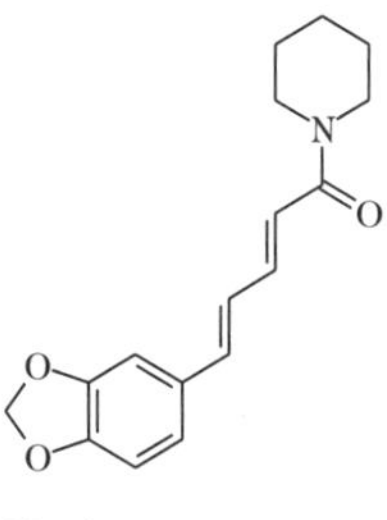

Piperin

Piper inebrians ↗ Piper methysticum.
Piperis albi fructus ↗ Piper nigrum.
Piperis betle folium ↗ Piper betle.
Piperis longi fructus ↗ Piper longum.
Piperis methystici rhizoma ↗ Piper methysticum.
Piperis nigri fructus ↗ Piper nigrum.

Piper latifolium ↗ Piper longum.

■ **Piper longum** L.
(syn. *Chavica Roxbhurgii, C. sarmentosa, Piper latifolium, P. sarmentosum*); Bengalpfeffer (syn. Langer Pfeffer).

Fam.: Piperaceae.

Heim.: Himalajagebiet, kultiviert in Bangladesh, Indien, Sri Lanka.

Droge: ***Fructus Piperis longi*** (syn. *Piper longum, Piperis longi fructus, Spadices Piperis longi*); *Piper-longum*-Früchte (syn. Brasilianischer Pfeffer, Fliegenpfeffer, Langer Pfeffer, Stangenpfeffer), die vor der Reife gesammelten Früchte. *Inh.:* äther. Öl (ca. 1 %), v. a. Sesquiterpene, daneben *p*-Cymen, Dihydrocarvcol, Terpinolen und *α*-Thujen; Piperin (4–6 %) und Derivate; Zimtsäurederivate. *Anw.:* ähnlich wie ↗ *Piper nigrum*; in der Volksheilkunde Indiens bei Bronchialasthma, zur Hustenstillung, bei Muskelschwäche, Leber- und Galleleiden sowie bei Befall mit Eingeweidewürmern. In der Kombination mit anderen Drogen in der ↗ Ayurveda-Medizin gegen eine Übersäuerung des Magens und gegen Duodenumgeschwüre angewendet.

Histor.: Die Droge wird in Asien und Arabien seit langer Zeit als Gewürz, Aphrodisiakum und Heilmittel verwendet, z. B. in den Orientalischen Fröhlichkeitspillen. In tantrischen Ritualen ist der Lange Pfeffer ein Hauptbestandteil für aphrodisische Rezepturen.

Piper malamiris ↗ Piper betle.

■ **Piper methysticum** G. Forst.
(syn. *Macropiper latifolium, M. methysticum, Piper inebrians*); Rauschpfeffer (syn. Kawapfeffer).

Fam.: Piperaceae.

Vork.: heimisch auf Neuguinea, heute auf vielen pazifischen Inseln zwischen nördlichem und südlichem Wendekreis kultiviert.

Droge: ***Kava-Kava rhizoma*** (*Piperis methystici rhizoma, Radix Kava-Kava, Rhizoma Kava-Kava, Rhizoma Kavae*); Kavakavawurzelstock (syn. Kava-Kava-Rhizom, Rauschpfeffer), der in der Regel geschälte und zerschnittene, meist von den Wurzeln befreite, getrocknete Wurzelstock; s. Farbtafel S. 150, Bild 81. *Inh.:* ↗ Kawalactone (ca. 5 %, Kawapyrone), u. a. mit Kavain (Kawain), Methysticin, Desmethoxyyangonin, Yangonin und weiteren Derivaten, Amide, wie Pyrrolidide, Chalcone, aromatische und aliphatische Säuren. *Anw.:* bei nervösen Angst-, Spannungs- und Unruhezuständen zur Sedierung. In der Volksheilkunde zur Beruhigung, als Stimulans und zur Schlafförderung sowie bei Asthma, Rheuma, zur Gewichtsreduktion, bei chronischer Zystitis und bei Geschlechtskrankheiten. *Geg.:* Schwangerschaft, Stillzeit, endogene Depressionen.

Hom.: ***Piper methysticum*** HAB; Rauschpfeffer, der getrocknete Wurzelstock mit anhängenden Wurzeln. *Anw.-Geb.:* Erkrankungen des Zentralnervensystems, des arteriellen Gefäßsystems, des Magen-Darm-Traktes, der Nieren und ableitenden Harnwege sowie der Haut.

Histor.: Die Droge dient seit langer Zeit den Ureinwohnern der Südseeinseln zur Bereitung des Kava-Getränks und spielt seit jeher im religiösen, politischen und gesellschaftlichen Leben eine große Rolle. Das Kava-Getränk, das eine Anästhesie der Zunge und Mundschleimhaut sowie ein reduziertes Geschmacksempfinden bewirkt, soll gleichzeitig Wohlbefinden, Friedfertigkeit und Entspannung induzieren, ohne das Bewußtsein und die Denkfähigkeit zu beeinträchtigen. Als erste Europäer berichten James Cook und Johann Georg Forster 1777 von der Droge und ihren Eigenschaften, seit 1820 wird sie therapeutisch genutzt, vornehmlich aber zunächst zur Therapie von Geschlechtskrankheiten. Heute ist die Droge ein wichtiges Phytotherapeutikum, das gern als Tranquilizer der Natur bezeichnet wird. Der lateinische Gattungsname *Piper* stellt eine Verstümmelung des Sanskritwortes *pippali* dar; *methysticum* entspricht dem griechischen *methyskomai* (sich berauschen). Die Bezeichnungen Kawa, Kava-Kava, Ava oder Yangona sind die Namen für den Rauschpfeffer bei den Eingeborenen Polynesiens.

■ **Piper nigrum** L.
(syn. *Muldera multinervis, M. wightiana, Piper aromaticum, P. trioicum*); Pfeffer.

Fam.: Piperaceae.

Vork.: tropisches Asien, angebaut auch in Südamerika, Afrika, den Antillen und Madagaskar.

Drogen: ***1. Piperis albi fructus*** (syn. *Fructus Piperis albi, Piper album*); Weißer Pfeffer (syn. Leucopiper, Leukopiper), die von der äußeren Fruchtschicht befreiten, getrockneten Früchte.

Inh.: wie *Piperis nigri fructus*, allerdings mit einem etwas geringeren Piperingehalt. Anw.: in ähnlicher Weise wie *Piperis nigri fructus*, in der Volksheilkunde bei Hämorrhoiden und als Gewürz. ***2. Piperis nigri fructus*** (syn. *Fructus Piperis nigri, Piper nigrum*); Schwarzer Pfeffer, die vor der Reife gesammelten und getrockneten, beerenartigen Früchte. Inh.: äther. Öl (1,2–2,6 %) mit Terpenkohlenwasserstoffen (90 %) und sauerstoffhaltigen Terpenen (ca. 10 %). Hauptkomponenten sind Sabinen, Limonen, Caryophyllen, β- und α-Pinen, Caren und Bisabolen. Piperalkaloide, wie das scharf schmeckende ↗ Piperin (5–10 %), Piperylin und Piperoleine A bis C. Daneben kommen Phenole und Phenolcarbonsäuren vor, die für die schwarze Farbe der Droge verantwortlich sind. Anw.: innerlich zur Verdauungsförderung bei Magenbeschwerden und als eines der am häufigsten verwendeten Gewürze. In der Volksheilkunde wird die Droge auch bei Bronchitis eingesetzt. In Form von Salben dient sie als Hautreizmittel bei Neuralgien sowie bei Befall mit Krätze.

Hom.: ***Piper nigrum*** HAB34; die unreifen, getrockneten Früchte. Anw.-Geb.: Schleimhautreizung, Milchfluß.

Histor.: Pfeffer war schon seit dem Altertum in Europa bekannt und findet sich unter den Arzneimitteln des Hippokrates. Die im Altertum aus Indien eingeführten Mengen waren sehr beträchtlich. So gehörten z. B. 3000 Pfund Pfeffer zum Lösegeld, das Alarich, König der Ostgoten, bei der Belagerung Roms 408 n. Chr. erhielt. Im Mittelalter wurde Pfeffer sehr hoch geschätzt, und der Handel ging fast ausschließlich vom Orient über Venedig ins übrige Europa. Das änderte sich erst, als der Seeweg nach Indien entdeckt wurde und die Portugiesen 1503 die erste Gewürzsendung nach Lissabon brachten.

Pipernuß ↗ Pistacia vera.
Piper pinguispicus ↗ Piper betle.
Piper pinnatum ↗ Zanthoxylum-Arten.
Piper purpurascens ↗ Piper angustifolium.
Piper sarmentosum ↗ Piper longum.
Piper siriboa ↗ Piper betle.
Piper trioicum ↗ Piper nigrum.
Pipitzahoawurzel ↗ Perezia oxylepis.
Piptadenia falcata ↗ Anadenanthera peregrina.
Piptadenia niopo ↗ Anadenanthera peregrina.
Piptadenia peregrina ↗ Anadenanthera peregrina.
Piptostegia gomesia ↗ Merremia macrocarpa.

■ **Piralima nitida** (Stapf) Th. Et H. Durand. (syn. *Tabernaemontana nitida, Picralima klaineana, P. macrocarpa*).

Fam.: Apocynaceae.

Vork.: Afrika, bes. Elfenbeinküste, Ghana, Nigeria, Kamerun, Gabun, Kongo, Zaire, Angola, Uganda.

Droge: Wurzeln, Stammrinde und Samen. Inh.: Indolalkaloide, u. a. Akuammin, Akuammigin, Akuammicin, Picraphyllin. Anw.: in der afrikanischen Volksheilkunde bei Malaria, Fieber, Brustbeschwerden, Lungenentzündung und als Anthelmintikum. Die Droge wird auch zur Bereitung von Pfeilgiften in Zentralafrika eingesetzt.

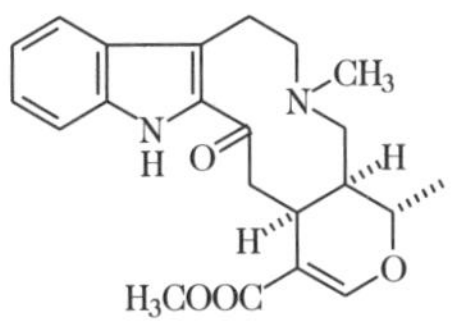

Picraphyllin

Pirola umbellata ↗ Chimaphila umbellata.
Pirus aucuparia ↗ Sorbus aucuparia.
Pirus sinensis ↗ Chaenomeles sinensis.
Pisang ↗ Musa x paradisiaca.
Piscidia erythrina ↗ Piscidia piscipula.

■ **Piscidia piscipula** (L.) Sarg. (syn. *Piscidia erythrina, Erythrina piscipula, Ichthyometica piscipula*), Piscidiawurzel.

Fam.: Fabaceae.

Vork.: tropisches Amerika, Florida, Mexiko, westindische Inseln.

Droge: ***Cortex Piscidiae radicis*** (syn. *Cortex Piscidiae, Cortex Piscidiae erythrinae*); Piscidiarinde (syn. Fischrinde, Piscidiawurzelrinde), die getrocknete Wurzelrinde. Inh.: Isoflavone, u. a. ↗ Rotenon, Ichtynon, Jamaicin; Piscidin, Harz, Piscidiasäure, Gerbstoff. Anw.: in der Volksheilkunde als Sedativum und Hypnotikum, besonders bei Keuchhusten und Asthma, als Diaphoretikum und Diuretikum. Die Eingeborenen benutzen die Droge als effektives Fischgift zum Fischfang.

Hom.: ***Piscidia piscupula*** (syn. *Piscidia erythrina*) HAB34; die frische, zu Beginn der Blüte geerntete Wurzelrinde. Anw.-Geb.: Schlafstörungen.

Histor.: Der Gattungsname *Piscidia* setzt sich aus dem lateinischen *piscis* (Fisch) und *caedere* (töten) zusammen, Bezug nehmend auf die frühere Verwendung der Pflanze zum Betäuben der Fische.

Piscidiarinde ↗ Piscidia piscipula.
Piscidiawurzel ↗ Piscidia piscipula.
Pißblume ↗ Taraxacum officinale.
Pißranke ↗ Solanum-Arten.

■ **Pistacia atlantica** Desf.
(syn. *Pistacia mutica*); Atlantische Pistazie.

Fam.: Anacardiaceae.

Vork.: Kanarische Inseln, Mittelmeergebiete, Pakistan, in den USA, der Türkei und Nordafrika auch kultiviert.

Droge: ***Gallae Pistaciae*** (syn. *Pistaciae gallae*); *Pistacia-atlantica*-Gallen, die von den Insekten *Pemphigus corniculatus* und *P. semilunarius* erzeugten Blattgallen. Inh.: Gerbstoffe, wie Tannin (24–40 %). Anw.: zur Tanningewinnung, im Iran auch zur Teppichfärberei.

Pistacia chia ↗ Pistacia lentiscus.

■ **Pistacia chinensis** Bunge
(syn. *Pistacia formosana, P. interregima, P. philippensis*).

Fam.: Anacardiaceae.

Vork.: China, Taiwan, Philippinen, in China und den USA auch kultiviert.

Droge: ***Gallae Pistaciae interregimae*** (syn. *Pistaciae interregimae gallae*); *Pistacia-interregima*-Gallen, die von Insekten (*Pemphigus ssp.* und *Aphis ssp.*) erzeugten Blattgallen. Inh.:. äther. Öl (1,3–1,8 %); Triterpene, Gerbstoffe, wie Tannine (20–75 %), Gummiharz. Anw.: in der Volksheilkunde bei Husten, Asthma, Lungeninfektionen, Schwindsucht, Nasenbluten und anderen Erkrankungen der Atemwege; bei Magen-Darm-Störungen, Ruhr und Schlangenbissen. Auch als Gerbmaterial wird die Droge eingesetzt.

Pistaciae gallae ↗ Pistacia atlantica.
Pistaciae interregimae gallae ↗ Pistacia chinensis.
Pistaciae lentistici folium ↗ Pistacia lentiscus.
Pistaciae semen ↗ Pistacia vera.

Pistacia formosana ↗ Pistacia chinensis.
Pistacia interregima ↗ Pistacia chinensis.

■ **Pistacia lentiscus** L.
(syn. *Pistacia chia, P. mutica, P. terebinthus, Terebinthus vulgaris*); Mastix-Strauch (syn. Lentiske, Mastix-Pistazie, Pistakistrauch, Restringe), s. Farbtafel S. 150, Bild 82.

Fam.: Anacardiaceae.

Vork.: Mittelmeergebiete, u. a. einige Inseln, besonders Chios (Anbau).

Drogen: ***1. Mastix*** (syn. *Gummi Lentisci, Gummi Mastix, Mastix levantica, Resina Mastix*); Mastixharz (syn. Chios-Mastix), der freiwillig austretende oder durch Einschnitte gewonnene und erhärtete Harzbalsam; s. Farbtafel S. 150, Bild 83. Inh.: Harzfraktion mit den 3 Triterpensäuren Masticadienonsäure, Isomasticadienonsäure und Oleanolsäure sowie dem Triterpenalkohol Tirucallol als Hauptbestandteil. Außer-

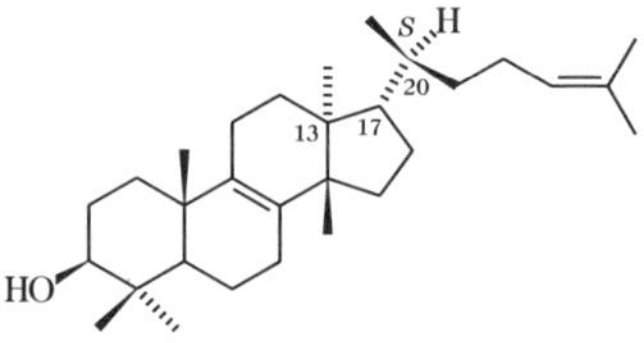

Tirucallol

dem weitere Terpenoide sowie äther. Öl (1–3 %), das ca. 90 % Monoterpene, u. a. α-Pinen (ca. 79 %) als Hauptkomponente, enthält. Anw.: zur Herstellung von Pflastern, zur Fixierung von Wundverbänden und volkstümlich bei Magenbeschwerden sowie in der traditionellen Medizin der Erzeugerländer bei Beschwerden im Oberbauch, Magenschmerzen, Dyspepsie und Geschwüren im Verdauungstrakt. ***2. Pistaciae lentistici folium*** (*Folia Pistaciae lentisci*); Pistazienblätter, die getrockneten Blätter. Inh.: äther. Öl (0,1–0,3 %), bestehend aus Terpenkohlenwasserstoffen (41 %, u. a. Camphen, Pinen und Terpinen), Estern (ca. 17 %), Alkoholen (16 %), Carbonylverbindungen (15 %) und Sesquiterpenen (9 %). Außerdem Flavonoide, u. a. Myricetin, und Gerbstoffe. Anw.: in der Volksheilkunde der Erzeugerländer als blutdrucksenkende Mittel sowie technisch zum Färben und Gerben. ***3. Gallae Pistaciae terebinthini***; *Pistacia-terebinthus*-Gallen (syn. Judenschote, Pistaziengallen, Terpentingallen), auf den Blättern durch Insekten erzeugte Gallen. *Inh.:* hydrolysierbare Gerbstoffe (50–60 %), insbesondere Ellagitannine, ferner saure und neutrale Triterpene, u. a. Dammarendiol, Dipterocarpol, Erythrodiol, Masticadienonsäure, Oleanolaldehyd und Tirucallol sowie äther. Öl (ca. 4 %). *Anw.:* volkstümlich in den Heimatgebieten der Droge zum Adstringieren, bei Asthma und Krampfhusten sowie technisch zum Färben von Seide und Wein.

Pistacia mutica ↗ Pistacia atlantica, ↗ Pistacia lentiscus.
Pistacia narbonensis ↗ Pistacia vera.
Pistacia nigricans ↗ Pistacia vera.
Pistacia officinarum ↗ Pistacia vera.
Pistacia palaestina ↗ Pistacia terebinthus.
Pistacia philippensis ↗ Pistacia chinensis.
Pistacia reticulata ↗ Pistacia vera.
Pistacia simaruba ↗ Bursera-Arten.

■ **Pistacia terebinthus** 1) ↗ Pistacia lentiscus.
2) **Pistacia terebinthus** L.
(syn. *Pistacia palaestina, Terebinthus vulgaris*); Terebinthe (syn. Terpentinpistazie), s. Farbtafel S. 150, Bild 84.

Fam.: Anacardiaceae.

Vork.: Mittelmeergebiete.

Droge: ***Terebinthina Chiotica*** (syn. *Terpentina cyprica, Terebinthina Pistaciae*); Chios-Terpentin (syn. Chios-Harz, Terpentinharz, Zyprisches Terpentin), das aus den schizogenen Sekretbehältern durch Einschnitte ausfließende Harz. *Inh.:* äther. Öl (9–14 %) mit Borneol, Bornylacetat, Dipenten und α-Pinen sowie Harz mit sauren und neutralen Triterpensäuren. *Anw.:* in den Sammelgebieten früher bei Hautleiden.

Hom.: ***Terebinthina Chios*** HAB34, der frische Balsam.

Pistacia trifolia ↗ Pistacia vera.
Pistacia variifolia ↗ Pistacia vera.

■ **Pistacia vera** L.
(syn. *Pistacia narbonensis, P. nigricans, P. officinarum, P. reticulata, P. trifolia, P. variifolia*); Echte Pistazie (syn. Pimpernuß, Pipernuß, Pistakinuß).

Fam.: Anacardiaceae.

Vork.: Mittelmeergebiete, besonders Sizilien, Tunesien sowie Vorder- und Zentralasien.

Droge: ***Pistaciae semen*** (syn. *Amygdalae virides, Amygdalae viridis, Nuces Pistaciae, Nuclei Pistaciae, Semen Pistaciae*); Pistazien (syn. Aleppo-Nüsse, Echte Pistazien, Grüne Mandeln, Pistazienmandeln, Syrische Nüsse), die Samen der getrockneten Steinfrüchte. *Inh.:* fettes Öl, besonders mit Glyceriden der Ölsäure (68 %), Linolsäure (16 %), Palmitinsäure (10 %), ferner phenolische Stoffe, u. a. Anthocyanpigmente, vor allem Cyanidin-3-O-β-galactosid, sowie Catechin und Epicatechin. Außerdem Anacardsäuren. *Anw.:* geröstet oder grün, analog Mandeln und Erdnüssen für Speisezwecke sowie in der Konditorei, z. B. für Eisspezialitäten. Das fette Öl ist als Speiseöl nutzbar.

Histor.: Der Gattungsname *Pistacia* leitet sich vom griechischen *pistakós* (echt, unverfälscht) ab.

Pistacia vera, Zweig mit Blättern und Früchten.

Pistakinuß ↗ Pistacia vera.
Pistakistrauch ↗ Pistacia lentiscus.
Pistazien ↗ Pistacia vera.
Pistazienblätter ↗ Pistacia lentiscus.
Pistazienmandeln ↗ Pistacia vera.
Pitti ↗ Ventilago madraspatana.
Pituri ↗ Duboisia-Arten.
Piule ↗ Ipomoea violacea, ↗ Rhynchosia phaseoloides.
Pix (lat.); Pech (Teer).
Pix Abietarum ↗ Pinus-Arten.
Pix alba ↗ Pinus-Arten.
Pix Betulae ↗ Betula-Arten.

Pix Betulina ↗ Betula-Arten.
Pix Cadi ↗ Juniperus oxycedrus.

■ Pix Fagi

(*Fagi empyreumaticum, Oleum Fagi empyreumaticum*), Buchenteer; der durch trockene Destillation aus Buchenholz (↗ *Fagus sylvatica*) gewonnene Teer. Inh.: Phenole, Kresole, Kreosot, Guajacol, Paraffine, Fettsäuren und ihre Ester. Anw.: früher innerlich bei Tuberkulose und Bronchialleiden. Äußerlich wird die Droge bei Ekzemen sowie bei Klauenseuche eingesetzt. In der Lebensmittelindustrie dient sie als Konservierungsmittel (Schnellräucherei).

Pix Juniperi ↗ Juniperus oxycedrus.
Pix Juniperi liquida ↗ Juniperus oxycedrus.

■ Pix liquida

durch trockene Destillation des Holzes verschiedener Pinaceen (↗ *Pinus*-Arten) gewonnener Teer.

Hom.: ***Pix liquida*** HAB. Anw.-Geb.: Rißekzem der Hände und Finger, Bronchitis.

Pix Lithanthracis ↗ Steinkohlenteer.
Pix Oxycedri ↗ Juniperus oxycedrus.

■ Placebo

(syn. Plazebo) lat. *placebo*, ich werde gefallen. Scheinmedikament, das wirkstofffrei ist, jedoch äußerlich mit dem wirksamen Medikament übereinstimmt. Als Placeboeffekt bezeichnet man eine Besserung oder Heilung von Krankheitsprozessen nach Behandlung mit Placebos.

Placenta Amygdalarum ↗ Prunus-Arten.
Placenta HAB; Placenta von Schlachttieren.
Placenta Seminis Lini ↗ Linum usitatissimum.
Plananthus fastigiatus ↗ Huperzia selago.
Plananthus recurvus ↗ Huperzia selago.
Plananthus selago ↗ Huperzia selago.
Plantaginis folium ↗ Plantago-Arten.
Plantaginis lanceolatae folium ↗ Plantago-Arten.
Plantaginis lanceolatae herba ↗ Plantago-Arten.
Plantaginis majoris herba ↗ Plantago-Arten.
Plantaginis ovatae semen ↗ Plantago-Arten.
Plantaginis ovatae testa ↗ Plantago-Arten.
Plantago afra ↗ Plantago-Arten.

■ Plantago-Arten

● **Fam.:** Plantaginaceae.

● **Plantago afra** L. (syn. *Plantago afrum, P. atratum, P. cynops, P. divaricata, P. durandoi, P. parviflora, P. psyllium, P. sicula, P. squalida, P. stricta, P. strictum, Psyllium erectum, P. parvoflorum*); Flohkraut (syn. Flohwegerich, Sandwegerich, Strauchwegerich).

Vork.: Mittelmeerraum und westliches Asien.

Droge: ***Psyllii semen*** (syn. *Semen Psyllii, Semen Pulicariae*); Flohsamen (syn. Heusamen, *Plantago-afra*-Samen, *Plantago-arenaria*-Samen, *Plantago-indica*-Samen, *Plantago-psyllium*-Samen), die reifen Samen. Inh.: Schleimstoffe (10–12 %) mit Xylose und Arabinose als Hauptkomponenten, ferner Rhamnose und Galacturonsäure sowie in geringer Menge ↗ Aucubin und Alkaloide vom Typ des Boschniakins. Anw.: habituelle Obstipation sowie bei Erkrankungen, bei denen eine erleichterte Darmentleerung gewünscht ist, z. B. bei Analfissuren, Hämorrhoiden oder nach rektal-analen operativen Eingriffen. Äußerlich volkstümlich topisch als heißer Breiumschlag (Kataplasma) bei Furunkulose.

● **Plantago arenaria** Waldst. et Kit. (syn. *Plantago indica, P. psyllium, P. scabra, P. scabrum, Psyllium arenarium*); Sand-Wegerich.

Vork.: Mittel- und Südeuropa, in Südfrankreich auch kultiviert.

Droge: ***Psylli semen***; Flohsamen. Inh.: wie *Plantago afra*, allerdings ist das Vorhandensein von ↗ Aucubin nicht sicher, zusätzlich wurden Spuren von Narcotin und Arenarin gefunden. Anw.: s. *P. afra*.

● **Plantago lanceolata** L. (syn. *Arnoglossum lanceolatum, Plantago flexuosa, P. lanceofolia, P. longistipes, P. sylvatica*). Spitzwegerich (syn. Heilwegerich, Wundwegerich), s. Farbtafel S. 151, Bild 85.

Vork.: weltweit innerhalb der kühl-gemäßigten Zonen.

Drogen: *1.* ***Plantaginis lanceolatae folium*** (syn. *Folium Plantaginis, Plantaginis folium*); Spitzwegerichblätter, die getrockneten Laubblätter. Inhaltsstoffe und Anwendung s. *Plantaginis lanceolatae herba*. ***2. Plantaginis lanceolatae herba*** (syn. *Herba Plantaginis angustifoliae, Herba Plantaginis lanceolatae*); Spitzwegerichkraut (syn. *Plantago-lanceolata*-Kraut), das getrocknete Kraut. Inh.: Iridoidglykoside (1,9–2,4 %), besonders ↗ Aucubin und Catalpol, Schleimpolysaccharide (ca. 2 %), überwiegend aus Rhamnogalacturonan mit Arabinogalactan-Seiten-

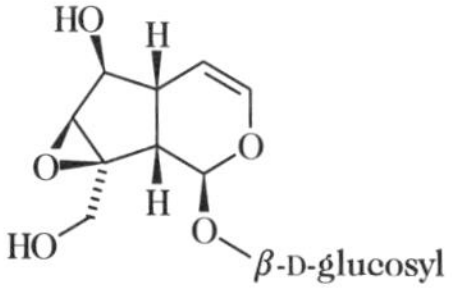

Catalpol

kette bestehend, ferner Flavonoide, Kaffeesäureglykoside, Hydroxyzimtsäuren mit Chlorogen- und Neochlorogensäure sowie Gerbstoffe (ca. 6,5 %) und Kieselsäure. *Anw.*: Katarrhe der Luftwege, oft Bestandteil von Bronchialtees, entzündliche Prozesse im Mund-Rachen-Raum. Äußerlich bei Hauterkrankungen. Volkstümlich auch bei Magen- und Leberleiden sowie äußerlich – meist als Frischdroge – bei Verletzungen als Wundheilmittel.

Hom.: ***Plantago lanceolata*** HAB34, die frische Pflanze.

● **Plantago major** L. (syn. *Plantago asiatica, P. latifolia, P. officinarum*); Breitwegerich (syn. Breiter Wegerich, Großer Wegerich, Sohlenkraut, Wegebreit, Wegtritt).

Vork.: Europa, Asien, Nordamerika.

Drogen: ***1. Plantaginis majoris herba*** (syn. *Herba Arnoglossi, Herba Plantaginis latifoliae, Herba Plantaginis majoris*); Breitwegerichkraut, das getrocknete oder frische, während der Blütezeit gesammelte Kraut. *Inh.*: Iridoidglykoside, u. a. ↗ Aucubin (ca. 0,04 %) und Catalpol, ferner Polysaccharide, Flavonoide, u. a. Baicalein, Luteolin und Scutellarein sowie Kaffeesäurederivate, u. a. Chlorogen- und Neochlorogensäure. *Anw.*: Erkrankungen der Atemwege, Bronchialkatarrh. Äußerlich für Spülungen, besonders im Mund-Rachen-Raum. ***2. Plantago-major-Samen***; Breitwegerichsamen, die reifen Samen. *Inh.*: unter anderem Schleim. *Anw.*: in der Volksheilkunde bei Obstipation sowie zur Förderung der Diurese.

Hom.: ***Plantago major*** HAB34; Breitblättriger Wegerich, die frischen, oberirdischen Pflanzenteile. *Anw.-Geb.*: Schmerzen im Kopfbereich, Einnässen, Durchfall, Hautausschläge.

● **Plantago media** L. (syn. *Arnoglossum incanum, Plantago concinna, P. incana*); Mittlerer Wegerich.

Vork.: ganz Europa, gemäßigtes Asien.

Hom.: ***Plantago media*** HAB34, die frische Pflanze.

● **Plantago ovata** Forsskal (syn. *Plantago brunnea, P. decumbens, P. fastigiata, P. gooddingii, P. insularis, P. ispagula, P. lanata, P. leiocephala, P. microcephala, P. minima, P. trichophylla, P. villosa*); Indisches Psyllium (syn. Blondews Psyllium).

Vork.: Indien, Afghanistan, Iran, Nordafrika.

Drogen: ***1. Plantaginis ovatae semen*** (syn. *Ispaghulae semen, Semen Ispaghulae, Semen Plantaginis ovatae*); Indischer Flohsamen (syn. Blonder Flohsamen, Indischer Wegerich, Indisches Psyllium, Ispaghulasamen), die reifen Samen mit einer Quellungszahl von mindestens 9. *Inh.*: Schleimstoffe (20–30 %), die ausschließlich in der Samenschale lokalisiert sind. Sie stellen ein verzweigtes Arabinoxylan dar, das in den Seitenketten auch Rhamnose und Galacturonsäure gebunden enthält. Im gelbildenden Anteil befindet sich zudem noch 4-*O*-Methylglucuronsäure. Außerdem wurde in den Samen noch ca. 0,21 % ↗ Aucubin nachgewiesen. *Anw.*: Beschwerden im Analbereich (Analfissuren, Hämorrhoiden) oder nach rektalen Eingriffen sowie in der Schwangerschaft, bei denen eine erleichterte Darmentleerung mit weichem Stuhl erreicht werden soll, auch bei habitueller Obstipation sowie zur unterstützenden Therapie bei Reizdarm und Durchfällen. Bestandteil zahlreicher Arzneifertigpräparate, z. T. nur unter Verwendung der Samenschalen, zumal sich diese vom Samen abtrennen lassen und damit eine niedrigere Dosierung ermöglichen. *Geg.*: drohender oder bestehender Ileus sowie schwer einstellbarer Diabetes mellitus. ***2. Plantaginis ovatae testa*** (syn. *Testa Plantaginis ovatae*); Indische Flohsamenschalen (syn. Ispaghula-Samenschalen, *Plantago-ovata*-Samenschalen), die Droge besteht aus der Epidermis und den angrenzenden, kollabierten Schichten der Indischen Flohsamen (Quellungszahl mindestens 40). Inhaltsstoffe und Anwendung s. *Plantaginis ovatae semen*.

Hom.: ***Plantago ovata*** HAB34, die frische Pflanze.

● **Histor.:** Der Gattungsname *Plantago* ist aus dem lateinischen *planta* (Fußsohle) entstanden, Bezug nehmend auf die entfernte Ähnlichkeit der Blätter von *Plantago major* mit dem Abdruck einer Fußsohle. Die Art *lanceolata* (Lanze, Spieß) bezieht sich auf die Form dieser Blätter. Die deutsche Bezeichnung Wegerich, althochdeutsch wegarih, ist sehr alt. Verbunden mit dem althochdeutschen *rih* (König) kann sie als Wegbeherrscher oder „um und auf dem Wege lagernd“ angesehen werden. Wegericharten standen sowohl bei den Ärzten des klassischen Altertums als auch im Mittelalter in hohem Ansehen und wurden als Drogen sehr vielfältig eingesetzt.

Planten ↗ Musa x paradisiaca.
Platanenrinde ↗ Platanus-Arten.

■ **Platanthera bifolia** (L.) L. C. Rich.
(syn. *Gymnadenia bifolia, Lysias bifolia, Orchis bifolia, Platanthera solstitialis, Satyrium bifolium*); Zweiblättrige Waldhyazinthe (syn. Kuckucksstendel, Zweiblättriges Breitkörbchen).
Fam.: Orchidaceae.
Vork.: Europa, Rußland, Südsibirien, Nordamerika.
Droge: ***Tubera Salep***. Inhaltsstoffe und Anwendung ↗ *Orchis*-Arten.

Platanthera solstitialis ↗ Platanthera bifolia.

■ **Platanus-Arten**
● **Fam.:** Platanaceae.
● **Platanus hispanica** Münchh. (syn. *Platanus acerifolia, P. hybrida, P. occidentalis x P. orientalis, P. orientalis* var. *acerifolia*); Ahornblättrige Platane (syn. Bastardplatane, London-Platane).
Vork.: Mitteleuropa, Nordamerika, wichtiger Straßenbaum, der selbst in der Großstadt gut gedeiht.
Droge: ***Cortex Platani***; Platanenrinde, die Rinde der Stämme und Äste. Inh.: Triterpene, wie ↗ Betulin, Betulinsäure, Betulinaldehyd, Plataninsäure sowie β-Sitosterol und Polyphenole.
● **Platanus occidentalis** L.; Abendländische Platane (syn. Amerikanische Platane).
Vork.: östliches und mittleres Nordamerika. Inh.: ähnlich wie bei *Platanus hispanica*.
Droge: ***Cortex Platani***; Platanenrinde, die Rinde der Stämme und Äste.
Hom.: ***Platanus*** HAB1; die frische Rinde junger Zweige von *Platanus occidentalis* und *Platanus hispanica*. Anw.-Geb.: Erkrankungen des Auges (Liderkrankungen) und der Haut, wie trocken-schuppiges Ekzem.
● **Histor.:** Der Gattungsname *Platanus*, vom griechischen *platys* (breit, flach, d. h. wie eine Hand) abgeleitet, bezieht sich auf die Blätter.

Platanus occidentalis, fruchtender Zweig.

Platterbse ↗ Lathyrus sativus.
Plattsaad ↗ Polygonum aviculare.
Platycodon autumnalis ↗ Platycodon grandiflorum.

■ **Platycodon grandiflorum** DC.
(syn. *Platycodon autumnalis, P. sinensis, Campanula grandiflora, C. glauca, C. gentianoides*); Ballonblume; s. Farbtafel S. 151, Bild 86.
Fam.: Campanulaceae.
Vork.: China, Japan.
Droge: ***Radix Platycodi***, die Wurzeln. Inh.: saure Saponine, wie Platycodin A – H; Polygalasäure, Playcodigenin, ferner Platicodosid C, Platycodogensäuren A, B und C. Anw.: in der traditionellen chinesischen Heilkunde als Expektorans und Antitussivum sowie gegen Schmerzen, Enzündungen, Fieber und bei Nervenleiden. Mitunter dient die Droge als Ersatz für ↗ *Panax ginseng* oder ↗ *Panax quinquefolius*.

Platycodon sinensis ↗ Platycodon grandiflorum.

■ **Plectranthus fruticosus** L'Hèrit.
Mottenkraut (syn. Mottenkönig).
Fam.: Lamiaceae (Labiatae).
Vork.: Südafrika, bes. Kapland.
Droge: ***Herba Plectranthi***; Mottenkraut, die ganze Pflanze. Inh.: äther. Öl komplexer Zusammensetzung. Anw.: in der Volksheilkunde als Insektizid.
Hom.: ***Plectranthus fruticosus*** HAB34, die frische, blühende Pflanze.

Plectranthus nankinensis ↗ Perilla frutescens.

■ **Plexaura homomalla**
Hornkoralle.
Fam.: Coralliidae.
Vork.: Karibik.
Droge: die ganzen Tiere. Inh.: u. a. Prostaglandine, bes. Prostaglandin A_2 (ca. 1–3 %). Anw.: früher zur Gewinnung der Prostaglandine, die in der Geburtshilfe eingesetzt werden.

■ **Plinius, Gaius Plinius Secundus** der Ältere (23–79 n. Chr.), römischer Schriftsteller, der beim Vesuvausbruch, welcher Pompeji begrub, seinen Tod fand. Er verfaßte unter anderem in 36 Büchern die Naturgeschichte der Pflanzen, „Naturalis Historia", die alle drei Bereiche der Natur umfaßte. Diese stellte eine Sammlung der bis dahin existierenden Schriften, vor allem auch der Heilkunde, dar.

■ **Plocamium coccineum** (Huds.) Lyngbye
Kammtang.
Fam.: Plocamiaceae.
Vork.: europäische Atlantikküsten.
Droge: die getrockneten Algen. Inh.: u. a. Phycoerythrin, polyhalogenierte Terpene. Anw.: zur Gewinnung des roten Pigmentes Phycoerythrin als Zusatz zu Kosmetika.
Histor.: Die Alge wurde von den Römern bereits im Altertum wegen des roten Farbstoffes zur Herstellung von Schminken eingesetzt.

Pluchea balsamifera ↗ Blumea balsamifera.

■ **Plumbagin**
Naphthochinonderivat aus dem Sonnentau (↗ *Drosera*-Arten) mit spasmolytischer, antibakterieller und sekretolytischer Wirksamkeit.

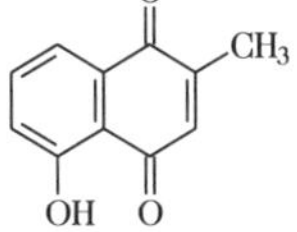

Plumbagin

■ **Plumbago europaea** L.
Bleiwurz (syn. Zehrwurz, Zahnkraut, Sankt-Antonius-Kraut, St. Antoniuskraut).
Fam.: Plumbaginaceae.
Vork.: Südeuropa, Kaukasusgebiete.
Droge: ***Herba Plumbaginis*** (*Herba Dentariae*); Bleiwurzkraut (syn. Zehrwurzkraut, Zahnkraut), das getrocknete Kraut. Inh.: ↗ Plumbagin (ca. 1 %), Plumbagol, Gerbstoffe. Anw.: in der Volksheilkunde als blasenziehendes Mittel, bei Epilepsie, Hautleiden und Geschwüren.
Hom.: ***Plumbago europaea*** HAB34, das frische Kraut.
Histor.: Der Gattungsname *Plumbago* wird vom lateinischen *plumbum* (Blei) abgeleitet, vermutlich wegen der bleigrauen Flecken, die der Saft der Wurzeln verursacht.

■ **Plumeria acutifolia.**
Fam.: Apocynaceae.
Vork.: Indien, Indonesien, Japan, Mittelamerika.
Droge: ***Cortex Plumeriae acutifoliae***, die Rinde. Inh.: Iridoid-Glykoside, wie Plumierid (ca. 4 %); Fulvoplumierin, Zimtsäurederivate, Kautschuk. Anw.: in der Volksheilkunde bei äußerlichen Infektionen.

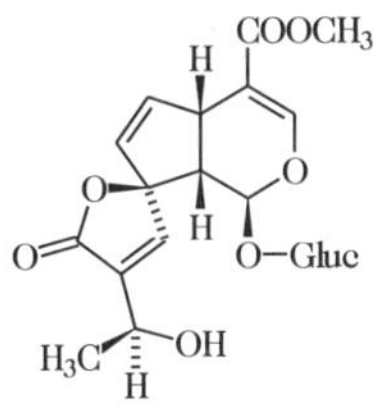

Plumierid

Hom.: ***Plumeria*** HAB34 (syn. *Plumeria acutifolia*), die frische Rinde.

Pneumonanthe asclepiadea ↗ Gentiana-Arten.
Pockenraute ↗ Galega officinalis.
Pockholz ↗ Guaiacum officinale.
Podagraria aegopodium ↗ Aegopodium podagraria.
Podagraria erratica ↗ Aegopodium podagraria.
Podagrariakraut ↗ Aegopodium podagraria.
Podalyria tinctoria ↗ Baptisia tinctoria.
Podocarpus zamiaefolius ↗ Agathis-Arten.
Podophyllin ↗ Podophyllum-Arten.
Podophyllinum ↗ Podophyllum-Arten.
Podophyllotoxin ↗ Podophyllum-Arten.

■ **Podophyllum-Arten**
● **Fam.:** Berberidaceae.

● **Podophyllum hexandrum** Royle (syn. *Podophyllum emodi*).

Vork.: Pakistan, Himalajagebiete, China.

Droge: ***Radix Podophylli emodi*** (syn. *Rhizoma Podophylli emodi*); Indische Podophyllwurzel, die Wurzeln. *Inh.:* Harz (6–20 %) mit 49–67 % Podophyllotoxin neben Berberin und Glykosiden. *Anw.:* in der asiatischen Volksheilkunde als drastisches Laxans sowie zur Gewinnung von Podophyllin (s. *Podophyllinum*).

● **Podophyllum peltatum** L.; Fußblatt (syn. Maiapfel).

Vork.: östliches Nordamerika, Texas, Florida, sowohl wildwachsend als auch kultiviert.

Drogen: ***1. Radix Podophylli peltati*** (syn. *Rhizoma Podophylli, Rhizoma Podophylli peltati*); Podophyllwurzel (syn. Amerikanische Podophyllwurzel, Fußblattwurzel, Maiapfelwurzel, Podophyllwurzelstock), der Wurzelstock; s. Farbtafel S. 151, Bild 87. *Inh.:* Harz (2–8 %). *Anw.:* als drastisches Laxans und zur Gewinnung von *Podophyllinum*. ***2. Podophyllinum*** (syn. *Resina Podophylli*); Podophyllin (syn. Podophyllumharz), das Harz der Wurzeln und des Wurzelstockes. *Inh.:* Lignane (20 %), wie Podophyllotoxin, Peltatine, u. a. α- und β-Peltatin, 4′-Desmethylpodophyllotoxin, Desoxypodophyllotoxin. *Wirk.:* Die Podophyllotoxine hemmen die Mitose durch eine Tubulinbindung und stoppen damit die Zellteilung. Diese Eigenschaft macht sie zur Therapie von Tumoren geeignet. *Anw.:* früher als drastisches Abführmittel eingesetzt. Heute verwendet man eine 5–25%ige ethanolische Lösung zur Behandlung von spitzen Kondylomen (Feigwarzen). Halbsynthetische Derivate dienen inzwischen als Zytostatika (z. B. Etoposid).

Hom.: ***Podophyllum peltatum*** HAB1; Maiapfel, die frischen, nach völliger Reife der Früchte geernteten, unterirdischen Teile. *Anw.-Geb.:* Erkrankungen des Magen-Darm-Traktes, der Leber, Galle, Bauchspeicheldrüse sowie der weiblichen Geschlechtsorgane.

● **Histor.:** Die englischen Siedler in Nordamerika bezeichneten *Podophyllum peltatum* ursprünglich als Mandrake, dem englischen Namen für Alraune (↗ *Mandragora officinarum*), weil deren Wurzel von den Indianern als Amulett und Medizin verwendet wurde, obwohl keine psychoaktiven Inhaltsstoffe nachgewiesen wurden. Der Gattungsname *Podophyllum* wird vom griechischen *pous, podos* (Fuß) und *phyllon* (Blatt) abgeleitet. Der Artname *peltatum* wird von *pelta* (kleiner, leichter Schild) gebildet, Bezug nehmend auf die schildförmigen Blätter. Die Indianer Nordamerikas nutzten die Wurzel von *P. peltatum* seit alters her als Anthelmintikum und Emetikum. Im Jahre 1820 wurde die Droge in die amerikanische und 1864 in die britische Pharmakopöe übernommen und als Leber- und Gallemittel sowie als drastisch wirkendes Abführmittel eingesetzt.

Podophyllumharz ↗ Podophyllum-Arten.
Podophyllwurzel ↗ Podophyllum-Arten.
Podophyllwurzelstock ↗ Podophyllum-Arten.

■ **Pogostemon cablin** (Blanco) Benth. (syn. *Pogostemon patchouli*); Patschulipflanze (syn. Patchouly).

Fam.: Lamiaceae (Labiatae).

Vork.: Indo-malayische Gebiete, Sumatra, Borneo, Java, auch kultiviert in Indien, Sri Lanka, Südchina, Philippinen, Seychellen und Paraguay.

Drogen: ***1. Folia Patchouli*** (syn. *Herba Patchouli*); Patschuliblätter (syn. Patchouliblätter), die Blätter. *Inh.:* äther. Öl (1,5–4 %). *Anw.:* in der Volksheilkunde als Antiseptikum sowie zur Gewinnung von *Oleum Patchouli*. Auch zum Parfümieren von Teppichen und zum Vertreiben von Insekten wird die Droge eingesetzt. ***2. Oleum Patchouli*** (syn. *Oleum Foliorum Patchouli*);

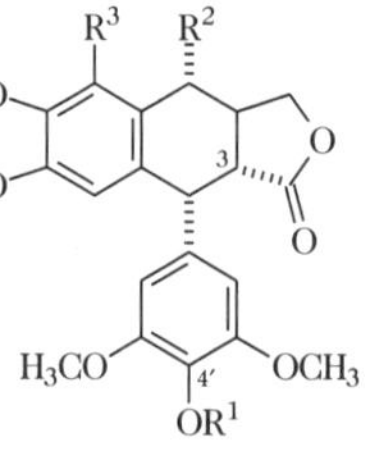

	R^1	R^2	R^3
Podophyllotoxin	CH_3	OH	H
Podophyllotoxin-β-D-glucosid	CH_3	O-β-D-glucosyl	H
α-Peltatin	H	H	OH
β-Peltatin	CH_3	H	OH

Patschuliöl (syn. Patchouliöl), das äther. Öl aus den Blättern. Zu dessen Gewinnung werden die Blätter nach der Ernte kurz angetrocknet, zu Ballen gepreßt und danach fermentiert (Autolyse) sowie erneut getrocknet. Durch Wasserdampfdestillation wird das äther. Öl abgetrennt. _Inh._: Patchoulialkohol = Patchoulicampher (ca.

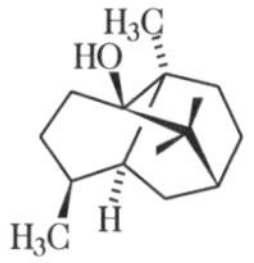

Patchoulialkohol

50 %), Sesquiterpene, wie Dhelwangin; Eugenol, Zimtalkohole, Azulene, Patchoulipyridin und Epiguaipyridin. _Anw._: in der Volksheilkunde als Antidepressivum und Aphrodisiakum mit beruhigenden und stärkenden Eigenschaften sowie in der Kosmetik und Parfümerie, früher auch als Mottenschutzmittel.

Pogostemon patchouli ↗ Pogostemon cablin.
Pohon Upas ↗ Antiaris toxicaria.
Poinciana pulcherrima ↗ Caesalpinia-Arten.
Polei ↗ Mentha-Arten.
Poleigamander ↗ Teucrium-Arten.
Poleiminze ↗ Mentha-Arten.
Poleiöl ↗ Mentha-Arten.
Polemonium album ↗ Polemonium caeruleum.

■ **Polemonium caeruleum** L.
(syn. *Polemonium elatum, P. album, P. vulgare, P. lacteum, P. rhaeticum, P. campanulatum, P. himalayanum*); Himmelsleiter (syn. Jakobsleiter, Sperrkraut), s. Farbtafel S. 151, Bild 88.

Fam.: Polemoniaceae.

Vork.: Mitteleuropa und Skandinavien bis Ostsibirien sowie Himalaja.

Droge: die getrockneten Wurzeln. _Inh._: Triterpensaponinkomplex mit Esterstruktur. _Anw._: als Expektorans bei Erkrankungen der Atmungsorgane.

Polemonium campanulatum ↗ Polemonium caeruleum.
Polemonium elatum ↗ Polemonium caeruleum.
Polemonium himalayanum ↗ Polemonium caeruleum.
Polemonium lacteum ↗ Polemonium caeruleum.
Polemonium rhaeticum ↗ Polemonium caeruleum.
Polemonium vulgare ↗ Polemonium caeruleum.

■ **Polianthes tuberosa** L.
Tuberose.

Fam.: Amaryllidaceae.

Vork.: Mittelamerika, in Frankreich, Indien und Ägypten auch kultiviert.

Droge: ***Oleum Tuberosae***; Tuberosenöl (syn. Tuberose-Absolue), das äther. Öl der Blüten (ca. 0,1 %). _Inh._: u. a. Anthranilsäuremethylester, Benzylalkohol, Methylbenzoat, Benzylbenzoat, Methylsalicylat, Methylisoeugenol, Decanolid und Jasminlacton. _Anw._: sehr kostbarer Rohstoff für die Parfümerie.

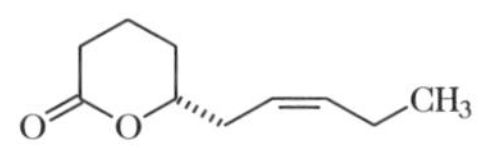

(–)-(5*R*)-δ-Jasminlacton

Polir-Schachtelhalm ↗ Equisetum-Arten.
Polnischer Kümmel ↗ Cuminum cyminum.
Polycarpa maximowiczi ↗ Schisandra chinensis.
Polyfructosane ↗ Fructane.

■ **Polygala-Arten**
● **Fam.:** Polygalaceae.
● **Polygala amara** L.; Kreuzblume.

Vork.: Mittel- und Südeuropa.

Drogen: A. ***Herba Polygalae amarae*** (syn. *Herba Polygalae cum floribus et radicibus, Herba Polygalae amarae cum radicibus*); Bitteres Kreuzblumenkraut (syn. Kreuzblumenkraut, Kreuzkraut); das blühende Kraut mit Wurzeln. _Inh._: Saponine (ca. 1 %), u. a. Senegin, Presenegin und Bitterstoff (Polygalin = Polygamarin); Gaultherin und Methylsalicylsäureester, Gerbstoffe, etwas äther. Öl. _Anw._: in der Volksheilkunde als Expektorans, Stomachikum (Amarum) und Lactagogum. ***2. Radix Polygalae amarae***; Bittere Kreuzkrautwurzel, die getrockneten Wurzeln. _Inh._: Saponine, Salicylsäuremethylester, Bitterstoffe, Harz. _Anw._: in der Volksheilkunde als Amarum und Expektorans.

Hom.: ***Polygala amara*** HAB; die frischen, zur Blütezeit geernteten, oberirdischen Pflanzenteile. _Anw.-Geb._: Lungenkrankheiten.

Histor.: Die bittere Kreuzblume ist in den mittelalterlichen Kräuterbüchern bei Lonicerus erwähnt und wurde wegen ihrer die Milchsekretion fördernden Wirkung eingesetzt. Bis in die Neuzeit hinein wurde die Ansicht vertreten, daß die Droge als Ersatz für *Polygala senega* verwendet werden kann.

Der Gattungsname *Polygala* wird nach ↗ Plinius vom griechischen *polýs* (viel) und *gála* (Milch) abgeleitet, da die Pflanze als Futtermittel bei Kühen die Milchleistung steigern soll. Der Artname *amara* bezieht sich auf den bitteren Geschmack der Pflanze. Die Bezeichnung Kreuzblume wird in Beziehung zur Kreuzwoche, der 2. Woche vor Pfingsten, gebracht, da die Pflanze zu dieser Zeit zu blühen beginnt.

● **Polygala chamaebuxus** L. (syn. *Hamaebuxus alpestris, Polygaloides chamaebuxus*); Buxblättrige Kreuzblume.

Vork.: Europa.

Droge: ***Herba Chamaebuxi***; das Kraut. Inh.: unter anderem Saponine. Anw.: früher als Expektorans. In der Volksheilkunde zur Förderung der Milchsekretion bei Stillenden eingesetzt.

● **Polygala senega** L.

Vork.: Nordamerika, Kanada, in Indien und Rußland auch kultiviert.

Droge: ***Polygalae radix*** (syn. *Radix Senegae, Radix Polygala senegae*); Senegawurzel (syn. Polygalawurzel, Klapperschlangenwurzel), die getrockneten Wurzeln; s. Farbtafel S. 151, Bild 89. Inh.: Saponine (5–12 %), die Senegasaponine A – D mit dem gemeinsamen Aglykon Presenegin; Polygalitol (ca. 5 %), Cumarsäure, Sinapinsäure,

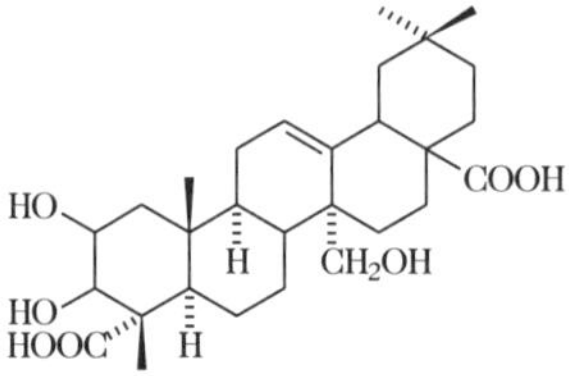

Presenegenin

Salicylsäuremethylester (0,1–0,2 %), fettes Öl, Zucker, Harz, Schleimstoffe. Anw.: als Expektorans.

Hom.: ***Polygala senega*** HAB1; Schlangenwurzel, die getrockneten Wurzeln mit Wurzelkopf. Anw.-Geb.: entzündliche Prozesse der Augen, Atemwege, Nieren und ableitenden Harnwege.

Histor.: Die Pflanze wurde von den Seneca-Indianern als Mittel gegen Schlangenbisse gebraucht („Klapperschlangenwurzel") und 1735 bereits als Mittel gegen Brustkrankheiten in die Medizin eingeführt. Die Droge fand zunächst nur langsam Verbreitung, war dann aber bis zum ersten Weltkrieg eines der wichtigsten Expektorantien.

Polygalae radix ↗ Polygala-Arten.
Polygalasäure ↗ Saponine.
Polygalawurzel ↗ Polygala-Arten.
Polygaloides chamaebuxus ↗ Polygala-Arten.
Polygonati rhizoma ↗ Polygonatum odoratum.
Polygonatum majale ↗ Convallaria majalis.

■ **Polygonatum multiflorum** (L.) All.
(syn. *Convallaria multiflora*); Vielblütige Weißwurz.

Fam.: Convallariaceae.

Vork.: Europa, Asien, Nordamerika.

Droge: ***Polygonatum-multiflorum-Rhizom***; die getrockneten Wurzelstöcke und Wurzeln. Inh.: Steroidsaponine, u. a. Spirostanolsaponosid A (Diosgenin als Sapogenin) und Furostanolsaponosid B. Anw.: volkstümlich bei Frauenbeschwerden, u. a. Fluor albus sowie äußerlich bei Prellungen und Hämorrhoiden.

■ **Polygonatum odoratum** (Mill.) Druce
(syn. *Convallaria polygonatum, Polygonatum officinale*). Salomonssiegel (syn. Gemeine Weißwurz, Schminkwurz, Springwurz).

Fam.: Convallariaceae.

Vork.: Europa, Mittelmeergebiet bis Sibirien und China.

Droge: ***Polygonati rhizoma*** (syn. *Radix Polygonati, Radix Sigilli Salomonis, Rhizoma Polygonati, Sigilli Salomonis rhizoma*); Salomonssiegelwurzel (syn. Springwurz), die getrockneten Wurzelstöcke. Inh.: Steroidsaponinkomplex, u. a. Odospirosid und Polyfurosid. Anw.: volkstümlich innerlich bei Magenbeschwerden, Gicht und Rheuma, äußerlich als Breiumschlag bei Prellungen und Blutergüssen.

Histor.: Der Gattungsname Polygonatum wird vom griechischen *polýs* (viel) und *góny* (Knie, Knoten) gebildet, Bezug nehmend auf die zahlreichen knotigen Anschwellungen des Rhizoms. Der Name Salomonssiegel bezieht sich auf die Ähnlichkeit der Stengelnarben mit Siegelabdrucken, während Weißwurz die weiße Farbe des Wurzelstockes hervorhebt.

Polygonatum officinale ↗ Polygonatum odoratum.

Polygoni avicularis herba ↗ Polygonum aviculare.
Polygoni hydropiperis herba ↗ Polygonum hydropiper.

■ **Polygonum amphibium** (L.)
(syn. *Persicaria fluitans, P. amphibia, Polygonum purpureum*); Wasserknöterich (syn. Wasserflohkraut).
Fam.: Polygonaceae.
Vork.: nördliches Europa, Asien und Nordamerika.
Droge: ***Rhizoma Polygoni amphibii***; Wasserknöterichwurzel, das getrocknete Rhizom. *Inh.:* Gerbstoffe, Hydroxymethylanthrachinon. *Anw.:* volkstümlich als Stoffwechselstimulans.
Hom.: ***Polygonum amphibium*** HAB34, das frische Rhizom.

■ **Polygonum aviculare** L.
(syn. *Polygonum heterophyllum*); Vogelknöterich (syn. Laufrasen, Plattsaad, Saugras, Saukraut, Wegetred, Weggras, Wegkraut, Zerrgras), s. Farbtafel S. 151, Bild 90.
Fam.: Polygonaceae.
Vork.: weltweit.
Droge: ***Polygoni avicularis herba*** (syn. *Herba Centumnodii, Herba Polygoni, Herba Polygoni avicularis, Herba Sanguinalis*); Vogelknöterichkraut (syn. Blutkraut, Homeriana-Tee, Russischer Knöterichtee, Sanguinaria-Tee, Weidemannscher Tee), das zur Blütezeit, gelegentlich mit den Wurzeln, gesammelte und getrocknete Kraut. *Inh.:* Flavonoide (0,2–1 %), u. a. ↗ Avicularin, Hyperosid und Quercitrin, Gerbstoffe (ca. 3,6 %, Gallotannin- und Catechingerbstoffe), Kaffeesäurederivate, Schleimstoffe und Kieselsäure (ca. 1 %). *Anw.:* leichte Katarrhe der Luftwege sowie entzündliche Prozesse der Mund- und Rachenschleimhaut.
Hom.: ***Polygonum aviculare*** HAB; die frischen, oberirdischen, zur Blütezeit gesammelten Pflanzenteile. *Anw.-Geb.:* Rheumatismus der Finger.
Histor.: Der Gattungsname *Polygonum*, gebildet aus dem griechischen *polys* (viel) und *gony* (Knie, Knoten) bezieht sich auf den vielknotigen Stengel, während das lateinische *avis* (Vogel) auf die Verwendung als Vogelfutter hinweist. Da die Pflanze besonders an Wegen wächst, wird sie in einigen Gebieten, z. B. in Kärnten, auch als Wegerich bezeichnet. Ende des 19. Jh. wurde der Vogelknöterich als Geheimmittel gegen Schwindsucht und Asthma unter den Bezeichnungen „russischer Knöterich" und „Homerianatee" gehandelt. Kosaken sollen die Pflanze im Teegemisch als Aphrodisiakum genutzt haben.

■ **Polygonum bistorta** L.
(syn. *Bistorta major, Persicaria amoenum, P. bistorta, P. ellipticum*); Wiesenknöterich (syn. Natterknöterich, Natterwurz, Schafzunge, Schlangenknöterich, Schlangenwurz).
Fam.: Polygonaceae.
Vork.: gemäßigte bis arktische Gebiete Europas, Asiens und Nordamerikas.
Droge: ***Bistortae rhizoma*** (syn. *Radix Polygoni bistortae, Rhizoma bistortae*); Knöterichwurzel (syn. Drachenwurz, Krebswurz, Natternwurzel, Otterwurz, Schlangenwurzel), das getrocknete Rhizom mit Wurzeln. *Inh.:* Gerbstoffe (ca. 20 %), aus Catechin- und Tanningerbstoffen bestehend. *Anw.:* als Adstringens unter anderen bei Durchfällen sowie lokal als Spül- und Gurgelmittel bei Entzündungen im Mund- und Rachenraum.

Polygonum cereale ↗ Fagopyrum esculentum.
Polygonum fagopyrum ↗ Fagopyrum esculentum.
Polygonum glandulosum ↗ Polygonum hydropiper.
Polygonum glaucum ↗ Polygonum maritimum.
Polygonum gracile ↗ Polygonum hydropiper.
Polygonum heterophyllum ↗ Polygonum aviculare.

■ **Polygonum hydropiper** L.
(syn. *Persicaria acris, P. hydropiper, P. urens, Polygonum glandulosum, P. gracile*); Wasserpfeffer-Knöterich (syn. Bitterblatt, Bitterkrut, Pfeffer-Knöterich, Pfefferkraut, Scharfer Knöterich, Wasserpfeffer, Wasserpfeffer-Knöterich).
Fam.: Polygonaceae.
Vork.: gemäßigte und südliche Zonen Europas, Asiens und Nordamerikas.
Droge: ***Persicariae hydropiperis herba*** (syn. *Herba Hydropiperis, Herba Persicariae urentis, Herba Polygoni hydropiperis, Hydropiperis herba, Polygoni hydropiperis herba*); Wasserpfefferknöterichkraut, das zur Blütezeit geerntete Kraut. *Inh.:* Flavonolglykoside, besonders Hyperosid und Quercitrin, ferner Rhamnacin, Quercetin, Kämpferol und Persicarin (Isorhamnetin-3-*O*-sulfat) sowie Rhamnacin-3-*O*-sulfat, weiterhin äther. Öl, aus Mono- und Sesquiterpenen bestehend, sowie

Gerbstoffe (ca. 3,4–3,8 %). Anw.: volkstümlich bei rheumatischen Beschwerden, Blutungen verschiedenster Art, u. a. Magen- und Darmblutungen, äußerlich als Hautreizmittel. Von der Verwendung der Droge wird abgeraten, da besonders das frische Kraut Haut- und Schleimhautreizungen verursachen kann.

Hom.: ***Hydropiper*** (syn. *Polygonum hydropiper*) HAB34; die frischen, oberirdischen Pflanzenteile. Anw.-Geb.: Krampfaderleiden.

Polygonum litorale ↗ Polygonum maritimum.

■ Polygonum maritimum L.

(syn. *Polygonum glaucum, P. litorale, P. parvifolium*).

Fam.: Polygonaceae.

Vork.: Mittelmeergebiet.

Hom.: ***Polygonum maritimum*** HAB34, die frische Pflanze.

Polygonum parvifolium ↗ Polygonum maritimum.
Polygonum purpureum ↗ Polygonum amphibium.
Polygonum tataricum ↗ Fagopyrum tataricum.

■ Polyine

aliphatische, unverzweigte Kohlenwasserstoffe mit C-C-Dreifachbindungen. Die Anzahl der C-Atome der P. höherer Pflanzen beträgt in der Regel 11 bis 17, seltener auch 18. P. sind stark lipophil, meist fest und teilweise wasserdampfflüchtig. Häufig sind sie Bestandteile von äther. Ölen. Bisher sind mehr als 1000 P. bekannt, ihr Vorkommen ist nicht nur auf Pflanzen, Mikroorganismen und Pilze beschränkt, auch in Algen und Meeresschwämmen sind einzelne Vertreter gefunden worden. Zu den P. gehören u. a. Ponticaepoxid aus der Scharfgarbe (↗ *Achillea*-Arten), Falcarindiol und Falcarinol aus verschiedenen Apiaceen-Drogen, ↗ Carlinaoxid aus *Carlina acaulis* oder Cicutoxin aus ↗ *Cicuta virosa*.

■ Polymyxine

Antibiotika aus der Gruppe der heteromeren Polypeptide (Acylpeptidantibiotika), die von *Bacillus polymyxa* var. *colistinus* gebildet werden, u. a. Polymyxin B_1 und B_2, Polymyxin E_1 und E_2 (Colistine). Wirk.: Schädigung der Zytoplasmamembran (Einlagerung eines Fettsäurerestes in die Membran) von Bakterien und damit Erhöhung der Permeabilität bzw. Aufheben der osmotischen Barriere, insbesondere bei gramnegativen Stäbchen. Anw.: als Antibiotika der zweiten Reihe zur Behandlung von Haut-, Schleimhaut- und Augeninfektionen sowie Infektionen des Gehörganges. Eine parenterale Applikation wird wegen der schweren Nebenwirkungen (Nierenschäden, neurologische Fehlfunktionen) nicht mehr empfohlen.

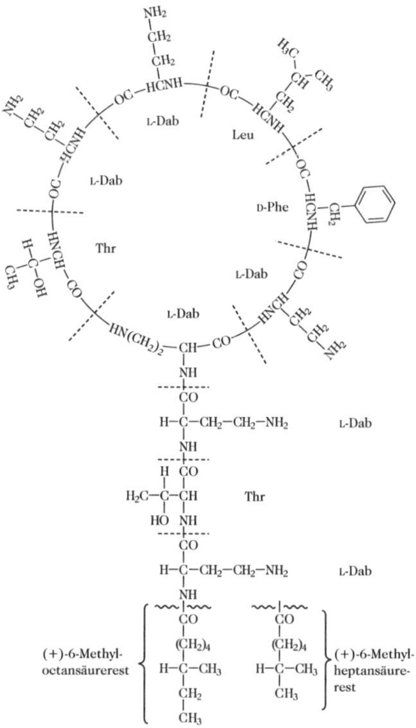

Polymyxin B_1 Polymyxin B_2

L-Dab = 2,4-Diaminobuttersäure
Leu = L-Leucin
D-Phe = D-Phenylalanin
Thr = L-Threonin

Polypara cochinchinensis ↗ Houttuynia cordata.
Polypodium filix-femina ↗ Athyrium filix-femina.
Polypodium filix-mas ↗ Dryopteris filix-mas.
Polypodium virginianum ↗ Polypodium vulgare.

■ Polypodium vulgare L.

(syn. *Polypodium virginianum*); Engelsüß (syn. Tüpfelfarn), s. Farbtafel S. 152, Bild 91.

Fam.: Polypodiaceae.

Vork.: Mittel- und Südeuropa, Asien, Nordafrika, Amerika.

Droge: ***Rhizoma Polypodii*** (syn. *Radix Polypodii, Radix Filicis dulcis*); Engelsüßwurzelstock (syn. Eichenfarnwurzel, Korallenwurzel, Tüpfelfarnwurzel), der ganze Wurzelstock. Inh.: Ecdysteron, ein Steroid mit Wirksamkeit als ↗ Phytoecdyson; Polydin, Saponine, u. a. Osladin (ist ca. 3000 mal süßer als Saccharose); äther. Öl, Phloro-

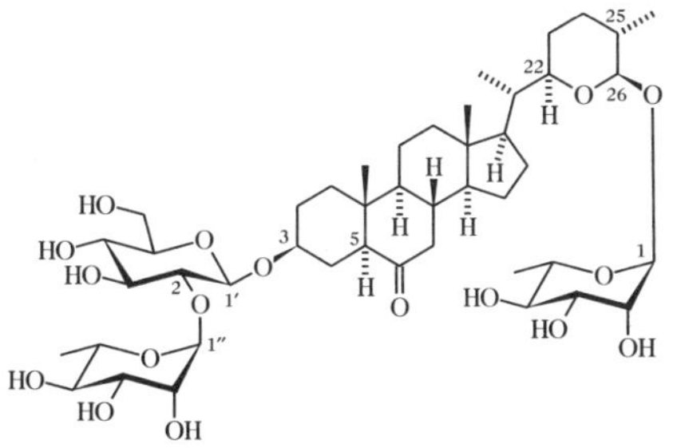

Osladin

glucinderivate, Bitterstoffe und Gerbstoffe. *Anw.*: in der Volksheilkunde als Expektorans, Cholagogum, als mildes Laxans sowie als Mucilaginosum und Anthelmintikum (heute obsolet). Auch über eine Verwendung in Bitterlikören wurde berichtet.

Histor.: Die Engelsüßwurzel ist seit dem Altertum bekannt, Matthiolus wie auch die anderen Ärzte des Mittelalters verwendeten die Droge als Abführmittel, gegen Schrunden und Nasenpolypen sowie gegen Milz- und Lungenleiden. Bis in unsere Zeit hat die Volksheilkunde die Droge als Purgans und Cholagogum genutzt. Der Gattungsname *Polypodium* ist vom griechischen *polýs* (viel) und *pódion* (Füßchen) abgeleitet, vermutlich weil der Wurzelstock viele Blattreste aufweist. Die Bezeichnung Engelsüß weist auf das süßschmeckende Rhizom hin, dessen Heilwirkung die Menschen durch Engel erfahren haben sollen. Die Pflanze, über die bereits ↗ Dioskurides berichtet, diente in früherer Zeit vor allem als Abführmittel.

Polyporus fomentarius ↗ Fomes fomentarius.
Polyporus laricis ↗ Fomes officinalis.
Polyporus officinalis ↗ Fomes officinalis.
Polyporus pinicola ↗ Fomitopsis pinicola.

Polystichum filix-mas ↗ Dryopteris filix-mas.

■ **Polytrichum commune** L.

Fam.: Polytrichaceae (syn. Bryophyta).

Vork.: in Mooren Europas, Amerikas und Asiens.

Droge: ***Herba Adianti aurei***; Goldener Widerton (syn. Frauenhaar, Goldenes Venushaar, Haarmützenmoos, Haarmoos, Widerton), das Kraut. *Inh.*: fettes Öl mit Arachidinsäure, ferner Gerbstoffe, Harz und Wachs. *Anw.*: in der Volksheilkunde früher bei Unterleibsbeschwerden und Bronchialkatarrh, heute obsolet.

■ **Polyuronide**

pflanzliche, vorwiegend aus Uronsäuren (hauptsächlich Glucuron-, Mannuron- und Gallacturonsäuren) aufgebaute Polysaccharide. Zu ihnen gehören mit pharmazeutischer Bedeutung die ↗ Pektine und ↗ Alginsäure. Da sie über freie Carboxylgruppen verfügen, besitzen die P. saure Eigenschaften.

Pomatia pomatia ↗ Helix pomatia.
Pombehaöl ↗ Bomelia obtusifolia.
Pomeranzenbaum ↗ Citrus-Arten.
Pomeranzenblüten ↗ Citrus-Arten.
Pomeranzenschale ↗ Citrus-Arten.
Pomo balsamica ↗ Momordica-Arten.
Pongamia elliptica ↗ Derris-Arten.
Pongamöl ↗ Dalbergia arborea.
Pongelion glandulosum ↗ Ailanthus altissima.
Pontianak ↗ Dyera costulata.
Ponticaepoxid ↗ Polyine.
Pontische Alpenrose ↗ Rhododendron-Arten.
Pontischer Absinth ↗ Artemisia pontica.
Pontischer Beifuß ↗ Artemisia pontica.
Pontischer Rhabarber ↗ Rheum-Arten.
Poperagrothwurz ↗ Arum maculatum.
Poppya operculata ↗ Luffa-Arten.

■ **Populus-Arten**

- **Fam.:** Salicaceae.
- **Populus alba** L.; Silberpappel (syn. Weißpappel).

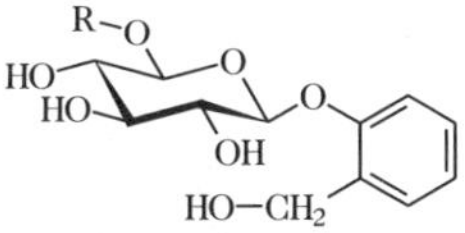

Salicin: R = H
Populin: R = COC_6H_5

Vork.: Europa, Asien.
Inh.: u. a. die Phenolglykoside Salicin und Populin, Ericin. Anw.: s. *Populus nigra*.

- **Populus balsamifera** L.; Balsampappel.
Vork.: Nordamerika.
Droge: ***Gemmae Populi***. Inhaltsstoffe und Anwendung s. *Populus nigra*.
Hom.: ***Populus balsamifera*** (syn. *Populus candicans*) HAB34; die frischen Triebspitzen. Anw.-Geb.: Entzündungen der oberen Luftwege, Bläschenausschlag der Lippen.

- **Populus candicans** Ait.; Graupappel (syn. Ontario-Pappel).
Vork.: Nordamerika.
Droge: Blätter und Rinde. Inh.: Phenolglykoside, Flavonoide, u. a. Quercetin, Isoquercetin, Myricetin und Luteolin. Anw.: in der Volksheilkunde bei Dyspepsie, Blasenkatarrh und Nachtschweiß.

- **Populus nigra** L.; Schwarzpappel (syn. Pyramidenpappel).
Heim.: Himalajagebiet, in Mittel- und Osteuropa heute auch kultiviert.
Droge: ***Gemmae Populi*** (syn. *Oculi Populi, Turiones Populi*); Pappelknospen (syn. Bellenknospen, Schwarzpappelknospen), die getrockneten Blattknospen; s. Farbtafel S. 152, Bild 92. Inh.: Phenolglykoside, wie Salicin und Populin, die im Gemisch als Salipopulin bezeichnet werden; äther. Öl, mit d-Humulen, α-Caryophyllen und weiteren Sesquiterpenen; Flavonglykoside, u. a. Chrysin; Gerbstoffe, Mannit, Harze, Gallussäure. Anw.: Der Glykosidkomplex soll eine Senkung des Harnsäurespiegels im Blut sowie eine stärkere Harnsäureausscheidung bewirken. In der Volksheilkunde wird die Droge bei chronischer Polyarthritis, als Diuretikum, Expektorans und bei Erkrankungen der Harnorgane empfohlen. Sie wird auch zur Herstellung der *Unguentum Populi*, einer als Wundheilmittel und Hämorrhoidalmittel verwendeten Salbe eingesetzt, die auch bei Gicht und Rheuma verwendet wird.

- **Populus monilifera** L.; Rosenkranzpappel.
Vork.: Nordamerika.
Inhaltssoffe und Anwendung s. *Populus nigra*.

- **Populus tremula** L.; Zitterpappel (syn. Espe).
Vork.: Mitteleuropa, Balkan, Rußland.
Droge: ***Cortex Populi***; Pappelrinde. Inh.: besonders Salicyltremuloidin, Salicin, Salireposid und Tremulacin. Anw.: in der Volksheilkunde als Wundheilmittel.
Histor.: Der Gattungsname wird mit dem griechischen *paipállmai* (zittern, zappeln) in Verbindung gebracht und der Artname *tremulus* vom lateinischen *tremere* (zittern) abgeleitet, als Hinweis auf die ständige Bewegung der Blätter. Die medizinische Verwendung von Pappelarten geht bis ins Altertum zurück.

- **Populus tremuloides** Michx. (syn. *Populus graeca*); Amerikanische Espe.
Vork.: Nordamerika.
Droge: ***Cortex Populi***; Pappelrinde. Inh.: Phenolglykoside, Gerbstoffe.
Hom.: ***Populus tremuloides*** HAB34; Amerikanische Espe, die frische, innere Rinde der jungen Zweige und Blätter. Anw.-Geb.: Erkrankungen der Niere, ableitenden Harnwege und der männlichen Geschlechtsorgane sowie bei Verdauungsschwäche.

■ **Poria obliqua** (Pers.) Karst.
Fam.: Polyporaceae.
Vork.: weltweit in gemäßigten Klimazonen, bes. Europa und Nordamerika.
Droge: der ganze Pilz. Inh.: u. a. Sterole, Triterpene, wie Tumulosinsäure. Anw.: in der Volks-

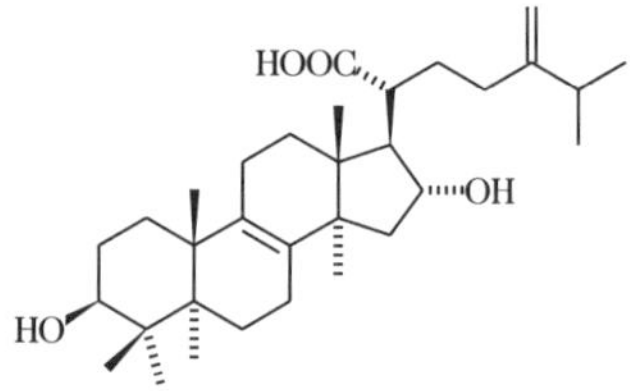

Tumulosinsäure

heilkunde der osteuropäischen Länder bei Tumorerkrankungen.

Porree ↗ Allium-Arten.
Porrum ascalonicum ↗ Allium-Arten.
Porrum cepa ↗ Allium-Arten.
Porrum commune ↗ Allium-Arten.
Porrum sativum ↗ Allium-Arten.
Porrum schoenoprasum ↗ Allium-Arten.
Porrum sectile ↗ Allium-Arten.
Porschkraut ↗ Ledum palustre.
Porst ↗ Ledum palustre.
Porstkraut ↗ Ledum palustre.
Portland-Arrowroot ↗ Colocasia esculenta.
Portlandrose ↗ Rosa x damascena.

■ **Portulaca oleracea** L.
Portulak (syn. Burzelkraut, Bürzelkohl, Bürzelkraut, Gartenportulak, Gelber Portulak, Kohlportulak, Rapunzelsalat).

Fam.: Portulacaceae.

Vork.: weltweit, bevorzugt jedoch in südlicher Hemisphäre.

Droge: ***Portulaca-oleracea-Frischpflanze***, die frischen, zur Blütezeit geernteten oberirdischen Teile. *Inh.:* Betalaine, u. a. die rot-violetten Betacyane Oleracin I und II sowie Betanidin- und Isobetanidin-5-*O*-cellobiosid, ferner biogene Amine, u. a. Dopa, Dopamin und Noradrenalin (2,5 mg/g Frischdroge), fettes Öl mit hohem Gehalt an α-Linolensäure (4,05 mg/g Frischdroge), die Vitamine A, B_1, B_2, B_6, C, E, Carotine, Nicotinamid, Folsäure, Dehydroascorbinsäure, Schleimstoffe und organische Säuren, u. a. Äpfel- und Citronensäure. *Anw.:* früher in der traditionellen Heilkunde gegen Skorbut, bei Magen- und Leberleiden, Harnwegsbeschwerden sowie zur Blutreinigung. Heutzutage, bes. in Norddeutschland, als Küchenkraut.

Portulak ↗ Portulaca oleracea.
Potamobius fluviatilis ↗ Astacus fluviatilis.

■ **Potamogeton natans** L.
Laichkraut.

Fam.: Potamogetonaceae.

Vork.: weltweit im Süß- und Brackwasser.

Droge: die ganze Pflanze. *Inh.:* Rhodoxanthin (s. u.), Zucker.

Hom.: ***Potamogeton natans*** HAB34, die ganze, frische Pflanze.

■ **Potentilla anserina** L.
(syn. *Argentina anserina, A. vulgaris, Dactylophyllum anserina, Fragaria anserina, Potentilla argentina*); Gänsefingerkraut (syn. Gänserich, Ganskraut, Krampfkraut, Silberkraut), s. Farbtafel S. 152, Bild 93.

Fam.: Rosaceae.

Vork.: gemäßigte und kalte Zonen der nördlichen Hemisphäre.

Droge: ***Anserinae herba*** (syn. *Herba Anserinae, Herba Potentillae argentinae, Potentillae anserinae herba*); Fingerkraut (syn. Gänsefingerkraut, Krampfkraut, Silberkraut), die kurz vor oder während der Blüte gesammelten und getrockneten, ganzen oder zerkleinerten Blätter und Blüten. *Inh.:* Gerbstoffe (5–10 %, überwiegend Ellagitannine), Flavonolglykoside, u. a. Quercitrin, Anthocyanidine, Phenolcarbonsäuren, u. a. *p*-Cumar-, Ferula- und Kaffeesäure sowie Vitamine, u. a. ↗ Ascorbinsäure (300–350 mg/ 100 g Frischgewicht). *Anw.:* leichte dysmenorrhoische Beschwerden, zur unterstützenden Behandlung akuter Durchfallerkrankungen sowie bei entzündlichen Prozessen der Mund- und Rachenschleimhaut. Mittlere TD: 4 g Droge, Zubereitung entsprechend. Volkstümlich ferner äußerlich bei schlecht heilenden Wunden.

Hom.: ***Potentilla anserina*** HAB1; Gänsefingerkraut, die zur Blütezeit geernteten, frischen, oberirdischen Pflanzenteile. *Anw.-Geb.:* Erkrankungen des Magen-Darm-Traktes, der weiblichen Geschlechtsorgane sowie bei spastischer Diathese.

Histor.: Der Gattungsname *Potentilla* leitet sich vom lateinischen *potens* (mächtig) ab, Bezug nehmend auf die große Heilkraft, die man der Pflanze zumaß. Der Artname *anserina*, vom lateinischen *anser* (Gans), bezieht sich auf die Verwendung als Gänsefutter. Bereits ↗ Dioskurides verwandte die Pflanze, unter anderen bei Diarrhoe.

Potentilla argentina ↗ Potentilla anserina.

■ **Potentilla aurea** L.
(syn. *Potentilla halleri*); Goldfingerkraut (syn. Goldgelbes Fingerkraut).

Fam.: Rosaceae.

Vork.: Mittel- und Südeuropa, besonders in Bergregionen.

Hom.: ***Potentilla aurea*** HAB34, die frische, blühende Pflanze.

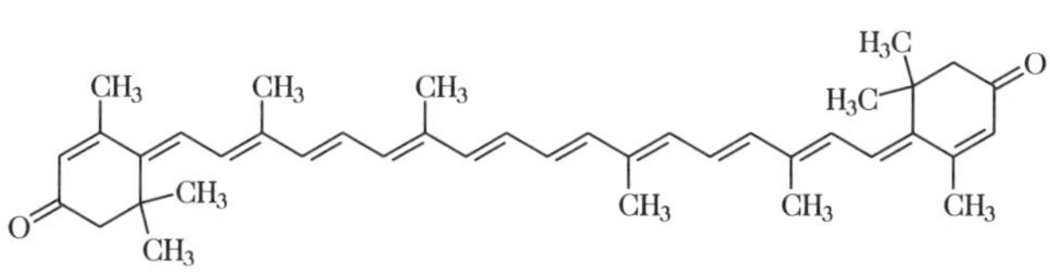

Rhodoxanthin

Potentillae anserinae herba ↗ Potentilla anserina.

■ **Potentilla erecta** (L.) Räuschel
(syn. *Fragaria tormentilla, Potentilla officinalis, P. tetrapetala, P. tormentilla, Tormentilla erecta, T. officinalis*); Blutwurz (syn. Aufrechtes Fingerkraut, Blutwurzel, Bauchwehkraut, Bauchwehwurz, Birkwurz, Christuskrone, Fingerkraut, Mooreckel, Rotwurzel, Ruhrwurz), s. Farbtafel S. 152, Bild 94.

Fam.: Rosaceae.

Vork.: dauerhafte Rhizomstaude, die über ganz Europa verbreitet ist, aber auch in Nordafrika, Westsibirien und Nordamerika gefunden wird.

Droge: ***Tormentillae rhizoma*** (syn. *Radix Tormentillae, Rhizoma Tormentillae*). Tormentillwurzel (syn. Tormentillwurzelstock). *Inh.:* 17–22 % Gerbstoffe (Gallocatechingallate, dimere Catechine, Gallo- und Ellagitannine), Phlobaphene (verantwortlich für die Rotfärbung der Droge „Blutwurz"), Flavonoide, Procyanidine, Phenolcarbonsäuren, Triterpene (Tormentosid) sowie Fettsäuren. *Anw.:* Die Tormentilltinktur (syn. *Tormentillae tinctura*) wird aufgrund ihres hohen Gehaltes an Gerbstoffen als Adstringens bei leichten Schleimhautentzündungen im Mund- und Rachenraum sowie bei Zahn-Prothesendruckstellen genutzt. Auch bei unspezifischen, akuten Durchfallerkrankungen findet die Droge als Stopfmittel ihre Anwendung. Darüber hinaus wurden antimikrobielle, antihypertensive, immunstimulierende und antivirale Wirksamkeiten für die Blutwurz beschrieben. In der Volksheilkunde wird die Droge auch bei schlecht heilenden Wunden, Erfrierungen, Verbrennungen und Hämorrhoiden sowie bei Magenbeschwerden eingesetzt.

Hom.: ***1. Potentilla erecta*** HAB1, die frischen, im Frühling gesammelten unterirdischen Teile. ***2. Potentilla erecta, äthanol. Decoctum*** HAB1, ein alkoholischer Auszug des getrockneten Wurzelstockes. *Anw.-Geb.:* anthroposophische Therapierichtung.

Histor.: Die Droge wird bereits seit dem Altertum genutzt und ist bei den Hippokratikern beschrieben worden. Auch die Heilige Hildegard von Bingen verwendete dieses alte Volksheilmittel. Die nach Einführung der Ratanhiawurzel (↗ *Krameria triandra*) allmählich in Vergessenheit geratene Droge kam als einheimische Gerbstoffdroge im Ersten Weltkrieg wieder in Gebrauch und ist seit dieser Zeit Bestandteil der deutschen Arzneibücher.

Potentilla halleri ↗ Potentilla aurea.
Potentilla officinalis ↗ Potentilla erecta.
Potentilla palustris ↗ Comarum palustre.

■ **Potentilla reptans** L.
(syn. *Fragaria pentaphyllum, Fragaria reptans*); Kriechendes Fingerkraut (syn. Fünffingerkraut).

Fam.: Rosaceae.

Vork.: in den gemäßigten Zonen weltweit verbreitet.

Droge: ***Herba Pentaphylli***, das getrocknete Kraut. *Inh.:* Flavonoide, Phenolcarbonsäuren, Gerbstoffe (Kraut ca. 12 %, Wurzelstöcke etwa 6–12 %) und Vitamin C (430 mg/100 g Frischgewicht). *Anw.:* Adstringens.

Hom.: ***Potentilla reptans*** HAB34, die frische, blühende Pflanze.

Potentilla tetrapetala ↗ Potentilla erecta.
Potentilla tormentilla ↗ Potentilla erecta.
Potenzbaum ↗ Ptychopetalum-Arten.
Potenzholz ↗ Dulacia inopiflora, ↗ Ptychopetalum-Arten.
Potenzrinde ↗ Pausinystalia johimbe.
Poterii radicis cortex ↗ Sarcopoterium spinosum.
Poterium ancistroides ↗ Sanguisorba ancistroides.
Poterium officinale ↗ Sanguisorba officinalis.
Poterium sanguisorba ↗ Sanguisorba minor.
Poterium spinosum ↗ Sarcopoterium spinosum.
Poterium-Wurzelrinde ↗ Sarcopoterium spinosum.
Pottwal ↗ Physeter macrocephalus.
Po-Yoaköl ↗ Afrolicania elaeosperma.
Pradosia glycyphloea ↗ Pradosia lactescens.

■ **Pradosia lactescens** Radlk.
(syn. *Chrysophyllum glycyphloeum, Lucuma glycyphloea, Pradosia glycyphloea*).

Fam.: Sapotaceae.

Vork.: Südamerika.

Droge: ***Monesiarinde***, die getrocknete Rinde. *Inh.:* Saponine, Gallussäure, Gerbstoffe. *Anw.:* in der indianischen Volksheilkunde. Die stärkehaltigen Früchte dienten den Inka-Indianern als Nahrungsmittel.

Hom.: ***Monesia*** (syn. *Pradosia lactescens*) HAB34, die getrocknete Rinde.

■ **Prangos pabularia** L.
Fam.: Apiaceae (Umbelliferae).
Vork.: Zentralasien, Nordindien.
Droge: die ganze Pflanze. Inh.: Furocumarine, wie Imperatorin, Oxypeucedanin, Prangenin und Isoprangenin; Cumarine, Pabulin. Anw.: in der Volksheilkunde bei Krätze von Tier und Mensch.

Prasium marrubium ↗ Marrubium vulgare.

■ **Pravastatin**
Stoffwechselprodukt aus den Mikroorganismen *Syncephalastrum nigricans*, *Absidia coerulea* und *Nocardia autotrophica*. Wirk.: Hemmstoff der Hydroxymethylglutaryl-CoA-Reduktase und damit der Cholesterolbiosynthese. Anw.: bei Hypercholesterolämie und zur Prophylaxe vor Arteriosklerose.

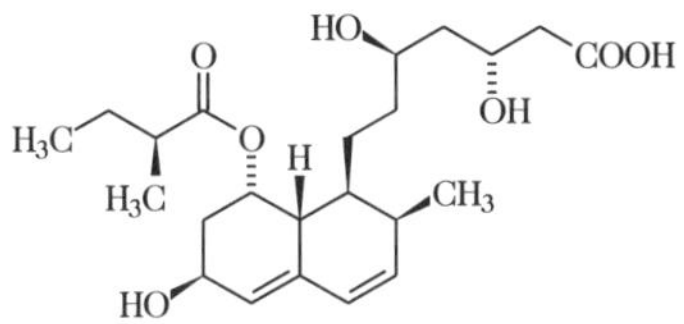

Pravastatin (3β-Hydroxycompactisäure)

Preiselbeere ↗ Vaccinium-Arten.
Preißelbeere ↗ Vaccinium-Arten.

■ **Prenanthes alba** L.
Hasenlattich.
Fam.: Asteraceae (Compositae).
Vork.: Nordamerika, von Virginia bis Kalifornien.
Droge: das Kraut. Inh.: Gerbstoffe.
Hom.: ***Nabulus albus*** HAB34, die ganze frische Pflanze.

■ **Prenanthes serpentaria** Pursh.
Hasenlattich.
Fam.: Asteraceae (Compositae).
Vork.: Nordamerika.
Droge: ***Herba Prenanthes serpentariae***; Hasenlattichkraut. Inh.: Gerbstoffe. Anw.: in der indianischen Volksheilkunde gegen Schlangenbisse eingesetzt.
Hom.: ***Prenanthes serpentaria*** (syn. *Nabulus serpentaria*) HAB34; die frischen, oberirdischen Pflanzenteile. Anw.-Geb.: Durchfall.

Preseloak ↗ Allium-Arten.
Presenegenin ↗ Saponine.

■ **Preßsäfte**
Pflanzensäfte, die durch Auspressen frischer, meist zerkleinerter Pflanzenteile und nachfolgende Filtration erhalten werden. Zusätze pektinspaltender Enzyme erhöhen die Ausbeute und verhindern eine mögliche Gelierung des Produktes. Anw.: als Gesundheitspflegemittel, zur Herstellung homöopathischer Urtinkturen sowie von Sirupen.

Prieslauch ↗ Allium-Arten.
Primelblüten ↗ Primula-Arten.
Primelwurzel ↗ Primula-Arten.

■ **Primula-Arten**
● **Fam.:** Primulaceae.
● **Primula auricula** L., Aurikel (syn. Alpen-Aurikel, Gamswurz, Ohr-Schlüsselblume, Rickelchen, Wilde Aurikel), s. Farbtafel S. 152, Bild 95.
Vork.: Alpenregion.
Drogen: *1.* ***Primula-auricula-Kraut***, die oberirdischen Pflanzenteile. Inh.: Anthocyane, Flavonoide. Anw.: früher in der Volksheilkunde bei Lungenerkrankungen, bei Frostbeulen und Geschwüren. *2.* ***Primula-auricula-Wurzel***; Aurikelwurzel (syn. Primelwurzel, Schlüsselblumenwurzel), die getrockneten Wurzeln. Inh.: äther. Öl mit Paeonol, Saponine, Primverin, Primulaverin. Anw.: in der Volksheilkunde zur Behandlung der Phthisis, einer schweren Form der Lungentuberkulose.
● **Primula elatior** (L.) Hill; Hohe Schlüsselblume (syn. Weiße Schlüsselblume), s. Farbtafel S. 152, Bild 96.
Vork.: Mitteleuropa bis Südrußland.
Drogen: *1.* ***Primulae flos cum calycibus***; *Primula-elatior*-Blüten, die getrockneten, ganzen Blüten mit Kelch. Inhaltsstoffe und Anwendung s. *Primula veris*. *2.* ***Primulae radix*** (syn. *Radix Primulae, Rhizoma Primulae, Rhizoma cum radicibus Primulae*); *Primula-elatior*-Wurzel (syn. Primelwurzel, Schlüsselblumenwurzel), der getrocknete Wurzelstock mit Wurzeln; s. Farbtafel S. 297, Bild 97. Inh.: Triterpensaponine (4–10 %) mit Protoprimulagenin A als Sapogenin. Ferner Phenolglykoside, besonders Primulaverin (1,5–2 % in der Märzdroge). Anw.: s. *Primula veris*.

● **Primula farinosa** L. (syn. *Aleuritia farinosa, Androsace farinosa, Primula auricula, P. nivalis*); Mehlprimel (syn. Mehl-Schlüsselblume).

Vork.: Europa, alpine Regionen; Skandinavien, Nordengland, Schottland.

Droge: ***Primula-farinosa-Wurzel*** (syn. Mehlprimelwurzel), die Wurzeln. Inh.: Saponine. Anw.: volkstümlich zum Erleichtern des Bergsteigens durch eine verbesserte Atmung.

● **Primula obconica** Hance; Giftprimel (syn. Becherprimel).

Vork.: Ostasien.

Inh.: enthält in den Drüsenhaaren ein Sekret mit dem Giftstoff Primin, das bei dafür empfänglichen Personen Hautreizungen (Primeldermatitis) induziert.

Hom.: ***Primula obconica*** HAB; die frische, ganze Pflanze. Anw.-Geb.: Hautausschläge.

● **Primula veris** L. (syn. *Primula coronaria, P. montana, P. odorata, P. officinalis*); Frühlingsschlüsselblume (syn. Arznei-Primel, Fünfwundenblume, Kirchenschlüssel, Maiblümel, Peterschlüssel, Wiesen-Schlüsselblume).

Vork.: Europa, Asien.

Drogen: *1.* ***Primulae flos cum calycibus*** (syn. *Flores Primulae, Flores Primulae cum calycibus*); *Primula-elatior*-Blüten (syn. Aurikeln, Himmelsschlüsselblumen, Primelblüten, Schlüsselblumenblüten), die getrockneten, ganzen Blüten mit Kelch. Inh.: Flavonoide, u. a. Apigenin und Luteolin sowie Kämpferol- und Quercetinglykoside, ferner Saponine, Carotinoide und Spuren äther. Öle. Anw.: Katarrhe der Atemwege. Volkstümlich auch bei Angstzuständen, Schlaflosigkeit und Hysterie. *2.* ***Primulae flos sine calycibus*** (syn. *Flores Primulae, Flores Primulae sine calycibus*); Schlüsselblumenblüten ohne Kelch, die nach der Entfernung des Kelches sorgfältig getrockneten Blüten. Inhaltsstoffe und Anwendung s. *Primulae flos sine calycibus*. *3.* ***Primulae radix*** (syn. *Radix Primulae, Rhizoma cum radicibus Primulae, Rhizoma Primulae*); *Primula-veris*-Wurzel (syn. Schlüsselblumenwurzel), der getrocknete Wurzelstock mit Wurzeln. Inh.: Triterpensaponine (4–10 %) mit Protoprimulagenin A (13β,28-Epoxyoleanan-3β,16α-diol) als dominierendem Sapogenin und D-Glucose, L-Rhamnose und D-Galactose als Monosaccharidkomponenten. Als Nebensaponine liegen Glykoside des Priverogenin-A-monoacetats vor. Außerdem Phenolglykoside, u. a. Primverin und Primulaverin, sowie

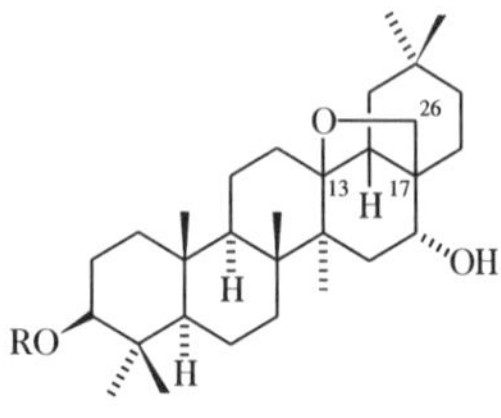

Protoprimulagenin A (R = H)
Protoprimulagenin A-Glykosid
(R = L-Rha(1→2)-β-D-Gal(1→4)-β-D-Glucuronyl-1→
2
↑
1
β-D-Glc

Spuren von äther. Öl. Anw.: Katarrhe der Atemwege. Volkstümlich auch u. a. bei rheumatischen und Nierenbeschwerden.

Hom.: ***Primula veris*** HAB34, die frische, blühende Pflanze. Anw.-Geb.: Hautausschläge, Kopfschmerzen.

Histor.: Der Gattungsname *Primula* ist die Verkleinerungsform des lateinischen *prima* (die erste), als Hinweis auf die ersten unter den Frühlingsblumen. Auch der Artname *veris* vom lateinischen *ver* (Frühling) ist ein entsprechender Hinweis. Die Bezeichnung Schlüsselblume geht auf den einem Schlüsselbund ähnlichen Blütenstand zurück. In den antiken Schriften wird die Schlüsselblume aus naheliegenden pflanzengeographischen Gründen nicht erwähnt. Dagegen findet sie in der nordischen Mythologie große Beachtung. So sollen Nixen, Elfen, Undinen und Najaden die schöne Blume geliebt und beschützt haben.

Primulae flos cum calycibus ↗ Primula-Arten.
Primulae flos sine calycibus ↗ Primula-Arten.
Primula-elatior-Blüten ↗ Primula-Arten.
Primulae radix ↗ Primula-Arten.
Primulasäure ↗ Saponine.
Primulaverin ↗ Primula-Arten.
Priomurus australis ↗ Androctonus australis.

■ **Prionoce glauca** L.
Blauhai (syn. Menschenhai).

Vork.: tropische und subtropische Meere.

Fam.: Carcharhinidae.

Droge: ***Haitran*** (syn. Haifischtran, Haifischleberöl). Inh.: Triglyceride wechselnder Zusammensetzung und Menge; im unverseifbaren Anteil v. a. Selachylalkohol, Batylalkohol, Chemyl-

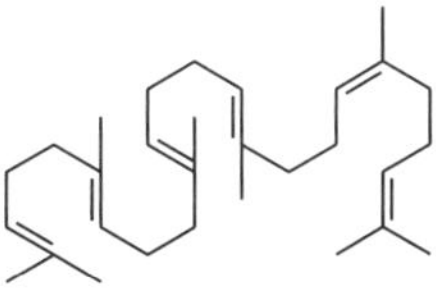

Squalen

alkohol, Squalen; Clupanodonsäure, Vitamine A und D. Anw.: zur Gewinnung von Vitaminkonzentraten und Squalen, in der Seifenindustrie. Der feste Anteil des Haifischtrans wird als Walrat (Cetaceum, ↗ *Physeter macrocephalus*) bezeichnet und wie dieser genutzt.

Prionurus australis ↗ Androctonus australis.

■ Prioria copaifera

Fam.: Fabaceae (Leguminosae).

Vork.: Südamerika, v. a. Kolumbien, Venezuela.

Droge: ***Balsamum Cativo***; Cativobalsam, der Balsam der Pflanze. Inh.: Resinolsäuren (75–80 %), Resen (ca. 13 %), äther. Öl (ca. 2 %). Anw.: als Terpentinersatz (↗ *Abies*-Arten, ↗ *Pinus*-Arten) sowie wegen seiner klebrigen Eigenschaften zur Herstellung von Fliegenleim und als Klebstoff.

Priverogenine ↗ Primula-Arten.
Proanthocyanidine ↗ Flavonoide.

■ Proazulene

natürlich vorkommende Sesquiterpene, die durch Wärme dehydriert oder dehydratisiert werden und dabei ↗ Azulene bilden. Zu den P. gehören u. a. Guajanolide wie ↗ Achillicin oder Matricin (↗ *Chamomilla recutita*).

Procyanidine ↗ Flavonoide.
Propolis ↗ Apis mellifera.
Proscillaridin ↗ Urginea maritima.

■ Prosopis africana (Guill. et Perrott.) Taubert

(syn. *Prosopis oblongata*).

Fam.: Mimosaceae.

Vork.: Westafrika, Tschad, Uganda, Sudan.

Droge: Wurzeln und Rinde. Inh.: Piperidin-Alkaloide, u. a. Prosopin, Prosopinin, Prosafrin; Tryptamin, Phenylethylamin, Gerbstoffe. Anw.: in der afrikanischen Volksheilkunde als Antiparasitikum, bei Bronchitis, gegen Dermatosen, bei Hämorrhoiden, zur Wundbehandlung sowie

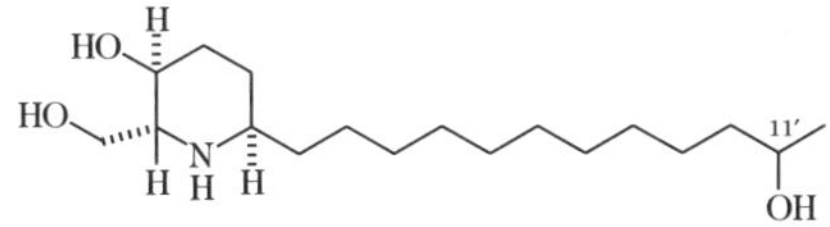

Prosopin

bei Rheuma. Die Droge wird in Nigeria als Zusatz zu Pfeilgiften auf der Basis von ↗ *Strophanthus*-Arten genutzt.

■ Prosopis juliflora (Sw.) DC.

Mezquitebaum.

Fam.: Fabaceae (Leguminosae).

Vork.: Kalifornien bis Mexiko, Südamerika.

Droge: ***Mesquitegummi*** (syn. Sonoragummi), das Gummi der Pflanze. Inh.: Polysaccaride, u. a. Arabin (ca. 85 %), ferner Arabinose und unlösliche Anteile (3–14 %). Anw.: als Ersatz für Arabisches Gummi (↗ *Acacia*-Arten) sowie als Grundstoff für Bakteriennährböden.

Histor.: Die Früchte und Samen der Pflanze dienen seit Jahrhunderten auch als Nahrungsmittel für die Ureinwohner Amerikas. Die Fruchtschoten des Mezquitebaumes enthalten 25–30 % Zucker und werden zerstoßen mit Wasser gekocht und zu einem Getränk (atole) verarbeitet. Daraus wird in Nordmexiko durch Gärung ein Bier (Chicha) hergestellt.

Prosopis oblongata ↗ Prosopis africana.
Protoanemonin ↗ Ranunculin.
Protopanaxadiol ↗ Panax ginseng.
Protopanaxatriol ↗ Panax ginseng.
Provenceöl ↗ Olea europaea.
Provence-Rose ↗ Rosa x centifolia.
Provencialischer Sumach ↗ Coriaria myrtifolia.

■ Prunasin

cyanogenes Glykosid (↗ cyanogene Glykoside) aus ↗ *Prunus*-Arten.

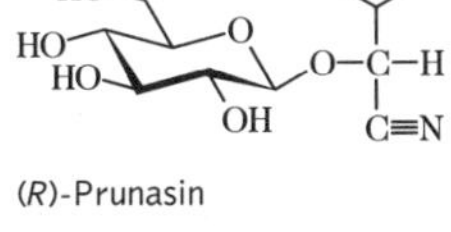

(*R*)-Prunasin

Prunella vulgaris ↗ Brunella vulgaris.
Pruni spinosae flos ↗ Prunus-Arten.

Prunoideengummi ↗ Prunus-Arten.

■ Prunus-Arten

- **Fam.:** Rosaceae.
- **Prunus armeniaca** L. (syn. *Armeniaca vulgaris, A. communis*); Aprikose (syn. Marille).

Heim.: Mittelasien, Mongolei, heute in den Mittelmeerländern und subtropischen Gebieten Amerikas kultiviert.

Droge: ***Oleum Amygdalarum gallicum***; Aprikosenkernöl, das fette Öl der Fruchtkerne. *Inh.:* fettes Öl (ca. 45 %), bestehend aus Ölsäuretriglyceriden, ferner Amygdalin. *Anw.:* als Salbengrundlage, in der Kosmetik sowie als feinmechanisches Schmieröl.

- **Prunus avium** L. (syn. *Cerasus avium*); Süßkirsche (syn. Vogelkirsche).

Vork.: Europa, Vorderasien, in zahlreichen Formen kultiviert.

Droge: ***Gummi Cerasorum***; Kirschgummi (syn. Prunoideengummi), das aus dem Stamm nach Verletzung austretende Gummiharz. *Inh.:* D-Glucuronsäure, D-Galactopyranose, L-Arabofuranose, D-Xylopyranose, D-Mannopyranose. *Anw.:* ähnlich wie *Gummi arabicum* (↗ *Acacia*-Arten), als Appreturmittel in der Textilindustrie. Die Blätter der Pflanze wurden auch als Tabakersatz geraucht, die Früchte werden als Obst gegessen.

Hom.: ***Padus avium*** HAB34; die frischen, zur Blütezeit gesammelten Blätter.

- **Prunus cerasus** L. (syn. *Cerasus vulgaris*). Sauerkirsche (syn. Weichselkirsche).

Heim.: Kleinasien, Transkaukasien, in Europa und Nordamerika in zahlreichen Formen kultiviert.

Drogen: ***1. Fructus Pruni cerasi*** (syn. *Fructus cerasi acidi*), Sauerkirschen. *Inh.:* Fruchtsäuren, Pektin (ca. 2 %), der glykosidische Anthocyanfarbstoff Ceracyanin und Gerbstoffe. *Anw.:* zur Herstellung von *Sirupus Cerasorum* (syn. *Sirupus Cerasi nigri*); Kirschsirup (syn. Sauerkirschsirup), der aus dem Fruchtsaft und Saccharose hergestellte Sirup, der als Arzneimittelträger und Geschmackskorrigens verwendet wird. Aus den zerstoßenen gegorenen Früchten wird durch Destillation das „Schwarzwälder Kirschwasser" hergestellt, das neben Alkohol (45–48 %) auch Spuren von Blausäure als Aromastoff enthält. ***2. Stipites Cerasorum*** (syn. *Stipites Cerasi acidi, Pedunculi Cerasorum*); Kirschstiele (syn. Sauerkirschstiele), die Fruchtstiele. *Inh.:* Gerbstoffe. *Anw.:* in der Volksheilkunde als Diuretikum und Stopfmittel sowie als Bestandteil von Entfettungstees. In England wird die Droge auch als Gewürz zum Einlegen von sauren Gurken benutzt. ***3. Kirschkernöl***, das fette Öl der Fruchtkerne. *Inh.:* fettes, trocknendes Öl (25–35 %). *Anw.:* als Speiseöl. ***4. Folia Cerasi***; Sauerkirschenblätter, die getrockneten Blätter. *Inh.:* Gerbstoffe, Säuren, Flavonoide, Amygdalin und Cumarin. *Anw.:* in der Volksheilkunde bei Blutarmut und Bleichsucht. Früher auch als Tabakersatz bzw. zum Strecken von echtem Tabak.

- **Prunus domestica** L.; Pflaume (syn. Zwetschge).

Vork.: Europa, Nordamerika, Asien.

Drogen: ***1. Fructus Pruni domesticae*** (syn. *Fructus Prunorum*), Pflaume (syn. Zwetsche, Zwetschge), die reifen Früchte (frisch oder getrocknet, Backpflaumen). *Inh.:* Zucker (10–20 %), Fruchtsäuren. *Anw.:* mildes Laxans (Trokkenpflaumen), Genußmittel. In der Nahrungsmittelindustrie dient die Droge zur Bereitung von Pflaumenmus, das früher auch einmal als Arzneiträger fungierte. ***2. Pflaumenkernöl***, das fette Öl der Fruchtkerne. *Inh.:* fettes, halbtrocknendes Öl (25–35 %), das aus Triglyceriden der Fettsäuren Myristin-, Palmitin-, Stearin-, Öl- und Linolsäure besteht. *Anw.:* nach Raffination als Speiseöl.

Hom.: ***Prunus domestica*** HB34, die frische Rinde.

- **Prunus dulcis** (Mill.) D. A. Webb (syn. *Amygdalus communis, Prunus communis, P. amygdalus*); Mandelbaum; s. Farbtafel S. 297, Bild 98.

Heim.: Südchina, Kleinasien. Heute werden die verschiedenen Formen im Mittelmeergebiet, Rußland, Nordamerika (Kalifornien) und Südamerika (Brasilien) kultiviert. In zwei Varietäten vorkommend:

A. Prunus dulcis var. amara (DC.) Buchheim; Bittermandelbaum.

Drogen: ***1. Semen Amygdali amarum*** (syn. *Amygdalae amarae, Semen Amygdalae*); Bitterer Mandelsame (syn. Bittermandel, Bittere Mandeln), die reifen Samen. *Inh.:* fettes Öl (30–50 %), Proteine (20–30 %), Zucker, Schleimstoffe, Enzyme (Emulsin als Enzymkomplex), Amygdalin (1–8 %). *Anw.:* zur Herstellung von Mandelöl, in der Marzipan-, Schokoladen-, Süßwaren- und Likörindustrie sowie in der Parfümerie. Größere Mengen bitterer Mandeln sind giftig durch die Freisetzung von Blausäure aus dem Amygdalin.

Die letale Dosis beträgt für einen Erwachsenen etwa 50 bis 60, für Kinder 5 bis 12 bittere Mandeln. ***2. Oleum Amygdalarum amarum aethereum*** (syn. *Oleum Amygdalae amarae*); Ätherisches Bittermandelöl, das nach Entfettung und Fermentierung durch Destillation gewonnene äther. Öl. Die Droge ist giftig! *Inh.:* Benzaldehyd (75–95 %), Mandelsäurenitril, Blausäure (1,5–4 %), Benzoesäure, Benzylalkohol. *Anw.:* in der Likörindustrie, Parfümerie, Kosmetik. Die Droge wird heute wegen des schwankenden Gehaltes an Blausäure kaum noch verwendet. ***3. Amygdalae oleum*** (syn. *Oleum Amygdalarum, Oleum amygdalarum expressum, Oleum Amygdalarum verum*); Mandelöl (syn. Fettes Mandelöl), das kaltgepreßte, fette Öl aus den reifen Samen. *Inh.:* Triglyceride gesättigter Fettsäuren (ca. 5 %), Ölsäureglyceride (ca. 80 %), Linolsäureglyceride (ca. 15 %), Phytosterole. *Anw.:* als Salbengrundlage, zu Linimenten und galenischen Präparaten. In der Volksheilkunde bei Magen- und Darmentzündungen eingesetzt. Auch als Speiseöl, in der Süßwarenindustrie sowie als Schmieröl in der Feinmechanik wird die Droge verwendet. ***4. Farina Amygdalarum*** (syn. *Placenta Amygdalarum*); Mandelkleie, die Preßrückstände bei der Gewinnung des fetten Öls. *Inh.:* fettes Öl (ca. 10 %), Zucker, Amygdalin sowie Reste von Emulsin. *Anw.:* in der Kosmetik zur Herstellung von Gesichtsmasken bei unreiner Haut.

Hom.: ***Prunus dulcis var. amara*** HAB1; Bittermandel, die reifen Samen. *Anw.-Geb.:* Entzündliche Prozesse im Hals- und Rachenbereich.

B. Prunus dulcis var. dulcis; Mandelbaum.

Drogen: ***1. Semen Amygdalae dulce*** (syn. *Semen Amygdali dulce, Amygdalae dulces*); Süße Mandeln, die reifen Samen; s. Farbtafel S. 297, Bild 99. *Inh.:* fettes Öl (30–60 %), Proteine (20–30 %), Glucose. Saccharose, Enzyme sowie Gummi. *Anw.:* in Form der *Emulsio amygdalina* als Hustenmittel sowie zur Herstellung anderer galenischer Präparate. ***2. Amygdalae oleum*** (syn. *Oleum Amygdalarum, Oleum amygdalarum expressum, Oleum Amygdalarum verum*); Mandelöl (syn. Fettes Mandelöl), das kaltgepreßte, fette Öl aus den reifen Samen. *Inh.:* Triglyceride gesättigter Fettsäuren (ca. 5 %), Ölsäureglyceride (ca. 80 %), Linolsäureglyceride (ca. 15 %), Phytosterole. *Anw.:* als Salbengrundlage, zu Linimenten und galenischen Präparaten sowie in der Volksheilkunde bei Magen- und Darmentzündungen. Ferner als Speiseöl, in der Süßwarenindustrie sowie als Schmieröl in der Feinmechanik. ***3. Farina Amygdalarum*** (syn. *Placenta Amygdalarum*); Mandelkleie, die Preßrückstände bei der Gewinnung des fetten Öls. Inhaltsstoffe und Anwendung s. *Prunus dulcis* var. *amara*.

Histor.: Die süße Mandel ist eine uralte Kulturpflanze, die in den landwirtschaftlichen Schriften des Altertums oft genannt wird. ↗ Dioskurides und ↗ Plinius erwähnen auch die bittere Mandel. Die Rezepte der römischen Ärzte Scribonius Largus und Alexander Trallianus enthalten beide Formen. Karl der Große erwähnt die Mandeln in dem bekannten ↗ Capitulare de villis und ordnete ihre Kultivierung an. Im Mittelalter waren die Mandeln Gegenstand eines bedeutsamen Handels.

● **Prunus laurocerasus** L. (syn. *Laurocerasus officinalis, Cerasus laurocerasus*); Kirschlorbeer (syn. Lorbeerkirsche), s. Farbtafel S. 297, Bild 100.

Vork.: Mittelmeergebiet, v. a. Italien, Kleinasien und Kaukasusgebiete.

Drogen: ***1. Folia Laurocerasi*** (syn. *Folia Lauro-Cerasi*); Kirschlorbeerblätter, die getrockneten Laubblätter. *Inh.:* Blausäureglykoside, u. a. Prulaurasin und Prunasin; Prunase, Emulsin, Phyllinsäure, Gerbstoffe. *Anw.:* früher bei Neuralgien und Krämpfen als Schmerzmittel (heute obsolet) sowie zur Herstellung von *Aqua Laurocerasi*. ***2. Oleum Laurocerasi aethereum*** (syn. *Oleum Lauro-Cerasi aethereum*); Kirschlorbeeröl, das äther. Öl der Blätter, das aus den Glykosiden mittels Emulsin entsteht. Die Droge ist giftig! *Inh.:* Benzaldehyd, Benzylalkohol, Blausäure (0,4–4 %). *Anw.:* früher als schmerzstillendes Mittel, bei Asthma sowie bei Krämpfen.

Hom.: ***Prunus laurocerasus*** HAB1; Kirschlorbeer, die frischen Blätter. *Anw.-Geb.:* Erkrankungen des Herzens sowie des arteriellen Gefäßsystems.

● **Prunus mahaleb** L. (syn. *Cerasus mahaleb, Padus mahaleb*); Felsenkirsche (Steinweichsel, Türkische Weichsel, Weichselrohr).

Vork.: Kleinasien, Südeuropa.

Droge: die reifen Samen. *Inh.:* Cholin, Herniarin und weitere Cumaringlykoside sowie Amygdalin. *Anw.:* in der Likörindustrie zur Herstellung von Cherry Brandy.

Hom.: ***Prunus Mahaleb*** HAB34, die frische Rinde der jungen Zweige.

● **Prunus padus** L. (syn. *Cerasus padus, Padus avium, Padus racemosa*); Traubenkirsche.

Vork.: Mittel- und Südeuropa, Asien, Rußland, Kaukasus, als Zierpflanze auch kultiviert.

Droge: ***Cortex Pruni padi*** (syn. *Prunus Padus e cortice*); Traubenkirschenrinde (syn. Ahlkirschenrinde), die Rinde der Zweige. Inh.: Amygdalin, Gerbstoffe, Harz, Prunolaurasin. *Anw.*: in der Volksheilkunde als Tonikum und Sedativum.

Hom.: ***1. Prunus padus e cortice*** HAB34; die frische Rinde der jungen Zweige. *Anw.-Geb.*: Kopfschmerzen, Herzbeschwerden, Mastdarmleiden. ***2. Prunus padus e foliis*** HAB34; die frischen Blätter zur Zeit der Blüte. *Anw.-Geb.*: Kopfschmerzen.

● **Prunus persica** (L.) Batsch (syn. *Amygdalus persica, Amygdalus pumila, Persica vulgaris*); Pfirsichbaum (syn. Pfirsich).

Heim.: Ostasien, in wärmeren Gebieten weltweit kultiviert.

Droge: ***Oleum Persicarum*** (syn. *Oleum Amygdalarum gallicum, Oleum nucum persicarum*); Pfirsichkernöl (syn. Französisches Mandelöl), das fette Öl der Samen. Inh.: fettes Öl (ca. 45 %), das größtenteils aus Ölsäureglyceriden besteht, geringe Mengen an Mandelsäurenitril. *Anw.*: s. *Oleum Amygdalarum*.

Hom.: ***Prunus persica e cortice*** (syn. *Amygdalus persica e cortice*) HAB; die frische Rinde. *Anw.-Geb.*: Erbrechen bei Kindern.

● **Prunus serotina** Ehrh. (syn. *Prunus virginiana, Padus virginiana, Padus serotina*); Wildkirsche (Black cherry).

Vork.: Nordamerika, in Europa teilweise als Zierpflanze kultiviert.

Droge: ***Cortex Pruni virginianae*** (syn. *Cerasus virginiana*); Virginianische Traubenkirschenrinde (syn. Wildkirschenrinde), die Zweigrinde. *Inh.*: Prunasin, Gerbstoffe, Emulsin, äther. Öl. *Anw.*: in der Volksheilkunde als Tonikum und Sedativum.

Hom.: ***Cerasus virginiana*** HAB34; Virginische Traubenkirsche, die frische Rinde.

● **Prunus spinosa** L.; Schlehe (syn. Schlehdorn), s. Farbtafel S. 297, Bild 101.

Vork.: Mittel-, Ost- und Südosteuropa, besonders Italien, Balkan.

Drogen: ***1. Flores Pruni spinosae*** (syn. *Flores Acaciae, Flores Acaciae nostratis, Flores Acaciae germanicae, Pruni spinosae flos*); Schlehenblüten (syn. Eschendornblüten, Heckendornblüten, Schlehdornblüten, Schwarzdornblüten), die getrockneten Blüten. *Inh.*: Spuren an Amygdalin, Benzaldehyd, Kämpferol- und Quercetinglykoside, Cumarine. *Anw.*: in der Volksheilkunde als mildes Laxans, Diuretikum, Blutreinigungsmittel. ***2. Fructus Pruni spinosae***; Schlehen (syn. Schlehenfrüchte), die reifen (frischen oder getrockneten) Früchte. *Inh.*: Zucker, Gerbstoffe, Vitamin C, Fruchtsäuren, Pektin, Farbstoffe, Amygdalin. *Anw.*: in der Volksheilkunde als Adstringens sowie die getrockneten Früchte als Mittel gegen Magenschwäche, Blasen- und Harnleiden.

Hom.: ***1. Prunus spinosa*** HAB1; Schlehe, die frischen, vor dem Abfallen der Kronblätter geernteten Blüten. *Anw.-Geb.*: Erkrankungen des Herzens, der Nieren und ableitenden Harnwege. ***2. Prunus spinosa e summitatibus*** HAB1; die frischen, krautigen, eine Woche nach der Blüte geernteten, noch jungen Triebspitzen. *Anw.-Geb.*: anthroposophische Therapierichtung.

Histor.: Der Gattungsname *Prunus* ist vom griechischen *prúmnon* abgeleitet, *padus* kommt vom griechischen *pádos*, bei ↗ Theophrast der Name eines schattenliebenden Baumes, und *spinosa* (lat.) bedeutet dornig, stachelspitzig. Der deutsche Name Schlehe entstammt dem mittelhochdeutschen *slêhe*.

Prunus Padus e cortice ↗ Prunus-Arten.
Przewalskia shebbearei ↗ Przewalskia tangutica.

■ **Przewalskia tangutica** Maxim. (syn. *Przewalskia shebbearei*).

Fam.: Solanaceae.

Vork.: Tibet, Nordchina.

Droge: die Wurzeln. *Inh.*: Tropan-Alkaloide (2–4 %), wie Cuscohygrin, Hyoscyamin (1,6–3,8 %), Apoatropin, Scopolamin, Daturamin. *Anw.*: wichtige Droge der tibetanischen Heilkunde, bes. zur Schmerzbekämpfung und bei bestimmten Hauterkrankungen eingesetzt.

■ **Pseudoalkaloide**

Alkaloide, deren Kohlenstoffgrundgerüst nicht, wie bei den Alkaloiden im engeren Sinne, aus einer oder mehreren Aminosäuren hervorgegangen ist, sondern aus anderen Stoffwechselprodukten aufgebaut wird. P. sind zum Beispiel die Terpenalkaloide (z. B. ↗ Aconitin), Steroidalkaloide (z. B. Solanin) oder Polyketidalkaloide (z. B. Coniin).

Pseudo-Chinarinde ↗ Croton niveus.
Pseudocinchona africana ↗ Corynanthe pachyceras.
Pseudocinchona pachyceras ↗ Corynanthe pachyceras.
Pseudococcus cacti ↗ Dactylopius coccus.
Pseudocydonia sinensis ↗ Chaenomeles sinensis.
Pseudoephedrin ↗ Ephedra-Arten.
Pseudofructus caricae ↗ Ficus carica.
Pseudofructus iuniperi ↗ Juniperus communis.
Pseudofructus Rosae ↗ Rosa canina.
Pseudofructus rosae laevigatae ↗ Rosa laevigata.
Pseudofructus rosae sine seminibus ↗ Rosa canina.
Pseudofumaria maior ↗ Corydalis-Arten.

■ **Pseudognaphalium obtusifolium** (L.) Hilliard et B. L. Burtt
(syn. *Gnaphalium obtusifolium, Gnaphalium polycephalum*); Vielköpfiges Ruhrkraut.
Fam.: Asteraceae (Compositae).
Vork.: Nordamerika.
Droge: das Kraut. *Inh.:* Flavonoide, wie Gnaphalin und Obtusifolin, Enolether des Tridecapentainen und andere *cis-trans*-isomere Fünfringenolether. *Anw.:* in der Volksheilkunde als Diuretikum.
Hom.: ***Pseudognaphalium obtusifolium*** HAB; Ruhrkraut, die frische, blühende Pflanze. *Anw.-Geb.:* Erkrankungen des peripheren Nervensystems sowie des Stütz- und Bewegungsapparates, wie Rheuma, Ischiasschmerzen, Nervenschmerzen sowie bei Durchfall.

Pseudomarsdenia cundurango ↗ Marsdenia condurango.
Pseudopelletierin ↗ Punica granatum.
Pseudotsuga douglasii ↗ Pseudotsuga taxifolia.
Pseudotsuga menziesii ↗ Pseudotsuga taxifolia.

■ **Pseudotsuga taxifolia** (Poir.) Britt. ex Sudworth
(syn. *Pseudotsuga douglasii, P. menziesii, Abies taxifolia, Abies menziesii*).
Fam.: Pinaceae.
Vork.: westliches Nordamerika bis Kalifornien.
Drogen: ***1. Balsamum Pseudotsugae***; Oregonbalsam, das Terpentin der Stämme. *Inh.:* äther. Öl (ca. 25 %), Colophonium (ca. 70 %), Abietinsäure-Isomere (ca. 18 %). *Anw.:* wie *Balsamum canadense* (↗ *Abies*-Arten). ***2. Cortex Pseudotsugae taxifoliae***; Oregonrinde (syn. Douglasienrinde), die Rinde der Stämme. *Inh.:* Gerbstoffe (17–18 %), Taxifolin, Catechin, Epicatechin, Polyphenole, Phlobaphene, Wachs, Lignocerylalkohol, Lignocerinsäure, Ferulasäure, Flavonoide. *Anw.:* in der Gerberei, zur Herstellung von Filtermaterialien, zur Gewinnung von Wachs. ***3. Oleum Pseudotsugae taxifoliae***; Oregonbalsamöl, das äther. Öl des Kernholzes. *Inh.:* α-Pinen, Limonen, α-Terpineol. *Anw.:* wie *Oleum Terebinthinae rectificatum* (↗ *Pinus*-Arten).

■ **Psidium guajava** L.
(syn. *Psidium pyriferum, P. pomiferum*); Guayavebaum.
Fam.: Myrtaceae.
Heim.: tropisches Amerika, in Westindien, Südamerika, Indien und Ägypten, oft auch kultiviert.
Droge: ***Folia Djamboe*** (syn. *Folia Psidii, Folia Psidii pyriferi*); Djambublätter (syn. Djamboeblätter, Guayavablätter, Guave), die Blätter. *Inh.:* Gerbstoffe (9–12 %), äther. Öl (ca. 0,3 %), u. a. mit Caryophyllen, β-Bisabolen und Eugenol; Flavonoide, wie Quercetin und fettes Öl (ca. 6 %), Harz (ca. 3 %), Triterpene. *Anw.:* in der Volksheilkunde als Adstringens bei Magen- und Darmerkrankungen, als Anthelmintikum, bei Zahnschmerzen sowie bei Geschwüren im Mundbereich. Die birnenartigen Früchte der Pflanze, die Guajaven, enthalten viel Vitamin C und sind ein beliebtes Obst bzw. werden auch zu Marmeladen verarbeitet.
Histor.: Die Pflanze wurde bereits im 8. Jh. v. Chr. in Peru kultiviert und durch die Spanier im 16. Jh. in Europa bekannt. Einige Volksstämme in Ghana benutzen die Droge aber auch für rituelle Zwecke, psychotrope Wirkstoffe konnten aber noch nicht nachgewiesen werden. In China wird auf sehr ungewöhnliche Weise eine narkotische *Psidium*-Droge gewonnen: Die frischen Blätter werden als ausschließliche Nahrung an Insekten (Stabheuschrecken und Gottesanbeterinnen) verfüttert. Die Kotausscheidungen der Insekten werden gesammelt, in Form kleiner Kugeln geknetet, getrocknet und luftdicht aufbewahrt. Einige dieser Pillen werden bei Bedarf aufgelöst und getrunken.

Psidium pomiferum ↗ Psidium guajava.
Psidium pyriferum ↗ Psidium guajava.

■ **Psilocybe-Arten**

● **Fam.:** Strophariaceae.

● **Psilocybe cubensis** (Earle) Singer (syn. *Hypholoma caerulescens, Naematoloma caerulescens, Stropharia cubensis, S. cyanescens, S. subcyanescens*); Göttlicher Düngerpilz.

Vork.: Kuba, Mittelamerika, Südamerika, Südstaaten der USA, Südostasien, Australien.

Droge: ***Psilocybe-cubensis-Fruchtkörper***; die abgeschnittenen, oberirdischen Teile (Fruchtkörper). Inh.: Indolalkaloide, wie die Tryptaminderivate ↗ Psilocybin (max. 1 %), Baeocystin (0,02 %), wenig Psilocin. Anw.: als halluzinogene

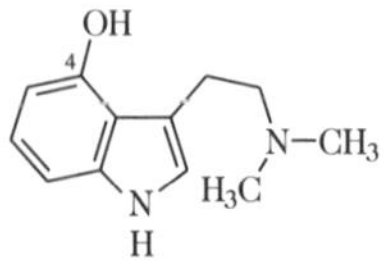

Psilocin

Droge, ursprünglich für rituelle Zeremonien. Heute wird die Droge auch als illegales Rauschmittel genutzt.

Histor.: Dieser Pilz wurde zuerst in Kuba gefunden (*cubensis* kubanisch), dann aber auch in Sri Lanka, Mexiko und Thailand nachgewiesen. Er stellt ein seit altersher gebrauchtes Halluzinogen dar, das in allen alten Religionen für kultische Handlungen eingesetzt wurde. Man vermutet heute, daß dieser Pilz das ursprüngliche ↗ Soma war.

● **Psilocybe mexicana** Heim.; Amokia, Teonanacatl.

Vork.: Südmexiko bis Guatemala, vorwiegend im Gebirge in Höhen von 1300 bis 1700 m.

Droge: ***Psilocybe-mexicana-Fruchtkörper***; die abgeschnittenen, oberirdischen Teile (Fruchtkörper). Inh.: u. a. ↗ Psilocybin (ca. 0,25 %), Psilocin (0,15 %). Anw.: in der aztekischen Volksheilkunde bei Fieber und Gicht, Nervenleiden, Durchfällen und verschiedenen chronischen Leiden. Hauptsächlich diente die Droge aber als Halluzinogen für kultische Zwecke.

Histor.: Die auch als „Fleisch der Götter“ bezeichnete Droge wurde bereits im vorspanischen Mexiko rituell verspeist und bei religiösen Zeremonien benutzt. Während der spanischen Kolonialzeit war der Pilzgenuß verboten und wurde von der Inquisition grausam verfolgt. Trotzdem hat sich der Pilzkult bis heute erhalten und wird im indianischen Schamanismus weiter gepflegt. Aus dieser Droge hat Albert Hofmann 1958 zuerst den LSD-ähnlichen Wirkstoff ↗ Psilocybin isoliert.

● **Psilocybe semilanceata** (Fr.) Quel. (syn. *Agaricus semilanceolatus, Geophila semilanceata, Panaeolus semilanceatus*); Spitzkegeliger Kahlkopf.

Vork.: Europa, Kanada, USA, Chile, Australien, Rußland. Die Art wächst besonders gut auf stark gedüngten Rasen und Weiden.

Droge: ***Psilocybe-semilanceata-Fruchtkörper***; die abgeschnittenen, oberirdischen Teile (Fruchtkörper). Inh.: ↗ Psilocybin (max. 2,4 %), Baeocystin (bis 0,7 %), Spuren von Psilocin. Anw.: ausschließlich als Halluzinogen für rituelle Zeremonien.

Histor.: Die Droge ist der wichtigste psychotrope Pilz Europas, der bereits in prähistorischen Zeiten von den Alpennomaden als „Traumpilz“ verwendet wurde und heute zu schamanistischen Sitzungen in ganz Westeuropa verwendet wird. Dabei ist die Sammlung der Droge und ihr Gebrauch rituell verbrämt und wird häufig von zweifelhaften Sektenführern für kriminelle Zwecke ausgenutzt.

■ **Psilocybin**

Indolalkaloid mit Tyramingrundkörper, das in ↗ *Psilocybe*-Arten vorkommt. Wirk.: etwa 200 mal geringer wirksam als LSD (↗ Lysergsäurediethylamid). P. führt zu einem psychoseähnlichen Zustand, der durch starke Halluzinationen gekennzeichnet ist. Dabei kommt es zur Wechselwirkung mit serotoninergen Rezeptoren. (↗ Halluzinogene biogenen Ursprungs)

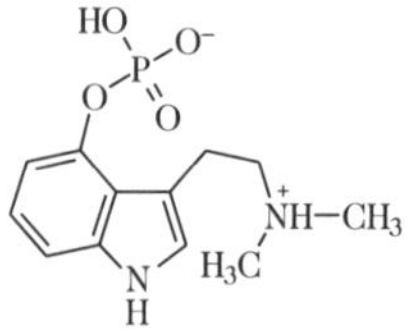

Psilocybin

■ **Psoralea bituminosa** L.

Asphaltklee.

Fam.: Fabaceae (Leguminosae).

Vork.: tropische und subtropische Gebiete.

Droge: das Kraut. Inh.: charakteristisch riechendes äther. Öl, Glyceolline. Anw.: früher in

Südeuropa in der Volksheilkunde bei Hauterkrankungen eingesetzt.

Hom.: ***Psoralea bituminosa*** HAB34, das frische, blühende Kraut.

■ **Psoralea corylifolia** L.

Fam.: Fabaceae (Leguminosae).

Vork.: Indien, Sri Lanka, Arabien, Iran, China.

Droge: ***Fructus Psoraleae*** (syn. *Psoraleae fructus*), die getrockneten Früchte. Die Droge ist stark hautreizend! *Inh.:* Furanocumarine, wie Psoralen, Angelicin und Psoralidin; äther. Öl, fet-

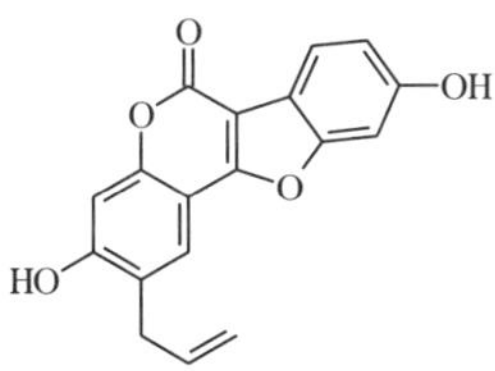

Psoralidin

tes Öl, ferner Cumestrol. *Anw.:* in der indischen Volksheilkunde als Stomachikum, Laxans, Tonikum, Aphrodisiakum, Anthelmintikum, Diaphoretikum, Diuretikum, bei Menstruationsbeschwerden sowie äußerlich bei Hautkrankheiten.

■ **Psoralea drupacea** Bge.

Fam.: Fabaceae (Leguminosae).

Vork.: Turkmenien, Usbekistan, Mittelasien.

Droge: Früchte und Wurzeln. *Inh.:* Furocumarine, äther. Öl, Drupacin, Glyceolline. *Anw.:* in der mittelasiatischen Volksheilkunde bei Hauterkrankungen.

Psoraleae fructus ↗ Psoralea corylifolia.
Psoralea linearis ↗ Aspalathus linearis.
Psoralea tetragonoloba ↗ Cyamopsis tetragonoloba.
Psoralen ↗ Furanocumarine.

■ **Psorinum-Nosode HAB**

Präparation aus dem serös-eitrigen Inhalt frischer Krätzebläschen von der menschlichen Haut. *Anw.-Geb.:* verschiedene chronische Hauterkrankungen, chronische Schleimhautentzündungen, Kopfschmerzen, Verstimmungs- und Schwächezustände.

Psychedelika ↗ Halluzinogene biogenen Ursprungs.
Psychodysleptika ↗ Halluzinogene biogenen Ursprungs.
Psychotika ↗ Halluzinogene biogenen Ursprungs.
Psychotogene ↗ Halluzinogene biogenen Ursprungs.
Psychotomimetika ↗ Halluzinogene biogenen Ursprungs.
Psychotria acuminata ↗ Cephaelis-Arten.
Psychotria barcellana ↗ Cephaelis-Arten.
Psychotria emetica ↗ Cephaelis-Arten.
Psychotria humboldtiana ↗ Cephaelis-Arten.
Psychotria ipecacuanha ↗ Cephaelis-Arten.
Psychotria poeppigiana ↗ Cephaelis-Arten.
Psyllii semen ↗ Plantago-Arten.
Psyllium arenarium ↗ Plantago-Arten.
Psyllium erectum ↗ Plantago-Arten.
Psyllium parvoflorum ↗ Plantago-Arten.
Ptarmica moschata ↗ Achillea-Arten.
Ptarmica vulgaris ↗ Achillea-Arten.

■ **Ptelea trifoliata** L.

Lederstrauch (syn. Kleeulme).

Fam.: Rutaceae.

Vork.: Nordamerika.

Droge: Blätter, Rinde und Wurzeln. *Inh.:* Bitterstoffe, Chinolin-Alkaloide, wie Kokusaginin, Furocumarine und Flavonoide. *Anw.:* in der Volksheilkunde als Anthelmintikum, Tonikum und als Fiebermittel.

Hom.: ***Ptelea trifoliata*** HAB34; Hopfenbaum, die frische Wurzelrinde und Blätter nach der Fruchtreife. *Anw.-Geb.:* Erkrankungen des Magen-Darm-Traktes, der Leber, Galle und Bauchspeicheldrüse.

■ **Pteridium aquilinum** (L.) Kuhn

(syn. *Pteris aquilina*); Adlerfarn.

Fam.: Polypodiaceae.

Vork.: weltweit, v. a. in Mitteleuropa.

Droge: ***Rhizoma Pteridii aquilini***, Adlerfarnrhizom. *Inh.:* Stärke (bis zu 45 %), äther. Öl (ca. 0,18 %), Catechingerbstoffe (ca. 6 %), fettes Öl (ca. 1 %), Schleimstoffe (Aquilinan), Sesquiterpene, wie Pterosine (u. a. Hypacron) und Pteroside; wenig cyanogene Glykoside (Prunasin), Sa-

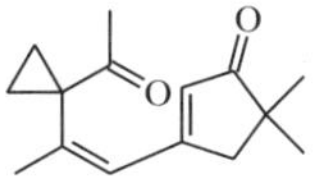

Hypacron

ponine. Anw.: in der portugiesischen Volksheilkunde gegen Bandwürmer, die Blätter in Japan gegen Rheuma. Die stärkehaltigen Wurzelstöcke werden auch als Viehfutter eingesetzt, allerdings treten dabei immer wieder Vergiftungen bei Wiederkäuern auf.

Histor.: Bis ins 20. Jh. war die Droge trotz ihrer Toxizität und Cancerogenität ein Hauptnahrungsmittel der Maoris auf Neuseeland.

Pteris aquilina ↗ Pteridium aquilinum.
Pterocarpi Lignum ↗ Pterocarpus-Arten.

■ Pterocarpus-Arten

● **Fam.:** Fabaceae.

● **Pterocarpus angolensis** DC. (syn. *Pterocarpus bussei, P. dekindtianus, P. dekinditanus* var. *latifolius*); Muninga-Baum.

Vork.: Süd- und Ostafrika.

Droge: ***Pterocarpus-angolensis-Holz*** (syn. Muninga-Holz), das Holz. Inh.: Muningin, Angolensin, Prunetin, Saponine, Harz, Gerbstoffe, Sesquiterpenderivate. Anw.: in der Volksheilkunde äußerlich bei Zahnfleischbluten, Hautkrankheiten und zur Wundbehandlung, innerlich bei Menorrhagie, Dysenterie, Kopfschmerzen, gegen Gonorrhoe und Eingeweidewürmer. Munga-Holz ist in der Technik ein hochwertiges Bau- und Furnierholz.

● **Pterocarpus indicus** Willd. (syn. *Lingoum indicum, Pterocarpus pallidus, P. pubescens, P. wallichii, P. zollingeri*).

Vork.: Südchina, Philippinen, Malaysia.

Droge: ***Pterocarpus-indicus-Rotsandelholz*** (syn. Flügelbaumholz, Indisches Rotsandelholz, Kajoeholz, Narrhaholz, Padaukholz, Padokholz), das Holz. Inh.: Angolensin, Eudesmol, Formononetin, Muningin, Isoliquiritigenin, Prunetin, Pterocarpol, Pterostilben. Anw.: in der Volksheilkunde bei Malaria und Dysenterie, als Diuretikum, Adstringens sowie bei Wassersucht und Steinleiden.

● **Pterocarpus marsupium** Roxb. (syn. *Lingoum marsupium, Pterocarpus bilobus*); Bastard-Teak.

Vork.: besonders Indien, Sri Lanka, Brasilien.

Drogen: ***1. Kino*** (syn. *Gummi Kino, Kino indicum, Kino malabaricum, Kino optimum, Resina Kino*); Kino (syn. Amboina-Kino, Cochin-Kino, Malabarkino, Ostindisches Kino, Pterocarpus-Kino), der an der Malabarküste aus Einschnitten in die Stammrinde ausgeflossene und erhärtete Saft. Inh.: Gerbstoffe (40–80 %, bes. Catechine). Anw.: als Adstringens für Mund- und Zahnwässer, technisch zum Gerben, volkstümlich früher bei Darmblutungen, Zahnschmerzen und Fieber. ***2. Pterocarpus-marsupium-Rotsandelholz***, das Holz. Inhaltsstoffe und Verwendung s. *Pterocarpus santalinus*.

Hom.: ***Kino*** HAB34, der eingetrocknete Saft.

● **Pterocarpus officinalis** Jacq. (syn. *Lingoum officinale, Pterocarpus draco, P. moutouchi, P. suberosus*).

Vork.: Mittelamerika, Westindische Inseln.

Droge: ***Sanguis draconis*** (syn. *Resina Draconis Americana*); *Pterocarpus-officinalis*-Harz (syn. Drachenblut von Cartagena, Westindisches Drachenblut), der durch Rindeneinschnitte gewonnene, erhärtete Saft. Inh.: Gerbstoffe (ca. 30 %). Anw.: s. Kino.

● **Pterocarpus santalinus** L. f. (syn. *Lingoum santalinum*); Roter Sandelbaum (syn. Sandelholzbaum).

Vork.: Südindien, Sri Lanka, Malakka, Philippinen, Sundainseln.

Droge: ***Santali rubri lignum*** (syn. *Lignum Pterocarpi, Lignum Santali rubrum, Lignum Santalinum rubrum, Pterocarpi Lignum*); Rotes Sandelholz (syn. Rotes Kaliaturholz, Rotsandelholz), das von der Rinde und dem weißlichen Splint befreite Kernholz des unteren Stammes. Inh.: rote Farbstoffe, u. a. Santaline A und B, Flavonoide, u. a. Liqiritigenin und Isoliquiritigenin, sowie Isoflavonoide, u. a. Santal, Pterocarpin und Homopterocarpin, ferner Triterpenoide, Stilben-Derivate, wenig äther. Öl mit Cedrol- und Eudesmanderivaten, sowie Cumaringlykoside. Anw.: früher für Mundwässer und Pflaster, als Schmuck-

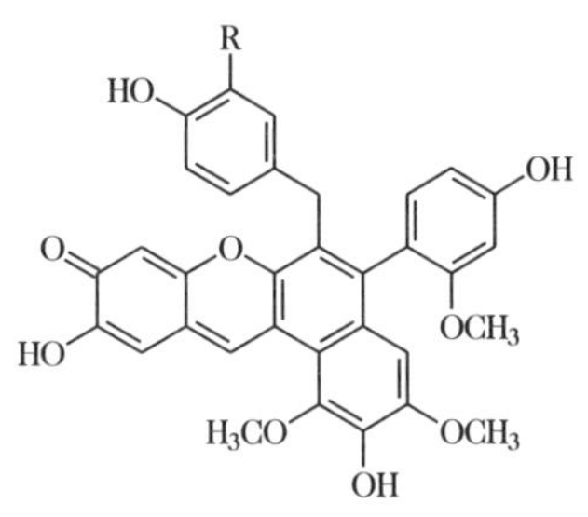

Santalin A: R = OH
Santalin B: R = OCH_3

droge in Teemischungen sowie technisch als Färbemittel, in den Heimatgebieten volkstümlich bei Magen- und Galleleiden, zur Förderung der Nierentätigkeit sowie äußerlich als Wundheilmittel.

● **Histor.:** Gepulvertes Rotsandelholz wurde häufig als Fälschung für Safran (↗ *Crocus sativus*) verwendet und diente zur Färbung von Betelnüssen (↗ *Areca catechu*).

Pterocarpus-Kino ↗ Pterocarpus-Arten.
Pterocarpus-marsupium-Rotsandelholz ↗ Pterocarpus-Arten.
Pterocarpus-officinalis-Harz ↗ Pterocarpus-Arten.
Pterocladia-Arten ↗ Rhodophyta.
Pterophyllus salisburiensis ↗ Ginkgo biloba.
Ptychopetali lignum ↗ Ptychopetalum-Arten.

■ Ptychopetalum-Arten

● **Fam.:** Olacaceae.

● **Ptychopetalum olacoides** Benth.; Potenzbaum (syn. Muira-Puamabaum).

Vork.: Guyana und Amazonasgebiet Brasiliens.

Droge: ***Muira puama lignum*** (syn. *Lignum Muira-Puama, Ptychopetali lignum, Radix Muira puamae*); Potenzholz (syn. Muira puama); das Holz der Stämme und Wurzeln. *Inh.:* Estergemisch (0,4–0,5 %), besonders Behensäureester des Lupeols und in geringerer Menge des β-Sitosterols enthaltend, ferner Phytosterole, u. a. Campesterol und β-Sitosterol sowie äther. Öl. *Anw.:* volkstümlich bei Potenzstörungen sowie bei Verdauungsbeschwerden, Bestandteil einiger Kombinationspräparate, die als Sexualtonika sowie bei Erschöpfungszuständen Anwendung finden.

Hom.: ***Ptychopetalum*** HAB1; Potenzholz, die getrockneten, berindeten Stämme. *Anw.-Geb.:* Aphrodisiakum.

● **Ptychopetalum uncinatum** Anselmino.

Droge: ***Muira puama lignum***. Inhaltsstoffe und Anwendung s. *Ptychopetalum olacoides*.

Ptychotis aiowan ↗ Trachyspermum ammi.
Ptychotis coptica ↗ Trachyspermum ammi.
Pubes Stizolobii ↗ Mucuna pruriens.
Puele-Rinde ↗ Alstonia-Arten.
Pueraria hirsuta ↗ Pueraria lobata.

■ Pueraria lobata (Willd.) Ohwi

(syn. *Pueraria hirsuta, P. thunbergiana*).

Fam.: Fabaceae (Leguminosae).

Vork.: China, Japan, Zentralasien, Krim, Kaukasus.

Droge: die Wurzeln; Koken. *Inh.:* Flavone, Isoflavone, wie Genistein, Daidzein; Anthrachinone. *Anw.:* In der traditionellen chinesischen Medizin wird die Droge als Spasmolytikum, Fiebermittel sowie zur Förderung der Blutgerinnung eingesetzt. In den Südstaaten der USA wird die Pflanze als Futterpflanze genutzt, die Wurzelknollen sind eßbar und enthalten Stärke (*Amylum Puerariae*).

■ Pueraria mirifica

Fam.: Fabaceae (Leguminosae).

Vork.: Thailand.

Droge: die ganze Pflanze. *Inh.:* u. a. Phytoestrogene, wie Mirestrol. *Anw.:* in der traditionellen asiatischen Heilkunde bei Tumoren.

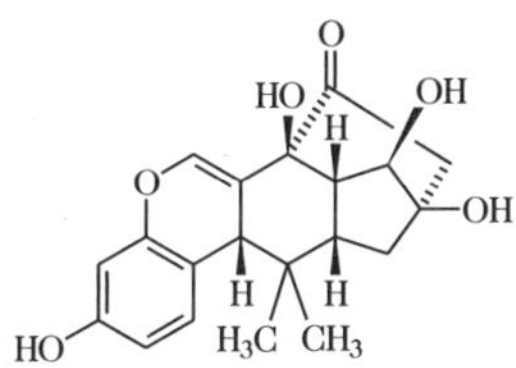

Mirestrol

Pueraria thunbergiana ↗ Pueraria lobata.

■ Pu-Erh-Tee

chinesische Teespezialität, auch als „Roter Tee" bezeichnet, wird von ↗ *Camellia sinensis* (Qingmao-Teepflanze) gewonnen. Durch ein spezielles Fermentationsverfahren wird ein dunkler, roter Tee mit speziellem Geschmack erzielt. *Inh.:* Coffein, Theobromin, Gerbstoffe. Das Inhaltsstoffspektrum entspricht weitestgehend dem des Schwarzen oder Grünen Tees. *Anw.:* als Tonikum, in der Volksheilkunde zur Entschlackung und zur Stärkung des Immunsystems. Der propagierte Einsatz bei Übergewichtigkeit („Fettkiller") ist wissenschaftlich nicht belegt.

Histor.: Seit nachweislich etwa 1700 Jahren ist der Pu-Erh-Tee in China bekannt und wurde insbesondere in den Provinzen Yunnan, Tibes und Sichuan als Tonikum genutzt. Er stammt ursprünglich aus der chinesischen Provinz Yunnan und ist nach der dortigen Stadt Pu'Er benannt.

Puffbohne ↗ Vicia faba.
Puka-Puka ↗ Brachyglottis repanda.
Pulegii aetheroleum ↗ Mentha-Arten.
Pulegii herba ↗ Mentha-Arten.
Pulegium erectum ↗ Mentha-Arten.
Pulegium vulgare ↗ Mentha-Arten.
Pulmonariae herba ↗ Pulmonaria officinalis.
Pulmonaria maculosa ↗ Pulmonaria officinalis.

■ **Pulmonaria officinalis** L.
(syn. *Pulmonaria maculosa*); Echtes Lungenkraut (syn. Arzneilungenkraut, Blaue Schlüsselblume, Fuchslungenkraut, Hirschkohl, Hirschmangold, Unserer-lieben-Frauen-Milchkraut).

Fam.: Boraginaceae.

Vork.: Mittel- und Osteuropa.

Droge: ***Pulmonariae herba*** (syn. *Herba Pulmonariae*), Lungenkraut (syn. Arzneilungenkraut, Boxkraut, Fleckenkraut, Frauenmilchkraut, Luchslungenkraut), das getrocknete Kraut. *Inh.:* Schleimstoffe, meist aus Arabinogalactanen, Polygalacturonanen und Rhamnogalacturonanen bestehend, ferner Fructane, Flavonoide (0,3–0,5 %, meist *O*-Glykoside des Kämpferols und Quercetins), Gerbstoffe (ca. 4 % Catechine und 2 % Tannine), Mineralstoffe (13–15 %), u. a. etwa 2,5 % lösliche Kieselsäure, sowie ↗ Allantoin (1–2 %), Ascorbinsäure (3–4 %), geringe Mengen Saponin, Chlorogen- und Rosmarinsäure. *Anw.:* Bestandteil einiger Bronchialtees. Volkstümlich auch bei Erkrankungen des Magen-Darm-Traktes, der ableitenden Harnwege sowie äußerlich für Umschläge und zu Bädern bei entzündlichen Prozessen der Haut.

Pulmonaria officinalis.

Hom.: ***Pulmonaria officinalis*** HAB1; Lungenkraut, die frischen, oberirdischen Teile blühender Pflanzen. *Anw.-Geb.:* Erkrankungen der oberen und unteren Atemwege.

Histor.: Hildegard von Bingen nannte die Pflanze Lungwurtz. In den Kräuterbüchern des 16. und 17. Jh. wird die Droge bei Erkrankungen der Brust und der Lunge empfohlen. Der Gattungsname *Pulmonaria* leitet sich vom lateinischen *pulmo*, *-onis* (Lunge), bezogen auf die weißen Flecken auf den Blättern, die das Aussehen einer gefleckten Lunge besitzen und bei Erkrankungen der Lunge genutzt wurden. In den Schriften der Ärzte der Antike findet das Lungenkraut keine Erwähnung. ↗ Paracelsus berichtet uber eine „*Pulmonaria*", womit jedoch auch die Lungenflechte *Sticta pulmonaria* gemeint sein könnte.

■ **Pulmo vulpis HAB**
die frischen Lungen von Rotfüchsen (*Vulpes vulpes*).

Pulpa Cassiae ↗ Cassia-Arten.
Pulpa Tamarindorum ↗ Tamarindus indica.
Pulpa Tamarindorum cruda ↗ Tamarindus indica.

■ **Pulsatilla-Arten**
● **Fam.:** Ranunculaceae.
● **Pulsatilla chinensis** (Bge.) Rgl. (syn. *Anemone chinensis*); Chinesische Anemone.

Vork.: Ferner Osten Rußlands, Ostsibirien, China, Mongolei.

Droge: ***Radix Anemonae*** (syn. *Radix Pulsatillae*); *Pulsatilla-chinensis*-Wurzel, die im Frühjahr oder Herbst gesammelten, getrockneten Wurzeln. *Inh.:* Triterpensaponine, Anemonin, Protoanemonin. *Anw.:* in der chinesischen Medizin bei Bakterien- und Amöbenruhr, Trichonomadenbefall, starkem Ausfluß mit Juckreiz; in der Volksheilkunde auch bei Appetitlosigkeit und Magenbeschwerden. In gleicher Weise werden auch die Wurzeln von *Pulsatilla dahurica* (Fisch.) Spreng., *P. koreana* Nakai, *P. nigricans* Stoerck und *P. turczaninowii* Kryl. et Serg. genutzt.

● **Pulsatilla patens** (L.) Mill. (syn. *Anemone patens, A. wolfgangiana, Pulsatilla latifolia*); Finger-Küchenschelle (syn. Heide-Küchenschelle).

Vork.: Ost- und Mitteleuropa, v. a. in Kiefernwäldern.

Hom.: ***Pulsatilla nuttalliana*** HAB34, die frischen, zur Blütezeit geernteten, oberirdischen Teile. *Anw.-Geb.:* v. a. Regelstörungen.

● **Pulsatilla pratensis** (L.) Mill. (syn. *Anemone intermedia, A. pratensis, Pulsatilla breynii, P. reflexa*). Wiesen-Küchenschelle (syn. Glockrose, Kleine Kuhschelle, Nickende Kuhschelle, Osterblume, Osterblumenkraut, Wiesenkuhschelle).

Vork.: Mittel- und Osteuropa.

Drogen: ***Pulsatilla-Frischpflanze*** und ***Pulsatillae herba***. Inhaltsstoffe und Anwendung s. *Pulsatilla vulgaris*.

Hom.: ***Pulsatilla pratensis*** HAB1; Kuhschellenkraut, die frischen, zur Blütezeit gesammelten, ganzen Pflanzen. *Anw.-Geb.:* als Konstitutionsmittel bei Hautkrankheiten, Krampfaderleiden, Erkältungskrankheiten, Verdauungsschwäche, Entzündungen der weiblichen Genitalorgane, rheumatische Beschwerden, nervöse Erkrankungen, Verstimmungszustände. Als homöopathische Dilution Bestandteil zahlreicher Fertigpräparate.

● **Pulsatilla vulgaris** Mill. (syn. *Anemone acutipetala, A. bogenhardiana, A. collina, A. janczewskii, A. praecox, A. pulsatilla, A. punica, Pulsatilla amoena, P. bogenhardiana, P. intermedia, P. pulsatilla, P. recta*); Kuhschelle (syn. Ackerschelle, Gemeine Küchenschelle), s. Farbtafel S. 297, Bild 102.

Vork.: Mittel- und Nordeuropa.

Drogen: ***1. Pulsatilla-Frischpflanze***; die frischen, oberirdischen Teile zur Zeit der Blüte. *Inh.:* Ranunculin-Derivate (ca. 2,8 %). *Anw.:* volkstümlich früher bei Spasmen im Genitalbereich, bei Neuralgien und Migräne. Infolge unerwünschter Reizwirkung im Verdauungstrakt sollte die Anwendung auf die Homöopathie (s. *P. pratensis*) beschränkt bleiben. ***2. Pulsatillae herba*** (syn. *Herba Pulsatillae*); Kuhschellenkraut, die getrockneten, gegen Ende der Blüte gesammelten oberirdischen Teile. *Inh.:* Abbauprodukte des Protoanemonins, Gerbstoffe, Saponine. *Anw.:* volkstümlich bei Erkrankungen der Genitalorgane, entzündlichen Hauterkrankungen, einschließlich der Schleimhäute, Neuralgien, Verdauungsstörungen, Augenerkrankungen.

Histor.: Der Gattungsname *Pulsatilla* kommt vom lateinischen *pulsare* (schlagen, läuten), wohl als Hinweis auf die Glockenform der Blüten. Die Pflanze soll bereits von den alten Kelten medizinisch verwandt worden sein und ↗ Hippokrates verordnete sie zur Verbesserung der Menstruation sowie zur Unterdrückung hysterischer Angstzustände.

Pulsatillae herba ↗ Pulsatilla-Arten.
Pulsatilla nemorosa ↗ Anemone nemorosa.
Pulverholz ↗ Rhamnus frangula.
Pulverholzrinde ↗ Rhamnus frangula.
Pulvis Lycopodii ↗ Lycopodium clavatum.
Pumsa ↗ Solanum-Arten.
Punica florida ↗ Punica granatum.

■ **Punica granatum** L.
(syn. *Granatum punicum, Punica florida, P. multiflora, P. nana, P. spinosa*); Granatapfelbaum (syn. Granatbaum), s. Farbtafel S. 298, Bild 103.

Fam.: Punicaceae.

Vork.: ursprünglich südwestliches Asien von Nordwestindien bis Kleinasien, kultiviert heutzutage in allen Gebieten mit warmem Klima.

Drogen: ***1. Granati cortex*** (syn. *Cortex granati, Cortex Punicae granati, Granatum*); Granatbaumrinde (syn. Granatapfelbaumrinde), die getrocknete Rinde der Wurzeln, der Stämme und Zweige. *Inh.:* Gerbstoffe (ca. 20 %), Alkaloide (ca. 0,4 %), besonders Isopelletierin, *N*-Methylisopelletierin und Pseudopelletierin, ferner Terpe-

Pseudopelletierin

noide, u. a. β-Sitosterol, Friedelin und Betulinsäure. *Anw.:* früher als Bandwurmmittel. Infolge Nebenwirkungen, die sich durch Steigerung des Blutdruckes, Sehstörungen, Erbrechen und Kollaps äußern können, ist die Droge heute obsolet. ***2. Granati radicis cortex*** (syn. *Cortex granati radicis*); Granatwurzelrinde, die Wurzelrinde, vorzugsweise im frischen Zustand. *Inh.:* s. *Granati cortex*. *Anw.:* früher als Bandwurmmittel, mitunter auch gegen Spulwürmer. Die Wurzelrinde ist wirksamer als die Rinde der oberirdischen Organe. In der Volksheilkunde der Herkunftsländer kommt sie auch als Adstringens und bei

Dysenterie zum Einsatz. ***3. Pericarpium Granati*** (syn. *Cortex Granati fructuum*); Granatapfelschalen. Inh.: Gerbstoffe (bis 28 %), Schleimstoffe, Harz. Anw.: als Adstringens, u. a. bei Durchfall, sowie technisch in der Gerberei. Die Früchte von *P. granatum* werden zur Herstellung erfrischender Getränke genutzt. ***4. Flores Granati*** (syn. *Flores Balaustii, Flores Granati*); Granatblüten. Inh.: Gerbstoffe. Anw.: Adstringens.

Hom.: ***Punica granatum*** HAB1, die getrocknete Rinde der oberirdischen Achsen und der Wurzeln. Anw.-Geb.: Magen-Darm-Störungen.

Histor.: Der Gattungsname *Punica* wird vom lateinischen *puniceus* (punisch, purpurrot), Bezug nehmend auf die rote Farbe der Blüten und Früchte abgeleitet. Der Artname *granatum* vom lateinischen *granum* (Korn, Kern, Samen) wurde wegen der vielen in den Früchten enthaltenen Samenkörner geprägt.

Punica multiflora ↗ Punica granatum.
Punica nana ↗ Punica granatum.
Punica spinosa ↗ Punica granatum.
Pupureaglykoside ↗ Digitalis-Arten.
Purgierbärlapp ↗ Huperzia selago.
Purgierbaum ↗ Croton tiglium.
Purgierflachs ↗ Linum catharticum.
Purgierkassie ↗ Cassia-Arten.
Purgierkörner ↗ Croton tiglium, ↗ Euphorbia-Arten, ↗ Ricinus communis.
Purgierkraut ↗ Gratiola officinalis.
Purgier-Kreuzdorn ↗ Rhamnus catharticus.
Purgierlein ↗ Linum catharticum.
Purgiermoos ↗ Cetraria islandica, ↗ Huperzia selago.
Purgiernuß ↗ Jatropha curcas.
Purgiernußöl ↗ Jatropha curcas.
Purgierschwamm ↗ Fomes officinalis.
Purgierstrauch ↗ Jatropha curcas.
Purgierstrauchsamen ↗ Jatropha curcas.
Purgierwinde ↗ Convolvulus-Arten.
Purgierwindenwurzel ↗ Convolvulus-Arten.
Purgierwurzel ↗ Ipomoea purga.

■ **Purinalkaloide**
Gruppe von ↗ Alkaloiden, die sich vom Glycin ableiten und als Methylxanthine therapeutische Bedeutung besitzen. Die wichtigsten Vertreter sind ↗ Coffein, ↗ Theophyllin und ↗ Theobromin. Sie wurden bisher nur in höheren Pflanzen gefunden und sind die wirksamen Inhaltsstoffe des Kaffees, Tees, der Colasamen, Mateblätter, Kakaosamen und von Guarana.

Püringer Tee ↗ Sideritis-Arten.
Purpur ↗ Murex cornutus.
Purpurfarbene Kegelblume ↗ Echinacea-Arten.
Purpurfarbener Igelkopf ↗ Echinacea-Arten.
Purpurfarbener Sonnenhut ↗ Echinacea-Arten.
Purpurgranadilla ↗ Passiflora edulis.
Purpur-Knabenkraut ↗ Orchis-Arten.
Purpurschnecke ↗ Murex trunculus, ↗ Murex cornutus.
Purpursonnenhutkraut ↗ Echinacea-Arten.
Purpurweide ↗ Salix-Arten.
Pusteblume ↗ Taraxacum officinale.
Putranjiva amblyocarpa ↗ Putranjiva roxburghii.

■ **Putranjiva roxburghii** Wall.
(syn. *Drypetes roxburghii, Nageia putranjiva, Putranjiva amblyocarpa, P. spaerocarpa*).

Fam.: Euphorbiaceae.

Vork.: tropisches Indien, Nepal, Burma, Sri Lanka.

Drogen: ***1. Putranjiva-roxburghii-Blätter***, die frischen oder getrockneten Blätter. Inh.: Triterpene, Triterpensaponine, wie Putranoside A bis D; Biflavonoide, wie ↗ Amentoflavon; Flavonoide, Polyphenole, Senfölglucoside, äther. Öl. Anw.: in der Volksheilkunde bei Erkältungen und Rheuma; bei Hauterkrankungen sowie als Mittel zur Steigerung der Libido. ***2. Putranjiva-roxburghii-Samen***, die frischen oder getrockneten Samen voll ausgewachsener, aber noch grüner Früchte. Inh.: fettes Öl (ca. 25 %), Senfölglucoside, Triterpensaponine, Phytosterole, Proteine. Anw.: in der Volksheilkunde bei Erkältungen und Rheuma.

Histor.: Nach alter sanskritischer Überlieferung wurden die Samen seit dem Altertum zu einer Kette aufgereiht und Kindern um den Hals gelegt, um sie bei guter Gesundheit zu erhalten. Nach der ayurvedischen Medizin besitzt die Pflanze auch mythologische Bedeutung und soll dem Kranken „Heil" im körperlichen und geistigen Sinne bringen.

Putranjiva spaerocarpa ↗ Putranjiva roxburghii.

■ **Puya chilensis** Mol.
(syn. Puya coarctata).

Fam.: Bromeliaceae.

Vork.: Südamerika, bes. Chile.

Droge: *Gummi Puyae*; Magueygummi (syn.

Chagualgummi), das Gummi, das durch mechanische Einwirkung von Insekten entsteht. Inh.: Bassorin. Anw.: als Hilfsstoff in der Galenik und im Textildruck.

Puya coarctata ↗ Puya chilensis.

■ **Pygeum africanum** Hook f.
Fam.: Rosaceae.
Vork.: tropisches Westafrika, Südostasien.
Droge: ***Cortex Pygei africani***; die Stammrinde. Inh.: Steroide, u. a. β-Sitosterol (frei und als Glykosid) und 3-β-Sitosteron, Oleanolsäure, Fettsäuren, Nonacosan, Hentriacontan. Anw.: zur Therapie bei Prostata-Hypertrophie.

Pyramidenpappel ↗ Populus-Arten.

■ **Pyranocumarine**
tricyclische Ringsysteme, wobei ein Pyranring an den Cumarin-Grundkörper anneliert ist. P. kommen vor allem in Apiaceen und Rutaceen vor. Wichtige Arzneistoffe sind u. a. ↗ Visnadin und Samidin aus ↗ *Ammi visnaga*.

Pyrethri flos ↗ Chrysanthemum-Arten.
Pyrethri germanici radix ↗ Anacyclus x officinarum.
Pyrethri radix ↗ Anacyclus pyrethrum.
Pyrethri romani radix ↗ Anacyclus pyrethrum.
Pyrethrum balsamita ↗ Chrysanthemum-Arten.
Pyrethrum carneum ↗ Chrysanthemum-Arten.
Pyrethrum cinerariifolium ↗ Chrysanthemum-Arten.
Pyrethrum coronipifolium ↗ Chrysanthemum-Arten.
Pyrethrum parthenium ↗ Chrysanthemum-Arten.
Pyrethrum roseum ↗ Chrysanthemum-Arten.
Pyrethrum tanacetum ↗ Chrysanthemum-Arten.
Pyrethrum turreyanum ↗ Chrysanthemum-Arten.
Pyrethrum vulgare ↗ Chrysanthemum-Arten.
Pyrethrum willemotii ↗ Chrysanthemum-Arten.
Pyrethrumwurzel ↗ Anacyclus x officinarum.

■ **Pyrogenium HAB**
der Extrakt aus autolysiertem Ochsenfleisch. Anw.-Geb.: bei entzündlichen und septischen Prozessen.

■ **Pyrogenium-Nosode HAB**
Zubereitung aus Pyrogenium. Anw.-Geb.: schwere, hochfieberhafte Infektionskrankheiten.

■ **Pyrola rotundifolia** L.
Großes Wintergrün (syn. Rundblättriges Wintergrün).
Fam.: Pyrolaceae.
Vork.: Europa bis Zentralasien.
Droge: die ganze Pflanze. Inh.: Gerbstoffe, Bitterstoffe, ↗ Arbutin (ca. 4,8 %), Hydrochinon. Anw.: in der Volksheilkunde als Diuretikum.
Hom.: ***Pyrola rotundifolia***, die ganze Pflanze. Anw.-Geb.: Erkrankungen der Harnorgane.

■ **Pyrola uniflora**
Einblütiges Wintergrün.
Fam.: Pyrolaceae.
Vork.: Europa, Nordamerika.
Droge: ***Herba Pyrolae uniflorae***, die ganze Pflanze. Inh.: ↗ Arbutin, Gerbstoffe, Urson. Anw.: in der Volksheilkunde als Diuretikum.
Hom.: ***Pyrola uniflora***, die ganze Pflanze.

Pyroleum Betulae ↗ Betula-Arten.
Pyroleum Juniperi ↗ Juniperus oxycedrus.
Pyroleum Oxycedri ↗ Juniperus oxycedrus.
Pyroleum Pini ↗ Pinus-Arten.

■ **Pyrrolizidinalkaloide**
Alkaloide, die als Abkömmlinge des Arginins bzw. Ornithins anzusehen sind und einen Pyrrolizidingrundkörper besitzen. Sie wurden bisher in mehr als 300 Pflanzenarten nachgewiesen, wobei die Asteraceae und Boraginaceae die meisten Vertreter aufweisen. Sie sind fast immer Ester-Alkaloide mit 1-Hydroxymethylpyrrolizidin-Grundstruktur (Necine). Nach oraler Aufnahme werden sie schnell resorbiert und in der Leber zu hochaktiven Alkylantien mit Pyrrolidino-pyrrol-Grundstruktur umgewandelt, die mit Proteinen und Nucleinsäuren reagieren können. Daher werden die P. als hepatotoxisch, mutagen, carcinogen und teratogen eingeschätzt. Die beiden größten Gruppen sind die makrocyclischen P. vom Senecionin-Typ und Ester vom Lycopsamin-Typ. Zu den in Drogen vorkommenden, relevanten P. zählen die Necine, wie Retronecin, Senecionin, Senkirkin und Tussilagin. Bei Arzneimitteln zur externen Anwendung auf der unverletzten Haut darf die tägliche Exposition bei maximaler Dosierung 100 μg P. nicht übersteigen, bei internem Gebrauch 1 μg. Die Drogen sollten nicht länger als 6 Wochen eingenommen werden, in der Schwangerschaft und Stillzeit ist ihr

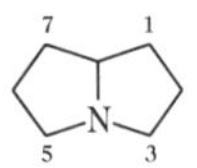
Pyrrolizidin

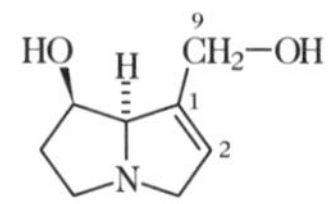
Retronecin
(ein Necin)

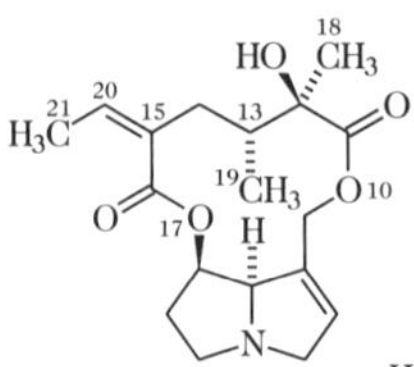
Senecionin-Typ

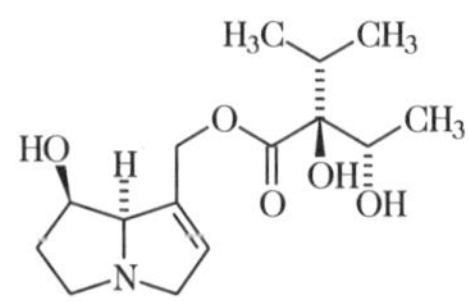
Lycopsamin-Typ

Gebrauch nicht angezeigt. P. sind u. a. in folgenden Drogen enthalten: Greiskraut (↗ *Senecio*-Arten), Pestwurz (↗ *Petasites hybridus*), Beinwell (↗ *Symphytum officinale*), Borretsch (↗ *Borago officinalis*) und Hundszunge (↗ *Cynoglossum officinale*). Wegen des Gehaltes an P. wird der Gebrauch von Huflattich (↗ *Tussilago farfara*) gegenwärtig nicht empfohlen.

Pyrus aucuparia ↗ Sorbus aucuparia.

■ **Pyrus communis** L.
(syn. *Pyrus domestica*); Birnbaum.
Fam.: Rosaceae.
Vork.: gemäßigte und subtropische Zonen, ausschließlich kultiviert in etwa 150 Kultursorten.
Droge: ***Birnenblätter***, die getrockneten Blätter. Inh.: ↗ Arbutin, Pyrosid, Depside, Chlorogensäure, Kaffeesäure. Anw.: Harndesinfiziens. Die Frucht (Birne) enthält, neben Schleimstoffen und Fruchtsäuren, geringe Mengen ↗ Arbutin, jedoch im Gegensatz zu Äpfeln kein Phlorizin. Die Frucht wird als Obst genutzt und besitzt zugleich diuretische Eigenschaften.
Pyrus cydonia ↗ Cydonia oblonga.
Pyrus domestica ↗ Pyrus communis.
Pyrus malus ↗ Malus domestica.

Q

Qinghaosu ↗ Artemisia annua.
Quarkblume ↗ Anemone nemorosa.
Quassia alatifolia ↗ Quassia amara.

■ **Quassia amara** L.
(syn. *Quassia alatifolia, Q. cocea, Q. gujanensis*); Quassia (syn. Quassiaholzbaum).
Fam.: Simaroubaceae.
Vork.: Nordbrasilien, Venezuela, Mexiko, Westindien.
Droge: ***Quassiae lignum*** (syn. *Lignum Quassiae*); Bitterholz (syn. Fliegenholz, Jamaika-Bitterholz, Surinam-Quassiaholz). Unter der gleichen Bezeichnung wird auch die Droge von ↗ *Picrasma excelsa* geführt. Inh.: ↗ Quassinoide (0,15 %), wie Quassin und Neoquassin (↗ Quassinoide); β-Carboline, Cathin-6-on-Alkaloide. Anw.: Bittermittel (↗ *Picrasma excelsa*).
Hom.: ***Quassia amara*** HAB1; Bitterholz, das getrocknete Holz der Stämme und Äste. Anw.-Geb.: Erkrankungen der Leber, Galle und Bauchspeicheldrüse.
Histor.: Der Gattungsname *Quassia* wurde von Linné nach einem Sklaven mit dem Namen Quassi benannt. Dieser soll das Holz zum ersten Male gegen Fieber verwendet haben; *amara* (lat.) bedeutet bitter. Die Eingeborenen Brasiliens verwenden seit langer Zeit sowohl die Rinde als auch das bitter schmeckende Holz als Stomachikum. Nachdem die Pflanze durch eine Schrift Linnés allgemein bekannt wurde, fanden Rinde, Wurzel und Holz 1788 zunächst Aufnahme in die Londoner Pharmakopöe, der später weitere europäische Arzneibücher folgten.

Quassia cedron ↗ Simaba cedron.
Quassia cocea ↗ Quassia amara.
Quassiae lignum ↗ Picrasma excelsa, ↗ Quassia amara.

Quassia excelsa ↗ Picrasma excelsa.
Quassia gujanensis ↗ Quassia amara.
Quassiaholzbaum ↗ Quassia amara.
Quassia polygama ↗ Picrasma excelsa.
Quassia simarouba ↗ Simarouba amara.

■ Quassinoide

die Bitterstoffe des Bitterholzes (↗ *Quassia amara* und ↗ *Picrasma excelsa*). Die Q. sind Decanortriterpenbitterstoffe mit Picrasan-16-on als Grundkörper.

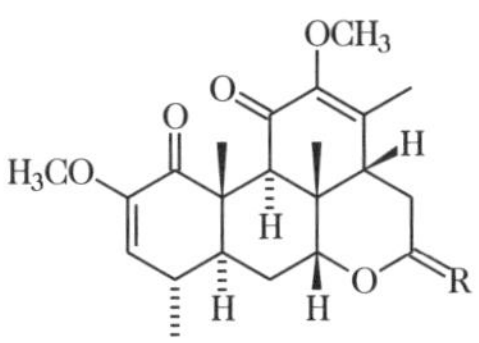

Quassin R = =O
Neoquassin R = –H + –OH

Quebracho ↗ Aspidosperma quebracho-blanco.
Quebracho cortex ↗ Aspidosperma quebracho-blanco.
Quebrachoholzbaum ↗ Schinopsis quebracho-colorado.
Quebrachorinde ↗ Aspidosperma quebracho-blanco.
Queckenwurzelstock ↗ Agropyron repens.
Queensland-Nüsse ↗ Macadamia ternifolia.
Queensland Nuts ↗ Macadamia ternifolia.
Quellehrenpreis ↗ Veronica beccabunga.
Quellender Tee ↗ Species gelosae.
Quellenkraut ↗ Cochlearia officinalis.
Queller ↗ Salicornia europaea.
Quendel ↗ Thymus-Arten.
Quendelöl ↗ Thymus-Arten.
Quercetin ↗ Flavonoide.
Quercitrin ↗ Flavonoide.

■ Quercus-Arten

● **Fam.:** Fagaceae.

● **Quercus cerris** L. (syn. *Quercus crinita, Q, echinata*); Zerreiche.

Vork.: Südeuropa.

Droge: ***Quercus folium***; Zerreichenblätter, die getrockneten Laubblätter. *Inh.:* Gerbstoffe, wie Pedunculagin und, Tellimagrandin III; Flavonoide, wie Astragalin, Tilirosid, Quercetinglykoside; Saponine, ↗ Ascorbinsäure. *Anw.:* in der Volksheilkunde zu Umschlägen bei Geschwüren.

● **Quercus infectoria** G. Olivier (syn. *Quercus lusitanica, Q. thirkeana, Q. alpestris*); Gallapfel-Eiche (syn. Galleiche).

Vork.: östliches Mittelmeergebiet, Kleinasien, Iran.

Droge: ***Gallae*** (syn. *Galla, Gallae asiaticae, Gallae halepensis, Gallae levanticae, Gallae turcicae*); Aleppogallen (syn. Gallen, Eichengallen, Galläpfel, Gallnüsse), die durch die Eiablage der Gallwespe *Andricus gallae-tinctoriae* (syn. *Cynips tinctoria*) in den Laubknospen gebildeten Gallen. *Inh.:* Gerbstoffe (60–70 %) aus Tanninen, einem Komplex aus hexa-hepta-galloylierten Glucosen bestehend. *Anw.:* volkstümlich in Form der Tinktur äußerlich bei Zahnfleischentzündungen und Frostbeulen. Technisch zur Gewinnung von Tannin (Acidum tannicum, Gerbsäure), das arzneilich als Adstringens und Antiseptikum sowie technisch in der Getränke-, Färberei- und Gerbindustrie sowie zur Tintenherstellung genutzt wird.

Hom.: ***Gallae turcicae*** HAB1, die durch den Stich der Färbergallwespe auf den jungen Trieben hervorgerufenen Gallen.

● **Quercus petraea** (Mattuschka) Liebl. (syn. *Quercus intercedens, Q. sessiliflora, Q. sessilis*); Steineiche (syn. Traubeneiche, Wintereiche).

Droge: s. *Quercus robur.*

● **Quercus pubescens** Willd. (syn. *Quercus lanuginosa*), Flaumeiche.

Droge: s. *Quercus robur.*

● **Quercus robur** L. (syn. *Quercus femina, Q. fructipendula, Q. germanica, Q. malacophylla, Q. pedunculata*); Stieleiche (syn. Sommereiche).

Drogen: *1.* ***Quercus cortex*** (syn. *Cortex Quercus*); Eichenrinde (syn. Spiegelrinde), die getrocknete Rinde der jungen Zweige und Stockausschläge von *Quercus petraea* und *Quercus robur*, s. Farbtafel S. 298, Bild 104. *Inh.:* Gerbstoffe vom Catechin-Typ (8 bis 20 %, abhängig vom Alter und Erntezeitpunkt), aufgebaut aus oligomeren Proanthocyanidinen mit (+)-Catechin, (–)-Epicatechin und (+)-Gallocatechin als dominierenden Grundbausteinen. Weitere Bestandteile sind Ellagitannine und komplexe Tannine sowie Quercitol, Triterpene und β-Sitosterol. *Anw.:* äußerlich bei entzündlichen Hauterkrankungen, Schleimhautentzündungen im Mund und Rachenbereich, Entzündungen im

Anal- und Genitalbereich sowie in Form von Bädern bei nässenden Dermatosen, innerlich gelegentlich bei unspezifischen, akuten Durchfallerkrankungen. Geg.: äußerlich bei großflächigen Hautschäden sowie als Sitzbäder bei fieberhaften und infektiösen Erkrankungen, Herzinsuffizienz (Stadium III und IV) oder Hypertonie (Stadium IV). Prinzipiell sollte die Anwendung bei Durchfall ohne ärztliche Behandlung nicht länger als 3 bis 4 Tage und die übrigen Anwendungsgebiete nicht länger als 2 bis 3 Wochen betragen. Dos.: Zur ↗ Teezubereitung verwendet man als Einzeldosis ½ Teelöffel (ca. 1,5 g) feingeschnittene oder grob gepulverte Droge. Als Tagesdosis werden 3 g Droge empfohlen. Für Spülungen verwendet man 20 g Droge/1 l Wasser und als Badezusatz 5 g Droge/1 l Wasser. ***2. Quercus cortex ad usum veterinarium*** (syn. *Cortex Quercus ad usum veterinarium*); Eichenrinde für tierarzneiliche Zwecke, die getrocknete Rinde von Ästen und Stämmen. Inhaltsstoffe s. *Quercus cortex*. Anw.: in der Veterinärmedizin innerlich bei Durchfällen, Drüsenfieber und Wurmkoliken. ***3. Quercus folium*** (syn. *Folia Quercus*); Eichenblätter, die getrockneten Blätter. Inh.: Gerbstoffe (6–11 %), Polyphenole (ca. 7 %), Flavonoide, Triterpene, Cyclitole. Anw.: in der Volksheilkunde innerlich bei Blutungen, Bluthusten sowie Durchfällen, Harninkontinenz und Scheidenausfluß. Äußerlich wird die Droge bei eitrigen Bindehautentzündungen, bei Scheidenausfluß und Gebärmutterentzündungen eingesetzt. ***4. Quercus semen*** (*Glandes Quercus excorticatae, Semen Quercus*); Eicheln, die von der Samenschale befreiten Samenkerne. Inh.: Gerbstoffe (7 %), ferner u. a. Quercitol und Mesoinositol. Anw.: volkstümlich bei Magen- und Darmbeschwerden. ***5. Quercus semen tostum*** (syn. *Cotyledones Quercus empyreumaticae, Glandes Quercus, Glandes Quercus tostae, Semen Quercus tostum*); Eichelkaffee (syn. Geröstete Eicheln), die von der Samenschale befreiten, gerösteten Samenkerne. Inh.: s. *Quercus semen*. Anw.: volkstümlich bei Durchfall von Kindern sowie als Antidot bei Vergiftungen.

Hom.: ***1. Quercus, äthanol. Decoctum*** HAB1, die getrocknete Rinde junger Zweige und Stockausschläge von *Qercus robus* und *Quercus petraea*. Anw.-Geb.: in der anthroposophischen Therapierichtung. ***2. Quercus e cortice*** HAB34, die frische Rinde junger Zweige von *Quercus petraea* und *Q. robur*. ***3. Quercus e glandibus*** HAB34, die getrockneten Früchte mit der Schale.

● **Quercus suber** L. (syn. *Quercus bivoniana, Q. suberosa, Suber sardoa, S. variabilis*); Korkeiche; s. Farbtafel S. 298, Bild 105.

Vork.: westliches Mittelmeergebiet.

Droge: ***Cortex Suberis*** (syn. *Cortex Quercus suber, Lignum Suberinum, Suber, Suber Quercinum*); Flaschenkork (syn. Eichenkork, Kork). Inh.: ↗ Suberin (ca. 43 %), Korkwachs, Cellulose, Gerbstoffe, Lignin, Phlobaphene. Verw.: männlicher Kork (Jungfernkork, im 15. bis 20. Wachstumsjahr gebildet), technisch für Schwimmgürtel, Linoleum und Isolierungen; weiblicher Kork, gebildet nach weiteren 10 bis 12 Jahren, für Medizinkorken und Korksohlen.

● **Histor.:** *Quercus* ist der Name der Eiche bei den Römern. Die deutsche Bezeichnung Eiche, mittelhochdeutsch eich, ist gemeingermanisch. Eichen standen bei allen Völkern, im Altertum besonders bei den Persern und Israeliten, in hohem Ansehen. ↗ Dioskurides verordnete Eichenrinde, die er wie folgt charakterisierte: „Die ganze Eiche hat adstringierende und austrocknende Kraft; am meisten adstringiert aber von ihr die hautartige Substanz zwischen Rinde und Stamm. Die Abkochung wird denen gegeben, die am Magen, an Dysenterie und Blutspeien leiden.“.

Quercus cortex ↗ Quercus-Arten.
Quercus cortex ad usum veterinarium ↗ Quercus-Arten.
Quercus folium ↗ Quercus-Arten.
Quillaiae cortex ↗ Quillaia saponaria.

■ **Quillaia saponaria** Molina
(syn. *Quillaja molinae*), Seifenrindenbaum.

Fam.: Rosaceae.

Vork.: Chile, Peru, Bolivien.

Droge: ***Quillaiae cortex*** (syn. *Cortex Quillajae, Cortex Quillaiae Panama, Quillaia, Quillajae cortex*); Seifenrinde (syn. Panamaholz, Panamarinde, Panamaspäne, Quillajarinde, Quillaiarinde, Waschrinde, Waschholz), die getrocknete, von Kork und äußeren Schichten befreite Rinde des Stammes und der Äste. Inh.: bisdesmosidische Triterpensaponine (8–10 %, u. a. QS-17, QS-18 und QS-21) mit Gypsogensäure und Quillajasäure als Genine und ↗ D-Apiose, Arabinose, Fucose, Galactose, Rhamnose, Xylose und Glucuronsäure als Kohlenhydratbausteinen. Außerdem Gerbstoffe und größere Mengen Calciumoxalat (ca. 10 %). Anw.: früher als Expektorans, zur Herstellung von Kopfwässern, als Schaummittel für kosmetische Präparate und Getränke sowie als Waschmittel. Neuerdings die Einzelsaponine, u. a. QS-21, als Adjuvantien für Vakzine sowie zur Herstellung sog. immunstimulierender Komplexe (ISCOMs).

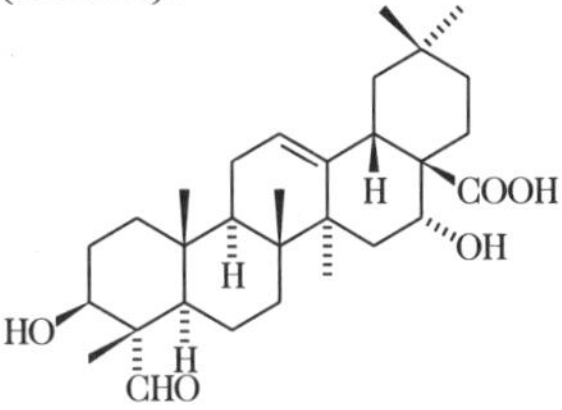

Quillajasäure

Hom.: *Quillaya* HAB34, die getrocknete Rinde.

Histor.: Die Rinde wird in Südamerika seit langer Zeit volksheilkundlich genutzt, ihre arzneiliche Verwendung wurde 1850 durch le Boeuf zur Herstellung von Emulsionen empfohlen. Seit dieser Zeit kam sie über Panama nach Europa, wo die Droge unter der Bezeichnung „Panamarinde" bekannt wurde. Der Gattungsname *Quillaia* ist chilenischer Herkunft. Der Baum wird dort als *Quillai* bezeichnet, abgeleitet von *quillean*, das in der Sprache der Eingeborenen die Bedeutung von waschen hat. Der Artname *saponaria*, abgeleitet vom lateinischen *sapo, saponis* (Seife) weist ebenfalls auf die Verwendung als Waschmittel hin. Die Bedeutung der Droge war einst auch in Europa beachtlich. So führte allein Deutschland vor etwa 100 Jahren jährlich rund 16 000 Ballen Seifenrinde aus Chile und Peru nach Europa ein.

Quillajae molinae ↗ Quillaia saponaria.
Quillajarinde ↗ Quillaia saponaria.
Quillajasäure ↗ Saponine.
Quitte ↗ Cydonia oblonga.

R

Rade ↗ Agrostemma githago.
Radendistel ↗ Eryngium-Arten.
Radi ↗ Raphanus sativus.
Radicula nasturtium ↗ Nasturtium officinale.
Radix Acanthophylli ↗ Acanthophyllum glandulosum.
Radix Actaeae racemosae ↗ Cimicifuga racemosa.
Radix Agropyri ↗ Agropyron repens.
Radix Alismae ↗ Alisma plantago-aquatica.
Radix Alizari ↗ Rubia tinctorum.
Radix Alkannae spuriae ↗ Alkanna tinctoria.
Radix Alkannae syriacae ↗ Macrotomia cephalotes.
Radix Althaeae ↗ Althaea officinalis.
Radix Anchusae ↗ Alkanna tinctoria, ↗ Anchusa officinalis.
Radix Anchusae tinctoriae ↗ Alkanna tinctoria.
Radix Anemonae ↗ Pulsatilla-Arten.
Radix Angelicae ↗ Angelica archangelica.
Radix Angelica sativae ↗ Angelica archangelica.
Radix Anonymos ↗ Gelsemium sempervirens.
Radix Apii graveolentis ↗ Apium graveolens.
Radix Apocyni ↗ Apocynum cannabinum.
Radix Apodantherae ↗ Apodanthera smilacifolia.
Radix Apri ↗ Carlina acaulis.
Radix Arctii ↗ Arctium-Arten.
Radix Arenariae ↗ Carex arenaria.
Radix Arestae ↗ Ononis spinosa.
Radix Argyreiae ↗ Argyreia nervosa.
Radix Ari ↗ Arum maculatum.
Radix Aristolochiae cavae ↗ Corydalis-Arten.
Radix Aristolochiae rotundae ↗ Aristolochia-Arten.
Radix Armoraciae ↗ Armoracia rusticana.
Radix Armoraciae recens ↗ Armoracia rusticana.
Radix Arnicae ↗ Arnica-Arten.
Radix Asari ↗ Asarum europaeum.
Radix Asari canadensis ↗ Asarum canadense.
Radix Asparagi ↗ Asparagus officinalis.
Radix Asphodeli albi ↗ Asphodelus albus.
Radix Astrantiae ↗ Peucedanum ostruthium.
Radix Baptisiae tinctoriae ↗ Baptisia tinctoria.
Radix Barbasco ↗ Lonchocarpus nicou.
Radix Bardanae ↗ Arctium-Arten.

Radix Belamcandae chinensis ↗ Belamcanda chinensis.
Radix Belladonnae ↗ Atropa belladonna.
Radix Berberidis ↗ Berberis vulgaris.
Radix Berberis aquifolii ↗ Mahonia aquifolium.
Radix Bismalvae ↗ Althaea officinalis.
Radix Brunfelsia ↗ Brunfelsia uniflora.
Radix Brusci ↗ Anthericum ramosum.
Radix Bryoniae ↗ Bryonia-Arten.
Radix Buglossi ↗ Anchusa officinalis.
Radix Buglossi agrestis ↗ Echium vulgare.
Radix Bupleuri ↗ Bupleurum-Arten.
Radix Caincae ↗ Chiococca alba.
Radix Calamagrostis ↗ Calamagrostis lanceolata.
Radix Callae palustris ↗ Calla palustris.
Radix Calumbae ↗ Jateorhiza palmata.
Radix Cannae ↗ Canna-Arten.
Radix Cardopatiae ↗ Carlina acaulis.
Radix Caricis ↗ Carex arenaria.
Radix Caricis arenariae ↗ Carex arenaria.
Radix Carlinae ↗ Carlina acaulis.
Radix Carlinae gummiferae ↗ Atractylis gummifera.
Radix Caryophyllatae aquaticae ↗ Geum-Arten.
Radix Caryophyllati ↗ Geum-Arten.
Radix Castaliae ↗ Nymphaea odorata.
Radix Caulophylli ↗ Caulophyllum thalictroides.
Radix Centranthi ↗ Centranthus ruber.
Radix Chamaeleontis albae ↗ Carlina acaulis.
Radix Chelidonii ↗ Chelidonium majus.
Radix Chinae ponderosae ↗ Smilax-Arten.
Radix Christophorianae americanae ↗ Cimicifuga racemosa.
Radix Cichorii ↗ Cichorium intybus.
Radix Cicutae virosae ↗ Cicuta virosa.
Radix Cimicifugae racemosae ↗ Cimicifuga racemosa.
Radix Collinsoniae ↗ Collinsonia canadensis.
Radix Collinsoniae canadensis ↗ Collinsonia canadensis.
Radix Colombo ↗ Jateorhiza palmata.
Radix Colombo americana ↗ Frasera carolinensis.
Radix Colombo falsa ↗ Frasera carolinensis.
Radix Colombo spuria ↗ Frasera carolinensis.
Radix Colubrina viperina ↗ Aristolochia-Arten.
Radix Consolidae ↗ Symphytum officinale.
Radix Contrayverae virginiae ↗ Aristolochia-Arten.
Radix Convallariae ↗ Convallaria majalis.
Radix Coptidis trifoliae ↗ Coptis trifolia.
Radix Costus ↗ Saussurea costus.
Radix Cynagrostis ↗ Agropyron repens.
Radix Cynoglossi ↗ Cynoglossum officinale.
Radix Cynynchi atrati ↗ Vincetoxicum atratum.
Radix Cyperi esculenti ↗ Cyperus esculentus.
Radix Cypripedii ↗ Cypripedium calceolus var. pubescens.
Radix Dauci ↗ Daucus carota.
Radix Dentariae ↗ Anacyclus x officinarum.
Radix Derridis ↗ Derris-Arten.
Radix Dictamni albi ↗ Dictamnus albus.
Radix Dipsaci sativi ↗ Dipsacus sativus.
Radix Doronicae ↗ Althaea officinalis.
Radix Doronici germanici ↗ Arnica-Arten.
Radix Dracunculi palustris ↗ Calla palustris.
Radix Ebuli ↗ Sambucus ebulus.
Radix Ecballii elaterii ↗ Ecballium elaterium.
Radix Echii ↗ Echium vulgare.
Radix Echinaceae angustifoliae ↗ Echinacea-Arten.
Radix Echinaceae pallidae ↗ Echinacea-Arten.
Radix Echinaceae purpureae ↗ Echinacea-Arten.
Radix Elephantopi ↗ Elephantopus scaber.
Radix Eleutherococci ↗ Eleutherococcus senticosus.
Radix Enulae ↗ Inula helenium.
Radix Ephedrae ↗ Ephedra-Arten.
Radix Eryngii ↗ Eryngium-Arten.
Radix Eryngii maritimi ↗ Eryngium-Arten.
Radix Eryngii plani ↗ Eryngium-Arten.
Radix Eupatorii cannabini ↗ Eupatorium-Arten.
Radix Filicis dulcis ↗ Polypodium vulgare.
Radix Filicis maris ↗ Dryopteris filix-mas.
Radix Foeniculi porcini ↗ Peucedanum officinale.
Radix Foeniculi ursini ↗ Meum athamanticum.
Radix Fragariae ↗ Fragaria vesca.
Radix Fraserae ↗ Frasera carolinensis.
Radix Fraxinellae ↗ Dictamnus albus.
Radix Gei urbani ↗ Geum-Arten.
Radix Gelsemii sempervirentis ↗ Gelsemium sempervirens.
Radix Genistae scopariae ↗ Cytisus scoparius.
Radix Gentianae ↗ Gentiana-Arten.
Radix Gentianae albae ↗ Laserpitium latifolium.
Radix Geranii maculati ↗ Geranium maculatum.
Radix Ginseng ↗ Panax ginseng.
Radix Glycyrrhizae ↗ Glycyrrhiza glabra.
Radix Graminis albi ↗ Agropyron repens.
Radix Graminis majoris ↗ Carex arenaria.
Radix Graminis repentis ↗ Agropyron repens.
Radix Graminis rubrae ↗ Carex arenaria.
Radix Harpagophyti ↗ Harpagophytum procumbens.

Radix Helenii ↗ Inula helenium.
Radix Helianthi tuberosi ↗ Helianthus tuberosus.
Radix Hellebori albi ↗ Veratrum album.
Radix Hellebori nigri ↗ Helleborus-Arten.
Radix Hellebori viridis ↗ Helleborus-Arten.
Radix Heraclei ↗ Heracleum sphondylium.
Radix Heraclei sphondylii ↗ Heracleum sphondylium.
Radix Hibisci ↗ Althaea officinalis.
Radix Hippocratis ↗ Helleborus-Arten.
Radix Hyoscyami ↗ Hyoscyamus niger.
Radix Hypoxidis ↗ Hypoxis rooperi.
Radix Imperatoriae ↗ Peucedanum ostruthium.
Radix Intybi ↗ Cichorium intybus.
Radix Inulae ↗ Inula helenium.
Radix Ipecacuanhae ↗ Cephaelis-Arten.
Radix Ipecacuanha glycyphloae ↗ Cephaelis-Arten.
Radix Ipecacuanha nigra striata ↗ Cephaelis-Arten.
Radix Iridis ↗ Iris germanica.
Radix Jalapae ↗ Ipomoea purga.
Radix Jalapae brasiliensis ↗ Merremia macrocarpa.
Radix Jalapae levis ↗ Ipomoea orizabensis.
Radix Jawarancusae ↗ Vetiveriae zizanioides.
Radix Kava-Kava ↗ Piper methysticum.
Radix Lanariae ↗ Gypsophila paniculata.
Radix Lapathi acuti ↗ Rumex crispus.
Radix Lappae ↗ Arctium-Arten.
Radix Laserpitii germanici ↗ Levisticum officinale.
Radix Lentis leonis ↗ Taraxacum officinale.
Radix Leptandrae virginicae ↗ Veronica virginica.
Radix Levistici ↗ Levisticum officinale.
Radix Ligustici ↗ Levisticum officinale.
Radix Linderae ↗ Lindera strychnifolia.
Radix Liquiritiae ↗ Glycyrrhiza glabra.
Radix Lithospermi ↗ Lithospermum erythrorhizon.
Radix Lopezianae ↗ Toddalia asiatica.
Radix Mahoniae aquifolii ↗ Mahonia aquifolium.
Radix Manaceae ↗ Brunfelsia uniflora.
Radix Mandragorae ↗ Mandragora officinarum.
Radix Mechoacannae ↗ Phytolacca americana.
Radix Mei ↗ Meum athamanticum.
Radix Mei athamantici ↗ Meum athamanticum.
Radix Melampodii ↗ Helleborus-Arten.
Radix Menyanthidis ↗ Menyanthes trifoliata.
Radix Moringae ↗ Moringa-Arten.
Radix Morsus diaboli ↗ Succisa pratensis.
Radix Muira-Puama ↗ Dulacia inopiflora.
Radix Muira puamae ↗ Ptychopetalum-Arten.
Radix Nardi rusticae ↗ Asarum europaeum.
Radix Nardostachyos ↗ Nardostachys jatamansii.
Radix Nerii odori ↗ Nerium odorum.
Radix Nuphari lutei ↗ Nuphar lutea.
Radix Nymphaeae albae ↗ Nymphaea alba.
Radix Nymphaeae odoratae ↗ Nymphaea odorata.
Radix Oenanthe ↗ Oenanthe crocata.
Radix Ononidis ↗ Ononis spinosa.
Radix Oreoselini ↗ Peucedanum oreoselinum.
Radix Orizabae ↗ Ipomoea orizabensis.
Radix Ostruthii ↗ Peucedanum ostruthium.
Radix Paeoniae ↗ Paeonia officinalis.
Radix Paeoniae lactiflorae ↗ Paeonia lactiflora.
Radix Paeoniae lactiflorae alba ↗ Paeonia lactiflora.
Radix Pareirae ↗ Cissampelos pareira.
Radix Pareirae bravae ↗ Chondodendron tomentosum.
Radix Pastinacae ↗ Pastinaca sativa.
Radix Pereziae ↗ Perezia oxylepis.
Radix Petasites ↗ Petasites hybridus.
Radix Petasitidis ↗ Petasites hybridus.
Radix Petivierae ↗ Petiviera tetrandra.
Radix Petroselini ↗ Petroselinum crispum.
Radix Peucedani ↗ Peucedanum ostruthium.
Radix Peucedani officinale ↗ Peucedanum officinale.
Radix Phytolaccae ↗ Phytolacca americana.
Radix Phytolaccae decandrae ↗ Phytolacca americana.
Radix Pimpinellae ↗ Pimpinella-Arten.
Radix Pimpinellae albae ↗ Heracleum sphondylium, ↗ Pimpinella-Arten.
Radix Pimpinellae franconiae ↗ Heracleum sphondylium.
Radix Pimpinellae italicae ↗ Sanguisorba officinalis.
Radix Pimpinellae spuriae ↗ Heracleum sphondylium.
Radix Platycodi ↗ Platycodon grandiflorum.
Radix Podophylli emodi ↗ Podophyllum-Arten.
Radix Podophylli peltati ↗ Podophyllum-Arten.
Radix Polygalae amarae ↗ Polygala-Arten.
Radix Polygala senegae ↗ Polygala-Arten.
Radix Polygonati ↗ Polygonatum odoratum.
Radix Polygoni bistortae ↗ Polygonum bistorta.
Radix Polypodii ↗ Polypodium vulgare.
Radix Primulae ↗ Primula-Arten.
Radix Pulsatillae ↗ Pulsatilla-Arten.
Radix Pyrethri ↗ Anacyclus pyrethrum.
Radix Pyrethri germanici ↗ Anacyclus x officinarum.

Radix Pyrethri germanici sive communis ↗ Anacyclus x officinarum.
Radix Pyrethri romani ↗ Anacyclus pyrethrum.
Radix Raphani ↗ Raphanus sativus.
Radix Ratanhiae ↗ Krameria triandra.
Radix Rauwolfiae ↗ Rauvolfia serpentina.
Radix Rauwolfiae canescentis ↗ Rauvolfia tetraphylla.
Radix Rauwolfiae tetraphyllae ↗ Rauvolfia tetraphylla.
Radix Rehmanniae ↗ Rehmannia glutinosa.
Radix Rhabarbari ↗ Rheum-Arten.
Radix Rhabarbi nigri ↗ Ipomoea purga.
Radix Rhapontici ↗ Rheum-Arten.
Radix Rhei ↗ Rheum-Arten.
Radix Rhei austriaci ↗ Rheum-Arten.
Radix Rhei chinensis ↗ Rheum-Arten.
Radix Rhei pontici ↗ Rheum-Arten.
Radix Rhei rhapontici ↗ Rheum-Arten.
Radix Rhei sinensis ↗ Rheum-Arten.
Radix Rosae benedictae ↗ Paeonia officinalis.
Radix Rubiae tinctorum ↗ Rubia tinctorum.
Radix Rusci ↗ Ruscus aculeatus.
Radix Salep ↗ Orchis-Arten.
Radix Salviae miltiorhiza ↗ Salvia-Arten.
Radix Sambuci ↗ Sambucus nigra.
Radix Sambuci ebuli ↗ Sambucus ebulus.
Radix Sanamundae ↗ Geum-Arten.
Radix Sanguinariae ↗ Geranium sanguineum.
Radix Sanguisorbae majoris ↗ Sanguisorba officinalis.
Radix Sanguisorbae pratensis ↗ Sanguisorba minor.
Radix Saniculae ↗ Sanicula europaea.
Radix Saponariae ↗ Saponaria officinalis.
Radix Saponariae alba ↗ Gypsophila paniculata.
Radix Saponariae rubrae ↗ Saponaria officinalis.
Radix Sarothamni scoparii ↗ Cytisus scoparius.
Radix Sarraceniae purpureae ↗ Sarracenia purpurea.
Radix Sarsae ↗ Smilax-Arten.
Radix Sarsaparillae ↗ Smilax-Arten.
Radix Sarsaparillae germanicae ↗ Carex arenaria.
Radix Sarsaparillae honduras ↗ Smilax-Arten.
Radix Saussureae ↗ Saussurea costus.
Radix Scabiosae ↗ Succisa pratensis.
Radix Scammoniae ↗ Convolvulus-Arten.
Radix Scammoniae asiaticae ↗ Convolvulus-Arten.
Radix Scammoniae mexicana ↗ Ipomoea orizabensis.
Radix Scopoliae ↗ Scopolia carniolica.
Radix Scopoliae carniolicae ↗ Scopolia carniolica.
Radix Scorzonerae ↗ Scorzonera hispanica.
Radix Scrophulariae ↗ Scrophularia nodosa.
Radix Senegae ↗ Polygala-Arten.
Radix Serpentariae majoris ↗ Dracunculus vulgaris.
Radix Serpentariae racemosae ↗ Cimicifuga racemosa.
Radix Sibirici ↗ Rheum-Arten.
Radix Sigilli Salomonis ↗ Polygonatum odoratum.
Radix Smilacis ↗ Smilax-Arten.
Radix Solani racemosi ↗ Phytolacca americana.
Radix Spartii scoparii ↗ Cytisus scoparius.
Radix Spigeliae ↗ Spigelia-Arten.
Radix Stillingiae ↗ Stillingia silvatica.
Radix Succisae ↗ Succisa pratensis.
Radix Succisae pratensis ↗ Succisa pratensis.
Radix Symphyti ↗ Symphytum officinale.
Radix Syriaca ↗ Angelica archangelica.
Radix Taraxaci ↗ Taraxacum officinale.
Radix Taraxaci cum herba ↗ Taraxacum officinale.
Radix Thalictrii ↗ Thalictrum macrocarpum.
Radix Tormentillae ↗ Potentilla erecta.
Radix Trichosanthidis ↗ Trichosanthes kirilowii.
Radix Trifolii fibrini ↗ Menyanthes trifoliata.
Radix Trilli erecti ↗ Trillium erectum.
Radix Trillii erecti ↗ Trillium erectum.
Radix Triostei ↗ Triosteum perfoliatum.
Radix Tritici repentis ↗ Agropyron repens.
Radix Turpethi ↗ Operculina turpethum.
Radix Uncariae tomentosae ↗ Uncaria tomentosa.
Radix Uragogae ipecacuanhae ↗ Cephaelis-Arten.
Radix Urticae ↗ Urtica-Arten.
Radix Uzarae ↗ Xysmalobium undulatum.
Radix Valerianae ↗ Valeriana officinalis.
Radix Valerianae japonicae ↗ Valeriana fauriei.
Radix Veratri albi ↗ Veratrum album.
Radix Vetiveriae ↗ Vetiveria zizanioides.
Radix Victorialis rotundae ↗ Gladiolus communis.
Radix Vincae roseae ↗ Catharanthus roseus.
Radix Vincetoxici ↗ Vincetoxicum hirundinaria.
Radix Violae ↗ Viola-Arten.
Radix Violae odoratae ↗ Viola-Arten.
Radix Viperinae virginiae ↗ Aristolochia-Arten.
Radix Xanthorhizae ↗ Xanthorhiza simplicissima.
Radix Zingiberis ↗ Zingiber officinale.
Rahmapfel ↗ Annona-Arten.
Rainblumen ↗ Helichrysum arenarium.
Rainfarn ↗ Chrysanthemum-Arten.

Rainfarnkraut ↗ Chrysanthemum-Arten.
Raingerte ↗ Chrysanthemum-Arten.
Rainweide ↗ Ligustrum vulgare.
Rainweidenblätter ↗ Ligustrum vulgare.

■ **Raja clavata** L.
Rochen (syn. Nagelrochen).
Fam.: Rajidae.
Vork.: Küsten Nordeuropas bis Murmansk, Mittelmeer, Schwarzes Meer.
Droge: ***Rochenleberöl***, das fette Öl aus der frischen Leber. *Inh.:* Triglyceride, Vitamine A und D. *Anw.:* zur Gewinnung von Vitaminkonzentraten für die Diätetik, für technische Zwecke als Schmiermittel.

Raktapita ↗ Ventilago madraspatana.
Rama ↗ Hibiscus sabdariffa.

■ **Ramaria formosa** (Fr.) Quél.
Dreifarbige Koralle (syn. Schöne Koralle).
Fam.: Gomphaceae.
Vork.: auf dem Erdboden von Laubwäldern in Mitteleuropa.
Inh.: Pistillarin, ein Bitterstoff; Wirkstoffe mit Antitumor-Aktivität (Formel s. unten). Dieser Korallenpilz ist schwach giftig.

Ramenton ↗ Drosera-Arten.
Ramiefasern ↗ Boehmeria nivea.

■ **Ramona stachioides** L.
Fam.: Lamiaceae (Labiatae).
Vork.: Südkalifornien.
Droge: ***Herba Ramonae***, die ganze Pflanze. *Inh.:* äther. Öl mit viel Campher. *Anw.:* zur Gewinnung von ↗ Campher.

Rampelblätter ↗ Hedera helix.
Ramsell ↗ Allium-Arten.
Ramtillaöl ↗ Guizotia abyssinica.
Ramuli arboris vitae ↗ Thuja occidentalis.
Ramuli Sabinae ↗ Juniperus sabina.
Ramulus Uncariae cum Uncis ↗ Uncaria rhynchophylla.

Rana bufo ↗ Bufo bufo.

■ **Randia braudis** L.
Fam.: Rubiaceae.
Vork.: Indien.
Droge: ***Fructus Randiae***; Chelafrüchte (syn. Jelafrüchte), die reifen Früchte. *Inh.:* Saponine. *Anw.:* in Indien als Fischgift und zum Waschen.

Rankender Sumach ↗ Rhus-Arten.
Rankenefeu ↗ Hedera helix.

■ **Ranunculin**
biogenetische Vorstufe zur Bildung von Protoanemonin und Anemonin, lactonische Verbindungen in Ranunculaceae.

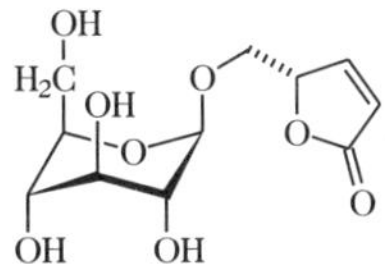

Ranunculin

■ **Ranunculus-Arten**
● **Fam.:** Ranunculaceae.
● **Ranunculus acris** L. (syn. *Ranunculus acer*); Scharfer Hahnenfuß; s. Farbtafel S. 298, Bild 106.
Vork.: Europa, Asien, Nordamerika, Nordafrika.
Droge: das Kraut. *Inh.:* Protoanemonin, Anemonin, Isoanemonsäure; Saponine; Vitamin C, Aminosäuren, Gerbstoffe. *Anw.:* früher in der Volksheilkunde als Wurmmittel, als blasenziehende Droge, gegen chronische Hautleiden, Rheuma und Gicht.

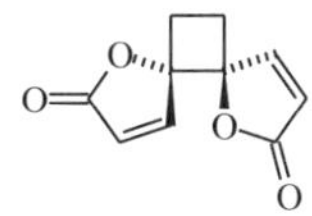

(±)-Anemonin

Hom.: ***Ranunculus acris*** (syn. *Ranunculus acer*) HAB34; die frischen, oberirdischen Pflan-

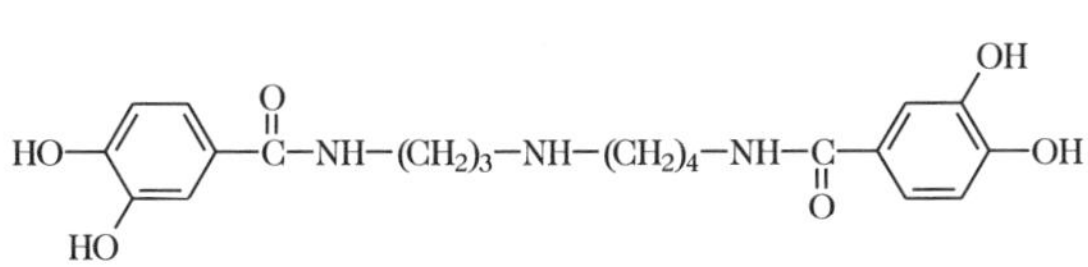

Pistillarin

zenteile. Anw.-Geb.: Rheumatismus, Hautausschläge, Neuralgien.

● **Ranunculus bulbosus** L.; Knollenhahnenfuß (syn. Knolliger Hahnenfuß).

Vork.: Europa, Nordamerika.

Droge: das frische Kraut. Inh.: v. a. Protoanemonin und Anemonin. Anw.: als blasenziehendes Mittel bei Rheuma, Gicht, Neuralgien, Grippe und Hauterkrankungen.

Hom.: *1. Ranunculus bulbosus* HAB1; Knolliger Hahnenfuß, die ganze, frische, blühende Pflanze. Anw.-Geb.: Erkrankungen des peripheren Nervensystems, des Auges, der unteren Atemwege, der Haut und ihren Anhangsgebilden sowie des Stütz- und Bewegungsapparates. *2. Ranunculus bulbosus ex herba* HAB; die frischen, oberirdischen Pflanzenteile. Anw.-Geb.: Viruserkrankungen der Haut und Hornhaut der Augen, Brustfellerkrankungen, Rheumatismus, Nervenschmerzen.

● **Ranunculus ficaria** L. (syn. *Ficaria verna*); Scharbockskraut (syn. Feigwurz), s. Farbtafel S. 298, Bild 107.

Vork.: Europa, Asien.

Droge: das Kraut. Inh.: wenig Protoanemonin und Anemonin, Saponine, Vitamin C. Anw.: in der Volksheilkunde bei chronischen Hautleiden und zu Blutreinigungskuren.

Hom.: *Ranunculus Ficaria* HAB34, das frische Kraut. Anw.-Geb.: Hämorrhoiden.

● **Ranunculus sceleratus** L.; Gifthahnenfuß.

Vork.: Europa, Afrika, Ostasien.

Droge: das frische Kraut. Inh.: Protoanemonin, Anemonin, Ranunculin, Cholin, Steroide, Pyrogallol, Tannine, Flavonoide.

Hom.: *Ranunculus sceleratus* HAB34; die frischen, oberirdischen Pflanzenteile. Anw.-Geb.: Bläschenausschlag, Leberstörungen, Rheuma.

Histor.: Der Gattungsname *Ranunculus* ist die Verkleinerungsform vom lateinischen *rana* (Frosch) und ist darauf zurückzuführen, daß mehrere Arten an sumpfigen Stellen oder im Wasser, d. h. in der Nähe der Frösche vorkommen. Der Artname *sceleratus* (lat., unheilvoll) weist auf die Giftigkeit der Pflanze hin. Der dt. Name Hahnenfuß wurde wegen der Ähnlichkeit der Blattform einiger Arten mit den Klauen eines Hahnes geprägt.

Rapae oleum ↗ Brassica-Arten.
Rapa napus ↗ Brassica-Arten.
Raphani radix ↗ Raphanus sativus.
Raphani sativi radix ↗ Raphanus sativus.
Raphanis magna ↗ Armoracia rusticana.
Raphanus albus ↗ Sinapis alba.
Raphanus brassica officinalis ↗ Brassica-Arten.
Raphanus eruca ↗ Eruca sativa.
Raphanus junceus ↗ Brassica-Arten.
Raphanus napus ↗ Brassica-Arten.
Raphanus officinalis ↗ Raphanus sativus.

■ **Raphanus sativus** L.
(syn. *Raphanus officinalis*); Garten-Rettich.

Fam.: Brassicaceae (Cruciferae).

Vork.: weltweit in den gemäßigten Zonen kultiviert.

Droge: *Raphani sativi radix* (syn. *Radix Raphani, Raphani radix*); Rettichwurzel (syn. Echter Rettich, Gartenrettich, Radi, Rettich, Schwarzrettichwurzel, Winterrettich), die frische Wurzel. Inh.: Glucosinolate, u. a. Glucoraphanin sowie deren Spaltprodukte (Senföle), u. a. Sulforaphen (Raphanin) sowie Allylisothiocyanat, ferner ↗ As-

$S{=}C{=}N{-}(CH_2)_2{-}CH{=}CH{-}SO{-}CH_3$

Raphanin

$S{=}C{=}N{-}CH_2{-}CH{=}CH_2$

Allylsenföl

corbinsäure und Methylamin (bis 42 mg/kg). Anw.: dyspeptische Beschwerden, bes. bei Gallenleiden, sowie bei Katarrhen der oberen Luftwege und bei krampfartigem Husten, meist als Rettichsaft.

Hom.: *Raphanus sativus* HAB1; Schwarzer Rettich, die frischen, unterirdischen Teile. Anw.-Geb.: Erkrankungen des Magen-Darm-Traktes sowie bei fettiger Haut.

Raphanus sinapis-officinalis ↗ Brassica-Arten.
Raps ↗ Brassica-Arten.
Rapsöl ↗ Brassica-Arten.
Rapuntium inflatum ↗ Lobelia inflata.
Rapuntium siphiliticum ↗ Lobelia siphilitica.
Rapunzelsalat ↗ Portulaca oleracea.
Rasenwurz ↗ Hyoscyamus niger.
Rasewurz ↗ Atropa belladonna.
Ratanhiae radix ↗ Krameria triandra.
Ratanhiawurzel ↗ Krameria triandra.
Rattenmoschus ↗ Ondatra zibetica.
Rattenzwiebel ↗ Urginea maritima.

Raubasin ↗ Rauvolfia serpentina.
Rauchkraut ↗ Fumaria officinalis.
Rauchopium ↗ Papaver somniferum.
Rauchsalbei ↗ Salvia-Arten.
Rauhbirke ↗ Betula-Arten.
Rauhes Bruchkraut ↗ Herniaria hirsuta.
Rauhes Kampferkraut ↗ Camphorosma glabrum.
Rauhhaariger Sonnenhut ↗ Rudbeckia hirta.
Raukenkraut ↗ Eruca sativa, ↗ Sisymbrium officinale.
Rauschbeere ↗ Empetrum nigrum, ↗ Vaccinium-Arten.

■ Rauschdrogen

Gruppe von psychisch wirksamen Drogen aus Pflanzen, Pilzen oder Tieren, die das Bewußtsein verändern. Sie induzieren einen rauschartigen Zustand mit Wahnvorstellungen bzw. Halluzinationen (↗ Halluzinogene biogenen Ursprungs), oft werden Unlustzustände beseitigt und Euphorie erzeugt (↗ Sucht und Suchtdrogen biogenen Ursprungs). R. können zu Abhängigkeit und Sucht führen und besitzen ein breites Spektrum an Nebenwirkungen (z. B. Infektionen, Psychosen, Vitamin- und Eiweißmangel). Herstellung, Handel und Anwendungen von R. werden staatlich kontrolliert (Betäubungsmittelgesetz) bzw. sind gänzlich verboten. Quelle für R. sind u. a. die folgenden Pflanzen: ↗ *Areca catechu*, ↗ *Cannabis sativa*, ↗ *Catha edulis*, ↗ *Erythroxylum coca*, ↗ *Heimia salicifolia*, ↗ *Ipomoea violacea*, ↗ *Lophophora williamsii*, ↗ *Mesembryanthemum*-Arten, ↗ *Papaver somniferum*, ↗ *Piper methysticum*, ↗ *Psilocybe*-Arten und ↗ *Turbina corymbosa*.

■ Rauschgifte

Gruppe von psychisch wirksamen Pharmaka, Naturstoffen und Drogen, die das Bewußtsein verändern (↗ Rauschdrogen, ↗ Halluzinogene biogenen Ursprungs, ↗ Sucht und Suchtdrogen biogenen Ursprungs).

Rauschgiftkaktus ↗ Trichocereus pachanoi.
Rauschhanf ↗ Cannabis sativa.
Rauschpfeffer ↗ Piper methysticum.
Rautenblätter ↗ Ruta graveolens.
Rautenkraut ↗ Ruta graveolens.
Rautenöl ↗ Ruta graveolens.
Rauvolfia canescens ↗ Rauvolfia tetraphylla.
Rauvolfia heterophylla ↗ Rauvolfia tetraphylla.
Rauvolfia hirsuta ↗ Rauvolfia tetraphylla.
Rauvolfia molissima ↗ Rauvolfia tetraphylla.
Rauvolfia obversa ↗ Rauvolfia serpentina.
Rauvolfia odontophora ↗ Rauvolfia tetraphylla.

■ Rauvolfia serpentina (L.) Benth. ex Kurz

(syn. *Ophioxylon obversum*, *O. salutiferum*, *O. serpentinum*, *Rauvolfia obversa*, *R. trifoliata*); Schlangenholz.

Fam.: Apocynaceae.

Vork.: Südostasien, Kulturen vor allem in Indien und Malaysia.

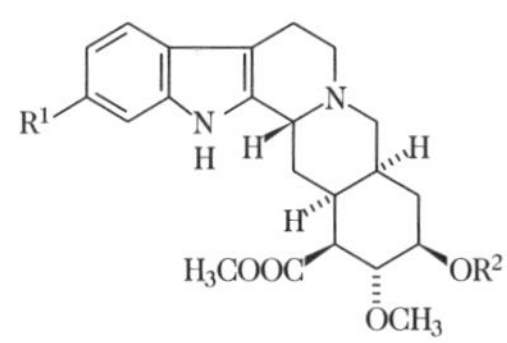

	R¹	R²
Reserpin	OCH_3	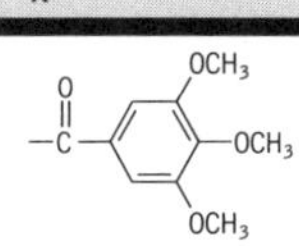
Deserpidin	H	(wie Reserpin)
Rescinnamin	OCH_3	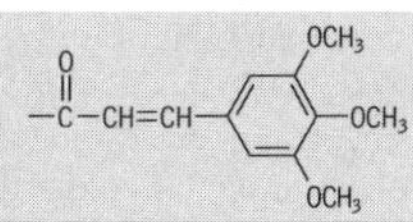

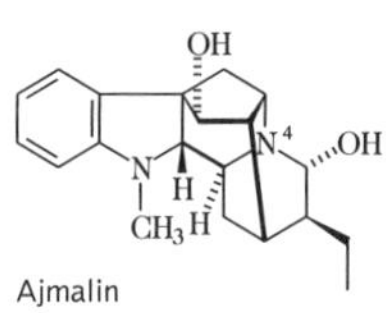

Ajmalin

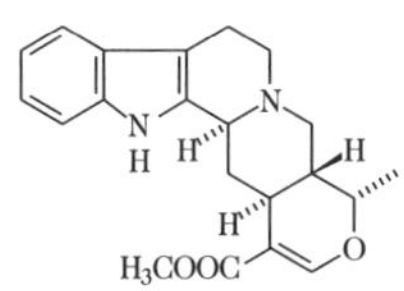

Raubasin

Droge: ***Rauwolfiae radix*** (*Radix Rauwolfiae*); Indische Schlangenwurzel (syn. Rauwolfiawurzel), die getrockneten Wurzeln; s. Farbtafel S. 298, Bild 108. *Inh.:* Komplex von monoterpenoiden Indolalkaloiden (1–2 %), u. a. Reserpin (0,15 %),

Rescinnamin und Deserpidin sowie Ajmalin, Raubasin (syn. Ajmalicin), Yohimbin und Serpentin. Wirk.: Die Droge stellt ein starkes Sympathikolytikum dar und wirkt blutdrucksenkend und sedierend. Reserpin gilt als einer der dafür wesentlichen Wirkstoffe. Dagegen besitzt Ajmalin antiarrhythmische Eigenschaften. Anw.: bei leichter essentieller Hypertonie, vor allem bei erhöhtem Sympathikotonus, verbunden mit psychomotorischer Unruhe sowie Angst- und Spannungszuständen. TD: 0,6 g Droge, entsprechend 6 mg Gesamtalkaloiden. Es werden fast ausschließlich die Reinalkaloide in Form von Arzneifertigpräparaten verwendet. Zur Gewinnung der Alkaloide werden mitunter auch die Wurzeln von *Rauvolfia vomitoria* Afzel genutzt.

Hom.: ***Rauwolfia serpentina*** HAB1; Indische Schlangenwurzel, die getrockneten Wurzeln. Anw.-Geb.: Erkrankungen des Zentralnervensystems (Verstimmungszustände), des Herzens und des arteriellen Gefäßsystems (Bluthochdruck).

Histor.: In der indischen Volksheilkunde diente die Droge seit Jahrhunderten als Mittel gegen Schlangenbisse, Insektenstiche, Fieber, Durchfall und später auch gegen Epilepsie und Bluthochdruck. Den Gattungsnamen Rauvolfia gab der französische Botaniker Plumier im Jahre 1703 anläßlich einer neu entdeckten Apocynaceengattung zu Ehren des Augsburger Arztes und Botanikers Leonhard ↗ Rauwolf. Die heutige Schreibweise *Rauvolfia* entspricht der Erstveröffentlichung.

Rauvolfia subpubescens ↗ Rauvolfia tetraphylla.

■ Rauvolfia tetraphylla L.

(syn. *Rauvolfia canescens, R. heterophylla, R. hirsuta, R. molissima, R. odontophora, R. subpubescens, R. tomentosa*).

Fam.: Apocynaceae.

Vork.: Indien, Australien, Kuba.

Droge: ***Radix Rauwolfiae canescentis*** (syn. *Radix Rauwolfiae tetraphyllae, Rauwolfiae canescentis radix, Rauwolfiae tetraphyllae radix*); *Rauwolfia-tetraphylla*-Wurzel (syn. *Rauwolfia-canescens*-Wurzel), die getrockneten Wurzeln. Inh.: u. a. α-Yohimbin (ca. 0,1 %), Alstonin, Ajmalicin, Ajmalin, Aricin, Corynanthin, Deserpidin, Raunescin, Reserpidin, Reserpin und Serpin. Anw.: in der Volksheilkunde zum Gurgeln bei Halsschmerzen, bei Entzündungen im Rachenraum; innerlich bei Darmerkrankungen, gegen Syphilis und chronische Hauterkrankungen.

Rauvolfia tomentosa ↗ Rauvolfia tetraphylla.
Rauvolfia trifoliata ↗ Rauvolfia serpentina.

■ Rauvolfia vomitoria Afzelius.

Fam.: Apocynaceae.

Vork.: tropisches Afrika, bes. Senegal, Tansania, Sudan, Angola.

Droge: Wurzeln, Rinde und Blätter. Inh.: Indolalkaloide, u. a. Ajmalin, Ajmalicin, Serpentinin,

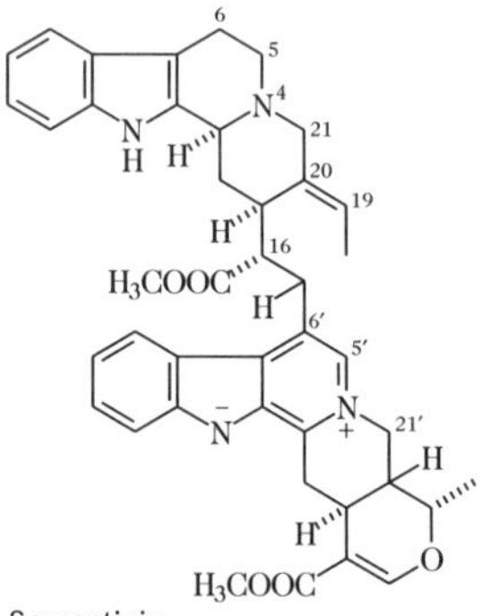

Serpentinin

Aricin und Rauvoxin; in den Blättern Picrinin, Reserpilin, Flavonoide, Steroide. Anw.: in der Volksheilkunde der Verbreitungsgebiete bei Dysenterie, Windpocken, Fieber, Lepra und weiteren Infektionskrankheiten als Infus oder Waschung. Die Droge ist Bestandteil von Pfeilgiften in Afrika.

■ Rauwolf, Leonhard

Augsburger Arzt und Botaniker. Rauwolf hatte in der Mitte des 16. Jh. Vorderasien bereist und als Ergebnis seiner Reise ein Kräuterbuch verfaßt. Nach ihm wurde die Gattung Rauvolfia benannt (↗ *Rauvolfia serpentina*), obwohl er die Pflanze selbst nicht beschrieben hat.

Rauwolfiae canescentis radix ↗ Rauvolfia tetraphylla.
Rauwolfiae radix ↗ Rauvolfia serpentina.
Rauwolfiae tetraphyllae radix ↗ Rauvolfia tetraphylla.
Rauwolfiawurzel ↗ Rauvolfia serpentina.

■ **Ravensara aromatica** Gmel.
(syn. *Evodia ravensara*).
Fam.: Lauraceae.
Vork.: Madagaskar.
Drogen: *1. Nuces Caryophyllatae*; Ravensaranüsse (syn. Madagassische Muskatnüsse, Nelkennüsse), die reifen Samen. Inh.: äther. Öl, fettes Öl. Anw.: Gewürz, Ersatz für echte Muskatnüsse (↗ *Myristica fragrans*). *2. Ravensarablätter*, die Laubblätter. Inh.: äther. Öl mit Estragol; Alkaloide. Anw.: in der Volksheilkunde gegen Fieber sowie zur Wundbehandlung.

Ravensaranüsse ↗ Ravensara aromatica.

■ **Reaumuria hirtella** L.
Fam.: Tamaricaceae.
Vork.: ägyptisch-arabische Wüstengebiete.
Droge: die ganze Pflanze. Inh.: Kochsalz. Anw.: zur Kochsalzgewinnung, da die Pflanzen viel Natriumchlorid aufnehmen und teilweise wieder über die Blätter ausscheiden. Diese Art der Kochsalzgewinnung spielt in meerfernen Gebieten eine wichtige Rolle.

Red Bush Tea ↗ Aspalathus linearis.
Regenblume ↗ Calendula officinalis.
Rehkörner ↗ Trigonella foenum-graecum.
Rehmanniae radix ↗ Rehmannia glutinosa.

■ **Rehmannia glutinosa** (Gaertn.) Libosch.
(syn. *Digitalis glutinosa, Rehmannia sinensis*), Dihuang.
Fam.: Scrophulariaceae.
Vork.: China.
Droge: *Rehmannia-glutinosa-Wurzel* (syn. *Rehmanniae radix*, *Radix Rehmanniae*); Rehmanniawurzel, die frische oder getrocknete Wurzelknolle. Inh.: Iridoide mit Catalpol als Hauptkomponente, ferner u. a. ↗ Aucubin, Ajugol, Melittosid und Rehmannioside A, B, C und D, z. T. auch acyliert. Ferner polyphenolische Esterglykoside, u. a. Verbascosid, Kohlenhydrate und Phytosterole, u. a. Campesterol und β-Sitosterol. Anw.: in der traditionellen chinesischen und japanischen Heilkunde in der Rekonvaleszenz, bei allgemeiner Schwäche, verminderter Harnausscheidung sowie als Antipyretikum und Hämostyptikum.

Rehmannia sinensis ↗ Rehmannia glutinosa.

Reifweide ↗ Salix-Arten.
Reiherschnabel ↗ Erodium cicutarium.
Reiherschnabelkraut ↗ Erodium cicutarium.
Reis ↗ Oryza sativa.
Reißbeeren ↗ Berberis vulgaris.
Reisstärke ↗ Oryza sativa.
Rektifiziertes Kajeputöl ↗ Melaleuca-Arten.

■ **Ren HAB**
die Nieren von Schlachttieren.

■ **Repellentien**
(von lat. *repellere*, zurücktreiben, abweisen) abgeleitete Bezeichnung für Mittel, die abwehrend oder vertreibend auf andere Lebewesen, insbesondere Schädlinge oder Lästlinge wirken. Viele der natürlichen und auch synthetisch hergestellten R. bewirken durch einen unangenehmen Geruch und Geschmack, daß Tiere sich z. B. von Nahrung oder bestimmten Plätzen fernhalten. Natürliche R. sind vielfach Teil der Überlebensstrategie von Organismen (z. B. Fraßgifte). Die Aufklärung von Mechanismen zur Wirkungsweise von R. ermöglicht eine moderne, ökologische Schädlingsbekämpfung.

Reps ↗ Brassica-Arten.
Reptilase ↗ Batroxobin.
Rescinnamin ↗ Rauvolfia serpentina.
Resedablütenöl ↗ Reseda odorata.

■ **Reseda luteola** L.
Färber-Wau (syn. Färberreseda, Gelbkraut, Hexenkraut, Streichkraut, Waude).
Fam.: Resedaceae.
Vork.: Mittel- und Südeuropa.
Droge: *Herba Resedae luteolae*; Gelbkraut, die ganze Pflanze. Inh.: Flavonoide, wie Luteolin; Senfölglykoside (Glucosinolate). Anw.: früher zum Gelbfärben von Stoffen und Seide.
Histor.: Bereits die alten Römer bauten die Droge an und nutzten sie zum Färben von Stoffen. Dabei ergibt das enthaltene Luteolin eine intensiv gelbe Farbe und vermag blaue Stoffe intensiv grün zu färben. Bis ins 19. Jh. wurde die Pflanze auch in Deutschland angebaut und zum seifen- bzw. lichtechten Färben von Wolle und Seide eingesetzt.

■ **Reseda odorata** L.
Gartenreseda (syn. Wohlriechender Wau).
Fam.: Resedaceae.

Vork.: Nordafrika, in Europa und China auch kultiviert.

Droge: ***Resedablütenöl***, das äther. Öl der Blüten. Inh.: u. a. Terpene, Phenylethylthiocarbamid. Anw.: in der Parfümerie sowie in China zum Aromatisieren von Tee.

Reserpin ↗ Rauvolfia serpentina.
Resina ↗ Harze.
Resina Acaroidis ↗ Xanthorrhoea hastilis.
Resina alba ↗ Pinus-Arten.
Resina Ammoniacum ↗ Dorema ammoniacum.
Resina Benzoe Sumatra ↗ Styrax-Arten.
Resina Colophonium ↗ Pinus-Arten.
Resina Convolvuli sepium ↗ Calystegia-Arten.
Resina Copal ↗ Agathis-Arten, ↗ Copal.
Resina Dammar ↗ Shorea wiesneri.
Resina de Aroeira ↗ Schinus-Arten.
Resina Draconis ↗ Daemonorops draco.
Resina Draconis Americana ↗ Pterocarpus-Arten.
Resina Elastica ↗ Hevea brasiliensis.
Resina Elemi ↗ Canarium luzonicum.
Resina Guajaci ↗ Guaiacum sanctum.
Resina Ipomoeae ↗ Ipomoea orizabensis.
Resina Jalapae ↗ Ipomoea purga.
Resina Jalapae Vera Cruz ↗ Ipomoea purga.
Resina Kino ↗ Pterocarpus-Arten.
Resina Lacca ↗ Kerria lacca.
Resina Ladanum ↗ Cistus-Arten.
Resina Laretiae ↗ Laretia acaulis.
Resina Mastix ↗ Pistacia lentiscus.
Resina Orizabensis ↗ Ipomoea orizabensis.
Resina Piceae ↗ Picea mariana.
Resina Pini ↗ Pinus-Arten.
Resina Pini burgundica ↗ Pinus-Arten.
Resina Podophylli ↗ Podophyllum-Arten.
Resina Sandaraca ↗ Tetraclinis articulata.
Resina Scammonia ↗ Convolvulus-Arten.
Resina Scammoniae ↗ Ipomoea orizabensis.
Resina Soldanellae ↗ Calystegia-Arten.
Resina Thapsiae ↗ Thapsia garganica.
Resina Xanthorrhoeae flava ↗ Xanthorrhoea hastilis.
Restringe ↗ Pistacia lentiscus.
Retinol ↗ Vitamine.

■ **Retinsäure**
(syn. Tretinoin, Tretinoinum, Retinoesäure, Retininsäure, Vitamin-A-Säure). Anw.: zur Akne-Therapie, zur Behandlung bestimmter Tumorformen, bei Psoriasis. Geg.: Schwangerschaft.

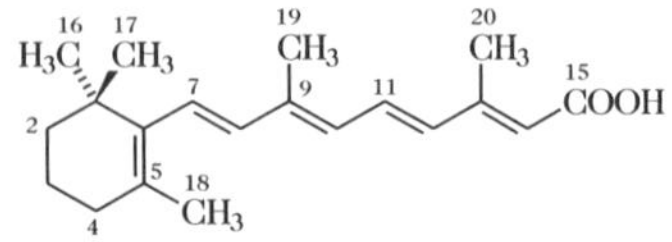

Retinsäure

Rettich ↗ Raphanus sativus.
Rettichwurzel ↗ Raphanus sativus.
Rhabarbarum palmatum ↗ Rheum-Arten.
Rhabarbarum rhaponticum ↗ Rheum-Arten.
Rhabarbarum verum ↗ Rheum-Arten.
Rhabarber ↗ Rheum-Arten.
Rhabarberwurzel ↗ Rheum-Arten.
Rhamnetin ↗ Flavonoide.
Rhamni catharticae fructus ↗ Rhamnus catharticus.
Rhamni catharticae fructus recentes ↗ Rhamnus catharticus.
Rhamni cathartici fructus ↗ Rhamnus catharticus.
Rhamni cathartici fructus recentes ↗ Rhamnus catharticus.
Rhamni purshiani cortex ↗ Rhamnus purshianus.
Rhamnoides hippophae ↗ Hippophae rhamnoides.
Rhamnus alnifolius ↗ Rhamnus purshianus.

■ **Rhamnus alpina** ssp. fallax (Boiss.) Maire et Petitm.
Alpenkreuzdorn (syn. *Rhamnus fallax, Oreoherzogia fallax*).

Fam.: Rhamnaceae.

Vork.: Südwesteuropa, Italien, Mittelmeergebiet, Nordwestafrika.

Droge: ***Fallaxrinde***, die getrocknete Rinde. Inh.: Anthrachinonglykoside (2–3 %), Xanthorhamnin. Anw.: in der Volksheilkunde, zuweilen als Verfälschung von *Frangulae cortex* (↗ *Rhamnus frangula*) erhältlich.

Rhamnus anonaefolia ↗ Rhamnus purshianus.

■ **Rhamnus catharticus** L.
(syn. *Cervispina cathartica, Rhamnus cathartica, R. wicklia, R. wikkor, R. willdenowiana*); Kreuzdorn (syn. Färbebaum, Feldbeerbaum, Hexendorn, Hirschdorn, Purgier-Kreuzdorn, Stechdorn, Wegdorn).

Fam.: Rhamnaceae.

Vork.: Europa, Westasien, Nordafrika.

Drogen: ***1. Rhamni catharticae fructus*** (syn. *Baccae Spinae cervinae, Fructus Rhamni catharticae, Rhamni cathartici fructus*); Kreuzdornbeeren (syn. Amselbeeren, Gelbbeeren, Kreuzbeeren, Purgierbeeren, Wegdornbeeren), die ganzen, reifen, getrockneten Früchte; s. Farbtafel S. 299, Bild 109. *Inh.*: Anthranoide (2–5 %), bes. Franguline und Glucfranguline mit Emodin und

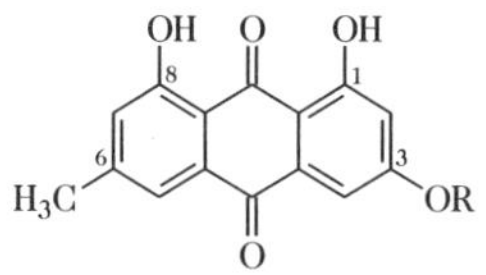

Frangulin A: R = 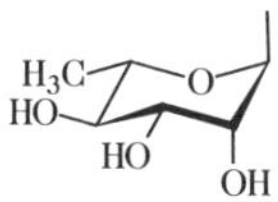

Frangulin B: R = 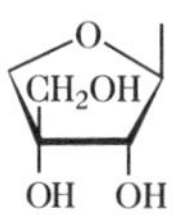

Emodinanthron als Aglyka. Ferner Flavonolglykoside, u. a. Catharticin sowie Kämpferol- und Quercetinglykoside, ferner Gerbstoffe. *Anw.*: analog Faulbaumrinde bei akuter Verstopfung. Volkstümlich früher zur Blutreinigung. *Geg.*: bei mitunter auftretenden krampfartigen Magen-Darm-Beschwerden ist Dosisreduktion erforderlich, auch gilt die chronische Anwendung der Droge als Mißbrauch. ***2. Rhamni cathartici fructus recentes*** (syn. *Fructus Rhamni catharticae recentes, Rhamni catharticae fructus recentes*); Frische Kreuzdornbeeren, die frischen, reifen Früchte. *Anw.*: s. *Rhamni cathartici fructus*.

Hom.: ***Rhamnus catharticus*** HAB34; Kreuzdorn, die frischen, reifen Früchte. *Anw.-Geb.*: Erkrankungen des Magen-Darm-Traktes sowie des Stütz- und Bewegungsapparates.

Histor.: Der Gattungsname *Rhamnus* stammt vom griechischen *rhamnos* und war bei ↗ Theophrast und ↗ Dioskurides die Bezeichnung für verschiedene *Rhamnus*-Arten. Der Artname *cathartica* geht auf das griechische *kathairein* (reinigen) zurück, da die Früchte als Abführmittel, d. h. zum Reinigen des Darmes, dienten. Der dt. Name Kreuzdorn weist auf die Stellung der Dornen, die mit den Ästen ein Kreuz bilden, hin. Der in der Antike genutzte *Rhamnos* war vermutlich *Rhamnus oleoides*. Den Angelsachsen jedoch war der Kreuzdorn schon lange bekannt. Er wurde als Hartsthorn oder Waythorn in ihren Arzneibüchern schon vor der normannischen Eroberung genannt. Im Volksaberglauben galt der Kreuzdorn über lange Zeit als ein dämonenabwehrendes und hexenvertreibendes Mittel.

■ **Rhamnus frangula** L.

(syn. *Frangula alnus, F. frangula, F. vulgaris, Rhamnus korolkowii, R. nemoralis, R. pentapetala, R. sanguino*); Faulbaum (syn. Amselbaum, Brechwegdorn, Glatter Wegdorn, Grindholz, Pulverholz, Spillbaum, Zapfenholz, Zweckenholz), s. Farbtafel S. 299, Bild 110.

Fam.: Rhamnaceae.

Vork.: Strauch oder kleiner Baum Europas, aber auch verbreitet in West- und Kleinasien sowie Nordamerika.

Droge: ***Frangulae cortex*** (syn. *Cortex Frangulae, Cortex Rhamni frangulae*); Faulbaumrinde (Gelbholzrinde, Pulverholzrinde), s. Farbtafel S. 299, Bild 111. *Inh.*: ca. 6 % Anthranoide (Glucofrangulin A und B, Frangulin A und B, Frangulaemodin), daneben Naphthochinone und 1,8-Dihydroxynaphthaline. In frischer Rinde liegen die Glucofranguline in reduzierter Form vor, in gelagerter Rinde dagegen die oxidierten Verbindungen, die zudem einen Zuckerrest verloren haben. *Anw.*: Die Droge wird als Laxans bei Obstipation angewendet, verantwortlich dafür sind die Anthrone (Metabolite der Anthranoide im Darm), die über eine Hemmung der Flüssigkeitsresorption aus dem Colon eine beschleunigte Darmpassage bewirken. Aufgrund einer möglichen cancerogenen Aktivität der Anthranoide sollte der Gebrauch auf eine kurzfristige Anwendung begrenzt bleiben. Die Droge ist in früheren Zeiten auch als Abtreibungsmittel mißbraucht worden.

Hom.: ***Rhamnus frangula*** HAB1, die frische Rinde der Stämme und Zweige. *Anw.-Geb.*: bei Verdauungsschwäche mit einer Neigung zu Durchfällen.

Histor.: Die Droge wird seit dem Mittelalter als Abführmittel genutzt.

Rhamnus korolkowii ↗ Rhamnus frangula.
Rhamnus nemoralis ↗ Rhamnus frangula.
Rhamnus paliurus ↗ Paliurus aculeatus.
Rhamnus pentapetala ↗ Rhamnus frangula.

■ **Rhamnus purshianus** DC.
(syn. *Frangula purshiana, Perfonon laurifolium, Rhamnus alnifolius, R. anonaefolia*); Amerikanischer Faulbaum (syn. Amerikanischer Kreuzdorn).

Fam.: Rhamnaceae.

Vork.: westliches Nordamerika.

Droge: ***Rhamni purshiani cortex*** (syn. *Cascara sagrada, Cortex Cascarae sagradae, Cortex Rhamni americanae, Cortex Rhamni purshiani, Cortex Rhamni purshianae*); Amerikanische Faulbaumrinde (syn. Amerikanische Kreuzdornrinde, Cascararinde, Kaskararinde, Sagradarinde), die getrocknete Rinde. *Inh.:* Anthranoidkomplex mit Anthrachinon-*O*-glucosiden (10–20 %), bes. Monoglucoside und Aloeemodin, Chrysophanol, Frangulaemodin und Physcion als Aglykon, ferner 10-C-Glucosylanthrone (10–30 %),

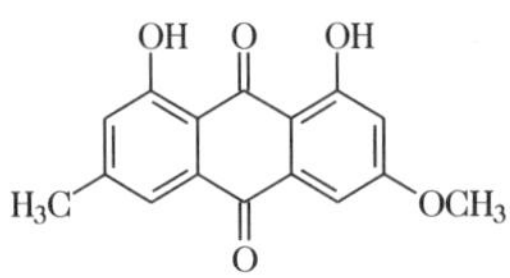

Physcion

vor allem die Aloine A und B und deren 11-Desoxyderivate, die Chrysaloine A und B und schließlich der Hauptanteil, die Cascaroside (60–70 %) mit den Cascarosiden A, B, C und D, die *O*-Glucoside der oben genannten 10-C-Glucosylanthron-Diastereomerenpaare darstellen. *Anw.:* bei akuter Obstipation (Dosierung: etwa 1 Teelöffel Droge pro Tasse Tee), Bestandteil einiger Arzneifertigpräparate. *Geg.:* Die Anwendung darf nur bei akuter Verstopfung erfolgen, nicht dagegen als Dauergebrauch. Die Droge ist kontraindiziert bei Ileus, akut-entzündlichen Darmerkrankungen, in der Schwangerschaft sowie in der Kinderpraxis.

Hom.: ***Rhamnus purshianus*** (syn. *Cascara sagrada*) HAB34; die getrocknete, mindestens zwei Jahre gelagerte Rinde. *Anw.-Geb.:* Verdauungsstörungen, Rheuma.

Histor.: Während der Gattungsname *Rhamnus* griechischer Herkunft ist (↗ *Rhamnus catharticus*), ist der Drogenname *Cascara sagrada* spanischer Abstammung (*Cacara* = Rinde und *sagrada* = heilig), ein Hinweis auf das hohe Ansehen der Droge. Der Artname *purshiana* wurde nach dem Botaniker Friedrich Traugott Pursch (geb. 1774 in Großenhain, gest. 1820 in Montreal) benannt. In Europa wurde die Droge erst gegen Ende des 19. Jh. bekannt.

Rhamnus sanguino ↗ Rhamnus frangula.
Rhamnus venenosus ↗ Colubrina reclinata.
Rhamnus wicklia ↗ Rhamnus catharticus.
Rhamnus wikkor ↗ Rhamnus catharticus.
Rhamnus willdenowiana ↗ Rhamnus catharticus.
Rhamphospermum album ↗ Sinapis alba.
Rhaponticin ↗ Rheum-Arten.

■ **Rhaponticum carthamoides** (Willd.) Iljin
(syn. *Leuzea carthamoides*).

Fam.: Asteraceae (Compositae).

Vork.: Zentralasien, Sibirien, Mongolei, in Rußland und auf dem Balkan auch kultiviert.

Droge: die Wurzeln. *Inh.:* Alkaloide, äther. Öl, Gerbstoffe, Carotinoide. *Anw.:* in der Volksheilkunde bei Erschöpfungszuständen, als Stimulans bei Übermüdung sowie gegen Impotenz.

Rhapontik ↗ Rheum-Arten.
Rhapontikaöl ↗ Oenothera biennis.
Rhapontikrhabarber ↗ Rheum-Arten.
Rhei radix ↗ Rheum-Arten.
Rhei rhaponticae radix ↗ Rheum-Arten.
Rhei sinensis radix ↗ Rheum-Arten.

■ **Rheum-Arten**

● **Fam.:** Polygonaceae.

● **Rheum emodi** Wall. (syn. *Rheum australe*); Emodi-Rhabarber.

Vork.: Himalajagebiete zwischen Kaschmir und Sikkim (Indien) in 3 500 – 4 000 m Höhe.

Droge: ***Rheum-emodi-Wurzel***, die getrockneten Rhizome. *Inh.:* Anthranoide, wie Emodine, Chrysophanole, Physcion; in Spuren Rhaponticin; Stärke, Gerbstoffe, Calciumoxalat. *Anw.:* in der indischen Volksheilkunde bei Magen- und Darmkatarrhen, Diarrhoe, Dysenterie sowie bei kindlichen Magen-Darm-Reizungen.

● **Rheum officinale** Baillon.; Chinesischer Rhabarber (syn. Kanton-Rhabarber, Medizinalrhabarber, Ostindischer Rhabarber, Südchinesischer Rhabarber, Türkischer Rhabarber).

Vork.: heimisch in Südostchina und Burma, Kulturen in China, teilweise auch in Mitteleuropa.

Droge: ***Rhei radix*** s. *Rheum palmatum*.

● **Rheum palmatum** L. (syn. *Rhabarbarum palmatum, Rheum laciniatum, R. rubrifolium, R. tanguticum*); Handlappiger Rhabarber (syn. Kronrhabarberstaude, Medizinalrhabarber, Tangutischer Rhabarber), s. Farbtafel S. 299, Bild 112.

Vork.: Gebirge Nordosttibets und Nordwestchinas, Kulturen bes. in China und Rußland.

Droge: ***Rhei radix*** *(*syn. *Radix Rhabarbari, Radix Rhei, Radix Rhei chinensis, Radix Rhei sinensis, Rhabarbarum verum, Rhei sinensis radix, Rhizoma Rhei*); Rhabarberwurzel (syn. Barbarawurzel, Chinesischer Rhabarber, Chinesische Rhabarberwurzel, Echter Rhabarber), die getrockneten unterirdischen Teile von *Rheum palmatum* und *R. officinale;* s. Farbtafel S. 299, Bild 113. *Inh.:* Anthranoidgemisch (3–12 %), meist aus etwa 60–80 % Anthrachinonglykosiden und ca. 10–25 % Dianthronglykosiden bestehend, den Rest bilden Anthronglykoside und Aglyka, meist Rhein, Chrysophanol, Aloeemodin, Physcion und

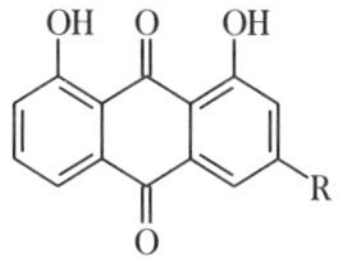

Rhein: R = COOH
Chrysophanol: R = CH_3
Aloeemodin: R = CH_2OH

Rheumemodin (↗ Anthracenderivate), weitere Bestandteile sind Gerbstoffe, meist vom Gallotannintyp bzw. deren Vorstufen, z. B. Galloylglucose und deren 1-Phenylbutanonderivate sowie Galloylsaccharose, Flavonoide (2–3 %) und Naphtholderivate. *Anw.:* als Laxans (Dosis: 1–2 g Droge) oder als Stomachikum bes. bei Magen-Darm-Katarrhen (0,1–0,2 g Droge) in entsprechender Zubereitung. Die Droge ist Bestandteil zahlreicher Arzneifertigpräparate, die meist als Laxantien, mitunter auch als Mundschleimhauttherapeutika zum Einsatz kommen.

Hom.: ***Rheum*** HAB1; Rhabarber, die von Stengelanteilen, kleineren Wurzeln und dem größten Teil der Rinde befreiten, getrockneten unterirdischen Teile von *Rheum palmatum* und *R. officinale* oder Hybride beider Arten. *Anw.-Geb.:* Durchfallerkrankungen, Verhaltensstörungen bei Kindern, Zahnungsbeschwerden.

● **Rheum rhabarbarum** L. (syn. *Rheum franzenbachii, R. muricatum, R. undulatum*); Garten-Rhabarber (syn. Gemüse-Rhabarber, Krauser Rhabarber, Rhabarber, Speise-Rhabarber, Wellblatt-Rhabarber).

Vork.: heimisch in Gebirgen Westchinas, seit dem 18. Jh. in Europa eingeführt und als Gemüsepflanze kultiviert.

Inh.: bezogen auf Frischgewicht 0,4 % Mineralstoffe, bes. Kalium, Calcium, Chlorid und Phosphor, Vitamine, u. a. ↗ Ascorbinsäure (bis zu 18 mg/100 g) und Nicotinamid (bis zu 0,38 mg/100 g), Carotin (bis zu 0,12 mg/100 g sowie ein relativ hoher Säureanteil mit bis zu 0,3 % Gesamtoxalat (davon ca. 65 % wasserlöslich), bis zu 1,8 % Äpfelsäure und ca. 0,2 % Citronensäure. *Anw.:* ausschließlich für Ernährungszwecke.

● **Rheum rhaponticum** L. (syn. *Rhabarbarum rhaponticum, Rheum compactum, R. esculentum, R. sibiricum, R. undulatum*); Österreichischer Rhabarber (syn. Rhapontik, Sibirischer Rhabarber).

Vork.: Zentralasien.

Droge: ***Rhei rhapontici radix*** (syn. *Radix Rhei austriaci, Radix Rhei rhapontici, Radix Rhei pontici, Radix Sibirici, Radix Rhapontici, Rhizoma Rhapontici*); Falscher Rhabarber (syn. Französischer Rhabarber, Pontischer Rhabarber, Rhapontikrhabarber, Rhapontikwurzel), die getrockneten, unterirdischen Teile. *Inh.:* Stilbenderivate, insbes. Rhaponticin (Rhaponticosid) sowie gerin-

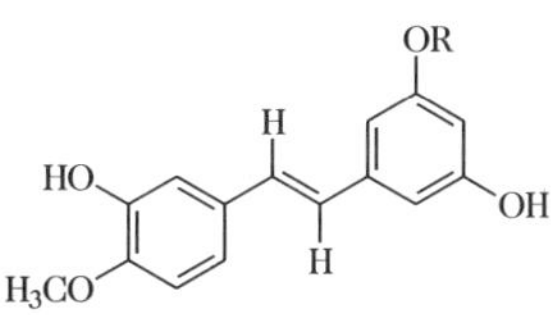

Rhapontigenin: R = H
Rhaponticin (Rhaponticosid): R = β-D-Glucosyl

ge Mengen von Anthranoiden. *Wirk.:* Enthaltene Stilbenderivate bedingen östrogene Eigenschaften. *Anw.:* volkstümlich zur Verdauungsförderung. Bestandteil von Kombinationspräparaten, die bei klimakterischen Beschwerden und Dysmenorrhoe genutzt werden.

● **Rheum webbianum** Royle.

Vork.: westliches Himalajagebiet in 3 000–4 500 m Höhe zwischen Nepal und Kaschmir.

Droge: ***Rheum-webbianum-Wurzel***, die getrockneten Rhizome. *Inh.:* Anthranoide, wie Chrysophanol und Emodin; Stärke, Gerbstoffe, Calciumoxalat. *Anw.:* in der indischen Volksheilkunde bei Magen- und Darmkatarrhen, Diarrhoe, Dysenterie sowie zur Appetitanregung, bei kindlichen Magen-Darm-Reizungen, äußerlich zur Behandlung von Verbrennungen.

● **Histor.:** Die Droge wurde bereits in einem um 2800 v. Chr. verfaßten chinesischen Kräuterbuch erwähnt und war auch im alten Griechenland bekannt. Der Name „Rhabarber" geht auf das griechische „rha" zurück, das auf Wurzelteile einer Droge hinwies. Da die Droge auf langen Transportwegen aus dem fernen Asien, nämlich von Völkern, die man im kulturell hoch entwikkelten Griechenland ganz allgemein als Barbaren bezeichnete, in die Mittelmeerländer gelangte, wurde der Name Rhabarber (rha-barbarum) geprägt. Die Kräuterbücher des 16. und 17. Jh. empfahlen die Droge als mildes Abführmittel bei Leber- und Gallenleiden sowie bei Wurmbefall.

Rheumatee ↗ Species antirheumaticae.
Rhizanota cannabina ↗ Corchorus-Arten.

■ Rhizoma

(lat.) Rhizom, unterirdische Sproßachse (Erdsproß), pharmazeutisch als Drogenbezeichnung genutzt, z. B. *Rhizoma Graminis*. Abkürzung: Rhiz.

Rhizoma Acori ↗ Acorus calamus.
Rhizoma Actaeae racemosae ↗ Cimicifuga racemosa.
Rhizoma Agropyri ↗ Agropyron repens.
Rhizoma Anemarrhenae ↗ Anemarrhena asphodeloides.
Rhizoma Arisaematis ↗ Arisaema-Arten.
Rhizoma Arnicae ↗ Arnica-Arten.
Rhizoma Aronis ↗ Arum maculatum.
Rhizoma Arundonis donacis ↗ Arundo donax.
Rhizoma Asari ↗ Asarum europaeum.
Rhizoma Asari canadensis ↗ Asarum canadense.
Rhizoma Asari cum herba ↗ Asarum europaeum.
Rhizoma Asparagi ↗ Asparagus officinalis.
Rhizoma Bergeniae ↗ Bergenia crassifolia.
Rhizoma Bistortae ↗ Polygonum bistorta.
Rhizoma Calami ↗ Acorus calamus.
Rhizoma Cannae hispanicae ↗ Arundo donax.
Rhizoma Caricis (arenariae) ↗ Carex arenaria.
Rhizoma Caryophyllatae aquaticae ↗ Geum-Arten.
Rhizoma Chelidonii ↗ Chelidonium majus.
Rhizoma Chinae ↗ Smilax-Arten.
Rhizoma Cicutae virosae ↗ Cicuta virosa.
Rhizoma Cimicifugae ↗ Cimicifuga racemosa.
Rhizoma Collinsoniae canadensis ↗ Collinsonia canadensis.
Rhizoma Convallariae ↗ Convallaria majalis.
Rhizoma Corydalidis ↗ Corydalis-Arten.
Rhizoma cum radicibus Primulae ↗ Primula-Arten.
Rhizoma Curcumae ↗ Curcuma-Arten.
Rhizoma Curcumae javanicae ↗ Curcuma-Arten.
Rhizoma Curcumae longae ↗ Curcuma-Arten.
Rhizoma Curcumae xanthorrhizae ↗ Curcuma-Arten.
Rhizoma Cyclaminis ↗ Cyclamen purpurascens.
Rhizoma Cypripedii ↗ Cypripedium calceolus var. pubescens.
Rhizoma Dioscoreae ↗ Dioscorea-Arten.
Rhizoma Dioscoreae villosae ↗ Dioscorea-Arten.
Rhizoma et Radix Eleutherococci ↗ Eleutherococcus senticosus.
Rhizoma et Radix Sanguisorbae ↗ Sanguisorba officinalis.
Rhizoma Eupatorii cannabini ↗ Eupatorium-Arten.
Rhizoma Filicis ↗ Dryopteris filix-mas.
Rhizoma Fragariae ↗ Fragaria vesca.
Rhizoma Galangae ↗ Alpinia officinarum.
Rhizoma Galangae majoris ↗ Alpinia galanga.
Rhizoma Gelsemii ↗ Gelsemium sempervirens.
Rhizoma Graminis ↗ Agropyron repens.
Rhizoma Helenii ↗ Inula helenium.
Rhizoma Helleborasti ↗ Helleborus-Arten.
Rhizoma Hellebori ↗ Helleborus-Arten.
Rhizoma Hellebori foetidi ↗ Helleborus-Arten.
Rhizoma Hellebori nigri ↗ Helleborus-Arten.
Rhizoma Hellebori viridis ↗ Helleborus-Arten.
Rhizoma Helonias ↗ Chamaelirium luteum.
Rhizoma Hydrangeae ↗ Hydrangea arborescens.
Rhizoma Hydrastis ↗ Hydrastis canadensis.
Rhizoma Imperatoriae ↗ Peucedanum ostruthium.
Rhizoma Iridis ↗ Iris germanica.
Rhizoma Kaempferiae ↗ Kaempferia galanga.
Rhizoma Kavae ↗ Piper methysticum.
Rhizoma Kava-Kava ↗ Piper methysticum.
Rhizoma Leptandrae virginicae ↗ Veronica virginica.
Rhizoma Menyanthidis ↗ Menyanthes trifoliata.
Rhizoma Nardostachyos ↗ Nardostachys jatamansii.
Rhizoma Petasitidis ↗ Petasites hybridus.
Rhizoma Picrorhizae ↗ Picrorhiza kurroa.
Rhizoma Pimpinellae ↗ Pimpinella-Arten.
Rhizoma Podophylli ↗ Podophyllum-Arten.
Rhizoma Podophylli emodi ↗ Podophyllum-Arten.

Rhizoma Podophylli peltati ↗ Podophyllum-Arten.
Rhizoma Polygonati ↗ Polygonatum odoratum.
Rhizoma Polygoni amphibii ↗ Polygonum amphibium.
Rhizoma Polypodii ↗ Polypodium vulgare.
Rhizoma Primulae ↗ Primula-Arten.
Rhizoma Ptarmicae ↗ Achillea-Arten.
Rhizoma Pteridii aquilini ↗ Pteridium aquilinum.
Rhizoma Rhapontici ↗ Rheum-Arten.
Rhizoma Rhei ↗ Rheum-Arten.
Rhizoma Rusci ↗ Ruscus aculeatus.
Rhizoma Rusci aculeati ↗ Ruscus aculeatus.
Rhizoma Sanguinariae canadensis ↗ Sanguinaria canadensis.
Rhizoma Scopoliae ↗ Scopolia carniolica.
Rhizoma Scopoliae carniolicae ↗ Scopolia carniolica.
Rhizoma Serpentariae ↗ Aristolochia-Arten.
Rhizoma Tormentillae ↗ Potentilla erecta.
Rhizoma Trientalidis ↗ Trientalis europaea.
Rhizoma Trillii erecti ↗ Trillium erectum.
Rhizoma Urticae ↗ Urtica-Arten.
Rhizoma Valerianae ↗ Valeriana officinalis.
Rhizoma Veratri ↗ Veratrum album.
Rhizoma Veratri viridis ↗ Veratrum viride.
Rhizoma Vincetoxici ↗ Vincetoxicum hirundinaria.
Rhizoma Violae ↗ Viola-Arten.
Rhizoma Violae odoratae ↗ Viola-Arten.
Rhizoma Zedoariae ↗ Curcuma-Arten.
Rhizoma Zingiberis ↗ Zingiber officinale.
Rhizophora gymnorrhiza ↗ Bruguiera gymnorrhiza.

■ Rhizophora mangle L.

(syn. *Rhizophora racemosa*); Mangroven.

Fam.: Rhizophoraceae.

Vork.: Westafrika, Südamerika, Bestandteil der Mangrovenvegetation.

Droge: ***Cortex Rhizophorae***; Mangrovenrinde (syn. Manglerinde). *Inh.:* vor allem Katechin-Gerbstoffe (15–42 %). *Anw.:* in der Volksheilkunde gegen Durchfälle. Die Droge ist auch Hilfsmittel für die Gerberei sowie Ausgangspunkt für die Gewinnung von Leder-Farbstoffen.

Rhizophora racemosa ↗ Rhizophora mangle.
Rhizophorarinde ↗ Bruguiera gymnorrhiza.

■ Rhizopus-Arten

Ord.: Mucorales. *Rhizopus stolonifer*; Gemeiner Brotschimmel, Industrielle Nutzung (Biotechnologie) zur Herstellung von Fumarsäure und Vorstufen des Cortisons. *Rhizopus oryzae* dient zur biotechnologischen Gewinnung von Alkohol und zur Stärkeverzuckerung. Neben diesen beiden Arten bilden auch *Rhizopus sinensis* und *Rhizopus nodosus* große Mengen an Milchsäure von hohem Reinheitsgrad sowie Citronensäure, Bernsteinsäure und Oxalsäure. Zur mikrobiellen Gewinnung von Glucoamylase werden neben *Rhizopus oryzae* auch *Rhizopus niveus* und *Rhizopus delemar* herangezogen. *Rhizopus nigricans* dient zur biotechnologischen Hydroxylierung von Progesteron zur Herstellung von 11α-Hydroxyprogesteron.

Rhododendri ferruginei folium ↗ Rhododendron-Arten.

■ Rhododendron-Arten

● **Fam.:** Ericaceae.

● **Rhododendron aureum** Georgi (syn. *Rhododendron chrysanthum, R. flavum, R. officinale*); Gelbe Schneerose (syn. Goldgelbe Alpenrose, Kaschkar, Sibirische Gichtrose, Sibirische Schneerose, Sibirischer Rhododendron).

Vork.: alpine und subalpine Regionen Nordostasiens.

Droge: ***Rhododendron-aureum-Kraut*** (syn. *Folia Chrysanthi, Folia Rhododendri, Herba Chrysanthi, Herba Rhododendri, Rhododedron-chrysanthum*-Kraut, *Stipites Chrysanthi*), die getrockneten, beblätterten Zweige. *Inh.:* diterpenoide Toxine, u. a. ↗ Acetylandromedol, ferner Flavonolglykoside, u. a. Polystachosid und ↗ Avicularin sowie ↗ Arbutin und Triterpene, u. a. Campanulin und Oleanolsäure. *Anw.:* volkstümlich bei Fieber, Gicht, Rheuma und Magen-Darm-Infekten.

Hom.: ***Rhododendron*** HAB1, die getrockneten, beblätterten Zweige. *Anw.-Geb.:* Rheumatismus, Nervenschmerzen, Hodenentzündungen und Wetterfühligkeit.

● **Rhododendron campylocarpum** Hooker.

Vork.: in Höhenlagen von 2900–4300 m in Nepal, östlichem Himalaya und südöstlichem Tibet.

Droge: ***Rhododendron-campylocarpum-Kraut*** (syn. *Folia Rhododendri campylocarpi, Herba Rhododendri campylocarpi*); die getrockneten, beblätterten Zweige. Inhaltsstoffe und Anwendung s. *Rhododendron aureum*-Kraut.

Hom.: ***Rhododendron*** HAB1; Alpenrose, die getrockneten, beblätterten Zweige von *Rhododendron campylocarpum* und *Rhododendron aureum*. *Anw.-Geb.:* Erkrankungen des peripheren Nervensystems, der männlichen Geschlechtsorgane sowie des Stütz- und Bewegungsapparates.

● **Rhododendron ferrugineum** L. (syn. *Chamaerhododendron ferrugineum*); Rostblättrige Alpenrose; s. Farbtafel S. 299, Bild 114.

Vork.: in etwa 1500–2800 m Höhe in der gesamten Alpenkette, der Pyrenäen, dem Appenin und der südkroatischen Gebirge.

Droge: ***Rhododendron ferrugineum-Blätter*** (syn. *Folia Rhododendri, Folia Rhododendri ferruginei, Folia Rhododendri fusci, Rhododendri ferruginei folium*); Alpenrosenblätter (syn. Rostfarbene Alpenrosenblätter), die getrockneten Laubblätter. *Inh.:* u. a. Rhododendrin (Betulosid), ein Phenylbutanglucosid sowie Triterpene, ↗ Acetylandromedol. *Anw.:* volkstümlich bei Gicht, rheumatischen Beschwerden, Neuralgien, Muskelschmerzen, Migräne und Bluthochdruck. Infolge unzureichender Kenntnisse über die Inhaltsstoffe ist ein therapeutischer Einsatz nicht zu vertreten.

Hom.: ***Rhododendron ferrugineum*** HAB34; die getrockneten, beblätterten Zweige. *Anw.-Geb.:* Rheuma, Nervenschmerzen, Hodenentzündungen.

● **Rhododendron ponticum** L.; Pontische Alpenrose.

Vork.: Mittelmeergebiet, Kleinasien.

Inh. und *Anw.:* s. *Rhododendron ferrugineum*. Der Honig, der von *Rhododendron*-Arten stammt, ist giftig (Gifthonig) und enthält insbesondere Diterpene, wie ↗ Acetylandromedol. Ein Verzehr kann zu schweren Vergiftungserscheinungen führen.

● **Histor.:** Der Gattungsname *Rhododendron* wurde aus den griechischen Bezeichnungen *rhodon* (Rose) und *dendron* (Baum) gebildet. Die Artnamen, z. B. *aureum* oder *chrysanthemum* (goldblumig), weisen lediglich auf die Blütenfarbe hin. Die Droge, *Folia Rhododendri chrysanthi*, war bei den Einwohnern Sibiriens seit langem bekannt und geschätzt und als Diuretikum, Diaphoretikum sowie gegen Gicht und Rheuma verwendet.

■ Rhodophyta

(Rotalgen). Eukaryotische Algen, von denen rund 675 Gattungen (etwa 4100 Arten) bekannt sind und die hauptsächlich im Salzwasser leben. Aufgrund ihrer roten Assimilationsfarbstoffe (Phycobiline) besitzen sie einen überwiegend rötlich gefärbten Vegetationskörper. *Bedeut.:* Rotalgen bilden Phycokolloide, d. h. stickstofffreie, gelatineähnliche Produkte, wie Agar (Agar-Agar), Carrageenane und Gelane. Sie stellen mehr oder weniger stark mit Schwefelsäure veresterte Galactane dar, die die amorphe Grundsubstanz der Zellwände der Rotalgen bildet. Agar wird aus etwa 40 verschiedenen Arten gewonnen, u. a. aus *Gelidium amansii* Lamour., *Gelidium cartilagineum* Gaill., *Gracilaria converfoides* Gaill., *Gracilaria lichenoides* sowie aus Arten der Gattungen *Acanthopeltis, Ahnfeltia, Ceramium, Chondrus, Eucheuma, Gigartina und Pterocladia.* Als Reservepolysaccharid bilden die Rotalgen Florideenstärke. Carageenan (Carrageenin) stammt hauptsächlich aus *Gigartina stellata* Stackh., *Gigartina pistillata* (Gmel.) Stackh., *Chondrus crispus* (L.) Stackh. und *Chondrus ocellatus* Holmes. Agar und Carrageen werden in der pharm. Technologie, Lebensmittelindustrie sowie in der Kosmetik als Gelbildner eingesetzt.

Droge: ***Irländisches Moos***, besteht aus den in der Sonne gebleichten und getrockneten Thalli von *Gigartina stellata* und *Chondrus crispus*. *Anw.:* Bestandteil von Hustentees und als Mucilaginosum.

Rhoeadin ↗ Papaver rhoeas.
Rhoeados flos ↗ Papaver rhoeas.
Rhoeados petalum ↗ Papaver rhoeas.
Rhois aromaticae radicis cortex ↗ Rhus-Arten.
Rhois fructus ↗ Rhus-Arten.

■ Rhus-Arten

(syn. Toxicodendron-Arten)

● **Fam.:** Anacardiaceae.

● **Rhus aromatica** Ait. (syn. *Rhus canadensis, R. suaveolens, Schmaltzia aromatica, Lobadium aromaticum, Turpinia aromatica*); Duftender Sumach (syn. Aromatischer Sumach, Gewürzsumach, Stinkbusch, Süßer Sumach, Wohlriechender Sumach).

Vork.: atlantisches Nordamerika von Quebec bis Florida.

Droge: ***Rhois aromaticae radicis cortex*** (syn. *Cortex Rhois aromaticae radicis*); Gewürzsumachrinde (syn. Stinkbuschwurzelrinde, Sumachwurzelrinde); die getrocknete Wurzelrinde. Inh.: Fettsäuren, u. a. Arachin-, Behen- und Myristinsäure, Triterpene, Sterole, u. a. β-Sterol, Spuren von äther. Öl. Flavonoide, Gerbstoffe (ca. 8 %) und Phenylglykoside, u. a. Orcin-β-D-glucosid. Anw.: volkstümlich bei Blasen- und Nierenerkrankungen, Bettnässen und Gebärmutterblutungen.

Hom.: ***Rhus aromatica*** HAB34; die frische Wurzelrinde. Anw.-Geb.: Blasenschwäche.

Histor.: Der Gattungsname *Rhus* ist vom griechischen *rhéein* (fließen) abgeleitet, als Hinweis auf die saftige Rinde. Die Bezeichnung Sumach wird mit Sumachi, einer Landschaft am Kaspischen Meer, in Beziehung gebracht, wo Sumacharten in großem Maße kultiviert wurden.

● **Rhus chinensis** Mill. (syn. *Rhus semialata*); Gallensumach.

Vork.: Ostasien, China, Japan.

Droge: ***Gallae chinenses et japonicae***; Chinesische und japanische Gallen, die Wucherungen, die von der Blattlaus *Melaphis chinensis* (syn. *Aphis chinensis, A. sinensis, Schlechtendalia sinensis*) an den Zweigspitzen und Blattstielen verursacht werden (↗ Gallen). Inh.: Tannin (ca. 80 %), Gallussäure, Fett, Harz. Anw.: Adstringens.

● **Rhus coriaria** L. (syn. *Toxicodendron coriaria*); Gerberstrauch (syn. Gerbersumach, Sizilianischer Sumach).

Vork.: Mittelmeergebiete, in Italien, Spanien, Afghanistan und im Iran auch kultiviert.

Droge: ***Rhus-coriaria-Blätter*** (syn. Italienischer Sumach, Sizilianischer Sumach), die in den Monaten Mai, Juni und August gepflückten und getrockneten Blätter. Inh.: Gerbstoffe (21–28 %), insbes. Gallotannine; freie und veresterte Gallussäure, *m*-Digallussäure. Ellagsäure; Flavonoide. Anw.: in der Volksheilkunde bei Fieber und Durchfällen; in der Technik als Gerbmaterial zur Herstellung hellen Leders aus Ziegenhäuten (Saffianleder) und Schaffellen (Korduane oder Maroquins).

● **Rhus glabra** L. (syn. *Rhus canadense, R. carolinianum, R. elegans, R. hypselodendron, R. laevicaulis, R. viridiflora, Schmaltzia glabra, Toxicodendron glabrum*); Glatter Sumach (syn. Kahler Sumach, Scharlachsumach).

Vork.: Nordamerika.

Droge: ***Rhus-glabra-Früchte*** (syn. *Rhois fructus*), die getrockneten Früchte. Inh.: neben Reservestoffen (Eiweiß, Fett und Stärke) bes. Tanningerbstoffe. Anw.: volkstümlich, meist als Gurgelmittel, bei Halsbeschwerden.

Hom.: ***Rhus glabra*** HAB34; die frische Stamm- und Zweigrinde. Anw.-Geb.: Verdauungsschwäche, Entzündungen der Mundhöhle.

● **Rhus radicans** L. (syn. *Toxicodendron vulgare, Toxicodendron radicans*); Kletternder Sumach (syn. Rankender Sumach).

Vork.: Nordamerika.

Droge: ***Toxicodendron***, die Blätter und Stengel. Inh.: Urushiole (Brenzcatechinderivate mit C_{15}- und C_{17}-Seitenketten in 3-Stellung). Anw.: volkstümlich bei *Rhus*-Dermatitis in Form der verdünnten Tinktur. Geg.: bei allergischen Erscheinungen muß die Behandlung sofort abgebrochen werden. Auch eine Behandlung zusammen mit anderen Arzneien ist zu vermeiden.

Hom.: ***Rhus radicans*** HAB34, die frische Wurzel. Anw.-Geb.: juckende Hautkrankheiten, Nervenschmerzen, rheumatische Beschwerden, grippale Infekte.

● **Rhus semialata** J.A. Murray (syn. *Rhus chinensis, R. javanica, R. osbeckii*); Chinesischer Sumachbaum (syn. Gallensumach).

Vork.: gemäßigtes und subtropisches Asien, bes. Japan, Taiwan, Korea, China; in Europa und den USA als Ziergehölz kultiviert.

Droge: ***Galla rhois*** (syn. *Gallae chinenses*); *Rhus-semialata*-Gallen (syn. Chinagallen, Chinesische Gallen, Sumachgallen, Zackengallen), die durch den Stich verschiedener Blattläuse, hauptsächlich *Melaphis chinensis*, an den Blättern, Blattstielen und Knospen erzeugten ↗ Gallen. Inh.: Gerbstoffe (bis zu 78 %), v. a. homologe und isomere Gallotannine mit Penta- und Undecagalloylglucosen als Hauptkomponenten. Anw.: Ausgangspunkt für die Gewinnung von Tannin (↗ Gerbstoffe). In der chinesischen Volksheilkunde innerlich bei Husten und Auswurf, chronischem Durchfall und Dysenterie, Nachtschweiß und Diabetes sowie äußerlich bei Hämorrhoiden, Verletzungen und Blutungen.

● **Rhus toxicodendron** L. (syn. *Rhus humilis, R. quercifolia, R. verrucosa, Toxicodendron pubescens, T. quercifolium, T. toxicarum, T. toxicodendron*); Giftbaum (syn. Gift-Efeu, Gift-Sumach, Sumachbaum, Wurzel-Sumach).

Vork.: Nordamerika, in Deutschland in Botanischen Gärten.

Droge: ***Toxicodendri folium*** (syn. *Folia Rhois toxicodendri, Folia Toxicodendri, Herba Rhois* *toxicodendri*); Giftsumachblätter (syn. Giftbaumblätter, Giftiger Efeu), die getrockneten, nach der Blütezeit im Juli und August gesammelten Blätter. *Inh.:* Urushiole , Gerbstoffe, Fla-

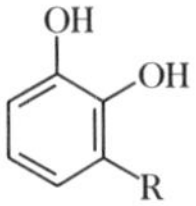

Urushiole (Toxicodendrol)

U.-I: $(CH_2)_{14}-CH_3$
U.-II: $(CH_2)_7-CH=CH-(CH_2)_5-CH_3$
U.-III: $(CH_2)_7-CH=CH-CH_2-CH=CH-(CH_2)_2-CH_3$
U.-IV: $(CH_2)_7-CH=CH-CH_2-CH=CH-CH=CH-CH_3$
U.-V: $(CH_2)_7-CH=CH-CH_2-CH=CH-CH_2-CH=CH_2$

vonderivate. *Wirk.:* Urushiole gehören zu den stärksten Kontaktallergenen, die zur sog. *Rhus*-Dermatitis führen. Daher führt die Berührung der Pflanze, insbes. der Kontakt mit dem enthaltenen Milchsaft, zu gefährlichen Entzündungen, für die bereits Mengen von 1 µg Urushiol genügen.

Hom.: ***Rhus toxicodendron*** HAB34, die frischen Blätter. *Anw.-Geb.:* juckende Hautkrankheiten, Entzündungen der Atemwege und des Magen-Darm-Traktes, Entzündungen der Augen, Nervenschmerzen, rheumatische Beschwerden, Muskelschmerzen, Angst-, Unruhe- und Verstimmungszustände.

Histor.: Bezüglich des Gattungsnamens s. *Rhus aromatica.* Der Artname *toxicodendron* ist aus dem griechischen *toxikon* (Pfeilgift) und *dendron* (Baum) gebildet und bezeichnet den Strauch bzw. Baum als giftig. In früheren Zeiten galten Grundstücke, in deren Gärten der Strauch wuchs, als verhext und fanden keine Käufer.

● **Rhus typhina** L. (syn. *Datisca hirta, Rhus canadense, R. gracilis, R. hirta, R. typhia, R. viridiflora, Schmaltzia hirta, Toxicodendron typhinium*); Amerikanischer Sumach (syn. Essigbaum, Hirschkolbensumach), s. Farbtafel S. 300, Bild 115.

Vork.: heimisch in Nordostamerika, in Mittel- und Südeuropa als Zierbaum kultiviert.

Droge: ***Rhus-typhina-Blätter*** (syn. Amerikanischer Sumach, Kanadischer Sumach, Virginischer Sumach). *Inh.:* Gerbstoffe (13–25 %), v. a. Gallotannine; Flavonoide; Triterpene, wie Allobetulin, β-Amyrin, Campesterol, Lupeol, α-Amyrin und β-Sitosterol. *Anw.:* in der Volksheilkunde; die Früchte werden in Nordamerika zur Essigbereitung genutzt; außerdem als Mittel gegen Blattläuse sowie als Gerb- und Färbematerial.

● **Rhus venenata** DC. (syn. *Rhus vernix, R. vernicifera*), Japanischer Lackbaum.

Vork.: Nordamerika.

Inhaltsstoffe s. *Rhus radicans.*

Hom.: ***Rhus venenata*** HAB34, zu gleichen Teilen frische Rinde und frische Blätter. *Anw.-Geb.:* Erkrankungen der Haut und des Magen-Darm-Traktes.

● **Rhus vernix** L. (syn. *Toxicodendron vernix, Rhus vernicifera*); Giftesche (syn. Giftsumach).

Vork.: Nordamerika.

Hom.: ***Rhus vernix*** HAB34, gleiche Teile frischer Rinde und frischer Blätter. *Anw.-Geb.:* entzündliche Hauterkrankungen, Durchfall.

Rhus cacodendrum ↗ Ailanthus altissima.
Rhus cotinus ↗ Cotinus coggygria.
Rhus-semialata-Gallen ↗ Rhus-Arten.

■ **Rhynchosia phaseoloides** (Sw.)DC.
(syn. *Rhynchosia pyramidalis*); Piule (syn. Krebsaugenbohne).

Fam.: Fabaceae (Leguminosae).

Vork.: in allen tropischen und subtropischen Gebieten.

Droge: ***Semina Rhynchosiae phaseoloides***; Krebsaugen. *Inh.:* Alkaloide. *Anw.:* in der traditionellen mexikanischen Heilkunde zusammen mit ↗ *Psilocybe*-Arten bei rituellen Zeremonien. Der Samenextrakt soll der Überlieferung nach eine curareähnliche Wirkung aufweisen.

Rhynchosia pyramidalis ↗ Rhynchosia phaseoloides.
Ribes domesticum ↗ Ribes rubrum.
Ribes nigri folium ↗ Ribes nigrum.

■ **Ribes nigrum** L.
(syn. *Ribes olidum*); Ahlbeere (syn. Gichtbeere, Schwarze Johannisbeere, Schwarze Träuble, Wanzenbeere).

Fam.: Grossulariaceae (Saxifragaceae).

Vork.: Europa, Asien, Nordamerika.

Drogen: ***1. Ribis nigri folium*** (syn. *Folia Ribis nigri*); Schwarze Johannisbeerblätter (syn. Ahlbeerblätter, Bocksbeerblätter, Gichtbeerblätter, Wanzenbeerblätter), die während oder kurz nach der Blüte gesammelten und getrockneten Laubblätter. *Inh.:* Flavonolglykoside (ca. 0,5 %), u. a.

↗ Astragalin, Isoquercitrin und Rutosid, ferner Proanthocyanidine (ca. 0,4 %) mit unterschiedlichem Polymerisationsgrad, Spuren von äther. Öl sowie ↗ Ascorbinsäure (100–270 mg/100 g Droge, berechnet aus Frischgewicht). Anw.: als Tee zur Erhöhung der Harnmenge bei schmerzhaftem Harndrang, Gicht und rheumatischen Beschwerden. Mitunter auch bei Leber und Galleleiden. ***2. Ribis nigri fructus*** (*Baccae Ribiae nigri, Fructus Ribis nigri, Ribia nigra*); Schwarze Johannisbeeren (syn. Ahlbeeren, Gichtbeeren), die frische, reife Frucht mit den Stielen und Fruchtspindeln. *Inh.*: Anthocyane (bis zu 2 %, u. a. Cyanidin-3-glucosid, Cyanidin-3-rutinosid und

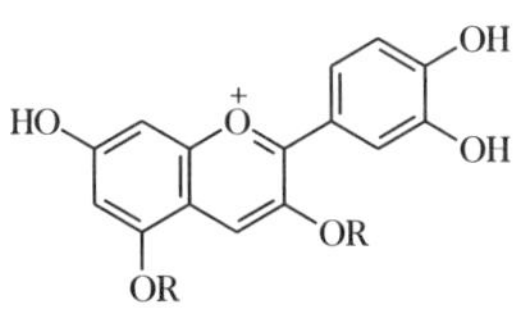

Cyanidin: R = H
Cyanin: R = β-D-Glucopyranosyl

Delphinidin-3-rutinosid), Flavonolglykoside mit den Hauptkomponenten Isoquercitrin, Myricetin-D-glucopyranosid und Rutosid, ferner Fruchtsäuren (ca. 3,5 %), u. a. Äpfel-, Citronen- und Isocitronensäure, Vitamin C, Hydroxyzimtsäurederivate, Invertzucker (6–8 %) und Pektine. *Anw.*: volkstümlich in Zubereitungen, z. B. als Sirup oder Gelee bei Erkältungskrankheiten, Heiserkeit und Husten, als Vitamin-C-Quelle, mitunter bei Durchfällen und Magenschmerzen. Getrocknete Beeren werden auch bei Harnbeschwerden gekaut.

Histor.: *Der* Gattungsname *Ribes* wurde zunächst vom persischen ins arabische *ribas* oder *riwas* übernommen und galt dem in den Gebirgen Persiens und dem Hindukusch heimischen *Rheum ribes*, aus dem die Araber einen Sirup bereiteten, den sie als kühlendes Arzneimittel nutzten. Als Ersatz für diesen wurde im Mittelalter ein Sirup aus den Beeren von Arten der Gattung *Ribes* hergestellt und im 16. Jh. der heutige Gattungsname durch dt. Botaniker endgültig festgelegt.

Ribes olidum ↗ Ribes nigrum.

■ Ribes rubrum L.

(syn. *Ribes domesticum, R. sativum, R. sylvestre, R. vulgare*); Rote Johannisbeere.

Fam.: Grossulariaceae (Saxifragaceae).

Vork.: Europa, Asien, Nordamerika.

Droge: ***Ribis rubri fructus*** (syn. *Baccae Ribium, Ribia rubra*); Rote Johannisbeere (syn. Ribisel). *Inh.*: ↗ Ascorbinsäure (5–15 mg%), Fruchtsäuren, wie Äpfel-, Bernstein-, Citronen-, Isocitronen- und Weinsäure; Pektine (10–15 %), Procyanidine, kondensierte Tannine; in den Samen fettes Öl (ca. 25 %) mit Linolensäureanteil (4–6 %). *Anw.*: in der Volksheilkunde als kühlendes und erfrischendes Getränk bei Fieber; im Haushalt zur Bereitung von Marmeladen, Fruchtsirup und Gelees.

Ribes sativum ↗ Ribes rubrum.
Ribes sylvestre ↗ Ribes rubrum.
Ribes vulgare ↗ Ribes rubrum.
Ribia nigra ↗ Ribes nigrum.
Ribia rubra ↗ Ribes rubrum.
Ribisel ↗ Ribes rubrum.
Ribis nigri fructus ↗ Ribes nigrum.
Ribis rubri fructus ↗ Ribes rubrum.
Ribonucleasen ↗ Penicillium-Arten.

■ Ribostamycin

Aminoglykosidantibiotikum, produziert von *Streptomyces ribosidificus*. *Wirk.*: Hemmung der bakteriellen Proteinsynthese. *Anw.*: zur Therapie bakterieller Endokarditiden und Septikämien sowie schwerer systemischer Infektionen mit gramnegativen Bakterien.

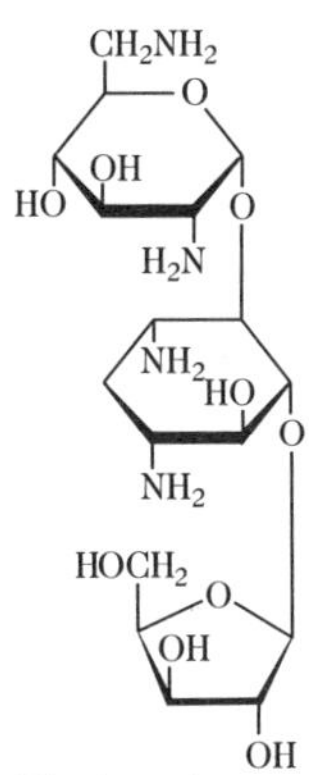

Ribostamycin

Richardia africana ↗ Zantedischia aethiopica.
Ricin ↗ Ricinus communis.
Ricini oleum ↗ Ricinus communis.

Ricini semen ↗ Ricinus communis.
Ricinocarpus indica ↗ Acalypha indica.
Ricinolsäure ↗ Ricinus communis.
Ricinus africanus ↗ Ricinus communis.

■ **Ricinus communis** L.
(syn. *Croton spinosus, Palma christi, Ricinus africanus, R. inermis, R. laevis, R. lividus, R. persicus, R. speciosus, R. spectabilis, R. viridis, R. vulgaris*); Rizinus (syn. Christuspalme, Hundsbaum, Läusebaum, Römische Bohne, Wunderbaum), s. Farbtafel S. 300, Bild 116.

Fam.: Euphorbiaceae.

Vork.: weltweit in tropischen, subtropischen und gemäßigten Zonen.

Drogen: ***1. Ricini oleum*** (syn. *Oleum Castoris, Oleum Palmae Christi, Oleum Ricini*); Rizinusöl (syn. Castoröl, Kastoröl), das aus den Samen durch Pressen ohne Wärmezufuhr erhaltene Öl. *Inh.:* Hauptkomponente ist Triglycerolein (70–77 %), das Triglycerid der ungesättigten Ricinolsäure, einer 12-Hydroxy-9,10-*cis*-octadecensäure (12-Hydroxyölsäure), deren Anteil an der Fettsäu-

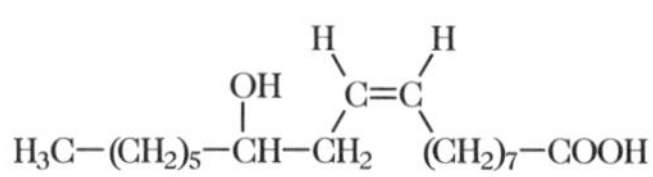

Ricinolsäure

reverteilung bei 85–90 % liegt. *Wirk.:* Infolge Spaltung der Glyceride im Dünndarm durch Lipasen wirkt die freigesetzte Ricinolsäure ähnlich den Anthranoiden antiabsorptiv und hydragog. Vermutlich wird durch die Ricinolsäure auch die Synthese von Prostaglandin E_2 angeregt, das wiederum zur vermehrten Sekretion von Elektrolyten und Wasser in das Darmlumen beiträgt. *Anw.:* als Abführmittel. Bestanteil diesbezüglicher Fertigpräparate. In Form des raffinierten Rizinusöls auch für Injektionszwecke und Augentropfen. Äußerlich in Zubereitungen bei Hauterkrankungen, u. a. zur Abdeckung bei Fissuren, oft Bestandteil kosmetischer Präparate sowie in der Technik als Gleit- und Schmiermittel. Ein hydriertes Rizinusöl wird als Castorwachs bezeichnet. ***2. Ricini semen*** (*Semen Cataputiae majoris, Semen Palma-Christi, Semen Ricini*); Rizinussamen (syn. Castorsamen, Purgierkörner), die reifen Samen; s. Farbtafel S. 300, Bild 117. *Inh.:* fettes Öl (42–55 %, Rizinusöl), Proteine, u. a. Lectine und das hochtoxische Glykoprotein Ricin, ferner Alkaloide, u. a. Ricinin. *Wirk.:* Die einst übliche Anwendung der pulverisierten Samen als Breiumschlag bei entzündlichen Hauterkrankungen, bes. bei Abszessen, ist wegen der hohen Toxizität der Samen strikt abzulehnen. Die Einnahme von etwa 10 Samen können tödlich für einen Menschen sein. Im Rizinusöl ist das toxische Ricin nicht enthalten.

Hom.: ***Ricinus communis*** HAB34; die reifen Samen. *Anw.-Geb.:* Durchfallerkrankungen.

Histor.: Die Droge fand bereits im Altertum Beachtung. So fand man Rizinussamen in alten ägyptischen Gräbern (um 4000 v. Chr.) als Totenbeigabe und im alten Griechenland wurde die Pflanze zur Gewinnung des Öles, das als Abführmittel diente, kultiviert. Nach Mitteleuropa gelangte die Pflanze erst im 16. Jh. und wird hier von den Kräuterbüchern als Abführ- und Wurmmittel beschrieben. Die Herkunft des Gattungsnamens *Ricinus* wird unterschiedlich interpretiert. Möglich ist die Herkunft vom hebräischen *rikar* oder vom griechischen *rikinos* (rundlich). Nach ↗ Plinius hat jedoch der Baum seinen Namen vom lateinischen *ricinus* (Zecke, Holzbock), wegen der Ähnlichkeit des Samen mit diesem Insekt. Der dt. Name Wunderbaum wird einerseits mit dem schnellen Wachstum in Verbindung gebracht, andererseits auch mit der biblischen Erzählung des Propheten Jonas, der ihn zum Schutze vor der Sonne vor sein Zelt pflanzte und angeblich in einer Nacht zu einem Baum emporwuchs. In den Werken des Altertums spielte die Pflanze stets eine Rolle. Nach Herodot war er im alten Ägypten als Ölpflanze bekannt. Im ↗ Papyrus Ebers werden die Samen als Purgans und Haarwuchsmittel sowie die Salbe gegen übelriechende Geschwüre genannt. In Indien weisen verschiedene Sanskritnamen auf die Pflanze hin. Im Mittelalter findet man den Baum unter verschiedenen Namen, u. a. „arbor mirabilis", „Ricinus minor" und „Wunderbaum". Lange Zeit diente das Öl der Samen, bes. in Europa, bevorzugt als Brennöl; als Laxans wird es hier seit dem 18. Jh. genutzt.

Ricinus inermis ↗ Ricinus communis.
Ricinus laevis ↗ Ricinus communis.
Ricinus lividus ↗ Ricinus communis.
Ricinus persicus ↗ Ricinus communis.
Ricinus speciosus ↗ Ricinus communis.
Ricinus spectabilis ↗ Ricinus communis.
Ricinus viridis ↗ Ricinus communis.

Ricinus vulgaris ↗ Ricinus communis.
Rickelchen ↗ Primula-Arten.
Ried ↗ Phragmites communis.
Riedgras ↗ Carex arenaria.
Riedgraswurzel ↗ Calamagrostis lanceolata.
Riesenblume ↗ Loranthus europaeus.
Riesenbovist ↗ Calvatia gigantea.
Riesenfenchel ↗ Ferula communis.
Riesengoldrute ↗ Solidago-Arten.
Riesengoldrutenkraut ↗ Solidago-Arten.
Riesenkaktus ↗ Carnegiea gigantea.
Riesenkiefer ↗ Pinus-Arten.
Riesenorange ↗ Citrus-Arten.
Riesenschilf ↗ Arundo donax.
Riesenspinne ↗ Avicularia avicularia.
Riesen-Stäubling ↗ Calvatia gigantea.

■ Rifabutin

(syn. Ansamicin), Ansamakrolid-Antibiotikum, das von *Micromonospora lacustris* produziert wird. Wirk.: Transkriptionshemmung durch Bindung an die DNA-abhängige RNA-Polymerase. Anw.: zur Therapie der Tuberkulose und zur Prophylaxe von Mykobakteriosen bei AIDS.

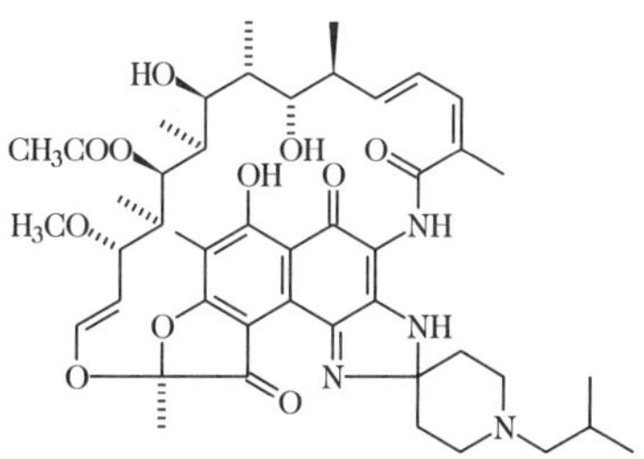

Rifabutin

■ Rifampicin

Ansamakrolid-Antibiotikum, das partialsynthetisch aus ↗ Rifamycinen hergestellt wird. Wirk.: Transkriptionshemmung durch Bindung an die DNA-abhängige RNA-Polymerase. Anw.: zur Basis-Therapie der Tuberkulose.

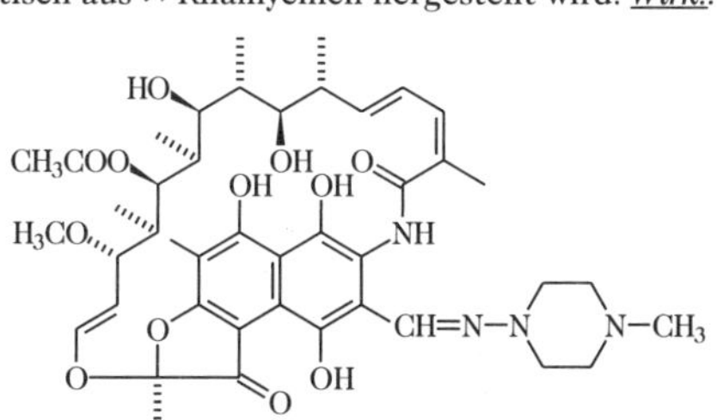

Rifampicin

■ Rifamycine

Ansamakrolid-Antibiotika, die von *Streptomyces mediteranei* gebildet werden. Zu den R. gehört u. a. ↗ Rifampicin. Wirk.: Transkriptionshemmung durch Bindung an die DNA-abhängige RNA-Polymerase. Anw.: selten zur Basis-Therapie der Tuberkulose sowie lokal bei Augeninfektionen. R. sind Ausgangspunkt für partialsynthetische Derivate. Geg.: Schwangerschaft.

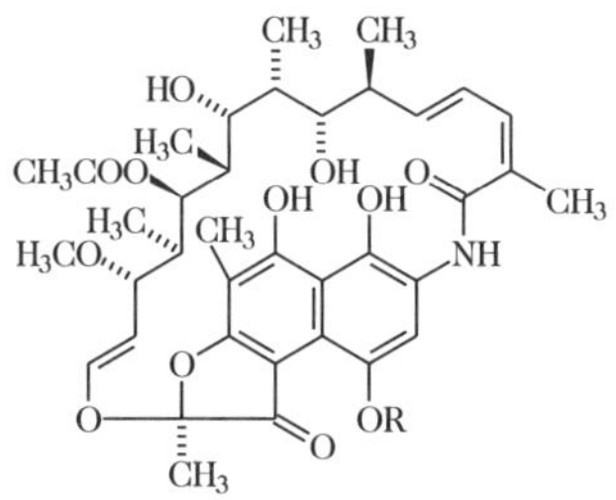

Rifamycin: R = H
Rifamycin B: R = CH_2COOH

Rind ↗ Bos taurus.
Rindergalle ↗ Bos taurus.
Rinderklauenöl ↗ Bos taurus.
Rindertalg ↗ Bos taurus, ↗ Sebum.
Ringblume ↗ Anacyclus x officinarum.
Ringelblume ↗ Calendula officinalis, ↗ Taraxacum officinale.
Ringelblumenblüten ↗ Calendula officinalis.
Ringelrose ↗ Calendula officinalis.
Rispelstrauch ↗ Myricaria germanica.
Rispen-Gipskraut ↗ Gypsophila paniculata.
Rispenhafer ↗ Avena sativa.
Rispiges Gipskraut ↗ Gypsophila paniculata.
Rißpilze ↗ Inocybe-Arten.

■ Ristocetin

Glykopeptidantibiotikum, das von *Nocardia lurida* gebildet wird. Struktur und Eigenschaften sind ↗ Vancomycin sehr ähnlich (Formel S. 232).

Rittersporn ↗ Delphinium consolida.
Ritterspornblüten ↗ Delphinium consolida.
Rivea corymbosa ↗ Turbina corymbosa.
Rizinusöl ↗ Ricinus communis.

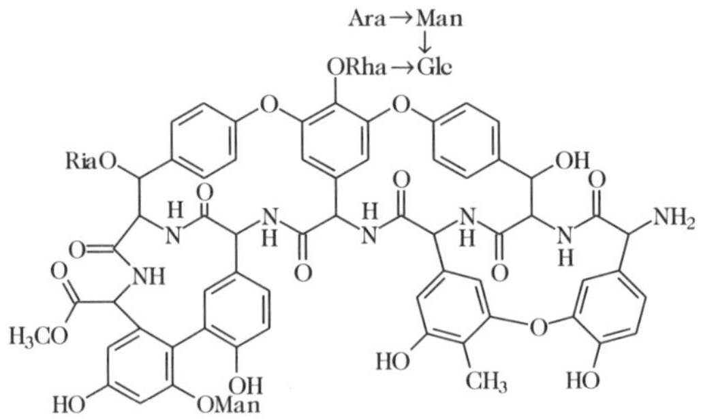

Ria Ristosamin, Glc Glucose
Man Mannose; Ara Arabinose
Rha Rhamnose

Ristocetin

Rizinussamen ↗ Ricinus communis.
Robertskraut ↗ Geranium robertianum.

■ Robinia pseudoacacia L.

Robinie (syn. Scheinakazie, Schotendorn), s. Farbtafel S. 300, Bild 118.

Fam.: Fabaceae (Leguminosae).

Vork.: östliches Nordamerika, Mexiko, in Europa eingebürgert.

Drogen: ***1. Cortex Robiniae pseudacaciae;*** Robinienrinde (syn. Falsche Akazienrinde, Schotendornrinde). *Inh.:* toxische Proteine, wie Robin (ca. 1,6 %) und Phasin; Syringin, Gerbstoffe (2–7 %); Harz. ***2. Folia Robiniae pseudacaciae;*** Robinienblätter (syn. Falsche Akazienblätter). *Inh.:* Indican, Asparagin, wenig äther. Öl, Flavonoide. *Anw.:* als Aromatikum. ***3. Flores Robiniae pseudacaciae;*** Robinienblüten (syn. Falsche Akazienblüten). *Inh.:* Flavonoide, wie Robinin, Acaciin;

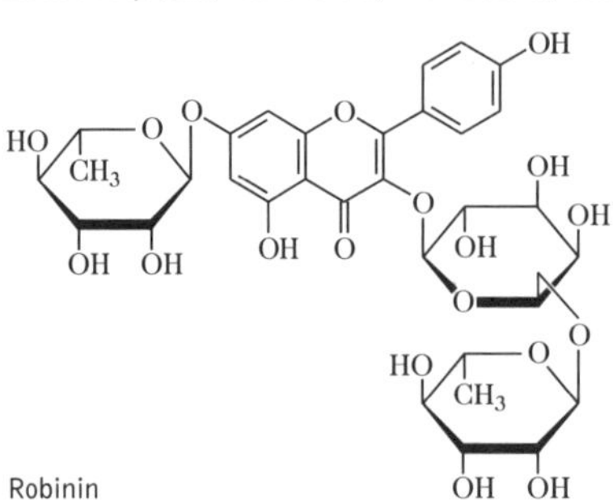

Robinin

äther. Öl mit Anthranilsäureestern, Farnesol, Nerol, Linalool und anderen stark duftenden Stoffen. *Anw.:* als Aromatikum und Gewürz. Die Droge dient auch zur Bereitung von parfümierten Wässern sowie zur Ungeziefervertreibung.

Hom.: ***Robinia pseudoacacia*** HAB; Falsche Akazie, die frische Rinde der jungen Zweige. *Anw.-Geb.:* Erkrankungen des Magen-Darm-Traktes, bei Obstipation, Hyperacidität und Gastrointestinalgeschwüren.

Histor.: Der Gattungsname *Robinia* wurde nach Jean Robin, dem Gärtner Heinrichs IV. und Ludwigs XIII., benannt, da dieser den Baum Anfang des 17. Jh. aus Amerika nach Paris brachte. Die Bezeichnung *pseudacacia* rührt daher, daß man den Baum zunächst irrtümlicherweise für eine *Acacia* hielt.

Robinie ↗ Robinia pseudoacacia.
Robinienblatt, -blüte, -rinde ↗ Robinia pseudoacacia.
Robusta ↗ Coffea-Arten.
Robustakaffee ↗ Coffea-Arten.

■ Rocella-Arten

(Krustenflechten).

Fam.: Rocellaceae.

Vork.: Felsküsten der Mittelmeergebiete, Atlantikküste Frankreichs und Englands, Küsten der Azoren, Afrikas, Indiens, Australiens und Südamerikas.

Inh.: Lichenin, Isolichenin, Depside verschiedener ↗ Flechtensäuren. *Anw.: Rocella portentosa* und weitere Arten Nordafrikas (*R. arnoldi, R. fuciformis, R. fucoides, R. pernensis*) und der Kanarischen Inseln dienten früher zur Gewinnung der Farbstoffe ↗ Orseille und Lackmus. Heute ist ihre Bedeutung gering. Durch den Gehalt an antibiotisch wirkenden Flechtensäuren werden sie in der traditionellen Medizin verwendet.

Rochen ↗ Raja clavata.
Rochenleberöl ↗ Raja clavata.
Rockenmutter ↗ Claviceps purpurea.
Rodschiedia bursa-pastoris ↗ Capsella bursa-pastoris.
Roggen ↗ Secale cereale.
Roggenbrand ↗ Claviceps purpurea.
Roggenstärke ↗ Secale cereale.
Rohbromelain ↗ Ananas comosus.
Rohes Tieröl ↗ Oleum animale.
Rohopium ↗ Papaver somniferum.
Rohpapain ↗ Carica papaya.
Röhrenkassie ↗ Cassia-Arten.
Röhrenmanna ↗ Fraxinus-Arten.
Rohrglanzgras ↗ Phalaris arundinacea.
Rohrheide ↗ Genista tinctoria.
Rohrwurzel ↗ Arundo donax, ↗ Carlina acaulis.
Rohrzucker ↗ Saccharose, ↗ Saccharum officinarum, ↗ Beta vulgaris var. altissima.
Rolandsdistel ↗ Eryngium-Arten.
Rollhafer ↗ Avena sativa.
Römische Bertramwurzel ↗ Anacyclus pyrethrum.
Römische Bohne ↗ Ricinus communis.
Römische Hundskamille ↗ Chamaemelum nobile.
Römische Kamille ↗ Chamaemelum nobile, ↗ Chrysanthemum-Arten.
Römischer Balsam ↗ Chrysanthemum-Arten.
Römischer Bertram ↗ Anacyclus pyrethrum.
Römischer Fenchel ↗ Foeniculum vulgare.
Römischer Kümmel ↗ Cuminum cyminum.
Römischer Thymian ↗ Thymus-Arten.
Römischer Wermut ↗ Artemisia pontica.
Ronabea emetica ↗ Cephaelis-Arten.
Rooibos-Tee ↗ Aspalathus linearis.
Rorella rotundifolia ↗ Drosera-Arten.
Roripa armoracia ↗ Armoracia rusticana.
Roripa rusticana ↗ Armoracia rusticana.
Rorippa nasturtium ↗ Nasturtium officinale.
Rorippa nasturtium-aquaticum ↗ Nasturtium officinale.
Rosa affinis ↗ Rosa pendulina.
Rosa alpina ↗ Rosa pendulina.
Rosa amygdalifolia ↗ Rosa laevigata.
Rosa armata ↗ Rosa canina.
Rosa Beeren ↗ Schinus-Arten.
Rosa bifera ↗ Rosa x damascena.
Rosa calendarum ↗ Rosa x damascena.

■ **Rosa canina** L.
(syn. *Rosa armata, R. caucasica, R. frondosa, R. glauca, R. lutetiana, R. taurica*); Gemeine Heckenrose (syn. Hagdorn, Hagrose, Hundsrose, Wildrose, Zaunrose) s. Farbtafel S. 300, Bild 119.

Fam.: Rosaceae.

Vork.: 1–5 m hoher Strauch mit bogig überhängenden Zweigen, der an Walrändern, Hecken und Steinhaufen in Europa, Nordafrika, Klein-, West- und Nordasien sowie in Nordamerika verwildert vorkommt.

Drogen: ***1. Rosae fructus*** (syn. *Cynosbati semen, Semen Cynorrhodi, Semen Cynosbati*); Hagebuttensamen (syn. Hagebuttenkerne, Hagebuttennüßchen, Kernlestee). *Inh.:* bis zu 10 % fettes Öl sowie Spuren von äther. Öl, Gerbstoffe, Schleimstoffe, Proteine und Phospholipide. *Anw.:* Das Samenöl wird zur Behandlung atrophischer Haut, zur Narbenbehandlung sowie zur Reduktion von Faltenbildung der Haut eingesetzt. In der Volksheilkunde dient ein Tee aus Hagenbuttenkernen zur Behandlung von Steinleiden, Harnwegserkrankungen sowie rheumatischen Beschwerden. ***2. Rosae pseudofructus*** (syn. *Cynosbati fructus sine semine, Pseudofructus rosae sine seminibus*); Hagebuttenschalen (syn. Dornapfelschalen, Hainbuttenschalen). *Inh.:* bis 2,4 % ↗ Ascorbinsäure (Vitamin C) und Dehydroascorbinsäure, Äpfel-, Citronensäure sowie bis zu 11 % Pektinsäure. *Anw.:* Die Droge wird hauptsächlich in der Volksheilkunde als Tee zur Vorbeugung und Behandlung von Erkältungskrankheiten und grippalen Infekten eingesetzt, dabei ist der Vitamin-C-Gehalt entscheidend. Hagebuttenschalen werden auch zur Herstellung von Marmeladen, Säften und Kompotten verwendet. ***3. Rosae pseudofructus cum fructibus*** (syn. *Cynosbati fructus, Cynosbati fructus cum semine, Fructus Cynosbati, Fructus Cynorrhodi, Fructus Rosae, Hypanthium Rosae, Pseudofructus Rosae*); Hagebutten (syn. Arschkratzerl, Dornapfel, Hainbutten, Hetscherl, Hiefen, Hiffen, Rosenbeere). *Inh.:* bis 1,85 % ↗ Ascorbinsäure, Äpfel-, Zitronen- und Pektinsäure, Polyphenole (Anthocyane, Proanthocyanine), Flavonoide, Zucker, fettes Öl und Carotinoide. *Anw.:* siehe *Rosae pseudofructus*. Hagebutten sind als natürlicher Vitamin-C-Träger oft Bestandteil von Kräuterteemischungen, die als Frühstücks- oder Abendbrottees vielfach genutzt werden. Zur ↗ Teezubereitung verwendet man etwa 2–2,5 g

(1 Teelöffel = 3,5 g) zerkleinerte Hagebutten. ***4. Fungus Cynosbati***; Schlafapfel (syn. Schlafkunze, Rosenschwamm), die durch den Stich und die Eiablage der Rosen-Gallwespe *Cynips Rosae* (syn. *Rhodites Rosae*) an den jungen Trieben von *R. canina* erzeugten Wucherungen. *Inh.:* Tannin-Gerbstoffe. *Anw.:* in der Volksheilkunde als Adstringens.

Hom.: ***Rosa canina*** HAB 34, die frischen Blumenblätter.

Histor.: Die lateinische Bezeichnung für *Rosa canina* ist eine Übersetzung des griechischen *kynósbatos*, das vom griechischen *kyon, kynos* (Hund) und *bátos* (Dornstrauch) abgeleitet ist und bei ↗ Plinius einen Sammelbegriff für verschiedene Wildrosen darstellte. Die verschiedenen Formen des Wortes Rose, nämlich *rosa* (lat.*), rhodon* (griech.), *roschaill* (keltisch) oder *roza* (slavisch) stammen offensichtlich alle vom indogermanischen *vrod* oder *vard,* das im Sanskrit als zart, biegsam erhalten ist, ab. Bereits die Ärzte des klassischen Altertums hatten die Hagebutten in ihren Arzneischatz aufgenommen, ebenso die mittelalterlichen Kräuterbücher.

Rosa caucasica ↗ Rosa canina.

■ Rosa x centifolia

(syn. *Rosa centifolia x vulgaris, R. gallica x centifolia, R. provincialis*); Hundertblättrige Rose (syn. Essigrose, Kohlrose, Mairose, Provence-Rose, Zentifolie).

Fam.: Rosaceae.

Vork.: beheimatet im Kaukasus, Iran und der Türkei, erfolgt der Anbau der Pflanze heute in Frankreich, Marokko und Italien.

Drogen: ***1. Rosae aetheroleum*** (syn. *Oleum Rosae, Oleum Rosarum*); Rosenöl (syn. Ätherisches Rosenöl, Rosen-Attar). *Inh.:* Das äther. Öl der frischen Kronblätter enthält bis zu 400 verschiedene Komponenten, duftbestimmend sind v. a. 1-Citronellol, Rosenoxide und Geraniol sowie Spuren von Neroloxid, Rosenfuran und Rosenketone. *Anw.:* Rosenöl wird in Form von *Aqua rosae* (Rosenwasser) und *Mel rosatum* (Rosenhonig) als Geruchs- und Geschmackskorrigenz für arzneiliche Zubereitungen benutzt. In der Volksheilkunde dient die Droge zur Krampflösung bei Gallenblasen-, Magenbeschwerden und Bronchialasthma. Auch die Aromatherapie zur körperlichen und geistigen Entspannung nutzt den Duft der Droge. Große Mengen des Rosenöls werden seit altersher in der Parfüm- und Kosmetikindustrie verwendet. ***2. Rosae flos*** (syn. *Flores Rosae, Rosae petalum*); Rote Essigrosenblüten oder weiße Zentifolienrosenblüten (syn. Rosenblüten). *Inh.:* bis 0,02 % äther. Öl (siehe *Rosae aetheroleum*), Flavonolglykoside, Anthocyane, Gerbstoffe, Chinasäure u. a. *Anw.:* Die Droge soll adstringierende Wirksamkeit besitzen, in der Volksheilkunde wird sie bei leichten Entzündungen im Mund- und Rachenraum sowie bei Aphthen und Lidentzündungen eingesetzt; früher auch innerlich bei Blutungen, Weißfluß, Durchfall und Lungenkrankheiten. Rosenblätter finden weiterhin Anwendung als Schmuckdroge in Teemischungen, in Pudern und Bädern zur Parfümierung sowie als Gewürz in Form von Rosenblättermarmelade oder Rosenessig.

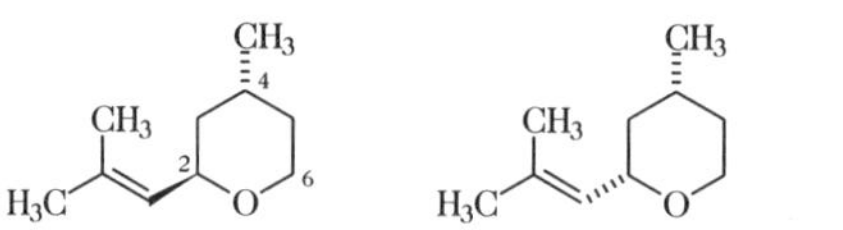

Rosenoxide

Hom.: ***Rosa centifolia*** HAB34, die frischen Blumenblätter.

Histor.: Die Verwendung der Blütenblätter zu kosmetischen, diätetischen und medizinischen Zwecken geht bis in die ältesten Kulturkreise zurück. Chinesische und Sanskritschriften schreiben vom Wohlgeruch der Blüten und über das durch Mischen der Blütenblätter mit Fett gewonnene Rosenöl, das zum Einbalsamieren aller Art genutzt wurde. So wird z. B. in der Ilias berichtet, daß die Aphrodite den Leichnam Hektors mit Rosenöl salbte. Herodot rühmt die prachtvollen Rosengärten des Königs Midas von Thrakien und schreibt von einer sechzigblättrigen Rose, vermutlich *Rosa centifolia.* Bei den griechischen und römischen Ärzten des Altertums galten die Rosenblütenblätter als kühlendes und adstringierendes Mittel.

Rosa centifolia bifera ↗ Rosa x damascena.
Rosa centifolia x vulgaris ↗ Rosa x centifolia.
Rosa cherokeanensis ↗ Rosa laevigata.
Rosa cinnamomea ↗ Rosa pendulina.
Rosa cucumerina ↗ Rosa laevigata.

■ Rosa x damascena Mill.

(syn. *Rosa bifera, R. calendarum, R. centifolia*

bifera, R. menstrua); Damaszener Rose (syn. Monatsrose, Portlandrose).

Fam.: Rosaceae.

Vork.: ursprünglich aus Persien stammend, durch die Kreuzfahrer über Damaskus nach Europa gebracht. Heute in allen warmen Zonen verbreitet.

Droge: ***Rosae aetheroleum*** s. *Rosa x centifolia.*

Hom.: ***Rosa*** HAB34; die frischen Blütenblätter.

Rosae aetheroleum ↗ Rosa x centifolia.
Rosae flos ↗ Rosa x centifolia.
Rosae fructus ↗ Rosa canina.
Rosae laevigatae pseudofructus ↗ Rosa laevigata.
Rosae multiflorae pseudofructus ↗ Rosa multiflora.
Rosae petalum ↗ Rosa x centifolia.
Rosae pseudofructus ↗ Rosa canina.
Rosae pseudofructus cum fructibus ↗ Rosa canina, ↗ Rosa pendulina.
Rosa ferox ↗ Rosa rugosa.
Rosa florida ↗ Rosa multiflora.
Rosa frondosa ↗ Rosa canina.

■ **Rosa gallica** L.
(syn. *Rosa grandiflora, R. provincialis, R. pumila, R. rubra*); Apothekerrrose (syn. Essigrose, Französische Rose, Gallische Rose, Rote Rose, Samtrose, Zuckerrose).

Fam.: Rosaceae.

Vork.: Südeuropa, Nordafrika, Transkaukasien, auf dem Balkan kultiviert.

Drogen: *1.* ***Rosae aetheroleum*** ↗ *Rosa x damascena. 2.* ***Rosae flos*** ↗ *Rosa x centifolia.*

Rosa gallica x centifolia ↗ Rosa x centifolia.
Rosa glauca ↗ Rosa canina.
Rosa grandiflora ↗ Rosa gallica.
Rosa hystrix ↗ Rosa laevigata.
Rosa kamtschatica ↗ Rosa rugosa.

■ **Rosa laevigata** Michx.
(syn. *Rosa amygdalifolia, R. cherokeanensis, R. cucumerina, R. hystrix, R. sinica, R. ternata, R. trifoliata*).

Fam.: Rosaceae.

Vork.: Südchina, Taiwan, Japan, Hinterindien, Süden der USA.

Droge: ***Rosae laevigatae pseudofructus*** (syn. *Fructus rosae laevigatae, Pseudofructus rosae laevigatae*); *Rosa-laevigata*-Hagebutten, die getrockneten, von den borstigen Stacheln befreiten, reifen, roten Scheinfrüchte. *Inh.:* Äpfel- und Citronensäure, Fruchtzucker, Gerbstoffe, wie dimere Ellagitannine, z. B. Agrimonin, Laevigatin D. *Anw.:* in der traditionellen chinesischen Medizin bei Milzschwäche, chronischen Durchfällen, Nieren- und Blasenschwäche, Bettnässen, Weißfluß, Gebärmuttererkrankungen, bei Blähungen, Husten und äußerlich bei Brandwunden.

Rosa lutetiana ↗ Rosa canina.
Rosa menstrua ↗ Rosa x damascena.

■ **Rosa moschata** Herrm.
(syn. *Rosa ruscinonesis*); Moschusrose.

Fam.: Rosaceae.

Vork.: Himalaya-Region, Europa, Amerika, Mittelmeergebiete.

Drogen: *1.* ***Rosae fructus*** ↗ *Rosa canina. 2.* ***Rosae pseudofructus*** ↗ *Rosa canina.*

■ **Rosa multiflora** Thunb.
(syn. *Rosa florida, R. polyantha*); Büschelrose (syn. Japanrose, Noisetterose).

Fam.: Rosaceae.

Vork.: China, Japan, Korea, USA.

Droge: ***Rosae multiflorae pseudofructus*** (syn. *Rosae fructus*); Büschelrosenfrüchte, die ganzen, getrockneten Scheinfrüchte. *Inh.:* Flavonoide, wie Kämpferol- und Quercetinglykoside; Salicylsäure, Triterpene, fettes Öl. *Anw.:* in der japanischen Volksheilkunde bei Verstopfung; in der chinesischen Volksheilkunde zur Entwässerung und als Laxans.

■ **Rosa pendulina** L.
(syn. *Rosa affinis, R. alpina, R. cinnamomea, R. pyrenaica*); Alpen-Hagrose (syn. Alpenrose, Hängende Rose).

Fam.: Rosaceae.

Vork.: mittel- und südosteuropäische Gebirge.

Droge: ***Rosae pseudofructus cum fructibus*** ↗ *Rosa canina.*

Rosa Pfeffer ↗ Schinus-Arten.
Rosa polyantha ↗ Rosa multiflora.
Rosa provincialis ↗ Rosa x centifolia, ↗ Rosa gallica.
Rosa pumila ↗ Rosa gallica.
Rosa pyrenaica ↗ Rosa pendulina.
Rosa regeliana ↗ Rosa rugosa.

Rosa rubra ↗ Rosa gallica.

■ **Rosa rugosa** Thunb.
(syn. *Rosa ferox, R. kamtschatica, R. regeliana*); Japanische Apfelrose (syn. Kamtschatkarose, Kartoffelrose, Runzelrose).

Fam.: Rosaceae.

Vork.: Ostasien, Nordchina, in Europa als Zierpflanze sowie zur Drogengewinnung kultiviert.

Droge: ***Rosae pseudofructus*** ↗ *Rosa canina*.

Rosa ruscinonesis ↗ Rosa moschata.
Rosa sinica ↗ Rosa laevigata.
Rosa taurica ↗ Rosa canina.
Rosa ternata ↗ Rosa laevigata.
Rosa trifoliata ↗ Rosa laevigata.
Rosella ↗ Hibiscus sabdariffa.
Rosenapfel ↗ Syzygium-Arten.
Rosen-Attar ↗ Rosa x centifolia.
Rosenbeere ↗ Rosa canina.
Rosenblüten ↗ Rosa x centifolia.
Rosenkranzpappel ↗ Populus-Arten.
Rosenlorbeer ↗ Nerium oleander.
Rosenöl ↗ Rosa x centifolia.
Rosenpelargonie ↗ Pelargonium-Arten.
Rosenrote Wucherblume ↗ Chrysanthemum-Arten.
Rosenwasser ↗ Rosa x centifolia.
Rosinen ↗ Vitis vinifera.
Rosmarin ↗ Rosmarinus officinalis.
Rosmarinblätter ↗ Rosmarinus officinalis.
Rosmarini aetheroleum ↗ Rosmarinus officinalis.
Rosmarini folium ↗ Rosmarinus officinalis.
Rosmarinöl Rosmarinus officinalis.

■ **Rosmarinsäure**
(Caffeoyl-α-hydroxydihydrocaffeesäure), Depsid mit Gerbstoffeigenschaften (Labiatengerbstoff), das in vielen Lamiaceae und Boraginaceae vorkommt. <u>*Wirk.*</u>: hemmt die unspezifische Komplementaktivierung sowie die Lipoxigenase; wirkt als Radikalfänger. Daher besitzt R. antiphlogistische Eigenschaften.

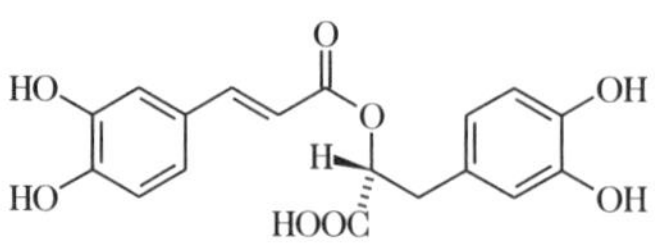

Rosmarinsäure

Rosmarinus angustifolius ↗ Rosmarinus officinalis.
Rosmarinus flexuosus ↗ Rosmarinus officinalis.
Rosmarinus latifolius ↗ Rosmarinus officinalis.
Rosmarinus laxiflorus ↗ Rosmarinus officinalis.

■ **Rosmarinus officinalis** L.
(syn. *Rosmarinus angustifolius, R. flexuosus, R. latifolius, R. laxiflorus, Salvia rosmarinus*); Rosmarin (syn. Kranzenkraut), s. Farbtafel S. 300, Bild 120.

Fam.: Lamiaceae (Labiatae).

Vork.: Mittelmeergebiete.

Drogen: *1.* ***Rosmarini aetheroleum*** (syn. *Aetheroleum Rosmarini, Oleum Roris marini, Oleum Rosmarini*); Rosmarinöl, das aus den Blättern und beblätterten Stengeln durch Wasserdampfdestillation gewonnene äther. Öl. <u>*Inh.*</u>: überwiegend Terpene mit den Hauptkomponenten Campher, 1,8-Cineol und α-Pinen, ferner Camphen und Borneol. Anteil der jeweiligen Hauptkomponenten schwankt je nach Herkunftsgebiet. <u>*Anw.*</u>: meist äußerlich zur unterstützenden Behandlung rheumatischer Erkrankungen, oft in Bädern oder als Einreibung, auch bei Kreislaufbeschwerden, zur Förderung der Hautdurchblutung sowie bei Quetschungen und Verstauchungen. *2.* ***Rosmarini folium*** (syn. *Folia Anthos, Folia Roris marini, Folia Rosmarini*); Rosmarinblätter. (syn. Krankrautblätter, Kranzenkrautblätter, Rosmarin), während oder nach der Blüte gesammelte, schonend getrocknete Laubblätter. <u>*Inh.*</u>: äther. Öl (1–2,5 %) s. *Rosmarini aetheroleum*, Diterpenphenole, u. a. Carnosolsäure, ein tricyclisches Diterpen vom Ferruginoltyp; ferner Depside, u. a. Rosmarinsäure; Flavone, u. a. Genkwanin und Luteolin; Flavonglykoside, u. a. Diosmin; Triterpene, u. a. Oleanol- und Ursolsäure. <u>*Anw.*</u>: innerlich bei dyspeptischen Beschwerden, äußerlich zur unterstützenden Behandlung rheumatischer Erkrankungen sowie bei Kreislaufbeschwerden. Zur ↗ Teezubereitung verwendet man 1 Teelöffel (2 g) fein geschnittene Droge. Zur äußerlichen Anwendung werden ca. 50 g Droge mit 1 l Wasser kurz aufgekocht und nach 15–20-minütigem Stehen dem Bade zugesetzt. *3.* ***Flores Rosmarini*** (syn. *Flores Anthos*), Rosmarinblüten, die getrockneten Blüten. <u>*Inh.*</u>: äther. Öl. <u>*Anw.*</u>: in der Volksheilkunde als Zusatz zu medizinischen Bädern.

Hom.: *1. **Rosmarinus officinalis*** HAB1; Rosmarin, die getrockneten Blätter. Anw.-Geb.: Erkrankungen des Zentralnervensystems und der weiblichen Geschlechtsorgane. *2. **Rosmarinus officinalis e foliis recentibus*** HAB1; die frischen Blätter. Anw.-Geb.: in der anthroposophischen Therapierichtung. *3. **Rosmarinus officinalis spag. Zimpel*** HAB1; die frischen, zur Blütezeit gesammelten oberirdischen Pflanzenteile. Anw.-Geb.: in der spagyrischen Therapierichtung bei Magen-Darm-Beschwerden, Erkrankungen der Haut sowie der Nieren und ableitenden Harnwege.

Histor.: Rosmarin hat offensichtlich, obwohl eine mediterrane Pflanze, in der antiken Medizin wenig Beachtung gefunden, wohl aber in der damaligen Kultur. Er war der Aphrodite geweiht und diente – wie Horaz und Ovid berichten – sowohl Menschen als auch Göttern als Schmuck. Durch kolonisierende Mönche kam der Rosmarin auch über die Alpen. Er wird im ↗ Capitulare de villis Karls des Großen erwähnt und gehörte im Mittelalter in Europa zu den geschätzten Arzneipflanzen. Berühmt war im 16. Jh. das *Aqua Reginae Hungariae*, das aus frischen Rosmarinblüten, zusammen mit Alkohol, destilliert wurde. Benannt wurde es nach der Königin Isabella von Ungarn, die gelähmt war, an Gicht litt und angeblich damit geheilt worden ist.

Roßfeigen ↗ Opuntia ficus-indica.
Roßfenchel ↗ Oenanthe aquatica.
Roßfenchelöl ↗ Oenanthe aquatica.
Roßfenchelwurzel ↗ Peucedanum officinale.
Roßkastanie ↗ Aesculus hippocastanum.
Roßkastaniensamen ↗ Aesculus hippocastanum.
Roßkerbel ↗ Oenanthe aquatica.
Roßklettenwurz ↗ Arctium-Arten.
Roßkümmel ↗ Oenanthe aquatica.
Roßminze ↗ Mentha-Arten.
Roßminzenkraut ↗ Mentha-Arten.
Rossolis septentrionalis ↗ Drosera-Arten.
Roßpappel ↗ Malva-Arten.
Roßpappelblüten ↗ Malva-Arten.
Roßrübe ↗ Bryonia-Arten.
Rostblättrige Alpenrose ↗ Rhododendron-Arten.
Rotalgen ↗ Rhodophyta.
Rotangharz ↗ Daemonorops draco.
Rotbeerblätter ↗ Fragaria vesca.
Rotbeerige Zaunrübe ↗ Bryonia-Arten.
Rotbeerwurzel ↗ Fragaria vesca.
Rotbuche ↗ Fagus sylvatica.
Rotbuchenfrüchte ↗ Fagus sylvatica.
Rotbusch-Tee ↗ Aspalathus linearis.
Rotbuschtee ↗ Aspalathus linearis.
Rote Bete ↗ Beta vulgaris.
Rote Bibernellwurzel ↗ Sanguisorba officinalis.
Rote Brustbeeren ↗ Zizyphus jujuba.
Rote Chinarinde ↗ Cinchona-Arten.
Rote Dattel ↗ Ziziphus jujuba.
Rote Essigrosenblüten ↗ Rosa x centifolia.
Rote Fetthenne ↗ Sedum telephium.
Rote Heckenkirsche ↗ Lonicera xylosteum.
Rote Heidelbeere ↗ Vaccinium-Arten.
Rote Hundsbeere ↗ Solanum-Arten.
Rote Immortellen ↗ Antennaria dioica.
Rote Johannisbeere ↗ Ribes rubrum.
Rote Koralle ↗ Corallium rubrum.
Rote Miere ↗ Anagallis arvensis.
Rotenoide ↗ Derris-Arten.

■ Rotenon

Isoflavanonderivat aus ↗ *Derris*-Arten, ↗ *Piscidia piscipula*, *Tephrosia-* und *Dalbergia*-Arten. Wirk.: Hemmstoff der Atmungskette durch Unterbrechung des Elektronenflusses von NADH auf Ubichinon. Für Säugetiere ist R. relativ ungiftig. Anw.: als Insektizid in der Landwirtschaft und im Gartenbau, als Fischgift zum Fischfang.

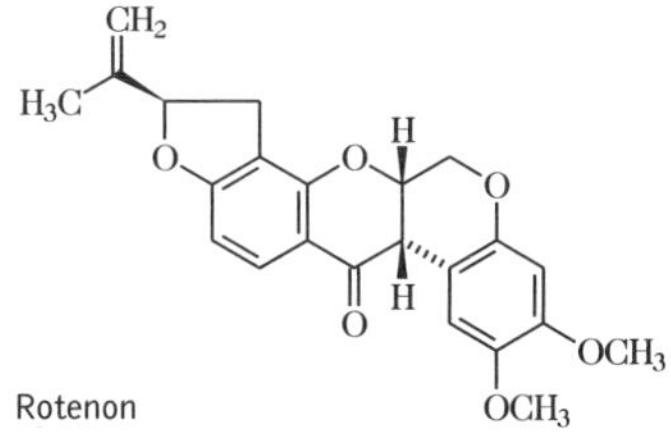

Rotenon

Rote Ochsenzungewurzel ↗ Alkanna tinctoria.
Rote Pfingstrosenwurzel ↗ Paeonia lactiflora.
Rote Quecke ↗ Carex arenaria.
Roter Aurin ↗ Centaurium minus.
Roter Baldrian ↗ Centranthus ruber.
Roter Chinarindenbaum ↗ Cinchona-Arten.
Roter Fingerhut ↗ Digitalis-Arten.
Roter Fliegenpilz ↗ Amanita muscaria.
Roter Gauchheil ↗ Anagallis arvensis.
Roter Grasbaum ↗ Xanthorrhoea australis.
Roter Hartriegel ↗ Cornus-Arten.
Roter Holunder ↗ Sambucus racemosa.
Roter Hornmohn ↗ Glaucium corniculatum.
Roter Hühnerdarm ↗ Anagallis arvensis.

Roter Keulenkopf ↗ Claviceps purpurea.
Roter Lapacho-Tee ↗ Tabebuia impetiginosa.
Roter Maulbeerbaum ↗ Morus-Arten.
Rote Rose ↗ Rosa gallica.
Roter Pfeffer ↗ Capsicum-Arten, ↗ Schinus-Arten.
Roter Sandelbaum ↗ Pterocarpus-Arten.
Roter Sandelholzbaum ↗ Adenanthera pavonina.
Roter Senf ↗ Brassica-Arten.
Roter Speik ↗ Valeriana celtica.
Rote Rübe ↗ Beta vulgaris.
Roter Wasserhanf ↗ Eupatorium-Arten.
Roter Weiderich ↗ Lythrum salicaria.
Rotes Akaroidharz ↗ Xanthorrhoea australis.
Rote Seifenwurzel ↗ Saponaria officinalis.
Rotes Grasbaumharz ↗ Xanthorrhoea australis.
Rotes Grundheil ↗ Anagallis arvensis.
Rotes Kaliaturholz ↗ Pterocarpus-Arten.
Rote Sonnenblume ↗ Echinacea-Arten.
Rotes Quebrachoholz ↗ Schinopsis quebracho-colorado.
Rotes Sandelholz ↗ Pterocarpus-Arten.
Rotes Sandkraut ↗ Spergularia rubra.
Rote Waldameise ↗ Formica rufa.
Rote Zaunrübe ↗ Bryonia-Arten.
Rote Zeder ↗ Juniperus virginiana.
Rotfärbewurzel ↗ Alkanna tinctoria.
Rotföhre ↗ Pinus-Arten.
Rotfrüchtige Zaunrübe ↗ Bryonia-Arten.
Rotholz ↗ Caesalpinia-Arten.
Rotkiefer ↗ Pinus-Arten.
Rotklee ↗ Trifolium pratense.
Rotlaufskraut ↗ Geranium robertianum.
Rotrandiger Baumschwamm ↗ Fomitopsis pinicola.
Rotrandiger Schichtporling ↗ Fomitopsis pinicola.
Rotrüster ↗ Ulmus-Arten.
Rotsandelholz ↗ Pterocarpus-Arten.
Rottanne ↗ Picea abies.
Rottlera affinis ↗ Mallotus philippinensis.
Rottlera aurantioca ↗ Mallotus philippinensis.
Rottlerae glandulae ↗ Mallotus philippinensis.
Rottlera indica ↗ Trewia nudiflora.
Rottlera japonica ↗ Mallotus japonicus.
Rottlera manilensis ↗ Mallotus philippinensis.
Rottlera philippinensis ↗ Mallotus philippinensis.
Rottlera tinctoria ↗ Mallotus philippinensis.
Rottlerin ↗ Mallotus philippinensis.
Rotulme ↗ Ulmus-Arten.
Rotwasserbaum ↗ Erythrophleum suaveolens.
Rotwurzel ↗ Lachnanthes tinctoria, ↗ Potentilla erecta.
Rotwurzsalbeiwurzel ↗ Salvia-Arten.
Roucon-Samen ↗ Bixa orellana.
Roupellia grata ↗ Strophanthus-Arten.
Rübenreps ↗ Brassica-Arten.
Rübenstieliger Rißpilz ↗ Inocybe-Arten.
Rübenwurzel ↗ Oenothera biennis.
Rübenzucker ↗ Beta vulgaris.
Ruberythrinsäure ↗ Rubia tinctorum.
Rubiae tinctorum radix ↗ Rubia tinctorum.

■ **Rubia tinctorum** L.

Krapp (syn. Färberröte), s. Farbtafel S. 301, Bild 121.

Fam.: Rubiaceae.

Vork.: Mittelmeergebiete, Südosteuropa, Zypern, Kleinasien, China, Japan, westliches Nordamerika, Mexiko, Südamerika.

Droge: ***Rubiae tinctorum radix*** (syn. *Radix Alizari, Radix Rubiae tinctorum*); Krappwurzel (syn. Färberwurzel), s. Farbtafel S. 301, Bild 122. *Inh.:* ↗ Anthracenderivate vom Rubiadin-Typ (2–4 %), v. a. Alizarin (syn. Ruberythrinsäure), Lucidin, Pseudopurpurin, Purpurin, Rubiadin sowie die

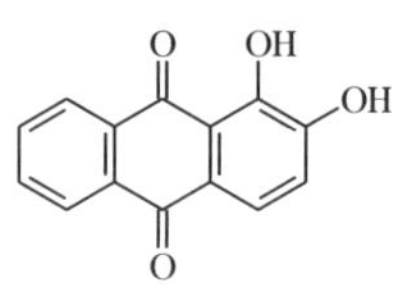

Alizarin (1,2-Dihydroxyanthrachinon)

Glucoside bzw. Primveroside dieser Verbindungen. *Anw.:* Da die Anthracenderivate mit Calciumionen lösliche Komplexe eingehen, wurde die Droge zur Rezidivprophylaxe von Harnsteinen eingesetzt. Aufgrund der genotoxischen Effekte von Biotransformationsprodukten des Lucidins und Rubiadins wird eine Anwendung heute nicht mehr empfohlen. In der Volksheilkunde diente die Droge auch zur Wundbehandlung und als Antidiarrhoikum. Darüber hinaus wird sie als Ausgangspunkt für die Herstellung von Lacken, Farben und Beizen sowie in Kleinasien zur Teppichfärberei eingesetzt.

Hom.: ***Rubia tinctorum*** HAB34, Krappfärberröte, die getrockneten Wurzeln. *Anw.-Geb.:* Erkrankungen der Nieren und ableitenden Harnwege.

Histor.: Den Gattungsnamen *Rubia* gaben die Römer der Pflanze wegen des roten Farbstoffs der Wurzel (*rúber* = rot). Auch der Artname *tinctorium* vom lateinischen *tinctor* (Färber) weist auf die Verwendung als Farbstoff hin. Der deutsche Name Krapp geht auf das althochdeutsche *Krapso* (Haken) zurück und wird mit den rückwärts gerichteten Stacheln der Stengel und Blätter begründet. Als Färbematerial war die Krappwurzel bereits in vorchristlicher Zeit bekannt. Über die Alpen gelangte die Pflanze durch die Benediktiner. Im ↗ Capitulare de villis Karls des Großen wird der Anbau der Pflanze dringend empfohlen. Umfangreiche Kulturen bestanden in späterer Zeit bes. in Frankreich, da die französischen Soldaten rote Hosen trugen und daher große Mengen an Farbstoff benötigt wurden. Ebenso verdankt auch der türkische Fez seine leuchtend rote Farbe dem Krappfarbstoff. Neben der Verwendung als Farbstoffpflanze wurde die Droge bereits im Altertum auch medizinisch genutzt. ↗ Dioskurides weist auf die guten diuretischen Eigenschaften der Krappwurzel hin, eine Eigenschaft, die bis in die Neuzeit bei Nierenleiden genutzt wurde.

Rubi fruticosi folium ↗ Rubus-Arten.
Rubi idaei folium ↗ Rubus-Arten.
Rüböl ↗ Brassica-Arten.
Rübsaat ↗ Brassica-Arten.
Rübsamenöl ↗ Brassica-Arten.
Rübsen ↗ Brassica-Arten.

■ Rubus-Arten

● **Fam.:** Rosaceae.

● **Rubus fruticosus** L. (syn. *Rubus plicatus*); Brombeere (syn. Brambeere, Kratzbeere), s. Farbtafel S. 301, Bild 123.

Vork.: Europa, Asien.

Droge: ***Rubi fruticosi folium*** (syn. *Folia Rubi fruticosi*); Brombeerblätter. *Inh.:* Gerbstoffe (5–14 %), Flavonoide, Vitamin C, Schleimstoffe, äther. Öl, Citronensäure, Isocitronensäure. *Anw.:* als Adstringens und Antidiarrhoikum, in Gurgelwässern und Waschungen bei Hautausschlägen; in der Volksheilkunde früher auch bei übermäßiger Menstruation, Weißfluß sowie zur Blutreinigung. Die Droge dient nach Fermentation als Ersatz für chinesischen Tee und wird daher als coffeinfreier Frühstückstee gehandelt. Zur ↗ Teezubereitung verwendet man etwa 1,5 g (1 Teelöffel ca. 0,6 g) feinzerschnittene Blattdroge. Als Tagesdosis werden 4–5 g Droge empfohlen.

Hom.: ***Rubus fruticosus*** HAB1; Brombeere, die frischen, schwach behaarten Blätter.

Histor.: Der lateinische Gattungsname *Rubus*, abgeleitet von *ruber* (rot), der roten Früchte wegen, wurde neben verschiedenen *Rubus*-Arten auch für einige Wildrosen gebraucht. Der Artname *fruticosus*, abgeleitet von *frutex* (lat., Strauch) weist auf den Habitus der Pflanze hin. Die dt. Bezeichnung Brombeere wird auf das mittelhochdeutsche *bräme*, allgemein als Dornstrauch bezeichnet, zurückgeführt. Blätter und Früchte des Brombeerstrauches finden bereits in den hippokratischen Schriften Erwähnung und dienten zur Behandlung von eiternden und leicht blutenden Geschwüren.

● **Rubus idaeus** L.; Himbeere.

Vork.: Europa, Nordasien, Nordamerika, häufig kultiviert.

Drogen: ***1. Rubi idaei folium*** (syn. *Folia Rubi idaei*); Himbeerblätter. *Inh.:* Gerbstoffe, Flavonoide, Vitamin C, Fruchtsäuren, Zucker, Schleimstoffe. *Anw.:* in der Volksheilkunde zu Blutreinigungskuren sowie als Haus- und Frühstückstee. ***2. Fructus Rubi idaei***; Himbeeren. *Inh.:* Fruchtsäuren (1,5–2 %), Zucker, Schleimstoffe, Pektin, Anthocyanglykoside, Flavonoide. *Anw.:* Ausgangspunkt zur Herstellung des offizinellen Himbeersirups (*Sirupus Rubi idaei*), der als Geschmackskorrigens verwendet wird. Himbeeren werden als Obst gegessen, die daraus bereiteten Säfte sind in der Volksheilkunde ein beliebtes Getränk für Fieberkranke und zur Durchführung von Saftkuren.

Rudbeckia bicolor ↗ Rudbeckia hirta.
Rudbeckia brittonii ↗ Rudbeckia hirta.
Rudbeckia gracilis ↗ Rudbeckia hirta.

■ Rudbeckia hirta L.

(syn. *Rudbeckia bicolor*, *R. brittonii*, *R. gracilis*, *R. serotina*, *R. strigosa*); Rauhhaariger Sonnenhut.

Fam.: Asteraceae (Compositae).

Heim.: Nordamerika.

Droge: ***Rudbeckia-hirta-Kraut***, die zur Blütezeit geernteten frischen oder getrockneten oberirdischen Teile. *Inh.:* Polyine, bes. Dithiapolyine und Thiarubrine A und B, Flavonoide, Sterole und Triterpene. *Wirk.:* hohes Allergisierungspotential, die therapeutische Anwendung ist daher nicht zu empfehlen.

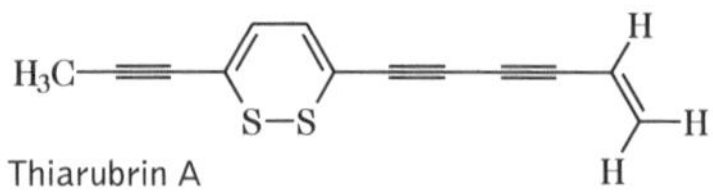

Thiarubrin A

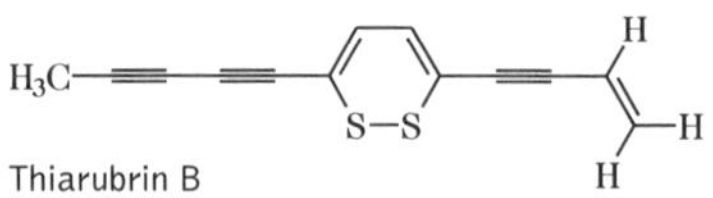

Thiarubrin B

Hom.: ***Rudbeckia hirta*** HAB34, das frische blühende Kraut.

Rudbeckia hispida ↗ Echinacea-Arten.

■ **Rudbeckia laciniata** L.
Schlitzblättriger Sonnenhut (syn. Goldball, Goldstrahl, Sonnenhut).

Fam.: Asteraceae (Compositae).

Vork.: atlantisches Nordamerika, in Mitteleuropa kultiviert.

Droge: ***Rudbeckia-laciniata-Kraut***, die frischen oder getrockneten oberirdischen Teile der Pflanze. *Wirk.:* Wegen möglicher toxischer Eigenschaften ist die therapeutische Anwendung der Droge nicht zu empfehlen.

Rudbeckia pallida ↗ Echinacea-Arten.
Rudbeckia purpurea ↗ Echinacea-Arten.
Rudbeckia serotina ↗ Echinacea-Arten, ↗ Rudbeckia hirta.
Rudbeckia strigosa ↗ Rudbeckia hirta.
Ruhmeskrone ↗ Gloriosa superba.
Ruhrkraut ↗ Antennaria dioica, ↗ Helichrysum arenarium, ↗ Sanguisorba officinalis.
Ruhrkrautblüten ↗ Helichrysum arenarium.
Rühr-mich-nicht-an ↗ Impatiens noli-tangere.
Ruhrrinde ↗ Croton elutaria, ↗ Simarouba amara.
Ruhrwurz ↗ Potentilla erecta.
Ruhrwurzel ↗ Cephaelis-Arten.
Ruke ↗ Eruca sativa.
Ruku-Samen ↗ Bixa orellana.
Rukustrauch ↗ Bixa orrelana.

■ **Rumex acetosa** L. **var. hortensis**
(syn. *Rumex rugosus*); Gartensauerampfer (syn. Sauerampfer).

Fam.: Polygonaceae.

Vork.: Europa.

Droge: ***Rumicis acetosae herba*** (syn. *Herba Rumicis acetosae*); Sauerampferkraut. *Inh.:* Kaliumoxalat und freie Oxalsäure, Hyperosid, Vitamin C. *Anw.:* in der Volksheilkunde als Blutreinigungsmittel zu den sogen. Frühjahrskuren.

Hom.: ***Rumex acetosa*** HAB34; die frischen, unterirdischen Pflanzenteile. *Anw.-Geb.:* Reizhusten, Hautleiden, Krämpfe.

Rumex acetosa, Blatt und Blüten.

Histor.: Der Gattungsname *Rumex* ist die alte lateinische Bezeichnung für den Ampfer. Der Artname *acetosa* von *acetum* (lat., Essig) bezieht sich auf den säuerlichen Geschmack, *crispus* (lat., kraus) auf den gewellten Rand der Blätter. Das Wort Ampfer, abgeleitet vom niederländischen und schwedischen *amper* (sauer, scharf, bitter) ist ursprünglich ein Adjektivum zum Substantiv, so daß die Bezeichnung Sauerampfer eine Tautologie darstellt, da beide die gleiche Bedeutung haben. Die Verwendung von *Rumex*-Arten war schon im Altertum gebräuchlich. ↗ Dioskurides empfiehlt z. B. die Samen mit Wasser und Wein getrunken gegen Dysenterie und Verdauungsbeschwerden. Auch die Kräuterbücher des 16. Jh. stützen sich wie in den meisten Fällen auf die klassischen Vorgaben.

■ **Rumex acetosella** L.
(syn. *Acetosella vulgaris*); Kleiner Sauerampfer.

Fam.: Polygonaceae.
Vork.: Europa.
Droge: ***Radix Lapathi acuti***; Ampfergrindwurzel. Inhaltsstoffe und Anwendung ↗ *Rumex acetosa*.

■ **Rumex crispus** L.
Krausblättriger Ampfer.
Fam.: Polygonaceae.
Vork.: Europa, Gebirgsregionen.
Droge: ***Radix Lapathi acuti***; Ampfergrindwurzel. *Inh.:* Emodinglykoside, Emodinmonomethylether, Chrysophansäure, Anthocyane, Zucker, Phytosterole, Gerbstoffe. *Anw.:* als Ersatzdroge für Rhabarberwurzel (↗ *Rheum*-Arten).
Hom.: ***Rumex crispus*** HAB1; Krauser Ampfer, die frischen, unterirdischen Pflanzenteile. *Anw.-Geb.:* Erkrankungen der oberen und unteren Atemwege, der Haut und des Magen-Darm-Traktes.

Rumex rugosus ↗ Rumex acetosa.
Rumicis acetosae herba ↗ Rumex acetosa.
Rundblättriger Hartriegel ↗ Cornus-Arten.
Rundblättriger Kornel ↗ Cornus-Arten.
Rundblättriger Sonnentau ↗ Drosera-Arten.
Rundblättriges Hasenohr ↗ Bupleurum-Arten.
Rundblättriges Wintergrün ↗ Pyrola rotundifolia.
Runde Kardamomen ↗ Amomum-Arten.
Runder Allermannsharnisch ↗ Gladiolus communis, ↗ Gladiolus palustris.
Runde Siegwurz ↗ Gladiolus palustris.
Rundkapseljute ↗ Corchorus-Arten.
Runzelrose ↗ Rosa rugosa.
Runzelwurzel ↗ Aletris farinosa.
Ruprechtskraut ↗ Geranium robertianum.
Rusci aculeati rhizoma ↗ Ruscus aculeatus.
Ruscogenin ↗ Ruscus aculeatus.

■ **Ruscus aculeatus** L.
Mäusedorn (syn. Stechmyrte, Stechender Mäusedorn), s. Farbtafel S. 301, Bild 124.
Fam.: Liliaceae.
Vork.: Mittelmeergebiete, Westfrankreich, Belgien.
Droge: ***Rusci aculeati rhizoma*** (syn. *Radix Rusci, Rhizoma Rusci, Rhizoma Rusci aculeati*); Stechmyrtenrhizom (syn. Mäusedornwurzelstock, Myrtendorn). *Inh.:* Spirostanol-Saponine, wie Ruscin und Ruscosid mit den Aglyka Ruscogenin und Neoruscogenin; äther. Öl. *Anw.:* Hämorrhoidenmittel; in der Volksheilkunde als Diuretikum und Antiphlogistikum. Ruscusextrakte sind Bestandteil von Arzneifertigpräparaten, die bes. auch als Venenmittel genutzt werden.

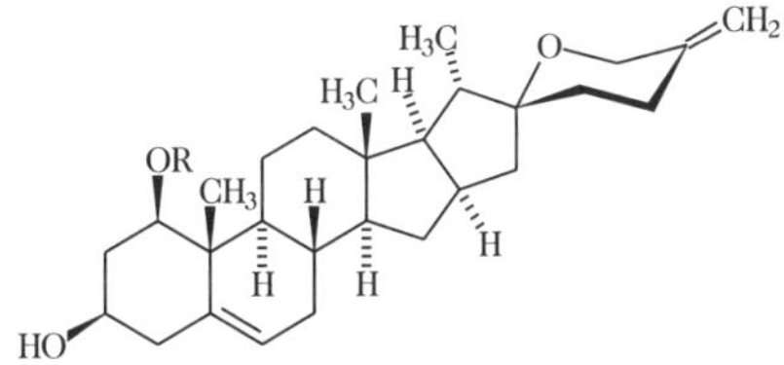

Neoruscogenin: R = H
Ruscin:
R = β-D-Glcp(1→3)-α-L-Rhap(1→2)-α-L-Arap(1→)

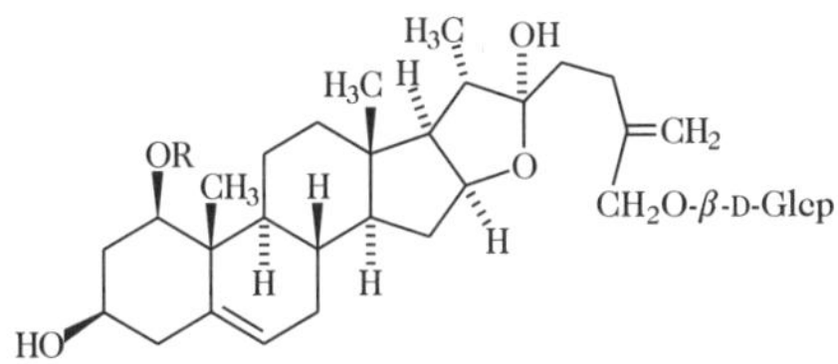

Ruscosid:
R = β-D-Glcp(1→3)-α-L-Rhap(1→2)-α-L-Arap(1→)

Russischer Balsam ↗ Betula-Arten.
Russischer Klee ↗ Anthyllis vulneraria.
Russischer Knöterichtee ↗ Polygonum aviculare.
Russische Seifenwurzel ↗ Gypsophila paniculata.

■ **Russula agglutinata** Heim.
Nonda-Mos.
Fam.: Russulaceae.
Vork.: weltweit.
Anw.: auf Papua-Neuguinea als Bestandteil von rituellen Zeremonien genutzt. Dabei sollen nur bei Frauen Zustände ausgelöst werden, die man als „Pilzverrücktheit" bezeichnet.

Russula betularum ↗ Russula emetica.

■ **Russula emetica** (Schaeff. ex Fr.) S. F. Gray (syn. *Agaricus emeticus, Russula betularum, R. fragilis*); Speitäubling (syn. Giftiger Täubling, Kirschroter Täubling, Speiteufel), s. Farbtafel S. 301, Bild 125.
Fam.: Russulaceae.
Vork.: Ost- und Nordeuropa.
Inh.: Muscarin in Spuren, scharfschmeckende

Sesquiterpene, wie Methoxyfuranalkohol, Furandiol, Lactarorufin; Russupterine, Glucane.

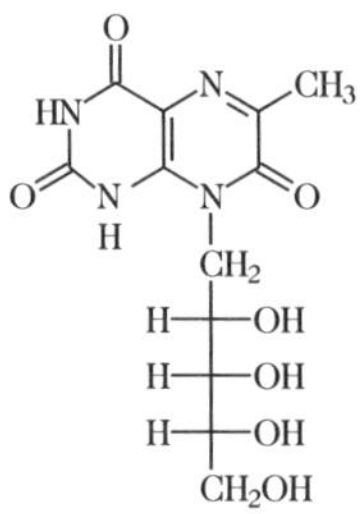

6-Methyl-8-D-ribityl-2,4,7-(1*H*,3*H*,8*H*)-pteridintrion

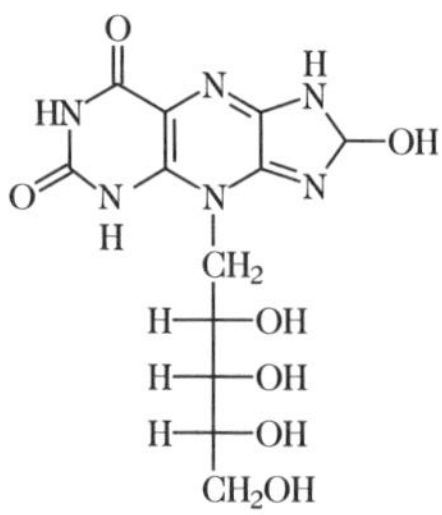

Russupteridingelb I

Hom.: ***Russula emetica*** (syn. *Agaricus emeticus*) HAB34; die frischen Fruchtkörper. *Anw.-Geb.:* Erbrechen.

Russula fragilis ↗ Russula emetica.

■ **Russula mairei** Sing.
Buchen-Spei-Täubling.

Fam.: Russulaceae.

Vork.: West- und Mitteleuropa.

Hom.: ***Agaricus emeticus*** HAB34, die frischen Fruchtkörper. *Anw.-Geb.:* Erbrechen.

Rüsterrinde ↗ Ulmus-Arten.

Rüsterstaude ↗ Filipendula ulmaria.

Ruta angustifolia ↗ Ruta chalepensis.

Ruta bracteosa ↗ Ruta chalepensis.

■ **Ruta chalepensis** L.
(syn. *Ruta angustifolia, R. bracteosa, R. chalepensis* var. *bracteosa, R. graveolens* var. *angustifolia*).

Fam.: Rutaceae.

Vork.: Mittelmeergebiete, heute kultiviert in Mexiko, Zentral- und Südamerika, Westindische Inseln.

Droge: ***Ruta-chalepensis-Kraut***, das zur Blütezeit geerntete Kraut und die Blätter. *Inh.:* Furochinoline, u. a. Kokusaginin und Skimmianin; Dictamnin, Graveolin und Taifin; Cumarine, wie Bergapten; Alkaloide, u. a. Arborinin; äther. Öl ähnlicher Zusammensetzung wie bei ↗ *Ruta graveolens*. *Anw.:* vielfältig in der Volksheilkunde bei Menstruationsbeschwerden, zur Empfängnisverhütung und Abtreibung, bei Schmerzen, Fieber, Erkältungsbeschwerden, Rheuma, Epilepsie, Verdauungsbeschwerden, Geschwüren und Augenerkrankungen.

Rutae aetheroleum ↗ Ruta graveolens.

Rutae herba ↗ Ruta graveolens.

■ **Ruta graveolens** L.
(syn. *Ruta hortensis*); Weinraute (syn. Edelraute, Gartenraute, Kreuzraute, Totenkräutel, Weinkraut), s. Farbtafel S. 301, Bild 126.

Fam.: Rutaceae.

Vork.: Europa, bes. Mittelmeerraum.

Drogen: ***1. Rutae aetheroleum*** (syn. *Oleum Rutae*); Rautenöl, das durch Wasserdampfdestillation aus den krautigen, oberirdischen Teilen gewonnene Öl. *Inh.:* s. *Rutae herba*. *Anw.:* früher volkstümlich bei Krämpfen und Menstruationsbeschwerden sowie mißbräuchlich als Abortivum. ***2. Rutae herba*** (*Folia Rutae, Herba Rutae, Herba Rutae graveolentis, Herba Rutae vulgaris*); Rautenkraut (syn. Edelrautenblätter, Gartenrautenblätter, Rautenblätter, Weinrautenkraut), die während der Blüte gesammelten krautigen Teile. *Inh.:* Alkaloide verschiedener Strukturtypen, u. a. Chinolin-, Furochinolin und Alkaloide vom Acridontyp (z. B. Rutacridon), äther. Öl, u. a. mit mittelkettigen Ketonen, z. B. 2-Nonanon (Hauptkomponente) und 2-Undecanon, Flavonoide, u. a. Rutosid (Rutin), Cumarine sowie Furano- und Pyranocumarine. *Anw.:* volkstümlich bei Entzündungen, insbes. der Haut sowie des Mund- und Rachenraumes, ferner bei Dyspepsien, Leber- und Galleleiden, bei Menstruationsbeschwerden und mißbräuchlich als Abortivum. *Geg.:* infolge verschiedener unerwünschter Wirkungen, z. B. Reizwirkung auf Haut- und Schleimhäute, die teilweise auch im Zusammenhang mit der Phototoxizität der Furochinoline und Furanocumarine stehen, ist die therapeutische Anwendung der Droge nicht zu empfehlen.

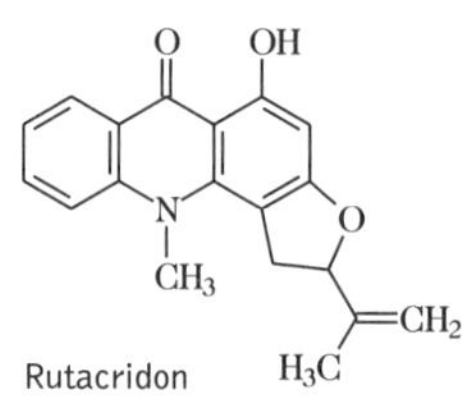

Rutacridon

Hom.: ***Ruta graveolens*** HAB1; Gartenraute, die frischen, zu Beginn der Blüte gesammelten, oberirdischen Pflanzenteile. <u>*Anw.-Geb.*</u>: Quetschungen, Prellungen, körperliche Überanstrengung, Krampfaderleiden, Rheumatismus vor allem der Wirbelsäule.

Histor.: Die Weinraute war bereits im Altertum bekannt und wurde u. a. auch von ↗ Dioskurides beschrieben. Im ↗ Capitulare de villis Karls des Großen wird sie als *Ruta* aufgeführt. Im 16., 17. und 18. Jh. war sie stetiger Bestandteil der Haus- und Kräutergärten, zumal sie auch als wirksames Mittel gegen die Pest gehalten wurde. Der lateinische Gattungsname fand zuerst bei Cicero Erwähnung. Der Artname *graveolens* (lat., stark duftend) weist auf den kräftigen Geruch der Pflanze hin. Der dt. Name Raute ist dem lateinischen Ruta entnommen. Die Pflanze war bereits den griechischen und römischen Ärzten der Antike bekannt. Die Droge galt bes. als Mittel gegen pflanzliche und tierische Gifte. Nach ↗ Plinius soll Mithridates von Pontos die Heilkräfte der Pflanze erkannt und bekannt gemacht haben. Das nach ihm benannte Gegengift „Mithridat" enthielt 54 Bestandteile, darunter auch Raute.

Ruta hortensis ↗ Ruta graveolens.
Ruten-Kohl ↗ Brassica-Arten.
Rutenkraut ↗ Ferula communis.
Ruten-Senf ↗ Brassica-Arten.
Rutin ↗ Rutosid.

Rutinose

Disaccharid aus Glucose und Rhamnose, Zuckeranteil verschiedener Flavonoide, wie z. B. ↗ Rutosid oder Hesperidin.

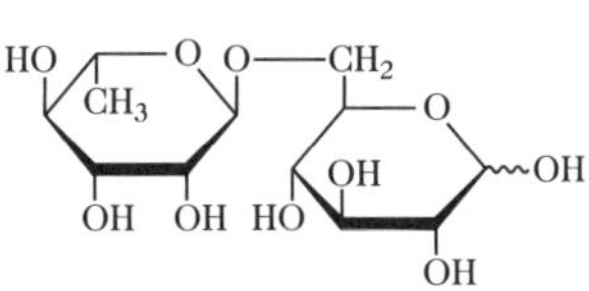

Rutinose [6-*O*-(α-L-Rhamnopyranosyl)-D-glucose]

Rutosid

(Rutin), Quercetin-3-rhamnoglucosid, Flavonoid zahlreicher Pflanzen. <u>*Anw.*</u>: als Reinstoff bzw. partialsynthetisch abgewandelt bei Kapillarbrüchigkeit, Veneninsuffizienz, Blutungsgefahr und hämorrhagischer Diathese eingesetzt.

Histor.: R. wurde 1842 von dem Nürnberger Apotheker Weiss aus der Gartenraute ↗ *Ruta graveolens* erstmals isoliert und nach dieser Pflanze benannt.

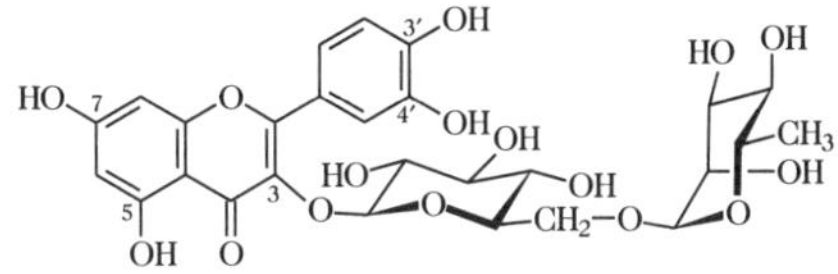

Rutin (3,3′,4′,5,7-Pentahydroxyflavon-3-*O*-rutinosid, Quercetin-3-*O*-rutinosid)

Ryania pyrifera (L.C. Rich.) Uittien

(syn. *Ryania speciosa, Patrisia pyrifera*).

Fam.: Flacourtiaceae.

Vork.: tropisches Südamerika.

<u>*Inh.*</u>: 0,1–0,2 % Ryanodin (Esteralkaloid). <u>*Anw.*</u>:

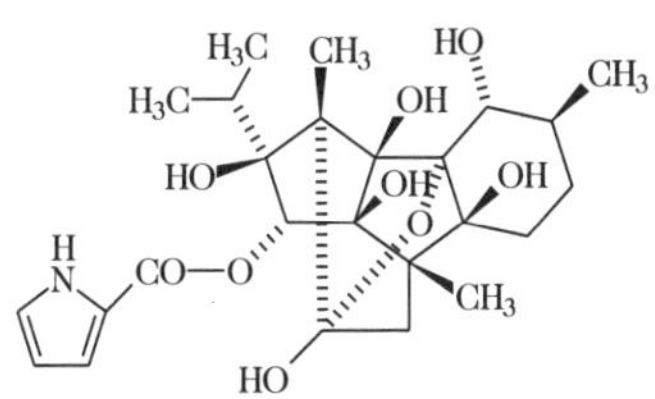

Ryanodin

Als Fraß und Kontaktgift zur Insektenbekämpfung, insbes. in den USA gegen Raupen eingesetzt. In der experimentellen Pharmakologie zur Blockade der Calcium-Freisetzung aus dem sarkoplasmatischen Retikulum genutzt. Dabei führt R. zur Lähmung der Muskulatur.

Ryania speciosa ↗ Ryania pyrifera.
Ryanodin ↗ Ryania pyrifera.

S

Saatgerste ↗ Hordeum vulgare.
Saathafer ↗ Avena sativa.
Saathohlzahn ↗ Galeopsis segetum.
Saatmohn ↗ Papaver dubium.
Saatplatterbse ↗ Lathyrus sativus.
Saatweizen ↗ Triticum aestivum.
Sabadilla ↗ Schoenocaulon officinale.
Sabadillae semen ↗ Schoenocaulon officinale.
Sabadilla officinalis ↗ Schoenocaulon officinale.
Sabadilla officinarum ↗ Schoenocaulon officinale.
Sabadillsamen ↗ Schoenocaulon officinale.
Sabalfrucht ↗ Serenoa repens.
Sabal fructus ↗ Serenoa repens.
Sabalis serrulati fructus ↗ Serenoa repens.
Sabal serrulata ↗ Serenoa repens.
Sabal serrulatum ↗ Serenoa repens.

■ **Sabbatia angularis** L.
(syn. *Chironia angularis*).
Fam.: Gentianaceae.
Vork.: Nordamerika.
Droge: die ganze Pflanze. Inh.: Bitterstoffe, Erythrocentaurin.
Hom.: *Sabbatia angularis* HAB34, die getrocknete, blühende Pflanze.

Sabbatia corymbosa ↗ Frasera carolinensis.

■ **Sabbatia elliotti** L.
Fam.: Gentianaceae.
Vork.: südliches Nordamerika.
Droge: die ganze Pflanze. Inh.: Bitterstoffe, Sabbatin. Anw.: in der Volksheilkunde gegen Malaria.

Sabdariffa ↗ Hibiscus sabdariffa.
Sabdariffa rubra ↗ Hibiscus sabdariffa.
Sabdariffeibisch ↗ Hibiscus sabdariffa.
Sabikraut ↗ Salvia-Arten.
Sabinae aetheroleum ↗ Juniperus sabina.
Sabinae cacumina ↗ Juniperus sabina.
Sabinae herba ↗ Juniperus sabina.
Sabinae ramuli ↗ Juniperus sabina.
Sabinae summitates ↗ Juniperus sabina.
Sabinakraut ↗ Juniperus sabina.
Sabina officinalis ↗ Juniperus sabina.
Sabinerkraut ↗ Juniperus sabina.
Saccharomyces cerevisiae ↗ medizinische Hefe.
Saccharomyces medicinalis ↗ medizinische Hefe.
Saccharomyces siccatum ↗ medizinische Hefe.

■ **Saccharose**
(Rohrzucker), Disaccharid aus Glucose und Fructose. S. wird hauptsächlich aus Zuckerrüben

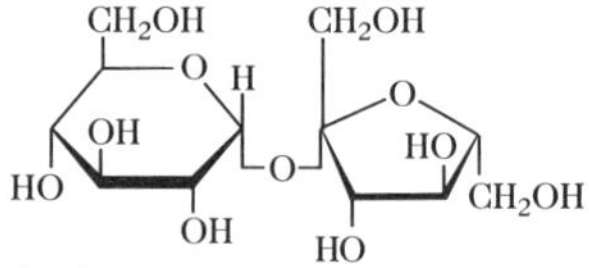

Saccharose

(*Beta vulgaris ssp. vulgaris* var. *altissima* Döll, ↗ *Beta vulgaris*) und Zuckerrohr (↗ *Saccharum officinarum*) gewonnen. Anw.: galenischer Hilfsstoff, bedeutsamer Rohstoff für die Nahrungsmittelindustrie, Geschmackskorrigens, zur Herstellung von *Sirupus simplex*.
Histor.: Seit etwa dem 3. Jh. ist der Rohrzukker in kristalliner Form bekannt, seit dem 7. Jh. wurde er zunächst von den Persern raffiniert und in die heute noch gebräuchliche Hutform gebracht. 1747 entdeckte der Berliner Apotheker Andreas Sigismund Marggraf die S. in der Runkelrübe, sein Schüler Franz Karl Acchard gründete zu Beginn des 19. Jh. die erste Rübenzukkerfabrik in Schlesien. Bis dahin mußte die S. aus Zuckerrohr gewonnen und auf dem Seeweg nach Europa gebracht werden.

Saccharum ↗ Saccharum officinarum.
Saccharum album ↗ Saccharum officinarum.

■ **Saccharum officinarum** L.
Zuckerrohr; s. Farbtafel S. 302, Bild 127.
Fam.: Poaceae (Gramineae).
Vork.: in allen tropischen und subtropischen Gebieten zwischen 30 ° südlicher und 35 ° nördlicher Breite kultiviert, v. a. in Kuba, Brasilien, Jamaica, Haiti, Java und den Philippinen.
Droge: *Saccharum* (syn. *Saccharum album*); Rohrzucker. Gewinnung: Zuckerrohr enthält in seinem saftigen Mark ca. 12–20 % ↗ Saccharose. Durch Pressung, Extraktion und anschließender Raffination wird der Rohrzucker gereinigt. Inh.: fast 100 % Saccharose. Anw.: ↗ Saccharose.

Säckelblume ↗ Ceanothus americanus.
Säckelkraut ↗ Capsella bursa-pastoris.
Sadebaum ↗ Juniperus sabina.
Saffianleder ↗ Rhus-Arten.
Saflor ↗ Carthamus tinctorius.
Safloröl ↗ Carthamus tinctorius.
Safran ↗ Crocus sativus.
Safranrebendolde ↗ Oenanthe crocata.

■ **Safrol**
Phenylpropanderivat, das besonders in äther. Ölen vorkommt, vor allem im Sassafras- und Campheröl. Anw.: als Riechstoff und Ausgangspunkt für die Gewinnung von Piperonal.

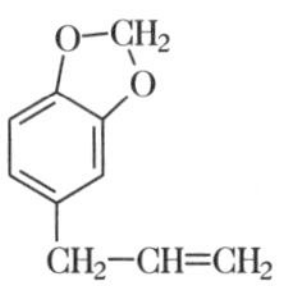

Safrol

Saftbeere ↗ Vaccinium-Arten.
Sagenkraut ↗ Verbena officinalis.
Sägepalme ↗ Serenoa repens.
Sägepalmenfrucht ↗ Serenoa repens.
Sägetang ↗ Fucus-Arten.
Sägezahnpalme ↗ Serenoa repens.
Sagittaria aquatica ↗ Sagittaria sagittifolia.
Sagittaria edulis ↗ Sagittaria sagittifolia.
Sagittaria heterophylla ↗ Sagittaria sagittifolia.
Sagittaria major ↗ Sagittaria sagittifolia.

■ **Sagittaria sagittifolia** L.
(syn. *Sagittaria aquatica, S. edulis, S. heterophylla, S. major, S. vulgaris, Valisneria bulbosa*); Hasenohr (syn. Pfeilkraut, Piel, Windspiel).

Fam.: Alismataceae.

Vork.: Europa, Amerika.

Droge: die Wurzelknollen. Inh.: vor allem Stärke. Anw.: in der asiatischen und amerikanischen Volksheilkunde bei Nierenerkrankungen und Diabetes. Auch als Wintergemüse werden die gekochten Knollen gegessen.

Hom.: ***Sagittaria sagittifolia*** HAB34, das frische Rhizom.

Histor.: Der Gattungsname *Sagittaria* leitet sich von *sagitta* (lat., Pfeil) ab, in bezug auf die Gestalt der Blätter. Diesem entspricht auch die deutsche Bezeichnung Pfeilkraut.

Sagittaria vulgaris ↗ Sagittaria sagittifolia.
Sagradarinde ↗ Rhamnus purshianus.
Saguaro ↗ Carnegiea gigantea.
Saigon-Zimt ↗ Cinnamomum-Arten.
Salamander ↗ Salamandra maculosa.

■ **Salamandra maculosa** Laur.
(syn. *Salamandra salamandra*); Feuersalamander (syn. Alpensalamander, Erdsalamander, Salamander).

Fam.: Salamandridae.

Vork.: Mittel- und Südeuropa.

Droge: das Sekret aus den Hautdrüsen. Die Droge ist giftig! Inh.: Steroidalkaloide, wie Samandarin, O-Acetyl-Samandarin, Samanin, Samandaron und Cycloneosamandion; biogene Amine, wie Tryptamin, Serotonin; Sterole, Proteine. Wirk.: Atemhemmung, Blutdruckanstieg, Arrhythmien, Hämolyse, induziert lokale Analgesie. Für die therapeutische Anwendung als Lokalanästhetikum zu toxisch.

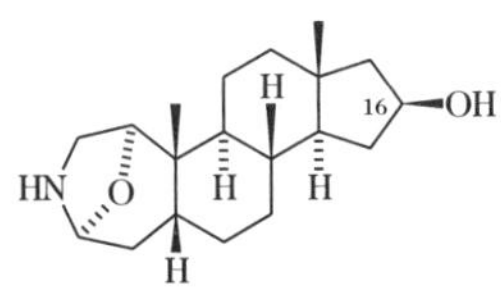

Samandarin

Hom.: ***Salamandra maculosa*** HAB34, das Sekret aus den Hautdrüsen. Anw.-Geb.: Krämpfe.

Salamandra salamandra ↗ Salamandra maculosa.
Salamöl ↗ Eugenia occlusa.
Salat ↗ Lactuca sativa.
Salatblume ↗ Tropaeolum majus.
Salatgurke ↗ Cucumis-Arten.
Salatkresse ↗ Tropaeolum majus.
Salatrübe ↗ Beta vulgaris.
Salbaum ↗ Shorea robusta, ↗ Shorea wiesneri.
Salbei ↗ Salvia-Arten.
Salbeiblättriger Gamander ↗ Teucrium-Arten.
Salbeigamander ↗ Teucrium-Arten.
Salbeigamanderkraut ↗ Teucrium-Arten.
Salbeiöl ↗ Salvia-Arten.
Salep ↗ Orchis-Arten.
Salep-Knabenkraut ↗ Orchis-Arten.
Salepknollen ↗ Orchis-Arten.
Salep tuber ↗ Orchis-Arten.
Salepwurzel ↗ Orchis-Arten.
Salharz ↗ Shorea robusta, ↗ Shorea wiesneri.

Salicin ↗ Salix-Arten.
Salicis cortex ↗ Salix-Arten.
Salicis folium ↗ Salix-Arten.

■ **Salicornia europaea** L.
(syn. *Salicornia herbaceae*); Queller (syn. Glasschmelz).
Fam.: Chenopodiaceae.
Vork.: Europa, Asien, Amerika.
Droge: die ganze Pflanze. Inh.: Salicornin, Saliherbin, Mineralien, wie Halogenide und Kieselsäure. Anw.: als Diuretikum und Insektizid; früher auch zur Sodagewinnung.

Salicornia herbaceae ↗ Salicornia europaea.

■ **Salipurposid**
Flavanonglykosid (Naringenin-5-*O*-glucosid) aus ↗ *Helichrysum arenarium*.

Salisburia adiantifolia ↗ Ginkgo biloba.
Salisburia macrophylla ↗ Ginkgo biloba.

■ **Salix-Arten**
● **Fam.:** Salicaceae.
● **Salix alba** L.; Silberweide (syn. Falber, Weiße Weide).
Vork.: Europa, Asien, Nordafrika, in Nordamerika und Australien eingebürgert.
Droge: ***Salicis cortex*** (syn. *Cortex Salicis*); Weidenrinde. Inh.: Phenolglykoside, wie Salicin und Triandrin; Gerbstoffe, Flavonoide. Anw.: in der Volksheilkunde bei rheumatischen, neuralgischen und grippeartigen Erkrankungen. Heute weitgehend durch synthetische Salicylsäurederivate ersetzt.
Hom.: ***Salix alba*** HAB34; die frische Rinde. Anw.-Geb.: Gicht und Rheuma.
● **Salix caprea** L., Salweide (syn. Palmweide).
Vork.: Europa.
Droge: ***Salicis cortex*** (syn. *Cortex Salicis*); Weidenrinde. Inh.: Phenolglykoside, Phenolcarbonsäuren, Flavonoide, Gerbstoffe. Anw.: in der Volksheilkunde gegen Fieber, Gicht und Rheuma.
● **Salix daphnoides** Villars.; Reifweide (syn. Schimmelweide, Seidelbastweide).
Vork.: Europa, Südskandinavien, Alpengebiete.
Droge: ***Salicis cortex*** (syn. *Cortex Salicis, Salix-daphnoides*-Rinde), die im Frühjahr gesammelte, ganze, geschnittene oder gepulverte, getrocknete Rinde junger Zweige. Inh.: Phenolgly-

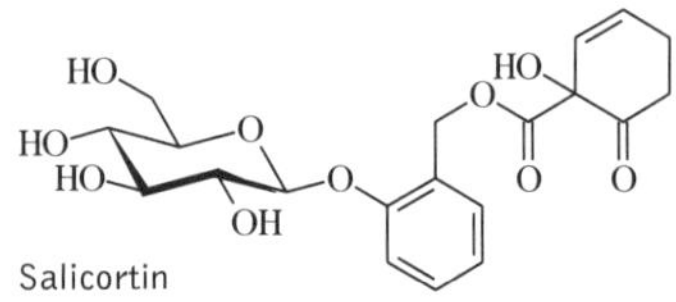
Salicortin

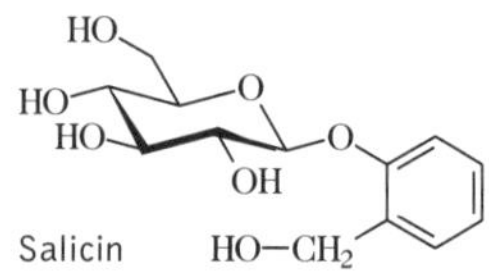
Salicin

koside mit Salicortin (3–11 %) als Hauptalkaloid, ferner Tremulacin (bis zu 1,5 %) und Salicin (bis zu 1 %). Außerdem Flavonoide, u. a. Isosalipurposid (ca. 0,5 %), ein Chalkon, sowie Naringin-5-glucosid, Naringin-7-glucosid und Catechin (ca. 0,5 %). Anw.: s. *S. purpurea*.
● **Salix fragilis** L. (syn. *Salix fragilior, S. persicifolia*); Bruchweide (syn. Knackweide, Zerbrechliche Weide).
Vork.: Europa, Westasien.
Droge: ***Salicis cortex*** (syn. *Cortex Salicis, Salicis-fragilis*-Rinde), die im Frühjahr gesammelte, ganze, geschnittene oder gepulverte, getrocknete Rinde junger Zweige. Inh.: Phenolglykoside (ca. 4 %) mit 2′-*O*-Acetylsalicortin (1–8 %) als Hauptkomponete, ferner Tremulacin (2′-*O*- Acetylsalicin), Fragilin und Salicortin (bis zu 1,5 %). Außerdem Procyanidine (ca. 0,8 %). Anw.: s. *S. purpurea*.
● **Salix nigra** Marsh. (syn. *Salix falcata, S. nigra falcata, S. ambigua, S. ligustrina, S. purshiana*).
Vork.: Nordamerika, in Europa, bes. England kultiviert. Die Pflanze neigt zur Hybridisierung mit *S. alba* und zeichnet sich wie diese durch sehr geringe Mengen an Phenolglykosiden aus.
Droge: s. *Salix alba*.
Hom.: ***Salix nigra*** HAB34; die frische Rinde. Anw.-Geb.: Übererregbarkeit.
● **Salix pentandra** L.; Fünfstaubblättrige Weide (syn. Lorbeerweide).
Vork.: nördliches Eurasien.
Droge: ***Salicis cortex*** (syn. *Salix-pentandra*-Rinde), die im Frühjahr gesammelte, ganze, geschittene oder gepulverte, getrocknete Rinde junger Zweige. Inh.: Phenolglykoside mit 2′-*O*-Acetylsalicortin als Hauptkomponente und etwa 2–8 % Gesamtsalicingehalt. Außerdem Flavonoide, u. a. Ampelopsin und Flavane, v. a. (+)-Catechin (bis

zu 0,7 %) und Procyanidine (ca. 0,75 %). Anw.: s. *S. purpurea*.

● **Salix purpurea** L. (syn. *Salix monandra, S. pratensis*); Purpurweide (syn. Steinweide).

Vork.: Nordafrika, Europa, Süd- und Mittelasien, in Nordamerika eingebürgert.

Droge: *1. **Salicis cortex*** (syn. *Cortex Salicis, Salix-purpurea*-Rinde); Weidenrinde, die im Frühjahr gesammelte, ganze, geschnittene oder gepulverte, getrocknete Rinde junger Zweige. Inh.: Phenolglykoside mit 4–8 % Gesamtsalicingehalt, darunter Salicortin als wichtigster Salicinester. Außerdem Flavonoide mit dem Chalkon Isosalipurposid (ca. 0,6 %) sowie Naringin-5-glucosid, Naringin-7-glucosid und Eriodyctiol-7-glucosid, ferner (+)-Catechin (ca. 1 %) und Procyanidine (ca. 0,5 %). Anw.: fieberhafte Erkrankungen, rheumatische Beschwerden, Kopfschmerzen. Bestandteil verschiedener Grippe- und Rheumatees sowie entsprechender Fertigarzneimittel. Traditionell bei Neuralgien, auch inneren Blutungen; in der Volksheilkunde auch bei Zahnschmerzen, Gicht, Magen-Darm-Beschwerden, Blutungen, Neuralgien, Fußschweiß und zur Wundbehandlung. Zur ↗ Teezubereitung verwendet man 2–3 g feingeschnittene (1 Teelöffel = 1,5 g) Droge. Als Tagesdosis werden 6–12 g Droge empfohlen. *2. **Salicis folium*** (syn. *Folium Salicis, Salix-purpurea*-Blätter); Weidenblätter, die getrockneten Blätter. Inh.: Phenolglykoside (Gesamtsalicingehalt ca. 6 %) mit bis zu 6 % Salicortin und Tremulacin. Außerdem Flavonoide, u. a. Eriodictyol-7-glucosid (ca. 4 %) sowie Naringin- und Luteolin-7-glucosid. Ferner Procyanidine (ca. 3 %). Anw.: analog der Rindendroge, obwohl jene allgemein bevorzugt wird.

Hom.: ***Salix purpurea*** HAB34; die frisch von den Ästen geschälte Rinde. Anw.-Geb.: Verdauungsstörungen, Schwindel.

● **Histor.:** Weidenrinde fand bereits bei ↗ Dioskurides als Droge Erwähnung und die Kräuterbücher der 16. und 17. Jh. empfehlen sie als Fiebermittel sowie unter anderem für Fußbäder. Sie wurde schließlich als Europäische Fieberrinde bezeichnet und galt als Ersatz für die aus Übersee eingeführte Chinarinde (↗ Cinchona-Arten). Der Gattungsname *Salix* entspricht dem Namen der Weide bei den Römern. Das deutsche Wort Weide leitet sich vom althochdeutschen *wida* bzw. mittelhochdeutschen *wide* ab. Es ist zudem urverwandt mit dem griechischen *itea* (Weide) und dem lateinischen *vitis* (Rebe, Ranke) bzw. *vimen* (Rute, Weidengerte). Die Anwendung der Weide als Heilpflanze geht bis ins Altertum zurück. So berichtet beispielsweise ↗ Dioskurides über die guten adstringierenden Eigenschaften der Früchte, Blätter, Rinde und des Saftes der Weide.

Sällerie ↗ Apium graveolens.

■ **Salmo salar** L.
Lachs (syn. Atlantischer Lachs).

Fam.: Salmonidae.

Vork.: Atlantischer Ozean.

Droge: ***Lachsleberöl***, das aus frischen Lebern gewonnene fette Öl. Inh.: Triglyceride komplexer Zusammensetzung mit Omega-3-Fettsäuren, Vitamine A und D. Anw.: als Diätetikum zur Vorbeugung gegen Herz-Kreislauf-Erkrankungen sowie zur Vitaminsupplementation.

Salomonssiegel ↗ Polygonatum odoratum.
Salomonssiegelwurzel ↗ Polygonatum odoratum.

■ **Salsola kali** L.
Kali-Salzkraut.

Fam.: Chenopodiaceae.

Vork.: an den Küsten von Nord- und Ostsee in Europa.

Droge: ***Kalisalzkraut***; die ganze Pflanze. Inh.: Mineralien, bes. Kalium, Calcium, Mangan, Aluminium, Eisen, Phosphat, Sulfat, Carbonat sowie Natriumoxalat. Anw.: früher zur Gewinnung von Kaliumcarbonat (Pottasche), die jungen Blätter werden als Gemüse gegessen.

■ **Salsola richteri** Kar.

Fam.: Chenopodiaceae.

Vork.: Steppengebiete Mittelasiens.

Droge: die Früchte. Inh.: Tetrahydroisochinolin-Alkaloide, wie Salsolidin und Salsolin. Anw.:

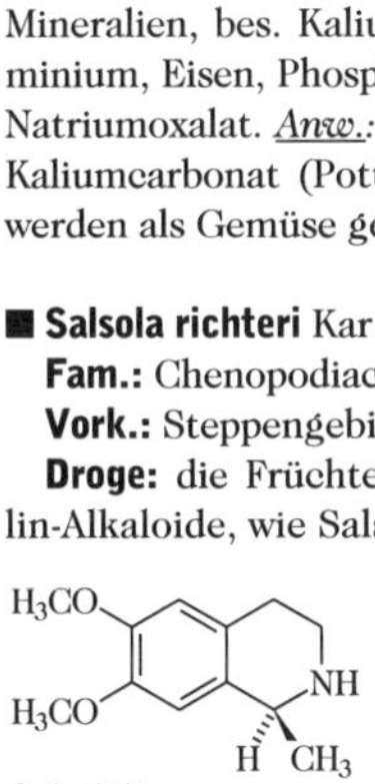

Salsolidin

früher in der schamanischen Heilkunde. Salsolidin wirkt blutdrucksenkend und beruhigend.

■ **Salvadora persica** L.
Senfbaum (syn. Salzbusch, Zahnbürstenbaum).

Fam.: Salvadoraceae.

Vork.: Vorderasien, Indien, Afrika.

Droge: das Holz und die reifen Früchte. Inh.: Alkaloide, Gerbstoffe, Öl, Harz, Anthrachinone, in den Früchten und der Rinde Scharfstoffe. Anw.: Im Verbreitungsgebiet dient das Holz zur Zahnpflege, die Früchte werden als Stomachikum verzehrt. Die Rinde der Sprosse und Wurzeln besitzt einen kresseartigen Geschmack und wird als blasenziehendes Mittel verwendet.

Salvadorbalsam ↗ Myroxylon balsamum.

■ Salvia-Arten

● **Fam.:** Lamiaceae (Labiatae).

● **Salvia divinorum** Epl. et Jativa-M.; Hierba de la Pastora.

Vork.: tropische und gemäßigte Klimazonen, besonders in Mittelamerika und Mexiko.

Droge: ***Salvia-divinorum-Blätter*** (syn. *Folia Salviae divinorum*), die frischen Blätter. Inh.: Diterpene, bes. die Neocleridan-Diterpene Divinorin A (Salvinorin A) und Divinorin B (Salvinorin

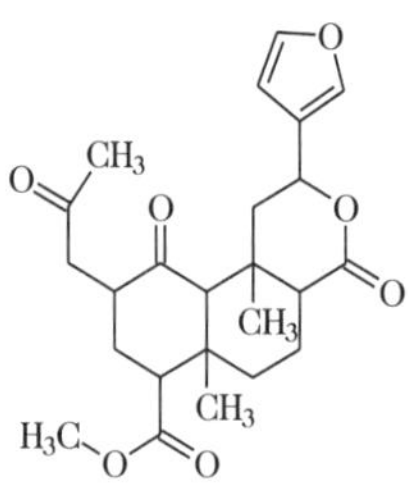

Salvinorin A

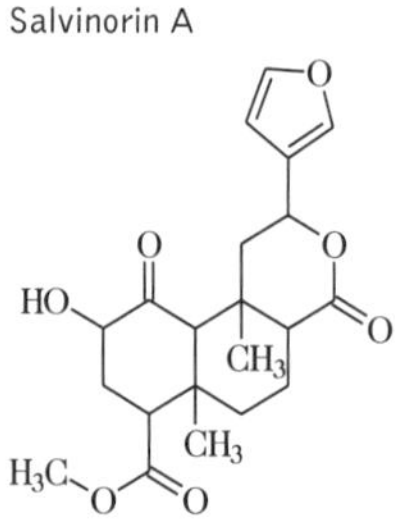

Salvinorin B

B) sowie Loliolid. Anw.: altes Zaubermittel der Azteken Mexikos, der halluzinogene Wirkstoff ist das Salvinorin A, das bereits in geringer Konzentration von 150 bis 500 μg extreme psychische Reaktionen induzieren soll; traditionell in den Herkunftsgebieten in nicht-halluzinogener Dosierung bei Verdauungsproblemen, urologischen und rheumatischen Beschwerden, ferner für Wahrsagerituale.

● **Salvia lavandulifolia** Vahl. (syn. *Salvia hispanorum, S. lavandulaefolia, S. nivea*); Spanischer Salbei.

Vork.: Spanien, vor allem Provinz Granada, mitunter auch Südfrankreich.

Droge: ***Salviae lavandulifoliae aetheroleum*** (syn. *Oleum Salviae lavandulifoliae*); Spanisches Salbeiöl, das durch Wasserdampfdestillation aus den oberirdischen Pflanzenteilen gewonnene äther. Öl. Inh.: Campher (ca. 26 %) und Cineol (ca. 20 %) als Hauptkomponenten, neben α- und β-Pinen, Camphen, Limonen und Myrcen, nahezu frei von Thujon. Anw.: insbes. in der Kosmetik, u. a. zur Aromatisierung von Zahnpflegemitteln, in Parfüms, für Raumsprays, als unbedenklicher Zusatzstoff in Lebensmitteln, einschließlich alkoholischer und nicht alkoholischer Getränke.

● **Salvia miltiorhiza** Bunge (syn. *Salvia pogonocalyx*).

Vork.: China, Japan.

Droge: ***Salviae miltiorhizae radix*** (syn. *Radix Salviae miltiorhiza*); *Salvia-miltiorhiza*-Wurzel (syn. Rotwurzsalbeiwurzel), das getrocknete Rhizom und die getrockneten Wurzeln. Inh.: Diterpene (0,1–1 %), wie Tashinone. Isotashinone und Cryptotashinon; Rosmarinsäure, 3,4-Dihydroxyphenylmilchsäure, Isoferulasäure, Lithospermsäureethylester, Salvianolsäuren A bis E. Anw.: in der chinesischen Medizin als Superdroge bekannt, v. a. bei Frauenleiden, Angina pectoris, Gelenkerkrankungen, Furunkeln, Schwellungen, Milz- und Lebererkrankungen sowie bei nervöser Unruhe und Schlaflosigkeit.

● **Salvia officinalis** L. (syn. *Salvia chromatica et papillosa, S. cretica, S. grandiflora, S. major et minor, S. tomentosa*); Echter Salbei (syn. Dalmatiner-Salbei, Edler Salbei, Fischsalbei, Garten-Salbei, Königs-Salbei, Rauchsalbei, Sabikraut, Scharlachkraut, Scharlei, Tugendsalbe), s. Farbtafel S. 302, Bild 128.

Vork.: gesamter mediterraner Raum, bes. Spanien, Südfrankreich und südliche Balkanhalbinsel.

Drogen: *1.* ***Salviae folium*** (syn. *Folia Salviae, Folium Salviae, Herba Salviae, Salviae officinalis folium*); Salbeiblätter, die getrockneten Laubblätter. Inh.: äther. Öl (1–2,5 %, s. *Salviae aetheroleum*), Hydroxyzimtsäurederivate, u. a. Rosmarinsäure, Chlorogen-, Cryptochlorogen- und Neochlorogensäure, ferner Kaffeesäure, Flavonoidglykoside, bes. des Apigenins, Luteolins und Kämpferols, Diterpene, bes. Carnosolsäure sowie Triterpene und Spurenelemente, überdurchschnittlich vor allem Eisen (700–800 ppm), Magnesium (4,2–4,6 ppm) und Zink (145 ppm). Anw.: in Zubereitungen (Tinktur, Extrakt oder Aufguß) bei Entzündungen der Mund- und Rachenschleimhaut, Zahnfleischentzündungen sowie innerlich bei dyspeptischen Beschwerden (TD: 4–6 g Droge als Aufguß) sowie bei übermäßiger Schweißsekretion. Bestandteil zahlreicher Arzneifertigpräparate. ***2. Salviae officinalis aetheroleum*** (syn. *Oleum Salviae, Oleum Salviae officinalis, Salviae aetheroleum, Salviae oleum*); Salbeiöl (syn. Dalmatinisches Salbeiöl), das aus den Blüten und Stengeln durch Wasserdampfdestillation gewonnene äther. Öl. Inh.: α- und β-Thujon (35–60 %), Campher und Cineol je (8–24 %), ferner u. a. Borneol, Bornylacetat, Camphen, Caryophyllen, α-Humulen α- und β-Pinen sowie Viridiflorol. Anw.: innerlich in Zubereitungen bei dyspeptischen Beschwerden sowie erhöhter Schweißsekretion, äußerlich bei Entzündungen der Mund- und Rachenschleimhaut. In der Kosmetik als Aromatikum, ebenso in niedriger Konzentration für einige Lebensmittel und Getränke. Zur ↗ Teezubereitung verwendet man als Einzeldosis 1,5–2 g (1 Teelöffel etwa 1,5 g) feingeschnittene Droge, als Tagesdosis werden 4–6 g empfohlen. Für Spülungen wird etwa die doppelte Drogenmenge, etwa 3 g, angewendet.

Salvia officinalis.

Hom.: ***Salvia officinalis*** HAB1; Salbei, die frischen Blätter. Anw.-Geb.: Erkrankungen des Zentralnervensystems, Störung der Schweißsekretion.

● **Salvia sclarea** L. (syn. *Aethiopis sclarea, Salvia bracteata, S. simsiana, Sclarea vulgaris*); Muskateller Kraut (syn. Muskateller Salbei, Muskat-Salbei, Scharlei).

Vork.: Südeuropa, Türkei bis Israel, Transkaukasien, Kasachstan, Iran und Afghanistan, häufig auch kultiviert.

Drogen: ***1. Salviae scareae herba*** (syn. *Herba Gallitrichi, Herba Hormini sativi, Herba Salviae sclareae*); Muskatellerkraut, Muskateller Salbei, die zur Blütezeit geernteten oberirdischen Pflanzenteile. Inh.: äther Öl (0,1–1 %) mit Linalylacetat, Linalool, β-Caryophyllen, Myrcen; Hydroxyzimtsäuren, wie Rosmarinsäure (3 %). Anw.: in der Volksheilkunde innerlich bei Menstruationsbeschwerden, Schwächezuständen, Katarrhen, Kopfschmerzen, Krämpfen, Nierenbeschwerden; äußerlich bei entzündeten Wunden; in der Parfümerie als Fixativ und Grundkörper für die Aromatisierung von Tabaken; früher zum Aromatisieren von Weinen (Muskatelleraroma) und als Zusatzstoff zu Wermutweinen. ***2. Oleum Salviae sclareae*** (syn. *Salviae sclareae aetheroleum*); *Salvia-sclarea*-Öl (syn. Muskateller Salbeiöl), das äther. Öl aus den Triebspitzen und Blütenständen. Inh.: hauptsächlich Linalylacetat (47–75 %) und Linalool (9–25 %), daneben Germacren D, β-Caryophyllen, α-Terpineol, Geraniol, Nerol u. a. Anw.: in der Kosmetik als Seifenparfüm und Bestandteil moderner Parfüms; in der Lebensmittelindustrie in Würzmischungen und Likören.

● **Salvia triloba** L. fil. (syn. *Salvia fruticosa, S. lobryana*); Dreilappiger Salbei (syn. Griechischer Salbei, Kreuz-Salbei).

Vork.: zentrale und östliche Mittelmeergebiete.

Droge: ***Salviae trilobae folium*** (syn. *Folia Salviae trilobae, Folium Salviae trilobae*); *Salvia-triloba*-Blätter (syn. Dreilappiges Salbeiblatt, Griechische Salbeiblätter), die getrockneten Laubblätter. Inh.: äther. Öl (1,5–3,5 %) mit Cineol

(40–67 %) als Hauptkomponente, sehr schwankendem Anteil an Campher (1,5–24 %), sehr niedrigem Thujongehalt sowie u. a. Camphen, β-Caryophyllen, Borneol, Limonen und Linalylacetat. Außerdem Flavonoide, u. a. Salvigenin sowie 7-*O*-Glucoside und -Glucuronide des Apigenins, Chrysoeriols, Hispidulins, Luteolins und Methylluteolins, Hydroxyzimtsäurederivate, u. a. Rosmarinsäure sowie Diterpene, u. a. Carnosol und Triterpene, u. a. Ursolsäure. *Anw.:* als entzündungshemmende Droge ähnlich dem Echten Salbei, vor allem bei Mund- und Rachenentzündungen.

● **Histor.:** Der Gattungsname *Salvia* leitet sich vom lateinischen *salvare* (heilen) ab. Die dt. Bezeichnung Salbei (althochdeutsch salbeia) ist letztlich ein Lehnwort des lateinischen *salvia*. Salbei hat bereits im frühen Altertum eine wichtige Rolle als Heilpflanze gespielt. Die Hippokratiker, ↗ Dioskurides, aber auch ↗ Plinius rühmen die blutstillenden, harntreibenden und karminativen Eigenschaften der Droge. Auch im ↗ Capitulare de villis Karls des Großen wird Salbei erwähnt. Die spätere Anwendung zur Minderung übermäßiger Schweißsekretion wird bereits von Hufeland (1762–1836) empfohlen.

Salviae aetheroleum ↗ Salvia-Arten.
Salviae folium ↗ Salvia-Arten.
Salviae lavandulifoliae aetheroleum ↗ Salvia-Arten.
Salviae miltiorhizae radix ↗ Salvia-Arten.
Salviae officinalis aetheroleum ↗ Salvia-Arten.
Salviae officinalis folium ↗ Salvia-Arten.
Salviae oleum ↗ Salvia-Arten.
Salviae scareae herba ↗ Salvia-Arten.
Salviae sclareae aetheroleum ↗ Salvia-Arten.
Salviae trilobae folium ↗ Salvia-Arten.
Salvia rosmarinus ↗ Rosmarinus officinalis.
Salweide ↗ Salix-Arten.
Salzbusch ↗ Salvadora persica.
Samak ↗ Caesalpinia-Arten.
Samalkiefer ↗ Pinus-Arten.
Sambuci cortex ↗ Sambucus nigra.
Sambuci flos ↗ Sambucus nigra.
Sambuci folium ↗ Sambucus nigra.
Sambuci fructus ↗ Sambucus nigra.
Sambuci radix ↗ Sambucus nigra.
Sambucus arborescens ↗ Sambucus nigra.
Sambucus bipinnata ↗ Sambucus canadensis.

■ **Sambucus canadensis** L.
(syn. *Sambucus bipinnata, S. glauca, S. humilis, S. oreopola*); Canadischer Holunder.

Fam.: Caprifoliaceae.

Vork.: Nordamerika, in Europa mitunter angepflanzt.

Inh.: Triterpene, u. a. Oleanol- und Ursolsäure, Phytosterole, u. a. Campesterol, β-Sitosterol und Stigmasterol, Flavonoide, bes. Quercetin und Rutosid, äther. Öl sowie in den Blättern Kaliumnitrat (1–5 %).

Hom.: ***Sambucus canadensis*** HAB34, die frischen Blätter und Blüten zu gleichen Gewichtsteilen.

■ **Sambucus ebulus** L.
(syn. *Ebulum humile, Sambucus humilis*); Zwergholunder (syn. Attich, Eppich), s. Farbtafel S. 302, Bild 129.

Fam.: Caprifoliaceae.

Vork.: Europa bis Westasien.

Drogen: ***1. Ebuli folium*** (syn. *Folia Ebuli, Folium Ebuli, Folium Sambuci ebuli, Herba Ebuli*); Attichblätter (syn. Eppichblätter, Erdhollerblätter, Zwergholunderblätter), die getrockneten Blätter. *Inh.:* äther. Öl in Spuren, Bitterstoffe. *Anw.:* volkstümlich äußerlich als Gurgelmittel bei Entzündungen des Halses sowie für Umschläge bei Gicht und rheumatischen Beschwerden, innerlich als harntreibendes und schweißtreibendes Mittel. *Geg.:* Die Einnahme größerer Mengen kann zu Übelkeit und Brechreiz führen. ***2. Ebuli fructus*** (syn. *Fructus Ebuli, Fructus Sambuci ebuli*); Attichbeeren (syn. Ackerholderbeeren, Eppichbeeren, Zwergholunderbeeren), die reifen, getrockneten oder frischen Früchte. *Inh.:* Flavonoide, u. a. Cyanidin-3-*O*-sambubiosid, cyanogene Glykoside, Sterole, äther. Öl in Spuren, aliphatische Alkohole. *Anw.:* volkstümlich als harn- und schweißtreibende Droge, bei Verstopfung und Gicht der Füße. In der Technik als Färbemittel. *Geg.:* Die innerliche Verwendung roher oder ungenügend erhitzter Früchte kann zu starken Reizwirkungen, Übelkeit und Erbrechen führen. ***3. Ebuli radix*** (syn. *Radix Ebuli, Radix Sambuci ebuli*); Attichwurzel (syn. Eppichwurzel, Erdhollerwurzel, Zwergholunderwurzel), die getrockneten, im Frühjahr oder Spätherbst geernteten Wurzeln. *Inh.:* Iridoidglykoside, u. a. Ebulosid und Isoswerosid, äther. Öl in Spuren, Catechine, Neolignane, cyanogene Glykoside. *Anw.:* volkstümlich als harntreibendes Mittel, bei Verstopfung und zur Herbeiführung von Brechreiz.

Hom.: ***Sambucus ebulus*** HAB34, die frischen, reifen Beeren.

Histor.: Die Etymologie des Gattungsnamens *Sambucus* ist unsicher, ebenso die Bezeichnung *ebulus*. Die deutsche Bezeichnung Attich ist ein Lehnwort aus dem griechischen (*akté* = Holunder). Die Pflanze fand wie der Schwarze Holunder bereits im griechischen wie im römischen Altertum als Diuretikum, Laxans und als gynäkologisches Mittel Anwendung.

Sambucus glauca ↗ Sambucus canadensis.
Sambucus humilis ↗ Sambucus canadensis, ↗ Sambucus ebulus.
Sambucus medullina ↗ Sambucus nigra.

■ Sambucus nigra L.
(syn. *Sambucus arborescens, S. medullina, S. vulgaris*); Holunder (syn. Aalhorn, Deutscher Flieder, Flieder, Holder, Holler, Schwarzer Holunder), s. Farbtafel S. 302, Bild 130.

Fam.: Caprifoliaceae.

Vork.: Europa.

Drogen: ***1. Sambuci cortex*** (syn. *Cortex Sambuci, Cortex Sambuci interior, Cortex Sambuci nigrae*); Holunderrinde (syn. Aalhornrinde, Fliederrinde, Holderrinde, Hollerrinde), die im Frühling von den Zweigen geschälte und durch Schaben vom Kork befreite Rinde. *Inh.:* Triterpene, u. a. α-Amyrin, ↗ Betulin und Ursolsäure, ferner β-Sitosterol, Gerbstoffe, Spuren von äther. Öl und Sambunigrin als cyanogenes Glykosid. *Anw.:*

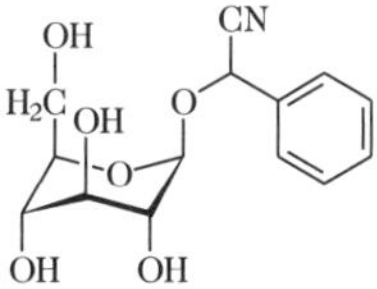

Sambunigrin

früher bei rheumatischen Beschwerden, als harntreibendes Mittel sowie zur Steigerung des Milchflusses bei Wöchnerinnen. ***2. Sambuci flos*** (syn. *Flores Sambuci, Flos Sambuci, Flos Sambuci nigrae*); Holunderblüten (syn. Aalhornblüten, Fliederblüten, Holderblüten, Hollerblüten, Hütschenblumen, Kailkenblumen), die getrockneten Blüten. *Inh.:* äther. Öl (ca. 0,1 %), Sterole, u. a. Campesterol und β-Sitosterol. Triterpene (ca. 1 %), u. a. α- und β-Amyrin, Oleanol- und Ursolsäure, Flavonoide, u. a. Kämpferol, Quercetin, ↗ Astragalin, Nicotiflorin und Rutosid sowie Hydroxyzimtsäurederivate, u. a. *p*-Cumar-, Ferula- und Kaffeesäure. *Anw.:* als Tee zur unterstützenden Behandlung von Erkältungskrankheiten sowie zur Einleitung von Schwitzkuren. ***3. Sambuci folium*** (syn. *Folia Sambuci, Folium Sambuci*); Holunderblätter (syn. Aalhornblätter, Fliederblätter, Holderblätter, Hollerblätter), die im Jugendzustand geernteten, getrockneten Blätter. Inhaltsstoffe und Anwendung s. *Sambuci flos*. ***4. Sambuci fructus*** (syn. *Fructus Sambuci, Baccae Sambuci, Fructus Sambuci siccati, Grana Sambuci*); Aalhornbeeren (syn. Fliederbeeren, Fliedertee, Holderbeeren, Hollerbeeren, Holunderbeeren, Hulertrauben), die reifen, getrockneten oder frischen Beeren. *Inh.:* Flavonoide, wie Hyperosid, Isoquercitrin, Rutosid; Anthocyane, äther. Öl, cyanogene Glykoside, Vitamine, Mineralien. *Anw.:* die Droge oder der Saft der Früchte werden bei Verstopfung, zur Anregung der Harnausscheidung und als schweißtreibendes Mittel bei Erkältungskrankheiten in der Volksheilkunde verwendet. Auch über den Einsatz bei Ischias, Kopfschmerzen, Zahnschmerzen, Herzbeschwerden und Trigeminusneuralgie wird berichtet. Im Haushalt dient die Droge zur Bereitung von Saft und Marmeladen sowie als Lebensmittelfarbstoff. ***5. Sambuci radix*** (syn. *Radix Sambuci*); Holunderwurzel (syn. Hollerwurzel). Inhaltsstoffe und Anwendung s. *Sambuci cortex*.

Hom.: ***1. Sambucus nigra*** (syn. *Sambucus*) HAB1; Holunder, frische Blätter und Blütenstände zu gleichen Teilen. *Anw.-Geb.:* Erkrankungen der Atemwege. ***2. Sambucus e cortice*** HAB34, die frische Rinde der jungen Zweige.

Sambucus oreopola ↗ Sambucus canadensis.

■ Sambucus racemosa L.
Traubenholunder (syn. Roter Holunder, Bergholunder), s. Farbtafel S. 302, Bild 131.

Fam.: Caprifoliaceae.

Vork.: Europa, nördliches Asien, Nordamerika.

Droge: die frischen Beeren. *Inh.:* Invertzucker (ca. 8 %), Pektine, (ca. 3 %), Gerbstoffe, Carotinoide, Vitamine B_1 (Aneurin) und Vitamin C sowie in den Samen ein harzartiges Stoffgemisch mit brechenerregender und abführender Wirkung. Anw.: volkstümlich früher als Laxans und Emetikum, im Haushalt nach Entfernung der Kerne zur Bereitung von Marmeladen.

Sambucus vulgaris ↗ Sambucus nigra.
Samenbärlapp ↗ Huperzia selago.
Samenhanf ↗ Cannabis sativa.

■ Sammelkalender

Zusammenstellung, meist tabellarisch, der günstigsten Sammelzeiten insbes. für wildwachsende Arzneipflanzen.

Sammetpappel ↗ Althaea officinalis.
Samtrose ↗ Rosa gallica.
Samwurzel ↗ Panax ginseng.
Samyda guidonia ↗ Guarea trichilioides.
Sandalbaum ↗ Santalum album.
Sandalum album ↗ Santalum album.
Sandaraca ↗ Tetraclinis articulata.
Sandarak ↗ Tetraclinis articulata.
Sandarakharz ↗ Tetraclinis articulata.
Sandbeere ↗ Arbutus unedo, ↗ Arctostaphylos uva-ursi.
Sandbirke ↗ Betula-Arten.
Sandblätter ↗ Arctostaphylos uva-ursi.
Sandblume ↗ Tussilago farfara.
Sandbüchsenbaum ↗ Hura crepitans.
Sanddorn ↗ Hippopha rhamnoides.
Sanddornbeeren ↗ Hippopha rhamnoides.
Sandelbaum ↗ Santalum album.
Sandelholzbaum ↗ Pterocarpus-Arten, ↗ Santalum album.
Sandelholzöl ↗ Amyris balsamifera.
Sandelöl ↗ Santalum album, Santalum ellipticum, ↗ Santalum austro-caledonicum, ↗ Santalum freycinetianum.
Sandgoldblume ↗ Helichrysum arenarium.
Sandimmortellen ↗ Helichrysum arenarium.
Sandriedgras ↗ Carex arenaria.
Sandsegge ↗ Carex arenaria.
Sandstrohblume ↗ Antennaria dioica, ↗ Helichrysum arenarium.
Sandthymian ↗ Thymus-Arten.
Sandwegerich ↗ Plantago-Arten.
Sangel ↗ Sanicula europaea.
Sanguinaria acaulis ↗ Sanguinaria canadensis.

■ Sanguinaria canadensis L.

(syn. *Chelidonium maximum canadense, Sanguinaria acaulis, S. grandiflora, S. minor, S. vernalis*); Kanadische Blutwurzel.

Fam.: Papaveraceae.

Vork.: Nordamerika, Kanada.

Droge: ***Sanguinariae canadensis rhizoma*** (syn. *Rhizoma Sanguinariae canadensis*); Kanadischer Blutwurzelstock. Die Droge ist stark giftig! Inh.: Alkaloide (4–8 %), v. a. ↗ Sanguinarin, Chelerythrin, Protopin. Anw.: in der Volksheilkunde als Expektorans, Emetikum, Purgans. Ein Drogenextrakt wird als Antiplaquemittel in der Stomatologie verwendet, in der Veterinärmedizin dient die Droge auch als Febrifugum. Aufgrund der Giftigkeit wird eine Verwendung der Droge nicht empfohlen.

Hom.: ***Sanguinaria canadensis*** HAB1; Kanadische Blutwurzel, die im Herbst gesammelten, getrockneten, unterirdischen Pflanzenteile. Anw.-Geb.: Erkrankungen des Zentralnervensystems (Migräne), der Augen, der oberen und unteren Atemwege, der weiblichen Geschlechtsorgane (besonders im Klimakterium) sowie des Stütz- und Bewegungsapparates.

Histor.: Die Droge gehört zu den wichtigsten Bestandteilen der indianischen Medizin im östlichen Nordamerika. Im 19. Jh. avancierte sie fast zu einem Allheilmittel und wurde u. a. bei Brustkrebs, gegen Warzen und Hautwucherungen eingesetzt. Der Gattungsname ist vom lateinischen *sanguis* (Blut) abgeleitet, Bezug nehmend auf den rötlichen Saft der Wurzel. Die Indianer Nordamerikas nutzten einst den orangefarbenen Saft zum Bemahlen sowohl ihres Körpers als auch von Gerätschaften. Auch industriell wurde die Droge früher für Färbereizwecke genutzt.

Sanguinariae canadensis rhizoma ↗ Sanguinaria canadensis.
Sanguinaria grandiflora ↗ Sanguinaria canadensis.
Sanguinaria minor ↗ Sanguinaria canadensis.
Sanguinaria-Tee ↗ Polygonum aviculare.
Sanguinaria vernalis ↗ Sanguinaria canadensis.

■ Sanguinarin

Benzophenanthridin-Alkaloid verschiedener Papaveraceae, wie ↗ *Chelidonium majus* oder ↗ *Sanguinaria canadensis*, Fumariaceae, wie *Corydalis*-Arten und Rutaceae. Wirk.: antiphlogistisch und antimikrobiell, Inhibitor der Alanin-Amino-Transferase, interkaliert in die DNA. Anw.: als Antiplaquemittel zur Kariesprophylaxe.

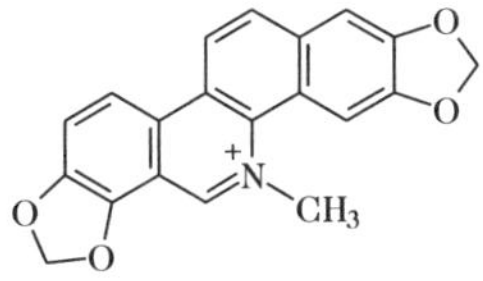

Sanguinarin

Sanguis draconis ↗ Dracaena draco, ↗ Daemonorops draco, ↗ Pterocarpus-Arten.

■ **Sanguisorba ancistroides** (Desf.) Ces.
(syn. *Poterium ancistroides*).
Fam.: Rosaceae.
Vork.: Südostspanien, Marokko, Algerien.
Droge: ***Sanguisorba-ancistroides-Kraut***, die oberirdischen Pflanzenteile. Inh.: Triterpene, wie Tormentinsäure (0,025–0,1 %). Anw.: in der spanischen Volksheilkunde bei Diabetes zur Blutzuckersenkung.

Sanguisorbae herba ↗ Sanguisorba officinalis.
Sanguisorbae rhizoma et radix ↗ Sanguisorba officinalis.
Sanguisorba gaillardotii ↗ Sanguisorba minor.
Sanguisorba garganica ↗ Sanguisorba minor.
Sanguisorba major ↗ Sanguisorba officinalis.

■ **Sanguisorba minor** Scop.
(syn. *Pimpinella minor, Poterium sanguisorba, Sanguisorba gaillardotii, S. garganica*); Gartenpimpernelle (syn. Kleiner Wiesenknopf, Pimpernelle, Wilder Bibernell).
Fam.: Rosaceae.
Vork.: Europa, Nordafrika, Südwestasien, Nordamerika.
Drogen: ***1. Pimpinellae italicae minoris herba***; *Sanguisorba-minor*-Kraut, das getrocknete Kraut. Inh.: Triterpene, wie Ursolsäure, Tormentinsäure und Tormentosid; Phenolcarbonsäuren, Gerbstoffe, Flavonoide, äther. Öl, β-Sitosterol. Anw.: in der Volksheilkunde innerlich bei Durchfall, Blutungen; äußerlich zur Wundbehandlung und bei Geschwüren; die Droge ist auch ein Gewürz für Suppen, Salate und Gemüse; früher zu Wein und Bibernellbranntwein zugesetzt. ***2. Pimpinellae italicae minoris radix*** (syn. *Radix Sanguisorbae pratensis*); *Sanguisorba-minor*-Wurzel, die getrocknete Wurzel. Inh.: Triterpene in ähnlicher Zusammensetzung wie beim Kraut, daneben auch Caccigenin und Poteriosid; Gerbstoffe. Anw.: in der Volksheilkunde bei Entzündungen, Gefäßleiden, Blutungen und als Antiseptikum zur Wundbehandlung.

■ **Sanguisorba officinalis** L.
(syn. *Pimpinella officinalis, Poterium officinale, Sanguisorba major, S. polygama*); Großer Wiesenknopf (syn. Becherblume, Bibernell, Blutknopf, Blutkraut, Gartenbibernelle, Ruhrkraut, Sperberkraut).
Fam.: Rosaceae.
Vork.: gemäßigte Regionen Europas, Asiens und Nordamerikas.
Drogen: ***1. Sanguisorbae herba*** (syn. *Herba Sanguisorbae*); Wiesenknopfkraut, das getrocknete Kraut. Inh.: Flavonoide, bes. Kämpferol- und Quercetinglykoside, u. a. Rutosid sowie Cyanidinglucoside, Gerbstoffe, Triterpenglykoside mit Pomolsäure als Genin, ferner ↗ Betulin-, Ursol- und Tormentinsäure sowie Chlorogensäure. Anw.: volkstümlich innerlich bei Blutungen verschiedener Genese, u. a. Monatsblutungen, ferner bei Dysenterie, Darmkatarrhen, Hämorrhoiden und Varizen; äußerlich zur Behandlung von Wunden und Geschwüren. ***2. Sanguisorbae rhizoma et radix*** (syn. *Radix Pimpinellae italicae, Radix Sanguisorbae majoris, Rhizoma et Radix Sanguisorbae*); Wiesenknopfwurzel (syn. Falsche italienische Bibernellwurzel, Rote Bibernellwurzel), die im Herbst gesammelten, gewaschenen, getrockneten Rhizome und Wurzeln. Inh.: Triterpenglykoside, u. a. Sanguisorbine A, B und E mit Ursolsäure als Genin sowie Pomol- und Tormentosolsäure, ferner Gerbstoffe sowohl hydrolysierbare, z. B. Hamamelitannin, als auch kondensierte, z. B. Procyanidine B-3 und C-2, ebenso Gallocatechine. Anw.: volkstümlich als Adstringens bei Blutungen, zur Behandlung von Zahnfleischerkrankungen sowie in der Wundbehandlung. Extrakte kommen in Kosmetika als Hautpflegemittel zum Einsatz.
Hom.: ***Sanguisorba officinalis*** HAB34; Großer Wiesenknopf, die frischen, zur Blütezeit geernteten, oberirdischen Pflanzenteile. Anw.-Geb.: Erkrankungen des Magen-Darm-Traktes, des venösen Gefäßsystems und der weiblichen Geschlechtsorgane, wie Gebärmutterblutungen, Krampfaderleiden, Durchfallerkrankungen.

Histor.: Der Gattungsname *Sanguisorba* ist vom lateinischen *sanguis* (Blut) und *sorbere* (saugen) abgeleitet, wobei die Vorstellung, daß die blutroten Blütenköpfe blutstillende Eigenschaften haben sollten, auch durch den Einfluß der ↗ Signaturlehre bedingt sein dürfte, obwohl das Kraut tatsächlich adstringierend und blutstillend wirkt. Die knopfförmigen Blütenstände führten schließlich auch zur Prägung des dt. Namens Wiesenknopf.

Sanguisorba polygama ↗ Sanguisorba officinalis.
Sanguisorba spinosa ↗ Sarcopoterium spinosum.
Sanguisuga medicinalis ↗ Hirudo medicinalis.
Sanguisuga officinalis ↗ Hirudo medicinalis.
Saniculae herba ↗ Sanicula europaea.
Saniculae radix ↗ Sanicula europaea.

■ **Sanicula europaea** L.
(syn. *Astrantia diapensia, Caucalis capitata, C. sanicula, Sanicula officinalis, S. officinarum, S. trilobata, S. vulgaris*); Sanikel (syn. Bruchkraut, Heil aller Schäden, Heildolde, Sangel, Saunickel, Saunigel, Schärnikel, Waldklette, Waldknecke, Waldsanikel, Wundsanikel, Zaniggeli), s. Farbtafel S. 302, Bild 132.

Fam.: Apiaceae (Umbelliferae).

Vork.: weltweit, außer arktische Gebiete und Australien.

Drogen: ***1. Saniculae herba*** (syn. *Herba Saniculae, Folia Saniculae*); Sanikelkraut (syn. Bruchkraut), die zur Blütezeit gesammelten und gut getrockneten grundständigen Blätter. *Inh.:* Estersaponine vom Triterpentyp mit A_1-Barrigenol (3*β*-, 15*α*-, 16*α*-, 22*α*-, 28-Pentahydroxy-Δ^{12}-oleanen) und R_1-Barrigenol (3*β*-, 15*α*-, 16*α*-, 21*β*-, 22*α*-, 28-Hexahydroxy-Δ^{12}-oleanen) als dominierende entacylierte Sapogenine. Als Estersäuren wurden insbes. verschiedene ungesättigte C_5-Säuren, u. a. Dimethylacrylsäure, nachgewiesen und als Monosaccharidbausteine für die Saniculoside A, B, C und D D-Glucuronsäure, D-Glucose und L-Arabinose. Weitere Bestandteile sind Phenolcarbonsäurederivate, u. a. Chlorogensäure (0,60 %) und Rosmarinsäure (1,70 %), Saccharose (12,8 %) sowie aliphatische Säuren, u. a. Malonsäure und in geringer Menge Flavonoide. *Anw.:* Katarrhe der Atemwege (TD.: 4–6 g Droge). Volkstümlich ferner bei *Magenblutungen* sowie als Wundheilmittel. ***2. Saniculae radix*** (syn. *Radix Saniculae*); Sanikelwurzel (syn. Heildoldenwurzel). *Inh.:* Saponine (6–11 %), Gerbstoffe, Bitterstoffe, äther. Öl. *Anw.:* in der Volksheilkunde als Adstringens und zur Wundheilung.

Hom.: ***Sanicula europaea*** HAB34; Heildolde, das frische, blühende Kraut. *Anw.-Geb.:* Störungen des Gerinnungssystems sowie Magen-Darm-Erkrankungen, wie Durchfallerkrankungen.

Histor.: Der Name *sanicula* leitet sich vom *sanare* (lat., heilen) ab und bringt die hohe Wertschätzung, die die Droge bereits in den früheren Jahrhunderten genoß, zum Ausdruck. Auch die Kräuterbücher des 16. und 17. Jh. hoben die gute Wirkung von Sanikelzubereitungen bei Erkrankungen der Bronchien und der Lunge, chronischem Brustkrampf, Hämaturie und Darmblutungen hervor.

■ **Sanicula marilandica** L.

Fam.: Apiaceae (Umbelliferae).

Vork.: Nordamerika.

Droge: ***Sanicula-marilandica-Wurzel***, die getrocknete Wurzel. *Inh.:* Saponine. *Anw.:* in der Volksheilkunde gegen Menstruationsbeschwerden.

Sanicula officinalis ↗ Sanicula europaea.
Sanicula officinarum ↗ Sanicula europaea.
Sanicula trilobata ↗ Sanicula europaea.
Sanicula vulgaris ↗ Sanicula europaea.
Sanikel ↗ Sanicula europaea.
Sanikelkraut ↗ Sanicula europaea.
Sanikelwurzel ↗ Sanicula europaea.
Sankt-Antonius-Kraut ↗ Plumbago europaea.
Sankt Ignatiusbohne ↗ Strychnos-Arten.
Sankt-Lorenz-Wurzel ↗ Vincetoxicum hirundinaria.
San Pedro ↗ Trichocereus pachanoi.
Sansho ↗ Zanthoxylum-Arten.
Santakraut ↗ Eriodyction californicum.
Santalholz ↗ Santalum album.
Santali aetheroleum ↗ Santalum album.
Santali albi lignum ↗ Santalum album.
Santali rubri lignum ↗ Pterocarpus-Arten.

■ **Santalum album** L.
(syn. *Sandalum album, Santalum myrtifolium, Sirium myrtifolium*); Sandelbaum (syn. Sandalbaum, Sandelholzbaum, Santelbaum).

Fam.: Santalaceae.

Vork.: Indien, in Höhen von 700–1200 m, Indonesien.

Drogen: *1. Santali aetheroleum* (syn. *Aetheroleum Santali, Oleum Santali, Oleum Santali indici, Oleum Santali orientalis*); Sandelöl (syn. Ostindisches Sandelholzöl), das aus dem Holz des Stammes und der Wurzel durch Destillation gewonnene Öl. *Inh.:* Sesquiterpenalkohole, oft mit dem Sammelbegriff Fusanole bezeichnet, mit den Hauptkomponenten *cis-α*-Santalol (ca. 50 %), *cis-β*-Santalol (ca. 21 %), *epi-β*-Santalol (ca. 4 %),

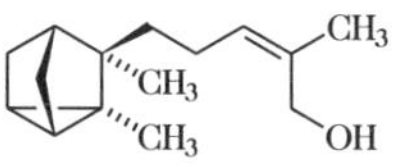

(+)-(*Z*)-*α*-Santalol

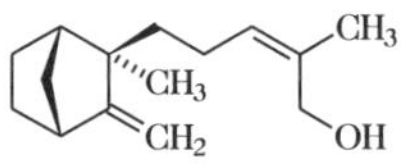

(–)-(*Z*)-*β*-Santalol

α-Bergamotol (ca. 4 %), *α*-Bergamotal (ca. 3 %), *trans-β*-Santalol (ca. 1,5 %) und *β*-Santalen (ca. 14 %). *Wirk.:* Die Droge besitzt antibakterielle Eigenschaften. *Anw.:* früher zur unterstützenden Therapie bei Harnwegsinfektionen. Volkstümlich einst auch in der Wundbehandlung, bei Nierenbecken- und Prostataentzündung sowie bei akuter und hartnäckiger Gonorrhoe. ***2. Santali albi lignum*** (syn. *Lignum Santali album, Lignum Santali citrini, Lignum Santali citrinum*); Weißes Sandelholz (syn. Ambraholz, Citrinholz, Gelbes Sandelholz, Sandelholz, Santalholz, Santelholz), das von Rinde und Splint befreite Kernholz des Stammes und der Zweige. *Inh.:* äther. Öl (3–5 %), s. *Santali aetheroleum*. Außerdem Gerbstoffe und Harz. *Anw.:* Infektionen der ableitenden Harnwege, s. *Santali aetheroleum*. *Geg.:* Erkrankungen des Nierenparenchyms.

Hom.: ***1. Santali aetheroleum*** (syn. *Oleum Santali*) HAB34; das aus dem Kernholz des Stammes und der Zweige durch Wasserdampfdestillation gewonnene äther. Öl. *Anw.-Geb.:* Harnröhrenentzündung. *Geg.:* schwere Nierenerkrankungen. ***2. Santalum album*** HAB34, das getrocknete Holz.

Histor.: Die Anwendung von Sandelholz ist in den Heimatgebieten, bes. auf dem indischen Subkontinent, sehr alt. Die ayurvedische Medizin setzte die Droge als Aphrodisiakum und bei Gonorrhoe ein. In Kerala kam beispielsweise ein mit Honig versetzter Aufguß bei Hitzschlag, Sonnenstich und damit verbundenem Fieber zur Anwendung. Der Gattungsname *Santalum* ist über das persische *sandul* und das arabische *sandal* auf den alten Sanskritnamen *Chandan* zurückzuführen. Auch ↗ Paracelsus erwähnt die heilkräftige Wirkung des Sandelholzes.

■ **Santalum austro-caledonicum** Viell.
Fam.: Santalaceae.
Vork.: Neukaledonien, Neue Hebriden.
Droge: ***Sandelöl*** (syn. *Santalum-austro-caledonicum*-Öl), das aus dem Kernholz durch Wasserdampfdestillation gewonnene äther. Öl. *Inh.:* Santalol (ca. 90 %). *Anw.:* in der Kosmetik und als hochwertiger Riechstoff für die Parfümerie.

■ **Santalum ellipticum** Gaudich.
(syn. *Santalum freycinetianum* var. *ellipticum*).
Fam.: Santalaceae.
Vork.: bes. Hawai.
Droge: ***Sandelöl*** (syn. *Santalum-ellipticum*-Öl), das aus dem Kernholz durch Wasserdampfdestillation gewonnene äther. Öl. *Inh.:* Santalol (ca. 90 %). *Anw.:* in der Kosmetik und als hochwertiger Riechstoff für die Parfümerie.

■ **Santalum freycinetianum** Gaudich.
(syn. *Santalum insulare*).
Fam.: Santalaceae.
Vork.: bes. Hawaii-Inseln.
Droge: ***Sandelöl*** (syn. *Santalum-freycinetianum*-Öl), das aus dem Kern- und Wurzelholz durch Wasserdampfdestillation gewonnene Öl. *Inh.:* Santalol (weit über 90 %). *Anw.:* in der Kosmetik.

Santalum insulare ↗ Santalum freycinetianum.
Santalum myrtifolium ↗ Santalum album.
Santaro-Orange ↗ Citrus-Arten.
Santelbaum ↗ Santalum album.
Santelholz ↗ Santalum album.

■ **Santolina chamaecyparissus** L.
Zypressenkraut (syn. Heiligenkraut).
Fam.: Asteraceae (Compositae).
Vork.: westliche Mittelmeergebiete.
Droge: ***Flores Santolinae*** (syn. *Flores Abrotani montani*); Heiligenkrautblüten, die Blüten. *Inh.:* äther. Öl mit Artemisiaketon, Isoartemisiaketon. *Anw.:* in der Volksheilkunde als Wurmmittel.

Santonici semen ↗ Artemisia cina.
Santonin ↗ Artemisia cina.

■ **Sapindus saponaria** L.
Fam.: Sapindaceae.
Vork.: tropisches Amerika, Südamerika, Asien, in Nordafrika auch kultiviert.
Droge: ***Fructus Saponariae***; Seifennüsse (syn.

Seifenbeeren), die reifen Früchte. Inh.: fettes Öl (10 %), Saponine (8–20 %). Anw.: in den Verbreitungsgebieten zur Gewinnung von Saponingemischen, die als Waschmittel eingesetzt werden, sowie zum Fischfang als Fischgift. Das fette Öl wird in der Volksheilkunde und zur Seifenherstellung genutzt.

Sapitiöl ↗ Bomelia obtusifolia.

■ **Sapium sebiferum** (L.) Roxb.
(syn. *Stillingia sebiferum, Triadica sinensis*); Talgbaum.

Fam.: Euphorbiaceae.

Vork.: Ostasien, bes. Japan, China, Indien; in Brasilien und Florida auch kultiviert.

Droge: *1. Semen Sapii sebiferi*; Talgbaumsamen, die reifen Samen. Inh.: Fette mit ungesättigten Fettsäuren, Proteine, Kohlenhydrate. Anw.: als Nahrungsmittel, Brennöl und zur Seifenherstellung. ***2. Oleum Sapii sebiferum***; Chinesischer Talg, das Fett des Fruchtfleisches. Inh.: Triglyceride, die als Fettsäure hauptsächlich Palmitinsäure enthalten. Anw.: in Asien zur Herstellung von Kerzen für kultische Zwecke sowie zur Seifenproduktion.

Sapium sylvaticum ↗ Stillingia silvatica.
Saponaria ↗ Saponaria officinalis.
Saponariae alba radix ↗ Gypsophila paniculata.
Saponariae herba ↗ Saponaria officinalis.
Saponariae radix ↗ Saponaria officinalis.
Saponariae rubrae radix ↗ Saponaria officinalis.
Saponariae semen ↗ Saponaria officinalis.
Saponaria hybrida ↗ Saponaria officinalis.
Saponaria nervosa ↗ Saponaria officinalis.

■ **Saponaria officinalis** L.
(syn. *Bootia nervosa, B. saponaria, B. vulgaris, Lychnis officinalis, L. saponaria, Saponaria hybrida, S. nervosa, S. vulgaris, Silene officinarum, S. saponaria*); Echtes Seifenkraut (syn. Gemeines Seifenkraut, Seifenkraut, Seifenwurz, Waschkraut), s. Farbtafel S. 303, Bild 133.

Fam.: Caryophyllaceae.

Vork.: Mittel- und Südeuropa, warmes und gemäßigtes Nordamerika.

Drogen: ***1. Saponariae herba*** (syn. *Herba Saponariae*); Seifenkraut, die getrockneten Stengel, Blätter und Blüten. Inh.: Triterpensaponine, Flavonoide, Pyranglykoside. Anw.: volkstümlich bei Erkrankungen der Atmungsorgane sowie bei rheumatischen Beschwerden. ***2. Saponariae rubrae radix*** (syn. *Radix Saponariae, Radix Saponariae rubrae, Saponaria, Saponariae radix*); Rote Seifenwurzel (syn. Seifenkrautwurzel, Waschwurzel), die getrockneten Rhizome und Wurzeln. Inh.: Triterpensaponine (ca. 7 %) mit Quillajasäure als dominierendem Aglykon neben Gypsogenin und Gypsogensäure als weiteren Sapogeninen sowie den Zuckerbausteinen α-L-Arabinose, β-D-Fucose, β-D-Galactose, β-D-Glucose, β-D-Glucuronsäure, α-L-Rhamnose und β-D-Xylose. Wirk.: Die Saponine der Droge vermögen sog. Immunstimmulierende Komplexe (ISCOMs, d. h. gemischte micellare Komplexe aus Saponin, Virusproteinhüllen, Phospholipiden und Cholesterol) auszubilden. Diese sind in der Lage, innerhalb von Vakzinen einen adjuvanten Effekt auszuüben. Anw.: als Expektorans bei Katarrhen der oberen Luftwege. Volkstümlich auch bei Galle-, Leber- und Nierenerkrankungen sowie bei chronischen Hautkrankheiten, rheumatischen Beschwerden und zur Förderung der Menstruation. Technisch als Waschmittel, unter anderem zur Herstellung von Fleckenwasser, insbes. von Präparationen, die zur Regenerierung von Kunstgegenständen, z. B. wertvollen Wandteppichen, herangezogen werden. ***3. Saponariae semen*** (*Semen Saponariae*); Seifenkrautsamen, die Samen. Inh.: Saponine. Anw.: Die Droge dient ausschließlich zur Gewinnung der Saponine.

Hom.: ***Saponaria officinalis*** (syn. *Saponaria*) HAB34; die getrockneten, unterirdischen Pflanzenteile. Anw.-Geb.: Kopf- und Augenschmerzen.

Histor.: Die Droge diente früher auf Grund ihres Saponingehaltes als häufig genutztes Waschmittel. Der Gattungsname ist vom lateinischen *sapo* (Seife) abgeleitet, bedingt durch die seifenähnlichen Eigenschaften der Inhaltsstoffe der Pflanze. Die Anwendung der Droge geht auf arabische Ärzte zurück, die sie gegen Lepra, Flechten und bösartige Geschwüre verordneten. In den Kräuterbüchern des Mittelalters wird bereits die Behandlung von Erkrankungen der Atemwege mit der Wurzeldroge hervorgehoben.

Saponaria paniculata ↗ Gypsophila paniculata.
Saponaria vulgaris ↗ Saponaria officinalis.

■ **Saponine**
glykosidische Verbindungen mit terpenoidem

Aglykon (Sapogenin). Ihre Fähigkeit, mit Wasser wie Seife zu schäumen, führte zur Prägung des Namens (*sapo* lat. Seife). Neben dieser Oberflächenaktivität, die das Hauptcharakteristikum dieser Stoffe darstellt, besitzen Saponine meist hämolytische Aktivität (z. B. α-Hederin), deren Intensität von der jeweiligen Struktur abhängig ist. Saponine sind toxisch für Fische, da die Oberflächenaktivität die Kiemenatmung beeinträchtigt. Nach ihrem Aglykon, dem sog. Sapogenin, unterteilt man die Saponine in Steroid-, Steroidalkaloid- und Triterpensaponine. In der Tabelle sind einige Beispiele aufgeführt. Als Monosaccharidkomponenten liegen in Saponinen meist die Hexosen D-Glucose und D-Galactose, die Methylpentosen L-Rhamnose und L-Fucose, die Pentosen L-Arabinose und D-Xylose sowie als Uronsäure D-Glucuronsäure vor. Weniger häufig kommen auch ↗ D-Apiose, D-Chinovose, D-Ribose und D-Talose vor. Die Zucker liegen meist in der pyranoiden Ringform vor. Lediglich die Arabinose kommt sowohl pyranoid als auch furanoid, mitunter in beiden Ringformen im gleichen Molekül, vor, während Apiose auf Grund ihrer verzweigten Struktur stets furanoid vorliegt. Die Zahl der Monosaccharidbausteine variiert. Die Mehrzahl der bis heute bekannten Saponine weist 3–5 Zuckerbausteine auf, jedoch wurden auch Verbindungen mit bis zu 10 Monosacchariden isoliert. Diese sind meist in einer oder zwei Zuckerketten angeordnet und werden entsprechend als Mono- oder Bisdesmoside (*desmos* gr. Kette). In Ausnahmefällen liegt eine dritte Kohlenhydratkette, d. h. Trisdesmoside, vor. Von den drei oben genannten Saponintypen nehmen die Steroidalkaloidsaponine eine untergeordnete Stellung ein und werden meist bei den ↗ Alkaloiden behandelt. Saponine sind fast ausschließlich pflanzliche Verbindungen, lediglich niedere Meerestiere, die sog. Stachelhäuter (Echinodermata), führen ebenfalls Saponine. Während Seesterne (Asteroideae) Steroidsaponine enthalten, kommen in den Seewalzen (Holothurioideae, Seegurken) Triterpensaponine vor. Die typischen Steroidsaponine kommen bevorzugt, wenn auch nicht ausschließlich, in der Klasse Liliatae, den Einkeimblättlern, vor, u. a. in Agavaceae, Asparagaceae, Dioscoreaceae und Smilaceae. Dagegen verteilen sich die Triterpensaponine, von denen inzwischen mehr als 2000 Strukturen bekannt sind, inbes. auf die Magnoliatae, die Zweikeimblättler. Bevorzugte Familien sind hier die Araliaceae, Asteraceae, Caryopyllaceae, Fabaceae, Hippocastanaceae und Sapotaceae. Saponine sind in Wasser micellbildende amphiphile Stoffe. Im

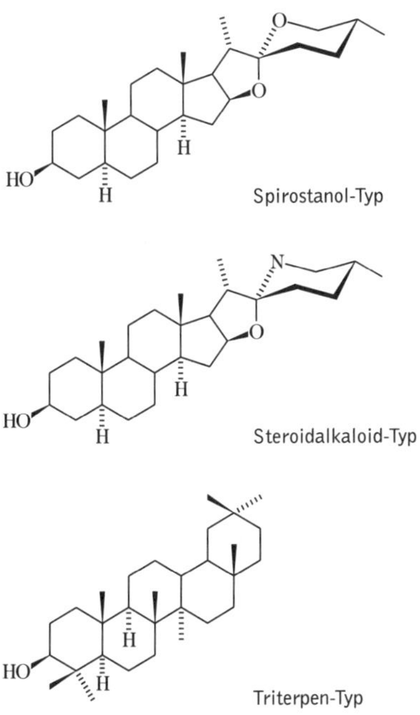

Sapogeningrundstrukturen

Tabelle: Einige ausgewählte Sapogenine der 12-Oleanen-Saponine und deren Vorkommen:

Aglykon	Vorkommen
Barringtogenol C	u.a. ↗ *Aesculus hippocastanum*
Bayogenin	u.a. ↗ *Solidago*-Arten
Gypsogenin	u.a. ↗ *Gypsophila paniculata*
Hederagenin	u.a. ↗ *Hedera helix*
Oleanolsäure	weit verbreitet
Polygalasäure	u.a. ↗ *Solidago virgaurea*
Presenegenin	u.a. ↗ *Polygala senega*
Primulagenin A	↗ *Primula*-Arten
Quillaiasäure	u.a. ↗ *Quillaia saponaria*

Gegensatz zum stets vorhandenen Schaumvermögen in Wasser sind die hämolytischen Eigenschaften der Saponine sehr unterschiedlich vorhanden oder fehlen in Einzelfällen (↗ *Glycyrrhiza glabra*) vollständig. Im allgemeinen sind bisdesmosidische Saponine weniger aktiv als die nach Abspaltung der *O*-acylglykosidisch gebundenen Kohlenhydratkette erhaltenen Monodesmoside. Allerdings bestätigen auch hier Ausnahmen die Regel, z. B. *Solidago virgaurea* (↗ *Solidago*-Arten). Vermutlich basiert der hämolytische Effekt zumindestens teilweise auf der Komplexbildung mit Membranbestandteilen (Cholesterol, Phosphoglycerolipide und Proteine) der Zellen. Nach Anheftung des Saponins mit der Zukkerkette an die Erythrozytenmembran tritt wahrscheinlich eine Glykosidspaltung ein, und das eigentliche Aglykon bewirkt die Hämolyse. Hinsichtlich der Wirkungsweise von Saponinen existieren inzwischen vielfältige pharmakologische Untersuchungsergebnisse. Zu den nachgewiesenen Saponinwirkungen gehören u. a. analgetische, antivirale, antitumorale, cardiovasculäre, Cholesterolspiegel senkende, hepatoprotektive, immunmodulatorische, molluskizide, sedative und spermizide Eigenschaften. Die Indikationsgebiete für Saponindrogen beschränken sich jedoch im wesentlichen auf die Nutzung als Expektorantien (↗ *Hedera helix*, ↗ *Primula*-Arten, ↗ *Glycyrrhiza glabra* und ↗ *Polygala senega*), Venentonika (↗ *Aesculus hippocastanum* und ↗ *Ruscus aculeatus*), Urologika (↗ *Herniaria glabra* und ↗ *Solidago*-Arten) und Geriatrika (↗ *Panax ginseng*). Die Besprechung der Drogen hierzu erfolgt bei den jeweiligen Stichwörtern. Eine weitere Bedeutung besitzen Steroidsaponine, die z. B. aus ↗ *Dioscorea*-Arten gewonnen werden, als Rohstoffe zur Partialsynthese von Steroidhormonen.

Sapota achras ↗ Manilkara zapota.
Sapote ↗ Casimiroa edulis.
Sapotillbaum ↗ Manilkara zapota.
Sapotillgummi ↗ Manilkara zapota.
Sapotoxine Sammelbegriff für besonders toxische ↗ Saponine.
Sapucajaöl ↗ Lecythis urnigera.

■ **Saraca indica** L.
(syn. *Jonesia asoca, J. pinnata*).
Fam.: Fabaceae (Leguminosae).
Vork.: Indien bis zur Malayischen Halbinsel.
Droge: ***Cortex Saracae***; Sarakarinde, die Stammrinde. *Inh.:* Gerbstoffe, Catechine, äther. Öl, Hämatoxylin, Saponine, Ketosterol. *Anw.:* wichtige Droge in der Ayurveda- und Mani-Heilkunde, bes. als Adstringens, zur Blutstillung und als Uterussedativum.

Sarakarinde ↗ Saraca indica.
Sarcocephalus esculentus ↗ Sarcocephalus latifolius.

■ **Sarcocephalus latifolius** (Smith) Bruce
(syn. *Nauclea latifolia, N. esculenta, Sarcocephalus latifolius, S. esculentus*).
Fam.: Rubiaceae.
Vork.: Afrika, bes. Senegal bis Uganda, Angola, Sudan.
Droge: die Rinde der Wurzeln und Stämme. *Inh.:* Indolochinolizidin-Alkaloide (ca. 0,1 %), u. a. Angustin, Angustifolin, Nauclefin und Naucletin;

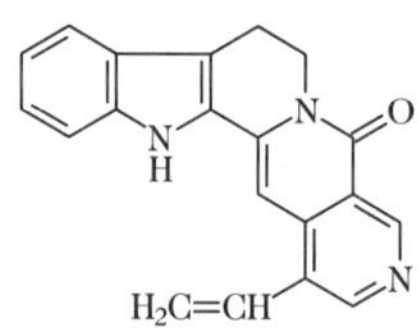

Angustin

Saponine, Gerbstoffe, β-Sitosterol, 7-Hydroxycumarin. *Anw.:* eines der wichtigsten afrikanischen Volksheilmittel bei Fieber (bes. Malariafieber), Entzündungen, Husten, Bronchialerkrankungen, Koliken, Dysenterie, Gelbsucht, Eingeweidewürmern, Geschlechtskrankheiten, Ödeme, Wunden, Hämorrhoiden sowie als Diuretikum. Die Droge ist auch Bestandteil von Pfeilgiftzubereitungen.

Sarcopharyngia crassa ↗ Tabernaemontana crassa.

■ **Sarcopoterium spinosum** (L.) Spach
(syn. *Pimpinella spinosa, Poterium spinosum, Sanguisorba spinosa*); Dorniger Becherstrauch (syn. Strauchige Becherblume).
Fam.: Rosaceae.
Vork.: östliche Mittelmeergebiete, v. a. Sizilien, Griechenland, Kreta.
Droge: ***Sarcopoterium-spinosum-Wurzelrinde*** (syn. *Cortex radicis Poterii, Cortex radicis Poterii spinosi, Poterii radicis cortex*); Becherstrauch-Wurzelrinde (syn. Poterium-Wurzelrinde), die ge-

trocknete Wurzelrinde. *Inh.:* Triterpene, u. a. Tormentosid, Tormentin- und Ursolsäure, Sterole, u. a. β-Sitosterol sowie Gerbstoffe mit den Procyanidinen B1, B3, B6 und B7, ferner (+)-Catechin, Gallo- und Ellagtannine. *Anw.:* volkstümlich, bes. in den Herkunftsgebieten als Mittel gegen Diabetes mellitus.

■ **Sarcosin**
(syn. *N*-Methylglycin), süßlich schmeckende Verbindung, die in Seesternen, Seeigeln, Rotalgen, im Säurehydrolysat des Ernußproteins, in Hummern, Krabben sowie als Bestandteil von Antibiotika vorkommt. *Anw.:* in Form der Salze (Sarcosinate) und *N*-Acetylderivate als Netz- und Dispergiermittel in Pharmazeutika und Kosmetika, in Zahnpasten sowie in Farben.

Sarepta-Senf ↗ Brassica-Arten.

■ **Sargassum thunbergii**.
Fam.: Sargassaceae.
Vork.: Küsten von Südchina, Korea, Japan.
Droge: die frischen oder getrockneten Algen. *Inh.:* Pantothensäure, Biotin, Inositol, Kohlenhydrate. *Anw.:* in der traditionellen chinesischen Heilkunde bei Tuberkulose.

■ **Sargassum vulgare** Ag.
Beerentang.
Fam.: Sargassaceae.
Vork.: Küsten des Atlantischen und Pazifischen Ozeans, Karibik.
Droge: die frischen oder getrockneten Algen. *Inh.:* ↗ Alginsäure (25–30 %), Mannitol (ca. 7 %), äther. Öl, Proteine. *Anw.:* in der Volksheilkunde als Wurmmittel.

Sarothamni scoparii flos ↗ Cytisus scoparius.
Sarothamni scoparii herba ↗ Cytisus scoparius.
Sarothamni scoparii radix ↗ Cytisus scoparius.
Sarothamnus ericetorum ↗ Cytisus scoparius.
Sarothamnus junceum ↗ Spartium junceum.
Sarothamnus obtusatus ↗ Cytisus scoparius.
Sarothamnus scoparius ↗ Cytisus scoparius.
Sarothamnus vulgaris ↗ Cytisus scoparius.

■ **Sarracenia purpurea** L.
Fam.: Sarraceniaceae.
Vork.: atlantisches Nordamerika, Kanada bis Florida, Neufundland.
Droge: ***Radix Sarraceniae purpureae***; Sarraceniawurzel, die getrocknete Wurzel. *Inh.:* Sarracenin (Glykosid), Sarraceninsäure, Harz, Gerbstoffe. *Anw.:* in der Volksheilkunde als Stimulans und Tonikum.
Hom.: ***Sarracenia purpurea*** HAB34; die frischen, oberirdischen Pflanzenteile. *Anw.-Geb.:* Knochen- und Rückenschmerzen, verschiedene Hauterkrankungen.

Sarraceniawurzel ↗ Sarracenia purpurea.
Sarsaparillae indigena radix ↗ Smilax-Arten.
Sarsaparillae radix ↗ Smilax-Arten.
Sarsaparillosid ↗ Smilax-Arten.
Sarsaparillwurzel ↗ Smilax-Arten.
Sassafras aetheroleum ↗ Sassafras albidum.

■ **Sassafras albidum** (Nutt.) Nees
(syn. *Laurus sassafras, Persea sassafra, Sassafras officinale, S. sassafras, S. variifolium*), Fenchelholzbaum.
Fam.: Lauraceae.
Vork.: atlantisches Nordamerika.
Drogen: ***1. Sassafras aetheroleum*** (syn. *Oleum Sassafras*); Sassafrasöl (syn. Fenchelholzöl), das äther. Öl des Wurzelholzes. *Inh.:* Safrol (ca. 80 %) als Hauptkomponente, neben weiteren Phe-

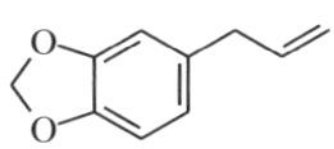

Safrol

nylpropanderivaten. *Anw.:* früher in alkoholischer Lösung bei rheumatischen Beschwerden, Menstruationsstörungen sowie Erkrankungen im Urogenitalbereich. Äußerlich volkstümlich bei rheumatischen Schmerzen und Insektenstichen. Industriell zur Gewinnung von Safrol, das bes. für kosmetische Produkte genutzt wird. ***2. Sassafra cortex*** (syn. *Cortex Sassafras, Cortex Sassafras radicis*); Sassafraswurzelrinde (syn. Fenchelholzrinde), die geschälte und getrocknete Wurzelrinde. *Inh.:* äther. Öl (6–9 %, s. *Sassafras aetheroleum*), ferner in geringer Menge Alkaloide vom Aporphin- (u. a. Boldin) und Reticulintyp. *Anw.:* früher bei Erkrankungen der Atmungsorgane, rheumatischen und Verdauungsbeschwerden sowie Bestandteil von sog. „Blutreinigungstees". ***3. Sassafras lignum*** (syn. *Lignum Sassafras, Lignum Floridum, Lignum Pavanum*); Sassafrasholz (syn. Fenchelholz, Sassafraswurzelholz), das Wurzelholz. Inh.: äther. Öl (1–2 %, s. *Sassafras aetheroleum*). Anw.: früher in „Blutreinigungstees" bei Hautausschlägen, Katarrhen, rheumatischen Beschwerden und Syphilis. Geg.: Da Safrol, die Hauptkomponente des äther. Öles, ein genotoxisches Carcinogen darstellt, ist die Nutzung der o. g. Drogen nicht mehr zu vertreten.

Hom.: ***Sassafras*** HAB34, die getrocknete Wurzelrinde.

Histor.: Der Gattungsname *Sassafras* wird vom spanischen *sassafras* (steinbrechend) abgeleitet, Bezug nehmend auf die frühere Anwendung der Droge zur Behandlung von Blasensteinen. Unter dem Namen Pavane nutzten die Eingeborenen Nordamerikas die Droge bereits seit langer Zeit wegen des angenehmen Aromas als Kaumittel und als Zusatz zu erfrischenden Getränken. In Deutschland wurde das Sassafrasholz und die Sassafrasrinde noch im 16. Jh. als *Lignum pavanum* bekannt und diente zunächst vornehmlich als Antisiphylitikum. In den mittelalterlichen Kräuterbüchern findet es noch keine Erwähnung. Das aus der Droge gewonnene äther. Öl wurde später offenbar erstmalig von Angelus Sala, dem Leibarzt des Herzogs von Mecklenburg, hergestellt.

Sassafrasholz ↗ Sassafras albidum.
Sassafras lignum ↗ Sassafras albidum.
Sassafras officinale ↗ Sassafras albidum.
Sassafras sassafras ↗ Sassafras albidum.
Sassafras variifolium ↗ Sassafras albidum.
Sassyrinde ↗ Erythrophleum suaveolens.
Satanspilz ↗ Boletus satanas.
Satans-Röhrling ↗ Boletus satanas.
Satureja brachiata ↗ Satureja hortensis.
Satureja calamintha ↗ Calamintha officinalis.
Satureja capitata ↗ Thymus-Arten.
Saturejae aetheroleum ↗ Satureja montana.
Saturejae herba ↗ Satureja hortensis.
Saturejae hortensis aetheroleum ↗ Satureja hortensis.
Saturejae montanae aetheroleum ↗ Satureja montana.
Saturejae montanae herba ↗ Satureja montana.

■ Satureja hortensis L.

(syn. *Clinopodium hortense, Satureja brachiata, S. laxiflora, S. officinarum, S. pachyphylla, S. viminea, Thymus cunila*); Bohnenkraut (syn. Kölle, Pfefferkraut, Weinkraut).

Fam.: Lamiaceae (Labiatae).

Vork.: Mittelmeergebiete, angebaut in ganz Europa und in Südamerika.

Drogen: ***1. Saturejae hortensis aetheroleum*** (syn. *Oleum Saturejae*); Bohnenkrautöl. Inh.: hoher Gehalt an Carvacrol (20–50 %) und γ-Ter-

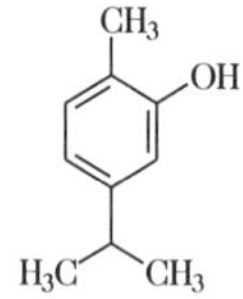

p-Cymen-2-ol
(Carvacrol)

pinen (10–40 %), begleitet von *p*-Cymen, Caryophyllen, Myrcen und anderen Mono- sowie Sesquiterpenen. Anw.: zur Parfümierung von Seifen, Waschmitteln, Cremes und Lotionen sowie als Aromakomponente in Parfüms. Auch in der Lebensmittelindustrie wird die Droge als Aroma für Backwaren und zum Würzen eingesetzt. ***2. Saturejae herba*** (syn. *Herba Saturejae*); Bohnenkraut (syn. Gartenquendel, Wurstkraut). Inh.: äther. Öl (0,3–1,5 %) (Zusammensetzung s. *Saturejae hortensis aetheroleum*); Gerbstoffe, v. a. Rosmarinsäure; Chlorogensäure, Kaffeesäure und andere Phenolcarbonsäuren; β-Sitosterol. Anw.: in der Volksheilkunde gegen Durchfall, bei Befindlichkeitsstörungen des Magen-Darm-Traktes, als blähungstreibendes Mittel bei Verdauungsstörungen, bei Nieren- und Leberleiden, Gallenbeschwerden, bei Menstruationsbeschwerden, zum Schleimlösen bei Erkältungen sowie gegen Würmer. Äußerlich wird die Droge zu Spülungen bei Schleimhautentzündungen verwendet. Im Haushalt ist Bohnenkraut ein beliebtes Gewürz und wird häufig in der Wurstfabrikation eingesetzt.

Histor.: Der Gattungsname *Satureja* leitet sich vom lateinischen *saturare* (sättigen) ab, da die Pflanze bei den Römern als Nahrung diente; *hortensis* (lat.) bedeutet im Garten wachsend. Die dt. Bezeichnung Bohnenkraut weist auf seine Verwendung zum Würzen von Bohnen hin. In Mitteleuropa wurde die Pflanze bereits seit dem 9. Jh. kultiviert und war besonders in Klostergärten, wo sie als Gemüse- und Heilpflanze gezogen wurde, anzutreffen. Die Kräuterbücher des Mittelalters erwähnen bes. die verdauungsfördernden Wirkungen sowie expektorierende Eigenschaften.

Satureja juliana ↗ Satureja montana.
Satureja laxiflora ↗ Satureja hortensis.

■ **Satureja montana** L.
(syn. *Clinopodium monatnum, Micromeria montana, Satureja juliana*); Bergbohnenkraut (syn. Karstbohnenkraut, Karst-Saturei, Winterbohnenkraut), s. Farbtafel S. 303, Bild 134.
Fam.: Lamiaceae (Labiatae).
Vork.: Südeuropa, Ukraine, Türkei, in Mittelasien, den USA, Indien und Südafrika; auch kultiviert.
Drogen: *1. Saturejae montanae aetheroleum* (syn. *Oleum Saturejae montanae, Saturejae aetheroleum*); Bergbohnenkrautöl (syn. *Satureja-montana*-Öl), das Wasserdampfdestillat der oberirdischen Pflanzenteile. *Inh.:* Carvacrol (30–60 %), γ-Terpinen (5–15 %), *p*-Cymen (10–20 %) sowie u. a. Borneol, Carvon und β-Caryophyllen. *Anw.:* in der Parfümerie und Lebensmittelindustrie als Aromastoff. *2. Saturejae montanae herba* (syn. *Herba Saturejae montanae*); Bergbohnenkraut (syn. Karstbohnenkraut, Winterbohnenkraut), die getrockneten, blühenden Zwiegspitzen. *Inh.:* äther. Öl (0,8–1,6 %); Rosmarinsäure und weitere Phenolcarbonsäuren, Alkane, Fettsäuren, Ursolsäure, Oleanolsäure, Polyterpene und β-Sitosterol. *Anw.:* in der Volksheilkunde gegen Durchfall und bei Magen-Darm-Erkrankungen, als blähungstreibender Tee, bei Nieren- und Leberleiden, Gallenbeschwerden, Menstruationsbeschwerden, zum Schleimlösen bei Erkältungen sowie gegen Eingeweidewürmer. Im Hauhalt dient die Droge als Gewürz für Fleischspeisen und für Bohnengerichte sowie zur Wurstherstellung.

Satureja officinarum ↗ Satureja hortensis.
Satureja pachyphylla ↗ Satureja hortensis.
Satureja viminea ↗ Satureja hortensis.
Satyrium bifolium ↗ Platanthera bifolia.
Saubohne ↗ Vicia faba.
Saubohnensamen ↗ Hyoscyamus niger.
Saubrot ↗ Cyclamen purpurascens.
Sauerampfer ↗ Rumex acetosa.
Sauerampferkraut ↗ Rumex acetosa.
Sauerbaum ↗ Oxydendrum arboreum.
Sauerbeere ↗ Vaccinium-Arten.
Sauerdorn ↗ Berberis vulgaris.
Sauerkirschblätter ↗ Prunus-Arten.
Sauerkirsche ↗ Prunus-Arten.
Sauerkirschstiele ↗ Prunus-Arten.
Sauerklee ↗ Oxalis acetosella.
Sauerkrautwurzel ↗ Levisticum officinale.
Sauersack ↗ Annona-Arten.
Sauerteig ↗ Lactobacillus coryniformis.
Sauerzitrone ↗ Citrus-Arten.
Saugras ↗ Polygonum aviculare.
Saukraut ↗ Hyoscyamus niger, ↗ Polygonum aviculare, ↗ Solanum-Arten.
Säukraut ↗ Hyoscyamus niger.
Saulbaum ↗ Shorea robusta, ↗ Shorea wiesneri.
Saulharz ↗ Shorea robusta.
Saunickel ↗ Sanicula europaea.
Saunigel ↗ Sanicula europaea.
Saurachbeeren ↗ Berberis vulgaris.
Saure Limette ↗ Citrus-Arten.

■ **Saururus cernuus** L.
Fam.: Saururaceae.
Vork.: in den Sümpfen Nordamerikas.
Droge: die Wurzel.
Hom.: ***Saururus cernuus*** HAB34, die frischen Wurzeln.

■ **Saussurea costus** (Falc.) Lipsch.
(syn. *Saussurea lappa*). Indische Costuswurzel, Kostuspflanze.
Fam.: Asteraceae (Compositae).
Vork.: Nordindien, Kaschmir, in Höhen von 2500–3000 m.
Drogen: *1. Saussurea-costus-aetheroleum*; Costus-Wurzelöl, das äther. Öl. *Inh.:* Sesquiterpene mit (–)-α-Costol, (+)-β-Costol und (+)-γ-Costol sowie (–)-Elemol als Hauptkomponenten. *Anw.:* in den Heimatgebieten in Zubereitungen bei Verdauungsbeschwerden, Cholerainfektionen, bei Hautkrankheiten sowie zur Inhalation bei Asthma. In der Ayurveda wird die Droge zur Empfängnisverhütung genutzt. *2. Radix Costus* (syn. *Radix Saussureae*); Indische Costuswurzel, die getrockneten Wurzeln. *Inh.:* äther. Öl (1–6 %) mit Costunolid und Dehydrocostuslacton, die je-

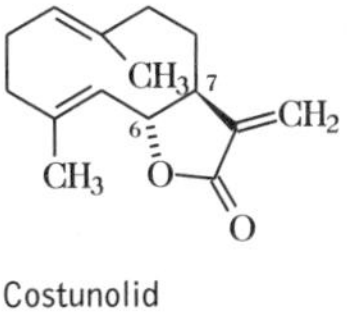

Costunolid

doch bei der Gewinnung des äther. Öles durch Wasserdampfdestillation Artefakte bilden, ferner Harze (ca. 6 %) und Inulin (ca. 18 %). Anw.: analog *Saussurea-costus-aetheroleum*.

Saussurea lappa ↗ Saussurea costus.
Sausurea-costus-aetheroleum ↗ Saussurea costus.
Sautod ↗ Solanum-Arten.
Sauwurzel ↗ Bryonia-Arten, ↗ Veratrum album.
Saxifraga crassifolia ↗ Bergenia crassifolia.
Saxifraga cuneifolia ↗ Bergenia crassifolia.

■ Saxifraga granulata L.

Körniger Steinbrech.

Fam.: Saxifragaceae.

Vork.: Europa.

Droge: *Herba Saxifragae*; die getrocknete Pflanze. Inh.: u. a. Gerbstoffe und Bitterstoffe.

Hom.: *Saxifraga granulata* (syn. *Saxifraga*) HAB34; die frischen, zur Blütezeit geernteten, oberirdischen Pflanzenteile. Anw.-Geb.: Nierensteinleiden.

Histor.: Der Gattungsname *Saxifraga* leitet sich vom lateinischen *saxum* (Fels, Stein) und *frangere* (brechen) ab, da die Pflanzen oft ihren Standort an Felsen haben und durch ihr Eindringen in Felsspalten die betreffenden Steine allmählich zerklüften können. Der Artname *granulata* (lat., körnig) bezieht sich auf die kleinen Körnchen an den Wurzeln. Als Heilpflanze im Altertum unbekannt, wird sie von Hildegard von Bingen und ↗ Paracelsus als Mittel gegen Steinleiden empfohlen. Ähnliche Hinweise finden sich in den späteren Kräuterbüchern.

Saxifraga sibirica ↗ Bergenia crassifolia.
Scabiosa arvensis ↗ Knautia arvensis.
Scabiosa succisa ↗ Succisa pratensis.
Scabiosenkraut ↗ Knautia arvensis.

■ Scadoxus multiflorus (Martyn) Raf.

(syn. *Haemanthus multiflorus, H. rupestris, H. abyssinicus, H. kalkbreyeri, H. manni, H. longitubus*).

Fam.: Amaryllidaceae.

Vork.: tropisches Afrika.

Droge: die Zwiebeln. Inh.: Amaryllidaceen-Alkaloide (ca. 0,04 %), u. a. Lycorin, Haemanthidin, Chlidanthin, Hippeasterol und Haemultin. Anw.: in der afrikanischen Volksheilkunde bei Wassersucht, zur Wundbehandlung, bei Krätze und in der Veterinärheilkunde. Die Droge ist auch Bestandteil von Pfeilgiftzubereitungen, Fischgiften sowie von Mordgiften.

Scammoniae radix ↗ Convolvulus-Arten.
Scammonium ↗ Convolvulus-Arten.
Scammoniumharz ↗ Ipomoea orizabensis.
Scandix odorata ↗ Myrrhis odorata.

■ Scarlatinum-Nosode HAB

Präparation aus Rachen-Tonsillen-Abstrichen und Hautschuppen von Scharlach-Kranken. Anw.-Geb.: Gesundheitsstörungen nach Scharlach-Erkrankung.

■ Sceletium tortuosum (L.) N.E.Br.

Fam.: Aizoaceae.

Vork.: Südafrika.

Droge: die ganze Pflanze mit Wurzeln. Inh.: Alkaloide, wie Mesembrin (0,3–0,86 %), Mesem-

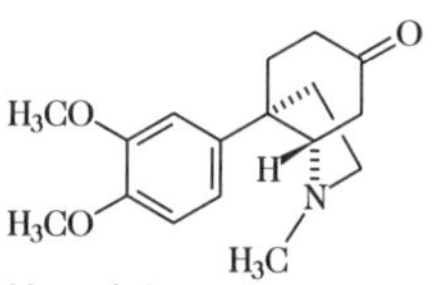

Mesembrin

brenol, Mesembrenon und Channanin. Anw.: in der afrikanischen Volksheilkunde als Schmerzmittel und zur Unterdrückung des Hungers. Die südafrikanischen Buschleute nutzen die Droge für rituelle Zeremonien und induzieren leichte halluzinogene Zustände in Kombination mit Haschisch (↗ *Cannabis sativa*) und Alkohol.

Histor.: Vor etwa 300 Jahren wurde erstmals beschrieben, daß die südafrikanischen Hottentotten ein Rauschmittel nutzten, das sie Kanna oder Channa nannten. Erst gegen Ende des 19. Jh. wurde vermutet, daß es sich dabei um eine Pflanze der Gattung *Mesembryanthemum* handeln könnte. Diese Pflanze wurde nach taxonomischer Revision als *Sceletium tortuosum* klassifiziert.

■ Scenedesmus obliquus.

Fam.: Coelastraceae.

Vork.: im Süßwasser aller Kontinente, auch biotechnisch kultiviert.

Droge: die frischen oder getrockneten Algen. Inh.: Proteine (ca. 55 %), fettes Öl mit hohem

Anteil an ungesättigten Fettsäuren, Vitamine, Biotin. Anw.: Ausgangspunkt für die Herstellung galenischer Hilfsstoffe; Präparate zur Förderung der Wundheilung; hochwertige Eiweißquelle für die Herstellung von Nahrungsergänzungsmitteln und für die Futtermittelindustrie.

Schachtelhalmkraut ↗ Equisetum-Arten.
Schaf ↗ Ovis aries.
Schafblümchen ↗ Anemone nemorosa.
Schafgarbenkraut ↗ Achillea-Arten.
Schafheu ↗ Equisetum-Arten.
Schafrippe ↗ Achillea-Arten.
Schafstroh ↗ Equisetum-Arten.
Schafszähn ↗ Anthyllis vulneraria.
Schafzunge ↗ Achillea-Arten, Polygonum bistorta.
Schällkraut ↗ Chelidonium majus.
Schalotte ↗ Allium-Arten.
Schalottlauch ↗ Allium-Arten.
Schannelke ↗ Centaurea cyanus.
Scharbocksheilkraut ↗ Cochlearia officinalis.
Scharbockskraut ↗ Cochlearia officinalis, ↗ Ranunculus-Arten.
Scharfer Hahnenfuß ↗ Ranunculus-Arten.
Scharfer Knöterich ↗ Polygonum hydropiper.
Scharfer Mauerpfeffer ↗ Sedum acre.
Scharfer Rittersporn ↗ Delphinium staphisagria.
Scharfe Wolfsmilch ↗ Euphorbia-Arten.
Scharfnessel ↗ Urtica-Arten.

■ Scharfstoffe

Sammelbezeichnung für chemisch sehr unterschiedlich zusammengesetzte Verbindungen, die über einen scharfen Geschmack verfügen. Die S. üben einen Reiz auf die in der Haut und Schleimhaut vorhandenen Thermo- und/oder Schmerzrezeptoren aus, worauf es direkt oder indirekt zur einer erhöhten Drüsensekretion im Verdauungstrakt, verstärkter Peristaltik, gesteigertem Wärmeempfinden und Hyperämie der Haut kommen kann. Diese Effekte werden therapeutisch ausgenutzt in der Rheumatherapie (z. B. ↗ *Capsicum*-Arten) oder bei Stomachika (z. B. ↗ *Piper nigrum*).

Scharlachbeere ↗ Phytolacca americana.
Scharlachkraut ↗ Salvia-Arten.
Scharlachrote Lobelie ↗ Lobelia cardinalis.
Scharlachsumach ↗ Rhus-Arten.
Scharlei ↗ Salvia-Arten.
Schärnikel ↗ Sanicula europaea.
Scharpruß ↗ Equisetum-Arten.
Schattenblume ↗ Maianthemum bifolium.
Schauerklapperschlange ↗ Crotalus-Arten.
Scheelea martiana ↗ Attalea excelsa.
Scheinakazie ↗ Robinia pseudoacacia.
Scheinhanf ↗ Datisca cannabina.
Schellack ↗ Kerria lacca.
Schellenbaum ↗ Thevetia peruviana.
Schellkraut ↗ Chelidonium majus.
Scherbelkrautwurzel ↗ Asarum europaeum.
Scheuergras ↗ Equisetum-Arten.
Scheuerkraut ↗ Equisetum-Arten.
Schibutter ↗ Butyrospermum parkii.
Schierlings-Caladium ↗ Dieffenbachia seguine.
Schierlingstanne ↗ Tsuga canadensis.
Schietbeere ↗ Cornus-Arten.
Schildkrötenöl ↗ Chelonia mydas.
Schilf ↗ Phragmites communis.
Schilfgraswurzel ↗ Calamagrostis lanceolata.
Schilfrohr ↗ Phragmites communis.
Schillkraut ↗ Chelidonium majus.
Schimmelweide ↗ Salix-Arten.
Schindkraut ↗ Chelidonium majus.
Schini mollis aetheroleum ↗ Schinus-Arten.
Schini mollis fructus ↗ Schinus-Arten.
Schinkenkraut ↗ Oenothera biennis.
Schinopsis lorentzii ↗ Schinopsis quebracho-colorado.

■ Schinopsis quebracho-colorado (Schlechtend.) Barkl. et T. Mey.

(syn. *Schinopsis lorentzii*); Quebrachoholzbaum.

Fam.: Anacardiaceae.

Vork.: Argentinien, Brasilien, Paraguay, Uruguay.

Droge: ***Lignum Quebracho colorado***; Rotes Quebrachoholz. Inh.: Gerbstoffe (18–28 %), Fisetin, Ellagsäure, Gallussäure, Resorcin, Quebrachoin und das Alkaloid Laxopterygin. Anw.: Holzextrakte werden in der Gerberei, zum Imprägnieren von Fischernetzen und Segeln sowie früher in der Erdölindustrie zur Viskositätsverminderung des Bohrschlammes eingesetzt. Das Holz selbst ist außerordentlich hart und widerstandsfähig.

Schinsengwurzel ↗ Panax ginseng.

■ Schinus-Arten

● **Fam.:** Anacardiaceae.

● **Schinus molle var. areira** (L.) DC. (syn. *Schinus areira*); Amerikanischer Pfefferbaum (syn. Falscher Pfefferbaum, Indischer Mastixbaum, Mollebaum, Peruanischer Pfefferbaum, Pfefferstrauch, Schinuspfeffer, Wilder Pfeffer).

Vork.: Mittel- und Südamerika, bes. Peru.

Drogen: ***1. Schinus-molle-Blätter*** (syn. *Folia Molle seu Mollis*); Molleblätter, die Fiederblättchen. *Inh.*: äther. Öl (0,2–1 %), aus Monoterpen-Kohlenwasserstoffen, Phenolen und einem hohen Anteil an Sesquiterpenen bestehend. Außerdem Flavonoide, Triterpene, β-Sitosterol und Gummiharze. *Anw.*: in den Herkunftsgebieten sehr vielseitig, u. a. bei Erkrankungen des Rachenraumes und der Atemwege, rheumatischen Beschwerden, als harntreibendes Mittel sowie auch bei Bluthochdruck. Ferner in Form von Kataplasmen bei Gelenkschmerzen, Ischias und auch bei Geschwüren. ***2. Schinus-molle-Früchte*** (syn. *Schini mollis fructus*); Schinusfrüchte (syn. Peruanischer Pfeffer, „Rosa Pfeffer", Roter Pfeffer, Rosa-Beeren, Schinuspfeffer), die reifen, ungeschälten, luft- oder gefriergetrockneten Steinfrüchte. *Inh.*: äther. Öl (ca. 2–5 %) mit den Hauptkomponenten Limonen, α- und β-Phellandren, α- und β-Pinen sowie Sesquiterpenen. Ferner Triterpensäuren, u. a. 3-Epiisomasticadienolalsäure, und Polyphenole. *Anw.*: in Mittel- und Südamerika u. a. als Abführmittel, Diuretikum, bei rheumatischen Beschwerden sowie Atemwegserkrankungen. Im Haushalt auch als Gewürz. ***3. Schinus-molle-Öl*** (syn. *Schini mollis aetheroleum*); Schinusöl, das durch Wasserdampfdestillation, meist aus den Früchten gewonnene äther. Öl. *Inh.*: s. *Schini mollis fructus*. *Anw.*: früher in Mexiko bei Erkrankungen der ableitenden Harnwege sowie als Adjuvans bei Tuberkulose. ***4. Schinus-molle-Rinde*** (syn. *Cortex Molle, Cortex Mollis*); Mollerinde (syn. Mollisrinde), die getrocknete Stamm- und Zweigrinde. *Inh.*: Gummiharz, Gallotannine. *Anw.*: volkstümlich in Mittel- und Südamerika, u. a. als Wundheilmittel, zur Förderung der Harnbildung und der Menstruation sowie bei Diabetes. ***5. Aroeiraharz***; Amerikanischer Mastix (syn. Molliharz), das aus der Stammrinde gewonnene Gummiharz. *Inh.*: Harz (50–60 %) mit wenig äther. Öl und Bitterstoff, ferner Gummi (40–49 %). *Anw.*: in den Heimatgebieten als drastisches Abführmittel, ferner auch bei Gicht und Rheuma sowie als harntreibendes Mittel.

● **Schinus terebinthifolius** Raddi (syn. *Schinus antiarthriticus, S. mellisii, S. mucronulata*); Brasilianischer Pfefferbaum (syn. Turbitobaum).

Vork.: heimisch in Südamerika, verbreitet in Florida sowie im Mittelmeergebiet und Südasien.

Drogen: ***1. Aroeiraharz*** (syn. *Resina de Aroeira*), das aus der Stammrinde gewonnene Gummiharz. Inhaltsstoffe und Anwendung s. *Schinus molle* var. *areira*. ***2. Schinus-terebinthifolius-Früchte***; Brasilianischer Pfeffer (syn. Brasilianischer „Rosa Pfeffer", Rosa Beeren, Rosa Pfeffer, Roter Pfeffer, Schinusfrüchte), die ungeschälten, luft- oder gefriergetrockneten Steinfrüchte. *Inh.*: äther. Öl (1,5–10 %) aus Mono- und Sesquiterpenen bestehend mit Limonen, α- und β-Pinen sowie α- und β-Phellandren als Hauptkomponenten, ferner langkettige *n*-Alkenylphenole, Biflavonoide, u. a. ↗ Amentoflavon, Gallussäure und Triterpene. *Anw.*: volkstümlich als harntreibendes Mittel, zur Tumorbehandlung sowie in Form von Bädern zur Wundbehandlung und gegen Geschwüre. Im Haushalt auch als Gewürz. *Geg.*: bei bekannter bestehender Sensibilisierung bzw. bekannter Allergie gegenüber *n*-Alkylphenolen darf die Droge, selbst als Gewürz, nicht genutzt werden. ***3. Schinus-terebinthifolius-Rinde*** (syn. *Cortex Schini terebinthifolii*); Aroeira, die getrocknete Zweig- und Stammrinde. *Inh.*: Gummiharz, Gerbstoffe und in geringer Menge *n*-Alkenylphenole vom Cardol- bzw. Cardanoltyp. *Anw.*: in der Volksheilkunde Südamerikas als Stimulans bei Schwächezuständen, bei entzündeten Schleimhäuten im Verdauungsbereich sowie äußerlich in Form von Abkochungen bei Gicht, Rheuma, Ischias, Syphilis und Tumoren.

Schinusfrüchte ↗ Schinus-Arten.
Schinuspfeffer ↗ Schinus-Arten.

■ **Schisandra chinensis** (Turcz.) Baill.
(syn. *Idesia polycarpa, Kadsura chinensis, Maximowiczia amurensis, M. chinensis, M. sinensis, Maximowitschia japonica, Polycarpa maximowiczi, Schizandra chinensis, Spherostaemma japonicum*).

Fam.: Schisandraceae.

Vork.: China, Amurgebiet, Sachalin, Kurileninseln.

Drogen: ***1. Folia Schisandrae***; Chinesische Limonenblätter, die Laubblätter. *Inh.*: Lignane, wie Schisandrin; Schisandrol, organische Säuren, Vitamin C. *Anw.*: in der Volksheilkunde als Stimulans bei Depressionen und langdauernden physischen Anstrengungen. ***2. Schisandrae fructus*** (syn. *Schi-*

zandrae fructus); *Schisandra-chinensis*-Früchte, die reifen Früchte. Inh.: äther. Öl, organische Säuren, Vitamin C, Harz, Lignane. Anw.: in der asiatischen Volksheilkunde bei Erkältungskrankheiten und als Kräftigungsmittel. *3.* die Rinde der Stämme und Zweige. Inh.: äther. Öl mit starkem Zitronengeruch. Anw.: als Tee zur Erfrischung bzw. das äther. Öl in der Parfümerie.

Schisandrae fructus ↗ Schisandra sphenanthera, ↗ Schisandra chinensis.

■ **Schisandra sphenanthera** Rehd. et Wils. (syn. *Schizandra sphenanthera*).

Fam.: Schisandraceae.

Vork.: Zentralchina.

Droge: ***Schisandrae fructus*** (syn. *Schizandrae fructus*); *Schisandra-sphenanthera*-Früchte, die getrockneten, reifen Früchte. Inh.: Schisantherine C bis E, Lignane, wie Ganschisandrin und Schisandron. Anw.: in der chinesischen traditionellen Heilkunde bei Husten, Durchfällen, nächtlichem Samenverlust, Angstzuständen, Kurzatmigkeit, Schweißausbrüchen.

Schizandra chinensis ↗ Schisandra chinensis.
Schizandrae fructus ↗ Schisandra sphenanthera, ↗ Schisandra chinensis.
Schizandra sphenanthera ↗ Schisandra sphenanthera.
Schizobasopsis volubilis ↗ Bowiea volubilis.
Schizophyllan ↗ Schizophyllum commune.
Schizophyllum alneum ↗ Schizophyllum commune.

■ **Schizophyllum commune** Fr.
(syn. *Schizophyllum alneum, S. multifidum, S. radiatum*); Spaltblättling.

Fam.: Schizophyllaceae.

Vork.: weltweit, lebt vor allem an totem Holz. Zur Drogengewinnung biotechnisch kultiviert.

Droge: ***Schizophyllan*** (syn. Shizophyllan, Sizofilan, Sixofilan, Sizofilan, Somfilan, Sonifilan, SPG); eine Polysaccharidfraktion aus dem Kulturmedium des Pilzes. Inh.: Glucan, das aus sich wiederholenden Einheiten von β-1,3-D-Glucopyranosylresten besteht, mit 1,6-Verzweigungen aller 3 oder 4 Glucoseeinheiten, und das in wäßriger Lösung Tripelhelices bildet. Anw.: in der asiatischen Volksheilkunde und in der palliativen Tumortherapie, besonders nach Operationen von Magen-, Cervix-, Ovarial-, Lungen-, Kopf und Nackencarcinomen sowie zu Kombinationstherapien mit Bestrahlung und/oder Chemotherapie. Die Droge wird als Immunstimulans verwendet.

Schizophyllum multifidum ↗ Schizophyllum commune.
Schizophyllum radiatum ↗ Schizophyllum commune.
Schlafapfel ↗ Rosa canina.
Schlafbeere ↗ Withania somnifera.
Schlafkirsche ↗ Atropa belladonna.
Schlafkraut ↗ Hyoscyamus niger.
Schlafkunze ↗ Rosa canina.
Schlafmohn ↗ Papaver somniferum.
Schlafmützchen ↗ Eschscholzia californica.
Schlafschwämmchen ↗ Spongia somnifera.
Schlaftee ↗ Papaver somniferum.
Schlafweizen ↗ Lolium temulentum.
Schlammschachtelhalm ↗ Equisetum-Arten.
Schlangenblume ↗ Anemone nemorosa.
Schlangencereus ↗ Selenicereus grandiflorus.

■ **Schlangengifte**
(Ophiotoxine), von Giftschlangen in den Giftdrüsen produzierte Gemische toxischer Substanzen, die beim Biß durch die Giftzähne übertragen werden. Sie dienen den Schlangen zum Beutefang und zur Feindabwehr. Im Blut des Opfers werden sie rasch zum Gehirn und zum Herzen transportiert und bewirken in kurzer Zeit den Tod des Opfers bzw. induzieren eine Vielzahl von pathologischen Reaktionen, die z. B. mit Lähmungen, Blutgerinnungsstörungen, psychischen Fehlfunktionen, Herzbeschwerden und Nekrosen verbunden sind. Bestandteile von S. sind toxische Peptide und Proteine, Enzyme, wie Hyaluronidase, Phospholipasen, Hämolysine und Proteasen, die das Blutgefäßsystem schädigen. S. bzw. gereinigte Fraktionen aus S. werden auch als Arzneimittel eingesetzt, wie z. B. der Gerinnungshemmer ↗ Batroxobin. Außerdem werden S.-Zubereitungen zur unspezifischen Immuntherapie, bei Allergien, Schnupfen, Schmerzen, Krämpfen, Epilepsie, Durchblutungsstörungen, Bluthochdruck, Ödemen und rheumatischen Erkrankungen in der Homöopathie als auch in der Allopathie eingesetzt.

Schlangenholz ↗ Guaiacum officinale, ↗ Guaiacum sanctum, ↗ Rauvolfia serpentina, ↗ Strychnos-Arten.

Schlangenholzrinde ↗ Guaiacum sanctum.
Schlangenkaktus ↗ Selenicereus grandiflorus.
Schlangenknöterich ↗ Polygonum bistorta.
Schlangenkraut ↗ Euphorbia-Arten, ↗ Lycopodium clavatum.
Schlangenkürbis ↗ Trichosanthes kirilowii.
Schlangenmoos ↗ Lycopodium clavatum.
Schlangen-Otter-Chrut ↗ Lysimachia nummularia.
Schlangenpflanze ↗ Turbina corymbosa.
Schlangenwurz ↗ Dracunculus vulgaris, ↗ Inula helenium, ↗ Polygonum bistorta.
Schlangenwurzel ↗ Calla palustris, ↗ Lysimachia nummularia, ↗ Polygonum bistorta.
Schlangenzunge ↗ Erythronium americanum.
Schlehdorn ↗ Prunus-Arten.
Schlehe ↗ Prunus-Arten.

■ **Schleicheria trijuga** Willd.
Fam.: Sapindaceae.
Vork.: Indien, bes. Himalajagebiete, Sri Lanka, Birma, Indonesien.
Droge: ***Oleum Schleicherae***; Makassaröl, das fette Öl der Samen. *Inh.:* Triglyceride der Laurin-, Palmitin-, Arachin- (ca. 25 %) und Ölsäure (ca. 70 %); Buttersäure, Spuren von Blausäure. *Anw.:* in der asiatischen Volksheilkunde gegen Hautleiden und Haarausfall sowie als Brennöl. Die Rinde der Pflanze wird als Adstringens genutzt.

Schleierkraut ↗ Gypsophila paniculata.
Schleifenblume ↗ Iberis amara.
Schleimdrogen ↗ Schleimstoffe.
Schleimkörner ↗ Cydonia oblonga.
Schleimrüster ↗ Ulmus-Arten.

■ **Schleimstoffe**
Tierische Schleimstoffe: Zum Schutz von Haut und Schleimhaut sezernierte Glykoproteine, die z. B. im Speichel oder Magensaft vorkommen, aber auch Bestandteile von Knorpel, Sehnen, Haut u. a. Geweben sind.
Pflanzliche Schleimstoffe: Heteropolysaccharide, die mit Wasser kolloidale, hochvisköse Lösungen (Schleime) bilden, v. a. Galactansulfate, Polyuronide und Pektin. Drogen mit S. (Schleimdrogen) sind u. a. ↗ *Althaea officinalis*, ↗ *Linum usitatissimum*, ↗ *Plantago afra* oder ↗ *Acacia-Arten*. *Wirk.:* reizmildernd, abdeckend, laxierend, verbessern die Gleitfähigkeit. *Anw.:* als mildes Laxans, bei Magengeschwüren zur Reizmilderung, als Antitussiva, zur Immunstimulation, in der Galenik als Hilfsstoff.

Schleimwurzel ↗ Althaea officinalis.
Schlitzblättriger Sonnenhut ↗ Rudbeckia laciniata.
Schlotte ↗ Allium-Arten.
Schlotterhose ↗ Aquilegia vulgaris.
Schlüsselblumenblüten ↗ Primula-Arten.
Schlüsselprimelwurzel ↗ Primula-Arten.
Schlutte ↗ Allium-Arten.
Schmack ↗ Cotinus coggygria.
Schmalblättrige Kegelblume ↗ Echinacea-Arten.
Schmalblättrige Lupine ↗ Lupinus angustifolius.
Schmalblättriger Igelkopf ↗ Echinacea-Arten.
Schmalblättriger Sonnenhut ↗ Echinacea-Arten.
Schmalblättriges Weidenröschen ↗ Epilobium-Arten.
Schmaltzia aromatica ↗ Rhus-Arten.
Schmaltzia glabra ↗ Rhus-Arten.
Schmaltzia hirta ↗ Rhus-Arten.
Schmalzblume ↗ Caltha palustris.
Schmeckblatt ↗ Chrysanthemum-Arten.
Schmeerwurz ↗ Tamus communis.
Schminkbeere ↗ Phytolacca americana.
Schminkbohnen ↗ Phaseolus vulgaris.
Schminkwurz ↗ Polygonatum odoratum.
Schminkwurzel ↗ Alkanna tinctoria.
Schmuckdrogen ↗ Schönungsmittel.
Schneckenklee ↗ Medicago sativa.
Schneeballrinde ↗ Viburnum-Arten.
Schneebeere ↗ Symphoricarpus albus.
Schneebeerenbaum ↗ Chiococca alba.
Schneeflockenbaum ↗ Chionanthus virginicus.
Schneeflockenstrauch ↗ Chionanthus virginicus.
Schneegacke ↗ Anemone nemorosa.
Schneegalle ↗ Anemone nemorosa.
Schneeglöckchen ↗ Galanthus-Arten.
Schneeguckerchen ↗ Galanthus-Arten.
Schneekater ↗ Galanthus-Arten.
Schneerose ↗ Helleborus-Arten.
Schneerosenwurzel ↗ Helleborus-Arten.
Schneide ↗ Cladium mariscus.
Schnellengras ↗ Linum catharticum.
Schnittlauch ↗ Allium-Arten.
Schnittling ↗ Allium-Arten.
Schnittzwiebel ↗ Allium-Arten.
Schnupftabaksblume ↗ Arnica-Arten.
Schnurbaum ↗ Sophora japonica.

■ **Schoenocaulon officinale** (Cham. et Schlechtend.) A. Gray (syn. *Sabadilla officinalis, S. officinarum, Veratrum officinale*); Sabadilla.

Fam.: Liliaceae.

Vork.: Mittelamerika, Venezuela, Guatemala, Mexiko, Westindische Inseln.

Droge: ***Sabadillae semen*** (*Semen Sabadillae*); Sabadillsamen (syn. Läusesamen). Die Droge ist stark giftig! *Inh.:* Alkaloide (1–5 %), v. a. Veratrin, Veratridin, Sabadillin, Sabadin; ferner Tiglin-

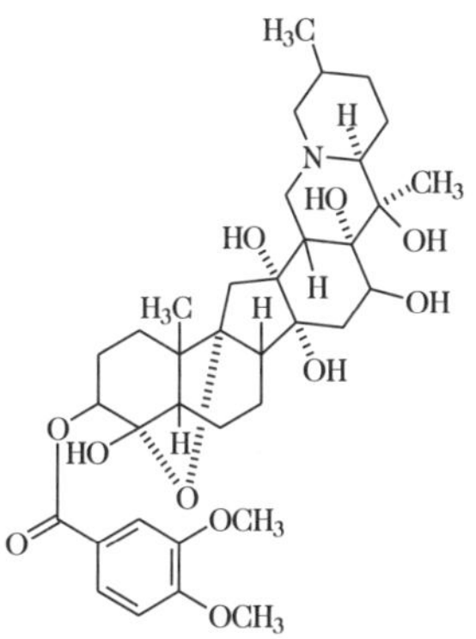

Veratridin

und ↗ Angelicasäure, Ester der Veratrumsäure, Chelidonsäure, Harz. *Anw.:* in der Volksheilkunde äußerlich in Form von Extrakten und Salben bei Neuralgien sowie zur Ungeziefervernichtung (Acetum Sabadillae, Sabadillessig bei Läusen von Mensch und Tier). Aufgrund der Toxizität der Droge und ihrer guten Resorbierbarkeit wird eine Anwendung heute nicht mehr empfohlen.

Hom.: ***Schoenocaulon officinale*** HAB1; Mexikanisches Läusekraut, die reifen Samen. *Anw.-Geb.:* Erkrankungen des Zentralnervensystems, der Augen, des arteriellen Gefäßsystems, der oberen und unteren Atemwege, des Magen-Darm-Traktes, des Stütz- und Bewegungsapparates sowie bei allergischer Disposition.

Histor.: Von den amerikanischen Indianern bereits seit Urzeiten als Mittel gegen Läuse verwendet, kam die erste Beschreibung der Droge 1572 über Sevilla nach Europa. Um die Mitte des 18. Jh. fand sie breitere Anwendung als Insektenvertilgungsmittel. Die Einführung des Begriffs „Alkaloid" geht auf die Darstellung des basischen Stoffes der Sabadillsamen durch den Hallenser Apotheker W. Meissner 1819 zurück.

Schoenoprasum vulgare ↗ Allium-Arten.
Schollenbaum ↗ Thevetia peruviana.
Schöllkraut ↗ Chelidonium majus.
Schöne Koralle ↗ Ramaria formosa.
Schönes Johanniskraut ↗ Hypericum pulchrum.

■ Schönungsmittel

Schmuckdrogen, d. h. Drogen, die lediglich verhältnismäßig indifferente Inhaltsstoffe enthalten, aber auf Grund ihres Aussehens die zur Teebereitung vorgesehene Drogenmischung bunter gestalten, z. B. Kornblumenblüten, und dadurch die Compliance für den Patienten verbessern.

Schopflavendel ↗ Lavandula stoechas.
Schoppenkrud ↗ Apium graveolens.
Schoßkraut ↗ Solidago-Arten.
Schotendorn ↗ Robinia pseudoacacia.
Schotendotter ↗ Erysimum diffusum.
Schotenpfeffer ↗ Capsicum-Arten.
Schöterichkraut ↗ Erysimum crepidifolium.
Schraubenbaum ↗ Pandanus dubius.
Schraubenpalme ↗ Pandanus dubius.
Schucken ↗ Solanum-Arten.
Schuppenrindenhickory ↗ Carya ovata.
Schusserfruchtmark ↗ Gymnocladus dioicus.
Schuttbingelkraut ↗ Mercurialis-Arten.
Schwäbischer Kaffee ↗ Lupinus angustifolius.
Schwalbenwurz ↗ Chelidonium majus, ↗ Vincetoxicum hirundinaria.
Schwalbenwurz-Enzian ↗ Gentiana-Arten.
Schwammbeere ↗ Hydnocarpus-Arten.
Schwammgurke ↗ Luffa-Arten.
Schwammkürbis ↗ Luffa-Arten.
Schwanenbrot ↗ Acorus calamus.
Schwanzpfeffer ↗ Piper cubeba.
Schwarzbeere ↗ Vaccinium-Arten.
Schwarzbeerige Zaunrübe ↗ Bryonia-Arten.
Schwarzber ↗ Atropa belladonna.
Schwarzblätterkraut ↗ Hepatica nobilis.
Schwarzdorn ↗ Crataegus-Arten.
Schwarzdornblüten ↗ Prunus-Arten.
Schwarze Brechnuß ↗ Jatropha curcas.
Schwarze Christwurzel ↗ Helleborus-Arten.
Schwarze Ipecacuanhawurzel ↗ Cephaelis-Arten.
Schwarze Johannisbeere ↗ Ribes nigrum.
Schwarze Koralle ↗ Antipathes subpinnata.
Schwarze Maulbeeren ↗ Morus-Arten.
Schwarze Nachtspinne ↗ Araneus ixobolus.
Schwarze Nieswurz ↗ Helleborus-Arten.

Schwarzer Andorn ↗ Ballota nigra.
Schwarzer Holunder ↗ Sambucus nigra.
Schwarzerle ↗ Alnus-Arten.
Schwarzer Maulbeerbaum ↗ Morus-Arten.
Schwarzer Nachtschatten ↗ Solanum-Arten.
Schwarzer Pfeffer ↗ Piper nigrum.
Schwarzer Rettich ↗ Raphanus sativus.
Schwarzer Rhabarber ↗ Ipomoea purga.
Schwarzer Sanikel ↗ Astrantia major.
Schwarzer Senf ↗ Brassica-Arten.
Schwarzer Tee ↗ Camellia sinensis.
Schwarze Schlangenwurzel ↗ Cimicifuga racemosa.
Schwarze Senfsamen ↗ Brassica-Arten.
Schwarzes Nachtschattenkraut ↗ Solanum-Arten.
Schwarze Stränze ↗ Astrantia major.
Schwarze Träuble ↗ Ribes nigrum.
Schwarze Wegschnecke ↗ Arion empiricorum.
Schwarzfichte ↗ Picea mariana.
Schwarzföhre ↗ Pinus-Arten.
Schwarzfrüchtige Zaunrübe ↗ Bryonia-Arten.
Schwarzfrucht-Weißdorn ↗ Crataegus-Arten.
Schwarzkiefer ↗ Pinus-Arten.
Schwarzkiefernöl ↗ Pinus-Arten.
Schwarzkopf ↗ Claviceps purpurea.
Schwarzkümmel ↗ Datura-Arten, ↗ Nigella sativa.
Schwarzkümmelsamen ↗ Nigella sativa.
Schwarznessel ↗ Ballota nigra, ↗ Perilla frutescens.
Schwarzpappel ↗ Populus-Arten.
Schwarzrettichwurzel ↗ Raphanus sativus.
Schwarzroter Aronstab ↗ Arisaema-Arten.
Schwarzwurz ↗ Asarum europaeum, ↗ Symphytum officinale.
Schwarzwurzel ↗ Scorzonera hispanica, ↗ Symphytum officinale.
Schwedenbitter ↗ Schwedenkräuter.

■ Schwedenkräuter
Mischung aus zahlreichen Drogen, meist Aloe, Angelicawurzel, Diptam, Eberwurzwurzel, Campher, Manna, Muskat, Myrrhe, Safran, Sennesblätter und Zitwerwurzel. Sie dient zur Bereitung des sog. Schwedenbitters (Schwedentrunk), der ein Mazerat aus dieser Kräutermischung mit Kornschnaps darstellt, das verdauungsfördernd und abführend wirkt. Benannt wurde diese Rezeptur nach dem schwedischen Arzt Dr. Samst, der bei einem Reitunfall im 104. Lebensjahr ums Leben gekommen sein soll. Die Zusammensetzung der Drogenmischung wird heutzutage oft variiert, z. B. wird statt Aloe auch oft Enzianwurzel verwendet.

Schweigrohr ↗ Dieffenbachia seguine.

■ Schweineschmalz
(syn. *Adeps suillus, Axungia porci*), Gemisch aus Triglyceriden, das bei 75 bis 100 °C aus dem frischen, ungesalzenen Gewebe des Netzes und der Nierenumhüllung gesunder Schweine (*Sus scrofa* L. var. *domesticus*) ausgeschmolzen wird. Anw.: Salbengrundlage, Speisefett.

■ Schweinespalthaut
Spalthaut von Schweinen (*Sus scrofa* L. var. *domesticus*) zur Verwendung als zeitweiliges Abdeckungsmaterial von Wunden nach schweren Verbrennungen. Die S. kann durch Tiefkühllagerung oder Gefriertrocknung konserviert werden und ist durch chemische bzw. enzymatische Vorbehandlung desantigenisiert.

Schweinetang ↗ Fucus-Arten.
Schweißtreibender Tee Species diaphoreticae.
Schwertbohne ↗ Canavalia ensiformis.
Schwertbohnenmehl ↗ Canavalia ensiformis.
Schwertelwurz ↗ Iris germanica.
Schwertlilie ↗ Iris florentina, ↗ Iris germanica.
Schwindelbeere ↗ Vaccinium-Arten.
Schwindelhafer ↗ Lolium temulentum.
Schwindelkörner ↗ Coriandrum sativum, ↗ Piper cubeba.
Schwindelkraut ↗ Coriandrum sativum.
Schwindelkrautsamen ↗ Coriandrum sativum.
Schwinnwart ↗ Chelidonium majus.
Schwulstkraut ↗ Digitalis-Arten.
Scilla ↗ Urginea maritima.
Scilla coromandeliana ↗ Urginea indica.
Scilla cundria ↗ Urginea indica.
Scilla denudata ↗ Urginea indica.
Scillae bulbus ↗ Urginea maritima.
Scilla hispanica ↗ Urginea maritima.
Scilla indica ↗ Urginea indica.
Scilla maritima ↗ Urginea maritima.
Scilla non-scripta ↗ Hyacinthoides non-scripta.
Scillaren ↗ Urginea maritima.
Scillirosid ↗ Urginea maritima.
Scincus marinus ↗ Scincus officinalis.

■ Scincus officinalis;
Skink (syn. Apothekerskink, Wüsteneidechse).

Vork.: Ägypten, arabische Wüstengebiete.

Fam.: Scincidae.

Droge: ***Scincus officinalis*** (syn. *Scincus marinus*), die getrockneten Tiere. Anw.: früher in der Volksheilkunde als Stimulans und als Aphrodisiakum.

■ **Scirpus atrovirens** Willd.
Bakana (syn. Simse).

Fam.: Cyperaceae.

Vork.: weltweit.

Inh.: Alkaloide. Eventuell handelt es sich um Mutterkornalkaloide (↗ *Claviceps purpurea*), die von einem parasitären Pilz als Stoffwechselprodukt gebildet werden. *Anw.:* in der mexikanischen Indianermedizin als Halluzinogen zu rituellen Heilungszeremonien verwendet sowie als Schmerzmittel und Psychotherapeutikum bei Geisteskrankheiten aller Art genutzt.

Scoparii cacumina ↗ Cytisus scoparius.
Scoparium ↗ Cytisus scoparius.

■ **Scopolamin**
Tropanalkaloid aus verschiedenen Solanaceen, wie ↗ *Hyoscyamus niger*, *Datura stramonium* (↗ *Datura*-Arten), ↗ *Atropa belladonna* oder ↗ *Scopolia carniolica*. *Wirk.:* Parasympathikolytikum ähnlich wie ↗ Atropin; Mydriasis und Sekretionshemmung stärker, Spasmolyse schwächer als beim Atropin. Wirkt auch zentral lähmend. *Anw.:* Antiemetikum, Hypnotikum bei starken Erregungszuständen, Mydriatikum, früher auch zur Therapie von Morbus Parkinson und in Kombination mit Morphin als Basisnarkotikum.

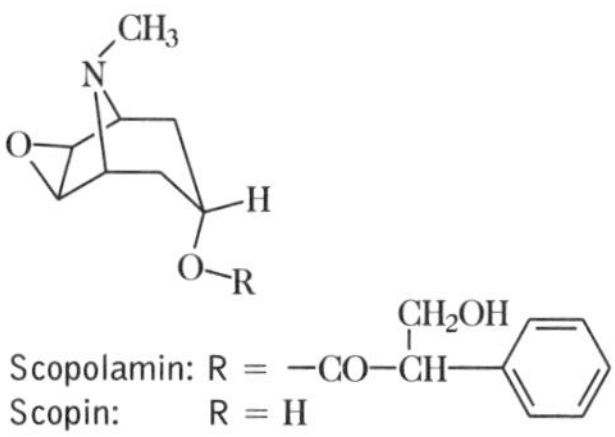

■ **Scopolia carniolica** Jacq.
Glockenbilsenkraut (syn. Skopoliakraut, Krainer Tollkraut), s. Farbtafel S. 303, Bild 135.

Fam.: Solanaceae.

Vork.: Südosteuropa, Karpaten, Ostalpen, Ukraine, Kaukasusgebiet.

Drogen: *1.* ***Scopoliae carniolicae folium*** (syn. *Folia Scopoliae carniolicae*); Scopoliablätter. *Inh.:* Alkaloide (0,2–0,4 %), wie Scopolamin, Hyoscyamin, ↗ Atropin. *Anw.:* zur Spasmolyse im Gastrointestinaltrakt, der Gallenwege, der Harnblase und der Bronchiolen. *2.* ***Scopoliae radix*** (syn. *Radix Scopoliae, Radix Scopoliae carniolicae, Rhizoma Scopoliae, Rhizoma Scopoliae carniolicae*); Glockenbilsenkrautwurzel. *Inh.:* Alkaloide (0,4–0,8 %), wie Hyoscyamin (ca. 0,4 %), ↗ Atropin (ca. 0,03 %), ferner Scopolamin, Atroscin, Cuskhygrin, Tropin; außerdem Scopoletin, Scopolin, Cholin und Betain. *Anw.:* zur Spasmolyse im Gastrointestinaltrakt, der Gallenwege, der Harnblase und der Bronchiolen ähnlich wie ↗ *Atropa belladonna*. In der Volksheilkunde auch bei Rheuma und Gicht, Koliken, Zahnschmerzen sowie als Aphrodisiakum und als Abtreibungsmittel verwendet.

Hom.: ***Scopolia carniolica*** (syn. *Hyoscyamus Scopolia*) HAB34, das frische, blühende Kraut. *Anw.-Geb.:* Geisteskrankheiten.

Histor.: Die Gattung wurde nach dem Naturkundler Antonio Scopoli (1723–1788) benannt, der als erster die Flora Sloweniens studiert und beschrieben hat. Im Mittelalter wurde die Droge in dieser Region zur Bereitung von Hexensalben, als Rauschmittel und Aphrodisiakum eingesetzt. In Ostpreußen, Litauen und auf dem Balkan wurde das Tollkraut wie die Alraune (↗ *Mandragora officinarum*) gesammelt und für magische Zwecke genutzt.

Scopolia datora ↗ Hyoscyamus muticus.
Scopoliae carniolicae folium ↗ Scopolia carniolica.
Scopoliae radix ↗ Scopolia carniolica.
Scopolia multica ↗ Hyoscyamus muticus.

■ **Scopoloa tangutica**.

Fam.: Solanaceae.

Vork.: China.

Droge: die ganze Pflanze. *Inh.:* Tropanalkaloide, u. a. Hyoscyamin, Scopolamin, Anisodamin, Anisodin. *Anw.:* in der traditionellen tibetanischen Heilkunde bei Migräne, Paralyse, bei bakteriell verursachter Dysenterie, Meningitis und Enteritis. In der chinesischen Heilkunde dient die Droge zur Anästhesie.

Scorodoniae herba ↗ Teucrium-Arten.

Scorodonia heteromalla ↗ Teucrium-Arten.
Scorodonia sylvestris ↗ Teucrium-Arten.
Scorpio australis ↗ Androctonus australis.
Scorzonerae radix ↗ Scorzonera hispanica.

■ **Scorzonera hispanica** L.
Schwarzwurzel.

Fam.: Asteraceae (Compositae).

Vork.: Mittel- und Südeuropa (hier auch kultiviert), Kaukasusgebiet.

Droge: ***Scorzonerae radix*** (syn. *Radix Scorzonerae*); Schwarzwurzel. Inh.: Coniferin, Inulin, Aminosäuren, Mannitol, Cholin; Milchsaft mit Kautschuk, α- und β-Lactucerol, Lactucin, Inosit. *Anw.:* in der Volksheilkunde als Stomachikum. Die gekochte Droge ist ein beliebtes Wintergemüse.

Scrophulariae herba ↗ Scrophularia nodosa.

■ **Scrophularia nodosa** L.
Braunwurz (syn. Knotenwurz), s. Farbtafel S. 303, Bild 136.

Fam.: Scrophulariaceae.

Vork.: Mitteleuropa, Zentralasien, Nordamerika.

Droge: *1.* ***Scrophulariae herba*** (syn. *Herba Scrophulariae*); Braunwurzkraut (syn. Knotenwurzkraut), das getrocknete Kraut. *Inh.:* Flavonoide, u. a. Diosmin und Hesperidin, Zimtsäurederivate, Iridoide, Alkaloide in Spuren, ↗ Aucubin. *Anw.:* volkstümlich bei Hautleiden und Geschwülsten. ***2. Radix Scrophulariae***; Braunwurz (syn. Knotenwurz), die getrocknete Wurzel. *Inh.:* Flavonoidglykoside, Iridoide, u. a. Harpagosid, Alkaloide in Spuren. *Anw.:* s. *Herba Scrophulariae*.

Hom.: *1.* ***Scrophularia nodosa*** HAB1; Braunwurz, die frischen, kurz vor Beginn der Blüte gesammelten, oberirdischen Pflanzenteile. *Anw.-Geb.:* Erkrankungen des lymphatischen Systems, der Haut und des Magen-Darm-Traktes, wie Schwächezustände, Drüsenverhärtungen, Enddarmentzündung, Milchschorf. ***2. Scrophularia nodosa spag. Krauß*** HAB1; die ganzen, frischen, vor Beginn der Blüte gesammelten Pflanzen. *Anw.-Geb.:* in der spagyrischen Therapierichtung bei Stoffwechselstörungen und Lymphdrüsenentzündungen.

Histor.: Der Gattungsname *Scrophularia*, abgeleitet von *scrophula* (lat., Halsdrüsengeschwulst), ist ein Hinweis auf die Verwendung der Pflanze gegen Skrofulose; *nodosa* (lat.) bedeutet knotig. Die deutsche Bezeichnung Braunwurz kennzeichnet die Farbe der Blüten und des Wurzelstockes. Im Altertum wird *Scrophularia* bereits von ↗ Dioskurides erwähnt, und auch die Kräuterbücher des Mittelalters heben ihre Verwendung bei Geschwüren hervor.

Scutellarein ↗ Flavonoide.
Scutellariae herba ↗ Scutellaria laterifolia.
Scutellaria lateriflora ↗ Scutellaria laterifolia.

■ **Scutellaria laterifolia** L.
(syn. *Scutellaria lateriflora*); Helmkraut (syn. Sumpfhelmkraut).

Fam.: Lamiaceae (Labiatae).

Vork.: Nordamerika, Kanada.

Droge: ***Scutellariae herba***. *Inh.:* Scutellarin, äther. Öl, Gerbstoff, Harz. *Anw.:* als Bittertonikum und Febrifugum.

Hom.: ***Scutellaria laterifolia*** HAB; Helmkraut, die frische Pflanze. *Anw.-Geb.:* Erkrankungen des Zentralnervensystems (Muskelzuckungen, Stirnkopfschmerz, Nervosität) sowie in der Rekonvaleszenz.

Histor.: Helmkraut ist Bestandteil von angeblich psychoaktiv wirkenden Rauchmischungen, die als Ersatz für Marihuana verwendet wurden. Auch als Beruhigungsmittel und zur Behandlung von Epilepsie, Neuralgien und Schlaflosigkeit wurde die Pflanze früher verordnet. Der Gattungsname *Scutellaria* ist vom lateinischen *scutellum* (Schildchen) abgeleitet, Bezug nehmend auf das Schildchen des Kelches; *lateriflora* bedeutet seitenblütig.

Sebenbaum ↗ Juniperus sabina.
Sebenstrauchkraut ↗ Juniperus sabina.
Sebiflora glutinosa ↗ Tetranthera laurifolia.

■ **Sebum**
(Talg), das feste Fett von Tieren, z. B. *Sebum bovinum* (syn. Rindertalg) oder *Sebum ovile* (syn. Hammeltalg). Feste Pflanzenfette wurden früher als Pflanzentalg bezeichnet. *Anw.:* Salbengrundlagen, Speisefette.

Sebum bovinum ↗ Bos taurus.
Sebum ovile ↗ Sebum.
Sebum taurinum ↗ Bos taurus.
Secale aestivum ↗ Secale cereale.

Secale arundinaceum ↗ Secale cereale.

■ **Secale cereale** L.
(syn. *Frumentum secale, Secale aestivum, S. arundinaceum, S. compositum, S. creticum, S. hybernicum, S. strictum, S. triflorum, S. turkestanicum, S. vernum, Triticum cereale, T. secale*); Roggen; s. Farbtafel S. 303, Bild 137.
Fam.: Poaceae (Gramineae).
Vork.: ursprünglich Asien. In Mittel-, Ost- und Nordeuropa kultiviert.
Droge: ***Amylum Secalis***; Roggenstärke. Inh.: Stärke. Anw.: als galenischer Hilfsstoff, für Nährpräparate, als Pudergrundlage.
Hom.: ***Secale cereale*** HAB34, die frischen Blütenähren.

Secale cereale.

Secale compositum ↗ Secale cereale.
Secale cornutum ↗ Claviceps purpurea.
Secale creticum ↗ Secale cereale.
Secale hybernicum ↗ Secale cereale.
Secale strictum ↗ Secale cereale.
Secale triflorum ↗ Secale cereale.
Secale turkestanicum ↗ Secale cereale.
Secale vernum ↗ Secale cereale.
Seckelblumenblätter ↗ Ceanothus americanus.
Seckelstrauch ↗ Ceanothus americanus.
Secoiridoide ↗ Iridoide.

■ **Securidaca longepedunculata** Fresen.
Fam.: Polygalaceae.
Vork.: tropisches Afrika.
Droge: Wurzeln und Rinde. Inh.: Saponine (ca. 2 %), u. a. Presenegenin; Alkaloide, u. a. Elymoclavin, Dihydroelymoclavin, Securinin; Salicylsäure-

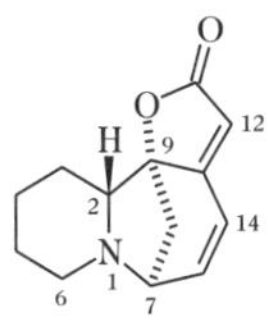

Securinin

methylester, Gerbstoffe. Anw.: eine der wichtigsten Medizinal- und Giftdrogen Afrikas, die bei fast allen Krankheiten in der Volksheilkunde eingesetzt wird, hauptsächlich bei Rheuma, Schmerzen, Würmern, Malaria, Fieber, Husten, Lepra, als Abortivum und drastisches Abführmittel. Die Droge ist auch Bestandteil von Jagdgiften.
Histor.: Die Pflanze wurde in Afrika häufig als ↗ Ordealgift (Gottesurteilgift) eingesetzt. Beim *Securidaca*-Ordal nahm man die Wurzel, entfernte die äußere Rindenschicht und schabte sie zusammen mit etwas Wasser in eine Blatt-Tüte. Danach träufelte man dem Beschuldigten die Flüssigkeit ins Auge. Erblindete der Proband, so war der Beweis für die Schuldigkeit erbracht. Schwoll es nur an, dann handelte es sich um eine fälschliche Anschuldigung und der Ankläger mußte den Beschuldigten reichlich entschädigen. Auch als Fetisch gegen böse Geister wurde die Pflanze genutzt.

Securinega ramiflora ↗ Securinega suffruticosa.

■ **Securinega suffruticosa** (Pall.) Rehd.
(syn. *Gerblerz suffruticosa, Securinega ramiflora*).
Fam.: Euphorbiaceae.
Vork.: Südsibirien, Nordchina, Korea, Japan, im Moldaugebiet auch kultiviert.
Droge: die ganze Pflanze. Inh.: Indolizidin-Alkaloide (bis ca. 0,4 %), u. a. Securinin, Allosecurinin; Gerbstoffe, Stärke, Aminosäuren. Wirk.: Securinin ist ein GABA-Antagonist und stimu-

liert das Zentralnervensystem mit ähnlichem Effekt wie ↗ Strychnin. *Anw.:* als Tonikum, bes. zur Nachbehandlung von Lähmungen, Poliomyelitis und Infektionskrankheiten.

Sedi telephii herba ↗ Sedum telephium.

■ **Sedum acre** L.
Fetthenne (syn. Hühnerträubchen, Katzentraube, Knolliges Steinkraut, Mauerträubchen, Scharfer Mauerpfeffer, Steinpfeffer, Vogelbrot), s. Farbtafel S. 303, Bild 138.

Fam.: Crassulaceae.

Vork.: Europa bis Westsibirien, Nordamerika.

Droge: ***Sedum acris herba*** (syn. *Herba sedi acris, Herba Sedi acri*); Mauerpfefferkraut (syn. Steinpfefferkraut, Vogelbrot), die zur Bütezeit gesammelten frischen oder getrockneten, oberirdischen Pflanzenteile. *Inh.:* Alkaloide (0,27 %) meist Piperidinstruktur aufweisend, mit den Hauptkomponenten Sedacrin, Sedamin, Sedinin

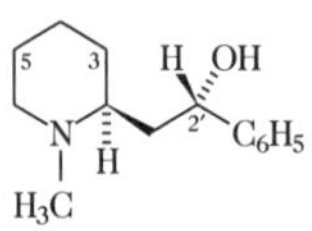

(–)-Sedamin

und Sedinon. Ferner Flavonoide, u. a. Isorhamnetin-, Quercetin- und Limocitrinderivate. Außerdem Gerbstoffe (ca. 10 %), Schleimstoffe und Gummen (ca. 30 %). *Anw.:* volkstümlich bei hohem Blutdruck, Herz- und Kreislaufschwäche, Arteriosklerose sowie fieberhaften Erkrankungen, äußerlich zur Wundbehandlung, bei Hühneraugen, Warzen und Flechten.

Hom.: ***Sedum acre*** HAB34; Mauerpfeffer, die frische, blühende Pflanze. *Anw.-Geb.:* Erkrankungen des venösen Gefäßsystems sowie des Magen-Darm-Traktes, u. a. bei Afterschmerzen.

Histor.: Der Gattungsname *Sedum* leitet sich von *sedere* (lat., sitzen) ab, da die Pflanze nahezu sitzend dicht am Boden wächst, während *acre* (scharf), auf den brennenden Nachgeschmack beim längeren Kauen hinweist. Auch der deutsche Name Mauerpfeffer bringt sowohl den Standort als auch den scharfen, pfefferartigen Geschmack zum Ausdruck. Der Mauerpfeffer gehört zu den uralten Heilpflanzen und wird bereits in den hippokratischen Schriften als Mittel gegen Schwellungen und Entzündungen genannt.

Sedum acris herba ↗ Sedum acre.

■ **Sedum alpestre** Vill.
(syn. *Sedum repens, S. rubens, S. saxatile*); Alpen-Fetthenne (syn. Alpen-Mauerpfeffer, Alpen-Sede).

Fam.: Crassulaceae.

Vork.: Gebirgsgegenden, Alpen.

Hom.: ***Sedum alpestre*** (syn. *Sedum repens*) HAB34; die zur Blütezeit geernteten, frischen, oberirdischen Pflanzenteile. *Anw.-Geb.:* Enddarmblutungen.

Sedum fabaria ↗ Sedum telephium.
Sedum purpurascens ↗ Sedum telephium.
Sedum repens ↗ Sedum alpestre.
Sedum rubens ↗ Sedum alpestre.
Sedum saxatile ↗ Sedum alpestre.

■ **Sedum telephium** L.
(syn. *Anacampseros vulgaris, Sedum fabaria, S. purpurascens, S. vulgare*); Rote Fetthenne.

Fam.: Crassulaceae.

Vork.: Europa bis Sibirien.

Droge: ***Sedi telephii herba*** (syn. *Herba sedi telephii*); Fetthennenkraut, die zur Blütezeit gesammelten frischen oder getrockneten oberirdischen Teile. *Inh.:* phenolische Verbindungen (ca. 3,2 %), insbes. Flavonoide sowie ↗ Arbutin und Hydrochinon. Außerdem organische Säuren (ca. 4–6 %), u. a. Äpfelsäure, sowie in geringen Mengen Pyridinalkaloide. *Anw.:* volkstümlich, meist in Form des Saftes, als Wund- und Schmerzmittel bei inneren und äußeren Verletzungen.

Hom.: ***Sedum telephium*** HAB34; die zur Blütezeit geernteten, frischen, oberirdischen Pflanzenteile. *Anw.-Geb.:* Enddarmblutungen.

Sedum vulgare ↗ Sedum telephium.
Seedornbeeren ↗ Hippophae rhamnoides.
See-Eiche ↗ Fucus-Arten.
Seegraswurzel ↗ Carex arenaria.
Seegurken ↗ Saponine.
Seehase ↗ Aplysia depilans.
Seekandel ↗ Nuphar lutea.
Seekiefer ↗ Pinus-Arten.
Seemannstreu ↗ Eryngium-Arten.
Seerosenblüten ↗ Nymphaea alba.
Seestrandkiefer ↗ Pinus-Arten.
Seestrand-Mannstreu ↗ Eryngium-Arten.
Seetraube ↗ Coccoloba uvifera.
Seetraubenbaumrinde ↗ Coccoloba uvifera.

Seggenwurzel ↗ Carex arenaria.
Seicherwurzel ↗ Taraxacum officinale.
Seidelbast ↗ Daphne mezereum.
Seidelbastweide ↗ Salix-Arten.
Seidenpflanze ↗ Asclepias-Arten.
Seidenraupe ↗ Bombyx mori.
Seidenwurm ↗ Bombyx mori.
Seifenbeeren ↗ Sapindus saponaria.
Seifenkraut ↗ Saponaria officinalis.
Seifenkrautsamen ↗ Saponaria officinalis.
Seifennüsse ↗ Sapindus saponaria.
Seifenrinde ↗ Quillaia saponaria.
Seifenrindenbaum ↗ Quillaia saponaria.
Seifenwurz ↗ Saponaria officinalis.
Selaginis herba ↗ Huperzia selago.
Selenicerei grandiflori flos ↗ Selenicereus grandiflorus.
Selenicerei grandiflori herba ↗ Selenicereus grandiflorus.
Selenicereus bonplandii ↗ Eriocereus bonplandii.

■ **Selenicereus grandiflorus** (L.) Britt. et Rose (syn. *Cactus grandiflorus, C. speciosus, Cereus scandens*); Königin der Nacht (syn. Schlangencereus, Schlangenkaktus).

Fam.: Cactaceae.

Vork.: Jamaika, Kuba, Mexiko, Kleine Antillen.

Drogen: *1.* ***Selenicereus-grandiflorus-Blüten*** (syn. *Cacti flos, Cacti grandiflori flos, Flores Cacti grandiflori, Selenicerei grandiflori flos*); Kaktusblüten (syn. Königin-der-Nacht-Blüten), die frischen oder getrockneten Blüten. *Inh.:* Flavonolglykoside, u. a. Narcissin, Rutosid, Cacticin, Kämpferitrin und Grandiflorin. *Anw.:* s. *Selenicerei grandiflori herba*. *2.* ***Selenicereus-grandiflorus-Kraut*** (syn. *Cacti grandiflori herba, Herba Cacti grandiflori, Herba Florens, Herba florens Cacti grandiflori, Herba Selenicerei grandiflori, Selenicerei grandiflori herba*); Kaktuskraut (syn. Königin-der Nacht-Kraut), die frischen oder getrockneten, oberirdischen Teile. *Inh.:* Flavonolglykoside, s. *Selenicerei grandiflori cacti*, ferner biogene Amine und Schleimstoffe. *Anw.:* volkstümlich bei Bluthusten, Menorrhagie, Dysmenorrhoe und Blutungen sowie in Zubereitungen bei nervösen Herzbeschwerden. In Zentralamerika bei Cystitis sowie äußerlich als hautreizendes Mittel bei rheumatischen Beschwerden.

Hom.: ***Selenicereus grandiflorus*** HAB1; Königin der Nacht, die frischen jungen Stengel und Blüten. *Anw.-Geb.:* Erkrankungen des Herzens, des arteriellen Gefäßsystems und bei spastischer Diathese sowie bei Krämpfen der Muskulatur, der Gefäße, der Hohlorgane, Schleimhautblutungen, organischen und funktionellen Herzkrankheiten, Verkalkung der Gefäße, Bluthochdruck.

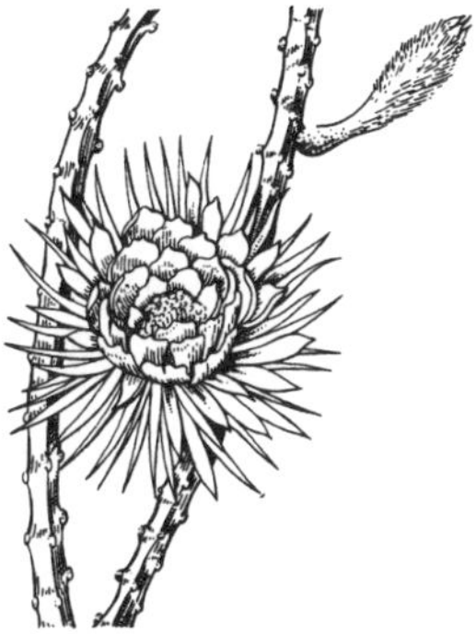

Selenicereus grandiflorus.

Histor.: Die Gattungsbezeichnung *Selenicereus* setzt sich aus *seléne* (griech., Mond, Mondgöttin) und *cereus* bzw. *cera* (lat., Wachs, Wachsfackel) zusammen, da die getrockneten, mit Öl getränkten Stämme einzelner Vertreter der Gattung von den Eingeborenen als Fackeln genutzt wurden. Der Artname *grandiflorus* (lat., großblütig) weist auf die große Blüte der Pflanze hin. Die Pflanze diente einst in ihrer mexikanischen und zentralamerikanischen Heimat als Mittel gegen Cystitis, Hydrops und äußerlich als Hautreizmittel bei rheumatischen Beschwerden. Die Einführung der Pflanze in die Herztherapie erfolgte erst durch Rubini (1864, Neapel).

Selenium coriandrum ↗ Coriandrum sativum.
Selinum anethum ↗ Anethum graveolens.
Selinum anisum ↗ Pimpinella-Arten.
Selinum archangelica ↗ Angelica archangelica.
Selinum carvi ↗ Carum carvi.
Selinum conium ↗ Conium maculatum.
Selinum cuminum ↗ Cuminum cyminum.
Selinum cynapium ↗ Aethusa cynapium.
Selinum foeniculum ↗ Foeniculum vulgare.
Selinum graveolens ↗ Apium graveolens.
Selinum myrrhis ↗ Myrrhis odorata.

■ **Selinum palustre** L.
Eppich.
Fam.: Apiaceae (Umfelliferae).
Vork.: Europa, Asien.
Droge: ***Herba Selini***; Eppichkraut (syn. Silje), das Kraut. Inh.: äther. Öl. Anw.: in der Volksheilkunde früher bei Epilepsie eingesetzt.

Selinum pastinaca ↗ Anethum graveolens.
Selinum pastinacae ↗ Pastinaca sativa.
Selinum petroselinum ↗ Petroselinum crispum.
Selinum phellandrium ↗ Oenanthe aquatica.
Selinum pimpinelloides ↗ Pimpinella-Arten.
Selinum podagraria ↗ Aegopodium podagraria.

■ **Selinum vaginatum** C.B. Clarke.
Fam.: Apiaceae (Umbelliferae).
Vork.: Indien.
Droge: die Wurzeln. Inh.: Terpene, Cumarine. Anw.: in der Volksheilkunde als Sedativum, Analgetikum und Antihypertensivum.

Selinum virosum ↗ Cicuta virosa.
Selinum visnaga ↗ Ammi visnaga.
Sellerie ↗ Apium graveolens.

■ **Semecarpus anacardium** L.
(syn. *Anacardia orientalia*); Ostindischer Tintenbaum.
Fam.: Anacardiaceae.
Vork.: in Ostindien beheimatet, kultiviert in Südasien und anderen tropischen Gebieten.
Droge: ***Fructus Anacardii orientalis*** (syn. *Anacardium, Fructus Anacardii orientalis, Fructus Anardii orientalis*); Ostindische Tintenbaumfrüchte (syn. Ostindische Elefantenläuse), s. Farbtafel S. 304, Bild 139. Inh.: scharfer, ätzender Balsam mit Anacardol (Phenolderivat), Phenolcarbonsäuren, Gerbstoffe, Anacardsäure. Anw.: In der Volksheilkunde wird der Balsam (*Cardolum pruriens*) als blasenziehendes Mittel bei Hühneraugen und Warzen eingesetzt. Die Droge dient weiterhin zur Herstellung von Stempelfarben und Tinten, in Indien auch zur Baumwollfärberei.

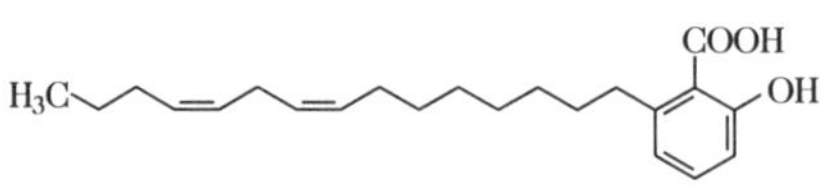

Anacardsäure
[(*Z*,*Z*)-6-(8,11-Pentadecadienyl)salicylsäure]

Hom.: ***Semecarpus anacardium*** HAB1; Elefantenlausbaum, die reifen, getrockneten Früchte. Anw.-Geb.: Erkrankungen des Zentralnervensystems, des Magen-Darm-Traktes sowie der Haut.

Semen Abelmoschi ↗ Abelmoschus moschatus.
Semen Absinthii dulce ↗ Pimpinella-Arten.
Semen Agni casti ↗ Vitex agnus-castus.
Semen Akocantherae venenatae ↗ Acokanthera-Arten.
Semen Amomi ↗ Amomum-Arten, ↗ Pimenta-Arten.
Semen Amygdalae ↗ Prunus-Arten.
Semen Amygdalae dulce ↗ Prunus-Arten.
Semen Amygdali amarum ↗ Prunus-Arten.
Semen Amygdali dulce ↗ Prunus-Arten.
Semen Anagyris ↗ Anagyris foetida.
Semen Anchiotti ↗ Bixa orellana.
Semen Angelicae ↗ Angelica archangelica.
Semen Anisi ↗ Pimpinella-Arten.
Semen Apii ↗ Apium graveolens.
Semen Arecae ↗ Areca catechu.
Semen Argyreiae ↗ Argyreia nervosa.
Semen Asiminae trilobae ↗ Asimina triloba.
Semen Bombacis ↗ Gossypium-Arten.
Semen Bonducellae ↗ Caesalpinia-Arten.
Semen Brucea ↗ Brucea amarissima.
Semen Cacao ↗ Theobroma cacao.
Semen Cacao tostum ↗ Theobroma cacao.
Semen Calabar ↗ Physostigma venenosum.
Semen Calabaricae ↗ Physostigma venenosum.
Semen Canariense ↗ Phalaris canariensis.
Semen Cannabis ↗ Cannabis sativa.
Semen Cardui mariae ↗ Silybum marianum.
Semen Carobae ↗ Ceratonia siliqua.
Semen Carvi romani ↗ Cuminum cyminum.
Semen Castaneae equinae ↗ Aesculus hippocastanum.
Semen Cataputiae majoris ↗ Ricinus communis.
Semen Cataputiae minoris ↗ Croton tiglium, ↗ Euphorbia-Arten.
Semen Cedronis ↗ Simaba cedron.
Semen Ceratoniae ↗ Cerotonia siliqua.
Semen Cheiranthi ↗ Cheiranthus cheiri.
Semen Cheiri ↗ Cheiranthus cheiri.
Semen Coccognidii ↗ Daphne mezereum.
Semen Cocculi ↗ Anamirta cocculus.
Semen Coffeae ↗ Coffea-Arten.
Semen Coix-Lacrymae ↗ Coix lacryma-jobi.
Semen Colae ↗ Cola-Arten.
Semen Colchici ↗ Colchicum autumnale.

Semen Cubebae ↗ Piper cubeba.
Semen Cucumeris melonis ↗ Cucumis-Arten.
Semen Cucurbitae ↗ Cucurbita pepo.
Semen Cumini ↗ Cuminum cyminum.
Semen Cydoniae ↗ Cydonia oblonga.
Semen Cymini ↗ Cuminum cyminum.
Semen Cynorrhodi ↗ Rosa canina.
Semen Cynosbati ↗ Rosa canina.
Semen Cytisi laburnum ↗ Laburnum anagyroides.
Semen Daturae ↗ Datura-Arten.
Semen Dauci ↗ Daucus carota.
Semen Diocleae ↗ Dioclea macrocarpa.
Semen Erucae ↗ Sinapis alba.
Semen Euphorbiae ↗ Euphorbia-Arten.
Semen Fabarum ↗ Phaseolus vulgaris.
Semen Foeni graeci ↗ Trigonella foenum-graecum.
Semen Foenugraeci ↗ Trigonella foenum-graecum.
Semen Ginkgo ↗ Ginkgo biloba.
Semen Gossypii ↗ Gossypium-Arten.
Semen Guaranae ↗ Paullinia cupana.
Semen Gynocardiae ↗ Gynocardia odorata.
Semen Harmalae ↗ Peganum harmala.
Semen Helianthi ↗ Helianthus annuus.
Semen Hippocastani ↗ Aesculus hippocastanum.
Semen Hordei decorticatus ↗ Hordeum vulgare.
Semen Hyoscyami ↗ Hyoscyamus niger.
Semen Iberidis ↗ Iberis amara.
Semen Ignatii ↗ Strychnos-Arten.
Semen Ispaghulae ↗ Plantago-Arten.
Semen Jatrophae ↗ Jatropha curcas.
Semen Jatrophae curcadis ↗ Jatropha curcas.
Semen Jequiritii ↗ Abrus precatorius.
Semen Lathyri ↗ Lathyrus sativus.
Semen Lathyridis majoris ↗ Euphorbia-Arten.
Semen Levistici ↗ Levisticum officinale.
Semen Lini ↗ Linum usitatissimum.
Semen Lithospermi ↗ Lithospermum officinale.
Semen Lolii temulenti ↗ Lolium temulentum.
Semen Lupinii ↗ Lupinus luteus.
Semen Lycopodii ↗ Lycopodium clavatum.
Semen Melanthii ↗ Nigella sativa.
Semen Melonis ↗ Cucumis-Arten.
Semen Mezerei ↗ Daphne mezereum.
Semen Milii solis ↗ Lithospermum officinale.
Semen Monodorae ↗ Monodora myristica.
Semen Moringae ↗ Moringa-Arten.
Semen Myristicae ↗ Myristica fragrans.
Semen Myristicae Papua ↗ Myristica argentea.
Semen Nigellae damescenae ↗ Nigella damascena.
Semen Nigellae sativae ↗ Nigella sativa.
Semen Nucistae ↗ Myristica fragrans.
Semen Nucis vomica ↗ Strychnos-Arten.
Semenocarpus anacardium ↗ Anacardium occidentale.
Semen Orleanae ↗ Bixa orellana.
Semen Paeoniae ↗ Paeonia officinalis.
Semen Palma-Christi ↗ Ricinus communis.
Semen Papaveris ↗ Papaver somniferum.
Semen Paradisi ↗ Aframomum-Arten.
Semen Pastinacae ↗ Pastinaca sativa.
Semen Pediculariae ↗ Delphinium staphisagria.
Semen Periplocae graecae ↗ Periploca graeca.
Semen Petroselini ↗ Petroselinum crispum.
Semen Phalangii ramosi ↗ Anthericum ramosum.
Semen Pharbites ↗ Pharbitis nil.
Semen Phaseoli ↗ Phaseolus vulgaris.
Semen Phellandri aquatici ↗ Oenanthe aquatica.
Semen Physostigmatis ↗ Physostigma venenosum.
Semen Pistaciae ↗ Pistacia vera.
Semen Plantaginis ovatae ↗ Plantago-Arten.
Semen Psyllii ↗ Plantago-Arten.
Semen Pulicariae ↗ Plantago-Arten.
Semen Quercus ↗ Quercus-Arten.
Semen Quercus tostum ↗ Quercus-Arten.
Semen Ricini ↗ Ricinus communis.
Semen Ricini majoris ↗ Jatropha curcas.
Semen Rutae silvestris ↗ Peganum harmala.
Semen Sabadillae ↗ Schoenocaulon officinale.
Semen Sapii sebiferi ↗ Sapium sebiferum.
Semen Saponariae ↗ Saponaria officinalis.
Semen Sesami ↗ Sesamum indicum.
Semen Simabae cedron ↗ Simaba cedron.
Semen Sinapeos ↗ Brassica-Arten.
Semen Sinapis ↗ Brassica-Arten.
Semen Sinapis albae ↗ Sinapis alba.
Semen Sinapis viridis ↗ Brassica-Arten.
Semen Sojae ↗ Glycine max..
Semen Sorghi ↗ Sorghum bicolor.
Semen Staphisagriae ↗ Delphinium staphisagria.
Semen Stramonii ↗ Datura-Arten.
Semen Strophanthi ↗ Strophanthus-Arten.
Semen Strophanthi grati ↗ Strophanthus-Arten.
Semen Strophanthi kombé ↗ Strophanthus-Arten.
Semen Strychni ↗ Strychnos-Arten.
Semen Synsepali dulciferi ↗ Synsepalum dulciferum.
Semen Syzygii cumini ↗ Syzygium-Arten.
Semen Tamarindorum ↗ Tamarindus indica.
Semen Theobromae ↗ Theobroma cacao.
Semen Thevetiae ↗ Thevetia peruviana.
Semen Thevetiae neriifoliae ↗ Thevetia peruviana.

Semen Tiglii ↗ Croton tiglium.
Semen Tithymali latifolii ↗ Euphorbia-Arten.
Semen Tonca ↗ Dipteryx odorata.
Semen Trigonellae ↗ Trigonella foenum-graecum.
Semen Urticae ↗ Urtica-Arten.
Semen Voacangae ↗ Voacanga-Arten.
Semina Coffeae ↗ Coffea-Arten.
Semina Rhynchosiae phaseoloides ↗ Rhynchosia phaseoloides.
Sempervivum alpinum ↗ Sempervivum tectorum.
Sempervivum glaucum ↗ Sempervivum tectorum.
Sempervivum majoris folium ↗ Sempervivum tectorum.
Sempervivum murale ↗ Sempervivum tectorum.

■ **Sempervivum tectorum** L.
(syn. *Sempervivum glaucum, S. alpinum, S. murale*); Echte Hauswurz (syn. Hauslauch, Dach-Hauswurz). Die Gattung steht unter Artenschutz!

Fam.: Crassulaceae.

Vork.: Mitteleuropa, besonders im alpinen Bereich; in den USA auch kultiviert.

Droge: ***Sempervivum majoris folium*** (syn. *Folia Sedi magni, Folia Sempervivi majoris, Herba Sempervivi tectori*); Hauswurzblätter. *Inh.:* L-Äpfelsäure und deren Calciumsalze, Isocitronensäure, Gerbstoffe, Harz, Schleimstoffe. *Anw.:* in der Volksheilkunde zur Wundbehandlung, bei Verbrennungen, bei Augenentzündungen, gegen Hühneraugen, Insektenstiche, Geschwüre der Mundschleimhaut. Die Blätter und jungen Sprosse werden als Salat gegessen; im Engadin werden sie dem Trinkwasser zugesetzt, dadurch wird ein erfrischender Geschmack erzielt.

Hom.: ***Sempervivum tectorum*** HAB1; Dach-Hauswurz, die frischen, vor Beginn der Blüte gesammelten Blätter. *Anw.-Geb.:* bei destruktiven Prozessen und knotigen Verhärtungen in der Haut, der Zunge, der Brust sowie bei Warzen.

Histor.: Hauswurzsaft zusammen mit Gummi, rotem Arsenik und Alaun gemischt, sollte nach mittelalterlichen Vorstellungen ein Arkanum ergeben, das, auf die Haut gestrichen, gestatten sollte, glühendes Eisen anzufassen, ohne verbrannt zu werden. Der Gattungsname *Sempervivum* setzt sich aus *semper* (lat., immer) und *vivum* von *vivere* (lat., leben) zusammen; ein Hinweis, daß die Pflanze auch unter sehr trockenen Bedingungen zu leben vermag. Der Artname *tectorum* (lat.) geht auf die römische Sitte zurück, die Hauswurz auf den Dächern zu kultivieren. Auch im Mittelalter wurde dies fortgesetzt, zumal man glaubte, daß die Pflanze das Einschlagen des Blitzes abwehrt. *Sempervivum*-Arten fanden bereits in der griechischen und römischen Heilkunde Anwendung. So rühmt z. B. ↗ Dioskurides ihre kühlende und adstringierende Wirkung bei Geschwüren, Brandwunden und Podagra.

Senacia maytenus ↗ Maytenus-Arten.

■ **Senecio-Arten**
● **Fam.:** Asteraceae (Compositae).
● **Senecio aureus** L.; Goldenes Kreuzkraut (syn. Goldkreuzkraut).

Vork.: Nordamerika, in Europa kultiviert und verwildert.

Droge: ***Senecio-aureus-Kraut***; Goldkreuzkraut, das getrocknete Kraut. *Inh.:* ↗ Pyrrolizidinalkaloide, Sesquiterpene vom Eremophilan-Typ, Flavonoide, bes. Flavonolglucoside, die teilweise partiell acetyliert sind. *Anw.:* volkstümlich gegen Blutungen. Von den nordamerikanischen Indianern in der Geburtshilfe und bei Blutungen eingesetzt. *Geg.:* Infolge Toxizität der enthaltenen Pyrrolizidinalkaloide ist die therapeutische Anwendung nicht zu empfehlen.

Hom.: ***Senecio aureus*** HAB34; Goldkreuzkraut, die frische, blühende Pflanze. *Anw.-Geb.:* Erkrankungen der weiblichen Geschlechtsorgane, der Nieren und ableitenden Harnwege wie Entzündungen der Harn- und Geschlechtsorgane, Regelstörungen, Blutarmut, nervösen Beschwerden sowie bei Gerinnungsstörungen.

● **Senecio bicolor** (Willd.) Tod. (syn. *Cineraria maritima, Senecio cineraria, S. maritimus*); Aschenkraut (syn. Cineraria-Kreuzkraut).

Vork.: Mittelmeergebiet, in Mitteleuropa mitunter als Zierpflanze kultiviert.

Droge: ***Senecio-bicolor-Kraut*** (syn. *Senecio-cineraria*-Kraut), das Kraut der blühenden Pflanze. *Inh.:* Pyrrolizidinalkaloide (bis zu 0,9 %, bezo-

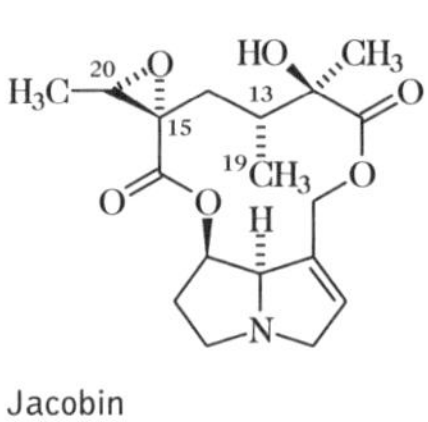

Jacobin

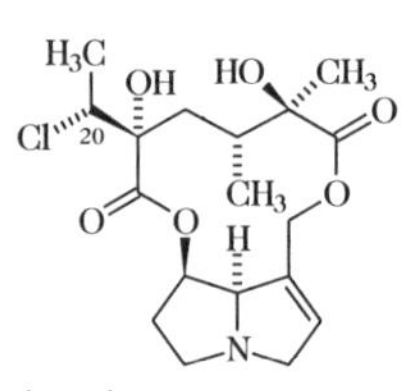

Jaconin

gen auf das Trockengewicht), u. a. Jacobin, Jaconin und Senecionin, ferner Polyine, Chinolinderivate, Sesquiterpen-Kohlenwasserstoffe und Vanillin. Anw.: volkstümlich der Saft bei Augenleiden, Migräne und Menstruationsstörungen. Geg.: Infolge toxischer, insbes. mutagener und cancerogener Eigenschaften der enthaltenen Pyrrolizidinalkaloide ist die therapeutische Anwendung der Droge abzulehnen.

Hom.: ***Senecio bicolor*** (syn. *Cineraria maritima*) HAB34; das frische Kraut. Anw.-Geb.: Grauer Star.

● **Senecio fuchsii** C.C. Gmel. (syn. *Senecio nemorensis ssp. fuchsii, S. ovatus, S. sarracenius*); Fuchssches Kreuzkraut (syn. Fuchskreuzkraut).

Vork.: Europa.

Droge: ***Senecionis herba***, (syn. *Herba Senecionis*); Fuchssches Kreuzkraut, das zur Blütezeit oder kurz vor der Blüte geerntete Kraut. Inh.: Pyrrolizidinalkaloide (0,01–0,1 %), u. a. 7-Senecioylretronecin, 7-Angeloylretronecin, Triangularin, Fuchsisenecionin, Sarracin.; Flavonoide, Cumarinderivate, wenig äther. Öl. Anw.: früher in der Volksheilkunde bei Blutungen, wie Wochenbettblutungen, klimakterischen Blutungen, Menorrhagien; Diabetes mellitus und Krämpfen. Geg.: Infolge toxischer, insbes. mutagener und cancerogener Eigenschaften der enthaltenen Pyrrolizidinalkaloide ist die therapeutische Anwendung der Droge abzulehnen.

Hom.: ***Senecio nemorensis*** (syn. *Senecio fuchsii*) HAB; die zur Blütezeit geernteten, frischen, oberirdischen Pflanzenteile. Anw.-Geb.: Blutungen.

● **Senecio jacobaea** L. (syn. *Jacobaea vulgaris*); Großes Kreuzkraut (syn. Jakobskraut, Jakobskreuzkraut, Spinnenkraut).

Vork.: Europa.

Droge: ***Senecionis jacobaeae herba*** (syn. *Herba Jacobaeae, Herba Senecionis jacobaeae*); Jakobskraut (syn. Jakobskreuzkraut), die getrockneten, oberirdischen Teile der blühenden Pflanze. Inh.: Pyrrolizidinalkaloide (2,2–0,4 %) mit dem Jacobin-Chemotyp, der Jacobin und dessen Drivate enthält und dem Erucifolin-Chemotyp mit Erucifolin und *O*-Acetylerucifolin als Hauptalkaloiden. Ferner in Spuren äther. Öl, das Germacren D als charakteristische Substanz enthält. Anw.: volkstümlich früher bei Amenorrhoe, Dysmenorrhoe, Harndrang und rheumatischen Beschwerden. Geg.: infolge Toxizität der enthaltenen Pyrrolizidinalkaloide ist die therapeutische Nutzung der Droge abzulehnen.

Hom.: ***Senecio jacobaea*** HAB34, die ganze frische Pflanze. Anw.-Geb.: u. a. bei Grauem Star.

● **Senecio vulgaris** L.; Greiskraut (syn. Gemeines Kreuzkraut, Grindkraut, Waldgreiskraut).

Vork.: Europa, Asien.

Droge: ***Senecionis vulgaris herba*** (syn. *Herba Senecionis vulgaris*); Kreuzkraut, das zur Blütezeit gesammelte Kraut. Inh.: Pyrrolizidinalkaloide mit Senecionin und Seneciphyllin als Hauptkomponenten. Ferner Flavonoide und äther. Öl (0,002 %) mit β-Caryophyllen als dominierendem Bestandteil. Anw.: volkstümlich früher bei Koliken, gegen Würmer sowie der ausgepreßte Saft bei Dysmenorrhoe und Epilepsie. Geg.: s. *Senecionis herba*.

● **Histor.:** Der Gattungsname *Senecio* ist vom lateinischen *senex, senis* (Greis) abgeleitet und bezieht sich auf die Haarkrone des Pappus, die mit dem Greisenhaar verglichen wird. Der Name Jakobskreuzkraut bezieht sich auf seine Blütezeit um Jakobi. Im Mittelalter verwendete man die Blattdroge als *Herba Seneciones Jacobaeae* u. a. als Tonikum, zum Stillen von Krämpfen sowie bei Amenorrhoe.

Senecio ciliatus ↗ Conyza canadensis.
Senecio hieracifolia ↗ Erechthites hieracifolia.
Senecionis herba ↗ Senecio-Arten.
Senecionis jacobaeae herba ↗ Senecio-Arten.
Senecionis vulgaris herba ↗ Senecio-Arten.
Senegalgummi ↗ Acacia-Arten.
Senegawurzel ↗ Polygala-Arten.
Senfbaum ↗ Salvadora persica.
Senf-Kraut ↗ Brassica-Arten.
Senföle ↗ Glucosinolate.
Senfrauke ↗ Eruca sativa.
Senna acutifolia ↗ Cassia-Arten.
Senna alanta ↗ Cassia-Arten.
Senna alexandrina ↗ Cassia-Arten.
Senna angustifolia ↗ Cassia-Arten.
Senna auriculata ↗ Cassia-Arten.
Sennae folium ↗ Cassia-Arten.
Sennae fructus acutifoliae ↗ Cassia-Arten.
Sennae fructus angustifoliae ↗ Cassia-Arten.
Senna obovata ↗ Cassia-Arten.
Senna obtusa ↗ Cassia-Arten.
Senna occidentalis ↗ Cassia-Arten.
Senna officinalis ↗ Cassia-Arten.

Sennencassie ↗ Cassia-Arten.
Sennesbälge ↗ Cassia-Arten.
Sennesblätter ↗ Cassia-Arten.
Sennesfrüchte ↗ Cassia-Arten.
Sennesschoten ↗ Cassia-Arten.
Sennoside ↗ Cassia-Arten.
Sepiaknochen ↗ Sepia officinalis.

■ **Sepia officinalis** L.
(syn. *Belosepia sepioides*); Gemeiner Tintenfisch (syn. Tintenschnecke).

Fam.: Sepiidae.

Vork.: Küstengewässer der gemäßigten und warmen Meere, bes. Mittelmeer.

Droge: ***Ossa Sepiae*** (syn. *Tegmina Sepiae*); Sepiaknochen (syn. Weißes Fischbein). *Inh.:* Calciumcarbonat (80–85 %), geringe Mengen an Calciumphosphat, Kaliumchlorid und -sulfat sowie weitere mineralische Bestandteile. *Anw.:* in der Volksheilkunde bei Fieber, Magenbeschwerden, zur Knochenbildung. Früher wurde die Droge Zahnpulvern zugesetzt und diente in der Technik als Poliermittel.

Hom.: ***Sepia*** HAB1; Tintenfisch, das getrocknete Sekret der Tintendrüse. *Anw.-Geb.:* als Konstitutionsmittel bei Erkrankungen des Zentralnervensystems, des Herzens, des arteriellen Gefäßsystems, der oberen und unteren Luftwege, des Magen-Darm-Traktes, der Leber, Galle und Bauchspeicheldrüse, der weiblichen Geschlechtsorgane, der Haut sowie des Stütz- und Bewegungsapparates.

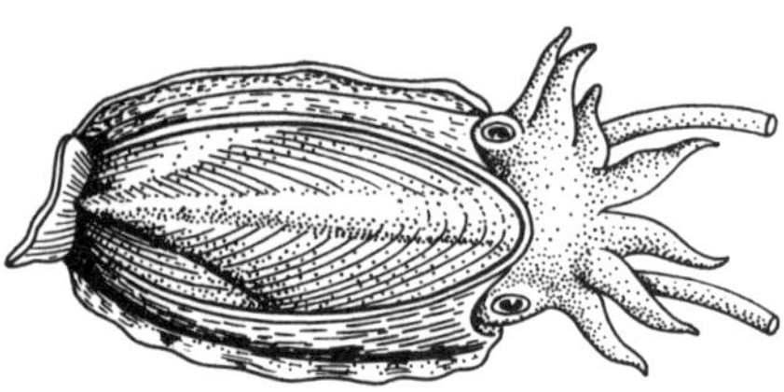

Sepia officinalis, Tintenfisch.

Septas hypericifolia ↗ Stellera chamaejasme.
Sereh-Gras ↗ Cymbopogon-Arten.
Serendipity-Beeren ↗ Dioscoreophyllum cumminsii.
Serenoae repentis fructus ↗ Serenoa repens.

■ **Serenoa repens** (Bartr.) Small
(syn. *Brahea serrulata, Chamaerops serrulata, Corypha repens, Sabal serrulata, S. serrulatum, Serenoa serrulata*); Sägepalme (syn. Sägezahnpalme, Zwergpalme).

Fam.: Arecaceae (Palmae).

Vork.: Südstaaten der USA, tropisches Mittel- und Südamerika.

Droge: ***Sabalis serrulati fructus*** (syn. *Fructus Sabalis serrulati, Fructus Sabal, Fructus Sabalis, Fructus Sabalis serrulatae, Fructus Serenaeae, Sabal fructus, Serenoae repentis fructus*); Sabalfrucht (syn. Sägepalmenfrucht, Zwergpalmenfrucht), die unvollständig getrockneten, reifen Früchte. *Inh.:* saure Polysaccharide mit hohen Anteilen an Galactose (ca. 38 %), Arabinose (etwa 19 %) und Uronsäuren (ca. 14 %), Sterole, bes. β-Sitosterol, meist glucosidiert oder acyliert, z. B. β-Sitosterol-3-*O*-laurat und β-Sitosterol-3-*O*-myristat, Flavonoide, u. a. Isoquercitrin und Rhoifolin sowie Triglyceride (ca. 27 %) mit den Fettsäurekomponenten Capryl-, Laurin-, Myristin-, Öl- und Palmitinsäure, wobei letztere teilweise auch frei vorliegen, sowie äther. Öl (ca. 1,2 %). *Anw.:* Miktionsbeschwerden bei benigner Prostatahyperplasie (Stadium I und II), Bestandteil entsprechender Phytopharmaka. Volkstümlich auch bei Blasen- und Hodenentzündung, Blasenkatarrh, Brustdrüsenentzündung und Bronchialkatarrh. In den Herkunftsländern werden die Früchte auch als Obst genutzt.

Hom.: ***Serenoa repens*** HAB1; Sägezahnpalme, die frischen, reifen Früchte. *Anw.-Geb.:* Erkrankungen der männlichen Geschlechtsorgane, der Nieren und ableitenden Harnwege, Blasenentleerungsstörungen.

Histor.: Die Gattung *Serenoa* wurde nach dem amerikanischen Botaniker Sereno Watson benannt; *repens* (lat., kriechend, niedrig) bezieht sich auf den niedrigen Wuchs, *serrulata* (lat., kleine Säge) auf die stachligen Blattstiele. In die Arzneikunde wurde die Pflanze von Read und Solomons eingeführt.

Serenoa serrulata ↗ Serenoa repens.
Serpentaria ↗ Aristolochia-Arten.
Serpentariae radix ↗ Aristolochia-Arten.
Serpentin ↗ Rauvolfia serpentina.
Serpylli aetheroleum ↗ Thymus-Arten.
Serpylli herba ↗ Thymus-Arten.
Serpyllum ↗ Thymus-Arten.

■ **Sertürner, Friedrich Wilhelm Adam**
(1783–1841), Apotheker (Einbeck, Hameln), isolierte 1805 erstmalig ↗ Morphin aus Opium (↗ *Pa-*

paver somniferum) und leitete damit die moderne Alkaloidforschung ein. 1929 stiftete die Deutsche Pharmazeutische Gesellschaft die Sertürner-Medaille für wertvolle wissenschaftliche Arbeiten praktisch tätiger Apotheker.

Sesam ↗ Sesamum indicum.

■ Sesamin

fettlösliches Furolignan als Anteil des unverseifbaren Rückstandes im Sesamöl (↗ *Sesamum indicum*). Es wirkt antioxidativ, trägt damit zur Oxidationsstabilität des Öles bei und dient zur Identitätsprüfung für Sesamöl.

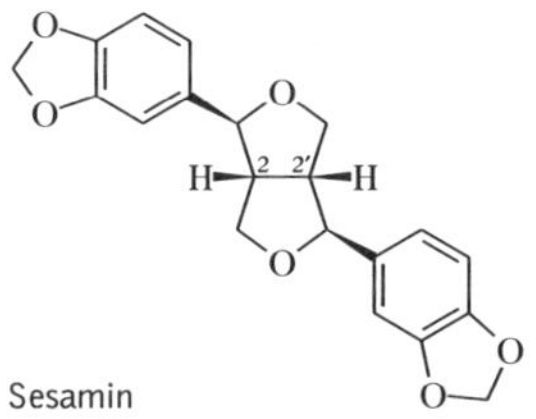

Sesamin

Sesami oleum ↗ Sesamum indicum.
Sesamöl ↗ Sesamum indicum.
Sesamum africanum ↗ Sesamum indicum.
Sesamum brasiliense ↗ Sesamum indicum.

■ Sesamum indicum L.

(syn. *Anthadenia sesamoides, Capraria integerrima, Dysosmon amoenum, Sesamum africanum, S. brasiliense, S. luteum, S. malabaricum, S. oleiferum, S. orientale, S. trifoliatum, Volkameria orientalis, V. sesamoides*); Sesam.

Fam.: Pedaliaceae.

Vork.: weltweit in tropischen, subtropischen und gemäßigten Gebieten, zumeist kultiviert.

Droge: ***Sesami oleum*** (syn. *Oleum Sesami*); Sesamöl, das aus den Samen (*Semen Sesami*) gepreßte Öl. *Inh.:* Acylglycerole (ca. 98 %), vor allem Di- und Triglyceride, wenig freie Fettsäuren; Lignane (0,8–1,7 %), wie Sesamin, Sesamolin, Asarinin; Sterole, Phospholipide. *Anw.:* innerlich bei Obstipation, rektal appliziert zur Erweichung von hartem Kot im Enddarm bei Stuhlverhaltung. Äußerlich wird die Droge zur Hautpflege und als Massageöl eingesetzt. In der Galenik dient sie als Lösungsmittel für lipophile Arzneistoffe, wie Steroide. Sesamöl ist ein hochwertiges Speiseöl mit langer Haltbarkeit. In der Landwirtschaft wird die Droge zusammen mit Pyrethroiden (↗ *Chrysanthemum*-Arten) zur Insektenvernichtung eingesetzt, da Sesamin die Wirkung von Pyrethrum synergistisch verstärkt.

Sesamum luteum ↗ Sesamum indicum.
Sesamum malabaricum ↗ Sesamum indicum.
Sesamum oleiferum ↗ Sesamum indicum.
Sesamum orientale ↗ Sesamum indicum.
Sesamum trifoliatum ↗ Sesamum indicum.
Seseli aegopodium ↗ Aegopodium podagraria.
Seseli carum ↗ Carum carvi.
Seseli carvi ↗ Carum carvi.
Seseli graveolens ↗ Apium graveolens.

■ Sesquiterpenderivate

zu den Isoprenoiden zählende Gruppe von offenkettigen oder cyclischen Kohlenwasserstoffen, die durch Kondensation aus 3 Isopreneinheiten gebildet werden und damit über 15 Kohlenstoffatome im Molekül verfügen. Bisher sind etwa 100 Strukturtypen mit mehreren Tausend Vertretern bekannt. Die Hauptmenge findet man in den ↗ äther. Ölen, z. B. Farnesen und Farnesol. Ihre biologischen Funktionen sind wenig bekannt. Als Arzneistoffe haben die Sesquiterpenlactone als Bitterstoffe und als Bestandteile äther. Öle, z. B. Bisabolol und Proazulene, Bedeutung. Außderdem gibt es verschiedene Antibiotika mit Sesquiterpenstruktur. Sesquiterpene sind unter anderem auch bestimmte Phytohormone, wie ↗ Abscisinsäure, Pheromone oder Phytoalexine. Die Parfümindustrie nutzt viele technisch gewonnene S. als Duftstoffe.

Setae Stizolobii ↗ Mucuna pruriens.
Sevenkraut ↗ Juniperus sabina.
Sevibaum ↗ Juniperus sabina.
Sevikraut ↗ Juniperus sabina.
Shanin ↗ Petunia violacea.
Sheabutter ↗ Butyrospermum parkii.
Shiitake ↗ Lentinula edodes.
Shiitakepilz ↗ Lentinula edodes.
Shikimibaum ↗ Illicium anisatum.
Shikimifrüchte ↗ Illicium anisatum.
Shikimi fructus ↗ Illicium anisatum.
Shimifrüchte ↗ Illicium anisatum.
Shizophyllan ↗ Schizophyllum commune.

■ Shlerochiton ilicifolius

Fam.: Acanthaceae.

Vork.: Südafrika, bes. Transvaal.
Droge: die Rinde und Wurzeln. Inh.: u. a. Monatin, ein natürlicher Süßstoff mit der 1300-fachen Süßkraft von Saccharose. Anw.: volkstümlich als Süßungsmittel.

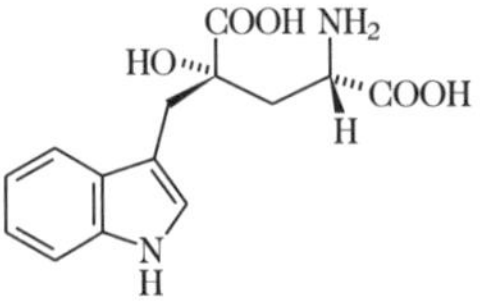

Monatin ((2*S*,4*S*)-4-Hydroxy-4-(indol-3-ylmethyl)-L-glutaminsäure)

Shorea camphorifera ↗ Dryobalanops aromatica.

■ **Shorea robusta** Gaertn. f.
(syn. *Shorea talura, Vatica robusta*); Salbaum (syn. Saulbaum).
Fam.: Dipterocarpaceae.
Vork.: am Fuß des Himalajagebirges, Vorderindien, Sumatra und Java.
Droge: ***Shorea-robusta-Harz*** (syn. Katzenaugenharz, Salharz, Saulharz, Weißes Dammarharz), der aus den Stämmen und Ästen nach Verletzung ausgeflossene und erhärtete Harzbalsam. Inh.: Triterpensäure, u. a. Ursolsäure; Ursaldehyd, Ursaldehydacetat, α-Amyrin, Asiatsäure, Dammarenolsäure, Hydroxyhapanon, β-Sitosterol. Anw.: in der Volksheilkunde bei Wunden und Brandwunden sowie innerlich bei Durchfall. Das Öl aus dem Harz wird bei Hauterkrankungen und Ohrenleiden verwendet.

Shorea talura ↗ Shorea robusta.

■ **Shorea wiesneri** Stapf et Schiffner
Salbaum (syn. Dammarabaum, Saulbaum).
Fam.: *Dipterocarpaceae.*
Vork.: Sumatra, Java, Philippinen, Ostindien.
Droge: ***Dammara*** (syn. *Resina Dammar, Gummi Dammar, Dammar*); Dammarharz (syn. Felsendammar, Katzenaugenharz, Ostindisches Dammar, Salharz, Steindammar, Weißes Dammarharz), s. Farbtafel S. 304, Bild 140. Die Droge wird auch von anderen *Shorea-* sowie *Balanocarpus-* und *Hopea-*Arten gewonnen. Inh.: ca. 0,5 % äther. Öl; alkohollösliches α-Dammaroresen (ca. 40 %), alkoholunlösliches β-Dammaroresen (ca. 23 %), Dammarolsäure (ca. 23 %), weitere Triterpene, Kohlenwasserstoffe und Bitterstoffe. Anw.: selten in der Galenik als Pflastergrundmasse und Trägermaterial für Kaupastillen. Auch als Gewürz zum Aromatisieren von Getränken sowie als Lackgrundstoff wird die Droge eingesetzt. In der Mikroskopie dient eine Dammarlösung in Xylol zur Herstellung von Dauerpräparaten.

Siam-Benzoe ↗ Styrax-Arten.
Siamesisches Gamboga ↗ Garcinia hanburyi.
Siam-Kardamomen ↗ Amomum-Arten.
Sibirische Gichtrose ↗ Rhododendron-Arten.
Sibirischer Biber ↗ Castor fiber var. sibirica.
Sibirischer Ginseng ↗ Eleutherococcus senticosus.
Sibirischer Rhabarber ↗ Rheum-Arten.
Sibirischer Rhododendron ↗ Rhododendron-Arten.
Sibirische Schneerose ↗ Rhododendron-Arten.
Sibirische Tanne ↗ Abies-Arten.
Sichelblättriges Hasenohr ↗ Bupleurum-Arten.

■ **Sickingia rubra**.
Fam.: Rubiaceae.
Vork.: tropisches Amerika, Brasilien.
Droge: ***Cortex Araribae rubrae***; Araribarinde, die Stammrinde. Inh.: Aribin. Anw.: in der Volksheilkunde gegen Fieber.

■ **Sida acuta** Burm.
(syn. *Sida herbaceae, S. lanceolata, S. scoparia*).
Fam.: Malvaceae.
Vork.: Südasien, Afrika, Mittel- und Südamerika.
Droge: Blätter und Samen. Inh.: Alkaloide, wie Cryptolepin; β-Phenylethylamine, Chinazoline, Tryptamine, Cholin, Betain. Anw.: in der asiatischen Volksheilkunde als Adstringens, Antidot bei Skorpion- und Schlangenbissen, bei Tuberkulose, Magen- und Nervenleiden, Herzbeschwerden. In Mexiko wird die Droge auch als Anregungsmittel geraucht und dient als Ersatz für Marihuana.

Sida althaeaefolia ↗ Sida cordifolia.

■ **Sida cordifolia** L.
(syn. *Sida althaeaefolia, S. rotundifolia, S. tomentosa*).
Fam.: Malvaceae.
Vork.: Afrika.
Droge: die ganze Pflanze. Inh.: Alkaloide, u. a. Vasicin; Phytosterole, Harz, Harzsäuren, Schleim;

in den Samen auch fettes Öl, Alkaloide, wie Ephedrin. Anw.: in der Volksheilkunde als Malariamittel, Menstruationsstimulans, Hustenmittel, Wurmmittel und Tonikum; die Wurzel auch bei Nervenleiden und zur Wundbehandlung; die Samen dienen als Aphrodisiakum. In Nigeria ist die Droge auch Bestandteil von Pfeilgiften.

Sida herbaceae ↗ Sida acuta.
Sida lanceolata ↗ Sida acuta.
Sida rotundifolia ↗ Sida cordifolia.
Sida scoparia ↗ Sida acuta.
Sida tomentosa ↗ Sida cordifolia.
Sideritidis herba ↗ Sideritis-Arten.

■ **Sideritis-Arten**
● **Fam.:** Lamiaceae (Labiatae).
● **Sideritis hirsuta** L. (syn. *Stachys recta*); Berufkraut (syn. Beschreikraut, Eisenkraut, Gerader Ziest, Gliedkraut, Vesperkraut).
Vork.: Mittel- und Südeuropa, Balkan.
Droge: ***Sideritidis herba*** (syn. *Herba Siteritidis, Herba Sideritis*). Die Droge wird auch unter der Bezeichnung Püringer Tee genutzt. Inh.: äther. Öl, Gerbstoffe, Bitterstoffe. Anw.: als Tonikum, Diaphoretikum, Febrifugum.
● **Sideritis clandestina** (Chaub u. Bony) Hayek.
Vork.: Mitteleuropa, Balkan, Nordamerika.
Droge: ***Griechischer Bergtee***. Inhaltsstoffe und Anwendung s. *Sideritis hirsuta*.
● **Sideritis scardiaca**.
Vork.: Mittelmeergebiete, Balkan.
Droge: ***Herba Sideritidis scardicae***; Püringer Tee. Inh.: äther. Öl, Gerbstoffe. Anw.: in der Volksmedizin auf dem Balkan vielfältig eingesetzt, vor allem als Tonikum und Diaphoretikum.
● **Histor.:** *Sideritis*-Arten wurden seit dem Altertum therapeutisch und zu magischen Zwecken eingesetzt. ↗ Plinius berichtet über die Verwendung der Droge zur Heilung von Hieb- und Stichwunden. Die römischen Gladiatoren sollen sie als Amulett getragen haben. Die slawischen Völker benutzten eine Abkochung der Droge zum Baden ihrer Kinder, um sie gegen Krankheiten und gegen magische Einflüsse zu schützen.

Siebenpunktiger Marienkäfer ↗ Coccinella septempunctata.
Siebenstern ↗ Trientalis europaea.
Siebensternwurzel ↗ Trientalis europaea.

Siegesbeckie ↗ Sigesbeckia orientalis.
Siegesbeckienkraut ↗ Sigesbeckia glabrescens, ↗ Sigesbeckia pubescens.
Sigesbeckia brachyata ↗ Sigesbeckia orientalis.
Sigesbeckiae herba ↗ Sigesbeckia glabrescens, ↗ Sigesbeckia pubescens.
Sigesbeckia formosana ↗ Sigesbeckia glabrescens.

■ **Sigesbeckia glabrescens** Mak.
(syn. *Sigesbeckia formosana*).
Fam.: Asteraceae (Compositae).
Vork.: Korea, China, Taiwan, Mandschurei.
Droge: ***Sigesbeckiae herba***; Siegesbeckienkraut (syn. *Sigesbeckia-glabrescens*-Kraut), das getrocknete Kraut. Inh.: Diterpene, wie Neodarutosid, Darutoginol, Darutosid, Kirenol, 16-Acetylkirenol und Isopropylidenkirenol. Anw.: in der Volksheilkunde bei Gelenkschmerzen, Rheuma, Lähmungen, Gicht, Hautleiden und als Wundheilmittel.

Sigesbeckia glutinosa ↗ Sigesbeckia orientalis.

■ **Sigesbeckia orientalis** L.
(syn. *Minyranthes heterophylla, Sigesbeckia brachyata, S. glutinosa*); Siegesbeckie.
Fam.: Asteraceae (Compositae).
Vork.: tropische Gebiete, besonders in Asien.
Droge: ***Herba Sigesbeckiae***; das getrocknete Kraut. Inh.: Diterpene, wie Darutosid, Darutigenol; Sesquiterpene, wie Orientalid, Orientin, Melampolide und Germacranolode. Anw.: in der Volksheilkunde bei Gicht und Hautleiden.
Hom.: ***Sigesbeckia orientalis*** HAB1; die zur Blütezeit geernteten, frischen, oberirdischen Pflanzenteile. Anw.-Geb.: Haut- und Schleimhautentzündungen, Muskelschmerzen.

■ **Sigesbeckia pubescens** Mak.
Fam.: Asteraceae (Compositae).
Vork.: Korea, China, Mandschurei.
Droge: ***Sigesbeckiae herba;*** Siegesbeckienkraut (syn. *Sigesbeckia-pubescens*-Kraut), das getrocknete Kraut. Inh.: Diterpene, wie Siegesbeckiosid, Siegesbeckiol und Siegesbeckiasäure; äther. Öl, Sesquiterpene, u. a. Pubetalin; Alkaloide. Anw.: ↗ *Sigesbeckia glabrescens*.

Sigge ↗ Acorus calamus.
Sigilli Salomonis rhizoma ↗ Polygonatum odoratum.

■ Signaturlehre

„*Signatura plantarum*“, wissenschaftlich nicht begründete Lehre, die von den äußeren Merkmalen (Farbe, Form, Geruch und Geschmack) der Pflanze bzw. der Pflanzenteile auf deren Wirkung schloß, z. B. Pflanzen mit roten Blüten für das Blut, solche mit gelben für die Galle oder die Walnuß mit ihren gelappten Windungen für das Gehirn. Die S. läßt sich bis zu den altägyptischen Kulturvölkern zurückverfolgen, sie wurde später von ↗ Paracelsus (15./16. Jh.) erneuert und minderte dadurch dessen große Verdienste für die Heilkunde.

Silberbaumrinde ↗ Leucadendron argenteum.
Silberdistel ↗ Carlina acaulis, ↗ Silybum marianum.
Silberdistelwurz ↗ Carlina acaulis.
Silberimmortelle ↗ Anaphalis margaritacea.
Silberkraut ↗ Argyreia nervosa, ↗ Potentilla anserina.
Silberlinde ↗ Tilia-Arten.
Silberpappel ↗ Populus-Arten.
Silbertannenöl ↗ Abies-Arten.
Silberweide ↗ Salix-Arten.
Silene officinarum ↗ Saponaria officinalis.
Silene saponaria ↗ Saponaria officinalis.

■ Siler divaricatum (Turcz.) Benth. et Hook. fil.

Feng-Feng.

Fam.: Apiaceae (Umbelliferae).

Vork.: Nordasien.

Droge: die ganze Pflanze. Anw.: in der asiatischen Volksheilkunde bei Rheumatismus und Gebrechlichkeit. Die Droge soll darüber hinaus auch halluzinogen wirken und Geisteskrankheiten verursachen. In China wurde die Wurzel früher als Antidot bei Vergiftungen mit Eisenhut ↗ *Aconitum*-Arten verwendet.

Siliqua arabica ↗ Tamarindus indica.
Siliqua bignoniae ↗ Catalpa bignonioides.
Siliqua dulcis ↗ Cerotonia siliqua.
Siliquae hirsutae ↗ Mucuna pruriens.
Silje ↗ Selinum palustre.

■ Silphium laciniatum L.

Kompaßpflanze.

Fam.: Asteraceae (Compositae).

Vork.: Nordamerika, Ohio, Alabama.

Droge: ***Herba Silphii***; das getrocknete Kraut. Inh.: Harz mit Terpenen (ca. 19 %) und Harzsäuren (ca. 37 %), Inulin (in der Wurzel).

Hom.: ***Silphium laciniatum*** HAB34; die zur Blütezeit geernteten, frischen, oberirdischen Pflanzenteile. Anw.-Geb.: Entzündungen der Atemwege.

Histor.: Der Gattungsname ist vom griechischen *silphion*, einer bei den alten Griechen beliebten Heil- und Gemüsepflanze, abgeleitet. Linné übertrug den Namen auf diese Gattung; *laciniatum* (lat., zerschlitzt, zipfelig) leitet sich von *lacinia* (Borste, Franse, Zipfel) ab und weist auf die Ausbildung der Blätter hin. Wegen der Nord-Südstellung der Blätter, die eine weniger intensive Mittagseinstrahlung der Sonne gewährleistet, wird die Pflanze auch als Kompaßpflanze bezeichnet. In den einsamen Prärien Nordamerikas diente die Pflanze einst den Jägern dazu, bei trübem Wetter die Himmelsrichtung festzustellen.

Silybi marianae fructus ↗ Silybum marianum.

■ Silybin

Flavonolignan aus den Früchten der Mariendistel (↗ *Silybum marianum*). Wirk.: Radikalfänger, schützt die Leberzellen vor Oxidation der Membranlipide. Anw.: zur Therapie von Lebererkrankungen, als Antidot bei Knollenblätterpilzvergiftungen, Therapie von Hirnödemen.

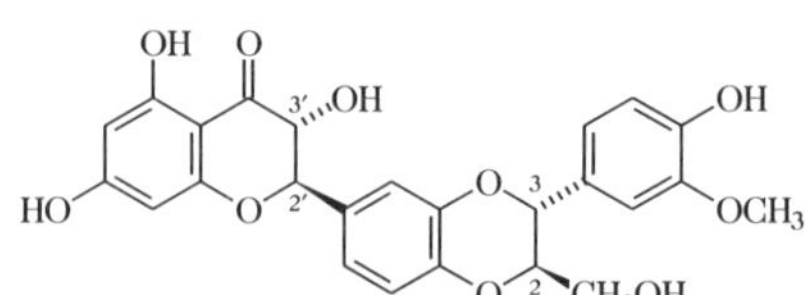

Silybin

Silybum maculatum ↗ Silybum marianum.

■ Silybum marianum (L.) Gaertn.

(syn. *Carduus marianus, Carthamus maculatus, Cirsium maculatum, Mariana mariana, Silybum maculatum*); Mariendistel (syn. Frauendistel, Silberdistel), s. Farbtafel S. 304, Bild 141.

Fam.: Asteraceae (Compositae).

Vork.: Südeuropa, Vorderasien, Nordafrika, Kanaren, Amerika; in Deutschland, Österreich, Ungarn und Osteuropa kultiviert.

Droge: ***1. Cardui mariae fructus*** (syn. *Silybi marianae fructus, Fructus Cardui mariae, Semen Cardui mariae*); Mariendistelfrüchte (syn. Marienkörner, Stechkörner, Frauendistelfrüchte, Magendistelsamen, Stichsaat, Stichsamen), s. Farbtafel

S. 304, Bild 142. Inh.: Flavonolignane (1,5–3 %) als Silymarin = Isomeren-Gemisch aus ↗ Silybin, Silychristin und Silydianin; Flavonoide, u. a. Apige-

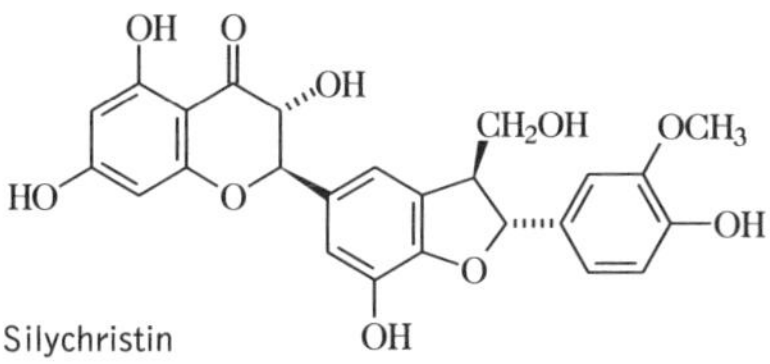

Silychristin

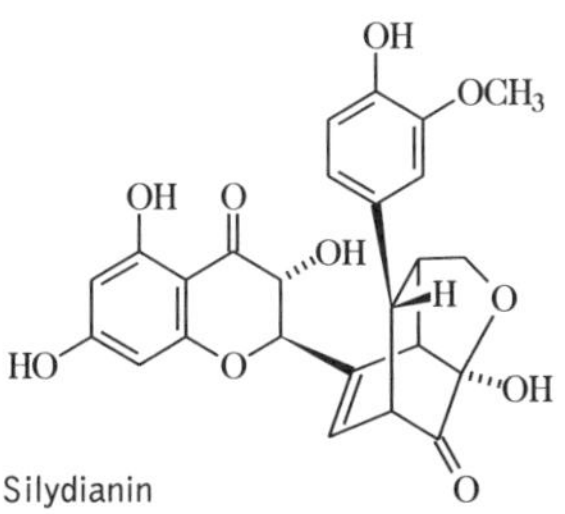

Silydianin

nin, Chrysoeriol, Quercetin; fettes Öl, Triterpene, Proteine. Anw.: bei Verdauungsbeschwerden und funktionellen Störungen des ableitenden Gallensystems; bei toxischen Leberschäden zur unterstützenden Behandlung von entzündlichen Erkrankungen sowie bei Leberzirrhose. In der Volksheilkunde wird die Droge auch bei Kreislauferkrankungen, Hypertonie und gastrointestinalen Beschwerden eingesetzt. Zur ↗ Teezubereitung verwendet man als Einzeldosis 1 Teelöffel (ca. 3,5 g) Droge. Als Tagesdosis werden 12–15 g Droge empfohlen. ***2. Cardui mariae herba*** (syn. *Herba Cardui mariae*); Mariendistelkraut, das während der Blütezeit gesammelte, getrocknete Kraut. Inh.: Flavonoide, v. a. Apigenin und seine Glykoside; Phytosterole und Triterpene, Polyine, Fumarsäure. Anw.: in der Volksheilkunde bei Verdauungsbeschwerden, früher auch bei Malaria und Frauenleiden.

Hom.: ***1. Silybum marianum*** HAB1; Mariendistel, die reifen, getrockneten, vom Pappus befreiten Früchte. Anw.-Geb.: Erkrankungen der Leber, Galle, Bauchspeicheldrüse und des venösen Gefäßsystems. ***2. Silybum marianum, äthanol. Decoctum*** HAB1, die reifen, getrockneten, vom Pappus befreiten Früchte.

Histor.: Die ursprüngliche Bezeichnung für die Pflanze war nach Linné *Carduus marianus*. Erst später wurde sie in eine neue Gattung, nämlich *Silybum*, überführt, die sich etymologisch vom griechischen *sílibon* (Quaste) ableitet und deren einzige Species sie darstellt. Diese weicht somit von der historischen Bezeichnung ab. Die heutige Verwendung der Droge und seiner zahlreichen Arzneifertigpräparate in der Therapie von Lebererkrankungen geht zurück auf die Empfehlungen des Arztes Johann Gottfried Rademacher (1772–1850), einem Zeitgenossen von Samuel Hahnemann. Die lange Zeit in Vergessenheit geratene Droge fand inzwischen durch umfangreiche analytische und klinische Studien ihre wissenschaftliche Bestätigung.

Silymarin ↗ Silybum marianum.

■ **Simaba cedron** Planchon
(syn. *Quassia cedron, Simarouba cedron*); Cedron.

Fam.: Simarubaceae.

Vork.: tropisches Amerika, Brasilien, Kolumbien, Mittelamerika.

Droge: ***Semen Cedronis*** (syn. *Semen Simabae cedron*); Cedronsamen. Inh.: der Bitterstoff Cedrin (Dihydroxynaphthofurandionderivat); Stärke, fettes Öl. Anw.: als Febrifugum, in der Volksheilkunde gegen Schlangenbisse. Das fette Öl der Droge dient ebenfalls therapeutischen Zwecken.

Hom.: ***Simarouba cedron*** HAB1; Klapperschlangenbohne, die getrockneten, reifen Kotyledonen des Samens. Anw.-Geb.: Erkrankungen des zentralen und peripheren Nervensystems (Kopf- und Augenneuralgien) und bei fieberhaften Leiden.

■ **Simarouba amara** Aubb.
(syn. *Quassia simarouba, Simarouba officinalis*); Simarubabaum.

Fam.: Simarubaceae.

Vork.: nördliches Südamerika, Antilleninseln.

Droge: ***Simaroubae cortex radicis*** (syn. *Cortex Simaroubae radicis, Cortex Simaroubae*); Simarubawurzelrinde (syn. Ruhrrinde). Inh.: Gerbstoffe (20–27 %), Bitterstoffe, wie Simarubin (ca. 1 %), Simarubidin; äther. Öl, Alkaloide, Harz, Fett. Anw.: als Bittermittel, Antidiarrhoikum, Adstringens und als Wurmmittel gegen Eingeweidewürmer.

Hom.: ***Simaruba*** HAB34, die getrocknete Rinde.

Simarouba cedron ↗ Simaba cedron.
Simaroubae cortex radicis ↗ Simarouba amara.
Simarouba officinalis ↗ Simarouba amara.
Simarubabaum ↗ Simarouba amara.
Simaruba excelsa ↗ Picrasma excelsa.
Simarubawurzelrinde ↗ Simarouba amara.
Similia similibus curantur ↗ Homöopathie.
Simira rubra ↗ Arariba rubra.
Simmondsia californica ↗ Simmondsia chinensis.

■ **Simmondsia chinensis** (Link) C. K. Schneider (syn. *Brocchia dichotoma, Buxus chinensis, Simmondsia californica, S. chrysophylla, S. pabulosa*). Jojoba.

Fam.: Buxaceae (auch Simmondsiaceae).

Vork.: ursprünglich die Gebiete Mittel- und Nordamerikas, inzwischen auch in anderen Gebieten, u. a. Indien und Israel, mit entsprechenden klimatischen Bedingungen, bes. Böden mit hohem Salzgehalt, kultiviert.

Droge: ***Simmondsiae cera liquida*** (syn. *Cera Simmondsiae liquida*); Flüssiges Jojoba-Wachs (Jojoba-Öl, Jojobawachs, Jojoba-Flüssigwachs, Simmondsiawachs), das durch kaltes Auspressen aus den reifen Samen erhaltene und gegebenenfalls raffinierte Wachs. *Inh.:* neben geringen Mengen an freien Fettsäuren und einwertigen Alkoholen hauptsächlich Wachsester mit Kettenlängen von C_{38} bis C_{44}, wobei C_{42}-Alkohole dominieren. Als Hauptkomponente unter den Fettsäuren, die sich durchweg von der Ölsäure ableiten, liegt die Eicosensäure (syn. Galoleinsäure), eine 20:1 Säure, vor. *Anw.:* in Zubereitungen, z. B. als Trägersubstanz für oxidationsempfindliche Arzneistoffe, z. B. Vitamin A, als Ersatz für die Droge Walrat (↗ *Physeter macrocephalus*) zur Herstellung von Salben und Cremes, für Massageöle; in der Kosmetik, u. a. für Sonnenschutzöle, als Bestandteil von Reduktionsdiätetika sowie technisch als Schmiermittel für hochtourige Präzisionsgeräte, z. B. Herzschrittmacher.

Simmondsia chrysophylla ↗ Simmondsia chinensis.
Simmondsiae cera liquida ↗ Simmondsia chinensis.
Simmondsia pabulosa ↗ Simmondsia chinensis.
Simmondsiawachs ↗ Simmondsia chinensis.
Simse ↗ Scirpus atrovirens.
Sinalbin ↗ Sinapis alba.
Sinapia integrifolia ↗ Brassica-Arten.

■ **Sinapis alba** L.
(syn. *Bonnania officinalis, Brassica alba, B. hirta, Crucifera lampsana, Eruca alba, Leucosinapis alba, Napus leucosinapis, Raphanus albus, Rhamphospermum album, Sinapis hispida, Sinapistrum album*); Echter Senf (syn. Englischer Senf, Gelbsenf, Speisesenf, Tafelsenf, Weißer Senf).

Fam.: Brassicaceae (Cruciferae).

Vork.: heimisch in Südeuropa und südwestlichem Asien, Kulturen in Mitteleuropa.

Droge: ***Sinapis albae semen*** (syn. *Erucae semen, Semen Erucae, Semen Sinapis albae*); Weiße Senfsamen (syn. Englischer Senfsamen, Gelber Senfsamen), die reifen, getrockneten Samen. *Inh.:* ↗ Glucosinolate mit Sinalbin als Hauptkomponente; Phenylpropanderivate, u. a. Sinapin, ein Sinapinsäurecholinester; fettes Öl mit hohem Gehalt an mehrfach ungesättigten Fettsäuren, ferner Sterole und Schleimstoffe. *Anw.:* Katarrhe der Atemwege sowie in Form von Breiumschlägen bei rheumatischen Beschwerden. Volkstümlich als verdauungsförderndes Mittel.

Hom.: ***Sinapis alba*** HAB34, die reifen, getrockneten Samen. *Anw.-Geb.:* Entzündungen der Atemwege und des Magen-Darm-Kanals.

Histor.: Der Gattungsname *Sinapis* setzt sich aus den griechischen Bezeichnungen *napy* (Senf) und *si* (Augment) zusammen. Die deutsche Bezeichnung Senf ist aus dem lateinischen *sinapis* entlehnt. Die weit verbreitete Bezeichnung Mostrich stammt vom spätlateinischen *mustardum* (scharfer Most) ab, da dieser einst aus Senf und Most bereitet wurde. Als Heilpflanze war *Sinapis alba* bereits den alten Griechen und Römern bekannt. ↗ Dioskurides empfahl die Droge gegen Epilepsie, Milz- und Leberleiden. Auch als Gewürz und Genußmittel war der Senf bekannt. Senfkulturen nördlich der Alpen sind seit dem 9. Jh. bekannt.

Sinapis albae semen ↗ Sinapis alba.
Sinapis cernuta ↗ Brassica-Arten.
Sinapis cuneifolia ↗ Brassica-Arten.
Sinapis eruca ↗ Eruca sativa.
Sinapis hispida ↗ Sinapis alba.
Sinapis incana ↗ Brassica-Arten.
Sinapis japonica ↗ Brassica-Arten.
Sinapis juncea ↗ Brassica-Arten.
Sinapis lanceolata ↗ Brassica-Arten.
Sinapis napus ↗ Brassica-Arten.

Sinapis nigra ↗ Brassica-Arten.
Sinapis nigrae semen ↗ Brassica-Arten.
Sinapis patens ↗ Brassica-Arten.
Sinapis racemosa ↗ Brassica-Arten.
Sinapis rapa ↗ Brassica-Arten.
Sinapis rugosa ↗ Brassica-Arten.
Sinapis semen ↗ Brassica-Arten.
Sinapis tetraedra ↗ Brassica-Arten.
Sinapistrum album ↗ Sinapis alba.
Sinensetin ↗ Flavonoide.
Sinicuichi ↗ Heimia salicifolia.
Sinigrin ↗ Brassica-Arten.
Sinngrünblätter ↗ Vinca minor.
Sinnviole ↗ Viola-Arten.
Sinum vulgare ↗ Aegopodium podagraria.

■ **Sinusitis-Nosode HAB**
Präparation aus dem schleimigen Eiter, der durch Spülung von entzündeten Nasennebenhöhlen gewonnen wurde. Anw.-Geb.: wiederkehrende Nasennebenhöhlenentzündungen.

Sirium myrtifolium ↗ Santalum album.

■ **Sirupe**
dickflüssige, meist konzentrierte wäßrige Lösungen von Kohlenhydraten (Mono-, Di- oder Polysaccharide), mitunter Pflanzenauszüge, Fruchtsäfte oder auch Arzneizusätze enthaltend. Anw.: als Geschmackskorrigenzien bzw. entsprechend den Wirkstoffen der zugesetzten Pflanzenauszüge.

Sirupus Cerasi nigri ↗ Prunus-Arten.
Sirupus Cerasorum ↗ Prunus-Arten.
Sirupus Rubi idaei ↗ Rubus-Arten.
Sirupus simplex ↗ Saccharose.
Sisalagave ↗ Agave sisalana.
Sisalblätter ↗ Agave sisalana.

■ **Sisomicin**
Aminoglykosid-Antibiotikum, das von *Micromonospora inoyensis* gebildet wird und starke Ähnlichkeiten zu ↗ Gentamicinen aufweist (Formel s. rechts). Anw.: Breitbandantibiotikum zur Therapie schwerer Infektionen mit gramnegativen Keimen, z. B. bei Harnwegsinfektionen oder Endocarditis. Der Einsatz wird durch zahlreiche Nebenwirkungen (Nieren- und Gehörschäden) begrenzt.

Sison anisum ↗ Pimpinella-Arten.
Sison maior ↗ Ammi majus.
Sison podagraria ↗ Aegopodium podagraria.
Sison ruta ↗ Apium graveolens.
Sisymbrium alliaria ↗ Alliaria petiolata.
Sisymbrium nasturtium ↗ Nasturtium officinale.
Sisymbrium nasturtium-aquaticum ↗ Nasturtium officinale.
Sisymbrium nigrum ↗ Brassica-Arten.

■ **Sisymbrium officinale** (L.) Scop.
(syn. *Chamaeplium officinale, Erysimum officinale, E. officinarum, E. runcinatum*); Weg-Rauke (syn. Gelbes Eisenkraut, Kreuzkraut, Wegsenf, Wilder Senf).

Fam.: Brassicaceae (Cruciferae).

Vork.: gemäßigte Zonen Europas und Asiens.

Droge: ***Sisymbrium-officinale-Kraut*** (syn. *Erysimi herba, Herba Erysimi, Herba Sisymbrii*); Raukenkraut (syn. Wegraukenkraut, Wildes Senfkraut), die frische, blühende Pflanze, in Ausnahmen das getrocknete Kraut. Inh.: ↗ Glucosinolate, u. a. Sinigrin und Gluconapin. Ferner ↗ herzwirksame Glykoside vom Cardenolidtyp (etwa 50 mg/100 g in den blühenden Zweigspitzen), u. a. Corchorosid A und Helveticosid sowie Vitamin C (etwa 215 mg/100 g frische Blätter). Anw.: volkstümlich bei Heiserkeit, Rachen- und Kehlkopfentzündungen, Bronchitis sowie Gallenblasenentzündungen. Geg.: nur bei Überdosierungen sind Effekte möglich, wie sie analog auch mit herzwirksamen Glykosiden erfolgen können. Anwendungsbeschränkungen bestehen allerdings, wenn ohnehin herzwirksame Glykoside appliziert werden oder Kalium-Mangelzustände bestehen.

Hom.: ***Sisymbrium officinale*** HAB1; Wegrauke, die frischen, oberirdischen Teile blühender Pflanzen. Anw.-Geb.: Heiserkeit nach Erkältungen.

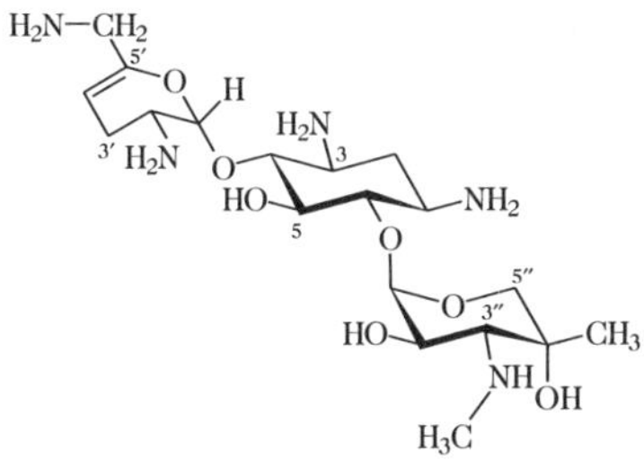

Sisomicin (Sisomycin, Rickamicin)

Sitosterin ↗ Sitosterol.

■ **β-Sitosterol**

(β-Sitosterin), verbreitet vorkommendes Phytosterol mit Ähnlichkeit zum Cholesterol. Wirk.: senkt durch Komplexbildung die Resorption von Cholesterol aus dem Magen-Darm-Trakt und hemmt durch Wechselwirkung mit der 5α-Dehydrogenase die Produktion von 5α-Dihydrotestosteron. Anw.: als Lipidsenker, lindert ferner Miktionsbeschwerden bei Prostatahyperplasie.

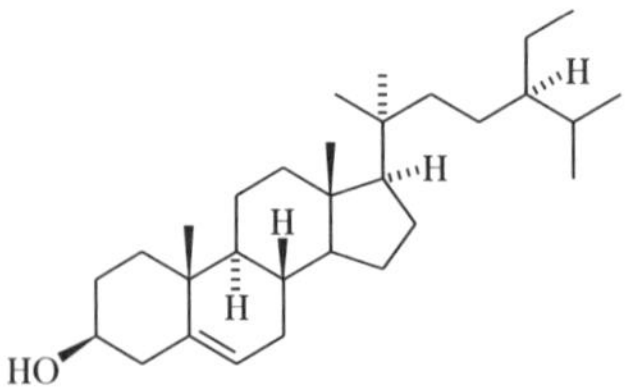

β-Sitosterol

Siuam-Gummi ↗ Garcinia hanburyi.
Sium alterum ↗ Cicuta virosa.
Sium apium ↗ Apium graveolens.
Sium carum ↗ Carum carvi.
Sium carvi ↗ Carum carvi.
Sium cicuta ↗ Cicuta virosa.
Sium conium ↗ Conium maculatum.
Sium graveolens ↗ Apium graveolens.
Sium oppositifolium ↗ Petroselinum crispum.
Sium podagraria ↗ Aegopodium podagraria.
Sium visnaga ↗ Ammi visnaga.

Sixofilan ↗ Schizophyllum commune.
Sizilianischer Sumach ↗ Rhus-Arten.
Sizofilan ↗ Schizophyllum commune.
Skarnitzelblume ↗ Arum maculatum.

■ **Skimmia japonica** Thunb.

Fam.: Rutaceae.

Vork.: Ostasien.

Droge: Rinde, Holz und Blätter. Inh.: Umbelliferonglykoside, u. a. Skimmin; β-Fagarin. Anw.: in der Volksheilkunde als Mittel bei Herzinsuffizienz.

Skink ↗ Scincus officinalis.
Skopoliakraut ↗ Scopolia carniolica.
Skorbutkraut ↗ Cochlearia officinalis.
Skorpionskraut ↗ Coronilla-Arten.
Skorpionswicke ↗ Coronilla-Arten.
Smilagenin ↗ Smilax-Arten.
Smilax ↗ Smilax-Arten.

■ **Smilax-Arten**

● **Fam.:** Smilacaceae.

● **Smilax aspera** L. (syn. *Smilax maculata, S. mauritanica*); Stechwinde.

Vork.: Mittelmeergebiet bis Äthiopien und Indien, bes. in Italien und Kanarische Inseln.

Droge: ***Sarsaparillae indigena radix***; *Smilax-aspera*-Wurzel, die getrockneten Wurzeln. Inh.: Saponine. Anw.: Ersatzdroge für *Sarsaparillae radix*, s. *S. aristolochiifolia*.

● **Smilax aristolochiaefolia** Mill. (syn. *Smilax medica, S. milleri, S. ornata*); Osterluzeiblättrige Stechwinde.

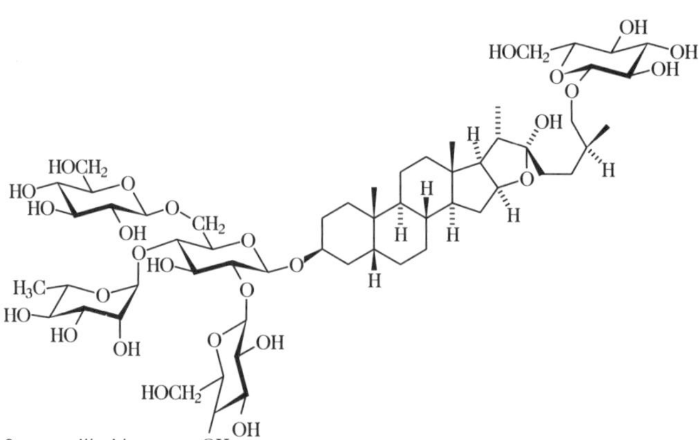

Sarsaparillosid

Vork.: Mexiko.

Droge: ***Sarsaparillae radix*** (syn. *Radix Sarsaparillae, Radix Sarsae, Radix Smilacis*); Sarsaparilla (syn. Sarsaparillwurzel, Stechwindenwurzel, Veracruz-Sarsaparille), die getrockneten Wurzeln; s. Farbtafel S. 304, Bild 143. *Inh.:* Steroidsaponine (0,3–3 %) mit der genuinen Hauptkomponente Sarsaparillosid (Formel S. 286), einem bisdesmosidischen Furostanolglykosid, aus dem nach Abspaltung der Glucose der Seitenkette und Cyclisierung das monodesmosidische Spirostanol Parillin entsteht. Als Aglyka des Steroidsaponin-Komplexes wurden u. a. Sarsasapogenin, Smilagenin und Diosgenin nachgewiesen. *Anw.:* früher als harntreibende Droge, bei Hautausschlägen, Psoriasis, Furunkulose und bes. bei Syphilis.

Hom.: ***Sarsaparilla*** HAB34, die getrocknete Wurzel. *Anw.-Geb.:* juckende Hautausschläge, Entzündungen und Reizungen der Harnorgane, Rheumatismus.

● **Smilax china** *L.*

Vork.: Südostasien.

Droge: ***Rhizoma Chinae*** (syn. *Radix Chinae ponderosae, Tubera Chinae*); Chinawurzel. *Inh.:* Saponine, Harz, Gummi. *Anw.:* s. Sarsaparillae radix. Wurzelstöcke. *Inh.:* Saponine, Gummi, Stärke, Harz.

● **Smilax febrifuga** Kunth. in H.B.K. (syn. *Smilax purhampuy*).

Vork.: Peru.

Droge: ***Sarsaparillae radix***; *Smilax-ferbrifuga*-Wurzel, die getrockneten Wurzeln oder Wurzeln mit Rhizomen. Inhaltsstoffe und Anwendung s. *Sarsaparillae radix* bei *S. aristolochiifolia*.

● **Smilax officinalis** Kunth in H. B. K.

Vork.: Mittel- und Südamerika.

Droge: ***Sarsaparillae radix*** (syn. *Radix Sarsaparillae, Smilax*); *Smilax-officinalis*-Wurzel, die getrockneten Wurzeln oder Wurzeln mit Rhizomen. Inhaltsstoffe und Anwendung s. *S. aristolochiifolia*.

Hom.: ***Smilax officinalis*** HAB34; Stechwinde, die getrocknete Wurzel. *Anw.-Geb.:* Erkrankungen der Nieren, der ableitenden Harnwege, des Stütz- und Bewegungsapparates sowie der Haut.

● **Smilax regelii** Killip et Morton (syn. *Smilax grandifolia, S. medica, S. ornata, S. saluberrima, S. utilis*); Honduras-Sarsaparille.

Vork.: Mittelamerika, u. a. Honduras, El Salvador, Guatemala, kultiviert auf Jamaika.

Droge: ***Sarsaparillae radix*** (syn. *Radix Sarsaparillae, Radix Sarsaparillae honduras*); Honduras-Sarsaparille. s. *S. aristolochiifolia*.

Hom.: s. *S. aristolochiifolia*.

● **Smilax tonduzii** Apt.

Vork.: Zentralamerika, Costa Rica.

Droge: ***Sarsaparillae radix***; *Smilax-tonduzii*-Wurzel, die getrockneten Wurzeln oder Wurzeln mit Rhizomen. Inhaltsstoffe und Anwendung s. *Sarsaparillae radix* bei *S. aristolochiifolia*.

Smyrnium laterale ↗ Apium graveolens.
Sodbrot ↗ Ceratonia siliqua.
Sohlenkraut ↗ Plantago-Arten.
Sohn-vorm-Vater ↗ Hepatica nobilis.
Soja angustifolia ↗ Glycine max.
Sojabohne ↗ Glycine max.
Sojae oleum ↗ Glycine max.
Sojae semen ↗ Glycine max.
Soja hispida ↗ Glycine max.
Soja japonica ↗ Glycine max.
Sojalecithin ↗ Glycine max.
Soja max ↗ Glycine max.
Sojaöl ↗ Glycine max.
Sojapflanze ↗ Glycine max.
Sojasamen ↗ Glycine max.
Soja soja ↗ Glycine max.
Sokotra-Aloe ↗ Aloe-Arten.

■ **Solandra brevicalyx** Standl.
Goldkelch (syn. Kieli).

Fam.: Solanaceae.

Vork.: nördliches Südamerika, Mexiko.

Droge: Blüten und Blätter. *Inh.:* Tropanalkaloide (ca. 0,15 %), wie ↗ Atropin, Noratropin, Hyoscyamin und Nebenalkaloide. *Anw.:* in Mexiko seit aztekischer Zeit als Halluzinogen für rituelle Zeremonien, wobei aus visionären Träumen Botschaften für die Zukunft abgeleitet werden sollen. Die Droge wird in Suppositorien verarbeitet oder das Dekokt als Klistier appliziert, auch als Rauchmischung findet sie Anwendung.

Solani amylum ↗ Solanum-Arten.

■ **Solanidin**
toxisches Steroidalkaloid aus der Kartoffel (↗ *Solanum*-Arten) mit Indolizidin-Ringsystem (Formel S. 288).

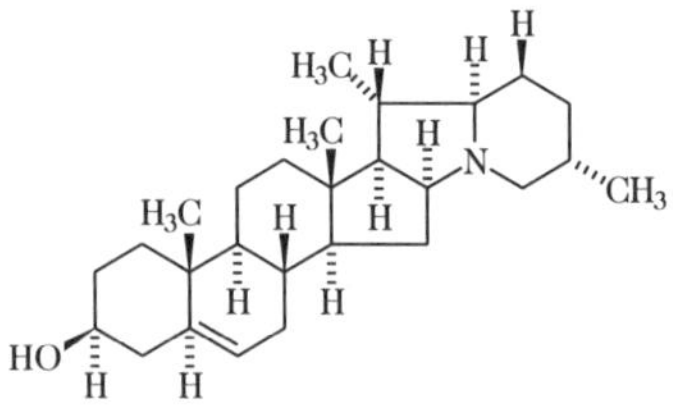

Solanidin

α-Solanin

(syn. 3-*O*-β-Solatriosylsolanidin) Steroidalkaloidglykosid mit ↗ Solanidin als Aglykon und β-Solatriose als Zuckerkomponente. Wirk.: antimikrobielle und hämatolytische Aktivität, zytostatische Wirksamkeit, hemmt die Cholinesterase. *Anw.:* Ausgangsstoff für die industrielle Gewinnung von Steroidhormonen.

Solani nigri herba ↗ Solanum-Arten.
Solani tuberosi tuber recens ↗ Solanum-Arten.
Solanum arrebenta ↗ Solanum-Arten.

Solanum-Arten

- **Fam.:** Solanaceae.
- **Solanum aculeatissimum** Jacq.

Vork.: Brasilien.

Droge: die Blätter. *Inh.:* Steroidalkaloidglykoside (0,7–2 %), vor allem Solasodinglykoside.

Hom.: ***Solanum arrebenta*** HAB34, die frischen Blätter.

- **Solanum carolinense** L.

Vork.: Nordamerika.

Droge: die Beeren. *Inh.:* Steroidalkaloidglykoside, vor allem Solasonin und Solamargin.

Hom.: ***Solanum carolinense*** HAB34, die frischen, reifen Beeren.

- **Solanum dulcamara** L. (syn. *Dulcamara flexuosa, Solanum laxum, S. lyratum, S. scandens*). Bittersüßer Nachtschatten (syn. Alpranke, Bittersüß, Hinschkraut, Mausholz, Natterholz, Pißranke, Rote Hundsbeere, Süßholz), s. Farbtafel S. 304, Bild 144.

Vork.: Europa, Nordafrika, Asien, Nordamerika.

Droge: ***Dulcamarae stipes*** (syn. *Caule dulcamarae, Dulcamara, Dulcamarae stipites, Stipites Dulcamarae*); Bittersüßstengel (syn. Bitterstiele, Waldnachtschattenstiele). Die Droge ist giftig! *Inh.:* Steroidalkaloidglykoside (0,07–0,4 %), wie α- und β-Solamarin sowie Steroidsaponine (ca. 0,18 %). *Anw.:* zur unterstützenden Therapie bei chronischen Hautleiden, wie Ekzemen oder Neurodermitis. In der Volksheilkunde auch als Blutreinigungstee, bei Übelkeit, Rheuma, chronischer Bronchitis und Asthma eingesetzt.

Hom.: ***Solanum dulcamara*** HAB1; Bittersüßer Nachtschatten, die jungen Triebe und Blätter vor der Blüte. *Anw.-Geb.:* Erkrankungen der unteren Atemwege, der Haut, der Nieren, der ableitenden Harnwege sowie des Stütz- und Bewegungsapparates.

- **Solanum luteum** Mill. (syn. *Solanum villosum*); Gelbbeeriger Nachtschatten (syn. Zottiger Nachtschatten).

Vork.: Europa, Mittelmeerländer, Kleinasien.

Droge: die ganze Pflanze. *Inh.:* Steroidalkaloidglykoside, vor allem Solamargin, Solasonin, Solavillin.

Hom.: ***Solanum villosum*** HAB34, die frische, zur Zeit der Blüte gesammelte, ganze Pflanze.

- **Solanum mammosum** L. (syn. *Solanum villosissimum*); Zitzenförmiger Nachtschatten.

Vork.: Mittelamerika, Südamerika, Westindien.

Droge: die Beeren. *Inh.:* Steroidalkaloidglykoside (ca. 1 %), vor allem Solasonin, Solamargin, β-Solamargin.

Hom.: ***Solanum mammosum*** HAB34; die frischen, reifen Beeren. *Anw.-Geb.:* Hüftgelenkschmerzen.

- **Solanum melongena** L., Aubergine (syn. Eierfrucht).

Vork.: Subtropen und Tropen, bes. Mittelmeergebiete und Indien.

Droge: die Früchte. *Inh.:* Vitamine B_1 und B_2, Niacin, ↗ Ascorbinsäure, Mineralstoffe. *Anw.:* als Gemüse genutzt.

Solanum melongena.

● **Solanum nigrum** L. emend. Mill. (syn. *Solanum alpinum, S. americanum, S. anacamptocarpum, S. fistulosum, S. grossedentatum, S. hortense, S. incertum, S. judaicum, S. melanocerasum, S. morella, S. nodiflorum, S. oleraceum, S. plebeium, S. retroflexum, S. rhinocerotis, S. rubrum, S. rumphii, S. stenopetalum, S. suffruticosum, S. triangulare, S. uliginosum, S. viscidissimum, S. vulgare, S. vulgatum*); Schwarzer Nachtschatten (syn. Giftbeere, Hundsbeere, Mondscheinkraut, Saukraut, Sautod), s. Farbtafel S. 305, Bild 145.

Vork.: weltweit.

Droge: ***Solani nigri herba*** (syn. *Herba Solani nigri*); Schwarzes Nachtschattenkraut, das zur Blütezeit gesammelte und getrocknete Kraut. *Inh.:* Steroidalkaloidglykoside (bis zu 1,6 %), vor allem Solasonin, Solamargin und β-Solamargin; Steroidsaponine. *Anw.:* in der Volksheilkunde innerlich bei Magenkrämpfen, Blasenkrämpfen und Keuchhusten. Äußerlich kommt die Droge bei Ekzemen, nässenden Flechten, Juckreiz, Hämorrhoiden, Schrunden, Prellungen und Abszessen zur Anwendung.

Hom.: ***Solanum nigrum*** HAB1; Schwarzer Nachtschatten, die frische, blühende, ganze Pflanze. *Anw.-Geb.:* Erkrankungen des Zentralnervensystems.

● **Solanum pseudocapsicum** L.; Korallenbäumchen (syn. Korallenkirsche, Korallenstrauch), s. Farbtafel S. 305, Bild 146.

Vork.: Südamerika, heute als Topfpflanze weltweit kultiviert.

Droge: das Kraut. *Inh.:* Steroidalkaloidglykoside (ca. 1,4 %), vor allem Solanocapsin.

Hom.: ***Solanum pseudocapsicum*** HAB34, das frische, blühende Kraut.

Histor.: Der Gattungsname *Solanum* geht auf die lateinischen Bezeichnungen *solamen* (Trost) oder *solari* (lindern) zurück und weist offenbar auf die Nutzung von *Solanum*-Arten zur Linderung von Beschwerden hin. So berichtet z. B. der Dominikaner-Mönch Theodorich im 13. Jh., daß Schwarzer Nachtschatten zu einer Mixtur verarbeitet wurde, die zum Einschläfern von Patienten vor Operationen diente.

● **Solanum tuberosum** L.; Kartoffel (syn. Aperna, Aebern, Brymbura, Erdapfel, Erdbirne, Erdkeste, Erdschocken, Flötzbirn, Brumbeer, Grumbirn, Grumper, Grundbirne, Hartäpfel, Herdöpfel, Krummbeere, Kurtuffel, Patätschen, Pantottern, Pumsa, Schucken, Tüffeln), s. Farbtafel S. 305, Bild 147.

Heim.: Südamerika, heute weltweit auf der Nordhalbkugel kultiviert.

Drogen: ***1. Solani amylum*** (syn. *Amylum Solani*); Kartoffelstärke. *Inh.:* Stärke (ca. 20 %), die zu 80 % aus Amylopektin und 20 % aus Amylose neben Wasser und Spuren an Proteinen besteht. *Anw.:* als Hilfsmittel in der Galenik für Pulver, Salben und Tabletten. Große Mengen werden in der Nahrungsmittelindustrie verarbeitet. ***2. Solani tuberosi tuber recens*** (syn. *Tubera solani tuberosi*); Kartoffelknolle. *Inh.:* Wasser (ca. 70–80 %), Stärke (15–30 %), Proteine, Lipide, Vitamine, u. a. Vitamin C (bis ca. 50 mg pro 100 g Frischgewicht), Phenolcarbonsäuren, Lectine, Steroidalkaloide in Spuren. *Anw.:* in der Volksheilkunde wird der frische Saft bei hyperaciden Magenleiden zur Spasmolyse, als Antacidum und zur Prophylaxe von Parodontopathien eingesetzt. Auch zur Behandlung der Arthritis kommt die Droge in Mexiko zur Anwendung.

Hom.: ***Solanum tuberosum aegrotans*** HAB34; die getrockneten, durch Knollenfäule braunen Stellen der Kartoffel, verursacht durch *Phytophthora infestans* (Mont.). *Inh.:* durch die Infektion mit den Fadenpilzen kommt es zur verstärkten Bildung von Steroidalkaloidglykosiden und Phytoalexinen. *Anw.-Geb.:* Schleimhautentzündungen, Verdauungsschwäche, Rheuma, Aftervorfall.

Histor.: *Solanum dulcamara* wurde bereits von ↗ Dioskurides gemischt mit Wein als Schlafmittel verwendet, die Germanen nutzten die Pflanze gemeinsam mit *Solanum nigrum* als Narkotikum zur Behandlung des „Nachtschadens", einer durch nächtliche Alpdämone ausgelösten Krankheit. Der Bittersüße Nachtschatten galt außerdem als „Alfenkraut", man legte es Kindern gegen Verzauberung in die Wiege und hängte es dem Vieh gegen die „Hunsch" oder Engbrüstigkeit um den Hals. Im Mittelalter wurden seine Beeren als Amulett oder Talisman gegen üble Nachrede um den Hals getragen. *Solanum dulcamara* und *S. nigrum* gehörten zu den Bestandteilen von Hexensalben und -getränken. Im 16. und 17. Jh. wurde *S. nigrum* in Europa als Gemüsepflanze angebaut, wahrscheinlich standen damals alkaloidarme oder -freie Sippen zur Verfügung.

Solanum lycopersicum ↗ Lycopersicon esculentum.

Solanum quadrifolium bacciferum ↗ Paris quadrifolia.

■ Solasodin

Steroidalkaloid der Spirosolan-Gruppe aus ↗ *Solanum*-Arten. Anw.: Ausgangsstoff für die industrielle Gewinnung von Steroidhormonen.

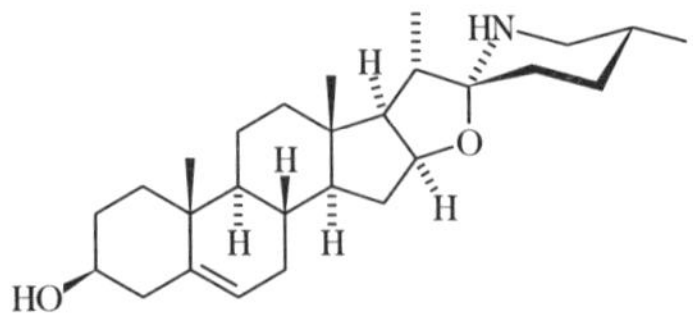

Solasodin

Soldanellaharz ↗ Calystegia-Arten.
Soldaten-Knabenkraut ↗ Orchis-Arten.
Soldatenkraut ↗ Piper angustifolium.
Solenospermum toxicum ↗ Lophopetalum toxicum.
Solidaginis herba ↗ Solidago-Arten.
Solidaginis virgaureae herba ↗ Solidago-Arten.

■ Solidago-Arten

● **Fam.:** Asteraceae (Compositae).

● **Solidago canadensis** L., Kanadische Goldrute; s. Farbtafel S. 305, Bild 148.

Heim.: Nordamerika, in Europa verwilderte und eingebürgerte Zierpflanze.

Droge: ***Solidaginis herba*** (syn. *Herba Solidaginis*); Goldrutenkraut, die während der Blüte gesammelten und getrockneten oberirdischen Teile von *S. canadensis*, *S. gigantea*, deren Hybriden oder Mischungen von diesen. Inh.: Flavonoide (ca. 2,4 %) vom Flavonoltyp mit Rutin als Hauptkomponente, bisdesmosidische Triterpensaponine (ca. 2–3 %) mit Bayogenin (2β-,3β-, 23-Trihydroxy-olean-12-en-28-säure) als Sapogenin und ↗ D-Apiose, D-Chinovose, D-Galactose, D-Glucose, L-Rhamnose und D-Xylose als Zuckerbausteinen. Weitere Bestandteile sind äther. Öl (0,6 %) mit monocyclischen und bicyclischen Mono- und Sesquiterpenen vom Cadinen-, Farnesan-, Germacran- und Guajantyp sowie Diterpene, Kaffeesäurederivate, u. a. Chlorogensäure, und Polysaccharide. Anw.: Zur Durchspülungstherapie bei entzündlichen Erkrankungen der ableitenden Harnwege; zur vorbeugenden Behandlung von Harnsteinen und Nierengrieß. Bestandteil zahlreicher entsprechender Phytopharmaka. Zur ↗ Teezubereitung verwendet man als Einzeldosis 2–4 g (1 Teelöffel ca. 2 g) feinzerschnittene Droge.

● **Solidago gigantea** Ait. (syn. *Solidago glabra, S. serotina*); Hohe Goldrute (syn. Riesengoldrute, Spätblühende Goldrute), s. Farbtafel S. 305, Bild 149.

Heim.: Nordamerika, in Europa oft verwildert und eingebürgert.

Droge: ***Solidaginis herba*** (syn. *Herba Solidaginis, Herba Solidaginis giganteae, Herba Serotinae*); Goldrutenkraut (syn. Riesengoldrutenkraut). Inh.: entsprechen weitgehend denen von *S. canadensis*, jedoch liegt der Gehalt an Flavonoiden bei etwa 3,9 % mit Quercitrin als Hauptkomponente und auch die Saponine übertreffen sowohl hinsichtlich Zahl der Zuckerbausteine als auch im Gehalt die von *S. canadensis*. Anw.: s. *Solidago canadensis*.

● **Solidago virgaurea** L. (syn. *Amphiraphis leiocarpa, A. pubescens, Dectis decurrens, Doria virgaurea, Solidago cantonensis, S. decurrens, S. virga-aurea*); Echte Goldrute (syn. Fuchsschwanz, Gemeine Goldrute, Gewöhnliche Goldrute, Goldwundkraut, Heidnisch Wundkraut, Ochsenbrot, Petrusstab, Pferdekraut, Schoßkraut, Waldkraut, Wilde Goldrute, Wundkraut), s. Farbtafel S. 305, Bild 150.

Heim.: Europa, Asien, Nordamerika.

Droge: ***Virgaureae herba*** (syn. *Herba Solidaginis virgaureae, Herba Consolidae sarracenicae, Herba Consolidae aureae, Herba Fortis, Herba Doria, Herba Virgaureae, Solidaginis virgaureae herba*); Echtes Goldrutenkraut (syn. Goldwundkraut, Heidnisch Wundkraut, Edelwundkraut, Goldrautenkraut, Schoßkraut), die während der Blütezeit gesammelten oberirdischen Teile von *S. virgaurea*. Inh.: äther. Öl (0,4–0,5 %) mit γ-Cadinen als Hauptkomponente, Flavonoide (ca. 1,5 %) mit Rutin als Hauptbestandteil; bisdesmosidische, z. T. im Kohlenhydratteil acylierte Triterpensaponine mit Polygalasäure als Triterpengrundkörper (ca. 0,2–0,5 %); Phenolglykoside, bes. Leiocarposid (bis 1,6 %) und Virgaureosid A, ferner Kaffeesäurederivate, u. a. Chlorogensäure und 3,5-Dicoffeoylchinasäure, Iridoide sowie Polysaccharide. Anw.: Analog der Droge *Solidaginis herba*, wobei antiphlogistische, antimycetische und spasmolytische Eigenschaften der Droge, bedingt vor allem durch die besondere Struktur der Saponine und der Phenolglykoside, therapeutische Vorteile gegenüber den beiden anderen Solidagodrogen bieten. Sie ist Bestandteil zahlreicher entsprechender Phytophar-

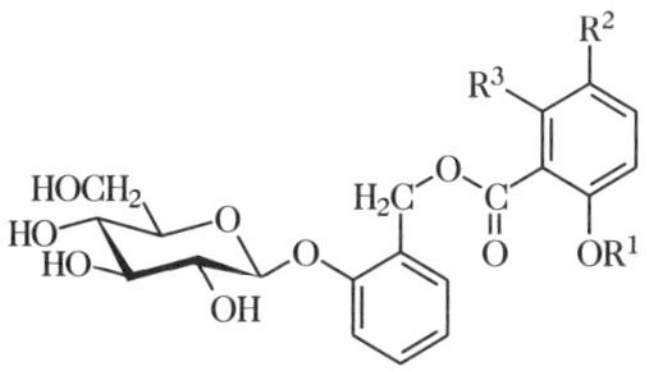

Name	R^1	R^2	R^3
Leiocarposid	H	OGlc	OCH_3
Virgaureosid	Glc	H	H

maka. In der Volksheilkunde wird die Droge bereits seit dem 13. Jh. in vielfältiger Weise genutzt, bes. als Wundheilmittel, bei rheumatischen Beschwerden, Gicht und Prostataerkrankungen. Zur ↗ Teezubereitung verwendet man als Einzeldosis 2–4 g (1 Teelöffel ca. 2 g) feingeschnittene Droge. Als Tagesdosis werden 6–12 g Droge empfohlen.

Hom.: ***Solidago virgaurea*** HAB1; Echte Goldrute, die frischen Blütenstände. *Anw.-Geb.:* Erkrankungen der Leber, Galle und Bauchspeicheldrüse sowie der Nieren und ableitenden Harnwege.

Histor.: Der Gattungsname *Solidago* ist lateinischen Ursprungs und von *solidus* (gesund, fest), unter Bezugnahme auf die Heilwirkung der Pflanze, abgeleitet. Der ebenfalls lateinische Artname setzt sich aus *virga* (Rute) und *aureus* (golden) aufgrund von Form und Farbe des Blütenstandes zusammen. Als Wundkraut soll die Goldrute bereits bei den alten Germanen in hohem Ansehen gestanden haben. Die erste nachweisliche Verwendung der Droge als Urologikum geht allerdings erst auf den in Frankreich, Italien und Spanien tätigen Arzt Arnold von Villanova (etwa 1240–1311) zurück. Seine Angaben wurden von den mittelalterlichen Kräuterbüchern aufgegriffen und die günstige Wirkung der Droge zur Behandlung von Blasensteinen und Nierengrieß hervorgehoben. Arnaud (1653) nennt die Goldrute als Diuretikum sowie als Mittel zum „Lösen der Steine“. In der Württembergischen Pharmakopöe von 1741 wird die Droge als *Herba Consolidae Saraceniae* und als „Lithontripticum“ bezeichnet. Diese Anwendung setzt sich in der Folgezeit bis in die Gegenwart fort. Da die Droge sowohl innerlich als auch äußerlich als heilend galt, wurde sie auch als „Heidnisch Wundkraut“ bezeichnet.

■ Soma

kultisches Opfergetränk, das als irdisches Gegenstück zum göttlichen Trank der Unsterblichkeit vor ca. 3000 Jahren von den Ariern im Industal verehrt wurde. Soma war gleichzeitig auch der Name für eine Gottheit und die Pflanzen, aus denen das Opfergetränk bereitet wurde, das dem Gott Indra geweiht war. Als Soma-Pflanzen kommen nach historischen Forschungen u. a. ↗ *Rheum palmatum*, ↗ *Peganum harmala* oder ↗ *Ephedra*-Arten sowie die Pilze ↗ *Amanita muscaria*, ↗ *Claviceps purpurea* und ↗ *Psilocybe*-Arten in Betracht. S. ist wahrscheinlich als Oberbegriff für die Wörter „Droge“ oder „Psychedelikum“ verwendet worden und galt als Symbol für die „perfekte Droge“. Die in esotherischen Kreisen beliebte „Aura-Soma-Therapie“ hat nichts mit dem arischen Soma zu tun, sondern ist eine moderne Erfindung, bei der keine psychoaktiven Substanzen und Drogen verwendet werden.

Somali-Myrrhe ↗ Commiphora-Arten.
Somfilan ↗ Schizophyllum commune.
Sommereiche ↗ Quercus-Arten.
Sommerklee ↗ Anthyllis vulneraria.
Sommerlinde ↗ Tilia-Arten.
Sommerzwiebel ↗ Allium-Arten.
Sonifilan ↗ Schizophyllum commune.
Sonnenauge ↗ Chrysanthemum-Arten.
Sonnenblumenblütchen ↗ Helianthus annuus.
Sonnenblumenöl ↗ Helianthus annuus.
Sonnenhut ↗ Rudbeckia laciniata.
Sonnenhutwurzel ↗ Echinacea-Arten.
Sonnenkäfer ↗ Coccinella septempunctata.
Sonnenkraut ↗ Drosera-Arten.
Sonnenröschen ↗ Helianthemum canadense.
Sonnenrose ↗ Helianthus annuus.
Sonnentaukraut ↗ Drosera-Arten.
Sonnenwendblume ↗ Calendula officinalis.
Sonnenwolfsmilch ↗ Euphorbia-Arten.
Sonoragummi ↗ Prosopis juliflora.
Sophorae flos ↗ Sophora japonica.

■ Sophora japonica L.

Schnurbaum (syn. Japanischer Pagodenbaum, Japanischer Schnurbaum, Chinesische Gelbbeere), s. Farbtafel S. 306, Bild 151.

Fam.: Fabaceae.

Vork.: Japan, China, Korea, in Europa heute als Parkbaum auch kultiviert.

Droge: ***Sophorae flos*** (syn. *Flores Sophorae, Gemmae Sophorae, Gemmae Sophorae japonicae*); Schnurbaumknospen (syn. Japanische Pagodenbaumknospen, Natalkörner). Inh.: Flavonoide, wie Rutin (bis zu 30 %), Quercetin, Isorhamnetin; Lectine, Triterpenglykoside (Sojasapogenol B als Aglykon). Anw.: zur Isolation des Rutins, in der Volksheilkunde als Mittel gegen Hämorrhagien.

Histor.: Früher wurde die Droge in China unter dem Namen „Wai-Fa" zum Gelbfärben der Mandaringewänder genutzt.

Sophora lupinoides ↗ Thermopsis lanceolata.

■ **Sophora pachycarpa** C. A. Mey.
(syn. *Goebelia pachycarpa*).

Fam.: Fabaceae.

Vork.: Mittelasien, Sibirien.

Droge: die ganze Pflanze. Inh.: Chinolizidinalkaloide, v. a. D-Spartein, Sophoramin, Aloperin. Anw.: bei Arterienentzündungen und Muskelerkrankungen, zur Gewinnung der Alkaloide.

■ **Sophora secundiflora** (Ort.) Lag. ex DC.
Meskalbohne (syn. Korallenbohne, Colorines).

Fam.: Fabaceae.

Vork.: Mexiko, südwestliches Nordamerika.

Droge: die Samen. Inh.: Alkaloide, wie Cytisin (ca. 0,25 %), *N*-Methylcytisin, Spartein und Nebenalkaloide. Anw.: in der mexikanischen Volksheilkunde wird die Droge bei Ohrenleiden zusammen mit Tabak (↗ *Nicotiana tabacum*) verordnet. Größere Bedeutung hat die Droge aber als rituelles Rauschmittel, das zur Erzeugung von Visionen genutzt wird. Die Samen haben je nach Dosierung zunächst psychoaktive, dann aber stark toxische Wirkungen, die mit Rotsichtigkeit und Berauschung beginnen, dann aber über Krämpfe, Muskelstarre, Kopfschmerzen, Erbrechen, Delirium bis zum Tod führen können.

Sophora tinctoria ↗ Baptisia tinctoria.
Sorbi aucupariae fructus ↗ Sorbus aucuparia.

■ **Sorbus aucuparia** L.
(syn. *Aucuparia silvestris, Mespilus aucuparia, Pirus aucuparia, Pyrus aucuparia*); Eberesche (syn. Vogelbeerbaum), s. Farbtafel S. 306, Bild 152.

Fam.: Rosaceae.

Vork.: Europa.

Droge: ***Sorbi aucupariae fructus*** (syn. *Baccae sorbi, Fructus Sorbi aucupariae, Fructus Sorborum*); Vogelbeeren (syn. Ebereschenbeeren, Ebereschenfrüchte, Drosselbeeren), die reifen, getrockneten oder die gekochten und danach getrockneten Früchte. Inh.: ↗ Ascorbinsäure (0,06–0,13 %, nicht-bittere Früchte bzw. 0,03–0,045 %, bittere Früchte), Parasorbinsäure (0,04 %, Frischgewicht), die beim Trocknungsprozeß zur Sorbinsäure abgebaut wird, ferner cyanogene Glykoside (0,06 %, bes. in den Samen lokalisiert), Zucker (ca. 11 %, bes. Saccharose) sowie in vergleichbarer Menge Sorbit. In den halbbitteren Früchten ist der Zuckergehalt etwa halb so hoch, jedoch der Sorbitgehalt deutlich höher. Anw.: volkstümlich bei Nierenerkrankungen, Diabetes, rheumatischen Beschwerden, als Mus bei Durchfall, als frischgepreßter Saft bei grippalen Infekten. Im Haushalt werden die Früchte unter anderen für Marmeladen und Gelees genutzt. Die früher neben den Früchten verwendeten Blüten (*Flores Sorbi*) sind heute obsolet. Geg.: Parasorbinsäure bewirkt Reizung der Schleimhäute und wirkt schwach laxierend. Die Einnahme der frischen Früchte bzw. des Preßsaftes kann daher zu Gastroenteritis und Nierenschädigungen führen.

Histor.: Der Gattungsname *Sorbus* ist ein bereits bei ↗ Plinius, allerdings für *Sorbus domestica*, gebrauchter Pflanzenname. Der Artname *aucuparia* leitet sich vom lateinischen *aucupari* (vogelstellen) ab, da die Beeren zum Vogelfang dienten. Der Name Eberesche ist erst seit dem 16. Jh. gebräuchlich und wird von „Aber"esche, nämlich „unechte Esche" im Hinblick auf die escheähnlichen Blätter, hergeleitet. Die Beeren der Hauseberesche, *Sorbus domestica*, verwandte ↗ Hippokrates als adstringierendes Mittel. Dagegen war *Sorbus aucuparia*, der Vogelbeerbaum, im Altertum unbekannt. In der germanischen Mythologie war er dem Gewittergott Donar geweiht. Lange Zeit haben sich noch in einigen Gebieten, z. B. im Westfälischen, Sitten erhalten, wonach man zur Walpurgisnacht Eschenzweige über Haus- und Stalltüren steckte, um Drachen und Blitz fernzuhalten. Frische Beeren dienten schließlich lange Zeit volkstümlich als Abführmittel.

Sorbus cydonia ↗ Cydonia oblonga.
Sorghoöl ↗ Sorghum bicolor.

■ **Sorghum bicolor** (L.) Moench
(syn. *Andropogon sorgum, Sorghum durra, S. vulgare*); Mohrenhirse (syn. Besenhirse, Körnerhirse, Negerkorn, Milokorn, Kaffernhirse).
Fam.: Poaceae.
Vork.: Indien, China, Afrika, Amerika, viele Sorten werden kultiviert.
Droge: *1. Semen Sorghi*; Mohrenhirse (syn. Besenhirse, Körnerhirse). *Inh.:* fettes Öl (3–4 %), Zucker, Stärke, Eiweiß, Durrhin. *Anw.:* wichtiges Nahrungsmittel, Diätetikum, Ausgangspunkt für die Herstellung von Stärke und Sirup. *2. Oleum Sorghi*; Durrhaöl (syn. Sorghoöl, Körnerhirseöl). *Inh.:* Triglyceride mit Palmitin-, Linol-, Öl- und Stearinsäure als Fettsäuren. *Anw.:* Diätetikum, Speiseöl.

Sorghum durra ↗ Sorghum bicolor.
Sorghum vulgare ↗ Sorghum bicolor.
Southwellia tragacantha ↗ Sterculia-Arten.
Spadices Piperis longi ↗ Piper longum.
Spaltblättling ↗ Schizophyllum commune.
Spanisch-Cedernöl ↗ Juniperus oxycedrus.
Spanische Fliegen ↗ Lytta vesicatoria.
Spanische Kapuzinerkresse ↗ Tropaeolum majus.
Spanischer Bertram ↗ Anacyclus pyrethrum.
Spanischer Ginster ↗ Spartium junceum.
Spanischer Hopfen ↗ Origanum onites.
Spanischer Kümmel ↗ Cuminum cyminum.
Spanischer Lauch ↗ Allium-Arten.
Spanischer Pfeffer ↗ Capsicum-Arten.
Spanischer Pfriemen ↗ Spartium junceum.
Spanischer Salbei ↗ Salvia-Arten.
Spanischer Spinat ↗ Atriplex hortensis.
Spanischer Tee ↗ Galeopsis segetum.
Spanischer Thymian ↗ Thymus-Arten.
Spanisches Hopfenöl ↗ Thymus-Arten.
Spanisches Kerbelkraut ↗ Myrrhis odorata.
Spanisches Moos ↗ Tillandsia usneoides.
Spanisches Origanumöl ↗ Thymus-Arten.
Spanisches Rohr ↗ Arundo donax.
Spanische Zeder ↗ Juniperus oxycedrus.
Spargel ↗ Asparagus officinalis.
Spartein ↗ Cytisus scoparius.
Spartianthus junceum ↗ Spartium junceum.
Spartii juncei flos ↗ Spartium junceum.
Spartium angulosum ↗ Cytisus scoparius.
Spartium glabrum ↗ Cytisus scoparius.

■ **Spartium junceum** L.
(syn. *Sarothamnus junceum, Spartianthus junceum*); Besenginster (syn. Pfriemenginster, Spanischer Ginster, Spanischer Pfriemen).
Fam.: Fabaceae (Leguminosae).
Vork.: Mittelmeergebiete, in Mitteleuropa mitunter kultiviert.
Droge: *Spartii juncei flos* (syn. *Spartium-junceum*-Blüten); Spanische Ginsterblüten, die abgestreiften, getrockneten Blüten. *Inh.:* Chinolizidinalkaloide, u. a. *N*-Methylcytisin und Cytisin als Hauptalkaloide, ferner Flavonoide, u. a. Luteolin-4-glucosid sowie Triterpene (Lupeol) und Sterole (β-Sitosterol). *Anw.:* traditionell, bes. in den Herkunftsgebieten, bei Verstopfung, zum Herbeiführen von Erbrechen, zur Geburtseinleitung, bei Gicht und rheumatischen Beschwerden. *Geg.:* unsachgemäße Anwendung kann zu Vergiftungen führen, für die bes. Cytisin und Methylcytisin verantwortlich sind, die am Zentralnervensystem und der neuromuskulären Endplatte angreifen. Die Vergiftungssymptome entsprechen denen des ↗ Cytisin.

Spartium scoparium ↗ Cytisus scoparius.
Spartium tinctorium ↗ Genista tinctoria.
Spätblühende Goldrute ↗ Solidago-Arten.

■ **Spathodea campanulata** P. Beauvois
(syn. *Spathodea nilotica*).
Fam.: Bignoniaceae.
Vork.: tropisches Afrika, Südafrika.
Droge: Blätter und Rinde. *Inh.:* Gerbstoffe, Kaffeesäure, Flavonoide, Triterpene, Iridoidglykoside. *Anw.:* in der afrikanischen Volksheilkunde zur Wundbehandlung, bei Husten, Durchfällen, Asthma sowie bei Diabetes. Die Droge ist auch Bestandteil von Jagdgiften.

Spathodea laevis ↗ Newbouldia laevis.
Spathodea nilotica ↗ Spathodea campanulata.
Spätlinde ↗ Tilia-Arten.
Spearmintblätter ↗ Mentha-Arten.
Spechtwurz ↗ Dictamnus albus.

■ **Species**
1) biologische Art, Organismenart, die durch die binäre Nomenklatur bezeichnet wird, wobei das erste Wort den Gattungsnamen (*genus*) und das zweite die Art (*species*) als die taxonomische Grundeinheit zum Ausdruck bringt.

2) Teegemisch, d. h. ein Gemenge von zerkleinerten oder unzerkleinerten Drogen, mitunter auch noch unter Zusatz von Drogenextrakten oder äther. Ölen mit einer bestimmten Indikation. Die nachstehend aufgeführten Species sind Zusammenstellungen, wie sie im Österreichischen Arzneibuch (ÖAB), im Schweizer Arzneibuch (Ph. Helv. VI bzw. VII), dem Neuen Rezept-Formularium (NFR) bzw. in den Standardzulassungen für Fertigarzneimittel (St. Zul.) aufgeführt sind. Die angegebenen Mengen beziehen sich auf Teile (T.); ↗ Teezubereitung.

■ Species amaro-aromaticae
Bitter-aromatischer Tee (Ph. Helv. 6). Zimtrinde, Eichenrinde, Pomeranzenschale, Pfefferminzblätter, Bitterkleeblätter und Kalmuswurzeln je 10 T., Kardobenedikten- und Wermutkraut je 20 T. Anw.: als Magentee zur Appetitanregung.

■ Species americantes
Bittertee (ÖAB). Wermutkraut, Tausendgüldenkraut und Bitterorangenschale je 20 T., Bitterkleeblatt, Kalmuswurzel, Enzianwurzel und Ceylonzimtrinde je 10 T. Anw.: bitteres Magenmittel.

■ Species anticystiticae
Blasentee (Ph. Helv. VII). Birkenblätter 25 T., Bärentraubenblätter 45 T., Süßholzwurzel 30 T. Anw.: entzündliche Erkrankungen der Harnorgane.

■ Species antirheumaticae
Rheumatee. Teufelskrallenwurzel (30 T.), Schachtelhalmkraut (20 T.), Brennesselkraut (20 T.), Weidenrinde (20 T.), Pfefferminzblätter (10 T.). Anw.: zur Linderung rheumatischer Beschwerden.

■ Species aromaticae
Gewürzhafte Kräuter (Ph. Helv. V). Angelikawurzel, Gewürznelken, Kalmuswurzel, Lavendelblüten, Thymian und Zitwerwurzel (je 10 T.), Majorankraut und Pfefferminzblätter (je 15 T.). Anw.: bei Verdauungsstörungen und zur Anregung des Appetites.

Species carminativae
Blähungswidriger Tee (Ph. Helv. VII). Kalmusrhizom (15 T.), Kümmelfrüchte (30 T.), Kamillenblüten (25 T.), Pfefferminzblätter (20 T.) und Baldrianwurzel (10 T.). Anw.: verdauungsfördernd und leicht beruhigend.

■ Species cholagogae
Leber- und Gallentee (St. Zul. 1989.99.99). Kümmelfrüchte (10 T.), Javanische Gelbwurz (20 T.), Löwenzahn (30 T.), Mariendistelfrüchte (20 T.) und Pfefferminzblätter (20 T.). Anw.: zur Anregung der Gallensekretion.

■ Species deflatulentes
Blähungstreibender Tee (NRF). Baldrianwurzel, Kamillenblüten, Pfefferminzblätter und Anisfrüchte (je 20 T.). Anw.: Karminativum.

■ Species diaphoreticae
Schweißtreibender Tee (Ph. Helv. 6) Pfefferminzblätter (20 T.), Holunderblüten (30 T.), Lindenblüten (40 T.), Jaborandiblätter (10 T.). Anw.: zur Einleitung von Schwitzkuren.

■ Species diureticae
Harntreibender Tee (ÖAB). Liebstöckelwurzel, Hauhechelwurzel, Süßholzwurzel, Wacholderbeeren (zerstoßen) je 20 T. Anw.: zur Erhöhung der Harnmenge bei Katarrhen von Blase und Nieren sowie zur Vorbeugung von Nierengrieß- und -steinbildung.

■ Species emollientes
Erweichende Kräuter (DAB6), je 10 Teile Eibischblätter, Malvenblätter, Steinklee, Kamillenblüten und Leinsamen, alle Drogen grob gepulvert.

■ Species gelosae
Quellender Tee (Ph. Helv. 6). Irländische Alge (30 T.), Flohsamen (70 T.), Ethanol (8 T.), Pfefferminzöl (2 T.); haltbar 1 Jahr. Anw.: mildes Abführmittel.

■ Species gynaecologicae „Martin"
Martinscher Tee (EB 6). Faulbaumrinde, Schafgarbenkraut, Sennesblätter und Queckenwurzelstock je 25 T., grob geschnitten.

■ Species laxantes
Abführender Tee (Abführtee) (ÖAB). Sennesblätter (50 T.), Holunderblüten (20 T.), Fenchel (zerstoßen, 15 T.), Kamillenblüten (5 T.), Kalium-Natriumtartrat (6 T.) und Weinsäure (4 T.). Anw.: akute Obstipation.

■ Species laxantes cum spasmolytica
Krampflösender Abführtee. Kamillenblüten, Pfefferminzblätter und Schafgarbenkraut je 20 T., Sennesblätter, grob geschnitten (40 T.).

■ Species lignorum
Holztee (DAB 6). Guajakholz (50 T.), Hauhechelwurzel (30 T.), Süßholz (10 T.) und Sassafrasholz (10 T.). *Anw.:* früher als Blutreinigungstee.

■ Species nervinae
Beruhigungstee (Nerventee) (St. Zul. 1949.99.99). Baldrianwurzel (40 T.), Hopfenzapfen (20 T.), Melissenblätter (15 T.), Pfefferminzblätter (15 T.) und Pomeranzenschale (10 T.). *Anw.:* Einschlafstörungen, nervöse Erschöpfungszustände.

■ Species pectorales
Hustentee (Brusttee) (St. Zul. 2009.99.99). Eibischwurzel 25 T.), Fenchel (10 T.), Isländisches Moos (10 T.), Spitzwegerichkraut (15 T.), Süßholzwurzel (10 T.), Thymian (30 T.). *Anw.:* Bronchitis, Katarrhe der oberen Luftwege.

■ Species pectorales cum fructibus
Brusttee mit Früchten (EB 6) (Brusttee). Fenchel, angestoßen (20 T.), Kümmel, angestoßen (15 T.), Feigen, geschnitten (10 T.).

■ Species resolventes
Zerteilende Kräuter (EB 6). Melissenblätter und Dostenkraut (je 35 T.), Kamillen-, Lavendel- und Holunderblüten (je 10 T.).

■ Species sedativae
Beruhigender Tee (Beruhigungstee) (Ph. Helv. VII). Anisfrüchte (15 T.), Pomeranzenblüten (20 T.), Pfefferminzblätter (10 T.), Melissenblätter (10 T.), Passionsblumenkraut (20 T.) und Baldrianwurzel (25 T.). *Anw.:* nervöse Erschöpfung.

■ Species stomachicae
Magen- und Darmtee (St. Zul. 2029.99.99). Baldrianwurzel, Kümmelfrüchte, Pfefferminzblätter und Kamillenblüten (je 25. T.). *Anw.:* Blähungen, Völlegefühl, krampfartige Magen-Darm-Störungen, nervöse Herz-Magen-Beschwerden.

■ Species urologicae
Blasen- und Nierentee (NRF). Bärentraubenblätter, Birkenblätter, Bohnenhülsen und Schachtelhalmkraut (je 20 T.), Mateblätter und Orthosiphonblätter (je 10 T.). *Anw.:* Erkrankungen der ableitenden Harnwege.

Speckblume ↗ Anemone nemorosa.

■ Spectinomycin
Aminoglykosid-verwandtes Antibiotikum, das von *Streptomyces spectabilis* und *S. flavopersicus* gebildet wird. Es enthält keinen Aminozukker im Molekül, sondern einen Aminocyclitol-Rest. *Wirk.:* Hemmung der ribosomalen Proteinsynthese von grampositiven und -negativen Bakterien. *Anw.:* Infektionen mit Peniellin-resistenten Keimen, wie *Neisseria gonorrhoeae*.

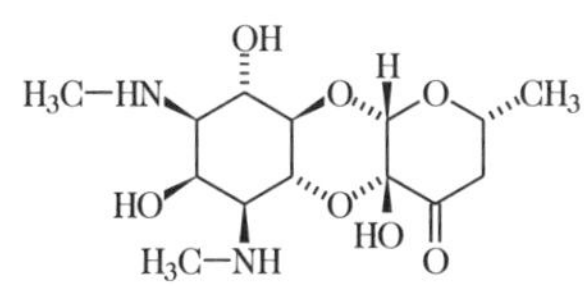

Spectinomycin (Actinospectacin)

Speichelwurzel ↗ Anacyclus pyrethrum.
Speicherwurzel ↗ Lindera strychnifolia, ↗ Anacyclus x officinarum.
Speise-Rhabarber ↗ Rheum-Arten.
Speisesenf ↗ Sinapis alba.
Speisezwiebel ↗ Allium-Arten.
Spei-Täubling ↗ Russula emetica.
Speiteufel ↗ Russula emetica.
Speiwurzel ↗ Cephaelis-Arten.
Speltweizen ↗ Triticum spelta.
Spelz ↗ Triticum spelta.
Spelzweizen ↗ Triticum spelta.
Sperberkraut ↗ Sanguisorba officinalis.

■ Spergularia rubra Pers.
(syn. *Arenaria rubra*); Rotes Sandkraut.
Fam.: Caryophyllaceae.
Vork.: Südeuropa.
Droge: ***Arenariae rubrae herba*** (syn. *Herba Arenariae rubrae*, *Herba Spergulae rubrae*); Rotes Sandkraut. *Inh.:* Saponine, Harz, äther. Öl. *Anw.:* in der Volksheilkunde bei Blasenkatarrh, Harn- und Nierensteinen.

Sperlingskraut ↗ Anagallis arvensis.
Spermaceti ↗ Physeter macrocephalus.

Spermöl ↗ Physeter macrocephalus.
Spermwal ↗ Physeter macrocephalus.
Sperrkraut ↗ Polemonium caeruleum.
SPG ↗ Schizophyllum commune.

■ **Sphaerophysa salsula** Pall.
Fam.: Fabaceae (Leguminosae).
Vork.: Zentralasien, Salzsteppen.
Droge: die ganze Pflanze. Inh.: Guanidinoverbindungen, wie Sphaerophysin. Anw.: in der russischen Volksheilkunde zur Behandlung von Bluthochdruck sowie in der Gynäkologie.

Sphagnin ↗ Sphagnum-Arten.

■ **Sphagnum-Arten**
Torfmoose.
- **Fam.:** Sphagnaceae.
- **Vork.:** weltweit in Hochmooren und Sumpfwäldern.
- **Sphagnum fuscum**
- **Sphagnum palustre**
- **Sphagnum fallax**
- **Sphagnum magellanicum**.

Inh.: Sphagnorubine (Anthocyanderivate), Sphagnumsäure (Zimtsäurederivat), Huminsäuren, Lignin, Zucker, Uronsäuren, Sterole, Triterpene.

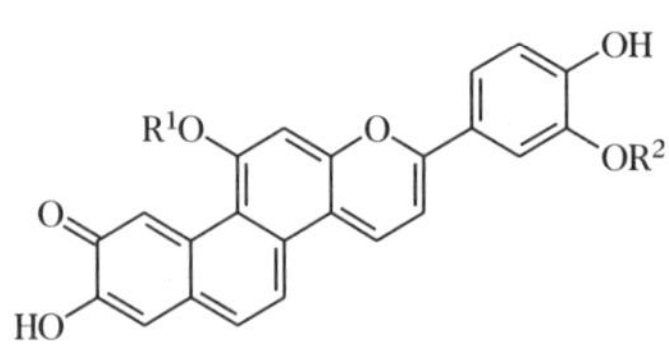

Sphagnorubine

Name	R¹	R²
Sphagnorubin A	H	H
Sphagnorubin B	CH_3	H
Sphagnorubin C	CH_3	CH_3

Anw.: Früher wurden einige Arten aufgrund ihres großen Wasserbindungsvermögens als Verbände sowie zum Windeln von Säuglingen genutzt. In der Volksheilkunde verwendet man Absude und Extrakte aus Torfmoosen für Haut- und Augenkrankheiten sowie bei akuten Hämorrhagien, da sie wundheilungsfördernd wirken. Aufbereiteter Torf (syn. Sphagnin) wurde bei starken Gärungen im Darm, bei Gärungs- und Fäulnisdyspepsien, bei Colitiden mit Neigung zu Durchfällen, bes. in der Kinderbehandlung, verordnet.

■ **Spharenthus indicus**.
Fam.: Asteraceae (Compositae).
Vork.: Indien.
Droge: das äther. Öl der Pflanze. Anw.: in der indischen traditionellen Heilkunde als Tonikum und Antitussivum.

Spherostaemma japonicum ↗ Schisandra chinensis.
Sphoeroides rubripes ↗ Tetraodon rubripes rubripes.
Sphondylium branca ↗ Heracleum sphondylium.
Sphondylium branca-ursi ↗ Heracleum sphondylium.
Sphondylium branca-ursina ↗ Heracleum sphondylium.
Spica celtica ↗ Valeriana celtica.
Spicae aetheroleum ↗ Lavandula latifolia.
Spiegelrinde ↗ Quercus-Arten.
Spierblumen ↗ Filipendula ulmaria.
Spierkraut ↗ Filipendula ulmaria.
Spierstaude ↗ Filipendula ulmaria.

■ **Spigelia-Arten**
- **Fam.:** Loganiaceae.
- **Spigelia anthelmia** L. (syn. *Spigelia multispica, S. nervosa*); Wurmkraut (syn. Wurmtreibende Spigelie).

Vork.: Mittel- und Südamerika, Indonesien.
Droge: ***Spigeliae herba*** (syn. *Herba Spigeliae*); Spigelienkraut (syn. Indianisches Wurmkraut, Wurmgras), die getrockneten, oberirdischen Teile der Pflanze. Inh.: Phenolcarbonsäurederivate, u. a. Kaffee- und Protocatechusäure, Flavonoide, u. a. Hyperosid, Cholinester, bes. Benzoylcholin, Dimethylacryloylcholin und Isochinoline. Anw.: früher in den Herkunftsgebieten als Wurmmittel.
Hom.: ***Spigelia anthelmia*** HAB1; Wurmkraut, die getrockneten, oberirdischen Pflanzenteile. Anw.-Geb.: Erkrankungen des Zentralnervensystems und des Herzens, wie akute Herzentzündung, Angina pectoris, Nervenschmerzen, Kopfschmerzen sowie Wurmbeschwerden.
Histor.: Die Gattung erhielt ihren Namen nach Adrianus Spigelius, einem berühmten Anatomen und Chirurgen des 17. Jh. in Padua, der mehrere

97 Primula elatior, *Primulae radix,* Primelwurzel

98 Prunus dulcis, Mandelbaum

99 Prunus dulcis, *Semen Amygdalae,* Mandeln

100 Prunus laurocerasus, Kirschlorbeer

101 Prunus spinosa, Schlehe

102 Pulsatilla vulgaris, Kuhschelle

103 Punica granatum, Granatapfel

104 Quercus robur, *Quercus cortex*, Eichenrinde

105 Quercus suber, Korkeiche

106 Ranunculus acris, Scharfer Hahnenfuß

107 Ranunculus ficaria, Scharbockskraut

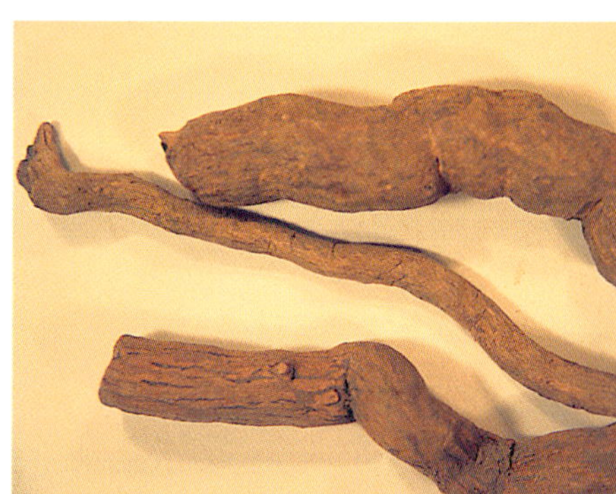

108 Rauvolfia serpentina, *Rauwolfiae radix*, Indische Schlangenwurzel

109 Rhamnus catharticus, *Rhamni catharticae fructus,* Kreuzdornfrüchte

110 Rhamnus frangula, Faulbaum

111 Rhamnus frangula, *Frangulae cortex,* Faulbaumrinde

112 Rheum palmatum, Medizinalrhabarber

113 Rheum palmatum, *Rhei radix,* Rhabarberwurzel

114 Rhododendron ferrugineum, Rostblättrige Alpenrose

115 Rhus typhina, Essigbaum

116 Ricinus communis, Rizinus

117 Ricinus communis, *Ricini semen*, Rizinussamen

118 Robinia pseudoacacia, Robinie

119 Rosa canina, Heckenrose

120 Rosmarinus officinalis, Rosmarin

121 Rubia tinctorum, Krapp

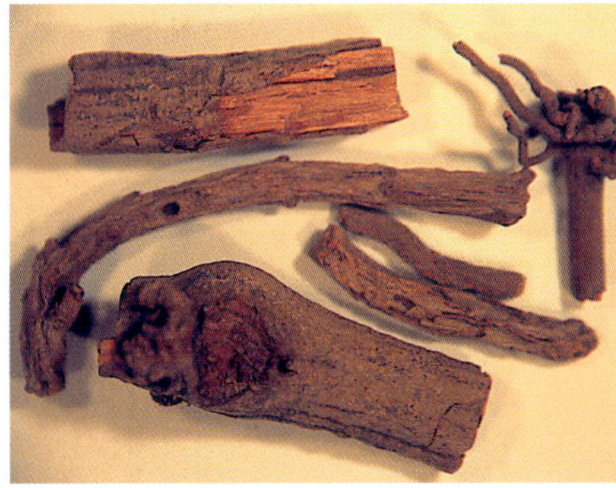

122 Rubia tinctorum, *Rubiae tinctorum radix*, Krappwurzel

123 Rubus fruticosus, Brombeere

124 Ruscus aculeatus, Mäusedorn

125 Russula emetica, Speitäubling

126 Ruta graveolens, Weinraute

127 Saccharum officinarum, Zuckerrohr

128 Salvia officinalis, Echter Salbei

129 Sambucus ebulus, Zwergholunder

130 Sambucus nigra, Holunder

131 Sambucus racemosa, Traubenholunder

132 Sanicula europaea, Sanikel

133 Saponaria officinalis, Echtes Seifenkraut

134 Satureja montana, Bergbohnenkraut

135 Scopolia carniolica, Glockenbilsenkraut

136 Scrophularia nodosa, Braunwurz

137 Secale cereale, Roggen

138 Sedum acre, Scharfer Mauerpfeffer

139 Semecarpus anacardium, *Fructus Anacardii orientalis,* Ostindische Tintenbaumfrüchte

140 Shorea wiesneri, *Dammar,* Dammarharz

141 Silybum marianum, Mariendistel

142 Silybum marianum, *Cardui mariae fructus,* Mariendistelfrüchte

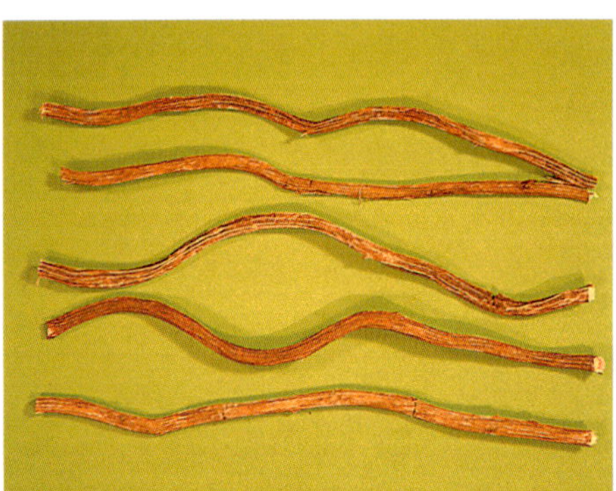

143 Smilax aristolochiaefolia, *Sarsaparillae radix,* Sarsaparillwurzel

144 Solanum dulcamara, Bittersüßer Nachtschatten

145 Solanum nigrum, Schwarzer Nachtschatten

146 Solanum pseudocapsicum, Korallenbäumchen

147 Solanum tuberosum, Kartoffel

148 Solidago canadensis, Kanadische Goldrute

149 Solidago gigantea, Riesen-Goldrute

150 Solidago virgaurea, Echte Goldrute

151 Sophora japonica, Schnurbaum

152 Sorbus aucuparia, Eberesche

153 Strophanthus gratus, *Strophanthi semen,* Gelbe Strophanthussamen

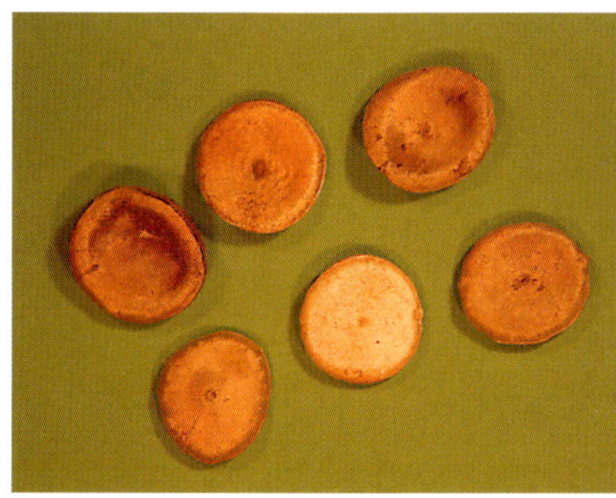

154 Strychnos nux-vomica, *Strychni semen,* Brechnußsamen

155 Styrax tonkinensis, *Benzoe,* Wohlriechender Asant

156 Symphoricarpus albus, Schneebeere

157 Symphytum officinale, Beinwell

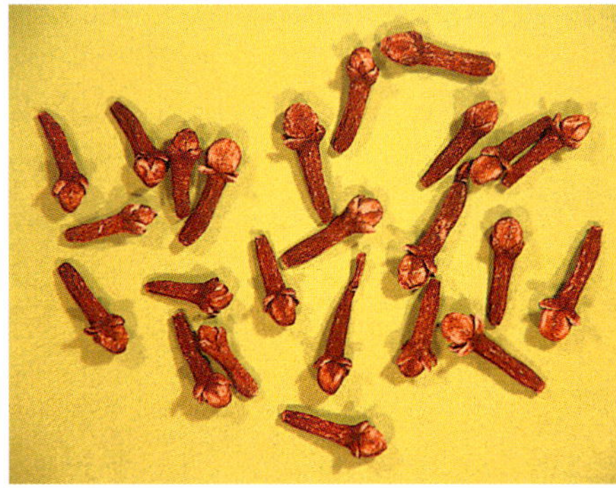

158 Syzygium aromaticum, *Caryophylli flos*, Gewürznelken

159 Syzygium aromaticum, *Caryophylli fructus*, Mutternelken

160 Taraxacum officinale, Gemeiner Löwenzahn

161 Taxus baccata, Eibe

162 Taxus brevifolia, Pazifische Eibe

163 Teucrium chamaedrys, Echter Gamander

164 Teucrium scorodonia, Salbei-Gamander

165 Thevetia peruviana, Gelber Oleander

166 Thuja occidentalis, Abendländischer Lebensbaum

167 Thymus serpyllum, Quendel

168 Thymus vulgaris, Echter Thymian

169 Tilia platyphyllos, Sommerlinde

170 Trifolium repens, Weißklee

171 Tropaeolum majus, Kapuzinerkresse

172 Tussilago farfara, Huflattich (blühend)

173 Tussilago farfara, Huflattich (Blätter)

174 Ulex europaeus, Stechginster

175 Urtica dioica, Große Brennessel

176 Vaccinium oxycoccus, Moosbeere

177 Vaccinium vitis-idaea, Preiselbeere

178 Valeriana officinalis, Baldrian

179 Valeriana officinalis, *Valerianae radix*, Baldrianwurzel

180 Veratrum album, Weißer Germer

181 Viburnum opulus, Gemeiner Schneeball

182 Vinca minor, Gemeines Immergrün

183 Vincetoxicum hirundinaria, Schwalbenwurz

184 Viola tricolor, Feldstiefmütterchen

185 Viscum album, Mistel

186 Vitex agnus-castus, Mönchspfeffer

187 Xanthium spinosum, Dornige Spitzklette

188 Xanthium strumarium, Gemeine Spitzklette

189 Yucca filamentosa, Faden-Palm-Lilie

190 Zea mays, Mais

191 Zingiber officinale, Ingwer

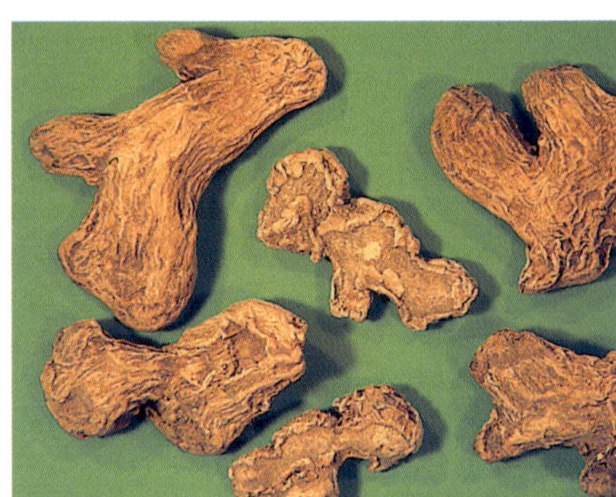

192 Zingiber officinale, *Zingiberis rhizoma*, Ingwerwurzelstock

botanische Werke veröffentlicht hatte, während *anthelmia* sich auf die wurmtreibende Wirkung der Pflanze bezieht. Die Eingeborenen Südamerikas kannten die anthelmintischen Eigenschaften der Pflanze schon lange bevor die Europäer Amerika entdeckten. Die Pflanze diente auch Giftmischern, um, oft aus Rachsucht, Tiere oder auch Menschen zu vergiften.

● **Spigelia marilandica** L. (syn. *Lonicera marilandica, Spigelia oppositifolia*); Karolinische Sternblume (syn. Nordamerikanische Spigelie).

Vork.: südliches Nordamerika.

Droge: ***Radix Spigeliae***, *Spigelia-marilandica*-Wurzelstock (syn. Marylandische Spigelienwurzel, Pinkwurzel, Spigelienwurzel, Wurmgraswurzel), die getrockneten Wurzelstöcke und Wurzeln. *Anw.*: volkstümlich in den Herkunftsgebieten bei Wurmbefall sowie als fiebersenkendes Mittel.

Hom.: ***Spigelia marilandica*** HAB34; die getrockneten, unterirdischen Pflanzenteile. *Anw.-Geb.*: Erregungszustände.

Spigeliae herba ↗ Spigelia-Arten.
Spigelienkraut ↗ Spigelia-Arten.
Spigelienwurzel ↗ Spigelia-Arten.
Spikenarde ↗ Lavandula latifolia.
Spiklavendel ↗ Lavandula latifolia.
Spiköl ↗ Lavandula latifolia.

■ **Spilanthes oleracea** L.
Husarenknopf (syn. Parakresse).

Fam.: Asteraceae (Compositae).

Vork.: Mittel- und Südamerika, in Indien auch kultiviert (syn. *Acmella brasiliensis*).

Droge: ***Spilanthis oleraceae herba*** (syn. *Herba Spilanthes oleraceae*); Parakressekraut. *Inh.*: äther. Öl (ca. 0,3 %) mit Spilanthen und Spilanthol (ein Isobutylamid); Scharfstoffe, Phytosterol, Gerbstoffe, Harz, Fett mit Cerotinsäure. *Anw.*: in der Volksheilkunde als Adstringens und Antiphlogistikum, u. a. in Mundwässern bei Zahnfleischerkrankungen, aber auch bei Gicht und Rheuma.

Hom.: ***Spilanthes oleracea*** HAB34, das getrocknete, blühende Kraut.

Spilanthis oleraceae herba ↗ Spilanthes oleracea.
Spillbaum ↗ Euonymus atropurpurea, ↗ Rhamnus frangula.

Spinaceae folium ↗ Spinacia oleracea.

■ **Spinacia oleracea** L.
Spinat.

Fam.: Chenopodiaceae.

Vork.: weltweit.

Droge: ***Spinaceae folium*** (syn. *Folia Spinaceae*); Spinatblätter. *Inh.*: Betain, Oxalsäure, Triterpensaponine, Vitamine. *Anw.*: früher volkstümlich zur Unterstützung der Verdauung, bes. zur Anregung der Pankreasfunktion. Im Haushalt vielverwendetes Kochgemüse.

Spinat ↗ Spinacia oleracea.
Spinatblätter ↗ Spinacia oleracea.
Spindelbaum ↗ Euonymus atropurpurea.
Spindelblume ↗ Colchicum autumnale.
Spindelstrauch ↗ Euonymus europaea.
Spinnblume ↗ Colchicum autumnale.
Spinnendistelkraut ↗ Cnicus benedictus.
Spinnenkraut ↗ Senecio-Arten.
Spiraea aruncus ↗ Aruncus dioicus.
Spiraeae flos ↗ Filipendula ulmaria.
Spiraeae herba ↗ Filipendula ulmaria.

■ **Spiraea tomentosa** L.

Fam.: Rosaceae.

Vork.: Nordamerika.

Droge: ***Herba Spiraeae tomentosae***, die ganze Pflanze. *Inh.*: Gerbstoffe. *Anw.*: in der Volksheilkunde bei Durchfällen.

Spiraea ulmaria ↗ Filipendula ulmaria.

■ **Spiramycin**
Makrolidantibiotikum, das von *Streptomyces ambofaciens* gebildet wird. S. stellt ein Gemisch aus drei Komponenten dar, dem S. I, II und III. *Wirk.*: Hemmung der ribosomalen Proteinbiosynthese grampositiver Bakterien und Rickettsien. *Anw.*: Infektionen mit grampositiven Keimen als Alternative zum Penicillin, auch bei Gonorrhoe und Toxoplasmose (Formel S. 314).

Spiranthes autumnalis ↗ Spiranthes spiralis.

■ **Spiranthes spiralis** (L). Chevall.
(syn. *Spiranthes autumnalis*).

Fam.: Orchidaceae.

Vork.: Südeuropa, Vorderasien.

Drogen: Kraut und Knollen. *Inh.*: das Kraut

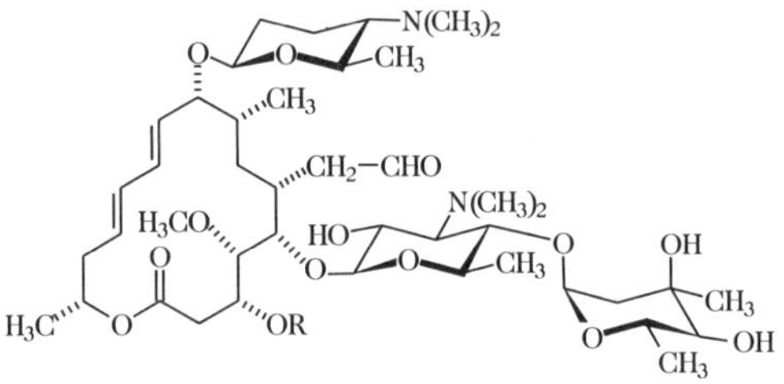

Spiramycin I: R = O
Spiramycin II. R = CO–CH_3
Spiramycin III: R = CO–CH_2–CH_3

enthält Loroglossin (Glykosid), das bei der Hydrolyse in Loroglossigenin und Glucose übergeht. _Anw._: in der Volksheilkunde, die Knollen gelten als Aphrodisiakum (experimentelle Beweise dazu fehlen).

Hom.: *Spiranthes autumnalis* HAB34; die zur Blütezeit geernteten, frischen, oberirdischen Pflanzenteile. _Anw.-Geb._: Scheidenentzündungen.

Spirke ↗ Pinus-Arten.

■ **Spirostachys africana** Sonder
(syn. *Excoecaria africana*).
Fam.: Euphorbiaceae.
Vork.: tropisches Ost- und Zentralafrika.
Droge: Holz und Rinde. _Inh._: tetracyclische Diterpene, u. a. Stachenon, 3-Hydroxystachen-2-on,

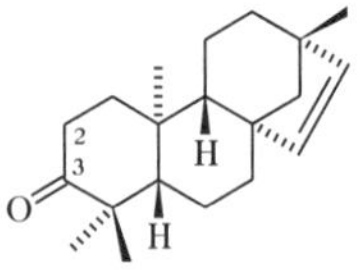

Stachenon

α-Oxostachenon, Tambotisäure; Alkaloide, Saponine, Gerbstoffe. _Anw._: in der afrikanischen Volksheilkunde zur Behandlung von Augenkrankheiten, Magengeschwüren, als Abführmittel, gegen Würmer und drohenden Abort. Die Droge ist Bestandteil von Pfeilgiften.

■ **Spirulina-Arten**.
Fam.: Phormidiaceae.
Vork.: weltweit an der Oberfläche von Gewässern.
Droge: die frischen oder getrockneten Algen. _Inh._: Proteine, Polysaccharide, Tocopherole, mehrfach ungesättigte Fettsäuren, Carotinoide. _Anw._: als Nahrungsmittel, Diätetika, in der Kosmetik sowie als Ausgangspunkt für die Herstellung von Nahrungsersatzstoffen.

Spitzblättrige Magnolie ↗ Magnolia acuminata.
Spitzhütiger Giftwulstling ↗ Amanita virosa.
Spitzhütiger Knollenblätterpilz ↗ Amanita virosa.
Spitzkegeliger Kahlkopf ↗ Psilocybe-Arten.
Spitzklettensamenöl ↗ Xanthium riparium.
Spitzorchis ↗ Anacamptis pyramidalis.
Spitzwegerich ↗ Plantago-Arten.

■ **Spondianthus preussii** Engl.
(syn. *Megabaria trillesii, M. ugandensis*).
Fam.: Euphorbiaceae.
Vork.: Afrika, bes. Uganda, Guinea, Angola.
Droge: Blätter und Rinde. _Inh._: Saponine, Flavonoide, Gerbstoffe, Cucurbitacine, Oxalsäure, Monofluoressigsäure. _Anw._: in der afrikanischen Volksheilkunde zur Fiebersenkung sowie bei Zahnschmerzen. Auch als Mordgift wird die Droge eingesetzt. Die frische Zweigrinde ist Bestandteil von Pfeilgiften für die Jagd auf Elefanten. Als toxisches Prinzip der Droge kann v. a. die Monofluoressigsäure angesehen werden.

Spongia lacustris ↗ Spongilla lacustris.
Spongia marina ↗ Euspongia officinalis.
Spongia officinalis ↗ Euspongia officinalis.

■ **Spongia somnifera**
(syn. Schlafschwämmchen), im Mittelalter übliche Arzneiform, bei der Schwämme mit narkotisierenden Pflanzensäften oder -zubereitungen getränkt waren und zum Einschlafen dienten.

Spongilla amphizona ↗ Ephydatia mülleri.

■ **Spongilla lacustris** Lam.
(syn. *Ephydatia lacustris, Halichondria lacustris,*

Spongia lacustris); Flußschwamm (syn. Teichschwamm).

Fam.: Coelenterata.

Vork.: Europa, Asien.

Inh.: Kieselsäure, Iod, Zoosterole.

Hom.: ***Spongilla lacustris*** (syn. *Badiaga*) HAB34; Flußschwamm, der getrocknete Schwamm. Anw.-Geb.: Erkrankungen des Auges, der Schilddrüse, des lymphatischen Systems, der unteren Atemwege sowie des Stütz- und Bewegungsapparates, wie Rheuma.

Spongilla mülleri ↗ Ephydatia mülleri.
Sporae Lycopodii ↗ Lycopodium clavatum.
Spornblume ↗ Centranthus ruber.
Springauf ↗ Convallaria majalis.
Springgurke ↗ Ecballium elaterium.
Springkörner ↗ Euphorbia-Arten.
Springkürbis ↗ Momordica-Arten.
Springwolfsmilch ↗ Euphorbia-Arten.
Springwurz ↗ Dictamnus albus, ↗ Euphorbia-Arten, ↗ Polygonatum odoratum.
Spritzessigkraut ↗ Dictamnus albus.
Spritzgurke ↗ Ecballium elaterium.
Spruce-Tannennadelöl ↗ Tsuga canadensis.

■ Squalus acanthias L.

Dornhai.

Vork.: Atlantik, Mittelmeer, in einigen Gebieten des Pazifik.

Fam.: Carcharhinidae.

Droge: ***Dornhaitran***, das aus frischen Lebern gewonnene Öl. Inh.: Triglyceride, Vitamine A und D. Anw.: hauptsächlich als Schmiermittel, seltener als Brennöl.

Squilla maritima ↗ Urginea maritima.
Stachelannone ↗ Annona-Arten.
Stachelige Kardamomen ↗ Amomum-Arten.
Stachelkraut ↗ Ononis spinosa.
Stachelmohnöl ↗ Argemone mexicana.
Stachelnuß ↗ Datura-Arten.
Stachelpanaxwurzel ↗ Eleutherococcus senticosus.
Stachys betonica ↗ Stachys officinalis.

■ Stachys officinalis (L.) Trev.

(syn. *Stachys betonica, Betonica officinalis*); Betonie (syn. Echter Ziest, Gemeine Betonie, Heilziest, Flohblume).

Fam.: Lamiaceae (Labiatae).

Vork.: Europa, Asien.

Droge: ***Betonicae herba*** (syn. *Herba Betonicae, Herba Betoniae*); Betonienkraut, das getrocknete Kraut. Inh.: Betonicin, Stachydrin, Turicin, Cholin, Bitterstoffe und Gerbstoffe (bis 15 %). Anw.: volkstümlich bei Erkältungskrankheiten und Verdauungsstörungen.

Hom.: ***Stachys officinalis*** HAB1; Ziest, die frischen, zur Blütezeit gesammelten, oberirdischen Pflanzenteile. Anw.-Geb.: Erkrankungen des Magen-Darm-Traktes, der Galle, Leber und der Bauchspeicheldrüse.

Histor.: Der Gattungsname *Stachys* (Ähre) bezieht sich auf die Art des Blütenstandes. Als uralte Heilpflanze stand *S. officinalis* bereits im ägyptischen, griechischen und römischen Altertum in hohem Ansehen. In der von Antonius Musa, dem Leibarzt von Kaiser Augustus, verfaßten Schrift „De herba betonica" wird die Pflanze als Allheilmittel dargestellt. Und nach ↗ Plinius gab man einem Kranken, von dem man nicht genau wußte, was ihm fehlte, stets Betonie.

Stachys recta ↗ Sideritis-Arten.
Stangenpfeffer ↗ Piper longum.
Stanitzlblume ↗ Zantedeschia aethiopica.
Stapelia decaisneana ↗ Caralluma decaisneana.
Staphisagriae semen ↗ Delphinium staphisagria.
Staphisagria macrocarpa ↗ Delphinium staphisagria.

■ Stärke

(lat. Amylum), Gemisch der Polysaccharide Amylose (15–30 %, löslich) und Amylopektin (70–85 %, unlöslich). Amylose besteht aus langen, unverzweigten Kettenmolekülen, die aus D-Glykopyranose-Einheiten (300–600) in α-1,4-glykosidischer Bindung aufgebaut sind. Amylopektin liegt als verzweigtes Molekül vor, das aus vielen linearen Einzelgliedern von 20 bis 30 Glucosemolekülen in α-1,4-glykosidischer Bindung besteht, die zusätzlich durch α-1,6-Verzweigungsstellen (seltener 1,3) miteinander verknüpft sind. S. ist das am weitesten verbreitetste Speicherkohlenhydrat (Reservestoff) in Pflanzen. Sie wird in charakteristisch geformten Stärkekörnern in Amyloplasten abgelagert. S. deckt in erheblichem Maße den Kohlenhydratbedarf des Menschen und wird in der pharmazeutischen Technologie als Hilfsstoff vielfältig eingesetzt, u. a. zur Tablettierung, als Pudergrundlage, Salbengrundlage, zur Herstellung von Stärkekapseln, als Mucilaginosum, Ausgangspunkt zur Herstellung partialsynthetischer Derivate, wie Hydroxyethylstärke als Plasmaersatzmittel. Offizinell sind die S. aus Mais (↗ *Zea mays*), Reis (↗ *Oryza sativa*), Kartoffeln (↗ *Solanum*-Arten) und Weizen (↗ *Triticum aestivum*), weiterhin verwendet werden auch Roggenstärke (*Amylum Secalis*) und Gerstenstärke (*Amylum Hordei*).

Statice armeria ↗ Armeria maritima.
Stäubling ↗ Calvatia gigantea.

■ Staurosporin

Indolalkaloid, das von *Streptomyces staurosporeus* und anderen *Streptomyces*-Arten gebildet wird. Wirk.: stark blutdrucksenkend, antimykotisch, hemmt die Blutgerinnung, unspezifischer Inhibitor von Proteinkinasen, hemmt die Zellteilung (cancerostatisch). Anw.: in der experimentellen Pharmakologie.

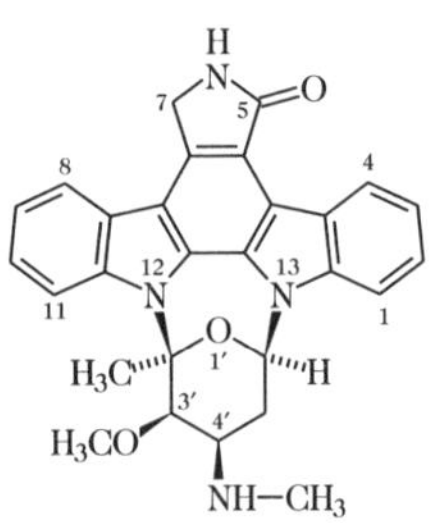

Staurosporin

Stechapfel ↗ Datura-Arten.
Stechapfelblätter ↗ Datura-Arten.
Stechdorn ↗ Rhamnus catharticus.
Stecheichenblätter ↗ Ilex aquifolium.
Stechender Mäusedorn ↗ Ruscus aculeatus.
Stechginster ↗ Ulex europaeus.
Stechkörner ↗ Silybum marianum.
Stechmyrte ↗ Ruscus aculeatus.
Stechmyrtenrhizom ↗ Ruscus aculeatus.
Stechpalme ↗ Ilex aquifolium.
Stechpalmenblätter ↗ Ilex aquifolium.
Stechwinde ↗ Smilax-Arten.
Stechwindenwurzel ↗ Smilax-Arten.
Stefanskraut ↗ Delphinium staphisagria.
Steffensia elongata ↗ Piper angustifolium.
Steife Waldrebe ↗ Clematis-Arten.
Steinbeerblätter ↗ Vaccinium-Arten.
Steinbeeren ↗ Vaccinium-Arten.
Steinbeerenblätter ↗ Arctostaphylos uva-ursi.
Stein-Bibernelle ↗ Pimpinella-Arten.
Steinblüte ↗ Lophophytum leandri.
Steinbrech-Bibernelle ↗ Pimpinella-Arten.
Steindammar ↗ Shorea wiesneri.
Steineiche ↗ Quercus-Arten.
Steinesche ↗ Fraxinus-Arten.
Steinhirse ↗ Lithospermum officinale.
Steinklee ↗ Melilotus altissima, ↗ Melilotus officinalis.

■ Steinkohlenteer

(syn. *Oleum Lithanthracis, Pix Lithanthracis*), der durch trockene Destillation aus Steinkohle gewonnene Teer. Inh.: komplexe Mischung aus Verbindungen der Benzolreihe, Phenole, Anilin-, Chinolin- und Pyridinbasen. Wirk.: juckreizstillend, desinfizierend. Anw.: äußerlich bei Hauterkrankungen.

Steinkresse ↗ Chrysoplenium alternifolium.
Steinlinde ↗ Tilia-Arten.
Steinmelisse ↗ Nepeta cataria.
Steinnüsse ↗ Phytelephas-Arten.
Steinöl ↗ Erdöl.
Steinpfeffer ↗ Sedum acre.
Steinsaat ↗ Lithospermum officinale.
Steinsame ↗ Lithospermum officinale.
Steinweichsel ↗ Prunus-Arten.
Steinweide ↗ Salix-Arten.
Steinwurz ↗ Collinsonia canadensis.
Steinwurzel ↗ Ononis spinosa.
Stellariae media herba ↗ Stellaria media.

■ Stellaria media (L.) Vill.

(syn. *Alsine media*); Vogelmiere.

Fam.: Caryophyllaceae.

Vork.: weltweit.

Droge: ***Stellariae media herba*** (syn. *Herba Stellariae, Herba Stellariae media, Herba Alsines*); Vogelmierenkraut. Inh.: Vitamin C, Rutin, Fett. Anw.: früher in der Volksheilkunde bei Hämorrhoiden.

Hom.: ***Stellaria media*** HAB34; Vogelmiere, die frischen, blühenden, oberirdischen Pflanzenteile. Anw.-Geb.: Erkrankungen des Stütz- und Bewegungsapparates, wie Rheuma und Berührungsschmerzen.

Histor.: Dem Gattungsnamen *Stellaria* liegt das lateinische *stella* (Stern) zugrunde. Es bezieht sich auf die Anordnung der Blütenblätter; *media* bedeutet die mittlere. Mit der deutschen Bezeichnung Vogelmiere wird die Verwendung der Pflanze als beliebtes Vogelfutter ausgedrückt. Die Herkunft der Bezeichnung Miere ist ungewiß.

Stellaris scilla ↗ Urginea maritima.
Stellera altaica ↗ Stellera chamaejasme.
Stellera bodinieri ↗ Stellera chamaejasme.

■ **Stellera chamaejasme** L.
(syn. *Passerina racemosa, P. stelleri, Septas hypericifolia, Stellera altaica, St. bodinieri, St. concinna, St. hypericifolia, Wikstroemia chamaejasme, W. hypericifolia*).
Fam.: Thymelaeaceae.
Vork.: Zentralasien, Steppengebiete Ostsibiriens, Mongolei, Nordchina, Himalajagebiete.
Drogen:. *1. **Stellera-chamaejasme-Kraut***, das getrocknete Kraut. *Inh.:* Cumarine, Diterpenester, u. a. Huratoxin, Simplexin und Subtoxin A. *Anw.:* in der ostasiatischen Volksheilkunde als Vasicans bei Furunkeln, als Hautreizmittel bei Rheuma, gegen übermäßige Schweißabsonderung, bei Obstipation sowie als Brechmittel. *2. **Stellera-chamaejasme-Wurzel***, die getrockneten Wurzeln. *Inh.:* Diterpene, u. a. Huratoxin, Subtoxin A, Simplexin; Lignane, Biflavonoide, Flavonoide. *Anw.:* in der Volksheilkunde Sibiriens zur Behandlung von Tumoren, bei Eingeweidewürmern, Fieber und Syphilis sowie zur Gichtbehandlung. Da die Pflanze möglicherweise cancerogen ist, wird von einer Verwendung abgeraten.

Stellera concinna ↗ Stellera chamaejasme.
Stellera hypericifolia ↗ Stellera chamaejasme.
Stellwurzel ↗ Veratrum album.

■ **Stemona tuberosa** Lour.
Fam.: Stemonaceae.
Vork.: Indien bis Südchina, Taiwan, Japan, Vietnam.
Droge: die Wurzeln. *Inh.:* Alkaloide, u. a. Tuberostemonin, Oxotuberostemonin, Stenin. *Anw.:* in der asiatischen Volksheilkunde bei Erkrankungen der Luftwege sowie als Anthelmintikum.

Stengelblatt ↗ Caulophyllum thalictroides.
Stengellose Eberwurz ↗ Carlina acaulis.
Stengelmanna ↗ Fraxinus-Arten.
Stenolobium quinquejugum ↗ Tecoma stans.
Stenolobium stans ↗ Tecoma stans.

■ **Stephania rotunda** Lour.
Fam.: Menispermaceae.
Vork.: China, Vietnam, Japan, Indien.
Droge: die Wurzeln. *Inh.:* Alkaloide, u. a. Rotundin, Stepharotin, Stepharin, Tetrahydropalmatin, Berberin, Protoberberin. *Anw.:* in der Volksheilkunde zur Beruhigung, als leichtes Narkotikum und Hypnotikum.

■ **Stephania tetrandra** S. Moore.
Fam.: Menispermaceae.
Vork.: Ostasien.
Droge: die ganze Pflanze. *Inh.:* Bisbenzylisochinolinalkaloide, u. a. (+)-Tetrandin, Fangchino-

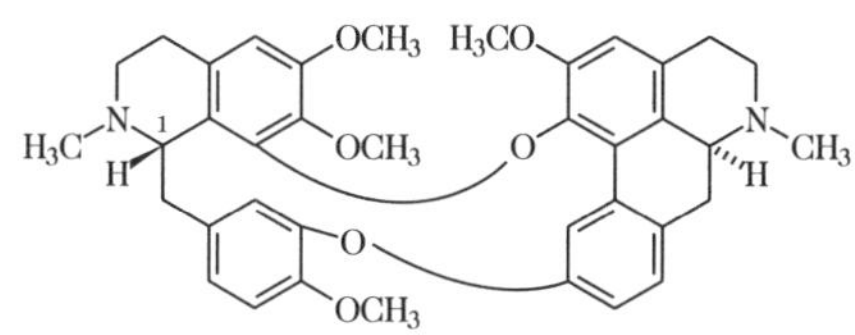

Tetrandin

lin und Cyclanolin. *Wirk.:* gefäßerweiternd, blutdrucksenkend, entzündungshemmend, fiebersenkend. *Anw.:* in der asiatischen Volksheilkunde.

Stephanskörner ↗ Delphinium staphisagria.
Stephanskraut ↗ Delphinium staphisagria.
Steppenraute ↗ Peganum harmala.
Sterbekraut ↗ Erysimum crepidifolium.
Sterculia acuminata ↗ Cola-Arten.

■ **Sterculia-Arten**
● **Fam.:** Sterculiaceae.
Die Gattung Sterculia besteht aus etwa 200 Arten. Wichtige Drogenlieferanten sind
● **Sterculia appendiculata** K. Schum.,
● **Sterculia foetida** L.,
● **Sterculia quinqueloba** (Garcke) K. Schum. (syn. *Cola quinqueloba*),
● **Sterculia rhinopetala** K. Schum.,
● **Sterculia setigera** Del. (syn. *Sterculia tomentosa*),
● **Sterculia tragacantha** Lindl. (syn. *Southwellia tragacantha, Sterculia obovata, S. pubescens*) und
● **Sterculia urens** Roxb. (syn. *Cavallium urens*).

Die meisten Arten bilden in erheblichen Mengen Gummi ähnlicher Zusammensetzung.

Vork.: tropische Gebiete Asiens, Afrikas und Amerikas.

Droge: ***Sterculiae gummi*** (syn. *Gummi Sterculiae, Gummi Tragacantha indica, Gummi Tragacanthae indicae, Tragacantha indica*); Indischer Tragant (syn. Kadaygummi, Karaya-Gummi, Sterculiagummi), der durch Einschnitte in die Rinde der Stämme und Zweige ausgetretene und getrocknete Schleim. *Inh.:* Polysaccharide aus D-Galacturonsäure, D-Galactose (43 %), L-Rhamnose (ca. 20 %) und freier Essigsäure (14–17 %) bestehend, ferner Gerbstoffe (ca. 2 %) und Mineralstoffe (ca. 8 %). *Wirk.:* hohe Quellfähigkeit im alkalischen Darmsaft, laxierend und appetitmindernd. *Anw.:* in Form von Arzneifertigpräparaten, die zur Appetitminderung bei Übergewicht genutzt werden, sowie als Laxantien, z. T. in Kombination mit weiteren Arzneistoffen. Außerdem auch als hautfreundliches Klebeprodukt, z. B. für Kolostomiebeutel und als Prothesehaftmittel. Als Ersatz für diese Droge wird auch Kutira-Gummi von ↗ *Cochlospermum gossypium* verwendet.

Sterculiae gummi ↗ Sterculia-Arten.
Sterculiagummi ↗ Sterculia-Arten.
Sterculia nitida ↗ Cola-Arten.
Stercus diaboli ↗ Ferula foetida.
Steriler Leinenfaden ↗ Linum usitatissimum.
Sternanisfrüchte ↗ Illicium verum.
Sternanisöl ↗ Anisi aetheroleum, ↗ Illicium verum.
Sternblume ↗ Astrantia major.
Sterndolde ↗ Astrantia major.
Sternkiefer ↗ Pinus-Arten.
Sternkraut ↗ Paris quadrifolia.
Sternleberkraut ↗ Hepatica nobilis.
Sternlebermoos ↗ Marchantia polymorpha.
Sternnußpalmen ↗ Astrocaryum-Arten.
Sternstachelbaum ↗ Phyllanthus acidus.
Stern- und Runzelwurzel ↗ Aletris farinosa.
Sternwurzel ↗ Aletris farinosa.
Steroidalkaloide ↗ Alkaloide.
Steroidsaponine ↗ Saponine.
Steviablätter ↗ Stevia rebaudiana.
Steviae rebaudianae folium ↗ Stevia rebaudiana.

■ **Stevia rebaudiana** (Bertoni) Hemsl.
(syn. *Eupatorium rebaudianum*); Süßstoffpflanze (syn. Honigkraut).

Fam.: Asteraceae (Compositae).

Vork.: Mittel- und Südamerika.

Droge: ***Steviae rebaudianae folium*** (syn. *Folia Steviae rebaudianae*); Steviablätter, die getrockneten Blätter. *Inh.:* glykosidische Diterpene des Kaurantyps, bes. Steviosid (5–10 %), Rebaudiosid A (2–4 %), Rebaudiosid C (1–2 %) und Dulcosid A

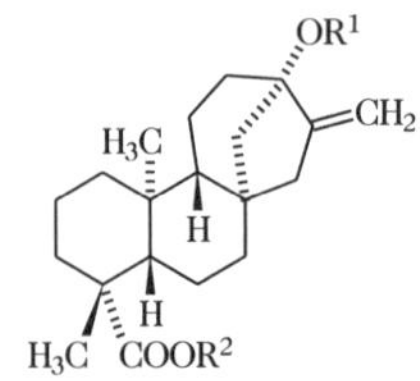

Name	R¹	R²
Steviol	H	H
Steviosid	Glc(β1→2)Glcβ	β-D-Glcp

(0,2–0,7 %). Ferner Diterpene des Labdantyps, u. a. 6-*O*-Acetylaustroinulin (0,15 %), äther. Öl (0,1–0,4 %, u. a. Nerolidol, Caryophyllenoxid und Geraniol enthaltend) sowie Flavonoidglykoside des Apigenins, Luteolins, Kämpferols und Quercetins. *Wirk.:* Steviosid besitzt die 300fach stärkere Süßkraft als die Saccharose und wird von Rebaudiosid A, das zudem auch einen angenehmeren Geschmack besitzt, noch übertroffen. *Anw.:* volkstümlich in den Herkunftsgebieten bei Diabetes, Hypertonie und als empfängnisverhütendes Mittel. Im Haushalt als Süßungsmittel.

Steviosid ↗ Stevia rebaudiana.
Stichsaat ↗ Silybum marianum.
Stichsamen ↗ Silybum marianum.
Stichwurz ↗ Arnica-Arten.
Stichwurzel ↗ Arnica-Arten.
Sticta ↗ Lobaria pulmonaria.
Stiefmütterchen ↗ Viola-Arten.
Stieleiche ↗ Quercus-Arten.
Stielpfeffer ↗ Piper cubeba.
Stigma Croci ↗ Crocus sativus.

■ **Stigmasterol**
(Stigmasterol), häufig in Pflanzen vorkommendes Phytosterol mit anticholesterolämischer Wirksamkeit (Formel S. 319).

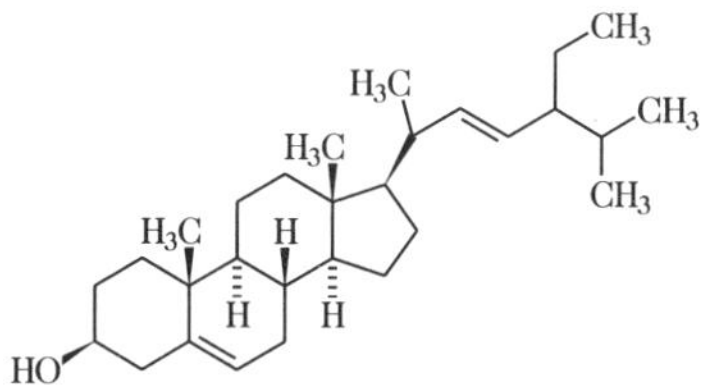

Stigmasterol

Stigmata Croci ↗ Crocus sativus.
Stigmata Maidis ↗ Zea mays.
Stigmata Maydis ↗ Zea mays.
Stilago bunius ↗ Antidesma bunius.
Stillingia ↗ Stillingia silvatica.
Stillingiae radix ↗ Stillingia silvatica.
Stillingia sebiferum ↗ Sapium sebiferum.

■ Stillingia silvatica L.

(syn. *Sapium sylvaticum*); Stillingia (syn. Stillingie).

Fam.: Euphorbiaceae.

Vork.: Amerika.

Droge: ***Stillingiae radix*** (syn. *Radix Stillingiae*). *Inh.:* Alkaloide, wie Stillingin; äther. Öl, Harz, fettes Öl. *Anw.:* in der Volksheilkunde als Laxans und Brechmittel.

Hom.: ***Stillingia sylvatica*** HAB34; die getrockneten, unterirdischen Pflanzenteile. *Anw.-Geb.:* Erkrankungen der unteren Atemwege, der Leber, Galle, Bauchspeicheldrüse, des lymphatischen Systems sowie des Stütz- und Bewegungsapparates, wie Knochenhautentzündungen.

Stillingie ↗ Stillingia silvatica.
Stinkandorn ↗ Ballota nigra.
Stinkasant ↗ Ferula assa-foetida, ↗ Ferula foetida.
Stinkbaltes ↗ Valeriana officinalis.
Stinkbusch ↗ Rhus-Arten.
Stinkbuschwurzelrinde ↗ Rhus-Arten.
Stinkdill ↗ Coriandrum sativum.
Stinkdillsamen ↗ Coriandrum sativum.
Stinkende Hundskamille ↗ Anthemis cotula.
Stinkende Nieswurz ↗ Helleborus-Arten.
Stinkender Gänsefuß ↗ Chenopodium-Arten.
Stinkender Schierling ↗ Conium maculatum.
Stinkender Storchschnabel ↗ Geranium robertianum.
Stinkendes Tieröl ↗ Oleum animale.
StinkendeWiesenraute ↗ Thalictrum foetidum.
Stinkkamille ↗ Anthemis cotula.
Stinkmelde ↗ Chenopodium-Arten.
Stinkmorchel ↗ Phallus impudicus.
Stinksalat ↗ Lactuca virosa.
Stinkschwamm ↗ Phallus impudicus.
Stinkstrauch ↗ Anagyris foetida.
Stinktier ↗ Mephitis putorius.
Stinkwacholder ↗ Juniperus sabina.

■ Stipites

Drogen, die aus Stengelteilen bestimmter Pflanzen bestehen, z. B. *Stipites Dulcamarae* bzw. *Dulcamarae stipites*; Bittersüßstengel.

Stipites Cerasi acidi ↗ Prunus-Arten.
Stipites Cerasorum ↗ Prunus-Arten.
Stipites Chrysanthi ↗ Rhododendron-Arten.
Stipites Dulcamarae ↗ Solanum-Arten.
Stipites Grindeliae ↗ Grindelia camporum.
Stipites Jalapae ↗ Ipomoea orizabensis.
Stipites Laminariae ↗ Laminaria-Arten.
Stizolobium pruriens ↗ Mucuna pruriens.
Stockmorchel ↗ Gyromitra esculenta.
Stoechados arabicae flos ↗ Lavandula stoechas.
Stoechas arabica ↗ Lavandula stoechas.
Stoechasblumen ↗ Lavandula stoechas.
Stoechas officinarum ↗ Lavandula stoechas.
Stoechas pedunculata ↗ Lavandula stoechas.
Stoerks Eisenhut ↗ Aconitum-Arten.
Stolones graminis ↗ Agropyron repens.
Stolzer Heinrich ↗ Oenothera biennis.
Stopsloch ↗ Bupleurum-Arten.
Storax ↗ Liquidambar-Arten.
Storax-Balsam ↗ Liquidambar-Arten.
Storaxbaum ↗ Liquidambar-Arten.
Storchschnabel ↗ Geranium maculatum.
Strahlenlose Kamille ↗ Chamomilla suaveolens.
Stramentum Avenae ↗ Avena sativa.
Stramentum Papaveris ↗ Papaver somniferum.
Stramonii folia ↗ Datura-Arten.
Stramonii folium ↗ Datura-Arten.
Stramonii herba ↗ Datura-Arten.
Stramonii semen ↗ Datura-Arten.
Stramoniumblätter ↗ Datura-Arten.
Stramonium e seminibus ↗ Datura-Arten.
Stramonium fastuosa ↗ Datura-Arten.
Stramonium foetidum ↗ Datura-Arten.
Stramonium spinosum ↗ Datura-Arten.
Stramonium vulgatum ↗ Datura-Arten.
Stranddistel ↗ Eryngium-Arten.
Strandgrasnelke ↗ Armeria maritima.

Strandkiefer ↗ Pinus-Arten.
Stränze ↗ Astrantia major.
Strauchige Becherblume ↗ Sarcopoterium spinosum.
Strauchige Pfingstrose ↗ Paeonia suffruticosa.
Strauchpäonie ↗ Paeonia suffruticosa.
Strauchwegerich ↗ Plantago-Arten.
Streichblume ↗ Chrysanthemum-Arten.
Streichkraut ↗ Datisca cannabina, ↗ Reseda luteola.
Streptocaulon cochinchinensis ↗ Calotropis-Arten.
Streptococcus thermophilus Gattung der Milchsäurebakterien zur Herstellung von Joghurt aus Vollmilch.

■ Streptokinase

Protein (M_r 47 000, 416 Aminosäuren) aus dem Kulturfiltrat von β-hämolysierenden Streptokokken (z. B. *Streptococcus haemolyticus* Gruppe C). Wirk.: Durch die Bindung von S. an das am Fibrin adsorbierte Plasminogen kommt es zu dessen Konformationsänderung und damit zur Aktivierung der Plasminbildung. Anw.: Fibrinolytikum bei peripheren arteriellen Embolien und Thrombosen, Lungenembolien, Venenthrombosen, akutem Herzinfarkt, Veränderungen der Netzhautgefäße.

■ Streptomyces-Arten

Fam.: Streptomycetaceae, eine der acht Hauptfamilien der Ordnung Actinomycetales. S.-Arten sind sporenbildende, grampositive Bakterien mit ausgeprägter Tendenz zur Bildung von Luft- und Substratmycel.

Vork.: weltweit im Erdboden, in Gewässern und Insekten.

Anw.: S.-Arten sind Produzenten bedeutsamer Antibiotika mit dem breitesten Spektrum an Sekundärstoffen. Wichtige Beispiele sind in der Tabelle (S. 321) aufgeführt.

■ Streptomycin

(syn. Streptomycin A) Aminoglykosidantibiotikum, das von *Streptomyces griseus* gebildet wird und als Pseudotrisaccharid aus Streptidin, *N*-Methyl-L-Glucosamin und Streptose aufgebaut ist. Wirk.: bakterizid gegenüber gramnegativen Keimen und Tuberkelbakterien durch Hemmung der ribosomalen Proteinsynthese von Prokaryoten. Anw.: als Tuberkulostatikum; bei Endocarditis, Peritonitis und Brucellose. Oft kombiniert mit einem zweiten Antibiotikum.

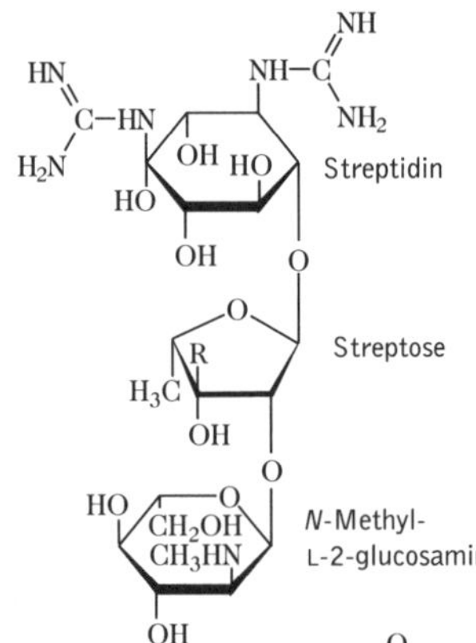

Streptomycin: R = C(=O)H

Dihydrostreptomycin: $R = CH_2OH$

■ Streptozocin

(syn. Streptozotocin), Aminoglykosid-Antibiotikum aus *Streptomyces achromogenes*. Wirk.: antifungal, zytostatisch, carcinogen, mutagen, diabetogen. Anw.: früher als Cancerostatikum, heute nur noch zur experimentellen Auslösung eines Diabetes bei Versuchstieren in der pharmakologischen Forschung.

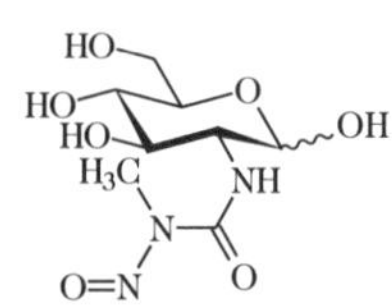

Streptozocin [Streptozotocin, 2-Desoxy-2-(3-methyl-3-nitrosoureido)-D-glucose]

Strobili Humili ↗ Humulus lupulus.
Strobuli Lupuli ↗ Humulus lupulus.
Strobuli Pini ↗ Pinus-Arten.
Strobus lambertiana ↗ Pinus-Arten.
Strobus strobus ↗ Pinus-Arten.
Strobus weymouthiana ↗ Pinus-Arten.
Strohblume ↗ Antennaria dioica, ↗ Helichrysum arenarium, ↗ Helichrysum foetidum.
Strophanthi grati semen ↗ Strophanthus-Arten.

Tabelle: Streptomyces-Antibiotika

Streptomyces-Art	Produkt
Streptomyces albogriseus	Neomycine
Streptomyces ambofaciens	Spiramycin
Streptomyces ardus	Mitomycine
Streptomyces aureofaciens	Tetracycline
Streptomyces caespitosus	Mitomycine
Streptomyces cattleya	Thienomycine (β-Lactamase-Inhibitoren)
Streptomyces chattanoogensis	Natamycin
Streptomyces chrysomallus	Cactinomycin
Streptomyces clavuligerus	Clavulansäure, Cephamycine
Streptomyces lipmanii	Cephamycine
Streptomyces coeruleo-rubidus	Daunorubicin
Streptomyces decaris	Framycetin
Streptomyces erythreus	Erythromycine
Streptomyces flavopersicus	Spectinomycin
Streptomyces fradiae	Fosfomycin, Natamycin, Framycetin
Streptomyces galilaeus	Aclarubicin
Streptomyces griseus	Novobiocin, Streptomycine
Streptomyces kanamyceticus	Kanamycin A
Streptomyces lincolnensis	Lincomycin
Streptomyces mediterranei	Rifamycine
Streptomyces narbonensis	Josamycin
Streptomyces natalensis	Natamycin
Streptomyces niveus	Novobiocin
Streptomyces nodosus	Amphotericin B
Streptomyces noursei	Nystatin
Streptomyces orientalis	Vancomycin
Streptomyces peuceticus var. caesius	Doxorubicin
Streptomyces peuceticus	Daunorubicin
Streptomyces ribosidificus	Ribostamycin
Streptomyces rimosus	Tetracycline
Streptomyces spectabilis	Spektinomycin
Streptomyces spheroides	Novobiocin
Streptomyces takakuariensis	Kanamycin A
Streptomyces tenebrarius	Nebramycin
Streptomyces tsukubaensis	Tacrolimus
Streptomyces venezuelae	Chloramphenicol
Streptomyces verticillatus	Mitomycine
Streptomyces verticillus	Bleomycine

Strophanthi hispidi semen ↗ Strophanthus-Arten.
Strophanthi kombé semen ↗ Strophanthus-Arten.
Strophanthin ↗ Strophanthus-Arten.
Strophanthi semen ↗ Strophanthus-Arten.

■ Strophanthus-Arten

● **Fam.:** Apocynaceae.

● **Strophanthus gratus** (Wall. et Hook. ex Benth.) Baill. (syn. *Roupellia grata*).

Vork.: tropisches Westafrika.

Droge: ***Strophanthi semen*** (syn. *Semen Strophanthi, Semen Strophanthi grati, Strophanthi grati semen*); Gelbe Strophanthussamen (syn. Strophanthussamen), die von ihrem grannenartigen Haarschopf befreiten, reifen Samen; s. Farbtafel S. 306, Bild 153. *Inh.:* Cardenolidglykosidgemisch (5–10 %), davon ca. 80 % g-Strophanthin (= Ouabain), ferner Saponine sowie Trigonellin. *Anw.:* akute Herzinsuffizienz mit Bradykardie bzw. schwerer Dekompensation. Applikation fast ausschließlich parenteral, da die Resorption bei peroraler Einnahme sehr gering ist.

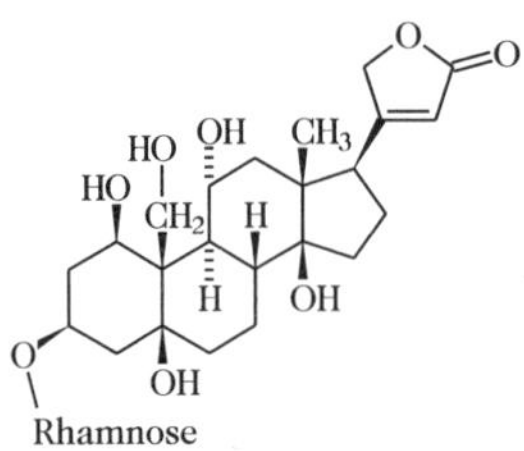

g-Strophanthin

Hom.: ***Strophanthus gratus*** HAB1, die von dem grannenartigen Fortsatz befreiten, reifen, getrockneten Samen. *Anw.-Geb.:* Erkrankungen des Herzens und des arteriellen Gefäßsystems, wie Herzschwäche, Erwartungsangst.

● **Strophanthus hispidus** DC. (syn. *Strophanthus bariba, S. tchabe, S. thierreanus*).

Vork.: West- und Zentralafrika.

Droge: ***Strophanthi hispidi semen***; Behaarte Strophantussamen (syn. Hispidussamen), die reifen, vom federbuschartigen Samenfortsatz befreiten Samen. *Inh.:* Cardenolidglykosidgemisch (ca. 4–8 %), als „h-Strophanthin" oder „Pseudostrophanthin" bezeichnet, mit unter anderem Cymarin (0,5–1 %) als Einzelkomponente. Ferner Saponine und stickstoffhaltige Verbindungen, u. a. Cholin und Trigonellin. *Anw.:* früher in Zubereitungen bei Herzschwäche.

Hom.: ***Strophanthus hispidus***; die reifen Samen. *Anw.-Geb.:* Herzschwäche, nervöse Herzbeschwerden.

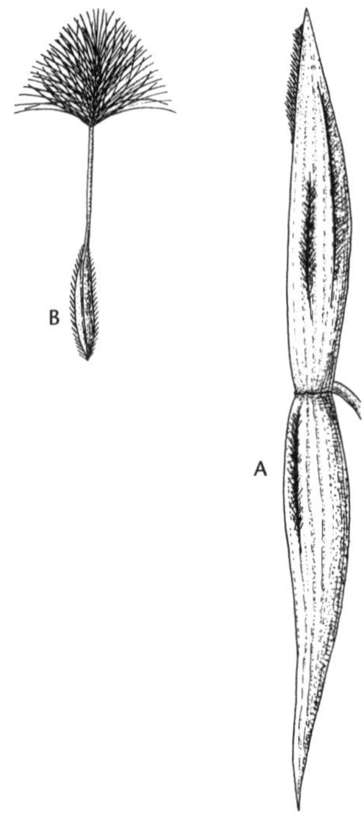

Strophantus hispidus, Frucht (A) und Same (B).

● **Strophanthus kombé** Oliver.

Vork.: tropisches östliches und südliches Zentralafrika, Anbau in Kamerun.

Droge: ***Strophanthi kombé semen*** (syn. *Semen Strophanthi kombé*); Behaarte Strophanthussamen (syn. Kombésamen, Strophanthus-Kombé-Samen,

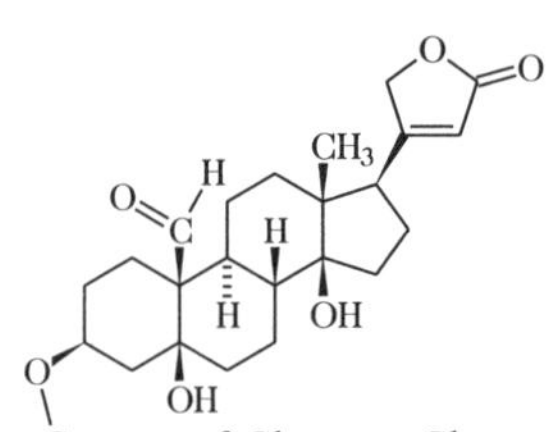

k-Strophanthosid

Strophanthussamen Kombé), die von ihrer Granne befreiten Samen. Inh.: Cardenolidgemisch (4–4,4 %) mit „k-Strophanthin" (syn. Kombé-Strophanthin), ca. 60–80 % des Gemisches, als Hauptkomponente, gefolgt von k-Strophanthin-β (10–15 %) bzw. k-Strophanthosid. Ferner Saponine (0,2 %) sowie stickstoffhaltige Verbindungen, u. a. Cholin und Trigonellin. Wirkung und Anwendung s. *Strophanthi grati semen*.

● **Strophanthus sarmentosus** DC. (syn. *Strophanthus laurifolius, S. ogovensis, S. paroissei, S. pendulus, S. punctiferus, S. senegambiae*).

Vork.: Westafrika.

Droge: ***Strophanthus sarmentosus-Samen***, die reifen, vom federbuschartigen Samenfortsatz befreiten Samen. Inh.: Cardenolidglykoside. Anw.: therapeutisch nicht gebräuchlich.

● **Histor.:** Die Samen der einzelnen Strophanthus-Arten dienten in den jeweiligen Heimatgebieten seit altersher zur Bereitung von Pfeilgiften, die für Jagdzwecke, aber auch für kriegerische Auseinandersetzungen genutzt wurden. Der Gattungsname *Strophanthus* ist aus dem griechischen *strophé* (Drehung) und *anthos* (Blüte) gebildet, bezogen auf die zusammengedrehten, bandartigen Kronzipfel. Die lateinischen Artnamen *gratus* (dankbar, angenehm), *hipidus* (steifhaarig) und *sarmentosus* (wurzelrankig, kriechend) charakterisieren die einzelnen genutzten Species.

Strophanthussamen ↗ Strophanthus-Arten.
Stropharia cubensis ↗ Psilocybe-Arten.
Stropharia cyanescens ↗ Psilocybe-Arten.
Stropharia subcyanescens ↗ Psilocybe-Arten.

■ Strychnin

monoterpenoides Indolalkaloid aus den Samen von *Strychnos nux-vomica* und *Strychnos ignatii* (↗ *Strychnos*-Arten). Wirk.: stark bitteres Krampfgift, das die Interneurone im Rückenmark hemmt. Dadurch können bereits geringste Reize eine Krampfinduktion auslösen (Antagonismus zum Glycin), die zu tonischen Spasmen bis zur Atemlähmung führen. Anw.: früher in geringen Mengen als Tonikum (Bittermittel) zur Appetitanregung sowie zur Anregung des Atemzentrums, Muskel- und Gefäßtonus sowie zur Schärfung der Sinneswahrnehmung. S. wurde früher ebenfalls als Analeptikum, als Antidot bei Vergiftungen durch Barbiturate und andere zentral lähmende Schlafmittel sowie als Antagonist zu ↗ Curare eingesetzt. Heute ist die Anwendung obsolet.

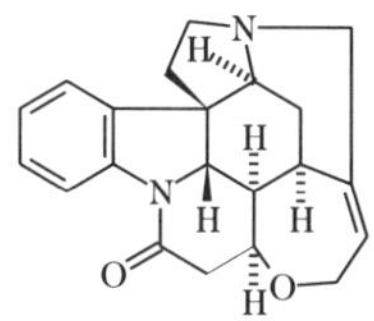

Strychnin

Strychninbaum ↗ Strychnos-Arten.
Strychni potatorum fructus ↗ Strychnos-Arten.
Strychni pseudo-quinae cortex ↗ Strychnos-Arten.
Strychni semen ↗ Strychnos-Arten.
Strychni spinosae folium ↗ Strychnos-Arten.
Strychni spinosae fructus ↗ Strychnos-Arten.
Strychni spinosae radix ↗ Strychnos-Arten.
Strychni wallichianae lignum ↗ Strychnos-Arten.

■ Strychnos-Arten

● **Fam.:** Loganiaceae.

● **Strychnos castelnaei** Wedd. (syn. *Strychnos castelnaeana, S. urari-üva*).

Vork.: Amazonasgebiete von Peru, Brasilien und Kolumbien.

Droge: wäßrige, eingedickte Extrakte der Pflanze (↗ Curare). Inh.: bisquartäre Bis-indolalkaloide, u. a. C-Toxiferin I, C-Curarin und C-Calebassin (= C-Toxiferin II) (↗ Toxiferine). Wirk.: muskelerschlaffend. Anw.: dimere Reinalkaloide als Muskelrelaxantien zur Narkosevorbereitung. Durch synthetische Präparate heute weitgehend ersetzt. In den Herkunftsgebieten als Pfeilgifte für Jagdzwecke (↗ Drogen und Pfeilgifte der Indianermedizin).

Hom.: *Curare* HAB 34, der von den Indianern als Pfeilgift benutzte eingedickte Saft aus der Rinde. Anw.-Geb.: Lähmungen, Lähmigkeit, Krämpfe.

● **Strychnos ignatii** Berg. (syn. *Ignatia amara, I. philippinensis, Ignatiana philippinica, Strychnos balansae, S. beccarii, S. blay-hitam, S. cuspidata, S. hainanensis, S. krabiensis, S. lanceolaris, S. ovalifolia, S. philippensis, S. pseudo-tieuté, S. tieuté*); Sankt Ignatiusbohne.

Vork.: Südostasien.

Droge: ***Ignatii semen*** (syn. *Faba Febrifuga, Faba Indica, Faba Sancti Ignatii, Fabae St. Ignatii, Ignatia, Semen Ignatii*); Ignatiusbohne (syn. Ignazbohne), die reifen Samen. Inh.: Alkaloide

(2,5–5 %) mit ↗ Strychnin als Hauptalkaloid. Ferner Kaffeesäurederivate und Schleimstoffe. *Anw.:* zur Gewinnung von Strychnin. Volkstümlich früher in Zubereitungen als Tonikum bei Schwächezuständen und als Amarum.

Hom.: ***Strychnos ignatii*** HAB1; Ignazbohne, die getrockneten, reifen Samen. *Anw.-Geb.:* als Konstitutionsmittel bei Erkrankungen des zentralen und peripheren Nervensystems, der oberen und unteren Atemwege, des Magen-Darm-Traktes, der weiblichen Geschlechtsorgane sowie bei spastischer Diathese, bei nervösen Störungen, Verstimmungszuständen, Krämpfen an Hohlorganen und Muskeln.

● **Strychnos nux-vomica** L. (syn. *Strychnos colubrina, S. lucida, S. spireana, S. vomica*). Brechnußbaum (syn. Krähenaugenbaum, Strychninbaum).

Vork.: Pakistan, Indien, Südostasien.

Droge: ***Strychni semen*** (syn. *Nux Metella, Nux vomica, Semen Nucis vomica, Semen Strychni*); Brechnußsamen (syn. Krähenauge, Strychnossamen), die reifen, getrockneten Samen; s. Farbtafel S. 306, Bild 154. *Inh.:* Alkaloide (2–3 %) mit ↗ Strychnin (1,1–1,5 %) und Brucin (ca. 1 %) als Hauptalkaloide. *Anw.:* früher in Zubereitungen, z. B. der Tinktur, als Tonikum, appetitanregendes Mittel sowie bei Herz-Kreislauf-Beschwerden. Ferner als Ausgangsmaterial zur Gewinnung von ↗ Strychnin.

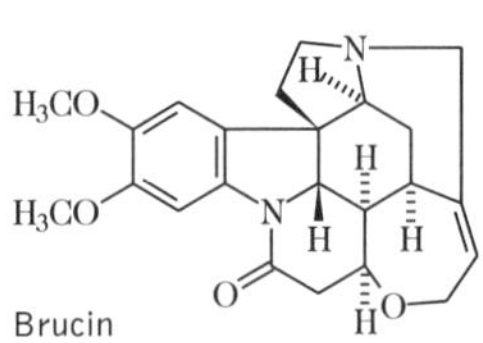

Brucin

Hom.: *1.* ***Strychnos nux-vomica*** HAB1, die getrockneten, reifen Samen. *Anw.-Geb.:* u. a. fieberhafte Erkrankungen, Entzündungen des Magen-Darm-Kanals, Kreislaufbeschwerden, Nervenschmerzen, rheumatische Beschwerden, Muskelkrämpfe, Schlafstörungen, Verstimmungszustände. *2.* ***Angostura spuria*** HAB34, die getrocknete Rinde.

Histor.: Brechnußsamen hatten in den beiden großen medizinischen Systemen Indiens, der ↗ Ayurveda und Yunani, große Bedeutung, z. B. bei Appetitlosigkeit, Fieber und Muskelschwäche. Auch in der traditionellen chinesischen Medizin wurden Zubereitungen der Droge, hergestellt durch kurzes hohes Erhitzen, z. B. in heißem Sand, zur Förderung der Blutzirkulation und Schmerzlinderung eingesetzt. Der Gattungsname *Strychnos* wurde bei den griechischen Ärzten der Antike für verschiedene giftige Solanaceen genutzt. Mit der Überführung ins Lateinische wurde die Bezeichnung *Nux vomica* (*nux*, Nuß, der apfelähnlichen Beerenfrüchte wegen; *vomica* brechen) gewählt. Auch diese Bezeichnung ist wenig glücklich, da die Früchte weder Nüsse sind, noch die Droge ein Brechmittel darstellt. Die Bezeichnung Krähenauge ist auf das augenartige Aussehen der knopfartigen, sehr harten Samen zurückzuführen.

Strychnos nux-vomica, blühender Sproß und Beere.

● **Strychnos potatorum** L. f. (syn. *Strychnos heterdoxa, S. stuhlmanii, S. tatankotta*).

Vork.: Afrika, Madagaskar, eingebürgert in Indien, Sri Lanka, Pakistan, USA.

Droge: ***Strychni potatorum fructus***, die unreifen oder reifen Früchte und Samen. *Inh.:* Alkaloide (0,1–3 %), v. a. Diabolin, Strychnin und Brucin. *Anw.:* in der Ayurveda-Medizin als Brechmittel bei Vergiftungen, Augenerkrankungen, Durst, Halluzinationen; die reifen Früchte auch bei Entzündungen, Gelbsucht, Anämie; volksheilkundlich weiterhin bei Erkrankungen der Nieren und Harnwege, zur Behandlung von Schlangenbissen und Furunkeln.

● **Strychnos pseudo-quina** St. Hil. (syn. *Geniostoma febrifugum*).

Vork.: Zentralbrasilien, Paraguay.

Droge: ***Strychni pseudo-quinae cortex***, die Stammrinde. Inh.: Alkaloide (ca. 6 %), wie Nordihydrotoxiferin. Anw.: in der Volksheilkunde bei fieberhaften Erkrankungen, Malaria, Erkrankungen der Leber, der Milz und des Magens.

● **Strychnos spinosa** Lam. (syn. *Brehmia spinosa, Strychnos buettneri, S. cardiophylla, S. carvalhoi, S. courteti, S. cuneifolia, S. djalonis, S. dulcis, S. emarginata, S. euryphylla, S. flacurtii, S. gilletii, S. gracillima, S. harmsii, S. laxa, S. leiosepala, S. lokua, S. melanocarpa, S. miniungansamba, S. omphalocarpa, S. pluvialis, S. radiosperma, S. rhombifolia, S. sansibariensis, S. scheinfurthii, S. spinosa, S. tonga, S. volkensii, S. vontac, S. vuntac*); Natalorange.

Vork.: tropisches Afrika und Amerika, Anbau der alkaloidfreien Kulturform in Westafrika, Madagaskar und Südflorida als Obstbaum.

Drogen: *1.* ***Strychni spinosae folium***, die frischen oder getrockneten Blätter. Inh.: Alkaloide (0,065–0,09 %), v. a. Akagerin, Kribin und 10-Hydroxyakagerin. Anw.: in der Volksheilkunde bei Augenentzündungen, Malaria, Meningitis, Asthma, Trypanosomiasis; äußerlich bei Geschwüren. *2.* ***Strychni spinosae fructus***, die frischen Früchte. Inh.: Alkaloide (ca. 0,012 %); Lignane, wie Lirioresinol B und das Monoterpenlacton Stryspinolacton in den Samen. Anw.: in der Volksheilkunde wird das Mus der unreifen Früchte als Emetikum, bei Fieber und Schlangenbissen, zur Wundbehandlung und bei Wachstumsstörungen von Kindern verwendet. Die Früchte der alkaloidfreien Zuchtformen werden als Obst benutzt oder zu alkoholischen Getränken vergoren. *3.* ***Strychni spinosae radix***, die frische oder getrocknete Wurzel bzw. die Wurzelrinde. Inh.: Alkaloide (ca. 0,07 %). Anw.: in der Volksheilkunde bei Leibschmerzen, Durchfällen, Schlangenbissen, Potenzstörungen, Entzündungen und gegen Sandflöhe.

● **Strychnos toxifera** Schom. ex Benth. (syn. *Strychnos syntoxica*).

Vork.: Südamerika, bes. Panama, Kolumbien, Venezuela, Guayana, Brasilien.

Droge: ***Curare***. Inhaltsstoffe und Anwendung s. *S. castelnaei*.

● **Strychnos wallichiana** Steud. ex DC. (syn. *Strychnos bourdillonii, S. cinnamomifolia, S. colubrina, S. gaultheriana, S. javanensis, S. malaccensis, S. pierriana, S. rheedei, S. tubiflora*).

Vork.: Südostasien.

Droge: ***Strychni wallichianae lignum*** (syn. *Lignum Colubrinum*); Schlangenholz), die ungeschälte Stamm- und Wurzelrinde. Inh.: Alkaloide (ca. 0,3 %), u. a. Strychnin. Anw.: in der traditionellen Medizin der Herkunftsgebiete bei Fieber, Malaria, Rheumatismus, Epilepsie und Hauterkrankungen.

Hom.: ***Strychnos gaultheriana*** (syn. *Hoang-Nan*) HAB34; die getrocknete Rinde. Anw.-Geb.: bösartige Geschwülste.

Strychnossamen ↗ Strychnos-Arten.

■ **Stryphnodendron barbatimao** Mart.

Fam.: Fabaceae (Leguminosae).

Vork.: Brasilien.

Droge: ***Cortex Adstringens brasiliensis*** (syn. *Cortex Barbatimao verus*); Barbatimaorinde. Inh.: Gerbstoffe (18–30 %), Phlobaphene. Anw.: in der Volksheilkunde als Adstringens und zum Gerben.

Hom.: ***Stryphnodendron*** HAB34, die getrocknete Rinde.

Studentenblume ↗ Calendula officinalis, ↗ Tagetes patula.

Sturmhut ↗ Aconitum-Arten.

Styli Maydis ↗ Zea mays.

Styrax ↗ Liquidambar-Arten.

■ **Styrax-Arten**

● **Fam.:** Styracaceae. Die Gattung umfaßt etwa 120 Arten.

● **Styrax benzoides** Craib. (syn. *Styrax macrothyrum*).

Vork.: Malaiische Halbinsel.

Droge: ***Siam-Benzoe***. Inhaltsstoffe und Anwendung s. *Styrax tonkinensis*.

Hom.: ***Benzoes resina*** HAB34, das Harz. Anw.-Geb.: rheumatische, degenerative und gichtige Gelenkserkrankungen, Erkrankungen der Harnwege und der Ganglien.

● **Styrax benzoin** Dryand. (syn. *Benzoin officinale, Styrax benzoe, S. benjoin, Lithocarpus benzoin*); Benzoe-Storaxbaum.

Vork.: Sumatra, West-Java, Malaiische Halbinsel.

Droge: ***Benzoe Sumatra*** (syn. *Benzoinum, Resina Benzoe Sumatra*); Sumatra-Benzoe. Inh.:

Coniferylbenzoat und Cinnamylbenzoat (70–80 %), Zimtsäurecinnamylester, Zimtsäurephenylpropylester, freie Zimtsäure und geringe Mengen Vanillin. Anwendung s. *Styrax tonkinensis*.

● **Styrax tonkinensis** (Pierre) Craib ex Hartwich (syn. *Anthostyrax tonkinensis, Styrax macrothyrsus*).

Vork.: Laos, Vietnam, Ostthailand.

Droge: ***Benzoe siamensis*** (syn. *Asa dulcis, Asa odorata, Benzoe tonkinensis, Benzoinum, Gummi Asa dulcis, Styrax benzoin*); Siam-Benzoe (syn. Wohlriechender Asant, Süßer Asant), s. Farbtafel S. 306, Bild 155. *Inh.:* Coniferylbenzoat (60–80 %), *p*-Cumarylbenzoat (10–15 %), Cinnamoylbenzoat, freie Benzoesäure (bis 20 %), α-Siaresinolsäure, Vanillin. *Anw.:* in der Volksheilkunde bei Katarrhen der Atemwege. Die aus Siam-Benzoe bereitete Benzoetinktur diente früher zur Behandlung von Ekzemen und Dermatomykosen. Sie wurde auch für Mundspülungen herangezogen. *Geg.:* Die Droge kann Kontaktallergien auslösen und ist daher Personen mit allergischer Prädisposition nicht zu empfehlen.

Hom.: ***1. Acidum benzoicum e resina*** HAB1, aus Siam-Benzoe sublimierte Benzoesäure. *Anw.-Geb.:* rheumatische, degenerative und gichtige Gelenkerkrankungen, Erkrankungen der Harnwege und der Ganglien. ***2. Benzoe resina*** HAB34, das in Thailand (frühere Bezeichnung war Siam) gewonnene Harz.

● **Histor.:** Durch ein Geschenk des ägyptischen Sultans an den Dogen von Venedig wurde das Benzoeharz 1461 zum ersten Mal nach Italien gebracht. In den darauffolgenden Jahrzehnten wurde die Droge bald ein bekannter Handelsartikel. 1518 war es als *Asa dulcis* in der Braunschweiger Ratsapotheke vorhanden. Valerius ↗ Cordus erwähnt in seinem Dispensatorium die gute Wirkung und den angenehmen Geruch der Droge. Die konservierenden Eigenschaften der Benzoe bezüglich Schweineschmalzzubereitungen konnte 1843 nachgewiesen werden. Bis ins 18. Jh. hinein fand keine Unterscheidung zwischen Sumatra- und Siam-Benzoe statt, erst mit der Einführung moderner Untersuchungsmethoden traf man die heute noch übliche Differenzierung. Abzugrenzen von der *Benzoe* ist die Droge *Styrax*, die von ↗ *Liquidambar*-Arten stammt und seit dem Altertum als Räuchermittel (Judenweihrauch) und zum Einbalsamieren genutzt wurde.

Styrax crudus ↗ Liquidambar-Arten.
Styrax liquidus ↗ Liquidambar-Arten.

■ **Suaeda physophora** Pall.
Sode.

Fam.: Chenopodiaceae.

Vork.: Rußland.

Droge: die ganze Pflanze. *Inh.:* Alkaloide, Kochsalz. *Anw.:* in der Volksheilkunde als Anthelmintikum. Die Pflanze wurde u. a. auch zur Gewinnung von Pottasche herangezogen.

Suber ↗ Quercus-Arten.

■ **Suberin**
bildet in Pflanzen die lipophile Schutzschicht der äußeren Abschlußgewebe (Kork) von Stämmen, Ästen und Wurzeln. S. wird auch in Pflanzenteilen bei der Wundheilung gebildet. Es ist ein Gemisch von Polyestern, deren Hauptbestandteile α,ω-Dicarbonsäuren, ω-Hydroxyfettsäuren, Fettsäuren und -alkohole sowie phenolische Verbindungen sind.

Suber Quercinum ↗ Quercus-Arten.
Suber sardoa ↗ Quercus-Arten.
Suber variabilis ↗ Quercus-Arten.
Succade ↗ Citrus-Arten.

■ **Succinum HAB1**
Bernstein, fossiles Harz (Bernstein). *Anw.-Geb.:* anthroposophische Therapierichtung.

■ **Succisa pratensis** Moench
(syn. *Morsus diaboli, Scabiosa succisa*); Teufelsabbiß.

Fam.: Dipsacaceae.

Vork.: Europa.

Droge: ***Morsus diaboli radix*** (syn. *Radix Morsus diaboli, Radix Scabiosae, Radix Succisae, Radix Succisae pratensis*); Teufelsabbißwurzel. *Inh.:* Saponine, Bitterstoffe, Gerbstoffe, Stärke, Saccharose. *Anw.:* in der Volksheilkunde zur „Blutreinigung", als Diuretikum, bei Husten, Heiserkeit, Lungenerkrankungen, als Anthelmintikum; äußerlich bei Hauterkrankungen, Ekzemen, Geschwüren und Quetschungen.

■ **Succus**
eingeengter Preßsaft oder Auszug von Pflanzenteilen, oft von Früchten, der häufig Grundlage

von Arzneizubereitungen bildet, z. B. Succus Liquiritiae (↗ *Glycyrrhiza glabra*).

Succus Angophorae ↗ Angophora lanceolata.

Succus cyrenaicus antiquorum ↗ Ferula foetida.
Succus Hypocystidis ↗ Cytinus hypocystis.
Succus Thebaicus ↗ Papaver somniferum.
Suchtkraut ↗ Galega officinalis.

Sucht und Suchtdrogen biogenen Ursprungs

Matthias F. Melzig

Einführung

Drogensucht (engl.: drug addiction = Drogenabhängigkeit) ist ein gravierendes Problem aller Industriegesellschaften bzw. ein Zivilisationsphänomen. Sucht wird definiert als ein Zustand periodischer oder chronischer Vergiftung, der durch die wiederholte Aufnahme einer Droge hervorgerufen wird. Kennzeichen der Sucht sind:

- zwanghaftes Verlangen (Craving), die Einnahme der Droge fortzusetzen unter Einsatz aller Mittel (Kriminalität, Prostitution, Selbstaufgabe);
- die Tendenz, die Dosis zu steigern, um einen Zustand der Euphorie (höchste Glückseeligkeit) zu erzielen;
- das Auftreten von Entzugserscheinungen nach dem Absetzen der Droge, die erst nach erneuter Drogenaufnahme wieder verschwinden.

Die Schwere der Entzugserscheinungen hängt von der Art der Droge ab und ist wahrscheinlich die treibende Kraft für die Auslösung der Sucht, d. h. die Angst vor den Entzugserscheinungen läßt den Abhängigen immer wieder zur Droge greifen.

Die neurobiologischen Grundlagen zum Verständnis des Phänomens Sucht sind noch unzureichend erforscht, allerdings geht man heute davon aus, daß eine Substanz suchtauslösend wirken kann, wenn sie Mechanismen im Zentralnervensystem aktiviert, die ein Verhalten mit Belohnungsgefühlen verknüpfen und es damit positiv verstärken. Daran beteiligte Hirnstrukturen benutzen Dopamin, Serotonin, Opioide, GABA und L-Glutamin als Transmitter. Alle Stoffe, die mit diesen Transmittern wechselwirken, sind potentielle Suchtmittel.

Suchtdrogen biogenen Ursprungs sind neben Alkohol und ↗ Nicotin (↗ *Nicotiana tabacum*) vor allem Opium (↗ *Papaver somniferum*), Cannabisdrogen (↗ *Cannabis sativa*), ↗ Cocain (↗ *Erytroxylum coca*) sowie das partialsynthetische Lysergsäurediethylamid (LSD).

Während LSD eine Substanzentwicklung des 20. Jahrhunderts ist, begleiten die anderen Suchtdrogen die menschliche Zivilisation bereits seit Jahrtausenden. Alkohol (Ethanol) und Nicotin sind die beiden Volksdrogen, deren Gebrauch gesellschaftlich akzeptiert ist und im Gegensatz zu den anderen Suchtdrogen keine Strafverfolgung nach sich zieht. Dennoch sterben weltweit an den Folgen des Mißbrauchs dieser beiden Drogen wesentlich mehr Menschen pro Jahr als am Mißbrauch aller anderen Suchtdrogen zusammen.

Nicotin

Nicotin wirkt als positiver Verhaltensverstärker im Gehirn, besonders in der Anfangsphase des Rauchens. Es stimuliert spezifische nicotinische

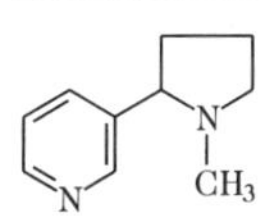

Nicotin

Acetylcholinrezeptoren in der Großhirnrinde und steigert dadurch die psychomotorische Aktivität, das Denkvermögen, die Aufmerksamkeit und die Merkfähigkeit. In höherer Dosierung führt es zu Tremor, in toxischen Dosen zu Krämpfen. Wie bei allen Stimulanzien tritt später eine depressive Phase ein. Toleranz entwikkelt sich schnell, Entzugssymptome treten bei allen Rauchern auf. Deren schwierige Überwindung ist die Hauptursache dafür, daß weiter geraucht wird. Gesundheitlich bedenklich sind insbesondere die peripheren Nebenwirkungen des Rauchens, wie Gefäßverengungen und Durchblutungsstörungen, die zu Angina pectoris oder einem Herzinfarkt führen können.

Alkohol

Obwohl Alkohol ein wirksamer Verhaltensverstärker ist, paßt er nicht in dieses Schema. Das ist darauf zurückzuführen, daß Alkohol selbst nicht mit Rezeptoren auf neuronaler Ebene wechselwirkt. Die psychopharmakologischen Ursachen der Suchtinduktion durch Alkohol sind noch nicht vollständig erforscht. Neben der Beeinflussung von $GABA_A$-Rezeptoren, der Biogenese von Opioidpeptiden und deren Rezeptoren könnten Folgeprodukte des Alkoholmetabolismus hier eine Rolle spielen. Nach Biotransformation entstehen aus dem Alkohol zusammen mit Dopamin und Serotonin endogene Alkaloide (Tetrahydroisochinoline und β-Carboline), die als Verhaltensverstärker wirken und Abhängigkeit vermitteln könnten.

Opium

Die Gewinnung von Opium aus Mohn war in der Antike weit verbreitet, Opium selbst wurde bereits um 2500 v. Chr. als Heilmittel benutzt. Im alten Ägypten wurde das aus Griechenland stammende Opium sowohl zu medizinischen als auch hedonistischen Zwecken eingenommen. Besonders gebräuchlich war Opium bei Kulthandlungen in Tempeln (Orakel), aber auch als berauschendes Mittel bei Orgien, Gelagen und verschiedenen mystischen Ritualen. Der berühmte Wein der Kleopatra enthielt u. a. auch Opium. Diese Droge war im gesamten Vorderen Orient die wichtigste Rauschdroge und wurde schon früh von den Arabern nach Indien und China gebracht. Auch das berühmteste und wichtigste Heilmittel des Mittelalters, der ↗ *Theriak*, enthielt größere Mengen Opium und wurde verbreitet als Suchtmittel mißbraucht.

Wirksamster Bestandteil des Opiums ist das Isochinolinalkaloid ↗ Morphin, das durch Wechselwirkung mit dem μ-Opiatrezeptor sowohl analgetische als auch rauschartige Effekte, verbunden mit einem ausgeprägten Gefühl der Zufriedenheit, des Wohlbefindens und der Sorglosigkeit, auslöst. Die durch Morphin induzierte Analgesie und Sedierung sind noch heute therapeutisch genutzte Wirkungen, insbesondere bei

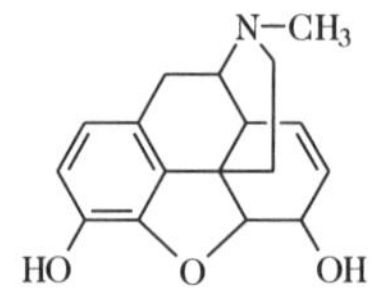

Morphin

Tumorschmerzen und anderen Erkrankungen, die mit starken Schmerzen einhergehen. Auch die Daueranwendung von Morphin löst bei Patienten mit starken körperlichen Schmerzen keine Sucht aus. Hauptanwendungsweg für Morphin ist die intravenöse Injektion, aber auch eine orale Aufnahme führt zur Auslösung psychischer Effekte. Die übliche Dosis beträgt etwa 30 mg oral, Morphinabhängige steigern diese Dosis bis zu 1 g pro Tag. Nebenwirkungen sind insbesondere eine Pupillenverengung, Obstipation und Dämpfung des Atemzentrums, das bei Überdosierung („Goldener Schuß") gelähmt wird und damit zum Tod des Konsumenten führt. Die Entzugserscheinungen treten rasch auf, und sind u. a. durch Unruhe, extreme Angst, Krämpfe, Schmerzen und Erbrechen gekennzeichnet, stellen aber keinen lebensbedrohenden Zustand dar, auch wenn der Abhängige ihn so empfindet und damit einer großen Suizidneigung unterliegt. Zu den gefährlichsten und stärksten Suchtdrogen zählt das Acetylmorphin (Heroin), das par-

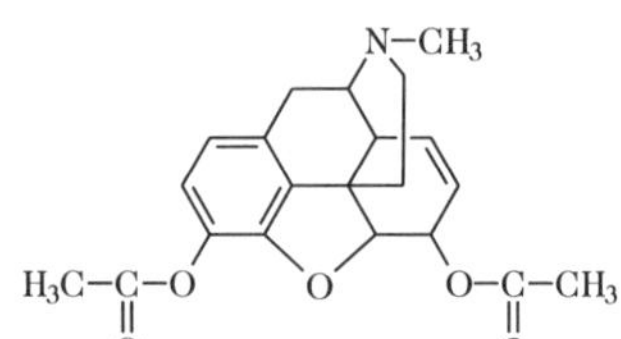

Heroin

tialalsynthetisch aus Morphin hergestellt werden kann und als illegale Rauschdroge von hoher krimineller Bedeutung ist. Therapeutisch findet Heroin keine Verwendung, sein Besitz und der Verkehr mit dieser Substanz ist gesetzlich verboten.

Cannabisprodukte

Die Geschichte des Hanfes als Quelle für Cannabisprodukte läßt sich weit zurückverfolgen, der chinesische Kaiser Shen-Nung berichtet erstmals 2737 v. Chr. in seiner Pharmakopöe über *Cannabis sativa*. Cannabisprodukte stellen für den westlichen Kulturkreis eine relativ neue Suchtdroge dar. Zwar wußten die Griechen und Römer um die psychotropen Wirkungen des Hanfs, und auch im Mittelalter wurde *Cannabis* gelegentlich in Hexenmitteln verwendet, größere Verbreitung als Suchtdroge fand der Hanf aber erst im 19. Jahrhundert, als Schriftsteller wie Rimbaud oder Baudelaire ihn für sich entdeckten und darüber in den Pariser Salons berichteten. Der wichtigste psychotrope Inhaltsstoff des Hanfs ist das Δ^9-Tetrahydrocannabinol (THC). Can-

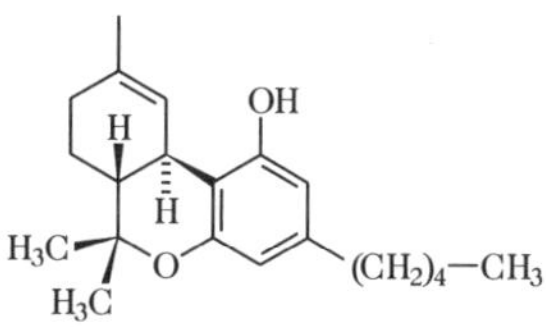

Tetrahydrocannabinol (THC)

nabisprodukte sind Haschisch und Charas, das getrocknete harzige Sekret der weiblichen Blüten, mit einem THC-Gehalt von bis zu 14 % die stärkste Drogenvariante. Ganja und Sinsemilla sind die getrockneten Blattspitzen der weiblichen Pflanze (4–5 % THC), Bhang und Marihuana („Gras") stellen die getrockneten Blätter und Blüten des Hanfs dar (1 bis 2 % THC). THC übt seine pharmakologischen Wirkungen nach Bindung an einen spezifischen Cannabinoid-Rezeptor im Gehirn aus, der als körpereigenen Liganden das Lipid Anandamid besitzt. Die verhaltensbeeinflussenden Effekte des THC auf den Menschen sind unterschiedlich und hängen stark von der Dosis, dem Aufnahmeweg (oral oder geraucht), den äußeren Gegebenheiten, der Erfahrung und Erwartung des Konsumenten sowie von seiner individuellen Konstitution ab. Alle Sinneseindrücke und Empfindungen können verstärkt werden, zumeist verändert sich das Zeitgefühl. Zunächst wird ein gesteigertes Wohlbefinden, leichte Euphorie, Entspannung und eine Befreiung von Ängsten erlebt, dem eine Phase der Trägheit oder Sedierung folgt. Erst bei exzessiver Dosissteigerung werden Wahrnehmungsverschiebungen und Halluzinationen induziert, die bis zur Paranoia führen können. Entzugserscheinungen sind weniger stark ausgeprägt; Toleranz wird beobachtet, physische Abhängigkeit jedoch kaum. Als Rauschmittel wirken Cannabisprodukte etwas milder als Alkohol.

Cocain

↗ Cocain, das in den Blättern des in Peru und Bolivien beheimateten Cocastrauches ↗ *Erytroxylum coca* vorkommende Tropanalkaloid, ist eine Suchtdroge, die jahrhundertelang von den südamerikanischen indianischen Hochkulturen für therapeutische und kultische Zwecke verwendet wurde. Erstmals 1859 als Reinstoff isoliert, empfahl 1884 Siegmund Freud die Anwendung von Cocain zur Behandlung von Depressionen und chronischer Müdigkeit.

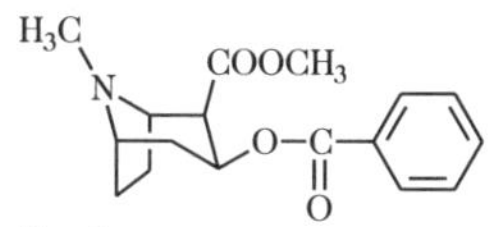

Cocain

Nachdem 1885 Cocain zusammen mit ↗ Coffein in einem als Allheilmittel vertriebenen Getränks namens Coca-Cola verwendet wurde, kam es in der Folge zu vielen Vergiftungen durch Cocain, und es gab zahlreiche Berichte über seine suchtinduzierende Wirkung. Seit 1914 ist die Verwendung von Cocain in Getränken und rezeptfreien Arzneimitteln in den USA verboten; eine Regelung, der sich die meisten anderen Staaten nach 1924 anschlossen. Cocain begann in den 70er Jahren in den USA und Westeuropa als Modedroge Bedeutung zu gewinnen, die oral aufgenommen, geschnupft oder geraucht werden kann. Die psychotrope Wirkung beruht u. a. auf einer Hemmung der Wiederaufnahme des Neurotransmitters Dopamin in seine synaptischen Speichervesikel. Damit wirkt es als extrem positiver Verhaltensverstärker mit großer suchtinduzierender Potenz. Geringe Cocaindosen rufen eine angenehme oder euphorisierende Stimulierung des ZNS hervor, höhere Dosierungen verursachen Angst, Schlafmangel, Wahnvorstellungen und Verfolgungsangst. Die Realitätswahrnehmung kann stark verändert sein, und infolge des Verfolgungswahns kann sich eine Aggressionsneigung bzw. paranoide Psychose entwickeln. Der chronische Cocainmißbrauch führt zumeist zu Persönlichkeitsstörungen und Schizophrenie-ähnlichen Zuständen. Die Entzugssymptome entwickeln sich schnell und heftig, das Craving ist stark ausgeprägt und macht Cocain zu einer der gefährlichsten Suchtdrogen.

LSD und andere Lysergsäurederivate

1938 wurde von dem Schweizer Chemiker Albert Hofmann erstmals LSD synthetisiert, allerdings nicht mit dem Ziel, eine Suchtdroge zu entwikkeln. Ausgangspunkt für die Synthese des LSD wa-

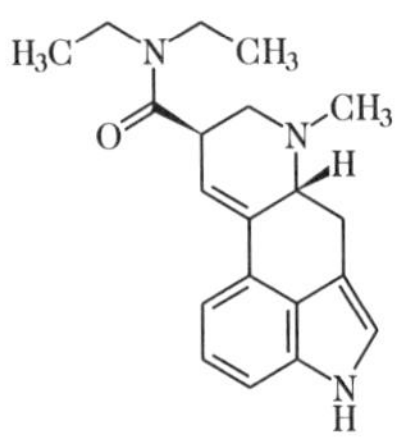

Lysergsäurediethylamid (LSD)

ren Mutterkornalkaloide (↗ *Claviceps purpurea*) mit Lysergsäuregrundgerüst. Durch eine Zufallsbeobachtung im Jahre 1943 stellte Hofmann die psychotropen Effekte dieser Verbindung im Selbstversuch fest. LSD induziert in extrem geringer Dosierung (10–30 μg) bereits nach wenigen Minuten heftige psychotrope Effekte. Dazu zählen in zeitlicher Reihenfolge und aufsteigender Dosierung eine Stimulation des Sympathikus (somatische Phase), gefolgt von Wahrnehmungsverzerrungen und Pseudohalluzinationen (sensorische Phase), die schließlich in echten Halluzinationen mit Depersonalisierung, Störung der Denkprozesse, Verlust des Zeitgefühls und psychotischen Episoden übergehen. Diese Phase wird als „Horrortrip" (psychische Phase) bezeichnet. Hinsichtlich der psychischen und physiologischen LSD-Effekte entwickelt sich rasch ein Gewöhnungseffekt, jedoch gehen nach dem Absetzen der Droge die Toleranzeffekte innerhalb weniger Tage zurück. Körperliche Abhängigkeit vom LSD entsteht auch nach langer Drogeneinnahme nicht, in der Regel setzen LSD-Konsumenten die Droge von selbst wieder ab, da die Angst vor dem „Horrortrip" oder geistigen bzw. körperlichen Schäden überwiegt. Entzugserscheinungen treten nicht auf. Ähnliche Effekte werden auch durch ↗ *Ololiuqui* bzw. die Samen von ↗ *Turbina corymbosa* und ↗ *Ipomoea violacea* ausgelöst, in denen LSD-verwandte, natürliche Lysergsäurederivate, wie Lysergsäureamid und Isolysergsäureamid enthalten sind. Diese Drogen werden von den mittelamerikanischen Indianern schon seit dem Altertum für kultische Zwecke eingesetzt.

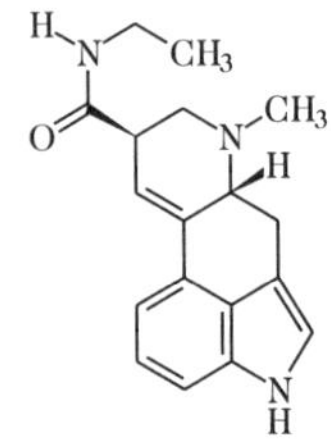

Lysergsäureamid (LSA)

Sucht und Gesellschaft

Die Möglichkeiten, das Ausmaß des Gebrauchs von Suchtdrogen in der gegenwärtigen Gesellschaft zu verringern, sind begrenzt. Mit Hilfe strafrechtlicher Regelungen versucht man seit Jahrzehnten, die Verfügbarkeit dieser Drogen einzuschränken und potentielle Konsumenten abzuschrecken. Die Angst vor Strafverfolgung kann nur bei einem bestimmten Personenkreis vom Drogengebrauch abschrecken. Konsumenten mit regelmäßigem Drogengebrauch sind allerdings als krank einzustufen und können ohne medizinisch überwachte Therapie ihre Sucht nicht überwinden. Auch unter diesen Umständen liegt die Rückfallquote bei etwa 70 %. Wie historische Forschungen gezeigt haben, ist der Mißbrauch von Suchtdrogen zwar quantitativ ein Problem der Industriegesellschaften nicht aber qualitativ, denn seit dem Entstehen menschlicher Kulturen läßt sich der Gebrauch und Mißbrauch von suchtinduzierenden Drogen nachweisen.

Literatur

Julien, Robert M.: *Drogen und Psychopharmaka.* Aus dem Engl. übers. von Therese Apweiler und Stefan Hartung. – Heidelberg; Berlin; Oxford: Spektrum Akad. Verl., 1997.

Cohen, S.: *The Chemical Brain: The Neurochemistry of Addictive Disorders.* Irvine (Ca.), Care Institute, 1988.

Goldstein, A.: *Addiction: From Biology to Drug Policy.* W.H. Freeman and Company, New York, 1994.

Rätsch, C.: *Enzyklopädie der psychoaktiven Pflanzen.* AT-Verlag, Aarau, Schweiz; 2. Auflage, 1998.

Südamerikanisches Blumenrohr ↗ Canna-Arten.
Südamerikanische Schreckensklapperschlange ↗ Crotalus-Arten.
Sudan-Sennesblätter ↗ Cassia-Arten.
Sudantee ↗ Hibiscus sabdariffa.
Südchinesischer Rhabarber ↗ Rheum-Arten.
Sulfur vegetabile ↗ Lycopodium clavatum.
Sultanas ↗ Vitis vinifera.
Sultaninen ↗ Vitis vinifera.
Sumach ↗ Rhus-Arten.
Sumachbaum ↗ Rhus-Arten.
Sumachgallen ↗ Rhus-Arten.
Sumachwurzelrinde ↗ Rhus-Arten.
Sumatra-Benzoe ↗ Styrax-Arten.
Sumatracampher ↗ Dryobalanops aromatica.
Sumbul moschatus ↗ Ferula moschata.
Sumbulus moschatus ↗ Ferula moschata.
Summitates (lat.) Zweigspitzen.
Summitates Cannabis ↗ Cannabis sativa.
Summitates Centaurii ↗ Centaurium minus.
Summitates Fabianae ↗ Fabiana imbricata.
Summitates Grindeliae ↗ Grindelia camporum.
Summitates Hyperici ↗ Hypericum perforatum.
Summitates Meliloti ↗ Melilotus altissima, ↗ Melilotus officinalis.
Summitates Sabinae ↗ Juniperus sabina.
Summitates Scoparii Genistae ↗ Cytisus scoparius.
Summitates Thujae ↗ Thuja occidentalis.
Sumpf-Bitterklee ↗ Menyanthes trifoliata.
Sumpfblume ↗ Limnanthes alba.
Sumpfdotterblume ↗ Caltha palustris.
Sumpf-Eberich ↗ Epilobium-Arten.
Sumpfheidelbeere ↗ Vaccinium-Arten.
Sumpfhelmkraut ↗ Scutellaria laterifolia.
Sumpfherzblatt ↗ Parnassia palustris.
Sumpfherzblattkraut ↗ Parnassia palustris.
Sumpfkalla ↗ Calla palustris.
Sumpfkiefer ↗ Pinus-Arten.
Sumpfklee ↗ Menyanthes trifoliata.
Sumpf-Kornel ↗ Cornus-Arten.
Sumpfmyrte ↗ Myrica gale.
Sumpfnelkenwurz ↗ Geum-Arten.
Sumpfotter ↗ Mustrela lutreola.
Sumpfporst ↗ Ledum palustre.
Sumpfruhrkraut ↗ Gnaphalium uliginosum.
Sumpfschachtelhalm ↗ Equisetum-Arten.
Sumpfschmirgel ↗ Caltha palustris.
Sumpf-Schwertlilie ↗ Iris pseudoacorus.
Sumpfsiegwurz ↗ Gladiolus palustris.
Sumpfspierblüten ↗ Filipendula ulmaria.
Sumpfspierkraut ↗ Filipendula ulmaria.
Sumpf-Spirä ↗ Filipendula ulmaria.
Sumpf-Steinklee ↗ Melilotus altissima.
Sumpf-Weidenröschen ↗ Epilobium-Arten.
Sumpfzweizahn ↗ Bidens tripartitus.
Suppenkraut ↗ Allium-Arten.
Suppenlauch ↗ Allium-Arten.
Suppenlob ↗ Levisticum officinale.
Suppenschildkröte ↗ Chelonia mydas.
Surinam-Quassiaholz ↗ Quassia amara.
Süßdolde ↗ Myrrhis odorata.
Süße Mandeln ↗ Prunus-Arten.
Süßer Asant ↗ Styrax-Arten.
Süßer Fenchel ↗ Foeniculum vulgare.
Süßer Kümmel ↗ Pimpinella-Arten.
Süßer Sumach ↗ Rhus-Arten.
Süßfenchelöl ↗ Foeniculum vulgare.
Süßholz ↗ Solanum-Arten.
Süßholzwurzel ↗ Glycyrrhiza glabra.
Süßkirsche ↗ Prunus-Arten.
Süßklee ↗ Melilotus alba.
Süßkleekraut ↗ Melilotus alba.
Süßsack ↗ Annona-Arten.
Süßstoffpflanze ↗ Stevia rebaudiana.
Süßwein ↗ Vitis vinifera.

■ **Swartzia madagascariensis** Des.
Fam.: Caesalpiniaceae.
Vork.: Afrika, von der Sahelzone bis Namibia.
Droge: die Früchte. Inh.: Catechin-Gerbstoffe, Saponine mit den Aglyka Oleanolsäure, *p*-Acetyloleanolsäure und Gypsogenin; Kämpferol. Anw.: in der afrikanischen Volksheilkunde als Brechmittel, Purgans, gegen Erkältungen und Geschlechtskrankheiten. Die Droge ist Bestandteil von Fisch- und Pfeilgiften.

Swerosid ↗ Bitterstoffdrogen.
Swertia ↗ Swertia japonica.

■ **Swertia chirata** Buch.-Hamilt.
(syn. *Agathodes chirata, Gentiana chirayta, Ophelia chirata, Swertia indica*).
Fam.: Gentianaceae.
Vork.: Ostasien, China, Tibet, ost- und zentralafrikanische Hochgebirgsregionen.
Droge: ***Swertiae chiratae herba*** (syn. *Chirata, Chirayita, Chirayta, Herba Chiraytae, Herba Chirettae, Herba Chiratae indicae, Herba Chirettae indicae*); Chirettakraut, (syn. Kirayakraut). Inh.: Bitterstoffglykoside, wie Swertiamarin, Swerosid,

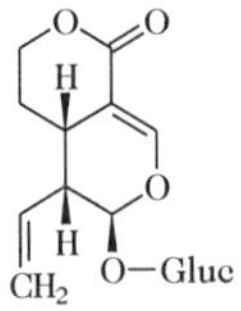

Swerosid

Gentiopikrosid sowie Amarogentin und Amaroswerin; Xanthone, wie Swerchirin, Chiratol; Triterpene. Anw.: in der indischen Volksheilkunde bei Fieber, Leberleiden und als Blutreinigungsmittel. In Europa wird die Droge ähnlich wie *Radix Gentianae* (↗ *Gentiana*-Arten) therapeutisch eingesetzt.

Hom.: ***Chirata indica*** HAB34, das getrocknete Kraut.

Swertia difformis ↗ Frasera carolinensis.
Swertiae chiratae herba ↗ Swertia chirata.
Swertiae herba ↗ Swertia japonica.
Swertiae japonicae herba ↗ Swertia japonica.
Swertia indica ↗ Swertia chirata.

■ **Swertia japonica** (Roem. et Schult.) Makino (syn. *Gentiana japonica, Ophelia japonica*).

Fam.: Gentianaceae.

Vork.: China, Korea, Japan.

Droge: ***Swertiae japonicae herba*** (syn. *Herba Swertiae japonicae, Swertia, Swertiae herba*), das zur Blütezeit gesammelte und getrocknete Kraut bzw. das pulverisierte Kraut. Inh.: Bitterstoffe, u. a. Swerosid, Swertiamarin, Gentiopikrosid und Amarogentin; Flavonoide, u. a. Swertisin und Isoswertisin; Xanthone, Gentianin. Anw.: in der Volksheilkunde als Amarum bei Appetitlosigkeit und Verdauungsschwäche. In Japan wird die Droge auch zu Haarwässern und Haartonika gegen Haarausfall eingesetzt.

Swertia lutea ↗ Gentiana-Arten.
Swida sanguinea ↗ Cornus-Arten.
Swietenia senegalensis ↗ Khaya senegalensis.
Sycocarpus rusbyi ↗ Guarea rusbyi.
Symphoria racemosa ↗ Symphoricarpus albus.

■ **Symphoricarpus albus** (L.) S. F. Blake (syn. *Lonicera racemosa, Symphoria racemosa, Symphoriocarpus rivularis, S. racemosus*); Schneebeere (syn. Knackbeere, Knallerbse), s. Farbtafel S. 306, Bild 156.

Fam.: Caprifoliaceae.

Vork.: Europa, Nordamerika.

Droge: ***Symphoricarpus-albus-Früchte***, die frischen Früchte. Inh.: Secoiridoide, u. a. Secologanin, Flavonoide mit Apigein, Luteolin und Quercetin als Aglyka.

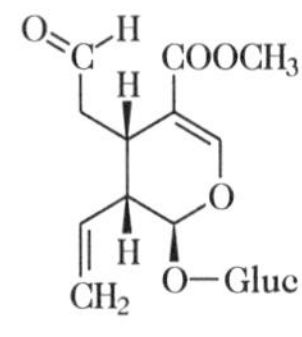

Secologanin

Hom.: ***1. Symphoricarpus albus e radice*** HAB; Schneebeere, die frische Wurzel. Anw.-Geb.: Erkrankungen des Nervensystems. ***2. Symphoricarpus albus e fructibus*** HAB; die frischen, reifen Früchte. Anw.-Geb.: Übelkeit und Erbrechen. ***3. Symphoricarpus racemosus*** HAB34, die frische Wurzel.

Histor.: Der Gattungsname *Symphoricarpus* ist aus dem griechischen *symphórein* (zusammentragen) und *karpos* (Frucht) zusammengesetzt und bezieht sich auf die büschelweise angeordneten Beeren. Der Artname *racemosus* (lat., traubig) weist auf den allerdings ährenartigen Blütenstand hin und die deutsche Bezeichnung auf die weiße Frucht.

Symphoriocarpus racemosus ↗ Symphoricarpus albus.
Symphoriocarpus rivularis ↗ Symphoricarpus albus.
Symphyti herba ↗ Symphytum officinale.
Symphyti radix ↗ Symphytum officinale.

■ **Symphytum officinale** L.
Beinwell (syn. Schwarzwurz, Wallwurz, Beinheil, Comfrey), s. Farbtafel S. 307, Bild 157.

Fam.: Boraginaceae.

Vork.: Europa, Sibirien.

Drogen: ***1. Symphyti herba*** (syn. *Herba Symphyti, Herba Consolidae*); Beinwellkraut, das getrocknete Kraut. Inh.: Pyrrolizidinalkaloide (bis 0,2 %), u. a. Echimidin, ferner Symphyto-Cynoglossin, Symphytin, das Glykoalkaloid Consolidin, Gerbstoffe, Schleimstoffe, Cholin und Spuren von äther. Öl. Anw.: früher volkstümlich bei Lungenleiden. ***2. Symphyti radix*** (syn. *Consoli-*

dae radix, Radix Consolidae, Radix Symphyti); Beinwellwurzel (syn. Schwarzwurzel), die frische oder getrocknete Wurzel. Inh.: Allantoin (0,6–0,8 %), ↗ Pyrrolizidinalkaloide (0,3–0,4 %), Gerb-

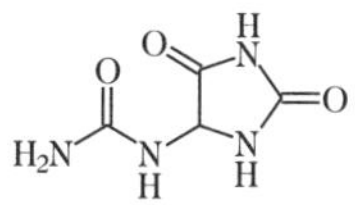

Allantoin

stoffe, Schleimstoffe, Asparagin. Anw.: als Wundheilmittel bes. bei schlecht heilenden Wunden und Knochenverletzungen, meist äußerlich in Form von Umschlägen bzw. Breipackungen. Früher wurde die Droge bei Gastritis und bei Magen-Darm-Geschwüren auch innerlich angewendet. Auf Grund der erkannten mutagenen und cancerogenen Effekte der enthaltenen ↗ Pyrrolizidinalkaloide sollte die innerliche Anwendung jedoch nicht mehr erfolgen. Auch bei der äußerlichen Anwendung von Drogenextrakten, z. B. in Salbenform, soll die applizierte TD nicht mehr als 100 µg Pyrrolizidinalkaloide mit 1,2-ungesättigtem Necinring sowie deren Oxiden enthalten. Auch soll eine entsprechende Behandlung nicht länger als 4–6 Wochen im Jahr betragen.

Hom.: *1. **Symphytum*** HAB34, die frische, vor Beginn der Blüte gesammelte Wurzel. Anw.-Geb.: stumpfe Verletzungen, Venenentzündung, Knochenbrüche. ***2. Symphytum ad usum externum*** HAB34, die frische, blühende Pflanze. Anw.-Geb.: als Essenz zum äußerlichen Gebrauch.

Histor.: Der Gattungsname *Symphytum* geht auf das griechische *symphyein* (zusammenwachsen) zurück und weist damit auf die hohe Wertschätzung der Droge vor allem bei Knochenbrüchen hin. Auch die deutschen Bezeichnungen Beinwell oder Wallwurz („Wallen" = zusammenheilen von Knochen) wurde aus diesem Grunde geprägt. Bereits bei ↗ Dioskurides wird das „Symphytum" als Mittel bei inneren Abszessen, äußerlich als Umschlag bei frischen Wunden sowie Knochenbrüchen beschrieben.

■ **Symplocarpus foetidus** (L.) Nutt.
(syn. *Dracontium foetidum*); Drachenkraut (syn. Kugelkolbenkraut).

Fam.: Araceae.

Vork.: Ostasien, Nordamerika.

Droge: das Kraut. Inh.: äther. Öl, Hydroxytryptamin. Anw.: volkstümlich als Spasmodikum in der nordamerikanischen Indianermedizin.

Hom.: ***Symplocarpus foetidus*** (syn. *Dracontium foetidum*) HAB34; die frischen, zu Beginn der Blüte gesammelten, oberirdischen Pflanzenteile. Anw.-Geb.: Kopfschmerzen, nervöse Bauchbeschwerden.

■ **Symplocos odoratissima**.

Fam.: Symplocaceae.

Vork.: Java.

Droge: ***Folia Symploci***, die Blätter. Inh.: Gerbstoffe, Methylsalicylat, äther. Öl. Anw.: in der Volksheilkunde als Adstringens und bei Entzündungen.

■ **Synadenium grantii** Hook. f.

Fam.: Euphorbiaceae.

Vork.: Ostafrika, Mosambique, Uganda.

Droge: Blätter und Latex. Inh.: Diterpen-Ester, u. a. 4-Desoxyphorbol-13-isobutyrat-12-tigliat; Phorbol, Euphorbol, Euphol, Tirucallol, Lectine, Cumarine, Sterole, Gerbstoffe. Anw.: in der Volksheilkunde gegen Schmerzen, bei Geschwüren und Würmern. Der Latex ist Bestandteil von afrikanischen Pfeilgiften und wird auch als Ordealgift (Gottesurteilsgift) verwendet.

Synaptolepis bussei ↗ Synaptolepis kirkii.

■ **Synaptolepis kirkii** Oliv.
(syn. *Synaptolepis bussei, S. macrocarpa, S. pachyphaylla*).

Fam.: Thymelaeaceae.

Vork.: Ost- und Südafrika.

Droge: ***Synaptolepis-kirkii-Wurzel***, die frischen oder getrockneten Wurzeln. Inh.: Diterpene, insbes. Synaptolepisfaktoren (Ester des Daphnan- und 1α-Alkyldaphnan-Typs). Anw.: in der Volksheilkunde Afrikas innerlich gegen Schlangenbisse, bei Epilepsie und als Emetikum. Wegen der tumorpromovierenden Wirkung ist vom Gebrauch der Droge abzuraten.

Synaptolepis macrocarpa ↗ Synaptolepis kirkii.
Synaptolepis pachyphaylla ↗ Synaptolepis kirkii.

■ **Synsepalum dulciferum** (Schum.) Daniell
(syn. *Synsepalum dulcificum*).

Fam.: Sapotaceae.

Vork.: Afrika, Puerto Rico, Florida.

Droge: ***Semen Synsepali dulciferi***. *Wirk.*: Die Droge führt zur Geschmacksveränderung, so wird z. B. ein saurer Geschmack als süß empfunden. *Inh.*: Miraculin, ein Glykoprotein. *Anw.*: in der Volksheilkunde. Verwendet werden auch die Früchte (Miracle Fruit, Miraculinbeeren, Wunderbeeren).

Synsepalum dulcificum ↗ Synsepalum dulciferum.

■ Syphilinum-Nosode HAB

(syn. Luesinum-Nosode); Präparation aus dem Sekret luetischer Geschwüre. *Anw.-Geb.*: chronische Haut- und Schleimhautgeschwüre, nächtliche Schmerzzustände, Entzündungen der Atemorgane, Augenerkrankungen, Schlaflosigkeit, Angst- und Verstimmungszustände.

■ Syrenia angustifolia (Ehrh.) Reich.

(syn. *Syrenia cana*).

Fam.: Brassicaceae (Cruciferae).

Vork.: Europa, Rußland.

Droge: die ganze Pflanze. *Inh.*: herzwirksame Glykoside, u. a. Syreniotoxin mit Strophanthidin als Aglykon. *Anw.*: in der Volksheilkunde als Herzmittel.

Syrenia cana ↗ Syrenia angustifolia.

■ Syringa vulgaris L.

Gewöhnlicher Flieder.

Fam.: Oleaceae.

Vork.: Kleinasien, Mittel- und Südeuropa, häufig als Zierpflanze kultiviert.

Droge: ***Flores Syringae*** (syn. *Flores Syringa*); Flieder. *Inh.*: ↗ Syringin; Bitterstoffe, wie Syringopicrosid, Syringopicrin; äther. Öl mit Farnesol. *Anw.*: in der Volksheilkunde als Fiebermittel und Tonikum.

Hom.: ***Syringa vulgaris*** HAB34, die frischen Blüten. *Anw.-Geb.*: fieberhafte Erkrankungen.

■ Syringin

β-D-Glucopyranosid des Sinapylalkohols. Kommt unter anderem in ↗ *Syringa vulgaris* und *Forsythia suspensa* vor (Formel s. rechts).

Syrische Alkanna ↗ Macrotomia cephalotes.
Syrische Nüsse ↗ Pistacia vera.

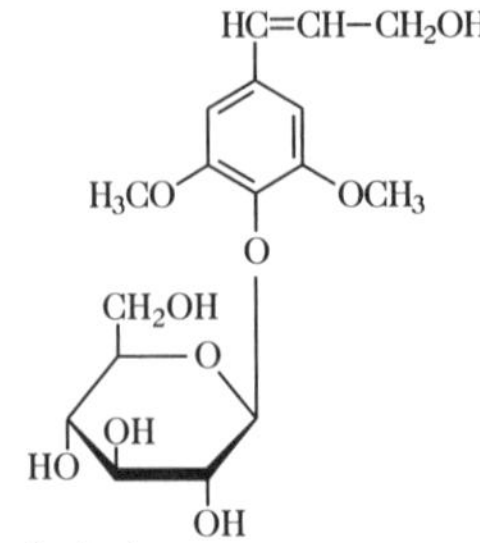

Syringin

Syrische Seidenpflanze ↗ Asclepias-Arten.
Syrische Seidenpflanzenwurzel ↗ Asclepias-Arten.
Syrische Seidenwurz ↗ Asclepias-Arten.
Syrische Senna ↗ Cassia-Arten.
Syrisches Origanumöl ↗ Origanum syriacum.
Syrische Steppenraute ↗ Peganum harmala.
Syrische Zwiebel ↗ Allium-Arten.
Sysiphora bungeana ↗ Ziziphora bungeana.

■ Systematik der Arzneipflanzen

Mit dem Begriff Systematik ist prinzipiell ein Ordnungsprinzip verbunden. Durch Rekonstruktion stammesgeschichtlicher Entwicklungsreihen wurde in der systematischen Botanik, die auch die Arzneipflanzensystematik einschließt, ein sog. „natürliches System" geschaffen, das auf der Berücksichtigung zahlreicher Merkmale beruht. Ähnliche Individuen bilden eine Sippe, wobei Sippen Organismengruppen unterschiedlicher Rangordnung darstellen. Die Beschreibung und Klassifizierung der Sippen erfolgt in der sog. Taxonomie. Die Endung des Namens drückt die jeweilige Rangstufe aus, die in Abteilungen, z. B. Spermatophyta (Samenpflanzen), Unterabteilungen, z. B. Magnoliophytina, Klassen, z. B. Magnoliidae, Ordnungen, z. B. Magnoliales und Familien, z. B. Magnoliaceae, erfolgt. Die botanische Grundeinheit ist die Species. Ihr gültiger wissenschaftlicher Name wird unter Zugrundelegung des „Internationale Code der Botanischen Nomenklatur (ICBN)" festgelegt und setzt sich aus dem Gattungs- und dem Artnamen zusammen. Diese binäre Nomenklatur wurde erstmalig von Linné in seinem Werk „Species plantarum" (1753) benutzt.

Die offizielle Benennung der Pflanze erfolgt nach dem Prioritätsprinzip. Danach hat derjenige Name Gültigkeit, der der betreffenden systematischen Einheit erstmalig gegeben und gültig veröffentlicht wurde. Der meist abgekürzte Name des betreffenden Botanikers wird der Pflanze angehängt, z. B. Linné mit L. Mit dem sog. Autornamen werden Mißverständnisse, u. a. durch Synonyme, vermieden. Mitunter wird auf Grund neuer Erkenntnisse eine andere Zuordnung nötig. In diesem Falle wird der Erstautor als „Klammerautor" geführt, z. B. *Urginea maritima* (L.) Baker. Eine systematische Einordnung der im Lexikon behandelten Samenpflanzen befindet sich als Anhang am Schluß des Buches.

Die Vielzahl neuer, insbes. cytogenetischer Befunde, hat allerdings auch in der gegenwärtigen Literatur zu unterschiedlichen Auffassungen über Zu- und Einordnungen von bestimmten Pflanzen und Pflanzengruppen geführt.

Syzygii cumini cortex ↗ Syzygium-Arten.
Syzygii cumini semen ↗ Syzygium-Arten.

■ Syzygium-Arten

● **Fam.:** Myrtaceae.

● **Syzygium aromaticum** (L.) Merr. et L. M. Perry (syn. *Caryophyllus aromaticus, Eugenia aromatica, E. caryophyllata, E. caryophyllus, Jambosa caryophyllus, Myrtus caryophyllus*); Gewürznelkenbaum (syn. Nelkenbaum).

Vork.: Südostasien, ostafrikanische Inseln, Madagaskar, Antillen, zumeist kultiviert.

Drogen: *1.* ***Caryophylli aetheroleum*** (syn. *Aetheroleum Caryophylli, Caryophylli floris aetheroleum, Oleum Caryophylli*); Nelkenöl. Inh.: Eugenol (60–95 %), Acetyleugenol, β-Caryophyllen

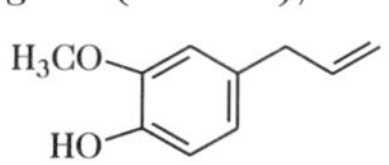

Eugenol

sowie in Spuren weitere terpenoide Verbindungen; charakteristische Aromastoffe sind weiterhin Heptan-2-on und Octan-2-on. Anw.: bei entzündlichen Veränderungen der Mund- und Rachenschleimhaut, in der Zahnheilkunde zur lokalen Schmerzstillung. In der Volksheilkunde wird die Droge innerlich gegen Brechreiz und Blähungen eingesetzt, äußerlich kommt sie bei rheumatischen Beschwerden, Myalgien und bei Bandscheibenbeschwerden zum Einsatz. In der Galenik wird Nelkenöl zur Bereitung von Zinkoxidpasten für die Stomatologie verarbeitet, auch als Mückenvertreibungsmittel wird die Droge eingesetzt. Darüber hinaus wird die Droge in der Kosmetik und Nahrungsmittelindustrie verwendet. *2.* ***Caryophylli flos*** (syn. *Flores Caryophylli*); Gewürznelken, die getrockneten Blütenknospen; s. Farbtafel S. 307, Bild 158. Inh.: äther. Öl (15–17 %, Zusammensetzung s. *Caryophylli aetheroleum*), Acetophenonderivate, Flavonoide, Gerbstoffe und Phenolcarbonsäuren, z. B. Eugeniin; Triterpene, wie Oleanolsäure und Crataegolsäure, ferner β-Sitosterol. Anw.: zur Gewinnung von *Caryophylli aetheroleum*; in der Volksheilkunde bei Mundgeruch, Dyspepsien, Flatulenz, Schnupfen und Kopfschmerzen. Im Haushalt dienen Gewürznelken zum Aromatisieren von Lebkuchen, Obstspeisen, Wildgerichten, Wurstwaren sowie Kräuter- und Bitterlikören. Geg.: Personen mit allergischer Prädisposition. *3.* ***Caryophylli fructus*** (syn. *Anthophylli, Fructus Caryophylli*); Mutternelken (syn. Königsnelken, Nelkenfrüchte), die nicht völlig ausgereiften Früchte; s. Farbtafel S. 307, Bild 159. Inh.: äther. Öl (2–8 %) ähnlich wie *Caryophylli flos*. Anw.: im Haushalt als Gewürz.

Hom.: ***Syzygium aromaticum*** (syn. *Caryophyllus*) HAB1; Nelke, die getrockneten Blütenknospen. Anw.-Geb.: Diabetes mellitus.

● **Syzygium cumini** (L.) Skeels (syn. *Eugenia cumini, E. jambolana, Myrtus cumini, Syzygium jambolana, S. jambolanum*); Jambolanapflaume (syn. Jambul).

Vork.: ostindisches-malayisches Gebiet, China, Australien, zumeist kultiviert.

Drogen: *1.* ***Syzygii cumini cortex*** (syn. *Cortex Syzygii cumini, Cortex Syzygii jambolani*); Syzygiumrinde (syn. Jambulrinde), die getrocknete Rinde. Inh.: Triterpene, v. a. β-Sitoserol und sein β-D-Glucosid; Betulinsäure, Friedelin; Gallus- und Ellagsäure, Flavonoide. Anw.: innerlich bei unspezifischen, akuten Durchfällen, lokal bei leichten Entzündungen der Mund- und Rachenschleimhaut sowie bei oberflächlichen Hautentzündungen. In der Volksheilkunde wird die Droge auch zur Behandlung von Bronchitiden, Asthma und Dysenterie sowie Ulcera herangezogen. Auch als Aphrodisiakum und bei Diabetes ist sie in Indien in Gebrauch. *2.* ***Syzygii cumini semen*** (syn. *Semen Syzygii cumini*); Jambulsamen (syn. Syzygiumsamen), die getrockneten Samenkerne. Inh.: fettes Öl (ca. 3 %) mit zum Teil ungewöhnlichen Fettsäuren, wie Vernolsäure, Sterculiasäure und Malvaliasäure; β-Sitosterol, Gerbstoffe, Flavonoide. Anw.: in der Volksheilkunde bei Diabetes sowie in Kombinationspräparaten bei atonischer und spastischer Obstipation, Erkrankungen der Bauchspeicheldrüse und des Magens, bei Nervenleiden, Depressionen und Erschöpfungszuständen. In ähnlicher Weise werden auch die getrockneten Früchte (*Fructus Syzygii jambolani*) verwendet.

Hom.: ***1. Syzygium cumini*** HAB1; Jambulbaum, die reifen, getrockneten Früchte. Anw.-Geb.: Zuckerstoffwechselstörungen. ***2. Syzygium cumine e cortice*** HAB1; die getrocknete Stammrinde.

● **Syzygium jambos** (L.) Alst. (syn. *Eugenia jambos, E. jambosa, E. vulgaris, Jambosa vulgaris, Myrtus jambos*); Rosenapfel.

Vork.: Java, Indien, in den Tropen vielfach kultiviert.

Droge: Blätter und Samen. Inh.: äther. Öl, Gerbstoffe, Zucker, Lectine.

Hom.: ***Eugenia jambosa*** (syn. *Syzygium jambos*) HAB34; die frischen, reifen Samen. Anw.-Geb.: Akne.

● **Histor.:** Die erste Nachricht über die Gewürznelken und ihre Verwendung in Europa stammt aus der Zeit Kaiser Konstantins, der zwischen 313 und 337 dem Papst Sylvester I. unter anderen Kostbarkeiten auch „*Caryophylla*“ übersandt haben soll. Auch in Rezepturen von Alexander Trallianus aus dem 6. Jh. wird die Droge erwähnt. Die Heilige Hildegard von Bingen führt die Droge als „Nelchin“ in ihren Werken. Die Gewürznelken kamen zu dieser Zeit durch die Araber als Zwischenhändler nach Europa. Ihre Herkunft kannte man zunächst nicht, erst um die Mitte des 13. Jh. kam diese Kenntnis nach Mitteleuropa. Die Portugiesen drangen 1511 bis zu den Molukken („Gewürzinseln“) vor, bereits 1605 gingen die Inseln in die Hand der Holländer über und diese schufen ein strenges Monopol, das den Anbau und den Handel umfaßte und das außerordentlich streng überwacht wurde. Erst 1769 gelang es dem französischen Gouverneur der Inseln Reunion und Mauritius, die Nelkenkulturen dort einzuführen. Damit war die Kultivierung von *Syzygium*-Arten in Afrika nicht mehr aufzuhalten und die Zeit der Großplantagen begann um 1830 in Sansibar, in denen jährlich zwischen 7000 und 9000 Tonnen produziert wurden. Der Gattungsname *Syzygium* leitet sich vom griechischen *syzygia* (Verbindung, Verwachsung) ab und bezieht sich auf die miteinander verklebten Kronblätter, die bei der Entfaltung der Blüte als Haube abgeworfen werden. Der frühere Gattungsname *Eugenia* wurde nach dem Prinzen Eugen von Savoyen benannt, der ein Förderer der Botanik war und auch einen botanischen Garten besaß.

Syzygiumrinde ↗ Syzygium-Arten.
Szechuan-Pfeffer ↗ Zanthoxylum-Arten.

T

Tabak ↗ Nicotiana tabacum.
Tabakblume ↗ Arnica-Arten.
Tabakkraut ↗ Tussilago farfara.
Tabebuia avellanedae ↗ Tabebuia impetiginosa.
Tabebuiae cortex ↗ Tabebuia impetiginosa.

■ **Tabebuia impetiginosa** (Martius ex DC.) Standley (syn. *Bignonia heptaphylla, Gelsemium avellanedae, Tabebuia avellanedae, T. nicaraguensis, Tecoma adenophylla, T. avellanedae, T. dugandii, T. eximia, T. heptaphylla, T. impetiginosa, T. integra, T. ipe, T. palmeri, T. schunkevigoi*), Lapachobaum.

Fam.: Bignoniaceae.

Vork.: tropische Regenwälder Mittel- und Südamerikas.

Droge: ***Tabebuiae cortex*** (syn. *Cortex Tabebuiae*); Tabebuia-Rinde (syn. Lapacho-Tee, Roter Lapacho-Tee), die getrocknete ganze oder geschnittene Rinde. Inh.: Lignane, Iridoide, Cumarine, Gerbstoffe, Flavonoide, Saponine und Naphthochinonderivate, u. a. Lapachol, Lapachone und Dehydro-α-lapachon. Wirk.: Naphthochinonderi-

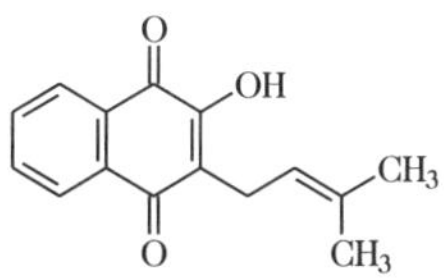

Lapachol

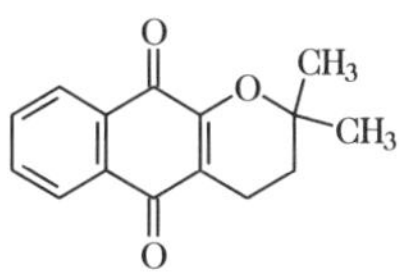

α-Lapachon

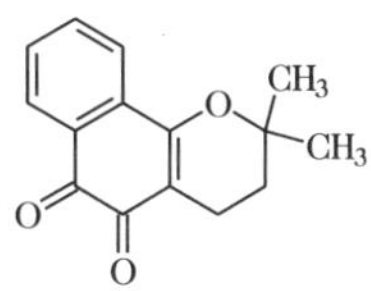

β-Lapachon

vate, u. a. Lapachol, besitzen antitumorale Eigenschaften. Anw.: in der Indianermedizin der Heimatgebiete gegen Tumoren, ferner bei Fieber sowie Magenschmerzen als Tee oder als Badezusatz bei Hautkrankheiten, u. a. Psoriasis.

Tabebuia nicaraguensis ↗ Tabebuia impetiginosa.
Tabernaemontana coriaria ↗ Ervatamia coronaria.
Tabernaemontana coronaria ↗ Ervatamia coronaria.

■ **Tabernaemontana crassa** Benth.
(syn. *Conopharyngia crassa, Sarcopharyngia crassa, Tabernaemontana durissima, T. smithii, T. Thonnerii, T. jollyana, Conopharyngia durissima, C. jollyana, Gabunia gentilii, G. odoratissima, G. dorotheae*).
Fam.: Apocynaceae.
Vork.: tropisches Afrika, bes. Sierra Leone bis Tansania, Angola.
Droge: Rinde und Wurzeln. Inh.: Indolalkaloide vom Iboga- und Corynanthe-Typ, u. a. Ibogain, Conodurin, Vobasin, Coronaridin, Conodur-

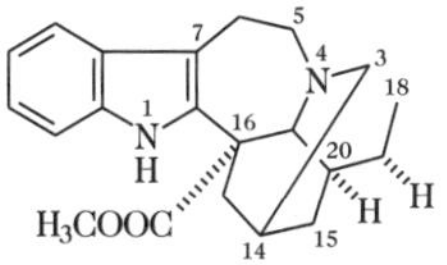

Coronaridin

amin, Conopharyngin; Gerbstoffe, Triterpene, Sterole. Anw.: in der afrikanischen Volksheilkunde bei Infektionen aller Art eingesetzt, sowie zur Wundbehandlung, bei Abszessen, parasitären Hauterkrankungen und Lepra. Der Pflanzensaft ist Bestandteil von Pfeilgiften in Kombination mit ↗ *Mansonia altissima*.

■ **Tabernaemontana dichotoma** Roxb. ex Wall.
(syn. *Ervatamia dichotoma*).
Fam.: Apocynaceae.
Vork.: tropische Gebiete in Indien, Sri Lanka.
Droge: Wurzel- und Stammrinde. Inh.: Indolalkaloide, wie Coronaridin, Heyneanin, Vobasin, Ibogamin. Anw.: in der indischen Volksheilkunde zur Behandlung von Schlangen- und Hundebissen sowie zur Wundbehandlung. Die Samen sollen halluzinogene Effekte und Delirien induzieren.

Tabernaemontana durissima ↗ Tabernaemontana crassa.
Tabernaemontana jollyana ↗ Tabernaemontana crassa.
Tabernaemontana laevis ↗ Geissospermum laeve.
Tabernaemontana nitida ↗ Piralima nitida.
Tabernaemontana smithii ↗ Tabernaemontana crassa.
Tabernaemontana thonnerii ↗ Tabernaemontana crassa.
Tabernanthae folium ↗ Tabernanthe iboga.
Tabernanthae radicis cortex ↗ Tabernanthe iboga.
Tabernanthae radix ↗ Tabernanthe iboga.

■ **Tabernanthe iboga** Baill.
Iboga.
Fam.: Apocynaceae.
Vork.: tropische Urwälder West- und Zentralafrikas.
Drogen: *1. Tabernanthae radix* (syn. *Tabernanthae radicis cortex*); Tabernanthewurzel (syn. Tabernanthewurzelrinde, Boccawurzel, Ibogawurzel), die getrockneten Wurzeln. Inh.: monoterpenoide Indolalkaloide (bis 6 %), u. a. Ibogain und Ibogamin. Anw.: volkstümlich als Stimulans

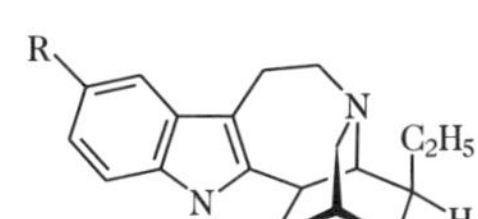

Ibogain: R = OCH_3
Ibogamin: R = H

und Tonikum bei Schwächezuständen. Toxische Dosen bewirken Halluzinationen, die im weiteren Verlauf zu Krämpfen, Lähmungserscheinungen und u. U. zum Tode durch Atemstillstand führen können. *2. **Tabernanthae folium***; Tabernantheblatt, die getrockneten Blätter. Inhaltsstoffe und Anwendung s. *Tabernanthae radix*.

Histor.: Im Gebiet von Gabun und Kongo dient die Pflanze im Bwitikult für magisch-religiöse Zwecke. Mit Hilfe der Droge glauben die Eingeborenen, mit den Vorfahren und der Geisterwelt in Kontakt zu treten und sich mit dem Tod auszusöhnen. Auch zu Initiationsfeiern wird die Droge genutzt.

Tacamahac ↗ Bursera-Arten.
Tacamahacharz ↗ Calophyllum inophyllum.
Tachardia lacca ↗ Kerria lacca.

■ Tacrolimus

Makrolidantibiotikum, das von *Streptomyces tsukubaensis* gebildet wird. Wirk.: Ähnlich wie Ciclosporin A (↗ Ciclosporine) hemmt T. die Bildung von Interleukin II und die Ausbildung seines Rezeptors. Damit wird die Aktivierung von T-Killer-Zellen unterbunden. Anw.: als Immunsuppressivum zur Verhinderung der Transplantatabstoßung, etwa 100fach stärker wirksam als Ciclosporin A.

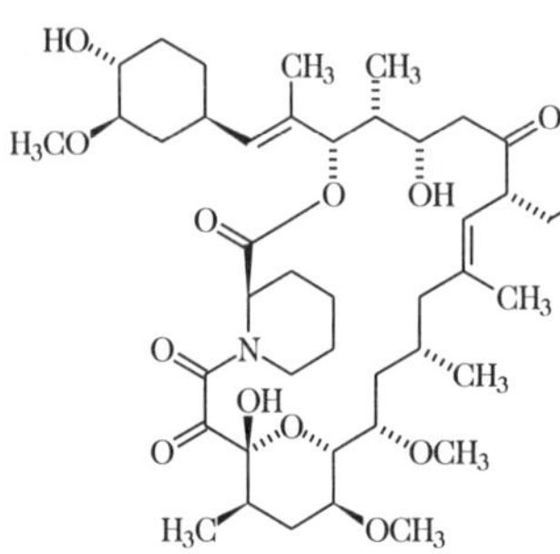

Tacrolimus

Tafelsenf ↗ Sinapis alba.
Tagetes ↗ Tagetes patula.

■ Tagetes lucida Cav.

Yauhtli (syn. Wolkenkraut).

Fam.: Asteraceae (Compositae).

Vork.: Mittel- und Südamerika, Indien, Afrika, in Europa kultiviert.

Droge: das Kraut. Inh.: äther. Öl, Thiophene, salvinorinartige Substanzen. Anw.: in der mexikanischen Volksheilkunde als Stimulans und Tonikum, als Würzmittel für Maisspeisen sowie als Heilmittel bei rituellen Zeremonien.

Histor.: Die Azteken streuten ein Pulver aus der Droge („Wolkenpflanze") den Kriegsgefangenen, die durch Verbrennung geopfert werden sollten, ins Gesicht, damit sie sich betäubt ihrem Schicksal ergaben. Mexikanische Indianer verbrennen noch heute die Droge auf ihren Hausaltären oder bei öffentlichen Zeremonien. Der Gattungsname *Tagetes* wurde nach dem etruskischen Halbgott Tages benannt.

■ Tagetes patula L.

Tagetes (syn. Afrikanische Ringelblume, Studentenblume).

Fam.: Asteraceae (Compositae).

Vork.: Mittel- und Südamerika, Indien, Afrika, in Europa kultiviert.

Droge: ***Tagetidis flos*** (syn. *Flores Tagetidis, Flores Africani*). Inh.: Quercetagetin, Helenien, äther. Öl, Benzofurane. Anw.: in der Volksheilkunde gegen Nachtblindheit, bei Schluckauf und Durchfall. In Mexiko wird die Droge als „Blume der Toten" bezeichnet und an Allerheiligen den Verstorbenen geopfert. Auch in halluzinogenen Rauchmischungen wird die Droge verwendet.

Tagetidis flos ↗ Tagetes patula.
Taguanüsse ↗ Phytelephas-Arten.
Tag-und-Nachtveigerl ↗ Viola-Arten.
Taigawurzel ↗ Eleutherococcus senticosus.
Takini ↗ Helicostylis pedunculata.
Takusöl ↗ Juniperus oxycedrus.
Talg ↗ Sebum.
Talblume ↗ Convallaria majalis.
Talgbaum ↗ Allanblackia stuhlmannii, ↗ Sapium sebiferum.
Talgbaumkernfett ↗ Allanblackia stuhlmannii.
Talgbaumsamen ↗ Sapium sebiferum.
Talgmuskatnußbaum ↗ Virola-Arten.

■ Tallöl

Nebenprodukt bei der Zellstoffgewinnung aus ↗ *Pinus*-Arten und ↗ *Abies*-Arten. Inh.: Gemisch von Harzsäuren (30–50 % Abietinsäure) und Fettsäuren (40–60 % Öl-, Linol- und Linolensäure); höhere Alkohole, Kohlenwasserstoffe, Sterole. Anw.: zur Herstellung von Anstrichmitteln, Imprägniermitteln, Lacken, Seifen, Bohrölen und Bitumenemulsionen.

■ **Talpa europaea HAB1**
Maulwurf, das getrocknete Fell (*Pel talpae*). Anw.-Geb.: Haarerkrankungen und Haarausfall.

Talstern ↗ Astrantia major.
Tamarinde ↗ Tamarindus indica.
Tamarindenmus ↗ Tamarindus indica.
Tamarindorum pulpa cruda ↗ Tamarindus indica.
Tamarindorum semen ↗ Tamarindus indica.

■ **Tamarindus indica** L.
(syn. *Siliqua arabica, Tamarindus officinalis*); Tamarinde.

Fam.: Fabaceae (Leguminosae).

Vork.: tropisches Afrika, Amerika, Westindien, China, Indien, Pakistan, Hinterindien, Philippinen, Java, Spanien.

Drogen: *1. Tamarindorum pulpa cruda* (syn. *Fructus Tamarindi, Pulpa Tamarindorum, Pulpa Tamarindorum cruda*); Ostindische Tamarinde (Tamarindenmus), das Fruchtfleisch der Hülse. Inh.: organische Säuren, wie Weinsäure (3–10 %), Äpfelsäure, Ameisensäure, Bernsteinsäure, Citronensäure, Milchsäure, Essigsäure; Aminosäuren; Invertzucker (25–30 %), Pektine, Eiweiß, Fett und Pyrazine als Duftstoffe. Anw.: als mildes Laxans und bei Leber-Galle-Beschwerden, in der indischen Volksheilkunde auch bei Fieber. In der Nahrungs- und Genußmittelindustrie wird die Droge zur Herstellung von Kautabak, als Säuerungsmittel und zur Fleischsaucenherstellung genutzt. *2. Tamarindorum semen* (syn. *Semen Tamarindorum*); Tamarindensamen, die getrockneten Samen. Inh.: Polysaccharide, insbes. ein Xyloglucan; Ketosäuren, wie γ-Methyl-α-ketoglutarsäure; Lipide, Aminosäuren. Anw.: in der indischen Volksheilkunde innerlich bei Schwindelgefühl, äußerlich bei Entzündungen. In der Galenik wird die Polysaccharidfraktion der Droge ähnlich wie Stärke als Bindemittel in Tabletten genutzt, in der Industrie dient sie als Gelbildner sowie als Appreturmittel.

Hom.: *Tamarindus indica* HAB34; das getrocknete Fruchtfleisch. Anw.-Geb.: Magenschmerzen.

Histor.: Im Sanskrit des alten Indiens besitzt die Pflanze mehrere Namen; die medizinische Verwendung der Früchte hat sich von Indien über Arabien nach Europa verbreitet. *Tamar hindi* (bedeutet soviel wie indische Datteln) wurden die Früchte von den arabischen und persischen Ärzten des Mittelalters genannt. In deutschen Apotheken finden sie sich erst seit dem 15. Jh., den Baum selbst lernte man erst kennen, als der Seeweg nach Indien entdeckt wurde. Die Pflanze verbreitete sich dann sehr schnell, bereits 1570 wurde sie in Amerika kultiviert. Der Gattungsname *Tamarindus* setzt sich aus dem arabischen *tamar* (säulenartig emporstrebend, Dattelpalme) und *hindu* (indisch) zusammen, so daß man daraus indische Dattel, Tamarinde ableiten kann und der Artname *indica* nur noch symbolisch angefügt wird. In den Heimatgebieten war die Tamarinde seit altersher ein beliebtes Genußmittel, das bereits in den Sanskritschriften unter verschiedenen Namen geführt wurde. Neben der Verwendung der Früchte als Genußmittel, z. B. als Zusatz zu erfrischenden Getränken, sowie als Gewürz dienten sie auch als mildes Laxans. Die säuerlich schmeckenden Blätter wurden auch als Wurmmittel genutzt.

Tamarindus officinalis ↗ Tamarindus indica.
Tamarix ↗ Myricaria germanica.

■ **Tamarix-Arten**
● **Fam.:** Tamaricaceae.
● **Tamarix articulata** Vahl.

Vork.: Mittelmeergebiete, bes. Marokko, Algerien.

Droge: *Tamarixgallen*, die durch Insektenstiche induzierten Gallen. Inh.: Gerbsäure (ca. 50 %). Anw.: als Adstringens sowie zum Gerben.

● **Tamarix aphylla** Karst.

Vork.: Marokko bis Indien.

Droge: *Tamarixgallen*, die durch Insektenstiche induzierten Gallen. Inh.: Tannin (47–50 %), Gallussäure, Ellagsäure, Isoferulasäure, Flavonole. Anw.: zum Gerben von hellem Leder.

● **Tamarix ramosissima** L.

Vork.: Kaukasus, Armenien.

Droge: Blätter und Früchte. Inh.: Gerbstoffe (10–18 %). Anw.: in der Volksheilkunde als Adstringens, zur Blutstillung sowie zur Gewinnung von Tannin (↗ Gerbstoffe).

● **Tamarix nilotica var. mannifera**.

Vork.: Arabien, Iran.

Droge: *Manna*, zuckerhaltige Ausscheidungen, die durch den Stich einer Schildlausart erzeugt werden. Inh.: Kohlenhydrate, Zucker. Anw.: Nahrungsmittel.

● **Tamarix chinensis.**
Vork.: China.
Droge: die jungen Zweige. Inh.: Gerbstoffe. Anw.: in der Volksheilkunde als Tonikum bei Magenleiden.

Tamarixgallen ↗ Tamarix-Arten.

■ **Tamus communis** L.
Fam.: Dioscoreaceae.
Vork.: Mittel- und Südeuropa, Ungarn, Rußland.
Droge: *Schmeerwurz* (syn. Feuerwurzel), der Wurzelstock. Inh.: Spuren an Alkaloiden; Histamin, Calciumoxalat, Schleimstoffe, Phenanthrenverbindungen, Saponine, Leukoanthocyane. Anw.: in der Volksheilkunde früher zur Einreibung bei Rheuma; heute obsolet, da nicht ungefährlich.
Hom.: *Tamus communis* HAB34; die frischen, unterirdischen Pflanzenteile.

Tanaceti flos ↗ Chrysanthemum-Arten.
Tanaceti herba ↗ Chrysanthemum-Arten.
Tanacetum carneum ↗ Chrysanthemum-Arten.
Tanacetum cinerariifolium ↗ Chrysanthemum-Arten.
Tanacetum leucanthemum ↗ Leucanthemum vulgare.
Tanacetum officinarum ↗ Chrysanthemum-Arten.
Tanacetum parthenium ↗ Chrysanthemum-Arten.
Tanacetum roseum ↗ Chrysanthemum-Arten.
Tanacetum vulgare ↗ Chrysanthemum-Arten.

■ **Tanaecium nocturnum** (Barb.-Rodr.) Bur. et K. Schum.
Koribo.
Fam.: Bignoniaceae.
Vork.: Amazonien, Westindien, Zentralamerika, Mexiko.
Droge: Blätter, Stengel, Wurzelrinde. Inh.: cyanogene Glykoside. Anw.: in der indianischen traditionellen Heilkunde bei Hauterkrankungen, zur Wundbehandlung, bei Durchfällen sowie als Aphrodisiakum. Die Pflanzenteile werden in gepulverter Form auch zur Bereitung von Schnupfpulvern verwendet, die zu magischen Zeremonien eingesetzt werden und einen somnambulen Zustand mit Schläfrigkeit, Konzentrationsstörungen und Bewußtseinstrübung induzieren sollen.

■ **Tang**
(lat. Fucus) Bezeichnung für verschiedene ↗ *Fucus*-Arten, bes. *Fucus vesiculosus* (Blasentang), *Fucus serratus* (Sägetang) und *Ascophyllum nodosum* (Knotentang).

Tangelkraut ↗ Huperzia selago.

■ **Tanghinia venenifera**
(syn. *Cerbera venenifera*).
Fam.: Apocynaceae.
Vork.: Madagaskar.
Droge: die Samen. Die Droge ist stark toxisch! Inh.: Tanghinosid, Tanghinin, Desacetyltanghinin und weitere Digitalis-ähnliche Glykoside. Anw.: in den Verbreitungsgebieten als ↗ Ordealgift (Gottesgerichte) genutzt.

Tangkallagfett ↗ Litsea calophylla.
Tang Seng ↗ Codonopsis pilosula.
Tangutischer Rhabarber ↗ Rheum-Arten.
Tannenbärlapp ↗ Huperzia selago.

■ **Tannenhonig**
↗ Honig, der von Bienen in Nadelwaldgebieten gesammelt wird und sich durch eine dunkle Farbe auszeichnet. Anw.: in der Volksheilkunde gegen Erkrankung der Atemwege (Inhalation), der Harnwege und bei Infektionen (innerlich und äußerlich).

Tannenklee ↗ Anthyllis vulneraria.
Tannenkraut ↗ Equisetum-Arten.
Tannenzweigspitzen ↗ Abies-Arten.
Tannin ↗ Gerbstoffe.
Tapiokastärke ↗ Manihot esculenta.
Tapogomea alata ↗ Cephaelis-Arten.
Tapogomea tomentosa ↗ Cephaelis-Arten.
Taraktogenos kurzii ↗ Hydnocarpus-Arten.
Tarantel ↗ Lycosa fasciiventris.
Tarantula cubensis ↗ Eurypelma spinicrus.
Tarantula fasciiventris ↗ Lycosa fasciiventris.
Tarantula hispanica ↗ Lycosa fasciiventris.
Taraxaci folium ↗ Taraxacum officinale.
Taraxaci herba ↗ Taraxacum officinale.
Taraxaci radix ↗ Taraxacum officinale.
Taraxaci radix cum herba ↗ Taraxacum officinale.
Taraxacum bicorne ↗ Taraxacum kok-saghyz.
Taraxacum dens leonis ↗ Taraxacum officinale.

■ **Taraxacum kok-saghyz** Rodin (syn. *Taraxacum bicorne*).

Fam.: Asteraceae (Compositae).

Vork.: Rußland, Kasachstan, auch kultiviert.

Droge: die Wurzeln. Inh.: Polyterpene, wie Kautschuk (10–26 %). Anw.: zur Kautschukgewinnung. Besonders in den dreißiger Jahren und während des 2. Weltkrieges als Ersatzpflanze für die Kautschukproduktion genutzt.

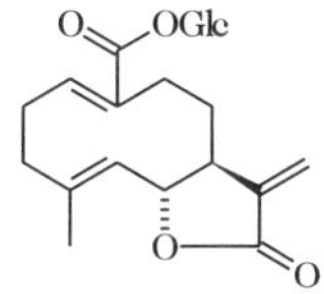

Taraxinsäure-β-D-glucosid

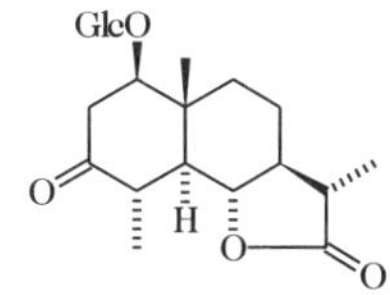

Taraxacolid-β-D-glucosid

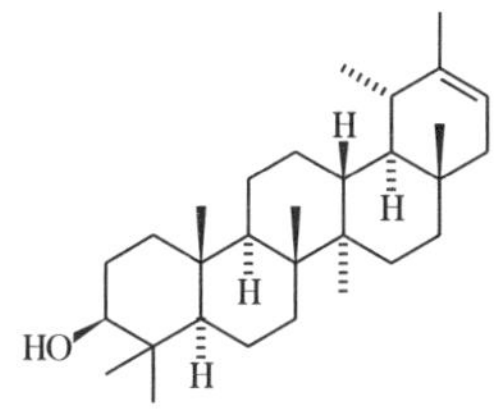

ψ-Taraxasterol

■ **Taraxacum officinale** Web. ex Wigg. (syn. *Taraxacum dens leonis, T. vulgare, Leodonton officinale, L. taraxacum*); Gemeiner Löwenzahn (syn. Ackerzichorie, Butterblume, Kettenblume, Kuhblume, Maiblume, Pfaffendistel, Pfaffenöhrlein, Pferdeblume, Pusteblume, Ringelblume, Wiesenlattich), s. Farbtafel S. 307, Bild 160.

Fam.: Asteraceae (Compositae).

Vork.: Mehrjährige, ausdauernde, sehr vielgestaltige Pflanze, die auf der gesamten Nordhalbkugel heimisch und auch in Nord- und Südamerika zu finden ist. Der Anbau erfolgt auf dem Balkan, Ungarn und Polen.

Drogen: ***1. Taraxaci folium*** (syn. *Folium Taraxaci, Herba Taraxaci, Taraxaci herba*); Löwenzahnblätter (syn. Löwenzahnkraut). Inh.: Sesquiterpenlactone (Taraxinsäurederivate), Triterpene und Steroide (Cycloartenol, Campesterol, Sitosterol), Flavonoide (Glykoside des Apigenins und Luteolins), Vitamine (B_1 und B_2, C, E), Aminosäuren, Proteine und Kohlenhydrate. Anw.: bei Appetitlosigkeit und dyspeptischen Beschwerden, wie Völlegefühl und Blähungen. In der Volksheilkunde werden Löwenzahnblätter bei Leber- und Galleleiden, chronischen rheumatischen Beschwerden sowie zur Anregung der Diurese bei Blutreinigungs- und Frühjahrskuren verwendet. Die frischen Blätter werden auch als Salat zubereitet. Geg.: bei Gallensteinleiden sowie Verschluß der Gallenwege. ***2. Taraxaci radix*** (syn. *Radix lentis leonis, Radix Taraxaci*); Löwenzahnwurzel (syn. Kuhblumenwurzel, Seicherwurzel). Inh.: Sesquiterpenlactone, bes. Glykoside der Dihydrotaraxinsäure, Taraxinsäure und des Taraxacolids; Triterpene und Steroide, wie β-Sitosterol, Taraxasterol, Taraxerol, Taraxol; Taraxacosid, ferner Linol- und Linolensäure. Anw.: s. *Taraxaci radix cum herba*. ***3. Taraxaci radix cum herba*** (syn. *Herba Taraxaci cum radice, Radix Taraxaci cum herba*); Löwenzahnwurzel mit Kraut (syn. Löwenzahn, Löwenzahn-Ganzpflanze, Pißblume). Inh.: Sesquiterpenlactone, Triterpene, Flavonoide, Mineralstoffe, Taraxacosid. Anw.: infolge harntreibender, saluretischer sowie den Gallefluß anregender Wirksamkeit wird die Droge bei Störungen des Galleflusses, Völlegefühl, Blähungen und Verdauungsbeschwerden als Tee angewendet. In der Volksheilkunde wird Löwenzahn ebenfalls bei Hämorrhoiden, Gicht, rheumatischen Beschwerden sowie bei Steinleiden genutzt. Zur ↗ Teezubereitung verwendet man als Einzeldosis ca. 1–2 g (1 Teelöffel = 1,2 g) feingeschnittene Droge. Als Tagesdosis werden etwa 3 g Droge empfohlen. Außer dem Tee ist auch die Verwendung eines Pflanzenpreßsaftes möglich. Hierzu wird die frische Pflanze ausgepreßt und vom Preßsaft mehrmals täglich 1 Eßlöffel eingenommen.

Hom.: ***1. Taraxacum officinale*** HAB1; Löwenzahn, die ganze, frische, blühende Pflanze. Anw.-Geb.: Lebererkrankungen und Verdauungsbeschwerden. ***2. Taraxacum officinale Rh*** HAB1; die ganze, frische, blühende Pflanze. Anw.-Geb.: in der anthroposophischen Therapierichtung.

Histor.: Von griechischen und arabischen Ärzten wurde die Droge bereits im Altertum als Heilmittel genutzt und dürfte mit der in alten Schriften als *Aphake* angegebenen Droge identisch sein. Die Bezeichnung Löwenzahn kehrt in sehr verschiedenen Sprachen wieder und bezieht sich auf die Blattform. Der Gattungsname *Taraxacum* ist arabischen Ursprungs und von *Tharakhchakon* abgeleitet.

Taraxacum vulgare ↗ Taraxacum officinale.
Tartschenflechte ↗ Cetraria islandica.
Täschelkraut ↗ Capsella bursa-pastoris.
Taschenknieper ↗ Capsella bursa-pastoris.
Taschenpfeffer ↗ Capsicum-Arten.
Tatajuba ↗ Chlorophora tinctoria.
Tatsia papyrifera ↗ Tetrapanax papyriferum.
Taubeere ↗ Vaccinium-Arten.
Taubenkopf ↗ Corydalis-Arten.
Taubenkraut ↗ Verbena officinalis.
Taublatt ↗ Alchemilla xanthochlora.
Taubnesselblüten ↗ Lamium album.
Taumellolch ↗ Lolium temulentum.

■ Taurin

(syn. 2-Aminoethansulfonsäure), Aminosäure, die in den Samen von Fabaceae (Legumosae), in Rotalgen und Schwämmen, in tierischen Geweben, in der Gallenflüssigkeit (auch als Amid der Cholsäure) und im Zentralnervensystem vorkommt. Anw.: Ausgangsstoff für die Herstellung von Pharmaka, zur Therapie von Gallensteinen und zur unterstützenden Behandlung der Hypercholesterolämie.

Tauschüsselchen ↗ Alchemilla xanthochlora.
Tausendblatt ↗ Achillea-Arten.
Tausendguldenkraut ↗ Centaurium minus.
Tausendgüldenkraut ↗ Centaurium minus.
Tausendkorn ↗ Herniaria glabra.
Tausendkrankheitskraut ↗ Lysimachia nummularia.
Tausendnessel ↗ Urtica-Arten.
Tausendschön ↗ Bellis perennis.
Taxbaum ↗ Taxus baccata.
Taxifolin ↗ Flavonoide.
Taxol ↗ Paclitaxel.

■ Taxus baccata L.

Eibe (syn. Eife, Ibenbaum, Kantelbaum, Taxbaum, Ybe), s. Farbtafel S. 307, Bild 161.

Fam.: Taxaceae.

Vork.: auf der nördlichen Erdhalbkugel, weltweit als Ziergehölz kultiviert. Wildwachsende Eibenbestände stehen unter Artenschutz!

Droge: ***Herba Taxi baccatae***; Eibenblätter (syn. *Taxus-baccata*-Blätter). Die Droge ist stark giftig! Inh.: Alkaloid-Gemisch (Taxin), u. a. Taxin A und B (basische Polyhydroxyditerpene mit Essigsäure oder β-Dimethylamino-β-phenylpropionsäure verestert); Baccatin III und 10-Desacetylbaccatin III; Taxacine (acylfreie Polyole); Biflavonoide, Phenole, wie Betulosid, Taxicatin. Anw.: früher in der Volksheilkunde innerlich als Wurmmittel, zur Förderung der Menstruation, gegen Epilepsie, Mandelentzündungen, Diphtherie sowie als Abortivum. Äußerlich wurde die Droge zur Wundbehandlung und als Antiparasitikum beim Vieh angewendet. In Indien gelten die Eibenblätter als Mittel zur Regulation der Fruchtbarkeit. Aufgrund der Toxizität der Droge ist eine Anwendung nicht zu empfehlen. Tox.: Nach Einnahme kommt es zur Schädigung des Herzmuskels, Übelkeit, Brechreiz, Koliken und Bewußtseinsstörungen. Der Tod tritt durch Atemlähmung ein. Der rote Samenmantel der Frucht (Arillus) ist nicht giftig, er enthält bis zu 37 mg Vitamin C pro 100 g Frischgewicht.

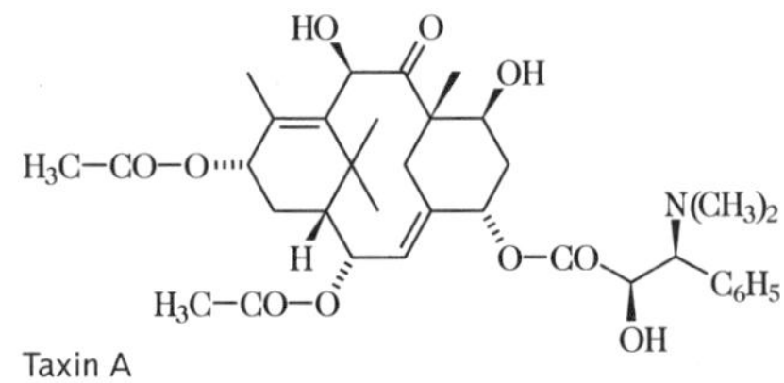

Taxin A

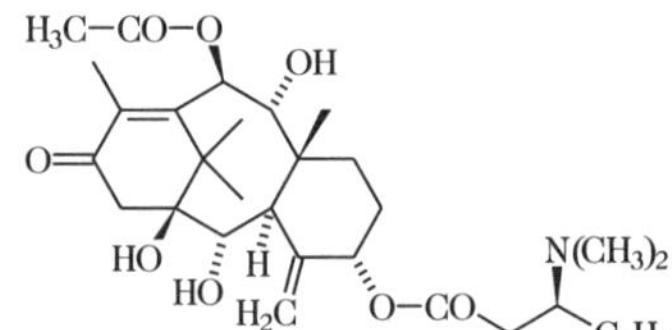

Taxin B

Hom.: ***Taxus baccata*** HAB1; Eibe, die frischen Zweigspitzen. Anw.-Geb.: Erkrankungen des Magen-Darm-Traktes sowie der Haut.

Histor.: Die Giftwirkung der Eibe ist seit dem Altertum bekannt und wurde sowohl für Mordanschläge als auch für Suizide genutzt. Früher, besonders im 17. und 18. Jh., wurde der immergrüne Baum häufig als Hecke zur Flurabgrenzung eingesetzt. Der Gattungsname *Taxus* ist indogermanischer Herkunft, abgeleitet von *teks* (künstlich herstellen), da das Holz für Schnitzereien verwendet wurde; *bacca* (lat., Beere, d. h. beerentragend), bezieht sich auf die Frucht. Die deutsche Bezeichnung Eibe ist auf das althochdeutsche *iwa* zurückzuführen.

■ **Taxus brevifolia** Nutt.
Pazifische Eibe; s. Farbtafel S. 307, Bild 162.
Fam.: Taxaceae.
Vork.: westliches Nordamerika.
Droge: Rinde und Stammholz. Inh.: ↗ Paclitaxel (Taxol), ein Diterpen vom Taxan-Typ in geringer Konzentration (ca. 0,0008 %). Anw.: zur Gewinnung von Paclitaxel.

Tecoma adenophylla ↗ Tabebuia impetiginosa.
Tecoma avellanedae ↗ Tabebuia impetiginosa.

■ **Tecoma capensis** (Thunb.) Lindley
(syn. *Bignonia capensis, Gelsemium capense, Tecomaria capensis, T. krebsii, T. petersii*).
Fam.: Bignoniaceae.
Vork.: Afrika, Südamerika, Indien, Arabien, im Mittelmeergebiet als Zierpflanze kultiviert.
Droge: ***Tecoma-capensis-Blätter***, die Fiederblätter. Inh.: Iridoide, wie Zimtsäure-Tecomosid. Anw.: in der Volksheilkunde bei Durchfall und Darmentzündungen.

Tecoma dugandii ↗ Tabebuia impetiginosa.
Tecoma eximia ↗ Tabebuia impetiginosa.
Tecoma heptaphylla ↗ Tabebuia impetiginosa.
Tecoma impetiginosa ↗ Tabebuia impetiginosa.
Tecoma incisa ↗ Tecoma stans.
Tecoma integra ↗ Tabebuia impetiginosa.
Tecoma ipe ↗ Tabebuia impetiginosa.

■ **Tecoma lapacho** K. Schum.
Fam.: Bignoniaceae.
Vork.: Südamerika, Andengebiete.
Droge: ***Cortex Lapacho***; Lapachorinde (syn. Inkatee), die Rinde der Zweige. Inh.: prenylierte Naphthochinone, u. a. Lapachol. Anw.: in der indianischen Volksheilkunde gegen Tumore und zur Immunstimulation.

Tecoma palmeri ↗ Tabebuia impetiginosa.
Tecomaria capensis ↗ Tecoma capensis.
Tecomaria krebsii ↗ Tecoma capensis.
Tecomaria petersii ↗ Tecoma capensis.
Tecoma schunkevigoi ↗ Tabebuia impetiginosa.

■ **Tecoma stans** (L.) Juss. Ex Kuhnt
(syn. *Bignonia frutescens, B. incisa, B. stans, Gelsemium stans, Stenolobium quinquejugum, St. stans, Tecoma incisa*); Eschenblättrige Jasmintrompete.
Fam.: Bignoniaceae.
Vork.: Mittelamerika, Südamerika.
Drogen: ***1. Garapaöl***, das Fett der Samenkerne. Inh.: nichttrocknendes Fett mit hohem Anteil an Octadecatetraensäure als Fettsäure. Anw.: in der Volksheilkunde als Einreibung. ***2. Tecoma-stans-Rinde***, die getrocknete Rinde. Anw.: in der amerikanischen Volksheilkunde bei Diabetes, Syphilis, Wurmerkrankungen und Magenschmerzen. ***3. Tecoma-stans-Zweige*** mit Blättern. Inh.: Alkaloide, wie Tecostanin, Tecomin; Flavonoide, Phenolcarbonsäuren, Triterpene. Anw.: in der mexikanischen Volksheilkunde bei Diabetes und Nierenbeschwerden.

■ **Tee**
1) Bezeichnung für Drogengemisch (Species).
2) Eine mit einer Einzeldroge oder einem Drogengemisch, i. d. R. mit heißem Wasser hergestellte Zubereitung, die für arzneiliche oder Genußzwecke genutzt wird (↗ Species).

Teebaumöl ↗ Melaleuca-Arten.
Teebusk ↗ Lithospermum officinale.
Teefilterbeutel ↗ Teepräparate.
Teemischungen ↗ Drogen in Teemischungen; s. auch unter Indikationen, z. B. ↗ Species pectorales.

■ **Teepräparate**
Zubereitungen, die bereits genormte Drogenmengen pro Tasse enthalten, z. B. Teefilterbeutel, oder Produkte, die sofort lösliche Drogenextrakte enthalten, wie z. B. Instant-Tees (Granulat-Tees) oder Tubentees.

Teestrauch ↗ Camellia sinensis.

■ **Teezubereitung**
im allgemeinen erfolgt die Bereitung eines Tees als Heißwasseraufguß. Hierzu werden die Drogen bzw. die Drogengemische, die bei Blatt-, Kraut-, und Wurzeldrogen in geschnittener Form vorliegen sollten, mit kochendem Wasser übergossen und nach etwa 5–10 min abgeseiht. Dabei werden i. d. R. etwa 2 Teelöffel (ca. 2–3 g) Droge für eine Tasse Tee (ca. 150 ml Wasser) verwendet, wobei allerdings die Konzentration, die für die veschiedenen Tees angewendet wird, Schwankungen unterliegt. Da die meisten Teedrogen weder stark wirksame noch toxische Inhaltsstoffe enthalten, kann die verwendete Drogenmenge

durchaus auch individuell gestaltet werden. Neben der meist genutzten Art der Teezubereitung, dem Aufguß (Infusum), kommt zuweilen auch die Abkochung (Decoctum) oder der Kaltauszug (Mazeratio) zur Anwendung. Während die Abkochung oft bei Drogen mit harter Beschaffenheit, wie Hölzer, Rinden oder Wurzeln mit schwer löslichen aber gewünschten Inhaltsstoffen, zur Anwendung kommt, dient das Kaltmazerat dem Fernhalten unerwünschter (z. B. Gerbstoffe in Bärentraubenblättern) oder dem Erhalt hitzeempfindlicher Bestandteile (z. B. bestimmter Vitamine, u. a. Vitamin C in Hagebutten). Nachteil des Kaltwasserauszuges ist, daß die beim Überbrühen der Drogen erfolgte Keimzahlreduzierung hier ausbleibt.

Teglamfett ↗ Isoptera borneensis.
Tegmina Sepiae ↗ Sepia officinalis.
Teichschachtelhalm ↗ Equisetum-Arten.
Teichschwamm ↗ Spongilla lacustris.
Teichzinnkraut ↗ Equisetum-Arten.

■ **Teicoplanin**
(syn. Teichomycin), Glykopeptid-Antibiotika-Gemisch von 5 Komponenten der Vancomycin-Gruppe, das durch *Actinoplanes teichomyceticus* produziert wird. Wirk.: infolge Hemmung der Bakterienwandsynthese grampositiver Erreger bakterizid. Anw.: schwere Staphylokokkeninfektionen.

Tela gossypii absorbens ↗ Gossypium-Arten.
Telanthera amoena ↗ Alternanthera sessilis.
Telis foenum-graeca ↗ Trigonella foenum-graecum.
Temoe Lawak ↗ Curcuma-Arten.
Tempelbaum ↗ Ginkgo biloba.
Templinöl ↗ Abies-Arten.
Temulin ↗ Lolium temulentum.
Teonanacatl ↗ Mexikanische Rauschpilze, ↗ Conocybe siligineoides, ↗ Psilocybe-Arten.
Tephrosia-Arten ↗ Rotenon.
Tephrosia inebrians ↗ Tephrosia vogelli.
Tephrosia megalantha ↗ Tephrosia vogelli.
Tephrosia periculosa ↗ Tephrosia vogelli.
Tephrosia villosa ↗ Tephrosia vogelli.

■ **Tephrosia vogelli** Hook. f.
(syn. *Cracca vogelii, Tephrosia inebrians, T. megalantha, T. periculosa, T. villosa*).
Fam.: Fabaceae.
Vork.: tropisches Afrika.
Droge: die Blätter und Früchte. Inh.: Isoflavone, wie ↗ Rotenon, Deguelin, Tephrosin ; Flavonoide. Anw.: in der afrikanischen Volksheil-

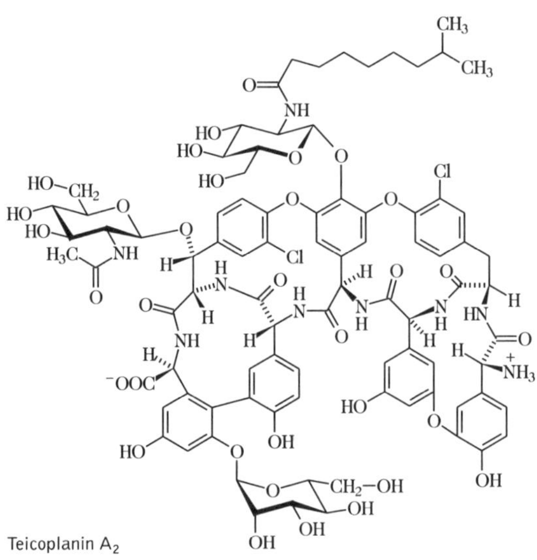

Teicoplanin A_2

kunde als Abortivum, Mittel gegen Parasiten sowie als Fischgift zum Fischfang.

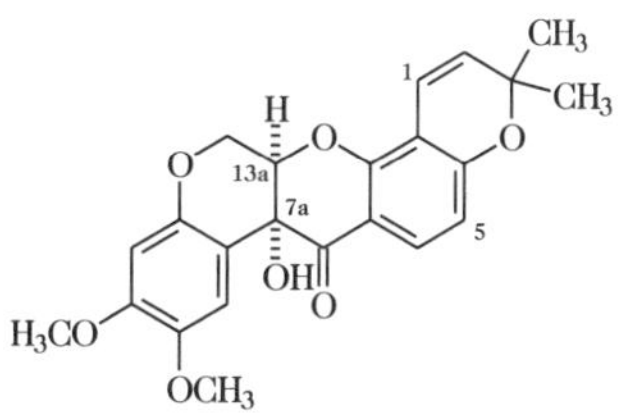

Tephrosin

Tequila ↗ Agave americana.
Terebinthe ↗ Pistacia terebinthus.

■ **Terebinthina**
(syn. *Terpentin, Balsamum Terebinthinae, B. Pini*), Stammpflanzen sind verschiedene Arten der Gattung *Pinus* (↗ *Pinus*-Arten). Terpentin entsteht teils in der Rinde, teils im jungen Holz, aus dem nach Verwundung der Balsam austropft und aufgefangen wird. Die Droge ist dickflüssig, trüb und von eigenartigem Geruch. Inh.: Harz (70–85 %), das aus Abietinsäure und Pimarsäure besteht; äther. Öl (15–30 %). Anw.: in Zubereitungen für hautreizende Pflaster und Salben.

Terebinthina Alsatica ↗ Abies-Arten.
Terebinthina Argentoratensis ↗ Abies-Arten.
Terebinthina Canadensis ↗ Abies-Arten.
Terebinthina Chiotica ↗ Pistacia terebinthus.
Terebinthina Copaiferae ↗ Copaifera-Arten.
Terebinthinae aetheroleum rectificatum ↗ Pinus-Arten.
Terebinthina Laricina ↗ Larix decidua.
Terebinthina Pistaciae ↗ Pistacia terebinthus.
Terebinthina Veneta ↗ Larix decidua.
Terebinthus vulgaris ↗ Pistacia lentiscus.
Terminalia alata ↗ Terminalia tomentosa.
Terminalia angolensis ↗ Terminalia sericea.
Terminalia angustifolia ↗ Terminalia bellirica.

■ **Terminalia arjuna** (Roxb.) Wight et Arn.
Arjunbaum.
Fam.: Combretaceae.
Vork.: Indien.
Droge: ***Terminaliae arjunae cortex***; *Terminalia-arjuna*-Rinde, die getrocknete Stammrinde. Inh.: Gerbstoffe, β-Sitosterol, Dihydroxytriterpensäuren, wie Arjunsäure und Arjunetin; Flavonoide, Calciumsalze. Anw.: in der Ayurveda-Medizin bei Herzbeschwerden, Verdauungsbeschwerden, Streß, Leberfunktionsstörungen, Entzündungen der ableitenden Harnwege, bei Diabetes sowie gegen Tuberkulose, Geschlechtskrankheiten und zur Heilung von Knochenbrüchen.

Terminalia aruta ↗ Terminalia chebula.
Terminalia attenuata ↗ Terminalia bellirica.

■ **Terminalia avicennoides** Guill. et Perr.
(syn. *Terminalia dyctioneura; T. lecardii*).
Fam.: Combretaceae.
Vork.: Afrika, Senegambia, Sierra Leone, Äthiopien.
Drogen: *1.* ***Terminalia-avicennoides-Rinde***, die Stammrinde. Inh.: das Polyhydroxylacton Laxiflorin sowie Sitosterylpalmitat und Trimethylellagsäure. Anw.: in der Volksheilkunde bei Durchfällen und Hautinfektionen. *2.* ***Terminalia-avicennoides-Wurzel***, die Wurzeln. Inh.: Sitosterolpalmitat, Terminolsäure. Anw.: in der Volksheilkunde bei Ruhr und Durchfall sowie bei Zahnschmerzen.

■ **Terminalia bellirica** (Gaertn.) Roxb.
(syn. *Myrobalanus bellirica, Panteptera mollis, Terminalia angustifolia, T. attenuata, T. biticaria, T. eglandulosa, T. gella, T. javanica, T. laurinoides, T. mollis, T. mollucana, T. punctata*).
Fam.: Combretaceae.
Vork.: Indien, Indonesien.
Drogen: *1.* ***Terminalia-bellirica-Früchte***, die reifen und unreifen Früchte. Inh.: Gerbstoffe, v. a. Ellagitannine; blaue Farbstoffe. Anw.: in der Volksheilkunde als Bittermittel und Adstringens bei Fieber, Lepra, Gallenbeschwerden, Wassersucht und Durchfall. *2.* ***Terminalia-bellirica-Rinde***, die Stammrinde. Inh.: Triterpene, wie Bellerinsäure und sein Glucosid Bellericosid sowie Arjungenin; β-Sitosterol, Gallussäure, Ellagsäure, Ethylgallat, Mannitol. Anw.: in der Volksheilkunde als Adstringens sowie bei Ekzemen. *3.* ***Terminalia-bellirica-Samen***, die Steinkerne. Inh.: die Samen enthalten fettes Öl (ca. 40 %) sowie eine noch nicht identifizierte narkotische Verbindung. Anw.: in der traditionellen chinesischen Medizin als Wurmmittel, bei Asthma und als Laxans. In Westbengalen wird die Droge gegessen, um Halluzinationen zu erleben.

Terminalia biticaria ↗ Terminalia bellirica.

Terminalia brosigiana ↗ Terminalia sericea.
Terminalia bubu ↗ Terminalia sericea.

■ **Terminalia catappa** L.
(syn. *Juglans catappa, Terminalia latifolia, T. mauritiana, T. moluccana, T. myrobalana, T. procera, T. subcordata*).

Fam.: Combretaceae.

Vork.: Südostasien, kultiviert in Australien, Polynesien, Indien, Ost- und Westafrika, Madagaskar, Mittel- und Südamerika.

Drogen: *1.* ***Terminalia-catappa-Blätter***, die frischen oder getrockneten Blätter. *Inh.:* Gerbstoffe vom Gallussäureestertyp, wie Terflavin A, Tergallagin, Puniclain und Punicalagin; Flavonoide. *Anw.:* in der Volksheilkunde bei Hypertonie, Asthma, Gelenkrheuma, zur Diaphorese und als Adstringens bei Durchfallerkrankungen. *2.* ***Terminalia-catappa-Rinde*** (syn. Badamierrinde), die Rinde. *Inh.:* Gerbstoffe (9–13 %), Calciumsalze. *Anw.:* in der Volksheilkunde bei Durchfällen und als harntreibendes Mittel. *3.* ***Terminalia-catappa-Samenöl***, das aus den Samen gewonnene, fette Öl. *Inh.:* Triglyceride mit den Fettsäuren Ölsäure, Linolsäure, Palmitinsäure und Stearinsäure. *Anw.:* in der Volksheilkunde innerlich bei Koliken und Kopfschmerzen, als Tonikum; zusammen mit den Blättern bei Lepra, Krätze und anderen Hauterkrankungen.

■ **Terminalia chebula** Retz.
(syn. *Bucida cumintana, Embryogonia arborea, Myrobalanus chebula, M. gangetica, Terminalia aruta, T. comintana, T. gangetica, T. multiflora, T. parviflora, T. reticulata, T. tomentella, T. zeylanica*).

Fam.: Combretaceae.

Vork.: Nordindien, Südostasien.

Drogen: *1.* ***Myrobalani fructus*** (syn. *Fructus Chebulae, Fructus Myrobalani, Fructus Terminaliae, Myrobalani chebulae*); Myrobalanen, die getrockneten, reifen Früchte. *Inh.:* Gerbstoffe (bis 45 %), aus Gallussäure-Glucose-Derivaten bestehend. *Anw.:* als Adstringens, äußerlich als Gurgelmittel bei Stomatitis, bei chronischen Geschwüren und Wunden, technisch zum Gerben. *2.* ***Terminalia-chebula-Rinde***, die getrocknete Rinde. *Inh.:* Gerbstoffe, Triterpensäuren sowie Arjunin und Arjunetin. *Anw.:* volkstümlich in den Herkunftsgebieten als harntreibende und herzstärkende Droge.

Terminalia comintana ↗ Terminalia chebula.
Terminalia coriacea ↗ Terminalia tomentosa.
Terminalia crenulata ↗ Terminalia tomentosa.
Terminalia dyctioneura ↗ Terminalia avicennoides.
Terminaliae arjunae cortex ↗ Terminalia arjuna.
Terminalia eglandulosa ↗ Terminalia bellirica.
Terminalia fischeri ↗ Terminalia sericea.
Terminalia gangetica ↗ Terminalia chebula.
Terminalia gella ↗ Terminalia bellirica.
Terminalia javanica ↗ Terminalia bellirica.
Terminalia latifolia ↗ Terminalia catappa.
Terminalia laurinoides ↗ Terminalia bellirica.
Terminalia lecardii ↗ Terminalia avicennoides.
Terminalia macrocarpa ↗ Terminalia tomentosa.
Terminalia mauritiana ↗ Terminalia catappa.
Terminalia mollis ↗ Terminalia bellirica.
Terminalia mollucana ↗ Terminalia bellirica.
Terminalia moluccana ↗ Terminalia catappa.
Terminalia multiflora ↗ Terminalia chebula.
Terminalia myrobalana ↗ Terminalia catappa.
Terminalia nyassensis ↗ Terminalia sericea.
Terminalia ovata ↗ Terminalia tomentosa.
Terminalia parviflora ↗ Terminalia chebula.
Terminalia procera ↗ Terminalia catappa.
Terminalia punctata ↗ Terminalia bellirica.
Terminalia reticulata ↗ Terminalia chebula.

■ **Terminalia sericea** Burchel ex DC.
(syn. *Terminalia angolensis, T. brosigiana, T. bubu, T. fischeri, T. nyassensis*).

Fam.: Combretaceae.

Vork.: Südafrika, Namibia, Botswana, Angola, Sambia, Tansania.

Droge: die Wurzeln. *Inh.:* Triterpene, wie Sericinsäure, Sericosid; Resveratrol-3-*O*-rutosid. *Anw.:*

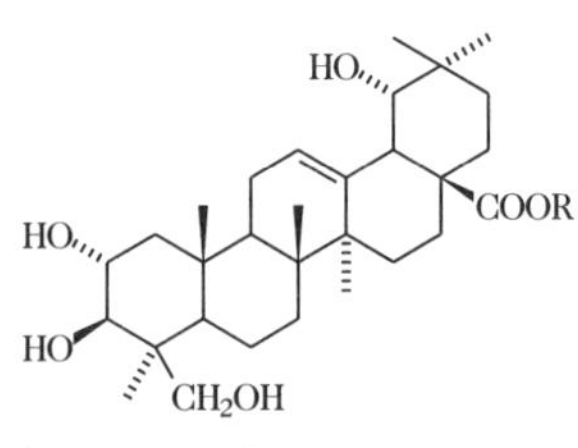

Sericinsäure: R = H
Sericosid: R = D-Glucose

in der afrikanischen Volksheilkunde häufig verwendet bei Entzündungen und gegen Geschlechtskrankheiten sowie bei Magenbeschwerden, Augenerkrankungen, Dysenterie, Koliken und bei Hautkrankheiten. Auch zur Bereitung von Pfeilgiften wird die Droge genutzt.

Terminalia subcordata ↗ Terminalia catappa.
Terminalia tomentella ↗ Terminalia chebula.

■ **Terminalia tomentosa** Wight et Arn.
(syn. *Chuncoa tomentosa, Pentaptera coriacea, P. crenulata, P. macrocarpa, P. maradu, P. tomentosa, Terminalia alata, T. crenulata, T. coriacea, T. macrocarpa, T. ovata*).

Fam.: Combretaceae.

Vork.: Nord- und Westindien, Nepal, Burma, Vietnam, Laos.

Droge: ***Cortex Terminaliae tomentosae***; *Terminalia-tomentosa*-Rinde, die Stammrinde. *Inh.:* Gerbstoffe (10–12 %); Triterpene, wie Oleanolsäure, Arjunsäure, Arjunolsäure und 3-Acetylmaslinsäure. *Anw.:* in der Volksheilkunde als Adstringens, bei Diarrhoe, zur Herzstärkung, als harntreibendes Mittel; äußerlich bei Geschwüren und Schlangenbissen.

Terminalia zeylanica ↗ Terminalia chebula.
Terpenalkaloide ↗ Pseudoalkaloide.
Terpentin ↗ Abies-Arten, ↗ Pinus-Arten, ↗ Terebinthina.
Terpentina cyprica ↗ Pistacia terebinthus.
Terpentinharz ↗ Pistacia terebinthus.
Terpentinöl ↗ Pinus-Arten.
Terpentinpistazie ↗ Pistacia terebinthus.
Terpinen ↗ Ätherische Öle.
Terra japonica ↗ Uncaria gambir.
Terra orellana ↗ Bixa orellana.
Terra silicea ↗ Diatomeen.
Testa (lat.) Schale, botanisch Samenschale.
Testae Cacao ↗ Theobroma cacao.
Testa Plantaginis ovatae ↗ Plantago-Arten.

■ **Tetraclinis articulata** (Vahl) Mast.
(syn. *Callitris articulata, C. quadrivalvis, Thuja articulata*). Gliederzypresse.

Fam.: Cupressaceae.

Vork.: Südspanien, Nordwestafrika, häufig kultiviert.

Droge: ***Sandaraca*** (syn. *Gummi Sandaracae, Resina Sandaraca*); Sandarakharz (syn. Afrikanischer Sandarak, Sandarak). *Inh.:* Harzsubstanzen (ca. 95 %): mit Diterpensäuren, wie Sandaracopimarsäure und Oxysandaracopimarsäure; Callitrolsäure, Sandaracinsäure, Sandaracinolsäure; Triterpensäuren, wie Callitrisinsäure; Bitterstoffe, äther. Öl. *Anw.:* in der Volksheilkunde bei Durchfall und gegen Fieber. Die Droge dient außerdem der Bereitung von Pflastern, temporären Zahnkitten und Zahnfüllungen, Überzüge für Pillen sowie Tabletten mit protrahierter Wirkstofffreisetzung; in der Technik zur Herstellung von Lacken und Kitten.

■ **Tetracycline**
Polyketidantibiotika der Tetracyclingruppe, die durch *Streptomyces rimosus* und *Streptomyces aureofaciens* produziert werden. Zu den T. gehören Tetracyclin, Chlortetracyclin, Oxytetracyclin und 6-Desmethyltetracyclin. *Wirk.:* Breitbandantibiotikum gegenüber grampositiven und -negativen Stäbchen, Kokken, Rickettsien, Mycoplasmen und einige Protozoen, bakteriostatische Wirkung durch Hemmung der ribosomalen Proteinsynthese (Bindung an 30S-Untereinheit der Ribosomen). *Anw.:* lokal bei Augeninfektionen, systemisch bei Infektionen der Atemwege, des Urogenitaltraktes, des Magen-Darm-Traktes sowie schweren Formen der Akne vulgaris. *Geg.:* Schwangerschaft, Leber- und Pankreaserkrankungen.

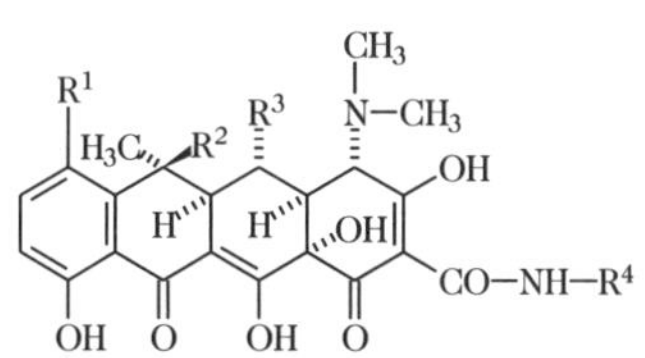

Name	R^1	R^2	R^3	R^4
Tetracyclin	H	OH	H	H
Oxytetracyclin	H	OH	OH	H
Chlortetracyclin	Cl	OH	H	H
Doxycyclin	H	H	OH	H
Rolitetracyclin	H	OH	H	$-CH_2-N$ (Pyrrolidinring)

Tetragastris ossea ↗ Trewia nudiflora.
Tetrahydrocannabinol halluzinogener und euphorisierender Inhaltsstoff von ↗ *Cannabis sativa*.
Tetralix septentrionalis ↗ Erica tetralix.
Tetrandin ↗ Stephania tetrandra.
Tetranthera californica ↗ Umbellaria californica.

■ **Tetranthera laurifolia**
(syn. *Sebiflora glutinosa*).
Fam.: Lauraceae.
Vork.: Südamerika, Indochina.
Droge: *Lorbeertalg*, das Fett der Samen. Inh.: Triglyceride mit gesättigten Fettsäuren. Anw.: zur Herstellung von Kerzen.

■ **Tetraodon rubripes rubripes**
(syn. *Sphoeroides rubripes*); Kugelfisch (syn. Torafugu, Fugu).
Fam.: Tetraodontidae.
Vork.: Japan, China.
Inh.: Tetrodotoxin, eines der stärksten tierischen Gifte. Anw.: Tetrodotoxin spielt als pharma-

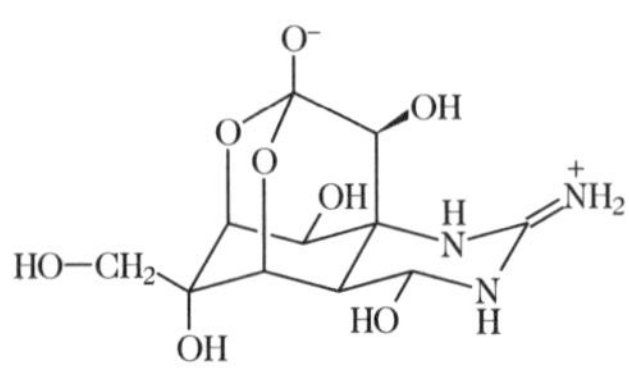

Tetrodotoxin

kologische Modellsubstanz (Hemmung der Natrium-Kanäle in erregbaren Zellen) sowie in der experimentellen Medizin zur Schmerzstillung bei Tumorpatienten eine gewisse Rolle.
Histor.: Die Kugelfische gelten seit Jahrhunderten in Ostasien als Delikatesse, obwohl eine Vielzahl von tödlichen Vergiftungsfällen bekannt geworden ist. In Japan dürfen nur speziell ausgebildete Köche in lizenzierten Lokalen den Fugu zubereiten. Seit 1985 ist auch bekannt, daß das Tetrodotoxin in den Kugelfischen von einer speziellen Bakterienart (*Alteromonas spec.*) gebildet wird und lediglich in den inneren Organen des Fisches abgelagert wird. Der Kugelfisch ist damit ein passiv toxisches Lebewesen, das den Giftstoff nicht selbst produziert.

■ **Tetrapanax papyriferum** (Hook.) Koch
(syn. *Aralia papyrifera, Tatsia papyrifera*).
Fam.: Araliaceae.
Vork.: China, Taiwan, vielfach auch kultiviert.
Droge: das Mark aus den Stämmen. Inh.: Polysaccharide, Cellulose. Anw.: zur Herstellung des chinesischen Reispapiers, das auch zu Verbandszwecken eingesetzt wird. In der asiatischen Volksheilkunde dient die Droge auch als Diuretikum und Galactagogum.

■ **Tetrapleura tetraptera** (Schum. et Thonn.) Taubert
(syn. *Tetrapleura thonningii, Adenanthera tetraptera*).
Fam.: Mimosaceae.
Vork.: Afrika, Senegal bis Uganda.
Droge: Früchte und Stammrinde. Inh.: Triterpen-Saponine, u. a. *N*-Acetylglykoside der Oleanolsäure und Echinocystsäure; Gerbstoffe, Sterole, Flavonoide. Anw.: in der afrikanischen Volksheilkunde bei Herzbeschwerden, Übelkeit, Rheuma, Fieber und Krämpfen sowie als Abortivum und Brechmittel genutzt. Die Droge ist auch Bestandteil von afrikanischen Pfeil- und Fischgiften.

Tetrapleura thonningii ↗ Tetrapleura tetraptera.

■ **Tetrapteris methystica** R. E. Schult.
Fam.: Malpighiaceae.
Vork.: Südamerika, Mexiko, Westindien.
Droge: die Rinde. Inh.: β-Carboline, u. a. Harmin, Harmalin, Tetrahydroharmin. Anw.: Die Makú-Indianer stellen aus der Droge ein psychoaktives Getränk her, das ähnlich wie ↗ Ayahuasca wirkt und in gleicher Weise rituell genutzt wird.

■ **Tetraterpene**
aus 8 Isoprenresten aufgebaute Terpene mit 40 Kohlenstoff-Atomen, die entweder in rein aliphatischer Form vorkommen bzw. an einem oder auch beiden Enden einen carbocyclischen Ring tragen. Die bekannten, in der Natur vorkommenden T. gehören zur Gruppe der ↗ Carotinoide. Biologische Bedeutung haben einige Vertreter als Vorstufen zum Vitamin A. Weitere T. sind β-Carotin, Canthaxanthin und Bixin (↗ *Bixa orrelana*), auch die Inhaltsstoffe des Safrans (↗ *Crocus sativus*) zählen zu diesen Naturstoffen.

Tetrodotoxin ↗ Tetraodon rubripes rubripes, ↗ Marine Wirkstoffe.
Teucrii chamaedryos herba ↗ Teucrium-Arten.
Teucrii herba ↗ Teucrium-Arten.
Teucrii scorodoniae herba ↗ Teucrium-Arten.

■ **Teucrium-Arten**
● **Fam.:** Lamiaceae (Labiatae).
● **Teucrium chamaedrys** L. (syn. *Chamaedrys officinalis, Teucrium officinale*); Echter Gamander (syn. Bathengel, Edelgamander, Frauenbiß,

Gamanderlein, Gewöhnlicher Gamander), s. Farbtafel S. 308, Bild 163.

Vork.: Mittelmeergebiete, südliches Mitteleuropa.

Droge: ***Teucrii chamaedryos herba*** (syn. *Herba Chamaedrys, Mari veri herba*); Edelgamanderkraut, das zur Blütezeit gesammelte Kraut. *Inh.:* äther. Öl (0,07 %) mit β-Caryophyllen und Humulen als Hauptkomponenten, Iridoidglykoside, u. a. Acetylharpagid und Harpagid sowie Diterpene, u. a. Dihydroteugin und Marrubiin, Flavonoide und Phenylpropane, wie dem Phenylpropanglykosid Teucriosid. *Anw.:* volkstümlich bei Verdauungsschwäche, Gallebeschwerden sowie bei Gicht. *Geg.:* Da die Droge im Verdacht steht, Lebernekrose hervorzurufen, ist ihre therapeutische Nutzung nicht zu empfehlen.

● **Teucrium marum** L. (syn. *Teucrium maritimum*); Katzengamander (syn. Marum-Gamander).

Vork.: heimisch im westlichen Mittelmeergebiet, Kulturen auf der Krim.

Droge: ***Teucrii herba*** (syn. *Herba Mari veri, Herba Teucrii, Herba Teucrii mari, Teucrium-marum*-Kraut); Amberkraut (syn. Gamanderkraut, Katzenkraut, Mastichkraut), die zur Blütezeit gesammelten und getrockneten oberirdischen Teile. *Inh.:* äther. Öl mit dem tränenerregendem Monoterpen Dolichodial. Ferner Iridoide, u. a. Teucriumlactone, Bitterstoffe und Lamiaceengerb-

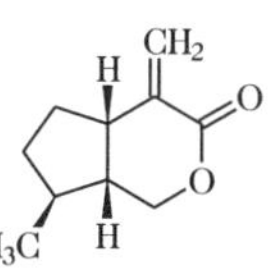

Teucriumlacton C

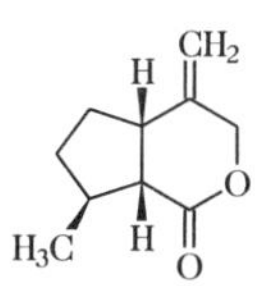

Teucriumlacton D

stoffe. *Anw.:* volkstümlich bei Bronchialerkrankungen, Magen- und Gallebeschwerden sowie Blasen- und Nierenleiden. Bestandteil von Arzneifertigpräparaten für diese Indikation.

Hom.: ***Teucrium marum*** (syn. *Marum verum*) HAB1; Katzengamander, die frischen, oberirdischen Teile ohne die verholzten unteren Stengelanteile. *Anw.-Geb.:* entzündliche Prozesse der oberen und unteren Atemwege.

● **Teucrium montanum** L., Berg-Gamander.

Vork.: Südeuropa, Kleinasien.

Droge: ***Herba Teucrii***, das getrocknete Kraut. *Inh.:* Flavonoide, u. a. Diosmin, Saponine, äther. Öl. *Anw.:* s. *Teucrium marum*.

● **Teucrium polium** L. ssp. Polium, Marienkraut (syn. Polei-Gamander, Poleigamander).

Vork.: Südwesteuropa.

Droge: ***Herba Teucrii***, das getrocknete Kraut. *Inh.:* diterpenoide Bitterstoffe, wie Marrubiin, äther. Öl. *Anw.:* bei leichten Gallen- und Gallenwegserkrankungen.

● **Teucrium scordium** L. (syn. *Chamaedrys scordium, Teucrium arenarium, T. palustre*); Knoblauchgamander (syn. Lachenknoblauch, Lauchgamander, Wassergamander, Wasserknoblauch).

Vork.: Europa, West- und Mittelasien.

Droge: ***Chamaedryos aquaticae herba*** (syn. *Herba Chamaedryos aquaticae, Herba Scordii vulgaris, Herba Teucrii scordii*); Knoblauchgamander (syn. Wasserknoblauch, Wasserlauch), das zur Blütezeit oder kurz vorher gesammelte Kraut. *Inh.:* Diterpene vom Clerodantyp, u. a. $2\beta,6\alpha$-Dihydroxyteuscordin. *Anw.:* volkstümlich bei Eiterungen und Entzündungen, Erkrankungen der Atmungsorgane, Hämorrhoidalbeschwerden und grippalen Infekten.

● **Teucrium scorodonia** L. (syn. *Monochilon cordifolius, Scorodinia heteromalla, S. sylvestris, Teucrium salviaefolium, T. sylvestre*); Bergsalbei (syn. Salbeiblättriger Gamander, Salbeigamander, Waldsalbei, Wilder Gamander), s. Farbtafel S. 308, Bild 164.

Vork.: West- und Mitteleuropa sowie Mittelmeergebiete.

Droge: ***Scorodoniae herba*** (syn. *Herba Scorodoniae, Herba Teucrii scorodoniae, Teucrii scorodoniae herba*); Waldgamanderkraut (syn. Salbeigamanderkraut), das Kraut. *Inh.:* äther. Öl (ca. 0,3 %) mit *allo*-Aromadendren, Aristolen, β-Caryophyllen, Caryophyllenepoxid, α-Humulen und Spathulenol; Iridoide, bes. Acetylharpagid und Reptosid; Diterpene vom Clerodantyp und Flavonoide. *Anw.:* volkstümlich bei chronischem Bronchialkatarrh, Entzündungen der Nasen- und Rachenschleimhäute, als Wundheilmittel sowie früher bei Tuberkulose. Als Tee meist in Kombination mit anderen Kräutern.

Hom.: ***Teucrium scorodonia*** HAB1; Waldgamander, die frischen, oberirdischen Teile blühender Pflanzen. *Anw.-Geb.:* Erkrankungen der Atemwege.

● **Histor.:** Der Gattungsname *Teucrium* ist vom griechischen *teukrion* abgeleitet. Nach der Sage soll der Name mit dem trojanischen König Teukros in Verbindung stehen, der angeblich zuerst die Wirkung der Pflanze auf die Milz erkannt hat. Der Artname *scorodonia* leitet sich vom griechischen *skordon* (Knoblauch) ab. In den Kräuterbüchern des Mittelalters wird *T. scorodonia* als Wald- oder Salbeigamander bezeichnet und bes. als Expektorans, magenstärkendes sowie leber- und milzreinigendes Mittel genannt.

Teucrium reptans ↗ Ajuga reptans.
Teufelsabbiß ↗ Succisa pratensis.
Teufelsabbißwurzel ↗ Succisa pratensis.
Teufelsapfel ↗ Datura-Arten.
Teufelsauge ↗ Adonis-Arten, ↗ Atropa belladonna.
Teufelsberi ↗ Atropa belladonna.
Teufelsbiß ↗ Chamaelirium luteum.
Teufelsbrot ↗ Colchicum autumnale.
Teufelsbusch ↗ Eleutherococcus senticosus.
Teufelsdill ↗ Anethum graveolens.
Teufelsdreck ↗ Ferula assa-foetida, ↗ Ferula foetida.
Teufelshand ↗ Orchis-Arten.
Teufelskappe ↗ Aconitum-Arten.
Teufelskirsche ↗ Atropa belladonna, ↗ Physalis alkekengi.
Teufelsklaue ↗ Asarum europaeum, ↗ Dryopteris filix-mas, ↗ Huperzia selago.
Teufelskrallenwurzel ↗ Harpagophytum procumbens.
Teufelsmilch ↗ Euphorbia-Arten.
Teufelsrübe ↗ Bryonia-Arten.
Teufelstabak ↗ Lobelia tupa.
Teufelswolfsmilch ↗ Euphorbia-Arten.
Teufelswurz ↗ Colchicum autumnale, ↗ Hyoscyamus niger.
Teufelszwirn ↗ Cuscuta europaea, ↗ Lycium barbarum.
Texanische Roßkastanie ↗ Ungnadia speciosa.

■ **Thalamus HAB**
die Sehhügel (Thalamus) von Schlachttieren.

■ **Thalictrum foetidum** L.
StinkendeWiesenraute.
Fam.: Ranunculaceae.
Vork.: Ostasien, Rußland.
Droge: die ganze Pflanze. Inh.: Alkaloide, u. a. Thalfoetidin; ↗ Ascorbinsäure, Gerbstoffe, Bitterstoffe, Flavonoide, Saponine, äther. Öl, herzwirksame Glykoside. Anw.: in der Volksheilkunde bei Hypertonie.

■ **Thalictrum macrocarpum** Gren.
Fam.: Ranunculaceae.
Vork.: weitverbreitet in der nördlichen Hemisphäre.
Droge: ***Radix Thalictrii***, die Wurzeln. Inh.: Terpen-Alkaloide, u. a. Thalictrin. Anw.: in der Volksheilkunde.

■ **Thalictrum minus** L.
Kleine Wiesenraute.
Fam.: Ranunculaceae.
Vork.: Rußland, Sibirien, Kasachstan, Südafrika.
Droge: die ganze Pflanze. Inh.: Protopin-Alkaloide, wie Thalmin, Thalmidin, Thalicmin, Berberin; Inulin, ↗ Ascorbinsäure. Anw.: in der Volksheilkunde bei Gastrointestinalbeschwerden.

Thapsia asclepium ↗ Elaeoselinum asclepium.

■ **Thapsia garganica** L.
Fam.: Apiaceae (Umbelliferae).
Vork.: Mittelmeergebiete, besonders an der nordafrikanischen Küste, Kreta, Rhodos.
Droge: ***Resina Thapsiae***; Thapsiaharz, das Harz der Stämme und Wurzeln. Inh.: Harzsäuren, u. a. Thapsiasäure, eine scharfe, blasenziehende Verbindung. Anw.: früher als Hautreizmittel, in Pflastern verarbeitet. Heute obsolet.
Hom.: ***Resina thapsiae*** (syn. *Thapsia*) HAB34; das Harz aus den Stämmen und Wurzeln.

Thapsiaharz ↗ Thapsia garganica.
Thapsus barbatus ↗ Verbascum-Arten.

■ **Thaspium aureum** Nutt.
(syn. *Zizia aurea*); Gelbe Pastinake.
Fam.: Apiaceae (Umbelliferae).
Vork.: Nordamerika.
Droge: ***Herba Ziziae***, das getrocknete Kraut. Inh.: u. a. photoaktive Furocumarine.
Hom.: ***Thaspium aureum*** HAB34; die frischen, oberirdischen Pflanzenteile. Anw.-Geb.: Erregungszustände.

Thaumatin ↗ Thaumatococcus daniellii.

■ **Thaumatococcus daniellii**
Katemfe.
Fam.: Marantaceae.
Vork.: afrikanischer Regenwald.

Droge: die Früchte. Inh.: u. a. Thaumatin, ein Proteingemisch mit der 100 000fachen Süßkraft der Saccharose. Anw.: in Japan zum Süßen von Kaugummi, Suppen und Desserts. Das Thaumatin-Gen wurde kloniert und kann in Früchtetragende Pflanzen, in Bakterien und Hefen transfiziert werden.

Thea bohea ↗ Camellia sinensis.
Thea cantonensis ↗ Camellia sinensis.
Thea chinensis ↗ Camellia sinensis.
Thea cochinchinensis ↗ Camellia sinensis.
Theae folium ↗ Camellia sinensis.
Theae nigrae folium ↗ Camellia sinensis.
Theae viridis folium ↗ Camellia sinensis.
Thea grandiflora ↗ Camellia sinensis.
Thea macrophylla ↗ Camellia sinensis.
Thea oleosa ↗ Camellia sinensis.
Thea parviflora ↗ Camellia sinensis.
Theaphylla assamica ↗ Camellia sinensis.
Theaphylla cantonensis ↗ Camellia sinensis.
Theaphylla lanceolata ↗ Camellia sinensis.
Theaphylla laxa ↗ Camellia sinensis.
Theaphylla viridis ↗ Camellia sinensis.
Thea sinensis ↗ Camellia sinensis.
Thea stricta ↗ Camellia sinensis.
Thea viridis ↗ Camellia sinensis.
Thebaicum ↗ Papaver somniferum.
Thebain ↗ Papaver somniferum.
Thein ↗ Coffea-Arten.
Thelycrania sanguinea ↗ Cornus-Arten.

■ **Theobroma cacao** L.
(syn. *Cacao guianensis, C. minus, C. sativa, Theobroma caribaea, T. interregima, T. kalagua, T. leiocarpa, T. pentagona, T. saltzmanniana, T. sapidum, T. sativa, T. sphaerocarpa*); Kakao (syn. Kakaobaum).

Fam.: Sterculiaceae.

Vork.: tropisches Amerika, kultiviert in verschiedenen tropischen Gebieten.

Drogen: ***1. Cacao cortex*** (syn. *Cacao testae, Cortex Cacao, Cortex Cacao tostus, Testae Cacao*); Kakaotee, die bei der Kakaogewinnung anfallenden Samenschalen. Inh.: Purinalkaloide, bes. Theobromin (0,4–1,3 %) und Coffein (0,02 %); Salsolinol, ferner Fett (ca. 5 %) mit hohem Gehalt an freien Fett- und Oxyfettsäuren sowie Phospholipiden, Gerbstoffen, sogenannte „Kakaorote", aus Catechingerbstoffen und polymeren Proanthocyanidinen bestehend, sowie den Vitaminen A, B_1, B_2, B_6 und D. Anw.: volkstümlich als Diuretikum und Lactagogum, bei rachitischen Zuständen, bei Leber-, Blasen- und Nierenleiden sowie als Stopfmittel bei Rachitis. ***2. Cacao oleum*** (syn. *Butyrum Cacao, Oleum Cacao, Oleum Theobromis*); Kakaofett (syn. Cacaobutter, Kakaobutter), das durch Abpressen gewonnene, filtrierte oder zentrifugierte Fett aus Kakaokernen oder Kakaomasse. Inh.: Triglyceride (bis 99 %) mit Ölsäure (33–39 %), Stearinsäure (30–37 %) und Palmitinsäure (24–31 %) sowie Linolsäure (1–4 %), ferner unverseifbare Anteile (0,2–0,5 %), bes. β-Sitosterol. Anw.: als reizlose Zäpfchengrundlage für Arzneistäbchen und Vaginalkugeln. Durch halbsynthetische Fette heute weitgehend verdrängt. ***3. Cacao semen*** (syn. *Avellanae mexicanae, Faba cacao, Fabae mexicanae, Nuclei cacao, Semen Cacao, Semen Cacao tostum, Semen Theobromae, Theobromatis semen*); Kakaosamen, die von der Schale befreiten, fermentierten und schwach gerösteten Samen. Inh.: Lipide (über 50 %, s. *Cacao oleum*), phenolische Verbindungen, bes. Catechine mit (–)-Epicatechin als Hauptkomponente sowie Leukocyanidinen verschiedener Polymerisationsstufen, Purinalkaloide, biogene Amine und Isochinolin-

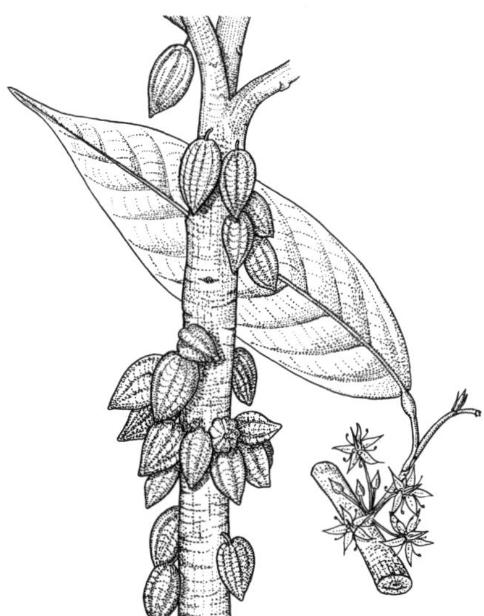

Theobroma cacao, blühender und fruchtener Stamm.

derivate. Anw.: volkstümlich bei infektiösen Darmerkrankungen und Diarrhöen, Bronchialleiden, zur Regulierung der Drüsentätigkeit, bes. der Schilddrüse, sowie allgemein bei Verdauungsstörungen. Als Zubereitung in Form der Kakaomasse (*Pasta Cacao*).

Histor.: Zur Zeit der spanischen Entdeckung Amerikas war der Kakaobaum in Mexiko bei den Azteken bereits ein altes Kulturgewächs, das in speziellen Kakaogärten gezüchtet wurde. Es spielte dort eine herausragende Rolle, so daß seine Samen auch als Zahlungsmittel dienten (insbesondere zur Bezahlung von Prostituierten). Man nimmt an, daß die Pflanze seit ca. 4000 Jahren in Mittelamerika kultiviert und als „Nahrung der Götter" verehrt wurde. Diese Tatsache spiegelt sich in der lateinischen Bezeichnung *Theobroma* wider, die man mit „Götterspeise" übersetzen kann. Im alten Amerika wurde der Kakao als Tonikum und Aphrodisiakum geschätzt, aber auch bei Durchfällen eingesetzt. Die ersten Berichte über die Droge in Europa stammen aus dem Jahre 1514 von einem spanischen Aufseher über die Goldwäscherei in Mexiko. In Europa verbreitete sich der Gebrauch des Kakaos von Spanien aus, wo auch die erste Schokoladenfabrik entstand. Die Bezeichnung Schokolade leitet sich vom aztekischen *xocolatl* ab, dem Namen für ein aus der Droge hergestelltes Getränk. Um die Mitte des 17. Jh. wurde Kakao in Deutschland noch in den Apotheken als Nähr- und Stärkungsmittel verkauft, erst allmählich setzte er sich als Genußmittel durch.

Theobroma caribaea ↗ Theobroma cacao.
Theobroma interregima ↗ Theobroma cacao.
Theobroma kalagua ↗ Theobroma cacao.
Theobroma leiocarpa ↗ Theobroma cacao.
Theobroma pentagona ↗ Theobroma cacao.
Theobroma saltzmanniana ↗ Theobroma cacao.
Theobroma sapidum ↗ Theobroma cacao.
Theobroma sativa ↗ Theobroma cacao.
Theobroma sphaerocarpa ↗ Theobroma cacao.
Theobromatis semen ↗ Theobroma cacao.

■ Theobromin

(syn. 3,7-Dimethylxanthin), Purinalkaloid aus ↗ *Theobroma cacao*. Wirk.: diuretisch, gefäßerweiternd, leicht anregend auf den Herzmuskel. Anw.: bei pectanginösen Beschwerden in Kombinationspräparaten, seltener als Adjuvans in der Herzglykosidtherapie.

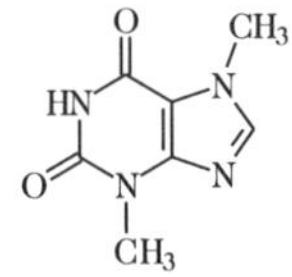

Theobromin

■ Theophrast

(Theophrastos) Schüler von Aristoteles (376–286 v. Chr.), verfaßte sein Buch „Geschichte der Pflanzen" und kann als erster wissenschaftlicher Botaniker angesehen werden.

Theophrastos ↗ Theophrast.
Theophrastus Vorname von ↗ Paracelsus.

■ Theophyllin

(1,3-Dimethylxanthin), Purinalkaloid aus den Blättern des Teestrauches (↗ *Camellia sinensis*), aus Mateblättern (↗ *Ilex paraguariensis*) und ↗ *Paullinia cupana*. Wirk.: ZNS-stimulierend, positiv inotrop, gefäßerweiternd, bronchodilatorisch, diuretisch. Antagonist an Adenosin-Rezeptoren. Anw.: als Bronchospasmolytikum bei obstruktiven Atemwegserkrankungen, wie Asthma, Lungenemphysem; bei Herzinsuffizienz, Gallenblasenkoliken, Harnwegskoliken, Neugeborenenasphyxie. Geg.: 1. Trimester der Schwangerschaft.

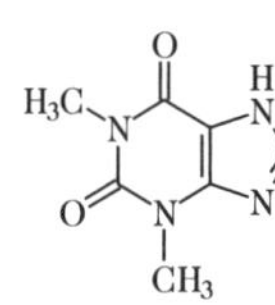

Theophyllin

Theriaca ↗ Theriak.

■ Theriak

(syn. *Electuarium Theriacale, E. Theriaca, E. Mithridaticum, Theriaca*). Erstmals in den Schriften des Nikandros (um 200 v. Chr.) erwähnt, galt der Theriak als Name einer medizinischen Zubereitung, die aus zahlreichen Komponenten gemischt wurde und sowohl als Antidot bei Vergiftungen als auch als Heilmittel bei einer Vielzahl von Erkrankungen eingesetzt wurde. Das älteste Rezept für einen Theriak wird von Claudius Galenus (130–210), dem griechischen Arzt der römischen Kaiserzeit, überliefert. Es geht zurück auf Apollodorus, einen Arzt aus dem 3. Jh. v. Chr. Dieser Theriak enthielt u. a. Kümmel, Blut und Inhalt des Labmagens verschiedener Tiere. Ein anderes Rezept stammt von Herophilus von Alexandria aus der gleichen Zeit, dieser Theriak enthielt neben zahlreichen anderen Bestandteilen reichlich Mohnsaft. Als Antidot bei Vergiftungen wurde der Theriak von Mithridates von Pontus (124–32 v. Chr.) entwickelt und galt danach als wichtiges Heilmittel der antiken Medizin. Im Laufe der Zeit wurden dem Theriak bis zu 64 verschiedene pflanzliche und tierische Bestandteile zugemischt, wobei Opium eine Hauptkomponente bildete. Um den unangenehmen Geruch und Geschmack zu überdecken, wurde Zimt als Korrigens zugegeben. Über die Araber in Spanien und durch die Kreuzritter verbreitete sich der Gebrauch des Theriak im 12. Jh. auch in Europa. Der Bedeutung dieses Arzneimittels entsprechend, wurde die Herstellung des Theriaks zumeist öffentlich unter der Obhut des Rates durchgeführt. Aufgrund des Gehaltes an Opium diente er sowohl als Schmerzmittel als auch als Genußmittel (Suchtmittel) und hatte den Ruf eines Allheilmittels. Der Theriak gehörte noch zum Inhalt des ersten deutschen Arzneibuches (Pharmacopoea Germanica) von 1872 und der französischen Pharmakopöe von 1884, allerdings nur noch mit 12 Bestandteilen, wobei Opium (1 %) die wichtigste Komponente darstellte. Als Droge hat der Theriak heute keine Bedeutung mehr.

Theriakwurzel ↗ Angelica archangelica.
Theridion curassavicum ↗ Latrodectus curacaviensis.

■ **Thermopsis lanceolata** R. Br.
(syn. *Sophora lupinoides*), Mäusefänger.

Fam.: Fabaceae (Leguminosae).

Vork.: Sibirien, Kasachstan, Kirgisien, Baschkirien.

Droge: ***Herba Thermopsidis lanceolatae***; Mäusefängerkraut. Die Droge ist giftig! Inh.: Alkaloide, u. a. Thermopsin, Homothermopsin, Pachycarpin,

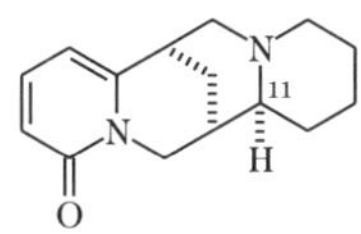

Thermopsin

Anagyrin, Methylcytisin, Thermopsidin; äther. Öl, Gerbstoffe, Saponine, Glykoside. Anw.: in der Volksheilkunde als Expektorans und Emetikum.

Thevetia neriifolia ↗ Thevetia peruviana.

■ **Thevetia peruviana** (Pers.) K. Schum.
(syn. *Thevetia neriifolia, Cerbera thevetia*); Gelber Oleander (syn. Schellenbaum, Schollenbaum), s. Farbtafel S. 308, Bild 165.

Fam.: Apocynaceae.

Vork.: Strauch in tropischen Gebieten, bes. Indien, Südamerika, China und Afrika.

Droge: ***Semen Thevetiae neriifoliae*** (syn. *Semen Thevetiae*); Thevetiasamen (syn. Gelbe Oleandersamen, Schellenbaumsamen, Schollenbaumsamen), die getrockneten Samen. Inh.: Peruvosid, Thevetin A und B (s. u.) Theveton, Neriifolin, Ruvosid (herzwirksame Glykoside), Thevetose, außerdem fettes Öl, Cholin, β-Sitosterol und α-Amyrin. Anw.: wegen des Gehaltes an herzwirksamen

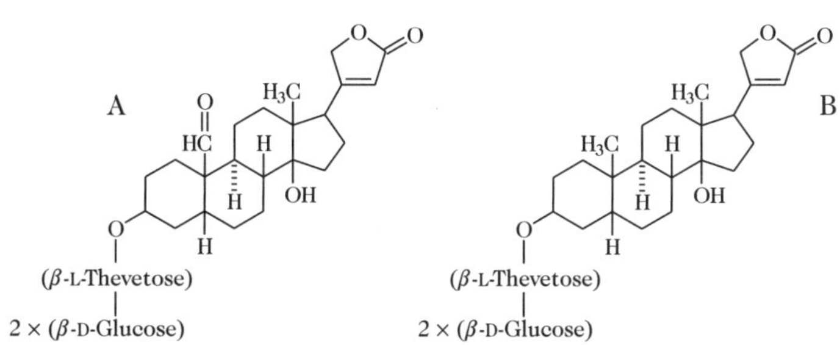

Thevetin: Natives Gemisch aus Thevetin A + B im Verhältnis 1:2

Glykosiden bei Herzinsuffizienz eingesetzt. In Indien dient die Droge zur Bekämpfung von Insekten und anderen Schädlingen.

Histor.: Auf den westindischen Inseln wurden aus *Thevetia neriifolia* Pfeilgifte hergestellt. Der Name Schellenbaum leitet sich von der Verwendung der sehr harten Fruchtschalen für Klappern und Schellen indianischer Tänzer ab.

Thevetin ↗ Thevetia peruviana.

■ **Thienamycine**

Bezeichnung für eine Gruppe von β-Lactam-Antibiotika mit Carbapenemstruktur. Die Stammverbindung Thienamycin wird von *Streptomyces cattleya* produziert. Wirk.: Hemmung der β-Lactamase. Anw.: schwere Infektionen mit grampositiven und -negativen Erregern. Da Thienamycin sehr instabil ist, wurden besser anwendbare, partialsynthetische T. entwickelt.

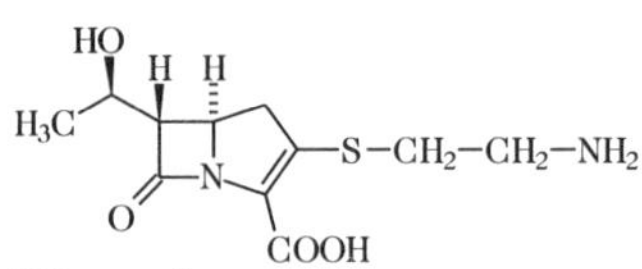

Thienamycin

Thioglucoside ↗ Glucosinolate.
Thlapsi bonariense ↗ Lepidium bonariense.
Thlapsidium sativum ↗ Lepidium sativum.
Thlapsi multifidum ↗ Lepidium bonariense.
Thlapsi nasturtium ↗ Lepidium sativum.
Thlapsi sativum ↗ Lepidium sativum.
Thlaspi amarum ↗ Iberis amara.

■ **Thlaspi arvense** L.

Ackerhellerkraut.

Fam.: Brassicaceae (Cruciferae).

Vork.: Europa bis Westsibirien.

Droge: die ganze Pflanze. Inh.: Glucosinolate (bis zu 7,5 %), u. a. Sinigrin und Glykocaparin. Anw.: in der Volksheilkunde als Mittel zur Wundbehandlung, gegen Skorbut sowie bei Blutungen.

Thlaspi bursa-pastoris ↗ Capsella bursa-pastoris.
Thlaspi polymorphum ↗ Capsella bursa-pastoris.
Thonningia coccinea ↗ Thonningia sanguinea.
Thonningia dubia ↗ Thonningia sanguinea.
Thonningia elegans ↗ Thonningia sanguinea.

■ **Thonningia sanguinea** Vahl

(syn. *Thonningia elegans, T. dubia, T. coccinea*).

Fam.: Balanophoraceae.

Vork.: Afrika, Sierra Leone bis Ostafrika, Sudan, Angola, Simbabwe.

Droge: alle Pflanzenteile, bes. die Wurzel. Inh.: Gerbstoffe, Flavonoide, Saponine, Sterole, Triterpene. Anw.: in der afrikanischen Volksheilkunde werden die Wurzeln gegen Durchfall verwendet sowie bei Eingeweidewürmern, Lepra, Geschlechtskrankheiten und Asthma genutzt. Die Pflanze gilt in Afrika als Fetisch und wird daher auch Pfeilgiften zugesetzt.

Thridax ↗ Lactuca sativa.
Thridiacum ↗ Lactuca sativa.

■ **Thryallis glauca** (Poir.) O. Kuntze

(syn. *Galphimia glauca*).

Fam.: Malpighiaceae.

Vork.: Mittelamerika, Mexiko bis Panama.

Droge: die Blätter und Wurzeln. Anw.: in der mexikanischen Volksheilkunde als Wundheilmittel und bei Erkrankungen der Harnwege.

Hom.: ***Thryallis glauca*** HAB1; die getrockneten Blätter und Blüten. Anw.-Geb.: Erkrankungen der oberen und unteren Atemwege bei allergischer Disposition, wie Heuschnupfen.

Thuja articulata ↗ Tetraclinis articulata.
Thujae aetheroleum ↗ Thuja occidentalis.
Thujae summitates ↗ Thuja occidentalis.

■ **Thuja occidentalis** L.

(syn. *Thuya occidentalis*); Abendländischer Lebensbaum (syn. Amerikanischer Lebensbaum, Lebensbaum), s. Farbtafel S. 308, Bild 166.

Fam.: Cupressaceae.

Vork.: heimisch östliches Nordamerika, im 16. Jh. in Europa eingeführt, angepflanzt und verwildert.

Drogen: *1.* ***Thujae aetheroleum*** (syn. *Oleum Thujae*); Thujaöl, das durch Wasserdampfdestillation der Blätter und Zweigenden gewonnene äther. Öl. Inh.: Monoterpene, u. a. verschiedene Isomere des Thujons (50–60 %), α-Pinen, Sabinen, Myrcen, α-Terpinen, Limonen, γ-Terpinen, Terpinolen und Fenchon. Anw.: früher bei Rheuma, Gicht, Neuralgien, Pruritus und als Vermifugum. Infolge eines hohen Sensibilisierungspotentials, das mit Ekzemen und Urticaria verbun-

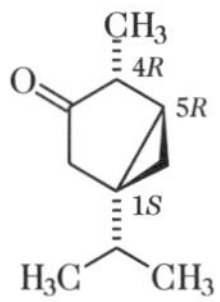

(–)-α-Thujon
(Thujon)

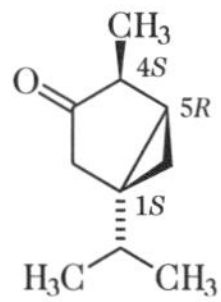

(+)-β-Thujon
(Isothujon)

den sein kann, sind der Anwendung der Droge enge Grenzen gesetzt. ***2. Thujae summitates*** (syn. *Frondes Thujae, Herba arbores vitae, Herba Thujae occidentalis, Ramuli arboris vitae, Summitates Thujae*); Lebensbaumblätter (syn. Lebensbaumspitzen, Weihrauchblätter), die getrockneten jüngeren Zweige. *Inh.:* äther. Öl (1,4–4 %) mit isomeren Thujonen als Hauptkomponenten, davon α-Thujon (85 %) und β-Thujon (ca. 15 %) s. *Thujae aetheroleum*, ferner Flavonoide, u. a. Procyanidin-B3 sowie die Biflavonoide Hinokiflavon und ↗ Amentoflavon; außerdem Catechin, Gallocatechin, Cumarine und Harze. *Anw.:* ausschließlich als Bestandteil von Fertigarzneimitteln in Kombination mit weiteren Drogenpräparaten bei akuten und chronischen Atemwegsinfekten, zuweilen als Begleittherapie zur Antibiotikabehandlung sowie bei bakteriellen Hautinfekten, auch Herpes simplex labialis. Volkstümlich ferner bei rheumatischen Beschwerden und Gicht als Einreibung. Mißbräuchlich diente die Droge auch als Abortivum. Die homöopathische Urtinktur dient als „Thuja extern" zur Warzenbehandlung. Infolge hoher Toxizität des äther. Öles darf eine unkontrollierte innerliche Nutzung nicht erfolgen.

Hom.: ***Thuja occidentalis*** HAB1; Abendländischer Lebensbaum, die frischen, beblätterten, einjährigen Zweige. *Anw.-Geb.:* Konstitutionsmittel bei Erkrankungen des zentralen und peripheren Nervensystems, des Auges, des lymphatischen Systems, des Magen-Darm-Traktes, der männlichen und weiblichen Geschlechtsorgane, der Haut sowie des Stütz- und Bewegungsapparates.

Histor.: Der Gattungsname *Thuja* wird vom griechischen *thyo* (opfern) abgeleitet, da das angenehm riechende Holz bei Opfern verbrannt wurde. Unter dem Namen *Ramuli arboris vitae* waren die grünen Zweige früher offizinell und wurden als harn- und schweißtreibendes Mittel eingesetzt.

Thujaöl ↗ Thuja occidentalis.
Thuja orientalis ↗ Biota orientalis.

■ Thujon

Monoterpen, Bestandteil vieler äther. Öle, z. B. von *Salvia officinalis* (↗ *Salvia*-Arten), ↗ *Thuja occidentalis*, ↗ *Chrysanthemum*-Arten oder ↗ *Arthemisia absinthium*. *Wirk.:* starkes Nervengift, ruft epileptische Krämpfe und bleibende psychische Schäden hervor. *Anw.:* früher zur Aromatisierung und Bitterung von Spirituosen (heute gesetzlich verboten); volkstümlich als Abortivum.

Thunfisch ↗ Thunnus thynnus.
Thunfischleberöl ↗ Thunnus thynnus.

■ Thunnus thynnus L.

Thunfisch.

Fam.: Scombridae.

Vork.: alle warmen Meere.

Droge: ***Thunfischleberöl***, das aus frischen Lebern gewonnene fette Öl. *Inh.:* Triglyceride, Vitamine A und D. *Anw.:* als Diätetikum (Vitaminpräparate) sowie zur Gewinnung der Vitamine A und D.

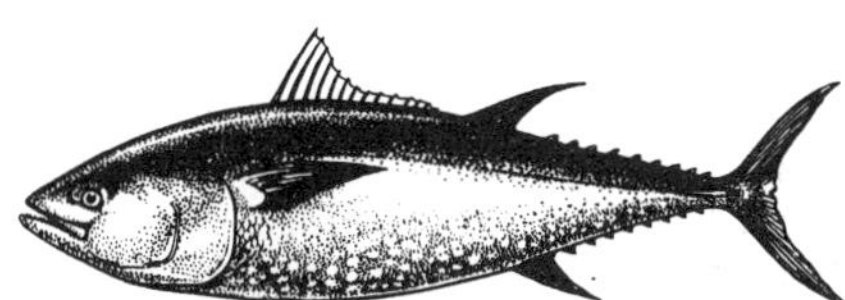

Thunnus thynnus.

Thylas fraxinifolium ↗ Thuja occidentalis.
Thymbra capitata ↗ Thymus-Arten.
Thymelaea mezereum ↗ Daphne mezereum.
Thymelaea praecox ↗ Daphne mezereum.
Thymi aetheroleum ↗ Thymus-Arten.
Thymiankampher ↗ Thymol.
Thymiankraut ↗ Thymus-Arten.
Thymi folium ↗ Thymus-Arten.
Thymi herba ↗ Thymus-Arten.

■ Thymol

(Thymiankampher), Monoterpenalkohol aus verschiedenen äther. Ölen, z. B. ↗ *Thymus*-Arten oder ↗ *Trachyspermum ammi*. *Wirk.:* antiseptisch, 25fach stärker wirksam als Phenol. *Anw.:* innerlich und äußerlich als Antiseptikum, früher als Bandwurmmittel, Zusatz zu Zahnpasten und Mundwässern. Die innerliche Daueranwendung soll zu Thyreotoxikosen führen und ist daher nicht zu empfehlen.

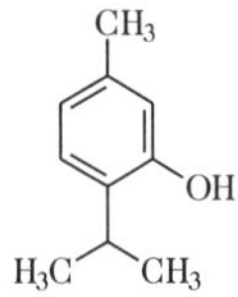

Thymol

■ Thymus-Arten

● **Fam.:** Lamiaceae (Labiatae).

● **Thymus capitatus** (L.) Hoffmanns. et Link (syn. *Coridothymus capitatus; Satureja capitata, Thymbra capitata*).

Vork.: Mittelmeergebiet, Portugal.

Drogen: ***1. Thymus capitatus aetheroleum***; Spanisches Hopfenöl (syn. Spanisches Origanumöl), das durch Wasserdampfdestillation des Krautes gewonnene Öl. *Inh.:* Carvacrol (40–70 %), Thymol (3–10 %), *p*-Cymen (7–12 %), *γ*-Terpinen (7–20 %) sowie weitere terpenoide Begleitstoffe. *Anw.:* als Aromastoff in der Seifen und Parfümindustrie. ***2. Thymus-capitatus-Kraut***, die getrockneten Blätter und Blüten. *Inh.:* äther. Öl, Zusammensetzung s. *Thymus capitatus aetheroleum*. *Anw.:* in der Volksheilkunde innerlich bei Herzleiden, Schwellungen, Wassersucht und Verdauungsbeschwerden; äußerlich bei lokalen Lähmungserscheinungen.

● **Thymus x citriodorus** (Pers.) Schreb. (syn. *Thymus comptus, T. jankae, T. lanuginosum* var. *citriodorum, T. serpyllum* var. *citriodorus, T. serpyllum* var. *vulgaris*); Zitronenquendel (syn. Zitronenthymian).

Vork.: in Europa kultiviert.

Droge: ***Thymus-citriodorus-Kraut***; Zitronenthymian), die frischen Zweige. *Inh.:* äther. Öl mit Geraniol als Hauptkomponente (ca. 60 %), daneben Citral (ca. 15 %), *β*-Caryophyllen (ca. 3 %), Nerol (ca. 3 %), Geranylacetat (ca. 1 %) und Linalool (ca. 1 %). *Anw.:* als Gewürz in Salaten.

● **Thymus mastichina** L.; Mastix-Thymian.

Vork.: Iberische Halbinsel, in Spanien kultiviert.

Droge: ***Thymus mastichina aetheroleum***; *Thymus-mastichina*-Öl, das Wasserdampfdestillat der oberirdischen Pflanzenteile. *Inh.:* 1,8-Cineol als Hauptkomponente (50–70 %), daneben weitere Terpene, u. a. Linalool (10–15 %), Campher und *α*-Terpineol (jeweils 5 %), *α*- und *β*-Pinen, *α*-Terpinylacetat und Borneol. *Anw.:* in der Volksheilkunde zur Desinfektion und Heilung von Wunden; in der Seifen- und Parfümindustrie als Aromastoff.

● **Thymus pulegioides** L. (syn. *Cunila thymoides, Thymus chamaedrys, T. glaber, T. ovatus, T. serpyllus ssp. montanus, T. ucrainicus*); Arzneithymian (syn. Echter Quendel).

Vork.: Europa.

Droge: ***Thymus pulegioides aetheroleum***; Quendelöl (syn. *Thymus-pulegioides*-Öl), das Wasserdampfdestillat der oberirdischen Pflanzenteile. *Inh.:* Carvacrol als Hauptkomponente (ca. 33 %), ferner *γ*-Terpinen, *p*-Cymen, *β*-Caryophyllen, Citral, Geraniol und Thymol. *Anw.:* in der Volksheilkunde bei Katarrhen der Atemwege, bei Husten, als Antiseptikum und bei Entzündungen unterschiedlicher Genese.

● **Thymus serpyllum** L. s. l. Quendel (syn. Feldpoley, Feldthymian, Sandthymian, Wilder Thymian), s. Farbtafel S. 308, Bild 167.

Vork.: Mittelmeergebiete und gesamte gemäßigte Zonen Eurasiens.

Drogen: ***1. Serpylli aetheroleum*** (syn. *Aetheroleum Serpylli, Oleum Serpylli*); Quendelöl, das Wasserdampfdestillat der getrockneten, oberirdischen Teile. *Inh.:* phenolische Substanzen, bes. Carvacrol (20–40 %), neben Thymol (1–5 %) sowie u. a. *p*-Cymen und *γ*-Terpinen (je 5–15 %), Borneol, Bornylacetat, Caryophyllen, 1,8-Cineol, Geraniol und Linalool. *Anw.:* äußerlich zu Bädern sowohl bei Erkrankungen der Atmungsorgane als auch bei Hautleiden. Innerlich mitunter Bestandteil von Arzneifertigpräparaten, die bei Katarrhen der Luftwege als Expektorantien genutzt werden. ***2. Serpylli herba*** (syn. *Herba Serpylli*); Quendelkraut (syn. Feldthymian), die zur Blütezeit gesammelten, ganzen oder geschnittenen, getrockneten, oberirdischen Sprosse. *Inh.:* äther. Öl (0,2–0,6 %, s. *Serpylli aetheroleum*), Flavone, Lamiaceengerbstoffe mit Rosmarinsäure (2,3 %) und weiteren Hydroxyzimtsäurederivaten (ca. 1 %), Triterpene, u. a. Oleanol- und Ursolsäure. *Anw.:* Katarrhe der Atemwege, oft Bestandteil entsprechender Teemischungen, äußerlich für Bäder zur unterstützenden Behandlung von Bronchitiden. Volkstümlich innerlich auch bei Verdauungsbeschwerden und als Gewürz.

Hom.: ***Thymus serpyllum*** (syn. *Serpyllum*) HAB1; Quendel, die frischen, oberirdischen Teile blühender Pflanzen. *Anw.-Geb.:* Bronchialerkrankungen.

● **Thymus vulgaris** L. (syn. *Thymus aestivus, T. durius, T. ilerdensis, T. niger, T. odoratus, T. valentinus, T. webbianus*). Echter Thymian (syn. Gartenthymian, Gemeiner Thymian, Römischer Thymian), s. Farbtafel S. 308, Bild 168.

Vork.: Mittel- und Südeuropa, Nordafrika.

Drogen: ***1. Thymi aetheroleum*** (syn. *Aetheroleum Thymi, Oleum Thymi*); Thymianöl, das aus dem frischen blühenden Kraut durch Wasserdampfdestillation gewonnene Öl. *Inh.:* Thymol (30–50 %), Carvacrol (1–5 %), ferner *p*-Cymen (15–20 %), γ-Terpinen (5–10 %), Thymolmethylether (1,4–2,5 %) sowie u. a. Borneol, Camphen, 1,8-Cineol, Linalylacetat, Terpenylacetat und verschiedene Sesquiterpenkohlenwasserstoffe, bes. β-Caryophyllen. *Anw.:* innerlich als Expektorans, z. B. mikroverkapselt in Bronchialtees, ferner äußerlich in Arzneifertigpräparaten für Bäder bei Bronchitis, bei entzündlichen Hauterkrankungen, Zerrungen und Verstauchungen. In der Kosmetik als Desodorantien für Mundpflegemittel und Antischuppen-Haarwässer sowie zum Parfümieren von Toilettenartikeln. Industriell zur Gewinnung von ↗ Thymol, das antimikrobielle Eigenschaften besitzt. ***2. Thymi folium*** (syn. *Folia Thymi, Folium Thymi*); Thymianblätter, das getrocknete Laubblatt. Inhaltsstoffe und Anwendung s. *Thymi herba*. ***3. Thymi herba*** (syn. *Herba Thymi*); Thymiankraut (syn. Thymian), die abgestreiften und getrockneten Laubblätter und Blüten. *Inh.:* äther. Öl (1–2,5 %, s. *Thymi aetheroleum*), Flavone, u. a. Apigenin, Luteolin, verschiedene methoxylierte und z. T. glykosidierte Flavone, Dihydrokämpferol, Naringenin und Taxifolin; Lamiaceengerbstoff, Phenolcarbonsäurederivate, u. a. Kaffeesäure sowie Triterpene. *Anw.:* als Expektorans bei Katarrhen der oberen Luftwege und Bronchitis. Oft Bestandteil von entsprechenden konfektionierten Teegemischen. Extrakte der Droge sind in zahlreichen Arzneifertigpräparaten enthalten, die der gleichen Indikation dienen. Zur ↗ Teezubereitung verwendet man 1–2 Teelöffel (1 Teelöffel ca. 1,4 g) feingeschnittene Droge. Als Tagesdosis werden bis zu 10 g Droge empfohlen.

Hom.: ***Thymus vulgaris*** HAB1; Thymian, die frischen, oberirdischen Teile blühender Pflanzen. *Anw.-Geb.:* Bronchialerkrankungen.

● **Thymus zygis** L., Spanischer Thymian.

Vork.: Spanien, Portugal.

Drogen: ***1. Thymus zygis aetheroleum*** (syn. *Thymus-zygis*-Öl); Spanisches Thymianöl, das durch Wasserdampfdestillation aus den blühenden oberirdischen Teilen gewonnene Öl. *Inh.:* Thymol (30–60 %), *p*-Cymen (15–20 %), γ-Terpinen (5–12 %), ferner u. a. Linalool (2–5 %), Carvacrol (1–5 %), Campher (1–3 %), β-Caryophyllen (ca. 2 %), α-Terpineol (ca. 2 %) und Thymolmethylether (0,3 %). *Wirk.:* Im Tierversuch besitzt das äther. Öl leberprotektive Eigenschaften, die denen von Silymarin (↗ *Silybum marianum*) entsprechen. *Anw.:* s. *Thymi aetheroleum*. ***2. Thymi herba*** (syn. *Herba Thymi*); Thymian, das Kraut. *Inh.:* s. *Thymi herba*, Unterschiede bestehen lediglich im geringeren Anteil an Thymolmethylether. *Anw.:* analog *Thymi herba*.

● **Histor.:** Bereits im Altertum wurden verschiedene Thymian-Arten benutzt, unter denen sich vermutlich auch der heute offizinelle *Thymus vulgaris* befand. ↗ Dioskurides kannte seine Verwendung als Gewürz und zu medizinischen Zwecken, Alexander Trallianus verordnete die Droge ebenfalls. Im Mittelalter wird *Thymus* wenig erwähnt, doch war die Droge der Heiligen Hildegard von Bingen bekannt. Im 16. und 17. Jh. ist Thymian in den Apotheken offizinell, das äther. Öl war schon 1589 im Dispensatorium Noricum (Nürnberger Arzneibuch) erwähnt. Das Thymol wurde 1853 aus Thymianöl isoliert und bald darauf medizinisch verwendet. Der Gattungsname *Thymus* ist zwar griechischen Ursprungs und von *thymos* (Mut) abgeleitet. Allerdings wird die Bezeichnung wiederum auf das ägyptische *tham* zurückgeführt, ein Hinweis auf eine im alten Ägypten verwendete *Thymus*-Art zur Leichenwaschung. Die bereits bei ↗ Hippokrates in hohem Ansehen stehende Heilpflanze wurde schon damals bevorzugt bei Erkrankungen der Atmungsorgane eingesetzt.

Thymus cunila ↗ Satureja hortensis.
Thymus melissa ↗ Melissa officinalis.
Thymus origanum ↗ Origanum vulgare.

■ **Thyreoidinum HAB**
Präparation aus getrockneten und pulverisierten Schilddrüsen von Schlachttieren. *Anw.-Geb.:* Schilddrüsenfunktionsstörungen.

Tian Hua Fen ↗ Trichosanthes kirilowii.

Tieröl ↗ Oleum animale.
Tigerlilie ↗ Lilium lancifolium.
Tigernüsse ↗ Cyperus esculentus.
Tiglibaum ↗ Croton tiglium.
Tiglium officinale ↗ Croton tiglium.

Tilia-Arten
● **Fam.:** Tiliaceae.
● **Tilia cordata** Mill. (syn. *Tilia europaea, T. micriphylla, T. parviflora, T. sylvestris, T. ulmiflora*); Winterlinde (syn. Spätlinde, Steinlinde, Waldlinde).
Vork.: Europa.
Droge: ***Tiliae flos*** (syn. *Flos Tiliae, Flores Tiliae*); Lindenblüten. Inh.: äther. Öl mit Linalool, Germacren und α-Farnesen; Flavonoide, wie Quercetin, Kämpferol und ihre Glykoside, wie Tilirosid; Gerbstoffe, Schleimstoffe (ca. 10 %); Anw.: bei Erkältungskrankheiten und damit verbundenem Husten; in der Volksheilkunde auch als Diaphoretikum, bei Rheuma, Nephritis, Ischias, Krämpfen, Magenbeschwerden und Unruhezuständen. Die Kosmetik benutzt das äther. Öl der Droge für Parfüms und Badezusätze. Zur ↗ Teezubereitung verwendet man als Einzeldosis 1 Teelöffel (ca. 1,8 g) feingeschnittene Lindenblüten. Als Tagesdosis werden 2–4 g Droge empfohlen.

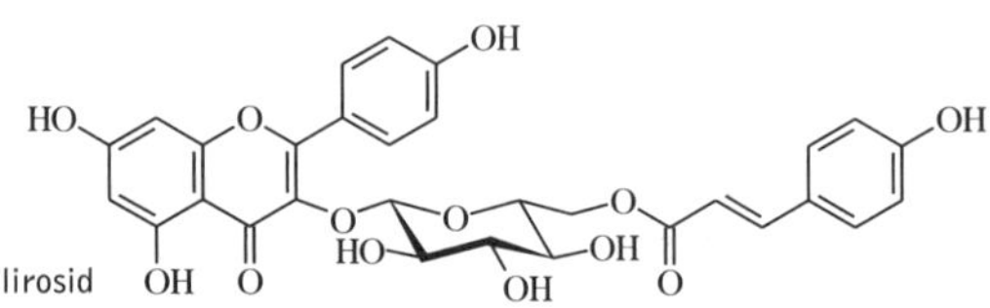

Tilirosid

● **Tilia platyphyllos** Scop. (syn. *Tilia grandiflora, T. officinarum*); Sommerlinde (syn. Frühlinde, Graslinde), s. Farbtafel S. 309, Bild 169.
Vork.: Europa.
Droge: s. *Tilia cordata*.
Hom.: ***Tilia europaea*** (syn. *Tilia*) HAB34; die frischen Blüten von *Tilia cordata* oder *Tilia platyphyllos*. *Anw.-Geb.:* Infekte mit vermehrter Schweißbildung, Entzündungen der weiblichen Geschlechtsorgane.
● **Tilia tomentosa** Moench. (syn. *Tilia alba, T. argentea*); Silberlinde (syn. Ungarische Silberlinde).
Vork.: Südosteuropa, Kleinasien.
Droge: ***Tiliae tomentosae flos***, Silberlindenblüten. Inh.: Flavonoide (wie bei *Tilia cordata*). *Anw.:* in der Volksheilkunde bei Nervosität, Katarrhen der Atmungsorgane.
● **Histor.:** Die Linde ist ein Lieblingsbaum der Deutschen, der in vielen Liedern und Bräuchen eine große Rolle spielt (z. B. Dorflinde). Die arzneiliche Verwendung der Lindenblüten läßt sich bis ins Mittelalter mit Sicherheit feststellen. Der arzneiliche Gebrauch der Lindenblüten war im Altertum offenbar unbekannt. Erst ↗ Plinius und ↗ Galen erwähnen ihre Heilwirkung. Der Gattungsname *Tilia* ist der Name der Linde bei ↗ Plinius, abgeleitet von *tilos* (griech., Bast). Der deutsche Name soll im Zusammenhang mit Lein (lat. *Linum*) entstanden sein, da der Bast beider Pflanzen genutzt wurde.

Tiliae flos ↗ Tilia-Arten.
Tiliae tomentosae flos ↗ Tilia-Arten.
Tilirosid ↗ Tilia-Arten.

■ **Tillandsia usneoides** (L.) L.
Greisenbart (syn. Louisiana-Moos; Spanisches Moos).
Fam.: Bromeliaceae.
Vork.: tropisches und subtropisches Amerika.
Droge: die ganze wurzellose Pflanze. *Inh.:* ↗ Wachse. *Anw.:* das durch Lösungsmittel extrahierte Hartwachs dient als Zusatz zu Poliermitteln für Autos, Möbel und Lederwaren.

Timotheegras ↗ Phleum pratense.
Tinctura ↗ Tinktur.

■ **Tinktur**
(*lat.* Tinctura, von lat. *tingere*, eintauchen, färben); flüssige, oft gefärbte Drogenauszüge, hergestellt meist durch Mazeration oder Perkolation mit verdünntem Ethanol oder ethanolische Lösungen von Trockenextrakten. Im allgemeinen werden aus einem Teil Droge fünf Teile, bei stark wirksamen Drogen 10 Teile Tinktur gewonnen.

Tinnevelly-Senna ↗ Cassia-Arten.

Tinnevelly-Sennesblätter ↗ Cassia-Arten.
Tinnevelly-Sennesfrüchte ↗ Cassia-Arten.
Tintenbeer ↗ Atropa belladonna.
Tintenbeerpflanze ↗ Cestrum laevigatum.
Tintendattel ↗ Ziziphus jujuba.
Tintenfisch ↗ Sepia officinalis.
Tintennüsse ↗ Anacardium occidentale.
Tintenschnecke ↗ Sepia officinalis.
Tiroler Sumach ↗ Cotinus coggygria.
Tissieria bifida ↗ Bifidobacterium-Arten.
Tithymalus cyparissias ↗ Euphorbia-Arten.
Tithymalus escula ↗ Euphorbia-Arten.
Tithymalus helioscopius ↗ Euphorbia-Arten.
Tithymalus lathyris ↗ Euphorbia-Arten.
Tliliitzin ↗ Ipomoea violacea.

■ Tobramycin

trimeres Aminoglykosid-Antibiotikum (3′-Desoxykanamycin B, ↗ Kanamycin A), das als eine Komponente des Aminoglykosidgemischs Nebramycin enthalten ist und von *Streptomyces tenebrarius* produziert wird. Wirk.: Hemmung der ribosomalen bakteriellen Proteinsynthese. Anw.: Infektionen der Atemwege, des Urogenitaltraktes, des Endokards und der Knochen mit gramnegativen Erregern, bei Meningitiden und Septikämien sowie lokal am Auge.

■ Tocopherole

Bezeichnung für in 2-Stellung mit einem gesättigten oder ungesättigten 4,8,12-Trimethyltridecyl-Rest substituierte 6-Chromanole (Formel s. unten). Wirk.: Radikalfänger bzw. Antioxidantien in der Zellmembran und in Lipoproteinen. Das wirksamste und verbreitetste natürliche T. ist α-Tocopherol (↗ Vitamine). Tierische Organismen können keine T. produzieren.

Toddalia aculeata ↗ Toddalia asiatica.

■ Toddalia asiatica

(syn. *Toddalia aculeata*).

Fam.: Rutaceae.
Vork.: Indien, Sri Lanka, China, Madagaskar, Philippinen.
Droge: ***Radix Lopezianae***; Lopez-Wurzel, die Wurzelrinde. Inh.: Alkaloide, u. a. Berberin, Aculeatin, Aculeatinhydrat. Anw.: in Indien als Tonikum, Stimulans und Antipyretikum. Die Droge dient auch zur Gewinnung eines gelben Farbstoffes für die Seidenfärberei.

Todeskraut ↗ Atropa belladonna.
Tollbeere ↗ Atropa belladonna, ↗ Vaccinium-Arten.
Tollkerbel ↗ Conium maculatum.
Tollkirsche ↗ Atropa belladonna.
Tollkirschenblätter ↗ Atropa belladonna.
Tollkorn ↗ Claviceps purpurea.
Tollkraut ↗ Atropa belladonna, ↗ Cicuta virosa, ↗ Conium maculatum, ↗ Hyoscyamus niger.
Tollrübe ↗ Bryonia-Arten, ↗ Cicuta virosa.
Tolomanstärke ↗ Canna-Arten.
Tolubalsam ↗ Myroxylon balsamum.
Tolubalsambaum ↗ Myroxylon balsamum.
Toluifera balsamum ↗ Myroxylon balsamum.
Toluifera pereirae ↗ Myroxylon balsamum.

■ Tolypocladium inflatum

Formklasse: Deuteromycetes (↗ *Fungi imperfecti*). Pilz, der zur Synthese von ↗ Ciclosporinen befähigt ist und zu deren biotechnologischer Produktion eingesetzt wird.

Tomate ↗ Lycopersicon esculentum.
Tonga ↗ Brugmansia-Arten.
Tonkabohnen ↗ Dipteryx odorata.
Tonkabohnenbaum ↗ Dipteryx odorata.
Topf-Curare ↗ Curare.
Topinambur ↗ Helianthus tuberosus.
Torafugu ↗ Tetraodon rubripes rubripes.
Torfgränke ↗ Chamaedaphne calyculata.
Torfmoose ↗ Sphagnum-Arten.
Torilis anthriscus ↗ Caucalis anthriscus.

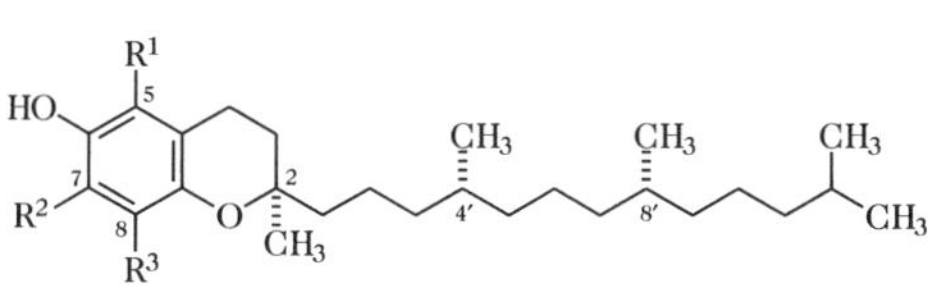

Tocopherole

Name	R^1	R^2	R^3
Tocol	H	H	H
β-Tocopherol	CH_3	H	CH_3
γ-Tocopherol	H	CH_3	CH_3
δ-Tocopherol	H	H	CH_3

Torilis japonica ↗ Caucalis anthriscus.
Toris tuberculata ↗ Pimpinella-Arten.
Tormentilla erecta ↗ Potentilla erecta.
Tormentillae rhizoma ↗ Potentilla erecta.
Tormentilla officinalis ↗ Potentilla erecta.
Tormentillwurzel ↗ Potentilla erecta.
Tormentillwurzelstock ↗ Potentilla erecta.

■ **Torreya californica** Torrey (syn. *Torreya myristica*).
Fam.: Taxaceae.
Vork.: Mittelamerika, Kalifornien.
Droge: *Semen Torreyae*; Californische Muskatnuß, die Samen. Inh.: äther. Öl, fettes Öl. Anw.: Ersatz für echte Muskatnüsse (↗ *Myristica fragrans*).

Torreya myristica ↗ Torreya californica.

■ **Torreya nucifera** S. et Z.
Fam.: Taxaceae.
Vork.: China, Japan.
Droge: Blätter und Samen. Inh.: äther. Öl mit Limonen (ca. 60 %), α-Pinen, Camphen, Cadinen, Torreyol, Sequoyit; Kayafalvon, Estolidwachs, Taxifolin, Shikimisäure; in den Samen fettes Öl. Anw.: in der chinesischen Volksheilkunde die Samen (Fei-tsu) als Wurmmittel; das fette Öl als Brenn- und Speiseöl und zur Insektenvernichtung.

Totenblume ↗ Calendula officinalis.
Totenblumenkraut ↗ Hyoscyamus niger.
Tote Nessel ↗ Lamium album.
Totenkräutel ↗ Ruta graveolens.
Totenranke ↗ Hedera helix.
Totentraube ↗ Cornus-Arten.
Toxicodendri folium ↗ Rhus-Arten.
Toxicodendron ↗ Rhus-Arten.
Toxicodendron altissimum ↗ Ailanthus altissima.
Toxicodendron-Arten ↗ Rhus-Arten.
Toxicodendron coriaria ↗ Rhus-Arten.
Toxicodendron glabrum ↗ Rhus-Arten.
Toxicodendron globosum ↗ Hyaenanche globosa.
Toxicodendron pubescens ↗ Rhus-Arten.
Toxicodendron quercifolium ↗ Rhus-Arten.
Toxicodendron radicans ↗ Rhus-Arten.
Toxicodendron toxicodendron ↗ Rhus-Arten.
Toxicodendron typhinium ↗ Rhus-Arten.
Toxicodendron vernix ↗ Rhus-Arten.
Toxicodendron vulgare ↗ Rhus-Arten.
Toxicodendrum toxicarum ↗ Rhus-Arten.

■ **Toxiferine**
Gruppe von Curare-Alkaloiden (↗ Curare) aus ↗ *Strychnos*-Arten (Calebassen-Curare), die vorwiegend bis-quartäre Bisindol-Alkaloide darstellen. Das wichtigste T. ist C-Toxiferin I, weitere Vertreter sind C-Curarin I und C-Toxiferin II. Wirk.: muskelrelaxierend durch Verdrängung des Acetylcholins von den Rezeptoren an der motorischen Endplatte mit nachfolgender Lähmung der quergestreiften Muskulatur. Anw.: früher als peripheres Muskelrelaxans, heute durch partialsynthetische Derivate verdrängt. Die südamerikanischen und afrikanischen Ureinwohner nutzen die T. zur Herstellung von Pfeilgiften.

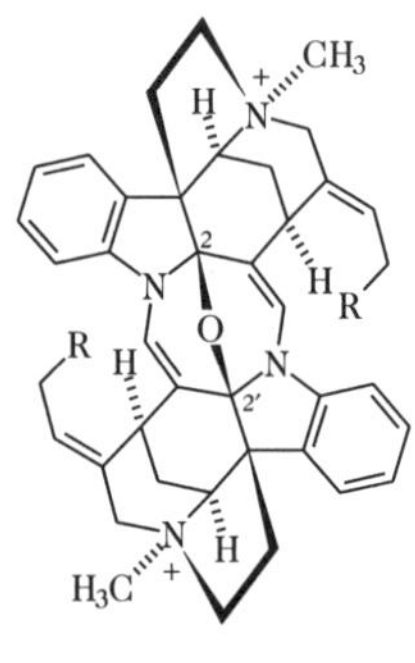

R = H: C-Curarin I = Toxiferin
R = OH: C-Toxiferin I, Etherbrücke 2,2′ fehlt
R = H: C-Dihydrotoxiferin, Etherbrücke 2,2′ fehlt

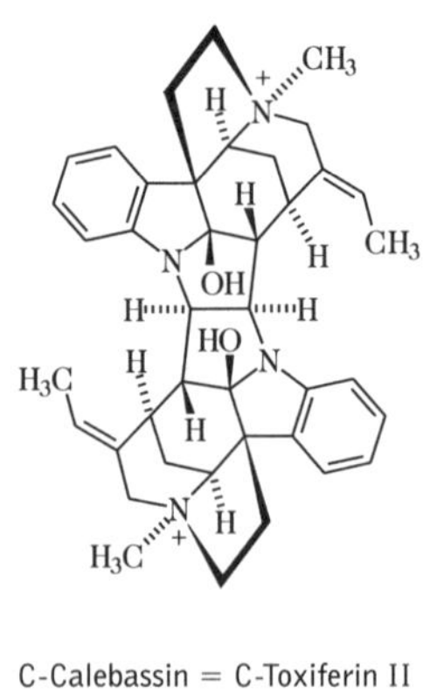

C-Calebassin = C-Toxiferin II

■ **Trachomitum lancifolium** (Russan) Pobed. (syn. *Apocynum lancifolium*).
Fam.: Apocynaceae.
Vork.: Altaigebirge, Kasachstan.
Droge: die Wurzeln. Inh.: Alkaloide, Gerbstoffe, herzwirksame Glykoside, u. a. Cymarin. Anw.: in der Volksheilkunde als Diuretikum und bei Herzbeschwerden.

Trachylobium mossambicense ↗ Trachylobium verrucosum.

■ **Trachylobium verrucosum** (Gaertn.) Oliv. (syn. *Trachylobium mossambicense*).
Fam.: Fabaceae (Leguminosae).
Vork.: Ostafrika, Madagaskar.
Droge: ↗ *Copal*, das fossile Harz. Inh.: Resinolsäuren, Resen, äther. Öl, Bitterstoffe. Anw.: zur Herstellung von Lacken und Firnissen.

■ **Trachyspermum ammi** (L.) Sprague (syn. *Carum ajowan, C. copticum, Ptychotis ajowan, P. coptica, Trachyspermum copticum*); Ajowan.
Fam.: Apiaceae (Umbelliferae).
Vork.: Ostafrika, Ägypten, Iran, Afghanistan, Pakistan, Indien.
Drogen: *1. Ajowani fructus* (syn. *Fructus Ajowan*); Ajowanfrüchte. Inh.: äther. Öl (3–4 %) mit ↗ Thymol als Hauptbestandteil (ca. 50 %); Proteine, fettes Öl. Anw.: als Carminativum und Tonikum sowie zur Gewinnung des äther. Öls. Auch als Gewürz und Zusatz zum Viehfutter wird die Droge verwendet. *2. Ajowan oleum* (syn. *Oleum Ajowan*); Ajowanöl, das äther. Öl der Frucht. Inh.: Thymol (45–57 %), *p*-Cymol, α- und β-Pinen, Dipenten, γ-Terpinen, Carvacron. Anw.: zur Gewinnung von Thymol, zur Parfümierung von Seifen.

Trachyspermum copticum ↗ Trachyspermum ammi.

■ **Tradescantia diuretica** Mart.
Fam.: Commelinaceae.
Vork.: Südamerika.
Droge: *Herba Tradescantiae*, die ganze Pflanze. Inh.: Flavonoide, Anthocyanidine. Anw.: in der brasilianischen Volksheilkunde als Diuretikum und zur Behandlung von Hämorrhoiden.
Hom.: *Tradescantia diuretica* HAB34, die ganze frische Pflanze.

Tragacantha ↗ Astragalus-Arten.
Tragacantha indica ↗ Sterculia-Arten.
Tragant ↗ Astragalus-Arten.
Tragium anisum ↗ Pimpinella-Arten.
Tragium hirtellum ↗ Pimpinella-Arten.
Tragium maius ↗ Pimpinella-Arten.
Tragium peregrinum ↗ Pimpinella-Arten.
Tragium tauricum ↗ Pimpinella-Arten.
Tragoselinum angelica ↗ Aegopodium podagraria.
Tragoselinum magnum ↗ Pimpinella-Arten.
Trampelklette ↗ Harpagophytum procumbens.
Trämpsen ↗ Centaurea cyanus.
Tränengras ↗ Coix lacryma-jobi.
Traubeneiche ↗ Quercus-Arten.
Traubenholunder ↗ Sambucus racemosa.
Traubenkardamomen ↗ Amomum-Arten.
Traubenkerbel ↗ Fumaria officinalis.
Traubenkernöl ↗ Vitis vinifera.
Traubenkirsche ↗ Prunus-Arten.
Traubenkur ↗ Vitis vinifera.
Trauben-Silberkerze ↗ Cimicifuga racemosa.
Traubiger Gänsefuß ↗ Chenopodium-Arten.
Traumkraut ↗ Phyllanthus niruri.

■ **Trehalose**
süß schmeckendes Disaccharid in Schimmelpilzen, Flechten, Algen, Bakterien, Hefen, Moosen sowie der Hämolymphe von Insekten. Anw.: für die Bereitung von Nährböden in der Bakteriologie; Trehalosediester als Immunstimulans.

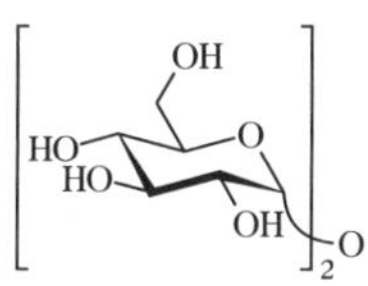

Trehalose

Tremisse ↗ Centaurea cyanus.
Tretorrhiza cruciata ↗ Gentiana-Arten.
Trewia macrophylla ↗ Trewia nudiflora.
Trewia macrostachya ↗ Trewia nudiflora.

■ **Trewia nudiflora** L.
(syn. *Rottlera indica, Tetragastris ossea, Trewia macrophylla, T. macrostachya*).
Fam.: Euphorbiaceae.
Vork.: Südasien, in Indien auch kultiviert.
Droge: *Trewia-nudiflora-Ganzpflanze*, die ganze Pflanze. Inh.: Alkaloide, wie Nudiflorin; Flavonoide, Saponine; in den Samen auch May-

tansinoide, Triterpene. *Anw.:* in der Volksheilkunde (Ayurveda-Medizin) zur physischen Kräftigung und gegen Depressionen, sowie zur Behandlung von Schwellungen, Entzündungen, Gicht und Rheuma. Die Samen besitzen Antitumor-Aktivität.

Triadica sinensis ↗ Sapium sebiferum.

■ **Tribulus terrestris** L.
Fam.: Zygophyllaceae.
Vork.: Mittelmeergebiet, tropisches Afrika, Zentralasien.
Inh.: Steroide (Diosgenin, Desoxydiosgenin, Ruscogenin, Gitogenin, Tigogenin), Chlorogenin (ca. 1,7 %, Glykosid), ↗ Harman und ähnliche Alkaloide. In den Früchten sind Fett und Harze enthalten. *Anw.:* in der Volksheilkunde als Tonikum und Diuretikum verwendet.
Hom.: ***Tribulus terrestris*** HAB; die frischen, oberirdischen Teile mit Früchten.

Tricerma crassifolium ↗ Maytenus-Arten.
Trichera arvensis ↗ Knautia arvensis.

■ **Trichilia emetica** Vahl.
(syn. *Mafureira oleifera*).
Fam.: Meliaceae.
Vork.: tropisches Afrika, bes. Mosambik sowie Madagaskar.
Droge: ***Mafuratalg***, das Fett der Samen. *Inh.:* Triglyceride mit Olein (ca. 55 %) und Palmitin (ca. 45 %). *Anw.:* zur Herstellung von Seife und Kerzen; die Preßrückstände als Düngemittel; die ganzen Samen dienen in der Volksheilkunde als Brechmittel.

Trichilia guara ↗ Guarea trichilioides.

■ **Trichocereus pachanoi** Britt. et Rose
(syn. *Cereus peruvianus, C. giganteus, Echinopsis pachanoi*); San Pedro (syn. Rauschgiftkaktus).
Fam.: Cactaceae.
Vork.: Südamerika, bes. Peru.
Droge: die ganze Pflanze. *Inh.:* ↗ Mescalin (bis zu 2 %), Tyramin, β-Phenethylamine, Trichocerin, Hordenin, Anholidin. *Anw.:* halluzinogene Droge der Indios, die auch für rituelle Heilzeremonien sowie als Aphrodisiakum und Tonikum eingesetzt wird. Der San-Pedro-Trank dient darüber hinaus zur Befragung des Orakels.

Trichocline argentea ↗ Brachycladus stuckerti.

■ **Trichoderma viride**
Formklasse: Deuteromycetes (↗ *Fungi imperfecti*).
Vork.: im Erdboden natürlich vorkommender Pilz.
Inh.: u. a. Cellulasen, d. h. Cellulose abbauende Enzyme. *Anw.:* biotechnologisch zur Gewinnung von Cellulase genutzt. Cellulasen werden technologisch zur Entfernung von Pflanzenfasern bei der Stärkegewinnung, zur Vorbehandlung von Pflanzen zur Ölgewinnung sowie als Filtrierhilfsmittel eingesetzt. Ihre biologische Bedeutung besteht darin, daß sie zum Abbau abgestorbener Pflanzen beitragen.

■ **Trichodesma incanum** Bge.
Fam.: Boraginaceae.
Vork.: Mittelasien, bes. Usbekistan, Armenien.
Droge: die ganze Pflanze. Die Droge ist stark giftig! *Inh.:* Alkaloide, u. a. Incain, Trichodesmin, Farbstoffe. *Anw.:* in der Volksheilkunde zur Wundbehandlung. Die Pflanze kommt mitunter als Verunreinigung von Getreide vor und soll schwere enzephalitische Erkrankungen induzieren.

Tricholomopsis edodes ↗ Lentinula edodes.

■ **Trichosanthes kirilowii** Maxim.
Schlangenkürbis.
Fam.: Cucurbitaceae.
Vork.: China.
Droge: ***Radix Trichosanthidis*** (syn. Tian Hua Fen, THF), die getrockneten Wurzeln. *Inh.:* Saponine, Peptide, u. a. Trichosanthin. *Anw.:* altes Heilmittel zur Immunstimulation und gegen Tumore in der traditionellen chinesischen Heilkunde. Die Droge wird auch als Abortivum eingesetzt.

■ **Trientalis europaea** L.
Siebenstern.
Fam.: Primulaceae.
Vork.: Europa, Nordasien, Nordamerika.
Droge: ***Rhizoma Trientalidis***; Siebensternwurzel. *Inh.:* Steroidsaponine. *Anw.:* in der Volksheilkunde früher als Brechmittel.

Triestiner Sumach ↗ Cotinus coggygria.
Trifolii pratensis flos ↗ Trifolium pratense.

Trifolium album ↗ Melilotus alba.
Trifolium amarum ↗ Menyanthes trifoliata.
Trifolium aquaticum ↗ Menyanthes trifoliata.

■ **Trifolium arvense** L.
Hasenklee (syn. Hasenfuß, Hasenpfötlein, Katzenklee, Mäuseklee).
Fam.: Fabaceae (Leguminosae).
Vork.: Europa, Asien.
Inh.: äther. Öl, Harz, Gerbstoffe. Anw.: in der Volksheilkunde bei Gicht und Diarrhoe.
Hom.: ***Trifolium arvense*** HAB34, die im Juli gesammelte, frische Pflanze.
Histor.: Die Bezeichnung Hasenklee bezieht sich auf die weichbehaarten Blütenköpfe;

Trifolium castoris ↗ Menyanthes trifoliata.
Trifolium fibrinum ↗ Menyanthes trifoliata.
Trifolium macrorrhizum ↗ Melilotus altissima.
Trifolium melilotus officinalis ↗ Melilotus officinalis.
Trifolium nigrescens ↗ Trifolium repens.
Trifolium officinale ↗ Melilotus altissima.
Trifolium palustre ↗ Menyanthes trifoliata.

■ **Trifolium pratense** L.
(syn. *Trifolium purpureum*); Wiesenklee (syn. Ackerklee, Honigblume, Mattenklee, Rotklee).
Fam.: Fabaceae (Leguminosae).
Vork.: Europa, Mittelasien, Nordafrika.
Droge: ***Trifolii pratensis flos*** (syn. *Flores Trifolii pratensis, Trifolium-pratense*-Blüten); Ackerkleeblüten (syn. Honigkleeblüten), die getrockneten Blütenköpfchen. Inh.: aromatische Verbindungen, u. a. Methylsalicylat, Methylanthranylat, Eugenol und Eugenolethylether sowie organische Säuren. Anw.: volkstümlich bei chronischen Hautkrankheiten, insbes. Ekzemen und Schuppenflechte, sowie bei Keuchhusten.
Hom.: ***Trifolium pratense*** HAB; die frischen, oberirdischen Pflanzenteile. Anw.-Geb.: Entzündungen der Ohrspeicheldrüse (Mumps) und der oberen Atemwege.
Histor.: Der Gattungsname *Trifolium* ist lateinischer Herkunft und aus *tres, tria* (drei) und *folium* (Blatt) zusammengesetzt. *Pratense* (lat., auf Wiesen wachsend) dokumentiert das bevorzugte Vorkommen der Pflanze.

Trifolium purpureum ↗ Trifolium pratense.

■ **Trifolium repens** L.
(syn. *Trifolium nigrescens*); Kriechklee (syn. Holländischer Klee, Weißer Wiesenklee, Weißklee), s. Farbtafel S. 309, Bild 170.
Fam.: Fabaceae (Leguminosae).
Vork.: Europa, Nord- und Westasien, Nordafrika.
Droge: ***Flores Trifolii albi***, Weißkleeblüten (Honigklee), die getrockneten Blüten. Inh.: Gerbstoffe, äther. Öl. Anw.: in der Volksheilkunde bei Gicht, Rheuma und Drüsenschwellungen sowie Frauenleiden.
Hom.: ***Trifolium repens*** HAB34, die frische Pflanze.

Trifolium vulgare ↗ Melilotus alba.

■ **Trigonella foenum-graecum** L.
(syn. *Buceras foenum-graecum, Foenum-graecum officinale, F.-g. sativum, Folliculigera graveolens, Telis foenum-graeca, Trigonella graeca, T. jemenensis*); Bockshornklee (syn. Kuhhornklee, Griechisch-Heu).
Fam.: Fabaceae (Leguminosae).
Vork.: Mittelmeergebiete bis China und Indien.
Droge: ***Foenugraeci semen*** (syn. *Semen Foeni graeci, Semen Foenugraeci, Semen Trigonellae*); Bockshornsamen (syn. Griechische Heusamen, Hornkleesamen, Kuhbohnen, Rehkörner, Ziegensamen), die reifen, getrockneten Samen. Inh.: Schleimstoffe (25–45 %), die Mannane darstellen und bei der Hydrolyse Mannose (70 %), Galactose (28 %) und Xylose (2 %) ergeben. Ferner Proteine (25–30 %) mit niedrigem Gehalt an schwefelhaltigen Aminosäuren (Cystein und Methionin) und relativ hohem Gehalt an Lysin und Tryptophan; Sterole, Steroidsaponine (1,2–1,5 %), u. a. Trigofoenoside A, B, C und D mit Diosgenin und Yamogenin als Aglyka; Flavonoide, u. a. Isoorientin und Isovitexin, Trigonellin

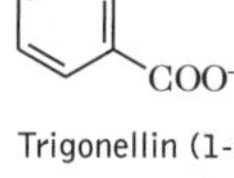

Trigonellin (1-Methylpyridinium-3-carboxylat)

(ca. 0,4 %) sowie Spuren von äther. Öl mit 3-Hydroxy-4,5-dimethyl-2(5H)-furanon als charakteristischer Geruchskomponente. Anw.: äußerlich bei entzündlichen Prozessen, u. a. Furunkeln, als Breiumschlag, innerlich gelegentlich bei Appetitlosigkeit. Volkstümlich bei Katarrhen der oberen Luftwege, als Galactagogum in der Stillzeit sowie zur unterstützenden Behandlung bei Diabetes. In Ägypten und einigen asiatischen Ländern wird die Droge geröstet und als Nahrungsmittel bzw. Gewürz eingesetzt. Zur ↗ Teezubereitung verwendet man als Einzeldosis 1 Teelöffel (ca. 3 g) Droge, die man mit kaltem Wasser ansetzt und erst nach ca. 3 Stunden abseiht. Als Tagesdosis werden 6 g Droge empfohlen. Zur äußerlichen Verwendung werden etwa 50 g gepulverte Droge für 1 l Wasser eingesetzt. Als Kataplasma rührt man 50 g gepulverte Droge zu einem dicken Brei an und verwendet diesen feuchtwarm für Umschläge auf die entzündeten Hautpartien.

Hom.: ***Trigonella foenum-graecum*** HAB1; Bockshorn, die reifen, getrockneten Samen. *Anw.-Geb.*: Stoffwechselstörungen.

Histor.: Die Pflanze ist bereits im alten Ägypten kultiviert worden und spielte in der Landwirtschaft der antiken Völker eine Rolle. Die hippokratischen Ärzte empfahlen die Droge bei Geschwülsten. Von den Arabern übernahm die Schule von Salerno den Gebrauch der Bockshornsamen. Die Verbreitung nördlich der Alpen ist auf das ↗ Capitulare de villis Karls des Großen zurückzuführen, auch die Heilige Hildegard von Bingen nutzte die Droge. Der Gattungsname Trigonella ist aus dem lateinischen *trigonum* (Dreieck) gebildet und bezieht sich auf die scheinbar dreiblättrige Krone. *Foenum graecum* (griechisches Heu) war die Bezeichnung für die Pflanze bei den Römern. Der deutsche Name Bockshornklee ist aus der Form der Früchte abgeleitet. Bockshornklee zählt zu den ältesten Arznei- und Kulturpflanzen. Rezepte über deren Nutzung bei Brandwunden sind bereits im Papyrus Ebers im alten Ägypten vorhanden, während die frischen Schößlinge, ebenfalls in Ägypten, als Gemüse genutzt wurden. Sanskritnamen weisen auch auf einen frühen Gebrauch der Pflanze in Indien hin und auch in China sowie in den griechischen, römischen und arabischen Kulturkreisen standen die Samen in hohem Ansehen.

Trigonella graeca ↗ Trigonella foenum-graecum.
Trigonella jemenensis ↗ Trigonella foenum-graecum.

Trigonellin ↗ Trigonella foenum-graecum.
Trigonotheca serrata ↗ Catha edulis.
Trillii erecti radix ↗ Trillium erectum.

■ **Trillium erectum** L.
(syn. *Trillium pendulum*); Waldlilie (syn. Dreiblatt).

Fam.: Liliaceae.

Vork.: Nordamerika, Kanada.

Droge: ***Trillii erecti radix*** (syn. *Radix Trillii erecti, Rhizoma Trillii erecti*). *Inh.*: Glykoside, wie Trillin und Trillarin; Gerbstoffe, Harz, Saponine und Steroide, wie Chlorogenin. *Anw.*: in der Volksheilkunde zur Förderung der Menstruation.

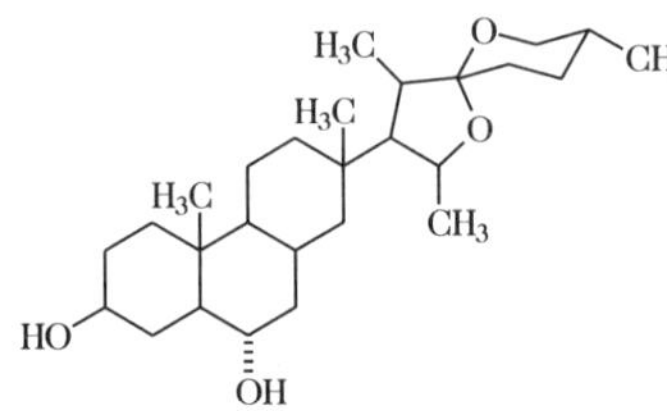

Chlorogenin

Hom.: ***Trillium erectum*** HAB34; Amerikanische Waldlilie, der frische Wurzelstock mit Wurzeln. *Anw.-Geb.*: Erkrankungen des Stütz- und Bewegungsapparates sowie bei Gerinnungsstörungen und Blutungen.

Histor.: Der Gattungsname *Trillium* leitet sich von *trilix* (dreifach) ab und bezieht sich dabei auf die Dreizahl der Laub- und Blütenblätter. Als Droge wurde die Pflanze bereits seit langer Zeit von den nordamerikanischen Indianern genutzt, die diese auch als Geburtswurzel bezeichneten und bei Hämorrhagien einsetzten. Um 1853 wurde die Pflanze in die Homöopathie übernommen.

Trillium pendulum ↗ Trillium erectum.
Trilopus dentata ↗ Hamamelis virginiana.
Trilopus estivalis ↗ Hamamelis virginiana.
Trilopus nigra ↗ Hamamelis virginiana.
Trilopus parvifolia ↗ Hamamelis virginiana.
Trilopus rotundifolia ↗ Hamamelis virginiana.
Trilopus virginica ↗ Hamamelis virginiana.

■ **Triosteum perfoliatum** L.

Fam.: Caprifoliaceae.

Vork.: Nordamerika.

Droge: ***Radix Triostei***; Wilde Ipecacuanha (syn. Fieberwurzel), die getrocknete Wurzel.

<u>*Inh.*</u>: wenig untersucht, wahrscheinlich ein Alkaloid (Triostein). <u>*Anw.*</u>: in der Volksheilkunde als Laxans und Emetikum.

Hom.: ***Triosteum perfoliatum*** HAB34; die frischen, unterirdischen Pflanzenteile. <u>*Anw.-Geb.*</u>: Gliederschmerzen, Magen-Darm-Störungen.

Tripolium ↗ Operculina turpethum.
Tripviole ↗ Lupinus angustifolius.

■ Triterpene

Gruppe von Naturstoffen, die formal aus 6 Isoprenbausteinen aufgebaut sind und als biogenetische Muttersubstanz Squalen aufweisen. Sie besitzen i. d. R. 30 C-Atome und bilden meist polycyclische Ringsysteme, wobei die tetra- und pentacyclischen Verbindungen oft von pharmazeutischer Bedeutung sind. Hierzu zählen bes. die tetracyclischen Cucurbitacine und Dammarane sowie die pentacyclischen Triterpene vom Olean-, Ursan-, Lupan- und Cycloartenol-Typ (s. unten). Die sauerstoffhaltigen Verbindungen liegen meist als Triterpenalkohole oder Triterpensäuren, z. B. Ursolsäure, vor und stellen oft die Aglyka der Triterpensaponine (↗ Saponine) dar. Beispiele für pharmazeutisch genutzte Triterpene in Drogen sind die Wurzeln der Zaunrübe (↗ *Bryonia*-Arten) und der Traubensilberkerze (↗ *Cimicifuga racemosa*), die Koloquinten (↗ *Citrullus colocynthis*), der Weihrauch (↗ *Boswellia*-Arten) und die Ringelblumenblüten (↗ *Calendula officinalis*). Auch die Nortriterpene und Sterole, die Grundkörper der Steroidhormone und Aglyka der Steroidsaponine, leiten sich biogenetisch von den Triterpenen ab.

Tritici amylum ↗ Triticum aestivum.
Tritici oleum ↗ Triticum aestivum.
Tritici rhizoma ↗ Agropyron repens.

■ Triticum aestivum L.

(syn. *Triticum cereale, T. sativum, T. tenax, T. vulgare*); Gemeiner Weizen (syn. Saatweizen, Weichweizen).

Fam.: Poaceae.

Vork.: kultiviert in Europa, Asien, Nordamerika.

Triticum aestivum.

Drogen: ***1. Tritici amylum*** (syn. *Amylum Tritici*); Weizenstärke, die aus den Früchten gewonnene Stärke. <u>*Inh.*</u>: Polysaccharide, v. a. Amylose (ca. 25 %) und Amylopektin (ca. 75 %), Lipide, Proteine, Vitamine, Mineralien. <u>*Anw.*</u>: in der Galenik als Hilfsmittel für Puder, Pulver, Tabletten und Pillen, zur Herstellung von Pasten und Sal-

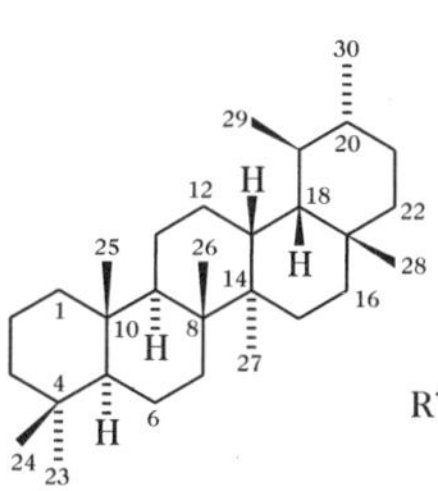

Ursan

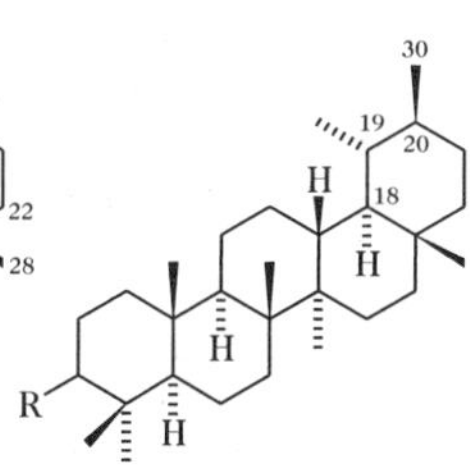

Taraxastan: R = H
Taraxasterol: R = β-OH, $\Delta^{20(30)}$

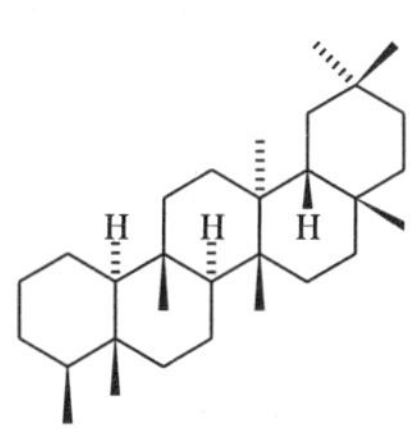

Friedelan

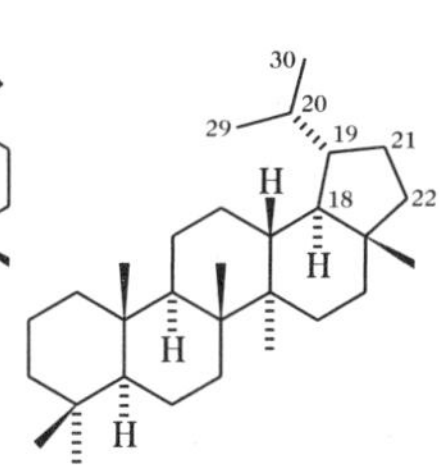

Lupan

ben; als Diätetikum, zur Herstellung von Lebensmitteln, in der Technik zum Leimen von Papier und zur Kleberherstellung. ***2. Tritici oleum*** (syn. *Oleum Tritici embryonis*); Weizenkeimöl, das fette Öl der Keimlinge. *Inh.:* Triacylglyceride (60–75 %), Diacylglycerole, freie Fettsäuren, Sterole und Sterolester, Tocopherole, Carotinoide. *Anw.:* in der Galenik als Bestandteil von Salben, Cremes, Emulsionen in Hautpflegemitteln; als Diätetikum wegen des Gehaltes an ungesättigten Fettsäuren und Vitamin E; zur Herstellung von Vitamin E; als Speisefett sowie für Lippenstifte, Schminken und Haarwässer. ***3. Furfur tritici*** (syn. *Triticum-aestivum*-Kleie); Weizenkleie, die Fruchtwand, Samenschale und Randschichten vom Endosperm des Weizenkorns. *Inh.:* Polysaccharide, wie Stärke, Cellulose, fettes Öl, Proteine, Lignin, Alkylresorcinole. *Anw.:* äußerlich als Kleie-Bad zur unterstützenden Behandlung bei juckenden und entzündlichen Dermatosen, z. B. Ekzemen und Wundsein; innerlich bei Obstipation. In der Kosmetik wird die Droge als Zusatz für Peeling-Präparate verwendet, in der Landwirtschaft ist sie ein wertvolles Futtermittel.

Histor.: Der Gattungsname *Triticum* leitet sich vom lateinischen *tritus* (zerqetscht, zerrieben) ab und bezieht sich dabei offensichtlich auf die Verarbeitung der Körnerfrüchte.

Triticum cereale ↗ Secale cereale, ↗ Triticum aestivum.
Triticum repens ↗ Agropyron repens.
Triticum sativum ↗ Triticum aestivum.
Triticum secale ↗ Secale cereale.

■ Triticum spelta L.

Dinkel (syn. Dinkelweizen, Spelzweizen, Spelz).

Fam.: Poaceae.

Vork.: Europa, bes. Süddeutschland.

Droge: ***Grünkern***, die gerösteten, unreifen Samenkerne. *Inh.:* Polysaccharide, Fette, Proteine. *Anw.:* in der Diätetik, zeichnet sich durch einen eigenartigen Geschmack aus.

Histor.: *Triticum spelta* wurde bereits im alten Ägypten kultiviert und war Ausgangspunkt für die Züchtung zahlreicher Sorten, die bis in die heutige Zeit als wichtige Nahrungspflanze kultiviert werden. Die Germanen nutzten die Pflanze insbes. zur Bierherstellung.

Triticum tenax ↗ Triticum aestivum.
Triticum vulgare ↗ Triticum aestivum.
Trockenextrakte ↗ Extrakte.

■ Trombidium muscae domesticae HAB

Präparation aus mit *Trombidium holosericeum* befallenen, ganzen lebenden Hausfliegen (*Musca domestica*). *Anw.-Geb.:* Durchfall, Verdauungsstörungen.

Trompetenbaum ↗ Catalpa bignonioides.
Tropaeolum elatum ↗ Tropaeolum majus.
Tropaeolum maius ↗ Tropaeolum majus.

■ Tropaeolum majus L.

(syn. *Tropaeolum elatum, T. maius, T. repandifolium, T. schillingii*); Kapuzinerkresse (syn. Blumenkresse, Gelbes Vögerl, Große Kapuzinerkresse, Indische Kapuzinerkresse, Jelängerjelieber, Kapuzinerli, Salatblume, Salatkresse, Spanische Kapuzinerkresse, Türkische Kresse), s. Farbtafel S. 309, Bild 171.

Fam.: Tropaeolaceae.

Vork.: heimisch in Südamerika, in Europa eingebürgert und kultiviert.

Droge: ***Tropeoli herba*** (syn. *Herba Tropeoli*); Kapuzinerkressekraut, das frische Kraut. *Inh.:* Glucosinolate mit Gluctropaeolin (Benzylglucosinolat) als Hauptkomponente. Nach Spaltung wird bes. Benzylsenföl (Benzylisothiocyanat) oder 4-Hydroxybenzylisothiocyanat gebildet. Weitere Bestandteile sind unter anderem ↗ Ascorbinsäure (ca. 300 mg/100 g Frischdroge). *Anw.:* innerlich zur unterstützenden Behandlung von Bronchitiden sowie Infekten der ableitenden Harnwege. In den Heimatgebieten Südamerikas volkstümlich auch als Wundheilmittel sowie gegen Skorbut.

Histor.: Der Gattungsname *Tropaeolum* ist die Verkleinerungsform vom griechischen *trópaion* (Siegeszeichen, schildförmiges Blatt). Grund für den Namen gaben die schildförmigen Laubblätter und die helmförmigen Blüten. Der deutsche Name Kapuzinerkresse wurde geprägt, weil die Blüte an die Kopfbedeckung der Kapuziner erinnert. Nach Europa gelangte die aus Peru stammende Pflanze durch Beverning um 1684. In zahlreichen Gartenformen ist sie heute zugleich eine beliebte Zierpflanze.

Tropaeolum repandifolium ↗ Tropaeolum majus.
Tropaeolum schillingii ↗ Tropaeolum majus.

Tropeoli herba ↗ Tropaeolum majus.
Tropisches Immergrün ↗ Catharanthus roseus.
Tropische Wasserpest ↗ Eichhornia crassipes.
Truncularia trunculus ↗ Murex trunculus.
Trunkelbeere ↗ Vaccinium-Arten.

■ Tryptamin

(syn. 3-β-Aminoethyl-indol), Decarboxylierungsprodukt der Aminosäure Tryptophan und Ausgangspunkt für die Biogenese der Indolalkaloide (↗ Alkaloide). Wirk.: steigert den Blutdruck; methylierte Derivate besitzen halluzinogene Aktivität (↗ Halluzinogene biogenen Ursprungs).

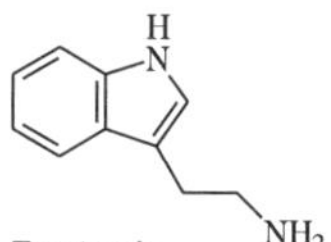

Tryptamin

Tsaoko fructus ↗ Amomum-Arten.
Tschagorischer Tee ↗ Bergenia crassifolia.
Tschandu ↗ Papaver somniferum.

■ Tschirch, Alexander W.O.

geboren 1856 in Guben, Studium in Berlin, Promotion in Freiburg i. Br., Habilitation in Berlin, von 1890 bis 1932 Professor für Pharmakognosie an der Universität Bern. 1908 Rektor der Universität Bern. T. gilt als der „Vater der modernen Pharmakognosie". Er stellte die chemischen Bestandteile der Drogen bzw. deren Untersuchungen stärker als bisher in den Vordergrund und verfaßte mehr als 450 Publikationen. Sein klassisches Werk „Handbuch der Pharmakognosie" (1908–1914) fand internationale Aufnahme und war über Jahrzehnte richtungweisend an den europäischen pharmazeutischen Hochschuleinrichtungen.

■ Tsuga canadensis (L.) Carr.

(syn. *Abies canadensis, Picea canadensis*); Kanadische Helmlocktanne (syn. Schierlingstanne).

Fam.: Pinaceae.

Vork.: atlantisches Nordamerika.

Drogen: *1. Oleum Tsugae americanae*; Hemlock-Tannennadelöl (syn. Spruce-Tannennadelöl, Schierlingstannennadelöl), das aus den Zweigspitzen durch Wasserdampfdestillation gewonnene äther. Öl. Inh.: Bornylacetat (35–50 %), ferner u. a. α-Pinen und Cadinen. Anw.: in Arzneifertigpräparaten bei Erkrankungen der Atmungsorgane. *2. Tsugae cortex* (syn. *Cortex Tsugae*); Hemlockrinde (syn. Schierlingstannenrinde), die frische Rinde und jungen Zweigspitzen oder die getrocknete Rinde. Inh.: äther. Öl (0,45 %), Gerbstoffe (ca. 10 %), Bitterstoffe (Frischdroge), in der getrockneten Droge ca. 10–12 % (Stammrinde) bzw. 25 % (Wurzelrinde). Anw.: Frischdroge in Zubereitungen bei Katarrhen der Atmungsorgane, getrocknete Droge als Gerbmaterial, z. B. zur Herstellung des Hemlockgerbextraktes (Millers Tannin). Der Balsam ist auch als Kanadabalsam (↗ *Abies*-Arten) im Handel.

Hom.: *Tsuga canadensis* HAB34; Hemlocktanne, die frische Rinde und junge Zweigspitzen mit Blättern. Anw.-Geb.: Erkrankungen des Magen-Darm-Traktes.

Tsugae cortex ↗ Tsuga canadensis.
Tubawurzel ↗ Derris-Arten.

■ Tuber

(lat.; pl. Tubera), botanische Bezeichnung für Wurzel- oder Sproßknollen bzw. zur Knolle gewordene Wurzel- oder Stammteile.

Tubera Aconiti ↗ Aconitum-Arten.
Tubera Ari ↗ Arum maculatum.
Tubera Chinae ↗ Smilax-Arten.
Tubera Corydalis ↗ Dicentra cucullaria.
Tubera Gloriosae ↗ Gloriosa superba.
Tubera Harpagophyti ↗ Harpagophytum procumbens.
Tubera Hypoxidis ↗ Hypoxis rooperi.
Tubera Jalapae ↗ Ipomoea purga.
Tubera Pinelliae ↗ Pinellia ternata.
Tubera Salep ↗ Orchis-Arten, ↗ Platanthera bifolia.
Tubera solani tuberosi ↗ Solanum-Arten.
Tuber Corydalis ↗ Corydalis-Arten.

■ Tuberculini aviarii derivatum proteinosum purificatum Nosode HAB

(syn. Tuberculinum aviculare-Nosode); Präparation aus gefriergetrocknetem, gereinigtem aviärem Tuberculin. Anw.-Geb.: Entzündungen der Atemwege, Mittelohrentzündung.

■ Tuberculini bovini derivatum proteinosum purificatum Nosode HAB

(syn. Tuberculinum bovinum-Nosode); Präparation aus gefriergetrocknetem, gereinigtem bovinem Tuberculin. *Anw.-Geb.*: Fieberzustände, Enzündungen der Atemwege, Schwächezustände und erschöpfende Krankheiten, chronischer Kopfschmerz, Rheuma.

■ **Tuberculinum Burnett Nosode HAB**
(syn. Bacillinum Nosode); Präparation aus tuberkulösem Lungengewebe zusammen mit dem Inhalt von tuberkulösen Kavernen von Schlachttieren. *Anw.-Geb.*: Entzündungen der Atemwege, Hautkrankheiten, Kopfschmerzen, Schwächezustände.

■ **Tuberculinum Denys Nosode HAB**
Präparation aus dem Serum von mit humanen oder bovinen Stämmen von *Mycobacterium tuberculosis* behandelten Meerschweinchen. *Anw.-Geb.*: Entzündungen der Atemwege, wiederkehrender Durchfall.

■ **Tuberculinum Marmorek Nosode HAB**
Präparation aus dem Serum von mit humanen oder bovinen Stämmen von *Mycobacterium tuberculosis* behandelten Pferden. *Anw.-Geb.*: Gedeihstörungen bei Kindern, Infektanfälligkeit, Mittelohrentzündung, chronische Fisteln.

■ **Tuberculinum Pristinum Nosode HAB**
(syn. Tuberculinum Koch Alt Nosode); Präparation aus Alttuberkulin DAB 9. *Anw.-Geb.*: Infektanfälligkeit, Schwächezustände, Durchfallneigung, Rheuma, chronische Hauterkrankungen, chronische Kopfschmerzen, nervöse Reizbarkeit.

■ **Tuberculinum residuum Koch Nosode HAB**
(syn. Tuberculinum Rest Nosode); Präparation aus humanen oder bovinen Stämmen von *Mycobacterium tuberculosis*. *Anw.-Geb.*: Rheuma.

Tuberose ↗ Polianthes tuberosa.
Tuberose-Absolue ↗ Polianthes tuberosa.
Tuberosenöl ↗ Polianthes tuberosa.
Tubocurarin ↗ Curare.
Tucumfett ↗ Astrocaryum-Arten.
Tüfelsmilch ↗ Chelidonium majus.
Tüffeln ↗ Solanum-Arten.
Tugendsalbe ↗ Salvia-Arten.

■ **Tulipa turkestanica** Rgl.
Fam.: Liliaceae.
Vork.: Mittelasien, bes. Usbekistan.
Droge: die ganze Pflanze. *Inh.*: Flavonoide, Alkaloide, u. a. Tulipin. *Anw.*: in der Volksheilkunde bei Herzleiden und Rheuma.

Tullidora ↗ Karwinskia humboldtiana.
Tulpenbaum ↗ Liriodendron tulipifera.
Tulucunafett ↗ Carapa guianensis.
Tungöl ↗ Aleurites fordii.
Tupelo ↗ Nyssa sylvatica.
Tupeloholz ↗ Nyssa sylvatica.
Tupelo-Quellholz ↗ Nyssa sylvatica.
Tüpfelfarn ↗ Polypodium vulgare.
Tüpfelfarnwurzel ↗ Polypodium vulgare.
Tüpfelhartheu ↗ Hypericum perforatum.

■ **Turbina corymbosa** (L.) Raf.
(syn. *Convolvulus corymbosa, C. sidaefolia, Ipomoea corymbosa, I. sidaefolia, Rivea corymbosa*); Schlangenpflanze (syn. Grüne Schlange, Mexikanische Trichterwinde, Ololiuquiranke).
Fam.: Convolvulaceae.
Vork.: Mittelamerika, Mexiko, Kuba, Amazonasbecken, Philippinen, Südafrika.
Droge: *Turbina corymbosa-Samen*, die frischen oder getrockneten Samen. *Inh.*: Mutterkornalkaloide (0,012–0,07 %), wie Ergin (Lysergsäureamid), Erginin, wenig Chanoclavin, Elymoclavin und Lysergol.; Diterpenglykoside, wie Epicorymbosin; Galactomannane. *Wirk.*: halluzinogen (starke Visionen), hypnotisch. *Anw.*: in der aztekischen Kultur spielte die Droge eine bedeutsame Rolle als Rauschmittel und Zaubertrank mit angeblich schmerzstillenden Eigenschaften. Auch heute wird *Turbina corymbosa* von zahlreichen Indianergruppen Südmexikos für ihre rituellen Zeremonien eingesetzt, auch für therapeutische Zwecke, wie Frauenleiden, Unfruchtbarkeit, Fieber und als Aphrodisiakum.
Histor.: Der rituelle und medizinische Gebrauch der Droge geht weit in vorspanische Zeiten zurück und ist bei allen mittelamerikanischen Völkern dokumentiert. Dort wurden die Samen von *Turbina corymbosa* übereinstimmend als „kleine Götter“ bezeichnet und fanden überwiegend rituelle Verwendung. In Europa wurde die Droge 1651 durch eine Schrift des spanischen Arztes Francisco Hernández bekannt, ihre botanische Identität aber erst in den vierziger Jahren dieses Jahrhunderts durch Richard Evans Schultes aufgeklärt. Die Isolation der

Wirkstoffe und Beschreibung ihrer pharmakologischen Eigenschaften gelang Albert Hofmann Anfang der sechziger Jahre.

Turbith ↗ Operculina turpethum.
Turbitobaum ↗ Schinus-Arten.
Turiones Pini ↗ Abies-Arten.
Turiones Populi ↗ Populus-Arten.
Turiones Sabinae ↗ Juniperus sabina.
Turkestanische Seifenwurzel ↗ Acanthophyllum glandulosum.
Turkestan-Minze ↗ Lagochilus inebrians.
Türkische Alkanna ↗ Macrotomia cephalotes.
Türkische Kresse ↗ Tropaeolum majus.
Türkische Melisse ↗ Dracocephalum moldavica.
Türkische Minze ↗ Chrysanthemum-Arten.
Türkischer Drachenkopf ↗ Dracocephalum moldavica.
Türkischer Kümmel ↗ Cuminum cyminum.
Türkischer Pfeffer ↗ Capsicum-Arten.
Türkischer Rhabarber ↗ Rheum-Arten.
Türkischer Schwarzkümmel ↗ Nigella damascena.
Türkische Seifenwurzel ↗ Gypsophila paniculata.
Türkische Weichsel ↗ Prunus-Arten.
Turmerone ↗ Curcuma-Arten.
Turnera aphrodisiaca ↗ Turnera diffusa.

■ **Turnera diffusa** Willd. ex Schultes
(syn. *Turnera aphrodisiaca, T. humifusa, T. pringlei*); Damiana.

Fam.: Turneraceae.

Vork.: Südkalifornien bis Argentinien.

Droge: ***Damiani folium*** (syn. *Folia Damianae*); Damianiblätter. Inh.: äther. Öl (0,2–0,9 %), mit α-Pinen, Cineol, *p*-Cymol, Sesquiterpenen; Harz (ca. 6 %), Bitterstoffe, wie Damianin; Gerbstoffe. Anw.: in der indianischen Volksheilkunde v. a. bei Asthma, als Diuretikum, bei Muskelschwäche, Nervosität, zur Regulation der Menstruation sowie als Aphrodisiakum. Geraucht induziert die Droge eine leichte Euphorie und Entspannung, als Tee getrunken sind diese Effekte nur abgeschwächt wahrnehmbar.

Hom.: ***Turnera diffusa*** HAB1; Damianablätter, die während der Blütezeit gesammelten und getrockneten Blätter. Anw.-Geb.: Erkrankungen der weiblichen und männlichen Geschlechtsorgane, wie Inkontinenz, Nieren- und Blasenkatarrhe, Frigidität, sowie als Aphrodisiakum.

Histor.: Die Droge wurde vermutlich schon in prähistorischer Zeit in Nordmexiko und im Mayagebiet als Medizin und Liebestrank verwendet. Der spanische Missionar Jesús Maria de Salvatierra berichtete 1699 in seiner Chronica erstmals vom Einsatz als Aphrodisiakum. Der Name der Pflanze soll sich vom Heiligen Damian, dem Schutzpatron der Apotheker, ableiten. Im 19. Jh. war die Droge als Tonikum und Aphrodisiakum in der amerikanischen und mexikanischen Pharmakopöe enthalten, um 1880 wurde sie in Europa eingeführt. Seit Ende der sechziger Jahre gilt die Pflanze als legaler Marihuana- bzw. Tabakersatz.

Turnera humifusa ↗ Turnera diffusa.
Turnera pringlei ↗ Turnera diffusa.
Turpethi radix ↗ Operculina turpethum.
Turpethum ↗ Operculina turpethum.
Turpethwurzel ↗ Operculina turpethum.
Turpinia aromatica ↗ Rhus-Arten.
Turpitwurzel ↗ Operculina turpethum.
Tussilaginis folium ↗ Tussilago farfara.

■ **Tussilago farfara** L.
Huflattich (syn. Ackerlattich, Brandlattich, Brustlattich, Eschhuflattich, Feldlattich, Hitzeblätter, Lehmblätter, Märzblume, Ohmblätter, Pferdefuß, Sandblume, Tabakkraut); s. Farbtafel S. 309, Bild 172 und Bild 173.

Fam.: Asteraceae (Compositae).

Vork.: Europa, West-, Mittel- und Nordasien.

Drogen: ***1. Farfarae flos*** (syn. *Flores Farfarae, Flores Tussilaginis, Flos Farfarae*); Huflattichblüten, die getrockneten Blütenstände. Inh.: Schleimstoffe (ca. 7 %), die bei der Hydrolyse Arabinose (24 %), Galactose (30 %), Glucose (37 %), Uronsäuren (4 %) und Xylose (9 %) ergeben. Außerdem Pyrrolizidinalkaloide, deren Gehalt stark von der Provenienz abhängt, ferner Terpene, u. a. Tussilagon; Sterole, u. a. β-Sitosterol und Taraxasterol; Triterpene, u. a. β-Amyrin; Flavonoide, u. a. Kämpferol und Quercetin sowie deren Glykoside, Phenolcarbonsäuren, u. a. Kaffee-, Ferula- und *p*-Hydroxybenzoesäure. Anw.: volkstümlich als bewährtes Hustenmittel. Auf Grund der toxischen Eigenschaften der ↗ Pyrrolizidinalkaloide ist die uneingeschränkte Nutzung der Droge nicht mehr vertretbar. ***2. Farfarae folium*** (syn. *Folia Farfarae, Folium Tussilaginis, Tussilaginis folium*); Huflattichblätter (syn. Brämleblätter, Heilblätter), die getrockneten Laubblätter. Inh.: Polysaccharide (ca. 8,2 %), davon

Inulin (etwa 30 %) und saure Schleimpolysaccharide (ca. 70 %), im wesentlichen Arabinose (21 %), Galactose (24 %), Glucose (15 %), Uronsäuren (6 %) und Xylose (10 %). Pyrolizidinalkaloide, u. a. Senkirkin (bis zu 0,01 %) und das untoxische Tussilagin. Ferner Flavonoide, Sterole,

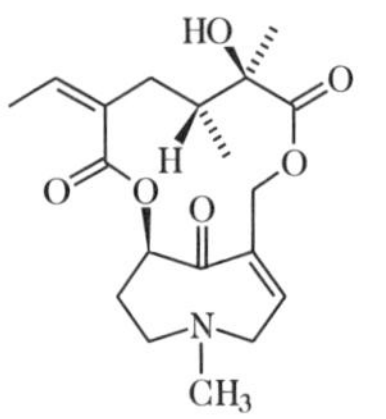

Senkirkin
(hepatotoxisches Alkaloid)

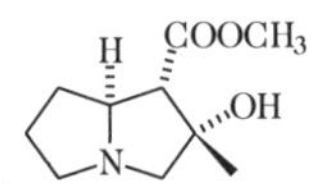

Tussilagin
(nicht toxisch)

u. a. Campesterol und β-Sitosterol, Triterpene, Bitterstoffe (0,05 %) Gerbstoffe und geringe Mengen äther. Öl (ca. 0,05 %). Anw.: Katarrhe der Atemwege, trockener Reizhusten, entzündliche Prozesse im Mund- und Rachenraum. Auf Grund der in Spuren vorhandenen Pyrrolizidinalkaloide bestehen Anwendungsbeschränkungen. Die TD, die 4,5–6 g Droge beträgt, darf nicht mehr als 10 µg Pyrrolizidinalkaloide mit 1,2-ungesättigtem Necingerüst, einschließlich ihrer Oxide enthalten. Für Extrakte und Frischpflanzenpreßsäfte liegt die TD bei 1 µg. Außerdem darf die Anwendung, z. B. eines Tees, nicht länger als 4 bis 6 Wochen im Jahr betragen.

Hom.: ***Tussilago farfara*** (syn. *Farfara*) HAB34; die frischen Blätter. Anw.-Geb.: Altershusten.

Histor.: Huflattich gehört seit altersher zu den gebräuchlichsten Drogen, die als Hustentees verwendet wurden, worauf auch der Name Tussilago (lat. tussis = Husten) hinweist. Die Kräuterbücher des 16. und 17. Jh. empfahlen die Droge gegen Engbrüstigkeit, Asthma, Husten und Schwindsucht.

Tussilago hybrida ↗ Petasites hybridus.
Tussilago petasites ↗ Petasites hybridus.

■ Tylosin

16gliedriges Makrolid-Antibiotikum, das von *Streptomyces fradiae* gebildet wird. Wirk.: Hemmung der Proteinsynthese durch Bindung an die Ribosomen vor allem von grampositiven Bakterien, Mykoplasmen und Spirochäten. Anw.: hauptsächlich in der Veterinärmedizin. (Formel s. unten)

■ Typha latifolia L.

Breitblättriger Rohrkolben (syn. Pfaffenpint).

Fam.: Typhaceae.

Vork.: Europa, Asien, Nordamerika, in China kultiviert.

Droge: der Wurzelstock. Inh.: u. a. Stärke. Anw.: in China als Gemüse gegessen. Früher wurden die Kolben der Pflanze als Ersatz für echte Zigarren geraucht.

Hom.: ***Typha latifolia*** HAB; die frischen, unterirdischen Pflanzenteile. Anw.-Geb.: Durchfallerkrankungen.

■ Tyrocidine

cyclische Decapeptid-Antibiotika aus Kulturen von *Bacillus brevis*, die den Hauptanteil (80 %) des ↗ Tyrothricins ausmachen (Tabelle S. 371).

■ Tyrothricin

Gemisch linearer und cyclischer Polypeptidantibiotika, das von *Bacillus brevis* produziert wird und zu 80 % aus basischen ↗ Tyrocidinen und 20 % neutralen ↗ Gramicidinen zusammengesetzt ist.

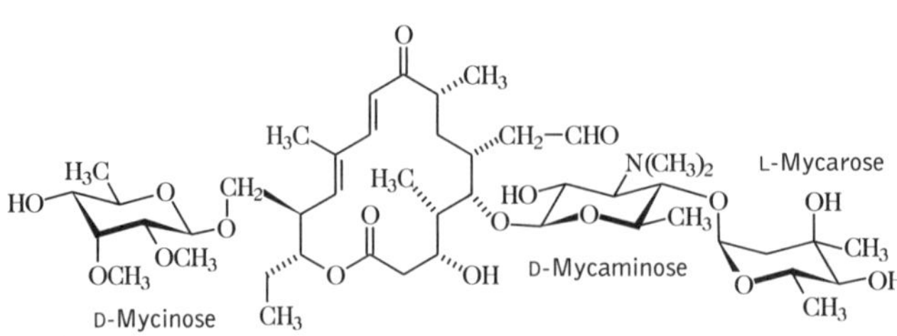

Tylosin

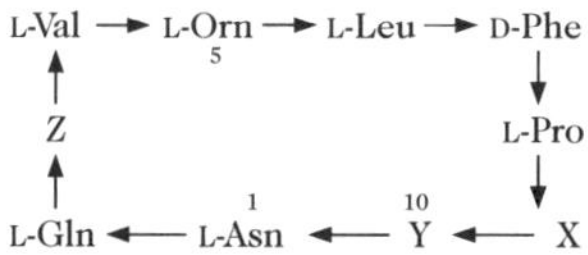

Tyrocidine

	X	Y	Z
Tyrocidin A	L-Phe	D-Phe	L-Tyr
Tyrocidin B	L-Trp	D-Phe	L-Tyr
Tyrocidin C	L-Trp	D-Trp	L-Tyr
Tyrocidin D	L-Trp	L-Trp	L-Trp
Tyrocidin E	L-Phe	D-Phe	L-Phe

Wirk.: Bildung von Poren für einwertige Kationen in der Zellmembran von grampositiven Bakterien und damit Schädigung der Barrierefunktionen. Diese Wirksamkeit wird v. a. durch das lipophile Gramicidin induziert. *Anw.*: Infektionen der Haut und Schleimhaut, bei Wunden, Verbrennungen, Geschwüren; auch als Lutschtablette bei Infektionen im Mund- und Rachenraum.

U

Übersehene Malve ↗ Malva-Arten.
Ufernelkenwurz ↗ Geum-Arten.
Uferwolfstrapp ↗ Lycopus-Arten.

■ **Ulex europaeus** L.
Stechginster (syn. Ginster), s. Farbtafel S. 309, Bild 174.

Fam.: Fabaceae (Leguminosae).

Vork.: Nord- und West-Europa.

Droge: die jungen Triebe und die Samen. Die Droge ist stark giftig! *Inh.*: ↗ Cytisin, Methylcytisin, Flavonoide, wie Ulexosid; Lectine (Ulexlectin). *Anw.*: das Ulexlectin (Agglutinin I) dient in der experimentellen Medizin als Marker für spezifische Zellen (Endothel- bzw. Tumorzellen vaskulären Ursprungs).

Uliginosi folium ↗ Vaccinium-Arten.
Uliginosi fructus ↗ Vaccinium-Arten.
Ulmae fulvae cortex ↗ Ulmus-Arten.
Ulmariae flos ↗ Filipendula ulmaria.
Ulmaria palustris ↗ Filipendula ulmaria.
Ulmaria pentapetala ↗ Filipendula ulmaria.
Ulmenrinde ↗ Ulmus-Arten.
Ulmi cortex ↗ Ulmus-Arten.

■ **Ulmus-Arten**

● **Fam.:** Ulmaceae.

● **Ulmus carpinifolia** Gled. (syn. *Ulmus coritana, U. diversifolia, U. foliacea, U. nitens*); Gewöhnliche Ulme (Feldrüster, Feldulme, Rotrüster).

Vork.: Europa bis Mittelmeergebiet.

Droge: ***Ulmi cortex***, Ulmenrinde (syn. Rüsterrinde). *Inh.*: Schleimstoffe, Gerbstoffe (ca. 3 %), Phlobaphene, Bitterstoffe. *Anw.*: in der Volksheilkunde als Mucilaginosum und Adstringens, bei Durchfällen sowie als Diuretikum.

Hom.: ***Ulmus capinifolia***, die Rinde. *Anw.-Geb.*: bei Hautausschlägen und Scrophulose.

● **Ulmus glabra** Huds. (syn. *Ulmus campestris, U. montana, U. scabra*). Bergulme.

Vork.: gemäßigtes Europa bis Kleinasien. Inhaltsstoffe und Anwendung ähnlich wie bei *Ulmus carpinifolia*.

Hom.: ***Ulmus*** (syn. *Ulmus campestris*) HAB34; die frische Rinde der jungen Zweige. *Anw.-Geb.*: rheumatische Schmerzen der Hand- und Fußgelenke.

● **Ulmus laevis** Pall. (syn. *Ulmus effusa*); Flatterrüster (syn. Flatter Rüster, Glatte Rüster, Wasserrüster, Weißrüster).

Vork.: Mittel-, Ost- und Südosteuropa.

Droge: ***Ulmi cortex*** (syn. *Cortex Ulmi*); Ulmenrinde (syn. Elmenrinde, Rüsterrinde), die von Kork und Borke befreite, im Frühjahr von etwa drei- bis vierjährigen Ästen und Zweigen geschälte Rinde. *Inh.*: (+)-Catechin, Gerbstoffe (Proanthocyanidine), Chlorogensäure, Schleimstoffe, Sterole, u. a. β-Sitosterol. *Anw.:* volkstümlich als Antidiarrhoikum bei unspezifischen Durchfallerkrankungen, äußerlich bei Hautkrankheiten.

● **Ulmus rubra** Mühlenb. (syn. *Ulmus americana, U. fulva*); Rotulme (syn. Fuchsbaum, Rotrüster, Schleimrüster).

Vork.: Nordamerika.

Droge: ***Ulmae fulvae cortex*** (syn. *Cortex Ulmi fulvae*); Rotulmenrinde, die getrocknete, von Borke und Außenrinde befreite Innenrinde. *Inh.:* bes. Schleimstoffe. *Anw.:* volkstümlich als reizlinderndes Mittel bei Schleimhautentzündungen im Magen-Darm-Bereich. Äußerlich, gemischt mit Bierhefe und Milch, als Kataplasma bei rheumatischen Beschwerden und Gicht.

● **Histor.:** Der Name Ulme ist aus dem gleichlautenden lateinischen *ulmus* abgeleitet, wie er bereits von Virgil benutzt wurde. Die Bezeichnung „ëlmbaum" im Althochdeutschen ist ebenfalls mit dem lateinischen *ulmus* verwandt. Die Ulme gehört zu den bereits im Altertum bekannten Heilpflanzen. ↗ Dioskurides empfahl die adstringierenden Eigenschaften der Blätter, Äste und Rinde bei Knochenbrüchen, Hautkrankheiten, als Wundheilmittel sowie als schleimlösendes Mittel. In Form eines Absuds oder als Salbe stand die Ulme bes. in Frankreich in hohem Ansehen, um chronische Hautkrankheiten erfolgreich zu behandeln.

■ **Ulva lactuca** L.
Meersalat.

Fam.: Ulvaceae.

Vork.: weltweit an allen Küsten.

Ulva lactuca.

Droge: die frische oder getrocknete Alge. *Inh.:* Aminosäuren, wasserlösliche Polysaccharide (ca. 20 %), Sterole, Vitamine, Acrylsäuren, β-Dimethylpropothetin. *Anw.:* in der Volksheilkunde gegen Gicht und Skorbut; in vielen Teilen der Erde als Salat, Gemüse oder Bestandteil von Suppen verwendet.

■ **Umbellaria californica** (Hook et Arn.) Nutt. (syn. *Oreodaphne californica, Tetranthera californica*).

Fam.: Lauraceae.

Vork.: Nordamerika.

Droge: die Blätter. *Inh.:* äther. Öl (2,5–5,5 %), u. a. mit Pinen, Cineol, Eugenol, Methyleugenol, Umbellulon, Flavonoide, wie Quercetin, Kämpferol; cyanogene Glykoside. *Anw.:* in der Volksheilkunde als nervenstärkendes Mittel genutzt.

Hom.: ***Umbellaria californica*** (syn. *Oreodaphne californica*) HAB; die frischen Laubblätter. *Anw.-Geb.:* Kopfschmerzen.

Umbilicus pendulinus ↗ Umbilicus rupestris.

■ **Umbilicus rupestris** (Salisb.) Dandy (syn. *Cotyledon pendulina, C. rupestris, C. tuberosa, C. umbilicus, C. umbilicus-veneris, Umbilicus pendulinus*); Nabelkraut (syn. Venusnabel, Wassernabel).

Fam.: Crassulaceae.

Vork.: Mittelmeergebiet, Kleinasien, Portugal, England, Irland.

Droge: ***Herba Cotyledonis*** (syn. *Herba Umbilici veneris*), Nabelkraut. *Inh.:* äther. Öl, Trimethylamin, Gerbstoffe, Farbstoffe.

Hom.: ***Umbilicus rupestris*** (syn. *Cotyledon umbilicus*) HAB34; die frischen Blätter. *Anw.-Geb.:* Herzschmerzen, Verwirrtheitszustände, Rheuma.

■ **Uncaria acida** (Hunter) Roxb. (syn. *Nauclea acida, N. ovalifolia, Uncaria ovalifolia, Uruparia ovalifolia*).

Fam.: Rubiaceae.

Vork.: Südostasien.

Drogen: ***1. Gambir*** ↗ *Uncaria gambir*. ***2. Uncaria-acida-Zweige mit Blättern***, die beblätterten Zweige. *Inh.:* Isorhynchophyllin, Rhynchophyllin und Rhynchophyllin-*N*-oxid, ↗ Harman. *Anw.:* in der Volksheilkunde äußerlich bei Schmerzen, Aphthen und Hauterkrankungen;

der Preßsaft der Droge soll zur Herstellung eines erfrischenden Getränkes dienen.

Uncaria aculeata ↗ Uncaria guianensis.
Uncaria appendiculata ↗ Uncaria lanosa.
Uncariae ramulus cum uncis ↗ Uncaria rhynchophylla.
Uncaria florida ↗ Uncaria lanosa.

■ **Uncaria gambir** (Hunter) Roxb.
(syn. *Cinchona kattu-kambar, Nauclea gambir, Ourouparia gambir, Uruparia gambir*).
Fam.: Rubiaceae.
Vork.: Hinterindien, Sumatra, Java, Borneo, Malaiische Halbinsel.
Droge: ***Gambir*** *(syn. Catechu, Catechu Gambir, Catechu pallidum, Gutta Gambir, Terra japonica)*; Pale-Katechu (syn. Catechu, Gambir-Catechu, Gelbes Katechu, Pale-Catechu), der getrocknete, wäßrige Extrakt der Blätter und jungen Triebe. *Inh.:* Flavonoide, insbes. die Chalkan-Flavan-Dimeren Gambiriine; Catechine (ca. 51 %), Catechingerbstoffe (22–50 %); wenig Alkaloide, u. a. Dihydrogambirtannin, Gambirtannin, Oxogambirtannin. *Anw.:* in der Volksheilkunde bei gastrointestinalen Störungen, wie unspezifischen Bauchschmerzen, Diarrhoe, Brechreiz; als Dekokt bei Magengeschwüren; bei Entzündungen im Mund- und Rachenraum. In der Gerberei und Färberei wird die Droge als Hilfsstoff eingesetzt. In Ost- und Südasien wird Gambir als Zusatz für den Betelbissen (↗ *Areca catechu*) genutzt und dient dabei zur Anregung der Speichelsekretion.

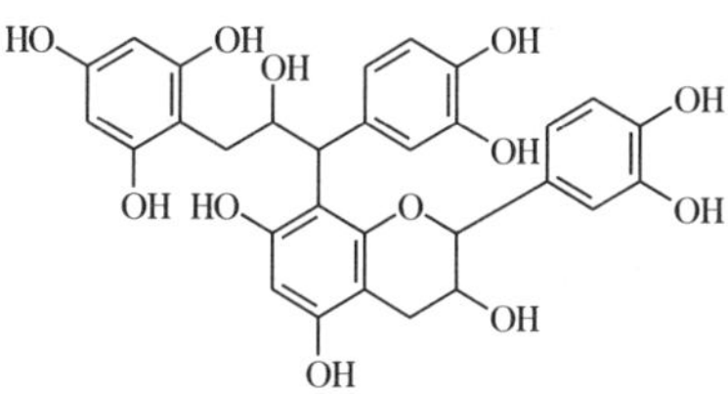

Gambiriine: A-Reihe

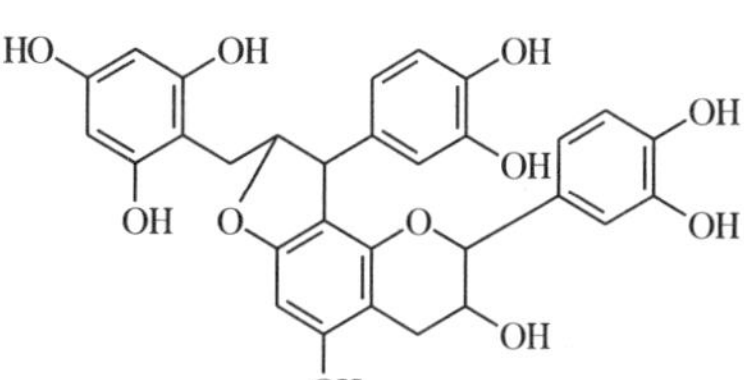

Gambiriine: B-Reihe

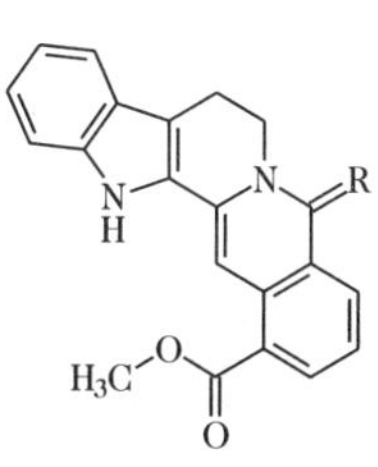

Gambirtannin: R = H, H
Oxygambirtannin: R = O

Uncaria glabrescens ↗ Uncaria lanosa.

■ **Uncaria guianensis** (Aublet) J. Gmel.
(syn. *Nauclea aculeata, N. guianensis, Ourouparia guianensis, Uncaria aculeata, Uruparia guianensis, U. vesicolor*).
Fam.: Rubiaceae.
Vork.: Mittel- und Südamerika.
Drogen: ***1. Uncaria-guianensis-Blatt***, die Blätter. *Inh.:* Alkaloide (ca. 0,14 %), v. a. Isorhynchophyllin, Rhynchophyllin. *Anw.:* in der Volksheilkunde zur Behandlung von Durchfällen, Ruhr und Wunden. ***2. Uncaria-guianensis-Stammrinde***, die Rinde der Stämme. *Inh.:* Alkaloide, v. a. Isopteropodin, Mitraphyllin, Speciophyllein, Isorhynchophyllin, Rhynchophyllin, Angustin, Hirsutein und Hirsutin; Triterpene. *Anw.:* in der Volksheilkunde zur Behandlung von Tumoren, Arthritis, Diabetes und Entzündungen.

Uncaria horsfieldiana ↗ Uncaria lanosa.
Uncaria kawakamii ↗ Uncaria lanosa.
Uncaria korrensis ↗ Uncaria lanosa.

■ **Uncaria lanosa** Wall.
(syn. *Nauclea ferrea, N. glabrata, N. setigera, N. wallichiana, Uncaria appendiculata, U. florida, U. glabrescens, U. horsfieldiana, U. kawakamii, U. korrensis, U. lobbii, U. philippinensis, U. setiloba, U. toppingii, U. warburgii*).
Fam.: Rubiaceae.
Vork.: Birma, Thailand, Malaysia, Taiwan, Mikronesien, Australien.
Droge: ***Uncaria-lanosa-Zweige mit Blättern***, die beblätterten Zweige. *Inh.:* Pentacyclische Oxindolalkaloide, u. a. Isomitraphyllin, Isoptero-

podin, Mitraphyllin, Pteropodin, Speciophyllin, Uncarin F und deren *N*-Oxide; ↗ Harman, Triterpene. Anw.: in der Volksheilkunde zur Auflösung von Steinen im Urogenitaltrakt.

Uncaria lobbii ↗ Uncaria lanosa.
Uncaria membranifolia ↗ Uncaria sinensis.
Uncaria ovalifolia ↗ Uncaria acida.
Uncaria philippinensis ↗ Uncaria lanosa.

■ **Uncaria rhynchophylla** (Miq.) Jacks.
(syn. *Nauclea rhynchophylla, Ourouparia rhynchophylla, Uncaria rhynchophylloides*).
Fam.: Rubiaceae.
Vork.: China, Japan.
Droge: ***Uncariae ramulus cum uncis*** (syn. *Ramulus Uncariae cum Uncis*); Uncaria-Zweige (syn. Uncariazweige mit Dornen), die getrockneten Zweige mitsamt den hakenförmigen Sproßmetamorphosen. Inh.: Alkaloid-Glykoside, u. a. Cadambin, 3α-Dihydrocadambin und 3α-Isodihydrocadambin. Anw.: in der Volksheilkunde bei Kopfschmerzen, Augenflimmern, Drehschwindel, Erkältungserkrankungen, Krämpfen, Hypertonie, Fieber, Facialisparesen und Nasenbluten.

Uncaria rhynchophylloides ↗ Uncaria rhynchophylla.
Uncaria setiloba ↗ Uncaria lanosa.

■ **Uncaria sinensis** (Oliver) Havil.
(syn. *Nauclea sinensis, Uncaria membranifolia*).
Fam.: Rubiaceae.
Vork.: China.
Droge: ***Uncaria-Zweige***. Inhaltsstoffe und Anwendung ↗ *Uncaria rhynchophylla*.

Uncaria surinamensis ↗ Uncaria tomentosa.

■ **Uncaria tomentosa** (Willd.) DC.
(syn. *Nauclea aculeata, N. cinchoneae, N. polycephala, N. tomentosa, Ourouparia polycephala, Uncaria surinamensis, Uruparia tomentosa*); Krallendorn.
Fam.: Rubiaceae.
Vork.: Zentralamerika, nördliches Südamerika, u. a. Honduras, Guatemala, Peru, Venezuela, Trinidad, Surinam.
Droge: ***Radix Uncariae tomentosae***; Krallendornwurzel, die Wurzelrinde. Inh.: Alkaloide (0,15–0,46 %), u. a. Isomitraphyllin, Mitraphyllin,

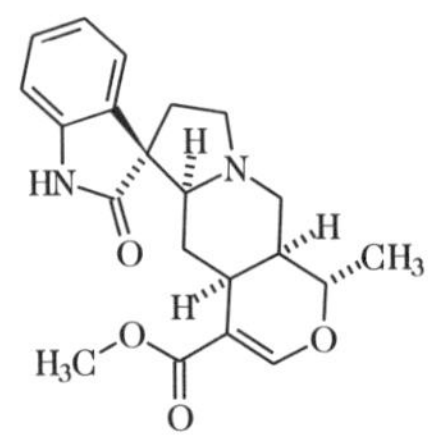

Isopteropodin

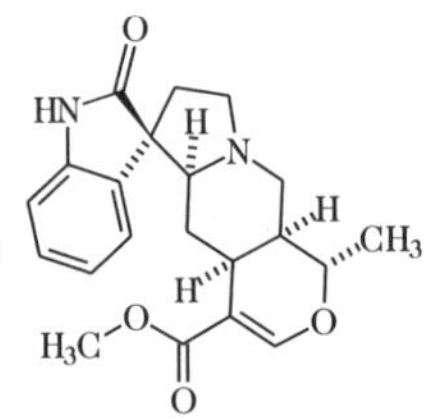

Pteropodin

Isopteropodin, Pteropodin, Speciophyllin, Uncarin F; Chinovasäurederivate; Ursol- und Oleanolsäurederivate; β-Sitosterol, Epicatechin, Procyanidin. Anw.: in der Volksheilkunde bei Arthritis, Gastritis und ähnlichen Störungen im Gastrointestinalbereich; bei Tumoren und Hauterkrankungen, als Immunstimulans, u. a. auch bei Neurodermitis, Gürtelrose und Rheuma.

Uncaria toppingii ↗ Uncaria lanosa.
Uncaria warburgii ↗ Uncaria lanosa.
Uncaria-Zweige ↗ Uncaria rhynchophylla, ↗ Uncaria sinensis.
Unedo edulis ↗ Arbutus unedo.
Ungarischer Sumach ↗ Cotinus coggygria.
Ungarische Seifenwurzel ↗ Gypsophila paniculata.
Ungarisches Gelbholz ↗ Cotinus coggygria.
Ungarische Silberlinde ↗ Tilia-Arten.

■ **Ungernia severtzovii** (Rgl.) B. Fedtsch.
Fam.: Amaryllidaceae.
Vork.: Mittelasien, bes. Kasachstan, Armenien, Usbekistan.
Droge: die Zwiebeln. Inh.: Amaryllidaceen-Alkaloide, u. a. Ungerin, Hippeastrin, Unsevin, Narvedin. Anw.: in der Volksheilkunde zur Behandlung von Wunden und Geschwüren. Die Droge wirkt außerdem blutdrucksenkend und schwach spasmolytisch.

■ **Ungnadia speciosa** Endl.
Mexikanische Roßkastanie (syn. Texanische Roßkastanie).
Fam.: Sapindaceae.
Vork.: Texas, Neumexiko.
Droge: die reifen Samen. Inh.: cyanogene Glykoside. Anw.: früher zusammen mit Peyote (↗ *Lophophora williamsii*) und Mekalbohnen (↗ *Sophora secundiflora*) für halluzinogene Zwecke

bei religiösen Riten genutzt; in der Volksheilkunde als Emetikum eingesetzt.

Unguentum Populi ↗ Populus-Arten.
Ungulina marginata ↗ Fomitopsis pinicola.
Unlenkwurzel ↗ Inula helenium.
Unona polycarpa ↗ Annickia polycarpa.
Unreife Mohnfrüchte ↗ Papaver somniferum.
Unreife Mohnkapseln ↗ Papaver somniferum.
Unreife Pomeranzen ↗ Citrus-Arten.
Unserer-lieben-Frauen-Handschuh ↗ Digitalis-Arten.
Unserer-lieben-Frauen-Milchkraut ↗ Pulmonaria officinalis.
Upasbaum ↗ Antiaris toxicaria.
Uragoga acuminata ↗ Cephaelis-Arten.
Uragoga emetica ↗ Cephaelis-Arten.
Uragoga granatensis ↗ Cephaelis-Arten.
Uragoga ipecacuanha ↗ Cephaelis-Arten.
Uragoga punicea ↗ Cephaelis-Arten.

■ **Urechites suberecta**.
Fam.: Apocynaceae.
Vork.: Westindien, Malaysia.
Droge: ***Folia Urechites***, die Blätter. Inh.: herzwirksame Glykoside, u. a. Urechitin, Urechitoxin. *Anw.*: als Zusatz zu Pfeilgiften sowie in der Volksheilkunde als Herzmittel.

Uredo maydis ↗ Ustilago maydis.
Urginea ↗ Urginea indica.

■ **Urginea altissima** (L.) Bak.
(syn. *Drimia altissima*).
Fam.: Liliaceae.
Vork.: tropisches und südliches Afrika.
Droge: ***Urginea-altissima-Zwiebel***, die frischen oder getrockneten Zwiebeln. Achtung, die Droge ist giftig! *Inh.*: Bufadienolide, wie Hellebrigenin, Scilliglaucosid, Altosid. *Anw.*: in der afrikanischen Volksheilkunde bei Gicht und Rheuma, bei Bronchitis, Asthma, Heiserkeit und grippalen Infekten.

Urginea amboensis ↗ Urginea indica.

■ **Urginea burkei** Bak.
(syn. *Drimia sanguinea*).
Fam.: Liliaceae.
Vork.: südliches Afrika.
Droge: ***Urginea-burkei-Zwiebel***, die frischen oder getrockneten Zwiebeln. Achtung, die Droge ist giftig! *Inh.*: Bufadienolide, wie Scillareninglykoside, z. B. Scillaren A, Glucoscillaren A, Proscillaridin A und Scillarenin. *Anw.*: in der afrikanischen Volksheilkunde bei Paralyse, zur Abtreibung und bei Kreislauferkrankungen.

Urginea coromandeliana ↗ Urginea indica.

■ **Urginea epigea** R.A. Dyer.
Fam.: Liliaceae.
Vork.: südliches Afrika.
Droge: ***Urginea-epigea-Zwiebel***, die Zwiebeln. Achtung, die Droge ist giftig! *Inh.*: herzwirksame Glykoside vom Bufadienolid-Typ (0,2 %), wie Altosid, Scillareninglykoside und Scilliglaucosidinglykoside. *Anw.*: in der afrikanischen Volksheilkunde wird der Rauch der schwelenden Zwiebeln bei Erkältungen und Kopfschmerzen inhaliert.

Urginea gavindappae ↗ Urginea indica.

■ **Urginea indica** (Roxb.) Kunth
(syn. *Drimia indica, Scilla coromandeliana, S. cundria, S. denudata, S. indica, Urginea amboensis, U. coromandeliana, U. gavindappae, U. nagarjunae, U. senegalensis, U. wightiana*).
Fam.: Liliaceae.
Vork.: indischer Subkontinent, tropisches Afrika, teilweise in Indien auch kultiviert.
Droge: ***Urginea***; *Urginea-indica*-Zwiebel, die kurz nach der Blüte gesammelten, nach Entfernung der trockenen, äußeren, häutigen Schuppen der in Längsrichtung geschnittenen und getrockneten Zwiebeln. Achtung, die Droge ist giftig! *Inh.*: Bufadienolide (0,1–1,5 %), v. a. Proscillaridin A und Scillaren A, daneben weitere 16 Bufadienolide in geringer Konzentration; Sterole, wie Campestrol, Sitosterol und Stigmasterol; Schleimstoffe (ca. 50 %). *Anw.*: zur Therapie der Herzinsuffizienz, als Expektorans bei chronischer Bronchitis und Asthma; in der Volksheilkunde bei chronischer Bronchitis, Wassersucht, Asthma, zur Förderung der Menstruation und Verdauung, bei Wurmbefall. Äußerlich wird die Droge bei rheumatischen Schmerzen und Quetschungen eingesetzt.

■ **Urginea maritima** agg.
(syn. *Drimia maritima, Ornithogalum maritimum, Scilla hispanica, S. maritima, Squilla maritima,*

Stellaris scilla, Urginea scilla); Meerzwiebel (syn. Mäusezwiebel, Rattenzwiebel).

Fam.: Hyacinthaceae.

Vork.: bes. Küstenregionen der Mittelmeergebiete als Rote und Weiße Varietät. Abgesehen von der Homöopathie wird arzneilich die Weiße Varietät verwendet.

Droge: ***Scillae bulbus*** (syn. *Bulbus Pancratii veri, Bulbus Rusticus, Bulbus Scillae, Bulbus Urgineae, Cepa marina, Scilla, Scilla siccata*); Meerzwiebel, die kurz nach der Blüte gesammelte, von trockenen, äußeren, häutigen Schuppen befreite, in Querscheiben geschnittene, getrocknete Zwiebel. *Inh.:* Herzwirksame Glykoside als sog. Bufadienolide (ca. 1–3 %), u. a. Glucoscillaren A, Proscillaridin A, Scillaren A, Scilliglaucosid und Scilliphaeosid mit Scillarenin als Aglykon und β-D-Glucose und α-L-Rhamnose als

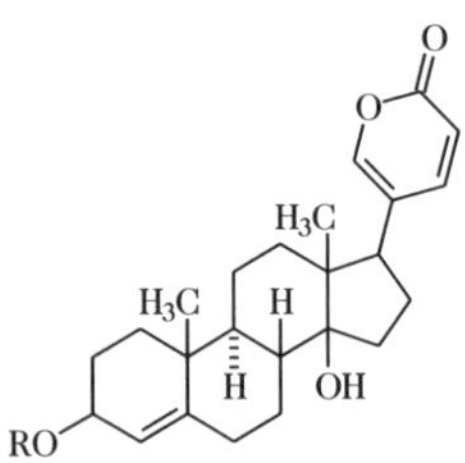

Name	R
Scillaren A	β-D-Glc-(1→4)-α-L-Rha-(1→)
Proscillaridin A	α-L-Rha-(1→)
Scillarenin	H (Aglycon)

Zuckerbausteine, ferner Flavonoide und Polysaccharide. *Anw.:* in Form standardisierter Präparate bei leichten Formen der Herzinsuffizienz sowie bei verminderter Leistung der Nieren bzw. zur Isolierung der Reinglykoside. *Geg.:* gleichzeitige Therapie mit Digitalisglykosiden sowie Kalium-Mangelzustände. Die arzneilich nicht gebräuchliche Rote Varietät der Pflanze wurde wegen ihres Gehaltes an Scillirosid, das zugleich das Hauptglykosid der Zwiebel darstellt und gegenüber Nagetieren als Nervengift mit tödlichen Krämpfen wirkt, lange Zeit als Rodentizid eingesetzt. Hierbei ist die Empfindlichkeit geschlechtsspezifisch, d. h. weibliche Ratten sind wesentlich empfindlicher als männliche.

Hom.: *1. Urginea maritima var. rubra* HAB34; Meerzwiebel, die frischen, fleischigen Zwiebelschuppen der roten Varietät. *Anw.-Geb.:* Erkrankungen des Herzens, der unteren Atemwege, der Nieren und ableitenden Harnwege. *2. Urginea maritima var. alba äthanol. Digestio* HAB1; die frischen, fleischigen Zwiebelschuppen der weißen Varietät. *Anw.-Geb.:* in der anthroposophischen Therapierichtung.

Histor.: Der Gattungsname *Urginea* ist vermutlich vom arabischen *Ben Urgin* abzuleiten, während der Artname *maritima* auf den bevorzugten Standort, nämlich Küstengebiete, hinweist. Der ursprüngliche Name *Scilla* geht auf den griechischen, bereits von ↗ Hippokrates für die Pflanze benutzten Namen zurück. Bei ↗ Dioskurides wird für *Scilla* auch der sog. Prophetenname „Auge des Typhon" genannt. Demnach hat die Pflanze bereits im alten Ägypten in hohem Ansehen gestanden. Dennoch ist die Frage, ob der Tempel von Pelusium in Ägypten tatsächlich dem Scillakult geweiht wurde und die *Scilla* in dieser Stadt das Heilmittel gegen eine der Malaria ähnliche Krankheit verwendet wurde, nicht gesichert. Dagegen fand die Pflanze von der hippokratischen Zeit bis hinein ins Mittelalter und in die Neuzeit stets große Beachtung. Als Indikationen standen besonders expektorierende und diuretische Wirkungen im Vordergrund.

Urginea nagarjunae ↗ Urginea indica.
Urginea scilla ↗ Urginea maritima.
Urginea senegalensis ↗ Urginea indica.
Urginea wightiana ↗ Urginea indica.
Urikurinußöl ↗ Attalea excelsa.
Urikuripalme ↗ Attalea excelsa.
Urikuriwachs ↗ Attalea excelsa.

■ Urokinase

proteolytisches Enzym (EC 3.4.21.31), Glykoprotein mit M_r 54 000 aus 411 Aminosäuren, das vorwiegend in den Nieren als Pro-Urokinase gebildet und durch ↗ Plasmin aktiviert wird. Die Gewinnung für therapeutische Zwecke erfolgt aus menschlichem Urin bzw. gentechnisch (Saruplase). *Wirk.:* U. wirkt als Plasminogenaktivator und setzt damit die Fibrinolyse in Gang, d. h. über die Aktivierung von Plasmin wird polymerisiertes Fibrin in Thromben abgebaut. *Anw.:* zur Auflösung von Blutgerinnseln bei akutem Herzinfarkt, akuter Lungenembolie, bei tiefen Venenthrombosen, bei akuten peripheren, arteriellen Verschlüssen sowie zur Rekanalisierung von Gefäßverschlüssen.

■ **Urophyllum arboreum** (Reinw.) Korth. (syn. *Urophyllum glabrum*).
Fam.: Rubiaceae.
Vork.: Indonesien, Malayische Halbinsel.
Droge: die Blätter. *Inh.:* äther. Öl mit Eugenol und Methylsalicylat. *Anw.:* in der Volksheilkunde als Fiebermittel; ferner als Gewürz.

Urophyllum glabrum ↗ Urophyllum arboreum.
Urostachys selago ↗ Huperzia selago.
Ursolsäure ↗ Triterpene, ↗ Viburnum-Arten.

■ **Urtica-Arten**
● **Fam.:** Urticaceae.
● **Urtica dioica** L. (syn. *Urtica major, U. urens maxima*); Große Brennessel (syn. Haarnessel, Hanfnessel, Nesselkraut, Scharfnessel, Tausendnessel), s. Farbtafel S. 310, Bild 175.
Vork.: weltweit, außer Balearen und Kreta in Europa sowie in den Tropen Afrikas und Südamerikas bzw. in den Polarregionen.
Drogen: *1. Urticae folium* (syn. *Urticae herba, Herba Urticae*); Brennesselblätter, Brennesselkraut (syn. Hanfnesselkraut). *Inh.:* Mineralien und Spurenelemente, Flavonoide (bis 0,6 %), u. a. Quercetin-Glykoside, bes. Rutin, sowie Kämpferolglykoside, wie ↗ Astragalin; organische Säuren, u. a. Kaffeesäure und Kaffeoyläpfelsäure, ferner Scopoletin, Acetylcholin, Histamin und Serotonin in den Brennhaaren; äther. Öl, Vitamine, u. a. Vitamin C, B-Komplex, K; Carotinoide, Steroide, Triterpene, Proteine. *Anw.:* zur unterstützenden Behandlung rheumatischer Beschwerden, zur Durchspülungstherapie bei Entzündungen der ableitenden Harnwege sowie zur Vorbeugung und Behandlung von Nierengrieß. In der Volksheilkunde wird die Droge für die sogenannten Frühjahrs- bzw. Entschlackungskuren eingesetzt, aber auch bei Arthritis, Gicht, Podagra, Rheuma, Diabetes, Hämorrhagien, Verschleimung der Brust und Lunge, Ödemen sowie äußerlich zur Wundbehandlung, zur Blutstillung, bei Fisteln und Furunkeln, Asthma und Rippenfellentzündung genutzt. In der Kosmetik wird die Droge zu Haarspiritus bei fettiger Kopfhaut und Schuppen verwendet. Die jungen Pflanzen werden aber auch als Salat zubereitet und dienen als hochwertiges Grünfutter bes. in der Geflügelaufzucht. *2. Urticae fructus* (syn. *Fructus Urticae; Semen Urticae*); Brennesselfrüchte, die Mitte August bis Ende Oktober gesammelten reifen Früchte. *Inh.:* fettes Öl (25–33 %), mit hohem Anteil an Linolsäure (74–83 %), Linolensäure (0,9 %) als Estersäuren; Tocopherol, Schleimstoffe, Carotinoide, wie *β*-Carotin und Lutein sowie Violaxanthin. *Anw.:* in der Volksheilkunde innerlich als Tonikum zur Leistungssteigerung, äußerlich bei Hautleiden und Rheuma. *3. Urticae radix* (syn. *Radix Urticae, Rhizoma Urticae*); Brennesselwurzel (syn. Nesselwurzel), die getrockneten Rhizome und Wurzeln. *Inh.:* Steroide, u. a. *β*-Sitosterol und Glykoside; Oleanolsäure, Homovanillylalkohol und sein

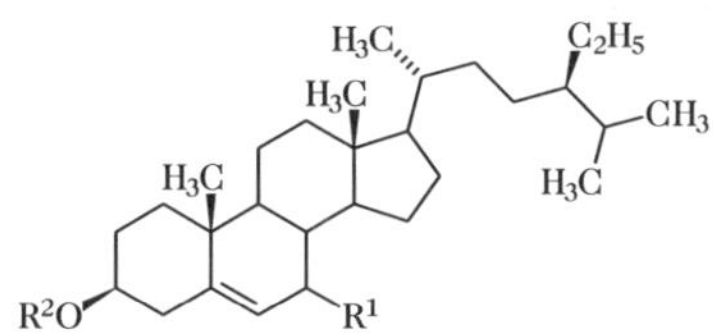

Name	R^1	R^2
β-Sitosterol	H	H
β-Sitosterolglucosid	H	*β*-D-Glc

4′-*O*-*β*-D-Glucosid, Lignane; Scopoletin, Mineralien, Lectine, Polysaccharide. *Anw.:* Miktionsbeschwerden bei Prostataadenom Stadien I bis II. Extrakte der Droge sind Bestandteil einiger Urologika. In der Volksheilkunde wird die Droge zur Blutreinigung, gegen Wassersucht, bei Prostatitis, Rheuma und Gicht ähnlich wie Brennesselkraut eingesetzt. Zur ↗ Teezubereitung verwendet man als Einzeldosis 1–2 Teelöffel (1 Teelöffel ca. 1,3 g) fein geschnittenes Brennesselkraut. Als mittlere Tagesdosis werden 8–12 g Droge empfohlen. Für die Wurzeldroge verwendet man etwa 1,5 g (= 1 Teelöffel) grob gepulverte Droge. Als Tagesdosis werden 4–6 g Droge empfohlen.
Hom.: *Urtica dioica* HAB1; Große Brennnessel, die frische, blühende Pflanze.
● **Urtica urens** L. (syn. *Urtica minor, U. urens minima*); Kleine Brennessel (syn. Eiternessel).
Vork.: weltweit, außer in der Arktis, im indischen und südafrikanischen Florenbereich.
Drogen: *1. Urticae folium;* s. *Urtica dioica.*

2. Urticae fructus; s. *Urtica dioica*. *3. Urticae radix*; s. *Urtica dioica*.

Hom.: ***Urtica urens*** HAB34; Kleine Brennessel, die frische, blühende Pflanze. Anw.-Geb.: Erkrankungen der Haut, des Stütz- und Bewegungsapparates sowie bei allergischer Diathese.

● **Histor.:** Der Gattungsname *Urtica* ist vom lateinischen *urere* (brennen) abgeleitet. Die Bezeichnung Nessel wird mit dem mittelhochdeutschen *nezzel* in Verbindung gebracht, wohl wegen der Verwendung der Bastfasern zu Nesselgewebe. Der Name Brennessel bezieht sich auf die Hautreizwirkung, die die Berührung der Pflanze mit sich bringt. Die Artbezeichnungen *dioica* (zweihäusig) und *urens* (brennend) charakterisieren lediglich die beiden Stammpflanzen der Droge näher. Die Brennessel war auch den alten Griechen bekannt, die sie *Akalypte* nannten. ↗ Dioskurides hob bes. die harntreibenden Wirkungen der Droge hervor, und auch die Kräuterbücher des 16. Jh. beschreiben sie hauptsächlich als Mittel gegen Wassersucht.

Urticae folium ↗ Urtica-Arten.
Urticae fructus ↗ Urtica-Arten.
Urticae herba ↗ Urtica-Arten.
Urticae radix ↗ Urtica-Arten.
Urtica nivea ↗ Boehmeria nivea.
Urtica tenacissima ↗ Boehmeria nivea.
Urtica utilis ↗ Boehmeria nivea.
Urtinktur ↗ Homöopathie.
Urumaco ↗ Adipera jahnii.
Uruparia gambir ↗ Uncaria gambir.
Uruparia guianensis ↗ Uncaria guianensis.
Uruparia ovalifolia ↗ Uncaria acida.
Uruparia tomentosa ↗ Uncaria tomentosa.
Uruparia vesicolor ↗ Uncaria guianensis.

■ Usnea-Arten

Bartflechten.

Fam.: Usneaceae.

Vork.: weltweit, insbes. in Nebelzonen auf Baumrinden lebende Flechten. Vertreter sind u. a. *Usnea barbata* (L.) Wiggers und *Usnea florida* (L.) Fries.

Droge: die ganzen Pflanzen. Inh.: ↗ Flechtensäuren (↗ Usninsäure), ferner Glucane, bes. Lichenin und Isolichenin. Anw.: als antibiotische und antimyzetische Bestandteile in pharmazeutischen Zubereitungen zur Wundbehandlung, bei Infektionen im Mund- und Rachenraum.

Hom.: ***Usnea barbata*** HAB; der getrocknete Thallus von *Usnea*-Arten, v. a. *Usnea dasypoga*, *U. florida* und *U. hirta*. Anw.-Geb.: Kopfschmerzen.

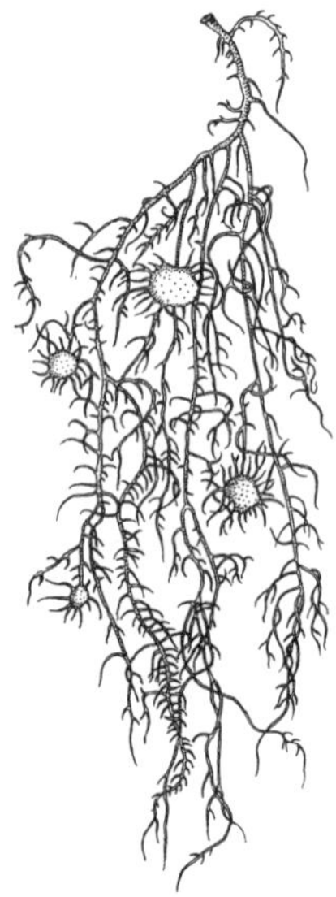

Usnea florida.

■ Usninsäure

↗ Flechtensäure, die aus ↗ *Usnea*-Arten isoliert werden kann und als Dibenzofuranderivat antibakterielle Aktivität besitzt. Anw.: als Bestandteil von Salben und Lutschpastillen bei Haut- und Schleimhautinfektionen.

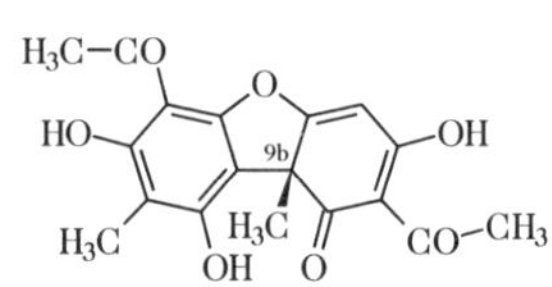

(+)-9bR-Usninsäure

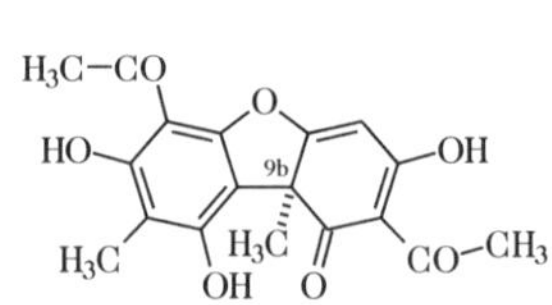

(–)-9bS-Usninsäure

■ **Ustilago maydis** (DC.) Corda
(syn. *Erysibe maydis, Uredo maydis, Ustilago zeae*); Maisbrand (syn. Beulenbrand).

Fam.: Ustilaginaceae.

Vork.: Parasit auf der Maispflanze; beheimatet in Nordamerika, seit dem 18. Jh. auch in Europa vorhanden, befällt v. a. Halme, Blätter, Blüten und Fruchtstände von ↗ *Zea mays*.

Droge: der Pilz und seine Sporen, die vor dem ersten Frost geerntet werden. Die Droge ist giftig! Inh.: Aminosäure und Amine, u. a. Putrescin; Purine und Purinderivate; Carbonsäuren, Lipide, Enzyme, Glykoproteine, Polypeptide, Ustinsäure, Carnitin. Anw.: die Pilzsporen bzw. daraus hergestellte Extrakte dienten bei den Ureinwohnern Zentralamerikas und Afrikas als Abtreibungsmittel, in Deutschland um 1870 zur Anregung der Wehentätigkeit sowie bei verschiedenen gynäkologischen Erkrankungen (heute obsolet).

Hom.: ***Ustilago zeae*** HAB1; Maisbrand, die Pilzsporen. *Anw.-Geb.:* Erkrankungen der weiblichen Geschlechtsorgane und der Haut.

Histor.: Der Gattungsname leitet sich vom lateinischen *ustus* (verbrannt, von *urere*, brennen) ab. Der Artname *maydis* bezieht sich auf das bevorzugte Vorkommen des Pilzes, nämlich als Parasit auf Maispflanzen.

Ustilago zeae ↗ Ustilago maydis.
Uvae corinthiacae ↗ Vitis vinifera.
Uvae passae ↗ Vitis vinifera.
Uvae-ursi folium ↗ Arctostaphylos uva-ursi.
Uva lupulina ↗ Paris quadrifolia.
Uva-ursi buxifolia ↗ Arctostaphylos uva-ursi.
Uva-ursi procumbens ↗ Arctostaphylos uva-ursi.
Uzarae radix ↗ Xysmalobium undulatum.
Uzarawurzel ↗ Xysmalobium undulatum, ↗ Asclepias-Arten.

■ **Uzarin**
Steroidglykosid mit Cardenolidaglykon aus *Gomphocarpus fruticosus* (↗ *Asclepias*-Arten) und ↗ *Xysmalobium undulatum*. Wirk.: lähmt die glatte Muskulatur des Magen-Darm-Traktes. Anw.: als Antidiarrhoikum und bei Magen-Darm-Krämpfen.

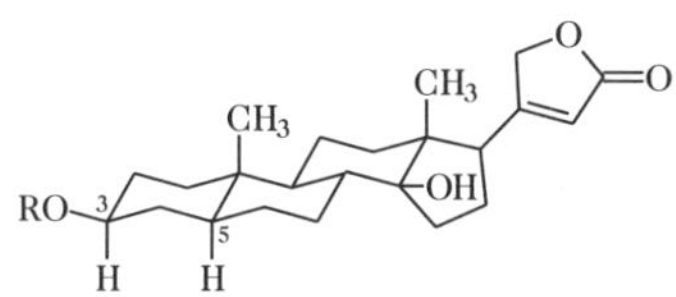

Uzarigenin: R = H
Uzarin: R = Glucosidoglucosyl

V

■ **Vaccaria segetalis** (Neck.) Garcke
Kuhkraut.

Fam.: Caryophyllaceae.

Vork.: Rußland, Armenien, Usbekistan.

Droge: die Wurzeln und Samen. Inh.: Saponine (ca. 6 %), Saporubin, Saporubinsäure, Vaccarosid. Anw.: in der Volksheilkunde in Salbenzubereitungen bei Ekzemen und Psoriasis.

■ **Vaccinium-Arten**

• **Fam.:** Ericaceae.

• **Vaccinium myrtillus** L. (syn. *Myrtillus niger, M. sylvatica, Vaccinium angulosum, V. montanum*); Blaubeere (syn. Bickbeere, Heidelbeere, Krackbeere, Mostbeere, Schwarzbeere, Taubeere).

Vork.: Mittel- und Nordeuropa sowie Nordamerika und Asien als Unterwuchs nicht zu schattiger Wälder.

Drogen: *1. **Myrtilli folium*** (syn. *Folia Myrtilli*); Heidelbeerblätter (syn. Bickbeerblätter, Blaubeerblätter), die getrockneten Laubblätter. Inh.: Gerbstoffe und deren biogenetische Vorstufen, u. a. Catechin, Epicatechin, Epigallocatechin und Gallocatechin, Proanthocyanidine mit Catechin-Epicatechin-Dimer B-1 und Epicatechin-Dimer B-2 als Hauptkomponenten, ferner Flavonole, bes. Quercetinglykoside, Iridoide, u. a. Asperulosid und Monotropein, sowie Phenolcarbonsäurederivate, bes. Chlorogensäure, Triterpene sowie in sehr geringer Menge Chinolizidinalkaloide, u. a. Myrtin und Epimyrtin. Anw.: volkstümlich bei Beschwerden im Magen-Darm-Bereich, Erkrankungen der ableitenden Harnorga-

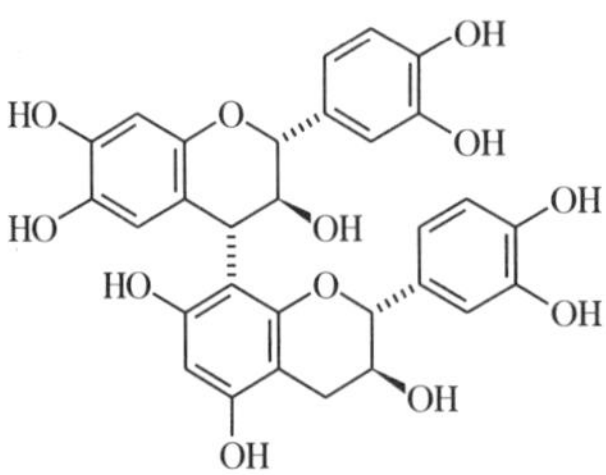

Procyanidin B-1

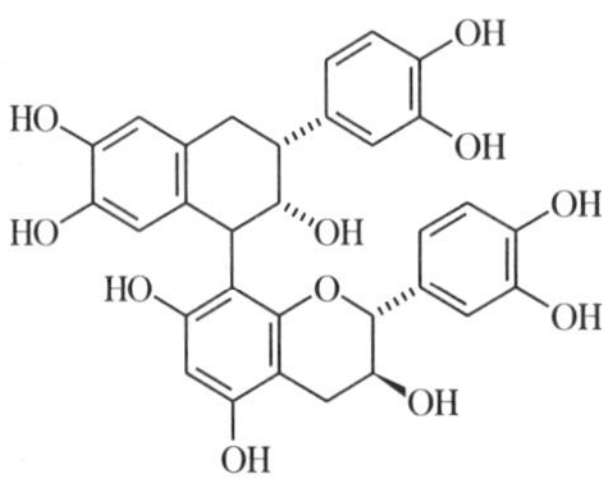

Procyanidin B-2

ne, rheumatischen Beschwerden, Hautleiden, Hämorrhoidalerkrankungen sowie zur Unterstützung der Behandlung von Diabetes mellitus Typ II. Zur ↗ Teezubereitung verwendet man als Einzelgabe 1 g (1 Teelöffel ca. 0,6 g) fein zerschnittene Droge. *2. **Myrtilli fructus*** (syn. *Fructus Myrtilli, Baccae Myrtilli, Baccae Myrtillorum*); Heidelbeeren, die reifen, getrockneten Früchte. *Inh.:* Catechingerbstoffe und deren biogenetische Vorstufen (5–12 %), Proanthocyanidine mit Epicatechin-Dimer B-2 als dominierender Komponente, Anthocyanoside (0,5 %), Flavonoide, die meist als Quercetinglykoside vorliegen, Iridoide (nur in unreifen Früchten), Triterpene, u. a. Ursolsäure, Phenolcarbonsäuren mit Chlorogensäure als Hauptkomponente sowie die Vitamine C, B_1, B_2, Pantothensäure und Nicotinamid (in frischen Früchten). *Anw.:* zur unterstützenden Therapie unspezifischer Durchfallerkrankungen, bes. bei Schulkindern. Tagesdosis ca. 20–60 g Droge. Äußerlich als Abkochung zur lokalen Therapie leichter Entzündungen im Mund-Rachenraum.

Hom.: ***Vaccinium myrtillus*** HAB1; Heidelbeeren, die frischen, reifen Früchte.

● **Vaccinium oxycoccus** L. (syn. *Oxycoccus palustris, Oxycoccus quadripetalus*); Moosbeere (syn. Sauerbeere, Kranichbeere), s. Farbtafel S. 310, Bild 176.

Fam.: Ericaceae.

Vork.: Nord- und Mitteleuropa, Nordasien, Kanada.

Droge: ***Oxycocci fructus*** (syn. *Fructus Oxycocci*), die reifen Früchte. *Inh.:* u. a. ↗ Arbutin, Vacciniin, Gerbstoffe, Fruchtsäuren, Zucker, Pectin und Vitamin C. *Anw.:* in der Volksheilkunde bei Verdauungsproblemen sowie als Vitamin-C-Spender.

● **Vaccinium uliginosum** L.; Rauschbeere (syn. Moorbeere, Moorheidelbeere, Saftbeere, Schwindelbeere, Sumpfheidelbeere, Tollbeere, Trunkelbeere).

Vork.: Nordeuropa, Nordasien, Nordamerika.

Drogen: *1. **Uliginosi fructus*** (syn. *Fructus Uliginosi*), die Früchte. *Inh.:* Gerbstoffe (ca. 6 %), Zucker; berauschende Stoffwechselprodukte unbekannter Struktur, die vermutlich von dem schmarotzenden Pilz *Sclerotina megalospora*, der die Beeren oft befällt, gebildet werden. *Anw.:* in der Volksheilkunde bei Magen- und Darmkatarrhen; volkstümliches Rauschmittel, insbes. der aus den Beeren gewonnene Wein. *2. **Uliginosi folium*** (syn. *Folia Uliginosi*), die getrockneten Blätter. *Inh.:* Hyperosid, Ursolsäure, α-Amyrin, Friedelin, Oleanolsäure, (+)-Catechin, Arbutin. *Anw.:* in der Volksheilkunde bei Durchfall und Blasenleiden.

Histor.: Der aus Trunkelbeeren gekelterte Wein wurde wahrscheinlich bereits in altgermanischen Zeiten bei Trinkritualen eingenommen. In frühchristlicher Zeit diente er als Messwein in Fortführung von Trankopfern für die germanischen Götter. In Sibirien benutzten die Schamanen die Trunkelbeeren zusammen mit Fliegenpilzen (↗ *Amanita muscaria*) zur Erzeugung eines rituellen Rausches.

● **Vaccinium vitis-idaea** L. (syn. *Myrtillus exigua, Vaccinium rubrum, Vitis idaea punctata, V. idaea punctifolia*); Preiselbeere (syn. Kronsbeere, Preißelbeere), s. Farbtafel S. 310, Bild 177.

Vork.: gesamte nördliche Hemisphäre.

Drogen: *1. **Vitis-idaeae folium*** (syn. *Folia Vitis-idaeae*); Preiselbeerblätter (syn. Steinbeerblätter), die getrockneten Blätter. *Inh.:* Gerbstoffe und Gerbstoffvorstufen (10–19 %) meist vom Catechin-Typ, Proanthocyanidine mit Catechin-Epicatechin-Dimer B-1 (0,1–0,5 %), Epicatechin-Dimer B-2 und Catechin-Dimer B-3 als Hauptkomponenten, phenolische Verbindungen, u. a. ↗ Arbutin (ca. 3–5 %) und Phenolcarbonsäuren,

Flavonoide, Triterpene und Mineralstoffe, bes. Mangan (0,04–0,35 %). Anw.: volkstümlich bei Entzündungen der Gallen- und Harnwege, Gicht und rheumatischen Beschwerden sowie als Ersatz für Bärentraubenblätter (↗ *Arctostaphylos uva-ursi*). Zur ↗ Teezubereitung verwendet man als mittlere Einzelgabe die Abkochung von 2 g fein zerschnittener Droge. *2.* ***Vitis-idaeae fructus*** (syn. *Baccae Vitis-idaeae, Fructus Vitis-idaeae*); Preiselbeeren (syn. Kronsbeeren, Rote Heidelbeeren, Steinbeeren), die reife, getrocknete Frucht. Inh.: Anthocyanoside (0,17 %) mit Cyanidin-3-*O*-galactosid als Hauptkomponente. Ferner flüchtige Verbindungen, u. a. aliphatische Alkohole und Aldehyde, Flavonoide mit Quercetin als Hauptkomponente, Triterpene, u. a. Ursolsäure (0,75 %) enthaltend, sowie organische Säuren, u. a. Benzoesäure und Syringasäure. Anw.: volkstümlich auf Grund der adstringierenden Wirkung innerlich bei Durchfallerkrankungen, früher auch bei Lungen- und Gebärmutterblutungen, äußerlich bei Schleimhaut- und Zahnfleischentzündungen sowie für Umschläge und Waschungen bei Hautkrankheiten.

● **Histor.:** Die Verwendung der Heidelbeeren als Heilmittel geht auf das 12. Jh. zurück (Hildegard von Bingen), frühere Angaben über die Verwendung bei ↗ Dioskurides sind nicht gesichert. Vor allem als Mittel gegen Durchfälle wurden die Früchte vielseitig in der Volksheilkunde eingesetzt und waren auch bei Bauchtyphus in Gebrauch. Der Gattungsname ist lateinischen Ursprungs und geht zurück auf *baccinium* (Beerenstrauch, von *bacca,* Beere) wegen der Beerenfrucht.

■ **Vaccinum-Nosode HAB**
Präparation aus Pocken-Lebendimpfstoff nach DAB 10. Anw.-Geb.: Folgen von Pockenimpfungen, entzündliche Hauterkrankungen, Kopfschmerzen.

Valepotriate ↗ Valeriana officinalis.

■ **Valeriana celtica** L.
(syn. *Nardus celtica, Spica celtica*), Echter Speik (syn. Gelber Speik, Keltische Narde, Roter Speik).

Fam.: Valerianaceae.

Vork.: Alpenregionen.

Droge: die Wurzeln. Inh.: äther. Öl (ca. 0,1 %), u. a. mit Sesquiterpenen, Valepotriaten. Anw.: als Ersatz für die Echte Narde (↗ *Nardostachys jatamansii*) in der Parfümerie sowie als Räucherdroge.

■ **Valeriana edulis** Nutt. ex Torr. et Gray ssp. *procera* (H.B.K.) F.G. Meyer
(syn. *Valeriana mexicana*); Mexikanischer Baldrian.

Fam.: Valerianaceae.

Vork.: Mittelamerika, Nordamerika bis Kanada.

Droge: ***Valerianae mexicanae radix***; *Valeriana-edulis*-Wurzel (syn. Mexikanische Baldrianwurzel), die getrockneten rübenförmigen Speicherwurzeln. Inh.: Valepotriate (5–8 %), wie Valtrat, Isovaltrat, Didrovaltrat, in geringeren Mengen Acevaltrat und IVHD-Valtrat; in geringen Mengen äther. Öl. Anw.: in der amerikanischen Volksheilkunde bei Nervosität, Angst- und Spannungszuständen, Befindlichkeitsstörungen, Schlaflosigkeit, funktionellen Herz-Kreislauf-Beschwerden, Magen-Darm-Störungen sowie bei Diabetes.

Valerianae Japonicae radix ↗ Valeriana fauriei.
Valerianae mexicanae radix ↗ Valeriana edulis.
Valerianae radix ↗ Valeriana officinalis.
Valerianae rhizoma ↗ Valeriana officinalis.

■ **Valeriana fauriei** Briq.
(syn. *Valeriana nipponica, V. officinalis* var. *angustifolia, V. officinalis* var. *latifolia*); Japanischer Baldrian (syn. Kessowurzel).

Fam.: Valerianaceae.

Vork.: Japan, Korea, Mandschurei, Taiwan, Sachalin.

Drogen: *1.* ***Valerianae aetheroleum.*** Inhaltsstoffe und Anwendung ↗ *Valeriana officinalis*. *2.* ***Valerianae Japonicae radix*** (syn. *Radix Valerianae japonicae*); Kessowurzel, die getrockneten unterirdischen Organe. Inh.: Valepotriate, wie Valtrat (0,05 %), Spuren an Acevaltrat, IVHD-Valtrat (0,1 %); äther. Öl (bis zu 6,5 %), mit Camphen (ca. 16 %), α-Pinen (ca. 7 %), β-Pinen (ca. 6 %), Limonen (ca. 2 %) und verschiedenen Sesquiterpenen. Anw.: in der japanischen Volksheilkunde bei Schlaflosigkeit, nervöser Unruhe, Streß, Erregungs- und Spannungszuständen.

Valeriana jatamansi ↗ Nardostachys jatamansii.
Valeriana laciniata ↗ Astrephia chaerophylloides.
Valeriana mexicana ↗ Valeriana edulis.
Valeriana nipponica ↗ Valeriana fauriei.

■ **Valeriana officinalis** L.
Baldrian (syn. Arzneibaldrian, Balderbracken, Balderjan, Bullerjan, Gebräuchlicher Baldrian, Gemeiner Baldrian, Katzenbaldrian, Katzenkraut, Stinkbaltes), Sammelart, die sich durch große Mannigfaltigkeit an Formen, Varietäten und Unterarten auszeichnet; s. Farbtafel S. 310, Bild 178.

Fam.: Valerianaceae.

Vork.: Europa und gemäßigte Zonen Asiens, Anbau auch in den USA.

Droge: *1. **Valerianae radix*** (syn. *Radix Valerianae, Valerianae rhizoma, Rhizoma Valerianae*); Baldrianwurzel (syn. Augenwurzel, Balderbackenwurzel, Katzenwurzel, Katzenwürzel), die unterhalb 40 °C sorgfältig getrockneten unterirdischen Organe; s. Farbtafel S. 310, Bild 179. *Inh.:* äther. Öl (0,3–0,8 %) mit Monoterpenen, bes. Borneol, Bornylacetat, Bornylisovalerat, Camphen, Campher, Carvylacetat, 1,8-Cineol, *p*-Cymen, Fenchen, Myrcen, Myrtenol sowie Sesquiterpenen, u. a. *β*-Bisabolen, *γ*-Cadinen, *β*-Elymen, Faurinon, Valeranon, Valerenal, Valerenol, Valerenylisovalerat sowie den schwer flüchtigen Sesquiterpensäuren Acetoxyvalerensäure Hydroxy-

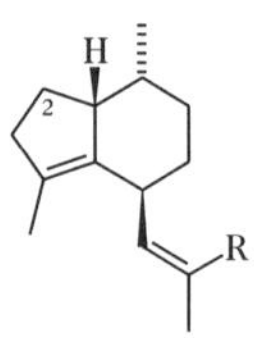

Valerenal: R = CHO
Valerensäure: R = COOH

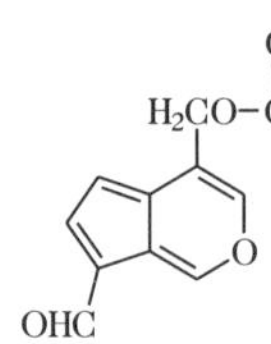

Baldrinal

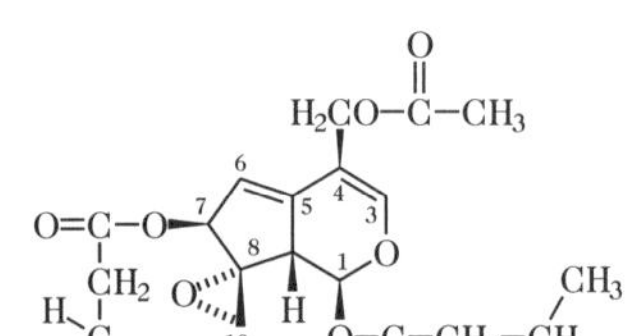

Valtrat

valerensäure und Valerensäure. Weitere Bestandteile sind Phenolcarbonsäuren, u. a. Chlorogen- und Kaffeesäure, sowie *trans*-Hesperidinsäure (= Isoferulasäure), Valepotriate (0,5–2 % bei schonend getrockneter Droge) mit Valtrat (50–80 %) als Hauptkomponente, IVDH-Valtrat und Acevaltrat sowie ihre stabilen Abbauprodukte Baldrinal und Homobaldrinal; Alkaloide (0,01–0,05 %), u. a. Valerianin und *α*-Methylpyrrylketon. *Anw.:* als Anxiolytikum bei Unruhezuständen, nervös bedingten Einschlafstörungen und vegetativen Beschwerden. Extrakte sind Bestandteil zahlreicher diesbezüglicher Arzneifertigpräparate und Teemischungen. Zur ↗ Teezubereitung verwendet man als Einzeldosis etwa 2–3 g Droge (1 Teelöffel = 3–5 g). *2. **Oleum Valerianae aethereum***; Baldrianöl, das äther. Öl der Wurzeln. *Inh.:* s. *Valerianae radix*. *Anw.:* zur Herstellung von galenischen Präparaten, die ähnlich eingesetzt werden wie *Valerianae radix*.

Hom.: ***Valeriana officinalis*** HAB1; Baldrian, die bei maximal 40 °C sorgfältig getrockneten, unterirdischen Pflanzenteile. *Anw.-Geb.:* Erkrankungen des Zentralnervensystems, des Herzens, des Magen-Darm-Traktes sowie des Stütz- und Bewegungsapparates.

Histor.: Der Gattungsname *Valeriana* ist die mittelalterliche Bezeichnung für Baldrian, die wahrscheinlich vom lateinischen *valere* (kräftig, wert sein) abgeleitet ist. Ob der deutsche Name Baldrian mit dem Lichtgott Baldur in Verbindung gebracht werden kann, ist umstritten. Bei den griechischen und römischen Ärzten des Altertums war der Baldrian unter dem Namen *Phu* bekannt und wurde bes. als menstruationsförderndes und harntreibendes Mittel eingesetzt. Spätere Indikationen waren auch die als Anthelmintikum, Aphrodisiakum und letztlich auch als Mittel gegen Pest, wie z. B. aus einem alten angelsächsischen Spruch „Trinkt Baldrian und ihr kommt alle davon" hervorgeht. Wohl wegen seines unangenehmen Geruches galt der Baldrian im Volksglauben lange Zeit auch als zauberabwehrendes Mittel. Die heutige Nutzung als Beruhigungsmittel wurde erst in neuerer Zeit erkannt.

Valeriana rubra ↗ Centranthus ruber.

■ **Valinomycin**
Cyclodepsid-Peptidantibiotikum, das von *Streptomyces fulvissimum* gebildet wird. *Wirk.:* Entkoppler der oxidativen Phosphorylierung, kann als Ionophor Kaliumionen durch die Membran schleusen. *Anw.:* in der experimentellen Pharmakologie als Ionophor; als starkes Insektizid und Ne-

matizid. V. ist stark giftig beim Verschlucken, aber auch bereits beim Berühren mit der Haut, daher besitzt es keine therapeutische Bedeutung.

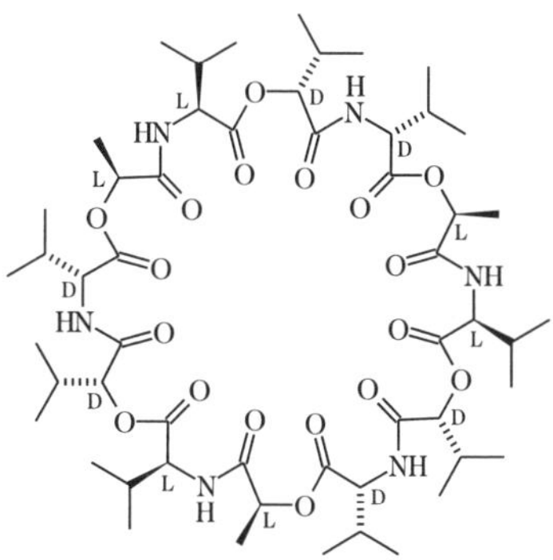

Valinomycin

Valisneria bulbosa ↗ Sagittaria sagittifolia.

■ Vancomycin

(Glykopeptidantibiotikum) ein tricyclisches Heptapeptid, verbunden mit einem Disaccharidrest aus D-Glucose und dem Aminozucker Vancosamin, gebildet von *Streptomyces orientalis*. Wirk.: Hemmung der Membran- und RNA-Synthese von grampositiven Kokken und Stäbchen sowie Beeinflussung der Membranpermeabilität. Anw.: bei schweren Infektionen mit gegen Penicilline und Cephalosporine resistenten Staphylokokken, z. B. bei Endocarditis, Septikämie, Knocheninfektionen sowie Colitis. Der Einsatz von V. ist wegen möglicher Nebenwirkungen, wie Hörschäden, Nierenschäden und Thrombophlebitiden nur sehr eingeschränkt möglich.

Vanilla ↗ Vanilla planifolia.
Vanillae fructus ↗ Vanilla planifolia, ↗ Vanilla tahitensis.
Vanilla fragrans ↗ Vanilla planifolia.

■ Vanilla planifolia Andr.

(syn. *Vanilla fragrans*); Echte Vanille.

Fam.: Orchidaceae.

Vork.: Mexiko, Mittel- und Südamerika, Java, Sri Lanka, Reunion, Mauritius, Madagaskar, Ostafrika, heute zumeist kultiviert.

Droge: *Vanillae fructus* (syn. *Fructus Vanillae, Vanilla*); Vanille (syn. Vanillefrüchte, Vanilleschoten), die vor der Reife gesammelten und fermentierten Früchte. Die Pflanze wird in den Heimatgebieten durch spezielle, d. h. langrüsselige Insekten oder Kolibris befruchtet. In Gebieten, in denen diese Tiere nicht leben, ist eine künstliche Befruchtung notwendig. Inh.: Vanillosid (Vanillin-4-β-glucosid), Vanillolosid (Vanillylalkohol-4-β-glucosid) und Vanillin (zusammen

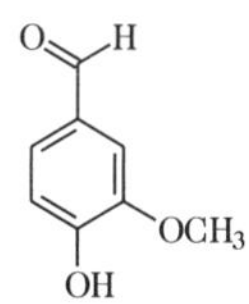

Vanillin

etwa 2–3 %); Vanillinsäure; Harze, Schleimstoffe, Gerbstoffe, Enzyme. Reife Vanilleschoten sind nach der Ernte geruchlos, die Aromastoffe ent-

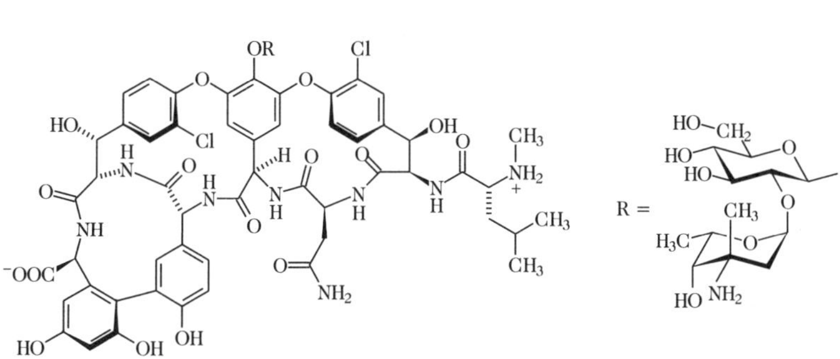

Vancomycin

wickeln sich erst während des Aufarbeitungsprozesses, bei dem durch enzymatische Hydrolyse aus Vanillosid Vanillin freigesetzt wird. Anw.: als Aromatikum für galenische Zubereitungen, früher auch als Aphrodisiakum. Die größte Menge der Droge wird in der Süßwarenindustrie bzw. als Gewürz verarbeitet, v. a. in Schokolade, Speiseeis und in Likören.

Vanilla planifolia, blühender Sproß mit rankenden Wurzeln.

■ **Vanilla tahitensis** J.W. Moore.
Fam.: Orchidaceae.
Vork.: Tahiti.
Droge: *Vanillae fructus*. Inhaltsstoffe und Anwendung. ↗ *Vanilla planifolia.*

Vanille ↗ Vanilla planifolia.
Vanillefrüchte ↗ Vanilla planifolia.
Vanillegras ↗ Hierochloe borealis.
Vanilleschoten ↗ Vanilla planifolia.
Vanillin ↗ Vanilla planifolia.
Vanillosid ↗ Vanilla planifolia.
Vanillosma glomerata ↗ Vanillosmopsis erythropappa.

■ **Vanillosmopsis arborea** Baker
(syn. *Albertinia arborea; Eremanthus arboreus, Vanillosmopsis capitata*).
Fam.: Asteraceae (Compositae).
Vork.: Brasilien.
Droge: *Vanillosmopsis-arborea-Öl*, das durch Wasserdampfdestillation oder Extraktion aus dem Stammholz gewonnene äther. Öl. Inh.: (–)-α-Bisabolol (ca. 95 %), daneben u. a. α-Bergamotten, α-Bisabolen und α-Cedren. Anw.: in der Kosmetik als Ausgangsstoff für die Gewinnung von (–)-α-Bisabolol.

Vanillosmopsis capitata ↗ Vanillosmopsis arborea.

■ **Vanillosmopsis erythropappa** Schultz-Bip.
(syn. *Albertinia candolleana, A. canescens, A. clausseni, A. erythropappa, A. incanescens, Chresta lanceolata, Eremanthus erythropappus, Vanillosma glomerata, Vernonia glomerata*).
Fam.: Asteraceae (Compositae).
Vork.: Brasilien.
Droge: *Vanillosmopsis-erythropappa-Öl*; Candeiaöl, das durch Wasserdampfdestillation oder Extraktion aus dem Stammholz gewonnene äther. Öl. Inh.: (–)-α-Bisabolol (ca. 95 %), daneben Isovaleriansäure (ca. 1 %), β-Bisabolen (ca. 1 %) und weitere Terpene. Anw.: zur Gewinnung von (–)-α-Bisabolol für kosmetische Produkte, wie Hautcremes, Lotiones sowie als Fixateur für die Parfümerie.

Vasaka-Blätter ↗ Justicia adhatoda.
Vateireopsis araroba ↗ Andira-Arten.
Vateriafett ↗ Vateria indica.

■ **Vateria indica** L.
Fam.: Dipterocarpaceae.
Vork.: Indien, auch kultiviert.
Droge: *Malabartalg* (syn. Butterbohnenfett, Vateriafett, Pineytalg), das Fett der Samen. Inh.: Triglyceride mit gesättigten Fettsäuren (60–75 %); Ölsäure sowie äther. Öl (ca. 2 %). Anw.: als Speisefett, zur Herstellung von Seifen und Kerzen.

Vatica robusta ↗ Shorea robusta.
Vegetabilischer Fischleim ↗ Gelidium-Arten.
Vegetabilischer Schwamm ↗ Luffa-Arten.
Vegetabilisches Elfenbein ↗ Phytelephas-Arten.
Vegetabilisches Lamm ↗ Cibotium barometz.
Veilchen ↗ Viola-Arten.
Veilchenblüten ↗ Viola-Arten.
Veilchenwurzel ↗ Iris germanica, ↗ Viola-Arten.
Veilchenwurzelöl ↗ Iris germanica.

Velezia latifolia ↗ Frankenia grandifolia.
Venetianischer Hundstod ↗ Apocynum cannabinum.
Venezianischer Sumach ↗ Cotinus coggygria.
Venezianisches Terpentin ↗ Larix decidua.
Ventenatia glauca ↗ Caloncoba glauca.

■ **Ventilago madraspatana**.
Fam.: Rhamnaceae.
Vork.: West- und Südindien, Sri Lanka, Birma.
Droge: ***Pitti*** (syn. Raktapita), die Wurzelrinde. *Inh.:* Anthrachinonderivate, u. a. Ventilagin, Harz, Wachs. *Anw.:* in der Volksheilkunde als Fiebermittel und bei Verdauungsstörungen, in der Technik zum Färben von Baumwolle, Wolle und Seide.

Venusfliegenfalle ↗ Dionaea muscipula.
Venushaar ↗ Adianthum capillus-veneris.
Venusnabel ↗ Umbilicus rupestris.
Veracruz Jalape ↗ Ipomoea purga.
Vera-Cruz Jalapoe ↗ Ipomoea purga.
Veracruz Japala ↗ Ipomoea purga.
Verakruz-Sarsaparille ↗ Smilax-Arten.

■ **Veratrin**
(syn. Veratrinum) Mischung der Alkaloide Cevadin (ca. 74 %), Veratridin (ca. 26 %) und Sabadin aus ↗ *Schoenocaulon officinale*. *Wirk.:* lähmt die peripheren, motorischen und sensorischen Nerven, auch im Zentralnervensystem und im Gefäßzentrum aktiv. *Anw.:* heute obsolet, früher äußerlich bei Neuralgien, Rheuma, Zahnschmerzen sowie als Insektenkontaktgift. Trotz der Namensähnlichkeit sind die in V. enthaltenen Alkaloide nicht in ↗ *Veratrum album* enthalten.

Veratri nigri radix et rhizoma ↗ Veratrum nigrum.
Veratri rhizoma ↗ Veratrum album.

■ **Veratrum album** L.
(syn. *Helleborus albus, Melanthium album, Veratrum lobelianum*); Weißer Germer (syn. Weiße Hellebore, Weiße Nieswurz), s. Farbtafel S. 310, Bild 180.
Fam.: Melanthiaceae.
Vork.: in den Gebirgen Mittel- und Südeuropas, in Nordasien, Japan, Sibirien und der Arktis.
Droge: ***Veratri rhizoma*** (syn. *Rhizoma Veratri, Radix Veratri albi, Radix Hellebori albi*); Weiße Nieswurz (syn. Fieberwurzel, Germerwurzel, Krätzewurzel, Läusewurzel, Sauwurzel, Stellwurzel), der getrocknete Wurzelstock mit Wurzeln. Die Droge ist stark giftig! *Inh.:* Steroid-Alkaloide (1,2–1,6 %), die zum Solanidan-Typ gehören bzw. einen C-nor-D-homo-Steran-Grundkörper aufweisen, wie Protoverin, Protoveratrin A

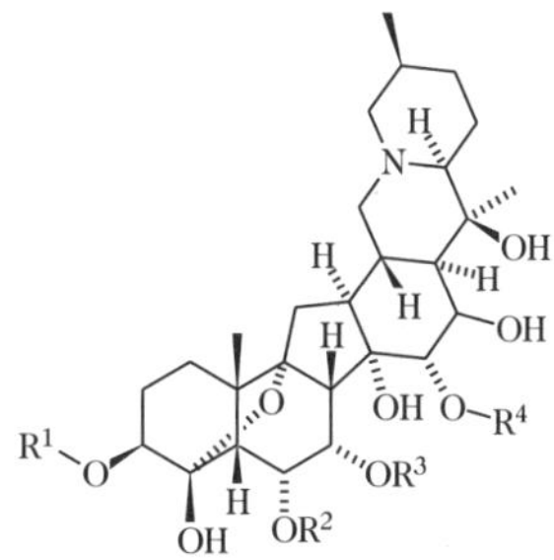

Name	R1	R2, R3	R4
Protoverin	H	H	H
Protoveratrin A	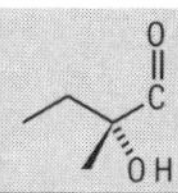	Acetyl	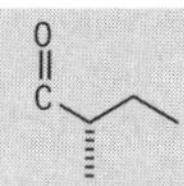

und B (Tetraester); Jervin, Rubijervin, Germerin. *Wirk.:* gefäßerweiternd, negativ chronotrop, blutdrucksenkend mit digitalisähnlicher Wirkung am insuffizienten Herzen. *Anw.:* früher als Antihypertonikum, heute wegen der hohen Toxizität und unsicheren Dosierung obsolet. In der Volksheilkunde wurde die Droge bei Herzrhythmusstörungen, zur Linderung von Krämpfen, Erbrechen und Durchfall bei Cholera, bei Herzbeschwerden, als Emetikum und bei Fieber verwendet. Äußerlich kommt sie bei Gelenkschmerzen, Neuralgien, Gicht und Rheuma zum Einsatz. Wegen der starken Vergiftungsgefahr ist die Anwendung heute nicht mehr vertretbar. Besondere Bedeutung hatte die Droge früher als Bestandteil des „Schneeberger Schnupftabaks".
Hom.: ***Veratrum album*** HAB34; Weiße Nieswurz, der getrocknete Wurzelstock. *Anw.-Geb.:* entzündliche Prozesse des Zentralnervensystems, des Herzens, des arteriellen Gefäßsystems, der unteren Atemwege, des Magen-Darm-Traktes und der weiblichen Geschlechtsorgane.

■ **Veratrum californicum** Durand.
Fam.: Melanthiaceae.

Vork.: USA, Mexiko.

Droge: *Veratrum-californicum-Wurzelstock*, die frischen oder getrockneten unterirdischen Pflanzenteile. Inh.: Alkaloide, u. a. Cyclopamin, Cycloposin, Jervin, Vertramin, Veratrosin. Anw.: in der indianischen Volksheilkunde als Emetikum, bei Geschlechtskrankheiten, zur Empfängnisverhütung; die frische Droge bei Halsentzündungen und zur Wundbehandlung. Die therapeutische Anwendung der Droge wird nicht empfohlen, da sie teratogen wirkt.

Veratrum lobelianum ↗ Veratrum album.
Veratrum luteum ↗ Chamaelirium luteum.

■ **Veratrum nigrum** L.
(syn. *Melanthium nigrum*).

Fam.: Melanthiaceae.

Vork.: Mittel- und Südeuropa, Ostasien.

Droge: *Veratri nigri radix et rhizoma*; *Veratrum-nigrum*-Wurzelstock, die getrockneten Wurzeln und Rhizome. Inh.: Alkaloide, wie Jervin, Pseudojervin, Rubijervin, Germerin, Protoveratrin A und Veramin. Anw.: in der chinesischen Volksheilkunde als Emetikum, beim Schlaganfall, bei Verdauungsstörungen, Kopfschmerzen, Gelbsucht, Krätze, chronischer Malaria, Unterleibsbeschwerden und gegen Hautparasiten. Darüber hinaus dient die Droge als starkes Niespulver.

Veratrum officinale ↗ Schoenocaulon officinale.
Veratrum virens ↗ Veratrum viride.

■ **Veratrum viride** Ait.
(syn. *Melanthium virens, Veratrum virens*); Grüner Germer (syn. Amerikanische Nieswurz, Grüne Nieswurz).

Fam.: Melanthiaceae.

Vork.: im Osten Nordamerikas, von Quebec bis Minnesota, im Süden bis Maryland, Georgia, Tennessee.

Droge: *Rhizoma Veratri viridis*; Amerikanische Nieswurzel (syn. Grüne Nieswurz), das getrocknete Rhizom und die Wurzeln. Die Droge ist stark giftig! Inh.: Steroid-Alkaloide ähnlicher Zusammensetzung wie bei ↗ *Veratrum album*, allerdings mit höherem Anteil an Jervin. Anw.: in der Volksheilkunde früher bei Schmerzen, Epilepsie, Lungenentzündung, Peritonitis, nervösen Herzbeschwerden und Krebserkrankungen sowie einer weiteren Anzahl von schmerzhaften

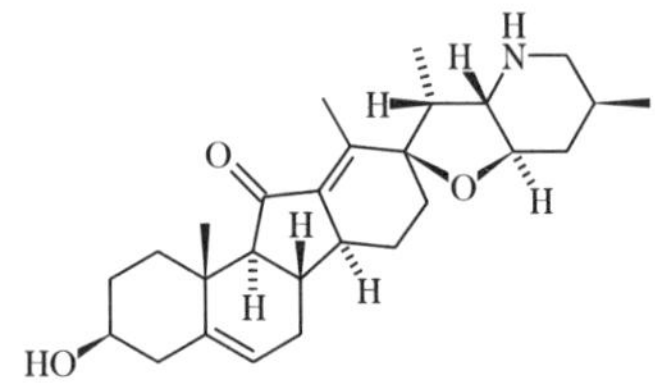

Jervin

Leiden; äußerlich bei Neuralgien und Wunden. Der Einsatz der Droge in der Humanmedizin ist wegen der Nebenwirkungen und ihrer hohen Toxizität heute abzulehnen. Gelegentlich wird ein Extrakt als Insektizid in der Tierheilkunde eingesetzt.

Hom.: *Veratrum viride* HAB34; Grüne Nieswurz, der getrocknete Wurzelstock mit Wurzeln. Anw.-Geb.: entzündliche Prozesse, fieberhafte Erkrankungen, spastische Diathese, Rheumatismus, Bluthochdruck, Krämpfe.

Verbandwatte ↗ Gossypium-Arten.
Verbasci flos ↗ Verbascum-Arten.
Verbasci folium ↗ Verbascum-Arten.

■ **Verbascum-Arten**

● **Fam.:** Scrophulariaceae.

● **Verbascum phlomoides** L. (syn. *Verbascum rugulosum*); Königskerze (syn. Filz-Königskerze, Fischkörnerkerze).

Vork.: Mittel-, Ost- und Südeuropa, Kleinasien.

Drogen: *1. Verbasci flos* (*Flores Thapsi barbati, Flores Verbasci, Flos Verbasci*), Wollblumen (syn. Himmelbrandtee, Königskerzenblüten, Wollkrautblumen), die getrockneten Blumenkronen mit den aufsitzenden Staubblättern. Inh.: Triterpensaponine, wie Verbascosaponin; Flavonoide (1,5–4 %), u. a. Apigenin, Chrysoeriol, Luteolin, Kämpferol, Quercetin, Eriodictyol und entsprechende Glykoside; Iridoide, wie ↗ Aucubin, Catalpol; Schleimstoffe, Ferulasäure, Kaffeesäure, Protocatechusäure, Carotinoide, Phytosterole, Invertzucker. Anw.: bei Katarrhen der Luftwege. In der Volksheilkunde wird die Droge bei grippalen Infekten, als Diaphoretikum, bei Husten, Rheuma, Blasen- und Nierenerkrankungen sowie bei Gastrointestinalbeschwerden eingesetzt. Äußerlich kommt sie als Badedroge bei Hauterkrankungen sowie zur Anregung des Kreislaufs zum Einsatz. Häufig wird die Droge als Schmuckdroge in Teemischungen sowie zum Aromatisieren von Likören verwendet. Zur ↗ Teezubereitung verwendet man als Einzelgabe 2 Teelöffel (ca. 1 g) feingeschnittene Wollblumen. Als TD werden 3–4 g Droge empfohlen. ***2. Verbasci folium*** (syn. *Folia Verbasci; Herba Thapsi barbati, Herba Verbasci*); Königskerzenkraut (syn. Himmelbrandkraut, Königskerzenblätter, Wollkraut, Wollblumenkraut), die getrockneten Blätter und Sproßachsen. Inh.: Iridoidglykoside, wie ↗ Aucubin; Schleimstoffe, Flavonoide, z. B. Diosmin, Saponine. Anw.: in der Volksheilkunde ähnlich wie *Verbasci flos*, darüber hinaus bei Bronchitis, Tracheitis und Atemwegskatarrhen; äußerlich bei Frostbeulen, Prellungen und Hautentzündungen.

● **Verbascum thapsiforme** Schrader (syn. *Verbascum densiflorum*); Großblumige Königskerze (syn. Große Königskerze, Wollkraut).

Vork.: Europa, Kaukasusregion, Nordwestafrika.

Drogen: ***1. Verbasci flos*** (syn. *Flores Verbasci*); Königskerzenbüten (syn. Wollblumen), die getrocknete Blumenkrone mit Staubblättern. Inh. und Anw. s. *Verbascum phlomoides*. ***2. Verbasci folium*** (syn. *Folia Verbasci*); Königskerzenblätter (syn. Wollkrautblätter), die getrockneten Blätter. Inh. und Anw. s. *Verbascum phlomoides*.

Hom.: ***1. Verbascum thapsiforme*** HAB1; Königskerze, die frischen, zur Blütezeit gesammelten, oberirdischen Pflanzenteile ohne verholzte Stengel. Anw.-Geb.: Erkrankungen der oberen und unteren Atemwege sowie des peripheren Nervensystems. ***2. Verbascum ad usum externum*** HAB34, das frische, zu Beginn der Blüte gesammelte Kraut.

● **Verbascum thapsus** L. (syn. *Verbascum crassifolium, V. montanum, V. pseudothapsiforme, Thapsus barbatus*); Echte Königskerze (syn. Kleinblumige Königskerze, Kleine Königskerze).

Vork.: Europa, Nordasien, in Nordamerika eingebürgert.

Drogen: ***1. Verbasci flos***. Inh. und Anw. s. *Verbascum phlomoides*. ***2. Verbasci folium***. Inh. und Anw. s. *Verbascum phlomoides*.

Histor.: Der Gattungsname ist vom lateinischen „barbascum" (*barba* = Bart) abgeleitet. Der Artname *thapsiforme* geht auf das griechische *thapsos* zurück, worunter die Griechen eine zum Gelbfärben benutzte Pflanze verstanden. Der Name Königskerze hat nach ↗ Brunfels seinen Ursprung darin, daß die mit Teer oder Pech bestrichene Pflanze wie eine Fackel brennt und entsprechend auch genutzt worden sein soll.

Verbena diffusa ↗ Verbena urticifolia.
Verbena domingensis ↗ Verbena officinalis.
Verbenae herba ↗ Verbena officinalis.

■ **Verbena hastata** L.
Blaue Verbene.

Fam.: Verbenaceae.

Vork.: Nordamerika.

Droge: ***Verbena-hastata-Kraut***, die zur Blütezeit gesammelten und getrockneten Blätter und oberen Stengelabschnitte. Inh.: Iridoidglykoside, u. a. Hastatosid und Verbenalin. Anw.: volkstümlich als schweißtreibendes Mittel zur Einleitung von Schwitzkuren sowie bei Katarrhen der Atemwege.

Hom.: ***Verbena hastata*** HAB34, die frische, blühende Pflanze.

■ **Verbena officinalis** L.
(syn. *Verbena sororia, V. spuria, V. domingensis*); Echtes Eisenkraut (Eisenbart, Eisenkraut, Heiligkraut, Katzenblutkraut, Sagenkraut).

Fam.: Verbenaceae.

Vork.: weltweit.

Droge: ***Verbenae herba*** (syn. *Herba Verbenae, Herba Columbariae, Herba Sanguinalis*), Eisenkraut (syn. Taubenkraut, Katzenblutkraut, Sagenkraut), die getrockneten, während der Blütezeit gesammelten, ganzen oder geschnittenen Laubblätter und oberen Stengelabschnitte. Inh.: Iridoide, bes. Verbenalin (0,15 % isoliert) und Hastatosid (0,08 %), ferner Flavone, u. a. Glykoside

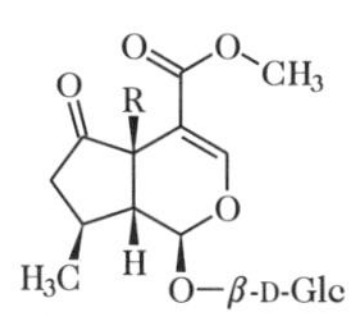

Verbenalin: R = H
Hastatosid: R = OH

des 6-Hydroxyapigenins und des 6-Hydroxyluteolins, Hydroxyzimtsäurederivate, u. a. Verbascosid (0,8 %) sowie geringe Mengen ↗ Adenosin, Schleimstoffe und Spuren von äther. Öl. Anw.:

volkstümlich bei Erkrankungen im Bereich der Mund- und Rachenschleimhaut, Erkrankungen der Atemwege und der ableitenden Harnwege sowie bei Verdauungsstörungen. Äußerlich auch als Gurgelmittel.

Hom.: ***Verbena officinalis*** HAB34; die zur Blütezeit geernteten, frischen, oberirdischen Triebe. *Anw.-Geb.:* Blutergüsse, zerebrale Anfallsleiden.

Histor.: Der Gattungsname *Verbena* ist vermutlich keltischen Ursprungs. Der Name Eisenkraut ist eine Übersetzung aus dem griechischen *sideritis*, einem bei ↗ Dioskurides benutzten Pflanzennamen, (*sideros* = Eisen). *Verbena officinalis* wurde bei den antiken Völkern hoch verehrt. Sie war der Erigineia, der Göttin der Frühe, geweiht. Im alten Ägypten hieß sie „Träne der Iris", die bei feierlichen Gelegenheiten verbrannt wurde und auch als Wundermittel bei Verletzungen galt. ↗ Plinius bezeichnete sie als berühmteste Pflanze der römischen Flora, von der immer Bündel auf dem Altar des Jupiter lagen. Im Aberglauben der Völker hat sie stets eine bedeutende Rolle gespielt. Im Mittelalter diente sie nicht selten als Beschwörungs- und Zaubermittel.

Verbena sororia ↗ Verbena officinalis.
Verbena spuria ↗ Verbena officinalis.
Verbena urticaefolia ↗ Verbena urticifolia.

■ **Verbena urticifolia** L.
(syn. *Verbena diffusa, V. urticaefolia*); Nesselblättrige Verbene (syn. Weiße Verbene).

Fam.: Verbenaceae.

Vork.: östliches Kanada und USA.

Hom.: ***Verbena urticaefolia*** HAB34, die frische, blühende Pflanze. *Anw.-Geb.:* Steinleiden.

Verfangkraut ↗ Arnica-Arten.
Vermillon americanum ↗ Bignonia chica.
Vernicia fordii ↗ Aleurites fordii.
Vernonia glomerata ↗ Vanillosmopsis erythropappa.
Vernunft-und-Verstand ↗ Anagallis arvensis.

■ **Veronica beccabunga** L.
Bachbunge (syn. Bachbungenehrenpreis, Quellehrenpreis, Wasserbunge, Wassersalat).

Fam.: Scrophulariaceae.

Vork.: Europa, Asien, Nordafrika, östliches Nordamerika.

Droge: ***Beccabungae herba*** (syn. *Herba Beccabungae*); Bachbungenkraut (syn. Wasserbungenkraut), die blühende, von der Wurzel befreite, frische Pflanze. *Inh.:* Iridoide, u. a. ↗ Aucubin, ferner Mannitol, Raffinose, Sterole, u. a. β-Sitosterol, sowie Kaffeesäurederivate, u. a. Ferula- und Kaffeesäure. *Anw.:* volkstümlich bei ungenügender Harnausscheidung, zur Appetitanregung, bei Blasensteinen, Verstopfung, Hautleiden und Zahnfleischblutungen.

Hom.: ***Veronica beccabunga*** HAB 34, die frischen, zur Blütezeit geernteten, oberirdischen Teile.

Veronicae herba ↗ Veronica officinalis.

■ **Veronica officinalis** L.
Echter Ehrenpreis (syn. Arznei-Ehrenpreis, Wald-Ehrenpreis).

Fam.: Scrophulariaceae.

Vork.: Europa, Vorderasien und Nordamerika.

Droge: ***Veronicae herba*** (syn. *Herba Betonicae albae, Herba Veronicae*); Ehrenpreiskraut (syn. Grundheilkraut, Wundkraut), das getrocknete, während der Blütezeit gesammelte Kraut. *Inh.:* Iridoidglucoside (0,5–1 %), u. a. ↗ Aucubin und Catalpol sowie verschiedene Catalpolester. Außerdem Flavonoide, bes. Flavone (Apigenin und Luteolin), Triterpensaponine, geringe Mengen Gerbstoffe, Mannitol, β-Sitosterol, Chlorogen- und Kaffeesäure. *Anw.:* volkstümlich bei Erkrankungen und Beschwerden im Bereich der Atemwege, bei Verdauungs- und rheumatischen Beschwerden, Gicht, als harntreibende Droge sowie äußerlich als Gurgelmittel bei Entzündungen der Mund- und Rachenschleimhaut. Im Haushalt wird das junge Kraut wie Brunnenkresse als Salat oder Gemüse verzehrt.

Hom.: ***1. Veronica officinalis*** HAB1; Ehrenpreis, die frischen, oberirdischen Teile blühender Pflanzen. *Anw.-Geb.:* chronische Bronchitis, Blasenkatarrh, chronische Hauterkrankungen. ***2. Veronica officinalis, äthanol. Decoctum*** HAB1; Ehrenpreis, die frischen, oberirdischen Teile blühender Pflanzen. *Anw.-Geb.:* in der anthroposophischen Therapierichtung.

Histor.: Der Gattungsname *Veronica* ist vermutlich eine Verstümmelung des Namens *Betonica*, der nach ↗ Plinius vom keltischen Volke der Vetonen abstammen soll. Es ist unklar, ob die Pflanze als Heilmittel im griechischen und römischen Altertum bekannt war. Hohe Wertschätzung genoß die Pflanze im Mittelalter, wie dies in den bekannten Kräuterbüchern zum Ausdruck kommt.

Veronicastrum virginicum ↗ Veronica virginica.

■ **Veronica virginica** L.
(syn. *Leptandra virginica, Veronicastrum virginicum*); Virginianischer Ehrenpreis.
Fam.: Scrophulariaceae.
Vork.: Nordamerika.
Droge: ***Leptandrae virginicae rhizoma*** (syn. *Rhizoma (Radix) Leptandrae virginicae*); Leptandrawurzel (syn. Leptandra-Wurzelstock, Virginischer Ehrenpreis), die getrockneten, im Herbst des zweiten Jahres gesammelten Rhizome mit den Wurzeln. *Inh.:* äther. Öl (0,16 %), Zimtsäurederivate, u. a. 3,4-Dimethoxyzimtsäure und *p*-Methoxyzimtsäure, Sterole, u. a. β-Sitosterol und Harz. *Anw.:* volkstümlich bei Verstopfung, zur Auslösung von Brechreiz sowie bei Leber- und Gallenbeschwerden.
Hom.: ***Veronica virginica*** HAB1; Virginianischer Ehrenpreis, die frischen, unterirdischen Teile zweijähriger Pflanzen. *Anw.-Geb.:* Erkrankungen des Magen-Darm-Traktes, der Leber, Galle und Bauchspeicheldrüse.

Veronikenwurz ↗ Arum maculatum.
Verschiedenfarbige Schwertlilie ↗ Iris versicolor.

■ **Vesica fellea HAB**
die Gallenblasen von Schlachttieren. *Anw.-Geb.:* selten bei Stoffwechselstörungen.

■ **Vespa crabro** L.
Hornisse.
Fam.: Vespidae.
Vork.: Europa.
Inh.: im Hornissengift sind Histamin, Serotonin, freie Aminosäuren, Acetylcholin, toxische Peptide, Enzyme (Phospholipasen, Hyaluronidase) enthalten.
Hom.: ***Vespa crabro*** HAB34; die lebende Hornisse. *Anw.-Geb.:* entzündliche Hauterkrankungen, Schleimhautschwellungen, Entzündungen der Harnorgane sowie der weiblichen Geschlechtsorgane.

Vesperkraut ↗ Sideritis-Arten.

■ **Vestia lycioides** Willd.
Fam.: Solanaceae.
Vork.: Südamerika, bes. Chile, Peru, Argentinien, Brasilien.
Droge: Blätter und Samen. *Inh.:* β-Carbolin-Alkaloide, Bitterstoffe, Flavonoide, u. a. Isoquercitrin, Quercitrin-3-diglucosid; β-Amyrin, Oleanolsäure, Cumarin, Fraxetin, Steroidsapogenine. *Anw.:* in der chilenischen Volksheilkunde als Stomachikum, Tonikum, Fiebermittel sowie bei Dysenterie.

Vetiverae aetheroleum ↗ Vetiveria zizanioides.
Vetivergras ↗ Vetiveria zizanioides.
Vetiveriae radix ↗ Vetiveria zizanioides.

■ **Vetiveria zizanioides** (L.) Nash
(syn. *Andropogon muricatus, A. squarrosus, Cymbopogon jawarancusa*); Vetivergras (syn. Mottenwurzel).
Fam.: Poaceae (Gramineae).
Vork.: Indien, Sri Lanka, Indonesien, Philippinen, Westindien, südliches Nordamerika, Afrika, besonders Angola, Reunion, häufig kultiviert.
Drogen: *1.* ***Vetiveriae radix*** (syn. *Radix Vetiveriae, Radix Jawarancusae*); Vetiverwurzel (syn. Ivarancusawurzel, Mottenwurzel), die frischen Wurzeln, auch andere *Andropogon*-Arten können herangezogen werden. *Inh.:* äther. Öl (2–2,5 %), Harz, Bitterstoffe, Vetiverin. *Anw.:* in der Volksheilkunde als Diaphoretikum und Ungeziefermittel, besonders gegen Motten. Ein Wurzelextrakt wird auch in der Parfümerie eingesetzt.
2. ***Vetiverae aetheroleum*** (syn. *Oleum Andropogonis muricati, Oleum Jawarancusae, Oleum Vetiverae*); Vetiveröl, das äther. Öl aus den Wurzeln. *Inh.:* Ketone, wie Vetiveron (α-Vetivon) und

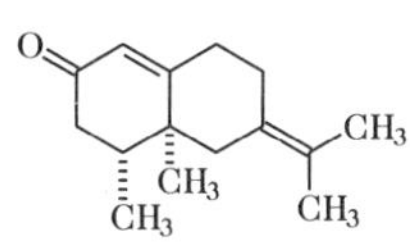

α-Vetivon

Vetiron; Vetoon, Vetivazulen, Khusensäure, Isokhusensäure, weitere Kohlenwasserstoffe mit Khusilangerüst, Naphthaline. *Anw.:* in der Parfümerie und Seifenindustrie als Fixateur.
Hom.: ***Vetiveria zizanioides*** (syn. *Anatherum muricatum*) HAB; der getrocknete Wurzelstock mit den Wurzeln. *Anw.-Geb.:* Hauteiterungen, Nagelwachstumsstörungen.

Vetiveröl ↗ Vetiveria zizanioides.
Vetiverwurzel ↗ Vetiveria zizanioides.
Viburni opuli cortex ↗ Viburnum-Arten.
Viburni prunifolii cortex ↗ Viburnum-Arten.

■ Viburnum-Arten

● **Fam.:** Caprifoliaceae.

● **Viburnum odoratissimum** Ker. Gawl. (syn. *Viburnum chinense*).

Vork.: China, in Europa als Zierpflanze kultiviert.

Inh.: Phenolcarbonsäuren, Iridoidglykoside, Flavonoide.

Hom.: ***Viburnum odoratissimum*** HAB34, die frischen Blätter und Blüten.

● **Viburnum opulus** L. (syn. *Opulus glandulosus, O. vulgaris, Viburnum lobatum*); Gemeiner Schneeball (Gewöhnlicher Schneeball, Wasserholder, Wasserschneeball), s. Farbtafel S. 311, Bild 181.

Vork.: Europa, Asien, Nordafrika, Nordamerika, oft kultiviert.

Droge: ***Viburni opuli cortex*** (syn. *Cortex Sambuci aquaticae, Cortex Viburni opuli*); Schneeballbaumrinde (syn. Schneeballrinde, Wasserholderrinde), die getrocknete Rinde. Inh.: α- und β-Amyrin, Oleanol- und Ursolsäure, Catechin, Epicatechin, äther. Öl (ca. 0,3 %), Viburnin, Harz mit verschiedenen Fettsäuren. Anw.: in der Volksheilkunde bei drohendem Abort, falschen Wehen, schmerzhafter Menstruation sowie Funktionsstörungen der Fortpflanzungsorgane.

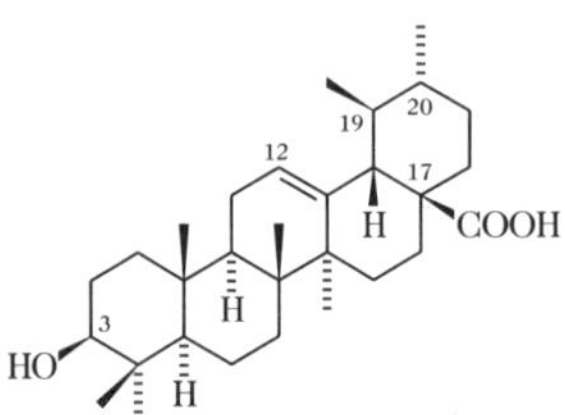

Ursolsäure (3β-Hydroxy-12-ursen-28-säure)

Hom.: ***Viburnum opulus*** HAB1; Schneeball, die frische, im Herbst gesammelte Rinde. Anw.-Geb.: Erkrankungen der weiblichen Geschlechtsorgane und schmerzhafte Menstruationsblutungen.

Histor.: Der Gattungsname *Viburnum* ist lateinischer Herkunft und ist von *viere* (binden, flechten) bzw. *vimen* (Flechtwerk, Gerte) abgeleitet, Bezug nehmend auf die zähen, biegsamen Zweige des Strauches. *Opulus* war bei den Römern der Name für den Feldahorn. Wegen der Ähnlichkeit der Blätter mit diesem wurde die Bezeichnung auf den heutigen Schneeball übertragen. Der Name Schneeball wird wegen der kugelförmigen Blütenstände der Gartenformen gebraucht.

● **Viburnum prunifolium** L.; Amerikanischer Schneeballbaum (syn. Amerikanischer Schneeball, Virginischer Schneeball).

Vork.: USA und Kanada.

Droge: ***Viburni prunifolii cortex*** (syn. *Cortex Viburni prunifolii, Viburnum cortex*); Amerikanische *Schneeballbaumrinde* (syn. Viburnumrinde), die getrocknete Stammrinde. Inh.: ↗ Arbutin, Saligenin, Aesculetin, Scopoletin, ↗ Amentoflavon, Sterole, wie α- und β-Amyrin, Oleanol- und Ursolsäure; Chlorogensäure. Anw.: in der Volksheilkunde bei Dysmenorrhoe, falschen Wehen und drohendem Abort.

Hom.: ***Viburnum prunifolium*** HAB34; die frischen, reifen Früchte. Anw.-Geb.: Regelstörungen, Schwangerschaftsbeschwerden, nervöse Störungen.

Viburnum cortex ↗ Viburnum-Arten.
Viburnumrinde ↗ Viburnum-Arten.

■ Vicia faba L.

(syn. *Faba bona, F. vulgaris*); Puffbohne (syn. Ackerbohne, Pferdebohne, Saubohne, Dicke Bohne).

Fam.: Fabaceae.

Vork.: ausschließlich in Kulturen, bes. mäßig warme Regionen, u. a. Mittelmeergebiete.

Droge: ***Ackerbohnenkraut*** (syn. Pferdebohnenkraut), das Kraut. Inh.: die Pflanze, vor allem die Samen, enthalten Proteine, u. a. Lectine mit einem spezifischen Bindungsvermögen für Glucose und Mannose sowie die Aminosäure 3,4-Dihydroxyphenylalanin (DOPA). Anw.: Die Samen sind zur Gewinnung von DOPA-Präparaten geeignet. Als Pulver werden diese auch in kosmetischen Präparaten verarbeitet, in der Tierhaltung kommen sie als proteinreiches Kraftfutter zur Anwendung.

Hom.: ***Vicia faba*** HAB34, die abgeblühte, frische Pflanze.

Vielblättrige Lupine ↗ Lupinus polyphyllus.

Vielblütige Weißwurz ↗ Polygonatum multiflorum.
Vielköpfiges Ruhrkraut ↗ Pseudognaphalium obtusifolium.
Vierblättrige Einbeere ↗ Paris quadrifolia.
Vigna sinensis ↗ Vigna unguiculata.

■ **Vigna unguiculata** (L.) Walp.
(syn. *Vigna sinensis, Dolichos biflorus*); Helmbohne.

Fam.: Fabaceae (Leguminosae).

Vork.: Afrika, wildwachsend und zunehmend kultiviert.

Droge: die Samen und Knollen. Inh.: Proteine (22–25 %), Fett (ca. 2 %), Lectine. Anw.: als Volksnahrungsmittel in Afrika; die Lectine, die eine besondere Affinität zu *N*-Acetylglucosamin aufweisen, für die Blutgruppendiagnostik (Blutgruppe Null).

Vignea arenaria ↗ Carex arenaria.
Vinblastin ↗ Catharanthus roseus.
Vinca bottae ↗ Vinca herbacea.
Vinca ellipticifolia ↗ Vinca minor.
Vincae minoris folium ↗ Vinca minor.
Vincae rosae herba ↗ Catharanthus roseus.
Vincae roseae radix ↗ Catharanthus roseus.
Vinca grandiflora ↗ Vinca major.
Vinca hausknechti ↗ Vinca herbacea.

■ **Vinca herbacea** Waldst. et Kit.
(syn. *Vinca bottae, V. hausknechti, V. libanotica, V. mixta, V. pumila, V. sessilifolia*); Krautiges Immergrün.

Fam.: Apocynaceae.

Vork.: u. a. Europa, Kleinasien, Kaukasusgebiete, Nordiran.

Droge: ***Vinca-herbacea-Kraut***, die getrockneten oberirdischen Pflanzenteile. Inh.: Alkaloide (0,0–1,1 %), v. a. Herbacein, Herbain, Akuammin, Herboxin, Ervamycin und Herbadin. Anw.: in der Volksheilkunde der Heimatgebiete innerlich bei Krämpfen und Diabetes; äußerlich bei Hautmykosen und Zahnerkrankungen.

Vinca humilis ↗ Vinca minor.
Vinca libanotica ↗ Vinca herbacea.

■ **Vinca major** L.
(syn. *Pervinca major, Vinca grandiflora, V. major ssp. major, V. ovatifolia*); Großes Immergrün (syn. Großes Singrün).

Fam.: Apocynaceae.

Vork.: Südeuropa, Mittelmeerraum, Nordamerika.

Droge: ***Vinca-major-Kraut***, die getrockneten oberirdischen Pflanzenteile. Inh.: Alkaloide (bis max. 1,9 %), u. a. Akuammicin, Akuammin, Lochvinerin, Venoterpin, Reserpinin und Vincamin; Ursolsäure, Loganinsäure, Flavonoide, Cyclitole. Anw.: in der Volksheilkunde innerlich bei Menorrhagie, Leukorrhoe, Bettnässen; äußerlich gegen Hämorrhoiden.

Vincamin ↗ Vinca minor.

■ **Vinca minor** L.
(syn. *Pervinca minor, P. procumbens, Vinca ellipticifolia, V. humilis*); Gemeines Immergrün (syn. Immergrün, Kleines Immergrün, Kleines Sinngrün), s. Farbtafel S. 311, Bild 182.

Fam.: Apocynaceae.

Vork.: Immergrüner Halbstrauch, der in Laub- und Auwäldern Europas, bis 1300 m in den Schweizer Alpen zu finden ist.

Droge: ***Vincae minoris folium*** (syn. *Herba Vincae pervincae, Folia Vincae, Folia Vincae pervincae*); Immergrünblätter (syn. Sinngrünblätter). Inh.: 0,1–1,3 % Indolalkaloide, wie Vincamin

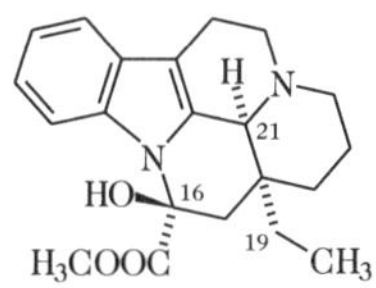

Vincamin

und andere Vinca-Alkaloide; Terpene (u. a. Ursolsäure), Phenole, Phenolcarbonsäuren und Flavonoide. Anw.: zur Unterstützung des Herz-Kreislauf-Systems bei älteren Patienten, als Blutdrucksenker, Diuretikum, Immunstimulans und Spasmolytikum. In der Volksheilkunde wird die Droge zur Verbesserung der Hirndurchblutung und bei Gedächtnisschwäche, gegen erhöhten Blutzucker und bei Magen-Darm-Katarrhen eingesetzt, äußerlich auch bei Abszessen, Blutergüssen, Ekzemen sowie zum Gurgeln. Der Einsatz von Immergrünkraut zu arzneilichen Zwekken wird allerdings nicht empfohlen. Weiterhin wird die Droge zur Isolation von Vincamin herangezogen, das in durchblutungsfördernden Arzneimitteln eingesetzt wird.

Hom.: *Vinca minor* HAB1; Kleines Immergrün, die frischen, oberirdischen Teile blühender Pflanzen mit anhängenden, faserigen Wurzeln. Anw.-Geb.: bei nässendem Ekzem und Schleimhautblutungen sowie bei Gerinnungsstörungen.

Histor.: Der Gattungsname *Vinca* leitet sich vom lateinischen *vincire* (umwinden) ab. Der deutsche Name Immergrün bezieht sich auf die immergrünen Blätter der Pflanze.

Vinca mixta ↗ Vinca herbacea.
Vinca ovatifolia ↗ Vinca major.
Vinca pumila ↗ Vinca herbacea.
Vinca rosea ↗ Catharanthus roseus.
Vinca sessilifolia ↗ Vinca herbacea.
Vincetoxici radix ↗ Vincetoxicum hirundinaria.
Vincetoxicum acuminatum ↗ Vincetoxicum atratum.
Vincetoxicum album ↗ Vincetoxicum hirundinaria.

■ **Vincetoxicum atratum** Moore et Decne.
(syn. *Cynanchum atratum, Vincetoxicum acuminatum*).

Fam.: Asclepiadaceae.

Vork.: Nordchina, Japan.

Droge: ***Radix Cynynchi atrati***, *Vincetoxicum-atratum*-Wurzel, die getrockneten Wurzeln und Rhizome. Inh.: Steroidglykoside, u. a. Cynatratosid A, B, C, D, E und F; Glaucogenin A, Glaucosid C und H. Anw.: in der chinesischen Medizin bei fiebrigen Infektionen, Schwindsucht, Blutmangel, Harnwegsinfektionen, Dysurie, Karbunkel und anderen entzündlichen Hauterkrankungen.

■ **Vincetoxicum hirundinaria** Medik.
(syn. *Alexitoxicum vincetoxicum, Asclepias vincetoxicum, A. alba, Cynanchum vincetoxicum, Vincetoxicum album, V. officinale, V. vincetoxicum, V. vulgare*); Schwalbenwurz (syn. Sankt-Lorenz-Wurzel, Sankt-Lorenzkraut, Weiße Schwalbenwurz), s. Farbtafel S. 311, Bild 183.

Fam.: Asclepiadaceae.

Vork.: Europa, Asien, Nordafrika.

Droge: ***Vincetoxici radix*** (syn. *Radix Vincetoxici, Rhizoma Vincetoxici*); Schwalbenwurzel (syn. Giftwurzel, St. Lorenzkrautwurzel), der getrocknete Wurzelstock und die Wurzeln. Inh.: 15-Oxasteroidglykoside mit Secopregnangrundgerüst als Aglyka, u. a. Hirundigenin und Anhydrohirundigenin. Ferner Alkaloide (0,018 %), u. a. Tylophorin

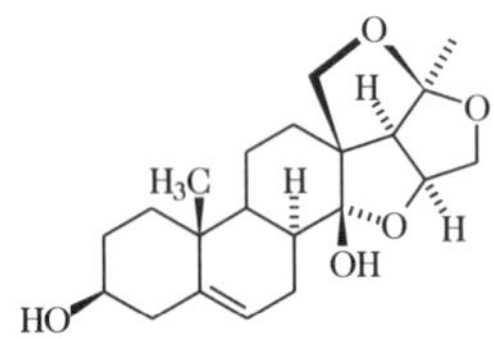

Hirundigenin

enthaltend, sowie Triterpene, Sterole und Phenolcarbonsäurederivate, u. a. Chlorogen- und Sinapinsäure. Anw.: volkstümlich zur Erregung von Brechreiz bei Vergiftungsverdacht sowie als harntreibendes und schweißtreibendes Mittel. Früher auch bei Menstruationsbeschwerden.

Hom.: *Vincetoxicum hirundinaria* HAB1; Schwalbenwurz, die frischen Blätter. Anw.-Geb.: entzündliche Prozesse, Virusinfektionen.

Histor.: Der Gattungsname *Vincetoxicum* leitet sich vom lateinischen *vincere* (besiegen) und *toxicum* (Gift) ab und bezeichnet eine Pflanze, die als Antidot wirkt. Der Name Schwalbenwurz ist aus dem mittellateinischen Namen der Pflanze *hirundinaria* bzw. vom lateinischen *hirundo* (Schwalbe) abgeleitet und drückt die Ähnlichkeit der mit einem Haarschopf versehenen Samen mit fliegenden Schwalben aus. Die giftverdächtige Pflanze wird von Schafen und Rindern gemieden und von Pferden erst nach Frost gefressen.

Vincetoxicum officinale ↗ Vincetoxicum hirundinaria.
Vincetoxicum vincetoxicum ↗ Vincetoxicum hirundinaria.
Vincetoxicum vulgare ↗ Vincetoxicum hirundinaria.
Vincristin ↗ Catharanthus roseus.
Vino Palmeo ↗ Phoenix dactylifera.
Vinum ↗ Vitis vinifera.
Vinum Camphoratum ↗ Vinum medicatum.
Vinum Chinae ↗ Vinum medicatum.
Vinum Cinchonae ↗ Vinum medicatum.
Vinum Condurango ↗ Vinum medicatum.
Vinum dulce ↗ Vitis vinifera.

■ **Vinum medicatum**
Medizinischer Wein, Arzneizubereitung, die durch Lösen oder Mischen von Arzneistoffen mit Wein (↗ *Vitis vinifera*) hergestellt wird. Früher hatten die medizinischen Weine als Arzneiform eine we-

sentlich größere Bedeutung als heute, nur noch wenige Zubereitungen werden als solche genutzt. ***1. Vinum Camphoratum***; Campherwein. Inh.: 1 Teil ↗ Campher, 1 Teil Ethanol, 3 Teile Gummischleim, 45 Teile Weißwein. Anw.: früher bei Herzbeschwerden und Mattigkeit. ***2. Vinum Chinae*** (syn. *Vinum Cinchonae*), Chinawein. Inh.: 5 Teile Chinafluidextrakt aus Chinarinde (↗ *Cinchona*-Arten), 1 Teil Pomeranzentinktur aus Pomeranzenschalen (↗ *Citrus*-Arten), 15 Teile Zucker, 0,1 Teil Citronensäure, 80 Teile Xereswein (↗ *Vitis vinifera*). Anw.: als Stomachikum. ***3. Vinum Condurango***; Kondurangowein. Inh.: 10 Teile Kondurangofluidextrakt aus Kondurangorinde (↗ *Marsdenia condurango*), 1 Teil Aromatische Tinktur, 9 Teile Zucker, 80 Teile Xereswein. Anw.: zur Appetitanregung, als Stomachikum. ***4. Vinum Pepsini***, Pepsinwein. Inh.: 24 Teile ↗ Pepsin, 20 Teile Glycerol, 3 Teile Salzsäure, 20 Teile Wasser, 92 Teile Zuckersirup, 2 Teile Pomeranzentinktur, 839 Teile Xereswein. Anw.: zur Appetitanregung, bei Schwächezuständen sowie bei Dyspepsien. ***5. Vinum Stomachicum***; Bitterorangenwein (syn. Magenwein). Inh.: 15 Teile Pomeranzenfluidextrakt, 20 Teile Zimttinktur (↗ *Cinnamomum*-Arten), 5 Teile Enzianextrakt aus Enzianwurzel (↗ *Gentiana*-Arten), 60 Teile Süßwein (↗ *Vitis vinifera*). Anw.: zur Verbesserung des Appetits und der Verdauung.

Vinum Pepsini ↗ Vinum medicatum.
Vinum Stomachicum ↗ Vinum medicatum.

■ Viola-Arten

● **Fam.:** Violaceae.

● **Viola odorata** L.; Duftveilchen (syn. Heckenveilchen, Märzveilchen, Oeschen, Osterchen, Veilchen, Wohlriechendes Veilchen).

Vork.: Europa.

Drogen: ***1. Viola-odorata-Blütenöl*** (syn. *Oleum Violae, Oleum Violae odoratae aethereum*); Veilchenblütenöl (syn. Veilchenöl), das äther. Öl der frischen Blüten. Inh.: u. a. Parmon (*trans-α*-Ionon, das Duftprinzip des Öles), ferner Undecanon-2, Isoborneol, 2,6-Nonadien-1-al sowie u. a. die Sesquiterpene (–)-Zingiberen, (+)-*α*-Curcumen, *α*- und *β*-Ionon. Wirk.: Das äther. Öl besitzt Repellent-Eigenschaften gegen den Holzbock, *Ixodes ricinus*. Anw.: als mögliches Repellent sowie in der Kosmetik für kostbare Parfüms. ***2. Violae odoratae flos*** (syn. *Flores Violae odoratae, Flores Violarum*); Veilchenblüten, die getrockneten Blüten. Inh.: äther. Öl, siehe *Viola odorata*-Blütenöl, Flavonoide, u. a. Rutosid, Anthocyane, bes. Violanin und Gauin, Schleimstoffe,

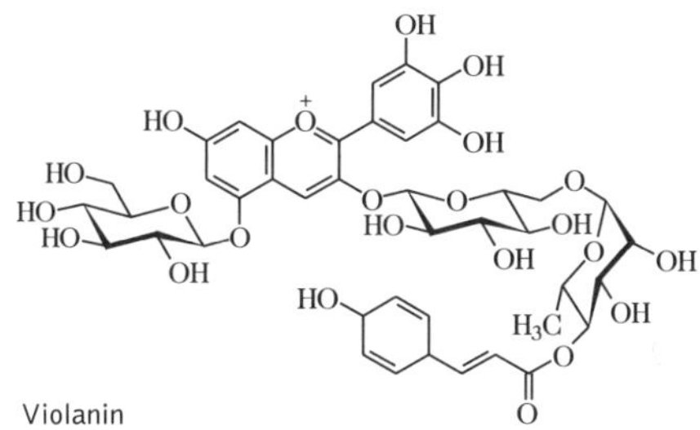

Violanin

Salicylsäuremethylester in glykosidierter Form sowie das Alkaloid Violin. Anw.: Die Droge ist Bestandteil von Husten- und Bronchialtees. ***3. Violae odoratae folium*** (syn. *Folia Violae odoratae*); Veilchenblätter, die zur Blütezeit gesammelten und an der Luft getrockneten Blätter. Inh.: äther. Öl (0,002 %), Schleimstoffe, Triterpene, u. a. Friedelin, *β*-Sitosterol, Salicylsäuremethylester, Phenolcarbonsäuren, u. a. Ferula- und Sinapinsäure sowie das Alkaloid Violin. Anw.: als Husten- oder harntreibender Tee, meist jedoch Bestandteil entsprechender Kombinationen. Das äther. Öl der Droge wird in der Kosmetik verwendet. ***4. Violae odoratae herba*** (syn. *Herba Violae odoratae*); Veilchenkraut, das blühende Kraut. Inh.: s. *Violae odoratae folium*. Anw.: volkstümlich als Tee bei Husten, Heiserkeit, Bronchitis mit festsitzendem Schleim, bei nervösen Beschwerden sowie äußerlich für Waschungen bei Hautleiden. Zur ↗ Teezubereitung verwendet man 2 Teelöffel Veilchenkraut auf $^1/_4$ l Wasser. ***5. Violae odoratae rhizoma*** (syn. *Radix Violae, Radix Violae odoratae, Rhizoma Violae, Rhizoma Violae odoratae*); Echte Veilchenwurzel, der getrocknete Wurzelstock. Inh.: äther. Öl (0,038 %) mit *β*-Nitropropionsäure und Salicylsäuremethylester (gebildet als Spaltprodukt bei der Wasserdampfdestillation), das Salicylsäureglucosid Gaultherin sowie das Alkaloid Violin. Anw.: volkstümlich bei Erkrankungen der Atmungsorgane und bei rheumatischen Beschwerden.

Hom.: ***Viola odorata*** HAB34; die frischen, zur Blütezeit gesammelten, oberirdischen Pflanzenteile. Anw.-Geb.: Entzündungen der Atemwege, Rheuma der Handgelenke.

Histor.: Der Gattungsname *Viola* ist vermutlich eine Verkleinerung des griechischen *ion*, das unter anderem schon bei Homer bekannt war und im Altertum mit dem mythologischen *Io* in Verbindung gebracht wurde; *iostephanos* (veilchenbegrenzt) heißt bei Pinar die Stadt Athen. Nach einer Sage haben ionische Nymphen diese Blume dem Ion anläßlich der Gründung der Stadt Athen dargebracht. Das deutsche Wort Veilchen ist eine Entlehnung aus dem lateinischen *viola*.

● **Viola tricolor** L.; Feldstiefmütterchen (syn. Ackerveilchen, Dreifaltigkeitsblume, Dreifarbiges Veilchen, Freisamkraut, Fronsamkraut, Jesus-Blümchen, Sinnviole, Stiefmütterchen, Tag-und-Nachtveigerl), s. Farbtafel S. 311, Bild 184.

Vork.: gemäßigtes Eurasien.

Droge: ***Violae tricoloris herba*** (syn. *Herba Jaceae, Herba Trinitatis, Herba Violae, Herba Violae tricoloris*); Feldstiefmütterchenkraut (syn. Dreifaltigkeitskraut, Dreifaltigkeitstee, Freisamkraut, Freisamtee), das zur Blütezeit gesammelte und getrocknete Kraut. Inh.: Flavonoide (0,41 %), bes. Quercetin- und Luteolinglykoside, Carotinoide mit Violaxanthin (s. u.) als Hauptkomponente, Anthocyane mit dem Pigment Violanin, Phenolcarbonsäuren, u. a. *cis-* und *trans-*Cumarsäure, Gentisinsäure und Protocatechusäure sowie Schleimstoffe (ca. 9,5 %). Anw.: volkstümlich äußerlich bei leichten seborrhoischen Hauterkrankungen, bei nassen und trockenen Exanthemen sowie Milchschorf der Kinder. Innerlich früher bei Katarrhen der Atemwege, Halsentzündungen und fiebrigen Erkältungen. In ähnlicher Weise wurde früher auch die Blütendroge (*Flores Violae tricoloris*) angewendet.

Hom.: ***Viola tricolor*** HAB1; Stiefmütterchen, die frischen, oberirdischen Teile blühender Pflanzen. Anw.-Geb.: Erkrankungen der Haut, der Nieren und ableitenden Harnwege.

● **Histor.:** zu *Viola* siehe *Viola odorata*; *tricoloris* (lat.) heißt dreifarbig. Die Bezeichnung Stiefmütterchen, die erst im 18. Jh. geprägt wurde, geht offenbar auf den Volksmund zurück. Danach bilden die beiden obersten Blütenblätter zwei Stühle, die die Stiefmutter für sich in Anspruch nimmt, auf den beiden seitlichen sitzen die eigenen Töchter, während sich die Stieftöchter mit dem untersten begnügen müssen.

Violae odoratae flos ↗ Viola-Arten.
Violae odoratae folium ↗ Viola-Arten.
Violae odoratae herba ↗ Viola-Arten.
Violae odoratae rhizoma ↗ Viola-Arten.
Violae tricoloris herba ↗ Viola-Arten.

■ **Vipera berus** L.
(syn. *Pelias berus*); Kreuzotter.

Fam.: Viperidae.

Vork.: Europa, Asien. Inh.: Hämotoxine, Enzyme.

Hom.: ***Vipera berus*** HAB34; Kreuzotter, das frische Schlangengift. Anw.-Geb.: entzündliche Prozesse des Herzens, des arteriellen und venösen Gefäßsystems, des Magen-Darm-Traktes sowie der Haut.

Virgaureae herba ↗ Solidago-Arten.
Virgaureosid A ↗ Solidago-Arten.
Virginianischer Ehrenpreis ↗ Veronica virginica.
Virginianische Traubenkirschenrinde ↗ Prunus-Arten.
Virginische Kornelkirsche ↗ Cornus-Arten.
Virginische Lobelie ↗ Lobelia siphilitica.
Virginische Magnolie ↗ Magnolia glauca.
Virginischer Ehrenpreis ↗ Veronica virginica.
Virginischer Kellerhals ↗ Dirca palustris.
Virginischer Schneeball ↗ Viburnum-Arten.
Virginischer Sumach ↗ Rhus-Arten.
Virginischer Tabak ↗ Nicotiana tabacum.
Virginischer Wacholder ↗ Juniperus virginiana.
Virginischer Wolfsfuß ↗ Lycopus-Arten.
Virginischer Wolfstrapp ↗ Lycopus-Arten.
Virginischer Zauberstrauch ↗ Hamamelis virginiana.

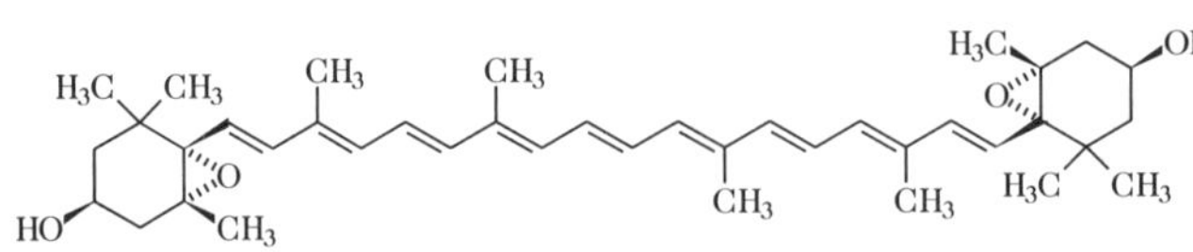

Violaxanthin

Virginische Schlangenwurz ↗ Aristolochia-Arten.
Virginische Schlangenwurzel ↗ Aristolochia-Arten.
Virginisches Wasserblatt ↗ Hydrophyllum virginicum.
Virginische Vipernwurz ↗ Aristolochia-Arten.
Virginische Zaubernuß ↗ Hamamelis virginiana.
Virginische Zeder ↗ Juniperus virginiana.

■ Virola-Arten

● **Fam.:** Myristicaceae.

● **Virola calophylla** Warb.

Vork.: Nordwest-Brasilien.

Droge: ***Virola calophylla-Rinde*** (syn. Epena), die getrocknete Rinde. Inh.: Alkaloide, u. a. *N,N*-Dimethyltryptamin und 5-Methoxy-*N,N*-dimethyltryptamin. Anw.: siehe *Virola-theodora*-Rinde.

● **Virola calophylloidea** Markgr.

Vork.: Brasilien (Flußgebiet des Rio Negro).

Droge: ***Parica*** (syn. *Virola-calophylla*-Rinde, Yakée), die getrocknete Rinde. Inh.: Tryptaminalkaloide siehe *Viola-calophylla*-Rinde. Anw.: siehe *Virola-theodora*-Rinde.

● **Virola elongata** (Spr. ex Benth.) Warb. (syn. *Virola cuspidata, V. rufula*).

Vork.: Urwälder Brasiliens.

Droge: ***Virola elongata-Rinde***, die getrocknete Rinde. Inh. und Anw.: siehe *Virola theodora*-Rinde.

● **Virola sebifera** Aubl. (syn. *Myristica sebifera*), Talgmuskatnußbaum.

Vork.: Brasilien, Guyana.

Drogen: ***1. Virola sebifera-Rinde***, die Stammrinde. Inh.: Gerbstoffe. Anw.: in der Volksheilkunde zur Wundbehandlung. ***2. Virola-sebifera-Samen***, die reifen Samen. Inh.: hoher Gehalt an Fettsäureglyceriden, bes. Laurodimyristin (30–39 %) und Trimyristin (29–38 %). Anw.: industriell in der Fett-, Kerzen- und Seifenherstellung. Das Öl-Fett-Gemisch besitzt ähnliche Eigenschaften wie Kakaobutter (↗ *Theobroma cacao*).

Hom.: ***Myristica sebifera*** (syn. *Virola sebifera*) HAB34, der frische, rote Saft aus der Verletzung der Rinde. Anw.-Geb.: Eiterungen und andere entzündliche Prozesse der Haut.

● **Virola theiodora** (Spr. ex Benth.) Warb. (syn. *Virola calophylla*).

Vork.: westliches Amazonasgebiet Brasiliens und Kolumbiens, bes. Rio-Negro-Becken.

Droge: ***Virola-theodora-Rinde***, die getrocknete Rinde. Inh.: Tryptamin- und β-Carbolinalkaloide, bes. *N,N*- Dimethyltryptamin (DMT) und 5-Methoxy-*N,N*-dimethyltryptamin (5-Meo-DMT). Anw.: in den Herkunftsgebieten wird aus verschiedenen *Virola*-Arten ein halluzinogen wirkendes Schnupfpulver bereitet, das bes. für religiöse Zeremonien, magische Riten, aber auch zur Beurteilung und Behandlung von Erkrankungen genutzt wird.

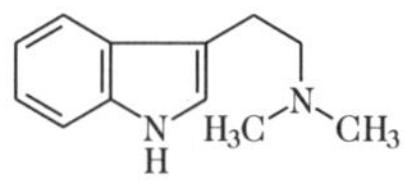

N,N-Dimethyltryptamin (DMT)

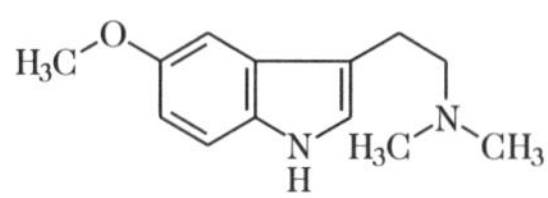

5-Methoxy-*N,N*-dimethyltryptamin (5-MeO-DMT)

● **Histor.:** Der Gebrauch von verschiedenen *Virola*-Arten für rituelle Schnupfpulver wurde erst in den fünfziger Jahren dieses Jahrhunderts vom amerikanischen Ethnobotaniker Richard Evans Schultes entdeckt, obwohl Mitte des 19. Jh. die Pflanze bereits beschrieben wurde.

Visci albi herba ↗ Viscum album.
Visci albi herba recens ↗ Viscum album.
Visci herba ↗ Viscum album.
Viscotoxine ↗ Viscum album.

■ Viscum album L.

(syn. *Viscum stellatum*); Mistel (syn. Laubholz-Mistel, Affolter, Bocksfutter, Drudenfuß, Elfklatte, Geißkrut, Hexenbesen, Hexenkrut, Hexennest, Immergrüne, Kluster, Leimmistel, Marenklatte, Marentaken, Mischgle, Mischgelt, Misple, Mistelsenker, Nistle, Vogelchrut, Vogelkläb, Vogellim, Vogelmistel, Wespe, Wintergrün, Wispel, Wispen), s. Farbtafel S. 311, Bild 185.

Fam.: Loranthaceae (Viscaceae).

Vork.: als Halbschmarotzer auf Bäumen in Europa, Nordwestafrika, Iran, Australien, Amerika, Ostasien, u. a. China, Korea und Japan.

Drogen: ***1. Visci albi herba*** (syn. *Herba Albi visci, Herba Visci, Herba Visci albi, Visci herba*); Mistelkraut, die vor der Fruchtbildung gesammelten Blätter und Zweige. Inh.: Lectine, wie Mistellectin I, II und III; Viscotoxine (0,05–0,1 %), Polysaccharide (4,3–4,7 %), Cyclitole, Flavonoide,

Lignane, Triterpene, u. a. Betulinsäure, Oleanolsäure, β-Amyrin und Ursolsäure; Aminosäuren, cyclische Peptide, Amine, Proteine. Anw.: zur Langzeitbehandlung von Hypertonie und Prophylaxe der Arteriosklerose; in der Volksheilkunde auch bei Epilepsie, Keuchhusten, Asthma, Schwindelanfällen, Amenorrhoe, Durchfällen, Chorea, Hysterie und Nervosität. ***2. Visci albi herba recens*** (syn. *Herba Visci albi recens*); Frisches Mistelkraut, das zu genau vorgegebenen Jahreszeiten, meistens im Sommer oder Winter, von vorgegebenen Wirtspflanzen geerntete frische Kraut. Inh.: s. *Visci albi herba*. Anw.: zur Segmenttherapie bei degenerativ entzündlichen Gelenkerkrankungen sowie zur Palliativtherapie bei malignen Tumoren. Die Präparate der anthroposophisch orientierten Medizin werden bei gut- und bösartigen Geschwulsterkrankungen, bei gut- und bösartigen Erkrankungen und begleitenden Störungen der blutbildenden Organe, zur Anregung der Knochenmarksfunktion, zur Vorbeugung gegen Tumorrezidive, bei definierten Präcancerosen sowie chronischen Erkrankungen, wie Morbus Crohn und chronischen Gelenkentzündungen verwendet.

Hom.: ***Viscum album*** HAB1; Mistel, die frischen, im Herbst geernteten, beblätterten Sprosse und Früchte. Anw.-Geb.: Erkrankungen des arteriellen Gefäßsystems, des Herzens, der Atemwege, der weiblichen Geschlechtsorgane sowie des Stütz- und Bewegungsapparates.

Histor.: Der Gattungsname *Viscum* ist bei den Römern der Name für die Mistel sowie der aus den Beeren bereitete Vogelleim. Sowohl in der antiken als auch in der germanischen Mythologie hatte die Mistel große Bedeutung. So wird „die goldene Zauberrute", die dem Aeneas den Zugang zu der Unterwelt öffnet, gern mit der Mistel identifiziert. In der Edda findet man, daß der blinde Gott Hödur den lichten Sonnengott Baldur mit einem „misteltein" (Mistelzweig) als Lanze tötete. Nach ↗ Plinius hielten die Druiden, die Priester der alten Gallier und Britannier, nichts für so heilig wie eine auf einer Eiche wachsende Mistel. Eine alte Druidenregel lautete: „Der Mistelzweig muß mit Achtung und, wenn möglich, im sechsten Monde gesammelt werden. Er muß mit einem goldenen Messer abgeschnitten werden. Das Pulver von Mistelzweigen macht Frauen fruchtbar." Mit deutlich mystischem Bezug ist die Mistel noch heute das Grün des englischen Weihnachtens. Die Verwendung der Mistel in der Heilkunde geht bis auf die vorchristlichen Hippokratiker zurück.

Viscum cruciatum ↗ Arceuthobium oxycedri.
Viscum flavescens ↗ Phoradendron flavescens.
Viscum quercinum ↗ Loranthus europaeus.
Viscum quercus ↗ Loranthus europaeus.
Viscum stellatum ↗ Viscum album.

Visnadin

Pyranocumarinester aus ↗ *Ammi visnaga* mit koronarspasmolytischer Wirksamkeit. Anw.: Herzmittel, zur Vorbeugung, Therapie und Nachbehandlung des Herzinfarktes.

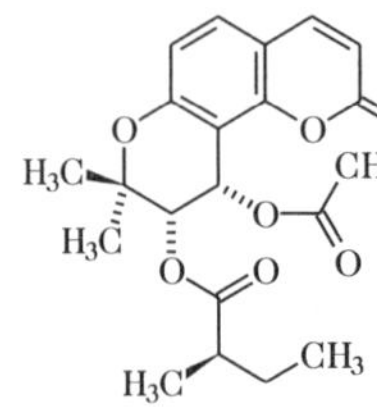

Visnadin

Visnaga daucoides ↗ Ammi visnaga.
Visnaga vera ↗ Ammi visnaga.

Visnagin

Furano-γ-chromon aus ↗ *Ammi visnaga* mit koronarspasmolytischer und positiv inotroper Wirksamkeit. V. besitzt ein phototoxisches Potential.

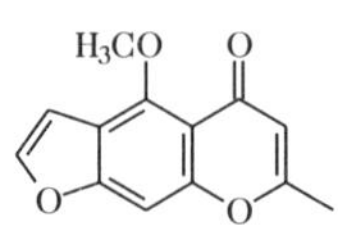

Visnagin

Vitamine

lebensnotwendige Ergänzungsstoffe, die sowohl von Mensch und Tier in geringer Menge zur Aufrechterhaltung lebensnotwendiger Funktionen benötigt werden und daher für die Vitalität zahlreicher Lebensformen notwendig sind. Im Gegensatz zu Hormonen und Enzymen müssen Vitamine, gegebenenfalls auch deren Vorstufen, sowohl beim Menschen als auch bei höheren Tieren mit der Nahrung zugeführt werden. Die Bezeichnung V. wurde von Casimir Funk (1912) im

Zusammenhang mit der Aminstruktur des damals bekannt gewordenen Vitamin B_1 geprägt. Obwohl die später entdeckten V. anderen Strukturklassen angehören, wurde die Bezeichnung Vitamin beibehalten, allerdings werden die historischen Buchstabenbezeichnungen nach und nach durch neuere Empfehlungen der WHO oder JUPAC verdrängt. Mit der Nahrung zugeführte Vitaminvorstufen werden als Provitamine bezeichnet. Diese können im Organismus umgewandelt und somit aktiviert werden, z. B. Carotine durch Darmschleimhaut und Leber in Vitamin A oder Ergosterol durch UV-Bestrahlung in Vitamin D. V. sind nicht nur Nahrungsergänzungsstoffe, sondern können auch als sog. Coenzyme für wichtige Funktionen im Zellstoffwechsel wirksam sein. Mangel an Vitaminen führt zu Hypo- bzw. Avitaminosen. Massive Überdosierungen können Hypervitaminosen bewirken. Typische Krankheitsbilder von Avitaminosen sind z. B. Skorbut, bedingt durch Mangel an Vitamin C, oder Rachitis, infolge Mangels an Vitamin D. Die Menge an benötigten Vitaminen ist abhängig von der Belastung und dem Alter des betreffenden Menschen. Die Einteilung der V. kann nach Löslichkeit in wasser- oder fettlösliche V. oder aber nach ihrer physiologischen Wirkung erfolgen. Wasserlösliche V. sind B_1, B_2, B_6, B_{12}, Biotin, Folsäure, Pantothensäure und Vitamin C (↗ Ascorbinsäure); fettlösliche V. sind A, D, E (↗ Tocopherole) und K. Eine Übersicht über den mittleren Tagesbedarf, die Hauptfunktion und die biologische Wirkung der einzelnen Vitamine gibt die nachfolgende Tabelle.

Tabelle: Mittlerer Tagesbedarf, Hauptfunktion und Wirkungsweise der Vitamine

	mittlerer Tagesbedarf	Hauptfunktion	Biologische Wirkung
Wasserlösliche Vitamine			
Thiamin (Vit. B_1)	1,5 mg	Kohlenhydratstoffwechsel, Aldehydgruppenübertragung	antineuritisches Vitamin
Riboflavin (Vit. B_2)	2 mg	Atmung, Wasserstoffübertragung	Antidermatitisvitamin (Gesunderhaltung der Haut)
Folsäure*	1,5 mg	C_1-Gruppen-Transfer	zur Therapie bestimmter Formen der Blutarmut
Nicotinamid*	15 mg	Atmung, Wasserstoffübertragung	Pellagraschutzstoff
Nicotinsäure		Coenzym A-Baustein,	
Pantothensäure*	5 mg	Übertragung von Acylresten	
Pyridoxin (Vit. B_6)	2 mg	Aminogruppen-Transfer, Decarboxylierungen	Ausfallserscheinungen bei Menschen nicht bekannt
Cyanocobalamin (Vit. B_{12})	2,5 μg	1,2-Verschiebung von Alkylgruppen	antianämisches Vitamin, extrinsic factor
Ascorbinsäure (Vit. C)	75 mg	Cofaktor bei Hydroxylierungen	antiskorbutisches Vitamin
Biotin (Vit. H)	0,25 mg	Coemnzym verschiedener Carboxylierungsreaktionen	Hautvitamin
Fettlösliche Vitamine			
Retinol (Vit. A)	1,5 mg	Sehvorgang	Epithelschutzvitamin; antixerophthalmisches Vitamin
Calciferole (Vit. D)	15 μg	Calcium- und Phosphatstoffwechsel	antirachitisches Vitamin
α-Tocopherol (Vit. E)	15 mg	Antioxidans	Schutz vor Peroxidbildungen
Phyllochinone (Vit. K)	1 mg	Bildung verschiedener Blutgerinnungsfaktoren	antihämorrhagisches Vitamin

* Diese Verbindungen werden auch zu den Vitaminen der B-Gruppe gestellt.

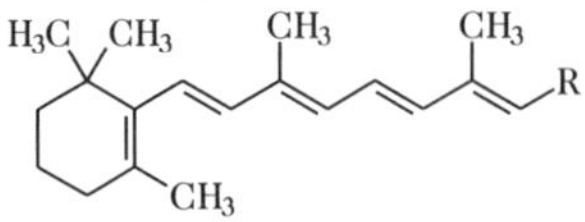

Vitamin A_1

Retinol: R = CH_2OH
Retinal: R = CHO
Retinoinsäure: R = COOH

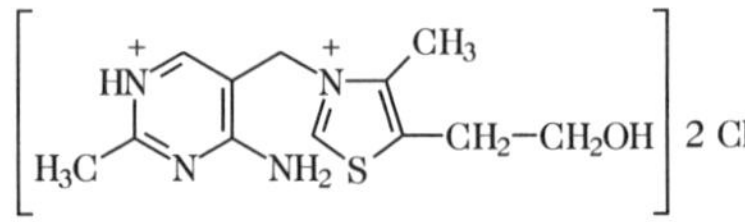

Vitamin B_1

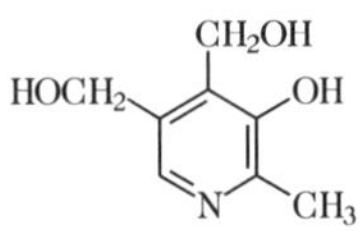

Vitamin B_6

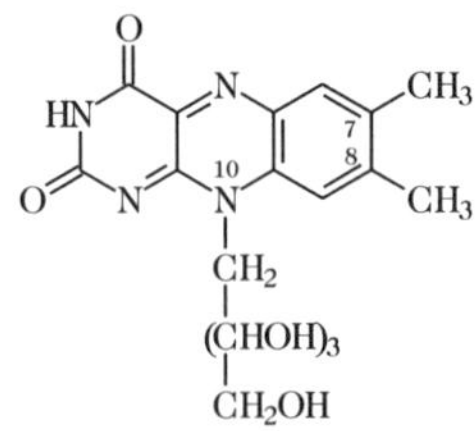

Vitamin B_2

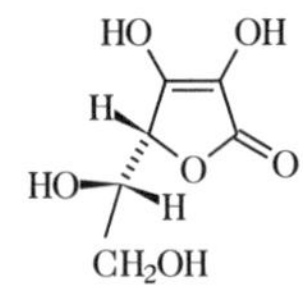

Vitamin C (L-(+)-Ascorbinsäure)

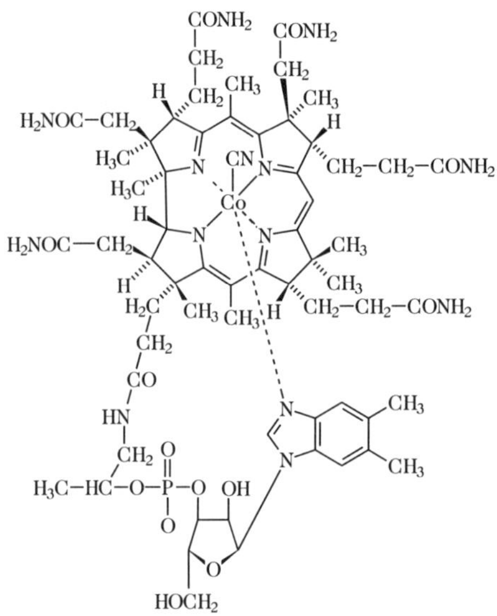

Vitamin B_{12} (Cyanocobalamin)

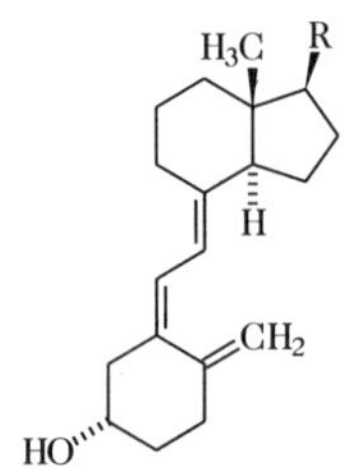

Vitamin D

Ergocalciferol (Vitamin D_2):

$R = -CH(CH_3)-CH{=}CH-CH(CH_3)-CH(CH_3)-CH_3$

Cholecalciferol (Vitamin D_3):

$R = -CH(CH_3)-CH_2-CH_2-CH_2-CH(CH_3)-CH_3$

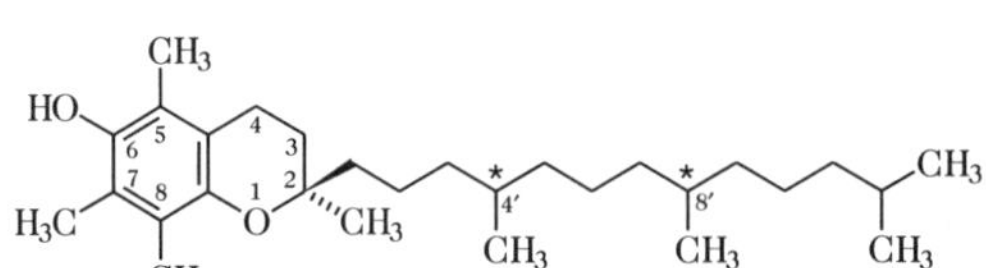

* asymmetrische C-Atome

Vitamin E (α-Tocopherol)

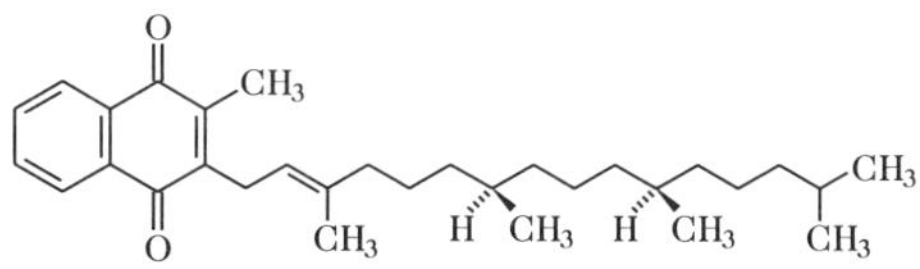

Vitamin K_1
(Phytomenadion)

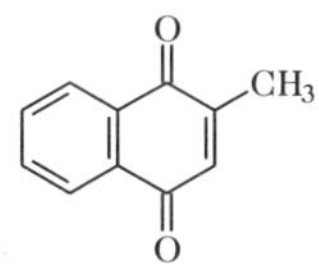

Vitamin K_3
(Menadion)

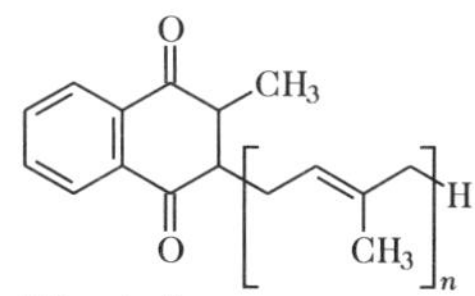

Vitamin K_2
(Menachinon-*n*)

Vitellaria paradoxa ↗ Butyrospermum parkii.

■ Vitex agnus-castus L.
(syn. *Agnus-castus vulgaris, Vitex verticillata*); Mönchspfeffer (syn. Abrahamstrauch, Keuschbaum, Keuschlamm, Müllen), s. Farbtafel S. 311, Bild 186.

Fam.: Verbenaceae.

Vork.: Mittelmeergebiete bis westliches Asien.

Drogen: ***1. Agni casti fructus*** (syn. *Baccae Agni casti, Fructus Agni casti, Semen Agni casti*); Mönchspfefferfrüchte (syn. Keuschlammfrüchte), die reifen, getrockneten Früchte. *Inh.:* Iridoidglykoside, u. a. Agnusid und Aucubin, Flavo-

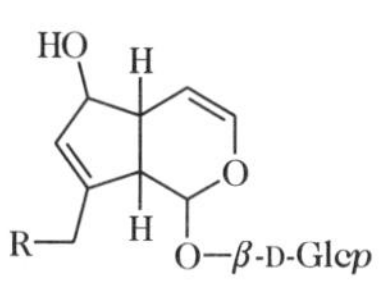

Aucubin: R = CH_2OH
Agnusid: R = CH_2O-*p*-Hydroxybenzoyl

noide, bes. Casticin und Penduletin. Ferner äther. Öl (0,8–1,2 %) mit den Hauptkomponenten 1,8-Cineol, Limonen, α-Pinen und β-Pinen sowie Diterpene, u. a. Rotundifuran und Vitexilacton. *Wirk.:* Extrakte der Droge wirken dopaminerg, prolactininhibierend und regen unter anderem die Ausschüttung der Gonadotropine LH, ICSH und LTH an. Sie sind Bestandteil zahlreicher Phytopharmaka. *Anw.:* prämenstruelle Beschwerden, Regeltempoanomalien, Mastodynie sowie als Galactagogum. ***2. Viticis folium*** (syn. *Vitex-peduncularis*-Blätter), die getrockneten Blätter. *Inh.:* Iridoide, bes. Agnusid (0,6 %) und Aucubin (0,3 %) sowie Eurostosid, Flavonoide, u. a. Casticin, Homoorientin und Isovitexin. Ferner äther. Öl (0,5–1 %) mit den Hauptkomponenten 1,8-Cineol, β-Caryophyllen, *E*-β-Farnesen, Limonen, α-Pinen und Sabinen sowie die Ketosteroide Androstendion, 17-α-Hydroxyprogesteron und Progesteron. *Anw.:* volkstümlich bei Fieber.

Hom.: ***Vitex agnus-castus*** HAB1; Mönchspfeffer, die reifen, getrockneten Früchte. *Anw.-Geb.:* Erkrankungen der männlichen und weiblichen Geschlechtsorgane.

Histor.: Die Bezeichnung *agnus* ist von den griechischen Worten *agnos* (keusch, rein) und *gonos* (Nachkommenschaft) abgeleitet und wurde bereits von ↗ Dioskurides in Zusammenhang mit der weitverbreiteten Ansicht einer anaphroditischen Wirkung gebraucht. Ebenso weist der lateinische Name *castus* (keusch) auf diese Ansicht hin. Der Strauch galt als Sinnbild der Keuschheit. Im Altertum, aber auch im Mittelalter, dienten Zubereitungen aus den Früchten als Mittel zur Minderung des Geschlechtstriebes, zur Förderung der Regelblutung sowie des Milchflusses. In einigen südlichen Regionen dienen die Früchte auch als Pfefferersatz, während die scharfen Blätter anstelle von Hopfen dem Bier zugesetzt werden.

Vitexin ↗ Flavonoide.
Vitex-peduncularis-Blätter ↗ Vitex agnus-castus.
Vitex verticillata ↗ Vitex agnus-castus.
Viticis folium ↗ Vitex agnus-castus.
Vitis-idaeae folium ↗ Vaccinium-Arten.
Vitis-idaeae fructus ↗ Vaccinium-Arten.
Vitis idaea punctata ↗ Vaccinium-Arten.
Vitis-idaea punctifolia ↗ Vaccinium-Arten.
Vitis viniferae folium ↗ Vitis vinifera.

■ Vitis vinifera L. **ssp. vinifera**
Wein (syn. Weinstock, Weinrebe).

Fam.: Vitaceae.

Vork.: Mittel- und Südeuropa, Vorderasien, Mittel- und Südamerika, Australien, Neuseeland, in der Regel kultiviert.

Droge: ***1. Vitis viniferae folium*** (syn. *Folia Vitis viniferae*); Weinrebenblätter (syn. Weinblätter), die frischen Laubblätter. *Inh.:* Tartrate, u. a.

Kaliumbitartrat (ca. 2 %), und Calciumbitartrat, ferner Calciumoxalat, freie Wein-, Äpfel- und Bernsteinsäure, Zucker (ca. 2 %), Flavonoide, wie Quercitrin und Quercetin, sowie Gerbstoffe. *Anw.:* in der Volksheilkunde bei Hautleiden, Blutungen und Dysenterie. Aus den Weinranken (*Pampini Vitis*) wurde früher *Extractum Vitis pampinorum* für diese Indikationen hergestellt. ***2. Oleum Vitis viniverae e seminibus***; Traubenkernöl, das fette Öl der Kerne. *Inh.:* Triglyceride, die Palmitinsäure (8–10 %), Stearinsäure (3–5 %), Ölsäure (10–20 %), Linolsäure (65–70 %) sowie Myristin- und Linolensäure als Fettsäurekomponenten enthalten. *Anw.:* als Diätetikum, Speise- und Backöl; in der Farbenindustrie zur Gewinnung von Firnissen, in der Linoleum- und Seifenherstellung. ***3. Fructus Vitis***; Weinbeeren (syn. Weintrauben), die reifen Früchte. *Inh.:* Weinsäure (0,3–0,4 %), Äpfelsäure (0,3–0,4 %), Tartrate (0,4–0,6 %), Zucker (3–15 %), Pektine (ca. 3 %), Pentosane, Gerbstoffe, Quercitrin und Quercetin, in blauen Trauben Oenin, Anthocyane, Xanthophylle, Cartozine, Vitamine A, B_1, B_2, C, Gerbstoffe, Vanillin, fettes Öl. *Anw.:* zur „Traubenkur“, d. h. durch die laxierenden und diuretischen Effekte der Tartrate bei Stoffwechselkrankheiten, Verstopfung, Hauterkrankungen, Fettsucht, Herzleiden; zur Herstellung von Traubensaft bzw. zur Weinherstellung (s. *Vinum*). ***4. Passulae majores*** (syn. *Uvae passae*); Rosinen (syn. Sultanas, Sultaninen, Zibeben), die getrockneten Früchte. *Inh.:* Fruchtsäuren (ca. 1,5 %), Dextrose (ca. 28 %), Lävulose (ca. 34 %), Mineralien. *Anw.:* in der Backwarenindustrie, für Suppen, Süßspeisen, Puddings, Schokoladenprodukte etc. Die besten Produkte stammen aus Spanien, Frankreich, Griechenland, Kleinasien und Kalifornien. ***5. Passulae minores*** (syn. *Uvae corinthiacae*); Korinthen, die getrockneten Früchte von *Vitis vinifera* var. *apyrena*, dessen Anbaugebiete Griechenland (Korinth) und Australien sind. *Inh.:* Fruchtsäuren (2,5 %), Zucker (ca. 53 %), Proteine (ca. 2,8 %). *Anw.:* für Backwaren, Puddings und Suppen. ***6. Vinum***; Wein, das durch alkoholische Gärung aus dem Saft der frischen Weintraube hergestellte Getränk. Für arzneiliche Zwecke werden hauptsächlich süße Weine, wie Xereswein (Cherry) oder *Vinum dulce* (Süßwein) eingesetzt. *Inh.:* Ethanol (je nach Traubensorte, Erntezeitpunkt und Anbaugebiet zwischen 6 und maximal 16 %), Zucker, Tartrate, Fruchtsäuren, Duftstoffe, Farbstoffe, Gerbstoffe, Mineralien, Alkaloide (Salsolin), Amine (Serotonin, Dopamin), Resveratrol. *Anw.:* hauptsächlich als Genußmittel, zur Bereitung der Arzneiweine (↗ Vinum medicatum), früher auch als Stärkungsmittel. Bei mäßigem Weingenuß wird eine protektive Wirkung bezüglich der Arteriosklerose und koronaren Herzerkrankungen beobachtet.

Hom.: ***Vitis vinifera*** HAB 34; Wein, die frischen Blätter.

■ Viverra zivetta.

Zibetkatze.

Fam.: Felidae.

Vork.: Nordafrika, Kleinasien, Indien.

Droge: ***Zibethum*** (syn. Zibet) ist das Drüsensekret der männlichen und weiblichen Zibetkatzen, eine salbenartige, gelbe Masse mit charakteristischem Geruch, das von den Tieren als Sexuallockstoff und zur Markierung ihres Lebensraumes genutzt wird. *Inh.:* ca. 0,1 % Skatol als Geruchsträger sowie das moschusartig riechende Zibeton (makrocyclisches Keton). *Anw.:* *Zibethum* wird als Duftträger in der Parfümerie eingesetzt.

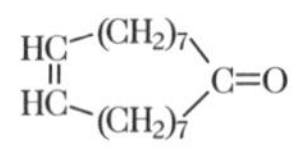

Zibeton

Viverra zivetta, Zibetkatze.

■ Voacanga-Arten

- **Fam.:** Apocynaceae.
- **Voacanga africana** Stapf.; Voacangastrauch.

Vork.: tropisches Afrika.

Drogen: ***1. Cortex Voacangae radicis*** bzw.

arboris; Wurzel- und Stammrinde bzw. alle Pflanzenteile. Inh.: Voacanga-Alkaloide (Indolalkaloide vom Iboga-Typ, bis zu 10 %), wie Vobasin, Dre-

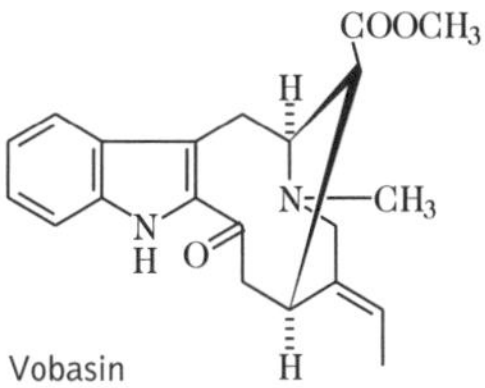

Vobasin

gamin, Tabernaemontanin, Voacamin, Voacangin, Voacorin, Vobtusin. *Anw:* bei den afrikanischen Ureinwohnern als Halluzinogen für kultische Zeremonien, als Aphrodisiakum und als Jagddroge. *2. Semen Voacangae*; Voacangasamen, die reifen Samen. Inh.: Voacamin und ähnliche Indolalkaloide (ca. 10 %). Anw.: von afrikanischen Medizinmännern und Zauberern zur Erzeugung von Visionen eingesetzt.

- **Voacanga schweinfurthii** Stapf.
  Vork.: tropisches Afrika.
  Droge: die Rinde der Stämme. Inh.: Voacanga-Alkaloide (Indolalkaloide vom Iboga-Typ), u. a. Voacamin, Voacangin und Vobtusin. Anw.: in der Volksheilkunde bei Rheuma sowie als herzaktive Droge bei Herzinsuffizienz.
- **Voacanga bracteata** Stapf. **var. bracteata**.
  Vork.: tropisches Afrika.
  Droge: die Stammrinde Inh.: Indolalkaloide vom Iboga-Typ (ca. 2,5 %), wie Voacangin, Voacamin, Voacangarin, Voacorin. Anw.: in Gabun als Halluzinogen eingesetzt, Ersatzdroge für Marihuana (↗ *Cannabis sativa*).

Voacangasamen ↗ Voacanga-Arten.
Voacangastrauch ↗ Voacanga-Arten.
Vogelbeerbaum ↗ Sorbus aucuparia.
Vogelbrot ↗ Sedum acre.
Vogelchrut ↗ Viscum album.
Vogelkirsche ↗ Prunus-Arten.
Vogelkläb ↗ Viscum album.
Vogelknöterich ↗ Polygonum aviculare.
Vogellim ↗ Viscum album.
Vogelmiere ↗ Stellaria media.
Vogelmistel ↗ Viscum album.
Vogelspinne ↗ Avicularia avicularia.
Vogeltod ↗ Conium maculatum.
Volkameria orientalis ↗ Sesamum indicum.
Volkameria sesamoides ↗ Sesamum indicum.
Volutarella divaricata ↗ Amberboa divaricata.
Vorwitzerchen ↗ Hepatica nobilis.
Vorwitzkraut ↗ Hepatica nobilis.
Vouacapoua araroba ↗ Andira-Arten.
Vulneraria heterophylla ↗ Anthyllis vulneraria.

W

Wacholderbeeren ↗ Juniperus communis.
Wacholderholz ↗ Juniperus communis.
Wacholderholzteer ↗ Juniperus oxycedrus.
Wacholdermistel ↗ Arceuthobium oxycedri.
Wacholderteer ↗ Juniperus oxycedrus.
Wachsblume ↗ Cerinthe glabra.

■ Wachse

Sammelbezeichnung für wasserunlösliche, bei Raumtemperatur feste, in der Wärme plastisch verformbare Stoffgemische. Die natürlichen W. sind lipophile Ester aus langkettigen Wachsalkoholen oder Sterolen mit langkettigen, geradzahligen Säuren. Mitunter wird diese Definition nicht exakt eingehalten, wie z. B. beim Japanwachs. *Cera japonica* (Japanwachs, durch Auspressung der Früchte verschiedener ↗ *Rhus*-Arten gewonnene Masse) wird zwar als Wachs bezeichnet, ist aber chemisch betrachtet ein Fett. Pflanzliche W. sind Ausscheidungsprodukte der Epidermis, die in die Cuticula ein- oder ihr aufgelagert werden. Viele Blätter, Früchte und Sprosse tragen Wachsüberzüge, die vor Verdunstung sowie Befall durch Mikroorganismen schützen, wie z. B. Carnaubawachs (↗ *Copernicia prunifera*). Tierische W. treten als Schutzschicht auf der Haut, den Federn und dem Außenskelett von Insekten auf. Bei Säugetieren werden sie in den Talgdrüsen gebildet, bei Vögeln in der Burzeldrüse. Marine Organismen nutzen W. als Reservestoffe bzw. zur Regulation des Auftriebs. Tierische W. sind z. B. Bienenwachs (*Cera flava*; ↗ *Apis mellifera*), Schellack (↗ *Kerria lacca*), Chinesisches Wachs (syn. *Cera chinensis*, von der Schildlaus *Coccus ceriferus* auf der Chinesischen Esche ausgeschiedene Masse), Wollwachs (↗ *Ovis aries*) oder Walrat (Cetaceum, ↗ *Physeter macrocephalus*). Mineralische W. sind ein Gemisch höherer Paraffine und kommen z. B. im Bitumen vor. Pharmazeutisch häufig genutzte W. sind u. a. Carnaubawachs *Cera Copernicia* (syn. *Cera Carnaubae, C. Palmarum*, ↗ *Copernicia prunifera*), *Cera alba, Cera flava;* Gelbes Wachs (syn. Bienenwachs, ↗ *Apis mellifera*) und *Cera Lanae* (↗ *Ovis aries*).

Wachsmyrte ↗ Myrica pensylvanica.
Wachspalme ↗ Copernicia prunifera.
Wahrer Manzinellenbaum ↗ Hippomane mancinella.
Wahres Benediktenkraut ↗ Geum-Arten.
Waid ↗ Isatis tinctoria.
Waldameise ↗ Formica rufa.
Waldbingelkraut ↗ Mercurialis-Arten.
Waldbrustwurz ↗ Angelica archangelica.
Wald-Ehrenpreis ↗ Veronica officinalis.
Walderdbeere ↗ Fragaria vesca.
Waldfarn ↗ Dryopteris filix-mas.
Waldföhre ↗ Pinus-Arten.
Waldfrauenfarn ↗ Athyrium filix-femina.
Waldgamanderkraut ↗ Teucrium-Arten.
Waldgeißbart ↗ Aruncus dioicus.
Waldglöckchen ↗ Digitalis-Arten.
Waldgreiskraut ↗ Senecio-Arten.
Waldhyazinthe ↗ Platanthera bifolia.
Waldkiefer ↗ Pinus-Arten.
Waldklapperschlange ↗ Crotalus-Arten.
Waldklette ↗ Sanicula europaea.
Waldknecke ↗ Sanicula europaea.
Waldknoblauch ↗ Allium-Arten.
Waldkraut ↗ Solidago-Arten.
Waldlauch ↗ Allium-Arten.
Waldlilie ↗ Trillium erectum.
Waldlinde ↗ Tilia-Arten.
Waldmalvenblüten ↗ Malva-Arten.
Waldmannskraut ↗ Chimaphila umbellata.
Waldmeister ↗ Galium odoratum.
Waldnachtschatten ↗ Atropa belladonna.
Waldnachtschattenstiele ↗ Solanum-Arten.
Waldquendel ↗ Calamintha officinalis.
Waldrebe ↗ Clematis-Arten.
Waldrebenkraut ↗ Clematis-Arten.
Waldröschen ↗ Anemone nemorosa, ↗ Epilobium-Arten.
Waldsalbei ↗ Teucrium-Arten.
Waldsanikel ↗ Sanicula europaea.
Waldsauerklee ↗ Oxalis acetosella.
Waldschelle ↗ Digitalis-Arten.
Waldschnecke ↗ Arion empiricorum.
Waldspringkraut ↗ Impatiens noli-tangere.
Wallwurz ↗ Symphytum officinale.
Walnußbaum ↗ Juglans regia.
Walnußblätter ↗ Juglans regia.
Walnüsse ↗ Juglans regia.
Walnußschalenöl ↗ Juglans regia.
Walöl ↗ Balaenoptera musculus.
Walrat ↗ Physeter macrocephalus.
Walratöl ↗ Physeter macrocephalus.
Wandelblütenkraut ↗ Lantana camara.
Wandelröschen ↗ Lantana camara.
Wanzenbeere ↗ Ribes nigrum.
Wanzendill ↗ Coriandrum sativum.
Wanzen-Knabenkraut ↗ Orchis-Arten.
Wanzenkraut ↗ Cimicifuga racemosa, ↗ Dryopteris filix-mas.
Waras ↗ Flemingia macrophylla.
Warzenkraut ↗ Chelidonium majus.
Waschholz ↗ Quillaia saponaria.
Waschkraut ↗ Saponaria officinalis.
Waschrinde ↗ Quillaia saponaria.
Waschwurzel ↗ Saponaria officinalis.
Wasserandorn ↗ Lycopus-Arten.
Wasserandornkraut ↗ Lycopus-Arten.
Wasserbenediktenwurzel ↗ Geum-Arten.
Wasserbunge ↗ Veronica beccabunga.
Wasserdost ↗ Eupatorium-Arten.
Wasserfenchel ↗ Oenanthe aquatica.
Wasserflohkraut ↗ Polygonum amphibium.
Wassergamander ↗ Teucrium-Arten.
Wasserhanf ↗ Eupatorium-Arten.
Wasserholder ↗ Viburnum-Arten.
Wasserhyazinthe ↗ Eichhornia crassipes.
Wasserklee ↗ Menyanthes trifoliata.
Wasserklette ↗ Petasites hybridus.
Wasserknoblauch ↗ Teucrium-Arten.
Wasserknöterich ↗ Polygonum amphibium.
Wasserkraut ↗ Nasturtium officinale.
Wasserkräutel ↗ Levisticum officinale.
Wasserkresse ↗ Nasturtium officinale.
Wasserkümmel ↗ Oenanthe aquatica.
Wasserlauch ↗ Teucrium-Arten.

Wasserlinse ↗ Lemna minor.
Wasser-Mannstreu ↗ Eryngium-Arten.
Wassermelone ↗ Citrullus vulgaris.
Wasserminze ↗ Mentha-Arten.
Wassermokassinschlange ↗ Ancistrodon piscivorus.
Wassernabel ↗ Centella asiatica, ↗ Umbilicus rupestris.
Wassernabelkraut ↗ Hydrocotyle vulgaris.
Wassernelkenwurz ↗ Geum-Arten.
Wasserotter ↗ Ancistrodon piscivorus.
Wasserpfeffer ↗ Polygonum hydropiper.
Wasserpfeffer-Knöterich ↗ Polygonum hydropiper.
Wasserpfefferknöterichkraut ↗ Polygonum hydropiper.
Wasserrebendolde ↗ Oenanthe aquatica.
Wasserrohr ↗ Arundo donax.
Wasserrüster ↗ Ulmus-Arten.
Wassersalat ↗ Veronica beccabunga.
Wasserschierling ↗ Cicuta virosa; ↗ Oenanthe aquatica.
Wasserschneeball ↗ Viburnum-Arten.
Wasserschwertlilie ↗ Iris pseudacorus.
Wasserwegerich ↗ Alisma plantago-aquatica.
Wasser-Yam ↗ Dioscorea-Arten.
Watteblume ↗ Anthyllis vulneraria.
Waude ↗ Reseda luteola.
Weberkarde ↗ Dipsacus sativus.
Weckbröselchen ↗ Calendula officinalis.
Wegdorn ↗ Rhamnus catharticus.
Wegebreit ↗ Plantago-Arten.
Wegerich-Froschlöffel ↗ Alisma plantago-aquatica.
Wegetred ↗ Polygonum aviculare.
Weggras ↗ Polygonum aviculare.
Wegkraut ↗ Polygonum aviculare.
Wegmalve ↗ Malva-Arten.
Wegrauke ↗ Sisymbrium officinale.
Wegraukenkraut ↗ Sisymbrium officinale.
Wegsenf ↗ Sisymbrium officinale.
Wegtritt ↗ Plantago-Arten.
Wegwarte ↗ Cichorium intybus.
Weibergürtelkraut ↗ Artemisia vulgaris.
Weiberkappen ↗ Aquilegia vulgaris.
Weiberkrieg ↗ Ononis spinosa.
Weiblicher Allermannsharnisch ↗ Gladiolus communis, ↗ Gladiolus palustris.
Weichselkirsche ↗ Prunus-Arten.
Weichselrohr ↗ Prunus-Arten.
Weichweizen ↗ Triticum aestivum.
Weidemannscher Tee ↗ Polygonum aviculare.
Weidendorn ↗ Hippophae rhamnoides.
Weidenrinde ↗ Salix-Arten.
Weidenröschen ↗ Epilobium-Arten.
Weidenröschenkraut ↗ Epilobium-Arten.
Weidenröschentee ↗ Epilobium-Arten.
Weihrauch ↗ Boswellia-Arten.
Weihrauchblätter ↗ Thuja occidentalis.
Wein ↗ Vitis vinifera.
Weinbeeren ↗ Vitis vinifera.
Weinbergschnecke ↗ Helix pomatia.
Weinbergstern ↗ Anagallis arvensis.
Weinblätter ↗ Vitis vinifera.
Weinblume ↗ Oenothera biennis.
Weinespenkraut ↗ Hyssopus officinalis.
Weinkraut ↗ Ruta graveolens, ↗ Satureja hortensis.
Weinraute ↗ Ruta graveolens.
Weinrautenkraut ↗ Ruta graveolens.
Weinrebe ↗ Vitis vinifera.
Weinrebenblätter ↗ Vitis vinifera.
Weintrauben ↗ Vitis vinifera.
Weinwurzel ↗ Geum-Arten.
Weiselfuttersaft ↗ Gelée royale.
Weiselzellfuttersaft ↗ Apis mellifera.
Weißbirke ↗ Betula-Arten.
Weißbuche ↗ Carpinus betulus.
Weißdorn ↗ Crataegus-Arten.
Weißdornblätter ↗ Crataegus-Arten.
Weißdornfrüchte ↗ Crataegus-Arten.
Weiße Aschwurz ↗ Dictamnus albus.
Weiße Bibernell ↗ Pimpinella-Arten.
Weiße Bohnen ↗ Phaseolus vulgaris.
Weiße deutsche Theriakwurz ↗ Pimpinella-Arten.
Weiße Enzianwurzel ↗ Laserpitium latifolium.
Weiße Hellebore ↗ Veratrum album.
Weiße Immortellen ↗ Antennaria dioica.
Weiße Lilien ↗ Lilium candidum.
Weiße Lupine ↗ Lupinus albus.
Weiße Malvenwurzel ↗ Althaea officinalis.
Weiße Nesselblumen ↗ Lamium album.
Weiße Nieswurz ↗ Veratrum album.
Weiße Osterblume ↗ Anemone nemorosa.
Weiße Pfingstrosenwurzel ↗ Paeonia lactiflora.
Weiße Pimpinell ↗ Pimpinella-Arten.
Weißer Affodill ↗ Asphodelus albus.
Weißer Andorn ↗ Marrubium vulgare.
Weißer Bovist ↗ Calvatia gigantea.
Weißer Caneel ↗ Canella winterana.
Weißer Caneelbaum ↗ Canella winterana.
Weißer Dammar ↗ Agathis-Arten.
Weißer Dictam ↗ Dictamnus albus.

Weißer Diptam ↗ Dictamnus albus.
Weißer Dorant ↗ Marrubium vulgare.
Weißer Gänsefuß ↗ Chenopodium-Arten.
Weißer Germer ↗ Veratrum album.
Weißer Ginseng ↗ Panax ginseng.
Weißer Honigklee ↗ Melilotus alba.
Weißer Kaneel ↗ Canella winterana.
Weißer Knollenblätterpilz ↗ Amanita verna.
Weißerle ↗ Alnus-Arten.
Weißer Maulbeerbaum ↗ Morus-Arten.
Weiße Roßkastanie ↗ Aesculus hippocastanum.
Weiße Roßwurzel ↗ Carlina acaulis.
Weißer Pfeffer ↗ Piper nigrum.
Weißer Quebracho ↗ Aspidosperma quebracho-blanco.
Weißer Senf ↗ Sinapis alba.
Weißer Stechapfel ↗ Datura-Arten.
Weißer Steinklee ↗ Melilotus alba.
Weißer Tee ↗ Camellia sinensis.
Weißer Wiesenklee ↗ Trifolium repens.
Weißer Zimt ↗ Canella winterana.
Weißer Zimtbaum ↗ Canella winterana.
Weiße Sapoten ↗ Casimiroa edulis.
Weißesche ↗ Fraxinus-Arten.
Weiße Schlüsselblume ↗ Primula-Arten.
Weiße Schwalbenwurz ↗ Vincetoxicum hirundinaria.
Weißes Dammarharz ↗ Shorea robusta, ↗ Shorea wiesneri.
Weiße Seerose ↗ Nymphaea alba.
Weiße Seifenwurzel ↗ Gypsophila paniculata.
Weiße Senfsamen ↗ Sinapis alba.
Weißes Fischbein ↗ Sepia officinalis.
Weißes Labkraut ↗ Galium album.
Weißes Sandelholz ↗ Santalum album.
Weiße Süßholzwurzel ↗ Althaea officinalis.
Weiße Taubnessel ↗ Lamium album.
Weiße Teichrose ↗ Nymphaea alba.
Weiße Verbene ↗ Verbena urticifolia.
Weiße Weide ↗ Salix-Arten.
Weiße Zaunrübe ↗ Bryonia-Arten.
Weiße Zentifolienrosenblüten ↗ Rosa x centifolia.
Weißheckdorn ↗ Crataegus-Arten.
Weißklee ↗ Trifolium repens.
Weißkleeblüten ↗ Trifolium repens.
Weißkohl ↗ Brassica-Arten.
Weißkraut ↗ Brassica-Arten.
Weißpappel ↗ Populus-Arten.
Weißrückige Magnolie ↗ Magnolia obovata.
Weißrüster ↗ Ulmus-Arten.
Weißtanne ↗ Abies-Arten.
Weißtannenöl ↗ Abies-Arten.
Weißwurzel ↗ Althaea officinalis.
Weizen ↗ Triticum aestivum.
Weizenkeimöl ↗ Triticum aestivum.
Weizenkleie ↗ Triticum aestivum.
Weizenstärke ↗ Triticum aestivum.
Wellblatt-Rhabarber ↗ Rheum-Arten.
Welsche Kamille ↗ Chamaemelum nobile.
Welsche Mispel ↗ Crataegus-Arten.
Welscher Kerbel ↗ Myrrhis odorata.
Welscher Kümmel ↗ Cuminum cyminum.
Welscher Lavendel ↗ Lavandula stoechas.
Welscher Petersil ↗ Pastinaca sativa.
Welschlauch ↗ Allium-Arten.
Welschnüsse ↗ Juglans regia.
Wermut ↗ Artemisia absinthium.
Wermutkraut ↗ Artemisia absinthium.
Wespe ↗ Viscum album.
Westindische Cascara ↗ Picramnia antidesma.
Westindische Elefantenläuse ↗ Anacardium occidentale.
Westindischer Salep ↗ Maranta arundinacea.
Westindisches Arrowroot ↗ Maranta arundinacea.
Westindisches Drachenblut ↗ Pterocarpus-Arten.
Westindisches Elemi ↗ Bursera-Arten.
Wetterblume ↗ Anagallis arvensis.
Wetterdistel ↗ Carlina acaulis.
Wetterkraut ↗ Anagallis arvensis.
Weymouthkiefer ↗ Pinus-Arten.
Weymouthkiefernnadelöl ↗ Pinus-Arten.
Wichowaka ↗ Pachycereus pecten-aboriginum.
Wichuri ↗ Coryphanta compacta.
Wickelwurz ↗ Bergenia crassifolia.
Wickelwurzblatt ↗ Bergenia crassifolia.
Wickelwurzel ↗ Bergenia crassifolia.
Wickstroemia chamaedaphne ↗ Wikstroemia chamaedaphne.
Widerton ↗ Polytrichum commune.
Wiesenarnika ↗ Arnica-Arten.
Wiesen-Augentrost ↗ Euphrasia rostkoviana.
Wiesen-Bärenklau ↗ Heracleum sphondylium.
Wiesenbertram ↗ Achillea-Arten.
Wiesengeißbart ↗ Filipendula ulmaria.
Wiesenklee ↗ Trifolium pratense.
Wiesenknopf ↗ Sanguisorba officinalis.
Wiesenknöterich ↗ Polygonum bistorta.
Wiesenkohl ↗ Cirsium oleraceum.
Wiesenkönigin ↗ Filipendula ulmaria.
Wiesen-Küchenschelle ↗ Pulsatilla-Arten.
Wiesenkuhschelle ↗ Pulsatilla-Arten.
Wiesenkümmel ↗ Carum carvi.

Wiesenlattich ↗ Taraxacum officinale.
Wiesenlein ↗ Linum catharticum.
Wiesen-Lieschgras ↗ Phleum pratense.
Wiesenlilie ↗ Colchicum autumnale.
Wiesensafran ↗ Colchicum autumnale.
Wiesenschaumkraut ↗ Cardamine pratensis.
Wiesen-Schlüsselblume ↗ Primula-Arten.
Wiesenspierstaude ↗ Filipendula ulmaria.
Wiesenwucherblume ↗ Leucanthemum vulgare.
Wigandia californica ↗ Eriodictyon californicum.
Wikstroemia candolleana ↗ Daphne cannabina.

■ **Wikstroemia chamaedaphne** Meissn. (syn. *Passerina chamaedaphne, Wickstroemia chamaedaphne*).

Fam.: Thymelaeaceae.

Vork.: Nordchina.

Droge: die getrockneten Blätter. *Inh.:* Flavonoide, Diterpene, Wachse. *Anw.:* in der chinesischen Volksheilkunde als Abortivum, bei entzündlichen Lymphknotenschwellungen infolge infektiöser Geschlechtskrankheiten sowie bei Hepatitis.

Wikstroemia chamaejasme ↗ Stellera chamaejasme.
Wikstroemia fosterii ↗ Daphne cannabina.
Wikstroemia hypericifolia ↗ Stellera chamaejasme.
Wikstroemia indica ↗ Daphne cannabina.
Wikstroemia ovata ↗ Daphne cannabina.
Wikstroemia purpurata ↗ Daphne cannabina.
Wikstroemia viridiflora ↗ Daphne cannabina.
Wilde Artischockenwurzel ↗ Carlina acaulis.
Wilde Aurikel ↗ Primula-Arten.
Wilde Balsamine ↗ Impatiens noli-tangere.
Wilde Distel ↗ Dipsacus silvestris.
Wilde Gelbwurz ↗ Curcuma-Arten.
Wilde Goldrute ↗ Solidago-Arten.
Wilde Ipecacuanha ↗ Triosteum perfoliatum.
Wilde Kardamomen ↗ Amomum-Arten.
Wilde Kastanie ↗ Aesculus hippocastanum.
Wilde Malve ↗ Malva-Arten.
Wilde Malvenblüten ↗ Malva-Arten.
Wilde Muskatnuß ↗ Myristica argentea.
Wilde Nardenwurzel ↗ Asarum europaeum.
Wilde Petersilie ↗ Aethusa cynapium.
Wilder Anis ↗ Myrrhis odorata.
Wilder Aurin ↗ Gratiola officinalis.
Wilder Bibernell ↗ Sanguisorba minor.
Wilder Buchsbaum ↗ Arctostaphylos uva-ursi.
Wilder Chnobloch ↗ Alliaria petiolata.
Wilder Gamander ↗ Teucrium-Arten.
Wilder Gummi ↗ Dyera costulata.
Wilder Hanf ↗ Conyza canadensis.
Wilder Indigo ↗ Baptisia tinctoria.
Wilder Ingwer ↗ Asarum canadense.
Wilder Jasmin ↗ Gelsemium sempervirens.
Wilder Knoblauch ↗ Allium-Arten.
Wilder Krapp ↗ Galium album.
Wilder Lein ↗ Linum catharticum.
Wilder Majoran ↗ Origanum vulgare.
Wilder Pfeffer ↗ Schinus-Arten.
Wilder Rosmarin ↗ Ledum palustre.
Wilder Safran ↗ Carthamus tinctorius.
Wilder Schneeball ↗ Ceanothus americanus.
Wilder Senf ↗ Sisymbrium officinale.
Wilder Spinat ↗ Atriplex hortensis.
Wilder Sturmhut ↗ Aconitum-Arten.
Wilder Thymian ↗ Thymus-Arten.
Wilder Wein ↗ Parthenocissus quinquefolia.
Wilde Sarsaparilla ↗ Aralia-Arten.
Wildes Franzosenholz ↗ Diospyros-Arten.
Wildes Senfkraut ↗ Sisymbrium officinale.
Wilde Tamarindenblätter ↗ Leucaena leucocephala.
Wildkirschenrinde ↗ Prunus-Arten.
Wildolive ↗ Ximenia americana.
Wildolivenöl ↗ Ximenia americana.
Wildrose ↗ Rosa canina.
Wildsafran ↗ Colchicum autumnale.
Windröschen ↗ Anemone nemorosa.
Windrosenkraut ↗ Hepatica nobilis.
Windspiel ↗ Sagittaria sagittifolia.
Winterana alba ↗ Canella winterana.
Winterana aromatica ↗ Drimys winteri.
Winterana canella ↗ Canella winterana.
Winterana obtusifolia ↗ Canella winterana.
Winterbohnenkraut ↗ Satureja montana.
Wintereiche ↗ Quercus-Arten.
Wintergrün ↗ Gaultheria procumbens, ↗ Hedera helix, ↗ Viscum album.
Wintergrünblätter ↗ Gaultheria procumbens.
Wintergrünöl ↗ Gaultheria procumbens.
Winterhaube ↗ Colchicum autumnale.
Winterhauch ↗ Colchicum autumnale.
Winterianae cortex ↗ Drimys winteri.
Winterlauch ↗ Allium-Arten.
Winterlinde ↗ Tilia-Arten.
Winterrettich ↗ Raphanus sativus.
Winterschachtelhalm ↗ Equisetum-Arten.
Winters Gewürzrindenbaum ↗ Drimys winteri.
Wischengold ↗ Lysimachia nummularia.

Wispel ↗ Viscum album.
Wispen ↗ Viscum album.
Wißföhre ↗ Pinus-Arten.

■ **Withania somnifera** (L.) Dunal
Schlafbeere.
Fam.: Solanaceae.
Vork.: China, Irak, Nordafrika, Indien, dort auch kultiviert.
Droge: die Wurzeln. *Inh.:* Alkaloide, u. a. Cuscohygrin, Anaferin, Anahygrin, Nicotin, Tropin, Withasomnin; Withanolide (ca. 2,8 %), u. a. Withaferin A, Withasomniferanolid, Somniferano-

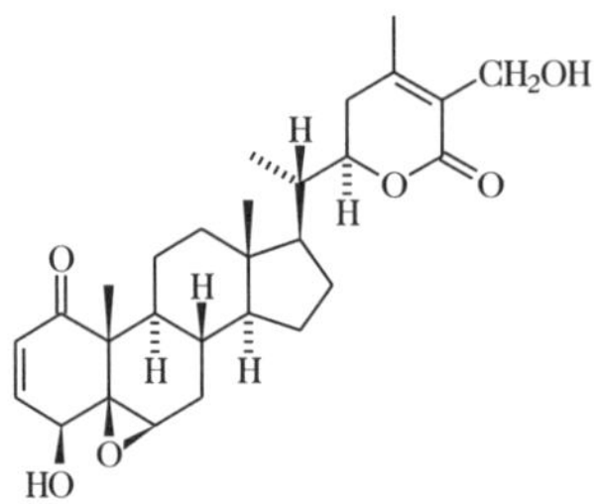

Withaferin A

lid, Somniwithanolid. *Anw.:* alte indische Heilpflanze, die zur lokalen Behandlung von Tumoren genutzt wird. Die alten Araber nutzten die Droge als Tonikum, Aphrodisiakum und Rauschmittel. Der wäßrige Drogenauszug hat eine Anti-Streß-Wirkung, die ähnlich jener des Ginsengs (↗ *Panax ginseng*) ist.
Histor.: Die Verwendung der Droge geht bereits auf assyrische Quellen zurück, sie wurde in Mesopotamien als Narkotikum eingesetzt. Diese Anwendung übernahmen die alten Ägypter und Griechen. In Indien wurde die Droge in vedischen Schriften als Wunderwurzel gepriesen und fand vielseitigen Einsatz in Amuletten, Zaubermitteln sowie als Aphrodisiakum. In Europa ist sie seit dem 16. Jh. bekannt und wurde in den bekannten Kräuterbüchern beschrieben.

■ **Withering, William**
(1741–1799), Arzt, Birmingham (England). W. führte um 1785 *Digitalis purpurea* in die Arzneimitteltherapie ein.

Wittelsbachia gossypium ↗ Cochlospermum gossypium.

Witwenblume ↗ Knautia arvensis.
Wohlgemutkraut ↗ Borago officinalis.
Wohlriechender Asant ↗ Styrax-Arten.
Wohlriechender Gänsefuß ↗ Chenopodium-Arten.
Wohlriechender Oleander ↗ Nerium odorum.
Wohlriechender Pfeifenstrauch ↗ Philadelphus coronarius.
Wohlriechender Sumach ↗ Rhus-Arten.
Wohlriechender Wau ↗ Reseda odorata.
Wohlriechende Seerosenwurzel ↗ Nymphaea odorata.
Wohlriechendes Mariengras ↗ Hierochloe borealis.
Wohlriechendes Meierkraut ↗ Galium odoratum.
Wohlriechendes Ruchgras ↗ Anthoxanthum odoratum.
Wohlriechendes Veilchen ↗ Viola-Arten.
Wohlverleihkraut ↗ Arnica-Arten.
Wohlverleihwurzel ↗ Arnica-Arten.
Wolfsbast ↗ Daphne mezereum.
Wolfsbeere ↗ Atropa belladonna, ↗ Paris quadrifolia.
Wolfsbeerenblätter ↗ Arctostaphylos uva-ursi.
Wolfsblume ↗ Anemone nemorosa.
Wolfsblüten ↗ Arnica-Arten.
Wolfs-Eisenhut ↗ Aconitum-Arten.
Wolfsfuß ↗ Lycopus-Arten.
Wolfskirsche ↗ Atropa belladonna.
Wolfsmilch ↗ Euphorbia-Arten.
Wolfstrapp ↗ Leonurus cardiaca, ↗ Lycopus-Arten.
Wolfstrappkraut ↗ Leonurus quinquelobatus; ↗ Lycopus-Arten.
Wolfstraube ↗ Arctostaphylos uva-ursi.
Wolfswurz ↗ Aconitum-Arten.
Wolfszahn ↗ Claviceps purpurea.
Wolkenkraut ↗ Tagetes lucida.
Wollbaum ↗ Ceiba pentandra.
Wollblumen ↗ Verbascum-Arten.
Wollblumenkraut ↗ Verbascum-Arten.
Wollfett ↗ Ovis aries.
Wollige Ballote ↗ Leonurus lanatus.
Wolliger Fingerhut ↗ Digitalis-Arten.
Wolliger Löwenschwanz ↗ Leonurus lanatus.
Wolliges Löwenschwanzkraut ↗ Leonurus lanatus.
Wolliges Wolfstrappkraut ↗ Leonurus lanatus.
Wollklee ↗ Anthyllis vulneraria.
Wollkratzdistel ↗ Cirsium eriophorum.
Wollkraut ↗ Verbascum-Arten.
Wollkrautblumen ↗ Verbascum-Arten.

Wollnarzisse ↗ Lachnanthes tinctoria.

■ **Wollwachs**
(syn. *Adeps lanae, Adeps Lanae anhydricus, Cera Lanae*, Wollfett), die bei der Aufbereitung der Schafwolle gewonnene, gereinigte, wachsartige, wasserfreie Masse. Daraus lassen sich weiterhin die Wollwachsalkohole (*Lanae alcoholes*, syn. *Alcoholes adipis lanae*) gewinnen. Anw.: ↗ *Ovis aries*.

Wollwachsalkohole ↗ Ovis aries.
Woodfordia floribunda ↗ Woodfordia fruticosa.

■ **Woodfordia fruticosa** (L.) Kurz
(syn. *Woodfordia floribunda*).
Fam.: Lythraceae.
Vork.: Pakistan, Indien, Burma, Indonesien, Malayische Halbinsel, Philippinen.
Droge: Blätter und Blüten. Inh.: Gerbstoffe (ca. 17 %), Ocatcosanol, β-Sitosterol, Chrysophanolderivate, Alkaloide. Anw.: alte Droge der Ayurveda- und Unani-Medizin; in der Volksheilkunde als Diuretikum, Adstringens, bei Dysenterie, Darmbeschwerden und Rheuma genutzt.

Woronows Schneeglöckchen ↗ Galanthus-Arten.

■ **Wortmannin**
Steroid-Derivat aus Kulturen von *Penicillium wortmannii* und *Myrothecium roridum*. Wirk.: antifungal, antiinflammatorisch, hämorrhagisch, immunsuppressiv. Anw.: in der experimentellen Pharmakologie sowie ansatzweise zur Rheumatherapie unter Beachtung der starken Nebenwirkungen (Blutungen).

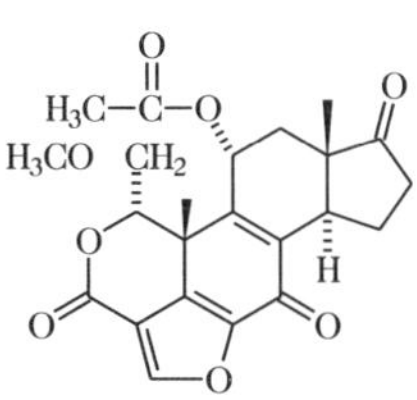

Wortmannin

Wrightia antidysenterica ↗ Holarrhena pubescens.
Wulstkraut ↗ Chelidonium majus.
Wundbalsam ↗ Myroxylon balsamum.
Wunderbaum ↗ Ricinus communis.
Wunderbeeren ↗ Synsepalum dulciferum.
Wundererbse ↗ Cardiospermum halicacabum.
Wundkleeblüten ↗ Anthyllis vulneraria.
Wundkleekraut ↗ Anthyllis vulneraria.
Wundkraut ↗ Anthyllis vulneraria, ↗ Arnica-Arten, ↗ Bupleurum-Arten, ↗ Lysimachia nummularia, ↗ Solidago-Arten, ↗ Veronica officinalis.
Wundsanikel ↗ Sanicula europaea.
Wundschwamm ↗ Fomes fomentarius.
Wundwegerich ↗ Plantago-Arten.
Wünschelrutenrinde ↗ Hamamelis virginiana.
Würger-Enzian ↗ Gentiana-Arten.
Wurmblüten ↗ Hagenia abyssinica.
Wurmfarn ↗ Dryopteris filix-mas.
Wurmfarnkraut ↗ Chrysanthemum-Arten.
Wurmgras ↗ Spigelia-Arten.
Wurmgraswurzel ↗ Spigelia-Arten.
Wurmkraut ↗ Artemisia absinthium, ↗ Chrysanthemum-Arten, ↗ Artemisia cina, ↗ Filipendula ulmaria, ↗ Spigelia-Arten.
Wurmkrautsamenöl ↗ Chenopodium-Arten.
Wurmsamen ↗ Artemisia cina, ↗ Chenopodium-Arten.
Wurmtang ↗ Alsidium helminthochorton.
Wurmtod ↗ Chrysanthemum-Arten.
Wurmtreibende Spigelie ↗ Spigelia-Arten.
Wurstkraut ↗ Origanum majorana, ↗ Satureja hortensis.
Wurzelpetersilie ↗ Petroselinum crispum.
Wurzel-Sumach ↗ Rhus-Arten.
Wüsteneidechse ↗ Scincus officinalis.
Wüterich ↗ Cicuta virosa.
Wutkraut ↗ Anagallis arvensis.
Wütrich ↗ Conium maculatum.
Wydleria portoricensis ↗ Petroselinum crispum.

■ **Wyethia helenioides** (D.C.) Nutt.
Fam.: Asteraceae (Compositae).
Vork.: westliches Nordamerika.
Hom.: *Wyethia helenioides* HAB34; die frischen, unterirdischen Pflanzenteile. Anw.-Geb.: Entzündungen der oberen Luftwege, Verdauungsschwäche, Nervenschmerzen.
Histor.: Die Benennung der Gattung erfolgte nach dem Naturforscher N.B. Wyeth, der die Pflanze in den Gebirgen Nordamerikas entdeckte; *helenoides* (alantähnlich) bezieht sich auf *helios* (Sonne) und weist auf die strahlig angeordneten Blüten hin.

X

Xanthan ↗ Xanthangummi.

■ **Xanthangummi**
(syn. Xanthan), ein bakterielles Polysaccharid, das von *Xanthomonas campestris* produziert wird und als Heteroglykan D-Glucose, D-Mannose und D-Glykopyranosyluronsäure im Verhältnis 2,8:2:2 enthält. Dabei sind einige Zuckerreste acyliert, einige Glucosereste liegen als Ketale mit Pyruvat vor (Ähnlichkeit zum Agar; ↗ *Gelidium*-Arten). Anw.: in der Galenik als Suspensionsstabilisator mit geringer Temperatur-, pH- und Salzempfindlichkeit. In der Nahrungsmittelindustrie wird X. zur Stabilisierung äther. Öle in Getränken und für Instantpuddings verwendet; auch die Kosmetik nutzt die Droge zur Bereitung von Zahnpasten und Cremes.

Xanthium albinum ↗ Xanthium riparium.

■ **Xanthium riparium** Itz. et Hertsch. emend. Lasch.
(syn. *Xanthium albinum*); Elb-Spitzklette.
Fam.: Asteraceae (Compositae).
Vork.: Asien, Europa, auch kultiviert.
Droge: ***Oleum Xanthii***; Spitzklettensamenöl, das fette Öl der Samen. Inh.: Triglyceride mit höheren, gesättigten Fettsäuren (ca. 7 %), Ölsäure (ca. 25 %), Linolsäure (ca. 60 %). Anw.: in der pharmazeutischen Technologie zur Herstellung von Zäpfchen, Linimenten, Salben; in der Technik zur Herstellung von Seifen und Alkoholsulfonaten.

■ **Xanthium spinosum** L.
Dornige Spitzklette; s. Farbtafel S. 312, Bild 187.
Fam.: Asteraceae (Compositae).
Vork.: Mittelmeergebiete, Südosteuropa, Südamerika.
Droge: ***Herba Xanthii spinosi***; Dorniges Spitzklettenkraut, das Kraut. Inh.: äther. Öl, Iodsalze. Anw.: in der Volksheilkunde als Diuretikum und Diaphoretikum.
Hom.: ***Xanthium spinosum*** HAB34, das frische, blühende Kraut.

■ **Xanthium strumarium** L.
Gemeine Spitzklette; s. Farbtafel S. 312, Bild 188.
Fam.: Asteraceae (Compositae).
Vork.: Mitteleuropa, Asien, bes. Indien, China, Japan.
Droge: ***Herba Xanthii strumarii*** (syn. *Herba Lappae minoris*); Gemeines Spitzklettenkraut, das Kraut. Inh.: Iodsalze, Xanthumin, Phytosterole, Xanthostrumarin, Alkaloide, Chlorogensäure. Anw.: in der Volksheilkunde als Diuretikum und Depressivum, in China nutzt man die Früchte bei Rheuma und Krätze.

Xanthohumol ↗ Humulus lupulus.
Xanthomonas campestris ↗ Xanthangummi.

■ **Xanthone**
(Xanthen-9-one), Dibenzo-γ-pyronderivate, die eine gelbe Farbe besitzen. Sie werden von höheren Pflanzen, Pilzen und Flechten gebildet und kommen sowohl frei als auch glykosidisch gebunden vor. Zu den X. gehören u. a. Bellidifolin, Gentisin, Isogentisin oder Mangiferin (↗ *Gentiana*-Arten). Wirk.: zentral stimulierend durch Hemmung der Monoaminoxidase.

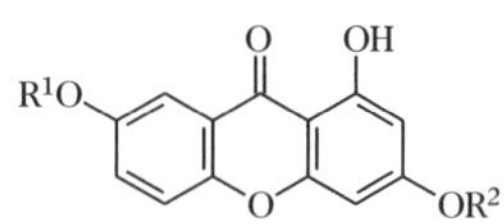

Xanhone

Name	R^1	R^2
Gentisin	H	CH_3
Isogentisin	CH_3	H

■ **Xanthoria parietina** (L.) Beltram
Wandschüssel-Flechte.
Fam.: Teloschistaceae.
Vork.: weltweit an Rinden und Hölzern, in Küstengebieten auch an Felsen wachsende Flechte.
Droge: der Thallus. Inh.: Anthranoide, u. a. Physcion; Emodin, Xanthorin, Fallacinol, Fallacinal, Parientinsäure; Lichesterol. Anw.: als Bittermittel, in der Volksheilkunde mitunter als Ersatz für Chinarinde (↗ *Cinchona*-Arten).

Xanthorhiza apiifolia ↗ Xanthorhiza simplicissima.

■ **Xanthorhiza simplicissima** Marsh.
(syn. *Xanthorhiza apiifolia, Zanthorhiza apiifolia*).
Fam.: Ranunculaceae.
Vork.: atlantisches Nordamerika.
Droge: ***Radix Xanthorhiziae***, die Wurzeln. Inh.: Alkaloide, wie Berberin, Obamegin, Oxyacanthin. Anw.: als Bittertonikum, in der Volksheilkunde. Die Droge tritt auch als Verfälschung der Kanadischen Gelbwurz (↗ *Hydrastis canadensis*) auf.

■ **Xanthorrhoea australis** R. Br.
Roter Grasbaum.
Fam.: Xanthorrhoeaceae (Liliaceae).
Vork.: Australien, bes. Tasmanien und Küstengebiete.
Droge: ***Rotes Akaroidharz*** (syn. Rotes Grasbaumharz), das aus der Pflanze gewonnene Harz. Inh.: Erythroxanthoresino-tannol-*p*-cumarsäureester (ca. 85 %), freie *p*-Cumarsäure (1–2 %), *p*-Oxybenzoesäure, äther. Öl (ca. 0,3 %). Anw.: in der Volksheilkunde bei Katarrhen; in der Technik angewendet wie Gelbes Akaroidharz (↗ *Xanthorrhoea hastilis*).

■ **Xanthorrhoea hastilis** R. Br.
Grasbaum.
Fam.: Xanthorrhoeaceae (Liliaceae).
Vork.: Australien, bes. Tasmanien und Küstengebiete.
Droge: ***Resina Xanthorrhoeae flava*** (syn. *Resina Acaroidis, Gummi Acaroidis*); Gelbes Akaroidharz (syn. Gelbes Grasbaumharz), das aus der Pflanze gewonnene Harz. Inh.: Xanthoresinotannol-*p*-Cumarsäureester (ca. 80 %), freie *p*-Cumarsäure (ca. 4 %), Zimt- und Benzoesäure; Styracin, äther. Öl (ca. 0,4 %). Anw.: in der Parfümerie, für Lacke und Glasuren sowie in der Papierherstellung.

Xanthotoxin ↗ Furanocumarine.
Xanthoxyli cortex ↗ Zanthoxylum-Arten.
Xanthoxylum caribaeum ↗ Zanthoxylum-Arten.
Xanthoxylum fraxineum ↗ Zanthoxylum-Arten.
Xanthoxylum fraxinifolium ↗ Zanthoxylum-Arten.
Xanthoxylum mite ↗ Zanthoxylum-Arten.
Xanthoxylum piperitum ↗ Zanthoxylum-Arten.
Xanthoxylum ramiflorum ↗ Zanthoxylum-Arten.
Xanthoxylum tricarpum ↗ Zanthoxylum-Arten.

■ **Xantocilline**
(Xanthocilline), Antibiotika-Gemisch aus Kulturen von *Penicillium notatum* und *Eupenicillium egyptiacum*, das aus drei Komponenten (X, Y_1 und Y_2) zusammengesetzt ist. Wirk.: bakteriostatisch gegen grampositive und gramnegative Erreger. Anw.: früher bes. in der Dermatologie sowie bei Infektionen des Rachenraums.

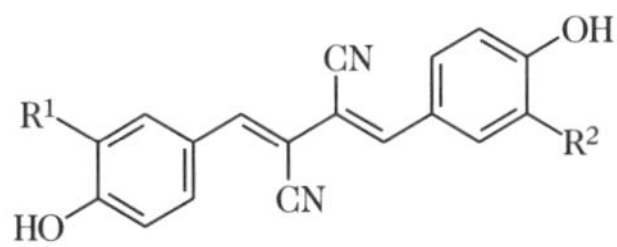

Xanthocilline

	R1	R2
Xanthocillin X	H	H
Xanthocillin Y_1	OH	H
Xanthocillin Y_2	OH	OH

Xereswein ↗ Vitis vinifera.
Ximenia aegyptica ↗ Balanites aegyptiaca.

■ **Ximenia americana** L.
Wildolive.
Fam.: Olacaceae.
Vork.: in den Tropen, bes. Brasilien und Uganda.
Droge: ***Ximeniaöl*** (syn. Wildolivenöl), das fette Öl der Samen. Inh.: Triglyceride, kautschukartige Stoffe. Anw.: als Speiseöl sowie zur Seifenherstellung; die Früchte und Samen sind eßbar; die Wurzelrinde dient in der Volksheilkunde als Antidiarrhoikum.

Ximeniaöl ↗ Ximenia americana.
Xiphium pseudoacorus ↗ Iris pseudoacorus.

■ **Xylopia aethiopica** (Dun.) A. Rich.
(syn. *Annona aethiopica*); Malaguetapfeffer.
Fam.: Annonaceae.
Vork.: tropisches Afrika, bes. im Senegal.
Droge: ***Fructus Xylopiae***; Mohrenpfeffer (syn. Guineapfeffer, Kanipfeffer). Inh.: äther. Öl, Harz, fettes Öl, Scharfstoffe (Piperin). Anw.: als Gewürz, mitunter als Verfälschung von Schwarzem Pfeffer (↗ *Piper nigrum*).

Xylopia polycarpa ↗ Annickia polycarpa.

■ D-Xylose
(Holzzucker), in Pflanzen, besonders im Holz weitverbreitete Pentose, die zumeist in Xylanen oder Glykosiden gebunden vorkommt. Die Gewinnung erfolgt aus den Abfallprodukten bei der Celluloseherstellung oder bei der Holzverzuckerung. Anw.: Ausgangspunkt für die Gewinnung von Xylit (Zuckeraustauschstoff) für die Diätetik; als schwaches Laxans.

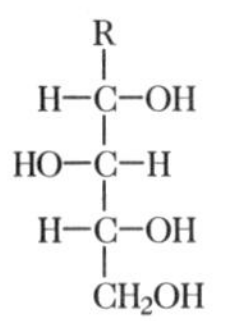

D-Xylose: R = CHO
Xylit: R = CH_2OH

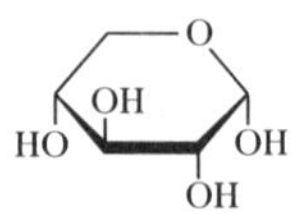

α-D-Xylopyranose

Xylosteum ↗ Lonicera xylosteum.
Xysmalobii radix ↗ Xysmalobium undulatum.
Xysmalobium amplifolium ↗ Xysmalobium undulatum.
Xysmalobium dispar ↗ Xysmalobium undulatum.
Xysmalobium lapathifolium ↗ Xysmalobium undulatum.

■ Xysmalobium undulatum (L.) R. Br.
(syn. *Asclepias undulata, Xysmalobium amplifolium, X. dispar, X. lapathifolium*).
Fam.: Asclepiadaceae.
Vork.: milchsaftführende Staude im südlichen Afrika und Kenia.
Droge: ***Uzarae radix*** (syn. *Radix Uzarae, Xysmalobii radix*); Uzarawurzel. Inh.: Cardenolidglykoside, u. a. ↗ Uzarin, Allo-Uzarin, Allo-Uzarigenin, Allo-Xysmalorin und Xysmalorin, deren Aglyka sowie in geringen Mengen Pregnanglykoside. Anw.: Verwendet werden wäßrig alkoholische Extrakte aus der Droge (*Liquor Uzara*) bzw. der Trockenextrakt bei unspezifischen, akuten

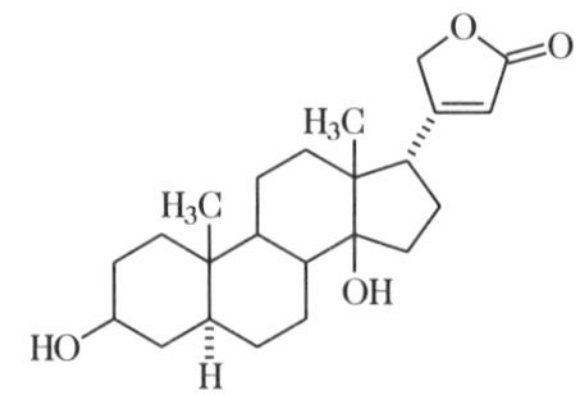

Allo-Uzarigenin

Durchfallerkrankungen. Die Herz-Kreislaufwirkung der Droge ist gering, trotzdem sollte eine Anwendung bei Patienten, die mit herzwirksamen Glykosiden therapiert werden, unterbleiben. In der traditionellen Medizin Südafrikas wird die Uzarawurzel zur Behandlung von Verdauungsbeschwerden, Koliken, Dysenterie sowie bei Kopfschmerzen, Fieber und Malaria eingesetzt.
Hom.: ***Xysmalobium undulatum*** HAB; die getrockneten unterirdischen Teile der zwei- bis dreijährigen Pflanze. Anw.-Geb.: Krämpfe des Magen-Darm-Kanals, der Gebärmutter sowie generell bei Gebärmutterschmerzen.

Y

Yaborandiblätter ↗ Pilocarpus-Arten.
Yagé ↗ Banisteria-Arten.
Yajé ↗ Banisteria-Arten.
Yakée ↗ Virola-Arten.
Yamswurzel ↗ Dioscorea-Arten.
Yang ↗ Dipterocarpus-Arten.
Yangonine ↗ Piper methysticum.
Yauhtli ↗ Tagetes lucida.
Ybe ↗ Taxus baccata.
Yerbabaum ↗ Ilex paraguariensis.
Yerba mansa ↗ Anemopsis californica.
Yerba Santa ↗ Eriodictyon californicum.
Ylang-Ylang-Öl ↗ Cananga odorata.
Ylang-Ylangpflanze ↗ Cananga odorata.
Yohimbe cortex ↗ Pausinystalia johimbe.
Yohimbeherinde ↗ Pausinystalia johimbe.
Yohimberinde ↗ Pausinystalia johimbe.

■ Yohimbin
monoterpenes Indolalkaloid vom Yohimban-Typ, das in verschiedenen Apocynaceen, wie ↗ *Rau-*

volfia serpentina oder Rubiaceen, wie ↗ *Pausinystalia yohimbe* vorkommt. Wirk.: α_2-Adrenozeptor-Antagonist, induziert Blockade der präsynaptischen α_2-Rezeptoren und führt damit zur verstärkten Noradrenalinfreisetzung, die mit der Senkung des Blutdrucks und der Steigerung der Herzfrequenz einhergeht; antidiuretischer Effekt durch verstärkte Vasopressinfreisetzung. Anw.: zur Förderung der Durchblutung der Unterleibsorgane bei *Impotentia coeundi* sowie bei Harninkontinenz. Die Nutzung als Aphrodisiakum ist wegen der geringen therapeutischen Breite der Substanz und der unsicheren Wirkung bzw. fehlenden Steuerung des Effektes nicht zu empfehlen.

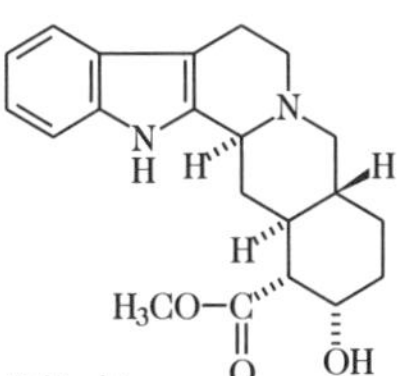
Yohimbin

Yopo ↗ Anadenanthera peregrina.
Ysop ↗ Hyssopus officinalis.
Ysopkraut ↗ Hyssopus officinalis.
Yucca angustifolia ↗ Yucca filamentosa.
Yuccae schottii folium ↗ Yucca schottii.

■ **Yucca filamentosa** L.
(syn. *Yucca angustifolia, Y. smalliana*); Faden-Palm-Lilie (syn. Fadentragende Palmlilie, Palmenlilie), s. Farbtafel S. 312, Bild 189.

Fam.: Agavaceae.

Vork.: Mittelamerika, südliches Nordamerika.

Droge: Blätter und Wurzeln. Inh.: Steroidsaponine, mit Gritogenin, Sarsapogenin und Tigogenin als Geninen; äther. Öl. Anw.: volkstümlich in den Heimatgebieten als Laxans. Industriell zur Gewinnung von Steroidsaponinen, die als Ausgangsmaterial zur Partialsynthese von Steroidhormonen genutzt werden. Die Blätter liefern auch Fasern, die zur Herstellung von Seilen und groben Textilien verwendet werden.

Hom.: ***Yucca filamentosa*** HAB34; die frische Pflanze. Anw.-Geb.: Erkrankungen der Leber (gekoppelt mit Juckreiz), Galle, Bauchspeicheldrüse und der Haut.

■ **Yucca schottii** Engelm.

Fam.: Agavaceae.

Vork.: USA, Mexiko.

Droge: ***Yuccae schottii folium***, die getrockneten Blätter. Inh.: Saponine, wie Yuccageninglykosid, Sarsasaponin. Anw.: in der Volksheilkunde bei Rheuma und Arthritis. Ein Yucca-Extrakt wird auch als Schaumstabilisator in der Getränkeindustrie, u. a. in Milchgetränken und Softdrinks, verwendet.

Yucca smalliana ↗ Yucca filamentosa.

Z

Zacatechichi ↗ Calea zacatechichi.
Zachäusöl ↗ Elaeagnus angustifolia.
Zackengallen ↗ Rhus-Arten.
Zahnbaum ↗ Balanites aegyptiaca.
Zahnbürstenbaum ↗ Salvadora persica.
Zahnkörner ↗ Paeonia officinalis.
Zahnkraut ↗ Arum maculatum, ↗ Plumbago europaea.
Zahnperlen ↗ Paeonia officinalis.
Zahnschmerzwurzel ↗ Anacyclus x officinarum.
Zahnstocherammei ↗ Ammi visnaga.
Zahnstocherkraut ↗ Ammi visnaga.
Zahnwehholz ↗ Zanthoxylum-Arten.
Zahnwurz ↗ Arum maculatum.
Zahnwurzel ↗ Anacyclus pyrethrum, ↗ Anacyclus x officinarum, ↗ Iris germanica.
Zangeblume ↗ Achillea-Arten.
Zaniggeli ↗ Sanicula europaea.

■ **Zantedeschia aethiopica** (L.) Spreng.
(syn. *Aroides aethiopicum, Calla aethiopica, Colocasia aethiopica, Otosma aethiopica, Richardia africana*); Papierblume (syn. Stanitzlblume, Zimmer-Calla).

Fam.: Araceae.

Vork.: Südafrika, Südamerika, sonst weltweit als Zimmerpflanze.

Droge: das frische Kraut. Die Droge ist giftig! Inh.: Polyphenole, Purinderivate, Leukocyanidin, Scharfstoffe, Alkaloide. Anw.: in der Volksheilkunde Afrikas und Südamerikas zur Besserung der Beschwerden nach Insektenstichen. Die gekochten jungen Blätter und Blattstiele dienen im Herkunftsgebiet als Gemüse, die Wurzelknollen als Schweinefutter. Durch das Kochen werden die toxischen Bestandteile offensichtlich zerstört.

Hom.: ***Calla aethiopica*** HAB34, die frische Pflanze.

Zantedeschia aromatica ↗ Homalomena aromatica.
Zanthorhiza apiifolia ↗ Xanthorhiza simplicissima.
Zanthoxyli pericarpium ↗ Zanthoxylum-Arten.
Zanthoxylon araliaceum ↗ Casimiroa edulis.

■ Zanthoxylum-Arten

● **Fam.:** Rutaceae.

● **Zanthoxylum armatum** DC. (syn. *Zanthoxylum alatum, Z. planispinum*).

Vork.: südliches und östliches Asien, insbes. Indien, Nepal, China.

Drogen: ***1. Zanthoxylum-armatum-Früchte***; die Früchte. Inh.: Flavonoide, u. a. Hyperosid, Isoquercitrin sowie Kämpferol- und Luteolinglykoside, ferner Chlorogensäure, äther. Öl (1,5 %) mit Linalool (ca. 60 %) als Hauptkomponente sowie Limonen, Sabinen, Linalylacetat, Citral, Geraniol und Methylcinnamat. Anw.: in der Heilkunde der Heimatgebiete als Wurmmittel, bei Magen-Darm-Infektionen, rheumatischen Beschwerden sowie Prellungen. Das äther. Öl wird in Indien auch für kosmetische Erzeugnisse, bes. Seifen, genutzt. ***2. Zanthoxylum-armatum-Rinde***; die Rinde. Inh.: Benzophenanthridinalkaloide, Xanthoplanin, Lignane. Anw.: volkstümlich in den Heimatländern als Tonikum bei Dyspepsie, ferner bei Fieber und Cholera.

● **Zanthoxylum budrunga** Wall. ex DC. (syn. *Zanthoxylum limonella, Z. rhetsa*).

Vork.: Indien.

Drogen: ***1. Zanthoxylum-budrunga-Früchte***, die reifen Früchte. Inh.: Indolopyridochinazolin-Alkaloide, wie Rutaecarpin; äther. Öl, fettes Öl. Anw.: in der indischen Volksheilkunde bei Dyspepsie, Rheuma, Bronchitis, Herzbeschwerden und Zahnschmerzen. Das Samenöl wird in Indien als Speiseöl bzw. zur Seifenherstellung verwendet. ***2. Zanthoxylum-budrunga-Rinde***, die Stammrinde. Inh.: Alkaloide, wie Chelerythrin, Evodiamin, Rutaecarpin, Skimmianin, Zanthobungeanin; Sesamin, Triterpene. Anw.: in der Volksheilkunde bei Magen- und Brustschmerzen, als Tonikum und zur Fiebersenkung, in Indonesien bei Malaria, Durchfall und Erbrechen.

● **Zanthoxylum bungeanum** Maxim. (syn. *Zanthoxylum alatum, Z. bungei, Z. stimulans*).

Vork.: China.

Droge: ***Pericarpium Zanthoxyli*** (syn. *Zanthoxyli pericarpium); Zanthoxylum-bungeanum*-Perikarp, das getrocknete, von Samen und Stielen befreite Perikarp. Inh.: äther. Öl (0,7–9 %), Säureamide, Flavonoide, phenolische Verbindungen. Anw.: in der Volksheilkunde bei Magen-Darm-Beschwerden, Erbrechen, Diarrhoe, Spulwurmbefall, juckenden Ekzemen sowie als Diuretikum und Asthmamittel. Die Droge wird ebenso in der asiatischen Küche als scharfes Gewürz (Szechuanpfeffer) genutzt.

● **Zanthoxylum chalybeum** Engl. (syn. *Fagara chalybea, F. fischeri, F. merkeri, F. mpwapwensis, F. olitoria, Zanthoxylum olitorium*).

Vork.: Afrika.

Droge: ***Zanthoxylum-chalybeum-Wurzelrinde***, die getrocknete Wurzelrinde. Inh.: Asarinin, Sesamin, Sesamol, Benzophenanthridin-Alkaloide, wie Chelerythrin, Nititin, Palmatin; Aporphine, Phenylalkylamine, Furochinoline, Säureamide, Germacron, Usambanolin. Anw.: in der Volksheilkunde gegen Eingeweidewürmer, bei Fieber, Geschwülsten, bei Harnbeschwerden sowie zur Therapie von Rheuma, Schwellungen, bei Zahnschmerzen und als Chininersatz bei Malaria. Die Droge ist auch Bestandteil von afrikanischen Pfeilgiften.

● **Zanthoxylum clava-herculis** L. (syn. *Zanthoxylum carolinianum, Fagara caroliniana*).

Vork.: südöstliche Küstengebiete der USA, bes. Florida und Südvirginia.

Drogen: ***Zanthoxylum-clava-herculis-Früchte***; die voll reifen, getrockneten Früchte. Inh. und Anw.: siehe *Z. fraxineum*.

● **Zanthoxylum fraxineum** Willd. (syn. *Thylas fraxinifolium, Xanthoxylum caribaeum, X. fraxineum, X. fraxinifolium, X. mite, X. ramiflorum, X. tricarpum, Zanthoxylum americanum*); Zahnwehholz (syn. Gelbholz).

Vork.: bes. östliches Nordamerika.

Droge: ***Xanthoxyli cortex*** (syn. *Cortex Xanthoxyli*); Gelbholzrinde, die getrocknete Rinde. Inh.: Pyranocumarine, bes. Alloxanthoxyletin, Xanthoxyletin und Xanthyletin, Benzylisochinoli-

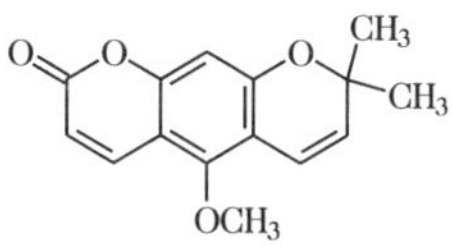

Xanthoxyletin

ne, u. a. Chelerythrin, Laurifolin, Magnoflorin, Nitidin und Tembetarin, Phenylethylamin, Candicin. Harz und Gerbstoffe. Anw.: volkstümlich in den Heimatgebieten bei rheumatischen Erkrankungen, Entzündungen im Magen-Darm-Bereich, der ableitenden Harnorgane sowie bei nervösen Leiden.

Hom.: ***Zanthoxylum fraxineum*** HAB34; Gelbholzbaum, die getrocknete Rinde. Anw.-Geb.: Erkrankungen des Zentralnervensystems und der weiblichen Geschlechtsorgane.

Histor.: Der Gattungsname geht auf das griechische *xanthos* (gelb) und *xylon* (Holz) zurück und bezieht sich auf die gelbe Farbe des Holzes, während der Artname *fraxineum* (eschenähnlich) auf die Ähnlichkeit mit den Blättern von *Fraxinus excelsior* hinweist. In Amerika kam die Droge einst gegen chronischen Rheumatismus, Lumbago und Syphilis zur Anwendung.

● **Zanthoxylum nitidum** (Roxb.) DC. (syn. *Fagara nitida, F. oblongifolia, F. pendjaluensis, F. torva, F. warburgii, Piper pinnatum, Zanthoxylum hamiltonianum, Z. asperum, Z. hirtelleum, Z. scabrum, T. torvum*).

Vork.: China, Indien, Australien.

Drogen: ***1. Zanthoxylum-nitidum-Blätter***, die Laubblätter. Inh.: äther. Öl mit Limonen. Anw.: in der Volksheilkunde als Antiseptikum bei Mund- und Halsentzündungen. ***2. Zanthoxylum-nitidum-Wurzel***, die getrockneten Wurzeln. Inh.: Flavonoide, Alkaloide, wie Nitidin und Oxynitidin; Skimmianin, Allocryptopin, Lignane, wie Asarinin und Sesamin. Anw.: in der Volksheilkunde bei Verstauchungen, Schlangenbissen, als Expektorans, zur Fiebersenkung und zur Menstruationsförderung sowie als Carminativum und Antirheumatikum.

● **Zanthoxylum piperitum** DC.(syn. *Xanthoxylum piperitum*); Japanischer Pfeffer.

Vork.: China, Korea.

Droge: ***Szechuan-Pfeffer*** (syn. Sansho, *Zanthoxylum-piperitum*-Pericarp), die unreifen frischen oder reifen getrockneten Früchte, zuweilen auch die Fruchtwand der reifen Früchte, Inh.: Säureamide mehrfach ungesättigter Säuren als Scharfstoffe, u. a. Hydroxy-γ-sanshoöl (1,9–2,6 %), α-Sanshoöl (0,3–0,4 %) und γ-Sanshoöl (0,06–0,08 %) sowie äther. Öl, u. a. mit Citronellal, Dipenten, (+)-Limonen, β-Phellandren und Geraniol. Anw.: Stomachikum bei Dyspepsien, als Wurmmittel, bes. gegen Askariden, sowie als Gewürz, bes. für Fischgerichte.

● **Zanthoxylum xanthoxyloides** (Lam.) Waterm. (syn. *Fagara senegalense, F. xanthoxyloides, F. zanthoxyloides, Zanthoxylum polyganum*).

Vork.: West- und Ostafrika.

Droge: ***Zanthoxylum-xanthoxyloides-Wurzel***, die Wurzeln. Inh.: Benzophenanthridine, wie Berberin, Chelerythrin und Fagaronin; Skimmianin, 6-Canthinon, Benzoesäurederivate, Säureamide, Sterole, äther. Öl, Gerbstoffe. Anw.: in der Volksheilkunde bei Zahnschmerzen, gegen Fieber, als Schmerzmittel, gegen Eingeweidewürmer und bei Verdauungsstörungen, gegen Geschwüre und rheumatische Beschwerden.

Zapania scaberrima ↗ Lippia dulcis.
Zapfenholz ↗ Rhamnus frangula.
Zapfenkorn ↗ Claviceps purpurea.
Zaubererbaum ↗ Latua venenosa.
Zauberhasel ↗ Hamamelis virginiana.
Zauberstrauchrinde ↗ Hamamelis virginiana.
Zauberwurzel ↗ Mandragora officinarum.
Zaunkleber ↗ Galium aparine.
Zaunkraut ↗ Galium aparine.
Zaunrose ↗ Rosa canina.
Zaunrübe ↗ Bryonia-Arten.
Zaunwinde ↗ Calystegia-Arten.

■ **Zea mays** L. Off.
Mais (syn. Kukurutz, Kukuruz), s. Farbtafel S. 312, Bild 190.

Fam.: Poaceae (Gramineae).

Vork.: weltweit kultiviert, insbes. in USA, heimisch vermutlich Mexiko.

Drogen: ***1. Maydis amylum*** (syn. *Amylum Maydis*); Maisstärke, die nach Abtrennung der ölhaltigen Keimlinge durch Ausschlämmen der gemahlenen Körner mit Wasser erhaltenen Stärkekörner. Der Stärkegehalt der Früchte liegt bei etwa 55–72 %. Inh.: Gemisch von eckigen und runden, meist 10–20 µm großen Einzelstärkekörnern, die im mikroskopischen Bild oft sternförmige Spalten aufweisen. Anw.: in der pharmazeutischen Technologie unter anderem als Pudergrundlage und Bindemittel für Tabletten, in Nährpräparaten, technisch für Appreturen sowie zur Gewinnung von Glucose, Maltose, Sirup sowie Britisches Gummi, ein nach Erhitzen von Maisstärke auf ca. 200 °C erhaltenes Produkt. ***2. Oleum Maydis embryonis*** (syn. *Oleum Zeae*); Maiskeimöl (syn. Maisöl), das aus den Keimlingen von *Zea mays* durch Pressen oder Extraktion gewonnene, raffinierte fette Öl. Inh.: Das zu 30–50 % in den Keimlingen enthaltene Öl besteht zu etwa 93 % aus Glyceriden der Linolsäure (34–62 %), Ölsäure (19–49 %), Palmitinsäure (8–12 %), Stearinsäure (2–4 %) und Linolensäure (ca. 1 %) und enthält unter anderem Vitamin E (↗ Tocopherole). Anw.: natürlicher Vitamin-E-Träger, als Speiseöl sowie zur Herstellung von Haut- und Körperpflegemitteln. ***3. Stigmata Maydis*** (syn. *Stigmata Maidis, Styli Maydis*); Maisgriffel (syn. Maisnarben), die getrockneten fadenförmigen Griffel der weiblichen Blüten. Inh.: äther. Öl (0,1–0,2 %, u. a. Carvacrol enthaltend), Gerbstoffe, Flavonoide, Harz, Saponine, Schleimstoffe und hoher Gehalt an Kaliumsalzen. Anw.: volkstümlich als Diuretikum bei Harnbeschwerden, Blasen- und Nierengrieß. Zur ↗ Teezubereitung verwendet man als Einzeldosis 1 Teelöffel (etwa 0,5 g) Droge.

Hom.: ***Stigmata Maydis*** HAB34; Maisnarben, die frischen Maisnarben. Anw.-Geb.: Erkrankungen der Nieren, ableitenden Harnwege und der Haut.

Histor.: Der Mais ist eine ausschließliche Kulturpflanze, die sich allein nicht vermehren kann. Er wurde in vorgeschichtlicher Zeit von den Ureinwohnern Mexikos und Mittelamerikas aus einem Wildgras, der sog. Teosinte, gezüchtet und existiert bereits seit mehr als 4000 Jahren in mehreren Kultursorten. Mit der Entdeckung Amerikas durch die Spanier Anfang des 16. Jh. gelangte der Mais, der heute zu den weltwirtschaftlich wichtigsten Kulturpflanzen zählt, nach Europa. Der Anbau der wärmeliebenden Pflanze erfolgt in Europa bevorzugt in den südlichen Regionen.

Zedachrinde ↗ Antelaea azadirachta.
Zeder ↗ Cedrus-Arten.
Zedernholz ↗ Juniperus virginiana.
Zedernholzöl ↗ Juniperus virginiana.
Zedoariae radix ↗ Curcuma-Arten.
Zedoariae rhizoma ↗ Curcuma-Arten.
Zedoarie ↗ Curcuma-Arten.
Zehrwurz ↗ Arum maculatum, ↗ Plumbago europaea.
Zehrwurzel ↗ Arisaema-Arten.
Zeidelbast ↗ Daphne mezereum.
Zeilandrinde ↗ Daphne mezereum.
Zeisigkraut ↗ Anagallis arvensis.
Zeitlosensamen ↗ Colchicum autumnale.
Zelderie ↗ Apium graveolens.
Zeller ↗ Apium graveolens.
Zellerich ↗ Apium graveolens.
Zellerie ↗ Apium graveolens.

Zellkulturen pflanzlicher Herkunft zur Gewinnung biogener Arzneistoffe

Beate Diettrich

Neben vielen Arzneistoffen, die durch chemische Synthese produziert werden, spielen Naturstoffe aus Pflanzen als Biogene Arzneistoffe noch immer eine bedeutende Rolle. Die meisten dieser Verbindungen sind chemisch so kompliziert gebaut, daß die chemische Synthese unrentabel ist und sie aus wild vorkommenden oder angebauten Arzneipflanzen isoliert werden.

Pflanzliche Zellen sind jedoch auch außerhalb der intakten Pflanze unter geeigneten Bedingungen in vitro kultivierbar. Sie können als sog. Zellkulturen, ausgehend von den meisten pflanzlichen Organen, angelegt werden. Zum Wachstum benötigen sie geeignete C- und N-Quellen, z. B. Zucker, Nitrat- und Ammoniumsalze, Phosphationen sowie eine Reihe von Spurenelementen. Wichtig sind darüber hinaus Wachstumsfaktoren vom Auxintyp, z. B. Naphthylessigsäure, und vom Cytokinintyp, z. B. Benzyladenin. Durch Wuchsstoffe mit starker Auxinaktivität – geeignet hierfür ist z. B. die auch als Herbizid eingesetzte 2,4-Dichlorphenoxyessigsäure (2,4-D) – kann die Despezialisierung, d. h. die Überführung bereits differenzierter, also in der Pflanze unter gewöhnlichen Bedingungen nicht mehr teilungsfähiger Zellen in den teilungsfähigen Zustand eingeleitet werden. Es entstehen Kolonien meist parenchymähnlicher Zellen, der sogenannte Kallus. Durch Kultivation in flüssigen Nährmedien (submerse Kultivation) unter Schütteln können sog. Suspensionskulturen hergestellt werden. Durch das Schütteln wird der für das Überleben der Zellen nötige Sauerstoffeintrag in das Nährmedium gewährleistet und es kommt durch die mechanische Bewegung zur Ablösung einzelner Zellen und Zellkolonien. Diese können im Nährmedium suspendiert weiterwachsen. Auf diese Weise sind pflanzliche Zellen ähnlich mikrobiologischen Systemen biotechnologisch handhabbar und können z. B. in Fermentoren kultiviert werden. Mitte der 80er Jahre versprach man sich viel von der Produktion von Sekundärstoffen mit Hilfe von Zellkulturen diverser Pflanzen. Als Ausgangspflanzen zur Anlage der Kulturen kamen vor allem Pflanzen in Frage, welche ökonomisch interessante Stoffe bilden. Dies gilt z. B. für Arzneipflanzen. Für die Rentabilität ihrer Produktion mit biotechnologischen Methoden gilt dabei der Erlös von ca. 100 Dollar pro Kilogramm Substanz auf dem Weltmarkt als „magische Zahl".

Zellkulturen hätten, Rentabilität vorausgesetzt, bei der Produktion Biogener Arzneistoffe gegenüber den konventionellen Methoden der Gewinnung aus Pflanzen verschiedene Vorteile [11]:

- Unabhängigkeit von nicht oder nur sehr schwer beherrschbaren Umweltfaktoren wie Witterung, Insektenbefall und Pflanzenkrankheiten;
- Gewinnung von Arzneistoffen aus Pflanzen, die besondere Klimaansprüche stellen, z. B. tropische Pflanzen, an jeder Stelle der Erde;
- umweltfreundlichere Produktion, da der Einsatz von Herbiziden und Pestiziden ausgeschlossen wäre;
- Stimulation der Bildung der Arzneistoffe durch exogene Faktoren (z. B. Zugabe von Endprodukt-Vorstufen, Wachstumsregulatoren, Stressoren) und durch endogene Veränderungen der Zelle (z. B. Mutationen, Transformationen);
- Herstellung von Nährmedien aus billigen Rohstoffen und Abfallstoffen, wie Abfälle der Zukkerindustrie, Algenhydrolysate u. a. m.;
- automatisierbare und damit ökonomischere Produktion;
- Unabhängigkeit von politisch-wirtschaftlichen Unsicherheiten.

Die für die Ausgangspflanze typischen Sekundärstoffe werden jedoch durch unspezialisierte, in vitro kultivierte pflanzliche Zellen häufig nicht gebildet. Ursache dafür ist, daß es sich um Produkte handelt, die im sog. „Sekundärstoffwechsel" gebildet werden.

Alle Lebewesen besitzen einen weitgehend einheitlichen Bereich des Stoffwechsels, den Primärstoffwechsel. Hierzu gehören die Synthese und der Abbau von Nucleotiden und Nucleinsäuren, Aminosäuren und Proteinen sowie der Kohlenhydratstoffwechsel. Die hierbei ablaufenden Reaktionen sind für das Leben der Organismen essentiell. Die vorhandene Einheitlichkeit im Primärstoffwechsel ist die Grundlage für die Übertragbarkeit vieler biochemischer Befunde zwischen verschiedenen Gruppen von Organismen.

Daneben gibt es spezielle Stoffwechselwege, die nicht unbedingt lebensnotwendig sind und von Spezies zu Spezies variieren. Diese werden unter dem Begriff „Sekundärstoffwechsel" zusammengefaßt. Die chemische Struktur der im Sekundärstoffwechsel gebildeten Naturstoffe umfaßt eine riesige Vielfalt verschiedener Verbindungstypen. Die meisten Sekundärstoffe haben keine spezifische stoffwechselphysiologische Funktion. Sie besitzen jedoch häufig ökologische Funktionen und verschaffen dem produzierenden Organismus einen Überlebensvorteil. So sind in tierischen Organismen viele sekundäre Naturstoffe physiologisch stark wirksam und bewirken einen Schutz für den Produzenten. In therapeutischen Konzentrationen wird eine Reihe dieser Wirkstoffe als Medikamente verwendet.

Andere dienen als Leitsubstanzen für die Entwicklung von Arzneistoffen mit verbesserten therapeutischen Eigenschaften. Der Sekundärstoffwechsel ist ein eigenständiger Bereich des Gesamtstoffwechsels. Er verfügt über ein eigenständiges Enzymmuster und eigenständiges genetisches Material. Dieses ist im Verlauf der Evolution wahrscheinlich durch Genduplikation und anschließende Neufunktionalisierung aus dem Grundstoffwechsel entstanden. Hinweise in dieser Richtung ergeben sich z. B. aus dem Vergleich von Nucleinsäuren und Enzymen des Sekundärstoffwechsels mit den entsprechenden Verbindungen des Primärstoffwechsels.

Sekundärstoffe sind häufig nicht Endprodukt einer Reaktionsfolge, sondern unterliegen einem Turnover. Sie werden aus Verbindungen, die im Primärstoffwechsel synthetisiert werden, aufgebaut (z. B. aus Aminosäuren) und beim Abbau in Verbindungen zerlegt, die im Primärstoffwechsel wieder verwendet werden können. Ihre Bildung und ihre Akkumulation sind fein reguliert und in vielen Fällen entwicklungsabhängig. Daraus ergibt sich, daß die Biosynthese der meisten Sekundärstoffe in Spezialisierungsprogramme eingebunden ist, die in unspezialisierten Zellen nicht ausgelöst werden.

Die für die Sekundärstoffbildung notwendigen Spezialisierungsprogramme umfassen häufig neben chemischen auch morphologische Teile. Gelingt es, in der Zellkultur ein morphologisches Spezialisierungsprogramm auszulösen, welches zur Bildung von Organen führt, in denen in vivo in der Ausgangspflanze die gewünschten Stoffe gebildet werden, so erfolgt in den meisten Fällen auch in vitro die Stoffbildung. So kann durch eine hohe Auxinaktivität im Nährmedium bei vielen Zellstämmen eine Wurzelbildung ausgelöst werden. Die so gebildeten Wurzeln können in vitro sowohl in Schüttelkolben als auch in kleineren oder großen Fermentoren kultiviert werden [3]. Auf diese Weise kann z. B. die Produktion von Alkaloiden, die in der Ganzpflanze in der Wurzel synthetisiert werden, in vitro durch die Anlage von Wurzeln ausgelöst werden. Alternativ ist eine Wurzelbildung durch Transformation mit geeigneten Agrobakterienstämmen möglich (s. u.).

Bei höherer Cytokininkonzentration werden bei geeigneten Stämmen Sprosse oder somatische Embryonen gebildet. Aus beiden können Pflanzen regeneriert werden. Dies beweist, daß die Zellen, die als Ausgangsmaterial für die In-vitro-Kulturen dienten, die gesamte für die Ausbildung der Pflanze notwendige, genetische Information enthalten (Totipotenz dieser Zellen). Digitalisglykoside, die in der Ganzpflanze in allen grünen Organen und Geweben synthetisiert werden, werden in vitro auch in somatischen Embryonen gebildet, sobald diese im Licht ergrünen. Allerdings entspricht das Spektrum der gebildeten Cardenolide dem der aus zygotischen Embryonen entstandenen Keimlingspflanzen und nicht dem der erwachsenen Rosettenpflanze, aus der die therapeutisch verwendeten Herzglykoside gewonnen werden. Während für Keimlingspflanzen Verbindungen wie Odorobiosid G und Glucodigifucosid [2] typisch sind, ist der Hauptinhaltsstoff der adulten Pflanze im ersten Vegetationsjahr Lanatosid C. Dieses wird weder in den In-vitro-Kulturen somatischer Embryonen noch in den Keimlingspflanzen gebildet.

Für somatische Embryonen taxonomisch sehr verschiedener Pflanzen ist eine Sekundärstoffproduktion beschrieben worden [1]. Leider ist die Zahl der Pflanzenarten begrenzt, bei denen in vitro die Bildung somatischer Embryonen ausgelöst werden kann, und häufig stimmt das Spektrum der gebildeten Verbindungen nicht völlig mit dem der Ausgangspflanze, aus der die Zellkultur angelegt wurde, überein. Hieraus wird die Abhängigkeit der Sekundärstoffproduktion vom Differenzierungsstatus der Zellkulturen deutlich.

Darüber hinaus werden weitere Faktoren diskutiert, die für ein Fehlen oder eine mangelhafte Produktion von Sekundärstoffen verantwortlich sind [11]:

- Die Präkursoren stehen für die Biogenese der Sekundärstoffe am Reaktionsort nicht in ausreichender Menge zur Verfügung.
- Die für die Biosynthese der Sekundärstoffe verantwortlichen Enzyme werden nicht in ausreichendem Maße gebildet.
- Die Reaktionsbedingungen (pH, Ionenmilieu, Cofaktorenkonzentration, Aktivatoren, Hemmstoffe) lassen das wirksam werden der für die Sekundärstoffbildung notwendigen Enzyme nicht zu.
- Der gebildete Sekundärstoff kann nicht akkumuliert werden.

In einigen Fällen werden Sekundärstoffe in vitro auch in Kulturen gebildet, die aus parenchymähnlichen, unspezialisierten Zellen bestehen. In diesen Fällen ist die Biosynthese dieser Stoffe also nicht mit einem Spezialisierungsprogramm verknüpft. Einerseits ist dies offensichtlich eine Eigenschaft, die in der Ausgangspflanze bereits vorgebildet sein kann, andererseits kann es sich hierbei um eine Mutation handeln, die erst in vitro entstanden ist. Die Anreicherung von Mutanten in Zellkulturen erfolgt relativ schnell (sogenannte „somaklonale Variabilität" [1]). Zellkulturen bestehen daher gewöhnlich aus einer größeren Anzahl einzelner, auch biochemisch unterschiedlicher Zellinien. Durch verschiedene Techniken können produzierende Zellinien selektiert werden:

Zellaggregatklonierung. Kalluskulturen werden in kleine Stücke zerlegt und aus diesen Stükken anschließend erneut Kallus herangezüchtet. Dies wird mehrmals wiederholt, bis die einzelnen Kallusstückchen aus jeweils nur einer Zellinie bestehen. Hierdurch konnten z. B. Zellstämme isoliert werden, die größere Mengen Shikonin bilden. Kleine Zellkolonien von Suspensionskulturen, von denen angenommen werden kann, daß sie aus nur einer Zellinie bestehen, können gleichfalls vereinzelt und emers (auf der Oberfläche von Nährmedien) oder im Inneren verfestigter Medien zu Kalli herangezüchtet werden.

Regeneration von Zellkolonien aus Protoplasten [1]. In pflanzlichen Geweben sind die einzelnen Zellen durch eine Zellwand, die aus Zellulose und Pektinen besteht, miteinander verbunden. Durch Abbau der Zellwand mittels kommerziell erhältlicher Zellulasen und Pektinasen entstehen Protoplasten, die einzelnen Zellen ohne Zellwand entsprechen. Zur Regeneration von Zellkolonien werden die Protoplasten in viskosen Lösungen suspendiert, die ein Zusammenlagern verhindern. Durch Regeneration der Zellwand entstehen aus ihnen einzeln liegende Zellen, aus denen definierte Zellinien regeneriert werden können. Durch diese Methoden ist es gelungen, Zellinien mit charakteristischen Eigenschaften zu isolieren. Beispiel hierfür sind Zellinien mit einer hohen Aktivität zur 12β-Hydroxylierung von Digitoxin [5] oder zur Produktion von Shikonin.

Die Einführung von fremdem genetischen Material in pflanzliche Zellen

Durch Fremdgene können sowohl Wachstum und Regeneration in pflanzlichen Zell- und Organkulturen als auch die Bildung sekundärer Naturstoffe verändert werden. Zur Einführung von fremdem genetischen Material wurden die folgenden Methoden entwickelt:

Protoplastenfusion. Durch Fusion der Protoplasten unterschiedlicher Zellinien ist die Vereinigung verschiedener Genome möglich. In vielen Fällen sind durch Protoplastenfusion erhaltene Hybride jedoch nicht stabil, sondern es können Teile eines Genoms oder das ganze Genom eines Elternteils bei der Subkultivation verlorengehen. Das Verfahren wird deshalb nur selten angewendet.

Transformation. Durch Transformation werden einzelne Gene oder Gengruppen anderer Organismen in das genetische Material von Pflanzenzellen überführt. Eine geeignete Methode hierfür ist z. B. die Agrobakterium-vermittelte Transformation. Bei der Transformation mittels *Agrobakterium tumefaciens* können zusammen mit im Agrobakterium-Genom enthaltenen Genen für die Produktion von Auxinen und Cytokininen mit molekularbiologischen Methoden eingefügte Fremdgene stabil in das Genom der infizierten Pflanzenzelle integriert werden. Durch die Expression der Gene, die für eine Auxin- und Cytokininbildung verantwortlich sind, und die Synthese der entsprechenden Phytohormone kommt es zu Zellwucherungen und zur Bildung sogenannter Crown-Gall-Tumore. Diese können wie Kalluskulturen gehandhabt werden, und wie oben beschrieben können Suspensionskulturen daraus angelegt werden.

Bei der Infektion mit Wildstämmen von *Agrobakterium rhizogenes* wird nur die genetische Information zur Bildung von Auxin übertragen, und es bilden sich sogenannte "Hairy Roots". Hairy Roots lassen sich einfacher in vitro kultivieren als normale Wurzeln. Sie enthalten gewöhnlich jedoch die gleichen Inhaltsstoffe wie diese. In-vitro-Kulturen von Hairy Roots bilden z. B. Shikonin [10], die Produktion von Ginsenosiden oder Atropin wurde beschrieben [1].

Elicitierung durch biotische und abiotische Stressoren

Elicitoren stellen Signale dar, die eine Abwehrreaktion der pflanzlichen Zelle induzieren. Viele Sekundärstoffe besitzen eine ökologische Funktion und verschaffen dem produzierenden Organismus einen Überlebensvorteil. Sie bewirken einen Schutz für den Produzenten. Wegen ihrer physiologischen Wirkung spielen sie zum Teil eine Rolle als Arzneistoffe. Ihre Produktion kann in Zellkulturen durch biotische und abiotische Faktoren ausgelöst werden. So wurde die Induktion von Benzophenanthridin-Alkaloiden durch Sporen von *Penicillium cyclopium* [9], Coumarinen durch $CuCl_2$ oder Taxoiden durch Methyljasmonat von der Arbeitsgruppe Zenk beschrieben. In keinem Fall war die Produktionsrate jedoch ausreichend, um eine industrielle Produktion ökonomisch zu machen.

Der Einsatz von Zell-, Gewebe- und Organkulturen für die Sekundärstoffproduktion

In der Literatur sind eine größere Zahl von Zell-, Gewebe- und Organkulturen beschrieben, welche zur Bildung von Arzneistoffen in der Lage sind. Trotzdem ist es bisher nicht in größerem Umfang gelungen, wichtige Arzneistoffe durch solche Kulturen wirtschaftlich zu gewinnen. Ursache hierfür sind in erster Linie die geringen Ausbeuten an den gewünschten Stoffen und die relativ hohen Kosten für die In-vitro-Produktion. Ein positives Beispiel ist jedoch die Produktion von Shikonin durch Zellkulturen der Pflanze *Lithospermum erythrorhizon* in Japan. Das Vorkommen der Stammpflanze *L. erythrorhizon* in Japan ist beschränkt, sie erwies sich als nicht kultivierbar. Shikonin besitzt eine bakterizide Wirkung, wodurch Sterilitätsprobleme bei der biotechnologischen Produktion in Fermentoren minimiert werden. Darüber hinaus trug zur Akzeptanz des Verfahrens bei, daß Shikonin der Stoff ist, der dem roten Kreis der Nationalflagge Japans seine Farbe gibt und dessen Gebrauch (ähnlich dem Purpur bei den Römern) wegen der Restriktionen seiner Gewinnung dem Kaiserhaus vorbehalten blieb. Er besitzt dadurch bei der japanischen Bevölkerung einen hohen ideellen Wert. Durch die Möglichkeit der biotechnologischen Gewinnung wurde der Farbstoff allgemein zugänglich und wird heute zur Herstellung kosmetischer Präparate (Seifen, Cremes, Salben, Lippenstifte etc.) verwendet. Der Bedarf wird heute im wesentlichen durch Fermentation gedeckt, wobei Hochleistungsstämme von *L. erythrorhizon* zum Einsatz kommen, die in Großfermentoren kultiviert werden.

Die meisten Sekundärstoff-produzierenden Kulturen dienen in erster Linie wissenschaftlichen Zwecken, z. B. der Untersuchung von Biosynthesewegen [4, 6] oder der Isolation von Enzymen [8] sowie der zugehörigen Nucleinsäuren. Auch zunächst erfolgversprechende Methoden zum Einsatz von Zellkulturen zur Biotransformation, wie die 12β-Hydroxylierung von Digitoxinderivaten, die in der Therapie von Herzerkrankungen weniger gebräuchlich sind, in die bevorzugten Digoxinderivate, haben sich als nicht ökonomisch genug erwiesen [7].

Der Einsatz der Zellkulturtechnik bei der Züchtung von Arzneipflanzen

In der Pflanzenzüchtung haben Zell-, Gewebe- und Organkulturen in den letzten Jahren zunehmend an Bedeutung gewonnen. Zwei Zielrichtungen spielen beim Einsatz von Zell-, Gewebe- und Organkulturen bei der Arzneipflanzenforschung eine Rolle: (a) die identische Vermehrung wertvoller Genotypen durch In-vitro-Verklonung und (b) die Schaffung neuer Genotypen durch Gentransfer. In die Praxis der Arzneipflanzenzüchtung wurde bisher allerdings nur die Verklonung eingeführt.

Die In-vitro-Verklonung bietet einige Vorteile:

- Einmal ausgelesene, den Sorteneigenschaften entsprechende Pflanzen können über viele Jahre am Leben erhalten werden. Dies erspart die jährliche Neuselektion.
- Es lassen sich größere Zahlen an identischen Pflanzen heranziehen. Die Zahl der zur Saatguterzeugung notwendigen Pflanzen kann in einfacher Weise an den Bedarf angepaßt werden.
- Vorhandene Viren werden aus dem Pflanzenmaterial entfernt.

Das Verfahren beruht auf folgenden Schritten:

Anlage von Sproßkulturen. Ausgangsmaterial für die Sproßkulturen sind Pflanzen, die den Sorteneigenschaften entsprechen. Sproßknospen werden aus den Achseln von Laubblättern herausgeschnitten und chemisch sterilisiert. Die Apikalmeristeme mit den nächstliegenden Blattmeristemen werden unter dem Stereomikroskop abgetrennt. Die Explantate müssen frei von Gefäßen sein, da in diesen Bakterien und Viren vorhanden sein können, die z. B. in *Digitalis lanata* systemisch verbreitet sind. Die Explantate werden auf einem Nährmedium kultiviert, das neben den üblichen Kohlenstoff- und Stickstoffquellen Nährsalze und Benzyladenin als Wuchsstoff enthält. Bei niedriger Benzyladeninkonzentration entwickeln sich Sprosse.

Vermehrung der Sprosse. Bei höherer Konzentration an Benzyladenin im Medium wird die Dominanz des Apikalmeristems der in vitro kultivierten Sprosse überwunden, und es treiben die blattachselständigen Seitenmeristeme aus. Es entwickeln sich Tochtersprosse, die vereinzelt und weiter vermehrt werden können.

Bewurzelung der Sprosse. Durch Zusatz von Auxinen, z. B. Naphthylessigsäure, wird an der Sproßbasis die Bildung von Wurzeln ausgelöst. Als am besten geeignet erwies sich ein sogenanntes Bewurzelungsbad mit relativ hoher Auxinkonzentration, in das die Sprosse kurze Zeit eingetaucht werden. Das eigentliche Wurzelwachstum erfolgt danach in Abwesenheit von Auxinen, da diese das Wurzelwachstum hemmen. Gutes Wurzelwachstum erfolgt in Hydrokultur mit mineralischem Substrat (Perlit®).

Adaptieren an Gewächshaus- und Freilandbedingungen. Die in vitro herangezogenen Pflanzen besitzen physiologisch inaktive Stomata, die sich bei Verringerung des Turgors nicht schließen. Sie müssen deshalb langsam an die verringerte Luftfeuchtigkeit im Gewächshaus adaptiert werden. Dabei normalisiert sich die Funktion der Stomata, die Dicke der Cuticula nimmt zu und der Verlust an Wasser durch Transpiration geht dabei auf normale Werte zurück.

Aus Hochleistungspflanzen angelegte Klone können hinsichtlich ihrer Kombinationseignung geprüft und die Nachkommen geeigneter Eltern für die Bereitstellung von Pflanzenmaterial für die Arzneistoffproduktion bereitgestellt werden. Dies ist bis heute das Verfahren, bei dem die Zellkulturtechnik eine verbesserte Rentabilität der Gewinnung von Arzneistoffen ermöglicht hat.

Literatur

[1] Bajaj, Y.P.S.: in: *Biotechnology in Agriculture and Forestry*, Bajaj Y.P.S. (Hrsg.) Springer Verlag, 1986–1999

[2] Beale, J.M., Floss, H.G., Lehmann, T., und Luckner, M.: *Digitoxigenin-3β-O-[β-D-Fucopyranosyl-4´-β-D-Glucopyranoside], the main cardenolide of somatic embryos of Digitalis lanata.* Phytochemistry 10 (1988) 3143–3146.

[3] Fowler, M.W.: *Problems in commercial exploitation of plant cell cultures in: Application of Plant Cell and Tissue Culture.* Wiley Chichester (Ciba Foundation Symposium 137 (1988) 239–253.

[4] Grundlach, H., Zenk, M.H.: *Biological activity and biosynthesis of pentacyclic oxylipins:* The linoleic acid pathway 47 (1998) 527–537.

[5] Kreis, W. und Reinhard E.: *Production of Desacetyllanatoside C by Digitalis lanata cell cultures* in: H.J.J. Nijkamp, L.H.W. van der Plas und J. van Aartrijk (Hrsg.): Progress in Plant Cellular and Molecular Biology, Kluwer, Dordrecht, 1990, 706–711.

[6] Li, Shu Ming, Henning, S., Heide, L.: *Shikonin: a geranyl-diphosphate derived plant hemiterpenoid formed via the mevalonate pathway.* Tetrahedron Lett. 39 (1998) 2721–2724.

[7] Luckner, M., Wichtl, M.: *Digitalis.* Wissenschaftliche Verlagsgesellschaft, Stuttgart, 2000.

[8] Meinhard, B., Zenk, M.H.: *Purification and characterization of acetyl coenzym A: 10 hydroxytaxane O-acetyltransferase from cell suspension cultures of Taxus chinensis.* Phytochemistry 50 (1999) 763–774.

[9] Roos. W., Evers, S., Hieke, M., Tschöpe, M., Schumann, B.: *Shifts of intracellular pH distribution as a part of the signal mechanism leading to the elicitation of benzophenanthridine alkaloids.* Plant Physiology 118 (1998) 349–364.

[10] Sommer, S., Kohle, A., Yazaki, K., Shimomura, K., Bechthold, A., Heide, L.: *Genetic engineering of shikonin biosynthesis by hairy root cultures of Lithpspermum erythrorhizon transformed with bacterial ubiC gene.* Plant Mol. Biol. 39 (1999) 683–693

[11] Teuscher, E.: *Probleme der Produktion sekundärer Pflanzenstoffe mit Hilfe von Zellkulturen.* Pharmazie, 28 (1973) 6–18.

Zentifolie ↗ Rosa x centifolia.

■ Zeranol

Metabolit aus *Fusarium*-Kulturen. Wirk.: Z. bindet an Estrogen-Rezeptoren und stimuliert über diesen Weg die Proteinsynthese. Anw.: in der Veterinärmedizin als Anabolikum.

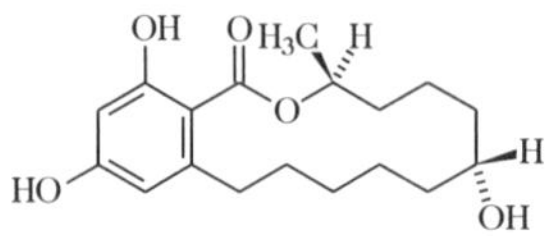

Zeranol

Zerbrechliche Weide ↗ Salix-Arten.
Zerreichenblätter ↗ Quercus-Arten.
Zerrgras ↗ Polygonum aviculare.
Zerteilende Kräuter ↗ Species resolventes.
Zeylonzimt ↗ Cinnamomum-Arten.
Zibeben ↗ Vitis vinifera.
Zibethum ↗ Viverra zivetta.
Zibetkatze ↗ Viverra zivetta.
Zichorie ↗ Cichorium intybus.
Ziegelroter Rißpilz ↗ Inocybe-Arten.
Ziegenbart ↗ Filipendula ulmaria.
Ziegendill ↗ Conium maculatum.
Ziegenkraut ↗ Conium maculatum.
Ziegenraute ↗ Galega officinalis.
Ziegensamen ↗ Trigonella foenum-graecum.
Zigeunerkraut ↗ Hyoscyamus niger, ↗ Lycopus-Arten.
Zigeunerlauch ↗ Allium-Arten.
Zilander ↗ Daphne mezereum.
Zimmer-Calla ↗ Zantedeschia aethiopica.

■ Zimtaldehyd

(Cinnamylaldehyd), Hauptbestandteil des äther. Zimtöls (*Oleum Cinnamomi*, ↗ *Cinnamomum*-Arten). Anw.: als Geruchs- und Geschmackskorrigens sowie zum Parfümieren von Likören, Seifen und Parfüms.

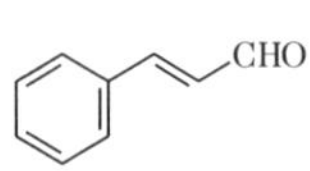

Zimtaldehyd

Zimtapfel ↗ Annona-Arten.
Zimtbaum ↗ Cinnamomum-Arten.
Zimtkassia ↗ Cinnamomum-Arten.
Zimtnägelein ↗ Cinnamomum-Arten.
Zimtnagerl ↗ Cinnamomum-Arten.
Zimtöl ↗ Cinnamomum-Arten.
Zimtrinde ↗ Cinnamomum-Arten.

■ Zimtsäure

(Acidum cinnamylicum), α-Phenylacrylsäure, die in der Natur sehr häufig als Zwischenprodukt bei Biogenesen, frei oder verestert in Balsamen, Harzen oder äther. Ölen vorkommt. Anw.: früher zur Behandlung von Tuberkulose; in der Parfümerie sowie als Konservierungsmittel. Zimtsäureester sind Bestandteil vieler äther. Öle und werden in der Parfümerie eingesetzt.

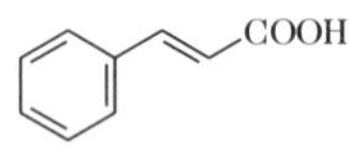

Zimtsäure

Zinerarienblättrige Wucherblume ↗ Chrysanthemum-Arten.
Zingiberen ↗ Zingiber officinalis.
Zingiberis rhizoma ↗ Zingiber officinale.
Zingiber minus ↗ Amomum-Arten.

■ Zingiber officinale Rosc.

(syn. *Amomum zingiber*); Ingwer (syn. Ginger), s. Farbtafel S. 312, Bild 191.

Fam.: Zingiberaceae.

Vork.: kultiviert in tropischen Ländern, v. a. China, Indien, Australien und Jamaika.

Drogen: *1. Zingiberis rhizoma* (syn. *Radix Zingiberis, Rhizoma Zingiberis*); Ingwerwurzelstock (syn. Ginfer, Ginferwurzel, Ingber, Ingberimber, Ingberwurzel, Ingwer, Ingwerklauen, Ingwerwurzel, Ingwerzehen), das vollständige, teilweise oder nicht geschälte Rhizom; s. Farbtafel S. 312, Bild 192. Inh.: äther. Öl komplexer Zusammensetzung (2,5–3 %, Sesquiterpene, wie Zingiberen, ar-Curcumen, β-Bisabolol, Farnesen; Monoterpene, wie Campher, β-Phellandren, Geranial, Neral, Linalool), abhängig von der Herkunft der Droge, sowie nichtflüchtige Scharfstof-

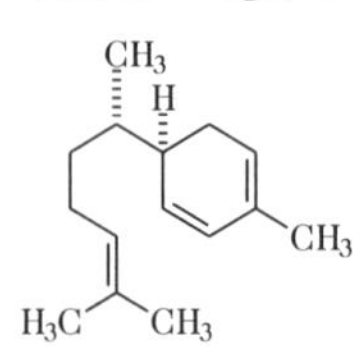

Zingiberen

fe (Arylalkane), wie Gingerole, Shogaole und Gingerenone. <u>*Anw.*</u>: Ingwer findet hauptsächlich als Gewürz Anwendung, aber auch als Stomachikum, Tonikum, zur Verdauungsförderung bei Dyspepsie sowie zur Appetitanregung. Die Droge wird in gepulverter Form ebenfalls als wirksames Antiemetikum eingesetzt, insbes. die Shogaole und Gingerole sind dafür verantwortlich. Diese Wirkstoffe sind auch an den molluskiziden und antischistisomalen Effekten des Ingwers beteiligt. Auf molekularer Ebene konnte die Hemmung von Enzymen des Prostanoid-Stoffwechsels durch Gingerole und Diarylheptanoide der Droge nachgewiesen werden, was mit der günstigen (entzündungshemmenden) Wirkung bei Magengeschwüren korreliert. Auch bei der Behandlung von Migräne, als Expektorans und Karminativum wird Ingwer in der traditionellen Medizin Asiens eingesetzt. Ingwer ist Bestandteil der *Tinctura aromatica*, *Tinctura Zingiberis* und wird in kandierter Form als Konfekt (*Confectio Zingiberis*) genossen sowie zur Bereitung des Ginger Ale verwendet. ***2. Oleum Zingiberis***; Ingweröl, das durch Wasserdampf-Destillation aus dem getrockneten Wurzelstock gewonnene äther. Öl. Grüngelbliche Flüssigkeit mit charakteristischem Geruch nach Zingiberen. <u>*Inh.*</u>: s. *Zingiberis rhizoma*.

Zingiber officinale, Wurzelstock mit vegetativem und blütentragendem Trieb.

<u>*Anw.*</u>: Ingweröl wird hauptsächlich in der Likörherstellung, Süßwaren- und Parfümindustrie verwendet.

Hom.: ***Zingiber officinale*** HAB1, der vom Kork befreite, getrocknete Wurzelstock. <u>*Anw.-Geb.*</u>: bei Verdauungsschwäche, Durchfall, Entzündungen der Atemwege.

Histor.: Ingwer wurde bei Indern und Chinesen seit dem Altertum angebaut und vor allem als Gewürz genutzt. In alten chinesischen Arzneibüchern und Sanskritschriften wird die Droge mehrfach erwähnt. In Deutschland wurde Ingwer im 9. Jh. eingeführt. Der Gattungsname *Zingiber* ist aus dem arabischen *zindschabil* (die Wurzel) hervorgegangen. Der Name wird entweder auf das indische *sringavera* (hornförmig), dem Sanskritnamen des Ingwers, oder auf „Gingi" zurückgeführt, da die Pflanze auf den Bergen dieses Landes wild vorkommen soll. Die deutsche Bezeichnung Ingwer ist dem *Zingiber* entlehnt (althochdeutsch gigiber, mittelhochdeutsch Engeber, Igwer, Inber, Ingwer).

Zinngras ↗ Equisetum-Arten.
Zinnkraut ↗ Equisetum-Arten.
Zipolle ↗ Allium-Arten.
Zippel ↗ Allium-Arten.
Zipperleinkraut ↗ Aegopodium podagraria.
Zistrose ↗ Cistus-Arten.
Zistrosenwürger ↗ Cytinus hypocystis.
Zitronat ↗ Citrus-Arten.
Zitrone ↗ Citrus-Arten.
Zitronellgras ↗ Cymbopogon-Arten.
Zitronengeranium ↗ Pelargonium-Arten.
Zitronengras ↗ Cymbopogon-Arten.
Zitronenholz ↗ Chlorophora tinctoria.
Zitronenkraut ↗ Aloysia triphylla, ↗ Melissa officinalis.
Zitronenmelisse ↗ Melissa officinalis.
Zitronenminze ↗ Mentha-Arten.
Zitronenminzöl ↗ Mentha-Arten.
Zitronenöl ↗ Citrus-Arten.
Zitronenpelargonie ↗ Pelargonium-Arten.
Zitronenquendel ↗ Thymus-Arten.
Zitronensäure ↗ Citronensäure.
Zitronenschale ↗ Citrus-Arten.
Zitronenstrauch ↗ Aloysia triphylla.
Zitronenthymian ↗ Thymus-Arten.
Zitterpappel ↗ Populus-Arten.
Zitwer ↗ Artemisia cina, ↗ Curcuma-Arten.
Zitwerbeifuß ↗ Artemisia cina.

Zitwersamen ↗ Artemisia cina.
Zitwerwurzel ↗ Curcuma-Arten.
Zitzenförmiger Nachtschatten ↗ Solanum-Arten.
Zizia aurea ↗ Thaspium aureum.

■ **Ziziphora bungeana** Juz.
(syn. *Sysiphora bungeana*).
Fam.: Lamiaceae (Labiatae).
Vork.: Zentralasien, Usbekistan, Kasachstan, Turkmenien.
Droge: die ganze Pflanze. Inh.: äther. Öl, u. a. mit Menthol (ca. 60 %), Pinen, Pulegon; Saponine, Lactone, Cumarine, Gerbstoffe, Harz, Alkaloide, ↗ Ascorbinsäure. Anw.: in der Volksheilkunde bei Herzerkrankungen, Arteriosklerose, Hypertonie und Durchblutungsstörungen.

■ **Ziziphus jujuba** Mill.
(syn. *Zizyphus vulgaris*); Jujube (syn. Rote Dattel, Tintendattel, Brustbeere).
Fam.: Rhamnaceae.
Vork.: östliches Mittelmeergebiet bis Indien, China, Japan, häufig auch kultiviert.
Droge: ***Fructus Jujubae***; Rote Brustbeeren (syn. Jujuben, Tintendatteln), die reifen Früchte. Inh.: Schleimstoffe, Zucker, Flavonoide, Gerbstoffe, Vitamine, Malate, Tartrate. Anw.: in der Volksheilkunde als Mucilaginosum bei Katarrhen der Atemwege sowie als Tonikum, Diuretikum und Expektorans.

Zizyphus vulgaris ↗ Ziziphus jujuba.
Zoapatl ↗ Montanoa tomentosa.

■ **Zornia latifolia** DC.
Maconha Brava.
Fam.: Fabaceae (Leguminosae).
Vork.: tropische Gebiete Amerikas, in Brasilien auch kultiviert.
Droge: die getrockneten Blätter. Anw.: die gedörrten Blätter werden in Brasilien als Ersatzdroge für Marihuana (↗ *Cannabis sativa*) geraucht. In der Volksheilkunde wird die Droge auch bei Ruhr eingesetzt.

Zottenblume ↗ Menyanthes trifoliata.
Zottiger Nachtschatten ↗ Solanum-Arten.
Zottige Wolfsmilch ↗ Euphorbia-Arten.

Züchtung und Anbau von Arzneipflanzen

Chlodwig Franz

Arzneidrogen sind wie jedes Pflanzenmaterial das Produkt vorwiegend biologischer Prozesse. Die für Arzneimittel geforderte Qualität und Reproduzierbarkeit setzt deshalb voraus, alle den Ablauf und das Ergebnis der Arzneipflanzenproduktion beeinflussenden Faktoren möglichst genau zu kennen und sie steuern zu lernen, um die natürliche Restvarianz niedrig zu halten. Als wichtigste Einflußgrößen gelten in diesem Zusammenhang:

- die genetische Ausstattung des Pflanzenmaterials (genetische Variation),
- die Verteilung der Inhaltsstoffe auf die Pflanzenorgane (morphogenetische Variabilität),
- die Veränderungen des Wirkstoffgehaltes im Laufe des Vegetationszyklus (ontogenetische Variabilität),
- die Modifikation durch Umweltbedingungen,
- die Beeinflussung durch Anbaumaßnahmen wie Sortenwahl, Standort, Fruchtfolge, Anbautermin, Pflegemaßnahmen einschließlich Herbizid- und Pestizideinsatz mit entsprechender Rückstandsproblematik sowie Ernte und Verarbeitung.

Auch bei noch so guter Kenntnis und Beachtung dieser Parameter kann jedoch kaum jedes pflanzliche Ausgangsmaterial völlig identisch sowie termin- und mengenmäßig exakt für die Herstellung von Phytopharmaka erzeugt werden: saisonale Unterschiede, wie wir sie von den Nahrungspflanzen her kennen, bleiben bestehen.

Genetische Variation und Züchtung

Viele der heute verbreitet angewandten Arzneipflanzen wie Johanniskraut (*Hypericum perfo-*

Tabelle 1: Zuchtziele für Arzneipflanzen

Pharmazeutisch (Wirkstoffe bzw. Leitsubstanzen)	Pflanzenbaulich (Ertrag und Anbautechnik)
qualitativ Wirkstoffspektrum	*Anbaueigenschaften* Wuchs, Ertrag, techn. Eigenschaften (Reife, Farbe, Form, Trocknungsfähigkeit, Trennbarkeit der Teile)
quantitativ Wirkstoffgehalt	*Resistenzen* gegen Krankheiten und Schädlinge
technologisch Verarbeitungsfähigkeit	*ökologische Amplitude* Anpassungsfähigkeit

ratum), Brennessel (*Urtica sp.*), Sonnenhut (*Echinacea sp.*), aber auch Mariendistel (*Silybum marianum*), Salbei (*Salvia officinalis*) u. a. m. befinden sich noch im Stadium der gerade erst kultivierten Wildpflanzen, nur wenige Arten wie die alten Kulturpflanzen Schlafmohn (*Papaver somniferum*) oder Pfefferminze (*Mentha x piperita*) sind systematisch züchterisch bearbeitet. Entsprechend hoch ist daher vielfach noch die genetische Variabilität: Chinarinde (*Cinchona ledgeriana* bzw. *C. calisaya*) z. B. kann entweder Chinin oder Chinidin, Cinchonin oder Cinchonidin als Hauptalkaloid enthalten, Schafgarbe (*Achillea millefolium s. l.*) ist proazulenhaltig oder proazulenfrei, von Kamille (*Chamomilla recutita*) gibt es (–)-α-bisabololreiche, aber auch bisabololarme, bisabololoxidreiche Varietäten, und bei Salbei kennen wir sowohl α- bzw. β-Thujon-, 1,8-Cineol-, Campher- als auch Sesquiterpentypen. Die Höhe des Gehalts an Sekundärstoffen beruht darüber hinaus – soweit genetisch – auf polygen bedingten quantitativen Merkmalen. Im Sinne der Qualitätssicherung (s. u.) pflanzlicher Arzneimittel wurde deshalb an mehreren Stellen mit der züchterischen Bearbeitung von Arzneipflanzen begonnen, und das deutsche Bundessortenamt hat 1996 erstmals eine „Beschreibende Sortenliste" von etwa 50 registrierten Arzneipflanzensorten herausgegeben.

Tabelle 2: Methoden der Arzneipflanzenzüchtung

Selektion:	Klonauslese Individualauslese Massenauslese
Kombination:	einfache Kreuzung Rückkreuzung Heterosiszüchtung (Hybridzüchtung)
Mutation:	Genom-Mutation (Polyploidie) Chromosomen-Mutation Gen-Mutation, Punkt-Mutation Gentechnologie (transgene Pflanzen)

Die Zuchtziele von Arzneipflanzen lassen sich in zwei Gruppen zusammenfassen (Tab. 1): aus pharmazeutischer Sicht stehen Art und Menge an Wirkstoffen oder Leitsubstanzen als wichtigste Merkmale im Vordergrund, pflanzenbaulich und produktionstechnisch gelten vor allem Ertrag und Ertragssicherheit, eine breite Standortanpassung, aber auch Resistenzen gegenüber pathogenen Organismen wie z. B. *Colletotrichum*-Welke bei Johanniskraut als wesentliche Ziele.

Die gängigen Methoden der Pflanzenzüchtung, welche auch bei Arzneipflanzen eingesetzt werden, sind in Tab. 2 zusammengefaßt.

Bei der Mehrzahl der Arzneipflanzen ist die natürliche genetische Variabilität so hoch, daß einfache Selektionen bereits große Züchtungsfortschritte bringen. Bei Individualauslese werden Einzelpflanzen-Nachkommenschaften geprüft und vermehrt, bei Massenauslese werden die Samen aller selektierten Pflanzen gemeinsam weitervermehrt und beurteilt. Als Beispiele können Mohn-, Schafgarben- und Johanniskraut-Sorten genannt werden. Eine Sonderform der Selektion stellt die Klonauslese dar, hier werden selektierte Individuen konventionell oder mittels in-vitro-Methoden vegetativ vermehrt: (*Verklonung, vgl. unten*). Beispiele: Pfefferminz-, Hybridlavendel- und Ginkgo-Sorten.

Um wertvolle Eigenschaften verschiedener Individuen oder Linien miteinander zu vereinigen, sind Kreuzungen erforderlich. Danach folgen wiederum Auslesen und ggf. Rückkreuzungen. Treten in der ersten Nachkommenschaftsgeneration über die Elternpflanzen hinausgehende

Leistungen auf, bezeichnet man das als Heterosis-Effekt von F1-Hybriden. Beispiele für Kreuzungszüchtungen sind Arzneifenchel-, Ringelblumen- oder Mariendistel-Sorten.

Zur Erweiterung der natürlichen Mannigfaltigkeit der Merkmale und Erzeugung neuer Varianten werden Mutationen durch Chemikalien oder energiereiche Strahlen ausgelöst. Praktische Bedeutung haben dabei sowohl Punkt- (Gen-) als auch Genom-Mutationen (polyploide Formen) erlangt. Auf Gen-Mutationen beruhen z. B. dornenlose, steroidreiche *Solanum-khasianum*-Sorten, Genom-Mutation führte zu polyploiden Kamillen-, Baldrian- und Pfefferminzsorten.

Durch gentechnologische Methoden hergestellte transgene Arzneipflanzen spielen wegen der erwähnten natürlichen Variabilität und Selektionsmöglichkeit bisher noch keine Rolle.

Inhaltsstoffverteilung und Veränderungen während der Vegetation

Gehalt und Zusammensetzung an Sekundärstoffen variieren innerhalb einer Pflanze von Organ zu Organ, ebenso wie es jahreszeitliche bzw. vom Entwicklungsstadium der Pflanze abhängige Unterschiede gibt. Wegen der unterschiedlichen phytochemischen Zusammensetzung werden z. B. Löwenzahnblätter für andere Indikationen eingesetzt als Löwenzahnwurzeln, ähnliches gilt für die Brennessel. Kamille enthält nur in den Blütenköpfchen relevante Mengen an ätherischem Öl und Flavonoiden, im Handel findet man aber trotzdem oft Kamillenkraut bzw. Krautextrakt. Das Wissen über solche Unterschiede hat praktische Bedeutung für die Ernte und Erntetechnik: Vielfach sind hochspezialisierte Geräte erforderlich, denn eine unsaubere Trennung führt zu qualitativ minderwertigen Produkten.

Wirkstoffveränderungen gibt es auch im Verlauf der Vegetationsperiode und Pflanzenentwicklung. So ist z. B. bekannt, daß der Bitterstoffgehalt von Enzianwurzeln im Frühjahr während des Austriebes am höchsten und im Spätsommer am niedrigsten ist. Pfefferminze weist vor dem Ansatz der Blütenknospen ein menthonreiches, unangenehm scharfes ätherisches Öl auf, gegen Blühbeginn steigt der Gehalt an Menthol. Ebenso nimmt bis Blühbeginn der Cumaringehalt in Steinklee zu. Dementsprechend sind die Erntetermine für die einzelnen Arten zu wählen.

Umwelteinflüsse und Anbaumaßnahmen

Die planmäßige Kultivierung von Arzneipflanzen dient der Gewinnung und Sicherung der benötigten Mengen an möglichst einheitlichen und hochwertigen Drogen. Als Bestandteil der Qualitätssicherung (s. u.) pflanzlicher Arzneimittel findet sie ihren Niederschlag in Richtlinien für eine gute landwirtschaftliche Praxis (GAP = Good Agricultural Practice), welche alle Vorgaben vom Ausgangsmaterial über Anbau und Behandlung bis zur Ernte und Aufbereitung umfaßt.

Neben pflanzenbaulichen Grundkenntnissen setzt der planmäßige Anbau Informationen über die Wachstumsbedingungen und den Vegetationszyklus der einzelnen Arten voraus.

Wichtige äußere Faktoren sind der Anbaustandort bzw. dessen Klima und die Pflanzenernährung, wobei Sorte, Entwicklungsstadium usw. in Wechselbeziehung dazu stehen. Pfefferminze kommt als typische Langtagpflanze erst bei Tageslängen von mehr als 14 Stunden in die Blühphase, was wiederum Voraussetzung für die Ausbildung eines hohen Mentholgehaltes ist: Pfefferminzöl südlicher Provenienz ist deshalb in der Regel nicht Arzneibuch-konform. Bei Enzianwurzeln wurde festgestellt, daß ihr Gehalt an Amarogentin mit zunehmender Höhenlage von 0,025 % im Flachland auf 0,1 % in Berglagen oberhalb 1000 m ansteigt.

Die Wasser- und Nährstoffversorgung entscheidet in erster Linie über den Masseertrag, kann aber auch die Pflanzenentwicklung beschleunigen oder verlangsamen und dadurch die Wirkstoffbildung beeinflussen. Ein direkter Zusammenhang zwischen Düngung und Sekundärstoffgehalt konnte bisher hauptsächlich bei Alkaloiden – etwa dem Anstieg von Chelidonin in Schöllkraut nach Stickstoffdüngung – gefunden werden.

Umweltchemikalien und Verunreinigungen von Arzneidrogen

In Westeuropa sind nur vereinzelt Pflanzenbehandlungsmittel zum Einsatz in Arzneipflanzen-Kulturen zugelassen, so daß kaum je Rückstände in der Rohware zu finden sein werden. In vielen Drogen vor allem aus außereuropäischen Ländern findet man aber häufiger Pestizidrückstände, auf deren höchstzulässige Restmengen entsprechend dem Arzneibuch geprüft werden muß.

Es bleibt jedoch festzuhalten, daß Pflanzen – in welchem Landbewirtschaftungssystem auch immer – von Krankheitserregern und Schadinsekten befallen werden können, was nicht nur Ertragseinbußen, sondern auch erhebliche Qualitätsveränderungen z. B. durch Bildung von Abwehrstoffen mit sich bringen kann. Die Unkrautentfernung in Kulturpflanzenbeständen wiederum erfolgt nicht nur wegen der Konkurrenz um Standraum, Nährstoffe und Wasser, sondern auch um eine Minimierung des Fremdbesatzes in Drogen zu erreichen und um mögliche Infektionsquellen (Unkräuter als Herde für Schadorganismen) zu entfernen.

Zu den unerwünschten Umweltchemikalien zählen auch die Schwermetalle Cd, Pb, Ni, Hg und Cr. Als Höchstmengen in Arzneidrogen gelten im allgemeinen folgende Richtwerte:

Blei: 5 mg/kg, Cadmium: 0,2 mg/kg, Quecksilber: 0,1 mg/kg.

Einige Drogen neigen jedoch zur Cadmium-Anreicherung, hierzu zählen vor allem Leinsamen, Johanniskraut und Birkenblätter. Für diese Arten stehen deshalb Höchstwerte von 0,3 – 0,8 mg/kg für Cd zur Diskussion. Ihr Anbau sollte aber nur auf wenig belasteten Flächen stattfinden.

Jede Pflanze und die von ihr gewonnene Droge ist von einer eigenen, typischen Mikroflora umgeben, die von Boden, Düngung, Kleinklima und Pflanzenteil abhängt. Die Beurteilung der mikrobiologischen Kontamination durch natürliche, apathogene Keime auf der Basis der Arzneibuch-Grenzwerte wirft deshalb häufig Probleme auf. Grundsätzlich ist es notwendig, bei der Gewinnung von Arzneidrogen schon auf dem Feld und bei der Ernte sauber zu arbeiten und bei oberirdischen Pflanzenteilen eine Kontamination mit Erde zu vermeiden. Auch die nachfolgende Trocknung und Aufbereitung muß entsprechend hygienisch erfolgen, was in vielen Erzeugerländern nicht immer gewährleistet ist. Zur Keimzahlverminderung und „Entwesung" (Abtötung von Insekten) bieten sich verschiedene physikalische Verfahren mit Dampf oder in CO_2-Druckkammern an, da die meisten chemischen Verfahren (Begasung) wegen toxischer Reaktionsprodukte nicht mehr zulässig sind. In einigen Ländern ist hingegen der Einsatz ionisierender Strahlen zur Keimreduzierung bei Drogen zugelassen.

Ernte und Aufbereitung

Die Ernte von Arzneipflanzen erfolgt je nach Stand der technischen Entwicklung

- manuell oder mit einfachen Erntehilfen (z. B. Blüten-Pflückkämme, Rinden-Schälmesser, Wurzel-Grabgabeln),
- teilmechanisiert (z. B. Schwadmäher, Rodepflüge, Standdreschmaschinen) oder
- vollmechanisiert (z. B. Mähdrescher, Wurzelvollernter, Blütenpflückmaschinen).

Den arbeitswirtschaftlichen Vorteilen maschineller Ernteverfahren stehen die größere mechanische Belastung und die meist notwendige Nachreinigung des Erntegutes als Einschränkungen gegenüber. Wichtig ist ein gleichmäßig abreifender Feldbestand, der homogene Sorten und geeignete Anbaubedingungen voraussetzt. Kraut- und Blattdrogen werden im allgemeinen kurz vor oder während der Blüte, Blütendrogen in Vollblüte, Rinden im Frühjahr und Wurzeln gegen Ende der Vegetationsperiode geerntet. Das frische Erntegut muß rasch weiterverarbeitet und konserviert werden. Hierzu zählen im Einzelfall Wasch- und Reinigungsvorgänge (z. B. bei unterirdischen Pflanzenteilen) ebenso wie die Trennung von Blatt- und Stengelanteilen oder die Zerkleinerung. Sofern nicht Preßsäfte oder Frischpflanzenauszüge hergestellt werden oder die Rohware zur Destillation ätherischer Öle dient, wird das Erntegut durch Wasserentzug haltbar gemacht. Als wichtigste Trocknungsverfahren gelten:

- die natürliche Trocknung an der Sonne oder im Schatten, die vor allem in wärmeren Ländern eingesetzt wird. Hier ist darauf zu achten, daß keine erhöhte mikrobiologische Kontamination z. B. durch Staub oder Haustiere eintritt;
- die künstliche Trocknung mittels Kalt-, Warm- oder Heißluft. Hierzu zählen Kammer- und Hordentrocknung als diskontinuierliche und Trommel- sowie Bandtrocknung als kontinuierliche Verfahren. Als Wärmequellen dienen Öl-, Gas- oder Feststoffbrenner mit Wärmetauschern, an sonnenreichen Standorten haben sich Solarkollektoren bewährt.

Die Trocknungstemperaturen liegen je nach Stabilität der Inhaltsstoffe zwischen 40 und

100 °C. Drogen dürfen nur eine Restfeuchte von weniger als 15 % aufweisen, um das Wachstum von Mikroorganismen zu verhindern.

Die Lagerung von Drogen erfolgt kühl, dunkel, trocken und sauber, d. h. vor Sonnenlicht, Feuchtigkeit, Sauerstoffeinwirkung, Staub und Vorratsschädlingen geschützt.

Anbau und Herkunft von Arzneidrogen

Viele der im Handel befindlichen Arzneidrogen stammen noch aus Wildsammlung (s. u.), mengenmäßig kommt jedoch mehr als die Hälfte aus Feldanbau. Dieser nimmt derzeit in fast allen Teilen der Welt zu, wobei als wichtigste Produzenten China, Indonesien, Thailand und Indien; Ägypten, Sudan und Südafrika; Argentinien, Chile, Brasilien und Costa Rica; aber auch Tasmanien, die USA, Kanada und verschiedene europäische Länder gelten. Traditionell war der Arzneipflanzen-Anbau in Osteuropa weit verbreitet, in den letzten zwei Jahrzehnten hat er sich jedoch in fast allen Ländern der Europäischen Union etabliert, wobei neben den Niederlanden, Frankreich und Spanien vor allem Italien, Österreich und Deutschland hervorzuheben sind. In Deutschland gibt es derzeit etwa 7000 ha Arzneipflanzenkulturen in den Bundesländern Bayern, Hessen, Nordrhein-Westfalen, Sachsen-Anhalt und Thüringen. Als wichtigste Arten sind Kamille, Mariendistel, Sonnenhut, Pfefferminze, Baldrian und Johanniskraut zu erwähnen. Es gibt aber auch Anbau z. B. von Arnika, Schöllkraut, Malve, Goldrute, gelbem Enzian und Artischocke.

Der überwiegende Teil der Betriebe arbeitet konventionell, wenn auch mangels Zulassung kaum Herbizide und Pestizide eingesetzt werden. Kontrollierter biologischer Anbau findet auf etwa 10 % der Flächen statt. Der vermutlich größte biologisch bewirtschaftete Arzneipflanzenbetrieb in Europa liegt in der Toskana, gefolgt von einem deutschen Betrieb in Hessen. Sowohl in Österreich als auch in der Schweiz hat man in den letzten Jahren ebenso sehr erfolgreich einen Bio-Kräuteranbau aufgezogen.

Qualitätssicherung des pflanzlichen Ausgangsmaterials durch Anbau:

Die Produktion pflanzlichen Ausgangsmaterials für Phytopharmaka stellt einen vielschichtigen bio-/technologischen Prozeß dar, der nur bei geeignetem Management den heutigen Mengen- und Qualitätsanforderungen gerecht werden kann. Dazu ist es notwendig, die landwirtschaftliche Erzeugung ebenso in ein Qualitätssicherungssystem einzubinden, wie es für die industrielle Weiterverarbeitung bis zum Endprodukt (↗ Industriedrogen) bereits besteht. In Ergänzung zu den GMP-Richtlinien (Good Manufacturing Practice) wurden deshalb seitens der Europäischen Vereinigung der Arznei- und Gewürzpflanzen-Produzenten (EUROPAM) und der Gesellschaft für Arzneipflanzenforschung (GA) in Abstimmung mit anderen Verbänden Leitlinien für eine Gute Landwirtschaftliche Praxis im Arzneipflanzenanbau (GAP = Good Agricultural Practice) erstellt. Ziel der Leitlinien ist es, insofern Standards für Anbau und Verarbeitung vorzugeben, als diese geeignet sind, kritische Produktionsschritte zu identifizieren und sicherzustellen, daß das pflanzliche Rohmaterial den Erwartungen der Verbraucher entspricht und hohen Qualitätsansprüchen genügt. Insbesondere gehört dazu, daß die Pflanzen hygienisch produziert werden, um die mikrobiologische Kontamination gering zu halten, und daß sie sorgfältig hergestellt werden, um negative Einflüsse während Anbau, Ernte und Lagerung hintanzuhalten.

Die Leitlinien enthalten grundsätzliche Hinweise zum Saatgut und Vermehrungsmaterial, zum Anbau einschließlich Boden und Düngung, zu Bewässerung, Bestandspflege und Pflanzenschutz, zur Ernte und den einzusetzenden Nachernteverfahren, zu Verpackung, Lagerung und Transport, aber auch zu Maschinen, Geräten und zum Personal einschließlich Schulung. Einen wesentlichen Raum nimmt die Dokumentation aller Maßnahmen ein, für deren Überwachung jedoch ein Audit-System einzurichten ist. Die GAP-Leitlinien sind als Ergänzung zur Europäischen Direktive „Good Manufacturing Practice for Starting Materials of Medicinal Products" zu verstehen, während die Betriebsverordnung für die Herstellung von Arzneimittel-Wirkstoffen ausdrücklich keine Anwendung auf den Arzneipflanzen-Anbau findet.

Verklonung (Klonierung)

Verklonung ist die vegetative Vermehrung eines Individuums, wobei die Grundgesamtheit der Nachkommen genetisch identisch ist. Methodisch kommen sowohl konventionelle Stecklingsvermehrungen als auch in-vitro-Verfahren in

Betracht. Klone haben den Vorteil der absoluten Homogenität, solange keine Spontanmutationen auftreten. Klonierung wird gern bei (sterilen) Arthybriden mit wertvollen Eigenschaften vorgenommen. Nachteil von Klonen ist, daß sie nicht samenvermehrbar sind (die Nachkommenschaften würden aufspalten), außerdem bergen sie die Gefahr in sich, daß sich Schadorganismen auf den Klon spezialisieren und erhöhte Pflanzenschutzaufwendungen erforderlich machen.

Wildpflanzen (Wildsammlung)

Bezogen auf die Artenzahl stammen etwa zwei Drittel der im Handel befindlichen Arzneidrogen aus Wildsammlung, nur ein Drittel wird systematisch angebaut. Was das Mengenaufkommen betrifft, kommen jedoch zwei Drittel aus Feldkulturen. Die Sammlung der Wildpflanzen soll durch Inkulturnahmen weitgehend ersetzt werden, da

- die Wildvorkommen begrenzt sind und bei anhaltender Sammeltätigkeit die Gefahr der genetischen Erosion bis hin zur Ausrottung mancher Arten besteht (Naturschutz!),
- Sammeldrogen eine heterogene, nicht reproduzierbare Qualität aufweisen,
- bei Wildsammlung die Gefahr von Verwechslungen bzw. Verfälschungen besteht und die Kontamination mit Umweltchemikalien schwer kontrollierbar ist.

Für die Domestikation hat sich die nachstehende Vorgangsweise als zielführend erwiesen:

- Studien am natürlichen Standort: Botanik, Boden, Klima, Wachstum, natürliche Vermehrung und Verbreitung;
- Sammlung von Pflanzen und Saatgut der wildwachsenden Pflanzen;
- phytochemische Untersuchung des Materials;
- Vermehrung des Pflanzenmaterials (generativ/vegetativ);
- Anbauversuche: Standort und Umweltvariation, Anbaumethoden, Pflegemaßnahmen;
- Beachtung phytosanitärer Probleme: Krankheiten, Schädlinge;
- Züchterische Verbesserung des Pflanzenmaterials: ökologische Amplitude, Resistenzen, Ertrag, Inhaltsstoffe (qualitativ/quantitativ);
- Kulturdauer, Ernte: Termin, Techniken; Nach-Ernte-Verfahren; Qualitätskontrolle;
- Wirtschaftlichkeitsberechnungen: Arbeitskräftebedarf, Maschinen, Geräte, Anlagen, Einsatz von Agrochemikalien;
- Erträge und Erlöse.

In der Übergangsphase bis zur erfolgten Inkulturnahme soll die Wildsammlung nach den Leitlinien für eine gute Sammelpraxis (GHP = Good Harvesting Practice) erfolgen.

Beispiele für erfolgreiche Domestikationen in den letzten Jahren sind u. a. *Alchemilla xanthophylla, Arnica montana, Costus speciosus, Duboisia myoporoides, Gentiana lutea, Hypericum perforatum, Lippia graveolens, Tagetes lucida, Taxus brevifolia*.

Literatur:

Bajaj, Y.P.S. (ed.): *Medicinal and Aromatic Plants* 1–5. Biotechn. in Agriculture and Forestry Vol. 4, 7, 15, 21, 24 Springer Verlag Berlin (1988–93)

Carle, R. (Hrsg.): *Ätherische Öle – Anspruch und Wirklichkeit*. APV-Papaerback Bd. 34, Wiss. Verlags-Ges. Stuttgart (1993)

Chizzola, R., u. Ch. Franz: Angew. Bot. 70 (1996), 52–56.

Franz, Ch.: Plant Research and Development 37(1993), 101–111.

Lange, D.: *Untersuchungen zum Heilpflanzenhandel in Deutschland*. Landwirtschaftsverlag Münster (1996)

Pank, F., Ch. Franz, H. Schulz, G. Schumann, J.R. Sharme, T. Tatlioglu: *Breeding Research on Medicinal and Aromatic Plants*. Beitr. Züchtungsforsch. *2* (1) (1996)

N.N.: *Beschreibende Sortenliste Heil- und Gewürzpflanzen*. Bundessortenamt (1996)

Zuckerahorn ↗ Acer saccharum.
Zuckerapfel ↗ Annona-Arten.
Zuckerkiefer ↗ Pinus-Arten.
Zuckermelone ↗ Cucumis-Arten.
Zuckermelonensamen ↗ Cucumis-Arten.
Zuckerrohr ↗ Saccharum officinarum.

Zuckerrose ↗ Rosa gallica.
Zuckerrübe ↗ Beta vulgaris.
Zulunüsse ↗ Cyperus esculentus.
Zunderschwamm ↗ Fomes fomentarius.
Zweckenholz ↗ Rhamnus frangula.
Zweiblättrige Maiblume ↗ Maianthemum bifolium.
Zweiblättriges Breitkörbchen ↗ Platanthera bifolia.
Zweiblättrige Waldhyazinthe ↗ Platanthera bifolia.
Zweifelhafter Fuchsschwanz ↗ Amaranthus-Arten.
Zwergbohne ↗ Phaseolus vulgaris.
Zwergdistelwurzel ↗ Carlina acaulis.
Zwergholunder ↗ Sambucus ebulus.
Zwergpalme ↗ Serenoa repens.
Zwetsche ↗ Prunus-Arten.
Zwetschge ↗ Prunus-Arten.
Zwiebel ↗ Allium-Arten.
Zwillingspflaume ↗ Litchi chinensis.
Zygadenus muscaetoxicus ↗ Amianthium muscaetoxicum.

■ **Zygophyllum fabago** L.
Fam.: Zygophyllaceae.
Vork.: Südeuropa, Rußland, Kaukasusgebiete.
Droge: ***Folia Zygophylli***, die Blätter. Inh.: Indolalkaloide (ca. 0,06 %), u. a. Harmin; Gerbstoffe, Saponine. Anw.: in der Volksheilkunde bei Rheuma, Ekzemen sowie gegen Wurmerkrankungen, Hornhautflecken und als Abführmittel. Die Blütenknospen werden auch als Kapernersatz (↗ *Capparis spinosa*) verwendet.

Zygophyllum tridentatum ↗ Larrea tridentata.
Zypresse ↗ Cupressus sempervirens.
Zypressenbärlappkraut ↗ Huperzia selago.
Zypressenkraut ↗ Santolina chamaecyparissus.
Zypressenöl ↗ Cupressus sempervirens.
Zypressenwolfsmilch ↗ Euphorbia-Arten.
Zyprisches Terpentin ↗ Pistacia terebinthus.

■ **Zytostatika**
chemisch heterogene Gruppe von Substanzen, die generell das Zellwachstum, insbes. die Zellteilung aktiver Zellen, hemmen. Sie üben eine besonders starke Wirkung auf schnellwachsende Zellen, v. a. Tumorzellen, aber auch auf Zellen des blutbildenden Systems, des Immunsystems und verschiedener Epithelien aus. Die cancerostatische Wirkung der Z. ist daher relativ unspezifisch, die therapeutische Breite gering und die Nebenwirkungen sind zahlreich. Einige Z. werden als Immunsuppressiva eingesetzt. Pflanzliche Z. sind z. B. Hemmstoffe der Mitose, wie Vinca-Alkaloide (↗ *Catharanthus roseus*), Colchicin (↗ *Colchicum autumnale*) oder Lignane (Podophyllotoxin ↗ *Podophyllum peltatum*); Antibiotika, wie ↗ Bleomycine, ↗ Doxorubicin, ↗ Daunorubicin oder ↗ Mitomycine; Enzyme sowie Hormone. Verschiedene andere pflanzliche Drogen werden wegen ihres immunstimulierenden Effektes zur Nachbehandlung von Tumoren, auch nach dem Einsatz von Z., angewandt (↗ *Viscum album*).

Systematik der Arzneipflanzen

Die vorliegende Zusammenstellung bezieht sich ausschließlich auf die Samenpflanzen (Spermatophyta) und enthält die im Lexikon beschriebenen Arten in systematischer Anordnung. Für eingehende Beschreibungen, die insbes. die Charakteristika der Pflanzenfamilien und Pflanzen betreffen, wird auf die einschlägige Literatur hierzu hingewiesen. Die Gliederung der beiden großen Gruppen, Gymnospermae und Angiospermae, erfolgt nach Unterabteilungen (UAbtl..), Klassen (Kl.), Unterklasssen (Ukl.), Ordnungen (Ordn.) und schließlich Familien (Fam.). Innerhalb der Familien sind die Arten in alphabetischer Reihenfolge aufgeführt.

Samenpflanzen

A. Gymnospermae (Nacktsamer)

■ I. UAbtl. Coniferophytina

1. Kl. Ginkgoopsida

Fam. Ginkgoaceae: *Ginkgo biloba*

2. Kl. Pinopsida

Fam. Pinaceae: *Abies*-Arten, *Cedrus*-Arten, *Larix decidua, Picea abies, Picea mariana, Pinus*-Arten, *Pseudotsuga taxifolia, Tsuga canadensis*

Fam. Cupressaceae: *Biota orientalis, Cupressus sempervirens, Juniperus communis, Juniperus oxycedrus, Juniperus sabina, Juniperus virginiana, Tetraclinis articulata, Thuja occidentalis*

Fam. Araucariaceae: *Agathis*-Arten, *Araucaria araucana*

Fam. Taxaceae: *Taxus baccata, Taxus brevifolia, Torreya californica, Torreya nucifera*

■ II. UAbtl. Gnetophytina

Kl. Gnetopsida

Fam. Ephedraceae: *Ephedra*- Arten

B. Angiospermae (Bedecktsamer)

■ UAbtl. Magnoliophytina

1. Kl. Magnoliopsida

1. Ukl. Magnoliidae

● Ordn. Magnoliales
Fam. Winteraceae: *Drimys winteri*
Fam. Himantandraceae: *Galbulimina belgraveana*
Fam. Magnoliaceae: *Liriodendron tulipifera, Magnolia acuminata, Magnolia biondii, Magnolia denudata, Magnolia glauca, Magnolia kobus, Magnolia obovata, Magnolia officinalis, Michelia champaca, Michelia fuscata*
Fam. Annonaceae: *Annickia polycarpa, Annona*-Arten, *Asimina triloba, Cananga odorata, Cleistopholis glauca, Monodora myristica, Pachypodanthium confine, Pachypodanthium staudtii, Xylopia aethiopica*
Fam. Myristicaceae: *Myristica dactyloides, Myristica succedanea, Myristica argentea, Myristica fragrans, Myristica malabarica, Virola*-Arten
Fam. Canellaceae: *Canella winterana, Cinnamosa fragrans*
Fam. Gomortegaceae: *Gomortega keule*

● Ordn. Laurales
Fam. Monimiaceae: *Atherosperma moschatum, Doryphora sassafras, Laurelia sempervirens, Peumus boldus*
Fam. Lauraceae: *Aniba coto, Aniba pseudocoto, Cinnamomum*-Arten, *Dicypellium caryophyllatum, Laurus azorica, Laurus canariensis, Laurus nobilis, Lindera strychnifolia, Litsea calophylla, Necandra megapotamica, Ocotea puchury-major, Persea americana, Ravensara aromatica, Sassafras albidum, Tetranthera laurifolia, Umbellaria californica*
Fam. Calycanthaceae: *Calycanthus floridus*

● Ordn. Illiciales
Fam. Illiciaceae: *Illicium anisatum, Illicium verum*
Fam. Schisandraceae: *Schisandra sphenanthera, Schisandra chinensis*

● Ordn. Piperales
Fam. Saururaceae: *Anemopsis californica, Houttuynia californica, Houttuynia cordata, Saururus cernuus*
Fam. Piperaceae: *Piper angustifolium, Piper betle, Piper cubeba, Piper guineense, Piper nigrum, Piper longum, Piper methysticum*

● Ordn. Aristolochiales
Fam. Aristolochiaceae: *Apama siliquosa, Aristolochia*-Arten, *Asarum canadense, Asarum europaeum*

● Ordn. Rafflesiales
Fam. Rafflesiaceae: *Cytinus hypocystis*

2. Ukl. Ranunculidae

● Ordn. Ranunculales
Fam. Ranunculaceae: *Aconitum*-Arten, *Adonis*-Arten, *Anemone nemorosa, Aquilegia vulgaris, Caltha palustris, Cimicifuga racemosa, Clematis*-Arten, *Coptis trifolia,*

Delphinium ajacis, Delphinium consolida, Delphinium elatum, Delphinium staphisagria, Helleborus-Arten, *Hepatica nobilis, Hydrastis canadensis, Myosurus minimus, Nigella damascena, Nigella sativa, Thalictrum foetidum, Thalictrum macrocarpum, Thalictrum minus, Xanthorhiza simplicissima, Pulsatilla*-Arten, *Ranunculus*-Arten

Fam. Berberidaceae: *Berberis vulgaris, Bongardia chrysogonum, Caulophyllum thalictroides, Epimedium macranthum, Leontice eversmannii, Leontice leontopetalum, Leontice smirnovii, Mahonia aquifolium, Podophyllum*-Arten

Fam. Menispermaceae: *Anamirta cocculus, Arcangelisia flava, Chondodendron tomentosum, Cissampelos pareira, Cocculus laurifolius, Cocculus leaeba, Dioscoreophyllum cumminsii, Fibraurea tinctoria, Heptacyclum zenkeri, Jateorhiza palmata, Menispermum canadense, Stephania rotunda, Stephania tetrandra*

- Ordn. Papaverales

  Fam. Papaveraceae: *Adlumia fungosa, Argemone mexicana, Chelidonium majus, Corydalis*-Arten, *Eschscholzia californica, Fumaria officinalis, Glaucium corniculatum, Glaucium flavum, Hypecoum procumbens, Dicentra canadensis, Dicentra cucullaria, Papaver bracteatum, Papaver dubium, Papaver rhoeas, Papaver somniferum, Sanguinaria canadensis*

- Ordn. Nymphaeales

  Fam. Nymphaeaceae: *Euryale ferox, Nelumbo nucifera, Nuphar lutea, Nymphaea alba, Nymphaea ampla, Nymphaea odorata*

2. Kl. Rosopsida

1. Ukl. Hamamelididae

- Ordn. Hamamelidales

  Fam. Hamamelidaceae: *Distylium racemosum, Hamamelis virginiana, Liquidambar*-Arten

  Fam. Platanaceae: *Platanus*-Arten

- Ordn. Fagales

  Fam. Betulaceae: *Alnus*-Arten, *Betula*-Arten, *Carpinus betulus, Corylus avellana, Ostrya virginiana*

  Fam. Fagaceae: *Castanea sativa, Fagus sylvatica, Quercus*-Arten

- Ordn. Casuarinales

  Fam. Casuarinaceae: *Casuarina equisetifolia*

- Ordn. Urticales

  Fam. Ulmaceae: *Ulmus*-Arten

  Fam. Moraceae: *Antiaris toxicaria, Brosimum galactodendron, Castilla elastica, Cecropia hololeuca, Chlorophora tinctoria, Cudrania tricuspidata, Ficus carica, Ficus elastica, Ficus religiosa, Helicostylis pedunculata, Maquira sclerophylla, Morus*-Arten

  Fam. Cannabaceae: *Cannabis sativa, Humulus lupulus*

  Fam. Urticaceae: *Boehmeria nivea, Parietaria officinalis, Urtica*-Arten

- Ordn. Myricales

  Fam. Myricaceae: *Comptonia peregrina, Myrica gale, Myrica pensylvanica*

- Ordn. Juglandales

  Fam. Juglandaceae: *Carya ovata, Juglans cinerea, Juglans regia*

2. Ukl. Rosidae

- Ordn. Saxifragales
  Fam. Hydrangeaceae: *Philadelphus coronarius*
  Fam. Grossulariaceae: *Ribes nigrum, Ribes rubrum*
  Fam. Crassulaceae: *Kalanchoe daigremontiana, Sedum acre, Sedum alpestre, Sedum telephium, Sempervivum tectorum, Umbilicus rupestris*
  Fam. Saxifragaceae: *Astilbe rivularis, Bergenia crassifolia, Chrysoplenium alternifolium, Dichroa febrifuga, Heuchera americana, Hydrangea arborescens, Parnassia palustris, Saxifraga granulata*

- Ordn. Rosales
  Fam. Rosaceae: *Acaena pinnatifida, Agrimonia eupatoria, Alchemilla xanthochlora, Aruncus dioicus, Chaenomeles sinensis, Comarum palustre, Crataegus*-Arten, *Cydonia oblonga, Eriobothrya japonica, Filipendula ulmaria, Fragaria vesca, Geum*-Arten, *Hagenia abyssinica, Malus domestica, Mespilus germanica, Potentilla anserina, Potentilla aurea, Potentilla erecta, Potentilla reptans, Prunus*-Arten, *Pygeum africanum, Pyrus communis, Quillaia saponaria, Rosa canina, Rosa gallica, Rosa laevigata, Rosa moschata, Rosa pendulina, Rosa rugosa, Rosa x centifolia, Rosa x damascena, Rubus*-Arten, *Sanguisorba ancistroides, Sanguisorba minor, Sanguisorba officinalis, Sarcopoterium spinosum, Sorbus aucuparia, Spiraea tomentosa*
  Fam. Chrysobalanaceae: *Afrolicania elaeosperma, Licania rigida*

- Ordn. Sarraceniales
  Fam. Sarraceniaceae: *Sarracenia purpurea*
  Fam. Droseraceae: *Dionaea muscipula, Drosera*-Arten

- Ordn. Fabales (Leguminosae)
  Fam. Fabaceae (Papilionaceae): *Abrus precatorius, Adenanthera pavonina, Adipera jahnii, Afzelia africana, Albizia anthelmintica, Alhagi pseudoalhagi, Amorpha fruticosa, Anadenanthera peregrina, Anagyris foetida, Andira*-Arten, *Anthyllis vulneraria, Arachis hypogaea, Aspalathus linearis, Astragalus*-Arten, *Baphia nitida, Baptisia tinctoria, Bauhinia malabarica, Bowdichia virgilioides, Brachystegia spicaeformis, Butea monosperma, Calliandra houstoni, Canavalia ensiformis, Canavalia maritima, Castanospermum australe, Cercis siliquastrum, Cicer arietinum, Clitoria ternatea, Cyamopsis tetragonoloba, Cyclopia*-Arten, *Cytisus canariensis, Cytisus scoparius, Dalbergia arborea, Deguela uliginosa, Derris*-Arten, *Dioclea macrocarpa, Dipteryx odorata, Entada africana, Enterolobium timbouva, Erythrina americana, Flemingia macrophylla, Galega officinalis, Genista germanica, Genista tinctoria, Geoffraea surinamensis, Glycine max, Glycyrrhiza glabra, Gymnocladus dioicus, Hardwickia pinnata, Hymenaea courbaril, Indigofera tinctoria, Laburnum anagyroides, Lathyrus sativus, Lens culinaris, Lespedeza capitata, Lespedeza thunbergii, Leucaena leucocephala, Lonchocarpus nicou, Lonchocarpus urucu, Lupinus albus, Lupinus angustifolius, Lupinus luteus, Medicago sativa, Melilotus alba, Melilotus altissima, Melilotus officinalis, Mucuna pruriens, Myroxylon balsamum, Ononis spinosa, Oxytropis lamberti, Paradaniella oliveri, Periandra dulcis, Pericopsis laxiflora, Phaseolus vulgaris, Physostigma venenosum, Piscidia piscipula, Prioria copaifera, Prosopis juliflora, Psoralea bituminosa, Psoralea corylifolia, Psoralea drupacea, Pterocarpus*-Arten, *Pueraria lobata, Pueraria mirifica, Rhynchosia phaseoloides, Robinia pseudoacacia, Saraca indica, Sophora japonica, Sophora pachycarpa, Sophora secundiflora, Spartium junceum, Sphaerophysa salsula, Stryphnodendron barbatimao, Tamarindus indica,*

Tephrosia vogelli, Thermopsis lanceolata, Trachylobium verrucosum, Trifolium arvense, Trifolium pratense, Trifolium repens, Trigonella foenum-graecum, Ulex europaeus, Vicia faba, Vigna unguiculata, Zornia latifolia

Fam. Caesalpiniaceae: *Bussea occidentalis, Caesalpinia*-Arten, *Cassia*-Arten, *Ceratonia siliqua, Copaifera*-Arten, *Erythrophleum suaveolens, Gleditsia*-Arten, *Haematoxylum campechianum, Swartzia madagascariensis*

Fam. Mimosaceae: *Mimosa hostilis, Mimosa pudica, Acacia*-Arten, *Pentaclethra macrophylla, Prosopis africana, Tetrapleura tetraptera*

- Ordn. Cornales

Fam. Nyssaceae: *Camptotheca acuminata, Nyssa sylvatica, Mappia foetida*

Fam. Cornaceae: *Aucuba japonica, Cornus*-Arten

- Ordn. Apiales (Araliales)

Fam. Araliaceae: *Acanthopanax sessiliflora, Aralia*-Arten, *Echinopanax elatum, Eleutherococcus senticosus, Hedera helix, Panax ginseng, Panax quinquefolius, Tetrapanax papyriferum*

Fam. Apiaceae: *Aegopodium podagraria, Aethusa cynapium, Alepidae amatymbica, Ammi majus, Ammi visnaga, Anethum graveolens, Angelica archangelica, Anthriscus cerefolium, Apium graveolens, Astrantia major, Bupleurum*-Arten, *Cachrys odontalgica, Carum carvi, Caucalis anthriscus, Centella asiatica, Chaerophyllum temulentum, Cicuta virosa, Cnidium dubium, Cnidium officinale, Conium maculatum, Coriandrum sativum, Cuminum cyminum, Daucus carota, Dorema ammoniacum, Ducrosia anethifolia, Elaeoselinum asclepium, Eryngium*-Arten, *Ferula assa-foetida, Ferula communis, Ferula foetida, Ferula gummosa, Ferula moschata, Foeniculum vulgare, Heracleum sphondylium, Hydrocotyle vulgaris, Laretia acaulis, Laserpitium latifolium, Levisticum officinale, Ligusticum chuanxiong, Meum athamanticum, Myrrhis odorata, Nothosmyrnium japonicum, Oenanthe aquatica, Oenanthe crocata, Opopanax chironium, Osmorhiza aristata, Pastinaca sativa, Petroselinum crispum, Peucedanum japonicum, Peucedanum officinale, Peucedanum oreoselinum, Peucedanum ostruthium, Pimpinella*-Arten, *Prangos pabularia, Sanicula europaea, Sanicula marilandica, Satureja hortensis, Satureja montana, Selinum palustre, Selinum vaginatum, Siler divaricatum, Thapsia garganica, Thaspium aureum, Trachyspermum ammi*

- Ordn. Myrtales

Fam. Rhizophoraceae: *Bruguiera gymnorrhiza, Kandelia candel, Rhizophora mangle*

Fam. Myrtaceae: *Angophora lanceolata, Darwinia fascicularis, Eucalyptus*-Arten, *Eugenia chequen, Eugenia occlusa, Eugenia uniflora, Feijoa sellowiana, Leptospermum flavescens, Leptospermum scoparium, Melaleuca*-Arten, *Myrtus communis, Pimenta*-Arten, *Psidium guajava, Syzygium*-Arten

Fam. Lecythidaceae: *Barringtonia racemosa, Bertholletia excelsa, Careya arborea, Lecythis ollaria, Lecythis urnigera*

Fam. Combretaceae: *Combretum glutinosum, Combretum micranthum, Terminalia arjuna, Terminalia avicennoides, Terminalia bellirica, Terminalia catappa, Terminalia chebula, Terminalia sericea, Terminalia tomentosa*

Fam. Melastomataceae: *Melastoma ackermanni*

Fam. Lythraceae: *Cuphea viscosissima, Heimia salicifolia, Lawsonia inermis, Lythrum salicaria, Physocalymna scaberrimum*

Fam. Punicaceae: *Punica granatum*

Fam. Onagraceae: *Oenothera biennis*

Fam. Alangiaceae: *Alangium lamarckii*

- Ordn. Elaeagnales
  Fam. Elaeagnaceae: *Elaeagnus angustifolia, Hippophae rhamnoides*
- Ordn. Rutales
  Fam. Anacardiaceae: *Anacardium occidentale, Astronia fraxinifolia, Buchanania latifolia, Comocladia dentata, Cotinus coggygria, Mangifera indica, Pistacia atlantica, Pistacia chinensis, Pistacia lentiscus, Pistacia terebinthus, Pistacia vera, Rhus*-Arten, *Schinopsis quebracho-colorado, Schinus*-Arten, *Semecarpus anacardium*
  Fam. Burseraceae: *Boswellia*-Arten, *Bursera*-Arten, *Canarium luzonicum, Commiphora*-Arten
  Fam. Simaroubaceae: *Ailanthus altissima, Brucea amarissima, Castela erecta, Harrisonia abyssinica, Irvingia gabonensis, Picramnia antidesma, Picrasma excelsa, Quassia amara, Simaba cedron, Simarouba amara*
  Fam. Rutaceae: *Acronychia baueri, Aegle marmelos, Afraegle paniculata, Agathosma apiculata, Amyris balsamifera, Barosma*-Arten, *Casimiroa edulis, Citrus*-Arten, *Dictamnus albus, Esenbeckia febrifuga, Evodia rutaecarpa, Feronia limonia, Fortunella japonica, Galipea officinalis, Haplophyllum perforatum, Phellodendron amurense, Phellodendron lavallei, Pilocarpus*-Arten, *Ptelea trifoliata, Ruta chalepensis, Ruta graveolens, Skimmia japonica, Zanthoxylum*-Arten
  Fam. Meliaceae: *Antelaea azadirachta, Carapa guianensis, Guarea rusbyi, Guarea trichilioides, Khaya senegalensis, Lansium domesticum, Trichilia emetica*
- Ordn. Sapindales
  Fam. Aceraceae: *Acer negundo, Acer saccharum*
  Fam. Sapindaceae: *Blighia sapida, Cardiospermum halicacabum, Euphoria longana, Litchi chinensis, Nephelium topengii, Paullinia cupana, Paullinia pinnata, Sapindus saponaria, Schleicheria trijuga, Ungnadia speciosa*
  Fam. Coriariaceae: *Coriaria myrtifolia, Coriaria thymifolia*
  Fam. Hippocastanaceae: *Aesculus glabra, Aesculus hippocastanum*
- Ordn. Geraniales
  Fam. Linaceae: *Linum catharticum, Linum usitatissimum*
  Fam. Erythroxylaceae: *Erythroxylum coca*
  Fam. Malpighiaceae: *Acridocarpus alopecurus, Banisteria*-Arten, *Malpighia glabra, Malpighia punicifolia, Tetrapteris methystica, Thryallis glauca*
  Fam. Zygophyllaceae: *Balanites aegyptiaca, Bulnesia sarmienti, Guaiacum officinale, Guaiacum sanctum, Peganum harmala, Tribulus terrestris, Zygophyllum fabago*
  Fam. Oxalidaceae: *Averrhoa*-Arten, *Oxalis acetosella*
  Fam. Geraniaceae: *Erodium cicutarium, Erodium moschatum, Geranium maculatum, Geranium robertianum, Geranium sanguineum, Pelargonium*-Arten
  Fam. Tropaeolaceae: *Tropaeolum majus*
  Fam. Balsaminaceae: *Impatiens noli-tangere, Impatiens parviflora*
  Fam.: Limnanthaceae: *Limnanthes alba*
- Ordn. Polygales
  Fam. Polygalaceae: *Securidaca longepedunculata, Polygala*-Arten
  Fam. Krameriaceae: *Krameria triandra*
- Ordn. Celastrales
  Fam. Aquifoliaceae: *Ilex aquifolium, Ilex paraguariensis*
  Fam. Celastraceae: *Catha edulis, Celastrus paniculata, Euonymus atropurpurea, Euonymus europaea, Lophopetalum toxicum, Maytenus*-Arten

- Ordn. Rhamnales
  Fam. Rhamnaceae: *Colubrina reclinata, Ceanothus americanus, Discaria febrifuga, Karwinskia humboldtiana, Paliurus aculeatus, Rhamnus alpinus, Rhamnus cathartica, Rhamnus frangula, Rhamnus purshianus, Ventilago madraspatana, Ziziphus jujuba*
  Fam. Vitaceae: *Parthenocissus quinquefolia, Vitis vinifera*
  Fam. Icacinaceae: *Icacina senegalensis*

- Ordn. Santales
  Fam. Olacaceae: *Dulacia inopiflora, Ptychopetalum*-Arten, *Ximenia americana*
  Fam. Santalaceae: *Osyris tenuifolia, Santalum album, Santalum austrocaledonicum, Santalum ellipticum, Santalum freycinetianum*
  Fam. Loranthaceae: *Arceuthobium oxycedri, Loranthus europaeus, Phoradendron flavescens, Viscum album*
  Fam. Cynomoriaceae: *Cynomorium coccineum*
  Fam. Opiliaceae: *Agonandra brasiliensis*

- Ordn. Balanophorales
  Fam. Balanophoraceae: *Balanophora elongata, Lophophytum leandri, Thonningia sanguinea*

- Ordn. Euphorbiales
  Fam. Buxaceae: *Buxus sempervirens, Simmondsia chinensis*
  Fam. Euphorbiaceae: *Acalypha indica, Alchornea floribunda, Aleurites fordii, Antidesma bunius, Baliospermum montanum, Caryodendron orinocense, Croton elutaria, Elaeophorbia drupifera, Euphorbia*-Arten, *Hevea brasiliensis, Hippomane mancinella, Hura crepitans, Hyaenanche globosa, Jatropha curcas, Jatropha gossypifolia, Joannesia princeps, Mallotus japonicus, Mallotus philippinensis, Mallotus repandus, Manihot esculenta, Maprounea africana, Mercurialis*-Arten, *Pedilanthus pavonis, Phyllanthus acidus, Phyllanthus acuminatus, Phyllanthus amarus, Phyllanthus emblica, Phyllanthus niruri, Phyllanthus urinaria, Putranjiva roxburghii, Ricinus communis, Sapium sebiferum, Spirostachys africana, Stillingia silvatica, Synadenium grantii, Trewia nudiflora*
  Fam.: Dichapetalaceae: *Dichapetalum mombuttense, Dichapetalum toxicarium*

- Ordn. Thymelaeales
  Fam. Thymelaeaceae: *Aquilaria agallocha, Daphne cannabina, Daphne mezereum, Dirca palustris, Edgeworthia papyrifera, Stellera chamaejasme, Synaptolepis kirkii, Wikstroemia chamaedaphne*

- Ordn. Proteales
  Fam. Proteaceae: *Leucadendron argenteum, Leucospermum conocarpum, Macadamia ternifolia*

3. Ukl. Caryophyllidae

- Ordn. Caryophyllales
  Fam. Caryophyllaceae: *Acanthophyllum glandulosum, Agrostemma githago, Dianthus caryophyllus, Dianthus chinensis, Dianthus deltoides, Gypsophila paniculata, Herniaria glabra, Herniaria hirsuta, Saponaria officinalis, Spergularia rubra, Stellaria media*
  Fam. Nyctaginaceae: *Boerhaavia hirsuta, Bougainvillea spectabilis*
  Fam. Aizoaceae: *Mesembryanthemum*-Arten, *Sceletium tortuosum*
  Fam. Portulacaceae: *Calandrina discolor, Portulaca oleracea*

Fam. Basellaceae: *Anredera leptostachys*
Fam. Cactaceae: *Ariocarpus*-Arten, *Carnegiea gigantea, Coryphanta compacta, Echinocereus triglochidiatus, Epithelantha micromeris, Eriocereus bonplandii, Lophophora williamsii, Myrtillocactus geometrizans, Nyctocereus serpentinus, Opuntia cochenillifera, Opuntia ficus-indica, Pachycereus pecten-aboriginum, Pelecyphora aselliformis, Selenicereus grandiflorus, Trichocereus pachanoi*
Fam. Chenopodiaceae: *Anabasis aphylla, Atriplex hortensis, Beta vulgaris, Camphorosma glabrum, Salicornia europaea, Salsola kali, Salsola richteri, Spinacia oleracea*
Fam. Amaranthaceae: *Achyranthes aspera, Achyropsis leptostachya, Alternanthera sessilis, Amaranthus*-Arten
Fam. Phytolaccaceae: *Petiveria alliacea, Petiveria tetrandra, Phytolacca acinosa, Phytolacca americana, Phytolacca dodecandra*

- Ordn. Polygonales

Fam. Polygonaceae: *Calligonum comosum, Coccoloba uvifera, Fagopyrum esculentum, Fagopyrum tataricum, Polygonum amphibium, Polygonum aviculare, Polygonum bistorta, Polygonum hydropiper, Polygonum maritimum, Rheum*-Arten, *Rumex acetosa, Rumex acetosella, Rumex crispus*

- Ordn. Plumbaginales

Fam. Plumbaginaceae: *Armeria maritima, Plumbago europaea*

4. Ukl. Dilleniidae

- Ordn. Dilleniales

Fam. Dilleniaceae: *Davilla rugosa*
Fam. Paeoniaceae: *Paeonia lactiflora, Paeonia mascula, Paeonia officinalis, Paeonia suffruticosa*

- Ordn. Theales

Fam. Ochnaceae: *Lophira lanceolata*
Fam. Dioncophyllaceae: *Dioncophyllum thollonii*
Fam. Dipterocarpaceae: *Dipterocarpus*-Arten, *Dryobalanops aromatica, Isoptera borneensis, Shorea robusta, Shorea wiesneri, Vateria indica*
Fam. Theaceae: *Camellia sinensis*
Fam. Caryocaraceae: *Caryocar niciferum*
Fam. Hypericaceae (Guttiferae): *Allanblackia stuhlmannii Calophyllum inophyllum, Caraipa psidifolia, Garcinia cambogia, Garcinia hanburyi, Garcinia mangostana, Harungana madagascariensis, Hypericum perforatum, Hypericum pulchrum*

- Ordn. Violales

Fam. Flacourtiaceae: *Caloncoba echinata, Caloncoba glauca, Carpotroche brasiliensis, Casearia sylvestris, Gynocardia odorata, Hydnocarpus*-Arten, *Oncoba echinata, Ryania pyrifera*
Fam. Violaceae: *Anchietea salutaris, Viola*-Arten
Fam. Bixaceae: *Bixa orellana*
Fam. Cochlospermaceae: *Cochlospermum angolense, Cochlospermum gossypium, Cochlospermum tinctorium*
Fam. Cistaceae: *Cistus*-Arten, *Helianthemum canadense*
Fam. Passifloraceae: *Adenia digitata, Adenia lobata, Adenia volkensii, Passiflora edulis, Passiflora incarnata*
Fam. Turneraceae: *Turnera diffusa*
Fam.Caricaceae: *Carica papaya*

- Ordn. Tamaricales
  Fam. Tamaricaceae: *Myricaria germanica, Reaumuria hirtella, Tamarix*-Arten
  Fam. Frankeniaceae: *Frankenia grandifolia*
- Ordn. Capparales
  Fam. Capparaceae (Capparidaceae): *Boscia salicifolia, Boscia senegalensis, Buchholzia coreacea, Capparis spinosa*
  Fam. Moringaceae: *Moringa*-Arten
  Fam. Brassicaceae: *Alliaria petiolata, Armoracia rusticana, Brassica*-Arten, *Camelina sativa, Capsella bursa-pastoris, Cardamine pratensis, Cheiranthus cheiri, Cochlearia officinalis, Draba nemorosa, Eruca sativa, Erysimum crepidifolium, Erysimum diffusum, Hesperis matronalis, Iberis amara, Isatis tinctoria, Lepidium bonariense, Lepidium latifolium, Lepidium sativum, Matthiola incana, Nasturtium officinale, Raphanus sativus, Sinapis alba, Sisymbrium officinale, Syrenia angustifolia, Thlaspi arvense*
  Fam. Resedaceae: *Reseda luteola, Reseda odorata*
- Ordn. Begoniales
  Fam. Datiscaceae: *Datisca cannabina*
- Ordn. Cucurbitales
  Fam. Cucurbitaceae: *Acanthosicyos horridus, Acanthosicyos naudiniana, Anisosperma passiflora, Apodanthera smilacifolia, Bryonia*-Arten, *Cayaponia cabocla, Citrullus colocynthis, Citrullus vulgaris, Coccinia grandis, Cucumis*-Arten, *Cucurbita pepo, Ecballium elaterium, Hodgsonia kadam, Luffa*-Arten, *Momordica*-Arten, *Trichosanthes kirilowii*
- Ordn. Salicales
  Fam. Salicaceae: *Populus*-Arten, *Salix*-Arten
- Ordn. Ericales
  Fam. Actinidiaceae: *Actinidia chinensis, Actinidia kolomikta*
  Fam. Ericaceae: *Agauria salicifolia, Arbutus unedo, Arctostaphylos uva-ursi, Calluna vulgaris, Chamaedaphne calyculata, Epigaea repens, Erica tetralix, Gaultheria leucocarpa, Gaultheria procumbens, Gaultheria punctata, Kalmia latifolia, Ledum palustre, Oxydendrum arboreum, Pernettya furens, Pieris japonica, Rhododendron*-Arten, *Vaccinium*-Arten
  Fam. Pyrolaceae: *Chimaphila umbellata, Pyrola rotundifolia, Pyrola uniflora*
  Fam. Monotropaceae: *Monotropa uniflora*
  Fam. Empetraceae: *Empetrum nigrum*
- Ordn. Diapensiales
  Fam. Diapensiaceae: *Galax aphylla*
- Ordn. Ebenales
  Fam. Styracaceae: *Styrax*-Arten
  Fam. Symplocaceae: *Symplocos odoratissima*
  Fam. Ebenaceae: *Diospyros*-Arten
  Fam. Sapotaceae: *Argania sideroxylon, Bomelia obtusifolia, Butyrospermum parkii, Diploknema*-Arten, *Manilkara zapota, Palaquium gutta, Pradosia lactescens, Synsepalum dulciferum*
- Ordn. Primulales
  Fam. Myrsinaceae: *Ardisia japonica, Ardisia solanacea, Embelia ribes*
  Fam. Primulaceae: *Anagallis arvensis, Cyclamen purpurascens, Hottonia palustris, Lysimachia nummularia, Lysimachia vulgaris, Primula*-Arten, *Trientalis europaea*

- Ordn. Malvales

  Fam. Tiliaceae: *Corchorus*-Arten, *Tilia*-Arten

  Fam. Sterculiaceae: *Abroma augusta, Cola*-Arten, *Guazuma ulmifolia, Mansonia altissima, Theobroma cacao, Sterculia*-Arten

  Fam. Bombacaceae: *Adansonia digitata, Bombax aquaticum, Bombax malabaricum, Ceiba pentandra, Ochroma lagopus*

  Fam. Malvaceae: *Abelmoschus moschatus, Abutilon graveolens, Althaea officinalis, Gossypium*-Arten, *Hibiscus sabdariffa, Malva*-Arten, *Sida acuta, Sida cordifolia*

5. Ukl. Asteridae

- Ordn. Oleales

  Fam. Oleaceae: *Chionanthus virginicus, Forsythia suspensa, Fraxinus*-Arten, *Jasminum grandiflorum, Ligustrum vulgare, Olea europaea, Syringa vulgaris*

- Ordn. Gentianales

  Fam. Loganiaceae: *Anthocleista vogelii, Gelsemium sempervirens, Spigelia*-Arten, *Strychnos*-Arten

  Fam. Apocynaceae: *Acokanthera*-Arten, *Adenium*-Arten, *Alafia grandis, Alstonia*-Arten, *Apocynum cannabinum, Aspidosperma quebracho-blanco, Cabucala madagascariensis, Carissa carandas, Carissa ovata, Catharanthus roseus, Cerbera odollam, Dyera costulata, Ervatamia coronaria, Funtumia africana, Funtumia elastica, Funtumia latifolia, Geissospermum laeve, Haplophyton cimicidum, Hedranthera barteri, Holarrhena floribunda, Holarrhena pubescens, Hunteria eburnea, Nerium odorum, Nerium oleander, Piralima nitida, Plumeria acutifolia, Rauvolfia serpentina, Rauvolfia tetraphylla, Rauvolfia vomitoria, Strophanthus*-Arten, *Tabernaemontana crassa, Tabernaemontana dichotoma, Tabernanthe iboga, Tanghinia venenifera, Thevetia peruviana, Trachomitum lancifolium, Urechites suberecta, Vinca herbacea, Vinca major, Vinca minor, Voacanga*-Arten

  Fam. Rubiaceae: *Adina cordifolia, Anthocephalus cadamba, Arariba rubra, Cephaelis*-Arten, *Chiococca alba, Cinchona*-Arten, *Coffea*-Arten, *Corynanthe pachyceras, Coutarea hexandra, Damnacanthus indicus, Feretia apodanthera, Galium album, Galium aparine, Galium mollugo, Galium odoratum, Galium verum, Gardenia jasminoides, Hamelia patens, Hillia illustris, Ixora chinensis, Ixora coccinea, Mitchella repens, Mitragyna*-Arten, *Morinda citrifolia, Oldenlandia umbellata, Pausinystalia johimbe, Pavetta indica, Randia braudis, Rubia tinctorum, Sarcocephalus latifolius, Sickingia rubra, Uncaria acida, Uncaria gambir, Uncaria guianensis, Uncaria lanosa, Uncaria rhynchophylla, Uncaria sinensis, Uncaria tomentosa, Urophyllum arboreum*

  Fam. Periplocaceae: *Cryptostegia grandiflora*

  Fam. Asclepiadaceae: *Asclepias*-Arten, *Calotropis*-Arten, *Caralluma decaisneana, Dregea rubicunda, Dregea volubilis, Gymnema sylvestre, Marsdenia condurango, Metaplexis japonica, Pergularia daemia, Periploca graeca, Vincetoxicum atratum, Vincetoxicum hirundinaria, Xysmalobium undulatum*

  Fam. Menyanthaceae: *Menyanthes trifoliata*

  Fam. Gentianaceae: *Agathotes chereyta, Blackstonia perfoliata, Canscora decussata, Centaurium chilensis, Centaurium minus, Enicostema hyssopifolia, Enicostema littorale, Frasera carolinensis, Gentiana*-Arten, *Gentianella amarella, Gentianella quinquefolia, Sabbatia angularis, Sabbatia elliottii, Swertia chirata, Swertia japonica*

  Fam.: Desfontainiaceae: *Desfontainia spinosa*

- Ordn. Dipsacales
  Fam. Caprifoliaceae: *Lonicera caprifolium, Lonicera xylosteum, Sambucus canadensis, Sambucus ebulus, Sambucus nigra, Sambucus racemosa, Symphoricarpus albus, Triosteum perfoliatum, Viburnum*-Arten,
  Fam. Adoxaceae: *Adoxa moschatellina*
  Fam. Valerianaceae: *Astrephia chaerophylloides, Centranthus ruber, Nardostachys jatamansii, Valeriana celtica, Valeriana edulis, Valeriana fauriei, Valeriana officinalis*
  Fam. Dipsacaceae: *Dipsacus sativus, Dipsacus silvestris, Knautia arvensis, Succisa pratensis*

- Ordn. Polemoniales
  Fam. Polemoniaceae: *Loeselia coccinea, Polemonium caeruleum*

- Ordn. Solanales
  Fam. Solanaceae: *Atropa belladonna, Brugmansia*-Arten, *Brunfelsia grandiflora, Brunfelsia uniflora, Capsicum*-Arten, *Cestrum laevigatum, Datura*-Arten, *Duboisia*-Arten, *Fabiana imbricata, Hyoscyamus muticus, Hyoscyamus niger, Iochroma fuchsioides, Latua pubiflora, Latua venenosa, Lupinus polyphyllus, Lycium barbarum, Lycium chinense, Lycopersicon esculentum, Mandragora autumnalis, Mandragora caulescens, Mandragora chinghaiensis, Mandragora officinarum, Methysticodendron amesianum, Nicandra physaloides, Nicotiana tabacum, Petunia violacea, Physalis alkekengi, Physochlaina physaloides, Scopolia carniolica, Scopolia tangutica, Solandra brevicalyx, Solanum*-Arten, *Vestia lycioides, Withania somnifera*
  Fam. Convolvulaceae: *Argyreia nervosa, Calonyction album, Calystegia*-Arten, *Convolvulus*-Arten, *Cuscuta europaea, Ipomoea orizabensis, Ipomoea purga, Ipomoea violacea, Operculina turpethum, Turbina corymbosa,*

- Ordn. Boraginales
  Fam. Hydrophyllaceae: *Eriodictyon californicum, Hydrophyllum virginicum*
  Fam. Boraginaceae: *Alkanna tinctoria, Anchusa officinalis, Arnebia euchroma, Borago officinalis, Caccinia glauca, Cerinthe glabra, Cynoglossum officinale, Echium vulgare, Heliotropium arborescens, Lithospermum erythrorhizon, Lithospermum officinale, Lithospermum ruderale, Macrotomia cephalotes, Myosotis arvensis, Onosmodium virginicum, Pulmonaria officinalis, Symphytum officinale, Trichodesma incanum,*
  Fam. Loasaceae: *Mentzelia cordifolia*

- Ordn. Scrophulariales
  Fam. Scrophulariaceae: *Bacopa monnieri, Bartsia odonites, Chelone glabra, Curanga amara, Digitalis*-Arten, *Euphrasia rostkoviana, Gratiola officinalis, Leucophyllum texanum, Linaria vulgaris, Melampyrum arvense, Picrorhiza kurroa, Rehmannia glutinosa, Scrophularia nodosa, Veronica beccabunga, Veronica officinalis, Veronica virginica, Verbascum*-Arten
  Fam.: Globulariaceae: *Globularia alypum*
  Fam. Acanthaceae: *Acanthus mollis, Andrographis paniculata, Blepharis edulis, Justicia adhatoda, Justicia pectoralis, Shlerochiton ilicifolius*
  Fam. Bignoniaceae: *Bignonia chica, Catalpa bignonioides, Jacaranda procera, Newbouldia laevis, Spathodea campanulata, Tabebuia impetiginosa, Tanaecium nocturnum, Tecoma capensis, Tecoma lapacho, Tecoma stans*
  Fam. Buddlejaceae: *Buddleja brasiliensis*
  Fam. Pedaliaceae: *Harpagophytum procumbens, Pedalium murex, Sesamum indicum*

Fam. Orobanchaceae: *Epiphegus virginicus*
Fam. Lentibulariaceae: *Pinguicula vulgaris*
Fam. Plantaginaceae: *Plantago*-Arten

- Ordn. Lamiales

Fam. Verbenaceae: *Actinostemum lanceolatum, Aloysia triphylla, Clerodendrum capitatum, Clerodendrum infortunatum, Lantana camara, Lippia dulcis, Nyctanthes arbor tristis, Verbena hastata, Verbena officinalis, Verbena urticifolia, Vitex agnus-castus*

Fam. Lamiaceae: *Acrocephalus capitatus, Agastache rugosa, Ajuga reptans, Anisomeles indica, Anisomeles malabarica, Ballota nigra, Brunella vulgaris, Calamintha officinalis, Coleus blumei, Coleus forskohlii, Collinsonia canadensis, Dracocephalum moldavica, Galeopsis segetum, Glechoma hederacea, Hedeoma pulegioides, Hyssopus officinalis, Lagochilus inebrians, Lallemantia iberica, Lavandula angustifolia, Lavandula dentata, Lavandula hybrida, Lavandula latifolia, Lavandula stoechas, Leonurus cardiaca, Leonurus japonicus, Leonurus lanatus, Leonurus quinquelobatus, Lycopus*-Arten, *Marrubium vulgare, Melissa officinalis, Mentha*-Arten, *Monarda didyma, Nepeta cataria, Ocimum americanum, Ocimum basilicum, Origanum dictamnus, Origanum heracleoticum, Origanum majorana, Origanum onites, Origanum syriacum, Origanum vulgare, Orthosiphon aristatus, Perilla frutescens, Perowskia abrotanoides, Phlomis pungeus, Plectranthus fruticosus, Pogostemon cablin, Ramona stachioides, Rosmarinus officinalis, Salvia*-Arten, *Scutellaria laterifolia, Sideritis*-Arten, *Stachys officinalis, Teucrium*-Arten, *Thymus*-Arten, *Ziziphora bungeana*

- Ordn. Campanulales

Fam. Campanulaceae: *Adenophora liliifolia, Codonopsis clematidea, Codonopsis pilosula, Lobelia cardinalis, Lobelia chinensis, Lobelia inflata, Lobelia laxiflora, Lobelia nicotianaefolia, Lobelia siphilitica, Lobelia tupa, Platycodon grandiflorum*

- Ordn. Asterales

Fam. Asteraceae: *Achillea*-Arten, *Achyrocline saturoides, Actinomeris helianthoides, Ageratum conyzoides, Amberboa divaricata, Ambrosia artemisiifolia, Amphiachyris dracunculoides, Anacyclus x officinarum, Anacyclus pyrethrum, Anaphalis margaritacea, Antennaria dioica, Anthemis cotula, Arctium*-Arten, *Arctotis grandis, Arnica*-Arten, *Artemisia abrotanum, Artemisia absinthium, Artemisia annua, Artemisia cina, Artemisia dracunculus, Artemisia mexicana, Artemisia moxa, Artemisia pontica, Artemisia vulgaris, Atractylis gummifera, Baccharis genistelloides, Bellis perennis, Bidens tripartitus, Brachycladus stuckerti, Brachyglottis repanda, Brickellia veronicaefolia, Cacalia cordifolia, Calea zacatechichi, Calendula officinalis, Carlina acaulis, Carpesium abrotanoides, Carthamus tinctorius, Centaurea cyanus, Chamomilla recutita, Chamomilla suaveolens, Chondrilla juncea, Chrysanthemum*-Arten, *Cichorium endivia, Cichorium intybus, Cirsium arvense, Cirsium eriophorum Cirsium oleraceum, Cnicus benedictus, Conyza canadensis, Cotula coronopifolia, Cynara scolymus, Dahlia pinnata, Doronicum pardalianches, Echinacea*-Arten, *Echinops ritro, Eclipta alba, Elephantopus scaber, Enhydra fluctuans, Erechthites hieracifolia, Eremanthus eleagnus, Espeletia grandiflora, Eupatorium*-Arten, *Galinsoga parviflora, Gnaphalium uliginosum, Grindelia camporum, Grindelia robusta, Guizotia abyssinica, Haplopappus baylahuen, Helianthus annuus, Helianthus tuberosus, Helichrysum arenarium, Helichrysum foetidum, Heterotheca inuloides, Inula helenium, Lactuca sativa, Lactuca virosa, Leontopodium alpinum, Leucanthe-*

mum vulgare, Liatris odoratissima, Liatris spicata, Madia sativa, Microglossa pyrifolia, Mikania cordata, Mikania guaco, Montanoa tomentosa, Mutisia viciaefolia, Neurolaena lobata, Onopordum acanthium, Otanthus maritimus, Parthenium argentatum, Perezia oxylepis, Prenanthes alba, Prenanthes serpentaria, Pseudognaphalium obtusifolium, Rhaponticum carthamoides, Rudbeckia hirta, Rudbeckia laciniata, Santolina chamaecyparissus, Saussurea costus, Scorzonera hispanica, Senecio-Arten, *Sigesbeckia glabrescens, Sigesbeckia orientalis, Sigesbeckia pubescens, Silphium laciniatum, Silybum marianum, Solidago*-Arten, *Spharenthus indicus, Spilanthes oleracea, Stevia rebaudiana, Taraxacum kok-saghyz, Taraxacum officinale, Tussilago farfara, Vanillosmopsis arborea, Vanillosmopsis erythropappa, Wyethia helenioides, Xanthium spinosum, Xanthium strumarium*

3. Kl. Liliopsida

1.Ukl. Alismatidae

- Ordn. Alismatales
  Fam. Alismataceae: *Alisma plantago-aquatica, Sagittaria sagittifolia*
- Ordn. Hydrocharitales
  Fam. Hydrocharitaceae: *Hydrocharis morsus-ranae*
- Ordn. Najadales
  Fam. Potamogetonaceae: *Potamogeton natans*

2. Ukl. Liliidae

- Ordn. Dioscoreales
  Fam. Dioscoreaceae: *Dioscorea*-Arten, *Tamus communis*
  Fam. Stemonaceae: *Stemona tuberosa*
  Fam. Trilliaceae: *Paris quadrifolia*
  Fam. Smilacaceae: *Smilax*-Arten
- Ordn. Aparagales
  Fam. Convallariaceae: *Convallaria majalis, Polygonatum multiflorum, Polygonatum odoratum*
  Fam. Asparagaceae: *Asparagus officinalis*
  Fam.: Dracaenaceae: *Dracaena draco*
  Fam. Xanthorrhoeaceae: *Xanthorrhoea australis, Xanthorrhoea hastilis*
  Fam. Agavaceae: *Agave americana, Agave sisalana, Yucca filamentosa, Yucca schottii*
  Fam. Hypoxidaceae: *Hypoxis rooperi*
  Fam. Asphodelaceae: *Aloe*-Arten, *Asphodelus albus*
  Fam. Hyacinthaceae: *Urginea maritima*
  Fam. Alliaceae: *Allium*-Arten
  Fam. Amaryllidaceae: *Boöphone disticha, Crinum*-Arten, *Galanthus*-Arten, *Hippeastrum vittatum, Leucojum vernum, Narcissus pseudonarcissus, Pancratium trianthum, Polianthes tuberosa, Ungernia severtzovii*
  Fam. Haemodoraceae: *Lachnanthes tinctoria*
- Ordn. Melanthiales
  Fam. Melanthiaceae: *Aletris farinosa, Veratrum album, Veratrum californicum, Veratrum nigrum, Veratrum viride*

- Ordn. Liliales
  Fam. Colchicaceae: *Colchicum autumnale*
  Fam. Liliaceae: *Agapanthus africanus, Amianthium muscaetoxicum, Anemarrhena asphodeloides, Anthericum ramosum, Bowiea volubilis, Chamaelirium luteum, Erythronium americanum, Erythronium dens-canis, Fritillaria imperialis, Fritillaria roylii, Gagea lutea, Gloriosa superba, Hyacinthoides non-scripta, Hyacinthus orientalis, Lilium lancifolium, Lilium candidum, Maianthemum bifolium, Metanarthecium luteo-viride, Narthecium ossifragum, Ornithogalum umbellatum, Paris polyphylla, Ruscus aculeatus, Schoenocaulon officinale, Trillium erectum, Tulipa turkestanica, Urginea altissima, Urginea burkei, Urginea epigea, Urginea indica*
  Fam. Iridaceae: *Belamcanda chinensis, Crocus sativus, Gladiolus communis, Gladiolus palustris, Iris florentina, Iris foetidissima, Iris germanica, Iris pallida, Iris pseudoacorus, Iris tenax, Iris versicolor*
- Ordn. Orchidales
  Fam. Orchidaceae: *Anacamptis pyramidalis, Angraecum fragrans, Cypripedium calceolus var. pubescens, Dendrobium nobile, Oncidium cebolleta, Platanthera bifolia, Spiranthes spiralis, Vanilla planifolia, Vanilla tahitensis, Orchis*-Arten
- Ordn. Bromeliales
  Fam. Bromeliaceae: *Ananas comosus, Puya chilensis, Tillandsia usneoides*
- Ordn. Pontederiales
  Fam. Pontederiaceae: *Eichhornia crassipes*
- Ordn. Zingiberales
  Fam. Musaceae: *Musa x paradisiaca*
  Fam. Zingiberaceae: *Aframomum*-Arten, *Alpinia galanga, Alpinia officinarum, Amomum*-Arten, *Boesenbergia pandurata, Curcuma*-Arten, *Elettaria cardamomum, Eleusine coracana, Kaempferia galanga, Zingiber officinale*
  Fam. Cannaceae: *Canna*-Arten
  Fam. Marantaceae: *Maranta arundinacea, Thaumatococcus daniellii*
- Ordn. Juncales
  Fam. Juncaceae: *Juncus effusus, Luzula pilosa*
- Ordn. Cyperales
  Fam. Cyperaceae: *Carex arenaria, Cladium mariscus, Cyperus esculentus, Cyperus rotundus, Cyperus scariosus, Scirpus atrovirens*
- Ordn. Commelinales
  Fam. Commelinaceae: *Tradescantia diuretica*
- Ordn. Poales
  Fam. Poaceae (Gramineae): *Agropyron repens, Anthoxanthum odoratum, Arundo donax, Avena sativa, Calamagrostis lanceolata, Coix lacryma-jobi, Cymbopogon*-Arten, *Dactylis glomerata, Echinochloa crus-galli, Hierochloe borealis, Hordeum vulgare, Lolium temulentum, Oryza sativa, Phalaris arundinacea, Phalaris canariensis, Phleum pratense, Phragmites communis, Saccharum officinarum, Secale cereale, Sorghum bicolor, Triticum spelta, Vetiveria zizanioides, Zea mays*

3. Ukl. Aridae (Arecidae)

- Ordn. Arecales
  Fam. Palmae (Arecaceae): *Acrocomia sclerocarpa, Areca catechu, Astrocaryum*-Arten, *Attalea excelsa, Cocos nucifera, Copernicia prunifera, Daemonorops draco, Elaeis guineensis, Orbignya speciosa, Phoenix dactylifera, Serenoa repens*

- Ordn. Arales
  Fam. Araceae: *Acorus calamus, Amorphophallus dracontioides, Anchomanes difformis, Arisaema*-Arten, *Arum italicum, Arum maculatum, Calla palustris, Colocasia esculenta, Dieffenbachia seguine, Dracunculus vulgaris, Homalomena aromatica, Homalomena lauterbachii, Pinellia ternata, Symplocarpus foetidus, Zantedeschia aethiopica*
  Fam. Lemnaceae: *Lemna minor*

- Ordn. Pandanales
  Fam. Pandanaceae: *Pandanus dubius*

- Ordn. Typhales
  Fam. Typhaceae: *Typha latifolia*